ᏣᎳᎩ
ᎧᏃᎮᏛ

ᏘᏏᏴᏫᎭ ᏕᎪᏪᎸ ᎪᏪᎵ ᏧᏩᎨᏓ

ᎣᏍᏛ ᎧᏃᎮᏛ
ᎹᏚ ᎤᏬᏪᎳᏅᎯ

ᎠᏯᏙᎸᎢ 1

1 ᎯᎠ ᎪᏪᎵ ᎧᏃᎮᎭ ᏧᏁᏢᏔᏅᏒ ᏥᏌ ᎦᎶᏁᏛ, ᏕᏫ ᎤᏪᏥ, ᎡᏆᎭᎻ ᎤᏪᏥ.

2 ᎡᏆᎭᎻ ᎡᏏᎩ ᎤᏕᏁᎴᎢ; ᎡᏏᎩᏃ ᏤᎦᏈ ᎤᏕᏁᎴᎢ, ᏤᎦᏈᏃ ᏧᏓ ᎠᎴ ᎾᏍᎩ ᎠᎾᏓᏅᏟ
ᎬᏩᏕᏁᎴᎢ;

3 ᏧᏓᏃ ᏇᎵᏏ ᎠᎴ ᏎᎳ ᎬᏩᏕᏁᎴᎢ ᏖᎹ ᎦᎾᏄᎪᏫᏎᎢ; ᏇᎵᏏᏃ ᎢᏏᎳᎻ ᎤᏕᏁᎴᎢ; ᎢᏏᎳᎻᏃ
ᎡᎵᎻ ᎤᏕᏁᎴᎢ;

4 ᎡᎵᎻᏃ ᎡᎻᏂᏓᏈ ᎤᏕᏁᎴᎢ; ᎡᎻᏂᏓᏈᏃ ᎾᏐᏂ ᎤᏕᏁᎴᎢ; ᎾᏐᏂᏃ ᏌᎵᎹ ᎤᏕᏁᎴᎢ;

5 ᏌᎵᎹᏃ ᏉᏏ ᎤᏕᏁᎴᎢ ᎴᎭᏫ ᎤᎾᏄᎪᏫᏎᎢ; ᏉᏏᏃ ᎣᏇᏗ ᎤᏕᏁᎴᎢ ᎷᏏ ᎤᎾᏄᎪᏫᏎᎢ;
ᎣᏇᏗᏃ ᏤᏏ ᎤᏕᏁᎴᎢ;

6 ᏤᏏᏃ ᏕᏫ ᎤᎬᏫᏳᎯ ᎤᏕᏁᎴᎢ; ᏕᏫᏃ ᎤᎬᏫᏳᎯ ᏐᎵᎹᏅ ᎤᏕᏁᎴᎢ ᏳᎳᏯ ᎤᏓᏴᏛ
ᎤᎾᏄᎪᏫᏎᎢ;

7 ᏐᎵᎹᏅᏃ ᎶᏉᎹ ᎤᏕᏁᎴᎢ; ᎶᏉᎹᏃ ᎡᏆᏯ ᎤᏕᏁᎴᎢ; ᎡᏆᏯᏃ ᎡᏏ ᎤᏕᏁᎴᎢ;

8 ᎡᏏᏃ ᏦᏏᏆ ᎤᏕᏁᎴᎢ. ᏦᏏᏆᏃ ᏦᎳᎻ ᎤᏕᏁᎴᎢ; ᏦᎳᎻᏃ ᎣᏌᏯ ᎤᏕᏁᎴᎢ;

9 ᎣᏌᏯᏃ ᏦᏓᎻ ᎤᏕᏁᎴᎢ; ᏦᏓᎻᏃ ᎡᎭᏏ ᎤᏕᏁᎴᎢ; ᎡᎭᏏᏃ ᎮᏏᎦᏯ ᎤᏕᏁᎴᎢ;

10 ᎮᏏᎦᏯᏃ ᎹᎾᏏ ᎤᏕᏁᎴᎢ; ᎹᎾᏏᏃ ᎠᎼᏂ ᎤᏕᏁᎴᎢ; ᎠᎼᏂᏃ ᏦᏌᏯ ᎤᏕᏁᎴᎢ;

11 ᏦᏌᏯᏃ ᏤᎪᎾᏯ ᎠᎴ ᎠᎾᏓᏅᏟ ᎬᏩᏕᏁᎴᎢ; ᎾᎯᏳ ᏓᏗᎶᏂ ᏥᏫᏗᎨᎦᏘᏅᏍᏔᏁᎢ;

12 ᏓᏗᎶᏂᏃ ᏫᏗᎨᎦᏘᏃᎸ ᏤᎪᎾᏯ ᏌᎳᏓᏱᎵ ᎤᏕᏁᎴᎢ; ᏌᎳᏓᏱᎵᏃ ᏥᎳᏇᎵ ᎤᏕᏁᎴᎢ;

13 ᏥᎳᏇᎵᏃ ᎠᏆᏯᏗ ᎤᏕᏁᎴᎢ, ᎠᏆᏯᏗᏃ ᎢᎳᏯᎩᎻ ᎤᏕᏁᎴᎢ; ᎢᎳᏯᎩᎻᏃ ᎡᏐ
ᎤᏕᏁᎴᎢ;

14 ᎡᏐᏃ ᏎᏙᎩ ᎤᏕᏁᎴᎢ; ᏎᏙᎩᏃ ᎡᎩᎻ ᎤᏕᏁᎴᎢ; ᎡᎩᎻᏃ ᎢᎳᏯᏗ ᎤᏕᏁᎴᎢ;

15 ᎢᎳᏯᏗᏃ ᎢᎵᎡᏌ ᎤᏕᏁᎴᎢ; ᎢᎵᎡᏌᏃ ᎹᏓᏂ ᎤᏕᏁᎴᎢ; ᎹᏓᏂᏃ ᏤᎦᏈ ᎤᏕᏁᎴᎢ;

16 ᏤᎦᏈᏃ ᏦᏩ ᎤᏕᏁᎴᎢ, ᎾᏍᎩ ᎺᎵ ᎤᏰᎯ ᎾᏍᎩ ᏧᎾᏄᎪᏫᏎ ᏥᏌ ᎦᎶᏁᏛ ᏣᏃᎭᎨᎢ.

17 ᎾᏍᎩᏃ ᏂᎦᏛ ᏄᎾᏓᏁᏟᏴᏒ ᎡᏆᎭᎻ ᏤᎮ ᎾᎯᏳ ᎤᏓᎬᏩᏓᎴᏅᏛ ᏕᏫᏃ ᏤᎮ ᎤᏛᏍᏗ
ᏂᎦᏚ ᏄᎾᏓᏁᏟᏴᏎᎢ; ᏕᏫᏃ ᏤᎮ ᎾᎯᏳ ᎤᎵᎬᏩᏓᎴᏅᏛ ᏓᏗᎶᏂᏃ ᏥᏫᏗᎨᎦᏘᏅᏍᏔᏁ ᎾᎯᏳ
ᎤᏛᏍᏗ ᏂᎦᏚ ᏄᎾᏓᏁᏟᏴᏎᎢ; ᏓᏗᎶᏂᏃ ᎾᎯᏳ ᏥᏫᏗᎨᎦᏘᏅᏍᏔᏁ ᎤᏓᏩᏓᎴᏅᏛ ᏥᏌᏃ
ᏧᏕᏁ ᎾᎯᏳ ᎤᏛᏍᏗ ᏂᎦᏚ ᏄᎾᏓᏁᏟᏴᏎᎢ.

18 ᎾᏍᎩᏃ ᎯᎠ ᏄᎵᏍᏔᏂᏙᎴ ᎤᏕᏅᏥᏌ ᎦᎶᏁᏛ. ᎾᏍᎩ ᎺᎵ ᏥᏌ ᎤᏥ ᏦᏩ
ᎤᏓᏴᏍᏗ, ᎠᏏᏉ ᏂᏓᎾᏤᎬᎾ ᎨᏎᎢ, ᎤᏁᎵᏤ ᎦᎸᏉᏗᏳ ᎠᏓᏅᏙ ᎤᏓᏅᏖᎸᎯ.

19 ᏦᏩ ᎾᏍᎩ Ꮎ ᏧᎾᏨᏍᏗ ᎤᏓᏅᏘᏳ ᎨᏒ ᎢᏳᏍᏗ, ᎠᎴ ᏄᏚᎵᏍᎬᎾ ᎨᏒ ᎢᏳᏍᏗ ᎬᏂᎨᏒ
ᎤᏕᎰᎯᏍᏙᏗᏱ, ᎤᏕᎵᏛᏉ ᎢᏴᏛ ᏮᏓᏥᏯᎧᏂ, ᎤᏪᎵᏎᎢ.

20 ᎠᏎᏃ ᎠᏏᏉ ᎯᎠ ᎾᏍᎩ ᏄᏍᏕᎠᏓᏅᏖᏍᎨᎢ, ᎬᏂᏳᏉ ᏗᎧᎿᏩᏗᏙᎯ ᏱᎰᏩ ᎤᏅᏏᏛ
ᎬᏂᎨᏒ ᏄᏛᏁᎴ ᎠᏍᎩᏓᏍᎬᎢ, ᎯᎠ ᏂᎦᏪᏍᎨᎢ; ᏦᏩ, ᏕᏫ ᎤᏪᏥ, ᏞᏍᏗ ᏣᏍᎦᎸ
ᎯᏯᏅᏗᏱ ᎺᎵ ᏣᏓᏴᏍᏗ, ᎾᏍᎩᏰᏃ Ꮎ ᏥᎦᏁᎵ ᎦᎸᏉᏗᏳ ᎠᏓᏅᏙ ᎤᏓᏅᏖᎸᎯ;

21 ᎠᎴ ᏓᎦᎾᏄᎪᏫᏏ ᎠᏧᏣ, ᎾᏍᎩᏃ ᏥᏌ ᏕᎯᏲᎥᎭ, ᏧᏤᎵᏰᏃ ᏴᏫ ᏙᏛᏍᏕᎸᎯ ᏙᏓᎫᏓᎴᏏ
ᎤᏂᏍᎦᏅᏨᎢ.
22 ᎾᏍᎩᏃ ᎯᎠ ᏂᎦᏗᏳ ᏄᎵᏍᏔᏂᏙᎴ ᎤᏙᎯᏳᏗᏱ ᎠᏰᎸᏒᎢ ᎯᎠ ᏥᏄᏪᏎ ᏱᎰᏩ
ᎠᏙᎴᎰᏍᎩ ᎠᎬᏗᏍᎬᎢ;
23 ᎬᏂᏳᏉ ᎠᏛ ᎾᏥᏰᏜᎾ ᎦᏁᎵᏛ ᎨᏎᏍᏗ, ᎠᎴ ᏓᎦᎾᏄᎪᏫᏏ ᎠᏧᏣ, ᎾᏍᎩᏃ ᎢᎹᏄᎡᎵ
ᎠᏃᏎᎮᏍᏗ, ᎾᏍᎩ ᎠᏁᎵᏔᏅᎯ ᎨᏒ ᎯᎠ ᏄᏍᏗ ᎦᏛᎦ, ᎤᏁᎳᏅᎯ ᎢᎨᎳᏗᏙᎭ.
24 ᏦᏩᏃ ᎤᏰᏨ ᎤᏄᏅᎢ ᏗᎧᎿᏩᏗᏙᎯ ᏱᎰᏩ ᏅᏓᏳᏅᏏᏛ ᏄᏪᏎᎸ ᏄᏛᏁᎴᎢ, ᎤᏯᏅᎨᏉ
ᎤᏓᏴᏍᏗ.
25 ᎠᎴ ᎥᏝ ᏳᏚᏙᎥᏎᎢ ᎬᏂ ᎤᎾᏄᎪᏫᏒ ᎢᎬᏱ ᎡᎯ ᎤᏪᏥ ᎠᏧᏣ, ᏥᏌᏃ ᏚᏬᎡᎢ.

ᎠᏯᏙᎸᎢ 2

1 ᏥᏌᏃ ᎤᏕᏅ ᎦᏚᏱ ᎦᏚᎲ ᏧᏗᏱ, ᎾᎯᏳ ᏤᎮ ᎡᎶᏛ ᎤᎬᏫᏳᎯ, ᎬᏂᏳᏉ ᎤᏂᎷᏤ
ᏥᎷᏏᎵᎻ ᎠᏂᎦᏔᎿᎢ ᏅᏙ ᏗᎧᎸᎬ ᎢᏗᏢ ᏧᏂᎶᏎᎢ,
2 ᎯᎠ ᏄᏂᏪᏎᎢ; ᎭᏢ Ꮎ ᏧᏕᏅ ᎤᎬᏫᏳᎯ ᎠᏂᏧᏏ ᎤᎾᏤᎵᎦ, ᎣᎩᎪᎲᏰᏃ ᎤᏤᎵ ᏃᏈᏏ
ᏗᎧᎸᎬ ᎢᏗᏢ, ᎠᎴ ᎣᏣᏓᏙᎵᏍᏓᏁᎵᎦ.
3 ᎡᎶᏛᏃ ᎤᎬᏫᏳᎯ ᎤᏛᎦᏅ ᎾᏍᎩ, ᎤᏪᎵᎯᏍᏗ ᎤᏓᏅᏓᏕᎢ, ᎠᎴ ᏂᎦᏛ ᏥᎷᏏᎵᎻ
ᎠᏁᎯ.
4 ᏚᎳᏫᏛᏃ ᏂᎦᏛ ᏄᏂᎬᏫᏳᏒ ᎠᏥᎸ ᎠᏁᎶᎯ, ᎠᎴ ᏴᏫ ᏗᏃᏪᎳᏁᎯ, ᏚᏛᏛᏁᎢ, ᎾᎿ
ᎤᏕᏗ ᎨᏒ ᎦᎶᏁᏛ.
5 ᎯᎠᏃ ᏂᎬᏩᏪᏎᎴᎢ; ᏧᏗᏱ ᎦᏚᏱ ᎦᏚᎲᎢ; ᎯᎠᏰᏃ ᏄᏩᏅ ᎤᏬᏪᎳ ᎠᏙᎴᎰᏍᎩ;
6 ᎠᎴ ᏂᎯ ᎦᏚᏱ ᎦᏚᎲ ᏧᏗᏱ, ᎥᏝᏍᎩᏂ ᏣᏍᏗᎧᏂ ᏱᎩ, ᏥᎶᏓᏨ ᏄᏂᎬᏫᏳᏒ ᏧᏗᏱ,
ᏂᎯᏰᏃ ᏓᏣᏄᎪᏥ ᏗᏆᏤᎵ ᏴᏫ ᎢᏏᎵ-ᏗᎧᏁᏤᎯ.
7 ᎿᏉᏃ ᎡᎶᏛ ᎤᏕᎵᏛ ᏫᏚᏯᏅᎲ ᎾᏍᎩ ᎠᏂᎦᏔᎿᎢ, ᎣᏍᏛ ᏚᏛᏗᏌᏁ ᎢᏳᏉ ᎾᏍᎩ
ᏃᏈᏏ ᎤᎾᏄᎪᏨᎢ.
8 ᎠᎴ ᏚᏅᏎ ᎦᏚᏱ, ᎯᎠ ᏄᏪᏎᎢ; ᎢᏤᎾ ᎣᏍᏛ ᏪᏥᏲᎦ ᎾᏍᎩ ᎤᏍᏗ ᎠᏲᎵ, ᎢᏳᏃ
ᎡᏥᏩᏛᎲᎭ, ᎢᏍᎩᏃᏁᎵᎸᎭ, ᎠᏴᏃ ᎾᏍᏉ ᏫᏥᎷᏨᎭ, ᎠᎴ ᏥᏯᏓᏙᎵᏍᏓᏁᎸᎭ.
9 ᎤᎾᏛᎦᏃᏁᎸᏃ ᎤᎬᏫᏳᎯ ᎤᎾᏂᎩᏎᎢ, ᎬᏂᏳᏉᏃ ᏃᏈᏏ, ᎾᏍᎩ ᎤᏂᎪᎲᎯ ᏗᎧᎸᎬ ᎢᏗᏢ,
ᎢᎬᏱ ᎤᏁᏅᏒᎴᎢ, ᎬᏂ ᏭᎷᏥᎸ ᎠᎴ ᎤᎴᏫᏍᏔᏅ ᎦᎸᎳᏗᏢ ᎾᎿ ᎠᏲᎵ ᎡᎲᎢ.
10 ᎤᏂᎪᎲᏃ ᎾᏍᎩ ᏃᏈᏏ, ᎤᏣᏔᏅᎯ ᎤᎾᎵᎮᎵᏤᎢ.
11 ᎠᏓᏁᎸᏃ ᎤᏂᏴᎸ ᎤᏂᎪᎮ ᎠᏲᎵ ᎠᎴ ᎤᏥ ᎺᎵ, ᎠᎴ ᎡᎳᏗ ᏚᎾᏓᏅᏁᎢ,
ᎤᎾᏓᏙᎵᏍᏓᏁᎴᎢ, ᎠᎴ ᏧᎬᏩᎶᏗ ᎤᏂᏔᏅᏛ ᏚᏂᏍᏚᎢᏒ ᎤᏂᏁᎸᏁ ᎤᎾᎵᏍᎪᎸᏔᏅᎯ,
ᎠᏕᎸ-ᏓᎶᏂᏛ, ᎠᎴ ᎤᎦᎾᏍᏛ ᎦᏩᏒᎩ ᎠᏜ, ᎠᎴ ᎻᎳ.
12 ᎠᎾᏍᎩᏓᏍᎬᏃ ᎤᏁᎳᏅᎯ ᏚᏁᏤᎸ ᎡᎶᏛᏱ ᏭᏂᎶᎯᏍᏗᏱ ᏂᎨᏒᎾ, ᎤᎾᏂᎩᏒ
ᎤᏣᏘᏂᏉ ᎢᏗᏢ ᏭᏂᎶᏎ ᎢᏅᏁᏅ ᎤᎾᏤᎵᎪᎯ.
13 ᎤᎾᏂᎩᏒᏃ ᎬᏂᏳᏉ ᏗᎧᎿᏩᏗᏙᎯ ᎤᏅᏏᏛ ᏱᎰᏩ ᎬᏂᎨᏒ ᏄᏛᏁᎴ ᏦᏩ ᎠᏍᎩᏓᏍᎬᎢ,
ᎯᎠ ᏄᏪᏎᎴᎢ; ᏔᎴᎲᎦ, ᎠᎴ ᏔᏘᏄᎦ ᎠᏲᎵ ᎠᎴ ᎤᏥ ᎠᎴ ᎭᎵᏘ, ᎢᏥᏈ ᏫᎶᎯ, ᎾᎿᏃ
ᏪᎮᏍᏗ ᎬᏂ ᏫᎬᏁᏤᎸᎭ, ᎡᎶᏛᏰᏃ ᎠᏎ ᏛᏲᎵ ᎤᏍᏗ ᎠᏲᎵ ᎤᎯᏍᏗᏱ.
14 ᎿᏉᏃ ᏚᎴᏅ ᎤᏘᏅᏎ ᎠᏲᎵ ᎠᎴ ᎤᏥ ᎡᏃᏱ, ᎠᎴ ᎢᏥᏈᏱ ᏭᎶᏎᎢ.
15 ᎠᎴ ᎾᎿ ᏪᎮ ᎬᏂ ᎡᎶᏛ ᎤᏲᎱᏒ; ᎤᏙᎯᏳᏁ ᎤᏁᎳᏅᎯ ᎤᏁᏨᎢ, ᎠᏙᎴᎰᏍᎩ
ᏧᎶᏔᏁᎢ, ᎯᎠ ᏥᏄᏪᏎᎢ; ᎢᏥᏈᏱ ᏫᏥᏯᏅᎲ ᎠᏇᏥ.
16 ᎿᏉᏃ ᎡᎶᏛ ᎤᏙᎴᎰᏒ ᎠᏂᎦᏔᎿᎢ ᎬᏩᎵᏓᏍᏔᏅᎢ, ᎤᏣᏔᏅᎯ ᎤᏔᎳᏬᏎᎢ, ᎠᎴ
ᎤᏓᏅᏎ ᏫᏚᏂᎨᏁ ᏂᎦᏛ ᏗᏂᏲᎵ ᎦᏚᏱ ᎠᏁᎯ, ᎠᎴ ᏂᎦᏛ ᏂᎬᎾᏛ ᎾᎿᏂ, ᏔᎵ ᎢᏳᎾᏕᏘᏴᏛ
ᏩᏍᏘ, ᎾᎯᏳ ᎤᏓᏩᏓᎴᏅᏛ ᏥᏓᎵᏏᎾᎯᏍᏓᏁᎮ ᏥᏓᏛᏛᎮᎸᎥᏍᎨ ᎠᏂᎦᏔᎿᎢ.

17 ᎿᏉᏃ ᎤᏙᎯᏳᏁ ᏤᎵᎹᏯ ᎠᏙᎴᎰᏍᎩ ᎤᏁᏨᎯ, ᎠᎴ ᏥᏄᏪᏎᎢ;
18 ᎴᎹᏱ ᎧᏁᎬ ᎤᎾᏛᎦᏅᎩ, ᏓᏂᏴᎬᎢ, ᎠᎴ ᏓᎾᏠᏱᎲᎢ, ᎠᎴ ᎤᏣᏘ ᎤᏁᎷᎬᎢ; ᎴᏥᎵ
ᏓᏍᎪᏂᎲ ᏧᏪᏥ, ᎠᎴ ᏄᏚᎵᏍᎬᎾ ᎨᏒ ᎤᏄᏬᎯᏍᏗᏱ, ᎤᏗᎦᎵᏍᏙᏗᏍᎬ ᎾᏁᎲᎾᏉ
ᎨᏒᎢ.
19 ᎿᏉᏃ ᎡᎶᏛ ᎤᏲᎱᏒ, ᎬᏂᏳᏉ ᏗᎧᎿᏩᏗᏙᎯ ᏱᎰᏩ ᎤᏤᎵᎦ ᎬᏂᎨᏒ ᏄᏛᏁᎴ ᏦᏩ
ᎠᏍᎩᏓᏍᎬ ᎢᏥᏈᏱ,
20 ᎯᎠ ᏄᏪᏎᎴᎢ; ᏔᎴᎲᎦ ᎠᎴ ᎭᏘᏄᎦ ᎠᏲᎵ ᎠᎴ ᎤᏥ, ᎠᎴ ᎮᎾ ᎢᏏᎵᏱ, ᎿᏉᏰᏃ
ᏚᏂᏲᎱᏒ ᎠᏲᎵ ᎬᏅ ᏧᏂᏲᎲᎩ.
21 ᏚᎴᏅᏃ ᎤᏘᏅᏎ ᎠᏲᎵ ᎠᎴ ᎤᏥ, ᎠᎴ ᎢᏏᎵᏱ ᏭᎷᏤᎢ.
22 ᎠᏎᏃ ᎤᏛᎦᏅ ᎠᏥᎳ ᎤᎬᏫᏳᎯ ᎨᏒ ᏧᏗᏱ ᎤᏙᏓ ᎡᎶᏛ ᎤᏓᏁᏟᏴᏍᏓᏁᎸᎢ, ᎤᏍᎦᎴ
ᎾᎿ ᏭᎶᎯᏍᏗᏱ; ᎠᏎᏃ ᎤᏁᎳᏅᎯ ᎤᏪᏯᏔᏅᎯ ᎨᏒ ᎠᏍᎩᏓᏍᎬᎢ, ᎨᎵᎵ ᏭᎪᎸᏍᏔᏁᎢ;
23 ᎦᏚᎲᏃ ᎾᏎᎵᏗ ᏧᏙᎢᏛ ᏭᎷᏨ ᎾᎿ ᎡᎮᎢ. ᎾᏍᎩᏃ ᎤᏙᎯᏳᏁ ᎠᎾᏙᎴᎰᏍᎩ ᏧᏂᏁᏤᎢ,
ᎾᏎᎵᏗ ᎡᎯ ᎠᎪᏎᎮᏍᏗ, ᏧᎾᏛᏁᎢ.

ᎠᏯᏙᎸᎢ 3

1 ᎾᎯᏳ ᎤᎷᏤ ᏣᏂ ᏗᏓᏬᏍᎩ ᎠᎵᏥᏙᎲᏍᎨ ᎢᎾᎨ ᏧᏗᏱ,

2 ᎯᎠ ᏂᎦᏪᏍᎨᎢ; ᏗᏥᏁᏟᏴᎾ ᏕᏣᏓᏅᏛᎢ, ᎿᏉᏰᏃ ᎦᎸᎳᏗ ᎡᎯ ᎤᎬᏫᏳᎯ ᎨᏒ
ᎡᏍᎦᏂᏳ ᏓᏯᎢ.

3 ᎾᏍᎩ ᎯᎠ Ꮎ ᏥᎧᏁᎢᏍᏗᏍᎨ ᎠᏙᎴᎰᏍᎩ ᎢᏌᏯ, ᎯᎠ ᏥᏂᎦᏪᏍᎨᎢ; ᎤᏪᎷᎦ ᎩᎶ
ᎢᎾᎨᎢ, ᎯᎠ ᏂᎦᏪᎭ; ᎣᏍᏛ ᏂᏨᎦ ᏱᎰᏩ ᎤᎶᎯᏍᏗᏱ, ᏚᏅᏅ ᏗᏥᏥᏃᎯᏍᏓ.

4 ᎾᏍᎩᏃ ᎯᎠ ᏣᏂ ᎤᏄᏬ ᎨᎻᎵ ᎤᏍᏘᏰᏅᎯ, ᏕᏃᏥᏃ ᎤᏓᏠᏍᏕᎢ, ᎤᎵᏍᏓᏴᏗᏃ ᎥᎴ ᎨᏎ
ᎢᎾᎨᏃ ᎡᎯ ᏩᏚᎵᏏ.

5 ᎾᏉᏃ ᏫᎬᏩᎷᏤᎴ ᏥᎷᏏᎵᎻ ᎠᎴ ᏂᎦᏛ ᏧᏗᏱ, ᎠᎴ ᏂᎦᏛ ᎾᏅᎾᏛ ᏦᏓᏂ,

6 ᏦᏓᏂᏃ ᏕᎤᏬᏒᎢ, ᎠᏂᏃᎲᏍᎨ ᎤᏂᏍᎦᏅᏨᎢ.

7 ᎠᏎᏃ ᎦᎪᎲ ᎤᏂᏣᏘ ᎠᏂᏆᎵᏏ ᎠᎴ ᎠᏂᏌᏚᏏ ᎠᏂᎷᎬ ᏓᏓᏬᏍᎬᎢ, ᎯᎠ ᏂᎦᏪᎭᎴᎢ; Ꮵ!
ᎢᎾᏛ ᏧᏁᏥ ᏂᎯ! ᎦᎪ ᎢᏤᏯᏔᏅ ᎡᏣᎵᎡᏗᏱ ᎤᏔᎳᏬᎯᏍᏗ ᏨᏩᎢ?

8 ᎢᏥᎾᏄᎪᏩᏲᎪ ᎠᏙᎴᎰᎯᏍᏙᏗ ᏕᏥᏁᏟᏴᏒ ᏕᏣᏓᏅᏛᎢ;

9 ᎠᎴ ᏞᏍᏗ ᎯᎠ ᎤᏓᏲᏥᏪᏏ ᎢᏤᎵᎡᎩ ᏙᏗᏣᏓᏅᏛᎢ; ᎡᏆᎭᎻ ᎣᎩᏙᏓ; ᎢᏨᏲᏎᏰᏃ
ᎤᏁᎳᏅᎯ ᏰᎵᏉ ᎯᎠ ᏅᏯ ᏱᎦᎬᏓ ᏱᎦᎪᏢᎾ ᎡᏆᎭᎻ ᏧᏪᏥ.

10 ᎠᎴ ᎾᏍᏉ ᎦᏩᎳ ᎦᎷᏯᏍᏗ ᎠᎭ ᏚᎿᏍᎦᏢ ᏕᏡᎬᎢ; ᎾᏍᎩᏃ ᏂᎦᏛ ᏕᏡᎬ ᎠᏃᏍᏛ
ᎾᎾᏓᏛᏍᎬᎾ ᏗᎦᎴᏴᏍᏙᏗ ᎠᎴ ᎠᏥᎸᏱ ᏫᏓᏗᏅᏗ ᎨᏎᏍᏗ.

11 ᎠᏴ ᎤᏙᎯᏳᎯ ᎠᎹ ᏕᏨᏯᏬᏍᏗᎭ ᏗᏥᏁᏟᏴᏍᏗᏱ ᏕᏣᏓᏅᏛ ᎤᎬᏩᎵ; ᎠᏎᏃ ᎾᏍᎩ Ꮎ
ᎣᏂ ᏨᏓᏯᎢ ᎤᏟᎯᏳ ᎤᎵᏂᎩᏗᏳ ᎡᏍᎦᏉ ᎠᏴ, ᏧᎳᏑᎶ ᎥᏝ ᏰᎵ ᏱᏂᎪᎢ ᏗᎩᏂᏓᏍᏗᏱ;
ᎾᏍᎩᏍᎩᏂ ᎦᎸᏉᏗᏳ ᎠᏓᏅᏙ ᎠᎴ ᎠᏥᎸ ᏙᏓᏣᏬᏍᏔᏂ.

12 ᎾᏍᎩ ᎦᏔᏖᎾᏍᏗ ᎤᏤᎵᎦ ᎠᏰᎭ, ᎠᎴ ᏂᎦᏛ ᏓᎦᏔᏖᎾᏏ, ᎤᏤᎵᏃ ᎤᎦᏔᏔᏅᎯ
ᏓᎦᏟᏌᏂ ᏛᏂ ᎠᏓᎾᏅᏗᏱ ᎤᏘᏴᎯᏍᎩᏂ ᏛᎪᎲᏍᏔᏂ ᏂᎬᏠᏍᎬᎾ ᎠᏥᎸᏱ.

13 ᎿᏉᏃ ᏥᏌ ᎨᎵᎵ ᏧᎶᏎᎢ, ᏦᏓᏂ ᎤᎷᏤ ᏣᏂ ᎡᏙᎲᎢ ᎠᎦᏬᏍᏗᏱ ᎤᏰᎸᏎᎢ.

14 ᎠᏎᏃ ᏣᏂ ᏚᏢᏫᏎᎴᏉ, ᎯᎠ ᏄᏪᏎᎢ; ᎠᏴᏍᎩᏂ ᏱᏍᏆᏬᎥ; ᏥᎪᏃ ᎢᏍᎩᎷᏤᎭ?

15 ᏥᏌᏃ ᏧᏁᏨ ᎯᎠ ᏄᏪᏎᎴᎢ; ᎤᏁᎳᎩ ᎮᎳ ᎪᎯ ᎨᏒᎢ, ᎣᏏᏳᏰᏃ ᎾᏍᎩ ᎢᎩᎾᏛᏁᏗᏱ
ᎩᏂᏍᏆᏗᏍᏗᏱ ᏂᎦᎥ ᏚᏳᎪᏛ ᎨᏒᎢ. ᎩᎳ ᎤᏁᎳᎩ ᎤᏪᎵᏎᎴᎢ.

16 ᏥᏌᏃ ᎠᎦᏬᎥ, ᎩᎳᏉ ᎢᏴᏛ ᎤᎿᎷᏎᎢ, ᎠᎹᏱ ᎤᏓᏅᏎᎢ, ᎠᎴ ᎬᏂᏳᏉ ᎦᎸᎳᏗ
ᏣᏥᏍᏚᎩᎡᎴᎢ, ᎠᎴ ᏭᎪᎮ ᎤᏁᎳᏅᎯ ᎤᏓᏅᏙ ᎡᎳᏗ ᎤᏧᏛᎿᏗᏎ ᎫᎴ-ᏗᏍᎪᏂᎯ ᏗᏤᎵᏛ;
ᎠᎴ ᎤᏪᏯᎸᏤᎢ.

17 ᎠᎴ ᎬᏂᏳᏉ ᎯᎠ ᎤᏧᏪᏎ ᎦᎸᎳᏗ; ᎯᎠ ᏥᎨᏳᎢ ᎠᏇᏥ, ᎾᏍᎩ ᎣᏏᏳ ᏥᏥᏰᎸᎠ.

ᎠᏯᏙᎸᎢ 4

1 ᎿᏉᏃ ᎠᏓᏅᏙ ᎢᎾᎨ ᏭᏘᏅᏍᏔᏁ ᏥᏌ, ᎠᏍᎩᎾ ᎤᎪᎵᏰᏗᏱ ᎠᏰᎸᏎᎢ.
2 ᏅᎦᏍᎪᎯᏃ ᏧᏙᏓᏆᏛ ᎠᎴ ᏅᎦᏍᎪᎯ ᏧᏒᎯᏛ ᎠᎹᏟ ᎤᏩᏅ ᎩᎳ ᎤᏲᏏᏌᏁᎢ
3 ᎿᏉᏃ ᎤᎪᎵᏰᏍᎩ ᎤᎷᏤᎸ ᎯᎠ ᏄᏪᏎᎢ; ᎢᏳᏃ ᏂᎯ ᎤᏁᎳᏅᎯ ᎤᏪᏥ ᎨᏎᏍᏗ, ᎯᎠ
ᏅᏯ ᎦᏚ ᎤᎾᏙᏢᏗᏱ ᎯᏁᎩ.
4 ᎠᏎᏃ ᎤᏁᏨ, ᎯᎠ ᏄᏪᏎᎢ; ᎯᎠ ᏂᎬᏅ ᎪᏪᎳ, ᏴᏫ ᎥᏝ ᎦᏚᏉ ᎤᏩᏒ ᏱᎬᎿᏗᏍᏗ,
ᏂᎦᎥᏍᎩᏂ ᎧᏃᎮᏛ ᎤᏁᎳᏅᎯ ᎠᎰᎵ ᎤᏓᏳᎾᏄᎪᏨᎯ.
5 ᎿᏉᏃ ᎠᏍᎩᎾ ᎦᎸᏉᏗᏳ ᏗᎦᏚᎲ ᏭᏘᏅᏍᏔᏁᎢ, ᎠᎴ ᏭᎩᎸᏔᏁ ᎤᏍᎪᎵ ᎤᏛᏅ-
ᏗᎦᎳᏫᎢᏍᏗᏱ;
6 ᎯᎠᏃ ᏄᏪᏎᎴᎢ; ᎢᏳᏃ ᏂᎯ ᎤᏁᎳᏅᎯ ᎤᏪᏥ ᎨᏎᏍᏗ, ᎭᏓᎶᎥᏓ ᏨᏒ; ᎯᎠᏰᏃ ᏂᎬᏅ
ᎢᎪᏪᎳ; ᎠᏎ ᏙᏓᎧᏁᏤᎵ ᏗᏤᎵ ᏗᏂᎧᎿᏩᏗᏙᎯ ᏂᏌ ᎨᏒ ᎤᎬᏩᎵ, ᎠᎴ ᏧᏃᏰᏂ
ᎨᏣᏌᎳᏙᎦᏍᏗ ᎾᏍᎩ ᎢᎸᎯᏳ ᏅᏲᎯ ᏣᎾᏍᏆᎶᏍᏙᏗᏱ ᏂᎨᏒᎾ.
7 ᏥᏌ ᎯᎠ ᏄᏪᏎᎴᎢ; ᎯᎠ ᎾᏍᏉ ᏂᎬᏅ ᎢᎪᏪᎳ; ᏞᏍᏗ ᎯᎪᎵᏰᎥᎩ ᏱᎰᏩ ᏣᏁᎳᏅᎯ.
8 ᎿᏆᎴ ᎠᏍᎩᎾ ᎤᏣᏘ ᎢᏅ-ᎢᎦᏘ ᎣᏓᎸ ᏫᎤᏘᏅᏍᏔᏁᎢ, ᎠᎴ ᏚᏎᎮᎴ ᏂᎦᎥ ᎠᏰᎵ
ᎦᎪᎵᏩᏗᏒ ᎡᎳᏂᎬᎢ, ᎠᎴ ᎾᏍᎩ ᏂᏚᏬᏚᏒᎢ;
9 ᎠᎴ ᎯᎠ ᏄᏪᏎᎴᎢ; ᎯᎠ ᏂᎦᏛ ᏱᎦᎬᏲᎯᏏ, ᎢᏳᏃ ᏱᏣᏓᏅᏅ, ᎠᎴ ᏱᏍᏆᏓᏙᎵᏍᏓᏁᎸ.
10 ᎿᏉᏃ ᏥᏌ ᎯᎠ ᏄᏪᏎᎴᎢ; ᎤᏣ ᏫᎶᎯ, ᏎᏓᏂ, ᎯᎠᏰᏃ ᏂᎬᏅ ᎢᎪᏪᎳ; ᎠᏎ
ᎯᏯᏓᏙᎵᏍᏓᏁᎮᏍᏗ ᏱᎰᏩ ᏣᏁᎳᏅᎯ, ᎠᎴ ᎾᏍᎩᏉ ᎤᏩᏒᎯᏳ ᎦᎯᏯᏁᎶᎦᏍᏗ.
11 ᎩᎳᏃ ᎠᏍᎩᎾ ᎤᏓᏅᏒᎴᎢ, ᎬᏂᏳᏉᏃ ᏗᏂᎧᎿᏩᏗᏙᎯ ᎤᏂᎷᏤᎢ, ᎠᎴ
ᎬᏩᏍᏕᎸᎯᏙᎴᎢ.
12 ᏥᏌᏃ ᎤᏛᎦᏅ ᏣᏂ ᎠᏥᏍᏚᎲᎢ, ᎨᎵᎵ ᏭᎶᏎᎢ.
13 ᎾᏎᎵᏗᏃ ᎤᏓᏅᏒ ᎨᏆᏂ ᎨᎷᏤ ᎾᎿ ᏭᎦᏁᎢ, ᎾᏍᎩ ᎥᏓᎵ ᎠᎹᏳᎶᏗ ᏥᎦᏚᎭ, ᏤᏆᎳᏂ
ᎠᎴ ᏁᏩᏔᎵ ᎤᎾᏤᎵᎪᎯ,
14 ᎤᏙᎯᏳᏗᏱ ᎠᏙᎴᎰᏍᎩ ᎢᏌᏯ ᏧᏁᏤᎢ, ᎯᎠ ᏥᏄᏪᏎᎢ;
15 ᏤᏆᎳᏂ ᎤᎾᏤᎵᎪᎯ, ᎠᎴ ᏁᏩᏔᎵ ᎤᎾᏤᎵᎪᎯ, ᎢᏓᎵ ᎢᏗᏢ, ᏦᏓᏂ ᎤᏗᏗᏢ, ᎨᎵᎵ
ᏧᎾᏓᎴᏅᏛ ᏴᏫ ᏓᏂᏁᎸᎢ,
16 ᏴᏫ ᎤᎵᏏᎬ ᏣᏂᏅᎩ ᎤᏣᏘ ᎢᎦᎦᏘ ᎤᏂᎪᎲ, ᎾᏃ ᎠᏲᎱᎯᏍᏗᏱ ᎨᏒ ᎤᏤᎵᎪᎯ ᎠᎴ
ᎤᏓᏩᏗᏍᎬ ᏣᏂᏅᎩ, ᎢᎦᎦᏘ ᎤᏂᎾᏄᎪᏤᎸ.
17 ᎾᎯᏳ ᏥᏌ ᎤᎴᏅᎮ ᎠᎵᏥᏙᎲᏍᎨᎢ, ᎯᎠ ᏂᎦᏪᏍᎨᎢ; ᏗᏥᏁᏣᏴᎾ ᎦᏣᏓᏅᏛᎢ,
ᎿᏉᏰᏃ ᎦᎸᎳᏗ ᎡᎯ ᎤᎬᏫᏳᎯ ᎨᏒ ᎡᏍᎦᏂᏳ ᏓᏯᎢ.
18 ᏥᏌᏃ ᎠᎢᏒ ᎨᎵᎵ ᎥᏓᎷᎶᏗ ᏚᎪᎮ ᎠᏂᏔᎵ ᎠᎾᎵᏅᏟ, ᏌᏩᏂ ᏈᏓ ᏣᏃᏎᎰᎢ ᎤᏅᏟᏃ
ᎡᏂᏗ, ᎥᏓᎵ ᎠᏂᎦᏯᎷᎥᏍᎨᎢ-ᎠᏂᎦᏯᎷᎥᏍᎩᏰᏃ ᎨᏎᎢ.
19 ᎯᎠᏃ ᏂᏚᏪᏎᎴᎢ; ᏍᎩᏂᏍᏓᏩᏚᎦ, ᏴᏫᏃ ᎢᏍᏗᎦᏯᎷᎥᏍᎩ ᏅᏓᏍᏛᏴᏁᎵ.

20 ᎩᎳᏉᏃ ᎢᏴᏛ ᏚᏂᏲᏎ ᏗᏕᏯᎷᏗ ᎠᎴ ᎬᏩᏍᏓᏩᏛᏎᎢ.
21 ᎾᎿᏃ ᏫᎤᏪᏅ, ᎠᏂᏔᎵ ᎤᏩᎾᏓᎴ ᎠᎾᎵᏅᏟ ᏚᎪᎮᎢ, ᏥᎻ ᏤᏈᏗ ᎤᏪᏥ ᎤᏅᏟᏃ
ᏣᏂ, ᏤᏈᏗ ᎤᏂᏙᏓ ᏥᏳᎯ ᎤᎾᏣᏒᎢ, ᏓᏃᏢᎯᏏᏍᎨ ᏧᏂᏕᏯᎷᏗ; ᏫᏚᏯᏅᎮᏃ.
22 ᎩᎳᏉᏃ ᎢᏴᏛ ᏚᏂᏲᏎ ᏥᏳ ᎠᎴ ᎤᏂᏙᏓ, ᎠᎴ ᎬᏩᏍᏓᏩᏛᏎᎢ.
23 ᏥᏌᏃ ᏂᎬᎾᏛ ᎨᎵᎵ ᎡᏙᎮᎢ ᏓᏕᏲᎲᏍᎨ ᏧᏂᎳᏫᎢᏍᏗᏱ, ᎠᎴ ᎠᎵᏥᏙᎲᏍᎨ ᎣᏍᏛ
ᎧᏃᎮᏛ, ᎤᏁᎳᏅᎯ ᎤᎬᏫᏳᎯ ᎨᏒ ᎧᏃᎮᏍᎨᎢ, ᎠᎴ ᏕᎧᏅᏫᏍᎨ ᏧᎵᎴᏅᏛ ᏚᏂᏢᎬᎢ, ᎠᎴ
ᏧᏓᎴᏅᏛ ᎥᏳᎩ ᏴᏫ ᎤᏁᎲᎢ.
24 ᏕᏚᏃᏣᎸᏃ ᏂᎬᎾᏛ ᏏᎵᏱ ᎤᏰᎵᏎᎢ; ᏕᎬᏩᏘᏃᎮᎴᏃ ᏂᎦᏛ ᏧᏂᏢᎩ, ᏧᏓᎴᏅᏛ ᎥᏳᎩ ᎠᎴ
ᎡᎯᏍᏗ ᎤᏂᏱᎵᏙᎯ, ᎠᎴ ᎾᏍᏉ ᎠᏂᏍᎩᎾ ᏗᎬᏩᏂᏯᎢ, ᎠᎴ ᎾᏍᏉ ᏧᏂᎸᏃᏘᏍᎩ, ᎠᎴ
ᎾᏍᏉ ᏧᏂᎾᏫᏍᎩ; ᏚᏅᏩᏁᏃ.
25 ᎤᏂᏣᏘᏃ ᏴᏫ ᎬᏩᏍᏓᏩᏛᏎᎢ ᎤᏓᏳᏂᎶᏒᎯ ᎨᎵᎵ, ᎠᏍᎪᎯᏃ-ᏕᏚᎩᏱ, ᎠᎴ ᏥᎷᏏᎵᎻ,
ᎠᎴ ᏧᏗᏱ, ᎠᎴ ᏦᏓᏂ ᏍᎪᏂᏗᏢ.

ᎠᏯᏙᎸᎢ 5

1 ᎤᏂᏣᏘᏃ ᏫᏚᎪᎲ ᎤᏌᎯᎸ ᎤᎿᎷᏎᎢ, ᎤᏪᏅᏃ ᎬᏩᏍᏓᏩᏗᏙᎯ ᎬᏩᎷᏤᎴᎢ.
2 ᎠᎰᎵᏃ ᎤᏍᏚᎢᏒ ᏚᏪᏲᏁ ᎯᎠ ᏄᏪᏎᎢ;
3 ᎣᏏᏳ ᎢᏳᎾᎵᏍᏓᏁᏗ ᎤᏲ ᎢᏳᎾᏛᎿᏕᎩ ᏚᎾᏓᏅᏛᎢ; ᎤᎾᏤᎵᏰᏃ ᎦᎸᎳᏗ ᎡᎯ ᎤᎬᏫᏳᎯ
ᎨᏒᎢ.
4 ᎣᏏᏳ ᎢᏳᎾᎵᏍᏓᏁᏗ ᎤᏲ ᎤᎾᏓᏅᏔᏩᏕᎩ, ᏛᎨᏥᏄᏌᎯᏍᏔᏂᏰᏃ.
5 ᎣᏏᏳ ᎢᏳᎾᎵᏍᏓᏁᏗ ᎤᎾᏓᏅᏘ, ᎦᏙᎯᏰᏃ ᎤᎾᏤᎵ ᎢᏳᎵᏍᏙᏗ.
6 ᎣᏏᏳ ᎢᏳᎾᎵᏍᏓᏁᏗ ᎤᏂᏲᏏᏍᎩ ᎠᎴ ᎤᏂᏔᏕᎩᏍᎩ ᎤᎾᏓᏅᏘ ᎢᏳᎾᎵᏍᏙᏗᏱ;
ᏛᎨᏥᎧᎵᎵᏰᏃ.
7 ᎣᏏᏳ ᎢᏳᎾᎵᏍᏓᏁᏗ ᎤᎾᏓᏙᎵᏣᏘ, ᏛᎨᏥᏙᎵᏥᏰᏃ.
8 ᎣᏏᏳ ᎢᏳᎾᎵᏍᏓᏁᏗ ᏧᏓᏅᎦᎸᏛ ᏧᏂᎾᏫ, ᎤᏁᎳᏅᎯᏰᏃ ᎤᏂᎪᏩᏛᏗ;
9 ᎣᏏᏳ ᎢᏳᎾᎵᏍᏓᏁᏗ ᎠᏃᎯᏍᏗᏍᎩ, ᎤᏁᎳᏅᎯᏰᏃ ᏧᏪᏥ ᏛᎨᎪᏎᎵ.
10 ᎣᏏᏳ ᎢᏳᎾᎵᏍᏓᏁᏗ ᎤᏲ ᎢᎨᎬᎾᏕᎩ ᏚᏳᎪᏛ ᎨᏒ ᎤᏂᏍᏛᏗᏍᎩ, ᎤᎾᏤᎵᏰᏃ ᎦᎸᎳᏗ
ᎡᎯ ᎤᎬᏫᏳᎯ ᎨᏒᎢ.
11 ᎣᏏᏳ ᎢᏣᎵᏍᏓᏁᏗ ᎢᏳᏃ ᏴᏫ ᎤᏐᏅ ᏂᎨᏥᏪᏎᎮᏍᏗ ᎠᎴ ᎤᏲ ᏂᎨᏨᏁᎮᏍᏗ, ᎠᎴ
ᏂᎦᎥ ᏧᏓᎴᏅᏛ ᎤᏐᏅ ᎦᏰᎪᎩ ᎨᏥᏃᎮᏍᎨᏍᏗ ᎠᏴ ᎨᏒ ᎢᏥᏍᏛᏗᏍᎨᏍᏗ.
12 ᎢᏣᎵᎮᎵᎨᏍᏗ ᎠᎴ ᎤᏣᏔᏅᎯ ᎣᏍᏛ ᎢᏣᏓᏅᏓᏍᏗ, ᎤᏣᏘᏰᏃ ᎡᏣᎫᏴᎡᏗ ᎦᎸᎳᏗ;
ᎾᏍᎩᏯᏰᏃ ᎤᏥ ᏂᏚᏅᏁᏄᎩ ᎠᎾᏙᎴᎰᏍᎩ ᎢᎬᏱ ᏥᏂᎨᏤᏅᎡᏄ.
13 ᏂᎯ ᎠᎹ ᎡᎶᎯ ᎤᏤᎵᎦ; ᎢᏳᏍᎩᏂ ᎠᎹ ᏳᏥᏍᎪᏄ ᎦᏙ ᏱᎦᎵᏍᏙᏓ ᎠᎹ ᏯᏙᎵᎾ; ᎥᏝ
ᎿᏉ ᎪᎱᏍᏗ ᎬᏙᏗ ᏱᎦᎩ, ᎠᏗᏅᏗᏉ ᎤᏩᏒ, ᎠᎴ ᏴᏫᏉ ᎤᎾᎳᏍᏓᎡᏗ.
14 ᏂᎯ ᎢᎦ ᎢᏣᏘᏍᏗᏍᎩ ᎡᎶᎯ. ᎦᏚᎲ ᎤᏌᎯᎸ ᏥᎦᎧᎰᎢ ᎥᏝ ᏰᎵ ᏴᎦᏰᎬᏍᎦᏄᎦ.
15 ᎥᏝ ᎠᎴ ᏴᏫ ᎠᏂᏨᏍᏛᎦ ᎠᏨᏍᏙᏗ ᎠᏟᎶᏍᏗ ᏯᏄᎵᏗᏍᎪᎢ, ᎦᎪᏗᏱᏍᎩᏂ
ᎠᏂᎧᎲᏍᎪᎢ, ᎢᎦᏃ ᎤᎾᏘᏍᏓᏁᎰ ᏂᎦᏛ ᎦᎵᏦᏕ ᎠᏂᏯᎢ.
16 ᎢᎦ ᎢᏣᏘᏍᏗᏍᎬ ᏚᏂᏄᏌᏓᏕᎮᏍᏗ ᏴᏫ, ᎾᏍᎩᏃ ᎣᏍᏛ ᏕᏥᏄᏫᏍᏓᏁᎲ
ᎠᏂᎪᏩᏘᏍᎨᏍᏗ, ᎠᎴ ᎠᏂᎸᏉᏗᏍᎨᏍᏗ ᎢᏥᏙᏓ ᎦᎸᎳᏗ ᎡᎯ.
17 ᏞᏍᏗ ᏗᎧᎿᏩᏛᏍᏗ ᎠᎴ ᎠᎾᏙᎴᎰᏍᎩ ᏚᏲᏍᏔᏂᏄ ᏱᏍᎩᏰᎵᏎᎮᏍᏗ; ᎥᏝᏍᎩᏂ
ᏱᏓᎩᏲᏍᏔᏂᏄ, ᏓᎩᎧᎵᎵᏄᏍᎩᏂ.
18 ᎤᏙᎯᏳᎯᏯᏰᏃ ᎯᎠ ᏂᏨᏪᏎᎭ, ᎬᏂ ᎦᎸᎶᎢ ᎠᎴ ᎡᎶᎯ ᎠᏂᎶᏐᏅᎭ ᏌᏉ ᎤᏍᏗ ᎠᎴ
ᏌᏉ ᏭᏍᏗᎬ ᏗᎧᎿᏩᏛᏍᏗ ᎥᏝ ᏴᎦᎶᎯ ᎬᏂ ᏂᎦᏗᏳ ᎠᎧᎵᏨᎭ.
19 ᎾᏍᎩ ᎢᏳᏍᏗ ᎩᎶ ᎠᏲᏍᏗᏍᎨᏍᏗ ᏌᏉ ᎯᎠ ᎤᏍᏗᎧᏂ ᎤᎵᏁᏨᎢ, ᎠᎴ ᎾᏍᎩ
ᏄᏍᏕᏍᏗ ᏴᏫ ᏕᎨᏲᎲᏍᎨᏍᏗ, ᎾᏍᎩ ᎤᏍᏗᎧᏂ ᎠᎪᏎᎮᏍᏗ ᎦᎸᎳᏗ ᎡᎯ ᎤᎬᏫᏳᎯ
ᎨᏒᎢ; ᎩᎶᏍᎩᏂ ᏓᎧᎿᏩᏕᎨᏍᏗ, ᎠᎴ ᎾᏍᎩ ᏄᏍᏕᏍᏗ ᏓᏕᏲᎲᏍᎨᏍᏗ, ᎦᎸᏉᏗᏳ
ᎠᎪᏎᎮᏍᏗ ᎦᎸᎳᏗ ᎡᎯ ᎤᎬᏫᏳᎯ ᎨᏒᎢ.

20 ᎯᎠᏰᏃ ᏂᏨᏪᏎᎭ, ᎢᏨᏃ ᎾᏍᎩ ᎢᏣᏓᏅᏘ ᎨᏒ ᏂᏗᏥᎪᎾᏛᎳᏅᎾ ᎢᎨᏎᏍᏗ ᏗᏃᏪᎵᏍᎩ
ᎠᎴ ᎠᏂᏆᎵᏏ, ᎥᏝ ᎦᎸᎳᏗ ᎡᎯ ᎤᎬᏫᏳᎯ ᎨᏒ ᏴᎨᏥᏴᎭ.
21 ᎢᏣᏛᎦᏅᎯ ᎢᎩ ᎯᎠ ᏥᏂᎨᏥᏪᏎᎴ ᎡᏘ ᏣᏁᎮᎢ; ᏞᏍᏗ ᏣᏓᎸᎩ; ᎠᎴ ᎩᎶ ᎠᏓᎯᎮᏍᏗ
ᎡᏩᏍᏛᏗᏍᏗ ᎨᏎᏍᏗ ᏗᏄᎪᏗᏍᎩᏱ.
22 ᎠᏎᏃ ᎠᏴ ᎯᎠ ᏂᏨᏪᏎᎭ; ᎩᎶ ᏗᎾᏓᏅᏟ ᎠᏍᎦᎨᏍᏗ ᎪᎱᏍᏗ ᏄᏍᏛᏗᏍᎬᎾ ᎢᎨᏎᏍᏗ,
ᎡᏩᏍᏛᏗᏍᏗ ᎨᏎᏍᏗ ᏗᏄᎪᏗᏍᎩᏱ; ᎩᎶᏃ ᏗᎾᏓᏅᏟ ᏂᏣᏓᏅᏛᎾ ᎢᎪᏎᎮᏍᏗ, ᏕᎦᎳᏫᎥ
ᎡᏩᏍᏛᏗᏍᏗ ᎨᏎᏍᏗ; ᎩᎶᏃ ᏣᏁᎫ ᎢᎪᏎᎮᏍᏗ, ᎡᏩᏍᏛᏗᏍᏗ ᎨᏎᏍᏗ ᏨᏍᎩᏃ ᎠᏥᎸᏱ.
23 ᎾᏍᎩ ᎢᏳᏍᏗ ᎢᏳᏃ ᎠᏥᎸᎨᎳᏍᏗᏱ ᎯᏲᎯᎮᏍᏗ ᏣᏓᏁᏗ, ᎾᎿᏃ ᎢᎭᏅᏓᏗᏍᎨᏍᏗ
ᏗᏍᏓᏓᏅᏟ ᎪᎱᏍᏗ ᏤᎵᏎᎲᎢ,
24 ᎾᎿ ᎠᏥᎸ-ᎨᎳᏍᏗᏱ ᎯᎯᏯᏍᎨᏍᏗ ᏣᏓᏁᏗ ᎠᎴ ᎭᏓᏅᏍᎨᏍᏗ, ᎢᎬᏱ ᎣᏍᏛ
ᏂᏍᏛᏁᎮᏍᏗ ᏗᏍᏓᏓᏅᏟ; ᎩᎳᏃ ᎯᎷᎨᏍᏗ ᎭᎵᏍᎪᎸᏗᏍᎨᏍᏗ ᏣᏓᏁᏗ.
25 ᏄᎳᏉ ᎣᏍᏛ ᏂᏍᏛ ᏣᏱᎵᏙᎯ, ᎠᏏᏉ ᎢᏍᏓᎢᏒᎢ, ᏗᎫᎪᏗᏍᎩᏱᎾᏏ ᏫᏱᏣᎧᎲᎦ
ᏣᏱᎵᏙᎯ, ᏗᎫᎪᏗᏍᎩᏃ ᏗᏓᏂᏱᏍᎩᏱ ᏫᏱᏣᎧᎲᎦ, ᎠᎴ ᏗᏓᏍᏚᏗᏱ ᏱᏪᏣᏴᏓ.
26 ᎤᏙᎯᏳᎯᏯ ᎯᎠ ᏂᎬᏪᏎᎭ, ᎥᏝ ᏴᏛᎦᎯᏄᎪᎢ, ᎬᏂ ᎤᎵᏍᏆᎸᏗ ᎠᏰᎵᎢᏯᏓᏅᏖᏗ
ᎭᎫᏴᎲᎭ.
27 ᎢᏣᏛᎦᏅᎯ ᎢᎩ ᎯᎠ ᏥᏂᎨᏥᏪᏎᎴ ᎡᏘ ᏣᏁᎮᎢ; ᏞᏍᏗ ᏣᏓᎿᏁᎸᎩ.
28 ᎠᏎᏃ ᎠᏴ ᎯᎠ ᏂᏨᏪᏎᎭ; ᎩᎶ ᎠᎨᏴ ᏓᎧᏂᏍᎨᏍᏗ ᏧᎾᏂᏏᏗᏱ ᎤᏚᎵᏍᎨᏍᏗ, ᎦᏳᎳ
ᎤᏓᎿᏁᎸᎯ ᎨᏎᏍᏗ ᏧᏓᏅᏛᎢ.
29 ᎢᏳᏃ ᎯᎦᏙᎵ ᎯᎦᏘᏏ ᎦᏦᎦᏍᏗᏍᎨᏍᏗ, ᎭᏓᎦᏖᏙᎢᏍᎨᏍᏗ, ᎠᎴ ᏣᎦᎨᏍᏗ; ᎣᏏᏳᏰᏃ
ᎢᏳᎵᏍᏓᏁᏗ ᏌᏉᏉ ᏣᎵᎬᎭᎸᏛ ᏱᏣᏲᎱᏎᎭ, ᎠᏃ ᎤᏃᏍᏛ ᎯᏰᎸ ᏨᏍᎩᏃ ᏫᏰᏣᏓᎢᏁᎭ.
30 ᎢᏳᏃ ᏦᏰᏂ ᎯᎦᏘᏏ ᎦᏦᎦᏍᏗᏍᎨᏍᏗ, ᎯᏍᏆᎵᏍᎨᏍᏗ, ᎠᎴ ᏣᎦᎨᏍᏗ; ᎣᏏᏳᏰᏃ
ᎢᏳᎵᏍᏓᏁᏗ ᏌᏉᏉ ᏣᎵᎬᎭᎸᏛ ᏱᏣᏲᎱᏎᎭ, ᎠᏃ ᎤᏃᏍᏛ ᎯᏰᎸ ᏨᏍᎩᏃ ᏫᏰᏣᏓᎢᏁᎭ.
31 ᎯᎠ ᎢᎦᏪᏛ ᎢᎩ; ᎩᎶ ᎤᏓᎵᎢ ᎢᎦᎧᎲᏍᎨᏍᏗ, ᏕᎤᏁᎮᏍᏗ ᎪᏪᎵ ᎾᏍᎩ
ᏚᎾᎦᎴᏅᎲᎢ.
32 ᎠᏎᏃ ᎠᏴ ᎯᎠ ᏂᏨᏪᏎᎭ; ᎩᎶ ᎤᏓᎵᎢ ᎢᎦᎧᎲᏍᎨᏍᏗ, ᏧᏂᏏᏅᎯᏍᎩᏂᏃᏅ ᎢᎨᏎᏍᏗ,
ᎤᏓᎿᏁᏗᏱᏉ ᏂᎬᏂᏌᏁᎮᏍᏗ; ᎩᎶᏃ ᎠᏥᎧᏅᎯ ᎠᏓᏰᎨᏍᏗ ᎠᏓᎿᏁᎮᏍᏗ.
33 ᎠᎴ ᎢᏣᏛᎦᏅᎯ ᎢᎩ ᎯᎠ ᏥᏂᎨᏥᏪᏎᎴ ᎡᏘ ᏣᏁᎮᎢ; ᏞᏍᏗ ᏣᎿᏍᎳᏅ ᏣᏎᎵᎳᏅᎢ,
ᏱᎰᏩᏍᎩᏂ ᏂᏯᏛᏁᎮᏍᏗ ᏄᏍᏛ ᏣᏁᏨᎢ.
34 ᎠᏎᏃ ᎠᏴ ᎯᎠ ᏂᏨᏪᏎᎭ; ᏞᏍᏗ ᏱᏣᏎᎵᏔᏁᏍᏗ ᏱᏣᏁᎢᏍᏔᏁᏍᏗ ᎪᎱᏍᏗ, ᏞᏍᏗ
ᎦᎸᎳᏗ ᏱᏣᏁᎢᏍᏔᏁᏍᏗ, ᎤᏁᎳᏅᎯᏰᏃ ᎤᏪᏗᏱ ᎾᏍᎩ;
35 ᏞᏍᏗ ᎠᎴ ᎡᎶᎯ, ᏧᎳᏏᏗᏱᏰᏃ ᎾᏍᎩ; ᎠᎴ ᏥᎷᏏᎵᎻ, ᎾᏍᎩᏰᏃ ᎠᏥᎸᏉᏗ ᎤᎬᏫᏳᎯ
ᎤᏤᎵ ᎦᏚᎲᎢ;

36 ᏞᏍᏗ ᎠᎴ ᎯᏍᎪᎵ ᏱᏣᏁᎢᏍᏔᏁᏍᏗ, ᏝᏰᏃ ᏰᎵ ᏌᏉ ᎩᏢ ᎤᏁᎬ ᎠᎴ ᎬᏀᎨ
ᏱᎤᏕᎰᏕ.
37 ᎢᏥᏁᎬᏍᎩᏂ ᎯᎠ ᏄᏍᏕᏍᏗ, ᎥᎥ, ᎥᎥ; ᎥᏝ, ᎥᏝ; ᎤᏟᏰᏃ ᏥᏂᎦᏛ ᎤᏲᏉ ᎨᏒ
ᏗᏓᎴᏂᏍᎪᎢ.
38 ᎢᏣᏛᎦᏅᎯ ᎢᎩ ᎯᎠ ᎢᎦᏪᏛ ᎨᏒᎢ, ᎠᎦᏔ ᎠᎦᏔᏉ ᏓᎬᏩᎸᏍᎨᏍᏗ, ᎧᏳᎦᏃ ᎧᏳᎦᏉ
ᏓᎬᏩᎸᏍᎨᏍᏗ.
39 ᎠᏎᏃ ᎠᏴ ᎯᎠ ᏂᏣᏪᏎᎭ; ᏞᏍᏗ ᏱᏣᏞᎨᏍᏗ ᎤᏐᏅ ᏁᏨᏁᎸᎢ; ᎩᎶᏍᎩᏂ ᎯᎦᏘᏏ
ᏣᎪᏇᎷᎰᏍᎨᏍᏗ, ᏐᎢ ᎾᏍᏉ ᎯᏯᎵᏍᎪᎸᏓᏁᎮᏍᏗ.
40 ᎩᎶᏃ ᎤᏚᎵᏍᎨᏍᏗ ᏣᏱᎵᏓᏍᏗᏱ, ᎠᎴ ᏣᎾᏒᏗᏱ ᎭᏫᏂ ᏣᏄᏬ, ᎤᏛᏃᎯ ᎾᏍᏉ
ᎯᏅᏁᎮᏍᏗ.
41 ᎩᎶᏃ ᏑᏟᎶᏛ ᎢᏍᏕᏅᏍᏗᏱ ᏂᏨᏁᎮᏍᏗ, ᏔᎵ ᎢᏳᏟᎶᏛ ᎢᏍᏕᎨᏍᏗ.
42 ᏣᏔᏲᏎᎯ ᎯᏁᎮᏍᏗ, ᏣᏙᏄᏒᏗᏱᏃ ᎤᏚᎵᏍᎩ ᏞᏍᏗ ᎢᏴᏛ ᎢᎯᏯᏛᏁᎸᎩ.
43 ᎢᏣᏛᎦᏅᎯ ᎢᎩ ᎯᎠ ᎢᎦᏪᏛ ᎨᏒᎢ; ᎯᎨᏳᏎᏍᏗ ᎾᎥ ᎢᏗᏍᏓᏓᎳ, ᎯᏍᎦᎨᏍᏗᏃ
ᏣᏍᎦᎩ.
44 ᎠᏎᏃ ᎠᏴ ᎯᎠ ᏂᏨᏪᏎᎭ; ᏕᏥᎨᏳᏎᏍᏗ ᎨᏥᏍᎦᎩ; ᎣᏍᏛ ᏕᏥᏁᏤᎮᏍᏗ
ᎨᏥᏍᎩᏅᏗᏍᎩ, ᎣᏍᏛ ᏂᏕᏣᏛᏁᎮᏍᏗ ᎨᏥᏂᏆᏘᎯ, ᎠᎴ ᎣᏍᏛ ᎢᏣᎾᎵᏍᏓᏁᏗᏱ
ᎢᏣᏓᏙᎵᏍᏗᏍᎨᏍᏗ ᎦᏰᎪᎩ ᎨᏥᏃᎮᏍᎩ ᎠᎴ ᎤᏲ ᎢᎨᏨᏁᎯ.
45 ᎾᏍᎩᏃ ᎦᎸᎳᏗ ᎡᎯ ᎢᏥᏙᏓ ᏧᏪᏥ ᏂᏣᎵᏍᏗᏍᎨᏍᏗ; ᎾᏍᎩᏰᏃ ᎤᏤᎵ ᏅᏙ
ᏕᎦᎾᏄᎪᏫᏎᎲ ᎤᏂᏲ ᎠᎴ ᎠᏃᏍᏛ, ᎠᎴ ᏓᏕᏅᏓᏁᎲ ᎤᎾᏓᏅᏘ ᎠᎴ ᎤᏂᏁᎫᏥᏛ.
46 ᎢᏳᏰᏃ ᏱᏗᏥᎨᏳᎭ ᎨᏥᎨᏳᎯ, ᎦᏙ ᏰᏣᎫᏴᏓᏏ? ᏝᏍᎪ ᎾᏍᎩ ᏱᎾᎾᏛᏁᎲ ᎠᏰᎵ-ᎠᏕᎸ
ᎠᏂᎩᏏᏙᎯ?
47 ᎢᏳ ᎠᎴ ᎢᏣᏓᏅᏟᏉ ᎤᏅᏒ ᏱᏗᏥᏲᎵᎭ, ᎦᏙ ᎢᏣᏛᏁᎰ ᏕᏥᎪᎾᏛᏗ ᎠᏂᏐᎢ? ᏝᏍᎪ
ᎾᏍᎩ ᏱᎾᎾᏛᏁᎲ ᎠᏰᎵ-ᎠᏕᎸ ᎠᏂᎩᏏᏙᎯ?
48 ᏂᎯᏍᎩᏂ ᏂᏥᏍᎦᏅᎾ ᎨᏎᏍᏗ ᎾᏍᎩᏯ ᎢᏥᏙᏓ ᎦᎸᎳᏗ ᎡᎯ ᎾᏍᎦᏅᎾ ᏥᎩ.

ᎠᏯᏙᎸᎢ 6

1 ᎢᏤᏯᏔᎮᏍᏗ ᏞᏍᏗ ᏱᏣᏓᏁᎮᏍᏗ ᎠᏂᎦᏔᎲ ᏴᏫ ᎨᏥᎪᏩᏛᏗᏱᏉ ᏱᏥᏰᎸᏍᏗᎨᏍᏗ,
ᎢᏳᏰᏃ ᎾᏍᎩᏉ ᏱᏄᏍᏗ ᎥᏝ ᏴᎨᏣᎫᏴᏏ ᎢᏥᏙᏓ ᎦᎸᎳᏗ ᎡᎯ.
2 ᎾᏍᎩ ᎢᏳᏍᏗ ᎢᏳᏃ ᎭᏓᏁᎮᏍᏗ ᏞᏍᏗ ᎠᏤᎷᎩ ᎢᎬᏱ ᏫᏱᏃᏴᎵᏍᏗᏍᎨᏍᏗ ᎾᏍᎩ
ᏥᎾᎾᏛᏁᎰ ᎤᎾᏠᎾᏍᏗ ᏧᎳᏫᎢᏍᏗᏱ ᎠᎴ ᎡᎾᎢᏓᏍᏗᏱ ᏕᎦᎳᏅᏛᎢ, ᏴᏫ
ᎬᏩᏂᎸᏉᏙᏗᏱ ᏧᏂᏰᎸᏐᎢ; ᎤᏙᎯᏳᎯᏯ ᎢᏨᏲᏎᎭ, ᎨᎦᎫᏴᎡᎸ.
3 ᏂᎯᏍᎩᏂ ᎭᏓᏁᎮᏍᏗ ᏞᏍᏗ ᏦᏰᏂ ᎯᎦᏍᎦᏂ ᎤᏙᎴᎰᏒ ᎯᎦᏘᏏ ᏦᏰᏂ ᎾᏛᏁᎲᎢ.
4 ᎾᏍᎩᏃ ᎭᏓᏁᎲ ᎤᏕᎵᏒ ᎨᏎᏍᏗ, ᏣᏙᏓᏃ ᎤᏕᎵᏒ ᎠᎪᏩᏘᏍᎩ ᎤᏩᏒ ᎠᏎ ᏣᎫᏴᎡᏗ
ᎨᏎᏍᏗ ᎬᏂᎨᏒᎢ.
5 ᎢᏳ ᎠᎴ ᎭᏓᏙᎵᏍᏗᏍᎨᏍᏗ, ᎠᎭ ᏞᏍᏗ ᏄᎾᏍᏛ ᎤᎾᏠᎾᏍᏗ ᏱᏂᏣᏍᏕᏍᏗ;
ᎾᏍᎩᏰᏃ ᎣᏏ ᎤᏂᏰᎸᏐ ᎤᎾᏓᏙᎵᏍᏙᏗᏱ ᎤᎾᎴᏗᏱ ᏗᎦᎳᏫᎢᏍᏗᏱ ᎠᎴ ᏚᏅᏏᏯᏅ
ᏕᎦᎳᏅᏛ ᎡᎾᎢᏓᏍᏗᏱ, ᏴᏫ ᎬᏩᏂᎪᏩᏛᏗᏱ ᎤᎾᏚᎵᏍᎪᎢ. ᎤᏙᎯᏳᎯᏯ ᎢᏨᏲᏎᎭ,
ᎨᎦᎫᏴᎡᎸ.
6 ᏂᎯᏍᎩᏂ ᎢᏳᏃ ᏔᏓᏙᎵᏍᏔᏂᏎᏍᏗ ᏫᏴᎯᎮᏍᏗ ᏑᏅᏪᏍᎢ, ᎿᏉᏃ ᏣᏍᏚᏁᏍᏗ
ᎦᎶᎯᏍᏗᏱ, ᎯᏯᏓᏙᎵᏍᏓᏁᎮᏍᏗ ᏣᏙᏓ ᎤᏕᎵᏒ ᎡᎯ, ᏣᏙᎵᏃ ᎤᏕᎵᏒ ᎠᎪᏩᏘᏍᎩ ᎠᏎ
ᏣᎫᏴᎡᏗ ᎨᏎᏍᏗ ᎬᏂᎨᏒᎢ.
7 ᎠᏎᏃ ᎢᏣᏓᏙᎵᏍᏗᏍᎨᏍᏗ ᏞᏍᏗ ᎠᏎᏉ ᏱᏨᎫᏘᎶᏍᏗᎨᏍᏗ ᎾᏍᎩ ᏥᎾᎾᏛᏁᎰ
ᏧᎾᏓᎴᏅᏛ ᏴᏫ; ᎤᏣᏘᏰᏃ ᎣᏥᏁᎬ ᎤᏓᎦᎵᏍᏙᏔᏂ ᏓᏲᎦᏛᎦᏁᎵ ᎠᏁᎵᏍᎪᎢ.
8 ᏂᎯᏍᎩᏂ ᏞᏍᏗ ᎾᏍᎩ ᏄᎾᏍᏛ ᏱᏂᏣᏍᏕᏍᏗ, ᎢᏥᏙᏓᏰᏃ ᎠᎦᏔᎰ ᎢᏳᏍᏗ ᎢᏥᏂᎬᎬ
ᎠᏏᏉ ᏂᏥᏔᏲᏎᎸᎾ ᏥᎨᏐᎢ.
9 ᏂᎯᏍᎩᏂ ᎢᏣᏓᏙᎵᏍᏗᏍᎬ ᎯᎠ ᏄᏍᏕᏍᏗ; ᎣᎩᏙᏓ ᎦᎸᎳᏗ ᎨᎯ, ᎦᎸᏉᏗᏳ ᎨᏎᏍᏗ
ᏕᏣᏙᎥᎢ.
10 ᏣᎬᏫᏳᎯ ᎨᏒ ᏫᎦᎾᏄᎪᎢ. ᎠᏂ ᎡᎶᎯ ᏫᏂᎦᎵᏍᏓ ᎭᏓᏅᏖᏍᎬᎢ, ᎾᏍᎩᏯ ᎦᎸᎳᏗ
ᏥᏂᎦᎵᏍᏗᎭ.
11 ᏂᏓᏙᏓᏈᏒ ᎣᎦᎵᏍᏓᏴᏗ ᏍᎩᎥᏏ ᎪᎯ ᎢᎦ.
12 ᏗᎨᏍᎩᎥᏏᏉᏃ ᏕᏍᎩᏚᎬᎢ, ᎾᏍᎩᏯ ᏥᏗᎦᏲᏥᏁᎰ ᏦᏥᏚᎩ.
13 ᎠᎴ ᏞᏍᏗ ᎤᏓᎪᎵᏰᏗᏱ ᎨᏒ ᏫᏗᏍᎩᏯᏘᏅᏍᏔᏅᎩ, ᏍᎩᏳᏓᎴᏍᎨᏍᏗᏉᏍᎩᏂ ᎤᏥ
ᎨᏒᎢ. ᏣᏤᎵᎦᏰᏃ ᏣᎬᏫᏳᎯ ᎨᏒᎢ, ᎠᎴ ᏣᎵᏂᎩᏗᏱ ᎨᏒᎢ, ᎠᎴ ᎡᏣᎸᏉᏗᏳ ᎨᏒ
ᏂᎪᎯᎸᎢ. ᎡᎺᏅ.
14 ᎢᏳᏰᏃ ᏴᏫ ᎨᏥᏍᎦᏅᏤᎲ ᏱᏗᎨᏥᏁᎭ, ᎾᏍᏉ ᎢᏥᏙᏓ ᎦᎸᎳᏗ ᎡᎯ ᎢᏥᏙᎵᏍᏗ
ᎨᏎᏍᏗ.
15 ᎢᏳᏍᎩᏂ ᏂᏗᎨᏥᏁᎲᎾ ᏱᎩ ᏴᏫ ᎨᏥᏍᎦᏅᏤᎲᎢ, ᎾᏍᏉ ᎢᏥᏙᏓ ᎥᏝ ᏱᏙᎨᏥᎲᏏ
ᎢᏥᏍᎦᏅᏨᎢ.

16 ᎠᎴ ᎾᏍᏉ ᎠᎹᏟ ᎢᏨᏍᎨᏍᏗ, ᏞᏍᏗ ᎤᎾᏌᎾᏍᏗ ᏄᎾᏍᏛ ᏱᏂᏣᏍᏕᏍᏗ,
ᎤᎾᏓᏙᎵᏍᏗ ᏥᎨᏐ ᏗᎧᏃᏗᏱ, ᏂᏓᏤᎸᎾᏰᏃ ᏂᏓᏅᏁᎰ ᏚᎾᎧᏛᎢ, ᏴᏫᏉ ᎤᎾᏙᎴᎰᎯᏍᏗᏱ
ᎤᎾᏚᎵᏍᎪ ᎠᎹᏟ ᎠᏅᏍᎬᎢ. ᎤᏙᎯᏳᎯᏯ ᏂᏨᏪᏎᎭ ᎨᏕᎫᏴᎡᎸ.
17 ᏂᎯᏍᎩᏂ ᎠᎹᏟ ᎲᏍᎨᏍᏗ, ᎭᏌᏁᏍᎨᏍᏗ, ᎠᎴ ᎭᎬᏍᏉᏍᎨᏍᏗ,
18 ᎾᏍᎩ ᏞᏍᏗ ᏴᏫᏉ ᎨᏣᏙᎴᎰᎯᏎᏗᏱ ᏱᏣᏰᎵᏎᏍᏗ ᎠᎹᏟ ᏨᏒᎢ, ᏣᏙᏓᏍᎩᏂ ᎤᏕᎵᏒ
ᎡᎯ, ᏣᏙᏓᏃ ᎤᏕᎵᏒ ᎠᎪᏩᏘᏍᎩ, ᎠᏎ ᏣᎫᏴᎡᏗ ᎬᏂᎨᏒᎢ.
19 ᏞᏍᏗ ᏧᎬᏩᎶᏗ ᎡᎶᎯ ᏱᏥᏟᏏᏍᎨᏍᏗ, ᏥᏍᎪᏴ ᎠᎴ ᎠᏬᏍᏜᏗᏍᎩ ᎤᏂᏲᏍᏙᏗᏱ
ᎠᎴ ᎠᏂᏃᏍᎩᏍᎩ ᎤᏂᏴᏍᏗᏱ ᎠᎴ ᎤᏂᏃᏍᎩᏍᏗᏱ;
20 ᎦᎸᎳᏗᏍᎩᏂ ᏫᏥᏟᏏᏍᎨᏍᏗ ᏧᎬᏩᎶᏗ, ᎾᎿᏂ ᏥᏍᎪᏴ ᎠᏬᏍᏜᏗᏍᎩᏃ ᎤᏂᏲᏍᏙᏗᏱ
ᏂᎨᏒᎾ ᎨᏒᎢ, ᎠᎴ ᎠᏂᏃᏍᎩᏍᎩ ᎤᏂᏴᏍᏗᏱ ᎠᎴ ᎤᏂᏃᏍᎩᏍᏗᏱ ᏂᎨᏒᎾ ᎨᏒᎢ.
21 ᎾᎿᏰᏃ ᏧᎬᏩᎶᏗ ᏫᏥᎲᎢ ᎠᏎ ᎾᏍᏉ ᏫᏓᎵᏍᏗ ᏗᏣᏓᏅᏙ.
22 ᎠᎦᏔ ᎠᏰᎸ ᎢᎦ ᎦᏘᏍᏗᏍᎩ, ᎢᏳᏍᎩᏂ ᎯᎦᏙᎵ ᎪᎱᏍᏗ ᏄᏍᏛᎾ ᎨᏎᏍᏗ, ᏂᎬ ᎯᏰᎸᎢ
ᎤᎧᎵᏦᏅᎯ ᎨᏎᏍᏗ ᎢᎦᎦᏘ.
23 ᎢᏳᏍᎩᏂ ᎯᎦᏙᎵ ᎤᏲ ᎢᎨᏎᏍᏗ, ᏂᎬ ᎯᏰᎸᎢ ᎤᎧᎵᏦᏅᎯ ᎨᏎᏍᏗ ᎤᎵᏏᎩ.
ᎢᏳᏍᎩᏂᏃ ᎢᎦᎦᏘ ᎭᏫᏂ ᏤᎲ ᎤᎵᏏᎩᏉ ᎢᎨᏎᏍᏗ, ᎾᏍᎩ ᎤᎵᏏᎩ ᏂᎦ ᎡᏉᎯᏳ!
24 ᎥᏝ ᎩᎶ ᏰᎵ ᎠᏂᏔᎵ ᎬᏩᎾᏝᎢ ᎪᎱᏍᏗ ᏱᏙᎬᏛᏂᏏ, ᏱᎠᏍᎦᎦᏰᏃ ᏌᏉ ᏱᏅᎨᏳᎭᏃ
ᏐᎢ, ᎠᎴ ᏱᏙᎤᏂᏴᎭ ᏌᏉ ᏱᎦᏂᏆᏘᎭᏃ ᏐᎢ. ᏝᏍᎩᏂ ᏰᎵ ᎤᏁᎳᏅᎯ ᎠᎴ ᎹᎹᏂ
ᎪᎱᏍᏗᏱᏙᎨᏣᏛᏂᏏ.
25 ᎾᏍᎩ ᎢᏳᏍᏗ ᎯᎠ ᏂᏨᏪᏎᎭ, ᏞᏍᏗ ᏱᏤᎵᎯᏍᎨᏍᏗ ᏕᏨᏅᎢ, ᎢᏳᏍᏗ ᎢᏥᎩᏍᏗᏱ
ᎠᎴ ᎢᏳᏍᏗ ᎢᏣᏗᏔᏍᏗᏱ, ᏞᏍᏗ ᎠᎴ ᏗᏥᏰᎸᎢ ᏱᏤᎵᎯᏍᎨᏍᏗ ᎢᏳᏍᏗ ᏗᏣᏄᏬᏍᏗᏱ.
ᏝᏍᎪ ᎠᎬᏅ ᎤᏟᎯᏳ ᏱᎩ ᎡᏍᎦᏉ ᎠᎵᏍᏓᏴᏗ? ᎠᎴ ᏝᏍᎪ ᎠᏰᎸᎢ ᎡᏍᎦᏉ ᏗᏄᏬ?
26 ᏗᏣᎧᏅᎦ ᏥᏍᏆ ᎦᎸᎶᎢ ᎠᏁᎯ, ᏝᏰᏃ ᏯᏂᏫᏍᎪᎢ, ᎠᎴ Ꮭ ᏯᏂᏁᏟᎢᏍᎪᎢ, Ꮭ ᎠᎴ
ᏓᏓᏁᎸ ᏯᏂᏟᏏᏍᎪᎢ, ᎠᏎᏃ ᎢᏥᏙᏓ ᎦᎸᎳᏗ ᎡᎯ ᏙᎨᎶᎰᎢ. ᏝᏍᎪ ᏂᎯ ᎤᏟ ᏱᏁᏥᎸᏉᏗ
ᎡᏍᎦᏉ ᎾᏍᎩ?
27 ᎦᎪᏃ ᏂᎯ ᏥᏂᏣᏛᏅ ᎤᏓᏬᏯ ᎤᏪᎵᎯᏍᎬᏉ ᏰᎵ ᏌᏉ ᎢᏳᏟᎶᏛ ᏱᎧᏁᏉᏣ ᎬᏅᎢ?
28 ᎠᎴ ᎦᏙᏃ ᏗᏄᏬ ᏙᏤᎵᎯᏍᎪᎢ? ᏗᏣᏓᏅᏛᎵ ᏧᏥᎸᎯ ᏌᎨᏏ ᏤᎯ ᏓᏛᏍᎬᎢ. ᎥᏝ
ᏱᏚᏂᎸᏫᏍᏓᏁᎰᎢ, ᎠᎴ ᎥᏝ ᏯᏂᏍᏙᎰᎢ.
29 ᎠᏎᏃ ᎯᎠ ᏂᏨᏪᏎᎭ, ᎾᏍᏉ ᏐᎵᎹᏅ ᏂᎦᎥ ᏄᏬᏚᏒᎢ Ꮭ ᎾᏍᎩ ᏱᏄᏍᏕ ᏚᏄᏮᎢ ᏌᏉ
ᎯᎠ ᏄᏍᏛᎢ.
30 ᎢᏳᏰᏃ ᎤᏁᎳᏅᎯ ᎾᏍᎩ ᏱᏂᎬᏁᎭ ᏱᎦᏄᏬᎭ ᎧᏁᏍᎦ ᏌᎨᏏ ᎡᎯ, ᎪᎯ ᎢᎦ ᏤᎭ,
ᎤᎩᏨᏅᏃ ᏗᎦᏚᏗᏱ ᏭᎾᏗᏅᏗ ᏥᎩ, ᏝᏍᎪ ᎤᏟᎯᏳ ᏱᏂᏙᎨᏥᏄᏬᏣ, ᎤᏍᏗ ᎢᏦᎯᏳᎯ?
31 ᎾᏍᎩ ᎢᏳᏍᏗ ᏞᏍᏗ ᏱᏤᎵᎯᏍᎨᏍᏗ ᎯᎠ ᏱᏂᏥᏪᏍᎨᏍᏗ; ᎦᏙ ᏓᏲᏥᎩ, ᎠᎴ ᎦᏙ
ᏓᏲᏣᏗᏔᎯ, ᎠᎴ ᎦᏙ ᏓᏲᏣᏄᏬᎢ?

32 ᏂᎦᏛᏰᏃ ᎾᏍᎩ ᎯᎠ ᎤᏂᏲᎰ ᏧᎾᏓᎴᏅᏛ ᏴᏫ. ᎦᎸᎳᏗᏰᏃ ᎡᎯ ᎢᏥᏙᏓ ᎠᎦᏔᎭ ᎾᏍᎩ
ᎯᎠ ᏂᎦᏛ ᎢᏥᏂᎬᏎᎲᎢ.
33 ᎢᎬᏱᏍᎩᏂ ᎢᏥᏲᎦ ᎦᎸᎳᏗ ᎡᎯ ᎤᎬᏫᏳᎯ ᎨᏒ ᎠᎴ ᎤᏤᎵ ᏚᏳᎪᏛᎢ, ᎯᎠᏃ ᏂᎦᏗᏳ
ᏓᏰᏥᏁᏉᎡᎵ.
34 ᎾᏍᎩ ᎢᏳᏍᏗ ᏞᏍᏗ ᎤᎩᏨᏅ ᎢᏴᏛ ᏱᏫᏤᎵᎯᏍᎰᏍᏗ, ᎤᎩᏨᏅᏰᏃ ᎤᏩᏒ ᏧᏓᎴᏅᏛ
ᏛᎦᎵᎯᏍᏔᏂ. ᏰᎵᏉ ᎤᏲ ᎢᎦ ᎤᏪᎲᎢ.

ᎠᏯᏙᎸᎢ 7

1 ᏞᏍᏗ ᏥᏣᏓᏔᏫᏎᎵ ᎾᏍᎩᏃ ᏂᎯ ᏞᏍᏗ ᎡᏥᏔᏫᏎᎸᎩ.
2 ᎾᏍᎩᏰᏃ ᏄᏍᏛ ᎢᏣᏓᏔᏫᏎᎸ ᎠᏎ ᎾᏍᏉ ᏛᎡᏥᏔᏫᏎᎵ, ᎠᎴ ᏄᏍᏛ ᎢᏣᏓᏟᎶᏒᎸ
ᎾᏍᏉ ᏛᎡᏣᏟᎶᏒᎵ.
3 ᎠᎴ ᎦᏙᏃ ᎢᎯᎪᏩᏘᏍᎪ ᎤᏢᏓᎸᏛ ᎤᎦᏔᎲᎢ ᏗᏍᏓᏓᏅᏟ, ᏁᎵᏍᎬᎾᏃ ᎢᎨᎭ ᎤᏃᏍᏛ
ᎠᏓ ᏨᏒ ᏣᎦᏔᎲᎢ.
4 ᎠᎴ ᎦᏙ ᏱᎦᎵᏍᏙᏓ ᎯᎠ ᏱᏂᏬᏏ ᏗᏍᏓᏓᏅᏟ, ᎬᏄᏏ ᎤᏢᏓᎸᏛ ᏣᎦᏔᎲᎢ, ᎬᏂᏳᏉᏃ
ᎤᏃᏍᏛ ᎠᏓ ᏨᏒ ᏣᎦᏔᎭ.
5 ᏣᏠᎾᏍᏗ! ᎢᎬᏱ ᎯᏄ ᎤᏃᏍᏛ ᎠᏓ ᏨᏒ ᏣᎦᏔᎲᎢ, ᎿᏉᏃ ᎬᏂᎨᏒᎢᏳ ᏣᎪᏩᏛᏗᏱ
ᎨᏎᏍᏗ ᎯᏄᎡᏗᏱ ᎤᏢᏓᎸᏛ ᏗᏍᏓᏓᏅᏟ ᎤᎦᏔᎲᎢ.
6 ᏞᏍᏗ ᎪᎱᏍᏗ ᎦᎸᏉᏗ ᎩᎵ ᏗᏥᏁᎸᎩ, ᏞᏍᏗ ᎠᎴ ᏓᎬᎾ-ᎢᏳᎾᏍᏗ ᏗᏣᏤᎵᎦ ᏏᏆ
ᏫᏗᏣᏗᏁᎸᎩ, ᏱᏓᎾᏔᏍᏓᎥᎵᏉᏰᏃ, ᎠᎴ ᏯᎾᎦᏔᎲᎾ ᏴᎨᏥᏓᎦᏄᎥᎦ.
7 ᎢᏥᏔᏲᎭ, ᎠᏎ ᏓᏰᏥᏁᎵ; ᎢᏥᏲᎦ, ᎠᏎ ᏓᏥᏩᏛᎯ; ᎢᏨᏂᎦ, ᎠᏎ ᏓᏰᏥᏍᏚᎢᏒᎵ.
8 ᎩᎶᏰᏃ ᏣᏔᏲᎯᎰ ᎠᏥᏁᎰᎢ, ᎩᎶᏃ ᏧᏲᎰ ᎠᏩᏘᏍᎪᎢ, ᎩᎶᏃ ᏥᏫᎬᏂᎰ ᎠᏥᏍᏚᎢᏒᎰᎢ.
9 ᎦᎪᎨ ᎠᏍᎦᏯ ᎯᎠ ᏥᏂᏣᏛᏅ, ᎢᏳᏃ ᎤᏪᏥ ᎦᏚ ᏣᏔᏲᏎᎭ, ᏅᏯᏉ ᏯᎲᏏ?
10 ᎠᎴ ᎠᏣᏗ ᏯᏔᏲᎯᎭ, ᏥᎪ ᎢᎾᏛᏉ ᏴᎦᏅᎥᏏ?
11 ᎢᏳᏃ ᏂᎯ ᎢᏥᏲᎢ ᏱᏥᏏᎾᎯ ᎣᏍᏛ ᎨᏒ ᏗᏥᏁᏗᏱ ᏗᏤᏥ, ᎤᏟᎯᏳ ᎤᏙᎯᏳᎯᏯ
ᎢᏥᏙᏓ ᎦᎸᎳᏗ ᎡᎯ ᎣᏍᏛ ᏓᏁᎮᏍᏗ ᎬᏩᏔᏲᏎᎯ.
12 ᎾᏍᎩ ᎢᏳᏍᏗ ᏂᎦᎥ ᎪᎱᏍᏗ ᎢᏣᏚᎵᏍᎬ ᏴᏫ ᎢᎨᏣᏛᏁᏗᏱ, ᎾᏍᎩᏯ ᎾᏍᏉ
ᏂᏕᏣᏛᏁᎮᏍᏗ; ᎾᏍᎩᏰᏃ ᎯᎠ ᏄᏍᏗ ᏗᎧᎿᏩᏛᏍᏗ ᎠᎴ ᎠᎾᏙᎴᎰᏍᎩ
13 ᎠᏯᏙᎵ ᎦᎶᎯᏍᏗᏱ ᎢᏥᏴᏍᏓ ᎠᏯᏓᏂᏰᏃ ᎦᎶᎯᏍᏗᏱ ᎠᎴ ᎠᏯᏓᏂ ᎤᏃᎯ
ᎠᏲᎱᎯᏍᏗᏱ ᏫᎦᎾᏄᎪᎬᎢ, ᎤᏂ ᏣᏔᏃ ᎾᎿ ᎠᏂᎶᏍᎦ.
14 ᎠᏯᏙᎵᏳᏰᏃ ᎦᎶᎯᏍᏗᏱ ᎠᎴ ᎠᏯᏙᎵᏳ ᎤᏃᎯ ᎬᏂᏛ ᏫᎦᎾᏄᎪᎬᎢ, ᎠᎴ ᎠᏂᎦᏲᎵᏳ
ᎠᏂᏩᏘᎭ.
15 ᏕᏤᏯᏙᏤᎮᏍᏗ ᎤᎾᏠᎾᏍᏗ ᎠᎾᏙᎴᎰᏍᎩ, ᎠᏫ ᎤᏂᏃᏕᎾ ᎦᏁᎦ ᏧᎾᏄᏩᎢ ᏥᎨᏥᎷᏤᎰᎢ;
ᎠᏎᏃ ᎭᏫᏂ ᎨᏒ ᏩᏯ ᎤᏂᎬᎥᏍᎩ ᎨᎭᎢ.
16 ᏄᏍᏛ ᎠᎾᏓᏛᏍᎬᎢ ᏙᏓᏦᎵᏍᏔᏂ. ᏥᎪ ᏴᏫ ᏑᏄᎳᏗ ᏓᎾᏕᏍᎪ ᏥᏍᏚᏂᎩᏍᏗᎯ? ᎠᎴ
ᏒᎦᏔ-ᎢᏳᎾᏍᏗ ᏥᎪᏥᏥᎯ ᏓᎾᏕᏍᎪᎢ?
17 ᎾᏍᎩᏍᎩᏂ ᏄᏍᏗ ᏂᎦᎥ ᎣᏍᏛ ᏡᎬ ᎣᏍᏛ ᎠᏓᏛᏍᎪᎢ, ᎤᏲᏃ ᏡᎬ ᎤᏲ ᎠᏓᏛᏍᎪᎢ.
18 ᎣᏍᏛ ᏡᎬ ᎥᏝ ᏰᎵ ᎤᏲ ᏴᎬᏓᏛᎦ, ᎠᎴ ᎤᏲ ᏡᎬ ᎥᏝ ᏰᎵ ᎣᏍᏛ ᏴᎬᏓᏛᎦ.
19 ᏂᎦᎥᏍᎩᏂ ᏕᏡᎬ ᎣᏍᏛ ᎾᎾᏓᏛᏍᎬᎾ, ᏗᎦᎴᏴᏍᏙᏗ ᎨᏎᏍᏗ, ᎠᎴ ᎠᏥᎸᏱ ᏫᏓᏗᏅᏗ.
20 ᎾᏍᎩ ᎢᏳᏍᏗ ᏙᏓᏦᎵᏍᏔᏂ ᏄᏍᏛ ᎠᎾᏓᏛᏍᎬᎢ.

21 ᎥᏝᏰᏃ ᎾᏂᎥ, ᏣᎬᏫᏳᎯ, ᏣᎬᏫᏳᎯ, ᎬᏉᏎᎯ, ᎦᎸᎳᏗ ᎡᎯ ᎤᎬᏫᏳᎯ ᎨᏒ
ᏭᏂᎾᏄᎪᎢᏍᏗ ᏱᎩ, ᎾᏍᎩᏍᎩᏂ Ꮎ ᎡᏙᏓ ᎦᎸᎳᏗ ᎡᎯ ᎠᏓᏅᏖᏍᎬ ᏧᏂᎸᏫᏍᏓᏁᎯ.
22 ᎾᎯᏳ ᎢᎦ ᎨᏎᏍᏗ ᎤᏂᏣᏘᏍᏗ ᎯᎠ ᏅᏓᎬᎩᏪᎭᎵ; ᏣᎬᏫᏳᎯ, ᏣᎬᏫᏳᎯ, ᏝᏍᎪ
ᏕᏣᏙᎥ ᏲᏨᏗᏍᎨ ᏲᏣᏙᎴᎰᏍᎨᎢ? ᎠᎴ ᏝᏍᎪ ᏕᏣᏙᎥ ᏲᏨᏗᏍᎨ ᎠᏂᏍᎩᎾ
ᏱᏙᏥᏄᎪᏫᏍᎨᎢ? ᎠᎴ ᏝᏍᎪ ᏕᏣᏙᎥ ᏲᏨᏗᏍᎨ ᎤᏣᏘ ᎤᏍᏆᏂᎪᏗ ᏱᏙᎩᎸᏫᏍᏓᏁᎮᎢ?
23 ᎿᏉᏃ ᎯᎠ ᏅᏓᎦᏥᏪᏎᎵ; ᎥᏝ ᎢᎸᎯᏳ ᏱᏨᎦᏔᎮᎢ; ᎤᏣ ᏫᏥᎶᎯ ᎤᏲ ᏗᏥᎸᏫᏍᏓᏁᎯ.
24 ᎾᏍᎩ ᎢᏳᏍᏗ ᎾᏂᎥ ᎩᎶ ᎯᎠ ᏥᏂᏥᏪᎠ ᎠᎾᏛᎩᏍᎨᏍᏗ, ᎠᎴ ᎾᏍᎩ ᎾᎾᏛᏁᎮᏍᏗ,
ᎠᎦᏔᎿᎢ ᎠᏍᎦᏯ ᏙᏓᎦᏥᏯᏟᎶᏍᏔᏂ, ᎾᏍᎩ ᏅᏲᎯ ᏧᏁᏍᎨᎮᎢ;
25 ᎿᏉᏃ ᏧᎦᎿᏁᎢ, ᎠᎴ ᏥᏚᏃᎱᎦᏁᎢ, ᎠᎴ ᏧᏃᎸᏁᎢ, ᎾᎿ ᎠᏓᏁᎸ ᏥᏚᏱᎶᎴᎢ; ᎠᏎᏃ ᎥᏝ
ᏳᏲᏤᎢ, ᎤᏥᎯᏰᏃ ᎦᎧᎮᎢ.
26 ᎾᏂᎥᏃ ᎩᎶ ᎯᎠ ᏥᏂᏥᏪᎠ ᎠᎾᏛᎩᏍᎨᏍᏗ, ᎾᏍᎩᏃ ᎾᎾᏛᏁᎲᎾ ᎢᎨᏎᏍᏗ, ᎤᏁᎫ
ᎠᏍᎦᏯ ᏗᎨᎦᏟᎶᏍᏙᏗ ᎨᏎᏍᏗ ᎾᏍᎩ ᏃᏳᎯ ᏧᏁᏍᎨᎮᎢ.
27 ᎿᏉᏃ ᏧᎦᎿᏁᎢ, ᎠᎴ ᏥᏚᏃᎱᎦᏁᎢ, ᎠᎴ ᏧᏃᎸᏁᎢ, ᎾᎿ ᎠᏓᏁᎸ ᏥᏚᏱᎶᎴᎢ, ᎠᎴ
ᏧᏲᏤᎢ, ᎠᎴ ᎤᏍᎦᏎᏗᏳ ᏥᏄᎵᏍᏔᏁ ᎤᏲᏨ.
28 ᎯᎠᏃ ᏄᎵᏍᏔᏁᎢ, ᎾᏍᎩ ᏥᏌ ᎤᏍᏆᏛ ᎾᏍᎩ ᏂᎦᏪᏍᎬᎢ, ᎤᏂᏍᏆᏂᎪᏎ
ᏓᎦᏲᎲᏍᎬᎢ.
29 ᎤᏤᎵᎦᏰᏃ ᏥᏓᎦᏲᎲᏍᎪ ᎢᏳᏍᏗ ᎨᏎᎢ, ᎥᏝᏃ ᏗᏃᏪᎵᏍᎩᏉ ᏥᏓᎾᎦᏲᎲᏍᎪ ᎢᏳᏍᏗ
ᏱᎨᏎᎢ.

ᎠᏯᏙᎸᎢ 8

1 ᎿᏉᏃ ᏧᎦᎭᎠᏒ ᎤᏌᎯᎸᎢ, ᎤᏂᏣᏘ ᎬᏩᏍᏓᏩᏛᏎᎢ.
2 ᎠᎴ ᎬᏂᏳᏉ ᎠᏓᏰᏍᎩ ᎤᏢᎩ ᎤᎷᏤ ᎤᏓᏙᎵᏍᏓᏁᎴᎢ, ᎯᎠ ᏄᏪᏎᎢ; ᏣᎬᏫᏳᎯ, ᎢᏳᏃ
ᏱᏣᏓᏅᏖᎸ ᏰᎵᏉ ᏱᏍᎩᏅᎦᎸ.
3 ᏥᏌᏃ ᎤᏙᏯᏅᎯᏛ ᎤᏒᏂᎴᎢ, ᎦᏓᏅᏛᎵ, ᏣᏓᏅᎦᎸᏛ ᎨᏎᏍᏗ, ᎤᏬᏎᎴᎢ; ᎩᎳᏉᏃ
ᎢᏴᏛ ᎠᏓᏰᏍᎩ ᎤᏢᎬ ᎤᏓᏅᎦᎸᎮᎢ.
4 ᎯᎠᏃ ᏥᏌ ᏄᏪᏎᎴᎢ; Ꭷ ᏞᏍᏗ ᎩᎶ ᏥᎯᏃᏁᎵ, ᎮᎾᏉᏍᎩᏂ, ᏫᏣᎪᏩᏛ ᎠᏥᎸ-ᎨᎶᎯ,
ᎠᎴ ᎠᎵᏍᎪᎸᏙᏗ ᏫᎲᎦ ᎼᏏ ᎤᏁᏨ ᎠᎵᏍᎪᎸᏙᏗ ᎾᏍᎩ ᎤᎾᏙᎴᎰᎯᏍᏙᏗ.
5 ᎿᏉᏃ ᏥᏌ ᎨᏆᏂ ᏫᎤᎷᏨ, ᎤᎷᏤᎴ ᎠᏍᎪᎯᏧᏈ ᎠᏂᏯᏫᏍᎩ ᏗᏘᏂᏙᎯ, ᎤᏍᏗᏰᏔᏁᎢ,
6 ᎯᎠ ᏄᏪᏎᎴᎢ; ᏣᎬᏫᏳᎯ, ᏥᏅᏏᏓᏍᏗ ᎦᏅᎦ ᏗᏇᏅᏒ ᎤᏢᎦ ᎤᎸᏓᎸᎥᏍᎦ ᎤᏣᏔᏅᎯ
ᎠᎩᎵᏲᎦ.
7 ᏥᏌᏃ ᎯᎠ ᏄᏪᏎᎴᎢ; ᏓᎨᏏ ᏓᏥᏅᏩᏁᏏ.
8 ᎠᏍᎪᎯᏧᏈᏃ ᏗᏘᏂᏙᎯ ᏗᎤᏁᏨ ᎯᎠ ᏄᏪᏎᎢ; ᏣᎬᏫᏳᎯ, ᏝᏰᎵ ᏱᏂᎪᎢ ᏥᏁᎸ
ᏣᏴᏍᏗᏱ; ᎯᏁᎩᏉᏍᎩᏂ ᎤᏩᏒ, ᏥᏅᏏᏓᏍᏗᏃ ᏓᏳᏗᏩᏏ.
9 ᎠᏴᏰᏃ ᏗᏆᏓᏁᎶᏗᏉ, ᎠᎴ ᏓᎩᎧᎭ ᎠᏂᏯᏫᏍᎩ ᎾᏍᎩ ᎦᎬᏆᏁᎶᏙᎢ, ᎩᎶᏃ ᎮᎾ ᏥᏲᏏ,
ᎡᎪᎢ; ᎤᏩᏓᎴᏃ ᎡᎮᎾ ᏥᏲᏏ, ᏗᎡᎪᎢ; ᏥᏅᏏᏓᏍᏗᏃ, ᎯᎠ ᎿᏛᎦ ᏥᏲᏏ, ᎾᏍᎩ
ᎾᏛᏁᎰᎢ.
10 ᏥᏌᏃ ᎤᏛᎦᏅ ᎤᏍᏆᏂᎪᏎᎢ, ᎠᎴ ᎯᎠ ᏂᏚᏪᏎᎴ ᎤᏓᎬᏩᏍᏓᏩᏛᏛ, ᎤᏙᎯᏳᎯᏯ ᎯᎠ
ᏂᏨᏪᏎᎭ, ᎥᏝ ᎾᏍᏉ ᎢᏏᎵ ᏚᏙᎥ ᎾᏍᎩ ᎢᎦᎢ ᎪᎯᏳᏗ ᎨᏒ ᏯᎩᏩᏛᎲ.
11 ᎠᎴ ᎯᎠ ᏂᏨᏪᏎᎭ; ᎤᏂᏣᏘ ᏗᎧᎸᎬ ᎠᎴ ᏭᏕᎵᎬ ᎢᏗᏢ ᏗᏂᎶᏍᎨᏍᏗ, ᎠᎴ ᎢᏧᎳᎭ
ᎠᎾᏅᎥᏍᎨᏍᏗ ᎡᏆᎭᎻ, ᎠᎴ ᎡᏏᎩ, ᎠᎴ ᏤᎦᏈ, ᎦᎸᎳᏗ ᎡᎯ ᎾᎿ ᎤᎬᏫᏳᎯ ᎨᏒᎢ,
12 ᎦᎸᎳᏗᏍᎩᏂ ᎡᎯ ᎾᎿ ᎤᎬᏫᏳᎯ ᎨᏒ ᎠᏁᎯ ᏓᎨᏥᏄᎪᏫᏏ ᏫᏙᏓᎨᎦᏓᏒᏏ ᏧᎵᏏᎬ
ᏙᏱᏗᏢ, ᎾᎿ ᏓᏂᏴᎨᏍᏗ, ᎠᎴ ᏓᏂᏄᏓᎩᏍᎨᏍᏗ ᏓᏂᏄᏙᎬᎢ.
13 ᏥᏌᏃ ᎯᎠ ᏄᏪᎭᎴ ᎠᏍᎪᎯᏧᏈ ᏗᏘᏂᏙᎯ; ᎮᎾ, ᎠᎴ ᏄᏍᏛ ᏦᎯᏳᏅ ᎾᏍᎩ
ᏫᏂᏣᎵᏍᏓᏏ. ᎤᏅᏏᏓᏍᏗᏃ ᎾᎯᏳᏉ ᎤᏗᏩᏎᎢ.
14 ᏥᏌᏃ ᏈᏓ ᎦᏁᎸ ᎤᎷᏨ, ᎤᎪᎮ ᏈᏓ ᎤᏓᎵᎢ ᎤᏥ ᎦᏅᎨ ᎤᏗᎴᎲᏍᎨᎢ.
15 ᎤᏒᏂᎴᏃ ᎤᏬᏰᏂ, ᎤᏗᎴᎲᏍᎬᏃ ᎤᏗᏩᎭᎢ. ᏚᎴᏁᏃ ᎠᎴ ᏚᏍᏕᎸᎯᏙᎴᎢ.
16 ᎤᏒᏃ ᏄᎵᏍᏔᏅ, ᎤᏂᏣᏖ ᎠᏂᏍᎩᎾ ᏗᎬᏩᏂᏯᎢ ᏕᎬᏩᏘᏃᎮᎴᎢ; ᏚᏄᎪᏫᏎᏃ ᎠᏂᏍᎩᎾ
ᎧᏁᎬᏉ ᎬᏗᏍᎨᎢ, ᎠᎴ ᏂᎦᏛ ᏧᏂᏢᎩ ᏚᏅᏩᏁᎢ.
17 ᎤᏙᎯᏳᏗᏱ ᎠᏰᎸᏒᎩ ᎢᏌᏯ ᎠᏙᎴᎰᏍᎩ ᏧᏁᏤᎢ, ᎯᎠ ᏥᏄᏪᏎᎢ; ᎤᏩᏒ
ᎢᎩᎩᏍᏓᏁᎸᎩ ᏗᏗᏩᎾᎦᎳᎯᏳ ᎨᏒᎢ, ᎦᎩᏢᎬᏃ ᏧᏤᎵ ᏂᏚᏩᏁᎸᎩ.
18 ᏥᏌᏃ ᏚᎪᎲ ᎤᏂᏣᏘ ᏴᏫ ᎬᏩᏚᏫᏍᏗᏍᎬᎢ, ᎤᏁᏤ ᎢᏍᎪᏅ ᏫᏂᎶᎯᏍᏗᏱ.

19 ᎩᎶᏃ ᎢᏳᏍᏗ ᏗᎪᏪᎵᏍᎩ ᎤᎷᏤᎢ, ᎯᎠ ᏄᏪᏎᎴᎢ; ᏔᏕᏲᎲᏍᎩ ᏓᎬᏍᏓᏩᏗᏙᎵ ᏂᎦᎥ
ᎮᏙᎲᎢ.
20 ᏥᏌᏃ ᎯᎠ ᏄᏪᏎᎴᎢ; ᏧᎳ ᏚᏂᏔᎴᎭᎢ, ᏥᏍᏆᏃ ᎦᎸᎶ ᎠᏁᎯ ᏚᎾᏁᏍᏓᏝᎰᎢ, ᏴᏫᏍᎩᏂ
ᎤᏪᏥ ᎥᏝ ᎢᎸᎯᏢ ᎠᏍᎪᎵ ᎤᏗᏱ ᏱᎩ.
21 ᎤᎬᏓᎴᏃ ᎤᏍᏓᏩᏗᏙᎯ ᎯᎠ ᏄᏪᏎᎴᎢ; ᏣᎬᏫᏳᎯ, ᎢᎬᏱ ᎨᎾ ᏥᏂᏌᏄᎦ ᎡᏙᏓ.
22 ᏥᏌᏃ ᎯᎠ ᏄᏪᎭᎴᎢ; ᏍᎩᏍᏓᏩᏚᎦ, ᎤᎾᏁᎳᎩᏃ ᏧᏂᏲᎱᏒᎯ ᏓᏂᏂᏏᏍᎨᏍᏗ ᏧᎾᏙᎵ
ᏧᏂᏲᎱᏒᎯ.
23 ᎿᏉᏃ ᏥᏳᎯ ᏭᏣᏅ ᎬᏩᏍᏓᏩᏗᏙᎯ ᎬᏩᏍᏓᏩᏛᏎᎢ.
24 ᎬᏂᏳᏉᏃ ᎤᏣᏘ ᎤᏱᎶᎴ ᎤᏃᎴ ᎢᏓᎵ; ᏥᏳᏰᏃ ᎠᎹ ᏓᎵᏍᏗᎳᏁᎬ ᎤᏭᏢᎥᏍᎨᎢ; ᎠᏎᏃ
ᎢᎦᎵᎮᏉ.
25 ᎬᏩᏍᏓᏩᏗᏙᎯᏃ ᎬᏩᎷᏤᎴ ᎬᏩᏰᏍᏔᏁᎢ, ᎯᎠ ᏂᎬᏩᏪᏎᎴᎢ; ᏣᎬᏫᏳᎯ, ᏍᎩᏍᏕᎸ,
ᏓᏲᏣᏗᏒᏂᏉ.
26 ᎯᎠᏃ ᏂᏚᏪᏎᎴᎢ, ᎦᏙᏃ ᎢᏥᏍᎦᎢᎭ? ᎤᏍᏗ ᎢᏦᎯᏳᎯ! ᎿᏉᏃ ᏚᎴᏅ ᏚᏍᎦᏤ ᎤᏃᎴ
ᎠᎴ ᎥᏓᎵ, ᎤᏣᏘᏃ ᎤᏓᏥᎾᏍᏛᎯ ᏄᎵᏍᏔᏁᎢ.
27 ᎠᏂᏍᎦᏯᏃ ᎤᏂᏍᏆᏂᎪᏎᎢ, ᎯᎠ ᏄᏂᏪᏎᎢ; ᎦᏙ ᎤᏍᏗ ᎯᎠ ᎠᏍᎦᏯ, ᎾᏍᏉᏰᏃ
ᎤᏃᎴ ᎠᎴ ᎥᏓᎵ ᎢᎬᏬᎯᏳᎲᏍᎦ.
28 ᎢᏍᎪᏂᏗᏢᏃ ᏭᎷᏨ ᎦᎩᏏᏂ ᎤᎾᏤᎵᎪᎯ, ᎠᏂᏔᎵ ᎠᏂᏍᎩᎾ ᏗᎬᏩᏂᏯᎢ ᏕᎬᏩᏠᏎᎢ,
ᏓᏓᏂᏌᎲ ᏧᏂᏄᎪᏤᎢ, ᎤᏣᏔᏅᎯ ᎤᏂᎿᎸᎯᏳ ᎨᏎᎢ, ᎾᏍᎩ ᎥᏝ ᎩᎶ ᎾᎿ ᎬᏩᎶᎯᏍᏗ
ᏱᎨᏎᎢ.
29 ᎠᎴ ᎬᏂᏳᏉ ᎤᏁᎷᏁᎢ, ᎯᎠ ᏄᏂᏪᏎᎢ; ᎥᏝ ᎪᎱᏍᏗ ᏗᎦᏓᏛᏙᏗ ᏱᎩ ᏂᎯ, ᏥᏌ
ᎤᏁᎳᏅᎯ ᎤᏪᏥ, ᏥᎪ ᎠᏂ ᏣᎷᏥᎸ ᏍᎩᏂᎩᎵᏲᎢᏍᏙᏗᏱᏉ ᎠᏏᏉ ᎾᏍᏆᎵᏍᎬᎾ?
30 ᎨᎯᏃ ᎢᏴᏛ ᏗᏁᏙᎮ ᎤᏂᏣᏘ ᏊᎾᏓᏡᎩ ᏏᏆ ᎠᎾᎵᏍᏓᏴᏂᏙᎮᎢ.
31 ᎠᏂᏍᎩᎾᏃ ᎬᏩᏔᏲᏎᎴᎢ, ᎯᎠ ᏂᎬᏩᏪᏎᎴᎢ; ᎢᏳᏃ ᏍᎩᏂᏄᎪᏫᏒᎭ, ᎤᎾᏁᎳᎩ
ᏍᎩᏁᎵᏎᎸᎭ ᏏᏆ ᏊᎾᏓᏡᎩ ᏫᎪᏍᏗᏴᏍᏗᏱ.
32 ᎯᎠᏃ ᏂᏚᏪᏎᎴᎢ; ᏍᏕᎾ. ᎤᏂᏄᎪᏨᏃ, ᏏᏆ ᏊᎾᏓᏡᎩ ᏫᏚᏂᏴᎴᎢ. ᎠᎴ ᎬᏂᏳᏉ ᏂᎦᏛ
ᏊᎾᏓᏡᎩ ᏏᏆ ᎠᏯᏄᎵᏳ ᎤᎾᎵᏎᎢ, ᏭᏂᏚᎰᎠᏎ ᎦᏁᏡᎩ ᎡᏒᎢ, ᎥᏝ ᏭᎾᎵᏔᏗᏅᏎᎢ, ᎠᎴ
ᎠᎹᏱ ᏚᏂᎵᏬᏤᎢ.
33 ᏗᏂᎦᏘᏯᏃ ᎤᎾᎵᏎᎢ, ᏗᎦᏚᎲ ᏭᏂᎶᏎᎢ, ᏂᎦᏛ ᏭᏂᏃᎮᎴᎢ, ᎠᎴ ᎠᏂᏍᎩᎾ ᎬᏩᏂᏯᎢ
ᏄᎾᎵᏍᏓᏁᎸᎢ.
34 ᎬᏂᏳᏉᏃ ᏂᎦᏗᏳ ᏍᎦᏚᎩ ᏧᏂᏄᎪᏤᎢ, ᏥᏌ ᏕᎬᏩᏠᏏᎴᎢ; ᎬᏩᎪᎲᏃ ᎬᏩᏔᏲᏎᎴ
ᎤᏓᏅᏍᏗᏱᏉ ᎤᎾᏤᎵᎪᎯ ᎨᏒᎢ.

ᎠᏯᏙᎸᎢ 9

1 ᏥᏳᎯᏃ ᎤᏣᎤ, ᏚᏪᏐᏤᎢ, ᎤᏩᏒᏃ ᎤᏪᏚᎲ ᏭᎷᏤᎢ.

2 ᎬᏂᏳᏉᏃ ᎬᏩᏘᏃᎮᎴ ᎠᏍᎦᏯ ᎤᎵᎩ ᎤᎸᏓᎸᎥᏍᎩ ᎦᏅᎨ ᎠᏤᏍᏙᎩᎯ; ᏥᏌᏃ ᎤᏙᎴᎰᏒ
ᎠᏃᎯᏳᎲᏍᎬᎢ, ᎯᎠ ᏄᏪᏎᎴ ᎤᎸᏓᎸᎥᏍᎩ; ᎠᏇᏥ, ᎤᎦᎵᏍᏗᏳᏉ ᎭᏓᏅᏓᏓ, ᏣᏍᎦᏅᏨ
ᎡᏣᏙᎵᎩ.

3 ᎬᏂᏳᏉᏃ ᎢᎦᏛ ᏗᏃᏪᎵᏍᎩ ᎯᎠ ᏄᏂᏪᏎ ᏚᎾᏓᏅᏛᎢ; ᎯᎠ ᎠᏍᎦᏯ ᎦᎸᎳᏗ ᎡᎯ
ᎠᏐᏢᎢᏍᏗᎭ.

4 ᏥᏌᏃ ᎠᎦᏔᎮ ᏄᏍᏛ ᎠᎾᏓᏅᏖᏍᎬᎢ, ᎯᎠᏃ ᏂᏚᏪᏎᎴᎢ; ᎦᏙᏃ ᎤᏥ ᎢᏣᏓᏅᏖᎭ
ᏗᏥᎾᏫᏱ?

5 ᎦᏙᎨ ᎤᏍᏗ ᎤᏟ ᎠᎯᏗᏳ ᏧᏁᎢᏍᏗᏱ, ᏥᎪ ᎯᎠ ᏱᎾᎦᏪᎠ, ᏣᏍᎦᏅᏨ ᎡᏣᏙᎵᎩ?
ᎯᎠᎨ ᏱᎾᎦᏪᎠ, ᏔᎴᎲᎦ ᎠᎴ ᎨᏓ?

6 ᎠᏗᎾ ᎢᏣᏙᎴᎰᎯᏍᏗᏱ ᏴᏫ ᎤᏪᏥ ᎠᏍᎦᏅᏨ ᎬᏩᏓᏙᎵᏍᏗ ᎨᏒ ᎠᏂ ᎡᎶᎯ, ᎿᏉ ᎯᎠ
ᏄᏪᏎᎴ ᎤᎸᏓᎸᎥᏍᎩ; ᏔᎴᎲᎦ, ᏣᏤᏍᏙ ᎯᎾᎩ, ᎠᎴ ᏗᏤᏅᏒ ᎮᎾ.

7 ᏚᎴᏅᏃ ᏧᏪᏅᏒ ᏭᎶᏎᎢ.

8 ᎤᏂᏣᏘᏃ ᎤᏂᎪᎲ, ᎤᏂᏍᏆᏂᎪᏎᎢ, ᎠᎴ ᎤᏂᎸᏉᏔᏁ ᎤᏁᎳᏅᎯ ᎾᏍᎩ
ᏧᎵᏍᎪᎸᏓᏁᎸᎯ ᎾᏍᎩ ᎢᏳᏍᏗ ᏧᏂᎸᏫᏍᏓᏁᏗᏱ ᏴᏫ.

9 ᏥᏌᏃ ᎾᎿ ᎤᏓᏅᏒ, ᎤᎪᎲᎩ ᎠᏍᎦᏯ ᎹᏚ ᏧᏙᎢᏛ, ᎤᏬᎸᎩ ᎠᏰᎵ ᎠᏗᏴᏗᏱ. ᎯᎠᏃ
ᏄᏪᏎᎸᎩ; ᏍᎩᏍᏓᏩᏚᎦ. ᏚᎴᏅᏃ ᎤᏍᏓᏩᏛᏒᎩ.

10 ᎯᎠᏃ ᏄᎵᏍᏔᏅᎩ, ᎦᏅᎬ [ᎠᎵᏍᏓᏴᎲᏍᎬ] ᎦᎵᏦᏕ, ᎬᏂᏳᏉ ᎤᏂᏣᏛᎩ ᎠᏕᎸ
ᎠᏂᎩᏏᏙᎯ ᎠᎴ ᎠᏂᏍᎦᎾ ᎤᏂᎷᏨ ᎤᎾᏂᎵᏅᎩ ᎠᏂᏅᏬᎥ ᏥᏌ ᎠᎴ ᎬᏩᏍᏓᏩᏗᏙᎯ.

11 ᎠᏂᏆᎵᏏᏃ ᎤᎾᏙᎴᎰᏒ, ᎯᎠ ᏂᏚ ᏂᏪᏎᎸ ᎬᏩᏍᏓᏩᏗᏙᎯ; ᎦᏙᏃ ᏗᏤᏲᎲᏍᎩ ᎠᏕᎸ
ᎠᏂᎩᏏᏙᎯ ᎠᎴ ᎠᏂᏍᎦᎾ ᎢᏧᎳᎭ ᎢᎠᎾᎵᏍᏓᏴᎲᏍᎦ?

12 ᏥᏌᏃ ᎤᏛᎦᏅ ᎯᎠ ᏂᏚᏪᏎᎸᎩ; ᏂᏚᏂᎵᎬᎾ ᎥᏝ ᎤᏚᎸᏗ ᏱᏄᎾᎵᏍᏓᏁᎰ ᏗᏓᏅᏫᏍᎩ,
ᏧᏂᏢᎩᏍᎩᏂ.

13 ᎢᏤᎾᏍᎩᏂ, ᏫᏣᏕᎶᏆ ᎦᏛᎬ ᎯᎠ ᎾᏍᎩ ᏥᏂᎦᏪᎭ; ᎠᏓᏙᎵᏍᏗ ᎨᏒ ᎠᏆᏚᎵᎭ, ᎥᏝᏃ
ᎠᏥᎸ-ᎨᎳᏍᏗᏱ ᎨᏒᎢ. ᎥᏝᏰᏃ ᎾᏂᏍᎦᏅᎾ ᏱᏗᏥᏯᏅᎯᎸ, ᎠᏂᏍᎦᎾᏍᎩᏂ
ᏧᏂᏁᏟᏴᏍᏗᏱ ᏚᎾᏓᏅᏛᎢ.

14 ᎿᏉᏃ ᏣᏂ ᎬᏩᏍᏓᏩᏗᏙᎯ [ᏥᏌ] ᎬᏩᎷᏤᎸᎩ, ᎯᎠ ᏂᎬᏩᏪᏎᎸᎩ; ᎦᏙᏃ ᎠᏴ
ᎠᏂᏆᎵᏏᏃ ᏯᏃ ᎠᎹᏟ ᏦᏨᏍᎦ, ᏂᎯᏃ ᎨᏣᏍᏓᏩᏗᏙᎯ ᎠᎹᏟ ᎾᏅᏍᎬᎾ ᏥᎩ?

15 ᏥᏌᏃ ᎯᎠ ᏂᏚᏪᏎᎸᎩ; ᏥᎪ ᏰᎵ ᎦᎨᎦᏨᏍᏗᏍᎬ ᎠᏂᎦᏔᎯ ᏱᏓᎾᏌᏱᎦ ᎠᏏᏉ
ᎤᏕᏒᏂᎸᎯ ᎤᏁᎳᏗᏙᎲᎢ? ᎠᏎᏃ ᎢᎦ ᏛᎵᏱᎶᎵ ᏓᎨᏥᏯᏅᏒᎵ ᎤᏕᏒᏂᎸᎯ, ᎩᎳ ᎿᏉ
ᎠᎹᏟ ᏛᏅᏂ.

16 ᎥᏝ ᎠᎴ ᎩᎶ ᎢᏤ ᏱᎦᎳᏍᏢᏗᏍᎪ ᎤᏪᏘ ᎠᏄᏬᎩᎯ, ᎦᎳᏍᏢᏛᏰᏃ ᏴᎦᏟᎦᏄᏓ ᎠᏄᏬ,
ᎤᏓᏟᎦᏄᎲᏃ ᎤᏟ ᎡᏉᎯᏳ ᏱᏂᎦᎵᏍᏓ.
17 ᎥᏝ ᎠᎴ ᎢᏤ ᎩᎦᎨ-ᎠᏗᏔᏍᏗ ᏧᏪᏘ ᏗᏜᏢᏛ ᏱᏓᏂᏟᏍᏗᏍᎪᎢ; ᏗᏜᏢᏛᏰᏃ ᏱᏓᏓᏟᎦᏄ,
ᎠᎴ ᎩᎦᎨ-ᎠᏗᏔᏍᏗ ᏫᏙᏬᎩ, ᏗᏜᏢᏛᏃ ᏱᏓᏲᎩ. ᎢᏤᏍᎩᏂ ᎩᎦᎨ-ᎠᏗᏔᏍᏗ ᏗᏤ ᏗᏜᏢᏛ
ᏓᏂᏟᏍᏗᏍᎪᎢ, ᎢᏧᎳᏃ ᏚᏂᏍᏆᏂᎪᏙᎢ.
18 ᎠᏏᏉ ᎾᏍᎩ ᏂᏕᎦᏪᏎᎲᎩ, ᎬᏂᏳᏉ ᎩᎶ ᎢᏳᏍᏗ ᏄᎬᏫᏳᏌᏕᎩ ᎤᎷᏨ
ᎤᏓᏙᎵᏍᏓᏁᎸᎩ, ᎯᎠ ᏄᏪᏒᎩ; ᎠᏇᏥ ᎠᎨᏳᏣ ᎦᏳᎳ ᎤᏲᎱᏏᏕᎾ. ᎠᏗᎾ ᎮᎾ,
ᎯᏯᏒᏂᏄᏖ, ᎠᏖ ᏛᎠᏛᏂᏗᏉ.
19 ᏥᏌᏃ ᏚᎴᏅ ᎤᏍᏓᏩᏛᏒᎩ, ᎠᎴ ᎾᏍᏉ ᎬᏩᏍᏓᏩᏗᏙᎯ.
20 ᎬᏂᏳᏉᏃ ᎠᎨᏴ ᎤᏢᎩ ᎩᎬ ᎤᏪᏅᏒᎯ ᏔᎳᏚ ᏧᏕᏘᏴᏓ ᎢᎬᏩᎵᏍᏔᏅᎯ, ᎣᏂᏗᏢ
ᎤᎷᎯᏍᏓᏁᎸᎩ, ᎦᏓᎷᏫᏛ ᎤᏄᏩᎥ ᎤᏒᏁᎸᎩ.
21 ᎯᎠᏰᏃ ᏄᏪᏎ ᎤᏓᏅᏛᎢ; ᎢᏳᏃ ᎤᏄᏩᎥᏉ ᏫᏆᏒᏂᏄ, ᎠᏎ ᏫᏆᏗᏫ.
22 ᏥᏌᏃ ᎤᎦᏔᎲᏒ ᎠᎴ ᎤᎪᎲ, ᎯᎠ ᏄᏪᏒᎩ; ᎠᏇᏥ, ᎤᎦᎵᏍᏗᏉ ᏖᏓᏅᏓᏓ. ᏦᎯᏳᏒ
ᏣᏗᏫᏍᏓ. ᎠᎨᏴᏃ ᎾᎯᏳᏉ ᎤᏗᏩᏒᎩ.
23 ᏥᏌᏃ ᏄᎬᏫᏳᏌᏕᎩ ᎦᏁᎸ ᎤᎷᏨ, ᎠᎴ ᏚᎪᎲ ᏗᏂᏤᎷᎯᏍᎩ, ᎠᎴ ᏴᏫ ᏓᏂᏴᎬᎢ,
24 ᎯᎠ ᏂᏚᏪᏎᎸᎩ; ᎢᏣᏓᏅᎾ, ᎾᎪᏃ ᎤᏲᎱᏒᎯ ᏱᎩ ᎠᎨᏳᏣ; ᎦᎵᏖᏉᏍᎩᏂ.
ᎥᎬᏩᏰᏟᏍᏔᏅᏉᏃ.
25 ᎨᏥᏄᎪᏫᏒᏃ ᏴᏫ, ᎤᏴᎸᎩ ᎤᏬᏰᏂ ᎤᏂᏴᎲᎩ, ᎠᎨᏳᏣᏃ ᏚᎴᏅᎩ.
26 ᎾᏍᎩᏃ ᎯᎠ ᏚᏃᏣᎶᏥᏙᎸᎢ ᎾᎿ ᏂᎬᎾᏛ ᏚᏰᎵᏏᏙᎸᎩ.
27 ᏥᏌᏃ ᎾᎿ ᎤᏓᏅᏒ, ᎠᏂᏔᎵ ᏗᏂᎨᏫ ᎠᏂᏍᎦᏯ ᎬᏩᏍᏓᏩᏛᏒᎩ, ᎤᏁᎷᎬᎩ ᎯᎠ
ᎾᏂᏪᏍᎬᎩ, ᏍᎩᏂᏙᎵᎩ ᏂᎯ ᏕᏫ ᎤᏪᏥ.
28 ᎦᎵᏦᏕᏃ ᎤᏴᎸ, ᏗᏂᎨᏫ ᎬᏩᎷᏤᎸᎩ, ᏥᏌᏃ ᎯᎠ ᏂᏚᏪᏎᎸᎩ; ᎢᏍᏙᎯᏳᎲᏍᎦᏍᎪ ᏰᎵ
ᎾᏍᎩ ᎢᎬᏆᏛᏁᏗ ᎨᏒᎢ? ᎯᎠ ᏂᎬᏩᏪᏎᎸᎩ; ᎥᎥ, ᏣᎬᏫᏳᎯ.
29 ᏓᏉᏃ ᏚᏒᏁᎸ ᏗᏂᎦᏙᎵ, ᎯᎠ ᏄᏪᏒᎩ; ᏄᏍᏛ ᎢᏍᏙᎯᏳᎲᏍᎬ ᎾᏍᎩᏯ ᏂᏍᏓᎵᏍᏓᏏ.
30 ᏗᏂᎦᏙᎵᏃ ᏚᎵᏍᏚᎩᏒᎩ. ᏥᏌᏃ ᏚᏅᏍᏓᏕᎸᎩ, ᎯᎠ ᏂᏚᏪᏎᎸᎩ; ᏞᏍᏗ ᎩᎶ
ᎤᏙᎴᎰᏒᎩ.
31 ᎠᏎᏃ ᎤᎾᏓᏅᏒᏉ ᏚᏂᏃᏣᎳᏅᎩ ᎾᎿ ᏂᎬᎾᏛᎢ.
32 ᏓᏉᏃ ᎠᏂᏄᎪᎬᎢ ᎬᏂᏳᏉ ᎩᎶ ᎬᏩᏘᏃᎮᎸᎩ ᎠᏍᎦᏯ ᎤᏩᎨᏫ, ᎠᏍᎩᎾ ᎤᏯᎢ.
33 ᎠᏍᎩᎾᏃ ᎠᏥᏄᎪᏫᏒ ᎤᏩᎨᏫ ᎤᏬᏂᏒᎩ. ᎤᏂᏣᏘᏃ ᎤᏂᏍᏆᏂᎪᏒᎩ, ᎯᎠ ᏄᏂᏪᏒᎩ;
ᎥᏝ ᎢᎸᎯᏳ ᎾᏍᎩ ᎢᏳᏍᏗ ᎠᎪᎲᎯ ᏱᎩ ᎢᏏᎵᏱ.
34 ᎠᏎᏃ ᎠᏂᏆᎵᏏ ᎯᎠ ᏄᏂᏪᏒᎩ; ᎠᏂᏍᎩᎾ ᎤᎾᏤᎵ ᎤᎬᏫᏳᎯ ᎬᏗᏖ ᏥᏕᎦᏄᎪᏫᏍᏚ
ᎠᏂᏍᎩᎾ.

35 ᏥᏌᏃ ᏂᎦᎥ ᏧᏛᎾ ᏕᎦᏚᎲ ᎠᎴ ᏧᏍᏗ ᏕᎦᏚᎲ ᎤᏪᏙᎸᎩ, ᏓᏕᏲᎲᏍᎬᎩ ᏧᏂᎳᏫᎢᏍᏗᏱ,
ᎠᎴ ᎠᎵᏥᏙᎲᏍᎬᎩ ᎣᏍᏛ ᎧᏃᎮᏛ ᎦᎸᎳᏗ ᎡᎯ ᎤᎬᏫᏳᎯ ᎨᏒ ᎧᏃᎮᏍᎬᎩ, ᎠᎴ
ᏕᎧᏅᏫᏍᎬ ᏂᎦᎥ ᏚᏂᏢᎬ ᎠᎴ ᏂᎦᎥ ᎥᏳᎩ ᏴᏫ ᎤᏂᏱᎵᏕᎲᎢ.
36 ᏚᎪᎲᏃ ᎤᏂᏣᏘ ᏴᏫ, ᏚᏪᏙᎵᏨᎩ, ᎤᏓᏕᎵᏍᏙᏗᏍᎬᎩ ᏩᎾᏉ ᏓᏂᎶᎬᎢ, ᎠᎴ
ᎤᎾᏗᏕᎴᏲᏨᎯ ᎨᏒᎢ, ᎾᏍᎩᏯ ᎠᏫ ᎤᏂᏃᏕᎾ ᏁᎲᎾ ᏥᎨᏐ ᎤᏂᏕᏘᏯ.
37 ᎿᏉ ᎯᎠ ᏂᏚᏪᏎᎸ ᎬᏩᏍᏓᏩᏗᏙᎯ; ᎡᏉᎯᏳ ᏭᎨᏏ ᎤᏕᏛᎾᏨᎯ, ᎠᏎᏃ ᎠᏂᎦᏲᎵᏳ
ᏧᏂᎸᏫᏍᏓᏁᎯ.
38 ᎾᏍᎩ ᎢᏳᏍᏗ ᎡᏥᏔᏲᏏ ᎤᎶᎨᏛ ᏧᏅᏍᏗᏱ ᏧᏂᎸᏫᏍᏓᏁᎯ ᎤᏕᏛᎾᏤᎸᎢ.

ᎠᏯᏙᎸᎢ 10

1 ᏫᏚᏯᏅᎲᏃ ᏔᎳᏚ ᎢᏯᏂᏛ ᎬᏩᏍᏓᏩᏗᏙᎯ, ᏕᏁᎸ ᎠᏂᏍᎩᎾ ᏧᏂᏄᎪᏫᏍᏗᏱ, ᎠᎴ
ᏧᎾᏓᏅᏬᏗᏱ ᏂᎦᎥ ᏚᏂᏢᎬ, ᎠᎴ ᏂᎦᎥ ᎥᏳᎩ.
2 ᎯᎠᏃ ᎾᏍᎩ ᏄᏍᏗ ᏚᎾᏙᎥ ᏔᎳᏚ ᎢᏯᏂᏛ ᎨᏥᏅᏏᏛ. ᎢᎬᏱᏱ ᏌᏩᏂ ᏈᏓ ᏣᏃᏎᎨᎢ,
ᎡᏂᏗᏃ ᎾᏍᎩᏉ ᎤᏅᏟ, ᏥᎻᏃ ᏤᏈᏗ ᎤᏪᏥ, ᏣᏂᏃ ᎾᏍᎩᏉ ᎤᏅᏟ.
3 ᏈᎵᎩᏃ, ᏆᏓᎳᎻᏃ, ᏓᎻᏃ, ᎹᏚᏃ ᎠᏕᎸ ᎠᎩᏏᏙᎯ, ᏥᎻᏃ ᎡᎵᏈ ᎤᏪᏥ, ᎴᏈᏯᏃ ᏓᏗᏯ
ᏣᏃᏎᎨᎢ,
4 ᏌᏩᏂᏃ ᎠᎨᎾᏂᏗ, ᏧᏓᏏᏃ ᎢᏍᎦᎳᏗ ᎾᏍᎩ ᏥᏌ ᏧᎶᏄᎮᎸᎩ.
5 ᎾᏍᎩ ᎯᎠ ᏔᎳᏚ ᎢᏯᏂᏛ ᏥᏌ ᏚᏅᏒᎩ ᏭᏁᏤᎸᏃ ᎯᎠ ᏂᏚᏪᏎᎸᎩ; ᏧᎾᏓᎴᏅᏛ ᏴᏫ
ᏗᏁᎲ ᎢᏗᏢ ᏞᏍᏗ ᏫᏥᎶᏒᎩ, ᎠᎴ ᏌᎺᎵ ᎠᏁᎯ ᏚᏂᏚᎲ ᏞᏍᏗ ᎢᏥᏴᎸᎩ
6 ᎠᏫᏍᎩᏂ ᎤᎾᎴᎾᎯᏛ ᎢᏏᎵ ᏏᏓᏁᎸ ᎨᏒ ᏗᏥᎶᏛᎱᎦ.
7 ᎢᏣᎢᏒᏃ ᎢᏣᎵᏥᏙᎲᏍᎨᏍᏗ, ᎯᎠ ᏂᏥᏪᏍᎨᏍᏗ; ᎦᎸᎳᏗ ᎡᎯ ᎤᎬᏫᏳᎯ ᎨᏒ ᎡᏍᎦᏂᏳ
ᏓᏯᎢ.
8 ᏧᏂᏢᎩ ᏕᏥᏅᏫᏍᎨᏍᏗ, ᎠᏓᏰᏍᎩ ᏧᏂᏢᎩ ᏕᏥᏅᎦᎵᏍᎨᏍᏗ, ᏧᏂᏲᎱᏒᎯ ᏕᏣᎴᏗᏍᎨᏍᏗ,
ᎠᏂᏍᎩᎾ ᏕᏥᏄᎪᏫᏍᎨᏍᏗ. ᎠᏎᏉ ᎡᏥᏁᎸᎯ, ᎠᏎᏉ ᎢᏣᏓᏁᎮᏍᏗ.
9 ᏞᏍᏗ ᏕᏣᏓᏌᎲ ᏱᏣᏓᏁᎴᏍᏗ ᏓᎶᏂᎨ ᎠᏕᎸ ᎠᎴ ᎤᏁᎬ ᎠᏕᎸ ᎠᎴ ᎥᏣᏱ,
10 ᎠᎴ ᏕᎦᎶᏗ, ᎠᎴ ᏔᎵ ᏗᏣᏄᏬ, ᎠᎴ ᏗᎳᏑᎶ, ᎠᎴ ᏗᏙᎳᏅᏍᏗ; ᏧᎸᏫᏍᏓᏁᎯᏰᏃ
ᎤᏩᏛᏗ ᎨᎭ ᎤᎵᏍᏓᏴᏗ.
11 ᎢᎸᎯᏢᏃ ᎤᏛᎾ ᎦᏚᎲ ᎠᎴ ᎤᏍᏗ ᎦᏚᎲ ᎢᏥᎷᎨᏍᏗ, ᎢᏣᏓᏛᏛᎲᏍᎨᏍᏗ ᎩᎶ ᎡᎲ
ᎤᏓᏅᏘ, ᎾᎿᏃ ᎢᏥᏁᏍᏗ ᎬᏂ ᎥᏣᏂᎩ.
12 ᎠᏓᏁᎸᏃ ᎢᏥᏴᎭ ᎢᏥᏲᎵᎮᏍᏗ.
13 ᎢᏳᏃ ᎾᎿ ᎠᏂᏁᎳ ᎤᏩᏙᎯᏯᏛ ᏗᎬᏩᎾᏓᏂᎸᎢᏍᏗ ᎢᎨᏎᏍᏗ, ᎾᏍᎩ ᎤᏩᏙᎯᏯᏛ
ᎢᏣᏤᎵ ᎤᏂᎷᏤᏗ ᎨᏎᏍᏗ; ᎢᏳᏃ ᏗᎬᏩᎾᏓᏂᎸᎢᏍᏗ ᏂᎨᏒᎾ ᎢᎨᏎᏍᏗ, ᎾᏍᎩ ᎤᏩᏙᎯᏯᏛ
ᎢᏨᏒᏉ ᎢᏥᎷᏤᏗ ᎢᎨᏎᏍᏗ.
14 ᎢᏳᏃ ᎩᎶ ᏂᏗᏣᏓᏂᎸᎬᎾ ᎢᎨᏎᏍᏗ, ᎠᎴ ᎢᏥᏁᎬ ᎾᏛᎩᏍᎬᎾ ᎢᎨᏎᏍᏗ, ᎾᎿ ᎦᎵᏦᏕ
ᎠᎴ ᎦᏚᎲ ᎢᏥᏄᎪᎩ, ᏕᏥᏅᎪᎥᏗᏍᎨᏍᏗ ᎦᏓ ᏗᏣᎳᏏᏕᏂ.
15 ᎤᏙᎯᏳᎯᏯ ᎯᎠ ᏂᏨᏳᏪᏎᎭ, ᎡᏍᎦᏉ ᎢᎦᎢ ᎤᏂᎩ ᎵᏲᎢᏍᏗ ᎨᏎᏍᏗ ᏐᏓᎻ ᎠᎴ
ᎪᎹᎵ, ᏗᎫᎪᏙᏗᏱ ᎢᎦ ᎨᏎᏍᏗ, ᎤᏟᎯᏳ ᎾᏍᎩ Ꮎ ᎦᏚᎲᎢ.
16 ᎬᏂᏳᏉ ᎢᏨᏅᎵ ᎠᏫ ᎤᏂᏃᏕᎾ ᏣᏁᎳᏗᏙᎰ ᏩᏲᎯ ᎾᏍᎩᏯᎢ; ᎾᏍᎩ ᎢᏳᏍᏗ ᎢᎾᏛ
ᎢᎨᏥᏏᎾᏌᏂ ᎨᏌᏍᏗ, ᎠᎴ ᎫᎴ-ᏗᏂᏍᎪᏂᎯ ᎢᎨᏣᏓᏅᏘ ᎨᏎᏍᏗ.
17 ᏕᏤᏯᏙᏤᎮᏍᏗ ᎠᏗᎾ ᏴᏫ, ᏕᎦᎳᏫᎥᏰᏃ ᏙᏓᎨᏣᏘᏃᎵ, ᏧᏂᎳᏫᎢᏍᏗᏱᏃ ᏙᏓᎨᏥᎵᎥᏂᎵ.
18 ᎠᎴ ᎠᏴ ᎨᏒ ᎤᏗᏕᎵᏍᏙᏗᏍᎨᏍᏗ ᏄᏂᎬᏫᏳᏌᏕᎩ ᎠᎴ ᎤᏂᎬᏫᏳᎯ ᏚᏃᎸ ᎢᎬᏱᏗᏢ
ᏕᏣᏘᏃᎯᎮᏍᏗ, ᎾᏍᎩ ᎤᏅᏒ ᎠᎴ ᏧᎾᏓᎴᏅᏛ ᏴᏫ ᎤᎾᏙᎴᎰᎯᏍᏙᏗ.

19 ᎠᏎᏃ ᎿᏉ ᏕᎨᏣᏘᏃᎯᎵᏍᏗ ᏞᏍᏗ ᏱᏤᎵᎯᏍᎨᏍᏗ ᎢᏳᏍᏗ ᎢᏥᏁᎢᏍᏗᏱ ᎠᎴ ᎢᏥᏪᏍᏗᏱ; ᎾᎯᏳᏉᏰᏃ ᎡᏥᏁᏗ ᎨᏎᏍᏗ ᎢᏥᏪᏍᏗᏱ.

20 ᎥᏝᏰᏃ ᏂᎯ ᏱᏥᏁᎪᎢ, ᎢᏥᏙᏓᏍᎩᏂ ᎤᏓᏅᏙ ᎧᏁᎪᎢ ᏂᎯ ᎢᏨᏗᏍᎪᎢ.

21 ᎠᏍᎦᏯᏃ ᏙᏓᏳᏲᏏ ᎤᏲᎱᎯᏍᏗᏱ ᏗᎾᏓᏅᏟ, ᎠᎦᏴᎵᎨᏃ ᎤᏪᏥ ᏙᏓᏳᏲᏏ, ᎠᎴ ᎣᏂ ᏧᎾᏛᏒᎯ ᏙᏛᎾᏊᎳᏂ ᏧᏂᎦᏴᎵᎨᎢ, ᎠᎴ ᎾᏍᎩ ᎤᏛᏅᏂᏌᏂ ᏗᎨᏥᎢᏍᏗ ᎨᏎᏍᏗ.

22 ᎠᎴ ᎾᏂᎥᏉ ᏴᏫ ᎨᏥᏍᎦᎩ ᎨᏎᏍᏗ ᎠᏴ ᏓᏆᏙᎥ ᎤᏗᎦᎵᏍᏙᏗᏍᎨᏍᏗ; ᎠᏎᏃ ᎾᏍᎩ ᎬᎵᏍᏆᏗᏍᎩ ᎠᏟᏂᎬᏁᎯ ᎠᏥᏍᏕᎸᏗ ᎨᏎᏍᏗ.

23 ᎠᎴ ᎿᏉ ᎤᏲ ᏂᎨᏨᎿᎦᎨᏍᏗ ᎢᎸᎯᏢ ᎦᏚᎲᎢ, ᎢᎶᎵᏍᎨᏍᏗ ᎤᏩᏢᎴ ᏗᎦᏚᎲ ᏫᏥᎶᏍᎨᏍᏗ. ᎤᏙᎯᏳᎯᏯᏰᏃ ᎯᎠ ᏂᏨᏪᏎᎭ, ᎥᏝ ᎢᏏᎵᏱ ᏕᎦᏚᎲᎢ ᏱᎨᏤᏙᏁᏍᏗ ᎿᏉ ᏴᏫ ᎤᏪᏥ ᏓᎦᎷᏥ.

24 ᏗᏕᎶᏆᏍᎩ ᎥᏝ ᎤᏟ ᏱᎾᏥᎸᏉᏙᎢ ᎡᏍᎦᏉ ᏧᏪᏲᎲᏍᎩ, ᎠᎴ ᎠᏥᏅᏏᏓᏍᏗ ᎥᏝ ᎤᏟ ᏱᎾᏥᎸᏉᏙᎢ ᎡᏍᎦᏉ ᎤᏅᏏᏙᎯ.

25 ᏰᎵᏉᏰᏃ ᏗᏕᎶᏆᏍᎩ ᏧᏪᏲᎲᏍᎩ ᎢᏧᎳᎭᏉ ᏱᎩ, ᎠᎴ ᎠᏥᏅᏏᏓᏍᏗ ᎤᏅᏏᏙᎯ ᎢᏧᎳᎭᏉ ᏱᎩ. ᎢᏳᏰᏃ ᏧᏓᏘᎿᎢ ᎠᏓᏁᎸ ᏇᎵᏥᏆ ᏳᏃᏎᎸ, ᎤᏟ ᎠᎯᏗᏳ ᎾᏍᎩ ᎢᏧᏂᏪᏎᏗᏱ ᏚᏓᏘᎿᎥᎢ.

26 ᎾᏍᎩ ᎢᏳᏍᏗ ᏞᏍᏗ ᏱᏗᏥᏍᎦᎢᎮᏍᏗ. ᎥᏝᏰᏃ ᎪᎱᏍᏗ ᏱᎬᏍᎦᎳ ᎾᏍᎩ ᎬᏂᎨᏒ ᎢᏳᎵᏍᏙᏗ ᏂᎨᏒᎾ ᎨᏒᎢ, ᎥᏝ ᎠᎴ ᎪᎱᏍᏗ ᎤᏕᎵᏛ ᏱᎩ ᎾᏍᎩ ᎠᏙᎴᎰᎯᏍᏗ ᏂᎨᏒᎾ ᎨᏒᎢ.

27 ᎤᎵᏏᎬ ᎢᏨᏁᏤᎸᎢ ᎢᎦᎦᏛ ᎢᏥ ᏁᎨᏍᏗ; ᎡᏣᏙᏅᏒᎸᏃ ᎨᏒ ᎦᏌᎾᎵ ᎢᏣᎵᏥᏙᎲᏍᎨᏍᏗ.

28 ᎠᎴ ᏞᏍᏗ ᏱᏗᏥᏍᎦᎢᎮᏍᏗ ᎠᏰᎸᎢ ᎠᏂᎯᎯ, ᎠᏎᏃ ᎠᏓᏅᏙ ᎬᏩᏂᎯᏍᏗ ᏂᎨᏒᎾ ᏥᎩ. ᎤᎬᏫᏳᏎᏍᏗᏍᎩᏂ ᎡᏥᏍᎦᎢᎮᏍᏗ ᎾᏍᎩ ᏗᎬᏩᎯᏍᏗ ᏥᎩᎠᏰᎸᎢ ᎠᎴ ᎠᏓᏅᏙ ᎢᏧᎳ ᏨᏍᎩᏃᎢ.

29 ᏝᏍᎪ ᎠᏂᏔᎵ ᏥᏍᏆᏯ ᏌᏉ ᎢᏯᏓᏅᏖᏗ ᏧᎾᎬᏩᎶᏗ ᏱᎩ, ᎠᏎᏃ ᎥᏝᏌᏉ ᎡᎳᏗ ᎤᏅᎢᏍᏗ ᏱᎩ ᎢᏥᏙᏓ ᎤᏓᏅᏖᎸᎯ ᏂᎨᏒᎾ.

30 ᎾᏍᏉᏍᎩᏂ ᎢᏥᏍᏘᏰᎬ ᎢᏥᏍᎪᎵ ᏂᎦᏗᏳ ᏗᏎᎸᎯ.

31 ᎾᏍᎩ ᎢᏳᏍᏗ ᏞᏍᏗ ᏱᏥᏍᎦᎢᎮᏍᏗ; ᎤᏟᏰᏃ ᏂᎦᎥ ᏗᏣᎬᏩᎶᏗ ᏂᎯ ᎡᏍᎦᏉ ᎤᏂᏣᏘ ᏥᏍᏆᏯ.

32 ᎩᎶᏰᏃ ᎬᏂᎨᏒ ᎾᏋᏁᎵᏍᏗ ᏴᏫ ᎠᏂᎦᏔᎲᎢ, ᎾᏍᏉ ᎠᏴ ᎾᏍᎩ ᎬᏂᎨᏒ ᏅᏓᏥᏴᏁᎵ ᎡᏙᏓ ᎦᎸᎳᏗ ᎡᎯ ᎠᎦᏔᎲᎢ.

33 ᎩᎶᏍᎩᏂ ᎢᎠᏆᏓᏱᎵᏍᏗ ᏴᏫ ᎠᏂᎦᏔᎲᎢ, ᎾᏍᏉ ᎠᏴ ᎾᏍᎩ ᏓᏥᏯᏓᏱᎵ ᎡᏙᏓ ᎦᎸᎳᏗ ᎡᎯ ᎠᎦᏔᎲᎢ.

34 ᏞᏍᏗ ᏙᎯᏱ ᎤᎾᏄᎪᏫᏏᎸ ᎡᎶᎯ, ᏱᏍᎩᏰᎵᏎᎮᏍᏗ; ᎥᏝᏍᎩᏂ ᏙᎯᏱ ᏯᎩᎾᏄᎪᏫᎸ,
ᎠᏰᎳᏍᏗᏍᎩᏂ ᎦᏅᎯᏛ.
35 ᎠᏴᏰᏃ ᎠᎩᎷᏥᎸ, ᏗᎾᏓᏍᎦᎩ ᎢᏳᎵᏍᏙᏗᏱ ᎠᏍᎦᏯ ᎤᏙᏓᏃ, ᎠᎴ ᎠᎦᏅᎩ ᎠᎨᏴ
ᎤᏥᏃ, ᎠᎴ ᎤᏓᏦᎯᏯ ᎤᏦᎯᏃ;
36 ᎩᎶᏃ ᎤᏩᏒᏉ ᏚᏓᏘᎿᎥ ᎬᏩᏍᎦᎩ ᎨᏎᏍᏗ.
37 ᎩᎶᏃ ᎤᏟ ᏄᎨᏳᏎᏍᏗ ᎤᏙᏓ ᎠᎴ ᎤᏥ ᎡᏍᎦᏉ ᎠᏴ ᎾᎩᎨᏳᏎᏍᏗ, ᎥᏝ ᏰᎵ ᎾᏍᎩ
ᎠᏴ ᎠᏆᏤᎵ ᎢᎬᏩᎵᏍᏙᏗ ᏱᎨᏎᏍᏗ. ᎩᎶᏃ ᎤᏟ ᏄᎨᏳᏎᏍᏗ ᎤᏪᏥ ᎠᏍᎦᏯ ᎠᎴ ᎤᏪᏥ
ᎠᎨᏴ ᎡᏍᎦᏉ ᎠᏴ ᎾᎩᎨᏳᏎᏍᏗ, ᎥᏝ ᏰᎵ ᎾᏍᎩ ᎠᏴ ᎠᏆᏤᎵ ᎢᎬᏩᎵᏍᏙᏗ ᏱᎨᏎᏍᏗ.
38 ᎩᎶ ᎾᏱᏍᎬᎾ ᎢᎨᏎᏍᏗ ᎤᏤᎵ ᏧᏓᎿᏩᏛ ᎠᎴ ᎾᎩᏍᏓᏩᏕᎬᎾ ᎢᎨᏎᏍᏗ, ᎥᏝ ᏰᎵ ᎠᏴ
ᎠᏆᏤᎵ ᎢᎬᏩᎵᏍᏙᏗ ᏱᎨᏎᏍᏗ.
39 ᎩᎶᏃ ᎬᏅ ᎢᎠᏩᏘᏍᎨᏍᏗ, ᎾᏍᎩ ᎤᏲᎱᏎᏗ ᎨᏎᏍᏗ; ᎩᎶᏃ ᎢᎤᏲᎱᏎᎮᏍᏗ ᎬᏅ ᎠᏴ
ᎤᏗᎦᎵᏍᏙᏗᏍᎨᏍᏗ, ᎾᏍᎩ ᎤᏩᏛᏗ ᎨᏎᏍᏗ.
40 ᎩᎶᏃ ᏕᏟᏓᏂᎸᎨᏍᏗ, ᎾᏍᎩ ᎠᏴ ᏓᏆᏓᏂᎸᎨᏍᏗ; ᎩᎶᏃ ᎠᏴ ᏓᏆᏓᏂᎸᎨᏍᏗ, ᎾᏍᎩ
ᏓᏓᏂᎸᎨᏍᏗ ᎤᏛᎩᏅᏒᎯ
41 ᎩᎶᏃ ᏓᏓᏂᎸᎨᏍᏗ ᎠᏙᎴᎰᏍᎩ ᎠᏙᎴᎰᏍᎩ ᎨᏒ ᎤᏗᎦᎵᏍᏙᏗᎨᏍᏗ, ᎠᏙᎴᎰᏍᎩ
ᎠᎦᎫᏴᏓᏁᏗ ᎨᏒ ᎾᏍᎩ ᎠᎦᎫᏴᏓᏁᎮᏍᏗ; ᎩᎶᏃ ᏓᏓᏂᎸᎨᏍᏗ ᎤᏓᏅᏘ ᎠᏍᎦᏯ ᎤᏓᏅᏘ ᎨᏒ
ᎤᏗᎦᎵᏍᏙ ᏗᏍᎨᏍᏗ, ᎤᏓᏅᏘ ᎠᏍᎦᏯ ᎠᎦᎫᏴᏓᏁᏗ ᎨᏒ ᎾᏍᎩ ᎠᎦᎫᏴᏓᏁᎮᏍᏗ.
42 ᎩᎶᏃ ᏌᏉ ᎯᎠ ᏧᎾᏍᏗ ᎨᏒᎢ ᎤᎵᏍᏈᏗᏉ ᎠᎧᎵᎢ ᎤᏴᏜ ᎠᎹ ᎠᎱᎥᏍᎨᏍᏗ
ᎠᎩᏍᏓᏩᏗᏙᎯ ᎨᏒ ᎤᏗᎦᎵᏍᏙᏗᏍᎨᏍᏗ, ᎤᏙᎯᏳᎯᏯ ᏂᏨᏪᏎᎭ, ᎥᏝ ᎾᏍᎩ ᎤᏲᎱᏎᏗ
ᏱᎨᏎᏍᏗ ᎠᎦᎫᏴᎡᏗ ᎨᏒᎢ.

ᎠᏍᏙᏭᎢ 11

1 ᎯᎠᏃ ᏭᏢᏍᏔᏅᎩ; ᏥᎸ ᎤᏍᏆᏛ ᏕᏍᏗᏙᎲ ᏔᏔᏍ ᎢᏍᏂᏛ ᎬᏩᏍᏓᏩᏗᏙᎯ, ᎤᏂᎩᎡᎩ
ᎾᏓᏂ, ᏚᏍᏅᏛᎩ ᎠᏍ ᎤᏢᏥᏙᎡᎲᎩ ᏚᏂᏚᏦᎢ.
2 ᏓᏉᏃ ᏣᏂ ᏣᏥᏍᏚᏜ ᏧᏛᏚᏅ ᏭᏍᏛ ᏚᏭᏫᏍᏓᏁᏜ ᏕᎬᏁᏛ, ᏙᏧᏅᏎ ᎠᏂᏔᎵ
ᎬᏩᏍᏓᏩᏗᏙᎯ,
3 ᎯᎠ ᎤᏓᏪᏎᎸᎩ; ᏂᎯᏍᎪ Ꮎ ᎤᎷᎯᏍᏗ ᏥᎩ, ᏥᎪᏉ ᎤᏩᏓᎴ ᏍᏥᏚᏓᏃᏢᏍᏗ?
4 ᏥᎸᏃ ᎤᏁᏨ ᎯᎠ ᏂᏚᏪᏎᎸᎩ; ᏥᏍᏕᎾ ᏣᏂ ᏫᎡᏍᏗᏃᎲᏏ ᏂᏕᎥ ᎢᏍᏓᏛᎩᏍᎬᎢ ᎠᎴ
ᎢᏍᏗᎪᏩᏛᏍᎬᎢ:
5 ᏗᏂᏫ ᎠᏂᎪᏩᏘ, ᏗᏂᏲᎤᏢᏃ ᎠᏁᏙᎭ, ᎠᏓᏰᏍᎩ ᏧᏂᏢᎩ ᏕᎾᏗᏩᏍᏕ, ᏧᏂᏢᏍᎾᏃ
ᎠᎾᏛᎩᎭ, ᏧᏂᏲᎳᏒᎯᏃ ᏕᎨᏕᎴᏗᎭ ᎤᏲᏃ ᎢᏳᎾᏛᏓᏕᎩ ᎣᏍᏛ ᎧᏃᎮᏛ ᎢᎨᏕᎵᏥᏙᏁᎭ.
6 ᎠᎴ ᎣᏏᏳ ᎢᏳᏢᏍᏓᏁᏗ ᎩᏳᏂᏗᏥᏲᏍᏗᏍᎬᎾ ᎢᎨᏎᏍᏗ.
7 ᎢᏳᏁᏅᏃ ᏥᎸ ᎤᎴᏅᏒᎩ ᎯᎠ ᏂᏚᏪᏎᎸᎩ ᎤᏂᏣᏘ ᏣᏂ ᏕᏃᏢᏓᏁᏉᎩ; ᏕᏙ ᎢᏣᏚᏩᏅᏎ
ᎢᎾᎨᎢ? ᏩᏍᎾᏍᎪ ᎤᏃᎴ ᎤᏓᏉᏢᏍᎬᎢ?
8 ᏕᏙᎨ ᎢᏣᏚᏩᏅᏎᎢ? ᎠᏍᏕᏍᏍᎪ ᏗᏩᎾᎨ ᏧᏉᏩᎢ? ᎡᏂᏩᏊ ᏗᏩᎾᎨ ᏧᎾᏉᏩᎢ
ᎤᏂᎬᏫᏳᎯ ᏓᏂᏁᏉ ᎠᏁᎨᎢ.
9 ᏕᏙᎨ ᎢᏣᏚᏩᏅᏎᎢ? ᎠᏙᎴᎰᏍᎩᏍᎪ? ᎥᎥ, ᎢᏨᏲᏎᎭ, ᎠᎴ ᎤᏟᎯᏳ ᎡᏍᏕᏊ
ᎠᏙᎴᎰᏍᎩ.
10 ᎾᏍᎩᏍᎩᏂ ᎯᎠ Ꮎ ᎨᎪᏪᏉ ᎯᎠ ᎠᏥᏃᏢᏉᏍᎬ ᏥᏂᎬᏅ; ᎡᏂᏩᏊ, ᏥᏅᏢ ᏥᏅᏏᏓᏍᏗ
ᏣᏍᏛ ᎢᎬᏱᏢ, Ꮎ ᏍᎩ ᏓᏨᏛᏅᎢᏍᏓᏁᏢ ᏨᏯᏍᏗᏱ ᎢᎬᏱᏢ.
11 ᎤᏬᎯᏳᎯᏌ ᎯᎠ ᏂᏨᏪᏎᎭ, ᎠᏂᎨᏴ ᎬᏩᏂᎾᏉᎪᎢᏒᎯ ᏥᎩ ᎥᏝ ᏱᎬ ᏳᎾᏉᎪᏨ
ᎬᏩᏓᏅᏖᏍᏗ ᏣᏂ ᏗᎵᏬᏍᎩ; ᎠᏎᏃ ᎤᏍᏗᏍᏂ ᏕᏉᏔᏗ ᎡᎯ ᎤᎬᏫᏳᎯ ᎨᏒ ᎤᏟ
ᎠᏥᏉᏩᏗᏳ ᎡᏍᏕᏊ ᏣᏂ.
12 ᏣᏂᏃ ᏗᎵᏬᏍᎩ ᎤᎾᏉᎪᏨ ᎤᎴᏛᎴᏅᏛ ᎪᎯ ᎢᏯᏍᏗ ᏕᏉᏔᏗ ᎡᎯ ᎤᎬᏫᏳᎯ ᎨᏒ
ᎠᎾᏁᎷᎩᏒᎭ, ᎠᎾᏁᎷᎩᏍᎩᏃ ᎡᏍᏕᎢᏍᏓᏱ ᏓᏂᏂᏴᎭ.
13 ᏂᎦᏛᏃ ᎠᎾᏙᎴᎰᏍᎩ ᎠᎴ ᏗᏍᏕᏩᏛᏍᏗ ᎠᎾᏙᎴᎰᏍᎨᎩ ᏣᏂ ᎤᎾᏉᎪᏥᏉ ᎢᏯᏍᏗ.
14 ᎢᏳᏃ ᏗᎨᏣᏂᏉᎢᏍᏗ ᎨᏎᏍᏗ, ᎾᏍᎩ ᎯᎠ ᎢᏔᏍ ᎤᎷᎯᏍᏗ ᏥᎨᏒᎩ.
15 ᎩᎶ ᏕᎦᏢᎹᎨᏍᏗ ᎤᏛᎪᏗᏱ ᎾᏍᎩ ᏕᏛᎩᏍᎨᏍᏗ.
16 ᏕᏙᎨ ᏙᏓᏥᏍᏓᏩᏍᏔᏂ ᎯᎠ ᎪᎯ ᏣᏁᎭ? ᏗᏂᏢᏩ ᎾᏍᎩᏍ ᏕᏃᏙᏗᏱ ᏣᏂᏃᎢ ᎠᎴ
ᏥᏬᏓᏂᏍᏂᏍᎪ ᎤᏁᏓᏍᏗ;
17 ᎠᎴ ᎯᎠ ᏥᏂᏓᏂᏬᏎᎨᎢ; ᎠᏙᎹᎩ ᎣᎬᏪᏅ ᏕᏨᏃᏩᏒᏉ, ᎠᏎᏃ ᎥᏝ ᏱᏣᏢᏍᎩᏒ; ᏙᏥᏰᎬᎩ
ᎢᏣᏛᎪᏗ, ᎠᏎᏃ ᎥᏝ ᏱᏣᏗᏣᏳᏱᏉ.
18 ᏣᏂᏰᏃ ᎤᎷᏨᎩ ᎥᏝ ᏍᏢᏍᏓᏰᎲᏍᎨᎢ ᎠᎴ ᎥᏝ ᏍᏗᏔᏍᎨᎢ, ᎠᏎᏃ ᏂᎠᏂᏬᏎᎭ; ᎠᏍᎩᎾ
ᎤᏍᏕ.

19 ᏴᏫ ᎤᏪᏥ ᎤᎷᏨ ᎠᎵᏍᏓᏴᎲᏍᎦ ᎠᎴ ᎠᏗᏔᏍᎦ, ᎯᎠᏃ ᏂᎠᏂᏪᎭ; ᎬᏂᏳᏉ ᎠᏍᎦᏯ
ᎤᎬᎥᏍᎩ ᎠᎵᏍᏓᏴᏗ ᎠᎴ ᎩᎦᎨ-ᎠᏗᏔᏍᏗ, ᎠᏕᎸ ᎠᏂᎩᏏᏙᎯ ᎠᎴ ᎠᏂᏍᎦᎾ ᎤᎾᎵᎢ.
ᎠᏎᏃ ᎠᎦᏔᎿᎢ ᏧᏪᏥ ᎣᏏᏳ ᎢᎬᏩᏰᎸᎭ.
20 ᎿᏉᏃ ᎤᎴᏅᎲᎩ ᏚᎬᏍᎪᎸᏅᎩ ᏚᏂᏚᎲᎢ ᎾᎿ ᎤᏟ ᎢᎦᎢ ᎤᏍᏆᏂᎪᏗ ᏚᎸᏫᏍᏓᏁᎸᎢ,
ᎤᏓᎦᎵᏍᏙᏗᏍᎬᎩ ᏚᎾᏓᏅᏛ ᏂᏚᏂᏁᏟᏴᏒᎾ ᎨᏒᎢ.
21 ᎤᏲᎢᏳ ᎢᏣᎵᏍᏓᏁᏗ ᎪᎴᏏᏂ, ᎤᏲᎢᏳ ᎢᏣᎵᏍᏓᏁᏗ ᏇᏣᏱᏗ; ᎢᏳᏰᏃ ᎤᏍᏆᏂᎪᏗ
ᏕᎦᎸᏫᏍᏓᏁᎸ ᏂᎯ ᎢᏤᎲ ᏱᏙᎦᎸᏫᏍᏓᏁᎴ ᏔᏯ ᎠᎴ ᏌᏙᏂ, ᎪᎯᎩ ᏗᎬᏩᏂᏁᏟᏴᏛ ᏱᎨᏎ
ᏚᎾᏓᏅᏛᎢ, ᏧᏏᏕᎾ ᏱᏚᎾᏄᏬᏒ ᎠᎴ ᎪᏍᏚ ᏳᎾᏓᏅᎵᏰᏒᎢ.
22 ᎠᏎᏃ ᎯᎠ ᏂᏨᏪᏎᎭ; ᎡᏍᎦᏉ ᎢᎦᎢ ᎤᏂᎩᎵᏲᎢᏍᏗ ᎨᏎᏍᏗ ᏔᏯ ᎠᎴ ᏌᏙᏂ,
ᏗᎫᎪᏙᏗᏱ ᎢᎦ ᎨᏎᏍᏗ, ᎤᏟᎯᏳ ᏂᎯ.
23 ᏂᎯᏃ ᎨᏆᏂ ᎦᎸᎳᏗ ᎢᏴᏛ ᏤᏣᏌᎳᏓ, ᏨᏍᎩᏃᎢ ᏴᏓᏰᎶᎥᏔᏂ; ᎢᏳᏰᏃ ᎤᏍᏆᏂᎪᏗ
ᏕᎦᎸᏫᏍᏓᏁᎸ ᏂᎯ ᎢᏤᎲ ᏱᏙᎦᎸᏫᏍᏓᏁᎴ ᏐᏓᎻ, ᎠᏏ ᎪᎯ ᎨᏒ ᏱᏂᎬᏩᏍᏕᏉ.
24 ᎠᏎᏃ ᎯᎠ ᏂᏨᏪᏎᎭ; ᎡᏍᎦᏉ ᎢᎦᎢ ᎤᏂᎩᎵᏲᎢᏍᏗ ᎨᏎᏍᏗ ᏐᏓᎻ ᏗᎫᎪᏙᏗᏱ ᎢᎦ
ᎨᏎᏍᏗ, ᎤᏅᎯᏳ ᏂᎯ.
25 ᎾᎯᏳ ᏥᏌ ᎤᏁᏨ ᎯᎠ ᏄᏪᏒᎩ; ᎬᏯᎵᎡᎵᏤᎭ ᎡᏙᏓ, ᏣᎬᏫᏳᎯ ᎦᎸᎳᏗ ᎠᎴ ᎡᎶᎯ,
ᎾᏍᎩ ᎯᎠ ᏥᏕᎲᏍᎦᏔᏁᎸ ᎠᏂᏏᎾᏌᏂ ᎠᎴ ᎠᏁᏯᏔᎯ, ᏗᏂᏲᎵᏃ ᏥᏕᎯᎾᏄᎪᏫᏎᎸ.
26 ᎥᎥ, ᎡᏙᏓ, ᎾᏍᎩᏰᏃ ᎣᏏᏳ ᏣᏰᎸᏅᎯ.
27 ᏂᎦᎥ ᎪᎱᏍᏗ ᏓᎩᏲᎯᏎᎸ ᎡᏙᏓ, ᎠᎴ ᎥᏝ ᎩᎶ ᏯᎦᏔᎭ ᎤᏪᏥ ᎤᏙᏓᏉ ᎤᏩᏒ; ᎥᏝ ᎠᎴ
ᎩᎶ ᏯᎦᏔᎭ ᎠᎦᏴᎵᎨᎢ ᎤᏪᏥ ᎤᏩᏒ, ᎩᎶᏃ ᎾᏍᎩ ᏥᎾᏄᎪᏫᏏ ᎡᏔ ᎤᏪᏥ.
28 ᎡᏤᎾ, ᎠᏴ ᏍᎩᎷᏥ, ᏂᎦᏗᏳ ᎠᎩᎵᏯ ᏗᏥᎸᏫᏍᏓᏁᎯ, ᎠᎴ ᏕᎨᏛ ᏗᏣᎵᏎᎯ, ᎠᏴᏃ
ᏓᏨᏯᏪᏐᎸᏍᏔᏂ.
29 ᎢᏥᏴ ᎠᏆᎩᏔᎾᎶ ᎠᎴ ᏍᎩᏯᏕᎶᏆᏏ, ᎠᏆᏓᏅᏖᏳᏰᏃ ᎠᎴ ᎠᏆᏓᏙᎵᏍᏗᏳ ᎠᎩᎾᏫᏱ,
ᏓᏥᏩᏛᎯᏃ ᏗᏣᏓᏅᏙ ᏧᏯᏪᏐᎸᏍᏗᏱ.
30 ᎠᏆᏗᏔᎾᎶᏰᏃ ᎸᎯᏐᏛᎾ, ᎦᎵᏎᎲᏃ ᎤᏓᏌᎧᎯᏳ.

ᎠᏯᏙᎸᎢ 12

1 ᎾᎯᏳ ᏥᏌ ᎠᎢᏒᎩ ᎠᏫᏒ ᎤᏣᎴᏍᏗ ᎤᎾᏙᏓᏆᏍᎬ ᎢᎦ; ᎬᏩᏍᏓᏩᏗᏙᎯᏃ ᎠᎪᏄ
ᏚᏂᏲᏏᏍᎬᎩ, ᎠᎴ ᎤᎾᎴᏅᎲᎩ ᎤᏂᏍᎫᏕᏒᎩ ᎤᏣᎴᏍᏗ ᎠᎴ ᎤᏂᏍᏗᎬᎩ
2 ᎠᏎᏃ ᎠᏂᏆᎵᏏ ᎤᎾᏙᎴᎰᏒ ᎯᎠ ᏅᎬᏩᏪᏎᎸᎩ; ᎬᏂᏳᏉ ᎢᎬᏛᏁᏗ ᏂᎨᏒᎾ ᎤᎾᏙᏓᏆᏍᎬ
ᎢᎦ ᎾᎾᏛᏁ ᎨᏣᏍᏓᏩᏗᏙᎯ.
3 ᎠᏎᏃ ᎯᎠ ᏂᏚᏪᏎᎸᎩ; ᏝᏍᎪ ᏱᏥᎪᎵᏰᎣ ᏕᏫ ᏄᏛᏁᎸ ᎠᎪᏄ ᏧᏲᏏᏍᎨ, ᎠᎴ ᎾᏍᎩ
ᎠᏁᎯ,
4 ᎤᏁᎳᏅᎯ ᎤᏤᎵ ᎠᏓᏁᎸ ᏧᏴᎴᎢ, ᎠᎴ ᎠᎦᏙᏗ ᎦᏚ ᏧᎨᎢ, ᏰᎵ ᎬᏩᎩᏍᏗ ᏂᎨᏒᎾ
ᏥᎨᏎᎢ, ᎠᎴ ᎾᏍᎩ ᎠᏁᎯ, ᎠᏥᎸᏍᎩᏂ-ᎠᏁᎶᎯ ᎤᏅᏒ?
5 ᏝᏍᎪ ᎾᏍᏉ ᏱᏥᎪᎵᏰᎣ ᏗᎧᎿᏩᏛᏍᏗᏱ ᎾᏍᎩ ᎤᎾᏙᏓᏆᏍᎬ ᎢᎦ ᎤᏛᎾ
ᏗᎦᎳᏫᎢᏍᏗᏱ ᎠᏥᎸ-ᎠᏁᎶᎯ ᎤᎾᏙᏓᏆᏍᎬ ᎠᏂᏲᏍᏗᏍᎬ, ᎠᎴ ᎤᏂᏍᎦᏅᏨᎯ ᏂᎨᏒᎾ
ᎨᏒᎢ
6 ᎠᏎᏃ ᎯᎠ ᏂᏨᏪᏎᎭ; ᎠᏂ ᎡᏙᎭ ᎤᏟ ᎠᏥᎸᏉᏗᏳ ᎡᏍᎦᏉ ᎤᏛᎾ ᏗᎦᎳᏫᎢᏍᏗᏱ.
7 ᏱᏥᎦᏙᎥᏎᏍᎩᏂ ᎦᏛᎬ ᎯᎠ ᎾᏍᎩ ᏥᏂᎦᏪᎠ, ᎠᏓᏙᎵᏍᏗ ᎨᏒ ᎠᏆᏚᎵᎭ, ᎥᏝᏃ ᎠᏥ-
ᎨᎳᏍᏗᏱ ᎨᏒᎢ, ᎥᏝ ᎤᏂᏍᎦᏅᏨᎯ ᏱᏙᎨᏥᏰᎸᏁ ᏄᏂᏍᎦᏅᏨᎾ.
8 ᏴᏫᏰᏃ ᎤᏪᏥ ᎤᎬᏫᏳᎯ ᎾᏍᏉ ᎤᎾᏙᏓᏆᏍᎬ ᎢᎦ.
9 ᎾᎿᏃ ᎢᎤᏓᏅᏒ, ᏧᏂᎳᏫᎢᏍᏗᏱ ᏭᏴᎸᎩ.
10 ᎬᏂᏳᏉᏃ ᎡᏙᎲᎩ ᎠᏍᎦᏯ ᎤᏬᏰᏂ ᎤᏩᎢᏎᎸᎯ. ᎬᏩᏛᏛᏅᎩᏃ ᎯᎠ ᏄᏂᏪᏒᎩ; ᏥᎪ
ᏰᎵᏉ ᎬᏓᏅᏬᏗ ᎤᎾᏙᏓᏆᏍᎬᎢ; ᎬᏩᏱᎵᏓᏍᏗᏱ ᎤᎾᏚᎵᏍᎬᎩ.
11 ᎯᎠᏃ ᏂᏚᏪᏎᎸᎩ; ᏥᎪ ᎠᏯᎦᏯ ᎤᎦᏑᏯ ᎢᏤᎲᎢ, ᎢᏳᏃ ᏌᏉ ᎠᏫ ᎤᏃᏕᎾ ᏳᎾᏝᎠ,
ᎠᏔᎴᏒᏃ ᏳᎸᏨ ᎤᎾᏙᏓᏆᏍᎬᎢ, ᎾᏍᎩ ᏭᏂᏴᏗ ᎠᎴ ᏭᎴᏍᏗ ᏂᎨᏒᎾ?
12 ᏂᎦᎥᏍᎩᏂ ᎤᏟᎯᏳ ᎠᏥᎸᏉᏗᏳ ᏴᏫ ᎡᏉᎦᏉ ᎠᏫ ᎤᏃᏕᎾ. ᎾᏍᎩᏍᎩᏂ ᎢᏳᏍᏗ
ᏰᎵᏉ ᎣᏍᏛ ᏗᎦᎸᏫᏍᏓᏁᏗ ᎤᎾᏙᏓᏆᏍᎬ ᎢᎦ.
13 ᎿᏉᏃ ᎯᎠ ᏄᏪᏎᎸ ᎠᏍᎦᏯ; ᎭᏙᏯᏅᎯᏓ; ᎤᏙᏯᏅᎯᎩᏃ. ᎠᎴ ᎤᏗᏩᏒᎩ, ᎾᏍᎩᏯ
ᏐᎢ ᏄᏍᏛ ᏄᎵᏍᏔᏅᎩ.
14 ᎿᏉᏃ ᎠᏂᏆᎵᏏ ᎤᏂᏄᎪᏨ ᎤᏂᏃᎮᎸ ᎢᏳᏅᏁᏗᏱ ᎤᏂᎯᏍᏗᏱ.
15 ᎠᏎᏃ ᏥᏌ ᎤᏙᎴᎰᏒ ᎾᎿᎤᏓᏅᏒᎩ; ᎤᏂᏣᏘᏃ ᎬᏩᏍᏓᏩᏛᏒᎩ; ᎠᎴ ᏂᎦᏛ ᏚᏅᏩᏅᎩ,
16 ᎠᎴ ᏚᏅᏍᏓᏕᎸ ᎬᏂᎨᏒ ᎢᎬᏩᏁᏗᏱ.
17 ᎤᏙᎯᏳᏗᏱ ᎠᏰᎸᏒᎩ ᎢᏌᏯ ᎠᏙᎴᎰᏍᎩ ᏧᏁᏤᎢ, ᎯᎠ ᏥᏄᏪᏎᎢ;
18 ᎬᏂᏳᏉ ᏥᏅᏏᏓᏍᏗ ᏥᏯᏑᏰᏛ ᏥᎨᏳᎢ ᏗᏆᏓᏅᏛ ᎢᏴᏛ ᎣᏍᏛ ᏥᏰᎸᎢ; ᏓᏥᏁᎵ
ᎠᏆᏓᏅᏙ, ᎠᎴ ᏧᎾᏓᎴᏅᏛ ᏴᏫ ᏚᏳᎪᏛ ᏧᎾᏄᎪᏫᏎᏗ ᎨᏎᏍᏗ.
19 ᎥᏝ ᏧᏘᏲᏍᏗ ᎠᎴ ᎤᏪᎷᏗ ᏱᎨᏎᏍᏗ, ᎥᏝ ᎠᎴ ᎩᎶ ᎤᏛᎦᏁᏗ ᏱᎨᏎᏍᏗ ᎧᏁᎬ
ᏕᎦᎳᏅᏛᎢ.

20 ᏩᎭᎾ ᎤᏰᏓᏬᏨᎯ ᎥᏝ ᏧᏍᏆᎵᏍᏗ ᏱᎨᏎᏍᏗ, ᎠᎴ ᏙᎴᏛ ᏧᏚᏒᏍᏗ ᎥᏝ ᎤᏩᏑᏗᏍᏗ
ᏱᎨᏎᏍᏗ, ᎬᏂ ᎠᏓᎵᏁᎯᏙᏅᎭ ᏚᏳᎪᏛ ᎨᏒ ᏓᏰᎵᎯᏍᏗᏍᎬᎢ.
21 ᎠᎴ ᏚᏙᎥ ᏧᎾᏓᎴᏅᏛ ᏴᏫ ᎠᎾᎵᏍᏕᏍᏙᏗᏍᎨᏍᏗ.
22 ᎿᏉᏃ ᎠᎦᏘᏃᎮᎸᎩ ᎠᏍᎩᎾ ᎤᏯᎢ ᏗᎨᏫ ᎠᎴ ᎤᏩᎨᏫ, ᎠᎴ ᎤᏅᏩᏅᎩ; ᎾᏍᎩᏃ
ᏗᎨᏫ ᎠᎴ ᎤᏩᎨᏫ ᎤᏬᏂᏒᎩ ᎠᎴ ᎤᎪᎲᎩ.
23 ᏂᎦᏛᏃ ᏴᏫ ᎤᏂᏍᏆᏂᎪᏒᎩ, ᎯᎠ ᏄᏂᏪᏒᎩ; ᏝᏍᎪ ᎯᎠ ᏕᏫ ᎤᏪᏥᏱᎩ?
24 ᎠᏎᏃ ᎠᏂᏆᎵᏏ ᎤᎾᏛᎦᏅ, ᎯᎠ ᏄᏂᏪᏒᎩ; ᎯᎠ ᎥᏝ ᎠᏂᏍᎩᎾ ᏱᏗᎦᏄᎪᏫᏍᎦ ᎬᏂ
ᏧᏍᏕᎵᏍᎪ ᏇᎵᏥᏆ ᎤᎬᏫᏳᎯ ᎠᏂᏍᎩᎾ ᎤᎾᏤᎵᎦ.
25 ᎠᎴᏥᏌ ᎠᎦᏔᎲᎸᏍᏛ ᎠᎾᏓᏅᏖᏍᎬᎢ, ᎯᎠ ᏂᏚᏪᏎᎸᎩ; ᏂᎦᎥ ᎠᏰᎵ ᎪᎵᏒᎢ ᏔᎵ
ᏥᎾᏓᏗᏍᎪ ᎤᏩᏒᏉ ᏩᏓᏡᏗᏍᎪ ᎠᏥᎪᏉ; ᎠᎴ ᏂᎦᎥ ᎦᏚᎲ ᎠᎴ ᎠᏓᏁᎸ ᏔᎵ ᏥᎾᏓᏗᏍᎪ
ᎤᏩᏒᏉ ᏩᏓᏡᏗᏍᎪ ᎥᏝ ᏱᏂᎬᏩᏍᏙᏉ.
26 ᎢᏳ ᎠᎴ ᏎᏓᏂ ᏎᏓᏂ ᏱᏕᏄᎪᏫᏍᎦ, ᏔᎵ ᎾᏓᏗᏍᎪᎢ ᎤᏩᏒᏉ ᎠᏓᏡᏗᏍᎪᎢ; ᎦᏙᏃ
ᏱᎦᎵᏍᏙᏓ ᏱᏂᎬᏩ ᏍᏗᏉ ᎤᏤᎵᎪᎯ?
27 ᎢᏳᏃ ᎠᏴ ᏇᎵᏥᏆ ᏯᎩᏍᏕᎵ ᎠᏂᏍᎩᎾ ᏱᏗᏥᏄᎪᏫᏍᎦ, ᎦᎪ ᎤᏂᏍᏕᎵᏍᎪ ᏗᏤᏥ
ᏥᏓᏂᏄᎪᏫᏍᎪᎢ? ᎾᏍᎩ ᏍᎩᏂ ᏗᎨᏧᎪᏓᏁᎯ ᎨᏎᏍᏗ.
28 ᎢᏳᏍᎩᏂ ᎠᏴ ᎤᏁᎳᏅᎯ ᎤᏓᏅᏙ ᏱᎬᏗ ᎠᏂᏍᎩᎾ ᏱᏗᏥᏄᎪᏫᏍᎦ, ᎿᏉᏍᎩᏂ
ᎦᎸᎳᏗ ᎡᎯ ᎤᎬᏫᏳᎯ ᎨᏒ ᎢᏥᎷᏤᎸ.
29 ᎠᎴ ᎦᏙ ᏯᏛᎶ ᎤᎵᏂᎩᏛ ᎠᏍᎦᏯ ᎦᏁᎸ ᏯᏴᎭ ᎠᎴ ᎤᎿᎥ ᏯᏬᏅ, ᎢᏳᏃ ᎢᎬᏱ
ᏄᎸᎸᎾ ᏱᎩ ᎾᏍᎩ ᎤᎵᏂᎩᏛ ᎠᏍᎦᏯ? ᎩᎳ ᎿᏉ ᏯᏬᏅ ᎦᏁᎸᎢ ᎤᎿᎥᎢ.
30 ᎩᎶ ᎾᏆᎵᎪᏁᎲᎾ, ᎾᏍᎩ ᎠᏆᏡᏗᎭ; ᎩᎶᏃ ᏃᏍᏗᏟᏏᏍᎬᎾ, ᎾᏍᎩ ᏯᏗᎦᎴᏯᏍᎦ.
31 ᎾᏍᎩ ᎢᏳᏍᏗ ᎯᎠ ᏂᏨᏪᏎᎭ; ᏂᎦᎥ ᏄᏓᎴᏒ ᎠᏍᎦᏅᎢᏍᏗ ᎨᏒ ᎠᎴ ᎠᎭᎵᏙᏗ ᎨᏒ
ᎨᏥᏙᎵᏍᏗᏉ ᎨᏎᏍᏗ ᏴᏫ; ᎦᎸᏉᏗᏳᏍᎩᏂ ᎠᏓᏅᏙ ᎠᎭᎵᏙᏗ ᎨᏒ ᎥᏝ ᎨᏥᏙᎵᏍᏗ
ᏱᎨᏎᏍᏗ ᏴᏫ.
32 ᎠᎴ ᎩᎶ ᎦᏬᏂᏍᎬ ᎠᏡᏗᏍᎨᏍᏗ ᏴᏫ ᎤᏪᏥ, ᎠᏥᏙᎵᏍᏗᏉ ᎨᏎᏍᏗ; ᎩᎶᏍᎩᏂ
ᎦᏬᏂᏍᎬ ᎠᏡᏗᏍᎨᏍᏗ ᎦᎸᏉᏗᏳ ᎠᏓᏅᏙ, ᎥᏝ ᎠᏥᏙᎵᏍᏗ ᏱᎨᏎᏍᏗ ᎪᎯ ᎨᏒ ᎠᎴ
ᎾᏍᏉ ᎭᎢᏱ ᏗᎨᏒᎢ.
33 ᏡᎬ ᎣᏍᏛ ᏂᏨᎦ ᎤᏛᏃ ᎣᏍᏛ, ᎠᎴ ᏡᎬ ᎤᎭᏅ ᏂᏨᎦ ᎤᏛᏃ ᎤᎭᏅᎢ; ᏡᎬᏰᏃ
ᎪᎵᏍᏙᏗ ᎨᎭ ᏄᏍᏛ ᎤᏛᎢ.
34 Ᏺ ᎢᎾᏛ ᏧᏁᏥ ᏂᎯ! ᏥᏂᏥᏲᎢᏴ ᎦᎴ ᏡᎬ ᎤᎭᏅ ᏂᏨᎦ ᎤᏛᏃ ᎤᎭᏅᎢ; ᏡᎬᏰᏃ
ᎪᎵᏍᏙᏗ ᎨᎭ ᏄᏍᏛ ᎤᏛᎢ.
35 ᎣᏍᏛ ᏴᏫ, ᎣᏍᏛ ᎤᏍᏆᏂᎪᏛ ᎤᎾᏫᏱ, ᎣᏍᏛ ᏕᎾᏄᎪᏫᏍᎪᎢ. ᎤᏲᏃ ᏴᏫ, ᎤᏲ
ᎤᏍᏆᏂᎪᏛ ᎤᏲ ᏕᎾᏄᎪᏫᏍᎪᎢ.
36 ᎯᎠᏃ ᏂᏨᏪᏎᎭ; ᏂᎦᎥ ᎤᏲ ᎠᏂᏬᏂᏍᎬ ᏴᏫ, ᎤᏂᏃᎮᏗ ᎨᏎᏍᏗ ᏗᎫᎪᏗᏱ ᎢᎦ ᎨᏒᎢ.

37 ᎯᏁᎬᏰᏃ ᏣᏚᏓᎴᏍᏙᏗ ᎨᏎᏍᏗ, ᎠᎴ ᎯᏁᎬ ᏣᏍᎦᏅᏨ ᏗᏣᏚᎪᏓᏁᏗ ᎨᏎᏍᏗ.
38 ᎿᏉᏃ ᎩᎶ ᎢᏳᎾᏍᏗ ᏗᏃᏪᎵᏍᎩ ᎠᎴ ᎠᏂᏆᎵᏏ ᎤᏂᏁᏨ, ᎯᎠ ᏄᏂᏪᏒᎩ;
ᏔᏕᏲᎲᏍᎩ, ᎤᏰᎸᏛ ᎣᎦᏚᎵ ᎢᏨᎪᏩᏛᏒᏗᏱ.
39 ᎤᏁᏨᏃ ᎯᎠ ᏂᏚᏪᏎᎸᎩ; ᎪᎯ ᏣᏁᎭ ᎤᏂᏲ ᏗᎾᏓᏲᏁᎯ ᎤᏰᎸᏛ ᎤᏂᏲᎰᎢ; ᎠᏎᏃ
ᎤᏰᎸᏛ ᎥᏝ ᎨᏥᏁᏗ ᏱᎨᏎᏍᏗ, ᏦᎾ ᎠᏙᎴᎰᏍᎩ ᎤᏤᎵᎦ ᎤᏰᎸᏛ ᎤᏩᏒ.
40 ᏦᎾᏰᏃ ᏦᎢ ᎢᎦ ᎠᎴ ᏦᎢ ᏒᏃᏱ ᎠᏣᏗ ᎡᏆ ᎤᏍᏉᎵᏱ ᏣᏯᎡᎢ, ᎾᏍᏉᏍᎩᏂ ᏴᏫ
ᎤᏪᏥ ᏦᎢ ᎢᎦ ᎠᎴ ᏦᎢ ᏒᏃᏱ ᎦᏙᎯ ᎭᏫᏂ ᎠᏯᎡᏍᏗ.
41 ᏴᏫ ᏂᏂᏫ ᏣᏁᎲᎩ ᏙᏛᎾᎴᏂ ᏓᎬᏩᎾᏑᏔᏂ ᎪᎯ ᏣᏁᎭ, ᏗᎫᎪᏙᏗᏱ ᎢᎦ ᎨᎡᎢ, ᎠᎴ
ᎤᏂᏍᎦᏅᏨ ᎬᏂᎨᏒ ᎤᏛᏅᏁᎵ; ᎾᏍᎩᏰᏃ ᏚᎾᏓᏅᏃ ᏚᎾᏓᏅᏛ ᏚᏂᏁᏟᏴᏒᎩ ᏦᎾ
ᎠᎵᏥᏙᎲᏍᎬ ᏄᏳᏂᏬᏅᎩ, ᎬᏂᏳᏉᏃ ᎠᏂ ᎡᏙᎭ ᎤᏟ ᎠᏥᎸᏉᏗᏳ ᎡᏍᎨᏉ ᏦᎾ.
42 ᎤᎬᏫᏳᎯ ᎠᎨᏴ ᏧᎦᎾᏮ ᏤᎮᎢ ᏙᏛᎴᏂ ᏓᏩᎾᏑᏔᏂ ᎪᎯ ᏣᏁᎭ ᏗᎫᎪᏙᏗᏱ ᎢᎦ ᎨᏒᎢ,
ᎠᎴ ᎤᏂᏍᎦᏅᏨ Ꭼ Ꮒ ᎨᏒ ᎤᏓᎬᏁᎵ; ᎾᏍᎩᏰᏃ ᎦᏙᎯ ᏩᏍᏛ ᎢᏴᏛ ᏧᏪᏅᏎ ᎤᏛᎦᏂᎴ
ᏐᎵᎼᏅ ᎠᎦᏔᎿᎢᏳ ᎨᏒᎢ, ᎬᏂᏳᏉᏃ ᎠᏂ ᎡᏙᎭᎤᏟ ᎠᏥᎸᏉᏗᏳ ᎡᏍᎦᏉ ᏐᎵᎼᏅ.
43 ᎢᏳᏃ ᎦᏓᎭ ᎠᏓᏅᏙ ᏴᏫᎯ ᎦᏄᎪᎢ, ᎤᎧᏲᏛᎯ ᎡᏙᎰᎢ ᎤᏯᏪᏐᎸᏍᏗᏱ ᎤᏲᎰᎢ, ᎠᏎᏃ
ᎥᏝ ᏯᏩᏘᏍᎪᎢ.
44 ᎿᏉᏃ ᎯᎠ ᏂᏕᏪᏍᎪᎢ; ᏗᏥᏁᎸ ᏗᎩᏄᎪᏨ ᏴᏛᏥᎶᏏ. ᎿᏉᏃ ᏫᎦᎷᎩ ᎠᏩᏘᏍᎪ
ᎤᏏᏩ ᎨᎭ ᎠᎴ ᎬᏃᏬᏛᎯ ᎠᎴ ᎪᏚᎢᏍᏙᎢ.
45 ᎿᏉᏃ ᎢᎡᎪᎢ ᏫᏓᏯᏂᏍᎪ ᎤᏩᎾᏓᎴ ᎦᎵᏉᎩ ᎠᏂᏍᎩᎾ ᎤᏟ ᎢᏳᏂᏁᎫᏥᏛ ᎡᏍᎦᏉ
ᎤᏩᏒ, ᎾᎿᏃ ᎠᏂᏴᎯᎰᎢ ᎠᎴ ᎠᎾᏁᎳᏗᏍᎪᎢ, ᎣᏂᏃ ᏄᏍᏛ Ꮎ ᎠᏍᎦᏯ ᎤᏟ ᎤᏲᎢᏳ
ᎨᏐᎢ ᎡᏍᎦᏉ ᎢᎬᏱᏱ. ᎾᏍᎩᏍᎩᏂ ᏄᎾᏍᏕᏍᏗ ᎪᎯ ᎤᏂᏁᎫᏥᏛ ᏣᏁᎭ.
46 ᎠᏏᏉ ᏕᎦᏬᏁᏗᏍᎬ ᏴᏫ, ᎬᏂᏳᏉ ᎤᏥ ᎠᎴ ᎠᎾᎵᏅᏟ ᏙᏱᏢ ᎠᏂᏙᎾᎥᎩ,
ᎤᎾᏚᎵᏍᎬᎩ ᎬᏩᎵᏃᎮᏙᏗᏱ.
47 ᎩᎶᏃ ᎯᎠ ᏄᏪᏎᎸᎩ; ᎬᏂᏳᏉ ᏣᏥ ᎠᎴ ᎢᏣᎵᏅᏟ ᏙᏱ ᎠᏂᏙᎾᎠ, ᎨᏣᎵᏃᎮᏙᏗᏱ
ᎤᎾᏚᎵᎭ.
48 ᎤᏁᏨᏃ ᎯᎠ ᏄᏪᏎᎸ ᎤᏃᏁᎸᎯ; ᎦᎪ ᎡᏥ? ᎠᎴ ᎦᎪ ᎣᏣᎵᏅᏟ?
49 ᏫᏚᏐᏅᏃ ᎬᏩᏍᏓᏩᏗᏙᎯ ᎯᎠ ᏄᏪᏒᎩ; ᎬᏂᏳᏉ ᎡᏥ ᎠᎴ ᏱᏣᎵᏅᏟ.
50 ᎩᎶᏰᏃ ᎾᏛᏁᎮᏍᏗ ᏄᏍᏛ ᎤᏚᎵᏍᎬ ᎡᏙᏓ ᎦᎸᎳᏗ ᎡᎯ, ᎾᏍᎩ ᎥᎩᏅᏟ ᎠᎴ ᎥᎩᏙ ᎠᎴ
ᎡᏥ.

ᎠᏯᏙᎸᎢ 13

1 ᎾᎯᏳ ᎢᎦ ᏥᏌ ᎤᏄᎪᏨᎩ ᎠᏓᏁᎸᎢ, ᎠᎴ ᎥᏓᎷᎶᏗ ᎤᏪᏅᎩ.

2 ᎤᏂᏣᏘᏃ ᏴᏫ ᎬᏩᏓᏡᏫᏍᏔᏅᎩ, ᎾᏍᎩ ᎢᏳᏍᏗ ᏥᏳᎯ ᎤᏟᏅᎩ, ᎠᎴ ᎤᏪᏅᎩ.
ᏂᎦᏗᏳᏃ ᎾᏍᎩ ᎤᏂᏣᏘ ᎠᎹᏳᎶᏗ ᎠᏂᏙᎾᎥᎩ.

3 ᏕᎤᏬᏁᏔᏅᏃ ᎤᏣᏘ ᏧᏓᎴᏅᏛ ᏚᏟᎶᏍᏓᏁᎸᎩ; ᎯᎠ ᏄᏪᏒᎩ; ᎬᏂᏳᏉ, ᎠᏫᏍᎩ
ᎤᏫᏒᏎᎢ.

4 ᎤᏫᏒᏃ ᎢᎦᏛ ᏅᏃᎱᎶᏗ ᎤᎳᎨᏯᏛᏤᎢ, ᏥᏍᏆᏃ ᎤᏂᎷᏤ ᎠᎴ ᎤᏄᏘᎭᏁᎢ.

5 ᎢᎦᏛᏃ ᏅᏲᎯ ᎨᏒ Ꭴ ᎳᎨᏯᏛᏤᎢ, ᎦᏲᎵ ᎦᏓ ᎦᎳᎨᏴᎢ, ᎩᎳᏉᏃ ᎢᏴᏛ ᎤᎵᏰᏁᎢ,
ᎤᏗᎦᎵᏍᏙᏗᏍᎨ ᏌᎨᎢᏳᎨᏒ ᎦᏓ.

6 ᎠᏎᏃ ᏅᏙ ᏧᎧᎸᏨ ᎤᎴᏴᏎᎢ, ᏂᏚᎿᏍᏕᎵᎾᏃ ᎨᏒ ᎢᏳᏍᏗᎤᎿᏍᎬᏤᏉ.

7 ᎢᎦᏛᏃ ᎠᏄᎦᏄᎯ ᎤᎳᎨᏯᏛᏤᎢ, ᎠᏄᎦᏄᏃ ᏧᏛᏒ ᎤᏁᏄᎳᏍᏔᏁᎢ.

8 ᎢᎦᏛᏍᎩᏂ ᎣᏒ ᎦᏙᎯ ᎤᎳᎨᏯᏛᏤᎢ, ᎾᏍᎩᏃ ᎤᎦᏔᏔᏁᎢ, ᎢᎦᏛ ᎠᏍᎪᎯᏧᏈ
ᎤᏁᏉᏤᎢ, ᎢᎦᏛᏃ ᏑᏓᎳᏍᎪᎯ ᎤᏁᏉᏤᎢ, ᎢᎦᏛᏃ ᏦᎠᏍᎪᎯ ᎤᏁᏉᏤᎢ.

9 ᎩᎶ ᏕᎦᎷᎨᏍᏗ ᎤᏛᎪᏗᏱ ᏩᏛᎬᎦ.

10 ᎬᏩᏍᏓᏩᏗᏙᎯᏃ ᎬᏩᎷᏤᎸ ᎯᎠ ᏂᎬᏩᏪᏎᎸᎩ; ᎦᏙᏃ ᏕᎯᏬᏁᏗᏍᎬ ᏥᏕᎭᏟᎶᏍᏓᏁᎭ?

11 ᎤᏁᏨᏃ ᎯᎠ ᏂᏚᏪᏎᎸᎩ; ᎤᏗᎦᎵᏍᏙᏗᏍᎩᏂ ᏂᎯ ᎡᏥᏁᎸᎯ ᎨᏒ ᎢᏦᎵᏍᏗᏱ ᎤᏕᎵᏛ
ᎨᏒ ᎦᎸᎳᏗ ᎡᎯ ᎤᎬ ᏫᏳᎯ ᎨᏒᎢ, Ꮎ-ᏍᎩᏂ ᎥᏝ ᎨᎦᎵᏍᎪᎸᏓᏁᎸᎯ ᏱᎩ.

12 ᎩᎶᏰᏃ ᎤᎮᏍᏗ ᎠᏥᏁᏗ ᎨᏎᏍᏗ, ᎤᏣᏘᏃ ᎤᎮᏍᏗ; ᎩᎶᏍᎩᏂ ᏄᎲᎾ ᎨᏎᏍᏗ
ᎠᏥᎩᎡᏗᏉ ᎨᏎᏍᏗ ᎾᏍᎩ ᎾᏍᏉ ᎤᎲᎢ.

13 ᎾᏍᎩ ᎤᏗᎦᎵᏍᏙᏗᎭ ᏥᏕᎦᏥᏯᏟᎶᏍᏓᏁᎭ, ᎠᏂᎪᏩᏘᏍᎬᏰᏃ ᎥᏝ ᏱᎾᏛᎩᎭ ᎠᎴ ᎥᏝ
ᏱᏃᎵᎦ.

14 ᎠᎴ ᎠᏁᎲ ᎤᏙᎯᏳᏅ ᎢᏌᏯ ᏧᏙᎴᎰᏎᎢ, ᎯᎠ ᏥᏄᏪᏎᎢ; ᎢᏣᏛᎩᏍᎬ ᎢᏣᏛᎩᏍᎨᏍᏗ,
ᎠᏎᏃ ᎥᏝ ᏱᏦᎵᎨᏍᏗ; ᎠᎴ ᎢᏥᎪᏩᏘᏍᎬ ᎢᏥᎪᏩᏘᏍᎨᏍᏗ, ᎠᏎᏃ ᎥᏝ ᏱᏣᏙᎴᎰᏍᎨᏍᏗ.
15 ᎯᎠᏰᏃ ᏴᏫ ᏧᏂᎾᏫ ᏚᎵᏦᎲᏒ, ᎠᎴ ᏓᏂᎵᎷᎬ [ᎦᏲᎵᏳ ᏓᏛᎩᎭ, ᎠᎴ ᏗᏂᎦᏙᎵ
ᏚᏂᏍᏚᏅ; ᎾᏍᎩ ᏗᏂᎦᏙᎵ ᏗᎬᏩᏂᎪᏩᏛᏗ ᏂᎨᏒᎾ ᎢᏳᎵᏍᏙᏗᏱ, ᎠᎴ ᏓᏂᎵᎷᎬ
ᏗᎬᏩᎾᏛᎪᏙᏗᏂᎨᏒᎾ ᎢᏳᎵᏍᏙᏗᏱ, ᎠᎴ ᏧᏂᎾᏫ ᏗᎬᏩᏃᎵᏍᏙᏗ ᏂᎨᏒᎾ ᎢᏳᎵᏍᏙᏗᏱ,
ᎠᎴ ᏗᎬᏩᎾᏓᏁᏟᏴᏒᏗ] ᏂᎨᏒᎾ ᏚᎾᏓᏅᏛ, ᎠᎴ ᏗᎦᏚᏥᏅᏬᏗ ᏂᎨᏒᎾ ᎢᏳᎵᏍᏙᏗᏱ.
16 ᏂᎯᏍᎩᏂ ᏗᏥᎦᏙᎵ ᏗᎦᎸᏉᏔᏅᎯ, ᎾᏍᎩᏃᏓᎪᏩᏘᎭ, ᎠᎴ ᏕᏥᎵᎷᎬᎢ, ᎾᏍᎩᏰᏃ
ᏓᏛᎩᎭ;

17 ᎤᏙᎯᏳᎯᏯᏰᏃ ᎯᎠ ᏂᏨᏪᏎᎭ, ᎤᏂᏣᏘ ᎠᎾᏙᎴᎰᏍᎩ ᎠᎴ ᎤᎾᏓᏅᏘ ᎤᎾᏚᎸᏛ
ᎤᏥᎪᏩᏛᏗᏱ ᎯᎠ ᎾᏍᎩ ᏥᏥᎪᏩᏘᎭ, ᎠᏎᏃ ᎥᏝ ᎤᏂᎪᎲᎯ ᏱᎩ; ᎠᎴ ᎤᎾᏛ ᎪᏗᏱ ᎯᎠ
ᎾᏍᎩ ᏥᏣᏛᎩᎭ, ᎠᏎᏃ ᎥᏝ ᎤᎾᏛᎦᏅᎯ ᏱᎩ.
18 ᎾᏍᎩ ᎢᏳᏍᏗ ᏂᎯ ᎢᏣᏛᎬᎦ ᏓᏟᎶᏍᏛ ᎠᏫᏍᎩ.

19 ᎢᏳᏃ ᎩᎶ ᎠᏛᎬᎦ ᎧᏃᎮᏛ ᎦᎸᎳᏗ ᎡᎯᎤᎬᎾᏳᎯ ᎨᏒ ᎤᎬᏩᎵ, ᏂᎪᎵᎬᎾᏃ ᏥᎨᏐᎢ,
ᎿᏉ ᎤᏁᎫᏥᏛ ᎦᎷᎪᎢ ᎠᎴ ᎤᎩᏒᎨ ᎠᏫᏒ ᎤᎾᏫᏱ. ᎾᏍᎩ ᎯᎠ ᎤᏃᎱᎶᏗ ᏣᏫᏎᎢ.
20 ᎯᎠᏃ ᎾᏍᎩ ᏅᏲᎯ ᏣᏫᏎᎢ; ᎾᏍᎩ ᏣᏛᎩᏍᎪ ᎧᏃᎮᏛ, ᎠᎴ ᎩᎳᏉ ᎢᏴᏛ ᎤᎵᎮᎵᏨᎯ
ᏥᏓᏓᏂᎸᎪᎢ;
21 ᎠᏎᏃ ᏂᏚᎿᏍᎦᎵᎾᏉ ᎨᏐᎢ, ᎠᎴ ᏞᎦᏉ ᏥᏓᎧᎿᏩᎦᎪᎢ; ᎠᎩᎵᏴᏰᏃ ᎦᎾᏄᎪᎢ ᎠᎴ
ᎧᏃᎮᏛ ᏛᎵᏴᎢᏄᏍᏓ ᎠᏚᎦᏯᏙᏓ, ᎩᎳᏉ ᎢᏴᏛ ᏚᏬᎦᎯᎨᎢ.
22 ᎯᎠᏃ ᎾᏍᏉ ᎠᏄᎦᏄᎯ ᏣᏫᏎᎢ, ᎾᏍᎩ ᏣᏛᎩᏍᎪ ᎧᏃᎮᏛ, ᎡᎶᎯᏃ ᎤᏪᎵᎯᏍᏗ ᎨᏒ
ᎠᎴ ᎨᏅᎢᏍᏗ ᎨᏒ ᎤᏓᎵᏓᏍᏛ ᎠᏂᏁᏄᎳᏍᏗᏍᎪ ᎧᏃᎮᏛ, ᎾᏍᎩᏃ ᎾᎦᏔᏛᎬᎾᏉ ᎨᏐᎢ.
23 ᎾᏍᎩᏍᎩᏂ Ꮎ ᎣᏒ ᎦᏙᎯ ᏣᏫᏎᎢ; ᎾᏍᎩ ᏣᏛᎩᏍᎪ ᎧᏃᎮᏛ ᎠᎴ ᏥᎪᎵᎪᎢ, ᎠᎴ
ᎾᏍᏉ ᏣᎦᏔᏛᏍᎪᎢ, ᎠᎴ ᏥᎦᎾᏄᎪᏫᏍᎪᎢ, ᎢᎦᏛ ᎠᏍᎪᎯᏧᏈ ᎤᏁᏉᏨ Ꭿ, ᎢᎦᏛᏃ
ᏑᏓᎳᏍᎪᎯ, ᎢᎦᏛᏃ ᏦᎠᏍᎪᎯ.
24 ᏅᏩᏓᎴ ᏚᏟᎶᏍᏓᏁᎸᎩ, ᎯᎠ ᏄᏪᏒᎩ; ᎦᎸᎳᏗ ᎡᎯ ᎤᎬᏫᏳᎯ ᎨᏒ ᎾᏍᎩᏯᏉ
ᎠᏍᎦᏯ ᎣᏍᏛ ᎤᎦᏔ ᎤᎶᎨᏒ ᏧᏫᏎᎢ.
25 ᎠᏎᏃ ᏴᏫ ᎤᏂᎵᏅᏨ, ᎤᏍᎦᏯ ᎤᎷᏤ ᎤᏀ ᎤᎦᏔ ᎤᏫᏎ ᎤᏣᎴᏍᏗ ᎠᏫᏒ ᎤᏑᏴᏁᎢ;
ᎠᎴ ᎢᎤᏪᏅᏎ.
26 ᎿᏉᏃ ᎤᎵᏰᏅ ᎠᎴ ᎤᎦᏔᏔᏅ ᎾᏍᏉ ᎤᏀ ᎤᎾᏄᎪᏤᎢ.
27 ᎿᏉᏃ ᎠᏍᎦᏯ ᎦᏁᎳ ᏧᏅᏏᏓᏍᏗ ᎬᏩᎷᏤᎴᎢ, ᎯᎠ ᏂᎬᏩᏪᏎᎴᎢ; ᏍᎩᏅᏏᏓᏍᏗ,
ᏝᏍᎪ ᎣᏍᏛ ᎤᎦᏔ ᏱᏣᏫᏎ ᏣᎶᎨᏒᎢ? ᎦᏙ ᏗᎦᎵᏍᏙᏓᎭ ᎤᏀ ᏧᏰᎦ?
28 ᎯᎠᏃ ᏂᏚᏪᏎᎴᎢ; ᎩᎶ ᎠᎩᏍᎦᎩ ᎾᏍᎩ ᏄᏛᏁᎸ. ᏧᏅᏏᏓᏍᏗ ᎯᎠ ᏂᎬᏪᏎᎴᎢ;
ᏣᏚᎵᏍᎪᏃ ᎣᎩᏴᎯᎡᏍᏗᏱ?
29 ᎠᏎᏃ ᎯᎠ ᏄᏪᏎᎢ; ᎥᏝ, ᎢᏥᏰᎯᏍᎬᏰᏃ ᎤᏀ, ᏱᎦᏥᎿᏍᎦᎵᏓ ᎾᏍᏉ ᎤᏣᎴᏍᏗ.
30 ᎤᏁᎳᎩ ᎢᏧᎳᎭ ᏫᏓᏛᎯ ᎬᏂ ᎠᎦᏛᎾᏨᎭ; ᎿᏉᏃ ᎠᎦᏛᎾᏨ ᎯᎠ ᏅᏓᎦᏥᏪᏎᎵ
ᎠᏂᏍᎫᎦᏍᎩ; ᎢᎬᏱ ᎢᏥᏟᏌ ᎤᏀ, ᎠᎴ ᏗᏦᏛᎶ ᏗᎪᎲᏍᏙᏗ, ᎤᏣᎴᏍᏗᏍᎩᏂ ᎢᏥᏟᏌ
ᎠᎩᏍᏆᏂᎪᏙᏗᏱ.
31 ᏅᏩᏓᎴ ᏚᏟᎶᏍᏓᏁᎸᎩ, ᎯᎠ ᏄᏪᏒᎩ; ᎦᎸᎳᏗ ᎡᎯ ᎤᎬᏫᏳᎯ ᎨᏒ ᎾᏍᎩᏯᏉ ᎠᏥᎸ
ᎤᎦᏔ, ᎠᏍᎦᏯ ᏧᎩᏎ ᎠᎴ ᏧᏫᏎ ᎤᎶᎨᏒᎢ.
32 ᎾᏍᎩ ᎤᏙᎯᏳᏒ ᏥᏬᏓᎪᎾᏛᏗ ᎤᏍᏗᎩᏳ ᎨᏒ ᏂᎦᎥ
33 ᏅᏩᏓᎴ ᏚᏟᎶᏍᏓᏁᎸᎩ, ᎯᎠ ᏄᏬᏒᎩ; ᎦᎸᎳᏗᎡᎯ ᎤᎬᏫᏳᎯᎨᏒ ᎾᏍᎩᏯᏉ ᎠᎪᏙᏗ,
ᎾᏍᎩ ᎠᎨᏴ ᏧᎩᏎ ᎠᎴ ᏧᏑᏴᏁ ᏦᎢ ᎢᏳᏟᎶᏛ ᎢᏒ ᎦᏄᎢ, ᎬᏂ ᏂᎦᏛ ᎤᎪᏐᏅ.
34 ᎾᏍᎩ ᎯᎠ ᏂᎦᏗᏳ ᏥᏌ ᏚᏬᏁᏔᏅᎩ ᎤᏂᏣᏘ ᏚᏟᎶᏍᏓᏁᎸᎩ, ᏂᏓᏟᎶᏍᏓᏁᎲᎾᏃ ᎨᏒ
ᎥᏝ ᏱᏚᏬᏁᏔᏁᎢ.
35 ᎤᏙᎯᏳᏗᏱ ᎠᏰᏄᏒᎩ ᎠᏙᎴᎰ ᏍᎩ ᏧᏁᏤᎢ, ᎯᎠ ᏥᏄᏪᏎᎢ; ᏓᏥᏍᏚᎢᏏ ᏥᎣᎵ
ᏕᎦᏟᎶᏍᏗᏍᎬᎢ, ᏓᏥᏁᎢᏍᏔᏂ ᎤᏕᎵᏛ ᎠᏍᏆᏂᎪᏛ ᎡᎶᎯ ᏧᏙᏢᏅ ᎤᏓᎬᏩᏓᎴᏅᏛ.

36 ᎿᏉᏃ ᏥᏌ ᏚᏰᎵᎯᏍᏔᏅ ᎤᏂᏣᏘ, ᎠᏓᏁᎸ ᏭᏴᎸᎩ; ᎬᏩᏍᏓᏩᏗᏙᎯᏃ ᎬᏩᎷᏤᎸᎩ,
ᎯᎠ ᏄᏂᏪᏒᎩ; ᏗᏍᎩᏲᏏᏌᏏ ᏓᏟᎶᏍᏛ ᎤᏲ ᏧᎵᏰᏁ ᏠᎨᏏ.
37 ᎤᏁᏨᏃ ᎯᎠ ᏂᏚᏪᏎᎸᎩ; ᎾᏍᎩ Ꮎ ᎣᏍᏛ ᎤᎦᏔ ᏧᏫᏎᎢ ᎾᏍᎩ ᏴᏫ ᎤᏪᏥ;
38 ᏠᎨᏏᏃ ᎾᏍᎩ ᎡᎳᏂᎬᎢ; ᎣᏍᏛ ᎤᎦᏔ ᎾᏍᎩ ᎦᎸᎳᏗ ᎡᎯ ᎤᎬᏫᏳᎯ ᎨᏒ ᎠᏁᎯ;
ᎤᏲᏃ ᏧᎵᏰᏁ ᎾᏍᎩ ᎤᏁᎫᏥᏛ ᏧᏪᏥ;
39 ᎠᎦᏍᎩᏃ ᎾᏍᎩ ᏧᏫᏎᎢ, ᎾᏍᎩ ᎠᏍᎩᎾ; ᎤᎦᏛᎾᎢᏍᏗᏱᏃ ᎨᏒ ᎾᏍᎩ ᎠᎵᏍᏆᏛᎭ
ᎡᎶᎯ; ᎠᏂᏍᎫᏕᏍᎩᏃ ᎾᏍᎩ ᏗᏂᎧᎿᏩᏗᏙᎯ.
40 ᎾᏍᎩᏃ ᎤᏲ ᏣᏂᏟᏏᏍᎪ ᎠᎴ ᏣᎾᎪᎲᏍᏗᏍᎪ ᎠᏥᎸᏱ, ᎾᏍᎩᏯᏍᎩᏂ ᎾᏍᏉ
ᏄᏍᏕᏍᏗ ᎠᎵᏍᏆᏛᎭ ᎯᎠ ᎡᎶᎯ.
41 ᏴᏫ ᎤᏪᏥ ᏙᏓᏚᏅᏏ ᏧᏤᎵ ᏗᏂᎧᎿᏩᏗᏙᎯ, ᎠᎴ ᎾᏍᎩ ᎤᏤᎵᎪᎯ ᏙᏛᏃᏣᎴᏏ ᏂᎦᏛ
ᏗᎾᏓᏙᏕᏍᏗᏍᎩ ᎠᎴ ᏂᎦᏛ ᎠᏂᏍᎦᏅᎩ,
42 ᏗᎪᏢᏒᏃ ᎠᏥᎸᏱ ᏫᏙᏛᎾᏓᏒᏏ; ᎾᎿ ᏓᏂᏴᎨᏍᏗ ᎠᎴ ᏓᏂᏄᏓᎩᏍᏗᎨᏍᏗ ᏓᏂᏄᏙᎬᎢ.
43 ᎿᏉᏃ ᎤᎾᏓᏅᏘ ᎬᏩᏂᏔᎷᎩᏍᎩ ᎨᏎᏍᏗ ᎤᏂᏙᏓ ᎤᏤᎵᎪᎯ, ᏅᏙ ᎾᏍᎩᏯᎢ. ᎩᎶ
ᏕᎦᎵᎷᎨᏍᏗ ᎤᏛᎪᏗᏱ ᏩᏛᎬᎦ.
44 ᎠᎴ ᎾᏍᎩ ᎦᎸᎳᏗ ᎡᎯ ᎤᎬᏫᏳᎯ ᎨᏒ ᎾᏍᎩᏯᏉ ᏧᎬᏩᎶᏗ ᎤᏕᎵᏛ ᏠᎨᏏ ᏣᎨᎢ,
ᎾᏍᎩ ᎢᏳ ᎠᏍᎦᏯ ᎠᏩᏛ, ᏣᎦᏄᏍᎪᎢ, ᎠᎵᎮᎵᎬᏃ ᎢᏳᏍᏗ ᏙᎪᎢ ᏥᏫᏚᎾᏕᎪᏂᎦᏛ
ᎤᏍᏆᏂᎪᏛᎢ, ᎠᎴ ᏥᏭᏩᏍᎪ ᎾᏍᎩ ᏠᎨᏏ.
45 ᎠᎴ ᎾᏍᏉ ᎦᎸᎳᏗ ᎡᎯ ᎤᎬᏫᏳᎯ ᎨᏒ ᎾᏍᎩᏯᏉ ᎦᏃᏗᏍᎩ ᏥᏚᏲᎵ ᏧᏬᏚᎯ ᏓᎬᎾ-
ᎢᏳᎾᏍᏗ.
46 ᎾᏍᎩᏃ ᎿᏉ ᎤᏩᏛᎲ ᏌᏉ ᎤᏣᏘ ᏧᎬᏩᎶᏗ ᏓᎬᎾ ᎢᏳᎾᏍᏗ ᎤᏪᏅᏎ ᏭᎾᏗᏅᎭ ᏂᎦᏛ
ᎤᏍᏆᏂᎪᏛᎢ, ᎾᏍᎩᏃ ᎤᏩᏎᎢ.
47 ᎠᎴ ᎾᏍᎩ ᎦᎸᎳᏗ ᎡᎯ ᎤᎬᏫᏳᎯ ᎨᏒ ᎾᏍᎩᏯᏉ ᎠᎦᏯᎷᏗ ᏥᏭᎾᏓᎢᏅᏎ ᎠᎺᏉᎯ,
ᎠᎴ ᏥᏚᏂᏂᏴᎮ ᎾᏂᎥ ᏧᎾᏓᎴᏅᏛ;
48 ᎾᏍᎩᏃ ᎿᏉ ᎤᎧᎵᏨ ᎠᎹᏳᎶᏗ ᎤᏂᎾᏏᏃᎴᎢ, ᎠᎴ ᎤᎾᏅᏁᎢ, ᎠᏃᏍᏛᏃ ᏗᏑᎵᏙ
ᏚᏂᏄᏔᏁᎢ, ᎤᏲᏃ ᏚᎾᏓᎢᏅᏎᎢ.
49 ᎾᏍᎩᏍᎩᏂ ᏄᏍᏕᏍᏗ ᎡᎶᎯ ᎠᎵᏍᏆᏛᎭ; ᏗᏂᎧᎿᏩᏗᏙᎯ ᏛᏂᎷᏥ, ᏙᏛᎾᎦᎴᏅᏔᏂ
ᎤᏂᏁᎫᏥᏛ ᎠᎴ ᎤᎾᏓᏅᏘ;
50 ᎤᏂᏁᏓᏥᏛᏃ ᏫᏙᏛᎾᏓᏒᏏ ᏗᎪᏢᏒ ᎠᏥᎸᏱ, ᎾᎿ ᏓᏂᏴᎨᏍᏗ ᎠᎴ ᏓᏂᏄᏓᎩᏍᏗᎨᏍᏗ
ᏓᏂᏄᏙᎬᎢ.
51 ᏥᏌᏃ ᎯᎠ ᏂᏜᏪᏎᎸᎩ; ᎢᏦᎵᎩᏧ ᏂᎦᏛ ᎯᎠ? ᎥᎥ, ᏣᎬᏫᏳᎯ, ᎥᎬᏬᏎᎸᎩ.
52 ᎿᏉᏃ ᎯᎠ ᏂᏚᏪᏎᎸᎩ; ᎾᏍᎩ ᎢᏳᏍᏗ ᎩᎶ ᏗᎪᏪᎵᏍᎩ ᎦᎸᎳᏗ ᎡᎯ ᎤᎬᏫᏳᎯ ᎨᏒ
ᎤᎬᏩᎵ ᎠᎨᏲᏅᎯ ᏥᎨᏐᎢ, ᎾᏍᎩᏯᏉ ᎠᏍᎦᏯ ᎦᏁᎳ ᏥᏙᏗᏚᎾᏄᎪᏫᏍᎪ ᏧᎬᏩᎶᏗ
ᎤᏍᏆᏂᎪᏛ ᏧᏓᎴᏅᏛ ᏗᏤ ᎠᎴ ᏧᏪᏘ.

53 ᎯᎠᏃ ᏄᎵᏍᏔᏅᎩ, ᎿᏉ ᏥᏌ ᎤᏍᏆᏛ ᎯᎠ ᎾᏍᎩ ᏓᏟᎶᏍᏗᏍᎬᎢ, ᎤᏂᎩᏒᎩ.
54 ᎿᏉᏃ ᎤᏩᏒ ᎤᏤᎵᎪᎯ ᎤᎷᏨ ᏧᏂᎳᏫᎢᏍᏗᏱ ᏚᏪᏲᏅᎩ; ᎾᏍᎩ ᎢᏳᏍᏗ
ᎤᏂᏍᏆᏂᎪᏒᎩ, ᎠᎴ ᎯᎠᏄᏂᏪᏒᎩ; ᎦᏙ ᎤᎵᏍᏙᏔᏅ ᎯᎠ ᎾᏍᎩ ᎠᏍᎦᏯ ᏣᎦᏔ ᎿᎠ
ᎠᎴ ᎤᏍᏆᏂᎪᏗ ᏥᏚᎸᏫᏍᏓᏁᎭ?
55 ᎯᎠᎧᏂ ᏗᏁᏍᎨᏍᎩ ᎤᏪᏥ, ᎺᎵᎧᏂ ᎤᏥ, ᎠᎴᎧᏂ ᎠᎾᎵᏅᏟ ᏥᎻ, ᎠᎴ ᏦᏏ ᎠᎴ
ᏌᏩᏂ ᎠᎴ ᏧᏓᏏ?
56 ᎠᎴᎧᏂ ᏧᏙ ᏂᎦᏛ ᎡᏍᎦᏂ ᏣᏁᎭ? ᎦᏙᏃ ᎤᎵᏍᏙᏔᏅ ᎯᎠ ᏂᎦᏛ ᏧᏪᎭ?
57 ᎥᎬᏩᎪᏁᎶᎯᏎᎸᎩᏃ; ᎠᏎᏃ ᏥᏌ ᎯᎠ ᏂᏚᏪᏎᎸᎩ; ᎠᏙᎴᎰᏍᎩ ᎥᏝ ᎾᏥᎸᏉᏛᎾ ᏱᎨᏐᎢ,
ᎤᏩᏒᏍᎩᏂᏃᏅ ᎤᏤᎵᎪᎯ ᎠᎴ ᎤᏩᏒ ᎦᏁᎸᎢ.
58 ᎥᏝᏃ ᏳᏣᏘ ᎤᏍᏆᏂᎪᏗ ᎾᎿ ᏱᏚᎸᏫᏍᏓᏁᎴᎢ, ᎾᏃᎯᏳᎲᏍᎨᎾ ᎬᏒ ᎤᏓᎦᎵᏍᏙᏗᏍᎬᎩ.

ᎠᏯᏙᎸᎢ 14

1 ᎾᏁᏳ ᎡᎶᏛ ᏅᎩ ᎢᎦᏚᎩ ᎨᏒ ᏍᏓᏚᎩ ᎠᏥᎦᏘᏗᏍᏗ ᎤᏛᎦᏁ ᏕᎦᏃᏣᎸ ᏥᏌ.
2 ᎯᎠᏃ ᏂᏚᏪᏎᎴ ᏧᏅᏏᏓᏍᏗ; ᎯᎠ ᎾᏍᎩ ᏣᏂ ᏗᏓᏪᏍᎩ; ᏙᎤᎴᏅ ᏧᏲᎱᏒᎩ, ᎠᎴ ᎾᏍᎩ
ᎢᏳᏍᏗ ᎤᏍᏆᏂᎪᏗᏳ ᏥᏚᎸᏫᏍᏓᏁᎭ.
3 ᎡᎶᏛᏰᏃ ᎤᏂᏴᎮ ᏣᏂ ᎠᎴ ᎤᎸᎴᎢ ᎠᎴ ᎤᏍᏚᏁ ᏗᏓᏍᏚᏗᏱ, ᏈᎵᎩ ᎡᎶᏛ ᏗᎾᏓᏅᏟ
ᎤᏓᎵᎢ ᎡᎶᏗᏏ ᏧᏙᎢᏛ ᎤᏍᏛᏗᏍᎨᎢ.
4 ᏣᏂᏰᏃ ᎯᎠ ᏄᏪᏎᎴ ᎡᎶᏛ; ᎥᏝ ᏚᏳᎪᏛ ᏱᎩ ᎾᏍᎩ ᏣᏓᏰᎭ.
5 ᎠᎴ ᎤᏚᎵᏍᎨ ᎤᎯᏍᏗᏱ, ᎠᏎᏃ ᏓᏍᎦᎢᎮ ᏴᏫ, ᎠᏙᎴᎰᏍᎩᏰᏃ ᎤᏂᏰᎸᏎ ᏣᏂ.
6 ᎠᏎᏃ ᎿᏉ ᎡᎶᏛ ᎤᏕᏅ ᎢᏳ ᎢᎦᏚᎳᏫᏨ, ᎡᎶᏗᏏ ᎤᏪᏥ ᎠᏛ ᎤᎾᎵᏍᎩᏒᎴᎢ, ᎠᎴ
ᎣᏎ ᎤᏰᎸᏁ ᎡᎶᏛ.
7 ᎾᏍᎩ ᎢᏳᏍᏗ ᎤᏎᎵᏔᏁ ᎤᏚᎢᏍᏓᏁᎴ ᎤᏁᏗᏱ ᏄᏍᏛᏉ ᎤᏔᏲᎸᎢ.
8 ᎿᏉᏃ ᎤᏥ ᎤᏪᏲᏅᎯ ᏂᎨᏎᎢ ᎯᎠ ᏄᏪᏎᎢ; ᎠᏂ ᏍᎩᏲᎮᎸᎭ ᏣᏂ ᏗᏓᏪᏍᎩ ᎤᏍᎪ
ᎠᏑᎵᏙ ᏚᎶᎦᏍᏗ.
9 ᎤᎬᏫᏳᎯᏃ ᎤᏲᎢᏳ ᎤᏰᎸᏁᎢ, ᎠᏎᏃ ᎤᏎᎵᏔᏅᎢ, ᎠᎴ ᎾᏍᏉ ᎾᏍᎩ ᎠᎾᎵᏍᏓᏴᎲᏍᎩ
ᎤᏧᎵᏍᏙᏔᏁᎢ, ᎤᏁᏤ ᎠᏥᏁᏗᏱ.
10 ᎤᏓᏅᏎᏃ ᏭᏂᏍᏓᎦᏎ ᏣᏂ ᏗᏓᏍᏚᏗᏱ.
11 ᎤᏍᎪᏃ ᎤᏂᏲᎴ ᎠᏑᎵᏙᎩᎯ, ᎠᎴ ᎤᏂᏁᎴ ᎠᏛ, ᎾᏍᎩᏃ ᎤᏥ ᏭᏁᎴᎢ.
12 ᎬᏩᏍᏓᏩᏗᏙᎯᏃ ᎤᏂᎷᏤ ᎠᎴ ᎤᏂᏁᏎ ᎠᏰᎸᎢ, ᎠᎴ ᎤᏂᏂᏌᏁᎢ, ᎠᎴ ᎤᏁᏅᏎ
ᏭᏂᏃᏁᎴ ᏥᏌ.
13 ᏥᏌᏃ ᎤᏛᎦᏅ, ᏥᏳ ᎤᏦᏔᏅᎩ ᎾᎿ ᎤᏂᎩᏒᎩ ᎤᏓᏰᎵᎸ ᎢᎾᎨ ᏭᎶᏒᎩ ᎿᏉᏃ ᏴᏫ
ᎤᎾᏛᎦᏅ, ᎡᎳᏗ ᎨᏩᏍᏓᏩᏛᏒᎩ ᏕᎦᏚᎲ ᏙᏓᏳᏁᏅᏒᎩ.
14 ᏥᏌᏃ ᎤᏣᎢᏒ ᏚᎪᎲᎩ ᎤᏂᏣᏘ ᏴᏫ, ᎠᎴ ᏚᏪᏙᎵᏨᎩ, ᎠᎴ ᏚᏅᏩᏅᏧᏂᏢᎩ.
15 ᎤᏒᏃ ᏄᎵᏍᏔᏅ ᎬᏩᏍᏓᏩᏙᎯ ᎬᏩᎷᏤᎸᎩ ᎯᎠ ᏄᏂᏪᏒᎩ; ᎠᏂ ᎢᎾᎨᏉ, ᎠᎴ ᎢᎦ
ᎤᎶᏐᏂᏗ, ᏥᏤᎾᏉᏃ ᎩᏲᏏᎯᎠ ᎤᏂᏣᏘ ᏴᏫ, ᎠᎴ ᏙᏗᎦᏚᎲ ᏫᎠᏂᎶᎯ, ᎾᎿ ᎤᏅᏒ
ᎤᎾᎵᏍᏓᏴᏗ ᎤᏂᏩᏒᎭ.
16 ᎠᏎᏃ ᏥᏌ ᎯᎠ ᏂᏚᏪᏎᎸᎩ; ᎥᏝ ᎠᏎ ᎥᎤᏁᏅᏍᏗ ᏱᎩ, ᏂᎯᏉ ᏗᏤᎳᏍᏓ.
17 ᎯᎠᏃ ᎤᎬᏩᏪᏎᎸᎩ; ᎠᏂ ᎯᏍᎩᏉ ᎦᏚ ᏙᎩᎭ, ᏔᎵᏉᏃ ᎠᏣᏗ.
18 ᎯᎠᏃ ᏄᏪᏒᎩ; ᎠᏂ ᏗᏍᎩᏲᎯᏏ.
19 ᏚᏁᏤᎸᏃ ᎤᏂᏣᏘ ᎧᏁᏍᎪᎯ ᎨᏒ ᎤᎾᏅᏗᏱ, ᏚᎩᏒᏃ ᎯᏍᎩ ᎦᏚ ᎠᎴ ᏔᎵ ᎠᏣᏗ
ᏚᏁᏒ, ᎦᎸᎳᏗᏃ ᏫᏚᎧᎾᏅ ᎤᎵᎮᎵᏨᎩ, ᎠᎴ ᏚᎬᎭᎷᏴ ᏚᏁᎸᎩ ᎦᏚ ᎬᏩᏍᏓᏩᏗᏙᎯ,
ᎾᏍᎩᏃ ᎬᏩᏍᏓᏩᏗᏙᎯ ᎤᏂᏣᏘ ᏫᏚᏂᏁᎸᎩ.
20 ᏂᎦᏛᏃ ᎤᎾᎵᏍᏓᏴᏅᎩ ᎠᎴ ᏚᏃᎸᏒᎩ, ᎠᎴ ᎤᎸᏘᏒᎩ ᎤᎵᎬᎭᎷᏴᎯ ᎤᏘᏴᎯ ᏔᎳᏚ
ᎢᏯᎧᎵᎢ ᏔᎷᏣ.

21 ᎤᎾᎵᏍᏓᏴᏅᎯᏃ ᎯᏍᎩᎭ ᎢᏯᎦ ᏴᎵ ᎠᏂᏍᎦᏯ ᎾᏂᎥᎩ, ᏂᏓᏁᏢᏛᎾ ᎠᏂᎨᏴ ᎠᎴ
ᏗᏂᏲᎵ.
22 ᎩᎳᏉᏃ ᎢᏴᏛ ᏥᏌ ᏚᏅᏫᏍᏔᏅᎩ ᎬᏩᏍᏓᏩᏗᏙᎯ ᏥᏳᎯ ᎤᎾᏦᏗᏱ, ᎠᎴ ᎢᎬᏱ
ᏂᏚᏂᎭᎯᏍᏗᏱ ᎠᏏ ᏓᏰᎵᎯᏍᏗᏍᎬ ᎤᏂᏣᏘ.
23 ᎿᏉᏃ ᏚᏰᎵᎯᏍᏔᏅ ᎤᏂᏣᏘ ᎣᏓᎸ ᎤᎿᎷᏒᎩ ᎤᏩᏒ ᎨᏒᎢ, ᎤᏓᏙᎵᏍᏔᏅᏒᎩ. ᎤᏒᏃ
ᎸᎵᏍᏔᏅ ᎾᎿ ᎤᏩᏒᏉ ᎨᏒᎩ.
24 ᏥᏳᏃ ᎿᏉ ᎠᏰᎵ ᎥᏓᎵ ᏩᏂᏂᏒᎩ ᎤᏝᏗᏍᏔᏂᏙᎲ ᎠᎹ ᏓᎵᏍᏗᎳᏁᎬᎢ, ᎤᏃᎴᏰᏃ
ᎢᎬᏱᏢ ᏓᏳᎦᏛᎩ.
25 ᎿᏉᏃ ᏅᎩᏁ ᎢᏳᎾᏓᏁᏟᏴᏛ ᎨᏒ ᎠᏂᏯᏫᏍᎩ ᏒᏃᏱ ᏥᏌ ᏫᏚᎷᏤᎸᎩ ᎥᏓᎵ ᎦᏚᎢ
ᎠᎢᏒᎩ.
26 ᎬᏩᏍᏓᏩᏗᏙᎯᏃ ᎬᏩᎪᎲ ᎥᏓᎵ ᎦᏚᎩ; ᎠᎢᏒᎢ ᎤᎾᏓᏅᏖᏔᏅᎩ, ᎯᎠ ᏄᏂᏪᏒᎩ; ᎾᏰᎯ
ᎯᎠ. ᎠᏂᏍᎦᎢᎲᏃ ᎢᏳᏍᏗ ᎤᎾᎵᏍᏔᏅᎩ.
27 ᎠᏎᏃ ᎩᎳᏉ ᎢᏴᏛ ᏥᏌ ᏚᏁᏤᎸᎩ, ᎯᎠ ᏂᏚᏪᏎᎸᎩ; ᎤᎦᎵᏍᏗᏉ ᎢᏣᏓᏅᏓᏓ,
ᎠᏴᏉᏰᏃ, ᏞᏍᏗ ᏱᏥᏍᎦᎢᎮᏍᏗ.
28 ᏈᏓᏃ ᎤᏁᏨ ᎯᎠ ᏄᏪᏎᎸᎩ; ᏣᎬᏫᏳᎯ, ᎢᏳᏃ ᏂᎯ ᎨᏎᏍᏗ, ᏍᎩᏁᏥ ᏫᎬᎷᏤᏗᏱ
ᎠᎹᏱ ᎦᏚᎢ.
29 ᎡᎮᎾ, ᎤᏛᏅᎩ. ᎿᏉᏃ ᏈᏓᏥᏳᎯ ᎤᏣᎢᏒ ᎠᎹᏱ ᎦᏚᎢ ᎠᎢᏒᎩ ᏥᏌ ᏤᏙᎲ ᏩᎦᏛᎩ.
30 ᎠᏎᏃ ᎤᏙᎴᎰᏒ ᎠᏍᏓᏱᏳ ᎦᏃᎸᎥᏍᎬ ᎤᏍᎦᎸᎩ, ᎠᎴ ᎤᎴᏅᎲ ᎦᏃᏴᎬ ᎤᏪᎷᏅᎩ,
ᏣᎬᏫᏳᎯ ᏍᎩᏍᏕᎸ, ᎤᏛᏅᎩ.
31 ᎩᎳᏉᏃ ᎢᏴᏛ ᏥᏌ ᏭᏙᏯᏅᎯᏛ ᏭᏂᏴᎲᎩ, ᎯᎠ ᏄᏪᏎᎸᎩ; ᎤᏍᏗ ᏦᎯᏳᎯ, ᎦᏙᎯ
ᎥᏣᏜᏏᏛᏏ?
32 ᏥᏳᎯᏃ ᎢᎤᎾᏣᏅ ᎦᏃᎸᎥᏍᎬ ᎤᏑᎵᎪᏨᎩ.
33 ᎿᏉᏃ ᏥᏳᎯ ᎤᎾᏣᎢ ᎤᏂᎷᏨ ᎬᏩᏓᏙᎵᏍᏓᏁᎸᎩ, ᎯᎠ ᏄᏂᏪᏒᎩ; ᎤᏙᎯᏳᎯᏯ ᏂᎯ
ᎤᏁᎳᏅᎯ ᎤᏪᏥ.
34 ᎿᏉᏃ ᏚᏂᎭᏨ ᎨᏂᏏᎳᏗ ᎤᏂᎷᏨᎩ.
35 ᎾᎿᏃ ᎠᏁᎯ ᎠᏂᏍᎦᏯ ᎬᏬᎵᏨ, ᎬᏩᏚᏫᏛ ᏚᎾᏓᏅᏏᏙᎸᎩ, ᏕᎬᏩᏘᏃᎮᎸᎩ ᏂᎦᏛ ᏧᏂᏢᎩ.
36 ᎬᏩᏔᏲᏎᎸᎩᏃ ᎦᏓᎷᏯᏛᏉ ᎾᏍᏉ ᎤᏄᏩᎥ ᎤᎾᏒᏁᏗᏱ, ᏂᎦᏛᏃ ᎤᎾᏒᏂᎸᎯ
ᏚᎾᏗᏩᏒᎩ.

ᎠᏯᏙᎸᎢ 15

1 ᎿᏉᏃ ᏥᏌ ᎬᏩᎷᏤᎸᎩ ᏗᏃᏪᎵᏍᎩ ᎠᎴ ᎠᏂᏆᎵᏏ ᏥᎷᏏᎵᎻ ᎠᏁᎯ, ᎯᎠ ᏄᏂᏪᏒᎩ;

2 ᎦᏙᏃ ᎨᏣᏍᏓᏩᏗᏙᎯ ᎠᏂᏲᏍᏗᏍᎪ ᎡᏘ ᎠᏁᎯ ᎤᏂᏃᎮᎸᎯ? ᏝᏰᏃ ᏱᏓᏃᏑᎴᏍᎪ ᏧᏃᏰᏂ
ᏨᏗᎾᎵᏍᏓᏴᏂᎭᎢ.

3 ᎠᏎᏃ ᎤᏁᏨ ᎯᎠ ᏂᎦᏪᏎᎸᎩ; ᎦᏙᏃ ᎾᏍᏉ ᏂᎯ ᎡᏘ ᎠᏁᎯ ᎤᏂᏃᎮᎸᎯ ᎢᏨᏗᏍᎪ
ᎢᏥᏲᏍᏗᏍᎪ ᎤᏁᎳᏅᎯ ᎤᏁᏨᎯ?

4 ᎤᏁᎳᏅᎯᏰᏃ ᎤᏁᏤ ᎯᎠ ᏄᏪᏎᎢ; ᎯᎸᏉᏕᏍᏗ ᏨᏙᏓ ᎠᎴ ᏣᏥ; ᎠᎴ ᎾᏍᏉ ᎯᎠ;
ᎩᎶ ᏓᏍᎩᏅ ᏗᏍᎨᏍᏗ ᎤᏙᏓ ᎠᎴ ᎤᏥ ᎠᏎ ᎤᏲᎱᎯᏍᏗ ᎨᏎᏍᏗ.

5 ᎠᏎᏃ ᏂᎯ ᎯᎠ ᏂᏥᏪᏍᎪᎢ; ᎢᏳᏃ ᎩᎶ ᎯᎠ ᏂᎦᏪᏎᎮᏍᏗ ᎤᏙᏓ, ᎠᎴ ᎤᏥ,
ᎠᏆᎵᏍᎪᎸᏔᏅᎲ ᏰᎵ ᎨᏣᎵᏍᏕᎸᏙᏗ ᎨᏒᎢ ᏂᏣᏛᏁᎲ,

6 ᏂᎦᎸᏉᏗᏍᎬᎾᏃ ᎢᎨᏎᏍᏗ ᎤᏙᏓ, ᎠᎴ ᎤᏥ, [ᎥᏝ ᎤᏍᎦᏅᏨᎯ ᏱᎨᏎᏍᏗ,]
ᎢᏣᏗᏍᎪᎢ. ᎾᏍᎩ ᎯᎠ ᎡᏘ ᎠᏁᎯ ᎤᏂᏃᎮᎸᎯ ᎢᏨᏔᏅ ᎠᏎᏉ ᏂᏨᏁᎸ ᎤᏁᎳᏅᎯ
ᎤᏁᏨᎯ.

7 ᎢᏣᏠᎾᏍᏗ, ᏰᎵᏉ ᎢᏌᏯ ᏧᏙᎴᎰᏎ ᏥᏥᏛᎨᎢ, ᎯᎠ ᏥᏄᏪᏎᎢ;

8 ᎯᎠ ᏴᏫ ᎾᎥ ᎬᏯᎷᏤᎭ ᎠᏂᎰᎵ ᎠᏅᏗᎭ, ᎠᎴ ᎦᏂᎭᏁᎦᎸ ᏓᏅᏗ ᎬᏯᎸᏉᏗᎭ, ᎠᏎᏃ
ᎤᏂᎾᏫ ᎢᏅᎯᏳ ᏄᏅᏅ.

9 ᎠᏎᏉᏍᎩᏂ ᎾᎾᏛᏁᎭ ᎬᏆᏓᏙᎵᏍᏓᏁᎭ, ᏥᏓᎾᏕᏲᎲᏍᎦ ᏓᎾᏕᏲᎲᏍᎬ ᏴᏫᏉ ᎤᏂᏁᏨᎯ.

10 ᏫᎦᏯᎲᏃ ᎤᏂᏣᏘ ᎯᎠ ᏂᎦᏪᏎᎸᎩ; ᎢᏣᏛᎬᎦ ᎠᎴ ᎢᏦᎵᎩ.

11 ᎥᏝᏍᎩᏂ ᎾᏍᎩ Ꮎ ᎠᎰᎵ ᏭᏴᎸᎯ ᎦᏓᎭ ᏱᏄᏩᏁᎰ ᏴᏫ, ᎠᎰᎵᏍᎩᏂ ᎤᏓᏳᏄᎪᏨᎯ ᎾᏍᎩ
ᎦᏓᎭ ᏄᏩᏁᎰ ᏴᏫ.

12 ᎿᏉᏃ ᎬᏩᏍᏓᏩᏗᏙᎯ ᎤᏂᎷᏨ ᎯᎠ ᏂᎬᏩᏎᎸᎩ; ᎯᎦᏔᎭᏍᎪ ᎠᏂᏆᎵᏏ ᎤᏂᎿᎸᏨᎢ
ᎤᎾᏛᎦᏅ ᎾᏍᎩ ᎯᎠ ᏂᏣᏪᏒᎢ.

13 ᎠᏎᏃ ᎤᏁᏨᎩ ᎯᎠ ᏄᏪᏒᎩ; ᏂᎦᎥ ᎦᏰᎬ ᎡᏙᏓ ᏧᏫᏒᎯ ᏂᎨᏒᎾ ᏗᏰᎯᏍᏗ ᎨᏎᏍᏗ.

14 ᎤᎾᏁᎳᎩ, ᏗᏂᎨᏫᏉ ᏗᏂᎨᏫ ᏗᎾᏘᏂᏙᎯ; ᎢᏳᏃ ᏗᎨᏫ ᏯᏘᏂ ᏗᎨᏫ ᎢᏧᎳ ᎠᏔᎴᏒ
ᏧᏂᎸᎢᏍᏗ.

15 ᏈᏓᏃ ᎤᏁᏨ ᎯᎠ ᏄᏪᏎᎸᎩ; ᏗᏍᎩᏲᏏᏌᏏ ᎯᎠ ᎾᏍᎩ ᏓᏟᎶᏍᏛᎢ.

16 ᏥᏌᏃ ᎯᎠ ᏄᏪᏎᎸᎩ; ᎠᏏᏍᎪ ᎾᏍᏉ ᏂᎯ ᏂᏦᎵᎬᎾᏉ ᎢᎩ?

17 ᏝᏍᎪ ᎠᏏ ᏱᏦᎵᎦ ᎾᏍᎩ ᏂᎦᎥ ᎪᎱᏍᏗ ᎥᎰᎵ ᎤᏴᏍᏔᏅᎯ ᎨᏒ ᎣᏍᏉᎵᏱ ᏫᎦᎷᎬᎢ,
ᎾᏍᎩᏃ ᏫᎦᎶᎯᏍᏗᏍᎬᏉ?

18 ᎾᏍᎩᏂ ᎥᎰᎵ ᎤᏓᏳᏄᎪᏨᎯ ᎣᎾᏫᏱ ᏗᏓᎴᎲᏍᎪᎢ, ᎾᏍᎩᏃ ᎦᏓᎭᏄᏩᏁᎰ ᏴᏫ.

19 ᎣᎾᏫᏱᏰᏃ ᏗᏓᎴᎲᏍᎪ ᎤᏐᏅ ᎠᏓᏅᏖᏗ ᎨᏒᎢ, ᎠᎴ ᎠᏓᎯᏍᏗᏱ ᎨᏒᎢ, ᎠᎴ ᎠᏓᏂ
ᏁᏗᏱ ᎨᏒᎢ, ᎠᎴ ᎤᏕᎵᏛ ᏗᏂᏏᏗᏱ ᎬᏒᎢ, ᎠᎴ ᎦᏃᏍᎩᏍᏗᏱ ᎨᏒᎢ, ᎠᎴ ᎠᏥᎪᏗᏱ
ᏓᎾᏓᏱᎵᏙᎲᎢ, ᎠᎴ ᎠᏐᏢᎢᏍᏙᏗᏱ ᎨᏒᎢ.

20 ᎾᏍᎩᏍᎩᏂ ᎯᎠ ᎦᏓᎭ ᎢᏳᏩᏁᎯ ᏴᏫ; ᏂᏓᏑᎴᎲᎾᏍᎩᏂ ᎠᎵᏍᏓᏴᏗᏱ ᎥᏝ ᎦᏓᎭ
ᏱᏄᏩᏁᎰ ᏴᏫ.
21 ᏥᏌᏃ ᎾᎿ ᎤᏂᎩᏒ ᏔᏲᎢ ᎠᎴ ᏌᏙᏂᏱ ᏭᎶᏒᎩ.
22 ᎬᏂᏳᏉᏃ ᎨᎾᏂ ᎡᎯ ᎠᎨᏴ ᎾᎿ ᎾᎥ ᎤᏓᏳᎶᏒᎯ ᎤᏪᎷᏅᎩ, ᎯᎠ ᏄᏪᏎᎸᎩ;
ᏍᎩᏙᎵᎩ, ᏣᎬᏫᏳᎯ ᏕᏫ ᎤᏪᏥ, ᎠᏇᏥ ᎠᎨᏴ ᎤᏣᏔᏅᎯ ᎤᏕᏯᏙᏗᎭ ᎠᏍᎩᎾ.
23 ᎠᏎᏃ ᏄᏁᏤᎸᎾᏉ ᎥᎨᏒᎩ. ᎬᏩᏍᏓᏩᏗᏙᎯᏃ ᎬᏩᎷᏤᎸᎩ, ᎬᏩᏔᏲᏎᎸᎩ, ᎯᎠ
ᏄᏂᏪᏒᎩ; ᏫᏒᎾ, ᎢᎩᏍᎪᏂᎭᏰᏃ.
24 ᎤᏁᏨᏃ ᎯᎠ ᏄᏪᏒᎩ; ᎥᏝ ᎩᎶ ᏗᏥᏩᏛᏗᏱ ᏴᎩᏁᏤᎸ, ᎠᏫ ᎤᏂᏃᏕᎾ ᎤᎾᎴᎾᎸᎯ
ᎤᏅᏒ ᎢᏏᎵ ᏏᏓᏁᎸᎯ ᎡᏒᎢ.
25 ᎿᏉᏃ ᎠᎨᏴ ᎤᎷᏨ ᎤᏓᏙᎵᏍᏓᏁᎸᎩ ᎯᎠ ᏄᏪᏒᎩ; ᏣᎬᏫᏳᎯ, ᏍᎩᏍᏕᎢ.
26 ᎤᏁᏨᏃ ᎯᎠ ᏄᏪᏒᎩ; ᎥᏝ ᏱᏚᏳᎪᏗ ᏗᎩᏒᏗᏱ ᏗᏂᏲᎵ ᎤᎾᏤᎵ ᎦᏚ, ᎩᎵᏃ ᏫᏓᏗᏁᏗᏱ.
27 ᎠᎨᏴᏃ ᎯᎠ ᏄᏪᏒᎩ; ᎥᏝ ᏱᏚᏳᎪᏗ ᏗᎩᏒᏗᏱ ᏗᏂᏲᎵ ᎤᎾᏤᎵ ᎦᏚ, ᎩᎵᏃ ᏫᏓᏗᏁᏗᏱ.
28 ᎿᏉᏃ ᏥᏌ ᎤᏁᏨ ᎯᎠ ᏄᏪᏎᎸᎩ; ᎯᎨᏴ ᎤᏣᏘ ᏦᎯᏳᎭ; ᏄᏍᏛᏣᏚᎵᏍᎬ
ᏫᏂᏣᎵᏍᏓᏏ. ᎾᎯᏳᏉᏃ ᎤᏪᏥ ᎤᏗᏩᏎᎢ.
29 ᏥᏌᏃ ᎾᎿ ᎤᏂᎩᏒ ᎨᎵᎵ ᎥᏓᎷᎶᏗ ᎤᎷᏨᎩ, ᎤᎿᎷᏒᏃ ᎤᏌᎯᎸ ᎾᎿᎤᏪᏅᎩ.
30 ᎤᏂᏣᏘᏃ ᏴᏫ ᎬᏩᎷᏤᎸᎩ, ᏓᎾᏘᏁᎲ ᏗᏂᏲᏅᎵ, ᎠᎴ ᏗᏂᎨᏫ, ᎠᎴ ᏧᏅᎨᏫ, ᎠᎴ
ᎪᎱᏍᏗ ᎤᏍᏛ ᏗᏂᏰᎸ ᏧᏂᏲᎱᏎᎸᎯ, ᎠᎴ ᎤᏂᏣᏖ ᎤᏩᎾᏓᎴᎢ, ᎠᎴ ᏥᏌ ᏚᏔᏍᎬ ᎾᎥ
ᏚᏂᏅᏅᎩ, ᏚᏅᏩᏅᎩᏃ.
31 ᎾᏍᎩ ᎢᏳᏍᏗ ᎤᏂᏣᏖ ᎨᏒ ᎤᏂᏍᏆᏂᎪᏒᎩ, ᏚᏂᎪᎲ ᏧᏅᎨᏫ ᎠᏂᏬᏂᏍᎪᎢ, ᎠᎴ
ᎠᎱᏍᏗ ᎤᏍᏛ ᏗᏂᏰᎸ ᏧᏂᏲᎱᏎᎸᎯ ᎤᏂᏃᏍᏛ ᏄᎾᎵᏍᏔᏅᎢ, ᎠᎴ ᏗᏗᏲᏅᎵ, ᎬᏩᏁᏓᏍᏗ
ᏄᎵᏍᏔᏅᎢ ᎠᎴ ᏗᏂᎨᏫ ᎬᏩᏂᎪᏩᏛᏗ ᏄᎵᏍᏔᏅᎢ; ᎤᏂᎸᏉᏔᏅᎩᏃ ᎤᏁᎳᏅᎯ ᎢᏏᎵ
ᎤᎾᏤᎵᎦ.
32 ᏥᏌᏃ ᏫᏚᏯᏅᎲ ᎬᏩᏍᏓᏩᏗᏙᎯ, ᎯᎠ ᏄᏪᏒᎩ; ᎦᏥᏯᏙᎵᎦ ᎯᎠ ᎤᏂᏣᏖ ᎨᏒᎢ,
ᏦᎢᏰᏃ ᎾᏙᏓᏆ ᎠᏂ ᎨᏙᎲ ᎠᏁᏙᎭ, ᎠᎴ ᎥᏝ ᏱᏂᏰᎭ ᎤᎾᎵᏍᏓᏴᏗ. ᎠᎴ ᎢᏝ ᏯᏆᏚᎵᎭ
ᏙᏅᏁᏅᏍᏗᏱ ᏗᎬᏩᏂᏲᏏᏍᎩ, ᏩᎾᏰᏃ ᏱᏓᏂᏩᏂᎦᎶᎩ ᏩᎾᎢᏒᎢ.
33 ᎬᏩᏍᏓᏩᏗᏙᎯᏃ ᎯᎠ ᎤᎬᏩᏪᏎᎸᎩ; ᎭᎵᏃ ᏲᏥᎩ ᎾᏍᎩ ᎢᎦᎢ ᎠᎵᏍᏓᏴᏗ ᎢᎾᎨᎢ,
ᎾᏍᎩ ᎢᏳᏂᏣᏖ ᏰᎵ ᏧᏃᎸᎯᏍᏗ?
34 ᏥᏌᏃ ᎯᎠ ᏂᏚᏪᏎᎸᎩ; ᎢᎳᎪ ᎦᏚ ᎦᏥᏰᎭ? ᎦᎵᏉᎩ, ᎢᎸᏍᎩᏃ ᏧᎾᏍᏗ ᎠᏣᏗ,
ᎤᎾᏛᏅᎩ.
35 ᎤᏂᏣᏘᏃ ᏚᏁᏤᎸᎩ ᎦᏙᎯ ᎤᎾᏅᏗᏱ.
36 ᎦᎵᏉᎩᏃ ᎦᏚ ᏚᎩᏒᎩ ᎠᎴ ᏚᏁᏒ ᎠᏣᏗ, ᎤᎵᎮᎵᏨᏃ, ᏚᎬᎭᎷᏴᎩ, ᎠᎴ ᎬᏩᏍᏓᏩᏗᏙᎯ
ᏫᏚᏁᎸᎩ, ᎬᏩᏍᏓᏩᏗᏙᎯᏃ ᎤᏂᏣᏖ ᏫᏚᏂᏁᎸᎩ.

37 ᎠᎴ ᏂᎦᏛ ᎤᎾᎵᏍᏓᏴᏅᎩ, ᎠᎴ ᏚᏃᏎᏒᎩ. ᎠᎴ ᎤᏄᎸᏒᎩ ᎤᎵᎬᎭᎷᏴᎯ ᎦᎵᏉᎩ
ᎢᏯᎧᎵᎢ ᏔᎷᏣ.
38 ᎤᎾᎵᏍᏓᏴᎯᏃ ᏅᎩᎭ ᎢᏯᎦᏴᎵ ᎾᏂᎥᎩ ᎠᏂᏍᎦᏯ, ᏂᏓᏁᏢᏛᎾ ᎠᏂᎨᏴ ᎠᎴ ᏗᏂᏲᎵ.
39 ᎠᎴ ᎤᏂᏣᏘ ᏖᏰᎵᎯᏍᏔᏅᎩ, ᎠᎴ ᏥᏳᎯ ᏭᏣᏅᎩ, ᎠᎴ ᎹᎩᏕᎵ ᏭᎾᏄᎪᏨᎩ.

ᎠᏯᏙᎸᎢ 16

1 ᎠᏂᏆᎵᏏᏃ ᎠᎴ ᎠᏂᏌᏚᏏ ᎤᏂᎷᏨᎩ, ᎬᏩᎪᎵᏰᏍᎬᏃ ᎬᏩᏔᏲᏎᎸᎩ ᏧᎾᏄᎪᏫᏎᏗᏱ ᎤᏰᎸᏛ
ᎦᎸᎳᏗ ᏅᏓᏳᎶᏒᎯ.
2 ᎤᏁᏨᏃ ᎯᎠ ᏂᏚᏪᏎᎸᎩ; ᎤᏒᏂᎦᎵᏍᏓ ᎯᎠ ᏂᏥᏪᏍᎪᎢ; ᎤᎸᎦᎵᏱᏌᏛ ᎨᏎᏍᏗ,
ᎦᎸᎶᏰᏃ ᎩᎦᎨᎢᏳ ᎢᎩ.
3 ᏑᎾᎴᏃ ᏥᎨᏐᎢ, ᎪᎯ ᎢᎦ ᏥᎩ ᏛᎦᎿᏂ, ᎦᎸᎶᏰᏃ ᎩᎦᎨᎢᏳ ᎢᎩ, ᎠᎴ
4 ᎤᏂᏲ ᎠᎴ ᎤᏂᏁᎫᏥᏛ ᏣᏁᎭ ᎤᏂᏲᎰ ᎤᏰᎸᏛᎢ, ᎠᏎᏃ ᎥᏝ ᏴᎦᎨᎦᎵᏍᎪᎸᏓᏏ ᎤᏰᎸᏛᎢ,
ᏦᎾ ᎠᏙᎴᎰᏍᎩ ᎤᏤᎵᏅᏰᎸᏛ ᎤᏩᏒ. ᏚᏓᏅᎡᎸᏃ ᎤᏂᎩᏒᎩ.
5 ᎬᏩᏍᏓᏩᏙᎯᏃ ᏚᏂᏐᏨ ᎤᏅᎨᏫᏒᎯ ᎨᏒᎩ ᎤᎾᎦᏃᏗᏱ.
6 ᏥᏌᏃ ᎯᎠ ᏂᏚᏪᏎᎸᎩ; ᎢᏤᏯᏔᎮᏍᏗ ᎠᎪᏙᏗ ᎠᏂᏆᎵᏏ ᎠᎴ ᎠᏂᏌᏚᏏ ᎤᎾᏤᎵᎦ.
7 ᎤᏂᏃᎮᎸᎩᏃ ᎨᏒ ᎤᏅᏒ, ᎯᎠ ᏄᏂᏪᏒᎩ; ᏂᏚᎦᏅᎾ ᏥᎩ ᎤᏗᎦᎵᏍᏙᏗᎭ.
8 ᏥᏌᏃ ᎾᏍᎩ ᎤᏙᎴᎰᏒ ᎯᎠ ᏂᏚᏪᏎᎸᎩ; ᎤᏍᏗ ᎢᏦᎯᏳᎯ, ᎦᏙᏃ ᎢᏨᏒ ᎨᏒ ᎢᏥᏃᎮᎭ
ᎠᎵᏍᏓᏴᏗ ᏂᏥᏰᎲᎾ ᎨᏒᎢ?
9 ᏝᏍᎪ ᎠᏏ ᏱᏦᎵᎦ, ᎠᎴ ᏝᏍᎪ ᏱᏣᏅᏔ ᎯᏍᎩ ᎦᏚ ᎯᏍᎩ ᎢᏯᎦᏴᎵ ᏥᎾᏂᎥᎩ, ᎠᎴ
ᎢᏯᎧᎵᎢ ᏔᎷᏣ ᎢᏧᏓᏒᎢ?
10 ᎠᎴ ᎦᎵᏉᎩ ᎦᏚ ᏅᎩᏃ ᎢᏯᎦᏴᎵ ᏥᎾᏂᎥᎩ, ᎠᎴ ᎢᏯᎧᎵᎢ ᏔᎳᏣ ᎢᏧᏓᏒᎢ?
11 ᎦᏙ ᏗᎦᎵᏍᏙᏗ ᏂᏦᎵᎬᎾ ᏥᎩ, ᎾᏍᎩ ᎯᎠ ᏥᏂᏨᏪᏏ ᏝᏍᎩᏂ ᎦᏚ ᏱᏥᏛᎦ,
ᎢᏤᏯᏔᎮᏍᏗ ᎠᎪᏙᏗ ᎠᏂᏆᎵᏏ ᎠᎴ ᎠᏂᏌᏚᏏ ᎤᎾᏤᎵᎦ, ᏥᏨᏲᏏ?
12 ᎿᏉᏃ ᎤᏃᎵᏨᎩ ᏄᏂᏁᏤᎲᎾ ᎨᏒ ᎤᏁᏯᏙᎢᏍᏗᏱ ᎦᏚ ᎠᎪᏙᏗ, ᏓᎾᏕᏲᎲᏍᎬᏍᎩᏂ
ᎠᏂᏆᎵᏏ ᎠᎴ ᎠᏂᏌᏚᏏ.
13 ᏥᏌᏃ ᎤᎷᏨ ᏏᏌᎵᏱ ᏇᎵᎩᏱ, ᏚᏛᏛᏅᎩ ᎬᏩᏍᏓᏩᏗᏙᎯ, ᎯᎠ ᏂᏚᏪᏎᎸᎩ; ᎠᏴ ᏴᏫ
ᎤᏪᏥ ᏥᎩ ᎦᎪ ᎬᏉᏎᎰ ᏴᏫ?
14 ᎯᎠᏃ ᏄᏂᏪᏒᎩ; ᎢᎦᏛ ᏣᎦᏛ ᏣᏂ ᏗᏓᏬᏍᎩ [ᎨᏦᏎᎰᎢ,] ᎢᎦᏛᏃ ᎢᎳᏯ, ᎠᏂᏐᎢᏃ
ᏤᎵᎹᏯ ᎠᎴ ᎩᎶ ᎢᏳᏍᏗ ᎠᎾᏙᎴᎰᏍᎩ ᎨᏒᎢ.
15 ᎯᎠᏃ ᏂᏚᏪᏎᎸᎩ; ᏂᎯᎾᏃ ᎦᎪ ᏍᎩᏲᏎᎭ?
16 ᏌᏩᏂᏃ ᏈᏓ ᎤᏁᏨ ᎯᎠ ᏄᏪᏒᎩ; ᎦᎶᏁᏛ ᏂᎯ, ᎬᏂᏛ ᎤᏁᎳᏅᎯ ᎤᏪᏥ.
17 ᏥᏌᏃ ᎤᏁᏨ ᎯᎠ ᏄᏪᏎᎸᎩ; ᎣᏏᏳ ᎢᏣᎵᏍᏓᏁᏗ ᏂᎯ ᏌᏩᏂ ᏦᎾ ᎤᏪᏥ; ᎥᏝᏰᏃ
ᎤᏇᏓᎵ ᎠᎴ ᎩᎬ ᎾᏍᎩ ᏱᏣᎾᏄᎪᏫᏎᎸ, ᎡᏙᏓᏍᎩᏂ ᎦᎸᎳᏗ ᎡᎯ.
18 ᎠᏴᏃ ᎯᎠ ᏂᎬᏪᏎᎭ; ᏈᏓ ᏂᎯ ᎠᎴ ᎾᏍᎩ ᎠᏂ ᎯᎠ ᏅᏲᎯ ᏓᎦᏁᏍᎨᎯ ᎠᏆᏤᎵ
ᏧᎾᏁᎶᏗ ᎤᎾᏓᏡᎬᎢ, ᎠᎴ ᏨᏍᎩᏃᎢ ᏓᏍᏚᎲᎢ ᎡᏍᎦ ᎢᏳᏅᏁᏗ ᏂᎨᏒᎾ ᎨᏎᏍᏗ.
19 ᎠᎴ ᏗᏍᏚᎢᏍᏗ ᎦᎸᎳᏗ ᎡᎯ ᎤᎬᏫᏳᎯ ᎨᏒ ᏧᏤᎵ ᏙᏓᎬᎦᎵ, ᏂᎦᎥᏃ ᎪᎱᏍᏗ ᎭᎸᎢᎮᏍᏗ
ᎡᎶᎯ, ᎦᎸᏍᏗ ᎨᏎᏍᏗ ᎦᎸᎳᏗ, ᏂᎦᎥᏃ ᎪᎱᏍᏗ ᎭᎸᎩᏍᎨᏍᏗ ᎡᎶᎯ ᎦᎸᎩᏍᏗ ᎨᏎᏍᏗ
ᎦᎸᎳᏗ.

20 ᎿᏉᏃ ᏚᏅᏍᏓᏕᎸᎩ ᎬᏩᏍᏓᏩᏗᏙᎯ ᎩᎶ ᎤᏂᏃᏁᏗᏱ ᎾᏍᎩ ᎤᏩᏒ ᎦᎶᏁᏛ ᎨᏒᎢ.
21 ᎿᏉᏃ ᏥᏌ ᎤᎴᏅᎲᎩ ᏚᏃᏁᎸᎩ ᎬᏩᏍᏓᏩᏗᏙᎯ ᎠᏎ ᎤᏪᏅᏍᏗᏱ ᎨᏒ ᏥᎷᏏᎵᎻ, ᎠᎴ
ᏧᏓᎴᏅᏛ ᏧᎩᎵᏲᏙᏗᏱ ᏗᏂᎳᏫᎩ ᎠᎴ ᏄᏂᎬᏫᏳᏒ ᎠᏥᎸᎠᏁᎶᎯ ᎠᎴ ᏗᏃᏪᎵᏍᎩ; ᎠᎴ
ᎠᏥᎢᏍᏗᏱ, ᎠᎴ ᏦᎢᏁ ᎢᎦ ᏧᎴᏗᏱ.
22 ᎿᏉᏃ ᏈᏓ ᎢᏴᏛ ᏭᏘᏅᎳᏅ ᎤᏕᎴᏅᎲᎩ ᎤᏓᏅᏍᏓᏕᎸᎩ, ᎯᎠ ᏄᏪᏒᎩ, ᎤᏁᎳᏅᎯ
ᏭᏅᏍᏙᎯ, ᏣᎬᏫᏳᎯ, ᎥᏝ ᎾᏍᎩ ᏱᏅᎨᏣᎵᏍᏓᏏ.
23 ᎤᎦᏔᎲᏒᏃ ᎯᎠ ᎾᏥᏪᏎᎸ ᏈᏓ; ᎠᏆᏐᎭᏛ ᎭᎴᎲᎦ, ᏎᏓᏂ, ᏗᏍᏉᏕᏍᏗᏍᎩᏉ ᏂᎯ,
ᎥᏝᏰᏃ ᏯᏓᏅᏖᎭ ᎤᏁᎳᏅᎯ ᎤᏤᎵᎦ, ᏴᏫᏉᏍᎩᏂ ᎤᏁᏤᎵ ᎭᏓᏅᏖᎭ.
24 ᎿᏉᏃ ᏥᏌ ᎯᎠ ᏂᏚᏪᏎᎸᎩ ᎬᏩᏍᏓᏩᏗᏙᎯ; ᎢᏳᏃ ᎩᎶ ᎤᏚᎵᏍᎨᏍᏗ
ᎠᎩᏍᏚᏩᏛᏍᏗᏱ, ᎠᏓᏓᏱᎮᏍᏗ ᎤᏩᏒ, ᎠᎴ ᏧᏓᎿᏩᏛ ᎠᏱᏍᎨᏍᏗ, ᎠᎴ
ᎠᎩᏍᏓᏩᏕᎨᏍᏗ.
25 ᎩᎶᏰᏃ ᎤᏚᎵᏍᎨᏍᏗ ᎤᏍᏕᎸᏗᏱ ᎬᏅᎢ, ᎤᏲᎱᏎᏗ ᎨᏎᏍᏗ; ᎩᎶᏃ ᎤᏲᎱᏎᎮᏍᏗ
ᎬᏅᎢ, ᎠᏴ ᎤᏗᏕᎵᏍᏙᏗᏍᎨᏍᏗ, ᎤᏩᏛᏗ ᎨᏎᏍᏗ.
26 ᎦᏙ ᏴᏫ ᏩᏁᏉᏥ ᎢᏳᏃ ᎡᎳᏂᎬ ᎤᏤᎵ ᏱᏄᎵᏍᏔᏅ, ᎤᏓᏅᏙᏃ ᏩᏲᎱᏍᎸ; ᎠᎴ ᎦᏙ
ᏯᎲᎦ ᏴᏫ ᏱᎦᏁᏟᏴᏍᏓ ᎤᏓᏅᏙ.
27 ᏴᏫᏰᏃ ᎤᏪᏥ ᏓᎦᎷᏥ ᎤᏙᏓ ᎤᏤᎵ ᎦᎸᏉᏗᏳ ᎨᏒ ᎤᎸᏌᏍᏕᏍᏗ, ᎠᎴ ᏗᏂᎧᎿᏩᏗᏙᎯ
ᏓᏘᏁᎮᏍᏗ; ᎿᏉᏃ ᏙᏛᎫᏴᎡᎵ ᎾᏂᎥ ᏴᏫ ᏄᏍᏛ ᏚᏂᎸᏫᏍᏓᏁᎸᎢ.
28 ᎤᏙᎯᏳᎯᏯ ᎯᎠ ᏂᏨᏪᏎᎭ, ᎩᎶ ᎠᏂ ᏓᏂᏙᎦ ᎥᏝ ᏴᏛᎾᏙᎴᎰᏏ ᎠᏲᎱᎯᏍᏗ ᎨᏒᎢ, ᎬᏂ
ᎠᏂᎪᎲᎭ ᏴᏫ ᎤᏪᏥ ᎾᎿ ᎤᎬᏫᏳᎯ ᎨᏒ ᏕᎾᏄᎪᏥᎸᎭ.

ᎠᏯᏙᎸᎢ 17

1 ᏑᏓᎵᏃ ᏫᏄᏒᎸ ᏥᏌ ᏚᏘᏅᏒᎩ ᏈᏓ, ᎠᎴ ᏥᎻ ᎠᎴ ᏣᏂ ᏥᎻ ᏗᎾᏓᏅᏟ, ᎠᎴ ᏚᎿᎷᏔᏅᎩ
ᎢᏅ ᎢᎦᏘ ᏱᏓᎸ ᎤᏅᏒ ᎨᏒᎢ,
2 ᎠᎴ ᎤᏓᏁᏟᏴᏎ ᏓᏂᎧᏅᎢ, ᎠᎴ ᎤᎧᏛ ᏗᎬᏩᏄᏌᏓ ᏄᎵᏍᏔᏁᎢ, ᎠᎴ ᎤᏄᏩᎥ ᎢᎦ-ᎦᏛ
ᏥᏄᏁᎩᏴ ᏄᏁᎩᏰᎢ.
3 ᎠᎴ ᎬᏂᏳᏉ ᎾᎿ ᎬᏂᎨᏒ ᏂᎬᏩᎾᏛᏁᎴ ᎼᏏ ᎠᎴ ᎢᎳᏯ ᎬᏩᎵᏃᎮᏗᏍᎨᎢ.
4 ᏈᏓᏃ ᎤᏁᏨ ᎯᎠ ᏄᏪᏎᎴ ᏥᏌ; ᏣᎬᏫᏳᎯ, ᎣᏏᏳ ᎠᏂ ᏥᎦᏙᎭ, ᎢᏳᏃ ᎣᏏᏳ
ᏱᏣᏰᎸᏅ, ᎠᏂ ᏦᎢ ᏱᏙᏥᎵᏦᏛᎦ, ᏌᏉ ᏂᎯ ᏣᏤᎵᎦ, ᏐᎢᏃ ᎼᏏ ᎤᏤᎵᎦ, ᏐᎢᏃ ᎢᎳᏯ
ᎤᏤᎵᎦ.
5 ᎠᏏᏉᏃ ᎦᏬᏂᏍᎨᎢ, ᎬᏂᏳᏉ ᎤᏍᎪᏍᏛ ᎤᏣᎩᎳ
6 ᎬᏩᏍᏓᏩᏗᏙᎯᏃ ᎤᎾᏛᎦᏅ ᏚᏂᏅᏤ ᏚᏂᏯᏍᏚᏎᎢ, ᎤᏣᏘ ᎤᏂᏍᎦᎴᎢ.
7 ᏥᏌᏃ ᎤᎷᏤ ᏚᏒᏂᎴᎢ, ᎯᎠ ᏄᏪᏎᎢ; ᏗᏣᎴᎲᎦ, ᎠᎴ ᏞᏍᏗ ᏱᏥᏍᎦᎢᎮᏍᏗ.
8 ᏚᎾᎧᎾᏅᏃ ᎥᏝ ᎩᎶ ᏳᏂᎪᎮ ᏥᏌ ᎤᏩᏒ.
9 ᏧᏂᎦᏐᎠᏏᏗᏒᏃ ᎣᏓᎸᎢ ᏥᏌ ᏚᏅᏍᏓᎦᎴᎢ, ᎯᎠ ᏄᏪᏎᎢ; ᏞᏍᏗ ᎩᎶ ᎡᏥᏃᏁᎸᎭ ᎾᏍᎩ
ᏥᏥᎪᏩᏛ ᎬᏂ ᏴᏫ ᎤᏪᏥ ᎤᏲᎱᏒ ᏚᎴᏁᏍᏗ.
10 ᎬᏩᏍᏓᏩᏗᏙᎯᏃ ᎬᏩᏛᏛᏁᎢ, ᎯᎠ ᏄᏂᏪᏎᎢ; ᎦᏙᏃ ᏗᏃᏪᎵᏍᎩ, ᎢᎳᏯ ᎢᎬᏱ
ᏓᎦᎷᏥ, ᏣᎾᏗᏍᎪᎢ?
11 ᏥᏌᏃ ᎤᏁᏨ ᎯᎠ ᏂᏚᏪᏎᎴᎢ; ᎤᏙᎯᏳᎯ ᎢᎳᏯ ᎢᎬᏱ ᎤᎷᎯᏍᏗ ᎠᎴ ᎤᏬᏢᎯᏐᏗ
ᏂᎦᎥ ᎪᎱᏍᏗ.
12 ᎠᏎᏃ ᎯᎠ ᏂᏨᏪᏎᎭ; ᎢᎳᏯ ᎦᏳᎳ ᎤᎷᏨ, ᎠᎴ ᎥᏝ ᏱᎬᏬᎵᏦᎢ, ᎠᏎᏃ ᏂᎦᎥ
ᎤᎾᏚᎵᏍᎬᎢ ᏂᎬᏩᏁᎸ. ᎾᏍᏉᏍᎩᏂ ᏴᏫ ᎤᏪᏥ ᎾᏍᎩᏯ ᎤᏓᎬᏩᏁᎵ.
13 ᎿᏉᏃ ᎬᏩᏍᏓᏩᏗᏙᎯ ᎤᏃᎵᏤ ᏣᏂ ᏗᏓᏬᏍᎩ ᎧᏁᎢᏍᏗᏍᎬᎢ.
14 ᎿᏉᏃ Ꭴ ᏂᏣᏘ ᎠᏁᏙᎲ ᎤᏂᎷᏨ, ᎤᎷᏤᎸᎩ ᎠᏍᎦᏯ ᏚᎵᏂᏆᏅᏁᎸᎩ ᎯᎠ ᏄᏪᏒᎩ;
15 ᏣᎬᏫᏳᎯ, ᎯᏯᏙᎵᎩ ᎠᏧᏣ ᎠᏇᏥ, ᎬᎵᏰᏃ ᎬᏩᎯᎭ, ᎠᎴ ᎤᏣᏘ ᎠᎩᎵᏲᎦ, ᏯᏃᎩᏳᏰᏃ
ᎠᏥᎸᏱ ᎬᏛᎪᎢ ᎠᎴ ᎠᎹᏱ ᎠᎬᎪᎢ.
16 ᎦᏥᏯᏘᏃᎮᎸᎩᏃ ᎨᏣᏍᏓᏩᏗᏙᎯ, ᎠᏎᏃ ᎤᏂᏄᎸᏅᎩ ᎤᏂᏅᏬᏗᏱ.
17 ᏥᏌᏃ ᎤᏁᏨ ᎯᎠ ᏄᏪᏒᎩ; ᏂᏦᎯᏳᏒᎾ ᎠᎴ ᎢᏣᎦᏔᎲᏛ ᎪᎯ ᏥᏤᎭ, ᎢᎳᎪ
ᏂᎪᎯᎴᏍᏗ ᎢᏨᏰᎳᏗᏙᎮᏍᏗ? ᎢᎳᎪ ᏂᎪᎯᎴᏍᏗ ᎤᎾᏁᎳᎩ ᎢᏨᏰᎵᏎᎮᏍᏗ?
ᏍᎩᏯᏘᏃᎯᏏ
18 ᏥᏌᏃ ᎠᏍᎩᎾ ᎤᏍᎦᏨᎩ; ᎠᏍᎩᎾᏃ ᎤᏄᎪᏨᎩ ᎠᏧᏣ, ᎠᎴ ᎾᎯᏳᏉ ᎤᏗᏩᏒᎩ.
19 ᎿᏉᏃ ᎬᏩᏍᏓᏩᏗᏙᎯ ᏥᏌ ᎬᏩᎷᏤᎸᎩ ᎤᏅᏒ ᎨᏒᎢ, ᎯᎠ ᏄᏂᏪᏒᎩ; ᎦᏙᏃ
ᏦᎩᏄᎸᏅᎩ ᎣᏥᏄᎪᏫᏍᏗᏱ?

20 ᏥᏌᏃ ᎯᎠ ᏂᏚᏪᏎᎸᎩ; ᎤᏗᎦᎵᏍᏙᏗᏱ ᏂᏦᎯᏳᏒᎾ ᎨᏒᎢ. ᎤᏙᎯᏳᎯᏯᏰᏃ ᎯᎠ
ᏂᏨᏪᏎᏱ; ᎢᏳᏃ ᏄᏦᎯᏳᏱ ᎾᏍᏉ ᎠᏥᎸᏉ ᎤᏚᎳ ᎢᎩᏛ, ᎯᎠ ᏄᏂᏥᏪᏏ ᎯᎠ ᏦᏓᎸ,
ᏱᏓᎤᎾ ᎢᏢ ᏫᎶᎯ, ᎠᏱ ᎤᏓᎤᏍᏗ; ᎥᏝ ᎠᎴ ᎪᎱᏍᏗ ᏄᎨᏥᎸᎸᎰᏍᎦ.
21 ᎯᎠᏍᎩᏂᏃᎤ ᎢᏳᏍᏗ ᎥᏝ ᎤᎸᎪᎢᏍᏗ ᏄᎩ, ᎬᏂ ᏴᏓᏙᎵᏍᏗᏱ ᎠᎴ ᎠᎹᏟ ᏯᎬᏍᎦ.
22 ᎠᏏᏃ ᎨᎵᎵ ᎠᏁᏙᎰᎢ ᏥᏌ ᎯᎠ ᏂᏚᏪᏎᎸᎩ; ᏴᏫ ᎤᏪᏥ ᏴᏫ ᏙᏓᎨᏥᏲᎯᏎᎵ,
23 ᎠᎴ ᎾᏍᎩ ᏓᎬᏩᎵ, ᎠᎴ ᏦᎢᏁ ᎢᎦ ᏙᏛᎠᎴᏂ. ᎤᏟᎳᏅᎯᏃ ᎤᏲ ᎤᏂᏰᎸᏅᎩ.
24 ᎨᏆᏂᏃ ᎤᏂᎷᏨ ᎠᏰᎵ ᎠᎦᎸ ᎠᏂᎩᏏᏙᎯ ᎬᏩᎷᏤᎴ ᏈᏓ, ᎯᎠ ᎸᏂᏪᏎᎢ; ᏝᏍᎪ
ᏗᏤᏲᎰᏍᎩ ᎠᏰᎵ ᏯᏓᏄᏍᎪᎢ?
25 ᎥᎥ, ᎤᏛᏁᎢ. ᎠᏓᏁᎸᏃ ᎤᎷᏨ ᏥᏌ ᎤᏲᏍᏙᏓᏁᎸᎩ, ᎯᎠ ᎸᏪᏒᎩ; ᏚᏙ ᎮᎵᏱ,
ᏌᏩᏂ; ᎦᎪ ᎠᏰᎵ ᎬᏩᎾᏓᏴᏒᎨ ᎤᏂᎬᏫᏳᎯ ᏒᎶᎯ ᎠᏁᎯ; ᏧᏁᏥᏍᎪ, ᎤᏩᎾᏓᎴᎨ?
26 ᎤᏩᎾᏓᎴᎢ, ᎤᏓᏙᏎᎸᎩ ᏈᏓ. ᏥᏌᏃ ᎯᎠ ᎸᏪᏎᎸᎩ; ᏧᏁᏥᏍᎩᏂᎨᏃ ᎤᎾᏁᎳᎩᏉ.
27 ᎠᏎᏃ ᏗᏂᏖᎸᏙᏍᏗᏄ ᏂᎨᏒᎾ, ᎥᏓᎵ ᎮᎾ, ᎠᏑᏗᏃ ᏫᏣᏓᏒᏒᏱ, ᎢᎬᏄᏄᏃ ᎯᏴᎩᏛ ᎠᏣᏗ
ᎯᏁᏒᏱ, ᎠᎴ ᎯᏍᏚᎢᏒ ᎠᎨᎵ ᎠᏰᎵ-ᎠᎦᎸ ᎫᏩᏛᎯ; ᎾᏍᎩ ᎯᎩᏒᏱ ᎠᎴ ᎦᎯᏁᎸᏱ ᎠᏴ
ᎩᎾᎫᏴᏗ.

ᎠᏯᏙᎸᎢ 18

1 ᎾᎯᏳ ᏥᏌ ᎬᏩᎷᏤᎸ ᎬᏩᏍᏓᏓᏩᏗᏙᎯ, ᎯᎠ ᏂᎬᏩᏪᏎᎸᎩ; ᎦᎪ ᎤᏟ ᎠᏥᎸᏉᏗᏳ ᎾᎿ
ᎦᎸᎳᏗ ᎡᎯ ᎤᎬᏫᏳᎯ ᎨᏒᎢ.
2 ᏥᏌᏃ ᎠᏲᎵ ᏭᏯᏅᎲ ᎠᏰᎵ ᎠᏂᏅ ᎤᏪᎧᏅᎩ, ᎠᎴ ᎯᎠ ᏄᏪᏒᎩ;
3 ᎤᏙᎯᏳᎯᏯ ᎯᎠ ᏂᏨᏪᏎᎭ; ᎢᏳᏃ ᏂᏣᏓᏁᏟᏴᏒᎾ ᎢᎨᏎᏍᏗ, ᎠᎴ ᏗᏂᏲᎵ ᏥᏄᎾᏍᏗ
ᏂᏣᎵᏍᏔᏅᎾ ᎢᎨᏎᏍᏗ, ᎥᏝ ᎦᎸᎳᏗ ᎡᎯ ᎤᎬᏫᏳᎯ ᎨᏒ ᏴᎨᏥᏴᎭ.
4 ᎾᏍᎩ ᏳᏍᏗ ᎩᎶ ᎤᏓᏙᎵᏍᏗ ᎨᏎᏍᏗᎾᏍᎩᏯ ᎯᎠ ᎠᏲᎵ, ᎾᏍᎩ ᎤᏟ ᎠᏥᎸᏉᏗᏳ
ᎨᏎᏍᏗ ᎾᎿ ᎦᎸᎳᏗ ᎡᎯ ᎤᎬᏫᏳᎯ ᎨᏒᎢ.
5 ᎠᎴ ᎩᎶ ᏓᏓᏂᎸᎨᏍᏗ ᏌᏉ ᎾᏍᎩ ᎯᎠ ᎢᏳᏍᏗ ᎠᏲᎵ ᏓᏆᏙᎥ ᎤᏗᎦᎵᏍᏙᏗᏍᎨᏍᏗ, ᎠᏴ
ᏓᏆᏓᏂᎸᎨᏍᏗ.
6 ᎩᎶᏍᎩᏂ ᏕᎪᏕᏍᏗᏍᎨᏍᏗ ᏌᏉ ᎯᎠ ᏧᎾᏍᏗᎦ ᎨᏒ ᎾᏍᎩ ᎬᏉᎯᏳᎲᏍᎩ, ᎤᏟ ᎣᏏᏳ
ᎠᏍᏙᏍᎩ ᏅᏯ ᏯᏥᏯᏝᏅ, ᎠᎴ ᎠᏍᏛᎬ ᎠᎺᏉᎯ ᏯᏥᎬᏴ.
7 ᎤᏂᎢᏳ ᎢᏳᎵᏍᏓᏁᏗ ᎨᏎᏍᏗ ᎡᎶᎯ ᎤᏗᎦᎵᏍᏙᏗᎭ ᏗᎾᏓᏙᏕᏍᏗᏍᎩ, ᎠᏎᏰᏃ
ᏗᎾᏓᏙᏕᏍᏗᏍᎩ ᎤᏂᎾᏄᎪᎢᏍᏗ; ᎠᏎᏃ ᎤᏲᎢᏳ ᎢᏳᎵᏍᏓᏁᏗ ᎾᏍᎩ Ꮎ ᎠᏍᎦᏯ
ᏗᏓᏙᏕᏍᏗᏍᎩ ᎤᎾᏄᎪᏫᏒᎯ.
8 ᎾᏍᎩ ᎢᏳᏍᏗ ᎢᏳᏃ ᏦᏴᏂ ᎠᎴ ᏣᎳᏏᏕᏂ ᏕᏦᏕᏍᏗᏍᎨᏍᏗ, ᎯᏍᏆᎵᏍᎨᏍᏗ ᎠᎴ
ᏫᏣᏕᎨᏍᏗ; ᎤᏟ ᎣᏏᏳ ᎢᏣᎵᏍᏓᏁᏗ ᏦᏴᏂ ᎠᎴ ᏣᎳᏏᏕᏂ ᏣᏲᎱᎮᏄᎯ ᏱᎩ ᎬᏂᏛ ᏗᎨᏒ
ᏫᏱᏣᏴᎸ, ᎠᏃ ᎢᏧᎳ ᏱᏗᏰᏌᏓ ᎠᎴ ᎢᏧᎳ ᏗᏣᎳᏏᏕᏂ ᏫᏰᏣᏓᏅ ᏂᎬᏠᏍᎬᎾ ᎨᏒ ᎠᏥᎸᏱ.
9 ᎢᏳ ᎠᎴ ᎯᎦᏙᎵ ᏕᏦᏕᏍᏗᏍᎨᏍᏗ, ᎭᏓᏕᏏᏙᎢᏍᎨᏍᏗ ᎠᎴ ᏫᏣᏕᎨᏍᏗ; ᎤᏟ ᎣᏏᏳ
ᎢᏣᎵᏍᏓᏁᏗ ᏌᏉ ᏱᎧᎿ ᎬᏂᏛ ᏗᎨᏒ ᏫᏱᏣᏴᎸ, ᎠᏃ ᎢᏧᎳ ᏱᏗᎧᎿ ᏨᏍᎩᏃᎢ ᎠᏥᎸᏱ
ᏫᏰᏣᏓᎢᏅ.
10 ᎢᏤᏯᏔᎮᏍᏗ ᏥᎦᏰᏥᏐᏢᏔᏂ ᏌᏉ ᎯᎠ ᏧᎾᏍᏗᎦ; ᎯᎠᏰᏃ ᏂᏨᏪᏎᎭ; ᎦᎸᎳᏗ ᏦᏒ
ᏧᎾᏤᎵᎦ ᏗᏂᎧᎿᏩᏗᏙᎯ ᏂᎪᎯᎸ ᎠᏂᎪᏩᏘᏍᎪ ᎤᎧᏛ ᎡᏙᏓ ᎦᎸᎳᏗ ᎡᎯ.
11 ᏴᏫᏰᏃ ᎤᏪᏥ ᎤᎷᏨ ᎤᏍᏕᎸᏭᎸ ᎤᎴᎾᎸᎯ.
12 ᎦᏙ ᎢᏤᎵᎭ; ᎢᏳᏃ ᎩᎶ ᎠᏍᎦᏯ ᎠᏍᎪᎯᏧᏈ ᎠᏫ ᏱᏚᎾᏝᎠ, ᏌᏉᏃ ᏳᎴᏲᏒᎸ, ᏝᏍᎪ
ᏐᏁᎳᏍᎪᎯ ᏐᏁᎳᏕᎵ ᎢᏯᏂᏛ ᏱᏗᎬᏕᎪᎢ, ᎠᎴ ᏱᏗᎧᎾᎷᏏᏙᎨ ᎦᏚᏏ ᏳᏲᎨ
ᎤᎴᏲᏒᎸᎯ?
13 ᎢᏳᏃ ᎠᏩᏛ, ᎤᏙᎯᏳᎯᏯ ᎢᏨᏲᏎᎭ, ᎤᏟ ᏂᏚᎣ ᎠᎵᎮᎵᎪ ᎾᏍᎩ ᎨᏒ ᎢᏳᏍᏗ,
ᎡᏍᎦᏉ ᏐᏁᎳᏍᎪᎯ ᏐᏁᎳᏕᎵ ᎢᏯᏂᏛ ᏄᎾᎴᏲᎥᎾ.
14 ᎾᏍᎩᏯ ᎾᏍᏉ ᎥᏝ ᏳᏚᎵ ᎢᏥᏙᏓ ᎦᎸᎳᏗ ᎡᎯ, ᏌᏉ ᎯᎠ ᏧᎾᏍᏗᎦ ᎨᏒ
ᏧᏂᏲᎱᎯᏍᏗᏱ.
15 ᎢᏳᏃ ᏗᏍᏓᏓᏅᏟ ᎢᏣᏍᎦᏅᏎᎮᏍᏗ, ᎮᎨᏍᏗ ᎯᏃᏁᎮᏍᏗ ᎤᏍᎦᏅᏨ ᎢᏍᏛᏒᏉ ᎨᏒᎢ;
ᎢᏳᏃ ᎢᏣᏛᏓᏍᏓᏁᎮᏍᏗ, ᎯᏩᏛᎮᏍᏗ ᏗᏍᏓᏓᏅᏟ.

16 ᎢᏳᏍᎩᏂᏃ ᏂᏣᏛᏓᏍᏓᏁᎲᎾᏉ ᎢᎨᏎᏍᏗ, ᎠᏏᏴᏫ ᎠᎴ ᎠᏂᏔᎵ ᏕᎭᏘᏁᎨᏍᏗ, ᎾᏍᎩᏃ
ᎠᏂᏃᎮᏍᎬ ᎠᏂᏔᎵ ᎠᎴ ᎠᏂᏦᎢ ᎠᏂᎦᏔᎯ ᏂᎦᏛ ᏣᏁᏨ ᎠᏍᏓᏲᏍᎨᏍᏗ.
17 ᎢᏳᏃ ᎾᏍᎩ ᏂᏓᏛᏓᏍᏓᏁᎲᎾᏉ ᎢᎨᏎᏍᏗ ᏧᎾᏁᎶᏗ ᎤᎾᏓᏡᎬ ᎯᏃᎲᏍᎨᏍᏗ;
ᎢᏳᏍᎩᏂᏃ ᏧᎾᏁᎶᏗ ᎤᎾᏓᏡᎬ ᏂᏓᏛᏓᏍᏓᏁᎲᎾ ᎢᎨᏎᏍᏗ, ᎤᏩᏓᎴᏉ ᏴᏫ ᎠᎴ ᎠᏰᎵᏉ-
ᎠᏕᎸ ᎠᎩᏏᏙᎯ ᎾᏍᎩᏯ ᎯᏯᏓᏅᏖᏍᎨᏍᏗ.
18 ᎤᏙᎯᏳᎯᏯ ᎯᎠ ᏂᏨᏪᏎᎭ; ᏂᎦᎥ ᎪᎱᏍᏗ ᎢᏣᎸᎢᎮᏍᏗ ᎡᎶᎯ, ᎦᎸᏍᏗ ᎨᏎᏍᏗ
ᎦᎸᎳᏗ; ᏂᎦᎥᏃ ᎪᎱᏍᏗ ᎢᏣᎸᎩᏍᎨᏍᏗ ᎡᎶᎯ ᎦᎸᎩᏍᏗ ᎨᏎᏍᏗ ᎦᎸᎳᏗ.
19 ᎠᎴᏬ ᎯᎠ ᏂᏨᏪᏎᎭ; ᎢᏳᏃ ᎠᏂᏔᎵ ᏂᎯ ᏥᏤᏙᎭ ᎠᎾᎵᎪᎲᏍᎨᏍᏗ ᎠᏂ ᎡᎶᎯ
ᏂᎦᎥᏉ ᎪᎱᏍᏗ ᎠᏂᏔᏲᎯᎮᏍᏗ, ᎾᏍᎩ ᎢᏳᎾᏛᏁᏗ ᎨᏎᏍᏗ ᎡᏙᏓ ᎦᎸᎳᏗ ᎡᎯ.
20 ᎢᎸᎯᏢᏰᏃ ᎠᏂᏔᎵ ᎠᎴ ᎠᏂᏦᎢ ᏥᏓᏂᏔᏫᎣ ᎠᏴ ᏓᏆᏙᎥ ᏥᏅᏗᎦᎵᏍᏙᏗᏍᎪᎢ, ᎾᎿ
ᎠᏰᎵ ᎠᏆᏓᏑᏲᎢ.
21 ᎿᏉᏃ ᏈᏓ ᎤᎷᏤᎸ ᎯᎠ ᏄᏪᏒᎩ; ᏣᎬᏫᏳᎯ, ᎢᎳᎪ ᎾᎩᏍᎦᏅᏤᎮᏍᏗ ᏦᏍᏓᏓᏅᏟ,
ᎠᏏᏉ ᎢᏥᏯᏙᎵᎨᏍᏗ? ᎦᎵᏉᎩᏍᎪ?
22 ᏥᏌ ᎯᎠ ᏄᏪᏎᎸᎩ; ᎥᏝ ᎦᎵᏉᎩᏉ ᏱᎬᏲᏎᎭ, ᎦᎵᏆᎪᎯᏍᎩᏂ ᎦᎸᏉᎩ ᎢᏳᎶᏒᎯ.
23 ᎾᏍᎩ ᎢᏳᏍᏗ ᎦᎸᎳᏗ ᎡᎯ ᎤᎬᏫᏳᎯ ᎨᏒ ᎾᏍᎩᏯᏉ ᎩᎶ ᎤᎬᏫᏳᎯ ᏧᏓᏅᏖᎴ
ᎣᏍᏛ ᎢᏳᏅᏁᏗᏱ ᏚᏚᎬ ᏧᏅᏏᏓᏍᏗ.
24 ᎿᏉᏃ ᎤᎾᎴᏅᎲ ᎣᏍᏛ ᏄᏅᏁᎸ, ᏌᏉ ᎠᏕᏘᏃᎮᎴ ᎠᏍᎪᎯ ᎢᏳᏆᏗᏅᏛ ᎠᏕᎸ ᎤᏚᎩ.
25 ᎠᏎᏃ ᎪᎱᏍᏗ ᎤᏓᏴᏙᏗ ᏄᎲᎾ ᎨᏒ ᎢᏳᏍᏗ, ᎤᎾᏝᎢ ᎤᏁᏤ ᎠᏥᎾᏗᏅᏗᏱ ᎠᎴ ᎤᏓᎵᎢ
ᎠᎴ ᏧᏪᏥ ᎠᎴ ᏂᎦᎥ ᎪᎱᏍᏗ ᎤᎲᎢ, ᎠᏓᏴᏗᏱᏃ.
26 ᎾᏍᎩ ᎢᏳᏍᏗ ᎠᏥᏅᏏᏓᏍᏗ ᎡᎳᏗ ᎤᏓᏅᏁᎢ, ᎠᎴ ᎤᏓᏙᎵᏍᏓᏁᎴᎢ, ᎯᎠ ᏄᏪᏎᎢ;
ᏍᎩᎾᏝᎢ, ᏍᎩᏙᎵᎩ ᏍᎩᎦᏘᏓ, ᏂᎦᏛᏃ ᏓᎬᏯᎫᏴᎡᎵ.
27 ᎾᏍᎩᏃ ᎠᏥᏅᏏᏓᏍᏗ ᎤᎾᏝᎢ ᎤᏪᏙᎵᏤᎢ, ᎠᎴ ᎤᏪᎧᏁᎢ, ᎠᎴ ᎤᏚᎬ ᎤᏁᎳᎩ
ᎤᏪᎵᏎᎴᎢ.
28 ᎠᏎᏃ ᎾᏍᎩ Ꮎ ᎠᏥᏅᏏᏓᏍᏗ ᎤᏄᎪᏨ, ᎤᏩᏛᎮ ᎠᏏᏴᏫ ᎢᏧᎳᎭ ᎨᏥᏅᏏᏓᏍᏗ ᎾᏍᎩ
ᎤᏁᏨᎯ ᎤᎫᏴᎡᏗᏱ ᎠᏍᎪᎯᏧᏈ ᎠᎩᏏ ᏧᎾᎬᏩᎶᏗ; ᎤᏂᏴᎮᏃ, ᎠᎴ ᎤᏴᏍᎩᏴᎮᎢ; ᏍᏆᎫᏴᏏ
ᏥᎬᏚᎦ, ᎤᏛᏁᎢ.
29 ᎢᏧᎳᎭᏃ ᎨᏥᏅᏏᏓᏍᏗ ᏚᎳᏍᎬ ᎡᎳᏗ ᎤᏓᏅᏁ ᎤᏓᏙᎵᏍᏓᏁᎴᎢ, ᎯᎠ ᏄᏪᏎᎢ;
ᏍᎩᏙᎵᎩ ᏍᎩᎦᏘᏓ, ᏂᎦᏛᏃ ᏓᎬᏯᎫᏴᎡᎵ.
30 ᎠᏎᏃ ᎥᏝ ᏳᏬᎯᏳᏁᎢ, ᏗᏓᏍᏚᏗᏱᏉ ᏗᎶᏎᎢ, ᎠᎴ ᎾᎿ ᏗᏴᎳᏁ ᎤᎫᏴᏗᏱ ᎠᏥᏚᎬ
ᎢᎪᎯᏛ.
31 ᎾᏉᏃ ᎾᏍᎩ ᎢᏧᎳᎭ ᎨᏥᏅᏏᏓᏍᏗ ᎤᎾᏙᎴᎰᏒ ᏄᎵᏍᏔᏅᎢ ᎤᏣᏘ ᎤᏲ ᎤᏂᏰᎸᏁᎢ,
ᎠᎴ ᎤᏂᎷᏤ ᎤᏂᏃᏁᎴ ᏧᏂᎾᏝᎢ ᏂᎦᏛ ᏄᎵᏍᏔᏂᏙᎸᎢ.

32 ᏓᏉᏃ ᎤᏁᏝᎢ ᏭᏯᏅᎲ ᎯᎠ ᏄᏪᏎᎴᎢ; ᏣᏁᎫᏥᏛ ᎬᏅᏏᏓᏍᏗ, ᎤᏁᎳᎩ ᎬᏰᎵᏎᎸᎩ
ᏂᎦᏛ ᏂᎯ ᏥᎬᏚᎬᎩ, ᏍᎩᏔᏲᏎᎸ ᎢᏳᏍᏗ.
33 ᏝᏍᎪ ᎾᏍᏉ ᏂᎯ ᎦᎯᏯᏙᎵᏍᏗ ᏱᏤᏎ ᎢᏧᎳᎭ ᎡᏍᏗᏅᏏᏓᏍᏗ, ᎾᏍᎩᏯ ᎬᏯᏙᎵᏨᎢ?
34 ᎤᏔᎳᏭᏎᏃ ᎤᏁᏝᎢ, ᎠᎴ ᏫᏚᏲᎯᏎᎴ ᏗᎾᏓᏍᏚᎲᏍᎩ ᎤᎫᏴᎨᎲᏍᏗᏱ ᏂᎦᏛ ᎠᏥᏚᎬ
ᎢᎪᎯᏛ.
35 ᎾᏍᎩᏯ ᎾᏍᏉ ᎤᏓᏨᏴᏁᎵ ᎡᏙᏓ ᎦᎸᎳᏗ ᎡᎯ, ᎢᏳᏃ ᏗᏣᏓᏅᏛ ᎢᏴᏛ ᎢᏥᏏᏴᏫᎭ ᏤᎡ
ᏂᏗᏥᏙᎵᎬᎾ ᎢᏤᏎᏍᏗ ᎢᏳᏓᏅᏟ ᎤᏂᏍᎦᏅᏨᎢ.

ᎠᏯᏙᎸᎢ 19

1 ᎯᎠᏃ ᏄᎵᏍᏔᏅᎩ, ᏥᏌ ᎤᏍᏆᏛ ᎾᏍᎩ ᎯᎠ ᏂᎦᏪᏍᎬᎢ, ᎨᎵᎵ ᎤᏓᏅᏒᎩ, ᏧᏗᏱ
ᎠᏍᏛ ᏭᎷᏨᎩ ᏦᏓᏂ ᎠᏍᎪᏂᏗᏢ.
2 ᎤᏂᏣᏘᏃ ᎬᏩᏍᏓᏩᏛᏒᎩ, ᎠᎴ ᎾᎿ ᏚᏅᏩᏅᎩ.
3 ᎠᏂᏆᎵᏏ ᎾᏍᏉ ᎬᏩᎷᏤᎸ ᎬᏩᎪᎵᏰᏍᎬᎩ, ᎯᎠ ᏂᎬᏩᏪᏎᎲᎩ; ᏚᏳᎪᏗᏍᎪ ᎠᏍᎦᏯ
ᎤᏓᎢᏅᏗᏱ ᎤᏓᎵᎢ ᏂᎦᎥᏉ ᎪᎱᏍᏗ ᏴᏗᎵᏰᎢᎸᏍᏗᏉ?
4 ᎤᏁᏨᏃ ᎯᎠ ᏂᏚᏪᏎᎸᎩ; ᏝᏍᎪ ᏱᏥᎪᎵᏰᎣ, ᎾᏍᎩ ᏗᏓᎴᏂᏍᎬ ᏧᏬᏢᏅᎯ ᎠᏍᎦᏯ
ᎠᎴ ᎠᎨᏴ ᏚᏬᏢᏅᎢ?
5 ᎠᎴ ᎯᎠ ᏄᏪᏒᎢ; ᎾᏍᎩ ᎢᏳᏍᏗ ᎠᏍᎦᏯ ᎦᎬᎦᎨᏍᏗ ᎤᏙᏓ ᎠᎴ ᎤᏥ, ᎠᎴ
ᎠᏜᏫᏍᏗᏍᎨᏍᏗ ᎤᏓᎵᎢ, ᎠᎴ ᎾᏍᎩ ᎠᏂᏔᎵ ᏌᏉᏉ ᎤᏂᏇᏓᎸᎢ?
6 ᎾᏍᎩ ᎢᏳᏍᏗ ᎥᏝ ᎿᏉ ᎠᏂᏔᎵ ᏱᎩ; ᏌᏉᏉᏍᎩᏂ ᎤᏂᏇᏓᎸᎢ. ᎾᏍᎩ ᎢᏳᏍᏗ
ᎤᏁᎳᏅᎯ ᏧᏭᏓᎳᏅᎯ ᎨᏒ ᏞᏍᏗ ᏴᏫ ᏱᏚᎦᎴᏅᏔᏁᏍᏗ.
7 ᎯᎠᏃ ᎤᎬᏩᏪᏎᎸᎩ; ᏚᏙᏃ ᏱᏏ ᏧᏁᏤ ᎪᏪᎵ ᎦᏅᏁᏗᏱ ᏗᎦᎴᏅᏙᏗ, ᎠᎴ
ᎠᎨᎯᏓᏍᏗᏱ?
8 ᎯᎠᏃ ᏂᏚᏪᏎᎸᎩ; ᏗᏍᏓᏱᏳ ᎨᏒ ᎢᏳᏍᏗ ᏗᏥᎾᏫ ᎼᏏ ᎤᎾᏁᎳᎩ ᏓᏂᎨᏙᎯᎮᏍᏗ
ᏧᎾᏓᎵᎢ, ᎢᏤᎵᏎᎸᎩ; ᏗᏓᎴᏂᏍᎬᏍᎩᏂ ᎥᏝ ᎾᏍᎩ ᏱᏄᏍᏕᎢ.
9 ᎠᏎᏃ ᎯᎠ ᏂᏨᏪᏎᎭ; ᎩᎶ ᎤᏓᎵᎢ ᎢᎠᎨᎯᏙᎮᏍᏗ ᏧᏂᏏᏅᎯᏍᎩᏂᏃᏅ ᎢᎨᏎᏍᏗ,
ᎤᏩᏓᎴᏃ ᎢᎠᏓᏰᎨᏍᏗ, ᎠᏓᏲᏁᎮᏍᏗ. ᎩᎶᏃ ᎠᏥᎨᎯᏙᎸᎯ ᎠᏓᏰᎨᏍᏗ ᎠᏓᏲᏁᎮᏍᏗ.
10 ᎬᏩᏍᏓᏩᏗᏙᎯ ᎯᎠ ᏂᎬᏩᏪᏎᎸᎩ; ᎢᏳᏃ ᎾᏍᎩ ᏱᏄᏍᏗ ᎠᏍᎦᏯ ᎤᏓᎵᎢ ᏓᎾᏤᎲᎢ,
ᎥᏝ ᎣᏏᏳ ᏱᎩ ᎠᎦᏒᎲᏍᏗᏱ.
11 ᎯᎠᏃ ᏂᏚᏪᏎᎸᎩ, ᎥᏝ ᎾᏂᎥ ᎯᎠ ᏥᏂᏥ Ꮻ ᏱᏙᎬᎾᏓᏂᎸᎩ, ᎨᎦᎵᏍᎪᎸᏓᏁᎸᎯ ᎤᏅᏒ.
12 ᎠᏁᎭᏰᏃ ᎠᏂᎾᎵ ᎤᏩᎾᏍᏙ ᏧᏂᏥ ᎬᏩᏂᎾᏄᎪᏫᏒ, ᎠᎴ ᎠᏁᎭ ᎠᏂᎾᎵ ᏴᏫ
ᎬᏩᏂᎾᎵᏛᎯ, ᎠᎴ ᎠᏁᎭ ᎠᏂᎾᎵ ᎤᏅᏒ ᎤᎾᏓᎾᎵᏛᎯ ᎦᎸᎳᏗ ᎡᎯ ᎤᎬᏫᏳᎯ ᎨᏒ
ᏗᎵᏰᎢᎸᏍᏗᏍᎬᎢ. ᎩᎶ ᏗᎬᏩᏓᏂᎸᎢᏍᏗ ᎨᏎᏍᏗ ᎾᏍᎩ ᏓᏓᏂᎸᎨᏍᏗ.
13 ᎿᏉᏃ ᏓᎦᏘᏃᎮᎸᎩ ᏧᎾᏍᏗ ᏗᏂᏲᎵ ᎾᏍᎩ ᏧᏏᏔᏗᏍᏗᏱ ᎠᎴ ᎤᏓᏙᎵᏍᏙᏗᏱ;
ᎬᏩᏍᏓᏩᏗᏙᎯᏃ ᏚᏂᏅᏍᏓᏕᎸᎩ.
14 ᏥᏌᏃ ᎯᎠ ᏄᏪᏒᎩ; ᎤᎾᏁᎳᎩ ᏗᏤᎵᏏ ᏧᎾᏍᏗ ᏗᏂᏲᎵ, ᎠᎴ ᏞᏍᏗ ᏗᏥᏅᏍᏓᏕᎸᎩ
ᎬᎩᎷᏤᏗᏱ; ᎾᏍᎩᏰᏃ ᏄᎾᏍᏗ ᎦᎸᎳᏗ ᎡᎯ ᎤᎬᏫᏳᎯ ᎨᏒ.
15 ᏚᏏᏔᏛᏃ ᎾᎿ ᎤᏓᏅᏒᎩ.
16 ᎬᏂᏳᏉᏃ ᎠᏏᏴᏫ ᎤᎷᏤᎸᎩ ᎯᎠ ᏄᏪᏎᎸᎩ; ᏖᏍᏛ ᏔᏕᏲᎲᏍᎩ, ᎦᏙ ᎤᏍᏗ ᎣᏍᏛ
ᎠᎱᏍᏗ ᏓᎦᏛᏁᎵ ᎠᎩᏩᏛᏙᏗ ᏫᎾᏍᏛᎾ ᎬᏂᏛ?

17 ᎯᎠᏃ ᏄᏪᏎᎸᎩ; ᎦᏙᏃ ᎰᏍᏛ ᎢᏍᏉᏎᎭ? ᎥᏝ ᎩᎶ ᎣᏍᏛ ᏱᎩ ᏌᏉ ᎤᏩᏒᎯᏯ,
ᎾᏍᎩ ᎤᏁᎳᏅᎯ. ᎠᏎᏃ ᏣᏚᎵᏍᎨᏍᏗ ᎬᏂᏛ ᏗᎨᏒ ᏫᏣᎾᏄᎪᎢᏍᏗᏱ ᏘᏍᏆᏂᎪᏓ
ᏗᎧᎿᏩᏛᏍᏗ.
18 ᎯᎠ ᏄᏪᏎᎸᎩ; ᎦᏙ ᎤᏍᏗ? ᏥᏌ ᎯᎠ ᏄᏪᏒᎩ; ᎯᎠ, ᏞᏍᏗ ᏣᏓᎸᎩ; ᏞᏍᏗ
ᏣᏓᏲᏁᎸᎩ; ᏞᏍᏗ ᏣᏃᏍᎩᏒᎩ; ᏓᎾᏓᏱᎵᏙᏅ ᏞᏍᏗ ᎦᏰᎪᎩ ᏣᏃᎮᎸᎩ;
19 ᎯᎸᏉᏕᏍᏗ ᏣᏙᏓ ᎠᎴ ᏣᏥ; ᎠᎴ ᎾᏍᏉ Ꭿ; ᏨᏒ ᏂᏣᏓᎨᏳᏒ ᏂᎨᏳᏎᏍᏗ ᎾᎥ
ᎢᏗᏍᏓᏓᎳ.
20 ᎠᏫᏅ ᎯᎠ ᏄᏪᏎᎸᎩ; ᎯᎠ ᎾᏍᎩ ᏂᎦᏛ ᏓᎩᎧᎿᏩᏕᏅ ᏥᏧᏣ ᎨᏒ ᎤᏓᎬᏩᏓᎴᏅᏛ, ᎦᏙ
ᎠᏏ ᎠᎩᎷᎳ?
21 ᏥᏌ ᎯᎠ ᏄᏪᏎᎸᎩ; ᎢᏳᏃ ᏣᏍᏆᏗᏍᏗᏱ ᏣᏚᎵᏍᎨᏍᏗ, ᎮᎾ, ᏫᎾᏕᎦ ᏣᎿᎥᎢ, ᎠᎴ
ᏘᏅᏏ ᎤᏲ ᎢᏳᎾᏛᎿᏕᎩ, ᎦᎸᎳᏗᏃ ᏫᏣᎮᏍᏗ ᏧᎬᏩᎶᏗ; ᎠᎴ ᏑᏒ ᏍᎩᏍᏓᏩᏕᏒᎭ.
22 ᎠᏎᏃ ᎠᏫᏅ ᎾᏍᎩ ᎤᏛᎦᏅ ᎤᏓᏅᏒᎩ ᎤᏲᎢᏳ ᎤᏰᎸᏅᎩ, ᎤᏣᏘᏰᏃ ᎤᏪᎿᎢᏳ
ᎨᏒᎩ.
23 ᎿᏉᏃ ᏥᏌ ᎯᎠ ᏂᏚᏪᏎᎸ ᎬᏩᏍᏓᏩᏗᏙᎯ; ᎤᏙᎯᏳᎯᏯ ᎯᎠ ᏂᏨᏪᏎᎭ; ᎤᏪᎿᎢ ᏴᏫ
ᎠᏍᏓᏱᏳ ᏱᏴᏍᏗᏱ ᎦᎸᎳᏗ ᎡᎯ ᎤᎬᏫᏳᎯ ᎨᏒᎢ.
24 ᎠᎴᏬ ᎯᎠ ᏂᏨᏪᏎᎭ; ᎤᏣ ᎠᎯᏗᏳ ᎨᎻᎵ ᎤᎦᏛᎴᎯᏍᏗᏱ ᏴᎩ ᎦᏏᏁᎾᏛᏗᏱ ᎡᏍᎦᏉ
ᎤᏪᎿᎢ ᏴᏫ ᏱᏴᏍᏗᏱ ᎤᏁᎳᏅᎯ ᎤᎬᏫᏳᎯ ᎨᏒᎢ.
25 ᎬᏩᏍᏓᏩᏗᏙᎯᏃ ᎤᎾᏛᎦᏅ ᎤᏣᏔᏅᎯ ᎤᏂᏍᏆᏂᎪᏒᎩ, ᎯᎠ ᏄᏂᏪᏒᎩ ᎦᎪᏃ ᏰᎵ
ᏭᏥᏍᏕᎸ?
26 ᏥᏌᏃ ᎾᏍᎩ ᏚᎧᎿᏅ ᎯᎠ ᏂᏚᏪᏎᎸᎩ; ᏴᏫ ᎨᏒ ᎥᏝ ᎾᏍᎩ ᏱᏅᎦᎵᏍᏓ,
ᎤᏁᎳᏅᎯᏍᎩᏂ ᎨᏒ ᏂᎦᎥ ᎪᎱᏍᏗ ᎢᏳᎵᏍᏙᏗᏉ.
27 ᎿᏉᏃ ᏈᏓ ᎤᏁᏨ ᎯᎠ ᏄᏪᏎᎸᎩ; ᎬᏂᏳᏉ ᎠᏴ ᏂᎦᏗᏳ ᏙᎩᏲᎲᏅ ᎠᎴ ᎢᏨᏍᏓᏩᏕᏅ;
ᎦᏙᏃ ᎠᏴ ᏓᏲᏥᏩᏛᎯ?
28 ᏥᏌᏃ ᎯᎠ ᏂᏚᏪᏎᎸᎩ; ᎤᏙᎯᏳᎯᏯ ᎯᎠ ᏂᏨᏪᏎᎭ; ᎠᏓᏁᏟᏴᏒᎢ, ᏴᏫ ᎤᏪᏥ ᎦᏅᎭ
ᎦᎸᏉᏗᏳ ᎤᏪᏍᎩᎸᎢ, ᏂᎯ ᏍᎩᏍᏓᏩᏛᏛ ᎾᏍᏉ ᎢᏥᏁᏍᏗ ᏔᎳᏚ ᏕᎦᏍᎩᎸᎢ,
ᏕᏧᎪᏓᏁᎮᏍᏗ ᏔᎳᏚ ᎾᏂᎳᏍᏓᎸ ᎢᏏᎵ.
29 ᎠᎴ ᎾᏂᎥ ᎩᎶ ᏧᏅᏕᏨᎯ ᏓᏂᏁᎸᎢ, ᎠᎴ ᎠᎾᎵᏅᏟ ᎠᎴ ᏧᏂᏙ, ᎠᎴ ᏧᏂᏙᏙᏓ, ᎠᎴ
ᏧᏂᏥ, ᎠᎴ ᏧᎾᏓᎵᎢ, ᎠᎴ ᏧᏁᏥ, ᎠᎴ ᎦᏙᎯ, ᏓᏆᏙᎥ ᎤᏗᎦᎵᏍᏙᏗᏍᎨᏍᏗ, ᎤᏂᏩᏛᏗ
ᎨᏎᏍᏗ ᎠᏍᎪᎯᏧᏈ ᎤᏁᏉᏨᎯ, ᎠᎴ ᎤᎾᏤᎵ ᎢᏳᎵᏍᏙᏗ ᎨᏎᏍᏗ ᎬᏂᏛ ᏫᎾᏍᏛᎾ.
30 ᎠᏎᏃ ᎤᏂᏣᏔ ᎢᎬᏱ ᎣᏂᏱ ᎨᏎᏍᏗ; ᎣᏂᏱᏃ ᏥᎩ ᎢᎬᏱ ᎢᎨᏎᏍᏗ.

ᎠᏯᏙᎸᎢ 20

1 ᎦᎸᎳᏗᏰᏃ ᎤᏤᎵᎪᎯ ᎾᏍᎩᏯᏉ ᎠᏍᎦᏯ ᎦᏁᎳ, ᏑᎾᎴᎢᏳ ᏧᏪᏅᏎ ᏥᏚᏅᏒᏎ ᎪᎱᏍᏗ
ᎠᎾᏛᏁᎯ ᏖᎸᎳᏗ ᏚᏫᏒ ᏧᏂᎸᏫᏍᏓᏁᏗᏱ.
2 ᎿᏉᏃ ᎾᏍᎩ ᎠᏍᎦᏯ ᎪᎱᏍᏗ ᎠᎾᏛᏁᎯ ᏚᏄᎪᎳᏅ ᎠᎩᏏ ᏧᎬᏩᎶᏗ ᏧᏓᏴᎡᏗᏱ ᏏᎦ,
ᏖᎸᎳᏗ ᏙᏧᏫᏒ ᏚᏅᏎᎢ.
3 ᎤᏪᏅᏎᏃ ᏐᎣᏁᎵᏁ ᎢᏳᏟᎶᏛ ᎧᎳᏩᏗᏒᎢ, ᎠᎴ ᏚᎦᎮ ᎤᏩᎾᏓᎴ ᎦᏃᏙᏗᏱ ᎠᏂᏙᎾᎡ
ᎪᎱᏍᏗ ᎾᎾᏛᎲᎾ,
4 ᎠᎴ ᎯᎠ ᏂᏚᏪᏎᎴᎢ; ᎢᏤᎾ ᎾᏍᏉ ᏂᎯ ᏖᎸᎳᏗ ᏙᏗᎳᏗ ᏙᏗᏫᏒᎢ, ᏚᏳᎪᏛᏃ ᎨᏒ
ᏓᏨᏯᏓᏴᎡᎵ. ᎤᏁᏅᏎᏃ.
5 ᏔᎵᏁ ᎢᎦ ᎢᎤᏪᏅᏎ ᎠᎴ ᎾᏍᏉ ᏦᎢᏁ ᎢᏳᏟᎶᏛ ᎧᎳᏩᏗᏒ ᎤᏒᎯᏰ Ᏹ, ᎾᏍᎩᏯ
ᏂᎤᏛᏁᎴᎢ.
6 ᎯᏍᎩᏁᏃ ᎢᏳᏟᎶᏛ ᎧᎳᏩᏗᏒ ᏔᎵᏁ ᎢᎤᏪᏅᏎᎢ, ᎠᎴ ᏚᏩᏛᎮ ᎤᏩᎾᏓᎴ ᎠᏂᏙᎾᎡ
ᎪᎱᏍᏗ ᎾᎾᏛᏁᎲᎾ, ᎯᎠᏃ ᏂᏚᏪᏎᎴᎢ; ᎦᏙᏃ ᎠᏂ ᎢᏥᏙᎾᎠ ᎤᏙᏓᏆᏛ ᎪᎱᏍᏗ
ᏂᏣᏛᏁᎲᎾ?
7 ᏝᏰᎾ ᎩᎶ ᏲᎩᏅᏒ, ᎤᎾᏛᏁᎢ. ᎯᎠᏃ ᏂᏚᏪᏎᎴᎢ; ᏂᎯ ᎾᏍᏉ ᎢᏤᎾ ᏖᎸᎳᏗ
ᏙᏗᏫᏒᎢ; ᏚᏳᎪᏛᏃ ᎨᏒ ᏓᏨᏯᏗᏴᎡᎵ.
8 ᎤᏒᏃ ᏄᎵᏍᏔᏅ, ᏖᎸᎳᏗ ᏓᏫᏒ ᎤᏤᎵᎦ ᎯᎠ ᏄᏪᏎᎴ ᎠᏕᎸ ᎤᎦᏘᏕᎯ, ᎾᏘᏯᏅ
ᎪᎱᏍᏗ ᎠᎾᏛᎾᎯ ᎠᎴ ᏔᏗᏴᏏ ᏚᏂᎸᏫᏍᏓᏁᎸᎢ, ᎣᏂᏱ ᎨᏥᏅᏒᎯ ᏔᎴᏅᏓ ᎢᎬᏱᏱᏃ
ᎨᏥᏅᏒᎯ ᏧᏫᏆᎸᏓ
9 ᎯᏍᎩᏁᏃ ᎢᏳᏟᎶᏛ ᎧᎳᏩᏗᏒ ᎨᏥᏅᏒᎯ ᎤᏂᎷᏨ, ᎠᏂᏏᏴᏫᎭ ᎠᎩᏏ ᏧᎬᏩᎶᏗ
ᎨᎦᏗᏴᎡᎴᎢ.
10 ᎢᎬᏱᏱᏃ ᎨᏥᏅᏒᎯ ᎤᏂᎷᏨ ᎤᏟ ᎢᎦᎢ ᏓᏲᎦᏗᏴᎡᎵ ᎤᏁᎵᏎᎢ. ᎠᏎᏃ ᎾᏍᏉ ᎠᎩᏏᏉ
ᏧᎬᏩᎶᏗ ᎠᏂᏏᏴᏫᎭ ᎢᎨᎦᏗᏴᎡᎴᎢ.
11 ᎨᎦᏓᏴᎡᎸᏃ, ᎤᏂᎪᏁᎶᎯᏎᎴᏉ ᎠᏍᎦᏯ ᎦᏁᎳ,
12 ᎯᎠ ᏄᏂᏪᏎᎢ; ᎯᎠ ᎣᏂᏱ ᎤᏂᎷᏨᎯ ᏌᏉᏉ ᎢᏳᏟᎶᏛ ᏚᏂᎸᏫᏍᏓᏏ, ᎢᏧᎳᎭᏉᏃ
ᎤᏍᎩᏴᎦ ᎠᏴ ᎾᏍᎩ ᎦᎨᏒ ᎠᎴ ᎤᏗᎴᎬ ᎢᎦ ᏦᎩᎸᏫᏍᏓᏁᎸᎯ.
13 ᎠᏎᏃ ᎠᏏᏴᏫ ᎤᏁᏤᎴ ᎯᎠ ᏄᏪᏎᎴᎢ; ᎩᎾᎵᎢ, ᎥᏝ ᎤᏣᏘ ᏱᏂᎬᏴᏁᎭ. ᏝᏍᎪ ᎣᏏ
ᏱᏣᏰᎸᏁ ᎠᎩᏏ ᏧᎬᏩᎶᏗ ᎬᏯᏗᏴᎡᏗᏱ?
14 ᎯᎩ ᏣᏤᎵᎦ ᎠᎴ ᏥᎮᎾ. ᎣᏏ ᎠᎩᏰᎸ ᏥᏯᏗᏴᎡᏗᏱ ᎯᎠ ᎣᏂᏱ ᎤᎷᏨᎯ ᏂᎯ
ᎬᏯᏗᏴᎡᎸ ᎢᎦᎢ.
15 ᏝᏍᎪ ᏚᏳᎪᏛ ᏱᎩ ᏄᏍᏛ ᎦᏓᏅᏖᏍᎨ ᎢᏯᏋᏁᏗᏱ ᎠᏆᏤᎵ ᎨᏒᎢ? ᏥᏌ ᎯᎦᏙᎵ
ᎤᏲᎢᏳ ᎢᎩ ᎤᏗᎦᎵᏍᏙᏗ ᎠᏴ ᎠᏆᏓᏅᏘᏳ ᎨᏒᎢ?

16 ᎰᏩᏃ ᎣᏂᏱ ᏥᎩ ᎢᎬᏱ ᎨᏎᏍᏗ, ᎢᎬᏱᏃ ᏥᎩ ᎣᏂᏱ ᎨᏎᏍᏗ. ᎤᏂᏣᏔᏰᏃ ᎨᏥᏯᏅᎲ,
ᎠᏎᏃ ᎠᏂᎦᏲᎵᏳ ᎨᎦᏑᏰᏒ.
17 ᏥᏌᏃ ᏥᎷᏏᎵᎻ ᏩᎦᏛᎢ, ᏔᎳᏚ ᎢᏯᏂᏛ ᎠᎾᏓᏍᏓᏩᏗᏙᎯ ᎤᎾᏁᏔᎩ ᎢᏴᏛ
ᏫᏚᏘᏅᏍᏔᏅᎩ, ᎠᎴ ᎯᎠ ᏂᏚᏪᏎᎸᎩ;
18 ᎬᏂᏳᏉ ᏥᎷᏏᎵᎻ ᏫᏗᎦᏘ, ᎠᎴ ᏴᏫ ᎤᏪᏥ ᏙᏓᏰᏥᏲᏏ ᏙᏓᎨᏦᏲᎯᏎᎵ ᏄᏂᎬᏫᏳᏒ
ᎠᏥᎸ-ᎠᏁᎶᎯ ᎠᎴ ᏗᏃᏪᎵᏍᎩ, ᎾᏍᎩᏃ ᏙᏛᎸᎪᏔᏂ ᎤᏲᎱᎯᏍᏗᏱ,
19 ᎠᎴ ᏧᎾᏓᎴᏅᏛ ᏴᏫ ᏙᏛᏂᏲᎯᏎᎵ ᎤᏂᏪᏢᎾᏁᏗᏱ, ᎠᎴ ᎤᏂᎵᎥᏂᏍᏗᏱ, ᎠᎴ
ᎤᎾᏛᏗᏱ ᏧᏓᎿᏩᏛ ᎨᏛᎢ; ᎠᎴ ᏦᎢᏁ ᎢᎦ ᏙᏛᎠᎴᏂ.
20 ᎿᏉᏃ ᎤᎷᏤᎸᎩ ᏤᏈᏗ ᏧᏪᏥ ᎤᏂᏥ, ᏓᏘᏁᎲᎩ ᏧᏪᏥ ᎠᏂᏫᏅ, ᎡᎳᏗ ᎤᏓᏅᏅᎩ,
ᎠᎴ ᎠᎱᏍᏗ ᎤᏔᏲᏎᎲᎩ.
21 ᎯᎠᏃ ᏄᏪᏎᎸᎩ; ᎦᏙ ᏣᏚᎵᎭ? ᎯᎠ ᎤᏓᏣᏪᏎᎸᎩ; ᎭᎵᏍᎪᎸᏓ ᎯᎠ ᎠᏂᏔᎵ ᏗᏇᏥ
ᏧᏂᏗᏱ ᏣᏤᎵᎪᎯ ᎨᏒᎢ, ᏌᏉ ᎯᎦᏘᏏ ᎢᏗᏢ, ᏐᎢᏃ ᎯᎦᏍᎦᏂ.
22 ᏥᏌᏃ ᎤᏁᏨ ᎯᎠ ᏄᏪᏒᎩ; ᏝᏱᏥ ᎦᏔᎭ ᏄᏍᏛ ᎢᏥᏔᏲᎯᎲᎢ. ᏥᎪᏰᎵᏉ
ᎨᏣᏗᏔᏍᏗ ᎤᎵᏍᏈᏗ ᎠᏟᏍᏛ ᎠᏴ ᏨᏓᎦᏗᏔᎯ, ᎠᎴᏍᎪ ᏰᎵᏉ ᏱᎦᏣᏬᏍᏓ ᎠᏴ ᎾᏍᎩ
ᏨᏓᏴᏆᏬᏍᏔᏂ? ᏰᎵᏉ, ᎤᎾᏛᏅᎩ.
23 ᎯᎠᏃ ᏂᏚᏪᏎᎸᎩ; ᎤᏙᎯᏳᎯ ᎠᏆᏤᎵ ᎤᎵᏍᏈᏗ ᎠᏟᏍᏛ ᏓᏣᏗᏔᎯ, ᎠᎴ ᎠᏴ
ᎥᏆᏬᏍᏙᏗ ᎨᏒ ᏙᏓᏰᏣᏬᏍᏔᏂ. ᏥᎦᏘᏏᏍᎩᏂ ᎠᎴ ᏥᎦᏍᎦᏂ ᎩᎶ ᎤᏪᏗᏱ ᎥᏝ ᎠᏴ
ᎠᏆᏓᏁᏗ ᏱᎩ, ᎨᏥᏁᏗᏍᎩᏂᏃᏅ ᎨᏎᏍᏗ ᎾᏍᎩ ᎡᏙᏓ ᏧᏓᏁᏔᏁᎸᎯ.
24 ᎠᏍᎪᎯᏃ ᎢᏯᏂᏛ ᎤᎾᏛᎦᏅ ᎤᏣᏘ ᎤᏂᏔᎳᏬᏒᎩ ᏚᏂᏂᏆᏘᎸ ᎠᏂᏔᎵ ᏗᎾᏓᏅᏟ.
25 ᏥᏌᏃ ᏫᏚᏯᏅᎲ ᎯᎠ ᏄᏪᏒᎩ; ᎢᏥᎦᏔᎭ ᎠᏰᎵ ᎦᎪᏢᏩᏗᏒ ᏄᏂᎬᏫᏳᏌᏕᎩ ᎠᏂᏁᎪ
ᎢᏳᎾᏛᏁᎵᏓᏍᏗᏱ ᏴᏫ, ᎠᎴ ᎨᏥᎸᏉᏗ ᎠᏂᏁᏥᏙᎲ ᎾᎾᏛᏁᎨᎢ.
26 ᏂᎯᏍᎩᏂ ᏝᏍᏗ ᎾᏍᎩ ᏱᏂᏨᏁᏍᏗ; ᎩᎶᏍᎩᏂ ᎠᏥᎸᏉᏗ ᎢᏳᎵᏍᏙᏗᏱ ᎤᏚᎵᏍᎨᏍᏗ
ᎾᏍᎩ ᎡᏥᏅᏏᏓᏍᏗ ᎨᏎᏍᏗ.
27 ᎠᎴ ᎩᎶ ᎤᎬᏫᏳᎯ ᎢᏳᎵᏍᏙᏗᏱ ᎤᏚᎵᏍᎨᏍᏗ ᎾᏍᎩ ᎡᏥᎾᏝᎢ ᎨᏎᏍᏗ.
28 ᎾᏍᎩᏯᏉ ᏴᏫ ᎤᏪᏥ ᎤᏓᏅᏏᏓᏍᏗᏱ ᏄᏲᎵᎸᎾ ᏥᎩ, ᎠᏥᏅᏏᏓᏍᏗᏱᏉᏍᎩᏂ, ᎠᎴ
ᎬᏅᎢ ᎤᎵᏍᎪᎸᏙᏗᏱ ᎤᏂᏣᏘ ᏗᏓᏴᏙᏗ.
29 ᏤᎵᎪᏃ ᎤᎾᏂᎩᏒ ᎤᏂᏣᏘ ᏴᏫ ᎬᏩᏍᏓᏩᏛᏒᎩ.
30 ᎬᏂᏳᏉᏃ ᎠᏂᏔᎵ ᏗᏂᎨᏫ ᎤᏃᎱᎶᏗ ᏚᏃᎸᎩ, ᎤᎾᏛᎦᏅᏃ ᏥᏌ ᎤᎶᏒᎢ ᎤᏁᎷᏅᎩ, ᎯᎠ
ᏄᏂᏪᏒᎩ; ᏍᎩᏂᏙᎵᎩ, ᏣᎬᏫᏳᎯ ᏕᏫ ᎤᏪᏥ.
31 ᎤᏂᏣᏘᏃ ᏚᏂᏁᏤᎸᎩ ᎡᎳᏪᏱ ᎤᏅᏗᏱ. ᎠᏎᏃ ᎤᏟᏉ ᎢᎦᎢ ᎤᏁᎷᏅᎩ, ᎯᎠ
ᏄᏂᏪᏒᎩ, ᏍᎩᏂᏙᎵᎩ, ᏣᎬᏫᏳᎯ ᏕᏫ ᎤᏪᏥ.
32 ᏥᏌᏃ ᎤᎴᏫᏍᏔᏅ ᏫᏚᏯᏅᎲᎩ, ᎠᎴ ᎯᎠ ᏂᏚᏪᏎᎸᎩ; ᎦᏙ ᎢᏍᏓᏚᎵ ᎠᏴ
ᎢᏍᏛᏯᏛᏁᏗᏱ?

33 ᎯᎠ ᏄᏂᏪᏒᎩ: ᏣᎬᏫᏳᎯ, ᏦᏍᏗᏕᏙᎵ ᏧᎵᏍᏚᎢᏍᏗᏱ ᏍᎩᎾᏚᎵᎭ.
34 ᏥᏌᏃ ᏚᏪᏙᎵᏨ ᏗᏂᏕᏙᎵ ᏚᏒᏁᏄᎩ, ᎩᎳᏉᏃ ᎢᏴᏛ ᎬᏩᏂᎪᏩᏛᏗ ᏄᎵᏍᏔᏅᎩ; ᎠᎴ
ᎬᏩᏍᏓᏩᏛᏒᎩ.

ᎠᏯᏙᎸᎢ 21

1 ᎿᏉᏃ ᏥᎷᏏᎵᎻ ᎾᎥ ᎤᏂᎷᏨ, ᎡᎦᏙᎯ, ᎣᎵᏩ ᎤᏌᎯᎸᎢ ᎢᏴᏛ, ᏥᏌ ᎠᏂᏔᎵ
ᎬᏩᏍᏓᏩᏗᏙᎯ ᏚᏅᏒᎩ,
2 ᎯᎠ ᏂᏚᏪᏎᎸᎩ; ᎢᏍᎦᎾ ᎢᏢ Ꮎ ᏨᏗᎦᏚᎭ, ᎩᎳᏉᏃ ᎢᏴᏛ ᏓᏰᏍᏗᏩᏛᎯ ᏐᏈᎵ-
ᏗᎦᎵᎠᏅᎯᏛ ᎨᎵᏌᏕᏍᏗ, ᎠᎴ ᎠᎩᎾ ᎠᏘᏁᎮᏍᏗ, ᏕᏍᏕᎵᏌᏕᏒᎭ, ᎠᎴ ᏕᏍᎩᎾᏘᏃᎮᎸᎭ.
3 ᎢᏳᏃ ᎩᎶ ᎪᎱᏍᏗ ᎢᏍᏙᏎᎸᎭ, ᎯᎠ ᏁᏍᏗᏪᏎᎸᎭ; ᎤᎬᏫᏳᎯ ᏚᏚᎵᎭ; ᎩᎳᏉᏃ ᎢᏴᏛ
ᏙᏓᏳᏲᏏ.
4 ᎾᏍᎩ ᎯᎠ ᏂᎦᏛ ᏄᎵᏍᏔᏅᎩ, ᎤᏙᎯᏳᏗᏱ ᎠᏰᎸᏒᎢ ᎠᏙᎴᎰᏍᎩ ᏧᏁᏤᎢ, ᎯᎠ
ᏥᏄᏪᏎᎢ;
5 ᎯᎠ ᏁᏥᏪᏏ ᏌᏯᏂ ᎤᏪᏥ ᎠᎨᏴ; ᎬᏂᏳᏉ ᎤᎬᏫᏳᎯ ᏣᏤᎵ ᏓᏯᎢ, ᏓᏣᎷᏤᎵ
ᎤᏓᏙᎵᏍᏗᏳ, ᎠᎴ ᎤᎩᎸᏕᏍᏗ ᏐᏈᎵ-ᏗᎦᎵᎠᏅᎯᏛ ᎪᎱᏍᏗ ᎠᏛᏁᎯ ᎤᏪᏥ ᎠᎩᎾ.
6 ᎬᏩᏍᏓᏩᏗᏙᎯᏃ ᎤᏁᏅᏒᎩ, ᏥᏌ ᏄᏂᏪᏎᎸ ᎾᏍᎩᏯ ᏫᏄᎾᏛᏁᎸᎩ;
7 ᏐᏈᎵ-ᏗᎦᎵᎠᏅᎯᏛ ᎠᎴ ᎠᎩᎾ ᏚᎾᏘᏃᎸᎩ; ᏗᏂᏐᎯᏱᏃ ᏧᎾᏄᏬ ᏚᏂᏢᏅᎩ, ᎠᎴ ᎾᎿ
ᎤᎾᎩᎸᏔᏅᎩ.
8 ᎤᏟᏃ ᎢᏯᏂᎢ ᏴᏫ ᏧᎾᏄᏬ ᏚᏂᏰᏍᏛᏅᎩ ᏅᏃᎯ, ᎢᎦᏛᏃ ᏚᏅᏂᎦᎸᎲᎩ ᏧᏪᏲᎳ ᏕᏡᎬᎢ,
ᎠᎴ ᏅᏃᎯ ᏚᏂᏲᎳᏅᏅᎩ.
9 ᎤᏂᏣᏘᏃ ᎢᎬᏱ ᎠᏁᎩ, ᎠᎴ ᎣᏂ ᎠᏁᎩ ᎤᏁᎷᎬᎩ, ᎯᎠ ᎾᏂᏪᏍᎬᎩ; ᎰᏌᎾ ᏕᏫ
ᎤᏪᏥ! ᎠᏥᎸᏉᏗᏳ ᎨᏎᏍᏗ ᏱᎰᏩ ᏚᏙᎥ ᏥᎦᎷᎯᏍᏗᎭ! ᎰᏌᎾ ᏩᏍᏛ ᎦᎸᎳᏗᏳ!
10 ᏥᎷᏏᎵᎻᏃ ᎤᎷᏨ ᏂᎬ ᎦᏚᎲ ᎤᎾᎵᏖᎸᏅᎩ, ᎯᎠ ᎾᏂᏪᏍᎬᎩ; ᎦᎪ ᎯᎠ?
11 ᎤᏂᏣᏘᏃ ᎯᎠ ᏄᏂᏪᏒᎩ; ᎯᎠ ᏥᏌ ᎠᏙᎴᎰᏍᎩ, ᎾᏎᎵᏗ ᎡᎯ ᎨᎵᎵ ᎦᏚᎲᎢ.
12 ᏥᏌᏃ ᏭᏴᎸᎩ ᎤᏛᎾ-ᏗᎦᎳᏫᎢᏍᏗᏱ ᎤᏁᎳᏅᎯ ᎤᏤᎵᎦ, ᎠᎴ ᏚᏄᎪᏫᏒᎩ ᏂᎦᏛ
ᎠᏂᎾᏕᎩ ᎠᎴ ᎤᏂᏩᏍᎩ ᎾᎿ ᏗᎦᎳᏫᎢᏍᏗᏱ, ᎠᎴ ᏚᎷᏆᏗᏅᏒᎩ ᏚᏂᏍᎩᎸ ᎠᏕᎸ
ᏗᏂᏁᏟᏴᏍᎩ, ᎠᎴ ᎫᎴ ᏗᏂᏍᎪᏂᎯ ᏗᏂᎾᏕᎩ ᎤᎾᏅᏗᏱ.
13 ᎯᎠᏃ ᏂᏚᏪᏎᎸᎩ; ᎯᎠ ᏂᎬᏅ ᎪᏪᎳ; ᎠᏆᏤᎵ ᎦᎵᏦᏕ ᎠᏓᏙᎵᏍᏙᏗᏱ ᎦᎵᏦᏕ ᏚᏙᎡᏍᏗ;
ᎠᏎᏃ ᎯᎠ ᎠᏂᏃᏍᎩᏍᎩ ᎤᏂᏴᏍᏗᏱ ᏂᏨᏁᎸ.
14 ᏗᏂᎨᏫᏃ ᎠᎴ ᏗᏂᏲᎤᎵ ᎬᏩᎷᏤᎸᎩ ᏗᎦᎳᏫᎢᏍᏗᏱ, ᎠᎴ ᏚᏅᏩᏅᎩ.
15 ᎿᏉᏃ ᏄᏂᎬᏫᏳᏒ ᎠᏥᎸ-ᎠᏁᎶᎯ ᎠᎴ ᏗᏃᏪᎵᏍᎩ ᎤᎾᏙᎴᎰᏒ ᎤᏍᏆᏂᎪᏗᏳ
ᏚᎸᏫᏍᏓᏁᎲᎢ, ᎠᎴ ᏗᏂᏲᎵ ᎤᏁᎷᎬ ᎤᏛᎾ-ᏗᎦᎳᏫᎢᏍᏗᏱ ᎯᎠ ᎾᏂᏪᏍᎬᎢ, ᎰᏌᎾ ᏕᏫ
ᎤᏪᏥ! ᎤᏣᏘ ᎤᏂᏐᏅᏤᎸᎩ;
16 ᎠᎴ ᎯᎠ ᏂᎬᏩᏪᏎᎸᎩ; ᎭᏛᎩᏍᎪ ᎯᎠ ᏥᎾᏂᏪᎭ? ᏥᏌᏃ ᎯᎠ ᏂᏚᏪᏎᎸᎩ; ᎥᎥ, ᏝᏍᎪ
ᎯᎸᎯᏳ ᎯᎠ ᏱᏥᎪᎵᏰᎣᎢ; ᏧᎾᏍᏗ ᏗᏂᏲᎵ ᎠᎴ ᏗᏂᏍᏓᎢ ᎠᏂᎰᎵ ᎤᏄᎪᏨᎯ ᏣᏩᏛᏙᏔᏅ
ᎡᏣᎸᏉᏙᏗᏱ?
17 ᏚᏓᏅᏒᎸᎩᏃ, ᎠᎴ ᎦᏚᎲ ᎤᏄᎪᏨᎩ, ᏇᏗᏂᏱ ᏭᎷᏨᎩ, ᎠᎴ ᎾᎿ ᎤᏒᎸᎩ.

18 ᏑᎾᎴᏃ ᏗᎦᏚᎲ ᏮᎠᎦᏛᎢ ᎠᎪᏄ ᎤᏲᏏᏌᏅᎩ.
19 ᎤᎪᎲᏃ ᏒᎦᏔ-ᎢᏳᏍᏗ ᏡᎬ ᎤᏃᎱᎶᏗ, ᎾᎿ ᏭᎷᏨᎩ; ᎠᏎᏃ ᎥᏝ ᎪᎱᏍᏗ ᏳᏩᏛᎮᎢ,
ᎤᎳᏍᏚᏒ ᎤᏩᏒ; ᎯᎠᏃ ᏄᏪᏎᎸᎩ; ᏞᏍᏗ ᎢᎸᎯᏳ ᎪᎯ ᎢᏳᏓᎴᏅᏛ ᏱᏣᏓᏔᏁᏍᏗ.
ᎩᎳᏉᏃ ᎢᏴᏛ ᏒᎦᏔ-ᎢᏳᏍᏗ ᏡᎬ ᎤᏩᏴᏒᎩ.
20 ᎬᏩᏍᏓᏩᏗᏙᎯᏃ ᎤᏂᎪᎲ ᎤᏂᏍᏆᏂᎪᏒᎩ, ᎯᎠ ᏄᏂᏪᏒᎩ; ᎾᏞᎬᏉ ᎬᏴᎯ ᏒᎦᏔ-
ᎢᏳᏍᏗ ᏡᎬᎢ!
21 ᏥᏌ ᎤᏁᏨ ᎯᎠ ᏂᏚᏪᏎᎸᎩ; ᎤᏙᎯᏳᎯᏯ ᎯᎠ ᏂᏨᏪᏎᎭ; ᎢᏳᏃ ᏱᏦᎯᏳᎭ, ᎠᎴ
ᏂᏣᏜᏏᏛᎡᎲᎾ ᏱᎩ, ᎥᏝ ᎯᎠᏉ ᏒᎦᏔ-ᎢᏳᏍᏗ ᏡᎬ ᏥᎾᎬᎦ ᏱᏅᎨᏣᏛᎦ, ᎾᏍᏉᏍᎩᏂ
ᎯᎠ ᏱᏂᏥᏪᏎᎸ ᎯᎠ ᏦᏓᎸ, ᎭᏓᏅᎾ, ᎠᎴ ᎠᎺᏉᎯ ᏪᏣᏕᎦ, ᎠᏎ ᎾᏍᎩ ᎢᏳᎵᏍᏙᏗ.
22 ᏂᎦᎥᏃ ᎪᎱᏍᏗ ᎢᏥᏔᏲᎯᎮᏍᏗ, ᎢᏣᏓᏙᎵᏍᏗᏍᎬᎢ, ᎢᏦᎯᏳᎲᏍᎨᏍᏗ,
ᎢᏥᏩᏗᏍᎨᏍᏗ.
23 ᎤᏛᎾᏃ ᏗᎦᎳᏫᎢᏍᏗᏱ ᎤᎷᏨ, ᏄᏂᎬᏫᏳᏒ ᎠᏥᎸ-ᎠᏁᎶᎯ ᎠᎴ ᏧᎾᏛᏐᏅᎯ ᏴᏫ
ᎠᏁᎲ ᎬᏩᎷᏤᎸᎩ ᏓᎦᏲᎲᏍᎬᎢ, ᎯᎠ ᏄᏂᏪᏒᎩ; ᎦᏙ ᏣᎵᏍᎦᏍᏙᏗ ᎯᎠ ᎾᏍᎩ
ᏥᏕᏣᎸᏫᏍᏓᏁᎭ? ᎠᎴ ᎦᎪ ᏣᏁᏤᎸᎯ?
24 ᏥᏌᏃ ᎤᏁᏨ ᎯᎠ ᏂᏚᏪᏎᎸᎩ; ᎠᏴ ᎾᏍᎩ ᏑᏓᎴᎩ ᏓᏨᏯᏛᏛᏂ, ᎢᏳᏃ ᎾᏍᎩ
ᎢᏍᎩᏃᏁᎸ ᎾᏍᎩ ᎠᏴ ᏓᏨᏃᏁᎵ ᎢᏳᏍᏗ ᎠᏆᎵᏍᎦᏍᏙᏛᎢ, ᎯᎠ ᎾᏍᎩ ᏥᏓᎩᎸᏫᏍᏓᏁᎭ.
25 ᏣᏂ ᏥᏓᏓᏬᏍᎬᎩ ᎭᏢ ᏧᏓᎴᏁᎢ? ᎦᎸᎳᏗᏍᎪ, ᏴᏫᏉᎨ ᎠᏁᎲ ᏧᏓᎴᏁᎢ? ᎡᎳᏪᏱᏃ
ᎤᎾᏓᏅᏖᎸᎩ, ᎯᎠ ᎾᏂᏪᏍᎬᎩ; ᎢᏳᏃ ᎦᎸᎳᏗ, ᏲᎦᏛᏅ, ᎦᏙᏃ Ꮭ ᏱᎡᏦᎢᏳᏁᎢ? ᏲᎪᏏ.
26 ᎢᏳᏃ ᏴᏫᏉ ᎠᏁᎲ ᏧᏓᎴᏁᎢ ᏲᎦᏛᏅ, ᏙᏥᏍᎦᎢᎭᏉ ᏴᏫ; ᏂᎦᏛᏰᏃ ᎠᏙᎴᎰᏍᎩ
ᎤᏂᏰᎸᎭ ᏣᏂ.
27 ᎤᏂᏁᏨᏃ ᎯᎠ ᎤᎬᏩᏪᏎᎸ ᏥᏌ; Ꮭ ᏲᏥᎦᏔᎭ. ᎯᎠᏃ
28 ᎠᏎᏃ ᎦᏙ ᎢᏤᎵᎭ? ᎩᎶ ᎠᏍᎦᏯ ᎠᏂᏔᎵ ᏧᏪᏥ ᎠᏂᏍᎦᏯ ᎠᏁᎮᎢ; ᎠᏏᏴᏫᏃ ᎢᎬᏱ
ᏭᎷᏤᎸ, ᎯᎠ ᏄᏪᏎᎴᎢ; ᎠᏇᏥ, ᎮᎾ ᎪᎯ ᏫᏗᏣᎸᏫᏍᏓᏏ ᏖᎸᎳᏗ ᏓᎩᏫᏒᎢ.
29 ᏧᏁᏨᏃ, ᎥᏝ, ᎤᏛᏁᎢ; ᎠᏎᏃ ᎣᏂ ᎤᏁᏟᏴᏎ ᎤᏓᏅᏛᎢ, ᎠᎴ ᎤᏪᏅᏎᎢ.
30 ᏐᎢᏃ ᏭᎷᏤᎸ ᎾᏍᎩᏯ ᏄᏪᏎᎴᎢ. ᏧᏁᏨᏃ, ᏓᎨᏏ, ᎤᏛᏁᎢ; ᎠᏎᏃ ᏄᏪᏅᏒᎾᏉ
ᎢᎨᏎᎢ.
31 ᎦᎪ ᎯᎠ ᎠᏂᏔᎵ ᎤᏙᏓ ᎤᏁᏨ ᏄᏛᏁᎴᎢ? ᎢᎬᏱ ᏭᎷᏤᎸᎯ, ᎥᎬᏪᏎᎸᎩ. ᏥᏌᏃ ᎯᎠ
ᏂᏚᏪᏎᎸᎩ; ᎤᏙᎯᏳᎯᏯ ᎯᎠ ᏂᏨᏪᏎᎭ, ᎠᏕᎸ ᎠᏂᎩᏏᏙᎯ ᎠᎴ ᏧᎾᏤᏌᏗ ᎠᏂᎨᏴ
ᎤᏁᎳᏅᎯ ᎤᎬᏫᏳᎯ ᎨᏒ ᏩᏂᏴᎯᎭ ᏕᎨᏥᎪᏂᎭ.
32 ᏣᏂᏰᏃ ᏚᏳᎪᏛ ᏕᎸᏫᏍᏓᏁᎲ ᎢᏥᎷᏤᎸᎩ, ᎠᎴ ᎥᏝ ᏰᏦᎢᏳᏁᎢ, ᎠᏕᎸᏍᎩᏂ ᎠᏂᎩᏏᏙᎯ
ᎠᎴ ᎠᏂᎨᏴ ᏧᎾᏤᏌᏗ ᏥᎬᏬᎯᏳᏅᎩ; ᏂᎯᏃ ᎢᏣᏙᎴᎰᏒ ᎥᏝ ᎣᏂ ᏱᏗᏥᏁᏟᏴᏎ ᏕᏣᏓᏅᏛ
ᎡᏦᎢᏳᏗᏱ.

33 ᎤᏩᏓᎴ ᏓᏟᎶᏍᏛ ᎢᏳᏛᎬᎦ; ᎡᎮ ᎩᎶ ᎠᏍᎦᏯ ᎦᏁᎳ, ᎾᏍᎩ ᏖᎸᎳᏗ ᏚᏫᏎᎢ, ᎠᎴ
ᎤᏐᏲᎴ ᎬᏩᏚᏫᏛ, ᎠᎴ ᎤᏍᎪᏎ ᎩᎦᎨ-ᎠᏗᏔᏍᏗ ᎪᎵᏗᏱ, ᎠᎴ ᎤᏁᏍᎨᎮ ᎢᏅ ᎢᎦᏘ,
ᎠᎴ ᏚᏙᎳᏍᏔᏁ ᏌᎨᏏ ᏧᏂᏄᏫᏍᏓᏁᎯ, ᎢᏅᏃ ᎫᎶᏎᎢ.
34 ᎿᏉᏃ ᎾᎥᏂᏳ ᎨᏎ ᎤᏅᏂᏍᏗᏱ ᏚᏅᏎ ᏧᏅᎢᏓᏍᏗ ᏌᎨᏏ ᏧᏂᏄᏫᏍᏓᏁᎯ ᏗᏁᎲᎢ,
ᏚᏂᏁᎡᏎ ᎤᎾᏓᏛᏅᎯ.
35 ᏌᎨᏏᏃ ᏧᏂᏄᏫᏍᏓᏁᎯ ᏚᏂᏂᏴᎮ ᏧᏅᏏᏓᏍᏗ, ᎠᏏᏴᏫ ᎤᏂᏄᏂᎴᎢ, ᏐᎢᏃ ᎤᏂᎴᎢ, ᏐᎢᏃ
ᏅᏯ ᏚᏅᏂᏍᏔᏁᎢ.
36 ᏔᎵᏁᏃ ᏚᏅᏎ ᎤᏩᎾᏓᎴ ᏧᏅᏏᏓᏍᏗ ᎤᏟ ᎢᏯᏂᎢ; ᎾᏍᎩᏯᏉᏃ ᏂᏚᏅᏁᎴᎢ.
37 ᎣᏂᏱᏃ ᎤᏪᏥ ᎤᏅᏎᎢ, ᎯᎠ ᏄᏪᏎᎢ; ᎠᏎ ᏛᏂᏄᏉᏔᏂ ᎠᏇᏥ.
38 ᎠᏎᏃ ᏌᎨᏏ ᏧᏂᏄᏫᏍᏓᏁᎯ ᎤᏂᎪᎲ ᎤᏪᏥ ᎯᎠ ᏂᏚᎾᏓᏪᏎᎴᎢ; ᎾᏍᎩ ᎯᎠ ᎤᏤᎵ
ᎢᏳᎵᏍᏙᏗ; Ꭷ ᎡᏗᎷᎦ, ᎠᎴ ᎡᏗᏬᏅ ᎤᏤᎵ ᏳᎵᏍᏙᏗ ᏥᎩ.
39 ᎤᏂᏂᏴᎮᏃ, ᎠᎴ ᎤᏂᏄᎪᏫᏎ ᏖᎸᎳᏗ ᏓᏫᏒᎢ, ᎠᎴ ᎤᏂᎴᎢ.
40 ᎿᏉᏃ ᎾᏍᎩ ᏖᎸᎳᏗ ᏓᏫᏒ ᎤᏤᎵᎦ ᎦᎷᏨᎭ, ᎦᏙ ᏙᏓᎬᏁᎵ ᎾᏌᎨᏏ ᏧᏂᏄᏫᏍᏓᏁᎯ?
41 ᎯᎠᏃ ᎤᎬᏩᏪᏎᎸᎩ; ᎤᏲᎢᏳ ᏂᏙᏓᎬᏁᎵ ᏙᏛᎵ ᎾᏍᎩ Ꮎ ᎤᏂᏲᎢ, ᎠᎴ ᎤᏩᎾᏓᎴ
ᏌᎨᏏ ᏧᏂᏄᏫᏍᏓᏁᎯ ᏙᏛᏙᎳᏍᏔᏂ, ᎾᏍᎩ ᏰᎵ ᎬᏩᎾᎫᏴᏗ ᎾᏅᎾᏏᏒᎢ.
42 ᏥᏌᏃ ᎯᎠ ᏂᏣᏪᏎᎸᎩ; ᏝᏍᎪ ᎢᎸᎯᏳ ᏱᏥᎪᎵᏰᎣ ᎯᎠ ᏥᏂᎬᏅ ᏥᎪᏪᎳ?
ᎠᎾᏁᏍᎨᏍᎩ ᎤᏂᏲᎢᏎᎸᎯ ᏅᏯ ᏄᎬᏫᏳᏒ ᎤᏅᏏᏴ ᎠᏗ ᏄᎵᏍᏔᏅ; ᎾᏍᎩ ᎯᎠ ᏱᎨᏳ
ᏄᏛᏁᎸ, ᎠᎴ ᎤᏍᏆᏂᎪᏗᏳ ᎦᏓᎧᏂᏍᎬᎢ.
43 ᎾᏍᎩ ᎢᏳᏍᏗ ᎯᎠ ᏂᏨᏪᏎᎭ; ᎤᏁᎳᏅᎯ ᎤᏤᎵᎪᎯ ᏓᏰᏥᎩᎡᎵ, ᎤᏩᎾᏓᎴᏃ
ᏓᎨᏥᏁᎵ, ᎾᏍᎩ ᏰᎵ ᎬᏩᏂᎾᏄᎪᏫᏍᏗ ᎤᏓᏔᏅᎯ.
44 ᎩᎶᏃ ᎠᏂ ᏅᏲᎯ ᎠᎵᏨᎭ ᏓᏩᏐᏅᏂ, ᎩᎶᏃ ᎤᏐᏅᎭ ᏓᏩᏪᏓᏪᎳᏂ.
45 ᎿᏉᏃ ᏄᏂᎬᏫᏳᏒ ᎠᏥᎸ-ᎠᏁᎶᎯ ᎠᎴ ᎠᏂᏆᎵᏏ ᎤᎾᏛᎦᏅ ᏓᏟᎶᏍᏗᏍᎬᎢ,
ᎤᎾᏙᎴᎰᏒᎩ ᎤᏅᏒ ᎨᏥᏛᎬᎢ.
46 ᎤᏂᏂᏴᏗᏱᏃ ᎤᎾᏓᏅᏖᎸ, ᎤᏂᏣᏘ ᏴᏫ ᏚᏂᏍᎦᎸᎩ, ᎾᏍᎩᏰᏃ ᎠᏙᎴᎰᏍᎩ ᎬᏩᏰᎸᏒᎩ.

ᎠᏯᏙᎸᎢ 22

1 ᏥᏌᏃ ᎤᏁᏨ ᏔᎵᏁ ᏚᏟᎶᏍᏓᏁᎸᎩ, ᎯᎠ ᏄᏪᏒᎩ;

2 ᎦᎸᎳᏗ ᎤᏤᎵᎪᎯ ᎾᏍᎩᏯᏉ ᎩᎶ ᎤᎬᏫᏳᎯ ᏧᏛᏅᎢᏍᏔᏁ ᏣᏕᏨᏍᏙᏗᏱ ᎤᏪᏥ
ᎠᏫᏅ,

3 ᎠᎴ ᏥᏚᏅᏎ ᏧᏅᏏᏓᏍᏗ ᏧᏂᏯᏅᎲᏍᏗᏱ ᏫᎨᏥᏯᏅᏛ ᏕᎨᏕᏨᏍᏗᏍᎬ ᎤᏂᎷᎯᏍᏗᏱ;
ᎠᏎᏃ ᏗᎤᏂᏩᎸᏁᏉ ᎤᏓᏩᏁᏅᏍᏗᏱ.

4 ᏔᎵᏁᏃ ᎤᏩᎾᏓᎴ ᏧᏅᏏᏓᏍᏗ ᏚᏅᏎᎢ, ᎯᎠ ᏂᏚᏪᏎᎴᎢ; ᎯᎠ ᏫᏂᏗᏥᏪᏏ ᏫᎨᏥᏯᏅᏛ;
ᎬᏂᏳᏉ ᎠᏆᏛᏅᎢᏍᏗ ᎠᎵᏍᏓᏴᏗ, ᏗᏆᏤᎵ ᏩᎦ ᎠᎴ ᏗᎦᎵᏦᏔᏅᎯ ᏚᏂᎸ, ᏂᎦᏗᏳᏃ
ᎠᏛᏅᎢᏍᏔᏃᏅᎯ; ᏕᎨᏕᏨᏍᏗᏍᎬ ᎢᏥᎷᎩ.

5 ᎠᏎᏃ ᎤᎵᏌᎵᏉ ᏗᎤᏂᏰᎸᏁᎢ, ᎠᎴ ᎤᏣᏘᏂᏉ ᏭᏂᎶᏎᎢ, ᎠᏏᏴᏫ ᏧᎶᎨᏒᎢ, ᏐᎢᏃ
ᎤᏃᏙᏗᏱ.

6 ᎠᏂᏐᎢᏃ ᏚᏂᏂᏴᎮ ᏧᏅᏏᏓᏍᏗ, ᎠᎴ ᏗᎬᏩᏂᏐᏢᏔᏁᎢ, ᎠᎴ ᏚᏂᎴᎢ.

7 ᎿᏉᏃ ᎤᎬᏫᏳᎯ ᎤᏛᎦᏅ ᎤᏔᎳᏬᏎᎢ, ᎠᎴ ᏚᏅᏎ ᏧᏤᎵ ᎠᏂᏯᏫᏍᎩ, ᎠᎴ ᏫᏚᏂᎴ
ᎾᏍᎩ ᏧᎾᏓᎸᎯ, ᎠᎴ ᏭᎾᎪᎲᏍᏔᏁ ᎤᏂᏚᎲᎢ.

8 ᎿᏉᏃ ᎯᎠ ᏂᏚᏪᏎᎴ ᏧᏅᏏᏓᏍᏗ; ᏗᎨᏕᏨᏍᏙᏗᏱ ᎠᏛᏅᎢᏍᏗ, ᎠᏎᏃ ᏫᎨᏥᏯᏅᏛ ᎥᏝ
ᏰᎵ ᏱᎾᏃᏎ ᎤᏂᎷᎯᏍᏱ.

9 ᎾᏍᎩᏃ ᎢᏣᏍᏗ ᏕᏚᏅᎿᏩᏘᏒ ᏫᏥᎶᎯ, ᎾᏂᎥᏃ ᏕᏥᏩᏘᏍᏗᎨᏍᏗ ᏕᏥᏁᏤᎮᏍᏗ
ᎤᏂᎷᎯᏍᏗᏱ ᎠᏂ ᏙᏗᎨᏕᏨᏍᏔᏂᏒᎢ.

10 ᎨᏩᏃ ᎾᏍᎩ ᏧᏅᏏᏓᏍᏗ ᏕᏚᏅᎿᏩᏘᏒ ᏭᏂᎶᏎᎢ, ᎠᎴ ᎤᏂᏟᏌᏁ ᎾᏂᎥ ᏚᏂᏩᏛᎲ ᎤᏂᏲ
ᎠᎴ ᎠᏃᏍᏛ; ᎿᏉᏃ ᏙᏗᎨᏕᏨᏍᏔᏂᏒ ᏰᎵ ᏄᎵᏍᏔᏂᎴ ᎠᎾᎵᏍᏓᏴᎲᏍᎩ.

11 ᎿᏉᏃ ᎤᏴᎸ ᎤᎬᏫᏳᎯ ᏚᎦᏔᏂᎸ ᎠᎾᎵᏍᏓᏴᎲᏍᎩ, ᎤᎪᎮ ᎾᎿ ᎠᏏᏴᏫ ᏄᏄᏩᎥᎾ ᎨᏎ
ᏕᎨᏕᏨᏍᏗᏍᎬ ᎠᏄᏬᏍᏗ.

12 ᎯᎠᏃ ᏄᏪᏎᎴᎢ; ᎩᎾᎵᎢ, ᎦᏙᏃ ᎠᏂ ᎥᎯᏴᎵᎦ ᏂᏣᏄᏩᎥᎾ ᎢᎩ ᏕᎨᏕᏨᏍᏗᏍᎬ
ᎠᏄᏬᏍᏗ? ᎡᎳᏪᏱᏉᏃ ᎨᏎᎢ.

13 ᎿᏉᏃ ᎤᎬᏫᏳᎯ ᎯᎠ ᏂᏚᏪᏎᎴ ᎨᏥᏅᏏᏓᏍᏗ; ᎡᏣᎸᏣ ᏧᏪᏰᏂ ᎠᎴ ᏧᎳᏏᏕᏂ; ᎠᎴ
ᎡᏥᎾᏫᏛ, ᎠᎴ ᎥᏙᏱᏗᏢ ᏧᎵᏏᎬ ᏪᏣᏓᏅᎦ. ᎾᎿ ᏓᏂᏴᎨᏍᏗ ᎠᎴ ᏓᏂᏄᏓᎩᏍᎨᏍᏗ
ᏓᏂᏄᏙᎬᎢ.

14 ᎤᏂᏣᏘᏰᏃ ᎨᏥᏯᏅᏛ, ᎠᏎᏃ ᎠᏂᎩᏲᎵᏳ ᎨᎦᏑᏰᏛ.

15 ᎿᏉᏃ ᎠᏂᏆᎵᏏ ᎤᏁᏅᏒᎩ ᏭᏂᏃᎮᎸᎩ ᎢᏳᎾᏛᏁᏗᏱ ᎤᏂᏌᏛᏗᏱ ᎦᏬᏂᏍᎬᎢ.

16 ᏚᏂᏅᏒᎩᏃ ᏤᏙᎲ ᎬᏩᏂᏍᏓᏩᏗᏙᎯ ᎠᎴ ᎡᎶᏛ ᎨᏩᏍᏕᎵᏍᎩ, ᎯᎠ ᏄᏂᏪᏒᎩ;
ᏔᏕᏲᎲᏍᎩ, ᎣᏥᎦᏔᎭ ᎤᏙᎯᏳᎩᏯ ᎨᏒ ᏂᎯ, ᎠᎴ ᎤᏁᎳᏅᎯ ᎤᏤᎵᎦ ᏚᏳᎪᏛ
ᏕᎭᏕᏲᎲᏍᎬᎢ, ᎥᏝ ᎠᎴ ᏴᏫ ᏱᏘᎾᏰᏍᎦ, ᎥᏝᏰᏃ ᏄᎾᏍᏛᏉ ᏴᏫ ᏱᏘᎸᏉᏙᎢ.

17 ᎾᏍᎩ ᎢᏳᏍᏗ ᏍᎩᏃᎲᏏ, ᎦᏙ ᎮᎵᎭ? ᏥᏌ ᏚᏳᎪᏗ ᏏᏌ ᎠᎫᏴᎡᏗᏱ ᎠᏰᎵ ᎠᎫᏴᏗ
ᎨᏒᎢ; ᏝᎨ?
18 ᎠᏎᏃ ᏥᏌ ᎤᏙᎴᎰᏒᎩ ᎤᏲᏉ ᎠᎾᏓᏅᏖᏍᎬᎢ, ᎠᎴ ᎯᎠ ᏂᏚᏪᏎᎸᎩ; ᎦᏙᏃ
ᎢᏍᎩᏌᏛᎥᏍᎦ, ᎢᏣᏠᎾᏍᏗ?
19 ᏥᎪᏩᏛ ᎠᏕᎸ ᎠᏰᎵ ᎠᎫᏴᏙᏗ. ᎠᎩᏏᏃ ᏧᎬᏩᎶᏗ ᎬᏩᏲᎮᎸᎩ.
20 ᎯᎠᏃ ᏂᏚᏪᎭᎸᎩ; ᎦᎪ ᎯᎠ ᏓᎦᏟᎶᏍᏗ, ᎠᎴ ᎦᎪ ᎠᏥᏃᎮᎭ ᎯᎠ ᏥᎪᏪᎳ?
21 ᏏᏌ, ᎤᎾᏛᏅᎩ. ᎯᎠᏃ ᏂᏚᏪᏎᎸᎩ; ᏏᏌ ᎠᏗᎾ ᎡᏥᎲᏏ ᏏᏌ ᎤᏤᎵᎦ, ᎤᏁᎳᏅᎯᏃ
ᎤᏁᎳᏅᎯ ᎤᏤᎵᎦ.
22 ᎤᎾᏛᎦᏅᏃ ᎤᏂᏍᏆᏂᎪᏒᎩ, ᎠᎴ ᎤᎾᏓᏅᏒᎸᎩ.
23 ᎾᎯᏳ ᎢᎦ ᎠᏂᏌᏚᏏ ᏗᎴᎯᏐᏗ ᎨᏒ ᎤᎾᏜᏏᏛᏒᎯ ᎬᏩᎷᏤᎸᎩ, ᎠᎴ ᎬᏩᏛᏛᏅᎩ,
24 ᎯᎠ ᏄᏂᏪᏒᎩ; ᏔᏕᏲᎲᏍᎩ, ᎼᏏ ᎤᏁᏤ ᎯᎠ ᏄᏪᏎᎢ; ᎢᏳᏃ ᎠᏍᎦᏯ ᎠᏲᎱᏍᎨᏍᏗ
ᏧᏬᏥ ᎾᏁᎲᎾ ᎨᏎᏍᏗ, ᏗᎾᏓᏅᏟ ᎠᏓᏰᎨᏍᏗ ᎤᏓᏴᏛ, ᎾᏍᎩᏃ ᏓᏛᎯᏍᏓᏁᎮᏍᏗ ᏗᏂᏲᎵ
ᏗᎾᏓᏅᏟ.
25 ᎾᏍᎩᏃ ᎠᏴ ᎣᏤᎲ ᎠᏁᎲᎩ ᎦᎵᏉᎩ ᎢᏯᏂᏛ ᎠᎾᏓᏅᏟ; ᎤᏓᏂᎵᎨᏃ ᎤᏕᏒᏅ
ᎤᏲᎱᏒᏉ, ᏧᏬᏥᏃ ᎾᏁᎲᎾ ᎨᏒ ᎢᏳᏍᏗ ᎤᏓᎵᎢ ᎤᏪᎪᏓᏁᎸ ᎤᏅᏟ.
26 ᎾᏍᎩᏯ ᎾᏍᏉ ᏔᎵᏁᎢ, ᎠᎴ ᏦᎢᏁᎢ, ᎦᎵᏉᎩᏁ ᏫᎬᏗᏍᎩ.
27 ᎤᎵᏍᏆᎸᏗᏃ ᎠᎨᏴ ᎾᏍᏉ ᎤᏲᎱᏒᎩ.
28 ᎾᏍᎩ ᎢᏳᏍᏗ ᎿᏉ ᏧᏂᏲᎱᏒᎯ ᏓᎾᎴᎯᏌᏅᎭ, ᎦᎪ ᎤᏓᎵᎢ ᎨᏎᏍᏗ ᎾᏍᎩ ᎦᎵᏉᎩ
ᎢᏯᏂᏛ ᎨᏒᎢ?
29 ᏥᏌ ᎤᏁᏨ ᎯᎠ ᏂᏚᏪᏎᎸᎩ; ᎢᏥᎵᏓᏍᏗᎭ ᏂᏥᎦᏔᎥᎾ ᎨᏒ ᎢᏳᏍᏗ ᏄᏍᏛ ᎪᏪᎸᎢ,
ᎠᎴ ᏄᎵᏂᎬᎬ ᎤᏁᎳᏅᎯ.
30 ᏧᏂᏲᎱᏒᎯᏰᏃ ᏓᎾᎴᎯᏌᏅᎭ, ᎥᏝ ᏱᏓᎾᏕᏒᎲᏍᎪᎢ, ᎥᏝ ᎠᎴ ᏱᏗᎨᏥᏰᎪᎢ;
ᏗᏂᎧᎿᏩᏗᏙᎯᏍᎩᏂ ᎦᎸᎳᏗ ᎠᏁᎯ ᎤᏁᎳᏅᎯ ᏧᏤᎵ ᎾᏍᎩᏯ ᎨᏐᎢ.
31 ᏧᏂᏲᎱᎯᏍᎩᏂᏃᏅ ᎤᎾᎴᎯᏐᏗ ᎨᏒ ᏥᏥᏁᎢᏍᏗᎭ, ᏝᏍᎪ ᏱᏥᎪᎵᏰᏱ ᎤᏁᎳᏅᎯ
ᎢᏥᏁᏤᎸᎯ, ᎯᎠ ᏥᏂᎦᏪᎭ?
32 ᎠᏴ ᎤᏁᎳᏅᎯ ᎡᏆᎭᎻ ᎤᏤᎵᎦ, ᎠᎴ ᎤᏁᎳᏅᎯ ᏤᎦᏈ ᎤᏤᎵᎦ. ᎥᏝ ᎤᏁᎳᏅᎯ
ᏧᏂᏲᎱᏒᎯ ᎤᎾᏤᎵ ᏘᎩ, ᏗᏅᏃᏛᏉᏍᎩᏂ ᎤᏅᏒ.
33 ᎤᏂᏣᏘᏃ ᎤᎾᏛᎦᏅ ᎤᏂᏍᏆᏂᎪᏒᎩ ᏄᏍᏛ ᏓᏕᏲᎲᏍᎬᎢ.
34 ᎠᏂᏆᎵᏏᏍᎩᏂ ᎤᎾᏛᎦᏅ ᎡᎳᏪᏱ ᏚᏩᏅ ᎠᏂᏌᏚᏏ, ᎾᏍᎩ ᏚᏂᎳᏫᏨᎩ.
35 ᎠᏏᏴᏫᏃ ᎾᎿ ᎤᏓᏑᏴᎩ ᏗᎧᎿᏩᏛᏍᏗ ᏗᎪᏏᏏᏍᎩ, ᎤᏛᏛᏅᎩ ᎤᏌᏛᎥᏍᎬᎢ, ᎯᎠ
ᏄᏪᏒᎩ;
36 ᏔᏕᏲᎲᏍᎩ, ᎦᏙ ᎤᏍᏗ ᎤᏟ ᎦᎸᏉᏗᏳ ᎤᎵᏁᏨ ᏗᎧᎿᏩᏛᏍᏗ?

37 ᏥᏌᏃ ᎯᎠ ᏄᏪᏎᎸᎩ; ᏱᎰᏩ ᏣᏁᎳᏅᎯ ᎯᎨᏳᏎᏍᏗ ᏂᎦᎥ ᏣᎾᏫ ᏬᏗᏍᎨᏍᏗ, ᎠᎴ
ᏂᎦᎥ ᏣᏓᏅᏙ, ᎠᎴ ᏂᎦᎥ ᏣᏓᏅᏖᏗᏱ.

38 ᎾᏍᎩ ᎯᎠ ᎢᎬᏱᏱ ᎠᎴ ᎤᏣᏘ ᎦᎸᏉᏗ ᏗᎧᎿᏩᏛᏍᏗ.

39 ᏔᎵᏁᏃ ᎾᏍᎩᏯᏉ ᎾᏍᏉ; ᏨᏒ ᏥᏂᏣᏓᎨᏳᏒ ᏂᎨᏳᏎᏍᏗ ᎾᎥ ᎢᏗᏍᏓᏓᎳ.

40 ᎾᏍᎩ ᎯᎠ ᏔᎵ ᏄᎵᏁᏨ ᏚᎵᏍᏓᏱᏗᏍᏗ ᏂᎦᏗᏳ ᏗᎧᎿᏩᏛᏍᏗ ᎠᎴ ᎤᎾᏙᎴᎰᏒᎢ.

41 ᎠᏏᏉ ᏓᏂᎳᏫᎥ ᎠᏂᏆᎵᏏ, ᏥᏌᏚᏛᏛᏅᎩ,

42 ᎯᎠ ᏄᏪᏒᎩ; ᎦᏙ ᎢᏤᎵ ᎡᏣᏓᏅᏖᏍᎬ ᎦᎶᏁᏛ, ᎦᎪ ᎤᏪᏥ? ᏕᏫ, ᎥᎬᏬᏎᎸᎩ.

43 ᎯᎠ ᏂᏚᏪᏎᎸᎩ; ᎦᏙᏃ ᏗᎦᎵᏍᏙᏗᎭ, ᏕᏫ ᎠᏓᏅᏙ ᎤᏬᏂᏜᏍᎬᎢ, ᏣᎬᏫᏳᎯ, ᏥᎪᏎᎭ?
ᎯᎠ ᏥᏂᎦᏪᎭ;

44 ᏱᎰᏩ ᎯᎠ ᏄᏪᏎᎸᎩ ᎤᎬᏫᏳᎯ ᎠᏆᏤᎵᎦ; ᏥᎦᏘᏏ ᎢᏗᏢ ᏦᎴᏍᏗ, ᎬᏂ ᎨᏣᏍᎦᎩ
ᏗᏣᎳᏏᏗᏱ ᎦᏍᎩᎶ ᏂᎦᏥᏴᏁᎸᎭ;

45 ᎢᏳᏰᏃ ᏕᏫ, ᏣᎬᏫᏳᎯ, ᏱᎪᏎᎭ, ᎦᏙ ᏱᎦᎵᏍᏙᏓ ᎤᏪᏥ ᏱᎩ?

46 Ꮭ ᎿᏉ ᏰᎵ ᎩᎶ ᏍᎦᏁᏨᎯ ᎬᏩᏁᏤᏗ ᏱᎨᏎᎢ; Ꮭ ᎠᎴ ᎩᎶ ᎾᎯᏳ ᎢᏳᏓᎴᏅᏛ ᏰᎵ
ᏕᎬᏩᏛᏛᏗ ᏱᎨᏎᎢ.

ᎠᏯᏙᎸᎢ 23

1 ᎿᏉᏃ ᏥᏌ ᏚᏬᏁᏔᏅᎩ ᎤᏂᏣᏘ ᎠᎴ ᎬᏩᏍᏓᏩᏗᏙᎯ,

2 ᎯᎠ ᏄᏪᏒᎩ; ᏗᏃᏪᎵᏍᎩ ᎠᎴ ᎠᏂᏆᎵᏏ ᎼᏏ ᎤᏪᏍᎩᎸ ᎠᏂᎾ;

3 ᎾᏍᎩ ᎯᏳᏍᏗ ᏂᎦᎥ ᎪᎱᏍᏗ ᏗᏥᎧᎿᏩᏚᎦ ᎨᏦᏎᎮᏍᏗ ᎦᏥᎧᎿᏩᎦᎨᏍᏗ ᎠᎴ ᎾᏍᎩ
ᏂᏣᏛᏁᎮᏍᏗ; ᎠᏎᏃ ᎾᏍᎩ ᎾᎾᏛᏁᎲᎢ ᏞᏍᏗ ᏱᏂᏣᏛᏁᎮᏍᏗ; ᎠᏂᏁᎪᏰᏃ ᎠᏎᏃ ᎥᏝ
ᎾᏍᎩ ᏱᎾᎾᏛᏁᎨᎢ

4 ᏓᎾᏓᎵᏢᏍᎪᏰᏃ ᏗᎦᎨᏛ ᏗᎵᏒᏍᏗ ᎠᎴ ᎤᏕᏯᏙᏗ ᏗᎵᏒᏍᏗᏱ, ᎾᏍᎩᏃ ᏴᏫ
ᏓᏂᏃᏐᏝᎲᏍᎪᎢ; ᎠᏎᏃ ᎤᏅᏒ ᎥᏝ ᏌᏉ ᎠᏂᏰᏌᏛ ᏴᎬᏅᏓ ᏱᏙᎬᏂᏖᎸᎲᎦ.

5 ᏂᎦᏗᏳᏍᎩᏂ ᏚᏂᎸᏫᏍᏓᏁᎲ ᏴᏫᏉ ᎬᏩᏂᎪᏩᏛᏗᏱ ᎤᏂᏰᎸᏐᎢ. ᏗᏯᏖᎾ ᏂᏓᏅᏁᎭ
ᏧᎾᎬᏓᏃᏍᏗ, ᎠᎴ ᏓᏂᏯᏛᎥᏍᏗᏍᎪ ᎦᏚᏓᎷᏯᏛ ᏧᎾᏄᏬ;

6 ᎠᎴ ᎤᏂᎸᏉᏙ ᏄᎬᏫᏳᏒ ᏧᎾᏂᏢᏗᏱ ᏓᎾᎵᏍᏓᏴᎲᏍᎬᎢ, ᎠᎴ ᏄᎬᏫᏳᏒ ᏕᎦᏍᎩᎸ
ᏗᎦᎳᏫᎢᏍᏗᏱ,

7 ᎠᎴ ᎨᏥᏲᎵᏍᏗᏱ ᏗᎦᏃᏙᏗᏱ, ᎠᎴ ᏔᏕᏲᎲᏍᎩ, ᏔᏕᏲᎲᏍᎩ, ᎬᏩᏃᏎᏗᏱ ᏴᏫ.

8 ᏂᎯᏍᎩᏂ ᏞᏍᏗ ᏔᏕᏲᎲᏍᎩ, ᏰᏦᏎᎮᏍᏗ; ᎠᏏᏴᏫᏰᏃ ᏗᏤᏲᎲᏍᎩ, ᎾᏍᎩ ᎦᎶᏁᏛ;
ᏂᎦᏛᏃ ᏂᎯ ᎢᏣᎵᏅᏟᏉ.

9 ᎠᎴ ᏞᏍᏗ ᎩᎶ ᎡᏙᏓ ᎡᏦᏎᎸᎩ ᎠᏂ ᎡᎶᎯ; ᎠᏏᏴᏫᏉᏰᏃ ᎢᏥᏙᏓ, ᎾᏍᎩ ᎦᎸᎳᏗ
ᏨᏤᏐ.

10 ᎠᎴ ᏞᏍᏗ ᏍᏆᏘᏂᏙᎯ ᏰᏦᏎᎮᏍᏗ ᏂᎯ, ᎠᏏᏴᏫᏉᏰᏃ ᏗᏣᏘᏂᏙᎯ, ᎾᏍᎩ ᎦᎶᏁᏛ.

11 ᎩᎶᏍᎩᏂ ᎤᏟ ᎠᏥᎸᏉᏗᏳ ᎨᏎᏍᏗ ᏂᎯ ᎢᏤᎲᎢ, ᎾᏍᎩ ᎡᏥᏅᏏᏓᏍᏗ ᎨᏎᏍᏗ.

12 ᎩᎶᏃ ᎤᏩᏒᏉ ᎢᎠᏓᏌᎳᏗᏍᎨᏍᏗ ᎡᎳᏗ ᎢᏯᎬᏁᏗ ᎨᏎᏍᏗ; ᎩᎶᏃ ᎤᏩᏒᏉ ᎡᎳᏗ
ᎾᏓᏛᏁᎮᏍᏗ ᎠᏥᏌᎳᏙᏗ ᎨᏎᏍᏗ.

13 ᏂᎯᏍᎩᏂ ᎤᏲᎢᏳ ᎢᏣᎵᏍᏓᏁᏗ ᏗᏦᏪᎵᏍᎩ ᎠᎴ ᎢᏥᏆᎵᏏ ᎢᏣᏠᎾᏍᏗ! ᎦᏥᏍᏚᏁᎭᏰᏃ
ᏴᏫ ᎦᎸᎳᏗ ᎤᏤᎵᎪᎯ; ᎥᏝᏰᏃ ᎢᏨᏒ ᏱᏥᏴᎯᎭᎢ, ᎠᎴ ᎥᏝ ᎤᎾᏁᎳᎩ ᏩᏂᏴᏐ ᏱᏗᏤᎵᏎᎭ
ᏩᏂᏴᎯᎯ.

14 ᎤᏲᎢᏳ ᎢᏣᎵᏍᏓᏁᏗ ᏗᏦᏪᎵᏍᎩᎠᎴ ᎢᏥᏆᎵᏏ ᎢᏣᏠᎾᏍᏗ! ᎦᏥᎡᏁᎭᏰᏃ ᏧᏃᏑᎶᏨᎯ
ᏓᏂᏁᎸᎢ, ᎠᎴ ᎢᏣᏠᎾᏍᏛ ᎪᎯᏗᏳ ᎢᏣᏓᏙᎵᏍᏗᏍᎪᎢ. ᎾᏍᎩ ᎢᏳᏍᏗ ᎤᏟᎯᏳ ᎢᎦᎢ
ᎢᏥᎩᎵᏲᎢᏍᏗ ᎨᏎᏍᏗ.

15 ᎤᏲᎢᏳ ᎢᏣᎵᏍᏓᏁᏗ ᏗᏦᏪᎵᏍᎩ ᎠᎴ ᎢᏥᏆᎵᏏ ᎢᏣᏠᎾᏍᏗ! ᎦᏣᎦᏲᎭᏰᏃ ᎠᎺᏉᎯ
ᎠᎴ ᎦᏙᎯ ᎡᏥᏲᎭ ᎠᏏᏴᏫ ᏄᏍᏛ ᎢᏦᎯᏳᏒ ᎪᎯᏳᎲᏍᎩ ᎢᏴᏨᏁᏗᏱ, ᎠᎴ ᎾᏍᎩ ᏁᏨᎦ
ᏔᎵ ᎢᏳᏩᎫᏗ ᎤᏟ ᏨᏍᎩᏃᎢ ᎤᏪᏥ ᏁᏨᏁᎭ ᎡᏍᎦᏉ ᎢᏨᏒ.

16 ᎤᏲᎢᏳ ᎢᏣᎵᏍᏓᏁᏗ, ᏗᏥᎨᏫ ᏗᏣᏘᏂᏙᎯ! ᎯᎠ ᎢᏥᏪᏍᎩ; ᎩᎶ ᎢᎠᏎᎵᏛᏍᎨᏍᏗ
ᎢᎧᏁᎢᏍᏗᏍᎨᏍᏗ ᎤᏛᏅ-ᏗᎦᎳᏫᎢᏍᏗᏱ, ᎠᏎᏉᏉ ᎾᏍᎩ; ᎩᎶᏍᎩᏂ
ᎢᎧᏁᎢᏍᏗᏍᎨᏍᏗ ᎠᏕᎸ ᏓᎶᏂᎨ ᎤᏛᎾ-ᏗᎦᎳᏫᎢᏍᏗᏱ ᎠᎲᎢ, ᎾᏍᎩ ᎠᏍᏓᏱᏳ ᎤᏚᏓᎳ.

17 ᎢᏥᏁᎫ ᎠᎴ ᏗᏥᎨᏫ! ᎦᏙ ᎤᏍᏗ ᎤᏟ ᎦᎸᏉᏗᏳ, ᎠᎦᎸᏍᎪ ᏓᎶᏂᎨᎢ, ᎤᏛᎾ-
ᏗᎦᎳᏫᎢᏍᏗᏱᎨ ᎾᏍᎩ ᎦᎸᏉᏗᏳ ᏥᏂᎬᏁᎭ ᎠᎦᎸ ᏓᎶᏂᎨᎢ?
18 ᎠᎴ, ᎩᎶ ᎢᎧᏁᎢᏍᏗᏍᎨᏍᏗ ᎠᏥᎸ-ᎨᎳᏍᏗᏱ, ᎠᏎᏉᏉ ᎾᏍᎩ; ᎩᎶᏍᎩᏂ
ᎢᎧᏁᎢᏍᏗᏍᎨᏍᏗ ᎠᎵᏍᎪᎸᏔᏅᎯ ᎾᎿ ᎠᏜᎢ, ᎾᏍᎩ ᎠᏍᏓᏱᏳ ᎤᏚᏓᎳ.
19 ᎢᏥᏁᎫ ᎠᎴ ᏗᏥᎨᏫ! ᎦᏙ ᎤᏍᏗ ᎤᏟ ᎦᎸᏉᏗᏳ, ᎠᎵᏍᎪᎸᏔᏅᎯᏍᎪ, ᎠᏥᎸᎨ-
ᎨᎳᏍᏗᏱ, ᎾᏍᎩ ᎦᎸᏉᏗᏳ ᏥᏂᎬᏁᎭ ᎠᎵᏍᎪᎸᏔᏅᎯ?
20 ᎾᏍᎩ ᎢᏳᏍᏗ ᎩᎶ ᎢᎠᏎᎵᏛᏍᎨᏍᏗ ᎢᎧᏁᎢᏍᏗᏍᎨᏍᏗ ᎠᏥᎸᎨᎳᏍᏗᏱ,
ᎧᏁᎢᏍᏗᏍᎨᏍᏗ ᎾᏍᎩ ᎠᎴ ᏂᎦᎥ ᎪᎱᏍᏗ ᎾᎿ ᎠᏜᎢ.
21 ᎠᎴ ᎩᎶ ᎢᎧᏁᎢᏍᏗᏍᎨᏍᏗ ᎤᏛᏅ-ᏗᎦᎳᏫᎢᏍᏗᏱ,
22 ᎠᎴ ᎩᎶ ᎢᎧᏁᎢᏍᏗᏍᎨᏍᏗ ᎦᎸᎳᏗ, ᎧᏁᎢᏍᏗᏍᎨᏍᏗ ᎤᏁᎳᏅᎯ ᎤᏪᏗᏱ ᎠᎴ
ᎾᎿ ᎤᏬᎵ.
23 ᎤᏲᎢᏳ ᎢᏣᎵᏍᏓᏁᏗ ᏗᏦᏪᎵᏍᎩ ᎠᎴ ᎢᏥᏆᎵᏏ ᎢᏣᏠᎾᏍᏗ! ᎠᏍᎪᎯᏁᏰᏃ
ᎢᏣᎫᏱᏍᎪ ᎡᏟ ᎠᎴ ᎡᎡ ᎠᎴ ᎦᎻᏂ; ᎦᏥᏃᎯᏯᏍᎪᏃ ᎤᏟ ᎤᎵᏍᎨᏛᏯ ᎨᏒ ᏗᎧᎿᏩᏛᏍᏗ,
ᏚᏳᎪᏛ ᎨᏒᎢ, ᎠᎴ ᎠᏓᏙᎵᏍᏗᏱ, ᎠᎴ ᎪᎯᏳᏗᏱ. ᎾᏍᎩᏍᎩᏂ ᎯᎠ ᏱᏂᏣᏛᏁᎴᎢ, ᎠᎴ
ᏐᎢ ᏂᏥᏃᎯᏰᎾᏉ ᏱᎨᏎᎢ.
24 ᏗᏥᎨᏫ ᏗᏣᏓᏘᏂᏙᎯ! ᏙᎡ ᎢᏥᎿᏐᎸᏍᏗᏍᎩ ᎨᎻᎵᏃ ᎢᏥᎩᏍᎩ.
25 ᎤᏂᎢᏳ ᎢᏣᎵᏍᏓᏁᏗ ᏗᏦᏪᎵᏍᎩ ᎠᎴ ᎢᏥᏆᎵᏏ ᎢᏣᏠᎾᏍᏗ! ᎢᏦᏑᎴᏍᎪᏰᏃ ᎦᏚᎢᏗᏢ
ᎤᎵᏍᏈᏗ ᎠᎴ ᎠᏖᎵᏙ, ᎠᏎᏃ ᎠᏫᏂᏗᏢ ᎤᎧᎵᏨᎯ ᎨᏐ ᎠᏎᏉ ᎠᏓᎩᎡᏗ ᎨᏒᎢ ᎠᎴ ᏚᏳᎪᏛ
ᏂᎨᏒᎾ.
26 ᎯᏆᎵᏏ ᏘᎨᏫ! ᎢᎬᏱ ᎯᏅᎦᎸ ᎠᏫᏂᏗᏢ ᎤᎵᏍᏈᏗ ᎠᎴ ᎠᏖᎵᏙ, ᎦᏚᎢᏗᏢᏃ ᎾᏍᏉ
ᏧᏓᏅᎦᎸᏛ ᎨᏎᏍᏗ.
27 ᎤᏲᎢᏳ ᎢᏣᎵᏍᏓᏁᏗ ᏗᏦᏪᎵᏍᎩ ᎠᎴ ᎠᏥᏆᎵᏏ ᎢᏣᏠᎾᏍᏗ! ᎾᏍᎩᏯᏉᏰᏃ ᏂᎯ
ᏧᏁᎬ ᎢᏗᎬᏁᎸᎯ ᏓᏤᎵᏍᏛᎢ, ᎾᏍᎩ ᎦᏚᎢᏗᏢ ᎤᏙᎯᏳᎯ ᏧᏬᏚᎯᏳ ᏥᎨᏐᎢ, ᎠᏎᏃ ᎠᏫᏂᏗᏢ
ᏧᎧᎵᏨᎯ ᏥᎨᏐ ᏧᏂᏲᎱᏒᎯ ᏧᏂᎪᎳ ᎠᎴ ᏂᎦᎥ ᎦᏓᎭ ᎨᏒᎢ
28 ᎾᏍᎩᏯᏉᏍᎩᏂ ᎾᏍᏉ ᏂᎯ ᎦᏚᎢᏗᏢ ᎢᏣᏓᏅᏘᏳ ᎤᏩᏍᏙᎢ ᏴᏫ ᏗᎨᏣᎧᏃᏗᏱ, ᎠᏎᏃ
ᎠᏫᏂᏗᏢ ᎢᏥᎧᎵᏨᎯ ᎨᏐ ᎢᏣᏠᎾᏍᏛᎢ ᎠᎴ ᎤᏲᎢ.
29 ᎤᏲᎢᏳ ᎢᏣᎵᏍᏓᏁᏗ ᏗᏦᏪᎵᏍᎩ ᎠᎴ ᎢᏥᏆᎵᏏ ᎢᏣᏠᎾᏍᏗ! ᎦᏦᏢᎯᏏᏍᎪᏰᏃ
ᎦᎦᏂᏌᏜ ᎠᎾᏙᎴᎰᏍᎩ, ᎠᎴ ᎦᏦᏚᎢᏍᏗᏍᎪ ᏓᏤᎵᏍᏛ ᎤᎾᏓᏁᏘ;
30 ᎯᎠᏃ ᏂᏥᏪᏍᎪᎢ; ᎢᏳᏃ ᎠᏴ ᏲᏤᎮ ᎾᎯᏳ ᏦᎩᏙᏓ ᏣᏁᎵᎢ, ᎥᏝ ᏱᏙᏚᏲᏣᎵᎪᏁᎴ ᎩᎬ
ᏚᎾᏤᏪᎸ ᎠᎾᏙᎴᎰᏍᎩ.
31 ᎾᏍᎩ ᎢᏳᏍᏗ ᎢᏨᏒ ᎬᏂᎨᏒ ᏂᏣᏓᏛᏁ ᎾᏍᎩ ᏗᏥᏙᏓ ᎨᏒ ᎠᎾᏙᎴᎰᏍᎩ ᏧᏂᎸᎯ.
32 ᎢᏥᎧᎵᏣᎪᎦ ᏗᏥᏙᏓ ᎤᎾᏟᎶᎥᎢ.

33 ᎢᎾᏛ ᏂᎯ! ᎤᏂᏍᎦᏎᏗ ᎢᎾᏛ ᏧᏁᏥ ᏂᎯ! ᎦᏙᏃ ᏱᎦᎵᏍᏙᏓ ᏰᏣᏗᏫᏏ ᎠᎩᎵᏲᎢᏍᏗ
ᏗᎨᏒ ᏨᏍᎩᏃᎢ?
34 ᎾᏍᎩ ᎢᏳᏍᏗ ᎬᏂᏳᏉ ᎦᏥᏅᎵ ᎾᎿ ᏗᏙᏜ ᎠᎾᏙᎴᎰᏍᎩ ᎠᎴ ᎠᏂᎦᏔᎿᎢ ᎠᎴ
ᏗᏃᏪᎵᏍᎩ; ᎢᎦᏛᏃ ᏙᏓᏥᎵ ᎠᎴ ᏙᏓᏣᏛᏂ ᏓᏓᎿᏩᏍᏛᎢ, ᎢᎦᏛᏃ ᏙᏓᏥᎵᎥᏂᎵ
ᏗᏥᎳᏫᎢᏍᏗᏱ, ᎠᎴ ᎤᎲ ᏂᏙᏓᏨᏁᎵ ᏕᎦᏚᎿᎥᎢ;
35 ᎾᏍᎩ ᎢᏥᎷᏤᏗᏱ ᏂᎦᏛ ᎣᏍᏛ ᎩᎬ ᎡᎶᎯ ᎤᏤᏪᏨᎯ, ᎤᏓᏅᏘ ᎡᏈᎵ ᎤᎩᎬ
ᎤᏓᎬᏩᏓᎴᏅᏛ, ᏤᎦᎳᏯ ᎤᎩᎬ ᏇᎵᎦᏯ ᎤᏪᏥ ᎤᏛᏍᏗ, ᎾᏍᎩ ᏤᏥᎸ ᎤᏜᏅᏛ ᎤᏛᎾ-
ᏗᎦᎳᏫᎢᏍᏗᏱ ᎠᏥᎸᏃ-ᎨᎳᏍᏗᏱ.
36 ᎤᏙᎯᏳᎯᏯ ᎯᎠ ᏂᏨᏪᏎᎭ; ᎯᎠ ᎾᏍᎩ ᏂᎦᏛ ᏓᏳᎾᎵᏱᎶᎮᎵ ᎯᎠ ᎪᎯ ᏣᏁᎭ.
37 ᏥᎷᏏᎵᎻ! ᏥᎷᏏᎵᎻ! ᎠᎾᏙᎴᎰᏍᎩ ᏘᎯᎯ, ᎠᎴ ᎨᏣᎷᏤᏗᏱ ᎨᏥᏅᏒᎯ ᏅᏯ
ᏛᏂᏍᏗᏍᎩ! ᏯᏃᎩᏳ ᎠᏆᏚᎵᏍᎬ ᏕᏥᏯᏟᏐᏗᏱ ᏗᏤᏥ, ᎾᏍᎩᏯ ᏣᏔᎦ ᏣᏕᎦᏟᏏᏍᎪ
ᏧᏪᏥ ᎠᏂᏛ ᏗᎧᏃᎨᏂ ᎭᏫᏂᏗᏢ; ᎠᏎᏃ ᎥᏝ ᏱᏣᏚᎵᏍᎨᎢ.
38 ᎬᏂᏳᏉ ᎢᏣᏤᎵ ᎦᎵᏦᏕ ᎤᎳ ᏁᏨᏁᎸ.
39 ᎯᎠᏰᏃ ᏂᏨᏪᏎᎭ; ᎥᏝ ᏴᎨᏍᎩᎪᏩᏛ ᎪᎯ ᎢᏳᏓᎴᏅᏛ, ᎬᏂ ᎯᎠ ᏂᏥᏪᏒᎭ;
ᎠᏥᎸᏉᏗᏳ ᎾᏍᎩ ᏱᎰᏩ ᏕᎤᏙᎥ ᏥᎦᎷᎯᏍᏗᎭ.

ᎠᏯᏙᎸᎢ 24

1 ᏥᏌᏃ ᎤᏄᎪᏨᎩ ᏗᎦᎳᏫᎢᏍᏗᏱ ᎤᏓᎤᏒᎩ, ᎬᏩᏍᏓᏩᏗᏙᎯᏃ ᎬᏩᎷᏤ ᎬᏩᏃᏁᎸᎩ
ᏂᏚᏍᏛ ᏓᏓᏁᎸ ᎤᏛᎾᏗᎦᎳᏫᎢᏍᏗᏱ.
2 ᏥᏌᏃ ᎯᎠ ᏂᏚᏪᏎᎸᎩ; ᏝᏍᎪ ᏂᎦᏛ ᎯᎠ ᏱᏗᏥᎪᏩᏘᎭ? ᎤᏙᎯᏳᎯᏯ ᎯᎠ ᏂᏨᏪᏎᎭ;
ᎥᏝ ᏌᏉᎤᏅ ᏅᏯ ᎠᏂ ᏱᏚᏓᏌᏝᎮᏍᏗ ᎾᏍᎩ ᏂᎪᎲᏔᏅᎾ ᏱᎨᏎᏍᏗ.
3 ᎣᎵᏩᏲᏃ ᎤᏌᎯᎸ ᎤᏬᎸᎢ ᎬᏩᏍᏓᏩᏗᏙᎯ ᎤᏅᏒ ᎨᏒ ᎬᏩᎷᏤᎸᎩ, ᎯᎠ ᏄᏂᏪᏒᎩ;
ᏍᎩᏃᎲᏏ ᎯᎳᎪ ᎢᏳ ᎯᎠ ᎾᏍᎩ ᎤᏓᎦᎵᏍᏔᏂ; ᎠᎴ ᎦᏙ ᎤᏍᏗ ᎤᏰᎸᏛ ᎨᏎᏍᏗ
ᏣᎷᎯᏍᏗᏱ, ᎠᎴ ᎪᎯ ᎨᏒ ᎤᎵᏍᏆᏗᏍᏗᏱ?
4 ᏥᏌᏃ ᎤᏁᏨ ᎯᎠ ᏂᏚᏪᏎᎸᎩ; ᎢᏤᏯᏔᎮᏍᏗ ᏞᏍᏗ ᎩᎶ ᏥᏥᎶᏄᎮᎵ;
5 ᎤᏂᏣᏖᏍᏗᏰᏃ ᎠᏴ ᏓᏆᏙᎥ ᎠᏂᎷᎯᏍᏗᏍᎨᏍᏗ, ᎠᏴ ᎦᎶᏁᏛ, ᎠᎾᏗᏍᎨᏍᏗ; ᎠᎴ
ᎤᏂᏣᏓᏍᏗ ᏓᏂᎶᏄᎮᏍᎨᏍᏗ.
6 ᎠᎴ ᎢᏣᏛᎩᏍᎨᏍᏗ ᏓᎿᏩ ᎠᎴ ᎠᏂᏃᎮᎵᏙᎲ ᏓᎿᏯ; ᎢᏤᏯᏔᎮᏍᏗ ᏞᏍᏗ ᎤᏪᎵᎯᏍᏗ
ᏱᏂᏣᎵᏍᏓᏁᎴᏍᏗ; ᎾᏍᎩᏰᏃ ᏂᎦᏗᏳ ᎠᏎ ᎢᏳᎵᏍᏙᏗ, ᎠᏎᏃ ᎤᎵᏍᏆᏗᏍᏗᏱ ᎨᏒ ᎠᏏ
ᎨᏎᏍᏗ.
7 ᏧᎾᏓᎴᏅᏛᏰᏃ ᏴᏫ ᏙᏛᎾᎴᏂ ᏙᏛᎾᏓᏡᏔᏂ, ᎠᎴ ᎠᏰᎵ ᏚᏃᎵᏩᏗᏒ ᏙᏛᎾᏓᏡᏔᏂ, ᎠᎴ
ᏓᎪᏄᎶᏏᏙᎮᏍᏗ, ᎠᎴ ᎥᏳᎩᎯᏳ ᏂᎦᎵᏍᏔᏂᏙᎮᏍᏗ, ᎠᎴ ᎦᏙᎯ ᏓᎵᏖᎸᏂᏙᎮᏍᏗ.
8 ᎾᏍᎩ ᎯᎠ ᏂᎦᏛ ᎠᎴᏂᏍᎬ ᎨᏒ ᎠᎩᎵᏯ ᎨᏒᎢ.
9 ᎿᏉᏃ ᏂᎯ ᏫᏙᏓᎨᏥᏲᏏ ᎢᏥᎩᎵᏲᎢᏍᏗᏱ, ᎠᎴ ᏙᏓᎨᏥᎵ; ᎠᎴ ᏂᎦᏗᏳ ᏄᎾᏓᎴᏒ ᏴᏫ
ᎨᏥᏍᎦᎨᏍᏗ ᎠᏴ ᏓᏆᏙᎥ ᎤᏗᎦᎵᏍᏙᏗᏍᎨᏍᏗ.
10 ᎿᏉᏃ ᎤᏂᏣᏖᏍᏗ ᏚᏃᎦᎯᎮᏍᏗ, ᎠᎴ ᏓᎾᏓᏡᏗᏍᎨᏍᏗ ᎠᎴ ᏓᎾᏓᏍᎦᎨᏍᏗ.
11 ᎠᎴ ᎤᏂᏣᏖᏍᏗ ᎤᎾᏠᎾᏍᏗ ᎠᎾᏙᎴᎰᏍᎩ ᎠᏂᎾᏄᎪᎨᏍᏗ, ᎠᎴ ᎤᏂᏣᏖᏍᏗ
ᏓᏂᎶᏄᎮᏍᎨᏍᏗ.
12 ᎠᎴ ᎤᏣᏛ ᎠᏍᎦᏅᎢᏍᏗ ᎨᏒ ᎡᎲ ᎾᏍᎩ ᎢᏳᏍᏗ ᎤᏂᏣᏖᏍᏗ ᎠᏓᎨᏳᏗ ᎨᏒ ᎤᏁᎲ
ᏛᏴᏑᏗ.
13 ᎠᏎᏃ ᎾᏍᎩ Ꮎ ᎬᎵᏍᏆᏗᏍᎩ ᎠᏟᏂᎬᏁᎯ ᎾᏍᎩ ᎠᏥᏍᎦᎸᏗ ᎨᏎᏍᏗ.
14 ᎯᎠᏃ ᎾᏍᎩ ᎣᏍᏛ ᎧᏃᎮᏛ ᎦᎸᎳᏗ ᎤᏤᎵᎪᎯ ᎡᎳᏂᎬ ᎤᎾᎵᏥᏙᏂᏂᏓᏍᏗ ᎨᏎᏍᏗ
ᎤᎾᏙᎴᎰᎯᏍᏗᏱ ᎾᏂᎥ ᏧᎾᏓᎴᏅᏛ ᏴᏫ, ᎩᎳᏃ ᎿᏉ ᏛᎵᏍᏆᏗᎵ.
15 ᎾᏍᎩ ᎢᏳᏍᏗ ᎿᏉ ᎢᏥᎪᎲᎭ ᎤᏍᎦᎢᏍᏗᏳ ᎬᏃᏌᏛᎯ ᎢᎬᏁᎯ, ᎾᏍᎩ ᎦᏂᎵ
ᎠᏙᎴᎰᏍᎩ ᏧᏁᎢᏍᏔᏁᎢ, ᎦᏙᎨᏍᏗ ᎦᎸᏉᏗᏳ ᎨᏒᎢ, (ᎩᎶ ᎠᎪᎵᏰᏍᎨᏍᏗ ᎪᎵᎨᏍᏗ,)
16 ᎿᏉ ᏧᏗᏱ ᎠᏂᏂ ᎠᎾᎵᏒᎭ ᏙᏦᏓᎸ ᏩᏂᎶᏒᎭ.
17 ᎩᎶᏃ ᎦᏌᎾᎵ ᎤᎩᎴᏍᏗ ᏞᏍᏗ ᏴᏗᎤᏠᎠᏎᏍᏗ ᏩᎩᏈᎴᏍᏗ ᎪᎱᏍᏗ ᎤᎲ ᎦᏁᎸᎢ;
18 ᎠᎴ ᎩᎶ ᏠᎨᏏ ᏪᏙᎯ ᏞᏍᏗ ᏴᏗᎤᏨᏎᏍᏗ ᏧᏄᏬ ᏱᏚᏁᏈᎴᏍᏗ.
19 ᎠᎴ ᎤᏲᎢᏳ ᎢᏳᎾᎵᏍᏓᏁᏗ ᏗᏂᏁᎵᏛ ᎠᎴ ᏧᏂᏍᏓᎢ ᎾᎯᏳ ᎨᏒᎢ.

20 ᎠᎴ ᎢᏣᏓᏙᎵᏍᏗᏍᎨᏍᏗ ᎢᏥᏔᏲᎯᎮᏍᏗ ᎪᎳ ᎠᎴ ᎤᎾᏙᏓᏆᏍᎬ ᎢᏳᎵᏍᏗᏱ ᏂᎨᏒᎾ
ᎢᏳᎵᏍᏙᏗᏱ.
21 ᎾᎯᏳᏰᏃ ᎤᏣᏖᏍᏗ ᎠᎩᎵᏯ, ᎾᏍᎩ ᎢᎦᎢ ᎥᏝ ᎢᎸᎯᏳ ᏱᎸᎵᏍᏔᏃ ᎡᎶᎯ ᏧᏙᏢᏅ
ᎤᏓᎬᏩᏓᎴᏅᏛ ᎪᎯ ᎢᏯᏍᏘ, ᎥᏝ ᎠᎴ ᎢᎸᎯᏳ ᎾᏍᎩ ᎢᏳᎵᏍᏙᏗ ᏱᎨᏎᏍᏗ.
22 ᎠᎴ ᎾᎯᏳ ᎢᎦ ᏂᏓᏍᏆᏔᏅᎾ ᏱᎩ, ᎥᏝ ᎤᏇᏓᎵ ᎦᏰᏥᏍᎦᏅᏗ ᏱᎦᎩ; ᎠᏎᏃ ᎨᎦᏑᏰᏛ
ᎨᏒ ᎤᏗᎦᎵᏍᏙᏗᏍᎨᏍᏗ ᎾᎯᏳ ᎢᎦ ᏗᏍᏆᏳᏗ ᎨᏎᏍᏗ
23 ᎾᎯᏳ ᎨᏒ ᎢᏳᏃ ᎩᎶ ᎯᎠ ᏂᏥᏪᏎᎮᏍᏗ, ᎬᏂᏳᏉ ᎠᏂ ᎦᎶᏁᏛ ᎡᏙᎭ; ᎠᎴ ᎠᏂ;
ᏞᏍᏗ ᏥᏦᎯᏳᏂ
24 ᏛᏂᎾᏄᎪᏥᏰᏃ ᎤᎾᏠᎾᏍᏗ ᎦᎶᏁᏛ ᎠᎴ ᎤᎾᏠᎾᏍᏗ ᎠᎾᏙᎴᎰᏍᎩ, ᎠᎴ
ᎠᏂᎾᏄᎪᏫᏍᎨᏍᏗ ᎦᎸᏉᏗᏳ ᎤᏰᎸᏛ ᎠᎴ ᎤᏍᏆᏂᎪᏗ; ᎾᏍᎩ ᎢᏳᏍᏗ ᎢᏳᏃ ᏰᎵ
ᎢᎬᏩᎵᏍᏙᏗ ᏱᎩ ᏱᏓᏂᎶᏄᎲᎵ ᎾᏍᏉ ᎨᎦᏑᏰᏛ.
25 ᎬᏂᏳᏉ ᏂᏨᏃᏁᎸ.
26 ᎾᏍᎩ ᎢᏳᏍᏗ ᎢᏳᏃ ᎯᎠ ᏂᎨᏥᏪᏎᎸᎭ; ᎢᎾᎨ ᎡᏙᎭ; ᏞᏍᏗ ᎾᎿ ᏫᏥᎶᏒᎩ; ᎬᏂᏳᏉ
ᎤᏕᎵᏒ ᎧᏅᏑᎸ ᎠᏯᎠ; ᏞᏍᏗ ᏥᏦᎯᏳᏂ.
27 ᎠᎾᎦᎵᏍᎩᏰᏃ ᏗᎧᎸᎬ ᏨᏗᎦᎾᏄᎪᎪᎢ, ᏭᏕᎵᎬᏃ ᎢᏴᏛ ᏥᏫᏗᎦᎸᏌᏓᏗᏍᎪᎢ, ᎾᏍᎩᏯ
ᎾᏍᏉ ᏄᏍᏕᏍᏗ ᏴᏫ ᎤᏪᏥ ᎦᎷᏥᎸᎭ.
28 ᎢᎸᎯᏢᏰᏃ ᎪᎱᏍᏗ ᎤᎵᏬᏨᎯ ᏥᎦᏃᎢ, ᎾᎿ ᎠᏬᎭᎵ ᎠᎾᏓᏟᏏᏍᎪᎢ.
29 ᎢᎬᏪᏅᏓᏉ ᎣᏂ ᎾᏍᎩ ᎾᎯᏳ ᎠᎩᎵᏯ ᎦᎶᏐᏅᎭ, ᏅᏙ ᎢᎦ ᎡᎯ ᏛᎵᏏᎲᏏ, ᎠᎴ ᏅᏙ
ᎡᏃᏱ ᎡᎯ ᎥᏝᎢᎦ ᏩᏘᏍᏕᏍᏗ, ᎠᎴ ᏃᏈᏏ ᏛᏂᏅᎪᎠᏏ, ᎠᎴ ᎤᏂᏣᏘ ᎦᎸᎶᎢ ᏣᏂᎧᎳ
ᏛᎾᎵᏖᎸᏂ.
30 ᎿᏉᏃ ᎦᎸᎶᎢ ᏓᎦᎾᏄᎪᏥ ᏴᏫ ᎤᏪᏥ ᎤᏤᎵ ᎤᏰᎸᏛᎢ, ᎠᎴ ᎿᏉ ᏂᎦᏛ ᏓᏂᎳᏍᏓᎸ
ᎡᎶᎯ ᏙᏛᏂᏴᎳᏏ, ᎠᎴ ᏛᏂᎪᎯ ᏴᏫ ᎤᏪᏥ ᏣᎢᏎᏍᏗ ᎤᎶᎩᎸ ᎦᎸᎶᎢ, ᎤᎵᏂᎩᏗᏳ ᎨᏒ
ᎠᎴ ᎤᏣᏘ ᎦᎸᏉᏗᏳ ᎨᏒ ᎤᎸᏌᏕᏍᏗ.
31 ᎿᏉᏃ ᏙᏓᎦᏅᏏ ᏧᏅᏏᏓᏍᏗ, ᎠᎴ ᎠᏍᏓᏱᏳ ᏛᏂᏤᎷᎯᏏ, ᎠᎴ ᏙᏛᏂᏟᏌᏂ ᎨᎦᏑᏰᏛ
ᏅᎩ ᏂᏙᏗᎦᏩᏍᎬ ᎤᏃᎴ, ᎦᎸᎶ ᎢᏴᏛ ᏫᏚᎵᏍᏘᏂᎸ.
32 Ꭷ, ᎢᏣᏕᎶᏆ ᏓᏟᎶᏍᏛ ᎡᎦᏔᎢᏳᏍᏗ ᏡᎬᎢ; ᎢᏳᏰᏃ ᏚᏩᏂᎦᎸ ᏗᏓᎨ ᏂᏕᎦᎵᏍᏓ, ᎠᎴ
ᎩᎳᎢ ᏥᏚᎳᏍᏚᎲᏍᎪᎢ, ᎢᏥᎦᏔᎰ ᎪᎩ ᎾᎥᏂᏳ ᎨᏒᎢ.
33 ᎾᏍᎩᏯᏍᎩᏂ ᎾᏍᏉ ᏂᎯ, ᎢᏳᏃ ᎿᏉ ᎯᎠ ᎾᏍᎩ ᏧᏓᎴᏅᏛ ᎢᏥᎪᎲᎭ, ᎢᏥᎦᏔᎮᏍᏗ
ᎡᏍᎦᏂᏳ ᎨᏒᎢ, ᎦᎶᎯᏍᏗᏱᏉ ᎨᏒᎢ.
34 ᎤᏙᎯᏳᎯᏯ ᎯᎠ ᏂᏨᏪᏎᎭ; ᎯᎠ ᎪᎯ ᏣᏁᎭ ᎥᏝ ᏴᏛᏂᎶᏐᏂ, ᎬᏂ ᏂᎦᏛ ᎯᎠ
ᏧᏓᎴᏅᏛ ᏂᎦᎵᏍᏔᏅᎭ.
35 ᎦᎸᎶ ᎠᎴ ᎡᎶᎯ ᏙᏓᎦᎶᏐᏂ, ᎠᏴᏍᎩᏂ ᎠᎩᏁᏨᎢ ᎥᏝ ᏴᏓᎦᎶᏐᏂ.

36 ᎠᏎᏃ ᎾᎯᏳ ᎢᎦ ᎨᏒ ᎠᎴ ᎢᏳᏟᎶᏛ ᎧᎳᏩᏗᏒ ᎥᏝ ᎩᎶ ᏯᎦᏔᎭ, Ꮭ ᎾᏍᏉ
ᏗᏂᎧᎿᏩᏗᏙᎯ ᎦᎸᎳᏗ ᎠᏁᎯ, ᎡᏙᏓᏍᎩᏂ ᎤᏩᏒᎯᏳ.
37 ᎾᏍᎩᏰᏃ ᏥᏄᏍᏕ ᎾᎯᏳ ᏃᏯ ᏤᎮᎢ, ᎾᏍᎩᏯ ᏄᏍᏕᏍᏗ ᏴᏫ ᎤᏪᏥ ᎦᎷᏨᎭ.
38 ᎾᎯᏳᏒᏃ ᎠᏏ ᏂᏕᏃᎱᎩᏍᎬᎾ ᏥᎨᏎᎢ, ᏓᎾᎵᏍᏓᏴᎲᏍᎨᎢ, ᎠᎴ ᏓᎾᏗᏔᏍᎨᎢ, ᎠᎴ
ᏓᎾᏕᏒᎲᏍᎨᎢ ᎠᎴ ᏕᎨᏥᏰᎨᎢ, ᎬᏂ ᎾᎯᏳ ᎢᎦ ᏃᏯ ᎤᏣᏅ ᏥᏳᎯ,
39 ᎠᎴ ᎾᏁᎵᏍᎬᎾ ᏥᎨᏎᎢ, ᎬᏂ ᎤᏃᎱᏕᏂᎸ, ᎠᎴ ᏂᎦᏛ ᏚᏂᎬᏨ, ᎾᏍᎩᏯᏉᏍᎩᏂ ᎾᏍᏉ
ᏄᏍᏕᏍᏗ ᏴᏫ ᎤᏪᏥ ᎦᎷᏨᎭ.
40 ᎿᏉᏃ ᎠᏂᏔᎵ ᏌᎨᏏ ᎠᏁᏙᎮᏍᏗ, ᎠᏏᏴᏫ ᎠᏥᏯᏅᏗ ᎨᏎᏍᏗ ᏐᎢᏃ ᎠᏥᎧᎯᏯᏍᏗ
ᎨᏎᏍᏗ;
41 ᎠᏂᏔᎵ ᎠᏂᎨᏴ ᎠᏂᏍᏙᏍᎨᏍᏗ ᎠᏍᏙᏍᎩᏱ, ᎠᏏᏴᏫ ᎠᏥᏯᏅᏗ ᎨᏎᏍᏗ ᏐᎢᏃ
ᎠᏥᎧᎯᏯᏍᏗ ᎨᏎᏍᏗ.
42 ᎾᏍᎩ ᎢᏳᏍᏗ ᎢᏥᏯᏫᏍᎨᏍᏗ, ᎥᏝᏰᏃ ᏱᏥᎦᏔᎭ ᎢᏳᏉ ᎤᎷᎯᏍᏗᏱ ᎢᏣᏤᎵ
ᎤᎬᏫᏳᎯ.
43 ᎯᎠᏃ ᎢᏣᏅᏓᏍᏗ, ᎢᏳᏃ ᎠᏍᎦᏯ ᎦᏁᎳ ᏱᎠᎦᏔᎮ ᎢᏳᏉ ᎦᏃᏍᎩᏍᎩ ᎤᎷᎯᏍᏗᏱ,
ᏳᏯᏫᏎᎢ, ᎠᎴ ᎥᏝ ᎤᏁᎳᎩ ᏩᎩᏴᏏ ᎦᎵᏦᏕ ᏱᎬᏪᎵᏎᎢ.
44 ᎾᏍᎩ ᎢᏳᏍᏗ ᏂᎯ ᎾᏍᎩ ᎢᏣᏛᏅᎢᏍᏕᏍᏗ, ᏂᏤᎵᏍᎬᎾᏉᏰᏃ ᎨᏒ ᎢᏳ ᏴᏫ ᎤᏪᏥ
ᏓᎦᎷᏥ.
45 ᎦᎪᎨᏃ ᎠᏕᎵᏯ ᎠᎴ ᎠᏏᎾᏌᏂ ᎠᏥᏅᏏᏓᏍᏗ, ᎾᏍᎩ ᎤᏅᏏᏙᎯ ᏄᎬᏫᏳᏒ ᎢᏳᏩᏁᎸᎯ
ᎦᏁᎸ ᏚᏓᏘᎿᎥᎢ, ᎾᏍᎩ ᎤᎾᎵᏍᏓᏴᏗ ᏧᏁᏗᏱ ᎤᎾᎵᏍᏓᏴᏗᏱ ᏂᏕᎵᏍᏔᏂᏒᎢ?
46 ᎣᏏᏳ ᎢᏳᎵᏍᏓᏁᏗ ᎾᏍᎩ Ꮎ ᎠᏥᏅᏏᏓᏍᏗ ᎤᏅᏏᏙᎯ ᎦᎷᏨᎭ ᎤᏩᏛᎲᎭ ᎾᏍᎩ
ᎾᏛᏁᎲᎢ.
47 ᎤᏙᎯᏳᎯᏯ ᎯᎠ ᏂᏨᏪᏎᎭ; ᏂᎦᏛ ᎤᎿᎥᎢ ᏛᎦᏘᏗᏍᏔᏂ.
48 ᎢᏳᏍᎩᏂᏃ ᎾᏍᎩ Ꮎ ᎤᏁᎫᏥᏛ ᎠᏥᏅᏏᏓᏍᏗ ᎯᎠ ᏂᎦᏪᏍᎨᏍᏗ ᏧᏓᏅᏛᎢ;
ᎠᎩᏅᏏᏙᎯ ᎪᎯᏗᎭ ᎤᎷᎯᏍᏗᏱ;
49 ᎠᎴ ᎠᎴᏂᏍᎨᏍᏗ ᏙᏕᏄᏂᎮᏍᏗ ᎢᏧᎳᎭ ᎨᏥᏅᏏᏓᏍᏗ, ᎠᎴ ᎢᏧᎳᎭ
ᎠᎾᎵᏍᏓᏴᎲᏍᎨᏍᏗ ᎠᎴ ᏓᎾᏗᏔᏍᎨᏍᏗ ᏧᏂᏴᏍᏕᏍᎩ,
50 ᎾᏍᎩ ᎠᏥᏅᏏᏓᏍᏗ ᎤᏅᏏᏙᎯ ᏓᎦᎷᏥ ᎾᎯᏳ ᎢᎦ ᎾᏓᏚᏑᏃᎲᎾ ᎨᏒᎢ, ᎠᎴ ᎢᏳ
ᏁᎵᏍᎬᎾ ᎨᏒᎢ,
51 ᎠᎴ ᏙᏓᏳᏕᎵᏏ, ᎠᎴ ᎤᎾᏠᎾᏍᏗ ᏩᏁᎲ ᏮᏓᏳᏎᎮᎵ; ᎾᎿ ᏓᏂᏴᎨᏍᏗ ᎠᎴ
ᏓᏂᏄᏓᎩᏍᎨᏍᏗ ᏓᏂᏄᏙᎬᎢ.

ᎠᏯᏙᎸᎢ 25

1 ᎿᏉᏃ ᎦᎸᎳᏗ ᎡᎯ ᎤᎬᏫᏳᎯ ᎨᏒ ᎾᏍᎩᏯ ᎨᏎᏍᏗ ᎠᏍᎪᎯ ᎢᏯᏂᏛ ᎠᎾᏛ, ᎾᏍᎩ
ᏥᏚᏂᏅᏎ ᏗᏨᏍᏙᏗ ᎠᎴ ᏥᏚᎾᏌᏒᏎ ᎠᏕᏒᎲᏍᎩ.
2 ᎯᏍᎩᏃ ᎢᏯᏂᏛ ᎠᏂᎦᏔᎿᎢ ᎨᏎᎢ, ᎯᏍᎩᏃ ᎤᏂᏁᎫ.
3 ᎤᏂᏁᎫ ᏚᏂᏅᏎ ᏗᏨᏍᏙᏗ ᎠᏎᏃ ᎪᎢ ᏄᏂᏁᏨᏒᎾ ᎨᏎᎢ,
4 ᎠᏂᎦᏔᎿᎢᏍᎩᏂ ᏚᏂᏅᏎ ᏧᏂᏨᏍᏙᏗ, ᎠᎴ ᎾᏍᏉ ᎪᎢ ᎤᏂᏁᏨᏎ ᏚᏂᏟᏍᏔᏁ ᏗᏑᎵᏙ.
5 ᎠᏏᏃ ᎤᎪᏂᏲᎨ ᎠᏕᏒᎲᏍᎩ, ᏂᎦᏛ ᎠᏂᎵᏅᎨᎢ, ᎠᎴ ᎤᏂᎵᏅᏤᎢ.
6 ᎥᏃᏱᏃ ᎠᏰᎵ ᎩᎶ ᎠᏍᏓᏯ ᎤᏁᏤᎢ, ᎯᎠ ᏄᏪᏎᎢ; ᎬᏂᏳᏉ ᎠᏕᏒᎲᏍᎩ ᏓᏯᎢ!
ᏫᎦᏟᏌᎢ!
7 ᎿᏉᏃ ᏂᎦᏛ ᎠᎾᏛ ᎤᎾᏗᏓᏁᏎᎢ, ᎠᎴ ᏚᏂᏥᏃᏍᎦᏄᎮ ᏚᏂᏨᏍᏛᎢ.
8 ᎤᏂᏁᏓᏃ ᎯᎠ ᏂᏚᏂᏪᏎᎴ ᎠᏂᎦᏔᎿᎢ; ᎢᎦᏛ ᎪᎢ ᎢᏣᏤᎵ ᏍᎩᏁᎥᏏ, ᏙᎬᏌᎯᏎᎭᏰᏃ
ᏙᎩᏨᏍᏛᎢ.
9 ᎠᏎᏃ ᎠᏂᎦᏔᎿᎢ ᎤᏂᏁᏨ ᎯᎠ ᏄᏂᏪᏎᎢ; ᏝᎨ ᏰᎵ ᏱᏙᎨᎩᏰᎵᎦ ᏂᎦᏛ, ᎢᏤᎾᏉᏍᎩᏂ
ᏗᏂᏃᏗᏍᎬ, ᎢᏨᏒ ᏫᏥᏩᎯ.
10 ᎤᏂᏩᏎᏅᏃ ᎠᏕᏒᎲᏍᎩ ᎤᎷᏤᎢ, ᎤᎾᏛᏅᎢᏍᏗᏃ ᎾᏍᎩ ᎢᏧᎳᎭ ᏣᎦᏨᏍᏙᏗᏱ
ᏭᏂᏴᎴᎢ, ᎠᎴ ᎤᏂᏍᏚᏁ ᎦᎶᎯᏍᏗᏱ.
11 ᎣᏂᏃ ᎾᏍᏉ ᎠᏂᏐᎢ ᎠᎾᏛ ᎤᏂᎷᏤᎢ, ᎯᎠ ᏄᏂᏪᏎᎢ; ᏣᎬᏫᏳᎯ, ᏣᎬᏫᏳᎯ,
ᎡᏍᎩᏍᏚᎩ.
12 ᎠᏎᏃ ᏧᏁᏨ ᎯᎠ ᏄᏪᏎᎢ; ᎤᏙᎯᏳᎯᏯ ᎢᏨᏲᏎᎭ, ᎥᏝ ᏱᏨᎦᏔᎭ.
13 ᎾᏍᎩ ᎢᏳᏍᏗ ᎢᏥᏯᏫᏍᎨᏍᏗ, ᎥᏝᏰᏃ ᏱᏥᎦᏔᎭ ᎾᎯᏳ ᎢᎦ ᎨᏒ ᎠᎴ ᎢᏳᏟᎶᏛ
ᎧᎳᏩᏗᏒ ᎤᎷᎯᏍᏗᏱ ᏴᏫ ᎤᏪᏥ.
14 ᎾᏍᎩᏯᏉᏰᏃ ᎩᎶ ᎠᏍᎦᏯ ᎢᏅᏥᏮᏗᎦᎶᏏᏎᎢ, ᎠᎴ ᏥᏫᏚᏯᏅᎮ ᏧᏅᏏᏓᏍᏗ, ᎠᎴ
ᏥᏚᏲᎯᏎᎴ ᎤᎿᎥᎢ.
15 ᎠᏏᏴᏫᏃ ᎯᏍᎩ ᎢᏯᎦᏴᎵ ᎠᏕᎸ ᏚᏁᎴᎢ, ᏐᎢᏃ ᏔᎵ ᎢᏯᎦᏴᎵ, ᏐᎢᏃ ᏌᏉ ᎢᏯᎦᏴᎵ,
ᎠᏂᏏᏴᏫᎭ ᎾᏍᎩ ᏰᎵ ᎢᎬᏩᎾᏛᏁᏗ ᎨᏒᎢ. ᎿᏉᏃ ᎤᏂᎩᏎᎢ.
16 ᎿᏉᏃ ᎯᏍᎩ ᎢᏯᎦᏴᎵ ᏣᏥᏁᎸᎯ ᎤᏪᏅᏎ ᏭᏃᏔᏁᎢ, ᎯᏍᎩᏃ ᎢᏯᎦᏴᎵ ᎤᏁᏉᏤᎴᎢ.
17 ᎾᏍᏉ ᎠᎴ Ꮎ ᏔᎵ ᎢᏯᎦᏴᎵ ᏣᏥᏁᎸᎯ ᎾᏍᏉ ᏔᎵ ᎢᏯᎦᏴᎵ ᎤᏁᏉᏤᎴᎢ.
18 ᏌᏉᏍᎩᏂ ᎢᏯᎦᏴᎵ ᏣᏥᏁᎸᎯ ᎤᏪᏅᏎᎢ, ᏭᏍᎪᎭ ᎦᏙᎯ, ᎠᎴ ᏫᏚᏳᏍᎦᏔᏁ ᎤᎾᏝᎢ
ᏧᏤᎵ ᎠᏕᎸ.
19 ᎢᎸᎯᏳᏃ ᎢᏴᏛ ᎤᎷᏤ ᎾᏍᎩ ᎨᏥᏅᏏᏓᏍᏗ ᎤᏂᎾᏝᎢ, ᎣᏍᏛᏃ ᏄᏅᏁᎴᎢ.
20 ᎯᏍᎩᏃ ᎢᏯᎦᏴᎵ ᏣᏥᏁᎸᎯ ᎤᎷᏤᎢ, ᎠᎴ ᏚᏲᎴ ᎤᏩᎾᏓᎴ ᎯᏍᎩ ᎢᏯᎦᏴᎵ ᎠᏕᎸ,
ᎯᎠ ᏄᏪᏎᎢ; ᏍᎩᎾᏝᎢ, ᎯᏍᎩ ᎢᏯᎦᏴᎵ ᎠᏕᎸ ᏕᏍᎩᏲᎯᏎᎸᎩ; ᎬᏂᏳᏉ ᎤᏩᎾᏓᎴ ᎯᏍᎩ
ᎢᏯᎦᏴᎵ ᎬᎩᏁᏉᏤᎸ.

21 ᎤᎾᏝᎢᏃ ᎯᎠ ᏄᏪᏎᎴᎢ; ᎣᏏᏳ! ᎰᏍᏛ ᎠᎴ ᎯᏕᎵᏯ ᎡᏣᏅᏏᏓᏍᏗ! ᏚᏳᎪᏛ
ᏂᏣᏛᏁᎸ ᎤᏍᏗ ᏧᏓᎴᏅᏛ ᏕᏣᎸᏫᏍᏓᏁᎸᎢ; ᎤᏣᏘ ᏧᏓᎴᏅᏛ ᏣᎬᏫᏳᏌᏕᎩ ᎤᏓᎬᏴᏁᎵ;
ᎯᏴᎭ ᎣᏍᏛ ᎠᏓᏅᏓᏗᏍᏗᏱ ᏣᎾᏝᎢ ᎤᏤᎵᎪᎯ.
22 ᎾᏍᏉᏃ ᏔᎵ ᎢᏯᏕᏴᎵ ᏣᏥᏁᎸᎯ ᎤᎷᏨ ᎯᎠ ᏄᏪᏎᎢ; ᏍᎩᎾᏝᎢ, ᏔᎵ ᎢᏯᏕᏴᎵ ᎠᏕᎸ
ᏕᏍᎩᏲᎯᏎᎸᎩ; ᎬᏂᏳᏉ ᎤᏩᎾᏓᎴ ᏔᎵ ᎢᏯᏕᏴᎵ ᎬᎩᏁᏉᏤᎸ.
23 ᎤᎾᏝᎢ ᎯᎠ ᏄᏪᏎᎴᎢ; ᎣᏏᏳ! ᎰᏍᏛ ᎠᎴ ᎯᏕᎵᏯ ᎡᏣᏅᏏᏓᏍᏗ! ᏚᏳᎪᏛ
ᏂᏣᏛᏁᎸ ᎤᏍᏗ ᏧᏓᎴᏅᏛ ᏕᏣᎸᏫᏍᏓᏁᎸᎢ; ᎤᏣᏘ ᏧᏓᎴᏅᏛ ᏣᎬᏫᏳᏌᏕᎩ ᎤᏓᎬᏴᏁᎵ;
ᎯᏴᎭ ᎣᏍᏛ ᎠᏓᏅᏓᏗᏍᏗᏱ ᏣᎾᏝᎢ ᎤᏤᎵᎪᎯ.
24 ᎿᏉᏃ ᏌᏉ ᎢᏯᏕᏴᎵ ᏣᏥᏁᎸᎯ ᎤᎷᏨ ᎯᎠ ᏄᏪᏎᎢ; ᏍᎩᎾᏝᎢ, ᎬᎦᏔᎲᎩ,
ᎯᏍᏓᏱᏳ ᎨᏒᎢ, ᎠᎴ ᎯᏍᎫᏕᏍᎬᎢ ᎾᎿ ᏂᏣᏫᏒᎾ ᎨᏒᎢ, ᎠᎴ ᎱᏟᏍᎬᎢ ᎾᎿ ᏂᏣᎴᎳᏛᏅᎾ
ᎨᏒᎢ.
25 ᎠᎴ ᏥᏍᎦᎢᎲᎢ ᎠᏇᏅᏒᎩ, ᏫᏓᎬᏍᎦᎳᏅᎩ ᎦᏙᎯ ᎠᏕᎸ ᏗᏣᏤᎵᎦ; ᎬᏂᏳᏉ ᎠᏂ
ᎾᏍᎩ ᏗᏣᏤᎵᎦ.
26 ᎤᎾᏝᎢᏃ ᎤᏁᏨ ᎯᎠ ᏄᏪᏎᎴᎢ; ᏣᏁᎫᏥᏛ ᎠᎴ ᏣᏓᏄᎸᏗ ᎡᏣᏅᏏᏓᏍᏗ! ᎯᎦᏔᎲᎩ
ᏥᏍᎫᏕᏍᎬ ᎾᎿ ᎾᎩᏫᏒᎾ ᎨᏒᎢ, ᎠᎴ ᎫᏟᏍᎬ ᎾᎿ ᎾᎩᎴᎳᏛᏅᎾ ᎨᏒᎢ!
27 ᎠᏕᎸ ᏗᏂᏍᏆᏂᎪᏗᏍᎩᏱ ᏱᏫᏙᏣᏁ ᎠᏕᎸ ᏗᏆᏤᎵᎦ, ᎾᏍᎩᏃ ᎪᎯ ᏥᏥᎷᎩ ᏱᏓᎩᎪᎮ
ᏗᏆᏤᎵ ᎠᎴ ᎤᏂᏁᏉᏨᎯ.
28 ᎾᏍᎩ ᎢᏳᏍᏗ ᏥᏙᎡᏥᎩᏏᏉ ᏌᏉ ᎢᏯᏕᏴᎵ ᎠᏕᎸ, ᎠᏍᎪᎯᏃ ᎢᏯᏕᏴᎵ ᏧᎯ ᏙᏥᎥᏏ.
29 ᎩᎶᏰᏃ ᎤᎮᏍᏗ ᎠᏥᏁᏗ ᎨᏎᏍᏗ, ᎤᏣᏘᏃ ᎤᏍᏆᏂᎪᏕᏍᏗ; ᎩᎶᏍᎩᏂ ᏄᎲᎾ ᎨᏎᏍᏗ
ᎠᏥᎩᎡᏗᏉ ᎨᏎᏍᏗ ᎾᏍᎩ ᎾᏍᏉ ᎤᎲᎢ.
30 ᎯᎠᏃ ᎪᎱᏍᏗ ᎬᏙᏗ ᏂᎨᏒᎾ ᎦᏅᏏᏓᏍᏗ ᏙᏱᏗᏢ ᏧᎵᏏᎬ ᏪᏣᏓᏅᎦ; ᎾᎿ ᏓᏂᏴᎨᏍᏗ ᎠᎴ
ᏓᏂᏄᏓᎩᏍᎨᏍᏗ ᏓᏂᏄᏙᎬᎢ.
31 ᎢᏳᏃ ᎿᏉ ᏴᏫ ᎤᏪᏥ ᏕᎷᏨᎭ ᎤᏩᏒ ᎤᏤᎵᎦ ᏕᎸᏉᏗᏳ ᎨᏒ ᎤᎸᏬᏍᏕᏍᏗ, ᎠᎴ
ᏂᎦᏛ ᎨᏥᎸᏉᏗ ᏗᏂᎧᎿᏩᏗᏙᎯ ᏓᏘ ᏁᎮᏍᏗ, ᎿᏉ ᏓᎦᏂ ᏕᎸᏉᏗᏳ ᎤᏪᏍᎩᎸᎢ;
32 ᎢᎬᏱᏗᏢᏃ ᏙᏓᎨᏥᏔᏫᏗ ᏂᎦᏗᏳ ᏄᎾᏓᎴᏒ ᏴᏫ, ᎠᎴ ᏙᏛᎦᎴᏅᏔᏂ ᎾᏍᎩᏯ ᎠᏫ-
ᏗᏕᏘᏯ ᏥᏓᏕᎴᏅᏗᏍᎪᏧᏤᎵ ᎠᏫ ᎤᏂᏃᏕᎾ ᎠᎴ ᎠᏫ ᏗᏂᎭᏄᎸᎯ.
33 ᎠᏫᏃ ᎤᏂᏃᏕᎾ ᎠᎦᏘᏏ ᎢᏗᏢ ᏙᏓᎦᎪᏔᏂ, ᎠᏫᏃ ᏗᏂᎭᏄᎸᎯ ᎠᎦᏍᎦᏂ ᎢᏗᏢ;
34 ᎿᏉᏃ ᎤᎬᏫᏳᎯ ᎯᎠ ᏂᏙᏓᎦᏪᏎᎵ ᎠᎦᏘᏏ ᎢᏗᏢ ᎠᏂᏙᎾᎢ; ᎡᏤᎾ, ᎡᏙᏓ
ᎢᏥᎸᏉᏔᏅᎯ, ᎢᏣᏤᎵ ᏫᏂᎦᎵᏍᏓ ᎤᏤᎵᎪᎯ ᎡᏣᎵᏍᎪᎸᏓᏁᎸᎯ ᎡᎶᎯ ᏧᏙᏢᏅ
ᎤᏓᎬᏩᏓᎴᏅᏛ.
35 ᎠᎪᎸᏰᏃ ᎠᎩᏲᏏᏍᎬᎩ, ᎥᏍᎩᏰᎳᏍᏔᏅᏃ; ᎠᎩᏔᏕᎩᏍᎬᎩ, ᎥᏍᎩᎤᏅᏃ; ᎤᎩᎦᏔᎲᎾ
ᎨᏒᎩ, ᎥᏍᎩᏴᏔᏅᎩ;

36 ᎠᎩᏰᎸᎭ ᎨᏒᎩ, ᏙᏍᎩᏄᏬᎥᎩᏃ; ᎠᎩᏢᎬᎩ, ᎥᏍᎩᏯᎦᏔᏂᎸᎩᏃ; ᏗᏓᏍᏚᏗᏱ ᎥᎩᏍᏚᎲᎩ,
ᎥᏍᎩᏩᏛᎯᎸᎩᏃ.
37 ᎿᏉᏃ ᎤᎾᏓᏅᏘ ᏛᏂᏁᏥ ᎯᎠ ᎤᏓᎬᏩᏪᏎᎵ; ᏣᎬᏫᏳᎯ, ᎢᎳᎩᏳ ᎢᏨᎪᎡ ᏣᏲᏏᏍᎨᎢ,
ᎢᏨᏰᎳᏍᏔᏁᏃ; ᎠᎴ ᏣᏔᏕᎩᏍᎨᎢ, ᎢᏨᎤᏁᏃ;
38 ᎢᎳᎩᏳ ᎢᏨᎪᎡ ᏁᏣᎦᏔᎲᎾ, ᎢᏨᏴᏔᏁᏃ; ᎠᎴ ᏣᏰᎸᎭ ᎨᏎᎢ, ᎢᏨᏄᏬᏒᏃ;
39 ᎠᎴ ᎢᎳᎩᏳ ᎢᏨᎪᎡ ᏣᏢᎨᎢ, ᎠᎴ ᏗᏓᏍᏚᏗᏱ ᎡᏣᏍᏚᏢᎢ, ᎢᏨᏯᎦᏔᏂᎴᏃ?
40 ᎤᎬᏫᏳᎯᏃ ᏓᎧᏁᏥ ᎯᎠ ᏂᏙᏓᎦᏪᏎᎵ; ᎤᏙᎯᏳᎯᏯ ᎯᎠ ᏂᏨᏪᏎᎭ, ᎾᏍᎩᏰᏃ
ᏥᏁᏣᏛᏁᎸ ᎤᏍᏗᎧᏂ ᎯᎠ ᎾᏍᎩ ᎣᏣᎵᏅᏟ, ᎠᏴ ᏂᏍᎩᏯᏛᏁᎸᎩ.
41 ᎯᎠᏃ ᎾᏍᏉ ᏂᏙᏓᎦᏪᏎᎵ ᎠᎦᏍᎦᏂ ᎢᏗᏢ ᎠᏂᏙᎾᎢ; ᏍᎩᏯᏓᏅᏏ, ᎡᏥᏍᎦᏨᎯ,
ᏫᎾᏍᏛᎾ ᎠᏥᎸᏱ ᏗᎨᏒ ᏫᏥᎶᎯ, ᎾᏍᎩ ᎠᏍᎩᎾ ᎠᎴ ᏧᏤᎵ ᏗᏂᎧᎿᏩᏗᏙᎯ ᎨᎪᏢᎾᏁᎸᎯ.
42 ᎠᎪᏄᏰᏃ ᎠᎩᏲᏏᏍᎬᎩ, ᎥᏝᏃ ᏱᏍᎩᏰᎳᏍᏔᏁᎢ; ᎠᎩᏔᏕᎩᏍᎬᎩ, ᎥᏝᏃ ᏱᏍᎩᎤᏁᎢ;
43 ᎤᎩᎦᏔᎲᎾ ᎨᏒᎩ, ᎥᏝᏃ ᏱᏍᎩᏴᏔᏁᎢ; ᎠᎩᏰᎸᎭ ᎨᏒᎩ, ᎥᏝᏃ ᏱᏗᏍᎩᏄᏬᏒᎢ;
ᎠᎩᏢᎬᎩ, ᎠᎴ ᏗᏓᏍᏚᏗᏱ ᎥᎩᏍᏚᎲᎩ, ᎥᏝᏃ ᏱᏍᎩᏩᏛᎯᎴᎢ.
44 ᎾᏍᏉᏃ ᎾᏍᎩ ᏛᏂᏁᏥ, ᎯᎠ ᎤᏓᎬᏩᏪᏎᎵ, ᏣᎬᏫᏳᎯ, ᎢᎳᎩᏳ ᎢᏨᎪᎡ ᏣᏲᏏᏍᎨᎢ,
ᎠᎴ ᏣᏔᏕᎩᏍᎨᎢ, ᎠᎴ ᏁᏣᎦᏔᎲᎾ ᎨᏎᎢ, ᎠᎴ ᏣᏰᎸᎭ ᎨᏎᎢ, ᎠᎴ ᏣᏢᎨᎢ, ᎠᎴ
ᏗᏓᏍᏚᏗᏱ ᎡᏣᏍᏚᏢᎢ, ᏂᏨᏍᏕᎸᎲᎾᏃ ᎨᏎᎢ?
45 ᎿᏉᏃ ᏓᎧᏁᏥ ᎯᎠ ᏂᏙᏓᎦᏪᏎᎵ; ᎤᏙᎯᏳᎯᏯ ᎯᎠ ᏂᏨᏪᏎᎭ, ᎾᏍᎩᏰᏃ ᏁᏣᏛᏁᎸᎾ
ᎨᏒ ᎤᏍᏗᎧᏂ ᎯᎠ ᎾᏍᎩ, ᎠᏴ ᎥᏝ ᏱᏂᏍᎩᏯᏛᏁᎴᎢ.
46 ᎯᎠᏃ ᎾᏍᎩ ᏫᎾᏍᏛᎾ ᎠᎩᎵᏲᎢᏍᏗᏱ ᏗᎨᏒ ᏮᏛᏂᎶᏏ; ᎤᎾᏓᏅᏘᏍᎩᏂ ᏫᎾᏍᏛᎾ
ᎬᏂᏛ ᏗᎨᏒᎢ.

ᎠᏯᏙᎸᎢ 26

1 ᎯᎠᏃ ᏄᎵᏍᏔᏅᎩ, ᎾᏍᎩ ᏥᏌ ᎤᏍᏆᏛ ᏂᎦᏛ ᎯᎠ ᎾᏍᎩ ᏂᎦᏪᏍᎬᎢ, ᎯᎠ
ᏂᏚᏪᏎᎸᎩ ᎬᏩᏍᏓᏩᏗᏙᎯ;
2 ᎢᏥᎦᏔᎭ ᏔᎵ ᎢᏳᏒᎯ ᎧᏃᎯᏰᎩ ᏗᎵᏍᏓᏴᏗᏱ ᎨᏒᎢ, ᎠᎴ ᏴᏫ ᎤᏪᏥ ᏣᎦᏡᏔᏂᏒ
ᎠᎦᏛᏗᏱ.
3 ᎿᏉᏃ ᏚᏂᎳᏫᏤ ᏄᏂᎬᏫᏳᏒ ᎠᏥᎸᎠᏁᎶᎯ ᎠᎴ ᏗᏃᏪᎵᏍᎩ ᎠᎴ ᏗᏂᎳᏫᎩ ᎠᏁᎲ ᏴᏫ,
ᎦᏁᎸ ᏄᎬᏫᏳᏒ ᎠᏥᎸ-ᎨᎶᎯ ᎧᏯᏆ ᏧᏙᎢᏛ;
4 ᎤᏂᏃᎮᎴᏃ ᎦᎶᏄᎮᏛ ᎤᏅᏙᏗᏱ ᎤᏂᏂᏴᏗᏱ ᏥᏌ, ᎠᎴ ᎤᏂᎯᏍᏗᏱ.
5 ᎠᏎᏃ ᎯᎠ ᏄᏂᏪᏎᎢ; ᏞᏍᏗ ᏗᎵᏍᏓᏴᏗᏱ ᎨᏒᎢ, ᎾᎯᏳᏰᏃ ᏱᎩ ᎤᏣᏘ ᏯᎾᎵᏖᎸᎲᎦ
ᏴᏫ.
6 ᏥᏌᏃ ᏇᏗᏂᏱ ᎡᏙᎲᎢ, ᏌᏩᏂ ᎠᏓᏰᏍᎩ ᎤᏢᎩ ᎦᏁᎸᎢ,
7 ᎤᎷᏤᎸᎩ ᎠᎨᏴ ᎠᏰᎲᎩ ᎫᎫ ᏅᏯ ᎤᏁᎬ ᎪᏢᏔᏅᎯ ᎠᏟᏍᏛᎩ ᎤᏣᏘ ᏧᎬᏩᎶᏗ
ᎠᏠᏁᏗ, ᎠᎴ ᎤᎶᏁᏔᏅᎩ ᎠᏍᎪᎵ ᎦᏅᎬ ᎠᎵᏍᏓᏴᎲᏍᎬᎢ.
8 ᎬᏩᏍᏓᏩᏗᏙᎯᏃ ᎬᏩᎪᎲ ᎤᏂᏔᏔᏬᏒᎩ, ᎯᎠ ᏄᏪᏒᎩ; ᎦᏙᏃ ᎯᎠ ᏣᏤᏬᎩ?
9 ᎯᎠᏰᏃ ᎠᏠᏁᏗ ᏳᎾᏗᏅᏎ ᎤᏣᏘ ᏱᏚᎬᏩᎳᏁᎢ, ᎠᎴ ᎾᏍᎩ ᎤᏲ ᎢᏳᎾᏛᎿᎦᎩ ᏗᏁᏗ
ᏱᎨᏎᎢ.
10 ᏥᏌᏃ ᎤᏙᎴᎰᏒ, ᎯᎠ ᏂᏚᏪᏎᎸᎩ; ᎦᏙᏃ ᎢᎡᏣᏕᏯᏙᏗ ᎠᎨᏴ? ᎣᏏᏳᏰᏃ ᏚᎸᏫᏍᏓᏏ
ᏥᎾᏋᎦ.
11 ᎤᏲᏰᏃ ᎢᏳᎾᏛᎿᎦᎩ ᏂᎪᎯᎸ ᎨᏤᎳᏗᏙᎭ, ᎠᏴᏍᎩᏂ ᎥᏝ ᏂᎪᎯᎸ ᏱᏨᏰᎳᏗᏙᎭ.
12 ᎯᎠᏰᏃ ᎠᏠᏁᏗ ᏥᏰᎸᎢ ᏣᎩᎶᏁᏓ, ᎥᎩᏂᏐᏗᏱ ᎠᏆᏛᏅᎢᏍᏗᎭ.
13 ᎤᏙᎯᏳᎯᏯ ᎯᎠ ᏂᏨᏪᏎᎭ; ᎠᎾᎵᏥᏙᏂᏙᎸᎭ ᎯᎠ ᎣᏍᏛ ᎧᏃᎮᏛ ᎢᎸᎯᏢ ᎡᎳᏂᎬᎢ,
ᎾᏍᏉ ᎯᎠ ᎠᎨᏴ ᏥᎾᏛᎦ ᎤᏂᏃᎮᏗ ᎨᏎᏍᏗ, ᎾᏍᎩ ᎠᎦᏅᏓᏗᏍᏙᏗ.
14 ᎿᏉᏃ ᎠᏏᏴᏫ ᏔᎳᏚ ᎢᏯᏂᏛ ᎨᏒᎢ, ᏧᏓᏏ ᎢᏍᎦᎳᏗ ᏧᏙᎢᏛ, ᏄᏂᎬᏫᏳᏒ ᎠᏥᎸ-
ᎠᏁᎶᎯ ᏫᏚᎷᏤᎴᎢ,
15 ᎯᎠ ᏫᏂᏚᏪᏎᎴᎢ; ᎦᏙ ᏓᏍᎩᏁᎵ ᎠᏴᏃ ᏙᏓᏨᏲᎯᏎᎵ? ᏦᎠᏍᎪᎯᏃ ᎠᏰᎵ-ᎠᏕᎸ
ᏕᎬᏩᏌᏍᏓᏁᎴᎢ.
16 ᎾᎯᏳᏉᏃ ᎤᎴᏅᎲᎩ ᎤᏲᎸ ᎢᏳᏛᏁᏗᏱ ᎤᎶᏄᎮᏗᏱ.
17 ᎢᎬᏱᏱᏉᏃ ᎢᎦ ᎾᎪᏔᏅᎾ ᎦᏚ ᎠᎩᏍᏗᏱ ᎨᏒ ᎬᏩᏍᏓᏩᏗᏙᎯ ᎬᏩᎷᏤᎸ ᏥᏌ, ᎯᎠ
ᏂᎬᏩᏪᏎᎸᎩ, ᎭᏢ ᏣᏚᎵᎭ ᎣᏕᏛᏅᎢᏍᏙᏗᏱ ᏣᎵᏍᏓᏴᏗᏱ ᎧᏃᎯᏰᎩ.
18 ᎯᎠᏃ ᏄᏪᏒᎩ; ᎢᏤᎾ ᏗᎦᏚᎲᎢ, ᎾᎿ ᏤᎲ ᎠᏍᎦᏯ, ᎯᎠᏃ ᏫᏥᏪᏎᎸᎭ; ᏗᏕᏲᎲᏍᎩ
ᎯᎠ ᏂᎦᏪᎭ; ᎿᏉ ᎠᎩᏍᏆᎸᎡᎵᏗ, ᎬᎩᏍᏓᏩᏗᏙᎯ ᎯᏁᎸ ᏓᏲᏥᏍᏆᏂᎪᏔᏂ ᎧᏃᎯᏰᎩ
ᏗᎵᏍᏓᏴᏗᏱ ᎨᏒᎢ.

19 ᎬᏩᏍᏓᏩᏗᏙᎯᏃ ᏄᏍᏛ ᏥᏌ ᏚᏁᏤᎸ ᎾᏍᎩ ᏄᎾᏛᏁᎸᎩ, ᎠᎴ ᎣᏍᏛ ᏄᏅᏁᎸᎩ
ᎧᏃᎯᏰᎩ ᏗᎵᏍᏓᏴᏗᏱ.
20 ᎤᏒᏃ ᏄᎵᏍᏔᏅ ᎤᎾᏂᏢᏅᎩ [ᏥᏌ] ᏔᎳᏚ ᎢᏯᏂᏛ ᎬᏩᏍᏓᏩᏗᏙᎯ
21 ᎠᎾᎵᏍᏓᏴᎲᏍᎬᏃ ᎯᎠ ᏄᏪᏒᎩ; ᎤᏙᎯᏳᎯᏯ ᎯᎠ ᏂᏨᏪᏎᎭ; ᎯᎠ ᏥᏂᏣᏛᏅ ᏌᏉ
ᎤᏓᏑᏯ ᏛᏆᏈᎳᏂ.
22 ᎤᏣᏘᏃ ᎤᏲᎢᏳ ᎤᏂᏰᎸᏅᎩ, ᎠᎴ ᎤᎾᎴᏅᎲᎩ ᎠᏂᏏᏴᏫᎭ ᎯᎠ ᏂᎬᏩᏪᏎᎸᎩ;
ᏣᎬᏫᏳᎯ, ᏥᎪ ᎠᏴ?
23 ᎤᏁᏨᏃ ᎯᎠ ᏄᏪᏒᎩ; ᎢᏧᎳᎭ ᏦᏍᏓᏑᎾᏍᎦ ᎠᏖᎵᏙᎩᎯ ᎾᏍᎩ ᏛᏆᏈᎳᏂ.
24 ᏴᏫ ᎤᏪᏥ ᎠᎢ ᏄᏍᏛ ᎪᏪᎵ ᎠᏥᏃᎮᏍᎬᎢ; ᎠᏎᏃ ᎤᏲᎢᏳ ᎢᏳᎵᏍᏓᏁᏗ ᎾᏍᎩ
ᎠᏍᎦᏯ ᎠᏫ ᎤᏪᏥ ᎠᏈᏗᏍᎩ. ᎣᏏᏳ ᏱᎨᏎ ᎾᏍᎩ ᎠᏍᎦᏯ ᏄᏕᏅᎾᏉ ᏱᎨᏎᎢ.
25 ᏧᏓᏏᏃ ᎠᏓᏈᏗᏍᎩ ᎤᏁᏨ ᎯᎠ ᏄᏪᏒᎩ; ᏔᏕᏲᎲᏍᎩ, ᏥᎪ ᎠᏴ? ᎯᎠ ᏄᏪᏎᎸᎩ; ᏰᎵ
ᏂᏫ.
26 ᎠᎾᎵᏍᏓᏴᎲᏍᎬᏃ ᏥᏌ ᎦᏚ ᎤᎩᏒᎩ, ᎠᎴ ᎤᎵᎮᎵᏨᎩ, ᎠᎴ ᎤᎬᎭᎷᏴᎩ, ᎠᎴ ᏚᏁᎸ
ᎬᏩᏍᏓᏩᏗᏙᎯ, ᎯᎠᏃ ᏄᏪᏒᎩ; ᎢᏥᎩ, ᎢᏥᎦ, ᎯᎠ ᎾᏍᎩ ᎠᏴ ᏥᏰᎸᎢ.
27 ᎤᎵᏍᏈᏗᏃ ᎤᎩᏒ ᎠᎴ ᎤᎵᎮᎵᏨ ᏚᏁᏁᎸᎩ, ᎯᎠ ᏄᏪᏒᎩ; ᏂᏥᎥ ᎢᏣᏗᏔ;
28 ᎾᏍᎩᏰᏃ ᎯᎠ ᎠᎩᎩᎬ ᎢᏤ ᎧᏃᎮᏛ ᏓᏌᎯᏍᏛᎢ, ᎾᏍᎩ ᎤᏂᏨᏘ ᏥᎨᏕᏤᏪᎸ,
ᏕᎨᏥᏁᏗᏱ ᎤᏂᏍᎦᏅᏨᎢ.
29 ᎠᏎᏃ ᎯᎠ ᏂᏨᏪᏎᎭ; ᎥᏝ ᎢᏄᎯᏳ ᎪᎩ ᎢᏳᏓᎴᏅᏛ ᏴᏕᎦᏗᏔ ᎯᎠ ᏖᏄᏔᏗ
ᎤᎾᏄᎪᏫᏒᎯ, ᎬᏂ ᎾᎯᏳ ᎢᎦ ᎢᏧᎳᎭ ᎢᏤ ᎢᏓᏗᏔᎲᎭ ᎡᏙᏓ ᎤᏤᎵᎪᎯ.
30 ᏚᏂᏃᎩᏒᏃ ᏗᎧᏃᎩᏍᏗ ᎤᏂᏄᎪᏨᎩ, ᎣᎵᏩᏲᎢ ᎤᏌᎯᎸ ᏭᏂᎶᏒᎩ.
31 ᎿᏉᏃ ᏥᏌ ᎯᎠ ᏂᏚᏪᏎᎸᎩ; ᏂᎯ ᏂᏥᎥ ᏙᏓᏦᏕᎵ ᎪᎯ ᎡᏃᏱ ᏥᎩ, ᎠᏴ
ᎤᏗᎦᎵᏍᏙᏗᏍᎨᏍᏗ. ᎯᎠᏰᏃ ᏂᎬᏅ ᎢᎪᏪᎳ, ᏓᏥᏴᏂᎵ ᎠᏫ-ᏗᎦᏘᏯ, ᎠᏫᏃ ᎤᎾᏓᏈᎬ
ᏛᎾᏗᎦᎴᏲᏥ.
32 ᎠᏎᏃ ᏗᏆᎴᏅᎯ ᎨᏎᏍᏗ ᎢᎬᏱ ᎤᏓᏨᏰᏅᏒᎵ ᎨᎵᎵ.
33 ᏈᏓ ᎤᏁᏨ ᎯᎠ ᏄᏪᏎᎸᎩ; ᎾᏍᏉ ᏂᎦᏛ ᏱᏚᏃᏕᎸ ᏂᎯ ᏱᏅᏗᎦᎵᏍᏙᏗᎭ, ᎠᏎ ᎠᏴ
ᎥᏝ ᏱᏙᎬᏉᏕᎦ.
34 ᏥᏌᏃ ᎯᎠ ᏄᏪᏎᎸᎩ; ᎤᏙᎯᏳᎯᏯ ᎯᎠ ᏂᎬᏪᏎᎭ; ᎪᎯᏉ ᎡᏃᏱ ᏥᎩ ᎠᏏ ᏣᏔᎦ
ᎾᏂᏴᎬᎾ ᎨᏎᏍᏗ ᏦᎢ ᎤᏓᏍᏆᏓᏱᎵ.
35 ᏈᏓᏃ ᎯᎠ ᏄᏪᏎᎸᎩ; ᎾᏍᏉ ᎢᎴᏔᎭ ᏗᏱᏂᏲᎱᎯᏍᏗ ᏱᎩ, ᎠᏎ ᎥᏝ ᏴᏕᎬᏯᏓᏱᎦ.
ᎾᏍᎩᏯ ᎾᏍᏉ ᏂᎦᏛ ᎬᏩᏍᏓᏩᏗᏙᎯ ᎾᏍᎩ ᏄᏂᏪᏒᎩ.
36 ᎿᏉᏃ ᏥᏌ ᎠᎴ ᎬᏩᏍᏓᏩᏗᏙᎯ ᎤᏂᎷᏨᎩ ᎨᏏᎻᏂ ᏚᏙᎥᎢ, ᎯᎠᏃ ᏂᏚᏪᏎᎸ
ᎬᏩᏍᏓᏩᏗᏙᎯ; ᎠᏂ ᎢᏥᏁᏍᏗ ᎬᏂ ᎢᏢ ᏫᏕᏓᏙᎵᏍᏔᏅᎭ.

37 ᏚᏘᏅᏒᎩᏃ ᏈᏓ ᎠᎴ ᎠᏂᏔᎵ ᏤᏈᏗ ᏧᏪᏥ, ᎠᎴ ᎤᎴᏅᎮ ᎡᎯᏍᏗ ᎤᏓᏅᏓᎦᎢ, ᎠᎴ
ᎤᏣᏘ ᎦᎨᏗᏳ ᏄᎵᏍᏓᏁᎴ ᎤᏓᏅᏛᎢ.
38 ᎿᏉᏃ ᎯᎠ ᏂᏚᏪᏎᎴᎢ; ᎠᏆᏓᏅᏛ ᎤᎧᎵᏨᎯ ᎤᏣᏘ ᎡᎯᏍᏗ ᎨᏒᎢ ᎠᏲᎱᎯᏍᏗ ᎨᏒ
ᎢᎦᎢ. ᎠᏂ ᎢᏥᏁᏍᏗ ᎠᎴ ᎢᏧᎳᎭ ᎢᏗᏯᎾᏍᎨᏍᏗ.
39 ᎤᏍᏗᏱᏛᏃ ᎤᏗᏗᏢᏍᏙᏗ ᎢᏴᏛ ᏭᎷᏤᎢ, ᎠᎴ ᎤᎵᏯᏍᏚᏁᎢ, ᎠᎴ ᎤᏓᏙᎵᏍᏔᏁᎢ,
ᎯᎠ ᏄᏪᏎᎢ; ᎡᏙᏓ, ᎢᏳᏃ ᏰᎵ ᎢᎬᏩᎵᏍᏙᏗ ᎨᏎᏍᏗ ᏣᎩᎶᎯᏏᏉ ᎯᎠ ᎤᎵᏍᏈᏗ;
ᎢᏝᏍᎩᏂᏃᏅ ᎠᏴ ᏄᏍᏛ ᎦᏓᏅᏖᏍᎬᎢ, ᏂᎯᏍᎩᏂ.
40 ᎬᏩᏍᏓᏩᏗᏙᎯᏃ ᎠᏂᏅ ᏗᎤᎷᏨ ᏚᏩᏛᎮ ᎠᏂᎵᏁᎢ, ᎯᎠᏃ ᏄᏪᏎᎴ ᏈᏓ; ᎦᏙᏉ,
ᏝᏍᎪ ᏥᏯᎾᏍᎬ ᏌᏉ ᎢᏳᏟᎶᏛ ᎢᎪᎯᏛ ᎨᏥᏯᎾᏍᏗ ᏱᎩ?
41 ᎢᏥᏯᎾᏍᎨᏍᏗ ᎠᎴ ᎢᏣᏓᏙᎵᏍᏗᏍᎨᏍᏗ ᎾᏍᎩ ᎤᏓᎪᎵᏰᏗᏱ ᎨᏒ ᏫᏥᎾᏄᎪᎢᏍᏗᏱ
ᏂᎨᏒᎾ ᎨᏒᎢ. ᎠᏓᏅᏙ ᎤᏙᎯᏳᎯ ᎤᏛᏅᎢᏍᏗ, ᎤᏇᏓᎸᏍᎩᏂ ᏩᎾᎦᏔᎯᏳ.
42 ᏔᎵᏁᏃ ᎤᏪᏅᏎᎢ, ᏭᏓᏙᎵᏍᏔᏁᎢ, ᎯᎠ ᏫᏄᏪᏎᎢ; ᎡᏙᏓ,
43 ᏗᎤᎷᏨᏃ ᏚᏩᏛᎮ ᏔᎵᏁ ᎠᏂᎵᎾᏒᎢ, ᏗᏂᎦᏙᎵᏰᏃ ᏗᎦᎨᏗᏳ ᎨᏎᎢ.
44 ᏔᎵᏁᏃ ᏚᏮᎦᏤ ᎠᎴ ᎤᏓᏅᏎᎢ, ᎠᎴ ᏦᎢᏁ ᏭᏓᏙᎵᏍᏔᏁᎢ, ᎾᏍᎩᏯ ᏫᏄᏪᏎᎢ.
45 ᎿᏉᏃ ᏗᎤᎷᏨ ᎬᏩᏍᏓᏩᏗᏙᎯ ᎠᏂᏅᎢ, ᎯᎠ ᏂᏚᏪᏎᎴᎢ; ᎿᏉ ᎢᏥᎵᏅᎩ ᎠᎴ
ᎢᏥᏯᏪᎭᏄᎦ; ᎬᏂᏳᏉ ᎢᏳ ᎨᏒ ᎤᏍᏆᎸᎯᏗ, ᏴᏫᏃ ᎤᏪᏥ ᎠᎦᏈᏔᏅ ᎤᏂᏁᎫᏥᏛ ᏴᏫ
ᎦᎨᏥᏲᎯᏎᎸ.
46 ᏗᏣᎴᎲᎦ! ᎢᏓᎢᏎᏍᏗ! ᎬᏂᏳᏉ ᎠᏉ ᏓᏯᎢ ᎠᏆᏈᏗᏍᎩ.
47 ᎠᏏᏉᏃ ᎦᏬᏂᏍᎬᎢ ᎬᏂᏳᏉ ᏧᏓᏏ ᎠᏏᏴᏫ ᏔᎳᏚ ᎢᏯᏂᏛ ᎨᏒ ᎤᎷᏨᎩ, ᎠᎴ ᏓᏘᏁᎲᎩ
ᎤᏂᏣᏘ ᏴᏫ, ᎠᏰᎳᏍᏗ-ᏗᎦᏅᎯᏛ ᎠᎴ ᎠᏓ ᏗᏂᏁᎯ, ᎤᏓᎬᏂᏅᏏᏛ ᏄᏂᎬᏫᏳᏒ
ᎠᏥᎸᎠᏁᎶᎯ ᏗᏂᎳᏫᎩ ᎠᏁᎲ ᏴᏫ.
48 ᎤᏈᏗᏍᎩᏃ ᏧᏃᏁᎸᎯ ᎨᏎ ᎤᎾᏙᎴᎰᎯᏍᏙᏗ ᎯᎠ ᎢᏳᏪᏒᎯ ᎨᏎᎢ; ᎩᎶ ᏥᏯᏚᏣᏔᏅᎭ
ᎾᏍᎩ ᎨᏎᏍᏗ, ᎠᏍᏓᏯ ᎦᏥᏂᏴᎲᎭ.
49 ᎤᎵᏍᏗᏳᏃ ᏥᏌ ᏚᏙᎬ ᎤᎷᏨᎩ, ᎯᎠ ᏄᏪᏒᎩ; ᏙᎯᏱ ᎦᎾᏓᎪᏩᏛ, ᏍᎩᎾᏝᎢ; ᎠᎴ
ᎤᏚᏣᏔᏅᎩ.
50 ᏥᏌᏃ ᎯᎠ ᏄᏪᏎᎸᎩ; ᎩᎾᎵᎢ, ᏚᏙᏃ ᎥᎯᎷᎩ. ᎿᏉᏃ ᎤᏂᎷᏨᎩ ᎠᎴ ᎦᎬᏩᏏᏔᏛᎩ
ᏥᏌ, ᎬᏩᏂᏴᎲᎩ.
51 ᎠᎴ ᎬᏂᏳᏉ ᎠᏏᏴᏫ ᏥᏌ ᎠᏁᎯ ᎤᏌᎳᏓᏅᎩ ᎧᏃᎨᏂ ᎤᏄᎲᎩ ᎠᏰᎳᏍᏗ-ᎦᏅᎯᏛ,
ᎠᎴ ᎤᎷᏴ ᎤᎬᏫᏳᎯ ᎠᏥᎸ-ᎨᎶᎯ ᎤᏅᏏᏓᏍᏗ, ᎠᎴ ᎤᎵᏍᎦᏍᏔᏅᎩ.
52 ᎿᏉᏃ ᏥᏌ ᎯᎠ ᏄᏪᏎᎸᎩ; ᎦᎳᏗᏍᏗᏱ ᏥᎯᏔᏓ ᏟᏤᎵ ᎠᏰᎳᏍᏗᎦᏅᎯᏛ, ᏂᎦᏛᏰᏃ
ᎠᏰᎳᏍᏗ-ᎦᏅᎯᏛ ᎠᏂᏱᏍᎩ ᎠᏰᎳᏍᏗ-ᎦᏅᎯᏛ ᏧᏂᏲᎰᎯᏍᏙᏗ ᎨᏎᏍᏗ.
53 ᏝᏍᎪ ᏯᏓᏅᏖᎭ ᏰᎵ ᎦᏥᏯᏓᏙᎵᏍᏓᏁᏗ ᎨᏒ ᎡᏙᏓ, ᎩᎳᏉᏃ ᎢᏴᏛ ᎥᏝ ᏔᎳᏚᏉ
ᎢᏳᎾᏓᏈᎩ ᏗᏂᎧᎿᏩᏗᏙᎯ ᏱᏙᎬᎩᎧᏂ?

54 ᎠᏎᏃ ᎦᏙ ᏱᏚᎵᏍᏙᏓ ᏯᏙᎯᏳᎲᎦ ᏄᏍᏛ ᎪᏪᎸᎢ, ᎠᏎ ᎾᏍᎩ ᎢᏳᎵᏍᏙᏗ ᏥᎩ?
55 ᎾᎯᏳᏃ ᏥᏌ ᎯᎠ ᏂᏚᏪᏎᎸᎩ ᎤᏂᏣᏘ; ᏥᎪ ᎦᏃᏍᎩᏍᎩ ᏥᏥᏲᎰ ᎾᏍᎩᏯ ᎢᏥᎷᎩ
ᏍᎩᏂᏴᎯᎦ, ᎠᏰᎳᏍᏗᏗᎦᏅᎯᏛ ᎠᎴ ᎠᏓ ᏗᏥᏁᎯ? ᏂᏚᎩᏨᏂᏒ ᎢᏧᎳᎭ ᎢᏗᏅᎩ
ᏕᎦᏕᏲᎲᏍᎬᎩ ᎤᏛᎾ-ᏗᎦᎳᏫᎢᏍᏗᏱ, ᎥᏝᏃ ᏱᏍᎩᏂᏱᏍᎨᎢ.
56 ᎠᏎᏃ ᏂᎦᏛ ᎾᏍᎩ ᎯᎠ ᏄᎵᏍᏔᏅᎩ ᎤᏙᎯᏳᏗᏱ ᎠᎾᏙᎴᎰᏍᎩ ᎤᏃᏪᎳᏅᎯ. ᎿᏉᏃ
ᏂᎦᏛ ᎬᏩᏍᏓᏩᏗᏙᎯ ᎬᏩᏕᏨᎩ ᎠᎴ ᎤᎾᎵᏒᎩ.
57 ᏥᏌᏃ ᎤᏂᏂᏴᏛ ᎧᏯᏉᎢ ᏭᎾᏘᏅᏍᏔᏅᎩ ᎾᏍᎩ ᏄᎬᏫᏳᏒ ᎠᏥᎸᎨᎶᎯ, ᎾᎿ
ᏗᏃᏪᎵᏍᎩ ᎠᎴ ᏗᏂᎳᏫᎩ ᏓᏂᎳᏫᎥᎢ.
58 ᏈᏓᏃ ᎤᏍᏓᏩᏛᏎ Ꭸ ᎢᏴᏛ ᏣᎢᏎ ᏄᎬᏫᏳᏒ ᎠᏥᎸ-ᎨᎶᎯ ᏗᎦᏁᎸ ᎬᏗᏍᎩ, ᎤᏴᎴᎢ, ᎠᎴ
ᎨᏥᏅᏏᏓᏍᏗ ᎢᏧᎳᎭ ᎠᏂᏁᎢ, ᎤᎪᏩᏛᏗᏱ ᎤᏰᎸᏎ ᏩᎵᏍᏆᏗᎯᎲᎢ.
59 ᏄᏂᎬᏫᏳᏒᏃ ᎠᏥᎸ-ᎠᏁᎶᎯ ᎠᎴ ᏧᎾᏛᏐᏅᎯ ᎠᎴ ᏂᎦᏛ ᏗᏂᎳᏫᎩ ᎤᏂᏲᎴ ᎦᏰᎪᎩ
ᎤᏂᏃᎮᎸᎯ ᏥᏌ ᎤᏈᏗᏍᎩ, ᎾᏍᎩ ᎤᏂᎯᏍᏗᏱ ᎤᎾᏚᎵᏍᎨᎢ;
60 ᎠᏎᏃ ᎤᎾᏠᏤᏉ; ᎤᏂᏣᏖᏍᎩᏂᏃᏅ ᎦᏰᎪᎩ ᎠᏂᏃᎮᏍᎩ ᎤᏂᎾᏄᎪᏤᎢ, ᎠᏎᏃ
ᎤᎾᏠᏤᏉ. ᎣᏂᏱᏍᎩᏂᏃᏅ ᎠᏂᏔᎵ ᎦᏰᎪᎩ ᎠᏂᏃᎮᏍᎩ ᎤᏂᎷᏤᎢ, ᎯᎠ ᏄᏂᏪᏎᎢ;
61 ᎯᎠ ᏂᏚᏪᏒᎩ; ᏰᎵᏉ ᏱᏥᏲᏍᏓ ᎤᏁᎳᏅᎯ ᎤᏤᎵ ᎤᏛᎾ-ᏗᎦᎳᏫᎢᏍᏗᏱ, ᏦᎢᏉᏃ
ᏧᏙᏓᏆᏛ [ᏔᎵᏁ] ᏴᎦᏁᏍᎬᎵ.
62 ᏄᎬᏫᏳᏒᏃ ᎠᏥᎸ-ᎨᎶᎯ ᏚᎴᏁᎢ, ᎯᎠ ᏄᏪᏎᎴᎢ; ᏝᏍᎪ ᏱᏁᎦ? ᎦᏙ ᎯᎠ ᎠᏂᎦᏔᎲ
ᏣᏂᏃᎮᎭ ᏥᎨᏣᏈᏗᎭ?
63 ᎠᏎᏃ ᏥᏌ ᎡᎳᏪᏱᏉ ᎨᏎᎢ. ᏄᎬᏫᏳᏒᏃ ᎠᏥᎸ-ᎨᎶᎯ ᎢᎤᏁᏨ ᎯᎠ ᏄᏪᏎᎴᎢ;
ᎬᏔᏲᏏ ᎤᏁᎳᏅᎯ ᎬᏂᏛ ᎯᏁᎢᏍᏙᏗᏱ, ᏍᎩᏃᎲᏏ, ᏥᎪ ᏂᎯ ᎦᎶᏁᏛ ᎤᏁᎳᏅᎯ
ᎤᏪᏥ?
64 ᏥᏌᏃ ᎯᎠ ᏄᏪᏎᎴᎢ; ᏰᎵ ᏂᏫ. ᎠᏎᏃ ᎯᎠ ᏂᏨᏪᏎᎭ; ᎢᎸᎯᏳ ᏓᏰᏥᎪᎢ ᏴᏫ ᎤᏪᏥ
ᎠᎦᏘᏏ ᎢᏗᏢ ᎤᎵᏂᎬᎬ ᎤᏬᎴᏍᏗ, ᎠᎴ ᏣᎢᏎᏍᏗ ᎤᎶᎩᎸ ᎦᎸᎶᎢ.
65 ᎿᏉᏃ ᏄᎬᏫᏳᏒ ᎠᏥᎸ-ᎨᎶᎯ ᏚᏄᏩᎥ ᏚᏪᏣᏕᎸᏢᎢ; ᎠᏐᏢᎢᏍᏓ, ᎤᏛᏁᎢ; ᎦᏙᏃ ᎠᏏ
ᎠᏂᎦᏔᎯ ᏯᏂᏃᎮᎭ? ᎬᏂᏳᏉ ᎿᏉ ᎢᏣᏛᎬᎦ ᎠᏐᏢᎢᏍᏗᏍᎬᎢ.
66 ᎦᏙ ᎢᏤᏢᎭ? ᎤᏂᏁᏨᏃ ᎯᎠ ᏄᏂᏪᏎᎢ; ᏰᎵᏉ ᎬᏩᏲᎱᎯᏍᏗ.
67 ᎿᏉᏃ ᎤᎧᏛ ᏚᎾᎵᏥᏍᏯᎢ, ᎠᎴ ᎠᏍᏈᏅ ᏕᎬᏩᎾᏍᏗᏍᎨᎢ ᎠᎴ ᎠᏂᏐᎢ ᏧᏃᏰᏂ
ᏕᎬᏩᎾᏍᏗᏍᎨᎢ,
68 ᎯᎠ ᎾᏂᏪᏍᎨᎢ; ᏍᎩᏯᏙᎴᎣᎯᏏ, ᎦᎶᏁᏛ, ᎦᎪ ᏥᏨᏂᎦ?
69 ᏈᏓᏃ ᎤᏬᎴ ᎤᏊᏅᏛᎢ, ᎤᎷᏤᎴᏃ ᎠᏛ ᎯᎠ ᏄᏪᏎᎢ; ᏂᎯ ᎾᏍᏉ ᏍᏕᏙᎲᎩ ᏥᏌ
ᎨᎵᎵ ᎡᎯ.
70 ᎠᏎᏃ ᏂᎦᏛ ᎠᏂᎦᏔᎲ ᎤᏓᏱᎴᎢ, ᎯᎠ ᏄᏪᏎᎢ; ᎥᏝ ᏱᏥᎦᏔᎭ ᏂᏪᏍᎬᎢ.

71 ᏙᏱᏢᏃ ᏭᏩᏒ ᎤᏩᏓᎴ ᎤᎪᎮᎢ, ᎠᎴ ᎯᎠ ᏂᏚᏪᏎᎴ ᎾᎿ ᎠᏁᏙᎯ; ᎾᏍᏉ ᎯᎠ ᏥᏌ
ᎾᏎᎵᏗ ᎡᎯ ᏓᏁᏙᎲᎩ.
72 ᏔᎵᏁᏃ ᎤᏓᏱᎴᎢ, ᎤᏁᎳᏅᎯ ᎤᏁᎢᏍᏔᏁᎢ; Ꮭ ᏱᏥᎦᏔᎭ Ꮎ ᎠᏍᎦᏯ, ᎤᏛᏁᎢ.
73 ᎪᎯᏱᏃ ᎢᏴᏛ ᎬᏩᎷᏤᎴ ᎾᎥ ᎠᏂᏙᎾᎢ, ᎯᎠ ᏂᎬᏩᏪᏎᎴ ᏈᏓ; ᎤᏙᎯᏳᎯ ᎾᏍᏉ ᏂᎯ
ᎢᏤᏙᏄᎯ, ᎯᏌᏂᏍᎬᏰᏃ ᎬᏂᎨᏒ ᏂᏨᏁᎭ.
74 ᎿᏉᏃ ᎤᎴᏅᎮ ᎤᏍᎩᏅᏕᎢ, ᎠᎴ ᎤᏁᎳᏅᎯ ᎤᏁᎢᏍᏔᏁᎢ; Ꮭ ᏱᏥᎦᏔᎭ Ꮎ
ᎠᏍᎦᏯ, ᎤᏛᏁᎢ; ᎩᎳᏉᏃ ᎢᏴᏛ ᏣᏔᎦ ᎤᏴᎳᏎᎢ.
75 ᏈᏓᏃ ᎤᏅᏓᏕ ᏥᏌ ᎤᏁᏨᎯ, ᎯᎠ ᏥᏄᏪᏎᎢ; ᎠᏏ ᏣᏔᎦ ᎾᏂᏴᎬᎾᎨᏎᏍᏗ ᏦᎢ
ᏅᏓᏍᏆᏓᏱᎵ. ᎤᏄᎪᏨᏃ ᎡᎯᏍᏗ ᏫᏚᏠᏱᎴᎢ.

ᎠᏯᏙᎸᎢ 27

1 ᏑᎾᎴᏃ ᏄᎵᏍᏔᏅ, ᏂᎦᏛ ᏄᏂᎬᏫᏳᏒ ᎠᏥᎸ-ᎠᏁᎶᎯ ᎠᎴ ᏗᏂᎳᏫᎩ ᎠᏁᎲ ᎠᏫ
ᎤᏂᏃᎮᎴ ᎢᏳᎾᏛᏁᏗᏱ ᏥᏌ ᎤᏂᎯᏍᏗᏱ.
2 ᎿᏉᏃ ᎤᎾᎸᎸ ᎤᏁᎵᏌᎾᏫᏛᎮᎢ, ᏆᏂᏛ ᏆᎴᏗ ᎤᎬᏫᏳᎯ ᏫᏚᏂᏲᎯᏎᎴᎢ.
3 ᎿᏉᏃ ᏧᏓᏏ ᎾᏍᎩ ᎤᎶᏄᎮᎸᎯ ᎤᏙᎴᎰᏒ ᏓᎫᎪᏓᏁᎸᎢ ᎤᏁᏟᏴᏎ ᎤᏓᏅᏛᎢ, ᎠᎴ
ᏄᏂᎬᏫᏳᏒ ᎠᏥᎸ-ᎠᏁᎶᎯ ᎠᎴ ᏧᎾᏛᏐᏅᎯ ᏙᏅᏲᎮᎴ ᏦᎠᏍᎪᎯ ᎠᏰᎵ-ᎠᏕᎸ ᏧᎾᎬᏩᎶᏗ,
4 ᎯᎠ ᏄᏪᏎᎢ; ᏥᏍᎦᏅᎩ ᏄᏍᎦᏅᏨᎾ ᎩᎬ ᏥᏕᏡᏓ. ᎯᎠᏃ ᏄᏂᏪᏎᎢ; ᎦᏙ ᎾᏍᎩ ᎠᏴ
ᎣᎬᏙᏗ? ᏨᏒ ᎾᏍᎩ ᏗᏟᎸᏫᏍᏓᏏ.
5 ᎠᎴ ᏚᏗᏅ ᎠᏕᎸ ᎾᎿ ᏗᎦᎳᏫᎢᏍᏗᏱ, ᎠᎴ ᎤᏄᎪᏤᎢ, ᎠᎴ ᎢᏴᏛ ᏭᎶᏒ, ᎤᏩᏒ
ᏭᏓᏛᏁᎢ.
6 ᏄᏂᎬᏫᏳᏒᏃ ᎠᏥᎸ-ᎠᏁᎶᎯ ᏚᏂᎩᏒ ᎠᏕᎸ ᎯᎠ ᏄᏂᏪᏎᎢ; ᎥᏝ ᏚᏳᎪᏛ ᏱᎦᎩ ᎠᏕᎸ-ᏗᏗᏱ
ᏱᏗᏗᎲᏍᎦ, ᎩᎬᏰᏃ ᏧᎬᏩᎳᏅᎯ.
7 ᎤᏂᏃᎮᎸᏃ, ᎤᏂᏩᎯᏍᏔᏁ ᎥᏘ ᏗᎪᎵᏍᎩ ᎤᎶᎨᏒᎢ ᎾᎿ ᎠᏁᏙᎯ ᏗᎨᏥᏂᏐᏗᏱ.
8 ᎾᏍᎩ ᎢᏳᏍᏗ ᎾᏍᎩ ᏑᎨᏏ ᎩᎬ ᎤᎶᎨᏒ ᎠᏃᏎᎭ ᎪᎯ ᏥᎩ.
9 ᎿᏉᏃ ᎤᏙᎯᏳᏁ ᏧᏁᏤ ᏤᎵᎹᏯ ᎠᏙᎴᎰᏍᎩ, ᎯᎠ ᏥᏄᏪᏎᎢ; ᎠᎴ ᏚᏂᎩᏒᎩ ᏦᎠᏍᎪᎯ
ᎠᏰᎵ-ᎠᏕᎸ ᎾᏍᎩ ᎾᏧᎬᏩᎳᏅᎯ, ᎾᏍᎩ ᏣᏥᎬᏩᎶᏔᏅᎯ, ᎢᏏᎵ ᏧᏪᏥ ᏧᏂᎬᏩᎶᏔᏅᎯ,
10 ᎠᎴ ᎤᏂᏩᎯᏍᏔᏅᎩ ᎥᏘ ᏗᎪᎵᏍᎩ ᎤᎶᎨᏒᎢ, ᎾᏍᎩᏯ ᏱᎰᏩ ᎠᏇᏲᏅᎢ.
11 ᏥᏌᏃ ᎦᏙᎨ ᎢᎬᏱᏗᏢ ᎤᎬᏫᏳᎯ ᎤᏬᎸᎢ. ᎤᎬᏫᏳ ᎯᏃ ᎤᏛᏛᏁᎢ, ᎯᎠ ᏄᏪᏎᎢ;
ᏂᎯᏍᎪ ᏣᎬᏫᏳᎯ ᎠᏂᏧᏏ ᎤᎾᏤᎵᎦ? ᏥᏌᏃ ᎯᎠ ᏄᏪᏎᎴᎢ; ᏰᎵᏂᏫ.
12 ᏄᏂᎬᏫᏳᏒᏃ ᎠᏥᎸ-ᎠᏁᎶᎯ ᎠᎴ ᏗᏂᎳᏫᎩ ᎬᏩᏱᎵᏙᎸ ᎥᏝ ᏳᏁᏤᎢ.
13 ᎿᏉᏃ ᏆᎴᏗ ᎯᎠ ᏄᏪᏎᎴᎢ; ᏝᏍᎪ ᏯᏛᎩᎭ ᏂᎦᎥ ᎬᏂᎨᏒ ᎾᏅᏁᎲ ᎠᏂᎦᏔᎯ
ᎨᏣᏡᏗᏍᎬᎢ
14 ᎠᏎᏃ ᎥᏝ ᏌᏉᎤᏅ ᏱᏄᏁᏤᎢ, ᎾᏍᎩ ᎢᏳᏍᏗ ᎤᎬᏫᏳᎯ ᎤᏣᏘ ᎤᏍᏆᏂᎪᏎᎢ.
15 ᏗᎵᏍᏓᏴᏗᏱᏃ ᎨᏒ ᎢᏳᎢ ᎤᎬᏫᏳᎯ ᏧᏲᎯᏎᏗ ᎨᏐ ᏌᏉ ᎠᏴᎩ, ᎯᎠᏉ ᎠᏁᎳ ᏴᏫ.
16 ᎾᎯᏳᏃ ᏗᎦᏃᏣᎵ ᎠᏴᎩ ᎤᏂᎧᎮ ᏆᎳᏆᏧᏙᎢᏛ.
17 ᎾᏍᎩ ᎢᏳᏍᏗ ᎿᏉ ᏚᏂᎳᏫᏨ ᏆᎴᏗ ᎯᎠ ᏂᏚᏪᏎᎴᎢ; ᎦᎪ ᎢᏣᏚᎵ ᏗᏨᏲᎯᏎᏗᏱ?
ᏆᎳᏆᏍᎪ? ᏥᏌᎨᎦᎶᏁᏛ ᏣᏃᏎᎰᎢ?
18 ᎠᎦᏔᎮᏰᏃ ᎠᏅᏩᎬᏉ ᎤᏗᎦᎵᏍᏙᏗᏍᎬ ᏚᏂᏲᏒᎢ.
19 ᎤᏬᎸᏃ ᏗᎫᎪᏙᏗᏱ ᎦᏍᎩᎸᎢ ᎤᏓᎵᎢ ᏧᏓᏅᏎᎢ, ᎯᎠ ᎤᏧᏪᏎᎴᎢ; ᏞᏍᏗ ᏂᎯ ᎪᎱᏍᏗ
Ꮎ ᎾᏍᎦᏅᎾ ᎠᏍᎦᏯ ᎤᎬᏩᎵ ᏱᏗᏟᎸᏫᏍᏓᏁᎴᏍᏗ, ᎤᏣᏘᏰᏃ ᏥᎩᎵᏲᎩ ᎪᎯ ᎢᎦ
ᎦᏍᎩᏓᏍᎬᎢ ᎾᏍᎩ ᎤᏗᎦᎵᏍᏙᏗᏍᎬᎢ.
20 ᎠᏎᏃ ᏄᏂᎬᏫᏳᏒ ᎠᏥᎸ-ᎠᏁᎶᎯ ᎠᎴ ᏗᏂᎳᏫᎩ ᏚᏂᏍᏗᏰᏔᏁ ᎤᏂᏣᏘ ᎨᏒ ᏆᎳᏆ
ᎤᏂᏔᏲᏎᏗᏱ, ᏥᏌᏃ ᎤᏂᎯᏍᏗᏱ.

21 ᎤᎬᏫᏳᎯᏃ ᎤᏁᏨ ᎯᎠ ᏂᏚᏪᏎᎴᎢ; ᎦᎪ ᎯᎠ ᎠᏂᏔᎵ ᎨᏒ ᎢᏣᏚᎵ ᏗᏨᏲᎯᏎᏗᏱ?
ᏆᎳᏆ, ᎤᎾᏛᏁᎢ.

22 ᏆᎴᏗ ᎯᎠ ᏂᏚᏪᏎᎴᎢ; ᎦᏙᏃ ᏓᏥᏴᏁᎵ ᏥᏌ, ᎦᎶᏁᏛ ᏣᏃᏎᎰᎢ? ᏩᎦᏛᎥᎦ, ᎬᏬᏎᎴ
ᏂᎦᏛ.

23 ᎤᎬᏫᏳᎯᏃ ᎯᎠ ᏄᏪᏎᎢ; ᎦᏙᏃ, ᎦᏙ ᎤᏛᏁᎸ ᎤᏍᎦᏅᏨ? ᎠᏎᏃ ᎤᏟᏉ ᏂᎦᏒ
ᎤᏁᎷᏁᎢ, ᏩᎦᏛᎥᎦ, ᎠᎾᏗᏍᎬᎢ.

24 ᏆᎴᏗ ᎤᏙᎴᎰᏒ ᏗᎬᏩᏎᎪᎩᏍᏗ ᏂᎨᏒᎾ ᎨᏒᎢ, ᎠᎴ ᎤᎾᏓᏑᏰᏛ ᎤᎾᎵᏔᎸᏅᎩ, ᎠᎹ
ᏬᏁᎩᏎᎢ, ᎠᎴ ᎦᏑᎴᎮ ᎤᏂᏣᏘ ᎠᏂᎦᏔᎲᎢ, ᎯᎠ ᏄᏪᏎᎢ; ᎠᏴ ᎥᏝ ᎠᎩᏍᎦᏅᏨᎯ ᏱᎩ
ᎯᎠ ᏄᏍᎦᏅᏨᎾ ᏴᏫ ᎤᎩᎬ. ᏂᎯ ᎢᏣᏚᏌᏯᏍᏓ.

25 ᏂᎦᏛᏃ ᏴᏫ ᎤᏂᏁᏤᎢ, ᎯᎠ ᏄᏂᏪᏎᎢ; ᎤᎩᎬ ᎠᏴ ᎠᎴ ᏦᎨᏥ ᎣᎩᏅᎦᎴᏍᏗ.

26 ᎿᏉᏃ ᏆᎳᏆ ᏕᎤᏲᎯᏎᎴᎢ; ᎤᎵᎥᏃᏅᏃ ᏥᏌ ᏚᏲᏎ ᎠᎦᏛᏗᏱ.

27 ᎿᏉᏃ ᎠᏂᏯᏫᏍᎩ ᎤᎬᏫᏳᎯ ᏧᏙᎵᎦ ᎤᎬᏫᏳᎯ ᎦᏁᎸ ᎤᏂᏴᏔᏁ ᏥᏌ, ᎠᎴ ᎾᎿ
ᏕᎬᏩᏚᏫᏍᏔᏁ ᏂᎦᏛ ᏑᎾᏓᏡᎩ ᎠᏂᏯᏫᏍᎩ.

28 ᏚᏂᏄᏪᏒᏃ, ᎩᎦᎨ ᎦᏌᎴᎾ ᎤᏂᏄᏬᏒᎢ.

29 ᎠᎴ ᎤᏂᏍᏕᏲᏅ ᎠᎵᏍᏚᎶ ᏧᏣᏲᏍᏗ ᎪᎵᏔᏅᎯ, ᎤᏂᏍᏚᏔᏁᎢ, ᎠᎴ ᎦᎾᏍᏓ ᎠᎦᏘᏏ
ᎢᏗᏢ ᎤᎾᏒᎦᏔᏗᏍᏔᏁᎢ; ᎠᎴ ᏓᎾᎵᏂᏆᏅᏁᎮ ᎠᎴ ᎠᎾᏕᎰᏗᏍᎨᎢ, ᎯᎠ ᎾᏂᏪᏍᎨᎢ;
ᎢᏨᏲᎵᎦ, ᏣᎬᏫᏳᎯ ᎠᏂᏧᏏ ᎤᎾᏤᎵᎦ.

30 ᏚᎾᎵᏥᏯᏃ ᎠᎴ ᎤᏂᏴᏒᎴ ᎦᎾᏍᏓ ᎠᎴ ᎤᏂᏍᏆᎸᏂᏍᏔᏁᎢ.

31 ᎤᎾᏕᎰᏔᏃᏅᏃ ᎤᏂᏄᏪᏎ ᎦᏌᎴᎾ, ᎠᎴ ᎤᏩᏒ ᏧᏄᏪ ᏚᏂᏄᏬᏒᎢ; ᎠᎴ ᎤᎾᏛᏗᏱ
ᏭᎾᏘᏅᏍᏔᏁᎢ.

32 ᎤᏂᏄᎪᏨᏃ ᎤᏂᏩᏛᎮ ᎠᏍᎦᏯ ᏌᎵᏂ ᎡᎯ ᏌᏩᏂ ᏧᏙᎢᏛ; ᎾᏍᎩ ᎬᏍᎦᎢᏍᏓᎩ
ᏄᏅᏁᎴ ᎤᏪᏅᏍᏗᏱ ᏧᏓᎿᏩᏛ.

33 ᏭᏂᎷᏨᏃ ᎪᎵᎦᏓ ᏚᏙᎥᎢ, ᎾᏍᎩ ᎤᏍᏆᎷᎪᎢ ᏥᎦᏛᎦ,

34 ᏧᏂᏦᏯᏍᏗ ᎤᏗᏔᏍᏗ ᎠᏓᎦ ᎠᏑᏱ ᎤᏂᏁᏁᎴᎢ, ᎤᏁᎸᏔᏅᏃ ᎥᏝ ᏳᏚᎸᎮ
ᎤᏗᏔᏍᏗᏱ.

35 ᎤᎾᏛᏁᏃ ᎠᎴ ᏚᏂᏯᏙᎴ ᏧᏄᏬ ᎠᎾᏌᏍᏗᏍᎨᎢ; ᎾᏍᎩᏃ ᎤᏙᎯᏳᏁ ᎠᏙᎴᎰᏍᎩ
ᏧᏁᏤᎢ, ᎯᎠ ᏥᏄᏪᏎᎢ; ᏗᏆᏄᏬ ᏚᏂᏯᏙᎸᎩ, ᎠᎴ ᎠᏆᏄᏬ ᎤᎾᏌᏍᏔᏅᎩ.

36 ᎤᎾᏅᏁᏃ ᎠᎴ ᎤᏂᏯᏫᏎ.

37 ᎤᏂᏯᎸᏁᏃ ᎦᎸᎳᏗᏢ ᎤᎵᏍᏓᏛᎢ ᎢᏳᏍᏗ ᎨᏒ ᎤᎵᏱᎵᏕᎲᎢ, ᎯᎠ ᏂᎬᏁ ᎪᏪᎴᎢ;
ᎯᎠᏲ ᏥᏌ ᎤᎬᏫᏳᎯ ᎠᏂᏧᏏ ᎤᎾᏤᎵᎦ.

38 ᎾᏍᏉᏃ ᎢᏧᏔᎭ ᏕᎨᎦᏛᏁ ᎠᏂᏔᎵ ᎠᏂᏃᏍᎩᏍᎩ, ᏌᏉ ᎠᎦᏘᏏ ᎢᏗᏢ, ᏐᎢᏃ ᎠᎦᏍᎦᏂ
ᎢᏗᏢ.

39 ᎾᎥᏃ ᎠᏂᎶᏍᎩ ᏕᎬᏩᎵᏕᎢ, ᎠᎴ ᏓᎾᎵᏍᏛᏁᎮᎢ,

40 ᎯᎠ ᎾᏂᏪᏍᎨᎢ; ᎤᏛᎾ-ᏗᎦᎳᏫᎢᏍᏗᏱ ᎯᏲᏍᏗᏍᎩ, ᏦᎢᏉᏃ ᎢᎦ ᎯᏰᎢᎵᏙᎯ
ᎭᏁᏍᎨᏍᎩ, ᎭᎵᏍᏕᎸ ᏨᏒ; ᎢᏳᏃ ᏂᎯ ᎤᏁᎳᏅᎯ ᎤᏪᏥ ᎨᏎᏍᏗ, ᏓᏓᎿᏩᏍᏛ
ᎡᎭᏠᎠᎯ.
41 ᎾᏍᏉᏃ ᏄᏂᎬᏫᏳᏒ ᎠᏥᎸᎠᏁᎶᎯ ᎠᎴ ᏗᏃᏪᎵᏍᎩ ᎠᎴ ᏗᏂᎳᏫᎩ ᎠᏂᏰᎵᏍᎬᎢ ᎯᎠ
ᎾᏂᏪᏍᎨᎢ;
42 ᎠᏂᏐᎢ ᏓᏍᏕᎵᏍᎬᎩ, ᎤᏩᏒᏍᎩᏂ ᎥᏝ ᏴᎬᎵᏍᏕᎸ. ᎢᏳᏃ ᎤᎬᏫᏳᎯ ᎢᏏᎵ ᎤᎾᏤᎵ
ᎨᏎᏍᏗ, ᎿᏉ ᏓᏓᎿᏩᏍᏛ ᎡᎠᏠᎠᎯ, ᎩᎳᏃ ᏓᏰᏙᎢᏳᏂ.
43 ᎤᏁᎳᏅᎯ ᎤᎵᏍᎦᏍᏙᏛᎩ; ᎿᏉ ᏭᏍᏕᎸ ᎢᏳᏃ ᎤᎸᏉᏕᏍᏗ; ᎯᎠᏰᏃ ᏥᏂᎦᏪᏍᎬᎩ,
ᎤᏁᎳᏅᎯ ᎡᏙᏓ.
44 ᎠᏂᏃᏍᎩᏍᎩᏃ ᎾᏍᎩ ᎢᏧᎳᎭ ᏗᎨᎦᏛᏅᎯ ᎾᏍᏉ ᎦᎬᏩᏐᎵᎦᎢ.
45 ᎿᏉᏃ ᎢᎦ ᎤᏓᎴᏅᏛ ᏦᎢᏁ ᎢᏳᏟᎶᏛ ᎧᎳᏩᏗᏒ ᎢᏯᏍᏗ ᎤᏒᎯᏰᏱ ᎢᏗᎵ ᎤᎵᏏᎲᎡᎩ
ᏂᎬ ᎾᏍᎩ ᎦᏙᎯ.
46 ᏦᎢᏁᏃ ᎢᏳᏟᎶᏛ ᎢᏴ ᎧᎳᏩᏗᏒ ᎤᏒᎯᏰᏱ ᎢᏗᎵ ᏥᏌ ᎤᏁᏤ ᎠᏍᏓᏯ, ᎯᎠ ᏄᏪᏎᎢ;
ᎢᎳ, ᎢᎳ, ᎳᎹ ᏌᏆᏓᏂ? ᎾᏍᎩ ᎯᎠ ᏄᏍᏗ ᎦᏛᎬᎢ, ᎤᏁᎳᏅᎯ ᎠᏆᏤᎵᎦ, ᎤᏁᎳᏅᎯ
ᎠᏆᏤᎵᎦ, ᎦᏙᏃ ᎢᏍᏋᏕᏨᏉ?
47 ᎢᎦᏛᏃ ᎾᎿ ᎠᏂᏙᎾᎢ ᎾᏍᎩ ᎤᎾᏛᎦᏅ, ᎢᎳᏯ ᎠᏯᏂᎭ ᎯᎠ, ᎤᎾᏛᏁᎢ.
48 ᎩᎳᏉᏃ ᎢᏴᏛ ᎠᏏᏴᏫ ᏚᏍᏆᎸᏔᏁᎢ, ᎠᎴ ᏭᏁᏎ ᏚᏬᎵ, ᎠᎴ ᏧᏂᏟᏯᏍᏗ
ᎤᎧᎵᎢᏍᏔᏁᎢ, ᎦᎾᏍᏙᎯᏃ ᎤᏪᏆᏙᎳᏅ ᏭᏅᏁᎴ ᎾᏍᎩ ᎤᏗᏔᏍᏗ.
49 ᎢᎦᏛᏃ ᎯᎠ ᏄᏂᏪᏎᎢ; ᎤᏁᎳᎩ, ᎢᏓᏙᎴᎰᎯ, ᏥᏌᏃ ᎢᎳᏯ ᏓᎦᎷᏥ ᏓᏳᏍᏕᎸᎯᎵ.
50 ᏥᏌᏃ ᏔᎵᏁ ᎠᏍᏓᏯ ᎤᏁᏨ ᎦᏅᏲᏎ ᎤᏓᏅᏙ.
51 ᎬᏂᏳᏉᏃ ᎠᏄᏬ ᎠᏰᏙᎳᏛ ᎤᏛᎾ-ᏗᎦᎳᏫᎢᏍᏗᏱ ᏚᎵᏍᏈᏴᎢ, ᎦᎸᎳᏗ ᏧᎴᏅᎮ ᎡᎳᏗ
ᏭᏍᏆᏗᏍᏔᏁᎢ; ᎠᎴ ᎦᏙᎯ ᎤᎵᏖᎸᏁᎢ, ᎠᎴ ᏅᏯ ᏓᎾᎵᏍᏈᏴᎢ.
52 ᏓᏤᎵᏍᏛᏃ ᏚᎵᏍᏚᎢᏎᎢ, ᎠᎴ ᎤᏂᏣᏘ ᎤᎾᏓᏅᏘ ᎤᏂᎵᏅᏨᎯ ᎤᎾᏗᏓᏁᏎᎢ,
53 ᎠᎴ ᏓᏤᎵᏍᏛ ᏚᏂᏄᎪᏤ ᏧᎴᏅᎯ ᏂᎨᏎᎢ, ᎠᎴ ᎦᎸᏉᏗᏳ ᏚᎦᎲ ᎤᏂᏴᎴᎢ, ᎠᎴ ᎤᏂᏣᏖ
ᎬᏂᎨᏒ ᏂᏚᎾᏛᏁᎴᎢ.
54 ᎿᏉᏃ ᎠᏍᎪᎯᏧᏈ ᏗᏓᏘᏂᏙᎯ ᎠᎴ ᎾᏍᎩ ᎾᎢᏧᎳᎭ ᏥᏌ ᎬᏩᏯᏫᏍᎩ, ᎤᎾᏙᎴᎰᏒ
ᎦᏙᎯ ᎠᎵᏖᎸᎲᏍᎬᎢ, ᎠᎴ ᎾᏍᎩ ᏄᎵᏍᏔᏂᏙᎸᎢ, ᎤᏣᏖ ᎤᏂᏍᎦᎴᎢ, ᎯᎠ ᏄᏂᏪᏎᎢ;
ᎤᏙᎯᏳᎯᏯ ᎤᏁᎳᏅᎯ ᎤᏪᏥ ᎨᏎ ᎯᎠ.
55 ᎾᎿᏃ ᎠᏂᏙᎾᎡ ᎤᏂᏣᏖ ᎠᏂᎨᏴ Ꭸ ᎢᏴᏛ ᏙᏗᏂᎧᏁᎢ, ᎾᏍᎩ ᏥᏌ ᎨᎵᎵ
ᎤᏓᎬᏩᏓᏩᏛᏛ ᎬᏩᏍᏕᎸᎯᏙᎸᎯ,
56 ᎾᎿ ᎤᎾᏓᏑᏴ ᎺᎵ ᎹᎩᏕᎵ ᎡᎯ, ᎠᎴ ᎺᎵ ᏥᎻ ᎠᎴ ᏦᏏ ᎤᏂᏥ, ᎠᎴ ᏤᏈᏗ ᏧᏪᏥ
ᎤᏂᏥ.

57 ᎤᎡᏃ ᏄᎵᏍᎳᏅ ᎤᎷᏤ ᎤᏪᏖᎢ ᎠᏍᎨᏯ ᎠᎵᎹᏗᏱ ᎡᎯ ᏦᏩ ᏧᏙᎢᏛ, ᎾᏍᏉ ᎾᏍᎩ
ᏥᏌ ᎤᏍᏓᏩᏗᏙᎯ ᎨᏎᎢ;
58 ᏆᎴᏗᏱ ᎤᏪᏅᏎᎢ, ᏥᏌ ᎠᏰᏄᎢ ᏭᎳᏥᎴᎢ, ᏖᏉᏃ ᏆᎴᏗ ᎤᏁᏤ ᎠᏰᏄᎢ ᏧᏂᏥᎯᏎᏗᏱ.
59 ᏦᏩᏃ ᎠᏰᏄ ᎤᏁᏒ ᎤᏪᏟᏄ ᏮᎳᏁ ᏕᏓᎭ ᏂᎨᏒᎾ ᎠᏄᏌ ᎤᏁᎬ;
60 ᎠᎴ ᎤᏅᏁ ᎤᏩᏒ ᎤᏤᎵ ᎢᏤ ᏗᏓᏂᏐᏗᏱ, ᎾᏍᎩ ᎤᏥᎯ ᎤᎳᎴᏒᎢ; ᎡᏆᏃ ᎤᏯ
ᏕᏮᎯᏍᏗᏱ ᎠᏤᎵᏍᏛ ᏭᏪᏌᏆᎴᏄ ᎤᏓᏅᏎᎢ.
61 ᎾᏖᏃ ᎢᎬᏱᏗᎵ ᏗᏓᏂᏐᏗᏱ ᎦᏃᎴ ᎺᎵ ᎹᎩᏕᎵ ᎡᎯ ᎠᎴ ᏐᎢ ᎺᎵ.
62 ᎠᎴ ᎤᎩᏨᏛ, ᎠᏛᏅᎢᏍᏙᏗᏱ ᎢᏕ ᎤᏮᏐᏅᎯ, ᏄᏂᎬᏫᏳᏒ ᎠᏥᏄ-ᎠᏁᏮᎯ ᎠᎴ
ᎠᏂᏆᎵᏏ ᏕᎬᏩᎳᏫᏤ ᏆᎴᏗ,
63 ᎯᎠ ᏄᏂᏪᏎᎢ; ᏟᎬᏫᏳᎯ, ᎣᎦᏅᎳ ᎾᏍᎩ Ꮎ ᎠᏓᏮᏄᎵᏍᎩ, ᎠᏏᏉ ᏥᎬᏅᎩ, ᎯᎠ
ᏥᏄᏪᏒᎩ; ᏦᎢᏁᏉ ᎢᏕ ᏙᏛᎦᎴᏂ.
64 ᎾᏍᎩ ᎢᏩᏍᏗ ᎯᏁᎩ ᎠᏍᏓᏯ ᎢᏳᏅᏁᏗᏱ ᎠᏤᎵᏍᏛᎢ ᏦᎢᏁ ᎢᏕ ᎢᎪᎯᏛ,
ᎬᏩᏍᏓᏩᏗᏙᎯᏰᏃ ᎡᏃᏱ ᏯᏂᎷᎩ ᏱᎬᏩᏃᏍᎩ, ᎯᎠᏃ ᏱᏂᏓᏂᏪᏏ ᏴᏫ; ᏧᏥᎱᏒ ᏙᎤᎴᏅ;
ᎣᏂᏱᏃ ᎤᎾᏌᏄᎮᏄᎢ ᎤᏟ ᎤᏥᎢᏳ ᏱᎩ ᎡᏍᏕᏉ ᎢᎬᏱᏱ.
65 ᏆᎴᏗ ᎯᎠ ᏂᎦᏪᏎᎴᎢ; ᎠᏂᏯᎾᏍᎩ ᏕᏥᎧᎭ, ᎢᏤᎾ ᎾᏍᏓᏴ ᎢᎨᏨᏁᏗ ᎨᏒ ᏫᏂᏨᏕ.
66 ᎰᏩᏃ ᎤᏁᏅᏎ ᎠᏍᏓᏱᏳ ᏫᏄᏅᏁᎴ ᎠᏤᎵᏍᏛᎢ, ᎤᏂᏰᏄᎳᏁ ᎤᏥᎯ, ᎠᎴ ᎦᏂᎧᏁ
ᎠᏂᏕᎫᏗᏍᎩ.

ᎠᏯᏙᎸᎢ 28

1 ᎤᎾᏙᏓᏉᏅᎯᏃ, ᎩᎳ ᎢᎦ ᏂᎦᎵᏍᏗᏍᎨᎢ ᎠᎴᏂᏍᎬ ᏑᎾᏙᏓᏆᏍᏗ ᎨᏒ ᎺᎵ ᎹᎩᏕᎵ ᎡᎯ
ᎠᎴ ᏐᎢ ᎺᎵ ᎤᎾᎦᏔᏂᎴ ᎠᏤᎵᏍᏛᎢ.
2 ᎠᎴ ᎬᏂᏳᏉ ᎤᏣᏘ ᎦᏙᎯ ᎤᎵᏖᎸᏁᎢ, ᏱᎰᏩᏰᏃ ᎤᏤᎵ ᏗᎧᎿᏩᏗᏙᎯ ᎦᎸᎳᏗ ᏧᏠᎠᏎᎢ,
ᎤᎷᏨᏃ ᏅᏯ ᎤᏪᏌᏆᎴᎴ ᎤᎲᏎ ᎦᎶᎯᏍᏗᏱ ᎠᎲᎢ; ᎠᎴ ᎤᏍᎩᎳᏁᎢ.
3 ᏗᎧᏃᏗᏱ ᎠᎾᎦᎵᏍᎩ ᎾᏍᎩᏯ ᎨᏎᎢ, ᎤᏄᏩᎥᏃ ᎥᏃᏥ ᏥᏄᏁᎩᏴ ᏄᎺᎩᏴᎢ.
4 ᎠᏂᎦᏘᏯᏃ ᎠᏂᏍᎦᎢᎲ ᏚᏂᎾᏪᎢ, ᎠᎴ ᏧᏂᏲᎱᏒᎯ ᎾᏍᎩᏯ ᏄᎾᎵᏍᏔᏁᎢ.
5 ᏗᎧᎿᏩᏗᏙᎯᏃ ᎤᏁᏨ ᎯᎠ ᏂᏚᏪᏎᎴ ᎠᏂᎨᏴ; ᏞᏍᏗ ᏂᎯ ᏱᏍᏗᏍᎦᎢᎮᏍᏗ, ᏥᎦᏔᎭᏰᏃ
ᏥᏌ ᎠᎦᏛᏅᎯ ᎡᏍᏗᏲᎲᎢ.
6 ᎥᏝ ᎠᏂ ᏘᎦᎾ, ᏚᎴᏅᏰᏃ ᎾᏍᎩᏯ ᏄᏪᏒᎢ; ᎡᏍᏕᎾ ᎡᏍᏓᎦᏔ ᎤᎬᏫᏳᎯ ᎠᏥᏅᏅᎢ.
7 ᎠᎴ ᎤᎵᏍᏗᏳ ᎢᏍᏕᎾ ᏫᏗᏍᏗᏃᎲᏏ ᎬᏩᏍᏓᏩᏗᏙᎯ ᏕᎤᎴᏅ ᎤᏲᎱᏒᎢ; ᎠᎴ ᎬᏂᏳᏉ
ᎢᎬᏱ ᎨᎵᎵ ᏅᏓᏰᏏ, ᎾᎿ ᏓᏰᏥᎪᎢ. ᎬᏂᏳᏉ ᎢᏍᏛᏃᎲᏏ.
8 ᎤᎵᏍᏗᏳᏃ ᎠᏤᎵᏍᏛ ᎤᎾᏓᏅᏎᎢ, ᎠᏂᏍᎦᎢᎮ ᎠᎴ ᎤᏣᏘ ᎠᎾᎵᎮᎵᎨᎢ, ᎠᎴ
ᏚᏂᏍᏆᎸᎳᏁ ᎬᏩᏍᏓᏩᏗᏙᎯ ᏚᏂᏃᏁᎸᏎᎢ.
9 ᎠᎾᎢᏒᏃ ᏓᏂᏃᏁᎵᏒ ᎬᏩᏍᏓᏩᏗᏙᎯ ᎬᏂᏳᏉ ᏥᏌ ᏚᎾᏠᏎᎢ; ᏙᎯᏱ ᏕᏓᏓᎪᏩᏛ,
ᎤᏛᏁᎢ. ᎤᏂᎷᏨᏃ ᏧᎳᏏᏕᏂ ᏚᏂᏂᏴᎮᎢ, ᎡᎳᏗ ᏂᎬᏩᏛᏁᎴᎢ.
10 ᎿᏉᏃ ᏥᏌ ᎯᎠ ᏂᏚᏪᏎᎴᎢ, ᏞᏍᏗ ᏱᏍᏗᏍᎨᎢᎮᏍᏗ; ᎢᏍᏕᎾ ᏫᏗᏍᏗᏃᎲᏏ ᎣᏣᎵᏅᏟ
ᎨᎵᎵ ᏭᏂᎶᎯᏍᏗᏱ, ᎾᎿᏃ ᏓᎬᎩᎪᎯ.
11 ᎠᎾᎢᏒᏃ ᎬᏂᏳᏉ ᎢᎦᏛ ᎤᏂᏯᏫᏒᎯ ᎤᏂᎷᏤ ᎦᏚᎲᎢ, ᎠᎴ ᏄᏂᎬᏫᏳᏒ ᎠᏥᎸ-ᎠᏁᎶᎯ
ᏚᏂᏃᏁᎴ ᏂᎦᏛ ᏄᎵᏍᏔᏂᏙᎸᎢ.
12 ᎾᏍᎩᏃ ᎠᎴ ᏗᏂᎳᏫᎩ ᏚᏂᎳᏫᏨ ᎠᎴ ᎤᏂᏃᎮᎸ, ᎤᏣᏘ ᎠᏕᎸ ᏚᏂᏁᎴ ᎠᏂᏯᏫᏍᎩ,
13 ᎯᎠ ᏄᏂᏪᏎᎢ; ᎯᎠ ᏂᏥᏪᏒᎭ; ᎬᏩᏍᏓᏩᏗᏙᎯ ᎡᏃᏱ ᎤᏂᎷᏨᎩ, ᎣᏥᎵᏅ
ᎬᏩᏃᏍᎩᏒᎩ.
14 ᎢᏳᏃ ᎾᏍᎩ ᎠᏛᎦᏅ ᎤᎬᏫᏳᎯ, ᏓᏲᏥᏍᏗᏰᏔᏂ, ᎠᎴ ᏓᏨᏍᏕᎸᎯ.
15 ᏚᏂᎩᏒᏃ ᎠᏕᎸ, ᏂᎨᏥᏪᏎᎸ ᏄᎾᏛᏁᎴᎢ. ᎾᏍᎩᏃ ᎯᎠ ᎧᏃᎮᏛ ᎠᏏ ᎠᏂᏃᎮᎵᏙᎭ
ᎠᏂᏧᏏ.
16 ᎿᏉᏃ ᏌᏚ ᎢᏯᏂᏛ ᎬᏩᏍᏓᏩᏗᏙᎯ ᎨᎵᎵ ᎤᏁᏅᏒᎩ ᏦᏓᎸ ᏥᏌ ᎤᎾᏎᎮᎸᎢ.
17 ᎬᏩᎪᎲᏃ ᎡᎳᏗ ᏂᎬᏩᏛᏁᎸᎩ. ᎠᏎᏃ ᎢᎦᏛ ᎤᎾᏜᏏᏛᏒᎸᏉ.
18 ᏥᏌᏃ ᎤᎷᏨ ᏚᏬᏁᏔᏅᎩ, ᎯᎠ ᏄᏪᏒᎩ; ᎢᎩᏁᎸ ᏂᎦᎥ ᏗᎩᎸᏫᏍᏓᏁᏗᏱ ᎦᎸᎳᏗ ᎠᎴ
ᎡᎶᎯ.
19 ᎾᏍᎩ ᎢᏳᏍᏗ ᎢᏤᎾ ᏫᏗᏤᏲᎲᏍ ᎾᎦᏛ ᏄᎾᏓᎴᏒ ᏴᏫ, ᏕᏣᏬᏍᎨᏍᏗ ᎢᏨᏗᏍᎨᏍᏗ
ᏚᏙᎥ ᎠᎦᏴᎵᎨᎢ ᎠᎴ ᎤᏪᏥ ᎠᎴ ᎦᎸᏉᏗᏳ ᎠᏓᏅᏙ,

20 ᎦᏙᏲᏜᏍᏗᎰᏍᏗ ᏧᏂᎧᏓᏳᏛᏍᏗᏐ ᏂᎦᎥ ᎢᏨᏁᏙᏎᎢ; ᎡᏂᏳᏭᏃ ᏂᎪᎯᏎ ᎢᏨᏰᎳᏗᏙᎨ
ᎾᎬᎵᏍᏆᏗᏍᎩ ᎡᎶᎯ. ᎡᎺᏅ.

ᏬᏯᏛᏛ ᎧᏃᎮᏛ, ᏧᏕ ᏅᏛᏯᎳᏅᎯ

ᎠᏯᏙᎸᎢ 1

1 ᎠᏓᎴᏂᏍᎬ ᏱᏍᏛ ᎧᏃᎮᏛ, ᏥᏌᎦᎶᏁᏛ ᎤᏁᎳᏅᎯ ᎤᏪᏥ ᎤᏤᎵᎦ.

2 ᎾᏍᎩᏯ ᎯᎠ ᏥᏂᎬᏅ ᏥᎪᏪᎳ ᎠᎾᏙᎴᎰᏍᎩᏱ; ᎬᏂᏳᏉ, ᏥᏅᎵ ᏥᏅᏏᏓᏍᏗ ᏣᎧᏛ ᎢᎬᏱᏗᏢ, ᎾᏍᎩ ᏓᏣᏛᏅᎢᏍᏓᏁᎵ ᏣᎶᎯᏍᏗᏱ ᎢᎬᏱᏗᏢ.

3 ᎤᏪᎷᎦ ᎩᎶ ᎢᎾᎨᎢ, ᎯᎠ ᏂᎦᏪᎭ; ᎡᏣᏛᏅᎢᏍᏓᏏ ᏱᎰᏩ ᎤᎶᎯᏍᏗᏱ, ᏚᏅᏅ ᏗᏥᏥᏃᎯᏍᏓ.

4 ᏣᏂ ᏓᏓᏬᏍᎨ ᎢᎾᎨᎢ, ᎠᎴ ᎠᎵᏥᏙᎲᏍᎨ ᎧᏃᎮᏍᎨ ᏗᏓᏪᏍᏗ ᎨᏒ ᏚᏁᏟᏴᏍᏗᏱ ᎣᏓᏅᏛ ᎤᎬᏩᎵ ᎾᏍᎩ ᎦᏴᏓᎫᏁᏗᏱ ᎠᏍᎦᏅᏨᎢ.

5 ᎠᎴ ᏫᎬᏩᎷᏤᎴ ᏂᎬᎾᏛ ᏧᏗᏱ ᎠᎴ ᏥᎷᏏᎵᎻ ᎠᏁᎯ, ᎠᎴ ᏂᎦᏛ ᎾᏍᎩ ᏚᎾᏬᏒ ᏦᏓᏂ ᎤᏪᏴᎢ, ᎤᏂᏍᎦᏅᏨ ᎠᏂᏃᎲᏍᎨᎢ.

6 ᏣᏂᏃ ᎤᏄᏪ ᎨᎻᎵ ᎤᏍᏗᏰᏅᎯ, ᎦᏃᏥᏃ ᎤᏓᏌᏍᏕᎢ; ᎥᎴᏃ ᎠᎴ ᏩᏚᎵᏏ ᎢᎾᎨ ᎡᎯ ᎠᎵᏍᏓᏴᏗᏍᎨᎢ.

7 ᎠᎵᏥᏙᎲᏍᎨᏃ ᎯᎠ ᏂᎦᏪᏍᎨᎢ; ᎤᏟ ᎤᎵᏂᎩᏗᏳ ᎡᏍᎦᏉ ᎠᏴ ᎣᏂ ᏓᏯᎢ, ᎾᏍᎩ ᏧᎳᏑᎶᎩᎯ ᏓᎧᏁᏌᏛ ᎥᏝ ᏰᎵ ᏱᏂᎪᎢ ᎠᏆᏗᏌᏓᏗᏍᏗᏱ ᎠᎴ ᏗᎩᎧᏁᏴᏗᏱ.

8 ᎠᏴ ᎤᏙᎯᏳᎯ ᎠᎹ ᏕᏨᏯᏬᏍᏔᏅ, ᎾᏍᎩᏍᎩᏂ ᎦᎸᏉᏗᏳ ᎠᏓᏅᏙ ᏙᏓᏣᏬᏍᏔᏂ.

9 ᎾᎯᏳᏃ ᎯᎠ ᏄᎵᏍᏔᏁᎢ, ᏥᏌ ᎾᏎᎵᏗ ᏧᎶᏎ ᎾᏍᎩ ᎨᎵᎵ ᏥᏚᎦᎭ, ᎠᎴ ᏣᏂ ᎤᏓᏬᏒ ᏦᏓᏂ.

10 ᎩᎳᏉᏃ ᎢᏴᏛ ᏧᎿᎷᏒ ᎠᎹᏱ ᎫᏓᏅᏒ, ᎤᎪᎮ ᎦᎸᎶᎢ

11 ᎠᎴ ᎯᎠ ᎤᏧᏪᏎ ᎦᎸᎳᏗ, ᏂᎯ ᎬᎨᏳᎢ ᎠᏇᏥ, ᎾᏍᎩ ᎣᏏᏳ ᎬᏰᎸᎢ ᏥᎩ.

12 ᎩᎳᏉᏃ ᎢᏴᏛ ᎠᏓᏅᏙ ᎢᎾᎨ ᏭᏗᏅᏍᏔᏁᎢ.

13 ᎾᎿᏃ ᎢᎾᎨ ᎡᏙᎮ ᎤᎦᏍᎪᎯ ᏧᏒᎯᏛ, ᏎᏓᏂ ᎤᎪᎵᏰᏍᎨᎢ; ᎠᎴ ᎢᎾᎨ ᎡᎿᎢ ᏕᎨᎳᏗᏙᎮᎢ; ᎠᎴ ᏗᏂᎧᎿᏩᏗᏙᎯ ᎬᏩᏍᏕᎸᎯᏙᎮᎢ.

14 ᏣᏂᏃ ᏗᏓᏍᏚᏗᏱ ᎾᏥᏴᎳᏁᎢ, ᏥᏌ ᎨᎵᎵ ᎤᎷᏤᎢ, ᎠᎵᏥᏙᎲᏍᎨ ᎣᏍᏛ ᎧᏃᎮᏛ ᎤᏁᎳᏅᎯ ᎤᎬᏫᏳᎯ ᎨᏒ ᎤᎬᏩᎵ,

15 ᎠᎴ ᎯᎠ ᏂᎦᏪᏍᎨᎢ, ᎿᏉ ᎠᎵᏱᎶᎦ, ᎠᎴ ᎤᏁᎳᏅᎯ ᎤᎬᏫᏳᎯ ᎨᏒ ᎡᏍᎦᏂᏳ ᏓᏯᎢ; ᏗᏥᏁᏟᏴᎾ ᏕᏣᏓᏅᏛᎢ, ᎠᎴ ᎢᏦᎯᏳᎲᎦ ᎣᏍᏛ ᎧᏃᎮᏛ.

16 ᎨᎵᎵᏃ ᎥᏓᎵ ᎤᎶᏗ ᎠᎢᏒᎢ, ᏚᎪᎮ ᏌᏩᏂ ᎠᎴ ᎡᏂᏗ ᎾᏍᎩ ᏗᎾᏓᏅᏟ, ᎥᏓᎵ ᎠᏂᎦᏯᎷᎥᏍᎨᎢ; ᎠᏂᎦᏯᎷᎥᏍᎩᏰᏃ ᎨᏎᎢ.

17 ᏥᏌᏃ ᎯᎠ ᏂᏚᏪᏎᎴᎢ; ᏍᎩᏂᏍᏓᏩᏚᎦ, ᏴᏫᏃ ᏗᏍᏗᎦᏯᎷᎥᏍᎩ ᎤᏓᏍᏛᏴᏁᎵ.

18 ᎩᎳᏉᏃ ᎢᏴᏛ ᏚᏂᏲᏎ ᏧᏂᎦᏯᎷᏗ, ᎠᎴ ᎬᏩᏍᏓᏩᏛᏎᎢ.

19 ᎾᎿᏃ ᏫᎤᏪᏅ ᎤᏍᏗᎩᏛ, ᏚᎪᎮ ᏥᎻ, ᏤᏈᏗ ᎤᏪᏥ, ᏣᏂᏃ ᎾᏍᎩ ᏗᎾᏓᏅᏟ, ᎾᏍᎩᏃ ᎾᏍᏉ ᎤᎾᏟᏒ ᏥᏳᎯ ᏓᏃᏢᎯᏏᏍᎨ ᏧᏂᎦᏯᎷᏗ.

20 ᎩᎳᏉᏃ ᎢᏴᏛ ᎾᏍᎩ ᏫᏚᏯᏅᎮᎢ; ᎤᏅᏕᏨᏃ ᎤᏂᏙᏓ ᏤᏈᏗ ᎨᎦᎫᏴᎡᎯ ᏧᏂᏅᏏᏓᏍᏗ
ᎢᏧᎳᎭ ᏥᏳᎯ ᎤᎾᏣᎥᎢ, ᎬᏩᏍᏓᏩᏛᏎᎢ.
21 ᎨᏆᏂᏃ ᏭᏂᏴᎴᎢ; ᎩᎳᏉᏃ ᎢᏴᏛ ᏗᎦᎳᏫᎢᏍᏗᏱ ᏭᏴᎸ ᏚᏕᏲᏁ ᎤᎾᏙᏓᏆᏍᎬ ᎢᎦ.
22 ᎤᏂᏍᏆᏂᎪᏎᏃ ᏄᏍᏛ ᏓᏕᏲᎲᏍᎬᎢ, ᏚᏕᏲᏁᏰᏃ ᎤᎵᏂᎩᏛ ᏧᎰ ᎾᏍᎩᏯᎢ, ᎥᏝᏃ
ᏗᏃᏪᎵᏍᎩ ᏓᎾᏕᏲᎲᏍᎬ ᎾᏍᎩᏯ ᏱᎨᏎᎢ.
23 ᏧᏂᎳᏫᎢᏍᏗᏱᏃ ᎠᏯᎡ ᎠᏍᎦᏯ ᎦᏓᎭ ᎠᏓᏅᏙ ᎤᏯᎢ, ᎠᎴ ᎤᏪᎷᏁ,
24 ᎯᎠ ᏄᏪᏎᎢ, ᎣᎦᏁᎳᎩ; ᎦᏙ ᏗᎦᏓᏛᏙᏗ ᏂᎯ, ᏥᏌ, ᎾᏎᎵᏗ ᎮᎯ? ᏥᏌ ᏍᎩᏛᏔᏂᎸ?
ᎬᎦᏔᎭ, ᏂᎯ ᎾᏍᎩ ᎨᏒᎢ; ᎾᏍᎩ ᎠᏥᎸᏉᏗ ᎤᏁᎳᏅᎯ ᎤᏤᎵᎦ.
25 ᏥᏌᏃ ᎤᏍᎦᏤᎢ, ᎯᎠ ᏄᏪᏎᎢ; ᎡᎳᏪ ᎲᎾ, ᎠᎴ ᎯᏄᎪᎢ.
26 ᎦᏓᎭᏃ ᎠᏓᏅᏙ ᎤᏄᎦᏍᏔᏅ, ᎠᎴ ᎠᏍᏓᏯ ᎤᏪᎷᏅ, ᎤᏄᎪᏤᎢ.
27 ᏂᎦᏛᏃ ᎤᏂᏍᏆᏂᎪᏎᎢ; ᎠᎴ ᎤᏅᏒ ᎨᏒ ᏚᎾᏓᏛᏛᏁᎢ, ᎯᎠ ᎾᏂᏪᏍᎨᎢ; ᎦᏙ ᎤᏰᎸᏗ
ᎯᎠ? ᎦᏙ ᎤᏍᏗ ᎯᎠ ᎢᏤ ᏗᏕᏲᏗ ᎨᏒᎢ? ᎤᎵᏂᎩᏛᏰᏃ ᎤᎲ ᎬᏗ ᏕᎧᏁᏤᎰ ᎠᏂᎦᏓᎭ
ᏗᏓᏅᏙ, ᎠᎴ ᎬᏬᎯᏳᎲᏍᎪᎢ.
28 ᎩᎳᏉᏃ ᎢᏴᏛ ᎾᏍᎩ ᏕᏚᏃᏣᎸ ᏚᏰᎵᏎ ᎨᎵᎵ ᎾᎿ ᎬᏩᏚᏫᏛ ᎨᏒᎢ.
29 ᎩᎳᏉᏃ ᎢᏴᏛ ᏗᎦᎳᏫᎢᏍᏗᏱ ᏧᏂᏄᎪᏨ, ᏌᏩᏂ ᎠᎴ ᎡᏂᏗ ᎠᏂᏁᎸ ᏭᏂᏴᎴᎢ, ᎠᏁᎮ
ᏥᎻ ᎠᎴ ᏣᏂ.
30 ᏌᏩᏂᏃ ᎤᏓᎵᎢ ᎤᏥ ᎦᏅᎨ ᎤᏢᎨ ᎤᏗᎴᎲᏍᎨᎢ; ᎩᎳᏉᏃ ᎢᏴᏛ ᎬᏩᏃᏁᎴᎢ.
31 ᎤᎴᏨᏃ ᎠᎴ ᎤᏪᏯᏁᏒ, ᏚᎴᏔᏁᎢ; ᎤᏗᎴᎲᏍᎬᏃ ᎩᎳᏉ ᎢᏴᏛ ᎤᏗᏩᏎᎢ, ᎠᎴ
ᏚᏍᏕᎸᎯᏙᎴᎢ.
32 ᎤᏒᏃ ᎿᏉ ᏅᏙ ᏭᏕᎵᏨ, ᏕᎬᏩᏘᏃᎮᎴ ᏂᎦᏛ ᏧᏂᏢᎩ, ᎠᎴ ᎠᏂᏍᎩᎾ ᏗᎬᏩᏂᏯᎢ;
33 ᏂᎦᏛᏃ ᎦᏚᎲ ᎠᏁᎯ ᎤᎾᏓᏟᏌᎮ ᎦᎶᎯᏍᏗᏱ.
34 ᎤᏂᏣᏘᏃ ᏕᎤᏅᏩᏁ ᏧᏂᏢᎩ ᏧᏓᎴᏅᏛ ᎥᏳᎩ ᎤᏁᎯ; ᎠᎴ ᎤᏂᏣᏘ ᎠᏂᏍᎩᎾ
ᏚᏄᎪᏫᏎᎢ; ᎠᎴ ᎥᏝ ᏩᏂᏁᎩ ᏱᏕᎵᏎᎮ ᎠᏂᏍᎩᎾ, ᎤᏗᎦᎵᏍᏙᏗᏍᎨ ᎬᏬᎵᎬᎢ.
35 ᏑᎾᎴᏃ, ᎠᏏ ᎪᎯᏗᏳ ᎬᏩᎩᏨᏗ ᎨᏒ ᎤᏗᏛᎮ ᎤᏄᎪᏤᎢ, ᎠᎴ ᎢᎾᎨ ᏭᎶᏎᎢ, ᎠᎴ ᎾᎿ
ᎤᏓᏙᎵᏍᏔᏁᎢ.
36 ᏌᏩᏂᏃ ᎠᎴ ᎾᏍᎩ ᎠᏁᎯ, ᎬᏩᏍᏓᏩᏛᏎᎢ.
37 ᏫᎬᏩᏩᏛᎲᏃ, ᎯᎠ ᏂᎬᏩᏪᏎᎴᎢ, ᏂᎦᏛᏉ ᏴᏫ ᎨᏣᏲᏎ.
38 ᎯᎠᏃ ᏂᏚᏪᏎᎴᎢ, ᏗᏐᎢ ᏙᏗᎦᏚᎲ ᏫᏗᎶᎯ, ᎾᎿ ᎾᏍᏉ ᏕᎵᏥᏙᏂᏙᎸᎭ; ᎾᏍᎩᏰᏃ
ᎢᏳᏍᏗ ᎠᎩᎷᏥᎸ.
39 ᎠᎵᏥᏙᏂᏙᎮᏃ ᏧᏂᎳᏫᎢᏍᏗᏱ ᏂᎬᎾᏛ ᎨᎵᎵ, ᎠᎴ ᎠᏂᏍᎩᎾ ᏕᎦᏄᎪᏫᏍᎨᎢ.
40 ᎠᏓᏰᏍᎩᏃ ᎤᏢᎩ ᎤᎷᏤᎴᎢ, ᎤᏓᏙᎵᏍᏓᏁᎴ ᏚᎵᏂᏆᏅᏁᎴᎢ, ᎠᎴ ᎯᎠ ᏄᏪᏎᎴᎢ,
ᎢᏳᏃ ᎣᏏᏳ ᏱᏣᏰᎸᏅ, ᏰᎵᏉ ᏱᏍᎩᏅᏕᎸ.

41 ᏥᏌᏃ, ᎦᏙᎵᎬ ᎤᏙᏯᏅᎯᎦᎢ, ᎠᎴ ᎤᏒᏂᎴᎢ, ᎠᎴ ᎯᎠ ᏄᏪᏎᎴᎢ, ᎣᏏᏳ ᏥᏰᎸᏅ;
ᏣᏓᏅᎦᎸᏛ ᎨᏎᏍᏗ.

42 ᎤᏁᏨᏉᏃ ᎩᎳᏉ ᎢᏴᏛ ᎠᏓᏰᏍᎩ ᎤᏢᎬ ᎤᎵᏛᏔᏁᎢ, ᎠᎴ ᎤᏓᏅᎦᎸᏛ ᎨᏎᎢ.

43 ᎤᎵᏂᎩᏛᏃ ᎤᏁᏤᎸ, ᎩᎳᏉ ᎢᏴᏛ ᎤᏁᏤᎴ ᎤᏓᏅᏍᏗᏱ;

44 ᎠᎴ ᎯᎠ ᏄᏪᏎᎴᎢ, ᎮᏯᏔᎮᏍᏗ ᏝᏍᏗ ᎩᎶ ᎪᎱᏍᏗ ᏥᎯᏃᏁᎵ; ᎮᎾᏉᏍᎩᏂ, ᎬᏂᎨᏒ
ᏫᏂᏯᏛᏂᏏ ᎠᏥᎸᎨᎶᎯ, ᎠᎴ ᏩᎵᏍᎪᎸᏓ ᏣᏓᏅᎦᎸᎲ ᎤᎬᏩᎵ, ᎾᏍᎩ ᎼᏏ ᎤᏁᏨ
ᎠᎵᏍᎪᎸᏙᏗᏱ, ᎾᏍᎩ ᎤᎾᏙᎯᏳᎾᏁᏗᏱ.

45 ᎠᏎᏃ ᎤᏄᎪᏨ, ᎤᎴᏅᎮ ᎤᏣᏘ ᏚᏰᎵᎯᏍᏔᏁᎢ, ᎠᎴ ᏚᏃᏣᏔᏁ ᎾᏍᎩ, ᎾᏍᎩᏃ
ᎢᏳᏍᏗ ᏥᏌ ᎥᏝ ᏂᏉ ᎬᏂᎨᏒ ᏫᎬᏩᏴᏍᏗ ᏱᎨᏎ ᏚᏚᎲᎢ, ᏙᏱᏗᏢᏉᏍᎩᏂ ᎢᎾᎨ ᎦᎨᏌᏗᏒ
ᎡᏙᎮᎢ; ᏂᎬᎾᏛᏉᏃ ᏂᏙᏓᏳᏂᎶᏒᎯ ᎬᏩᎷᏤᎮᎢ.

ᎠᏯᏙᎸᎢ 2

1 ᏔᎵᏁᏃ ᎢᎸᏍᎩ ᏫᏄᏒᎸ ᎨᏆᏂ ᏭᏴᎴᎢ; ᏚᏃᏣᎶᏤᏃ ᎦᎵᏦᏕ ᎠᏯᎥᎢ.
2 ᎩᎳᏉᏃ ᎢᏴᏛ ᎤᏂᏣᏘ ᏚᏂᎳᏫᏦᎴᎢ, ᎾᏍᎩ ᎢᏳᏍᏗ ᎥᏝ ᏳᏜᏅᎦ, ᎥᏝ ᎾᏍᏉ
ᎦᎶᎯᏍᏗᏳᎶᏗ; ᎧᏃᎮᏛᏃ ᏚᎵᏥᏙᏁᎴᎢ.
3 ᎬᏩᎷᏤᎴᏃ ᎩᎶ ᎢᏳᏍᏗ ᎤᎸᏓᎸᎥᏍᎩ ᎠᏂᏁᎮᎢ, ᎾᏍᎩ ᏅᎩ ᎢᏯᏂᏛ ᎬᏩᏃᎴᎢ.
4 ᎤᏂᏄᎸᏅᏃ ᎦᏙᎬ ᎾᎥ ᎤᏂᎷᎯᏍᏗᏱ ᎠᏂᏁᎸᎸ ᎢᏳᏍᏗ, ᎤᏅᏁᏎ ᎾᎿ ᎠᏯᎥᎢ;
ᎤᏅᏁᏒᏃ, ᎡᎳᏗ ᏄᏅᏁᎴ ᎠᏤᏍᏙ ᎾᎿ ᎤᎵᏓᎸᎥᏍᎩ ᎦᏅᎬᎢ.
5 ᏥᏌᏃ ᎤᎪᎲ ᎤᏃᎯᏳᏒᎢ, ᎯᎠ ᏄᏪᏎᎴ ᎤᎸᏓᎸᎥᏍᎩ, ᎠᏇᏥ, ᏣᏍᎦᏅᏨ ᎡᏣᏙᎵᎩ.
6 ᎠᏎᏃ ᎾᎿ ᎠᏂᏁ ᎩᎶ ᎢᏳᎾᏍᏗ ᏗᏃᏪᎵᏍᎩ, ᎯᎠ ᏄᏍᏕ ᎠᎾᏓᏅᏖᏍᎨ ᏙᏧᎾᏓᏅᏛᎢ,
7 ᎦᏙᏃ ᎯᎠ ᎠᏍᎦᏯ ᎯᎠ ᏂᎦᏪᎭ ᎢᎠᏐᏢᎢᏍᏗᎭ? ᎦᎪ ᏰᎵ ᎠᏍᎦᏅᏨ ᎬᏩᏓᏙᎵᏍᏗ,
ᏌᏉᏉ ᎤᏩᏒ, ᎾᏍᎩ ᎤᏁᎳᏅᎯ?
8 ᎩᎳᏉᏃ ᎢᏴᏛ ᏥᏌ ᏧᏓᏅᏛ ᎤᏙᎴᎰᏒ ᏄᏍᏛ ᎠᎾᏓᏅᏖᏍᎬ ᏙᏧᎾᏓᏅᏛᎢ, ᎯᎠ
ᏂᏚᏪᏎᎴᎢ; ᎦᏙᏃ ᎾᏍᎩ ᎯᎠ ᏂᏅᏍᏗ ᎢᏣᏓᏅᏖᎭ ᏙᏗᏣᏓᏅᏛᎢ?
9 ᎦᏙ ᎤᏍᏗ ᎤᏟ ᎠᎯᏗᏳ? ᏥᎪ ᎯᎠ ᏱᎾᎦᏪᏎ ᎤᎸᏓᎸᎥᏍᎩ, ᏣᏍᎦᏅᏨ ᎡᏣᏙᎵᎩ;
ᎯᎠᎨ ᏱᎾᎦᏪᎠ, ᏔᎴᎲᎦ, ᎠᎴ ᎯᎾᎩ ᏣᏤᏍᏙ, ᎠᎴ ᎮᏓ?
10 ᎠᏎᏃ ᎢᏣᏙᎴᎰᎯᏍᏗᏱ ᏴᏫ ᎤᏪᏥ ᎤᎲᎢ ᎬᏩᏓᏙᎵᏍᏗ ᎨᏒ ᎠᏍᎦᏅᏨᎢ ᎠᏂ ᎡᎶᎯ
(ᎯᎠ ᏄᏪᏎᎴ ᎤᎸᏓᎸᎥᏍᎩ,)
11 ᎬᏲᏎᎭ, ᏔᎴᎲᎦ, ᎠᎴ ᎯᎾᎩ ᏣᏤᏍᏙ, ᎠᎴ ᏗᏤᏅᏒ ᏫᎶᎯ
12 ᎩᎳᏉᏃ ᎢᏴᏛ ᏚᎴᏁᎢ, ᎤᏁᏒᏃ ᎠᏤᏍᏙ, ᎤᏄᎪᏤ ᏂᎦᏛ ᎠᏂᎦᏔᎲᎢ; ᎾᏍᎩ ᎢᏳᏍᏗ
ᏂᎦᏛ ᎤᏂᏍᏆᏂᎪᏎᎢ, ᎠᎴ ᎤᏁᎳᏅᎯ ᎤᏂᎸᏉᏔᏁ ᎯᎠ ᏄᏂᏪᏎᎢ; ᎥᏝ ᎢᏄᎯᏳ ᎾᏍᎩ
ᎢᏳᏍᏗ ᏲᎩᎪᎰᎢ.
13 ᏔᏁᏃ ᎤᏄᎪᏤ ᎥᏓᎵ ᎤᎶᏗ ᎤᏪᏙᎴᎢ; ᎠᎴ ᏂᎦᏛ ᎤᏂᏣᏘ ᏫᎬᏩᎷᏤᎴᎢ, ᎠᎴ ᎾᏍᎩ
ᏚᏪᏲᏁᎢ.
14 ᎠᎢᏒᏃ, ᎵᏫ ᎡᎵᏈ ᎤᏪᏥ ᎤᎪᎮ ᎤᏬᎴ ᎠᏰᎵ ᎠᏕᎸ ᎠᎩᏍᏗᏱ, ᎠᎴ ᎯᎠ ᏄᏪᏎᎴᎢ,
ᏍᎩᏍᏓᏩᏚᎦ. ᏚᎴᏅᏃ ᎤᏍᏓᏩᏛᏎᎢ.
15 ᎯᎠᏃ ᏄᎵᏍᏔᏁᎢ, ᎾᏍᎩ [ᏥᏌ] ᎦᏅᎬ ᎠᎵᏍᏓᏴᎲᏍᎬ ᎾᏍᎩ ᎦᏁᎸᎢ, ᎤᏂᏣᏖ ᎠᏕᎸ
ᎠᏂᎩᏏᏙᎯ ᎠᎴ ᎠᏂᏍᎦᎾ ᎢᏧᎳᎭ ᏓᏂᏅᎨ ᏥᏌ ᎠᎴ ᎬᏩᏍᏓᏩᏗᏙᎯ; ᎤᏂᏣᏖᏰᏃ, ᎠᎴ
ᎬᏩᏍᏓᏩᏗᏙᎮᎢ.
16 ᏗᏃᏪᎵᏍᎩᏃ ᎠᎴ ᎠᏂᏆᎵᏏ ᎬᏩᎪᎲ ᎢᏧᎳᎭ ᎠᎾᎵᏍᏓᏴᎲᏍᎬ ᎠᏕᎸ ᎠᏂᎩᏏᏙᎯ ᎠᎴ
ᎠᏂᏍᎦᎾ, ᎯᎠ ᏂᏚᏂᏪᏎᎴ ᎬᏩᏍᏓᏩᏗᏙᎯ, ᎦᏙᏃ ᎢᏧᎳᎭ ᏣᎾᎵᏍᏓᏴᎲᏍᎦ ᎠᎴ ᎢᏧᎳᎭ
ᏣᎾᏗᏔᏍᎦ ᎠᏕᎸ ᎠᏂᎩᏏᏙᎯ ᎠᎴ ᎠᏂᏍᎦᎾᎢ.

17 ᏥᏌᏃ ᎾᏍᎩ ᎤᏛᎦᏅ ᎯᎠ ᏂᏚᏪᏎᎴᎢ, ᎾᏍᎩ ᏂᏚᏂᏢᎬᎾ Ꮭ ᎤᏚᎸᏗ ᏱᏄᎾᎵᏍᏓᏁᎨ
ᏗᏓᏅᏫᏍᎩ, ᏧᏂᏢᎩᏍᎩᏂ; ᎢᏝ ᎤᎾᏓᏅᏘ ᏱᏗᏥᏯᏅᎯᏄ, ᎠᏂᏍᎦᎾᏍᎩᏂ ᏚᎾᏓᏅᏛ
ᏧᏂᏁᏟᏴᏍᏗᏱ.
18 ᏣᏂᏃ ᎬᏩᏍᏓᏩᏗᏙᎯ ᎠᎴ ᎠᏂᏆᎵᏏ ᎬᏩᏂᏍᏓᏩᏗᏙᎯ ᎠᎹᏟ ᎠᏅᏍᎩ ᎨᏎᎢ; ᎤᏂᎷᏤᏃ
ᎠᎴ ᎯᎠ ᏂᎬᏩᏪᏎᎴᎢ, ᎦᏙᏃ ᏣᏂ ᎬᏩᏍᏓᏩᏗᏙᎯ, ᎠᎴ ᎠᏂᏆᎵᏏ ᎬᏩᏂᏍᏓᏩᏗᏙᎯ ᎠᎹᏟ
ᏣᏅᏍᎪᎢ, ᏂᎯᏃ ᎨᏣᏍᏓᏩᏗᏙᎯ ᎠᎹᏟ ᎾᏅᏍᎬᎾ ᏥᎨᎭᎢ?
19 ᏥᏌᏃ ᎯᎠ ᏂᏚᏪᏎᎴᎢ, ᏥᎪ ᏕᎨᎦᏨᏍᏗᏍᎬ ᎠᏂᏕᎳᎯ ᏰᎵ ᎠᎹᏟ ᏯᏅᎾ ᎠᏕᏒᎲᏍᎩ
ᎤᏁᎳᏗᏙᎲ ᎢᎪᎯᏛ? ᎢᎪᎯᏛ ᎠᏕᏒᎲᏍᎩ ᎤᏁᎳᏗᏙᎲ, ᎥᏝ ᏰᎵ ᎠᎹᏟ ᏴᎬᏅᎾ.
20 ᏛᏍᏆᎸᎯᏍᎩᏂ ᎾᎯᏳ ᎨᏥᏯᏅᏒᏗᏱ ᎠᏕᏒᎲᏍᎩ, ᎾᎯᏳᏃ ᎿᏉ ᎠᎹᏟ ᏛᏅᏂ.
21 ᎥᏝ ᎠᎴ ᎩᎶ ᎤᏪᏘ ᎠᏄᏬ ᎢᏤ ᎠᎬᎭᎸᏛ ᏱᏕᎵᏍᏢᏗᏍᎪᎢ, ᎢᏤᏰᏃ ᎠᎬᎭᎸᏛ
ᏕᎳᏍᏢᎳᏅᎯ ᏴᏕᏣᏕᎸᏙᏓ ᎤᏪᏘ, ᎾᏍᎩᏃ ᎤᏓᏣᏕᎸᎲ ᎤᏟ ᎡᏉᎯᏳ ᏱᏅᏕᎵᏍᏓ.
22 ᎥᏝ ᎠᎴ ᎩᎶ ᎢᏎ ᎩᎦᎨ-ᎠᏗᏔᏍᏗ ᏧᏪᏘ ᏗᏑᏢᏛ ᏱᏓᏟᏍᏗᏍᎪᎢ; ᎢᏤᏰᏃ ᎩᎦᎨ-
ᎠᏕᏔᏍᏗ ᏱᏙᏕᏣᏕᎸ ᏗᏑᏢᏛ, ᎠᎴ ᏗᎦᎨ-ᎠᏗᏔᏍᏗ ᏯᏤᏬᎩ, ᎠᎴ ᏗᏑᏢᏛ ᏱᏓᏲᎩ;
ᎢᏤᏍᎩᏂ ᎩᎦᎨ-ᎠᏗᏔᏍᏗ, ᏗᏤ ᏗᏑᏢᏛ ᏗᏟᏍᏙᏗ ᎨᎭᎢ.
23 ᎯᎠᏃ ᏄᎵᏍᏔᏁᎢ, ᎾᏍᎩ ᏭᎨᏏ ᎤᏣᎴᏍᏗ ᏓᏫᏒ ᎤᎶᏎ ᎤᎾᏙᏓᏆᏍᎬ ᎢᎦ;
ᎬᏩᏍᏓᏩᏗᏙᎯᏃ ᎤᎾᎴᏅᎮ ᎠᎾᎢᏒ ᎤᏂᏍᎫᏕᏍᏔᏅᏎ ᎤᏣᎴᏍᏗ.
24 ᎠᏂᏆᎵᏏᏃ ᎯᎠ ᏂᎬᏩᏪᏎᎴᎢ, ᎬᏂᏳᏉ, ᎦᏙᏃ ᎤᎾᏙᏓᏆᏍᎬ ᎢᎦ ᏂᏚᏳᎪᏛᎾ ᎨᏒ
ᎾᎾᏛᏁᎭ.
25 ᎯᎠᏃ ᏂᏚᏪᏎᎴᎢ, ᏝᏍᎪ ᏱᏥᎪᎵᏰᎣ ᏕᏫ ᏄᏛᏁᎸ ᏧᏂᎬᏎᎮ ᎢᏳ, ᎠᎴ ᎠᎪᎸ
ᏧᏲᏏᏍᎨᎢ, ᎤᏩᏒ, ᎠᎴ ᎾᏍᎩ ᏣᏁᎮᎢ?
26 ᎾᏍᎩ ᎤᏁᎳᏅᎯ ᎤᏤᎵ ᎠᏓᏁᎸ ᏧᏴᎴ ᎾᎯᏳ ᏤᎮ ᎡᏆᏱᏓ. ᏄᎬᏫᏳᏒ ᎠᏥᎸ-ᎨᎶᎯ,
ᎠᎴ ᏧᎨ ᎠᏕᏙᏗ ᏕᏚ, ᎾᏍᎩ ᎬᎩᏍᏗ ᏂᎨᏒᎾ ᏥᎨᏎ ᎠᏥᎸᎠᏁᎶᎯ ᎤᏅᏒ, ᎠᎴ ᎾᏍᏉ
ᏥᏚᏁᎴ ᎾᏍᎩ ᎠᏁᎯ.
27 ᎠᎴ ᎯᎠ ᏂᏚᏪᏎᎴᎢ, ᎤᎾᏙᏓᏆᏍᎬ ᎤᏙᏢᏁ ᏴᏫ ᎤᏗᏕᎵᏍᏙᏗᏍᎨᎢ; ᎥᏝᏃ ᎤᎾᏙᏓᏆᏍᎬ
ᏱᎤᏗᏕᎵᏍᏙᏗᏍᎨ ᏴᏫ ᏱᎨᎪᏢᏁᎢ.
28 ᎾᏍᎩ ᎢᏳᏍᏗ ᎾᏍᏉ ᏴᏫ ᎤᏪᏥ ᎤᎾᏙᏓᏆᏍᎬ ᎤᎬᏫᏳᎯ.

ᎠᏯᏙᎸᎢ 3

1 ᏔᎵᏁᏃ ᏭᏴᎴ ᏗᎦᎳ ᏗᎦᎳᏫᎢᏍᏗᏱ; ᎾᎿᏃ ᎡᏙᎮ ᎠᏍᎦᏯ ᎤᏬᏰᏂ ᎤᏩᎢᏎᎸᎯ.
2 ᎬᏩᏯᏫᏎᏃ ᎤᎾᏚᎵᏍᎨ ᎤᎾᏙᎴᎰᎯᏍᏗᏱ ᎬᏩᏓᏅᏬᏗ ᎨᏒ ᎤᎾᏙᏓᏆᏍᎬ ᎢᎦ, ᎾᏍᎩ
ᎬᏩᏰᎢᎵᏓᏍᏗᏱ.
3 ᎯᎠᏃ ᏄᏪᏎᎴ ᎠᏍᎦᏯ ᎤᏪᏰᏂ ᎤᏩᎢᏎᎸᎯ; ᎠᏰᎵ ᎭᎴᎲᎦ.
4 ᎯᎠᏃ ᏂᏚᏪᏎᎴᎢ, ᏚᏳᎪᏗᏍᎪ ᎣᏍᏛ ᏗᎦᎸᏫᏍᏓᏁᏗᏱ ᎤᎾᏙᏓᏆᏍᎬ ᎢᎦ, ᎤᏲᎨ
ᏗᎦᎸᏫᏍᏓᏁᏗᏱ? ᎬᏅᎩᎶ ᎠᏍᏕᎸᎡᏗᏱ, ᎠᎯᏍᏗᏱᎨ? ᎡᎳᏪᏉᏃ ᎤᏅᏎᎢ.
5 ᎤᎭᏅᏤᎯᏃ ᏕᎤᎧᎿᏅ ᎾᏍᎩ ᎬᏩᏚᏫᏛ ᏄᎾᏛᏅ, ᎤᏕᏯᏔᏁᎲ ᏗᏍᏓᏱᏳ ᎨᏒ ᏧᏂᎾᏫ,
ᎯᎠ ᏄᏪᏎᎴ ᎠᏍᎦᏯ; ᎭᏙᏯᏅᎯᏛ. ᎤᏙᏯᏅᎯᏕᏃ, ᎤᏪᏰᏂᏃ ᎬᏩᏃᏍᏛ ᏄᎵᏍᏔᏁ
ᎾᏍᎩᏯ ᏐᎢ ᏄᏍᏛᎢ.
6 ᎠᏂᏆᎵᏏᏃ ᎤᏂᏄᎪᏨ, ᎩᎳᏉ ᎢᏴᏛ ᏭᎾᎵᏃᎮᎴ ᎡᎶᏛ ᎬᏩᏍᏕᎵᏍᎩ ᎬᏩᏈᏗᏍᎬ, ᎾᏍᎩ
ᎢᏳᏅᏁᏗᏱ ᎤᏂᎯᏍᏗᏱ.
7 ᏥᏌᏃ ᎤᏓᏅᏎ ᏚᏘᏅᏎ ᎬᏩᏍᏓᏩᏗᏙᎯ ᎥᏓᎵ ᏭᏂᎶᏎᎢ; ᎤᏂᏣᏘᏃ ᎬᏩᏍᏓᏩᏛᏎᎢ,
ᎤᏓᏳᏂᎶᏒᎯ ᎨᎵᎵ, ᎠᎴ ᏧᏗᏱ,
8 ᎠᎴ ᏥᎷᏏᎵᎻ, ᎠᎴ ᎢᏙᎻᏱ, ᎠᎴ ᏦᏓᏂ ᎢᏍᎪᏂᏗᏢ; ᎠᎴ ᏓᏯ ᎠᎴ ᏌᏙᏂ ᎾᎥ ᏗᏁᎯ,
ᎤᏣᏘ ᎠᏂᎪᏗᏳ, ᎾᏍᎩ ᎤᎾᏛᎦᏅ ᏂᎦᎥ ᎤᏍᏆᏂᎪᏗ ᏕᎤᏄᏫᏍᏓᏁᎸ, ᎬᏩᎷᏤᎴᎢ.
9 ᏚᏁᏤᎴᏃ ᎬᏩᏍᏓᏩᏗᏙᎯ, ᎾᏍᎩ ᏥᏳ ᎤᎦᏘᏗᏍᏗᏱ, ᎤᏂᏣᏘ ᎨᏒ ᎢᏳᏍᏗ, ᎾᏍᎩ
ᎬᏩᏁᏄᎳᏍᏙᏗᏱ ᏂᎨᏒᎾ.
10 ᎤᏂᏣᏖᏴᏃ ᏚᏅᏩᏁᎢ; ᎾᏍᎩ ᎢᏳᏍᏗ ᎬᏩᏁᏄᎳᏍᏗᏍᎨ ᎬᏩᏃᏟᏍᏙᏗᏱ
ᎤᎾᏚᎵᏍᎨᎢ, ᏂᎦᏛ ᎪᎱᏍᏗ ᏗᎾᎵᏍᏗᏍᎩ.
11 ᎠᎴ ᏗᎦᏓᎭ ᏗᏓᏅᏙ, ᎢᏳᏃ ᎬᏩᎪᏩᏛ, ᎡᎳᏗ ᎬᏩᏓᏅᏁᎮ, ᎠᎴ ᎠᏁᎷᎲᏍᎨ, ᎯᎠ
ᎾᏂᏪᏍᎨᎢ, ᎤᏁᎳᏅᎯ ᎤᏪᏥ ᏂᎯ.
12 ᎤᎵᏂᎩᏛᏃ ᏚᏁᏤᎴ ᎾᏍᎩ ᎬᏂᎨᏒ ᎢᎬᏩᏁᏗᏱ ᏂᎨᏒᎾ.
13 ᎤᎿᎷᏎᏃ ᎣᏓᎸᎢ, ᎠᎴ ᏚᏯᏅᎮ ᎾᏍᎩ ᎤᏚᎵᏍᎬ ᏧᏯᏅᏗᏱ; ᎠᎴ ᎬᏩᎷᏤᎮᎢ.
14 ᎠᎴ ᏚᏑᏰᏎ ᏔᎳᏚ ᎢᏯᏂᏛ, ᎾᏍᎩ ᎬᏩᏍᏓᏩᏗᏓᏍᏗᏱ, ᎠᎴ ᎾᏍᎩ ᏧᏅᏍᏗᏱ
ᎤᎾᎵᏥᏙᏂᏓᏍᏗᏱ,
15 ᎠᎴ ᏧᎵᏍᎪᎸᏓᏁᏗᏱ ᏚᏂᎵᎬ ᏧᏂᏅᏬᏗᏱ, ᎠᎴ ᎠᏂᏍᎩᎾ ᏧᏂᏄᎪᏫᏍᏗᏱ;
16 ᏌᏩᏂᏃ ᏈᏓ ᏚᏬᎡᎢ.
17 ᎠᎴ ᏥᎻ ᏤᏈᏗ ᎤᏪᏥ, ᎠᎴ ᏣᏂ ᏥᎻ ᏗᎾᏓᏅᏟ; ᎠᎴ ᎾᏍᎩ ᏉᎠᎾᏥ ᏚᏬᎡᎢ, ᎾᏍᎩ
ᎠᏴᏓᏆᎶᏍᎩ ᏧᏪᏥ ᎦᏛᎦ;
18 ᎠᎴ ᎡᏂᏗ, ᎠᎴ ᏈᎵᎩ, ᎠᎴ ᏆᏙᎳᎻ, ᎠᎴ ᎹᎦ, ᎠᎴ ᏓᎻ, ᎠᎴ ᏥᎻ ᎡᎵᏈ ᎤᏪᏥ,
ᎠᎴ ᏓᏗᏯ, ᎠᎴ ᏌᏩᏂ ᎠᎨᎾᏂᏗ,
19 ᎠᎴ ᏧᏓᏏ ᎢᏍᎦᎳᏗ, ᎾᏍᎩ ᏍᏉ ᏧᎶᏄᎮᎴᎢ; ᎠᏓᏁᎸᏃ ᏭᏂᎶᏎᎢ.

20 ᎤᏂᏣᏘᏃ ᏔᎵᏁ ᏚᏂᎳᏫᏦᎴᎢ, ᏍᎩ ᎢᏳᏍᏗ ᎾᏍᏉ ᏂᎤᏟᏍᏕ ᎦᏚ ᎤᏂᎩᏍᏗᏱ.
21 ᎪᎱᏍᏗᏃ ᏧᏩᏅ ᎤᎾᏛᎦᏅ, ᎤᏁᏅᏎ ᎬᏩᏂᏴᎲᏎᎢ; ᎯᎠᏰᏃ ᎾᏂᏪᏍᎨᎢ, ᎤᎸᏃᏘᎭ.
22 ᏗᏃᏪᎵᏍᎩᏃ ᏥᎷᏏᎵᎻ ᏅᏓᏳᏂᎶᏒᎯ, ᎯᎠ ᎾᏂᏪᏍᎨᎢ, ᏇᎵᏥᏆ ᎤᏪᎭ, ᎠᎴ
ᎤᎬᏫᏳᎯ ᎠᏂᏍᎩᎾ ᎤᎾᏤᎵᎦ ᎬᏗᎭ ᏕᎦᏄᎪᏫᏍᎦ ᎠᏂᏍᎩᎾ.
23 ᎾᏍᎩᏃ ᏫᏚᏯᏅᎲ, ᎯᎠ ᏂᏚᏪᏎᎴ ᏚᏟᎶᏍᏓᏁᎴᎢ, ᎦᏙ ᏱᎦᎵᏍᏙᏓ ᏎᏓᏂ ᏱᎦᏄᎪᏩ
ᏎᏓᏂ?
24 ᎢᏳ ᎠᎴ ᎠᏰᎵ ᎪᎵᏒ ᏔᎵ ᏱᏄᏓᎠ, ᎤᏩᏒᏉ ᏯᏓᏡᏗᎭ, ᎥᏝ ᏰᎵ ᏱᏂᎬᏩᏍᏗᏉ ᎾᏍᎩ
ᎠᏰᎵ ᎪᎵᏒᎢ.
25 ᎢᏳ ᎠᎴ ᏏᏓᏁᎸ ᎨᏒ ᏔᎵ ᏱᏄᏓᎠ, ᎤᏩᏒᏉ ᏯᏓᏡᏗᎭ, ᎾᏍᎩ ᏏᏓᏁᎸ ᎨᏒ ᎥᏝ ᏰᎵ
ᏱᏂᎬᏩᏍᏗᏉ.
26 ᎢᏳ ᎠᎴ ᏎᏓᏂ ᏱᏚᎴᏅ ᎤᏩᏒ ᏱᏚᏓᎦᏘᎴᏅ, ᎠᎴ ᏔᎵ ᏱᏄᏓᎠ, ᎥᏝ ᏰᎵ
ᏱᏂᎬᏩᏍᏗᏉ, ᏱᏩᏍᏔᏉᏍᎩᏂ ᎡᎲᎢ.
27 ᎥᏝ ᎩᎶ ᎤᎵᏂᎩᏛ ᎠᏍᎦᏯ ᎦᏁᎸ ᏴᎬᏴᎭ, ᎠᎴ ᏴᎬᏬᏅ ᎤᎿᎥᎢ, ᎬᏂ ᎢᎬᏱ ᏳᎸᎸ
ᎾᏍᎩ ᎤᎵᏂᎩᏛ ᎠᏍᎦᏯ; ᎩᎳ ᎿᏉ ᏯᏬᏅ ᎦᏁᎸ ᎤᎿᎥᎢ.
28 ᎤᏙᎯᏳᎯᏯ ᎢᏨᏲᏎᎭ, ᏂᎦᎥ ᎠᏍᎦᏅᎢᏍᏗ ᎨᏒ, ᎦᎨᏥᏙᎵᏍᏗᏉ ᎨᏎᏍᏗ ᏴᏫ ᏧᏁᏥ,
ᎠᎴ ᎠᏐᏢᎢᏍᏙᏗ ᎨᏒ, ᏂᎦᎥ ᎬᏩᏂᏐᏢᎢᏍᏙᏗ ᎨᏒᎢ;
29 ᎩᎶᏍᎩᏂ ᎦᎸᏉᏗᏳ ᎠᏓᏅᏙ ᎠᏐᏢᎢᏍᏗᏍᎨᏍᏗ, ᎥᏝ ᎢᎸᎯᏳ ᎦᏰᏥᏙᎵᏍᏗ ᏱᎨᏎᏍᏗ,
ᏗᎦᏰᎫᎪᏓᏁᏗᏉᏍᎩᏂ ᏫᎾᏍᏛᎾ ᎤᏍᏛᏗᏍᏗᏱ;
30 ᏅᏗᎦᎵᏍᏙᏗᏍᎨᎢ, ᎦᏓᎭ ᎠᏓᏅᏙ ᎤᏯᎠ, ᎤᎾᏛᏅᎢ.
31 ᎿᏉᏃ ᎬᏩᎷᏤᎴ ᎠᎾᎵᏅᏟ, ᎠᎴ ᎤᏥ, ᎠᎴ ᏙᏱᏗᏢ ᏓᏂᏙᎨ, ᎤᎾᏓᏅᏎ
ᏫᎬᏩᏯᏂᏍᎨᎢ.
32 ᎤᏂᏣᏘᏃ ᎠᏂᏁ ᎬᏩᏓᏡᏫᏍᏕᎢ; ᎯᎠᏃ ᏂᎬᏩᏪᏎᎴᎢ, ᎬᏂᏳᏉ, ᏣᏥ ᎠᎴ ᎢᏣᎵᏅᏟ
ᏙᏱᏗᏢ ᏗᎨᏣᏲᎭ.
33 ᏚᏁᏤᎴᏃ ᎯᎠ ᏄᏪᏎᎢ, ᎦᎪ ᎡᏥ, ᎠᎴ ᎣᏣᎵᏅᏟ?
34 ᎬᏩᏚᏫᏛᏃ ᏚᎧᎿᏂᏙᎸ ᎤᏬᎸᎾᎥ ᎠᏂᏂ ᏚᎧᎾᏅ ᎯᎠ ᏄᏪᏎᎢ; ᎬᏂᏳᏉ ᎡᏥ, ᎠᎴ
ᎣᏣᎵᏅᏟ?
35 ᎩᎶᏰᏃ ᎤᏁᎳᏅᎯ ᎤᏚᎵᏍᎬ ᎾᏛᏁᎮᏍᏗ, ᎾᏍᎩ ᏦᏍᏓᏓᏅᏟ, ᎠᎴ ᎥᎩᏙ, ᎠᎴ ᎡᏥ.

ᎠᏯᏙᎸᎢ 4

1 ᏔᎵᏁᏃ ᎤᎴᏅᎮ ᏚᏕᏲᏁ ᎥᏓᎷᎶᏗ; ᎤᏂᏣᏘᏃ ᎬᏩᏓᏡᎾᏍᏔᏁᎢ, ᎾᏍᎩ ᎢᏳᏍᏗ ᏥᏳᎯ
ᎤᏣᏁᎢ, ᎠᎴ ᎥᏓᎵ ᎠᏔᎸ ᎤᏬᏁᎢ; ᏂᎦᏛᏃ ᎤᏂᏣᏘ ᎨᏒ ᎥᏓᎷᎶᏗ ᏙᏱ ᎨᏒ ᎠᏂᏙᎾᎡᎢ.
2 ᎠᎴ ᎤᏣᏘ ᏧᏓᎴᏅᏛ ᏚᏪᏲᏁ ᏚᏟᎶᏍᏓᏁᎴᎢ, ᎠᎴ ᎯᎠ ᏂᏚᏪᏎᎴ ᏓᏕᏲᎲᏍᎬᎢ,
3 ᎢᏣᏛᏓᏍᏓ; ᎬᏂᏳᏉ, ᎠᏫᏍᎩ ᎤᏫᏒᏎᎢ;
4 ᎯᎠᏃ ᎦᎵᏍᏔᏅ ᎠᏫᏍᎬᎢ, ᎾᏍᎩ ᎢᎦᏛ ᏅᏃ ᎱᎶᏗ ᎤᏩᎨᏯᏛᏤᎢ, ᏥᏍᏆᏃ ᎠᏄᏩᎢ
ᎠᏂᏃᎯᎵᏙᎯ ᎤᏂᎷᏤ ᎠᎴ ᎤᏂᎪᏁᎢ.
5 ᎢᎦᏛᏃ ᎤᏲᎯ ᎨᏒ ᎤᏩᎨᏯᏛᏤᎢ, ᎾᎿ ᎦᏲᎵᏳ ᎨᏒ ᎦᏓ; ᎠᎴ ᎩᎳᏉ ᎢᏴᏛ ᏗᎤᎵᏰᏁᎢ,
ᎤᏗᎦᎵᏍᏙᏗᏍᎨ ᏌᎨᎢᏳ ᎨᏒ ᎦᏓ;
6 ᎠᏎᏃ ᏅᏙ ᎢᎦ-ᎡᎯ ᏧᎧᎸᏨ ᎤᎴᏴᏎᎢ; ᎠᎴ ᏂᏚᎿᏍᏕᎵᎾ ᎨᏒ ᎢᏳᏍᏗ, ᎤᎿᏍᎬᏤᏉ.
7 ᎢᎦᏛᏃ ᎠᏄᎦᏄᎯ ᎤᏩᎨᏯᏛᏤᎢ; ᎠᏄᎦᏄᏃ ᏧᏛᏎᎢ, ᎠᎴ ᎤᏁᎸᏔᏍᏔᏁᎢ, ᎠᎴ
ᏄᎾᏄᎪᏫᏒᎾ ᎨᏎ ᎤᎦᏔ.
8 ᎢᎦᏛᏃ ᎣᏒ ᎦᏙᎯ ᎤᏩᎨᏯᏛᏤᎢ, ᎠᎴ ᎤᎵᏰᏁᎢ, ᎠᎴ ᎠᏛᏍᎨᎢ, ᎠᎴ ᎧᏁᏉᎨᎢ, ᎠᎴ
ᎤᎦᏔᏔᏁᎢ, ᎢᎦᏛ ᏦᎠᏍᎪᎯ ᎢᏳᏩᎫᏗ, ᎢᎦᏛᏃ ᏑᏓᎵᏍᎪᎯ, ᎢᎦᏛᏃ ᎠᏍᎪᎯᏧᏈ.
9 ᎯᎠᏃ ᏂᏚᏪᏎᎴᎢ, ᎩᎶ ᎦᏚᎵᎷᎨᏍᏗ ᎤᏛᎪᏗᏱ, ᏩᏛᎬᎦ.
10 ᎤᏩᏒᏃ ᎨᏎᎢ, ᎾᏍᎩ ᎬᏩᏍᏓᏩᏗᎦᎩ ᎠᎴ ᏔᎳᏚ ᎢᏯᏂᏛ ᎬᏩᏛᏛᏁ ᎦᏛᎬ ᎾᏍᎩ
ᏓᏟᎶᏍᏛᎢ.
11 ᎯᎠᏃ ᏂᏚᏪᏎᎴᎢ. ᏂᎯ ᎡᏥᏁᎸ ᎢᏦᎵᏍᏗᏱ ᎤᏕᎵᏛ ᎨᏒ ᎤᏁᎳᏅᎯ ᎤᎬᏫᏳᎯ ᎨᏒᎢ;
Ꮎ-ᏍᎩᏂ ᏙᏱᏗᏢ ᎠᏁᏙᎯ ᎯᎠ ᎾᏍᎩ ᏂᎦᏛ ᏕᎨᎦᏟᎶᏍᏓᏁᎰᎢ;
12 ᎾᏍᎩ ᎠᏂᎪᏩᏘᏍᎬ ᎤᏂᎪᏩᏛᏗᏱ, ᎠᎴ ᎬᏩᎾᏙᎴᎰᎯᏍᏗ ᏂᎨᏒᎾᎢᏳᎵᏍᏙᏗᏱ; ᎠᎴ
ᎠᎾᏛᎩᏍᎬ ᎤᎾᏛᎪᏗᏱ, ᎠᎴ ᎬᏩᏃᎵᏍᏗ ᏂᎨᏒᎾ ᎢᏳᎵᏍᏙᏗᏱ; ᎾᏍᎩ ᏧᎾᏓᏁᏟᏴᏒᏗᏱ
ᏂᎨᏒᎾ ᏚᎾᏓᏅᏛ, ᎠᎴ ᎤᏂᏍᎦᏅᏨ ᏕᎨᏥᏁᏗᏱ ᏂᎨᏒᎾ.
13 ᎠᎴ ᎯᎠ ᏂᏚᏪᏎᎴᎢ, ᏝᏍᎪ ᏱᏦᎵᎦᎯᎠ ᎾᏍᎩ ᏓᏟᎶᏍᏛᎢ? ᎦᏙᏃ ᏱᏕᎵᏍᏙᏓ
ᏱᏕᏦᎵᎩ ᏂᎦᏛ ᏓᏟᎶᏍᏛᎢ?
14 ᎾᏍᎩ ᎠᏫᏍᎩ ᎧᏃᎮᏛ ᎠᏫᏍᎪᎢ.
15 ᎯᎠᏃ ᎾᏍᎩ ᏅᏃᎱᎶᏗ ᎾᎿ ᎧᏃᎮᏛ ᏥᎨᏥᏫᏎᎴᎢ; ᎿᏉᏃ ᎠᎾᏛᎬᎦ, ᎠᏍᎩᎾ ᎦᎷᎪ
ᎩᎳᏉ ᎢᏴᏛ, ᎠᎴ ᎠᎩᏍᎪ ᎧᏃᎮᏛ ᏧᏂᎾᏫᏱ ᎠᏫᏒᎯ.
16 ᎯᎠᏃ ᎾᏍᎩ ᎾᏍᏉ ᎤᏲᎯ ᏥᎨᏥᏫᏎᎴᎢ; ᎾᏍᎩ ᎿᏉ ᎧᏃᎮᏛ ᎠᎾᏛᎬᎦ ᎩᎳᏉ ᎢᏴᏛ
ᎤᎾᎵᎮᎵᏨᎯ ᏓᎾᏓᏂᎸᎪᎢ;
17 ᎠᎴ ᎥᏝ ᏱᏚᏂᎿᏍᏕᏌᎢ, ᏞᎦᏉᏍᎩᏂ ᏓᏂᎿᏩᏕᎪᎢ; ᎿᏉᏃ, ᎠᎩᎵᏯ ᎠᎴ ᎤᏕᏯᏙᏗ
ᎠᎵᏰᎢᎶᎦ ᎧᏃᎮᏛ ᏛᎵᏰᎢᎸᏍᏓ, ᎩᎳᏉ ᎢᏴᏛ ᏚᏃᏕᎯᎰᎢ.
18 ᎠᎴ ᎯᎠ ᎠᏄᎦᏄᎯ ᏥᎨᏥᏫᏎᎴᎢ; ᎾᏍᎩ ᎯᎠ ᎧᏃᎮᏛ ᏣᎾᏛᎩᏍᎪᎢ,

19 ᎤᏪᎵᎯᏍᏗᏃ ᎡᎶᎯ ᎡᎯ, ᎠᎴ ᎨᏅᎢᏍᏗ ᎨᏒ ᎤᏓᎵᏓᏍᏗ ᎨᏒᎢ, ᎠᎴ ᏧᏓᎴᏅᏛ
ᎠᎱᏍᏗ ᎠᏚᏄᏗ ᎨᏒ, ᎠᏂᏴᎯᎲ ᎠᏂᏁᏄᎳᏍᏗᏍᎪ ᎧᏃᎮᏛ, ᎠᎴ ᎾᏍᎩ ᎾᎦᏔᏛᏍᎬᎾᏉ
ᎨᏐᎢ.

20 ᎯᎠᏃ ᎾᏍᎩ ᎣᏒ ᎦᏙᎯ ᏥᎨᏥᏫᏎᎴᎢ; ᎾᏍᎩ ᎠᎾᏛᎩᏍᎩ ᎧᏃᎮᏛ, ᎠᎴ ᏗᎾᏓᏂᏄᎩ,
ᎠᎴ ᎠᏂᎦᏔᏛᏍᎩ, ᎢᎦᏛ ᏦᎠᏍᎪᎯ ᎢᏳᏩᏓᏗ, ᎢᎦᏛᏃ ᏑᏓᎳᏍᎪᎯ, ᎢᎦᏛᏃ ᎠᏍᎪᎯᏧᏈ.

21 ᎯᎠᏃ ᏂᏚᏪᏎᎴᎢ, ᎠᏨᏍᏙᏗᏍᎪ ᎠᏂᏃᎯᎰ ᎠᏟᎶᏍᏗ ᎦᎧᎲ ᎭᏫᏂᏗᏢ ᎤᏂᎪᏗᏱ, ᎠᎴ
ᎦᏂᏢᏫᏉ? ᏝᏃ ᎤᏂᎪᏗᏱ ᎠᏨᏍᏙᏗ ᎦᎪᏗᏱ?

22 ᏝᏰᏃ ᎠᎱᏍᏗ ᏱᎬᏍᎦᎳ ᎾᏍᎩ ᎬᏂᎨᏒ ᎢᎬᏁᏗ ᏂᎨᏒᎾ; Ꮭ ᎠᎴ ᎠᎱᏍᏗ ᎤᎦᎵᏛ
ᏱᏂᎬᏃ, ᎾᏍᎩ ᎠᏎ ᎬᏂᎨᏒ ᎢᏳᎵᏍᏙᏗ ᏂᎨᏒᎾ.

23 ᎩᎶ ᎦᏕᎵᎷᎨᏍᏗ ᎤᏛᎪᏗᏱ ᏩᏛᎬᎦ.

24 ᎯᎠᏃ ᏂᏚᏪᏎᎴᎢ, ᎢᏤᏯᏔᎮᏍᏗ ᏄᏍᏛ ᎢᏣᏛᏟᎶᏒᎲ, ᎾᏍᎩᏯ ᎡᏣᎵᎾᎶᏒᏗ ᎨᏎᏍᏗ;
ᏂᎯᏃ ᎢᏣᏛᎩᏍᎩ ᎡᏥᏁᏉᏒᏗ ᎡᏥᏁᏗ ᎨᏎᏍᏗ.

25 ᎩᎶᏰᏃ ᎤᎮᏍᏗ, ᎾᏍᎩ ᎠᏥᏁᏗ ᎨᏎᏍᏗ; ᎩᎶᏃᏄᎲᎾ ᎨᏎᏍᏗ, ᎾᏍᎩ ᎠᏥᎩᎡᏗ
ᎨᏎᏍᏗ ᎾᏍᏉ ᎤᎲᎢ.

26 ᎯᎠᏃ ᏄᏪᏎᎢ, ᎤᏁᎳᏅᎯ ᎤᎬᏫᏳᎯ ᎨᏒ ᎾᏍᎩᏯᏉ ᎩᎶ ᎠᏍᎦᏯ ᎤᎦᏔ ᏩᏫᏒ
ᎦᏙᎯ;

27 ᎠᎴ ᏳᏄᎤ, ᎠᎴ ᏯᏗᏗᎭ ᏗᎬᏩᎩᏨᏗ, ᎠᎴ ᎤᎦᏔ ᏳᎵᏰᎤ, ᎠᎴ ᏳᏛᏒ, ᏄᎵᏍᏙᎳᏅ
ᏄᏙᎴᎰᏒᎾ.

28 ᎦᏙᎯᏰᏃ ᎤᏩᏒᏉ ᎦᎾᏄᎪᏫᏍᎪ ᎤᎦᏔᏔᏅᎯ; ᎢᎬᏱᏱ ᎨᏒ ᎤᏚᏩᎬ, ᎿᏉᏃ
ᎤᏍᎫᏓᏛᎢ, ᎣᏂᏃ ᎤᎧᎵᏨᎯ ᎤᎦᏔᏛ ᎤᏍᎫᏓᏛᎢ.

29 ᎿᏉᏃ ᎠᎦᏛᎾᎩ ᎩᎳᏉ ᎢᏴᏛ ᎠᏍᎫᏕᏍᎪᎢ, ᎠᏍᎫᏕᏍᏗᏱᏰᏃ ᎤᎵᏰᎢᎶᎶᎢ.

30 ᎯᎠᏃ ᏄᏪᏎᎢ, ᎦᏙ ᏙᏓᏓᏤᎳᏍᏔᏂ ᎤᏁᎳᏅᎯ ᎤᎬᏫᏳᎯ ᎨᏒᎢ? ᎦᏙᎨ ᏓᏟᎶᏍᏛ
ᏙᏓᏓᏟᎶᏍᏔᏂ?

31 ᎠᏥᏄ-ᎤᎦᏔ ᎾᏍᎩᏯᎢ, ᎾᏍᎩ ᎦᏙᎯ ᏟᏫᏐᎢ, ᏥᏍᏓᎪᎾᏛᏗ ᎤᏍᏗᎩᏳ ᎡᏍᎦᏉ ᏂᎦᎥ
ᎤᎦᏔ ᎦᏙᎯ ᏓᎭᏛᎢ.

32 ᎠᏎᏃ ᎠᏫᏒᎯ ᏥᎨᏐᎢ, ᏗᏛᏍᎪᎢ, ᎠᎴ ᎤᏟ ᎡᏉᎯᏳ ᏂᎦᎵᏍᏗᏍᎪ ᎡᏍᎦᏉ ᏂᎦᎥ
ᎤᏰᎿᎥᎢ, ᎠᎴ ᏤᏉᎯᏳ ᏓᏱᏢᏍᎪᎢ; ᎠᎴ ᏥᏍᏆ ᎤᎼᏅᏛ ᎠᏂᏃᎯᎵᏙᎯ ᏰᎵᏉ
ᎤᏓᏩᏗᏍᏛ ᎭᏫᏂᏗᏢ ᎠᎾᎭᏗᏍᎪᎢ.

33 ᎾᏍᎩ ᏄᏪᏎ ᎤᏣᏘ ᏚᏟᎶᏍᏓᏁᎴᎢ, ᎧᏃᎮᏛ ᏚᎵᏥᏙᏁᎴᎢ, ᎾᏍᎩ ᏰᎵ ᎬᏩᎾᏛᎪᏗ
ᏂᎦᎵᏍᏗᏍᎬᎢ.

34 ᏂᏓᏟᎶᏍᏓᏁᎲᎾᏍᎩ Ꮭ ᏱᏚᏬᏁᏔᏁᎢ; ᎤᏅᏒᏃ ᎨᏎᎢ, ᏂᎦᏛ ᎾᏍᎩ ᏚᏬᏏᏌᏁᎴ
ᎬᏩᏍᏓᏩᏗᏙᎯ.

35 ᎾᎯᏳᏉᏃ ᎢᎦ, ᎤᏒ ᏄᎵᏍᏔᏅ, ᎯᎠ ᏂᏚᏪᏎᎴᎢ, ᏗᏗᎭᎩ ᏍᎪᎾ ᏫᏗᎶᎯ.

36 ᏚᏂᏰᎵᎯᏍᏔᏅᏃ ᎤᏂᏣᏘ ᎤᏩᏛᏁᏉ ᏥᏳᎯ ᎤᏣᎥ ᎬᏩᏘᎾᏫᏛᎮᎢ; ᎠᎴ ᎾᏍᏉ
ᏂᏗᎬᏩᏓᎴ ᏧᏍᏗ ᏥᏳ ᎤᎾᎵᎪᏩᏘᏎᎢ.
37 ᎤᏣᏘᏃ ᎤᏠᎶᎴ ᎤᏃᎴ, ᎠᎴ ᏓᎵᏍᏗᎳᏁᎬ ᏥᏳᎯ ᎠᏟᎨᎢ, ᎠᎴ ᎿᏉ ᎠᎧᎵᏬᎯ ᎨᏎᎢ.
38 ᏥᏳᎯᏃ ᎣᏂᏗᏢ ᎤᏣᎡ ᎦᎵᎮᎢ, ᎠᎫᏍᏙ ᎤᎫᏍᏓᎡᎢ; ᎬᏩᏰᏍᏔᏁᏃ, ᎠᎴ ᎯᎠ
ᏂᎬᏩᏪᏎᎴᎢ, ᏔᏕᏲᎲᏍᎩ, ᏝᏍᎪ ᎪᎱᏍᏗ ᏰᎵᎭ ᏨᏓᏲᏣᏗᏒᏂ?
39 ᏚᎴᏁᏃ, ᎤᏃᎴ ᎤᏍᏚᏤᎢ, ᎠᎴ ᎯᎠ ᏄᏪᏎᎴ ᎥᏓᎵ, ᏙᏉ; ᎤᏓᏥᎾᏍᏛᎯ ᎿᎵᏍᏓ.
ᏚᏃᏄᎥᏍᎬᏃ ᎤᏑᎵᎪᏤᎢ, ᎠᎴ ᎤᏣᏘ ᎤᏓᏥᎾᏍᏛᎯ ᏄᎵᏍᏔᏁᎢ.
40 ᎯᎠᏃ ᏂᏚᏪᏎᎴᎢ, ᎦᏙᏃ ᏂᏥᏍᎦᏒᎾ? ᎦᏙ ᏗᎦᎵᏍᏙᏗ ᏂᏦᎯᏳᏒᎾ ᎢᎩ?
41 ᎤᏣᏘᏃ ᎤᏂᏍᎦᎴᎢ, ᎠᎴ ᎯᎠ ᏂᏚᎾᏓᏪᏎᎴᎢ, ᎦᏙ ᎤᏍᏗ ᎯᎠ ᎠᏍᎦᏯ, ᎾᏍᏉᏰᏃ
ᎤᏃᎴ ᎠᎴ ᎥᏓᎵ ᎢᎬᏬᎯᏳᎲᏍᎦ.

ᎠᏯᏙᎸᎢ 5

1 ᎢᏍᎪᏂᏗᏢᏃ ᎥᏓᎵ ᏭᏂᎷᏤ ᎠᏂᎨᏕᎵ ᎤᎾᏤᎵᎪᎯ.

2 ᏥᏳᎯᏃ ᎤᏣᎢᏒ ᎩᎳᏉ ᎢᏴᏛ ᏚᏌᏎ ᎠᏍᎦᏯ ᏓᏓᏂᏌᎲ ᎤᏓᏳᎶᏒᎯ ᎦᏓᎭ ᎠᏓᏅᏙ
ᎤᏯᎢ,

3 ᎾᏍᎩ ᏓᏓᏂᏌᎲᏉ ᎡᎮᎢ; ᎥᏝ ᎠᎴ ᎾᏍᏉ ᏧᏓᏕᏒᏛ ᎬᏗ ᎩᎶ ᎬᏩᎸᏍᏗ ᏱᎨᏎᎢ.

4 ᏯᏃᎩᏳᏰᏃ ᏣᏥᏅᏌᎸᎯ ᎨᏎᎢ, ᎠᎴ ᏧᏓᏕᏒᏛ ᏣᏕᎸᏍᎳᏅᎯ ᎨᏎᎢ, ᏧᏓᏕᏒᏛᏃ ᏓᏕᎵᏍᎨᎢ,
ᎠᎴ ᏗᎦᏅᏌᏍᏗ ᏓᏍᏆᎵᏍᎨᎢ; ᎥᏝ ᎠᎴ ᎩᎶ ᎬᏩᏓᏅᏘᏖᏗ ᏱᎨᏎᎢ.

5 ᎠᎴ ᏂᎪᎯᎸ, ᎡᏃᏱ ᎠᎴ ᎢᎦ, ᎦᏚᏏ ᎠᎴ ᏓᏓᏂᏌᎲᎢ, ᎤᏪᎷᎨᎢ, ᎠᎴ ᎤᏯ ᎬᏗ
ᎠᏓᏰᎶᎮᎢ.

6 ᎠᏎᏃ ᎢᏅᎯᏳ ᏭᎪᎲ ᏥᏌ, ᏚᏍᏆᎸᎳᏁ ᎠᎴ ᎤᏓᏙᎵᏍᏓᏁᎴᎢ,

7 ᎠᎴ ᎠᏍᏓᏯ ᎤᏪᎷᏁ ᎯᎠ ᏄᏪᏎᎢ; ᎦᏙ ᏗᎩᎾᏓᏛᏙᏗ ᏂᎯ ᏥᏌ, ᏩᏍᏛ ᎦᎸᎳᏗᏳ ᎡᎯ
ᎤᏁᎳᏅᎯ ᎤᏪᏥ? ᎬᏁᏤᎭ, ᎤᏁᎳᏅᎯ ᎬᏁᎢᏍᏓᏁᎭ, ᎾᏍᎩ ᏍᎩᎩᎵᏲᎢᏍᏙᏗᏱ
ᏂᎨᏒᎾ.

8 ᎯᎠᏰᏃ ᏄᏪᏎᎴᎢ, ᎡᎯᏄᎪᎢ ᎾᏍᎩ Ꮎ ᎠᏍᎦᏯ, ᏂᎯ ᎯᎦᏓᎭ ᎠᏓᏅᏙ.

9 ᎤᏛᏛᏁᏃ, ᎦᏙ ᏕᏣᏙᎥ? ᎤᏬᏎᎴᎢ. ᎯᎠᏃ ᏄᏪᏎᎴᎢ, ᏜᎾᏓᏡᎩ ᏓᏆᏙᎥ; ᎣᎩᏣᏔᏰᏃ.

10 ᎠᎴ ᎤᏣᏘ ᎤᏍᏗᏰᏔᏁ ᎾᎿ ᎨᏒ ᏧᏄᎪᏫᏍᏗᏱ ᏂᎨᏒᎾ ᎨᏒᎢ.

11 ᎾᎿᏃ ᎣᏓᎷᎶᏗ ᎤᏂᏣᏘ ᏜᎾᏓᏡᎩ ᏏᏆ ᎠᎾᎵᏍᏓᏴᏂᏙᎮᎢ.

12 ᏂᎦᏛᏃ ᎠᏂᏍᎩᎾ ᎬᏩᏍᏗᏰᏔᏁ ᎯᎠ ᎾᏂᏪᏍᎨᎢ, ᎤᏁᎳᎩ ᏏᏆ ᏗᏁᏙᎲ ᏬᏥᎶᎯ,
ᎾᏍᎩ ᏫᏙᏥᏴᏏ.

13 ᎩᎳᏉᏃ ᎢᏴᏛ ᏥᏌ ᏚᎵᏍᎪᎸᏓᏁᎴᎢ. ᏗᎦᏓᎭᏃ ᏗᏓᏅᏙ ᎤᏂᏄᎪᏨ, ᏏᏆ ᏫᏚᏂᏴᏎᎴᎢ;
ᏜᎾᏓᏡᎩᏃ ᎤᎾᏁᎷᎩᏎ ᎤᏂᎦᏖᎠᏎ ᎦᏁᏡᎩ ᎨᏒ ᎥᏓᎵ ᏭᎾᎵᏔᏗᏅᏎᎢ, (ᏔᎵ ᎢᏯᎦᏴᎵ ᎢᏴᏛ
ᎾᏂᎡᎢ,) ᎠᎴ ᎥᏓᎵ ᏚᏂᎬᏤᎢ.

14 ᏗᏂᎦᏘᏯᏃ ᎤᎾᎵᏎᎢ, ᎠᎴ ᎦᏚᎲ ᏭᏂᏃᏁᎢ, ᎠᎴ ᎢᏴᏛ ᏓᏁᏩᏗᏒᎢ. ᎤᏂᏄᎪᏤᏃ
ᎤᎾᎦᏔᏅᏎ ᎾᏍᎩ ᏄᎵᏍᏔᏅᎢ.

15 ᏥᏌᏃ ᎬᏩᎷᏤᎴᎢ, ᎠᎴ ᎬᏩᎪᎮ ᎾᏍᎩ ᎠᏂᏍᎩᎾ ᎬᏩᏴᎸᎯ, ᎾᏍᎩ ᏜᎾᏓᏡᎩ
ᎬᏩᏴᎸᎯ, ᎤᏬᎴᎢ, ᎠᎴ ᎦᏄᏪᎢ, ᎠᎴ ᏙᎯ ᎤᏓᏅᏏᎢ; ᎠᎴ ᎠᏂᏍᎦᎢᎮᎢ.

16 ᎾᏍᎩᏃ ᎤᏂᎪᎲᎯ, ᎬᏩᏂᏃᏁᎴ ᏄᎵᏍᏓᏁᎸ ᎠᏂᏍᎩᎾ ᎬᏩᏴᎸᎯ, ᎠᎴ ᎾᏍᏉ ᏏᏆ
ᏄᎾᎵᏍᏓᏁᎸᎢ.

17 ᎠᎴ ᎤᎾᎴᏅᎮ ᎬᏩᏔᏲᏎᎴ ᎤᏓᏅᏍᏗᏱ ᎤᎾᏤᎵᎪᎯ.

18 ᏥᏳᎯᏃ ᎤᏣᏅ ᎾᏍᎩ ᎠᏂᏍᎩᎾ ᎬᏩᏴᎸᎯ ᎤᏔᏲᏎᎴ ᎤᏁᎳᎩ ᎤᏪᎵᏎᏗᏱ
ᎤᏍᏓᏩᏗᏓᏍᏗᏱ.

19 ᎠᏎᏃ ᎥᏝ ᏳᎵᏍᎪᎸᏓᏁᎴ ᏥᏌ, ᎯᎠᏉᏍᎩᏂ ᏄᏪᏎᎴᎢ, ᏥᎮᎾ ᏗᏤᏅᏒ ᎪᎱᏍᏗ ᏗᏨᎾ
ᏗᏁᎲᎢ, ᎠᎴ ᏫᏗᏃᎲᏏ ᏂᎦᎥ ᎤᏍᏆᏂᎪᏗ ᎤᎬᏫᏳᎯ ᏂᏣᏛᏁᎸᎢ, ᎠᎴ ᏳᏙᎵᏨᎢ.

20 ᎤᏂᎩᏎᏃ, ᎠᎴ ᎤᎴᏅᎮ ᏚᏃᏣᎳᏁ ᎠᏍᎪᎯ-ᎢᎦᏚᎩᏱ, ᏂᎦᎥ ᎤᏍᏆᏂᎪᏗ ᏥᏌ
ᏄᏛᏁᎸᎢ; ᎠᎴ ᏂᎦᏛ ᏴᏫ ᎤᏂᏍᏆᏂᎪᏎᎤᏂᎩᏎᏃ, ᎠᎴ ᎤᎴᏅᎮ ᏚᏃᏣᎳᏁ ᎠᏍᎪᎯ-
ᎢᎦᏚᎩᏱ, ᏂᎦᎥ ᎤᏍᏆᏂᎪᏗ ᏥᏌ ᏄᏛᏁᎸᎢ; ᎠᎴ ᏂᎦᏛ ᏴᏫ ᎤᏂᏍᏆᏂᎪᏎᎢ
21 ᏥᏌᏃ ᏔᎵᏁ ᏥᏳᎯ ᏙᎤᏪᏯᏨ ᎢᏍᎪᎾ ᏫᎤᎷᏨ, ᎤᏂᏣᏘ ᏴᏫ ᎬᏩᏓᏡᏫᏍᏔᏁᎢ;
ᎠᎴ ᎥᏓᎵ ᎤᎶᏗ ᎡᏙᎮᎢ.
22 ᎠᎴ ᎬᏂᏳᏉ ᎤᎷᏤ ᎩᎶ ᎢᏳᏍᏗ ᏄᎬᏫᏳᏌᏕᎩ ᏗᎦᎳᏫᎢᏍᏗᏱ, ᏤᎳ ᏧᏙᎢᏛ; ᎤᎪᎲᏃ
[ᏥᏌ] ᏚᎳᏍᎬ ᎤᏓᏅᏁᎢ,
23 ᎠᎴ ᎤᏣᏘ ᎤᏍᏗᏰᏁᎢ, ᎯᎠ ᏄᏪᏎᎢ; ᎠᏇᏥ ᎠᎨᏳᏟ ᎿᏉ ᎠᏲᎱᏍᎦ; ᎠᏎᏃ ᎢᏁᎾ,
ᎯᏯᏏᏔᏛᏯ, ᎾᏍᎩ ᎤᏗᏫᏍᏗᏱ, ᎬᏁᏍᏗᏃ.
24 ᎤᏁᏅᏎᏃ; ᎠᎴ ᎤᏂᏣᏖ ᏴᏫ ᎬᏩᏍᏓᏩᏛᏎᎢ, ᎠᎴ ᎬᏩᏁᏄᎳᏍᏗᏍᎨᎢ.
25 ᎩᎶᏃ ᎢᏳᏍᏗ ᎠᎨᏴ ᏔᎳᏚ ᏧᏕᏘᏴᏛ ᎬᏩᏓᎴᏅᏛ ᎩᎬ ᎤᏪᏅᎡᎮᎢ,
26 ᎠᎴ ᎠᏂᎪᏧᏳ ᎠᏂᎦᎾᎦᏗ ᎤᏣᏘ ᎬᏩᎩᏄᏅᎯ ᎨᏎᎢ, ᎠᎴ ᎪᎱᏍᏗ ᎤᎲ ᏂᎦᏛ ᎤᎡᏅᎯ
ᎨᏎ ᎠᏓᏱᏍᎬᎢ, ᎠᏎᏃ ᎥᏝ ᎣᏏᏳ ᏱᏄᎵᏍᏓᏁᎮᎢ, ᎧᏁᏉᎨᏉᏍᎩᏂ ᎤᏢᎬᎢ;
27 ᎾᏍᎩ ᎤᏛᎦᏅ ᏥᏌ ᎠᏥᏃᎮᏍᎬᎢ, ᎣᏂᏗᏢ ᎤᏅᏘᏛ ᏄᎾᏛᏅ ᎤᎷᎯᏍᏔᏁ, ᎠᎴ
ᎤᎡᏂᎴ ᎤᏄᎶᎢ.
28 ᎯᎠᏰᏃ ᏄᏪᏎᎢ, ᏧᏄᏬᏉ ᎾᏍᏉ ᏱᏓᏆᏒᏂᏄ, ᏯᏆᏗᏫ.
29 ᎩᎳᏉᏃ ᎢᏴᏛ ᎩᎬ ᎤᏪᏅᎡᎲ ᎤᏲᎯᏍᏔᏁᎢ; ᎤᏙᎴᎱᏎᏃ ᎠᏰᎸ ᎤᏗᏩᏒ ᎾᏍᎩ
ᎤᏢᎬᎢ.
30 ᏥᏌᏃ ᎩᎳᏉ ᎢᏴᏛ ᎤᏙᎴᎰᏒ ᎤᏩᏒ ᎨᏒ ᎤᏓᏅᏬᏗ ᎨᏒ ᎤᏄᎪᏨᎢ, ᎤᏚᎳᎲᏎ ᎾᎿ
ᎤᏅᏘᏛ ᎠᏂᏙᎾᎥᎢ, ᎠᎴ ᎯᎠ ᏄᏪᏎᎢ, ᎦᎪ ᏓᏒᏂᎦ ᏗᏆᏄᏬ?
31 ᎬᏩᏍᏓᏩᏗᏙᎯᏃ ᎯᎠ ᏂᎬᏩᏪᏎᎴᎢ, ᎦᎩᎪᏩᏘᏯ ᎤᏂᏣᏘ ᎨᏣᏁᏄᎳᏍᏗᏍᎬ, ᏥᎪᏃ ᎦᎪ
ᎠᏆᏒᏂᎦ ᎢᏯᏗᏯ?
32 ᎬᏩᏚᏫᏛᏃ ᎤᎦᏖᏃᎴ ᎤᎪᏩᏛᏗᏱ ᎾᏍᎩ ᎯᎠ ᎢᏳᏛᏁᎸᎯ.
33 ᎾᏍᎩᏃ ᎠᎨᎳᏢ ᏄᎵᏍᏓᏁᎸᎢ, ᎤᎷᏤ ᎠᎴ ᎡᎳᏗ ᎤᏓᏅᏁᎴᎢ, ᎠᎴ ᏂᎦᏛ ᏚᏳᎪᏛ
ᎤᏃᏁᎴᎢ.
34 ᎯᎠᏃ ᏄᏪᏎᎴᎢ, ᎠᏇᏥ, ᏦᎯᏳᏒ ᏣᏗᏫᏍᏓ; ᎤᏩᏙᎯᏯᏛ ᏥᎮᎾ, ᎠᎴ ᏣᏗᏩᏒᎯ
ᎨᏎᏍᏗ ᏣᏢᎬᎢ.
35 ᎠᏏᏉ ᎧᏁᎨᎢ, ᏄᎬᏫᏳᏌᏕᎩ ᏗᎦᎳᏫᎢᏍᏗᏱ ᎦᏁᎸ ᎤᏓᏳᎾᏓᎴᏅᎯ ᎤᏂᎷᏤ ᎯᎠ
ᏄᏂᏪᏎᎢ, ᎤᏲᎱᏒ ᏤᏥ; ᎦᏙᏃ ᎠᏏᏉ ᎢᎯᏯᏍᏕᏯᏙᏗᏯ ᏗᏕᏲᎲᏍᎩ?
36 ᎤᏛᎦᏅᏉᏃ ᏥᏌ ᏄᏍᏛ ᎤᏂᏬᏂᏒᎢ, ᎯᎠ ᏄᏪᏎᎴ ᏄᎬᏫᏳᏌᏕᎩ ᏗᎦᎳᏫᎢᏍᏗᏱ,
ᏝᏍᏗ ᏱᏍᎦᎢᎮᏍᏗ, ᏦᎯᏳᏎᏍᏗᏉ.
37 ᎥᏝ ᎠᎴ ᎩᎶ ᏳᎵᏍᎪᎸᏓᏁᎴ ᎬᏩᏍᏓᏩᏛᏍᏗᏱ, ᏈᏓ, ᎠᎴ ᏥᎻ, ᎠᎴ ᏣᏂ ᏥᎻ
ᏗᎾᏓᏅᏟ ᎤᏅᏒ.

38 ᎤᎷᏤᏃ ᎦᏁᎸ ᏄᎬᏫᏳᏌᏕᎩ ᏗᎦᎳᏫᎢᏍᏗᏱ, ᎠᎴ ᏚᎦᎮ ᎤᎾᏓᏑᏰᏛ ᏴᏫ, ᎠᎴ ᎤᏣᏘ
ᏓᎾᏠᏱᎲ ᎠᎴ ᏓᏂᏴᎬᎢ.
39 ᎤᏰᎸᏃ ᎯᎠ ᏂᏚᏪᏎᎴᎢ, ᎦᏙᏃ ᎢᏣᏓᏃᏴᎵᏍᏗᎭ, ᎠᎴ ᏙᏣᏠᏱᎭ? ᎥᏝ ᏳᏲᎱᏒ ᎠᎨᏳᏣ,
ᎦᎵᎭᏉᏍᎩᏂ.
40 ᎢᎬᏩᏙᏢᏔᏂᏉᏃ. ᏂᎦᏛᏃ ᏚᏄᎪᏫᏖᏅ, ᎯᎠ ᎾᏍᎩ ᎠᎨᏳᏣ ᎤᏙᏓ ᎠᎴ ᎤᏥ ᎠᎴ
ᎾᏍᎩ ᎠᏁᎯ ᏚᏘᏅᏎ, ᎠᎴ ᏭᏴᎴ ᎾᎿ ᎠᎨᏳᏣ ᏗᏖᏅᎢ.
41 ᎤᏬᏯᏁᏒᏃ ᎠᎨᏳᏣ, ᎯᎠ ᏄᏪᏎᎢ, ᏔᎵᏓ ᏧᎻ; ᎾᏍᎩ ᎠᏁᏢᏔᏅᎯ ᎯᎠ ᏄᏍᏗ
ᎦᏛᎦ; ᎯᎨᏳᏣ, ᎬᏲᏎᎭ, ᏔᎴᎲᎦ.
42 ᎩᎳᏉᏃ ᎢᏴᏛ ᎠᎨᏳᏣ ᏚᎴᏁᎢ, ᎠᎴ ᎤᏪᏙᎴᎢ; ᏔᎳᏚᏰᏃ ᎢᏳᏕᏘᏴᏛ ᎨᏎᎢ.
ᎤᏣᏔᏅᎯᏃ ᎤᏂᏍᏆᏂᎪᏎᎢ.
43 ᎤᎵᏂᎩᏛᏃ ᏚᏁᏤᎴ ᏚᏅᏍᏓᏕᎴ ᎩᎶ ᎤᏙᎴᎰᎯᏍᏗᏱ ᎾᏍᎩ; ᎠᎴ ᎤᏁᏤᎪᎱᏍᏗ
ᎤᎵᏍᏓᏴᏗ ᎤᏂᏁᏗᏱ.

ᎠᏯᏙᎸᎢ 6

1 ᎤᏄᎪᏤᏃ ᎾᎿᏂ, ᎠᎴ ᎤᏩᏒ ᎤᏤᎵᎪᎯ ᏭᎷᏤᎢ; ᎬᏩᏍᏓᏩᏗᏙᎯᏃ ᎬᏩᏍᏓᏩᏛᏎᎢ.
2 ᎤᎾᏙᏓᏆᏍᎬᏃ ᎤᎵᏰᎶᎸ, ᎤᎴᏅᎮ ᏚᏕᏲᏁ ᏗᎦᎳᏫᎢᏍᏗᏱ; ᎤᏂᏣᏘᏃ ᎬᏩᏛᎦᏁᎸ
ᎤᏂᏍᏆᏂᎪᏎᎢ, ᎯᎠ ᎾᏂᏪᏍᎨᎢ, ᎭᏢ ᎠᎩᎭ ᎯᎠ ᎠᏍᎦᏯ ᎯᎠ ᎾᏍᎩ ᎢᎬᏩᏛᏁᏗ ᏥᎩ?
ᎠᎴ ᎦᏙ ᎤᏍᏗ ᎠᎦᏙᎥᎯᏍᏗ ᎾᏍᎩ ᎠᏥᏁᎸᎯ ᏥᎩ, ᎾᏍᎩ ᎢᏳᏍᏗ ᎤᏍᏆᏂᎪᏗ
ᏥᎦᎸᏫᏍᏓᏁᎭ?
3 ᏝᏍᎪ ᎾᏍᎩ ᎯᎠ ᏗᏁᏍᎨᏍᎩ ᏱᎩ, ᎺᎵ ᎤᏪᏥ, ᏥᎻ, ᎠᎴ ᏦᏏ, ᎠᎴ ᏧᏓ, ᎠᎴ
ᏌᏩᏂ ᎠᎾᎵᏅᏟ? ᎠᎴ ᏧᏙ ᏝᏍᎪ ᎠᏂ ᏱᎨᎦᏓᏑᏯ? ᎢᎬᏩᏐᏅᏤᎸᎩᏃ.
4 ᏥᏌᏃ ᎯᎠ ᏂᏚᏪᏎᎴᎢ; ᎠᏙᎴᎰᏍᎩ ᎥᏝ ᎾᏥᎸᏉᏛᎾ ᏱᎨᏐᎢ, ᎤᏤᎵᎪᎯᏍᎩᏂᏃᏅ ᎤᏩᏒ,
ᎠᎴ ᏧᏴᏫ ᎠᏁᎲᎢ, ᎠᎴ ᎤᏩᏒ ᎦᏁᎸᎢ.
5 ᎠᎴ ᎾᎿ ᎥᏝ ᎪᎱᏍᏗ ᎤᏍᏆᏂᎪᏗ ᏗᎬᏩᎸᏫᏍᏓᏁᏗ ᏱᎨᏎᎢ, ᎤᏩᏒᏍᎩᏂᏃᏅ ᎢᎸᏍᎩ
ᎢᏯᏂᏛ ᏧᏂᏢᎩ ᏚᏏᏔᏛ ᎠᎴ ᏚᏅᏩᏅᎢ.
6 ᎠᎴ ᎤᏍᏆᏂᎪᏎ ᎾᏃᎯᏳᎲᏍᎬᎾ ᎨᏒᎢ. ᎠᎴ ᎤᏪᏙᎴ ᎤᏚᎾᏛ ᏕᎦᏚᏩᏗᏒᎢ
ᏓᏕᏲᎲᏍᎨᎢ.
7 ᏔᎳᏚᏃ ᎢᏯᏂᏛ ᏫᏚᏯᏅᎮᎢ, ᎠᎴ ᏚᏅᏏᏙᎴ ᏔᎵᎭ ᏧᎵᎪᏅᏛ, ᎠᎴ ᏚᎵᏍᎪᎸᏓᏁᎴ
ᏧᏂᎸᎪᏫᏍᏗᏱ ᏗᎦᏓᎭ ᏗᏓᏅᏙ;
8 ᎠᎴ ᏚᏁᏤᎴ ᎾᏍᎩ ᎪᎱᏍᏗ ᎤᏂᏴᏍᏗᏱ ᏂᎨᏒᎾ ᎤᎾᎵᏍᏕᎸᏙᏗ ᎠᏁᏙᎲᎢ, ᎠᏙᎳᏅᏍᏗ
ᎤᏩᏒ; ᎥᏝ ᏕᎦᎶᏗ, ᎠᎴ ᎦᏚ, ᎠᎴ ᎥᏣᏱ ᏚᎾᏓᏌᎲᎢ;
9 ᏧᎾᎳᏑᎸᏗᏱᏍᎩᏂ; ᎠᎴ ᏞᏍᏗ ᏔᎵ ᏱᏗᏣᏄᏬᏍᎨᏍᏗ.
10 ᎠᎴ ᎯᎠ ᏂᏚᏪᏎᎴᎢ, ᎠᏓᏁᎸ ᎢᎸᎯᏢ ᎢᏥᏴᎯᎮᏍᏗ, ᎾᎿᏉ ᎢᏣᏅᎥᏍᎨᏍᏗ ᎬᏂ ᎥᏣᏂᎩ
ᎾᎿᏂ.
11 ᎠᎴ ᎩᎶ ᏂᏗᏣᏓᏂᎸᎬᎾ ᎠᎴ ᏂᏣᏛᏓᏍᏓᏁᎲᎾ ᎢᎨᏎᏍᏗ, ᎿᏉ ᎾᎿ ᎢᏣᏂᎩᏍᎨᏍᏗ,
ᏗᏣᎳᏏᏕᏂ ᎪᏍᏚ ᏕᏥᏅᎪᎥᏗᏍᎨᏍᏗ, ᎾᏍᎩ ᎪᎯᏳᏗᏍᎩ ᎤᎾᏘᏗᏍᎩ. ᎤᏙᎯᏳᎯᏯ ᎯᎠ
ᏂᏨᏪᏎᎭ, ᎡᏍᎦᏉ ᎢᎦᎢ ᎤᏂᎩᎵᏲᎢᏍᏗ ᎨᏎᏍᏗ ᏐᏓᎻ, ᎠᎴ ᎪᎹᎵ, ᏗᎫᎪᏙᏗᏱ ᎢᎦ
ᎨᏎᏍᏗ, ᎤᏟᎯᏳ ᎾᎿ ᎦᏚᎲᎢ.
12 ᎤᏂᏄᎪᏤᏃ, ᏚᎾᎵᏥᏙᏁ ᎾᏍᎩ ᏴᏫ ᎠᏎ ᏧᏂᏁᏟᏴᏍᏗ ᎨᏒ ᏚᎾᏓᏅᏛᎢ.
13 ᎤᏂᏣᏘᏃ ᏚᏂᏄᎪᏫᏎ ᎠᏂᏍᎩᎾ, ᎠᎴ ᎪᎢ ᏚᏂᏣᏁᎳᏁ ᎤᏂᏣᏘ ᏧᏂᏢᎩ, ᎠᎴ
ᏚᏂᏅᏩᏁᎢ.
14 ᎡᎶᏛᏃ ᎤᎬᏫᏳᎯ ᎤᏛᎦᏁ ᎾᏍᎩ ᎠᏥᏃᎮᏍᎬᎢ; ᏚᏃᏣᎶᏤᏰᏃ ᎾᏍᎩ ᏚᏙᎥᎢ; ᎠᎴ ᎯᎠ
ᏄᏪᏎ ᎡᎶᏛ, ᏣᏂ ᏗᏓᏬᏍᎩ ᏓᎴᎯᏌ ᎤᏲᎱᏒᎢ, ᎠᎴ ᎾᏍᎩ ᎤᏗᎦᎵᏍᏙᏗᎭ ᎤᏍᏆᏂᎪᏗ
ᏥᎦᏅᎸᏫᏍᏓᏁᎭ.
15 ᎢᎦᏛᏃ ᎯᎠ ᎾᏂᏪᏍᎨᎢ, ᎢᎳᏯ ᎯᎠ. ᎢᎦᏛᏃ ᎯᎠ ᎾᏂᏪᏍᎨᎢ, ᎠᏙᎴᎰᏍᎩ ᎯᎠ,
ᎠᎴ ᎩᎶ ᎠᎾᏙᎴᎰᏍᎩ ᎨᏒ ᎾᏍᎩᏯᎢ.

16 ᎡᎶᏛᏍᎩᏂ ᎤᏛᎦᏅ, ᎯᎠ ᏄᏪᏎᎢ; ᏣᏂ ᎯᎠ, ᎾᏍᎩ ᎠᏴ ᏥᏥᏍᎫᎦᏒᎩ; ᎾᏍᎩ
ᏚᎴᎯᏌᏅ ᎤᏲᎱᏒᎢ.
17 ᎡᎶᏛᏰᏃ ᎤᏩᏒ ᎤᏓᏅᏒᎯ ᎨᏎ ᏭᏂᏴᎲᎯ ᎨᏎ ᏣᏂ, ᎠᎴ ᏗᏓᏍᏚᏗᏱ ᎤᎸᎸᎯ ᎨᏎᎢ,
ᎠᏍᏛᏗᏍᏗᏍᎨ ᎡᎶᏗᏏ, ᎤᏅᏟ ᏈᎵᎩ ᎤᏓᎵᎢ; ᎾᏍᎩᏰᏃ ᎠᏓᏰᎮᎢ.
18 ᏣᏂᏰᏃ ᎯᎠ ᎢᏳᏪᏎᎸᎯ ᎨᏎ ᎡᎶᏛ, ᎥᏝ ᏱᏚᏳᎪᏗ ᎡᏣᏅᏟ ᎤᏓᎵᎢ ᏣᏓᏰᎭ.
19 ᎾᏍᎩ ᎢᏳᏍᏗ ᎡᎶᏗᏏ ᎠᏍᎦᎨ ᏣᏂ ᎠᎴ ᏳᎴᎢ; ᎠᏎᏃ ᎥᏝ ᎾᏍᎩ ᎢᎬᏩᏛᏁᏗ ᏱᎨᏎᎢ.
20 ᎡᎶᏛᏰᏃ ᎤᎸᏉᏗᏳ ᎨᏎ ᏣᏂ, ᎠᎦᏔᎮᏰᏃ ᎤᏓᏅᏘᏳ ᎠᎴ ᎾᏍᎦᏅᎾ ᎨᏒ ᎠᏍᎦᏯ,
ᎠᎴ ᎤᎦᏌᏯᏍᏗᏳ ᎨᏎᎢ; ᎾᏍᎩᏃ ᎤᏛᎦᏅ [ᎠᏓᏥᏙᎲᏍᎬ,] ᎤᏣᏖ ᏚᎸᏫᏍᏓᏁᎴᎢ, ᎠᎴ
ᎤᎵᎮᎵᏨᎯ ᎠᏛᏓᏍᏓᏁᎮᎢ.
21 ᎠᎯᏛᏃ ᎾᏍᎩ ᎢᎬᏛᏁᏗ ᎨᏒ ᎤᏍᏆᎸᎲ, ᎾᏍᎩ ᎡᎶᏛ ᎤᏕᏅ ᎢᏳ ᎢᎦ ᎤᏛᏅᎢᏍᏔᏁ
ᎬᏩᎵᏍᏓᏴᎾᏁᏗᏱ ᏧᏤᎵ ᎤᏂᎬᏫᏳᎯ, ᎠᎴ ᎠᏂᏍᎦᏰᎬᏍᏓ, ᎠᎴ ᏗᎨᎦᏁᎶᏗ ᎨᎵᎵ ᎠᏁᎯ,
22 ᎾᏍᎩᏃ ᎡᎶᏗᏏ ᎤᏪᏥ ᎠᏛ ᎤᏴᎵᎸ, ᎠᎴ ᎤᎵᏍᎩᏒ, ᎠᎴ ᎡᎶᏛ ᎠᎴ ᎾᏍᎩ ᎢᏧᎳᎭ
ᎠᏂᏂᏜᎢ ᎣᏏᏳ ᎤᏂᏰᎸᏅ, ᎤᎬᏫᏳᎯ ᎯᎠ ᏄᏪᏎᎴ ᎠᏛ, ᏍᎩᏔᏲᏏ ᎢᏳᏍᏗᏉ ᎮᎵᏍᎬᎢ,
ᏓᎬᏁᎵᏃ.
23 ᎤᏎᎵᏓᏁᎴᏃ [ᎯᎠ ᏄᏪᏎᎢ,] ᎢᏳᏍᏗᏉ ᎮᎵᏍᎬ ᏍᎩᏔᏲᏏ, ᏓᎬᏁᎵᏃ, ᎾᏍᏉ ᎠᏰᎵ
ᎢᏴᏛ ᏱᎩ ᎾᎿ ᎠᎩᎬᏫᏳᎯ ᎨᏒᎢ.
24 ᎤᏄᎪᏨᏃ ᎯᎠ ᏫᏄᏪᏎᎴ ᎤᏥ, ᎦᏙ ᏓᏥᏔᏲᎵ? ᎯᎠᏃ ᏄᏪᏎᎴᎢ, ᏣᏂ ᏗᏓᏬᏍᎩ
ᎠᏍᎪᎵ.
25 ᎢᎬᏪᏅᏛᏉᏃ ᎤᎵᏍᏗ ᎤᏴᎵᎴ ᎤᎬᏫᏳᎯ ᎠᏯᎥᎢ, ᎠᎴ ᎤᏔᏲᎴ ᎯᎠ ᏄᏪᏎᎢ, ᎠᏆᏚᎵ
ᎩᎳᏉ ᎢᏴᏛ ᏍᎩᏁᏗᏱ, ᎠᏖᎵᏙᎩᎯ, ᏣᏂ ᏗᏓᏬᏍᎩ ᎤᏍᎪ.
26 ᎤᎬᏫᏳᎯᏃ ᎤᏣᏘ ᏓᏉ ᎤᏰᎸᏁᎢ; ᎠᏎᏃ ᎤᏎᎵᏔᏅᎢ, ᎠᎴ ᎾᏍᎩ ᎢᏧᎴᎭ
ᎤᎾᏂᏜᏅᎯ ᎤᏧᎵᏍᏙᏔᏁ, ᎥᏝ ᎬᏩᎨᏳᏙᏗ ᏱᎨᏎᎢ.
27 ᎩᎳᏉᏃ ᎢᏴᏛ ᎤᎬᏫᏳᎯ ᎤᏅᏎ ᎠᏯᏫᏍᎩ, ᎠᎴ ᎤᏁᏤ ᎤᏍᎪ ᎤᏂᏲᎯᏍᏗᏱ;
ᎤᏪᏅᏎᏃ, ᎠᎴ ᏭᏍᎫᎦᏎ ᏗᏓᏍᏚᏗᏱ ᎠᏯᎥᎢ,
28 ᎠᎴ ᎤᏲᎴ ᎤᏍᎪ ᎠᏖᎵᏙᎩᎯ ᎦᎶᎦᎢ, ᎠᎴ ᎠᏛ ᎤᏁᎴᎢ; ᎠᏛᏃ ᎤᏥ ᎤᏁᎴᎢ.
29 ᎬᏩᏍᏓᏩᏗᏙᎯᏃ ᎤᎾᏛᎦᏅ, ᎤᏂᎷᏤ ᎠᎴ ᎤᏂᏁᏎ ᎠᏰᎸᎢ, ᎠᎴ ᎠᏤᎵᏍᏛ
ᎤᏂᏅᏁᎢ.
30 ᎨᏥᏅᏏᏛᏃ ᎤᎾᏓᏟᏌᏁ ᏥᏌ ᎡᏙᎲᎢ, ᎠᎴ ᎬᏩᏃᏁᎴ ᏂᎦᏛ ᏄᎾᏛᏁᎵᏙᎸ, ᎠᎴ ᎾᏍᏉ
ᏄᏍᏛ ᏚᎾᏕᏲᏅᎢ.
31 ᎯᎠᏃ ᏂᏚᏪᏎᎴᎢ, ᎢᏕᎾ ᎢᏨᏒᏉ ᎢᏴᏛ ᏫᏗᎶᎯ ᎢᎾᎨ ᏗᎨᏒᎢ, ᎠᎴ ᏞᎦ
ᎢᏣᏣᏪᏐᎸᏍᏓ; ᎤᏂᏣᏖᏰᏃ ᎠᏂᎷᎨ ᎠᎴ ᏓᏁᎨᎢ, ᎥᏝᏃ ᏯᏜᏅᏓᏗᏍᎨ ᎾᏍᏉ
ᎤᎾᎵᏍᏓᏴᏗᏱ ᎢᎪᎯᏛ.
32 ᏥᏳᎯᏃ ᎤᎾᏣᏒᎢ, ᎤᎾᏂᎩᏎ ᎢᎾᎨ ᏭᏂᎶᏎ ᎤᏕᎵᏛ.

33 ᏴᏫᏃ ᎬᏩᏂᎪᎲ ᎠᎾᏂᎩᏍᎬᎢ, ᎠᎴ ᎤᏂᏣᏛ ᎬᏬᎵᎨᎢ, ᎠᎴ ᎡᎳᏗᏉ ᏚᏂᏍᏆᎸᎳᏁ ᎾᎿ
ᎢᏗᏢ ᏭᏂᎶᏎ ᏕᎦᏚᏩᏗᏒ ᏂᏙᏓᏳᏂᎶᏒᎯ, ᏕᎬᏩᏂᎩᏰᏃ, ᎠᎴ ᏫᎬᏩᏓᏟᏌᏁᎴᎢ.
34 ᏥᏌᏃ ᎤᏣᎢᏒ, ᏚᎪᎲ ᎤᏂᏣᏘ ᏴᏫ, ᎠᎴ ᏚᏪᏙᎵᏤᎢ, ᎤᏗᎦᎵᏍᏙᏗᏍᎨ ᎠᏫ ᎤᏂᏃᏕᎾ
ᏓᎾᏤᎳᎬ ᏁᏜᎾ ᏥᎨᏐ ᎤᏂᏕᏗᏯ; ᎤᎴᏅᎮᏃ ᎤᏣᏘ ᏧᏓᎴᏅᏛ ᏚᏪᏲᏁᎢ.
35 ᎿᏉᏃ ᎤᎶᏐᏂᏕᎾ ᎨᏎ ᎢᎦ, ᎬᏩᏍᏓᏩᏗᏙᎯ ᎬᏩᎷᏤᎴ, ᎯᎠ ᏄᏂᏪᏎᎢ, ᎠᏂ ᎢᎾᎨᎢ,
ᎠᎴ ᎿᏉ ᎤᎶᏐᏂᏗ ᎢᎦ.
36 ᏗᏰᎵᎯᏍᏓ, ᎾᏍᎩ ᏓᏓᏁᎳᏗᏒ ᎬᏩᏚᏫᏛ ᏩᏂᎶᎯ, ᎠᎴ ᏕᎦᏚᏩᏗᏒᎢ, ᎠᎴ ᏭᏂᏩᎯ
ᎦᏚ, ᎥᏝᏰᏃ ᎪᎱᏍᏗ ᏯᏂᏰ ᎤᎾᎵᏍᏓᏴᏗ.
37 ᏚᏁᏤᎴᏃ ᎯᎠ ᏂᏚᏪᏎᎴᎢ, ᏂᎯ ᏗᏤᎳᏍᏓ. ᎯᎠᏃ ᏂᎬᏩᏪᏎᎴᎢ, ᏥᎪ ᏓᏲᏤᏏ ᏔᎵᏧᏈ
ᎠᏂᎩᏏ ᏧᎬᏩᎶᏗ ᎦᏚ ᏴᏓᏲᎩᏩᏏ, ᎠᎴ ᏙᏓᏲᏤᎳᏍᏔᏂ?
38 ᎯᎠᏃ ᏂᏚᏪᏎᎴᎢ, ᎢᎳᎪ ᎦᏚ ᏕᏥᏰᏐ? ᏫᏣᏕᎳ. ᎤᎾᏙᎴᎰᏒᏃ, ᎯᎠ ᏄᎯᏪᏎᎢ,
ᎯᏍᎩ, ᏔᎵᏃ ᎠᏣᏗ.
39 ᏚᏁᏤᎴᏃ ᎤᎾᏂᎵᏗᏱ ᏂᎦᏛ ᎢᏤᎧᏁᏍᎪᎯ ᎨᏒ ᏧᎾᏓᏡᏅᏛ.
40 ᎤᎾᏂᎵᏁᏃ ᎣᏍᏛ ᏚᎾᏓᏅᎿᏁᎢ ᎠᏍᎪᎯᏧᏈ, ᎠᎴ ᎯᏍᎦᏍᎪᎯ ᏧᎾᏓᏡᏅᏛ.
41 ᎯᏍᎩᏃ ᎦᏚ ᏚᎩᏒ ᎠᎴ ᏔᎵ ᎠᏣᏗ ᏚᏁᏒ, ᎦᎸᎳᏗ ᏫᏚᎧᎿᏁᎢ, ᎠᎴ ᎤᎵᎮᎵᏤᎢ, ᎠᎴ
ᏚᎬᏐᎷᏰ ᎦᏚ, ᎠᎴ ᎬᏩᏍᏓᏩᏗᏙᎯ ᏚᏁᎴ ᏧᏂᏁᏗᏱ; ᏔᎵᏃ ᎠᏣᏗ ᏂᎦᏛ ᏚᏯᏙᎮᎴᎢ.
42 ᏂᎦᏛᏃ ᎤᎾᎵᏍᏓᏴᏁᎢ; ᎠᎴ ᏚᏃᎸᏎᎢ.
43 ᎤᏄᏛᏎᏃ ᎤᎵᎬᏐᎷᏴᎯ ᏔᎳᏚ ᏗᎧᎵᎢ ᏔᎷᏣ, ᎠᎴ ᎾᏍᏉ ᎠᏣᏗ.
44 ᎾᏍᎩᏃ Ꮎ ᎦᏚ ᏧᏂᎬᎯ ᎯᏍᎩ ᎢᏯᎦᏴᎵ ᎢᏴᏛ ᎾᏂᎡ ᎾᏂᎡ ᎠᏂᏍᎦᏯ.
45 ᎩᎳᏉᏃ ᎢᏴᏛ ᏚᏅᏫᏍᏔᏁ ᎬᏩᏍᏓᏩᏗᏙᎯ ᏥᏳᎯ ᎤᎾᏦᏗᏱ, ᎠᎴ ᎢᎬᏱ
ᏧᏂᏐᎯᏍᏗᏱ, ᏇᏤᏱᏗ ᏭᏂᎷᎯᏍᏗᏱ, ᎠᏏᏉ ᎤᏩᏒ ᏓᏰᎵᎯᏍᏗᏍᎬ ᎤᏂᏣᏘ.
46 ᏚᏰᎵᎯᏍᏔᏅᏃ, ᎣᏓᎸ ᏭᎶᏎ ᎤᏓᏙᎵᏍᏔᏅᏎᎢ.
47 ᎤᏒᏃ ᏄᎵᏍᏔᏅ ᏥᏳ ᎥᏓᎵ ᎠᏰᎵ ᎠᏂᏂᏎᎢ, ᎤᏩᏒᏃ ᏙᏱ ᎡᏙᎲᎢ.
48 ᏚᎪᎲᏃ ᎠᏂᎩᎵᏲᎬ ᎠᏂᎦᏪᎯᏜᎢ; ᏩᏂᎦᏛᏃ ᎢᏗᏏ ᏗᎦᏃᎸᏗᏍᎨᎢ. ᎤᎩᏁᏃ ᎢᏴᏛ
ᎠᏂᏯᏫᏍᎬ ᎡᏃᏱ ᏚᎷᏤᎴᎢ, ᎥᏓᎵ ᎦᏚᎢ ᎠᎢᏎᎢ, ᎠᎴ ᏱᏚᎶᎯᏎᎴᎢ.
49 ᎠᏎᏃ ᏫᎬᏩᎪᏜ ᎥᏓᎵ ᎦᏚᎢ ᎠᎢᏒᎢ, ᎤᏤᎸᏅᎯ ᎤᏁᎵᏎᎢ, ᎠᎴ ᎤᏁᎷᏁᎢ.
50 (ᏂᎦᏛᏰᏃ ᎬᏩᎪᎮᎢ, ᎠᎴ ᎤᎾᏕᏯᏔᏁᎴᎢ.) ᎩᎳᏉᏃ ᎢᏴᏛ ᏚᎵᏃᎮᏔᏁᎢ, ᎠᎴ ᎯᎠ
ᏂᏚᏪᏎᎴᎢ, ᎤᎦᎵᏍᏗᏉ ᎢᏣᏓᏅᏓᏓ; ᎠᏴᏉ; ᏞᏍᏗ ᏱᏥᏍᎦᎢᎮᏍᏗ.
51 ᎤᎩᎳᏫᏎᏃ ᏫᏚᏣᏁᎴ ᏥᏳᎯ; ᎦᏃᎸᎥᏍᎬᏃ ᎤᏎᎵᎪᏤᎢ; ᎠᎴ ᎤᎶᏒᏍᏔᏅᎯ
ᎤᎾᏓᏅᏓᎳᏁ ᏙᏧᎾᏓᏅᏛᎢ, ᎠᎴ ᎤᏂᏍᏆᏂᎪᏎᎢ.
52 ᎥᏝᏰᏃ ᏱᏚᎾᏓᏅᏛᎴ ᎦᏚ; ᏧᏂᎾᏫᏰᏃ ᏗᏍᏓᏱᏳ ᎨᏎᎢ.
53 ᏚᏂᏐᏨᏃ, ᎨᏂᏏᎳᏗ ᏭᏂᎷᏤᎢ, ᎠᎴ ᎤᏂᏔᎳᏕᎢ.
54 ᏥᏳᎯᏃ ᎤᎾᏣᎢᏒ ᎩᎳᏉ ᎢᏴᏛ ᎬᏬᎵᏤᎢ.

55 ᎠᎴ ᎾᎿ ᎡᏣᏚᏫᏛ ᎤᏁᏙᎴᎢ, ᎠᎴ ᏧᏂᏢᎩ ᏚᏂᏂᏙᎴ ᏗᏙᏍᏙᎩᎯ ᏚᏂᏢᏕ, ᏫᏓᏂᏃᎯᎮ
ᎠᎾᏛᎬᏕ ᎾᎿ ᎡᏙᎲᎢ.
56 ᎠᎴ ᎢᎸᎯᏢ ᏫᏕᎷᎩ, ᏧᏍᏗ ᏕᎦᏚᎲ, ᎠᎴ ᏧᏛᎾ ᏕᎦᏚᎲ, ᎠᎴ ᎢᏴᏛ ᏗᏓᏁᏩᎯ ᎨᏒᎢ,
ᏧᏂᏢᎩ ᏕᎦᏔᏅᏛ ᏓᏂᏅᎥᏍᎨᎢ, ᎠᎴ ᎡᏣᏔᏲᏎᎮ ᎤᎾᏒᏂᏍᏗᏱ, ᏕᏓᎷᏪᏛᏉ ᎾᏍᏉ
ᎤᎸᏴᎢ; ᎾᏂᎥᏃ ᎾᏍᎩ ᎡᏣᏒᏂᎸᎯ ᏚᎾᏗᏩᏍᎨᎢ.

ᎠᏯᏙᎸᎢ 7

1 ᏕᎬᏩᎳᏫᏦᎴᏃ ᎠᏂᏆᎵᏏ, ᎠᎴ ᎩᎶ ᎢᏳᎾᏍᎩ ᏗᏃᏪᎵᏍᎩ, ᏥᎷᏏᎵᎻ ᎤᏓᏳᏂᎶᏒᎯ.
2 ᏚᏂᎪᎲᏃ ᎢᎦᏛ ᎬᏩᏍᏓᏩᏗᏙᎯ ᎦᏚ ᎠᏂᎩᏍᎬ ᏗᎦᏓᎭ ᏧᏃᏰᏂ ᎬᏗ, (ᎾᏍᎩ ᏂᏚᎾᏬᎴᎲᎾ
ᎦᏛᎦ,) ᎤᏂᎭᏅᏤᎴᎢ.
3 ᎠᏂᏆᎵᏏᏰᏃ, ᎠᎴ ᎾᏂᎥᏉ ᎠᏂᏧᏏ, ᎢᏳᏃ ᎣᏍᏛ ᏂᏚᎾᏬᎴᎲᎾ ᏱᎩ, ᎥᏝ
ᏱᎾᎵᏍᏓᏴᎲᏍᎪᎢ, ᏓᏂᎧᎿᏩᏕᎪ ᏄᏂᏪᏒ ᎡᏘ ᎤᎾᏕᏅᎯ.
4 ᎠᎴ ᎦᏃᏙᏗᏱ ᏛᏂᎶᎯ, ᎢᏳᏃ ᏂᏚᎾᏬᎴᎲᎾ ᏱᎩ, ᎥᏝ ᏴᎬᎾᎵᏍᏓᏴᎲᎦ. ᎠᎴ ᎤᏣᏔ
ᏄᏓᎴ ᎪᎱᏍᏗ ᏧᏂᎧᎿᏩᏛᏍᏗ ᏄᏅᏁᎸ, ᎾᏍᎩ ᏧᎵᏍᏊᏗ ᏗᎫᎯᏳᎥᎢ ᎠᎴ ᏗᏘᎵᏙ, ᎠᎴ
ᎥᏣᏱᏗᎪᏢᏔᏅᎯ ᏗᏘᎵᏙ, ᎠᎴ ᏗᏂᏢᏗᏱ.
5 ᎿᏉᏃ ᎠᏂᏆᎵᏏ ᎠᎴ ᏗᏃᏪᎵᏍᎩ ᎢᎬᏩᏛᏛᏁ ᎯᎠ ᏂᎬᏩᏪᏎᎴᎢ; ᎦᏙᏃ ᎨᏣᏍᏓᏩᏗᏙᎯ
ᎥᏝ ᏱᏓᏂᎧᎿᏩᏕᎦ ᎡᏘ ᎤᎾᏕᏅᎯ ᎤᏂᏁᏨᎢ, ᎾᏍᎩ ᏂᏚᎾᏬᎴᎲᎾᏉ ᏣᎾᎵᏍᏓᏴᎲᏍᎦ?
6 ᏚᏁᏤᎸᏃ ᎯᎠ ᏂᏚᏪᏎᎴᎢ, ᎢᏌᏯ ᏰᎵᏉ ᏄᏪᏒ ᎤᏙᎴᎰᏒ ᏂᎯ ᎢᏣᏠᎾᏍᏗ
ᎢᏥᏁᎢᏍᏗᏍᎬᎢ, ᎯᎠ ᏥᏂᎬᏅ ᏥᎪᏪᎳ, ᎯᎠ ᎾᏍᎩ ᏴᏫ ᎬᎩᎸᏉᏗᎭ ᏚᏂᎭᏁᎦᎸ
ᏓᎤᏗᎭ, ᏧᏂᎾᏫᏍᎩᏂ ᎢᏅᎯᏳ ᏂᏚᏅᎿᏕᎦ ᎠᏴ ᎾᏆᏛᏅᎢ.
7 ᎠᏎᏃ, ᎠᏎᏉᏉ ᎬᎩᎸᏉᏗᎭ ᏥᏓᎾᏕᏲᎲᏍᎦ ᏓᎾᏕᏲᎲᏍᎬ ᏴᏫᏉ ᎤᏂᏁᏨᎯ.
8 ᎢᏴᏛᏰᏃ ᏂᏨᏁ ᎤᏁᎳᏅᎯ ᎤᏁᏨᎯ, ᏴᏫ ᎤᏂᏁᏨ ᏗᎧᎿᏩᏛᏍᏗ ᏂᏨᏁᎭ, ᎾᏍᎩ
ᏗᏘᎵᏙ ᎠᎴ ᏧᎵᏍᏊᏗ ᏗᎫᎯᏳᎥᎢ; ᎠᎴ ᎤᏣᏔ ᏄᏓᎴᎭ ᎾᏍᎩᏯ ᎤᏠᏱ ᏕᏥᎸᏫᏍᏓᏁᎰᎢ.
9 ᎠᎴ ᎯᎠ ᏂᏚᏪᏎᎴᎢ, ᎣᏏᏉ ᏂᏣᏛᏁᎭ ᏥᏥᏲᎢᏎᎭ ᎤᏁᎳᏅᎯ ᎤᏁᏨ, ᎾᏍᎩ ᎢᏣᏤᎵ
ᏗᎧᎿᏩᏛᏍᏗ ᎢᏥᏍᏆᏂᎪᏙᏗᏱ.
10 ᎼᏏᏰᏃ ᎯᎠ ᏄᏪᏎᎢ, ᎯᎸᏉᏕᏍᏗ ᏣᏙᏓ ᎠᎴ ᏣᏥ; ᎠᎴ, ᎩᎶ ᎠᏍᎩ ᎤᏗᏍᎨᏍᏗ
ᎤᏙᏓ ᎠᎴ ᎤᏥ, ᎠᏎ ᎤᏲᎱᎯᏍᏗ ᎨᏎᏍᏗ.
11 ᏂᎯᏍᎩᏂ ᎯᎠ ᏂᏥᏪᎭ, ᎢᏳᏃ ᎩᎶ ᎯᎠ ᏂᎦᏪᏎᎮᏍᏗ ᎤᏙᏓ ᎠᎴ ᎤᏥ, ᎪᏆᏂ,
(ᎾᏍᎩ ᎦᏛᎬ, ᎠᏆᎵᏍᎪᎸᏔᏅᎯ,) ᏂᎦᎥ ᎨᏣᎵᏍᏕᎸᏙᏗ ᎨᏒ ᎠᏴ ᎬᏍᏕᎵᏍᎬᎢ; [ᎾᏍᎩ
ᎤᏚᏓᎴᏛ ᎨᏎᏍᏗ.]
12 ᎠᎴ ᎥᏝ ᎿᏉ ᎤᏁᎳᎩ ᎪᎱᏍᏗ ᏫᏓᏛᏂᏏ ᎤᏙᏓ ᎠᎴ ᎤᏥ ᏰᏤᎵᏎᎰᎢ;
13 ᎾᏍᎩ ᎤᏁᎳᏅᎯ ᎤᏤᎵ ᎧᏃᎮᏛ ᎠᏎᏉ ᏂᏨᏁᎰ ᎢᏨᏗᏍᎪ ᏂᎯ ᎢᏥᏁᏨᎢ; ᎠᎴ ᎤᏣᏘ
ᎢᏳᏓᎴᎩ ᎾᏍᎩ ᎢᏳᏍᏗᏓᏂ ᏂᏣᏛᏁᎰᎢ.
14 ᏂᎦᏛᏃ ᏴᏫ ᏫᏚᏯᏅᎲ, ᎯᎠ ᏂᏚᏪᏎᎴᎢ, ᏍᎩᏯᏛᏓᏍᏓᏏ ᏂᏥᎥᎢ, ᎠᎴ ᎢᏦᎵᎩ;
15 ᎥᏝᏃ ᎪᎱᏍᏗ ᏴᏫᎯ ᏙᏱᏗᏢ ᎡᎯ, ᎤᏴᎭ, ᎾᏍᎩ ᎦᏓᎭ ᏱᏄᏩᏁᎰᎢ; ᎾᏍᎩᏂ
ᎤᏓᏳᏄᎪᏨᎯ, ᎾᏍᎩ ᎦᏓᎭ ᏄᏩᏁᎰ ᏴᏫ.
16 ᎩᎶ ᏕᎦᎵᎷᎨᏍᏗ ᎤᏛᎪᏗᏱ, ᎾᏍᎩ ᏩᏛᎬᎦ.
17 ᎦᎵᏦᏕᏃ ᏭᏴᎸ ᏚᏓᏅᏒᎸ ᏴᏫ, ᎬᏩᏍᏓᏩᏗᏙᎯ ᎬᏩᏛᏛᏁ ᏓᏟᎶᏍᏛ ᎤᎬᏩᎵ.

18 ᎯᎠᏃ ᏂᏚᏪᏎᎴᎢ, ᎾᏍᏉᏍᎪ ᏂᎯ ᎾᏍᎩ ᎢᎦᎢ ᏂᏦᎵᎬᎾ ᎢᎩ? ᏝᏍᎪ ᏱᏥᎪᏩᏘᎭ,
ᎾᏍᎩ ᎪᎱᏍᏗ ᏙᏱᏗᏢ ᎡᎯ ᎾᏍᎩ ᏩᏴᎯᎭ ᏴᏫ ᎦᏓᎭ ᎢᎬᏩᏁᏗ ᏂᎨᏒᎾ ᎨᏒᎢ;
19 ᎾᏍᎩ ᎤᎾᏫᏱ ᏫᎾᏴᎯᎲᎾ ᎨᏒ ᎢᏳᏍᏗ, ᎤᏍᏉᎵᏱᏉᏍᎩᏂ, ᎠᎴ
ᏫᎦᎶᎯᏍᏗᏍᎬᏉ, ᎾᏍᎩᏃ ᎦᎤᎦᎵᏍᎬ ᏂᎦᎥ ᎠᎵᏍᏓᏴᏗ?
20 ᎯᎠᏃ ᏄᏪᏎᎢ, ᎾᏍᎩ ᎾᏴᏫᎯ ᎤᏄᎪᏨᎯ ᎾᏍᎩ ᎦᏓᎭ ᏄᏩᏁᎰ ᏴᏫ.
21 ᎭᏫᏂᏰᏃ ᎤᏓᏩᏓᎴᎤᎯ, ᏴᏫ ᎤᎾᏫᏱ, ᏗᏓᎴᎲᏍᎦ ᎤᏲ ᎠᏓᏅᏖᏗ ᎨᏒᎢ, ᎠᏓᏲᏁᏗ
ᎨᏒᎢ, ᎤᏕᎵᏛ ᏗᏂᏏᏗ ᎨᏒᎢ, ᎠᏓᎯᏍᏗ ᎨᏒᎢ,
22 ᎦᏃᏍᎩᏛ ᎨᏒᎢ, ᏧᎬᏩᎶᏗ ᎠᎬᎥᎯᏍᏗ ᎨᏒᎢ, ᎤᏲ ᎢᏯᏛᏁᏗ ᎨᏒᎢ, ᎦᎶᏄᎮᏛ ᎨᏒᎢ,
ᎠᎵᎭᏢᎢᏍᏙᏗ ᎨᏒᎢ, ᎠᏛᏳᎨᏗ ᎨᏒᎢ, ᎠᏓᎭᏢᎢᏍᏙᏗᏱ, ᎠᏢᏉᏙᏗᏱ, ᎠᎵᏍᎦᎿᏫᏍᏗ
ᎨᏒᎢ.
23 ᎯᎠ ᎾᏍᎩ ᏂᎦᏛ ᎤᏲᎢ ᎭᏫᏂ ᏗᏓᎴᎲᏍᎪᎢ, ᎠᎴ ᎦᏓᎭ ᏄᏩᏁᎰ ᏴᏫ.
24 ᎾᎿᏃ ᎦᎴᏅ, ᏔᏯ ᎠᎴ ᏌᏙᏂ ᎠᏍᏛ ᏭᎷᏤᎢ, ᎠᎴ ᎠᏣᏁᏄ ᏭᏴᏄ, ᎥᏝ ᏳᎦᎵᏍᎨ ᎩᎶ
ᎤᏙᎴᎰᎯᏍᏗᏱ; ᎠᏎᏃ ᎥᏝ ᎬᏩᏗᏍᎦᎶᏗ ᏱᎨᏎᎢ.
25 ᎩᎶᏰᏃ ᎢᏳᏍᏗ ᎠᎨᏴ ᎾᏍᎩ ᎤᏪᏥ ᎠᏛᏄᏣ ᎦᏓᎭ ᎠᏓᏅᏙ ᎤᏯᎢ, ᎤᏛᎦᏅ
ᎠᏥᏃᎮᏍᎬᎢ, ᎤᎷᏤ ᎠᎴ ᏚᎳᏍᎬ ᎤᏓᏅᏁᎢ:
26 (ᎾᏍᎩ Ꮎ ᎠᎨᏴ ᎠᎪᎢ ᎨᏎᎢ, ᎠᏌᎶᏈᏂᏏ ᎨᏎᎢ;) ᎠᎴ ᎾᏍᎩ ᎤᏍᏗᏰᏔᏁ ᎾᏍᎩ
ᎤᏪᏥ ᎠᏛᏄᏣ ᎠᏍᎩᎾ ᎤᏄᎪᏫᏎᏗᏱ.
27 ᎠᏎᏃ ᏥᏌ ᎯᎠ ᏂᎤᏪᏎᎴᎢ, ᎢᎬᏱ ᏗᏂᏲᎵ ᏫᏓᏃᏄᎯ; ᎥᏝᏰᏃ ᎣᏏᏳ ᏱᎩ, ᏗᏂᏲᎵ
ᏧᎾᏤᎵ ᎦᏚ ᏗᎩᎡᏗᏱ, ᎠᎴ ᎩᎵ ᏫᏓᏁᏁᏗᏱ.
28 ᎾᏍᎩᏃ ᎤᏁᏤ ᎯᎠ ᏄᏪᏎᎴᎢ, ᎤᏙᎯᏳᎯ, ᏣᎬᏫᏳᎯ; ᎠᏎᏃ ᎩᎵ ᎦᏍᎩᏄ ᎭᏫᏂᏗᏢ
ᏗᏂᏲᎵ ᎤᏂᏅᎪᎠᎯᏎᏄᎯ ᎦᏚ ᎠᎾᎵᏍᏓᏴᏗᏍᎪᎢ.
29 ᎯᎠᏃ ᏄᏪᏎᎴᎢ, ᎾᏍᎩ ᎯᎠ ᏥᏂᎾ ᏫᏂᎦᎵᏍᏙᏓ, ᏥᎮᎾ; ᎠᏍᎩᎾ ᏤᏥᏱ ᎠᏯᎥ
ᎤᏄᎪᎩ.
30 ᎾᏍᎩᏃ ᏧᏬᏅᏒ ᏫᎤᎷᏨ, ᎤᏙᎴᎰᏎ ᎠᏍᎩᎾ ᎤᏄᎪᏨᎢ, ᎤᏪᏥᏃ ᎠᏤᏍᏙᎩᎯ
ᎦᏅᎬᎢ.
31 ᎠᎴ ᏔᎵᏁ ᏔᏯ ᎠᎴ ᏌᏙᏂ ᎠᏍᏛ ᎤᏂᎩᏒ ᎨᎵᎵ ᎥᏓᏄ ᏭᎷᏤᎢ, ᎠᏰᎵ ᎤᏩᏎ ᎠᏍᎪᎯ-
ᏗᎦᏚᎩᏱ ᏍᎦᏚᎩ ᎨᏒᎢ.
32 ᎢᎬᏩᏘᏃᎮᎴᏃ ᎩᎶ ᏧᎵᏒᎾ, ᎠᎴ ᎦᏂᏔ ᎦᏌᏂᏍᎩ; ᎠᎴ ᎢᎬᏩᏍᏗᏰᏔᏁ ᎾᏍᎩ
ᎤᏏᏔᏗᏍᏗᏱ.
33 ᎢᏴᏛᏃ ᏭᏘᏅᏍᏔᏅ ᎤᏓᏰᎵᏄ ᎤᏂᏣᏘ ᎠᏁᏙᎲᎢ, ᏕᎦᏰᏌᏛ ᏗᎦᎴᏂ ᏚᎭᏫᏕᎢ, ᎠᎴ
ᏚᎵᏥᏍᏚᎢ, ᎠᎴ ᎦᏃᎪ ᎤᏒᏂᎴᎢ;
34 ᎦᎸᎳᏗᏃ ᏫᏚᎧᎿᏅ ᎤᎵᏰᏔᏁᎢ, ᎠᎴ ᎯᎠ ᏄᏪᏎᎴᎢ, ᎡᏈᏓ, ᎾᏍᎩ ᎦᏛᎬ ᎭᎵᏍᏕᎢ.

35 ᎩᎳᏉᏃ ᎢᏴᏛ ᏗᎦᎴᏂ ᏚᎵᏍᏚᎢᏎᎢ, ᎠᎴ ᎦᏃᎪ ᎤᏄᏍᏓᏁᏄᎯ ᏚᎵᎧᏁᏴᎮ, ᎠᎴ ᎣᏍᏛ
ᎤᏬᏂᏎᎢ.
36 ᏚᏅᏍᏓᎦᎴᏃ ᎩᎶ ᎤᏂᏃᏁᏁᏗᏙ; ᎠᏎᏃ ᏕᏚᏅᏍᏓᏗᏏ ᎤᏟᏉ ᎢᎦᎢ ᏓᏂᏰᎵᎯᏍᏗᏍᎨᎢ;
37 ᎠᎴ ᎤᏩᏒᏍᎳᏅᎯ ᎤᏂᏍᏆᏂᎪᏎᎢ, ᎯᎠ ᎾᏂᏪᏍᎨᎢ, ᏂᎦᏛ ᎣᏏᏳ ᏕᏅᏄᏫᏍᏓᏏ;
ᎤᎾᏛᎪᏗᏙ ᏂᎦᎬᏁ ᏧᏂᎵᎡᎾ, ᏧᏅᎨᏫᏃ ᎤᏂᏬᏂᎯᏍᏗᏙ.

ᎠᏯᏙᎸᎢ 8

1 ᎾᎯᏳᏃ ᎤᏂᏣᏘ ᎨᏒ ᏴᏫ ᏧᏈᏯ. ᎨᏒ ᎢᏳᏍᏗ, ᎠᎴ ᏄᏂᎲᎾ ᎨᏒ ᎤᎾᎵᏍᏓᏴᏗ, ᏥᏌ
ᏫᏚᏯᏅᎲ ᎬᏩᏍᏓᏩᏗᏙᎯ, ᎯᎠ ᏂᏚᏪᏎᎴᎢ;
2 ᎦᏥᏯᏙᎵᎦ ᎤᏂᏣᏘ ᎨᏒᎢ, ᎤᏗᎦᎵᏍᏙᏗ ᎿᏉ ᏦᎢ ᎢᎦ ᎢᏧᎳᎭ ᎣᎨᏙᎸᎢ ᎠᎴ ᏄᏂᎲᎾ
ᎨᏒ ᎤᎾᎵᏍᏓᏴᏗ;
3 ᎢᏳᏃ ᏱᎦᏥᏯᏂᎩᏍᏗᎭ ᏙᏧᏁᏅᏒ ᏯᏁᎦ ᏄᎾᎵᏍᏓᏴᏅᎾ, ᏩᎾᎢᏒᏉ ᏱᏓᏂᏩᎾᎦᎶᎩ;
ᎢᎦᏛᏰᏃ ᎢᏅᎯᏳ ᏙᏧᏁᏅ.
4 ᎬᏩᏍᏓᏩᏗᏙᎯᏃ ᎯᎠ ᏂᎬᏩᏪᏎᎴᎢ, ᎭᏢ ᏱᏓᎩ ᎩᎶ ᎾᏍᎩ ᎢᎦᎢ ᎦᏚ ᎠᏂ ᎢᎾᎨᎢ, ᎯᎠ
ᎾᏍᎩ ᏰᎵ ᎬᏩᏂᏛᏓᏁᏗ.
5 ᏚᏛᏛᏁᏃ ᎯᎠ ᏄᏪᏎᎢ; ᎢᎳᎪ ᎦᏚ ᎦᏥᏰᎭ? ᎯᎠᏃ ᏄᏂᏪᏎᎢ, ᎦᎵᏉᎩ.
6 ᏚᏁᏤᎴᏃ ᎤᏂᏣᏘ ᎦᏙᎯ ᎤᎾᏂᏢᏗᏱ; ᎦᎵᏉᎩᏃ ᎦᏚ ᏚᎩᏒ, ᎠᎴ ᎤᎵᎮᎵᏨ, ᏚᎬᎭᎷᏰᎢ,
ᎠᎴ ᎬᏩᏍᏓᏩᏗᏙᎯ ᏚᏁᎴ ᎾᏍᎩ ᎢᎬᏱᏗᏢ ᏧᏂᏁᏗᏱ; ᎢᎬᏱᏗᏢᏃ ᏚᏂᏁᎴ ᎤᏂᏣᏘ ᏴᏫ.
7 ᎠᎴ ᎢᎸᏍᎩ ᏧᎾᏍᏗ ᎠᏣᏗ ᏓᏂᏁᎮᎢ, ᎤᎵᎮᎵᏨᏃ ᎤᏁᏤ ᎾᏍᎩ ᎾᏍᏉ ᎢᎬᏱᏗᏢ
ᏧᏂᏅᏗᏱ.
8 ᎤᎾᎵᏍᏓᏴᏁᏃ, ᎠᎴ ᏚᏃᏄᏎᎢ; ᎤᏄᏓᏎᏃ ᎤᎵᎬᎭᎷᏴᎯ ᎤᏗᏴᎯ ᎦᎵᏉᎩ ᎢᏯᎧᎵᎢ
ᏔᎷᏣ.
9 ᎤᎾᎵᏍᏓᏴᏅᎯᏃ ᏅᎩ ᎢᏯᎦᏴᎵ ᎢᏴᏛ ᎾᏂᎡᎢ; ᏚᏰᎵᎯᏍᏔᏁᏃ.
10 ᎢᎬᏪᏅᏛᏃ ᏥᏳᎯ ᎤᏣᏁ ᎠᏁᎮ ᎬᏩᏍᏓᏩᏗᏙᎯ, ᎠᎴ ᏓᎵᎻᏄᏓ ᎠᏍᏛ ᏭᎷᏤᎢ.
11 ᎠᏂᏆᎵᏏᏃ ᎤᏂᎷᏤ ᎠᎴ ᎤᎾᎴᏅᎮ ᎬᏩᏛᏛᎮᎸᏁᎢ, ᎬᏩᏔᏲᏎᎴ ᏧᎾᏄᎪᏫᏎᏗᏱ ᎤᏰᎸᏛ
ᎦᎸᎳᏗ ᎤᏓᏳᎶᏒᎯ, ᎬᏩᎪᎵᏰᏍᎨᎢ.
12 ᎤᏓᏅᏙᎩᎯᏃ ᎭᏫᏂ ᎤᎵᏰᏔᏁᎢ, ᎠᎴ ᎯᎠ ᏄᏪᏎᎢ, ᎦᏙᏃ ᎪᎯ ᎯᎠ ᏣᏁᎭ ᎤᏰᎸᏛ
ᎤᏂᏲᎭ? ᎤᏙᎯᏳᎯᏯ ᎯᎠ ᏂᏨᏪᏎᎭ, ᎥᏝ ᎬᏂᎨᏒ ᎢᎨᎬᏁᏗ ᏱᎨᏎᏍᏗ ᎤᏰᎸᏛ ᎯᎠ ᎪᎯ
ᏣᏁᎭ.
13 ᏚᏓᏅᎡᎸᏃ, ᎠᎴ ᏔᎵᏁ ᏥᏳᎯ ᎤᏣᏅ, ᎠᏍᎪᎾ ᏭᎶᏎᎢ.
14 [ᎬᏩᏍᏓᏩᏗᏙᎯᏃ] ᎤᏅᎨᏫᏒᎯ ᎨᏎ ᎦᏚ ᏧᎾᎦᏅᏗᏱ, ᎥᏝ ᎠᎴ ᏳᎶᏒᏍᎦ ᏌᏉ ᎦᏚ
ᎤᏂᎸ ᏥᏳᎯ.
15 ᏚᏁᏤᎴᏃ ᎯᎠ ᏄᏪᏎᎢ, ᎢᏥᏯᏫᏍᎨᏍᏗ, ᎠᏂᏆᎵᏏ ᎤᎾᏤᎵ ᎠᎪᏙᏗ ᎢᏤᏯᏙᏤᎮᏍᏗ,
ᎠᎴ ᎡᎶᏗ ᎤᏤᎵ ᎠᎪᏙᏗ.
16 ᎤᏅᏒᏃ ᎨᏒ ᎤᎾᎵᏃᎮᎴ, ᎯᎠ ᏄᏂᏪᏎᎢ, ᎤᏗᎦᎵᏍᏙᏗᎭ ᎦᏚ ᏂᏗᏗᏰᎲᎾ ᎨᏒᎢ.
17 ᏥᏌᏃ ᎤᏙᎴᎰᏒ ᎯᎠ ᏂᏚᏪᏎᎴᎢ, ᎦᏙᏃ ᎢᏣᎵᏃᎮᎭ ᎦᏚ ᏂᏗᏥᏰᎲᎾ ᎨᏒ ᎢᏳᏍᏗ?
ᎠᏏᏉᏍᎪ ᏂᏣᏙᎴᎰᏍᎬᎾ ᎢᎩ, ᎠᎴ ᏂᏦᎵᎬᎾ ᎢᎩ? ᎠᏏᏉᏍᎪ ᎠᏍᏓᏯ ᏂᎦᏨᏅ ᏗᏥᎾᏫ?
18 ᎦᏥᎧᏅᏍᎪ, ᏂᏥᎪᏩᏘᏍᎬᎾᏃ ᎢᎩ? ᎦᏥᎵᎷᎦᏍᎪ, ᏂᏣᏛᎩᏍᎬᎾᏃ ᎢᎩ? ᎠᎴ
ᏂᏣᏅᏓᏗᏍᎬᎾᏍᎪ ᎢᎩ?

19 ᎯᏍᎩ ᎦᏚ ᏓᎩᎬᎭᎷᏴ ᎯᏍᎩ ᎢᏯᎦᏴᎵ ᎦᏥᏁᎸ, ᎢᎳᎪ ᎢᏯᎧᎵᎢ ᏔᎷᏣ ᎤᎵᎬᎭᎷᏴᎯ
ᎢᏧᏓᏎᎢ? ᏔᎳᏚ ᎢᎬᏬᏎᎴᎢ.
20 ᎦᎵᏉᏗᏃ [ᎦᏚ] ᏅᎩ ᎢᏯᎦᏴᎵ ᎦᏥᏁᎸ, ᎢᎳᎪ ᎢᏯᎧᎵᎢ ᏔᎷᏣ ᎤᎵᎬᎭᎷᏴᎯ ᎢᏧᏓᏎᎢ?
ᎦᎵᏉᎩ ᎤᎾᏛᏁᎢ.
21 ᎯᎠᏃ ᏂᏚᏪᏎᎴᎢ, ᎦᏙ ᎦᎵᏍᏙᏗᎭ ᏂᏦᎵᎬᎾ ᏥᎩ?
22 ᏇᏣᏱᏗᏃ ᏭᎷᏤᎢ; ᏗᎨᏫᏃ ᎠᏍᎦᏯ ᎬᏩᏘᎣᎮᎴᎢ, ᎠᎴ ᎤᏂᏔᏲᏎᎴ ᎾᏍᎩ
ᎤᏒᏂᏍᏗᏱ.
23 ᏗᎨᏫᏃ ᎤᏬᏯᏁᏒ, ᎦᏚᎲ ᎤᏄᎪᏫᏎᎢ; ᏗᎦᏙᎵᏃ ᏚᎵᏥᏍᏋ, ᎠᎴ ᏚᏏᏔᏛ, ᎪᎱᏍᏗᏍᎪ
ᎯᎪᏩᏛᏗᎭ? ᎤᏬᏎᎴᎢ.
24 ᏚᎧᎿᏅᏃ, ᎯᎠ ᏄᏪᏎᎢ, ᏴᏫ ᏕᏥᎪᏩᏘᎭ ᎠᏁᎩᎭ ᏕᏡᎬ ᎾᏍᎩᏯᎢ.
ᎿᏉᏃ ᏔᎵᏁ ᏗᎦᏙᎵ ᏚᏏᏔᏕᎢ, ᎠᎴ ᏧᎧᏃᏗᏱ ᏄᏩᏁᎴᎢ; ᎠᎴ ᎤᏗᏩᏎᎢ, ᎠᎴ ᎾᏂᎥ ᎣᏏᏳ
ᏓᎪᏩᏗᏍᎨᎢ.
26 ᎠᎴ ᎤᏁᏤᎴ ᏧᏪᏅᏒ ᏭᎶᎯᏍᏗᏱ, ᎯᎠ ᏄᏪᏎᎢ, ᏝᏍᏗ ᏗᎦᏚᎲ ᏫᏣᏴᎸᎩ, ᎠᎴ ᏝᏍᏗ
ᎩᎶ ᎦᏚᎲ ᎡᎯ ᎯᏃᏁᎸᎩ.
27 ᏥᏌᏃ ᎤᏄᎪᏤ ᎠᎴ ᎾᏍᎩ ᎬᏩᏍᏓᏩᏗᏙᎯ, ᏏᏌᎵᏱ ᏈᎵᎩ ᏕᎦᏚᎲ ᏭᏂᎶᏎᎢ; ᏩᎾᎢᏒᏃ
ᏚᏛᏛᏁ ᎬᏩᏍᏓᏩᏗᏙᎯ, ᎯᎠ ᏂᏚᏪᏎᎴᎢ, ᎦᎪ ᎬᏉᏎᎰ ᏴᏫ?
28 ᎯᎠᏃ ᏄᏂᏪᏎᎢ, ᏣᏂ ᏗᏓᏬᏍᎩ; ᎢᎦᏛᏍᎩᏂ ᎢᎳᏯ [ᎠᎾᏗᎭ;] ᎢᎦᏛᏃ, ᎩᎶ ᎢᏳᏍᏗ
ᎠᎾᏙᎴᎰᏍᎩ.
29 ᎯᎠᏃ ᏂᏚᏪᏎᎴᎢ, ᏂᎯᎾᏃ ᎦᎪ ᏍᎩᏲᏎᎭ? ᏈᏓᏃ ᎤᏁᏨ ᎯᎠ ᏁᏪᏎᎴᎢ, ᎦᎶᏁᏛ
ᏂᎯ.
30 ᏚᏁᏤᎴᏃ ᎾᏍᎩ ᎩᎶ ᎤᏂᏃᏁᏗᏱ ᏂᎨᏒᎾ.
31 ᎤᎴᏅᎮᏃ ᏚᏪᏲᏁᎢ, ᎾᏍᎩ ᏴᏫ ᎤᏪᏥ ᎤᏣᏘ ᏧᏓᎴᏅᏛ ᎤᎩ ᎵᏲᎢᏍᏗᏱ; ᎠᎴ
ᎬᏩᏲᎢᏎᏗ ᎨᏒ ᏗᏂᎳᏫᎩ, ᎠᎴ ᏄᏂᎬᏫᏳᏒ ᎠᏥᎸ-ᎠᏁᎶᎯ ᎠᎴ ᏗᏃᏪᎵᏍᎩ, ᎠᎴ
ᎠᏥᎢᏍᏗᏱ ᎨᏒᎢ, ᏦᎢᏁᏃ ᎢᎦ ᏧᎴᎯᏐᏗ ᎨᏒᎢ.
32 ᎾᏍᎩᏃ ᎯᎠ ᎬᏂᎨᏒ ᏄᏪᏎᎢ. ᏈᏓᏃ ᎤᏯᏅᎲ ᎤᎴᏅᎮ ᎤᎬᏍᎪᎸᏁᎢ.
33 ᎠᏎᏃ ᎤᎦᏔᎲᏒ, ᎠᎴ ᎬᏩᏍᏓᏩᏗᏙᎯ ᏚᎧᎿᏅ, ᏈᏓ ᎤᎬᏍᎪᎸᏁᎢ, ᎯᎠ ᏄᏪᏎᎢ,
ᎠᏆᏐᎭᏛ ᎭᎴᎲᎦ ᏎᏓᏂ; ᎥᏝᏰᏃ ᎤᏁᏪᏅᎯ ᎤᏤᎵ ᎨᏒ ᎣᏏᏳ ᏱᏣᏰᎸᎭ, ᏴᏫᏍᎩᏂ ᎤᎾᏤᎵ
ᎨᏒᎢ.
34 ᏫᏚᏯᏅᎲᏃ ᏴᏫ, ᎠᎴ ᎾᏍᏉ ᎬᏩᏍᏓᏩᏗᏙᎯ, ᎯᎠ ᏂᏚᏪᏎᎴᎢ, ᎩᎶ ᎤᏚᎵᏍᎨᏍᏗ
ᎠᎩᏍᏓᏩᏛᏍᏗᏱ, ᎤᏩᏒ ᎠᏓᏓᏱᎮᏍᏗ, ᎠᎴ ᎤᏩᏒ ᎤᏤᎵ ᏧᏓᎾᏩᏛ ᎠᏱᏍᎨᏍᏗ, ᎠᎴ
ᎠᎩᏍᏓᏩᏕᎨᏍᏗ.
35 ᎩᎶᏰᏃ ᎤᏚᎵᏍᎨᏍᏗ ᎬᏅ ᎤᏍᏕᎸᏗᏱ, ᎾᏍᎩ ᎤᏲᎱᏎᎮᏍᏗ; ᎩᎶᏍᎩᏂ ᎬᏅ
ᎤᏲᎱᏎᎮᏍᏗ ᎠᏴ ᎠᎴ ᎣᏍᏛ ᎧᏃᎮᏛ ᎤᏗᎦᎵᏍᏙᏗᏍᎨᏍᏗ, ᎾᏍᎩ ᎠᏥᏍᏕᎸᏗ ᎨᏎᏍᏗ.

36 ᎦᏙᏰᏃ ᏣᏁᏉᏥ ᏴᏫ, ᎢᏳᏃ ᏂᎬᏩᏛ ᎡᎶᎯ ᎤᏤᎵ ᏱᎸᎵᏍᏔᏅ, ᎤᏩᏒᏃ ᎤᏓᏅᏙ
ᏳᏲᎱᏎᎸ?
37 ᎠᎴ ᎦᏙ ᏯᎲᎦ ᏴᏫ ᏱᎦᏁᏟᏴᏍᏓ ᎤᏓᏅᏙ?
38 ᎩᎶᏰᏃ ᎠᏆᏕᎰᏍᎨᏍᏗ ᎠᏴ, ᎠᎴ ᎠᏴ ᏥᏁᎬᎢ, ᎤᏓᏑᏴ ᎠᏂ ᏗᎾᏓᏲᏁᎯ ᎠᎴ ᎠᏂᏍᎦᎾ
ᎠᏁᎲᎢ, ᎾᏍᎩ ᎾᏍᏉ ᏴᏫ ᎤᏪᏥ ᎤᏕᎰᎯᏍᏗ ᎨᏎᏍᏗ, ᎦᎷᏨᎭ ᎤᎸᏬᏍᏕᏍᏗ
ᎦᎸᏉᏗᏳ ᎨᏒ ᎤᏙᏓ ᎤᏤᎵᎦ, ᎠᏁᎮᏍᏗ ᎨᏥᎸᏉᏗ ᏗᏂᎧᎿᏩᏗᏙᎯ.

ᎠᏯᏙᎸᎢ 9

1 ᎯᎠᏃ ᏂᏚᏪᏎᎴᎢ, ᏂᏚᏪᏎᎴᎢ, ᎤᏙᎯᏳᎯᏯ ᎯᎠ ᏂᏨᏪᏎᎭ, ᎾᏍᎩ ᎩᎶ ᎠᏂ ᏥᏓᏂᏙᎦ,
ᎥᏝ
2 ᏑᏓᎵᏃ ᏫᏄᏒᎸ ᏥᏌ ᏚᏘᏅᏎ ᏈᏓ, ᎠᎴ ᏥᎻ, ᎠᎴ ᏣᏂ, ᎢᏅᏃ ᎢᎦᏘ ᎣᏓᎸ ᏚᎿᎷᏔᏁ
ᎢᏴᏛ ᎤᏅᏒ ᎨᏒᎢ; ᎠᎴ ᎤᏓᏁᏟᏴᏎ ᎠᏂᎦᏔᎲᎢ.
3 ᏧᏄᏬᏃ ᏚᏔᎷᎩᏍᎨᎢ, ᎤᏣᏘ ᏧᏁᎩᏳ ᎨᏎᎢ ᎥᏃᏥ ᏥᏄᏁᎩᏴ ᎾᏍᎩᏯᎢ; ᎾᏍᎩ ᎥᏝ ᎩᎶ
ᏗᎬᎩᎶᏍᎩ ᎠᏂ ᎡᎶᎯ ᎡᎯ ᎾᏍᎩ ᎢᏧᏁᎬ ᏱᏂᏙᎦᎬᎦ.
4 ᎬᏂᎨᏒᏃ ᏂᎬᏩᎾᏛᏁᎴ ᎢᎳᏯ ᎠᎴ ᎼᏏ; ᏥᏌᏃ ᎬᏩᎵᏃᎮᏗᏍᎨᎢ.
5 ᏈᏓᏃ ᎤᏁᏨ ᎯᎠ ᏄᏪᏎᎴ ᏥᏌ, ᏔᏕᏲᎲᏍᎩ, ᎣᏏᏳ ᎠᏂ ᏥᎦᏙᎭ; ᎠᎴ ᏦᎢ
ᏫᏙᏥᎵᏦᏛᎦ; ᏌᏉ ᏂᎯ ᏣᏤᎵᎦ, ᏌᏉᏃ ᎼᏏ ᎤᏤᎵᎦ, ᏌᏉᏃ ᎢᎳᏯ ᎤᏤᎵᎦ.
6 ᎥᏝᏰᏃ ᏯᎦᏔᎮ ᎢᏳᏪᏍᏗᏱ; ᎤᏣᏘᏰᏃ ᎠᏂᏍᎦᎢᎮᎢ.
7 ᎤᎶᎩᎸᏃ ᎤᎸᏢᏔᏁᎢ; ᎧᏁᎬᏃ ᎤᎶᎩᎸ ᏧᎾᏄᎪᏤᎢ, ᎯᎠ ᏂᎦᏪᏍᎨᎢ, ᎯᎠ ᎾᏍᎩ
ᏥᎨᏳᎢ ᎠᏇᏥ; ᎾᏍᎩ ᎡᏣᏛᏓᏍᏓᏏ.
8 ᎩᎳᏉᏃ ᎢᏴᏛ ᏚᎾᎧᎿᏂᏙᎸ, ᎥᏝ ᎿᏉ ᎩᎶ ᏳᏂᎪᎮᎢ, ᏥᏌ ᎤᏩᏒ, ᎠᎴ ᎤᏅᏒ.
9 ᏧᏂᎦᏐᎠᏏᏗᏒᏃ ᎣᏓᎸᎢ, ᏚᏁᏤᎴ ᎾᏍᎩ ᎩᎶ ᎤᏂᏃᏁᏗᏱ ᏂᎨᏒᎾ ᏄᏍᏛ ᎤᏂᎪᎲᎢ, ᎬᏂ
ᏴᏫ ᎤᏪᏥ ᎤᏲᎱᏒ ᏧᎴᎯᏌᏅᎯ ᎨᏎᏍᏗ ᏚᏬᏎᎴᎢ.
10 ᎾᏍᎩᏃ ᏄᏪᏒ ᎤᎾᏕᏌᏯᏍᏔᏁᎢ, ᏓᎾᏓᏛᏛᎲᏍᎨ ᏕᏛᎬ ᎠᏲᎱᏒ ᏗᎴᎯᏐᏗ ᎨᏒᎢ.
11 ᎬᏩᏛᏛᏁᏃ ᎯᎠ ᏄᏂᏪᏎᎢ, ᎦᏙᏃ ᏗᏃᏪᎵᏍᎩ ᎢᎳᏯ ᎢᎬᏱ ᏓᎦᎷᏥ ᏣᎾᏗᏍᎪᎢ?
12 ᎤᏁᏨᏃ ᎯᎠ ᏂᏚᏪᏎᎴᎢ, ᎢᎳᏯ ᎤᏙᎯᏳᎯ ᎢᎬᏴ ᎤᎷᎯᏍᏗ, ᎠᎴ ᏂᎦᏛ ᎤᏬᏢᎯᏐᏗ;
ᎠᎴ ᎾᏍᎩᏉ ᎯᎠ ᏂᎬᏅᎪᏪᎳ ᏴᏫ ᎤᏪᏥ ᎠᏥᏃᎮᏍᎬᎢ, ᎾᏍᎩ ᎤᏣᏘ ᏧᏓᎴᏅᏛ
ᎤᎩᎵᏲᎢᏍᏗ ᎨᏎᏍᏗ, ᎠᎴ ᎠᏎᏉ ᏓᏰᏥᏰᎸᏂ.
13 ᎠᏎᏃ ᎯᎠ ᏂᏨᏪᏎᎭ, ᎢᎳᏯ ᎤᏙᎯᏳᎯ ᎤᎷᏨ, ᎠᎴ ᏄᏍᏛ ᎤᎾᏚᎵᏍᎬ ᏂᎬᏩᏁᎸ,
ᎾᏍᎩᏯ ᏂᎬᏅ ᎪᏪᎸ ᎾᏍᎩ ᎠᏥᏃᎮᏍᎬᎢ.
14 ᎬᏩᏍᏓᏩᏗᏙᎯᏃ ᎠᏁᏙᎲ ᎤᎷᏨ, ᎤᏂᏣᏘ ᏚᎪᎮ ᎬᏩᎾᏓᏡᏫᏍᎦᎢ, ᎠᎴ ᏗᏃᏪᎵᏍᎩ
ᎬᏩᎾᏛᏛᎮᎸᎢᏍᎨᎢ.
15 ᎩᎳᏉᏃ ᎢᏴᏛ ᏂᎦᏛ ᏴᏫ, ᎬᏩᎪᎲ, ᎤᏣᏘ ᎤᏂᏍᏆᏂᎪᏎᎢ; ᎬᏩᏗᏝᎣᎮᎸᏃ ᎬᏩᏲᎵᎴᎢ.
16 ᏚᏛᏛᏁᏃ ᏗᏃᏪᎵᏍᎩ, ᎦᏙ ᏕᏣᏛᏛᎮᎸᎥᏍᎦ ᏚᏪᏎᎴᎢ?
17 ᎠᏏᏴᏫᏃ ᎾᏍᎩ ᎤᏂᏣᏘ ᎨᏒᎨᎳ ᎤᏁᏨ ᎯᎠ ᏄᏪᏎᎢ, ᏔᏕᏲᎲᏍᎩ, ᎬᏯᏘᏃᎯᏏ
ᎠᏇᏥ, ᎤᏩᎨᏫ ᎠᏓᏅᏙ ᎤᏪᎢ;
18 ᎢᎸᎯᏢᏃ ᎤᏱᎶᎯᏏ ᎤᎩᎸᏍᎪᎢ; ᎠᎴ ᏓᎭᏬᎢᎨᎢ, ᎠᎴ ᏕᎦᏄᏓᎩᏍᎪ ᏕᎦᏄᏙᎬᎢ, ᎠᎴ
ᎤᏄᎦᎯᎨᎢ; ᎨᏣᏍᏓᏩᏗᏙᎯᏃ ᏕᏥᏔᏲᏎᎸ ᎤᏂᏄᎪᏫᏍᏗᏱ; ᎠᏎᏃ ᎤᏂᏄᎸᏅᏉ.
19 ᎤᏁᏤᎸᏃ, ᎯᎠ ᏄᏪᏎᎢ, Ᏺ! ᏂᏦᎯᏳᏒᎾ ᎪᎯ ᏥᏤᎭ! ᎢᎳᎪ ᎢᎪᎯᏛ
ᎢᏨᏰᎳᏗᏙᎮᏍᏗ? ᎢᎳᎪ ᎢᎪᎯᏛ ᎤᏁᎳᎩ ᎢᏨᏰᎵᏎᎮᏍᏗ? ᎠᏂ ᎯᏯᏘᏃᎦ.

20 ᎤᎾᏘᏃᎮᎴᏃ; ᎤᎪᎲᏃ ᎩᎳᏉ ᎢᏴᏛ ᎠᏓᏅᏙ ᎤᎩᎸᏁᎢ; ᎡᎳᏘᏃ ᎤᏅᏤᎢ, ᎠᎴ
ᏓᎭᏬᎢᎲ ᎠᎵᏘᏒᏂᎮᎢ.
21 ᎤᏛᏛᏁᏃ ᎤᏙᏓ, ᎢᎳᎪ ᏂᎪᎯᎩ ᎾᏍᎩ ᎯᎠ ᎢᎬᏩᎵᏍᏓᏁᎸᎯ? ᎤᏬᏎᎴᎢ. ᎠᏲᎵᏉ
ᎨᏒᎢ, ᎤᏛᏁᎢ;
22 ᏯᏃᎩᏳᏃ ᎠᏥᎸᏱ ᎠᎴ ᎠᎹᏱ ᎤᏓᎡᎪᎢ, ᎾᏍᎩ ᎤᎯᏍᏗᏱ; ᎢᏳᏍᎩᏂᏃᏅ ᎪᎱᏍᏗ
ᎨᏣᏛᏁᏗ ᎨᏎᏍᏗ, ᏍᎩᏍᏙᎵᎩ, ᎠᎴ ᏍᎩᏍᏕᎸ.
23 ᏥᏌᏃ ᎯᎠ ᏄᏪᏎᎴᎢ, ᎢᏳᏃ ᎨᏦᎯᏳᏗ ᎨᏎᏍᏗ, ᏂᎦᏘᏳ ᎪᎱᏍᏗ ᎢᎦᏰᎦᏛᏁᏗ
ᎪᎯᏳᎲᏍᎩ.
24 ᎩᎳᏉᏃ ᎢᏴᏛ ᎠᏲᎵ ᎤᏙᏓ ᎤᏪᎷᏁᎢ, ᎠᎴ ᏗᎬᎦᏌᏬᎢᎯ ᎯᎠ ᏄᏪᏎᎢ, ᏣᎬᏫᏳᎯ,
ᎪᎢᏳᎲᏍᎦ; ᏍᎩᏍᏕᎸᏏ ᎾᏉᎯᏳᏒᎾ ᎨᏒᎢ.
25 ᏥᏌᏃᎤᎪᎲ ᎾᏍᎩ ᎤᏂᏣᏘ ᎠᎾᏁᎷᎩᏍᎬ ᎠᎾᏓᏟᏏᏍᎬᎢ, ᎤᏍᎦᏤ ᎦᏓᎭ ᎠᏓᏅᏙ, ᎯᎠ
ᏄᏪᏎᎴᎢ, ᏨᎨᏩᎠᎴ ᏗᏩᎵᏒᎾ ᎠᏓᏅᏙ, ᎬᏁᏤᎭ, ᎡᎯᏄᎪᎢ, ᎠᎴ ᏝᏍᏗ ᎿᏉ ᎢᎸᎯᏳ
ᏥᎯᏴᎵ.
26 [ᎠᏓᏅᏙᏃ] ᎤᏪᎷᏅ, ᎠᎴ ᎤᏣᏘ ᎤᎩᎸᏅ, ᎤᏄᎪᏤᎢ; ᎠᎴ ᎤᏲᎱᏒᎯᏉ ᎾᏍᎩᏯ
ᎨᏎᎢ; ᎾᏍᎩ ᎢᏳᏍᏗ ᎤᏂᏣᏖ, ᎠᏲᎱᎯ, ᎠᎾᏗᏍᎨᎢ.
27 ᎠᏎᏃ ᏥᏌ ᎤᏬᏯᏁᏒ, ᏚᎴᏔᏁᎢ, ᎠᎴ ᏚᎴᏁᎢ.
28 ᎦᎵᏦᏕᏃ ᏫᎤᏴᎸ, ᎬᏩᏍᏓᏩᏗᏙᎯ ᎤᏅᏒ ᎨᏒ ᎬᏩᏛᏛᏁᎢ, ᎦᏙᏃ ᎠᏴ ᎥᏝ
ᎦᏲᏥᏄᎪᏫᏍᏗ ᏱᎨᏎᎢ? ᎤᎾᏛᏁᎢ.
29 ᎯᎠᏃ ᏂᏚᏪᏎᎴᎢ, ᎯᎠ ᎾᏍᎩ ᎢᏳᏍᏗ ᎥᏝ ᏴᎦᏰᎦᏄᎪᏩ, ᎬᏂ ᎠᏓᏙᎵᏍᏔᏅᎯ ᎠᎴ
ᎠᎹᏟ ᎬᏅᎯ ᏥᎨᎭᎢ.
30 ᎤᎾᏂᎩᏒᏃ ᎾᎿᏂ, ᎨᎵᎵ ᎠᏰᎵ ᎤᏂᎶᏎᎢ; ᎥᏝᏃ ᏳᏚᎵᏍᎨ ᎩᎶ ᎤᏙᎴᎱᎯᏍᏗᏱ.
31 ᏚᏪᏲᏁᏰᏃ ᎬᏩᏍᏓᏩᏗᏙᎯ, ᎠᎴ ᎯᎠ ᏂᏚᏪᏎᎴᎢ, ᏴᏫ ᎤᏪᏥ ᏓᏥᏲᎯ ᏕᎨᏥᏲᎯᏏ ᏴᏫ.
ᎠᎴ ᏓᎬᏩᎵ; ᎠᎴ ᎣᏂ ᎿᏉ ᎠᏥᎸᎯ ᎨᏎᏍᏗ, ᏙᏛᎠᎴᎯᏌᏂ ᏦᎢᏁ ᎢᎦ.
32 ᎠᏎᏃ ᎥᏝ ᏧᏃᎵᏤ ᎾᏍᎩ ᏄᏪᏒ ᎠᎴ ᎠᏂᏍᎦᎢᎮ ᎤᎾᏛᏛᏗᏱ.
33 ᎨᏆᏂᏃ ᎤᎷᏥᎴᎢ; ᎦᎵᏦᏕᏃ ᎠᏯᎥ ᏚᏛᏛᏁ, ᎦᏙ ᎾᏍᎩ ᏥᏥᏃᎮᏍᎬ ᎢᏨᏒ ᎨᏒ Ꭰ
ᏗᏓᎢᏒᎢ.
34 ᎠᏎᏃ ᎡᎳᏪᏱᏉ ᎤᏅᏎᎢ; ᏗᎾᎢᏒᏃ ᎠᏂᏃᎮᏍᎨ ᎤᏅᏒ ᎨᏒ ᎾᏍᎩ ᎤᏟ ᎠᏥᎸᏉᏗᏳ
ᎨᏒᎢ.
35 ᎤᏪᏅᏃ, ᏔᎳᏚ ᎢᏯᏂᏛ ᏫᏚᏯᏅᎮᎢ, ᎠᎴ ᎯᎠ ᏂᏚᏪᏎᎴᎢ, ᎢᏳᏃ ᎩᎶ ᎢᎬᏱ
ᎢᏩᎵᏍᏙᏗᏱ ᎤᏚᎵᏍᎨᏍᏗ, ᎾᏍᎩ ᎣᏂᏱ ᎠᎦᎴᏙᏗ ᎨᏎᏍᏗ ᎾᏂᎥᎢ, ᎠᎴ ᎾᏂᎥ
ᎬᏩᏅᏏᏙᎯ ᎨᏎᏍᏗ.
36 ᎠᏲᎵᏃ ᏭᏯᏅᎲ, ᎠᏂᏅ ᎠᏰᎵ ᎤᏪᎧᏁᎢ; ᎤᏄᎶᏄᏃ ᎯᎠ ᏂᏚᏪᏎᎴᎢ,

37 ᎩᎶ ᎠᏏᏴᏫ ᎯᎠ ᎢᏳᎾᏍᏗ ᏗᏂᏲᎵ ᏓᏓᏂᎸᎨᏍᏗ ᎠᏴ ᎠᏴ ᏓᏆᏙᎥ ᎤᏗᎦᎵᏍᏙᏗᏍᎨᏍᏗ,
ᎠᏴ ᏓᏆᏓᏂᎸᎨᏍᏗ; ᎩᎶᏃ ᎠᏴ ᏓᏆᏓᏂᎸᎨᏍᏗ, ᎥᏝ ᎠᏴ ᏱᏓᏆᏓᏂᎸᎨᏍᏗ, ᏅᏛᎩᏅᏏᏛᏍᎩᏂ
ᏓᏓᏂᎸᎨᏍᏗ.
38 ᏣᏂᏃ ᎤᏁᏤᎴᎢ, ᎯᎠ ᏄᏪᏎᎢ, ᏔᏕᏲᎲᏍᎩ, ᎣᏥᎪᎲᎩ ᎠᏏᏴᏫ ᎠᏂᏍᎩᎾ
ᏕᎦᏄᎪᏫᏍᎬᎩ ᏕᏣᏙᎥ ᎬᏗᏍᎬᎩ; ᎥᏝᏃ ᏱᎩᏍᏓᏩᏗᏙᎭ; ᎣᏥᏅᏍᏓᏕᎸᎩᏃ ᏂᎩᏍᏓᏩᏕᎬᎾ
ᎨᏒ ᎢᏳᏍᏗ.
39 ᎠᏎᏃ ᏥᏌ ᎯᎠ ᏄᏪᏎᎢ, ᏞᏍᏗ ᎡᏥᏅᏍᏓᏕᎸᎩ; ᎥᏝᏰᏃ ᏰᎭ ᎩᎶ ᏓᏆᏙᎥ ᎬᏗᏍᎩ
ᎤᏍᏆᏂᎪᏗ ᏧᏄᏫᏍᏓᏁᎯ, ᎾᏍᎩ ᎢᎬᏪᏅᏛ ᎤᏐᏅ ᎬᏯᏁᎢᏍᏙᏗ.
40 ᎩᎶᏰᏃ ᎾᏍᎩ ᏂᎦᏈᏗᏍᎬᎾ ᏥᎨᎭ, ᎾᏍᎩ ᎢᎦᎵᎪᏁᎯ ᎨᎭᎢ.
41 ᎩᎶᏰᏃ ᎠᎹ ᎤᎵᏍᏈᏗ ᎠᎧᎵᎢ ᎢᏣᏗᏔᏍᏗ ᎢᏥᏁᏁᎯ ᎠᏴ ᏓᏆᏙᎥᎤᏗᎦᎵᏍᏙᏗᏍᎨᏍᏗ,
ᎦᎶᏁᏛ ᎡᏣᏤᎵ ᎨᏒ ᎢᏳᏍᏗ, ᎤᏙᎯᏳᎯᏯ ᎢᏨᏲᏎᎭ, ᎥᏝ ᎤᏲᎱᏎᏗ ᏱᎨᏎᏍᏗ ᎠᎦᎫᏴᎡᏗ
ᎨᏒᎢ.
42 ᎠᎴ ᎩᎶ ᎠᏏᏴᏫ ᎯᎠ ᏧᎾᏍᏗ ᎨᏒ ᎾᏍᎩ ᏥᎬᏉᎯᏳᎲᏍᎦ ᏙᎪᎦᏍᏗᏍᎨᏍᏗ, ᎤᏟ
ᎣᏏᏳ ᎢᏣᎵᏍᏓᏁᏗ ᎠᏍᏙᏍᎩ ᎤᏯ ᏯᏥᏯᏝᏅ, ᎠᎴ ᎠᎺᏉᎯ ᏱᏩᏕᏓᎢᏅ.
43 ᎢᏳ ᎠᎴ ᏦᏰᏂ ᏕᏦᎦᏍᏗᏍᎨᏍᏗ, ᎯᏍᏆᎵᏍᎨᏍᏗ; ᎤᏟ ᎣᏏᏳ ᎢᏣᎵᏍᏓᏁᏗ ᏣᎪᎳᏂ
ᎬᏂᏛ ᏗᎨᏒ ᏱᏫᏣᏴᎸ, ᎠᏃ ᎢᏧᎳ ᏗᎨᎰᏯᏗ ᏨᏍᎩᏃ ᏱᏫᏣᏴᎸ, ᎾᎿ ᎠᏥᎸᏱ ᎦᎬᏜᏗᏍᏗ
ᏂᎨᏒᎾ;
44 ᎾᎿ ᎤᎾᏤᎵ ᏥᏍᎪᏴ ᏂᏕᎵᏬᎬᎾ ᏗᎨᏒᎢ, ᎠᎴ ᎠᏥᎸ ᏂᎬᏠᏍᎬᎾ ᏗᎨᏒᎢ.
45 ᎢᏳ ᎠᎴ ᏣᎳᏏᏕᏂ ᏙᏦᎦᏍᏗᏍᎨᏍᏗ, ᎯᏍᏆᎵᏍᎨᏍᏗ; ᎤᏟᏰᏃ ᎣᏏᏳ ᎢᏣᎵᏍᏓᏁᏗ
ᎯᏲᎤᎵ ᎬᏂᏛ ᏗᎨᏒ ᏱᏫᏣᏴᎸ, ᎠᏃ ᎢᏧᎳ ᏗᎨᏣᎳᏍᎩ ᏨᏍᎩᏃ ᏱᏪᏣᏓᎢᏅ, ᎾᎿ ᎠᏥᎸᏱ
ᎦᎬ ᏜᏗᏍᏗ ᏂᎨᏒᎾ;
46 ᎾᎿ ᎤᎾᏤᎵ ᏥᏍᎪᏴ ᏂᏕᎵᏬᎬᎾ ᏗᎨᏒᎢ, ᎠᎴ ᎠᏥᎸ ᏂᎬᏠᏍᎬᎾ.
47 ᎢᏳ ᎠᎴ ᎯᎦᏙᎵ ᏙᏦᎦᏍᏗᏍᎨᏍᏗ, ᎭᏓᏕᏏᏙᎢᏍᏗᏍᎨᏍᏗ; ᎤᏟᏰᏃ ᎣᏏᏳ ᎢᏣᎵᏍᏓᏁᏗ
ᏌᏉᏉ ᏱᎧᏅ ᎤᏁᎳᏅᎯ ᎤᏤᎵᎪᎯ ᏱᏫᏣᏴᎸ ᎠᏃ ᎢᏧᎳ ᏱᏗᎧᏅ ᏨᏍᎩᏃ ᎠᏥᎸᏱ
ᏱᏪᏣᏓᎢᏅ;
48 ᎾᎿ ᎤᎾᏤᎵ ᏥᏍᎪᏴ ᏂᏕᎵᏬᎬᎾ ᏗᎨᏒᎢ, ᎠᎴ ᎠᏥᎸ ᏂᎬᏠᏍᎬᎾ ᏗᎨᏒᎢ.
49 ᎾᏂᎥᏰᏃ ᎠᏥᎸ ᎬᏗ ᎠᎹ ᎨᏥᏅᏝᏰᏗ ᎨᏎᏍᏗ, ᎠᎴ ᏂᎦᎥ ᎠᏥᎸ-ᎨᎳᏍᏗ ᎠᎹ ᏕᎤᎵᏰᏗ
ᎨᏎᏍᏗ.
50 ᎠᎺ ᎣᏏᏳ; ᎠᏎᏃ ᎠᎹ ᏳᏥᏍᎪᎸ ᎦᏙ ᏱᏨᎦ ᏄᏥᏍᎪᎸᎾ ᏱᏂᏨᎦ? ᎠᎺ ᎢᏥᏳᏨᎯ
ᎨᏎᏍᏗ, ᎠᎴ ᏙᎯᏱ ᏂᏨᏁᏍᏗ ᎢᏤᎲᎢ.

ᎠᏯᏙᎸᎢ 10

1 ᎾᎿᏃ ᏚᎴᏅ, ᏧᏗᏱ ᎦᏓ ᎠᎲᎢ ᎤᎷᏤᎢ, ᏦᏓᏂ ᎠᏍᎪᏂᏗᎵ ᏧᎶᎯᏍᏔᏁᎢ; ᎠᎴ ᎤᏂᏣᏘ
ᏴᏫ ᏔᎵᏁ ᎢᎬᏩᏓᏟᏌᏁᎴᎢ; ᎠᎴ ᎢᏳᏛᏁᏗ ᎨᏒ ᎸᏛᏁᎴᎢ, ᏔᎵᏁ ᏚᏪᏲᏁᎢ.
2 ᎠᏂᏆᎵᏏᏃ ᎬᏩᎷᏤᎸ ᎬᏩᏛᏛᏁᎢ, ᎯᎠ ᏄᏂᏪᏎᎢ, ᏚᏳᎪᏗᏍᎪ ᎠᏍᎦᏯ ᎤᏓᎢᏅᏗᏱ
ᎤᏓᎵᎢ? ᎬᏩᎪᎵᏰᏍᎨᎢ.
3 ᎤᏁᏨᏃ ᎯᎠ ᏂᏑᏪᏎᎴᎢ, ᎦᏙ ᎤᏍᎦ ᎢᏥᏁᏤᎴ ᎼᏏ?
4 ᎯᎠᏃ ᏄᏂᏪᏎᎢ, ᎼᏏ ᎤᎵᏍᎪᎸᏔᏁ ᎪᏪᎶᏗᏱ ᏙᏚᎴᏅᎲᎢ, ᎠᎴ ᎠᏓᎢᏅᏗᏱ.
5 ᏥᏌᏃ ᎤᏁᏨ, ᎯᎠ ᏂᏚᏪᏎᎴᎢ, ᏗᏍᏓᏱᏳ ᎨᏒ ᎢᏳᏍᏗ ᏗᏥᎾᏫ ᎯᎠ ᎾᏍᎩ
ᏗᎧᎿᏩᏛᏍᏗ ᎢᏦᏪᏔᏁᎴᎢ;
6 ᏗᏓᎴᏂᏍᎬᏍᎩᏂ ᎤᏬᏢᏅᏅᎢ, ᎤᏁᎳᏅᎯ ᎠᏍᎦᏯ ᎠᎴ ᎠᎨᏴ ᏚᏬᏢᏁᎢ.
7 ᎾᏍᎩ ᎢᏳᏍᏗ ᎠᏍᎦᏯ ᏕᎬᏕᎨᏍᏗ ᎤᏙᏓ ᎠᎴ ᎤᏥ, ᎠᎴ ᎤᏓᎵᎢ ᎠᏜᏳᏍᏗᏍᎨᏍᏗ;
8 ᎾᏍᎩᏃ ᎠᏂᏔᎵ ᏌᏉᏉ ᎨᏎᏍᏗ ᎤᏂᏇᏓᎸᎢ; ᎾᏍᎩᏃ ᎥᏝ ᎿᏉ ᎠᏂᏔᎵ ᏱᎩ,
ᏌᏉᏉᏍᎩᏂ ᎤᏂᏇᏟᎸᎢ.
9 ᎾᏍᎩ ᎢᏳᏍᏗ ᎤᏁᎳᏅᎯ ᏧᏭᏓᎳᏅᎯ ᏞᏍᏗ ᏴᏫ ᏧᏚᎴᏅᎳᏅᎩ.
10 ᎦᎵᏦᏕᏃ ᎠᏂᏯᎥ ᎬᏩᏍᏓᏩᏗᏙᎯ ᏔᎵᏁ ᎢᎬᏩᏛᏛᏁ ᎾᏍᎩ ᎤᎬᏩᎵ.
11 ᎯᎠᏃ ᏂᏚᏪᏎᎴᎢ, ᎩᎶ ᎤᏓᎵᎢ ᎠᏓᎡᎨᏍᏗ, ᎠᎴ ᎤᏩᏓᎴ ᎠᏓᏰᎨᏍᏗ, ᎾᏍᎩ
ᎠᏓᏲᏁᎮᏍᏗ ᎠᏍᎦᏅᏤᎮᏍᏗ ᎾᏍᎩ.
12 ᎢᏳ ᎠᎴ ᎠᎨᏴ ᎤᏰᎯ ᎠᏓᎡᎨᏍᏗ, ᎠᎴ ᎤᏩᏓᎴ ᏓᎾᏤᎨᏍᏗ, ᎾᏍᎩ ᎠᏓᏲᏁᎮᏍᏗ.
13 ᏧᎾᏍᏗᏃ ᏗᏂᏲᎵ ᎦᎬᏩᏘᏃᎮᎴᎢ, ᎾᏍᎩ ᏧᏒᏂᏍᏗᏱ; ᎬᏩᏍᏓᏩᏗᏙᎯᏃ ᏚᏂᎬᏍᎪᎸᏁ
ᎾᏍᎩ ᏧᎾᏘᏃᎸᎯ.
14 ᏥᏌᏍᎩᏂ ᎤᎪᎲ ᎤᏣᏘ ᎡᏍᎦ ᎤᏰᎸᏁᎢ, ᎠᎴ ᎯᎠ ᏂᏚᏪᏎᎴᎢ, ᎤᏁᎳᎩ ᏕᏤᎵᏎᎮᏍᏗ
ᏧᎾᏍᏗ ᏗᏂᏲᎵ ᎬᎩᎷᏤᏗᏱ, ᎠᎴ ᏞᏍᏗ ᏱᏗᏥᏅᏍᏓᏕᎮᏍᏗ; ᎾᏍᎩᏰᏃ ᏄᎾᏍᏗ
ᎤᏁᎳᏅᎯ ᎤᏤᎵᎪᎯ.
15 ᎤᏙᎯᏳᎯᏯ ᎯᎠ ᏂᏨᏪᏎᎭ, ᎢᏳᏃ ᎩᎶ ᎤᏁᎳᏅᎯ ᎤᎬᏫᏳᎯ ᎨᏒ ᏂᏓᏓᏂᎸᎬᎾ
ᎢᎨᏎᏍᏗ ᎾᏍᎩᏯ ᎠᏲᎵ ᏥᏓᏓᏂᎸᎪᎢ, ᎥᏝ ᎾᎿ ᏱᏮᎬᏴᎭ.
16 ᏚᏁᏒᏃ ᎠᎴ ᏚᏏᏔᏛ, ᎣᏍᏛ ᏚᏁᏤᎴᎢ.
17 ᎤᏂᎩᏒᏃ ᏚᏅᏅ ᏭᎷᏨ, ᎩᎶ ᎢᏳᏍᏗ ᎤᏗᏌᏒᎸᎩ, ᎠᎴ ᏚᎵᏂᏆᏅᏁᎸᎩ, ᎤᏛᏛᏁ ᎯᎠ
ᏄᏪᏎᎴᎢ, ᎨᏍᏛ ᏔᏕᏲᎲᏍᎩ, ᎦᏙ ᏓᎦᏛᏁᎵ ᎤᎵᏍᏆᏗᏍᏗ ᏂᎨᏒᎾ ᎬᏂᏛ ᎠᏆᏤᎵ
ᎢᏳᎵᏍᏙᏗᏱ?
18 ᏥᏌᏃ ᎯᎠ ᏄᏪᏎᎴᎢ, ᎦᏙᏃ ᎨᏍᏛ ᎢᏍᏉᏎᎭ ᎠᏴ? ᎥᏝ ᎩᎶ ᎣᏍᏛ ᏱᎩ, ᏌᏉ
ᎤᏩᏒᎯᏳ, ᎾᏍᎩ ᎤᏁᎳᏅᎯ.
19 ᎦᎯᎦᏔᎭ ᏗᎧᎿᏩᏛᏍᏗ, ᎾᏍᎩ, ᏞᏍᏗ ᏣᏓᏲᏁᎸᎩ, ᏞᏍᏗ ᏣᏓᎸᎩ, ᏞᏍᏗ
ᏣᏃᏍᎩᏒᎩ, ᏞᏍᏗ ᎦᏰᎪᎩ ᏣᏃᎮᎸᎩ, ᏞᏍᏗ ᏣᏓᎶᏄᎮᎸᎩ, ᏣᏙᏓ ᎠᎴ ᏣᏥ ᏕᎯᎸᏉᏕᏍᏗ.

20 ᎤᏁᏨᏃ ᎯᎠ ᏄᏪᏎᎴᎢ, ᏣᏕᏲᎲᏍᎩ, ᎯᎠ ᎾᏍᎩ ᏂᎦᏛ ᏓᎩᏍᏆᏂᎪᏔᏅ ᏥᏧᏣ ᎨᏒ
ᎤᏓᎬᏩᏓᎴᏅᏛ.
21 ᏥᏌᏃ ᏚᎧᎿᏅ, ᎤᎨᏳᎯᏳ ᏄᎵᏍᏔᏁᎢ, ᎠᎴ ᎯᎠ ᏄᏪᏎᎴᎢ, ᏑᏓᎵᎩ ᏣᎷᎳ; ᏫᎾᏚᎦ
ᏂᎦᎥ ᎪᎱᏍᏗ ᏣᎾᎥᎢ, ᎠᎴ ᎤᏲ ᎢᏳᎾᏛᎿᎦᎩ ᎩᏁᎸᎭ, ᏦᏒᏃ ᏫᏣᎮᏍᏗ ᏧᎬᏩᎶᏗ; ᎠᎴ
ᏏᎡᎭ, ᏧᏓᎿᏩᏛ ᎪᏣᎮᏍᏗ ᏧᎬᏩᎶᏗ; ᎠᎴ ᏏᎡᎭ, ᏧᏓᎿᏩᏛ ᎯᏴᎲᎭ, ᎠᎴ
ᏍᎩᏍᏓᏩᏕᏒᎭ.
22 ᎤᏲᏃ ᎤᏰᎸᏁ ᎾᏍᎩ ᎾᏥᏪᏎᎸ, ᎠᎴ ᎡᎯᏍᏗ ᎬᏩᏓᏅᏘ ᎤᏓᏅᏎᎢ; ᎤᏣᏘᏰᏃ
ᎤᎿᏒᎢ.
23 ᏥᏌᏃ ᎤᏚᏫᏛ ᏚᎧᎿᏂᏙᎸ, ᎯᎠ ᏂᏚᏪᏎᎴ ᎬᏩᏍᏓᏩᏗᏙᎯ, ᎾᏍᏓᏯ ᏧᎬᏩᎶᏗ ᎤᏂᎯ
ᎤᏁᎳᎲᎯ ᎤᏤᎵᎪᎯ ᏭᏂᏴᏍᏗᏱ.
24 ᎬᏩᏍᏓᏩᏗᏙᎯᏃ ᎬᎧᏍᏆᏂᎪᏎᎴ ᎾᏍᎩ ᏄᏪᏒᎢ. ᎠᏎᏃ ᏥᏌ ᏔᎵᏁ ᎢᎤᏁᏨ, ᎯᎠ
ᏂᏚᏪᏎᎴᎢ, ᏗᏥᏲᎵ. ᎾᏍᏓᏯ ᎾᏍᎩ ᎨᏅᎢᏍᏗ ᎨᏒ ᎠᎾᎵᏍᎦᏍᏙᏗᏍᎩ, ᎤᏁᎳᏅᎯ
ᎤᏤᎵᎪᎯ ᏭᏂᏴᏍᏗᏱ.
25 ᎤᏟ ᎠᎯᏗᏳ ᎨᎻᎵ ᏴᎩ ᏕᏌᏁᎾᏛᏗᏱ ᎤᏕᏛᎴᎯᏍᏗᏱ, ᎠᏃ ᎤᏪᎿᎢ ᏴᏫ ᎤᏁᎳᏅᎯ
ᎤᏤᎵᎪᎯ ᏭᏴᏍᏗᏱ.
26 ᎤᎶᏒᏍᏔᏅᎯᏃ ᎤᏂᏍᏆᏂᎪᏍᎨᎢ, ᎯᎠ ᏂᏓᎾᏓᏪᏎᎮᎢ, ᎦᎪᎨ ᏰᎵ ᎦᏰᏥᏍᏕᎸᏗ?
27 ᏥᏌᏃ ᎾᏍᎩ ᏚᎧᎿᏅ, ᎯᎠ ᏄᏪᏎᎢ, ᏴᏫ ᎨᏒ ᎾᏍᎩ ᎢᎬᏛᏁᏗ ᏂᎨᏒᎾ,
ᎤᏁᎳᏅᎯᏍᎩᏂ ᎨᏒ ᎥᏝ; ᎤᏁᎳᏅᎯᏰᏃ ᎨᏒ ᏂᎦᎥ ᎪᎱᏍᏗ ᎢᎬᏛᏁᏗ.
28 ᎿᏉᏃ ᏈᏓ ᎤᎴᏅᎮ ᎯᎠ ᏄᏪᏎᎴᎢ, ᎬᏂᏳᏉ ᎠᏴ ᏂᎦᏗᏳ ᎣᎬᏕᏦᏅ, ᎠᎴ ᏂᎯ
ᎢᏨᏍᏓᏩᏕᏅ.
29 ᏥᏌᏃ ᎤᏁᏨ ᎯᎠ ᏄᏪᏎᎢ; ᎤᏙᎯᏳᎯᏯ ᎯᎠ ᏂᏨᏪᏎᎭ, ᎥᏝ ᎩᎶ ᏰᎭᎾᏍᎩ ᎤᎶᏕᏨᎯ
ᎢᎨᏎᏍᏗ ᎠᏓᏁᎸᎢ, ᎠᎴ ᎠᎾᎵᏅᏟ, ᎠᎴ ᏧᏙ, ᎠᎴ ᎤᏙᏓ, ᎠᎴ ᎤᏥ, ᎠᎴ ᎤᏓᎵᎢ, ᎠᎴ
ᏧᏪᏥ, ᎠᎴ ᏚᎶᎨᏒᎢ, ᎠᏴ ᎨᏒ ᎤᏗᎦᎵᏍᏙᏗᏍᎨᏍᏗ, ᎠᎴ ᎣᏍᏛ ᎧᏃᎮᏛ
ᎤᏗᎦᎵᏍᏙᏗᏍᎨᏍᏗ,
30 ᎾᏍᎩ ᎪᎯ ᎨᏒ ᎠᏥᏁᏗ ᏂᎨᏒᎾ ᎨᏒ ᎠᏍᎪᎯᏧᏈ ᎢᏳᏩᎫᏗ ᎤᎶᏒᏍᏗ ᏓᏓᏁᎸᎢ, ᎠᎴ
ᎠᎾᎵᏅᏟ, ᎠᎴ ᏧᏙ, ᎠᎴ ᏧᏥ, ᎠᎴ ᏧᏪᏥ, ᎠᎴ ᏕᏚᎶᎨᏒᎢ, ᎠᎩᎵᏲᎢᏍᏗ ᎨᏒ ᏔᎵ
ᎤᏛᏗ; ᏐᎢᏱᏃ ᏗᎨᏒ ᎤᎵᏍᏆᏗᏍᏗ ᏂᎨᏒᎾ ᎬᏂᏛ.
31 ᎠᏎᏃ ᎤᏂᏣᏔ ᎾᏍᎩ ᎢᎬᏱ ᏥᎩ, ᎣᏂ ᎨᏎᏍᏗ; ᎣᏂᏃ ᏥᎩ, ᎢᎬᏱ ᎨᏎᏍᏗ.
32 ᎦᏅᏅᏃ ᎠᎾᎢᏎ ᏥᎷᏏᎵᎻ ᏣᏂᎦᏏᎢ; ᏥᏌᏃ ᎢᎬᏱ ᏚᏪᏅᏒᎴᎢ; ᎤᏂᏍᏆᏂᎪᏎᏃ; ᎾᏍᎩᏃ
ᎠᎾᎵᏍᏓᏩᏗᏒ ᎠᏂᏍᎦᎢᎮᎢ. ᏔᎵᏁᏃ ᏚᏯᏅᎲ ᏔᎳᏚ ᎢᏯᏂᏛ, ᎤᎴᏅᎮ ᏚᏃᏁᎴ ᎾᏍᎩ
ᎢᏳᎵᏍᏓᏁᎵᏓᏍᏗ ᎨᏒᎢ.

33 [ᎯᎠ ᏂᎦᏪᏍᎨᎢ;] ᎬᏂᏳᏉ ᏥᎷᏏᎵᎻ ᏫᏗᎦᏘ; ᎠᎴ ᏴᏫ ᎤᏪᏥ ᏙᏓᏰᏥᏲᏏ ᏄᏂᎬᏫᏳᏒ
ᎠᏥᎸ ᎠᏁᎶᎯ ᎠᎴ ᏗᏃᏪᎵᏍᎩ ᏙᏓᎨᏥᏲᎯᏎᎵ; ᎠᎴ ᏙᏓᎬᏭᎪᏓᏁᎵ ᎤᏲᎱᎯᏍᏗᏱ, ᎠᎴ
ᏧᎾᏓᎴᏅᏛ ᏴᏫ ᏫᏙᏛᏂᏲᎯᏎᎵ;
34 ᎠᎴ ᏓᎬᏩᏐᏢᎢᏍᏔᏂ, ᎠᎴ ᏓᎬᏩᎵᎥᏂᎵ, ᎠᎴ ᏙᏓᎬᏩᎵᏥᏍᏈ, ᎠᎴ ᏓᎬᏩᎵ; ᏦᎢᏁᏃ
ᎢᎦ ᏔᎵᏁ ᏙᏛᎠᎴᏂ.
35 ᏥᎻᏃ ᎠᎴ ᏣᏂ, ᏤᏈᏗ ᏧᏪᏥ ᎬᏩᎷᏤᎴᎢ, ᎯᎠ ᏄᏂᏪᏎᎢ, ᏔᏕᏲᎲᏍᎩ, ᏍᎩᎾᏚᎵᎭ
ᎢᏍᎩᎾᏛᏁᏗᏱ ᏄᏍᏛ ᎢᏍᏛᏔᏲᏎᏗ ᎨᏒᎢ.
36 ᎯᎠᏃ ᏂᏚᏪᏎᎴᎢ, ᎦᏙᏃ ᎢᏍᏓᏚᎵ ᎢᏍᏛᏯᏛᏁᏗᏱ?
37 ᎯᎠᏃ ᏂᎬᏩᏪᏎᎴᎢ, ᏍᎩᎾᎵᏍᎪᎸᏓᏏ, ᎾᏍᎩ ᏦᎩᏂᏗᏱ, ᎠᏏᏴᏫ ᎯᎦᏘᏏᏗᏢ, ᏐᎢᏃ
ᎯᎦᏍᎦᏂᏗᏢ, ᏣᏤᎵ ᎦᎸᏉᏗᏳ ᎨᏒᎢ.
38 ᎠᏎᏃ ᏥᏌ ᎯᎠ ᏂᏚᏪᏎᎴᎢ, ᎥᏝ ᏱᏍᏗᎦᏔᎭ ᏄᏍᏛ ᎢᏍᏗᏔᏲᎯᎲᎢ. ᏥᏌ ᏰᎵᏉ
ᎨᏍᏓᏗᏔᏍᏗ ᎤᎵᏍᏈᏗ ᎾᏍᎩ ᎠᏆᏗᏔᏍᏗ ᏥᎩ? ᎠᎴ ᏗᎦᏰᏍᏓᏬᏍᏗ ᎾᏍᎩ ᏗᏓᏬᏍᏗ
ᎨᏒ ᎾᏍᎩ ᎥᏆᏬᏍᏙᏗ ᏥᎩ?
39 ᎯᎠᏃ ᏂᎬᏩᏪᏎᎴᎢ, ᏰᎵᏉ ᏥᏌᏃ ᎯᎠ ᏂᏚᏪᏎᎴᎢ, ᎤᏙᎯᏳᎯ ᏓᏍᏓᏗᏔᎯ ᎤᎵᏍᏈᏗ
ᎾᏍᎩ ᎠᏴ ᎠᏆᏗᏔᏍᏗ ᏥᎩ, ᎠᎴ ᏗᏓᏬᏍᏗ ᎨᏒ ᎠᏴ ᎥᏆᏬᏍᏙᏗ ᏥᎩ, ᎾᏍᎩ
ᏙᏓᏰᏍᏓᏬᏍᏔᏂ;
40 ᎤᏪᏗᏱᏍᎩᏂ ᎠᏉᎸ ᏥᎦᏘᏏ ᎢᏗᏢ, ᎠᎴ ᏥᎦᏍᎦᏂ ᎢᏗᏢ, ᎥᏝ ᎠᏴ ᎠᏆᏓᏁᏗ ᏱᎩ;
ᎤᏅᏒᏍᎩᏂ ᎾᏍᎩ ᎨᎦᏛᏅᎢᏍᏓᏁᎸᎯ ᏥᎩ
41 ᎠᏍᎪᎯᏃ ᎢᏯᏂᏛ ᎤᎾᏛᎦᏅ, ᎤᎾᎴᏅᎮ ᎤᏣᏘ ᎡᏍᎦ ᎦᏂᏰᎸᎾᏁᎴ ᏥᎻ ᎠᎴ ᏣᏂ.
42 ᎠᏎᏃ ᏥᏌ ᏫᏚᏯᏅᎲ ᎯᎠ ᏂᏚᏪᏎᎴᎢ; ᎢᏥᎦᏔᎭ ᎾᏍᎩ ᎤᏂᎬᏫᏳᎯ ᎨᏥᏰᎸᎢ ᎨᏒ
ᏧᎾᏓᎴᏅᏛ ᏴᏫ ᏓᏁᏩᏗᏒᎢ, ᏗᎬᏩᎾᏁᎶᏙᏗᏱ ᎾᏅᏁᎰᎢ; ᏧᏂᎸᏉᏗᏃ ᎨᏒ
ᎬᏩᎾᏓᎵᏁᎯᏕᎰᎢ.
43 ᏂᎯᏍᎩᏂ ᎢᏤᎲ ᎥᏞᏍᏗ ᎾᏍᎩ ᏱᏂᏨᏁᏍᏗ; ᎩᎶᏍᎩᏂ ᎠᏥᎸᏉᏗ ᎢᏳᎵᏍᏙᏗᏱ
ᎤᏚᎵᏍᎨᏍᏗ, ᎾᏍᎩ ᎡᏥᏅᏏᏓᏍᏗ ᎨᏎᏍᏗ.
44 ᎠᎴ ᎩᎶ ᏂᎯ ᏂᏣᏛᏅ ᏄᎬᏫᏳᏒ ᎢᏳᎵᏍᏙᏗᏱ ᎤᏚᎵᏍᎨᏍᏗ, ᎾᏍᎩ ᏂᎦᏛ
ᎬᏩᏅᏏᏙᎯ ᎨᏎᏍᏗ.
45 ᎾᏍᏉᏰᏃ ᏴᏫ ᎤᏪᏥ ᎥᏝ ᏳᎷᏨ ᎪᎱᏍᏗ ᎠᎦᏛᏁᏗᏱ, ᎪᎱᏍᏗᏍᎩᏂ ᎤᏓᏛᏁᏗᏱ,
ᎠᎴ ᎬᏅ ᏧᏲᎯᏍᏗᏱ ᏧᏓᏴᏙᏗᏱ ᎤᏂᏣᏘ.
46 ᏤᎵᎪᏃ ᎤᏂᎷᏤᎢ, ᎠᎴ ᎾᏍᎩ ᏤᎵᎪ ᎢᎤᏄᎪᏨ ᎠᎴ ᎾᏍᎩ ᎬᏩᏍᏓᏩᏗᏙᎯ, ᎠᎴ
ᎤᏂᏣᏘ ᏴᏫ, ᏗᎨᏫ ᏆᏗᎻᏯ, ᎾᏍᎩ ᏗᎻᏯ ᎤᏪᏥ, ᎤᏪᎴ ᎤᏃᎱᎶᏗ ᎠᏚᏔᏗᏍᎨᎢ.
47 ᎤᏛᎦᏅᏃ ᎾᏍᎩ ᏥᏌ ᎾᏎᎵᏗ ᎡᎯ ᎨᏒᎢ, ᎤᎴᏅᎮ ᎤᏪᎷᏁ, ᎯᎠ ᏄᏪᏎᎢ, ᏕᏫ
ᎤᏪᏥ, ᏥᏌ, ᏍᎩᏙᎵᎩ.

48 ᎤᏂᏣᏘᏃ ᎬᏩᎬᏍᎪᏄᏁ ᎬᏩᏁᏙᎴ ᎡᎳᏪᏱ ᎤᏮᏗᏱ; ᎠᏎᏃ ᎤᏟᏉ ᎢᎦᎢ ᎤᏪᎷᏁᎢ,
ᏕᏫ ᎤᏪᏥ ᏍᎩᏙᎵᎩ, ᎠᏗᏍᎨᎢ.
49 ᏥᏌᏃ ᎤᎴᏫᏍᏔᏅ ᎤᏁᏤ ᏩᏥᏯᏅᏗᏱ. ᎤᏂᏯᏅᎮᏃ ᏗᎨᏫ, ᎯᎠ ᏄᏂᏪᏎᎴᎢ,
ᎤᎦᎵᏍᏗᏉ ᎭᏓᏅᏓᏓ; ᏔᎴᎲᎦ; ᏗᏟᏯᏂᎭ.
50 ᎾᏍᎩᏃ ᎤᏓᎢᏅ ᎤᏄᏬ ᎦᎴᏁᎢ, ᎠᎴ ᏥᏌ ᏭᎷᏤᎴᎢ.
51 ᏥᏌᏃ ᎤᏁᏨ ᎯᎠ ᏄᏪᏎᎴᎢ, ᎦᏙ ᏣᏚᎷ ᎬᏯᏛᏁᏗᏱ? ᏗᎨᏫᏃ ᎯᎠ ᏄᏪᏎᎴᎢ,
ᏣᎬᏫᏳᎯ, ᎥᎠᎩᎪᏩᏛᏗᏱ [ᎠᏆᏚᎵᎭ.]
52 ᏥᏌᏃ ᎯᎠ ᏄᏪᏎᎴᎢ, ᎮᎾᏉᏃ; ᏦᎯᏳᏒ ᏣᏍᏕᎸ. ᎩᎳᏉᏃ ᎢᏴᏛ ᎬᏩᎪᏩᏛᏗ
ᏄᎵᏍᏔᏁᎢ, ᎠᎴ ᎤᏍᏓᏩᏛᏎ ᏥᏌ ᎠᎢᏒᎢ.

ᎠᏯᏙᎸᎢ 11

1 ᏥᎷᏏᎵᎻᏃ ᎾᎥ ᏭᏂᎷᏨ ᎾᏍᎩ ᎡᏕᏙᎯ ᎠᏯ ᏇᏗᏂᏱ ᎢᏴᏛ, ᎣᎵᏩᏲᎯ ᎤᏌᎯᎸᎢ,
ᎠᏂᏔᎵ ᎬᏩᏍᏓᏩᏗᏙᎯ ᏚᏅᏎᎢ,
2 ᎠᎴ ᎯᎠ ᏂᏚᏪᏎᎴᎢ, ᎢᏍᏕᎾ Ꮎ ᏕᏍᏗᏙᎬ ᏧᏩᎪᏗ ᏨᏗᏕᎦᎭ ᏫᏍᏗᏣᎯ; ᏫᏍᏗᏴᎸᏉᏃ
ᎾᎿᏂ, ᏓᏰᏍᏗᏩᏛᎯ ᏗᎦᎵᎠᏅᎯᏛ ᎠᎩᎾ ᎨᎵᏌᏕᏍᏗ, ᎾᏍᎩ ᎥᏝ ᎩᎶ ᏴᏫ ᎤᎩᎸᏪᎳᏅᎯ
ᏱᎩ; ᎡᏍᎦᎵᏌᏕᏒᎭ ᎠᎴ ᏤᏍᏓᏘᏁᏒᎭ.
3 ᎢᏳᏃ ᎩᎶ ᎦᏙᏃ ᎾᏍᎩ ᏂᏍᏓᏛᏁᎭ ᎢᏍᏙᏎᎸᎭ? ᎤᎬᏫᏳᎯ ᎤᏚᎵᎭ, ᎢᏍᏓᏛᏅᎭ;
ᎩᎳᏉᏃ ᎢᏴᏛ ᏙᏓᏳᏲᏏ ᎠᏂ ᎡᏍᏓᏘᏃᎯᏍᏗᏱ.
4 ᎤᏁᏅᏎᏃ, ᎠᎴ ᏭᏂᏩᏛᎮ ᎠᎩᎾ ᎨᎵᏌᏕ ᎦᎶᎯᏍᏗᏳᎶᏗ ᏙᏱᏗᏢ, ᎾᎿ ᏕᏚᏅᏅ
ᏓᏌᏍᎬᎢ; ᎤᏁᎵᏌᏕᏎᏃ.
5 ᎩᎶᏃ ᎢᏳᎾᏍᏗ ᎾᎿ ᏗᏂᏙᎩ ᎯᎠ ᏂᏚᏂᏪᏎᎴᎢ, ᎦᏙᏃ ᎢᎡᏍᎦᎵᏌᏕ ᎠᎩᏫ?
6 ᎠᎴ ᎾᏍᎩᏯᏉ ᏥᏌ ᏄᏪᏒ ᎤᏁᏨ ᏂᏚᏂᏪᏎᎴᎢ: ᏚᏂᏲᏎᏃ.
7 ᎠᎩᎾᏃ ᏥᏌ ᎤᎾᏘᏃᎮᎴᎢ, ᎠᎴ ᏧᎾᏄᏬ ᏚᏂᏢᏁᎴᎢ; ᏥᏌᏃ ᎤᎩᎸᎳᏁᎢ.
8 ᎤᏂᏣᏘᏃ ᏧᎾᏄᏬ ᏅᏃᎯ ᏚᎸᏰᏍᏛᏁᎢ; ᎢᎦᏛᏃ ᏕᏡᎬ ᏚᏅᏂᎦᎸᏢᎢ, ᎠᎴ ᏅᏃᎯ
ᏚᏂᎳᎨᏯᏛᏁᎢ.
9 ᎢᎬᏱᎢ ᎠᏁᎩ, ᎠᎴ ᎣᏂ ᎠᏁᎩ, ᎤᏁᎷᎨᎢ, ᎯᎠ ᎾᏂᏪᏍᎨᎢ, ᎰᏌᎾ, ᎦᎸᏉᏗᏳ
ᎨᏎᏍᏗ ᏱᎰᏩ ᏕᎤᏙᏍᏛ ᏥᎦᎷᎯᏍᏗᏓ.
10 ᎦᎸᏉᏗᏳ ᎨᏎᏍᏗ ᏕᏫ ᎢᎩᏙᏓ ᎤᏤᎵ ᎤᎬᏫᏳᎯ ᎨᏒᎢ, ᎾᏍᎩ ᏱᎰᏩ ᏚᏙᏍᏛ
ᏥᎦᎷᎯᏍᏗᎭ; ᎰᏌᎾ ᏩᏍᏛᎦᎸᎳᏗᏳ.
11 ᏥᏌᏃ ᏣᎷᏏᎵᎻ ᏭᏴᎴᎢ, ᎠᎴ ᎤᎳᏅ-ᏗᎦᎳᏫᎢᏍᏗᏱ ᏭᏴᎴᎢ; ᎿᏉᏃ ᎬᏩᏚᏫᏛ
ᏚᎧᎿᏂᏙᎸ ᏂᎦᏛ ᏧᏓᎴᏅᏛ ᏚᎧᎿᏅ, ᎠᎴ ᎿᏉ ᎤᏒᎯᏴᏱ ᎨᏎᎢ, ᎤᏄᎪᏤ ᏇᏗᏂᏱ ᏭᎶᏎ
ᎠᏁᎮ ᏔᎳᏚ ᎢᏯᏂᏛ.
12 ᎤᎩᏨᏛᏃ ᏇᏗᏂᏱ ᏧᏂᎶᏒ ᎠᎪᎸ ᎤᏲᏏᏍᎨᎢ;
13 ᏭᎪᎮᏃ Ꭸ ᎢᏴᏛ ᏗᏡᎨ ᎡᎦᏔᎢᏳᏍᏗ, ᎤᎵᏍᏚᏎᎢ, ᏭᎷᏤᎢ, ᏯᏎᎦᎩ ᏱᏥᏩᏛ ᎪᎱᏍᏗ
ᏩᏔ ᎤᏪᎵᏎᎢ; ᎾᎿᏃ ᏭᎷᏨ ᎥᏝ ᎪᎱᏍᏗ ᏳᏩᏛᎮ ᎤᎵᏍᏚᏒᏉ ᎤᏩᏒ; ᎥᏝᏰᏃ ᎠᏏ
ᏩᏍᏆᎸᎮ ᎡᎦᏔᎢᏳᎾᏍᏗ ᎤᏅᏂᏍᏗᏱ.
14 ᏥᏌᏃ ᎤᏁᏤ ᎯᎠ ᏄᏪᏎᎴᎢ, ᏝᏍᏗ ᎩᎶ ᎢᎸᎯᏳ ᏥᎠᎩ ᏂᎯ ᏣᏓᏔᏅᎯ ᎪᎯ
ᎢᏳᏓᎴᏅᏛ. ᎬᏩᏍᏓᏩᏗᏙᎯᏃ ᎤᎾᏛᎦᏁᎢ.
15 ᏥᎷᏏᎵᎻᏃ ᎤᏂᎷᏤᎢ; ᏥᏌᏃ ᎤᎳᏅ-ᏗᎦᎳᏫᎢᏍᏗᏱ ᏭᏴᎸ, ᎤᎴᏅᎮ ᏚᏄᎪᏫᏎ ᎠᏂᎾᏕᎩ
ᎠᎴ ᎤᏂᏩᏒᎥᏍᎩ ᎾᎿ ᎤᎳᏅ-ᏗᎦᎳᏫᎢᏍᏗᏱ, ᎠᎴ ᏚᎷᏆᏗᏅᏎ ᏚᏂᏍᎩᎸ ᎠᏕᎸ
ᏗᏂᏟᏴᏍᎩ, ᎠᎴ ᎤᎾᏅᏗᏱ ᎫᎴ-ᏗᏂᏍᎪᏂᎯ ᏗᏂᎾᏕᎩ;
16 ᎠᎴ ᎥᏝ ᎤᏁᎳᎩ ᏳᏪᎵᏎᎴ ᎩᎶ ᎪᎱᏍᏗ ᎤᏍᏗ ᎠᏓᎵᏙ ᎤᏴᏙᏗᏱ ᎤᏛᏅ-
ᏗᎦᎳᏫᎢᏍᏗᏱ.

17 ᏚᏕᏲᏁᏃ, ᎯᎠ ᏂᏚᏪᏎᎴᎢ, ᏝᏍᎪ ᎯᎠ ᏱᏂᎬᏅ ᏱᎪᏪᎳ, ᎠᏆᏤᎵ ᎠᏓᏁᎸ ᏂᎦᏗᏳ
ᏧᎾᏓᎴᏅᏛ ᏴᏫ ᎤᎾᏓᏙᎵᏍᏙᏗᏱ ᏚᏙᎡᏍᏗ? ᏂᎪᏍᎩᏂ ᎠᏂᏃᏍᎩᏍᎩ ᎤᏂᏴᏍᏗᏱ
ᎤᏍᏓᏕᎸ ᏂᏨᏁᎸ.
18 ᏗᏃᏪᎵᏍᎩᏃ ᎠᎴ ᏄᏂᎬᏫᏳᏒ ᎠᏥᎸ-ᎠᏁᎶᎯ ᎤᎾᏛᎦᏁᎢ, ᎠᎴ ᎤᏂᏲᎴ ᎢᏳᏅᏁᏗᏱ
ᎤᏂᎯᏍᏗᏱ; ᎬᏩᎾᏰᏍᎨᏰᏃ, ᎤᏗᎦᎵᏍᏙᏗᏍᎨ ᏂᎦᏛ ᏴᏫ ᎤᏂᏍᏆᏂᎪᏍᎬ ᏄᏍᏛ
ᏓᏕᏲᎲᏍᎬᎢ.
19 ᎤᏒᏃ ᏄᎵᏍᏔᏅ ᎤᏄᎪᏤ ᎦᏚᎲᎢ.
20 ᏑᎾᎴᏃ ᎠᎾᎢᏒᎢ, ᎤᏂᎪᎮ ᎡᎦᏔᎢᏳᏍᏗ ᎲᎬ ᎤᏩᏴᏒᎯ ᎨᏎ ᏚᏖᏍᎦᏢ ᎤᏓᎬᏩᏓᎴᏅᏛ.
21 ᏈᏓᏃ ᎤᏅᏓᏛ ᎯᎠ ᏄᏪᏎᎴᎢ, ᏔᏕᏲᎲᏍᎩ, ᎬᏂᏳᏉ, ᎡᎦᏔ--ᎢᏳᏍᏗ ᏈᎬ ᏥᏍᎦᏨᎩ
ᎤᏩᏴᎭᏅ.
22 ᏥᏌᏃ ᎤᏁᏨ, ᎯᎠ ᏂᏚᏪᏎᎴᎢ, ᎤᏁᎳᏅᎯ ᎡᏦᎢᏳᏎᏍᏗ.
23 ᎤᏙᎯᏳᎯᏯᏰᏃ ᎯᎠ ᏂᏨᏪᏎᎭ, ᎩᎶ ᎯᎠ ᏂᎦᏪᏎᎮᏍᏗ ᎯᎠ ᏦᏓᎸ, ᏪᏣᎲᎾ, ᎠᎴ
ᎠᎺᏉᎯ ᏪᏣᏚᎦ; ᎠᎴ ᏄᏜᏏᏛᎡᎲᎾ ᎢᎨᏎᏍᏗ ᎤᎾᏫᏱ, ᎪᎯᏳᎲᏍᎬᏍᏗᏉᏍᎩᏂ ᎾᏍᎩ
ᏂᎦᏪᏍᎬ ᎠᏎ ᎢᏳᎵᏍᏙᏗ ᎨᏒᎢ; ᎾᏍᎩ ᎤᎨᏍᏗ ᏂᎦᎥ ᏄᏪᏒᎢ.
24 ᎾᏍᎩ ᎢᏳᏍᏗ ᎯᎠ ᏂᏨᏪᏎᎭ, ᏂᎦᎥ ᎪᎱᏍᏗ ᎢᏥᏔᏲᎭ ᎢᏣᏓᏙᎵᏍᏓ,
ᎢᏦᎯᏳᎲᏍᎨᏍᏗ ᎡᏥᏁᎢ ᎨᏒᎢ, ᎠᎴ ᎠᏎ ᎢᏥᎮᏍᏗ.
25 ᎢᏳᏃ ᎢᏣᎴᎲᏍᎨᏍᏗ ᎢᏣᏓᏙᎵᏍᏗᏍᎨᏍᏗ, ᎨᏣᏓᏁᎮᏍᏗ ᎡᏥᏍᎦᏅᏤᎸᎢ, ᎢᏳᏃ
ᎪᎱᏍᏗ ᎡᏤᎵᏎᎮᏍᏗ ᎩᎶᎢ; ᎾᏍᎩ ᎾᏍᏉ ᎢᏥᏙᏓ ᎦᎸᎳᏗ ᏤᎭ ᎦᎨᏥᏁᏗᏱ ᎯᎠ
ᎢᏥᏍᎦᏅᏨᎢ.
26 ᎢᏳᏍᎩᏂ ᏂᏣᏓᏁᎲᎾ ᎢᎨᏎᏍᏗ ᎡᏥᏍᎦᏅᏤᎸᎢ, ᎥᏝ ᎾᏍᏉ ᎢᏥᏙᏓ ᎦᎸᎳᏗ ᎡᎯ
ᏴᎨᏥᏙᎵᎩ ᎢᏥᏍᎦᏅᏨᎢ.
27 ᏥᎷᏏᎵᎻᏃ ᏔᎵᏁ ᎤᏂᎷᏤᎢ; ᎤᏛᏅᏃ-ᏗᎦᏔᎾᎢᏍᏗᏱ ᎡᏙᎮᎢ, ᎬᏩᎷᏤᎴ ᏄᏂᎬᏫᏳᏒ
ᎠᏥᎸ-ᎠᏁᎶᎯ, ᎠᎴ ᏗᏃᏪᎵᏍᎩ, ᎠᎴ ᏗᏂᎳᏫᎩ,
28 ᎠᎴ ᎯᎠ ᏂᎬᏩᏪᏎᎴᎢ, ᎦᏙ ᏣᎵᏍᎦᏍᏙᏗ ᎯᎠ ᎾᏍᎩ ᏥᏖᏛᏁᎭ? ᎠᎴ ᎦᎪ ᏣᏁᎴ
ᎾᏍᎩ ᎯᎠ ᎢᏣᏛᏁᏗᏱ?
29 ᏥᏌᏃ ᎤᏁᏨ ᎯᎠ ᏂᏚᏪᏎᎴᎢ, ᎠᏴ ᎾᏍᎩ ᏑᏓᎴᎩ ᏛᏨᏯᏛᏛᏂ, ᎠᎴ ᏍᎩᏃᎲᏏ, ᎠᏴᏃ
ᏓᏨᏃᏁᎵ ᏄᏍᏛ ᎠᏆᎵᏍᎦᏍᏙᏛ ᎯᎠ ᎾᏍᎩ ᏥᏂᎦᏛᏁᎭ.
30 ᏣᏂ ᏥᏓᏓᏬᏍᎬᎩ, ᎦᎸᎳᏍᎪ ᏧᏓᎴᏁᎢ, ᏴᏫᏉᎨ ᎠᏁᎲᎢ? ᏍᎩᏃᎲᏏ.
31 ᎤᏅᏒᏃ ᎨᏒ ᎤᎾᎵᏃᎮᎴᎢ, ᎯᎠ ᏄᏂᏪᏎᎢ, ᎢᏳᏃ ᎦᎸᎳᏗ ᎤᏓᏩᏓᎴᏅᎯ ᏱᎦᏛᏅ, ᎯᎠ
ᏱᏂᎦᏫ, ᎦᏙᏃ Ꮭ ᏱᎡᏦᎢᏳᏁᎢ?
32 ᎢᏳᏃ ᏴᏫᏉ ᎠᏁᎲ ᏱᎦᏛᏅ, - ᎾᏍᎩ ᏓᏂᏍᎦᎢᎮ ᏴᏫ; ᏂᎦᏛᏰᏃ ᏴᏫ ᎠᏙᎴᎰᏍᎩ
ᎤᏙᎯᏳᎯ ᎬᏩᏰᎸᎭ ᏣᏂ.

33 ᎤᏂᏁᏨᏃ ᎯᎠ ᏄᏂᏪᏎᎴ ᏥᏌ, ᎥᏝ ᏲᏥᎦᏔᎭ. ᏥᏌᏃ ᎤᏁᏨ ᎯᎠ ᏂᏕᏪᏎᎴᎢ, ᎥᏝ
ᎾᏍᏉ ᏴᎾ ᏴᏓᏨᏃᏁᎵ ᎢᏳᏍᏗ ᎠᏆᎵᏍᎦᏍᏙᏛ ᎯᎠ ᎾᏍᎩ ᏥᏂᎦᏛᏁᎭ.

ᎠᏯᏙᎸᎢ 12

1 ᎤᎴᏅᎮᏃ ᏚᏬᏁᏔᏁ ᏓᏟᎶᏍᏗᏍᎬᎢ. ᎩᎶ ᎢᏳᏍᏗ ᏖᎸᎳᏗ ᏚᏫᏎᎢ, ᎠᎴ ᎤᏐᏱᎴ
ᎬᏩᏚᏫᏛ, ᎠᎴ ᎤᏍᎪᏎ ᎩᎦᎨ-ᎠᏗᏔᏍᏗ ᎪᎵᏗᏱ, ᎠᎴ ᎤᏁᏍᎨᎮ ᎢᏅ ᎢᎦᏘ, ᎠᎴ
ᏚᏙᏔᏍᏔᏁ ᏠᎨᏏ ᏧᏂᎸᏫᏍᏓᏁᎯ, ᎠᎴ ᎢᏅ ᏭᎶᏎᎢ.
2 ᎤᏅᏂᏍᏗᏱᏃ ᎨᏒ ᎢᏳᎢ, ᎤᏅᏎ ᎤᏅᏏᏓᏍᏗ ᏠᎨᏏ ᏧᏂᎸᏫᏍᏓᏁᎯ ᏗᏁᎲᎢ, ᎾᏍᎩ
ᏠᎨᏏ ᏧᏂᎸᏫᏍᏓᏁᎯ ᏅᏓᎬᏩᏁᏗᏱ ᎤᏁᏉᏨᎯ ᏖᎸᎳᏗ ᏓᏫᏒᎢ.
3 ᎢᎬᏩᏂᏴᎮᏃ, ᎠᎴ ᎢᎬᏩᎵᎥᏂᎴᎢ, ᎠᎴ ᎠᏒᎭ ᎢᎬᏩᏂᎩᏍᏔᏁᎢ.
4 ᏔᎵᏁᏃ ᏅᏩᏓᎴ ᎤᏅᏏᏓᏍᏗ ᎤᏅᏎ ᏗᏁᎲᎢ; ᎾᏍᎩᏃ ᏅᏯᏉ ᏙᎬᏩᏂᏍᏔᏁᎢ, ᎠᎴ
ᎢᎬᏐᏅᏁ ᎠᏍᎪᎵ, ᎠᎴ ᎢᎬᏩᏂᎩᏍᏔᏁ ᎤᏕᎰᎯᏍᏗ ᎢᎬᏩᏁᎸᎯ.
5 ᏔᎵᏁᏃ ᏅᏩᏓᎴ ᎤᏅᏎᎢ; ᎠᎴ ᎾᏍᎩ ᎤᏂᎴᎢ; ᎠᎴ ᎤᏂᏣᏖ ᏅᏩᎾᏓᎴᎢ; ᎢᎦᏛ
ᏓᏂᎵᎥᏂᎮᎢ, ᎢᎦᏛᏃ ᏓᏂᎯᎮᎢ.
6 ᎠᏏᏃ ᏌᏉ ᎤᏪᏥ ᎡᎮᎢ, ᎤᎨᏳᎯ, ᎾᏍᎩ ᎾᏍᏉ ᎤᏅᏎ ᎣᏂᏱ ᏗᏁᎲᎢ, ᎯᎠ
ᏄᏪᏎᎢ, ᎠᏎ ᏛᏂᎸᏉᏔᏂ ᎠᏇᏥ.
7 ᎠᏎᏃ ᎾᏍᎩ ᎾᏠᎨᏏ ᏧᏂᎸᏫᏍᏓᏁᎯ, ᎯᎠ ᏂᏚᎾᏓᏪᏎᎴᎢ, ᎯᎠ ᎾᏍᎩ ᏧᎬᏩᎶᏗ
ᏭᏘᏰᎵᎯᏍᏗ ᎨᏒᎢ; Ꭷ, ᎡᏗᎷᎦ, ᏧᎬᏩᎶᏗᏃ ᎤᏣᏰᏗ ᎢᎦᏤᎵᎦ ᎨᏎᏍᏗ.
8 ᎬᏩᏂᏴᎲᏃ ᎬᏩᎴᎢ, ᎠᎴ ᏖᎸᎳᏗ ᏓᏫᏒ ᏙᏱᏗᏢ ᏫᎬᏩᏓᎢᏅᏎᎢ.
9 ᎦᏙᏃ ᎾᏍᎩ ᏛᏛᏁᎵ ᏖᎸᎳᏗ ᏓᏫᏒ ᎤᏤᎵᎦ? ᏓᎦᎷᏥ ᎠᎴ ᏙᏛᏛᏔᏂ ᎾᏍᎩ ᏠᎨᏏ
ᏧᏂᎸᏫᏍᏓᏁᎯ, ᎠᎴ ᏅᏩᎾᏓᎴ ᏙᏛᏁᎵ ᏖᎸᎳᏗ ᏓᏫᏒᎢ.
10 ᏝᏍᎪᏃ ᏱᏥᎪᎵᏰᎣ ᎯᎠ ᎾᏍᎩ ᏥᏂᎬᏅ ᏥᎪᏪᎳ? ᎾᏍᎩ ᏅᏯ, ᏗᎾᏁᏍᎨᏍᎩ
ᎤᏂᏲᎢᏎᎸᎯ ᏄᎬᏫᏳᏒ ᎤᏅᏏᏴ ᎠᏗ ᏄᎵᏍᏔᏅ;
11 ᎾᏍᎩ ᎯᎠ ᏱᎰᏩ ᏄᏛᏁᎸ, ᎠᎴ ᎤᏍᏆᏂᎪᏗᏳ ᏕᏓᎧᏂᏍᎬᎢ.
12 ᎤᎾᏁᎶᏔᏁᏃ ᎬᏩᏂᏴᏗᏱ, ᎠᏎᏃ ᎤᏂᏣᏘ ᏴᏫ ᏓᏂᏍᎦᎢᎮᎢ; ᎠᏂᎦᏔᎮᏰᏃ ᎤᏅᏒ
ᎨᏥᏛᎬ ᎾᏍᎩ ᏚᏟᎶᏍᏔᏅᎢ; ᎢᎬᏩᏓᏅᏒᎴᏃ ᎠᎴ ᏚᏁᏅᏎᎢ.
13 ᏚᏂᏅᏎᏃ ᏫᎬᏩᎷᏤᏗᏱ ᎩᎶ ᎢᏳᎾᏍᏗ ᎠᏂᏆᎵᏏ ᎠᎴ ᎡᎶᏛ ᎬᏩᏍᏕᎵᏍᎩ, ᎤᏂᏌᏛᏗᏱ
ᎤᏫᏚᎵᏍᎨ ᏚᏬᏂᏍᎬᎢ.
14 ᎤᏂᎷᏨᏃ, ᎯᎠ ᏂᎬᏩᏪᏎᎴᎢ, ᏔᏕᏲᎲᏍᎩ, ᎣᏥᎦᏔᎭ ᏚᏳᎦᎲ ᎯᏬᏂᏍᎬ ᎨᏒᎢ, ᎠᎴ
ᎩᎶ ᏂᏣᎾᏰᏍᎬᎾ ᎨᏒᎢ; ᎥᏝᏰᏃ ᏄᎾᏍᏛ ᏴᏫ ᏱᏣᎸᏉᏙᎢ, ᎤᏁᎳᏅᎯᏍᎩᏂ ᎤᏅᏅ
ᎤᏙᎯᏳᏒ ᏕᎭᏕᏲᎲᏍᎪᎢ; ᏚᏳᎪᏗᏍᎪ ᎠᏰᎵ ᎠᎾᏓᏱᏍᎬ ᏏᏌ ᎠᏗᏴᎡᏗᏱ, ᏝᎨ?
15 ᏓᏲᏥᏂᏧ, ᏝᎨ ᏴᏓᏲᏥᏂ? ᎠᏎᏃ ᎠᎦᏔᎮ ᎤᎾᏠᎾᏍᏛᎢ, ᎯᎠ ᏂᏚᏪᏎᎴᎢ, ᎦᏙᏃ
ᎢᏍᎩᎪᎵᏰᎭ? ᎡᏍᎩᎥᏏ ᎠᎩᏏ ᏧᎬᏩᎶᏗ ᎾᏍᎩ ᎠᎩᎪᏩᏛᏗᏱ.
16 ᎤᏂᏲᎴᏃ. ᎯᎠᏃ ᏂᏚᏪᏎᎴᎢ, ᎦᎪ ᎯᎠ ᏓᎦᏟᎶᏍᏗ, ᎠᎴ ᎦᎪ ᎠᏥᏃᎮᏎ ᎯᎠ ᏥᎦᏪᎳ?
ᏏᏌ, ᎢᎬᏬᏎᎴᎢ.

17 ᏥᏌᏃ ᎤᏁᏟ ᎯᎠ ᏂᏚᏪᏎᎴᎢ, ᏏᏌ ᎡᏣᎫᏴᏏ ᏏᏌ ᎤᏤᎵᎦ, ᎤᏁᎳᏅᎯᏃ ᎤᏄᎳᏅᎯ
ᎤᏤᎵᎦ. ᎢᎬᏩᏍᏆᏂᎪᏎᎴᏃ.
18 ᏃᏆᎴ ᎠᏂᏌᏚᏏ ᎢᎬᏩᎷᏤᎴᎢ, ᎾᏍᎩ ᎠᏲᎱᏒ ᎥᏝ ᏗᎴᎯᏐᏗ ᏱᎩ ᎠᎾᏗᏍᎩ; ᎠᎴ
ᎢᎬᏩᏛᏛᏁᎢ, ᎯᎠ ᏄᏂᏪᏎᎢ.
19 ᏔᏕᏲᎲᏍᎩ, ᎼᏏ ᎣᎪᏪᎳᏁᎸᎩ ᎯᎠ ᏃᎩᏪᏎᎸᎩ, ᎠᎾᎵᏅᏟ ᎩᎶ ᎠᏲᎱᏍᎨᏍᏗ, ᎠᎴ
ᎤᏓᎵᎢ ᎢᎦᎧᎯᏯᏍᎨᏍᏗ, ᏧᏪᏥᏃ ᏂᏗᎦᎧᎯᏯᏍᎬᎾ ᎢᎨᏎᏍᏗ, ᎠᎾᎵᏅᏟ ᎠᏯᏂᏍᎨᏍᏗ
ᎤᏓᎵᎢ, ᎠᎴ ᎾᏍᎩ ᎠᎾᎵᏅᏟ ᏧᏪᏥ ᏓᏛᎯᏍᏓᏁᎵᏍᏗ.
20 ᎾᏍᎩᏃ ᎦᎵᏉᎩ ᎠᎾᎵᏅᏟ ᎠᏁᎲᎩ; ᎢᎬᏱᏃ ᎡᎯ ᎤᏕᏒᏅᎩ, ᎠᎴ ᎤᏲᎱᏒᎩ ᏧᏪᏥ
ᎾᏁᎲᎾ.
21 ᏔᎵᏁᏃ ᏪᎯ ᎾᏍᎩ ᎤᏓᏴᏒᎩ, ᎠᎴ ᎤᏲᎱᏒᎩ; ᎾᏍᏉᏃ ᎾᏍᎩ ᎥᏝ ᏧᏪᏥ
ᏱᏚᏪᎧᎯᏰᎢ; ᎠᎴ ᎾᏍᎩᏯ ᎾᏍᏉ ᏦᎢᏁ ᏪᎯ.
22 ᎠᎴ ᎾᏍᎩ ᎦᎵᏉᎩ ᎢᏯᏂᏛ ᎤᎾᏓᏴᏒᎩ, ᎠᎴ ᎥᏝ ᏱᏚᏂᎯᎧᎯᏰ ᏧᏁᏥ; ᎣᏂᏱᏃ ᎠᎨᏴ
ᎾᏍᏉ ᎤᏲᎱᏎᎢ.
23 ᏧᏂᏲᎱᏒᎯᏃ ᏧᎾᎴᎯᏐᏗ ᎨᏒᎢ, ᎾᎯᏳ ᎾᏍᎩ ᎯᎠ ᏓᎾᎴᎯᏌᏅᎭ, ᎦᎪ ᎤᏓᎵᎢ ᎨᏎᏍᏗ
ᎾᏍᎩ ᎯᎠ? ᎦᎵᏉᎩᏰᏃ ᎢᏯᏂᏛ ᎠᎾᏓᏰᎲᎩ.
24 ᏥᏌᏃ ᎤᏁᏨ ᎯᎠ ᏂᏚᏪᏎᎸᎩ, ᏝᏍᎪ ᏱᏥᎵᏓᏍᏗᎭ, ᏱᏅᏗᎦᎵᏍᏙᏗᎭ ᏂᏦᎵᎬᎾ ᎨᏒ
ᎪᏪᎵ, ᎠᎴ ᎤᏁᎳᏅᎯ ᎤᎵᏂᎩᏗᏳ ᎨᏒᎢ?
25 ᎾᎯᏳᏰᏃ ᏧᎾᎴᎯᏐᏗ ᎨᏒ ᏧᏂᏲᎱᏒᎯ, ᎥᏝ ᏱᏓᎾᏕᏒᎲᏍᎪᎢ, ᎥᏝ ᎠᎴ ᏱᏗᎨᏥᏰᎪᎢ;
ᎦᎸᎳᏗᏍᎩᏂ ᎠᏁᎯ ᎨᏥᏅᏏᏓᏍᏗ ᏄᎾᏍᏛ ᎾᏍᎩᏯ ᏄᎾᏍᏗ.
26 ᏧᏂᏲᎱᏒᎯᏃ ᎾᏍᎩ ᏧᎾᎴᎯᏐᏗ ᎨᏒᎢ; ᏝᏍᎪ ᏱᏥᎪᎵᏰᎣ ᎼᏏ ᎤᏤᎵ ᎪᏪᎵᎯ, ᎾᏍᎩ
ᎤᏪᏲᏓᏛ ᎤᏁᎳᏅᎯ ᎤᎵᏃᎮᎳᏅᎢ, ᎯᎠ ᏄᏪᏎᎸᎢ, ᎠᏴ ᎠᏆᏁᎳᏅᎯ ᎡᏆᎭᎻ ᎤᏤᎵᎦ,
ᎠᎴ ᎠᏆᏁᎳᏅᎯ ᎡᏏᎩ ᎤᏤᎵᎦ, ᎠᎴ ᎠᏆᏁᎳᏅᎯ ᏤᎦᏈ ᎤᏤᎵᎦ.
27 ᎥᏝ ᏧᏂᏲᎱᏒᎯ ᎤᎾᏤᎵ ᎤᏁᎳᏅᎯ ᏱᎩ, ᏗᏅᏃᏛᏍᎩᏂ ᎤᎾᏤᎵ ᎤᏁᎳᏅᎯ; ᎾᏍᎩ
ᎢᏳᏍᏗ ᎤᏣᏘ ᎢᏥᎵᏓᏍᏗᎭ.
28 ᏗᏃᏪᎵᏍᎩᏃ ᎨᏒ ᎠᏏᏴᏫ ᎤᎷᏤᎸ, ᎤᏛᎦᏅ ᎠᎾᎵᏃᎮᏍᎬᎢ, ᎠᎴ ᎤᏙᎴᎰᏒ ᎣᏏᏳ
ᏄᏪᏒ ᏚᏁᏤ ᏄᎢ, ᎤᏛᏛᏁᎢ, ᎦᏙ ᎤᏍᏗ ᎤᏟ ᎦᎸᏉᏗᏳ ᏂᎦᏛ ᏗᎧᎿᏩᏛᏍᏗ ᎨᏒᎢ?
ᎤᏛᏁᎢ.
29 ᏥᏌ ᎤᏁᏤᎴ ᎯᎠ ᏄᏪᏎᎴᎢ, ᎤᏟ ᎦᎸᏉᏗ ᏁᎦᏛ ᏗᎧᎿᏩᏛᏍᏗ ᎨᏒ ᎯᎠ ᎾᏍᎩ;
ᎭᏛᎬᎦ ᎢᏏᎵ; ᏱᎰᏩ ᎢᎦᏁᎳᏅᎯ ᏌᏉᎯᏳ ᏱᎰᏩ;
30 ᎠᎴ ᎯᎨᏳᏎᏍᏗ ᏱᎰᏩ ᏣᏁᎳᏅᎯ ᎲᏗᏍᎨᏍᏗ ᏂᎬ ᏣᎾᏫ, ᎠᎴ ᏂᎬᏣᏓᏅᏙ, ᎠᎴ ᏂᎬ
ᏣᏓᏅᏖᏗᏱ, ᎠᎴ ᏂᎦᎥ ᏣᎵᏂᎬᎬᎢ. ᎯᎠ ᎾᏍᎩ ᏑᏓᎪᎾᏛᏛ ᎦᎸᏉᏗ ᏗᎧᎿᏩᏛᏍᏗ.
31 ᏔᎵᏁᏃ ᎨᏒᎢ, ᎾᏍᎩᏯᏉ, ᎯᎠ ᎾᏍᎩ ᏄᏍᏗ, ᏨᏒ ᏂᏣᏓᎨᏳᏒ ᎾᏍᎩᏯ ᏂᎨᏳᏎᏍᏗ
ᎾᎥ ᎢᏗᏍᏓᏓᎳ. ᎥᏝ ᎤᏣᏓᎴ ᏗᎧᎿᏩᏛᏍᏗ. ᏯᎭ ᎤᏟ ᎢᎦᎸᏉᏗ ᎡᏍᎦᏉ ᎾᏍᎩ.

32 ᏗᎪᏪᎵᏍᎩᏃ ᎯᎠ ᏄᏪᏎᎴᎢ; Ꭷ, ᏔᏕᏲᎲᏍᎩ, ᏚᏳᎪᏒ ᏂᏫ; ᏌᏉᏉᏰᏃ ᎡᎭ
ᎤᏁᎳᏅᎯ; ᎥᏝ ᎠᎴ ᎤᏩᏓᎴ ᏰᎭ ᎾᏍᎩ ᎤᏩᏒᎯᏳ;
33 ᎾᏍᎩᏃ ᏓᎨᏳᏗᏱ ᎬᏙᏗᏱ ᏂᎬ ᎣᎾᏫᏱ, ᎠᎴ ᏂᎬ ᎠᏓᏅᏖᏗᏱ, ᎠᎴ ᏂᎬ ᎠᏓᏅᏙ, ᎠᎴ
ᏂᎦᎥ ᏃᎵᏂᎬᎬᎢ, ᎠᎴ ᎾᎥ ᎢᏳᎾᏓᎳ ᎤᏩᏒ ᎤᏓᎨᏳᏒ ᎾᏍᎩᏯ ᎤᎨᏳᏗᏱ, ᎤᏟ ᎦᎸᏉᏗᏳ
ᎡᏍᎦᏉ ᏂᎦᏛ ᏗᎬᏩᏃᏍᏛ ᎠᏥᎸ ᏗᎨᎳᏍᏙᏗ, ᎠᎴ ᎠᎵᏍᎪᎸᏙᏗ.
34 ᏥᏌᏃ ᎤᎪᎲ ᎠᎦᏔᎿᎢ ᎢᏳᏪᏍᏗ ᏁᏪᏒ ᎤᏁᏨᎢ, ᎯᎠ ᏄᏪᏎᎴᎢ, ᎥᏝ ᎢᏅᎯᏳ
ᏱᏂᏣᏛᎿᏕᎦ ᎤᏁᎳᏅᎯ ᎤᏤᎵᎪᎯ ᎨᏒᎢ. ᎾᎪᏳᏃ ᎢᏳᏓᎴᏅᏛ ᎥᏝ ᎩᎶ ᎪᎱᏍᏗ ᎬᏩᏛᏛᏗ
ᏱᎨᏎᎢ.
35 ᏥᏌᏃ ᎤᏁᏨ ᏓᏕᏲᎲᏍᎨ ᎤᏛᏅᏗᎦᎳᏫᎢᏍᏗᏱ, ᎯᎠ ᏄᏪᏎᎢ; ᎦᏙᏃ ᏗᏃᏪᎵᏍᎩ
ᎦᎶᏁᏛ ᏕᏫ ᎤᏪᏥ, ᏣᎾᏗᏍᎪᎢ?
36 ᏕᏫᏰᏃ ᎤᏩᏒ ᎦᎸᏉᏗᏳ ᎠᏓᏅᏙ ᎤᏪᏲᎲᏍᎨ ᎯᎠ ᏄᏪᏎᎢ, Ᏹ-ᎰᏩ ᎯᎠ ᏁᏪᏎᎴ
ᎠᏆᏤᎵ ᎤᎬᏫᏳᎯ, ᏥᎦᏘᏏ ᎢᏗᏢ ᏦᎴᏍᏗ ᎬᏂ ᎨᏣᏍᎦᎩ ᏗᏣᎳᏏᏗᏱ ᎦᏍᎩᎶ ᏂᎦᏥᏴᏁᎸᎭ.
37 ᏕᏫᏰᏃ ᎤᏩᏒ ᎤᎬᏫᏳᎯ ᎢᎪᏎᎭ; ᎦᏙᏃ ᏗᎦᎴᏍᏙᏗᎭ ᎤᏪᏥ ᎢᎩ? ᎤᏂᏣᏘᏃ ᏴᏫ
ᎤᎾᎵᎮᎵᏨᎯ ᎬᏩᏛᏓᏁᎴᎢ.
38 ᎯᎠᏃ ᏂᏚᏪᏎᎴ ᏓᏕᏲᎲᏍᎨᎢ, ᏕᏤᏯᏙᏤᎮᏍᏗ ᏗᏃᏪᎵᏍᎩ ᎣᏏᏳ ᏧᏂᏰᎸ ᏗᎦᏅᎯᏛ
ᏧᎾᏄᏩᎢ ᎤᏁᏓᏍᏗᏱ, ᎠᎴ ᎨᏥᏲᎵᏍᏗᏱ ᏗᎦᏃᏙᏗᏱ,
39 ᎠᎴ ᏄᎬᏫᏳᏒ ᏕᎦᏍᎩᎸ ᏗᎦᎳᏫᎢᏍᏗᏱ, ᎠᎴ ᏄᎬᏫᏳᏒ ᏧᎾᏂᏢᏗᏱ ᏓᎾᎵᏍᏓᏴᎲᎡᎢ;
40 ᎾᏍᎩ ᏥᏓᏂᏒᏁᎰ ᏧᏃᏑᎶᏨᎯ ᏓᏂᏁᎸᎢ, ᎠᎴ ᎤᎾᏠᎾᏍᏛ ᎪᎯᏗᏳ ᏣᎾᏓᏙᎵᏍᏗᏍᎪᎢ;
ᎯᎠ ᎾᏍᎩ ᎤᏟ ᎢᎦᎢ ᎤᏂᎩᎵᏲᎢᏍᏗ ᏗᎨᎫᎪᏓᏁᏗ ᎨᏎᏍᏗ.
41 ᏥᏌᏃ ᎤᏬᎴ ᎠᏕᎸ-ᏗᏗᏱ ᏧᏩᎪᏗ, ᎠᎴ ᎤᎪᎮ ᎾᎾᏛᏁᎲ ᏴᏫ ᎠᏕᎸ ᏓᏂᎲᏍᎨ ᎠᏕᎸ-
ᏗᏗᏱ; ᎤᏂᏣᏘᏃ ᏧᏁᎿᎢ ᎤᏣᏘ ᏓᏂᎲᏍᎨᎢ.
42 ᎩᎶᏃ ᎢᏳᏍᏗ ᎤᏲ ᎢᏳᏛᎿᏕᎩ ᎤᏬᏑᎶᏨᎯ ᎤᎷᏨ, ᏔᎵ ᎠᎩᎸᏛᏗ ᎢᏯᏓᏅᏖᏗ
ᎤᏁᎢ, ᎾᏍᎩ ᎠᏰᎵ ᎢᏯᏓᏅᏖᏗ ᎢᎦᎢ ᏥᎩ.
43 ᏫᏚᏯᏅᎲᏃ ᎬᏩᏍᏓᏩᏗᏙᎯ, ᎯᎠ ᏂᏚᏪᏎᎴᎢ, ᎤᏙᎯᏳᎯᏯ ᎯᎠ ᏂᏨᏪᏎᎭ, ᎯᎠ
ᎾᏍᎩ ᎤᏲ ᎢᏳᏛᎿᏕᎩ ᎤᏬᏑᎶᏨᎯ ᎤᏟ ᎢᎦᎢ ᎠᎲᏕ ᎡᏍᎦᏉ ᏂᎦᏛ ᎾᏍᎩ ᎠᏕᎸ-ᏗᏗᏱ
ᏣᏂᎲᏕ.
44 ᏂᎦᏛᏰᏃ ᎤᏣᏘ ᎤᏂᎲ ᎤᏃᏣᎴᏛ ᎠᏂᎲᏕ; ᎾᏍᎩᏍᎩᏂ-ᎤᏂᎩᏛ ᎨᏒ ᎠᎲᏕ ᏂᎦᏛ
ᎤᎲᎢ, ᏂᎦᏛ ᎤᎵᏍᏕᎸᏙᏗ ᎤᎲᎢ.

ᎠᏯᏙᎸᎢ 13

1 ᏕᏄᎪᎮᏃ ᎤᏛᏅ-ᏗᎦᎳᏫᎢᏍᏗᏱ, ᎠᏏᏴᏫ ᎾᏍᎩ ᎬᏩᏍᏓᏩᏗᏙᎯ ᎯᎠ ᏄᏪᏎᎴᎢ,
ᏔᏕᏲᎲᏍᎩ, ᎬᏂᏳᏉ ᎾᏂᎦᎤᏍᏗ ᏅᏯ ᎠᎴ ᏂᎦᎤᏍᏗ ᏓᏓᏁᎸᎢ?
2 ᏥᏌᏃ ᎤᏁᏤ ᎯᎠ ᏄᏪᏎᎴᎢ, ᏕᎯᎪᏩᏘᏍᎪ ᎯᎠ ᎾᏍᎩ ᏤᏆ ᏓᏓᏁᎸᎢ? ᎥᏝ ᏌᏉ ᏅᏯ
ᎧᏃᎯᏴᎯ ᏱᎨᏎᏍᏗ ᏱᏚᏓᏌᏝᎮᏍᏗ, ᎾᏍᎩ ᏂᎪᎲᏔᏅᎾ ᏱᎨᏎᏍᏗ.
3 ᎣᎵᏩᏲᏃ ᎤᏌᎯᎸ ᎤᏬᎸᎢ, ᎤᏛᏅᏗᎦᎳᏫᎢᏍᏗᏱ ᎠᏓᏁᎸ ᏧᏳᎪᏗ, ᏈᏓ, ᎠᎴ ᏥᎻ,
ᎠᎴ ᏣᏂ, ᎠᎴ ᎡᏂᏗ, ᎤᏅᏒ ᎨᏒ ᎬᏩᏛᏛᏁᎢ, ᎯᎠ ᏄᏂᏪᏎᎢ,
4 ᏍᎩᏃᎲᏏ, ᎢᎳᎩᏳ ᎾᏍᎩ ᎯᎠ ᎤᏓᎦᎵᏍᏔᏂ? ᎠᎴ ᎦᏙ ᎤᏰᎸᏛ ᎨᏎᏍᏗ ᎾᎯᏳ ᎯᎠ
ᎾᏍᎩ ᏂᎦᏛ ᎤᎵᏰᎢᎶᎯᏍᏗ ᎨᏒᎢ?
5 ᏥᏌᏃ ᏚᏁᏤᎸ, ᎤᎴᏅᎮ ᎯᎠ ᏄᏪᏎᎢ, ᎢᏤᏯᏔᎮᏍᏗ, ᏞᏍᏗ ᎩᎶ ᏥᏥᎶᏄᎮᎵ.
6 ᎤᏂᏣᏖᏍᏗᏰᏃ ᏴᏫ ᏓᏆᏙᏍᏛ ᎠᏂᎷᎯᏍᏗᏍᎨᏍᏗ, ᎯᎠ ᎾᏂᏪᏍᎨᏍᏗ, ᎠᏴ ᎾᏍᎩ;
ᎠᎴ ᎤᏂᏣᏖᏍᏗ ᏓᏂᎶᏄᎮᏍᎨᏍᏗ.
7 ᎢᏣᏛᎩᏍᎨᏍᏗᏃ ᏓᏅᏩ, ᎠᎴ ᎠᏂᏃᎮᎵᏙᎲ ᏓᏅᏩ, ᏞᏍᏗ ᏱᏣᏕᏯᏔᏁᎮᏍᏗ; ᎾᏍᎩᏰᏃ
ᎠᏎ ᎢᏳᎵᏍᏙᏗ; ᎤᎵᏍᏆᏗᏍᏗᏱᏍᏗᏂ ᎨᏒ ᎠᏏ ᎨᏎᏍᏗ.
8 ᏧᎾᏓᎴᏛᏰᏃ ᏴᏫ ᏙᏛᎾᎴᏂ ᏙᏛᎾᏓᏡᏔᏂ, ᎠᎴ ᎠᏰᎵ ᏕᎪᏢᏩᏗᏒ ᏙᏛᎾᏓᏡᏔᏂ; ᎠᎴ
ᎦᏙᎯ ᏓᎵᏖᎸᏂᏙᎮᏍᏗ, ᎠᎴ ᏓᎪᏄᎶᏏᏙᎮᏍᏗ ᎠᎴ ᎤᏕᏯᏙᏗ ᏂᏕᎵᏍᏔᏂᏙᎮᏍᏗ; ᎯᎠ
ᎾᏍᎩ ᎠᏓᎴᏂᏍᎬ ᎠᎩᎵᏯ.
9 ᎠᏗᎾ ᎢᏤᏯᏔᎮᏍᏗ; ᏓᏂᎳᏫᎥᏰᏃ ᏕᎨᏥᏲᏍᏗ; ᏧᏂᎳᏫᎢᏍᏗᏱᏃ ᏕᏥᎵᎥᏂᎮᏍᏗ; ᎠᎴ
ᏄᏂᎬᏫᏳᏌᏕᎩ ᎠᎴ ᎤᏂᎬᏫᏳᎯ ᎠᏂᏅ ᏤᏣᏖᏃᎯᏍᏗ ᎨᏎᏍᏗᎠᏴ ᎨᏒ ᎤᏗᏕᎵᏍᏙᏗᏍᎨᏍᏗ,
ᎾᏍᎩ ᎪᎯᏳᏗᏍᎩ ᏧᏂᎦᏖᎴᎩ.
10 ᎣᏍᏛᏃ ᎧᏃᎮᏛ ᎢᎬᏱ ᏂᎬᎾᏛ ᏧᏁᏩᏗᏒ ᏴᏫ ᎠᎵᏥᏙᏗ ᎨᏎᏍᏗ.
11 ᎠᎴ ᎿᏉ ᏕᏣᏗᏁᎨᏍᏗ, ᎠᎴ ᏕᏥᏲᏍᎨᏍᏗ, ᏞᏍᏗ ᎢᎬᏱ ᏕᏰᎯ ᏱᏤᎵᎯᏍᎨᏍᏗ
ᎢᏥᏪᏍᏗᏱ ᎢᏥᏁᎢᏍᏗᏱ, ᎠᎴ ᏞᏍᏗ ᎢᎬᏱ ᏕᏰᎯ ᏱᏣᏓᏅᏖᏍᎨᏍᏗ; ᏄᏍᏛᏍᎩᏂ
ᏫᎯᏳ ᎨᏒ ᎡᏥᏁᎸ ᎾᏍᎩ ᎢᏥᏁᎨᏍᏗ; ᎥᏝᏰᏃ ᏂᎯ ᏱᏣᏁᎪᎢ, ᎦᎸᏉᏗᏳᏍᎩᏂ ᎠᏓᏅᏙ.
12 ᎠᎾᎵᏅᏟᏃ ᏚᏲᏍᎨᏍᏗ ᎠᎾᎵᏅᏟ ᎤᏲᏞᎯᎯᏍᏗᏱ; ᎠᏍᎦᏯᏃ ᎤᏪᏥ ᏚᏲᏍᎨᏍᏗ;
ᎠᎴ ᏗᎨᎦᏅᎩ ᏓᎾᎴᎲᏍᎨᏍᏗ ᏧᏂᎦᏴᎵᎨ ᏓᎾᏡᏗᏍᎨᏍᏗ, ᎠᎴ ᎾᏍᎩ ᎾᏅᏂᏏᏍᎨᏍᏗ
ᏕᎨᏥᎢᎮᏍᏗ.
13 ᎠᎴ ᏂᎦᏗᏳ ᏴᏫ ᎨᏥᏍᎦᎩ ᎨᏎᏍᏗ ᎠᏴ ᏧᏆᏙᎥ ᎤᏗᏕᎵᏍᏙᏗᏍᎨᏍᏗ; ᎩᎶᏍᎩᏂ
ᎡᎵᏍᏆᏗᏍᎩ ᏗᎧᎿᏩᏕᎩ, ᎾᏍᎩ ᎠᏥᏍᏕᎸᏗ ᎨᏎᏍᏗ.
14 ᎢᏥᎪᏩᏘᏍᎨᏍᏗᏍᎩᏂ ᎤᏍᏚᎢᏍᏗ ᎠᏛᏗᏍᎩ ᏕᏂᎵ ᎠᏙᎴᎰᏍᎩ ᎤᏁᎢᏍᏔᏅᎯ,
ᏚᏙᎨᏍᏗ ᎾᎿ ᎬᏩᎴᏗ ᏂᎨᏒᎾ, (ᎩᎶ ᎠᎪᎵᏰᏍᎨᏍᏗ ᎪᎵᎨᏍᏗ,) ᎿᏉ ᏧᏗᏱ ᎠᏂᏂ
ᎠᎾᎵᏒᎭ ᏙᏦᏓᎸ ᏩᏂᏩᏒᎭ.

15 ᎠᎴ ᎩᎶ ᎦᏌᎾᎵ ᎤᎩᎴᏍᏗ, ᏞᏍᏗ ᏴᏗᏠᎠᏍᎨᏍᏗ ᎠᏓᏁᎸ ᏫᏯᏴᎯᎮᏍᏗ, ᎠᎴ ᏞᏍᏗ
ᎾᎿ ᏫᏯᏴᎯᎮᏍᏗ ᏭᎩᏍᏗᏱ ᎪᎱᏍᏗ ᎤᎿᎥ ᎦᏁᎸᎢ.
16 ᎠᎴ ᎩᎶ ᏠᎨᏏ ᎡᏙᎯ ᏞᏍᏗ ᏴᏗᎤᏨᏎᏍᏗ ᎤᏄᏬ ᏳᏁᎭᎴᏍᏗ.
17 ᎠᎴ ᎤᏲᎢᏳ ᎢᏳᎾᎵᏍᏓᏁᏗ ᏗᏂᏁᎵᏛ, ᎠᎴ ᏧᏂᏍᏓᎢ ᎾᎯᏳ ᎨᏎᏍᏗ.
18 ᎠᎴ ᎢᏣᏓᏙᎵᏍᏗᏍᎨᏍᏗ ᎢᏥᏔᏲᎯᏍᏗ ᎪᎳ ᎢᏣᎵᏍᏗᏱ ᏂᎨᏒᎾ ᎢᏣᎵᏍᏙᏗᏱ.
19 ᎾᎯᏳᏰᏃ ᎨᏎᏍᏗ ᎠᎩᎵᏯ ᎡᎮᏍᏗ, ᎾᏍᎩ ᎪᏢᏅᎢ ᎾᏍᎩ ᎤᏁᎳᏅᎯ ᏧᏬᏢᏁ
ᎤᏓᎬᏩᏓᎴᏅᏛ ᎪᎯ ᎢᏯᏍᏗ ᎥᏝ ᎾᏍᎩ ᎢᏳᏍᏗ ᏳᎦᏃᎢ, ᎥᏝ ᎠᎴ ᎤᎦᏗ ᏱᎨᏎᏍᏗ.
20 ᎠᎴ ᎤᎬᏫᏳᎯ ᏂᏚᎪᏔᏛᎾ ᏱᎨᏎ ᎾᎯᏳ ᎢᎦ, ᎥᏝ ᎤᏇᏓᎵ ᏱᎦᏰᏥᏍᏕᎸᎮᎢ;
ᎨᎦᏑᏰᏛᏍᎩᏂ ᎤᏗᎦᎵᏍᏙᏗᎭ, ᎾᏍᎩ ᏧᏑᏰᏛ ᎨᏒᎢ, ᎾᏍᎩ ᏚᎦᏔᏛ ᎾᎯᏳ ᎢᎦ.
21 ᎿᏉᏃ ᎢᏳ ᎩᎶ ᎯᎠ ᏂᏥᏪᏎᎸᎭ, ᎬᏂᏳᏉ ᎠᏂ ᎦᎶᏁᏛ; ᎠᎴ ᎬᏂᏳᏉ ᎾᎿᏂ; ᏞᏍᏗ
ᎢᏦᎢᏳᏅᎩ;
22 ᎦᎶᏁᏛᏰᏃ ᎤᎾᏤᎸᎯ ᎠᎴ ᎠᎾᏙᎴᎰᏍᎩ ᎤᎾᏤᎸᎯ ᏛᏂᎾᏄᎪᏥ, ᎠᎴ
ᎠᏂᎾᏄᎪᏫᏍᎨᏍᏗ ᎤᏰᎸᏛ ᎠᎴ ᎤᏍᏆᏂᎪᏗ, ᎾᏍᎩ ᏧᏂᎶᏄᎮᏗᏱ, ᎢᏳᏃ ᏰᎵᏱᎩ, ᎾᏍᏉ
ᎨᎦᏑᏰᏛ.
23 ᏂᎯᏍᎩᏂ ᎢᏤᏯᏔᎮᏍᏗ; ᎬᏂᏳᏉ ᏂᎦᏛ ᏂᏨᏃᏁᎸ.
24 ᎾᎯᏳᏍᎩᏂ ᎨᏎᏍᏗ, ᎤᎶᎭᏁᏍᏗ ᎾᏍᎩ ᎠᎩᎵᏯ, ᎤᏙ ᎢᎦ ᎡᎯ ᏛᎵᏏᎲᏏ, ᎠᎴ ᎤᏙ
ᎡᏃᏱ ᎡᎯ ᎥᏝ ᎢᎦ ᏳᏖᏍᏕᏗ;
25 ᎠᎴ ᏃᏈᏏ ᎠᏂᎧᎸ ᎦᎸᎶᎢ ᎠᏂᎤᎪᎠᏍᎨᏍᏗ, ᎠᎴ ᎤᏂᏣᏖ ᎦᎸᎶ ᏣᏂᎧᎳ ᏛᎾᎵᏖᎸᏂ.
26 ᎿᏉᏃ ᏛᏂᎪᎯ ᏴᏫ ᎤᏪᏥ ᏣᎢᏎᏍᏗ ᎤᎶᎩᎸᎢ, ᎤᏄᏬᏍᏕᏍᏗ ᎤᏣᏘ ᎤᎵᏂᎩᏗᏳ ᎨᏒ
ᎠᎴ ᎦᎸᏉᏗᏳ ᎨᏒᎢ.
27 ᎿᏉᏃ ᏙᏓᎦᏅᏏ ᏧᏤᎵ ᏗᏂᎧᎿᏩᏗᏙᎯ, ᎠᎴ ᏙᏓᏚᏟᏌᏂ ᎨᎦᏑᏰᏛ ᏧᏤᎵᎦ ᏫᏙᏛᏯᏅᎯ
ᏅᎩ ᏂᏙᏗᎨᎶᏍᎬ ᎤᏃᎴ, ᎡᎶᎯ ᏭᎵᏍᏘᏂᎸ ᎤᏓᏩᏓᎴᏛ ᎦᎸᎳᏃ ᏭᎵᏍᏘᏂᎸ ᏫᎦᎷᎩ.
28 ᎢᏣᏕᎶᏆᏃ ᎡᎦᏔ-ᎢᏳᏍᏗ ᏈᎬ ᏓᏟᎶᏍᏛᎢ; ᎤᏩᏂᎦᎸ ᎿᏉ ᎤᏓᎨ ᏂᎦᎵᏍᏓ, ᎠᎴ
ᏥᎦᎵᏍᏚᎲᏍᎪᎢ, ᎢᏥᎦᏔᎰ ᎪᎩ ᎾᎥᏂᏳ ᎨᏒᎢ;
29 ᎾᏍᎩᏯ ᎾᏍᏉ ᏂᎯ, ᎿᏉ ᎢᏥᎪᏩᏘᏍᎨᏍᏗ ᎯᎠ ᎾᏍᎩ ᏂᎦᎵᏍᏔᏂᏙᎲᎢ,
ᎢᏥᎦᏔᎮᏍᏗ ᎾᎥᏂᏳ ᎨᏒᎢ, ᎦᎶᎯᏍᏗᏱᏉ ᎨᏒᎢ.
30 ᎤᏙᎯᏳᎯᏯ ᎯᎠ ᏂᏨᏪᏎᎵ, ᎯᎠ ᎾᏍᎩ ᎪᎯ ᏣᏁᎭ ᎥᏝ ᏴᏛᏂᎶᎭᏂ ᎬᏂ ᎯᎠ ᎾᏍᎩ
ᏂᎦᏗᏳ ᏂᎦᎵᏍᏔᏅᎭ.
31 ᎦᎸᎶ ᎠᎴ ᎡᎶᎯ ᏛᏂᎶᎭᏂ; ᎠᏴᏍᎩᏂ ᎠᎩᏁᏨ ᎥᏝ ᏴᏓᎦᎶᎭᏂ.
32 ᎾᎯᏳᏍᎩᏂ ᎢᎦ ᎨᏒ ᎠᎴ ᎢᏳ ᎧᎳᏩᏗᏒ ᎥᏝ ᎩᎶ ᏯᎦᏔᎭ, ᎥᏝ ᎾᏍᏉ ᏗᏂᎧᎿᏩᏗᏙᎯ
ᎦᎸᎳᏗ ᎠᏁᎯ, Ꮭ ᎾᏉᏃ ᎤᏪᏥ, ᎠᎦᏴᎵᎨᏍᎩᏂ ᎤᏩᏒ.
33 ᎢᏤᏯᏔᎮᏍᏗ, ᎢᏥᏯᏫᏍᎨᏍᏗ ᎠᎴ ᎢᏣᏓᏙᎵᏍᏗᏍᎨᏍᏗ; ᎥᏝᏰᏃ ᏱᏥᎦᏔᎭ ᎢᏳ ᎨᏒᎢ.

34 [ᏴᎾᏰᏃ ᎤᏬᏥ ᎾᏍᎩᏯᏉ ᎠᏍᎦᏯ ᏣᏂᎩᏍᎪ ᎢᎸᎯᏢ ᏙᎪᎢ, ᎾᏍᎩ ᏥᎬᎦᎪ ᎦᏁᎸᎢ,
ᎠᎴ ᎠᏂᎦᏘᏯ ᏥᏂᎦᎬᏁᎨ ᏧᎤᏏᏓᏍᏗ, ᎠᎴ ᎠᏂᏏᏴᏫᎭ ᏧᏂᎸᏫᏍᏓᏁᏗ ᏥᏓᏁᎨᎢ, ᎠᎴ
ᎦᏩᎯᏍᏗᏍ ᎠᎦᏘᏯ ᏥᎧᏁᏙᎨ ᎤᏯᏫᏗᏄ.
35 ᎾᏍᎩ ᎢᏳᏍᏗ ᎢᏥᏯᏫᏍᎰᏍᏗ; ᎥᏝᏰᏃ ᏄᏥᎦᏔᎭ ᎢᏳᏉ ᎤᎷᎯᏍᏗᏄ ᎦᏁᎳ, ᎤᏒᎢ,
ᎠᎴ ᎡᏃᏄ ᎠᏰᎵ, ᎠᎴ ᏣᎳᎦ ᎠᏂᏴᎬᎢ, ᎠᎴ ᏑᎾᎴᎢ;
36 ᏄᎦᎷᎩᏰᏃ ᏯᏰᏩᎢᏍᏓ, ᏴᏥᎶᏛᏓ ᎢᏥᎵᎾᎥᎢ.
37 ᎾᏍᎩᏃ ᎯᎠ ᏂᎯ ᏥᏂᏨᏬᏎᎭ, ᎾᏍᎩ ᏂᎦᏛᏉ ᏂᎦᏥᏬᏎᎭ-ᎢᏥᏯᏫᏍᎰᏍᏗ.

ᎠᏯᏙᎸᎢ 14

1 ᏔᎵᏃ ᏫᏄᏒᎸ ᎧᏃᎯᏴᎩ ᏗᎵᏍᏓᏴᏗᏱ ᎠᎴ ᎾᎪᏔᏅᎾ ᎦᏚ ᎠᎩᏍᏗᏱ ᎤᏍᏆᎸᏗ ᎨᏎᎢ,
ᏄᏂᎬᏫᏒᏃ ᎠᏥᎸᎠᏁᎶᎯ ᎠᎴ ᏗᏃᏪᎵᏍᎩ ᎤᏂᏲᎴ ᎢᏳᎾᏛᏁᏗᏱ ᎦᎶᏄᎮᏛ ᎤᏅᏙᏗᏱ
ᎤᏂᏂᏴᏗᏱ, ᎠᎴ ᎤᏂᎯᏍᏗᏱ.
2 ᎠᏎᏃ ᎥᏝᏍᏗ ᏗᎵᏍᏓᏴᏗᏱ ᎢᏳᎢᎦ ᎨᏒᎢ, ᏯᎾᎵᎦᎸᎲᎦᏴᏃ ᏴᏫ, ᎤᎾᏛᏁᎢ.
3 ᏇᏗᏂᏱᏃ ᎡᏙᎮᎢ, ᏌᏩᏂ ᎠᏓᏰᏍᎩ ᎤᎵᏨᎯ ᎦᏁᎸᎢ, ᎦᏅᎨᏃ ᎠᎵᏍᏓᏴᎲᏍᎨᎢ, ᎠᎨᏴ
ᎤᎷᏤ ᎠᏰᎮ ᎫᎫ ᏅᏯ ᎤᏁᎬ ᎠᎵᎳᏅᎯ ᎠᏣᏍᏕ ᎠᏠᏁᏗ ᎾᏓ ᏧᏙᎢᏛ, ᎤᏣᏘ ᏧᎬᏩᎶᏗ;
ᎠᎴ ᎤᎶᏒ ᎫᎫ, ᎠᎴ ᎤᎶᏁᎳᏁ ᎠᏍᎪᎵ.
4 ᎩᎶᏃ ᎤᎾᏓᏑᏴ ᎤᏅᏳᏤ ᏙᏧᎾᏓᏅᏛᎢ, ᎠᎴ ᎯᎠ ᏄᏂᏪᏎᎢ, ᎦᏙᏃ ᎯᎠ ᎠᏤᏬᎩ
ᎠᏠᏁᏗ?
5 ᏣᏂᎾᏗᎤᏎᏴᏃ ᎾᏍᎩ ᎯᎠ ᎠᏠᏁᏗ ᏦᎢᏧᏈ ᎠᏂᎩᏏ ᏧᎾᎬᏩᎶᏗ ᎤᎶᏒᏍᏗ
ᏱᏚᎵᎬᏩᎳᏁᎢ, ᎠᎴ ᎤᏲᎢᏳᎾᏛᎿᏕᎩ ᏗᎬᏁᏗ ᏱᎨᏎᎢ. ᎠᎴ ᎬᏩᎪᏁᎶᎯᏎᎴᎢ.
6 ᏥᏌᏃ ᎯᎠ ᏄᏪᏎᎢ, ᎤᏁᎳᎩ; ᎦᏙᏃ ᎢᎡᏣᏕᏯᏙᏗᎭ? ᎣᏏᏳ ᏕᎤᎸᏫᏍᏓᏏ ᏥᎾᏋᎦ.
7 ᎤᏲᏰᏃ ᎢᏳᎾᏛᎿᏕᎩ ᏂᎪᎯᎸ ᎨᏤᎳᏗᏙᎭ, ᎠᎴ ᎢᏳᏉ ᎢᏤᎴᏍᎬᎢ ᎣᏍᏛ ᏱᏂᏕᏣᏛᏂᏏ;
ᎠᏴᏍᎩᏂ ᎥᏝ ᏂᎪᎯᎸ ᏱᏨᏰᎳᏗᏙᎭ.
8 ᏂᏕᎥ ᎢᎬᏩᏛᏁᏗ ᎨᏒ ᎾᏛᎦ; ᎢᎬᏱ ᎦᏰᎯ ᎦᎷᎩ ᎤᎶᏁᏗᏱ ᏥᏰᎴ ᎥᎩᏂᏐᏗᏱ ᎤᎬᏩᎵ.
9 ᎤᏙᎯᏳᎯᏯ ᎯᎠ ᏂᏨᏪᏎᎭ, ᎢᎸᎯᏢ ᎯᎠ ᎾᏍᎩ ᎣᏍᏛ ᎧᏃᎮᏛ ᎠᎵᏥᏙᏗ
ᏂᎦᎵᏍᏗᏍᎨᏍᏗ ᎡᎶᎯ ᏂᎬᎾᏛᎢ, ᎯᎠ ᎾᏍᎩ ᏥᎾᏛᎦ ᎾᏍᏉ ᎤᏂᏃᎮᏗ ᎨᏎᏍᏗ ᎾᏍᎩ
ᎠᎦᏅᏓᏗᏍᏙᏗ.
10 ᏧᏓᏏᏃ ᎢᏍᎦᎳᏗ, ᎠᏏᏴᏫ ᎾᏍᎩ ᏔᎳᏚ ᎢᏯᏂᏛ ᎨᏒᎢ, ᎤᏪᏅᏎ ᏄᏂᎬᏫᏳᏒ ᎠᏥᎸ-
ᎠᏁᎶᎯ ᏗᏂᏅᎢ, ᎾᏍᎩ ᏧᏲᎯᏎᏗᏱ.
11 ᎤᎾᏛᎦᏅᏃ ᎣᏏᏳ ᎤᏂᏰᎸᏁᎢ, ᎠᎴ ᎤᏂᏚᎢᏍᏓᏁᎴ ᎠᏕᎸ ᏧᏂᏁᏗᏱ. ᎤᏲᎴᏃ ᎣᏍᏛ
ᎤᎹᏅᏓᏕᏗᏱ ᏧᏲᎯᏎᏗᏱ.
12 ᎢᎬᏱᏱᏃ ᎢᎦ ᎾᎪᏔᏅᎾ ᎦᏚ ᎠᎩᏍᏗᏱ, ᎾᎯᏳ ᎤᏂᎸ ᎧᏃᎯᏰᎩ ᏗᎵᏍᏓᏴᏗᏱ,
ᎬᏩᏍᏓᏩᏗᏙᎯ ᎯᎠ ᏂᎬᏩᏪᏎᎴᎢ, ᎭᏢ ᏣᏚᎵ ᏬᏕᏛᎤᎢᏍᏙᏗᏱ, ᎧᏃᎯᏰᎩ ᏣᎵᏍᏓᏴᏗᏱ?
13 ᏚᏅᏎᏃ ᎠᏂᏔᎵ ᎬᏩᏍᏓᏩᏗᏙᎯ, ᎠᎴ ᎯᎠ ᏂᏚᏪᏎᎴᎢ, ᏗᎦᏚᎲ ᎢᏍᏕᎾ, ᏙᏓᏣᏠᏏᏃ
ᎠᏍᎦᏯ ᎠᏰᎮᏍᏗ ᎠᏏᎵᏙ ᎠᎹ ᎠᏣᏍᏕᏍᏗ; ᎡᏍᏗᏍᏓᏩᏕᏒᎭ.
14 ᎢᎸᎯᏢᏃ ᏩᏴᎸᎭ, ᎯᎠ ᏁᏍᏗᏪᏎᎸᎭ ᎠᏍᎦᏯ ᎦᏁᎳ, ᏗᏕᏲᎲᏍᎩ ᎯᎠ ᏂᎦᏪᎭ, ᎭᏢ
ᎠᏁᏙᎯ ᎤᏂᏴᏍᏗᏱ, ᎾᎿ ᎧᏃᎯᏰᎩ ᎢᏧᎳᎭ ᎣᏕᎵᏍᏓᏴᏗᏱ ᎬᎩᏍᏓᏩᏗᏙᎯ.
15 ᏓᏍᏓᏎᎮᎵᏃ ᎤᏛᏅ ᎦᎸᎳᏗ ᎧᏅᏑᎸᎢ, ᎦᏳᎳ ᎬᎿᎢ, ᎠᎴ ᎠᏛᏅᎢᏍᏔᏅᎯ; ᎾᎿ
ᏍᎩᏯᏛᏅᎢᏍᏓᏁᎸᎭ.
16 ᎬᏩᏍᏓᏩᏗᏙᎯᏃ ᎤᏁᏅᏎ ᎠᎴ ᏗᎦᏚᎲ ᏭᏂᏳᏛᎮ ᎾᏍᎩᏯ ᏂᏚᏪᏎᎸᎢ;
ᎤᎾᏛᏅᎢᏍᏔᏁᏃ ᎧᏃᎯᏰᎩ ᏗᎵᏍᏓᏴᏗᏱ.

17 ᎤᏒᏃ ᏄᎵᏍᏔᏅ ᎤᎷᏤ ᏓᏓᏁᎮ ᏔᎳᏚ ᎢᏯᏂᏛ.
18 ᎾᏍᎩᏃ ᎠᏂᏅᏊᎡᎢ ᎠᎴ ᎠᎾᎵᏍᏓᏴᎲᏍᎨᎢ, ᏥᏌ ᎯᎠ ᏁᏪᏎᎢ, ᎤᏙᎯᏳᎯᏯ ᎯᎠ
ᏂᏨᏪᏎᎭ, ᎠᏏᏴᏫ ᎯᎠ ᏥᏂᏣᏛᏅ ᎢᏧᎳᎭ ᏦᏍᏓᎵᏍᏓᏴᎲᏍᎦ, ᏛᏆᏡᏔᏂ.
19 ᎤᎾᎴᏅᎮᏃ ᎤᏲ ᎤᏂᏰᎸᏁᎢ, ᎠᎴ ᎯᎠ ᏂᎬᏩᏪᏎᎴᎢ, ᏌᏉᎬᏪᏒᏛ, ᏥᎪ ᎠᏴ?
ᎤᏩᏓᎴᏃ, ᏥᎪ ᎠᏴ? ᎠᏗᏍᎨᎢ.
20 ᎤᏁᏨᏃ ᎯᎠ ᏂᏚᏪᏎᎴᎢ, ᎠᏏᏴᏫ ᏔᎳᏚ ᎢᏥᏛ ᎨᏒ ᎾᏍᎩ ᎢᏧᎳᎭ ᎢᏘᎵᏙᎩᎯ
ᏦᏍᏓᏑᏳᏍᎦ.
21 ᏴᏫ ᎤᏪᏥ ᎤᏙᎯᏳᎯ ᎤᏪᏅᏍᏗ ᎾᏍᎩᏯ ᏂᎬᏅ ᎪᏪᎸ ᎠᏥᏃᎮᏍᎬᎢ; ᎠᏎᏃ ᎤᏲᎢᏳ
ᎢᏳᎵᏍᏓᏁᏗ ᎾᏍᎩ ᎠᏍᎦᏯ ᏴᏫ ᎤᏪᏥ ᎠᏡᏗᏍᎩ! ᎣᏏᏳ ᏱᎨᏎ ᎢᏳᏃ ᎾᏍᎩ ᎠᏍᎦᏯ
ᏄᏕᏅᎾᏉ ᏱᎨᏎᎢ.
22 ᎠᎾᎵᏍᏓᏴᎲᏍᎬᏃ ᏥᏌ ᎦᏚ ᎤᎩᏒ, ᎠᎴ ᎤᎵᎮᎵᏨ, ᎤᎬᎭᎷᏴᎢ, ᎠᎴ ᏚᏁᎴᎢ, ᎠᎴ
ᎯᎠ ᏄᏪᏎᎢ, ᎢᏥᎩ, ᎢᏥᎦ; ᎯᎠ ᎾᏍᎩ ᎠᏴ ᏥᏰᎸᎢ.
23 ᎠᎴ ᎤᎵᏍᏈᏗ ᎤᎩᏒ, ᎠᎴ ᎤᎵᎮᎵᏨ, ᎾᏍᎩ ᏚᏁᎴᎢ; ᏂᎦᏛᏃ ᎾᏍᎩ ᎤᎾᏗᏔᎮᎢ.
24 ᎯᎠᏃ ᏂᏚᏪᏎᎴᎢ, ᎯᎠ ᎾᏍᎩ ᎠᏴ ᎠᎩᎩᎬ ᎢᏨ ᎧᏃᎮᏛ ᏓᏠᎯᏍᏛᎢ, ᎾᏍᎩ ᎤᏂᏣᏘ
ᏥᎨᏚᏙᏪᎸ.
25 ᎤᏙᎯᏳᎯᏯ ᎯᎠ ᏂᏨᏪᏎᎭ, ᎥᏝ ᎿᏉ ᎢᎸᎯᏳ ᏴᎦᎦᏗᏔ ᏘᎸᏔᏗ ᎤᎾᏄᎪᏫᏒᎯ, ᎬᏂ
ᎾᎯᏳ ᎢᎦ ᎢᏤ ᏕᏗᏔᎲᎭ ᎤᏁᎳᏅᎯ ᎤᏤᎵᎪᎯ.
26 ᏚᏂᏃᎩᏒᏃ, ᎤᏂᏄᎪᏤ ᎣᎵᏩᏲ ᎣᏓᎸ ᏭᏂᎶᏎᎢ.
27 ᏥᏌᏃ ᎯᎠ ᏂᏚᏪᏎᎴᎢ, ᏂᏥᎥ ᏂᎯ ᏙᏓᏦᎦᎵ ᎪᎯ ᏒᏃᏱ ᏥᎩ, ᎠᏴ ᎨᏒ
ᎤᏗᎦᎵᏍᏙᏗᏍᎨᏍᏗ; ᎯᎠᏰᏃ ᏂᎬᏅᎢᎪᏪᎳ, ᎠᏫ ᏗᎦᏘᏯ ᏓᏥᏴᏂᎵ, ᎤᏂᏃᏕᎾᏃ
ᏛᎾᏗᎦᎴᏲᏥ.
28 ᎠᏎᏃ ᎿᏉ ᏗᏆᎴᏅᎯ ᎨᏎᏍᏗ, ᎢᎬᏱ ᏓᏨᏰᏅᏒᎵ ᎨᎵᎵ ᎢᏴᏛ.
29 ᎠᏎᏃ ᏈᏓ ᎯᎠ ᏄᏪᏎᎴᎢ, ᎾᏍᏉ ᏂᎦᏛ ᏱᏚᏃᎦᏍᏔᏅ, ᎠᏴ ᎠᏎᎥᏝ.
30 ᏥᏌᏃ ᎯᎠ ᏄᏪᏎᎴᎢ, ᎤᏙᎯᏳᎯᏯ ᎯᎠ ᏂᎬᏪᏎᎭ, ᎾᏍᎩ ᎪᎯ ᎢᎦ, ᎠᎴ ᎪᎯᏉ
ᏒᏃᏱ, ᎠᏏ ᏔᎵᏁ ᎾᏂᏴᎬᎾ ᏣᏔᎦ, ᏦᎢ ᎤᏓᏍᏆᏓᏱᎵ.
31 ᎠᏎᏃ ᎤᏟ ᎤᎵᏂᎩᏛ ᎤᏁᏤ ᎯᎠ ᏄᏪᏎᎢ, ᎢᏳᏃ ᎾᏍᏉ ᎢᏧᎳᎭ ᏗᎩᏂᏲᎱᎯᏍᏗ ᏱᎩ,
ᎠᏎ ᎥᏝ ᏴᎦᎬᏯᏓᏱᎦ. ᎾᏍᎩᏯ ᎾᏍᏉ ᏄᏂᏪᏎ ᏂᎦᏛ.
32 ᎨᏎᎻᏂᏃ ᏚᏙᎥ ᎤᏂᎷᏤᎢ; ᎯᎠᏃ ᏂᏚᏪᏎᎴ ᎬᏩᏍᏓᏩᏗᏙᎯ, ᎠᏂ ᎢᏥᏁᏍᏗ,
ᏫᎦᏓᏙᎵᏍᏗᏍᎬ ᎢᎪᎯᏛ.
33 ᏚᏘᏅᏎᏃ ᏈᏓ ᎠᎴ ᏥᎻ ᎠᎴ ᏣᏂ, ᎠᎴ ᎤᎴᏅᎮ ᎤᏣᏘ ᎤᏕᏯᏔᏁᎴᎢ, ᎠᎴ ᎤᏣᏘ
ᎡᎯᏍᏗ ᎤᏓᏅᏓᏕᎢ;
34 ᎠᎴ ᎯᎠ ᏂᏚᏪᏎᎴᎢ, ᎠᏆᏓᏅᏙ ᎤᏣᏘ ᎤᏕᏯᏔᏁᎭ ᎠᏲᎱᎯᏍᏗ ᎾᏍᎩᏯᎢ; ᎠᏂ
ᎢᏥᏁᏍᏗ, ᎠᎴ ᎢᏥᏯᏫᏍᎨᏍᏗ.

35 ᎤᏍᏗᎩᏛᏃ ᎢᏴᏛ ᎢᎤᏪᏅ, ᎡᎳᏗ ᎤᏓᏅᏁᎢ, ᎠᎴ ᎤᏓᏙᎵᏍᏔᏁ, ᎤᏔᏲᎴᎢ.
ᎾᏍᎩ ᏰᎵ ᎢᎬᏩᎵᏍᏙᏗ ᏱᎩ, ᎾᎯᏳ ᎨᏒ ᎤᎶᎯᏎᏗᏱᏉ.
36 ᎠᎴ ᎯᎠ ᏁᏪᏎᎢ, ᎠᏆ, ᎡᏙᏓ, ᏂᎯ, ᎨᏒ ᏰᎵᎦᏍᏉ ᎢᎨᏣᏛᏁᏗ ᏂᎦᎥᎢ; ᏍᎩᎲᏏᏉ
ᎯᎠ ᎾᏍᎩ ᎤᎵᏍᏈᏗ; ᎥᏝᏍᎩᏂᏃᏅ ᎠᏴ ᎠᏆᏚᎵᏍᎬᎢ, ᏂᎯᏍᎩᏂ ᏣᏚᎵᏍᎬᎢ.
37 ᎢᎤᎷᏤᏃ ᎠᎴ ᏚᏩᏛᎮ ᎠᏂᎵᎾᎡᎢ, ᎠᎴ ᎯᎠ ᏄᏪᏎᎴ ᏈᏓ, ᏌᏩᏂ, ᎯᎵᎭᏉᏧ? ᏝᏍᎪ
ᏑᏟᎶᏛᏉ ᎢᎪᎯᏛ ᎾᏍᏉ ᎨᏣᏯᏫᏍᏗ ᏱᎨᏎᎢ?
38 ᎢᏥᏯᏫᏍᎨᏍᏗ ᎠᎴ ᎢᏣᏓᏙᎵᏍᏗᏍᎨᏍᏗ ᎾᏍᎩ ᏞᏍᏗ ᎤᏓᎴᎾᏍᏗᏱ ᏫᏥᎾᏄᎪᏨᎩ;
ᎠᏓᏅᏙ ᎤᏙᎯᏳᎯ ᎤᏛᏅᎢᏍᏗ, ᎤᏇᏓᎸᏍᎩᏂ ᎠᏩᎾᎦᎳᎯᏳ.
39 ᏔᎵᏁᏃ ᎢᏴᏛ ᏭᎶᏒ, ᎤᏓᏙᎵᏍᏔᏁᎢ, ᏄᏪᏒ ᎾᏍᎩᏯ ᏫᏄᏪᏎᎢ.
40 ᏗᎤᎷᏨᏃ ᏚᏩᏛᎮ ᏔᎵᏁ ᎠᏂᎵᎾᎡᎢ, ᏗᏂᎦᏙᎵᏰᏃ ᏗᎦᎨᏗᏳ ᎨᏎᎢ, ᎥᏝ ᎠᎴ ᏱᏂᎦᏔᎮ
ᎢᏳᏂᏪᏍᏗᏱ ᎤᏂᏁᏤᏗᏱ.
41 ᏦᎢᏁᏃ ᏫᏚᎷᏤᎴᎢ, ᎠᎴ ᎯᎠ ᏂᏚᏪᏎᎴᎢ, ᎨᏥᎵᏁᏍᏗᏉ ᎿᏉ, ᎠᎴ ᎢᏣᏣᏪᏐᎸᏍᏓ;
ᎿᏉ ᎦᎶᏐᎾ-ᎿᏉ ᎠᏍᏆᎸ ᎾᎯᏳ ᎨᏒᎢ; ᎬᏂᏳᏉ ᏴᏫ ᎤᏪᏥ ᎠᏂᏍᎦᎾ ᏕᎨᏥᏲᎯᏏ.
42 ᏗᏣᎴᎲᎦ, ᎢᏕᎾ; ᎬᏂᏳᏉ ᎠᏆᏈᏗᏍᎩ ᎡᏍᎦᏂᏳ ᏓᏯᎢ.
43 ᎩᎳᏉᏃ ᎢᏴᏛ ᎠᏏᏉ ᎦᏬᏂᏍᎨᎢ, ᏧᎾᏄᎪᏤ, ᏧᏓᏏ, ᎠᏏᏴᏫ ᏔᎳᏚ ᎢᏯᏂᏛ ᎨᏒ,
ᏓᏘᏁᎮ ᎤᏂᏣᏘ, ᎠᏰᎳᏍᏗ-ᏗᎦᏅᎯᏛ ᎠᎴ ᎠᏓ ᏗᏂᏁᎯ, ᎤᏓᎬᏩᏂᏅᏏᏛ ᏄᏂᎬᏫᏳᏒ
ᎠᏥᎸ-ᎠᏁᎶᎯ, ᎠᎴ ᏗᏃᏪᎵᏍᎩ, ᎠᎴ ᏗᏂᎳᏫᎩ.
44 ᎤᏈᏗᏍᎩᏃ ᎬᏂᎨᏒ ᎢᏧᏩᏁᎸᎯ ᎨᏎ ᎤᏫᏙᎴᎰᎯᏍᏙᏗ, ᎯᎠ ᎢᏳᏪᏒᎯ ᎨᏎᎢ, ᎩᎶ
ᏥᏯᏚᏣᎳᏅᎭ, ᎾᏍᎩ ᎨᏎᏍᏗ, ᎡᏥᏏᏴᎲᎭ, ᎡᏣᏘᎾᏫᏛᎲᎭ ᎬᏩᏚᏓᎴᏍᏗ ᏂᎨᏒᎾ
ᏁᏨᏁᏍᏗ.
45 ᎤᎷᏨᏉᏃ ᎩᎳᏉ ᎢᏴᏛ ᏭᎷᏤᎴᎢ, ᎠᎴ ᎯᎠ ᏄᏪᏎᎢ, ᏗᏍᏇᏲᎲᏍᎩ,
ᏗᏍᏇᏲᎲᏍᎩ; ᎠᎴ ᎤᏚᏣᎳᏁᎢ.
46 ᏕᎬᏩᏏᏔᏕᏃ, ᎠᎴ ᎬᏩᏂᏴᎮᎢ.
47 ᎠᏏᏴᏫᏃ ᎾᎥ ᎠᏂᏙᎿᎢ, ᎠᏰᎳᏍᏗ-ᎦᏅᎯᏛ ᎤᏄᎮᎢ, ᎠᎴ ᏄᎬᏫᏳᏒ ᎠᏥᎸ-ᎨᎶᎯ
ᎤᏅᏏᏓᏍᏗ ᎤᎷᏰ ᎠᎴ ᎤᎵᏍᎦᏍᏔᏁᎢ.
48 ᏥᏌᏃ ᎤᏁᏨ ᎯᎠ ᏂᏚᏪᏎᎴᎢ, ᏥᏌ ᎦᏃᏍᎩᏍᎩ ᏨᏤᏥᏂᏴᎯᎭ ᎾᏍᎩᏯ ᎢᏥᎷᎩ,
ᏗᏥᏁᎯ ᎠᏰᎳᏍᏗ-ᏗᎦᏅᎯᏛ ᎠᎴ ᎠᏓ ᎠᏴ ᏍᎩᏂᏴᎰᎦ?
49 ᏂᏚᎩᏨᏂᏒ ᎢᏨᏰᎳᏗᏙᎲᎩ ᎤᏛᏅ-ᏗᎦᎳᏫᎢᏍᏗᏱ, ᏕᎦᏕᏲᎲᏍᎬᎩ, ᎠᎴ ᎥᏝ
ᏱᏍᎩᏂᏴᎮᎢ; ᎤᏙᎯᏳᏗᏍᎩᏂᏃᏅ ᏂᎬᏅ ᎪᏪᎸᎢ.
50 ᏂᎦᏗᏳᏃ ᎬᏩᏕᏦᏁᎢ, ᎠᎴ ᎤᎾᎵᏎᎢ.
51 ᎩᎶᏃ ᎢᏳᏍᏗ ᎠᏫᏅ ᎤᏍᏓᏩᏛᏎᎢ, ᏙᎴᏛ ᎠᏄᏬ ᎤᏓᏇᏅᎦ ᎤᏰᎸᎭ ᎨᏒᎢ; ᎠᏂᏫᏅᏃ
ᎬᏩᏂᏴᎮᎢ.
52 ᏙᎴᏛᏃ ᎠᏄᏬ ᎤᏂᏰᎢ, ᎠᎴ ᎤᏰᎸᎭ ᏚᎵᏘᏒᎴᎢ.

53 ᏥᏌᏃ ᏄᎬᏫᏳᏒ ᎠᏥᎸ-ᎨᎶᎯ ᏧᏬᎸ ᏭᎾᏘᏅᏍᏔᏁᎢ; ᎾᏍᎩᏃ ᏕᎬᏩᎳᏫᏒ ᏂᎦᏛ
ᏄᏂᎬᏫᏳᏒ ᎠᏥᎸᎠᏁᎶᎯ, ᎠᎴ ᏗᏂᎳᏫᎩ, ᎠᎴ ᏗᏃᏪᎵᏍᎩ.
54 ᏈᏓᏃ Ꭸ ᎢᏴᏛ ᎤᏍᏓᏩᏗᏎᎢ, ᎾᏍᎩ ᏄᎬᏫᏳᏒ ᎠᏥᎸ-ᎨᎶᎯ ᏗᎦᏁᎸ ᏭᏴᎴᎢ, ᎤᏬᎴᏃ
ᎨᏥᏅᏏᏓᏍᏗ ᎠᏂᏅᎢ, ᎠᎴ ᎪᏛ ᎤᎦᎾᏬᏍᎨᎢ.
55 ᏄᏂᎬᏫᏳᏒᏃ ᎠᏥᎸ-ᎠᏁᎶᎯ ᎠᎴ ᏂᎦᏛ ᏧᏂᎳᏫᎢ ᎤᏂᏲᎵ ᎤᏂᏃᎮᎸᎯ ᏥᏌ ᎤᏈᏗᏍᎩ,
ᎾᏍᎩ ᎤᏂᎯᏍᏗᏱ, ᎤᎾᏠᏤᏃ.
56 ᎤᏂᏣᏘᏰᏃ ᎦᏰᎪᎩ ᎠᏂᏃᎮᏍᎩ ᎬᏩᏈᏗᏍᎨᎢ, ᎠᏎᏃ ᎠᏂᏃᎮᏍᎬ ᎥᏝ ᎤᏠᏱ ᏱᎨᏎᎢ.
57 ᏚᎾᎴᏁᏃ ᎩᎶ ᎢᏳᎾᏍᏗ ᎠᎴ ᎦᏰᎪᎩ ᎤᏂᏃᎮᎴ ᎬᏩᏈᏗᏍᎬᎢ, ᎯᎠ ᎾᏂᏪᏍᎨᎢ;
58 ᎣᎦᏛᎦᏅᎩ ᎯᎠ ᏂᎧᏪᏍᎬᎩ, ᏓᏥᏲᏍᏔᏂ ᎯᎠ ᎤᏛᏅ-ᏗᎦᎳᏫᎢᏍᏗᏱ, ᎾᏍᎩ ᏗᎪᏱ
ᏗᎬᏔᏅᎯ ᎪᏢᏅᎯ, ᏦᎢᏉᏃ ᏧᏒᎯᏛ ᏛᏥᏱᎵᏙᎵ ᏛᎦᏁᏍᎨᎯ ᎤᏩᏓᎴ ᏗᎪᏱ ᏗᎬᏔᏅᎯ
ᏂᎨᏒᎾ.
59 ᎠᏎᏃ ᎾᏍᏉ ᎾᏍᎩ ᎤᏂᏃᎮᎸᎯ ᎥᏝ ᎤᏠᏱ ᏱᎨᏎᎢ.
60 ᏄᎬᏫᏳᏒᏃ ᎠᏥᎸ-ᎨᎶᎯ ᎠᏰᎵ ᎤᎴᏅ, ᎤᏛᏛᏁ ᏥᏌ, ᎯᎠ ᏁᏪᏎᎢ, ᏝᏍᎪ ᎪᎱᏍᏗ
ᏯᏗᎭ? ᎦᏙ ᎾᏍᎩ ᎯᎠ ᏣᏂᏃᎮᎭ ᎨᏣᏈᏗᏍᎬᎢ?
61 ᎠᏎᏃ ᎡᎳᏪᏉ ᎤᏩᏎᎢ, ᎠᎴ ᎥᏝ ᎪᎱᏍᏗ ᏳᏛᏁ ᏨᏁᏤᎢ. ᏄᎬᏫᏳᏒᏃ ᎠᏥᎸ-ᎨᎶᎯ
ᏔᎵᏁ ᎤᏛᏛᏁ, ᎠᎴ ᎯᎠ ᏄᏪᏎᎴᎢ, ᏂᎯᏍᎪ ᎦᎶᏁᏛ, ᎠᏥᎸᏉᏗ ᎤᏪᏥ?
62 ᏥᏌᏃ ᎯᎠ ᏄᏪᏎᎢ, ᎠᏴ ᎾᏍᎩ; ᎠᎴ ᏓᏰᏥᎪᎢ ᏴᏫ ᎤᏪᏥ ᎤᏬᎴᏍᏗ ᎠᎦᏘᏏ ᎢᏗᏢ
ᎤᎵᏂᎩᏛ ᎨᏒᎢ, ᎠᎴ ᏣᎢᏎᏍᏗ ᎤᎶᎩᎸ ᎦᎸᎶᎢ.
63 ᏄᎬᏫᏳᏒᏃ ᎠᏥᎸ-ᎨᎶᎯ ᏚᏄᏩᎥ ᏚᏪᏣᎦᎸᎮᎢ, ᎯᎠ ᏄᏪᏎᎢ, ᎦᏙᏃ ᎠᏏ ᏱᏗᎦᏚᎵ
ᎠᏂᏃᎮᏍᎩ?
64 ᎢᏣᏛᎬᎦ ᎠᎭᏢᎢᏍᏗᏍᎬᎢ; ᎦᏙ ᎢᏤᎵᎭ? ᏂᎦᏛᏃ ᏕᎬᏭᎪᎵᏁᎴ ᏰᎵᏉ ᎬᏩᏲᎱᎯᏍᏗ
ᎨᏒᎢ.
65 ᎢᎦᏛᏃ ᎤᎾᎴᏅᎮ ᏕᎬᏩᎵᏥᏍᏆᏍᎨᎢ, ᎠᎴ ᎤᎧᏛ ᎬᏭᎵᏁᎮᎢ, ᎠᎴ ᎠᏍᏈᏅ
ᎨᎬᏩᏂᏗᏍᎨᎢ, ᎠᎴ ᎯᎠ ᏂᎬᏩᏪᏎᎮᎢ, ᎭᏙᎴᎰᎯ; ᎠᎴ ᎨᏥᏅᏏᏓᏍᏗ ᏕᎬᏩᏂᎮᎢ.
66 ᏈᏓᏃ ᎡᎳᏗᏢ ᎾᎿ ᎠᏓᏁᎸ ᎡᏙᎮᎢ, ᎤᎷᏤ ᎠᏏᏴᏫ ᎠᎨᏴ ᏄᎬᏫᏳᏒ ᎠᏥᎸ-ᎨᎶᎯ
ᎤᏅᏏᏓᏍᏗ.
67 ᎾᏍᎩᏃ ᎤᎪᎲ ᏈᏓ ᎤᎦᎾᏬᏍᎬᎢ, ᏚᎧᎿᏁᎢ, ᎠᎴ ᎯᎠ ᏄᏪᏎᎢ, ᏂᎯ ᎾᏍᏉ
ᏥᏍᏕᏙᎲᎩ ᏥᏌ ᎾᏎᎵᏗ ᎡᎯ.
68 ᎠᏎᏃ ᎤᏓᏱᎴᎢ, ᎯᎠ ᏄᏪᏎᎢ, ᎥᏝ ᏱᏥᎦᏔᎭ, ᎥᏝ ᎠᎴ ᏱᎪᎵᎦ ᏂᏪᏍᎬᎢ. ᎤᏄᎪᏤᏃ
ᏙᏱᏗᏢ ᏩᏲᏓᏝᎲ ᏭᎶᏎᎢ; ᏣᏔᎦᏃ ᎤᏴᎵᏎᎢ.
69 ᎠᏛᏃ ᏔᎵᏁ ᎤᎪᎮᎢ, ᎠᎴ ᎤᎴᏅᎮ ᎯᎠ ᏂᎦᏪᏎᎴ ᎾᎥ ᎠᏂᏙᎾᎢ, ᎯᎠ ᎾᏍᎩ ᎾᎿ
ᎨᎳ.

70 ᏔᎵᏁᏃ ᎤᏓᏱᎴᎢ. ᏂᎪᎯᎸᎾᏃ ᎣᏂ ᎾᏍᎩ ᎾᎥ ᎠᏂᏙᎾᎢ ᏔᎵᏁ ᎯᎠ ᏄᏂᏪᏎᎴ ᏈᏓ,
ᎤᏙᎯᏳᎯ ᏂᎯ ᎾᎿ ᎮᎳ; ᎨᎵᎵᏴᏃ ᎮᎯ, ᎠᎴ ᎪᏬᏂᏍᎬ ᎤᏠᏱ ᎢᎩ.
71 ᎠᏎᏃ ᎤᎴᏅᎮ ᎤᏍᎩᏅᏕ ᎠᎴ ᎤᏎᎵᏔᏁ ᎯᎠ ᏁᏬᏎᎢ, ᎥᏝ ᏱᏥᎦᏔᎭ Ꮎ ᎠᏍᎦᏯ
ᎾᏍᎩ ᏙᏥᏃᎮᎭ.
72 ᏔᎵᏁᏃ ᎤᏰᎵᏎ ᏣᏔᎦ. ᏈᏓᏃ ᎤᏅᏓᏕ ᏥᏌ ᏄᏪᏒᎢ, ᎯᎠ ᏥᏄᏪᏎᎴᎢ, ᎠᏏ ᏣᏔᎦ
ᏔᎵ ᏄᏰᎳᏒᎾ ᎨᏎᏍᏗ, ᏦᎢ ᏅᏓᏍᏆᏓᏱᎵ. ᎾᏍᎩᏃ ᎤᏓᏅᏖᎸ ᏚᏠᏱᎴᎢ.

ᎠᏯᏙᎸᎢ 15

1 ᎩᎳᏉᏃ ᎢᏴᏛ ᏭᎩᏨᏅ ᏄᏂᎬᏫᏳᏒ ᎠᏥᎸ-ᎠᏁᎶᎯ, ᎠᎴ ᏧᎾᏛᏐᏅᎯ, ᎠᎴ ᏗᏃᏪᎵᏍᎩ,
ᎠᎴ ᏂᎦᏛ ᏗᏂᎳᏫᎩ ᎤᎾᎵᏃᎮᎸ ᎤᎾᏄᎴ ᏥᏌ, ᎠᎴ ᎤᎾᏖᎾᏫᏛᎮᎢ, ᎠᎴ ᏆᎴᏗ
ᏫᏚᏂᏲᎯᏎᎴᎢ.
2 ᏆᎴᏗᏃ ᎤᏛᏛᏁ ᎯᎠ ᏁᏪᏎᎴᎢ, ᏂᎯᏍᎪ ᏣᎬᏫᏳᎯ ᎠᏂᏧᏏ ᎤᎾᏤᎵᎦ? ᎤᏁᏨᏃ ᎯᎠ
ᏄᏪᏎᎴᎢ, ᏰᎵᏉ ᏂᏫ.
3 ᏄᏂᎬᏫᏳᏒᏃ ᎠᏥᎸ-ᎠᏁᎶᎯ ᎤᏣᏖ ᏧᏓᎴᏅᏛ ᎬᏭᎯᏍᏗᎨᎢ.
4 ᏆᎴᏗᏃ ᏔᎵᏁ ᎤᏛᏛᏁ ᎯᎠ ᏄᏪᏎᎢ; ᏝᏍᎪ ᎪᎱᏍᏗ ᏯᏗᎭ? ᎬᏂᏳᏉ ᎤᏣᏘ ᏧᏓᎴᏅᏛ
ᎠᏂᏃᎮᎭ ᎨᏣᏡᏗᎭ.
5 ᎠᏎᏃ ᏥᏌ ᎠᏏ ᎠᎱᏍᏗ ᏯᏗᏯᎨᎢ; ᎾᏍᎩ ᎢᏳᏍᏗ ᏆᎴᏗ ᎤᏍᏆᏂᎪᎭᎢ.
6 ᏓᎾᎵᏍᏓᏴᎲᏍᎬᏃ ᎢᏳᎢ ᏓᏲᎯᏎᎮ ᎠᏏᏴᏫ ᎠᏴᎩ, ᎾᏍᎩᏉ ᎠᏂᏔᏲᎭ.
7 ᎠᏏᏴᏫᏃ ᎡᎮ ᏆᎳᏆ ᏧᏙᎢᏛ ᎾᏍᎩ ᎢᏧᎳᎭ ᎦᎨᎦᏄᏒ ᎬᏩᎵᎪᏁᎸᎯ ᎤᎾᏓᏑᏴᏛ
ᎤᎾᎵᏖᎸᏅᎯ, ᎾᏍᎩ ᎤᎾᏓᎸᎯ ᎨᏎ ᎾᎯᏳ ᎤᎾᏓᏑᏴᏛ ᎤᎾᎵᏖᎸᏅᎢ.
8 ᎤᏂᏣᏘᏃ ᎠᏍᏓᏯ ᎤᎾᎵᏍᎦᎢ, ᎤᎾᎴᏅᎮ ᎤᏂᏔᏲᎴ ᎾᏍᎩᏯ ᏂᏚᏛᏁᎸ ᏧᏩᎫᏔᏅᏒ
ᎢᏧᏛᏁᏗᏱ.
9 ᏆᎴᏗᏃ ᏚᏁᏤᎴ ᎯᎠ ᏄᏪᏎᎢ, ᎢᏣᏚᎵᏍᎪ ᎤᎬᏫᏳᎯ ᎠᏂᏧᏏ ᎤᎾᏤᎵᎦ ᏗᏳᏲᎯᏎᏗᏱ.
10 ᎠᎦᏔᎮᏰᏃ ᎾᏍᎩ ᏄᏂᎬᏫᏳᏒ ᎠᏥᎸ-ᎠᏁᎶᎯ ᎠᏅᏩᏙᎲᏉ ᎤᏗᎦᎵᏍᏙᏗᏍᎬ
ᎦᎬᏩᏲᏒᎢ.
11 ᎠᏎᏃ ᏄᏂᎬᏳᏒ ᎠᏥᎸ-ᎠᏁᎶᎯ ᏄᏅᏂᏌᏁ ᎤᏂᏣᏘ ᏴᏫ, ᎾᏍᎩ ᏆᎳᏆ ᎤᏂᏔᏲᏍᏗᏱ
ᏧᏲᎯᏎᏗᏱ.
12 ᏆᎴᏗᏃ ᏔᎵᏁ ᎤᏁᏨ, ᎯᎠ ᏂᏚᏪᏎᎴᎢ, ᎦᏙᏃ ᎢᏣᏚᎵ ᏥᏴᏁᏗᏱ ᎾᏍᎩ Ꮎ ᎤᎬᏫᏳᎯ
ᎠᏂᏧᏏ ᎤᎾᏤᎵᎦ ᏙᏦᏎᎭ?
13 ᏔᎵᏁᏃ ᎤᏁᎷᏁᎢ ᎯᏯᏛᎥᎦ ᎤᎾᏛᏁᎢ.
14 ᏆᎴᏗᏃ ᎯᎠ ᏂᏚᏪᏎᎴᎢ, ᎦᏙᏃ, ᎦᏙ ᎤᏍᏗ ᎤᏲ ᏚᎸᏫᏍᏓᏁᎸ? ᎠᏎᏃ ᎤᏟᏉ
ᎢᏯᏍᏓᏯ ᎤᏁᎷᏁᎢ, ᎯᏯᏛᎥᎦ, ᎤᎾᏛᏁᎢ.
15 ᏆᎴᏗᏃ ᎣᏏᏳ ᎤᏰᎸᏎ ᎣᏍᏛ ᏧᏓᏅᏓᏗᏍᏙᏗᏱ ᎤᏂᏣᏘ, ᏚᏲᎯᏎᎴ ᏆᎳᏆ, ᏥᏌᏃ
ᎤᎵᎥᏂᎸ ᏚᏲᏎ ᎠᎦᏛᏗᏱ.
16 ᎠᏂᏯᏫᏍᎩᏃ ᎬᏩᏘᎾᏫᏛᎮ ᏫᎬᏩᏴᏔᏁ ᎤᎬᏫᏳᎯᏱ ᎠᏓᏁᎸᎢ ᎾᏍᎩ ᎤᎬᏫᏳᎯ
ᏣᏥᎳᏫᏙᏗᏱ, ᏂᎦᏛᏃ ᏑᎾᏓᏡᎩ ᏫᏚᏂᏯᏅᎮᎢ.
17 ᎩᎦᎨᏃ ᎬᏩᏄᏬᏒᎢ, ᎠᎴ ᎠᎵᏍᏚᎶ ᏧᏣᏲᏍᏗ ᎪᏢᏔᏅᎯ ᎤᏂᏍᎦᏲᏅ, ᎾᏍᎩ
ᎤᏂᏍᏚᎶᏔᏁᎢ.
18 ᎠᎴ ᎤᎾᎴᏅᎮ ᎠᏂᏲᎵᎮᎢ, ᎢᏨᏲᎵᎦ, ᏣᎬᏫᏳᎯ ᎠᏂᏧᏏ ᎤᎾᏤᎵᎦ, ᎠᎾᏗᏍᎨᎢ.

19 ᎠᏍᎪᎵᏃ ᎦᎬᏩᏂᎮ ᎦᎾᏍᏓ ᎬᏗ, ᎠᎴ ᎦᎬᏩᎵᏥᏍᏆᏍᎨᎢ, ᎠᎴ ᏓᎾᎵᏂᏆᏅᎥᏍᎨ
ᎬᏩᏓᏙᎵᏍᏓᏁᎮᎢ.
20 ᎤᎾᎦᎨᎳᏁᏅᏃ, ᎬᏩᏄᏪᏎ ᎩᎦᎨᎢ, ᎠᎴ ᎤᏩᏒ ᏧᏄᏬ ᎦᎬᏩᏄᏬᏒᎢ, ᎠᎴ
ᏫᎬᏩᏘᏅᏍᏔᏁ ᎬᏩᏛᏗᏱ.
21 ᎩᎶᏃ ᎢᏳᏍᏗ ᏌᏩᏂ ᏧᏙᎢᏛ ᏌᎵᏂ ᎡᎯ ᎠᎢᏎᎢ, ᏙᏗᎦᎶᎨᏒ ᎤᏓᏩᎶᏒᎯ, ᎾᏍᎩ ᎡᎵᎩ
ᎠᎴ ᎷᏆᏏ ᎤᏂᏙᏓ, ᎾᏍᎩ ᎤᏤᎵ ᏧᏓᎿᏩᏛ ᎤᏪᏅᏍᏗᏱ ᏄᏅᏁᎴᎢ.
22 ᎪᎵᎦᏓᏃ ᏚᏙᎥ ᏫᎬᏩᏘᏅᏔᏁᎢ, ᎾᏍᎩ ᎠᏁᏢᏔᏅᎯ ᎨᏒ ᎤᏍᏆᎷᎪ ᎦᏛᎦ.
23 ᎬᏩᏁᏁᎴᏃ ᎤᏗᏔᏍᏗ ᎩᎦᎨᎠᏗᏔᏍᏗ ᎻᎳ ᎠᏑᎵ; ᎠᏎᏃ ᎥᏝ ᏩᏁᎩᏎᎢ.
24 ᎿᏉᏃ ᏓᏓᎿᏩᏍᏛ ᎬᏩᏛᏅ ᎤᏂᏯᏙᎴ ᏧᏁᏬᎢ, ᎤᎾᏎᏄᎮ ᎤᎾᏙᎴᎰᎯᏍᏗᏱ ᎾᏍᎩ
ᎠᏂᏏᏴᏫ ᏧᏂᏁᏒᏍᏗ ᎨᏒᎢ.
25 ᏐᎣᏁᎳᏃ ᎢᏳᏟᎶᏛ ᎧᎳᏩᏗᏒ ᎨᏎᎢ, ᎠᎴ ᎬᏩᏛᏁᎢ.
26 ᎦᎸᎳᏗᏢᏃ ᎪᏪᎴ ᏄᏍᏛ ᎠᏓᎢᏍᏛᎢ, ᎯᎠ ᏂᎬᏁᎢ, ᎤᎬᏫᏳᎯ ᎠᏂᏧᏏ ᎤᎾᏤᎵᎦ.
27 ᎢᏧᎳᎭᏃ ᎦᎨᎦᏛᏁ ᎠᏂᏔᎵ ᏗᎾᏓᎾᏌᎲᏍᎩ; ᎠᏏᏴᏫ ᎠᎦᏘᏏᏗᏢ, ᏐᎢᏃ ᎠᎦᏍᎦᏂ ᎢᏗᏢ.
28 ᎪᏪᎸᏃ ᎤᏙᎯᏳᏁᎢ, ᎯᎠ ᏥᏂᎦᏪᎭ, ᎤᏂᏍᎦᏅᏨᎯ ᎨᎦᏎᎸ ᎠᎦᏌᏯᏍᏔᏅᎩ.
29 ᎠᏂᎶᏍᎩᏃ ᎦᎬᏩᏐᏢᏗᏍᎨᎢ, ᎠᎴ ᏓᎾᎵᏍᏛᏂᎮ ᎯᎠ ᎾᏂᏪᏍᎨᎢ, Ᏺ, ᎤᏛᏅ-
ᏗᎦᎳᏫᎢᏍᏗᏱ ᎯᏲᏍᏗᏍᎩ, ᎠᎴ ᏦᎢᏉᏉ ᎢᎦ ᎯᏱᎵᏙᎯ ᎭᏁᏍᎨᏍᎩ,
30 ᏨᏒ ᎭᎵᏍᏕᎸ, ᎠᎴ ᎡᎭᏠᎠᎯ ᏓᏓᎿᏩᏍᏛᎢ.
31 ᎾᏍᎩᏯ ᎾᏍᏉ ᏄᏂᎬᏫᏳᏒ ᎠᏥᎸ ᎠᏁᎶᎯ ᎠᎴ ᏗᏃᏪᎵᏍᎩ ᎬᏩᎦᎨᏗᏍᎬ, ᎯᎠ
ᏂᏓᎾᏓᏪᏎᎮᎢ, ᎤᏩᎾᏓᎴ ᏓᏍᏕᎵᏍᎬᎩ; ᎤᏩᏒ ᎥᏝ ᏴᎬᎵᏍᏕᎸ.
32 ᎦᎶᏁᏛ ᎤᎬᏫᏳᎯ ᎢᏏᎵ ᎤᎾᏤᎵᎦ ᎿᏉ ᏩᏠᎠᎯ ᏓᏓᎿᏩᏍᏛᎢ, ᎾᏍᎩ ᎣᎩᎪᏩᏛᏗᏱ
ᎠᎴ ᎣᎪᎯᏳᏗᏱ. ᎠᎴ ᎾᏍᎩ ᎢᏧᎳᎭ ᏗᎨᎦᏛᏅᎯ ᎦᎬᏩᏐᏢᏕᎢ.
33 ᏔᎳᏚᏃ ᎢᏳᏟᎶᏛ ᎤᎵᏰᎢᎶᎸ ᎤᎵᏏᎲᏎ ᏂᎬᎾᏛ ᎾᎿ ᎦᏙᎯ, ᏦᎢ ᎢᏳᏟᎶᏛ ᎢᏯᏍᏗ.
34 ᏦᎢᏁ ᎢᏳᏟᎶᏛ ᎤᎵᏰᎢᎶᎸ ᏥᏌ ᎠᏍᏓᏯ ᎤᏪᎷᏁᎢ, ᎯᎠ ᏄᏪᏎᎢ, ᎢᎶᎢ, ᎢᎶᎢ,
ᎳᎹ ᏌᏆᏓᏂ? ᎾᏍᎩ ᎠᏁᏢᏔᏅᎯ ᎯᎠ ᏄᏍᏗ ᎦᏛᎦ, ᎠᏆᏁᎳᏅᎯ, ᎠᏆᏁᎳᏅᎯ, ᎦᏙᏃ
ᎥᏍᏋᏕᎩ?
35 ᎢᎦᏛᏃ ᎾᎥ ᎠᏂᏙᎾᎢ ᎤᎾᏛᎦᏅ, ᎯᎠ ᏄᏂᏪᏎᎢ, ᎬᏂᏳᏉ, ᎢᎳᏯ ᎠᏯᏂᎭ.
36 ᎠᏎᏴᏫᏃ ᏚᏍᏆᎸᏔᏅ, ᎠᎴ ᏚᏬᎵ ᏧᏂᏦᏯᏍᏗ ᏭᎧᎵᎢᏍᏔᏅ, ᎠᎴ ᎦᎾᏍᏙᎯ
ᎤᏪᏆᏔᏅ, ᎤᏁᏁᎸ ᎤᏗᏔᏍᏗ; ᎯᎠ ᏄᏪᏎᎢ, ᎤᏁᎳᎩ, ᎢᏓᏙᎴᎰᎯ, ᏥᎪᏃ ᎢᎳᏯ
ᏓᎦᎷᏥ ᏓᏩᏠᎥᏔᏂᎵ.
37 ᏥᏌᏃ ᎠᏍᏓᏯ ᎤᏪᎷᏅ, ᎤᎵᏍᏆᏕᎴᎢ.
38 ᎠᏰᏙᎳᏛᏗᏃ ᎤᏛᏅ-ᏗᎦᎳᏫᎢᏍᏗᏱ ᎦᏛ ᎤᏓᏟᎦᎸᎮ ᏔᎵ ᏄᏓᏕᎢ, ᎦᎸᎳᏗ
ᎤᏓᏩᏓᎴᏅᏛ ᎡᎳᏗ ᏩᏍᏗ.

39 ᎠᏍᎪᎯᏧᏈᏃ ᏗᏘᏂᏙᎯ ᎠᎢᏗᏢ ᏧᏳᎪᏗ ᎦᏙᎩ, ᎤᏙᎴᎰᏒ ᎾᏍᎩ ᎤᏪᎷᏅᎢ, ᎠᎴ
ᎤᎵᏍᏆᏕᎸᎢ, ᎯᎠ ᏄᏪᏎᎢ, ᎤᏙᎯᏳᎯ ᎯᎠ ᎠᏍᎦᏯ ᎤᏁᎳᏅᎯ ᎤᏪᏥ ᎨᏎᎢ.
40 ᎠᏂᎨᏴᏃ ᎾᏍᏉ Ꭸ ᎢᏴᏛ ᏙᏗᏂᎧᏁᎢ; ᎾᎿᏃ ᎠᏁᎴ ᎺᎵ ᎲᎩᏕᎵ ᎡᎯ, ᎠᎴ ᎺᎵ ᏥᏌ
ᎤᏍᏗ ᎠᎴ ᏦᏏ ᎤᏂᏥᎢ, ᎠᎴ ᏌᎶᎻ.
41 ᎾᏍᎩ ᎾᏍᏉ ᎨᎵᎵ ᏤᏙᎮ ᎡᏩᏍᏓᏩᏗᏙᎮ ᎠᎴ ᎡᏩᏍᏕᎸᎯᏙᎮᎢ; ᎠᎴ ᎤᏂᏣᏘ
ᏅᏩᎾᏓᎴ ᎠᏂᎨᏴ ᏥᎷᏏᎵᎻ ᎤᏓᎬᏩᏍᏓᏩᏙᎸᎯ.
42 ᎿᏉᏃ ᎤᏒ ᏄᎵᏍᏔᏅ, ᎾᏍᎩ ᎠᏛᏅᎢᏍᏙᏗᏱ ᎨᏒ ᎢᏳᏍᏗ, ᎾᏍᎩ ᎤᎾᏙᏓᏈᏕᎾ ᎢᎦ
ᎨᏒᎢ.
43 ᏦᏩ ᎠᎵᎹᏗᏱ ᎡᎯ ᎠᏥᎸᏉᏗ ᏗᎦᏔᏫᎩ, ᎾᏍᎩ ᎾᏍᏉ ᎠᎦᏘᏰ ᎤᏁᎳᏅᎯ
ᎤᎬᏫᏳᎯ ᎨᏒ ᎤᎷᎯᏍᏗᏱ, ᎾᏍᎩ ᎤᎷᏤᎢ, ᎠᎴ ᎾᏍᎦᎢᎲᎾ ᏭᏴᎴ ᏆᎴᏗᏱ, ᎠᎴ
ᎤᏔᏲᎴ ᏥᏌ ᎠᏰᎸᎢ.
44 ᏆᎴᏗᏃ ᎤᏍᏆᏏᎪᏎ ᎤᏑᏏᏛᎡᎮ ᎾᏞᎬ ᎤᏲᎱᏒᎢ; ᏭᏯᏅᎲᏃ ᎠᏍᎪᎯᏧᏈ ᏗᏘᏂᏙᎯ,
ᎤᏛᏛᏁ, ᏰᎵᏍᎪ ᎪᎯᎩ ᎡᏩᏲᎱᏒᎯ, ᎤᏛᏁᎢ.
45 ᎬᏂᎨᏒᏃ ᏄᏩᏁᎸ ᎠᏍᎪᎯᏧᏈ ᏗᏘᏂᏙᎯ, ᏦᏩ ᏚᏲᎯᏎᎴ ᎠᏰᎸᎢ.
46 ᎤᏩᏒᏃ ᎤᏏᏙᎵ ᏙᎴᏛ ᎠᏄᏬ, ᎠᎴ ᎤᏕᏒ ᎠᏰᎸᎢ, ᎠᎴ ᎠᏄᏬᎩᎯ ᏙᎴᏛ
ᎤᏪᏟᏄᎳᏅ, ᎠᏤᎵᏍᏛ ᎤᏅᏁ ᎾᏍᎩ ᏅᏲᎯ ᎠᏍᎪᏒᎢ, ᎠᎴ ᏅᏲᎯ ᎠᏍᎪᏒᎢ, ᎠᎴ
ᏅᏯ ᎤᏪᏌᏉᎴᎴᎢ ᎠᏤᎵᏍᏛ ᎦᎶᎯᏍᏗᏱ ᎤᏁᎢ.
47 ᎺᎵᏃ ᎹᎩᏕᎵ ᎡᎯ, ᎠᎴ ᎺᎵ ᏦᏏ ᎤᏥ ᎤᏂᎪᎮ ᎾᎿ ᎤᏂᏅᏅᎢ.

ᎠᏯᏙᎸᎢ 16

1 ᎤᎾᏙᏓᏆᏍᎬᏃ ᎤᎶᏐᏅ, ᎺᎵ ᎹᎩᏕᎵ ᎡᎯ, ᎠᎴ ᎺᎵ ᏥᏌ ᎤᏥ ᎠᎴ ᏌᎶᎻ ᎤᏂᏩᏒᎯ
ᎨᏎ ᎤᎦᎾᏍᏛ ᎦᏩᏒᎩ, ᎤᏂᎷᎯᏍᏗᏱ ᎤᏂᏰᎸᏎ ᎠᎴ ᎬᏩᎶᏁᏗᏱ.
2 ᏑᎾᎴᎢᏳᏃ ᎢᎬᏱᏱ ᎢᎦ ᏑᎾᏙᏓᏆᏍᏗ ᎨᏒᎢ, ᎤᏂᎷᏤ ᎠᏤᎵᏍᏛ ᏨᏗᎧᎸᎪᏉ.
3 ᎯᎠᏃ ᏂᏚᎾᏓᏪᏎᎴᎢ, ᎦᎪ ᏓᎩᎲᏒᎵ ᏅᏯ ᎠᏤᎵᏍᏛ ᎦᎶᎯᏍᏗᏱ ᎠᎲᎢ?
4 ᏫᏚᎾᎧᎿᏅᏃ ᎤᏂᎪᎮ ᏅᏯ ᎠᎲᏛ ᎨᏒᎢ, ᎤᏣᏘᏰᏃ ᎡᏉᎯᏳ ᎨᏎᎢ.
5 ᏭᏂᏴᎸᏃ ᎠᏤᎵᏍᏛᎢ, ᎤᏂᎪᎮ ᎠᏫᏴ ᎠᎦᏘᏏᏗᏢ ᎤᏬᎴᎢ, ᎤᏄᏬ ᎦᏅᎯᏛ ᎤᏁᎬ ᎠᏄᏬ;
ᎠᏂᏍᎦᎢᎮᏃ.
6 ᎯᎠᏃ ᏂᏚᏪᏎᎴᎢ, ᏞᏍᏗ ᏱᏥᏍᎦᎢᎮᏍᏗ; ᏥᏌ ᎾᏎᎵᏗ ᎡᎯ ᎡᏥᏲᎰ, ᎾᏍᎩ
ᏣᎦᏛᎥᏍᎬᎩ; ᏚᎴᎯᏌᏅ; ᎥᏝ ᎠᏂ ᏱᎦᏅ; ᏗᏣᎧᏅᎦ Ꭰ ᎤᏂᏅᏅᎢ.
7 ᎠᏎᏃ ᏥᏤᎾ, ᎠᎴ ᏫᏥᏃᎲᏏ ᎬᏩᏍᏓᏩᏗᏙᎯ ᎠᎴ ᏈᏓ ᎾᏍᎩ ᎢᎬᏱ ᏫᏚᎶᎯᏎᏗᏱ ᎨᎵᎵ;
ᎾᎿ ᏓᏰᏥᎪᎢ, ᎾᏍᎩᏯ ᏂᏥᏪᏎᎸᎢ.
8 ᎤᎵᏍᏗᏃ ᎤᏂᏄᎪᏨ ᏚᎾᎵᏖᏎ ᎠᏤᎵᏍᏛᎢ; ᏚᏂᎾᏫᏍᎨᏃ ᎠᎴ ᎤᏂᏍᏆᏂᎪᏍᎨᎢ; ᎥᏝ ᎠᎴ
ᎩᎶ ᎠᎱᏍᏗ ᏳᏃᏎᎴᎢ; ᎠᏂᏍᎦᎢᎮᏰᏃ.
9 ᏥᏌᏃ ᏚᎴᎯᏌᏅ ᏑᎾᎴᎢᏳ ᎢᎬᏱᏱ ᎢᎦ ᏑᎾᏙᏓᏆᏍᏗ ᎨᏒᎢ, ᎢᎬᏱ ᎬᏂᎨᏒ ᏄᏛᏁᎴ ᎺᎵ
ᎹᎩᏕᎵ ᎡᎯ, ᎾᏍᎩ ᎦᎵᏉᎩ ᎠᏂᏍᎩᎾ ᏥᏚᏄᎪᏫᏎᎴᎢ.
10 ᎾᏍᎩᏃ ᎤᏪᏅ ᎤᏁᏙᎸᎯ ᏫᏚᏃᏁᎴ ᎤᏲ ᏚᎾᏓᏅᏛᎢ ᎠᎴ ᏓᎾᏠᏱᎲᎢ.
11 ᎾᏍᎩᏃ ᎤᎾᏛᎦᏅ ᎬᏅᎢ, ᎠᎴ ᎾᏍᎩ ᎤᎪᎲᎢ, ᎥᏝ ᏳᏃᎯᏳᏁᎢ.
12 ᎣᏂᏃ ᎤᏩᏓᎴ ᏄᏍᏕ ᎬᏂᎨᏒ ᏂᏚᏛᏁᎴ ᎠᏂᏔᎵ ᎾᎿ ᎠᏁᎳ ᎠᎾᎢᏎᎢ, ᏙᏗᎦᎶᎨᏒ
ᏩᏂᎦᏖᎢ.
13 ᎾᏍᎩᏃ ᎤᏁᏅ ᏫᏚᏂᏃᏁᎴ ᎠᏂᏐᎢ; ᎾᏍᏉ ᎥᏝ ᏱᏚᏃᎯᏳᏁ ᎾᏍᎩ..
14 ᎣᏂᏃ ᎬᏂᎨᏒ ᏂᏚᏛᏁᎴ ᏌᏚ ᎢᏯᏂᏛ ᎠᎾᎵᏍᏓᏴᎲᏍᎬᎢ, ᎠᎴ ᏚᎬᏍᎪᎸᏁ
ᏂᏚᎵᏍᏙᏗᏍᎨ ᏄᏃᎯᏳᏒᎾ ᎨᏒ ᎠᎴ ᏗᏍᏓᏱᏳ ᎨᏒ ᏧᏂᎾᏫ, ᏂᏚᏃᎯᏳᏅᎾ ᎨᏎ ᎢᏳᏍᏗ
ᎾᏍᎩ ᎬᏩᎪᎲᎯ ᏧᎴᎯᏌᏅᎯ ᏂᎨᏎᎢ.
15 ᎯᎠᏃ ᏂᏚᏪᏎᎴᎢ, ᎢᏤᏙᎾ ᎡᎶᎯ ᏂᎬᎾᏛᎢ, ᎠᎴ ᏫᏗᏣᎵᏥᏙᎲᏏ ᎣᏍᏛ ᎧᏃᎮᏛ ᎾᏂᎥ
ᎨᎪᏢᏅᎯ.
16 ᎩᎶ ᎪᎯᏳᎲᏍᎨᏍᏗ ᎠᎴ ᎠᏕᏬᏍᎨᏍᏗ ᎠᏥᏍᏕᎸᏗ ᎨᏎᏍᏗ; ᏂᎪᎯᏳᎲᏍᎬᎾᏍᎩᏂ
ᏣᎫᎪᏓᏁᏗ ᎨᏎᏍᏗ.
17 ᎯᎠᏃ ᎾᏍᎩ ᎤᏰᎸᏛ ᏗᎪᎵᏍᏙᏗ ᏔᎵ ᏚᏛᏘᏕᎨᏍᏗ ᎠᏃᎯᏳᎲᏍᎩ; ᎠᏴ ᏓᏆᏙᎥ
ᎠᏅᏗᏍᎨᏍᏗ ᎠᏂᏍᎩᎾ ᏓᏂᏄᎪᏫᏍᎨᏍᏗ; ᎤᏩᎾᏓᎴ ᏧᏂᏬᏂᎯᏍᏗ ᏓᏂᏬᏂᏍᎨᏍᏗ;
18 ᎢᎾᏛ ᏓᏂᏁᏍᎨᏍᏗ; ᎢᏳ ᎠᎴ ᎪᎱᏍᏗ ᎠᏓᎯᎯ ᏳᎾᏗᏔᎲ, ᎥᏝ ᎪᎱᏍᏗ ᏳᏅᏁᎮᏍᏗ;
ᏧᏂᏢᎩ ᏓᎾᏏᏔᏗᏍᎨᏍᏗ, ᎠᎴ ᏚᎾᏗᏩᏍᎨᏍᏗ.

19 ᎾᏍᎩᏃ ᎤᎬᏫᏳᎯ ᏚᏬᏁᏔᏅ, ᎦᎸᎳᏗ ᏙᏨᏕᏓᏂᎸᏤᎢ, ᎠᎴ ᎠᎦᏘᏏ ᎢᏗᏢ ᎤᏁᎳᏅᎯ
ᎤᏬᎸ ᎤᏪᏁᎢ.
20 ᎤᏁᏅᏎᏃ ᎠᎴ ᏂᎬᎾᏛ ᎤᎾᎵᏥᏙᏂᏙᎴᎢ, ᎤᎬᏫᏳᎯ ᏔᎵ ᎤᏛᏗᏕᎨ ᏚᏂᎸᏫᏍᏓᏁᎲᎢ,
ᎠᎴ ᎠᏂᏁᎬ ᎠᏍᏓᏱᏗᏍᏗᏍᎨ ᎤᏰᎸᏛ ᎤᎵᏠᏯᏍᏗᏕᎬᎢ. ᎡᎺᏅ.

ᎣᏍᏛ ᎧᏃᎮᏛ, ᎷᎦ ᎤᏬᏪᎳᏅᎯ

ᎠᏯᏙᎸᎢ 1

1 ᎾᏍᎩᏃ ᎠᏂᎪᏗᏳ ᏧᎾᏁᎶᏔᏅ ᎬᏂᎨᏒ ᎢᏳᏅᏁᏗᏱ ᎧᏃᎲᏍᎩ ᏧᏓᎴᏅᏛ ᏄᎵᏍᏔᏂᏙᎸ
ᎾᏍᎩ ᎤᏙᎯᏳᎯᏯ ᏦᎪᎯᏳᎭ,
2 ᎾᏍᎩᏯ ᏂᎪᎩᏪᏎᎸ ᎾᏍᎩ ᏗᏓᎴᏂᏍᎬ ᎤᏓᎬᏓᎴᏅᏛ ᎤᏅᏒ ᎤᏂᎪᎯᏙᎸᎯ, ᎠᎴ ᎧᏃᎮᏛ
ᎤᎾᎵᏥᏙᏅᎯ ᎨᏒᎢ--
3 ᎾᏍᏉ ᎠᏴ ᎣᏏᏳ ᎠᎩᏰᎸᏅ ᏫᎬᏲᏪᎳᏁᏗᏱ ᎣᏍᏛ ᎠᎩᏰᎢᎸᏍᏗᏱ, ᏂᎯ ᎡᏣᎸᏉᏗ
ᏗᎣᏈᎵ, ᎠᎩᏍᏆᏂᏰᏛᏰᏃ ᏂᎦᏛ ᎯᎠ ᏧᏓᎴᏅᏛ ᏗᏓᎴᏂᏍᎬ ᎤᏓᎬᏩᏓᎴᏅᏛ,
4 ᎾᏍᎩ ᏣᎦᏙᎥᎯᏍᏗᏱ ᎤᏙᎯᏳᎯᏯ ᎨᏒ ᎾᏍᎩ ᎾᎿ ᏧᏓᎴᏅᏛ ᎡᏤᏲᏅᎢ.
5 ᎾᎯᏳ ᎡᎶᏛ ᎤᎬᏫᏳᎯ ᎨᏎ ᏧᏗᏱ, ᎩᎶ ᎢᏳᏍᏗ ᎡᎮ ᎠᏥᎸ-ᎨᎶᎯ ᏤᎦᎳᏯ ᏧᏙᎢᏛ,
ᎾᏍᎩ ᎡᏆᏯ ᎠᎦᏘᏅᏔᏅ ᎨᎳ ᎨᏎᎢ, ᎤᏓᎵᎢᏃ ᎡᎳᏂ ᏧᏪᏥᏛᎯ ᎨᏒ ᎤᏓᏳᏓᎴᏅᎯ ᎨᏎᎢ,
ᎠᎴ ᎵᏏ ᏚᏙᎡᎢ.
6 ᎠᎴ ᎢᏧᎳ ᏚᏳᎪᏛ ᏧᏂᎸᏫᏍᏓᏁᎯ ᎨᏎ ᎤᏁᎳᏅᎯ ᏙᏗᎧᏅᎢ, ᏓᏂᎧᎿᏩᏗᎭ ᏂᎦᏛ
ᏗᎧᎿᏩᏛᏍᏗ ᎠᎴ ᎤᎵᏁᏨ ᎢᏯᏛᏁᎵᏓᏍᏗ ᎨᏒ ᏱᎰᏩ ᏧᏤᎵᎦ, ᎤᎭᏅ ᏂᎨᏥᏩᏂᏎᎲᎾ.
7 ᎠᎴ ᏁᎲᎾ ᎨᏎ ᎤᏁᏥ, ᎵᏏᏰᏃ ᎥᏝ ᏱᏓᎷᎸᎥᏍᎨᎢ, ᎠᎴ ᎢᏧᎳ ᎿᏉ ᎠᏂᎦᏴᎵᎨ ᎨᏎᎢ.
8 ᎯᎠᏃ ᏄᎵᏍᏔᏁᎢ, ᎾᏍᎩ ᎠᏥᎸᎨᎶᎯ ᏧᎸᏫᏍᏓᏁᏗ ᎨᏒ ᏚᎸᏫᏍᏓᏁᎮ ᎤᎯᎳᏅᎯ
ᎠᎦᏔᎲᎢ, ᎾᎯᏳ ᎤᎵᏱᎶᎸ ᏧᏂᎸᏫᏍᏓᏁᏗᏱ ᎾᎿ ᎨᎸᎢ,
9 ᎾᏍᎩ ᎢᏳᎾᏛᏁᏗ ᎨᏒ ᎠᏥᎸᎠᏁᎶᎯ, ᎾᏍᎩ ᎤᏩᏙᏗ ᏂᎦᎵᏍᏗᏍᎨ ᎠᏜ ᎦᏩᏒᎩ ᎾᎯᏳ
ᏩᏴᎭ ᏱᎰᏩ ᎤᏤᎵ ᎤᏛᏅ-ᏗᎦᎳᏫᎢᏍᏗᏱ.
10 ᎤᏂᏣᏘᏃ ᏴᏫ ᏙᏱᏗᏢ ᎠᎾᏓᏙᎵᏍᏗᏍᎨ ᎾᎯᏳ ᎠᏜ ᎦᏩᏒᎩ ᎬᏗᏱ ᎤᏍᏆᎸᎲ.
11 ᏱᎰᏩᏃ ᎤᏤᎵ ᏗᎧᎿᏩᏗᏙᎯ ᎬᏂᎨᏒ ᏄᏛᏁᎴ ᎦᏙᎨ ᎠᎦᏘᏏᏗᏢ ᎦᏩᏒᎩ ᎬᏗᏱ ᎪᎵᏒᎢ.
12 ᏤᎦᎳᏯᏃ ᎤᎪᎲ, ᎤᏕᏯᏔᏁᎴ ᎠᎴ ᎤᏍᎦᎴᎢ.
13 ᎠᏎᏃ ᏗᎧᎿᏩᏗᏙᎯ ᎯᎠ ᏄᏪᏎᎴᎢ; ᏤᎦᎳᏯ ᏞᏍᏗ ᏣᏍᎦᎸᎩ; ᎭᏓᏙᎵᏍᏗᏍᎬᏰᏃ
ᎡᏣᏛᎦᏁᎸ; ᎠᎴ ᏣᏓᎵᎢ ᎵᏏ ᏓᏣᎾᏄᎪᏫᏎᎵ ᏤᏥ ᎠᏧᏣ, ᏣᏂᏃ ᏕᎯᏲᎥᎭ.
14 ᎠᎴ ᎭᎵᎮᎵᎨᏍᏗ ᎠᎴ ᎣᏍᏛ ᏣᏰᎸᏎᏍᏗ; ᎠᎴ ᎤᏂᏣᏘ ᎠᎾᎵᎮᎵᎨᏍᏗ ᎤᏕᏅ
ᎢᏳᏍᏗ.
15 ᎠᎴ ᎠᏥᎸᏉᏗᏳ ᎨᏎᏍᏗ ᏱᎰᏩ ᏙᏗᎧᏅᎢ, ᎥᏝ ᎠᎴ ᎤᏗᏔᏍᏗ ᏱᎨᏎᏍᏗ ᎩᎦᎨ-
ᎠᏗᏔᏍᏗ ᎠᎴ ᎠᏓᏴᏍᏕᏍᏗᏍᎩ; ᎠᎴ ᎤᎧᎵᏨᎯ ᎨᏎᏍᏗ ᎦᎸᏉᏗᏳ ᎠᏓᏅᏙ, ᎤᏥ
ᎤᎾᏅᎪᏫᏒ ᎤᏓᎬᏩᏓᎴᏅᏛ.
16 ᎠᎴ ᎤᏂᏣᏘ ᎢᏏᎵ ᏧᏪᏥ Ꮩ ᏛᎪᎸᏏ ᏱᎰᏩ ᎤᎾᏁᎳᏅᎯ ᎢᏗᏢ ᏙᏛᎦᏔᎲᏍᏔᏂ.
17 ᎠᎴ ᎢᎬᏱ ᏓᏳᏪᏅᏒᎵ [ᎤᎬᏫᏳᎯ] ᎢᎳᏯ ᎾᏍᎩᏯ ᎨᏎᏍᏗ ᎤᏓᏅᏙᎩ ᎠᎴ
ᎤᎵᏂᎩᏗᏳ ᎨᏒᎢ, ᏔᎦᏔᎲᏍᏗᏱ ᏧᏂᎾᏫ ᎠᏂᎦᏴᎵᎨᎢ ᏗᏂᏲᎵ ᎢᏗᏢ ᏫᏚᎦᏔᎲᏍᏙᏗᏱ, ᎠᎴ
ᏄᏃᎯᏳᏒᎾ ᏧᎦᏔᎲᏍᏗᏱ ᎤᎾᏓᏅᏘ ᎠᏂᎦᏔᎿᎥ ᎢᏗᏢ ᏫᏚᎦᏔᎲᏍᏙᏗᏱ; ᏧᏛᏅᎢᏍᏙᏗᏱ
ᏴᏫ, ᎤᎬᏫᏳᎯ ᏧᏛᏅᎢᏍᏓᏁᏗᏱ.

18 ᏤᎦᏔᏯᏃ ᎯᎠ ᏄᏪᏎᎴ ᏗᎧᎿᏩᏗᏙᎯ, ᎦᏙᏃ ᎠᏆᏙᎴᎰᎯᏍᏗ ᎨᏎᏍᏗ ᎾᏍᎩ ᎯᎠ?
ᎠᏆᏛᎭᏅᎯᏰᏃ, ᎠᎴ ᎠᏆᏓᎵᎢ ᎿᏉ ᎠᎦᏴᎵᎨᎢ

19 ᏗᎧᎿᏩᏗᏙᎯᏃ ᎤᏁᏨᎯᎠ ᏄᏪᏎᎴᎢ; ᎠᏴ ᎨᏈᎵ, ᏥᏥᏙᎪ ᎤᏁᎳᏅᎯ ᎠᎦᏔᎲᎢ; ᎠᎴ
ᏨᎩᏅᏒ ᎬᏯᎵᏃᎮᏙᏗᏱ, ᎠᎴ ᎬᎾᏄᎪᏫᏎᏗᏱ ᎯᎠ ᎾᏍᎩ ᎣᏍᏛ ᎧᏃᎮᏛ.

20 ᎠᎴ ᎬᏂᏳᏉ ᏨᎨᏫ ᎨᏎᏍᏗ, ᎠᎴ ᎨᏣᏁᎢᏍᏗ ᏂᎨᏒᎾ ᎨᏎᏍᏗ ᎬᏂ ᎾᎯᏳ ᎢᎦ ᎾᏍᎩ
ᎯᎠ ᏂᎦᎵᏍᏔᏅᎭ, ᎤᏗᎦᎵᏍᏙᏗᎭ ᏂᏦᎯᏳᏅᎾ ᎨᏒ ᏥᏁᎬᎢ, ᎾᏍᎩ ᎠᏎ ᎢᏳᎵᏍᏙᏗ ᏥᎩ
ᎢᏳᎵᏍᏙᏗᏱ ᎠᏍᏆᎸᎲᎭ.

21 ᏴᏫᏃ ᎬᏩᎦᏘᏰ ᏤᎦᏔᏯ, ᎠᎴ ᎤᏂᏍᏆᏂᎪᏍᎨ ᎪᎯᏗᏳ ᏩᏯᎥ ᎤᏛᏅᏗᎦᎳᏫᎢᏍᏗᏱ.

22 ᏧᏄᎪᏨᏃ ᎥᏝ ᏗᎬᏩᎵᏃᎮᏙᏗ ᏱᎨᏎᎢ; ᎤᎾᏙᎴᎰᏎᏃ ᎤᏁᎳᏫᏎᎸ ᏩᏯᎥ ᎤᏛᏅ-
ᏗᎦᎳᏫᎢᏍᏗᏱ. ᏓᏁᎶᏓᏁᎮᏃ ᎠᎴ ᎤᏩᏍᎦᏉ ᎤᏩᎨᏫ ᎨᏎᎢ.

23 ᎠᎴ ᎯᎠ ᏄᎵᏍᏔᏁᎢ, ᎾᏍᎩ ᎿᏉ ᎤᏍᏆᏛ ᎠᏎᎸᎯ ᎨᏒ ᎢᎪᎯᏛ ᏧᎸᏫᏍᏓᏁᏗᏱ,
ᎤᏪᏅᏎ ᏧᏪᏅᏒᎢ.

24 ᎣᏂᏃ ᎢᏴᏛ ᎤᏓᎵᎢ ᎵᏏ ᎤᏁᎵᏤᎢ, ᎠᎴ ᎤᏗᏍᎦᎳᏁ ᎯᏍᎩ ᎢᏯᏅᏙ, ᎯᎠ ᏄᏪᏎᎢ,

25 ᎯᎠ ᎾᏍᎩ ᎾᏆᏛᏁᎸ ᏱᎰᏩ ᎾᎯᏳ ᎢᎦ ᏚᎠᏆᎧᎿᏅ, ᎠᎩᎲᏒᏗᏱ ᎤᏕᎰᎯᏍᏗ
ᎥᏆᏓᏅᏖᏗᏱ ᏴᏫ ᎠᏁᎲᎢ.

26 ᏑᏓᎵᏁᏃ ᎧᎸᎢ ᏗᎧᎿᏩᏗᏙᎯ ᎨᏈᎵ ᎤᏁᎳᏅᎯ ᎤᏓᏳᏅᏏᏛ ᎤᎷᏤ ᎦᏚᎲ ᎨᎵᎵ ᎾᏎᎵᏗ
ᏧᏙᎢᏛ,

27 ᎤᎷᏤᎴ ᎠᏛ ᎾᏍᎩ ᏦᏩ ᏧᏙᎢᏛ ᎠᏍᎦᏯ ᎤᏓᏴᏍᏗ, ᎾᏍᎩ ᏕᏫ ᎤᏁᏢᏔᏅᏛ
ᎤᏓᏩᏓᎴᏅᎯ ᎨᏎᎢ; ᎾᏍᎩᏃ ᎠᏛ ᎺᎵ ᏧᏙᎢᏛ ᎨᏎᎢ.

28 ᏗᎧᎿᏩᏗᏙᎯᏃ ᎤᎷᏤᎸ ᎯᎠ ᏄᏪᏎᎢ; ᎬᏲᎵᎦ ᏂᎯ ᎡᏣᎸᏉᏔᏅᎯ, ᏱᎰᏩ
ᏫᏗᏣᎧᎿᏩᏗᏓ; ᎠᏂᎨᏴ ᎠᏁᎲ ᏂᎯ ᏭᏓᎪᎾᏛᏗ ᎣᏏᏳ ᎢᏣᎵᏍᏓᏁᏗ.

29 ᎤᎪᎲᏃ ᎤᏕᏯᏔᏁᎴ ᎾᏍᎩ ᏄᏪᏎᎸᎢ, ᎠᎴ ᎤᏓᏅᏖᎴ ᏄᏍᏛ ᎤᏰᎸᏛ ᎯᎠ ᎾᏍᎩ
ᎤᏲᎵᎸᎢ.

30 ᏗᎧᎿᏩᏗᏙᎯᏃ ᎯᎠ ᏄᏪᏎᎴᎢ; ᎺᎵ ᏝᏍᏗ ᏣᏍᎦᎸᎩ; ᎤᏁᎳᏅᎯᏰᏃ ᎣᏍᏛ ᏣᏰᎸᏗ
ᎨᏒ ᏣᏩᏛᎲ.

31 ᎠᎴ ᎬᏂᏳᏉ ᏘᏁᎵᏥ, ᎠᎴ ᏘᎾᏄᎪᏫᏏ ᎠᎫᏣ, ᎠᎴ ᏥᏌ ᏙᏘᏲᎢ.

32 ᎠᏥᎸᏉᏗᏳ ᎨᏎᏍᏗ ᎾᏍᎩ, ᎠᎴ ᏩᏍᏛ ᎦᎸᎳᏗᏳ ᎡᎯ ᎤᏪᏥ ᎠᎪᏎᎮᏍᏗ; ᏱᎰᏩᏃ
ᎤᏁᎳᏅᎯ ᏓᏳᏁᎵ ᎤᏙᏓ ᏕᏫ ᎤᏪᏍᎩᎸᎢ.

33 ᎠᎴ ᏫᎾᏍᏛᎾ ᎤᎬᏫᏳᎯ ᎨᏎᏍᏗ ᏤᎦᏈ ᎤᏁᏢᏔᏅᏛ ᎨᏒ ᎠᏁᎲᎢ; ᎠᎴ ᎾᏍᎩ
ᎤᎬᏫᏳᎯ ᎨᏒ ᎴᏍᏗᏥᎯᏍᏗ ᏂᎨᏒᎾ ᎨᏎᏍᏗ.

34 ᎺᎵᏃ ᎯᎠ ᏄᏪᏎ ᏗᎧᎿᏩᏗᏙᎯ; ᎦᏙ ᏱᎦᎵᏍᏙᏓ ᎾᏍᎩ ᏱᏂᎦᎵᏍᏓ, ᏂᏥᎦᏔᎲᎾᏃ
ᏥᎩ ᎠᏍᎦᏯ?

35 ᏗᎧᎿᏩᏗᏙᎯᏃ ᎤᏁᏨ ᎯᎠ ᏄᏪᏎᎴᎢ; ᎦᎸᏉᏗᏳ ᎠᏓᏅᏙ ᏧᏣᎷᏤᎵ ᎠᎴ ᎤᎵᏂᎩᏗᏳ
ᎨᏒ ᏩᏍᏛ ᎦᎸᎳᏗᏳ ᎡᎯ ᏓᏣᏓᏩᏗᏍᏙᏔᏂ; ᎾᏍᎩ ᎢᏳᏍᏗ ᎾᏍᏉ ᎾᏍᎩ ᎦᎸᏉᏗᏳ
ᏨᏓᏣᏕᏁᎵ ᎤᏁᎳᏅᎯ ᎤᏪᏥ ᎠᎪᏎᎮᏍᏗ.
36 ᎠᎴ ᎡᏂᏳᏉ ᎢᏍᏗᎰᏱ ᎵᏏ ᎾᏍᎩ ᎠᏧᏣ ᎤᏁᎵᏨ ᎿᏉ ᎠᎦᏴᎵᎨ ᎨᏒᎢ; ᎠᎴ ᎪᎯ ᏥᎩ
ᎿᏉ ᏑᏓᎵᏁ ᎧᎳ ᎡᏩᏁᎵᏨᎯ ᎾᏍᎩ ᏗᎷᏄᎥᏍᎩ ᏂᎨᏒᎾ ᏣᎪᏎᎲᎩ.
37 ᎤᏁᎳᏅᎯᏰᏃ ᎥᏝ ᎪᎱᏍᏗ ᎤᏄᎸᏗ ᏱᎨᏎᏍᏗ.
38 ᎺᎵᏃ ᎯᎠ ᏄᏪᏎᎢ; ᎡᏂᏳᏉ ᎠᏉ ᎤᏅᏏᏓᏍᏗ ᎠᎨᏴ; ᏱᎱᏩ ᎾᏍᎩᏯ ᏂᏣᏪᏒ
ᏫᎾᏆᎵᏍᏓᏏ. ᏗᎧᎿᏩᏗᏙᎯᏃ ᎤᏓᏅᏒᎴᎢ.
39 ᎺᎵᏃ ᎾᎯᏳ ᏚᎴᏁᎢ, ᎤᏩᏅᏤ ᎣᏓᎵ ᎨᏒ ᏭᎶᏎᎢ, ᏧᏗᏱ ᎦᏚᎲ ᏭᎷᏤᎢ.
40 ᎠᎴ ᏭᏴᎴ ᏤᎦᎳᏯ ᎦᏁᎸᎢ, ᎠᎴ ᎤᏲᎵᎴ ᎵᏏ
41 ᎯᎠᏃ ᏄᎵᏍᏔᏁᎢ, ᎾᏍᎩ ᎵᏏ ᎤᏛᎦᏅ ᎺᎵ ᎤᏲᎵᎲᎢ, ᎠᏲᎵ ᎦᏁᎵᏒ ᎤᎵᏖᎸᏁᎢ;
ᎠᎴ ᎵᏏ ᎤᎧᎵᏤ ᎦᎸᏉᏗᏳ ᎠᏓᏅᏙ,
42 ᎠᎴ ᎠᏍᏓᏯ ᎤᏁᏤᎢ, ᎯᎠ ᏄᏪᏎᎢ; ᎠᏂᎨᏴ ᎠᏁᎲ ᏂᎯ ᏭᏓᎪᎾᏛᏗ ᎡᏣᎸᏉᏗᏳ; ᎠᎴ
ᎦᎸᏉᏗᏳ ᎾᏍᎩ ᏂᎯ ᏨᏗᎾᏄᎪᏫᏏ.
43 ᎦᏙᏃ ᏓᎦᎵᏍᏙᏓ ᎠᏴ ᎾᏍᎩ ᏥᎾᏆᎵᏍᏓᏏ, ᎾᏍᎩ ᎠᏆᏤᎵ ᎤᎬᏫᏳᎯ ᎤᏥ ᏣᎩᎷᏥᏏ?
44 ᎡᏂᏳᏉᏰᏃ ᎠᏆᏛᎦᏅᏉ ᎯᏁᎬ ᏍᎩᏲᎵᎲᎢ, ᎠᏲᎵ ᏥᏁᎵᏒ ᎤᎵᏖᎸᏅ ᎠᎵᎮᎵᎬᎢ.
45 ᎠᎴ ᎣᏏᏳ ᎢᏳᎵᏍᏓᏁᏗ ᎤᏬᎯᏳᏅᎯ; ᎾᏍᎩᏰᏃ Ꮕ-ᏧᏬᏎᎸ ᎣᎱᏩ ᎾᏍᎩ ᎠᏎ
ᎤᏓᎦᎵᏍᏔᏂ.
46 ᎺᎵᏃ ᎯᎠ ᏄᏪᏎᎢ, ᎠᏆᏓᏅᏙ ᎤᏣᏘ ᎦᎸᏉᏗᎭ ᎣᎱᏩ,
47 ᎠᎴ ᎠᏆᏓᏅᏙ ᎤᎵᎮᎵᏤᎸ ᎤᏁᎳᏅᎯ ᎠᎩᏍᏕᎵᏍᎩ.
48 ᏕᎤᎧᎿᏅᏰᏃ ᎤᏲ ᏄᏛᎿᏕᎬ ᎠᎨᏴ ᎤᏅᏏᏓᏍᏗ; ᎡᏂᏳᏉᏰᏃ ᎪᎯ ᎢᏳᏓᎴᏅᏛ
ᎾᎾᏓᏁᏟᏴᏏᏒ ᏴᏫ ᎦᎸᏉᏗᏳ ᎬᏉᏎᎮᏍᏗ.
49 ᎤᎵᏂᎩᏛᏰᏃ ᏥᎩ ᎾᏍᎩ ᎤᏍᏆᏂᎪᏗᏳ ᎾᏆᏛᏁᎸ; ᎠᎴ ᎦᎸᏉᏗᏳ ᎾᏍᎩ ᏕᎤᏙᎥᎢ.
50 ᎠᎴ ᎤᏓᏙᎵᏍᏗ ᎨᏒ ᏕᎦᎾᏄᎪᏫᏎᎭ ᎬᏩᎾᏰᏍᎩ ᎾᎾᏓᏁᏟᏴᏏᏒᎢ.
51 ᎧᏃᎨᏂ ᎤᏮᏔᏅ ᎤᎾᏄᎪᏫᏒ ᎤᎵᏂᎩᏛ ᎨᏒᎢ; ᎤᏫᎵᏉᏗ ᏙᏧᎾᏓᏅᏛ ᏕᏗᏕᎴᏯᏍᏔᏅ.
52 ᏧᎾᎵᏂᎩᏛ ᏕᏬᎧᎲᏒ ᎤᎾᏅᏗᏱ, ᎠᎴ ᎤᏲ ᎢᏳᎾᏛᎿᏕᎩ ᏚᏌᎳᏓᏅ.
53 ᎠᎪᏄ ᏧᏂᏲᏏᏍᎩ ᎣᏍᏛ ᎨᏒ ᏕᎧᎵᎢᏍᏔᏅ, ᏧᏁᎿᏃ ᎠᎡᎭ ᏙᎤᏁᏅᏍᏗᏱ
ᏂᏚᏩᏁᎸᎩ.
54 ᎢᏏᎵ ᎤᏅᏏᏓᏍᏗ ᎤᏍᏕᎸᎲ ᎠᏅᏓᏗᏍᎬ ᎤᏓᏙᎵᏣᏛᎢ,
55 ᎾᏍᎩᏯ ᏂᏚᏪᏎᎸ ᏗᎩᎦᏴᎵᎨᎢ, ᎡᏆᎭᎻ, ᎠᎴ ᎾᏍᎩ ᏧᏁᏢᏔᏅᏛ ᎨᏒ ᏂᎪᎯᎸᎢ.
56 ᎺᎵᏃ ᏦᎢ ᎢᏯᏅᏙ ᎢᏴᏛ ᎵᏏᏱ ᎤᏕᏁᎢ, ᎩᎳᏃ ᎤᏩᏒ ᏧᏬᏅᏒ ᏫᎤᎶᏎᎢ.
57 ᎵᏏᏃ ᎿᏉ ᎤᏍᏆᎸᏒᎴ ᎤᏕᏗᏱ ᎠᏲᎵ, ᎠᎴ ᎤᎾᏄᎪᏫᏎ ᎠᏧᏣ.

58 ᎾᎥᏃ ᎢᏳᎾᏓᎳ ᎠᎴ ᎪᎱᏍᏗ ᏧᏩᎿ ᎤᎾᏛᎦᏁ ᎤᏁᎳᏅᎯ ᎤᏣᏘ ᎤᏪᏙᎵᏨᎢ, ᎠᎴ
ᎢᏧᎳᎭ ᎤᎾᎵᎮᎵᏤᎢ.

59 ᎯᎠᏃ ᏄᎵᏍᏔᏁᎢ, ᎾᏍᎩ ᏧᏁᎵᏁ ᎢᎦ ᎤᏂᎱᏍᏕᏎᎸᎭ ᎠᏲᎵ, ᎠᎴ ᏤᎦᎳᏯ ᏚᏃᎡᎢ,
ᎤᏙᏓ ᏚᏙᎥ ᏚᏃᏍᏔᏁᎢ.

60 ᎤᏥᏃ ᎤᏁᏨ ᎯᎠ ᏄᏪᏎᎢ; ᎥᏝᏍᏗ; ᏣᏂᏍᎩᏂ ᎠᎪᏎᎮᏍᏗ.

61 ᎯᎠᏃ ᏂᎬᏩᏪᏎᎴᎢ; ᎥᏝ ᎩᎶ ᎢᏥᏌᏱ ᎨᏒ ᎾᏍᎩ ᏱᏄᏍᏗ ᏱᏚᏙᎥ.

62 ᎤᏙᏓᏃ ᏓᎾᏁᎶᏓᏁᎲ ᎤᎾᏛᏛᏁ ᏄᏍᏛ ᎤᏑᎵᏍᎬ ᏣᎪᏍᏗᏱ.

63 ᎤᏔᏲᎴᏃ ᏗᎪᏪᎶᏗᏱ ᎠᎴ ᎤᏬᏪᎳᏁ ᎯᎠ ᏂᎦᏪᏍᎨᎢ; ᏣᏂ ᏚᏙᎥ. ᏂᎦᏛᏃ
ᎤᏂᏍᏆᏂᎪᏎᎢ.

64 ᎩᎳᏉᏃ ᎢᏴᏛ ᎠᎱᎵ ᎤᎵᏍᏚᎢᏎᎢ, ᎦᏃᎪᏃ ᎤᎦᎵᏌᏕᏎᎢ, ᎠᎴ ᎤᏬᏂᏎ ᎤᎸᏉᏔᏁ
ᎤᏁᎳᏅᎯ.

65 ᎾᎿᏃ ᎬᏩᏚᏫᏛ ᏗᏂᏁᎸ ᏂᎦᏛ ᎤᏂᎾᏰᏎᎢ; ᎠᎴ ᏂᎦᏛ ᎾᏍᎩ ᎯᎠ ᏄᎵᏍᏔᏂᏙᎸ
ᏚᏃᏣᎶᏤ ᏂᎬᎾᏛ ᎣᏓᎵ ᎨᏒ ᏧᏗᏱ.

66 ᎾᏂᎥᏃ ᎾᏍᎩ ᎤᎾᏛᎦᏅᎯ ᏧᎾᏛᎦᏅᎯ ᏧᏂᎾᏫᏱ ᎤᏂᏍᏆᏂᎪᏔᏁᎢ, ᎯᎠ ᎾᏂᏪᏍᎨᎢ;
ᎦᏙ ᎤᏍᏕᏍᏗ ᎯᎠ ᎠᏲᎵ? ᏱᎰᏩᏃ ᎤᏍᏕᎸᎯᏙᎮᎢ.

67 ᎤᏙᏓᏃ ᏤᎦᎳᏯ ᎤᎧᎵᏨᎯ ᎨᏎ ᎦᎸᏉᏗᏳ ᎠᏓᏅᏙ, ᎠᎴ ᎤᏙᎴᎰᏎ ᎯᎠ ᏄᏪᏎᎢ;

68 ᎦᎸᏉᏗᏳ ᎨᏎᏍᏗ ᏱᎰᏩ ᎤᏁᎳᏅᎯ ᎢᏏᎵ ᎤᎾᏤᎵᎦ; ᏚᏩᏛᎰᎸᏰᏃ ᎠᎴ ᏚᏓᏴᎲ ᏧᏤᎵᎦ
ᏴᏫ.

69 ᎠᎴ ᎢᎩᎾᏄᎪᏫᏎᎸ ᎤᏲᏅ ᎢᎦᎵᏍᏕᎸᏙᏗ, ᏕᏫ ᎤᏅᏏᏓᏍᏗ ᎤᏁᏢᏔᏅᏛ ᎨᏒ ᎠᏁᎲ
ᎤᎾᏄᎪᏨ.

70 ᎾᏍᎩᏯ ᏄᏪᏒ ᎦᎬᏗᏍᎬ ᏧᏤᎵ ᎨᏥᎸᏉᏗ ᎠᎾᏙᎴᎰᏍᎩ ᎤᎾᏕᏅᎯ ᏥᎩ ᏗᏓᎴᏂᏍᎬ
ᎤᏓᎬᏩᏓᎴᏅᏛ;

71 ᎾᏍᎩ ᏗᏓᏚᏓᎳᎡᏗᏱ ᎨᎩᏍᎦᎩ, ᎠᎴ ᎠᏍᏓᏯ ᏂᎨᎬᏅ ᏗᏓᏚᏓᎳᎡᏗᏱ ᏂᎦᏗᏳ
ᎨᎩᏂᏆᏘᎯ;

72 ᎢᏳᏛᏁᏗᏱ ᏚᏚᎢᏍᏓᏁᎸ ᏗᎩᎦᏴᎵᎨ ᏧᏪᏙᎵᏍᏗᏱ, ᎠᎴ ᎤᏅᏓᏗᏍᏗᏱ ᎤᏤᎵ
ᎦᎸᏉᏗᏳ ᎧᏃᎮᏛ ᏓᏌᎯᏍᏛᎢ,

73 ᎾᏍᎩ ᏧᏎᎵᏔᏁ ᏧᏚᎢᏍᏓᏁᎴ ᎢᎩᎦᏴᎵᎨᎡᏆᎭᎻ,

74 ᎾᏍᎩ ᎨᏓᏚᏓᎳᎡᎸᎯ ᎨᏒ ᎨᎩᏍᎦᎩ ᎢᎦᎵᏍᎪᎸᏓᏁᏗᏱ ᏂᏗᎾᏰᏍᎬᎾ ᎡᏓᏓᏙᎵᏍᏓᏁᏗᏱ,

75 ᏂᏗᏍᎦᏅᎾ ᎠᎴ ᏚᏳᎪᏛ ᎢᎨᏓᏍᏗᏱ ᎠᎦᏔᎲ ᏂᎪᎯᎸ ᎢᏓᎴᏂᏙᎲᎢ.

76 ᏂᎯᏃ ᎯᏲᎵ, ᏩᏍᏛ ᎦᎸᎳᏗᏳ ᎡᎯ ᎤᏤᎵ ᎠᏙᎴᎰᏍᎩ ᎡᏦᏎᎮᏍᏗ, ᏂᎯᏰᏃ ᎢᎬᏱ
ᏘᏰᏅᎡᎵ ᏱᎰᏩ, ᎯᏯᏛᏅᎢᏍᏓᏁᏗᏱ ᎤᎶᎯᏍᏗᏱ;

77 ᎬᏂᎨᏒ ᎢᏧᏩᏁᏗᏱ ᏧᏤᎵ ᏴᏫ ᎾᏍᎩ ᎤᎾᎵᏍᏕᎸᏙᏗ ᎨᏒᎢ, ᏕᎨᏥᏁᎲ ᎤᏂᏍᎦᏅᏨᎢ,

78 ᏱᎰᏩ ᎤᏓᏙᎵᏣᏘᏳ ᎨᏒ ᎢᎦᏁᎳᏅᎯ, ᎾᏍᎩ ᏦᏂᎦᎴᏍᏙᏗᎭ ᎢᎦᎦᏘ ᏗᏰᎵᎯᏍᏗᏍᎩ
ᎦᎸᎳᏗ ᎤᏓᏳᏓᎴᏅᎯ ᎢᎩᏩᏛᎯᎸᎯ ᏦᎩ,
79 ᎢᎦ ᏧᏘᏍᏓᏁᏗᏱ ᎤᎵᏏᎬ ᎠᎴ ᎠᏲᎱᎯᏍᏗ ᎨᏒ ᎤᏓᏩᏗᏍᏙᏛ ᏨᏂᎾ, ᎠᎴ
ᏗᎦᏑᏅᏍᏗᏱ ᎤᏩᏙᎯᏯᏛ ᎦᏅᏅᎢ.
80 ᎠᏲᎵᏃ ᎠᏛᏍᎨᎢ ᎠᎴ ᎧᏁᏉᎨ ᎤᎵᏂᎪᏍᎬ ᎤᏓᏅᏛᎢ, ᎠᎴ ᎢᎾᎨᏉ ᎡᎲᎢ ᎬᏂ ᎬᏂᎨᏒ
ᏂᏚᏛᏁᎸ ᎢᏏᎵ.

ᎠᏯᏙᎸᎢ 2

1 ᎾᎯᏳᏃ ᎯᎠ ᏄᎵᏍᏔᏁᎢ, ᎾᏍᎩ ᏏᏌ ᎣᎦᏍᏓ ᎤᏁᏨᎯ ᎤᎾᏄᎪᏤ ᏂᎬᎾᏛ ᎡᎶᎯ
ᎨᎦᏎᏍᏗᏱ.
2 ᎾᏍᎩ ᎯᎠ ᎤᎾᏎᎵᏙᎴ ᎠᏏ ᏌᎵᏂ ᏏᏓᏱ ᎤᎬᏫᏳᎯ ᏂᎨᏒᎾ ᏥᎨᏎᎢ.
3 ᎠᎴ ᏂᎦᏛ ᎤᏁᏅᏎ ᎨᎦᏎᏍᏗᏱ ᎠᏂᏏᏴᏫ ᎨᏒ ᏙᏓᏂᏚᎲᎢ.
4 ᎠᎴ ᏦᏩ ᎾᏍᏉ ᎨᎵᎵ ᎤᏂᎩᏎᎢ ᎤᏄᎪᏤ ᎠᏎᎵᏗ ᎦᏜᎲᎢ, ᏭᎷᏤ ᏧᏗᏱ, ᏕᏫ ᏧᏪᏚᎲᎢ,
ᏕᏚᏱ ᏧᏙᎢᏛ, ᏕᏫᏰᏃ ᎤᏁᎵᏔᏅᏛ ᎨᏒ ᎤᏓᏳᏓᎴᏅᎯ ᎨᏎᎢ ᎤᎦᏴᎵᎨ ᎨᏎᎢ ᎠᎴ ᏕᏫ,
5 ᎨᎦᏎᏍᏗᏱ ᎤᏰᎸᏎ ᎤᏰᎸᏎ ᎤᏩᏒ ᎠᎴ ᎺᎵ ᎤᏓᏴᏍᏗ, ᎾᏍᎩ ᎦᏁᎵᏛ ᎨᏎᎢ.
6 ᎯᎠᏃ ᏄᎵᏍᏔᏁᎢ, ᎾᏍᎩ ᎠᏏ ᎾᎿ ᎠᏁᏙᎮᎢ, ᎤᏍᏆᎸᎮ ᎠᏲᎵ ᎤᎾᏄᎪᏫᏍᏗᏱ.
7 ᎤᎾᏄᎪᏫᏎᏃ ᎢᎬᏱ ᏂᎯ ᎤᏪᏥ ᎠᏧᏣ, ᎠᎴ ᎤᏪᏣᏄᎳᏁᎢ, ᎠᎴ ᏐᏈᎵ ᎤᎾᎵᏍᏓᏴᏗᏱ
ᎤᎸᏁᎢ; ᎥᏝᏰᏃ ᏩᎹᏅᎦ ᏧᏂᏒᏍᏗᏱ ᎠᏓᏁᎸᎢ.
8 ᎾᎿᏃ ᎾᎥᎢ ᎠᏫ-ᏗᏂᎦᏘᏯ ᎠᏁᏙᎮ ᎤᎹᏅᏛᎢ, ᎠᏫ ᏓᏂᎦᏘᏰ ᎡᏃᏱ.
9 ᎬᏂᏳᏉᏃ ᏗᎧᎿᏩᏗᏙᎯ ᏱᎰᏩ ᎤᏤᎵᎦ ᎤᏂᎷᏤᎴᎢ, ᎠᎴ ᎦᎸᏉᏗᏳ ᎦᎸᏌᏛ ᎤᎬᏫᏳᎯ
ᎤᏤᎵᎦᏚᎾᏚᏫᏍᏔᏁᎢ ᎠᎴ ᎤᏣᏔᏅᎯ ᎤᏂᏍᎦᎴᎢ.
10 ᏗᎧᎿᏩᏗᏙᎯᏃ ᎯᎠ ᏂᏚᏪᏎᎴᎢ; ᏝᏍᏗ ᏱᏥᏍᎦᎢᎮᏍᏗ, ᎬᏂᏳᏉᏰᏃ ᎢᏨᏲᎯᏏ ᎣᏍᏛ
ᎧᏃᎮᏛ ᎤᏣᏘ ᎠᎵᎮᎵᏍᏗ, ᎾᏂᎥ ᏴᏫ ᎤᎾᏛᎪᏗ.
11 ᎪᎯᏰᏃ ᎢᎦ ᎢᏣᏕᏁᎸ ᏕᏫ ᎤᏪᏚᎲᎢ, ᎢᏥᏍᏕᎵᏍᎩ ᎾᏍᎩ ᎦᎶᏁᏛ ᎤᎬᏫᏳᎯ.
12 ᎯᎠᏃ ᎾᏍᎩ ᎢᏣᏙᎯᎱᎯᏍᏙ ᎨᏎᏍᏗ; Ꮣ ᏰᏥᏩᏛᎯ ᎠᏲᎵ ᎠᏥᏣᏄᎴᏍᏗ, ᏐᏈᎵ
ᎤᎾᎵᏍᏓᏴᏗᏱ ᎦᏅᎨᏍᏗ.
13 ᎩᎳᏉᏃ ᎢᏴᏛ ᎤᏂᏣᏘ ᎦᎸᎳᏗ ᎠᏁᎯ ᎬᏩᎵᎪᏁᎴ ᏗᎧᎿᏩᏗᏙᎯ, ᎤᏁᎳᏅᎯ
ᎠᏂᎸᏉᏗᏍᎨᎢ, ᎯᎠ ᎾᏂᏪᏍᎨᎢ;
14 ᎦᎸᏉᏗᏳ ᎨᏎᏍᏗ ᎤᏁᎳᏅᎯ ᏩᏍᏛ ᎦᎸᎳᏗᏳ, ᎡᎶᎯᏃ ᏙᎯᏱ ᎨᏎᏍᏗ, ᎣᏍᏛ
ᎨᏚᏓᏅᏖᏍᎨᏍᏗ ᏴᏫ.
15 ᎿᏉᏃ ᎯᎠ ᏄᎵᏍᏔᏁᎢ, ᎾᏍᎩ ᏗᏂᎧᎿᏩᏗᏙᎯ ᎬᏩᎾᏓᏅᏒᎸ, ᎦᎸᎳᏗ ᎾᎤᏂᎶᏒ, ᎯᎠ
ᏂᏚᎾᏓᏪᏎᎴ ᎠᏫ-ᏗᏂᎦᏘᏯ; Ꭷ, ᎿᏉ ᏕᏚᏱ ᎢᏕᎾ, ᎠᎴ ᏫᏓᏙᎴᎰᎯ ᎾᏍᎩ ᎯᎠ
ᏄᎵᏍᏔᏅᎢ, ᎾᏍᎩ ᏱᎰᏩ ᎬᏂᎨᏒ ᏥᏂᎬᏂᏏ.
16 ᎤᎵᏍᏗᏳᏃ ᏭᏂᎷᏤᎢ, ᎠᎴ ᏚᏂᏩᏛᎮ ᎺᎵ ᎠᎴ ᏦᏩ, ᎠᎴ ᎠᏲᎵ ᏐᏈᎵ ᎤᎾᎵᏍᏓᏴᏗᏱ
ᎦᏅᎨᎢ.
17 ᎤᏂᎪᎲᏃ ᎤᏂᏃᎮᎵᏙᎴ ᏄᏍᏛ ᎨᏥᏃᎮᎮᎸ ᎾᏍᎩ ᎠᏲᎵ ᎠᏥᏁᎢᏍᏗᏍᎬᎢ.
18 ᏂᎦᏛᏃ ᎤᎾᏛᎦᏅᎯ ᎤᏂᏍᏆᏂᎪᏎ ᏄᏍᏛ ᎬᏩᏂᏃ ᎮᎮᎸ ᎠᏫ-ᏗᏂᎦᏘᏯ.
19 ᎺᎵᏍᎩᏂ ᎾᏍᎩ ᎯᎠ ᏂᎦᏛ ᎤᏍᏆᏂᎪᏔᏁᎢ, ᎠᎴ ᎾᏍᎩ ᎤᏓᏅᏖᎯᎶᏒ ᏧᏓᏅᏛᎢ.
20 ᎠᏫᏃ-ᏗᏂᎦᏓᏯ ᎢᏅᎾᏨᏎᎢ, ᎠᏂᎸᏉᏗᏍᎨ ᎠᎴ ᎠᎾᎵᎮᎵᏤᎮ ᎤᏁᎳᏅᎯ
ᎤᏗᎦᎵᏍᏙᏏᏍᎨ ᏂᎦᎥ ᎤᎾᏛᎦᏅ ᎠᎴ ᎤᏂᎪᎲᎢ, ᎾᏍᎩ ᏄᏍᏛ ᎨᏥᏃᏁᎸᎢ.

21 ᏧᏁᎵᏁᏃ ᎢᎦ ᎤᏍᏆᏄᏬ ᎾᏍᎩ ᎠᎱᏍᎦᏎᏗ ᎨᏒ ᎠᏲᎵ, ᏥᏌ ᏚᏃᏒᎢ, ᎾᏍᎩ
ᏗᎧᎿᏩᏗᏙᎯ ᏂᏚᏬᏒ ᎠᏏᏉ ᏣᏥᏁᎵᎬᎾ ᎨᏎᎢ.
22 ᎿᏉᏃ ᎤᏍᏆᏄᏬ ᎤᎾᏓᏅᎦᏄᏗᏱ ᎾᏍᎩᏯ ᏂᎬᏅ ᏗᎧᎿᏩᏛᏍᏗ ᏌᏏ ᎤᏬᏪᎳᏅᎯ,
ᏥᎷᏏᎵᎻ ᎤᏂᏃᎴ ᏱᎨᏩ ᎤᏂᎧᏁᏗᏱ;
23 ᎾᏍᎩᏯ ᏂᎬᏅ ᎪᏪᏄ ᏗᎧᎿᏩᏛᏍᏗᏱ ᏌᎨᏩ ᏣᏥᏲᎯᏎᏄᎯ ᎨᎪᏎᎮᏍᏗ;
24 ᎠᎴ ᎠᏥᏄ-ᎨᏔᏍᏗ ᎤᎾᎵᏍᎪᏄᏙᏗᏱ ᎾᏍᎩᏯ ᎯᎠ ᏂᎦᏪᏍᎬ ᏗᎧᎿᏩᏛᏍᏗ ᏌᎨᏩ
ᎤᏴᎵᎦ; ᎠᏂᏔᎵ ᏧᎴᏗᏂᏍᎪᏂᎯ, ᎠᎴ ᎠᏂᏔᎵ ᎠᏂᏛ ᏬᏱ.
25 ᎠᎴ ᎬᏂᏳᏉ ᎩᎶ ᎢᏳᏍᏗ ᎠᏯᎦᏯ ᏥᎷᏏᎵᎻ ᎡᎮ ᏏᎻᏯᏂ ᏧᏙᎢᏛ; ᎠᎴ ᎾᏍᎩ ᏚᏳᎪᏛ
ᎢᏯᏛᏁᎯ ᎠᎴ ᎤᏁᏔᏅᎯ ᏗᎧᎿᏩᏎᎩ ᎨᏎᎢ, ᎠᎦᏘᏰ ᎢᏏᎵ ᎨᏥᏄᏬᎯᏍᏙᏗᏱ; ᎦᏄᏉᏗᎶᏃ
ᎠᏓᏅᏙ ᏔᎵ ᎤᏛᏗᎦᎨᎢ.
26 ᎠᎴ ᎬᏂᎨᏒ ᎢᏳᏩᏁᏄᎯ ᎨᏐ ᎦᏄᏉᏗᎶ ᎠᏓᏅᏙ, ᎾᏍᎩ ᎠᏲᎱᎯᏍᏗ ᎨᏒ ᎤᎪᏩᏛᏗ
ᏂᎨᏒᎾ ᎨᏒ ᎬᏂ ᏱᎨᏩ ᎤᏴᎵ ᎦᏣᏁᏛ ᎤᎪᎲᎯ ᏱᎩ
27 ᎠᎴ ᎠᏓᏅᏙ ᎤᏓᏅᏖᎮᏄᎯ ᏦᎷᏴ ᎤᏛᎾ-ᏗᎦᏔᏫᎢᏍᏗᏱ; ᏧᎦᏰᎵᎨᏃ ᎤᏂᏰᏔᏂᏄ ᎠᏲᎵ
ᏥᏌ ᎾᏍᎩ ᏂᎬᏅ ᏗᎧᎿᏩᏛᏍᏗ ᎢᏳᎾᏛᏁᏗᏱ,
28 ᎿᏉ ᎾᏍᎩ ᎤᏁᏎᎢ, ᎠᎴ ᎤᏄᏉᏔᏁ ᎤᏁᏔᏅᎯ, ᎯᎠ ᏄᏪᏎᎢ;
29 ᏣᎬᏫᏳᎯ, ᎿᏉ ᎯᏅᏏᏓᏍᏗ ᎤᏩᏙᎯᏯᏛ ᎦᎯᏲᏍᎦ, ᎾᏍᎩᏯ ᏂᏣᏪᏒ ᏣᏁᏨᎢ;
30 ᏗᏥᎦᎵᏰᏃ ᎬᏗ ᏥᎪᏩᏛ ᏣᏤᎵ ᎠᎵᏍᎦᏄᏙᏗ.
31 ᎾᏍᎩ ᏣᏓᏁᏔᏅᎯ ᏥᎩ ᎾᏂᎥ ᏴᏫ ᎠᏂᎦᏔᎲᎢ,
32 ᎢᎦ-ᎦᏘ ᏧᏂᏄᏌᏓᎦᏗ ᏧᎾᏓᎴᏅᏛ ᏴᏫ, ᎠᎴ ᎦᏄᏉᏗᎶ ᎨᏒ ᏗᏣᏤᎵ ᏴᏫ ᎢᏏᎵ ᎤᎾᏤᎵᎦ.
33 ᎰᏩᏃ ᎠᎴ ᎠᏲᎵ ᎤᏥ ᎠᏂᏍᏆᏂᎪᏍᎨ ᏄᏍᏛ ᎠᏥᏁᎢᏍᏗᏍᎬ ᎾᏍᎩ.
34 ᏏᎻᏯᏂᏃ ᎣᏍᏛ ᏚᏁᏤᎴᎢ, ᎠᎴ ᎯᎠ ᏄᏪᏎᎴ ᎣᏥᎵ ᎠᏲᎵ ᎤᏥ, ᎬᏂᏳᏉ ᎯᎠ ᎾᏍᎩ
ᎠᏲᎵ ᎠᏥᏍᏅ ᎾᏍᎩ ᎢᏏᎵ ᎠᏁᎯ ᎤᏂᏣᏘ ᏧᏂᏅᎢᏍᏗᏱ ᎠᎴ ᏧᎾᎴᎯᏐᏗᏱ; ᎠᎴ
ᎤᏰᏄᏛ ᎤᎾᏕᏗ ᎠᏂᏬᏂᏍᎬᎢ.
35 ᎾᏍᎩ ᎤᏂᏣᏘ ᏁᏍᏛ ᏓᎾᏓᏅᏖᏍᎬ ᏧᏂᎾᏫᏱ ᎬᏂᎨᏒ ᎢᏳᎵᏍᏙᏗᏱ: ᎥᎥ, ᎠᏰᎵᏍᏗ-
ᎦᏅᎯᏛ ᎾᏍᏉ ᏨᏒ ᏣᏓᏅᏙ ᏓᏣᏘᎵ.
36 ᎠᎴ ᎩᎶ ᎢᏳᏍᏗ ᎠᎨᏴ ᎡᏂᏧᏙᎢᏛ ᎠᏙᎴᎰᏍᎩ ᎡᎮᎢ, ᎾᏍᎩ ᎢᏄᏒᎵ ᎤᏪᏥ ᎨᏎᎢ,
ᎡᏌ ᎠᏂᏔᏍᏓᏄ ᎤᏬᏱ, ᎾᏍᎩ ᎤᏣᏘ ᎠᎦᏴᎵᎨ ᎨᏎᎢ, ᎠᎴ ᎦᎵᏉᎩ ᎢᏧᎦᏘᏴᏛ
ᎤᎾᏁᏔᏛᎯ ᎨᏐ ᎠᏍᎦᏯ ᎠᏛᏉ ᎨᏒ ᏧᎾᏨᏛ;
37 ᎠᎴ ᎤᏪᏋᏣᏨᎯ ᎨᏐ ᏁᏔᏍᎪᎯ ᎤᎩᎦᎵ ᎢᏴᏛ ᎢᏳᎦᏘᏴᏛ, ᎾᏍᎩ ᎥᏝ ᏱᏓᏅᏍᎨ
ᎤᏛᎾ-ᏗᎦᏔᏫᎢᏍᏗᏱ, ᎤᏁᏔᏅᎯᏉ ᏓᏍᏋᏩᏗᏎᎢ ᎠᏜᏟ ᎬᏍᎬ ᎠᎴ ᎠᏓᏙᎵᏍᏗᏍᎬ
ᏂᎦᎵᏏᏂᏒ ᎠᎴ ᏂᎦᎩᏨᏂᏒᎢ.
38 ᎾᏍᎩᏃ ᎾᏍᏉ ᎾᎯᏳᏉ ᎤᎷᏤ ᎤᎵᎮᎵᏤᎴ ᏱᎨᏩ, ᎾᏍᎩ ᎦᏍᏁᎢᏍᏓᏁᎲ ᎾᏂᎥᏉ
ᏥᎷᏏᎵᎻ ᎠᏁᎯ ᎠᏂᎦᏚᏃᎯ ᎠᏜᏰᏙᏗ ᎨᏒ ᎤᎾᏄᎪᏫᏍᏗᏱ.

39 ᎤᏂᏍᏆᏛᏃ ᏂᎦᏛ ᎢᏯᏛᏁᎵᏓᏍᏗ ᎨᏒ ᎾᏍᎩᏯ ᏂᎬᏅ ᏗᎧᎿᏩᏛᏍᏗ ᏱᎰᏩ ᎤᏤᎵᎦ,
ᎢᎤᎾᏨᏎ ᎨᎵᎵ ᏭᏂᏮᏎ, ᎤᏅᏒ ᏧᏂᏚᎲ ᎾᏎᎵᏗ ᏭᏂᎷᏤᎢ.
40 ᎠᏲᎵᏃ ᎠᏛᏍᎨᎢ ᎠᎴ ᎤᏓᏅᏛ ᎠᎵᏂᎪᏍᎨᎢ, ᎤᎧᎵᏨᎯ ᎨᏎ ᎠᎦᏙᎥᎯᏍᏗ ᎨᏒᎢ; ᎠᎴ
ᎤᏁᎳᏅᎯ ᎤᏓᏙᎵᏍᏗ ᎨᏒ ᏚᎧᎿᏩᏗᏙᎮᎢ.
41 ᏧᎦᏴᎵᎨᏃ ᏥᎷᏏᎵᎻ ᎠᏁᎨ ᏂᏓᎦᏗᏴᎯᏒ ᎧᏃᎯᏰᎩ ᏗᎵᏍᏓᏴᏗᏱ ᎠᏍᏆᎵᏍᎬ ᎢᏳᎢ.
42 ᏔᎳᏚᏃ ᎢᏳᏕᏘᏴᏛ ᎨᏎ ᏥᎷᏏᎵᎻ ᎤᏁᏅᏖ ᎾᏍᎩᏯ ᎢᏳᎾᏛᏁᏗ ᎨᏒ ᏓᎾᎵᏍᏓᏴᎲᏍᎬ
ᎢᏳᎢ.
43 ᎤᏂᏍᏆᏛᏃ ᎢᎪᎯᏛ ᏚᎵᏒᏍᏛᎢ, ᎥᎤᎾᏨᏏᏗᏒ ᎠᏲᎵ ᏥᏌ ᏥᎷᏏᎵᎻ ᏗᎤᏗᎩᏰᎢ, ᏦᏩᏃ
ᎠᎴ ᎤᏥ ᎥᏝ ᏱᏁᎵᏍᎨᎢ.
44 ᎾᏍᎩᏃ ᏇᎾᏓᏡᎩ ᎠᎾᎢᏒ ᎨᎳᏗ ᎠᏁᎵᏍᎬ ᏏᎦ ᎡᏅᏍᏗ ᎢᏴᏛ ᎤᏁᏅᏎᎢ; ᎪᎱᏍᏗᏃ
ᏧᏅᏅ ᎠᎴ ᏗᎾᏓᏚᎳᎯ ᎠᏂᏅ ᎤᏂᏲᎴᎢ.
45 ᎬᏩᏠᏨᏃ ᎢᎤᎾᏨᏎᎢ ᏥᎷᏏᎵᎻ ᏭᏂᏮᏎ ᎬᏩᏲᎮᎢ.
46 ᎯᎠᏃ ᏄᎵᏍᏔᏁᎢ, ᎾᏍᎩ ᏦᎢᏁ ᎢᎦ ᎤᏂᏩᏛᎮ ᎤᏛᏃᎯ ᏗᏚᎳᏫᎢᏍᏗᏱ, ᎤᏬᎴ
ᎠᏰᎵ ᎠᏂᏅ ᏗᎾᏕᏲᎲᏍᎩ ᏓᏛᏓᏍᏓᏁᎮ ᎠᎴ ᏓᏛᏛᎮᎸᎥᏍᎨᎢ.
47 ᏂᎦᏛᏃ ᎬᏩᏛᏕᏁᎸᎯ ᎤᏂᏍᏆᏂᎪᏎ ᏃᏒ ᎪᎵᎬᎢ, ᎠᎴ ᎬᏩᏛᏛᎲᏍᎬ
ᏕᎦᏬᎯᎵᏴᏍᏓᏁᎲᎢ.
48 ᏧᎦᏴᎵᎨᏃ ᎬᏩᎪᎲ ᎤᏂᏍᏆᏂᎪᏎᎢ; ᎤᏥᏃ ᎯᎠ ᏄᏪᏎᎴᎢ ᎠᏇᏥ, ᎦᏙᏃ
ᏅᏍᎩᎾᏛᏂᏏᏉ? ᏣᏙᏓ ᎢᏍᏛᏲᎲᎩ ᎤᏪᎵᎯᏍᏗ ᎣᎩᎾᏓᏅᏔᏩᎦᎬᎩ.
49 ᎯᎠᏃ ᏂᏚᏪᏎᎴᎢ; ᎦᏙᏃ ᎢᏍᎩᏂᏲᎮᎢ? ᏝᏍᎪ ᏱᏍᏗᏚᏪᎮ ᎡᏙᏙᏱ ᎠᏎ ᎠᏇᏓᏍᏗ
ᎨᏒᎢ?
50 ᎠᏎᏃ ᎥᏝ ᏳᏃᎵᏤ ᎾᏍᎩ ᏂᏚᏪᏎᎸᎢ.
51 ᏚᏍᏓᏩᏛᏎᏃ, ᎠᎴ ᎾᏎᎵᏗ ᏭᎷᏤᎢ, ᎠᎴ ᏕᎤᏁᏩᏕᎢ. ᎤᏥᏍᎩᏂ ᎯᎠ ᎾᏍᎩ ᏂᎦᏛ
ᎤᏍᏆᏂᎪᏔᏁ ᎤᎾᏫᏱ.
52 ᎠᎴ ᏥᏌ ᎧᏁᏉᏥᏎ ᎠᏚᎳᎿᎢᏳ ᎨᏒ ᎠᎴ ᎠᏛᏍᎬᎢ ᎠᎴ ᎤᏁᎳᏅᎯ ᎠᎴ ᏴᏫ
ᎬᏩᎨᏳᎯᏳ ᎨᏒᎢ.

ᎠᏯᏙᎸᎢ 3

1 ᎯᏍᎩᎦᏏᏁᏃ ᎤᏕᏘᏴᏌᏗᏒ ᏓᏈᎵᏯ ᏏᏌ ᎤᎬᏫᏳᎯ ᎨᏒᎢ, ᏋᏗᏯ ᏆᎴᏗ ᏧᏗᏱ ᏣᎦᏁᎶᏗ
ᎨᏎᎢ, ᎠᎴ ᎡᎶᏛ ᎨᎵᎵ ᏍᎦᏚᎩ ᎨᏒ ᎠᏥᎦᏘᏗᏍᏗ ᎨᏎᎢ, ᎤᏅᏟᏃ ᏈᎵᎩ ᎢᏚᎵ ᎠᎴ ᏝᎪᏂᏗ
ᎠᏥᎦᏘᏗᏍᏗ ᎨᏎᎢ, ᎵᏌᏂᏯᏃ ᎠᏈᎵᏂ ᎠᏥᎦᏘᏗᏍᏗ ᎨᏎᎢ;
2 ᎡᎾᏃ ᎠᎴ ᎦᏱᏆ ᏄᏂᎬᏫᏳᏒ ᎠᏥᎸ-ᎠᏁᎶᎯ ᎨᏎᎢ, ᎤᏁᎳᏅᎯ ᎤᏬᏂᏒᎯ ᎢᎾᎨ ᎤᎷᏤᎴ
ᏣᏂ ᏤᎦᎳᏯ ᎤᏪᏥ.
3 ᎠᎴ ᎾᏍᎩ ᎤᎷᏤ ᎤᏪᏙᎴ ᏦᏓᏂ ᎾᎥᏂᎨ ᎨᏒᎢ, ᎠᎵᏥᏙᎲᏍᎨ ᎧᏃᎮᏍᎨ ᏗᏓᏬᏍᏗ ᎨᏒ
ᏕᏁᏟᏴᏛ ᎨᏒ ᎣᏓᏅᏛᎢ, ᎾᏍᎩ ᎦᏰᏓᏘᏁᏗᏱ ᎣᏍᎦᏅᏨᎢ;
4 ᎾᏍᎩᏯ ᏂᎬᏅ ᎪᏪᎸ ᎪᏪᎵᎯ ᎢᏌᏯ ᎠᏙᎴᎰᏍᎩ ᎤᏪᏂᏒᎯ, ᎯᎠ ᏥᏂᎦᏪᎭ; ᎤᏪᎷᎦ
ᎩᎶ ᎢᎾᎨᎢ, ᎯᎠ ᏂᎦᏪᎭ; ᎡᏣᏛᏅᎢᏍᏓᏏ ᏱᎰᏩ ᎤᎶᎯᏍᏗᏱ, ᏚᏅᏅ ᏗᏥᏥᏃᎯᏍᏓ.
5 ᏚᎨᏓᎵᏴᏅ ᏂᎦᏗᏳ ᏗᎧᎵᎢᏍᏗ ᎨᏎᏍᏗ, ᏙᏓᎸᏃ ᎠᎴ ᏚᏌᎯᎸ ᏂᎦᏗᏳ ᎡᎳᏗᎭ ᎢᏗᎬᏁᏗ
ᎨᏎᏍᏗ, ᏧᏓᏥᏃᏍᏈᏗᏰᏛᏃ ᎨᏒ ᏗᏚᏥᏃᎯᏍᏙᏗ ᎨᏎᏍᏗ, ᎤᏲᏃ ᏕᎦᏅᏅ ᎬᎾᎦᏍᎩ ᎢᏗᎬᏁᏗ
ᎨᏎᏍᏗ.
6 ᏂᎦᏛᏃ ᎤᏇᏓᎵ ᏛᎪᎯ ᎤᏁᎳᏅᎯ ᎤᏓᏍᏕᎸᏙᏗ ᎨᏒᎢ.
7 ᎿᏉᏃ ᎯᎠ ᏂᏚᏪᏎᎴ ᎤᏂᏣᏘ ᎾᏍᎩ ᏗᎨᎦᏪᏍᏗᏱ ᎤᏂᏄᎭᏄᎯ; Ᏺ ᎢᎾᏛ ᏧᏁᏥ ᏂᎯ!
ᎦᎪ ᎢᏤᏯᏔᏅ ᎡᏣᎵᏒᏗᏱ ᎤᏔᎳᏬᎯᏍᏗ ᎤᎷᎯᏍᏗ ᎨᏒᎢ?
8 ᎾᏍᎩ ᎢᏳᏍᏗ ᎢᏥᎾᏄᎪᏩ ᎠᏙᎴᎰᎯᏍᏙᏗ ᏕᏥᏁᏟᏴᏒ ᏕᏣᏓᏅᏛᎢ; ᎠᎴ ᏞᏍᏗ
ᎢᏣᎴᏅᎲ ᎯᎠ ᎢᏥᏪᏒ ᏕᏣᏓᏅᏛᎢ; ᎡᏆᎭᎻ ᎣᎩᏙᏓ ᎠᏴ; ᎢᏨᏲᏎᏰᏃ ᎤᏁᎳᏅᎯ ᏰᎵᏉ
ᎯᎠ ᏅᏯ ᏱᎦᎬᏓ ᏱᎦᎪᎵᎾ ᎡᏆᎭᎻ ᏧᏪᏥ.
9 ᎠᎴ ᎾᏍᏉ ᎦᏳᎳ ᎦᎷᏯᏍᏗ ᎠᏅᎯ ᏚᎿᏍᏕᎵ ᏕᏡᎬᎢ; ᎾᏍᎩ ᎢᏳᏍᏗ ᏂᎦᏗᏳ ᏕᏡᎬ
ᎣᏍᏛ ᎾᏓᏛᏍᎬᎾ ᎢᎨᏎᏍᏗ ᏗᎦᎴᏴᏍᏙᏗ ᎠᎴ ᎠᏥᎸᏱ ᏫᏓᏗᏅᏗ ᎨᏎᏍᏗ.
10 ᎤᏂᏣᏘᏃ ᎬᏩᏛᏛᏁ ᎯᎠ ᏂᎬᏩᏪᏎᎴᎢ; ᎦᏙ ᏓᏲᏣᏛᏁᎵ?
11 ᎤᏁᏨ ᎯᎠ ᏂᏚᏪᏎᎴᎢ; ᎩᎶ ᏔᎵ ᏗᎦᏌᎴᎾ ᏚᎾᏒᏍᏗ, ᏄᎾᎥᎾ ᎨᏒ ᏚᏅᏁᎮᏍᏗ; ᎩᎶᏃ
ᎠᎵᏍᏓᏴᏗ ᎤᎮᏍᏗ, ᎾᏍᎩᏯ ᎾᏛᏁᎮᏍᏗ.
12 ᎾᏍᏉᏃ ᎠᏕᎸ-ᎠᏂᎩᏏᏙᎯ ᎤᏂᏄᎭᎴ ᏗᎨᎦᏬᏍᏗᏱ, ᎠᎴ ᎯᎠ ᏂᎬᏩᏪᏎᎴᎢ;
ᏔᎦᏲᎲᏍᎩ, ᎦᏙ ᏓᏲᏣᏛᏁᎵ?
13 ᎯᎠᏃ ᏂᏚᏪᏎᎴᎢ; ᏞᏍᏗ ᏱᏥᎶᏒᏍᏗᏍᎨᏍᏗ ᎢᎦᎢ ᎡᏥᏁᏤᎸ ᎢᏥᎩᏏᏓᏍᏗᏱ.
14 ᎠᏂᏯᏫᏍᎩᏃ ᎾᏍᏉ ᎢᎬᏩᏛᏛᏁ, ᎯᎠ ᏄᏂᏪᏎᎢ; ᎠᏴ ᎾᏃ ᎦᏙ ᏓᏲᏣᏛᏁᎵ? ᎯᎠᏃ
ᏂᏚᏪᏎᎴᎢ; ᏞᏍᏗ ᎩᎶ ᎬᏍᏚᎢᏍᏓᎩ ᎢᏰᏨᏁᎸᎩ, ᎠᎴ ᏞᏍᏗ ᎦᏰᎪᎩ ᏱᏣᏓᎳᏫᏎᎮᏍᏗ;
ᎠᎴ ᏰᎵᏉ ᎢᏥᏰᎸᏎᏍᏗ ᎡᏣᎫᏴᏒᎲᎢ.
15 ᎤᏂᏣᏘᏃ ᎠᏂᎦᏖᏃᎮᎢ, ᎠᎴ ᏂᎦᏛᏉ ᎠᏫ ᏙᏧᎾᏓᏅᏛ ᎬᏩᏓᏅᏖᏍᎨ ᏣᏂ, ᎾᏍᎩ
ᎦᎶᏁᏛ ᎨᏒ, ᎠᎴ ᎦᎶᏁᏛ ᏂᎨᏒᎾ ᎨᏒᎢ;

16 ᏣᏂ ᎤᏁᏤ ᎯᎠ ᏂᏚᏪᏎᎴ ᏂᎦᏛ, ᎠᏴ ᎤᏙᎯᏳᎯ ᎠᎹ ᏕᏨᏯᏬᏍᏗᎭ; ᏓᏯᎢᏍᎩᏂ ᎤᏟ
ᎤᎵᏂᎩᏗᏳ ᎡᏍᎦᏉ ᎠᏴ, ᎾᏍᎩ ᏓᎧᏁᏌᏛ ᏧᎳᏑᎶᎩ ᎥᏝ ᏰᎵ ᏱᏂᎪᎢ ᏗᎩᎧᏁᏴᏗᏱ;
ᎾᏍᎩ ᎦᎸᏉᏗᏳ ᎠᏓᏅᏙ ᎠᎴ ᎠᏥᎸ ᏙᏓᏣᏪᏍᏔᏂ;
17 ᎾᏍᎩ ᎤᏔᏖᏫᏍᏗ ᎠᏰᎭ, ᎠᎴ ᏂᎦᏛ ᏓᎦᏔᏖᏫᏏ ᎠᎱᏓᏝᎲᎢ, ᎤᏣᎴᏍᏗᏃ ᏓᎦᏟᏌᏂ
ᏛᏂ ᎤᏗᏱ; ᎤᏬᎭᎸᎶᏔᏅᎯᏍᎩᏂ ᏛᎪᎲᏍᏔᏂ ᎠᏥᎸᏱ ᏂᎬᏠᏍᎬᎾ.
18 ᎠᎴ ᎤᏦᏄ ᏧᏓᎴᏅᏛ ᏕᎦᏬᏁᏗᏍᎬ ᏚᎵᏥᏙᏁᎴ ᎠᏫ.
19 ᎡᎶᏛᏍᎩᏂ ᏍᎦᏚᎩ ᎠᏥᎦᏘᏗᏍᏗ ᎨᎡᎢ, ᏣᏂ ᎤᎬᏍᎪᎸᏁ ᏗᎵᏰᎢᎸᏍᏗᏍᎨ ᎡᎶᏗᏏ
ᎤᏅᏟ ᏈᎵᎩ ᎤᏓᎴᎢ, ᎠᎴ ᎾᏍᏉ ᏂᎦᏛ ᎤᏣᏘᏂ ᎸᏛᏁᎸ ᎡᎶᏛ,
20 ᎠᏏ ᏭᏓᎪᎾᏛ ᎯᎠ ᎾᏍᎩ ᎸᎥᏁᎴᎢ, ᏣᏂ ᏗᏓᏍᏚᏗᏱ ᎤᏍᏚᏁᎢ.
21 ᎿᏉᏃ ᎯᎠ ᎸᎵᏍᏔᏁᎢ, ᏂᎦᏛ ᏴᏫ ᏕᎨᎦᏬᎥ ᏥᏌ ᎾᏍᏉ ᎠᏚᏬᎡᎢ, ᎠᎴ
ᎤᏓᏙᎵᏍᏔᏅ ᎦᎸᎳᏗ ᎤᎵᏍᏚᎢᏎᎢ,
22 ᎠᎴ ᎦᎸᏉᏗᏳ ᎠᏓᏅᏙ ᏧᏠᎠᏎ ᎾᏍᎩ ᎤᏪᏯᎸᏤᎢ, ᎠᏰᎸ ᏧᎴ-ᏗᏍᎪᏂᎯ ᎾᏍᎩᏯ ᎨᏌ
ᎤᏙᏢᎡᎢ; ᎧᏁᎬᏃ ᎦᎸᎳᏗ ᏧᏩᏎᎯᎠ ᏅᏧᏪᏎᎢ; ᏂᎯ ᎬᎨᏳᎢ ᎠᏇᏥ; ᎣᏏᏳ ᎬᏰᎸᎢ ᏂᎯ.
23 ᏥᏌᏃ ᎿᏉ ᎠᏎ ᏦᎠᏍᎪᎯ ᎢᏳᏕᏘᏴᏛ ᎨᏎᎢ, ᎾᏍᎩ ᏦᏩ ᎤᏪᏥ ᎤᏂᏰᎸᏎᎢ, ᎾᏍᎩ
ᎯᎳᏱ ᎤᏪᏥ ᎨᏎᎢ,
24 ᎾᏍᎩ ᎹᏓᏗ ᎤᏪᏥ ᎨᏎᎢ, ᎾᏍᎩ ᎵᏫ ᎤᏪᏥ ᎨᏎᎢ, ᎺᎵᎦᏱ ᎤᏪᏥ ᎨᏎᎢ, ᎾᏍᎩ
ᏣᎾ ᎤᏪᏥ ᎨᏎᎢ, ᎾᏍᎩ ᏦᏩ ᎤᏪᏥ ᎨᏎᎢ,
25 ᎾᏍᎩ ᎹᏘᏓᏯ ᎤᏪᏥ ᎨᏎᎢ, ᎾᏍᎩ ᎡᎼᏏ ᎤᏪᏥ ᎨᏎᎢ, ᎾᏍᎩ ᏁᎠᎻ ᎤᏪᏥ ᎨᏎᎢ,
ᎾᏍᎩ ᎡᏏᎳ, ᎤᏪᏥ ᎨᏎᎢ, ᎾᏍᎩ ᎾᎩ ᎤᏪᏥ ᎨᏎᎢ,
26 ᎾᏍᎩ ᎺᎠᏗ ᎤᏪᏥ ᎨᏎᎢ, ᎾᏍᎩ ᎹᏘᏓᏯ ᎤᏪᏥ ᎨᏎᎢ, ᎾᏍᎩ ᏏᎻᏯ ᎨᏎᎢ, ᎾᏍᎩ
ᏦᏩ ᎤᏪᏥ ᎨᏎᎢ, ᎾᏍᎩ ᏧᏓ ᎤᏪᏥ ᎨᏎᎢ,
27 ᎾᏍᎩ ᏦᎠᎾ ᎤᏪᏥ ᎨᏎᎢ, ᎾᏍᎩ ᎵᏌ ᎤᏪᏥ ᎨᏎᎢ, ᎾᏍᎩ ᏥᎳᏇᎵ ᎤᏪᏥ ᎨᏎᎢ,
ᎾᏍᎩ ᏌᎳᏓᏱᎵ ᎤᏪᏥ ᎨᏎᎢ, ᎾᏍᎩ ᏏᎳᏱ ᎤᏪᏥ ᎨᏎᎢ,
28 ᎾᏍᎩ ᎺᎵᎦᏱ ᎤᏪᏥ ᎨᏎᎢ, ᎾᏍᎩ ᎠᏓᏱ ᎤᏪᏥ ᎨᏎᎢ, ᎾᏍᎩ ᎪᏌᎻ ᎤᏪᏥ ᎨᏎᎢ,
ᎾᏍᎩ ᎡᎵᎼᏓᎻ ᎤᏪᏥ ᎨᏎᎢ, ᎾᏍᎩ ᎥᎵ ᎤᏪᏥ ᎨᏎᎢ,
29 ᎾᏍᎩ ᏦᏏ ᎤᏪᏥ ᎨᏎᎢ, ᎾᏍᎩ ᎢᎵᎡᏌ ᎤᏪᏥ ᎨᏎᎢ, ᎾᏍᎩ ᏦᎵᎻ ᎤᏪᏥ ᎨᏎᎢ,
ᎾᏍᎩ ᎹᏓᏗ ᎤᏪᏥ ᎨᏎᎢ, ᎾᏍᎩ ᎢᎳᏱᎩᎻ ᎤᏪᏥ ᎨᏎᎢ,
30 ᎾᏍᎩ ᏏᎻᏯᏂ ᎤᏪᏥ ᎨᏎᎢ, ᎾᏍᎩ ᎻᎾᏂ ᎤᏪᏥ ᎨᏎᎢ, ᎾᏍᎩ ᎹᏓᏓ ᎤᏪᏥ ᎨᏎᎢ,
ᎾᏍᎩ ᏁᏓᏂ ᎤᏪᏥ ᎨᏎᎢ, ᎾᏍᎩ ᏕᏫ ᎤᏪᏥ ᎨᏎᎢ,
31 ᎾᏍᎩ ᎻᎵᎠ ᎤᏪᏥ ᎨᏎᎢ, ᎾᏍᎩ ᎻᎾᏂ ᎤᏪᏥ ᎨᏎᎢ, ᎾᏍᎩ ᎹᏓᏓ ᎤᏪᏥ ᎨᏎᎢ,
ᎾᏍᎩ ᏁᏓᏂ ᎤᏪᏥ ᎨᏎᎢ, ᎾᏍᎩ ᏕᏫ ᎤᏪᏥ ᎨᏎᎢ,
32 ᎾᏍᎩ ᏥᏏ ᎤᏪᏥ ᎨᏎᎢ, ᎾᏍᎩ ᎣᏆᏗ ᎤᏪᏥ ᎨᏎᎢ, ᎾᏍᎩ ᏌᎵᎹ ᎤᏪᏥ ᎨᏎᎢ,
ᎾᏍᎩ ᎾᏐᏂ ᎤᏪᏥ ᎨᏎᎢ,

33 ᎾᏍᎩ ᎡᎻᏂᏓ ᎤᏪᏥ ᎨᏎᎢ, ᎾᏍᎩ ᎡᎵᎻ ᎤᏪᏥ ᎨᏎᎢ, ᎾᏍᎩ ᎢᏏᎳᎻ ᎤᏪᏥ ᎨᏎᎢ,
ᎾᏍᎩ ᏇᎵᏏ ᎤᏪᏥᎨᏎᎢ, ᎾᏍᎩ ᏧᏓ ᎤᏪᏥ ᎨᏎᎢ,
34 ᎾᏍᎩ ᏤᎦᏈ ᎤᏪᏥ ᎨᏎᎢ, ᎾᏍᎩ ᎡᏏᎩ ᎤᏪᏥ ᎨᏎᎢ, ᎾᏍᎩ ᎡᏆᎭᎻ ᎤᏪᏥ ᎨᏎᎢ,
ᎾᏍᎩ ᏕᎳ ᎤᏪᏥ ᎨᏎᎢ, ᎾᏍᎩ ᏁᎰ ᎤᏪᏥ ᎨᏎᎢ,
35 ᎾᏍᎩ ᏎᎳᎩ ᏎᎳᎩ ᎤᏪᏥ ᎨᏎᎢ, ᎾᏍᎩ ᎴᎪ ᎤᏪᏥ ᎨᏎᎢ, ᎾᏍᎩ ᏇᎵᎩ ᎤᏪᏥ
ᎨᏎᎢ, ᎾᏍᎩ ᎯᏆ ᎤᏪᏥ ᎨᏎᎢ, ᎾᏍᎩ ᏎᎳ ᎤᏪᏥ ᎨᏎᎢ,
36 ᎾᏍᎩ ᎧᏱᏅ ᎤᏪᏥ ᎨᏎᎢ, ᎾᏍᎩ ᎠᏆᏣ ᎤᏪᏥ ᎨᏎᎢ, ᎾᏍᎩ ᏎᎻ ᎤᏪᏥᎨᏎᎢ,
ᎾᏍᎩ ᏃᏯ ᎤᏪᏥ ᎨᏎᎢ, ᎾᏍᎩ ᎴᎻᎩ ᎤᏪᏥ ᎨᏎᎢ,
37 ᎾᏍᎩ ᎻᏚᏏᎳ ᎤᏪᏥ ᎨᏎᎢ, ᎾᏍᎩ ᎢᏃᎩ ᎤᏪᏥ ᎨᏎᎢ, ᎾᏍᎩ ᏤᎳᏗ ᎤᏪᏥ ᎨᏎᎢ,
ᎾᏍᎩ ᎹᎵᎵᎵ ᎤᏪᏥ ᎨᏎᎢ, ᎾᏍᎩ ᎧᏱᏅ ᎤᏪᏥ ᎨᏎᎢ,
38 ᎾᏍᎩ ᎢᏃᏏ ᎤᏪᏥᎨᏎᎢ, ᎾᏍᎩ ᏎᏗ ᎤᏪᏥ, ᎾᏍᎩ ᎠᏓᏫ ᎤᏪᏥ ᎨᏎᎢ, ᎾᏍᎩ
ᎤᏁᎳᏅᎯ ᎤᏪᏥ ᎨᏎᎢ.

ᎠᏯᏙᎸᎢ 4

1 ᏥᏌᏃ ᎤᎧᎵᏨᎯ ᎨᏎ ᎦᎸᏉᏗᏳ ᎠᏓᏅᏙ ᏦᏓᏂ ᏗᎤᏨᏎᎢ, ᎠᎴ ᎠᏓᏅᏙ ᎢᎾᎨ
ᏭᏘᏅᏍᏔᏁᎢ,
2 ᎠᎴ ᎤᎦᏍᎪᎯ ᏧᏒᎯᏛ ᎤᎪᎵᏰᏍᎨ ᎠᏍᎩᎾ. ᎾᏍᎩᏃ ᎢᎪᎯᏛ ᎥᏝ ᎪᎱᏍᏗ ᏳᏎᎢ
ᎾᏍᎩᏃ ᎤᎵᏍᏆᏛ ᎩᎳ ᎤᏲᏏᏌᏁᎢ.
3 ᎠᏍᎩᎾᏃ ᎯᎠ ᏄᏪᏎᎴᎢ; ᎢᏳᏃ ᏂᎯ ᎤᏁᎳᏅᎯ ᎤᏪᏥ ᎨᏎᏍᏗ, ᎯᏁᎩ ᎯᎠ ᏅᏯ ᎦᏚ
ᎢᏳᎵᏍᏙᏗᏱ.
4 ᏥᏌᏃ ᎤᏁᏤᎴ ᎯᎠ ᏄᏪᏎᎢ; ᎯᎠ ᏂᎬᏅ ᎪᏪᎳ; ᏴᏫ ᎥᏝ ᎦᏚᏉ ᎤᏩᏒ
ᏱᎬᎿᏗᏍᎦᏍᏗ, ᏂᎦᎥᏍᎩᏂ ᎤᏁᎳᏅᎯ ᎤᏁᏨᎢ.
5 ᎠᏍᎩᎾᏃ ᎤᏘᏅᏎ ᎤᎿᎷᏔᏁ ᎢᏅᎢᎦᏘ ᎣᏓᎸᎢ, ᎠᎴ ᏚᏎᎮᎴ ᎩᎳᏉ ᎢᏴᏛ ᎢᎪᎯᏛ ᏂᎦᎥ
ᎠᏰᎵ ᎦᎪᎵᏩᏗᏒ ᎡᎶᎯ.
6 ᎠᎴ ᎠᏍᎩᎾ ᎯᎠ ᏁᏪᏎᎴᎢ; ᎯᎠ ᎾᏍᎩ ᏂᎦᏛ ᎤᎵᏂᎩᏗᏳ ᎨᏒ ᏱᎦᎬᏲᎯᏏ, ᎠᎴ ᎾᏍᎩ
ᎦᎸᏉᏗᏳ ᎨᏒᎢ; ᎠᏴᏰᏃ ᏛᎩᏲᎯᏎᎸ, ᎠᎴ ᎩᎶ ᏥᎥᏏ ᎨᎳ ᏥᏁᎰᎢ.
7 ᎾᏍᎩ ᎢᏳᏍᏗ ᎢᏳᏃ ᏱᏍᏆᏓᏙᎵᏍᏓᏁᎸ, ᏂᎦᏗᏳ ᏂᎯ ᏣᏤᎵ ᎨᏎᏍᏗ.
8 ᏥᏌᏃ ᎤᏁᏤ ᎠᎴ ᎯᎠ ᏁᏪᏎᎴᎢ; ᎠᏆᏐᎭᏛ ᎭᎴᏓ ᏎᏓᏂ; ᎯᎠᏰᏃ ᏂᎬᏅ ᎪᏪᎳ; ᏱᎰᏩ
ᏣᏁᎳᏅᎯ ᎯᏯᏓᏙᎵᏍᏓᏁᎵᏍᏗ, ᎠᎴ ᎾᏍᎩ ᎤᏩᏒᎯᏳ ᎦᎯᏯᏁᎶᎦᏍᏗ.
9 ᎠᎴ ᏥᎷᏏᎵᎻ ᎤᏘᏃᎴᎢ, ᎠᎴ ᎤᏛᎾ-ᏗᎦᎳᏫᎢᏍᏗᏱ ᎤᏍᎪᎵ ᎤᎩᎸᏔᏁᎢ, ᎠᎴ ᎯᎠ
ᏄᏪᏎᎴᎢ; ᎢᏳᏃ ᏂᎯ ᎤᏁᎳᏅᎯ ᎤᏪᏥ ᎨᏎᏍᏗ, ᏨᏒ ᎭᏓᎶᎥᏓ ᎠᏂ;
10 ᎯᎠᏰᏃ ᏂᎬᏅ ᎢᎪᏪᎳ; ᏧᏤᎵ ᏗᏂᎧᎿᏩᏗᏙᎯ ᏙᏓᎧᏁᏤᎵ ᏗᎨᏣᎧᎾᏩᏗᏓᏍᏗᏱ
ᎨᏣᏍᏆᏂᎪᏙᏗᏱ;
11 ᎠᎴ ᏧᏃᏰᏂ ᎨᏣᏌᎳᏙᏗᎦᎨᏍᏗ, ᎾᏍᎩ ᎢᏄᎯᏳ ᎤᏲᎯ ᏣᎾᏍᏆᎶᏍᏙᏗᏱ ᏂᎨᏒᎾ.
12 ᏥᏌᏃ ᏧᏁᏨ ᎯᎠ ᏄᏪᏎᎴᎢ; ᎯᎠ ᎢᎦᏪᏛ ᎢᎩ; ᏞᏍᏗ ᏱᎰᏩ ᏣᏁᎳᏅᎯ ᎯᎪᎵᏰᎥᎩ.
13 ᎠᏍᎩᎾᏃ ᎤᏍᏆᏛ ᏂᎦᏛ ᎤᎪᎵᏰᏍᎬᎢ, ᎤᏓᏅᏒᎴ ᎢᎸᏍᎩ ᎢᎪᎯᏛ.
14 ᏥᏌᏃ ᎠᏓᏅᏙ ᎤᏘᏂᏙᎲ ᎨᎵᎵ ᎢᏅᎷᏤᎢ; ᏕᎦᏃᏣᎸᏃ ᎾᎿ ᎬᏩᏚᏫᏛ ᏚᏰᎵᏏᏙᎴᎢ.
15 ᎠᎴ ᏓᏕᏲᎲᏍᎨ ᏧᏂᎳᏫᎢᏍᏗᏱ, ᎾᏂᎥᏃ ᎬᏩᎸᏉᏗᏳ ᎨᏎᎢ.
16 ᎾᏎᎵᏗᏃ ᎤᎷᏤ ᎾᎿ ᎠᎦᎥᎯᏍᏔᏅᎢ; ᎢᏳᏛᏁᏗᏃ ᎨᏒ ᏄᏛᏁᎴ ᏭᏴᎴ ᏗᎦᎳᏫᎢᏍᏗᏱ
ᎤᎾᏙᏓᏆᏍᎬ ᎢᎦ, ᎠᎴ ᏚᎴᏁ ᏧᎪᎵᏰᏗᏱ ᎪᏪᎵ.
17 ᎠᏥᏅᏁᎴᏃ ᎪᏪᎵ ᎢᏌᏯ ᎠᏙᎴᎰᏍᎩ ᎤᏬᏪᎳᏅᎯ. ᎤᏍᏚᎢᏒᏃ ᎪᏪᎵ ᎤᏩᏛᎮ ᎯᎠ
ᏂᎬᏅ ᎪᏪᎸᎢ;
18 ᎠᏓᏅᏙ ᏱᎰᏩ ᎤᏤᎵ ᏔᎵ ᎠᏆᏛᏓᏁᎵᏕᎦ ᎤᏗᎦᎵᏍᏙᏗ ᏣᎩᎶᏁᎥ ᎦᏥᏯᎵᏥᎧᏁᏗᏱ
ᎣᏍᏛ ᎧᏃᎮᏛ ᎤᏲ ᎢᏳᎾᏛᎿᎦᎩ; ᏗᎩᏅᏒ ᏗᎦᏥᏅᏌᏗᏱ ᎤᏲ ᎤᎾᏓᏅᏔᏩᏕᎩ,
ᎦᏥᏃᏁᏗᏱ ᎠᏂᏴᎩ ᎬᏩᎾᏕᏓᎴᏍᏗ ᎨᏒᎢ, ᎠᎴ ᏗᏂᎨᏫ ᎬᏩᏂᎪᏩᏛᏗ ᎨᏒᎢ, ᎠᎴ
ᏗᎦᏥᏯᎪᏗᏱ ᏗᎨᏥᏂᏆᎶᏔᏅᎯ,

19 ᎠᎩᏃᎮᎵᏍᏗᏱ ᎠᎦᏘᏱᏍᎬ ᏱᎰᏩ ᏧᏓᏂᎸᎢᏍᏗ ᎨᏒᎢ.
20 ᎤᏍᏚᏁᏃ ᎪᏪᎵ ᎠᎴ ᏫᎤᏅᏁᎴ ᎠᏥᏅᏏᏓᏍᏗ, ᎠᎴ ᎤᏪᏁᎢ. ᏂᎦᏛᏃ
ᏗᎦᎳᏫᎢᏍᏗᏱ ᎠᏂᏯᎢ ᎤᏯᏅᏒᎯ ᎦᎬᏩᎧᎿᏁᎢ.
21 ᎠᎴ ᎤᎴᏅᎮ ᎯᎠ ᏂᏚᏪᏎᎴᎢ; ᎪᎯ ᎢᎦ ᏥᎩ ᎠᎴ ᎾᏍᎩ ᎪᏪᎸ ᎠᏙᎯᏳᎲᎦ
ᎢᏣᏛᎩᏍᎬᎢ.
22 ᏂᎦᏗᏳᏃ ᎬᏩᎸᏉᏗᏍᎨᎢ ᎠᎴ ᎠᏂᏍᏆᏂᎪᏍᎨ ᎾᏍᎩ ᏃᏒ ᎤᏬᏂᏒᎢ. ᎯᎠᏃ ᏄᏂᏪᏎᎢ,
ᏝᏍᎪ ᎯᎠ ᎾᏍᎩ ᏦᏩ ᎤᏪᏥ ᏱᎩ?
23 ᎯᎠᏃ ᏂᏚᏪᏎᎴᎢ; ᎠᏎ ᏓᏍᎩᏁᎢᏍᏓᏁᎵ ᎯᎠ ᎢᏚᏪᏍᏗ ᏥᎩ; ᏔᏓᏅᏫᏍᎩ, ᏨᏒ
ᎭᏓᏅᎶᎦ; ᏂᎦᎥ ᏄᏍᏛ ᎣᎦᏛᎦᏅ ᎦᏣᏄᏫᏍᏓᏁᎸ ᎨᏆᏂ, ᎾᏍᎩ ᎾᏍᏉ ᎿᏛᎦ ᎠᏂ
ᏣᏤᎵᎪᎯ.
24 ᎯᎠᏃ ᏄᏪᏎᎢ; ᎤᏙᎯᏳᎯᏯ ᎯᎠ ᏂᏨᏪᏎᎭ, ᎠᏙᎴᎰᏍᎩ ᎥᏝ ᏱᏓᏚᏓᏂᎸᎪ ᎤᏩᏒ
ᎤᏤᎵᎪᎯ.
25 ᎠᏎᏃ ᎤᏙᎯᏳᎯᏯ ᎯᎠ ᏂᏨᏪᏎᎭ; ᎤᏂᏣᏘ ᏧᏃᏑᎶᏨᎯ ᎢᏏᎵᏱ ᎾᎯᏳ ᎢᎳᏯ ᏤᎮᎢ,
ᎦᎸᎶᎢ ᏧᎵᏍᏚᎯ ᏦᎢ ᏧᏕᏘᏴᏛ ᏑᏓᎵᏃ ᎢᏯᏅᏙ, ᎾᎯᏳ ᎤᏣᏘ ᏥᎦᎪᏄᎶᎭ ᏂᎬᎾᏛᎢ.
26 ᎠᏎᏃ ᎥᏝ ᎢᎳᏯ ᏯᏥᏅᏎ ᎩᎶ ᏗᎷᏤᏏᏱ, ᎠᎨᎥ ᎤᏬᏑᎶᏨᎯ ᎤᏩᏒ, ᏌᎴᏓ ᎾᏍᎩ ᏌᏙᏂ
ᎦᏚᎲ ᎦᏁᎳ.
27 ᎠᎴ ᎤᏂᏣᏘ ᎠᏁᎮ ᎠᏓᏰᏍᎩ ᏧᏂᎵᎩ ᎢᏏᎵᏱ ᎾᎯᏳ ᎢᎳᏏᏯ ᎠᏙᎴᎰᏍᎩ ᏤᎮᎢ; ᎠᏎᏃ
ᎥᏝ ᎩᎶ ᏯᏥᏅᎦᎸᏒ, ᏁᎹᏂ ᏏᎵᏱ ᎡᎯ ᎤᏩᏒ.
28 ᏂᎦᏒᏃ ᏗᎦᎳᏫᎢᏍᏗᏱ ᎠᏂᏯᎢ ᎾᏍᎩ ᎯᎠ ᎤᎾᏛᎦᏅ ᎤᏂᎧᎵᏤ ᎤᏂᏔᎳᏬᏍᎬᎢ.
29 ᏚᎾᎴᏁᏃ ᎠᎴ ᎬᏩᏄᎪᏫᏎ ᎦᏚᎲᎢ, ᎠᎴ ᏭᏳᏝᎥ ᎤᏌᎯᎸ ᏫᎬᏩᏘᏅᏍᏔ ᎾᎿ ᎤᏂᏚᎲ
ᎦᎧᎲᎢ, ᏗᎬᏩᎶᎥᎳᏂᏎ
30 ᎠᏎᏃ ᎤᎦᏛᎴᏎ ᎠᏰᎵ ᎠᏂᏙᎾᎥ ᎢᎬᏬᏅᏍᏔᏁᏉ;
31 ᎠᎴ ᎨᏆᏂ ᏭᎷᏤ ᎾᏍᎩ ᎨᎵᎵ ᎦᏚᎲᎢ, ᎠᎴ ᎦᎨᏲᎲᏍᎨ ᎤᎾᏙᏓᏆᏍᎬ ᎢᎦ ᏓᏍᏆᏄᎮᎬᎢ.
32 ᎤᏂᏍᏆᏂᎪᏎᏃ ᏄᏍᏛ ᏓᎦᏲᎲᏍᎬᎢ, ᎤᎵᏂᎩᏗᏳᏰᏃ ᎧᏁᎨᎢ.
33 ᏗᎦᎳᏫᎢᏍᏗᏱᏃ ᎠᏯᎡ ᎩᎶ ᎢᏳᏍᏗ ᎠᏍᎦᏯ ᎦᏓᎭ ᎠᏓᏅᏙ ᎠᏍᎩᎾ ᎤᏯᎢ, ᎠᎴ
ᎠᏍᏓᏯ ᎤᏪᎷᏁᎢ,
34 ᎯᎠ ᏂᎦᏪᏍᎨᎢ, ᎣᎦᏁᎳᎩ; ᎦᏙ ᏗᏍᏓᏛᏙᏗ ᏂᎯ ᏥᏌ ᎾᏎᎵᏗ ᎮᎯ? ᏍᎩᏛᏔᏂᏄᎴ?
ᎬᎦᏔᎭ ᏂᎯ ᎾᏍᎩ ᎨᏒᎢ-ᎦᎸᏉᏗᏳ ᎤᏁᎳᏅᎯ ᎤᏤᎵᎦ ᎨᏒᎢ
35 ᏥᏌᏃ ᎤᏍᏚᏤᎢ, ᎯᎠ ᏄᏪᏎᎢ, ᎡᎳᏪ ᎲᎾ, ᎠᎴ ᎯᏄᎪᎢ ᎠᏍᎩᎾᏃ ᎠᏂᏅ ᎠᏰᎵ
ᎤᏍᏢᏂᏍᏔᏅ ᎤᏄᎪᏤ ᎠᏍᎦᏲᎯ, ᎠᎴ ᎥᏝ ᎪᎱᏍᏗ ᏳᏩᏁᎴᎢ.
36 ᏂᎦᏛᏃ ᎤᏂᏍᏆᏂᎪᏎᎢ, ᎠᎴ ᎤᎾᎵᏃᎮᎴ ᎤᏅᏒ ᎨᏒ ᎯᎠ ᏂᏚᎾᏓᏪᏎᎴᎢ; ᎦᏙ ᎤᏍᏗ
ᎧᏁᎢᏍᏗ ᎯᎠ? ᎤᏤᎵᎦᏯᏰᏃ ᎠᎴ ᎤᎵᏂᎩᏛ ᎨᏒ ᎦᎬᏗᎭ ᎦᎧᏁᏤ ᎠᏂᎦᏓᎭ ᏗᏓᏅᏙ, ᎠᎴ
ᎠᏂᏄᎪᎦ.

37 ᎦᏕᏃᏣᏄᏃ ᎾᎿ ᏂᎬᎾᏛ ᏚᏰᎵᏏᏙᎴᎢ.
38 ᏚᎴᏅᏃ ᎤᏄᎪᏤ ᏗᎦᎳᏫᎢᏍᏗᏱ, ᏌᏩᏂᏃ ᎦᏁᏄ ᏭᏴᎴᎢ ᏌᏩᏂᏃ ᎤᏓᎵᎢ ᎤᏥ ᎤᏣᏘ
ᎤᏗᎴᎲᏍᎨᎢ; ᎬᏩᎳᏀᏎᎴᏃ ᎤᏍᎦᏄᏗᏱ.
39 ᎦᏅᎬᏃ ᎾᎥ ᎤᎴᏁ, ᎠᎴ ᎤᏍᎦᏤ ᎤᏗᎴᎲᏍᎬᎢ, ᎤᏙᎣᎴᏃ ᎤᏗᎴᎲᏍᎬᎢ, ᎩᎳᏉᏃ
ᎢᏴᏛ ᎤᏗᏛᎮ, ᎠᎴ ᏚᏍᎦᏄᎪᏙᎴᎢ.
40 ᎠᎴ ᎿᏉ ᏭᎦᎵᎨ ᏅᏙ ᏂᎦᏛ ᏧᏓᎴᏅᏛ ᏧᏂᎵᎩ ᏧᏁᎯ ᎦᎬᏩᏗᏃᎮᎴᎢ, ᎠᎴ ᎠᏂᏏᏴᏫᎭ
ᏚᏏᎳᎦ ᏚᏅᏩᏁᎢ
41 ᎠᎴ ᎠᏂᏍᎩᎾ ᎾᏍᏉ ᎬᏩᏂᏄᎪᎨ ᎤᏂᏣᏓᎢ, ᎠᏁᎷᎲᏍᎨ ᎯᎠ ᎾᏂᏪᏍᎨᎢ; ᏂᎯ
ᎦᎶᏁᏛ ᎤᏁᎳᏅᎯ ᎤᏪᏥ. ᏚᏍᎦᏤᏃ ᏚᏅᏍᏓᎦᎴ ᎤᏂᏁᎢᏍᏗᏱ; ᎠᏂᎦᎳᏢᏰᏃ ᎾᏍᎩ
ᎦᎶᏁᏛ ᎨᏒᎢ.
42 ᎠᎴ ᎿᏉ ᎤᎩᏨᏅ ᎤᏂᎨᏎ ᎠᎴ ᎢᎾᎨ ᏭᎶᏎᎢ; ᎤᏂᏣᏘᏃ ᎬᏩᏀᎴᎢ, ᎠᎴ ᎬᏩᎷᏤᎴᎢ,
ᎠᎴ ᎬᏩᏗᎩᏯᏍᎨᎢ, ᏞᏍᏗ ᏍᎩᏯᏓᏅᏒᏄᎩ ᎬᏬᏎᎮᎢ.
43 ᎯᎠᏃ ᏂᎦᏪᏎᎴᎢ; ᎠᏎ ᎾᏍᏉ ᏗᎭᎢ ᎦᏕᏚᏩᏗᏒ ᎦᏥᏯᎵᏥᏙᏁᏗ ᎠᎩᏃᎮᏗ ᎤᏁᎳᏅᎯ
ᎤᎬᏫᏳᎯ ᎨᏒᎢ; ᎾᏍᎩᏰᏃ ᎢᏯᏆᏛᏁᏗᏱ ᏨᎩᏅᏒ.
44 ᎠᎴ ᎠᎵᏥᏙᎲᏍᎨ ᏗᎦᎳᏫᎢᏍᏗᏱ ᏓᏓᏁᏄ ᎨᎵᎵ.

ᎠᏯᏙᎸᎢ 5

1 ᎯᎠᏃ ᏄᎵᏍᏔᏁᎢ, ᎾᏍᎩ, ᎾᏍᎩ ᎤᏂᏣᏘ ᎬᏩᏠᏫᏍᏗᎦᎨ ᎤᎾᏛᎪᏗᏱ ᎧᏃᎮᏛ
ᎤᎾᎳᏅᎯ ᎤᏤᎵᎦ, ᎨᏂᏏᎳᏗ ᎥᏓᎷᎶᏗ ᎦᏙᎨᎢ.
2 ᏥᏳᏃ ᏔᎵ ᏚᎪᎮ ᎥᏓᎷᎶᏗ ᏓᏔᎴᎢ; ᎠᏂᎦᏯᎷᎥᏍᎩᏍᎩᏂ ᎤᎾᏟᎢᏛ ᎨᏎᎢ, ᎠᎴ
ᏓᏅᎩᎶᏍᎨ ᏗᏂᎦᏯᎷᏗ.
3 ᏌᏉᏃ ᎠᏔᏄ ᏥᏳ ᎤᏟᏁᎢ ᎾᏍᎩ ᏌᏩᏂ ᎤᏤᎵᎦ ᎨᏎᎢ, ᎠᎴ ᎤᏔᏲᏎᎴ ᎤᏍᏗᎩᏛ
ᎢᏴᏛ ᏭᎧᏙᏯᏍᏗᏱ. ᎤᏪᏁᏃ ᎠᎴ ᏚᏪᏲᏁ ᎤᏂᏣᏘ ᏥᏳᎯ ᎬᏩᏟᎢ.
4 ᎿᏉᏃ ᎤᏲᎯᏍᏔᏅ ᎦᏬᏂᏍᎬ ᎯᎠ ᏄᏪᏎᎴ ᏌᏩᏂ, ᏗᏍᏛᎬ ᏫᏅᏍᏛ ᎠᎴ ᎡᏔᏗ
ᏂᏗᏨᎦ ᏗᏥᎦᏯᎷᏗ ᏗᏥᏂᏴᏗᏱ.
5 ᏌᏩᏂᏃ ᎤᏁᏤ ᎯᎠ ᏄᏪᏎᎴᎢ; ᏔᏕᏲᎲᏍᎩ ᎤᎵᏨᏓᏆᏛ ᏙᎩᎸᏫᏍᏓᏏ ᎥᏝᏃ ᎪᎱᏍᏗ
ᏲᏥᏂᏴ; ᎠᏎᏃ ᏂᎯ ᏣᏁᏨ ᎢᏳᏍᏗ ᏓᎬᏂ ᎠᎦᏯᎷᏗ.
6 ᎾᏍᎩᏃ ᏄᎾᏛᏁᎸ ᎤᏂᏣᏘ ᏚᏂᏂᏴᎮ ᎠᏣᏗ; ᎠᎴ ᎤᏂᎦᏯᎷᏗ ᏚᎾᎵᎦᎵᏎᎴᎢ
7 ᏚᎾᏘᏁᎶᏥᏁᎴᏃ ᎤᎾᎵᎪᎯ ᏐᎢᏱ ᏥᏳᎯ ᎤᎾᏟᎢ ᎤᏓᎬᏩᏂᏍᏕᎸᎲᏍᏗᏱ. ᎤᏂᎷᏤᏃ,
ᎠᎴ ᎢᏧᎳ ᏥᏳ ᏚᏂᎧᎵᎴᎢ, ᎾᏍᎩᏃ ᎿᏉ ᏕᎦᏃᏴᎨᎢ.
8 ᏌᏃᏂᏃ ᏈᏓ ᎤᎪᎲ ᎤᏓᏅᏁ ᏥᏌ ᏗᎧᏂᎨᏂ ᎾᎥᎢ, ᎯᎠ ᏂᏕᏪᏍᎨᎢ; ᏣᎬᏫᏳᎯ ᏍᏆᏓᏅᏏ,
ᏥᏍᎦᎾᎯᏳᏰᏃ ᎠᏴ.
9 ᎤᏍᏆᏂᎪᏎᏰᏃ ᎠᎴ ᏂᎦᏛ ᎠᏁᎯ ᎤᏂᏍᏆᏂᎪᏎ ᎤᏗᎦᎴᏍᏙᏗᏍᎨ ᎾᏂᎥ ᎠᏣᏗ ᏚᏂᏂᏴᎲᎢ;
10 ᎠᎴ ᎾᏍᏉ ᏥᎻ ᎠᎴ ᏣᏂ ᏤᏈᏗ ᏧᏪᏥ ᎾᏍᎩ ᎤᎾᎵᎪᎯ ᏥᎨᏎ ᏌᏩᏂ. ᏥᏌᏃ ᎯᎠ
ᏄᏪᏎᎴ ᏌᏩᏂ; ᏞᏍᏗ ᏣᏍᎦᎸᎩ; ᎪᎯ ᎢᏳᏓᎴᏅᏛ ᏴᏫ ᏘᏏᏱᏍᎩ ᎨᏎᏍᏗ.
11 ᎤᏩᏝᎥᏃ ᏚᏂᏔᏔᏗᏄ ᏥᏳ, ᏂᎦᏛ ᏚᏂᏲᏐᏁ ᎠᎴ ᎬᏩᏍᏓᏩᏛᏎᎢ.
12 ᎯᎠᏃ ᏄᎵᏍᏔᏁ ᎢᎸᎯᏢ ᎦᏚᎲ ᎡᏙᎲᎢ, ᎬᏂᏳᏉ ᎠᏍᎦᏯ ᏂᎬ ᎠᏓᏰᏍᎩ ᎤᏢᎩ ᎾᎿ
ᎡᏙᎮᎢ; ᎾᏍᎩ ᏥᏌᎤᎪᎲ ᎤᏯᏍᏚᏎᎢ, ᎠᎴ ᎤᏔᏲᏎᎴ ᎯᎠ ᏄᏪᏎᎢ, ᏣᎬᏫᏳᎯ, ᎢᏳᏃ
ᎣᏏᏳ ᏱᏣᏰᎸᏅ ᏰᎵᏉ ᏱᏍᎩᏅᏕᎸ.
13 ᎤᏙᏯᏅᎯᏛᏃ ᎤᏒᏂᎴᎢ, ᎯᎠ ᏄᏪᏎᎢ; ᎣᏏᏳ ᏥᏰᎸᎾ; ᏣᏓᏅᎦᎸᏛ ᎨᏎᏍᏗ.
ᎩᎳᏉᏃ ᎢᏴᏛ ᎠᏓᏰᏍᎩ ᎤᏢᎬ ᎤᏓᏅᏒᎴᎢ.
14 ᎤᏁᏤᎴᏃ ᎩᎶ ᎤᏃᏁᏗᏱ ᏂᎨᏒᎾ; ᎮᎾᏉᏍᎩᏂ, [ᎤᏬᏎᎴᎢ,] ᏫᏯᏓᎾᏄᎪᏫᏏ ᎠᏥᎸ-
ᎨᎶᎯ, ᎠᎴ ᎼᏏ ᎤᏁᏨ ᏣᏓᏅᎦᎸᎲ ᎠᎵᏍᎪᎸᏙᏗ ᏫᎲᎦ, ᎾᏍᎩ ᎤᎾᏙᎴᎰᎯᏍᏙᏗ.
15 ᎠᏎᏃ ᎤᏟᏉ ᎢᎦᎢ ᏚᏰᎵᏎ ᎾᏍᎩ ᎦᏚᏃᏣᎸᎢ. ᎤᏂᏣᏘᏃ ᏚᏂᏔᏫᏦᎴ ᎤᎾᏚᎵᏍᎨ
ᎤᎾᏛᎪᏗᏱ ᎠᎴ ᏧᏅᏬᏗᏱ ᏚᏂᏢᎬᎢ.
16 ᎤᏓᏅᏎᏃ ᎢᎾᎨ ᏬᎶᏎ ᎠᎴ ᎠᏓᏙᎵᏍᏗᏍᎨᎢ.
17 ᎢᎸᎯᏳᏃ ᎯᎠ ᏄᎵᏍᏔᏁᎢ, ᎾᎯᏳ ᏓᏕᏲᎲᏍᎨᎢ, ᎾᎿ ᎠᏂᏁ ᎠᏂᏆᎵᏏ ᎠᎴ
ᏗᎧᎿᏩᏛᏍᏗ ᏗᏃᏏᏏᏍᎩ ᏕᎦᏚᏩᏗᏒ ᎨᎵᎵ ᎤᏓᏩᏂᎶᏒᎯ, ᎠᎴ ᏧᏗᏱ, ᎠᎴ ᏥᎷᏏᎵᎻ;
ᎤᎬᏫᏳᎯᏃ ᎤᎵᏂᎬᎬ ᏚᎾᏗᏫᏍᏗᏍᎨᎢ.

18 ᎠᎴ ᎬᏂᏳᏉ ᎩᎶ ᎢᏳᎾᏍᏗ ᎠᏂᏍᎦᏯ ᎤᏂᏃᎴ ᎠᏤᏍᏙᎩᎯ ᎦᏅᎨ ᎠᏍᎦᏯ
ᎤᎸᏓᎸᎥᏍᎩ; ᎤᎾᏁᎶᏔᏁᏃ ᎤᏂᏴᏔᏂᎯᏍᏗᏱ, ᎠᎴ [ᏥᏌ] ᎢᎬᏱᏢ ᎤᏂᏅᏁᏗᏱ.
19 ᎤᎾᏠᏨᏃ ᎢᏳᎾᏛᏁᏗᏱ ᎤᏂᏴᏔᏂᎯᏍᏗᏱ ᎤᏂᏣᏘ ᎨᏒ ᎢᏳᏍᏗ, ᎦᏌᎾᎵ
ᎤᎾᎩᎳᏫᏎᎢ, ᎾᏏᏃ ᏧᏂᎦᏛᎴᎯᏍᏔᏁ ᎤᎾᏠᎥᏔᏂᎴ ᎤᏤᏍᏙ ᎬᏩᏠᏯᏍᏗ ᎤᎾᏓᏡᎬ
ᎠᏰᎵ, ᏥᏌ ᎢᎬᏱᏢ ᎤᏂᏅᏁᎴᎢ.
20 ᎤᏃᎯᏳᏒᏃ ᎤᏙᎴᎰᏒ, ᎯᎠ ᏄᏪᏎᎴᎢ; ᎯᏍᎦᏯ, ᏣᏍᎦᏅᏨ ᎡᏣᏙᎵᎩ.
21 ᏗᏃᏪᎵᏍᎩᏃ ᎠᎴ ᎠᏂᏆᎵᏏ ᎤᎾᏓᏅᏖᎴ ᎯᎠ ᏄᏂᏪᏎᎢ; ᎦᎪ ᎯᎠ ᎾᏍᎩ ᏣᏐᏢᎢᏍᏗᎭ?
ᎦᎪ ᎬᏩᏓᏙᎵᏍᏗ ᎠᏍᎦᏅᏨᎢ? ᏝᏍᎪ ᎤᏁᎳᏅᎯ ᎤᏩᏒ?
22 ᎠᏎᏃ ᏥᏌ ᎤᏙᎴᎰᏒ ᏄᏍᏛ ᏓᎾᏓᏅᏖᏍᎬᎢ, ᎤᏁᏤ ᎯᎠ ᏂᎦᏪᏎᎴᎢ; ᎦᏙ ᎢᏣᏓᏅᏖᎭ
ᏙᏗᏣᏓᏅᏛᎢ?
23 ᎦᏙ ᎤᏍᏗ ᎤᏟ ᎠᎯᏗᏳ ᎧᏁᎢᏍᏗᏱ, ᏣᏍᎦᏅᏨ ᎡᏣᏙᎵᎩ ᎠᏛᏗᏱ; ᎠᎴ ᎯᎠ
ᎢᎦᏪᏍᏗᏱ, ᏔᎴᎲᎦ ᎠᎴ ᎮᏓ?
24 ᎠᏎᏃ ᎢᏣᏙᎴᎰᎯᏍᏗᏱ ᏴᏫ ᎤᏪᏥ ᏰᎵᏉ ᎠᏂ ᎡᎶᎯ ᎬᏩᏓᏙᎵᏍᏗ ᎨᏒ ᎣᏍᎦᏅᏨᎢ,
(ᎯᎠ ᏄᏪᏎᎴ ᎤᎸᏓᎸᎥᏍᎩ;) ᎯᎠ ᏂᎬᏪᏎᎭ; ᏔᎴᎲᎦ, ᏣᏤᏍᏙ ᎯᎾᎩ, ᎠᎴ ᏗᏤᏅᏒ
ᎮᎾ.
25 ᎩᎳᏉᏃ ᎢᏴᏛ ᎤᏗᏛᎮ ᏓᏂᎧᏅᎢ, ᎠᎴ ᎤᏁᏎ ᎤᏤᏍᏙᎩ, ᎠᎴ ᏧᏪᏅᏒ ᏭᏩᏎᎢ,
ᎦᎸᏉᏗᏍᎨ ᎤᏁᎳᏅᎯ.
26 ᏂᎦᏗᏳᏃ ᎤᏣᏔᏅᎯ ᎤᏂᏍᏆᏂᎪᏎᎢ, ᎠᎴ ᎤᏂᎸᏉᏔᏁ ᎤᏁᎳᏅᎯ, ᎠᎴ ᎤᎧᎵᏨᎯ
ᎤᎾᏰᎯᏍᏗ ᎤᎾᏓᏅᏓᏕᎢ, ᎯᎠ ᎾᏂᏪᏍᎨᎢ; ᎤᏍᏆᏂᎪᏗᏳ ᎢᏗᎪᏩᏛ ᎪᎯ ᎢᎦ.
27 ᎾᏍᎩᏃ ᎯᎠ ᏄᎵᏍᏔᏂᏙᎸ ᎤᏄᎪᏤᎢ, ᎠᎴ ᎤᎪᎮ ᎠᏕᎸ ᎠᎩᏏᏙᎯ ᎵᏫ ᏧᏙᎢᏛ, ᎤᏬᎴ
ᎠᏰᎵ ᎡᎯ ᎠᏕᎸ ᎠᏗᏴᏗᏱ; ᎠᎴ ᎯᎠ ᏄᏪᏎᎴᎢ, ᏍᎩᏍᏓᏩᏕᎦ.
28 ᏂᎦᏛᏃ ᎤᏲᎦᏦᏁ ᎠᎴ ᏚᎴᏁ ᎤᏍᏓᏩᏛᏎᎢ.
29 ᎵᏫᏃ ᎤᏣᏘ ᏣᎦᎵᏍᏓᏴᎾᏁᏗᏱ ᎤᏛᏅᎢᏍᏓᏁᎴ ᎤᏩᏒ ᎦᏁᎸᎢ; ᎠᎴ ᎤᏂᏣᏖ ᎠᏕᎸ
ᎠᏂᎩᏏᏙᎯ ᎠᎴ ᎤᏩᎾᏓᎴ ᎢᏧᎳᎭ ᎠᏂᏅᏜᏒᎢ.
30 ᏗᏃᏪᎵᏍᎩᏂ ᏧᎾᏤᎵ ᎠᎴ ᎠᏂᏆᎵᏏ ᎦᏂᏔᎳᏬᎯᏎᎴ ᎬᏩᏍᏓᏩᏗᏙᎯ, ᎯᎠ ᏄᏂᏪᏎᎢ;
ᎦᏙᏃ ᎢᏧᎳᎭ ᎢᏣᎵᏍᏓᏴᎲᏍᎦ ᎠᎴ ᎢᏣᏗᏔᏍᎦ ᎠᏕᎸ ᎠᏂᎩᏏᏙᎯ ᎠᎴ ᎠᏂᏍᎦᎾᎢ?
31 ᏥᏌᏃ ᎤᏁᏨ ᎯᏴ ᏂᏊᏪᏎᎴᎢ; ᏂᎦᏂᏢᎬᎾ ᎥᏝ ᎤᏚᎸᏗ ᏱᏄᎾᎴᏍᏓᏁᎰ ᏗᏓᏅᏫᏍᎩ,
ᏧᏂᏢᎩᏍᎩᏂ.
32 ᎥᏝ ᎤᎾᏓᏅᏘ ᏱᏗᏥᏯᏅᎯᏄ, ᎠᏂᏍᎦᎾᏍᎩᏂ ᏧᏂᏁᏟᏴᏍᏗᏱ ᏚᎾᏓᏅᏛᎢ.
33 ᎯᎠᏃ ᏂᎬᏩᏪᏎᎴᎢ; ᎦᏙᏃ ᏣᏂ ᎬᏩᏍᏓᏩᏗᏙᎯ ᏯᏃᎩᏳ ᎠᎹᏟ ᎠᏅᏍᎪᎢ ᎠᎴ
ᎠᎾᏓᏙᎵᏍᏗᏍᎪᎢ, ᎠᎴ ᎾᏍᏉ ᎠᏂᏆᎵᏏ ᎬᏩᏂᏍᏓᏩᏗᏙᎯ; ᏂᎯᏍᎩᏂ ᎨᏣᏍᏓᏩᏗᏙᎯ
ᎠᎾᎵᏍᏓᏴᎲᏍᎪ ᎠᎴ ᎠᎾᏗᏔᏍᎪᎢ.

34 ᎯᎠᏃ ᏂᏚᏪᏎᎴᎢ; ᏥᎪ ᎦᎨᏚᏨᏍᏗᏍᎬ ᎠᏂᏚᎳᎯ ᎠᏍᏟ ᎤᏅᏗᏱ ᏱᏂᎦᏨᏂᏏ ᎠᏏᏉ
ᎤᏁᎳᏗᏙᎲ ᎤᎦᏒᏂᏄᎯ?
35 ᎠᏎᏃ ᏗᎵᏰᎢᏳᎵ ᎢᎦ ᏓᎨᏥᏯᏅᏒᎵ ᎤᎦᏒᏂᏄᎯ, ᎾᎯᏳᏃ ᏓᏉ ᎠᏍᏟ ᎠᏅᏍᎨᏍᏗ.
36 ᏚᏟᎶᏍᏓᏁᎴᏃ ᎾᏍᏉ [ᎯᎠ ᏄᏪᏎᎢ; ᎥᏝ ᎩᎶ ᎢᏤ ᎠᏄᏬ ᎤᏪᏘᎯ ᏱᏚᎳᏍᎵᎥᏍᎪᎢ;
ᎢᏳᏰᏃ ᎾᏍᎩ ᏱᏄᏛᏁᏄ, ᎢᏤ ᎠᏄᏬ ᎦᏣᎦᎵᏍᎪ ᎤᏪᏘ, ᎠᎴ ᎾᏍᏉ ᎢᏤ ᎠᎬᎭᏄᏛ ᎥᏝ
ᏱᏓᎾᏙᎵᎪ ᎤᏪᏘ.
37 ᎥᏝ ᎠᎴ ᎩᎶ ᎩᎦᎨ-ᎠᏗᏔᏍᏗ ᏧᏪᏘ ᏗᏖᎵᏛ ᏱᏓᏟᏍᏗᏍᎪᎢ; ᎢᏤᏰᏃ ᎩᎦᎨ-ᎠᏗᏔᏍᏗ
ᏱᏙᎦᏣᎦᏄ ᏗᏖᎵᏛ ᎠᎴ ᏯᏤᏬᎩ, ᏗᏖᎵᏛᏃ ᏱᏓᏲᎩ.
38 ᎢᏤᏍᎩᏃ ᎩᎦᎨ-ᎠᏗᏔᏍᏗ ᎠᏎ ᏗᏤ ᏗᏖᎵᏛ ᏗᏟᏍᏙᏗ; ᎩᎳ ᏓᏉ ᎢᏧᎳ ᏂᏗᎬᏩᏍᏙᎢ
39 ᎥᏝ ᎠᎴ ᎩᎶ ᎤᏪᏘ ᎩᎦᎨ-ᎠᏗᏔᏍᏗ ᎤᏚᎩᏛ ᎢᎬᏪᏅᏛ ᎢᏤ ᏣᏚᎵᏍᎪᎢ; ᎯᎠᏰᏃ
ᏂᎦᏪᏍᎪᎢ, ᎤᏪᏘ ᎤᏟ ᏃᎯ.

ᎠᏯᏙᎸᎢ 6

1 ᎯᎠᏃ ᏄᎵᏍᏔᏁ ᏔᎵᏁ ᎤᎾᏙᏓᏆᏍᎬ ᎢᎬᏱᏱ ᏄᎵᏐᏃᎢ, ᎾᏍᎩ ᏌᎨᏏ ᎤᏣᎴᏍᏗ ᏓᏫᏒ
ᎤᎶᏎᎢ, ᎬᏩᏍᏓᏩᏗᏙᎯᏃ ᏚᏂᏍᏚᏕᏎ ᎤᏣᎴᏍᏗ, ᎠᎴ ᎤᏂᏍᏗᎨ ᎠᎾᏍᎪᎵᏰᏍᎨ ᏧᏃᏰᏂ.
2 ᎩᎶᏃ ᎢᏳᎾᏍᏗ ᎠᏂᏆᎵᏏ ᎯᎠ ᏂᎬᏩᏂᏪᏎᎴᎢ, ᎦᏙᏃ ᏂᎯ ᏂᏣᏛᏁᎭ ᎾᏍᎩ ᎢᎬᏛᏁᏗ
ᏂᎨᏒᎾ ᎨᏒ ᎤᎾᏙᏓᏆᏍᎬ ᎢᎦ.
3 ᏥᏌᏃ ᏚᏁᏤᎸ ᎯᎠ ᏄᏪᏎᎢ; ᏝᏍᎪ ᎾᏍᏉ ᎯᎠ ᎾᏍᎩ ᏱᏥᎪᎵᏰᎣᎢ, ᎾᏍᎩ ᏕᏫ
ᏄᏛᏁᎸᎢ, ᎠᎪᏄ ᏧᏲᏏᏍᎨ ᎤᏩᏒ ᎠᎴ ᎾᏍᎩ ᏣᏁᎮᎢ?
4 ᎾᏍᎩ ᏧᏴᎴ ᎤᏁᎳᏅᎯ ᎤᏤᎵ ᎠᏓᏁᎸᎢ, ᎠᎴ ᏧᎩᏎ ᎠᎴ ᏧᎨ ᎦᏚ ᎠᎦᎩᏗ, ᎠᎴ ᎾᏍᏉ
ᏥᏚᏁᎴ ᎾᏍᎩ ᏣᏁᎮᎢ; ᎾᏍᎩ ᏂᎦᏳᎪᏛᎾ ᏥᎩ ᎩᎶ ᎤᎩᏍᏗᏱ ᎠᏥᎸ-ᎠᏁᎶᎯ ᎤᏅᏒ.
5 ᎠᎴ ᎯᎠ ᏂᏚᏪᏎᎴᎢ; ᎾᏍᏉ ᎤᎾᏙᏓᏆᏍᎬ ᏴᏫ ᎤᏪᏥ ᎤᏤᎵᎦ.
6 ᎯᎠᏃ ᎾᏍᏉ ᏄᎵᏍᏔᏁ ᏅᎵᏍᏔᏁ ᏅᏩᏓᎴ ᎤᎾᏙᏓᏆᏍᎬᎢ, ᎾᏍᎩ ᏭᏴᎴ
ᏗᎦᎳᏫᎢᏍᏗᏱ ᎠᎴ ᏕᎦᏲᏁᎢ; ᎾᎿᏃ ᎡᏙᎮ ᎠᏍᎦᏯ ᎠᎦᏘᏏᏗᏢ ᎤᏬᏰᏂ ᎤᏩᎢᏎᏄᎯ
7 ᏗᏃᏪᎵᏍᎩᏃ ᎠᎴ ᎠᏂᏆᎵᏏ ᎬᏩᏯᏫᏍᎨᎢ, ᏥᏌ ᎬᏩᏓᏅᏬᏗᏉ ᎤᎾᏙᏓᏆᏍᎬ ᎢᎦ
ᎠᏁᎵᏍᎨᎢ, ᎾᏍᎩ ᎪᎱᏍᏗ ᎬᏩᏄᎯᏍᏙᏗ ᎤᏂᏲᎮᎢ.
8 ᎠᏎᏃ ᎠᎦᏔᎮ ᏄᏍᏛ ᏓᎾᏓᏅᏖᏍᎬᎢ, ᎠᎴ ᎯᎠ ᏄᏪᏎᎴ ᎠᏍᎦᏯ ᎤᏩᎢᏎᏄᎯ ᎤᏬᏰᏂ;
ᏔᎴᎲᎦ, ᎠᎴ ᎠᏰᎵ ᎭᎴᏂᎦ. ᏚᎴᏅᏃ ᎤᎴᏂᎴᎢ.
9 ᎿᏉᏃ ᏥᏌ ᎯᎠ ᏂᏚᏪᏎᎴᎢ; ᏑᏓᎴᎩ ᏓᏨᏯᏛᏛᏂ; ᎦᏙ ᏚᏳᎪᏗ ᎤᎾᏙᏓᏆᏍᎬᎢ?
ᎣᏍᏛᏍᎪ ᏗᎦᏄᏫᏍᏓᏁᏗᏱ, ᎤᏲᎨ ᏗᎦᏄᏫᏍᏓᏁᏗᏱ? ᎬᏅ ᎠᏍᎦᏄᏗᏱ, ᎠᏓᎯᏍᏗᏱᎨ?
10 ᏚᎧᎿᏙᏄᏃ ᎬᏩᏚᏫᏛ ᏂᎦᏛ ᏄᎾᏛᏅᎢ, ᎯᎠ ᏄᏪᏎᎴ ᎠᏍᎦᏯ; ᎭᏙᏯᏅᎯᏛ. ᎾᏍᎩᏃ
ᏄᏛᏁᎴᎢ; ᎤᏬᏰᏂᏃ ᎤᏗᏩᏎ ᎾᏍᎩᏯ ᏐᎢ ᏄᏍᏛ ᏄᎵᏍᏔᏁᎢ.
11 ᎤᏂᎧᎵᏤᏃ ᎤᏂᏔᏔᏬᏍᎬᎢ; ᏚᎾᎵᏃᎮᎴᏃ ᎤᏅᏒ ᎢᏳᏅᏁᏗᏱ ᏥᏌ.
12 ᎯᎠᏃ ᏄᎵᏍᏔᏁ ᎾᎯᏳᎢ, ᎾᏍᎩ ᎣᏓᎸ ᏭᎶᎭ ᎤᏓᏙᎵᏍᏔᏅᏎᎢ, ᎠᎴ ᎤᏨᏓᏇ
ᎤᏁᎳᏅᎯ ᎠᏓᏙᎵᏍᏓᏁᎲᎢ.
13 ᎿᏉᏃ ᎢᎦ ᏄᎵᏍᏔᏅ ᎬᏩᏍᏓᏩᏗᏙᎯ ᏫᏚᏯᏅᎮᎢ; ᎾᏍᎩᏃ ᎬᏩᏍᏓᏩᏗᏙᎯ ᎨᏒ ᏔᎳᏚ
ᎢᏯᏂᏛ ᏚᏑᏰᏎᎢ, ᎠᎴ ᎨᏥᏅᏏᏛ ᏚᏬᎡᎢ--
14 ᏌᏩᏂ, ᎾᏍᎩ ᎾᏍᏉ ᏈᏓ ᏚᏬᎡᎢ, ᎡᏂᏗᏃ ᎾᏍᎩᏉ ᎤᏅᏟ. ᏥᎻ ᎠᎴ ᏣᏂ, ᏈᎵᎩ
ᎠᎴ ᏆᏙᎳᎻ,
15 ᎹᏚ ᎠᎴ ᏓᎻ ᎡᎵᏈ ᎤᏪᏥ, ᏌᏩᏂᏃ ᏏᎶᏗ ᏣᏃᏎᎨᎢ,
16 ᏧᏓᏏᏃ ᏥᎻ ᏗᎾᏓᏅᏟ, ᎠᎴ ᏧᏓᏏ ᎢᏍᎦᎳᏗ ᎾᏍᎩ ᎠᏓᎶᏄᎮᏍᎩ ᏥᏄᎵᏍᏔᏁᎢ.
17 ᎾᏍᎩᏃ ᎢᏧᎳᎭ ᏧᏂᎦᏐᎠᏒ ᎤᏬᏓᎸ ᎤᎴᏁᎢ. ᎠᎴ ᎤᏂᏣᏘ ᎬᏩᏍᏓᏩᏗᏙᎯ, ᎠᎴ
ᎤᏂᏧᏈᏍᏗ ᏴᏫ ᏂᎬᎾᏛ ᏧᏗᏱ ᎠᎴ ᏥᎷᏏᎵᎻ ᏅᏓᏩᏂᎶᏒᎯ, ᎠᎴ ᏔᏯ ᎠᎴ ᏌᏙᏂ
ᎠᎺᏉᎯ ᎤᏣᏘ ᏅᏓᏩᏂᎶᏒᎯ, ᎾᏍᎩ ᏧᏂᎷᏤ ᎬᏩᏛᎦᏁᏗᏱ, ᎠᎴ ᏗᎨᏥᏅᏬᏗᏱ ᏚᏂᏢᎬᎢ.
18 ᎠᎴ ᎠᏂᎦᏓᎭ ᏗᏓᏅᏙ ᎬᏩᎾᎦ ᏯᏙᏗᎦᎩ [ᎤᏂᎷᏤᎢ; ᎠᎴ ᎦᎨᏥᏅᏩᏁᎢ.

19 ᏂᎦᏛᏃ ᎤᏂᏣᏘ ᎨᏒ ᎠᎾᏟᏂᎬᏁᎮ ᎬᏩᎡᏏᏍᏗᏱ. ᎾᏍᎩᏰᏃ ᎨᏒ ᏗᏓᎴᏒᏍᎨ ᎤᏓᏅᏬᏗ
ᎨᏒ ᎠᎴ ᏚᎾᏗᏫᏍᏗᏍᎨ ᎾᏂᎥᎢ.
20 ᏚᏌᎳᏓᏁᏃ ᏗᎦᏙᎵ ᏚᎧᎾᏁ ᎬᏩᏍᏓᏩᏗᏙᎯ, ᎯᎠ ᏄᏪᏎᎢ; ᎣᏏᏳ ᎢᏣᎵᏍᎠᏁᏗ ᎤᏲ
ᎢᏣᏛᏖᎦᎩ; ᎢᏣᏤᎵᏰᏃ ᎤᏁᎳᏅᎯ ᎤᎬᏫᏳᎯ ᎨᏒᎢ.
21 ᎣᏏᏳ ᎢᏣᎵᏍᏓᏁᏗ ᏗᏥᏲᏏᏍᎩ ᎪᎯ ᎨᏒᎢ; ᏙᏓᏦᎸᏏᏰᏃ. ᎣᏏᏳ ᎢᏣᎵᏍᏓᏁᏗ
ᏗᏣᏌᏱᎯ ᎪᎯ ᎨᏒᎢ; ᏛᏥᏴᏥᏰᏃ.
22 ᎣᏏᏳ ᎢᏣᎵᏍᏓᏁᏗ ᎢᏳᏃ ᏴᏫ ᎨᏥᏂᏆᏘᎮᏍᏗ, ᎠᎴ ᎨᏣᏓᏓᎴᏗᏍᎨᏍᏗ, ᎠᎴ
ᎦᎨᏥᎭᎵᎦᏍᏗ, ᎠᎴ ᎠᏂᏍᎦᎩᏳ ᎨᏎᏍᏗ ᎦᏣᏙᎥ ᎪᎱᏍᏗ ᎤᏲ ᎾᏍᎩᏯᎢ, ᏴᏫ ᎤᏪᏥ
ᎤᏗᎦᎵᏍᏙᏗᏍᎨᏍᏗ.
23 ᎢᏣᎵᎮᎵᎨᏍᏗ ᎾᎯᏳ ᎢᎦ, ᎠᎴ ᎦᏣᎵᎳᎦᎨᏍᏗ ᎢᏣᎵᎮᎵᎬᎢ; ᎬᏂᏳᏉᏰᏃ ᎤᏣᏘ
ᎡᏣᎫᏴᎡᏗ ᎦᎸᎳᏗ; ᎾᏍᎩᏯᏰᏃ ᏧᏂᏙᏓ ᏂᏚᏅᏁᎴ ᎠᎾᏙᎴᎰᏍᎩ.
24 ᏂᎯᏍᎩᏂ ᏗᏤᎾᎢ ᏥᎩ, ᎤᏲ ᎢᏣᎵᏍᏓᏁᏗ! ᎦᏳᎳᏰᏃ ᎢᏥᎭ ᎢᏥᏚᎵᏍᏓᏗᏍᎩ.
25 ᎤᏲᎢᏳ ᎢᏣᎵᏍᏓᏁᏗ ᏗᏦᎸᏒᎯ! ᏙᏛᏥᏲᏏᏌᏂᏰᏃ. ᎤᏲᎢᏳ ᎢᏣᎵᏍᏓᏁᏗ ᎢᏥᏰᏣᏍᎩ
ᏥᎩ ᎪᎯ! ᎤᏲᏰᏃ ᎢᏣᏓᏅᏔᏩᎦᎨᏍᏗ ᎠᎴ ᎦᏣᏌᏱᎮᏍᏗ.
26 ᎤᏲᎢᏳ ᎢᏣᎵᏍᏓᏁᏗ ᎾᎯᏳ ᏂᎦᏗᏳ ᏴᏫ ᎣᏏᏳ ᎨᏥᏃᎮᏍᎨᏍᏗ! ᎾᏍᎩᏯᏰᏃ
ᏧᏂᎦᏴᎵᎨ ᏂᏚᏂᎸᏉᎦ ᎤᎾᏌᎾᏍᏗ ᎠᎾᏙᎴᎰᏍᎩ.
27 ᎠᏎᏃ ᎯᎠ ᏂᏨᏪᏎᎭ ᏂᎯ ᏥᏍᎩᏯᎦᏁᎭ; ᎦᏥᎨᏳᏎᏍᏗ ᎨᏥᏍᎦᎩ, ᎣᏍᏛ
ᏂᎦᏣᏛᏁᎮᏍᏗ ᎨᏥᏂᏆᏘᎯ,
28 ᎣᏍᏛ ᎦᏥᏁᏤᎮᏍᏗ ᎨᏥᏍᎩᏅᏗᏍᎩ, ᎠᎴ ᎢᏣᏓᏙᎵᏍᏗᏍᎨᏍᏗ ᎨᏥᏙᎵᏍᏗᏱ
ᎦᎨᏥᎭᎵᏗᏍᎩ.
29 ᎩᎶᏃ ᎯᎪᏆᎵᎢ ᎢᏨᏂᎮᏍᏗ ᎭᎢᏱ ᎾᏍᏉ ᎯᏯᎵᏍᎪᎸᏓᏁᎮᏍᏗ; ᎩᎶᏃ ᎤᏛᏃᎯ
ᏣᎾᏒᎮᏍᏗ, ᎾᏍᏉ ᎭᏫᏂ ᏣᏄᏬ ᏝᏍᏗ ᎯᎨᏳᎳᏅᎩ.
30 ᎾᏂᎥ ᎨᏣᎳᏲᏎᎯ ᎦᎯᏁᎮᏍᏗ; ᎪᎱᏍᏗᏃ ᏣᎾᎥ ᏣᎩᏒᎯ ᏝᏍᏗ ᎯᎳᏲᏎᎸᎩ.
31 ᎾᏍᎩᏰᏃ ᏄᏍᏛ ᎢᏣᏚᎵᏍᎬ ᎢᎨᏣᏛᏁᏗᏱ ᏴᏫ, ᎾᏍᎩᏯ ᎾᏍᏉ ᏂᎦᏣᏛᏁᎮᏍᏗ.
32 ᎢᏳᏰᏃ ᎨᏥᎨᏩᎯᏉ [ᎤᏅᏒ] ᏱᏗᏥᎨᏳᎭ, ᎦᏙ ᎢᏥᎭ ᎦᏰᏣᎵᎡᎵᏤᏗ ᎨᏒᎢ?
ᎠᏂᏍᎦᎾᏰᏃ ᎾᏍᏉ ᏚᏂᎨᏳᎭ ᎬᏩᏂᎨᏳᎯ.
33 ᎢᏳ ᎠᎴ ᎣᏍᏛ ᏱᏂᏗᏣᏛᏁᎭ ᎣᏍᏛ ᎢᎨᏣᏛᏁᎯ, ᎪᏙ ᎢᏥᎭ ᎦᏰᏣᎵᎡᎵᏤᏗ ᎨᏒᎢ?
ᎠᏂᏍᎦᎾᏰᏃ ᎾᏍᏉ ᎾᏍᎩᏯ ᎾᎾᏛᏁᎰᎢ.
34 ᎢᏳ ᎠᎴ ᏛᎪᎩᏁᎵ ᏗᏤᎵᏎᎯ ᏱᏗᏣᏙᎳᏍᏗᎭ; ᎦᏙ ᎢᏥᎭ ᎦᏰᏣᎵᎡᎵᏤᏗ ᎨᏒᎢ?
ᎠᏂᏍᎦᎾᏰᏃ ᎾᏍᏉ ᎠᏂᏍᎦᎾ ᏓᎾᏙᎳᏍᏗᏍᎪᎢ, ᎾᏍᎩ ᎢᎦᎢ ᏔᎵᏁ ᎥᎨᏥᏁᏗᏱ.
35 ᏂᎯᏍᎩᏂ ᎦᏥᎨᏳᏎᏍᏗ ᎨᏥᏍᎦᎩ, ᎠᎴ ᎣᏍᏛ ᎦᏥᎸᏫᏍᏓᎡᎮᏍᏗ, ᎠᎴ
ᎢᏣᏓᏙᎳᏍᏗᏍᎨᏍᏗ ᎤᏚᎩ ᏂᏨᏒᎾ ᎥᎡᏥᏂᏗᏱ ᎪᎱᏍᏗ; ᎤᏣᏘᏃ ᎡᏣᎫᏴᎡᏗ ᎨᏎᏍᏗ,

ᏩᏍᏛᏃ ᎦᎸᎳᏗᏳ ᎡᎯ ᏧᏪᏥ ᎨᏎᏍᏗ ᏂᎯ; ᎾᏍᎩᏰᏃ ᎣᏍᏛ ᏂᏓᏛᏁᎰ ᏄᎾᎵᎮᎵᏣᏛᎾ
ᎠᎴ ᎤᏂᏲᎢ.
36 ᎾᏍᎩ ᎢᏳᏍᏗ ᎢᏣᏓᏙᎵᏣᏘᏳ ᎨᏎᏍᏗ, ᎾᏍᎩᏯ ᎢᏥᏙᏓ ᎾᏍᏉ ᎤᏓᏙᎵᏣᏘᏳ ᏥᎩ.
37 ᏞᏍᏗ ᎢᏣᏓᎳᏫᏎᏄᎩ, ᏂᎯᏃ ᎥᏝ ᏴᎦᏰᎳᏫᏏ; ᏞᏍᏗ ᏗᏣᏓᏚᎪᏓᏁᏄᎩ, ᏂᎯᏃ ᎥᏝ
ᏱᏙᎦᏰᏧᎪᏓᏏ; ᏕᏥᏙᎵᎨᏍᏗ ᎨᏥᏍᏕᎤᏤᎯ, ᏂᎯᏃ ᎠᏎ ᎡᏥᏙᎵᏍᏗ ᎨᏎᏍᏗ;
38 ᎢᏣᏓᏁᎮᏍᏗ, ᏂᎯᏃ ᎠᏎ ᎡᏥᏁᏗ ᎨᏎᏍᏗ; ᎣᏍᏛ ᎠᏟᎶᏛ, ᎠᏍᏓᏲᏔᏅᎯ, ᎠᎴ
ᎠᏖᎸᏅᎯ, ᎠᎴ ᎬᏤᏬᎩ, ᎨᏥᏁᏗ ᎨᏎᏍᏗ ᏴᏫ ᏕᏣᏓᏌᎲᎢ. ᏄᏍᏛᏰᏃ ᎢᏣᏓᏟᎶᏒᏄ
ᎾᏍᎩᏯ ᎾᏍᏉ ᎡᏣᏟᎶᎡᏗ ᎨᏎᏍᏗ;
39 ᎯᎠᏃ ᏄᏪᏎ ᏚᏟᎶᏍᏓᏁᎴᎢ; ᏥᎪᏗᎨᏫ ᏰᎵᏉ ᏯᏘᏄᎦ ᏗᎨᏫ? ᏝᏍᎪ ᎢᏧᎳ ᎠᏔᎴᏒ
ᏱᏙᎬᏂᏄᎩ?
40 ᏗᏕᎶᏆᏍᎩ ᎥᏝ ᎤᏟ ᏱᎾᏥᏄᏉᏙ ᎡᏍᎦᏉ ᏧᏪᏲᎲᏍᎩ; ᎾᏂᎥᏍᎩᏂ ᎤᏂᏍᏆᏛᎯ
ᏧᏁᏲᎲᏍᎩ ᏄᏍᏛ ᎾᏍᎩᏯ ᎨᏎᏍᏗ.
41 ᎠᎴ ᎦᏙᏃ ᎢᎯᎪᏩᏘᏍᎪ ᎤᎵᏖᎸᏛ ᎤᎦᏑᎲᎢ ᏗᏍᏓᏓᏅᏟ, ᏁᎵᏍᎬᎾᏃ ᎢᎨᎭ ᎤᏃᏍᏛ
ᎠᏓ ᏨᏒ ᏣᎦᏑᎲᎢ?
42 ᎠᎴ ᎦᏙ ᏱᎦᎵᏍᏙᏓ ᎯᎠ ᏱᏂᏪᏏ ᏗᏍᏓᏓᏅᏟ; ᏗᎾᏓᏅᏟ ᎬᏄᏏ ᎤᎵᏖᎸᏛ ᏣᎦᏑᎲᎢ,
ᏨᏒᏃ ᏂᎪᏩᏘᏍᎬᎾ ᎤᏃᏍᏛ ᎠᏓ ᏨᏒ ᏣᎦᏑᎲᎢ? ᏣᏌᎾᏍᏗ! ᎢᎬᏱ ᎯᏄ ᎤᏃᏍᏛ ᎠᏓ
ᏨᏒ ᏣᎦᏑᎲᎢ, ᎿᏉᏃ ᎬᏂᎨᏒᎢᏳ ᏣᎪᏩᏛᏗᏱ ᎨᏎᏍᏗ ᎯᏄᎡᏗᏱ ᎤᎵᏖᎸᏛ ᏗᏍᏓᏓᏅᏟ
ᎤᎦᏑᎲᎢ.
43 ᎣᏍᏛᏰᏃ ᏡᎬ ᎥᏝ ᎤᏲ ᏯᏓᏛᏍᎪᎢ; ᎠᎴ ᎤᏲ ᏡᎬ ᎥᏝ ᎣᏍᏛ ᏯᏓᏛᏍᎪᎢ.
44 ᏡᎬᏰᏃ ᎪᎵᏍᏙᏗ ᎨᎭ ᏄᏍᏛ ᎤᏩᏒ ᎠᏓᏛᏍᎬᎢ; ᏥᏍᏚᏂᎩᏍᏗᎯᏰᏃ ᎥᏝ ᏎᎦᏔ-
ᎢᏳᎾᏍᏗ ᏱᏓᎾᏕᏍᎪ ᏴᏫ, ᎠᎴ ᎠᏄᎦᏄᎯ ᎥᏝ ᏖᎸᎳᏗ ᏱᏓᎾᏕᏍᎪᎢ.
45 ᎣᏍᏛ ᏴᏫ ᎣᏍᏛ ᎤᏍᏆᏂᎪᏛ ᎤᎾᏫᏱ ᎣᏍᏛ ᎨᏒ ᏕᎾᏄᎪᏫᏍᎪᎢ; ᎤᏲᏃ ᏴᏫ ᎤᏲ
ᎤᏍᏆᏂᎪᏛ ᎤᎾᏫᏱ ᎤᏲᎨᏒ ᏕᎾᏄᎪᏫᏍᎪᎢ; ᎤᏣᏛᏰᏃ ᎤᎾᏫ ᎤᏪᎲ ᎠᎰᎵ ᎧᏁᎪᎢ.
46 ᎠᎴ ᎦᏙᏃ ᏣᎬᏫᏳᎯ, ᏣᎬᏫᏳᎯ, ᎢᏍᎩᏲᎰᎢ, ᏂᏥᏪᏍᎬᏃ ᏂᏣᏛᏁᎲᎾ ᎢᎨᎭᎢ?
47 ᎩᎶ ᎠᎩᎷᏤᎮᏍᏗ, ᎠᎴ ᎠᏛᎩᏍᎨᏍᏗ ᏂᏥᏪᏍᎬᎢ, ᎠᎴ ᎾᏍᎩ ᎾᏛᏁᎮᏍᏗ,
ᏓᏨᎾᏄᎪᏫᏎᎵ ᏓᏤᎸ ᎾᏍᎩ;
48 ᎠᏍᎦᏯ ᏓᏤᎸ ᎾᏍᎩ ᎾᏧᏁᏍᎨᎮᎢ, ᎠᎴ ᎭᏫᏂ ᏧᏍᎪᏎᎢ, ᎠᎴ ᏕᎫᏍᏛᏗ ᎤᏲᎯ
ᏧᏝᏁᎢ; ᎤᏃᎱᎦᏅᏃ ᎡᏉᏂ ᎾᎿ ᎠᏓᏁᎸ ᎠᏍᏓᏱᏳ ᎬᏂᎵᎯᎮᎢ, ᎠᎴ ᎥᏝ ᎬᏩᏖᎸᏗ ᏱᎨᏎᎢ;
ᎤᏲᎯᏰᏃ ᎦᎧᎮᎠᏍᎦᏯ ᏓᏤᎸ ᎾᏍᎩ ᎾᏧᏁᏍᎨᎮᎢ, ᎠᎴ ᎭᏫᏂ ᏧᏍᎪᏎᎢ, ᎠᎴ ᏕᎫᏍᏛᏗ
ᎤᏲᎯ ᏧᏝᏁᎢ; ᎤᏃᎱᎦᏅᏃ ᎡᏉᏂ ᎾᎿ ᎠᏓᏁᎸ ᎠᏍᏓᏱᏳ ᎬᏂᎵᎯᎮᎢ, ᎠᎴ ᎥᏝ ᎬᏩᏖᎸᏗ
ᏱᎨᏎᎢ; ᎤᏲᎯᏰᏃ ᎦᎧᎮᎢ.

49 ᎾᏍᎩᏍᎩᏂ Ꮎ ᎤᏛᎦᏅᎯ, ᏄᏛᏁᎸᎾᏃ, ᎾᏍᎩ ᎠᏍᎦᏯ ᏓᏙᎸ ᏂᏕᎫᏍᏓᎥᎾ ᎦᏙᎯᏉ
ᎠᏓᏁᎸ ᏧᏁᏍᎨᏢᎢ; ᎡᏉᏂᏃ ᎾᎿ ᎤᎵᏂᎩᏗᏳ ᎡᏂᎵᎯᏢᎢ, ᎩᎳᏉᏃ ᎢᏴᏛ ᎤᏪᏊᏴᏎᎢ;
ᎤᏍᎦᏎᏗᏳᏃ ᏄᎵᏍᏔᏁ ᎤᏲᏨ ᎾᏍᎩ ᎠᏓᏁᎸᎢ.

ᎠᏯᏙᎸᎢ 7

1 ᎿᏉᏃ ᎤᏍᏆᏛ ᏂᎦᏛ ᎦᏬᏂᏍᎬ ᎠᎾᏛᎩᏍᎬ ᏴᏫ, ᎨᎭᏂ ᏭᏴᎴᎢ.

2 ᎩᎶᏃ ᎢᏳᏍᏗ ᎠᏍᎪᎯᏧᏈ ᎠᏂᏯᏫᏍᎩ ᏗᏘᏂᏙᎯ ᎤᏅᏏᏓᏍᏗ, ᎣᏍᏛ ᎤᏰᎸᎯ,
ᎤᏢᎨᎢ, ᎠᎴ ᎤᏲᎱᏏᎦᎾ ᎨᏎᎢ.

3 ᏥᏌᏃ ᎠᏥᏃᎮᏍᎬ ᎤᏛᎦᏅ, ᏚᏅᏎ ᏙᏤᎲ ᏗᏂᏔᎾᎩ ᎠᏂᏧᏏ ᏧᎾᏤᎵᎦ, ᏭᏔᏲᏎᎮ
ᎤᏓᏳᏪᏅᏍᏗᏱ ᎤᏅᏬᏗᏱ ᎤᏅᏏᏗᏍᏗ.

4 ᏥᏌᏃ ᎬᏩᎷᏤᎸ, ᎤᏣᏘ ᎬᏩᏍᏗ ᏰᏔᏁᎢ, ᎯᎠ ᏄᏂᏪᏍᎨᎢ; ᎤᏓᏅᏘᏳ ᎾᏍᎩ ᎯᎠ
ᏥᎤᏘᏍᏛᏁᎵ;

5 ᎤᎨᏳᎯᏳᏰᏃ ᎢᎩᏌᏱ ᎨᏒ ᏴᏫ, ᎠᎴ ᎢᎦᏁᏍᎨᎸ ᏗᎩᏔᏫᎢᏍᏗᏱ.

6 ᏥᏌᏃ ᏚᏍᏓᏩᏛᏎᎢ. ᎿᏉᏃ ᎾᎥᏉ ᎤᎷᎴ ᏗᏓᏁᎸ, ᎠᏍᎪᎯᏧᏈ ᎠᏂᏯᏫᏍᏍᎩ ᏗᏘᏂᏙᎯ
ᏙᏧᏅᏎ ᏧᎵᎢ ᏂᏙᏓᎬᏩᏌᎯᏍᏗᏱ, ᎯᎠ ᎤᏧᏪᏎᎴᎢ; ᏣᎬᏫᏳᎯ, ᏞᏍᏗ ᏨᏒ
ᏣᏓᎦᏯᏙᏔᏅᎩ; ᎥᏝᏰᏃ ᏰᎵ ᏱᏂᎪᎯ ᏣᏴᏍᏗᏱ ᏥᏁᎸᎢ ᏥᎾᏆᏍᏗᏉ;

7 ᎥᏝ ᎠᎴ ᎾᏍᎩ ᏰᎵ ᏂᎪᎢ ᏱᏇᎵᏎ ᏫᎬᎷᏤᏗᏱ; ᎯᏁᎩᏉᏍᎩᏂ, ᏥᏅᏏᏓᏍᏗᏃ ᏧᏩᏗᏩᏏ.

8 ᎠᏴᏰᏃ ᎾᏍᏉ ᏗᏆᏓᏁᏩᏗᏉ, ᎠᎴ ᏗᎩᎧᎭ ᎠᏂᏯᏫᏍᎩ ᎠᎴ ᎠᏴ ᎦᎬᏆᏁᎶᏙᎢ, ᎩᎶᏃ
ᎮᎾ ᏥᏲᏏ, ᎡᎪᎢ; ᎤᏩᏓᎴᏃ ᎡᎮᎾ ᏥᏲᏏ, ᏗᎡᎪᎢ; ᏥᏅᏏᎠᏍᏗᏃ ᎯᎠ ᎿᏛᏏ ᏥᏲᏏ,
ᎾᏍᎩ ᎾᏛᏁᎰᎢ.

9 ᏥᏌᏃ ᎾᏍᎩ ᎯᎠ ᎤᏛᎦᏅ, ᎤᏍᏆᏂᎪᏎᎴᎢ, ᎠᎴ ᎤᎦᏔᎲᏎᎢ, ᎠᎴ ᎯᎠ ᏂᏚᏪᏎᎵ ᏴᏫ
ᎾᏍᎩ ᎤᏓᎬᏩᏍᏓᏩᏛᏛ; ᎯᎠ ᏂᏨᏪᏎᎭ; ᎥᏝ ᎾᏍᏉ ᎢᏏᎵ ᎠᏁᎲ ᎾᏍᎩ ᎢᎦᎢ ᎪᎯᏳᏗ
ᎨᏒ ᏯᎩᏩᏛᎲ.

10 ᎾᏍᎩᏃ Ꮎ ᎤᏓᎨᏥᏅᏏᏛ, ᏫᎤᏂᎷᏨ ᏗᏓᏁᎸ, ᎠᏥᏅᏏᏓᏍᏗ ᎤᏢᏨᎯ ᎤᏂᏩᏛᎮ
ᎤᏗᏩᏒᎯ ᎢᎨᏎᎢ.

11 ᎯᎠᏃ ᎸᎵᏍᏔᏁ ᎤᎩᏨᏛ, ᎾᏍᎩ ᏗᎦᏚᎲ ᎾᏱᏂ ᏧᏙᎢᏛ ᏭᏴᎴᎢ; ᏰᎵᏃ ᎠᏂᎪᏗᏳ
ᎬᏩᏍᏓᏩᏗᏙᎯ ᎬᏩᏍᏓᏩᏛᏎᎢ, ᎠᎴ ᎤᏂᏣᏘ ᏴᏫ.

12 ᎿᏉᏃ ᎦᎶᎯᏍᏗᏱ ᎪᏢᏒ ᎦᏚᎲ ᎾᎥ ᎤᎷᏨ, ᎬᏂᏳᏉ ᎠᏍᎦᏯ ᎤᏲᎱᏒᎯ ᎠᏂᏄᎪᏫᏍᎨ
ᎠᏂᏂᏎᎢ, ᎤᏩᏒᎯᏳ ᎤᏪᏥ ᎨᏎ ᎤᏥ, ᎠᎴ ᎾᏍᎩ ᎤᏬᏑᎶᏨᎯ ᎨᏎᎢ; ᎤᏂᏣᏘᏃ ᏴᏫ
ᎦᏚᎲ ᎠᏁᎯ ᎬᏩᏍᏓᏩᏗᏎᎢ.

13 ᎤᎬᏫᏳᎯᏃ ᎤᎪᎲ ᎤᏪᏙᎵᏤᎢ, ᎠᎴ ᎯᎠ ᏄᏪᏎᎴᎢ; ᏞᏍᏗ ᏗᏣᏠᏱᎸᎩ.

14 ᎤᎷᏨᏃ ᎤᏏᏔᎦ ᎠᏥᏢᏛᎢ, ᎬᏩᏁᎩᏃ ᎤᎾᎴᎾᏫᏍᏔᏁᎢ. ᎯᎠᏃ ᏄᏪᏎᎢ; ᎯᏫᎤ,
ᎭᏗᏛ, ᎬᏂᏎᎭ.

15 ᎤᏲᎱᏒᎯᏃ ᎤᏗᏛᎮ ᎤᏪᏁᎢ, ᎠᎴ ᎤᎴᏅᎮ ᎤᏬᏂᏎᎢ; ᎤᏥᏃ ᎤᏪᎧᏁᎴᎢ.

16 ᏂᎦᏛᏃ ᎤᏂᎾᏰᏎᎢ; ᎠᎴ ᎤᏂᎸᏉᏔᏁ ᎤᏁᎳᏅᎯ, ᎯᎠ ᏄᏂᏪᏍᎨᎢ; ᎠᏥᎸᏉᏗ
ᎠᏙᎴᎰᏍᎩ ᎦᎾᏄᎪᎩ ᎢᏚᎲᎢ; ᎠᎴ ᎯᎠ; ᎤᏁᎳᏅᎯ ᏓᏩᏛᎯᎦ ᏧᏤᎵ ᏴᏫ.

17 ᎾᏍᎩᏃ ᎯᎠ ᎠᏥᏃᎮᏍᎬ ᏧᏗᏱ ᏂᎬᎾᏛ ᏚᏰᎵᏏᏙᎴᎢ, ᎠᎴ ᎾᎿ ᎬᏩᏚᏫᏛ ᎨᏒᎢ.

18 ᏣᏂᏃ ᎬᏩᏍᏓᏩᏗᏙᎯ ᎾᏍᎩ ᎯᎠ ᏂᎦᏛ ᎬᏩᏃᏁᎴᎢ.
19 ᏣᏂᏃ ᎠᏂᏔᎵ ᎬᏩᏍᏓᏩᏗᏙᎯ ᏫᏚᏯᏅᎮ ᏥᏌ ᏤᏙᎲ ᏚᏅᏎ ᎯᎠ ᎾᏄᏪᏎᎢ; ᏂᎯᏍᎪ
ᎤᎷᎯᏍᏗ ᏥᎩ? ᏥᎪᎨ ᎤᏩᏓᎴ ᎣᏥᏚᎦᏃᎮᏍᏗ?
20 ᎠᏂᏍᎦᏯᏃ ᎬᏩᎷᏤᎸ, ᎯᎠ ᏄᏂᏪᏎᎢ; ᏣᏂ ᏗᏓᏬᏍᎩ ᏦᎩᏂᏅᏒ ᎢᏍᏛᎷᏤᏗᏱ, ᎯᎠ
ᎤᏗᎦᏪᎭ; ᏂᎯᏍᎪ ᎤᎷᎯᏍᏗ ᏥᎨᏒᎩ? ᏥᎪᎨ ᎤᏩᏓᎴ ᎣᏥᎦᏖᏃᎮᏍᏗ?
21 ᎾᎯᏳᏉᏃ ᏚᏅᏩᏁ ᎤᏂᏣᏘ ᏚᏂᏢᎬ ᎠᎴ ᎥᏳᎩ ᏚᏂᏱᎵᏙᎲ, ᎠᎴ ᎤᏂᏲᏗᏓᏅᏙ
ᎬᏩᏂᏱᎵᏙᎲᎢ; ᎠᎴ ᎤᏂᏣᏘ ᏗᏂᎨᏫ ᎬᏩᏂᎪᏩᏛᏗ ᏄᏩᏁᎴᎢ.
22 ᎿᏉᏃ ᏥᏌ ᎤᏁᏨ ᎯᎠ ᏂᏚᏪᏎᎴᎢ; ᏥᏍᏕᎾ ᎠᎴ ᏣᏂ ᏪᏍᏗᏃᎲᏏ ᏄᏍᏛ ᎢᏍᏗᎪᎲ
ᎠᎴ ᏄᏍᏛ ᎢᏍᏓᏛᎦᏅᎢ; ᎾᏍᎩ ᏗᏂᎨᏫ ᎠᏂᎪᏩᏘᏍᎬᎢ, ᏗᏂᏲᎤᎵ ᎠᏁᏙᎲᎢ, ᎠᏓᏰᏍᎩ
ᏧᏂᏢᎩ ᎨᏥᏅᎦᎵᏍᎬᎢ, ᏧᏂᎵᏒᏅ ᎠᎾᏛᎩᏍᎬᎢ, ᏧᏂᏲᎱᏒᎯ ᏕᎨᎦᎴᏗᏍᎬᎢ, ᎤᏲᏃ
ᎢᏳᎾᏛᎿᏕᎩ ᎣᏍᏛ ᎧᏃᎮᏛ ᎨᏕᎵᏥᏙᏁᎲᎢ.
23 ᎠᎴ ᎣᏏᏳ ᎢᏳᎵᏍᏓᏁᏗ ᎩᎶ ᎠᏴ ᏂᏗᏥᏲᏕᏍᏗᏍᎬᎾ. ᎢᎨᏎᏍᏗ.
24 ᎿᏉᏃ ᏣᏂ ᏂᏙᏓᏳᏅᏏᏛ ᎢᎤᏁᏅ, ᎤᎴᏅᎮ ᏣᏂ ᏚᏁᎢᏍᏓᏁᎴ ᏴᏫ; ᎦᏙ ᎢᏣᏚᏔᏅᏎ
ᎢᎾᎨᎢ? ᏩᎭᎾᏍᎪ ᎤᏃᎴ ᎤᏖᎸᎮᏍᎬᎢ?
25 ᎦᏙᎨ ᎢᏣᎦᏔᏅᏎᎢ? ᎠᏍᎦᏯᏍᎪ ᏗᏬᏍᎩᎵ ᏧᏄᏩᎢ? ᎬᏂᏳᏉ ᏧᏬᏚᎯ ᏧᎾᏄᏩᎢ ᎠᎴ
ᎣᏍᏛ ᏗᎾᎵᏍᏓᏴᎲᏍᎩ ᎤᏂᎬᏫᏳᎯ ᏓᏂᏁᎸ ᎠᏁᎰᎢ.
26 ᎦᏙᎨ ᎢᏣᎦᏔᏅᏎᎢ? ᎠᏙᎴᎰᏍᎩᏍᎪ? ᎥᎥ, ᎢᏨᏲᏎᎭ. ᎠᎴ ᎤᏟ ᎠᏥᎸᏉᏗᏳ ᎡᏍᎦᏉ
ᎠᏙᎴᎰᏍᎩ.
27 ᎾᏍᎩᏍᎩᏂ ᎯᎠ ᎠᏥᏃᎮᏍᎬ ᎯᎠ ᏥᏂᎬᏅ ᏥᎪ-ᏪᎳ; ᎬᏂᏳᏉ ᏥᏅᎵ ᏥᏅᏏᏓᏍᏗ
ᏣᎧᏛ ᎢᎬᏱᏗᏢ, ᎾᏍᎩ ᏓᏣᏛᏅᎢᏍᏓᏁᎵ ᏣᎶᎯᏍᏗᏱ ᎢᎬᏱᏗᏢ.
28 ᎯᎠᏰᏃ ᏂᏨᏪᏎᎭ; ᎠᏂᎨᏴ ᎬᏩᏂᎾᏄᎪᏫᏒᎯ ᏥᎩ ᎥᏝ ᏳᏜᏍᏗ ᎩᎶ ᎠᏙᎴᎰᏍᎩ ᎤᏟ
ᎢᏯᏥᎷᏉᏗ ᎡᏍᎦᏉ ᏣᏂ ᏗᏓᏬᏍᎩ; ᎠᏎᏃ ᎤᏍᏗᎧᏂ ᎤᏁᎳᏅᎯ ᎤᏤᎵᎪᎯ ᎨᎳ ᎤᏟ
ᎠᏥᎸᏉᏗᏳ ᎡᏍᎦᏉ ᏣᏂ.
29 ᏂᎦᏛᏃ ᏴᏫ ᎤᎾᏛᎦᏅᎯ, ᎠᎴ ᎠᏕᎸ ᎠᏂᎩᏏᏙᎯ, ᎤᏂᎸᏉᏔᏁ ᎤᏁᎳᏅᎯ,
ᏗᎨᎦᎧᏍᏔᏅᎯᏰᏃ ᎨᏎ ᏣᏂ ᏧᏓᏬᏍᏙᏗ ᎨᏒᎢ.
30 ᎠᏂᏆᎵᏏᏍᎩᏂ ᎠᎴ ᏗᎧᎿᏩᏛᏍᏗ ᏗᏃᏏᏏᏍᎩ ᎤᏁᎳᏅᎯ ᏚᏓᏅᏖᎮᎸᎢ ᎤᏂᏲᎢᏎᎴ
ᎤᏅᏒ ᎤᎾᏓᏑᏔᏁᎢ, ᏂᏗᎨᏚᏬᎥᎾ ᎨᏒᎢ.
31 ᎤᎬᏫᏳᎯᏃ ᎯᎠ ᏄᏪᏎᎢ; ᎦᏙᎨᏙᏓᎦᏥᏟᎶᏍᏔᏂ ᏴᏫ ᎪᎯ ᏣᏁᎭ? ᎠᎴ ᎦᏙ ᏓᎾᏤᎸ?
32 ᏗᏂᏲᎵᏉ ᎾᏍᎩᏯ ᎦᏃᏙᏗᏱ ᏣᏂᏃᎢ, ᎠᎴ ᏥᏫᏓᎾᏓᏯᏂᏍᎪᎢ, ᎯᎠ ᏥᏫᎾᏂᏪᏍᎪᎢ;
ᎠᏤᎷᎩ ᎣᎬᎳᏅ ᎦᏨᏃᎩᏒᎸ, ᎠᏎᏃ ᎥᏝ ᏱᏣᎵᏍᎩᏎᎢ; ᏙᏥᏴᎬ ᎢᏣᏛᎪᏗ, ᎠᏎᏃ ᎥᏝ
ᏱᏗᏣᏠᏱᎴᎢ.
33 ᏣᏂᏰᏃ ᏗᏓᏬᏍᎩ ᎤᎷᏨᎩ ᎥᏝ ᎦᏚ ᏯᎩᏍᎨᎢ, ᎥᏝ ᎠᎴ ᎩᎦᎨ-ᎠᏗᏔᏍᏗ ᏯᏗᏔᏍᎨᎢ;
ᎯᎠᏃ ᏂᏥᏪᏎ; ᎠᏍᎩᎾ ᎤᏯᎠ.

34 ᏴᏫ ᎤᏪᏥ ᎤᎷᏨ ᎠᎵᏍᏓᏴᎲᏍᎦ ᎠᎴ ᎠᏗᏔᏍᎦ; ᎯᎠᏃ ᏂᏥᏪᏎ; ᎬᏂᏳᏉ ᎠᏍᎦᏯ
ᎤᎬᎥᏍᎩ ᎠᎵᏍᏓᏴᏗ ᎠᎴ ᎩᎦᎨ-ᎠᏗᏔᏍᏗ ᎠᏗᏔᏍᎩ, ᎠᎦᏄ ᎠᏂᎩᏏᏙᎯ ᎠᎴ ᎠᏂᏍᎦᎾ
ᎤᎾᎵᎢ.
35 ᎠᏎᏃ ᎠᎦᏔᎾᎢ ᏧᏪᏥ ᏂᎦᏛ ᎣᏏᏳ ᎢᎬᏩᏰᎸᎭ
36 ᎩᎶᏃ ᎢᏳᏍᏗ ᎠᏆᎵᏏ ᎤᏔᏲᏎᎴ ᎤᎵᏍᏓᏴᎾᏁᏗᏱ ᏭᏴᎵᏏ ᎠᏆᎵᏏ ᎦᏁᎸᎢ, ᎠᎴ
ᎤᎵᎩᏳᏍᎠᏅᏁ ᎠᎵᏍᏓᏴᏗᏱ.
37 ᎬᏂᏳᏉᏃ ᎠᎨᏴ ᎾᎿ ᎦᏚᎲ ᎡᎯ, ᎠᏍᎦᎾᎢ, ᎤᏙᎴᎰᏒ ᏥᏌ ᎠᏆᎵᏏ ᎦᏁᎸ ᎦᏅᎬ
ᎠᎵᏍᏓᏴᎲᏍᎬᎢ, ᎤᏲᎴ ᎫᎫ ᎤᏯ ᎤᏁᎬ ᎪᏢᏔᏅᎯ ᎠᏟᏍᎦ ᎠᏠᏁᏗ,
38 ᎠᎴ ᎤᎴᏁ ᏚᏜᏌᏛ ᎣᏂᏗᏢ ᏓᏠᏱᎮᎢ, ᎠᎴ ᎤᎴᏅᎮ ᏧᎳᏏᏕᏂ ᏚᏬᏑᎴᏔᏁ ᏧᎦᏌᏬᎸᎯ,
ᎠᎴ ᏚᎧᏲᏙᏔᏁ ᎤᏍᏘᏰᎬᎢ, ᎠᎴ ᏚᏚᏣᏔᏁ ᏧᎳᏏᏕᏂ, ᎠᎴ ᏚᎶᏁᏔᏁ ᎠᏠᏁᏗ.
39 ᎠᏆᎵᏏᏃ ᎾᏍᎩ ᏭᏯᏅᏛ ᎤᎪᎲ, ᎤᏁᏤ ᏧᏓᏅᏛ ᎯᎠ ᏂᎦᏪᏍᎨᎢ; ᎯᎠ ᎠᏍᎦᏯ ᎢᏳᏃ
ᎠᏙᎴᎰᏍᎩ ᏱᎨᏎ ᏳᏙᎴᎰᏎ ᎾᏍᎩ ᎨᏒ ᎠᎴ ᎢᏳᏍᏗᏉ ᎨᏒ ᎯᎠ ᎠᎨᏴ ᏧᏃᏟᏍᏗᎭ,
ᎠᏍᎦᎾᏰᏃ.
40 ᏥᏌᏃ ᎤᏁᏨ ᎯᎠ ᏄᏪᏎᎴᎢ; ᏌᏩᏂ, ᎠᎩᎭ ᎪᎱᏍᏗ ᎬᏲᏎᏗ. ᎯᎠᏃ ᏄᏪᏎᎢ;
ᏔᏕᏲᎲᏍᎩ, ᏂᏫᎪᎦ.
41 ᎩᎶ ᎢᏳᏍᏗ ᎡᎮ ᏧᏓᏚᎩ, ᎾᏍᎩ ᎠᏂᏔᎵ ᏧᏚᎩ ᎠᏁᎮᎢ; ᏏᏴᏫ ᎯᏍᎩᏧᏈ ᎠᏂᎩᏏ
ᏧᎾᎬᏩᎶᏗ ᎠᏥᏚᎨᎢ, ᏐᎢᏃ ᎯᏍᎩᏍᎪᎯ.
42 ᎪᎱᏍᏗᏃ ᏄᏂᎲᎾ ᎨᏒ ᎤᎾᎫᏴᏙᏗ, ᏚᏲᏎᏉ ᎢᏧᎳ. ᎾᏍᎩᏃ ᏍᎩᏃᎲᏏ, ᎦᎪ ᎾᏍᎩ
ᎤᏟ ᏄᏓᎨᏳᏎᏍᏗ?
43 ᏌᏩᏂ ᏧᏁᏨ ᎯᎠ ᏄᏪᏎᎢ; ᎠᏎᎨᎵ ᎾᏍᎩ Ꮎ ᎤᏟ ᎢᎦᎢ ᏗᎬᏩᏲᎯᏎᎸᎯ. ᎯᎠᏃ
ᏄᏪᏎᎴᎢ; ᏚᏳᎪᏛ ᏕᎱᎪᎵ.
44 ᎠᎨᏴᏃ ᎦᏙᎬ ᎢᏗᏢ ᏭᎦᏔᎲᏍᏔᏅ ᎯᎠ ᎾᏥᏪᏎᎴ ᏌᏩᏂ; ᎯᎪᏩᏘᏍᎪ ᎯᎠ ᎠᎨᏴ?
ᎯᏁᎸ ᎠᎩᏴᎸᎩ, ᎠᎹ ᎥᏝ ᏱᏍᎩᏁᏁᎴ ᏗᏉᏑᎴᏗ ᏗᏆᎳᏏᏕᏂ; ᎾᏍᎩᏍᎩᏂ Ꮎ ᏓᏉᏑᎵᏏ
ᏗᏆᎳᏗᏕᏂ ᏧᎦᏌᏬᎸᎯ ᎬᏓ, ᎠᎴ ᏓᎩᎧᏲᏙᏓᏏ ᎤᏍᏘᏰᎬᎢ.
45 ᎥᏝ ᏱᏍᏆᏔᏪᏙᏁᎢ; ᎯᎠᏍᎩᏂ ᎠᎨᏴ, ᎠᎩᏴᎵᎸ ᎤᏓᎬᏩᏓᎴᏅᎥ, ᎥᏝ ᏳᏑᎵᎪᏨ
ᏓᏆᏚᏣᏔᏁᎲ ᏗᏆᎳᏏᏕᏂ.
46 ᏥᏍᎪᎵ ᎥᏝ ᏱᏍᎩᎶᏁᏔᏁ ᎪᎢ; ᎯᎠᏍᎩᏂ ᎠᎨᏴ ᎠᏠᏁᏗ ᏚᎶᏁᏔᏅ ᏗᏆᎳᏏᏕᏂ.
47 ᎾᏍᎩ ᎢᏳᏍᏗ ᎯᎠ ᏂᎬᏪᏎᎭ ᎤᏍᎦᏅᏨ, ᎾᏍᎩ ᏧᏈᏯ ᏥᎩ, ᎠᏥᏙᎵᎩ, ᎤᏣᏘᏰᏃ
ᎤᏓᎨᏳᏎᎢ; ᎩᎶᏍᎩᏂ ᎤᏍᏗ ᎠᏥᏙᎵᏨᎯ, ᎾᏍᎩ ᎤᏍᏗ ᎤᏓᎨᏳᏐᎢ.
48 ᎯᎠᏃ ᏄᏪᏎᎴ ᎠᎨᏴ; ᏣᏍᎦᏅᏨ ᎡᏣᏙᎵᎩ.
49 ᎾᏍᎩᏃ ᎾᎢᏧᎳᎭ ᎠᏂᏂᏜᎢ ᎠᎾᎵᏍᏓᏴᎲᏍᎬ ᎤᎾᎴᏅᎮ ᏙᏧᎾᏓᏅᏛ ᎯᎠ ᏄᏂᏪᏎᎢ;
ᎦᎪ ᎾᏍᎩ ᎯᎠ, ᎠᏍᎦᏅᏨ ᎾᏍᏉ ᏥᏕᎦᏙᎵᎦ?
50 ᎯᎠᏃ ᏄᏪᏎᎴ ᎠᎨᏴ, ᏦᎯᏳᏒ ᏣᏍᏕᎸ; ᏅᏩᏙᎯᏯᏛ ᏥᎮᎾ.

ᎠᏯᏙᎸᎢ 8

1 ᎣᏂᏃ ᎢᏴᏛ ᎯᎠ ᏄᎵᏍᏔᏁᎢ, ᎾᏍᎩ ᏕᎦᏚᏩᏗᏒ ᏧᏛᎾ ᎠᎴ ᏧᏍᏗ ᎤᏪᏙᏁᎢ,
ᎠᎵᏥᏙᎲᏍᎨ ᎠᎴ ᎬᏂᎨᏒ ᏂᎬᏁᎮ ᎣᏍᏛ ᎧᏃᎮᏛ ᎤᏁᎳᏅᎯ ᎤᎬᏫᏳᎯ ᎨᏒ ᎧᏃᎮᏍᎩ,
ᏔᎳᏚᏃ ᎢᏯᏂᏛ ᎤᎾᎵᎪᏩᏕᎨᎢ;
2 ᎠᎴ ᎩᎶ ᎢᏳᎾᏍᏗ ᎠᏂ ᎨᏴ ᏗᎨᏥᏅᏩᏅᎯ ᎤᏂᏲ ᏗᏓᏅᏙ ᎬᏩᎾᏕᏯᏙᏗᏍᎨ ᎠᎴ
ᏚᏂᏢᎬᎢ, ᎾᏍᎩ ᎺᎵ ᎹᎦᏕᎵ ᎡᎯ ᏣᏃᏎᎨᎢ, ᎾᏍᎩ ᎦᎵᏉᎩ ᎠᏂᏍᎩᎾ ᎬᏩᏄᎪᏤᎸᎯ,
3 ᎠᎴ ᏦᎢᏁ ᎤᏓᎵᎢ ᏧᏌ ᎾᏍᎩ ᎡᎶᏛ ᎤᏤᎵ ᏧᎬᏩᎶᏗ ᎤᎦᏌᏯᏍᏗᏕᎩ, ᎠᎴ ᏑᏌᏂ, ᎠᎴ
ᎠᏂᎪᏗᏳ ᏅᏩᎾᏓᎴ ᎾᏍᎩ ᏥᎬᏩᏍᏕᎸᏙᏗᏍᎨ ᎪᎱᏍᏗ ᎤᏂᎿᎥᎢ.
4 ᎠᏂᎪᏗᏳᏃ ᏴᏫ ᏚᏂᎳᏫᏦᎸ ᎾᏍᎩ ᎬᏩᎷᏤᎸ ᏕᎦᏚᏩᏗᏒ ᏂᏙᏓᏳᏂᏄᎪᏨᎯ, ᎤᏁᏤ
ᏚᏟᎶᏍᏓᏁᎴᎢ;
5 ᎠᏫᏍᎩ ᎤᏫᏒᏎ ᎤᏤᎵ ᎤᎦᏔ; ᎤᏫᏒᏃ ᎢᎦᏛ ᎤᏃᎱᎶᏗ ᎤᎳᏥᏯᏛᏤᎢ; ᎤᎾᎳᏍᏓᏒᎴᏃ
ᎠᎴ ᏥᏍᏆ ᎦᎳᏅᏛ ᎠᏂᏃᎯᎵᏙᎯ ᎤᏂᎪᏁᎢ.
6 ᎢᎦᏛᏃ ᏅᏲᎯ ᎤᎳᏥᏯᏛᏤᎢ; ᏧᎵᏰᏅᏉᏃ ᎤᎿᏍᎬᏤ ᎤᏗᎦᎵᏍᏙᏗᏍᎨ ᏄᏬᏕᏫᏒᎾ
ᎨᏒᎢ.
7 ᎢᎦᏛᏃ ᎠᏄᎦᏄᎯ ᎤᎳᏥᏯᏛᏤᎢ; ᎠᏄᎦᏄᏃ ᎢᏧᎳᎭ ᏗᏅᏛᏎᎢ, ᎠᎴ ᎤᏁᏄᎳᏍᏔᏁᎢ.
8 ᎢᎦᏛᏃ ᎣᏒ ᎦᏙᎯ ᎤᎳᏥᏯᏛᏤᎢ, ᎠᎴ ᏧᏛᏎᎢ, ᎠᎴ ᎤᏕᏔᏔᏁᎢ ᎤᏁᏉᏤ ᎠᏍᎪᎯᏧᏈ
ᎢᏳᏩᎫᏗ. ᎾᏍᎩᏃ ᎯᎠ ᏄᏪᏒ, ᎤᎵᏍᏔᏁᎢ, ᎯᎠ ᏄᏪᏎᎢ, ᎩᎶ ᏕᎦᎵᎷᎨᏍᏗ ᎤᏛᎪᏗᏱ
ᏩᏛᎬᎦ
9 ᎬᏩᏍᏓᏩᏗᏙᎯᏃ ᎬᏩᏛᏛᏁ ᎯᎠ ᏂᎬᏩᏪᏎᎴᎢ; ᎦᏙ ᎦᏛᎦ ᎯᎠ ᏓᏟᎶᏍᏛᎢ.
10 ᎯᎠᏃ ᏄᏪᏎᎢ; ᏂᎯ ᎡᏥᏁᎸᎯ ᎢᏦᎵᏍᏗᏱ ᎤᏕᎵᏛ ᎨᏒ ᎤᏁᎳᏅᎯ ᎤᎬᏫᏳᎯ ᎨᏒᎢ;
ᎠᏂᏐᎢᏍᎩᏂ ᏗᎨᏚᏟᎶᏍᏓᏁᏗ; ᎾᏍᎩ ᎠᏂᎪᏩᏗᏍᎨ ᎬᏩᏂᎪᏩᏛᏗ ᏂᎨᏒᎾ, ᎠᎴ
ᎠᎾᏛᎩᏍᎨ ᎬᏩᏃᎵᏍᏗ ᏂᎨᏒᎾ.
11 ᏓᏟᎶᏍᏛᏃ ᎯᎠ ᎾᏍᎩ ᏄᏍᏗ; ᎤᎦᏔ ᎧᏃᎮᏛ ᎤᏁᎳᏅᎯ ᎤᏤᎵ ᎦᏛᎦ.
12 ᎤᏃᎱᎶᏗ-Ꮓ ᏧᎳᏥᏯᏛᏤᎢ ᎾᏍᎩ ᎠᎾᏛᎩᏍᎩ ᎨᏥᏛᎦ; ᎿᏉᏃ ᎠᏍᎩᎾ ᎦᎷᎪᎢ, ᎠᎴ
ᎠᎩᏍᎪ ᎦᏄᎪᏫᏍᎪ ᎧᏃᎮᏛ ᏧᏂᎾᏫᏱ, ᎦᎬᏩᏃᎯᏳᏗ ᎠᎴ ᎦᎨᏥᏍᏕᎸᏗ ᏂᎨᏒᎾ
ᎢᏳᎵᏍᏙᏗᏱ.
13 ᎾᏃ ᏅᏲᎯ ᏧᎳᏥᏯᏛᏤᎢ, ᎨᏥᏛᎦ ᎾᏍᎩ ᎠᎾᏛᎬᎦ ᎤᎵᎮᎵᏍᏗᏳ ᏥᏓᎾᏓᏂᎸᎪ ᎧᏃᎮᏛ;
ᎠᎴ ᎥᏝ ᏱᏚᏂᎿᏍᏕᏌᎢ; ᏞᎦ ᎠᏃᎯᏳᎲᏍᎪᎢ; ᎠᎴ ᎨᏥᎪᎵᏯ ᎠᏂᏑᎵᎪᎪᎢ.
14 ᎾᏃ ᎠᏄᎦᏄᎯ ᏧᎳᏥᏯᏛᏤᎢ ᎨᏥᏛᎦ ᎾᏍᎩ ᎠᎾᏛᎬᎦ. ᎢᏄᎯᏢ ᏥᏩᏂᎶᏍᎪᎢ, ᎡᎶᎯᏃ
ᎡᎯ ᎤᏪᎵᎯᏍᏗ ᎠᎴ ᎨᏅᎢᏍᏗ ᎨᏒ, ᎠᎴ ᎣᏍᏛ ᎠᏰᎸᏗ ᎨᏒ ᎠᏂᏁᏄᎳᏍᏗᏍᎪᎢ, ᎠᎴ
ᎥᏝ ᏯᏂᎾᏄᎪᏫᏍᎪ ᎤᎦᏛᎾᏨᎯ.
15 ᎾᏃ ᎣᏒ ᎦᏙᎯ ᏧᎳᏥᏯᏛᏤᎢ ᎨᏥᏛᎦ ᎾᏍᎩ ᏄᏠᎾᏍᏛᎾ ᎠᎴ ᎣᏍᏛ ᎨᏒ ᎤᏂᎾᏫ ᎬᏗ
ᎠᎾᏛᎬᎦ ᎧᏃᎮᏛ, ᎠᏂᏍᏆᏂᎪᏗᏍᎪᎢ, ᎠᎴ ᎠᏂᎾᏄᎪᏫᏍᎪ ᎤᏕᏔᏔᏅᎯ ᎠᏅᏂᏗᏳ ᎨᏐᎢ.

16 ᎥᏝ ᎠᎴ ᎩᎶ ᎠᏨᏍᏛᎦ ᎠᏨᏍᏙᏗ ᎠᏓᎵᏙ ᏱᎫᏢᏍᏗᏍᎪᎢ, ᎠᎴ ᎦᏂᎵᏣ ᏱᎦᎧᎲᏍᎪᎢ;
ᎦᎪᏗᏱᏍᎩᏂ ᎦᎧᎲᏍᎪᎢ, ᎾᏍᎩ ᎠᏂᏴᎯᎯ ᎤᏂᎪᏩᏛᏗᏱ ᎢᎦᎦᏛᎢ.
17 ᎥᏝᏰᏃ ᎪᎱᏍᏗ ᎤᏕᎵᏛ ᏱᎩ ᎾᏍᎩ ᎬᏂᎨᏒ ᎢᎬᏁᏗ ᏂᎨᏒᎾ; ᎥᏝ ᎠᎴ ᎪᎱᏍᏗ ᏱᎬᏍᎦᎸ
ᎾᏍᎩ ᎠᎦᏙᎥᎯᏍᏗ ᎠᎴ ᎬᏂᎨᏒ ᎢᎬᏁᏗ ᏂᎨᏒᎾ.
18 ᎾᏍᎩ ᎢᏳᏍᏗ ᎢᏤᏯᏔᎮᏍᏗ ᏄᏍᏛ ᎢᏣᏛᎩᏍᎬᎢ, ᎩᎶᏰᏃ ᎤᎮᏍᏗ, ᎾᏍᎩ ᎠᏥᏁᏗ
ᎨᏎᏍᏗ; ᎩᎶᏃ ᏄᎲᎾ ᎨᏎᏍᏗ, ᎾᏍᎩ ᎠᏥᎩᎡᏗ ᎨᏎᏍᏗ ᎾᏍᎩ ᎾᏧᎨ ᏥᎤᏩᏍᏙᎢ.
19 ᎿᏉᏃ ᎡᏣᎷᏤᎴ ᎤᏥ ᎠᎴ ᎠᎾᎵᏅᏟ, ᎠᎴ ᎥᏝ ᎾᎥ ᏫᎦᎬᏩᏂᎷᏤᏗ ᏱᎨᏎ
ᎤᏗᎦᎵᏍᏙᏗᏍᎨ ᏴᏫ ᎤᏂᏣᏛᎢ.
20 ᎡᏣᏃᏁᎴᏃ ᎯᎠ ᏄᏂᏪᏎᎢ; ᏣᏥ ᎠᎴ ᎢᏣᎵᏅᏟ ᏙᏱᏗᏢ ᏓᏂᏙᎦ ᎤᎾᏚᎵ ᎨᏣᎪᏩᏛᏗᏱ.
21 ᎤᏁᏨᏃ ᎯᎠ ᏂᏚᏪᏎᎴᎢ; ᎡᏥ ᎠᎴ ᎣᏣᎵᏅᏟ ᎯᎠ ᎾᏍᎩ ᏣᎾᏛᎩᎠ ᎧᏃᎮᏛ
ᎤᏁᎳᏅᎯ ᎤᏤᎵᎦ, ᎠᎴ ᎾᏍᎩ ᏂᎦᏪᏍᎬ ᎢᏯᎾᏛᏁᎯ.
22 ᎯᎠᏃ ᏄᎵᏍᏔᏁ ᎢᎸᎯᏳ ᎢᏴᏛ, ᎾᏍᎩ ᎤᏣᏁ ᏥᏳᎯ ᎤᎾᎵᎪᏎ ᎬᏩᏍᏓᏩᏗᏙᎯ;
ᎯᎠᏙ ᏂᏚᏪᏎᎴᎢ, ᏗᏗᎭᎩ ᎥᏓᎸ ᏍᎪᎾ ᏫᏗᎶᎯ. ᎠᎴ ᎤᏂᏴᏫᏛᎮ.
23 ᎠᏂᏂᏒᏃ ᏥᏳ ᎤᎸᏁᎢ; ᎤᏃᎴᏃ ᎤᏱᎶᎴ ᎥᏓᎸᎢ; ᎤᏂᎧᎵᏤᎴᏃ ᎠᎹ, ᎠᎴ ᎤᎾᏰᎯᏍᏗ
ᏄᎾᎵᏍᏓᏁᎴᎢ.
24 ᎡᏣᎷᏤᎴᏃ ᎠᎴ ᎡᏣᏰᏍᏔᏁᎢ, ᎯᎠ ᎾᏂᏪᏍᎨᎢ; ᏔᏕᏲᎲᏍᎩ, ᏔᏕᏲᎲᏍᎩ,
ᏓᏲᏣᏗᏒᏂ! ᎿᏉᏃ ᎤᏗᏛᎮ ᎠᎴ Ꮪ-ᏍᎦᏤ ᎦᏃᎸᎥᏍᎬ ᎠᎴ ᏓᎵᏍᏗᎳᏁᎬ ᎠᎹ;
ᎤᏂᏑᎵᎪᏤᏃ ᎠᎴ ᎤᏓᏥᎾᏍᏛᎯ ᏄᎵᏍᏔᏁᎢ.
25 ᎯᎠᏃ ᏂᏚᏪᏎᎴᎢ, ᎭᏝ ᎢᏦᎯᏳᏒᎢ? ᎾᏍᎩᏃ ᎠᏂᏍᎦᎢᎲ ᎤᏂᏍᏆᏂᎪᏎᎢ, ᎯᎠ
ᏂᏚᎾᏓᏪᏎᎴᎢ; ᎦᏙ ᎤᏍᏗ ᎯᎠ ᎠᏍᎦᏯ? ᎦᎧᏁᏤᏰᏃ ᎤᏃᎴ ᎠᎴ ᎠᎹ, ᎠᎴ
ᎢᎬᏬᎯᏳᎲᏍᎦ.
26 ᎠᏂᎨᏕᎳᏃ ᎤᎾᏤᎵᎪᎯ ᏭᏂᎷᏤ, ᎾᏍᎩ ᎨᎵᎵ ᏧᏳᎪᏗ ᏍᎪᏂᏗᏢ ᏥᎩ.
27 Ꮽ-ᏣᎢᏒᏃ, ᎦᏌᏎ ᎩᎶ ᎢᏳᏍᏗ ᎠᏍᎦᏯ ᎦᏚᎲ ᎤᏓᏳᏄᎪᏨᎯ, ᎪᎯᏗᏳ ᎠᏂᏍᎩᎾ
ᎬᏩᏯᎢ ᏂᎨᏎᎢ, ᎠᎴ ᎥᏝ ᏱᏓᏄᏬᏍᎨᎢ, ᎥᏝ ᎠᎴ, ᎠᏓᏁᎸ ᏯᏕᎲᏍᎨᎢ, ᏓᏤᎵᏍᏛᏉᏍᎩᏂ.
28 ᎤᎪᎲᏃ ᏥᏌ, ᎤᏪᎷᏁᎢ, ᎠᎴ ᎤᏓᏅᏁ ᎦᏙᎬ ᎢᎬᏱᏗᏢ, ᎠᎴ ᎠᏍᏓᏯ ᎯᎠ ᏄᏪᏎᎢ;
Ꭶ-Ꮩ Ꮧ-ᎩᎾᏓ-ᏛᏙᏗ, ᏥᏌ, ᎤᏁᎳᏅᎯ ᏩᏍᏛ ᎦᎸᎳᏗᏳ ᎡᎯ ᎤᏪᏥ? ᎬᏔᏲᏎᎭ ᏞᏍᏗ
ᏍᎩᎩᎸᏅᎩ.
29 ᏄᏁᏤᎸᏰᏃ ᎦᏓᎭ ᎠᏓᏅᏙ ᎤᏄᎪᎢᏍᏗᏱ ᎠᏍᎦᏯ. ᏯᏃᏉᏰᏃ ᎤᏂᏱᏍᎨᎢ; ᏧᏓᎦᏒᏛᏃ
ᎠᎴ ᏗᎵᏰᏌᎾᎶ ᏓᎦᏄᏍᏗᏍᎨᎢ; ᏓᎦᎵᏍᎨᏁ ᏚᏓᏄᏍᏛᎢ, ᎠᎴ ᎠᏍᎩᎾ ᎢᎾᎨ
ᏭᏱᏄᏍᏗᏍᎨᎢ.
30 ᏥᏌᏃ ᎤᏛᏛᏁ ᎯᎠ ᏄᏪᏎᎴᎢ; ᎦᏙ ᏕᏣᏙᎥ? ᎯᎠᏃ ᎤᏗᏅᏪᏎᎢ; ᏑᎾᏓᏡᎩ;
ᎤᏂᏣᏖᏰᏃ ᎠᏂᏍᎩᎾ ᎬᏩᏴᎸᎯ ᎨᏎᎢ.
31 ᎬᏩᏔᏲᏎᎴᏃ ᏧᏁᏤᏗᏱ ᏂᎨᏒᎾ ᏗᏍᏛᎬ ᏭᏂᎶᎯᏍᏗᏱ.

32 ᎾᎿᏃ ᎠᎾᎵᏍᏓᏴᏂᏙᎮ ᎦᏚᏏ ᎤᏂᏣᏘ ᏑᎾᏓᏈᏈᎩ ᏏᏆ; ᎾᏍᎩᏃ ᎬᏩᏔᏲᏎᎴ ᎤᏁᎳᎩ
ᏧᏪᎵᏎᏗᏱ ᎾᏍᎩ ᏫᏚᏂᏴᏍᏗᏱ; ᎤᏁᎳᎩᏃ ᏎᏪᎵᏎᎴᎢ
33 ᎿᏉᏃ ᎠᏂᏍᎩᎾ ᎬᏩᏄᎪᏤ ᎠᏍᎦᏯ, ᎠᎴ ᏏᏆ ᏫᎬᏩᏂᏴᎴᎢ; ᏑᎾᏓᏈᎩᏃ ᎠᏯᏄᎵᏳ
ᎤᎾᎵᏎ ᏭᏂᎦᏐᎠᏎ ᎦᏁᏈᎩ ᎨᏒ ᎥᏓᎸ ᏭᏂᎷᏤ ᎠᎴ ᏚᏂᎬᏤᎢ.
34 ᏧᏁᎶᎸᎯᏃ ᎤᏂᎪᎲ ᏄᎵᏍᏔᏅᎢ ᏚᎾᎵᏘᏎᎢ, ᎠᎴ ᎤᏁᏅᏎ ᏭᏂᏃᏁ ᏗᎦᏚᎲ ᎠᎴ ᎢᏴᏛ
ᏭᏩᎫᏛᎢ.
35 ᎤᏁᏅᏎᏃ ᎤᎾᎦᏔᏅᏎ ᏄᎵᏍᏔᏅᎢ; ᏥᏌᏃ ᏭᏂᎷᏤᎴᎢ, ᎠᎴ ᎤᏂᏩᏛᎮ ᎠᏍᎦᏯ,
ᎾᏍᎩ ᎬᏩᏄᎯᏨᎯ ᎠᏂᏍᎩᎾ, ᎤᏬᎴ ᏥᏌ ᏚᎳᏍᎬᎢ, ᏚᏄᏩᏒᎢ, ᎠᎴ ᎤᏓᏅᏘᏌᏅᎯ
ᎨᏎᎢ; ᎤᏂᏍᎦᎴᏃ.
36 ᎤᏂᎪᎲᎯᏃ ᎾᏍᏉ ᏚᏂᏃᏁᎴ ᏄᎵᏍᏙᏔᏅ ᎠᏂᏍᎩᎾ ᎬᏩᏯᎢ ᎠᏥᏅᏩᏅᎢ.
37 ᎿᏉᏃ ᏂᎦᏗᏳ ᎤᏂᏣᏘ ᎠᏂᎨᏕᎳ ᎤᎾᏤᎵᎪᎯ ᏂᎬᎾᏛ ᏗᏁᎯ ᎬᏩᏔᏲᏎᎴ ᏧᏓᏅᏒᏗᏱ;
ᎤᏣᏘᏰᏃ ᎠᏂᏍᎦᎢᎮᎢ; ᏥᏳᎯᏃ ᎤᏣᏅ ᎢᏅᏨᏎᎢ.
38 ᎾᏍᎩᏃ ᎠᏍᎦᏯ ᎠᏂᏍᎩᎾ ᎬᏩᏄᎪᏤᎸᎯ, Ꭴ-ᏍᏗᏰᏔᏁ ᎤᎵᏍᎪᎸᏓᏁᏗᏱ
ᎤᏍᏓᏩᏗᏓᏍᏗᏱ; ᎠᏎᏃ ᏥᏌ ᎤᏁᏤᎴ ᎤᏓᏅᏍᏗᏱ ᎯᎠ ᏄᏪᏎᎴᎢ,
39 ᏥᎮᎾ ᏗᏤᏅᏒᎢ, ᎠᎴ ᎬᏂᎨᏒ ᏫᏅᏕ ᏂᎦᎥ ᎤᏍᏆᏂᎪᏗ ᏂᏣᏛᏁᎸ ᎤᏁᎳᏅᎯ.
ᎤᏪᏅᎴᏃ, ᎠᎴ ᏭᏃᎮᎵᏙᎴ ᏂᎬᎢ ᎦᏚᎲ ᏂᎦᎥ ᎤᏍᏆᏂᎪᏗ ᏄᏛᏁᎸ ᏥᏌ.
40 ᎯᎠᏃ ᏄᎵᏍᏔᏁ ᏥᏌ ᏫᎤᎷᏨ, ᎾᏍᎩ ᏴᏫ ᏕᎬᏩᏓᏂᎸᏤᎢ; ᏂᎦᏛᏰᏃ ᎬᏩᎦᏘᏴᎢ.
41 ᎬᏂᏳᏉᏃ ᎤᎷᏤᎴ ᎠᏍᎦᏯ ᏤᎳ ᏧᏙᎢᏛ ᏄᎬᏫ-ᏳᏌᏕᎩ ᏗᏕᎳᏫᎢᏍᏗᏱ; ᏥᏌᏃ ᏚᎳᏍᎬ
ᎤᏓᏅᏁᎢ, ᎠᎴ ᎤᏔᏲᏎᎴ ᎦᏁᎸ ᎤᏴᏍᏗᏱ;
42 ᏌᏉᎯᏳᏰᏃ ᎡᎮ ᎤᏪᏥ ᎠᎨᏳᏣ ᏔᎳᏚ ᎢᏴᏛ ᎢᏳᏕᏘᏴᏛ, ᎠᎴ ᎾᏍᎩ ᎠᏲᎱᏍᎨᎢ.
ᎠᎢᏒᏃ ᎤᏂᏣᏘ ᏴᏫ ᎬᏩᏓᏈᏩᏍᏗᏕᎨᎢ.
43 ᎠᎨᏴᏃ ᎤᎵᎨ ᎩᎬ ᎤᏪᏅᏒᎮ ᏔᎳᏚ ᎫᏕᏘᏴᏛ ᎬᏩᏓᎵᏅᏒᎸᎯ, ᎤᏒᏅᎯ ᎨᏎ ᏂᎦᏛ
ᎤᎵᏍᏕᎸᏙᏗ ᏓᎫᏴᎡᎲ ᎠᏂᎦᎾᎦᏘ, Ꭰ-ᏎᏃ ᎥᏝ ᎩᎶ ᎬᏩᏅᏬᏗ ᏱᎨᏎᎢ,
44 ᎾᏍᎩ ᎣᏂᏗᏢ ᎤᎷᎯᏍᏓᏁᎢ, ᎠᎴ ᎦᏓᎷᏯᏛ ᎤᏄᏩᎥᏅᏒᏂᎴᎢ; ᎩᎳᏉᏃ ᎢᏴᏛ ᎩᎬ
ᎤᏪᏅᏒᎲ ᎤᏲᎯᏍᏔᏁᎢ.
45 ᏥᏌᏃ ᎯᎠ ᏄᏪᏎᎢ; ᎦᎪ ᎠᏆᏒᏂᏍ? ᏂᎦᏛᏃ ᎤᎾᏓᏱᎸ, ᏈᏓ ᎠᎴ ᎾᏍᎩ ᎠᏁᎯ ᎯᎠ
ᏄᏂᏪᏎᎢ; ᏔᏕᏲᎬᏍᎩ, ᎤᏂᏣᏘ ᎨᏣᏓᏈᏫᏍᏗᏕᎦ ᎠᎴ ᎨᏣᏁᏄᎳᏍᏗᎭ, ᏥᎪᏃ ᎦᎪ
ᎠᏆᏒᏂᏍ ᎢᎭᏗᎭ?
46 ᏥᏌᏃ ᎯᎠ ᏄᏪᏎᎢ, ᎩᎶ ᎠᏆᏒᏂᏍ; ᎦᏙᎴᎰᏍᎦᏰᏃ ᎠᏆᏓᏅᏬᏗ ᎨᏒ ᎠᎩᏄᎪᏤᎸᎢ.
47 ᎠᎨᏴᏃ ᎤᏙᎴᎰᏒ ᏄᏗᏍᎦᎸᎾ ᎨᏒᎢ, ᎤᎷᏤ ᎤᏪᎾᏫᏍᎨᎢ, ᎠᎴ ᎢᎬᏱᏢ ᎤᏓᏅᏁᎴᎢ,
ᏂᎦᏛᏃ ᏴᏫ ᎠᏂᎦᏔᎲ ᎤᏃᏁᎴ ᎤᏧᎵᏍᏙᏔᏅ ᎤᏒᏂᎸᎢ, ᎠᎴ ᎾᏍᎩ ᎩᎳᏉ ᎢᏴᏛ
ᎤᏗᏩᏒᎢ.
48 ᎯᎠᏃ ᏄᏪᏎᎴᎢ; ᎠᏇᏥ,ᎤᎦᎵᏍᏗ ᎭᏓᏅᏓᏓ; ᏦᎯᏳᏒ ᏣᏗᏫᏍᏓ; ᏅᏩᏙᎯᏯᏛ ᏥᎮᎾ.

49 ᎠᏏᏉ ᎦᏬᏂᏍᎨ ᎩᎶ ᎤᎷᏤ ᏗᎦᏔᎾᎢᏍᏗᏱ ᎤᎬᎾᏳᏌᎦᎩ ᎦᏁᏄ ᎤᏓᏳᎶᏒᎯ, ᎯᎠ
ᏄᏪᏎᎴᎢ, ᏤᏥ ᎤᏲᎱᏒ, ᏝᏍᏗ ᎯᏍᎦᏍᏙᏔᏅ ᏗᎦᏲᎸᏍᎩ.
50 ᎠᏎᏃ ᏥᏌ ᎤᏛᎦᏅ ᎤᏁᏤᎴ ᎯᎠ ᏄᏪᏎᎢ; ᏝᏍᏗ Ᏹ-ᏍᏕᎢᎮᏍᏗ; ᏦᎯᏳᏎᏍᏗᏉ,
ᏓᏳᏗᏩᏏᏃ.
51 ᎠᏓᏁᏄᏃ ᎤᏴᏄ, ᎥᏝ ᎩᎶ ᏣᎵᏍᎪᏄᏓᏁᎴ ᎤᏴᏍᏗᏱ, ᏈᏓ ᎠᎴ ᏥᎻ ᎠᎴ ᏣᏂ ᎤᏅᏒ,
ᎠᎴ ᎠᎨᏳᏣ ᎤᏙᏓ ᎠᎴ ᎤᏥ.
52 ᎦᏚᏛᏃ ᏓᎾᏌᏱᎮ ᎠᎴ ᎠᏂᏍᎪᏂᎮᎢ. ᎠᏎᏃ ᎯᎠ ᏄᏪᏎᎢ; ᏝᏍᏗ ᏗᏣᏌᏱᏄᎩ; ᎥᏝ
ᏣᏲᎱᏒ, ᎦᎵᏑᏉᏍᎩᏂ.
53 ᎢᎬᏩᏙᎵᏔᏁᏃ, ᎠᏂᎦᏔᎮᏰᏃ ᎤᏲᎱᏒᎯ ᎨᏒᎢ.
54 ᏂᎦᏛᏃ ᏕᏄᎪᎾᏒ ᎠᎴ ᎤᏬᏯᏁᏒ ᎤᏯᏅᎮ ᎯᎠ ᏄᏪᏎᎢ; ᎯᎨᏳᏣ, ᏑᏗᏛ.
55 ᎤᏓᏅᎣᏃ ᎤᎷᏥᏌᏁᎴᎢ, ᎠᎴ ᎩᎳᏉ ᎢᏴᏛ ᎤᏗᏛᎵᎢ; ᎤᏁᏤᏃ ᎤᎵᏍᏓᏴᏗ
ᎤᏂᏁᏗᏱ.
56 ᏧᎦᏴᎵᎨᏃ ᎤᏂᏍᏆᏂᎪᏎᎢ; ᎠᏎᏃ ᏕᏁᏤᎴ ᎩᎶ ᎤᏂᏃᏁᏗᏱ ᏂᎨᏒᎾ ᎾᏍᎩ Ꮔ-ᎵᏍᏔᏅᎢ.

ᎠᏯᏙᎸᎢ 9

1 ᏫᏚᏯᎲᏃ ᏔᎳᏚ ᎢᏯᏂᏛ ᎬᏩᏍᏓᏩᏗᏙᎯ, ᏚᏁᎴ ᎾᏂᎥ ᎠᏂᏍᎩᎾ ᎬᏩᏃᎯᏳᏟᏱ, ᎠᎴ
ᏚᏂᏢᎬ ᏧᎾᏓᏅᏬᏗᏱ.

2 ᏚᏅᏎᏃ ᎤᎾᎵᏥᏙᏅᏍᏗᏱ ᎤᏁᎳᏅᎯ ᎤᎬᏫᏳᎯ ᎨᏒ ᎤᎬᏩᎵ, ᎠᎴ ᏙᏂᏢᎩ ᏧᏂᏅᏬᏗᏱ

3 ᎠᎴ ᎯᎠ ᏂᏚᏪᏎᎴᎢ, ᏞᏍᏗ ᎪᎱᏍᏗ ᎢᏣᏓᏁᎳᏅᎩ ᎢᏣᏢᏍᏕᎸᏙᏗ ᎢᏣᎢᏒᎢ, ᏞᏍᏗ
ᏗᏙᎳᏅᏍᏗ, ᎠᎴ ᏕᎦᏣᏗ, ᎠᎴ ᎦᏚ, ᎠᎴ ᎠᏕᎸ; ᎠᎴ ᎢᏥᏏᏴᏫᎭ ᏞᏍᏗ ᏔᎵ ᏗᏣᏄᏬ
ᏱᏗᏥᏁᏢᏍᏗ.

4 ᎢᎸᎯᏢᏃ ᎠᏓᏁᎸ ᎢᏥᏴᎯᎵᏍᏗ ᎾᎿᏉ ᎢᏥᏁᏍᏗ, ᎠᎴ ᎾᎿ ᎢᏣᏂᎩᏍᎨᏍᏗ.

5 ᎩᎶᏃ ᏂᏗᏣᏓᏂᎸᎬᎾ ᎢᎨᏎᏍᏗ, ᎾᎿ ᎦᏚᎲ ᎢᏥᏄᎪᎨᏍᏗ, ᏗᏣᎳᏏᏕᏂ ᎪᏍᏚ ᏚᏅᏕᎸ
ᏕᏥᏅᎪᎥᏗᏍᎨᏍᏗ ᎾᏍᎩ ᎧᏃᎮᏍᎩ ᎨᏎᏍᏗ ᎤᎾᏡᏗᏍᎩ.

6 ᎤᎾᏂᎩᏒᏃ ᏕᎦᏚᏩᏗᏒ ᎤᏁᏙᎴ ᎠᎾᎵᏥᏙᎲᏍᎨ ᎣᏍᏛ ᎧᏃᎮᏛ, ᎠᎴ ᏓᎾᏓᏅᏫᏍᎨ ᏂᎦᎥ
ᎠᏁᏙᎲᎢ.

7 ᎡᎶᏛᏃ ᎤᎩ ᎢᎦᏚᎩ ᎨᏒ ᏍᎦᏚᎩ ᎠᏥᎦᏘᏗᏍᏗ ᎤᏛᎦᏁ ᏂᎦᏛ ᏚᎸᏫᏍᏓᏁᎲᎢ; ᎠᎴ
ᎤᏕᏯᏔᏁᎴᎢ, ᎤᏗᎦᎵᏍᏙᏗᏍᎨ ᎩᎶ ᏣᏂ ᎤᏲᎱᏒ ᏚᎴᎯᏐᏅ ᎠᎾᏗᏍᎬᎢ;

8 ᎩᎶᏃ ᎢᎳᏯ ᏚᎾᏄᎪᎩ ᎠᎾᏗᏍᎬᎢ; ᎢᎦᏛᏃ ᎩᎶ ᎢᏳᏍᏗ ᎢᎸᎯᏳ ᏣᏁᎮ ᎠᎾᏙᎴᎰᏍᎩ
ᏚᎴᎯᏐᏅ ᎠᎾᏗᏍᎬᎢ.

9 ᎡᎶᏛᏃ ᎯᎠ ᏄᏪᏎᎢ, ᏣᏂ ᏥᏍᎫᏕᏒᎩ; ᎯᎠᏍᎩᏂ ᎦᎪ, ᎾᏍᎩ ᎯᎠ ᏥᏄᏍᏗ
ᏥᏥᏯᏛᎩᎭ? ᎤᏟᏂᎬᏁᎴᏃ ᎤᎪᏩᏛᏗᏱ.

10 ᎨᏥᏅᏏᏛᏃ ᎢᎤᏂᎷᏨ, ᎬᏩᏃᏁᎴ ᏂᎦᏛ ᏄᎾᏛᏁᎸᎢ. ᏚᏘᏅᏎᏃ ᎠᎴ ᎤᏅᏒ ᎨᏒ ᎢᎾᎨ
ᏭᎶᏎ ᎦᏚᎲ ᎾᎥ ᏇᏣᏰᏗ ᏣᏃᏎᎰᎢ.

11 ᏴᏫᏃ ᎤᎾᏙᎴᎰᏒ ᎬᏩᏍᏓᏩᏛᏎᎢ; ᎠᎴ ᏚᏓᏂᎸᏤᎢ, ᏚᏁᎢᏍᏓᏁᎴ ᎤᏁᎳᏅᎯ ᎤᎬᏫᏳᎯ
ᎨᏒ ᎤᎬᏩᎵ, ᎠᎴ ᏚᏅᏩᏁ ᎤᏚᎸᏗ ᎢᏳᎾᎵᏍᏓᏁᎯ ᏗᎨᏥᏅᏬᏗᏱ.

12 ᎢᎦᏃ ᎿᏉ ᎦᎶᏐᎲᏍᎨᎢ ᎬᏩᎷᏎᎴ ᏔᎳᏚ ᎢᏯᏂᏛ ᎠᎴ ᎯᎠ ᏂᎬᏩᏪᏤᎴᎢ, ᏘᏰᎵᎯᏍᏓ
ᎤᏂᏣᏘ, ᎾᏍᎩ ᏩᏁᎾ ᏙᏗᎦᏚᎲ ᎠᎴ ᏙᏗᎦᎶᎨᏒ ᎠᏂ ᎬᏩᏚᏫᏛ Ꮻ-ᏚᏂᏒᏍᏗᏱ, ᎠᎴ
ᎤᎾᎵᏍᏓᏴᏗ ᏭᏂᏩᏛᏗᏱ; ᎠᏂᏰᏃ ᎢᎾᎨᏉ ᎨᏒ ᎢᎦᏙᎭ.

13 ᎠᏎᏃ ᎯᎠ ᏂᏚᏪᏎᎴᎢ; ᏂᎯ ᏗᏤ-ᎳᏍᏓ. ᎯᎠᏃ ᏄᏂᏪᏎᎢ, ᎯᏍᎩᏉ ᎦᏚ ᏙᏥᏰᎭ ᎠᎴ
ᎠᏣᏗ ᏔᎵᏉᎢ; ᎢᏳᏍᎩᏂᏃᏅ ᏲᎩᏩᏎᏅ ᏂᎦᏛ ᎯᎠ ᎾᏍᎩ ᏴᏫ ᎤᎾᎵᏍᏓᏴᏗ.

14 ᎯᏍᎩᏰᏃ ᎢᏯᎦᏴᎵ ᎢᏴᏛ ᎾᏂᎡ ᎠᏂᏍᎦᏯ. ᎯᎠᏃ ᏂᏚᏪᏎᎴ ᎬᏩᏍᏓᏩᏗᏙᎯ,
ᏣᎾᏅᎥᏚ ᎯᏍᎦᏍᎪᎯ ᎢᏗᏂᏨᏛ ᎨᏎᏍᏗ.

15 ᎾᏍᎩᏃ ᏄᎾᏛᏁᎴᎢ, ᎠᎴ ᏂᎦᏛ ᎤᎾᏅᏗᏱ ᏂᏚᏅᎴᎢ.

16 ᎯᏍᎩᏃ ᎦᏚ ᏚᎩᏎᎢ, ᎠᎴ ᏔᎵ ᎠᏣᏗ ᏚᏁᏎᎢ; ᎦᎸᎳᏗᏃ ᏫᏚᎧᎿᏅ ᎤᎵᎮᎵᏤᎢ, ᎠᎴ
ᎤᎬᎭᎷᏴᎢ, ᎠᎴ ᏚᏁᎴ ᎬᏩᏍᏓᏩᏗᏙᎯ ᏧᏂᏁᏗᏱ ᎤᏂᏣᏘ.

17 ᎤᎾᎵᏍᏓᏴᏁᏃ, ᎠᎴ ᏂᎦᏛ ᏚᏃᎸᏎᎢ; ᎠᎴ ᎤᏄᏓᏎ ᎤᎵᎬᎭᎷᏴᎯ ᎤᎾᏗᏰᎸᎯ ᏔᎳᏚ
ᎢᏯᎧᎵᎢ ᏔᎷᏣ.
18 ᎯᎠᏃ ᏄᎵᏍᏔᏁᎢ ᎾᏍᎩ ᎤᏩᏒ ᎨᏒ ᎠᏓᏙᎵᏍᏗᏍᎬ ᎬᏩᏍᏓᏩᏗᏙᎯ ᎠᏁᎮᎢ;
ᏚᏛᏛᏁᏃ ᎯᎠ ᏂᏚᏪᏎᎴᎢ, ᎦᎪ ᎬᏉᏎᎰ ᏴᏫ?
19 ᎤᏂᏁᏨᏃ ᎯᎠ ᏄᏂᏪᏎᎢ, ᏣᏂ ᏗᏓᏬᏍᎩ; ᎢᎦᏛᏍᎩᏂ ᎢᎳᏯ; ᎠᏂᏐᎢᏃ, ᎩᎶ ᎢᏳᏍᏗ
ᎢᎸᎯᏳ ᎤᎾᏕᏅᎯ ᎠᎾᏙᎴᎰᏍᎩ ᏚᎴᎯᏌᏅ [ᎠᎾᏗᏍᎪᎢ.]
20 ᎯᎠᏃ ᏂᏚᏪᏎᎴᎢ, ᏂᎯᎾᏃ ᎦᎪ ᏍᎩᏳᏎᎭ? ᏈᏓ ᎤᏁᏨ ᎯᎠ ᏄᏪᏎᎢ, ᎦᎶᏁᏛ
ᎤᏁᎳᏅᎯ ᎤᏤᎵᎦ.
21 ᎤᎵᏂᎩᏛᏃ ᏚᏅᏍᏓᏕᎴ ᏚᏁᏤᎴ ᎩᎶ ᎤᏂᏃᏁᏗᏱ ᏂᎨᏒᎾ ᎾᏍᎩ,
22 ᎯᎠ ᏂᎦᏪᏍᎨᎢ, ᏴᏫ ᎤᏪᏥ ᎠᏎ ᎤᏣᏘ ᏧᏓᎴᏅᏛ ᏧᎩᎵᏳᏤᏗ ᎨᏎᏍᏗ, ᎠᎴ
ᏗᎬᏩᏲᎯᏍᏗ ᎨᏎᏍᏗ ᏗᏂᎳᏫᎩ ᎠᎴ ᏄᏂᎬᏫᏳᏒ ᎠᏥᎸ-ᎠᏁᎶᎯ ᎠᎴ ᏗᏃᏪᎵᏍᎩ, ᎠᎴ
ᎠᏥᎢᏍᏗ ᎨᏎᏍᏗ, ᎠᎴ ᏦᎢᏁ ᎢᎦ ᏣᎦᎴᏙᏗ ᎨᏎᏍᏗ.
23 ᎯᎠᏃ ᏂᏚᏪᏎᎴ ᏂᎦᏛ, ᎢᏳᏃ ᎩᎶ ᎤᏚᎵᏍᎨᏍᏗ ᎠᎩᏍᏓᏩᏛᏍᏗᏱ ᎤᏩᏒ
ᎠᏓᏓᏱᎮᏍᏗ, ᎠᎴ ᎠᏱᏍᎨᏍᏗ ᏂᏚᎩᏨᏂᏒ ᎤᏤᎵ ᏧᏓᎿᏩᏛ, ᎠᎴ ᎠᎩᏍᏓᏩᏕᎨᏍᏗ.
24 ᎩᎶᏰᏃ ᎤᏚᎵᏍᎨᏍᏗ ᎤᏍᏕᎸᏗᏱ ᎬᏅᎢ ᎤᏲᎱᏎᏗ ᎨᏎᏍᏗ; ᎩᎶᏍᎩᏂ ᎬᏅ
ᎤᏲᎱᏎᎮᏍᏗ ᎠᏴ ᎤᏗᎦᎵᏍᏙᏗᏍᎨᏍᏗ, ᎾᏍᎩ ᎤᏍᏕᎸᏗ ᎨᏎᏍᏗ.
25 ᎦᏙᏰᏃ ᏣᏁᏉᏥ ᏴᏫ ᎢᏳᏃ ᏂᎬ ᎡᎶᎯ ᎤᏤᎵ ᏱᏄᎵᏍᏔᏅ, ᎤᏩᏒᏃ ᏣᏲᎱᏒ ᎠᎴ
ᏯᎦᏓᎢᏅ.
26 ᎩᎶᏰᏃ ᎠᏆᏕᎰᏍᎨᏍᏗ ᎠᏴ ᎠᎴ ᎠᎩᏁᏨᎢ, ᎾᏍᎩ ᏴᏫ ᎤᏪᏥ ᎤᏕᎰᎯᏍᏗ ᎨᏎᏍᏗ
ᎾᎯᏳ ᎦᎷᏨᎭ ᎤᏄᏬᏍᏕᏍᏗ ᎦᎸᏉᏗᏳ ᎨᏒ ᎤᏩᏒ ᎤᏤᎵᎦ, ᎠᎴ ᎤᏙᏓ ᎤᏤᎵᎦ, ᎠᎴ
ᎨᏥᎸᏉᏗ ᏗᏂᎧᎿᏩᏗᏙᎯ ᎤᎾᏤᎵᎦ.
27 ᎠᏎᏃ ᎤᏙᎯᏳᎯᏯ ᎢᏨᏃᏁᎭ, ᎩᎶ ᎠᏂ ᏓᏂᏙᎦ ᎥᏝ ᏴᏛᎾᏙᎴᎰᏏ ᎠᏲᎱᎯᏍᏗ ᎨᏒ ᎬᏂ
ᎤᏁᎳᏅᎯ ᎤᎬᏫᏳᎯ ᎨᏒ ᎠᏂᎪᎲᎭ.
28 ᏧᏁᎳᏃ ᎢᏴᏛ ᏫᏄᏒᏄ ᎾᏍᎩ ᎯᎠ ᏄᏪᏐᎢ, ᎯᎠ Ꮔ-ᎵᏍᏔᏁᎢ, ᎾᏍᎩ ᏈᏓ ᎠᎴ ᏣᏂ
ᎠᎴ ᏥᎻ ᏚᏘᏅᏎ ᎠᎴ ᎤᎿᎷᏎ ᎣᏓᎸ ᎤᏓᏙᎵᏍᏔᏅᏎᎢ.
29 ᎠᏓᏙᎵᏍᏗᎨᏃ ᏄᏍᏛ ᎤᎧᏛ ᎤᏓᏁᏟᏴᏎᎢ, ᎠᎴ ᏚᏄᏩᎥ ᎤᏁᎩᏳ ᎠᎴ ᎬᏩᏥᏍᏓᎷᎩᏍᎩ
ᏄᎵᏍᏔᏁᎢ.
30 ᎠᎴ ᎬᏂᏳᏉ ᎬᏩᎵᏃᎮᏔᏁ ᎠᏂᏔᎵ ᎠᏂᏍᎦᏯ, ᎾᏍᎩ ᎼᏏ ᎠᎴ ᎢᎳᏯᎨᏎᎢ,
31 ᎾᏍᎩ ᎦᎸᏉᏗᏳ ᎨᏒ ᎤᎾᏄᏬᏍᏕ ᎬᏂᎨᏒ ᏄᎾᏛᏁᎴᎢ; ᎠᎴ ᎤᏂᏁᎢᏍᏔᏁ
ᎤᎵᏍᏆᏕᏗᏱ ᎨᏒ ᏥᎷᏏᎵᎻ.
32 ᏈᏓᏍᎩᏂ ᎠᎴ ᎾᏍᎩ ᎾᎠᏁᎯ ᎤᏣᏘ ᏓᏂᎸᏍᎨᎢ; ᎤᏂᏰᏨᏃ ᎤᏂᎪᎮ ᎤᏤᎵ ᎦᎸᏉᏗᏳ
ᎨᏒᎢ, ᎠᎴ ᎾᏍᎩ ᎠᏂᏔᎵ ᎠᏂᏍᎦᏯ ᏚᏙᎬ ᏗᏂᏙᎩ.

33 ᎯᎠᏃ ᏄᎵᏍᏔᏁᎢ, ᎾᏍᎩ ᎿᏉ ᎬᏩᏓᏅᏒᎮᎢ, ᏈᏓ ᎯᎠ ᏄᏪᏎᎴ ᏥᏌ, ᏔᏕᏲᎲᏍᎩ,
ᎣᏏᏳ ᎠᏂ ᏥᏕᏙᎭ; ᎠᎴ ᏦᎢ ᏫᏙᏥᏢᏦᏛᎦ; ᏌᏉ ᏂᎯ ᏣᏤᎵᎦ, ᏌᏉᏃ ᎼᏏ ᎤᏤᎵᎦ,
ᏌᏉᏃ ᎢᎳᏯ ᎤᏤᎵᎦ, ᎥᏝ ᏯᎦᏔᎮ ᏂᎦᏪᏍᎬᎢ.
34 ᎠᏏᏉ ᎾᏍᎩ ᏂᎦᏪᏍᎨᎢ ᎤᎶᎩᎳᏕᎢ ᎠᎴ ᎤᏄᏢᏔᏁᎢ; ᎠᎴ ᎤᏂᏍᎦᎴ ᎤᏂᏄᏴᎸ
ᎤᎶᎩᎸᎢ.
35 ᎤᎶᎩᎸᏃ ᏧᎶᏎ ᎧᏁᎬ ᎯᎠ ᏂᎦᏪᏍᎨᎢ, ᎯᎠ ᎾᏍᎩ ᏥᎨᏳᎢ ᎠᏇᏥ, ᎾᏍᎩ
ᎡᏣᏛᏓᏍᏓᏁᎵᏍᏗ.
36 ᎧᏁᎬ ᎤᎶᏐᏅ ᎤᏩᏒᏉ ᎠᏥᏩᏛᎮ ᏥᏌ. ᎡᎳᏪᏱᏉᏃ ᎤᏅᏎᎢ, ᎠᎴ ᎥᏝ ᎩᎶ
ᏳᏂᏃᏁᎴ ᎾᎯᏳ ᎨᏒ ᏄᏍᏛ ᎤᏂᎪᎲᎢ.
37 ᎯᎠᏃ ᏄᎵᏍᏔᏁ ᎾᏍᎩ ᎤᎩᏨᏛ ᏧᏂᎦᏐᎠᏒ ᎣᏓᎸᎢ, ᎤᏂᏣᏘ ᏴᏫ ᏕᎬᏩᏠᏎᎢ.
38 ᎠᎴ ᎬᏂᏳᏉ ᎠᏍᎦᏯ ᎾᎿ ᎤᎾᏓᏡᎬ ᎤᏪᎷᏁᎢ ᎯᎠ ᏂᎦᏪᏍᎨᎢ, ᏔᏕᏲᎲᏍᎩ,
ᎬᏍᏗᏰᏗᎭ ᏗᏯᎦᏃᏗᏱ ᎠᏇᏥ; ᎤᏩᏒᎯᏳᏰᏃ ᎠᏇᏥ ᎾᏍᎩ;
39 ᎠᎴ ᎬᏂᏳᏉ, ᎠᏓᏅᏙ ᎤᏂᏱᏍᎪᎢ, ᎠᎴ ᎩᎳᏉ ᎢᏴᏛ ᎨᎷᎲᏍᎪᎢ, ᎠᎴ
ᎤᏄᎦᏍᏗᏍᎪᎢ ᎠᎴ ᏓᎭᏬᎢᎨᎢ, ᎤᏂᏆᎶᏛᏃ ᏕᏂᏔ ᎤᏓᏅᏒᎨᎢ.
40 ᏕᏥᏔᏲᏎᎸᏃ ᎨᏣᏍᏓᏩᏗᏙᎯ ᎤᏂᏄᎪᏫᏍᏗᏱ; ᎠᏎᏃ ᎤᏂᏄᎸᏍᎩ.
41 ᏥᏌᏃ ᎤᏁᏨ ᎯᎠ ᏄᏪᏒᎩ; Ᏺ, ᏂᏦᎯᏳᏒᎾ ᎠᎴ ᎢᏣᏕᏔᎲᏛ ᎪᎯ ᏥᏤᎭ! ᎢᎳᎪ
ᏂᎪᎯᎴᏍᏗ ᎢᏨᏰᎳᏗᏙᎮᏍᏗ, ᎠᎴ ᎤᎾᏁᎳᎩ ᎢᏨᏰᎵᏎᎮᏍᏗ? ᎡᎯᏯᏘᏄᎦ ᏤᏥ.
42 ᎠᏏᏉᏃ ᏣᎢᏎᎢ ᎠᏍᎩᎾ ᎤᏍᏢᏂᏍᏔᏁᎢ, ᎠᎴ ᎤᏄᎦᏍᏔᏁᎢ, ᏥᏌᏃ ᎤᏍᎦᏤ ᎦᏓᎭ
ᎠᏓᏅᏙ ᎠᎴ ᎤᏅᏩᏁ ᎠᏲᎵ, ᎠᎴ ᏔᎵᏁ ᎢᎤᏪᎧᏁᎴ ᎤᏙᏓ.
43 ᏂᎦᏛᏃ ᎤᏂᏍᏆᏂᎪᏎ ᎤᏣᏘ ᎤᎵᏂᎩᏗᏳ ᎨᏒ ᎤᏁᎳᏅᎯ. ᏂᎦᏛᏃ ᎤᏂᏍᏆᏂᎪᏒ ᏂᎦᎥ
ᏥᏌ ᏄᏛᏁᎸᎢ, ᎯᎠ ᏂᏚᏪᏎᎴ ᎬᏩᏍᏓᏩᏗᏙᎯ;
44 ᎯᎠ ᎾᏍᎩ ᏥᏂᏥᏪᎭ ᏩᏴᎭ ᏗᏥᎴᏂ; ᏴᏫᏰᏃ ᎤᏪᏥ ᏴᏫ ᏗᎨᏥᏲᎵᏎᏗ ᎨᏎᏍᏗ.
45 ᎠᏎᏃ ᎥᏝ ᏳᏃᎵᏤ ᎾᏍᎩ ᏂᏚᏪᏎᎸᎢ, ᎠᎴ ᎨᎬᏍᎦᎳᏁᎴᎢ, ᎾᏍᎩ Ꮔ-ᏂᎪᎲᎾ ᎨᏎᎢ;
ᎠᎴ ᎠᏂᏍᎦᎢᎮ ᎬᏩᏛᏛᏗᏱ ᎾᏍᎩ Ꮔ-ᏪᏒᎢ.
46 ᎿᏉᏃ ᎤᏂᏃᎮᎴ ᎤᏅᏒ ᎨᏒᎢ, ᎾᏍᎩ Ꮎ ᎤᎾᏓᏡᎬ ᎤᏟ ᎠᏥᎸᏉᏗᏳ ᎨᏒᎢ.
47 ᏥᏌᏃ ᎤᏙᎴᎰᏒ ᏄᏍᏛ ᏓᎾᏓᏅᏖᏍᎬ ᏙᏧᎾᏓᏅᏛᎢ, ᎠᏲᎵ ᏭᏯᏅᎮ ᎠᎴ ᎤᏬᎸ ᎾᎥ
ᎤᏪᎧᏁᎢ,
48 ᎠᎴ ᎯᎠ ᏂᏚᏪᏎᎴᎢ, ᎩᎶ ᏓᏓᏂᎸᎨᏍᏗ ᎯᎠ ᎠᏲᎵ ᎠᏴ ᏓᏆᏙᎥ ᎤᏗᎦᎵᏍᏙᏗᏍᎨᏍᏗ,
ᎠᏴ ᏓᏆᏓᏂᎸᎨᏍᏗ; ᎩᎶᏃ ᎠᏴ ᏓᏆᏓ-ᏂᎸᎨᏍᏗ, ᏓᏓᎸᎨᏍᏗ ᎤᏛᎩᏅᎢ, ᎾᏍᎩ ᎠᏥᎸᏉᏗᏳ
ᎨᏎᏍᏗ.
49 ᏣᏂᏃ ᎤᏁᏤ ᎯᎠ ᏄᏪᏎᎢ, ᏔᏕᏲᎲᏍᎩ, ᎣᏥᎪᎥᎩ ᎠᏏᏴᏫ ᎠᏂᏍᎩᎾ ᏕᎦᏄᎪᏫᏍᎬᎩ
ᏕᏣᏙᎢ ᎬᏗᏍᎬᎩ; ᎣᏥᏅᏍᏓᏕᎸᎩᏃ ᎤᏓᎦᎵᏍᏙᏗᏍᎬᎩ ᏂᎩᏍᏓᏩᏕᎬᎾ ᎨᏒᎢ.

50 ᏥᏌᏃ ᎯᎠ ᏄᏪᏎᎸᎩ, ᏞᏍᏗ ᎡᏥᏅᏍᏓᏕᎸᎩ; ᎩᎶᏰᏃ ᏂᎦᏡᏗᏍᎬᎾ ᏱᎩ ᎾᏍᎩ
ᎢᎦᎵᎪᏁᎯ.
51 ᎯᎠᏃ ᏄᎵᏍᏔᏁ ᎿᏉ ᎠᏍᏆᎵᏍᎨ ᎦᎸᎳᏗ ᏣᎦᏓᏂᎸᎢᏍᏗᏱ, ᎤᎵᏂᎩᏗᏳ ᎤᏓᏅᏒ
ᏥᎷᏏᎵᎻ ᏭᎶᎯᏍᏗᏱ.
52 ᏚᏅᏎᏃ ᎢᎬᏱ ᎠᏁᎩ; ᎤᏁᏅᏎᏃ, ᎠᎴ ᏌᎹᎵ ᎠᏁᎯ ᎤᏂᏚᎲ ᏭᏂᏴᎴᎢ, ᎾᏍᎩ
ᎬᏩᏛᏅᎢᏍᏓᏁᏗᏱ.
53 ᎥᏝᏃ ᏱᏗᎬᏩᏓᏂᎸᏤᎢ, ᎤᏗᎦᎵᏍᏙᏗᏍᎨ ᏥᎷᏏᎵᎻ ᏥᏩᏚᏙ ᎤᏩᏍᏕᎢ.
54 ᎬᏩᏍᏓᏩᏗᏙᎯᏃ ᏥᎻ ᎠᎴ ᏣᏂ ᎾᏍᎩ ᎤᏂᎪᎲ, ᎯᎠ ᏄᏂᏪᏎᎢ, ᏣᎬᏫᏳᎯ, ᎣᏏᏉᏍᎪ
ᏱᏰᎸᎾ ᏲᎩᏂᏁᏨ ᎠᏥᎸ ᎦᎸᎳᏗ ᎤᏓᏳᎶᎯᏍᏗᏱ ᎠᎴ ᎤᎾᎪᎲᏍᏙᏗᏱ ᎾᏍᎩᏯ ᎢᎳᏯ
ᏄᏛᏁᎸᎢ?
55 ᎠᏎᏃ ᎤᎦᏔᎲᏒ ᏚᎬᏍᎪᎸᏁ ᎯᎠ ᏄᏪᏎᎢ, ᎥᏝ ᏱᏍᏗᎦᏔᎭ ᏄᏍᏛ ᎠᏓᏅᏙ ᎢᏍᏗᎲᎢ.
56 ᏴᏫᏰᏃ ᎤᏪᏥ ᏧᎷᏥᎸ ᎥᏝ ᏴᏫ ᏓᏅᏅ Ᏹ-ᏚᏛᏔᏂᎸ, ᏚᏍᏕᎸᎯᎸᏉᏍᎩᏂ. ᎤᏩᏓᎴᏃ
Ꮧ-ᎦᏚᎲ ᏭᏂᎶᏎᎢ.
57 ᎠᎾᎢᏒᏃ ᎤᏃᎯ ᎯᎠ ᏄᎵᏍᏔᏁᎢ, ᎩᎶ ᎢᏳᏍᏗ ᎯᎠ ᏄᏪᏎᎴᎢ, ᏣᎬᏫᏳᎯ,
ᏓᎬᏍᏓᏩᏗᏙᎵ ᏂᎦᎥ ᎮᏙᎲᎢ.
58 ᏥᏌᏃ ᎯᎠ ᏄᏪᏎᎴᎢ, ᏧᎳ ᏚᏂᏔᎴᎭᎢ, ᏥᏍᏆᏃ ᎦᎳᏅᏛ Ꭰ-ᏂᏃᎯᎵᏙᎯ ᏕᎾᏁᏍᏓᏝᎨᎢ;
ᏴᏫᏍᎩᏂ ᎤᏪᏥ ᎥᏝ ᎢᎸᎯᏢ ᎠᏍᎪᎵ ᎤᏌᏗᏱ ᏱᎩ.
59 ᎤᏩᏓᎴᏃ ᎯᎠ ᏄᏪᏎᎴᎢ, ᏍᎩᏍᏓᏩᏚᎦ. ᎠᏎᏃ ᎯᎠ ᏄᏪᏎᎢ, ᏣᎬᏫᏳᎯ,
ᏍᏆᎵᏍᎪᎸᏓᏏ ᎢᎬᏱ ᎠᏇᏅᏍᏗᏱ ᏫᏥᏂᎭᏗᏱ ᎡᏙᏓ.
60 ᏥᏌ ᎯᎠ ᏄᏪᏎᎴᎢ, ᏧᏂᏲᎱᏒᎯ ᏓᏂᏂᏏᏍᎨᏍᏗ ᏧᎬᏩᏂᏲᎱᎯᏎᎸᎯ; ᏂᎯᏍᎩᏂ ᎮᎾ
ᏩᎵᏥᏙᎲᎦ ᏫᏃᎲᎵ ᎤᏁᎳᏅᎯ ᎤᎬᏫᏳᎯ ᎨᏒᎢ.
61 ᎤᏩᏓᎴᏃ ᎾᏍᏉ ᎯᎠ ᏄᏪᏎᎢ, ᏣᎬᏫᏳᎯ, ᏓᎬᏍᏓᏩᏗᏙᎵ; ᎠᏎᏃ ᎢᎬᏱ ᎨᎾ
ᏫᏕᏥᏲᎵᎦ ᎤᏛᏂᏂ ᏗᏇᏅᏒᎢ.
62 ᏥᏌᏃ ᎯᎠ ᏄᏪᏎᎴᎢ, ᎥᏝ ᎩᎶᎢ, ᏧᏏᏔᏛᎯ ᎦᏓᎷᎪᏗ ᏱᎠᎦᏔᎲᏃ, ᏰᎵ ᎤᏁᎳᏅᎯ
ᎤᎬᏫᏳᎯ ᎨᏒ ᏫᎬᏩᏴᏍᏗ ᏱᎩ.

ᎠᏯᏙᎸᎢ 10

1 ᎾᏍᎩᏃ ᏄᎵᏍᏔᏂᏙᎸ, ᎤᎬᏫᏳᎯ ᎤᏩᎾᏓᎴ ᎦᎵᏆᏍᎪᎯ ᎢᏯᏂᏛ ᎾᏍᏉ ᏚᏑᏰᏎᎢ ᎠᎴ
ᏚᏅᏎ ᏔᎵ ᏧᎾᎵᎪᏅᏛ ᎢᎬᏱ ᏄᏁᏅᏍᏗᏱ ᏂᎦᏛ ᏕᎦᏚᏩᏗᏒ ᎠᎴ ᏂᎬᎾᏛ, ᎾᎿ ᎤᏩᏒ
ᏭᎷᎯᏍᏗ ᎨᏒᎢ.
2 ᎾᏍᎩ ᎢᏳᏍᏗ ᎯᎠ ᏂᏚᏪᏎᎴᎢ, ᎤᎦᏛᎾᏨᎯ ᎤᏙᎯᏳᎯ ᎤᏣᏔ, ᏧᏂᎸᏫᏍᏓᏁᎯᏍᎩᏂ
ᎠᏂᎦᏲᎵᏳ; ᎾᏍᎩ ᎢᏳᏍᏗ ᎡᏣᏓᏙᎵᏍᏓᏏ ᎤᎬᏫᏳᎯ ᎤᎦᏛᎾᏨᎯ ᎤᏤᎵᎦ,
ᏂᏙᏓᏳᏅᏍᏗᏱ ᏧᏂᎸᏫᏍᏓᏁᎯ ᎾᎿ ᎤᎦᏛᎾᏤᎸᎢ.
3 ᎢᏤᎾ; ᎬᏂᏳᏉ ᎢᏨᏅᎵ ᎤᏂᏃᏕᎾ ᎠᏂᎩᎾ ᏩᏲᎯ ᏥᏩᏂᎶᏍᎪ ᎾᏍᎩᏯᎢ.
4 ᏞᏍᏗ ᏗᏥᏅᏒᎩ ᎠᏕᎸ ᏗᎦᎶᏗ, ᎠᎴ ᎦᏚᎶᏗ, ᎠᎴ ᏗᎳᏑᎶ; ᎠᎴ ᏞᏍᏗ ᎩᎶ ᎡᏥᏲᎵᎸᎩ
ᎢᏣᎢᏒᎢ.
5 ᎢᎸᎯᏢᏃ ᎠᏓᏁᎸ ᎢᏥᏴᎯᎮᏍᏗ, ᎢᎬᏱ, ᎤᏩᏙᎯᏯᏛ ᎡᎮᏍᏗ ᎠᏂ ᎠᏓᏁᎸᎢ,
ᎢᏣᏗᏍᎨᏍᏗ.
6 ᎢᏳᏃ ᎤᏩᏙᎯᏯᏛ ᎤᏪᏥ ᎾᎿ ᎡᎮᏍᏗ, ᎤᏩᏙᎯᏯᏛ ᎢᏣᏤᎵᎦ ᎤᎷᏤᏗ ᎨᏎᏍᏗ; ᎢᏳᏃ
ᎾᎿ ᏁᎲᎾ ᎢᎨᏎᏍᏗ ᎢᏨᏒᏉ ᎢᏥᎷᏥᏌᏁᏗ ᎨᏎᏍᏗ.
7 ᎠᎴ ᎾᎿᏉ ᎠᏓᏁᎸ ᎢᏥᏁᏍᏗ, ᎢᏣᎵᏍᏓᏴᏗᏍᎨᏍᏗ ᎠᎴ ᎢᏣᏗᏔᏍᎨᏍᏗ ᏄᏍᏛ
ᎡᏥᏁᎲᎢ; ᏧᎸᏫᏍᏓᏁᎯᏰᏃ ᏚᏳᎪᏗ ᎠᎫᏴᎡᏗᏱ ᏚᎸᏫᏍᏓᏁᎸᎢ. ᏞᏍᏗ ᏓᏓᏁᎳᏗᏒ
ᏱᏤᏙᎵᏙᎮᏍᏗ
8 ᎠᎴ ᎢᎸᎯᏢ ᎦᏚ-Ꮂ ᎢᏥᎷᎨᏍᏗ, ᎠᎴ ᏕᎨᏣᏓᏂᎸᎨᏍᏗ, ᏄᏍᏛ ᎨᏤᎳᏍᏗᏍᎬ
ᎢᏣᎵᏍᏓᏴᏗᏍᎨᏍᏗ.
9 ᎠᎴ ᏕᏥᏅᏫᏍᎨᏍᏗ ᏧᏂᏢᎩ ᎾᎿ ᎠᏁᎲᎢ, ᎠᎴ ᎯᎠ ᏂᏕᏥᏪᏎᎮᏍᏗ, ᎤᏁᎳᏅᎯ
ᎤᎬᏫᏳᎯ ᎨᏒ ᎾᎥᏂᏳ ᎢᏥᎷᏤᎸ.
10 ᏥᏌᏃ ᏧᏁᏨ ᎯᎠ ᏄᏪᏎᎴᎢ, ᎩᎶ ᎢᏳᏍᏗ ᏥᎷᏏᎵᎻ ᎤᏂᎩᏎ ᏤᎵᎪ ᎤᏪᏅᏎᎢ,
ᏗᎾᏓᎾᏌᎲᏍᎩᏃ ᏚᎾᏓᏩᏛᎳᏁᎢ, ᎾᏍᎩ ᎦᎬᏩᏄᏪᏎ ᏚᏄᏩᎥᎢ, ᎠᎴ ᎬᏩᎵᎥᏂᎴᎢ, ᎠᎴ
ᎤᎾᏓᏅᏎ ᎬᏩᏕᏤ ᎠᏰᎵ ᎢᏴᏛ ᎤᏲᎱᏒᎯ ᎨᏎᎢ.
11 ᎾᏍᏉ ᎪᏍᏚᏉ ᎢᏥᏚᎲ ᎦᎳᎨᏴᎢ, ᎾᏍᎩ ᎣᎩᏯᏉᎬᎢ ᎣᏥᏅᎪᎥᏗ ᎢᏨᎢᏰᎭ; ᎠᏎᏃ
ᎯᎠ ᏄᏍᏕᏍᏗ ᎢᏥᎦᏔᎮᏍᏗ, ᎾᏍᎩ ᎤᏁᎳᏅᎯ ᎤᎬᏫᏳᎯ ᎨᏒ ᎾᎥᏂᏳ ᎢᏥᎷᏤᎸᎢ.
12 ᎠᏎᏃ ᎯᎠ ᏂᏨᏪᏎᎭ, ᎡᏍᎦᏉ ᎢᎦᎢ ᎤᏂᎩᎵᏲᎢᏍᏗ ᎨᏎᏍᏗ ᏐᏓᎻ ᎾᎯᏳ ᎢᎦ ᎨᏎᏍᏗ
ᎤᏟᎯᏳ ᎾᏍᎩ ᎦᏚᎲᎢ.
13 ᎤᏲᏂᏳ ᎢᏳᎵᏍᏓᏁᏗ ᏂᎯ ᎪᎴᏏᏂ! ᎤᏲᎢᏳ ᎢᏳᎵᏍᏓᏁᏗ ᏂᎯ ᏇᏣᏱᏗ! ᎢᏳᏰᏃ
ᎤᏍᏆᏂᎪᏗ ᏱᏙᎦᎸᏫᏍᏓᏁᎴ ᏔᏯ ᎠᎴ ᏌᏙᏂ ᏂᎯ ᎢᏤᎲ ᏕᎦᎸᏫᏍᏓᏁᎸᎢ, ᎪᎯᎩ
ᏗᎬᏩᏂᏁᏣᏴᏛ ᏱᎨᏎ ᏚᎾᏓᏅ-ᏛᎢ, ᏧᏏᎦᎾ ᏱᏚᎾᏄᏩᏒ ᎠᎴ ᎪᏍᏚᎯ ᏳᎾᏅᏁᎢ.
14 ᎠᏍᎡᏃ ᎤᏟ ᎣᏏᏳ ᎢᏳᎾᎵᏍᏓᏁᏗ ᎨᏎᏍᏗ ᏔᏯ ᎠᎴ ᏌᏙᏂ ᎤᎵᏍᏆᎸᏗ ᎢᎦ ᎨᏎᏍᏗ
ᎡᏍᎦᏉ ᏂᎯ.

15 ᎠᎴ ᏂᎯ ᎨᏆᏂ ᎦᎸᎳᏗ ᎢᏴᏛ ᏤᏣᏌᎳᏓ, ᏨᏍᎩᏃ ᎢᏴᏛ ᏮᏓᏰᏣᎶᎥᏔᏂ.
16 ᎩᎶ ᏂᎯ ᎢᏣᏛᏓᏍᏓᏁᎵᏍᏗ ᎠᏴ ᎠᏆᏛᏓᏍᏓᏁᎵᏍᏗ; ᎩᎶᏃ ᎢᏥᏂᏆᏘᎵᏍᏗ, ᎠᏴ
ᎠᎩᏂᏆᏘᎵᏍᏗ; ᎩᎶᏃ ᎠᏴ ᎠᎩᏂᏆᏘᎵᏍᏗ ᎦᏂᏆᏘᎵᏍᏗ ᎤᏛᎩᏅᏏᏛ.
17 ᎦᎵᏆᏍᎪᎯᏃ ᎢᏯᏂᏛ ᏔᎵᏁ ᎤᏂᎷᏤ ᎤᎵᎮᎵᏍᏗ ᏚᏁᏓᏅᏖᎢ, ᎯᎠ ᎾᏂᏪᏍᎨᎢ,
ᏣᎬᏫᏳᎯ, Ꭰ-ᏂᏍᎩᎾ ᎾᏍᏉ ᎢᎪᎪᎯᏳᎲᏍᎦ ᏂᎯ ᏕᏣᏙᎥ ᎤᏗᎦᎵᏍᏙᏗᎭ.
18 ᎯᎠᏃ ᏂᏚᏪᏎᎴᎢ, ᏎᏓᏂ ᏥᎪᎥᎩ ᎠᎾᎦᎵᏍᎩ ᎦᎸᎳᏗ ᏨᏗᎦᏙᎠᏍᎪ ᎾᏍᎩᏯ ᏓᏳᏙᎠᏒᎩ.
19 ᎬᏂᏳᏉ ᎢᏨᏯᎵᏍᎪᎸᏓᏏ ᏗᏣᏔᏍᏓᏒᏗᏱ ᎢᎾᏛ ᎠᎴ ᏗᏂᏙᎬ ᏗᎾᏓᏨᏯᏍᏗᏍᎩ, ᎠᎴ
ᎢᏣᏓᎵᏁᎯᏕᏗᏱ ᏂᎦᎥ ᎤᎵᏂᎩᏗᏳ ᎨᏒ ᎠᎦᏍᎩ; ᎥᏝ ᎠᎴ ᎪᎱᏍᏗ ᏰᎵ ᎤᏲ ᎢᎨᏨᏁᏗ
ᏱᎨᏎᏍᏗ.
20 ᎠᏎᏍᎩᏂᏃᏅ ᎯᎠ ᎾᏍᎩ ᎥᏝᏍᏗ ᏱᏣᎵᎮᎵᏍᏗᏍᎨᏍᏗ, ᎾᏍᎩ ᏗᏓᏅᏙ ᎨᏦᎯᏳᏒᎢ;
ᎢᏣᎵᎮᎵᎨᏍᏗᏍᎩᏂ ᎤᏗᎦᎵᏍᏙᏗᏍᎨᏍᏗ ᏕᏣᏙᎥ ᎦᎸᎳᏗ ᏦᏒ ᏫᏗᎪᏪᎸᎢ.
21 ᎾᎯᏳ ᏥᏌ ᎤᎵᎮᎵᏤ ᎤᏓᏅᏙᎩᎯ, ᎯᎠ ᏄᏪᏎᎢ, ᎬᏯᎵᎡᎵᏤᎭ ᎡᏙᏓ ᏣᎬᏫᏳᎯ ᎦᎸᎳᏗ
ᎠᎴ ᎡᎶᎯ, ᎾᏍᎩ ᎯᎠ ᏥᏕᎲᏍᎦᏔᏁᎸ ᎠᏂᏏᎾᏌᏂ ᎠᎴ ᎠᏁᏯᏔᎯ, ᏗᏂᏲᎵᏃ
ᏥᏕᎯᎾᏄᎪᏫᏎᎸ; ᎥᎥ, ᎡᏙᏓ; ᎾᏍᎩᏰᏃ ᎤᏏᏳ ᏣᏰᎸᏅᎯ.
22 ᏂᎦᎥ ᎪᎱᏍᏗ ᏓᎩᏲᎯᏎᎸ ᎡᏙᏓ; ᎥᏝ ᎠᎴ ᎩᎶ ᏯᎦᏔᎭ ᎾᏍᎩ ᎨᏒ ᎤᏪᏥ, ᎠᎦᏴᎵᎨ
ᎤᏩᏒ; ᎠᎴ ᎾᏍᎩ ᎠᎦᏴᎵᎨ ᎨᏒ ᎤᏪᏥ ᎤᏩᏒ, ᎠᎴ ᎩᎶ ᏥᎾᏄᎪᏫᏏ ᎡᎳ ᎤᏪᏥ.
23 ᎬᏩᏍᏓᏩᏗᏙᎯᏃ ᎢᏗᏢ ᏧᎦᏔᎲᏍᏔᏅ ᎯᎠ ᏂᏚᏪᏎᎵ ᎤᏅᏒ ᎨᏒᎢ, ᏗᎦᎸᏉᏔᏅᎯ
ᏗᎦᏙᎵ ᎾᏍᎩ ᏥᏓᎪᏩᏘᎭ ᏂᎯ ᏥᏥᎪᏩᏘᎭ;
24 ᎢᏳᏲᏎᏰᏃ ᎤᏂᏣᏛᎩ ᎠᎾᏙᎴᎰᏍᎩ ᎠᎴ ᎤᏂᎬᏫᏳᎯ ᎤᎾᏚᎸᎲᎩ ᏂᎯ ᏥᏥᎪᏩᏘ
ᎤᏂᎪᏩᏛᏗᏱ, ᎠᏎᏃ ᎥᏝ ᏳᏂᎪᎮᎢ; ᎠᎴ ᎤᎾᏛᎪᏗᏱ ᎾᏍᎩ ᏂᎯ ᏥᏣᏛᎩᎭ, ᎠᏎᏃ ᎥᏝ
ᏳᎾᏛᎦᏁᎢ
25 ᎬᏂᏳᏉᏃ, ᎩᎶ ᎢᏳᏍᏗ ᏗᎧᎿᏩᏛᏍᏗ ᏗᎪᏏᏏᏍᎩ ᏚᎴᏁᎢ, ᎠᎴ ᎤᎪᎵᏰᏍᎬ ᎯᎠ
ᏄᏪᏎᎢ, ᏔᏕᏲᎲᏍᎩ, ᎦᏙ ᏯᏆᏛᏁᎸ ᎠᏆᏤᎵ ᏱᏂᎦᎵᏍᏓ ᎬᏂᏛ ᎠᎵᏍᏆᏗᏍᎩ ᏂᎨᏒᎾ?
26 ᎯᎠᏃ ᎾᏥᏪᏎᎴᎢ, ᎦᏙ ᎬᏅ ᎪᏪᎳ ᏗᎧᎿᏩᏛᏍᏗᏱ? ᎦᏙ ᎤᏍᏙ ᎯᎪᎵᏰᏍᎪᎢ?
27 ᏧᏁᏨᏃ ᎯᎠ ᏄᏪᏎᎢ, ᎯᎨᏳᏎᏍᏗ ᏱᎰᏩ ᏣᏁᎳᏅᎯ, ᎲᏗᏍᎨᏍᏗ ᏂᎦᎥ ᏣᎾᏫ ᏣᎸᎢ,
ᎠᎴ ᏂᎦᎥ ᏣᏓᏅᏙᎩ, ᎠᎴ ᏂᎦᎥ ᏣᎵᏂᎬᎬᎢ, ᎠᎴ ᏂᎦᎥ ᏣᏓᏅᏖᏗ ᎨᏒᎢ; ᎾᎥᏃ ᎢᏗᏍᏓᏓᎳ
ᏨᏒ ᏂᏣᏓᎨᏳᏒ ᎾᏍᎩᏯ ᏂᎨᏳᏎᏍᏗ.
28 ᎯᎠᏃ ᏄᏪᏎᎴᎢ, ᏰᎵᏉ ᏂᏫ; ᎾᏍᎩ ᎯᎠ ᎿᏛᏁᎵᏍᏗ, ᎲᏁᏍᏗᏃ.
29 ᎠᏎᏃ ᎤᏚᎵᏍᎬ ᎤᏚᏓᎴᏍᏗᏱ ᎯᎠ ᏄᏪᏎᎴ ᏥᏌ, ᎦᎪᏃ ᎾᎥ ᎢᏦᎩᎾᏓᎳ?
30 ᏥᏌᏃ ᏧᏁᏨ ᎯᎠ ᏄᏪᏎᎴᎢ, ᎩᎶ ᎢᏳᏍᏗ ᏥᎷᏏᎵᎻ ᎤᏂᎩᏎ ᏤᎵᎪ ᎤᏪᏅᏎᎢ,
ᏗᎾᏓᎾᏌᎲᏍᎩᏃ ᏚᎾᏓᏩᏛᏔᏁᎢ, ᎾᏍᎩ ᏕᎬᏩᏄᏪᏎ ᏕᏄᏩᎥᎢ, ᎠᎴ ᎬᏩᎵᎥᏂᎴᎢ, ᎠᎴ
ᎤᏫᏓᏅᏎ ᎬᏩᏕᏤ ᎠᏰᎵ ᎢᏴᏛ ᎤᏲᎱᏒᎯ ᎨᏎᎢ.

31 ᎠᏰᎵᏃ ᏄᏮᏔᏁ ᎩᎶ ᎢᏳᏍᏗ ᎠᏥᎸ-ᎨᎶᎯ ᎾᎿ ᏂᏚᏅᏅ ᏗᏅᏣᏎᎢ; ᎤᎪᎲᏃ
ᎠᏂᏗᏢᏉᏉ ᏄᏣᏎᎢ.
32 ᎠᎴ ᎾᏍᏉ ᎠᎵᏫ ᎾᎿ ᎡᏙᎲ, ᎤᎷᏤ ᎤᏚᏔᏁᎢ, ᎠᎴ ᎠᏂᏗᏢᏉ Ꮔ-ᏣᏎᎢ.
33 ᎩᎶᏍᎩᏂ ᎢᏳᏍᏗ ᏌᎺᎵᏯ ᎡᎯ ᎠᎢᏒᎢ, ᎤᎷᏤ ᏚᏅᎢ; ᎤᎪᎲᏃ ᎤᏪᏙᎵᏤᎢ;
34 ᎠᎴ ᏭᎷᏤ ᎠᎴ ᏚᎸᏒᎴ ᏓᏥᏲᏅᏅᎢ, ᎠᎴ ᎪᎢ ᎩᎦᎨᏃ-ᎠᏗᏔᏍᏗ ᏓᏍᏚᏝᎮᎢ, ᎠᎴ
ᎤᏩᏒ ᎤᎩᎸᏙᏗ ᎤᎩᎸᏔᏁᎢ, ᏧᏂᏒᏍᏗᏱᏃ ᎠᏓᏁᎸ ᎤᏘᏃᎴᎢ, ᎠᎴ ᎤᏍᏆᏂᎪᏔᏁᎢ.
35 ᎤᎩᏨᏛᏃ ᎿᏉ ᎤᏂᎩᏒ, ᏔᎵ ᎠᏂᎩᏏ ᏧᎾᎬᏩᎶᏗ ᏑᎴᏎᎢ, ᎠᎴ ᏚᏁᎴ ᎦᏁᎳ, ᎠᎴ
ᎯᎠ ᏄᏪᏎᎴᎢ, ᎯᏍᏆᏂᎪᏕᏍᏗ, ᎢᎦᎢᏃ ᏫᎦᎶᏒᏍᏗᏍᎬ ᏣᏗᏴᎯᏙᎸᎢ, ᎢᏥᎷᏨᎭ
ᎢᎬᏯᎫᏴᎡᎸᎭ.
36 ᎯᎠᏃ ᎾᏍᎩ ᏦᎢ ᎢᏯᏂᏛ ᎨᏒ, ᏂᎯ ᎭᏓᏅᏖᏍᎬ, ᎦᎪ ᎾᎥ ᎢᏧᎾᏓᎳ ᎤᏩᏍᏗ ᎾᏍᎩ
ᏗᎾᏓᎾᏌᎲᏍᎩ ᏥᏚᎾᏓᏩᏛᏔᏁᎢ?
37 ᎯᎠᏃ ᏄᏪᏎᎢ, ᎾᏍᎩ Ꮎ ᎤᏪᏙᎵᏨᎯ. ᎿᏉᏃ ᏥᏌ ᎯᎠ ᏄᏪᏎᎴᎢ, ᎮᎾ, ᎠᎴ ᏂᎯ
ᎾᏍᎩᏯ ᏫᎾᏛᎦ.
38 ᎯᎠᏃ ᏄᎵᏍᏔᏁ ᎠᎾᎢᏒᎢ, ᎾᏍᎩ ᎢᎸᎯᏢ ᎦᏚᎲ ᎤᎷᏤᎢ; ᎩᎶᏃ ᎢᏳᏍᏗ ᎠᎨᏴ ᎹᏗ
ᏧᏙᎢᏛ ᏚᏓᏂᎸᏤ ᎦᏁᎸᎢ.
39 ᎤᎸᏃ ᎡᎮ ᎺᎵ ᏧᏙᎢᏛ, ᎾᏍᎩ ᎾᏍᏉ ᎤᏬᎴ ᏥᏌ ᏚᎳᏍᎬᎢ, ᎠᎴ ᎤᏛᏓᏍᏕ
ᏚᏬᏂᏍᎬᎢ.
40 ᎹᏗᏍᎩᏂ ᎤᏪᎵᎯᏍᏗᏍᎨ ᎤᏣᏘ ᏚᎸᏫᏍᏓᏁ-ᎲᎢ, ᎠᎴ ᎤᎷᏤᎴ ᎯᎠ ᏄᏪᏎᎴᎢ,
ᏣᎬᏫᏳᎯ, ᏝᏍᎪ ᎪᎱᏍᏗ ᏰᎵᎭ ᎥᎩᎸ ᏣᏋᎦᏨ ᏣᎩᎯᏯᏍᏓᏁᎸ ᎠᏋᏒᏉ ᎪᎱᏍᏗ
ᎢᏨᏯᏛᏁᏗᏱ? ᎾᏍᎩᎢᏳᏍᏗ ᏘᏁᏥ ᏓᎩᏍᏕᎸᏗᏱ.
41 ᏥᏌᏃ ᎤᏁᏨ ᎯᎠ ᏄᏪᏎᎴᎢ, ᎹᏗ, ᎹᏗ, ᎤᏣᏘ ᏧᏓᎴᏅᏛ ᏣᏕᏌᏯᏍᏛ ᏤᎵᎯᏍᏗᎭ
ᎠᎴ ᏣᏕᏯᏙᏗᎭ;
42 ᏑᏓᎴᎩᏉ ᏍᎩᏂ ᎤᏚᎸᏗ; ᎠᎴ ᎺᎵ ᎤᏑᏰᏒ ᎾᏍᎩ ᎣᏌᏂ ᎨᏒᎢ, ᎾᏍᎩ ᎦᏰ-ᏥᎩᏒᏗ
ᏂᎨᏒᎾ ᏥᎩ.

ᎠᏯᏙᎸᎢ 11

1 ᎯᎠᏃ ᏄᎵᏍᏔᏁᎢ, ᎾᏍᎩ ᎠᏓᏙᎵᏍᏗᏍᎬ ᎢᎸᎯᏢ, ᎤᏬᎵᎪᏨ, ᎠᏏᏴᏫ ᎤᏍᏓᏩᏗᏙᎯ
ᎯᎠ ᏄᏪᏎᎴᎢ, ᏣᎬᏫᏳᎯ, ᏍᎩᏰᏲᎲᎦ ᎣᎦᏓᏙᎵᏍᏙᏗᏱ, ᎾᏍᎩ ᏣᏂ ᏥᏄᏛᏁᎴ ᏥᏚᏪᏲᏁ
ᎬᏩᏍᏓᏩᏗᏙᎯ.
2 ᎯᎠᏃ ᏂᏚᏪᏎᎴᎢ, ᎢᏣᏓᏙᎵᏍᏗᏍᎨᏍᏗ ᎯᎠ ᏂᏥᏪᏍᎨᏍᏗ, ᎣᎩᏙᏓ ᎦᎸᎳᏗ ᎮᎯ,
ᏕᎸᏉᏗᏳ ᎨᏎᏍᏗ ᏕᏣᏙᎥᎢ; ᏣᎬᏫᏳᎯ ᎨᏒ ᏫᎦᎾᏄᎪᎢ; ᎭᏓᏅᏖᏍᎬ ᏫᏂᎦᎵᏍᏓ ᎡᎶᎯ
ᎾᏍᎩᏯ ᎦᎸᎳᏗ ᏥᏂᎦᎵᏍᏗᎭ.
3 ᎣᎦᎵᏍᏓᏴᏗ ᏍᎩᏁᎮᏍᏗ ᏂᎦᎩᏨᏂᏒᎢ.
4 ᎠᎴ ᏗᎨᏍᎩᎥᏏᏉ ᎣᎩ-ᏍᎦᏅᏨᎢ; ᎠᏴᏰᏃ ᎾᏍᏉ ᏗᎦᏲᏥᏁᎰ ᏂᎦᏛ ᏦᏥᎦᎩ; ᎠᎴ ᏝᏍᏗ
ᎤᏓᎪᎵᏰᏗᏱ ᏫᏗᏍᎩᏯᏘᏅᏍᏔᏅᎩ; ᏍᎩᏳᏓᎴᏍᎨᏍᏗᏉᏍᎩᏂ ᎤᏲ ᎨᏒᎢ.
5 ᎯᎠᏃ ᏂᏚᏪᏎᎴᎢ, ᎦᎪ ᎯᎠ ᏥᏂᏣᏛᏅ ᎤᎵᎢ ᏰᎭ, ᎠᎴ ᎡᏃᏱ ᎠᏰᎵ ᏱᏭᎷᏤᎸ, ᎠᎴ
ᎯᎠ ᏱᏄᏪᏎᎸ, ᎩᎾᎵᎢ, ᏦᎢ ᎦᏚ ᏗᏍᏆᏙᏔᏍᏓ;
6 ᏱᎩᎾᎵᎢᏰᏃ ᎠᎢᏒ ᎠᎩᎷᏥ, ᎥᏝ ᎠᎴ ᎪᎱᏍᏗ ᏯᎩᎭ ᏥᏰᏔᏍᏙᏗ;
7 ᎾᏍᎩᏃ ᏗᏯᎥ ᏴᏓᎧᏁᎩ ᎯᎠ ᏱᏅᏓᎦᏫ, ᏝᏍᏗ ᏍᏆᏕᏯᏙᏔᏅᎩ; ᎦᎶᎯᏍᏗᏱ ᎦᏳᎳ
ᎠᏍᏚᎭ, ᏗᏂᏲᎵᏃ ᏗᏇᏥ ᎣᏥᏂᏝᎠ, ᎥᏝ ᏰᎵ ᏴᎦᎦᏗᏛ ᏱᏙᎦᎬᎥᏏ.
8 ᎢᏨᏲᏎᎭ ᎬᏩᏗᏛᏗ ᏂᎨᏒᎾ ᎠᎴ ᏗᎬᏩᏁᏗ ᏂᎨᏒᎾ ᏱᎩ, ᎤᎾᎵᎢᏉ ᎨᏒ ᎢᏳᏍᏗ,
ᎾᏬᎵᎪᎬᎾᏍᎩᏂ ᎨᏒ ᎢᏳᏍᏗ ᏯᏗᏛ ᎠᎴ ᏱᎦᎠᎲᏏ ᏂᎦᎥ ᎦᏚᎵᏍᎬᎢ.
9 ᎠᎴ ᎯᎠ ᏂᏨᏪᏎᎭ, ᎢᏥᏔᏲᎭ, ᎠᏎ ᏓᏰᏥᏁᎵ; ᎢᏥᏲᎦ, ᎠᏎ ᏓᏥᏩᏛᎯ; ᎢᏨᏂᎦ, ᎠᏎ
ᏓᏰᏥᏍᏚᎢᏒᎵ;
10 ᎾᏂᎥᏉᏰᏃ ᎩᎶ ᏣᏂᏔᏲᎯᎰ ᎨᏥᏁᎰᎢ; ᎩᎶᏃ ᏧᏲᎰ ᎠᏩᏘᏍᎪᎢ; ᎩᎶᏃ ᏥᏫᎬᏂᎰ
ᎠᏥᏍᏚᎢᏒᎰᎢ.
11 ᎢᏳ ᎠᎴ ᎩᎶ ᎯᎠ ᏥᏂᏣᏛᏅ ᎢᏥᏕᏴᎵᎨ ᎨᏒ ᎤᏪᏥ ᎦᏚ ᏩᏔᏲᏎᎭ, ᏥᏌ ᎤᏯᏉ
ᏯᎲᏏ? ᎢᏳ ᎠᎴ ᎠᏣᏗ ᏩᏔᏲᏎᎭ, ᏥᎪ ᎠᏣᏗ ᎤᏅᏁᏗ ᎨᏒ ᎢᎾᏛᏉ ᏱᎦᏅᎥᏏ?
12 ᎢᏳ ᎠᎴ ᎤᏪᏥ ᏩᏔᏲᏎᎸ, ᏥᎪ ᏕᏙᎬ-ᎠᏓᏨᏯᏍᏗᏍᎩ ᏱᎦᏅᎥᏏ.
13 ᎾᏍᎩ ᎢᏳᏍᏗ ᎢᏳᏃ ᏂᎯ ᎢᏥᏲᎢ, ᏱᏥᏏᎾᎯ ᎣᏍᏛ ᎨᏒ ᏗᏥᏁᏗᏱ ᏗᏤᏥ, ᎤᏟᎯᏳ
ᏄᏛᏅᎢᏍᏗ ᎢᏥᏙᏓ ᎦᎸᎳᏗ ᎡᎯ ᏧᏁᏗᏱ ᏕᎸᏉᏗᏳ ᎠᏓᏅᏙ ᎬᏩᏔᏲᏎᎯ!
14 ᎠᏍᎩᎾᏃ ᏕᏄᎪᏫᏍᎨᎢ, ᎠᎴ ᎤᏩᎨᏫ ᎨᏎᎢ. ᎯᎠ Ꮓ ᏄᎵᏍᏔᏁᎢ, ᎾᏍᎩ ᎠᏍᎩᎾ
ᎤᏄᎪᏨ ᎤᏩᎨᏫ ᎤᏬᏂᏎᎢ; ᏴᏫᏃ ᎤᏂᏍᏆᏂᎪᏎᎢ.
15 ᎢᎦᏛᏍᎩᏂ ᎯᎠ ᏄᏂᏪᏎᎢ, ᎠᏂᏍᎩᎾ ᏕᎦᏄᎪᏫᏍᎦ ᎤᏍᏕᎵᎭ ᏇᎵᏥᏆ ᎤᎬᏫᏳᎯ
ᎠᏂᏍᎩᎾ ᎤᎾᏤᎵᎦ.
16 ᎠᏂᏐᎢᏃ ᎬᏩᎪᎵᏰᏍᎬ, ᎬᏩᏔᏲᏎᎴ ᏧᎾᏄᎪᏫᏎᏗᏱ ᎤᏰᎸᏛ ᎦᎸᎳᏗ ᎤᏓᏳᎶᏒᎯ.

17 ᎠᏎᏃ ᎠᎦᏔᎮ ᏄᏍᏛ ᏓᎾᏓᏅᏖᏍᎬ ᎯᎠ ᏂᏚᏪᏎᎴᎢ, ᏂᎦᎥ ᎠᏰᎵ ᎦᎪᎵᎡᎢ ᏔᎵ
ᏥᎾᏓᏗᏍᎪ ᎤᏩᏒ ᏣᏓᏡᏗᏍᎪᎢ, ᎠᏲᎪᏉ; ᎠᎴ ᏏᏓᏁᎸ ᏔᎵ ᏥᏄᏓᎣ ᎤᏩᏒ ᏣᏓᏡᏗᏍᎪ
ᎠᏲᎪᎢ.
18 ᎢᏳ ᎠᎴ ᏎᏓᏂ ᏔᎵ ᏱᏄᏓᎠ ᎤᏩᏒ ᏯᏓᏡᏗᎭ, ᎦᏙ ᏗᎦᎵᏍᏙᏗ ᏱᏂᎬᏩᏍᏗᏉ
ᎤᏤᎵᎪᎯ? ᎤᏗᎦᎵᏍᏙᏗᎭ ᏇᎵᏥᏆ ᎤᏍᎦᎵᎭ ᎠᏂᏍᎩᎾ ᏥᎦᎦᏄᎪᏫᏍᎦ ᏥᏍᎩᏲᏎᎭ.
19 ᎢᏳᏃ ᏇᎵᏥᏆ ᏯᎩᏍᎦᎵᎭ ᎠᏂᏍᎩᎾ ᎦᏥᏄᎪᏫᏍᎬᎢ, ᎦᎪ ᎤᏂᏍᎦᎵᎭ ᏗᏤᏥ ᎾᏍᎩ
ᏓᏂᏄᎪᏫᏍᎬᎢ? ᎾᏍᎩ ᎢᏳᏍᏗ ᎾᏍᎩ ᏗᎨᏧᎪᏓᏁᎯ ᎨᏎᏍᏗ.
20 ᎢᏳᏍᎩᏂ ᎠᏴ ᎠᏂᏍᎩᎾ ᎦᏥᏄᎪᏫᏍᎬ ᎤᏁᎳᏅᎯ ᎦᏰᏌᏛ ᏱᎬᏗᎭ, ᎥᏝ ᏳᏜᏏᏛᎭ
ᎤᏁᎳᏅᎯ ᎤᎬᏫᏳᎯ ᎨᏒ ᎢᏥᎷᏤᎸᎢ.
21 ᎢᏳᏃ ᎤᎵᏂᎩᏛ ᎠᏍᎦᏯ ᎤᎵᏍᎦᏍᏙᏗ ᎬᏰᎯ ᏯᎦᏗᏯ ᎦᏁᎸᎢ ᎤᏩᏙᎯᏯᏛ ᏄᏍᏛ
ᎤᎿᎥᎢ.
22 ᎤᏟᏍᎩᏂ ᎢᏳᎵᏂᎩᏛ ᏩᏃᎵᏄ ᎠᎴ ᏩᏎᎪᎩᏒ, ᎤᎩᏒᎰ ᏂᎦᏛ ᎤᎵᏍᎦᏍᏙᏗ
ᎤᎵᏍᎦᏍᏙᏔᏅᎢ, ᎠᎴ ᎠᏯᏙᎯᎰ ᏧᎬᏩᎶᏗ ᎤᏓᏌᏅᎲᎢ.
23 ᎩᎶ ᎾᏆᎵᎪᏁᎲᎾ ᏥᎨᏐ ᎠᏆᏡᏗᏍᎪᏉ; ᎩᎶᏃ ᏃᏍᏗᏟᏏᏍᎬᎾ ᏥᎨᏐ ᎠᏗ-ᎦᎴᏯᏍᎪᏉ.
24 ᎢᏳᏃ ᎦᏓᎭ ᎠᏓᏅᏙ ᏴᏫ ᎤᏄᎪᎩ, ᎡᏙᎰ ᎤᎧᏲᏛᎯ ᎨᏒᎢ, ᎤᏲᎰ ᎠᏣᏪᏐᎸᏍᏙᏗᏱ;
ᎤᏌᎩᏃ, ᎯᎠ ᏂᎦᏪᏍᎪᎢ, ᏛᎦᏨᏏ ᏗᏇᏅᏒ ᏗᎩᏄᎪᏨ ᏮᏛᏥᎶᏏ.
25 ᏫᎦᎷᎩᏃ ᎠᏩᏘᏍᎪ ᎬᏃᏌᎲᎯ ᎠᎴ ᎪᏚᎢᏍᏔᏅᎯ ᎨᏐᎢ.
26 ᎿᏉᏃ ᎡᎪᎢ, ᎠᎴ ᏫᏓᏯᏂᏍᎪ ᎦᎵᏉᎩ ᏗᏓᏅᏙ ᎤᏩᎾᏓᎴ ᎤᏟ ᎢᏳᏂᏁᎫᏥᏛ ᎡᏍᎦᏉ
ᎤᏩᏒ; ᎾᏍᎩᏃ ᎠᏂᏴᎯᎰ ᎠᎴ ᎾᎿ ᎠᎾᏁᎳᏗᏍᎪᎢ; ᎣᏂᏱᏃ ᏄᏍᏛ Ꮎ ᎠᏍᎦᏯ ᎤᏟ
ᎤᏲᎢᏳ ᎨᏐᎢ ᎡᏍᎦᏉ ᎢᎬᏱᏱ.
27 ᎯᎠᏃ ᏄᎵᏍᏔᏁᎢ, ᎠᏏᏉ ᎾᏍᎩ ᎯᎠ ᏂᎦᏪᏍᎨᎢ, ᎩᎶ ᎢᏳᏍᏗ ᎠᎨᏴ ᎨᎳ ᎤᎾᏓᏡᎬ
ᎤᏌᎳᏓᏁ ᎧᏁᎬ ᎠᎴ ᎯᎠ ᏄᏪᏎᎴᎢ; ᎣᏏᏳ ᎢᏳᎵᏍᏓᏁᏗ ᏂᎯ ᏣᎾᏄᎪᏫᏒᎯ ᎠᎴ ᎾᏍᎩ
ᏣᏍᏛᏅᎯ.
28 ᎠᏎᏃ ᎯᎠ ᏄᏪᏎᎢ, ᎥᎥ, ᎤᏟᎯᏳᏍᎩᏂ ᎣᏍᏛ ᎢᏳᎾᎵᏍᏓᏁᏗ ᎠᎾᏛᎩᏍᎩ ᎧᏃᎮᏛ
ᎤᏁᎳᏅᎯ ᎤᏤᎵᎦ ᎠᎴ ᎾᏍᎩ ᎠᏂᏍᏆᏂᎪᏗᏍᎩ.
29 ᎿᏉᏃ ᏴᏫ ᎦᏁᎸᎵ ᎤᎾᏓᏟᏌᏅ, ᎤᎴᏅᎮ ᎯᎠ ᏄᏪᏎᎢ; ᎤᏂᏲ ᎪᎯ ᏣᏁᎭ; ᎤᏂᏲᎭ
ᎤᏰᏄᏛᎢ; ᎠᏎᏃ ᎥᏝ ᎨᏥᎾᏄᎪᏫᏎᏗ ᏱᎨᏎᏍᏗ ᎤᏰᏄᏛᎢ, ᏦᎾ ᎠᏙᎴᎰᏍᎩ ᎤᏤᎵ ᎤᏰᏄᏛ
ᎤᏩᏒ.
30 ᏦᎾᏰᏃ ᎤᏰᏄᏛ ᏥᏂᎨᎬᏁᎴ ᏂᏂᏫ ᎠᏁᎯ, ᎾᏍᎩᏯ ᎾᏍᏉ ᏴᏫ ᎤᏪᏥ ᎤᏰᏄᏛ
ᎤᏓᎨᎬᏁᎵ ᎪᎯ ᏣᏁᎭ.
31 ᎤᎬᏫᏳᎯ ᎠᎨᏴ ᏧᎦᎾᏮ ᏤᎮᎢ ᏙᏛᎾᎴᏂ ᎪᎯ ᏣᏁᎭ ᏗᎫᎪᏙᏗᏱ ᎨᏎᏍᏗ, ᎠᎴ
ᏧᎾᏚᎪᏓᏁᏗᏱ ᏂᏙᏓᎬᏁᎵ; ᎾᏍᎩᏰᏃ ᏩᏍᏛ ᎢᏴᏛ ᎦᏙᎯ ᏧᏅᏎ ᎤᏛᎦᏂᎴ ᏐᎵᎼᏅ
ᎠᎦᏔᎾᎥᎢ; ᎬᏂᏳᏉᏃ ᎠᏂ ᎡᏙᎭ ᎤᏟ ᎢᏯᏥᎸᏉᏗ ᎡᏍᎦᏉ ᏐᎵᎼᏅ.

32 ᏴᏫ ᏂᏂᏫ ᏣᏁᎮ ᏙᏛᎾᎴᏂ ᎪᎯ ᏣᏁᎭ ᏗᎫᎪᏗᏱ ᎨᏎᏍᏗ, ᎠᎴ ᏧᎾᏚᎪᎵᏁᏗᏱ
ᎤᏛᏅᏁᎵ; ᏚᏂᏁᏟᏴᏎᏰᏃ ᏚᎾᏓᏅᏛ ᏦᎾ ᏚᎵᏥᏙᏁᎸ; ᎬᏂᏳᏉᏃ ᎠᏂ ᎡᏙᎭ ᎤᏟ
ᎢᏯᏥᎸᏉᏗ ᎡᏍᎦᏉ ᏦᎾ.
33 ᎥᏝ ᎠᎴ ᎩᎶ ᎠᏨᏍᏛᎦ ᎠᏨᏍᏙᏗ ᎤᏕᎵᏒ ᏱᎦᎧᎲᏍᎪᎢ, ᎥᏝ ᎠᎴ ᎠᏟᎶᏍᏗ
ᏱᎫᎵᏗᏍᎪᎢ, ᎦᎪᏗᏱᏍᎩᏂ ᎦᎪᏗᏍᎪᎢ, ᎾᏍᎩ ᎤᏛᏂᏴᎯᎯ ᎤᏂᎪᏩᏛᏗᏱ ᎢᎦ ᎦᏛᎢ.
34 ᎠᎦᏔ ᎠᏰᎸ ᎢᎦ ᎠᏘᏍᏓᏁᎯ; ᎾᏍᎩ ᎢᏳᏍᏗ, ᎢᏳᏃ ᎪᎱᏍᏗ ᏄᏍᏛᎾ ᎨᏎᏍᏗ
ᎯᎦᏙᎵ, ᏂᎬ ᎯᏰᎸ ᎾᏍᏉ ᎧᎵᏬᎯ ᎨᏎᏍᏗ ᎢᎦ ᎦᏘ; ᎢᏳᏍᎩᏂ ᎯᎦᏙᎵ ᎤᏲ ᎨᏎᏍᏗ ᏂᎬ
ᎯᏰᎸ ᎾᏍᏉ ᎧᎵᏬᎯ ᎨᏎᏍᏗ ᎤᎵᏏᎩ.
35 ᎾᏍᎩ ᎢᏳᏍᏗ ᎮᏯᏔᎮᏍᏗ ᎾᏍᎩ ᎢᎦ ᎦᏘ ᎭᏫᏂ ᏤᎲ ᏞᏍᏗ ᎤᎵᏏᎩ ᏱᎨᏎᏍᏗ.
36 ᎢᏳᏃ ᏂᎬ ᎯᏰᎸ ᎧᎵᏬᎯ ᎨᏎᏍᏗ ᎢᎦ ᎦᏘ, ᎢᎸᎯᏢ ᏄᏓᏓᎸᎾ ᎤᎵᏏᎩ, ᏂᎬ ᎤᎧᎵᏨᎯ
ᎨᏎᏍᏗ ᎢᎦ ᎦᏘ, ᎾᏍᎩᏯ ᎠᏨᏍᏙᏗ ᎣᏍᏛ ᎠᏓᏪᎵᎩᏍᎬ ᎢᎦ ᏥᏣᏘᏍᏓᏁᎰᎢ.
37 ᎠᏏᏉᏃ ᎦᏬᏂᏍᎨ ᎩᎶ ᎢᏳᏍᏗ ᎠᏆᎵᏏ ᎤᏔᏲᏎᎴ ᎤᎵᏍᏓᏴᎾᏁᏗᏱ; ᎤᏴᎴᏃ, ᎠᎴ
ᎤᎵᎩᏳᏍᏓᏅᏁᎢ.
38 ᎠᏆᎵᏏᏃ ᎤᎪᎲ ᎤᏍᏆᏂᎪᏎ ᏂᏚᏬᏑᎴᎥᎾ ᎨᏒ ᎠᏏᏉ ᏄᎵᏍᏓᏴᏅᎾ.
39 ᎤᎬᏫᏳᎯᏃ ᎯᎠ ᏄᏪᏎᎴᎢ, ᏂᎯ ᎢᏥᏆᎵᏏ ᎤᎵᏍᏈᏗ ᎠᎴ ᎠᏖᎵᏙ ᎦᏚᎢᏗᏢ
ᏕᏥᏅᎦᎵᏍᎪᎢ; ᎭᏫᏂᏍᎩᏂ ᎨᏒ ᎢᏥᎧᎵᏨᎯ ᎨᎭ ᎠᏎᏉ ᎠᏓᎩᎡᏗ ᎨᏒ ᎠᎴ ᎠᏍᎦᎾᎢ.
40 ᎢᏥᏁᎫ, ᏝᏍᎪ ᎾᏍᎩ ᎦᏚᎢᏢ ᎡᎯ ᎤᏬᏢᏅᎯ ᎾᏍᏉ ᎭᏫᏂᏗᏢ ᎡᎯ ᏳᏬᏢᏁᎢ?
41 ᎤᎬᏫᏳᏎᏍᏗᏍᎩᏂ ᎢᏣᏓᏁᎮᏍᏗ ᏄᏍᏛ ᎢᏥᎲᎢ; ᎬᏂᏳᏉᏃ ᏂᎦᏗᏳ ᎢᏣᏓᏅᎦᏒᎸᎯ
ᎨᏎᏍᏗ.
42 ᏂᎯᏍᎩᏂ ᎢᏥᏆᎵᏏ ᎤᏲᎢᏳ ᎢᏣᎵᏍᏓᏁᏗ! ᎠᏍᎪᎯᏁᏰᏃ ᎪᏣᎴᏛ ᎢᏣᎫᏱᏍᎪ ᎡᏟ ᎠᏟ
ᎷᏫ ᎠᎴ ᏂᎦᎥ ᎤᏰᎿᎥᎢ, ᎢᏥᏃᎯᏯᏍᎪᏃ ᏚᏳᎪᏛ ᎢᏯᏛᏁᏗ ᎨᏒ ᎠᎴ ᎤᏁᎳᏅᎯ ᎠᎨᏳᏗ
ᎨᏒᎢ; ᎾᏍᎩᏍᎩᏂ ᏱᏂᏣᏛᏁᎴᎢ, ᎠᎴ ᏐᎢ ᏂᏥᏃᎯᏴᎾᏉ ᏱᎨᏎᎢ.
43 ᎤᏲᎢᏳ ᎢᏣᎵᏍᏓᏁᏗ ᎢᏥᏆᎵᏏ! ᏕᏥᎸᏉᏙᏰᏃ ᏄᎬᏫᏳᏒ ᏕᎦᏍᎩᎸ ᏗᎦᎳᏫᎢᏍᏗᏱ,
ᎠᎴ ᎡᏥᏲᎵᏍᏗᏱ ᏗᎦᏃᏙᏗᏱ.
44 ᎣᏲᎢᏳᎢᏣᎵᏍᏓᏁᏗ ᏗᏦᏪᎵᏍᎩ, ᎠᎴ ᎢᏥᏆᎵᏏ, ᎢᏣᏠᎾᏍᏗ! ᏂᎯᏰᏃ ᏓᏓᏂᏌᎲ
ᏕᏣᏤᎸ ᏄᏬᎵᏍᏛᎾ ᏥᎨᏐᎢ, ᎠᎴ ᏴᏫ ᎦᏚᎢ ᎠᏂᎶᏍᎩ ᎥᏝ ᏱᎾᏙᎴᎰᏍᎪᎢ.
45 ᎿᏉᏃ ᎠᏏᏴᏫ ᏗᎧᎿᏩᏛᏍᏗ ᏗᎪᏏᏏᏍᎩ ᎤᏁᏤ ᎯᎠ ᏄᏪᏎᎴᎢ, ᏔᏕᏲᎲᏍᎩ, ᎾᏍᎩ
ᎯᎠ ᏥᏂᏬᎭ ᎠᏴ ᎾᏍᏉ ᎨᏍᎩᏐᏢᏗᎭ.
46 ᎯᎠᏃ ᏄᏪᏎᎢ; ᏂᎯ ᎾᏍᏉ ᏗᎧᎿᏩᏛᏍᏗ ᏗᏦᏏᏏᏍᎩ ᎤᏲᎢᏳ ᎢᏣᎵᏍᏓᏁᏗ!
ᏕᏥᏐᏈᎸᏍᎪᏰᏃ ᏴᏫ ᏗᎵᏒᏍᏗ ᎤᏕᏯᏙᏗ ᏗᎵᏒᏍᏗᏱ, ᎢᏨᏒᏍᎩᏂ ᎥᏝ ᏴᎨᏥᏃᏟᏍᏓ
ᏗᎵᏒᏍᏗ ᏴᎨᏨᏓ ᏌᏉ ᎢᏥᏰᏌᏛᎢ.
47 ᎤᏲᎢᏳ ᎢᏣᎵᏍᏓᏁᏗ! ᏕᏦᎵᎯᏏᏍᎪᏰᏃ ᎠᎾᏙᎴᎰᏍᎩ ᏕᎨᏥᏂᏌᎲᎢ, ᎠᎴ ᏗᏥᏙᏓ
ᏕᎤᏂᎸᎩ.

48 ᎤᏙᎯᏳᎯᏯ ᎬᏂᎨᏒ ᏂᏨᏁᎭ ᎾᏍᎩ ᎣᏏᏳ ᎢᏥᏰᎸᏒ ᏄᏍᏛ ᏚᏂᎸᏫᏍᏓᏁᎸ ᏗᏥᎦᏴᎵᎨᎢ;
Ꮎ-ᏍᎩᏰᏃ ᎤᏙᎯᏳᎯ ᏚᏂᎸᎩ, ᏂᎯᏃ ᏕᏦᏢᎯᏏᎭ ᏕᎨᏥᏂᏎᎲᎢ.
49 ᎾᏍᎩ ᎢᏳᏍᏗ ᎾᏍᏉ ᎯᎠ ᏄᏪᏒ ᎤᏁᎳᏅᎯ ᎠᎦᏔᎾᎥᎢ, ᏓᎦᏥᏅᏏ ᏫᎬᏩᏂᎷᏤᏗᏱ
ᎠᎾᏙᎴᎰᏍᎩ, ᎠᎴ ᎨᏥᏅᏏᏛ, ᎾᏍᎩᏃ ᎢᎦᏛ ᏙᏛᏂᎵ ᎠᎴ ᏙᏛᏂᎨᎯᏙᎵ,
50 ᎾᏍᎩ ᏂᎦᏛ ᎠᎾᏙᎴᎰᏍᎩ ᎤᏂᎩᎬ ᎠᏨᏅᎯ ᎨᏒ ᎡᎶᎯ ᏧᏙᏢᏅ ᏅᏓᏩᏓᎴᏅᏛ
ᎨᏥᏔᏲᏎᏗᏱ ᎪᎯ ᏣᏁᎭ;
51 ᎡᏈᎵ ᎤᎩᎬ ᏅᏛᎴᏅᏛ, ᏤᎩᎳᏯ ᎤᎬᎬ ᏩᏍᏗ, ᎾᏍᎩ ᏧᎵᏍᏆᏕᎴ ᎠᏰᎵ ᎠᏥᏁ-
ᎨᎳᏍᏗᏱ ᎤᏛᏅᏃ-ᏗᎦᎳᏫᎢᏍᏗᏱ; ᎤᏙᎯᏳᎯᏯ ᎢᏨᏲᏎᎭ, ᎨᏥᏔᏲᏎᏗ ᎨᏎᏍᏗ ᎪᎯ
ᏣᏁᎭ.
52 ᎤᏲᎢᏳ ᎢᏣᎵᏍᏓᏁᏗ ᏂᎯ ᏗᎧᎿᏩᏛᏍᏗ ᏗᏦᏏᏏᏍᎩ! ᎢᏥᏴᏫᏛᎲᏰᏃ ᎠᏍᏚᎢᏍᏗ
ᎠᏕᏙᎥᎯᏍᏗ ᎨᏒᎢ; ᎥᏝᏰᏃ ᎢᏨᏒ ᏫᏥᏴᎸ, ᎠᎴ ᎾᏍᎩ Ꮎ ᎠᏂᏴᎯᎯ ᏕᏥᏲᏍᏙᏓᏁᎸ.
53 ᎾᏍᎩᏃ ᎯᎠ ᏂᏕᎦᏪᏎᎮᎢ, ᏗᏃᏪᎵᏍᎩ ᎠᎴ ᎠᏂᏆᎵᏏ ᎤᎵᏂᎩᏛ ᎬᏩᏅᏫᏍᏗᏍᎨᎢ, ᎠᎴ
ᎬᏩᏂᎳᏕᎮ ᎤᎪᏗᏗ ᏧᏓᎴᏅᏛ ᎤᏃᎮᏍᏗᏱ;
54 ᎬᏩᏯᏫᏍᏗᎨᎢ, ᎠᎴ ᎤᏂᏲᎮ ᎤᏂᏩᏛᎡᏗᏱ ᎪᎱᏍᏗ ᏕᎬᏩᎳᏫᏎᏗ ᎨᏒᎢ.

ᎠᏯᏙᎸᎢ 12

1 ᎾᎯᏳᏉᏃ ᎦᎠᏂᎳᏫᏒ ᎤᏂᏧᏈᏍᏗ ᏴᏫ, ᎾᏍᎩ ᎢᏳᏍᏗ ᎦᎠᎾᏓᎳᏍᏛᏗᏍᎨᎢ, ᎾᏍᎩ
ᎤᎴᏅᎮ ᎯᎠ ᎢᎬᏴ ᏂᏚᏪᏎᎴ ᎬᏩᏍᏓᏩᏗᏙᎯ, ᎢᏤᏯᏔᎮᏍᏗ ᎠᎪᏙᏗ ᎠᏂᏆᎵᏏ ᎤᎾᏤᎵᎦ,
ᎾᏍᎩ ᎠᏠᎾᏍᏗ ᏥᎩ.
2 ᎥᏝᏰᏃ ᎪᎱᏍᏗ ᏱᎬᏍᎦᎳ ᎾᏍᎩ ᎬᏂᎨᏒ ᎢᏳᎵᏍᏙᏗ ᏂᎨᏒᎾ ᎨᏒᎢ, ᎥᏝ ᎠᎴ ᎪᎱᏍᏗ
ᎤᏕ-ᎵᏛ ᏱᎩ ᎾᏍᎩ ᎠᎦᏙᎥᎯᏍᏗ ᏂᎨᏒᎾ ᎨᏒᎢ.
3 ᎾᏍᎩ ᎢᏳᏍᏗ ᎾᎦᎥ ᎪᎱᏍᏗ ᎤᎵᏏᎬ ᎢᏥᏁᏨ ᎢᎦ ᎦᏛ ᎠᏛᎪᏗ ᎨᏎᏍᏗ; ᎾᏍᎩᏃ Ꮎ
ᎢᏣᏙᏅᎸᎢ ᏕᎧᏅ-ᏚᎸ, ᎦᏌᎾᎵ ᎬᏂᎨᏒ ᎢᎬᏁᏗ ᎨᏎᏍᏗ.
4 ᎠᎴ ᎢᏨᏲᏎᎭ ᏂᎯ ᎢᎦᎵᎢ, ᏞᏍᏗ ᏱᏗᏥᏍᎦᎢᎮᏍᏗ ᎠᏰᎸ ᎠᏂᎯᎯ, ᎿᏉᏃ ᎪᎱᏏᏗ ᎤᏟ
ᎢᏴᏛ ᏫᎬᏩᎾᏛᏁᏗ ᏂᎨᏒᎾ ᏥᎩ.
5 ᎠᏎᏃ ᏓᏨᏰᏯᎳᏂ ᎾᏍᎩ ᎡᏥᎾᏰᏍᏗ ᎨᏒᎢ; ᎡᏥᎾᏰᏍᎨᏍᏗ ᎾᏍᎩ Ꮎ ᏳᏓᎸ, ᏰᎵᏉ
ᏨᏍᎩᏃ ᏫᎬᏩᏓᏓᎢᏅᏗ ᎨᏒᎢ; ᎥᎥ ᎢᏨᏲᏎᎭ ᎡᏥᎾᏰᏍᎨᏍᏗ ᎾᏍᎩ.
6 ᏝᏍᎪ ᎯᏍᎩ ᏥᏍᏆᏯ ᏔᎵ ᎢᏯᏓᏅᏖᏗ ᏱᏓᎾᎵᎬᏩᎸᏍᎪᎢ? ᎥᏝᏃ ᏌᏉ ᎾᏍᎩ
ᎠᎬᎨᏫᏒᎯ ᏱᎩ ᎤᏁᎳᏅᎯ ᎠᎦᏔᎲᎢ.
7 ᎾᏍᏉᏍᎩᏂ ᎢᏥᏍᏘᏰᎬ ᎢᏥᏍᎪᎵ ᏂᎦ-ᏗᏳ ᏗᏎᎸᎯ. ᎾᏍᎩ ᎢᏳᏍᏗ ᏞᏍᏗ
ᏱᏥᏍᎦᎢᎮᏍᏗ; ᏂᎯ ᎤᏟ ᎢᎦᎢ ᏗᏣᎬᏩᎶᏗ ᎡᏍᎦᏉ ᎤᏂᏣᏘ ᏥᏍᏆᏯ.
8 ᎾᏍᏉ Ꭲ-ᏨᏲᏎᎭ, ᎩᎶ ᎬᏂᎨᏒ ᏫᏋᏁᎮᏍᏗ ᏴᏫ ᎠᏂᎦᏔᎲᎢ, ᎾᏍᎩ ᏴᏫ ᎤᏪᏥ ᎬᏂᎨᏒ
ᎾᏍᏉ ᎤᏓᏳᏩᏁᎵ ᎠᏂᎦᏔᎲ ᏗᏂᎧᎿᏩᏗᏙᎯ ᎤᏁᎳᏅᎯ ᏧᏤᎵᎦ.
9 ᎩᎶᏍᎩᏂ ᎠᏆᏓᏱᎮᏍᏗ ᏴᏫ ᎠᏂᎦᏔᎲᎢ, ᎠᎦᏓᏱᏍᏗ ᎨᏎᏍᏗ ᎠᏂᎦᏔᎲ ᏗᏂᎧᎿᏩᏗᏙᎯ
ᎤᏁᎳᏅᎯ ᏧᏤᎵᎦ.
10 ᎠᎴ ᎩᎶ ᏕᏬᏂᏍᎬ ᎠᏡ-ᏗᏍᎨᏍᏗ ᏴᏫ ᎤᏪᏥ, ᎦᏰᏥᏙ-ᎵᏍᏗᏉ ᎨᏎᏍᏗ; ᎩᎶᏍᎩᏂ
ᎦᎸᏉᏗᏳ ᎠᏓᏅᏙ ᎠᏐᏢᎢᏍᏗᏍᎨᏍᏗ ᎥᏝ ᎦᏰᏥᏙᎵᏍᏗ ᏱᎨᏎᏍᏗ.
11 ᎠᎴ ᏗᎦᎳᏫᎢᏍᏗᏱ ᎦᏣᏘᏃᎯᎮᏍᏗ, ᎠᎴ ᏄᏂᎬᏫᏳᏌ-ᏕᎩᏱ, ᎠᎴ ᎤᏂᎬᏫᏳᎯᏱ,
ᏞᏍᏗ ᏱᏤᎵᎯᏍᎨᏍᏗ ᏄᏍᏛ ᎠᎴ ᎢᏳᏍᏗ ᎨᏒ ᎢᏣᏓᏁᏤᏗᏱ, ᎠᎴ ᎢᏥᏪᏍᏗᏱ;
12 ᎦᎸᏉᏗᏳᏰᏃ ᎠᏓᏅᏙ ᏓᏤᏲᏂ ᎾᎯᏳ ᎨᏒ ᎢᏥᏪᏍᏗᏱ.
13 ᎠᏏᏴᏫᏃ ᎾᏍᎩ ᎤᎾᏓᏡᎬ ᎯᎠ ᏄᏪᏎᎴᎢ, ᏔᏕᏲᎲᏍᎩ, ᎯᏁᏥ ᏦᏍᏓᏓᏅᏟ ᏔᎵ
ᎢᏲᎩᏂᏗᏍᏗᏱ ᏧᎬᏩᎶᏗ ᎤᏘᏴᎯ.
14 ᎯᎠᏃ ᏄᏪᏎᎴᎢ, ᎯᏍᎦᏯ, ᎦᎪ ᏗᏍᏛᏩᎪᏓᏁᎯ ᎠᎴ ᎢᏍᏛᏯᏙᎮᎯ ᎾᏋᏁᎸ?
15 ᎠᎴ ᎯᎠ ᏂᏚᏪᏎᎴᎢ, ᎢᏤᏯᏙᏤᎮᏍᏗ ᏧᎬᏩᎶᏗ ᎠᎬᎥᎯᏍᏗ ᎨᏒᎢ; ᏴᏫᏰᏃ ᎬᏅ ᎥᏝ
ᎤᏣᏘ ᎤᎿᎥ ᏩᎵᏍᏕᎸᏙᏗ.
16 ᏚᏟᎶᏍᏓᏁᎴᏃ ᎯᎠ ᏂᏚᏪᏎᎴᎢ, ᎩᎶ ᎢᏳᏍᏗ ᎤᏪᎿᎢ ᎠᏍᎦᏯ ᎤᎶᎨᏒ ᎤᏣᏘ
ᎤᏛᏒᏁᎴᎢ;

17 ᎤᏓᏅᏖᎴᏃ ᎤᏩᏒ ᏧᏓᏅᏛᎢ, ᎯᎠ ᏄᏪᏎᎢ, ᎦᏙ ᏓᎦᏛᏁᎵ, ᎥᏝᏰᏃ ᏰᎵ ᏩᎲᏅᏛ
ᎠᎩᏗᏱ ᎠᏆᏛᎯᏎᎸᎯ.

18 ᎯᎠᏃ ᏄᏪᏎᎢ; ᎯᎠ ᎤᏓᎦᏛᏁᎵ; ᏙᏓᏥᏲᏍᏔᏂ ᎠᎩᏅᏗᏱ ᏓᏓᏁᎸᎢ, ᏧᏛᏂᏗᏃ
ᏓᏓᎦᏁᏍᎨᎯ; ᎾᎿᏃ ᏓᏥᏂ ᏂᎦᏛ ᎠᏆᏛᎯᏎᎸᎯ ᎠᎴ ᎠᎩᎾᎥᎢ.

19 ᎯᎠᏃ ᎤᏓᏥᏪᏎᎵ ᎠᏆᏓᏅᏙ; ᎠᏆᏓᏅᏙᎩ, ᎤᏣᏔ ᏣᏍᏆᏂᎪᏗ ᏧᎬᏩᎶᏗ ᎤᏣᏘ
ᎢᏧᎦᏘᏴᏗ ᏣᎵᏍᎦᎸᏙᏗ; ᎭᏣᏪᏐᎸᏍᏓ, ᎭᎵᏍᏓᏴᎲᏍᎨᏍᏗ, ᎭᏗᏔᏍᏏᏍᏗ, ᎭᎵᎮᎵᎨᏍᏗ.

20 ᎠᏎᏃ ᎤᏁᎳᏅᎯ ᎯᎠ ᏄᏪᏎᎴᎢ; ᏂᏣᏓᏅᏛᎾ, ᎪᎯᏉ ᎤᏒᎢ ᏣᏓᏅᏙ ᏓᏰᏣᏯᏅᏒᎵ;
ᎦᎪᏃ ᎤᏤᎵ ᎨᏎᏍᏗ ᎾᏍᎩ ᏥᏣᏓᏁᎳᏅ.

21 ᎾᏍᎩ ᎯᎠ ᏄᏍᏗ ᎩᎶ ᏣᏓᏓᏟᏌᏁᎰ ᏧᎬᏩᎶᏗ ᎤᏩᏒ ᎤᏤᎵᎦ, ᎤᏁᎳᏅᎯᏱᏃ ᎢᏗᏢ
ᏄᏪᎿᎥᎾ ᏥᎨᏐᎢ.

22 ᎯᎠᏃ ᏂᎦᏪᏎᎴ ᎬᏩᏍᏓᏩᏗᏙᎯ, ᎾᏍᎩ ᎢᏳᏍᏗ ᎯᎠ ᏂᏨᏪᏎᎭ, ᏞᏍᏗ
ᏱᏤᎵᎯᏍᎨᏍᏗ ᎦᏨᏅᎢ, ᎢᏳᏍᏗ ᎢᏣᎵᏍᏓᏴᏗᏱ; ᎠᎴ ᏗᏥᏰᎸᎢ, ᎢᏳᏍᏗ ᏗᏣᏄᏬᏍᏗᏱ.

23 ᎠᎬᏅ ᎤᏟᎯᏳ ᎡᏍᎦᏉ ᎠᎵᏍᏓᏴᏗ, ᎠᎴ ᎠᏰᎸ ᎤᏟᎯᏳ ᎡᏍᎦᏉ ᏗᏄᏬ.

24 ᎪᎳᏅ ᏗᏣᏓᏅᏛᎵ; ᎥᏝᏰᏃ ᏯᏂᏫᏍᎪᎢ, ᎥᏝ ᎠᎴ ᏯᏂᏍᎫᎦᏍᎪᎢ; ᎥᏝ ᎠᎴ
ᏧᎾᏓᎾᏅᏗᏱ ᎠᎴ ᎤᏂᏅᏗᏱ ᏱᏓᏓᏁᎸ; ᎠᎴ ᎤᏁᎳᏅᎯ ᎦᎨᎶᎰᎢ. ᏂᎦᎥᎤᏟ ᏁᏥᎸᏉᏗ
ᏂᎯ ᎡᏍᎦᏉ ᏥᏍᏆ.

25 ᎦᎪᏃ ᎯᎠ ᏥᏂᏣᏛᏅ ᎤᏪᎵᎯᏍᎬᏉ ᏰᎵ ᏱᎦᏅᎯᏓ ᎬᏅᎢ ᏌᏉ ᎢᏯᎩᏳᏍᏈᏛ.

26 ᎢᏳᏃ ᎾᏍᎩ ᎤᏍᏗᎧᏂ ᎨᏒ ᏰᎵ ᎢᎨᏣᏛᏁᏗ ᏂᎨᏒᎾ ᏱᎩ, ᎦᏙᏃ ᎠᏏ ᎤᏩᏓᎴ
ᏫᏤᎵᎯᏍᎪᎢ?

27 ᎢᏣᏓᏅᏛᎵ ᏧᏥᎸᎯ ᏓᏛᏍᎬᎢ; ᎥᏝ ᏱᏚᏂᎸᏫᏍᏓᏁᎰᎢ, ᎥᏝ ᎠᎴ ᏯᏂᏍᏙᎰᎢ; ᎠᏎᏃ ᎯᎠ
ᏂᏨᏪᏎᎭ, ᎾᏍᏉ ᏐᎵᎹᏅ ᏂᎦᎥ ᎤᏬᏚᎯᏳ ᎨᏒ ᎥᏝ ᎾᏍᎩ ᏱᏄᏍᎦ ᏚᏄᏩᎥᎢ ᎯᎠ ᎾᏍᎩ
ᏌᏉ ᏄᏍᏛᎢ.

28 ᎢᏳᏰᏃ ᎤᏁᎳᏅᎯ ᎾᏍᎩ ᏱᏂᎬᏁᎭ ᏱᎦᏄᏬᎭ ᎧᏁᏍᎦ, ᎾᏍᎩ ᎪᎯ ᎢᎦ ᏠᎨᏏ ᏤᎭ,
ᎤᎩᏨᏅᏃ ᏗᎦᏚᏗᏱ ᏬᎾᏗᏅᏗ ᏥᎩ, ᎤᏟᎯᏳᏍᎩᏂ ᏂᎯ ᏂᏙᏓᏥᏄᏬᎢ ᎤᏍᏗ ᎢᏦᎯᏳᎯ!

29 ᎠᎴ ᏞᏍᏗ ᏂᎯ ᏱᏥᏲᎮᏍᏗ ᎢᏳᏍᏗ ᎢᏣᎵᏍᏓᏴᏗᏱ, ᎠᎴ ᎢᏳᏍᏗ ᎢᏣᏗᏔᏍᏗᏱ, ᎠᎴ
ᏞᏍᏗ ᏧᏢᏫᏛ ᏱᏂᏚᏍᎦᏍᏗ ᎦᏣᏓᏅᏛᎢ.

30 ᎾᏍᎩᏰᏃ ᏂᎦᏛ ᎯᎠ ᏧᎾᏓᎴᏅᏛ ᏴᏫ ᎡᎶᎯ ᏓᏁᏩᏗᏒ ᎤᏂᏲᎰᎢ; ᎢᏥᏙᏓᏃ ᎠᎦᏔᎰ
ᎾᏍᎩ ᎯᎠ ᏧᏓᎴᏅᏛ ᎢᏥᏂᎬᎬᎢ.

31 ᎢᏥᏲᎮᏍᏗᏍᎩᏂ ᎤᏁᎳᏅᎯ ᎤᎬᏫᏳᎯ ᎨᏒᎢ; ᎾᏍᎩᏃ ᎯᎠ ᏂᎦᏛ ᏧᏓᎴᏅᏛ
ᎡᏣᏌᏯᏍᏓᏁᏗ ᎨᏎᏍᏗ.

32 ᏞᏍᏗ ᏱᏥᏍᎦᎢᎮᏍᏗ ᎢᏥᎦᏲᎵ ᎠᏫ; ᎢᏥᏙᏓᏰᏃ ᎣᏏᏳ ᎤᏰᎸᎭ ᎢᏥᏁᏗᏱ ᎤᎬᏫᏳᎯ
ᎨᏒᎢ.

33 ᎢᏥᎾᏕᎨᏍᏗ ᎢᏥᎿᎥᎢ ᎠᎴ ᎢᏣᏓᏁᎸᎥᏍᎨᏍᏗ; ᎢᏣᏓᏁᎴᏍᏗ ᏕᎦᎶᏗ ᏂᏚᏪᎳᎬᎾ,
ᏧᎬᏩᎶᏗ ᎦᎸᎳᏗ ᏫᏥᏟᏏᏍᎨᏍᏗ ᎠᏗᏒᎲᏍᎩ ᏂᎨᏒᎾ, ᎾᎿ ᏫᎬᏩᎷᎯᏍᏗ ᏂᎨᏒᎾ
ᎦᏃᏍᎩᏍᎩ, ᎠᎴ ᏥᏍᎪᏯ ᏫᎬᏩᏲᏍᏙᏗ ᏂᎨᏒᎾ.
34 ᎾᎿᏰᏃ ᏫᏥᎲ ᏧᎬᏩᎶᏗ, ᎾᎿ ᎾᏍᏉ ᏫᏓᎮᏍᏗ ᏗᏥᎾᏫ.
35 ᏕᏣᏓᏑᎮᏍᏗ, ᏕᏥᏨᏍᏛᏃ ᏓᏓᏪᎵᎩᏍᎨᏍᏗ.
36 ᎢᏨᏒᏃ ᏕᏣᏤᎴᏍᏗ ᎠᏂᏍᎦᏯ ᎾᏍᎩ ᏣᏂᎦᏘᏲ ᎤᏂᏅᏏᏙᎯ, ᎢᏳᏉ ᎤᎷᎯᏍᏗᏱ
ᎦᎨᎦᏨᏍᏗᏍᎬ ᏭᏪᏙᎸᎯ; ᎾᏍᎩᏃ ᏳᎷᏨ ᎠᎴ ᏳᏩᏂᏄ, ᎾᏍᎩ ᎩᎳᏉ ᎢᏴᏛ
ᏫᎬᏩᏍᏚᎢᏒᏗᏱ.
37 ᎣᏏᏳ ᎢᏳᎾᎵᏍᏓᏁᏗ ᎾᏍᎩ ᎨᏥᏅᏏᏓᏍᏗ, ᎤᏂᏅᏏᏙᎯ ᎦᎷᏨᎭ ᏓᏩᏛᎲᎭ
ᎠᏂᏯᏫᏍᎬᎢ; ᎤᏙᎯᏳᎯᏯ ᎢᏨᏲᏎᎭ ᏛᏓᏑᎵ ᎤᏩᏒ, ᎠᎴ ᏙᏓᎧᏁᏤᎵ ᎤᎾᏂᏢᏗᏱ
[ᎤᎾᎵᏍᏓᏴᏗᏱ,] ᎠᎴ ᏓᎦᎷᏥ ᏙᏛᏍᏕᎸᎯ.
38 ᎢᏳᏃ ᏔᎵᏁ ᎠᏯᏫᏍᏗᏱ ᎨᏒ ᏳᎷᏨ, ᎠᎴ ᏦᎢᏁ ᎠᏯᏫᏍᏗᏱ ᎨᏒ ᏳᎷᏨ, ᎠᎴ
ᏱᏚᏩᏛᎲ ᎾᏍᎩ ᎾᎾᏛᏁᎲᎢ, ᎣᏏᏳ ᎢᏳᎾᎵᏍᏓᏁᏗ ᎾᏍᎩ ᎨᏥᏅᏏᏓᏍᏗ.
39 ᎯᎠᏃ ᎾᏍᎩ ᎢᏥᎦᏔᎮᏍᏗ, ᎾᏍᎩ ᎢᏳ ᎦᏁᎳ ᏯᎦᏔᎮ ᎢᏳᏟᎶᏛ ᎠᎵᏰᎢᎵᏒ ᏗᎦᎷᏥᏒ
ᎦᏃᏍᎩᏍᎩ, ᏳᏯᏫᏎᎢ, ᎠᎴ ᎥᏝ ᏩᎩᏴᏏ ᎠᏓᏁᎸ ᏱᎬᏪᎵᏎᎢ.
40 ᎾᏍᎩ ᎢᏳᏍᏗ ᏂᎯ ᎾᏍᏉ ᎢᏣᏛᏅᎢᏍᏕᏍᏗ; ᏴᏫᏰᏃ ᎤᏪᏥ ᏓᎦᎷᏥ ᎢᏳᏉ
ᎠᎵᏰᎢᎵᏒ ᏖᏤᎵᏍᎬᎾ ᎨᏒᎢ.
41 ᏈᏓᏃ ᎯᎠ ᏄᏪᏎᎴᎢ, ᏣᎬᏫᏳᎯ, ᎠᏴᏍᎪ ᎯᎠ ᎾᏍᎩ ᏕᏍᎩᏯᏟᎶᏍᏓᏁᎭ, ᏂᎦᏛᏉᎨ?
42 ᎤᎬᏫᏳᎯᏃ ᎯᎠ ᏄᏪᏎᎢ, ᎦᎪᏃ ᎾᏍᎩ Ꮎ ᎣᏍᏛ ᎠᎴ ᎠᎦᏔᎾᎢ ᎠᏓᏁᎸ ᎠᏥᎦᏘᏗᏍᏗ,
ᎾᏍᎩ ᎤᏅᏏᏙᎯ ᏄᎬᏫᏳᏌᏕᎩ ᎤᏓᏳᏩᏁᎵ ᎦᏁᎸᎢ, ᎾᏍᎩ ᏧᏁᏗᏱ ᎤᎾᎵᏍᏓᏴᏗ
ᏂᏓᏍᏆᎸᎯᏒᎢ?
43 ᎣᏏᏳ ᎢᏳᎵᏍᏓᏁᏗ ᎾᏍᎩ Ꮎ ᎠᏥᏅᏏᏓᏍᏗ, ᎾᏍᎩ ᎤᏅᏏᏙᎯ ᎦᎷᏨᎭ ᎤᏩᏛᎲ
ᎾᏍᎩ ᎾᏛᏁᎲᎢ.
44 ᎤᏙᎯᏳᎯᏯ ᎢᏨᏲᏎᎭ, ᎾᏍᎩ ᎤᎬᏫᏳᏌᏕᎩ ᎤᏓᏳᏩᏁᎵ ᏂᎦᎥ ᎤᎿᎥᎢ.
45 ᎢᏳᏍᎩᏂ ᎾᏍᎩ Ꮎ ᎠᏥᏅᏏᏓᏍᏗ ᎯᎠ ᏂᎦᏪᏒ ᎤᎾᏫᏱ, ᎠᎩᏅᏏᏙᎯ ᎪᎯᏗᎭ
ᎤᎷᎯᏍᏗᏱ; ᎠᎴ ᎠᎴᏅᎲᎭ ᏙᏕᎵᎥᏂᎮᏍᏗ ᎠᏂᏍᎦᏯ ᎠᎴ ᎠᏂᎨᏴ ᎨᏥᏅᏏᏓᏍᏗ, ᎠᎴ
ᎠᎵᏍᏓᏴᎲᏍᎨᏍᏗ ᎠᎴ ᎠᏗᏔᏍᎨᏍᏗ, ᎠᎴ ᎤᏴᏍᏕᏍᎨᏍᏗ;
46 ᎾᏍᎩ Ꮎ ᎠᏥᏅᏏᏓᏍᏗ ᎤᏅᏏᏙᎯ ᏓᎦᎷᏥ ᎢᏳᏉ ᎢᎦ ᎾᏓᏕᏞᏃᎲᎾ ᎨᏒᎢ, ᎠᎴ ᎢᏳᏉ
ᎠᎵᏰᎵᏒ ᏁᎵᏍᎬᎾ ᎨᏒᎢ, ᎠᎴ ᏙᏓᏳᎦᎵᏏ, ᎠᎴ ᏮᏓᏳᏎᎮᎵ ᏄᏃᎯᏳᏒᎾ ᏗᏁᎲᎢ.
47 ᎾᏍᎩᏃ Ꮎ ᎠᏥᏅᏏᏓᏍᏗ ᎠᎦᏔᎯ ᏄᏍᏛ ᎤᏚᎵᏍᎬ ᎤᏅᏏᏙᎯ, ᎠᎴ ᏄᏛᏅᎢᏍᏔᏅᎾ
ᎢᎨᏎᏍᏗ, ᎠᎴ ᎾᏍᎩᏯ ᏄᏍᏛ ᎤᏚᎵᏍᎬ ᏄᏛᏁᎸᎾ ᎢᎨᏎᏍᏗ, ᎤᏣᏘ ᎢᏯᎬᏂᏍᏗ
ᎨᏎᏍᏗ.

48 ᎾᏍᎩᏂ ᎾᎦᏔᎲᎾ ᎨᏒ ᎠᎴ ᏰᎵᏉ ᎦᏰᏥᎵᎥᏂᏍᏗ ᎢᏳᏛᏁᎸᎯ ᎨᏎᏍᏗ ᎾᏍᎩ ᎦᏲᎵᏉ
ᎢᏯᎬᏂᏍᏗ ᎨᏎᏍᏗ. ᏱᎶᏃ ᎤᏣᏘ ᎠᏥᏁᎸᎯ, ᎤᏣᏘ ᎠᏥᏔᏲᏎᏗ ᎨᏎᏍᏗ; ᎠᎴ ᎩᎶ
ᎤᏣᏘ ᏗᎬᏩᏲᎯᏎᎸᎯ ᏴᏫ, ᎾᏍᎩ ᎤᏟ ᎢᎦᎢ ᎬᏩᏔᏲᏎᏗ ᎨᏎᏍᏗ.
49 ᎠᎩᎷᏥᎸ ᎾᏍᎩ ᎢᏯᏋᏂᎢᏗᏱ ᎠᏥᎸ ᎦᏙᎯ ᎤᎷᎯᏍᏗᏱ; ᎠᎴ ᎦᏙ ᏯᏆᏚᎳ ᎢᏳᏃ
ᎦᏳᎳ ᏣᏥᏍᏝ?
50 ᎠᏎᏃ ᎠᎩᎭ ᎠᏓᏬᏍᏗ ᎨᏒ ᎥᏆᏬᏍᏙᏗ; ᎠᎴ ᏂᎦᎥ ᎤᏪᎵᎯᏍᏗ ᎠᏆᏓᏅᏔ ᎬᏂ
ᎠᎵᏍᏆᏛᎭ!
51 ᏥᏌ ᎤᏩᏙᎯᏯᏛ ᏚᏁᎵᎸ ᎡᎶᎯ ᏍᎩᏰᎵᏎᎭ? ᎥᏝ ᎢᏨᏲᏎᎭ; ᏔᎵᏉᏍᎩᏂ
ᎢᏳᎾᏓᏗᏍᏗᏱ;
52 ᎪᎯᏰᏃ ᎢᏳᏓᎴᏅᏛ ᏏᏓᏁᎸᎯ ᎨᏒ ᎯᎠᎩ ᎢᏯᏂᏛ ᏔᎵ ᎸᎾᏓᏒᏍᏗ, ᏦᎢ ᎢᏯᏂᏛ
ᎤᎾᎵᎪᏎᏍᏗ ᎠᏂᏔᎵ ᏚᎾᏡᎦᏍᏗ, ᎠᎴ ᎠᏂᏔᎵ ᎤᎾᎵᎪᏎᏍᏗ ᏦᎢ ᏚᎾᏡᎦᏍᏗ.
53 ᎠᎦᏴᎵᎨᎢ ᏔᎵ ᎸᎾᏓᏒᏍᏗ ᎠᏍᎦᏯ ᎤᏪᏥ, ᎠᎦᏅᎩᏃ ᎠᏍᎦᏯ ᏔᎵ ᎸᎾᏓᏒᏍᏗ
ᎤᏙᏓ; ᎠᎴ ᎠᎨᏴ ᏔᎵ ᎸᎾᏓᏒᏍᏗ ᎠᎨᏴ ᎤᏪᏥ, ᎠᎴ ᎠᎦᏅᎩ ᎠᎨᏴ ᏔᎵ ᎸᎾᏓᏒᏍᏗ
ᎤᏥ; ᎤᏦᎯᏃ ᏔᎵ ᎸᎾᏓᏒᏍᏗ ᎤᏓᏦᎯᏯ, ᎠᎴ ᎤᏓᏦᎯᏯ ᏔᎵ ᎸᎾᏓᏒᏍᏗ ᎤᏦᎯ.
54 ᎠᎴ ᎾᏍᏉ ᎯᎠ ᏂᎦᏪᏎᎴ ᏴᏫ, ᎤᎶᎩᎸ ᎢᏥᎪᏩᏛ ᏅᏙ ᏭᏕᎵᎬ ᏓᎦᎶᎯ, ᎩᎳᏉ ᎢᏴᏛ
ᎯᎠ ᏂᏥᏪᏍᎪᎢ, ᎠᎹ ᏛᏰᎢᎵ; ᎾᏍᎩᏃ ᏂᎦᎵᏍᏗᏍᎪᎢ.
55 ᎠᎴ ᎢᏣᏙᎴᎰᎯ ᏧᎦᎾᏮ ᏗᎦᏃᎸᏗᏍᎬᎢ, ᎯᎠ ᏂᏥᏪᏍᎪᎢ, ᎤᏗᎴᎩᏳ ᎨᏎᏍᏗ; ᎠᎴ
ᎾᏍᎩ ᏂᎦᎵᏍᏗᏍᎪᎢ.
56 ᎢᏣᏠᎾᏍᏗ! ᏰᎵᏉ ᎢᏣᏙᎴᎰᏍᎪ ᎸᏍᏛ ᎦᎸᎳᏗ, ᎠᎴ ᎡᎶᎯ; ᎦᏙᏃ ᏗᎦᎵᏍᏙᏗᎭ
ᏂᏣᏙᎴᎰᏍᎬᎾ ᏥᎩ ᎪᎯ ᎨᏒᎢ?
57 ᎠᎴ ᎦᏙᏃ ᎢᏨᏒ ᎨᏒ ᏗᎨᏧᎪᏙᏗ ᏂᎨᏒᎾ ᎢᎩ ᏚᏳᎪᏛ ᎨᏒᎢ?
58 ᎢᏳᏃ ᏣᏱᎵᏙᎯ ᏗᏓᎪᏗᏍᎩᏱ ᏍᏓᎢᏎᏍᏗ, ᎠᏏᏉ ᏫᏍᏓᎢᏒᎢ, ᎭᏟᏂᎬᏁᎸᎭ
ᎯᏯᏚᎵᏔᏒᏗᏱ; ᏗᏓᎪᏗᏍᎩᏱ ᎾᏏ ᏫᏱᏣᏘᏃᎦ, ᏗᏓᎪᏗᏍᎩᏃ ᏗᏓᏂᏱᏍᎩᏱ ᏫᏱᎦᏣᏲᎯ,
ᏗᏓᏂᏱᏍᎩᏃ ᏗᏓᏍᏚᏗᏱ ᏫᏱᏣᏴᏓ.
59 ᎬᏲᏎᎭ, ᎥᏝ ᎾᏞ ᏴᏛᎦᎯᎸᎪᎢ, ᎬᏂ ᏣᏓᏴᎮᏍᏗ ᎤᎵᏍᏆᎸᏗ ᎠᎩᎸᏛᏗ ᎢᏯᏓᏅᏖᏗ.

ᎠᏯᏙᎸᎢ 13

1 ᎾᏍᎩᏃ ᎠᏁᏙᎮ ᎩᎶ ᎬᏩᏃᏁᎸᎯ ᎬᏩᏁᎢᏍᏓᏁᎸᎯ ᎨᎵᎵ ᎠᏁᎯ, ᎾᏍᎩ ᎤᏂᎩᎬ ᏆᎴᏗ
ᏚᏑᏰᏓᏁᎸ ᎠᏥᎸ-ᎠᏁᎶᎲᎢ.
2 ᏥᏌᏃ ᎦᏁᏤᎴ ᎯᎠ ᏂᎦᏪᏎᎴᎢ, ᎢᏣᏓᏅᏖᏍᎬᎪ ᎯᎠ ᎾᏍᎩ ᎨᎵᎵ ᎠᏁᎯ
ᏧᏂᎪᎾᏛᏔᏅᎯ ᎨᏎ ᎠᏂᏍᎦᎾᎯᏳ ᎨᏒ ᏂᎦᏛ ᎨᎵᎵ ᎠᏁᎯ, ᎤᏗᎦᎵᏍᏙᏗᎭ ᎾᏍᎩ
ᏥᏄᎾᎵᏍᏓᏁᎴᎢ?
3 ᎥᏝ ᎢᏨᏲᏎᎭ; ᏂᎯᏍᎩᏂ ᏂᏗᏥᏁᏟᏴᏒᎾ ᎢᎨᏎᏍᏗ ᎦᏣᏓᏅᏛᎢ, ᏂᎦᏛ ᎾᏍᎩᏯ ᏓᏣᏗᏒᏂ.
4 ᎠᎴ Ꮎ ᏁᎳᏚ ᎢᏯᏂᏛ Ꮜ-ᎶᎻ ᎢᏅᎢᎦᏘ ᎠᏓᏁᎸ ᏧᎾᎭᏁᎢ, ᎠᎴ ᏥᏚᏂᎴᎢ, ᏥᎪ
ᎢᏣᏓᏅᏖᏍᎬ ᏧᏂᎪᎾᏛᏔᏅᎯ ᎨᏎ ᎠᏂᏍᎦᎾᎯᏳ ᎬᏒ ᏂᎦᏛ ᏥᎷᏏᎵᎻ ᎠᏁᎯ?
5 ᎥᏝ ᎢᏨᏲᏎᎭ; ᏂᎯᏍᎩᏂ ᏂᏗᏥᏁᏟᏴᏒᎾ ᎢᎨᏎᏍᏗ ᎦᏣᏓᏅᏛᎢ, ᏂᎦᏛ ᎾᏍᎩᏯ ᏓᏣᏗᏒᏂ.
6 ᎯᎠ ᎾᏍᏉ ᏄᏪᏎ ᏚᏟᎶᏍᏓᏁᎴᎢ; ᎩᎶ ᎢᏳᏍᏗ, ᎡᎦᏔ-ᎢᏳᏍᏗ ᏡᎬ ᎤᏫᏎ ᏖᎸᎳᏗ
ᏚᏫᏒᎢ; ᎤᎷᏤᏃ ᎤᏲᎴ ᎤᏓᏔᏅᎯ, ᎠᎴ ᎥᏝ ᏳᏩᏛᎮᎢ.
7 ᎿᏉᏃ ᎯᎠ ᏄᏪᏎᎴ ᎣᏍᏛ ᎢᏳᏩᎿᎦᎩ ᏖᎸᎳᏗ ᏚᏫᏒᎢ, ᎬᏂᏳᏉ, ᎿᏉ ᏦᎢ ᎾᏕᏘᏴ
ᏥᎷᎬᎩ ᎠᎩᏲᎲᎩ ᎤᏓ-ᏔᏅᎯ ᎯᎠ ᎾᏍᎩ ᎡᎦᏔ-ᎢᏳᏍᏗ ᏡᎬᎢ, ᎠᎴ ᎥᏝ ᏱᏥᏩᏘᎭ;
ᎯᎴᏴᏍᏓ; ᎦᏙᏃ ᎢᏅᎨᏗ ᎦᏙᎯ?
8 ᎤᏁᏨᏃ ᎯᎠ ᏄᏪᎴᎢ, ᏣᎬᏫᏳᎯ, ᎤᏁᎳᎩ ᎮᎳ ᎪᎯ ᎾᏍᏉ ᏧᏕᏘᏴᏌᏗ, ᎬᏂ
ᎦᏍᎪᏏᏙᎭ, ᎠᎴ ᎣᏍᏛ ᎦᏓ ᏥᏅᎭ.
9 ᎢᏳᏃ ᎢᎠᏓᏔᏅᎭ, ᎤᏁᎳᎩᏉ ᎨᏎᏍᏗ; ᎢᏳᏃ ᏄᏔᏅᎾ ᏱᎩ, ᎩᎳ ᎣᏂᎯᎴᏴᏍᏔᏅᎭ.
10 ᏓᎦᏲᎱᏍᎨᏃ ᎢᏄᎯᎵ ᎠᏓᏁᎸ ᏗᎦᏔᎾᎢᏍᏗᏱ ᎤᎾᏙᎴᏆᏍᎬᎢ;
11 ᎬᏂᏳᏉᏃ ᎾᎿ ᎡᏙᎮ ᎠᎨᏴ ᎠᏓᏅᏙ ᎥᏳᎩ ᎪᎵᏍᎩ ᎤᏯᎢ ᏁᎳᏚ ᎢᏳᏕᏘᏴᏛ ᎢᎬᏩᎵᏍ-
ᏔᏅᎯ ᎨᏎᎢ, ᎠᎴ ᎤᏗᏌᏚᎢ, ᎠᎴ ᎬᏩᏟᏍᏛ ᎤᎵᏥᏃᎯᏍᏙᏗᏱ ᎨᏎᎢ.
12 ᏥᏌᏃ ᎤᎪᎲ ᏭᏯᏅᎮᎢ, ᎠᎴ ᎯᎠ ᏄᏪᏎᎴᎢ, ᎠᎨᏴ, ᏣᎵᎬ ᎡᏧᏓᎳᎩ.
13 ᏚᏏᎳᏚᏃ; ᎠᎴ ᎩᎳᏉ ᎢᏴ-ᏛᎦᏥᏃᏍᏛ ᏄᎵᏍᏔᏁᎢ, ᎠᎴ ᎤᎸᏉᏔᏁ ᎤᏁᎳᏅᎯ.
14 ᏗᎦᏔᎾᎢᏍᏗᏱᏃ ᏄᎬᏫᏳᏌᏕᎩ ᎤᎿᎸᎯ ᎤᏁᏤᎢ, ᎤᏗᎦᎵᏍᏙᏗᏍᎨ ᏥᏌ ᎤᏓᏅᏩᏅ
ᎤᎾᏙᏓᏆᏍᎬ ᎢᎦ ᏚᏳᎪᏗ ᏧᏂᎸᏫᏍᏓᏁᏗᏱ ᏴᏫ; ᎾᎯᏳᏍᎩᏂ ᎢᏥᎷᎨᏍᏗ ᎠᎴ
ᏕᏥᏅᏫᏍᎨᏍᏗ, ᏞᏍᏗᏃ ᎤᎾᏙᏓᏆᏍᎬ ᎢᎦ.
15 ᎤᎬᏫᏳᎯᏃ ᎿᏉ ᎤᏁᏤᎴ ᎯᎠ ᏄᏪᏎᎴᎢ, ᏣᏠᎾᏍᏗ! ᏝᏍᎪ ᏂᎯ ᎢᏥᏏᏴᏫᎭ ᎨᏒ
ᎤᎾᏙᏓᏆ-ᏍᎬ ᏰᏤᎵᏌᎦᏍᎪ ᏗᎨᎳᏍᏗᏱ ᎢᏣᏤᎵ ᏩᎪ ᎠᎴ ᏐᏈᎵᏗᎦᎵᎠᏅ-ᎯᏛ, ᎠᎴ
ᏰᏣᏘᏁᎪ ᎠᎹ ᏰᏣᏗᏔᏍᏔᏁᎪᎢ?
16 ᎯᎠᏃ ᎠᎨᏴ ᎡᏆᎭᎻ ᎤᏪᏥ ᏥᎩ, ᎾᏍᎩ ᏎᏓᏂ ᎿᏉ ᎬᏂᏳ ᏁᎳᏚ ᏧᏕᏘᏴᏛ ᎬᏩᎸᎸᎯ
ᏥᎩ, ᏝᏍᎪ ᏱᏚᏳᎪᏕ ᎤᎾᏙᏓᏆᏍᎬ ᎠᏕᎸᏒᏗᏱ ᎯᎠ ᎾᏍᎩ ᎤᏓᎸᏍᏛᎢ?
17 ᎾᏍᎩᏃ ᎯᎠ ᏄᏪᏒ, ᏂᎦᏛ ᏗᎬᏩᎦᏗᎴᎩ ᎤᎾᏕᎰᏎᎢ; ᏂᎦᏛᏃ ᏴᏫ ᎠᎾᎵᎮᎵᎨ
ᎤᏗᎦᎵᏍᏙᏗᏍᎨ ᏂᎦᏛ ᏕᎸᏉᏗᏳ ᎾᏍᎩ ᏕᎤᎸᏫᏍᏓᏁᎲᎢ.

18 ᎿᏉᏃ ᎯᎠ ᏄᏪᏎᎢ, ᎦᏙ ᏓᏤᎸ ᎤᏁᎳᏅᎯ ᎤᎬᏫᏳᎯ ᎨᏒᎢ? ᎠᎴ ᎦᏙ
ᏙᏓᎦᏟᎶᏍᏔᏂ?
19 ᎠᏥᎸ-ᎤᎦᏔ ᏓᏤᎸ, ᎾᏍᎩ ᎠᏍᎦᏯ ᏧᎩᏎ ᎠᎴ ᎤᏫᏒᏗᏱ ᏥᏭᏗᏅᏎᎢ; ᎠᎴ ᎤᏛᏎᎢ,
ᎠᎴ ᎡᏉᎯᏳ ᏄᎵᏍᏔᏁ ᏡᎬᎢ; ᎠᎴ ᏥᏍᏆ ᎦᎸᎶ ᎠᏂᏃᎯᎵᏙᎯ ᏚᏩᏂᎦᎸ ᎤᎾᎭᏓᎦᎢ.
20 ᎠᎴᏬ ᎯᎠ ᏄᏪᏎᎢ, ᎦᏙ ᏙᏓᎦᏟᎶᏍᏔᏂ ᎤᏁᎳᏅᎯ ᎤᎬᏫᏳᎯ ᎨᏒᎢ?
21 ᎠᎪᏙᏗ ᎾᏍᎩᏯᎢ, ᎾᏍᎩ ᎠᎨᏴ ᏧᎩᏎ ᎠᎴ ᏧᏑᏴᏁ ᏦᎢ ᎢᏳᏟᎶᏛ ᎢᏒ ᎦᏄᎢ, ᎬᏂ ᏂᎦᏛ
ᎤᏬᏗᎭᏅ.
22 ᎤᎦᏛᎴᏏᏙᎴᏃ ᎤᏪᏙᎴ ᏧᏛᎾ ᏕᎦᏚᎲ ᎠᎴ ᏧᏍᏗ ᏕᎦᏚᎲᎢ, ᏓᎦᏲᎲᏍᎨᎢ, ᎠᎴ
ᏥᎷᏏᎵᎻ ᏩᎦᏛᎢ.
23 ᎠᏏᏴᏫᏃ ᎯᎠ ᏄᏪᏎᎴᎢ, ᏣᎬᏫᏳᎯ, ᎠᏂᎦᏲᎵᏉᏍᎪ ᎨᏥᏍᏕᎸᏗ ᎨᏎᏍᏗ? ᎯᎠᏃ
ᏂᏚᏪᏎᎴᎢ,
24 ᎢᏳᏣᏂᎬᏁᎮᏍᏗ ᎢᏥᏴᏍᏗᏱ ᎠᏯᏙᎵ ᎦᎶᎯᏍᏗᏱ; ᎤᏂᏣᏘᏰᏃ, ᎢᏨᏲᏎᎭ, ᏓᏳᏂᏲᎵ
ᎤᏂᏰᏍᎢᏱ, ᎠᎴ ᎥᏝ ᏰᎵ ᏫᎬᏩᏂᏴᏍᏗ ᏱᎨᏎᏍᏗ.
25 ᎢᏳᏃ ᎿᏉ ᎠᏍᎦᏯ ᎦᏁᎳ ᏓᎴᏅᎭ ᎠᎴ ᎠᏍᏚᏅᎭ ᎦᎶᎯᏍᏗᏱ, ᏂᎯᏃ ᎢᏳᎴᏅᎲ
ᏙᏱᏗᏢ ᎢᏥᏙᎾᎥᎢ, ᎠᎴ ᎢᏨᏂᎮᏍᏗ ᎦᎶᎯᏍᏗᏱ ᎯᎠ ᏂᏤᏪᏍᎨᏍᏗ, ᏣᎬᏫᏳᎯ,
ᏣᎬᏫᏳᎯ, ᎡᏍᎩᏍᏚᎢᏏ; ᎠᎴ ᏗᎧᏁᏨ ᎯᎠ ᎤᏗᏥᏪᏎᎸᎭ, ᎥᏝ ᏱᏥᎦᏔᎭ ᏗᏣᏓᎴᏅᎢ;
26 ᎿᏉ ᏓᏣᎴᏅᎯ ᎯᎠ ᎤᏓᏥᏪᏏ, ᎣᎦᎵᏍᏓᏴᏅᎩ ᎠᎴ ᎣᎦᏗᏔᎲᎩ ᎯᎦᏔᎲᎢ, ᎠᎴ
ᏕᏣᏕᏲᏅᎩ ᎣᎩᏚᎲ ᎡᏓᏍᏗᏱ Ꭶ-ᎦᏔᏅᏛᎢ.
27 ᎠᏎᏃ ᎯᎠ ᎤᏓᎦᏪᏏ, ᎢᏨᏲᏎᎭ, ᎥᏝ ᏱᏥᎦᏔᎭ ᏗᏣᏓᎴᏅᎢ; ᏍᎩᏯᏓᏅᏏ, ᏂᏥᎥ ᎤᏲ
ᏗᏥᎸᏫᏍᏓᏁᎯ.
28 ᎾᎿ ᏓᏂᏴᎨᏍᏗ ᎠᎴ ᏓᏂᏄᏓᎩᏍᎨᏍᏗ ᏓᏂᏄᏙᎬᎢ, ᎾᎯᏳ ᎦᏥᎪᎲᎭ ᎡᏆᎭᎻ ᎠᎴ ᎡᏏᎩ
ᎠᎴ ᏤᎦᏈ ᎠᎴ ᏂᎦᏛ ᎠᎾᏙᎴᎰᏍᎩ, ᎤᏁᎳᏅᎯ ᎤᎬᏫᏳᎯ ᎨᏒ ᎾᎿ ᎠᏂᏯᏒᏍᏗ, ᎢᏨᏒᏃ
ᎡᏥᏄᎪᏫᏒᎯ ᎨᏎᏍᏗ.
29 ᏗᎧᎸᎬᏃ ᎢᏗᏢ ᏗᏂᎶᏍᎨᏍᏗ, ᎠᎴ ᏭᏕᎵᎬᎢ, ᎠᎴ ᏧᏴᏢᎢ, ᎠᎴ ᏧᎦᎾᏮᎢ, ᎠᎴ
ᎠᎾᏅᎥᏍᎨᏍᏗ ᎤᏁᎳᏅᎯ ᎾᎿ ᎤᎬᏫᏳᎯ ᎨᏒᎢ.
30 ᎠᎴ ᎬᏂᏳᏉ ᎠᏁᎭ ᎣᏂ ᏥᎩ, ᎾᏍᎩ ᎢᎬᏱ ᎨᏎᏍᏗ, ᎠᎴ ᎠᏁᎭ ᎢᎬᏱ ᏥᎩ, ᎾᏍᎩ
ᎣᏂ ᎨᏎᏏᏗ.
31 ᎾᎯᏳᏉᏃ ᎢᎦ ᎩᎶ ᎢᏳᎾᏍᏗ ᎠᏂᏆᎵᏏ ᎤᏂᎷᏤ ᎯᎠ ᏂᎬᏩᏪᏎᎴᎢ, ᎯᏄᎪᎢ, ᎠᎴ
ᎭᏓᏅᎾ ᎠᏂ; ᎡᎶᏛ ᎾᏏ ᎤᏚ-Ꮅ ᏣᎯᏍᏗᏱ.
32 ᎯᎠᏃ ᏂᏚᏪᏎᎴᎢ, ᎢᏤ-Ꮎ, ᎠᎴ ᎯᎠ ᏫᏁᏥᏪᏏ Ꮎ ᏧᎳ, ᎬᏂᏳᏉ ᎠᏂᏍᎩᎾ
ᏕᏥᏄᎪᏫᏍᎦ, ᎠᎴ ᏕᎦᏓᏅᏫᎭ ᎪᎯ ᎢᎦ ᎠᎴ ᎤᎩᏨᏅᎢ, ᏦᎢᏁᏃ ᎢᎦ ᎠᎩᏍᏆᏛᎯ ᎨᏎᏍᏗ.
33 ᎠᏎᏍᎩᏂᏃᏅ ᎠᏚᏓᏍᏗ ᏂᎦᎵᏍᏗᎭ ᎪᎯ ᎢᎦ, ᎠᎴ ᎤᎩᏨᏅᎢ, ᎠᎴ ᎤᎩᏨᏛ; ᎥᏝᏰᏃ
ᎠᏙᎴᎰᏍᎩ ᏰᎵ ᎢᎸᎯᏢ ᎦᏰᏥᎢᏍᏗ ᏱᎩ, ᏥᎷᏏᎵᎻ ᎤᏩᏒ.

34 ᏥᎷᏏᎵᎻ! ᏥᎷᏏᎵᎻ! ᎠᎾᏙᎴᎰᏍᎩ ᏗᎯᎯ, ᎠᎴ ᏅᏯ ᏛᏂᏍᏗᏍᎩ ᎨᏣᎷᏤᏗᏱ
ᎨᏥᏅᏒᎯ; ᏯᏃᎩᏳ ᎠᏆᏚᎵᏍᎬ ᎦᏥᏯᏟᏐᏗᏱ ᏗᏤᏥ, ᎾᏍᎩᏯ Ꮳ-ᏔᎦ ᏥᎦᎦᏟᏏᏍᎪ ᏧᏪᏥ
ᎠᏂᏛ ᎠᏫᏂᏗᏢ ᏗᎧᏃᎨᏂ, ᎠᏎᏃ ᎥᏝ ᏱᏣᏚᎵᏍᎨᎢ!
35 ᎬᏂᏳᏉ ᎢᏥᏁᎸ ᎤᎳ ᏁᏨᏁᎸ; ᎠᎴ ᎯᎠ ᏂᏨᏪᏎᎭ, ᎥᏝ ᏴᎨᏍᎩᎪᏩᏛ ᎪᎯ
ᎢᏳᏓᎴᏅᏛ ᎬᏂ ᎯᎠ ᎢᏥᏪᏍᏗᏱ ᎠᏍᏆᎸᎲᎭ, ᎠᏥᎸᏉᏗᏳ ᎾᏍᎩ Ꮎ ᏱᎰᏩ ᏕᎤᏙᎥ
ᏥᎦᎷᎯᏍᏗᎭ.

ᎠᏯᏙᎸᎢ 14

1 ᎯᎠᏃ ᏄᎵᏍᏔᏁᎢ, ᎾᏍᎩ ᎤᏴᎸ ᎩᎶ ᎢᏳᏍᏗ ᏣᎦᏁᎶᏗ ᎠᏆᎵᏏ ᎦᏁᎸ ᎤᎵᏍᏓᏴᏗᏱ
ᎤᎾᏙᏓᏆᏍᎬ ᎢᎦ, ᎾᏍᎩ ᎬᏩᎦᏌᏯᏍᏕᎢ.
2 ᎬᏂᏳᏉᏃ ᎩᎶ ᎢᏳᏍᏗ ᎠᏍᎦᏯ ᎢᎬᏱᏗᏢ ᏄᏛᏁ ᎤᏢᎩ ᎠᎹ ᎤᏓᏁᏁᎯ.
3 ᏥᏌᏃ ᎤᏁᏤ ᎯᎠ ᏂᏚᏪᏎᎴ ᏗᎧᎿᏩᏛᏍᏗ ᏗᏃᏏᏏᏍᎩ ᎠᎴ ᎠᏂᏆᎵᏏ; ᏚᏳᎪᏗᏍᎪ
ᏗᏓᏅᏬᏗᏱ ᎤᎾᏙᏓᏆᏍᎬ ᎢᎦ?
4 ᎡᎳᏪᏱᏃ ᎤᏅᏁᎢ. ᎤᏂᏴᎲᏃ ᎤᏅᏩᏁᎢ, ᎠᎴ ᏚᏲᏎᎢ;
5 ᏚᏁᏤᎴᏃ ᎯᎠ ᏂᏚᏪᏎᎴᎢ, ᎦᎪ ᎯᎠ ᏥᏂᏣᏛᏅ ᏐᏈᎵ-ᏗᎦᎵᎠᏅᎯᏛ ᎠᎴ ᏩᎦ ᏳᎸᏤ-Ꮈ
ᎠᏔᎴᏒ ᎥᏝ ᎩᎳᏉ ᎢᏴᏛ ᏱᏮᎦᏔᎩ ᎤᎾᏙᏓᏆᏍᎬ ᎢᎦ?
6 ᎥᏝᏃ ᏰᎵ ᎤᏓᎬᏪᏬᎯᎵᏴᏍᏓᏁᏗ ᏱᎨᏎ ᎾᏍᎩ ᎯᎠ.
7 ᎠᎴ ᏚᏟᎶᏍᏔᏁᎴ ᎾᏍᎩ ᎾᏫᎨᏥᏯᏅᏛ, ᏚᎪᎲ ᏓᎾᏑᏰᏍᎬ ᏄᎬᏫᏳᏒ ᏗᏂᏢᏗᏱ, ᎯᎠ
ᏂᏚᏪᏎᎴᎢ,
8 ᎢᏳᏃ ᎩᎶ ᏕᎨᏚᏨᏍᏗᏍᎬ ᏤᏅ-ᏍᏗᏱ ᏣᏯᏅᎲᎭ, ᏞᏍᏗ ᏄᎬᏫᏳᏒ ᏗᏂᏢᏗᏱ
ᏣᏂᏏᏅᎩ; ᎤᏟᏰᏃ ᎢᏯᏥᎸᏉ-Ꮧ ᎡᏍᎦᏉ ᏂᎯ ᏣᏥᏯᏅᏛ ᏱᏂᎦᎩ;
9 ᏫᏍᏗᏯᏅᏛᏃ ᏱᎦᎷᎩ ᎯᎠ ᏱᏂᏣᏪᏏ, ᎯᏯᏜᏅᏓᏗᏏ ᎯᎠ; ᎿᏉᏃ ᏣᏕᎰᏒᎯ ᏯᎴᏅ
ᎡᎳᏗ ᎨᏒ ᏗᏂᏢᏗᏱ ᏫᏱᎶᎯ.
10 ᎡᏣᏯᏂᏍᎨᏍᏗᏍᎩᏂ, ᎮᎨᏍᏗ ᎠᎴ ᏣᏂᏏᎲᏍᎨᏍᏗ ᎡᎳᏗ ᎨᏒ ᏗᏂᏢᏗᏱ; ᎾᏍᎩᏃ
ᏫᏣᏯᏅᏛ ᎦᎷᎨᏍᏗ, ᎯᎠ ᎢᏳᏣᏪᏎᏗ ᏱᎩ, ᎩᎾᎵᎢ, ᎦᎸᎳᏗᏢᏍᏙᏗ ᏫᏱᎶᎯ; ᎿᏉ
ᎡᏣᎸᏉᏗᏳ ᎨᏎᏍᏗ ᎠᏂᎦᏔᎲ ᎢᏧᎳᎭ ᎢᏥᏂᏜᎢ [ᏗᎵᏍᏓᏴᏗᏱ.]
11 ᎩᎶᏰᏃ ᎤᏩᏒ ᎠᏓᏌᎳᏗᏍᎨᏍᏗ ᎡᎳᏗ ᎢᏯᎬᏁᏗ ᎨᏎᏍᏗ; ᎩᎶᏃ ᎤᏩᏒ ᎡᎳᏗ
ᎾᏓᏛᏁᎮᏍᏗ ᎾᏍᎩ ᎠᏥᏌᎳᏙᏗ ᎨᏎᏍᏗ.
12 ᎯᎠᏃ ᎾᏍᏉ ᏄᏪᏎᎴ ᏭᏯᏅᏛ, ᎢᏳᏃ ᏕᎭᏚᏔᏍᏗᏍᎨᏍᏗ ᎢᎦ ᎡᎯ ᎠᎴ ᎤᏒ ᎡᎯ,
ᏞᏍᏗ ᏱᏫᏘᏯᏂᏍᎨᏍᏗ ᏗᏣᎵᎢ, ᎠᎴ ᎢᏣᎵᏅᏟ, ᎠᎴ ᎪᎱᏍᏗ ᏗᏨᏅ, ᎠᎴ ᏧᏁᎾᎢ ᎾᎥ
ᎢᏣᏓᏔ; ᎾᏍᏉᏰᏃ ᏂᎯ ᏱᏮᎨᏣᏯᏅ ᎠᎴ ᏴᎨᏣᏓᏴᏏ.
13 ᎢᏳᏍᎩᏂ ᏕᎭᏚᏔᏍᏗᏍᎨᏍᏗ, ᏫᏘᏯᏂᏍᎨᏍᏗ ᎤᏲ ᎢᏳᎾᏛᎿᏕᎩ, ᎪᎱᏍᏗ ᎤᏍᏛ
ᏗᏂᏰᎸ ᎤᏂᏲᎱᏎᎸᎯ, ᏗᏂᏲᏅᎵ, ᎠᎴ ᏗᏂᎨᏫ;
14 ᎣᏏᏳᏃ ᎢᏣᎵᏍᏓᏁᏗ ᎨᏎᏍᏗ; ᎥᏝᏰᏃ ᏴᎦᎨᏣᎫᏴᏏ; ᎡᏣᎫᏴᎡᏗᏰᏃ ᎨᏎᏍᏗ ᏓᎾᎴᎯᏌᏅ
ᎤᎾᏓᏅᏘ.
15 ᎠᏏᏴᏫᏃ ᎾᏍᎩ ᎢᏧᎳᎭ ᎤᎾᎵᏍᏓᏴᏅᎯ ᎾᏍᎩ ᎤᏛᎦᏅ, ᎯᎠ ᏄᏪᏎᎢ, ᎣᏏᏳ
ᎢᏳᎵᏍᏓᏁᏗ ᎾᏍᎩ Ꮎ ᎤᏁᎳᏅᎯ ᎤᎬᏫᏳᎯ ᎨᏒ ᎾᎿ ᎡᏩᎵᏍᏓᏴᏗ ᏂᎦᎵᏍᏓᏅᎭ.
16 ᎠᎴ [ᏥᏌ] ᎯᎠ ᏄᏪᏎᎢ, ᎩᎶ ᎢᏳᏍᏗ ᎠᏍᎦᏯ ᎤᏣᏘ ᏚᎦᏔᏍᏔᏁᎢ, ᎠᎴ ᎤᏂᏣᏘ
ᏫᏚᏯᏅᎮᎢ;

17 ᎠᎵᏍᏓᏴᏗᏱᏃ ᎨᏒ ᎤᏍᏆᎸᎲᎤᏅᏎ ᎤᏅᏏᏓᏍᏗ ᎯᎠ ᏫᏂᏚᏪᏎᏗᏱ ᏫᎨᏥᏯᏅᏛ;
ᎡᏤᎾ, ᏂᎦᏗᏳᏰᏃ ᎿᏉ ᎠᏛᏅᎢᏍᏗ.
18 ᏂᎦᏛᏃ ᎤᏠᏱ ᏧᎾᎵᏫᏍᏙᏗ ᎤᎾᎴᏅᎮ ᎤᏂᏲᎴᎢ. ᎢᎬᏱᏱ ᎯᎠ ᏄᏪᏎᎴᎢ, ᏠᎨᏏ
ᎠᎩᏩᏒ, ᎠᎴ ᎠᏎ ᎠᏇᏅᏍᏗ ᎠᎴ ᎠᏆᎦᏔᏅᏍᏗ ᏂᎦᎵᏍᏗᎭ; ᎬᏔᏲᏎ ᎤᏁᎳᎩ
ᏍᏇᎵᏎᏗᏱ.
19 ᎤᏩᏓᎴᏃ ᎯᎠ ᏄᏪᏎᎢ, ᎯᏍᎩ ᎢᏳᎾᎩᏔᎾᏔ ᏩᎦ ᏓᎩᏩᏒ, ᎠᎴ ᎦᏚᏁᎶᏔᏂ; ᎬᏔᏲᏎ
ᎤᏁᎳᎩ ᏍᏇᎵᏎᏗᏱ.
20 ᎤᏩᏓᎴᏃ ᎯᎠ ᏄᏪᏎᎢ, ᎠᏆᎦᏒᏅ, ᎾᏍᎩᏃ ᎢᏳᏍᏗ ᎥᏝ ᏰᎵ ᏫᎬᎩᎷᎯᏍᏗ ᏱᎩ.
21 ᎾᏍᎩᏃ Ꮎ ᎠᏥᏅᏏᏓᏍᏗ ᎢᎤᎷᏨ ᎤᎾᏄᎪᏫᏎᎴ ᎤᏅᏏᏙᎯ ᎾᏍᎩ ᎯᎠ ᏄᎵᏍᏔᏂᏙᎸᎢ.
ᎦᏁᎳᏃ ᎤᎾᏄᎯᏳ ᎨᏒ ᎯᎠ ᏄᏪᏎᎴ ᎤᏅᏏᏓᏍᏗ, ᎮᎾ ᏄᎳ ᏫᏴᎲ ᎡᎾᎢᏓᏍᏗᏱ ᎠᎴ
ᏧᏍᏗ ᏕᎦᏔᏅᏛᎢ ᎦᏚᎲᎢ, ᎠᎴ ᏕᎭᏘᏃᎸᎭ ᎤᏲ ᎢᏳᎾᏛᎿᏕᎩ, ᎠᎴ ᎪᎱᏍᏗ ᎤᏍᏛ ᏗᏂᏰᎸ
ᎤᏂᏲᎱᏎᎸᎯ, ᎠᎴ ᏗᏂᏲᏅᎵ, ᎠᎴ ᏗᏂᎨᏫ.
22 ᎠᏥᏅᏏᏓᏍᏗᏃ ᎯᎠ ᏄᏪᏎᎢ, ᏍᎩᏅᏏᏙᎯ, ᏂᏣᏪᏒ ᎾᏍᎩᏯ ᏂᎦᏛᎦ, ᎠᏏᏉᏃ
ᎤᏜᏅᏛ.
23 ᎤᏅᏏᏙᎯᏃ ᎯᎠ ᏄᏪᏎᎴ ᎤᏅᏏᏓᏍᏗ, ᎯᏄᎪᎢ ᏕᎦᏅᎿᏩᏗᏒ ᎠᎴ ᏓᏐᏴᎢ ᏫᏣᎯ, ᎠᎴ
ᎠᏎ ᎤᏂᏴᏍᏗᏱ ᏂᎩᏴᏁᎸᎭ ᎾᏍᎩ ᎤᎧᎵᎢᏍᏗᏱ ᏥᏁᎸᎢ.
24 ᎯᎠᏰᏃ ᏂᏨᏪᏎᎭ, ᎥᏝ ᎩᎶ ᎾᏍᎩ Ꮎ ᏫᎨᏥᏯᏅᏛ ᎨᏒ ᏴᏛᎾᎵᏍᏓᏴᏔᏂ
ᏓᏆᎦᏔᏍᏔᏅᎢ.
25 ᎤᏂᏣᏘᏃ ᏴᏫ ᎬᏩᏍᏓᏩᏛᏎᎢ; ᎤᎦᏔᎲᏒᏃ ᎯᎠ ᏂᏚᏪᏎᎴᎢ,
26 ᎩᎶ ᎠᏴ ᎠᎩᎷᏤᎮᏍᏗ ᏂᏗᎦᏂᏆᏘᎲᎾᏃ ᎢᎨᏎᏍᏗ ᎤᏙᏓ, ᎠᎴ ᎤᏥ, ᎠᎴ ᎤᏓᎵᎢ, ᎠᎴ
ᏧᏪᏥ, ᎠᎴ ᎠᎾᎵᏅᏟ, ᎠᎴ ᏧᏙ, ᎥᎥ, ᎠᎴ ᎤᏩᏒ ᎾᏍᏉ ᎬᏅᎢ, ᎥᏝ ᏰᎵ ᎠᎩᏍᏓᏩᏗᏙᎯ
ᏱᏅᎦᎵᏍᏓ.
27 ᎠᎴ ᎩᎶ ᎤᏤᎵ ᏧᏓᎿᏩᏛ ᎾᏱᏍᎬᎾ ᎠᎴ ᎾᎩᏍᏓᏩᏕᎬᎾ ᎢᎨᏎᏍᏗ, ᎥᏝ ᏰᎵ
ᎠᎩᏍᏓᏩᏗᏙᎯ ᏱᏅᎦᎵᏍᏓ.
28 ᎦᎪᏰᏃ ᎯᎠ ᏥᏂᏣᏛᏅ, ᏯᏓᏅᏖ ᎢᏅ ᎢᎦᏘ ᎤᏁᏍᎨᏗᏱ, ᎥᏝ ᎢᎬᏱ ᏱᎦᎲᏍᎪ ᏯᏎᎯᎨ
ᎢᎦᎢ ᏧᎬᏩᎳᏂᎯᏍᏗ ᎨᏒᎢ, ᎤᏙᎴᎰᎯᏍᏗᏱ ᏰᎵ ᎬᏩᏍᏆᏗᏍᏙᏗ ᎢᎦᎢ ᎤᎲᎢ.
29 ᎢᏳᏰᏃ ᎦᎫᏍᏛᏗ ᏧᏛᎯ ᏱᎩ, ᎠᎴ ᎬᏩᏍᏆᏗᏍᏗ ᏂᎨᏒᎾ ᏱᎩ, ᏂᎦᏛ ᎠᏂᎪᏩᏘᏍᎩ
ᏯᎾᎴᏅ ᏱᎬᏩᏕᎰᏛ,
30 ᎯᎠ ᏱᎾᏂᏫ, ᎯᎠ ᎠᏍᎦᏯ ᎤᎴᏅᎲᎩ ᎠᏁᏍᎨᏍᎬᎢ, ᎠᎴ ᎥᏝ ᏰᎵ ᎬᏩᏍᏆᏗᏍᏗ
ᏱᎨᏎᎢ.
31 ᎠᎴ ᎦᎪ ᎢᏳᏍᏗ ᎤᎬᏫᏳᎯ, ᏓᎿᏩ ᏱᏅᏛᏅᏁᎵ ᎤᏩᏓᎴ ᎤᎬᏫᏳᎯ, ᎥᏝ ᎢᎬᏱ
ᏱᎦᎲᏍᎪ ᎠᎴ ᏯᏓᏅᏖᏍᎪ ᏰᎵᏉ ᎠᏍᎪᎯ ᎢᏯᎦᏴᎵ ᏓᏘᏁᎲ ᏗᎬᏩᎾᏣᏴᏗ ᎨᏒ ᏧᎦᏘᎴᎩ
ᏔᎳᏍᎪᎯ ᎢᏯᎦᏴᎵ ᏓᏘᏁᎲᎢ.

32 ᎢᏳᏃ ᏰᎵ ᏂᎨᏒᎾ ᏱᎩ, ᎠᏏ ᏐᎢ ᎢᏅᎯᏳ ᏨᎢᏐᎢ, ᏕᎦᏅᏍᎪ ᏧᏅᏏᏛ ᎠᏔᏲᎯᎮ ᏙᎯᏱ
ᎢᏳᏅᏁᏗᏱ.

33 ᎾᏍᎩᏯ ᎾᏍᏉ ᏂᎯ, ᎢᏳᏃ ᎩᎾ ᏂᏚᏲᏐᎲᏍᎬᎾ ᎢᎨᏎᏍᏗ ᏂᎦᏛ ᎤᏤᎵ ᎨᏒᎢ, ᎥᏝ ᏰᎵ
ᎠᎩᏍᏓᏩᏕᎩ ᏱᏅᎦᎵᏍᏓ.

34 ~ᎠᎹ ᎣᏏᏳ; ᎢᏳᏍᎩᏂ ~ᎠᎹ ᏳᏥᏍᎪᎸ, ᎦᏙ ᏗᎦᎵᏍᏙᏓ ~ᎠᎹ ᏯᏙᏢᎾ.

35 ᎥᏝ ᎿᏉ ᏑᎨᏏ ᏕᏔᎨᏯᏛᏗ ᎠᎴ ᎣᏍᏛ ᎦᏓ ᎦᏊᎬ ᎬᏗ ᏱᎨᏐᎢ; ᏭᎾᏕᎪᏉ. ᎩᎶ
ᏕᏚᎵᎷᎨᏍᏗ ᎤᏛᎪᏗᏱ ᏩᏛᎬᎦ.

ᎠᏯᏙᎸᎢ 15

1 ᎿᏉᏃ ᎾᎥ ᎬᏩᎷᏤᎴ ᏂᎦᏛ ᎠᏕᎸ ᎠᏂᎩᏏᏛᎯ ᎠᎴ ᎠᏂᏍᎦᎾ ᎬᏩᏛᏓᏍᏓᏁᏗᏱ.

2 ᎠᏂᏆᎵᏏᏃ ᎠᎴ ᏗᏄᏪᎵᏍᎩ ᎤᏂᎭᏅᏤᎴ ᎯᎠ ᏄᏂᏪᏎᎢ, ᎯᎠ ᎠᏍᎦᏯ ᏓᏓᏂᎸᎪ
ᎠᏂᏍᎦᎾᎢ, ᎠᎴ ᎢᏧᎳᎭ ᎠᎾᎵᏍᏓᏴᎲᏍᎪᎢ.

3 ᎯᎠᏃ ᏄᏪᏎ ᎦᏟᎶᏍᏔᏁᎴᎢ,

4 ᎦᎪ ᎯᎠ ᏗᏂᏣᏛᏅ, ᎠᏍᎪᎯᏧᏈ ᏱᎦᎾᏝᎠ ᎤᏂᏃᏕᎾ, ᎢᏳᏃ ᏌᏉ ᏳᏲᎱᏎᎸ, ᎥᏝ
ᏱᏗᎬᏕᎪ ᎢᎾᎨ ᎠᏁᏙᎲ ᏐᏁᎳᏍᎪᎯ ᏐᏁᎳᏚᎵ ᎢᏯᏂᏛ, ᎠᎴ ᏩᏲᎴᎪ ᎤᏲᎱᏎᎸᎯ, ᎬᏂ
ᎠᏩᏛ?

5 ᎢᏳᏃ ᎠᏩᏛ ᎠᏃᎭᎵᎥᏍᎪᎢ ᎠᎵᎮᎵᎪᎢ.

6 ᎥᎦᎷᎩᏃ ᎤᏪᏅᏒ ᏫᏓᏯᏂᏍᎪ ᏧᎵᎢ ᎠᎴ ᎾᎥ ᎢᏳᎾᏓᎳ, ᎯᎠ ᏂᏕᎦᏪᏎᎨᎢ, ᎢᏧᎳᎭ
ᎢᏓᎵᎮᎵᎩ; ᎢᏥᏩᏛᎲᏰᏃ ᎤᏃᏕᎾ ᏣᎩᏲᎱᏎᎸᎩ.

7 ᎢᏨᏲᏎᎭ, ᎾᏍᏉᏍᎩᏂ ᎤᏟᎯᏳ ᎾᎾᎵᎮᎵᎨᏍᏗ ᎦᎸᎳᏗ ᏦᏒ ᏌᏉ ᎠᏍᎦᎾ
ᎦᏁᏟᏴᏍᎨᏍᏗ ᎤᏓᏅᏛᎢ, ᎡᏍᎦᏉ ᎢᏴᏛ ᏐᏁᎳᏍᎪᎯ ᏐᏁᎳᏚᎵ ᎢᏯᏂᏛ ᎤᎾᏓᏅᏘ
ᎠᏂᏍᎦᏯ ᏧᏂᏁᏟᏴᏍᏗ ᏄᎾᎵᏍᏓᏁᎸᎾ ᎦᎾᏓᏅᏛᎢ.

8 ᎠᎴ ᎦᎪ ᎢᏳᏍᏗ ᎠᎨᏴ ᎠᏍᎪᎯ ᏱᎦᎭ ᎠᎩᏏ ᏧᎾᎬᏩᎶᏗ, ᎢᏳᏃ ᏌᏉ ᏳᏲᎱᏎᎸ, ᎥᏝ
ᏯᏨᏍᏛᏍᎪ ᎠᏨᏍᏙᏗ ᎠᎴ ᏱᎬᏃᏌᏍᎪ ᎦᎵᏦᏕ, ᎠᎴ ᎤᎵᏏᎾᎯᏍᏗ ᏩᏲᎨ ᎬᏂ ᎠᏩᏛ?

9 ᎢᏳᏃ ᎠᏩᏛ ᏫᏓᏯᏂᏍᎪ ᏥᎵᎢ ᎠᎴ ᎾᎥ ᎢᏳᎾᏓᎳ, ᎯᎠ ᏂᎦᏪᏍᎪᎢ, ᎢᏧᎳᎭ
ᎢᏓᎵᎮᎵᎩ; ᎠᎩᏩᏛᎲᏰᏃ ᎠᏕᎸ ᏣᎩᏲᎱᏎᎸᎩ.

10 ᎾᏍᏉᏍᎩᏂ ᎢᏨᏲᏎᎭ ᎠᎾᎵᎮᎵᎪ ᏗᏂᎧᎿᏩᏗᏙᎯ ᎤᏁᎳᏅᎯ ᏧᏤᎵᎦ ᏌᏉ ᎠᏍᎦᎾ
ᎦᏁᏟᏴᎾ ᎤᏓᏅᏛᎢ.

11 ᎯᎠᏃ ᏄᏪᏎᎢ, ᎩᎶ ᎢᏳᏍᏗ ᎠᏍᎦᏯ ᎠᏂᏔᎵ ᏧᏪᏥ ᎠᏂᏍᎦᏯ ᎠᏁᎮᎢ.

12 ᎢᎸᎯᎵᏃ ᎦᏚᎲ ᏩᏴᎯᎲᎢ ᎠᏍᎪᎯ ᎢᏯᏂᏛ ᎠᏂᏍᎦᏯ ᎠᏓᏰᏍᎩ ᏧᏂᎵᎩ ᎦᎬᏩᏌᏎᎢ,ᎢᏅ
ᏓᎾᎴᏅᏁᎢ;

13 ᎢᏳᏍᎩ ᏉᏃ ᏫᎸᎡᎸ ᎤᏬᏥ ᎣᏂ ᎡᎯ ᏂᎦᏛ ᎤᏬᏟᏌᏁᎢ, ᎠᎴ ᎤᏂᎩᏎ ᎢᏅ ᏭᎶᏎᎢ,
ᎾᎿᏃ ᏄᏁᎸᎾ ᎡᎲᎢ ᏭᏤᏬᏙᎴ ᏧᎬᏩᎶᏗ ᎤᎲᎢ.

14 ᎠᎴ ᏂᎦᏛ ᎤᏤᏪᏅ ᎤᏣᏘ ᎦᎪᏄᎶᏎ ᎾᎿᏂ, ᎿᏉᏃ ᎤᎴᏅᎮ ᎤᎦᏄᎸᏁᎢ.

15 ᎤᏪᏅᏎᏃ ᎤᎵᎪᏁᎴ ᎾᎿ ᎡᎯ ᎠᏍᎦᏯ; ᏙᏧᎶᎨᏒᏃ ᏏᏆ ᏗᎨᎶᎸ ᎤᏅᏎᎢ.

16 ᎠᎴ ᎤᎦᎵᏍᎨ ᏧᏪᏰᏍᏗᏱ ᎧᎵᏎᏥ ᎤᎾᏓᏛᏅᎯ ᏏᏆ ᎤᎾᎵᏍᏓᏴᏗ, ᎠᏎᏃ ᎥᏝ ᎩᎶ
ᏱᎦᏅᏁᎮᎢ.

17 ᎤᏓᏅᏘᏌᏅᏃ ᎯᎠ ᏄᏪᏎᎢ; ᏄᏂᏣᏔ ᎨᎦᎫᏴᎡᎯ ᎨᏥᏅᏏᏓᏍᏗ ᎡᏙᏓ ᏧᏤᎵᎦ
ᎤᎶᏒᏍᏔᏅᎯ ᎤᏂᎭ ᎤᎾᎵᏍᏓᏴᏗ, ᎠᏴᏃ ᎠᎪᏄᏉ ᎠᎩᎯᎭ!

18 ᏙᏓᎦᎴᏂ, ᎡᏙᏓ ᏮᏓᏥᏤᎢ, ᎯᎠ ᏫᏅᏓᏥᏪᏎᎵ; ᎡᏙᏓ, ᎦᎸᎳᏗ ᏥᏍᎦᏅᏤᎸ, ᎠᎴ ᏂᎯ
ᎯᎦᏔᎲᎢ.

19 ᎠᎴ ᎥᏝ ᎿᏉ ᏰᎵ ᎠᏇᏥ ᎨᏍᏉᏎᏗ ᏱᎩ; ᏗᏅᏏᏓᏍᏗᏉ ᏔᎫᏴᏒᎯ ᏄᎾᏍᏛ ᎾᏍᎩᏯ
ᏂᏍᏋᎦ.

20 ᎠᎴ ᏚᎴᏁ ᎤᏙᏓ ᏭᎷᏤᎴᎢ. ᎠᏎᏃ ᎠᏏ ᎢᏅᎯᏳ ᎤᏙᏓ ᏭᎪᎮᎢ, ᎠᎴ ᎤᏪᏙᎵᏤᎢ, ᎠᎴ
ᏚᏍᏆᎸᎳᏁᎢ, ᎠᎴ ᎠᎩᎵᎨᏂ ᎤᏪᏯᎸᏤᎢ, ᎠᎴ ᎤᎳᏪᏙᏁᎢ.

21 ᎤᏪᏥᏃ ᎯᎠ ᏄᏪᏎᎴᎢ; ᎡᏙᏓ, ᎦᎸᎳᏗ ᏥᏍᎦᏅᏤᎸ, ᎠᎴ ᏂᎯ ᎯᎦᏔᎲᎢ; ᎠᎴ ᎥᏝ
ᎿᏉ ᎠᏇᏥ ᎨᏍᏉᏎᏗ ᏱᎩ.

22 ᎠᏎᏃ ᎤᏙᏓ ᎯᎠ ᏂᏚᏪᏎᎴ ᏧᏅᏏᏓᏍᏗ; ᎣᏌᏂ ᎠᏄᏬ ᏫᏥᎾᎩ, ᎡᏥᏄᏬᏣ, ᎠᎴ
ᎡᏥᏰᏑᏍᏙᏚ, ᎠᎴ ᏤᏣᎳᏑᎸᎦ.

23 ᎠᎴ ᎦᎵᏦᏔᏅᎯ ᏩᎦ ᎠᎩᎾ ᏫᏗᏯᏅ, ᎠᎴ ᎡᏥᎷᎦ; ᎠᎴ ᎢᏓᎵᏍᏓᏴᎲᎦ, Ꭳ-Ꮫ
ᎢᏓᏓᏅᏓᏓ.

24 ᎯᎠᏰᏃ ᎠᏇᏥ ᎤᏲᎱᏒᎯ ᎨᏒᎩ, ᏔᎵᏁᏃ ᎢᎡᎭ, ᎠᎴ ᎡᏓᏠᏨᎯ ᎨᏒᎩ, ᎢᎠᏥᏩᏛᎲᏃ;
ᎤᎾᎴᏅᎮᏃ ᎣᏍᏛ ᎤᎾᏓᏅᏓᎦᎢ.

25 ᎤᏓᏂᎢᎨᏃ ᎤᏪᏥ ᏠᎨᏏ ᏪᏙᎮᎢ; ᏗᎤᏪᏅᏃ ᎠᎴ ᎠᏓᏁᎸ ᎾᎥ ᎤᎷᏨ, ᏓᏂᏃᎩᏍᎬ ᎠᎴ
ᎠᎾᎵᏍᎩᏍᎬ ᎤᏛᎦᏁᎢ

26 ᏭᏯᏅᎮᏃ ᎠᏏᏴᏫ ᎠᏥᏅᏏᏓᏍᏗ, ᎠᎴ ᎤᏛᏛᏁ ᎤᏰᎸᎥ ᎾᏍᎩ ᎾᎾᏛᏁᎲᎢ.

27 ᎾᏍᎩᏃ ᎯᎠ ᏄᏪᏎᎴᎢ; ᎡᏣᏅᏟ ᎤᎷᏨ, ᏣᏙᏓᏃ ᎦᎵᏦ ᏔᏅᎯ ᏩᎦ ᎠᎩᎾ ᎤᏄ,ᏙᎯᏱ
ᎤᎾᏄᎪᏥᎸ ᎢᏳᏍᏗ.

28 ᎤᏔᎳᏪᏎᏃ, ᎠᎴ ᏫᏄᏴᎸᎾᏉ ᎨᏎᎢ; ᎾᏍᎩ ᎢᏳᏍᏗ ᎤᏙᏓ ᏧᏄᎪᏤ ᎤᏍᏗᏰᏔᏁᎢ.

29 ᎤᏁᏨᏃ ᎯᎠ ᏄᏪᏎᎴ ᎤᏙᏓ; ᎬᏂᏳᏉ ᎤᏣᏔ ᎾᎦᏗᏴ ᎬᏍᎦᎸᎯᏓ, ᎠᎴᎥᏝ ᎢᎸᎯᏳ
ᎾᏉᎯᏳᏅᎾ ᏱᎩ ᏣᏁᏨᎢ, ᎠᏎᏃ ᎥᏝ ᎢᎸᎯᏳ ᎠᏫ-ᎠᎩᎾ ᎠᏎᏄᎸᎯ ᏱᏍᎩᎧᏁᎶᎢ, ᎣᏍᏛ
ᎣᎦᏓᏅᏓᏗᏍᏙᏗ ᏗᏆᎵᎢ.

30 ᎯᎠᏍᎩᏂ ᏤᏥ ᎤᏅᏦᏅᎯᏉ, ᎾᏍᎩ ᏣᎡᏁᏄᎯ ᏧᎬᏩᎶᏗ ᎠᏂᎨᏴᎯ ᎤᏂᏁᎫᏥᏛ
ᎤᏪᎳᏗᏙᎸᎢ, ᎢᎯᎡᎸ ᎦᎵᏦᏔᏅᎯ ᏩᎦ ᎠᎩᎾ.

31 ᎯᎠᏃ ᏄᏪᏒᎴᎢ; ᎠᏇᏥ, ᏂᎪᎯᎸ Ꮙ ᎢᏧᎳᎭ ᎢᏂᏁᎸ , ᎠᎴ ᏣᏤᎵᏉ ᏂᎦᎥ ᎠᎩᎾᎥᎢ.

32 ᏚᏳᎪᏛᎩ ᎣᏍᏛ ᎢᎦᏓᏅᏓᏗᏍᏗᏱ, ᎠᎴ ᎢᎩᎵᎮᎵᏍᏗᏱ; ᎯᎠᏰᏃ ᎡᏣᏅᏟ ᎤᏲᎱᏒᎯ
ᎨᏒᎩ, ᏔᎵᏁᏃ ᎢᎡᎭ, ᎠᎴ ᎡᏓᏠᏨᎯ ᎨᏒᎢ, ᎢᎠᏥᏩᏛᎲᏃ.

ᎠᏯᏙᎸᎢ 16

1 ᎠᎴ ᎾᏍᏉ ᎯᎠ ᏂᏚᏪᏎᎴ ᎬᏩᏍᏓᏩᏗᏙᎯ, ᎩᎶ ᎢᏳᏍᏗ ᎡᎮ ᎤᏪᎿᎢ ᎠᏍᎦᏯ ᎾᏍᎩ
ᎤᏪᎧᎮ ᎤᎦᏌᏯᏍᏗᏕᎩ ᎤᎿᎥᎢ; ᎠᎴ ᎾᏍᎩ ᎠᏥᎳᎾᏎᎲ ᏧᎬᏩᎶᏗ ᎤᏓᏤᏪᎸ ᎠᏥᏃᏁᎴᎢ.
2 ᏭᏯᏅᎮᏃ ᎯᎠ ᏄᏪᏎᎴᎢ, ᎦᏙ ᏗᎦᎵᏍᏙᏗᎭ ᏥᏄᏍᏗ ᏥᎬᏯᏛᎩᎭ? ᎬᏂᎨᏒ ᎤᎦ ᏄᏍᏛ
ᏕᏣᏄᏫᏍᏓᏁᎸ ᏣᎦᏌᏯᏍᏗᏕᎩ ᎨᏒᎢ; ᎪᎯᏴᏃ ᎢᏳᏓᎴᏅᏛ ᎥᏝ ᎿᏉ ᏣᎦᏌᏯᏍᏗᏕᎩ
ᏱᎨᏎᏍᏗ.
3 ᎤᎦᏌᏯᏍᏗᏕᎩᏃ ᎯᎠ ᏄᏪᏎ ᎤᏩᏒ ᏧᏓᏅᏛᎢ, ᎦᏙ ᏓᎦᏛᏁᎵ, ᎠᎩᏅᏏᏙᎯᏴᏃ ᎠᎩᎩᎡᎭ
ᎠᏆᎦᏌᏯᏍᏗᏕᎩ ᎨᏒᎢ? ᏝᏃ ᏰᎵ ᎬᏆᏍᎪᏍᏗ ᏱᎩ; ᎠᏆᏚᎳᏗᏓᏍᏗᏱᏃ ᎢᎦᎦᏛᏍᎦ.
4 ᎦᎫᎪᏓ ᎢᏯᏆᏛᏁᏗᏱ, ᎾᏍᎩ ᎥᎩᏌᎦᏒ ᎠᏆᎦᏌᏯᏍᏗᏕᎩ ᎨᏒ ᏗᎦᎬᏆᏓᏂᎸᎢᏍᏗ
ᎢᏳᎵᏍᏙᏗᏱ ᏓᏂᏁᎸᎢ.
5 ᎰᏩᏃ ᏫᏚᏯᏅᎮ ᏂᎦᏛ ᎤᏅᏏᏙᎯ ᏧᎦᎩ, ᎢᎬᏱᏱᏃ ᎯᎠ ᏄᏪᏎᎴᎢ, ᎢᎳᎪ ᎢᎦᎢ ᏣᏕᎦ
ᎠᎩᏅᏏᏙᎯ.
6 ᎯᎠᏃ ᏄᏪᏎᎢ, ᎠᏍᎪᎯᏧᏈ ᎢᏳᏟᎶᏛ ᎪᎢ. ᎯᎠᏃ ᏄᏪᏎᎢ, ᎯᎾᎩ ᎪᏪᎵ ᎡᏣᏕᎬᎢ,
ᎠᎴ ᏄᎳ ᎯᎲᎦ, ᎠᎴ ᎯᏍᎩᏍᎪᎯ ᎰᏪᎸᎦ.
7 ᎤᏩᏓᎴᏃ ᎯᎠ ᏄᏪᏎᎴᎢ, ᏂᎯᎾ ᎢᎳᎪ ᎡᏣᏕᎦ? ᎯᎠᏃ ᏄᏪᏎᎢ, ᎠᏍᎪᎯᏧᏈ ᎢᏳᏟᎶᏛ
ᎤᏣᎴᏍᏗ. ᎯᎠᏃ ᏄᏪᏎᎴᎢ, ᎯᎾᎩ ᎪᏪᎵ ᎡᏣᏕᎬᎢ, ᎠᎴ ᏁᎳᏍᎪᎯ ᎰᏪᎸᎦ.
8 ᎤᎾᏝᎢᏃ ᎤᎸᏉᏔᏁ ᏂᏚᏳᎪᏛᎾ ᎢᏯᏛᎾᎯ ᎤᎦᏌᏯᏍᏗᏕᎩ, ᎤᏗᎦᎵᏍᏙᏍᎨ
ᎤᏏᎾᏌᏅᏨᎢ; ᎡᎶᎯᏴᏃ ᏧᏪᏥ ᎤᏅᏒ ᎠᏁᎲᎢ, ᎤᏟ ᎾᏂᏏᎾᏌᏅ ᎡᏍᎦᏉ ᎢᎦᎦᏘ ᏧᏪᏥ.
9 ᎠᎴ ᎢᏨᏲᏎᎭ, ᎢᏣᎵᎢᏓ ᎤᏓᎵᏓᏍᏗ ᎨᏅᎢᏍᏗ ᎨᏒᎢ; ᎾᏍᎩ ᎡᏍᎦ ᏂᏣᎵᏍᏓᏁᎸ
ᎤᎵᏍᏆᏗᏍᏗ ᏂᎨᏒᎾ ᏩᎦᏗᏱ ᎨᏒ ᏕᎨᏣᏓᏂᎸᎢᏍᏗ ᎨᏎᏍᏗ.
10 ᎩᎶ ᏚᏳᎪᏛ ᎢᏯᏛᏁᎯ ᎦᏲᎵ ᎨᏒᎢ, ᎾᏍᏉ ᏚᏳᎪᏛ ᎾᏛᏁᎰ ᎤᎪᏗᏗ ᎨᏒᎢ;
ᏂᏚᏳᎪᏛᎾᏃ ᎢᏯᏛᏁᎯ ᎤᏍᏗ ᎨᏒ, ᎾᏍᏉ ᏂᏚᏳᎪᏛᎾ ᎾᏛᏁᎰ ᎤᎪᏗᏗ ᎨᏒᎢ.
11 ᎾᏍᎩ ᎢᏳᏍᏗ ᎢᏳᏃ ᏚᏳᎪᏛ ᏂᏣᏛᏁᎲᎾ ᎢᎨᏎᏍᏗ ᎤᏓᎵᏓᏍᏗ ᎨᏅᎢᏍᏗ ᎨᏒ ᎪᎱᏍᏗ
ᎢᏨᏗᏍᎬᎢ, ᎦᎪ ᏱᏥᎦᏘᏗᏍᏓ ᏄᏓᎵᏓᏍᏛᎾ ᎨᏅᎢᏍᏗ ᎨᏒᎢ?
12 ᎢᏳᏃ ᏚᏳᎪᏛ ᏂᏣᏛᏁᎸᎾ ᏱᎩ ᎤᏩᏓᎴ ᎤᏤᎵᎦ ᎨᏒᎢ, ᎦᎪ ᏓᏥᏁᎵ ᎢᏨᏒ ᎢᏣᏤᎵ
ᎨᏒᎢ?
13 ᎥᏝ ᎩᎶ ᎠᏥᏅᏏᏓᏍᏗ ᏰᎵ ᎠᏂᏔᎵ ᎬᏩᏅᏏᏙᎯ ᎪᎱᏍᏗ ᏱᏙᎬᏛᏂᏏ; ᏱᎠᏍᎦᎦᏴᏃ ᏌᏉ
ᏱᎤᎨᏳᎭᏃ ᏐᎢ; ᏱᏃᎤᏂᏴᏆᎴ ᏌᏉ ᏱᎦᏂᏆᏘᎭᏃ ᏐᎢ. ᏝᏍᎩᏂ ᏰᎵ ᎤᏁᎳᏅᎯ ᎠᎴ
ᎹᎹᏂ ᎪᎱᏍᏗ ᏱᏙᎨᏣᏛᏂᏏ.
14 ᎠᏂᏆᎵᏏᏃ ᎾᏍᏉ, ᎾᏍᎩ ᎠᏕᎸ ᎤᏂᎬᎥᏍᎩ ᏥᎨᏎᎢ, ᎾᏍᎩ ᎯᎠ ᏂᎦᏛ ᎤᎾᏛᎦᏁᎢ;
ᎠᎴ ᎬᏩᏕᎰᏔᏁᎢ.

15 ᎯᎠᏃ ᏂᏚᏪᏎᎴᎢ, ᏂᎯ ᎧᏂ ᏚᏳᎪᏛ ᎢᏣᏛᏁᎯ ᎤᏩᏍᏙᎢ ᏴᏫ ᎠᏂᎦᏔᎲᎢ;
ᎤᏁᎳᏅᎯᏍᎩᏂ ᏓᎦᏔᎭ ᏗᏥᎾᏫ; ᎾᏍᎩᏰᏃ ᎦᎸᏉᏗᏳ ᏧᏂᏰᎸᎭ ᏴᏫ, ᎤᏂᏆᏗᏍᏗᏳ
ᎤᏁᎳᏅᎯ ᏓᎧᏂᏍᎬᎢ.
16 ᏗᎧᎿᏩᏛᏍᏗ ᎠᎴ ᎠᎾᏙᎴᎰᏍᎩ ᎦᏤᎲᎩ ᏣᏂ ᎤᎾᏄᎪᏥᎸ ᎢᏯᏍᏗ; ᎾᎯᏳ
ᎤᏓᎬᏓᎴᏅᏛ ᎤᏁᎳᏅᎯ ᎤᎬᏫᏳᎯ ᎨᏒ ᎠᏂᏃᎮᎭ ᎠᎾᎵᏥᏙᎲᏍᎦ, ᎠᎴ ᎾᏂᎥ ᏴᏫ
ᎠᎾᏁᎷᎩ ᎠᏂᏴᎯᎭ.
17 ᎠᎴ ᎤᏟ ᎠᎯᏗᏳ ᎦᎸᎶᎢ ᎠᎴ ᎡᎶᎯ ᎤᏂᎶᏐᏍᏗᏱ, ᎠᏃ ᏌᏉ ᎤᏍᏗᎧᏂ
ᏗᎧᎿᏩᏛᏍᏗ ᎡᏍᎦ ᎢᏳᎵᏍᏙᏗᏱ.
18 ᎩᎶ ᎤᏓᎵᎢ ᎢᏓᏓᎡᎨᏍᏗ, ᎠᎴ ᎤᏩᏓᎴ ᎠᏓᏰᎨᏍᏗ, ᎠᏓᏲᏁᎵᏍᏗ; ᎩᎶᏃ ᎠᏚᏓᎢᏅᏛ
ᎠᏓᏰᎨᏍᏗ ᎠᏓᏲᏁᎵᏍᏗ.
19 ᎩᎶ ᎢᏳᏍᏗ ᎠᏍᎦᏯ ᎤᏪᎿᎢ ᎡᎮᎢ, ᎩᎦᎨ ᎠᎴ ᎤᏏᏙᎵ ᏙᎴᏛ ᏗᏄᏬ ᏓᏄᏬᏍᎨᎢ,
ᎠᎴ ᏂᏓᏙᏓᏈᏒ ᎣᏍᏛ ᏓᎵᏍᏓᏴᎲᏍᎨᎢ.
20 ᎠᎴ ᎾᏍᏉ ᎡᎮ ᎩᎶ ᎢᏳᏍᏗ ᎤᏲ ᎢᏳᏛᎿᎦᎩ ᎳᏏᎳ ᏧᏙᎢᏛ, ᎾᏍᏍᎩ ᎠᏥᏂᏏᏁ
ᎤᏪᎿᎢ ᎤᏤᎵ ᎦᎶᎯᏍᏗᏱ, ᏧᏥᏓᎳ ᎨᏎᎢ,
21 ᎠᎴ ᎤᏚᎵᏍᎨ ᎠᎨᎳᏍᏙᏗᏱ ᎤᏅᎪᎣᏒᎯ ᎤᏪᎿᎢ ᎤᏪᏍᎩᎸᎢ; ᎠᎴ ᎾᏍᏉ ᎩᎵ
ᎤᏂᎷᏤ ᏚᏂᎦᎾᎦ ᏚᏂᎦᎾᎦ ᏚᏥᏓᎸᎢ.
22 ᎯᎠᏃ ᏄᎵᏍᏔᏁᎢ; ᎾᏍᎩ ᎤᏲᎢᏳᏛᎿᎦᎩ ᎤᏲᎱᏎᎢ, ᎠᎴ ᏗᏂᎧᎿᏩᏗᏙᎯ ᎬᏩᏅᏎ
ᎡᏆᎭᎻ ᎦᏁᏥᎢ ᏫᎬᏪᎧᏁᎢ. ᎤᏪᎿᎢᏃ ᎾᏍᏉ ᎤᏲᎱᏎᎢ ᎠᎴ ᎠᏥᏂᏌᏁᎢ.
23 ᎠᎴ ᏨᏍᎩᏃᎢ ᏚᏌᎳᏓᏁ ᏗᎦᏙᎵ ᎠᎩᎵᏲᎨᎢ, ᎠᎴ ᎾᎿ ᎢᏅ ᏭᎪᎮ ᎡᏆᎭᎻ, ᎠᎴ ᎳᏏᎳ
ᎡᏆᎭᎻ ᎦᏁᏥᎢ.
24 ᎠᎴ ᎤᏪᎷᏁ ᎯᎠ ᏄᏪᏎᎢ; ᎡᏙᏓ ᎡᏆᎭᎻ, ᏍᎩᏙᎵᎩ, ᎠᎴ ᎡᎯᏅᎵ ᎳᏏᎳ, ᎠᎴ
ᎾᏍᎩ ᎤᏍᎪᎵ ᎦᏰᏌᏛ ᎠᎼᎯ ᏩᎱᏓ, ᎠᎴ----ᏩᎩᏙᎣᏄᏍᏓᏏ ᏥᏃᎪᎢ; ᏥᎩᎵᏲᎦᏰᏃ ᎠᏂ
ᎠᏓᏪᎵᎩᏍᎬᎢ.
25 ᎠᏎᏃ ᎡᏆᎭᎻ ᎯᎠ ᏄᏪᏎᎢ; ᎠᏇᏥ, ᎭᏅᏓᏓ,. ᏂᎯ ᎠᏏ ᏣᎴᏂᏙᎲᎩ ᎯᏩᏗᏍᎬ ᏣᏤᎵᎦ
ᎣᏍᏛ, ᎠᎴ ᎳᏏᎳ ᎾᏍᏉ ᎠᏩᏗᏍᎬᎩ ᎤᏤᎵᎦ ᎤᏲᎢ. ᎠᏎᏃ ᎿᏉ ᎠᏥᏄᏬᎯᏍᏔᏅ,
ᏂᎯᏃ ᎢᎯᎩᎵᏲᎦ.
26 ᎠᎴᏃ ᎾᏍᏉ ᎠᏴ ᎣᏤᎲ ᏂᎯᏃ ᎢᏤᎲ ᎾᎿ ᎠᏰᎵ ᎨᏒ ᎡᏉᎯᏳ ᎤᏊᏅᏛᎢ ᎪᏢᎭ,
ᎾᏍᎩ ᎢᏳᏍᏗ ᎩᎶ ᏳᎾᏚᎵᎭ ᎠᏂ ᎤᎾᏓᎴᏍᏗᏱ ᏗᏤᎲ ᏭᏂᎶᎯᏍᏗᏱ, ᎥᏝ ᏰᎵ
ᏱᏅᎬᎾᏛᎦ, ᎠᎴ ᎾᏍᏉ ᎠᏂ ᎣᏤᎲᎢ ᎥᏝ ᏴᎬᏂᎷᎩ ᎾᎿ ᎤᏓᏳᏂᎶᎯᏍᏗᏱ ᏳᎾᏚᎵᎭ.
27 ᎯᎠᏃ ᏄᏪᏎᎢ; ᎠᏗᎾ ᎡᏙᏓ, ᎬᏔᏲᏎᎭ, ᎯᏅᏍᏗᏱ ᎡᏙᏓ ᏗᎦᏁᎸᎢ;
28 ᎯᏍᎩᏰᏃ ᎾᏂᎥ ᎣᏣᎵᏅᏟ ᎠᏁᎭ; ᎾᏍᎩᏃ ᏱᏫᎦᎧᏃᎲᏏ ᎾᏍᏉᏰᏃ ᎠᏂ ᎠᎩᎵᏲᎢᏍᏗᏱ
ᎨᏒ ᏇᏂᎷᎩ.
29 ᎡᏆᎭᎻ ᎯᎠ ᏄᏪᏎᎴᎢ; ᎼᏏ ᎠᎴ ᎠᎾᏙᎴᎰᏍᎩ ᏚᏁᎭ; ᎾᏍᎩ ᏫᏓᎾᏛᏓᏍᏓᏏ.

30 ᎯᎠᏃ ᏄᏪᏎᎢ, ᏝᏍᏗ ᎡᏙᏓ ᎡᏆᎭᎻ, ᎢᏳᏍᎩᏂ ᎩᎶ ᎤᏲᎱᏒᎯ ᏱᏭᏂᎷᏤᏄ ᎠᏎ
ᏱᏓᏂᏁᏟᏴᎾ ᏓᎾᏓᏅᏛᎢ.
31 ᎠᏎᏃ ᎯᎠ ᏄᏪᏎᎴᎢ; ᎢᏳᏃ ᏂᏓᎾᏛᏓᏍᏓᏁᎲᎾ ᏱᎩ ᎼᏏ ᎠᎴ ᎠᎾᏙᎴᎰᏍᎩ, ᎥᏝ ᎾᏍᏉ
ᏴᎬᏃᎯᏳᎲᎦ, ᎾᏍᏉ ᎩᎶ ᎤᏲᎱᏒᎯ ᏱᏚᎴᏅ.

ᎠᏯᏙᎸᎢ 17

1 ᎿᏉᏃ ᎯᎠ ᏂᏚᏪᏎᎴ ᎬᏩᏍᏓᏩᏗᏙᎯ, ᎠᏎ ᏗᏓᏙᏕᏍᏗᏍᎩ ᎤᎾᏄᎪᎢᏍᏗ; ᎠᏎᏃ ᎤᏲᎢᏳ
ᎢᏳᎵᏍᏓᏁᏗ ᎾᏍᎩ Ꮎ ᎤᎾᏄᎪᏫᏒᎯ!
2 ᎤᏟ ᎣᏏᏳ ᎢᏳᎵᏍᏓᏁᏗ ᏱᎨᏎ ᏅᏯ ᎠᏍᏙᏍᎩ ᏯᏥᏯᏝᏁᎢ, ᎠᎴ ᎠᎺᏉᎯ
ᏱᏩᎦᏓᎢᏅᏎᎢ, ᎠᏃ ᎯᎠ ᎠᏏᏴᏫ ᏧᎾᏍᏗ ᎨᏒ ᏧᏬᏕᏍᏗᏱ.
3 ᎢᏨᏒ ᎢᏣᏓᏯᏫᏍᎨᏍᏗ. ᎢᏳᏃ ᏗᏍᏓᏓᏅᏟ ᎢᏣᏍᎦᏅᏤᎮᏍᏗ, ᎯᎬᏍᎪᎸᎥᏍᎨᏍᏗ; ᎢᏳᏃ
ᎤᏲ ᎢᏯᏰᎸᏍᎨᏍᏗ, ᎯᏯᏙᎵᎨᏍᏗ.
4 ᎢᏳ ᎠᎴ ᎦᎵᏉᎩ ᏂᏣᏍᎦᏅᏤᎮᏍᏗ ᏏᎦ ᎨᏒ, ᎠᎴ ᎦᎵᏉᎩ ᏂᏣᎷᏤᎮᏍᏗ ᏏᎦ ᎨᏒ, ᎯᎠ
ᏂᏣᏪᏎᎮᏍᏗ, ᎤᏲ ᎠᎩᏰᎸᎭ, ᎠᏎ ᎯᏯᏙᎵᎨᏍᏗᏉ.
5 ᎨᏥᏅᏏᏛᏃ ᎯᎠ ᏄᏂᏪᏎᎴ ᎤᎬᏫᏳᎯ, ᏍᎩᏁᏉᏏ ᎣᎪᎯᏳᏒᎢ.
6 ᎤᎬᏫᏳᎯᏃ ᎯᎠ ᏄᏪᏎᎢ, ᎢᏳᏃ ᎠᏥᎸ-ᎤᎦᏔ ᏥᏂᎬ ᎢᎩᏛ ᎪᎯᏛ ᎪᎯᏳᏗ ᎨᏒ ᏱᏥᎭ,
ᎯᎠ ᏱᏂᏥᏪᏏ ᎯᎠ ᎫᏩ-ᏧᏁᎬ ᏥᏡᎦ, ᏫᏕᏣᎾᏍᎦᎵᏓ, ᎠᎴ ᎠᎺᏉᎯ ᏪᏣᎧᎲᎦ, ᎠᎴ
ᏱᏦᎯᏳᎲᎦ.
7 ᎠᏎᏃ ᎦᎪ ᎯᎠ ᏥᏂᏣᏛᏅ, ᎡᏥᏅᏏᏓᏍᏗ ᏱᎦᏓᎷᎩᎭ, ᎠᎴ ᏱᎨᎶᏄᎥᏍᎦ, ᏌᎨᏏ
ᎤᏓᏳᎶᏐᏅᎯ, ᎩᎳᏉ ᎢᏴᏛ ᎯᎠ ᏱᏁᏥᏪᏏ, ᎮᎾ ᏩᎵᏍᏓᏴᎲᎦ?
8 ᏝᏍᎪ ᎯᎠ ᏱᎬᏩᎬᏫᏳ ᏱᎤᎦᏰᏥᏪᏏ, ᎭᏛᏅᎢᏍᏓ ᎠᏆᎵᏍᏓᏴᏗᏱ, ᎠᎴ ᎭᏓᏌᎦ, ᎠᎴ
ᏍᎩᏍᏕᎸᎯᏓ ᎦᎵᏍᏓᏴᎲᏍᎬ ᎠᎴ ᎦᏗᏔᏍᎬ ᎢᎬᎯᏛ; ᎣᏂᏃ ᏨᏒ ᎭᎵᏍᏓᏴᏅᎭ ᎠᎴ
ᎭᏗᏔᎲᎭ?
9 ᎠᎦᎵᎡᎵᏤᎨᏍᎪ ᎾᏍᎩ ᎠᏥᏅᏏᏓᏍᏗ ᎾᏥᏪᏎᎸ ᏄᏛᏁᎸᎢ? ᎥᏝ ᎠᎩᏰᎸᎭ.
10 ᎾᏍᎩᎾ ᎾᏍᏉ ᏂᎯ, ᎿᏉ ᏂᎦᏛ ᏄᏤᏪᏎᎸ ᏂᏣᏛᏁᎰᏅᎭ, ᎯᎠ ᏂᏥᏪᏒᎭ, ᎪᎱᏍᏗ
ᎣᎬᏙᏗ ᏂᎨᏒᎾ ᎣᎩᏅᏏᏓᏍᏗ; ᎢᏲᎦᏛᏁᏗᏉ ᎨᏒ ᏃᎦᏛᏁᎸ.
11 ᎯᎠᏃ ᏄᎵᏍᏔᏁ ᎾᏍᎩ ᏥᎷᏏᎵᎻ ᏩᎦᏛᎢ, ᏌᎺᎵᏱ ᎠᎴ ᎨᎵᎵ ᎠᏰᎵ ᎤᎶᏎᎢ.
12 ᎢᎸᎯᏢᏃ ᎦᏚᎲ ᏩᏴᎯᎲᎢ ᎠᏍᎪᎯ ᎢᏯᏂᏛ ᎠᏂᏍᎦᏯ ᎠᏓᏰᏍᎩ ᏧᏂᎵᎩ ᎦᎬᏩᏌᏎᎢ,
ᎢᏅ ᏧᎾᎴᏅᏁᎢ;
13 ᎠᎴ ᎤᏂᏌᎳᏓᏁ ᎠᏂᏁᎬ ᎯᎠ ᏄᏂᏪᏎᎢ, ᏥᏌ ᏔᎦᏲᎲᏍᎩ, ᏍᎩᏯᏙᎵᎩ.
14 ᏚᎪᎲᏃ, ᎯᎠ ᏂᏚᏪᏎᎴᎢ, ᎢᏤᎾ ᎠᏥᎸ-ᎠᏁᎶᎯ ᎬᏂᎨᏒ ᏫᏂᏗᏣᏛᏂᏏ. ᎯᎠᏃ
ᏄᎵᏍᏔᏁᎢ, ᎠᎾᎢᏒᏉ ᏚᎾᏓᏅᎦᎸᎮᎢ.
15 ᎠᏏᏴᏫᏃ, ᎤᏙᎴᎰᏒ ᎠᏥᏅᏩᏅᎢ, ᏗᎤᏨᏎᎢ, ᎠᎴ ᎠᏍᏓᏯ ᎤᏁᏤ ᎤᎸᏉᏔᏁ
ᎤᏁᎳᏅᎯ,
16 ᎠᎴ ᎤᏓᏅᏁ ᎤᎵᏯᏍᏚᏁ ᏚᎳᏍᎬ ᎾᎥᎢ, ᎠᎵᎮᎵᏤᎮᎢ. ᎠᎴ ᏌᎺᎵᏱ ᎡᎯ ᎨᏎᎢ.
17 ᏥᏌᏃ ᎤᏁᏨ ᎯᎠ ᏄᏪᏎᎢ, ᏝᏍᎪ ᎠᏍᎪᎯ ᏱᎨᏥᏅᎦᎸᏒᎢ? ᎠᏎᏃ ᏐᎣᏁᎳ ᎢᏯᏂᏛ
ᎭᏢ?
18 ᎥᏝ ᏱᎨᏥᏩᏛ ᎤᏓᏳᎾᏨᏛ ᎤᏁᎳᏅᎯ ᎠᏂᎸᏉᏗᏍᎩ, ᎯᎠ ᎤᏩᏓᎴ ᏴᏫ ᎤᏩᏒ.

19 ᎯᎠᏃ ᏄᏪᏎᎴ ᎾᏍᎩ, ᏔᎴᎲᎦ, ᎠᎴ ᏥᎮᎾ; ᏦᎯᏳᏒ ᏣᏘᏫᏍᏓ.
20 ᎠᏂᏆᎵᏏᏃ ᎬᏩᏛᏛᏅ ᎢᏳᏉ ᎤᎷᎯᏍᏗᏱ ᎤᏁᎳᏅᎯ ᎤᎬᏫᏳᎯ ᎨᏒ, ᏚᏁᏤᎴᎢ, ᎯᎠ
ᏄᏪᏎᎢ, ᎤᏁᎳᏅᎯ ᎤᎬᏫᏳᎯ ᎨᏒ ᎥᏝ ᎬᎪᏩᏛᏗ ᏱᎨᏎᏍᏗ ᎦᎷᏨᎭ.
21 ᎥᏝ ᎠᎴ ᎯᎠ ᏱᏂᎬᏂᏪᏍᎨᏍᏗ, ᎬᏂᏳᏉ ᎠᏂ! ᎠᎴ, ᎬᏂᏳᏉ ᎾᎿᏂ! ᎬᏂᏳᏉᏰᏃ
ᎤᏁᎳᏅᎯ ᎤᎬᏫᏳᎯ ᎨᏒ ᎢᏤᎳᏗᏙᎭ.
22 ᎯᎠᏃᏂᏚᏪᏎᎴ ᎬᏩᏍᏓᏩᏗᏙᎯ, ᏛᏍᏆᎸᎯ ᎾᎯᏳ ᎨᏒ ᎢᏣᏚᎵᏍᎨᏍᏗ ᎢᏥᎪᏩᏛᏗᏱ
ᏌᏉ ᎢᎦ ᏴᏫ ᎤᏪᏥ ᎤᏤᎵᎦ, ᎠᎴ ᎥᏝ ᏴᎨᏥᎪᏩᏛ.
23 ᎠᎴ ᎯᎠ ᏂᎨᏥᏪᏎᎮᏍᏗ, ᎬᏂᏳᏉ ᎠᏂ; ᎠᎴ ᎬᏂᏳᏉ ᎾᎿᏂ; ᏞᏍᏗ ᎢᏤᏅᏒᎩ, ᎠᎴ
ᏞᏍᏗ ᏗᏥᏍᏓᏩᏛᏒᎩ.
24 ᎾᏍᎩᏯᏰᏃ ᎠᎾᎦᎵᏍᎩ ᏌᏉ ᎢᏗᏢ ᎦᎸᎶᎢ ᏨᏗᎦᎵᏍᎪᎢ, ᎤᏣᏘᏂᏃ ᎢᏗᏢ ᎦᎸᎶᎢ
ᏥᏫᏗᎦᎵᏍᎪᎢ, ᎤᏣᏘᏂᏃ ᎢᏗᏢ ᎦᎸᎶᎢ ᏥᏫᏗᎦᎸᏌᏓᏗᏍᎪᎢ; ᎾᏍᎩ ᎾᏍᏉ ᏄᏍᏕᏍᏗ ᏴᏫ
ᎤᏪᏥ ᎤᏤᎵ ᎢᎦ ᎠᎵᏱᎶᎸᎭ.
25 ᎠᏎᏃ ᎢᎬᏱ ᎤᏣᏘ ᏧᏓᎴᏅᏛ ᎤᎩᎵᏲᎢᏍᏗ, ᎠᎴ ᏗᎬᏩᏲᎯᏍᏗ ᎨᏎᏍᏗ ᎪᎯ ᏣᏁᎭ.
26 ᎠᎴ ᎾᏍᎩᏯ ᏥᏄᏍᏕ ᎾᎯᏳ ᏃᏯ ᏤᎮᎢ, ᎾᏍᎩ ᎾᏍᏉ ᏄᏍᏕᏍᏗ ᎾᎯᏳ ᏴᏫ ᎤᏪᏥ
ᎤᏤᎵ ᎢᎦ ᎠᎵᏱᎶᎸᎭ.
27 ᏓᎾᎵᏍᏓᏴᎲᏍᎨᎢ, ᏓᎾᏗᏔᏍᎨᎢ, ᏓᎾᏕᏒᎲᏍᎨᎢ, ᏕᎨᏥᏰᎨᎢ, ᎬᏂ ᎾᎯᏳ ᎢᎦ ᏃᏯ
ᎤᏣᏅ ᏥᏳᎯ, ᎠᎴ ᎤᏃᎱᎦᏂᎸ ᎠᎴ ᏂᎦᏛ ᏚᏂᎬᏦᏅ.
28 ᎾᏍᎩᏯ ᎾᏍᏉ ᏥᏄᏍᏕ ᎾᎯᏳ ᎶᏛ ᏤᎮᎢ; ᏓᎾᎵᏍᏓᏴᎲᏍᎨᎢ ᏓᎾᏗᏔᏍᎨᎢ,
ᎤᏂᏩᏒᎥᏍᎨᎢ, ᎠᏂᏃᏔᏅᎥ ᏍᎨᎢ, ᏓᏂᏫᏒᎥᏍᎨᎢ, ᏓᎾᏁᏍᎨᏍᎨᎢ;
29 ᎠᏎᏃ ᎾᎯᏳᏉ ᎢᎦ ᎶᏛ ᏐᏓᎻ ᎤᏄᎪᏨ, ᎦᎸᎳᏗ ᏧᎦᎿᏁ ᎠᏥᎸ ᎠᎴ ᏌᎪᏂᎨ
ᎠᏓᏪᎳᎩᏍᎩ, ᏂᎦᏗᏳᏃ ᏚᏂᎰᏁᎢ.
30 ᎾᏍᎩᏯ ᏄᏍᏕᏍᏗ ᎾᎯᏳ ᎢᎦ ᏴᏫ ᎤᏪᏥ ᎦᎾᏄᎪᏂᏄᎭ.
31 ᎾᎯᏳ ᎢᎦ ᎩᎶ ᎦᏌᎾᎵ ᎤᎩᎴᏍᏗ, ᎤᎿᎥᏃ ᎦᎵᏦᏕ ᎠᎮᏍᏗ, ᏞᏍᏗ ᎤᏓᏳᏠᎠᏒᎩ
ᎤᏫᏛᏗᏱ; ᎠᎴ ᎩᎶ ᏠᎨᏏᏫᏒᏙᎮᏍᏗ, ᏞᏍᏗ ᎾᏍᏉ ᎤᏓᏳᏨᏒᎩ.
32 ᎡᏣᏅᏓᏓ ᎶᏛ ᎤᏓᎵᎢ.
33 ᎩᎶ ᎤᏩᏒ ᎬᏅ ᎤᏍᏕᎸᏗᏱ ᎤᏲᎮᏍᏗ ᎤᏲᎱᏎᏗ ᎨᏎᏍᏗ; ᎩᎶᏃ ᎤᏲᎱᏎᎮᏍᏗ, ᎾᏍᎩ
ᎤᏍᏕᎸᏗ ᎨᏎᏍᏗ.
34 ᎢᏤᏲᏎᎭ, ᎾᎯᏳ ᎡᏃᏱ ᎨᏎᏍᏗ ᎠᏂᏔᎵ ᏌᏉ ᎠᏤᏍᏙᎩᎯ ᏓᏂᏅᎨᏍᏗ; ᎠᏏᏴᏫ
ᎠᏥᏯᏅᏗ ᎨᏎᏍᏗ, ᏐᎢᏃ ᎠᏥᎧᎯᏯᏍᏗ ᎨᏎᏍᏗ.
35 ᎠᏂᏔᎵ ᎠᏂᎨᏴ ᎢᏧᎳᎭ ᎠᏂᏍᏙᏍᎨᏍᏗ; ᎠᏏᏴᏫ ᎠᏥᏯᏅᏗ ᎨᏎᏍᏗ, ᏐᎢᏃ
ᎠᏥᎧᎯᏯᏍᏗ ᎨᏎᏍᏗ.
36 ᎠᏂᏔᎵ ᏠᎨᏏ ᎠᏁᏙᎮᏍᏗ; ᎠᏏᏴᏫ ᎠᏥᏯᏅᏗ ᎨᏎᏍᏗ, ᏐᎢᏃ ᎠᏥᎧᎯᏯᏍᏗ ᎨᏎᏍᏗ.

37 ᎤᏂᏁᏨᏃ ᎯᎠ ᏂᎬᏩᏪᏎᎴᎢ, ᎭᏢ, ᏣᎬᏫᏳᎯ? ᎯᎠᏃ ᏂᏚᏪᏎᎴᎢ, ᎢᎸᎯᏢ ᎪᎱᏍᏗ
ᎤᎵᏬᏨᎯ ᏥᎦᏃᎢ, ᎾᎿ ᎠᏬᎭᎵ ᎠᎾᏓᏟᏏᏍᎪᎢ.

ᎠᏯᏙᎸᎢ 18

1 ᏚᏟᎶᏍᏓᏁᎴᏃ, ᎯᎠ ᏄᏍᏕ ᎤᎬᏩᎴᎢ, ᎾᏍᎩ ᏴᏫ ᏂᎪᎯᎸ ᎤᎾᏓᏙᎵᏍᏙᏗᏱ, ᎠᎴ
ᏧᏂᏯᏪᎢᏍᏗ ᏂᎨᏒᎾ;
2 ᎯᎠ ᏄᏪᏎᎢ, ᎡᎮ ᏗᎫᎪᏗᏍᏗ ᎢᎸᎯᏢ ᎦᏚᎲᎢ, ᎾᏍᎩ ᎤᏁᎳᏅᎯ ᏂᎦᎾᏰᏍᎬᎾ, ᎠᎴ
ᏴᏫ ᏂᏚᏁᎶᏛᎾ;
3 ᎠᎴ ᎤᏬᏑᎶᏨᎯ ᎾᎿ ᎦᏚᎲ ᎡᎮᎢ; ᎾᏍᎩᏃ ᎤᎷᏤᎴᎢ, ᎯᎠ ᏂᎦᏪᏍᎨᎢ, ᏚᏳᎪᏛ
ᏂᏍᎩᎾᏛᏂᏏ ᏦᏍᏓᏓᏱᎵᏙᎯ.
4 ᎠᏎᏃ ᎤᏉᏌᏁ ᎢᎸᏍᎩ ᎢᎪᎯᏛ; ᎣᏂᏍᎩᏂ ᎯᎠ ᏂᎤᏪᏎ ᎤᏩᏒ ᏧᏓᏅᏛᎢ, ᏞᏍᎩᏂᏃᏅ
ᏱᏥᎾᏰᏍᎦ ᎤᏁᎳᏅᎯ, ᎠᎴ ᎥᏝ ᏱᏗᏥᏯᏁᎶᏗ ᏴᏫ;
5 ᎠᏍᏃ ᎯᎠ ᎤᏬᏑᎶᏨᎯ ᏣᏆᎦᏯᏙᏗᎭ ᎤᏓᎦᎵᏍᏙᏔᏂ ᏚᏳᎪᏛ ᎤᏓᏥᏯᏛᏁᎵ, ᏂᎪᎯᎸᏰᏃ
ᎦᎷᎬ ᏱᏓᎩᏯᏪᎢᏍᏓ.
6 ᎤᎬᏫᏳᎯᏃ ᎯᎠ ᏄᏪᏎᎢ, ᎢᏣᏚᏌᏯᏍᏓ ᏂᏚᏳᎪᏛᎾ ᎢᏯᏛᏁᎯ ᏗᎫᎪᏗᏍᎩ ᏂᎦᏪᏍᎬᎢ.
7 ᏝᏍᎪᏃ ᎤᏁᎳᏅᎯ ᏚᏳᎪᏛ ᏱᏂᏙᎬᏛᏂᏏ ᎤᏩᏒ ᏧᏤᎵ ᎨᎦᏑᏰᏛ, ᎾᏍᎩ ᏗᎬᏩᎩᏨᏗ
ᏥᎬᏩᏓᏙᎵᏍᏓᏁᎭ, ᎾᏍᏉ ᎪᎯᏗᏳ ᏱᏓᏙᎯᎦᎭ?
8 ᎢᏨᏲᏎᎭ ᏞᎩᏳ ᏙᏓᎫᎴᏏ. ᎠᏎᏃ, ᏴᏫ ᎤᏪᏥ ᎦᎷᏨᎭ, ᎪᎯᏳᏗᏍᎪ ᎨᏒ ᏛᏩᏛᎯ
ᎡᎶᎯ?
9 ᎯᎠ-ᎠᏃ ᏚᏟᎶᏍᏓᏁᎴ ᎩᎶ ᎢᏳᎾᏍᏗ ᎤᏅᏒ ᎠᎾᏓᎸᏉᏗᏍᎩ, ᎾᏂᏍᎦᏅᎾ ᎤᎾᏤᎸᎯ,
ᎤᏩᎾᏓᎴᏃ ᎤᎵᏌᎵ ᏗᏂᏰᎸᏍᎩ.
10 ᎠᏂᏔᎵ ᎠᏂᏍᎦᏯ ᎤᏛᎾ-ᏗᎦᎳᏫᎢᏍᏗᏱ ᎤᎾᏓᏙᎵᏍᏔᏅᏎᎢ, ᎠᏏᏴᏫ ᎠᏆᎵᏏ ᎨᏎᎢ,
ᏐᎢᏃ ᎠᏕᎸ-ᎠᎩᏏᏙᎯ.
11 ᎠᏆᎵᏏ ᎤᎴᏁ ᎤᏩᏒ ᎨᏒᎢ ᎤᏓᏙᎵᏍᏔᏁ ᎯᎠ ᏄᏪᏎᎢ; ᏣᏁᎳᏅᎯ ᎬᏯᎵᎡᎵᏤᎭ
ᎠᏂᏐᎢ ᏴᏫ ᏄᎾᏍᏛᎢ ᎾᏍᎩ ᎾᏆᏍᏛᎾ ᏥᎩ, ᎾᏍᎩ ᎠᏎᏉ ᎠᎾᏓᎩᎡᎯ ᏥᎩ, ᎠᎴ
ᏂᏚᏳᎪᏛᎾ ᎢᏯᎾᏛᏁᎯ, ᎠᎴ ᏗᎾᏓᏲᏁᎯ, ᎠᎴ ᎾᏍᏉ ᎯᎠ ᎠᏕᎸ--ᎠᎩᏏᏙᎯ ᎾᏍᎩ
ᏄᏍᏛ ᎾᏆᏍᏛᎾ ᏥᎩ.
12 ᏑᎾᏙᏓᏆᏍᏗ ᎨᏒ ᏔᎵ ᎠᎹᏟ ᏂᎬᏍᎪᎢ;ᎠᎴ ᏂᎦᎥ ᎠᎩᎾᎥ ᎠᏍᎪᎯᏁ ᎪᏣᎴᏛ ᏥᎥᏍᎪᎢ.
13 ᎠᏕᎸᏃ-ᎠᎩᏏᏙᎯ ᎢᏅ ᏧᎴᏁᎢ, ᎥᏝ ᏰᎵ ᎦᎸᎳᏗ ᏫᏗᎬᏩᎧᏃᏗ ᏱᎨᏎᎢ, ᎦᏁᏥᏉᏍᎩᏂ
ᎤᏩᏂᎴᎢ, ᎯᎠ ᏄᏪᏎᎢ; ᏣᏁᎳᏅᎯ, ᏍᎩᏙᎵᎩ ᏥᏍᎦᎾᎢ.
14 ᎢᏨᏲᏎᎭ, ᎯᎠ ᎾᏍᎩ ᎠᏍᎦᏯ ᎤᏚᏓᎴᏛ ᏧᏪᏅᏒ ᏭᎶᏎᎢ, ᏐᎢᏃ ᎥᏝ. ᎩᎶᏰᏃ ᎤᏩᏒ
ᎢᎠᏓᏌᎳᏗᏍᎨᏍᏗ ᎡᎳᏗ ᎢᏯᎬᏁᏗ ᎨᏎᏍᏗ, ᎩᎶᏃ ᎤᏩ-Ꮢ ᎡᎳᏗ ᏂᎠᏓᏛᏁᎮᏍᏗ
ᎠᏥᏌᎳᏙᏗ ᎨᏎᏍᏗ.
15 ᎠᎴ ᎾᏍᏉ ᏕᎬᏩᏘᏃᎮᎴ ᏧᎾᏍᏗ ᏗᏂᏲᎵ, ᎾᏍᎩ ᏧᏏᏔᏗᏍᏗᏱ; ᎠᏎᏃ ᎬᏩᏍᏓᏩᏗᏙᎯ
ᎤᎾᏙᎴᎰᏒ ᏚᏂᎬᏍᎪᎸᏁᎢ.

16 ᏥᏌᏃ ᏫᏚᏯᏅᎲ ᎯᎠ ᏄᏪᏎᎢ, ᎤᎾᏁᎳᎩ ᏗᏤᎵᏏ ᏗᏂᏲᎵ ᎬᎩᎷᏤᏗᏱ, ᎠᎴ ᏞᏍᏗ
ᏗᏥᏅᏍᏓᏕᎸᎩ; ᎾᏍᎩᏰᏃ ᏄᎾᏍᏗ ᎾᎿ ᎤᏁᎳᏅᎯ ᎤᎬᏫᏳᎯ ᎨᏒᎢ.
17 ᎤᏙᎯᏳᎯᏯ ᎯᎠ ᏂᏨᏪᏎᎭ, ᎩᎶ ᎤᏁᎳᏅᎯ ᎤᎬᏫᏳᎯ ᎨᏒ ᏂᏓᏓᏂᎸᎬᎾ ᎢᎨᏎᏍᏗ
ᎾᏍᎩᏯ ᎠᏲᎵ ᏥᏓᏓᏂᎸᎪᎢ, ᎥᏝ ᎾᎿ ᎤᏴᏍᏗ ᏱᎨᏎᏍᏗ.
18 ᎩᎶᏃ ᎢᏳᏍᏗ ᏄᎬᏫᏳᏌᏕᎩ ᎤᏛᏛᏁ, ᎯᎠ ᏄᏪᏎᎢ, ᎣᏍᏛ ᏔᏕᏲᎲᏍᎩ, ᎦᏙ
ᏯᏆᏛᏁᎸ ᏫᎾᏍᏛᎾ ᎬᏂᏛ ᏱᏥᏩᏛ?
19 ᏥᏌᏃ ᎯᎠ ᏄᏪᏎᎴᎢ, ᎦᏙᏃ ᎣᏍᏛ ᎢᏍᏉᏎᎭ? ᎥᏝ ᎩᎶ ᎣᏍᏛ ᏱᎩ ᏌᏉ ᎤᏩᏒᎯᏳ,
ᎾᏍᎩ ᎤᏁᎳᏅᎯ.
20 ᏕᎯᎦᏔᎭᏉ ᏗᎧᎿᏩᏛᏍᏗ, ᏞᏍᏗ ᏣᏓᏲᏁᎸᎩ, ᏞᏍᏗ ᏣᏓᎸᎩ, ᏞᏍᏗ ᏣᏃᏍᎩᏒᎩ,
ᏞᏍᏗ ᎦᏰᎪᎩ ᏣᏃᎮᎸᎩ, ᏕᎩᎸᏉᏕᏍᏗ ᏣᏙᏓ ᎠᎴ ᏣᏥ.
21 ᎯᎠᏃ ᏄᏪᏎᎢ, ᎯᎠ ᎾᏍᎩ ᏂᎦᏛ ᏓᎩᎧᎾᏩᏕᏅ ᏥᏧᏣ ᎨᏒ ᎤᏓᎬᏩᏓᎴ ᏅᏛ.
22 ᏥᏌᏃ ᎾᏍᎩ ᎯᎠ ᎤᏛᎦᏅ, ᎯᎠ ᏄᏪᏎᎴᎢ, ᎠᏏ ᏑᏓᎴᎩ ᏣᎷᎳ; ᎯᎾᎦᏕ ᏂᎦᏛ
ᏣᎾᎥᎢ, ᎠᎴ ᏘᏯᏙᎯᏏ ᎤᏲ ᎢᏳᎾᏛᎿᏕᎩ, ᎦᎸᎳᏗᏃ ᏫᏣᎮᏍᏗ ᏧᎬᏩᎶᏗ; ᏝᎡᏃ
ᏍᎩᏍᏓᏩᏕᏒᎭ.
23 ᎾᏍᎩᏃ ᎯᎠ ᎤᏛᎦᏅ ᎤᏣᏘ ᎤᏲ ᎤᏰᎸᏁᎢ; ᎤᏣᏘᏰᏃ ᎤᏪᎿᎢᏳ ᎨᏎᎢ.
24 ᏥᏌᏃ ᎤᎪᎲ ᎤᏣᏘ ᎤᏲ ᎤᏰᎸᎡᎢ, ᎯᎠ ᏄᏪᏎᎢ, ᏂᎦᎥ ᎠᏍᏓᏱᏳ ᏧᏁᎿᎢ ᎤᏁᎳᏅᎯ
ᎤᎬᏫᏳᎯ ᏗᎨᏒ ᏭᏂᏴᏍᏗᏱ!
25 ᎤᏟᏰᏃ ᎠᎯᏗᏳ ᎨᎻᎵ ᎤᎦᏛᎴᎯᏍᏗᏱ ᏴᎩ ᏕᏌᏁᎾᏛᏗᏱ ᎠᏃ ᎤᏪᎿᎢ ᏴᏫ ᏭᏴᏍᏗᏱ
ᎤᏁᎳᏅᎯ ᎤᎬᏫᏳᎯ ᏗᎨᏒᎢ.
26 ᎤᎾᏛᎦᏅᎯᏃ ᎯᎠ ᏄᏂᏪᏎᎢ, ᎦᎪᏃ ᏰᎵ ᏯᏥᏍᏕᎸ?
27 ᎯᎠᏃ ᏄᏪᏎᎢ, ᎾᏍᎩ ᏴᏫ ᏰᎵ ᎢᎬᏩᎾᏛᏁᏗ ᏂᎨᏒᎾ ᏥᎩ, ᏰᎵᏉ ᎢᎬᏩᏛᏁᏗ
ᎤᏁᎳᏅᎯ.
28 ᎿᏉᏃ ᏈᏓ ᎯᎠ ᏂᎤᏪᏎᎢ, ᎬᏂᏳᏉ Ꭰ-Ᏼ ᏂᎦᏗᏳ ᏙᎩᏲᏐᏅ, ᎠᎴ ᎢᏨᏍᏓᏩᏕᏅ.
29 ᎯᎠᏃ ᏂᏚᏪᏎᎴᎢ, ᎤᏙᎯᏳᎯᏯ ᎯᎠ ᏂᏨᏪᏎᎭ, ᎥᏝ ᎩᎶ ᏧᏮᏕᏨᎯ ᏱᎩ ᎦᏁᎸᎢ, ᎠᎴ
ᏧᎦᏴᎵᎨᎢ, ᎠᎴ ᎠᎾᎵᏅᏟ, ᎠᎴ ᎤᏓᎵᎢ, ᎠᎴ ᏧᏪᏥ, ᎤᏓᏳᎵᏍᏙᏔᏅᎯ ᎤᏁᎳᏅᎯ
ᎤᎬᏫᏳᎯ ᎨᏒᎢ,
30 ᎾᏍᎩ ᎠᏥᏁᏗ ᏂᎨᏒᎾ ᎨᏒ ᎤᏣᏘ ᎢᏳᏩᏓᏗ ᎪᎯ ᎨᏒᎢ, ᏐᎢᏱᏃ ᏗᎨᏒ ᎬᏂᏛ
ᏫᎾᏍᏛᎾ.
31 ᎿᏉᏃ ᏔᎳᏚ ᎢᏯᏂᏛ ᎢᏴᏛ ᏫᏚᏘᏅᏍᏔᏁᎢ, ᎠᎴ ᎯᎠ ᏂᏚᏪᏎᎴᎢ, ᎬᏂᏳᏉ ᏥᎷᏏᎵᎻ
ᏫᏗᎦᏘ, ᎠᎴ ᏂᎦᎥ ᏚᏃᏪᎸ ᎠᎾᏙᎴᎰᏍᎩ ᏴᏫ ᎤᏪᏥ ᎠᏥᏃᎮᏍᎬ ᎾᏍᎩ ᎢᏳᎵᏍᏙᏗ
ᎨᏎᏍᏗ.
32 ᏧᎾᏓᎴᏅᏛᏰᏃ ᏴᏫ ᏙᏓᎨᏥᏲᎯᏎᎵ, ᎠᎴ ᏓᏰ ᏚᎦᎰᏔᏂ, ᎠᎴ ᏓᎦᏰᏥᏐᏢᏔᏂ, ᎠᎴ
ᏙᏓᏰᎦᎵᏥᏍᏈ,

33 ᎠᎴ ᏓᎬᏩᎵᎥᏂᎵ, ᎠᎴ ᏓᎬᏩᎵ; ᏦᎢᏁᏃ ᎢᎦ ᏙᏛᎠᎴᎯᏌᏂ.
34 ᎠᎴ ᎯᎠ ᎾᏍᎩ ᎥᏝ ᏳᏃᎵᏤᎢ; ᎠᎴ ᎾᏍᎩ ᎯᎠ ᏄᏪᏒ ᎨᎬᏍᎦᎳᏁᎴᎢ, ᎠᎴ ᎥᏝ
ᏯᏂᎦᏔᎮ ᎢᏳᏍᏗ ᎦᏛᎬ ᎾᏍᎩ ᎤᏁᏨᎢ.
35 ᎠᎴ ᎯᎠ ᏄᎵᏍᏔᏁᎢ, ᎾᏍᎩ ᏤᎵᎪ ᎾᎥ ᎤᎷᏨ, ᎩᎶ ᎢᏳᏍᏗ ᏗᎨᏫ ᎤᏙᎱᏳᏗ ᎤᏬᎴ
ᎠᏚᎳᏗᏍᎨᎢ;
36 ᎤᏛᎦᏅᏃ ᎤᏂᏣᏘ ᎠᏂᎶᏍᎬ ᎤᏛᏛᏁ ᎾᏍᎩ ᎤᏰᎸᏛᎢ.
37 ᎬᏩᏃᏁᎴᏃ ᎾᏍᎩ ᏥᏌ ᎾᏎᎵᏗ ᎡᎯ ᎦᎶᏍᎬᎢ.
38 ᎤᏪᎷᏁᏃ ᎯᎠ ᏄᏪᏎᎢ, ᏥᏌ, ᏕᏫ ᎤᏪᏥ, ᏍᎩᏙᎵᎩ.
39 ᎢᎬᏱᏃ ᎠᏁᎩ ᎬᏩᎬᏍᎪᎸᏁᎢ, ᎡᎳᏪ ᎲᎾ ᎬᏬᏎᎴᎢ; ᎠᏎᏃ ᎤᏟᏉ ᎢᎦᎢ ᎤᏪᎷᏁᎢ;
ᏕᏫ ᎤᏪᏥ ᏍᎩᏙᎵᎩ, ᎠᏗᏍᎨᎢ.
40 ᏥᏌᏃ ᎤᎴᏫᏍᏔᏅ ᎤᏁᏤ ᎠᎦᏘᏃᎮᏗᏱ; ᎿᏉᏃ ᎾᎥ ᎤᎷᏨ ᎤᏛᏛᏁᎢ,
41 ᎯᎠ ᏄᏪᏎᎢ, ᎦᏙ ᏣᏚᎵ ᎬᏯᏛᏁᏗᏱ? ᎯᎠᏃ ᏄᏪᏎᎢ, ᏣᎬᏫᏳᎯ, ᎥᎠᎩᎪᏩᏛᏗᏱ
ᎠᏆᏚᎵᎭ.
42 ᏥᏌᏃ ᎯᎠ ᏄᏪᏎᎴᎢ, ᎨᏣᎪᏩᏛᏗ ᏫᏂᎦᎵᏍᏓ; ᏦᎯᏳᏒ ᏣᏍᏕᎸ.
43 ᎩᎳᏉᏃ ᎢᏴᏛ ᎬᏩᎪᏩ-ᏛᏗ ᏄᎵᏍᏔᏁᎢ, ᎠᎴ ᎤᏍᏓᏩᏛᏎ ᎦᎸᏉᏗᏍᎨ ᎤᏁᎳᏅᎯ;
ᏂᎦᏛᏃ ᏴᏫ ᎤᏂᎪᎲ ᎤᏂᎸᏉᏔᏁ ᎤᏁᎳᏅᎯ.

ᎠᏯᏙᎸᎢ 19

1 ᏥᏌᏃ ᎤᏴᎴ ᎠᎴ ᎤᎶᏎ ᏤᎵᎪ.

2 ᎠᎴ ᎬᏂᏳᏉ ᎡᎮ ᎠᏍᎦᏯ ᏌᎩᏯ ᏧᏙᎢᏛ, ᎾᏍᎩ ᏄᎬᏫᏳᏒ ᎨᏎ ᎠᏕᎸᎠᎩᏏᏙᎯ, ᎠᎴ
ᎤᏪᎿᎢᏳ ᎨᏎᎢ.

3 ᎠᎴ ᎤᏲᎴ ᏥᏌ ᎤᎪᏩᏛᏗᏱ, ᎾᏍᎩ ᏄᏍᏛᎢ; ᎠᏎᏃ ᎤᏄᎸᏁ ᎤᏗᎦᎵᏍᏙᏗᏍᎨ ᎤᏂᏣᏘ
ᎨᏒᎢ, ᎤᏍᏗᎩᏳᏰᏃ ᎨᏎᎢ.

4 ᎢᎬᏱᏃ ᏭᏗᏢᏍᏔᏅ ᎤᎸᏎ ᎫᏩᏧᏁᎬ ᏡᎬ ᎤᎪᏩᏛᏗᏱ ᎤᏚᎵᏍᎨᎢ; ᎾᎿᏰᏃ ᎢᏗᏢ
ᏭᏩᎯᏍᏗ ᎨᏎᎢ.

5 ᏥᏌᏃ ᎾᎿ ᎤᎷᏨ, ᎦᎸᎳᏗ ᏫᏚᎧᎿᏁᎢ, ᎠᎴ ᎤᎪᎮᎢ, ᎠᎴ ᎯᎠ ᏄᏪᏎᎴᎢ, ᏌᎩᏯ,
ᏞᎩᏳ ᎡᎭᏠᎠᎯ; ᎪᎯᏰᏃ ᎢᎦ ᏥᎩ ᏗᏁᎸ ᏫᎨᏙᎮᏍᏗ.

6 ᎤᏣᏅᏤᏃ ᏗᎤᏠᎠᏎᎢ, ᎠᎴ ᎤᎵᎮᎵᏨᎯ ᏚᏓᏂᎸᏤᎢ.

7 ᎤᏂᎪᎲᏃ ᎾᏍᎩ ᏂᎦᏛ ᎤᏂᎭᏅᏤᎴᎢ, ᎯᎠ ᏄᏂᏪᏎᎢ, ᏩᏴᏢ ᏮᏛᏒᏎᎵ ᎠᏍᎦᏯ
ᎠᏍᎦᎾᎢ.

8 ᏌᎩᏯᏃ ᎤᎴᏁ ᎯᎠ ᏄᏪᏎᎴ ᎤᎬᏫᏳᎯ, ᎬᏂᏳᏉ, ᏣᎬᏫᏳᎯ, ᎠᏰᎵ ᎢᎦᎢ ᏧᎬᏩᎶᏗ
ᎠᎩᎲ ᎤᏲ ᎢᏳᎾᏛᎿᏕᎩ ᏕᏥᎥᏏ; ᎢᏳ ᎠᎴ ᎦᏰᎪᎩ ᎠᏋᏔᏅᎯ ᏱᎩ ᎩᎶ ᎪᎱᏍᏗ ᏱᏥᎬᏒᎸ,
ᏅᎩ ᎢᏳᏩᎫᏗ ᎢᎦᎢ ᏥᎥᏏ.

9 ᏥᏌᏃ ᎯᎠ ᏄᏪᏎᎴᎢ, ᎪᎯ ᎢᎦ ᎠᎵᏍᏕᎸᏙᏗ ᎨᏒ ᎦᎷᎩ ᎠᏂ ᎠᏓᏁᎸᎢ, ᎤᏗᎦᎵᏍᏙᏗ
ᎾᏍᎩ ᎾᏍᏉ ᎡᏆᎭᎻ ᎤᏪᏥ ᎨᏒᎢ.

10 ᏴᏫᏰᏃ ᎤᏪᏥ ᏚᏲᎵᏄ ᎠᎴ ᏚᏍᏕᎸᎯᏄ ᎤᎾᎴᎾᏄᎯ ᏥᎨᏒᎩ.

11 ᎾᏍᎩᏃ ᎯᎠ ᎤᎾᏛᎦᏅ ᎤᏁᏉᎡᏚᏟᎶᏍᏓᏁᎴᎢ, ᎤᏗᎦᎵᏍᏙᏗᏍᎨ ᏥᎷᏏᎵᎻ ᎾᎥ
ᎤᎷᏥᏗᏒᎢ, ᎠᎴ ᎤᏗᎦᎵᏍᏙᏗᏍᎨ ᎤᏁᎳᏅᎯ ᎤᎬᏫᏳᎯ ᎨᏒ ᎢᎬᏪᏅᏛ ᏓᎦᎾᏄᎪᏥ
ᎠᏁᎵᏍᎬᎢ.

12 ᎾᏍᎩ- ᎢᏳᏍᏗ ᎯᎠ ᏄᏪᏎᎢ, ᎩᎶ ᎢᏳᏍᏗ ᎠᏍᎦᏰᎬᏍᏓ ᎢᎸᎯᏢ ᎢᏅ ᏭᎶᏎᎢ, ᎤᏄᏒᎭ
ᎤᎬᏫᏳᎯ ᎢᏯᎬᏁᏗᏱ ᎠᎴ ᎥᎤᎷᎯᏍᏗᏱ.

13 ᏫᏚᏯᏅᎮᏃ ᎠᏍᎪᎯ ᎢᏯᏂᏛ ᏧᏅᏏᏓᏍᏗ, ᎠᎴ ᏕᏅᏲᎯᏎᎴ ᎠᏍᎪᎯ ᎢᏳᏓᎨᏛ ᎠᏕᎸ,]
ᎯᎠ ᏂᏚᏪᏎᎴᎢ, ᎪᎱᏍᏗ ᏕᏨᏗᏍᎨᏍᏗ ᎬᏂ ᎢᏥᎷᏨᎭ.

14 ᎠᏎᏃ ᏧᏤᎵ ᏴᏫ ᎢᎬᏩᏂᏆ-ᏘᎴᎢ, ᎠᎴ ᏚᏂᏅᏎ ᎬᏩᎨᎮᎩ, ᎯᎠ ᏫᎾᏂᏪᏍᎨᎢ, ᎥᏝ ᏲᎦᏚᎵ
ᎯᎠ ᎠᏍᎦᏯ ᎤᎬᏫᏳᎯ ᎣᎦᏤᎵ ᎢᏳᎵᏍᏙᏗᏱ.

15 ᎯᎠᏃ ᏄᎵᏍᏔᏁᎢ, ᎢᎤᎷᏥᎸ, ᎤᎬᏫᏳᎯ ᎢᏯᎬᏁᎸᎯ ᎨᏎᎢ, ᎤᏁᏤ ᎾᏍᎩ
ᎨᏥᏅᏏᏓᏍᏗ ᏫᎨᏥᏯᏅᏗᏱ ᎬᏩᎷᏤᏗᏱ, ᎾᏍᎩ Ꮎ ᎠᏕᎸ ᏧᎨᏅᏛᎯ, ᎾᏍᎩ
ᎤᏙᎴᎰᎯᏍᏗᏱ ᎢᎦᎢ ᎠᏂᏏᏴᏫ ᎤᏂᏁᏉᏤᎸ ᎠᏂᏃᏗᏍᎬᎢ.

16 ᎢᎬᏱᏃ ᎤᎷᏨᎯ, ᎯᎠ ᏄᏪᏎᎢ, ᏍᎩᎾᏝᎢ, ᏣᏤᎵ ᏑᏓᎨᏛ ᎠᏍᎪᎯ ᎢᏳᏓᎨᏛ
ᎤᏁᏉᏨ.

17 ᎾᏍᎩᏃ ᎯᎠ ᏄᏪᏎᎴᎢ, ᎣᏏᏳ, ᎰᏍᏛ ᎡᏣᏅᏏᏓᏍᏗ; ᎤᏍᏗ ᎨᏒ ᎣᏏᏳ ᏂᏣᏛᏁᏄ;
ᏣᎬᏫᏳᏌᏕᎩ ᎨᏎᏍᏗ ᎠᏍᎪᎯ ᎦᏕᏚᏚᎢ.
18 ᏔᎵᏁᏃ ᎤᎷᏨᎯ, ᎯᎠ ᏄᏪᏎᎢ, ᏍᎩᎾᏝᎢ, ᏣᏤᎵ ᏋᏓᎨᏛ ᎩᏍᎩ ᎢᏳᏓᎨᏛ ᎤᏁᏉᏨ.
19 ᎾᏍᎩᏃ ᎾᏍᏉ ᎯᎠ ᏄᏪᏎᎴᎢ, ᏂᎯ ᎾᏍᏉ ᎯᏍᎩ ᎢᏕᏚᎩ ᏣᎬᏫᏳᏌᏕᎩ ᎨᏎᏍᏗ.
20 ᎤᏩᏓᎴᏃ ᎤᎷᏤᎢ, ᎯᎠ ᏄᏪᏎᎢ, ᏍᎩᎾᏝᎢ, ᎬᏂᏳᏉ ᎠᏂ ᏣᏤᎵ ᏋᏓᎨᏒ,
ᎠᎩᏍᏆᏂᎪᏛᎩ ᎠᎩᏣᏄᏄᎩ ᎠᏯᏌᎩᎯ;
21 ᎬᎾᏰᏍᎬᏰᏃ, ᎤᏓᎦᎵᏍᏙᏗᏍᎬᎩ ᎯᏍᏓᏱᏳ ᎨᏒ ᎯᏍᏕᏯ; ᎯᎩᏍᎪᏰᏃ ᎾᏍᎩ ᏂᏣᏅᎾ
ᎨᏒᎢ, ᎠᎴ ᎯᏍᎫᏕᏍᎪ ᎾᏍᎩ ᏂᏣᏫᏒᎾ ᎨᏒᎢ.
22 ᎯᎠᏃ ᏄᏪᏎᎴᎢ, ᏨᏒ ᏂᏣᏪᏒ ᏓᎬᎳᏂ ᏙᏓᎬᏩᎪᏓᏁᎵ ᏣᏲ ᎡᏣᏅᏏᏓᏍᏗ. ᎯᏕᎳᏚᎩ
ᏥᏍᏓᏱᏳ ᎨᏒᎢ, ᏥᎩᏍᎬ ᎾᏍᎩ ᎠᎩᏅᎯ ᏂᎨᏒᎾ ᎨᏒᎢ, ᎠᎴ ᏥᏍᎫᏕᏍᎬ ᎾᏍᎩ ᎠᎩᏫᏒᎯ
ᏂᎨᏒᎾ ᎨᏒᎢ;
23 ᎦᏙᏃ Ꮭ ᏗᏍᏆᏂᎪᏙᏗᏱ ᏱᏫᏙᏣᏁ ᏗᏆᏤᎵ ᎠᏕᏄ, ᎠᎩᎷᏥᏄᏃ ᏗᏆᏤᎵ ᎠᎴ ᎤᏂᏁᏉᏨᎯ
ᏱᏓᎩᎩᏎᎢ.
24 ᎯᎠᏃ ᏂᏚᏪᏎᎴ ᎾᎥ ᎠᏂᏙᎾᎢ, ᎡᏥᎩᏏ ᎾᏍᎩ Ꮎ ᏋᏓᎨ-Ꮫ, ᎠᎴ ᎠᏍᎪᎯ ᎢᏳᏓᎨᏛ ᏧᎯ
ᎡᏥᎥᏏ--
25 ᎯᎠᏃ ᏂᎬᏩᏪᏎᎴᎢ, ᏗᏍᎩᎾᏝᎢ, ᎠᏍᎪᎯ ᎢᏳᏓᎨᏛ ᏕᏅᎭ--
26 ᎯᎠᏰᏃ ᏂᏨᏪᏎᎭ, ᎾᏍᎩ ᎾᏂᎥ ᎤᏂᎯ ᎨᏥᏁᏗ ᎨᏎᏍᏗ; ᏄᏂᏚᎾᏃ ᏥᎩ, ᎾᏍᎩ
ᎾᏍᏉ ᎤᏂᏚ ᎨᏥᎩᏒᏗ ᎨᏎᏍᏗ.
27 ᎾᏃ ᎬᎩᏍᏕᎩ, ᏄᎾᏚᎵᏍᎬᎾ ᏥᎨᏒ ᎠᎩᎬᏫᏳᎯ ᎢᏯᏆᎵᏍᏙᏗᏱ ᎠᏁᏚᎢ, ᎡᏗᏣᏘᏄᏕ,
ᎠᎴ ᏗᏥᎷᏕ ᏥᏕᎳᏚᎢ
28 [ᏥᏌᏃ] ᎾᏍᎩ ᏄᏪᏒ, ᎢᎬᏱ ᎤᏪᏅᎭ ᎤᏖᎷᏎ ᏥᎷᏏᎵᎻ ᏩᏕᏓᎢ.
29 ᎯᎠᏃ ᏄᎵᏍᏔᏁ ᎾᎥ ᎤᎷᏨ ᎡᏕᏙᎯ ᎠᎴ ᏯᏗᏂᏱ, ᎾᏞ ᎣᎵᏩᏲᎯ ᎤᏌᎯᏄ ᏥᏕᏙᎠ,
ᎾᏍᎩ ᎠᏂᏔᎵ ᎬᏩᏍᏓᏩᏗᏙᎯ ᏚᎤᏎᎢ,
30 ᎯᎠ ᏄᏪᏎᎢ, ᎢᏍᏕᎾ ᎢᎵ ᎾᏨᏗᏕᏚᎭ, ᎾᏞᏃ ᏫᏍᏗᎷᏨᎭ ᏓᏰᏍᏗᏩᏛᎯ ᎠᎩᎾ
ᎨᎵᏌᏕᏍᏗ, ᎾᏍᎩ ᎥᏝ ᎠᏏ ᎩᎶ ᎤᎩᏄᎳᏅᎯ ᏱᎩ; ᎡᏍᏕᎵᏌᏕᏒᎭ ᎠᎴ ᏣᏍᏓᏘᏁᏒᎭ.
31 ᎢᏳᏃ ᎩᎶ ᎢᏍᏓᏛᏛᏅ ᎦᏙᏃ ᎢᎡᏍᏕᎵᏌᏕ-Ꭽ? ᎢᏍᏙᏎᏄᎭ, ᎯᎠ ᏁᏍᏗᏪᏎᏄᎭ;
ᎤᎬᏫᏳᎯᏰᎾ ᎤᏚᎵᎭ.
32 ᎨᏥᏅᏒᎯᏃ ᎤᏁᏅᏎ ᎠᎴ ᏑᏂᎶᏛᎮ ᎾᏍᎩᏯ ᏂᏚᏪᏎᏄᎢ.
33 ᎠᏁᎵᏌᏕᏍᎨᏃ ᎠᎩᎾ, ᎤᏂᎾᏝᎢ ᎯᎠ ᏂᎬᏩᏂᏪᏎᎴᎢ, ᎦᏙᏃ ᎢᎡᏍᏕᎵᏌᏕ ᎠᎩᎾ?
34 ᎯᎠᏃ ᏄᏂᏪᏎᎢ. ᎤᎬᏫᏳᎯ ᎤᏚᎵᎭ.
35 ᏥᏌᏃ ᎤᎾᏘᏃᎮᎴᎢ; ᏧᎾᏄᏬᏃ ᎠᎩᎾ ᏕᏏᎯ ᏚᏂᎵᏁᎢ, ᎠᎴ ᎾᏞ ᎤᎾᎩᏄᎳᏁ ᏥᏌ.
36 ᎠᎢᏒᏃ ᏧᎾᏄᏬ ᏚᏂᏰᏍᏛᏁ ᎤᏃᎯ.

37 ᎾᎥᏃ ᏭᎷᏨ, ᎾᎿ ᎠᎦᏠᎠᏍᎬ ᎢᏴᏛ ᎣᎵᏩᏲ ᎤᏌᎯᎸᎢ, ᏂᎦᏛ ᎤᏂᏥᏘ ᎨᏒ
ᎠᎾᏓᏍᏓᏩᏗᏙᎯ ᎤᎾᎴᏅᎮ ᎠᎾᎵᎮᎵᎨ ᎠᎴ ᎠᏂᎸᏉᏗᏍᎨ ᎤᏁᎳᏅᎯ ᎠᏍᏓᏯ ᎠᏂᏁᎨᎢ.
ᎤᏗᎦᎵᏍᏙᏗᏍᎨ ᏂᎦᏛ ᎤᏍᏆᏂᎪᏗ ᎦᏚᎸᏫᏍᏓᏁᎸ ᎤᏂᎪᎲᎢ;
38 ᎯᎠ ᎾᏂᏪᏍᎨᎢ. ᎦᎸᏉᏗᏳ ᎨᏎᏍᏗ ᎾᏍᎩ Ꮎ ᎤᎬᏫᏳᎯ ᏱᎰᏩ ᏚᏙᏍᏛ
ᏥᎦᎷᎯᏍᏗᎭ; ᎦᎸᎳᏗ ᎤᏩᏙᎯᏍᏛ ᎨᏎᏍᏗ, ᎠᎴ ᎦᎸᏉᏗᏳ ᎨᏎᏍᏗ ᏩᏍᏛ ᎦᎸᎳᏗᏳ
ᎨᏒᎢ!
39 ᎦᏛᏃ ᎠᏂᏆᎵᏏ ᎾᎿ ᎤᏂᏣᏘ ᏄᎾᏛᏅ ᎯᎠ ᎤᏗᎬᏩᏪᏎᎴᎢ, ᏔᏕᏲᎲᏍᎩ, ᏘᏅᏍᏓᏗᏏ
ᎨᏣᏍᏓᏩᏗᏙᎯ.
40 ᎤᏁᏨᏃ ᎯᎠ ᏂᏚᏪᏎᎴᎢ, ᎯᎠ ᏂᏨᏪᏎᎭ, ᎢᏳᏃ ᎯᎠ ᎡᎳᏪᏱ ᏳᏅᏅ, ᏅᏯ ᎩᎳᏉ
ᎢᏴᏛ ᏯᏁᎷᎲᎦ.
41 ᎾᎥᏃ ᎤᎷᏨ, ᏚᎧᎿᏅ ᎦᏚᎲᎢ, ᎤᏍᎪᏂᎴᎢ,
42 ᎯᎠ ᏄᏪᏎᎢ, ᎢᏳᏃ ᏂᎯ ᏱᎯᎦᏔᎮᎢ, ᎥᎥ, ᏂᎯ, ᎪᎯ ᎾᏍᏉ ᎾᏍᎩ ᎯᎠ ᏣᏤᎵ ᎢᎦ
ᎨᏒᎢ, ᎾᏍᎩ ᎤᏩᏙᎯᏯᏛ ᏣᏁᎯ ᎨᏒᎢ! ᎠᏎᏃ ᎿᏉ ᎡᏨᏍᎦᎳᏁᎸ.
43 ᎾᎯᏳᏰᏃ ᎨᏒ ᏓᏣᎵᏰᎢᎶᎮᎵ, ᎾᏍᎩ ᎨᏣᏍᎦᎩ ᎨᏒ ᏙᏛᏁᎵᏍᎦᎸᎯ ᎬᏩᏚᏫᏛ, ᎠᎴ
ᏙᏓᎨᏣᏚᏫᏍᏔᏂ, ᎠᎴ ᎤᎦᏘᏓᏂ ᎨᏣᎵᏍᏚᏕᏍᏗ.
44 ᎠᎴ ᎦᏙᎯ ᏓᎨᏣᏑᏂ, ᎠᎴ ᏗᏤᏥ ᎬᏂᏯᎢ ᎨᏎᏍᏗ; ᎠᎴ ᎥᏝ ᎨᏣᎯᏰᏗ ᏱᎨᏎᏍᏗ ᏌᏉ
ᏅᏯ ᏱᏚᏓᏌᏝᎮᏍᏗ; ᎤᏗᎦᎵᏍᏙᏗᎭ ᏂᎦᏔᎲᎾ ᏥᎨᏒ ᎢᏳ ᎡᏣᏩᏛᎯᎯᏍᏗ ᎨᏒᎢ.
45 ᏭᏴᎸᏃ ᎤᏛᎾ-ᏗᎦᎳᏫᎢᏍᏗᏱ, ᎤᎴᏅᎮ ᏚᏄᎪᏫᏎ ᎾᎿ ᎠᏂᏃᏗᏍᎩ, ᎠᎴ ᎤᏂᏩᏒᎥᏍᎩ;
46 ᎯᎠ ᏂᏚᏪᏎᎴᎢ, ᎯᎠ ᏂᎬᏅ ᎪᏪᎳ, ᏥᏁᎸ ᎠᏓᏙᎵᏍᏙᏗᏱ ᎠᏓᏁᎸ ᏚᏙᎠ, ᎠᏎᏃ ᏂᎯ
ᎠᏂᏃᏍᎩᏍᎩ ᎤᏂᏴᏍᏗᏱ ᎤᏍᏓᎦᎸ ᏂᏨᏁᎸ.
47 ᏂᏚᎩᏨᏂᏒᏃ ᏓᏕᏲᎲᏍᎨ ᎤᏛᎾᏗᎦᎳᏫᎢᏍᏗᏱ. ᎠᏎᏃ ᏄᏂᎬᏫᏳᏒ ᎠᏥᎸ-ᎠᏁᎶᎯ ᎠᎴ
ᏗᏃᏪᎵᏍᎩ ᎠᎴ ᏄᏂᎬᏫᏳᏒ ᎠᏫ ᎬᏩᏝᏫᏍᏗᏕᎨ ᎬᏩᏛᏓᏍᏓᏁᏗᏱ.
48 ᎠᎴ ᎤᎾᏌᏤ ᎢᏳᎾᏛᏁᏗᏱ; ᏂᎦᏛᏰᏃ ᏴᏫ ᎬᏩᏝᏫᏍᏗᏕᎨ ᎬᏩᏛᏓᏍᏓᏁᏗᏱ.

ᎠᏯᏙᎸᎢ 20

1 ᎯᎠᏃ ᏄᎵᏍᏔᏁᎢ, ᎾᏍᎩ ᏌᏉ ᎢᎦ ᎾᎯᏳ ᎨᏒ, ᏕᎨᏲᎲᏍᎨ ᏴᏫ ᎤᏛᎾᏗᎦᎳᏫᎢᏍᏗᏱ,
ᎣᏍᏛ ᎧᏃᎮᏛ ᎠᎵᏥᏙᎲᏍᎨᎢ, ᎾᏍᎩ ᏄᏂᎬᏫᏳᏒ ᎠᏥᎸᎠᏁᎶᎯ, ᎠᎴ ᏗᏃᏪᎵᏍᎩ
ᎬᏩᏃᎴᎢ, ᎤᎾᎵᎪᏎ ᏗᏂᏔᏫᎩ,
2 ᎠᎴ ᎬᏩᎵᏃᎮᏔᏁ, ᎯᎠ ᏄᏂᏪᏎᎢ, ᏍᎩᏃᎲᏏ, ᎦᏙ ᏣᎵᏍᎦᏍᏙᏗ ᎯᎠ ᎾᏍᎩ ᏥᏄᏍᏗ
ᏥᏕᏣᎸᏫᏍᏓᏁᎭ? ᎠᎴ ᎦᎪ ᎾᏍᎩ ᎾᏣᏁᎸᎯ ᎾᏍᎩ ᎢᏣᏛᏁᏗᏱ?
3 ᎤᏁᏨᏃ ᎯᎠ ᏂᏚᏪᏎᎴᎢ, ᎠᏴ ᎾᏍᏉ ᏑᏓᎴᎩ ᏓᏨᏯᏛᏛᏂ; ᎠᎴ ᏍᎩᏃᎲᏏ;
4 ᏣᏂ ᏧᏓᏬᏍᏗ ᎨᏒᎢ, ᎦᎸᎳᏗᏍᎪ ᏧᏓᎴᏁᎢ, ᏴᏫᏉᎨ ᎠᏁᎲᎢ.
5 ᏙᏧᎾᏓᏅᏛᏃ ᎤᎾᏓᏅᏖᎴ ᎯᎠ ᎾᏂᏪᏍᎨᎢ, ᎢᏳᏃ ᎦᎸᎳᏗ, ᏲᎦᏛᏅ, ᎯᎠ ᏱᏃᎩᏪᏏ,
ᎦᏙᏃ Ꮭ ᏱᏒᏦᎢᏳᏁᎢ?
6 ᎢᏳᏃ ᏴᏫᏉ ᎠᏁᎲᎢ, ᏲᎦᏛᏅ, ᏂᎦᏛᏉ ᏴᏫ ᏅᏯ ᏱᏕᎪᎬᏂᏍᏓ; ᏣᏂᏰᏃ ᎠᏙᎴᎰᏍᎩ
ᎨᏒᎩ, ᎠᏁᎵᎭ.
7 ᎤᏂᏁᏨᏃ, ᎥᏝ ᏲᏥᎦᏔᎭ ᏧᏓᎴᏅᎢ, ᎤᎾᏛᏁᎢ.
8 ᏥᏌᏃ ᎯᎠ ᏂᏚᏪᏎᎴᎢ, ᎥᏝ ᎾᏍᎩ ᎠᏴ ᏴᎨᏨᏃᎲᏏ ᎢᏳᏍᏗ ᎨᏒ ᎠᏆᎵᏍᎦᏍᏙᏛ ᎯᎠ
ᎾᏍᎩ ᏥᏓᎩᎸᏫᏍᏓᏁᎭ.
9 ᎠᎴ ᎿᏉ ᎤᎴᏅᎮ ᎾᏍᎩ ᎯᎠ ᏕᏟᎶᏍᏓᏁᎴ ᏴᏫ; ᎩᎶ ᎢᏳᏍᏗ ᎠᏍᎦᏯ ᏖᎸᎳᏗ
ᏚᏫᏎᎢ, ᎠᎴ ᏚᏙᎳᏍᏔᏁ ᏠᎨᏏ ᏭᏂᎸᏫᏍᏓᏁᎯ, ᎠᎴ ᎢᏅ ᏭᎶᏎ ᎪᎯᏛ ᏭᏪᏙᎴᎢ.
10 ᎾᎯᏳᏃ ᎤᏅᏂᏍᏗᏱ ᎨᏒ ᎤᏅᏏᏓᏍᏗ ᎤᏅᏎ ᏠᎨᏏ ᏧᏂᎸᏫᏍᏓᏁᎯ ᏗᎡᎲᎢ, ᎾᏍᎩ
ᏂᏙᏓᎬᏩᏅᏁᏗᏱ ᎤᎾᏓᏛᏅᎯ ᏖᎸᎳᏗ ᏓᏫᏒᎢ; ᎠᏎᏃ ᏠᎨᏏ ᏧᏂᎸᏫᏍᏓᏁᎯ ᎤᏂᎵᎥᏂᎸ ᎠᎡᎭ
ᎤᏂᎨᎯᏙᎴᎢ.
11 ᎠᎴ ᏔᎵᏁ ᎤᏩᏓᎴ ᎤᏅᏎ ᎤᏅᏏᏓᏍᏗ ᎦᎬᏩᏂᏐᏢᏔᏅ, ᎠᎡᎭ ᎤᏂᎨᎯᏙᎴᎢ.
12 ᎠᎴᏬ ᏦᎢᏁ ᎤᏅᏎᎢ; ᎾᏍᎩᏃ ᎾᏍᏉ ᎤᏂᏐᏅᏅ ᎤᏂᏄᎪᏫᏎᎢ.
13 ᎿᏉᏃ ᏖᎸᎳᏗ ᏓᏫᏒ ᎤᏤᎵᎦ, ᎯᎠ ᏄᏪᏎᎢ, ᎦᏙ ᏓᎦᏛᏁᎵ? ᎠᏇᏥ ᏥᎨᏳᎢ ᏓᏥᏅᏏ;
ᏯᏂᎸᏉᏓ ᏱᎩ ᎾᏍᎩ ᎠᏂᎪᎲᎭ.
14 ᎠᏎᏃ ᏠᎨᏏ ᏧᏂᎸᏫᏍᏓᏁᎯ ᎤᏂᎪᎲ, ᎤᏅᏒ ᎨᏒ ᎤᎾᎵᏃᎮᎴ ᎯᎠ ᏂᏚᎾᏓᏪᏎᎴᎢ, ᎯᎠ
ᎾᏍᎩ ᎤᏘᏰᏗ ᏥᎩ ᏧᎬᏩᎶᏗ, Ꭷ, ᎡᏗᎷᎦ, ᎾᏍᎩᏃ ᏧᎬᏩᎶᏗ ᎤᏘᏯᏍᏓᏁᏗ ᎨᏒ ᎢᎦᏤᎵ
ᏱᏂᎦᎵᏍᏓ.
15 ᎰᏩᏃ ᎤᏂᏄᎪᏫᏒ ᏖᎸᎳᏗ ᏓᏫᏒᎢ, ᎤᏂᎴᎢ. ᎾᏍᎩ ᎢᏳᏍᏗ ᎾᏍᎩ Ꮎ ᏖᎸᎳᏗ ᏓᏫᏒ
ᎤᏤᎵᎦ ᎦᏙ ᏙᏓᎬᏁᎵ ᎾᏍᎩ?
16 ᏓᎦᎷᏥ ᎠᎴ ᏙᏛᏛᏔᏂ ᎾᏍᎩ Ꮎ ᏠᎨᏏ ᏧᏂᎸᏫᏍᏓᏁᎯ, ᎠᎴ ᎤᏩᎾᏓᎴ ᏙᏛᏁᎵ
ᏖᎸᎳᏗ ᏓᏫᏒᎢ. ᎾᏍᎩᏃ ᎤᎾᏛᎦᏁᎸ, ᎥᏝᏍᏗ, ᎤᎾᏛᏁᎢ.
17 ᏚᎧᎿᏅᏃ, ᎯᎠ ᏄᏪᏎᎢ, ᎦᏙᏃ ᎾᏍᎩ ᎯᎠ ᏥᏂᎬᏅ ᏥᎪᏪᎳ, ᏗᎾᏁᏍᎨᏍᎩ
ᎤᏂᏲᎢᏎᎸᎯ ᏅᏯ ᎾᏍᎩ ᏄᎬᏫᏳᏒ ᎤᏅᏏᏴ ᎠᏗ ᏄᎵᏍᏔᏅ?

18 ᎩᎶ ᎾᏍᎩ ᎾᎿ ᏅᏲᎯ ᎠᎵᏨᎭ ᏓᏩᏐᎤᏂ; ᎩᎶᏃ ᎾᏍᎩ ᎤᏐᎤᎭ ᏓᏩᏪᎵᏬᎳᏂ.
19 ᎤᏂᎬᏫᏳᏒᏃ ᎠᏥᎸ-ᎠᏁᎶᎯ ᎠᎴ ᏗᏃᏪᎵᏍᎩ ᎾᎯᏳᏉ ᎤᎾᏁᎶᏔᏁ ᎤᏂᏂᏴᏗᏱ, ᎠᏎᏃ
ᏚᏂᏍᎦᎴ ᏴᏫ; ᎤᎾᏙᎴᎰᏎᏰᏃ ᎾᏍᎩ ᎯᎠ ᏚᏟᎶᏍᏔᏅ ᎤᏅᏒ ᎨᏥᏛᎬᎢ.
20 ᎬᏩᎦᏌᏯᏍᎦᏃ, ᎠᎴ ᏙᏧᏂᏅᏎ ᎠᎾᏓᎦᏌᏯᏍᏗᏍᎩ, ᎾᏍᎩ ᎤᎾᏓᏅᏘ ᎤᎾᏨᎸᏗᏱ
ᎾᏍᎩ ᎬᏩᎪᏁᎶᎯᏎᏗᏱ ᎦᏬᏂᏍᎬᎢ, ᎾᏍᎩᏃ ᏫᏚᏂᏲᎯᏎᏗᏱ ᎤᏰᎢᎵᏍᏗᏱ ᎤᎬᏫᏳᎯ.
21 ᎬᏩᏛᏛᏁᏃ ᎯᎠ ᏄᏂᏪᏎᎢ, ᏔᏕᏲᎲᏍᎩ, ᎣᏥᎦᏔᎭ ᎯᏬᏂᏍᎬ ᎠᎴ ᏕᎭᏕᏲᎲᏍᎬ
ᏚᏳᎪᏛ ᎨᏎᎢ, ᎠᎴ ᏂᏘᏄᏉᏙᏛᎾ ᎨᏒ ᏄᎾᏍᏛ ᏴᏫ, ᎤᏁᎳᏅᎯᏍᎩᏂ ᎤᏤᎵ ᎦᏅᏅ
ᎤᏙᎯᏳᎯᏯ ᏕᎭᏕᏲᎲᏍᎬᎢ;
22 ᏚᏳᎪᏗᏍᎪ ᏏᏌ ᎡᏓᎫᏴᎡᏗᏱ ᎠᏰᎵ ᎠᏓᏴᏗ ᎨᏒᎢ, ᏝᎨ?
23 ᎠᏎᏃ ᎤᏙᎴᎰᏎ ᎠᏂᏏᎾᏌᏅᎬᎢ, ᎠᎴ ᎯᎠ ᏂᏚᏪᏎᎴᎢ, ᎦᏙᏃ ᎢᏍᎩᏌᏛᎥᏍᎦ?
24 ᏥᎪᏩᏛ ᎠᎩᏏ ᏧᎬᏩᎶᏗ. ᎦᎪ ᏓᎦᏟᎶᏍᏗ, ᎠᎴ ᎦᎪ ᎠᏥᏃᎮᏎ ᎯᎠ ᏥᎪᏪᎳ?
ᎤᏂᏁᏤᏃ, ᏏᏌ, ᎤᎾᏛᏁᎢ.
25 ᎯᎠᏃ ᏂᏚᏪᏎᎵᎢ, ᏏᏌ ᎠᏗᎾ ᎡᏣᎫᏴᏏ ᏏᏌ ᎤᏤᎵᎦ, ᎤᏁᎳᏅᎯᏃ ᎤᏁᎳᏅᎯ
ᎤᏤᎵᎦ.
26 ᎧᏁᎬᏃ ᎥᏝ ᏰᎵ ᎦᎬᏩᏂᎪᏁᎶᎯᏎᏗ ᏱᎨᏎ ᏴᏫ ᎠᏂᎦᏔᎲᎢ; ᎤᏂᏍᏆᏂᎪᏎᏃ ᏄᏪᏒ
ᎤᏁᏨᎢ, ᎠᎴ ᎡᎳᏪᏱ ᎤᏅᏁᎢ.
27 ᎿᏉᏃ ᎩᎶ ᎢᏳᎾᏍᏗ ᎠᏂᏌᏚᏏ, ᎾᏍᎩ ᏣᎾᏓᏱᎭ ᎠᏲᎱᏒ ᏗᎴᎯᏐᏗ ᎨᏒᎢ, ᎬᏩᎷᏤᎸ
ᎬᏩᏛᏛᏁᎢ,
28 ᎯᎠ ᏄᏂᏪᏎᎢ, ᏔᏕᏲᎲᏍᎩ, ᎼᏏ ᎣᎪᏪᏁᎸ-Ꭹ ᎯᎠ ᏃᎩᏪᏎᎸᎩ, ᎩᎶ ᏗᎾᏓᏅᏟ
ᎠᏲᎱᏍᎨᏍᏗ ᎤᏓᎵᎢ ᎤᏪᎧᎮᏍᏗ, ᎠᎴ ᏧᏪᏥ ᎾᏁ-ᎲᎾ ᎠᏲᎱᏍᎨᏍᏗ, ᎾᏍᎩ ᏗᎾᏓᏅᏟ
ᎠᏓᏰᎨᏍᏗ ᎤᏓᏴᏛ, ᎠᎴ ᏓᏛᎯᏍᏓᏁᎮᏍᏗ ᏧᏪᏥᏗᎾᏓ-ᏅᏟ.
29 ᎾᏍᎩᏃ ᎠᏁᎲᎩ ᎦᎵᏉᎩ ᎢᏯᏂᏛ ᎠᎾᎵᏅᏟ; ᎤᏓᏂᎵᎨᏃ ᎤᏕᏒᏅᎩ, ᎠᎴ ᎤᏲᎱ-Ꮢ
ᏧᏪᏥ ᎾᏁᎲᎾ.
30 ᎠᎴ ᏔᎵᏁ ᏪᎯ ᎾᏍᎩ ᎤᏓᏴᏒᎩ, ᎠᎴ ᎤᏲᎱᏒ ᏧᏪᏥ ᎾᏁᎲᎾ.
31 ᎠᎴ ᏦᎢᏁ ᏪᎯ ᎤᏓᏴᏒᎩ; ᎠᎴ ᎾᏍᎩᏯ ᎾᏍᏉ ᎦᎵᏉᎩ ᎢᏯᏂᏛ; ᎠᎴ ᏧᏁᏥ
ᎾᏁᎲᎾ ᏚᏂᏲᎱᏒᎩ.
32 ᎣᏂᏱᏃ ᎠᎨᏴ ᎾᏍᏉ ᎤᏲᎱᏒᎩ.
33 ᎾᏍᎩᏃ ᎿᏉ ᏗᎴᎯᏐᏗ ᏂᎦᎵᏍᏔᏂᎸᎭ, ᎦᎪ ᎤᏓᎵᎢ ᎨᏎᏍᏗ ᎾᏍᎩ, ᎦᎵᏉ-ᎩᏰᏃ
ᎢᏯᏂᏛ ᎤᎾᏓᏴᏛ ᎢᎩ.
34 ᏥᏌᏃ ᎤᏁᏨ ᎯᎠ ᏂᏚᏪᏎᎴᎢ, ᎠᏂ ᎡᎶᎯ ᎠᏁᎯ ᏓᎾᏕᏒᎲᏍᎪᎢ ᎠᎴ ᏕᎨᏥᏰᎪᎢ;
35 ᎾᏍᎩᏍᎩᏂ ᏐᎢᏱ ᏗᎨᏒ ᎠᎴ ᎠᏲᎱᏛ Ꮧ-ᎴᎯᏐᏗ ᎨᏒ ᏰᎵᏉ ᎬᏩᎾᏑᎳᏗᏍᏗ ᎨᏥᏰᎸᎯ,
ᎥᏝ ᏱᏓᎾᏕᏒᎲᏍᎪᎢ, ᎥᏝ ᎠᎴ Ᏹ-ᏗᎨᏥᏰᎪᎢ.

36 ᎥᏝ ᎠᎴ ᎿᏉ ᏗᎬᏩᏂᏲᎱᎯᏍᏗ ᏱᎨᏎᏍᏗ; ᏗᏂᎧᎿᏩᏗᏙᎯᏍᎩᏂ ᎦᎸᎳᏗ ᎠᏁᎯ ᏄᎾᏍᏛ
ᎾᏍᎩᏯ ᏄᎾᏍᏕᏍᏗ; ᎠᎴ ᎤᏁᎳᏅᎯ ᏧᏪᏥ ᎾᏍᎩ, ᎠᏲᎱᏒ ᏗᎴᎯᏐᏗ ᎨᏒ ᏧᏪᏥ ᎨᏒ
ᎢᏳᏍᏗ.
37 ᎾᏃ ᏧᏂᏲᎱᏒᎯ ᏧᎾᎴᎯᏐᏗ ᎨᏒ, ᎼᏏ ᎬᏂᎨᏒ ᏄᏩᏁᎴ ᎤᏪᏲᏓᏛᎢ, ᎾᎯᏳ ᏱᎨᏳ
ᎤᏁᎳᏅᎯ ᎡᏆᎭᎻ ᎤᏤᎵᎦ, ᎠᎴ ᎤᏁᎳᏅᎯ ᎡᏏᎩ ᎤᏤᎵᎦ, ᎠᎴ ᎤᏁᎳᏅᎯ ᏤᎦᏈ
ᎤᏤᎵᎦ, ᏧᏪᏎᎴᎢ.
38 ᎤᏁᎳᏅᎯᏰᏃ ᎥᏝ ᏧᏂᏲᎱᏒᎯ ᎤᎾᏤᎵᎦ ᏱᎩ, ᏗᏅᏃᏛᏍᎩᏂ; ᎾᏍᎩᏰᏃ ᎠᏓᏅᏙᏍᎬ
ᏂᎦᏗᏳ ᏗᏅ-ᏃᏛ.
39 ᎿᏉᏃ ᎩᎶ ᎢᏳᎾᏍᏗ ᏗᏃᏪᎵᏍᎩ ᎤᏂᏁᏤ ᎯᎠ ᏄᏂᏪᏎᎢ, ᏔᏕᏲᎲᏍᎩ, ᏰᎵᏕᏯ ᏂᏫ.
40 ᎾᎯᏳᏃ ᎢᏳᏓᎴᏅᏛ Ꭰ-ᏂᏍᎦᎢᎮ ᎪᎱᏍᏗ ᎬᏩᏛᏛᏗᏱ.
41 ᎯᎠᏃ ᏂᏚ-ᏪᏎᎴᎢ, ᎦᏙ ᏗᎦᎵᏍᏙᏗᎭ ᎦᎶᏁᏛ ᏕᏫ ᎤᏪᏥ ᏣᎾᏗᎭ?
42 ᏕᏫᏃ ᎤᏩᏒ ᎯᎠ ᏂᎦᏪᎭ ᏗᎧᏃᎩᏍᏗᏱ ᎪᏪᎵ, ᏱᎨᏳ ᎯᎠ ᏄᏪᏎᎴ ᎤᎬᏫᏳᎯ
ᎠᏆᏤᎵᎦ, ᏥᎦᏘᏏ ᎢᏗᏢ ᏦᎴᏍᏗ,
43 ᎬᏂ ᎨᏣᏍᏚᎩ ᎨᏣᏍᏚᎩ ᏗᏣᎳᏏᏗᏱ ᎦᏍᎩᎶ ᏂᎦᏥᏴᏁᎸᎭ.
44 ᏕᏫᏰᏃ ᏣᎬᏫᏳᎯ ᎪᏎᎭ; ᎦᏙᏃ ᏗᎦᎵᏍᏙᏗᎭ ᎤᏪᏥ ᎢᎩ?
45 ᎿᏉᏃ ᏂᎦᏛ ᏴᏫ ᎤᎾᏛᏓᏍᏛ, ᎯᎠ ᏂᏚᏪᏎᎴ ᎬᏩᏍᏓᏩᏗᏙᎯ,
46 ᏕᏯᏙᏤᎮᏍᏗ ᏗᏃᏪᎵᏍᎩ, ᎾᏍᎩ ᏧᎾᏚᎵᏍᎪ ᏗᎦᏅᎯᏛ ᏧᎾᏄᏩᎢ ᎤᏁᏓᏍᏗᏱ, ᎠᎴ
ᎣᏏᏳ ᏧᏂᏰᎸᎭ ᎨᏥᏲᎵᏍᏗᏱ ᏗᎦᏃᏙᏗᏱ, ᎠᎴ ᏄᎬᏫᏳᏒ ᏕᎦᏍᏗᎸ ᏗᎦᎳᏫᎢᏍᏗᏱ, ᎠᎴ
ᏄᎬᏫᏳᏒ ᏗᎾᏢᏗᏱ ᏓᎾᎵᏍᏓᏴᎲᏍᎬᎢ;
47 ᎾᏍᎩ ᏥᏓᏂᏒᏁᎨ ᏧᏃᏑᎶᏨᎯ ᏓᏂᏁᎸᎢ, ᎠᎴ ᎤᎾᏠᎾᏍᏛ ᎪᎯᏗᏳ ᏣᎾᏓᏙᎵᏍᏗᏍᎪᎢ;
ᎾᏍᎩ ᎤᏟᎯᏳ ᎢᎦᎢ ᎤᏂᎩᎵᏲᎢᏍᏗ ᎨᏎᏍᏗ.

ᎠᏯᏙᎸᎢ 21

1 ᏚᎧᎿᏅᏃ ᏚᎪᎮ ᏧᏁᎿᎢ ᎠᏂᎲᏍᎨ ᎠᏕᎸ-ᏗᏗᏱ ᎤᎾᎵᏍᎪᎸᏔᏅᎯ.

2 ᎠᎴ ᎾᏍᏉ ᎤᎪᎮ ᎩᎶ ᎢᏳᏍᏗ ᎤᏲ ᎢᏳᏛᎿᏕᎩ ᎤᏬᏑᎶᏨᎯ ᎾᎿ ᎠᎲᏍᎨ ᏔᎵ
ᎠᎩᏄᏛᏗ ᎢᏯᏓᏅᏖᏗ.

3 ᎯᎠᏃ ᏄᏪᏎᎢ, ᎤᏙᎯᏳᎯᏯ ᎢᏨᏲᏎᎭ, ᎯᎠ ᎾᏍᎩ ᎤᏲ ᎢᏳᏛᎿᏕᎩ ᎤᏬᏑᎶᏨᎯ ᎤᏟ
ᎢᎦᎢ ᎠᎲᎦ ᎡᏍᎦᏉ ᏂᎦᏛ ᎠᏂᎭᎢ.

4 ᎯᎠᏰᏃ ᏂᎦᏛ ᎤᏣᏘ ᎤᏂᎲ ᎤᏃᏣᎴᏛ ᎠᏂᎲᎦ ᎤᏁᎳᏅᎯ ᎠᎵᏍᎪᎸᏓᏁᏗ ᎨᏒᎢ;
ᎯᎠᏍᎩᏂ ᎤᏲ ᎢᏳ-ᏛᎿᏕᎩ ᎨᏒ ᏂᎦᏗᏳ ᎤᎵᏍᏕᎸᏙᏗ ᎤᎲᎠᎲᎦ.

5 ᎢᎦᎥᏃ ᎤᏂᏁᎢᏍᏔᏅ ᎤᏛᎾ-ᏗᎦᎳᏫᎢᏍᏗᏱ, ᏂᎦᎥ ᎪᎦᎢᏍᏛ ᎬᏔᏅᏅᏯ ᏧᏬᏚᎯ ᎠᎴ
ᏗᎵᏍᎪᎸᏔᏅᎯ, ᎯᎠ ᏄᏪᏎᎢ;

6 ᎯᎠᏃ ᎾᏍᎩ ᏥᎦ-ᏥᎪᏩᏘᎭ, ᏛᏍᏆᎸᎯ, ᎾᏍᎩ ᎥᏝ ᏌᏉᎤᏅ ᏅᏯ ᏱᏚᏓᏌᏝᎮᏍᏗ
ᎾᏍᎩ ᏂᎪᎲᏔᏅᎾ ᏱᎨᏎᏍᏗ.

7 ᎬᏩᏛᏛᏁᏃ ᎯᎠ ᏄᏂᏪᏎᎢ, ᏔᏕᏲᎲᏍᎩ, ᎢᎳᎪᏃ ᎢᏳ ᎯᎠ ᎾᏍᎩ ᎤᏓᎦᎵᏍᏔᏂ? ᎠᎴ
ᎦᏙ ᎤᏍᏗ ᎤᏰᎸᏛ ᎨᏎᏍᏗ ᎾᎯᏳ ᎯᎠ ᎾᏍᎩ ᏧᏓᎴᏅᏛ ᎠᎵᏰᎢᎶᎸᎭ?

8 ᎯᎠᏃ ᏄᏪᏎᎢ, ᎢᏤᏯᏔᎮᏍᏗ ᏞᏍᏗ ᏥᎡᏥᎶᎾᏍᏔᏂ; ᎤᏂ-ᏣᏖᏍᏗᏰᏃ ᎠᏴ ᏓᏆᏙᎥ
ᎠᏂᎷᎯᏍᏗᏍᎨᏍᏗ, ᎠᏴ ᎦᎶᏁᏛ] ᎠᎾᏗᏍᎨᏍᏗ, ᎠᎴ ᎿᏉ ᎤᏍᏆᎸᎯᏗ; ᎾᏍᎩ ᎢᏳᏍᏗ
ᏞᏍᏗ ᏗᏥ-ᏍᏓᏩᏛᏒᎩ.

9 ᎠᏎᏃ ᎢᏣᏛᎩᏍᎨᏍᏗ ᏓᏅᏩ ᎠᎴ ᏧᏓᎴᏅᏛ ᏂᎦᎵᏍᏔᏂᏙᎲᎢ, ᏞᏍᏗ ᏱᏥᏍᎦ-ᎢᎮᏍᏗ;
ᎯᎠᏰᏃ ᎾᏍᎩ ᎠᏎ ᎢᎬᏱ ᎢᏳ-ᎵᏍᏙᏗ, ᎥᏝᏍᎩᏂ ᎢᎬᏪᏅᏛᏉ ᎤᎵᏍᏆᏗᏍᏗ ᏱᎨᏎᏍᏗ.

10 ᎿᏉᏃ ᎯᎠ ᏂᎦᏪᏎᎴᎢ, ᏧᎾᏓᎴᏅᏛ ᏴᏫ ᏙᏛᎾᎴᏂ ᏙᏛᎾᏓᏡᏔᏂ, ᎠᎴ ᎠᏰᎵ ᎦᏙᎵ-
ᏩᏗᏒ ᏙᏛᎾᏓᏡᏔᏂ;

11 ᎠᎴ ᎦᏙᎯ ᎤᏣᏘ ᏓᎵᏖᎸᏂᏙᎮᏍᏗ, ᎠᎴ ᏓᎪᎸᏳᏏᏙᎮᏍᏗ; ᎠᎴ ᎥᏳᎩᎯᏳ
ᏂᎦᎵᏍᏔᏂᏙᎮᏍᏗ; ᎠᎴ ᎤᎾᏰᎯᏍᏗᏳ ᎠᎴ ᎤᏍᏆᏂᎪᏗ ᎤᏰᎸᏛ ᎦᎾᏄᎪᎨᏍᏗ ᎦᎸᎶᎢ.

12 ᎠᏎᏃ ᎠᏏ ᎾᏍᎩ ᎯᎠ ᏂᎦᏛ ᏄᎵᏍᏔᏅᎾ ᎨᏎᏍᏗ ᏙᏓᎨᏥᏂᏴᎯ ᎠᎴ ᎤᏲᏅᏓᎨᏨᏁᎵ,
ᏕᎨᏥᏲ-ᏍᎨᏍᏗ ᏧᏂᎳᏫᎢ-ᏍᏗᏱ, ᎠᎴ ᏗᏓᏍᏚᏗᏱ, ᎠᎴ ᏕᏣᏘᏃᎯᎮᏍᏗ ᎤᏂᎬᏫᏳᎯ ᎠᎴ
ᏄᏂᎬᏫᏳᏌᏕᎩ ᏚᏃᏄ ᎢᎬᏱᏗᏢ ᎠᏴ ᏓᏆᏙᎥ ᎤᏗᎦᎵᏍᏙᏗᏍᎨᏍᏗ.

13 ᎠᎴ ᎾᏍᎩ ᎧᏃᎮᏍᎩ ᎢᏣᎵᏍᏕ ᏄᏙ-Ꮧ ᏂᎦᎵᏍᏗᏍᎨᏍᏗ.

14 ᎾᏍᎩ ᎢᏳ-ᏍᏗ ᏂᏗᏧᎪᏕᏍᏗ ᏕᏣᏓᏅᏛᎢ ᎠᏏᏉ Ꭴ-ᏓᎷᎴᏍᏗ, ᎢᏣᏓᏅᏖᎯᎭᏗᏱ
ᏂᎨᏒᎾ ᎢᏥᏪᏍᏗᏱ ᎢᏣᎵᏍᏕᎵᏍᎬᎢ.

15 ᎠᏴᏰᏃ ᏓᏨᏁᎵ ᎢᏥᏪᏍᏗᏱ ᎠᎴ ᎠᎦ-ᏙᎥᎯᏍᏗ ᎨᏒ ᎾᏍᎩ ᏂᎦᏛ ᎨᏣᏡᏗ-ᏍᎩ ᏰᎵ
ᏗᎬᏩᏂ-ᏗᏁᏍᏗ ᎠᎴ Ꭼ-ᏩᏂᏎᎷᎩᏍᏗ Ꮒ-ᎨᏒᎾ ᎨᏎᏍᏗ.

16 ᎠᎴ ᏕᎨᏥᏲᏍᎨᏍᏗ ᏗᏥᎦᏴᎵᎨᎢ, ᎠᎴ ᎢᏣᎵᏅᏟ, ᎠᎴ ᎪᎱᏍᏗ ᏗᏣᏓᏛᎿ, ᎠᎴ ᏗᏣᎵᎢ;
ᎠᎴ ᎾᏍᎩ ᎤᏛᏅᏂᏌᏂ ᎩᎶ ᏂᎯ ᏤᏥᎢᏍᏗ ᎨᏎᏍᏗ.

17 ᎠᎴ ᏂᎦᏗᏳ ᏴᏫ ᎨᏥᏍᎦᎩ ᎨᏎᏍᏗ ᏴᏫ ᏓᏆᏙᎥ ᎤᏗᏚᎵᏍᏙᏗᏍᎨᏍᏗ.

18 ᎠᏎᏃ ᎥᏝ ᏌᏉᎤᏅ ᎢᏥᏍᏗᏰᎬ ᎢᏥᏍᎪᎵ ᎤᏲᎱᎯᏍᏗ ᏱᎨᏎᏍᏗ.

19 ᏗᏨᏂᏗᏳ ᎨᏒ ᏕᏥᏍᏕᎸᏙᏗᏍᎨᏍᏗ ᏗᏣᏓᏅᏙᎩ.

20 ᏥᎷᏏᎵᎻᏃ ᎢᏥᎪᏩᏘᏍᎨᏍᏗ ᎠᏂᏯᏫᏍᎩ ᎿᏉ ᏚᎾᏚᏫᏍᎦᏍᏗ, ᎢᏥᎦᏔᎮᏍᏗ ᎾᏍᎩ
ᎤᏲᎢᏍᏗ ᎨᏒ ᎤᏍᏆᎸᎯᏗᏒᎢ.

21 ᎿᏉ ᎾᏍᎩ ᏧᏗᏱ ᎠᏁᎯ ᎠᎾᎵᏒᎭ ᎣᏓᎵ ᏩᏂᎶᏒᎭ; ᎠᎴ ᎾᏍᎩ ᎠᏰᎵ ᎨᏒ Ꭰ-ᏁᏙᎯ
ᎠᏂᎸᎪᏨᎭ; ᎢᏴᏛᏃ ᏭᏩᏓᏛ ᏗᏁᎯ ᏞᏍᏗ ᎾᎿ ᏩᏂᏴᎴᏍᏗ.

22 ᎤᏞᎩᏰᏃ ᎾᎯᏳ ᎨᏒ ᎤᎵᏱᎶᎯᏍᏗ ᎨᏎᏍᏗ, ᎾᏍᎩ ᏂᎦᏗᏳ ᎪᏪᎳᏅᎯ ᎨᏒ ᎾᏍᎩ
ᎢᏳᎵᏍᏙᏗᏱ.

23 ᏗᏂᏁᎵᏛᏍᎩᏂ ᎠᎴ ᏧᏂᏍᏓᎢ ᎤᏲᎢᏳ ᎢᏳ-ᎾᎵᏍᏓᏁᏗ ᎨᏎᏍᏗ ᎾᎯᏳ ᎨᏒᎢ!
ᎤᏣᏘᏰᏃ ᎠᎩᎵᏯ ᎡᎮᏍᏗ ᎠᏂ ᎦᏙᎯ, ᎠᎴ ᎤᏔᎳᏬᎯᏍᏗ ᎨᏒ ᎤᏂᎷᏤᏗ ᎨᏎᏍᏗ ᎯᎠ
ᏴᏫ.

24 ᎠᏰᎳᏍᏗᏃ-ᎦᏅᎯᏛ ᏧᏂᏅᎢᏍᏙᏗ ᎨᏎᏍᏗ, ᎠᎴ ᏗᎨᏥᏴᎩᏅᎯ ᏧᎾᏓᎴᏅᏛ ᏴᏫ
ᏓᏁᏩᏗᏒ ᏫᏗᎨᎦᏘᏅᏍᏛᏗ ᎨᏎᏍᏗ; ᏥᎷᏏᎵᎻᏃ ᏧᎾᏓᎴᏅᏛ ᏴᏫ ᎤᎾᎳᏍᏓᎡᏗ ᎨᏎᏍᏗ,
ᎬᏂ ᎠᏍᏆᏛᎭ ᏧᎾᏓᎴᏅᏛ ᏴᏫ ᎨᎦᏓᏁᎳᏁᎸᎯ ᎨᏒᎢ.

25 ᎤᏰᎸᏛᏃ ᎠᎪ-ᏩᏛᏗ ᎨᏎᏍᏗ ᏅᏙ ᎢᎦ ᎡᎯ ᎧᎸᎢ, ᎠᎴ ᏅᏙ ᎡᏃᏱ ᎡᎯ ᎧᎸᎢ, ᎠᎴ
ᏃᏈᏏ ᎠᏂᎧᎸᎢ; ᎠᎴ ᎡᎶᎯ ᏧᎾᏓᎴᏅᏛ ᏴᏫ ᎠᏁᎲ ᎤᏪᎵᎯᏍᏗ, ᎠᎴ ᎤᏕᏯᏙᏗ
ᎤᏓᏳᎾᎵᏍᏓᏁᎵ; ᎠᎺᏉᎯ ᎠᎴ ᎠᏊ ᏓᎵᏍᏗᎳᏁᎬ ᎤᏍᏆᏃᏴᎨᏍᏗ;

26 ᏴᏫ ᏚᎾᏓᏅᏛ ᏚᎸᎦᎯᎮᏍᏗ ᎤᏗᏚᎵᏍᏙᏗᏍᎨᏍᏗ ᎠᏂᎾᏰᏍᎬ ᎠᎴ ᎠᏂᎦᏖᏃᎲ ᎾᏍᎩ
ᏧᏓᎴᏅᏛ ᎡᎳᏂᎬ ᎤᎾᎸᎪᎢᏍᏗ ᎨᏒᎢ; ᎤᏂᏣᏘᏰᏃ ᎦᎸᎶ ᏣᏂᎧᎳ ᏛᎾᎵᏖᎸᏂ.

27 ᎿᏉᏃ ᏛᏂᎪᎯ ᏴᏫ ᎤᏪᏥ ᏣᎢᏎᏍᏗ ᎤᎶᎩᎸᎢ ᎤᎵᏂᎩᏛ ᎠᎴ ᎤᏣᏘ ᎦᎸᏉᏗ
ᎤᏧᏛᎿᏗᏎᏍᏗ.

28 ᎾᏍᎩᏃ ᎯᎠ ᏧᏓᎴᏅᏛ ᎠᎴᏅᎲᎭ ᎾᏍᎩ ᏂᎦᎵᏍᏗᏍᎨᏍᏗ, ᎿᏉ ᎦᎸᎳᏗ
ᏫᏗᏣᎧᎾᏅᎭ, ᎠᎴ ᏕᏥᏌᎳᏓᏅᎭ ᏗᏥᏍᎪᎵ; ᎡᏧᏓᎴᏍᏗᏰᏃ ᎨᏒ ᎾᎥᏂᏳ ᏣᎢᏎᏍᏗ.

29 ᎤᏁᏤᏃ ᏚᏟᎶᏍᏓᏁᎴᎢ; ᏗᏣᎧᏅᎦ ᎡᎦᏔ-ᎢᏳᏍᏗ ᏡᎬᎢ, ᎠᎴ ᏂᎦᎥ ᏕᏡᎬᎢ;

30 ᎿᏉ ᎩᎳ ᏥᏚᎳᏍᏚᎲᏍᎪᎢ, ᎾᏍᎩ ᎢᏥᎪᏩᏛ ᎢᏨᏒᏉ ᎨᏒ ᎢᏥᎦᏔᎰᎪᎩ ᎿᏉ ᎾᎥᏂᏳ
ᎨᏒᎢ.

31 ᎾᏍᎩᏯ ᎾᏍᏉ ᏂᎯ ᎯᎠ ᎾᏍᎩ ᏧᏓᎴᏅᏛ ᏂᎦᎵᏍᏗᏍᎬ ᎢᏥᎪᏩᏘᏍᎨᏍᏗ,
ᎢᏥᎦᏔᎮᏍᏗ ᎤᏁ-ᎳᏅᎯ ᎤᎬᏫᏳᎯ ᎨᏒ ᎾᎥᏂᏳ ᎨᏒᎢ.

32 ᎤᏙᎯᏳᎯᏯ ᎯᎠ ᏂᏤᏪᏎᎭ, ᎪᎯ ᏣᏁᎭ ᎥᏝ ᏴᏛᏂᎶᏐᏂ ᎬᏂ ᎾᏍᎩ ᎯᎠ ᏂᎦᏗᏳ
ᏂᎦᎵᏍᏔᏅᎭ.

33 ᎦᎸᎶᎢ ᎠᎴ ᎡᎶᎯ ᏛᏂᎶᏐᏂ; ᎠᎩᏁᏨᏍᎩᏂ ᎥᏝ ᏴᏓᎦᎶᏐᏂ.

34 ᎠᎴ ᎢᏣᏓᎦᏌᏯᏍᏕᏍᏗ ᎢᏨᏒ ᎨᏒᎢ, ᏞᏍᏗ ᎢᎸᎯᏳ ᏕᏣᏓᏅᏛ ᏕᎨᏛ ᏱᏂᏣᎵᏍᏓᏁᎮᏍᏗ
ᏱᏅᏗᎦᎵᏍᏙᏗᏍᎨᏍᏗ ᎢᏥᎶᏒᏍᏗᏍᎬ ᎢᏣᎵᏍᏓᏴᎲᏍᎬᎢ, ᎠᎴ ᏕᏥᏴᏍᏕᏍᎬᎢ, ᎠᎴ
ᎡᎶᎯ ᎠᏓᏅᏖᏗ ᎨᏒᎢ, ᎾᏍᎩᏃ ᎾᎯᏳ ᎢᎦ ᏂᏤᎵᏍᎬᎾ ᎢᏥᎷᏤᏗᏱ.
35 ᏣᏌᏙᏰᏃ ᎢᎦᎦᏛ ᏓᏳᏂᎷᏤᎵ ᏂᎬᎾᏛ ᏗᏁᎯ.
36 ᎾᏍᎩ ᎢᏳᏍᏗ ᎢᏥᏯᏫᏍᎨᏍᏗ ᏂᎪᎯᎸᎢ, ᎢᏣᏓᏙᎵᏍᏗᏍᎨᏍᏗ, ᎾᏍ-ᎩᏃ ᏰᎵᏉ ᎯᎠ
ᏂᎦᏛ ᏧᏓᎴᏅᏛ ᎤᎵᏰᎢᎶᎯᏍᏗ ᏥᎩ ᎬᏩᎾᏗᏫᏎᏗ, ᎠᎴ ᏴᏫ ᎤᏪᏤ ᎤᏬᎸ ᎢᎬᏱᏗᏢ
ᎬᏩᎾᎴᏗ ᎦᏰᏤᎵᏎᏗ ᏱᏂᎦᎵᏍᏓ
37 ᎢᎦᏃ ᎨᏒ ᏓᏕᏲᎲᏍᎨ ᎤᏛᎾᏗᎦᎳᏫᎢᏍᏗᏱ; ᎤᏒᏃ ᎦᎸᎪᎨᎢ, ᎠᎴ ᎣᎵᏩᏲᎯ ᏣᏃᏎᎨ
ᎣᏓᎸ ᎤᏒᎯᎮᎢ.
38 ᏂᎦᏛᏃ ᏴᏫ ᏑᎾᎴᎢᏳ ᎬᏩᎷᏤᎮ ᎤᏛᎾ-ᏗᎦᎳᏫᎢᏍᏗᏱ ᎬᏩᏛᏓᏍᏓᏁᏗᏱ.

ᎠᏯᏙᎸᎢ 22

1 ᎾᎪᎳᏅᎾᏃ ᎦᏚ ᎠᎩᏍᏗᏱ ᎤᏍᏆᎸᎯᏗᏎᎢ, ᎾᏍᎩ ᎧᏃᎯᏰᏃ ᏗᎵᏍᏓᏴᏗᏱ ᏥᏚᏙᎠ.

2 ᏄᏂᎬᏫᏳᏒᏃ ᎠᏥᎸ-ᎠᏁᎶᎯ ᎠᎴ ᏗᏃᏪᎵᏍᎩ ᎤᏂᏲᎴ ᎢᏳᏅᏁᏗᏱ ᎤᏂᎯᏍᏗᏱ;

ᏓᏂᏍᎦᎢᎮᏰᏃ ᏴᏫ.

3 ᎿᏉᏃ ᏎᏓᏂ ᎤᏴᏎᎴ ᏧᏓᏏ ᎢᏍᎦᎳᏗ ᏧᏙᎢᏛ, ᎾᏍᎩ ᎨᎳ ᎨᏎ ᏔᎳᏚ ᎢᏯᏂᏛ ᎨᏒᎢ.

4 ᎤᏪᏅᏎᏃ ᏫᎦᎵᏃᎮᎳᏁ ᏄᏂᎬᏫᏳ-Ꮢ ᎠᏥᎸ-ᎠᏁᎶᎯ ᎠᎴ ᏗᎾᏓᏂᏱᏍᎩ, ᎢᏳᏩᏁᏗᏱ.

5 ᎤᎾᎵᎮᎵᏙᏃ, ᎠᎴ ᎬᏩᏁᏙᎴ ᎠᏕᎸ ᏗᎬᏩᏁᏗᏱ.

6 ᎤᏚᎢᏍᎳᏁᏃ, ᎠᎴ ᎤᏲᎴ ᏧᏳᎯᏎᏗᏱ, ᎾᎯᏳ ᎤᏂᎪᏁᎸ ᎤᏂᏣᏘ.

7 ᎿᏉᏃ ᎤᏍᏆᎸᎮ ᎾᎪᎳᏅᎾ ᎨᏒ ᎦᏚ ᎠᎩᏍᏗᏱ, ᎾᏍᎩ ᎧᏃᎯᏰᎩ ᏗᎵᏍᏓᏴᏗᏱ ᎠᎯᏍᏗ

ᎨᏒᎢ.

8 [ᏥᏌᏃ ᏚᏅᏎ ᏈᏓ ᎠᎴ ᏣᏂ, ᎯᎠ ᏄᏪᏎᎢ, ᎢᏍᏕᎾ ᏫᏍᏓᏛᏅᎢᏍᏓ ᎧᏃᎯᏰᎩ, ᎾᏍᎩ

ᎢᎦᎵᏍᏓᏗᏱ.

9 ᎯᎠᏃ ᏂᎬᏩᏪᏎᎴᎢ, ᎭᏢ ᏣᏚᎵᎭ ᎣᎩᎾᏛᏅᎢᏍᏙᏗᏱ?

10 ᎯᎠᏃ ᏂᏚᏪᏎᎴᎢ, ᎬᏂᏳᏉ, ᎦᏚᎲ ᎢᏍᏗᏴᎸᎭ, ᎠᏍᎦᏯ ᏙᏓᏣᏠᏏ, ᎠᏰᎮᏍᏗ ᎠᏑᎵᏙ

ᎠᎹ ᎠᏟᏍᎦᏍᏗ; ᎡᏍᏗᏍᏓᏩᏕᏒᎭ ᎠᏓᏁᎸ ᏭᏴᎸᎢ ᏫᏍᏗᎷᏨᎭ.

11 ᎯᎠᏃ ᏁᏍᏗᏪᏎᎸᎭ ᎠᏍᎦᏯ ᎦᏁᎳ, ᏗᎦᏲᎲᏍᎩ ᎯᎠ ᎤᏗᏣᏪᏎᎭ, ᎮᏢ ᎠᏁᏙᎯ

ᎤᏂᏴᏍᏗᏱ ᎾᎿ ᎧᏃᎯᏰᎩ ᎢᏧᎳᎭ ᎣᎦᎵᏍᏓᏴᏗᏱ ᎬᏂᏍᏓᏩᏗᏙᎯ?

12 ᏓᏍᏓᏎᎮᎵᏃ Ꭴ-ᏛᎾ ᎦᎸᎳᏗ ᎧᏅᏑᎸ ᎣᏍᏛ ᎢᎬᏁᎸᎯ; ᎾᎿ ᎢᏍᏓᏛᏅᎢᏍᏔᏅᎭ.

13 ᎤᏁᏅᏎᏃ ᎠᎴ ᏭᏂᏩᏛᎮ ᎾᏍᎩᏯ ᏂᏚᏪᏎᎸᎢ; ᎤᎾᏛᏅᎢᏍᏔᏁᏃ ᎧᏃᎯᏰᎩ

ᏗᎵᏍᏓᏴᏗᏱ.

14 ᎤᏍᏆᎸᎲᏃ ᎾᎯᏳ ᎨᏒᎢ, ᎤᏂᏏᏁᎢ, ᎠᎴ ᎾᏍᏉ ᏔᎳᏚ ᎢᏯᏂᏛ ᎨᏥᏅᏏᏛ.

15 ᎯᎠᏃ ᏂᏚᏪᏎᎴᎢ, ᎤᏣᏘ ᎠᏆᏚᎵᏍᎬᎩ ᎯᎠ ᎧᏃᎯᏰᎩ ᎢᏧᎳᎭ ᎢᎦᎵᏍᏓᏛᏗᏱ ᎠᏏᏉ

ᎾᎩᎩᎵᏲᏨᎾ.

16 ᎢᏨᏲᏎᏰᏃ ᎥᏝ ᎿᏉ ᎯᎠ ᎾᏍᎩ ᏴᎦᎦᎵᏍᏓᏴᏓ ᎬᏂ ᎤᎵᏍᏆᏛᎯ ᎨᏎᏍᏗ ᎤᏁᎳᏅᎯ ᎾᎿ

ᎤᎬᏫᏳᎯ ᎨᏒᎢ.

17 ᎤᎩᏒᏃ ᎤᎵᏍᏈᏗ, ᎠᎴ ᎤᎵᎮᎵᏨ, ᎯᎠ ᏄᏪᏎᎢ; ᎯᎠ ᎢᏥᎩ ᎠᎴ ᎢᏥᏯᏙᎦ ᎢᏨᏒ

ᎨᏒᎢ.

18 ᎯᎠᏰᏃ ᏂᏨᏪᏎᎭ, ᎥᏝ ᏴᎦᎦᏗᏔ ᏑᎸᎳᏗ ᎤᏁᏅᎯ ᎬᏂ ᎤᏁᎳᏅᎯ ᎤᎬᏫᏳᎯ ᎨᏒ

ᎠᎵᏰᎢᎶᎸᎭ.

19 ᎦᏚᏃ ᎤᎩᏎᎢ, ᎠᎴ ᎤᎵᎮᏟᏨ, ᎤᎬᎭᎷᏰᎢ, ᎠᎴ ᏚᏁᎴᎢ, ᎯᎠ ᏄᏪᏎᎢ, ᎯᎠ ᎾᏍᎩ

ᎠᏴ ᏥᏰᎸᎢ, ᎾᏍᎩ ᏂᎯ ᎡᏣᎫᏴᎳᏅᎯ ᏥᎩ, ᎯᎠ ᎾᏍᎩ ᏂᏣᏛᏁᎮᏍᏗ ᎠᏴ

ᏍᎩᏯᏅᏓᏗᏍᎨᏍᏗ.

20 ᎾᏍᎩᏯ ᎾᏍᏉ ᎤᎵᏍᏈᏗ ᎤᎩᏎ ᎤᎾᎵᏍᏓᏴᏃᏅ, ᎯᎠ ᏄᏪᏎᎢ, ᎯᎠ ᎾᏍᎩ
ᎤᎵᏍᏈᏗ ᎢᏤ ᎧᏃᎮᏛ ᏧᏠᎯᏍᏛᎢ ᎠᏴ ᎠᎩᎩᎬᎯ, ᎾᏍᎩ ᏂᎯ ᎢᏣᏤᏬᏤᎸᎯ ᏥᎩ
21 ᎠᏎᏃ ᎬᏂᏳᏉ ᎾᏍᎩ ᎤᏬᏰᏂ ᎠᏆᏡᏗᏍᎩ ᎣᎩᎾᏓᏆᎶᎭ ᎠᏂ ᎦᏍᎩᎸᎢ.
22 ᎠᎴ ᎤᏙᎯᏳᎯᏯ ᎠᏴ ᎤᏪᏥ ᏓᏰᏏ ᎾᏍᎩᏯ ᏚᏚᎪᏔᏅᎢ, ᎠᏎᏃ ᎤᏲᎢᏳ ᎢᏳᎵᏍᏓᏁᏗ
ᎾᏍᎩ ᎾᎠᏍᎦᏯ ᎤᏡᏗᏍᎩ
23 ᎤᎾᎴᏅᎮᏃ ᏚᎾᏓᏛᏛᏁ ᎤᏅᏒ ᎨᏒ, ᎾᏍᎩ ᏅᏗᏛᏁᎵᏒ ᎯᎠ.
24 ᎠᎴ ᎾᏍᏉ ᎠᎾᏗᏒᎯᎮ ᎾᏍᎩ Ꮎ ᎤᏅᏒ ᎨᏒ ᎤᏟ ᎠᏥᎸᏉ-ᏗᏳ Ꭲ-ᏳᎵᏍᏙᏗ ᎨᏒᎠᎴ
ᎾᏍᏉ ᎠᎾᏗᏒᎯᎮ ᎾᏍᎩ Ꮎ ᎤᏅᏒ ᎨᏒ ᎤᏟ ᎠᏥᎸᏉ-ᏗᏳ Ꭲ-ᏳᎵᏍᏙᏗ ᎨᏒᎢ.
25 ᎯᎠᏃ ᏂᏚᏪᏎᎴᎢ, ᎤᏂᎬᏫᏳᎯ ᏧᎾᏓᎴᏅᏛ ᏴᏫ ᏧᎾᏤᎵᎦ, ᏗᎬᏩᎾᏁᎶᏛᏗᏱ ᎾᏅᏁᎰ
ᏴᏫ; ᎠᎴ ᎾᏍᎩ ᏗᎬᏩᎾᏁᎶᏙᏗ ᎢᏯᏅᏁᎯ ᎣᏍᏛ ᎢᏗᎾᏛᏁᎯ ᎨᏍᏎᎰᎢ.
26 ᏂᎯᏍᎩᏂ ᎥᏝᏍᏗ ᎾᏍᎩ ᏱᏂᏨᏁᏍᏗ; ᎾᏍᎩᏍᎩᏂ Ꮎ ᏂᎯ ᏂᏣᏛᏅ ᎤᏟ ᎢᏯᏥᎸᏉᏗ;
ᎾᏍᎩ ᎠᏫᎾᎨ ᎾᏍᎩᏯ ᎨᏎᏍᏗ; ᎾᏍᎩᏯ Ꮎ ᏄᎬᏫᏳᏌᏕᎩ ᏗᏍᏕᎸᎯᏙᎯ ᎾᏍᎩᏯ ᎨᏎᏍᏗ.
27 ᎦᎪᏰᏃ ᎤᏟ ᎠᏥᎸᏉᏗᏳ, ᎠᎵᏍᏓᏴᎲᏍᎩ ᎠᏃ ᎠᏓᏍᏕᎸᎯᏙᎯ? ᏝᏍᎪ ᎾᏍᎩ Ꮎ
ᎠᎵᏍᏓᏴᎲᏍᎩ? ᎠᏴᏍᎩᏂ ᎢᏨᏰᎳᏗᏙᎭ ᎠᏓᏍᏕᎸᎯᏙᎯ ᎾᏍᎩᏯᎢ.
28 ᏂᎯᏍᎩᏂ ᎾᏍᎩ ᏂᏥᏑᎵᎪᎬᎾ ᎢᎨᏙᎸᎯ ᎤᏲ ᎾᏆᎵᏍᏓᏁᎵᏙᎲᎢ;
29 ᎠᎴ ᎢᏨᏯᎵᏍᎪᎸᏓᏁᎭ ᎢᏥᎬᏫᏳᎯ ᎢᏣᎵᏍᏙᏗᏱ, ᎾᏍᎩᏯ ᎡᏙᏓ ᎠᏴ
ᏣᏆᎵᏍᎪᎸᏓᏁᎸ;
30 ᎾᏍᎩ ᎢᏣᎵᏍᏓᏴᏗᏱ ᎠᎴ ᎢᏣᏗᏔᏍᏗᏱ ᎠᎩᏍᎩᎸ ᎾᎿ ᎠᎩᎬᏫᏳᎯ ᎨᏒᎢ, ᎠᎴ
ᎢᏣᏅᏗᏱ ᎤᏂᎬᏫᏳᎯ ᏧᏂᏗᏱ ᏕᎦᏍᎩᎸᎢ, ᏗᏧᎪᏓᏁᏗᏱ ᏔᎳᏚ ᎾᏂᎳᏍᏓᎸ ᎢᏏᎵ.
31 ᎤᎬᏫᏳᎯᏃ ᎯᎠ ᏄᏪᏎᎢ, ᏌᏩᏂ, ᏌᏩᏂ ᎬᏂᏳᏉ, ᏎᏓᏂ ᎤᏔᏲᎸ ᎠᏚᎵᏍᎪᎸᏓᏁᏗᏱ
ᎢᏨᎫᏍᏙᏗᏱ ᎤᏣᎴᏍᏗ ᏣᏅᏧᏍᏗᏍᎪ ᎾᏍᎩᏯᎢ.
32 ᎠᏎᏃ ᎠᏆᏓᏙᎵᏍᏔᏅ ᎡᏣᏍᏕᎸᏗᏱ, ᎾᏍᎩ ᏦᎯᏳᏒ ᎤᏓᎵᏛᏙᏗᏱ ᏂᎨᏒᎾ; ᏣᎦᏔᎲᏛᏃ
ᎨᏎᏍᏗ ᏕᎭᎵᏂᎪᎯᏍᏔᏅᎭ ᎢᏣᎵᏅᏟ.
33 ᎯᎠᏃ ᏄᏪᏎᎴᎢ; Ꮳ-ᎬᏫᏳᎯ, ᎠᏆᏛᏅᎢᏍᏗ ᎬᏍᏓᏩᏛᏍᏗᏱ ᎾᏍᏉ ᏗᏓᏍᏚᏗᏱ ᎠᎴ
ᎠᏲᎱᎯᏍᏗ ᎨᏒᎢ.
34 ᎯᎠᏃ ᏄᏪᏎᎢ ᎬᏲᏎᎭ ᏈᏓ, ᏣᏔᎦ ᎥᏝ ᎬᏛᏴᎳᏏ ᎪᎯ ᎢᎦ ᎬᏂ ᏦᎢ ᎢᏣᏓᏱᎸᎯ ᎨᏎᏍᏗ
ᎠᏴ ᏍᎩᎦᏔᎲᎢ.
35 ᎯᎠᏃ ᏂᏚᏪᏎᎴᎢ, ᏥᏨᏅᏒᎩ ᏂᏗᏥᏁᎲᎾ ᎠᏕᎸ-ᏗᎦᎶᏗ, ᎠᎴ ᎦᏚᎶᏗ, ᎠᎴ ᏗᎳᏑᎶ,
ᎪᎱᏍᏗᏍᎪ ᎪᎱᏍᏗᏍᎪ ᎢᏥᏂᎬᏎᎮᎢ? ᎥᏝ ᎪᎱᏍᏗ, ᎤᎾᏛᏁᎢ.
36 ᎿᏉᏃ ᎯᎠ ᏂᏚᏪᏎᎴᎢ, ᎪᎯᏍᎩᏂ ᏥᎩ, ᎩᎶ ᎠᏕᎸ-ᏗᎦᎶᏗ ᎤᎾᏒᏍᏗ, ᎦᏁᎨᏍᏗ, ᎠᎴ
ᎾᏍᏉ ᎦᏚᎶᏗ; ᎩᎶᏃ ᎠᏰᎳᏍᏗ ᎦᏅᎯᏛ ᏄᏩᏴᎾ ᎨᏎᏍᏗ, ᏫᎦᎾᏚᎦ ᎤᏄᏬ ᎠᎴ ᏭᏩᎯ.
37 ᎢᏨᏲᏎᎭᏰᏃ, ᎯᎠ ᎾᏍᎩ ᏥᎪᏪᎳ ᎠᏎ ᎠᏏ ᏛᏙᎯᏳᏂ ᎠᏴ ᎤᏓᎬᏂᏌᏂ; "ᎠᎴ
ᎠᏂᏍᎦᎾ ᎨᎦᏎᎸᎢ ᎾᏍᎩ ᎠᎦᏠᏯᏍᏔᏅᎩ;" ᎠᏴᏰᏃ ᎠᎩᏃᎮᏍᎬ ᎠᏎ ᎾᏍᎩ ᎤᏓᏕᎵᏍᏔᏂ.

38 ᎯᎠᏃ ᏄᏂᏪᏎᎢ, ᏣᎬᏫᏳᎯ, ᎬᏂᏳᏉ, ᎠᏂ ᏔᎵ ᎠᏰᎳᏍᏗ-ᏗᎦᏅᎯᏛ; ᎯᎠᏃ
ᏂᏕᏪᏎᎴᎢ, ᏰᎵᏉ ᎾᏍᎩ.
39 ᎠᎴ ᏧᏄᎪᏨ, ᎤᏪᏅᏎ ᎣᎵᏩᏲ ᎤᏌᎯᏄᎢ ᎾᏍᎩ ᎢᏳᏛᏁᏗ ᎨᏒᎢ; ᎠᎴ
ᎬᏩᏍᏓᏩᏗᏙᎯ ᎾᏍᏉ ᎬᏩᏍᏓᏩᏛᏎᎢ.
40 ᎾᎿᏃ ᏭᎷᏧ, ᎯᎠ ᏂᏚᏪᏎᎴᎢ, ᎢᏣᏓᏙᎵᏍᏓ ᎤᏓᎴᎾᏍᏗᏱ ᎨᏒ ᏫᏥᏴᏍᏗᏱ ᏂᎨᏒᎾ
ᎨᏒᎢ.
41 ᏚᏓᏅᏒᎴᏃ ᏅᏯ ᏫᎬᏗᏅᏗ ᎢᏴᏛ ᎠᎴ ᏚᎵᏂᏆᏁ ᎤᏓᏙᎵᏍᏔᏁᎢ,
42 ᎯᎠ ᏄᏪᏎᎢ, ᎡᏙᏓ, ᎢᏳᏃ ᎣᏏᏳ ᏱᏣᏰᎸᎤ ᏍᎩᎲᏏᏉ ᎯᎠ ᎤᎵᏍᏈᏗ; ᎠᏎᏃ ᎥᏝᏍᏗ
ᎠᏴ ᎦᏓᏅᏖᏍᎬᎢ, ᏂᎯᏍᎩᏂ ᎭᏓᏅᏖᏍᎬ ᏫᏂᎦᎵᏍᏓ.
43 ᎩᏂᎨᏒᏃ ᏄᏛᏁᎴ ᏗᎧᎿᏩᏗᏙᎯ ᎦᎸᎳᏗ ᎤᏓᏩᎶᏒᎯ, ᎤᎵᏂᎪᎯᏍᏗᏍᎨᎢ.
44 ᎤᏣᏘᏃ ᎡᎯᏍᏗ ᎤᏓᏅᏖ ᎤᏟ ᎢᏳᎵᏂᎩᏛ ᎤᏓᏙᎵᏍᏔᏁᎢ; ᎠᎴ ᎠᎵ ᎤᎯᎲ ᎾᏍᎩᏯ
ᎨᏎ ᎩᎬ ᎡᏉᎯᏳ ᎦᏙᎯ ᏥᏫᏗᎦᏌᎪᎢ.
45 ᏚᎴᏅᏃ ᎠᏓᏙᎵᏍᏗᏍᎬ ᎠᎴ ᏫᏙᎤᎷᏤᎸ ᎬᏩᏍᏓᏩᏗᏙᎯ, ᏚᏩᏛᎮ ᏓᏂᎵᎮ ᎤᏲ ᎤᏂᏰᎸᏒ
ᎢᏳᏍᏗ.
46 ᎯᎠᏃ ᏂᏚᏪᏎᎴᎢ, ᎦᏙᏃ ᎢᏥᎵᎾᎠ? ᏗᏣᎴᎲᎦ ᎢᏣᏓᏙᎵᏍᏗ, ᎾᏍᎩ ᎤᏓᎴᎾᏍᏗᏱ ᎨᏒ
ᏫᏥᏴᏍᏗᏱ ᏂᎨᏒᎾ.
47 ᎠᏏᏉᏃ ᎧᏁᎨᎢ, ᎬᏂᏳᏉ ᎤᏂᏣᏘ, ᎾᏃ ᏧᏓᏏ ᏣᎪᏎᎮᎢ, ᎾᏍᎩ ᏔᎳᏚ ᎢᏯᏂᏛ ᎨᏒ
ᎨᎳ, ᎢᎬᏱ ᎠᎢᏎ, ᎠᎴ ᎾᎥ ᎤᎷᏤᎴ ᏥᏌ ᏧᏔᏪᏙᏂᏎᎢ,
48 ᏥᏌᏃ ᎯᎠ ᏄᏪᏎᎴᎢ, ᏧᏓᏏ, ᎯᏯᏔᏬᏙᎲᏍᎬᏍᎪ ᎯᎶᏄᎡᏗᎭ ᏴᏫ ᎤᏪᏥ?
49 ᎾᎥᏃ ᎠᏁᏙᎯ ᎤᎾᏙᎴᎰᏒ ᏄᏍᏛ ᏫᎬᏩᎵᏰᎢᎶᎯᏍᏗ ᎨᏒ, ᎯᎠ ᏂᎬᏩᏪᏎᎴᎢ,
ᏣᎬᏫᏳᎯ, ᎠᏰᎳᏍᏗᏍᎪ-ᎦᏅᎯᏛ ᏙᏓᏲᏥᎷᏯᏍᏔᏂ?
50 ᎠᏏᏴᏫᏃ ᎤᎷᏰ ᏄᎬᏫᏳᏒ ᎠᏥᎸᎨᎶᎯ ᎤᏅᏏᏓᏍᏗ, ᎠᎴ ᎤᎵᏍᎦᏍᏔᏁ ᎠᎦᏘᏏ ᎦᎴᏂ.
51 ᏥᏌᏃ ᎤᏁᏨ ᎯᎠ ᏄᏪᏎᎢ, ᎤᎾᏁᎳᎩ, ᎾᏍᎩᏉ ᎢᎦᎢ ᎤᏒᏁᎴᏃ ᎦᎴᏂ ᎠᎴ
ᎤᏅᏩᏁᎢ
52 ᎿᏉᏃ ᏥᏌ ᎯᎠ ᏂᏚᏪᏎᎴ ᏄᏂᎬᏫᏳᏒ ᎠᏥᎸ-ᎠᏁᎶᎯ, ᎠᎴ ᎣᏍᏛ ᎢᏳᏅᎿᎦᎩ ᎤᏛᎾ-
ᏗᎦᎳᏫᎢᏍᏗᏱ, ᎠᎴ ᏗᏂᎳᏫᎩ, ᎾᏍᎩ ᎬᏩᏂᏴᎯᏄᎯ, ᎢᏥᎷᎩᏍᎪ ᎠᏓᎾᏌᎲᏍᎩ ᏤᏥᏲᎨ
ᎾᏍᎩᏯᎢ, ᎠᏰᎳᏍᏗ-ᏗᎦᏅᎯᏛ ᎠᎴ ᎠᏓ ᏥᎦᏥᏁᎭ?
53 ᏂᏕᎩᏨᏂᏒ ᎢᏨᏰᎳᏗᏙᎲ ᎤᏛᎾ-ᏗᎦᎳᏫᎢᏍᏗᏱ, ᎥᏝ ᏱᏣᏁᎶᏔᏁ ᏍᎩᏂᏴᏗᏱ; ᎠᏎᏃ
ᎢᏣᏤᎵᎦ ᎪᎯ ᏥᎩ, ᎠᎴ ᎤᎵᏏᎩ ᎤᎵᏂᎬᎬᎢ.
54 ᎿᏉᏃ ᎬᏩᏂᏴᎮᎢ, ᎠᎴ ᎬᏩᏘᏅᏎ ᎠᎴ ᏫᎬᏩᏴᏔᏁ ᏄᎬᏫᏳᏒ ᎠᏥᎸᎨᎶᎯ ᏗᎦᏁᎸᎢ.
ᏈᏓᏃ ᎢᏅ ᎣᏂ ᏗᎵᏍᏓᏩᏗᏎᎢ.
55 ᎿᏉᏃ ᎤᏊᏅᏛ ᎠᏰᎵ ᎤᏃᎳᏅ, ᎠᎴ ᎢᏧᎳᎭ ᎤᎾᏅᏅ, ᏈᏓ ᎤᏪᏁ ᎠᏂᏅᎢ.

56 ᎩᎶᏃ ᎢᏳᏍᏗ ᎠᏛ ᎤᎪᎲ ᎠᏥᎸᏳᎶᏗ ᎤᏬᎸᎢ, ᎠᎴ ᎤᏯᏅᏒᎯ ᏚᎧᎿᏅ, ᎯᎠ
ᏄᏪᏎᎢ, ᎯᎠ ᎠᏍᎦᏯ ᎾᏍᏉ ᏓᏁᏙᎲᎩ ᎾᏍᎩ.
57 ᎠᏎᏃ ᎤᏓᏱᎴ ᎯᎠ ᏄᏪᏎᎢ, ᎯᎨᏴ, ᎥᏝ ᏱᏥᎦᏔᎭ ᎾᏍᎩ.
58 ᎪᎯᏱᏃ ᎢᏴᏛ ᎤᏩᏓᎴ ᎤᎪᎲ, ᎯᎠ ᏄᏪᏎᎢ, ᏂᎯ ᎾᏍᏉ ᎾᎿ ᎮᎸ ᎢᎩ. ᏈᏓᏃ ᎯᎠ
ᏄᏪᏎᎢ, ᎯᏍᎦᏯ, ᎥᏝ ᎠᏴ ᎾᎿ ᎨᎸ ᏱᎩ.
59 ᎣᏂᏃ ᏑᏟᎶᏛ ᎢᏴᏛ ᎢᎪᎯᏛ, ᎤᏩᏓᎴ ᎾᏍᎩ ᎤᏙᎯᏳᎯ ᎨᏒ ᎤᏍᏓᏱᏕᎢ, ᎯᎠ
ᏄᏪᏎᎢ; ᎤᏙᎯᏳᎯ ᎯᎠ ᎾᏍᏉ ᏓᏁᏙᎲᎩ; ᎨᎵᎵᏰᏃ ᎦᎯ ᎢᎩ.
60 ᏈᏓᏃ ᎯᎠ ᏄᏪᏎᎢ; ᎯᏍᎦᏯ, ᎥᏝ ᏱᎪᎵᎦ ᏂᏪᏍᎬᎢ. ᎩᎳᏉᏃ ᎢᏴᏛ, ᎠᏏᏉ
ᎧᏁᎨᎢ, ᏣᏔᎦ ᎤᏴᎳᏎᎢ.
61 ᎤᎬᏫᏳᎯᏃ ᎤᎦᏔᎲᏒ ᏚᎧᎿᏁ ᏈᏓ. ᏈᏓᏃ ᎤᏅᏓᏕ ᎤᏁᏨ ᎤᎬᏫᏳᎯ, ᎯᎠ
ᏥᏄᏪᏎᎴᎢ; ᎠᏏᏉ ᏄᏴᎳᏒᎾ ᏣᏔᎦ ᏦᎢ ᏅᏓᏍᏆᏓᏱᎵ.
62 ᎤᏄᎪᏤᏃ ᏈᏓ, ᎠᎴ ᎡᎯᏍᏗ ᏚᏠᏱᎴᎢ
63 ᎠᏂᏍᎦᏯᏃ ᏥᏌ ᏗᎬᏩᏂᏴᎯ ᏕᎬᏩᎭᏢᎦ ᎠᎴ ᏕᎬᏩᏂᎮᎢ.
64 ᏕᎬᏩᎦᏚᏢᏅᏃ ᎤᎧᏛ ᏕᎬᏩᏂᎮᎢ, ᎬᏩᏛᏛᏍᎨ ᎯᎠ ᎾᏂᏪᏍᎨᎢ, ᎭᏙᎴᎰᎯ, ᎦᎪ
ᏥᏨᏂᎦ?
65 ᎠᎴ ᎤᏣᏘ ᎠᏏ ᎢᏳᏓᎴᎩ ᎪᎱᏍᏗ ᎬᏬᏎᎮ ᎬᏩᎭᏢᎢᏍᏗᏍᎬᎢ.
66 ᎢᎦᏉᏃ ᏄᎵᏍᏔᏅ ᏗᏂᎳᏫᎩ ᏴᏫ ᎠᏁᎲ ᎠᎴ ᏄᏂᎬᏫᏳᏒ ᎠᏥᎸᎠᏁᎶᎯ ᎠᎴ ᏄᏂᎬᏫᏳᏒ
ᎠᏥᎸᎠᏁᎶᎯ ᎠᎴ ᏗᏃᏪᎵᏍᎩ ᏚᏂᎳᏫᏤᎢ, ᎠᎴ ᏓᏂᎳᏫᎥ ᎬᏩᏘᏃᎴ ᎯᎠ ᏄᏂᏪᏎᎢ;
67 ᏂᎯᏍᎪ ᎦᎶᏁᏛ? ᏍᎩᏃᎲᏏ. ᎯᎠᏃ ᏂᏚᏪᏎᎴᎢ, ᎢᏳᏃ ᏱᏨᏃᏁᎸ ᎥᏝ ᏴᎨᏦᎯᏳᎲᎦ;
68 ᎠᎴ ᎾᏍᏉ ᏱᏨᏯᏛᏛᏅ ᎥᏝ ᏴᎨᏍᎩᏁᏥ, ᎠᎴ ᎥᏝ ᏱᏙᎨᏍᎩᏲᎯ.
69 ᎢᎸᎯᏳ ᏛᏍᏆᎸᎯ ᏴᏫ ᎤᏪᏥ ᏓᎦᏂ ᎠᎦᏘᏏᏗᏢ ᎤᎵᏂᎩᏛ ᎤᏁᎳᏅᎯ ᎤᏬᎸᎢ.
70 ᎿᏉᏃ ᎯᎠ ᏄᏂᏪᏎ ᏂᎦᏛ, ᏂᎯᏍᎪ ᎤᏁᎳᏅᎯ ᎤᏪᏥ? ᎯᎠᏃ ᏂᏚᏪᏎᎴᎢ, ᏰᎵ
ᏂᏥᏫ, ᎠᏴᏰᏃ ᎾᏍᎩ.
71 ᎯᎠᏃ ᏄᏂᏪᏎᎢ, ᎦᏙᏃ ᎢᎬᏙᏗ ᎠᏏ ᎪᎯᏳᏗᏍᎩ? ᎢᎬᏒᏰᏃ ᎡᏓᏛᎦᏏ ᎤᏩᏒ ᎧᏁᎬᎢ.

ᎠᏯᏙᎸᎢ 23

1 ᏂᎦᏛᏃ ᎾᏍᎩ ᎤᏂᏣᏘ ᎨᏒ ᏚᎾᎴᏅ ᏆᎴᏗ ᏫᎬᏩᏘᏃᎮᎴᎢ.

2 ᎠᎴ ᎤᎾᎴᏅᎮ ᎬᏭᎯᏍᏗᏍᎨ ᎯᎠ ᎾᏂᏪᏍᎨᎢ, ᎯᎠ ᎾᏍᎩ ᏙᏥᏩᏛᎲᎩ ᏕᏂᏪᏍᎨᎢ,
ᎯᎠ ᎾᏍᎩ ᏙᏥᏩᏛᎲᎩ ᏕᏓᎴᎾᏍᏗᏍᎬᎩ ᏴᏫ, ᎠᎴ ᏕᎧᏅᎡᏗᏱ, ᎯᎠ ᏂᎧᏪᏍᎬᎩ, ᎠᏴ
ᎠᎩᎬᏫᏳᎯ, ᎦᎶᏁᏛ.

3 ᏆᎴᏗᏃ ᎤᏛᏛᏁ, ᎯᎠ ᏄᏪᏎᎢ, ᏂᎯᏍᎪ ᏣᎬᏫᏳᎯ ᎠᏂᏧᏏ ᎤᎾᏤᎵᎦ? ᎤᏁᏤᎴᏃ ᎯᎠ
ᏄᏪᏎᎢ, ᎾᏍᎩ ᏂᏫ.

4 ᏆᎴᏗᏃ ᎯᎠ ᏂᎦᏪᏎᎴ ᏄᏂᎬᏫᏳᏒ ᎠᏥᎸ-ᎠᏁᎶᎯ ᎠᎴ ᏴᏫ, ᎥᏝ ᏱᏥᏣᏘ ᎤᏍᎦᏅᏨ ᎯᎠ
ᎠᏍᎦᏯ.

5 ᎠᏎᏃ ᎤᏂᏍᏓᏱᏕ ᎯᎠ ᎾᏂᏪᏍᎨᎢ, ᏓᏑᎸᎲᏍᎦ ᎯᎠ ᏴᏫ, ᏓᎦᏲᏂᏙᎭ ᏧᏗᏱ ᏂᎬᎾᏛᎢ,
ᎨᎵᎵ ᎤᏓᎬᏩᏓᎴᏅᏛ ᎠᏂ ᎢᏯᏍᏘ.

6 ᏆᎴᏗᏃ ᎤᏛᎦᏅ ᎨᎵᎵ ᎠᏂᏁᎢᏍᏗᏍᎬ ᎤᏛᏛᏁ, ᎨᎵᎵᏍᎪ ᎡᎯ ᎯᎠ ᎠᏍᎦᏯ,
ᎤᏛᏁᎢ.

7 ᎤᏙᎴᎰᏒᏉᏃ ᎡᎶᏛ ᎤᎬᏫᏳᎯ ᎨᏒ ᎾᎿ ᎡᏗ ᎨᏒᎢ, ᎡᎶᏛ ᏭᏪᎧᎾᎴᎢ, ᎾᏍᎩ ᎡᎶᏛ
ᎤᏩᏒ ᏥᎷᏏᎵᎻ ᎡᏙᎮ ᎾᎯᏳᎢ.

8 ᎡᎶᏛᏃ ᎤᎪᎲ ᏥᏌ, ᎤᏣᏘ ᎣᏎ ᎤᏰᎸᏁᎢ; ᎪᎯᏗᏳᏰᏃ ᎤᏩᏚᎵᏍᎨ ᎤᎪᏩᏛᏗᏱ,
ᎤᏗᏚᎵᏍᏗᏙᏗᏍᎨ ᎤᏣᏘ ᏧᏓᎴᏅᏛ ᎠᏥᏃᎮᏍᎬ ᎤᏛᎦᏅᎢ, ᎠᎴ ᎤᏚᎩ ᎤᏩᏎ ᎤᎪᏩᏛᏗᏱ
ᎪᎱᏍᏗ ᎤᏍᏆᏂᎪᏗ ᏚᎸᏫᏍᏓᏁᎲᎢ.

9 ᎤᏛᏛᎮᎸᏁᏃ ᎤᏣᏘ ᏧᏓᎴᏅᏛ, ᎠᏎᏃ ᎥᏝ ᏳᏁᏤᎴᎢ.

10 ᏄᏂᎬᏫᏳᏒᏃ ᎠᏥᎸ-ᎠᏁᎶᎯ ᎠᎴ ᏗᏃᏪᎵᏍᎩ ᏓᏂᏙᎨ ᎤᎵᏂᎩᏛ ᎬᏭᎯᏍᏗᏍᎨᎢ.

11 ᎡᎶᏛᏃ ᎠᎴ ᏧᏤᎵ ᎠᏂᏯᏫᏍᎩ ᏕᎬᏩᎭᎵᏔᏁᎢ, ᎠᎴ ᎬᏩᏕᎰᏔᏁᎢ, ᎠᎴ ᏗᎬᏩᏄᏎᏛ
ᎠᏄᏬ ᎤᏂᏄᏬᎥ ᏆᎴᏗ ᏔᎵᏁ ᏭᏂᎧᏁᎴᎢ.

12 ᎾᎯᏳᏃ ᎢᎦ ᏆᎴᏗ ᎠᎴ ᎡᎶᏛ ᎤᎾᎵᎢᎦᎢ; ᏗᎾᏓᏍᏚᎩᏰᏃ ᎢᏳᎵᏍᏔᏅᎯ ᎨᏎ ᎾᎯᏳ
ᎢᏯᏍᏘ.

13 ᏆᎴᏗᏃ ᏚᎳᏫᏛ ᏄᏂᎬᏫᏳᏒ ᎠᏥᎸ-ᎠᏁᎶᎯ, ᎠᎴ ᏄᏂᎬᏫᏳᏌᏕᎩ, ᎠᎴ ᎤᏂᏣᏘ ᎨᏒ ᏴᏫ,

14 ᎯᎠ ᏂᏚᏪᏎᎴᎢ, ᏍᎩᏯᏘᏃᎮᎸ ᎯᎠ ᎠᏍᎦᏯ ᏴᏫ ᏚᎾᏓᏅᏛ ᏗᎴᎾᏍᏗᏍᎩ ᎾᏍᎩᏯᎢ;
ᎬᏂᏳᏉᏃ ᏥᎪᎵᏰᎥᎯ ᏥᎩ ᎢᏥᎦᏔᎲᎢ, ᎥᏝ ᎪᎱᏍᏗ ᏱᏥᏩᏘ ᎤᏍᎦᏅᏨ ᎯᎠ ᎠᏍᎦᏯ
ᎾᏍᎩ ᏄᏍᏛ ᎡᏧᎢᏍᏗᏍᎬᎢ;

15 ᎡᎶᏛ ᎠᎴ ᎾᏍᏉ ᎥᏝ; ᎾᎿᏰᏃ ᎢᏙᏅᏍᏗᏱ ᎢᏨᏁᏤᎸᎩ; ᎬᏂᏳᏉᏃ ᎥᏝ ᎪᎱᏍᏗ ᏑᎵ
ᎬᏩᏲᎱᎯᏍᏗ ᎨᏒ ᏱᏄᏛᏁᎸ.

16 ᎾᏍᎩ ᎢᏳᏍᏗ ᏥᎵᎥᏂᎸᎭ ᏓᏥᏯᎧᏂ.

17 ᎠᏎᏰᏃ ᏌᏉ ᏧᏲᎯᏎᏗ ᎨᎭ ᏗᎵᏍᏓᏴᏗᏱ ᎨᏒ ᎢᏳᎢ.

18 ᎠᏁᎷᏁᏃ ᏌᏉ ᎢᎦᎦᏛ, ᎯᎠ ᏄᏂᏪᏎᎢ, ᎯᎷᎦ ᎯᎠ ᎠᏍᎦᏯ, ᏆᎳᏆᏃ ᏗᏍᎩᏲᎯᏏ.

19 ᎾᏍᎩ ᏆᎳᏆ ᎤᏓᏑᏰᏛ ᎤᎾᎵᏓᏄᏅ ᎾᎿ ᎦᏚᎲ ᎠᎴ ᎤᏓᏄᎢ ᎠᏥᏍᏛᏗᏍᏔᏁ
ᏗᏓᏍᏚᏗᏱ ᎠᏥᏴᏔᏅᎯ ᎨᏎᎢ.
20 ᏆᎴᏗᏃ ᎤᏚᎵᏍᎬ ᏥᏌ ᎤᏪᎪᏗᏱ ᏅᏧᎵᏍᏙᏔᏁ ᏔᎵᏁ ᏚᏁᏤᎴᎢ.
21 ᎠᏎᏃ ᎤᏁᎷᏁ ᎯᎠ ᏄᏂᏪᏎᎢ, ᎯᏍᏛᎥᎦ, ᎯᏯᏛᎥᎦ.
22 ᏦᎢᏁᏃ ᎯᎠ ᏂᏚᏪᏎᎴᎢ, ᎦᏙᏃ, ᎦᏙ ᎤᏍᏗ ᎤᏲ ᏚᏄᏫᏍᏓᏁᏄ? ᎥᏝ ᏱᏥᏩᏛᎡᎭ
ᎪᎱᏍᏗ ᏰᎵ ᎬᏩᏲᎱᎯᏍᏗ ᎨᏒᎢ; ᎾᏍᎩ ᎢᏳᏍᏗ ᏓᏥᎵᎥᏂᎵ ᎠᎴ ᏙᏓᏥᏲᏏ.
23 ᎠᏎᏃ ᎤᎾᏟᏂᎬᏁᎴ ᎠᏍᏓᏯ ᎠᏂᏁᎬᎢ, ᎠᏂᏔᏲᎯᎮ ᎠᎦᏛᏗᏱ. ᎾᏍᎩᏃ Ꮎ ᎠᎴ
ᏄᏂᎬᏫᏳᏒ ᎠᏥᎸ-ᎠᏁᎶᎯ ᎠᏂᏁᎬ ᎤᎬᏫᏳᏤᎢ.
24 ᏆᎴᏗᏃ ᎤᏁᏤ ᏄᏍᏛ ᎤᎦᏚᎵᏍᎬ ᎢᏳᎵᏍᏙᏗᏱ.
25 ᎠᎴ ᏚᏪᎧᏁᎴ ᎾᏍᎩ ᏧᏂᏔᏲᎴᎢ, ᏗᏓᏍᏚᏗᏱ ᎠᏥᏴᏔᏅᎯ ᏥᎨᏎᎢ ᏧᏍᏛᏗᏍᎨ
ᎤᏓᏑᏰᏛ ᎤᎾᎵᏓᏄᏅ ᎠᎴ ᎤᏓᏄᎢ; ᏥᏌᏍᎩᏂ ᏚᏲᎯᏎᎴ ᎤᎾᏚᎵᏍᎬ ᎢᏳᏅᏁᏗᏱ.
26 ᎬᏩᏘᏂᏎᏃ ᎤᏂᏂᏴᎮ ᎩᎶ ᎢᏳᏍᏗ ᏌᏩᏂ ᏧᏙᎢᏛ, ᏌᎵᏂ ᎡᎯ, ᏙᏗᎦᎶᎨᏒ ᏅᏓᏳᎶᏒᎯ,
ᎾᏍᎩᏃ ᎤᎾᏃᏓᏗᏍᏔᏁ ᏧᏓᎿᏩᏛ, ᎾᏍᎩ ᏥᏌ ᎠᎢᏒ ᎣᏂᏗᎵ ᎤᏪᏅᏍᏗᏱ.
27 ᎬᏩᏍᏓᏩᏗᏎᏃ ᎤᏂᏣᏘ ᏴᏫ, ᎠᎴ ᎠᏂᎨᏴ, ᎾᏍᎩ ᎾᏍᏉ ᏓᏂᏴᎨ ᎠᎴ ᎬᏩᏍᎪᏂᎮᎢ.
28 ᏥᏌᏃ ᏚᎦᏔᎲᏒᏄ ᎯᎠ ᏄᏪᏎᎢ, ᎢᏥᎨᏴ ᏥᎷᏏᎵᎻ ᏧᏪᏥ, ᏞᏍᏗ ᎠᏴ ᏍᎩᏍᎪᏂᎸᎩ,
ᎢᏨᏒᏍᎩᏂ ᏗᏣᏓᏍᎪᏂᎦ, ᎠᎴ ᏗᏤᏥ ᏗᏥᏍᎪᏂᎦ.
29 ᎬᏂᏳᏰᏃ ᏛᎵᏰᎢᏣᎵ ᎢᎦ, ᎾᎯᏳ ᎯᎠ ᎤᏛᏂᏪᏏ, ᎣᏂᏳ ᎢᏳᎾᎵᏍᏓᏁᏗ ᏗᎾᎷᎸᎥᏍᎩ
ᏂᎨᏒᎾ, ᎠᎴ ᏧᎾᏓᎾᏄᎪᏫᏒᎯ ᏂᎨᏒᎾ, ᎠᎴ ᏧᎾᏓᏍᏛᏅᎯ ᏂᎨᏒᎾ.
30 ᎿᏉᏃ ᏛᎾᎴᏅᎯ ᎯᎠ ᏂᏙᏛᏂᏪᏎᎵ ᏙᏓᎸᎢ, ᏍᎩᏯᎭᎥᎦ; ᎠᎴ ᏚᏌᎯᎸᎢ, ᏍᎩᏳᏢᎥᎦ.
31 ᎢᏳᏰᏃ ᎢᏤ ᏡᎬ ᎾᏍᎩ ᏱᏅᏛᏅᏁᎵ, ᎦᏙ ᎨᏎᏍᏗ ᎤᎧᏲᏛ ᏡᎬᎢ?
32 ᎠᎴ ᎾᏍᏉ ᎠᏂᏔᎵ ᎤᏩᎾᏓᎴ ᎤᏲ ᏧᏂᏄᏫᏍᏓᏁᎯ ᎢᏧᏔᎭ ᎦᎨᎦᏘᏅᎭ ᏗᎨᏥᎢᏍᏗᏱ.
33 ᏭᏂᎷᏨᏃ ᎧᏫᎵ ᏚᏙᎥᎢ, ᎾᎿ ᏓᏓᎿᏩᏍᏛ ᎬᏩᏛᏁᎢ, ᎠᎴ ᏚᎾᏛᏁ ᎤᏲᏧᏂᏄᏫᏍᏓᏁᎯ,
ᎠᏏᏴᏫ ᎠᎦᏘᏏᏗᏢ, ᏐᎢᏃ ᎠᎦᏍᎦᏂ ᎢᏗᏢ.
34 ᎿᏉᏃ ᏥᏌ ᎯᎠ ᏄᏪᏎᎢ, ᎡᏙᏓ, ᏘᏙᎵᎩ; ᎥᏝᏰᏃ ᏯᏂᎦᏔᎭ ᎾᎾᏛᏁᎲᎢ. ᎤᏂᏯᏙᎴᏃ
ᎤᏄᏬ ᎠᎴ ᎠᎾᏎᏍᏗᏍᎨᎢ.
35 ᏴᏫᏃ ᎤᎾᎴᎾᏫᏍᎦ ᏚᎾᎦᏙᏍᏕᎢ. ᏄᏂᎬᏫᏳᏌᏕᎩᏃ ᎾᏍᏉ ᏚᎾᎵᎪᏁᎴ ᎢᎬᏩᏕᎨᏔᏁᎢ,
ᎯᎠ ᎾᏂᏪᏍᎨᎢ, ᎠᏂᏐᎢ ᏓᏍᏕᎵᏍᎬᎩ; ᎤᏩᏒ ᏩᎵᏍᏕᎸ ᎢᏳᏃ ᎦᎶᏁᏛ ᎤᏁᎳᏅᎯ
ᎤᏑᏰᏛ ᎨᏎᏍᏗ.
36 ᎠᎴ ᎠᏂᏯᏫᏍᎩ ᎿᏍᏉ ᎦᎬᏩᎭᎵᎦᎢ, ᎬᏩᎷᏤᎮ ᎠᎴ ᎬᏩᏁᏁᎮ ᏧᏂᏦᏯᏍᏗ,
37 ᎠᎴ ᎯᎠ ᎾᏂᏪᏍᎨᎢ, ᎢᏳᏃ ᏂᎯ ᎠᏂᏧᏏ ᎤᎾᏤᎵ ᎤᎬᏫᏳᎯ ᎨᏎᏍᏗ, ᏨᏒ ᎭᎵᏍᏕᎸ.
38 ᎠᎴ ᎾᏍᏉ ᎪᏪᎴ ᎤᎵᏍᏓᏛ ᏕᏄᏔᏗᏢ ᎠᏂᎪᎢ ᎤᏂᏬᏂᎯᏍᏗ, ᎠᎴ ᎠᏂᎶᎻ
ᎤᏂᏬᏂᎯᏍᏗ, ᎠᎴ ᎠᏂᏈᎷ ᎤᏂᏬᏂᎯᏍᏗ ᎪᏪᎴ ᎯᎠ ᏂᎬᏁᎢ; ᎯᎠ ᎤᎬᏫᏳᎯ ᎠᏂᏧᏏ
ᎤᎾᏤᎵᎦ.

39 ᎠᏏᏴᏫᏃ ᎾᏍᎩ ᎤᏲ ᏧᏂᎸᏫᏍᏓᏁᎯ ᎾᏍᎩ ᏗᎨᎦᏛᏅᎯ ᏕᎬᏩᏐᏢᏕᎢ, ᎯᎠ ᏂᎦᏪᏍᎨᎢ,
ᎢᏳᏃ ᏂᎯ ᎩᎶᏁᏛ ᎨᏎᏍᏗ, ᎭᎵᏍᏕᎸ ᏨᏒ ᎠᎴ ᎠᏴ ᏍᎩᏂᏍᏕᎸ
40 ᏐᎢᏍᎩᏂ ᏧᏁᏨ ᎤᎬᏍᎪᎸᏁᎢ, ᎯᎠ ᏄᏪᏎᎢ, ᏝᏍᎪ ᎤᏁᎳᏅᎯ ᏱᎾᏰᏍᎦ ᎤᏌᏱᏉ
ᎦᏣᏚᎪᏓᏁᎸ ᏥᎩ?
41 ᎠᏴᏍᎩᏂ ᎤᏙᎯᏳᎯ ᏚᏳᎪᏛᎢ; ᎠᏴᏰᏃ ᎦᎩᏂᎸᏫᏍᏓᏁᎸ ᏚᏳᎪᏛ ᎩᏂᏍᏛᏗᎭ,
ᎯᎠᏍᎩᏂ ᎥᏝ ᎪᎱᏍᏗ ᎤᏣᏘᏂ ᎢᏳᏛᏁᎸᎯ ᏱᎩ.
42 ᎯᎠᏃ ᏄᏪᏎᎴ ᏥᏌ, ᏣᎬᏫᏳᎯ, ᏍᏆᏅᏓᏛᎭ ᏫᎷᏨᎭ ᏣᏤᎵᎪᎯ.
43 ᏥᏌᏃ ᎯᎠ ᏄᏪᏎᎴᎢ, ᎤᏙᎯᏳᎯᏯ ᎬᏲᏎᎭ, ᎪᎯ ᎢᎦ ᏥᎩ ᏫᏁᏙᎮᏍᏗ ᎤᏩᏙᎯᏯᏛ
ᏗᎨᏒᎢ.
44 ᏔᎳᏚᏃ ᎢᏴᏛ ᎢᏳᏟᎶᏛ ᎧᎳᏩᏗᏒ ᎨᏎᎢ, ᎠᎴ ᏂᎬᎾᏛ ᎠᏂ ᎦᏙᎯ ᎤᎵᏏᎲᏎ ᏦᎢᏁ
ᎢᏳᏟᎶᏛ ᎢᏯᏍᏓ.
45 ᎠᎴ ᎤᏙ ᎤᎵᏏᎲᏎᎢ, ᎠᎴ ᎠᏄᏬ ᎠᏰᏙᎳᏛ ᎤᏛᎾ-ᏗᎦᎳᏫᎢᏍᏗᏱ ᎠᏰᎵ ᏚᎵᏍᏇᏰᎢ.
46 ᏥᏌᏃ ᎠᏍᏓᏯ ᎤᏁᏨ ᎯᎠ ᏄᏪᏎᎢ, ᎡᏙᏓ, ᏂᎯ ᏕᎬᏲᎯᏏ ᎠᏆᏓᏅᏙᎩ; ᎾᏍᎩᏃ ᏄᏪᏒ
ᎤᎵᏍᏆᏕᎴᎢ.
47 ᎠᏍᎪᎯᏧᏈᏃ ᏗᏓᏓᏁᎯ ᎤᎪᎲ ᏄᎵᏍᏔᏂᏙᎸᎢ ᎤᎸᏉᏔᏁ ᎤᏁᎳᏅᎯ ᎯᎠ ᏄᏪᏎᎢ,
ᎤᏙᎯᏳᎯᏯ ᎤᏓᏅᏘ ᎠᏍᎦᏯ ᎨᏎ ᎯᎠ.
48 ᏂᎦᏛᏃ ᏴᏫ ᎾᎿ ᎠᎪᏩᏛᏗ ᎨᏒ ᎤᎾᎦᏙᏍᏔᏂᎸᎯ, ᎤᏂᎪᎲ ᏄᎵᏍᏔᏂᏙᎸ ᏚᏅᏂᎴ
ᏗᏂᏁᏥᏱ, ᎠᎴ ᎤᎾᏨᏎᎢ.
49 ᏂᎦᏛᏃ ᎬᏩᎦᏔᎯ ᎨᏒ ᎠᎴ ᎠᏂᎨᏴ ᎨᎵᎵ ᎤᏓᎬᏩᏍᏓᏩᏛᏛ ᎢᏅ ᏧᎾᎴᏅᏁᎢ
ᎠᏂᎪᏩᏘᏍᎨ ᎾᏍᎩ ᎯᎠ.
50 ᎬᏂᏳᏉᏃ ᎠᏍᎦᏯ ᏦᏩ ᏧᏙᎢᏛ, ᏗᎦᎳᏫᎩ, ᎤᏓᏅᏘ ᎠᏍᎦᏯ, ᎠᎴ ᏚᏳᎪᏛ
ᎢᏯᏛᏁᎯ,
51 (ᎾᏍᎩ ᎥᏝ ᎣᏏᏳ ᏳᏰᎸᏁ ᎾᏍᎩ ᏄᏍᏛ ᏚᏄᎪᏔᏅ ᎠᎴ ᏄᎾᏛᏁᎸᎢ,) ᎠᎵᎹᏗᏱ ᎡᎯ
ᎨᏎᎢ, ᎾᏍᎩ ᎠᏂᏧᏏ ᎤᏂᏚᎲᎢ, ᎾᏍᎩ ᎾᏍᏉ ᎠᎦᏘᏰ ᎤᏁᎳᏅᎯ ᎤᎬᏫᏳᎯ ᎨᏒᎢ,--
52 ᎯᎠ ᎾᏍᎩ ᎠᏍᎩ ᎠᏯᎦᏯ ᏆᎴᏗ ᏭᎷᏤᎴ ᎠᎴ ᎤᏔᏲᏎᎴ ᏥᏌ ᎠᏰᎸᎢ.
53 ᎠᎴ ᎤᏕᏒ ᏙᎴᏛ ᎠᏄᏬ ᎤᏪᏟᏄᎶᏔᏁᎢ, ᎠᎴ ᎠᏤᎵᏍᏛ ᎤᏅᏁ ᎾᏍᎩ ᎤᏲᎯ
ᎠᏔᎴᏛ, ᎾᏍᎩ ᎾᎿ ᎢᎸᎯᏳ ᎩᎶ ᎾᏥᏅᏅᎾ ᎨᏒᎢ.
54 ᎾᎯᏳᏃ ᎢᎦ ᎠᏛᏅᎢᏍᏙᏗᏱ ᎨᏎᎢ, ᎤᎾᏙᏓᏆᏍᎬᏃ ᎿᏉ ᎤᎩᏥᏍᎨᎢ.
55 ᎠᏂᎨᏴᏃ ᎾᏍᏉ ᎨᎵᎵ ᎤᏓᎬᏩᏍᏓᏩᏛᏛ, ᎣᏂ ᎠᎾᎵᏍᏓᏩᏗᏎᎢ, ᎠᎴ ᎤᏂᎪᎮ
ᎠᏤᎵᏍᏛᎢ, ᎠᎴ ᏂᎬᏅ ᎤᏂᏅᏅ ᎠᏰᎸᎢ.
56 ᎤᎾᏨᏎᏃ ᎠᎴ ᎤᎾᏓᏁᎳᏁ ᎦᏩᏒᎩ ᎠᎴ ᎠᏌᏁᏗ; ᎠᎴ ᎤᏂᏯᏪᏐᎴ ᎤᎾᏙᏓᏆᏍᎬ
ᎾᏍᎩᏯ ᏂᎬᏅ ᏗᎧᎿᏩᏛᏍᏗ.

ᎠᏯᏙᏄᎢ 24

1 ᎢᎬᏱᏱᏃ ᎢᎦ ᏑᎾᏙᏓᏆᏍᏗ ᎨᏒ ᎩᎳ ᎢᎦ ᏥᏂᎦᎵᏍᏗᏍᎪᎢ, ᎤᏂᎷᏤ ᎠᏤᎵᏍᏛᎢ, ᏚᏂᏲᎴ
ᏗᎦᏩᏒᎩ ᎾᏍᎩ ᏧᎾᏓᏁᎳᏅᎯ, ᎠᎴ ᎩᎶ ᎢᏳᎾᏍᏗ ᎠᏁᎮᎢ.
2 ᎤᏂᏩᏛᎮᏃ ᏅᏯ ᎢᏴᏛ ᏫᎦᏌᏆᎴᎸᏍᏔᏅᎯ ᎨᏎ ᎠᏤᎵᏍᏛᎢ.
3 ᎤᏂᏴᎸᏃ ᎥᏝ ᏳᏂᎾᏩᏛᎮ ᎠᏰᎸ ᎤᎬᏫᏳᎯ ᏥᏌ.
4 ᎯᎠᏃ ᏄᎵᏍᏔᏁᎢ ᎾᏍᎩ ᎤᏣᏘ ᎤᎾᏕᏯᏔᏁᎮ ᎾᏍᎩ ᏅᏗᏕᎵᏍᏙᏗᏍᎨᎢ, ᎡᏂᏳᏉ
ᎠᏂᏔᎵ ᎠᏂᏍᎦᏯ ᎾᎥ ᏚᎾᎴᏂᎴ ᏗᎬᏩᎳᎷᎩᏍᎩ ᏧᎾᏄᏩᎢ;
5 ᎠᏂᏍᎦᎢᎮᏃ ᎠᎴ ᎡᎳᏗ ᏂᏚᏅᏁ ᏚᎾᎧᏛᎢ, ᎾᏍᎩ ᎯᎠ ᏂᎬᏩᏂᏪᏎᎴᎢ, ᎦᏙᏃ ᎬᏃᏛ
ᎢᎡᏥᏲᏐ ᏧᏂᏲᎱᏒᎯ ᏄᎾᏛᏅᎢ?
6 ᎥᏝ ᎠᏂ ᏱᎦᎾ, ᏚᎴᏅᏰᏃ; ᎢᏣᏅᏓᏓ ᏂᏥᏪᏎᎸᎢ ᎠᏏᏉ ᎨᎵᎵ ᏤᏙᎲᎩ,
7 ᎯᎠ ᏥᏂᎦᏪᏍᎬᎩ, ᏴᏫ ᎤᏪᏥ ᎠᏎ ᏴᏫ ᎠᏂᏍᎦᎾ ᏗᎨᏥᏲᎯᏎᏗ ᎨᏎᏍᏗ, ᎠᎴ ᎠᏚᏛᏗ
ᏓᏓᎾᏩᏍᏛᎢ, ᎠᎴ ᏦᎢᏁ ᎢᎦ ᏧᎴᎯᏐᏗ.
8 ᎤᎾᏅᏓᏕᏃ ᎤᏁᏨᎢ,
9 ᎠᎴ ᎠᏤᎵᏍᏛ ᏗᎤᎾᏨᏎᎢ ᎾᏍᎩ ᎯᎠ ᏂᎦᏛ ᏄᎵᏍᏔᏂᏙᎸ ᏚᏂᏃᏁᎴ ᏌᏚ ᎢᏯᏂᏛ, ᎠᎴ
ᏂᎦᏛ ᎠᏂᏐᎢ.
10 ᎾᏍᎩ ᎯᎠ ᎺᎵ ᎹᎩᏕᎵ ᎡᎯ, ᎠᎴ ᏦᎠᎾ, ᎠᎴ ᎺᎵ ᏥᎻ ᎤᏥ, ᎠᎴ ᏅᏩᎾᏓᎴ
ᎠᏂᎨᏴ ᎠᏁᎯ, ᎾᏍᎩ ᏥᏫᎬᏩᏂᏃᏁᎴ ᎨᏥᏅᏏᏛ.
11 ᎤᏂᏃᎮᎸᎯᏃ ᎠᏎᏉᏉ ᏅᏩᏍᏕᎢ, ᎠᎴ ᎥᏝ ᏱᎨᎪᎢᏳᏁᎢ.
12 ᏈᏓᏃ ᏚᎴᏅ, ᏚᏍᏆᎸᏔᏁ ᎠᏤᎵᏍᏛ ᏭᎶᏎᎢ; ᎤᏗᏍᏚᏅᏃ ᏚᎪᎮ ᏙᎴᏛ ᏗᏄᏬ ᎤᏁᎳᎩ
ᎢᏴᏛ ᏙᎦᏁᎢ, ᎤᏓᏅᏎᏃ ᎠᏍᏆᏂᎪᏍᎨ ᎾᏍᎩ ᏄᎵᏍᏔᏂᏙᎸᎢ.
13 ᎠᎴ ᎬᏂᏳᏉ, ᎾᎯᏳᏉ ᎢᎦ ᎠᏂᏔᎵ ᎤᎾᏓᏍᏓᏩᏗᏙᎸᎯ ᏗᎦᏚᎲ ᎡᎺᏯᏏ ᏧᏙᎢᏛ
ᏩᏂᎦᏏᎢ, ᎾᏍᎩ ᏧᏁᎳ ᎢᏴᏛ ᎢᏳᏟᎶᏛ ᏂᏚᏓᎴ ᏥᎷᏏᎵᎻ.
14 ᎠᎾᎵᏃᎮᏍᎬᏃ ᎠᏂᏃᎮᏍᎨ ᏂᎦᏛ ᎾᏍᎩ ᏄᎵᏍᏔᏂᏙᎸᎢ.
15 ᎯᎠᏃ ᏄᎵᏍᏔᏁ ᎾᏍᎩ ᎠᏏᏉ ᎠᎾᎵᏃᎮᏍᎨ ᎠᎴ ᏓᎾᏓᏛᏛᎲᏍᎨᎢ, ᏥᏌ ᎤᏩᏒ ᎾᎥ
ᎤᎷᏨ ᎾᏍᎩ ᎤᏁᏅᏍᏔᏁᎢ.
16 ᎠᏎᏃ ᏗᏂᎦᏙᎵ ᎦᎨᏥᏂᏴᏒᎴ ᎾᏍᎩ ᎬᏬᎵᏍᏗᏱ ᏂᎨᏒᎾ.
17 ᎯᎠᏃ ᏂᏑᏪᏎᎴᎢ, ᎦᏙ ᎢᏍᏗᏃᎮᏐ ᎯᎠ ᎾᏍᎩ ᏥᏍᏓᎵᏃᎮᏐ ᎢᏍᏓᎢᏒᎢ ᎠᎴ ᎤᏲᏉ
ᏥᏅᏩᏍᏗ ᏥᏍᏓᏓᏅᏔ?
18 ᎠᏏᏴᏫᏃ ᎾᏍᎩ ᏟᏲᏆ ᏧᏙᎢᏛ ᎤᏁᏨ ᎯᎠ ᏄᏪᏎᎴᎢ, ᏥᎪ ᎮᏙᎯᏉ ᏂᎯ ᏥᎷᏏᎵᎻ,
ᎠᎴ ᏂᎦᏔᎲᎾᏉ ᎾᏍᎩ ᎾᏞ ᏄᎵᏍᏔᏂᏙᎸ ᎪᎯ ᏥᎩ?
19 ᎯᎠᏃ ᏂᏚᏪᏎᎴᎢ, ᎦᏙ ᎤᏍᏗ? ᎯᎠᏃ ᏂᎬᏩᏪᏎᎴᎢ, ᏥᏌ ᎾᏎᎵᏗ ᏤᎲᎩ
ᏄᎵᏍᏓᏁᎸᎢ, ᎾᏍᎩ ᎠᏙᎴᎰᏍᎩ ᏥᎨᏒᎩ, ᎤᎵᏂᎩᏛ ᏚᏄᏫᏍᏓᏁᎸ ᎠᎴ ᏓᎦᏲᎲᏍᎬ ᏥᎨᏎ
ᎤᏁᎳᏅᎯ ᎠᎦᏔᎲ ᎠᎴ ᏂᎦᏛ ᏴᏫ ᎠᏂᎦᏔᎲᎢ.

20 ᎠᎴ ᎾᏍᎩ ᏄᏂᎬᏫᏳᏒ ᎠᏥᎸᎠᏁᎶᎯ ᎠᎴ ᏦᎦᏤᎵ ᏄᏂᎬᏫᏳᏌᏕᎩ ᏥᎦᎬᏩᏲᏎ
ᏣᎫᎪᏓᏁᏗᏱ ᎤᏲᎱᎯᏍᏗᏱ, ᎠᎴ ᏥᎬᏩᏛᏅᎩ.
21 ᎠᏎᏃ ᎤᏚᎩ ᎣᎬᏒᎩ ᎾᏍᎩ ᎢᏏᎵ ᏗᏓᏗᏍᎩ ᎨᏒᎢ. ᎠᎴ ᎾᏍᏉ ᎪᎯ ᎢᎦ ᏥᎩ ᏦᎢᏁ
ᎤᎩᏥᎭ ᎾᏍᎩ ᎯᎠ ᎢᎬᎵᏍᏔᏅᎯ;
22 ᎥᎥ, ᎠᎴ ᎾᏍᏉ ᎩᎶ ᎢᏳᎾᏍᏗ ᎠᏂᎨᏴ ᎣᎦᏓᏡᎬ ᎠᏁᎳ ᎤᏍᏆᏂᎪᏗ
ᎪᎦᏓᏅᏓᏗᏍᏔᏅᎩ, ᎾᏍᎩ ᎩᎳ ᏧᎩᏥᏍᎪ ᎠᏤᎵᏍᏛ ᏭᏁᏙᎸᎯ;
23 ᏭᎾᏑᏨᏃ ᎠᏰᎸᎢ, ᎤᏂᎷᏤᎢ, ᎯᎠ ᏄᏂᏪᏎᎢ, ᏗᏂᎧᎿᏩᏗᏙᎯ ᎾᏍᏉ ᏙᏥᎪᏩᏛ ᎾᏍᎩ
ᎬᏅ ᎪᎪᏏ, ᎤᎾᏛᏁᎢ.
24 ᎠᎴ ᎩᎶ ᎢᏳᏍᏗ ᎾᏍᎩ ᎣᏤᎯ ᎤᏁᏅᏒᎩ ᎠᏤᎵᏍᏛᎢ, ᎠᎴ ᏭᏂᏩᏛᎮ ᎾᏍᎩᏯ
ᏄᏍᏕ ᎠᏂᎨᏴ ᏄᏂᏪᏒᎢ; ᎾᏍᎩᏍᎩᏂ ᎾᎥᏝ ᏣᏂᎪᎮᎢ.
25 ᎿᏉᏃ ᎯᎠ ᏂᏚᏪᏎᎴᎢ, ᎢᏥᏁᎫᏥ, ᎠᎴ ᎢᏣᏓᏅᏛ ᎢᏥᏍᏚᏃᎵᏳ ᎢᏦᎯᏳᏗᏱ ᏂᎦᎥ
ᏄᏂᏪᏒ ᎠᎾᏙᎴᎰᏍᎩ!
26 ᏝᏍᎪ ᎯᎠ ᎾᏍᎩ ᎢᏳᏍᏗ ᎠᏎ ᎤᎩᎵᏲᎢᏍᏗ ᏱᎨᏎ ᎦᎶᏁᏛ, ᎠᎴ ᏌᏴᏍᏗ ᏱᎨᏎ
ᎦᎸᏉᏗᏳ ᎤᏤᎵ ᏗᎨᏒᎢ.
27 ᎤᎴᏅᏔᏅᏃ ᎼᏏ, ᎠᎴ ᏂᎦᏛ ᎠᎾᏙᎴᎰᏍᎩ, ᏚᏌᏏᏌᏁᎴ ᎾᎦᎥ ᎪᏪᎸ ᎾᏍᎩ ᎤᏩᏒ
ᎤᏃᎮᏍᎬᎢ.
28 ᎾᎥᏃ ᎤᏂᎷᏤ ᎦᏚᎲ ᎾᎿ ᏩᏂᎦᏛᎢ; ᎤᏟᏃ ᎢᏴᏛ ᏥᏮᏗᎦᎶᏏᎭ ᎢᏳᏍᏗ ᏄᏛᏁᎴᎢ.
29 ᎠᏎᏃ ᎢᎬᏩᏍᏗᏰᏔᏁᎢ, ᎯᎠ Ꮔ-ᏴᏪᏎᎢ, ᎠᏴ ᏍᎩᏂᏒᏏ, ᎿᏉᏰᏃ ᎤᏒᎯᏰᎯᏳ, ᎠᎴ
ᎡᎳᏗᏳ ᏫᎧᏔ. ᎤᏴᎴᏃ ᏙᏗᏒᏎᎵᏎᎢ.
30 ᎯᎠᏃ ᏄᎵᏍᏔᏁ ᎾᏍᎩ ᎦᏅᎨᎢ ᏗᎾᎵᏍᏓᏴᏂᏎᎢ, ᎦᏚ ᎤᎩᏒ ᎤᎵᎮᎵᏤᎢ, ᎠᎴ
ᎤᎬᎭᎷᏴ ᏚᏁᎴᎢ.
31 ᏗᏂᎦᏙᎵᏃ ᏚᎵᏍᏚᎢᏎᎢ, ᎠᎴ ᎢᎬᏬᎵᏤᎢ, ᎠᎴ ᎤᎵᏛᏔᏁ ᏓᏂᎧᏅᎢ.
32 ᎯᎠᏃ ᏂᏚᎾᏓᏪᏎᎴᎢ, ᏝᏍᎪ ᏗᎩᏂᎾᏫ ᏧᏗᎴᎩᏳ ᏱᎨᏎ ᎭᏫᏂ ᏥᎩᎾᎵᏃᎮᏗᏍᎬ ᏗᏓᎢᏒᎢ,
ᎠᎴ ᏥᎦᎩᏃᏏᏌᏁᎲ ᎪᏪᎵ?
33 ᎾᎯᏳᏉᏃ ᎠᎵᏰᎢᎵᏒ ᏚᎾᎴᏁᎢ, ᎠᎴ ᏥᎷᏏᎵᎻ ᏔᎵᏁ ᏫᏅᏂᎶᏎᎢ, ᎠᎴ ᏚᏂᏩᏛᎮ
ᏓᏂᎳᏫᏒ ᏌᏚ ᎢᏯᏂᏛ, ᎠᎴ ᎾᏍᎩ ᎬᏩᎾᏓᏡᏩᏍᏗᎦᎩ,
34 ᎯᎠ ᎾᏂᏪᏍᎨᎢ, ᎤᎬᏫᏳᎯ ᏚᎴᏅ ᎤᏙᎯᏳᎯ, ᎠᎴ ᏌᏩᏂ ᎬᏂᎨᏒ ᏄᏛᏁᎸ.
35 ᎠᎴ ᎤᏂᏃᎮᎴ ᏄᎵᏍᏔᏂᏙᎸ ᎠᎾᎢᏒᎢ, ᎠᎴ ᎾᏍᎩ ᎤᏃᎵᏍᏔᏅ ᎦᏚ ᎠᎬᎭᎷᏯᏍᎬᎢ.
36 ᎠᏏᏉᏃ ᎾᏍᎩ ᎾᏂᏪᏍᎨᎢ, ᏥᏌ ᎤᏩᏒ ᎤᎴᏂᎴ ᎠᏰᎵ ᎠᏂᏅᎢ, ᎠᎴ ᎯᎠ ᏂᏚᏪᏎᎴᎢ,
ᎤᏩᏙᎯᏯᏛ ᎢᏣᏤᎵᎦ ᎨᏎᏍᏗ.
37 ᎠᏎᏃ ᎤᏂᎾᏰᏎᎢ, ᎠᎴ ᎤᏂᏍᎦᎴᎢ, ᎠᏓᏅᏙ ᎣᏥᎪᏩᏛ ᎠᏁᎵᏍᎨᎢ.
38 ᎯᎠᏃ ᏂᏚᏪᏎᎴᎢ, ᎦᏙᏃ ᎢᏣᏕᏯᏔᏁᎭ? ᎠᎴ ᎦᏙᏃ ᏧᎵᎾᏛ ᏂᏣᎵᏍᏓᏁ ᏙᏗᏣᏓᏅᏛᎢ?

39 ᏗᏣᎧᏅᎦ ᏗᏉᏰᏂ ᎠᎴ ᏗᏆᎳᏏᏕᏂ, ᎠᏋᏒᏉ ᎯᎠ ᏥᎾᏆᏛᎤ; ᏍᎩᏯᏒᏂᎦ ᎠᎴ
ᎢᏣᏙᎴᎰᎯ; ᎠᏓᏅᏙᏰᏃ ᎥᏝ ᏳᏇᏓᎳ, ᎠᎴ ᎥᏝ ᏧᎪᎳ ᏱᎦᎸ ᎾᏍᎩᏯ ᏥᏥᎪᏩᏘᎭ ᎠᏴ
ᏂᏓᏋᏅᎢ.

40 ᎾᏍᎩᏃ ᏄᏪᏒ ᏚᎾᏄᎪᏫᏎᎴ ᏧᏬᏰᏂ ᎠᎴ ᏧᎳᏏᏕᏂ.

41 ᎠᏏᏉᏃ ᎾᏃᎯᏳᎲᏍᎬᎾ ᎨᏎ ᎤᏗᎦᎵᏍᏙᏗᏍᎨ ᎠᎾᎵᎮᎵᎬᎢ, ᎠᎴ ᎤᏂᏍᏆᏂᎪᏍᎨᎢ,
ᎯᎠ ᏂᏚᏪᏎᎴᎢ, ᎠᎵᏍᏓᏴᏗᏍᎪ ᎠᏂ ᎢᏥᎭ?

42 ᎬᏩᏅᏁᎴᏃ ᎠᎬᎭᎸᏛ ᎠᏣᏗ ᎠᏒᎾᏘᎶᏛ, ᎠᎴ ᎠᎬᎭᎸᏛ ᏩᏚᎵᏏ.

43 ᏭᏁᏎᏃ, ᎠᎴ ᎤᎵᏍᏓᏴᏁ ᎠᏂᎦᏔᎲᎢ.

ᎯᎠᏃ ᏂᏚᏪᏎᎴᎢ, ᎯᎠ ᎾᏍᎩ ᏥᏂᏨᏪᏎᎸᎩ, ᎠᏏᏉ ᏥᏨᏰᎳᏗᏙᎲᎩ, ᎾᏍᎩ ᏂᎦᎥ ᎾᏍᎩ
ᎠᏎ ᎢᏳᎵᏍᏙᏗ ᎨᏒᎢ ᎪᏪᎳᏅᎯ ᎨᏒ ᏗᎧᎿᏩᏛᏍᏗᏱ ᎼᏏ ᎤᏤᎵᎦ, ᎠᎴ ᎠᎾᏙᎴᎰᏍᎩ
ᏚᏃᏪᎸᎢ, ᎠᎴ ᏗᎧᏃᎩᏍᏗᏱ, ᎠᏴ ᎬᎩᏃᎮᏍᎬᎢ.

45 ᎿᏉᏃ ᏚᏍᏚᎢᏒᎴ ᏚᎾᏓᏅᏛᎢ, ᎾᏍᎩ ᏧᏃᎵᏍᏗᏱ ᎪᏪᎵ;

46 ᎯᎠᏃ ᏂᏚᏪᏎᎴᎢ, ᎾᏍᎩ ᎯᎠ ᏂᎬᏅ ᎪᏪᎳ, ᎠᎴ ᎾᏍᎩ ᎠᏎ ᎤᎩᎵᏲᎢᏍᏗ ᎨᏒᎩ
ᎦᎶᏁᏛ, ᎠᎴ ᏧᎴᎯᏐᏗ ᎨᏒ ᎤᏲᎱᏒ ᏦᎢᏁ ᎢᎦ;

47 ᎾᏍᎩᏃ ᏚᏙᎥ ᎤᏅᏙᏗᏱ ᎦᏁᏟᏴᏍᏗ ᎨᏒ ᎣᏓᏅᏛ ᎠᎴ ᎠᏍᎦᏅᏨ ᎥᏓᏗᏙᎵᏍᏗ ᎨᏒ
ᎨᎦᎵᏥᏙᏁᏗᏱ ᏂᎦᏛ ᏧᎾᏓᎴᏅᏛ ᏓᏁᏩᏗᏒᎢ, ᏥᎷᏏᎵᎻ ᎤᎾᎴᏅᏗᏱ.

48 ᏂᎯᏃ ᎢᏥᏃᎮᏍᎩ ᎯᎠ ᎾᏍᎩ ᏧᏓᎴᏅᏛ.

49 ᎠᎴ ᎬᏂᏳᏉ, ᏕᏓᏅᎵ ᎢᏥᎷᏤᏗᏱ ᎡᏙᏓ ᎤᏚᎢᏍᏔᏅᎯ ᎨᏒᎢ; ᎠᏎᏃ ᏥᎷᏏᎵᎻ ᎦᏚᎲ
ᎢᏥᏁᏍᏗ ᎬᏂ ᎢᏣᏄᏬᏍᏕᏍᏗ ᎤᎵᏂᎩᏛ ᎨᏒ ᎦᎸᎳᏗ ᏅᏓᏳᏓᎴᏅᎯ.

50 ᏚᏘᏅᏎᏃ ᏇᏗᏂᏱ ᎢᏴᏛ; ᏧᏬᏰᏂᏃ ᏚᏌᎳᏓᏅ ᎣᏍᏛ ᏚᏁᏤᎴᎢ.

51 ᎯᎠᏃ ᏄᎵᏍᏔᏁᎢ ᎠᏏᏉ ᎣᏍᏛ ᏕᎧᏁᏤᎮᎢ ᎠᏕᏓᏓᎴᏔᏁ ᎠᏂᏙᎾᎥᎢ, ᎦᎸᎳᏗᏃ
ᏩᎦᏘᏅᏍᏔᏁᎢ.

52 ᎤᎾᏓᏙᎵᏍᏓᏁᎸᏃ ᏥᎷᏏᎵᎻ ᏔᎵᏁ ᏫᎤᏂᎶᏎ ᎤᏣᏘ ᎠᎾᎵᎮᎵᎨᎢ;

53 ᎠᎴ ᏂᎪᎯᎸᏉ ᎤᏔᎾ-ᏗᎦᎳᏫᎢᏍᏗᏱ ᎠᏂᏯᏒᎢ, ᎠᎾᎵᎮᎵᏤᎮ ᎠᎴ ᎠᏂᎸᏉᏗᏍᎨ
ᎤᏁᎳᏅᎯ. ᎡᎺᏅ.

ᎣᏍᏛ ᎧᏃᎮᏛ, ᏣᏂ ᎤᏬᏪᎳᏅᎯ

ᎠᏯᏙᎸᎢ 1

1 ᏗᏓᎴᏂᏍᎬ ᎧᏃᎮᏛ ᎡᎮᎢ, ᎠᎴ ᎾᏍᎩ ᎧᏃᎮᏛ ᎤᏁᎳᏅᎯ ᎢᏧᎳᎭ ᎠᏁᎮᎢ, ᎠᎴ ᎾᏍᎩ
ᎧᏃᎮᏛ ᎤᏁᎳᏅᎯ ᎨᏎᎢ.

2 ᏗᏓᎴᏂᏍᎬᎢ ᎾᏍᎩ ᎤᏁᎳᏅᎯ ᎢᏧᎳᎭ ᎠᏁᎮᎢ.

3 ᏂᎦᎥ ᎪᎱᏍᏗ ᎾᏍᎩ ᎤᏬᏢᏁᎢ, ᎠᎴ ᏂᎦᎥ ᎪᏢᏅᎯ ᏥᎩ ᎥᏝ ᎪᎱᏍᏗ ᎾᏍᎩ ᏄᏬᏢᏅᎾ
ᏱᎩ.

4 ᎾᏍᎩ [ᎧᏃᎮᏛ] ᎬᏂᏛ ᎤᏪᎮᎢ; ᎠᎴ ᎾᏍᎩ ᎬᏂᏛ ᏴᏫ ᎢᎦ ᎤᎾᏘᏍᏓᏁᎯ ᎨᏎᎢ.

5 ᎠᎴ ᎾᏍᎩ ᎢᎦ-ᎦᏘᏍᏗᏍᎩ ᎤᎵᏏᎬ ᏚᏄᏌᎦᎢ, ᎤᎵᏏᎩᏃ ᎥᏝ ᏱᏭᏓᏂᎸᏤᎢ.

6 ᎩᎶ ᎢᏳᏍᏗ ᎠᏍᎦᏯ ᎡᎲᎩ ᏣᏂ ᏧᏙᎢᏛ ᎤᏁᎳᏅᎯ ᎤᏓᏳᏅᏏᏛ ᎨᏒᎩ.

7 ᎾᏍᎩ ᎤᎷᏨᎩ ᎧᏃᎮᏍᎩ ᎨᏒᎩ, ᎾᏍᎩ ᎢᎦ-ᎦᏘ ᎤᏃᎮᏗᏱ, ᎾᏍᎩ ᎢᏳᏩᏂᏌᏗᏱ ᎾᏂᎥ
ᎤᏃᎯᏳᏗᏱ.

8 ᎥᏝ ᎾᏍᎩ Ꮎ ᎢᎦ-ᎦᏘ ᏱᎨᏎᎢ, ᎧᏃᎮᏍᎩᏉᏍᎩᏂ ᎨᏒᎩ ᎾᏍᎩ ᎢᎦ-ᎦᏘ.

9 ᎾᏍᎩᏍᎩᏂ ᎾᎧᏃᎮᏛ ᎤᏙᎯᏳᏒ ᎢᎦ-ᎦᏘ ᎨᏒᎩ; ᎾᏍᎩ ᎡᎶᎯ ᏧᎷᏨ, ᎢᎦ ᏥᎦᎠᏘᏍᏓᏁ
ᎾᏂᎥ ᏴᏫ.

10 ᎾᏍᎩ ᎡᎶᎯ ᎡᎲᎩ, ᎠᎴ ᎾᏍᎩ ᎡᎶᎯ ᎤᏬᏢᏅᎯ ᎨᏒᎩ, ᎠᎴ ᎡᎶᎯ ᎥᏝ ᏳᏬᎵᏤᎢ.

11 ᎤᏤᎵᎪᎯ ᎤᎷᏨᎩ, ᎠᏎᏃ ᏧᏤᎵ ᎥᏝ ᏱᏗᎬᏩᏓᏂᎸᏤᎢ.

12 ᎾᏂᎥᏍᎩᏂ ᏗᎬᏩᏓᏂᎸᏨᎯ ᏕᎤᎵᏍᎪᎸᏓᏁᎸᎩ ᎤᏁᎳᏅ Ꭿ ᏧᏪᏥ ᎢᏳᎾᎵᏍᏙᏗᏱ;
ᎾᏍᎩ ᏕᎤᏙᎥ ᎠᏃᎯᏳᎲᏍᎩ;

13 ᎾᏍᎩ ᎩᎬ ᏧᎾᏄᎪᏫᏒᎯ ᏂᎨᏒᎾ, ᎠᎴ ᎤᏇᏓᎵ ᎠᏓᏅᏖᏍᎬ ᏧᎾᏄᎪᏫᏒᎯ ᏂᎨᏒᎾ, ᎠᎴ
ᏴᏫ ᎠᏓᏅᏖᏍᎬ ᏧᎾᏄᎪᏫᏒᎯ ᏂᎨᏒᎾ, ᎤᏁᎳᏅᎯᏍᎩᏂ ᏧᎾᏄᎪᏫᏒᎯ.

14 ᎠᎴ ᎧᏃᎮᏛ ᎤᏇᏓᎵ ᏄᎵᏍᏔᏅᎩ, ᎠᎴ ᎢᏕᎲ ᎤᎴᏂᏙᎸᎩ, ᎤᎧᎵᏨᎯ ᎨᏒᎩ
ᎤᏓᏙᎵᏣᏛ ᎠᎴ ᏚᏳᎪᏛᎢ; ᎠᎴ ᎢᏗᎪᏩᏘᏍᎬᎩ ᎤᏤᎵᎦ ᎦᎸᏉᏗᏳ ᎨᏒᎢ, ᎾᏍᎩ ᎦᎸᏉᏗᏳ
ᎨᏒ ᎠᎦᏴᎵᎨ ᎤᏩᏒᎯᏳ ᎤᏕᏁᎸᎯ ᎤᏤᎵᎦ ᎾᏍᎩᏯ ᎨᏒᎩ.

15 ᏣᏂ ᎧᏃᎮᏍᎬᎩ ᎾᏍᎩ [ᎧᏃᎮᏛ,] ᎠᎴ ᎤᏪᎷᏅᎩ ᎯᎠ ᏄᏪᏒᎩ; ᎯᎠ ᎾᏍᎩ
ᏥᏥᏃᎮᏍᎬᎩ, ᎯᎠ ᏥᏂᏥᏪᏍᎬᎩ, ᎣᏂ ᏨᏓᏯᎢ ᎢᎬᏱ ᎠᎦᎴᏗ, ᎾᏍᎩᏰᏃ ᎡᎲᎩ ᎠᏴ
ᏂᎨᎥᎾ ᏥᎨᏒᎩ.

16 ᎠᎴ ᎾᏍᎩ ᎤᎧᎵᏨᎯ ᎨᏒ ᏂᏗᎥ ᎡᎩᏁᎸᎯ, ᎬᏩᎦᏘᏯᏰᏃ ᎤᏓᏙᎵᏍᏗ ᎨᏒ ᎤᎶᏏᎶ
ᎡᎩᏁᎸ.

17 ᏗᎧᎿᏩᏛᏍᏗᏰᏃ ᎼᏏ ᎬᏂᎨᏒ ᎢᏳᏩᏁᎸᎯ ᎨᏒᎩ, ᎤᏓᏙᎵᏣᏛᏍᎩᏂ ᎠᎴ ᏚᏳᎪᏛᎢ ᏥᏌ
ᎦᎶᏁᏛ ᏂᏙᏓᏳᎵᏍᏕᎸᏔᏅᎯ.

18 ᎥᏝ ᎩᎶ ᎢᎸᎯᏳ ᏱᎬᏩᎪᎨ ᎤᏁᎳᏅᎯ; ᎤᏩᏒᎯᏳ ᎤᏕᏁᎸᎯ ᎤᏪᏥ, ᎠᎦᏴᎵᎨ ᎦᏁᏥᎢ
ᎡᎯ, ᎾᏍᎩ ᎬᏂᎨᏒ ᏄᏩᏁᎸ.

19 ᎠᎴ ᎾᏍᎩ ᎯᎠ ᏣᏂ ᎤᏃᎮᎸᎯ, ᎾᎯᏳ ᎠᏂᏧᏏ ᏥᎷᏏᎵᎻ ᏙᏧᏂᏅᏒ ᎠᏥᎸ-ᎠᏁᎶᎯ ᎠᎴ
ᎠᏂᎵᏫ ᎬᏩᏛᏛᏗᏱ, ᎯᎠ ᎢᏳᏂᏬᏍᏗᏱ; ᎦᎪ ᏂᎯ?
20 ᎠᎴ Ꭴ'ᏃᏅᎩ, ᎠᎴ ᎥᏝ ᏳᏓᏱᎴᎢ, Ꭴ'ᏃᏅᏉᏍᎩᏂ ᎯᎠ ᏄᏪᏒᎩ; ᎥᏝ ᎠᏴ ᎦᎶᏁᏛ
ᏱᎩ.
21 ᎠᎴ ᎥᎬᏩᏛᏛᏅᎩ ᎯᎠ ᏄᏂᏪᏒᎩ; ᎦᎪᎨ? ᎢᎳᏯᏯᎪ ᏂᎯ? ᎯᎠᏃ ᏄᏪᏒᎩ; ᎥᏝ.
ᏥᎪᎨ ᎾᎠᏙᎴᎰᏍᎩ ᏂᎯ? ᎥᏝ, ᎤᏛᏅᎩ.
22 ᎿᏉᏃ ᎯᎠ ᏅᎬᏩᏪᏎᎸᎩ; ᎦᎪ ᏂᎯ? ᏫᏙᏥᏃᏁᏗᏱᏰᏃ ᏅᏓᎪᎩᏅᏒᎯ; ᎦᏙ ᎭᏗᎭ ᏨᏒ
ᎭᏓᏃᎮᏍᎬᎢ?
23 ᎯᎠ ᏄᏪᏒᎩ; ᎠᏴ ᎾᏍᎩ Ꮎ ᎤᏪᎷᎩ ᎯᎠ ᏥᏂᎦᏪ ᎢᎾᎨᎢ; ᎢᏥᏥᏃᎯᏍᏓ ᏅᏃᎯ
ᎤᎬᏫᏳᎯ ᎤᏤᎵᎦ; ᎾᏍᎩ ᏄᏪᏒ ᎢᏌᏯ ᎠᏙᎴᎰᏍᎩ.
24 ᎾᏍᎩᏃ Ꮎ ᎤᏓᎨᏥᏅᏏᏛ ᎠᏂᏆᎵᏏᏱ ᎤᎾᎵᎪᎯ ᎨᏒᎩ.
25 ᎬᏩᏛᏛᏅᎩᏃ ᎯᎠ ᏂᎬᏩᏪᏎᎸᎩ; ᎦᏙᏃ ᏥᏕᎭᏓᏬᏍᎦ, ᎢᏳᏃ ᏂᎯ ᎾᏍᎩ ᎾᎦᎶᏁᏛ ᎠᎴ
ᎢᎳᏯ ᎠᎴ ᎾᏍᎩ ᎾᎠᏙᎴᎰᏍᎩ ᏂᎨᏒᎾ ᏱᎩ?
26 ᏣᏂ ᏚᏁᏤᎸᎩ, ᎯᎠ ᏄᏪᏒᎩ, ᎠᏴ ᎠᎹ ᏕᏓᏬᏍᏗᎭ; ᎠᏎᏃ ᎦᏙᎦ ᎩᎶ ᎢᏥᏙᎾᎥ
ᎤᏓᏑᏯ ᎾᏍᎩ ᏄᏥᎦᏔᎲᎾ;
27 ᎾᏍᎩᏍᎩᏂ ᎾᎣᏂ ᏨᏓᏯᎢ, ᎢᎬᏱ ᏣᎦᎴᏗ; ᎾᏍᎩ ᏧᎳᏑᎶ ᎦᎪᏄᏌᏛ ᎥᏝ ᏰᎵ ᏱᏂᎪᎢ
ᏗᏍᎩᎧᏁᏴᏴᏗᏱ.
28 ᎾᏍᎩ ᎯᎠ ᏄᎵᏍᏔᏂᏙᎸᎩ ᏗᎦᏘᎯᏍᏗᏱ ᏦᏓᏂ ᏍᎪᏂᏗᏢ ᎾᎿ ᏣᏂ ᏓᏓᏬᏍᎬᎢ.
29 ᎠᎴ ᎤᎩᏨᏛ ᏣᏂ ᏭᎪᎲᎩ ᏥᏌ ᎦᏙᎬ ᎢᏗᏢ ᏛᎦᏛᎩ, ᎠᎴ ᎯᎠ ᏄᏪᏒᎩ; ᏤᏣᎦᏅᎦ
ᎠᏫ-ᎠᎩᎾ ᎤᏁᎳᏅᎯ ᎤᏤᎵᎦ, ᎾᏍᎩ ᎠᎲᏍᎩ ᎡᎶᎯ ᎤᏂᏍᎦᏅᏨᎢ.
30 ᎾᏍᎩᏍᎩᏂ ᎯᎠ ᎾᏥᏥᏁᎢᏍᏗᏍᎬᎩ; ᎣᏂ ᏓᏯᎢ ᎢᎬᏱ ᎠᎦᎴᏗ ᏥᎦᏗᏍᎬᎩ, ᎾᏍᎩᏰᏃ
ᎡᎲᎩ ᎠᏏ ᏂᎨᎥᎾ ᏥᎨᏒᎢ.
31 ᎠᎴ ᎠᏴ ᎥᏝ ᏱᏥᎦᏔᎮᎢ; ᎠᏎᏃ ᎾᏍᎩ ᎢᏏᎵ ᎨᏥᎾᏄᎪᏫᏎᏗᏱ ᎤᏧᎵᏍᏙᏔᏅ ᎠᎩᎷᏨ
ᎠᎹ ᏕᏓᏬᏍᏗᎭ.
32 ᎠᎴ ᏣᏂ ᎤᏃᎮᎸᎩ ᎯᎠ ᏄᏪᏒᎩ; ᎠᎩᎪᎲᎩ ᎠᏓᏅᏙ ᎫᎴ-ᏗᏍᎪᏂᎯ ᎾᏍᎩᏯ
ᏓᏳᏁᏡᏅᎩ ᎦᎸᎳᏗ, ᎠᎴ ᎾᏍᎩ ᎦᎩᎸᏨᎩ.
33 ᎠᎴ ᎠᏴᎥᏝ ᏱᏥᎦᏔᎮᎢ; ᎠᏎᏃ ᎾᏍᎩ ᎾᏅᏛᎩᏅᏏᏛ ᎠᎹ ᏗᏆᏓᏬᏍᏙᏗᏱ ᎾᏍᎩ ᎯᎠ
ᎾᎩᏪᏎᎸᎩ; ᎩᎶ ᎯᎪᎥᎭ ᎠᏓᏅᏙ ᎠᏁᏡᎲᏍᎬᎢ ᎦᎩᎸᏨᎭ, ᎾᏍᎩ ᎦᎸᏉᏗᏳ ᎠᏓᏅᏙ
ᏗᏓᏬᏍᏗᏍᎩ.
34 ᎠᎪᎪᎲᎩᏃ ᎠᎴ ᎠᎩᏃᎮᎸᎩ ᎾᏍᎩ ᎤᏁᎳᏅᎯ ᎤᏪᏥ ᎨᏒᎢ.
35 ᎠᎴᏌ ᎤᎩᏨᏛ ᏣᏂ ᎦᏙᎬᎩ, ᎠᎴ ᎠᏂᏔᎵ ᎬᏩᏍᏓᏩᏗᏙᎯ ᏓᏂᏙᎬᎩ.
36 ᏚᎧᎿᏅᏃ ᏥᏌ ᎠᎢᏒᎢ ᎯᎠ ᏄᏪᏒᎩ; ᏤᏣᎦᏅᎦ ᎠᏫ-ᎠᎩᎾ ᎤᏁᎳᏅᎯ ᎤᏤᎵᎦ;

37 ᎾᏍᎩᏃ Ꮎ ᎠᏂᏔᎵ ᎬᏩᏍᏓᏩᏗᏙᎯ ᎤᎾᏛᎦᏅᎩ ᎤᏁᏨ; ᎠᎴ ᎾᏍᎩ ᎤᏂᏍᏓᏩᏛᏒᎩ
ᏥᏌ.

38 ᏥᏌᏃ ᎤᎦᏔᎲᏒ, ᎠᎴ ᎬᏩᏍᏓᏩᏗᏒ ᏚᎪᎲ, ᎯᎠ ᏂᏚᏪᏎᎸᎩ; ᎦᏙ ᎢᏍᏗᏲᎭ? ᎯᎠᏃ
ᏂᎬᏩᏪᏎᎸᎩ; ᏔᏈ--ᎾᏍᎩ ᎠᏁᏢᏔᏅᎯ ᎦᏛᎦ ᏔᏕᏲᎲᏍᎩ--ᎭᏢ ᏗᏤᏅ.

39 ᎯᎠ ᏂᏚᏪᏎᎸᎩ; ᎢᏕᎾ, ᏫᏍᏓᎦᏔ. ᎤᏁᏅᏒᎩᏃ ᎠᎴ ᎤᎾᎦᏔᏅᎩ ᎦᏁᎸᎢ, ᎠᎴ
ᎢᏧᎳᎭ ᎤᏁᏙᎸᎯ ᎾᎯᏳ ᎢᎦ; ᎤᎩᏁᏰᏃ ᎢᏳᏟᎶᏛ ᎧᎳᏩᏗᏒ ᎨᏒᎩ.

40 ᎠᏏᏴᏫ ᎾᏍᎩ Ꮎ ᎠᏂᏔᎵ ᏣᏂ ᎤᎾᏛᎦᏁᎸᎯ, ᎠᎴ [ᏥᏌ] ᎤᏂᏍᏓᏩᏛᏛ, ᎾᏍᎩ ᎡᏂᏗ
ᎨᏒᎩ, ᏌᏩᏂ ᏈᏓ ᏗᎾᏓᏅᏟ.

41 ᎢᎬᏱ ᎤᏩᏛᎲᎩ ᎤᏤᎵ ᎤᏂᎵ ᏌᏩᏂ, ᎠᎴ ᎯᎠ ᏄᏪᏎᎸᎩ; ᎣᏥᏩᏛᎲ ᎺᏌᏯ;
(ᎾᏍᎩ ᎠᏁᏢᏔᏅᎯ ᎦᎶᏁᏛ ᎦᏛᎦ.)

42 ᎠᎴ ᎾᏍᎩ ᎤᏘᏃᎸᎩ ᏥᏌ ᎡᏙᎲᎢ. ᏥᏌᏃ ᏚᎧᎿᏅᎯᎠ ᏄᏪᏒᎩ; ᏌᏩᏂ ᏂᎯ, ᏦᎾ
ᎤᏪᏥ, ᏏᏆᏏ ᏕᏣᏙᎡᏍᏗ; ᎾᏍᎩ ᎠᏁᏢᏔᏅᎯ ᏈᏓ ᎦᏛᎦ.

43 ᎤᎩᏨᏛ ᏥᏌ ᎤᏚᎵᏍᎬᎩ ᎨᎵᎵ ᎤᏪᏅᏍᏗᏱ; ᏈᎵᎩᏃ ᎤᏩᏛᎲᎩ, ᎠᎴ ᎾᏍᎩ ᎯᎠ
ᏄᏪᏎᎸᎩ; ᏍᎩᏍᏓᏩᏚᎦ.

44 ᏈᎵᎩ ᏇᏣᏱᏗ ᎡᎯ ᎨᏒᎩ, ᎡᏂᏗ ᎠᎴ ᏈᏓ ᎤᏂᏚᎲᎢ.

45 ᏈᎵᏃ ᎤᏩᏛᎲᎩ ᏁᏓᏂᎵ, ᎠᎴ ᎯᎠ ᏄᏪᏎᎸᎩ; ᎤᏥᏩᏛᎲ ᎾᏍᎩ ᎼᏏ ᎫᏬᏪᎳ
ᏥᎧᏃᎮᎭ ᏗᎧᎿᏩᏛᏍᏗ ᎪᏪᎵᎯ, ᎠᎴ ᎠᎾᏙᎴᎰᏍᎩ ᏣᏂᏃᎮᎭ, ᎾᏍᎩ ᏥᏌ ᎾᏎᎵᏗ ᎡᎯ
ᏦᏩ ᎤᏪᏥ.

46 ᏁᏓᏂᎵᏃ ᎯᎠ ᏄᏪᏎᎸᎩ; ᏰᎵᏍᎪ ᎪᎱᏍᏗ ᎣᏍᏛ ᎤᏓᎬᏩᎾᏄᎪᎢᏍᏗ ᎾᏎᎵᏗ? ᏈᎵᎩ
ᎯᎠ ᏄᏪᏎᎸᎩ; ᎢᏁᎾ, ᏣᎦᏔ.

47 ᏥᏌ ᏭᎪᎲᎩ ᏁᏓᏂᎵ, ᎦᏙᎬ ᎢᏗᏢ ᏛᎦᏛᎩ; ᎯᎠᏃ ᏄᏪᏒᎩ, ᎾᏍᎩ ᎤᏁᎢᏍᏔᏅᎩ;
ᎬᏂᏳᏉ ᎤᏙᎯᏳᎯᏯ ᎢᏏᎵ ᎤᏪᏥ, ᎾᏍᎩ ᎦᎶᏄᎮᏛ ᏄᏓᏑᏴᎾ.

48 ᏁᏓᏂᎵᎯᎠ ᏄᏪᏎᎸᎩ; ᎦᏙ ᏗᎦᎵᏍᏙᏗ ᎢᏍᎩᎦᏔᎭ? ᏥᏌ ᎤᏁᏨ ᎯᎠ ᏄᏪᏎᎸᎩ;
ᎠᏏᏉ ᏈᎵᎩ ᏫᏂᏣᏯᏂᏍᎬᎾ ᏥᎨᏒᎩ, ᎡᎦᏔ-ᎢᏳᏍᏗ ᎰᎬᎢ ᎭᏫᏂᏗᏢ ᏥᏦᎸᎩ, ᏫᎬᎪᎥᎩ.

49 ᏂᏓᏂᎵ ᎤᏅᏨ ᎯᎠ ᏄᏪᏒᎩ; ᏔᏕᏲᎲᏍᎩ, ᏂᎯ ᎤᏁᎳᏅᎯ ᎤᏪᏥ; ᏂᎯ ᏟᎬᏫᏳᎯ
ᎢᏏᎵ ᎤᎾᏤᎵᎦ.

50 ᏥᏌ ᎤᏁᏨ ᎯᎠ ᏄᏪᏎᎸᎩ; ᏥᎪᎯᎠ ᏥᏂᎬᏪᏏ, ᎬᎪᎥᎩ ᎭᏫᏂᏗᏢ ᎡᎦᏔ-ᎢᏳᏍᏗ ᎰᎬᎢ,
ᎾᏍᎩ ᎤᏗᎦᎵᏍᏙᏗᎭ ᎨᎯᏳᎲᏍᎦ? ᎤᏟ ᎢᏳᏍᏆᏂᎪᏗ ᎯᎪᏩᏘᏍᎨᏍᏗ, ᎡᏍᎦᏉ
ᎾᏍᎩ.

51 ᎠᎴᏬ ᎯᎠ ᏄᏪᏎᎸᎩ; ᎤᏙᎯᏳᎯᏳ ᎤᏙᎯᏳᎯᏯ ᎯᎠ ᏂᏨᏪᏎᎭ; ᎪᎯ ᎢᏳᏓᎴᏅᏛ
ᎢᏥᎪᏩᏘᏍᎨᏍᏗ ᎦᎸᎳᏗ ᎤᎵᏍᏚᎢᏛ ᎨᏎᏍᏗ, ᎠᎴ ᏕᏥᎪᏩᏘᏍᎨᏍᏗ ᏗᏂᎧᎿᏩᏗᏙᎯ
ᎤᏁᎳᏅᎯ ᏧᏤᎵᎦ ᎠᎾᎵᏌᎳᏗᏍᎨᏍᏗ ᎠᎴ ᎡᎳᏗ ᎾᎾᏛᏁᎮᏍᏗ ᎬᏩᎷᏤᎮᏍᏗ ᏴᏫ
ᎤᏪᏥ.

ᎠᏯᏙᎸᎢ 2

1 ᏦᎢᏁᏃ ᎢᎦ ᎦᎨᏚᏨᏍᏗᏍᎬᎩ ᎨᎵᎵ ᎨᏂ ᎦᏚᎲᎢ; ᏥᏌ ᎤᏥ ᎾᎿ ᎡᏙᎲᎩ.

2 ᏥᏌᏃ ᏩᏥᏯᏅᎲᎩ ᎠᎴ ᎬᏩᏍᏓᏩᏗᏙᎯ ᎦᎨᏚᏨᏍᏗᏍᎬ ᎤᏂᎷᎯᏍᏗᏱ.

3 ᎩᎦᎨᏃ-ᎠᏗᏔᏍᏗ ᎤᏗᏒᏅ, ᏥᏌ ᎤᏥ ᎯᎠ ᏄᏪᏎᎸᎩ; ᎥᏝ ᏣᏂᏁᎭ ᎩᎦᎨ-ᎠᏗᏔᏍᏗ.

4 ᏥᏌᏃ ᎯᎠ ᏄᏪᏎᎸᎩ; ᎯᎨᏴ ᎦᏙ ᎠᏴ ᏗᎩᎾᏓᏛᏙᏗ? ᎥᏝ ᎠᏏ ᎠᏴ ᏯᎩᏍᏆᎸᎡᎸ.

5 ᎤᏥᏃ ᎯᎠ ᏂᏚᏪᏎᎸᎩ ᎨᏥᏅᏏᏓᏍᏗ; ᏂᎦᎥ ᏂᏥᏪᏎᎲ ᎾᏍᎩ ᏂᏣᏛᏁᎸᎭ.

6 ᎾᎿᏃ ᏕᎦᏅᎲᎩ ᏑᏓᎵ ᎠᎹ ᏗᏟᏍᏗ ᏅᏯ ᏗᎪᏢᏔᏅᎯ ᎠᏂᏧᏏ ᏥᏂᎦᏅᏅᏃ ᎤᎾᏓᏅᏕᏗᏱ

ᏥᏂᎦᎬᏅᎩ, ᏦᎠᏍᎪᎯ ᎢᏴᏛ ᎢᏳᏟᎶᏛ ᏗᏟᏍᏙᏗ ᎨᏒᎢ

7 ᏥᏌᏃ ᎯᎠ ᏂᏚᏪᏎᎸᎩ; ᎠᎹ ᏗᏥᎧᎵᎢᏍᏓ ᎠᎹ ᏗᏟᏍᏗ. ᎾᏍᎩᏃ ᎠᎧᎵᎢ ᏚᏂᎧᎵᎸᎩ.

8 ᎯᎠᏃ ᏂᏚᏪᏎᎸᎩ; ᎿᏉ ᏗᏥᏢ ᎠᎴ ᎠᎾᎵᏍᏓᏴᎲᏍᎬ ᎤᎬᏫᏳᏌᏕᎩ ᏪᏥᏁᎥᏏ.

ᏭᏂᏁᎸᎩᏃ.

9 ᎤᎬᏫᏳᏌᏕᎩ ᎤᏚᎩᏒ ᎠᎹ ᎩᎦᎨᎠᏗᏔᏍᏗ ᎢᏳᎵᏍᏔᏅᎯ, ᎠᎴ ᎾᎦᏔᎲᎾ ᎨᏎ ᏧᎶᏒᎢ,

ᎨᏥᏅᏏᏓᏍᏗᏍᎩᏂ ᎠᎹ ᎤᏂᏢᏛ ᎠᏂᎦᏔᎲᎩ, ᎤᎬᏫᏳᏌᏕᎩ ᏭᏯᏅᎲᎩ ᎠᏍᎦᏯ

ᏣᏚᏨᏍᏗᏍᎩ,

10 ᎠᎴ ᎯᎠ ᏄᏪᏎᎸᎩ; ᎾᏂᎥ ᏴᏫ ᎠᎾᎴᏅᏗᏍᎪ ᎠᏂᏝᎲᏍᎪ ᎣᏌᏂ ᎩᎦᎨᎠᏗᏔᏍᏗ,

ᎿᏉᏃ ᎤᏣᏘ ᎤᎾᏗᏔᎲᎯ ᏥᎨᏐᎢ ᎩᎳ ᎤᏐᏅ ᎠᏂᏝᎲᏍᎪᎢ; ᏂᎯᏍᎩᏂ ᏣᏍᏆᏂᎪᏕ ᎣᏍᏛ

ᎩᎦᎨ-ᎠᏗᏔᏍᏗ ᎪᎯ ᎢᏯᏍᏗ.

11 ᎾᏍᎩ ᎯᎠ ᎤᎴᏅᏔᏅᎩ ᏥᏌ ᎤᏍᏆᏂᎪᏗ ᏚᎸᏫᏍᏓᏁᎸᎩ ᎨᎵᎵ ᎨᏂ ᎦᏚᎲᎢ, ᎠᎴ

ᎬᏂᎨᏒ ᏄᏩᏁᎸᎩ ᎠᏥᎸᏉᏗᏳ ᎨᏒᎢ. ᎬᏩᏍᏓᏩᏗᏙᎯᏃ ᎬᏬᎯᏳᏅᎩ.

12 ᎾᏍᎩᏃ ᏄᎵᏍᏔᏂᏙᎸ ᎨᏆᏂ ᏭᎶᏒᎩ, ᎤᏩᏒ, ᎠᎴ ᎤᏥ, ᎠᎴ ᎠᎾᎵᏅᏟ ᎠᎴ

ᎬᏩᏍᏓᏩᏗᏙᎯ; ᎠᎴ ᎾᎿ ᎢᎸᏍᎩᏉ ᏄᏂᏒᎸᎩ.

13 ᎧᏃᎯᏰᎩᏃ ᏗᎵᏍᏓᏴᏗᏱ ᎠᏂᏧᏏ ᎤᎾᏤᎵᎦ ᎤᏍᏆᎸᎯᏗᏒᎩ; ᏥᏌᏃ ᏥᎷᏏᎵᎻ ᏭᎶᏒᎩ.

14 ᎤᏛᏅᏃ-ᏗᎦᎳᏫᎢᏍᏗᏱ ᏚᏩᏛᎲᎩ ᎠᏂᏅᎩ ᏗᏂᎾᏕᎩ ᏩᎦ ᎠᎴ ᎠᏫ ᎠᎴ ᎫᎴ-

ᏗᏂᏍᎪᏂᎯ, ᎠᎴ ᎠᏕᎸ ᏗᏂᏁᏟᏴᏍᎩ.

15 ᎦᏩᏍᏛᏂᏍᏗᏃ ᎤᏬᏢᏅ, ᏂᎦᏛ ᎤᏛᎾ-ᏗᎦᎳᏫᎢᏍᏗᏱ ᏚᏄᎪᏫᏒᎩ, ᎠᎴ ᎾᏍᏉ ᎠᏫ,

ᎠᎴ ᏩᎩ; ᏚᏤᎶᎩᏃ ᎠᏕᎸ ᏚᏂᎲ ᎠᏕᎸ ᏗᏂᏁᏟᏴᏍᎩ, ᎠᎴ ᏚᎷᏆᏗᏅᏒᎩ ᏕᎦᏍᎩᎸᎢ.

16 ᎠᎴ ᎯᎠ ᏂᏚᏪᏎᎸᎩ ᎫᎴ-ᏗᏂᏍᎪᏂᎯ ᏗᏂᎾᏕᎩ; ᎯᎠ ᏗᏥᎧᎲᎾ, ᏞᏍᏗ ᎡᏙᏓ ᎦᏁᎸ

ᎦᏃᏙᏗᏱ ᎠᏓᏁᎸ ᎢᏨᏁᎸᎢ.

17 ᎬᏩᏍᏓᏩᏗᏙᎯᏃ ᎤᎾᏅᏓᏛᎩ ᎯᎠ ᏂᎬᏅ ᎪᏪᎸᎢ; "ᏣᏤᎵ ᎠᏓᏁᎸ ᏓᏯᎷᎬ

ᎠᎩᏯᎣᏅ."

18 ᎠᏂᏧᏏᏃ ᎤᏂᏁᏨ ᎯᎠ ᎤᎬᏩᏪᏎᎸᎩ; ᎦᏙ ᎠᏙᎴᎰᎯᏍᏙᏗ ᎬᏂᎨᏒ ᎤᏓᏍᎩᏴᏁᎵ,

ᎾᏍᎩ ᏥᏄᏍᏗ ᏥᏕᏣᎸᏫᏍᏓᏁᎭ?

19 ᏥᏌ ᎤᏁᏨᎩ ᎯᎠ ᏂᏚᏪᏎᎸᎩ; ᎢᏥᏲᏍᏓ ᎯᎠ ᎤᏛᏅ-ᏗᎦᎳᏫᎢᏍᏗᏱ, ᏦᎢᏉᏃ ᎢᎦ
ᏓᏥᏱᎵᏙᎵ ᎿᏉ ᏛᎦᏁᏍᎨᎨᏂ.

20 ᎠᏂᏧᏏᏃ ᎯᎠ ᏄᏂᏪᏒᎩ; ᏅᎦᏍᎪᎯ ᏑᏓᎵᎦᎵ ᏧᏕᏘᏴᏛ ᎤᏂᏱᎵᏙᎸᎯ ᎠᎾᏁᏍᎨᏍᎬ ᎯᎠ
ᎤᏛᏅ-ᏗᎦᎳᏫᎢᏍᏗᏱ; ᏥᏌᏃ ᏂᎯ ᏦᎢᏉ ᎢᎦ ᏛᎯᏱᎵᏙᎵ ᏛᎭᏁᏍᎨᎨᏂ?

21 ᎠᏎᏃ ᎤᏩᏒ ᎠᏰᎸ ᎠᏓᏁᎸ ᎧᏁᎢᏍᏗᏍᎬᎩ ᎾᏍᎩ ᏄᏪᏒ.

22 ᎨᏩᏃ ᎿᏉ ᎤᏲᎱᏒ ᏕᎤᎴᏅ ᎬᏩᏍᏓᏩᏗᏙᎯ ᎤᎾᏅᏓᏛᎩ ᎾᏍᎩ ᏂᏚᏪᏎᎸᎢ; ᎠᎴ
ᎤᏃᎯᏳᏅᎩ ᎪᏪᎵ ᎠᎴ ᎾᏍᎩ ᏥᏌ ᎤᏁᏨᎢ.

23 ᏥᎷᏏᎵᎻᏃ ᎡᏙᎲ ᎧᏃᎯᏰᎩ ᏗᎵᏍᏓᏴᏗᏱ ᎢᏳ ᎨᏒᎢ, ᎤᏂᏣᏛᎩ ᎤᏃᎯᏳᏅ ᏚᏙᎥᎢ,
ᎤᏂᎪᎲ ᎤᏍᏆᏂᎪᏗ ᏚᎸᏫᏍᏓᏁᎸᎢ.

24 ᎠᏎᏃ ᏥᎠ ᎥᏝ ᎤᏩᏒ ᏱᏚᏓᏲᏎᎢ, ᎾᏂᎥᏰᏃ ᏓᎦᏔᎲᎩ,

25 ᎥᏝ ᎠᎴ ᎤᏚᎸᏗ ᏱᏄᎵᏍᏓᏁᎮ ᎩᎶ ᎬᏂᎨᏒ ᎢᏳᏩᏁᏗᏱ ᏄᏍᏛ ᏴᏫ, ᎠᎦᏔᎲᎩᏰᏃ
ᏄᏍᏛ ᎭᏫᏂ ᎤᏪᎲ ᏴᏫ.

ᎠᏯᏙᎸᎢ 3

1 ᎠᏍᎦᏯ ᎡᎲᎩ ᏂᎦᏗᎹᏏ ᏧᏙᎢᏛ, ᎠᏂᏆᎵᏏᏱ ᎤᏤᎵᎪᎯ, ᎠᏂᏥᏏ ᏗᎬᏩᏁᏩᏗ ᎨᏒᎩ.
2 ᎾᏍᎩ ᏥᏌ ᎤᎷᏤᎸᎩ ᏒᏃᏱ ᎯᎠ ᏄᏪᏎᎸᎩ; ᏗᏍᏇᏲᎲᏍᎩ, ᎣᏥᎦᏔᎭ ᏔᏕᏲᎲᏍᎩ ᎨᏒ
ᎤᏁᎳᏅᎯ ᎤᏓᏟᏅᏏᏛ ᎨᏒᎢ: ᎥᏝᏰᏃ ᎩᎶ ᎾᏍᎩ ᎯᎠ ᎤᏍᏆᏂᎪᏗ ᏥᎦᏟᎸᏫᏍᏓᏁᎭ
ᏱᏙᎬᏩᎸᏫᏍᏓᏏ, ᎤᏁᎳᏅᎯ ᏂᎦᎧᎿᏩᏗᏙᎲᎾᏱᎩ.
3 ᏥᏌ ᎤᏁᏨ ᎯᎠ ᏄᏪᏎᎸᎩ; ᎤᏙ ᎯᏳᎯᏯ, ᎤᏙᎯᏳᎯᏯ ᎯᎠ ᏂᎬᏪᏎᎭ, ᎩᎶ ᏔᎵᏁ
ᎤᏕᏅᎯ ᏂᎨᏒᎾ ᎢᎨᏎᏍᏗ ᎥᏝ ᏴᎬᎪᏩᏛ ᎾᎿ ᎤᏁᎳᏅᎯ ᎤᎬᏫ ᏳᎯ ᎨᏒᎢ.
4 ᏂᎦᏗᎹᏏᏃ ᎯᎠ ᏄᏪᏎᎸᎩ; ᎦᏙ ᏗᎦᎵᏍᏙᏓ ᏴᏫ ᏯᏕᎲᎦ ᎿᏉ ᎠᎦᏴᎵᎨ ᏱᎩ? ᏥᎪ
ᏔᎵᏁ ᎤᏥᏏᏱ ᏫᏯᏴᎭ, ᏯᏕᎲᎦ?
5 ᏥᏌᎤᏁᏨᎩ; ᎤᏙᎯᏳᎯᏯ, ᎤᏙᎯᏳᎯᏯ ᎯᎠ ᏂᎬᏪᏎᎭ, ᎩᎶ ᎠᎹ ᎠᎴ ᎠᏓᏅᏙ
ᎬᏩᎾᏄᎪᏫᏒᎯ ᏂᎨᏒᎾ ᎢᎨᏎᏍᏗ ᎥᏝ ᏴᎬᏴᎭ ᎾᎿ ᎤᏁᎳᏅᎯ ᎤᎬᏫᏳᎯ ᎨᏒᎢ.
6 ᎾᏍᎩ ᎾᎤᏇᏓᎵ ᎤᎾᏄᎪᏫᏒᎯ ᎤᏇᏓᎵᏉ ᎨᏐᎢ; ᎾᏍᎩ ᎾᎠᏓᏅᏙ ᎤᎾᏄᎪᏫᏒᎯ ᎠᏓᏅᏙ
ᎨᏐᎢ.
7 ᏝᏍᏗ ᏣᏍᏆᏂᎪᏒᎩ ᎠᏎ ᏔᎵᏁ ᎢᏟᏕᏗ, ᏥᎬᏲᏏ.
8 ᎤᏃᎴ ᎤᎦᎵᏍᏛᏉ ᎢᏗᎵ ᏫᎦᏃᎸᏗᏍᎪᎢ, ᎠᎴ ᎤᏃᏴᎬ ᎭᏛᎩᏍᎪᎢ, ᎠᏎᏃ ᎥᏝ ᏱᎦᏔᎮ
ᏗᎦᏛᎢ ᎠᎴ ᏩᎦᏛᎢ; ᎾᏍᎩᏯᏍᎩᏂ ᏄᏍᏗ ᎾᏂᎥ ᎩᎶ ᎾᏍᎩ ᎠᏓᏅᏙ ᏧᎾᏄᎪᏫᏒᎯ.
9 ᏂᎦᏗᎹᏏ ᎤᏁᏨ ᎯᎠ ᏄᏪᏎᎸᎩ; ᎦᏙ ᏱᎦᎵᏍᏙᏓ ᎾᏍᎩ ᏱᏄᏍᏗ?
10 ᏥᏌ ᎤᏁᏨ ᎯᎠ ᏄᏪᏎᎸᎩ; ᏥᎪ ᏔᏕᏲᎲᏍᎩ ᎢᏏᎵ ᎠᏁᎲᎢ, ᏂᎦᏔᎲᎾᏃ ᎢᎩ ᎾᏍᎩ
ᎯᎠ.
11 ᎤᏙᎯᏳᎯᏯ, ᎤᏙᎯᏳᎯᏯ ᎯᎠ ᏂᎬᏪᏎᎭ; ᎣᏂᎦᏔᎲ ᎣᏥᏁᎢ, ᎠᎴ ᎣᎩᎪᎲᎯ
ᎣᏥᏃᎮᏍᎪᎢ, ᎠᏎᏃ ᎥᏝ ᏱᏗᏟᏓᏂᎸᎪ ᎣᏥᏃᎮᏍᎬᎢ.
12 ᎢᏳᏃ ᎡᎶᎯ ᏂᎦᎵᏍᏔᏂᏙᎲ ᎢᏨᏃᎮᎮᎸ ᏂᏦᎯᏳᎲᏍᎬᎾ ᏱᎩ, ᎦᏙ ᏱᎦᎵᏍᏙᏓ
ᏱᏦᎯᏳᎲᎦ, ᎦᎸᎳᏗ ᏂᎦᎵᏍᏔᏂᏙᎲ ᏱᏨᏃᎮᎮᎸ?
13 ᎥᏝᏰᏃ ᎩᎶ ᎦᎸᎳᏗ ᏫᏳᎶᏐᎢ, ᎦᎸᎳᏗ ᎤᏓᏳᎶᏒᎯ ᎤᏩᏒ, ᏴᏫ ᎤᏪᏥ, ᎾᏍᎩ ᎦᎸᎳᏗ
ᏤᎭ.
14 ᎠᎴ ᎼᏏ ᎢᎾᏛ ᏧᏌᎳᏓᏁ ᎢᎾᎨᎢ, ᎾᏍᎩᏯ ᎾᏍᏉ ᏴᏫ ᎤᏪᏥ ᏓᏰᏥᏌᎳᏗᏂ,
15 ᎾᏍᎩ ᎩᎶ ᎪᎯᏳᎲᏍᎨᏍᏗ, ᎤᏲᎱᎯᏍᏗᏱ ᏁᎨᏒᎾ, ᎬᏂᏛᏍᎩᏂ ᎤᏩᏛᏗ.
16 ᎾᏍᎩᏰᏃ ᏂᎦᎥᎩ ᎤᏁᎳᏅᎯ ᎤᎨᏳᏒᎩ ᎡᎶᎯ, ᎦᏅᏲᏒᎩ ᎤᏤᎵᎦ ᎤᏪᏥ ᎤᏩᏒᎯᏳ
ᎤᏕᏁᎸᎯ, ᎩᎶ ᎾᏍᎩ ᏱᎪᎯᏳᎲᏍᎦ ᎤᏲᎱᎯᏍᏗᏱ ᏂᎨᏒᎾ, ᎬᏂᏛᏉᏍᎩᏂ ᎤᏩᏛᏗ.
17 ᎤᏁᎳᏅᎯᏰᏃ ᎥᏝ ᎡᎶᎯ ᎤᎷᎯᏍᏗᏱ ᏴᏧᏅᏒ ᎤᏪᏥ ᏧᏭᏓᏁᏗᏱ ᎡᎶᎯ, ᎾᏍᎩᏍᎩᏂ
ᎢᏳᏩᏂᏐᏗᏱ ᎡᎶᎯ ᎠᏥᏍᏕᎸᏗᏱ.

18 ᎩᎶ ᎾᏍᎩ Ꮎ ᏥᎪᎯᏳᎲᏍᎪᎢ, ᎥᏝ ᎤᏍᎦᏅᏨᎯ ᏧᏚᎪᏔᏅᎯ ᏱᎨᏎᎢ, ᎾᏍᎩᏍᎩᏂ Ꮎ
ᏂᎪᎯᏳᎲᏍᎬᎾ ᎾᏍᎩ ᎦᏳᎳ ᎤᏍᎦᏅᏨᎯ ᏧᏚᎪᏔᏅᎯ ᎨᏎᎢ, ᎤᏗᎦᎵᏍᏙᏗᏍᎪ
ᏄᏬᎯᏳᏅᎾ ᎨᏒ ᎤᏁᎳᏅᎯ ᎤᏪᏥ ᏚᏙᎥ ᎾᏍᎩ ᎤᏩᏒᎯᏳ ᎤᏕᏁᎸᎯ.
19 ᎠᎴ ᎾᏍᎩ ᎯᎠ ᎤᏗᎦᎵᏍᏙᏗᎭ ᎤᏂᏍᎦᏅᏨ ᏥᏚᎾᏚᏚᏓᏁᎭ, ᎾᏍᎩ ᎢᎦᎦᏘ ᎡᎶᎯ
ᎤᎾᏄᎪᏥᎸ, ᎠᎴ ᏴᏫ ᎤᏟ ᎤᏂᏰᎸᏅ ᎤᎵᏏᎩ ᎡᏍᎦᏉ ᎢᎦᎦᏘ, ᏚᏂᎸᏫᏍᏓᏁᎲᏰᏃ ᎤᏲᎢᏳ
ᎨᏒᎦᎴ ᎾᏍᎩ ᎯᎠ ᎤᏗᎦᎵᏍᏙᏗᎭ ᎤᏂᏍᎦᏅᏨ ᏥᏚᎾᏚᏚᏓᏁᎭ, ᎾᏍᎩ ᎢᎦᎦᏘ ᎡᎶᎯ
ᎤᎾᏄᎪᏥᎸ, ᎠᎴ ᏴᏫ ᎤᏟ ᎤᏂᏰᎸᏅ ᎤᎵᏏᎩ ᎡᏍᎦᏉ ᎢᎦᎦᏘ, ᏚᏂᎸᏫᏍᏓᏁᎲᏰᏃ ᎤᏲᎢᏳ
ᎨᏒᎩ.
20 ᎤᏲᏰᏃ ᏧᎸᏫᏍᏓᏁᎯ ᎠᏍᎦᎪ ᎢᎦᎦᏘ, ᎠᎴ ᎥᏝ ᏱᏚᎷᎪ ᎢᎦᎦᏛᎢ, ᎤᏗᎦᎵᏍᏙᏗᏍᎪ
ᏄᎦᎵᏍᎬᎾ ᎨᏒ ᎬᏂᎨᏒ ᎢᏳᎵᏍᏙᏗᏱ ᏄᏍᏛ ᏚᎸᏫᏍᏓᏁᎲᎢ.
21 ᏚᏳᎪᏛᏍᎩᏂ ᏧᎸᏫᏍᏓᏁᎯ ᎢᎦᎦᏛ ᏚᎷᎪᎢ, ᎤᏚᎵᏍᎪ ᎬᏂᎨᏒ ᎢᏳᎵᏍᏙᏗᏱ
ᎤᏁᎳᏅᎯ ᎣᏏᏳ ᎤᏰᎸᏗ ᏚᎸᏫᏍᏓᏁᎲᎢ.
22 ᎾᏍᎩᏃ ᏄᎵᏍᏔᏂᏙᎸ, ᏥᏌ ᎠᎴ ᎬᏩᏍᏓᏩᏗᏙᎯ ᏧᏗᏱ ᏭᏂᎶᏒᎩ, ᎾᎿᏃ ᎤᏁᏙᎸᎩ,
ᎠᎴ ᏚᏓᏬᎥᎩ.
23 ᏣᏂᏃ ᎾᏍᏉ ᎢᏃᏂ ᏓᏓᏬᏍᎬᎩ, ᏎᎵᎻ ᎾᎥᎢ, ᎾᎿᏰᏃ ᎤᏣᏛᎩ ᎠᎹ. ᎠᏂᎷᎬᎩᏃ ᎠᎴ
ᏕᎨᎦᏬᏍᎬᎩ.
24 ᏣᏂᏰᏃ ᎥᏝ ᎠᏏ ᏗᏓᏍᏚᏗᏱ ᏯᏥᏴᏗᏍᎨᎢ.
25 ᎿᏉᏃ ᎧᏃᎮᏗ ᏄᎾᎵᏍᏓᏁᎸᎩ ᏣᏂ ᎬᏩᏍᏓᏩᏗᏙᎯ ᎠᏂᏧᏏᏃ ᎠᏓᏅᎦᎸᏗᏱ ᎤᎬᏩᎵ.
26 ᏣᏂᏃ ᎤᏂᎵᏤᎸᎩ, ᎯᎠ ᏄᏂᏪᏎᎸᎩ; ᏔᏕᏲᎲᏍᎩ, ᎾᏍᎩ ᎾᏥᏍᏕᏙᎲᎩ ᏦᏓᏂ
ᏍᎪᏂᏗᏢ, ᎾᏍᎩ ᏥᏃᎮᏍᎬᎩ, ᎬᏂᏳᏉ ᎾᏍᎩ ᏓᏓᏬᎠ, ᎠᎴ ᏂᎦᏛᏉ ᎬᏩᎷᏤᎭ.
27 ᏣᏂ ᎤᏁᏨ ᎯᎠ ᏄᏪᏒᎩ; ᏴᏫ ᎥᏝ ᎪᎱᏍᏗ ᏴᎬᏩᏛ ᎬᏂ ᎦᎸᎳᏗ ᎤᏓᏰᏥᏁᎸᎯ ᏱᎩ.
28 ᏂᎯ ᎢᏨᏒ ᎢᏥᎦᏔᎯ ᎯᎠ ᏥᏂᏥᏪᏍᎬᎩ; ᎠᏴ ᎥᏝ ᎦᎶᏁᏛ ᏱᎩ, ᎥᎩᏅᏏᏛᏉᏍᎩᏂ
ᎢᎬᏱ ᏥᏰᏅᏒᎯ.
29 ᎤᏓᏴᏍᏗ ᎤᏪᎧᎯ ᎾᏍᎩ ᎠᏕᏒᎲᏍᎩ; ᎠᏎᏃ ᎠᏕᏒᎲᏍᎩ ᎤᎾᎵᎢ, ᎾᏍᎩ ᏥᎦᏙᎯ
ᏧᏛᎦᏁᎮᎢ, ᎤᏣᏔᏅᎯ ᎠᎵᎮᎵᎪ ᎤᏗᎦᎵᏍᏙᏗᏍᎪ ᎠᏕᏒᎲᏍᎩ ᎧᏁᎬᎢ. ᎾᏍᎩᏍᎩᏂ ᎠᏴ
ᎦᎵᎡᎵᎬ ᎤᎧᎵᏨ.
30 ᎾᏍᎩ Ꮎ ᎠᏎ ᏛᏛᏃᏏ, ᎠᏴᏍᎩᏂ ᎠᏎ ᏓᏥᏲᎶᏥ.
31 ᎦᎸᎳᏗ ᎤᏓᏳᎶᏒᎯ ᎤᏟᎠᏥᎸᏉᏗᏳ ᎡᏍᎦᏉ ᎾᏂᎥᎢ. ᎡᎶᎯ ᎤᎾᏄᎪᏨᎯ ᎡᎶᎯᏉ
ᎡᎯ ᎨᏎᎢ, ᎠᎴ ᎦᏬᏂᏍᎬ ᎡᎶᎯᏉ ᎡᎯ ᎨᏎᎢ, ᎦᎸᎳᏗᏍᎩᏂ ᎤᏓᏳᎶᏒᎯ ᎤᏟ ᎦᎸᏉᏗᏳ
ᎡᏍᎦᏉ ᎾᏂᎥᎢ.
32 ᎠᎴ ᎾᏍᎩ ᎤᎪᎲᎢ ᎤᏛᎦᏅᎾᏍᎩ ᎧᏃᎮᎭ, ᎠᏎᏃ ᎥᏝ ᎩᎶ ᏱᏓᏓᏂᎸᎦ ᎾᏍᎩ ᎤᏃᎮᎸᎢ.
33 ᎾᏍᎩᏍᎩᏂ Ꮎ ᏧᏓᏂᎸᏨᎯᏍᎩᏂ ᎤᏃᎮᎸᎢ ᎾᏍᎩ ᎤᏍᏓᏱᏛ ᎤᏁᎳᏅᎯ ᎬᏩᏥᎪᏗ
ᏂᎨᏒᎾ ᎨᏒᎢ.

34 ᎾᏍᎩᏰᏃ ᎤᏁᎳᏅᎯ ᎤᏅᏏᏛ, ᎤᏁᎳᏅᎯ ᎤᏪᏂᎯᏍᏗ ᎨᏒ ᎦᏬᏂᎭ; ᎤᏁᎳᏅᎯᏰᏃ
ᎥᏝ ᎤᏟᏣᏛᏉ ᎠᏓᏅᏙ ᏳᏁᎭ.
35 ᎠᎦᏴᎵᎨ ᎤᎮᏳᎯᏳ ᎤᏪᏥ, ᎠᎴ ᏂᎦᏗᏳ ᎪᎱᏍᏗ ᎦᏲᎯᏎᎸ.
36 ᎾᏍᎩ ᎾᎪᎯᏳᎲᏍᎩ [ᎤᏁᎳᏅᎯ ᎤᏪᏥ, ᎾᏍᎩ ᎬᏂᏛ ᎠᎵᏍᏆᏗᏍᎩ ᏁᎨᏒᎾ
ᎤᏤᎵᎦ, ᎾᏍᎩᏍᎩᏂ ᎤᏪᏥ ᎪᎯᏳᎲᏍᎩ ᏂᎨᏒᎾ ᎥᏝ ᎬᏂᏛ ᎤᎪᏩᏛᏗ ᏱᎩ;
ᎤᏁᎳᏅᎯᏉᏍᎩᏂ ᎤᏔᎳᏬᎯᏍᏗ ᎨᏒ ᎤᎵᏃᎯᏰᎭ.

ᎠᏯᏙᎸᎢ 4

1 ᎤᎬᏫᏳᎯᏃ ᎤᏛᎦᏅ ᎠᏂᏆᎵᏏ ᎤᎾᏛᎦᏅ ᏥᏌ ᎤᏟ ᎢᏯᏂᎢ ᎬᏩᏍᏓᏩᏕᎩ ᏂᎦᎬᏁᎲ ᎠᎴ
ᎦᏚᏬᏍᎬᎢ, ᎡᏍᎦᏉ ᏣᏂ,

2 (ᎥᏝᏍᎩᏂᏃᏅ ᏥᏌ ᎤᏩᏒ ᏱᏓᏓᏬᏍᎨᎢ, ᎬᏩᏍᏓᏩᏗᏙᎯᏉᏍᎩᏂ,)

3 ᏧᏗᏱ ᎤᏂᎩᏒᎩ ᎠᎴ ᏔᎵᏁ ᎨᎵᎵ ᏮᎤᎶᏒᎩ.

4 ᎠᎴ ᏌᎺᎵᏱ ᎠᏎ ᎤᎶᎯᏍᏗ ᎨᏒᎩ.

5 ᎿᏉᏃ ᏌᎺᎵᏱ ᎦᏚᎲ ᎤᎷᏨᎩ ᏌᎦ ᏧᏙᎢᏛ ᎾᏍᎩ ᎾᎥ ᏥᎦᏚᎭ ᎦᏓ ᎠᎲ ᏤᎦᏈ ᏧᏁᎴ
ᎤᏪᏥ ᏦᏩ.

6 ᎾᎿᏃ ᎠᏔᎴᏒᎩ ᎠᎹ ᏧᏂᏢᏗᏱ ᏤᎦᏈ ᎤᏤᎵᎦ; ᏥᏌᏃ ᎦᏯᏪᏨ ᎠᎢᏒ ᎤᏪᏅᎩ
ᎠᏔᎴᏒᎢ; ᏔᎳᏚᏃ ᎢᏴᏛ ᎢᏳᏟᎶᏛ ᎧᎳᏩᏗᏒ ᎨᏒᎩ.

7 ᎾᎿ ᎤᎷᏤ ᎠᎨᏴ ᏌᎺᎵᏱ ᎡᎯ ᎠᎹ ᎤᏢᎯᎴᎢ; ᏥᏌ ᎯᎠ ᏄᏪᏎᎴᎢ; ᎠᏆᏗᏔᏍᏗ
ᏍᎩᏁᎲᏏ.

8 ᎬᏩᏍᏓᏩᏗᏙᎯᏰᏃ ᏗᎦᏚᎲ ᏩᏁᏙᎲᎩ ᎠᎵᏍᏓᏴᏗ ᎤᏂᏩᏒᏒᎩ.

9 ᎿᏉᏃ ᎾᏍᎩ ᎠᎨᏴ ᏌᎺᎵᏱ ᎡᎯ ᎯᎠ ᏄᏪᏎᎴᎢ; ᎦᏙ ᏗᎦᎵᏍᏙᏗᎭ ᏂᎯ ᎯᏧᏏ
ᎠᏗᏔᏍᏗ ᎢᏍᎩᏔᏲᏎᎭ ᏥᎨᏴ ᏌᎺᎵᏱ ᎨᎢ. (ᎠᏂᏧᏏᏰᏃ ᎠᎴ ᏌᎺᎵᏱ ᎠᏁᎯ ᎥᏝ
ᏱᏚᎾᏓᏕᏌᏯᏍᏙᎢ.)

10 ᏥᏌ ᎤᏁᏤᎢ ᎯᎠ ᏄᏪᏎᎴᎢ; ᎢᏳᏃ ᏱᎯᎦᏔᎮ ᎤᏁᎳᏅᎯ ᎤᏓᏁᏗ ᏥᎩ, ᎠᎴ
ᏱᎯᎦᏔᎮ ᎯᎠ ᎾᏍᎩ ᏥᏂᏣᏪᏎᎭ, ᎠᏆᏗᏔᏍᏗ ᏍᎩᏁᎲᏏ; ᏨᏒ ᏱᏔᏲᏎᎴᎢ, ᎠᎴ
ᏱᏣᏁᏁᎴ ᎬᏂᏛ ᎠᎹ.

11 ᎠᎨᏴ ᎯᎠ ᏄᏪᏎᎴᎢ, ᎯᎠ ᏄᏪᏎᎴᎢ, ᎯᏍᎦᏯ, ᎥᏝ ᎪᎱᏍᏗ ᏱᏰᎭ ᎠᏢᏗ, ᎭᏫᏂᏳᏃ
ᎠᏔᎴᏒᎢ, ᎭᏢᏃ ᏣᏁᎩᏒ ᎾᏍᎩ ᎬᏂᏛ ᎠᎹ?

12 ᏥᏌ ᎤᏟ ᎡᎶᎸᏉᏗᏳ ᏂᎯ, ᎡᏍᎦᏉ ᎢᎩᏙᏓ ᏤᎦᏈ ᎾᏍᎩ ᎢᎩᏁᎸᎯ ᎯᎠ ᎠᏔᎴᏒᎢ,
ᎠᎴ ᎾᎿ ᎤᏩᏒ ᎤᏗᏔᎲᎢ ᎠᎴ ᏚᎾᏗᏔᎲᎢ ᏧᏪᏥ ᎠᎴ ᎤᎾᏝᎾᎥᎢ.

13 ᏥᏌ ᎤᏁᏤᎢ ᎯᎠ ᏄᏪᏎᎴᎢ; ᎩᎶ ᏳᏗᏔᎲ ᎯᎠ ᎠᎹ ᏔᎵᏁᏉ ᎤᏔᏕᎪᏗ;

14 ᎩᎶᏍᎩᏂ ᏳᏗᏔᎲ ᎾᏍᎩ ᎠᎹ ᎠᏴ ᏥᏁᏁᏗ ᏥᎩ ᎥᏝ ᎢᏳᎯᏳ ᎤᏔᏕᎪᏗ ᏱᎩ,
ᎠᏴᏍᎩᏂ ᏥᏁᏁᏗ ᏥᎩ ᎠᎹ, ᎭᏫᏂ ᎠᏰᎸ ᎠᎹ ᎦᎸᎪᎬ ᎨᏎᏍᏗ, ᏫᏚᎾᎸᎪᎨᏍᏗ ᎬᏂᏛ
ᎠᎵᏍᏆᏗᏍᎩ ᏂᎨᏒᎾ ᏗᎨᏒᎢ.

15 ᎠᎨᏴ ᎯᎠ ᏄᏪᏎᎴᎢ; ᎯᏍᎦᏯ, ᎯᎠ ᎾᏍᎩ ᎠᎹ ᏍᎩᏁᎲᏏ, ᏞᏍᏗᏃ ᎠᎩᏔᏕᎦᏅᎩ,
ᎠᎴ ᏞᏍᏗ ᎠᏂ ᎠᎩᏢᎯᏄᎩ.

16 ᏥᏌ ᎯᎠ ᏄᏪᏎᎴᎢ; ᏣᏰᎯ ᏫᏯᏅ, ᎠᏂᏃ ᎢᏍᏗᎷᏨᎭ.

17 ᎠᎨᏴᏃ ᎤᏁᏤᎢ ᎯᎠ ᏄᏪᏎᎴᎢ; ᎥᏝ ᏰᎭ ᎠᎩᏰᎯ. ᏥᏌᎯᎠ ᏄᏪᏎᎴᎢ; ᏰᎵ ᏂᏫ ᏴᎭ
ᎠᎩᏰᎯ, ᏣᏛ;

18 ᎯᏍᎩᏰᏃ ᎾᏂᎥᎩ ᎨᏣᏰᎯ, ᎪᎯᏃ ᏥᏣᎧᎭ ᎥᏝ ᏣᏰᎯ ᏱᎩ; ᎾᏍᎩ ᏥᏂᏫ ᏚᏳᎪᏛ ᏂᏫ.

19 ᎠᎨᏴ ᎯᎠ ᏄᏪᏎᎴᎢ; ᎯᏍᎦᏯ, ᎦᏖᎴᎣᏍᎦ ᎭᏙᎴᎰᏍᎩ ᎨᏒᎢ.
20 ᏦᎩᎦᏴᎵᎨ ᎠᎾᏓᏙᎵᏍᏗᏍᎬᎩ ᎠᏂ ᎣᏓᎸᎢ, ᎠᏎᏃ ᏂᎯ ᎯᎠ ᏂᏥᏪᏍᎪᎢ; ᏥᎷᏏᎵᎻᏍᎩᏂ
ᎾᎿ ᎤᎬᏫᏳᎭ ᎠᏓᏙᎵᏍᏙᏗᏱ.
21 ᏥᏌᏃ ᎯᎠ ᏄᏪᏎᎴᎢ; ᎯᎨᏴ, ᏍᏉᎯᏳᎲᎦ, ᏛᏍᏆᎸᎯ ᎾᎯᏳ ᎥᏝ ᎠᏂ ᎣᏓᎸᎢ, ᎠᎴ
ᎾᏍᏉ ᏥᎷᏏᎵᎻ, ᏱᏕᏰᏣᏓᏙᎵᏍᏓᏁᎵᏍᏗ ᎠᎦᏴᎵᎨᎢ.
22 ᏂᎯ ᎢᏣᏓᏙᎵᏍᏓᏁᎭ ᎪᎱᏍᏗ ᎾᏍᎩ ᏂᏥᎦᏔᎲᎾ; ᎠᏴᏍᎩᏂ ᎣᏥᎦᏔᎭ ᎢᏳᏍᏗ
ᎣᏣᏓᏙᎵᏍᏓᏁᎲᎢ; ᎠᏂᏧᏏᏰᏃ ᎠᏁᎲ ᎠᎵᏍᏕᎸᏙᏗ ᎨᏒ ᎤᏓᏳᎾᎸᎪᎢᏍᏗ.
23 ᎠᏎᏃ ᏛᏍᏆᎸᎯ, ᎠᎴ ᎿᏉ ᎤᏍᏆᎸᎲ, ᎾᏍᎩ ᎤᏙᎯᏳᏒ ᎠᎾᏓᏙᎵᏍᏗᏍᎩ
ᏛᎾᏓᏙᎵᏍᏓᏁᎵ ᎠᎦᏴᎵᎨ ᏙᏛᎤᏩᏂ ᏧᎾᏓᏅᏙ ᎠᎴ ᏚᏳᎪᏛᎢ; ᎠᎦᏴᎵᎨᏰᏃ ᏚᏲᎰ ᎾᏍᎩ
ᎢᏳᎾᏍᏗ ᎬᏩᏓᏙᎵᏍᏓᏁᎯ.
24 ᎤᏁᎳᏅᎯ ᎠᏓᏅᏙ; ᎾᏍᎩᏃ Ꮎ ᎠᎾᏓᏙᎵᏍᏓᏁᎯ ᏧᎾᏓᏅᏙ ᎠᎴ ᏚᏳᎪᏛ ᏧᏅᏙᏗ
ᎤᎾᏓᏙᎵᏍᏓᏁᏗ.
25 ᎠᎨᏴ ᎯᎠ ᏄᏪᏎᎴᎢ; ᏥᎦᏔᎭ ᎤᎷᎯᏍᏗ ᎨᏒ ᎺᏌᏯ-ᎾᏍᎩ ᎦᎶᏁᏛ ᏣᏃᏎᎰᎢ-ᎾᏍᎩ
ᎦᎷᏨᎭ, ᏓᎩᏃᏁᎵ ᏂᎦᎥ ᎦᎱᏍᏗ.
26 ᏥᏌ ᎯᎠ ᏄᏪᏎᎴᎢ; ᎠᏴ ᏥᎬ ᏬᏁᏗᎭ ᎾᏍᎩ [ᎺᏌᏯ.]
27 ᎿᏉᏃ ᎬᏩᏍᏓᏩᏗᏙᎯ ᎤᏂᎷᏨᎩ, ᎠᎴ ᎤᏂᏍᏆᏂᎪᏒᎩ ᎠᎨᏴ ᎠᎵᏃᎮᏗᏍᎬᎢ. ᎠᏎᏃ ᎥᏝ
ᎩᎶᎢ, ᎦᏙ ᏣᏲᎭ? ᎠᎴ ᎦᏙᏃ ᎢᎯᏯᎵᏃᎮᏍᏗ? ᏳᏬᏎᎴᎢ.
28 ᎿᏉᏃ ᎠᎨᏴ ᎤᎯᏴᎩ ᎠᏑ ᎤᏢᏗ, ᎠᎴ ᏗᎦᏚᎲ ᏭᎶᏒᎩ, ᎯᎠ ᏫᏂᏚᏪᏎᎸᎩ ᏴᏫ;
29 ᎢᏕᎾ, ᏫᏥᎪᏩᏛ ᎠᏍᎦᏯ ᎠᎩᏃᏁᎸᎯ ᏂᎦᎥ ᎾᏆᏛᏁᎵᏙᎸᎢ. ᏝᏍᎪ ᎾᏍᎩ ᎦᎶᏁᏛ
ᏱᎩ?
30 ᎰᏩᏃ ᎦᏚᎲ ᎤᏂᏄᎯᏨᎩ, ᎠᎴ ᎥᎬᏩᎷᏤᎸᎩ.
31 ᎠᏏᏉᏃ ᎦᏚᎲ ᏪᏙᎲᎩ, ᎬᏩᏍᏓᏩᏗᏙᎯ ᎬᏩᏍᏗᏰᏔᏅᎩ, ᏗᏍᎩᏰᏲᎲᏍᎩ,
ᎭᎵᏍᏓᏴᎲᎦ, ᎠᎾᏗᏍᎬᎩ.
32 ᎠᏎᏃ ᎯᎠ ᏂᏚᏪᏎᎸᎩ; ᎠᎩᎭ ᎠᏆᎵᏍᏓᏴᏗ ᏂᎯ ᏂᏥᎦᏔᎲᎾ.
33 ᎾᏍᎩᏃ ᎢᏳᏍᏗ ᎬᏩᏍᏓᏩᏗᏙᎯ ᎯᎠ ᏂᏚᎾᏓᏪᏎᎸᎩ; ᏥᎪ ᎩᎶ ᎤᏲᎮᎸ ᎤᎵᏍᏓᏴᏗ?
34 ᏥᏌ ᎯᎠ ᏂᏚᏪᏎᎸᎩ, ᏄᏍᏛ ᎠᏓᏅᏖᏍᎬ ᎠᎩᏅᏏᏛ ᎢᏯᏆᏛᏁᏗᏱ, ᎠᎴ ᎾᏍᎩ ᎤᏤᎵ
ᏗᎦᎸᏫᏍᏓᏁᏗ ᎨᏒ ᎠᎩᏍᏆᏗᏍᏗᏱ, ᎾᏍᎩ ᎠᏴ ᎠᏆᎵᏍᏓᏴᏗ.
35 ᏝᏍᎪ ᎯᎠ ᎢᏤᏥᏪᏍᏗ ᏱᎩ; ᎠᏏ ᏅᎩ ᎢᏯᏅᏙ ᎩᎳ ᏛᏕᏛᎾᏥ? ᎬᏂᏳᏉ ᎯᎠ
ᏂᏨᏪᏎᎭ; ᏗᏥᏚᏙᎵ ᏗᏥᏌᎳᏛᎦ, ᎠᎴ ᏕᎦᎶᎨᏒ ᏗᎶᎧᏅᎦ, ᎿᏉᏰᏃ ᏧᏁᎩᏳ, ᎠᎴ
ᎤᏍᏆᎸᎲ ᎠᏍᏗᏕᏍᏗᏱ.
36 ᎠᎴ ᎠᏍᏗᏕᏍᎩ ᎠᎦᏗᏴᎡᎰᎢ, ᎠᎴ ᎤᏍᏗᏕᏒᎯ ᏫᎦᏟᏏᏍᎪ ᎬᏂᏛ ᏗᎨᏒᎢ, ᎾᏍᎩ ᎢᏧᎳ
ᎤᎾᎵᎮᎵᏍᏗᏱ ᏂᎦᎵᏍᏗᏍᎪ ᎠᏫᏍᎩ ᎾᏃ ᎠᏍᏗᏕᏍᎩ.

37 ᎠᎴ ᎾᏍᎩ ᎠᏂ ᎤᏙᎯᏳᎯ ᏂᎦᎵᏍᏗᎭ ᎯᎠ ᎢᎦᏪᏛ ᏥᎩ; ᎩᎶ ᎠᎾᏍᎪᎢ ᎤᏩᏓᎴᏃ
ᎠᏍᎫᏕᏍᎪᎢ.
38 ᎢᏨᏅᏒᎩ ᏫᏥᏍᎫᏕᏍᏗᏱ ᎾᎿ ᏂᎯ ᏗᏥᎸᏫᏍᏓᏁᎸᎯ ᏂᎨᏒᎾ ᎨᏒᎢ; ᎤᏩᎾᏓᎴ
ᏗᏂᎸᏫᏍᏓᏁᎸᎩ, ᏂᎯᏃ ᎢᏥᏴᎸ ᏚᏂᎸᏫᏍᏓᏁᎸᎢ.
39 ᎠᎴ ᎤᏂᏣᏛᎩ ᎠᏂᏌᎺᎵ ᎾᎿ ᎦᏚᎲ ᎠᏁᎯ ᎬᏬᎯᏳᏅᎩ, ᏅᏓᎦᎵᏍᏙᏗᏍᎬᎩ ᎤᏃᎮᎸ
ᎠᎨᏴ ᎯᎠ ᏥᏄᏪᏎᎢ; ᎠᎩᏃᏁᎸᎩ ᏂᎦᎥ ᎾᏆᏛᏁᎵᏙᎸᎢ.
40 ᎠᎴ ᎠᏂᏌᎺᎵ ᎬᏩᎷᏤᎸ ᎬᏩᏔᏲᏎᎸᎩ ᏧᏪᎳᏗᏓᏍᏗᏱ, ᎠᎴ ᎾᎿ ᏔᎵ ᏧᏒᎯᏛ
ᎤᏪᏙᎸᎩ.
41 ᎠᎴ ᎠᏏ ᎤᏂᏣᏛᎩ ᎤᏃᎯᏳᏅᎩ, ᏅᏓᎦᎵᏍᏙᏗᏍᎬᎩ ᎤᏩᏒ ᎧᏁᎬᎢ;
42 ᎠᎴ ᎯᎠ ᏄᏂᏪᏎᎸᎩ ᎠᎨᏴ; ᎿᏉ ᎣᏦᎯᏳᎲᏍᎦ ᎥᏝ ᏂᎯᏉ ᏣᏁᏨ ᏱᎤᏗᎦᎵᏍᏙᎭ
ᏦᏦᎯᏳᎲᏍᎦ, ᎣᎬᏒᏰᏃ ᎣᏣᏛᎦᏏ, ᎠᎴ ᎣᏥᎦᏔᎭ ᎾᏍᎩ ᎯᎠ ᎤᏙᎯᏳᎯᏯ ᎦᎶᏁᏛ ᎨᏒ
ᎡᎶᎯ ᎠᏍᏕᎵᏍᎩ.
43 ᎾᏍᎩᏃ ᏔᎵ ᏫᏄᏒᎸ ᎾᎿ ᎤᏂᎩᏒᎩ, ᎠᎴ ᎨᎵᎵ ᏭᎶᏒᎩ.
44 ᏥᏌᏰᏃ ᎤᏩᏒ ᎯᎠ ᏄᏪᏒᎩ; ᎠᏙᎴᎰᏍᎩ ᎥᏝ ᎠᏥᎸᏉᏗᏳ ᏱᎨᎭ ᎤᏩᏒ ᎤᏤᎵᎪᎯ.
45 ᎿᏉᏃ ᎨᎵᎵ ᏭᎷᏨ, ᎨᎵᎵ ᎠᏁᎯ ᏕᎬᏩᏓᏂᎸᏨᎩ, ᎤᏂᎪᎲᎯᏰᏃ ᎨᏒᎩ ᎾᏍᎩ ᏂᎦᏛ
ᏚᎸᏫᏍᏓᏁᎸ ᏥᎷᏏᎵᎻ ᎾᎯᏳ ᏓᎾᎵᏍᏓᏴᎲᏍᎬᎢ; ᎾᏍᏉᏰᏃ ᎤᏁᏅᏒᎩ
ᏙᏗᎾᎵᏍᏓᏴᎲᏍᎬᎢ.
46 ᏥᏌᏃ ᏔᎵᏁ ᎤᎷᏨᎩ ᎨᏂ ᎦᏚᎲᎢ ᎨᎵᎵᏱ, ᎾᎿ ᎩᎦᎨ-ᎠᏗᏔᏍᏗ ᎠᎹ ᎤᏬᏢᏔᏅᎢ.
ᎠᎴ ᎩᎶ ᎢᏳᏍᏗ ᎤᎬᏫᏳᎯ ᎠᏍᏕᎵᏍᎩ ᎡᎲᎩ, ᎾᏍᎩ ᎤᏪᏥ ᎤᏢᎬᎩ ᎨᏆᏂ.
47 ᎾᏍᎩ Ꮎ ᎤᏛᎦᏅ ᏥᏌ ᏧᏗᏱ ᏧᎶᏒ ᎨᎵᎵ ᎤᎷᏥᎸᎢ, ᎤᏩᏛᎲᏒᎩ, ᎠᎴ ᎤᏔᏲᏎᎸᎩ
ᎤᏪᏅᏍᏗᏱ ᏭᏅᏬᏗᏱ ᎤᏪᏥ, ᎤᏲᎱᏏᎦᎾᏰᏃ ᎨᏒᎩ.
48 ᎿᏉᏃ ᏥᏌ ᎯᎠ ᏄᏪᏎᎸᎩ; ᎥᏝ ᏴᎨᏦᎯᏳᎲᎦ, ᎬᏂ ᏱᏥᎪᏩᏘᎭ ᎤᏰᎸᏛᎢ ᎠᎴ
ᎤᏍᏆᏂᎪᏗ.
49 ᎤᎬᏫᏳᎯ ᎠᏍᏕᎵᏍᎩ ᎯᎠ ᏄᏪᏎᎸᎩ, ᏣᎬᏫᏳᎯ, ᎮᎾ ᎠᏏᏉ ᎾᏲᎱᏍᎬᎾ ᎠᏇᏥ.
50 ᏥᏌ ᎯᎠ ᏄᏪᏎᎸᎩ; ᏥᎮᎾ, ᏤᏥ ᎬᏅ. ᎠᎴ ᎾᏍᎩ ᎠᏍᎦᏯ ᎤᏬᎯᏳᏅᎩ ᏥᏌ
ᏄᏪᏎᎸᎢ, ᎠᎴ ᎤᏪᏅᏒᎩ.
51 ᎿᏉᏃ ᎥᎠᎢᏒᎩ, ᏧᏅᏏᏓᏍᏗ ᏕᎬᏩᏠᏒᎩ ᎠᎴ ᎬᏩᏃᏁᎸᎩ, ᏤᏥ ᎬᏅ, ᎥᎬᏬᏎᎸᎩ.
52 ᎿᏉᏃ ᏚᏛᏛᏅᎩ ᎢᏳᎢ ᎤᎴᏅᎲ ᏏᏲᏍᏛ ᏄᎵᏍᏓᏁᎸᎢ. ᎤᏒᎯ ᏌᏉ ᎢᏳᏟᎶᏛ
ᎧᎳᏩᏗᏒ ᏄᏗᎴᎲᏍᎬᎾ ᏄᎵᏍᏔᏅᎩ, ᎥᎬᏬᏎᎸᎩ.
53 ᎾᏍᎩᏃ ᎤᏙᏓ ᎤᏙᎴᎰᏒᎩ ᎾᎯᏳ ᎨᏒ ᏥᏌ ᎯᎠ ᏄᏪᏎᎸᎢ; ᏤᏥ ᎬᏅ. ᎤᏩᏒᏃ
ᎤᏬᎯᏳᏅᎩ ᎠᎴ ᎾᏍᏉ ᏂᎦᏛ ᏧᏤᎵ ᏏᏓᏁᎸᎯ ᎨᏒᎢ.
54 ᎾᏍᎩ ᎯᎠ ᏔᎵᏁ ᎤᏍᏆᏂᎪᏗ ᏚᎸᏫᏍᏓᏁᎸ ᏥᏌ ᎨᎵᎵ ᎤᎷᏦᏅᎯ, ᏧᏗᏱ ᏅᏓᏳᎶᏒᎯ.

ᎠᏯᏙᎸᎢ 5

1 ᎾᏍᎩᏃ ᏄᎵᏍᏔᏂᏙᎸ, ᎤᏍᏆᎸᎲᎩ ᎠᏂᏧᏏ ᏧᎾᎵᏍᏓᏴᏗᏱ; ᎠᎴ ᏥᏌ ᏥᎷᏏᎵᎻ
ᎤᏬᏅᏒᎩ.
2 ᏥᎷᏏᎵᎻᏂ ᎠᏫ ᎤᏂᏴᏍᏗᏱ ᎾᎥ ᎠᏓᏬᏍᏗᏱ ᎪᎵᎭ ᎾᏍᎩ ᎠᏂᏈᎷ ᎤᏂᏬᏂᎯᏍᏗ ᎨᏒ
ᏈᏕᏍᏗ ᏕᎤᏙᎥ; ᎾᎿᏂ ᎯᏍᎩ ᏓᏲᏓᏝᎭ.
3 ᎾᎿ ᎠᏂᏂᏜᎥᎩ ᎤᏂᏣᏘ ᏧᏂᏢᎩ, ᎠᎴ ᏗᏂᎨᏫ, ᎠᎴ ᏗᏂᏲᎤᎵ, ᎠᎴ ᎤᏅᎢᏒᎯ,
ᎠᏂᎦᏘᏴᎩ ᎤᎵᏖᎸᏗᏱ ᎠᎹ.
4 ᎢᏴᏛᎭᏰᏃ ᏗᎧᎿᏩᏗᏙᎯ ᎦᎷᏥᎯᎲᎩ ᎠᏓᏬᏍᏗᏱ, ᎠᎴ ᎠᏖᎸᎲᏍᎬᎩ ᎠᎹ, ᎩᎶᏃ ᎾᏍᎩ
ᏧᏌᎴᏅᏔᏅᎯ ᎤᏚᏅᎯ ᎿᏉ ᎠᏖᎸᏅᎯ ᏥᎨᎭ ᎠᎹ, ᎤᏗᏩᏍᎬᎩ ᏂᎦᎥ ᎪᎱᏍᏗ ᎥᏳᎩ
ᎤᏱᎵᏙᎲᎢ.
5 ᎠᎴ ᎾᎿ ᎦᏅᎬᎩ ᎩᎶ ᎢᏳᏍᏗ ᎠᏍᎦᏯ, ᏦᎠᏍᎪᎯ ᏁᎳᎦᎵ ᎢᏳᏕᏘᏴᏛ ᎬᏩᏢᏨᎯ
ᏄᏗᏩᏍᎬᎾ ᎨᏒᎩ.
6 ᏥᏌᏃ ᎤᎪᎲᎩ ᎾᏍᎩ ᎠᏍᎦᏯ ᎦᏅᎬᎢ, ᎠᎴ ᎤᏙᎴᎰᏒ ᎨᏒᎢ, ᎯᎠ ᏄᏪᏎᎸᎩ; ᏣᏚᎵᏍᎪ
ᎡᏣᏅᏬᏗᏱ?
7 ᎤᏢᎩ ᎤᏁᏨ ᎯᎠ ᏄᏪᏎᎸᎩ; ᎯᏍᎦᏯ, ᎥᏝ ᎩᎶ ᏰᏙᎰ ᎠᎹ ᎠᎵᏖᎸᎲᎦ, ᎠᏓᏬᏍᏗᏱ
ᏩᎩᎧᎲᏍᎩ; ᎠᏏᏉᏰᏃ ᏥᏫᎦᎢᎭᎢ, ᎩᎶ ᏓᎩᎪᏂᏍᎪᎢ ᎢᎬᏱ ᏩᏌᎠᏍᎪᎢ.
8 ᏥᏌ ᎯᎠ ᏄᏪᏎᎸᎩ; ᏔᎴᎲᎦ, ᎯᎾᎩ ᏣᏤᏍᏙ, ᎠᎴ ᎮᏓ.
9 ᎩᎳᏉᏃ ᎢᏴᏛ ᎾᏍᎩ ᎠᏍᎦᏯ ᎤᏗᏩᏒᎩ, ᎠᎴ ᎤᏁᏒᎩ ᎤᏤᏍᏙ, ᎠᎴ ᎤᏪᏙᎸᎩ.
ᎠᎴ ᎤᎾᏙᏓᏆᏍᎬ ᎨᏒᎩ ᎾᎯᏳ ᎢᎦ.
10 ᎾᏍᎩ ᎢᏳᏍᏗ ᎠᏂᏧᏏ ᎯᎠ ᏄᏂᏪᏎᎴ ᎠᏥᏅᏩᏅᎯ; ᎪᎯ ᎤᎾᏙᏓᏆᏍᎬᎢ, ᎥᏝ ᏚᏳᎪᏛ
ᏱᎩ ᏣᏤᏍᏙ ᏣᏂᏓᏍᏗᏱ.
11 ᎯᎠ ᏂᏋᏪᏎᎴᎢ; ᎠᎩᏅᏩᏅᎯ ᎯᎠ ᎾᎩᏪᏎᎸᎩ; ᎯᎾᎩ ᏣᏤᏍᏙ, ᎠᎴ ᎮᏓ.
12 ᎿᏉᏃ ᎤᎾᏛᏛᏁᎢ, ᎯᎠ ᏄᏂᏪᏎᎢ; ᎦᎪ ᎢᏳᏍᏗ ᎾᏍᎩ ᎠᏍᎦᏯ, ᏣᏤᏍᏙ ᎯᎾᎩ ᎠᎴ
ᎮᏓ, ᏦᏎᎸᎯ?
13 ᎠᎴ ᎾᏍᎩ ᎠᏥᏅᏩᏅᎯ ᎥᏝ ᏯᎦᏔᎮ ᎾᏍᎩ ᎨᏒᎢ; ᏥᏌᏰᏃ ᎤᎦᎵᏛ ᎤᏓᏅᏒᎩ;
ᎤᏂᏣᏛᏰᏃ ᎾᎿ ᎠᏁᏙᎲᎩ.
14 ᎣᏂᏃ ᏥᏌ ᎾᏍᎩ ᎤᏩᏓᎲᎩ ᎤᏛᏅ-ᏗᎦᎳᏫᎢᏍᏗᏱ, ᎠᎴ ᎯᎠ ᏄᏪᏎᎸᎩ; ᎬᏂᏳᏉ
ᎡᏣᏅᏩᏅ; ᏞᏍᏗ ᎿᏉ ᎢᎸᎯᏳ ᏱᏣᏍᎦᏅᏤᏍᏗ, ᎤᏟᏰᏃ ᎢᏳᏲ ᏱᏣᎷᏥᏏ.
15 ᎾᏍᎩ ᎠᏍᎦᏯ ᎤᏓᏅᏒᎩ, ᎠᎴ ᏫᏚᏃᏁᎸᎩ ᎠᏂᏧᏏ, ᏥᏌ ᎤᏅᏩᏅᎯ ᎨᏒᎢ.
16 ᎠᎴ ᎾᏍᎩ ᎢᏳᏍᏗ ᎠᏂᏧᏏ ᎤᎾᏕᏯᏙᏔᏅᎩ ᏥᏌ, ᎠᎴ ᎤᏂᏲᎸᎩ ᎤᏂᎯᏍᏗᏱ,
ᎤᏓᏕᎵᏍᏙᏗᏍᎬᎩ ᎾᏍᎩ ᏄᏛᏁᎸ ᎤᎾᏙᏓᏆᏍᎬ ᎢᎦ.
17 ᎠᏎᏃ ᏥᏌ ᏚᏁᏤᎸᎩ [ᎯᎠ ᏂᏚᏪᏎᎸᎩ,] ᎡᏙᏓ ᎪᎯ ᎢᏯᏍᏗ ᏚᎸᏫᏍᏓᏁᎨᎢ, ᎠᏴᏃ
ᎾᏍᏉ ᏓᎩᎸᏫᏍᏓᏁᎨᎢ.

18 ᎾᏍᎩ ᎢᏳᏍᏗ ᎠᏂᏧᏏ ᎤᏟ ᎢᎦᎢ ᎤᎾᏚ-ᎸᎲᎩ ᎤᏂᎯᏍᏗᏱ, ᎤᏓᎦᎵᏍᏙᏗᏍᎬᎩ ᎥᏝ
ᎤᎾᏙᏓᏆᏍᎬᏉ ᎤᏩᏒ ᎤᏲᏍᏔᏅᎢ, ᎾᏍᏉᏍᎩᏂ ᎤᏁᎳᏅᎯ ᎤᏙᏓ ᎤᏛᏅᎢ, ᎢᏧᎳᎭ
ᎤᏁᎳᏅᎯ ᎾᏓᏛᏁᎲᎢ.
19 ᎿᏉᏃ ᏥᏌ ᎤᏁᏨ ᎯᎠ ᏂᏚᏪᏎᎸᎩ; ᎤᏙᎯᏳᎯᏯ ᎤᏙᎯᏳᎯᏯ ᎯᎠ ᏂᏨᏪᏎᎭ;
[ᎤᏁᎳᏅᎯ] ᎤᏪᏥ ᎥᏝ ᏰᎵᎦ ᎪᎱᏍᏗ ᎤᏩᏒ ᎨᏒ ᏱᏙᎬᏩᎸᏫᏍᏓᏏ, ᎠᎪᏩᏘᏍᎬᏍᎩᏂ
ᎤᏙᏓ ᏚᎸᏫᏍᏓᏁᎲᎢ; ᎾᏍᎩᏰᏃ ᏄᏍᏛ ᏚᎸᏫᏍᏓᏁᎲᎢ ᎾᏍᎩ ᎾᏍᏉ ᎤᏪᏥ
ᏚᎸᏫᏍᏓᏁᎰᎢ.
20 ᎠᎦᏴᎵᎨᏰᏃ ᎤᎨᏳᎯᏳ ᎤᏪᏥ, ᎠᎴ ᎦᎾᏄᎪᏫᏎᎰ ᏂᎦᏛ ᎤᏩᏒ ᏚᎸᏫᏍᏓᏁᎲᎢ; ᎠᎴ
ᎤᏟ ᎢᎦᎢ ᏗᎦᎸᏫᏍᏓᏁᏗ ᏓᎦᎾᏄᎪᏫᏎᎵ ᎡᏍᎦᏉ ᎯᎠ; ᎾᏍᎩ ᎢᏥᏍᏆᏂᎪᎯᏍᏗᏱ.
21 ᎠᎦᏴᎵᎨᏰᏃ ᏥᏓᎴᏗᏍᎪ ᏧᏂᏲᎱᏒᎯ, ᎠᎴ ᏗᏅᏃᏛ ᏥᏂᎦᎬᏁᎰᎢ, ᎾᏍᎩᏯᏍᎩᏂ ᎤᏪᏥ
ᏗᏅᏃᏛ ᏂᎦᎬᏁᎰ ᎾᏂᎥ ᎾᏍᎩᏉ ᎡᎳ.
22 ᎠᎦᏴᎵᎨᏰᏃ ᎾᏍᏉ ᎥᏝ ᎩᎶ ᏱᏗᎫᎪᏓᏁᎰᎢ, ᏚᏲᎯᏎᎸᏍᎩᏂ ᎤᏪᏥ ᎾᎦᏛ ᏗᎫᎪᏙᏗ
ᎨᏒᎢ,
23 ᎾᏍᎩ ᏂᎦᏛ ᎤᏂᎸᏉᏙᏗᏱ ᎤᏪᏥ, ᎾᏍᎩᏯ ᏥᎾᏂᎸᏉᏗᎭ ᎠᎦᏴᎵᎨᎢ. ᎩᎶ
ᏂᎦᎸᏉᏗᏍᎬᎾ ᏥᎨᏐ ᎤᏁᎳᏅᎯ ᎤᏪᏥ, ᎥᏝ ᏱᎦᎸᏉᏗᏍᎪ ᎠᎦᏴᎵᎨ ᎾᏍᎩ ᎤᏓᏳᏅᏏᏛ.
24 ᎤᏙᎯᏳᎯᏯ, ᎤᏙᎯᏳᎯᏯ ᎯᎠ ᏂᏨᏪᏎᎭ; ᎠᏛᎩᏍᎩ ᏥᏁᎬᎢ, ᎠᎴ ᎪᎯᏳᎲᏍᎩ
ᎤᏛᎩᏅᏏᏛ ᎾᏍᎩ ᎤᎭ ᎬᏂᏛ ᎾᎵᏍᏆᏗᏍᎬᎾ, ᎠᎴ ᎾᏍᎩ ᎥᏝ ᏧᏚᎪᏙᏗ ᏱᎩ
ᎤᏍᎦᏅᏨᎢ, ᎠᏲᎱᎯᏍᏗᏍᎩᏂ ᎨᏒ ᎤᏓᏅᏒ, ᎬᏂᏛ ᏗᎨᏒ ᏭᏩᏒ.
25 ᎤᏙᎯᏳᎯᏯ, ᎤᏙᎯᏳᎯᏯ ᎯᎠ ᏂᏨᏪᏎᎭ; ᏛᏍᏆᎸᎯ ᎠᎴ ᎿᏉ ᎤᏍᏆᎸᎲ ᏧᏂᏲᎱᏒᎯ
ᎤᎾᏛᎪᏗᏱ ᎤᏁᎳᏅᎯ ᎤᏪᏥ ᎧᏁᎬᎢ, ᎠᎴ ᎤᎾᏛᎦᏅᎯ ᎤᎾᏛᏂᏗᏍᏗ ᎨᏎᏍᏗ.
26 ᎠᎦᏴᎵᎨᏰᏃ ᎬᏂᏛ ᎤᏤᎵᎦ ᏥᎩ, ᎾᏍᎩᏯ ᎾᏍᏉ ᎤᏁᎸ ᎤᏪᏥ ᎬᏂᏛ ᎤᏟᎵᎦ
ᎢᏳᎵᏍᏙᏗᏱ.
27 ᎠᎴ ᎾᏍᏉ ᎤᏁᎸ ᏧᏭᎪᏙᏗᏱ, ᎤᏧᎵᏍᏙᏔᏅ ᏴᏫ ᎤᏪᏥ ᎨᏒᎢ.
28 ᏞᏍᏗ ᎾᏍᎩ ᎯᎠ ᎢᏥᏍᏆᏂᎪᏒᎩ, ᏛᏍᏆᎸᎯᏰᏃ ᎾᎯᏳ ᏓᏤᎵᏍᏛ ᎠᏂᏯᎢ ᏂᎦᏛ
ᏛᎾᏛᎦᏂ ᎧᏁᎬᎢ,
29 ᎠᎴ ᏛᏂᎾᏄᎪᏥ, ᎾᏍᎩ ᎾᎣᏍᏛ ᏧᏂᎸᏫᏍᏓᏁᎸᎯ ᎬᏂᏛ ᎨᏒ ᏫᏙᏛᎾᎴᏔᏂ, ᎤᏲᏃ
ᏧᏂᎸᏫᏍᏓᏁᎸᎯ ᎤᏓᏍᏛᏗᏍᏗ ᎨᏒ ᏫᏙᏛᎾᎴᏔᏂ.
30 ᎥᏝ ᎪᎱᏍᏗ ᎠᏋᏒ ᏰᎵ ᏱᏙᎬᎩᎸᏫᏍᏓᏏ; ᎦᏛᎩᏍᎬ ᎾᏍᎩᏯ ᎦᎫᎪᏗᏍᎪᎢ, ᎠᎴ
ᏓᏉᎪᏔᏅ ᏚᏳᎪᏛ ᎨᏐᎢ; ᎤᏗᎦᎵᏍᏙᏗᏍᎪ ᎾᎩᏲᎲᎾ ᎨᏒ ᎠᏋᏒ ᎦᏓᏅᏖᏍᎬᎢ,
ᎠᎩᏲᎲᏍᎩᏂ ᎠᏓᏅᏖᏍᎬ ᎡᏙᏓ ᎾᏍᎩ ᎤᏛᎩᏅᏏᏛ.
31 ᎢᏳᏃ ᎠᏋᏒ ᏱᎦᏓᏃᎮᎭ, ᏥᏃᎮᏍᎬ ᎥᏝ ᏱᎬᏙᎯᏳᎭ.
32 ᎤᏩᏓᎴ ᎡᎭ ᎠᏴ ᎠᎩᏃᎮᏍᎩ, ᎠᎴ ᏥᎦᏔᎭ ᎤᏙᎯᏳᎯ ᎨᏒ ᎾᏍᎩ ᎧᏃᎮᏍᎬᎢ, ᎠᏴ
ᎠᎩᏃᎮᏍᎬᎢ.

33 ᏣᏂ ᏧᏬᎸ ᎢᏣᏓᏅᏒᎩ, ᎠᎴ ᎾᏍᎩ ᏚᏳᎪᏛ ᎤᏃᎮᎸᎩ.
34 ᎠᏎᏃ ᎠᏴ ᎥᏝ ᏱᏗᎦᏓᏂᎸᎦ ᏴᏫ ᎠᎩᏃᎮᏍᎬᎢ, ᎠᏎᏃ ᎾᏍᎩ ᎯᎠ ᏂᏥᏪᎠ ᎡᏥᏍᏕᎸᏗᏱ.
35 ᎾᏍᎩ ᎠᏓᏪᎵᎩᏍᎩ ᎠᎴ ᏧᎸᏌᏓ ᎠᏨᏍᏙᏗ ᎨᏒᎩ; ᏂᎯᏃ ᏞᎦ ᎣᏏᏳ ᎢᏥᏰᎸᏒᎩ
ᎢᏣᎵᎮᎵᏍᏗᏱ ᎾᏍᎩ ᎢᎦᎤᏘᏍᏛᎢ.
36 ᎠᏎᏃ ᎤᏟ ᎦᎸᏉᏗᏳ ᎠᎩᏃᎮᏍᎩ ᎠᏇᎭ ᎡᏍᎦᏉ ᏣᏂ; ᏗᎦᎸᏫᏍᏓᏁᏗᏰᏃ ᎠᎦᏴᎵᎨ
ᎠᎩᏁᎸᎯ ᎠᎩᏍᏆᏗᏍᏗᏱ, ᎾᏍᎩ ᏥᏓᎩᎸᏫᏍᏓᏁᎭ, ᎠᎩᏃᎮᏍᎪ ᎠᏴ ᎠᎦᏴᎵᎨᎢ
ᎤᏛᎩᏅᏏᏛ ᎨᏒᎢ;
37 ᎠᎴ ᎠᎦᏴᎵᎨ ᎤᏛᎩᏅᏏᏛ ᎾᏍᎩ ᎠᎩᏃᎮᎸ. ᎥᏝ ᎢᎸᎯᏳ ᏱᎨᏣᏛᎦᏃ ᎧᏁᎬᎢ, ᎠᎴ
ᏱᎨᏥᎪᎰ ᏄᏍᏛᎢ.
38 ᎠᎴ ᎾᏍᎩ ᎤᏁᏨᎢ ᎥᏝ ᏱᏥᏯᎠ, ᎾᏍᎩᏰᏃ Ꮎ ᎤᏓᏳᏅᏏᏛ ᎥᏝ ᏰᏦᎢᏳᎲᏍᎦ.
39 ᏗᏥᎪᎵᏯ ᎠᏪᎵ, ᎾᎿᏰᏃ ᎾᎵᏍᏆᏗᏍᎬᎾ ᎬᏂᏛ ᎢᏥᎭ ᎢᏥᏰᎸᎭ, ᎠᎴ ᎾᏍᎩ ᎾᎪᏪᎵ
ᎠᏴ ᎠᎩᏃᎮᏍᎩ.
40 ᎠᏎᏃ ᎥᏝ ᏱᏣᏚᎵᎭ ᏍᎩᎷᏤᏗᏱ ᎬᏂᏛ ᎢᏣᏤᎵᎦ ᎢᏣᎵᏍᏙᏗᏱ.
41 ᏴᏫ ᎬᎩᎸᏉᏗᏍᎬ ᎥᏝ ᏱᏗᏓᏓᏂᎸᎦ;
42 ᎠᏎᏃ ᎢᏨᎦᏔᎭ, ᎤᏁᎳᏅᎯ ᎡᏥᎨᏳᎢᏳ ᏂᎨᏒᎾ ᎨᏒᎢ.
43 ᎠᏴ ᎡᏙᏓ ᏕᎤᏙᎥ ᎠᎩᎷᎯᏍᏔᏅ, ᎥᏝᏃ ᏱᏗᏍᎩᏯᏓᏂᎸᎦ. ᎢᏳᏃ ᎤᏩᏓᎴ ᎤᏩᏒ
ᏕᎤᏙᎥ ᏣᎷᎯᏍᏔᏅ, ᎾᏍᎩ ᎠᏎ ᏱᏕᏣᏓᏂᎸᎩ.
44 ᎦᏙ ᏱᎦᎵᏍᏙᏓ ᏱᏦᎯᏳᎲᎦ, ᎢᏨᏒ ᏕᏣᏓᎸᏉᏗᏍᎬ ᏥᏕᏣᏓᏂᎸᎦ, ᏂᏥᏲᎲᎾᏃ ᏥᎩ
ᎥᏓᏗᎸᏉᏙᏗ ᎨᏒ ᎾᏍᎩ ᎤᏁᎳᏅᎯ ᎤᏩᏒᎯᏳ ᎤᏓᏳᎵᏍᎪᎸᏙᏗ ᏥᎩ?
45 ᏞᏍᏗ ᎠᎦᏴᎵᎨᎢ ᏓᎧᏃᏁᎵ ᏓᏲᎫᎯᏍᏔᏂ ᏱᏍᎩᏰᎵᏎᎮᏍᏗ; ᎠᏏᏴᏫ ᎡᎭ ᎢᏧᎯᏍᏗᏍᎩ,
ᎼᏏ, ᎾᏍᎩ ᏤᏣᏁᎶᏗ ᏥᎩ.
46 ᎢᏳᏰᏃ ᎼᏏ ᏱᎡᏦᎢᏳᎲᏍᎨᎢ ᎠᏴ ᏱᏍᎩᏲᎢᏳᏁᎢ, ᎾᏍᎩᏰᏃ ᎠᏴ ᎠᎩᏃᎮᏍᎬᎢ
ᎤᏬᏪᎳᏅᎩ.
47 ᎠᏎᏃ ᏂᏦᎯᏳᎲᏍᎬᎾ ᏱᎩ ᎾᏍᎩ ᎤᏬᏪᎳᏅᎯ, ᎦᏙ ᏱᎦᎵᏍᏙᏓ ᏱᏦᎯᏳᎲᎦ ᎠᏴ
ᏥᏁᎬᎢ?

ᎠᏯᏙᎸᎢ 6

1 ᎾᏍᎩᏃ ᏄᎵᏍᏔᏂᏙᎸ, ᏥᏌ ᏚᏪᏐᏨᎩ ᎨᎵᎵ ᎥᏓᎸᎢ, ᎾᏍᎩ ᏓᏈᎵᏯ ᎥᏓᎸ ᏥᏚᏙᎥ.

2 ᎠᎴ ᎤᏂᏣᏔᏅᎯ ᎬᏩᏍᏓᏩᏛᏒᎩ, ᎤᏓᏕᎵᏍᏙᏗᏍᎬᎩ ᎠᏂᎪᏩᏘᏍᎬ ᎾᏍᎩ
ᎤᏂᏍᏆᏂᎪᏗ ᏂᏓᏛᏁᎲ ᏗᏂᏢᎩ.

3 ᏥᏌᏃ ᎤᎿᎷᏒᎩ ᎣᏓᎸᎢ, ᎠᎴ ᎾᎿ ᎤᏪᏅᎩ, ᎠᎴ ᎾᏍᏉ ᎬᏩᏍᏓᏩᏗᏙᎯ.

4 ᎧᏃᎯᏰᏃ ᏗᎵᏍᏓᏴᏗᏱ ᎠᏂᏧᏏ ᎤᎾᏤᎵᎦ ᎤᏍᏆᎸᎯᎦᎾ ᎨᏒᎩ.

5 ᏥᏌᏃ ᏚᏌᎳᏓᏅ ᏗᎦᏙᎵ, ᎠᎴ ᏚᎪᎲ ᎤᏂᏣᏘ ᏗᎬᏩᎷᏤᎵᏒᎢ, ᎯᎠ ᏄᏪᏎᎸᎩ ᏈᎵᎩ; ᎭᏢ
ᏓᎩᏩᏏ ᎦᏚ ᎯᎠ ᎤᏂᎩᏍᏗ.

6 ᎠᎴ ᎾᏍᎩ ᎯᎠ ᏄᏪᏒᎩ ᏄᏪᏒᎩ ᎠᏥᎪᎵᏰᏍᎬᎩ, ᎤᏩᏒᏰᏃ ᎠᎦᏔᎲᎩ ᎢᏳᏛᏁᏗᏱ.

7 ᏈᎵᎩ ᎯᎠ ᏄᏪᏎᎸᎩ; ᏔᎵᏧᏈ ᎠᏂᎩᏏ ᏧᎾᎬᏩᎶᏗ ᏧᎬᏩᎶᏗ ᎦᏚ ᎥᏝ ᏰᎵ ᏱᎦᎩ, ᎾᏍᎩ
ᎠᏂᏏᏴᏫᎭ ᎤᏍᏗ ᎤᏂᎩᏒᏍᏗᏱ.

8 ᎬᏩᏍᏓᏩᏗᏙᎯ ᎨᏒ ᎠᏏᏴᏫ, ᎡᏂᏗ ᏧᏙᎢᏛ, ᏌᏩᏂ ᏈᏓ ᏗᎾᏓᏅᏟ, ᎯᎠ ᏄᏪᏎᎸᎩ;

9 ᎠᏏᏴᏫ ᎠᏫᏄᏣ ᎠᏂ ᎡᏙᎭ, ᎾᏍᎩ ᏓᏰᎭ ᎯᏍᎩ ᎤᏣᎴᏍᏗ-ᎢᏳᏍᏗ ᎦᏚ, ᎠᎴ ᏔᎵ
ᏧᎾᏍᏗ ᎠᏣᏗ ᏕᎦᏁᎭ; ᎠᏎᏃ ᎠᏎᏉᏉ ᎾᏍᎩ, ᎯᎠᏃ ᏥᏄᏂᏣᏔ?

10 ᎠᎴ ᏥᏌ ᎯᎠ ᏄᏪᏒᎩ; ᏩᎾᏅᎥᏕ ᏴᏫ. ᎾᎿᏃ ᎤᏣᏛᎩ ᎦᏄᎸᏒᎩ. ᎨᏩᏃ ᎤᎾᏅᏅᎩ
ᎠᏂᏍᎦᏯ ᎯᏍᎩᎭ ᎢᏯᎦᏴᎵ ᎢᏴᏛ ᎢᏯᏂᎢ.

11 ᎠᎴ ᏥᏌ ᎦᏚ ᏚᎩᏒᎩ, ᎠᎴ ᎤᎵᎮᎵᏨ ᏚᏯᏙᎮᎸᎩ ᎬᏩᏍᏓᏩᏗᏙᎯ, ᎬᏩᏍᏓᏩᏗᏙᎯᏃ
ᏚᏂᏯᏙᎮᎸᎩ ᎤᎾᏅᏅᎯ, ᎠᎴ ᎾᏍᏉ ᎠᏣᏗ ᎾᏕᎥ ᏚᎾᏚᎵᏍᎬᎢ.

12 ᏚᏃᏄᏒᏃ ᎯᎠ ᏂᏚᏪᏎᎸᎩ ᎬᏩᏍᏓᏩᏗᏙᎯ; ᎢᏥᏟᏌ ᎤᎵᎬᎭᎷᏴᎯ ᎤᏘᏴᎯ, ᏞᏍᏗ
ᎪᎱᏍᏗ ᏳᏤᏬᏤᏍᏗ.

13 ᎨᏩᏃ ᎤᏂᏟᏌᏅᎩ, ᎠᎴ ᏔᎳᏚ ᏔᎷᏣ ᏚᏂᎧᎵᏍᏔᏅᎩ ᎤᎵᎬᎭᎷᏴᎯ ᎯᏍᎩ
ᎤᏣᎴᏍᏗ-ᎢᏳᏍᏗ ᎦᏚ ᎾᏍᎩ ᎤᎾᎵᏍᏓᏴᏅᎯ ᎤᎾᏘᏰᎸᎯ.

14 ᎾᏍᎩᏃ Ꮎ ᎠᏂᏍᎦᏯ, ᎤᏂᎪᎲ ᎤᏍᏆᏂᎪᏗ ᏥᏌ ᏕᎸᏫᏍᏓᏁᎸᎢ, ᎯᎠ ᏄᏂᏪᏒᎩ; ᎯᎠ
ᎤᏙᎯᏳᎯᏯ ᎾᏍᎩ Ꮎ ᎠᏙᎴᎰᏍᎩ ᎡᎶᎯ ᎤᎷᎯᏍᏗ ᏥᎨᏒᎩ.

15 ᎿᏉᏃ ᏥᏌ ᎤᏙᎴᎰᏒ ᏗᏂᎷᏥᏒᎩ ᎠᎴ ᏗᎬᏩᏗᏝᎥᏔᏂᏒ ᎤᎬᏫᏳᎯ ᎤᏗᎬᏩᏁᎵᏒᎢ,
ᎤᏓᏅᏒᎩ ᏔᎵᏁ ᏦᏓᎸ ᏭᏣᏒᎩ ᎤᏩᏒ ᎨᏒᎢ.

16 ᎤᏒᏃ ᏄᎵᏍᏔᏅ, ᎬᏩᏍᏓᏩᏗᏙᎯ ᎥᏓᎸ ᏭᏂᎶᏒᎩ;

17 ᎠᎴ ᏥᏳᎯ ᎤᎾᏣᏅᎩ ᎨᏆᏂ ᎢᏗᏢ ᏫᏚᏂᏐᎯᏍᏔᏅᎩ. ᎠᎴ ᎿᏉ ᎤᎵᏏᎬᎩ, ᎠᎴ ᏥᏌ
ᎥᏝ ᏳᏂᎷᏤᎮᎠᎴ ᏥᏳᎯ ᎤᎾᏣᏅᎩ ᎨᏆᏂ ᎢᏗᏢ ᏫᏚᏂᏐᎯᏍᏔᏅᎩ. ᎠᎴ ᎿᏉ ᎤᎵᏏᎬᎩ,
ᎠᎴ ᏥᏌ ᎥᏝ ᏳᏂᎷᏤᎮᎢ.

18 ᎤᏣᏘᏃ ᎤᏃᎸᏅ, ᎥᏓᎵ ᏓᎵᏍᏗᏔᏁᎬᎩ.

19 ᏦᎢᎭᏃ ᎠᎴ ᏅᎩᎭ ᎢᏳᏟᎶᏛ ᎤᏂᎦᏪᎸ, ᎤᏂᎪᎲᎩ ᏥᏌ ᎥᏓᎵ ᎦᏚᎢ ᎠᎢᏒᎩ, ᎠᎴ
ᏥᏳᎯ ᎾᎥ ᎤᎷᏥᏗᏒᎩ. ᎠᎴ ᎠᏂᏍᎦᎢᎲᎩ.

20 ᎠᏎᏃ ᎯᎠ ᏂᏚᏪᏎᎸᎩ; ᎠᏴᏉ, ᏞᏍᏗ ᏱᏥᏍᎦᎢᎮᏍᏗ.
21 ᎿᏉᏃ ᏥᏳᎯ ᎦᎬᏩᏓᏂᎸᏨᎩ; ᎩᎳᏉᏃ ᎢᏴᏛ ᏥᏳ ᏭᏔᎳᏗᏨᎩ ᎾᎿ ᎤᎾᏅᏔᏩᏗᏒᎢ.
22 ᎤᎩᏨᏛᏃ ᎤᏂᏣᏘ ᎥᏓᎵ ᎢᏍᎪᎾ ᎤᏛᏂᏙᎾᎢ, ᎤᎾᏙᎴᎰᏒ ᎤᏩᏓᎵ ᏥᏳ ᎾᏔᎸᎾ ᎨᏒᎢ,
ᎾᏍᎩ Ꮎ ᎤᏩᏒ ᎬᏩᏍᏓᏗᏙᎯ ᎤᎾᏦᎳᏅᎯ, ᎠᎴ ᏥᏌ ᏂᏚᎵᎪᏁᎸᎾ ᎨᏒ ᎬᏩᏍᏓᏩᏗᏙᎯ
ᏥᏳᎯ ᎤᎾᏣᏅ, ᎠᎴ ᎬᏩᏍᏓᏩᏗᏙᎯ ᎤᏅᏒ ᎤᎾᏂᎩᏒᎢ;--
23 ᎤᏙᎯᏳᎯᏍᎩᏂᏃᏅ ᏂᏗᎬᏩᏓᎴ ᏥᏳ ᏓᏈᎵᏯ ᏂᏙᏓᏳᏂᏅᏍᏔᏅᎯ ᎦᏂᏃᎸᎩ ᎾᎥᎢ ᎾᎿ
ᎤᎬᏫᏳᎯ ᎤᎵᎮᎵᏨᎢ ᎠᎴ ᎤᎾᎵᏍᏓᏴᏅᎢ--
24 ᎾᏍᎩᏃ ᎿᏉ ᎤᏂᏣᏘ ᎤᎾᏙᎴᎰᏒ ᏥᏌ ᎾᎿ ᏄᏙᎲᎾ ᎨᏒᎢ, ᎠᎴ ᎾᏍᏉ
ᎬᏩᏍᏓᏩᏗᎰᎯ, ᎾᏍᎩ ᎾᏍᏉ ᏥᏳᎯ ᏚᎾᏣᏅᎩ, ᎠᎴ ᎨᏆᏂ ᎤᏂᎷᏨᎩ, ᎠᏂᏲᎲᎩ ᏥᏌ.
25 ᎬᏩᏩᏛᎲᏃ ᎥᏓᎵ ᎢᏍᎪᏂᏗᎵ ᎯᎠ ᎤᎬᏩᏪᏎᎸᎩ; ᏔᏕᏲᎲᏍᎩ, ᎯᎳᎪ ᎢᏳ ᎠᏂ
ᏣᎷᏤᎢ?
26 ᏥᏌ ᏚᏁᏤᎸ ᎯᎠ ᏄᏪᏒᎩ; ᎤᏙᎯᏳᎯᏯ ᎤᏙᎯᏳᎯᏯ ᎯᎠ ᏂᏨᏪᏎᎭ; ᏍᎩᏲᎭ ᎥᏝ
ᏱᏅᏗᎦᎵᏍᏙᏗᎭ ᎤᏍᏆᏂᎪᏗ ᏗᎦᎸᏫᏍᏓᏁᏗ ᎢᏥᎪᎲᎢ, ᏅᏗᎦᎵᏍᏙᏗᏉᏍᎩᏂ ᎦᏚ ᏕᏥᎬᎢ,
ᎠᎴ ᏕᏦᎸᏒᎢ.
27 ᏞᏍᏗ ᏱᏗᏥᎸᏫᏍᏓᏁᎮᏍᏗ ᎢᏥᏩᏛᏗᏱ ᎠᎵᏍᏓᏴᏗ ᎠᏲᎵ, ᎾᏍᎩᏍᎩᏂ Ꮎ ᎠᎵᏍᏓᏴᏗ
ᎠᎵᏍᏆᏗᏍᎩ ᏂᎨᏒᎾ ᏗᎨᏒᎢ ᎢᎬᏂᏛ ᏥᎩ, ᎾᏍᎩ ᏴᏫ ᎤᏪᏥ ᎢᏥᏁᏗ ᏥᎩ, ᎾᏍᎩᏰᏃ
ᎤᏁᎳᏅᎯ ᎠᎦᏴᎵᎨ ᎤᏍᏓᏱᏛ.
28 ᎿᏉᏃ ᎯᎠ ᎤᎬᏩᏪᏎᎸᎩ; ᎦᏙ ᏓᏲᏣᏛᏁᎵ ᏙᏓᏲᎩᎸᏫᏍᏓᏁᎵ ᎤᏁᎳᏅᎯ ᎤᏤᎵᎦ
ᏗᎦᎸᏫᏍᏓᏁᏗ ᎨᏒᎢ?
29 ᏥᏌ ᎤᏁᏨ ᎯᎠ ᏂᏚᏪᏎᎸᎩ; ᎯᎠ ᎾᏍᎩ Ꮎ ᏗᎦᎸᏫᏍᏓᏁᏗ ᎤᏁᎳᏅᎯ ᎤᏤᎵᎦ,
ᎾᏍᎩ ᎡᏦᎢᏳᏗᏱ ᎾᏍᎩ Ꮎ ᎤᏓᏳᏅᏏᏛ.
30 ᎿᏉᏃ ᎯᎠ ᎤᎬᏩᏪᏎᎸᎩ; ᎦᏙᏃ ᎤᏍᏗ ᎤᏰᎸᏛ ᎯᎾᏄᎪᏫᏍᎦ, ᎾᏍᎩ ᏫᎩᎪᏩᏛᏗᏱ
ᎠᎴ ᎢᏨᏲᎢᏳᏗᏱ? ᎦᏙ ᎤᏍᏗ ᏕᏣᎸᏫᏍᏓᏁᎭ?
31 ᏗᎩᎦᏴᎵᎨᎢ ᎹᎾ ᎠᎾᎵᏍᏓᏴᏗᏍᎬᎩ ᎢᎾᎨᎢ, ᎾᏍᎩᏯ ᎯᎠ ᏥᏂᎬᏅ ᏥᎪᏪᎳ;
"ᏕᎠᏁᎲᎩ ᎦᏚ ᎤᏂᎩᏍᏗ ᎦᎸᎳᏗ ᎤᏓᏳᏓᎴᏅᎯ."
32 ᎿᏉᏃ ᏥᏌ ᎯᎠ ᏂᏚᏪᏎᎸᎩ; ᎤᏙᎯᏳᎯᏯ ᎤᏙᎯᏳᎯᏯ ᎯᎠ ᏂᏨᏪᏎᎭ; ᎥᏝ ᎼᏏ
ᏱᏥᏁᎴ ᎾᏍᎩ Ꮎ ᎦᏚ ᎦᎸᎳᏗ ᎤᏓᏳᏓᎴᏅᎯ; ᎡᏙᏓᏍᎩᏂ ᎢᏥᏁᎭ ᎦᏚ ᎤᏙᎯᏳᎯᏯ
ᎦᎸᎳᏗ ᎤᏓᏳᏓᎴᏅᎯ
33 ᎤᏁᎳᏅᎯᏰᏃ ᎤᏤᎵᎦ ᎦᏚ ᎾᏍᎩ ᎯᎠ ᎦᎸᎳᏗ ᎤᏓᏳᎶᏒᎯ ᏥᎩ, ᎠᎴ ᎬᏂᏛ Ꭰ'ᏁᎯ
ᏥᎩ ᎡᎶᎯ.
34 ᎿᏉᏃ ᎯᏌ ᎤᎬᏩᏪᏎᎸᎩ; ᏣᎬᏫᏳᎯ, ᏂᎪᎯᎸ ᏍᎩᏁᎮᏍᏗ ᎾᏍᎩ ᎯᎠ ᎦᏚ.
35 ᏥᏌᏃ ᎯᎠ ᏂᏚᏪᏎᎸᎩ; ᎠᏴ ᎾᏍᎩ Ꮎ ᎠᏛᏂᏗᏍᏙᏗ ᎦᏚ. ᎩᎶ ᎠᎩᎷᏤᎮᏍᏗ ᎤᏲᏏᏐᏗ
ᏱᎨᏎᏍᏗ, ᎠᎴ ᎩᎶ ᎠᏉᎯᏳᎲᏍᎨᏍᏗ ᎥᏝ ᎤᏔᏕᎪᏗ ᏱᎨᏎᏍᏗ.

36 ᎠᎴ ᎯᎠ ᏂᏨᏪᏎᎸᎩ; ᏍᎩᎪᏩᏛᎲ ᎠᏎᏃ ᎥᏝ ᏱᏦᎯᏳᎲᏍᎦ.

37 ᏂᎦᏛ ᎡᏙᏓ ᏗᎩᎧᏁᎸᎯ ᎠᏎ ᏓᎨᎩᎷᏤᎵ; ᎠᎴ ᎾᏍᎩ Ꮎ ᎠᎩᎷᏤᎸᎯ ᎠᏎ ᎥᏝ
ᏥᏄᎪᏫᏍᏗ ᏱᎩ.

38 ᎦᎸᎳᏗᏰᏃ ᏗᏆᏠᎣᏒ, ᎥᏝ ᎠᏋᏒ ᎦᏓᏅᏖᏍᎬ ᏗᎩᎸᏫᏍᏓᏁᏗᏱ, ᎠᏓᏅᏖᏍᎬᎢᏍᎩᏂ
ᎾᏍᎩ Ꮎ ᎤᏛᎩᏅᏏᏛ.

39 ᎠᎴ ᎾᏍᎩ ᎯᎠ ᏄᏍᏗ ᎠᏓᏅᏖᏍᎬ ᎠᎦᏴᎵᎨᎢ ᎾᏍᎩ ᎤᏛᎩᏅᏏᏛ, ᎾᏍᎩ ᏂᎦᏛ
ᏗᎩᏲᎯᏎᎸᎯ ᎨᏒᎢ, ᎪᎱᏍᏗ ᎠᎩᏲᎮᏎᏗ ᏂᎨᏒᎾ ᎢᏳᎵᏍᏙᏗᏱ, ᏗᎦᎴᏙᏗᏱᏍᎩᏂ ᎤᎵᏍᏆᎸᏗ
ᎢᎦ ᎨᏎᏍᏗ.

40 ᎠᎴ ᎾᏍᎩ ᎯᎠ ᏄᏍᏗ ᎠᏓᏅᏖᏍᎬ ᎠᎦᏴᎵᎨ ᎤᏛᎩᏅᏏᏛ, ᎾᏍᎩ ᎩᎶ ᎠᎪᏩᏘᏍᎩ,
ᎾᎵᏍᏆᏗᏍᎬᎾ ᎬᏂᏛ ᎤᏤᎵᎦ ᎢᏳᎵᏍᏙᏗᏱ; ᎠᎴ ᎾᏍᎩ ᎠᏴ ᏙᏓᏥᏯᎴᏔᏂ ᎤᎵᏍᏆᎸᏗ
ᎢᎦ ᎨᏎᏍᏗ.

41 ᎿᏉᏃ ᎠᏂᏧᏏ ᎬᏩᎪᏁᎶᎯᏎᎸᎩ ᎤᏓᎦᎵᏍᏙᏗᏍᎬᎩ ᎯᎠ ᏄᏪᏒᎢ, ᎠᏴ ᎾᏍᎩ ᎾᎦᏚ
ᎦᎸᎳᏗ ᏅᏓᏛᎶᏒᎯ.

42 ᎯᎠᏃ ᏄᏂᏪᏒᎩ; ᏝᏍᎪ ᎯᎠ ᎾᏍᎩ Ꮎ ᏥᏌ ᏱᎩ, ᏦᏩ ᎤᏪᏥ, ᎾᏍᎩ ᎤᏙᏓ ᎠᎴ
ᎤᏥ ᏗᏗᎦᏔᎯ ᏥᎩ? ᎦᏙᏃ ᎤᎵᏍᏙᏔᏅ, ᎦᎸᎳᏗ ᏅᏛᏆᏠᎠᏒᎯ, ᏣᏗᎭ?

43 ᎾᏍᎩ ᎢᏳᏍᏗ ᏥᏌ ᎤᏁᏨᎩ ᎯᎠ ᏂᏚᏎᎸᎩ; ᏞᏍᏗ ᏱᏥᎪᏁᎶᏍᎨᏍᏗ.

44 ᎥᏝ ᎩᎶ ᏰᎵ ᏴᎬᎩᎷᏥᏏ, ᎬᏂ ᎠᎦᏴᎵᎨᎢ ᎤᏛᎩᏅᏏᏛ ᎤᏎᏒᏛ ᏱᎩ; ᎠᎴ ᎠᏴ ᎾᏍᎩ
ᏙᏓᏥᏯᎴᏔᏂ ᎤᎵᏍᏆᎸᏗ ᎢᎦ ᎨᏎᏍᏗ.

45 ᎯᎠ ᏂᎬᏅ ᎪᏪᎳ ᎠᎾᏙᎴᎰᏍᎩᏱ; "ᎠᎴ ᏂᎦᏛ ᎤᏁᎳᏅᎯ ᏧᏪᏲᏅᎯ ᎨᏎᏍᏗ."
ᎾᏍᎩ ᎢᏳᏍᏗ ᏂᎦᏛ ᎤᎾᏛᎦᏁᎸᎯ ᎠᎴ ᎤᎾᏕᎶᏆᎡᎸᎯ ᎠᎦᏴᎵᎨᎢ, ᎬᎩᎷᏤᎰᎢ.

46 ᎥᏝᏍᎩᏂᏃᏅ ᎩᎶ ᎠᎦᏴᎵᎨᎢ ᎤᎪᎲᎯ ᏱᎩ, Ꮎ ᎤᏩᏒ ᎤᏁᎳᏅᎯᏱ ᏅᏓᏳᏓᎴᏅᎯ;
ᎾᏍᎩ ᎤᎪᎲᎯ ᎠᎦᏴᎵᎨᎢ.

47 ᎤᏙᎯᏳᎯᏯ ᎤᏙᎯᏳᎯᏯ ᎯᎠ ᏂᏨᏪᏎᎭ, ᎠᏉᎯᏳᎲᏍᎩ ᎤᎭ ᎠᎵᏍᏆᏗᏍᎩ ᏂᎨᏒᎾ
ᎬᏂᏛ.

48 ᎠᏴ ᎾᏍᎩ ᎾᎦᏚ ᎠᏛᏂᏗᏍᏙᏗ.

49 ᏗᏥᎦᏴᎵᎨᎢ ᎹᎾ ᎠᎾᎵᏍᏓᏴᏗᏍᎬᎩ ᎢᎾᎨᎢ, ᎠᎴ ᏚᏂᏲᎱᏒ;

50 ᎯᎠ ᎾᏍᎩ ᏄᏍᏗᎦᏚ ᎦᎸᎳᏗ ᏅᏓᏳᎶᏒᎯ, ᎾᏍᎩ ᎩᎶ ᏳᎬ ᎥᏝ ᏴᎬᏲᎱᎯ.

51 ᎠᏴ ᎾᏍᎩ Ꮎ ᎦᏚ ᎬᏂᏛ ᎦᎸᎳᏗ ᏅᏓᏳᎶᏒᎯ. ᎢᏳᏃ ᎩᎶ ᎠᎩᏍᎨᏍᏗ ᎾᏍᎩ ᎯᎠ
ᎦᏚ, ᎠᎵᏍᏆᏗᏍᎩ ᏂᎨᏒᎾ ᎬᏁᏍᏗ. ᎠᎴ ᎾᏍᎩ Ꮎ ᎦᏚ ᏨᏓᏥᏁᎵ ᎾᏍᎩ ᎠᏴ ᎠᎩᏫᏯ,
ᎾᏍᎩ ᏥᏙᏛᎩᏲᏏ ᎡᎶᎯ ᎤᏛᏂᏗᏍᏙᏗ.

52 ᎿᏉᏃ ᎠᏂᏧᏏ ᎤᏅᏒᏉ ᏚᎾᏗᏲᎸᎩ, ᎯᎠ ᏄᏂᏪᏒᎩ, ᎦᏙ ᏱᎦᎵᏍᏙᏓ ᎯᎠ ᎠᏍᎦᏯ
ᏱᎩᎲᏏ ᎤᏩᏒ ᎤᏫᏯ ᎢᎦᎵᏍᏓᏴᏙᏗ?

53 ᎿᏉᏃ ᏥᏌ ᎯᎠ ᏂᏚᏪᏎᎸᎩ; ᎤᏙᎯᏳᎯᏯ ᎤᏙᎯᏳᎯᏯ ᎯᎠ ᏂᏨᏪᏎᎭ; ᎢᏳᏃ ᏂᏥᎬᎾ
ᏴᏫ ᎤᏪᏥ ᎤᏫᏯ, ᎠᎴ ᎤᎩᎬ ᎢᏣᏗᏔᎲ ᏱᎩ, ᎥᏝ ᎬᏂᏛ ᏱᏥᏯᎠ.
54 ᎠᎩᏫᏯ ᎠᎩᏍᎩ, ᎠᎴ ᎠᎩᎩᎬ ᎠᏗᏔᏍᎩ, ᎬᏂᏛ ᎠᎵᏍᏆᏗᏍᎩ ᏂᎨᏒᎾ ᎤᏤᎵᎦ, ᎠᎴ
ᎾᏍᎩ ᎠᏴ ᏙᏓᏥᏯᎴᏔᏂ ᎤᎵᏍᏆᎸᏗ ᎢᎦ ᎨᏎᏍᏗ.
55 ᎠᎩᏫᏯᏰᏃ ᎤᏙᎯᏳᏒ ᎠᎵᏍᏓᏴᏗ, ᎠᎴ ᎠᎩᎩᎬ ᎤᏙᎯᏳᏒ ᎠᏗᏔᏍᏗ.
56 ᎠᎩᏫᏯ ᎠᎩᏍᎩ, ᎠᎴ ᎠᎩᎩᎬ ᎠᏗᏔᏍᎩ, ᎾᏍᎩ ᎠᎩᏯᎠ, ᎠᏴ ᎠᎴ ᎾᏍᎩ ᏥᏯᎠ.
57 ᎾᏍᎩᏯᎢ ᎬᏂᏛ ᎠᎦᏴᎵᎨᎢ ᎠᎩᏅᏏᏛ ᏥᎩ, ᎠᎴ ᎠᎦᏴᎵᎨ ᏥᏅᏗᎦᎵᏍᏙᏗᎭ ᎠᏴ
ᏥᎬᏅ, ᎾᏍᎩᏯᎢ ᎠᏴ ᎠᏆᎵᏍᏓᏴᏗᏍᎩ ᎾᏍᎩ ᎠᏴ ᏅᏗᎦᎵᏍᏙᏗᏍᎨᏍᏗ ᎬᏁᏍᏗ.
58 ᎾᏍᎩ ᎯᎠ Ꮎ ᎦᏚ ᎦᎸᎳᏗ ᎤᏓᏳᎶᏒᎯ; ᎥᏝ ᎾᏍᎩᏯ ᏗᏥᎦᏴᎵᎨᎢ ᎹᎾ ᏣᏂᎩᏍᎨᎢ,
ᎠᎴ ᎾᏍᎩ ᏧᏂᏲᎱᏒᎯ ᏥᎩ; ᎯᎠ ᎦᏚ ᎠᎩᏍᎩ ᎠᎵᏍᏆᏗᏍᎩ ᏂᎨᏒᎾ ᎬᏁᏍᏗ.
59 ᎾᏍᎩ ᎯᎠ ᏄᏪᏒᎩ ᏗᎦᎳᏫᎢᏍᏗᏱ, ᏓᏕᏲᎲᏍᎬ ᎨᏆᏂ.
60 ᎾᏍᎩ ᎢᏳᏍᏗ ᎤᏂᏣᏛᎩ ᎬᏩᏍᏓᏩᏗᏙᎯ ᎤᎾᏛᎦᏅ, ᎯᎠ ᏄᏂᏪᏒᎩ; ᎾᏍᎩ ᎯᎠ
ᎠᏍᏓᏱᏳ ᎧᏃᎮᏛ; ᎦᎪ ᏰᎵ ᏯᏛᎬᎦ?
61 ᎿᏉᏃ ᏥᏌ ᏧᏓᏅᏛ ᎤᏙᎴᎰᏒ ᎬᏩᏍᏓᏩᏗᏙᎯ ᎤᏂᎪᏁᎶᏍᎬᎢ, ᎯᎠ ᏂᏚᏪᏎᎸᎩ; ᏥᎪ
ᎾᏍᎩ ᎯᎠ ᏕᏦᏕᏍᏗᎭ?
62 ᎢᏳᎾᏃ ᏰᏥᎪᎥ ᏴᏫ ᎤᏪᏥ ᏳᎵᏌᎳᏓᏅ ᎾᎿ ᏧᏌᎴᏅ ᏱᏬᏳᏒ?
63 ᎠᏓᏅᏙᏍᎩᏂ ᎠᏓᏛᏂᏗᏍᎩ; ᎤᏇᏓᎵ ᎥᏝ ᎬᏩᏓᏍᏕᎸᏗ ᏱᎩ. ᎧᏃᎮᏛ ᎠᏴ ᏥᏨᏬᏁᏗᎭ
ᎾᏍᎩ ᎠᏓᏅᏙ, ᎠᎴ ᎾᏍᎩ ᎬᏂᏛ.
64 ᎠᏎᏃ ᎢᏣᏓᏑᏯ ᏂᏦᎯᏳᎲᏍᎬᎾ. ᏥᏌᏰᏃ ᏗᏓᎴᏂᏍᎬ ᏂᏓᏕᏔᎰ ᎾᏍᎩ Ꮎ
ᎾᏃᎯᏳᎲᏍᎬᎾ, ᎠᎴ ᎾᎦᏔᎰᎢ ᎾᏍᎩ ᎾᏅᏡᏗᏍᎩ ᎢᏳᎵᏍᏙᏗ.
65 ᎠᎴ ᎯᎠ ᎾᏍᏉ ᏄᏪᏒᎩ; ᎾᏍᎩ ᎢᏳᏍᏗ ᎯᎠ ᏥᏂᏨᏪᏎᎸᎩ; ᎥᏝ ᎩᎶ ᏴᎬᎩᎷᏥ, ᎬᏂ
ᎡᏙᏓ ᎤᏁᎸᎯ ᏱᎩ.
66 ᎠᎴ ᎾᎯᏳ ᎢᏣᏓᎴᏅᏛ ᎤᏂᏣᏛ ᎬᏩᏍᏓᏩᏗᏙᎯ ᎤᎾᏨᏒᎩ, ᎠᎴ ᎥᏝ ᎿᏉ ᎢᎸᎯᏳ
ᏩᏁᏙᎴᎢ.
67 ᎿᏉᏃ ᏥᏌ ᎯᎠ ᏂᏚᏪᏎᎸ ᏔᎳᏚ ᎢᏯᏂᏛ; ᏥᎪ ᎾᏍᏉ ᏂᎯ ᏛᏣᏓᏅᏏ?
68 ᎿᏉᏃ ᏌᏩᏂ ᏈᏓ ᎯᎠ ᏄᏪᏎᎸᎩ; ᏣᎬᏫᏳᎯ, ᎦᎪ ᏧᏬᎸ ᏮᏓᏲᏥᎶᏏ? ᏂᎯ ᏣᏍᏆᏂᎪᏗ
ᎧᏃᎮᏛ ᎠᎵᏍᏆᏗᏍᎩ ᏂᎨᏒᎾ ᎠᏛᏂᏗᏍᏙᏗ.
69 ᎠᎴ ᎣᏦᎯᏳᎲᏍᎦ, ᎠᎴ ᎣᏥᎦᏔᎭ ᏂᎯ ᎾᏍᎩ ᎦᎶᏁᏛ ᎨᏒᎢ, ᎬᏂᏛ ᎤᏁᎳᏅᎯ
ᎤᏪᏥ.
70 ᏥᏌ ᎯᎠ ᏂᏚᏪᏎᎸᎩ. ᏝᏍᎪ ᏂᎯ ᏔᎳᏚ ᎢᏥᏛ ᏱᏨᏯᏑᏰᏎᎢ? ᎠᏎᏃ ᎠᏏᏴᏫ ᎤᏓᏑᏯ
ᎠᏍᎩᎾ ᎢᎩ.
71 ᎾᏍᎩ ᏄᏪᏒ ᏧᏓᏏ ᎢᏍᎦᎳᏗ ᏌᏩᏂ ᎤᏪᏥ ᎠᏥᏛᎬᎩ; ᎾᏍᎩᏰᏃ ᎤᏡᏗᏍᎩ
ᎢᏳᎵᏍᏙᏗ ᎨᏒᎩ, ᏔᎳᏚ ᎢᏯᏂᏛ ᎨᏒ ᎾᎿ ᎨᎳ ᎨᏒᎩ.

ᎠᏯᏙᎸᎢ 7

1 ᎾᏍᎩᏃ ᏄᎵᏍᏔᏂᏙᎸ ᏥᏌ ᎨᎵᎵ ᎤᏪᏙᎸᎩ; ᎥᏝᏰᏃ ᏳᏚᎵᏍᎨ ᏧᏗᏱ ᎤᏪᏓᏍᏗᏱ,
ᎤᏓᎦᎵᏍᏙᏗᏍᎬᎩ ᎠᏂᏧᏏ ᎠᎾᏁᎶᏗᏍᎬ ᎬᏩᎯᏍᏗᏱ.
2 ᎠᏂᏧᏏ ᏕᎦᎵᏦᏛᎢ-ᏧᎾᎵᏍᏓᏴᏗᏱ ᎤᏍᏆᎸᎯᏗᏒᎩ.
3 ᎠᎾᎵᏅᏟᏃ ᎯᎠ ᏂᎬᏩᏪᏎᎸᎩ; ᎨᏣᏍᏓᏩᏗᏙᎯ ᎾᏍᏉ ᎠᏂᎪᎲᎭ ᏄᏍᏛ
ᏕᏣᎸᏫᏍᏓᏁᎲᎢ.
4 ᎥᏝᏰᏃ ᎩᎶ ᎠᏥᎦᏔᎯ ᎢᏳᎵᏍᏙᏗᏱ ᏧᏚᎵᏍᎪᎢ ᎤᏕᎵᏛ ᏱᏚᎸᏫᏍᏓᏁᎨᎢ. ᎢᏳᏃ ᎾᏍᎩ
ᎯᎠ ᎿᏛᏁᎵᏍᏗ, ᎡᎶᎯ ᎬᏂᎨᏒ ᏂᏯᏛᏂᏏ.
5 ᎠᎾᎵᏅᏟᏰᏃ ᎥᏝ ᏱᎬᏬᎯᏳᎲᏍᎨᎢ.
6 ᎿᏉᏃ ᏥᏌ ᎯᎠ ᏂᏚᏪᏎᎸᎩ; ᎥᏝ ᎠᏏ ᏯᎩᏍᏆᎸᎡᎭ; ᏂᎯᏍᎩᏂ ᏂᎪᎯᎸᏉ ᎢᏥᏍᏆᎸᎡᎨᎢ.
7 ᎡᎶᎯ ᎥᏝ ᎢᏥᏍᎦᎩ ᏱᏅᎦᎵᏍᏓ; ᎠᏴᏍᎩᏂ ᎠᎩᏍᎦᎦ, ᎤᏗᎦᎵᏍᏙᏗᎭ ᏥᏥᏃᎮᎭ ᎾᏍᎩ
ᏚᎸᏫᏍᏓᏁᎲ ᎤᏲᎢᏳ ᎨᏒᎢ.
8 ᏂᎯ ᏙᏗᎾᎵᏍᏓᏴᎲᏍᎬ ᎢᏤᎾ; ᎥᏝ ᎠᏏ ᎠᏴ ᏙᏗᎾᎵᏍᏓᏴᎲᏍᎬ ᏴᏓᎨᏏ; ᎥᏝᏰᏃ ᎠᏏ
ᏯᎩᏍᏆᎸᎡᎸ.
9 ᎾᏍᎩ ᎯᎠ ᏂᏚᏪᏎᎸ, ᎠᏏᏉ ᎤᏪᏙᎸᎩ ᎨᎵᎵ.
10 ᎠᏎᏃ ᎠᎾᎵᏅᏟ ᎤᏁᏅᏛ ᏂᎨᏎᎢ, ᎿᏉ ᎾᏍᏉ ᏙᏗᎾᎵᏍᏓᏴᎲᏍᎬ ᎤᏪᏅᏒᎩ, ᎥᏝ
ᎬᏂᎨᏒᎢ, ᎤᏕᎵᏛᏉᏍᎩᏂ ᎢᏳᏍᏗ.
11 ᎿᏉᏃ ᎠᏂᏧᏏ ᎬᏩᏲᎸᎩ ᎬᏩᏲᎸᎩ ᏓᎾᎵᏍᏓᏴᎲᏍᎬᎢ, ᎠᎴ ᎯᎠ ᏄᏂᏪᏒᎩ; ᎭᏢ ᎾᏍᎩ
ᎡᏙᎭ?
12 ᎤᏣᏘᏃ ᎤᏕᎵᏛ ᏓᎾᎵᏃᎮᎵᏙᎲᎩ ᏴᏫ ᎾᏍᎩ ᎬᏩᏃᎮᏍᎬᎢ; ᎢᎦᏛᏰᏃ ᎯᎠ ᎾᏂᏪᏍᎬᎩ;
ᎣᏏᏳ ᎠᏍᎦᏯ; ᎢᎦᏛᏃ, ᎥᏝ, ᏕᎦᎶᏄᎮᏉ ᏴᏫ, ᎠᎾᏗᏍᎬᎩ.
13 ᎠᏎᏃ ᎥᏝ ᎩᎶ ᎬᏂᎨᏒ ᏳᏃᎮᏍᎨᎢ, ᎤᏓᎦᎵᏍᏙᏗᏍᎬᎩ ᏓᏂᎾᏰᏍᎬ ᎠᏂᏧᏏ.
14 ᎿᏉᏃ ᎠᏰᎵ ᎢᏴᏛ ᎠᎵᏰᎢᎵᏒ ᏓᎾᎵᏍᏓᏴᏍᎬᎢ ᏥᏌ ᎤᏛᏅ-ᏗᎦᎳᏫᎢᏍᏗᏱ ᎤᏴᎸᎩ,
ᎠᎴ ᏚᏕᏲᏅᎩ.
15 ᎠᏂᏧᏏᏃ ᎤᏂᏍᏆᏂᎪᏒᎩ, ᎠᎴ ᏄᏂᏪᏒᎩ; ᎦᏙ ᎤᎵᏍᏙᏔᏅ ᎯᎠ ᎠᏍᎦᏯ ᎪᏪᎵ
ᏗᏏᎾᏏᏳ ᏥᎩ, ᏧᏕᎶᏆᎥᎯᏃ ᏂᎨᏒᎾ?
16 ᏥᏌ ᏚᏁᏤᎸᎩ, ᎯᎠ ᏄᏪᏒᎩ; ᏥᏕᎦᏕᏲᏍᎦ, ᎥᏝ ᎠᏆᏤᎵᎦ ᏱᎩ, ᎤᏤᎵᎦᏍᎩᏂ
ᏅᏛᎩᏅᏏᏛ.
17 ᎢᏳᏃ ᎩᎶ ᎤᏚᎵᏍᎨᏍᏗ ᎾᏍᎩ ᏄᏍᏛ ᎤᏚᎵᏍᎬ ᏧᎸᏫᏍᏓᏁᏗᏱ, ᎠᏎ ᎤᏙᎴᎰᎯᏍᏗ
ᎾᏍᎩ ᎯᎠ ᏥᏕᎦᏕᏲᎲᏍᎦ ᎤᏁᎳᏅᎯ ᎤᏓᏩᏓᎴᏅᎯ ᎨᏎᏍᏗ, ᎠᎴ ᏥᏬᏂᏍᎬ ᎠᏋᏒᏉ
ᎠᏆᏓᏅᏖᎸᎯ ᎢᎨᏎᏍᏗ.

18 ᎩᎶ ᎤᏩᏒ ᎤᏓᏅᏖᏛ ᏥᎦᏬᏂᏍᎪᎢ, ᎤᏩᏒᏉ ᎠᏥᎸᏉᏗᏳ ᎢᏳᎵᏍᏙᏗᏱ ᎤᏲᎰᎢ;
ᎩᎶᏍᎩᏂ ᎤᏓᏳᏅᏏᏛ ᎠᏥᎸᏉᏗᏳ ᎢᏳᎵᏍᏙᏗᏱ ᏧᏲᎰᎢ, ᎾᏍᎩ ᏚᏳᎪᏛ ᎨᏐᎢ, ᎠᎴ ᎥᏝ
ᎠᏌᎾᏍᏗ ᎨᏒ ᏩᏓᏑᏲᎢ.
19 ᏝᏍᎪ ᏱᏏ ᏱᏥᏁᎴ ᏗᎧᎿᏩᏛᏍᏗ? ᎠᏎᏃ ᎥᏝ ᎩᎶ ᏩᏓᏑᏯ ᏗᎧᎿᏩᏛᏍᏗ ᏂᎦᏪᏍᎬ
ᏱᎾᏛᏁᎭ. ᎦᏙᏃ ᎢᏣᏚᎵ ᏍᎩᎢᏍᏗᏱ?
20 ᎤᏂᏣᏘ ᎤᏂᏁᏨᎩ, ᎯᎠ ᏄᏂᏪᏒᎩ; ᎠᏍᎩᎾ ᏣᏯᎠ; ᎦᎪ ᎤᏚᎵ ᏣᎯᏍᏗᏱ?
21 ᏥᏌ ᎤᏁᏨᎩ, ᎯᎠ ᏂᏚᏪᏎᎸᎩ; ᏑᏓᎴᎩ ᏓᎩᎸᏫᏍᏓᏁᎸ, ᏂᏥᎥᏃ ᎢᏥᏍᏆᏂᎪᏍᎦ.
22 ᎼᏏ ᎠᎱᏍᎦᏍᏗ ᎨᏒ ᎢᏥᏁᎸᎩ; ᎥᏝᏍᎩᏂᏃᏅ ᎼᏏ ᎤᎾᏄᎪᏫᏒᎯ ᏱᎩ, ᎠᏂᎦᏴᎵᎨᏍᎩᏂ
ᎤᏂᎾᏄᎪᏫᏒᎯ; ᏂᎯᏃ ᎤᎾᏙᏓᏆᏍᎬᏃ ᎢᎡᏥᎤᏍᎦᏎᎨ ᎠᏍᎦᏯ.
23 ᎢᏳᏃ ᎠᏍᎦᏯ ᎤᎾᏙᏓᏆᏍᎬ ᎢᎦ ᏯᏥᎤᏍᎦᏎᎭ, ᏱᎤᏗᎦᎵᏍᏙᏗᎭ ᏗᎧᎿᏩᏛᏍᏗ ᎼᏏ
ᎤᏤᎵ ᎤᏲᎢᏍᏗ ᏂᎨᏒᎾ ᎨᏒᎢ, ᏥᎪ ᎢᏍᎩᏍᎦᎦ ᎤᏗᎦᎵᏍᏙᏗᎭ ᎠᏍᎦᏯ ᏂᎬ ᎠᏰᎸ
ᏥᏥᎤᏩᏅ ᎤᎾᏙᏓᏆᏍᎬ ᎢᎦ?
24 ᏞᏍᏗ ᎦᏣᎧᏂᏍᎬᏉ ᏱᏗᏧᎪᏗᏍᎨᏍᏗ, ᏚᏳᎪᏛᏍᎩᏂ ᎦᏧᎪᏗᏍᎨᏍᏗ.
25 ᎿᏉᏃ ᎢᎦᏛ ᏥᎷᏏᎵᎻ ᎠᏁᎯ ᎯᎠ ᏄᏂᏪᏒᎩ, ᏝᏍᎪ ᎾᏍᎩ Ꮎ ᎯᎠ ᏱᎩ ᏧᎾᏚᎵ
ᎤᏂᎯᏍᏗᏱ?
26 ᎬᏂᏳᏉᏃ ᎾᏍᎦᎢᎲᎾ ᎦᏬᏂᎭ, ᎠᎴ ᎥᏝ ᎪᎱᏍᏗ ᏯᏃᏎᎭ. ᏥᏌ ᎤᏂᎬᏫᏳᎯ ᎤᏙᎯᏳᎯ
ᎠᏂᎦᏔᎭ ᎾᏍᎩ ᎤᏙᎯᏳᎯᏯ ᎦᎶᏁᏛ ᎨᏒᎢ?
27 ᎠᏎᏃ ᎢᏗᎦᏔᎭ ᎯᎠ ᎠᏍᎦᏯ ᏧᏓᎴᏅᎢ, ᎦᎶᏁᏛᏍᎩᏂ ᎦᎷᏨᎭ ᎥᏝ ᎩᎶ ᏱᎬᎦᏔᎮᏍᏗ
ᏧᏓᎴᏅᎢ.
28 ᎿᏉᏃ ᏥᏌ ᎤᏪᎷᏅᎩ ᎤᏛᏅᏗᎦᎳᏫᎢᏍᏗᏱ ᏓᏕᏲᎲᏍᎬᎢ, ᎯᎠ ᏄᏪᏒᎩ; ᏍᎩᎦᏔᎭ,
ᎠᎴ ᎾᏍᏉ ᎢᏥᎦᏔᎭ ᏗᏆᏓᎴᏅᎢ; ᎠᎴ ᎥᏝ ᎠᏋᏒᏉ ᎠᏆᏓᏅᏖᏛ ᏯᎩᎷᏨ,
ᏅᏛᎩᏅᏏᏛᏍᎩᏂ ᏚᏳᎪᏛᎢ, ᎾᏍᎩ ᏁᏥᎦᏔᎲᎾ ᏥᎩ.
29 ᎠᏴᏍᎩᏂ ᏥᎦᏔᎭ, ᎾᎿᏰᏃ ᏅᏛᏆᏓᎴᏅᎯ, ᎠᎴ ᎾᏍᎩ ᏗᎩᏅᏒ.
30 ᎿᏉᏃ ᎤᎾᏓᏅᏖᎸᎩ ᎬᏩᏂᏴᏗᏱ: ᎠᏎᏃ ᎥᏝ ᎩᎶ ᏩᏏᏔᏕᎢ, ᏅᏓᎦᎵᏍᏙᏗᏍᎬᎩ ᎠᏏ
ᏄᏍᏆᎸᎡᎸᎾ ᎨᏒᎢ.
31 ᎠᎴ ᎤᏂᏣᏛᎩ ᎬᏬᎯᏳᏅᎩ, ᎠᎴ ᎯᎠ ᏄᏂᏪᏒᎩ; ᎦᎶᏁᏛ ᎦᎷᏨᎭ, ᏥᎪᎤᏟ ᎢᎦᎢ
ᎤᏍᏆᏂᎪᏗ ᏙᏓᏳᎸᏫᏍᏓᏁᎵ, ᎡᏍᎦᏉ ᎯᎠ ᎾᏍᎩ ᏥᏚᎸᏫᏍᏓᏁᎸ?
32 ᎠᏂᏆᎵᏏ ᎤᎾᏛᎦᏅᎩ ᎤᏂᏣᏘ ᎾᏍᎩ ᎬᏩᏃᎮᏍᎬ ᎤᏕᎵᏛ ᏓᎾᎵᏃᎮᎵᏙᎲᎢ. ᎠᎴ
ᎠᏂᏆᎵᏏ ᏄᏂᎬᏫᏳᏒᏃ ᎠᏥᎸ-ᎠᏁᎶᎯ ᏚᏂᏅᏒᎩ ᏗᎾᏓᏂᏱᏍᎩ ᎾᏍᎩ ᏭᏂᏂᏴᏗᏱ.
33 ᎿᏉᏃ ᏥᏌ ᎯᎠ ᏂᏚᏪᏎᎸᎩ; ᎠᏏ ᏞᎦ ᎢᏨᏰᎳᏗᏙᎭ, ᎿᏉᏃ ᏅᏛᎩᏅᏏᏛ ᏧᏬᎸ
ᏮᏛᏥᎶᏏ.
34 ᏍᎩᏲᎮᏍᏗ, ᎠᏎᏃ ᏞᏍᎩᏯᏌᏥ; ᎠᎴ ᏫᎨᎥ ᎥᏝ ᏰᎵ ᏫᏴᎨᏥᎷᎩ.

35 ᎿᏉᏃ ᎠᏂᏧᏏ ᎯᎠ ᏂᏚᎾᏓᏪᏎᎸᎩ, ᎭᏢ ᏮᏓᎦᎶᏏ, ᎦᏰᏗᏩᏛᏗ ᏂᎨᏒᎾ ᎢᎨᏎᏍᏗ?
ᏧᎾᏓᎴᏅᏛᏍᎪ ᏴᏫ ᏓᏁᏩᏗᏒ ᎤᎾᏗᎦᎴᏲᏨᎯ ᏙᏛᏩᏛᎮᏏ, ᎠᎴ ᏫᏙᏓᎨᏲᏂ ᏧᎾᏓᎴᏅᏛ
ᏴᏫ?
36 ᎦᏙ ᎦᏛᎦ ᎯᎠ ᏥᏄᏪᏒ; ᏍᎩᏲᎮᏍᏗ ᎠᏎᏃ ᏓᏍᎩᏯᏌᏥ, ᎠᎴ ᏫᎨᎥᎢ ᎥᏝ ᏫᏴᎨᏥᎷᎩ?
37 ᎤᎵᏍᏆᎸᏗᏃ ᎢᎦ, ᎾᏍᎩ ᎦᎸᏉᏗ ᎢᎦ ᎨᏒ ᏓᎾᎵᏍᏓᏴᎲᏍᎬᎢ, ᏥᏌ ᏚᎴᏅᎩ ᎠᎴ
ᎤᏪᎷᏅᎩ ᎯᎠ ᏄᏪᏒᎩ; ᎢᏳᏃ ᎩᎶ ᎤᏔᏕᎩᏍᎨᏍᏗ, ᎠᏴ ᏩᎩᎷᏥ, ᎠᎴ ᏩᏗᏔ.
38 ᎩᎶ ᎠᏉᎯᏳᎲᏍᎨᏍᏗ, ᎤᏍᏉᎵᏱ ᏕᎦᎾᏄᎪᎨᏍᏗ ᎡᏉᏂ ᎬᏂᏛ ᎠᎹ ᏕᎨᏰᏍᏗ;
ᎾᏍᎩᏯ ᏥᏂᎦᏪ ᎪᏪᎵ.
39 ᎾᏍᎩ ᎯᎠ ᏄᏪᏒ, ᎤᏪᏛᏨᎩ ᎠᏓᏅᏙ, ᎾᏍᎩ ᎬᏬᎯᏳᎲᏍᎩ ᎨᏥᏁᏗ ᎨᏒᎢ; ᏝᏰᏃ
ᎠᏏ ᎦᎸᏉᏗᏳ ᎠᏓᏅᏙ ᏱᎦᎾᏄᎪᎨᎢ, ᎤᏓᎦᎵᏍᏙᏗᏍᎬᎩ ᏥᏌ ᎠᏏ ᎾᏥᎸᏉᏗᏍᎬᎾ ᎨᏒᎢ.
40 ᎾᏍᎩ ᎢᏳᏍᏗ ᎤᏂᏣᏛ ᏴᏫ ᎾᏍᎩ ᎯᎠ ᎤᎾᏛᎦᏅ, ᎯᎠ ᏄᏂᏪᏒᎩ; ᎤᏙᎯᏳᎯᏯ ᎯᎠ
ᎾᏍᎩ Ꮎ ᎠᏙᎴᎰᏍᎩ.
41 ᎢᎦᏛᏃ ᎯᎠ ᏄᏂᏪᏒᎩ; ᎯᎠ ᎾᏍᎩ ᎦᎶᏁᏛ. ᎠᏎᏃ ᎢᎦᏛ ᎯᎠ ᏄᏂᏪᏒᎩ; ᏥᎪ
ᎦᎶᏁᏛ ᎨᎵᎵ ᎤᏏᏳᎾᏄᎪᎢᏍᏗ?
42 ᏝᏍᎪ ᎪᏪᎵ ᎯᎠ ᏱᏂᎦᏪᎭ? ᎦᎶᏁᏛ ᏕᏫ ᎤᏁᏢᏔᏅᏛ ᎨᏒ ᎤᎾᏄᎪᎢᏍᏗ, ᎠᎴ
ᎦᏚᏱ ᎦᏚᎲᎢ ᏕᏫ ᎤᏕᏅᎢ?
43 ᎾᏍᎩ ᎢᏳᏍᏗ ᏔᎵ ᏄᎾᏓᏛᎩ ᏴᏫ, ᎤᏓᎦᎵᏍᏙᏗᏍᎬᎩ ᎾᏍᎩ ᎨᏩᏍᏛᏗᏍᎬᎢ.
44 ᎠᎴ ᎢᎦᏛ ᎤᎾᏓᏑᏴᎩ ᎤᎾᏚᎵᏍᎬᎩ ᎨᏩᏂᏴᏗᏱ; ᎠᏎᏃ ᎥᏝ ᎩᎶ ᏩᏏᏔᏕᎢ.
45 ᎿᏉᏃ ᏗᎾᏓᏂᏱᏍᎩ ᎨᏩᏂᎷᏤᎸᎩ ᏄᏂᎬᏫᏳᏒ ᎠᏥᎸ-ᎠᏁᎶᎯ ᎠᎴ ᎠᏂᏆᎵᏏ. ᎯᎠᏃ
ᏂᏚᏂᏪᏎᎸᎩ; ᎦᏙᏃ Ꮭ ᏴᎡᏣᏗᏃᎦ?
46 ᏗᎾᏓᏂᏱᏍᎩ ᎤᏂᏁᏨ ᎯᎠ ᏄᏂᏪᏒᎩ; ᎥᏝ ᎢᎸᎯᏳ ᎩᎶ ᏱᎬᏩᏬᏂᎭ ᎾᏍᎩᏯ ᎯᎠ
ᏂᎦᏪᏍᎬ ᏚᏬᏂᏍᎬᎢ.
47 ᎿᏉᏃ ᎠᏂᏆᎵᏏ ᎤᏂᏁᏨ ᎯᎠ ᏂᏚᏂᏪᏎᎸᎩ; ᏥᎪ ᏂᎯ ᎾᏍᏉ ᎡᏥᎶᏄᎡᎸ?
48 ᏥᎪ ᎩᎶ ᏄᏂᎬᏫᏳᏒ ᎠᎴ ᎠᏂᏆᎵᏏ ᎬᏬᎯᏳᏅ?
49 ᎯᎠᏍᎩᏂ ᏴᏫ ᏗᎧᎿᏩᏛᏍᏗ ᎾᏂᎦᏔᎲᎾ ᏥᎩ ᎨᏥᏍᎩᏅᏛᎯ.
50 ᏂᎦᏗᎹᏏ,-ᏥᏌ ᎡᏃᏱ ᎤᎷᏤᎸᎯ, ᎾᏍᎩ ᎨᎸᎩ,-ᎾᏍᎩ ᎯᎠ ᏂᏚᏪᏎᎸᎩ;
51 ᏥᎪ ᏗᎩᎧᎿᏩᏛᏍᏗ ᏚᎫᎪᏓᏁᎰ ᎩᎶ ᎠᏏ ᎾᏕᏛᎦᏁᎸᎾ ᏥᎨᎭᎢ, ᎠᎴ ᏚᎸᏫᏍᏓᏁᎲ
ᎠᏙᎴᎰᏒᎯ ᏂᎨᏒᎾ ᏥᎨᎭᎢ?
52 ᎤᏂᏁᏨ ᎯᎠ ᎤᎬᏩᏪᏎᎸᎩ; ᏥᎪ ᎾᏍᏉ ᏂᎯ ᎨᎵᎵ ᎮᎯ? ᏣᏲᎦ ᎠᎴ ᎭᎦᏌᏯᏍᏓ,
ᏝᏰᏃ ᎨᎵᎵ ᎤᎾᏄᎪᎢᏍᏗ ᏱᎩ ᎠᏙᎴᎰᏍᎩ.
53 ᏂᎦᏛᏃ ᏙᏧᏁᏅᏒ ᏫᏙᏅᏂᎶᏒᎩ.

ᎠᏯᏙᎸᎢ 8

1 ᏥᏌᏃ ᎤᎵᏩᏲᎢ ᎣᏓᎸ ᏬᎶᏒᎩ.

2 ᏑᎾᎴᏉᏃ ᏔᎵᏁ ᎤᏛᏅ-ᏗᎦᎳᏫᎢᏍᏗᏱ ᎤᎷᏨᎩ; ᎠᎴ ᏂᎦᏛ ᏴᏫ ᎥᎬᏩᎷᏤᎸᎩ;
ᎤᏪᏅᏃ ᏑᏪᏲᏅᎩ.

3 ᏗᏃᏪᎵᏍᎩᏃ ᎠᎴ ᎠᏂᏆᎵᏏ ᎬᏩᏘᏃᎮᎸᎩ ᎠᎨᏴ ᎠᏓᏲᏁᎲ ᎠᏥᏂᏴᏛ; ᎠᏰᎵᏃ ᎤᏂᎧᏅ,

4 ᎯᎠ ᏂᎬᏩᏪᏎᎸᎩ; ᏔᏕᏲᎲᏍᎩ, ᎯᎠ ᎠᎨᏴ ᎠᏓᏲᏁᎲ ᏕᎦᏅᎬᎢ ᎠᏥᏂᏴᎲᎩ.

5 Ꭷ, ᎼᏏ ᎣᎩᏁᏨᎸᎩ ᏗᎧᎿᏩᏛᏍᏗᏱ ᎾᏍᎩ ᎢᏳᎾᏍᏗ ᏅᏯ ᏗᎨᎬᏂᏍᏙᏗᏱ; ᎠᏎᏃ ᏂᎯ
ᎦᏙ ᎭᏗᎭ?

6 ᎾᏍᎩ ᎯᎠ ᏄᏂᏪᏒᎩ ᎠᏂᏌᏛᎥᏍᎬᎩ, ᎤᏄᎯᏍᏙᏗᏱᏉ ᎤᏂᏰᎸᏒᎩ. ᎠᏎᏃ ᏥᏌ
ᎤᏗᏌᏓᏛᎩ, ᎦᏰᏌᏛᏃ ᎤᏩᏔᏅᎩ ᎤᏬᏪᎳᏅᎩ ᎦᏙᎯ.

7 ᎠᏏᏉᏃ ᎠᏂᏱᎵᏒ ᎬᏩᏛᏛᏍᎬ ᎤᏓᏥᏃᎯᏍᏔᏅᎩ ᎯᎠ ᏂᏚᏪᏎᎸᎩ; ᎩᎶ ᎤᏓᏑᏰᏍᏗ
ᎤᏍᎦᏅᏨᎯ ᏂᎨᏒᎾ ᎾᏍᎩ ᎢᎬᏱ ᏫᏓᏓᎴᏅᏓ ᏅᏯ ᏫᎬᏂᏍᏓ.

8 ᏔᎵᏁᏃ ᎤᏗᏌᏓᏛ, ᎦᏙᎯ ᎤᏬᏪᎳᏅᎩ.

9 ᎾᏍᎩᏃ ᎤᎾᏛᎦᏅ, ᎠᎴ ᏧᎾᏓᏅᏙ ᎬᏩᏄᎯᏍᏔᏅ, ᎤᏂᏄᎪᏨᎩ ᏌᏉ ᎤᏛᏂᏛ ᎤᏓᏂᎵᎨ
ᏚᏓᎴᏅᏔᏅᎩ, ᎣᏂᏱ ᏫᎬᏩᏛᏅᎩ; ᏥᏌᏃ ᎤᏩᏒ ᏄᎵᏍᏔᏅᎩ, ᎠᎨᏴᏃ ᎠᏰᎵ ᎦᏙᎬᎩ.

10 ᏥᏌᏃ ᎤᏓᏥᏃᎯᏍᏔᏅ, ᎠᎴ ᎠᎨᏴᏉ ᎤᏩᏒ ᎤᎪᎲ, ᎯᎠ ᏄᏪᏎᎸᎩ; ᎯᎨᏴ, ᎭᏢ Ꮎ
ᎨᏧᎯᏍᏗᏍᎩ? ᏝᏍᎪ ᎩᎶ ᏣᏍᎦᏅᏨᎢ ᏱᏕᎫᎪᏓ?

11 ᎯᎠ ᏄᏪᏒᎩ; ᎥᏝ ᎩᎶ, ᏣᎬᏫᏳᎯ. ᏥᏌᏃ ᎯᎠ ᏄᏪᏎᎸᎩ; ᎥᏝ ᎾᏍᏉ ᎠᏴ ᏣᏍᎦᏅᏨ
ᏱᏗᏧᎪᏗᎭ. ᏥᎮᎾ, ᎠᎴ ᏞᏍᏗ ᎢᎸᎯᏳ ᎿᏉ ᏱᏣᏍᎦᏅᏤᏍᏗ.

12 ᎠᎴᏬ ᏥᎭ ᏚᏬᏁᏔᏅᎩ, ᎯᎠ ᏂᏚᏪᏎᎸᎩ; ᎠᏴ ᎡᎶᎯ ᎢᎦ ᏥᏯᏘᏍᏓᏁᎯ; ᎩᎶ
ᎠᎩᏍᏓᏩᏕᎨᏍᏗ ᎥᏝ ᎤᎵᏏᎬ ᏱᎦᏰᏙᎮᏍᏗ; ᎠᏛᏂᏗᏍᏙᏗᏍᎩᏂ ᎢᎦ ᎤᏤᎵᎦ ᎨᏎᏍᏗ.

13 ᎿᏉᏃ ᎠᏂᏆᎵᏏ ᎯᎠ ᎤᎬᏩᏪᏎᎸᎩ; ᏨᏒᏉ ᎭᏓᏃᎮᏎ, ᎯᏃᎮᏍᎬ ᎥᏝ ᏳᏙᎯᏳᎭ.

14 ᏥᏌ ᎤᏁᏨᎩ, ᎯᎠ ᏂᏚᏪᏎᎸᎩ; ᎠᏋᏒᏉ ᎾᏍᏉ ᏱᎦᏓᏃᎮᎭ, ᎠᏎ ᏥᏃᎮᏍᎬ
ᎤᏙᎯᏳᎭ; ᏥᎦᏔᎭᏰᏃ ᏗᏆᏓᎴᏅᎢ ᎠᎴ ᏫᏥᎦᏛᎢ. ᏂᎯᏍᎩᏂ ᎥᏝ ᏱᏥᎦᏔᎭ ᏗᏆᏓᎴᏅᎢ
ᎠᎴ ᏫᏥᎦᏛᎢ.

15 ᏂᎯ ᎦᏧᎪᏗᏍᎪ ᎤᏇᏓᎵᏉ ᏧᏬᎪᏙᏗ ᎨᏒᎢ; ᎠᏴ ᎥᏝ ᎩᎶ ᏱᏗᏥᏳᎪᏓᏁᎨᎢ.

16 ᎠᏎᏃ ᎾᏍᏉ ᏱᏗᏧᎪᏗᎭ, ᏓᏇᎪᏔᏅ ᏑᏳᎪᏛ ᏱᎩ. ᎥᏝᏰᏃ ᎠᏋᏒᏉ ᏱᎩ,
ᎠᎦᏴᎵᎨᏰᏃ ᎤᏛᎩᏅᏏᏛ ᎣᎩᎾᎵᎪᎭ.

17 ᎠᎴ ᎾᏍᏉ ᎪᏪᎳ ᏗᏥᎧᎿᏩᏛᏍᏗᏱ ᎾᏍᎩ ᎠᏂᏔᎵ ᎤᏂᏃᎮᎸᎯ ᎨᏒ ᎤᏙᎯᏳᎯᏯ
ᎨᏒᎢ.

18 ᎠᏴ ᎠᏋᏒ ᎦᏓᏃᎮᏍᎩ, ᎠᎦᏴᎵᎨᏃ ᎤᏛᎩᏅᏏᏛ ᎾᏍᏉ ᎠᏴ ᎠᎩᏃᎮᎭ.

19 ᎿᏉ ᎯᎠ ᎤᎬᏩᏪᏎᎸᎩ, ᎭᏢ ᏣᏙᏓ? ᏥᏌ ᎯᎠ ᏂᏚᏪᏎᎸᎩ; ᎥᏝ ᎠᏴ ᏱᏍᎩᎦᏔᎭ,
ᎠᎴ ᎥᏝ ᏰᏥᎦᏔᎭ ᎡᏙᏓ. ᎢᏳᏃ ᎠᏴ ᏱᏍᎩᎦᏔᎮᎢ, ᎾᏍᏉ ᏰᏥᎦᏔᎮ ᎡᏙᏓ.

20 ᎾᏍᎩ ᎯᎠ ᏄᏪᏒᎩ ᏥᏌ ᎠᏕᎸ ᏗᏍᏆᏂᎪᏗᏱ, ᎾᎯᏳ ᏓᏕᏲᎲᏍᎬ ᎤᏛᏅ-
ᏗᎦᎳᏫᎢᏍᏗᏱ; ᎠᎴ ᎥᏝ ᎩᎶ ᏳᏂᏴᎮᎢ, ᎥᏝᏰᏃ ᎠᏏ ᏳᏍᏆᎸᎡᎮᎢ.
21 ᎿᏉᏃ ᏥᏌ ᏔᎵᏁ ᎯᎠ ᏂᏚᏪᏎᎸᎩ; ᏓᎦᏓᏅᏏ, ᏂᎯᏃ ᏍᎩᏲᎮᏍᏗ, ᎠᎴ ᎠᏎ ᎠᏍᎦᏂ
ᎨᏒ ᏙᏓᏥᏲᎱᏏ, ᎠᎴ ᏫᏥᎦᏛ ᎥᏝ ᏫᏴᎨᏥᎷᎩ.
22 ᎿᏉᏃ ᎠᏂᏧᏏ ᎯᎠ ᏄᏂᏪᏒᎩ, ᏥᎪ ᎤᏩᏒ ᏛᏓᎵ? ᎯᎠ ᏥᏂᎦᏪᎭ; ᏫᏥᎦᏛ ᎥᏝ
ᏫᏴᎨᏥᎷᎩ.
23 ᎯᎠᏃ ᏂᏚᏪᏎᎸᎩ; ᏂᎯ ᎡᎳᏗ ᎢᏣᏓᎴᏅᎯ; ᎠᏴ ᎦᎸᎳᏗ ᏅᏛᏆᏓᎴᏅᎯ. ᏂᎯ ᎠᏂ
ᎡᎶᎯ ᎢᏣᏓᎴᏅᎯ; ᎠᏴ ᎥᏝ ᎠᏂ ᎡᎶᎯ ᎠᏆᏓᎴᏅᎯ ᏱᎩ.
24 ᎾᏍᎩ ᎢᏳᏍᏗ ᎯᎠ ᏂᏨᏪᏏ; ᎠᏎ ᎨᏥᏍᎦᏂᏉ ᎨᏒ ᏙᏓᏥᏲᎱᏏ; ᎢᏳᏰᏃ ᏂᏦᎯᏳᎲᏍᎬᎾ
ᎢᎨᏎᏍᏗ ᎠᏴ ᎾᏍᎩ ᎨᏒᎢ, ᎠᏎ ᎨᏥᏍᎦᏂ ᎨᏒ ᏙᏓᏥᏲᎱᏏ.
25 ᎿᏉᏃ ᎯᎠ ᎤᎬᏩᏪᏎᎸᎩ; ᎦᎪᏂᎯ? ᏥᏌᏃ ᎯᎠ ᏂᏚᏪᏎᎸᎩ; ᎾᏍᎩᏉ ᏥᏨᏲᏎᎰᎢ,
ᎤᏙᎯᏳᎯᏯ ᎾᏍᎩᏉ.
26 ᎤᏣᏘ ᎪᎱᏍᏗ ᎠᎩᎭ ᎢᏨᏲᏎᏗ, ᎠᎴ ᏗᏨᏳᎪᏓᏁᏗ; ᎠᏎᏃ ᏅᏛᎩᏅᏏᏛ ᏚᏳᎪᏛᎢ;
ᎠᏴᏃ ᎡᎶᎯ ᏥᏃᎮᎮᎭ ᎾᏍᎩ ᏄᏍᏛ ᏥᏯᏛᎦᏁᎸᎢ.
27 ᎥᏝ ᏳᏃᎵᏤ ᎠᎦᏴᎵᎨ ᎦᏛᎬ ᎾᏍᎩ ᏕᎦᏬᏁᏗᏍᎬᎢ.
28 ᎾᏍᎩ ᎢᏳᏍᏗ ᏥᏌ ᎯᎠ ᏂᏚᏪᏎᎸᎩ; ᏴᏫ ᎤᏪᏥ ᎡᏥᏌᎳᏓᏅᎭ, ᎿᏉ ᏓᏣᏙᎴᎰᏏ ᎠᏴ
ᎾᏍᎩ ᎨᏒᎢ, ᎠᎴ ᎠᏋᏒᏉ ᎠᏆᏓᏅᏖᏛ ᎪᎱᏍᏗ ᏂᏓᎩᎸᏫᏍᏓᏁᎲᎾ ᎨᏒᎢ, ᎡᏙᏓᏉᏍᎩᏂ
ᎠᏇᏲᏅ ᎾᏍᎩ ᏥᏃᎮᏍᎬᎢ.
29 ᏅᏛᎩᏅᏏᏛ ᎣᎩᎾᎵᎪᎭ; ᎠᎦᏴᎵᎨ ᎥᏝ ᏯᏋᎦᏨ, ᏂᎪᎯᎸᏰᏃ ᏓᎩᎸᏫᏍᏓᏁᎰ ᎣᏍ-Ꮫ
ᎤᏰᎸᏗ.
30 ᎠᏏᏉ ᎾᏍᎩ ᎯᎠ ᏂᎦᏪᏍᎬᎩ, ᎤᏂᏣᏛ ᎬᏬᎯᏳᏅᎩ.
31 ᎿᏉ ᏥᏌ ᎯᎠ ᏂᏚᏪᏎᎸᎩ ᎠᏂᏧᏏ ᎬᏬᎯᏳᎲᏍᎩ; ᎢᏳᏃ ᏕᏥᎧᎿᏩᏗᏎᏍᏗ ᎠᎩᏁᏨᎢ,
ᎤᏙᎯᏳᎯᏯ ᏍᎩᏍᏓᏩᏗᏙᎯ ᎨᏎᏍᏗ.
32 ᎠᎴ ᏓᏥᎦᏙᎥᏏ ᏚᏳᎪᏛᎢ, ᏚᏳᎪᏛᏃ ᏂᏕᏥᎾᏝᎥᎾ ᏅᏓᏨᏁᎵ.
33 ᎬᏩᏁᏤᎸ ᎯᎠ ᏂᎬᏩᏪᏎᎸᎩ; ᎠᏴ ᎡᏆᎭᎻ ᎤᏁᏢᏔᏅᏛ, ᎠᎴ ᎥᏝ ᎢᎸᎯᏳᎩᎶ
ᏱᏙᎩᎾᏢᏃᎢ, ᎦᏙᏃ ᏂᏕᏥᎾᏝᎥᎾ ᏅᏓᏰᏨᏁᎵ, ᏣᏗᎭ?
34 ᏥᏌ ᏚᏁᏤᎸ ᎯᎠ ᏂᏚᏪᏎᎸᎩ; ᎤᏙᎯᏳᎯᏯ ᎤᏙᎯᏳᎯᏯ ᎯᎠ ᏂᏨᏪᏎᎭ; ᎩᎶ
ᏣᏍᎦᏅᎪᎢ ᎠᏍᎦᏂ ᎤᎾᏝᎢ ᎨᏐᎢ.
35 ᎠᏥᎾᏝᎢᏃ ᎥᏝ ᎠᏓᏁᎸ ᏂᎪᎯᎸ ᎡᎯ ᏱᎨᏐᎢ; ᎠᏕᏅᎩᏍᎩᏂ ᏂᎪᎯᎸ ᎡᎰᎢ.
36 ᎾᏍᎩ ᎢᏳᏍᏗ ᎢᏳᏃ ᎠᏕᏅᎩ ᏂᏕᏥᎾᏝᎥᎾ ᏱᏂᏨᏁᎸ ᎤᏙᎯᏳᏒ ᏂᏕᏥᎾᏝᎥᎾ ᏱᎩ.
37 ᏥᎦᏔᎭ ᏂᎯ ᎡᏆᎭᎻ ᎤᏁᏢᏔᏅᏛ ᎨᏒᎢ; ᎠᏎᏃ ᎢᏣᏚᎵ ᏍᎩᎢᏍᏗᏱ, ᎤᏗᎦᎵᏍᏙᏗᎭ
ᏥᏁᎬ ᏕᏣᏓᏅᏛ ᏫᎾᏴᎯᎲᎾ ᎨᏒᎢ.

38 ᏄᏍᏛ ᎠᎩᎪᎲ ᎡᏙᏙᏱ ᎾᏍᎩ ᏥᏁᎪᎢ; ᏂᎠᏃ ᏄᏍᏛ ᎢᏥᎪᎲ ᎢᏥᏙᏙᏱ ᎾᏍᎩ
ᏂᏣᏛᏁᎰᎢ.
39 ᎤᏂᏁᏨ ᎯᎠ ᎤᎬᏩᏪᏎᎸᎩ; ᎡᏆᎭᎻ ᎣᎩᏙᏓ. ᏥᏌ ᎯᎠ ᏂᏚᏪᏎᎸᎩ; ᎢᏳᏃ ᏂᎯ
ᎡᏆᎭᎻ ᏧᏪᏥ ᏱᎩ, ᎡᏆᎭᎻ ᏧᎸᏫᏍᏓᏁᏗ ᎨᏒ ᏱᏗᏥᎸᏫᏍᏓᏁᎭ.
40 ᎠᏎᏃ ᎢᏣᏚᎵ ᏍᎩᎢᏍᏗᏱ ᎠᏴ ᏚᏳᎪᏛ ᎢᏨᏃᏁᎸᎯ, ᎾᏍᎩ ᎤᏁᎳᏅᎯ ᏥᏯᏛᎦᏁᎸᎯ
ᎨᏒᎢ; ᎥᏝ ᎾᏍᎩ ᏱᎾᏛᏁᎮ ᎡᏆᎭᎻ.
41 ᎢᏥᏙᏓ ᏧᎸᏫᏍᏓᏁᏗ ᎨᏒ ᏕᏥᎸᏫᏍᏓᏁᎰᎢ. ᎿᏉᏃ ᎯᎠ ᎤᎬᏩᏪᏎᎸᎩ; ᎥᏝ ᎤᏕᎵᏛ
ᏗᏂᏏᏅᎯ ᎣᎩᎾᎸᎪᏨᎯ ᏱᎩ; ᏌᏉ ᎡᎭ ᎣᎩᏙᏓ-ᎾᏍᎩ ᎤᏁᎳᏅᎯ.
42 ᏥᏌ ᎯᎠ ᏂᏚᏪᏎᎸᎩ; ᎢᏳᏃ ᎤᏁᎳᏅᎯ ᎢᏥᏙᏓ ᏱᎩ, ᏍᎩᎨᏳᎢᏳ ᏱᎩ;
ᎤᏁᎳᏅᎯᏱᏰᏃ ᏗᏆᏓᎴᏅ ᎠᎩᎷᏥᎸ; ᎠᎴ ᎥᏝ ᎠᏋᏒᏉ ᎠᏆᏓᏅᏖᏛᏯᎩᎷᏥᎸ,
ᏗᎩᏅᏒᏍᎩᏂ.
43 ᎦᏙᏃ Ꮭ ᏱᏦᎵᎦ ᏥᏬᏂᏍᎬᎢ? ᎤᏗᎦᎵᏍᏙᏗᏍᎩᏂ ᏥᏁᎬ ᏰᎵ ᎨᏣᏛᎪᏗ ᏂᎨᏒᎾ ᎨᏒᎢ.
44 ᎢᏥᏙᏓ ᎠᏍᎩᎾ ᎤᏓᏟᏓᎴᏅᎯ ᏂᎯ, ᎠᎴ ᎢᏥᏙᏓ ᎤᏲ ᏚᎸᏫᏍᏓᏁᎲ ᎢᏣᏛᏁᏗᏱ
ᎢᏣᏚᎵᎭ. ᎾᏍᎩ ᏴᏫ ᏗᎯᎯ ᏂᎨᏐ ᏗᏓᎴᏂᏍᎬᎢ, ᎠᎴ ᎤᏙᎯᏳᎯ ᎨᏒ ᎥᏝ ᏱᏚᎴᏂᏍᎬᎢ,
ᎠᎴ ᎤᏙᎯᏳᎯ ᎨᏒ ᎥᏝ ᏱᏚᎧᎿᏩᏛᏎᎢ, ᎥᏝᏰᏃ ᎤᏙᎯᏳᎯ ᎨᏒ ᏳᏪᎭ. ᎦᏰᎪᎩ ᎧᏁᎩ
ᎤᏤᎵᎦᏉ ᎧᏁᎪᎢ; ᎦᏰᎪᎩᏰᏃ ᎾᏍᎩ, ᎠᎴ ᎤᎦᏴᎵᎨ ᎦᏰᎪᎩ ᎨᏒᎢ.
45 ᎠᏎᏃ ᏚᏳᎪᏛ ᏥᏁᎬ ᎤᏗᎦᎵᏍᏙᏗᎭ ᎥᏝ ᏱᏍᎩᏲᎢᏳᎲᏍᎦ.
46 ᎦᎪ ᎤᏓᏑᏯ ᎯᎠ ᏥᏂᏣᏛᏅᎬᏂᎨᏒ ᎢᎬᏩᏁᏗ ᎠᎩᏍᎦᏅᏨᎯ ᎨᏒᎢ? ᎢᏳᏃ ᏚᏳᎪᏛ
ᏱᏥᏁᎦ, ᎦᏙᏃ Ꮭ ᏱᏍᎩᏲᎢᏳᎲᏍᎦ?
47 ᎾᏍᎩ ᎤᏁᎳᏅᎯ ᎤᏓᏀᏓᎴᏅᎯ ᎨᏒ ᎾᏍᎩ ᎠᏛᎩᏍᎪ ᎤᏁᎳᏅᎯ ᎧᏁᎬᎢ; ᏂᎯ
ᏂᏣᏛᎩᏍᎬᎾ ᏥᎩ ᏁᏗᎦᎵᏍᏙᏗ ᎤᏁᎳᏅᎯ ᎤᏓᏟᏓᎴᏅᎯ ᏂᎨᏒᎾ ᎨᏒᎢ.
48 ᎿᏉᏃ ᎠᏂᏧᏏ ᎤᏂᏁᏨᎩ, ᎯᎠ ᏄᏂᏪᏎᎸᎩ; ᏝᏍᎪ ᏚᏳᎪᏛ ᏲᏥᏁᎦ, ᏌᎺᎵᏱ ᎮᎯ ᎠᎴ
ᎠᏍᎩᎾ ᏣᏯᎢ, ᏥᏨᏲᏎᎭ?
49 ᏥᏌ ᎯᎠ ᏂᏚᏪᏎᎸᎩ; ᎥᏝ ᎠᏍᎩᎾ ᏯᎩᏯᎠ, ᏥᎸᏉᏗᏉᏍᎩᏂ ᎡᏙᏓ; ᏂᎯᏃ ᎠᏴ
ᎨᏍᎩᏐᏢᎢᏍᏗᎭ.
50 ᎠᏎᏃ ᎥᏝ ᏯᎩᏲᎭ ᎠᏋᏒ ᎥᎩᎸᏉᏗᏱ; ᎡᎭ ᎤᏲᎯ ᎠᎴ ᏗᎫᎪᏗᏍᎩ.
51 ᎤᏙᎯᏳᎯᏯ ᎤᏙᎯᏳᎯᏯ ᎯᎠ ᏂᏨᏪᏎᎭ, ᎢᏳᏃ ᎩᎶ ᎠᏍᏆᏂᎪᏗᏍᎨᏍᏗ ᏥᏁᎬᎢ,
ᎾᏍᎩ ᎥᏝ ᎢᎸᎯᏳ ᎠᏲᎱᎯᏍᏗ ᎨᏒ ᎤᎪᏩᏛᏗ ᏱᎨᏎᏍᏗ.
52 ᎿᏉᏃ ᎠᏂᏧᏏ ᎯᎠ ᎤᎬᏩᏪᏎᎸᎩ; ᎿᏉ ᎣᏣᏙᎴᎰᎯ ᎠᏍᎩᎾ ᏣᏯᎥᎢ. ᎡᏆᎭᎻ ᎤᏲᎱᏒ,
ᎠᎴ ᎠᎾᏙᎴᎰᏍᎩ, ᏂᎯᏃ ᎯᎠ ᏂᎯᏪᎭ; ᎢᏳᏃ ᎩᎶ ᎠᏍᏆᏂᎪᏗᏍᎨᏍᏗ ᏥᏁᎬᎢ, ᎾᏍᎩ ᎥᏝ
ᎢᎸᎯᏳ ᎠᏲᎱᎯᏍᏗ ᎨᏒ ᎤᏙᎴᎰᏍᏗ ᏱᎨᏎᏍᏗ.
53 ᏥᎪ ᏂᎯ ᎤᏟ ᎡᏣᎸᏉᏗᏳ ᎡᏍᎦᏉ ᎡᏆᎭᎻ ᎣᎩᏙᏓ, ᏧᏲᎱᏒ? ᎠᎴ ᎾᏍᏉ
ᎠᎾᏙᎴᎰᏍᎩ ᏚᏂᏲᎱᏒ. ᎦᎪ ᏂᎯ ᎭᏤᎸᏍᎦ?

54 ᏥᏌᎯᎠ ᏂᏚᏪᏎᎸᎩ; ᎢᏳᏃ ᎠᏋᏒ ᏱᎦᏓᎸᏉᏗᎭ, ᎥᎩᎸᏉᏗᏳ ᎠᏎᏉᏉ ᏱᎩ; ᎡᏙᏓᏍᎩᏂ
ᎠᎩᎸᏉᏗᏍᎩ, ᎾᏍᎩ ᎠᏴ ᎣᎦᏁᎳᏅᎯ ᏥᏣᏗᎭ.
55 ᎠᏎᏃ ᎥᏝ ᏰᏥᎦᏔᎭ, ᎠᏴᏍᎩᏂ ᏥᎦᏔᎭ; ᎢᏳᏃ ᎥᏝ ᏱᏥᎦᏔᎭ ᏱᏚᏗᎭ ᏥᏰᎪᎩᏉ ᏱᎩ,
ᏂᎯ ᏥᏂᏣᏍᏗ ᎾᏍᎩᏯᎢ; ᎠᏎᏃ ᏥᎦᏔᎭ, ᎠᎴ ᎤᏁᏨ ᎠᎩᏍᏆᏂᎪᏗ.
56 ᎢᏥᏙᏓ ᎡᏆᎭᎻ ᎠᎵᎮᎵᏍᏗ ᎤᏚᎩ ᎡᏩᏒ ᎤᎪᏩᏛᏍᏗᏱ ᎪᎯ ᎨᏒ ᎠᏴ ᎨᎥᎢ, ᎠᎴ
ᎤᎪᎲᎩ ᎠᎴ ᎣᏏᏳ ᎤᏓᏅᏓᏛᎩ.
57 ᎿᏉᏃ ᎠᏂᏧᏏ ᎯᎠ ᏅᎬᏪᏎᎸᎩ; ᎥᏝ ᎠᏏ ᎯᏍᎩᏍᎪᎯ ᎢᏣᏕᏘᏴᏛ ᏱᎩ; ᏥᏌᏃ ᎯᎪᎥᎯ
ᎢᎩ ᎡᏆᎭᎻ?
58 ᏥᏌ ᎯᎠ ᏂᏚᏪᏎᎸᎩ; ᎤᏙᎯᏳᎯᏯ ᎤᏙᎯᏳᎯᏯ ᎯᎠ ᏂᏨᏪᏎᎭ; ᎠᏏᏉ ᎡᏆᎭᎻ ᏁᎲᎾ
ᏥᎨᏒᎩ, ᎠᏴ ᏂᎨᎣᎢ.
59 ᎿᏉᏃ ᏅᏯ ᏚᏂᎩᏒᎩ, ᏗᎬᏩᏂᏍᏙᏗ, ᎠᏎᏃ ᏥᏌ ᎤᏗᏍᎦᎳᏅᎩ, ᎠᎴ ᎤᏛᏅ-
ᏗᎦᎳᏫᎢᏍᏗᏱ ᎤᎸᎪᏨᎩ, ᎠᏰᎵ ᎠᏂᏙᎾᎥ ᎤᎦᏛᎴᏒᏍᏔᏅᎩ, ᎠᎴ ᎤᎶᏐᏅᎩ.

ᎠᏯᏙᎸᎢ 9

1 [ᏥᏌᏃ] ᎤᎶᏒ ᎤᎪᎲᎩ ᎠᏍᎦᏯ, ᎾᏍᎩ ᏗᎨᏫ ᏂᎨᏎ ᎤᏕᏅ.
2 ᎬᏩᏍᏓᏩᏗᏙᎯᏃ ᎬᏩᏛᏛᏅᎩ, ᎯᎠ ᏄᏂᏪᏒᎩ; ᏔᏕᏲᎲᏍᎩ, ᎦᎪ ᎤᏍᎦᏅᏨᎢ,
ᎯᎠᏍᎪ, ᏧᎦᏴᎵᎨᎢᎨ, ᏗᎨᏫ ᏧᏕᏁᎢ?
3 ᏥᏌ ᎯᎠ ᏂᎦᏪᏎᎸᎩ; ᎥᏝ ᎯᎠ ᏳᏍᎦᏅᏤ, ᎥᏝ ᎠᎴ ᏧᎦᏴᎵᎨᎢ; ᎤᏁᎳᏅᎯᏉᏍᎩᏂ
ᏧᎸᏫᏍᏓᏁᏗ ᎨᏒ ᎬᏂᎨᏒ ᎢᏳᎵᏍᏙᏗᏱ ᎾᏍᎩ ᎠᎬᏗᏍᎬᎢ.
4 ᎠᏎ ᏗᎩᎸᏫᏍᏓᏁᏗ ᏅᏛᎩᏅᏏᏛ ᏧᎸᏫᏍᏓᏁᏗ ᎨᏒ ᎠᏏᏉ ᎢᎦ ᏥᎩ; ᎡᏃᏱ ᏓᏯᎢ, ᎾᎯᏳ
ᏰᎵ ᎩᎶ ᏗᎬᏩᎸᏫᏍᏓᏁᏗ ᏂᎨᏒᎾ.
5 ᏂᎪᎯᎸ ᎡᎶᎯ ᎨᏙᎲᎢ, ᎠᏴ ᎡᎶᎯ ᎢᎦ ᎦᏥᏯᏘᏍᏓᏁᎯ.
6 ᎾᏍᎩ ᏄᏪᏒ ᎦᏙᎯ ᎤᎵᏥᏍᏋᎩ, ᎠᎴ ᎾᏍᎩ ᏝᏬᏔ ᎤᏬᏢᏔᏅᎩ ᎤᎵᏥᏍᏋᎯ, ᎠᎴ
ᎾᏍᎩ ᏓᏬᏔ ᏚᏅᎵᏰᏓᏁᎸᎩ ᏗᎨᏫ ᏗᎦᏙᎵ,
7 ᎠᎴ ᎯᎠ ᏄᏪᏎᎸᎩ; ᎮᎾ ᏩᏙᏑᎵ ᏌᎶᎻ ᏤᏓᎸᎢ,--ᎾᏍᎩ ᎠᏁᎵᏔᏅᎯ ᎠᏥᏅᏏᏛ ᎦᏛᎦ.
ᎤᏪᏅᏒᎩᏃ ᎠᎴ ᏭᏙᏑᎴᎥᎩ, ᎤᎷᏤᏃ ᎠᎪᏩᏘᏍᎬᎩ.
8 ᎿᏉᏃ Ꮎ ᎾᎥ ᏗᏂᏁᎳ, ᎠᎴ ᎤᏂᎪᎯᏙᎸᎯ ᏗᎨᏫ ᎨᏒᎢ, ᎯᎠ ᏄᏂᏪᏒᎩ; ᏝᏍᎪ ᎯᎠ
ᎾᏍᎩ ᏱᎩ Ꮎ ᏧᏬᎸ ᎠᎴ ᏣᏚᎳᏗᏍᎬᎩ?
9 ᎢᎦᏛ, ᎾᏍᎩ, ᎤᎾᏛᏅᎩ; ᎢᎦᏛᏃ, ᏓᎾᏨᎸ ᎤᎾᏛᏅᎩ. ᎤᏩᏒᏍᎩᏂ, ᎠᏴ ᎾᏍᎩ,
ᎤᏛᏅᎩ.
10 ᎿᏉᏃ ᎯᎠ ᎤᎬᏩᏎᎸᎩ, ᎦᏙ ᎤᎵᏍᏙᏔᏁ ᏗᎦᏙᎵ ᏚᎵᏍᏚᎢᏎᎢ?
11 ᎤᏁᏤᎯᎠ ᏄᏪᏒᎩ; ᎠᏍᎦᏯ ᏥᏌ ᏥᏚᏙᎥ ᏝᏬᏔ ᎤᏬᏢᏅᎩ, ᎠᎴ ᏚᏅᎵᏰᎥ ᏗᏥᎦᏙᎵ;
ᎯᎠᏃ ᎾᎩᏪᏎᎸᎩ; ᏌᎶᎻ ᏤᏓᎸᎢ ᎮᎾ ᎠᎴ ᏩᏙᏑᎵ; ᎠᏇᏅᏃ ᎠᎴ ᏩᏆᏙᏑᎴᎢ ᏰᎵ
ᎬᎩᎪᏩᏛᏗ ᏄᎵᏍᏔᏅᎩ.
12 ᎿᏉᏃ ᎯᎠ ᎤᎬᏩᏎᎸᎩ; ᎭᏢ ᎡᏙᎭ? ᎥᏝ ᏱᏥᎦᏔᎭ, ᎡᏛᏅᎩ.
13 ᎠᏂᏆᎵᏏ ᏚᎾᏘᏃ ᎮᎸ ᎾᏍᎩ ᏗᎨᏫᎢᏳᎵᏍᏔᏅᎯ.
14 ᎤᎾᏙᏓᏆᏍᎬᏃ ᎢᎦ ᎨᏒᎩ ᏥᏌ ᏝᏬᏔ ᎤᏬᏢᏅ ᎠᎴ ᏗᎦᏙᎵ ᏚᏍᏚᎢᏒ.
15 ᎠᎴ ᎿᏉ ᎠᏂᏆᎵᏏ ᎾᏍᏉ ᎥᎬᏩᏛᏛᏅᎩ ᏄᎵᏍᏙᏔᏅ ᎬᏩᎪᏩᏛᏗ ᏄᎵᏍᏔᏅᎢ.
ᎯᎠᏃ ᏂᎦᏪᏎᎸᎩ; ᏗᏥᎦᏙᎵ ᏝᏬᏔ ᏚᏅᎵᏰᎥᎩ, ᎠᏆᏙᏑᎴᎥᎩᏃ ᎠᎴ ᎢᏥᎪᏩᏘᎭ.
16 ᎿᏉᏃ ᎢᎦᏛ ᎠᏂᏆᎵᏏ ᎯᎠ ᏄᏂᏪᏒᎩ; ᎾᏍᎩ ᎯᎠ ᎠᏍᎦᏯ ᎥᏝ ᎤᏁᎳᏅᎯ
ᎤᏓᏩᏓᎴᏅᎯ ᏱᎩ, ᏝᏰᏃ ᏯᏍᏆᏂᎪᏗᎭ ᎤᎾᏙᏓᏆᏍᎬᎢ. ᎢᎦᏛᏃ ᎯᎠ ᏄᏂᏪᏒᎩ; ᎦᏙ
ᏱᎦᎵᏍᏙᏓ ᏴᏫ ᎠᏍᎦᎾᎢ ᎾᏍᎩ ᎢᏳᏍᏗ ᎤᏍᏆᏂᎪᏗ ᏱᏚᎸᏫᏍᏓᏏ? ᏔᎵᏃ ᏄᎾᏓᏛᎩ.
17 ᏔᎵᏁᏃ ᎯᎠ ᏂᎦᏪᏎᎸᎩ ᏗᎨᏫ; ᎦᏙ ᏂᎯ ᏎᏗᎭ ᎾᏍᎩ ᎯᏃᎮᏍᎬᎢ ᏥᏕᏣᏍᏚᎢᏒᎸ
ᏗᎦᏙᎵ? ᎠᏙᎴᎰᏍᎩ, ᎤᏅᏛᏅᎩ.
18 ᎠᏎᏃ ᎠᏂᏧᏏ ᎥᏝ ᏯᏃᎯᏳᎲᏍᎨ ᏗᎨᏫ ᎢᏳᎵᏍᏔᏅᎯ ᎨᏒ ᎠᎴ ᎬᏩᎪᏩᏛᏗ
ᏄᎵᏍᏔᏅᎢ, ᎬᏂ ᏫᏚᏂᏯᏅᎲ ᏧᎦᏴᎵᎨ ᎾᏍᎩ Ꮎ ᎬᏩᎪᏩᏛᏗ ᎢᏳᎵᏍᏓᏁᎸᎯ.

19 ᏚᎾᏛᏛᏅᎩᏃ, ᎾᏍᎩ ᎯᎠ ᏄᏂᏪᏒᎩ; ᎯᎠᏍᎪ ᏂᎯ ᎢᏍᏕᏥ, ᎾᏍᎩ ᏗᎨᏫ ᎤᏕᏅᎩ
ᏥᏍᏓᏗᎭ? ᎦᏙᏃ ᎤᎵᏍᏙᏔᏅ ᎪᎯ ᏣᎪᏩᏘᎭ?
20 ᏧᎦᏴᎵᎨ ᏚᏂᏁᏤᎸ ᎯᎠ ᏂᏚᏂᏪᏎᎸᎩ; ᎣᏍᏗᎦᏔᎭ ᎯᎠ ᎣᎩᏁᏥ ᎨᏒᎢ, ᎠᎴ ᏗᎨᏫ
ᎤᏕᏅᎢ;
21 ᎠᏎᏃ ᎤᏧᎵᏍᏙᏔᏅᎢ ᎪᎯ ᏣᎪᏩᏘᎭ ᎥᏝ ᏲᏍᏗᎦᏔᎭ; ᎠᎴ ᎠᏴ ᎥᏝ ᏲᏍᏗᎦᏔᎭ ᎾᏍᎩ
Ꮎ ᏧᏍᏚᎢᎡᎸᎯ ᎨᏒ ᏗᎦᏙᎵ. ᎿᏉ ᎠᏗᏃᎾ ᎤᏛᎾ, ᎡᏣᏛᏛᎲᏍ, ᎤᏩᏒ ᏓᎧᏃᎮᎵ.
22 ᎾᏍᎩ ᏄᏂᏪᏒᎩ ᏧᎦᏴᎵᎨᎢ, ᎤᏓᎦᎵᏍᏙᏗᏍᎬᎩ ᏓᏂᏍᎦᎢᎲ ᎠᏂᏧᏏ; ᎦᏳᎳᏰᏃ ᎠᏂᏧᏏ
ᏧᏄᎪᏔᏅᎯ ᎨᏒᎩ, ᎾᏍᎩ ᎢᏳ ᎩᎶ ᏳᏁᏨ ᎾᏍᎩ ᎦᎶᏁᏛ ᎨᏒ ᎠᏥᏄᎪᏫᏍᏗᏱ
ᏗᎦᎳᏫᎢᏍᏗᏱ.
23 ᎾᏍᎩ ᎤᏓᏳᎵᏍᏙᏔᏅᎩ ᏧᎦᏴᎵᎨ ᎯᎠ ᏄᏂᏪᏒ; ᎿᏉ ᎤᏛᎾ, ᎤᏩᏒ ᎡᏣᏛᏛᎲᏍ.
24 ᎿᏉᏃ ᏔᎵᏁ ᏭᏂᏯᏅᎲᎩ ᎠᏍᎦᏯ ᏗᎨᏫ ᎢᏳᎵᏍᏔᏅᎯ; ᎯᎠᏃ ᏄᏂᏪᏎᎸᎩ; ᎯᎸᏉᏓ
ᎤᏁᎳᏅᎯ, ᎠᏴ ᎣᏥᎦᏔᎭ ᎾᏍᎩ ᎯᎠ ᎠᏍᎦᏯ ᎠᏍᎦᎾ ᎨᏒᎢ.
25 ᎿᏉᏃ ᎤᏁᏨᎩ ᎯᎠ ᏄᏪᏒᎩ; ᎢᏳᏃ ᎠᏍᎦᎾ ᏱᎩ ᎥᏝ ᏱᏥᎦᏔᎭ; ᏑᏓᎴᎩ ᏥᎦᏔᎭ;
ᏗᏥᎨᏫ ᏥᎨᏒᎩ ᎿᏉ ᎢᏥᎪᏩᏘᎭ.
26 ᎿᏉᏃ ᏔᎵᏁ ᎯᎠ ᏄᏂᏪᏎᎸᎩ; ᎪᏙ ᏨᏁᎴ ᏕᏣᏍᏚᎢᎡᎴ ᏗᎦᏙᎵ?
27 ᎤᏁᏨ ᎯᎠ ᏂᏚᏪᏎᎸᎩ; ᎦᏳᎳ ᎢᏨᏃᏁᎸ, ᎠᏎᏃ ᎥᏝ ᏱᏣᏛᏓᏍᏔᏁᎢ; ᎦᏙᏃ ᎢᏣᏚᎵ
ᏔᎵᏁ ᎢᏣᏛᎪᏗᏱ? ᎾᏍᏉᏍᎪ ᏂᎯ ᎢᏣᏚᎵᎭ ᎡᏥᏍᏓᏩᏗᏙᎯ ᎢᏳᎵᏍᏙᏗᏱ.
28 ᎿᏉᏃ ᏕᎬᏩᏂᏐᏢᏔᏅᎩ, ᎠᎴ ᎯᎠ ᏄᏂᏪᏒᎩ; ᏂᎯ ᎾᏍᎩ ᎯᏍᏓᏩᏗᏙᎯ, ᎠᏴᏍᎩᏂ ᎼᏏ
ᎣᏥᏍᏓᏩᏗᏙᎯ.
29 ᎣᏥᎦᏔᎭ ᎤᏁᎳᏅᎯ ᎼᏏ ᎤᏬᏁᏔᏅᎢ; ᎾᏍᎩᏂ ᎯᎠ ᎥᏝ ᏲᏥᎦᏔᎭᏧᏓᎴᏅᎢ.
30 ᎾᏍᎩ ᎠᏍᎦᏯ ᎤᏁᏨ ᎯᎠ ᏂᏚᏪᏎᎸᎩ; Ꮀ ᎤᏍᏆᏂᎪᏗ ᎾᏍᎩ, ᏂᏥᎦᏔᎲᎾ ᏥᎩ
ᏧᏓᎴᏅᎢ, ᎠᏃ ᏥᏓᎩᏍᏚᎢᎡᎸ ᏗᏥᎦᏙᎵ.
31 ᎢᏗᎦᏔᎭᏰᏃ ᎤᏁᎳᏅᎯ ᏂᏓᏛᎦᏁᎲᎾ ᎨᏒ ᎠᏂᏍᎦᎾᎢ, ᎢᏳᏍᎩᏂ ᎩᎶ ᎤᏁᎳᏅᎯ
ᎠᏓᏙᎵᏍᏓᏁᎯ ᏱᎩ, ᎠᎴ ᎾᏍᎩ ᎠᏓᏅᏖᏍᎬ ᎢᏯᏛᏁᎯ ᏱᎩ, ᎾᏍᎩ ᎠᏛᎦᏁᎨᎢ.
32 ᎡᎶᎯ ᏧᏙᏢᏅ ᎤᏓᎬᏩᏓᎴᏅᏛ ᎥᏝ ᏱᎨᎦᏛᎦᏃ ᎩᎶ ᏚᏍᏚᎢᎡᎸ ᏗᎦᏙᎵ ᏗᎨᏫ ᎤᏕᏅᎯ.
33 ᎢᏳᏃ ᎯᎠ ᎾᏍᎩ ᎠᏍᎦᏯ ᎤᏁᎳᏅᎯ ᎤᏓᏳᏓᎴᏅᎯ ᏂᎨᏒᎾ ᏱᎩ, ᎥᏝ ᏰᎵ ᎪᎱᏍᏗ
ᏱᏙᎬᏩᏄᏫᏍᏓᏏ.
34 ᎤᏂᏁᏨ ᎯᎠ ᎤᎬᏩᏪᏎᎸᎩ; ᎤᎲᎢ ᎠᏍᎦᏂ ᎨᏒ ᏣᏕᏅᎩ, ᏥᏕᏃ ᎠᏴ ᎢᏍᎩᏰᏲᎲᏍᎦ?
ᎥᎬᏩᏄᎪᏫᏒᎩᏃ.
35 ᏥᏌ ᎤᏛᎦᏅᎩ ᎬᏩᏄᎪᏫᏒᎢ; ᎤᏩᏛᎲᏃ ᎯᎠ ᏄᏪᏎᎸᎩ; ᎯᏲᎢᏳᎲᏍᎦᏍᎪ ᎤᏁᎳᏅᎯ
ᎤᏪᏥ?
36 ᎾᏍᎩ ᎤᏁᏨ ᎯᎠ ᏄᏪᏒᎩ; ᎦᎪ ᎾᏍᎩ, ᏣᎬᏫᏳᎯ, ᎾᏍᎩ ᏥᏲᎢᏳᏗᏱ?
37 ᏥᏌ ᎯᎠ ᏄᏪᏎᎸᎩ; ᎯᎪᎥᎯ, ᎠᎴ ᎾᏍᎩ Ꮎ ᏥᏣᎵᏃᎮᏗᎭ.

38 ᎯᎠᏃ ᏄᏪᏒᎩ; ᎠᎢᏳᎲᏍᎦ, ᏣᎬᏫᏳᎯ; ᎤᏓᏙᎵᏍᏓᏁᎸᎩᏃ.

39 ᏥᏌᏃ ᎯᎠ ᏄᏪᏒᎩ; ᏗᏬᎪᏙᏗᏱ ᎠᎩᏰᎸᎭ ᎡᏩᎯ ᎠᎩᎷᏥᎸ, ᎾᏍᎩ Ꮎ ᎾᏂᎪᏩᏘᏍᎬᎾ

ᎤᏂᎪᏩᏛᏗᏱ, ᎠᎴ ᎾᏍᎩ Ꮎ ᎠᏂᎪᏩᏘᏍᎩ ᏗᏂᎨᏫ ᎢᏳᎾᎵᏍᏙᏗᏱ.

40 ᎠᏂᏆᎵᏏᏃ ᎡᏙᎲ ᎠᏁᏙᎯ ᎾᏍᎩ ᎤᎾᏛᎦᏅᎩ, ᎠᎴ ᎯᎠ ᎤᎬᏩᏪᏎᎸᎩ; ᏥᎪ ᎾᏍᏉ

ᎠᏴ ᏦᏥᎵᏫ?

41 ᏥᏌ ᎯᎠ ᏂᎦᏪᏎᎸᎩ; ᎢᏳᏃ ᏗᏥᎨᏫ ᏱᎨᏎᎢ ᎥᏝ ᏱᎨᏥᏍᎦᎤᎨᎢ, ᎠᏎᏃ ᎣᏥᎪᏩᏘᎭ

ᎢᏣᏗᎭ; ᎾᏍᎩ ᎤᏗᎦᎵᏍᏙᏗᎭ ᎢᏥᏍᎦᎾᎯᏳ ᎨᏒ ᎠᎵᏃᎯᏯᏍᎦ.

ᎠᏯᏙᎸᎢ 10

1 ᎤᏙᎯᏳᎯᏯ, ᎤᏙᎯᏳᎯᏯ ᎯᎠ ᏂᏨᏪᏎᎭ; ᎾᏍᎩ Ꮎ ᎦᎶᎯᏍᏗᏱ ᎠᏴᏍᏗᏍᎩ ᏂᎨᏒᎾ
ᎠᏫ ᎤᏂᏃᏕᎾ ᎤᏂᏴᏍᏗᏱ, ᎤᏣᏘᏂᏉᏍᎩᏂ ᎦᏄᏍᏗᏍᎩ, ᎾᏍᎩ ᎦᏃᏍᎩᏍᎩ ᎠᎴ
ᎠᏓᎾᏌᎲᏍᎩ.
2 ᎾᏍᎩᏍᎩᏂ Ꮎ ᎦᎶᎯᏍᏗᏱ ᎠᏴᏍᏗᏍᎩ ᎾᏍᎩ ᎠᏫ ᎤᏂᏃᏕᎾ ᏗᎦᏘᏯ.
3 ᎾᏍᎩ ᎦᎶᎯᏍᏗᏱ ᎠᎦᏘᏯ ᎤᏍᏚᎢᏒᎰᎢ, ᎠᎴ ᎠᏫ ᎠᎾᏛᎩᏍᎪ ᎧᏁᎬᎢ, ᎠᎴ ᏚᎾᏙᎥ
ᏓᏯᏂᏍᎪ ᎠᏫ ᏧᏤᎵᏕ, ᎠᎴ ᏓᏘᏂᏒᏍᎩᏂ ᏕᏚᏄᎪᏫᏍᎪᎢ.
4 ᏕᏚᏄᎪᏩᏃ ᏧᏤᎵᏕ ᎠᏫ, ᎢᎬᏱ ᏓᎴᏁᎰᎢ, ᎠᎴ ᎠᏫ ᎬᏩᏍᏓᏩᏕᎪᎢ; ᎠᏃᎵᎪᏰᏃ ᎧᏁᎬᎢ;
5 ᎤᏩᏓᎴᏍᎩᏂ ᎥᏝ ᏴᎬᏂᏍᏓᏩᏚᏕ, ᎠᎾᎵᏒᎰᏉ, ᎥᏝᏰᏃ ᏯᏃᎵᎪ ᎤᏩᎾᏓᎴ ᎠᏂᏁᎬᎢ.
6 ᎾᏍᎩ ᎯᎠ ᏓᏟᎶᏍᏛ ᏥᏌ ᏚᏬᏁᏔᏅᎩ; ᎠᏎᏃ ᎥᏝ ᏳᏃᎵᏤ ᎾᏍᎩ ᏄᏍᏛ ᏚᏬᏁᏔᏅᎢ.
7 ᎿᏉᏃ ᏔᎵᏁ ᏥᏌ ᎯᎠ ᏂᏚᏪᏎᎸᎩ; ᎤᏙᎯᏳᎯᏯ ᎤᏙᎯᏳᎯᏯ ᎯᎠ ᏂᏨᏪᏎᎭ, ᎠᏴ
ᎦᎶᎯᏍᏗᏱ ᎠᏫ ᎤᎾᏤᎵᏕ.
8 ᏂᎦᏛ ᎢᎬᏱ ᎤᏂᎷᏨᎯ ᎠᏴ ᎣᏂ, ᎾᏍᎩ ᎠᏂᏃᏍᎩᏍᎩ ᎠᎴ ᎠᎾᏓᎾᏌᎲᏍᎩ. ᎠᏎᏃ
ᎠᏫ ᎥᏝ ᏱᎬᏩᎾᏛᎦᏁᎴᎢ.
9 ᎦᎶᎯᏍᏗᏱ ᎠᏴ; ᎢᏳᏃ ᏱᎶ ᎠᏴ ᎠᎩᏴᏍᏗᏍᎨᏍᏗ, ᎠᏎ ᎠᏥᏍᏕᎸᏗ ᎨᏎᏍᏗ, ᎠᎴ
ᎤᏴᏍᏗ ᎠᎴ ᎤᏄᎪᎢᏍᏗ ᎨᏎᏍᏗ, ᎠᎴ ᎤᏩᏛᏗ ᎨᏎᏍᏗ ᎦᏄᎸᏒᎢ.
10 ᎦᏃᏍᎩᏍᎩ ᎦᎷᎪᎢ, ᎤᏃᏍᎩᏍᏗᏱᏉ ᎠᎴ ᎤᏓᎯᏍᏗᏱᏉ ᎤᏰᎸᎭᎢ: ᎠᏴ ᎠᎩᎷᏥᎸ,
ᎬᏂᏛ ᎤᎾᏤᎵᏕ ᎢᏳᎵᏍᏙᏗᏱ, ᎠᎴ ᎤᏣᏔᏅᎯ ᎤᎾᏤᎵᏕ ᎢᏨᎵᏍᏙᏗᏱ.
11 ᎠᏴ ᎠᏆᏓᏅᏘ ᎠᏫ-ᏗᏥᎦᏘᏯ. ᎤᏓᏅᏘ ᎠᏫ-ᏗᎦᏘᏯ ᎬᏅᎢ ᎡᎳᏗ ᏓᏁᎰ ᎠᏫ.
12 ᎠᏥᏅᏏᏛᏍᎩᏂ, ᎠᏫ-ᏗᎦᏘᏯ ᏂᎨᏒᎾ, ᎠᎴ ᎠᏫ ᏧᏤᎵᏕ ᏂᎨᏒᎾ, ᏩᏯ ᏣᎢᏒᎢ
ᏩᎪᏩᏛ, ᏕᎬᏕᎪ ᎠᏫ ᎠᎴ ᎠᎵᏘᏍᎪᎢ; ᏩᏯᏃ ᏕᏚᏂᏱᏍᎪ ᎠᎴ ᏓᏗᎦᎴᏯᏍᎪ ᎠᏫ.
13 ᎠᏥᏅᏏᏛ ᎠᎵᏘᏍᎪᎢ ᎤᏗᎦᎵᏍᏙᏗᏍᎪ ᎠᏥᏅᏏᏛᏉ ᎨᏒᎢ.
14 ᎠᏴ ᎠᏆᏓᏅᏘ ᎠᏫ-ᏗᏥᎦᏘᏯ; ᎠᎴ ᏕᏥᎦᏔᎭ ᏗᏆᏤᎵᏕ, ᎠᎴ ᏗᏆᏤᎵᏕ ᎬᎩᎦᏔᎭ,
15 ᎾᏍᎩᏯ ᎠᎦᏴᎵᎨ ᏣᎩᎦᏔᎭ, ᎠᎴ ᎠᏴ ᎠᎦᏴᎵᎨ ᏥᏥᎦᏔᎭ. ᎠᎴ ᎬᏅ ᎡᎳᏗ ᏕᏥᏁᎭ
ᎠᏫ.
16 ᎠᎴ ᏐᎾᏓᎴ ᎠᏫ ᏓᎩᎧᎭ, ᎾᏍᎩ ᎥᏝ ᎯᎠ ᎤᏂᏴᏍᏗᏱ ᏯᏂᏯᎠ; ᎾᏍᎩ ᎾᏍᏉ ᎠᏎ
ᏙᏓᎦᏘᏃᎵ, ᎠᎴ ᏛᎾᏛᎦᏂ ᏥᏁᎬᎢ; ᎠᎴ ᏑᎾᏓᏡᎩ ᎤᏛᎾᎵᏍᏔᏂ; ᎠᎴ ᏌᏉ ᎨᏎᏍᏗ
ᎠᏫᏗᎦᏘᏯ.
17 ᎡᎳᏗ ᏥᏥᎥᏍᎦ ᎬᏅᎢ ᎾᏍᎩ ᏔᎵᏁ ᎠᎩᎩᏏᎭᏗ ᏥᎩ ᎾᏍᎩ ᎤᏗᎦᎵᏍᏙᏗᎭ ᎠᎦᏴᎵᎨ
ᎠᎩᎨᏳᎭ.
18 ᎥᏝ ᎩᎶ ᎠᏛᎩᎩᏒᎵ, ᎠᏋᏒᏉᏍᎩᏂ ᎠᏆᏓᏅᏖᏛ ᎡᎳᏗ ᏓᏥᏂ. ᎠᎩᎭ ᏰᎵᏉ ᎡᎳᏗ
ᎬᎩᏗ ᎨᏒᎢ, ᎠᎴ ᎠᎩᎭ ᏰᎵᏉ ᎬᎩᎩᏏᎭᏗ ᎨᏒᎢ. ᎾᏍᎩ ᎯᎠ ᏄᏍᏗ ᎡᏙᏓ ᎠᎩᏁᏤᎸ.
19 ᎿᏉᏃ ᏔᎵᏁ ᏔᎵ ᏄᎾᏓᏛᎩ ᎠᏂᏧᏏ ᎤᏓᎦᎵᏍᏙᏗᏍᎬᎩ ᎾᏍᎩ ᏄᏪᏒᎢ.

20 ᎤᏂᏣᏛᎩᏃ ᎤᎾᏓᏡᏴᎩ ᎯᎠ ᏄᏂᏪᏒᎩ; ᎠᏍᎩᎾ ᎤᏯᎠ, ᎠᎴ ᎤᏄᏃᏗᎭ; ᎦᏙᏃ
ᎢᎡᏣᏛᏓᏍᏓᏁᎭ?
21 ᎢᎦᏛᏃ ᎯᎠ ᏄᏂᏪᏒᎩ; ᎾᏍᎩ ᎯᎠ ᏥᏂᎦᏪ ᏥᎧᏁᎦ ᎥᏝ ᎠᏍᎩᎾ ᎤᏯᎢ ᎤᏁᎢᏍᏗ
ᏱᎩ; ᏥᎪ ᎠᏍᎩᎾ ᏰᎵ ᏱᏓᏍᏚᎢᏏ ᏗᎨᏫ ᏗᎦᏙᎵ.
22 ᏗᎦᎳᏫᎢᏍᏗᏱᏃ ᎤᏂᏫᎦᎸᎲ ᏓᎾᎵᏍᏓᏴᎲᏍᎬᎩ ᏥᎷᏏᎵᎻ, ᎠᎴ ᎪᎳ ᎨᏒᎩ.
23 ᏥᏌᏃ ᎡᏙᎲᎩ ᎤᏛᏅ-ᏗᎦᎳᏫᎢᏍᏗᏱ, ᏐᎵᎹᏅ ᎤᏤᎵᎦ ᎠᏲᏓᏝᎲᎢ.
24 ᎿᏉᏃ ᎠᏂᏧᏏ ᎬᏩᏓᏡᏫᏍᏔᏅᎩ, ᎯᎠ ᏂᎬᏩᏪᏎᎸᎩ; ᎯᎳᎪ ᎤᏓᎪᎯᏥ
ᏍᎩᏰᎵᎢᏍᏗᏍᎨᏍᏗ? ᎢᏳᏃ ᏂᎯ ᎦᎶᏁᏛ ᎨᏎᏍᏗ, ᏍᎩᏃᎲᏏ ᏚᏳᎪᏛᎢ.
25 ᏥᏌ ᎤᏁᏨᎩ ᎯᎠ ᏚᏂᏪᏎᎸᎩ; ᎢᏨᏃᏁᎸᎩ, ᎠᏎᏃ ᎥᏝ ᏱᏍᎩᏲᎢᏳᏁᎢ. ᏗᎦᎸᏫᏍᏓᏁᏗ
ᏥᏓᎩᎸᏫᏍᏓᏁᎭ ᎡᏙᏓ ᏚᏙᏍᏛᎢ, ᎾᏍᎩ ᎬᏂᎨᏒ ᎾᏋᏁᎭ.
26 ᏂᎯᏍᎩᏂ ᎥᏝ ᏱᏦᎯᏳᎲᏍᎦ, ᎤᏗᎦᎵᏍᏙᏗᎭ ᏂᎯ ᎠᏫ ᏗᏆᏤᎵᎦ ᏂᎨᏒᎾ ᎨᏒᎢ,
ᎾᏍᎩᏯ ᏥᏂᏨᏪᏎᎸᎩ.
27 ᎠᏫ ᏗᏆᏤᎵᎦ ᎠᎾᏛᎩᏍᎪ ᏥᏁᎬᎢ, ᎠᎴ ᎠᏴ ᏥᎦᏔᎭ, ᎠᎴ ᎬᏂᏍᏓᏩᏕᎪᎢ,
28 ᎠᎴ ᎠᎵᏍᏆᏗᏍᎩ ᏂᎨᏒᎾ ᎬᏂᏛ ᎦᏥᏁᎨᎢ, ᎥᏝᏃ ᎢᎸᎯᏳ ᏧᏂᏲᎱᎯᏍᏗ ᏱᎩ, ᎠᎴ ᎥᏝ
ᎩᎶ ᏗᏆᏑᎦᎸᏙᏗ ᏱᎩ.
29 ᎾᏍᎩ Ꮎ ᎡᏙᏓ ᏗᎩᎧᏁᎸᎯ ᎤᏟ ᎤᎵᏂᎩᏗᏳ ᎡᏍᎦᏉ ᎾᏂᎥᎢ, ᎥᏝᏃ ᏰᎵ ᎩᎶ ᎡᏙᏓ
ᏗᎬᏩᏛᎦᎸᏙᏗ ᏱᎩ.
30 ᎠᏴ ᎡᏙᏓᏃ ᏌᏉᏉ.
31 ᎿᏉᏃ ᎠᏂᏧᏏ ᏔᎵᏁ ᏅᏯ ᏚᏂᎩᏒᎩ ᏗᎬᏩᏂᏍᏙᏗ.
32 ᏥᏌ ᎤᏁᏨᎩ ᎯᎠ ᏚᏂᏪᏎᎸᎩ, ᎤᏣᏔ ᏚᏍᏛ ᏗᎦᎸᏫᏍᏓᏁᏗ ᎨᏒ ᎡᏙᏙᏱ
ᎤᏓᏩᏓᎴᏅᎯ ᎬᏂᎨᏒ ᏂᏨᏴᏁᎸ; ᎦᏙ ᎤᏍᏗ ᎾᏍᎩ ᏗᎦᎸᏫᏍᏓᏁᏗ ᎠᎩᏍᏛᏗᎠ ᏅᏯ
ᏥᏕᏍᎩᏴᏂᏍᏗᎭ?
33 ᎠᏂᏧᏏ ᎤᏂᏁᏨ ᎯᎠ ᎤᎬᏩᏎᎸᎩ; ᏚᏍᏛ ᏗᎦᎸᏫᏍᏓᏁᏗ ᎨᏒ ᎥᏝ ᏴᎨᏣᏍᏛᏓ ᏅᏯ
ᏱᏙᎨᏨᏴᏂᏍᏓ, ᎯᏐᏢᎢᏍᏗᏍᎬᏍᎩᏂ, ᏂᎯ ᏴᏫᏉ ᏥᎩ ᎤᏁᎳᏅᎯ ᏣᏤᎸᏍᎦ.
34 ᏥᏌ ᏚᏁᏤᎸᎩ; ᏝᏍᎪ ᎯᎠ ᏧᏂ ᎬᏅ ᏱᎪᏪᎳ ᏗᏥᎧᎿᏩᏛᏍᏗᏱ; ᏂᎯ ᎢᏨᏁᎳᏅᎯ,
ᎠᏆᏛᏅᎩ?
35 ᎢᏳᏃ ᎢᏳᏁᎳᏅᎯ ᏧᏬᏎᎸᎯ ᏱᎩ, ᎧᏃᎮᏛ ᎤᏁᎳᏅᎯ ᎤᏤᎵᎦ ᎨᏥᏁᏤᎸᎯ, ᎠᎴ
ᎪᏪᎵ ᎤᏲᎢᏍᏗ ᏂᎨᏒᎾ ᏱᎩ,
36 ᏥᎪ ᎯᏐᏢᎢᏍᏗᎭ ᎢᎡᏦᏎᎭ ᎠᎦᏴᎵᎨᎢ ᎤᎸᏉᏔᏅᎯ ᎠᎴ ᎡᎶᎯ ᎤᎷᎯᏍᏗᏱ ᎤᏅᏏᏛ,
ᎤᏗᎦᎵᏍᏙᏗᎭ "ᎠᏴ ᎤᏁᎳᏅᎯ ᎤᏪᏥ" ᏥᎦᏛ?
37 ᎢᏳᏃ ᎡᏙᏓ ᎤᏤᎵ ᏗᎦᎸᏫᏍᏓᏁᏗ ᎨᏒ ᏂᏓᎩᎸᏫᏍᏓᏁᎲᎾ ᎢᎨᏎᏍᏗ, ᏞᏍᏗ
ᏍᎩᏲᎢᏳᏅᎩ

38 ᎢᏳᏍᎩᏃᏂ ᎾᏍᎩ ᎤᏤᎵ ᏱᏓᎩᎸᏫᏍᏓᏁᎭ, ᎾᏍᏉ ᎠᏴ ᏂᏍᎩᏲᎢᏳᎲᏍᎬᎾ ᏱᎩ, ᎠᏎ
ᎢᏦᎯᏳᎲᏍᎨᏍᏗ ᎾᏍᎩ Ꮎ ᏗᎦᎸᏫᏍᏓᏁᏗ ᎨᏒᎢ; ᎾᏍᎩᏃ ᏰᎵ ᎨᏣᏙᎴᎰᎯᏍᏗ ᎠᎴ
ᎨᏦᎯᏳᏗ ᏱᎩ ᎠᎦᏴᎵᎨᎢ, ᎠᎩᏯᎥᎢ ᎠᎴ ᎾᏍᎩ ᎠᏴᏥᏯᎥᎢ
39 ᎾᏍᎩ ᎢᏳᏍᏗ ᏔᎵᏁ ᎤᎾᏁᎶᏔᏅᎩ ᎬᏩᏂᏴᏗᏱ; ᎠᏎᏃ ᏚᏗᎾᏎᎸᎩ,
40 ᎠᎴ ᏦᏓᏂ ᏍᎪᎾ ᏭᎶᏒᎩ, ᎾᎿ ᏣᏂ ᎢᎬᏱᏱ ᏚᏓᏬᎥᎢ. ᎾᎿᏃ ᎤᏪᏙᎸᎩ.
41 ᎤᏂᏣᏘᏃ ᎬᏩᎷᏤᎸᎩ, ᎠᎴ ᎯᎠ ᏄᏂᏪᏒᎩ; ᏣᏂ ᎥᏝ ᎤᏍᏆᏂᎪᏗ ᏱᏚᎸᏫᏍᏓᏁᎮᎢ,
ᎠᏎᏃ ᏂᎦᎥ ᏣᏂ ᏄᏪᏒ ᎤᏃᎮᎸ ᎯᎠ ᎾᏍᎩ ᎠᏍᎦᏯ, ᎤᏙᎯᏳᎯᏯ ᎨᏎᎢ.
42 ᎾᎿᏃ ᎤᏂᏔᏘ ᎬᏬᎯᏳᏅᎩ

ᎠᏯᏙᎸᎢ 11

1 ᎩᎶᏃ ᎢᏳᏍᏗ ᎠᏍᎦᏯ ᎤᏢᎬᎩ, ᎳᏏᎳ ᏧᏙᎢᏛ, ᏇᏗᏂᏃ ᎡᎯ, ᎺᎵ ᎠᎴ ᎤᎸᎢ ᎹᏗ
ᎤᏂᏚᎲᎢ.
2 ᎾᏍᎩ ᎺᎵ ᎠᏠᏁᏗ ᏧᎶᏁᎳᏁ ᎤᎬᏫᏳᎯ, ᎠᎴ ᎤᏍᏗᏰᎬ ᏧᏩᎳᏁ ᏥᏚᏅᏕᎸᏒᎴ
ᏧᎳᏏᏕᏂ, ᎾᏍᎩ ᎤᏙ ᎳᏏᎳ ᎤᏢᎬᎩ.
3 ᎿᏉᏃ ᏧᏙ ᏓᏳᎾᏓᏅᏒᎩ ᎤᏛᎪᏗ, ᎯᎠ ᎤᏓᏳᏂᏪᏒᎩ, ᏣᎬᏫᏳᎯ, ᎬᏂᏳᏉ ᎯᎨᏳᎢ ᏥᎩ
ᎤᏢᎦ.
4 ᏥᏌᏃ ᎤᏛᎦᏅ ᎯᎠ ᏄᏪᏒᎩ; ᎯᎠ ᎾᏍᎩ ᏧᏢᎦᎥᏝ ᎤᏲᎱᎯᏍᏗ ᏱᎩ,
ᎠᏥᏄᏉᏙᏗᏱᏉᏍᎩᏂ ᎤᏁᎳᏅᎯ, ᎾᏍᎩᏃ ᎤᏁᎳᏅᎯ ᎤᏪᏥ ᎠᏥᏄᏉᏗᏳ
ᎢᏳᎵᏍᏙᏗᏱ.
5 ᏥᏌᏃ ᏧᎨᏳᎯᏳᎨᏒᎩ ᎹᏗ ᎠᎴ ᎤᎸᎢ ᎠᎴ ᎳᏏᎳ.
6 ᎤᏛᎦᏅᏃ ᎤᏢᎬᎢ, ᎾᎿ ᎡᏙᎲᎢ ᎠᏏᏔᎵ ᎤᏅᏙᏓᏋᎩ.
7 ᎣᏂᏃ ᎯᎠ ᏂᏚᏪᏎᎸᎩ ᎬᏩᏍᏓᏩᏗᏙᎯ; ᏔᎵᏁ ᏧᏗᏱ ᏫᏗᎶᎯ.
8 ᎬᏩᏍᏓᏩᏗᏙᎯ ᎯᎠ ᎤᎬᏩᏪᏎᎸᎩ; ᏔᏕᏲᎲᏍᎩ, ᎥᏝ ᏱᎪᎯᎩ ᎠᏂᏧᏏ ᎤᎾᏁᎶᏔᏅᎩ
ᎤᏯ ᏗᎨᏨᏂᏍᏙᏗᏱ, ᏔᎵᏁᏍᎪᏃ ᎾᎿ ᏴᏛᎯᏳᏏ?
9 ᏥᏌ ᎤᏁᏨᎩ; ᏝᏍᎪ ᏔᎳᏚ ᎢᏳ-ᏟᎶᏛ ᏱᎩ? ᎢᏳᏃ ᎩᎶ ᎢᎦ ᏤᏙᎰᎢ, ᎥᏝ
ᏱᏚᏬᏕᎯᎰᎢ, ᎤᏗᎦᎵᏍᏙᏗᏍᎪ ᎠᎪᏩᏘᏍᎬ ᎢᎦ ᎠᏂ ᎡᎶᎯ ᎦᎸᏌᏛᎢ.
10 ᎩᎶᏍᎩᏂ ᎡᏃᏱ ᏤᏙᎰᎢ, ᏚᏬᏕᎯᎰᎢ, ᎤᏗᎦᎵᏍᏙᏗᏍᎪ ᎢᎦ ᏂᎦᎸᏌᏓᏚᎲᎾ ᎨᏒᎢ.
11 ᎾᏍᎩ ᎯᎠ ᏄᏪᏒᎩ; ᎿᏉᏃ ᎯᎠ ᏄᏚᏪᏎᎸᎩ; ᎳᏏᎳ ᎢᎦᎵᎢ ᎦᎵᎭ; ᎠᏎᏃ ᏓᎨᏏ,
ᏴᏓᏥᏰᏍᏔᏂ.
12 ᎬᏩᏍᏓᏩᏗᏙᎯᏃ ᎯᎠ ᏄᏂᏪᏒᎩ; ᏣᎬᏫᏳᎯ, ᎢᏳᏃ ᏱᎦᎵᎭ ᏓᏳᏗᏩᏏᏉ.
13 ᎠᏎᏃ ᎤᏲᎱᏒ ᎦᏛᎬᎩ ᎾᏍᎩ ᏄᏪᏒ ᏥᏌ: ᎾᏍᎩᏍᎩᏂ Ꮎ ᎠᎦᎵᎲᏉ ᎪᏍᏪᎭᎵᎨ ᎦᏛᏓ
ᎤᏁᎵᏒᎩ.
14 ᎿᏉᏃ ᎬᏂᎨᏒ ᏥᏌ ᎯᎠ ᏂᏚᏪᏎᎸᎩ; ᎳᏏᎳ ᎤᏲᎱᏒ;
15 ᎠᎴ ᎣᏏᏳ ᎠᎩᏰᎸᎭ ᎾᎿ ᏫᏂᎨᏙᎲᎾ ᏥᎨᏒᎩ, ᏂᎯ ᎤᏗᎦᎵᏍᏙᏗᎭ, ᎢᏦᎯᏳᏗᏱ.
ᎠᏎᏃ ᎡᏗᏩᏛᎱᎦ.
16 ᎿᏉᏃ ᏓᎻ, ᏗᏗᎹ ᏧᏙᎢᏛ, ᎯᎠ ᏂᏚᏪᏎᎸᎩ ᎤᎾᎵᎪᎯ ᎠᎾᏓᏍᏓᏩᏗᏙᎯ, ᎾᏍᏉ ᎠᏴ
ᎢᏕᎾ, ᎠᏲᎱᏒᎭ ᎢᏕᏠᏯᏍᏔᏅᎭ.
17 ᎿᏉᏃ ᏥᏌ ᎤᎷᏨ ᎤᏙᎴᎱᏒᎩ ᎦᏳᎳ ᏅᎩ ᏧᏙᏓᏉᏛ ᎬᏩᏂᏅᏅᎯ ᎨᏒ ᎠᏤᎵᏍᏛᎢ.
18 ᎾᏍᎩ ᏇᏗᏂᏃ ᎦᏚᎲ ᏥᎷᏏᎵᎻ ᎾᎥ ᎨᏒᎩ, ᏔᎵᎭᏉ ᎢᏳᏟᎶᏛ.
19 ᎠᎴ ᎤᏂᏣᏛ ᎠᏂᏧᏏ ᎬᏩᏂᎷᏤᎸᎩ ᎹᏗ ᎠᎴ ᎺᎵ ᎬᏩᏂᎸᏬᎯᏍᏔᏂᎸᎩ ᎤᏂᏙ ᎤᏲᎱᏒ
ᎢᏳᏍᏗ.
20 ᎿᏉᏃ ᎹᏗ ᎤᏛᎦᏅᏉ ᏥᏌ ᏣᎢᏒᎢ ᏫᏚᏠᏒᎩ. ᎺᎵᏍᎩᏂ ᎦᎵᏦᏕᏉᎬᏬᎸᎩ.

21 ᎿᏉᏃ ᎹᏗ ᎠᎴ ᏄᏪᏎᎸᎩ ᏥᏌ; ᏣᎬᏫᏳᎯ, ᎢᏳᏃ ᎠᏂ ᏱᎮᏙᎮᎢ, ᎥᏝ ᏱᎬᏩᏲᎱᏎ ᎥᎩᏙ.
22 ᎠᏎᏃ ᏥᎦᏔᎭ ᎾᏍᏉ ᎪᎯ ᎨᏒ ᏂᎦᎥ ᎪᎱᏍᏗ ᏱᏔᏲᏎᎸ ᎤᏁᎳᏅᎯ, ᏣᏁᏗᏉ ᎨᏒ
ᎤᏁᎳᏅᎯ.
23 ᏥᏌ ᎯᎠ ᏄᏪᏎᎸᎩ; ᎡᏣᏙ ᏙᏛᎠᎴᎯᏌᏂ.
24 ᎹᏗ ᎯᎠ ᏄᏪᏎᎸᎩ; ᏥᎦᏔᎭ ᏙᏓᎴᎯᏌᏂᏒ ᏗᎴᎯᏐᏗ ᎨᏒ ᎤᎵᏍᏆᎸᏗ ᎢᎦ ᎨᏎᏍᏗ.
25 ᏥᏌ ᎯᎠ ᏄᏪᏎᎸᎩ; ᎠᏴ ᏗᎴᎯᏐᏗ ᎨᏒ ᎠᎴ ᎬᏂᏛ. ᎩᎶ ᎠᏉᎯᏳᎲᏍᎨᏍᏗ, ᎢᏳ
ᎾᏍᏉ ᎤᏲᎱᏒᎯ ᏱᎩ, ᎬᏁᏍᏗ.
26 ᎩᎶᏃ ᎬᏁᏍᏗ ᎠᎴ ᎠᏉᎯᏳᎲᏍᎨᏍᏗ, ᎥᏝ ᎢᎸᎯᏳ ᎤᏲᎱᎯᏍᏗ ᏱᎨᏎᏍᏗ.
ᎨᎯᏳᎲᏍᎦᏍᎪ ᎾᏍᎩ ᎯᎠ?
27 ᎯᎠ ᏄᏪᏎᎸᎩ; ᎥᎥ, ᏣᎬᏫᏳᎯ; ᎪᎢᏳᎲᏍᎦ ᏂᎯ ᎦᎶᏁᏛ ᎨᏒᎯ ᎤᎷᎯᏍᏗ ᏥᎨᏒᎩ.
28 ᎾᏍᎩᏃ ᏄᏪᏒ ᎤᏓᏅᏒᎩ, ᎠᎴ ᎤᏕᎵᏛ ᏭᏯᏅᎲᎩ ᎤᎸᎢ ᎺᎵ, ᎯᎠ ᏄᏪᏒᎩ;
ᏗᏕᏲᎲᏍᎩ ᎦᎷᎩ ᎠᎴ ᏗᏣᏯᏂᎭ.
29 ᎾᏍᎩ ᎤᏛᎦᏅ ᏱᎳᏉ ᎢᏴᏛ ᏚᎴᏅᎩ, ᎠᎴ ᏭᎷᏤᎸᎩ.
30 ᏥᏌᏃ ᎥᏝ ᎠᏏ ᏱᎦᎷᎨ ᎦᏚᎲᎢ, ᎾᎿᏉᏍᎩᏂ ᎹᏗ ᏫᏚᏠᏒ ᎡᏙᎲᎩ.
31 ᎿᏉᏃ ᎠᏂᏧᏏ ᎦᎵᏦᏕ ᎤᏪᏄ ᎠᏂᏂ, ᎠᎴ ᎬᏩᏄᏬᎯᏍᏗᏍᎩ, ᎤᏂᎪᎲ ᎺᎵ ᎤᎵᏍᏗᏳ
ᏚᎴᏅ ᎠᎴ ᎤᏄᎪᏨ ᎬᏩᏍᏓᏩᏛᏒᎩ, ᎯᎠ ᏄᏂᏪᏒᎩ; ᏗᎦᏂᏌᎲ ᏩᎦᏘ ᎾᎿ ᏮᏛᏍᎪᏂᎵ.
32 ᎺᎵᏃ ᎤᎷᏨ ᏥᏌ ᎡᏙᎲᎢ, ᎠᎴ ᎤᎪᎲ, ᏚᎳᏍᎬ ᎡᎳᏗ ᎤᏓᏅᏅᎩ, ᎯᎠ ᏄᏪᏎᎸᎩ;
ᏣᎬᏫᏳᎯ, ᎢᏳᏃ ᎠᏂ ᏱᎮᏙᎮᎢ, ᎥᏝ ᎥᎩᏙ ᏱᎬᏩᏲᎱᏎᎢ.
33 ᏥᏌᏃ ᎤᎪᎲ ᏓᏠᏱᎲᎢ, ᎠᎴ ᏚᎪᎲ ᎠᏂᏧᏏ ᎾᏍᎩ ᎤᏂᏍᏓᏩᏙᎸᎯ ᏓᎾᏠᏱᎲᎢ,
ᎡᎯᏍᏗ ᎤᏓᏅᏓᏛᎩ, ᎠᎴ ᎤᏕᏯᏙᏗ Ꮔ ᎵᏍᏓᏁᎸᎩ.
34 ᎠᎴ ᎯᎠ ᏄᏪᏒᎩ; ᎭᏢ ᎡᏥᏅᏁᎢ? ᏣᎬᏫᏳᎯ, ᎡᎭᎦᏔ, ᎬᏬᏎᎸᎩ.
35 ᏥᏌ ᏚᏠᏱᎸᎩ.
36 ᎿᏉᏃ ᎠᏂᏧᏏ ᎯᎠ ᏄᏂᏪᏒᎩ; ᎬᏂᏳᏉ ᏂᎦᎡ ᎤᎨᏳᎯᏳ ᎨᏎᎢ.
37 ᎢᎦᏛᏃ ᎤᎾᏓᏑᏴᎩ ᎯᎠ ᏄᏂᏪᏒᎩ; ᏝᏍᎪ ᎯᎠ ᏗᎨᏫ ᏗᎦᏙᎵ ᏧᏍᏚᎢᏒᎸᎯ, ᎾᏍᏉ
ᎾᏍᎩ ᏱᏂᎬᏩᏂᏌᏁ ᏄᏲᎱᏒᎾ ᏱᎦᎨᏎ ᎯᎠ ᎠᏍᎦᏯ?
38 ᏥᏌᏃ ᏔᎵᏁ ᎡᎯᏍᏗ ᎤᏓᏅᏖᏛ ᎠᏤᎵᏍᏛ ᎤᎷᏨᎩ. ᎤᏍᏓᎦᎸ ᎨᏒᎩ, ᎠᎴ ᏅᏯ
ᎠᏍᏚᏛᎩ.
39 ᏥᏌ ᎯᎠ ᏄᏪᏒᎩ, ᏅᏯ ᎢᏥᎲᎾ. ᎹᏗ ᎤᏲᎮᏒᎯ ᎤᏙ, ᎯᎠ ᏄᏪᏎᎸᎩ; ᏣᎬᏫᏳᎯ,
ᎪᎯ ᎠᏎ ᎠᏒᎦ, ᏅᎩᏰᏃ ᏁᏒᎭ ᎦᏰᏥᏂᏌᏅᎯ.
40 ᏥᏌ ᎯᎠ ᏄᏪᏎᎸᎩ; ᏝᏍᎪ ᎯᎠ ᏱᏂᎬᏪᏎᎴᎢ; ᎢᏳᏃ ᎨᎯᏳᎲᏍᎨᏍᏗ, ᏣᎪᏩᏛᏗ
ᎨᏎᏍᏗ ᎦᎸᏉᏗᏳ ᎨᏒ ᎤᏁᎳᏅᎯ ᎤᏤᎵᎦ.
41 ᎿᏉᏃ ᏅᏯ ᎤᏂᎲᏍᎩ ᎤᏲᎱᏒᎯ ᎦᏅᎢ. ᏥᏌᏃ ᏚᏌᎳᏓᏅᎩ ᏗᎦᏙᎵ, ᎯᎠ ᏄᏪᏒᎩ;
ᎡᏙᏓ, ᎬᏯᎵᎡᎵᏤᎭ ᏥᏍᏆᏛᎦᏁᎸ.

42 ᎠᎴ ᏥᎦᏔᎭ ᏂᎪᎯᎸᎢ ᏍᏆᏛᎦᏁᎲᎢ; ᎠᏎᏃ ᏴᏫ ᎠᏂ ᏣᏂᏙᎾᎠ ᏅᏓᎦᎵᏍᏙᏓ ᎾᏍᎩ
ᏥᏂᏥᏫ, ᎤᏃᎯᏳᏗᏱ ᏂᎯ ᏅᏓᏍᎩᏅᏏᏛ ᎨᏒᎢ.
43 ᎾᏍᎩᏃ ᏄᏪᏒ, ᎠᏍᏓᏯ ᎤᏪᎷᎩ, ᎯᎠ ᏄᏪᏒᎩ; ᎳᏏᎳ, ᎡᎯᏄᎪᎢ.
44 ᎤᏲᎱᏒᎯᏃ ᏓᏳᏄᎪᏨᎩ, ᏧᏬᏰᏂ ᎠᎴ ᏧᎳᏎᏕᏂ ᏚᏓᏄᏍᏛᎩ ᏗᎦᏄᏓᎸᏛ ᏗᏄᏬ, ᎤᎧᏛᏃ
ᎠᏯᏠ ᎤᏓᏄᏍᏛᎩ. ᏥᏌ ᎯᎠ ᏂᏚᏪᏎᎸᎩ; ᎡᏣᎸᏒ ᎠᎴ ᏤᏥᏲᎯ.
45 ᎠᎴ ᎤᏂᏣᏛᎩ ᎤᎾᏓᏑᏴᎩ ᎠᏂᏧᏏ ᎺᎵ ᎬᏩᎷᏤᎸᎯ, ᎠᎴ ᎤᏂᎪᎲᎯ ᎾᏍᎩ ᏥᏌ
ᏄᏛᏁᎸᎢ, ᎬᏬᎯᏳᏅᎩ.
46 ᎢᎦᏛᏍᎩᏂ ᎠᏂᏆᎵᏏ ᏗᏂᏅ ᏭᏂᎶᏒᎩ, ᎠᎴ ᏫᏚᏂᏃᏁᎸᎩ ᏥᏌ ᏄᏛᏁᎸᎩ.
47 ᎿᏉᏃ ᏄᏂᎬᏫᏳᏒ ᎠᏥᎸ-ᎠᏁᎶᎯ ᎠᎴ ᎠᏂᏉᎵᏏ ᏚᏂᎳᏫᏛᎩ, ᎠᎴ ᎯᎠ ᏄᏂᏪᏒᎩ; ᎪᏙ
ᎢᏓᏛᏁᎭ? ᎯᎠᏰᏃ ᎠᏍᎦᏯ ᎤᏣᏔ ᎤᏍᏆᏂᎪᏗ ᏚᎸᏫᏍᏓᏁᎭ.
48 ᎢᏳᏃ ᎾᏍᎩ ᎤᏁᎳᎩ ᏰᎦᎵᏎᎭ, ᏂᎦᏗᏳ ᏓᎬᏬᎯᏳᏂ, ᎠᏂᎶᎻᏃ ᏛᏂᎷᏥ ᎠᎴ ᏓᎨᎩᎩᏒᎵ
ᎢᎦᏤᎵᎪᎯ ᎠᎴ ᏗᎦᏤᎵ ᏴᏫ ᏙᏓᎨᎩᏯᏅᏒᎵ.
49 ᎠᏏᏴᏫᏃ ᎤᏓᏑᏴᎩ, ᎧᏱᏆ ᏧᏙᎢᏛ, ᎾᎯᏳ ᎤᏕᏘᏴᏌᏗᏒ ᏄᎬᏫᏳᏒ ᎠᏥᎸ-ᎨᎶᎯ ᎨᏒᎩ,
ᎯᎠ ᏂᏚᏪᏎᎸᎩ; ᎥᏝ ᎪᎱᏍᏗ ᏱᏥᎦᏔᎭ,
50 ᎠᎴ ᎥᏝ ᏱᏣᏓᏅᏖᎭ ᎤᏟ ᎣᏏᏳ ᎢᎨᎦᎵᏍᏓᏁᏗ ᎨᏒᎢ, ᎠᏏᏴᏫ ᎩᎶ ᏱᏓᏲᎱᎯᏎᎭ ᏴᏫ,
ᎠᏃ ᎤᏂᏣᏘ ᎤᏅᏒ ᏯᎾᏗᏒᎲᏍᎦ.
51 ᎾᏍᎩ ᏄᏪᏒᎩ, ᎥᏝ ᎤᏩᏒ ᎤᏓᏅᏖᏛ ᏱᎨᏎᎢ; ᎾᎯᏳ ᎠᏥᎸ-ᎨᎶᎯᏍᎩᏂ ᎨᏒ ᎢᏳᏍᏗ
ᎤᏕᏘᏴᏌᏗᏒ ᎤᏙᎴᎰᏒᎩ ᏥᏌ ᏧᏲᎱᎯᏎᏗᏱ ᎾᏍᎩ ᏑᎾᏓᎴᎩ ᎨᏒ ᏴᏫ,
52 ᎠᎴ ᎥᏝ ᎾᏍᎩ Ꮎ ᏑᎾᏓᎴᎩ ᎨᏒ ᎤᏅᏒ, ᎾᏍᏉᏍᎩᏂ ᏌᏉ ᎢᏧᏩᏁᏗᏱ ᏧᏪᏟᏐᏗᏱ
ᎤᎾᏗᎦᎴᏲᏨᎯ ᎤᏁᎳᏅᎯ ᏧᏪᏥ.
53 ᎿᏉᏃ ᎾᎯᏳ ᎤᎾᎴᏅᎲᎩ ᎤᏂᏃᎮᎸᎩ ᎤᏂᎯᏍᏗᏱ.
54 ᎾᏍᎩ ᎢᏳᏍᏗ ᏥᏌ ᎿᏉ ᎥᏝ ᎢᎸᎯᏳ ᎬᏂᎨᏒ ᏱᏚᏪᎳᏗᏙᎴ ᎠᏂᏧᏏ; ᎾᎿᏍᎩᏂ
ᎤᏂᎩᏒᎩ, ᎢᎾᎨ ᎾᎥ ᏭᎶᏅᎩ ᎠᎴ ᎬᏩᏍᏓᏩᏗᏙᎯ.
55 ᎠᏂᏧᏏᏃ ᎤᎾᏤᎵᎦ ᎧᏃᎯᏰᎩ ᏗᎵ ᏍᏓᏴᏗᏱ ᎤᏍᏆᎸᎯᏗᏒᎩ; ᎤᏂᏣᏛᎩᏃ ᎾᎿ
ᎤᎾᏂᎩᏒᎩ ᏥᎷᏏᎵᎻ ᏭᏂᎶᏒᎩ ᎠᏏᏉ ᎾᏍᏆᎵᏍᎬᎾ ᏫᏃᎯᏰᎩ ᏗᎵᏍᏓᏴᏗᏱ, ᎤᎾᏓᏅᎦᎸᏗᏱ
ᎤᏂᏰᎸᏒᎩ.
56 ᏥᏌᏃ ᎤᏂᏲᎸᎩ, ᎠᎴ ᎤᏛᏅᏗᎦᎳᏫᏍᏗᏱ ᎠᏂᏙᎾᎥ ᎯᎠ ᏂᏚᎾᏓᏪᏎᎸᎩ; ᎦᏙ ᎢᏤᎵᎭ?
ᏝᏍᎪ ᏓᎾᎵᏍᏓᏴᎲᏍᎬ ᏴᏓᎦᎷᏥ?
57 ᏄᏂᎬᏫᏳᏒᏃ ᎠᏥᎸ-ᎠᏁᎶᎯ ᎠᎴ ᎾᏍᏉ ᎠᏂᏆᎵᏏ ᎤᏂᏁᏨᎯ ᎨᏒᎩ, ᎢᏳᏃ ᎩᎶ ᏯᎦᏔᎭ
ᎡᏙᎲᎢ, ᎬᏂᎨᏒ ᎢᏳᏩᏁᏗᏱ, ᎤᏂᏂᏴᏗᏱ ᎤᏂᏰᎸᏒᎩ.

ᎠᏯᏙᎸᎢ 12

1 ᎿᏉᏃ ᏑᏓᎵ ᎢᎦ ᏚᏃᏒᎩ ᎧᏃᎯᏰᎩ ᏗᎵᏍᏓᏴᏗᏱ ᎤᏍᏆᎸᏗᏱ ᏥᏌ ᏇᏗᏂ ᏭᎷᏨᎩ, ᎾᎿ
ᎡᎲ ᎳᏏᎳ, ᎤᏲᎱᏒᎯ ᏥᎨᏒᎩ, ᎾᏍᎩ ᎤᏲᎱᏒ ᏥᏚᎴᏔᏅᎩ.
2 ᎾᎿ ᎬᏩᏍᏓᏴᏅᎩ; ᎠᎴ ᎹᏗ ᏚᏕᎳᏍᏔᏅᎩ; ᎳᏏᎳᏍᎩᏂ ᎨᎸᎩ ᎠᎾᎵᏍᏓᏴᎲᏍᎨᎢ.
3 ᎿᏉᏃ ᎺᎵ ᎤᎩᏒᎩ ᏑᏓᎨᏛ ᎠᏠᏁᏗ ᎾᏓ ᏧᏙᎢᏛ ᎪᎱᏍᏗ ᎾᏑᏴᎾ, ᎤᏣᏘ ᏧᎬᏩᎶᏗ, ᎠᎴ
ᏚᏅᎵᏰᎥᎩ ᏥᏌ ᏧᎳᏏᏕᏂ, ᎠᎴ ᎤᏍᏘᏰᎬ ᎤᏩᏔᏅᎩ ᏚᏅᏕᎸᎲᎩ ᏧᎳᏏᏕᏂ. ᎠᎴ ᎦᎵᏦᏕ
ᎤᎧᎵᏨᎩ ᎦᏩᏒᎬ ᎠᏠᏁᏗ.
4 ᎿᏉᏃ ᎠᏏᏴᏫ ᏥᏌ ᎬᏩᏍᏓᏩᏗᏙᎯ ᎨᏒ ᏧᏓᏏ ᎢᏍᎦᎳᏗ ᏧᏙᎢᏛ, ᏌᏩᏂ ᎤᏪᏥ, ᎾᏍᎩ
ᎤᏈᏗᏍᏍᎩ ᎢᏳᎵᏍᏙᏗ, ᎯᎠ ᏄᏪᏒᎩ;
5 ᎦᏙᏃ ᎯᎠ ᎠᏠᏁᏗ ᎥᏝ ᏳᏂᎾᏗᏅᏎ ᎠᎴ ᏦᎢᏧᏈ ᎠᎩᏏ ᏧᎾᏩᎶᏗ ᏱᏚᏂᏩᏛᎮᎢ, ᎠᎴ ᎥᏝ
ᎤᏲ ᎢᏳᎾᏛᎿᏕᎩ ᎾᏍᎩ ᏱᏚᏂᏁᎴᎢ?
6 ᎾᏍᎩ ᎯᎠ ᏄᏪᏒᎩ, ᎥᏝ ᎤᏲ ᎢᏳᎾᏛᎿᏕᎩ ᎣᏍᏛ ᎢᏳᎾᎵᏍᏓᏁᏗᏱ ᎤᏚᎵᏍᎬ
ᏱᏅᏧᎵᏍᏙᏔᏁᎢ, ᎦᏃᏍᎩᏍᎩᏍᎩᏂ ᎨᏒ ᏅᏓᏳᎵᏍᏙᏔᏅᎩ, ᎠᎴ ᏕᎦᎶᏗ ᎦᏁᎲᎢ ᎠᎴ
ᎾᎿ ᎦᎳᏅᎯ ᎦᏃᏍᎩᏍᎨᎢ.
7 ᎿᏉᏃ ᏥᏌ ᎯᎠ ᏄᏪᏒᎩ; ᎤᏁᎳᎩ; ᎥᎩᏂᏐᏗᏱ ᎨᏒ ᎢᎦ ᎬᏗᏍᎩ ᎤᏍᏆᏂᎪᏔᏅ ᎾᏍᎩ
ᎯᎠ.
8 ᎤᏲᏰᏃ ᎢᏳᎾᏛᎿᏕᎩ ᏂᎪᎯᎸ ᎨᏤᎳᏗᏙᎭ; ᎠᏴᏍᎩᏂ ᎥᏝ ᏂᎪᎯᎸ ᏱᏨᏰᎳᏗᏙᎭ.
9 ᎤᏂᏣᏛᎩᏃ ᎠᏂᏧᏏ ᎤᎾᏛᎦᏅᎯ ᎨᏒᎩ ᎾᎿ ᎡᏙᎲᎢ, ᎠᎴ ᎤᏂᎷᏨᎩ ᎥᏝ ᏥᏌ ᎤᏩᏒ ᎨᏒ
ᏱᏅᏧᎵᏍᏙᏔᏁᎢ, ᎾᏍᏉᏍᎩᏂ ᎳᏏᎳ ᎤᏂᎪᏩᏛᏗᏱ ᎤᏂᏰᎸᏒᎩ, ᎾᏍᎩ ᎤᏲᎱᏒ
ᏧᎴᏔᏅᎯ.
10 ᎠᏎᏃ ᏄᏂᎬᏫᏳᏒ ᎠᏥᎸ-ᎠᏁᎶᎯ ᎤᏂᏃᎮᎸᎩ ᎳᏏᎳ ᎾᏍᏉ ᎤᏂᎯᏍᏗᏱ,
11 ᎾᏍᎩᏰᏃ ᏄᏩᏂᏌᏅᎩ ᎤᏂᏣᏛᎩ ᎠᏂᏧᏏ ᎤᎾᏓᏅᏒᎩ, ᎠᎴ ᏥᏌ ᏫᎬᏬᎯᏳᏅᎩ.
12 ᎤᎩᏨᏛ ᎤᏂᏣᏛᎩ ᏴᏫ ᏗᎵᏍᏓᏴᏗᏱ ᎤᏂᎷᏨᎯ, ᎤᎾᏛᎦᏅ ᏥᎷᏥᎵᎻ ᏗᎦᎷᏥᏒᎢ,
13 ᏚᏂᏴᎲᎩ ᏧᏬᏲᎳ ᏧᏕᎸᏓᏅᎯᏛ ᎠᎴ ᎤᏂᏄᎪᏨᎩ ᏚᎾᏠᏒᏒᎩ, ᎠᎴ ᎯᎠ ᏄᏂᏪᏒ
ᎤᏁᎷᏅᎩ, ᎰᏌᎾ! ᎠᏥᏄᏉᏗᏳ ᏫᏂᎦᎵᏍᏓ ᏱᎰᏩ ᏚᏙᏍᏛ ᏨᏓᏯᎢ, ᎤᎬᏫᏳᎯ ᎢᏏᎵ
ᎤᎾᏤᎵᎦ.
14 ᏥᏌᏃ ᎤᏩᏛᎦ ᎠᎩᎾ ᎭᏈᎵ-ᏗᎦᎵᎠᏅᎯᏛ, ᎤᎩᎸᏅᎩ, ᎾᏍᎩᏯ ᎯᎠ ᏥᏂᎬᏅᏥᎪᏪᎳ;
15 "ᏞᏍᏗ ᏱᏍᎦᎢᎮᏍᏗ ᏂᎯ ᏌᏯᏂ ᎤᏪᏥ, ᎬᏂᏳᏉ ᎤᎬᏫᏳᎯ ᏣᏤᎵᎦ ᏓᏯᎢ, ᎠᎩᎾ
ᎭᏈᎵ-ᏗᎦᎵᎠᏅᎯᏛ ᎤᏪᏥ ᎤᎩᎸᏗ."
16 ᎠᎴ ᎬᏩᏍᏓᏩᏗᏙᎯ ᎥᏝ ᎾᏍᎩ ᏳᏃᎵᏤ ᎢᎬᏱᏱ, ᏥᏌᏍᎩᏂ ᎠᏥᏄᏉᏔᏅ ᎿᏉ
ᎤᎾᏅᏓᏛᎩ ᎾᏍᎩ ᎯᎠ ᏂᎬᏅ ᎪᏪᎸ ᎠᏥᏃᎮᏍᎨᎢ, ᎠᎴ ᎾᏍᎩ ᏂᎬᏩᏁᎸᎢ.
17 ᎢᏧᎳᎭᏃ ᎤᏁᏙᎸᎯ ᏴᏫ ᎾᎯᏳ ᎠᏤᎵᏍᏛ ᏭᏯᏅᎲ ᎳᏏᎳ, ᎠᎴ ᎤᏲᎱᏒ ᏕᎤᎴᏔᏅ,
ᎤᏂᏃᎮᎸᎩ.

18 ᎾᏍᎩ ᎤᏓᏳᎵᏍᏙᏔᏅᎩ ᎾᏍᏉ ᏴᏫ ᏕᎬᏩᏠᏒᎩ, ᎤᎾᏛᎦᏅᎩᏰᏃ ᎾᏍᎩ ᎤᏍᏆᏂᎪᏗ
ᏚᎸᏫᏍᏓᏁᎸᎢ.
19 ᎾᏍᎩ ᎢᏳᏍᏗ ᎠᏂᏆᎵᏏ ᎯᎠ ᏂᏚᎾᏓᏪᏎᎸᎩ; ᎢᏣᏙᎴᎰᏍᎦᏍᎪ ᏂᏣᎵᏰᎢᎴᎬᎾ ᏥᎩ?
ᎬᏂᏳᏉ ᎡᎶᎯ ᎤᏍᏓᏩᏕᏅ.
20 ᎩᎶᏃ ᎢᏳᎾᏍᏗ ᎠᏂᎪᎢ ᎠᏁᎸᎩ ᎤᎾᎵᏙᎵᏍᏔᏂᎸᎯ ᏗᎵᏍᏓᏴᏗᏱ.
21 ᎠᎴ ᎾᏍᎩ ᎬᏩᎷᏤᎸᎩ ᏈᎵᎩ, ᏇᏣᏱᏗ ᎦᏚᎲ ᎨᎵᎵ ᎡᎯ, ᎠᎴ ᎬᏩᏔᏲᏎᎸᎩ ᎯᎠ
ᏄᏂᏪᏒᎩ, ᎣᎦᏚᎵᎭ ᎣᏥᎪᏩᏛᏗᏱ ᏥᏌ.
22 ᏈᎵᎩ ᎤᎷᏨᎩ ᎠᎴ ᎡᏂᏗ ᏭᏃᏁᎸᎩ; ᎿᏉᏃ ᎡᏂᏗ ᎠᎴ ᏈᎵᎩ ᏥᏌ ᏭᏂᏃᏁᎸᎩ.
23 ᏥᏌᏃ ᏚᏁᏤᎸᎩ ᎯᎠ ᏄᏪᏒᎩ; ᎿᏉ ᎤᏍᏆᎸᎲ ᏴᏫ ᎤᏪᏥ ᎠᏥᎸᏉᏙᏗᏱ.
24 ᎤᏙᎯᏳᎯᏯ, ᎤᏙᎯᏳᎯᏯ ᎯᎠ ᏂᏨᏪᏎᎭ; ᎢᏳᏃ ᏌᏉ ᎤᏣᎴᏍᏗ ᎤᎦᏔ ᎡᎳᏗ
ᏄᏬᏨᎾ ᎠᎴ ᏄᎪᏒᎾ ᏱᎩ, ᎤᏩᏒᏉ ᎨᏐ ᏂᎪᎯᎸᎢ; ᎢᏳᏍᎩᏂ ᎤᎪᎯ ᎤᏣᏙ ᎧᏁᏉᎪᎢ.
25 ᎩᎶ ᎤᎨᏳᏎᏍᏗ ᎬᏅᎢ ᎤᏲᎱᏎᏗ ᎨᏎᏍᏗ; ᎩᎶᏃ ᎠᏍᎦᎨᏍᏗ ᎬᏅᎢ ᎠᏂ ᎡᎶᎯ ᎨᏒᎢ,
ᎾᏍᎩ ᎤᏍᏆᏂᎪᏙᏗ ᎨᏎᏍᏗ ᎬᏂᏛ ᏫᎾᏍᏛᎾ ᏗᎨᏒ ᎬᏗᏍᎩ.
26 ᎢᏳᏃ ᎩᎶ ᏥᏅᏏᏓᏍᏗ ᏂᎦᎵᏍᏗᏍᎨᏍᏗ, ᎾᏍᎩ ᎠᎩᏍᏓᏩᏕᎨᏍᏗ; ᎨᎥᏃ ᎾᎿ ᎾᏍᏉ
ᏥᏅᏏᏓᏍᏗ ᎡᎮᏍᏗ. ᎢᏳᏃ ᎩᎶ ᏥᏅᏏᏓᏍᏗ ᏂᎦᎵᏍᏗᏍᎨᏍᏗ, ᎾᏍᎩ ᎡᏙᏓ ᎤᎸᏉᏙᏗ
ᎨᏎᏍᏗ.
27 ᎿᏉ ᎠᏆᏓᏅᏙ ᎡᏕᏯᏔᏁᎭ; ᎦᏙᏃ ᏓᎦᏛᏂ? [ᎯᎠᏍᎪ ᏅᏓᏥᏪᏏ,] ᎡᏙᏓ, ᏍᏯᏓᎳᎩ
ᎪᎯ ᎨᏒᎢ? ᎠᏎᏃ ᎾᏍᎩ ᎢᏳᏍᏗ ᏣᎩᏍᏆᎸᎡ ᎪᎯ ᎠᎩᏍᏆᎸᎡᏗᏱ ᎠᎩᎷᏥᎸ.
28 ᎡᏙᏓ, ᎯᎸᏉᏓ ᏕᏣᏙᎥᎢ. ᎿᏉᏃ ᎦᎸᎳᏗ ᏓᏳᏁᏨᎩ, ᎯᎠ ᏅᏓᏳᏪᏒᎩ; ᎦᏳᎳ
ᎠᎩᎸᏉᏔᏅ, ᎠᎴ ᏔᎵᏁ ᏛᏥᎸᏉᏔᏂ.
29 ᏴᏫᏃ ᎾᎥ ᎠᏂᏙᎾᎢ ᎤᎾᏛᎦᏅ, ᎠᏴᏓᏆᎶᏣ, ᎤᎾᏛᏅᎩ. ᎢᎦᏛᏃ ᎯᎠ ᏄᏂᏪᏒᎩ;
ᏗᎧᎿᏩᏗᏙᎯ ᏓᏳᏬᏁᏓ.
30 ᏥᏌ ᎤᏁᏨ, ᎯᎠ ᏄᏪᏒᎩ; ᎥᏝ ᎠᏴ ᎨᏒ ᏱᏅᏓᎦᎵᏍᏙᏓ, ᏂᎯᏍᎩᏂ ᎨᏒ ᏅᏓᎦᎵᏍᏙᏓ,
ᎯᎠ ᎧᏁᎬ ᏥᏌᎾᏄᎪᏥᎦ.
31 ᎿᏉ ᎯᎠ ᎡᎶᎯ ᏙᏓᏰᎫᎪᏓᏁᎵ, ᎿᏉ ᎤᎬᏫᏳᎯ ᎯᎠ ᎡᎶᎯ ᎤᏤᎵᎦ ᏓᏰᏥᏄᎪᏫᏏ.
32 ᎠᏎᏃ ᎢᏳᏃ ᎡᎶᎯ ᎥᎩᏌᎳᏓᏅᎭ, ᎾᏂᎥ ᏴᏫ ᏙᏓᎦᏎᏒᎯ.
33 ᎾᏍᎩ ᎯᎠ ᏄᏪᏒᎩ, ᎾᏍᎩ ᎢᏳᎵᏍᏓᏁᏗᏱ ᎤᏲᎱᎯᏍᏗᏱ ᎦᏛᎬᎩ.
34 ᏴᏫ ᎤᏂᏁᏨ ᎯᎠ ᏂᎬᏩᏪᏎᎸᎩ, ᎠᏴ ᎣᎦᏛᎦᏅ ᏗᎧᎿᏩᏛᏍᏗᏱ ᎾᏍᎩ ᎦᎶᏁᏛ
ᎤᎵᏍᏆᏗᏍᏗ ᏂᎨᏒᎾ ᎡᎲᎢ; ᎦᏙᏃ ᏴᏫ ᎤᏪᏥ ᎠᏎ ᏓᏰᏥᏌᎳᏓᏂ ᎢᎭᏗᎭ? ᎦᎪ ᎾᏍᎩ Ꮎ
ᏴᏫ ᎤᏪᏥ?
35 ᎿᏉᏃ ᏥᏌ ᎯᎠ ᏂᏚᏪᏎᎸᎩ; ᎠᏏᏞᎦ ᎢᎦ ᎦᎸᏌᏛ ᎢᏤᏙᎲᎢ; ᎢᏤᏙᎮᏍᏗ ᏂᎪᎯᎸ ᎢᎦ
ᏕᏥᎸᏌᏓᏕᎲᎢ; ᎤᎵᏏᎩᎾᏏ ᏱᏧᎵᏓ; ᎩᎶᏰᏃ ᎤᎵᏏᎬ ᏤᏙᎨᎢ, ᎥᏝ ᏯᎦᏔᎭ ᏩᎦᏛᎢ.

36 ᎠᏏ ᎢᎦ ᏥᏕᏥᎸᏌᏓᎦᎭ, ᎢᏦᎯᏳᎲᎦ ᎢᎦ ᏕᎸᏌᏛᎢ, ᎾᏍᎩᏃ ᏂᎯ ᎢᎦ ᏕᎸᏌᏛ ᏧᏪᏥ
ᎨᏎᏍᏗ. ᎾᏍᎩ ᎯᎠ ᏄᏪᏒᎩ ᏥᏌ, ᎠᎴ ᎤᏓᏅᏒᎩ ᏚᏗᏍᎦᎳᏁᎸᎩ.
37 ᎤᏣᏘᏍᎩᏂᏃᏅ ᎤᏍᏆᏂᎪᏗ ᏧᏄᏫᏍᏓᏁᎸᎯ ᎨᏒᎩ ᎠᏂᎦᏔᎲᎢ, ᎠᏎᏃ ᎥᏝ ᏱᎬᏬᎯᏳᏁᎢ.
38 ᎾᏍᎩᏃ ᎤᏙᎯᏳᏅᎩ ᎤᏁᏨ ᎢᏌᏯ ᎠᏙᎴᎰᏍᎩ, ᎯᎠ ᏥᏄᏪᏎᎢ; "ᏣᎬᏫᏳᎯ, ᎦᎪ
ᎤᏬᎯᏳᏅ ᎣᎩᏃᎮᎸᎢ? ᎠᎴ ᎦᎪ ᎠᏥᎾᏄᎪᏫᏎᎸ ᎤᎬᏫᏳᎯ ᎧᏃᎨᏂ?"
39 ᎾᏍᎩ ᎢᏳᏏᏗ ᎥᏝ ᏰᎵ ᎬᏩᏃᎯᏳᏗ ᏱᎨᏎᎢ; ᏔᎵᏁᏰᏃ ᎢᏌᏯ ᎯᎠ ᏄᏪᏎᎢ.
40 "ᏕᏍᏕᏁᎸ ᏗᏂᎦᏙᎵ, ᎠᎴ ᏕᏍᏓᏱᎦᎸ ᏧᏂᎾᏫ; ᏗᎬᏩᏂᎪᏩᏛᏙᏗ ᏂᎨᏒᎾ ᏗᏂᎦᏙᎵ, ᎠᎴ
ᎬᏩᏃᎵᏍᏙᏗ ᏂᎨᏒᎾ ᎤᏂᎾᏫ, ᎠᎴ ᎾᏍᎩ ᏗᎬᏩᎾᏓᏁᏟᏴᏒᏗ ᏂᎨᏒᎾ, ᎠᎴ ᏗᏕᎦᏥᏅᏬᏗ
ᏂᎨᏒᎾ."
41 ᎾᏍᎩ ᏄᏪᏎ ᎢᏌᏯ, ᎾᎯᏳ ᏧᎪᎮ ᎦᎸᏉᏗᏳ ᎨᏒ ᎤᏤᎵᎦ, ᎠᎴ ᎾᏍᎩ ᏧᏃᎮᎴᎢ.
42 ᎤᏂᏣᏛᎩᏍᎩᏂᏃᏅ ᎾᏍᏉ ᎤᏂᎬᏫᏳᎯ ᎬᏬᎯᏳᏅᎩ; ᎠᏎᏃ ᎠᏂᏆᎵᏏ
ᎤᏓᎦᎵᏍᏙᏗᏍᎬᎩ ᎥᏝ ᎬᏂᎨᏒ ᏱᏄᏅᏁᎴᎢ, ᏗᎦᏔᏫᎢᏍᏗᏱ ᏱᏙᎩᏄᎪᏩ ᎠᏁᎵᏍᎬᎩ.
43 ᎤᏟᏰᏃ ᎤᏂᏰᎸᏒᎩ ᏴᏫ ᎤᎾᏓᎸᏉᏙᏗ ᎨᏒ ᎡᏍᎦᏉ ᎤᏁᎳᏅᎯ ᎤᏓᎸᏉᏙᏗ ᎨᏒᎢ.
44 ᏥᏌᏃ ᎤᏪᎷᏅᎩ ᎯᎠ ᏄᏪᏒᎩ, ᎩᎶ ᎠᏉᎯᏳᎲᏍᎩ ᎥᏝ ᎠᏴ ᏯᏉᎯᏳᎲᏍᎦ,
ᎤᏛᎩᏅᏏᏛᏍᎩᏂ ᎪᎯᏳᎲᏍᎪᎢ.
45 ᎠᎴ ᎩᎶ ᎠᏴ ᎠᎩᎪᏩᏘᏍᎩ ᎤᏛᎩᏅᏏᏛ ᎠᎪᏩᏘᏍᎪᎢ.
46 ᎠᏴ ᎢᎦᎦᏘ ᎡᎶᎯ ᎠᎩᎷᏥᎸ, ᎾᏍᎩ ᎩᎶ ᎠᏉᎯᏳᎲᏍᎨᏍᏗ ᎥᏝ ᏖᏉ ᎤᎵᏏᎬ ᎤᎦᏗ
ᏱᎨᏎᏍᏗ.
47 ᎢᏳᏃ ᎩᎶ ᎠᏛᎩᏍᎨᏍᏗ ᏥᏁᎬᎢ, ᏂᎪᎯᏳᎲᏍᎬᎾᏃ ᎢᎨᏎᏍᏗ, ᎥᏝ ᎠᏴ
ᏱᏗᏥᏳᎪᏓᏁᎭ; ᎥᏝᏰᏃ ᎡᎶᎯ ᏱᏗᏥᏳᎪᏓᏁᎵᎸ, ᏥᏍᏕᎸᎯᎸᏍᎩᏂ ᎡᎶᎯ.
48 ᎠᎩᏐᏅᎢᏍᏗᏍᎩ ᎠᎴ ᏗᏓᏂᎸᎩ ᏂᎨᏒᎾ ᏥᏁᎬᎢ ᏧᏭᎪᏓᏁᎯ ᎤᏪᎭ. ᎧᏃᎮᏛ ᎠᎩᏁᏨᎯ
ᎾᏍᎩ ᏧᏭᎪᏓᏁᏗ ᎨᏎᏍᏗ ᎤᎵᏍᏆᎸᏗ ᎢᎦ ᎨᏎᏍᏗ.
49 ᎥᏝᏰᏃ ᎠᏋᏒᏉ ᎠᏆᏓᏅᏖᏛ ᎠᎩᏁᏨᎯ ᏱᎩ, ᎠᎦᏴᎵᎨᎢᏍᎩᏂ ᎤᏛᎩᏅᏏᏛ, ᎾᏍᎩ
ᎠᎩᏁᏨᎸ ᎢᏯᎩᏪᏍᏗᏱ ᎠᎩᏬᏂᎯᏍᏗᏱ.
50 ᎠᎴ ᏥᎦᏔᎭ ᎾᏍᎩ ᎤᏁᏨᎯ ᏫᎾᏍᏛᎾ ᎬᏂᏛ ᎨᏒᎢ. ᎾᏍᎩ ᎢᏳᏍᏗ ᏂᎦᎥ ᏥᏁᎬᎢ,
ᎾᏍᎩᏯ ᎠᎦᏴᎵᎨᎢ ᎾᎩᏪᏎᎸᎢ, ᎾᏍᎩ ᏂᏥᏪᎠ.

ᎠᏯᏙᎸᎢ 13

1 ᎠᏏᏃ ᎤᏃᏒᎩ ᎧᏃᎯᏰᎩ ᏗᎵᏍᏓᏴᏗᏱ, ᏥᏌ ᎠᎦᏔᎯᏳ ᎨᏒᎩ ᎤᏍᏆᎸᎡᏱ ᎡᎶᎯ
ᎤᏓᏅᏍᏗᏱ, ᎠᎦᏴᎵᎨᏍᏛᏱ ᏭᎶᎯᏍᏗᏱ, ᏧᎨᏳᎯᏳ ᎢᏳᎵᏍᏔᏅᎯ ᎨᏒᎩ ᏧᏤᎵᎦ ᎡᎶᎯ
ᎠᏁᎯ, ᎬᎵᏍᏆᏗᏍᎩ ᏧᎨᏳᎯᏳ ᎨᏒᎩ.
2 ᎠᏍᎩᎾᏃ ᎿᏉ ᎤᏔᏁᎸᎯ ᎨᏒᎩ ᎤᎾᏫᏱ ᏧᏓᏏ ᎢᏍᎦᎳᏗ ᏌᏩᏂ ᎤᏪᏥ ᎾᏍᎩ
ᎤᎶᏄᎮᏗᏱ, ᎤᎾᎵᏍᏓᏴᏃᏅᏃ,
3 ᏥᏌ ᎠᎦᏔᎯᏳ ᎨᏒᎩ ᎠᎦᏴᎵᎨᎢ ᏂᎦᎥ ᎪᎱᏍᏗ ᏕᎤᏲᎯᏎᎸᎢ; ᎠᎴ ᎤᏁᎳᏅᎯᏱ
ᎤᏓᏳᏓᎴᏅᎯ ᎨᏒᎢ, ᎠᎴ ᎤᏁᎳᏅᎯᏱ ᏭᎶᎯᏍᏗ ᎨᏒᎢ,
4 ᎤᎵᏍᏓᏴᏅᎢ ᏕᎤᎴᏅᎩ ᎠᎴ ᎤᏄᏪᏒᎩ, ᎠᎴ ᎤᏁᏒᎩ ᎠᏄᏬ-ᏗᏑᎴᏗ, ᎤᏓᏠᏍᏔᏅᎩ;
5 ᎿᏉᏃ ᎠᏖᎵᏙ ᎠᎹ ᎤᏟᏍᏔᏅᎩ, ᎠᎴ ᎤᎴᏅᎲᎩ ᏚᏬᏑᎴᎸ ᎬᏩᏍᏓᏩᏗᏙᎯ
ᏧᎾᎳᏏᏕᏂ, ᎠᎴ ᏚᏅᏕᎸᎡᎸᎩ ᎠᏄᏬ-ᏗᏑᎴᏗ ᎾᏍᎩ ᎤᏓᏠᏍᏛ ᎤᏩᏔᏅᎩ.
6 ᎿᏉᏃ ᏌᏩᏂ ᏈᏓ ᎤᏬᎸ ᎤᎷᏨᎩ. ᏈᏓᏃ ᎯᎠ ᏄᏪᏎᎸᎩ; ᏣᎬᏫᏳᎯ, ᏥᏌ ᏂᎯ
ᏙᏓᏍᏉᏑᎴᎵ ᏗᏆᎳᏏᏕᏂ?
7 ᏥᏌ ᎤᏁᏨ ᎯᎠ ᏄᏪᏎᎸᎩ; ᎯᎠ ᏥᏂᎦᏛᏁᎭ ᎥᏝ ᎪᎯ ᎨᏒ ᏱᎦᏔᎭ, ᎣᏂᏍᎩᏂ ᏘᎦᏙᎥᏏ.
8 ᏈᏓ ᎯᎠ ᏄᏪᏎᎸᎩ; ᎥᏝ ᎢᎸᎯᏳᎯ ᏱᏙᏓᏍᏉᏑᎴᎵ ᏗᏆᎳᏏᏕᏂ. ᏥᏌ ᎤᏁᏤᎸᎩ; ᎢᏳᏃ
ᏂᎬᏲᏑᎴᎥᎾ ᏱᎩ ᎥᏝ ᏣᏤᎵᎦ ᏣᏓᏑᏯ ᎠᏆᏤᎵᎦ ᎨᏒᎢ.
9 ᏌᏩᏂ ᏈᏓ ᎯᎠ ᏄᏪᏎᎸᎩ; ᏣᎬᏫᏳᎯ, ᎥᏝ ᏗᏆᎳᏏᏕᏂᏉ ᏧᏩᏒ, ᎾᏍᏉᏍᎩᏂ ᏗᏉᏰᏂ
ᎠᎴ ᏥᏍᎪᎵ.
10 ᏥᏌ ᎯᎠ ᏄᏪᏎᎸᎩ; ᎩᎶ ᎤᏙᏑᎵᏌᏛ ᏥᎨᏐᎢ ᏧᎳᏏᏕᏂᏉ ᏧᏩᏒ ᏧᏬᏑᎴᏗ ᎨᏐᎢ; ᏂᎬᏃ
ᎤᏓᏅᎦᎸᏛ ᎨᏐᎢ. ᎠᎴ ᏂᎯ ᎢᏣᏓᏅᎦᎸᏛ, ᎠᏎᏃ ᎥᏝ ᏂᏥᎥ ᏱᎩ.
11 ᎠᎦᏔᎯᏳᏰᏃ ᎨᏒᎩ ᎾᏍᎩ Ꮎ ᎤᎶᏄᎮᏍᎩ; ᎾᏍᎩ ᎢᏳᏍᏗ, ᎥᏝ ᏂᏥᎥ ᎢᏣᏓᏅᎦᎸᏛ
ᏱᎩ, ᎤᏛᏅᎩ.
12 ᎿᏉᏃ ᏚᏑᎴᎣᏁᎸ ᏧᎾᎳᏏᏕᏂ, ᎠᎴ ᎢᎤᏄᏬ; ᎠᎴ ᏔᎵᏁ ᎢᎤᏪᏅ, ᎯᎠ ᏂᏚᏪᏎᎸᎩ;
ᎢᏥᎦᏔᎭᏍᎪ ᎯᎠ ᎾᏍᎩ ᏥᏂᏨᏯᏛᏂᏏ?
13 ᏔᏕᏲᎲᏍᎩ, ᎠᎴ ᏣᎬᏫᏳᎯ, ᏍᎩᏲᏎᎰᎢ; ᎠᎴ ᏚᏳᎪᏛ ᏂᏥᏪᏍᎪᎢ, ᎾᏍᎩᏰᏃ ᏄᏍᏗ.
14 ᎢᏳᏃ ᎠᏴ ᎠᎩᎬᏫᏳᎯ ᎢᏣᏤᎵᎦ ᎠᎴ ᏗᏨᏰᏲᎲᏍᎩ ᏗᏣᎳᏏᏕᏂ ᏱᏗᏨᏲᏑᎴᎭ,
ᎾᏍᏉᏍᎩᏂ ᎢᏨᏒ ᎢᏣᎳᏏᏕᏂ ᏱᏗᏣᏓᏙᏑᎴᎭ.
15 ᎢᏣᏕᎶᏆᏗᏰᏃ ᎢᏨᎥᏏ, ᎾᏍᎩᏯ ᏂᏨᏯᏛᏁᎸ ᎢᏣᏛᏁᏗᏱ.
16 ᎤᏙᎯᏳᎯᏯ ᎤᏙᎯᏳᎯᏯ ᎯᎠ ᏂᏨᏪᏎᎭ; ᎠᏥᎾᏝᎢ ᎥᏝ ᎤᏟ ᎠᏥᎸᏉᏗᏳ ᏱᎨᏐᎢ,
ᎡᏍᎦᏉ ᎤᎾᏝᎢ; ᎠᎴ ᎥᏝ ᎠᏥᏅᏏᏛ ᎤᏟ ᎠᏥᎸᏉᏗᏳ ᏱᎨᏐᎢ, ᎡᏍᎦᏉ ᎤᏓᏳᏅᏏᏛ.
17 ᎢᏳᏃ ᎾᏍᎩ ᎯᎠ ᏱᏥᎦᏔᎭ, ᎣᏏᏳ ᏱᏣᏓᏅᏔ ᎾᏍᎩ ᏱᏂᏣᏛᏁᎭ.
18 ᎥᏝ ᏂᏥᎥ ᏱᏨᏯᏛᎦ; ᎦᏥᎦᏔᎭ ᎦᏥᏯᏑᏰᏛ ᎨᏒᎢ; ᎠᏎᏃ ᎤᏙᎯᏳᏗᏱ ᎪᏪᎸᎢ,
"ᎢᏧᎳᎭ ᎣᏍᏓᎵᏍᏓᏴᎲᏍᎩ ᎤᏌᎳᏓᏅ ᎦᏗᎨᏂ ᎠᏆᏈᏗᏍᎬᎢ."

19 ᎿᏉ ᎢᏨᏃᏁᎭ, ᎠᏏᏉ ᎾᏍᎩ ᏄᎵᏍᏔᏅᎾ, ᎾᏍᎩ ᎿᏉ ᏂᎦᎵᏍᏔᏅᎭ ᎢᏦᎯᏳᏗᏱ
ᎠᏴ ᎾᏍᎩ ᎨᏒᎢ.
20 ᎤᏙᎯᏳᎯᏯ ᎤᏙᎯᏳᎯᏯ ᎯᎠ ᏂᏨᏪᏎᎭ; ᎩᎶ ᏓᏓᏂᎸᎨᏍᏗ ᏥᏅᏏᏛ, ᎠᏴ
ᏓᏆᏓᏂᎸᎨᏍᏗ, ᎩᎶᏃ ᎠᏴ ᏓᏆᏓᏂᎸᎨᏍᏗ, ᎤᏛᎩᏅᏏᏛ ᏓᏓᏂᎸᎨᏍᏗ.
21 ᏥᏌ ᎾᏍᎩ ᏄᏪᏒ ᎤᏕᏯᏔᏁᎸ ᎤᏓᏅᏛᎢ, ᎠᎴ ᎬᏂᎨᏒ ᏄᏩᏁᎸᎩ, ᎯᎠ ᏄᏪᏒᎩ;
ᎤᏙᎯᏳᎯᏯ ᎤᏙᎯᏳᎯᎭ ᎯᎠ ᏂᏨᏪᏎᎭ; ᎯᎠ ᏥᏂᏣᏛᏅ ᎠᏏᏴᏫ ᎤᏓᏑᏯ ᏛᎩᎶᏄᎮᎵ.
22 ᎿᏉᏃ ᎬᏩᏍᏓᏩᏗᏙᎯ ᏚᎾᏓᎧᎿᏅᎩ ᎤᎾᏌᎬᎩ ᎾᏍᎩ ᎠᏥᏛᎦ ᎤᏁᎵᏍᏗᏱ.
23 ᎠᏏᏴᏫᏃ ᎬᏩᏍᏓᏩᏗᏙᎯ ᎨᏒ ᏥᏌ ᎦᏁᏥᏱ ᎦᏍᏛᎦᎸᎩ, ᎾᏍᎩ ᏥᏌ ᎤᎨᏳᎯ.
24 ᏌᏩᏂᏃ ᏈᏓ ᎾᏍᎩ ᎤᎵᏍᎫᏫᏎᎸᎩ ᎤᏛᏛᏗᏱ ᎾᏍᎩ ᎨᏒᎢ ᎦᏛᎬᎢ.
25 ᎿᏉᏃ ᏥᏌ ᎦᏁᏥᎢ ᎤᏍᏛᎦᎵ ᎯᎠ ᏄᏪᏎᎸᎩ; ᏣᎬᏫᏳᎯ, ᎦᎪ?
26 ᏥᏌ ᎤᏁᏨᎩ; ᎾᏍᎩ ᎨᏎᏍᏗ ᎠᎬᏎᎸᏛ ᏥᏁᎸᎭ ᎾᏍᎩ ᎠᏊᏅᎯ ᎨᏎᏍᏗ. ᎤᏭᏅᏃ
ᎠᎬᎭᎸᏛ ᎤᏁᎸᎩ ᏧᏓᏏ ᎢᏍᎦᎳᏗ ᏌᏩᏂ ᎤᏪᏥ.
27 ᎠᎬᎭᎸᏛᏃ ᎠᏥᏁᎸ ᏎᏓᏂ ᎤᏴᏎᎸᎩ. ᎿᏉᏃ ᏥᏌ ᎯᎠ ᏄᏪᏎᎸᎩ; ᎾᏍᎩ ᎢᏣᏛᏁᏗ ᎨᏒ
ᏄᎳᏉ ᎿᏛᎦ.
28 ᎥᏝᏃ ᎩᎶ ᎠᏂᏅᏜᎢ ᏳᏬᎵᏤ ᏄᏍᏛ ᎦᏛᎬ ᎾᏍᎩ ᏄᏪᏎᎸᎢ.
29 ᏧᏓᏏᏰᏃ ᏕᎦᎶᏗ ᎦᏁᎲ ᎤᏓᏩᎵᏍᏙᏔᏅᎩ ᎢᎦᏛ, ᎯᎠ ᏥᏌ ᏂᎦᏪᏏ ᎤᏁᎵᏒᎩ; ᎪᎱᏍᏗ
ᏣᏩᎯ ᏗᎵᏍᏓᏴᏗᏱ ᎨᏒ ᎢᏳ ᎪᎱᏍᏗ ᎢᎬᏙᏗ; ᎠᎴ ᎯᎠ ᏱᎩ; ᎪᎱᏍᏗ ᏘᎲᏏ ᎤᏲ
ᎢᏳᎾᏛᎿᏕᎩ.
30 ᎿᏉᏃ ᎾᏍᎩ, ᎠᎬᎭᎸᏛ ᎤᎩᏒ, ᎩᎳᏉ ᎢᏴᏛ ᎤᏄᎪᏨᎩ, ᎠᎴ ᏒᏃᏱ ᎨᏒᎩ.
31 ᎾᏍᎩᏃ ᎤᏄᎪᏨ, ᏥᏌ ᎯᎠ ᏄᏪᏒᎩ; ᎿᏉ ᏴᏫ ᎤᏪᏥ ᎠᏥᎸᏉᏓ, ᎾᏍᎩᏃ ᏂᎬᏂᏌ
ᎤᏁᎳᏅᎯ ᎠᏥᎸᏉᏓ.
32 ᎢᏳᏃ ᎾᏍᎩ ᏱᏄᏩᏂᏌᏅ ᎤᏁᎳᏅᎯ ᏯᏥᎸᏉᏔᏅ, ᎤᏁᎳᏅᎯ ᎤᏩᏒ ᎤᏓᎬᏂᏌᏂ
ᎾᏍᎩ ᏓᏳᎸᏉᏔᏂ, ᎠᎴ ᎢᎳᏉ ᎢᏴᏛ ᏓᏳᎸᏉᏔᏂ.
33 ᏗᏥᏲᎵ, ᎠᏏ ᏞᎦ ᎢᏨᏰᎳᏗᏙᎭ; ᏍᎩᏲᎮᏍᏗ; ᎠᎴ ᎾᏍᎩᏯ ᎠᏂᏧᏏ ᏥᏂᎦᏥᏪᏎᎸᎩ,
"ᏫᏥᎦᏛ ᎥᏝ ᏫᏴᎨᏥᎶᎯ," ᏥᎦᏥᏲᏎᎸᎩ, ᎾᏍᎩᏯ ᎾᏍᏉ ᎿᏉ ᏂᎯ ᏂᏨᏪᏎᎭ.
34 ᎢᏤ ᏗᎧᎿᏩᏛᏍᏗ ᎢᏨᎥᏏ, ᏗᏣᏓᎨᏳᎯᏳ ᎢᏣᎵᏍᏙᏗᏱ; ᎾᏍᎩᏯ ᎢᏨᎨᏳᎢᏳ
ᏄᎵᏍᏔᏅᎢ, ᎾᏍᎩ ᎾᏍᏉ ᏗᏣᏓᎨᏳᎯᏳ ᎢᏣᎵᏍᏙᏗᏱ.
35 ᎾᏍᎩ ᎾᏂᎥ ᎤᎾᏙᎴᎰᎯᏍᏙᏗ ᎨᏎᏍᏗ ᏍᎩᏍᏓᏩᏗᏙᎯ ᎨᏒᎢ, ᎢᏳᏃ ᏗᏣᏓᎨᏳᎯᏳ ᏱᎩ.
36 ᏌᏩᏂ ᏈᏓ ᎯᎠ ᏄᏪᏎᎸᎩ, ᏣᎬᏫᏳᎯ, ᎭᏢ ᎭᎢ? ᏥᏌ ᎤᏁᏤᎸᎩ; ᏫᏥᎦᏛ ᎥᏝ ᎿᏉ
ᏴᎨᏍᎩᏍᏓᏩᏕᎦ; ᎣᏂᏍᎩᏂ ᏓᏍᎩᏍᏓᏩᏕᏏ.
37 ᏈᏓ ᎯᎠ ᏄᏪᏎᎸᎩ; ᏣᎬᏫᏳᎯ, ᎦᏙᏃ ᎥᏝ ᏰᎵ ᎿᏉ ᏕᎬᏍᏓᏩᏛᏍᏗ ᏱᎩ? ᏂᎯ
ᎤᏓᏕᎵᏍᏙᏔᏂ ᎡᎳᏗ ᏓᏥᏂ ᎬᏅᎢ.

38 ᏆᏜ ᎤᏁᏤᎸᎩ; ᏆᏜ ᎠᏴ ᎤᏓᏕᎵᏍᏙᏩᏂ ᎡᎳᏗ ᏧᏂ ᏩᎤᎢ? ᎤᏙᎯᏳᎯᏯ,
ᎤᏙᎯᏳᎯᏯ ᎯᎠ ᏂᎬᏪᏎᎭ; ᏣᏔᏕᏅᏯᎢ ᏱᏝ ᏴᎹᏴᎳᏏ ᎬᏂ ᏦᎢ ᎢᏍᏆᏓᏍᎸᎯ ᏲᏎᏍᏗ.

ᎠᏯᏙᎸᎢ 14

1 ᏞᏍᏗ ᎢᏣᏓᏅᏙ ᏣᎦᏍᏔᏁᎵᏍᏗ; ᎡᏦᎢᏳᎲᎦ ᎤᏁᎳᏅᎯ, ᎠᎴ ᎾᏍᏉ ᎠᏴ
ᏍᎩᏲᎢᏳᎲᎦ.
2 ᎡᏙᏓ ᎦᏁᎸᎢ ᎤᏣᏘ ᏓᏓᏁᎸ. ᎢᏳᏃ ᎾᏍᎩ ᏄᏍᏛᎾ ᏱᎨᏎᎢ, ᏱᏨᏃᏁᎴᎢ.
ᎦᏛᏅᎢᏍᏔᏂ ᎢᏥᏴᏍᏗᏱ.
3 ᎢᏳᏃ ᏯᏆᏛᏅᎢᏍᏔᏁᏅ ᎢᏥᏴᏍᏗᏱ, ᏔᎵᏁ ᏛᏥᎷᏥ ᎠᎴ ᎠᏋᏒ ᎠᏉᎸ
ᏙᏓᏨᏯᏓᏂᎸᏥ, ᎾᏍᎩ ᎠᏴ ᎨᎥ ᎾᏍᏉ ᎾᎿ ᎢᏣᎦᏗᏱ.
4 ᎠᎴ ᎠᏴ ᏫᏥᎦᏛ ᎢᏥᎦᏔᎭ, ᎠᎴ ᏫᎦᏅᏅ ᎢᏥᎦᏔᎭ.
5 ᏓᎻ ᎯᎠ ᏄᏪᏎᎸᎩ; ᏣᎬᏫᏳᎯ, ᎥᏝ ᏲᏥᎦᏔᎭ ᏫᎦᏛᎢ; ᎦᏙᏃ ᏱᎦᎵᏍᏙᏓ ᏲᏥᎦᏔᎭ
ᏫᎦᏅᏅᎢ.
6 ᏥᏌ ᎯᎠ ᏄᏪᏎᎸᎩ; ᎠᏴ ᎾᏍᎩ ᎤᏃᎯ, ᎠᎴ ᏚᏳᎪᏛᎢ, ᎠᎴ ᎬᏂᏛ. ᎥᏝ ᎩᎶ ᎠᎦᏴᎵᎨᎢ
ᏱᎦᎷᏤᎸᎢ, ᎬᏂ ᎠᏴ ᎠᎩᏩᎯᏎᎸᎯ ᏥᎨᏒᎢ.
7 ᎢᏳᏃ ᎠᏴ ᏱᏍᎩᎦᏔᎮᎢ ᎾᏍᏉ ᎡᏙᏓ ᏰᏥᎦᏔᎮᎢ; ᎪᎯᏃ ᎢᏳᏓᎴᏅᏛ ᎡᏥᎦᏔᏎ ᎠᎴ
ᎡᏥᎪᏩᏛᎲ.
8 ᏈᎵᎩ ᎯᎠ ᏄᏪᏎᎸᎩ; ᏣᎬᏫᏳᎯ, ᏍᎩᎾᏄᎪᏫᏏ ᎠᎦᏴᎵᎨᎢ, ᏳᏉᏃ ᏰᎵᎦ ᏓᏲᏥᏰᎸᏂ.
9 ᏥᏌ ᎯᎠ ᏄᏪᏎᎸᎩ; ᏥᎪ ᏴᎪᎯᎩ ᎢᏧᏔᎭ ᎢᏁᏓ, ᎠᏏᏍᎪᏃ ᎥᏝ ᏱᏍᎩᎦᏙᎥᏍᎦ, ᏈᎵᎩ;
ᎩᎶ ᎠᏴ ᎠᎩᎪᎲᎯ ᏥᎨᏒᎢ, ᎤᎪᎲᎯ ᎨᏒ ᎠᎦᏴᎵᎨᎢ; ᎦᏙᏃ ᎯᎠ ᏂᎯᏪᎠ; ᏍᎩᎾᏄᎪᏫᏏ
ᎠᎦᏴᎵᎨᎢ?
10 ᏝᏍᎪ ᏲᎯᏳᎲᏍᎦ ᎠᏴ ᎠᎦᏴᎵᎨᎢ ᏥᏯᎥᎢ, ᎠᎴ ᎠᎦᏴᎵᎨ ᎠᏴ ᎠᎩᏯᎥᎢ? ᎧᏃᎮᏛ
ᏥᏨᏃᎮᎮᎨᎢ, ᎥᏝ ᎠᏋᏒᏉ ᎠᏆᏓᏅᏛ ᏱᏥᏁᎪᎢ, ᎠᎦᏴᎵᎨᎢᏍᎩᏂ ᏣᎩᏯᎠ ᎾᏍᎩ
ᏕᎸᏫᏍᏓᏁᎨᎢ.
11 ᏍᎩᏲᎢᏳᎲᎦ ᎠᏴ ᎠᎦᏴᎵᎨᎢ ᏥᏯᎥᎢ, ᎠᎴ ᎠᎦᏴᎵᎨᎢ ᎠᏴ ᎠᎩᏯᎥᎢ, ᎢᏳᏃ
ᏂᏍᎩᏲᎢᏳᎲᏍᎬᎾ ᎢᎨᏎᏍᏗ, ᏓᎩᎸᏫᏍᏓᏁᎲᏉ ᏫᏂᎦᎵᏍᏙᏓ ᏍᎩᏲᎢᏳᎲᎦ.
12 ᎤᏙᎯᏳᎯᏯ ᎤᏙᎯᏳᎯᏯ ᎯᎠ ᏂᏨᏪᏎᎭ; ᎠᏉᎯᏳᎲᏍᎩ, ᎠᏴ ᏥᏓᎩᎸᏫᏍᏓᏁᎭ
ᎾᏍᏉᎾᏍᎩ ᏙᏓᏳᎸᏫᏍᏓᏁᎵ, ᎠᎴ ᎤᏟ ᎤᏍᏆᏂᎪᏗᏳ ᏙᏓᏳᎸᏫᏍᏓᏁᎵ ᎡᏍᎦᏉ ᎯᎠ;
ᎡᏙᏙᏱᏰᏃ ᎦᎢ,
13 ᏂᎦᎥᏃ ᎪᎱᏍᏗ ᏓᏉᏙᎥ ᎢᏥᏔᏲᏍᏗᏍᎨᏍᏗ, ᎾᏍᎩ ᎢᏯᏆᏛᏁᏗ ᎨᏎᏍᏗ, ᎠᎦᏴᎵᎨᎢ
ᎠᏥᎸᏉᏙᏗᏱ ᎤᏪᏥ ᎢᏳᏩᏂᏌᏅᎯ ᎨᏒᎢ.
14 ᎢᏳᏃ ᎪᎱᏍᏗ ᏓᏆᏙᎥ ᎢᏥᏔᏲᏍᏗᏍᎨᏍᏗ, ᎾᏍᎩ ᎠᏎ ᎢᏯᏆᏛᏁᏗ.
15 ᎢᏳᏃ ᏍᎩᎨᏳᎢᏳ ᎨᏎᏍᏗ, ᎢᏥᏍᏆᏂᎪᏓ ᎠᏆᏤᎵ ᏗᎧᎿᏩᏛᏍᏗ;
16 ᎠᎴ ᎠᎦᏴᎵᎨ ᎠᏴ ᏓᏥᏔᏲᏎᎵ, ᎾᏍᎩᏃ ᏓᏣᎵᏍᎪᎸᏓᏁᎵ ᎤᏩᏓᎴ ᎢᏥᏅᏬᎯᏍᏗᏍᎩ,
ᎾᏍᎩ ᎠᎵᏍᏆᏗᏍᎩ ᏂᎨᏒᎾ ᎢᏤᎳᏗᏙᎯ,

17 ᎾᏍᎩ Ꮎ ᎦᏰᎪᎩ ᏂᎨᏒᎾ ᎠᏓᏅᏙ, ᎾᏍᎩ ᎡᎶᎯ ᏗᎬᏩᏓᏂᎸᎢᏍᏗ ᏂᎨᏒᎾ ᏥᎩ, ᎾᏍᎩ
ᏳᎪᏩᏘᎭ ᎠᎴ ᎥᏝ ᏳᎦᏔᎭ; ᏂᎯᏍᎩᏂ ᎡᏥᎦᏔᎭ, ᎢᏤᎳᏗᏙᎭᏰᏃ, ᎠᎴ ᎾᏍᎩ
ᎢᏥᏯᎡᏍᏗ.
18 ᎥᏝ ᎢᏣᏓᏂᏯᏛ ᏴᏓᏨᏴᎦᏥ; ᏛᏨᎷᏤᎵ.
19 ᎠᏏ ᏞᎦ, ᎿᏉ ᎡᎶᎯ ᎥᏝ ᏯᎩᎪᏩᏘᏍᎨᏍᏗ, ᏂᎯᏍᎩᏂ ᏍᎩᎪᏩᏘᏍᎨᏍᏗ, ᎠᏴᏰᏃ
ᎡᏅ, ᎠᎴ ᏂᎯ ᎾᏍᏉ ᏕᏨᏁᏍᏗ.
20 ᎾᎯᏳ ᏓᏣᏙᎴᎰᏏ ᎠᏴ ᎡᏙᏓ ᏥᏯᎥᎢ, ᎠᎴ ᏂᎯ ᏍᎩᏯᎥᎢ, ᎠᎴ ᎠᏴ ᎢᏨᏯᎥᎢ.
21 ᎾᏍᎩ Ꮎ ᏗᎧᎿᏩᏛᏍᏗ ᎠᏆᏤᎵᎦ ᎤᏍᏆᏂᎬᏗ ᎠᎴ ᏗᎧᎿᏩᏕᎩ, ᎾᏍᎩ ᎠᏴ ᎠᎩᎨᏳᎯ,
ᎠᎴ ᎠᏴ ᎠᎩᎨᏳᎯ ᎤᎨᏳᎯ ᎨᏎᏍᏗ ᎡᏙᏓ, ᎠᎴ ᎠᏴ ᏥᎨᏳᎢᏳ ᎨᏎᏍᏗ, ᎠᎴ ᎬᏂᎨᏒ
ᏅᏓᏥᏯᏛᏁᎵ.
22 ᏧᏓᏏ, ᎥᏝ ᎢᏍᎦᎳᏗ, ᎯᎠ ᏄᏪᏎᎸᎩ; ᏣᎬᏫᏳᎯ, ᎦᏙ ᏓᎦᎵᏍᏙᏔᏂ ᎬᏂᎨᏒ ᎠᏴ
ᏅᏛᏍᎩᏯᏛᏁᎵ, ᎥᏝᏃ ᎡᎶᎯ?
23 ᏥᏌ ᎤᏁᏨᎩ, ᎯᎠ ᏄᏪᏎᎸᎩ; ᎢᏳᏃ ᎩᎶ ᎠᎩᎨᏳᎯ ᏱᎩ, ᎾᏍᎩ ᏧᎧᎿᏩᏛᏍᏗ
ᎠᎩᏁᏨᎢ; ᎡᏙᏓᏃ ᎤᎨᏳᎯ ᎢᏳᎵᏍᏙᏗ, ᎠᎴ ᏓᏲᏍᏗᎷᏤᎵ, ᎠᎴ ᎦᏁᎸᎢ ᏓᏲᏍᏓᏁᎳᏗ.
24 ᎠᎩᎨᏳᎯ ᏂᎨᏒᎾ ᎥᏝ ᏱᏓᎧᎿᏩᏕᎪ ᎠᎩᏁᏨᎢ. ᎧᏃᎮᏛᏃ ᏥᏣᏛᎩᎠ, ᎥᏝ ᎠᏴ ᎠᏆᏤᎵᎦ
ᏱᎩ, ᎠᎦᏴᎵᎨᏍᎩᏂ ᏅᏛᎩᏅᏏᏛ ᎤᏤᎵᎦ.
25 ᎾᏍᎩ ᎢᏨᏃᎮᎮᎸ ᎠᏏ ᏥᏨᏰᎳᏗᏙᎭ.
26 ᎠᏓᏅᏬᎯᏍᏗᏍᎩᏍᎩᏂ, ᎦᎸᏉᏗᏳ ᎠᏓᏅᏙ, ᎾᏍᎩ ᎠᎦᏴᎵᎨᎢ ᏅᏓᏳᏅᏍᏗ ᏥᎩ
ᏓᏆᏙᏍᏛᎢ, ᎾᏍᎩ ᏂᎦᏛ ᏓᏤᏲᏂ, ᎠᎴ ᏓᏣᏅᏓᏗᏍᏔᏂ ᏂᎦᎥ ᎢᏨᏁᏤᎸᎢ.
27 ᏅᏩᏙᎯᏯᏛ ᎢᏨᎢᏯᏏ; ᏅᏩᏙᎯᏯᏛ ᎠᏆᏤᎵᎦ ᎢᏨᎥᏏ. ᎥᏝ ᎡᎶᎯ ᏣᏓᏁᎰ ᎾᏍᎩ
ᎢᏳᏍᏗ ᏱᏨᎥᏏ; ᏞᏍᏗ ᎢᏣᏓᏅᏙ ᏳᏕᏯᏔᏁᎮᏍᏗ, ᎠᎴ ᏞᏍᏗ ᏯᏍᎦᎢᎮᏍᏗ.
28 ᎢᏣᏛᎦᏅᎯ, ᏛᎨᏏ ᎠᎴ ᏛᏨᎷᏤᎵ, ᏥᏨᏲᏎᎸᎩ. ᎢᏳᏃ ᏍᎩᎨᏳᎢᏳ ᏱᎩ, ᏳᏣᎵᎮᎵᎦ
ᏱᏅᏗᎦᎵᏍᏙᏗᎭ ᎠᎦᏴᎵᎨᏍᏛᏱ ᏫᏥᎦᏘ ᏣᏆᏛᏅᎩ; ᎡᏙᏓᏰᏃ ᎤᏟ ᎠᏥᎸᏉᏗᏳ ᎡᏍᎦᏉ
ᎠᏴ.
29 ᎿᏉᏃ ᎠᏏᏉ ᎾᏍᏆᎵᏍᎬᎾ ᎨᏒ ᎢᏨᏃᎲᏏ, ᎾᏍᎩ ᎠᏍᏆᎸᎲᎭ ᎢᏦᎯᏳᏗᏱ.
30 ᎪᎯ ᎢᏣᏓᎴᏅᏛ ᎥᏝ ᎤᏣᏘ ᏴᎨᏨᏯᎵᏃᎮᏓ; ᎤᎬᏫᏳᎯᏰᏃ ᎯᎠ ᎡᎶᎯ ᎤᏤᎵᎦ ᏓᏯᎢ;
ᎥᏝᏃ ᎪᎱᏍᏗ ᎤᏤᎵ ᏯᏇᎭ.
31 ᎠᏎᏃ ᎡᎶᎯ ᎤᏙᎴᎰᎯᏍᏗᏱ ᎠᎦᏴᎵᎨᎢ ᏥᎨᏳᎢᏳ ᎨᏒᎢ, ᎠᎴ ᎠᎦᏴᎵᎨᎢ ᎠᎩᏁᏤᎸᎢ
ᎾᏍᎩ ᏂᎦᏛᏁᎲᎢ. ᏗᏣᎴᎲᎦ, ᎢᏕᎾ.

ᎠᏯᏙᎸᎢ 15

1 ᏖᎸᎳᏗᏯ ᎠᏴ, ᎡᏙᏓᏃ ᏗᎦᎶᎩᏍᎩ.

2 ᏂᎦᎥ ᏓᏋᏂᎦᎸᎢ ᎾᎾᏓᏛᎥᏍᎬᎾ ᏥᎨᏐ ᎦᎬᏂᎦᎵᏍᎪᎢ; ᏂᎦᏛᏃ ᎠᎾᏓᏛᎥᏍᎩ ᎦᎬᏂᎦᎷᏬᏍᎪᎢ
ᎤᏟ ᎢᎦᎢ ᎤᎾᏓᏛᏗᏱ ᎤᏰᎸᏐᎢ.

3 ᎿᏉ ᏂᎯ ᎢᏣᏓᏅᎦᎸᎳᏅ ᎧᏃᎮᏛ ᎾᏍᎩ ᎢᏨᏁᏤᎸᎯ ᏥᎩ.

4 ᏍᎩᏯᎡᏍᏗ, ᎠᏎᏃ ᎢᏨᏯᎡᏍᏗ. ᎾᏍᎩᏯ ᎤᏩᏂᎦᎸᎢ ᎡᏩᏒ ᏰᎵ ᎬᏩᏓᏛᏗ ᏂᎨᏒᎾ
ᏥᎨᏐ ᎬᏂ ᎤᏖᎸᎳᏛ ᏧᏩᏂᎦᎶᎢ, ᎾᏍᏉᏍᎩᏂ ᏂᎯ ᎥᏝ ᏰᎵᎦ ᎬᏂ ᎠᏴ ᏱᏍᎩᏯᎠ.

5 ᎤᏖᎸᎳᏛᎢ ᎠᏴ, ᏕᏩᏂᎦᎸᎢ ᏂᎯ. ᎠᏴ ᎠᎩᏯᎢ, ᎠᏴᏃ ᏥᏯᎢ, ᎾᏍᎩ ᎤᏣᏙ
ᎠᎾᏓᏛᎥᏍᎪᎢ. ᎥᏝᏰᏃ ᎠᏴ ᎥᏝ ᏰᎵ ᎪᎱᏍᏗ ᏴᎨᏣᏛᎦ.

6 ᎢᏳᏃ ᎩᎶ ᎾᎩᏯᎥᎾ ᏥᎨᏐᎢ, ᎠᎦᏓᏒᎪᎢ ᎾᏍᎩᏯ ᎤᏩᏂᎦᏔᏅᎯ ᏧᎾᏓᏒᎪᎢ, ᎠᎴ
ᎬᏴᏍᎪᎢ; ᏴᏫᏃ ᏓᏂᏟᏏᏍᎪᎢ, ᎠᏥᎸᏱᏃ ᏫᏕᎾᎦᎪᎢ, ᎠᎴ ᏓᎪᎲᏍᎪᎢ.

7 ᎢᏳᏃ ᏂᎯ ᏍᎩᏯᎡᏍᏗ, ᎠᎴ ᎠᎩᏁᏨ ᎢᏥᏯᎡᏍᏗ, ᏂᎦᎥ ᎢᏣᏚᎵᏍᎬ ᎢᏥᏔᏲᎯᎮᏍᏗ,
ᎠᎴ ᎾᏍᎩ ᎠᏎ ᎢᏰᏣᏛᏁᏗ ᎨᏎᏍᏗ.

8 ᎤᏣᏛ ᎢᏣᏓᏛᎥᏍᎬ ᎾᏍᎩ ᎤᏓᏕᎵᏍᏙᏔᏂ ᎡᏙᏓ ᏓᏰᏥᎸᏉᏔᏂ; ᎨᏩᏃ ᏍᎩᏍᏓᏩᏗᏙᎯ
ᎨᏎᏍᏗ.

9 ᎡᏙᏓ ᎠᎩᎨᏳᎯᏳ ᏥᎩ, ᎾᏍᎩᏯ ᎾᏍᏉ ᎢᏨᎨᏳᎢᏳ ᏂᎯ. ᎤᏩᏍᏗᏗᏎᏍᏗᏉ
ᎢᏨᎨᏳᎢᏳ ᎨᏒᎢ.

10 ᎢᏳᏃ ᏱᏥᏍᏆᏂᎪᏗ ᏗᎧᎿᏩᏛᏍᏗ ᎠᏆᏤᎵᎦ, ᏱᎤᏩᏍᏗᏗᏉ ᎢᏨᎨᏳᎢᏳ ᎨᏒᎢ;
ᎾᏍᎩᏯ ᏣᎩᏍᏆᏂᎪᏔᏅ ᏗᎧᎿᏩᏛᏍᏗ ᎡᏙᏓ ᎤᏤᎵᎦ, ᎠᎴ ᏥᎤᏩᏍᏗᏗᏉ ᎠᎩᎨᏳᎯᏳ
ᎨᏒᎢ.

11 ᎾᏍᎩ ᎯᎠ ᏄᏍᏗ ᎢᏨᏬᏁᏔᏅ, ᎤᏩᏍᏗᏗᏎᏍᏗᏉ ᎦᏥᏯᎵᎡᎵᎬ ᎠᏊᎵᏒ, ᎠᎴ
ᎠᎾᎵᎮᎵᎬ ᎤᎧᎵᏨᎯ ᎨᏎᏍᏗ ᎠᏊᎵᏒ.

12 ᏗᎧᎿᏩᏛᏍᏗ ᎠᏆᏤᎵᎦ ᎯᎠ ᏄᏍᏗ, ᏗᏣᏓᎨᏳᎯᏳ ᎢᏣᎵᏍᏙᏗᏱ, ᎾᏍᎩᏯ ᎢᏨᎨᏳᎢᏳ
ᏄᎵᏍᏔᏅᎢ.

13 ᎥᏝ ᎩᎶ ᎤᏓᎨᏳᎯᏳ ᎨᏒ ᏴᎬᎪᎾᏛᏓ ᎤᎵᎢ ᏧᏲᎱᎯᏎᎯ.

14 ᏂᎯ ᎠᏴ ᎢᎦᎵᎢ, ᎢᏳᏃ ᏂᎦᎥ ᎢᏨᏁᏤᎲ ᏱᏂᏣᏛᏁᎭ.

15 ᎪᎯ ᎢᏳᏓᎴᏅᏛ ᎥᏝ ᎢᏨᏅᏏᏓᏍᏗ ᏱᏨᏲᏎᎭ; ᎠᏥᏅᏏᏓᏍᏗᏰᏃ ᎥᏝ ᏯᎦᏔᎰ ᎤᎾᏝᎢ
ᎾᏛᏁᎲᎢ. ᏂᎯᏍᎩᏂ ᎢᎦᎵᎢ ᎢᏨᏲᏎᎭ; ᏂᎦᎥᏰᏃ ᎪᎱᏍᏗ ᎡᏙᏓ ᏥᏯᏛᎦᏁᎸᎢ ᎾᏍᎩ
ᎢᏨᎾᏄᎪᏫᏎᎸ.

16 ᎥᏝ ᏂᎯ ᎠᏴ ᏍᎩᏯᏑᏰᏛ ᏱᎩ, ᎠᏴᏍᎩᏂ ᏂᎯ ᎢᏨᏯᏑᏰᏛ, ᎠᎴ ᎦᏨᏯᎧᏅ
ᎢᏤᏅᏍᏗᏱ ᎤᏁᏉᏨᎯ ᎢᏥᎾᏄᎪᏫᏍᏗᏱ, ᎠᎴ ᎤᏁᏉᏨᎯ ᎢᏣᏤᎵᎦ ᎦᎶᏐᎲᏍᎩ ᏂᎨᏒᎾ
ᎢᏣᎵᏍᏙᏗᏱ, ᏂᎦᎥᏃ ᎪᎱᏍᏗ ᎡᏥᏔᏲᏎᎮᏍᏗ ᎠᎦᏴᎵᎨᎢ, ᎠᏴ ᏓᏆᏙᎥ ᎢᏥᏔᏲᏍᏗᏍᎨᏍᏗ,
ᎾᏍᎩ ᎢᏥᏁᏗᏱ.

17 ᎾᏍᎩ ᎯᎠ ᏄᏍᏗ ᎢᏨᏁᏤᎭ ᏗᏣᏓᎨᎯᏳ ᎢᏳᎵᏍᏙᏗᏱ.

18 ᎢᏳᏃ ᎡᎶᎯ ᎢᏥᏍᎦᎩᏳ ᏱᎩ, ᎢᏥᎦᏔᎭ ᎠᏴ ᎢᎬᏱ ᎠᎩᏍᎦᎩᏳ ᏄᎵᏍᏔᏅ ᏂᎯ ᎣᏂ.

19 ᎢᏳᏃ ᎡᎶᎯ ᎢᏣᎵᎪᎯ ᏱᎨᏎᎢ, ᎡᎶᎯ ᏧᎨᏳᎯᏳ ᏱᎨᏎ ᏧᏤᎵᎦ. ᎠᏎᏃ ᎡᎶᎯ ᎢᏣᎵᎪᎯ
ᏂᎨᏒᎾ ᏥᎩ, ᎢᏨᏯᏑᏰᏛᏍᎩᏂ ᎡᎶᎯ ᏥᎩ, ᎾᏍᎩ ᎤᏗᎦᎵᏍᏙᏗᎭ ᎡᎶᎯ ᎢᏥᏍᎦᎦ.

20 ᎢᏣᏅᏓᏍᏗ ᎯᎠ ᏥᏂᏨᏪᏎᎸᎩ; ᎠᏥᎾᏝᎢ ᎥᏝ ᎤᏟ ᎠᏥᎸᏉᏗᏳ ᏱᎨᏐ ᎡᏍᎦᏉ
ᎤᎾᏝᎢ. ᎢᏳᏃ ᎠᏴ ᎬᎩᏐᏢᏔᏅᎯ ᏱᎩ, ᏂᎯ ᎾᏍᏉ ᏓᎨᏥᏐᏢᏔᏂ. ᎢᏳᏃ ᎠᏴ ᎠᎩᏁᏨ
ᎤᏂᏍᏆᏂᎪᏔᏅᎯ ᏱᎩ, ᏂᎯ ᎾᏍᏉ ᎢᏥᏁᏨ ᏛᏂᏍᏆᏂᎪᏔᏂ.

21 ᎠᏍᎡᏃ ᎾᏍᎩ ᎯᎠ ᏂᎦᏛ ᏧᏓᎴᏅᏛ ᎤᏓᎨᏨᏁᎵ ᎤᏗᎦᎵᏍᏙᏗᏍᎨᏍᏗ ᏓᏆᏙᎥᎢ,
ᏂᎬᏩᎦᏔᎲᎾ ᎨᏒ ᎢᏳᏍᏗ ᎤᏛᎩᏅᏏᏛ.

22 ᎢᏳᏃ ᎾᎩᎷᏨᎾ ᎠᎴ ᏂᎦᏥᏬᏁᏔᏅᎾ ᏱᎨᏎᎢ, ᎥᏝ ᎠᏍᎦᏂ ᏱᎬᏩᏁᎵᎢ; ᎪᎯᏍᎩᏂ ᎥᏝ
ᏳᏁᎭ ᎤᏄᏢᏙᏗ ᎤᎾᏍᎦᏅᏨᎢ.

23 ᎾᏍᎩ Ꮎ ᎠᎩᏍᎦᎩ ᎠᏴ, ᎾᏍᏉ ᎠᏍᎦᏱᏳ ᎨᏐ ᎡᏙᏓ.

24 ᎢᏳᏃ ᎠᏁᎲ ᏂᏓᎩᎸᏫᏍᏓᏁᎲᎾ ᏱᎨᏎᎢ ᎩᎶ ᏧᎸᏫᏍᏓᏁᎸᎯ ᏂᎨᏒᎾ ᏥᎩ, ᎥᏝ ᎠᏍᎦᏂ
ᏱᎬᏩᏁᎵᎢ; ᎠᏎᏃ ᎿᏉ ᎢᏧᎳ ᎪᎩᏂᎪᎲ ᎠᎴ ᎪᎩᏂᏍᎦᎩᏳ ᏄᎵᏍᏔᏅ ᎢᏧᎳ ᎠᏴ ᎡᏙᏓᏃ.

25 ᎠᏎᏃ [ᎾᏍᎩ ᏄᎵᏍᏔᏅᎩ] ᎤᏙᎯᏳᏗᏱ ᎠᏰᎸᏒ ᎤᎵᏁᏨ ᎯᎠ ᏥᏂᎬᏅ ᏥᎪᏪᎳ
ᏧᏂᎧᎿᏩᏛᏍᏗᏱ; "ᎠᏎᏉ ᎬᎩᏍᎦᎬᎩ."

26 ᎠᏎᏃ ᎠᏓᏅᏬᎯᏍᏗᏍᎩ ᎦᎷᏨᎭ, ᎾᏍᎩ ᎠᎦᏴᎵᎨᏍᏛᏱ ᏅᏓᏥᏅᏍᏗ ᏥᎩ ᏂᎯ
ᎢᏥᎷᏤᏗᏱ, ᎦᏰᎪᎩ ᏂᎨᏒᎾ ᎠᏓᏅᏙ ᎠᎦᏴᎵᎨᏍᏛᏱ ᏅᏛᏓᎴᎲᏍᎩ, ᎾᏍᎩ ᏛᎩᏃᎮᎵ
ᎬᏂᎨᏒ ᏅᏛᏋᏁᎵ.

27 ᏂᎯᏃ ᎾᏍᏉ ᎢᏥᏃᎮᏍᎩ ᎨᏎᏍᏗ, ᎢᏧᎳᎭᏰᏃ ᎢᎦᏓ ᏗᏓᎴᏂᏍᎬ ᏅᏓᎬᏩᏓᎴᏅᏛ.

ᎠᏯᏙᎸᎢ 16

1 ᎾᏍᎩ ᎯᎠ ᏄᏍᏗ ᎢᏨᏃᎮᎮᎸ, ᏗᏦᎦᏍᏗᏱ ᏂᎨᏒᎾ.

2 ᏗᎦᎳᏫᎢᏍᏗᏱ ᏓᏰᏥᏄᎪᏫᏏ; ᎥᎥ, ᏛᏍᏆᎸᎯ, ᎩᎶ ᎢᏥᎯᎮᏍᏗ, ᎤᏁᎳᏅᎯ
ᏂᏥᏯᏛᏁᎭ, ᎡᎵᏍᎨᏍᏗ.

3 ᎾᏍᎩ ᎯᎠ ᎾᎾᏛᏁᎮᏍᏗ ᎤᏗᎦᎵᏍᏙᏗᏍᎨᏍᏗ ᎾᏂᎦᏔᎲᎾ ᎨᏒ ᎠᎦᏴᎵᎨᎢ, ᎠᎴ ᎠᏴ
ᏂᎬᎩᎦᏔᎲᎾ ᎨᏒᎢ.

4 ᎠᏎᏃ ᎾᏍᎩ ᎯᎠ ᏁᏍᏗ ᎢᏨᏃᎲᏏ, ᎠᏍᏆᎸᎲ ᎢᏣᏅᏓᏗᏍᏗᏱ ᎾᏍᎩ ᎢᏨᏃᏁᎸᎢ. ᎠᎴ
ᎥᏝ ᎾᏍᎩ ᎢᎬᏱᏱᏉ ᏱᏨᏃᏁᎴᎢ, ᎢᏧᎳᎭ ᎢᎦᏙᎲ ᎤᏓᎦᎵᏍᏙᏗᏍᎬᎩ.

5 ᎿᏉᏃ ᎤᏛᎩᏅᏏᏛ ᏧᏬᎸ ᏫᏥᎦᏘ, ᎥᏝᏃ ᎩᎶ ᏂᎯ ᏂᏣᏛᏅ ᏣᏓᏑᏯ ᏯᏆᏛᏛᎲᏍᎦ, ᎯᎠ
ᏱᏂᎦᏪ; ᎭᏢ ᏫᎦᏘ?

6 ᎠᏎᏃ ᎾᏍᎩ ᏂᏨᏪᏎᎸ ᎤᏗᎦᎵᏍᏙᏗᎭ, ᎤᏲ ᎠᏓᏅᏓᏗᏍᏗ ᎨᏒ ᎤᎧᎵᎸ ᎢᏥᎾᏫ.

7 ᎠᏎᏃ ᎤᏙᎯᏳᎯᏯ ᎢᏨᏃᏁᎭ; ᎣᏏᏳ ᎢᏣᎵᏍᏓᏁᏗ ᏨᏓᎨᏏ; ᎢᏳᏰᏃ ᎾᏇᏅᏒᎾ ᏱᎩ,
ᎠᏓᏅᏬᎯᏍᏗᏍᎩ ᎥᏝ ᏴᎨᏥᎷᏥᏏ; ᏯᏇᏅᏍᎩᏂ ᎤᏓᏥᏅᏍᏗ ᎨᏎᏍᏗ ᎢᏥᎷᏤᏗᏱ.

8 ᎾᏍᎩᏃ ᎦᎷᏨᎭ ᎬᏂᎨᏒ ᎤᏓᎬᏁᎵ ᎡᎶᎯ ᎠᏍᎦᏂ ᎨᏒᎢ, ᎠᎴ ᏚᏳᎪᏛ ᎨᏒᎢ, ᎠᎴ
ᏗᎫᎪᏙᏗ ᎨᏒᎢ.

9 ᎠᏍᎦᏂ ᎨᏒᎢ, ᏂᎬᏉᎯᏳᎲᏍᎬᎾ ᎨᏒ ᎢᏳᏍᏗ;

10 ᏚᏳᎪᏛ ᎨᏒᎢ, ᎡᏙᏙᏱ ᏫᏥᎦᏛᎢ, ᎠᎴ ᎿᏉ ᏂᏍᎩᎪᏩᏘᏍᎬᎾ ᎨᏒ ᎢᏳᏍᏗ;

11 ᏗᎫᎪᏙᏗ ᎨᏒᎢ, ᎤᎬᏫᏳᎯ ᎯᎠ ᎡᎶᎯ ᎤᏤᎵᎦ ᏣᎫᎪᏓᏁᏗ ᎨᏒ ᎢᏳᏍᏗ.

12 ᎠᏏ ᎤᏣᏔ ᎠᎩᎷᎳ ᎪᎱᏍᏗ ᎢᏨᏃᏁᏗ, ᎠᏎᏃ ᎪᎯ ᎨᏒ ᎥᏝ ᏰᎵ ᎾᏍᎩ ᎨᏣᏛᎪᏗ ᏱᎩ;

13 ᎦᎷᏨᎭᏍᎩᏂ ᎾᏍᎩ Ꮎ ᎦᏰᎪᎩ ᏂᎨᏒᎾ ᎠᏓᏅᏙ, ᏂᎦᎥ ᎤᏙᎯᏳᎯ ᎨᏒ ᏙᏓᏣᏘᏂᏙᎵ,
ᎥᏝᏰᏃ ᎤᏩᏒᏉ ᎤᏓᏅᏖᏛ ᏱᎧᏁᎨᏍᏗ, ᏂᎦᎥᏍᎩᏂ ᎠᏛᎩᏍᎨᏍᏗ ᎾᏍᎩ ᎧᏁᎨᏍᏍᏗ;
ᎠᎴ ᏓᏥᎾᏄᎪᏫᏎᎵ ᏧᏓᎴᏅᏛ ᎣᏂ ᎢᏣᎵᏍᏔᏂᏓᏍᏗ ᎨᏒᎢ.

14 ᎾᏍᎩ ᏛᎩᎸᏉᏔᏂ ᎠᏴ, ᎠᏆᏤᎵᏰᏃ ᎨᏒ ᏛᎩᏏ ᎠᎴ ᏓᏥᎾᏄᎪᏫᏎᎵ.

15 ᏂᎦᎥ ᎠᎦᏴᎵᎨ ᎤᎲ ᎠᏆᏤᎵᎦ, ᎾᏍᎩ ᎢᏳᏍᏗ ᎯᎠ ᏥᏂᏥᏪ, ᎠᏆᏤᎵᎦ ᎨᏒ ᏛᎩᏏ ᎠᎴ
ᏓᏥᎾᏄᎪᏫᏎᎵ.

16 ᏂᎪᎯᎸᎾᏉ ᎿᏉ ᎥᏝ ᏱᏍᎩᎪᏩᏘᏍᎨᏍᏗ; ᎠᎴ ᎿᏉ ᏔᎵᏁ ᏂᎪᎯᎸᎾᏉ
ᎢᏍᎩᎪᏩᏘᏍᎨᏍᏗ; ᎤᏗᎦᎵᏍᏙᏗᎭ ᎠᎦᏴᎵᎨᏍᏛᏱ ᏫᏥᎦᏛᎢ.

17 ᎿᏉᏃ ᎢᎦᏛ ᎬᏩᏍᏓᏩᏗᏙᎯ ᎯᎠ ᏂᏚᎾᏓᏪᏎᎸᎩ; ᎦᏙ ᎦᏛᎦ ᎯᎠ ᏥᏂᎩᏪᏎᎭ;
ᏂᎪᎯᎸᎾᏉ ᎿᏉ ᎥᏝ ᏱᏍᎩᎪᏩᏘᏍᎨᏍᏗ, ᎠᎴ ᎿᏉ ᏔᎵᏁ ᏂᎪᎯᎸᎾᏉ
ᎢᏍᎩᎪᏩᏘᏍᎨᏍᏗ? ᎠᎴ ᎤᏗᎦᎵᏍᏙᏗᎭ ᎠᎦᏴᎵᎨᏍᏛᏱ ᏫᏥᎦᏛᎢ?

18 ᎾᏍᎩ ᎢᏳᏍᏗ ᎯᎠ ᏄᏂᏪᏒᎩ, ᎦᏙ ᎦᏛᎦ ᏂᎪᎯᎸᎾᏉ ᏣᏗᎭ? ᎥᏝ ᏲᏦᎵᎦ ᏄᏍᏛ
ᎦᏛᎬᎢ.

19 ᏥᏌᏃ ᎠᎦᏔᎲᎩ ᎤᎾᏚᎵᏍᎬ ᎬᏩᏛᏛᏗᏱ, ᎯᎠᏃ ᏂᏚᏪᏎᎸᎩ; ᏥᎪᏕᏣᏓᏛᏛᎲᏍᎦ
ᎦᏛᎬᎢ ᎯᎠ ᏥᎾᎩᏪᏒᎩ; ᏂᎪᎯᎸᎾᏉ ᎿᏉ ᎥᏝ ᏱᏍᎩᎪᏩᏘᏍᎨᏍᏗ, ᎠᎴ ᎿᏉ ᏔᎵᏁ
ᏂᎪᎯᎸᎾᏉ ᎢᏍᎩᎪᏩᏘᏍᎨᏍᏗ?
20 ᎤᏙᎯᏳᎯᏯ ᎤᏙᎯᏳᎯᏯ ᎯᎠ ᏂᏨᏪᏎᎭ; ᏂᎯ ᏕᏥᏴᎨᏍᏗ ᎠᎴ ᎢᏥᏍᎪᏂᎮᏍᏗ,
ᎡᎶᎯᏍᎩᏂ ᎠᎵᎮᎵᎨᏍᏗ; ᏂᎯᏃ ᎤᏲ ᎢᏣᏓᏅᏖᏍᏗ, ᎠᏎᏃ ᎤᏲᎢᏣᏓᏅᏛ ᎤᎵᎮᎵᏍᏗ
ᏮᏛᏓᏁᏟᏴᏍᏔᏂ.
21 ᎠᎨᏴ ᎤᏲ ᎤᏓᏅᏙ ᏣᏕᎲᏍᎪ ᎠᏲᎵ, ᎤᏍᏆᎸᎡᎸ ᎤᏗᎦᎵᏍᏙᏗᏍᎪᎢ; ᎠᏎᏃ ᎿᏉ
ᎦᎾᏄᎪᏩ ᎠᏲᎵ, ᎥᏝ ᎿᏉ ᏯᏅᏓᏗᏍᎪ ᎡᎯᏍᏗ ᎤᏓᏅᏓᏛᎢ, ᎤᏗᎦᎵᏍᏙᏗᏍᎪ ᎠᎵᎮᎵᎬ
ᏴᏫ ᎤᎾᏄᎪᏫᏒ ᎡᎶᎯ.
22 ᎾᏍᎩ ᎢᏳᏍᏗ ᏂᎯ ᎪᎯ ᎨᏒ ᎤᏲ ᎢᏣᏓᏅᏔ; ᎠᏎᏃ ᏔᎵᏁ ᏛᏨᎪᎢ, ᎠᎴ ᎢᏥᎾᏫ
ᏛᎵᎮᎵᏥ, ᎢᏣᎵᎮᎵᎬᏃ ᎥᏝ ᎩᎶ ᏴᎨᏥᎩᏏ.
23 ᎾᎯᏳᏃ ᎢᎦ ᎥᏝ ᎪᎱᏍᏗ ᏱᏍᎩᏯᏛᏛᎲᏍᎨᏍᏗ. ᎤᏙᎯᏳᎯᏯ ᎤᏙᎯᏳᎯᏯ ᎯᎠ
ᏂᏨᏪᏎᎭ; ᏂᎦᎥ ᎪᎱᏍᏗ ᎠᎦᏴᎵᎨ ᎡᏥᏔᏲᏎᎮᏍᏗ, ᏓᏉᏙᎥ ᎢᏨᏗᏍᎨᏍᏗ, ᎠᏎ ᎡᏥᏁᏗ
ᎨᏎᏍᏗ.
24 ᎪᎯ ᎢᏯᏍᏗ ᎥᏝ ᎪᎱᏍᏗ ᏱᏥᏔᏲᏍᏔᏃ ᎠᏴ ᏓᏉᏙᎥᎢ. ᎢᏥᏔᏲᎭ ᏓᏰᏥᏁᎵᏃ,
ᎢᏣᎵᎮᎵᎬ ᎤᎧᎵᎢᏍᏗᏱ.
25 ᎾᏍᎩ ᎯᎠ ᏄᏍᏗ ᎢᏨᏃᎮᎮᎸ ᎤᏦᏍᏗ ᎪᎵᏍᏗᏱ ᎠᏋᏔᏅ; ᎠᏎᏃ ᏛᏍᏆᏄᎯ ᎿᏉ ᎥᏝ
ᏱᏨᏯᎵᏃᎮᏗᏍᎨᏍᏗ ᎤᏦᏍᏗ ᎪᎵᏍᏗᏱ ᎬᏗ, ᎬᏂᎨᏒᎢᏳᏍᎩᏂ ᏓᏨᎾᏄᎪᏫᏎᎵ ᎠᎦᏴᎵᎨᎢ.
26 ᎾᎯᏳ ᎢᎦ ᏓᏆᏙᎥ ᎢᏥᏔᏲᏍᏗᏍᎨᏍᏗ; ᎥᏝᏃ ᎠᎦᏴᎵᎨ ᏓᏥᏯᏓᏙᎵᏍᏓᏁᎵ ᏂᎯ
ᎢᏥᏍᏕᎸᏗᏱ ᏱᏨᏲᏎᎭ;
27 ᎠᎦᏴᎵᎨᏰᏃ ᎤᏩᏒ ᎢᏥᎨᏳᎭ, ᎤᏗᎦᎵᏍᏙᏗᎭ ᏍᎩᎨᏳᎢᏳ ᎨᏒᎢ, ᎠᎴ ᎢᏦᎯᏳᏅ
ᎤᏁᎳᏅᎯᏱ ᏅᏛᏆᏓᎴᏅᎯ ᎨᏒᎢ.
28 ᎠᎦᏴᎵᎨᏍᏛᏱ ᏗᏆᏓᎴᏅ, ᎡᎶᎯ ᎠᎩᎷᏥᎸ; ᏔᎵᏁ ᎡᎶᎯ ᏛᎦᏓᏅᏏ, ᎠᎦᏴᎵᎨᏍᏛᏱ
ᏮᏛᏥᎶᏏ.
29 ᎬᏩᏍᏓᏩᏗᎯ ᎯᎠ ᎤᎩᏩᏪᏎᎸᎩ; ᎬᏂᏳᏉ ᎿᏉ ᎬᏂᎨᏒᎢᏳ ᎯᏁᎦ, ᎥᏝᏃ ᎤᏦᏍᏗ
ᎪᎵᏍᏗᏱ ᏱᏁᎦ.
30 ᎿᏉ ᎣᏥᎦᏔᎭ ᏂᎦᎥ ᎪᎱᏍᏗ ᎯᎦᏔᎯᏳ ᎨᏒᎢ, ᎠᎴ ᎠᏎᏉᏉ ᎨᏒ ᎩᎶ ᏱᏨᏛᏛᎲᏍᎦ.
ᎾᏍᎩ ᎤᏗᎦᎵᏍᏙᏗᎭ ᎣᏦᎯᏳᎲᏍᎦ ᎤᏁᎳᏅᎯᏱ ᏅᏓᏣᏓᎴᏅᎯ ᎨᏒᎢ.
31 ᏥᏌ ᎯᎠ ᏂᏚᏪᏎᎸᎩ; ᏥᎪ ᎿᏉ ᎢᏦᎯᏳᎲᏍᎦ?
32 ᎬᏂᏳᏉ ᏛᏍᏆᏄᎯ, ᎥᎥ, ᎿᏉᎤᏍᏆᏄᎲ, ᎢᏣᏗᎦᎴᏲᎢᏍᏗᏱ, ᏂᏥᎥ ᎢᏥᏏᏴᏫᎭ ᏙᏗᏙᏅᏒ
ᎢᏗᏢ, ᎠᎴ ᏓᏍᎩᏴᎦᏥ ᎠᏋᏒᏉ ᎨᏎᏍᏗ; ᎥᏝᏍᎩᏂᏃᏅ ᎠᏋᏒ ᏱᎩ, ᎠᎦᏴᎵᎨᏰᏃ ᏔᎵ
ᏅᏛᏗᏕᎦ.

33 ᎾᏍᎩ ᏄᏍᏗ ᎯᎠ ᎢᏨᏃᎮᎮᎸ ᎠᏴ ᎤᏩᏙᎯᏯᏛ ᎢᏨᏯᏓᏅᏓᏗᏍᏙᏗᏱ. ᎡᎶᎯ
ᎤᏕᏲᏙᏗ ᏓᏥᏩᏛᎯ; ᎠᏎᏃ ᎤᏕᎵᏍᏗᏳ ᎢᏣᏓᏅᏖᏍᏗ; ᎠᏴ ᏥᏎᎪᎬᎡ ᎡᎶᎯ.

ᎠᏯᏙᎸᎢ 17

1 ᎾᏍᎩ ᎯᎠ ᏄᏪᏒᎩ ᏥᏌ, ᎠᎴ ᏚᏌᎳᏓᏅᎩ ᏗᎦᏙᎵ ᎦᎸᎳᏗ ᏫᏚᎧᎿᏅᎩ, ᎯᎠ ᏄᏪᏒᎩ;
ᎡᏙᏓ, ᎿᏉ ᎤᏍᏆᎸᎲ; ᎯᎸᏉᏓ ᏤᏥ, ᏤᏥ ᎾᏍᏉ ᏂᎯ ᏣᎸᏉᏙᏗᏱ.
2 ᎯᏯᎵᏍᎪᎸᏓᏁᎸᏰᏃ ᏂᎦᎥ ᎤᏇᏓᎵ, ᏧᏁᏗᏱ ᎾᎵᏍᏆᏗᏍᎬᎾ ᎬᏂᏛ ᎾᏂᎥ ᏘᎧᏁᎸᎯ ᎨᏒᎢ.
3 ᎯᎠᏃ ᎾᏍᎩ ᏄᏍᏗ ᎬᏂᏛ ᎾᎵᏍᏆᏗᏍᎬᎾ-ᎾᏍᎩ ᎨᏣᎦᏙᎥᎯᏍᏗᏱ ᏂᎯ ᏨᏒᎯᏳ
ᎤᏙᎯᏳᏒ ᏣᏁᎳᏅᎯ, ᎠᎴ ᎤᏂᎦᏙᎥᎯᏍᏗᏱ ᏥᏌ ᎦᎶᏁᏛ ᎾᏍᎩ ᎾᎯᏅᏏᏛ ᏥᎩ.
4 ᎬᎸᏉᏔᏅ ᎡᎶᎯ; ᎠᎩᏍᏆᏛ ᏗᎦᎸᏫᏍᏓᏁᏗ ᏍᎩᏁᎸᎯ ᏥᎩ ᏗᎩᎸᏫᏍᏓᏁᏗᏱ.
5 ᎿᏉᏃ, ᏂᎯ ᎡᏙᏓ, ᏍᎩᎸᏉᏓ ᏨᏒ ᏗᏦᎸᎢ, ᎾᏍᎩᏯ ᎥᎩᎸᏉᏗᏳ ᏥᎨᏒᎩ ᏗᏦᎸ ᎠᏏᏉ
ᏂᎬᎾᏛ ᎾᏓᎴᏂᏍᎬᎾ ᏥᎨᏒᎩ.
6 ᏕᏣᏙᎥ ᎬᏂᎨᏒ ᏂᎦᏥᏴᏁᎸ ᎠᏂᏍᎦᏯ ᎡᎶᎯ ᎳᏭᏰᏛ ᏗᏍᎩᎧᏁᎸᎯ ᏥᎩ. ᏗᏣᏤᎵᎦ
ᎨᏒᎩ, ᎠᎴ ᏕᏍᎩᎧᏁᎸᎩ; ᎠᎴ ᎤᏂᏍᏆᏂᎪᏔᏅ ᎧᏃᎮᏛ ᏣᏤᎵᎦ.
7 ᎿᏉᏃ ᎠᏂᎦᏔᎯᏳ ᏄᎵᏍᏔᏅ, ᏂᎦᎥ ᎪᎱᏍᏗ ᏍᎩᏁᎸᎯ ᏥᎩ, ᏂᎯ ᎤᏓᏳᏓᎴᎲᎯ ᎨᏒᎢ.
8 ᏕᏥᏁᎸᏰᏃ ᎧᏃᎮᏛ ᎾᏍᎩ ᏍᎩᏁᎸᎯ ᏥᎩ; ᎠᎴ ᎾᏍᎩ ᏚᎾᏓᏂᎸᏨ, ᎠᎴ ᎤᏂᎦᏙᎥᏒ
ᎤᏙᎯᏳᏒ ᏂᎯ ᏘᎲ ᏅᏛᏆᏓᎴᏅᎯ ᎨᏒᎯ; ᎠᎴ ᎤᏃᎯᏳᏅ ᏂᎯ ᎤᏓᏍᎩᏅᏏᏛ ᎨᏒᎢ.
9 ᎾᏍᎩ ᏕᏥᏯᏓᏙᎵᏍᏓᏁᎭ; ᎥᏝ ᎡᎶᎯ ᏱᏥᏯᏓᏙᎵᏍᏓᏁᎭ, ᎾᏍᎩᏉᏍᎩᏂ Ꮎ
ᏗᏍᎩᎧᏁᎸᎯ ᏥᎩ; ᏂᎯᏰᏃ ᏗᏣᏤᎵᎦ.
10 ᏂᎦᏛᏃ ᎠᏆᏤᎵᎦ ᏂᎯ ᏣᏤᎵᎦ, ᏂᎯᏃ ᏣᏤᎵᎦ ᎠᏴ ᎠᏆᏤᎵᎦ; ᎠᎴ ᎾᏍᎩ ᎤᏗᎦᎵᏍᏙᏗᎭ
ᎥᎩᎸᏉᏗᎭ.
11 ᎿᏉᏃ ᎠᏴ ᎥᏝ ᎡᎶᎯ ᏱᎨᎠ, ᎯᎠᏍᎩᏂ ᎡᎶᎯ ᎠᏁᎭ, ᎠᏴᏃ ᏗᏦᎸ ᏫᏥᎦᏗ.
ᎡᏣᎸᏉᏗᏳ ᎡᏙᏓ, ᏨᏒ ᏕᏣᏗᎥ ᎲᏗᏍᎨᏍᏗ ᏕᎯᏍᏆᏂᎪᏕᏍᏗ ᏗᏍᎩᎧᏁᎸᎯ, ᏌᏉᏉ
ᎢᏳᎾᎵᏍᏙᏗᏱ, ᎾᏍᎩᏯ ᏂᎯ ᎠᏴᏃ ᏌᏉᏉ ᏥᎩ.
12 ᎠᏏ ᎡᎶᎯ ᏥᏕᏥᏰᎳᏗᏙᎲᎩ, ᏕᏣᏙᎥ ᏕᏥᏍᏆᏂᎪᏙᏛᎩ; ᎾᏍᎩ ᏗᏍᎩᎧᏁᎸᎯ
ᏕᏥᏍᏆᏂᎪᏔᏅ, ᎠᎴ ᎥᏝ ᎠᏏᏴᏫ ᏳᏲᎱᏒ Ꮎ ᎤᏩᏒ ᎠᏲᎱᎯᏍᏗ ᎤᏪᏥ, ᎤᏙᎯᏳᏗᏱ
ᎪᏪᎸᎢ.
13 ᎿᏉᏃ ᏗᏦᎸ ᏫᏥᎦᏗ, ᎾᏍᎩᏃ ᎯᎠ ᏂᏥᏪᎠ ᎠᏂ ᎡᎶᎯ, ᎬᏉᎵᎮᎵᎬ ᎤᏂᎧᎵᎢᏍᏗᏱ
ᎤᎾᏓᏅᏛᎢ.
14 ᏕᏥᏁᎸ ᎧᏃᎮᏛ ᏤᏤᎵᎦ; ᎡᎶᎯᏃ ᏗᏍᎦᎩᏳ ᏄᎵᏍᏔᏅ, ᎡᎶᎯ ᎠᏁᎯ ᏂᎨᏒᎾ ᎨᏒ
ᎢᏳᏍᏗ, ᎾᏍᎩᏯ ᎠᏴ ᎡᎶᎯ ᎨᎢ ᏂᎨᏒᎾ ᏥᎩ.
15 ᎥᏝ ᎡᎶᎯ ᏗᎧᎲᏍᏗᏱ ᏱᏥᏔᏲᎯᎭ, ᏗᏲᏍᏙᏓᏁᏗᏱᏉᏍᎩᏂ ᎤᏲ ᎨᏒᎢ.
16 ᎥᏝ ᎡᎶᎯ ᎠᏁᎯ ᏱᎩ, ᎾᏍᎩᏯ ᎠᏴ ᎡᎶᎯ ᎨᎢ ᏂᎨᏒᎾ ᏥᎩ.
17 ᎦᏰᎪᎩ ᏂᎨᏒᎾ ᏣᏤᎵᎦ ᏘᏅᎦᎸᏓ; ᎧᏃᎮᏛ ᏣᏤᎵᎦ ᎾᏍᎩ ᎦᏰᎪᎩ ᎦᏰᎪᎩ ᏂᎨᏒᎾ.
18 ᏂᎯ ᎡᎶᎯ ᎠᎩᎷᎯᏍᏗᏱ ᏍᎩᏅᏏᏛ ᏥᎩ, ᎾᏍᎩᏯ ᎾᏍᏉ ᎠᏴ ᎡᎶᎯ ᏕᏥᏅᎵ
ᎾᏍᎩ.

19 ᎠᎴ ᎾᏍᎩ ᎯᎠ ᎨᏒ ᎤᏗᏚᎵᏍᏙᏗᎭ ᏕᏓᏅᏚᎵᎠ, ᎾᏍᏉ ᎤᏅᏒ ᏕᏰᎪᎩ ᏂᎨᏒᎾ
ᎤᎾᏏᏅᏚᎸᏙᏗᏱ.
20 ᎠᎴ ᎥᏝ ᎯᎠᏉ Ꮎ ᎤᏅᏒ ᏱᏕᏥᏯᏓᏙᎵᏍᏓᏁᎭ, ᎾᏍᏉᏍᎩᏂ Ꮎ ᎠᎾᎵᏥᏙᎲᏍᎬ
ᎬᏉᎯᏳᎲᏍᎩ ᎢᏳᎵᏍᏙᏗ ᏥᎩ ᏕᏥᏯᏓᏙᎵᏍᏓᏁᎭ;
21 ᎾᏍᎩ ᏂᏕᏛ ᏌᏉᏉ ᎢᏳᎾᎵᏍᏙᏗᏱ, ᎾᏍᎩᏯ ᏂᎯ ᎡᏙᎠ ᏥᏍᎩᏯᎠ, ᎠᎴ ᎠᏴ
ᏥᎬᏯᎠ, ᎾᏍᎩ ᎾᏍᏉ ᏌᏉᏉ ᎢᏕᎵᏍᏙᏗᏱ; ᎾᏍᎩᏃ ᎡᎶᎯ ᎤᏬᎯᏳᏗᏱ ᏂᎯ
ᎤᏓᏍᎩᏅᏏᏛ ᎨᏒᎢ.
22 ᎠᎴ ᎾᏍᎩ ᎥᎩᎸᏉᏙᏗ ᎨᏒ ᏂᎯ ᏍᎩᏁᎸᎯ ᏥᎩ, ᎾᏍᎩ ᏕᏥᏁᎸ, ᏌᏉ
ᎢᏳᎾᎵᏍᏙᏗᏱ, ᎾᏍᎩᏯ ᏂᎯ ᎠᏴᏃ ᏌᏉᏉ ᏥᎩ;
23 ᎠᏴᎾᏍᎩ ᏕᏥᏯᎥᎢ, ᎠᎴ ᏂᎯ ᎠᏴ ᏍᎩᏯᎥᎢ, ᎾᏍᎩ ᏧᏳᏙᏗᏯ ᏌᏉᏉ
ᎢᏳᎾᎵᏍᏙᏗᏱ, ᎾᏍᎩᏃ ᎡᎶᎯ ᎤᏕᏙᎥᎯᏍᏗᏱ ᎤᏓᏍᎩᏅᏏᏛ ᎨᏒᎢ, ᎠᎴ ᎾᏍᎩ
ᏘᎨᏳᎯᏳ ᎨᏒᎢ, ᎾᏍᎩᏯ ᏍᎩᎨᏳᎢᏳ ᏥᎩ.
24 ᎡᏙᏓ, ᎠᏆᏚᎵ ᎾᏍᏉ ᏗᏍᎩᎧᏁᎸᎯ ᎠᏴ ᎨᎥᎢ ᎾᏍᎩ ᎢᏧᎳᎭ ᎣᏕᎦᏗᏱ, -ᎾᏍᎩᏃ
ᎤᏂᎪᏩᏛᏗᏱ ᎥᎩᎸᏉᏛᎢ, ᎾᏍᎩ ᏍᎩᏁᎸᎯ ᏥᎩ; ᏍᎩᎨᏳᎯᏳᏰᏃ ᎨᏒᎩ ᎠᏏ ᎡᎶᎯ
ᎾᏓᎴᏂᏍᎬᎾ ᏥᎨᏒᎩ.
25 ᏣᏓᏅᏘ ᎡᏙᏓ, ᎡᎶᎯ ᎥᏝ ᏣᎦᏔᎯ ᏱᎩ, ᎠᏴᏍᎩᏂ ᎬᏩᏔᎯᏳ, ᎠᎴ ᎯᎠ ᎠᏂᎦᏔᎯᏳ
ᏍᎩᏅᏏᏛ ᎨᏒᎢ.
26 ᎠᏴᏃ ᏕᏣᏙᎥ ᏕᏥᎾᏄᎪᏫᏎᎸ, ᎠᎴ ᎠᏎ ᏓᏕᏥᎾᏄᎪᏫᏎᎵ, ᎤᏁᎳᏗᏍᏙᏗᏱ ᎠᏴ
ᏍᎩᎨᏳᎯᏳ ᎨᏒᎢ, ᎠᎴ ᎠᏴ ᎾᏍᎩ ᏕᏥᏯᎢ ᎢᏳᎵᏍᏙᏗᏱ.

ᎠᏯᏙᎸᎢ 18

1 ᎾᏍᎩ ᎯᎠ ᏥᏌ ᏄᏪᏒ, ᎬᏩᏍᏓᏩᏗᏙᎯ ᏚᏘᏅᏒᎩ, ᎤᏄᎪᏨᎩ ᏚᏪᏐᏨᎩ ᎩᏖᏂ ᎤᏪᏴᎢ,
ᎾᎿ ᎠᏫᏒᏗᏱ ᎪᏢᏒᎩ, ᎾᎿ ᎤᏴᎸᎩ, ᎠᎴ ᎾᏍᏉ ᎬᏩᏍᏓᏩᏗᏙᎯ.
2 ᏧᏓᏏᏃ ᎤᏡᏗᏍᎩ ᎾᏍᏉ ᎠᎦᏔᎯᏳ ᎨᏒᎩ ᎾᎿᏂ, ᏥᏌᏰᏃ ᎠᎴ ᎬᏩᏍᏓᏩᏗᏙᎯ ᏯᏃᎩᏳ
ᎾᎿ ᏓᏂᎳᏫᎬᎩ.
3 ᎿᏉᏃ ᏧᏓᏏ ᏚᏘᏁᏅ ᏑᎾᏓᏡᎩ ᎠᏂᏯᏫᏍᎩ, ᎠᎴ ᏗᎾᏓᏂᏱᏍᎩ, ᏄᏂᎬᏫᏳᏒ ᎠᏥᎸ-
ᎠᏁᎶᎯ ᎠᎴ ᎠᏂᏉᎵᏏ ᎤᏓᏳᎾᏓᎴᏅᎯ, ᎾᎿ ᎤᎷᏨᎩ, ᏓᏂᏁᎲᎩ ᏗᏨᏍᏙᏗ ᎠᎴ
ᏗᎵᏍᎦᏍᏙᏙᎢ.
4 ᏥᏌᏃ ᎠᎦᏔᎯᏳ ᎨᏒ ᏂᎦᎥ ᎢᏳᎵᏍᏓᏁᏗ ᎨᏒᎢ, ᎤᏪᏅᏒᎩ ᎯᎠ ᏫᏂᏚᏪᏎᎸᎩ; ᎦᎪ
ᎡᏥᏲᎭ?
5 ᎯᎠ ᎤᎬᏩᏪᏎᎸᎩ; ᏥᏌ ᎾᏎᎵᏗ ᎡᎯ. ᏥᏌ ᎯᎠ ᏂᏚᏪᏎᎸᎩ; ᎠᏴ ᎾᏍᎩ. ᏧᏓᏏᏃ
ᎾᏍᎩ ᎤᏡᏗᏍᎩ ᎾᏍᏉ ᎦᏙᎬᎩ ᎠᏂᏙᎾᎥᎢ.
6 ᎿᏉᏃ, ᎠᏴ ᎾᏍᎩ, ᏚᏬᏎᎸ, ᎤᎾᏏᏅᏒᎩ, ᎡᎳᏗ ᏫᏚᏂᏅᏨᎩ.
7 ᎿᏉᏃ ᏔᎵᏁ ᏙᎤᏛᏛᏅᎩ, ᎦᎪ ᎡᏥᏲᎭ? ᏚᏪᏎᎸᎩ ᎯᎠᏃ ᏄᏂᏪᏒᎩ; ᏥᏌ ᎾᏎᎵᏗ
ᎡᎯ.
8 ᏥᏌ ᎯᎠ ᏂᏚᏪᏎᎸᎩ, ᎦᏳᎳ ᎢᏨᏃᏁᎸ ᎠᏴ ᎾᏍᎩ ᎨᏒᎢ. ᎢᏳᏃ ᎠᏴ ᏍᎩᏲᎮᏍᏗ, ᎯᎠ
ᎤᎾᏁᎳᎩ ᏩᎾᏓᏅᎾ;
9 ᎤᏙᎯᏳᏗᏱ ᎤᏁᏨ ᎯᎠ ᏄᏪᏒᎢ; "ᏗᏍᎩᎧᏁᎸᎯ ᎥᏝ ᎠᏏᏴᏫ ᏍᎩᏲᎱᏎᎸ."
10 ᎿᏉᏃ ᏌᏩᏂ ᏈᏓ ᎠᏰᎳᏍᏗᎦᏅᎯᏛ ᎦᏁᎲᎢ, ᎤᎸᎲᎩ, ᎠᎴ ᎤᎷᏏᎩ ᏄᏂᎬᏫᏳᏒ ᎠᏥᎸ-
ᎨᎶᎯ ᎤᏅᏏᏓᏍᏗ, ᎠᎴ ᎾᏍᎩ ᎠᎦᏘᏏ ᎦᎴᏂ ᎤᎵᏍᎦᏍᏔᏅᎩ. ᎾᏍᎩ ᎠᏥᏅᏏᏓᏍᏗ
ᎹᎵᎦ ᏧᏙᎢᏛ ᎨᏒᎩ.
11 ᎿᏉᏃ ᏥᏌ ᎯᎠ ᏄᏪᏎᎸᎩ ᏈᏓ; ᏥᎯᎳᏓ ᏣᏤᎵ ᎠᏰᎳᏍᏗ-ᎦᏅᎯᏛ ᎦᎳ-ᏗᏍᏗᏱ;
ᎤᎵᏍᏈᏗ ᎡᏙᏓ ᎠᎩᏁᎸᎯ, ᏝᏍᎪ ᏴᏓᎦᏗᏔᎯ?
12 ᎿᏉᏃ ᏑᎾᏓᏡᎩ, ᎠᎴ ᎠᏂᏯᏫᏍᎩ ᏗᏘᏂᏙᎯ, ᎠᎴ ᏗᎾᏓᏂᏱᏍᎩ ᎠᏂᏧᏏ ᏧᏂᏁᏤᎸᎯ,
ᎬᏩᏂᏴᎲᎩ ᏥᏌ, ᎠᎴ ᎬᏩᎸᎸᎩ.
13 ᎠᎴ ᎡᎾ ᏧᏬᎸᎢ ᎢᎬᏱ ᏫᎬᏩᏘᏅᏍᏔᏅᎩ, ᎾᏍᎩᏰᏃ ᎧᏱᏆ ᎤᎿᏥᏴᎩ, ᎠᎴ ᎾᏍᎩ
ᏄᏂᎬᏫᏳᏒ ᎠᏥᎸ-ᎨᎶᎯ ᎨᏒᎩ ᎾᎯᏳ ᎤᏕᏘᏴᏌᏗᏒᎢ.
14 ᎾᏍᎩ ᎯᎠ ᎧᏱᏆ ᏥᏚᏁᏤᎴ ᎠᏂᏧᏏ, ᎯᎠ ᏥᏂᏚᏪᏎᎴᎢ; ᎤᏟ ᎣᏏᏳ ᎢᎦᎵᏍᏓᏁᏗ
ᎠᏏᏴᏫ ᏱᏚᏲᎱᎯᎭᎸ ᏴᏫ.
15 ᏌᏩᏂᏃ ᏈᏓ ᎤᏍᏓᏩᏛᏒᎩ ᏥᏌ, ᎠᎴ ᎾᏍᏉ ᎤᏩᏓᎴ ᎠᏓᏍᏓᏩᏗᏙᎯ. ᎾᏍᎩ
ᎠᏓᏍᏓᏩᏗᏙᎯ ᏄᏂᎬᏫᏳᏒ ᎠᏥᎸ-ᎨᎶᎯ ᎤᎦᏔᎯ ᎨᏒᎩ; ᎢᏧᎳᎭᏃ ᏥᏌ ᎤᏂᏴᎸᎩ ᎤᏜᏅᏛᎢ
ᏄᏂᎬᏫᏳᏒ ᎠᏥᎸ-ᎨᎶᎯ ᎦᏁᎸᎢ.

16 ᏈᏓᏍᎩᏂ ᏙᏱᏗᏢᏉ ᎦᎶᎯᏍᏗᏱ ᎤᎴᏅᎩ. ᎿᏉᏃ ᎾᏍᎩ Ꮎ ᏐᎢ ᎠᏓᏍᏓᏩᏗᏙᎯ,
ᏄᎬᏫᏳᏒ ᎠᏥᎸ-ᎨᎶᎯ ᎤᎦᏔᎯ, ᎤᏄᎪᏨᎩ, ᏭᎵᏃᎮᎳᏅᎩ ᎠᏛ ᎦᎶᎯᏍᏗᏱ ᎠᎦᏘᏯ, ᎠᎴ
ᎤᏴᏔᏅᎩ ᏈᏓ.
17 ᎿᏉᏃ ᎾᏍᎩ ᎠᏛ, ᎦᎶᎯᏍᏗᏱ ᎠᎦᏘᏯ, ᎯᎠ ᏄᏪᏎᎸ ᏈᏓ; ᏂᎯᎧ ᎾᏍᏉ ᎯᎠ
ᎠᏍᎦᏯ ᎯᏍᏓᏩᏗᏙᎯ? ᎥᏝ, ᎤᏛᏅᎩ.
18 ᎨᏥᏅᏏᏓᏍᏗᏃ ᎠᎴ ᏗᎾᏓᏂᏱᏍᎩ ᎾᎿ ᎠᎾᏙᎾᎥᎩ, ᎧᏃᏍᎦ ᎤᏃᏙᎳᏅᎯ ᎨᏒᎩ, -
ᎤᏴᏢᎩᏰᏃ, ᎠᎴ ᎤᏂᎦᎾᏬᏍᎬᎩ. ᏈᏓᏃ ᎨᎸᎩ ᎦᏙᎬᎩ ᎠᎴ ᎤᎦᎾᏬᏍᎬᎩ.
19 ᎿᏉᏃ ᏄᎬᏫᏳᏒ ᎠᏥᎸᎨᎶᎯ ᎤᏛᏛᏅᎩ ᏥᏌ, ᎬᏩᏍᏓᏩᏗᏙᎯ ᎠᎴ ᏄᏍᏛ ᏓᏕᏲᎲᏍᎬ
ᎤᎬᏩᎵ.
20 ᏥᏌ ᎯᎠ ᏄᏪᏎᎸᎩ; ᎬᏂᎨᏒ ᎦᏥᏬᏁᏗᏍᎬᎩ ᎡᎶᎯ; ᏯᏃᎩᏳ ᏕᎦᏕᏲᎲᏍᎬ
ᏗᎦᎳᏫᎢᏍᏗᏱ ᎦᎪᎵᏩᏗᏒᎢ. ᎠᎴ ᎤᏛᏅ-ᏗᎦᎳᏫᎢᏍᏗᏱ, ᎾᎿ ᎠᏂᏧᏏ ᏂᎪᎯᎸ
ᏧᏂᎳᏫᏦᎯᏍᏗᏱ ᏥᎩ, ᎤᏕᎵᏛᏃ ᎥᏝ ᎪᎱᏍᏗ ᎠᏆᏛᏅᎯ ᏱᎩ.
21 ᎦᏙᏃ ᎠᏴ ᎢᏍᏆᏛᏛᎲᏍᎦ? ᎾᏍᎩ Ꮎ ᏔᏛᏛᎲᎦ ᎤᎾᏛᎦᏅᎯ ᎾᏍᎩ ᏂᎦᏥᏪᏎᎸᎢ.
ᎬᏂᏳᏉ ᎠᏂᎦᏔᎭ ᎾᎩᏪᏒᎢ.
22 ᎾᏍᎩᏃ ᏄᏪᏒ, ᎠᏏᏴᏫ ᏗᏓᏂᏱᏍᎩ ᎾᎥ ᎦᏙᎩ ᎤᏏᏛᏂᎸᎩ ᏥᏌ, ᎯᎠ ᏄᏪᏒᎩ;
ᎾᏍᎩᏍᎪ ᏂᏪᏎ ᎯᏁᏤᎭ ᏄᎬᏫᏳᏒ ᎠᏥᎸ-ᎨᎶᎯ?
23 ᏥᏌ ᎯᎠ ᏄᏪᏎᎸᎩ; ᎢᏳᏃ ᎤᏐᏅ ᎠᎩᏁᏤᏍᏗ, ᎾᏍᎩ ᎯᎦᏔᎯ ᏫᏂᎦᎵᏍᏓ ᎤᏐᏅ
ᎠᎩᏁᏨᎢ; ᎢᏳᏍᎩᏂ ᎣᏏᏳ ᎠᎩᏁᏤᏍᏗ, ᎦᏙᏃ ᏥᏍᏋᏂᎭ?
24 ᎡᎾᏰᏃ ᎤᏁᏨᎯ ᎨᏒᎩ ᎠᎦᎸᎢᏛ ᎠᎦᏘᏅᏍᏗᏱ ᎧᏱᏆ ᏄᎬᏫᏳᏒ ᎠᏥᎸᎨᎶᎯ ᏧᏪᏅᏒᎢ.
25 ᏌᏩᏂᏃ ᏈᏓ ᎦᏙᎬᎩ ᎤᎦᎾᏬᏍᎬᎩ. ᎿᏉᏃ ᎯᎠ ᎤᎬᏩᏪᏎᎸᎩ; ᏂᎯᎧ ᎾᏍᏉ ᎯᎠ
ᎯᏍᏓᏩᏗᏙᎯ? ᎤᏓᏱᎸᎩ, ᎥᏝ, ᎤᏛᏅᎩ.
26 ᎠᏏᏴᏫ ᏄᎬᏫᏳᏒ ᎠᏥᎸ-ᎨᎶᎯ ᏧᏅᏏᏓᏍᏗ, ᎯᎠ ᏄᏪᏎᎸᎩ; ᏝᏍᎪ ᏱᎬᎪᎡ ᏥᏍᏕᏙᎲᎩ
ᎠᏫᏒᏗᏱ?
27 ᏈᏓᏃ ᏔᎵᏁ ᎤᏓᏱᎸᎩ. ᎩᎳᏉᏃ ᎢᏴᏛ ᏣᏔᎦ ᎤᏴᎳᏒᎩ.
28 ᎿᏉ ᎧᏱᏆ ᎦᏁᎸ ᎤᎾᏘᎿᏫᏛᎲᎩ ᏥᏌ, ᏗᎫᎪᏙᏗᏱ ᏭᎾᏘᏅᏍᏔᏅᎩ; ᎠᎴ ᏑᎾᎴ
ᎨᏒᎩ. ᎤᏅᏒᏍᎩᏂ ᎥᏝ ᏗᎫᎪᏙᏗᏱ ᏳᏁᏅᏎᎢ, ᎦᏓᎭ ᏱᏃᏣᎵᏍᏓ ᎠᏁᎵᏍᎬᎩ, ᎧᏃᎯᏰᎩ
ᏗᎵᏍᏓᏴᏗᏱ ᏧᎾᎵᏍᏓᏴᏗᏱ ᎤᏂᏰᎸᏒᎩ.
29 ᏆᎴᏗᏃ ᏓᏳᏄᎪᏨᎩ ᎠᏂᏙᎾᎥ ᎤᎷᏨᎩ, ᎯᎠ ᏄᏪᏒᎩ; ᎪᏙ ᎡᏧᎢᏍᏗᎭ ᎯᎠ ᎠᏍᎦᏯ?
30 ᎤᏂᏁᏨᎩ ᎯᎠ ᎤᎬᏩᏪᏎᎸᎩ; ᎢᏳᏃ ᎤᏍᎦᏅᏨᎯ ᏂᎨᏒᎾ ᏱᎨᏎᎢ ᎥᏝ
ᏱᏙᎨᏨᏲᎯᏎᎴᎢ.
31 ᎿᏉᏃ ᏆᎴᏗ ᎯᎠ ᏂᏚᏪᏎᎸᎩ; ᎡᏣᏘᎿᏫᏛ, ᎢᏨᏒ ᏗᏥᎧᎿᏩᏛᏍᏗ ᎢᏨᏓ ᎡᏥᏱᎵᏓ.
ᎿᏉᏃ ᎠᏂᏧᏏ ᎯᎠ ᎤᎬᏩᏪᏎᎸᎩ; ᎥᏝ ᎤᎵᏁᏨᎯ ᏱᎩ ᏴᏫ ᎣᏥᎯᏍᏗᏱ.

32 [ᎾᏍᎩ ᏄᎵᏍᏔᏅᎩ] ᎤᏙᎯᏳᏗᏱ ᏥᏌ ᎤᏁᏨᎢ, ᎦᏛᎬ ᎢᏳᎵᏍᏓᏁᏗᏱ
ᎤᏲᎱᎯᏍᏗᏱ.
33 ᎿᏉᏃ ᏆᎴᏗ ᏔᎵᏁ ᏗᎫᎪᏗᏱ ᎤᏴᎸᎩ, ᎠᎴ ᏥᏌ ᏭᏯᏅᎲᎩ, ᎯᎠ ᏄᏪᏎᎸᎩ, ᏂᎯᏍᎪ
ᏣᎬᏫᏳᎯ ᎠᏂᏧᏏ ᎤᎾᏤᎵᎦ?
34 ᏥᏌ ᎯᎠ ᏄᏪᏎᎸᎩ; ᏥᎪ ᏨᏒ ᏣᏓᏅᏖᏛ ᎾᏍᎩ ᏥᏂᏪᎠ, ᎩᎶᎨ ᎾᏍᎩ ᎨᏣᏃᎮᎮᎴᎢ?
35 ᏆᎴᏗ ᎯᎠ ᏄᏪᏒᎩ; ᏥᎪ ᎠᏴ ᏥᏧᏏ? ᏗᏣᏤᎵᎦ ᏴᏫ, ᎠᎴ ᏄᏂᎬᏫᏳᏒ ᎠᏥᎸ-ᎠᏁᎶᎯ
ᎦᎨᏣᏲᏒ ᎦᏙ ᏣᏛᏁᎸ.
36 ᏥᏌ ᎯᎠ ᏄᏪᏒᎩ; ᎠᎩᎬᏫᏳᎯ ᎨᏒ ᎥᏝ ᎠᏂ ᎡᎶᎯ ᎡᎯᏱᎩ. ᎢᏳᏃ ᎠᎩᎬᏫᏳᎯ ᎨᏒ
ᎠᏂ ᎡᎶᎯ ᎡᎯ ᏱᎨᏎᎢ, ᏗᏆᏤᎵᎦ ᏱᏚᎾᏟᏴᎨᎢ, ᏓᏍᏗ ᎠᏂᏧᏏ ᏗᎨᏥᏲᎯᏎᎸᎩ, ᏳᏁᎵᏎᎢ.
ᎠᏎᏃ ᎥᏝ ᎠᏂ ᎤᏓᎴᏅᎯ ᏱᎩ ᎠᎩᎬᏫᏳᎯ ᎨᏒᎢ.
37 ᎿᏉᏃ ᏆᎴᏗ ᎯᎠ ᏄᏪᏎᎸᎩ; ᏣᎬᏫᏳᎯᏰᎧᏂ? ᏥᏌ ᎯᎠ ᏄᏪᏒᎩ; ᏰᎵ ᏂᏫ,
ᎠᎩᎬᏫᏳᎯᏰᏃ ᎠᏴ. ᏥᏃᎮᏍᎩ ᎤᏙᎯᏳᏒ ᎢᏯᏆᎵᏍᏙᏗᏱ, ᎾᏍᎩ ᎢᏳᏍᏗ ᎠᏆᏕᏅᎩ, ᎠᎴ
ᎾᏍᎩ ᏅᏓᏳᎵᏍᏙᏔᏅᎩ ᎡᎶᎯ ᎠᎩᎾᏄᎪᏥᎸᎩ. ᎾᏂᎥ ᎤᏙᎯᏳᏒ ᎤᏂᎨᏳᎯ ᎠᎾᏛᎩᏍᎪ
ᏥᏁᎬᎢ.
38 ᏆᎴᏗ ᎯᎠ ᏄᏪᏎᎸᎩ; ᎦᏙ ᎤᏍᏗ ᎤᏙᎯᏳᏒ ᎨᏒᎢ? ᎾᏍᎩᏃ ᎯᎠ ᏄᏪᏒ, ᏔᎵᏁ
ᎤᏄᎪᏨᎩ ᎠᏂᏧᏏ ᎠᏂᏙᎾᎥ ᏭᎶᏒᎩ, ᎠᎴ ᎯᎠ ᏫᏂᏚᏪᏎᎸᎩ; ᎥᏝ ᏱᏥᏩᏘᎭ ᎤᏍᎦᏅᏨᎢ.
39 ᎠᏎᏃ ᏗᎧᎿᏩᏛᏍᏗ ᎢᏥᎭ, ᏗᏨᏲᎯᏎᏗᏱ ᎠᏏᏴᏫ ᎧᏃᎯᏰᎩ ᏗᎵᏍᏓᏴᏗᏱ ᎠᏍᏆᎵᏍᎬ
ᎢᏳᎢ. ᎾᏍᎩ ᎢᏳᏍᏗ ᎢᏣᏚᎵᏍᎪ ᏗᏨᏲᏎᏗᏱ ᎤᎬᏫᏳᎯ ᎠᏂᏧᏏ ᎤᎾᏤᎵᎦ?
40 ᎿᏉᏃ ᏂᎦᏛ ᏔᎵᏁ ᎤᏁᎷᏅᎩ, ᎯᎠ ᏄᏂᏪᏒᎩ; ᎥᏝᏍᏗ ᎯᎠ ᎠᏍᎦᏯ, ᏆᎳᏆᏍᎩᏂ.
ᎾᏍᎩ ᏆᎳᏆ ᎠᏓᎾᏌᎲᏍᎩ ᎨᏒᎩ.

ᎠᏯᏙᎸᎢ 19

1 ᎿᏉᏃ ᏆᎴᏗ ᎤᏂᏴᎲᎩ ᏥᏌ ᎠᎴ ᎤᎵᎥᏂᎸᎩ.

2 ᎠᏂᏯᏫᏍᎩᏃ ᎤᏂᏍᎦᏲᎸ ᏧᏣᏲᏍᏗ ᎠᎵᏍᏚᎶ ᎤᏃᎵᏅᎩ ᎠᎴ ᎬᏩᏍᏚᏔᏅᎩ, ᎠᎴ ᎩᎦᎨ
ᎠᏄᏬ ᎬᏩᏄᏬᎥᎩ,

3 ᎠᎴ ᎯᎠ ᏄᏂᏪᏒᎩ; ᎢᏨᏲᎵᎦ ᏣᎬᏫᏳᎯ ᎠᏂᏧᏏ ᎤᎾᏤᎵᎦ. ᎠᎴ ᎦᎬᏩᏏᏛᏂᎸᎩ.

4 ᎿᏉᏃ ᏆᎴᏗ ᏔᎵᏁ ᎤᏄᎪᏨᎩ, ᎯᎠ ᏫᏂᏚᏪᏎᎸᎩ; ᎬᏂᏳᏉ ᎢᏨᎾᏄᎪᏫᏏ,
ᎢᏣᏙᎴᎰᎯᏍᏗᏱ ᎤᏍᎦᏅᏨ ᎾᎩᏩᏛᎲᎾ ᎨᏒᎢ.

5 ᏥᏌᏃ ᏓᏳᎾᏄᎪᏨᎩ, ᎤᎵᏍᏚᎸᎩ ᎠᎵᏍᏚᎶ ᏧᏣᏲᏍᏗ ᎪᎵᏔᏅᎯ, ᎠᎴ ᎤᏄᏮᎩ ᎩᎦᎨ
ᎠᏄᏬ. ᏆᎴᏗᏃ ᎯᎠ ᏂᏚᏪᏎᎸᎩ; ᎬᏂᏳᏉ ᎯᎠ ᎾᏍᎩ ᎠᏍᎦᏯ.

6 ᎿᏉᏃ ᏄᏂᎬᏫᏳᏒ ᎠᏥᎸ-ᎠᏁᎶᎯ ᎠᎴ ᏗᎾᏓᏂᏱᏍᎩ ᎬᏩᎪᎲ, ᎤᏁᎷᏅᎩ, ᎯᎠ
ᏄᏂᏪᏒᎩ; ᎯᏯᏛᎥᎦ! ᎯᏯᏛᎥᎦ! ᏆᎴᏗ ᎯᎠ ᏂᏚᏪᏎᎸᎩ; ᏂᎯ ᎡᏣᏗᎿᏫᏛ, ᎠᎴ
ᎡᏣᏛᎥᎦ; ᎠᏴᏰᏃ ᎥᏝ ᏱᏥᏩᏘᎭ ᎤᏍᎦᏅᏨᎢ.

7 ᎠᏂᏧᏏ ᎯᎠ ᏫᎤᎬᏩᏪᏎᎸᎩ; ᏗᎧᎿᏩᏛᏍᏗ ᎣᎩᎭ, ᏦᎩᎧᎿᏩᏛᏍᏗᏃ ᏂᎬᏅ ᏰᎵᏉ
ᎬᏩᏲᎱᎯᏍᏗ, ᎤᏁᎳᏅᎯᏰᏃ ᎤᏪᏥ ᎤᏤᎸᏅᎩ.

8 ᎿᏉᏃ ᏆᎴᏗ ᎾᏍᎩ ᎤᏛᎦᏅ ᎤᏟ ᎢᎦᎢ ᎤᏍᎦᎸᎩ;

9 ᎠᎴ ᏔᎵᏁ ᎤᏴᎸᎩ ᏗᎫᎪᏗᏱ, ᎯᎠ ᏫᏄᏪᏎᎸᎩ ᏥᏌ; ᎭᏢ ᎤᏓᏣᏓᎴᏅᎯ? ᎠᏎᏃ ᏥᏌ
ᎥᏝ ᏳᏁᏤᎴᎢ.

10 ᎿᏉᏃ ᏆᎴᏗ ᎯᎠ ᏄᏪᏎᎸᎩ; ᏝᏍᎪ ᏱᏍᎩᏁᏤᎭ? ᏝᏍᎪ ᏱᎦᏔᎭ ᏰᎵᏉ ᎦᎬᏯᏛᏗ
ᎨᏒᎢ, ᎠᎴ ᏰᎵᏉ ᏗᎦᎬᏲᎯᏍᏗ ᎨᏒᎢ?

11 ᏥᏌ ᎯᎠ ᏄᏪᏎᎸᎩ; ᎥᏝ ᏱᎨᏣᎭ ᏰᎵ ᎠᏴ ᎪᎱᏍᏗ ᏍᏋᏁᏗᏱ, ᎦᎸᎳᏗ
ᎤᏓᏰᏟᎵᏍᎪᎸᏓᏁᎸᎯ ᏂᎨᏒᎾ ᏱᎩ. ᎾᏍᎩ ᎢᏳᏍᏗ, ᎠᏴ ᏗᎩᏲᏒᎯ ᏂᎯ ᏗᏣᏲᎯᏎᎸᎯ ᎤᏟ
ᎡᏉᎯᏳ ᎤᏍᎦᏅᏨ.

12 ᎾᎯᏳᏃ ᎢᏳᏓᎴᏅᏛ ᏆᎴᏗ ᎤᏲᎸᎩ ᎥᏅᏪᎪᏗᏱ. ᎠᏎᏃ ᎠᏂᏧᏏ ᎤᏁᎷᏅᎩ, ᎯᎠ
ᏄᏂᏪᏒᎩ; ᎢᏳᏃ ᎯᎠ ᎠᏍᎦᏯ ᎢᎯᏯᎧᏅᎭ ᎥᏝ ᏏᏌ ᎢᏍᏓᎵᎢ ᏱᎦᎨᏎᏍᏗ. ᎩᎶ ᎤᎬᏫᏳᎯ
ᎠᏤᎸᏍᎩ, ᎧᏁᎬ ᏏᏌ ᎠᏡᏗᏍᎪᎢ.

13 ᎾᏍᎩ ᎢᏳᏍᏗ ᏆᎴᏗ ᎾᏍᎩ ᎤᏛᎦᏅ ᎤᏄᎪᏫᏒᎩ ᏥᏌ, ᎠᎴ ᎤᏪᏅᎩ ᏗᎫᎪᏙᏗᏱ
ᎦᏍᎩᎸᎢ, ᎤᏯ-ᎠᏰᏍᏓᎥ ᎦᏅᏙᎥᎢ, ᎠᏂᏧᏏᏍᎩᏂ ᎤᏂᏬᏂᎯᏍᏗ ᎨᏒ ᎨᏆᏓ ᎦᏅᏙᎥ.

14 ᎧᏃᎯᏰᎩᏃ ᏗᎵᏍᏓᏴᏗᏱ ᎠᏛᏅᎢᏍᏙᏗᏱ ᎢᎦ ᎨᏒᎩ, ᎠᎴ ᏔᎳᏚ ᎢᏳᏟᎶᏛ ᎢᏴᏛ
ᎧᎳᏩᏗᏒ ᎨᏒᎩ, ᏆᎴᏗᏃ ᎯᎠ ᏂᏚᏪᏎᎸᎩ ᎠᏂᏧᏏ; ᎬᏂᏳᏉ ᎤᎬᏫᏳᎯ ᎢᏣᏤᎵᎦ!

15 ᎠᏎᏃ ᎤᏁᎷᏅᏉ ᎯᎠ ᏄᏂᏪᏒᎩ; ᎯᎷᎦ! ᎯᎷᎦ! ᎯᏯᏛᎥᎦ! ᏆᎴᏗ ᎯᎠ
ᏂᏚᏪᏎᎸᎩ; ᏓᏥᏯᏛᏂᏍᎪ ᎢᏣᏤᎵᎦ ᎤᎬᏫᏳᎯ? ᏄᏂᎬᏫᏳᏒ ᎠᏥᎸ-ᎠᏁᎶᎯ ᎯᎠ
ᏄᏂᏪᏎᎸᎩ; ᎥᏝ ᏲᎩᎧᎭ ᎤᎬᏫᏳᎯ, ᏏᏌ ᎤᏩᏒ!

16 ᎿᏉᏃ ᏚᏲᎯᏎᎸᎩ ᎤᎾᏛᏗᏱ. ᎤᏂᏂᏴᏛᎩᏃ ᏥᏌ ᎠᎴ ᎤᎾᏘᎾᏫᏛᎲᎩ.

17 ᏥᏌᏃ ᏧᏓᎿᏩᏛ ᎦᏁᎲᎩ ᎤᏄᎪᏨᎩ, ᎤᏍᏆᎷᎪ ᏚᏙᎥ ᎤᎷᏨᎩ, ᎾᏍᎩ ᎪᎵᎦᏓ ᏚᏙᎥ
ᎠᏂᏧᏏ ᎤᏂᏬᏂᎯᏍᏗ ᎨᏒ ᎠᏅᏗᏍᎬᎢ;
18 ᎾᎿᏂ ᎬᏩᏛᏅᎩ, ᎠᎴ ᎠᏂᏔᎵ ᎤᏩᎾᏓᎴ ᎢᏧᎳᎭ ᏕᎨᎦᏛᏅᎩ ᎢᏧᎳ ᎢᏗᏢ ᏥᏌᏃ
ᎠᏰᎵ.
19 ᏆᎴᏗᏃ ᎤᏬᏪᎳᏅᎩ ᎠᎪᎵᏰᏗ, ᎠᎴ ᏓᏓᎿᏩᏍᏛ ᎤᏪᏯᏅᎩ; ᎯᎠ ᏂᎬᏅ ᎪᏪᎸᎩ;
ᏥᏌ ᎾᏎᎵᏗ ᎡᎯ, ᎤᎬᏫᏳᎯ ᎠᏂᏧᏏ ᎤᎾᏤᎵᎦ.
20 ᎯᎠ ᎾᏍᎩ ᎠᎪᎵᏰᏗ ᎤᏂᏣᏛ ᎠᏂᏧᏏ ᎠᏂᎪᎵᏰᏍᎬᎩ, ᏥᏌᏰᏃ ᎠᎦᏛᏅ ᎦᏚᎲ ᎾᎥ ᎨᏒᎩ,
ᎠᏂᏧᏏᏃ, ᎠᎴ ᎠᏂᎪᎢ, ᎠᎴ ᎠᏂᎶᎻ ᏧᏂᏬᏂᎯᏍᏗ ᎨᏒ ᎪᏪᎸᎩ.
21 ᎿᏉᏃ ᏄᏂᎬᏫᏳᏒ ᎠᏥᎸ-ᎠᏁᎶᎯ ᎠᏂᏧᏏ ᏧᎾᏤᎵᎦ ᎯᎠ ᏄᏂᏪᏎᎸᎩ ᏆᎴᏗ; ᏞᏍᏗ ᎯᎠ
ᎢᏨᏁᎸ ᏦᏪᎳᏅᎩ; ᎤᎬᏫᏳᎯ ᎠᏂᏧᏏ ᎤᎾᏤᎵᎦ; ᎯᎠᏍᎩᏂ; ᎠᎩᎬᏫᏳᎯ ᎠᏂᏧᏏ
ᎤᎾᏤᎵᎦ ᎠᏗᏍᎬᎩ.
22 ᏆᎴᏗ ᎯᎠ ᏄᏪᏒᎩ; ᏥᎾᏋᏁᎸ ᏣᏉᏪᎳᏅ, ᎿᏉ ᎠᏎ ᎠᏉᏪᎳᏅ.
23 ᎿᏉᏃ ᎠᏂᏯᏫᏍᎩ, ᏥᏌ ᎬᏩᏛᏅ, ᏚᏂᏁᏒᎩ ᏧᏄᏬ, ᏅᎩ ᏂᏚᏂᏛᎩ, ᏌᏉ ᎢᎦᏛᎯ
ᎠᏏᏴᏫ ᎠᏯᏫᏍᎩ ᎤᏤᎵᎦ ᏄᏅᏁᎸᎩ; ᎠᎴ ᎾᏍᏉ ᎭᏫᏂ ᎤᏄᏬᎥᎯ. ᎾᏍᎩ ᎭᏫᏂ ᎠᏄᏬ
ᎥᏝ ᎦᏰᏫᏛ ᏱᎨᏎᎢ, ᏂᎬ ᎬᏅᎯ ᎨᏒᎩ.
24 ᎾᏍᎩ ᎢᏳᏍᏗ ᎯᎠ ᏂᏚᎾᏓᏪᏎᎸᎩ; ᏞᏍᏗ ᎢᎩᏣᏕᎸᎢᏒᎩ, ᎢᏓᏎᎯᏉᏍᎩᏂ ᎢᏓᏙᎴᎰᎯ
ᎤᏤᎵᎦ ᎢᏳᎵᏍᏙᏗ ᎨᏒᎢ; ᎤᏙᎯᏳᏗᏱ ᎪᏪᎸ ᎯᎠ ᏥᏂᎬᏅ; ᏚᏂᏯᏙᎸᎩ ᏗᏆᏄᏬ, ᎠᎴ
ᎠᏆᏄᏬᏍᏗ ᎤᎾᏌᏍᏔᏅᎩ. ᎯᎠ ᎾᏍᎩ ᎠᏂᏯᏫᏍᎩ ᏄᎾᏛᏁᎸᎩ.
25 ᎾᎥᏃ ᏓᏓᎿᏩᏍᏛ ᏥᏌ ᎦᏛᎢ ᎠᏂᏙᎾᎥᎩ ᎤᏥ, ᎤᏂᏃ ᎤᎸᎢ ᎺᎵ ᏟᎣᏆ ᎤᏓᎵᎢ, ᎺᎵᏃ
ᎹᎩᏕᎵ ᎡᎯ.
26 ᏥᏌᏃ ᎤᎪᎲ ᎤᏥ, ᎠᎴ ᎤᎪᎲ ᎾᎥ ᎦᏙᎬ ᎤᏍᏓᏩᏗᏙᎯ ᎤᎨᏳᎯ, ᎯᎠ ᏄᏪᏎᎸᎩ
ᎤᏥ; ᎯᎨᏴ, ᎬᏂᏳᏉ ᏤᏥ.
27 ᎿᏉᏃ ᎯᎠ ᏅᎤᏪᏎᎸᎩ ᎤᏍᏓᏩᏗᏙᎯ; ᎬᏂᏳᏉ ᏣᏥᎢ. ᎾᎯᏳᏉᏃ ᎾᏍᎩ
ᎤᏍᏓᏩᏗᏙᎯ ᏧᏪᏅᏒ ᏭᏗᏅᏍᏔᏅᎩ.
28 ᎿᏉᏃ ᏥᏌ ᎠᎦᏔᎯᏳ ᎨᏒ ᏂᎦᎥ ᎿᏉ ᎤᎵᏍᏆᏛᎢ, ᎪᏪᎸ ᎤᏙᎯᏳᏗᏱ, ᎠᎩᏔᏕᎩᎭ,
ᎤᏛᏅᎩ.
29 ᎾᎿᏃ ᎥᎦᎧᎲᎩ ᎠᏖᎵᏙ ᏧᏂᏦᏯᏍᏗ ᎠᎧᎵᏬᎯ; ᏚᏬᎢᎵᏃ ᏧᏂᏦᏯᏍᏗ ᎤᏂᎧᎵᎢᏍᏔᏅᎩ,
ᎠᎴ ᎾᏍᎩ ᎯᏏᏈ ᎤᏂᏆᏙᏔᏅᎩ, ᎠᎰᎵ ᎾᎥ ᎤᏂᏩᏌᏔᏅᎩ.
30 ᏥᏌᏃ ᏧᏂᏦᏯᏍᏗ ᎤᏁᎩᏒ ᎯᎠ ᏄᏪᏒᎩ; ᎿᏉ ᎠᎵᏍᏆᏓ; ᎤᎵᏍᎫᏫᏒᏃ ᏕᎤᏲᏒᎩ
ᎤᏓᏅᏙ.
31 ᎠᏂᏧᏏᏃ ᎤᏂᏔᏲᏎᎸᎩ ᏆᎴᏗ ᏗᏂᏅᏍᎨᏂ ᏗᎨᏥᏍᏆᎵᏎᏗᏱ ᎠᎴ ᏗᎨᏥᏁᏍᏗᏱ,
ᎤᏓᏩᎵᏍᏙᏔᏅᎩ ᎠᏛᏅᎢᏍᏙᏗᏱ ᎢᎦ ᎨᏒᎢ, ᏞᏍᏗ ᎤᎾᏙᏓᏆᏍᎬ ᏱᏗᎦᏕᏍᏗ
ᎠᏁᎵᏍᎬᎩ, ᎾᏍᎩᏰᏃ ᎤᎾᏙᏓᏆᏍᎬ ᎢᎦ ᎦᎸᏉᏗᏳ ᎨᏒᎩ.

32 ᎾᏍᎩ ᎢᏳᏍᏗ ᎠᏂᏯᏫᏍᎩ ᎤᏂᎷᏨᎩ, ᏚᏂᏍᏆᎵᎡᎩ ᏗᎦᏅᏍᎨᏂ ᎢᎬᏱᏱ ᎦᏗ ᎠᎴ ᏐᎢ
ᎢᏧᎳᎭ ᏥᏌ ᏗᎨᎦᏛᏅᎯ.
33 ᏥᏌᏍᎩᏂ ᎦᏛ ᏭᏂᎷᏨ, ᎠᎴ ᎤᎾᏙᎴᎰᏒ ᎦᏳᎳ ᎤᏲᎱᏒᎯ ᎨᏒᎢ, ᎥᏝ ᏱᏚᏂᏍᏆᎵᏎ
ᏗᎦᏅᏍᎨᏂ;
34 ᎠᏏᏴᏫᏍᎩᏂ ᎠᏯᏫᏍᎩ, ᏗᏓᏓᏍᏗ ᎤᏪᏘᏍᏔᏅᎩ ᎠᏍᏉᎨᏂ, ᎩᎳᏉᏃ ᎢᏴᏛ ᎾᎿ
ᏓᏳᏨᏨᎩ ᎩᎬ ᎠᎴ ᎠᎹ.
35 ᎾᏍᎩᏃ Ꮎ ᎤᎪᎲᎯ ᎤᏃᎮᎸᎩ, ᎧᏃᎮᏍᎬᏃ ᎤᏙᎯᏳᎭ, ᎠᎴ ᎠᎦᏔᎭ ᎤᏙᎯᏳᎯ
ᎧᏃᎮᏍᎬᎢ, ᎾᏍᎩ ᎨᏦᎯᏳᏗ ᎢᏳᎵᏍᏙᏗᏱ.
36 ᎾᏍᎩᏰᏃ ᎯᎠ ᏄᎵᏍᏔᏅᎩ ᎤᏙᎯᏳᏗᏱ ᎪᏪᎸ ᎯᎠ ᏥᏂᎬᏅ; "ᎥᏝ ᏌᏉ ᎤᎪᎳ
ᏧᎵᏍᏆᎵᏍᏗ ᏱᎨᏎᏍᏗ."
37 ᎠᎴᏬ ᎤᏩᏓᎴ ᎪᏪᎸ ᎯᎠ ᏂᎦᏩᎭ; "ᏙᏓᎬᏩᎧᎾᏂ ᏗᎬᏪᏘᎸᎯ."
38 ᎾᏍᎩᏃ ᏄᎵᏍᏔᏂᏙᎸ ᎣᏂ ᏦᏩ ᎠᎵᎹᏗᏱ ᎡᎯ, ᏥᏌ ᎠᏍᏓᏩᏗᏙᎯ ᎨᏒᎩ, ᎠᏎᏃ
ᎤᏕᎵᏛᏉ ᎠᏂᏧᏏ ᏓᏍᎦᎢᎲᎢ ᎤᏓᏕᎵᏍᏙᏗᏍᎬᎩ, ᎾᏍᎩ ᏦᏩ ᎤᏔᏲᏎᎸᎩ ᏆᎴᏗ
ᎤᏁᏍᏗᏱ ᏥᏌ ᎠᏰᎸᎢ. ᏆᎴᏗᏃ ᎤᎵᏍᎪᎸᏓᏁᎸᎩ. ᎰᏩᏃ ᎤᎷᏨᎩ ᎤᏁᏒᎩ ᏥᏌ ᎠᏰᎸᎢ.
39 ᎾᏍᏉᏃ ᎥᎤᎷᏨᎩ ᏂᎦᏗᎹᏏ, ᎾᏍᎩ ᎢᎬᏱᏱ ᏥᏌ ᎡᏃᏱ ᎤᎷᏤᎸᎯ, ᎤᏲᎸᎩ
ᏗᏑᏍᏔᏅᎯ ᎻᎳ ᎡᎳᏫᏃ, ᎠᏍᎪᎯᏧᏈ ᎢᏴᏛ ᎢᏳᏓᎨᏛ.
40 ᎿᏉᏃ ᎤᏂᏁᏒᎩ ᏥᏌ ᎠᏰᎸᎢ ᎠᎴ ᏙᎴᏛ ᎠᏄᏬ ᎤᏂᏟᏄᎶᏔᏅᎩ, ᎠᎴ ᎾᏍᏉ
ᏗᎦᏩᏒᎩ ᏚᏂᏟᏄᏔᏅᎩ, ᎾᏍᎩᏯ ᎢᏳᎾᏛᏁᏗ ᎨᏒ ᎠᏂᏧᏏ ᏓᎾᏓᏂᏌ.
41 ᎾᎿᏃ ᎠᎦᏛᏅ ᎠᏫᏒᏗᏱ ᎪᎵᏒᎩ; ᎾᎿᏃ ᎠᏫᏒᏗᏱ ᎢᏤ ᏗᏓᏂᏐᏗᏱ ᎪᎵᏒᎩ ᎩᎶ
ᎠᏥᏂᏌᏅ ᎠᏏ ᏂᎨᏒᎾ.
42 ᎾᎿᏃ ᎤᏂᏅᏅᎩ ᏥᏌ ᎤᏓᏕᎵᏍᏙᏗᏍᎬᎩ ᎠᏂᏧᏏ ᎤᎾᏧᏏ ᎤᎾᏤᎵᎦ ᎠᏛᏅᎢᏍᏙᏗᏱ
ᎢᎦ ᎨᏒᎢ; ᏗᏓᏂᏐᏗᏱᏰᏃ ᎾᎥᏉ ᎨᏒᎩ.

ᎠᏯᏙᎸᎢ 20

1 ᎠᎴ ᏂᏍᎬᎢᏃ ᎢᎦ ᏑᎾᏙᏓᏆᏍᏗ ᎨᏒᎢ, ᎺᎵ ᎹᎩᏕᎵ ᎡᎯ ᏑᎾᎴᎢᏳ, ᎠᏏᏉ ᎤᎵᏏᎬᎩ,
ᎤᎷᏨᎩ ᎠᏤᎵᏍᏛᎢ, ᎠᎴ ᎤᎪᎲᎩ ᏅᏯ ᎠᎲᏛ ᎨᏒᎩ ᎠᏤᎵᏍᏛᎢ.
2 ᎿᏉᏃ ᏚᏍᏆᎸᏔᏅᎩ, ᏌᏩᏂ ᏈᏓ ᏭᎷᏤᎸᎩ, ᎠᎴ ᎾᏍᏉ ᏐᎢ ᎠᏓᏍᏓᏩᏗᏙᎯ, ᎾᏍᎩ
ᏥᏌ ᎤᎨᏳᎯ, ᎯᎠ ᏫᏂᏚᏪᏎᎸᎩ; ᎤᏂᏁᏒ ᎤᏂᏄᎪᏫᏒ ᎤᎬᏫᏳᎯ ᎠᏤᎵᏍᏛᎢ, ᎠᎴ ᎥᏝ
ᏲᏥᎦᏔᎭᏭᏂᏅᏅᎢ.
3 ᎾᏍᎩ ᎢᏳᏍᏗ ᏈᏓ ᎤᏄᎪᏨᎩ, ᎠᎴ ᏐᎢ ᎠᏓᏍᏓᏩᏗᏙᎯ, ᎠᎴ ᎠᏤᎵᏍᏛ ᎤᏂᎷᏨᎩ.
4 ᎿᏉᏃ ᎾᏍᎩ ᎠᏂᏔᎵ ᎢᏧᎳᎭ ᏚᏂᏍᏆᎸᏔᏅᎩ; ᏐᎢᏃ ᎠᏓᏍᏓᏩᏗᏙᎯ ᏚᏓᎩᏴᎩ, ᎢᎬᏱ
ᎠᏤᎵᏍᏛ ᎤᎷᏨᎩ.
5 ᎾᏍᎩᏃ ᎤᏗᏌᏓᏛ ᏚᎪᎲᎩ ᏙᎴᏛ ᏗᏄᏬ ᎦᏚᏅᎩ; ᎠᏎᏃ ᎥᏝ ᏳᏴᎴᎢ.
6 ᎿᏉᏃ ᏌᏩᏂ ᏈᏓ ᎣᏂᏉ ᎤᎷᏨᎩ, ᎠᎴ ᎠᏤᎵᏍᏛ ᏭᏴᎸᎩ, ᎠᎴ ᏚᎪᎲᎩ ᏙᎴᏛ ᏗᏄᏬ
ᎦᏚᏅᎢ.
7 ᎠᏯᏠᏃ ᎤᏂᏍᏚᎶᏔᏅᎯ ᎥᏝ ᏙᎴᏛ ᏗᏄᏬ ᎦᏚᏅ ᏱᎦᏁᎢ, ᎤᏁᎳᎩ ᎦᏇᏅᎯ ᎢᏴᏛ
ᏫᎦᏅᎩ.
8 ᎿᏉᏃ ᎾᏍᏉ ᏐᎢ ᎠᏓᏍᏓᏩᏗᏙᎯ, ᎢᎬᏱ ᎤᎷᏨᎯ ᎠᏤᎵᏍᏛ, ᎤᏴᎸᎩ; ᎠᎴ ᎤᎪᎲᎩ
ᎠᎴ ᎤᏬᎯᏳᏅᎩ.
9 ᏝᏰᏃ ᎠᏏ ᏯᏃᎵᎨ ᎦᏛᎬ ᎪᏪᎸᎢ, ᎾᏍᎩ ᎤᏲᎱᏒ ᏧᎴᎯᏐᏗ ᎨᏒᎢ.
10 ᎿᏉᏃ ᎠᎾᏓᏍᏓᏩᏗᏙᎯ ᎤᎾᏓᏅᏒᎩ, ᏔᎵᏁ ᏙᏧᏁᏅᏒ ᏭᏂᎶᏒᎩ.
11 ᎺᎵᏍᎩᏂ ᎠᏤᎵᏍᏛ ᏙᏱᏗᏢ ᎦᎶᎯᏍᏗᏱ ᎦᏙᎬᎩ, ᏓᏠᏱᎲᎩ; ᏓᏠᏱᎲᎩ ᎤᏗᏌᏓᏛᎩ,
ᎠᏤᎵᏍᏛ ᎭᏫᏂ ᏫᏚᎧᎾᏅᎩ,
12 ᎠᎴ ᏫᏚᎪᎲᎩ ᎤᏁᎬ ᏚᎾᏟᏅᏛᎩ ᎠᏂᏔᎵ ᏗᏂᎧᎿᏩᏗᏙᎯ ᏚᏃᎸᎩ, ᏌᏉ ᎤᎵᏍᏘᏅᎢ,
ᏐᎢᏃ ᏚᏜᏌᏔᏅᎢ.
13 ᎯᎠᏃ ᎤᎬᏩᏎᎸᎩ; ᎯᎨᏴ, ᎦᏙᏃ ᏙᎭᏠᏱᎭ? ᎯᎠᏃ ᏂᏚᏪᏎᎸᎩ; ᎤᏗᎦᎵᏍᏙᏗᎭ
ᎤᏂᏁᏒ ᎤᎬᏫᏳᎯ ᎠᏆᏤᎵᎦ, ᎠᎴ ᎤᏂᏅᏅ ᏂᏥᎦᏔᎲᎾ ᎨᏒᎢ.
14 ᎾᏍᎩᏃ ᏄᏪᏒ ᎤᎦᏔᎲᏒᎩ; ᎠᎴ ᎤᎪᎲᎩ ᏥᏌ ᎦᏙᎬᎩ, ᎠᎴ ᎥᏝ ᏳᏬᎵᏤ ᏥᏌ ᎨᏒᎢ.
15 ᏥᏌ ᎯᎠ ᏄᏪᏎᎸᎩ; ᎯᎨᏴ, ᎦᏙᏃ ᏙᎭᏠᏱᎭ? ᎦᎪ ᎯᏲᎭ? ᎠᏫᏒᏗᏱ ᎣᏍᏛ
ᎢᏳᏩᎿᎦᎩ ᎤᏪᎵᏒᎩ, ᎯᎠ ᏄᏪᏎᎸᎩ; ᎯᏍᎦᏯ, ᎢᏳᏃ ᏂᎯ ᎯᎾᏫᏛᎮᏍᏗ, ᏍᎩᏃᎲᏏ
ᏫᏅᏅᎢ, ᎠᏴᏃ ᏓᏥᎾᏫᏛᎯ.
16 ᏥᏌ ᎯᎠ ᏄᏪᏎᎸᎩ; ᎺᎵ ᎤᎦᏔᎲᏒ ᎯᎠ ᏄᏪᏎᎸᎩ; ᎳᏉᏂ, ᎾᏍᎩ ᎦᏛᎬᎢ,
ᏗᏍᏇᏲᎲᏍᎩ.
17 ᏥᏌ ᎯᎠ ᏄᏪᏎᎸᎩ; ᏞᏍᏗ ᏍᏆᏒᏂᎸᎩ, ᏝᏰᏃ ᎠᏏ ᎡᏙᏙᏱ ᏫᏯᏆᎵᏌᎳᏓᏅ;
ᎮᎾᏉᏍᎩᏂ ᎣᏣᎵᏅᏟ ᏗᏂᏅᎢ, ᎯᎠᏃ ᏫᏂᎩᏪᏏ; ᎡᏙᏙᏱ ᎠᏆᎵᏌᎳᏓᏂᏗ ᎠᎴ ᏂᎯ
ᎢᏥᏙᏙᏱ; ᎠᏆᏤᎵᎦ ᎤᏁᎳᏅᎯᏱ, ᎠᎴ ᎢᏣᏤᎵᎦ ᎤᏁᎳᏅᎯᏱ.

18 ᎺᎵ ᎹᎩᏕᎵ ᎡᎯ ᎤᎴᏨᎩ ᎠᎴ ᏚᏃᏁᎸᎩ ᎠᎾᏓᏍᏓᏩᏗᏙᎯ ᎤᎪᎲ ᎤᎬᏫᏳᎯ, ᎠᎴ
ᎾᏍᎩ ᏄᏪᏒ ᎤᎵᏃᎮᏔᏅᎢ.
19 ᎿᏉᏃ ᎾᎯᏳ ᎢᎦ ᎤᏒᎢ, ᎠᎴᏂᏍᎬ ᏭᎾᏙᏓᏆᏍᏗ ᎨᏒᎢ, ᎦᎶᎯᏍᏗᏱ ᏓᏍᏚᎲᎩ
ᎠᎾᏓᏍᏓᏩᏗᏙᎯ ᏓᏂᎳᏫᎥᎢ, ᎤᏓᎦᎵᏍᏙᏗᏍᎬ ᏓᏂᏍᎦᎢᎲ ᎠᏂᏧᏏ, ᎤᎷᏨᎩ ᏥᏌ, ᎠᏰᎵ
ᎤᎴᏅᎩ, ᎯᎠ ᏂᏚᏪᏎᎸᎩ; ᏅᏩᏙᎯᏯᏛ ᎢᏣᏤᎵᎦ ᎨᏎᏍᏗ.
20 ᎾᏍᎩᏃ ᏄᏪᏒ, ᏚᎾᏄᎪᏫᏎᎸᎩ ᏧᏬᏰᏂ ᎠᎴ ᎠᏍᏆᎨᏂ. ᎿᏉᏃ ᎬᏩᏍᏓᏩᏗᏙᎯ ᎣᏍᏛ
ᎤᎾᏓᏅᏓᏛᎩ ᎤᏂᎪᎲ ᎤᎬᏫᏳᎯ.
21 ᎿᏉᏃ ᏔᎵᏁ ᏥᏌ ᎯᎠ ᏂᏚᏪᏎᎸᎩ; ᏅᏩᏙᎯᏯᏛ ᎢᏣᏤᎵᎦ ᎨᏎᏍᏗ. ᎡᏙᏓ ᎠᎩᏅᏒᎢ
ᎾᏍᎩᏯ ᎢᏨᏅᎵ.
22 ᎾᏍᎩᏃ ᏄᏪᏒ, ᏚᏦᎳᎲᎩ, ᎯᎠ ᏂᏚᏪᏎᎸᎩ; ᎦᎸᏉᏗᏳ ᎠᏓᏅᏙ ᏗᏣᏓᏂᎸᎩ.
23 ᎩᎶ ᎤᏍᎦᏅᏨ ᎦᏥᏲᏍᎨᏍᏗ ᏗᏲᏒᎯ ᎨᏎᏍᏗ, ᎩᎶᏃ ᎤᏍᎦᏅᏨ ᎦᏥᏂᏱᏍᎨᏍᏗ
ᏗᎦᏂᏴᏗ ᎨᏎᏍᏗ.
24 ᎠᏎᏃ ᏓᎻ, ᏔᎳᏚ ᎢᏯᏂᏛ ᎨᎳ, ᏗᏗᎹ ᏧᏙᎢᏛ, ᎥᏝ ᏱᎨᎴ ᏥᏌ ᎤᎷᏨ.
25 ᎾᏍᎩ ᎢᏳᏍᏗ ᎠᏂᏐᎢ ᎠᎾᏓᏍᏓᏩᏗᏙᎯ ᎯᎠ ᏂᎬᏩᏪᏎᎸᎩ; ᎣᏥᎪᎥ ᎤᎬᏫᏳᎯ. ᎠᏎᏃ
ᎯᎠ ᏂᏚᏪᏎᎸᎩ; ᎥᏝ ᏰᎦᎪᎢᏳᎲᎦ ᎬᏂ ᏧᏬᏰᏂ ᏰᎩ ᎦᏰᎸᏒ ᏱᏓᎩᎪᎲ, ᎠᎴ ᏥᏰᏌᏛ
ᏯᏋᏔᏅ ᏯᎩᏃᏟᏍᏔᏅ ᏰᎩ ᎦᏰᎸᏒᎢ, ᎠᎴ ᎠᏍᏆᎨᏂ ᏯᏆᏐᎾᏛ.
26 ᏧᏁᎵᏁᏃ ᎢᎦ ᏔᎵᏁ ᎬᏩᏍᏓᏩᏗᏙᎯ ᎠᏂᏯᎥᎩ ᎦᎵᏦᏕ, ᎠᎴ ᏓᎻ ᎨᎸᎩ. ᏥᏌ
ᎤᎷᏨᎩ, ᏗᎦᎶᎯᏍᏗᏱ ᏓᏍᏚᎲᎩ, ᎠᏰᎵ ᎤᎴᏅᎩ, ᎯᎠ ᏄᏪᏒᎩ; ᏅᏩᏙᎯᏯᏛ ᎢᏣᏤᎵᎦ
ᎨᏎᏍᏗ.
27 ᎿᏉᏃ ᎯᎠ ᏄᏪᏎᎸᎩ ᏓᎻ; ᎡᏍᎦ ᎡᏅᎦ ᎯᏰᏌᏛᎢ, ᏗᎪᎵᏯ ᏗᏉᏰᏂ, ᎠᎴ ᎡᏍᎦ
ᎡᏅᎦ ᏦᏰᏂ ᏥᏍᏆᎨᏂ ᏣᏐᎾᏓ, ᎠᎴ ᏞᏍᏗ ᏃᎯᏳᎲᏍᎬᎾ ᏱᎨᏎᏍᏗ, ᎨᎯᏳᎲᏍᎩᏍᎩᏂ
ᎨᏎᏍᏗ.
28 ᏓᎻ ᎤᏁᏨᎩ, ᎯᎠ ᏄᏪᏎᎸᎩ; ᏣᎬᏫᏳᎯ ᎠᏆᏤᎵᎦ, ᎠᎴ ᏣᏁᎳᏅᎯ ᎠᏆᏤᎵᎦ!
29 ᏥᏌ ᎯᎠ ᏄᏪᏎᎸᎩ; ᏥᏍᎩᎪᏩᏛ ᎤᏩᎦᏍᏙᏓ ᎨᎯᏳᎲᏍᎦ; ᎣᏏᏳ ᎢᏳᎾᎵᏍᏓᏁᏗ
ᎬᎩᎪᎲᎯ ᏂᎨᏒᎾ ᎠᏎᏃ ᏥᎬᏉᎯᏳᎲᏍᎪᎢ.
30 ᎠᎴ ᎤᏣᏛᎩ ᎤᏟ ᎢᎦᎢ ᎤᏍᏆᏂᎪᏗ ᏚᎸᏫᏍᏓᏁᎸ ᏥᏌ ᎬᏩᏍᏓᏩᏗᏙᏐ ᎠᏂᎦᏔᎲᎢ,
ᎠᏂ ᎪᏪᎵᎯ ᏂᎪᏪᎸᎾ;
31 ᎯᎠᏍᎩᏂ ᎪᏪᎳ ᎢᏦᎯᏳᏗᏱ ᏥᏌ ᎪᎶᏁᏛ ᎨᏒᎢ, ᎠᎴ ᎾᏍᎩ ᎤᏁᎳᏅᎯ ᎤᏪᏥ
ᎨᏒᎢ, ᎢᏦᎯᏳᎲᏍᎬᏃ ᎬᏂᏛ ᎢᏣᏥᎵ ᎢᏣᎵᏍᏙᏗᏱ, ᎾᏍᎩ ᏚᏙᎥ ᎤᏓᏳᎵᏰᎢᎸᏍᏙᏗᏱ.

ᎠᏯᏙᎸᎢ 21

1 ᎾᏍᎩᏃ ᏄᎵᏍᏔᏂᏙᎸ, ᏥᏌ ᏔᎵᏁ ᎬᏂᎨᏒ ᏂᏚᏛᏁᎸᎩ ᎬᏩᏍᏓᏩᏗᏙᎯ ᏔᏈᎵᏯ ᎥᏓᎸᎢ.
ᎯᎠᏃ ᏄᎵᏍᏔᏂᏙᎸᎩ ᎬᏂᎨᏒ ᏄᏛᏁᎸᎩ.
2 ᎢᏧᎳᎭ ᎠᏂᏅᎩ ᏌᏩᏂ ᏈᏓ, ᎠᎴ ᏓᎻ ᏗᏗᎹ ᏧᏙᎢᏛ, ᎠᎴ ᏁᏓᏂᎵ ᎨᎵᎵ ᎡᎯ ᎨᏂ
ᎦᏚᎲᎢ, ᎠᎴ ᏤᏈᏗ ᏧᏪᏥ, ᎠᎴ ᎠᏂᏔᎵ ᏅᏩᎾᏓᎴ ᎬᏩᏍᏓᏩᏗᏙᎯ.
3 ᏌᏩᏂ ᏈᏓ ᎯᎠ ᏂᏚᏪᏎᎸᎩ; ᏥᎦᏯᎷᏂ. ᎯᎠ ᎤᎬᏩᏪᏎᎸᎩ; ᎠᏴ ᎾᏍᏉ ᏓᎦᏏ.
ᎤᏁᏅᏒᎩ, ᎩᎳᏉᏃ ᎢᏴᏛ ᏥᏳᎯ ᎤᎾᏣᏅᎩ; ᎾᎯᏳᏃ ᏒᏃᏱ ᎥᏝ ᎪᎱᏍᏗ ᏳᏂᏂᏴᎮᎢ.
4 ᏑᎾᎴᏃ ᏄᎵᏍᏔᏅ, ᏥᏌ ᎤᏩᏝᎥ ᎦᏙᎬᎩ; ᎠᏎᏃ ᎬᏩᏍᏓᏩᏗᏙᎯ ᎥᏝ ᏯᏂᎦᏔᎮ ᏥᏌ
ᎨᏒᎢ.
5 ᎿᏉᏃ ᏂᏚᏪᏎᎸᎩ; ᏥᏳᎯ ᎠᎦᏘᏏᏗᎵ ᎢᏥᎦᏯᎷᎥᎦ, ᏙᏓᏥᏳᏛᎯᏃ. ᎰᏩᏃ ᎤᏂᎦᏯᎷᏅᎩ,
ᎿᏉᏃ ᎥᏝ ᏰᎵ ᎬᏩᎾᏎᎯᏍᏗ ᏱᎨᏎᎢ, ᎤᏓᎦᎵᏍᏙᏗᏍᎬᎩ ᎤᏂᏣᏛ ᎠᏣᏗ.
6 ᎯᎠᏃ ᏂᏚᏪᏎᎸᎩ; ᏥᏳᎯ ᎠᎦᏘᏏᏗᎵ ᎢᏥᎦᏯᎷᎥᎦ, ᏙᏓᏥᏳᏛᎯᏃ. ᎰᏩᏃ ᎤᏂᎦᏯᎷᏅᎩ,
ᎿᏉᏃ ᎥᏝ ᏰᎵ ᎬᏩᎾᏎᎯᏍᏗ ᏱᎨᏎᎢ, ᎤᏓᎦᎵᏍᏙᏗᏍᎬᎩ ᎤᏂᏣᏛ ᎠᏣᏗ.
7 ᎾᏍᎩ ᎢᏳᏍᏗ ᎠᏓᏍᏓᏩᏗᏙᎯ ᏥᏌ ᎤᎨᏳᎯ ᎯᎠ ᏄᏪᏎᎸᎩ ᏈᏓ; ᎤᎬᏫᏳᎯ ᎾᏍᎩ.
ᎿᏉᏃ ᏌᏩᏂ ᏈᏓ ᎤᏛᎦᏅ ᎾᏍᎩ ᎤᎬᏫᏳᎯ ᎨᏒᎢ, ᎦᏚᎢ ᎤᏄᏬᏍᏗ ᎤᏓᏠᏍᏔᏅᎩ ᎨᏒᎢ,
ᎦᏚᎢ ᎤᏄᏬᏍᏗ ᎤᏓᏠᏍᏔᏅᎩ, ᏂᏚᏄᏩᎥᎾᏰᏃ ᎨᏒᎩ, ᎠᎴ ᎥᏓᎵ ᏭᎵᏔᏗᏅᏒᎩ.
8 ᎠᏂᏐᎢᏃ ᎠᎾᏓᏍᏓᏩᏗᏙᎯ ᏥᏳ ᎤᎾᏦᏛᎩ, ᎤᏂᎷᏨᎩ, ᎥᏝᏰᏃ ᎢᏅᎯᏳ ᏱᎨᏎ ᏙᏱ,
ᏔᎵᏧᏈᏉ ᎢᏯᎵᎩᏩᏍᏈᏛ ᎢᏴᏛ ᎤᏩᏍᏛᎩ, ᎠᎦᏯᎷᏗ ᎠᏣᏗ ᎠᎧᎵᏬᎯ ᎠᏂᎾᏏᏁᎲᎩ.
9 ᎤᎾᏚᎩᏒᏃ ᎤᏂᎪᎲᎩ ᎠᏥᎸᎭ ᎪᏛᎩ, ᎠᏣᏗᏃ ᎥᎬᏓᎥᎩ, ᎠᎴ ᎦᏚ ᏓᎲᎩ.
10 ᏥᏌ ᎯᎠ ᏂᏚᏪᏎᎸᎩ; ᎡᏗᏥᏄᎦ ᎢᎦᏛ ᎠᏣᏗ ᎩᎳᏉ ᏥᎦᏥᏂᏴ.
11 ᏌᏩᏂ ᏈᏓᏭᏣᏅᎩ, ᎠᎴ ᎪᏱ ᏭᎾᏏᏃᎸᎩ ᎠᎦᏯᎷᏗ ᎠᎧᎵᏬᎯ ᏣᏁᏆ ᎠᏣᏗ, ᏍᎪᎯᏧᏈ
ᎯᏍᎩᏍᎪᎯ ᏦᎢᎦᎵ ᎤᏂᎥᎩ. ᎾᏍᎩᏒᎦᏃ ᎾᏂᎥᎩ ᎠᏎᏃ ᎠᎦᏯᎷᏗ ᎥᏝ ᏳᏲᏤᎢ.
12 ᏥᏌ ᎯᎠ ᏂᏚᏪᏎᎸᎩ; ᎡᏣᎵᏍᏓᏴᎸᎦ. ᎥᏝᏃ ᎩᎶ ᎠᎾᏓᏍᏓᏩᏗᏙᎯ, ᎦᎪ ᏂᎯ, ᎬᏬᏎᏗ
ᏱᎨᏎᎢ, ᎠᏂᎦᏔᎲᎩᏰᏃ ᎤᎬᏫᏳᎯ ᎨᏒᎢ.
13 ᏥᏌ ᎤᎷᏨᎩ ᎤᎩᏒᎩ ᎦᏚ ᎠᎴ ᏚᏁᎸᎩ, ᎠᎴ ᎾᏍᏉ ᎠᏣᏗ ᏚᏅᏁᎸᎩ.
14 ᎾᏍᎩ ᎯᎠ ᎿᏉ ᏦᎢᏁ ᏥᏌ ᎬᏂᎨᏒ ᏂᏚᏛᏁᎸ ᎬᏩᏍᏓᏩᏗᏙᎯ ᎤᏲᎱᏒ ᏚᎴᏅ
ᎤᏓᏳᏓᎴᏅᏛ.
15 ᎿᏉᏃ ᎤᎾᎵᏍᏓᏴᏃᏅ, ᏥᏌ ᎯᎠ ᏄᏪᏎᎸᎩ ᏌᏩᏂ ᏈᏓ; ᏌᏩᏂ, ᏦᎾ ᎤᏪᏥ, ᏂᎯ ᎤᏟ
ᏂᏍᎩᎨᏳᎭ ᎡᏍᎦᏉ ᎯᎠ? ᎯᎠ ᏄᏪᏎᎸᎩ; ᎥᎥ, ᏣᎬᏫᏳᎯ, ᎯᎦᏔᎭ ᎬᎨᏳᎢᏳ ᎨᏒᎢ.
ᎯᎠ ᏄᏪᏎᎸᎩ; ᎨᎮᎶᎮᏍᏗ ᏗᏆᏤᎵᎦ ᎤᏂᏃᏕᎾ ᎠᏂᎩᎾ.
16 ᏔᎵᎾ ᎯᎠ ᎤᏅᏪᏎᎸᎩ; ᏌᏩᏂ, ᏦᎾ ᎤᏪᏥ, ᏍᎩᎨᏳᎭᏧ? ᎯᎠ ᏄᏪᏎᎸᎩ; ᎥᎥ
ᏣᎬᏫᏳᎯ, ᎯᎦᏔᎭ ᎬᎨᏳᎢᏳ ᎨᏒᎢ. ᎯᎠ ᏄᏪᏎᎸᎩ; ᏕᎮᎶᎮᏍᏗ ᏗᏆᏤᎵᎦ ᎤᏂᏃᏕᎾ.

17 ᏦᎢᏁ ᎯᎠ ᏄᏪᏎᎸᎩ; ᏌᏩᏂ, ᏦᎾ ᎤᏪᏥ, ᏍᎩᎨᏳᎭᏧ? ᏈᏓ ᎤᏲᎢᏳ ᎤᏓᏅᏓᏛᎩ
ᎤᏓᏳᎵᏍᏙᏔᏅᎩ ᏦᎢᏁ ᏍᎩᎨᏳᎭᏧ ᎤᏛᏎᎸᎢ. ᎯᎠᏃ ᏄᏪᏎᎸᎩ; ᏣᎬᏫᏳᎯ ᏂᎦᎥ ᎪᎱᏍᏗ
ᎯᎦᏔᎭ, ᎯᎦᏔᎭ ᎬᎨᏳᎢᏳ ᎨᏒᎢ. ᏥᏌ ᎯᎠ ᏄᏪᏎᎸᎩ; ᏕᏣᏳᎵᏍᏗ ᏗᏆᏤᎵᎦ ᎤᏂᏃᏕᎾ.
18 ᎤᏙᎯᏳᎯᏯ, ᎤᏙᎯᏳᎯᏯ ᎯᎠ ᏂᎬᏪᏎᎭ; ᎯᎾᏉ ᏥᏥᏒᎩ ᏨᏒ ᎭᏓᏌᎯᎲᎩ, ᎠᎴ
ᏣᎦᎵᏍᎬ ᎮᏙᎲᎩ; ᏣᎹᎭᏅᎯᏍᎩᏂ ᏥᏎᏍᏗ ᏙᏔᎭᏄᏔᏂ, ᎤᏩᏓᎴᏃ ᏓᏣᏌᎵ, ᎠᎴ
ᏂᏣᎦᎵᏍᎬᎾ ᏥᏒ ᏮᏓᏣᏘᏅᏍᏔᏂ.
19 ᎾᏍᎩ ᏄᏪᏒᎩ ᎤᏬᏛᏨᎩ ᎢᏳᎵᏍᏓᏁᏗᏱ ᎤᏲᎱᎯᏍᏗᏱ ᎨᏍᎥᎢ, ᎾᏍᎩᏃ ᎤᏄᏉᏙᏗᏱ
ᎤᏁᎳᏅᎯ. ᎾᏍᎩᏃ ᏁᏪᏒ, ᎯᎠ ᏄᏪᏎᎸᎩ; ᏍᎩᏍᏓᏩᏕᎦ.
20 ᏈᏓᏃ ᎤᎦᏔᎲᏒ ᎤᎪᎲᎩ ᎠᏓᏍᏓᏩᏗᏒᎩ ᏥᏌ ᎤᎨᏳᎯ ᎠᏓᏍᏓᏩᏗᏙᎯ, ᎾᏍᎩ
ᎤᏍᏛᎦᏄᏅᎯ ᏥᏌ ᎦᏁᏥᏱ ᎠᎾᎵᏍᏓᏴᎲᏍᎬᎢ, ᎠᎴ ᎯᎠ ᎢᏳᏪᏛ ᏥᎩ; ᏣᎬᏫᏳᎯ, ᎦᎪ
ᎾᏍᎩ ᏨᏡᏗᏍᎩ.
21 ᏈᏓ ᎾᏍᎩ ᎤᎪᎲ, ᎯᎠ ᏄᏪᏎᎸᎩ ᏥᏌ; ᏣᎬᏫᏳᎯ, ᎯᎠᎾᏃ ᎦᏙᎢ?
22 ᏥᏌ ᎯᎠ ᏄᏪᏎᎸᎩ; ᎢᏳᏃ ᏥᎷᏨᎭ ᎬᏗᏍᎩ ᎡᎮᏍᏗ ᏯᏍᎵᏒ, ᎦᏙ ᎾᏍᎩ ᏨᏙᏗ?
ᏍᎩᏍᏓᏩᏕᎦᏉ.
23 ᎾᏍᎩ ᎢᏳᏍᏗ ᎠᎾᏓᏅᏟ ᎠᏁᎲ ᎤᏰᎵᏒᎩ ᎯᎠ ᎾᏂᏪᏍᎬᎢ, ᎾᏍᎩ ᎠᏓᏍᏓᏩᏗᏙᎯ ᎥᏝ
ᎠᏛᏲᎱᏏ. ᎠᏎᏃ ᏥᏌ ᎥᏝ ᎠᏛᏲᎱᏏ ᎥᏝ ᏳᏛᏎᎴᎢ, ᎯᎠᏉᏍᎩᏂ ᏄᏪᏎᎸᎩ; ᎢᏳᏃ ᏥᎷᏨᎭ
ᎬᏗᏍᎩ ᎡᎮᏍᏗ ᏯᏍᎵᏒ, ᎦᏙ ᎾᏍᎩ ᏨᏙᏗ.
24 ᎾᏍᎩ ᎯᎠ Ꮎ ᎠᏓᏍᏓᏩᏗᏙᎯ ᎯᎠ ᏥᎧᏃᎮᎭ, ᎠᎴ ᎾᏍᎩ ᎯᎠ ᎤᏬᏪᎳᏅᎯ ᏥᎩ,
ᎠᎴ ᎢᏗᎦᏔᎭ ᎾᏍᎩ ᎧᏃᎮᏍᎬ ᎤᏙᎯᏳᎯᏯ ᎨᏒᎢ.
25 ᎠᎴ ᎠᏏ ᎤᏣᏔ ᏥᏌ ᏧᏄᎾᏍᏓᏁᎸᎯ, ᎾᏍᎩ ᎢᏳᏃ ᏂᎦᏛ ᏗᎪᏪᎳᏅ, ᎦᏓᏅᏖᏍᎬ
ᎡᎶᎯ ᎾᏍᏉ ᏯᏍᎵᎩᏉ ᎪᏪᎵ ᎾᏍᎩ ᏧᎪᏪᎳᏅᎯ. ᎡᎺᏅ.

ᎨᏥᏅᏏᏛ ᏄᎾᏛᏁᎵᏙᎸᎢ

ᎠᏯᏙᎸᎢ 1

1 Ꭷ ᏗᎣᏈᎵ, ᎢᎬᏱᏱ ᏣᏉᏪᎳᏅᎩ ᎧᏃᎮᏍᎬᎩ ᏂᎦᏛ ᏥᏌ ᎤᎴᏅᎮ ᏚᎸᏫᏍᏓᏁᎸ ᎠᎴ
ᏚᏕᏲᏅᎢ,
2 ᎬᏂ ᎾᎯᏳ ᎢᎦ ᎠᏥᏌᎳᏓᏅ, ᎦᏳᎳ ᎦᎸᏉᏗᏳ ᎠᏓᏅᏙ ᎤᏩᏔᏅᎯ ᏧᏁᏤᎸᎯ ᏂᎨᏎ
ᎨᏥᏅᏏᏛ ᎾᏍᎩ ᏧᏑᏰᏛ.
3 ᎾᏍᎩ ᎾᏍᏉ ᎬᏃᏛ ᎬᏂᎨᏒ ᏂᏚᏛᏁᎴᎢ, ᎤᎩᎵᏲᏨᎯ ᏂᎨᏎᎢ, ᎤᏣᏘ ᏄᏜᏏᏛᏒᎾ
ᎠᏙᎵᏲᏨᎯ ᏂᎨᏎᎢ, ᎤᏣᏘ ᏄᏜᏏᏛᏒᎾ ᎠᏙᎴᎰᎯᏍᏙᏗ ᎬᏗᏍᎬᎢ, ᏅᎦᏍᎪᎯ ᏧᏒᎯᏛ
ᎬᏩᎪᎲᎢ, ᎠᎴ ᎤᏁᎳᏅᎯ ᎤᎬᏫᏳᎯ ᎬᏩᎪᎲᎢ, ᎠᎴ ᎤᏁᎳᏅᎯ ᎤᎬᏫᏳᎯ ᎨᏒ ᎤᎬᏩᎵ
ᎤᏃᎮᎸᎯ ᏂᎨᏎᎢ.
4 ᏚᏂᎳᏫᏨᏃ ᏚᏁᏤᎴ ᏥᎷᏏᎵᎻ ᎤᏂᎷᎪᎢᏍᏗᏱ ᏂᎨᏒᎾ, ᎤᏂᎦᏘᏗᏍᏗᏱᏍᎩᏂ ᎠᎦᏴᎵᎨ
ᎤᏚᎢᏍᏔᏅᎢ, ᎾᏍᎩ ᏍᎩᏯᏛᎦᏁᎸᎯ ᏥᎩ, [ᏚᏬᏎᎴᎢ.]
5 ᏣᏂᏰᏃ ᎤᏙᎯᏳᎯ ᎠᎹ ᏕᏓᏓᏬᏍᏗᏍᎬᎩ; ᏂᎯᏍᎩᏂ ᎦᎸᏉᏗᏳ ᎠᏓᏅᏙ ᏙᏓᏰᏣᏬᏍᏔᏂ
ᎢᎸᏍᎩᏉ ᎢᏳᏒᎯ.
6 ᎿᏉᏃ ᎤᎾᏓᏟᏌᏅ ᎬᏩᏛᏛᏁᎢ, ᎯᎠ ᏄᏂᏪᏎᎢ; ᏣᎬᏫᏳᎯ, ᎿᏉᏍᎪ ᎠᏰᎵ ᎪᎵᎡ
ᏙᏛᎯᏁᎵ ᎢᏏᎵ?
7 ᎠᏎᏃ ᎯᎠ ᏂᏚᏪᏎᎴᎢ; ᎥᏝ ᏂᎯ ᎢᏥᎦᏙᎥᎯᏍᏗ ᏱᎩ ᎢᏳ ᎠᎴ ᎾᎯᏳ ᎦᎨᏌᏗᏒᎢ, ᎾᏍᎩ
ᎠᎦᏴᎵᎨ ᎤᏩᏒ ᎢᏧᏩᏁᎵᏓᏍᏗ ᏥᏄᏩᏅ.
8 ᎠᏎᏃ ᏓᏰᏣᎵᏂᎪᎯᏍᏔᏂ ᎦᎸᏉᏗᏳ ᎠᏓᏅᏙ ᎢᏥᎷᏤᎸᎭ, ᎠᎴ ᏍᎩᏃᎮᏍᎩ ᎨᏎᏍᏗ
ᏥᎷᏏᎵᎻ ᎠᎴ ᏂᎬᎾᏛ ᏧᏗᏱ ᎠᎴ ᏌᎺᎵᏱ ᎠᎴ ᏂᎬᎾᏛ ᎡᎶᎯ.
9 ᎾᏍᎩᏃ ᎯᎠ ᏄᏪᏒ, ᎠᏏᏉ ᎤᎾᎦᏙᏍᏕ ᎠᏥᏌᎳᏓᏁᎢ, ᎤᎶᎩᎸᏃ ᏭᏕᎵᏤ ᏓᏂᎧᏅᎢ.
10 ᎠᏏᏉᏃ ᏭᎶᏒ ᎤᏯᏅᏒᎯ ᏫᏓᏂᎧᏁ ᎦᎸᎳᏗ, ᎬᏂᏳᏉ ᎠᏂᏔᎵ ᎠᏂᏍᎦᏯ ᏧᏁᎬ ᏧᎾᏄᏬ
ᎤᎶᏗᎵ ᏚᎾᎴᏂᎴᎢ;
11 ᎾᏍᎩᏃ ᎯᎠ ᏄᏂᏪᏎᎢ; ᎢᏥᏍᎦᏯ ᎨᎵᎵ ᎢᏤᎯ, ᎦᏙᏃ ᎢᏥᏙᎾᎠ ᎦᎸᎳᏗ ᏫᏙᏥᎧᎿ?
ᎾᏍᎩ ᎯᎠ ᏥᏌ ᏤᏥᏯᏅᏏ ᎦᎸᎳᏗ ᏥᏫᎦᎶᎯ ᎾᏍᎩᏯ ᎤᏛᏛᏁᎵ ᏓᎦᎷᏥ ᏤᏥᎪᏩᏛ
ᎦᎸᎳᏗ ᏥᏫᎦᎶᎯ.
12 ᎿᏉᏃ ᏥᎷᏏᎵᎻ ᏫᎤᏂᎶᏎᎢ ᎣᎵᏩ ᏧᏙᎢᏛ ᎤᏌᎯᎸ ᎤᎾᏓᏅᏎᎢ, ᎾᏍᎩ ᏥᎷᏏᎵᎻ ᎾᎥ
ᏥᎩ ᎤᎾᏙᏓᏆᏍᎬ ᎢᎦ ᎡᏅᏍᏗ ᎢᏴᏛ ᏥᎩ.
13 ᎤᏂᏴᎸᏃ, ᎤᎾᎩᎳᏬᏎ ᎦᎸᎳᏗ ᎧᏅᏑᎸ ᏭᏂᏴᎴᎢ, ᎾᎿᏃ ᎠᏂᏁ ᏈᏓ ᎠᎴ ᏥᎻ ᎠᎴ ᏣᏂ
ᎠᎴ ᎡᏂᏗ, ᏈᎵᎩᏃ ᎠᎡ ᏓᎻ, ᏆᏓᎳᎻ ᎠᎴ ᎹᏚ, ᏥᎻᏃ ᎡᎵᏈ ᎤᏪᏥ ᎠᎴ ᏌᏩᏂ ᎠᏏᎶᏗ,
ᏧᏓᏏᏃ ᏥᎻ ᏗᎾᏓᏅᏟ.
14 ᎾᏍᎩ ᎯᎠ ᏂᎦᏛ ᏌᏉ ᎢᎦᎦᏛ ᎾᏂᏲᎯᏍᏗᏍᎬᎾ ᎠᎾᏓᏙᎵᏍᏗᏍᎨᎢ ᎠᎴ ᎠᏂᏔᏲᎯᎮᎢ,
ᎠᎴ ᎾᏍᏉ ᎠᏂᎨᏒ, ᎠᎴ ᎺᎵ ᏥᏌ ᎤᏥ, ᎠᎴ ᏥᏌ ᎠᎾᎵᏅᏟ.

15 ᎾᎯᏳᏃ ᏈᏓ ᎤᎴᏁ ᎠᏰᎵ ᎠᏂᏅ ᎠᏃᎯᏳᎲᏍᎩ, ᎾᏍᎩ ᎾᏂᎥ ᏕᎾᏙᎥ ᎠᏍᎪᎯᏧᏈ
ᏔᎳᏍᎪᎯ ᎢᏴᏛ ᎨᏎᎢ, ᎯᎠᏃ ᏄᏪᏎᎢ;
16 ᎢᏥᏍᎦᏯ ᏗᏓᏓᏅᏟ, ᎯᎠ ᎪᏪᎸ ᎠᏎ ᎤᏙᎯᏳᏗ ᎨᎡᎩ, ᎾᏍᎩ ᎦᎸᏉᏗᏳ ᎠᏓᏅᏙ ᏕᏫ
ᎠᎰᎵ ᏧᏩᏔᏁ ᏧᏁᏤ ᏧᏓᏏ ᎠᏥᏃᎮᏍᎬᎢ, ᎾᏍᎩ ᏧᏘᏂᏙᎸᎯ ᏥᏌ ᏥᎬᏩᏂᏱᏍᎬᎩ;
17 ᎾᏍᎩᏰᏃ ᎠᏴ ᎡᎦᎵᎪᏔᏅᎯ ᏥᎨᎡᎩ, ᎠᎴ ᎠᎨᎳᏗᏍᏔᏅᎯ ᏥᎨᎡ ᎯᎠ ᏗᎦᎸᏫᏍᏓᏁᏗ
ᎨᎡᎢ.
18 ᎾᏍᎩᏃ ᎤᏍᎦᏅᏨᎢ ᏧᎬᏩᏔᏅᎯ ᏥᎤᏩᎯᏍᏔᏁ ᏠᎨᏏ, ᎤᏙᎠᏒᏃ ᏧᏣᎷᏘᏎᎢ, ᎠᎴ
ᏂᎦᏛ ᏧᎵᎩᏏ ᏥᏚᏄᎪᏤᎢ.
19 ᎾᏍᎩᏃ ᏂᎦᏛ ᏥᎷᏏᎵᎻ ᎠᏁᎯ ᎤᎾᏛᎦᏅᎩ, ᎾᏍᎩᏰᏃ ᏠᎨᏏ ᎤᎾᏤᎵᎦᏯ
ᎤᏂᏬᏂᎯᏍᏗ ᎨᎡ ᎠᏅᏗᏍᎬ ᎠᏎᎵᏓᎹ ᏕᎤᏙᎥ, ᎾᏍᎩ ᎩᎬᏱ ᎦᏛᎦ.
20 ᎯᎠᏰᏃ ᏂᎬᏅ ᎪᏪᎳ ᏗᎧᏃᎩᏍᏗ ᎪᏪᎵᎯ, "ᎦᏁᎸᎢ ᎤᏔ ᏫᏂᎦᎵᏍᏓ, ᎠᎴ ᏞᏍᏗ ᎩᎶ
ᎾᎿ ᏳᏁᎳᏕᏍᏗ;" ᎠᎴ ᎾᏍᏉ ᎯᎠ ᏂᎬᏅ, "ᏧᎸᏫᏍᏓᏁᏗ ᎨᎡ ᎤᏩᏓᎴ ᏩᎩᏍᏓ."
21 ᎾᏍᎩ ᎢᏳᏍᏗ ᎯᎠ ᎾᏍᎩ ᎠᏂᏍᎦᏯ ᎢᎨᏙᎸᎯ ᏥᎩ ᏂᎪᎯᎸ ᎤᎬᏫᏳᎯ ᏥᏌ
ᎢᎨᎳᏗᏙᎸᎢ,
22 ᏣᏂ ᏥᏓᏓᏬᏍᎬᎢ ᎤᏓᎬᏩᏓᎴᏅᏛ, ᎬᏂ ᎾᎯᏳ ᎢᎦ ᏣᏥᏌᎳᏓᏅ ᏤᎩᏯᏅᎡᎸᎩ, ᎾᏍᎩ
ᎯᎠ ᎠᏂᏍᎦᏯ ᎠᏎ ᏌᏉ ᎠᏑᏰᏍᏍᏗ, ᎾᏍᎩ ᎢᎨᎳᏗᏓᏍᏗᏱ ᎤᏃᎮᏗᏱ ᏥᏌ ᏕᎤᎴᎯᏌᏅ
ᎢᏗᏃᎮᏍᎬᎢ.
23 ᎠᏂᏔᎵᏃ ᏚᏂᎧᏁᎢ, ᏦᏩ ᏆᏏᏆ ᏧᏙᎢᏛ, ᏣᏍᏓ ᏣᎪᏎᎨᎢ, ᎹᏓᏯᏃ.
24 ᎤᎾᏓᏙᎵᏍᏔᏁᏃ ᎯᎠ ᏄᏂᏪᏎᎢ; ᏂᎯ ᏣᎬᏫᏳᎯ, ᏂᎦᏛ ᏧᏂᎾᏫ ᏘᎦᏔᎯ, ᎬᏂᎨᏒ ᏅᏕ
ᎾᏍᎩ ᎯᎠ ᎠᏂᏔᎵ ᎨᏒ ᎾᏍᎩ ᎯᏯᏑᏰᏒᎢ,
25 ᎤᏪᎳᏗᏓᏍᏗᏱ ᎯᎠ ᏗᎦᎸᏫᏍᏓᏁᏗ ᎠᎴ ᎠᏓᏅᏏᏛ ᎨᏒᎢ, ᎾᏍᎩ ᏧᏓᏏ ᏥᏚᏲᏒᎩ ᎤᏩᏒ
ᎤᏤᎵᎪᎯ ᏭᎶᎯᏍᏗᏱ.
26 ᎿᏉᏃ ᏕᎾᏎᎡᎮᎢ; ᎹᏓᏯᏃ ᎠᎦᏑᏰᏎᎢ; ᎠᎴ ᎠᎨᎳᏕ ᏌᏚ ᎾᏂᎥ ᎨᏥᏅᏏᏛ ᎤᎾᏓᏈᎬᎢ.

ᎠᏯᏙᎸᎢ 2

1 ᎿᏉᏃ ᎯᏍᎦᏍᎪᎯᏁ ᎢᎦ ᎤᏍᏆᎸᎲ, ᏂᎦᏛ ᏌᏉ ᎢᎦᎦᏛ ᎤᎾᏓᏈᎨᎢ.
2 ᎤᏰᎶᎢᏍᏔᏁᏃ ᎤᏍᏆᏃᏴᎬ ᎦᎸᎳᏗ ᏧᎶᏎᎢ ᎾᏍᎩᏯ ᎤᏃᎴ ᎤᏣᏘ ᏣᏱᎵᏐᎢ,
ᎤᎧᎵᏨᏁᏃ ᎠᏓᏁᎸ ᎾᎿ ᎠᏂᏅᎢ.
3 ᏚᏂᎪᎮᏃ ᏔᎵ ᎢᏧᏓᎢ ᏗᎦᏃᎦ ᎠᏥᎸ ᎾᏍᎩᏯᎢ, ᎠᎴ ᎾᏍᎩ ᏚᏂᏯᎸᏤ ᎠᏂᏏᏴᏫᎭ ᎨᏒᎢ.
4 ᏂᎦᏛᏃ ᏚᏂᎧᎵᏤ ᎦᎸᏉᏗᏳ ᎠᏓᏅᏙ, ᎠᎴ ᎤᎾᎴᏅᎮ ᎤᏩᎾᏓᎴ ᏧᏂᏬᏂᎯᏍᏗ
ᏚᏂᏬᏂᏎᎢ, ᎾᏍᎩ ᎬᏩᏂᏁᎢᏍᏗ ᏄᏅᏁᎲ ᎠᏓᏅᏙ.
5 ᏥᎷᏏᎵᎻᏃ ᎠᏁᏙᎮ ᎠᏂᏧᏏ ᎤᏁᎳᏅᎯ ᎠᏂᎾᏰᏍᎩ ᎤᏓᏣᏂᏩᏒᎯ ᏄᎾᏓᎴᏒ ᎠᏁᎲ ᏴᏫ
ᎦᎸᎶ ᎭᏫᏂᏗᏢ.
6 ᎿᏉᏃ ᎾᏍᎩ ᎤᏂᏃᎮᎵᏙᎸ ᎤᏂᏣᏘ ᏚᏂᎳᏫᏤᎢ ᎠᎴ ᎤᎾᏕᏯᏔᏁᎴᎢ, ᎤᏗᏕᎵᏍᏙᏗᏍᎨ
ᏓᎾᏛᎦᏁᎲ ᏓᏂᏬᏂᏍᎬ ᏗᏂᏏᏴᏫᎭ ᏧᏂᏬᏂᎯᏍᏗ ᎨᏒᎢ.
7 ᎠᎴ ᏂᎦᏛ ᎤᏣᏔᏅᎯ ᎤᏂᏍᏆᏂᎪᏎᎢ, ᎯᎠ ᏂᏚᎾᏓᏪᏎᎴᎢ; Ᏺ! ᏝᏍᎪ ᏂᎦᏛ ᎯᎠ
ᏣᏂᏬᏂᎭ ᎨᎵᎵ ᎠᏁᎯ ᏱᎩ?
8 ᎦᏙᏃ ᏗᎦᎵᏍᏙᏗᎭ ᏥᏕᏓᏛᎩᎠ ᏗᏗᏏᏴᏫᎭ ᏕᎦᏛᏒ ᏗᎩᏬᏂᎯᏍᏗ?
9 ᏆᏗᏱ ᎢᏕᎯ ᎠᎴ ᎻᏗᏱ ᎢᏕᎯ ᎠᎴ ᎢᎳᎻᏱ ᎢᏕᎯ ᎠᎴ ᎺᏌᏆᏕᎻ ᎢᏕᎯ, ᏧᏗᏱ ᎠᎴ
ᎨᏆᏙᏏ ᎢᏕᎯ, ᏋᏗᏱᏃ ᎠᎴ ᎡᏏᏱ ᎢᏕᎯ,
10 ᏈᏥᏱᏃ ᎠᎴ ᏆᎢᏈᎵᏱ ᎢᏕᎯ, ᎢᏥᏈᏃ ᎠᎴ ᎵᏈᏱ ᏌᎵᏂ ᎤᏚᏫᏛ ᎢᏕᎯ, ᎢᏕᏙᎯᏃ ᎶᎻ
ᎢᏕᎯ, ᎢᏗᏧᏏ ᎠᎴ ᎠᏂᏧᏏ ᏗᏓᎵᎪᏁᎸᎯ,
11 ᎩᎵᏗᏃ ᎠᎴ ᎠᎴᏈᏱ ᎢᏕᎯ, ᎢᏓᏛᎩᎭ ᏗᎩᏬᏂᎯᎯᏍᏗ ᎨᏒ ᎠᏂᏬᏂᏍᎬᎢ, ᎤᏍᏆᏂᎪᏗᏳ
ᎤᏁᎳᏅᎯ ᎦᎸᏫᏍᏓᏁᎸ ᎠᏂᏃᎮᏍᎬᎢ.
12 ᏂᎦᏛᏃ ᎤᏂᏍᏆᏂᎪᏎᎢ ᎠᎴ ᎤᎾᏓᏅᏖᏔᏁᎢ, ᎯᎠ ᏂᏚᎾᏓᏪᏎᎴᎢ, ᎦᏙ ᎯᎠ ᎦᏛᎦ?
13 ᎢᎦᏛᏃ ᏓᎾᏕᎰᏗᏍᎬ ᎯᎠ ᏄᏂᏪᏎᎢ; ᎢᏤ ᎩᎦᎨ-ᎠᏗᏔᏍᏗ ᏚᏂᎧᎵᏨ.
14 ᎿᏉᏃ ᏈᏓ ᏌᏚ ᎢᏯᏂᏛ ᎠᏂᏙᎾᎥ ᎦᏙᎬᎢ, ᎠᏍᏓᏯ ᎤᏁᏤ ᎯᎠ ᏂᏚᏪᏎᎴᎢ; ᎢᏥᏍᎦᏯ
ᎢᏥᏧᏏ, ᎠᎴ ᏂᎦᏛ ᏥᎷᏏᎵᎻ ᎢᏤᎯ, ᎯᎠ ᎾᏍᎩ ᎢᏣᏅᏖᏍᏗ, ᎠᎴ ᎢᏣᏛᏖᏍᏓ ᏥᏁᎬᎢ.
15 ᎥᏝᏰᏃ ᎯᎠ ᏱᏚᏂᏴᏍᏕᎭ ᏚᏂᏴᏍᏕᎭ ᏥᏤᎵᎭ, ᎠᏏᏰᏃ ᏐᏨᏁᎳᏉ ᎢᏳᏟᎶᏛ
ᏪᎳᏩᏗᏒᎢ.
16 ᎾᏍᎩᏍᎩᏂ ᎯᎠ ᏦᎢᎵ ᎠᏙᎴᎰᏍᎩ ᏧᏁᏤᎢ, ᎯᎠ ᏥᏄᏪᏎᎢ;
17 "ᎯᎠᏃ ᎤᏓᏕᎵᏍᏔᏂ ᎤᎵᏍᏆᎸᏗ ᎨᏎᏍᏗ ᎠᏗᎭ ᎤᏁᎳᏅᎯ, ᎾᎦᎥ ᎤᏇᏓᎵ ᎨᏒ
ᎠᏆᏓᏅᏙ ᏓᏥᏯᏐᏅᏰᎵ, ᏗᏤᏥᏃ ᎠᏂᏍᎦᏯ ᎠᎴ ᏗᏤᏥ ᎠᏂᎨᏴ ᎠᎾᏙᎴᎰᏍᎨᏍᏗ, ᎠᏂᏫᏅᏃ
ᏗᏣᏤᎵ ᎤᎾᏁᎳᏫᏎᎮᏍᏗ, ᏧᎾᏛᏐᏅᎯᏃ ᏗᏣᏤᎵ ᎠᎾᏍᎩᏓᏒᎥᏍᎨᏍᏗ;
18 ᎠᎴ ᎾᎯᏳ ᎠᏆᏓᏅᏙ ᏓᎦᏥᏯᏐᏅᏰᎵ ᎦᏥᏅᏏᏓᏍᏗ ᎠᏂᏍᎦᏯ ᎠᎴ ᎠᏂᎨᏴ,
ᎠᎾᏙᎴᎰᏍᎨᏍᏗᏃ.

19 ᎠᎴ ᎤᏍᏆᏂᎪᏗ ᎦᎸᎶ ᎦᎸᎳᏗ ᏓᏥᎾᏄᎪᏫᏏ ᎠᎴ ᎤᏰᎸᏛ ᎡᎶᎯ ᎡᎳᏗ, ᎩᎬ ᎠᎴ ᎠᏥᎸ
ᎠᎴ ᏧᎦᎡᏍᏗ.
20 ᏅᏙ ᎢᎦ ᎡᎯ ᎤᎵᏏᎩᏳ ᎤᏓᏕᎵᏍᏔᏂ, ᏅᏙᏃ ᏒᏃᏱ ᎡᎯ ᎩᎬ ᎤᏓᏕᎵᏍᏔᏂ,
ᎤᏍᏆᎸᎯᏕᎾ ᎨᏎᏍᏗ ᎾᎯᏳ ᎢᎦ ᎦᎸᏉᏗᏳ ᎠᎴ ᎤᏍᏆᏂᎪᏗᏳ ᏱᎰᏩ ᎤᏤᎵᎦ.
21 ᎯᎠᏃ ᏂᎦᎵᏍᏗᏍᎨᏍᏗ, ᎾᏂᎥᏉ ᎩᎶ ᎠᎾᏓᏙᎵᏍᏗᏍᎨᏍᏗ ᎤᎬᏫᏳᎯ ᏚᏙᎥ
ᎠᏅᏗᏍᎨᏍᏗ ᎠᏂᏔᏲᎯᎮᏍᏗ ᎨᏥᏍᏕᎸᏗ ᎨᏎᏍᏗ."
22 ᎢᏥᏍᎦᏯ ᎢᏏᎵ ᏧᏪᏥ ᎢᏣᏛᏓᏍᏓ ᎯᎠ ᏥᏁᎬᎢ. ᏥᏍ ᎾᏎᎵᏗ ᎡᎯ ᏥᎨᎡᎩ
ᎤᏁᎳᏅᎯ ᎬᏂᎨᏒ ᎢᏣᏩᏁᎸᎯ ᎢᏤᎲᎢ, ᎾᏍᎩ ᎤᏩᏗᏍᎬ ᎤᏓᎴᎯ ᎠᎴ ᎤᏍᏆᏂᎪᏗ ᎠᎴ
ᎤᏰᎸᏛᎢ ᏥᏕᎸᏫᏍᏓᏁᎸᎩ ᎢᏤᎲᎢ, ᎾᏍᎩ ᏂᎯ ᎾᏍᏉ ᏥᏥᎦᏔᎭ,
23 ᎾᏍᎩ, ᎤᏁᎳᏅᎯ ᎤᏓᏅᏖᎸᎯ ᎠᎴ ᎦᏳᎳ ᎬᏩᎪᎲᎯ ᏥᏂᎨᏎᎢ ᏥᎦᏲᏎᎢ, ᏂᎯ
ᎡᏥᏂᏴᎲ ᎠᎴ ᏗᏍᎦᎾ ᏗᏦᏰᏂ ᎦᏨᏔᏅ ᎡᏣᏛᏅ ᎠᎴ ᎡᏥᎸ.
24 ᎾᏍᎩ ᎤᏁᎳᏅᎯ ᏕᎤᎴᏔᏅ, ᏕᎤᏕᎵᏒ ᎠᏲᎱᎯᏍᏗ ᎨᏒ ᎡᎯᏍᏗ ᎤᏪᎲᎢ, ᎥᏝᏰᏃ ᏴᎵ
ᏂᎪᎯᎸ ᎾᏍᎩ ᎬᏩᏂᏴᏗ ᏱᎨᏎᎢ.
25 ᏕᏫᏰᏃ ᎯᎠ ᏂᎦᏪ ᎾᏍᎩ ᎧᏃᎮᏍᎬᎢ; "ᏂᎪᎯᎸ ᏥᎪᏩᏘᏍᎬᎩ ᏱᎰᏩ ᎢᎬᏱᏢ ᎠᏆᎧᏛᎢ,
ᏥᎦᏘᏏᏗᏢᏰᏃ ᎦᏙᎦ, ᎾᏍᎩ ᎥᎩᏖᎸᏗᏱ ᏂᎨᏒᎾ.
26 ᎾᏍᎩ ᎢᏳᏍᏗ ᎠᎩᎾᏫ ᎣᏏᏳ ᎤᏓᏅᏓᏛᎩ, ᏥᏃᎦᏃ ᎠᎵᎮᎵᎬᎩ, ᎾᏍᏉᏃ ᎠᎩᏇᏓᎸ
ᏓᏳᏯᏪᎭᎵ ᎤᏚᎩ ᎬᏗ ᎨᏒᎢ;
27 ᎥᏝᏰᏃ ᎠᏆᏓᏅᏙ ᏫᏱᏙᎦᎯᏲᎯ ᏧᏂᏲᎱᏒᎯ ᎤᎾᏤᎵᎪᎯ, ᎥᏝ ᎠᎴ ᎾᏍᎦᏅᎾ ᏣᏤᎵ
ᎤᏁᎳᎩ ᏭᎪᎯ ᎦᎯᏰᎵᏎᏗ ᏱᎩ.
28 ᎬᏂᏛ ᏕᎦᏅᏅ ᏕᏍᎩᎾᏄᎪᏫᏎᎸ, ᎠᎵᎮᎵᏍᏗ ᎨᏒ ᏓᏍᎩᎧᎵᎢᏍᏔᏂ ᏣᎧᏛ ᏛᏔᏂ."
29 ᎢᏥᏍᎦᏯ ᎢᏓᏓᏅᏟ ᏂᏥᏍᎦᎢᎲᎾ ᎠᎦᏴᎵᎨ ᏕᏫ ᎢᏨᏃᎮᎯᏏ, ᎾᏍᎩ ᎤᏲᎱᏒᎢ ᎠᎴ
ᎠᏥᏂᏌᏅᎢ, ᎤᏤᎵᏃ ᎠᏤᎵᏍᏛ ᎠᏏ ᎪᎯ ᏥᎩ ᎢᎦᏓᏑᏴᎢ.
30 ᎠᏙᎴᎰᏍᎩᏍᎩᏂ ᎨᏒ ᎢᏳᏍᏗ, ᎠᎴ ᎠᎦᏔᎯᏳ ᎨᏒ ᎤᏁᎳᏅᎯ ᎤᏎᎵᏔᏅ ᎤᏁᏤᎸᎢ,
ᎠᏰᎵ ᎤᏇᏓᎵ ᎨᏒ ᎤᎾᏄᎪᏫᏍᏗᏱ ᎦᎶᏁᏛ, ᎾᏍᎩ ᎤᏪᏅ ᎤᏪᏗᏱ,
31 ᎾᏍᎩ ᎯᎠ ᎠᏙᎴᎰᏍᎬᎢ ᎤᏧᎵᏍᏙᏔᏁᎢ, ᎦᎶᏁᏛ ᏧᎴᎯᏐᏗ ᎨᏒ ᎤᏃᎮᎴᎢ, ᎾᏍᎩ
ᎤᏓᏅᏙ ᏫᏂᏓᏥᏲᎯᏎᎸᎾ ᎨᏒ ᏧᏂᏲᎱᏒᎯ ᎤᎾᏤᎵᎪᎯ, ᎠᎴ ᎾᏍᎩ ᎤᏇᏓᎵ ᏄᎪᏒᎾ ᎨᏒᎢ.
32 ᎾᏍᎩ ᎯᎠ ᏥᏌ ᎤᏁᎳᏅᎯ ᏕᎤᎴᏔᏅ, ᎠᎴ ᎾᏍᎩ ᎠᏴ ᏂᎦᏛ ᎣᏥᏃᎮᏍᎩ.
33 ᎾᏍᎩ ᎢᏳᏍᏗ ᎤᏁᎳᏅᎯ ᎠᎦᏘᏏ ᎤᏬᏰᏂ ᎤᏩᏔᏅᎯ ᎤᏌᎳᏓᏅᎯ ᎨᏒᎢ, ᎠᎴ
ᎠᎦᏴᎵᎨ ᎤᏚᎢᏍᏓᏁᎸᎯ ᎨᏒ ᏧᏁᏗᏱ ᎦᎸᏉᏗᏳ ᎠᏓᏅᏙ ᎤᏪᏐᏅᏴ ᎯᎠ ᎪᎯ ᏥᏥᎪᏩᏘᎭ
ᎠᎴ ᏥᏣᏛᎩᎭ.
34 ᏕᏫᏰᏃ ᎥᏝ ᏣᎵᏌᎳᏓᏅ ᎦᎸᎳᏗ ᏫᏳᎶᏒ, ᎯᎠᏰᏃ ᏂᎦᏪ ᎤᏩᏒ; "ᏱᎰᏩ ᎯᎠ ᏄᏪᏎᎸ
ᎤᎬᏫᏳᎯ ᎠᏆᏤᎵᎦ; ᏥᎦᏘᏏ ᎢᏗᏢ ᏦᎴᏍᏗ,
35 ᎬᏂ ᎨᏣᏍᎦᎩ ᏗᏣᎳᏏᏗᏱ ᎦᏍᎩᎶ ᏂᎦᏥᏴᏁᎸᎭ."

36 ᎾᏍᎩ ᎢᏳᏍᏗ ᎾᏂᎥ ᎢᏏᎢ ᏏᏓᏁᎸᎯ ᎨᏒ ᎤᏙᎯᏳᏒ ᏩᎾᏙᎴᎰᎯ, ᎤᏁᎳᏅᎯ ᎤᎬᏫᏳᎯ
ᎠᎴ ᎦᎶᏁᏛ ᏄᏩᏁᎸ ᎾᏍᎩ ᏥᏌ ᏂᎯ ᏤᏣᏛᏅᎩ.
37 ᎿᏉᏃ ᎾᏍᎩ ᎤᎾᏛᎦᏅ ᏧᏂᎾᏫᏱ ᏚᏂᏣᏲᎴᎢ; ᎯᎠᏃ ᏂᏚᏂᏪᏎᎴ ᏈᏓ ᎠᎴ ᎠᏂᏐᎢ
ᎨᏥᏅᏏᏛ; ᎢᏥᏍᎦᏯ ᎢᏓᏓᏅᏟ, ᎦᏙ ᏓᏲᏣᏛᏁᎵ?
38 ᏈᏓᏃ ᎯᎠ ᏂᏚᏪᏎᎴᎢ; ᏂᏥᎥ ᏗᏥᏁᏟᏴᎾ ᎦᏣᏓᏅᏛᎢ, ᎠᎴ ᏫᎦᏣᏬᏣ, ᏥᏌ ᎦᎶᏁᏛ
ᎦᏅᏙᏍᏛᎢ, ᎡᏥᏙᎵᏍᏗᏱ ᎢᏥᏍᎦᏅᏨᎢ;; ᎦᎸᏉᏗᏳᏃ ᎠᏓᏅᏙ ᏓᏰᏥᏁᎵ.
39 ᏂᎯᏰᏃ ᎡᏥᏚᎢᏍᏓᏁᎸᎯ ᎠᎴ ᏗᏤᏥ ᎠᎴ ᎾᏂᎥ ᎢᏅ ᏗᏁᎯ, ᎾᏍᎩ ᎾᏂᎥ ᎤᎬᏫᏳᎯ
ᎤᏁᎳᏅᎯ ᎢᎦᏤᎵ ᏧᏯᏅᏗ ᎨᏒᎢ.
40 ᎠᎴ ᎤᏣᏘ ᎤᏟ ᎢᎦᎢ ᎢᎧᏁᏨᎯ ᏚᏬᏁᏔᏁᎢ ᎯᎠ ᏄᏪᏎᎢ; ᏗᏣᎵᏏ ᎯᎠ ᏂᏚᏳᎪᏛᎾ
ᎢᏯᎾᏛᏁᎯ ᏣᏁᎭ.
41 ᎿᏉᏃ ᎤᏁᏨ ᎤᎵᎮᎵᏨᎯ ᏗᎬᏩᏓᏂᎸᏤᎯ ᎦᎨᎦᏬᏒᎢ, ᎾᎯᏳᏃ ᎢᎦ ᎤᏂᏁᏉᏤ ᏦᎢ
ᎢᏯᎦᏴᎵ ᎢᏴᏛ.
42 ᎾᏍᎩᏃ ᎤᎵᏂᎩᏗᏳ ᏚᏂᎸᏫᏍᏓᏁᎮ ᎨᏥᏅᏏᏛ ᏓᎾᏕᏲᎲᏍᎬᎢ, ᎠᎴ ᎤᎾᎵᎪᏒᎢ, ᎠᎴ ᎦᏚ
ᎠᏂᎬᎭᎷᏯᏍᎬᎢ, ᎠᎴ ᎠᎾᏓᏙᎵᏍᏗᏍᎬᎢ.
43 ᎾᏂᎥᏃ ᏴᏫ ᎤᎾᏰᎯᏍᏗᏳ ᎤᎾᏓᏅᏓᏕᎢ, ᎤᏣᏘᏃ ᏧᏓᎴᏅᏛ ᎤᏍᏆᏂᎪᏗ ᎠᎴ ᎤᏰᎸᏛ
ᏚᏂᎸᏫᏍᏓᏁᎮ ᎨᏥᏅᏏᏛ.
44 ᎾᏂᎥᏃ ᎠᏃᎯᏳᎲᏍᎩ ᎤᎾᏓᏈᎨᎢ, ᎠᎴ ᎠᏰᎵᏉ ᏄᏅᏁ ᏂᎦᎥ ᏧᎬᏩᎶᏗ ᎤᏂᎲᎢ;
45 ᎠᎴ ᏓᏂᎾᏕᎨ ᏚᏂᎶᎨᏒ ᎠᎴ ᏧᎬᏩᎶᏗ ᎤᏂᎲᎢ, ᎠᏒ ᏓᏂᏯᏙᎮᎮ ᎾᏂᎥ ᎾᏍᎩᏯ
ᎤᏂᏂᎬᏎᎲᎢ.
46 ᏂᏚᎩᏨᏂᏒᏃ ᏌᏉ ᎢᎦᎦᏛ ᎠᏁᏙᎮ ᎤᏛᏅ-ᏗᎦᎳᏫᎢᏍᏗᏱ, ᎠᎴ ᎦᏚ ᎠᏂᎬᎭᎷᏯᏍᎨ
ᏓᏓᏁᎳᏗᏒᎢ, ᏓᎾᎵᏍᏓᏴᎲᏍᎨ ᎠᎾᎵᎮᎵᎨ ᎠᎴ ᎤᏠᎾᏍᏗ ᏄᏓᏑᏴᎾ ᎨᏎ ᏧᏂᎾᏫᏱ,
47 ᎠᏂᎸᏉᏗᏍᎨ ᎤᏂᎳᏅᎯ, ᎠᎴ ᎾᏂᎥ ᏴᏫ ᎬᏫᏂᎨᏳᎯᏳ ᎨᏎᎢ. ᎤᎬᏫᏳᎯᏃ ᏂᏚᎩᏨᏂᏒ
ᎤᎾᎵᎪᏒ ᏕᎠᎵᎪᏗᏍᎨ ᎾᏍᎩ ᎨᏥᏍᏕᎸᏗ ᎨᏒᎢ.

ᎠᏯᏙᎸᎢ 3

1 ᏈᏓᏃ ᎠᎴ ᏣᏂ ᎢᏧᎳᎭ ᎤᏁᏅᎭ ᎤᏛᏅ-ᏗᎦᎳᏫᎢ-ᏍᏗᏱ, ᎠᏓᏙᎵᏍᏙᏗᏱ ᎨᏒ ᎢᏳᎢ,
ᏦᎢᏁ ᎢᏳᏟᎶᏛ ᏑᎳᏩᏗᏒᎢ.
2 ᎩᎶᏃ ᎢᏳᏍᏗ ᎠᏍᎦᏯ ᎠᏲᎤᎵ ᏂᎨᏎ ᎤᏕᏅ -ᎠᏥᏁᎨᎢ, ᎾᏍᎩ ᏂᏚᎩᏨᏂᏒ ᎠᏂᏑᎲᏍᎨ
ᎦᎶᎯᏍᏗᏳᎶᏗ ᎤᏛᏅ-ᏗᎦᎳᏫᎢᏍᏗᏱ ᎾᏍᎩ ᎦᎶᎯᏍᏗᏱ ᎤᏬᏚᎯ ᏥᎦᏅᏙᎥ, ᏧᏚᎳᏕᏗᏱ
ᎤᏂᏰᎸᏎ ᎠᏂᏴᎯᎯ ᎤᏛᏅ-ᏗᎦᎳᏫᎢᏍᏗᏱ.
3 ᎾᏍᎩ ᎦᏅᎪᎲ ᏈᏓ ᎠᎴ ᏣᏂ ᎿᏉ ᏗᏂᏴᎵᏎ ᎤᏛᏅᏗᎦᎳᏫᎢᏍᏗᏱ, ᏚᏚᎳᏕᎴᎢ.
4 ᏈᏓᏃ ᎤᏯᏅᏒᎯ ᏚᏑᎿᏁᎢ, ᎠᎴ ᎾᏍᏉ ᏣᏂ; ᏈᏓᏃ ᎯᎠ ᏄᏪᏎᎢ, ᏗᏍᎩᎾᏚᏅᎦ.
5 ᎦᏅᏬᎯᏳᏁᏃ, ᎪᎱᏍᏗ ᏓᎬᎩᏁᎵ ᎡᎵᏍᎨᎢ.
6 ᎿᏉᏃ ᏈᏓ ᎯᎠ ᏄᏪᏎᎢ; ᎠᏕᎸ ᎤᏂᏁᎬ ᎠᎴ ᎠᏕᎸ ᏓᎶᏂᎨ ᎥᏝ ᏱᏓᎩᎭ,
ᎢᏳᏍᏗᏍᎩᏂᏃᏅ ᎠᎩᎲ ᎬᎥᏏ; ᏥᏌ ᎦᎶᏁᏛ ᎾᏎᎵᏗ ᏤᎲ ᎦᏅᏙᏍᏛ ᏔᎴᎲᎦ ᎠᎴ ᎮᏓ.
7 ᎠᎦᏘᏏᏃ ᎤᏬᏯᏁᏒ ᎦᏅᎴᏔᏁᎢ; ᎩᎳᏉᏃ ᎢᏴᏛ ᏧᎳᏏᏕᏂ ᎠᎴ ᏗᏓᏆᎵᎢ ᏧᎵᏂᎩᏗᏳ
ᏂᏚᎵᏍᏔᏁᎢ.
8 ᎾᏍᎩᏃ ᏚᎵᏔᏗᏅᏎᎢ, ᎤᎴᏁᎢ, ᎠᎴ ᎤᏪᏙᎴᎢ, ᎠᎴ ᎢᏧᎳᎭ ᏭᏂᏴᎴ ᎤᏛᏅ-
ᏗᎦᎳᏫᎢᏍᏗᏱ, ᎡᏙᎮᎢ, ᎠᎴ ᏓᎵᏔᏕᎨᎢ, ᎠᎴ ᎦᎸᏉᏗᏍᎨ ᎤᏁᎳᏅᎯ.
9 ᏂᎦᏛᏃ ᏴᏫ ᎬᏩᎪᎮ ᎡᏙᎲᎢ ᎠᎴ ᎦᎸᏉᏗᏍᎬ ᎤᏁᎳᏅᎯ.
10 ᎬᏬᎵᏙᏃ ᎾᏍᎩ ᎨᏒ ᎤᏚᎳᏗᏍᏗᏱ ᏧᏰᎸᏎ ᏥᎦᎲᏍᎨ ᎤᏬᏚᎯ ᎦᎶᎯᏍᏗᏱ ᎤᏛᏅ-
ᏗᎦᎳᏫᎢᏍᏗᏱ. ᎤᏟᏔᏅᎯᏃ ᎤᏂᏍᏆᏂᎪᏎ ᎤᏗᎦᎵᏍᏙᏗᏍᎨ ᎾᏍᎩ ᏄᎵᏍᏓᏁᎸᎢ.
11 ᎠᏏᏉᏃ ᎠᏥᏅᏩᏅᎯ ᎠᏲᎤᎵ ᎦᏅᏂᏴᏎ ᏈᏓ ᎠᎴ ᏣᏂ, ᏂᎦᏛ ᏴᏫ ᏕᎬᏩᏂᏔᏫᏤ
ᎠᏲᏓᏝᎲᎢ ᏐᎵᎹᏅ ᎤᏤᎵ ᏥᎦᏅᏙᎥ, ᎤᏟᏔᏅᎯ ᎤᏂᏍᏆᏂᎪᏍᎨᎢ.
12 ᏈᏓᏃ ᎤᏙᎴᎰᏒ ᎯᎠ ᏂᏚᏪᏎᎴ ᏴᏫ; ᎢᏥᏍᎨᏯ ᎢᏏᎵ ᏧᏪᏥ, ᎦᏙᏃ ᎢᏥᏍᏆᏂᎪᏍᎦ ᎯᎠ,
ᎠᎴ ᎦᏙᏃ ᎤᏯᏅᏒᎯ ᏙᏍᎩᎾᎦᏂᎭ, ᎾᏍᎩᏯ ᎣᎩᏅᏒ ᏙᎩᎾᎵᏂᎬᎬ ᎠᎴ ᎣᏍᏙᏏᏳ ᎨᏒ
ᏦᎩᏅᏔᏃᎢ ᎯᎠ ᎬᏪᏓᏍᏗ ᏥᏃᏍᏛᏁᎶᎢ.
13 ᎤᏁᎳᏅᎯ ᎡᏆᎭᎻ ᎤᏤᎵᎦ, ᎠᎴ ᎡᏏᎩ ᎤᏤᎵᎦ, ᎠᎴ ᏤᎦᏈ ᎤᏤᎵᎦ, ᎤᏁᎳᏅᎯ
ᏗᎩᎦᏴᎵᎨ ᎤᎾᏤᎵᎦ, ᎤᎸᏉᏔᏅ ᎤᏪᏥ ᏥᏌ, ᎾᏍᎩ ᏂᎯ ᏥᎦᏥᏲᏒᎩ ᎠᎴ ᏤᏟᏓᏒᎸᎩ
ᎠᎦᏔᎲ ᏆᎴᏗ, ᎾᏍᎩ ᎤᏪᎪᏗᏱ ᏧᏰᎸᏒᎩ.
14 ᎠᏎᏃ ᏂᎯ ᎡᏟᏓᏒᎸᎩ ᎾᏍᎩ ᎾᏯᎦᏅᎾ ᎠᎴ ᎤᏓᏅᏘ, ᎢᏥᏔᏲᎸᎩᏃ ᎤᏓᎸᎯ
ᎡᏥᏑᏁᏗᏱ
15 ᎠᎴ ᎤᎬᏫᏳᎯ ᎬᏂᏛ ᎠᏓᏁᎯ ᎡᏥᎸᎩ, ᎾᏍᎩ ᎤᏁᎳᏅᎯ ᎦᏅᎴᏔᏅ ᎤᏓᎸᎯ
ᎡᏥᏑᏁᏗᏱ;
16 ᎠᎴ ᎾᏍᎩ ᏚᏙᎥ ᎪᎯᏳᏗ ᎨᏒ ᎤᏧᎵᏍᏙᏔᏅ ᎾᏍᎩ ᏚᏙᎢ ᎤᎵᏂᎪᎯᏍᏔᏅ ᎯᎠ
ᎠᏍᎦᏯ, ᎾᏍᎩ ᏤᏥᎪᏩᏘᎭ ᎠᎴ ᏤᏥᎦᏔᎭ; ᎥᎥ, ᎪᎯᏳᏗ ᎨᏒ ᎾᏍᎩ ᎤᏤᎵᎦ ᎯᎠ
ᎤᏃᏍᏛᏯ ᏄᏩᏁᎸ ᎢᏥᎦᏔᎲ ᏂᎦᏛ.

17 Ꭷ ᎢᏓᏓᏅᏟ ᏥᎦᏔᎭ ᏂᏥᎦᏔᎲᎾ ᎨᏒ ᎤᏧᎵᏍᏙᏔᏅ ᎾᏍᎩ ᏂᏣᏛᏁᎸᎢ, ᎠᎴ ᎾᏍᏉ
ᏗᏣᏤᎵ ᎤᏂᎬᏫᏳᎯ.
18 ᎾᏍᎩᏍᎩᏂ ᎯᎠ ᏥᏄᎵᏍᏔᏅ ᎤᏁᎳᏅᎯ ᎤᎧᎵᎸ ᎾᏍᎩ ᎦᏳᎳ ᎬᏂᎨᏒ ᎢᏳᏩᏁᎸᎯ
ᏥᎨᏎᎢ ᎦᎶᏁᏛ ᎤᎩᎵᏲᎢᏍᏗᏱ, ᏂᎦᏛ ᏧᏤᎵ ᎠᎾᏙᎴᎰᏍᎩ ᏗᏂᎰᎵ ᏥᎦᎬᏗᏍᎨᎢ.
19 ᎾᏍᎩ ᎢᏳᏍᏗ ᏗᏥᏁᏟᏴᎾ ᎦᏣᏓᏅᏛᎢ, ᎠᎴ ᎢᏣᎦᏔᎲᎾ, ᎤᏓᏅᎦᎸᏗᏱ
ᎢᏥᏍᎦᏅᏨᎢ, ᎾᏍᎩ ᎣᏍᏛ ᎠᏓᏅᏓᏗᏍᏗ ᎨᏒ ᎤᎾᏄᎪᎢᏍᏗᏱ ᎤᎬᏫᏳᎯᏱ
ᎤᏓᏳᏓᎴᏅᎯ.
20 ᎠᎴ ᎤᏓᏳᏅᏍᏗᏱ ᏥᏌ ᎦᎶᏁᏛ, ᎾᏍᎩ ᎦᏳᎳ ᎡᏣᎵᏥᏙᏁᎸᎯ ᏥᎩ;
21 ᎾᏍᎩ ᎦᎸᎳᏗ ᏭᎦᏗ ᏥᎩ ᎬᏂ ᎾᎯᏳ ᎠᎵᏱᎶᎸᎭ ᎤᏓᏁᏟᏴᏍᏗ ᎨᏒ ᏂᎦᎥᎢ, ᎾᏍᎩ
ᎤᏁᎳᏅᎯ ᎤᏁᏨᎯ ᏥᎩ ᏧᏤᎵ ᎨᏥᎸᏉᏗ ᎠᎾᏙᎵᎰᏍᎩ ᏗᏂᎰᎵ ᏧᏩᏔᏅᎯ ᏥᎩ, ᎡᎶᎯ
ᏧᏙᎵᏅᎢ ᎤᏓᎬᏩᏓᎴᏅᏛ.
22 ᎼᏏᏰᏃ ᎯᎠ ᏂᎦᏅᏪᏎᎴ ᏗᎩᏙᏓ; "ᏱᎰᏩ ᎢᏣᏁᎳᏅᎯ ᏓᏥᎾᏄᎪᏫᏎᎵ ᎠᏙᎴᎰᏍᎩ
ᎢᏣᎵᏅᏟ ᎨᏒ ᏓᎦᎾᏄᎪᏥ, ᎠᏴ ᎾᏍᎩᏯᎢ; ᎾᏍᎩ ᏓᏰᏣᏛᏓᏍᏓᏁᎵ ᏂᎦᎥ ᎢᏥᏁᏤᏗ ᎨᏒᎢ.
23 ᎯᎠᏃ ᎤᏓᎦᎵᏍᏔᏂ ᎾᏍᎩ ᎩᎶ ᏂᎪᎯᏳᎲᏍᎬᎾ ᎢᎨᏎᏍᏗ ᎾᏍᎩ ᎠᏙᎴᎰᏍᎩ,
ᎠᏥᏛᏙᏗ ᎠᎨᏔᏗᏍᏗ ᎨᏎᏍᏗ ᎤᏓᏑᏴ ᏴᏫ ᎠᏁᎲᎢ."
24 ᎠᎴ ᎾᏍᏉ ᏂᎦᏛ ᎠᎾᏙᎴᎰᏍᎩ ᏌᎻ ᎤᏓᏳᏓᎴᏅᏛ, ᎾᏍᎩ ᎣᏂ ᎤᏂᎾᏄᎪᏨᎯ, ᎾᏂ
ᎤᏂᏬᏂᏒᎯ, ᎾᏍᏉ ᎤᏂᏁᎢᏍᏔᏅ ᎪᎯ ᎨᏒᎢ.
25 ᏂᎯ ᎠᎾᏙᎴᎰᏍᎩ ᏧᏁᏥ, ᎠᎴ ᎾᏍᏉ ᏧᏪᏥ ᎠᏕᎢᏍᏛᎢ, ᎾᏍᎩ ᎤᏁᎳᏅᎯ
ᏗᎩᎦᏴᎵᎨ ᏕᏕᎢᏓᏁᎸᎢ, ᎯᎠ ᏥᏄᏪᏎᎴ ᎡᏆᎭᎻ; "ᎠᎴ ᏂᎯ ᏣᏁᎵᏔᏅᎯ ᎨᏒ
ᎤᏓᎦᎵᏍᏙᏔᏂ ᏄᎾᏓᎴᏒ ᏴᏫ ᎡᎶᎯ ᎠᏁᎯ ᎣᏏᏳ ᎢᏳᎾᎵᏍᏓᏁᏗ ᎨᏎᏍᏗ."
26 ᎤᏁᎳᏅᎯ, ᎤᎾᏄᎪᏫᏒ ᎤᏪᏥ ᏥᏌ, ᏂᎯ ᎢᏤᎲ ᎢᎬᏱ ᎤᏅᏒᎩ ᎣᏍᏛ ᎢᏣᏛᏁᏗᏱ
ᎦᏥᎦᏔᎲᏍᎬ ᏗᏥᏲᎯᏍᏗᏱ ᏂᏨᏁᎲ ᏂᏥᎥ ᎢᏥᏍᎦᏅᏨᎢ.

ᎠᏯᏙᎸᎢ 4

1 ᎠᏏᏉᏃ ᏓᏂᏬᏁᏗᏍᎨ ᏴᏫ, ᎠᏥᎸ-ᎠᏁᎶᎯ ᎠᎴ ᎣᏍᏛ ᎢᏳᏩᎿᎦᎩ ᎤᏛᎤ-
ᏗᏚᎳᏫᎢᏍᏗᏱ ᎠᎴ ᎠᏂᏌᏚᏏ ᎬᏩᏂᏃᎴᎢ;
2 ᎤᏥᏐᎤᏤ-Ꭾ ᎤᏗᎦᎵᏍᏙᏗᏍᎨ ᏧᏁᏲᎲᏍᎬ ᏴᏫ, ᎠᎴ ᏥᏌ ᎠᎤᏗᏍᎬ ᎠᎾᎵᏥᏙᎲᏍᎬ
ᎠᏲᎱᏒ ᏗᎴᎯᏐᏗ ᎨᏒᎢ.
3 ᎠᎴ ᏕᎬᏩᏂᏂᏴᎮ ᎠᎴ ᏕᎬᏩᏂᏍᏚᏁ ᎤᎩᏨᏛ ᎢᎪᎯᏛ, ᎿᏉᏰᏃ ᎤᏒᎢ ᎨᏎᎢ.
4 ᎠᏎᏃ ᎤᏂᏣᏘ ᎧᏃᎮᏛ ᎤᎾᏛᎦᏅᎯ ᎤᏃᎯᏳᏁᎢ, ᎾᏍᎩᏃ ᎠᏂᏍᎦᏯ ᎯᏍᎩᎭ ᎢᏯᎦᏴᎵ
ᎾᏂᎡᎢ.
5 ᎯᎠᏃ ᏄᎵᏍᏔᏁ ᎤᎩᏨᏛ, ᎾᏍᎩ ᎤᏂᎬᏫᏳᎯ ᏧᎾᏤᎵ ᎠᎴ ᏗᏂᎳᏫᎩ ᎠᎴ ᏗᏃᏪᎵᏍᎩ,
6 ᎠᎴ ᎡᎾ ᏄᎬᏫᏳᏒ ᎠᏥᎸ-ᎨᎶᎯ, ᎠᎴ ᎧᏱᏆ ᎠᎴ ᏣᏂ ᎠᎴ ᎡᎵᎩ ᎠᎴ ᏂᎦᏛ ᏄᎬᏫᏳᏒ
ᎠᏥᎸ-ᎨᎶᎯ ᎪᎱᏍᏗ ᏧᏩᎤᏚᏂᎳᏫᏤ ᏥᎷᏏᎵᎻ.
7 ᎠᎴ ᎵᏃ ᏚᏂᎧᏅ ᎯᎠ ᏄᏂᏪᏎ ᏚᎾᏛᏛᏁᎢ; ᎦᎪ ᎤᎵᏂᎬᎬᎢ ᎠᎴ ᎦᎪ ᎦᏙᎥ ᎢᏍᏛᏔᏅ,
ᎯᎠ ᏂᏍᏓᏛᏁᎸ?
8 ᎿᏉᏃ ᏈᏓ ᎤᎧᎵᏨᎯ ᎨᏎ ᎦᎸᏉᏗᏳ ᎠᏓᏅᏙ, ᎯᎠ ᏂᏚᏪᏎᎴᎢ; ᎢᏥᎬᏫᏳᎯ ᏴᏫ
ᏧᎾᏤᎵᎦ ᎠᎴ ᎢᏏᎵ ᏗᏥᎳᏫᏤᎯ,
9 ᎢᏳᏃ ᎣᏍᏛ ᏃᏍᏓᏛᏁᎸᎢ ᎯᎠ ᎠᏲᎤᎵ ᎠᏍᎦᏯ, ᎢᏳᏍᏗ ᎬᏔᏅᎯ ᎨᏒ ᎠᏥᏅᏩᏅᎢ
ᎤᏗᎦᎵᏍᏙᏗᏍᎨᏍᏗ ᎪᎯ ᎢᎦ ᎢᎣᎩᎾᎵᏱᎵᎦᎮᏍᏗ,
10 ᎢᏥᎦᏔᎮᏍᏗ ᏂᎦᏛ, ᎠᎴ ᏂᎦᏛ ᎢᏏᎵ ᎠᏁᎯ ᎠᏂᎦᏔᎮᏍᏗ ᎾᏍᎩ ᎦᏅᏙᎥ ᏥᏌ ᎦᎶᏁᏛ
ᎾᏎᎵᏗ ᏤᎲᎩ, ᎾᏍᎩ ᏓᏓᎿᏩᏍᏛ ᏤᏣᏛᏅᎩ, ᎤᏁᎳᏅᎯ ᏥᏕᎤᎴᏔᏅ ᎤᏲᎱᏒᎢ, ᎾᏍᎩ
ᏄᏩᏂᏌᏅ ᎯᎠ ᎠᏍᎦᏯ ᎤᏗᏩᏒᎯ ᏥᏕᏙᎦ ᏕᏥᎧᏅᎢ.
11 ᎾᏍᎩᏍᎩᏂ ᎯᎠ ᏅᏯ ᏥᏥᏲᎢᏎᎸᎩ ᏗᏣᏁᏍᎨᏍᎩ; ᎾᏍᎩ ᎤᏅᏏᏴ ᏄᎬᏫᏳᏒ ᎠᏗ
ᏥᎸᎵᏍᏔᏅ.
12 ᎥᏝ ᎠᎴ ᎤᏩᏓᎴ ᎩᎶᎢ ᎠᎵᏍᏕᎸᏙᏗ ᎨᏒ ᏯᎭ, ᎥᏝᏰᏃ ᎤᏩᏓᎴ ᏕᎤᏙᎥ ᎦᎸᎶ ᎭᏫᏂᏗᏢ
ᏴᏫ ᎠᏁᎲ ᎠᎵᏍᎪᎸᏔᏅᎯ ᏱᎩ ᎢᏕᎵᏍᏕᎸᏙᏗ.
13 ᎤᎾᏙᎴᎰᏒᏃ ᏈᏓ ᎠᎴ ᏣᏂ ᎾᏂᏯᏕᎢᎲᎾ ᎨᏒᎢ, ᎠᎴ ᎤᎾᏓᏅᏖᎸ ᎪᏪᎵ ᏂᏓᏂᏏᎾᏒᎾ
ᎠᎴ ᎾᏂᎦᏔᎿᎥᎾ ᎨᏒᎢ, ᎤᏂᏍᏆᏂᎪᏎᎢ, ᎠᎴ ᏚᏃᎵᏤ ᎾᏍᎩ ᏥᏌ ᎤᏁᏙᎸᎯ ᎨᏒᎢ.
14 ᎠᏂᎪᏩᏘᏍᎨᏃ ᎠᏍᎦᏯ ᎠᏥᏅᏩᏅᎯ ᎢᏧᎳᎭ ᎠᏂᏙᎾᏒᎢ, ᎥᏝᏃ ᎪᎱᏍᏗ ᏫᎬᏩᎾᏛᏗ
ᏱᎨᏎᎢ.
15 ᎠᏎᏃ ᏚᏂᏁᏥᎸ ᎤᏂᏄᎪᎢᏍᏗᏱ ᏓᏂᎳᏫᎥᎢ ᎤᏅᏒ ᎨᏒ ᎤᎾᎵᏃᎮᎴᎢ,
16 ᎯᎠ ᏄᏂᏪᏎᎢ; ᎦᏙ ᏙᏓᏛᏁᎵ ᎯᎠ ᎠᏂᏍᎦᏯ, ᏄᏜᏏᏛᏒᎾᏰᏃ ᎤᏍᏆᏂᎪᏗ
ᏚᏂᏄᏫᏍᏓᏁᎸ ᎬᏂᎨᏒ ᏄᎾᎵᏍᏓᏁᎸ ᏂᎦᏛ ᏥᎷᏏᎵᎻ ᎠᏁᎯ, ᎠᎴ ᎥᏝ ᏰᎵ ᏴᎨᏓᏓᏱᎦ.
17 ᎠᏎᏃ ᎤᏣ ᎢᎦᎢ ᏧᏃᏣᎶᎢᏍᏗᏱ ᏂᎨᏒᎾ ᏴᏫ ᎠᏁᎲᎢ, ᎤᎵᏂᎩᏛᏯ ᏗᏗᏍᎦᎩ ᏗᏗᏁᏥ,
ᎪᎯ ᎢᏳᏓᎴᏅᏛ ᎯᎠ ᎾᏍᎩ ᏚᏙᎥ ᎠᏂᏁᎢᏍᏗᏍᎬ ᎩᎶ ᎤᏂᏬᏁᏙᏗᏱ ᏂᎨᏒᎾ.

18 ᏫᏚᏂᏯᏅᎲᏃ ᏚᏂᏁᏤᎴ ᏥᏌ ᏚᏙᎥ ᎤᏅᏙᏗᏱ ᎤᏂᏁᎢᏍᏗᏱ ᎠᎴ ᏧᎾᏕᏲᏗᏱ ᏂᎨᏒᎾ.
19 ᎠᏎᏃ ᏈᏓ ᎠᎴ ᏣᏂ ᎤᏂᏁᏨ ᎯᎠ ᏂᏚᏂᏪᏎᎴᎢ; ᎢᏳᏃ ᏚᏳᎪᏕᏍᏗ ᎤᏁᎳᏅᎯ
ᏙᏗᎧᏂᏍᎬᎢ ᏂᎯ ᎤᏟ ᎢᎦᎢ ᎢᏨᏯᏛᏓᏍᏓᏁᏗᏱ ᎡᏍᎦᏉ ᎤᏁᎳᏅᎯ, ᏗᏧᎪᏓ ᏂᎯ.
20 ᎥᏝᏰᏃ ᎤᏁᎳᎩ ᎦᏲᎩᏂᏰᎸᏗ ᏱᎩ, ᎣᎩᏂᏁᎢᏍᏙᏗᏱ ᏄᏍᏛ ᎣᎩᏂᎪᎲᎢ, ᎠᎴ
ᎣᎩᎾᏛᎦᏅᎢ.
21 ᎠᏏᏃ ᏙᎤᏂᏍᎦᏨ, ᏚᏂᎧᏁᎢ, ᎤᎾᏠᏤ ᎪᎱᏍᏗ ᎬᏩᏂᏍᏛᏗᏍᏗ ᎨᏒᎢ,
ᎤᏗᎦᎵᏍᏙᏗᏍᎨ ᎤᏂᏣᏘ ᏴᏫ, ᏂᎦᏛᏰᏃ ᎠᏂᎸᏉᏗᏍᎨ ᎤᏁᎳᏅᎯ, ᎤᏗᎦᎵᏍᏙᏗᏍᎨ
ᎾᏍᎩ ᏄᎵᏍᏔᏅᎢ.
22 ᎠᏍᎦᏯᏰᏃ ᎾᏍᎩ ᎤᏍᏆᏂᎪᏗ ᎢᏯᎬᏁᎸᎯ ᎠᏥᏅᏩᏅᎯ ᎤᎶᏒᏍᏗ ᏅᎦᏍᎪᎯ
ᎢᏳᏕᏘᏴᏛ ᏱᎨᏎᎢ.
23 ᏕᎨᏥᎧᏅᏃ ᎤᎾᎵᎪᏅᎯ ᏗᏂᏅ ᏭᏂᎶᏎᎢ, ᎠᎴ ᏭᏂᏃᎮᎴ ᏂᎦᎥ ᏂᎬᏩᏂᏪᏎᎸ ᏄᏂᎬᏫᏳᏒ
ᎠᏥᎸ-ᎠᏁᎶᎯ ᎠᎴ ᏗᏂᎳᏫᎩ.
24 ᎾᏍᎩᏃ ᎤᎾᏛᎦᏅ ᏌᏉ ᎢᎦᏚᏛ ᎤᏁᎳᏅᎯ ᎤᏂᏌᎳᏓᏁᎴ ᎠᏂᏁᎬᎢ, ᎯᎠ ᏄᏂᏪᏎᎢ;
ᏣᎬᏫᏳᎯ, ᏂᎯ ᏣᏁᎳᏅᎯ, ᏗᏦᏢᏅᎯ ᎦᎸᎶᎢ ᎠᎴ ᎡᎶᎯ ᎠᎴ ᎠᎺᏉᎯ ᎠᎴ ᏂᎦᏛ ᎾᎿ
ᎠᏁᎯ;
25 ᎯᏅᏏᏓᏍᏗ ᏕᏫ ᎠᎰᎵ ᏨᏔᏅᎯ ᎯᎠ ᎢᏳᏪᏛ ᏥᎩ; "ᎦᏙᏃ ᏧᎾᏓᎴᏅᏛ ᏴᏫ
ᎤᏂᏔᏔᏬᏎᎢ, ᎠᎴ ᏴᏫ ᎤᎾᏓᏅᏖᎴ ᎢᏳᎾᏛᏁᏗᏱ ᎾᏍᎩ ᎢᎬᏩᎵᏍᏙᏗ ᏂᎨᏒᎾ ᎨᏒᎢ.
26 ᎤᏂᎬᏫᏳᎯ ᎡᎶᎯ ᎠᏁᎯ ᏚᎾᎴᏅᎩ, ᎠᎴ ᎠᏰᎵᏧᏂᎸᏫᏍᏓᏁᎯ ᏚᏂᎳᏫᏨᎩ ᎠᎾᏈᏗᏍᎬ
ᎤᎬᏫᏳᎯ ᎠᎴ ᎠᎾᏈᏗᏍᎬ ᎤᏤᎵ ᎦᎶᏁᏛ."
27 ᎤᏙᎯᏳᎯᏯᏰᏃ ᎠᎾᏈᏗᏍᎬ ᎾᏍᎦᏅᎾ ᏤᏥ ᏥᏌ ᎾᏍᎩ ᎯᎶᏁᏛ ᎢᏧᎳ ᎡᎶᏛ ᎠᎴ
ᏆᏂᏗ ᏆᎴᏗ ᎠᎴ ᏴᏫ ᏧᎾᏓᎴᏅᏛ ᎠᎴ ᎢᏏᎵ ᏴᏫ ᏚᏂᎳᏫᏨᎩ,
28 ᎢᏳᎾᏛᏁᏗᏱ ᏂᎦᎥ ᏦᏰᏂ ᎠᎴ ᎭᏓᏅᏖᏍᎬ ᎦᏳᎳ ᏗᏧᎪᏔᏅᎯ ᏥᎨᏎ ᎾᏍᎩ
ᎢᏳᎵᏍᏙᏗᏱ.
29 Ꭷ ᏣᎬᏫᏳᎯ, ᎿᏉ, ᏔᎧᏅᎦ ᎪᎩᏍᎦᎬ ᏣᏂᏁᎦ, ᎠᎴ ᏔᎵᏍᎪᎸᏓᏏ ᏗᏅᏏᏓᏍᏗ
ᎤᏍᏗᎤᏅ ᎾᏂᏍᎦᎢᎲᎾ ᎢᏳᎵᏍᏙᏗᏱ ᏔᏁᏨ ᎠᏂᏃᎮᏍᎬᎢ,
30 ᎭᏙᏯᎯᏗᏍᎬ ᎦᎯᏅᏫᏍᎬᎢ ᎠᎴ ᎤᏰᎸᏛᎢ ᎠᎴ ᎤᏍᏆᏂᎪᏗ ᏚᏂᎸᏫᏍᏓᏁᎲ ᎠᏅᏗᏍᎬ
ᏕᎤᏙᎥ ᏥᏌ ᎾᏍᎦᏅᎾ ᏤᏥ.
31 ᎤᎾᏓᏙᎵᏍᏔᏅᏃ ᎤᎵᏖᎸᏁ ᎾᎿ ᏓᏂᎳᏫᎥᎢ, ᏂᎦᏛᏃ ᏚᏂᎧᎵᏤ ᎦᎸᏉᏗᏳ ᎠᏓᏅᏙ, ᎠᎴ
ᎾᏂᏍᎦᎢᎲᎾ ᎤᏂᏃᎮᎴ ᎧᏃᎮᏛ ᎤᏁᎳᏅᎯ ᎤᏤᎵᎦ.
32 ᏂᎦᏛᏃ ᎤᏂᏣᏘ ᎨᏒ ᎤᏃᎯᏳᏅᎯ ᏌᏉᏉ ᏄᏅᏁ ᏧᏂᎾᏫ ᎠᎴ ᏧᎾᏓᏅᏙ; ᎥᏝ ᎠᎴ ᎩᎶ
ᎠᏋᏒ ᎠᏆᏤᎵ ᏯᏗᏍᎨ ᎪᎱᏍᏗ ᎤᎲᎢ, ᎠᏰᎵᏉᏰᏃ ᏄᏅᏁᎢ ᏂᎦᎥ ᎪᎱᏍᏗ.
33 ᎤᎵᏂᎩᏗᏳᏃ ᎾᏂᏪᏍᎨ ᎨᏂᏪᏍᎨ ᎨᏥᏅᏏᏛ ᎬᏂᎨᏒ ᎾᏅᏁᎲ ᏕᎤᎴᎯᏌᏅ ᎤᎬᏫᏳᎯ
ᏥᏌ; ᏂᎦᏛᏃ ᎤᏣᏘ ᎣᏏᏳ ᎨᎦᏓᏅᏖᏍᎨᎢ.

34 ᎥᏝ ᎠᏎ ᎩᎶ ᏳᏓᏱ ᏳᏂᎬᎨᎢ, ᎾᏂᎥᏰᏃ ᏕᏓ ᎠᏎ ᏓᏓᏁᎸ ᏧᏂᎮ ᏚᏂᎾᏗᏅᏒᎢ, ᎾᏍᎩᏃ
ᏅᏂᎾᏗᏅᏛ ᏧᎬᏩᎳᏅᎯ ᏅᏂᏲᏎᎢ,
35 ᎠᏎ ᏅᏂᏁ ᎨᏥᏅᏏᏛ ᏧᎾᏘᏰᏍᎨᏗ, ᎾᏂᎥᏃ ᎾᏍᎩᏯ ᏅᏂᏂᎬᏎᎲ ᎨᏥᏯᏙᎮᎮᎢ.
36 ᏦᏎᏃ ᎨᏥᏅᏏᏛ ᏆᏂᏆ ᏥᏚᏃᎡᎢ, ᎾᏍᎩ ᏕᏛᎬ ᏑᏍᏛ ᎠᏓᏅᏓᏗᏍᏗ ᏅᏬᏥ, ᎠᎵᎾ ᏌᏊ
ᏅᏍᏅᎯ,
37 ᏕᏓ ᏅᎮᎢ, ᏅᎾᏗᏅᏒᎢ, ᎠᏎ ᎠᏍᏓ ᏚᏲᏎᎢ, ᎠᏎ ᎾᏍᎩ ᏍᏅᏁ ᎨᏥᏅᏏᏛ
ᏧᎾᏘᏰᏍᎨᏗ.

ᎠᏯᏙᎸᎢ 5

1 ᎩᎶᏃ ᎢᏳᏍᏗ ᎠᏍᎦᏯ ᎡᏂᎾᏯ ᏧᏙᎢᏛ, ᎤᏓᎵᎢᏃ ᏌᏉᎵ ᎤᏂᎾᏗᏅᏎ ᎫᎱᏍᏗ ᎤᏂᎲᎢ,
2 ᎠᎴ ᎤᎯᏰ ᎢᎦᏛ ᏧᎬᏩᎳᏅᎯ, ᎠᎴ ᎤᏓᎵᎢ ᎾᏍᏉ ᎠᎦᏔᎮᎢ; ᎤᏲᎴᏃ ᎢᎦᏛ, ᎠᎴ
ᎨᏥᏅᏏᏛ ᏧᎾᎳᏏᏕᏄᎶᏗ ᎤᏁᎢ.
3 ᏈᏓᏃ ᎯᎠ ᏄᏪᏎᎢ; ᎡᏂᎾᏯ, ᎦᏙᏃ ᏎᏓᏂ ᏣᎾᏫ ᎢᏣᎧᎵᎡᎸ, ᎯᏯᏥᎪᏁᏗᏱ ᎦᎸᏉᏗᏳ
ᎠᏓᏅᏙ, ᎠᎴ ᏣᎬᏩᎳᏅᎯ.
4 ᏥᏅᏩᏍᏛᏉ ᏝᏍᎪ ᏣᏤᎵᎦᏯ ᏱᎨᏎᎢ? ᏣᎾᏗᏅᏃ ᏝᏍᎪ ᏱᏣᎮ ᎭᏓᏅᏖᏍᎬᏉ
ᎢᏨᏁᏗᏱ? ᎦᏙᏃ ᎯᎠ ᎾᏍᎩ ᏂᏅᏍᏗ ᎢᏦᏢᏅ ᏣᎾᏫᏱ? ᎥᏝᏍᎩᏂ ᏴᏫᏉ ᏱᎩᏯᏥᎪᏁᎸ,
ᎤᏁᎳᏅᎯᏍᎩᏂ ᎯᏯᏥᎪᏁᎸ.
5 ᎡᏂᎾᏯᏃ ᎾᏍᎩ ᎤᏛᎦᏅ ᎤᏅᏤ ᎠᎴ ᎤᎵᏍᏆᏕᎴᎢ. ᎾᏂᎥᏃ ᎾᏍᎩ ᏄᎵᏍᏔᏅᎢ
ᎤᎾᏛᎦᏅᎯ ᎤᏣᏔᏅᎯ ᎤᏂᎾᏰᏎᎢ.
6 ᎠᏂᏫᏅᏃ ᏚᎾᎴᏁ ᎠᎴ ᎤᏂᏣᏄᎳᏁᎢ, ᎤᏂᎾᏫᏛᎲᏃ ᏭᏂᏂᏌᏁᎢ.
7 ᏦᎢᎭᏃ ᎢᏳᏟᎶᏛ ᎢᏴᏛ ᎿᏂ ᎤᏓᎵᎢ ᎤᏴᎵᎴᎢ, ᎾᎦᏔᎲᎾ ᎨᏎ ᏄᎵᏍᏔᏅᎢ,
8 ᏈᏓᏃ ᎯᎠ ᏂᎤᏪᏎᎴᎢ; ᏍᎩᏃᎲᏏ, ᏥᏌ ᎾᏍᎩᏉ ᎢᎦᎢ ᏕᏍᏓᎬᏩᏁᎴ ᎾᏍᎩ ᏚᏙᎯ?
ᎯᎠᏃ ᏄᏪᏎᎢ; ᎥᎥ, ᎾᏍᎩᏉ ᎢᎦᎢ.
9 ᎿᏉᏃ ᏈᏓ ᎯᎠ ᏄᏪᏎᎴᎢ; ᎦᏙᏃ ᏥᏍᏓᎵᎪᏅ ᎡᏍᏗᎪᎵᏰᏗᏱ ᎤᎬᏫᏳᎯ ᎤᏤᎵ ᎠᏓᏅᏙ?
ᎬᏂᏳᏉ ᎠᏉ ᎦᎶᎯᏍᏗᏱ ᏧᎾᎳᏏᏚᏂ ᏣᏰᎯ ᎬᏩᏂᏌᏅᎯ, ᎾᏍᎩᏃ ᏂᎯ ᏛᎨᏣᎾᏫᏛᎯ.
10 ᎩᎳᏉᏃ ᎢᏴᏛ ᏧᎳᏏᏕᏄᎶᏗ ᎤᏅᏤᎢ, ᎠᎴ ᎤᎵᏍᏆᏕᎴᎢ. ᎠᏂᏫᏅᏃ ᎤᏂᏴᎸ
ᎤᏂᏩᏛᎮ ᎤᏲᎱᏒᎯ ᎢᎨᏎᎢ, ᎤᏂᎾᏫᏛᎲᏃ ᏭᏂᏂᏌᏁ ᎤᏰᎯ ᏫᏚᏅᎢ.
11 ᏂᎦᏛᏃ ᏧᎾᏁᎶᏗ ᎤᎾᏓᏡᎬ ᎤᏣᏔᏅᎯ ᎤᏂᎾᏰᏎᎢ, ᎠᎴ ᎾᏍᏉ ᏂᎦᏛ ᎯᎠ ᎾᏍᎩ
ᏄᎵᏍᏔᏅ ᎠᎾᏛᎩᏍᎩ.
12 ᎨᏥᏅᏏᏛᏃ ᎤᏣᏘ ᎤᏰᎸᏛ ᎠᎴ ᎤᏍᏆᏂᎪᏗ ᏚᏂᎸ ᏫᏍᏓᏁᎮ ᏴᏫ ᎠᏁᎲᎢ. ᏂᎦᏛᏃ
ᏌᏉ ᎢᎦᎦᏛ ᎠᏂᏁ ᏐᎵᎹᏅ ᎤᏤᎵ ᎠᏲᏓᏝᎲᎢ.
13 ᎠᏂᏐᎢᏃ ᎠᏂᏍᎦᎢᎮ ᎬᏩᎾᎵᎪᏁᏗᏱ; ᎤᏂᏣᏘᏍᎩᏂ ᏴᏫ ᎬᏩᏂᎸᏉᏗᏳ ᎨᏎᎢ.
14 ᎠᏃᎯᏳᎲᏍᎩᏃ ᎤᏟ ᏂᎦᎡ ᎬᏩᏁᏉᏤᎴ ᎤᎬᏫᏳᎯ, ᎤᏂᏣᏔᏅᎯ ᎨᏎ ᎠᏂᏍᎦᏯ ᎠᎴ
ᎠᏂᎨᏴ.
15 ᏚᎹᏅᏛᏰᏃ ᏓᏂᏃᎯᎮ ᏧᏂᏢᎩ, ᏗᏤᏍᏙ ᎠᎴ ᏗᎦᏂᏟ ᏓᏂᏢᏗᏍᎨᎢ ᎾᏍᎩ ᎤᏓᏩᏗᏍᏛᏉ
ᎾᏍᏉ ᏈᏓ ᎠᎢᏒᎢ ᎢᎦᏛ ᎤᏄᏢᏙᏗᏱ.
16 ᎾᏍᏉᏃ ᎤᏂᏣᏘ ᏕᎦᏚᏩᏗᏒ ᎤᏓᏩᏂᎶᏒᎯ ᏥᎷᏏᎵᎻ ᎠᏂᎷᎨᎢ, ᏓᎾᏘᏃᎯᎮ ᏧᏂᏢᎩ ᎠᎴ
ᎠᏂᏍᎩᎾ ᎬᏩᏂᏱᎵᏙᎯ; ᏂᎦᏛᏃ ᏕᎨᏥᏅᏩᏁᎢ.
17 ᎿᏉᏃ ᏄᎬᏫᏳᏒ ᎠᏥᎸ-ᎨᎶᎯ ᏚᎴᏅ ᎠᎴ ᏂᎦᏛ ᎬᏩᎵᎪᏁᎯ, ᎾᏍᎩ ᎠᏂᏌᏚᏏ ᏧᎾᏙᎢᏛ
ᏥᎩ, ᎤᏂᎧᎵᏤ ᎤᏂᏔᎳᏬᏍᎬᎢ;
18 ᎠᎴ ᏚᏂᏂᏴᎮ ᎨᏥᏅᏏᏛ ᎠᎴ ᏗᏓᏍᏚᏗᏱ ᏚᏂᏴᏔᏁᎢ.

19 ᎠᏎᏃ ᏗᎧᎿᏩᏗᏙᎯ ᎤᎬᏫᏳᎯ ᎤᏤᎵᎦ ᎡᏃᏱ ᏚᏍᏚᏎ ᏗᏓᏍᏚᏗᏱ ᎦᎶᎯᏍᏗᏱ,
ᏚᏄᎪᏫᏒᏃ ᎯᎠ ᏄᏪᏎᎢ;
20 ᎢᏤᎾ, ᎤᏛᏅ-ᏗᎦᎳᏫᎢᏍᏗᏱ ᏫᏣᎴᎲᎦ ᎠᎴ ᏫᏗᏥᏌᏁᏓ ᏴᏫ ᏫᏗᏥᏃᎲᏏ ᏂᎦᏛ
ᎧᏃᎮᏛ ᎯᎠ ᎾᏍᎩ ᎬᏂᏛ ᎤᎬᏩᎵ.
21 ᎾᏍᎩᏃ ᎤᎾᏛᎦᏅ ᎩᎳ ᏧᎩᏥᏍᎪᎢ ᏭᏂᏴᎴ ᎤᏛᏅ-ᏗᎦᎳᏫᎢᏍᏗᏱ ᎠᎴ ᏚᎾᏕᏲᏁᎢ.
ᎠᏎᏃ ᏄᎬᏫᏳᏒ ᎠᏥᎸ-ᎨᎶᎯ ᎤᎷᏨ, ᎠᎴ ᎾᏍᎩ ᎬᏩᎵᎪᏁᎯ, ᏚᏂᏟᏌᏁ ᏗᏂᎳᏫᎩ, ᎠᎴ
ᏂᎦᏛ ᏄᏂᎬᏫᏳᏌᏕᎩ ᎢᏏᎵ ᏧᏪᏥ ᏧᎾᏤᎵᎦ, ᎠᎴ ᏫᏓᏯᏅᎲ ᎤᎾᏓᏅᏎ ᏗᏓᏍᏚᏗᏱ.
22 ᎠᏎᏃ ᏗᎾᏓᏂᏱᏍᎩ ᏭᏂᎷᏨ ᏫᏚᎾᏌᏤ ᏗᏓᏍᏚᏗᏱ, ᏗᎤᎾᏨᏒᏃ ᎤᏂᏃᏁᎢ,
23 ᎯᎠ ᏄᏂᏪᏎᎢ; ᏗᏓᏍᏚᏗᏱ ᎤᏙᎯᏳᎯ ᎣᎩᏩᏛᎲ ᎤᎵᏂᎩᏗᏳ ᎠᏍᏚᎲᎩ, ᎠᎴ
ᎠᏂᎦᏘᏯ ᎠᏂᏙᎾᎥ ᏙᏱᏗᏢ ᎦᎶᎯᏍᏗᏳᎶᏗ, ᎠᏎᏃ ᎣᎩᏍᏚᎢᏒ ᎥᏝ ᎩᎶ ᏲᏥᏩᏛᎮ ᏱᏯᏒᎢ.
24 ᎿᏉᏃ ᎠᏥᎸ-ᎨᎶᎯ ᎠᎴ ᎣᏍᏛ ᎢᏳᏩᎿᎦᎩ ᎤᏛᏅ-ᏗᎦᎳᏫᎢᏍᏗᏱ, ᎠᎴ ᏄᏂᎬᏫᏳᏒ
ᎠᏥᎸ-ᎠᏁᎶᎯ, ᎾᏍᎩ ᎯᎠ ᏄᏂᏪᏒ ᎤᎾᏛᎦᏅ, ᎾᏍᎩ ᎤᎾᏓᏅᏖᎳᏁᎢ, ᎭᏢ ᏮᏛᏍᏗᏥ
ᎯᎠ, ᎤᏁᎵᏎᎢ.
25 ᎿᏉᏃ ᎩᎶ ᎤᎷᏤ ᎤᏂᏃᏁᎴ ᎯᎠ ᏄᏪᏎᎢ; ᎬᏂᏳᏉ ᎾᏍᎩ ᎠᏂᏍᎦᏯ ᏗᏓᏍᏚᏗᏱ
ᏥᏕᏥᏴᏔᏅᎩ ᎠᏂᏯᎠ ᎤᏛᏅ-ᏗᎦᎳᏫᎢᏍᏗᏱ, ᎠᏂᏙᎾᎠ, ᎠᎴ ᏓᏁᏲᎲᏍᎦ ᏴᏫ.
26 ᎿᏉᏃ ᎣᏍᏛ ᎢᏳᏩᎿᎦᎩ ᎠᎴ ᏗᎾᏓᏂᏱᏍᎩ ᎬᏍᎦᎢᏍᏓᎩ ᏂᏚᏅᏁᎸᎾ ᏫᏚᏂᏯᏅᎮᎢ;
ᏓᏂᏍᎦᎢᎮᏰᏃ ᎤᏂᏣᏘ, ᏅᏯ ᏱᎦᎪᎬᏂᏍᏓ ᎠᏁᎵᏍᎨᎢ.
27 ᏚᎾᏘᏃᎸᏃ ᏕᎦᎳᏫᎥ ᎢᎬᏱᏗᏢ ᏑᏂᎧᏁᎢ. ᏄᎬᏫᏳᏒᏃ ᎠᏥᎸ-ᎨᎶᎯ ᏚᏛᏛᏁᎢ,
28 ᎯᎠ ᏄᏪᏎᎢ; ᏝᏍᎪ ᎤᎵᏂᎩᏛᏯ ᏱᏨᏅᏍᏓᏕᎴ ᏗᏣᏕᏲᏗᏱ ᎯᎠ ᎾᏍᎩ ᏕᎤᏙᎥ
ᎢᏨᏙᏗᏱ? ᎬᏂᏳᏉᏃ ᏕᏣᏕᏲᎲᏍᎬ ᏥᎷᏏᎵᎻ ᎢᏥᎧᎵᎢᏍᏔᏅ, ᎠᎴ ᎾᏍᎩ ᎠᏍᎦᏯ ᎤᎩᎬ
ᎣᎩᏍᏛᏗᏍᏗᏱ, ᎢᏥᏰᎸᎭ.
29 ᏈᏓᏃ ᎠᎴ ᎨᏥᏅᏏᏛ ᎤᏂᏁᏨ ᎯᎠ ᏄᏂᏪᏎᎢ; ᎤᏁᎳᏅᎯ ᎣᏦᎯᏳᏗ, ᎥᏝᏃ ᏴᏫ.
30 ᎤᏁᎳᏅᎯ ᏗᎩᏙᏓ ᎤᎾᏤᎵᎦ ᏕᎤᎴᏔᏅ ᏥᏌ, ᎾᏍᎩ ᏤᏥᎸᎩ ᎨᏛ ᏤᏣᏛᏅᎩ.
31 ᎾᏍᎩ ᎤᏁᎳᏅᎯ ᎤᏌᎳᏓᏅ ᎠᎦᏘᏏ ᎤᏬᏰᏂ ᎤᏩᏔᏅ, ᎤᎬᏫᏳᎯ ᎠᎴ ᎠᏓᏍᏕᎵᏍᎩ
ᎢᏳᎵᏍᏙᏗᏱ, ᎢᏏᎵ ᏧᏁᏗᏱ ᏧᏂᏁᏟᏴᏍᏗᏱ ᏚᎾᏓᏅᏛᎢ, ᎠᎴ ᏕᎨᏥᏁᏗᏱ ᎤᏂᏍᎦᏅᏨᎢ.
32 ᎠᏴᏃ ᏧᏤᎵ ᎣᏥᏃᎮᏍᎩ ᎾᏍᎩ ᎯᎠ ᏄᏍᏛᎢ, ᎠᎴ ᎾᏍᏉ ᎦᎸᏉᏗᏳ ᎠᏓᏅᏙ ᎾᏍᎩ
ᎤᏁᎳᏅᎯ ᏧᏁᎸᎯ ᏥᎩ ᎬᏬᎯᏳᎲᏍᎩ.
33 ᎾᏍᎩᏃ ᎤᎾᏛᎦᏅ ᏚᏂᏘᎴ ᏧᏂᎾᏫᏱ, ᎠᎴ ᏧᏂᎯᏍᏗᏱ ᎤᏂᏱᎵᏙᎴᎢ.
34 ᎿᏉᏃ ᏕᎦᎳᏫᎥᎢ ᎩᎶ ᎢᏳᏍᏗ ᏚᎴᏁ ᎠᏆᎵᏏ ᎨᎹᎵ ᏧᏙᎢᏛ ᏗᎧᎿᏩᏛᏍᏗ ᏗᎪᏏᏏᏍᎩ
ᎾᏂᎥ ᏴᏫ ᎬᏩᎸᏉᏗ, ᎠᎴ ᎤᏁᏤ ᎨᏥᏅᏏᏛ ᏞᎦ ᏧᏂᎧᎲᏍᏗᏱ.
35 ᎯᎠᏃ ᏂᏚᏪᏎᎴᎢ; ᎢᏥᏍᎦᏯ ᎢᏏᎵ ᏧᏪᏥ ᎢᏤᏯᏔᎮᏍᏗ ᏄᏍᏛ ᎢᏣᏓᏅᏖᏍᎬ
ᎢᏗᏳᏁᏗᏱ ᎯᎠ ᎠᏂᏍᎦᏯ.

36 ᎢᎸᎯᏳᏰᏃ ᏧᎾᏄᎪᏤ ᏚᏓᏏ ᎩᎶ ᏧᏤᎸᏎᎢ, ᎠᏂᏍᎦᏯ ᏅᎩᏧᏈ ᎢᏴᏛ ᎢᏯᏂᏛ
ᏥᎬᏩᎵᎪᏁᎴᎢ, ᎾᏍᎩ ᏣᏥᎴᎢ, ᎠᎴ ᏂᎦᏛ ᎾᏍᎩ ᎬᏬᎯᏳᏅᎯ ᏧᎾᏗᎦᎴᏲᏤ ᎠᎴ
ᏥᏫᎬᏩᏂᏲᏙᎴᏉ.
37 ᎣᏂᏃ ᏧᎾᏄᎪᏤ ᏧᏓᏏ ᎨᎵᎵ ᎡᎯ ᏣᎾᏎᎵᏙᎮ ᎢᏳᎢ, ᎠᎴ ᎤᏂᏣᏘ ᏴᏫ ᏥᏚᏘᎿᏫᏛᎮᎢ,
ᎾᏍᎩᏃ ᎾᏍᏉ ᏥᎤᏲᎱᏎᎢ ᎠᎴ ᏂᎦᏛ ᎾᏂᎥ ᎬᏬᎯᏳᏅᎯ ᏧᎾᏗᎦᎴᏲᏤᎢ.
38 ᎿᏉᏃ ᎯᎠ ᏂᏨᏪᏎᎭ, ᏞᏍᏗ ᏗᏣᎵᏌᏔᏁᎸ ᎯᎠ ᎠᏂᏍᎦᏯ, ᎤᎾᏁᎳᎩ ᏗᏤᎵᏏ,
ᎢᏳᏰᏃ ᎯᎠ ᎠᎾᏓᏅᏖᏍᎬ ᎠᎴ ᏚᏂᎸᏫᏍᏓᏁᎲ ᏴᏫᏉ ᎤᏓᏳᏓᎴᏅᎯ ᎢᎨᏎᏍᏗ,
ᎤᏲᏥᏓᏍᏗᏉ;
39 ᎤᏁᎳᏅᎯᏍᎩᏂ ᎤᏓᏳᏓᎴᏅᎯ ᎢᎨᏎᏍᏗ, ᎥᏝ ᏰᎵ ᏴᎨᏥᏲᏍᏓ; ᏯᎵᎦᏚᏓᎩᏰᏃ
ᎤᏁᎳᏅᎯᏉ ᏤᏣᏟᏴᎡᎯ ᎨᏒᎢ.
40 ᎾᏍᎩᏃ ᎬᏬᎯᏳᏁᎢ; ᏫᏚᏂᏯᏅᎲᏃ ᎨᏥᏅᏏᏛ ᎠᎴ ᏚᏂᎵᎥᏂᎸ, ᏚᏂᏅᏍᏓᏕᎴ ᏥᏌ ᏚᏙᎥ
ᎤᏂᏁᎢᏍᏙᏗᏱ, ᎠᎴ ᏚᏂᎧᏁᎢ.
41 ᎤᏂᏄᎪᏤᏃ ᏕᎦᏔᏫᎥᎢ ᎠᎾᎵᎮᎵᎨ ᏰᎵ ᎤᏕᎰᎯᏍᏗ ᎢᎬᏩᎾᎵᏍᏓᏁᏗ ᎨᏒ ᎾᏍᎩ ᏕᎤᏙᎥ
ᎤᏗᎦᎵᏍᏙᏍᎬᎢ.
42 ᏂᏚᎩᏨᏂᏒᏃ ᎤᏛᏅ-ᏗᎦᎳᏫᎢᏍᏗᏱ ᎠᎴ ᏓᏓᏁᎳᏗᏒ ᎾᏂᏑᎵᎪᎬᎾ ᎨᏎ ᏓᎾᏕᏲᎲᏍᎨ ᎠᎴ
ᎠᎾᎵᏥᏙᎲᏍᎨ ᎣᏍᏛ ᎧᏃᎮᏛ ᏥᏌ ᎦᎶᏁᏛ ᎤᎬᏩᎵ.

ᎠᏯᏙᎸᎢ 6

1 ᎾᎯᏳᏃ ᎠᏃᎯᏳᎲᏍᎩ ᎤᏂᏣᏔᏅ, ᎠᏂᎪᎢ ᎤᏂᏬᏂᎯᏍᏗ ᎠᏂᏬᏂᏍᎩ ᎪᎱᏍᏗ ᏓᏃᏎᎮ
ᎠᏂᏈᎷ, ᎤᏗᎦᎵᏍᏙᏗᏍᎨ ᏂᎨᎦᎦᏌᏯᏍᏛᎾ ᎨᏒ ᏧᎾᏤᎵ ᎠᏂᎨᏴ ᏧᏃᏑᎶᏨᎯ ᏂᏚᎩᏨᏂᏒ
ᎠᏂᏯᏙᎯᎲᎢ.
2 ᎿᏉᏃ ᏔᎳᏚ ᎢᏯᏂᏛ ᎤᏂᏣᏘ ᎠᏃᎯᏳᎲᏍᎩ ᏫᏚᏂᏯᏅᎲ ᎯᎠ ᏄᏂᏪᏎᎢ; ᎥᏝ ᏚᏳᎪᏛ
ᏱᎦᎩ ᎢᏳᏃ ᏱᏙᎩᏲᏍᎦ ᎤᏁᎳᏅᎯ ᎤᏤᎵ ᎧᏃᎮᏛ ᏕᎦᏍᎩᎸᏃ ᏱᏙᎩᎸᏫᏍᏓᏁᎭ.
3 ᎾᏍᎩ ᎢᏳᏍᏗ, ᎢᏓᏓᏅᏟ, ᎢᏨᏒ ᎢᏣᏓᏡᎬ ᏗᏣᏑᏯᎩ ᎦᎵᏉᎩ ᎢᏯᏂᏛ ᎠᏂᏍᎦᏯ ᎣᏍᏛ
ᎨᏥᏃᎮᏍᎩ ᎤᏂᎧᎵᏨᎯ ᎦᎸᏉᏗᏳ ᎠᏓᏅᏙ ᎠᎴ ᎠᏂᎦᏔᎾᎢ, ᎾᏍᎩ ᎯᎠ ᏧᏂᎸᏫᏍᏓᏁᏗᏱ
ᏗᎦᏲᏥᏁᏤᏗ.
4 ᎠᏴᏍᎩᏂ ᏂᎦᎯᎸ ᎠᏓᏙᎵᏍᏙᏗ ᎨᏒ ᎠᎴ ᎧᏃᎮᏛ ᏙᏓᏲᎩᎸᏫᏍᏓᏁᏗ.
5 ᎾᏍᎩᏃ ᏄᏂᏪᏒᎢ ᎣᏏᏳ ᎤᏂᏰᎸᏁ ᏂᎦᏛ ᎤᏂᏣᏘ ᎨᏒᎢ; ᎠᎴ ᎤᎾᏑᏰᏎ ᏍᏗᏫ, ᎠᏍᎦᏯ
ᎤᎧᎵᏨᎯ ᎤᏬᎯᏳᏒ ᎠᎴ ᎦᎸᏉᏗᏳ ᎠᏓᏅᏙ, ᎠᎴ ᏈᎵᎩ ᎠᎴ ᏉᎪᎳ ᎠᎴ ᎾᎨᎾ ᎠᎴ
ᏔᎼᏂ ᎠᎴ ᏆᎻᎾ ᎠᎴ ᏂᎩ ᎥᏘᎣᎩ ᎡᎯ ᎠᏂᏧᏏ ᏧᎵᎪᏁᎸᎯ;
6 ᎾᏍᎩᏃ ᎨᏥᏅᏏᏛ ᎠᏂᏅ ᎢᎬᏱᏗᏢ ᏚᏂᎧᏁᎢ; [ᎨᏥᏅᏛᏃ] ᎤᎾᏓᏙᎵᏍᏔᏅ ᏚᎾᏏᏔᏕᎢ.
7 ᎧᏃᎮᏛᏃ ᎤᏁᎳᏅᎯ ᎤᏤᎵ ᎧᏁᏉᎨᎢ, ᎾᏂᎥᏃ ᎠᏃᎯᏳᎲᏍᎩ ᎤᏣᏘ ᎠᏂᏁᏉᎨ
ᏥᎷᏏᎵᎻ, ᎤᏂᏣᏖᏃ ᎠᏥᎸᎠᏁᎶᎯ ᎤᏃᎯᏳᏁ ᎪᎯᏳᏗ ᎨᏒᎢ.
8 ᏍᏗᏫᏃ ᎤᎧᎵᏨᎯ ᎤᏬᎯᏳᏒ ᎠᎴ ᎤᎵᏂᎬᎬ ᎤᏣᏔ ᎤᏍᏆᏂᎪᏗ ᎠᎴ ᎤᏰᎸᏛ
ᏚᎸᏫᏍᏓᏁᎮ ᏴᏫ ᎠᏁᎲᎢ.
9 ᎿᏉᏃ ᏚᎾᎴᏁ ᎩᎶ ᎢᏳᎾᏍᏗ ᏗᎦᎳᏫᎢᏍᏗᏱ ᎠᏁᎳ ᎠᏂᎵᏆᏗᏂ ᏥᏂᎳᏫᎢᏍᏗᏱ ᏥᏚᏙᎥ,
ᎠᎴ ᏌᎵᏂ ᎠᏂᎯ, ᎠᎴ ᎡᎵᏱᎩ ᎠᏁᎯ, ᎠᎴ ᏏᎵᏏᏱ ᎠᏁᎯ, ᎠᎴ ᎡᏗᏱ ᎠᏁᎯ,
ᎤᎾᎵᏃᎮᏔᏁᏍᏗᏫ.
10 ᎥᏝᏃ ᏰᎵ ᎬᏩᏂᏐᎷᎩᏍᏗ ᏱᎨᏎ ᎠᏏᎾᏌᏅ ᎠᎴ ᎠᏓᏅᏙ ᎦᎬᏗᏍᎬ ᎦᏬᏂᏍᎬᎢ.
11 ᎿᏉᏃ ᏚᏂᏅᏎ ᎠᏂᏍᎦᏯ ᎾᏍᎩ ᎯᎠ ᎢᏯᏂᏪᏍᎩ; ᏱᏣᏛᎦᏁᎸ ᎾᏍᎩ ᎧᏁᎬᎢ
ᎠᏐᏢᎢᏍᏗᏍᎬ ᎼᏏ ᎠᎴ ᎤᏁᎳᏅᎯ.
12 ᏚᏂᏖᎸᏁᏃ ᎤᏂᏣᏘ ᏴᏫ ᎠᎴ ᏗᏂᎳᏫᎩ ᎠᎴ ᏗᏃᏪᎵᏍᎩ, ᎤᏂᏃᎴᏃ ᎠᎴ ᎤᏂᏂᏴᎮ ᎠᎴ
ᏕᎦᎳᏫᎥ ᎤᎾᏘᏃᎴᎢ.
13 ᎦᏰᎪᎩᏃ ᎠᏂᏃᎮᏍᎩ ᏚᏂᎧᏁᎢ, ᎾᏍᎩ ᎯᎠ ᎢᏯᏂᏪᏍᎩ; ᎯᎠ ᎠᏍᎦᏯ Ꮭ ᏯᏑᎵᎪᎦ
ᎧᏁᎬ ᎠᏐᏢᎢᏍᏗᏍᎬ ᎯᎠ ᎾᏍᎩ ᎦᎸᏉᏗᏳ ᎨᏒ ᎠᎴ ᏗᎧᎿᏩᏛᏍᏗ.
14 ᎣᎦᏛᎦᏅᏰᏃ ᎯᎠ ᏂᎧᏪᏍᎬᎩ; ᎾᏍᎩ ᎯᎠ ᏥᏌ ᎾᏎᎵᏗ ᏤᎲᎩ ᏛᏲᏍᏔᏂ ᎠᏂ, ᎠᎴ
ᏓᎦᏁᏟᏴᏏ ᎢᏯᏛᏁᎵᏓᏍᏗ ᎾᏍᎩ ᎼᏏ ᎢᎩᏁᎸᎯ.
15 ᏂᎦᏛᏃ ᏕᎦᎳᏫᎥ ᎠᏂᏂ ᎤᏯᏅᎡᎯ ᏓᏂᎧᏅ ᎤᏂᎪᎮ ᎤᎧᏛ ᏗᎧᎿᏩᏗᏙᎯ ᎤᎧᏛ ᎾᏍᎩᏯ
ᎨᏎᎢ.

ᎠᏯᏙᎸᎢ 7

1 ᏄᎬᏫᏳᏒᏃ ᎠᏥᎸ-ᎨᎶᎯ ᎯᎠ ᏄᏪᏎᎢ; ᎾᏍᎩᏍᎪ ᎤᏃᎯᏳᎯ ᏄᏍᏗ?

2 [ᏍᏗᏫᏃ] ᎯᎠ ᏄᏪᏎᎢ; ᎢᏥᏍᎦᏯ ᎢᏓᏓᏅᏟ ᎠᎴ ᏗᎩᏙᏓ, ᎢᏣᏛᏓᏍᏓ. ᎤᏁᎳᏅᎯ
ᎠᏥᎸᏉᏗ ᎬᏂᎨᏒ ᏄᏛᏁᎴ ᎢᎩᏙᏓ ᎡᏆᎭᎻ ᎾᏍᎩ ᎾᎯᏳ ᎺᏌᏆᏕᎻ ᏤᎮᎢ, ᎠᏏᏉ ᎨᎳᏂ
ᎾᏁᎳᏗᏍᎬᎾ ᏥᎨᏎᎢ;

3 ᎯᎠᏃ ᏄᏪᏎᎴᎢ; ᏣᏤᎵᎪᎯ ᎯᏄᎪᎢ ᎠᎴ ᎪᎱᏍᏗ ᏗᏨᎩ, ᎠᎴ ᎾᎿ ᎦᏙᎯ ᎬᏯᏎᎮᏗ ᎨᏒ
ᏫᎷᎩ.

4 ᎿᏉᏃ ᎤᏓᏅᏎ ᎠᏂᎦᎵᏗ ᎤᎾᏤᎵᎪᎯ, ᎨᎳᏂᏃ ᎤᏁᎳᏕᎢ, ᎾᎿᏃ ᏗᎤᏓᏅᏒ, ᎤᏙᏓ
ᎤᏲᎱᏒ, ᎡᏍᎦᏂ ᎤᎷᏤᎴᎢ ᎾᏍᎩ ᎠᏂ ᎪᎯ ᏥᏤᎭ.

5 ᎠᎴ ᎥᏝ ᎦᏓ ᎠᏂ ᏩᏁᎴᎢ ᏂᎤᏟᏍᏕ ᏏᎳᏏᏅᎯᏉ ᎢᎩᏛ, ᎠᏎᏃ ᎤᏚᎢᏍᏓᏁᎴ ᎾᏍᎩ
ᎤᏤᎵ ᎢᏳᏩᏁᏗᏱ ᎠᎴ ᎾᏍᎩ ᎤᏁᎵᏔᏅᏛ ᎨᏒ ᎠᏏᏉ ᎤᏪᏥ ᏁᎲᎾ ᎨᏎᎢ.

6 ᎤᏁᎳᏅᎯᏃ ᎯᎠ ᏄᏪᏎᎢ; "ᏣᏁᎵᏔᏅᏛ ᎠᏁᏙᎯ ᎨᏎᏍᏗ ᎾᎿ ᎤᎾᏤ-ᎵᎪᎯ ᏂᎨᏒᎾ
ᎨᏒᎢ, ᎠᎴ ᎾᎿ ᎠᏁᎯ ᏙᏓᎬᏩᏂᎾᎵᏂ ᎠᎴ ᎤᏲ ᎤᏓᎬᏅᏁᎵ ᎤᎩᏧᏈ ᏧᏕᏘᏴᏛ.

7 ᎾᏍᎩᏃ ᏑᎾᏓᎴᎩ ᏴᏫ ᏗᎬᏩᏂᎾᎵᏅᎯ ᏙᏓᎦᏥᏳᎪᏓᏁᎵ, ᎣᏂᏃ ᎤᏂᎾᏄᎪᎢᏍᏗ ᎨᏎᏍᏗ
ᎠᎴ ᎠᏂ ᎪᎱᏍᏗ ᎬᏆᏛᏁᏗ ᎨᏎᏍᏗ," ᎤᏛᏁ ᎤᏁᎳᏅᎯ.

8 ᏗᎧᎿᏩᏛᏍᏗᏃ ᎤᏁᎴ ᎠᎱᏍᏕᏍᏗ ᎨᏒ ᎤᎬᏩᎵ; ᎡᏆᎭᎻᏃ ᎤᏕᏁᎴ ᎡᏏᎩ, ᎤᎱᏍᏕᏎᎴᏃ
ᏧᏁᎵᏁ ᎢᎦ, ᎡᏏᎩᏃ ᏤᎦᏈ, ᏤᎦᏈᏃ ᏔᎳᏚ ᎢᏯᏂᏛ ᏗᎩᎦᏴᎵᎨᎢ.

9 ᏗᎩᎦᏴᎵᎨᏃ ᎠᏅᏳᏤᎲ ᎤᎸᏅᎵᏍᏙᏔᏁ ᎤᏂᎾᏗᏅᏎ ᏦᏩ ᎢᏥᏈᏱ ᏩᎦᏘᏅᏍᏙᏗᏱ;
ᎠᏎᏃ ᎤᏁᎳᏅᎯ ᎦᎧᎿᏩᏗᏙᎮᎢ,

10 ᎠᎴ ᎤᏭᏓᎴᏍᎨ ᏂᎦᏛ ᎤᏲ ᏄᎵᏍᏓᏁᎵᏕᎬᎢ, ᎠᎴ ᎤᏁᎴ ᎣᏏᏳ ᎠᎦᏓᏅᏖᏗᏱ ᎠᎴ
ᎠᎦᏔᎿᎢᏳ ᎨᏒ ᎠᎦᏔᎲ ᏇᎵᏲ ᎤᎬᏫᏳᎯ ᎢᏥᏈᏱ, ᎠᎴ ᏄᎬᏫᏳᏌᏕᎩ ᏄᏩᏁᎴ ᎢᏥᏈᏱ,
ᎠᎴ ᏂᎦᏛ ᎦᏁᎸᎢ.

11 ᏂᎬᎾᏛᏃ ᎢᏥᏈᏱ ᎠᎴ ᎨᎾᏂ ᏚᎪᏄᎶᏎᎢ, ᎠᎴ ᎤᏣᏘ ᎠᎩᎵᏯ ᏄᎵᏍᏔᏁᎢ, ᏗᎩᎦᏴᎵᎨᏃ
ᎤᎾᏠᎨ ᎤᎾᎵᏍᏓᏴᏗ.

12 ᏤᎦᏈᏃ ᎤᏛᎦᏅ ᎤᏣᎴᏍᏗ ᎡᎲ ᎢᏥᏈᏱ, ᏕᎤᏅᏎ ᏗᎩᎦᏴᎵᎨ ᎩᎳ ᏫᎨᏎᎢ.

13 ᏔᎵᏁᏃ ᏦᏩ ᎠᎾᎵᏅᏟ ᎬᏬᎵᏤᎢ, ᎠᎴ ᏇᎵᏲ ᎦᏅᎦᏙᎥᏎ ᏦᏩ ᎪᎱᏍᏗ ᏧᏩᎿ.

14 ᏦᏩᏃ ᎤᏓᏅᏎ ᏭᏯᏅᎮ ᎤᏙᏓ ᏤᎦᏈ ᎠᎴ ᏂᎦᏛ ᎤᏩᏒ ᎪᎱᏍᏗ ᏧᏩᎿ, ᎾᏍᎩ
ᎦᎵᏆᏍᎪᎯ ᎯᏍᎩᎦᎵ ᎢᏯᏂᎢ.

15 ᏤᎦᏈᏃ ᎢᏥᏈᏱ ᏭᎶᏎᎢ, ᎤᏲᎱᏎᏃ, ᎠᎴ ᎾᏍᏉ ᏗᎩᎦᏴᎵᎨᎢ.

16 ᏌᎩᎻᏃ ᏫᏗᎨᏥᏅᏍᏔᏁᎢ ᎠᎴ ᎦᎨᏥᏂᏌᏁ ᎠᏤᎵᏍᏛ ᎾᏍᎩ ᎡᏆᎭᎻ ᎠᏕᎸ ᏧᎫᏴᏔᏁ
ᏥᏚᏩᏎᎴ ᎡᎹ ᏧᏪᏥ, ᎾᏍᎩ ᏌᎩᎻ ᎤᏙᏓ.

17 ᎠᏚᎢᏍᏛᏃ ᎤᏍᏆᎸᎯᏗᏎᎢ, ᎾᏍᎩ ᎤᏁᎳᏅᎯ ᎤᏎᎵᏔᏅᎯ ᏧᏁᏤᎴ ᎡᏆᎭᎻ, ᎾᏍᎩ
ᎤᏂᏁᏉᏤ ᏴᏫ ᎠᎴ ᎤᏂᏣᏔᏅᎯ ᏄᎾᎵᏍᏔᏁ ᎢᏥᏈᏱ.

18 ᎬᏂ ᏅᏩᏓᎴ ᎤᎬᏫᏳᎯ ᎤᎾᏄᎪᏨ ᎾᏍᎩ ᏄᎦᏔᎲᎾ ᏦᏩ.
19 ᎾᏍᎩ ᏓᏏᎾᏌᏅᏤᎮ ᎪᎱᏍᏗ ᏗᎬᎿ, ᎠᎴ ᎤᏲ ᏂᏚᏩᏁᎴ ᏗᎩᎦᏴᎵᎨᎢ, ᎾᏍᎩ
ᏗᎨᎦᏓᎢᏅᏗᏱ ᏧᎾᏍᏗ ᏧᏁᏥ, ᏗᎬᏩᎾᏛᎯᏍᏗ ᏂᎨᏒᎾ ᎢᏳ ᎵᏍᏙᏗᏱ.
20 ᎾᎯᏳ ᎼᏏ ᎤᏕᏁᎢ, ᎠᎴ ᎤᏩᎳᏅᎯ ᎤᏬᏚᎯᏳ ᎨᏎᎢ, ᎠᎴ ᎠᏥᏍᏆᏂᎪᏔᏁ ᎤᏙᏓ
ᎦᏁ-ᎸᎢ ᏦᎢ ᎢᏯᏅᏙ.
21 ᎠᎦᏓᎢᏅᏃ ᏇᎵᏲ ᎤᏪᏥ ᎠᎨᏴ ᎤᏁᏎᎢ, ᎠᎴ ᎤᏍᏆᏂᎪᏔᏁᎢ ᎤᏩᏒ ᎤᏪᏥ
ᎤᏰᎸᏁᎢ.
22 ᏱᏏᏃ ᎠᎨᏲᏅᎯ ᎨᏎ ᏂᎦᎥ ᎠᏂᎦᏔᎿᎢᏳ ᎨᏒ ᎢᏥᏈᏱ ᎠᏁᎯ, ᎠᎴ ᎤᎵᏂᎩᏗᏳ ᎨᏎ
ᎤᏁᎢᏍᏗᏱ ᎠᎴ ᏧᎸᏫᏍᏓᏁᏗᏱ.
23 ᎤᎦᏍᎪᎯᏃ ᎢᏳᏕᏘᏴᏛ ᏄᎵᏍᏔᏅ, ᎤᏓᏅᏖᎴ ᏓᏩᏛᎲᏍᏗᏱ ᎠᎾᎵᏅᏟ ᎢᏏᎵ ᏧᏪᏥ.
24 ᎤᎪᎲᏃ ᎠᏏᏴᏫ ᎦᏰᏥᎭᎵᏛᎢ, ᎤᏍᏕᎸᎮᎢ, ᎠᎴ ᎤᏞᏤᎴ ᎤᏲ ᎢᏯᎬᏁᎸᎯ, ᎠᎴ ᎤᎴ
ᎢᏥᏈᏱ ᎡᎯ.
25 ᎠᎴ ᎯᎠ ᏁᎵᏍᏗᎨᎢ, ᏛᏃᎵᏥ ᏐᏩᎵᏅᏟ ᎤᏁᎳᏅᎯ ᎠᏴ ᎠᏉᏰᏂ ᏗᎬᏔᏂᏒ
ᏙᏗᏍᏕᎸᎯᏒᎢ; ᎠᏎᏃ ᎥᏝ ᏳᏃᎵᏤᎢ.
26 ᎤᎩᏨᏛᏃ ᏚᎾᏄᎪᏤᎴ ᎠᎾᎵᎲᎢ, ᎠᎴ ᏕᎪᎯᏍᏓᏁᎮ ᎯᎠ ᏄᏪᏎᎢ; "ᎢᏍᏗᏍᎦᏯ,
ᏗᏍᏓᏓᏅᏟᏉ; ᎦᏙᏃ ᎤᏲ ᏂᏙᏍᏓᏓᏛᏁᎭ?"
27 ᎠᏎᏃ ᎤᏣᏘᏂ ᎢᏳᏛᏁᎸᎯ ᎾᎥ ᎢᏧᎾᏓᎳ ᏗᎤᏪᏌᏙᏰᏉ, ᎯᎠ ᏄᏪᏎᎢ; ᏚᎪ
ᏂᏣᎬᏫᏳᏌᏕᎩ ᎠᎴ ᏗᏍᎩᏳᎪᏓᏁᎯ ᎢᏣᎧᏅ ᏂᎯ?
28 ᏥᎪ ᎠᏴ ᎾᏍᏉ ᏣᏚᎵ ᏍᏗᎯᏍᏗᏱ ᎾᏍᎩᏯ ᎤᏒᎯ ᏥᏄᎩ ᎢᏥᏈᏱ ᎡᎯ?
29 ᎾᏍᎩᏃ ᏄᏪᏒ ᎼᏏ ᎤᎵᏘᏎᎢ, ᎠᎴ ᎻᏗᏂ ᎦᏓ ᎠᎲ ᎡᏙᎯ ᏄᎵᏍᏔᏁᎢ, ᎾᎿᏃ ᎠᏂᏔᎵ
ᎠᏂᏍᎦᏯ ᏧᏪᏥ ᎬᏩᏕᏁᎴᎢ.
30 ᎤᎦᏍᎪᎯᏃ ᏄᏕᏘᏴᎲ ᏗᎧᎿᏩᏗᏙᎯ ᎤᎬᏫᏳᎯ ᎤᏤᎵᎦ ᎬᏂᎨᏒ ᏄᏛᏁᎴ ᎢᎾᎨ ᏓᎾᏱ
ᏐᏓᎸ ᎤᏪᏲᏓᏛ ᎠᏓᏪᎵᎩᏍᎬᎢ.
31 ᎼᏏᏃ ᎤᎪᎲ ᎤᏍᏆᏂᎪᏎ ᏄᏍᏛ ᎠᎪᏩᏘᏍᎬᎢ. ᎤᎪᎵᏰᏗᏱᏃ ᎤᏰᎸᏅ ᎾᎥ ᏭᎷᏨ
ᏗᎪᎵ-ᏰᏍᎢ, ᎤᎬᏫᏳᎯ ᎧᏁᎬ ᎤᏛᎦᏁ [ᎯᎠ ᏂᎦᏪᏍᎨᎢ;]
32 "ᎠᏴ ᎤᏁᎳᏅᎯ ᏗᏣᎦᏴᎵᎨ ᎤᎾᏤᎵᎦ, ᎤᏁᎳᏅᎯ ᎡᏆᎭᎻ ᎤᏤᎵᎦ, ᎠᎴ ᎤᏁᎳᏅᎯ
ᎡᏏᎩ ᎤᏤᎵᎦ, ᎠᎴ ᎤᏁᎳᏅᎯ ᏤᎦᏈ ᎤᏤᎵᎦ." ᏐᏏᏃ ᎤᏪᎿᏪᎢ, ᎠᎴ ᎤᏍᎦᎴ
ᎤᎪᎵᏰᏗᏱ.
33 ᎤᎬᏫᏳᎯᏃ ᎯᎠ ᏄᏪᏎᎴᎢ; "ᏔᎳᏑᎳᎩ, ᎾᎿᏰᏃ ᏥᏙᎦ ᎦᎸᏉᏗᏳ ᎦᏙᎯ.
34 ᎤᏙᎯᏳᎯᏯ ᎠᎩᎪᎲ ᎤᏲ ᏄᎾᎵᏍᏓᏁᎵᏕᎬ ᏴᏫ ᏗᏆᏤᎵ ᎢᏥᏈᏱ ᏣᏁᎭ, ᎠᎴ ᎠᏆᏛᎦᏅ
ᏚᏂᎵᏰᏗᏍᎬᎢ, ᎠᎴ ᎠᏆᏠᏱᏏᎸ ᎦᎫᏓᎴᏏᎸ; Ꭷ ᎿᏉ ᏓᎬᏅᏏ ᎢᏥᏈᏱ."

35 ᎾᏍᎩ ᎯᎠ ᎼᏏ ᏧᏂᏲᎢᏎᎴ ᎯᎠ ᏥᏄᏂᏪᏎᎢ, ᎦᎪ ᏂᏣᎬᏫᏳᏌᏕᎩ ᎠᎴ ᏚᎪᏗᏍᎩ ᏣᎧᏅ,
ᎾᏍᎩ ᎤᏁᎳᏅᎯ ᎤᏅᏎ ᏄᎬᏫᏳᏌᏕᎩ ᎠᎴ ᎤᏄᏓᎴᏍᎩ ᏄᏩᏁᎴ ᎤᏩᎳᏁ ᏗᎧᎿᏩᏗᏙᎯ
ᎬᏂᎨᏒ ᎢᏳᏛᏁᎸᎯ ᎤᏪᏲᏓᏛᎢ.
36 ᎾᏍᎩ ᏚᏘᎿᏫᏛᎮᎢ ᏂᏚᎸᏫᏍᏓᏁᎶ ᎤᏍᏆᏂᎪᏗ ᎠᎴ ᎤᏰᎸᏛ ᎢᏥᏈᏱ ᎠᎴ ᎠᎹ-
ᎩᎦᎨᏍᏛᏱ ᎠᎴ ᎢᎾᎨ ᏅᎦᏍᎪᎯ ᏧᏕᏘᏴᏛ.
37 ᎯᎠ ᎾᏍᎩ ᎼᏏ ᎾᏍᎩ ᎯᎠ ᏥᏂᏚᏪᏎᎴ ᎢᏏᎵ ᏧᏪᏥ; ᎤᎬᏫᏳᎯ ᎢᏣᏁᎳᏅᎯ
ᏓᏥᎾᏄᎪᏫᏎᎵ ᎠᏙᎴᎰᏍᎩ ᎢᏣᎵᏅᏟ ᎨᏒ ᏓᎦᎾᏄᎪᏥ ᎠᏴ ᎾᏍᎩᏯᎢ; ᎾᏍᎩ ᏓᏰᏣᏛᎦᏁᎵ.
38 ᎯᎠ ᎾᏍᎩ Ꮎ ᏥᎨᎳᏗᏙᎮ ᎤᎾᏓᏡᏩᏕᎬ ᎢᎾᎨᎢ, ᏔᎵ ᏧᏛᏗᏕᎨ ᏗᎧᎿᏩᏗᏙᎯ ᎾᏍᎩ
ᏧᏁᏤᎴ ᎣᏓᎸ ᏌᎾᏱ, ᏥᎨᎳᏗᏙᎮ ᎠᏁᏙᎲ ᏗᎩᎦᏴᎵᎨᎢ, ᎾᏍᎩ ᎾᏍᏉ ᏥᏓᏥᏲᎯᏎᎴ
ᎠᎹᏂᏗᏍᏙᏗ ᎧᏃᎮᏛ ᎠᏴ ᎢᎩᏁᏗ.
39 ᎾᏍᎩ ᏗᎩᎦᏴᎵᎨ ᎥᏝ ᏩᏚᎵᏍᏗᎨ ᎤᏃᎯᏳᏗᏱ, ᎢᏴᏛᏉᏍᎩᏂ ᏄᏅᏁᎳᏁᎢ, ᎠᎴ
ᏚᎾᏓᏅᏛ ᎢᏥᏈᏱᏉ ᏫᏂᏚᏅᏁᎢ,
40 ᎯᎠ ᏄᏂᏪᏎᎴ ᎡᎳᏂ; ᏗᏍᎩᏲᏢᎾᏏ ᏦᎦᏁᎳᏅᎯ ᏗᎪᎦᏘᏂᏙᎯ, ᎯᎠᏰᏃ ᎼᏏ ᎢᏥᏈᏱ
ᏂᏙᏓᏲᎦᏘᎤᏍᏔᏅᎯ ᎥᏝ ᏲᏥᎦᏔᎭ ᏄᎵᏍᏓᏁᎸᎢ.
41 ᎾᎯᏳᏃ ᎤᏃᏢᏁ ᏩᎦ ᎠᎩᎾ, ᎾᏍᎩᏃ ᏗᏟᎶᏍᏔᏅᎯ ᎠᏥᎸ-ᎨᎳᏍᏗ ᎤᏂᏲᏢᎴᎢ, ᎠᎴ
ᎤᎾᎵᎮᎵᏤᎴ ᎤᏅᏒ ᏧᏃᏰᏂ ᏧᏅᏔᏅᎯ ᎤᏃᏢᏅᎯ.
42 ᎿᏉᏃ ᎤᏁᎳᏅᎯ ᎤᎦᏔᎲᏎᎢ, ᎠᎴ ᎤᎾᏁᎳᎩ ᏫᏓᏂᎸᏉᏓ ᎤᏂᏣᏘ ᎦᎸᎶ ᎠᏁᎯ
ᏚᏪᎵᏎᎴᎢ, ᎾᏍᎩᏯ ᎯᎠ ᏥᏂᎬᏅ ᏥᎪᏪᎳ ᎠᎾᏙᎴᎰᏍᎩ ᏧᏃᏪᎳᏅᎯ; "ᏂᎯ ᎢᏏᎵ
ᏏᏓᏁᎸᎯ ᎨᏒᎢ, ᏥᎪ ᏕᏍᎩᏃᎮᎸ ᏗᎸᎯ ᎦᎾᏝᎢ ᎠᎴ ᎠᏥᎸ-ᎨᎳᏍᏗ ᏅᎦᏍᎪᎯ ᏥᎾᏕᏘᏴ
ᎢᎾᎨᎢ?
43 ᎢᏥᎲᏒᏰᏃ ᎦᎵᏦᏙᏗ ᎼᎳᎩ ᎤᏤᎵᎦ ᎠᎴ ᎤᏁᎳᏅᎯ ᎢᏥᏰᎸᎯ ᎴᎻᏈᏂ ᎤᏤᎵᎦ ᏃᏈᏏ,
ᏗᏟᎶᏍᏔᏅᎯ ᎾᏍᎩ ᏗᏦᏢᏅᎯ ᏗᏣᏓᏙᎵᏍᏓᏁᏗ; ᏓᏗᎶᏂᏃ ᎤᏗᏗᏢ ᏫᏙᏓᏨᏯᎧᏂ."
44 ᏗᎩᎦᏴᎵᎨ ᎢᎾᎨ ᎤᏂᎮ ᎦᎵᏦᏛ ᎠᏙᎴᎰᎮᏍᏙᏗ, ᎾᏍᎩᏯ ᎤᏁᏨᎢ ᎼᏏ ᏧᏁᏤᎴ
ᎤᏬᏢᏗᏱ ᏧᏟᎶᏍᏙᏗᏱ ᏄᏍᏛ ᎤᎪᎲᎢ.
45 ᎾᏍᎩ ᎾᏍᏉ ᏗᎩᎦᏴᎵᎨ ᏗᎨᏥᏲᎯᏎᎸᎯ ᎨᏒ ᏦᏑᏩ ᏧᎾᏖᏉᎶᏎ ᏧᏂᏲᎴ ᏧᎾᏓᎴᏅᏛ ᏴᏫ
ᎤᎾᏤᎵᎪᎯ ᎾᏍᎩ ᎤᏁᎳᏅᎯ ᏥᏚᎨᎯᏕᎴ ᏗᎩᎦᏴᎵᎨ ᏕᏫ ᏤᎮ ᎢᏯᏍᏗ.
46 ᎾᏍᎩ ᎤᏁᎳᏅᎯ ᎣᏏᏳ ᎤᏓᏅᏖᏍᎩ ᏄᎵᏍᏔᏁᎢ, ᎠᎴ ᎾᏍᎩ ᎤᏔᏲᎴ ᎤᏩᏛᏗᏱ
ᎤᏁᎳᏗᏍᏗᏱ ᎤᏁᎳᏅᎯ ᏤᎦᏈ ᎤᏤᎵᎦ.
47 ᎠᏎᏃ ᏐᎵᎹᏅ ᎤᏁᏍᎨᎴᎢ.
48 ᎥᏝᏍᎩᏂᏃᏅ ᏩᏍᏛ ᎦᎸᎳᏗᏳ ᎡᎯ ᏱᎦᏁᎸ ᏓᏓᏁᎸ ᎩᎶ ᏧᏃᏰᏂ ᏧᏅᏔᏅᎯ
ᏧᎾᏁᏍᎨᎲᎩ, ᎾᏍᎩᏯ ᎠᏙᎴᎰᏍᎩ ᎯᎠ ᏥᏂᎦᏪᎠ;
49 "ᎦᎸᎳᏗ ᎠᎩᏗᏱ ᎡᎶᎯᏃ ᏗᏆᏔᏏᏗᏱ. ᎦᏙ ᎤᏍᏕᏍᏗ ᎦᎵᏦᏕ ᏓᏍᎩᏯᏁᏍᎨᎵ?
ᎠᏗᎭ ᎤᎬᏫᏳᎯ; ᎠᎴ ᎭᏢ ᎠᏆᎵᏙᎯᏍᏙᏗᏱ;

50 ᏝᏍᎪ ᎠᏉᏰᏂ ᎠᏋᏔᏅᎯ ᎠᏉᏢᏅᎯ ᏱᎩ ᎯᎠ ᏂᎦᏛ ᏥᏄᏍᏗᏓᎾ?"
51 ᏧᏩᏗᏔᏯ ᏗᏥᎩᎵᎨᏂ, ᎠᎴ ᏂᏕᏥᎤᏍᏕᏎᎸᎾ ᏗᏥᎾᏫ ᎠᎴ ᏕᏥᎵᎷᎬᎢ, ᏂᎪᎯᎸ
ᎡᏣᏡᏗᏍᎪ ᎦᎸᏉᏗᏳ ᎠᏓᏅᏙ; ᏗᏥᎦᏴᎵᎨ ᏄᎾᏛᏁᎸ ᎾᏍᎩᏯ ᏂᎯ ᏂᏣᏛᏁᎰᎢ.
52 ᎦᏙ ᎤᏍᏗ ᎾᏍᎩ Ꮎ ᎠᎾᏙᎴᎰᏍᎩ ᎨᏒ ᏗᏥᎦᏴᎵᎨ ᎥᏝ ᎤᏲ ᎢᏳᏅᏁᎸᎯ ᏱᎩ? ᎠᎴ
ᏕᎤᏂᎸ ᎤᎾᏙᎴᎰᏛᎯ ᎬᏂᎨᏒ ᎢᏳᏅᏁᎸᎯ ᎤᎷᎯᏍᏗᏱ ᎾᏍᎦᏅᎾ ᎾᏍᎩ ᏂᎯ ᎡᏥᎶᏄᎡᎸᎯ
ᎠᎴ ᎡᏥᎸᎯ ᏥᏄᎵᏍᏔᏅ;
53 ᏤᏥᏲᎯᏎᎸᎩ ᏗᎧᎿᏩᏛᏍᏗ ᏗᏂᎧᎿᏩᏗᏙᎯ ᎣᏍᏛ ᏄᏅᎿᏕᎬᎢ ᎠᏎᏃ ᎥᏝ
ᎢᏥᏍᏆᏂᎪᏔᏅᎯ ᏱᎩ.
54 ᎾᏍᎩᏃ ᎤᎾᏛᎦᏅ ᏚᏂᏘᎴ ᏧᏂᎾᏫᏱ, ᎠᎴ ᏗᏂᏄᏙᎬ ᏕᎬᏩᏄᏓᎨᎴᎢ.
55 ᎠᏎᏃ ᎤᎧᎵᏨᎯ ᎨᏎ ᎦᎸᏉᏗᏳ ᎠᏓᏅᏙ ᎤᏯᏅᏒᎯ ᎦᎸᎳᏗ ᏫᏚᎧᎿᏁᎢ, ᎠᎴ ᏭᎪᎮ
ᎦᎸᏉᏗᏳ ᎨᏒ ᎤᏁᎳᏅᎯ ᎤᏤᎵᎦ, ᎠᎴ ᏥᏌ ᎦᏙᎨ ᎤᏁᎳᏅᎯ ᎠᎦᏘᏏᏗᏢ;
56 ᎯᎠᏃ ᏄᏪᏎᎢ; ᎬᏂᏳᏉ ᎦᎸᎳᏗ ᎤᎵᏍᏚᎢᏛ ᏥᎪᏩᏘᎭ, ᎠᎴ ᏴᏫ ᎤᏪᏥ ᎦᏙᎦ
ᎤᏁᎳᏅᎯ ᎠᎦᏘᏏᏗᏢ.
57 ᎠᏍᏓᏯᏃ ᎤᏁᎷᏅ ᏗᏂᎴᏂ ᏚᏂᏍᏚᏁᎢ, ᎠᎴ ᎤᎴᏃᏅᎯ ᎤᎾᏁᎷᎩᏒᎴᎢ;
58 ᎦᏚᎲᏃ ᎤᏂᏄᎪᏫᏒ ᏅᏯ ᏚᏅᏂᏍᏔᏁᎢ. ᎠᏂᎦᏔᎯᏃ ᏧᎾᏄᏬ ᏚᏂᏅᏁ ᏚᏔᏍᎬ ᎾᎥ
ᎠᏫᏄ ᏐᎳ ᏧᏙᎢᏛ.
59 ᏅᏯᏃ ᏚᏅᏂᏍᏔᏁ ᏍᏗᏫ ᎠᏓᏙᎵᏍᏗᏍᎨᎢ, ᎯᎠ ᏂᎦᏪᏍᎨᎢ; ᏣᎬᏫᏳᎯ, ᏥᏌ,
ᏔᏓᏂᎸᎩ ᎠᏆᏓᏅᏙᎩ.
60 ᏚᎵᏂᏆᏅᏅᏃ ᎠᏍᏓᏯ ᎤᏪᎷᏁᎢ, ᎯᎠ ᏄᏪᏎᎢ; ᏣᎬᏫᏳᎯ, ᏞᏍᏗ ᎯᎠ ᎤᏂᏍᎦᏅᏨ
ᏱᏕᎯᏍᏔᏁᏍᏗ. ᎾᏍᎩᏃ ᏄᏪᏒ ᎤᎸᏁᎢ.

ᎠᏯᏙᎸᎢ 8

1 ᏐᎳᏃ ᎣᏏᏳᎠᏰᎸᏍᎨ ᎠᏥᎸᎢ. ᎾᎯᏳᏃ ᎤᏣᏘ ᎤᏲ ᏂᎨᎬᎾᏕᎨ ᏧᎾᏁᎶᏗ ᎤᎾᏓᏡᎬ
ᏘᎷᏏᎵᎻ; ᎠᎴ ᏂᎦᏛ ᎤᎾᏗᎦᎵᏲᏤ ᏂᎬᎾᏛ ᏧᏗᏱ ᎠᎴ ᏌᎺᎵᏱ, ᎨᏥᏅᏏᏛ ᎤᏅᏒ.
2 ᎠᏂᏍᎦᏯᏃ ᎤᏁᎳᏅᎯ ᎠᏂᎾᏰᏍᎩ ᎤᏂᎾᏫᏛᎮ ᏍᏗᏫ, ᎠᎴ ᎤᏣᏔᏅᎯ ᎤᏂᏍᎪᏂᏛᎢ.
3 ᏐᎳᏍᎩᏂ ᎤᏣᏘ ᎤᏲ ᏂᎦᎬᏁᎮ ᏧᎾᏁᎶᏗ ᎤᎾᏓᏡᎬᎢ, ᏓᏴᎵᏙᎮ ᏓᏓᏁᎳᏗᏒᎢ,
ᏕᎦᎾᏌᏁᏏᏙᎮ ᎠᏂᏍᎦᏯ ᎠᎴ ᎠᏂᎨᏴ, ᎠᎴ ᏗᏓᏍᏚᏗᏱ ᎠᏴᏗᏍᎨᎢ.
4 ᎤᎾᏗᎦᎴᏲᏨᎯᏃ ᎠᏁᏙᎮ ᎠᎾᎵᏥᏙᏂᏙᎮ ᎣᏍᏛ ᎧᏃᎮᏛ.
5 ᏈᎵᎩᏃ ᏗᎦᏚᎲ ᏌᎺᎵᏱ ᏭᏣᏎᎢ, ᎠᎴ ᏚᎵᏥᏙᏁᎴ ᏚᏃᎮᎮᎴ ᎦᎶᏁᏛ.
6 ᎤᏂᏣᏘᏃ ᏌᏉ ᎢᎦᎦᏛ ᎤᎾᏕᏌᏯᏍᏔᏁ ᏈᎵᎩ ᎧᏃᎮᏍᎬᎢ, ᎤᎾᏛᎦᏅ ᎠᎴ ᎤᏂᎪᎲ
ᎤᏍᏆᏂᎪᏗ ᏚᎸᏫᏍᏓᏁᎲᎢ.
7 ᎠᏂᎦᏓᎭᏴᏃ ᏗᏓᏅᏙ ᎠᏍᏓᏯ ᎠᏁᎷᎲᏍᎨ ᎦᎬᏩᏂᏄ-ᎪᎨ ᎤᏂᏣᏖ ᎬᏩᏂᏯᎢ, ᎠᎴ
ᎤᏂᏤᏖ ᏧᏂᎾᏫᏍᎩ ᎠᎴ ᏗᏂᏲᎤᎵ ᏚᎾᏗᏩᏍᎨᎢ.
8 ᎤᏣᏔᏅᎯᏃ ᎠᎾᎵᎮᎵᎨ ᎾᎿ ᎦᏚᎲᎢ.
9 ᎩᎶᏍᎩᏂᏃᏅ ᎢᏳᏍᏗ ᎠᏍᎦᏯ ᎾᎿ ᎡᎮ ᏌᏩᏂ ᏧᏙᎢᏛ ᎾᏍᎩ ᎾᎿ ᎦᏚᎲ ᎠᏙᏅᏗ
ᏧᎸᏫᏍᏓᏁᎸᎯ ᎨᏎᎢ, ᎠᎴ ᎤᏍᏆᏂᎪᏗ ᏧᏓᏅᏓᏗᏍᏔᏅᎯ ᎨᏎ ᏌᎺᎵᏱ ᎠᏁᎯ, ᎩᎶ
ᎢᏳᏍᏗ ᎠᏥᎸᏉᏗ ᎠᏤᎸᏍᎨᎢ.
10 ᎾᏍᎩᏃ ᎬᏬᎯᏳᎲᏍᎨ ᎾᏂᎥ ᎨᏥᎸᏉᏗ ᎠᎴ ᎨᏥᎸᏉᏗ ᏂᎨᏒᎾ, ᎯᎠ ᎾᏂᏪᏍᎨᎢ;
ᎤᏣᏘ ᎤᎵᏂᎩᏗᏳ ᎨᏒ ᎤᏁᎳᏅᎯ ᎤᏤᎵᎦ ᎯᎠ ᎠᏍᎦᏯ ᎤᏪᎭ.
11 ᎾᏍᎩᏃ ᎬᏬᎯᏳᎲᏍᎨᎢ, ᎪᎯᏗᏳᏲᏰᏃ ᎬᏩᎴᏅᏛ ᎨᏎ ᎤᏍᏆᏂᎪᏗ ᏓᏓᏅᏓᏗᏍᏗᏍᎨ
ᎠᏙᏂᏍᎬᎢ.
12 ᎠᏎᏃ ᎤᏃᎯᏳᏅ ᏈᎵᎩ ᎠᎵᏥᏙᎲᏍᎬ ᎣᏍᏛ ᎧᏃᎮᏛ ᎤᏁᎳᏅᎯ ᎤᎬᏫᏳᎯ ᎨᏒ ᎠᎴ
ᏕᎤᏙᎥ ᏥᏌ ᎦᎶᏁᏛ ᎤᎬᏩᎵ, ᏕᎨᎦᏬᏍᎨ ᎠᏂᏍᎦᏯ ᎠᎴ ᎠᏂᎨ-Ᏼ.
13 ᏌᏩᏂᏃ ᎾᏍᏉ ᎤᏬᎯᏳᏁᎢ, ᎠᎦᏬᎥᏃ ᎤᏍᏓᏩᏗᏙᎴ ᏈᎵᎩ; ᎠᎪᏩᏘᏍᎬᏃ ᎤᏍᏆᏂᎪᏗ
ᎠᎴ ᎤᏰᎸᏛ ᏚᎸᏫᏍᏓᏁᎲᎢ, ᎠᏍᏆᏂᎪᏍᎨᎢ.
14 ᎨᏥᏅᏏᏛᏃ ᏥᎷᏏᎵᎻ ᎠᏂᏂ ᎤᎾᏛᎦᏅ ᏌᎺᎵᏱ ᏚᏅᎾᏓᏂᎸᏨ ᎧᏃᎮᏛ ᎤᏁᎳᏅᎯ
ᎤᏤᎵᎦ, ᏚᏂᏅᏎ ᏈᏓ ᎠᎴ ᏣᏂ ᎾᏍᎩ ᏧᏂᏩᏛᎲᏍᏗᏱ.
15 ᎾᏍᎩᏃ ᏭᏂᎷᏨ ᎤᎾᏓᏙᎵᏍᏔᏁ ᎨᎦᎵᏍᎪᎸᏓᏁᏗᏱ ᎦᎸᏉᏗᏳ ᎠᏓᏅᏙ.
16 ᎥᏝᏰᏃ ᎠᏏ ᏳᏓᏡᏰ ᎩᎶ ᎾᏍᎩ ᎤᎷᏤᎸᎯ, ᏗᎨᎦᏬᏍᏔᏅᎯᏉ ᎤᏩᏒ ᎨᏎ ᏕᎤᏙᎥ
ᎤᎬᏫᏳᎯ ᏥᏌ.
17 ᎿᏉᏃ ᏚᎾᏏᏔᏕᎢ, ᎠᎴ ᎾᏍᎩ ᎨᏥᏁᎴ ᎦᎸᏉᏗᏳ ᎠᏓᏅᏙ.
18 ᏌᏩᏂᏃ ᎤᏙᎴᎰᏒ ᎦᎸᏉᏗᏳ ᎠᏓᏅᏙ ᎨᏥᏁᎲᎢ ᎤᏗᎦᎵᏍᏙᏗᏍᎬ ᏓᎾᏏᏔᏗᏍᎬ
ᎨᏥᏅᏏᏛ, ᎾᏍᎩ ᏕᎤᎵᏍᎪᎸᏓᏁᎴ ᎠᏕᎸ,

19 ᎯᎠ ᏄᏪᏎᎢ; ᎠᏴ ᎾᏍᏉ ᏍᎩᏂᎥᏏ ᎯᎠ ᎾᏍᎩ ᏗᎦᏄᏫᏍᏓᏁᏗ, ᎾᏍᎩ ᎩᎶ
ᏥᏯᏏᎳᏗᏍᎨᏍᏗ ᎠᏥᏁᏗ ᎨᏎᏍᏗ ᎦᏄᏉᏗᎶ ᎠᏓᏅᏙ.
20 ᎠᏎᏃ ᏑᎵᏓ ᎯᎠ ᏄᏪᏎᎴᎢ; ᎠᎦᏄ ᏗᏣᏤᎵ ᏫᏓᎵᏗᏛᏓ ᏨᏒ ᎭᎵᏛᏗᏍᎬᎢ, ᎤᏓᎦᎵᏍᏙᏓ
ᎤᏁᎳᏅᎯ ᎤᏓᏁᏗ ᎨᏒ ᏰᎵᏉ ᎠᎦᏄ ᎬᏩᎯᏍᏙᏗ ᏤᎳ.
21 ᎥᏝ ᎪᎱᏍᏗ ᏣᏤᎵ ᎶᏓᏋᏯ ᎯᎠ ᎠᏂ, ᏝᏰᏃ ᏚᏳᎪᏛ ᏱᎩ ᏣᎾᏫ ᎤᏁᎳᏅᎯ ᎠᎦᏔᎸᎢ.
22 ᎾᏍᎩ ᎢᏳᏍᏗ ᎤᏘ ᎯᏰᏄᎾ ᎯᎠ ᎾᏍᎩ ᏥᏍᎦᏅᎩ, ᎠᎴ ᎯᏍᏙᏓᎵᏍᏓᏏ ᎤᏁᎳᏅᎯ,
ᎦᏰᏣᏙᎵᏍᏗᏉ ᏱᏂᎦᎩ ᏄᏍᏛ ᏣᎾᏫᏱ ᏣᏓᏅᏖᏄᎢ.
23 ᎦᏙᎴᏐᏍᎦᏰᏃ ᏣᏚᎸ ᎤᏴᏍᏗ ᎠᏓᎪᎯ, ᎠᎴ ᎠᏍᎦᏂ ᏣᏓᏄᏍᏛᎢ.
24 ᏌᏩᏂᏃ ᏁᏨ ᎯᎠ ᏄᏪᏒᎢ; ᏂᎯ ᎡᏍᏗᏔᏘᏏ ᎤᎬᏫᏳᎯ ᎠᎩᏙᎵᏍᏗᏱ, ᎾᏍᎩᏃ ᏞᏍᏗ
ᏌᏉᏅᏅ ᎯᎠ ᏥᏍᏗᏁᎩ ᏯᎩᎷᏤᎴᏍᏗ.
25 ᎾᏍᎩᏃ ᎤᏂᏃᏢᏄ ᎠᎴ ᎤᎾᎵᏥᏙᏅ ᎣᏃᏢᏛ ᎤᎬᏫᏳᎯ ᎤᏤᎵᎦ ᎤᎾᏨᏎ ᏥᎷᏏᎵᎻ
ᎧᏂᎶᏎᎢ, ᎠᎴ ᎤᏣᏖ ᏌᎺᎵᏱ ᎠᏁᎯ ᏚᏂᏚᎸ ᎤᎾᎵᏥᏙᏁ ᏐᏍ-Ꮫ ᎣᏃᏢᏛ.
26 ᏗᎣᏏᏩᏗᏙᎯᏃ ᎤᎬᏫᏳᎯ ᎤᏤᎵ ᎤᏁᏤᎴ ᏑᎵᎩ, ᎯᎠ ᏄᏪᏎᎢ; ᏔᎴᎸᎦ ᏧᎦᎾᏮ ᎢᏗᎵ
ᏫᎶᎯ ᏂᎦᏅᏅᎢ ᏥᎷᏏᎵᎻ ᎨᏏᏃ, ᎾᏏ ᎢᎾᎨ ᏥᎩ.
27 ᏚᎴᏅᏃ ᎤᏪᏅᏎᎢ; ᎬᏂᏳᏉᏃ ᎠᏍᎦᏯ ᎢᏗᏱᏑ ᎡᎯ ᎠᏳᎾᎦ ᎠᏥᏄᏉᏗ ᎤᏁᏤᏄᎯ
ᎬᏗᏏ ᎠᎨᏴ ᎤᎬᏫᏳᎯ ᎢᏗᏐᏑ ᎠᏁᎯ ᎤᎾᏤᎵᎦ, ᎾᏍᎩ ᏂᎦᏛ ᎠᎦᏄ ᎤᎦᏗᎦᎯ, ᎾᏍᎩ
ᎤᏓᏙᎵᏍᏔᏂᏄᎯ ᎨᏎ ᏥᎷᏏᎵᎻ,
28 ᏏᏉᏃ ᎤᏨᏏᏗᏎᎢ, ᎠᎴ ᏓᏆᎴᎷᎯ ᎤᏣᏒᎢ, ᎠᎪᎵᏰᏍᎨ ᎢᏌᏯ ᎠᏙᎴᎰᏍᎩ.
29 ᎠᏓᏅᏙᏃ ᎯᎠ ᏄᏪᏎᎴ ᏑᎵᎩ; ᎾᎥ ᏫᎷᎩ ᏫᏯᎵᎪᎸᏏ ᎾᏍᎩ Ꮎ ᏓᏆᎴᎷ.
30 ᏑᎵᎩᏃ ᎾᏏ ᎧᏗᏌᏄ ᎤᏛᎦᏁ ᎠᏙᎴᎰᏍᎩ ᎢᏌᏯ ᎠᎪᎵᏰᏍᎬᎢ, ᎯᎠᏃ ᏄᏪᏎᎢ; ᎨᎵᎦᎨᎵ
ᎾᏍᎩ ᏥᎪᎵᏰᎭ?
31 ᎾᏍᎩᏃ ᎯᎠ ᏄᏪᏒᎢ; ᎦᏙ ᏱᎦᎵᏍᏙᏓ, ᎢᏳᏃ ᎩᎶ ᎾᏆᏎᏢᎸᎾ ᏱᎩ? ᎤᏔᏘᎴᏃ ᏑᎵᎩ
ᎤᏦᏗᏱ ᎠᎴ ᎢᏧᎳᎭ ᏧᏂᏗᏱ.
32 ᎯᎠ ᎾᏍᎩ ᎪᏪᏄ ᎠᎪᎵᏰᏍᎨᎢ; "ᎠᎦᏗᏃᏄᎩ ᎠᏫ ᎤᏃᎦᎾ ᎾᏍᎩᏯ ᏗᎯᏍᏗᏱ, ᎠᎴ
ᎾᏍᎩᏯ ᎠᎩᎾ ᎠᏫ ᎡᎳᏪ ᏥᎨᎭ ᎬᏩᏍᏰᏍᎩ ᎠᏂᎦᏔᎸᎢ, ᎾᏍᎩᏯ ᎥᏝ ᏩᏍᏚᏎ ᎠᎨᎵ.
33 ᎤᏘ ᏄᏛᏏᎦᎬᎢ ᎠᏥᎩᏒᏄᎩ ᎤᏤᎵ ᎨᏒ ᏚᏳᎪᏛᎢ; ᎠᎴ ᎦᎪ ᏙᏓᎣᏃᏢᎵ ᏴᏫ ᎾᎯᏳ ᏤᏢ
ᎠᏁᎯ? ᎬᏅᏰᏃ ᎤᏂᎩᏒᎩ ᎡᎶᎯ."
34 ᎠᏳᎾᎦᏃ ᎤᏁᏨ ᎯᎠ ᏄᏪᏎᎴ ᏑᎵᎩ; ᎦᎪ ᎣᏃᏢᎭ ᎠᏙᎴᎰᏍᎩ ᎯᎠ ᎾᏍᎩ ᏥᏂᎦᏪᏎ?
ᎤᏩᏒᏍᎪ, ᎤᏩᏓᎴᎨ ᎩᎶᎢ?
35 ᏑᎵᎩᏃ ᎤᏍᏚᎢᏒ ᎠᎨᎵ, ᎾᏍᎩ ᎾᏏ ᎪᏪᏄ ᎤᎴᏅᏒᎢ ᎤᏃᏢᏢᎴ ᏐᏍᏛ ᎣᏃᏢᏛ ᏥᏌ
ᎤᎬᏩᎵ.
36 ᎠᏊᎢᏒᏃ ᎤᏃᎯ, ᎠᏊᏱ ᎤᏂᎷᏤᎢ. ᎠᏳᎾᎦᏃ ᎯᎠ ᏄᏪᏎᎢ; ᎠᏂ ᎠᏊ, ᎦᏙ
ᎠᎩᏘᏍᏙᏓᏁ ᎥᏆᏬᏍᏗᏱ?

37 ᏈᎵᎩᏃ ᎯᎠ ᏄᏪᏎᎢ; ᏰᎵᏉ ᎢᏳᏃ ᏂᎦᎥ ᏣᎾᏫ ᏴᏗᎭ ᏝᎯᏳᎲ-Ꭶ. ᎤᏁᏨᏃ ᎯᎠ
ᏄᏪᏎᎢ; ᎪᎢᏳᎲᏍᎦ ᏥᏌ ᎦᎶᏁᏛ ᎤᏁᎳᏅᎯ ᎤᏪᏥ ᎨᏒᎢ.
38 ᎤᏁᏤᏃ ᏓᏆᎴᎷ ᎤᎴᏫᏍᏙᏗᏱ. ᎿᏉᏃ ᏭᏂᎦᏐᎠᏏᎴ ᎠᎹᏱ ᎢᏧᎳ ᏈᎵᎩ ᎠᎴ ᎠᏳᎾᎦ,
ᎾᏍᎩᏃ ᎠᎦᏬᏒᎢ.
39 ᎠᎹᏱᏃ ᏧᎾᏓᏅᏒ ᏧᏂᎿᎷᏒ, ᎤᎬᏫᏳᎯ ᎤᏓᏅᏙ ᎤᏘᎿᏫᏛᎮ ᏈᎵᎩ, ᎠᏳᎾᎦᏃ Ꮭ ᎿᏉ
ᎣᏂ ᏳᎪᎮᎢ, ᎤᏩᏒᏰᏃ ᏩᎦᏛᎢ ᏭᎶᏎ ᎠᎵᎮᎵᎨᎢ.
40 ᏈᎵᎩᏍᎩᏂ ᎠᏥᏩᏛᎮ ᎠᏦᏓ; ᎠᎢᏒᏃ ᎠᎵᏥᏙᎲᏍᎨ ᎣᏍᏛ ᎧᏃᎮᏛ ᏂᎦᏛ ᏕᎦᏚᎲ ᎬᏂ
ᏏᏌᎵᏱ ᏭᎷᏨ.

ᎠᏯᏙᎸᎢ 9

1 ᏐᎳᏃ ᎠᏏᏉ ᎡᏌᎳᎦᏍᎨ ᏕᎦᎾᏰᏓᏁᎵ ᎠᎡ ᏧᎯᏍᏗᏱ ᎧᏁᎨ ᎤᎬᏫᏳᎯ ᎬᏩᏍᏓᏩᏗᏙᎯ,
ᏄᎬᏫᏳᏒ ᎠᏥᎸ-ᎨᎶᎯ ᏧᏌᎸ ᏭᎶᏎᎢ,
2 ᎠᎴ ᏚᏔᏲᏎᎴ ᎪᏪᎵ ᏧᏅᏍᏗ ᏕᎹᏍᎦ ᏗᎦᏚᎲ ᏗᎦᎳᏫᎢᏍᏗᏱ, ᎾᏍᎩᏃ ᎢᏳ ᏱᏚᏩᏛᎲ
ᎩᎶ ᎾᏍᎩ ᎢᏳᏍᏗ ᏗᏂᏍᏓᏩᏕᎩ, ᎠᏂᏍᎦᏯ ᎠᎴ ᎠᏂᎨᏴ, ᎾᏍᎩ ᏗᎨᎦᎸᎢᏛ ᏧᏘᏃᎯᏍᏗᏱ
ᏥᎷᏏᎵᎻ.
3 ᎠᎢᏒᏃ ᏕᎹᏍᎦ ᎾᎥ ᏭᎷᏤᎢ, ᎤᏰᎶᎢᏍᏔᏁᏃ ᎢᎦᎦᏘ ᎦᎸᎳᏗ ᎤᏓᏳᎶᏒᎯ ᏚᏚᏫᏍᏔᏁᎢ.
4 ᎡᎳᏗᏃ ᎤᎤᏨ ᎤᏛᎦᏁ ᎩᎶ ᎧᏁᎬᎢ ᎯᎠ ᏄᏪᏎᎲᎢ; ᏐᎳ, ᏐᎳ, ᎦᏙᏃ ᎤᏲ
ᏂᏍᏋᏁᎭ?
5 ᎯᎠᏃ ᏄᏪᏎᎢ; ᎦᎪ ᏂᎯ, ᏣᎬᏫᏳᎯ? ᎤᎬᏫᏳᎯᏃ ᎯᎠ ᏄᏪᏎᎢ; ᎠᏴ ᏥᏌ ᎤᏲ
ᏥᏂᏴᏁᎭ: ᎤᎦᏯᏙᏗᏳ ᏗᏣᎲᏝᏍᏗᏱ ᏗᎪᏍᏓᏯ.
6 ᎾᏍᎩᏃ ᎤᏪᎾᏪ ᎠᎴ ᎤᏍᏆᏂᎪᏎ ᎯᎠ ᏄᏪᏎᎢ; ᏣᎬᏫᏳᎯ, ᎦᏙ ᏣᏚᎵ ᎠᏆᏛᏁᏗᏱ?
ᎤᎬᏫᏳᎯᏃ ᎯᎠ ᏄᏪᏎᎴᎢ; ᏔᎴᎲᎦ, ᏗᎦᏚᎲ ᎮᎾ, ᏓᏰᏣᏃᏁᎵᏃ ᎢᏳᏛᏁᏗᏱ.
7 ᎠᏁᎯᏃ ᎠᏂᏫᎤ ᏧᎤᎨᏫ ᎾᏍᎩᏯ ᏓᏂᏙᎨᎢ, ᎠᎾᏛᎩᏍᎨ ᎧᏁᎬᎢ, ᎠᏎᏃ ᎥᏝ ᎩᎶ
ᏯᏂᎪᏩᏘᏍᎨᎢ.
8 ᏐᎳᏃ ᎦᎤᎴᎤ ᎡᎳᏗ ᎦᎤᎢ, ᎠᎴ ᏗᎦᏙᎵ ᏚᎵᏍᏚᎢᏒ ᎥᏝ ᎩᎶ ᏳᎪᎮᎢ, ᎬᏌᏱᎤᏎᏃ
ᏕᎹᏍᎦ ᏫᎬᏩᏴᏔᏁᎢ.
9 ᏦᎢᏃ ᏧᏒᎯᏛ ᎾᎪᏩᏘᏍᎬᎾ ᎨᏎᎢ, ᎠᎴ ᎾᎵᏍᏓᏴᎲᏍᎬᎾ ᎠᎴ ᎾᏗᏔᏍᎬᎾ ᎨᏎᎢ.
10 ᎩᎶᏃ ᎢᏳᏍᏗ ᏧᏁᎶᏗ ᎡᎮ ᏕᎹᏍᎦ, ᎡᏂᎾᏯ ᏧᏙᎢᏛ; ᎾᏍᎩᏃ ᎤᏁᎳᏫᏎᎲ ᎤᎬᏫᏳᎯ
ᎯᎠ ᏄᏪᏒᎴᎢ; ᎡᏂᎾᏯ. ᎯᎠᏃ ᏄᏪᏎᎢ; ᎠᏂ, ᏣᎬᏫᏳᎯ.
11 ᎯᎠᏃ ᏄᏪᏎᎴ ᎤᎬᏫᏳᎯ; ᏔᎴᎲᎦ, ᎮᎾ ᏗᎦᎳᎤᏛ ᎦᏥᏃᏍᏛ ᏥᏚᏙᎥ, ᏧᏓᏏᏃ ᎦᏁᎸ
ᏫᏲᎦ ᏐᎳ ᏧᏙᎢᏛ ᏓᏌ ᎡᎯ. ᎬᏂᏳᏰᏃ ᎠᏓᏙᎵᏍᏗᎭ,
12 ᎠᎴ ᎤᏁᎳᏫᏎᎲ ᎤᎪᎲ ᎠᏍᎦᏯ ᎡᏂᎾᏯ ᏧᏙᎢᏛ ᎤᏴᎵᎸ ᎠᎴ ᎤᏏᎳᏛ ᎥᎤᎪᏩᏛᏗᏱ.
13 ᎡᏂᎾᏯᏃ ᎯᎠ ᏄᏪᏎᎢ; ᏣᎬᏫᏳᎯ, ᏥᏯᏛᎦᏁᎸ ᎯᎠ ᎠᏍᎦᏯ ᎤᏂᏣᏔ ᎬᎩᏃᏁᎸ ᎤᏣᏘ
ᎤᏲ ᏂᏚᏩᏁᎸ ᏗᏣᏤᎵ ᎤᎾᏓᏅᏘ ᏥᎷᏏᎵᎻ.
14 ᎠᏂᏃ ᎤᎭ ᎬᏩᏁᏤᎸᎯ ᏄᏂᎬᏫᏳᏒ ᎠᏥᎸ-ᎠᏁᎶᎯ ᏧᎸᏍᏗᏱ ᏂᎦᏛ ᏕᏣᏙᎥ
ᎠᏂᏁᎢᏍᏗᏍᎩ.
15 ᎠᏎᏃ ᎤᎬᏫᏳᎯ ᎯᎠ ᏄᏪᏎᎴᎢ; ᎮᎾ, ᎾᏍᎩᏰᏃ ᏥᏯᏑᏰᏛ ᎠᏏᎵᏙ ᎠᏆᏤᎵᎦ ᏓᏆᏙᎥ
ᎠᏱᏙᎯ ᎠᏂᎦᏔᎲ ᏧᎾᏓᎴᏅᏛ ᏴᏫ ᎠᎴ ᎤᏂᎬᏫᏳᎯ ᎠᎴ ᎢᏏᎵ ᏧᏪᏥ.
16 ᎬᏂᎨᏒᏰᏃ ᎤᏓᏥᏴᏁᎵ ᏄᏳᏛ ᎠᏎ ᎤᎩᎵᏲᎢᏍᏗᏱ ᏓᏆᏙᎥ ᎤᏗᎦᎵᏍᏙᏗᏍᎬᎢ.
17 ᎡᏂᎾᏯᏃ ᎤᏪᎤᏎᎢ, ᎠᎴ ᎠᏓᏁᎸ ᎤᏴᎴᎢ, ᎦᏏᎳᏛᏃ ᎯᎠ ᏄᏪᏎᎢ; ᏐᎳ ᎥᎩᏅᏟ,
ᎤᎬᏫᏳᎯ ᏥᏌ, ᎾᏍᎩ ᎬᏂᎨᏒ ᏥᏂᏣᏛᏁᎴ ᏔᎢᏒᎢ ᏗᎩᏅᏒ ᎥᏣᎪᏩᏛᏁᏗᏱ ᎠᎴ
ᏣᎧᎵᎢᏍᏗᏱ ᎦᎸᏉᏗᏳ ᎠᏓᏅᏙ.

18 ᎩᎳᏉᏃ ᎢᏴᏛ ᏚᎦᏔᏅᎯᎠᏎ ᎤᏩᏥᏍᎦᎸ ᎢᏳᏍᏗ, ᎠᎴ ᎩᎳᏉ ᎢᏴᏛ ᎡᏩᎪᏩᏛᏗ
ᏄᎵᏍᏔᏁᎢ; ᏚᎴᏅᏃ ᎠᎦᏬᎡᎢ.
19 ᎤᎵᏍᏓᏴᏅᏃ ᎤᎵᏂᎪᏎᎢ. ᏐᎳᏃ ᎢᎸᏍᎩ ᏧᏒᎯᏛ ᏚᏪᎳᏗᏙᎴ ᎠᏃᎯᏳᎲᏍᎩ ᏕᎹᏍᎦ
ᎠᏁᎯ.
20 ᎢᎬᏪᏅᏛᏃ ᏗᎦᎳᏫᎢᏍᏗᏱ ᏕᎪᎵᏩᏗᏒ ᎤᎵᏥᏙᏁᎢ, ᎤᏃᎮᎴ ᎦᎶᏁᏛ ᎾᏍᎩ
ᎤᏁᎳᏅᎯ ᎤᏪᏥ ᎨᏒᎢ.
21 ᏂᎦᏛᏃ ᎤᎾᏛᎦᏅᎯ ᎤᏂᏍᏆᏂᎪᏎᎢ, ᎠᎴ ᎯᎠ ᏄᏂᏪᏎᎢ; ᏝᏍᎪ ᎾᏍᎩ ᎯᎠ ᏱᎩ
ᏥᏓᎩᎵᏲᎢᏍᏙᏗᏍᎬ ᏥᎷᏏᎵᎻ ᎯᎠ ᏕᎤᏙᎥ ᎠᏂᏁᎢᏍᏗᏍᎩ? ᎠᎴ ᎾᏍᎩ ᎢᏳᏍᏗ ᎠᏂ
ᎤᎷᏨᎩ, ᎾᏍᎩ ᏧᏄᏍᏗ ᏫᏚᏘᏃᎮᏗᏱ ᏄᏂᎬᏫᏳᏒ ᎠᏥᎸ-ᎠᏁᎶᎯ.
22 ᎠᏎᏃ ᏐᎳ ᎧᏁᏉᎨᏉ ᎤᎵᏂᎪᏍᎬᎢ, ᎠᎴ ᎠᏂᏬᏂᏍᎬ ᏕᎪᎾᏛᏔᏁ ᎠᏂᏧᏏ ᏕᎹᏍᎦ
ᎠᏁᎯ, ᎬᏂᎨᏒ ᏂᎬᏁᎮ ᎾᏍᎩ ᎯᎠ ᎦᎶᏁᏛ ᎨᏒᎢ.
23 ᏰᎵᏃ ᎤᏬᎯᏨ ᎠᏂᏧᏏ ᎤᏂᏃᎮᎴ ᎤᏂᎯᏍᏗᏱ.
24 ᎠᏎᏃ ᎾᏍᎩ ᏚᏄᎪᏔᏅᎢ ᎤᏛᎦᏁ ᏐᎳ. ᏂᎪᎯᎸᏃ ᎢᎦ ᎠᎴ ᏒᏃᏱ ᏗᎦᎶᎯᏍᏗᏱ
ᏚᏂᎭᎷᏁ ᎤᏂᎯᏍᏗᏱ.
25 ᎠᏎᏃ ᏧᎾᏁᎶᏗ ᎤᏂᏬᏅᎮ ᏒᏃᏱ ᎠᎴ ᏔᎷᏣ ᎤᏂᏲᏔᏁ ᎤᎾᏌᎥᏔᏁ ᎠᏐᏴᎢ.
26 ᏐᎳᏃ ᏥᎷᏏᎵᎻ ᎤᎷᏨ ᏧᎾᏁᎶᏗ ᏧᎵᎪᏁᏗᏱ ᎤᏰᎸᏁᎢ. ᏂᎦᏛᏃ ᎡᏳᏍᎦᎢᎮᎢ, ᎠᎴ
ᎥᏝ ᏯᏃᎯᏳᎲᏍᎨ ᏧᏁᎶᏗ ᎨᏒᎢ.
27 ᎠᏎᏃ ᏆᏂᏆ ᏭᏯᏅᎲ ᏚᏘᏃᎮᎴ ᎨᏥᏅᏏᏛ, ᎠᎴ ᏚᏃ ᏁᎴ ᎤᎬᏫᏳᎯ ᎤᎪᎲᎢ ᎠᎢᏒᎢ,
ᎠᎴ ᎾᏍᎩ ᎤᏬᏁᏔᏅᎢ, ᎠᎴ ᎾᏍᎦᎢᎲᎾ ᏥᏌ ᏕᎤᏙᎥ ᎤᏁᎢᏍᏔᏅᎢ ᏕᎹᏍᎦ.
28 ᎾᏍᎩᏃ ᎢᏧᎳᎭ ᎠᏁᏙᎮ ᏥᎷᏏᎵᎻ.
29 ᎾᏍᎦᎢᎲᎾᏃ ᎧᏁᎢᏍᏗᏍᎨ ᏕᎤᏙᎥ ᎤᎬᏫᏳᎯ ᏥᏌ, ᎠᎴ ᎠᏂᎪᎢ ᎤᏂᏬᏂᏍᏗ
ᎠᏂᏬᏂᏍᎩ ᎠᎾᏗᏒᎯᎮ ᎠᏂᏭᏂᏍᎬᎢ. ᎠᏎᏃ ᎤᎾᏁᎶᏔᏁ ᎡᏳᎯᏍᏗᏱ.
30 ᎠᎾᎵᏅᏟᏍᎩᏂ ᎾᏍᎩ ᎤᎾᏛᎦᏅ, ᏏᏌᎵᏱ ᏭᎾᏘᏃᎴᎢ, ᎿᏉᏃ ᏓᏌ ᏭᏂᏅᏎᎢ.
31 ᎿᏉᏃ ᏧᎾᏁᎶᏗ ᎤᎾᏓᏡᎬ ᎤᏩᏙᎯᏯᏛ ᏄᎾᎵᏍᏓᏁᎴ ᏂᎬᎾᏛ ᏧᏗᏱ ᎠᎴ ᎨᎵᎵ ᎠᎴ
ᏌᎺᎵᏱ, ᎠᎴ ᎨᏚᎵᏂᎪᎯᏍᏔᏁᎢ, ᎠᎴ ᎠᎾᎢᏎ ᎾᎿ ᏚᎾᏰᎯᏍᏗ ᎨᏒ ᎤᎬᏫᏳᎯ, ᎠᎴ
ᎣᏍᏛ ᎤᏂᏚᎵᏍᏓᏗᏍᎬ ᏚᎸᏉᏗᏳ ᎠᏓᏅᏙ, ᎠᏂᏁᏉᎨᎢ.
32 ᎯᎠᏃ ᏄᎵᏍᏔᏁᎢ, ᏈᏓ ᏂᎬᎾᏛ ᎤᏪᏙᎸ ᎾᏍᏉ ᏫᏚᎷᏤᎴ ᎤᎾᏓᏅᏘ ᎵᏓ ᎠᏁᎯ.
33 ᎾᎿᏃ ᎤᏩᏛᎮ ᎩᎶ ᎢᏳᏍᏗ ᎠᏍᎦᏯ ᎢᏂᏯ ᏧᏙᎢᏛ, ᏧᏁᎳ ᎢᏧᏕᏘᏴᏛ ᎡᏩᏂᏏᏅᎯ ᎨᏎ
ᎦᏂᏟ ᎤᏄᏓᎸᎥᏍᎨᎢ.
34 ᏈᏓᏃ ᎯᎠ ᏄᏪᏎᎴ ᎾᏍᎩ; ᎢᏂᏯ, ᏥᏌ ᎦᎶᏁᏛ ᏣᏅᏮᎦ; ᏔᎴᎲᎦ, ᎠᎴ ᎯᏰᏍᏛᎢᏌ
ᏣᏂᏏᏗᏱ. ᎩᎳᏉᏃ ᎢᏴᏛ ᏚᎴᏁᎢ.
35 ᏂᎦᏛᏃ ᎵᏓ ᎠᎴ ᏎᎶᏂ ᎠᏁᎯ ᎡᏩᎪᎮᎢ, ᎠᎴ ᎤᎬᏫᏳᎯ ᎢᏗᏢ ᏭᎾᏚᎳᎲᏍᏔᏁᎢ.

36 ᏦᏈᏃ ᎡᎮ ᎩᎶ ᎢᏳᏍᏗ ᎠᎨᏴ ᏧᏁᎶᏗ, ᏓᏈᏗ ᏧᏙᎢᏛ, ᎾᏍᎩ ᎠᏁᎵᏔᏅᎯ ᏓᎩ ᎦᏛᎦ,
ᎾᏍᎩ ᎯᎠ ᎤᎧᎵᏨᎯ ᎨᏎ ᎣᏍᏛ ᏚᎸᏫᏍᏓᏁᎲᎢ ᎠᎴ ᎠᏓᏁᎸᎥᏍᎬᎢ.
37 ᎯᎠᏃ ᏄᎵᏍᏔᏁ ᎾᎯᏳᎢ, ᎾᏍᎩ ᎤᏢᏨ ᎤᏲᎱᏎᎢ, ᎾᏍᎩᏃ ᎤᎾᏬᎥ ᎦᎸᎳᏗ ᎧᏅᏑᎸ
ᎤᏂᏅᏁᎢ.
38 ᎵᏓᏃ ᎠᎴ ᏦᏈ ᎾᎥ ᏂᏚᏓᎴᎢ, ᎠᏃᎯᏳᎲᏍᎩᏃ ᎤᎾᏛᎦᏅ ᏈᏓ ᎡᏙᎲ ᎵᏓ, ᎠᏂᏔᎵ
ᎠᏂᏍᎦᏯ ᏚᏂᏅᏎ ᏭᏂᏔᏲᏎᏗᏱ ᎤᏙᎯᏗᏍᏗᏱ ᏂᎨᏒᎾ ᏂᏙᏓᏳᏩᏛᎲᏍᏗᏱ.
39 ᏈᏓᏃ ᏚᎴᏅ ᏚᏍᏓᏩᏛᏎᎢ; ᎤᎷᏨᏃ ᎦᎸᎳᏗ ᎧᏅᏑᎸ ᏫᎬᏩᏴᏔᏁᎢ; ᏂᎦᏛᏃ ᎠᏂᎨᏴ
ᏧᏃᏑᎶᏨᎯ ᎦᏙᎬ ᎾᎥ ᎠᏂᏙᎾᎡ ᏓᏂᏴᎨᎢ, ᎠᎴ ᏓᏂᎾᏄᎪᏫᏍᎨ ᎭᏫᏂ ᏗᏄᏬ ᎠᎴ ᏧᏓᎴᏅᏛ
ᏗᏄᏬ ᎾᏍᎩ ᏓᎩ ᏧᏪᏰᏫᏒᎯ ᎠᏏ ᎤᏁᏔᏗᏙᎮᎢ.
40 ᏈᏓᏃ ᏂᎦᏛ ᏚᏄᎪᏫᏒ ᏚᎵᏂᏆᏅᏁ ᎠᎴ ᎤᏓᏙᎵᏍᏔᏁᎢ, ᎦᏛᏅᏃ ᎢᏗᏢ ᏭᎦᏔᎲᏍᏔᏅ,
ᏓᏈᏗ ᏔᎴᎲᎦ, ᎤᏛᏁᎢ. ᏚᏍᏚᎢᏎᏃ ᏗᎦᏙᎵ, ᏈᏓᏃ ᎤᎪᎲ, ᎤᏗᏛᎮ ᎤᏪᏁᎢ.
41 ᎤᏬᏯᏁᏒᏃ ᏕᎤᎴᏔᏁᎢ; ᏫᏚᏯᏅᎲᏃ ᎤᎾᏓᏅᏘ ᎠᎴ ᏧᏃᏑᎶᏨᎯ, ᏕᎤᎾᏄᎪᏎᎴ ᎬᏃᏛ.
42 ᏦᏈᏃ ᏂᎬᎾᏛ ᎤᎾᏛᎦᏁᎢ, ᎠᎴ ᎤᏂᏣᏘ ᎤᏃᎯᏳᏁ ᎤᎬᏫᏳᎯ.
43 ᎯᎠᏃ ᏄᎵᏍᏔᏁᎢ, ᏰᎵ ᎤᏬᎯᏤ ᎤᎦᏁ ᏦᏈ, ᏗᏑᏫᏍᎩ ᏌᏩᏂ ᏧᏙᎢᏛ ᎦᏁᎸᎢ.

ᎠᏯᏙᎸᎢ 10

1 ᎩᎶᏃ ᎢᏳᏍᏗ ᎠᏍᎦᏯ ᎡᎮ ᏏᏌᎵᏱ, ᎧᏂᎵᏯ ᏧᏙᎢᏛ, ᎠᏍᎪᎯᏧᏈ ᏗᏘᏂᏙᎯ, ᎨᎳ ᎢᏓᎵ
ᏧᎾᏙᎢᏛ ᎤᎾᏓᏡᎬ.
2 ᎤᏓᏅᏘ ᎠᎴ ᎤᏁᎳᏅᎯ ᎦᎾᏰᏍᎩ, ᎠᎴ ᎾᏍᏉ ᏂᎦᏛ ᎦᏁᎸ ᎠᏂᎮ, ᎤᏣᏘ ᏗᏁᎸᎥᏍᎩ
ᏴᏫ, ᎠᎴ ᎤᏁᎳᏅᎯ ᏂᎪᎯᎸ ᎠᏓᏙᎵᏍᏓᏁᎯ.
3 ᎾᏍᎩ ᏦᎢᎭ ᎢᏳᏟᎶᏛ ᎧᎳᏩᏗᏒ ᎬᏂᎨᏒᎢᏳ ᎤᎪᎮ ᏗᎧᎿᏩᏗᏙᎯ ᎤᏁᎳᏅᎯ ᎤᏤᎵ
ᎤᎷᏤᎴᎢ, ᎠᎴ ᎯᎠ ᏄᏪᏎᎴᎢ; ᎧᏂᎵᏯ.
4 ᏚᎧᎿᏅᏃ ᎠᎴ ᎤᏍᎦᎸ ᎯᎠ ᏄᏪᏎᎢ; ᎦᏙᎢ, ᏣᎬᏫᏳᎯ. ᎯᎠᏃ ᏄᏪᏎᎴᎢ;
ᎭᏓᏙᎵᏍᏗᏍᎬ ᎠᎴ ᎭᏓᏁᎸᎥᏍᎬ ᏚᎵᏌᎳᏓᏅ ᎠᏅᏓᏗᏍᏙᏗ ᎢᏳᎵᏍᏙᏗᏱ ᎤᏁᎳᏅᎯ
ᎠᎦᏔᎲᎢ.
5 Ꭷ, ᏦᏈ ᏘᏅᎵ ᎠᏂᏫᏅ, ᏫᏯᏅ ᏌᏩᏂ ᏈᏓ ᏧᏙᎢᏛ,
6 ᎾᏍᎩ ᎤᏬᎳ ᎩᎶ ᎢᏳᏍᏗ ᎦᏁᎸ ᏌᏩᏂ ᏧᏙᎢᏛ, ᏗᏑᏫᏍᎩ, ᎾᏍᎩ ᎠᎹᏳᎶᏗ ᏥᎦᏁᎸ,
ᎾᏍᎩ ᏓᏣᏃᏁᎵ ᎢᏣᏛᏁᏗᏱ.
7 ᏗᎧᎿᏩᏗᏙᎯᏃ ᎤᏓᏅᏒ ᎾᏍᎩ ᎧᏂᎵᏯ ᎤᏬᏁᏔᏅᎯ, ᎠᏂᏔᎵ ᏫᏚᏯᏅᎮ ᎠᏓᏁᎸ
ᏧᏅᏏᏓᏍᏗ ᎠᎴ ᏌᏉ ᎠᏯᏫᏍᎩ ᎤᏁᎳᏅᎯ ᎠᏓᏙᎵᏍᏓᏁᎯ ᏂᎪᎯᎸ ᎬᏩᎦᏘᏗᏍᎩ ᎨᏒ
ᎨᎳ.
8 ᎾᏍᎩᏃ ᏂᎦᏛ ᏚᏃᎮᎮᎸ, ᏦᏈ ᏚᏅᏎᎢ.
9 ᎤᎩᏨᏛᏃ ᎠᎾᎢᏎ ᎠᎴ ᎿᏉ ᎾᎥᏂᎨ ᎤᏂᎷᎴ ᏗᎦᏚᎲᎢ, ᏈᏓ ᎤᎩᎳᏫᏎ ᎦᏌᎾᎵ
ᎤᏓᏙᎵᏍᏔᏅᏎ ᏔᎳᏚ ᎢᏳᏟᎶᏛ ᎢᏴᏛ ᎧᎳᏩᏗᏒᎢ.
10 ᎤᏣᏘᏃ ᎤᏲᏏᏌᏁᎢ, ᎠᎴ ᎤᏚᎵᏍᎨ ᎤᎵᏍᏓᏴᏗᏱ, ᎠᏎᏃ ᎠᏏᏉ ᎠᎾᏛᏅᎢᏍᏗᏍᎨ
ᏣᎦᎵᎰ ᎾᏍᎩᏯ ᏄᎵᏍᏓᏁᎴᎢ.
11 ᎤᎪᎮᏃ ᎦᎸᎳᏗ ᎤᎵᏍᏚᎢᏛ ᎨᏎᎢ, ᎠᎴ ᎪᎱᏍᏗ ᎢᏳᏍᏗ ᎠᏖᎵᏙ ᎡᎳᏗ ᎤᏧᏍᏗᏗᏎ,
ᎾᏍᎩᏯ ᎡᏆ ᎠᏄᏬ, ᏅᎩ ᏚᏅᏏᏴ ᏥᎦᏚᎸᏭᎢ, ᎾᏍᎩᏃ ᎡᎳᏗ ᎢᎬᏁᎸᎯ ᏥᎨᎭ ᎡᎶᎯ
ᎢᏴᏛ.
12 ᎾᎿᏃ ᎠᏂᏯᏒ ᏂᎦᏛ ᏧᎾᏓᎴᏅᏛ ᏅᎩ ᏗᏂᏅᏌᏗ ᎡᎶᎯ ᎠᏁᎯ, ᎠᎴ ᎢᎾᎨ ᎠᏁᎯ, ᎠᎴ
ᎠᎾᏓᎾᏏᏂᏙᎯ, ᎠᎴ ᎦᎸᎶ ᎠᏂᏃᎯᎵᏙᎯ.
13 ᎠᏥᏁᏤᎴᏃ ᎯᎠ ᎤᏗᎠᏥᏪᏎᎴᎢ; ᏈᏓ, ᏔᎴᎲᎦ, ᎯᎷᎦ ᎠᎴ ᎭᎵᏍᏓᏴᎲᎦ, ᎠᎪᏎᎴᎢ.
14 ᏈᏓᏃ ᎯᎠ ᏄᏪᏎᎢ; ᏞᏍᏗ, ᏣᎬᏫᏳᎯ, ᏝᏰᏃ ᎢᎸᎯᏳ ᏯᎩᎪ ᎰᎱᏍᏗ ᎦᏓᎭ ᎠᎴ
ᏂᎦᏅᎦᎸᎲᎾ.
15 ᏔᎵᏁᏃ ᎯᎠ ᎤᏗᎠᏥᏪᏎᎸᎢ; ᎤᏁᎳᏅᎯ ᎤᏅᎦᎸᏛ ᎾᏍᎩ Ꮮ-Ꮧ ᎦᏓᎭ ᏲᏎᎮᏍᏗ.
16 ᎾᏍᎩ ᎯᎠ ᏦᎢ ᏄᎵᏍᏔᏁᎢ, ᎿᏉᏃ ᎠᏖᎵᏙ ᏔᎵᏁ ᎦᎸᎳᏗ ᏫᎤᎵᏌᎳᏓᏁᎢ.
17 ᎠᏏᏉᏃ ᏈᏓ ᎠᏓᏅᏖᏍᎨ ᏄᏍᏛ ᎦᏛᎬ ᎾᏍᎩ ᎤᏁᎳᏫᏎᎸᎢ, ᎬᏂᏳᏉ ᎠᏂᏫᏅ ᎾᏍᎩ
ᎧᏂᎵᏯ ᏂᏙᏓᏳᏅᏒᎯ ᎤᎾᏓᏛᏛᏅᎯ ᎨᏎ ᏌᏩᏂ ᎦᏁᎸᎢ, ᎠᎴ ᎠᏂᏙᎾᎡ ᎦᎶᎯᏍᏗᏳᎶᏗ;

18 ᏑᎾᎵᏍᏔᏅᏃ ᎤᎾᏓᏛᏛᏁᎢ; ᎠᏂᏍᎪ ᎤᏬᎳ ᏌᏩᏂ ᏈᏓ ᏚᏙᎢᏛ, ᎤᎾᏛᏁᎢ.
19 ᎠᏏᏉᏃ ᏈᏓ ᎠᏓᏅᏖᏍᎨ ᎤᏁᎳᏫᏎᎸᎢ, ᎠᏓᏅᏙ ᎯᎠ ᏄᏪᏎᎴᎢ, ᎬᏂᏳᏉ ᎠᏂᏦᎢ
ᎠᏂᏫᏅ ᎨᏣᏲᎭ.
20 Ꭷ, ᏔᎴᎲᎦ, ᎭᏠᎠᎯ, ᎠᎴ ᏗᏍᏓᏩᏚᎦ ᎪᎱᏍᏗ ᏂᏗᏣᏢᏫᏎᎲᎾ, ᎠᏴᏰᏃ ᏗᏥᏅᏏᏛ.
21 ᎿᏉᏃ ᏈᏓ ᎤᏞᎠᏒ ᏫᏚᎷᏤᎸ ᎠᏂᏫᏅ ᎧᏂᎵᏯ ᏧᏅᏏᏛ ᎬᏩᏯᏅᎯᎸᎯ, ᎯᎠ ᏄᏪᏎᎢ;
ᎬᏂᏳᏉ ᎠᏴ ᎾᏍᎩ ᏤᏥᏲᎭ. ᎦᏙ ᏧᎵᏰᎢᏄᏍᏔᏅ ᎯᎠ ᏥᏥᎷᎩ?
22 ᎯᎠᏃ ᏄᏂᏪᏎᎢ; ᎧᏂᎵᏯ ᎠᏍᎪᎯᏧᏈ ᏗᏘᏂᏙᎯ, ᏚᏳᎯᏛ ᎢᏯᏛᏁᎯ ᎠᏍᎦᏯ ᎠᎴ
ᎤᏁᎳᏅᎯ ᎦᎾᏰᏍᎩ, ᎠᎴ ᎣᏍᏛ ᎬᏩᏃᎮᏍᎩ ᎾᏂᎥ ᏑᎾᏓᎴᎩ ᎨᏒ ᎠᏂᏧᏏ, ᎤᏁᏤᎸᎩ
ᎦᎸᏉᏗ ᏗᎧᎿᏩᏗᏙᎯ, ᎤᏓᏅᏍᏗᏱ ᏧᏪᏅᏒ ᏫᏣᎷᎯᏍᏗᏱ ᎠᎴ ᎯᏬᏂᏍᎬ ᎤᏛᎪᏗᏱ.
23 ᏚᏔᏲᏒᎸᏃ ᎤᏂᏴᏍᏗᏱ, ᎠᎴ ᏚᏍᏆᏂᎪᏔᏁᎢ. ᎤᎩᏨᏛᏃ ᏈᏓ ᎦᎤᏍᏓᏩᏛᏎᎢ, ᎠᎴ
ᎩᎶ ᎢᏳᎾᏍᏗ ᎠᎾᎵᏅᏟ ᏦᏈ ᎠᏁᎯ ᎬᏩᎵᎪᏁᎴᎢ.
24 ᏫᎤᎩᏨᏅᏃ ᏏᏌᎵᏱ ᏭᏂᏴᎴᎢ. ᎧᏂᎵᏯᏃ ᎤᏂᎦᏘᏰᎢ, ᎠᎴ ᏧᏪᏟᏌᏅᎯ ᎨᏎ ᎪᎱᏍᏗ
ᏧᏩᏂ ᎠᎴ ᏧᎵᎢ.
25 ᎿᏉᏃ ᏈᏓ ᏗᏴᎵᏎ ᎧᏂᎵᏯ ᎦᎤᏠᏎᎢ, ᎡᎳᏗᏃ ᎤᏅᏨ ᏈᏓ ᏚᎳᏍᎬ ᎤᏓᏙᎵᏍᏓᏁᎴᎢ.
26 ᎠᏎᏃ ᏈᏓ ᎦᎤᎴᏔᏁ ᎯᎠ ᏄᏪᏎᎢ; ᏔᎴᎲᎦ, ᎠᏴ ᎾᏍᏉ ᏴᏫᏉ.
27 ᎠᏎᏉᏃ ᎠᎵᏃᎮᏗᏍᎨ, ᏭᏴᎴᎢ; ᎠᎴ ᏚᏩᏛᎮ ᎤᏂᏣᏘ ᏓᏂᎳᏫᏒᎢ.
28 ᎾᏍᎩᏃ ᎯᎠ ᏂᏚᏪᏎᎴᎢ; ᎢᏥᎦᏔᎭᏉ ᎤᏓᏅᏍᏙᏒᎯ ᎨᏒ ᎩᎶ ᎠᏧᏏ ᎤᏁᏓᏍᏗᏱ ᎠᎴ
ᎤᏩᏛᏗᏱ ᎩᎶ ᎤᏩᏓᎴ ᏴᏫ; ᎠᏎᏃ ᎤᏁᎳᏅᎯ ᎬᏂᎨᏒ ᎾᏋᏁᎸ ᎠᏴᎩᎶ ᏴᏫ ᎦᏓᎭ ᎠᎴ
ᎾᏥᏅᎦᎸᎥᎾ ᏥᏲᏎᏗ ᏂᎨᏒᎾ ᎨᏒᎢ.
29 ᎾᏍᎩᏃ ᎢᏳᏍᏗ ᎪᎱᏍᏗ ᎾᏍᎪᏁᎶᏍᎬᎾ ᏛᏊᏅᏒᎩ ᏮᎩᏯᏅᎮᎸᏉ. ᎾᏍᎩᏃ ᎢᏳᏍᏗ
ᎢᏨᏰᏛᏛᎲᎦ ᎤᏧᎵᏍᏙᏔᏅ ᏫᏍᎩᏯᏅᎲᎢ.
30 ᎧᏂᎵᏯᏃ ᎯᎠ ᏄᏪᏎᎢ; ᏅᎩ ᏄᏒᎭ ᎠᎹᏟ ᎬᏍᎬᎩ ᎯᎠ ᎢᏳ ᎧᎳᏩᏗᏒ ᎢᏯᏍᏗ, ᏦᎢᏃ
ᎢᏳᏟᎶᏛ ᎧᎳᏩᏗᏒ ᎦᏓᏙᎵᏍᏗᏍᎬ ᏥᏁᎸᎢ, ᎬᏂᏳᏉᏃ ᎠᏍᎦᏯ ᏗᎬᏩᏄᏬᏓ ᏧᏄᏫ ᎢᎬᏱᏢ
ᎠᏆᎴᏁᎸᎩ.
31 ᎯᎠᏃ ᏄᏪᏒᎩ; ᎧᏂᎵᏯ, ᎭᏓᏙᎵᏍᏗᏍᎬ ᎡᏣᏛᎦᏁᎸ ᎠᎴ ᎭᏓᏁᎸᎢᏍᎬ ᎠᏅᏔ
ᎤᏁᎳᏅᎯ ᎠᎦᏔᎲᎢ.
32 Ꭷ, ᏦᏈ ᎭᏓᏅᎵ, ᎠᎴ ᏫᏯᏅ ᏌᏩᏂ ᏈᏓ ᏧᏙᎢᏛ; ᎾᏍᎩ ᎤᏬᎳ ᏌᏩᏂ ᏗᏖᏫᏍᎩ
ᎦᏁᎸᎢ ᎠᎹᏳᎶᏗ, ᎾᏍᎩ ᎦᎷᏨᎭ ᏓᏟᏬᏁᏔᏂ.
33 ᎰᏩᏃ ᎩᎳᏉ ᎢᏴᏛ ᎠᏆᏓᏅᏒᎩ ᏪᏣᏯᏅᏗᏱ; ᎣᏏᏳᏃ ᏂᏣᏛᏁᎸ ᏥᎷᎩ. ᎿᏉᏃ ᏂᎦᏛ
ᎠᏂ ᎣᏤᏙᎭ ᎤᏁᎳᏅᎯ ᎠᎦᏔᎲᎢ, ᎣᎦᏛᏅᎢᏍᏗ ᎣᎦᏛᎪᏗᏱ ᏂᎦᎥ ᎤᏁᎳᏅᎯ ᏣᏁᏤᎸᎯ
ᎨᏒᎢ.
34 ᏈᏓᏃ ᎤᏍᏚᎢᏒ ᎠᎰᎵ, ᎯᎠ ᏄᏪᏎᎢ; ᎤᏙᎯᏳᎯᏯ ᎦᏙᎴᎣᏍᎦ ᎤᏁᎳᏅᎯ ᎩᎶ
ᏧᎸᏉᏙᏗ ᏂᎨᏒᎾ ᎨᏒᎢ;

35 ᎾᏂᎥᏉᏍᎩᏂ ᏧᎾᏓᎴᏅᏛ ᏴᏫ ᎠᏁᎲᎢ ᎩᎶ ᎾᏍᎩ ᏣᎾᏰᏍᎦ ᎠᎴ ᏚᏳᏙᏛ
ᏱᏚᎸᏫᏍᏓᏁᎭ ᎾᏍᎩ ᏓᎦᏓᏂᎸᎪᎢ.
36 ᎧᏃᎮᏛ ᏧᏓᏅᏎ ᎢᏏᎵ ᏧᏪᏥ ᎤᎾᏛᎪᏗ ᏥᎧᏃᎮᏍᎨ ᎣᏍᏛ ᎧᏃᎮᏛ ᎤᏩᏙᎯᏯᏛ ᎤᎬᏩᎵ
ᏥᏌ ᎦᎶᏁᏛ ᎢᏳᏩᏂᏌᏛ ᎾᏍᎩ ᎤᎬᏫᏳᎯ ᎾᏂᎥ ᎤᎾᏤᎵᎦ,
37 ᎾᏍᎩ ᎧᏃᎮᏛ ᎢᏥᎦᏔᎭ, ᎬᏂᎨᏒ ᏥᏄᎵᏍᏔᏅ ᏂᎬᎾᏛ ᏧᏗᏱ, ᎨᎵᎵ ᏨᏓᏩᏓᎴᏅᎲ
ᏗᏓᏬᏍᏗ ᎨᏒ ᎤᎬᏩᎵᏄᎵᏥᏙᏃ ᏣᏂ--
38 ᎾᏍᎩ ᎤᎾᎳᏅᎯ ᎦᎸᏉᏗᏳ ᎠᏓᏅᏙ ᎠᎴ ᎤᎵᏂᎩᏛ ᎨᏒ ᏥᏚᎶᏁᏔᏁ ᏥᏌ ᎾᏎᎵᏗ
ᎡᎯ, ᎾᏍᎩ ᏤᏙᎲ ᎣᏍᏛ ᏚᎸᏫᏍᏓᏁᎲᎢ, ᎠᎴ ᎦᎧᏅᏫ-Ꭼ ᏂᎦᏛ ᎤᏲ ᎢᏳᏅᎿᎦᎩ
ᎠᏍᎩᎾ; ᎤᏁᎳᏅᎯᏰᏃ ᏚᎧᎿᏩᏗᏙᎲᎩ.
39 ᎠᏴᏃ ᎣᏥᏃᎮᏍᎩ ᎾᏍᎩ ᏂᎦᏛ ᏄᏛᏁᎵᏙᎸ ᎠᏂᏧᏏ ᎤᎾᏤᎵᎪᎯ ᎠᎴ ᏥᎷᏏᎵᎻ; ᎾᏍᎩ
ᏧᏂᎸᎩ ᎨᏛ ᏧᎾᏛᏅᎩ.
40 ᎾᏍᎩ ᎤᏁᎳᏅᎯ ᏦᎢᏁ ᎢᎦ ᏕᎤᎴᏔᏅᎩ ᎠᎴ ᎬᏂᎨᏒ ᏂᏚᏩᏁᎸᎩ,
41 ᎥᏝ ᏂᎦᏛ ᏴᏫ, ᎠᏂᏃᎮᏍᎩᏉᏍᎩᏂ ᎤᏅᏒ ᎤᏁᎳᏅᎯ ᎦᏳᎳ ᏗᎬᏩᏑᏰᏛ ᏥᎨᏒᎩ,
ᎾᏍᎩ ᎠᏴ ᎢᏧᎳᎭ ᎣᎦᎵᏍᏓᏴᏅᎯ ᎠᎴ ᏦᎦᏗᏔᎲᎯ ᎾᏍᎩ ᎤᏲᎱᏒ ᏧᎴᎯᏌᏅᎯ ᏥᏂᎨᏎᎢ.
42 ᎠᎴ ᎣᎩᏁᏤᎸᎩ ᏴᏫ ᏦᏣᎵᏥᏙᏁᏗᏱ, ᎠᎴ ᎣᎩᏃᎮᏗᏱ ᎾᏍᎩ ᎤᏁᎳᏅᎯ ᎤᏪᎧᏅ
ᏗᎫᎪᏓᏁᎯ ᏄᏩᏁᎸ ᏗᏅᏃᏛ ᎠᎴ ᏧᏂᏲᎱᏒᎯ.
43 ᎾᏍᎩ ᏂᎦᏛ ᎠᎾᏙᎴᎰᏍᎩ ᎬᏩᏃᎮᎭ, ᎯᎠ ᎾᏂᏪᎭ; ᎾᏍᎩ ᎩᎶ ᎪᎯᏳᎲᏍᎨᏍᏗ
ᎾᏍᎩ ᏕᎤᏙᎥᎢ, ᎠᏥᏙᎵᏍᏗ ᎨᏎᏍᏗ ᎤᏍᎦᏅᏨᎢ.
44 ᎠᏏᏉᏃ ᏇᏓ ᎯᎠ ᎾᏍᎩ ᏂᎦᏪᏍᎨᎢ, ᎦᎸᏉᏗᏳ ᎠᏓᏅᏙ ᎡᎳᏗ ᏄᏛᏁᎴ ᎤᏂᎷᏤᎴ
ᏂᎦᏛ ᎠᎾᏛᎩᏍᎩ ᎧᏃᎮᏛ.
45 ᏗᎨᏥᎤᏍᏕᏎᎸᎯᏃ ᎠᏃᎯᏳᎲᏍᎩ ᏂᎦᏛ ᏇᏓ ᎤᏓᎬᏩᏍᏓᏩᏛᏛ ᎤᏣᏘ ᎤᏂᏍᏆᏂᎪᏎᎢ,
ᎤᏗᏚᎵᏍᏙᏗᏍᎨ ᏧᎾᏓᎴᏅᏛ ᏴᏫ ᎾᏍᏉ ᎨᏥᎭᏅᏰᎸ ᎨᏥᏁᎸ ᎦᎸᏉᏗᏳ ᎠᏓᏅᏙ.
46 ᏚᎾᏛᎦᏁᎴᏰᏃ ᏧᏓᎴᏅᏛ ᏓᏂᏬᏂᏍᎬ ᎠᎴ ᎠᏂᎸᏉᏗᏍᎬ ᎤᏁᎳᏅᎯ. ᎿᏉᏃ ᏇᏓ
ᎤᏁᏤ ᎯᎠ ᏄᏪᏎᎢ;
47 ᏥᎪ ᎩᎶ ᏳᏅᏍᏙᎯ ᎠᎹ ᎯᎠ ᎾᏍᎩ ᏗᎨᎦᏬᏍᏗᏱ ᎾᏍᎩ ᎾᏍᏉ ᎦᎸᏉᏗᏳ ᎠᏓᏅᏙ
ᏥᎨᏥᏁᎸ ᎾᏍᎩᏯ ᎠᏴ ᎡᎨᏁᎸᎢ?
48 ᏕᎤᏁᏤᎴᏃ ᏗᎨᎦᏬᏍᏗᏱ ᏕᎤᏙᏍᏛ ᎤᎬᏫᏳᎯ. ᎿᏉᏃ ᎬᏩᏔᏲᏎᎴ ᎢᎸᏍᎩ ᏧᏒᎯᏛ
ᎤᏪᏗᏱ.

ᎠᏯᏙᎸᎢ 11

1 ᎨᏥᏅᏏᏛᏃ ᎠᎴ ᎠᎾᎵᏅᏟ ᏧᏗᏱ ᎠᏁᎯ ᎤᎾᏛᎦᏁ ᎾᏍᎩ ᏧᎾᏓᎴᏅᏛ ᏴᏫ ᎾᏍᏉ
ᏚᎾᏓᏂᎸᏨ ᎧᏃᎮᏛ ᎤᏁᎳᏅᎯ ᎤᏤᎵᎦ.
2 ᏈᏓᏃ ᏥᎷᏏᎵᎻ ᏭᎷᏨ ᏗᎨᏥᏅᏍᏕᏎᎸᎯ ᎦᎬᏩᎦᏘᎸᏎᎢ,
3 ᎯᎠ ᏄᏂᏪᏒᎢ; ᏂᏗᎨᏥᏅᏍᏕᏎᎸᎾ ᎦᎯᏴᏎᎴᎢ, ᎠᎴ ᎾᏍᎩ ᎢᏧᎳᎭ ᎢᏣᎵᏍᏓᏴᏁᎢ.
4 ᎠᏎᏃ ᏈᏓ ᎤᎴᏅᎮ ᏚᏃᎮᎮᎴ ᏂᎦᏛ ᎣᏍᏛ ᎤᏱᎸᏎᎢ, ᎯᎠ ᏄᏪᏎᎢ;
5 ᏦᏈ ᎦᏚᎲ ᎨᏙᎲᎩ ᎦᏓᏙᎵᏍᏗᏍᎬᎩ; ᏩᎦᎵᎰᏃ ᎾᏍᎩᏯ ᎾᏆᎵᏍᏓᏁᎸ ᎠᏆᏁᎳᏫᏎᎸᎩ,
ᎠᏖᎵᏙ ᎠᎩᎪᎲᎩ ᎡᎳᏗ ᎤᏓᏩᏍᏗᏗᏒᎩ, ᎡᏆ ᎠᏄᏬ ᎾᏍᎩᏯᎢ ᎦᎸᎳᏗ ᎤᏓᏩᏓᎴᏅᎯ,
ᏅᎩ ᏂᏚᏅᏏᏴ ᏥᏚᏂᏂᏴᎭᎢ; ᎠᎴ ᎠᏴ ᎠᎩᎷᏤᎸᎩ.
6 ᎾᏍᎩᏃ ᎠᏆᎦᏙᏍᏔᏅ ᎠᏆᏓᏅᏖᎸᎩ ᎠᎴ ᎦᏥᎪᎥᎩ ᏅᎩ ᏗᏂᏅᏌᏗ ᎡᎶᎯ ᎠᏁᎯ ᎠᎴ
ᎢᎾᎨ ᎠᏁᎯ ᎠᎴ ᎠᎾᏓᎾᏏᏂᏙᎯ ᎠᎴ ᎦᎸᎶ ᎠᏂᏃᎯᎵᏙᎯ.
7 ᎧᏁᎬᏃ ᎠᏆᏛᎦᏅᎩ ᎯᎠ ᎾᎩᏪᏎᎸᎩ; ᏔᎴᎲᎦ ᏈᏓ, ᎯᎷᎦ ᎠᎴ ᎭᎵᏍᏓᏴᎲᎦ.
8 ᎠᏎᏃ ᎯᎠ ᎾᎩᏪᏒᎩ; ᏞᏍᏗ, ᏣᎬᏫᏳᎯ, ᏝᏰᏃ ᎢᎸᎯᏳ ᎪᎱᏍᏗ ᎦᏓᎭ ᎠᎴ ᏂᎦᏅᎦᎸᎲᎾ
ᏩᏴᎶ ᏥᎣᎵ.
9 ᎠᏎᏃ ᎧᏁᎬ ᏔᎵᏁ ᎯᎠ ᎤᏛᎠᎩᏪᏒᎸᎩ ᎦᎸᎳᏗ ᏓᎤᎶᏒᎩ; ᎤᏁᎳᏅᎯ ᎤᏅᎦᎸᏛ
ᎾᏍᎩ ᏞᏍᏗ ᎦᏓᎭ ᏲᏎᎮᏍᏗ.
10 ᏦᎢᏃ ᎾᏍᎩ ᎯᎠ ᏄᎵᏍᏔᏅᎩ, ᏂᎦᏛᏃ ᎦᎸᎳᏗ ᏔᎵᏁ ᏭᎵᏌᎳᏓᏅᎩ.
11 ᎬᏂᏳᏉᏃ ᎩᎳᏉ ᎢᏴᏛ ᏦᎢ ᎢᏯᏂᏛ ᎠᏂᏍᎦᏯ ᎠᏂᏙᎾᎥ ᎠᏓᏁᎸ ᎾᎿ ᎠᏉᎸᎢ,
ᎬᎩᏯᏅᎰᎸᎯ ᏏᏌᎵᏱ ᎤᏓᎨᏥᏅᏒᎯ.
12 ᎠᏓᏅᏙᏃ ᎯᎠ ᎾᎩᏪᏎᎸᎩ; ᎪᎱᏍᏗ ᏂᏗᏣᎵᏫᏎᎲᎾ ᏗᏍᏓᏩᏕᎦ. ᎾᏍᏉᏃ ᎯᎠ ᎾᏍᎩ
ᏑᏓᎵ ᎢᏯᏂᏛ ᎢᏓᏓᏅᏟ ᎬᏆᎵᎪᏁᎸᎩ, ᎠᎴ ᎾᏍᎩ ᎠᏍᎦᏯ ᏗᎦᏁᎸ ᏬᎩᏴᎸᎩ.
13 ᎾᏍᎩᏃ ᎣᎩᏃᏁᎸᎩ ᎤᎪᎲᎢ ᏗᎧᎿᏩᏗᏙᎯ ᎤᏩᏒ ᎦᏁᎸᎢ ᎾᏍᎩ ᎦᏙᎨ ᎯᎠ ᏄᏪᏎᎴᎢ;
ᏦᏈ ᏘᏅᎵ ᎠᏂᏫᏅ, ᎠᎴ ᏫᏯᏅ ᏌᏩᏂ ᏈᏓ ᏧᏙᎢᏛ;
14 ᎾᏍᎩ ᏓᏣᏃᏁᎵ ᎢᏣᏛᏁᏗᏱ ᏣᎵᏍᎦᎸᏗᏱ ᏂᎯ ᎠᎴ ᏂᎦᏛ ᏗᏣᏤᎵ ᏏᏓᏁᎸᎢ.
15 ᎠᏆᎴᏅᎲᏃ ᎠᎩᏬᏂᏒ ᎦᎸᏉᏗᏳ ᎠᏓᏅᏙ ᎡᎳᏗ ᏄᏛᏁᎸᎩ, ᎤᏂᎷᏤᎩ, ᎾᏍᎩᏯ ᎠᏴ
ᏥᎩᎷᏤᎸ ᏗᏓᎴᏂᏍᎬᎢ.
16 ᎿᏉᏃ ᎠᏆᏅᏓᏛᎩ ᎤᎬᏫᏳᎯ ᎤᏁᏨᎢ, ᎯᎠ ᏥᏄᏪᏒᎩ; ᏣᏂ ᎤᏙᎯᏳᎯ ᎠᎹ
ᏓᏓᏬᏍᏗᏍᎬᎩ, ᏂᎯᏍᎩᏂ ᎦᎸᏉᏗᏳ ᎠᏓ-ᏅᏙ ᏙᏓᏰᏣᏬᏍᏔᏂ.
17 ᎢᏳᏃ ᎤᏁᎳᏅᎯ ᏧᏁᎸᎯ ᏱᎩ ᎤᏓᏁᏗ ᎨᏒ ᎾᏍᎩᏯ ᏥᎩᏁᎸᎩ ᎠᏴ ᎾᏍᎩ ᎡᏙᎢᏳᏅᎯ
ᎤᎬᏫᏳᎯ ᏥᏌ ᎦᎶᏁᏛ, ᎦᏙ ᎠᏴ ᎨᏎ ᏰᎵ ᎦᏥᏲᏍᏙᏓᏁᏗ ᎨᏎ ᎤᏁᎳᏅᎯ.
18 ᎤᎾᏛᎦᏅᏃ ᎾᏍᎩ ᎡᎳᏪ ᎤᏅᏁᎢ, ᎠᎴ ᎤᏂᎸᏉᏔᏁ ᎤᏁᎳᏅᎯ, ᎯᎠ ᏄᏂᏪᏎᎢ:
ᎾᏍᏉᎧᏂ ᎤᏁᎳᏅᎯ ᏧᎾᏓᎴᏅᏛ ᏴᏫ ᎦᏅᏁᎸ ᏚᎾᏓᏅᏛ ᏧᏂᏁᏟᏴᏍᏗᏱ ᎬᏂᏛ
ᏩᎵᏱᎶᎯᎯ.

19 ᎤᎾᏗᎦᎴᏲᏨᎯᏃ ᎾᎯᏳ ᎤᏲ ᏥᏄᎾᎵᏍᏓᏁᎴ, ᏨᏧᏓᎴᏅᏢ ᏍᏗᏫ, ᏈᏂᏏ ᎢᏴᏛ
ᏭᏁᏙᎴᎢ, ᎠᎴ ᏌᏈ, ᎠᎴ ᎥᏘᎣᎩ, ᎠᏂᏧᏏᏉ ᎤᏅᏒ ᎧᏃᎮᏛ ᏓᏂᏃᎮᎮᎢ.
20 ᎾᏍᎩᏃ ᎢᎦᏛ ᏌᏈ ᎠᎴ ᏌᎵᏂ ᎠᏁᎯ ᎨᏎᎢ, ᎾᏍᎩ ᎥᏘᎣᎩ ᏭᏂᎷᏨ ᏕᏂᏬᏁᏔᏁ
ᎠᏂᎪᎢ, ᎠᏂᏃᎮᏍᎨ ᎣᏍᏛ ᎧᏃᎮᏛ ᎤᎬᏫᏳᎯ ᏥᏌ ᎤᎬᏩᎵ.
21 ᎤᎬᏫᏳᎯᏃ ᎤᏬᏰᏂ ᏔᎵ ᎤᏛᏗᎦᎨᎢ, ᎤᏂᏤᏘᏃ ᎤᏃᎯᏳᏁᎢ, ᎤᎬᏫᏳᎯᏃ ᎢᏗᎵ
ᏭᎾᏕᏔᎲᏍᏔᏁᎢ.
22 ᏧᎾᏁᎶᏗᏃ ᎤᎾᏓᏡᎬ ᏥᎷᏏᎵᎻ ᎠᏁᎯ ᎾᏍᎩ ᎯᎠ ᎤᎾᏛᎦᏁᎢ, ᎤᏂᏅᏎᏃ ᏆᏂᏆ ᎥᏘᎣᎩ
ᎢᏴᏛ ᏭᏪᏓᏍᏗᏱ.
23 ᎾᏍᎩ ᏭᎷᏨ ᎠᎴ ᎤᎪᎲ ᎤᏁᎳᏅᎯ ᎤᏓᏙᎵᏍᏗ ᎨᏒᎢ, ᎤᎵᎮᎵᏤᎢ, ᎠᎴ ᏕᏔᏲᏎᎴ
ᏂᎦᏛ ᎤᎵᏂᎩᏛ ᎤᎾᏓᏅᏓᏗᏍᏗᏱ ᏧᏂᏂᏴᏗᏱ ᎤᎬᏫᏳᎯ.
24 ᎤᏓᏅᏘᏰᏃ ᎨᏎ ᎠᏍᎦᏯ, ᎠᎴ ᎤᎧᎵᏨᎯ ᎨᏎ ᎦᎸᏉᏗᏳ ᎠᏓᏅᏙ ᎠᎴ ᎪᎯᏳᏗ ᎨᏒᎢ.
ᎤᏂᏣᏘᏃ ᏴᏫ ᎡᏩᏁᏉᏤᎴ ᎤᎬᏫᏳᎯ.
25 ᎿᏉᏃ ᏆᏂᏆ ᏓᏌ ᏭᎶᏎ ᎤᏲᏄᏎ ᏐᎳ;
26 ᎤᏩᏛᎲᏃ ᎥᏘᎣᎩ ᎤᏘᏃᎴᎢ. ᎯᎠᏃ ᏄᎵᏍᏔᏁᎢ, ᎾᏍᎩ ᏑᏕᏘᏴᏛ ᎾᎿ ᏧᎾᏁᎶᏗ
ᎤᎾᏓᏡᎬ ᏓᏂᎳᏫᎨᎢ, ᎠᎴ ᎤᏂᏣᏘ ᏴᏫ ᏕᏁᏲᏁᎢ. ᎥᏘᎣᎩᏃ ᎢᎬᏱᏱ ᎠᏂᏕᎶᏁᏛ ᎨᎪᏎᎴ
ᎠᏃᎯᏳᎲᏍᎩ.
27 ᎾᎯᏳᏃ ᏥᎷᏏᎵᎻ ᎤᏓᏳᏂᎶᏒᎯ ᎠᎾᏙᎴᎰᏍᎩ ᎤᏂᎷᏤ ᎥᏘᎣᎩ.
28 ᎠᏏᏴᏫᏃ ᎾᏍᎩ ᎡᎩᏩ ᏧᏙᎢᏛ ᏚᏅᎶᏁᎢ, ᎠᏓᏅᏙ ᎤᏩᏔᏁ ᎬᏂᎨᏒ ᏄᏩᏁᎴ ᎤᏣᏘ
ᎤᎪᏄᎶᎯᏍᏗᏱ ᏂᎬᎾᏛᎢ; ᎾᏍᎩᏃ ᏄᎵᏍᏔᏅᎩ ᎾᎯᏳ ᎦᎶᏗ ᏏᏌ ᎤᎬᏫᏳᎯ ᏥᎨᏒᎩ.
29 ᎠᏃᎯᏳᎲᏍᎩᏃ ᎠᏂᏏᏴᏫᏉ ᏰᎵ ᎢᎬᏩᎾᏛᏁᏗ ᎨᏒ ᏕᏄᎪᏔᏁ ᎤᎾᏓᏅᏍᏗᏱ
ᎤᎾᎵᏍᏕᎸᏙᏗ ᎠᎾᎵᏅᏟ ᏧᏗᏱ ᎠᏁᎯ.
30 ᎾᏍᎩᏃ ᏄᎾᏛᏁᎴᎢ, ᏫᏚᏂᏁᎴ ᏗᎨᎦᏁᎶᏗ ᏆᏂᏆ ᎠᎴ ᏐᎳ ᏕᎾᎨᏅᏕᎢ.

ᎠᏯᏙᎸᎢ 12

1 ᎾᎯᏳ ᎡᎶᏛ ᎤᎬᏫᏳᎯ ᎤᎴᏅᎮ ᏚᏕᏯᏙᏔᏁ ᎢᎦᏛ ᏧᎾᏁᎶᏗ ᎤᎾᏓᏡᎬᎢ.
2 ᎠᏰᎳᏍᏗᏃ ᏕᎤᎯᏛ ᎤᏩᏔᏁ ᎤᎴ ᏥᎻ ᏣᏂ ᏗᎾᏓᏅᏟ.
3 ᎤᏙᎴᎰᏒᏃ ᎣᏏᏳ ᎠᏂᏰᎸᏍᎬ ᎠᏂᏧᏏ, ᏈᏓ ᎾᏍᏉ ᎤᏂᏴᎮᎢ. ᎾᎯᏳᏃ ᎾᎪᏔᏅᎾ ᎦᏚ
ᎠᎩᏍᏗᏱ ᎨᏎᎢ.
4 ᎤᏂᏴᎲᏃ ᏗᏓᏍᏚᏗᏱ ᎤᏴᏔᏁᎢ, ᎠᎴ ᏚᏲᎯᏎᎴ ᏅᎩ ᎢᏗᏂᎢᏛ ᏅᎩ ᏄᎾᏓᏡᎬ
ᎠᏂᏯᏫᏍᎩ ᎬᏩᎦᏘᏗᏍᎩ, ᎧᏃᎯᏰᎩ ᏗᎵᏍᏓᏴᏗᏱ ᎤᎶᏐᏅᎯ ᏴᏫ ᏧᎾᏄᎪᏫᏎᏗᏱ ᎤᏰᎸᏎᎢ.
5 ᏈᏓᏃ ᎠᏥᏍᏚᎮᎢ; ᎠᏎᏃ ᏧᎾᏁᎶᏗ ᎤᎾᏓᏡᎬ ᎤᎵᏂᎩᏗᏳ ᎤᎾᏓᏅᏖ ᎠᎾᏓᏙᎵᏍᏓᏁᎮ
ᎤᏁᎳᏅᎯ ᎾᏍᎩ ᎠᏥᏍᏕᎸᏗᏱ.
6 ᎾᎯᏳᏃ ᎡᎶᏛ ᎤᎾᏄᎪᏫᏏᏗᏎᎢ, ᎾᎯᏳ ᎡᏃᏱ ᏈᏓ ᎦᎵᎮ ᎠᏰᎵ ᎠᏂᏔᎵ ᎠᏂᏯᏫᏍᎩ
ᏓᏂᏅᎬᎢ, ᏔᎵ ᏧᏓᏕᏒᏛ ᏓᏕᎸᏍᏕᎢ, ᎠᏂᎦᏘᏯᏃ ᎦᎶᎯᏍᏗᏳᎶᏗ ᎠᏂᏂ ᎠᏂᏯᏫᏍᎨ
ᏗᏓᏍᏚᏗᏱ.
7 ᎬᏂᏳᏉᏃ ᏗᎧᎿᏩᏗᏙᎯ ᎤᎬᏫᏳᎯ ᎤᏤᎵ ᎤᎴᏂᎴ ᎦᏅᎬᎢ, ᎢᎦᏃ ᎤᏙᏤ ᏗᏓᏍᏚᏗᏱ;
ᎤᏩᏂᎸᏃ ᏈᏓ ᎠᏍᏆᎨᏂ, ᏕᎤᎴᏔᏁᎢ, ᎯᎠ ᏄᏪᏎᎢ; ᏔᎴᎲᎦ ᏞᎩᏳ. ᏧᏓᏕᏒᏛᏃ ᏚᏓᏕᏛᏃ
ᏚᏙᎠᏎ ᏧᏬᏰᏂ.
8 ᏗᎧᎿᏩᏗᏙᎯᏃ ᎯᎠ ᏄᏪᏎᎴᎢ; ᏌᏓᏠᎦ, ᎠᎴ ᏔᏔᏑᎸᎦ. ᎾᏍᎩᏃ ᏄᏛᏁᎴᎢ. ᎯᎠᏃ
ᏄᏪᏎᎴᎢ; ᏦᏄᏬᏣ ᎠᎴ ᏍᎩᏍᏓᏩᏕᎦ.
9 ᎤᏄᎪᏨᏃ ᎤᏍᏓᏩᏛᏎᎢ; ᎠᎴ ᎥᏝ ᏯᎦᏔᎮ ᎤᏙᎯᏳᎯ ᎨᏒ ᏗᎧᎿᏩᏗᏙᎯ ᏄᏛᏁᎸᎢ,
ᎠᏆᏁᏔᏫᏎᏉ ᎡᎵᏍᎨᎢ.
10 ᎢᎬᏱᏱᏃ ᎠᎴ ᏔᎵᏁ, ᎠᏂᏯᏫᏍᎬ ᎤᏂᎶᏒ ᏭᏂᎷᏤ ᏔᎷᎩᏍᎩ ᏗᏍᏚᏛ ᏗᎦᏚᎲ
ᏫᏕᎾᏄᎪᎢᏍᏗᏍᎬᎢ, ᎾᏍᎩ ᎤᏩᏒᏉ ᎤᎾᎵᏍᏚᎢᏒᎴᎢ. ᎤᏂᏄᎪᏨᏃ ᏌᏉ ᎦᏔᏅᏛ
ᎤᏂᎶᏎᎢ, ᎩᎳᏉᏃ ᎢᏴᏛ ᏗᎧᎿᏩᏗᏙᎯ ᎤᏓᏓᎴᏔᏁᎢ.
11 ᏈᏓᏃ ᎤᏓᏅᏘᏌᏅ ᎯᎠ ᏄᏪᏎᎢ; ᎿᏉ ᏚᏙᎴᎣᎯ ᎤᏙᎯᏳᎯ ᎤᎬᏫᏳᎯ ᏧᏅᏒ ᎤᏤᎵ
ᏗᎧᎿᏩᏗᏙᎯ, ᎠᎴ ᎠᏇᏓᎴᏒ ᎡᎶᏛ ᏥᏓᎩᏂᏴᏒᎢ, ᎠᎴ ᏂᎦᎥ ᎤᏚᎩ ᏧᏅᏒ ᎠᏂᏧᏏ.
12 ᎤᏓᏅᏖᎸᏃ ᏭᎷᏤ ᏗᎦᏁᎸ ᎺᎵ, ᏣᏂ ᎹᎦ ᏧᏙᎢᏛ ᎤᏥ, ᎾᎿ ᎤᏂᏣᏖ ᏓᏂᎳᏫᏒ
ᎠᎾᏓᏙᎵᏍᏗᏍᎨᎢ.
13 ᏈᏗᏃ ᏭᏩᏂᎸ ᎠᏍᏚᎲ ᎦᎶᎯᏍᏗᏱ, ᎠᏛ ᎶᏗ ᏧᏙᎢᏛ ᏧᏛᏓᏍᏔᏅᏎᎢ;
14 ᎾᏍᎩᏃ ᎤᏬᎵᏨ ᏈᏓ ᎦᏬᏂᏍᎬᎢ ᎣᏒ ᎤᏰᎸᏒ ᎤᏓᎵᏍᏙᏔᏁ ᏄᏍᏚᎢᏒᎾᏉ ᎨᏎ
ᎦᎶᎯᏍᏗᏱ, ᏚᏍᏆᎸᏔᏁᏉ ᏭᏴᎴᎢ ᎠᎴ ᏭᏃᏁ ᏈᏓ ᎦᏙᎬ ᎦᎶᎯᏍᏗᏳᎶᏗ.
15 ᎯᎠᏃ ᏂᎬᏩᏪᏎᎴᎢ, ᏣᎸᏃᏘᏉ. ᎠᏎᏃ ᎤᏍᏓᏱᏕᏉ ᎧᏁᎬᎢ, ᎤᏙᎯᏳᎯ ᎾᏍᎩ
ᏄᏍᏗ, ᎤᏛᏁᎢ. ᎯᎠᏃ ᏄᏂᏪᏎᎢ; ᏓᎧᎿᏩᏗᏙᎯᏉ.
16 ᎠᏎᏃ ᏈᏓ ᎠᏏᏉ ᏗᎬᏂᎮᎢ; ᎤᏂᏍᏚᎢᏒᏃ ᎬᏩᎪᎮᎢ ᎠᎴ ᎤᏂᏍᏆᏂᎪᏎᎢ.

17 ᎠᏎᏃ ᎤᏪᏰᏂ ᎤᏓᏄᏅ ᎡᎳᏪ ᎤᏅᏗᏱ, ᏚᏃᏁᎴ ᏄᎵᏍᏔᏅ ᎤᎬᏫᏳᎯ ᎤᏄᎪᏫᏒ
ᏗᏓᏍᏚᏗᏱ. ᎠᎴ ᎯᎠ ᏄᏪᏎᎢ; ᎯᎠ ᎾᏍᎩ ᏫᏗᏥᏃᎲᏏ ᏥᎻ ᎠᎴ ᏦᏣᏓᏅᏟ. ᎤᏄᎪᏤᏃ
ᎢᏄᎯᏢ ᏭᎶᏎᎢ.
18 ᎢᎦᏃ ᏄᎵᏍᏔᏅ ᎥᏝ ᎤᏍᏗᏉ ᏳᎾᎦᏯᏔᏁᎴ ᎠᏂᏯᏫᏍᎩ ᎾᏍᎩ ᏈᏓ ᏫᏄᏛᏁᏔᏅᎢ.
19 ᎡᎶᏛᏃ ᎤᏲᎸ ᎠᎴ ᎤᏌᏨ ᏚᎪᎵᏰᎡ ᎬᏩᎦᏘᏛᎯ ᎠᎴ ᎤᏁᏤ ᏧᏂᏲᎱᎯᏍᏗᏱ. ᏧᏗᏱᏃ
ᎤᏓᏅᏒ, ᏏᏌᎵᏱ ᏭᎦᏁᎢ.
20 ᎡᎶᏛᏃ ᏚᏔᎳᏬᎯᏎᎴ ᏓᏯ ᎠᎴ ᏌᏙᏂ ᎠᏁᎯ; ᎠᏎᏃ ᏌᏉ ᎢᎦᎦᏛ ᎬᏩᎷᏤᎴᎢ,
ᎤᎾᎵᎢᏛᏃ ᏆᎳᏍᏓ ᎤᎬᏫᏳᎯ ᎤᏂᏏᏗᏱ ᎠᏥᎦᏘᏗᏍᏗ, ᏙᎯᏱ ᎢᏳᏅᏁᏗᏱ ᎤᏂᏔᏲᏎᎴᎢ;
ᎤᎾᏤᎵᎪᎯᏰᏃ ᎤᎵᏍᎦᏄᏙᎦ ᎤᎬᏫᏳᎯ ᎤᏤᎵᎪᎯ.
21 ᏓᏒᏍᏛᏃ ᎤᏍᏆᎸᎲ ᎡᎶᏛ ᎤᏄᏬᎥ ᎤᏂᎬᏫᏳᎯ ᎤᎾᏄᏬᏍᏗ, ᎤᏪᏁ ᎢᏅ ᎢᎦᏘ
ᎦᏍᎩᎸᎢ, ᎠᎴ ᏚᎵᏥᏙᏁᎴᎢ.
22 ᏴᏫᏃ ᎤᏁᎳᏁᎢ, ᎯᎠ ᏄᏂᏪᏎᎢ; ᎦᎸᎳᏗ ᎡᎯ ᎧᏁᎦ, ᎥᏝᏃ ᏴᏫ.
23 ᎩᎳᏉᏃ ᎢᏴᏛ ᏗᎧᎿᏩᏗᏙᎯ ᎤᎬᏫᏳᎯ ᎤᏤᎵ ᎤᏩᏂᎴᎢ, ᏅᏧᎵᏍᏙᏔᏁᎤᏁᎳᏅᎯ
ᏄᎸᏉᏔᏅᎾ ᎨᏒᎢ. ᏥᏍᎪᏴᏃ ᎬᏩᏯᎥ ᎤᏲᎱᏎᎢ.
24 ᎧᏃᎮᏛᏍᎩᏂ ᎤᏁᎳᏅᎯ ᎤᏤᎵ ᎠᏛᏃᏍᎨᎢ ᎠᎴ ᎧᏁᏉᎨᎢ.
25 ᏆᏂᏉᏃ ᎠᎴ ᏐᎳ ᏭᏂᏍᏆᏛ ᎨᏥᏁᏤᎸᎢ, ᎤᏂᎷᏤ ᏥᎷᏏᎵᎻ ᏗᎤᏂᎶᏎᎢ, ᎤᎾᏘᏃᎴᏃ
ᏣᏂ ᎹᎦ ᏧᏙᎢᏛ.

ᎠᏯᏙᎸᎢ 13

1 ᏧᎾᏁᎶᏗᏃ ᎥᏗᎣᎩ ᏧᎾᏓᏡᎬ ᎠᏁᎲᎩ ᎩᎶ ᎢᏳᎾᏍᏗ ᎠᎾᏙᎴᎰᏍᎩᎩ ᎠᎴ ᏗᎾᏕᏲᎲᏍᎩ,
ᎾᏍᎩ ᏆᏂᏆ, ᎠᎴ ᏏᎻᏂ ᎾᎦ ᏧᏙᎢᏛ, ᎠᎴ ᎷᏏᏯ ᏌᎵᏂ ᎡᎯ, ᎠᎴ ᎹᏁᏂ ᎾᏍᎩ ᎢᏧᎳᎭ
ᏧᎾᏛᏒᎯ ᎡᎶᏛ ᏅᎩ ᎢᎦᏚᎩ ᎨᏒ ᏍᎦᏚᎩ ᎠᏥᎦᏘᏗᏍᏗ, ᎠᎴ ᏐᎳ.
2 ᎠᎾᏓᏙᎵᏍᏓᏁᎲᏃ ᎤᎬᏫᏳᎯ ᎠᎴ ᎠᎹᏟ ᎠᏅᏍᎬᎢ, ᎦᎸᏉᏗᏳ ᎠᏓᏅᏙ ᎯᎠ ᏄᏪᏎᎢ;
ᏗᏍᎩᏯᏓᏓᎴᏓᏏ ᏆᏂᏆ ᎠᎴ ᏐᎳ ᏧᏂᎸᏫᏍᏓᏁᏗᏱ ᏕᏥᏯᏑᏰᏒ ᎤᎬᏩᎵ.
3 ᎿᏉᏃ ᎠᎹᏟ ᎤᏅᏅ ᎠᎴ ᎤᎾᏓᏙᎵᏍᏔᏅ ᎠᎴ ᏚᎾᏏᏔᏛ, ᏚᏂᏅᏎᎢ.
4 ᎾᏍᎩᏃ ᎦᎸᏉᏗᏳ ᎠᏓᏅᏙ ᎤᏂᏅᏒ, ᏗᎷᏏᏱ ᏭᏂᎶᏎᎢ, ᎾᎿᏃ ᏫᎤᏁᏅ ᏥᏳᎯ
ᏫᎤᎾᏣᏁ ᏌᏈ ᏫᎤᏂᎷᏤᎢ.
5 ᏌᎳᎻᏃ ᎠᏁᏙᎲᎢ ᎤᏂᏃᎮᎴ ᎠᏂᏧᏏ ᏧᏂᎳᏫᎢᏍᏗᏱ ᎧᏃᎮᏛ ᎤᏁᎳᏅᎯ ᎤᏤᎵᎦ,
ᎠᎾᏘᏁᎮᏃ ᎾᏍᏉ ᏣᏂ ᎤᏂᏍᏕᎸᎯᏙᎯ.
6 ᎤᏂᎶᏐᏅᏃ ᏂᎬᎾᏛ ᎠᎹᏰᎵ ᎨᏒᎢ ᎨᏆ ᎢᏴᏛ, ᎾᎿ ᎤᏂᏩᏛᎮ ᎩᎶ ᎢᏳᏍᏗ ᎠᏧᏏ ᏆᏥᏌ
ᏧᏙᎢᏛ, ᎠᏙᏂᏍᎩ, ᎤᏠᎾᏍᏗ ᎠᏙᎴᎰᏍᎩ,
7 ᎾᏍᎩ ᎠᏁᏙᎮ ᎾᎿ ᎦᏓ ᎠᎲ ᎠᏥᎦᏘᏗᏍᏗ ᏌᏥᏯ ᏉᎳ ᏧᏙᎢᏛ ᎠᎦᏔᎿᎢ ᎠᏍᎦᏯ,
ᎾᏍᎩ ᏫᏚᏯᏅᎮ ᏆᏂᏆ ᎠᎴ ᏐᎳ ᎤᏔᏲᎴ ᎤᏛᎪᏗᏱ ᎧᏃᎮᏛ ᎤᏁᎳᏅᎯ ᎤᏤᎵᎦ.
8 ᎠᏎᏃ ᎡᎵᏑ ᎠᏙᏂᏍᎩ, ᎾᏍᎩᏰᏃ ᏄᏍᏗ ᏕᏅᏙᎥ ᎠᏁᎵᏔᏅᎯ, ᎤᏂᎭᎷᎩᏍᎨᎢ,
ᎤᏚᎵᏍᎨ ᎠᏥᎦᏘᏗᏍᏗ ᎤᎦᏔᎲᏒᏗᏱ ᎤᏬᎯᏳᏒᎢ.
9 ᏐᎳᏃ ᎾᏍᎩ ᎾᏍᏉ ᏉᎳ ᏥᏚᏙᎥ, ᎦᎸᏉᏗᏳ ᎠᏓᏅᏙ ᎤᎧᎵᏨᎯ ᎨᏎ ᎾᏍᎩ ᎤᏯᏅᏒᎯ
ᏚᎧᎿᏁᎢ,
10 ᎯᎠ ᏄᏪᏎᎢ; ᎦᎶᏄᎮᏛ ᎠᎴ ᎤᏁᎫᏥᏛ ᏣᎧᎵᏨᎯ, ᎠᏍᎩᎾ ᎤᏪᏥ, ᎭᏡᏗᏍᎩ ᏂᎦᎥ
ᏚᏳᎪᏛ ᎨᏒᎢ, ᏝᏍᎪ ᏴᏘᏑᎵᎪᏥ ᎤᏣᏘᏂ ᏂᏕᎲᏁᎲ ᏚᏳᎪᏛ ᏅᏃᎯ ᎤᏁᎳᏅᎯ ᏧᏤᎵᎦ?
11 Ꭷ ᎬᏂᏳᏉ ᎤᎬᏫᏳᎯ ᏣᏏᏔᏓ, ᎠᎴ ᏙᏘᎨᏩᏥ ᎥᏝ ᏱᎪᏩᏘᏍᎨᏍᏗ ᏅᏙ ᎢᎸᏍᎩ
ᎢᎪᎯᏛ. ᎩᎳᏉᏃ ᎢᏴᏛ ᎤᎵᏏᎩ ᎤᏭᎵᏁᎢ, ᎠᎴ ᎡᏙᎮ ᏚᏲᎮ ᎩᎶ ᎬᏬᏱᏂᏙᎯ.
12 ᎿᏉᏃ ᎠᏥᎦᏘᏗᏍᏗ ᎤᎪᎲ ᎾᏍᎩ ᏄᎵᏍᏔᏅᎢ, ᎤᏬᎯᏣᏁᎢ, ᎠᏍᏆᏂᎪᏍᎨ ᏄᏍᏛ
ᏓᎾᏕᏲᎲᏍᎬ ᎤᎬᏫᏳᎯ ᎤᏤᎵᎦ.
13 ᎿᏉᏃ ᏉᎳ ᎠᎴ ᎾᏍᎩ ᎠᏁᎯ ᎨᏆ ᏫᎤᎾᏣᏅ ᏭᏂᎷᏤ ᏆᎩ ᎦᏚᎲ ᏆᎻᏈᎵᏱ. ᏣᏂᏃ
ᎤᎾᏓᏓᎴᏓᏁᎸ ᏥᎷᏏᎵᎻ ᏫᎤᎶᏎᎢ.
14 ᎾᏍᎩᏃ ᏆᎩ ᏫᎤᎾᏂᎩᏒ ᏭᏂᎷᏤ ᎥᏗᎣᎩ ᎦᏚᎲ ᏆᏏᏗᏱ; ᎤᎾᏙᏓᏆᏍᎬᏃ ᎢᎦ
ᏗᎦᎳᏫᎢᏍᏗᏱ ᏭᏂᏴᎸ ᎤᎾᏅᏁᎢ.
15 ᏚᏂᎪᎵᏰᎥᏃ ᏗᎧᎿᏩᏛᏍᏗ ᎠᎴ ᎠᎾᏙᎴᎰᏍᎩ, ᏗᎦᎳᏫᎢᏍᏗᏱ ᎨᏥᎦᏘᏗᏍᏗ ᎤᎾᏓᏅᏎ
ᎯᎠ ᏫᏂᏚᏂᏪᏎᎴᎢ; ᎢᏥᏍᎦᏯ ᎢᏓᏓᏅᏟ, ᎢᏳᏃ ᏗᎨᏥᏬᏁᏙᏗ ᎨᏎᏍᏗ ᏴᏫ, ᎢᏥᏁᎩ.
16 ᏉᎳᏃ ᏚᎴᏅ, ᎤᏬᏰᏂᏃ ᎤᏖᎸᏅ, ᎯᎠ ᏄᏪᏎᎢ; ᎢᏥᏍᎦᏯ ᎢᏏᎵ ᏧᏪᏥ ᎠᎴ
ᎤᏁᎳᏅᎯ ᎢᏥᎾᏰᏍᎩ, ᎢᏣᏛᏓᏍᏓ.

17 ᎤᏁᎳᏅᎯ ᎯᎠ ᏴᏫ ᎢᏏᎵ ᎤᎾᏤᎵᎦ ᏚᏑᏰᏎ ᏗᎩᎦᏴᎵᎨᎢ, ᎠᎴ ᏚᏌᎳᏓᏁ ᎯᎠ ᏴᏫ
ᎠᏁᏙᎯᏉ ᏥᎨᏎ ᎢᏥᏈᏱ, ᎠᎴ ᎧᏃᎨᏂ ᎤᏌᎳᏛ ᎤᏩᏔᏁ ᎾᎿ ᏙᏧᏄᎪᏫᏎᎢ.
18 ᏅᎦᏍᎪᎯᏃ ᏧᏕᏘᏴᏛ ᎢᎪᎯᏛ ᎤᏁᎳᎩ ᎤᏪᎵᏎ ᏄᎾᏛᏁᎵᏙᎸ ᎢᎾᎨᎢ.
19 ᏚᏒᏅᏃ ᎦᎵᏉᎩ ᎢᏳᎾᏓᎴᎩ ᏴᏫ ᎨᎾᏂ ᎠᏁᎯ, ᎾᏍᎩ ᎤᎾᏤᎵ ᎦᏙᎯ ᏚᏯᏙᎮᎴ
ᏓᎾᏎᏍᎬᎢ.
20 ᎣᏂᏃ ᏑᏪᎶᏁᎴ ᏗᏄᎯ-ᏗᏍᎩ ᏅᎩᏧᏈ ᎯᏍᎩᏍᎪᎯ ᏧᏕᏘᏴᏛ ᎢᏴᏛ ᎢᎪᎯᏛ, ᏌᎻ
ᎠᏙᎴᎰᏍᎩ ᏤᎮ ᎢᏯᏍᏗ.
21 ᎿᏉᏃ ᎤᏂᏔᏲᎴ ᎤᎬᏫᏳᎯ; ᎤᏁᎳᏅᎯᏃ ᏚᏪᎧᏁᎴ ᏐᎳ ᎩᏌ ᎤᏪᏥ ᏇᏂ ᏧᏴᏫ,
ᏅᎦᏍᎪᎯ ᏧᏕᏘᏴᏛ ᎢᎪᎯᏛ.
22 ᎾᏍᎩᏃ ᎤᏪᎧᎲᏒ, ᏚᎾᏄᎪᏫᏎᎴ ᏕᏫ ᎤᎾᏤᎵ ᎤᎬᏫᏳᎯ ᎢᏳᎵᏍᏙᏗᏱ; ᎾᏍᎩ ᎾᏍᏉ
ᏧᏁᎢᏍᏔᏁ ᎯᎠ ᏥᏁᏪᏎᎢ; ᏥᏩᏛᎲ ᏕᏫ ᏤᏏ ᎤᏪᏥ, ᎠᏍᎦᏯ ᎣᏍᏛ ᏥᏰᎸᎢ, ᎾᏍᎩ
ᎤᏛᏛᏁᎵ ᏂᎦᎥ ᏕᏓᏅᏖᏍᎬᎢ.
23 ᎾᏍᎩ ᎤᏁᏢᏔᏅᏛ ᎨᏒ ᎤᏁᎳᏅᎯ ᎾᏍᎩᏯ ᎤᏚᎢᏍᏛᎢ ᏚᎾᏄᎪᏫᏎᎸ ᎢᏏᎵ
ᎤᏂᏍᏕᎵᏍᎩ, ᎾᏍᎩ ᏥᏌ;
24 ᎠᏏᏉᏃ ᏂᎦᎷᎬᎾ ᏥᎨᏎᎢ, ᏣᏂ ᏧᎵᏥᏙᏁᎸᎯ ᎨᏎ ᎾᏂᎥ ᏴᏫ ᎢᏏᎵ, ᏧᏃᎮᎮᎸᎯ ᎨᏎ
ᏗᏓᏬᏍᏗ ᎨᏒ ᏕᏁᏟᏴᏍᏗ ᎣᏓᏅᏛ ᎤᎬᏩᎵ.
25 ᏣᏂᏃ ᎿᏉ ᎠᎧᎵᎢᎮ ᏧᏔᏫᏍᏓᏁᏗ ᎨᏒᎢ, ᎯᎠ ᏄᏪᏎᎢ; ᎦᎪ ᏍᎩᏰᎵᏎᎭ? ᎥᏝ ᎠᏴ
ᎾᏍᎩ ᏱᎩ, ᎠᏎᏃ ᎬᏂᏳᏉ ᎣᏂ ᏓᏯᎢ ᎾᏍᎩ ᏚᎳᏑᎸ ᎥᏝ ᎠᏴ ᏰᎵ ᏗᎬᎩᎧᏁᏴᏗ ᏱᎩ.
26 ᎢᏥᏍᎦᏯ ᎢᏓᏓᏅᏟ, ᎡᏆᎭᎻ ᎤᏓᏳᏁᏢᏔᏅᏛ, ᎠᎴ ᎩᎶ ᎢᏨᏓᏑᏰᏍᏗ ᎡᏥᎾᏰᏍᎩ
ᎤᏁᎳᏅᎯ, ᏂᎯ ᎢᏨᏛᎪᏗ ᎡᏥᏰᏄᎾᏁᎸ ᎧᏃᎮᏛ ᎾᏍᎩ ᎯᎠ ᎠᎵᏍᏕᎸᏙᏗ ᎨᏒ ᎧᏃᎮᏍᎩ.
27 ᏥᎷᏏᎵᎻᏰᏃ ᎠᏁᎯ, ᎠᎴ ᏧᎾᏤᎵ ᎤᏂᎬᏫᏳᏌᏕᎩ, ᎾᏍᎩ ᏂᎬᏩᎦᏔᎲᎾ ᎨᏒ ᎢᏳᏍᏗ
ᎠᎴ ᎾᏍᏉ ᎾᏂᎦᏔᎲᎾ ᎨᏒ ᎢᏳᏍᏗ ᎠᏂᏁᎬ ᎠᎾᏙᎴᎲᏍᎩ ᏄᎾᏙᏓᏈᏒ ᏥᏓᏂᎪᎵᏰᎠ,
ᎾᏍᎩ ᏚᏃᎯᏳᏔᏅ ᏥᏚᏄᎪᏓᏁᎴᎢ.
28 ᏄᏂᏩᏛᎲᎾᏃ ᎨᏎ ᏰᎵ ᎬᏩᏲᏝᎯᏍᏗ ᎨᏒᎢ, ᎠᏎᏃ ᎤᏂᏔᏲᏎᎴ ᏆᎴᏗ ᎾᏍᎩ
ᎠᏥᎢᏍᏗᏱ.
29 ᎤᏂᏍᏆᏛᏃ ᏂᎦᎥ ᎪᏪᎸ ᎾᏍᎩ ᎠᏥᏃᎮᏍᎬᎢ, ᎤᎾᏕᏎ ᎠᏓ ᎨᏛᎢ, ᎠᎴ ᎠᏤᎵᏍᏛ
ᎤᏂᏅᏁᎢ.
30 ᎠᏎᏃ ᎤᏁᎳᏅᎯ ᏚᎴᏔᏁ ᎤᏲᏝᏒᎢ.
31 ᎠᎴ ᎤᏌᎯᏤ ᎬᏩᎪᏩᏘᏍᎨ ᎨᎵᎵ ᎾᏍᎩ ᎤᏓᎬᏩᏍᏓᏩᏛᏛ ᎢᏧᎳᎭ ᏥᎷᏏᎵᎻ
ᎤᏂᎷᏨᎯ; ᎾᏍᎩ ᏧᏤᎵ ᎬᏩᏃᎮᏍᎩ ᏴᏫ ᎠᏂᎦᏔᎲᎢ.
32 ᎠᏎᏃ ᏂᎯ ᎢᏨᏃᎮᎮᎭ ᎣᏍᏛ ᎧᏃᎮᏛ ᎾᏍᎩ ᏥᎨᏥᏚᎢᏍᏓᏁᎴ ᏗᎩᎦᏴᎵᎨᎢ,

33 ᎾᏍᎩ ᎤᏁᎳᏅᎯ ᎤᏙᎯᏳᎯ ᏂᎬᏁᎸ ᎠᏴ ᎾᏍᎩ ᏧᏁᏥ, ᎾᏍᎩ ᏥᏌ ᏕᎤᎴᏔᏅᎢ;
ᎾᏍᎩᏯ ᎾᏍᏉ ᎯᎠ ᏥᏂᎬᏅ ᏥᎪᏪᎳ ᏗᎧᏃᎩᏍᏗᏱ ᏔᎵᏁᎢ; "ᎠᏇᏥ ᏂᎯ, ᎪᎯ ᎢᎦ
ᏍᏆᏕᏁᎸ."
34 ᎾᏃ ᏕᎤᎴᏔᏅᎢ ᎤᏲᏞᏒᎢ ᎿᏉ ᎤᎪᎯᏍᏗ ᏂᎨᏒᎾ ᎨᏒᎢ, ᎯᎠ ᏂᎤᏪᏎᎢ; "ᏓᏨᏁᎵ
ᎤᏲᎢᏍᏗ ᏂᎨᏒᎾ ᎣᏍᏛ ᎢᏳᎵᏍᏓᏁᏗ ᏕᏫ."
35 ᎾᏍᎩ ᎢᏳᏍᏗ ᎾᏍᏉ ᎯᎠ ᏂᎦᏪᎠ ᎤᏩᏓᎴ ᎪᏪᎸᎢ; "ᎾᏍᎦᏅᎾ ᏣᏤᎵ ᎥᏝ ᎤᏁᎳᎩ
ᏭᎪᎯ ᏕᎯᏰᎵᏎᏗ ᏱᎩ."
36 ᏕᏫᏰᏃ ᎪᎱᏍᏗ ᏚᏛᏁᎸ ᎾᎯᏳ ᎤᎾᏕᏅᎯ ᎤᏁᎳᏅᎯ ᎠᏓᏅᏖᏍᎬ ᎾᏍᎩᏯᎢ, ᎤᎸᏁᎢ,
ᎠᎴ ᏧᎦᏴᎵᎨ ᏓᏂᎾᎥ ᎠᏥᏅᏁᎢ, ᎠᎴ ᎤᎪᏎᎢ.
37 ᎾᏍᎩ ᎤᏁᎳᏅᎯ ᏧᎴᏔᏅᎯ ᎨᏒ ᎥᏝ ᏳᎪᏎᎢ.
38 ᎾᏍᎩ ᎢᏳᏍᏗ ᎢᏣᏅᏖᏍᏗ ᎢᏥᏍᎦᏯ ᏗᏓᏓᏅᏟ, ᎾᏍᎩ ᎯᎠ [ᎠᏍᎦᏯ] ᎢᏳᏩᏂᏌᏛ
ᎡᏥᏃᏁᎭ ᎦᏰᏥᏙᎵᏍᏗ ᎨᏒ ᎢᏥᏍᎦᏅᏨᎢ.
39 ᎠᎴ ᎾᏍᎩ ᎤᏗᎦᎵᏍᏙᏗᎭ ᏂᎦᏛ ᎠᏃᎯᏳᎲᏍᎩ ᎠᎾᏚᏓᎴᎭ ᏂᎦᎥ ᏧᏓᎴᏅᏛ, ᎾᏍᎩ
ᎨᏣᏚᏓᎳᎡᏗ ᏂᎨᏒᎾ ᏥᎨᏒ ᎼᏏ ᎤᏤᎵ ᏗᎧᎿᏩᏛᏍᏗ ᎦᏥᎧᎿᏩᏗᏒ ᎢᏳᏍᏗ.
40 ᎾᏍᎩ ᎢᏳᏍᏗ ᎢᏤᏯᏔᎮᏍᏗ ᏞᏍᏗ ᎢᏥᎷᏤᎸᎩ ᎯᎠ ᏥᎾᏂᏪ ᎠᎾᏙᎴᎰᏍᎩ;
41 "ᏗᏣᎧᏅᎦ, ᎢᏥᏂᏆᏘᎯ, ᎠᎴ ᎢᏥᏍᏆᏂᎪᎯ ᎠᎴ ᎢᏣᏗᏒᏅ; ᎠᏴᏰᏃ ᎪᎯ ᎢᏤᎲ
ᏓᎩᎸᏫᏍᏓᏁ ᏗᎦᎸᏫᏍᏓᏁᏗ, ᎾᏍᎩ ᏗᎦᎸᏫᏍᏓᏁᏗ ᎥᏝ ᏴᎨᏦᎯᏳᎲᎦ ᎾᏍᏉ ᎠᏎ ᎩᎶ
ᏱᏥᏁᎮᎮᎸ."
42 ᎠᏂᏧᏏᏃ ᎤᏂᏄᎪᏨ ᏗᎦᎳᏫᎢᏍᏗ, ᏧᎾᏓᎴᏅᏛ ᏴᏫ ᎤᏂᏔᏲᎴ ᎾᏍᎩ ᎯᎠ ᎨᏥᏃᎮᎮᏗᏱ
ᏔᎵᏁ ᎤᎾᏙᏓᏆᏍᎬᎢ.
43 ᏓᏂᎳᏫᎥᏃ ᏚᏂᏰᎵᏒ ᎤᏂᏣᏖ ᎠᏂᏧᏏ ᎠᎴ ᎤᏁᎳᏅᎯ ᎠᎾᏓᏙᎵᏍᏓᏁᎯ ᎠᏂᏧᏏ
ᏓᎾᎵᎪᏁᎸᎯ ᏚᏂᏍᏓᏩᏛᏎ ᏉᎳ ᎠᎴ ᏆᏂᏆ, ᎾᏍᎩᏃ ᏚᏂᏬᏁᏔᏁ ᏚᏂᏔᏲᏎᎴ ᏧᏂᏲᎯᏍᏗᏱ
ᏂᎨᏒᎾ ᎤᏁᎳᏅᎯ ᎤᏓᏙᎵᏍᏗ ᎨᏒᎢ.
44 ᏔᎵᏁᏃ ᏫᎤᎾᏙᏓᏋ ᎠᎴᏉ ᏂᎦᏛ ᎦᏚᎲ ᏂᏚᏂᎳᏫᏤ ᎤᎾᏛᏓᏍᏔᏂᎴ ᎧᏃᎮᏛ
ᎤᏁᎳᏅᎯ ᎤᏤᎵᎦ.
45 ᎠᏎᏃ ᎠᏂᏧᏏ, ᎤᏂᏣᏘ ᏚᏂᎪᎲ, ᎤᏂᎧᎵᏤ ᎠᏛᏳᎨᏗ ᎨᏒᎢ, ᎠᎴ ᎠᏂᏬᏂᏍᎬ
ᎠᎾᏡᏗᏍᎨ ᏉᎳ ᏂᎦᏪᏍᎬ ᏕᏬᏂᏍᎬᎢ, ᎤᏂᎪᏁᎶᏍᎨᎢ ᎠᎴ ᎠᏂᏐᏢᎢᏍᏗᏍᎨᎢ.
46 ᎾᏉᏃ ᏉᎳ ᎠᎴ ᏆᏂᏆ ᎧᏁᏉᎨ ᎾᏂᏍᎦᎢᎲᎾ ᎨᏒᎢ, ᎯᎠ ᏄᏂᏪᏎᎢ; ᏂᎯ ᎢᎬᏱ ᎠᏎ
ᎡᏥᏃᎮᎮᏗ ᎨᏒᎩ ᎤᏁᎳᏅᎯ ᎤᏤᎵ ᎧᏃᎮᏛ; ᎠᏎᏃ ᎢᎵᏉ ᏥᏂᏨᏁᎭ ᎠᎴ ᎢᏨᏒ
ᎢᏣᏓᏅᏖᏍᎬ ᏰᎵ ᎦᏰᏥᏁᏗ ᏂᎨᏒᎾ ᏥᏥᏰᎸ ᎬᏂᏛ, ᎬᏂᏳᏉ ᏧᎾᏓᎴᏅᏛ ᏴᏫ ᏗᏁᎲ
ᏬᏍᏓᏚᏔᎲᏍᏓ.
47 ᎾᏍᎩᏰᏃ ᏄᏍᏗ ᎤᎬᏫᏳᎯ ᎣᎩᏂᏁᏤᎸ, [ᎯᎠ ᏂᎦᏪᎭ;] "ᎬᏯᎧᏅ ᎢᎦ ᏔᏘᏍᏓᏁᏗᏱ
ᏧᎾᏓᎴᏅᏛ ᏴᏫ, ᎤᎵᏍᏕᎸᏙᏗ ᎢᏳᎵᏍᏙᏗᏱ ᎡᎶᎯ ᏂᎬᎾᏛᎢ."

48 ᏧᎾᏓᎴᏅᏛᏃ ᏴᏫ ᎾᏍᎩ ᎤᎾᏛᎦᏅ ᎤᎾᎵᎮᎵᏤᎢ, ᎠᎴ ᎤᏂᎸᏉᏔᏁ ᎤᎬᏫᏳᎯ ᎤᏤᎵ
ᎧᏃᎮᏛ, ᎠᎴ ᎤᏃᎯᏳᏁ ᎾᏂᎥ ᎬᏂᏛ ᎤᏂᏩᏛᏗ ᎢᎨᎬᏁᎸᎯ.
49 ᎤᎬᏫᏳᎯᏃ ᎤᏤᎵ ᎧᏃᎮᏛ ᏚᏰᎵᏎ ᎾᎿ ᏂᎬᎾᏛᎢ.
50 ᎠᏎᏃ ᎠᏂᏧᏏ ᏚᏂᏖᎸᏁ ᎨᏥᎸᏉᏗ ᎠᏂᎨᏴ ᎤᏁᎳᏅᎯ ᎠᎾᏓᏙᎵᏍᏓᏁᎯ, ᎠᎴ ᎾᎿ ᎦᏚᎲ
ᏗᎨᎦᏁᎶᏗ ᎠᏂᏍᎦᏯ, ᎠᎴ ᎾᏍᎩ ᏄᏅᏂᏌᏁ ᏕᎨᏥᏐᏢᏙᏗᏱ ᏉᎳ ᎠᎴ ᏆᏂᏆ, ᎠᎴ
ᏚᏂᎨᎯᏙᎴ ᎤᎾᏤᎵᎪᎯ ᎨᏒᎢ.
51 ᎠᏎᏃ ᏚᏂᏅᎪᎥᏓᏁᎴᏉ ᎪᏍᏚ ᏧᎾᎳᏏᏕᏂ ᎤᏓᏅᎵᏰᎥᎢ, ᎢᎪᏂᏯᏃ ᏭᏂᎷᏤᎢ.
52 ᎠᏃᎯᏳᎲᏍᎩᏃ ᎤᏂᎧᎵᏨᎯ ᎨᏎ ᎠᎾᎵᎮᎵᎬᎢ ᎠᎴ ᎦᎸᏉᏗᏳ ᎠᏓᏅᏙ.

ᎠᏯᏙᎸᎢ 14

1 ᎯᎠᏃ ᏄᎵᏍᏔᏁ ᎢᎪᏂᏯ, ᎾᏍᎩ ᎢᏧᎳᎭ ᏭᏂᏴᎴ ᎠᏂᏧᏏ ᏧᏂᎳᏫᎢᏍᏗᏱ, ᎠᎴ ᏄᏍᏛ
ᎠᏂᏬᏂᏍᎬ ᎤᏧᎵᏍᏙᏔᏁ ᎤᏂᏣᏘ ᎠᏂᏧᏏ ᎠᎴ ᎾᏍᏉ ᎠᏂᎪᎢ ᎤᏃᎯᏳᏁᎢ.
2 ᎠᏎᏃ ᏄᏃᎯᏳᏒᎾ ᎠᏂᏧᏏ ᏕᏂᏖᎸᏁ ᏧᎾᏓᎴᏅᏛ ᏴᏫ ᏕᎾᏓᏅᏛᎢ, ᎾᏍᎩᏃ ᏄᏅᏂᏌᏁ
ᏗᏂᏍᎦᎩ ᏄᎵᏍᏔᏁ ᎠᎾᎵᏅᏟ.
3 ᎤᏬᎯᏤᏃ ᎾᎿ ᎤᏁᏙᎴᎢ, ᎾᏂᏍᎦᎢᎲᎾ ᎠᏂᏬᏂᏍᎨ ᎤᏗᎦᎵᏍᏙᏗᏍᎨ ᎤᎾᎵᏍᎦᏍᏙᏛ
ᎤᎬᏫᏳᎯ, ᎾᏍᎩ ᎠᏍᏓᏱᏗᏍᎨ ᎧᏃᎮᏛ ᎤᏩᏒ ᎤᏓᏙᎵᏣᏛ ᎧᏃᎮᏍᎩ, ᏓᏁᎮ ᏧᏃᏰᏂ
ᏧᏅᏙᏗᏱ ᎤᏰᎸᏛ ᎠᎴ ᎤᏍᏆᏂᎪᏗ ᏧᏂᎸᏫᏍᏓᏁᏗᏱ.
4 ᎤᏂᏣᏘᏃ ᎾᎿ ᎦᏚᎲ ᎠᏁᎯ ᏔᎵ ᏄᎾᏓᏕᎢ; ᎢᎦᏛ ᎠᏂᏧᏏ ᏚᎾᎵᎪᏁᎴᎢ, ᎢᎦᏛᏃ
ᎨᏥᏅᏏᏛ.
5 ᏧᎾᏓᎴᏅᏛᏃ ᏴᏫ ᎠᎴ ᎠᏂᏧᏏ ᎠᎴ ᏗᎨᎦᏁᏩᏗ ᎠᎾᏁᎷᎩᏍᎨ ᏗᎬᏩᏂᏐᏢᏙᏗᏱ ᎠᎴ ᎤᏯ
ᏧᏅᏂᏍᏙᏗᏱ,
6 ᎾᏍᎩ ᎤᎾᏛᎦᏁᎢ, ᎠᎴ ᏚᎾᎵᏘᏎᎢ, ᎵᏍᏗ ᎠᎴ ᏓᏈ ᎵᎨᎣᏂᏯ ᎦᏚᎲ ᏭᏂᎶᏎᎢ, ᎠᎴ
ᎾᎿ ᎬᏩᏚᏫᏛ ᎨᏒᎢ.
7 ᎾᎿᏃ ᎠᏁᏙᎮ ᎠᎾᎵᏥᏙᎲᏍᎨ ᎣᏍᏛ ᎧᏃᎮᏛ.
8 ᎩᎶᏃ ᎢᏳᏍᏗ ᎠᏍᎦᏯ ᎤᏬᎴ ᎵᏍᏗ ᎠᏲᎤᎵ ᏧᎳᏏᏕᏂ, ᎾᏲᎤᎴ ᎤᏕᏅ, ᎢᎸᎯᏳ
ᎤᏪᏙᎸᎯ ᏂᎨᏒᎾ.
9 ᎾᏍᎩ ᎤᏛᎦᏁ ᎦᏬᏂᏍᎬ ᏉᎳ, ᎾᏍᎩ ᎤᏯᎾ ᎡᎯ ᏚᎧᎿᏅ ᎠᎴ ᎤᏙᎴᎰᏒ ᎤᎲ
ᎪᎯᏳᏗ ᎨᏒ ᎠᏅᏪᏗ,
10 ᎯᎠ ᏄᏪᏎ ᎠᏍᏓᏯ; ᏕᏥᏃᏍᏛ ᎭᎴᎲᎦ. ᏚᎵᏔᏗᏅᏎᏃ ᎠᎴ ᎤᏪᏙᎴᎢ.
11 ᎤᏂᏣᏘᏃ ᎤᏂᎪᎲ ᏄᏛᏁᎸ ᏉᎳ ᎤᏂᏌᎳᏓᏁ ᎠᏂᏁᎬᎢ, ᎵᎨᎣᏂᏯ ᎠᏁᎯ
ᎤᏂᏬᏂᎯᏍᏗ ᎤᏅᏔᏁ ᎯᎠ ᏄᏂᏪᏎᎢ; ᎦᎸᎳᏗ ᎠᏁᎯ ᎠᎾᏠᎠᏏᎦ ᏴᏫ ᏄᎾᏍᏛ ᎾᏍᎩᏯ
ᎢᏳᎾᏍᏗ.
12 ᏆᏂᏆᏃ ᏧᏈᏓ ᏚᏃᎡᎢ, ᏉᎳᏃ ᎹᎫᎵ ᏚᏃᎡᎢ, ᎾᏍᎩᏰᏃ ᏄᎬᏫᏳᏒ ᎠᎵᏥᏙᎲᏍᎩ ᎨᏎᎢ.
13 ᎿᏉᏃ ᎠᏥᎸ-ᎨᎶᏎᎯ ᏧᏈᏓ ᎾᏍᎩ ᎦᏚᎲ ᎢᎬᏱᏗᏢ ᎪᏢᏒᎢ, ᎦᎶᎯᏍᏗᏳᎶᏗ ᏚᏘᏃᎴ ᏩᎦ
ᎠᎴ ᏗᎪᏛᎢᏛ ᎤᏂᏥᎸᏅᎯ ᏕᎤᏃᎴᎢ, ᎾᏍᎩ ᎤᏩᏒ ᎠᎴ ᎤᏂᏣᏘ ᎨᏒ ᎠᏥᎸ-ᎤᏁᎳᏍᏗᏱ
ᎤᏰᎸᏎᎢ.
14 ᎠᏎᏃ ᎨᏥᏅᏏᏛ ᏆᏂᏆ ᎠᎴ ᏉᎳ ᎤᎾᏛᎦᏅ ᏚᏂᏣᏕᎸᎮ ᏧᎾᏄᏬ, ᎤᏂᏣᏘᏃ ᏴᏫ ᏗᏁᏙᎲ
ᏫᏚᎾᏗᏢᏍᏔᏁᎢ, ᎤᏁᎷᏁᎢ,
15 ᎯᎠ ᎾᏂᏪᏍᎨᎢ; ᎢᏥᏍᎦᏯ, ᎦᏙᏃ ᎾᏍᎩ ᎯᎠ ᏂᏣᏛᏁᎭ? ᎠᏴ ᎾᏍᏉ ᏴᏫᏉ
ᎾᏍᎩᏯ ᏂᏣᎵᏍᏓᏁᎲ ᎢᏲᎩᎾᎵᏍᏓᏁᎯ, ᎠᎴ ᎢᏨᏯᎵᏥᏙᏁᎭ ᏗᏥᏲᎯᏍᏗᏱ ᎯᎠ ᎠᏎᏉᏉ
ᏂᏣᏛᏁᎲᎢ, ᏫᏣᎦᏔᎲᏍᏗᏱᏃ ᎬᏂᏛ ᎤᏁᎳᏅᎯ ᎢᏗᏢ, ᎾᏍᎩ ᎤᏬᏢᏅᎯ ᏥᎩ ᎦᎸᎶᎢ
ᎠᎴ ᎦᏙᎯ ᎠᎴ ᎠᎺᏉᎯ ᎠᎴ ᎾᏂᎥ ᎾᎿ ᎠᏁᎯ;

16 ᎾᏍᎩ ᎢᎸᎯᏳ ᏥᎨᏒᎩ ᎤᎾᏁᎳᎩ ᎤᏅᏒ ᏚᏂᏅᏅ ᏩᏂᎶᎯ ᏚᏪᎵᏎᎴ ᏂᎦᏛ ᏄᎾᏓᎴᏒ
ᏴᏫ;
17 ᎥᏝᏍᎩᏂᏃᏅ ᏩᎩᏂᎪᎯ ᎬᏂᎨᏒ ᎢᏯᏋᏁᎯ ᏳᏪᎵᏎᎢ, ᎾᏍᎩ ᎣᏍᏛ ᏚᎸᏫᏍᏓᏁᎲᎢ,
ᎠᎴ ᎢᎩᎦᏃᏓᏁᎲᎢ ᎦᎸᎳᏗ ᏗᎦᎶᏍᎬᎢ, ᎠᎴ ᎢᎦᎵᏍᎪᎸᏓᏁᎲ ᎤᏣᏘ ᎪᎱᏍᏗ ᎤᏛᎯᏍᏗᏱ
ᏂᏓᎦᏘᏴᎯᏒᎢ, ᏗᎩᎾᏫ ᏓᎧᎵᎢᏍᏗᏍᎬ ᎠᎵᏍᏓᏴᏗ ᎠᎴ ᎤᎵᎮᎵᏍᏗ.
18 ᎾᏍᎩᏃ ᎾᏂᏪᏍᎬᎢ ᎦᏂᎳ ᏚᏂᏲᏍᏙᏓᏁᎴ ᎤᏂᏣᏘ ᎠᏥᎸ-ᎬᏩᏁᎴᏗᏱ ᎠᎾᏓᏅᏖᏍᎬᎢ.
19 ᎠᏎᏃ ᎤᏂᎷᏤ ᎠᏂᏧᏏ ᎥᏘᎣᎩ ᎠᎴ ᎢᎪᏂᏯ ᎤᏓᏳᏂᎶᏒᎯ, ᎾᏍᎩ ᏚᏂᏔᏲᏎᎴ ᎤᏂᏣᏘ,
ᏉᎳᏃ ᎤᏯ ᎦᎬᏩᏂᏍᏔᏅ ᎬᏩᎾᏌᎾᏫᏛᎮ ᎦᏚᎲ ᎬᏩᏄᎯᏎᎢ, ᎤᏲᎱᏒ ᎠᏁᎵᏍᎨᎢ.
20 ᎠᏎᏃ ᎤᎾᎵᎪᎯ ᎦᎬᏩᏚᏫᏍᎦᎢ ᏚᎴᏁᎢ, ᎠᎴ ᏗᎦᏚᎲ ᏭᏴᎴᎢ. ᎤᎩᏨᏛᏃ ᏆᏂᏆ
ᎤᎾᏂᎩᏎᎢ, ᏓᏈ ᏭᏂᎶᏎᎢ.
21 ᎤᎾᎵᏥᏙᏁᎸᏃ ᎣᏍᏛ ᎧᏃᎮᏛ ᎾᏍᎩ ᎦᏚᎲᎢ, ᎠᎴ ᎠᏂᎪᏗᏳ ᏚᎾᎵᎪᎳᏅ, ᏔᎵᏁ
ᎵᏍᏗ ᎠᎴ ᎢᎪᏂᏯ ᎠᎴ ᎥᏘᎣᎩ ᏫᎤᏂᎶᏎᎢ,
22 ᏓᎾᎵᏂᎪᎯᏍᏗᏍᎨ ᏚᎾᏓᏅᏛ ᎠᏃᎯᏳᎲᏍᎩ, ᏓᏂᏔᏲᏎᎮ ᏧᏂᏲᎯᏍᏗᏱ ᏂᎨᏒᎾ ᎪᎯᏳᏗ
ᎨᏒᎢ, ᎠᎴ ᏓᏂᏃᏁᎮ ᎤᏣᏘ ᎠᎩᎵᏴ ᎢᎩᎶᎯᏍᏗ ᎨᏒ ᎤᏁᎳᏅᎯ ᎤᏤᎵᎪᎯ ᏫᎩᏴᏍᏗᏱ.
23 ᏚᏂᎧᏅᏃ ᏗᎨᎦᏁᎶᏗ ᏧᎾᏁᎶᏗ ᏚᎾᏓᏡᏩᏗᏒᎢ, ᎠᎴ ᎤᎾᏓᏙᎵᏍᏔᏅ ᎠᎹᏟ ᎠᏅᏍᎬᎢ,
ᏚᏂᏲᎯᏎᎴ ᎤᎬᏫᏳᎯ ᎾᏍᎩ ᎤᎬᏫᏳᎯ ᎤᏃᎯᏳᏅᎯ.
24 ᏆᏏᏗᏱᏃ ᎤᏂᎶᏐᏅ ᏆᎻᏈᎵᏱ ᏭᏂᎷᏤᎢ.
25 ᏆᎩᏃ ᎧᏃᎮᏛ ᎤᎾᎵᏥᏙᏅ ᎠᏔᏓᏯ ᏭᏂᎷᏤᎢ.
26 ᎾᎿᏃ ᏥᏳᎯ ᏭᎾᏣᏅ ᎥᏘᎣᎩ ᏭᏂᎷᏤᎢ, ᎾᎿ ᏗᎨᏥᏲᏒᎯ ᏥᎨᏎ ᎤᏁᎳᏅᎯ
ᎤᏂᏙᎵᏍᏗᏱ, ᎾᏍᎩ ᏧᏂᏄᏫᏍᏓᏁᏗᏱ ᎾᏍᎩ ᎿᏉ ᎤᏂᏍᏆᏛᎯ ᏥᎨᏎᎢ.
27 ᎤᏂᎷᏥᎸᏃ ᎠᎴ ᏚᏂᎳᏫᏛ ᏧᎾᏁᎶᏗ ᎤᎾᏓᏡᎬ ᎤᏂᏃᎮᎴ ᏂᎦᎥ ᎤᏁᎳᏅᎯ ᏄᎾᏛᏁᎸᎢ,
ᎠᎴ ᏚᏍᏚᎢᏒᎸ ᏧᎾᏓᎴᏅᏛ ᏴᏫ ᎪᎯᏳᏗ ᎨᏒ ᎦᎶᎯᏍᏗᏱ.
28 ᎾᎿᏃ ᎠᏃᎯᏳᎲᏍᎩ ᎠᏁᎲ ᎪᎯᏗᏳ ᎤᎾᎦᏁᎢ.

ᎠᏯᏙᎸᎢ 15

1 ᎩᎶᏃ ᎢᏳᎾᏍᏗ ᏧᏗᏱ ᎤᏓᏳᏂᎶᏒᎯ ᏚᏁᏲᏁ ᎠᎾᏓᏅᏟ ᎯᎠ ᏄᏂᏪᏎᎢ; ᎢᏳᏃ
ᏤᏥᎤᏍᏕᏎᏄᎯ ᏂᎨᏒᎾ ᎢᎨᏎᏍᏗ, ᎾᏍᎩ ᎼᏏ ᏂᎦᏪᏍᎬᎢ, ᎥᏝ ᏴᎦᏰᏥᏍᏕᎸ.
2 ᏉᎳᏃ ᎠᎴ ᏆᏂᏆ ᎤᏤᏘ ᎤᏂᏲᏌᎯᏎᎸ ᎠᎴ ᎤᎾᏗᏒᎸ ᎠᏂᏬᏂᏍᎬ ᎾᏍᎩ, ᏚᏄᎪᏔᏁ
ᏉᎳ ᎠᎴ ᏆᏂᏆ ᎠᎴ ᎩᎶ ᎢᏳᎾᏍᏗ ᎤᏩᎾᏓᎴ ᏥᎷᏏᎵᎻ ᎤᏁᏅᏍᏗᏱ ᏧᎾᏛᏛᏅᏍᏗᏱ
ᎨᏥᏅᏏᏛ ᎠᎴ ᏗᎨᎦᏁᎶᏗ ᎾᏍᎩ ᎯᎠ ᎠᏂᏱᎵᏙᎲ ᎤᎬᏩᎵ.
3 ᏧᎾᏁᎶᏗᏃ ᎤᎾᏓᏡᎬ ᎢᏴᏛ ᏫᏗᎬᏩᏂᎧᏅ ᎤᏂᎶᏎ ᏈᏂᏏ ᎠᎴ ᏌᎺᎵᏱ ᎠᏂᏃᎮᏍᎨ
ᎠᎾᎦᏔᎲᏍᎬ ᏧᎾᏓᎴᏅᏛ ᏴᏫ; ᎤᏣᏘᏃ ᏚᎾᎵᎮᎵᏍᏔᏁ ᏂᎦᏛ ᎠᎾᏓᏅᏟ.
4 ᏥᎷᏏᎵᎻᏃ ᎤᏂᎷᏨ ᏚᎬᏩᎾᏓᏂᎸᏤ ᏧᎾᏁᎶᏗ ᎤᎾᏓᏡᎬ ᎠᎴ ᎨᏥᏅᏏᏛ ᎠᎴ ᏗᎨᎦᏁᎶᏗ;
ᎤᏂᏃᎮᎴᏃ ᏂᎦᎥ ᎤᏁᎳᏅᎯ ᏄᏛᏁᎸ ᎤᏂᏍᏕᎸᎯᏙᎸᎢ.
5 ᎠᏎᏃ ᏚᎾᎴᏁ ᎩᎶ ᎢᏳᎾᏍᏗ ᎠᏂᏆᎵᏏ ᎤᎾᎵᎪᏒ ᎠᏁᎳ ᎾᏍᎩ ᎤᏃᎯᏳᏅᎯ, ᎯᎠ
ᏄᏂᏪᏎᎢ, ᎠᏎ ᏗᎨᏥᎤᏍᏕᏎᏗ, ᎠᎴ ᏗᎧᏁᏤᏗ ᏧᏂᎧᎿᏩᏛᏍᏗᏱ ᎼᏏ ᎤᏁᏨᎯ.
6 ᎾᏍᎩᏃ ᎿᏉ ᎤᏂᏃᎮᏗᏱ ᏚᏂᏔᏫᏤ ᎨᏥᏅᏏᏛ ᎠᎴ ᏗᎨᎦᏁᎶᏗ.
7 ᎤᏣᏘᏃ ᎤᏂᏬᏂᏒ ᏈᏓ ᏕᎤᎴᏁᎢ, ᎯᎠ ᏂᏚᏪᏎᎴᎢ; ᎢᏥᏍᎦᏯ ᎢᏓᏓᏅᏟ, ᏂᎯ ᎢᏥᎦᏔᎭ
ᎿᏉ ᏰᎵ ᎪᎯᎩ ᎤᏁᎳᏅᎯ ᎠᏴ ᎠᏆᏑᏰᏒ ᎢᏕᏓᏡᎬ ᏧᎾᏓᎴᏅᏛ ᏴᏫ ᎠᏴ ᎬᏆᏛᎦᏁᏗᏱ
ᎣᏍᏛ ᎧᏃᎮᏛ, ᎾᏍᎩᏃ ᎤᏃᎯᏳᏗᏱ.
8 ᎤᏁᎳᏅᎯᏃ ᏧᏂᎾᏫ ᏗᎦᏔᎯ ᎬᏂᎨᏒ ᏄᏩᏁᎸᎩ ᏕᎨᎦᏓᏂᎸᏨᎢ, ᏕᎠᏁᎲ ᎦᎸᏉᏗᏳ
ᎠᏓᏅᏙ, ᎠᏴ ᎾᏍᎩᏯ ᏥᎩᏁᎸᎩ.
9 ᎠᎴ ᎥᏝ ᏗᎦᏓᎴᎿᎢ ᏱᏂᎬᏁᎴ ᎾᏍᎩ, ᎪᎯᏳᏗ ᎨᏒ ᏕᎦᎤᎦᎸᏓᏁᎲ ᏧᏂᎾᏫ.
10 Ꭷ ᎦᏙᏃ ᎢᎡᏥᎪᎵᏰ ᎤᏁᎳᏅᎯ, ᏕᏥᎩᏔᎾᏔᏗᏍᎬ ᎠᏃᎯᏳᎲᏍᎩ, ᎾᏍᎩ ᏗᎩᎦᏴᎵᎨ
ᎠᎴ ᎾᏍᏉ ᎢᎬᏒ ᏰᎵ ᎨᎦᎩᏔᎾᏔᏗᏍᏗ ᏂᎨᏒᎾ ᏥᎨᏒᎩ.
11 ᎠᏎᏃ ᎢᏙᎯᏳᎲᏍᎦ ᎾᏍᎩ ᎤᎬᏫᏳᎯ ᏥᏌ ᎦᎶᏁᏛ ᎬᏩᎦᏘᏯ ᎤᏓᏙᎵᏍᏗ ᎨᏒ
ᎤᏗᎦᎵᏍᏙᏗᏍᎬ ᎠᏴ ᎡᎩᏍᏕᎸᏗ ᎨᏒᎢ, ᎾᏍᎢᏯ ᎾᏍᎩ ᎨᏥᏍᏕᎸᏗ ᏥᎩ.
12 ᎿᏉᏃ ᏂᎦᏛ ᎤᏂᏣᏘ ᎨᏒ ᎡᎳᏪ ᎤᏅᏁᎢ, ᎠᎴ ᏚᎾᏛᏓᏍᏓᏁᎴ ᏆᏂᏆ ᎠᎴ ᏉᎳ
ᎠᏂᏃᎮᏍᎬ ᏂᎦᎥ ᎤᏰᎸᏛ ᎠᎴ ᎤᏍᏆᏂᎪᏗ ᎤᏁᎳᏅᎯ ᎾᏍᎩ ᎤᏅᏗᏍᎬ ᏚᎸᏫᏍᏓᏁᎸ
ᏧᎾᏓᎴᏅᏛ ᏴᏫ ᏓᏁᏩᏗᏒᎢ.
13 ᎾᏍᎩᏃ ᎡᎳᏪ ᎤᏅᏅ, ᏥᎻ ᎤᏁᏤ ᎯᎠ ᏄᏪᏎᎢ; ᎢᏥᏍᎦᏯ ᎢᏓᏓᏅᏟ ᎠᏴ
ᏍᎩᏯᏛᏓᏍᏓᏏ.
14 ᏌᏩᏂ ᎤᏃᎮᎸ ᎤᏁᎳᏅᎯ ᎢᎬᏱᏱ ᏚᏩᏛᎲᎢ ᏧᎾᏓᎴᏅᏛ ᏴᏫ, ᎾᎿ ᏧᏪᎴᏍᏗᏱ ᏴᏫ
ᎾᏍᎩ ᏚᏙᎥ ᏗᎨᎪᏍᏙᏗᏱ.
15 ᎾᏍᎩᏃ ᎯᎠ ᎾᏍᎩᏯ ᏂᎦᎦᎵᏍᏗᎭ ᎠᎾᏙᎴᎰᏍᎩ ᎤᏂᏁᏨᎢ, ᎯᎠ ᏥᏂᎬᏅ ᏥᎪᏪᎳ;
16 "ᎾᏍᎩᏃ ᏄᎵᏍᏔᏁᏍᏗ ᏛᏥᎷᏥ ᎠᎴ ᏛᏥᎵᏦᏘᏌᏂ ᏕᏫ ᎤᏤᎵ ᎦᎵᏦᏛᎢ, ᎾᏍᎩ
ᎡᎳᏗ ᎤᏪᏡᏒᎯ ᏥᎩ, ᎠᎴ ᏛᏥᎵᏦᏘᏌᏂ ᎤᎵᏦᏙᎠᏒᎢ, ᎠᎴ ᏛᏥᎧᎯᏌᏂ.

17 ᎾᏍᎩ ᏄᎾᏓᎴ ᏴᏫ ᎬᏩᏂᏯᏍᏗ ᎢᏳᎵᏍᏙᏗᏱ ᎤᎬᏫᏳᎯ, ᎠᎴ ᎾᏍᎩᏉ ᏂᎦᏛ
ᏧᎾᏓᎴᏅᏛ ᏴᏫ ᏓᏆᏙᎥ ᏗᎨᎪᏍᏔᏅᎯ ᏥᎩ, ᎠᏗᎭ ᎤᎬᏫᏳᎯ, ᎾᏍᎩ ᎯᎠ ᏂᎦᏛ
ᏧᎸᏫᏍᏓᏁᎯ ᏥᎩ."
18 ᎤᏁᎳᏅᎯ ᎠᎦᏔᎯᏳ ᎤᏧᏓᎴᏅᎲᎾ ᏂᎦᏛ ᏚᎸᏫᏍᏓᏁᎲᎢ.
19 ᎾᏍᎩ ᎢᏳᏍᏗ ᎠᏴ ᏕᏓᏅᏖᏍᎬ ᎯᎠ ᏄᏍᏗ, ᎾᏍᎩ ᏗᏓᎦᏯᏙᏙᏗᏱᏉ ᏂᎨᏒᎾ
ᏧᎾᏓᎴᏅᏛ ᏴᏫ ᎠᏁᎲ ᎤᎾᏖᎴᏛ ᎤᏁᎳᏅᎯ ᎢᏗᎵ ᏭᎾᏕᏔᎲᏍᏔᏅᎯ ᏥᎩ;
20 ᏗᏙᏪᎳᏁᏗᏱᏉᏍᎩᏂ ᏧᏂᏲᎯᏍᏗᏱ ᎦᏓᎭ ᎢᏧᎵᏍᏔᏅᎯ ᎾᏍᎩ ᏗᎵᏍᎪᎸᏓᏁᎸᎯ
ᎤᏁᎳᏅᎯ ᏗᏰᎸᎯ, ᎠᎴ ᎤᏕᎵᏛ ᏗᏂᏏᏗ ᎨᏒᎢ, ᎠᎴ ᎪᎱᏍᏗ ᎬᏌᏍᏔᏅᎯ, ᎠᎴ ᎩᎬ.
21 ᎼᏏᏰᏃ ᎡᏘ ᎤᏓᎬᏩᏓᎴᏅᏛ ᏕᎦᏚᏩᏗᏒ ᏕᎤᏪᎭ ᎬᏩᎵᏥᏙᎲᏍᎩ, ᏓᏥᎪᎵᏰᏍᎨᎢ
ᏗᎦᎳᏫᎢᏍᏗᏱ ᏄᎾᏙᏓᏈᏒᎢ.
22 ᎿᏉᏃ ᎣᏏᏳ ᎤᏂᏰᎸᏁ ᎨᏥᏅᏏᏛ ᎠᎴ ᏗᎨᎦᏁᎶᏗ ᎠᎴ ᏂᎦᏛ ᏧᎾᏁᎶᏗ ᎤᎾᏓᏡᎬ
ᏧᏂᏅᏍᏗᏱ ᎠᏂᏍᎦᏯ ᏧᎾᏑᏰᏛ ᎤᏅᏒ ᎤᎾᏓᏡᎬᎢ, ᎾᏍᎩ ᏧᏓᏏ ᏆᏏᏆ ᏧᏙᎢᏛ ᎠᎴ ᏌᏱᎳ
ᎨᏥᎸᏉᏗ ᎠᎾᏓᏅᎵᎢ, ᏉᎳ ᎠᎴ ᏆᏂᏆᏧᎳᎭ ᎤᏁᏅᏍᏗᏱ ᎥᏗᏍᎩ,
23 ᎾᏍᎩᏃ ᎤᏂᏅᏍᏗ ᎤᏃᏪᎳᏁ ᎯᎠ ᏄᏅᏁᎴᎢ; ᎣᎩᏅᏏᏛ ᎠᎴ ᏦᎦᏁᎶᏗ ᎠᎴ
ᎣᏣᏓᏅᏟ ᏫᏨᏲᎵᎦ ᎢᏣᏓᏅᏟ ᏗᏣᏓᎴᏅᏛ ᏴᏫ ᎥᏗᏍᎩ ᎠᎴ ᏏᎵᏱ ᎠᎴ ᏏᎵᏏᏱ ᎢᏤᎯ.
24 ᎣᎬᏛᎦᏅ ᎩᎶ ᎢᏳᎾᏍᏗ ᎪᎦᏓᏑᏰᏛ ᎠᏂᏌᏂᏍᎬ ᎨᏣᎦᏯᏙᏔᏅᎢ ᏕᎨᏥᎦᏔᎲᏒᎲ
ᏗᏣᏓᏅᏙ, ᎯᎠ ᎾᏂᏪᏍᎨᎢ; ᎠᏎ ᏤᏥᎤᏍᏕᏎᏗ ᎠᎴ ᏗᏣᏖᏩᏛᏍᏗ ᎢᏥᏍᏆᏂᎪᏙᏗ; ᎾᏍᎩ
ᎢᏳᏍᏗ ᏦᏥᏁᏤᎸᎯ ᏂᎨᏒᎾ;
25 ᎾᏍᎩ ᎤᏧᎵᏍᏙᏔᏅ ᎣᏏᏳ ᎣᎩᏰᎸᏅ ᏂᎦᏛ ᏌᏉ ᎢᎦᎦᏛ, ᏗᏤᎲ ᏦᏥᏅᏍᏗᏱ
ᏦᏣᏑᏰᏛ ᎠᏂᏍᎦᏯ ᏧᏂᏍᏓᏩᏛᏍᏗᏱ ᏦᏥᎨᏳᎯ ᏆᏂᏆ ᎠᎴ ᏉᎳ,
26 ᎾᏍᎩ ᎠᏂᏍᎦᏯ ᏓᏅᏅ ᏧᎾᎵᏍᎪᎸᏔᏅᎯ, ᎢᎦᏤᎵ ᎤᎬᏫᏳᎯ ᏥᏌ ᎦᎶᏁᏛ ᏕᎤᏙᎥ
ᎤᏗᎦᎵᏍᏗᏙᏗᏍᎨᎢ.
27 ᎾᏍᎩ ᎢᏳᏍᏗ ᏙᏥᏅᎵ ᏧᏓᏏ ᎠᎴ ᏌᏱᎳ, ᎾᏍᎩ ᎾᏍᎩᏉ ᎠᏂᏁᎬᎢ ᎤᏠᏱ
ᏓᎨᏥᏃᎮᎮᎵ.
28 ᎣᏏᏳᏰᏃ ᎤᏰᎸᏅ ᎦᎸᏉᏗᏳ ᎠᏓᏅᏙ, ᎠᎴ ᎠᏴ ᎣᏏᏳ ᎣᎩᏰᎸᏅ, ᎪᎱᏍᏗ
ᏗᏨᏯᏰᏅᏙᏗᏱ ᏂᎨᏒᎾ, ᎯᎠ ᎤᏩᏒ ᎾᏍᎩ ᎠᏎ ᎢᏣᏛᏁᏗ ᏥᎩ;
29 ᎾᏍᎩ ᏗᏥᏲᎯᏍᏗᏱ ᎠᎵᏍᏓᏴᏗ ᎤᏁᎳᏅᎯ ᏗᏰᎸᎯ ᏗᎵᏍᎪᎸᏓᏁᎸᎯ, ᎠᎴ ᎩᎬ, ᎠᎴ
ᎪᎱᏍᏗ ᎬᏌᏍᏔᏅᎯ, ᎠᎴ ᎤᏕᎵᏛ ᏗᏂᏏᏗ ᎨᏒᎢ. ᎢᏳᏃ ᎾᏍᎩ ᏱᏗᏤᏯᏙᏤᎸ ᎣᏏᏳ
ᏱᏂᏣᏛᎦ. ᏙᎯᏱ ᏂᏣᏛᏖᎦᎨᏍᏗ.
30 ᎾᏍᎩᏃ ᏕᎨᏥᏲᎡ ᎥᏗᎣᎩ ᏭᏂᎷᏤᎢ, ᏚᏂᏔᏫᏛᏃ ᎤᏂᏣᏘ ᏚᏂᏅᏁᎴ ᎾᏍᎩ ᎪᏪᎵ.
31 ᎾᏍᎩᏃ ᎤᏂᎪᎵᏰᎥ, ᎤᎾᎵᎮᎵᏤ ᎤᏗᎦᎵᏍᏙᏗᏍᎨ ᎾᏍᎩ ᎠᏓᎦᎵᏍᏓᏗᏍᎩ ᎨᏒᎢ
32 ᏧᏓᏏᏃ ᎠᎴ ᏌᏱᎳ, ᎤᏩᏖ ᎢᏣᏁᏨᎯ ᏚᏂᏌᏁᎳᏁ ᎠᎾᏓᏅᏟ ᎠᎴ ᏚᎾᎵᏂᎪᎯᏍᏔᏁᎢ,
ᎾᏍᎩᏉᏰᏃ ᎤᏅᏒ ᎠᎾᏙᎴᎰᏍᎩ ᎨᏎᎢ.

33 ᎢᎸᏍᎩᏃ ᏄᏬᎯᏨ ᎤᏁᏙᎸ, ᎤᏩᏙᎯᏯᏛ ᏕᎬᏩᏂᏲᏎ ᎠᎾᏓᏅᏟ ᎨᏥᏅᏏᏛ ᏗᏁᎲ
ᏭᏂᎶᎯᏍᏗᏱ.
34 ᎠᏎᏃ ᏌᏱᎳ ᎣᏏᏳ ᎤᏰᎸᏁ ᎾᎿᏉ ᎤᏗᎩᏯᏍᏗᏱ.
35 ᏉᎳᏃ ᎠᎴ ᏆᏂᏆ ᎾᏍᏉ ᎬᏁᏙᎮ ᎥᏘᏍᎩ ᏓᎾᏕᏲᎲᏍᎨᎢ, ᎠᎴ ᎠᎾᎵᏥᏙᎲᏍᎨ ᎧᏃᎮᏛ
ᎤᎬᏫᏳᎯ ᎤᏤᎵᎦ, ᎠᎴ ᎾᏍᏉ ᎤᏂᏨᏓ ᎤᏩᎾᏓᎴᎢ.
36 ᎢᎸᏍᎩᏃ ᏫᎸᏒᎸ ᏉᎳ ᎯᎠ ᏄᏪᏎᎸᎩ ᏆᏂᏆ; Ꭷ ᏔᎵᏁ ᏥᏙᏂᏩᏛᎱᏕ ᎢᏓᏓᏅᏟ ᏂᎦᎥ
ᏕᎦᏚᏩᏗᏒ ᎾᎿ ᎩᎾᎵᏥᏙᏂᏙᎸ ᎧᏃᎮᏛ ᎤᎬᏫᏳᎯ ᎤᏤᎵᎦ, ᏫᎾᏙᎴᎨᎯ ᏄᎾᏛᎿᏕᎬᎢ.
37 ᏆᏂᏆᏃ ᎤᏚᎵᏍᎬᎩ ᎤᎾᏘᏅᏍᏗᏱ ᏟᏂ ᎹᎦ ᏧᏙᎢᏛ.
38 ᎠᏎᏃ ᏉᎳ ᎥᏝ ᎣᏏᏳ ᏳᏰᎸᏁ ᎤᎾᏘᏅᏍᏗᏱ, ᎾᏍᎩᏰᏃ ᎤᎾᏓᏓᎴᏓᏁᎴ ᏆᎻᎽᎵᏱ,
ᎠᎴ ᎥᏝ ᏳᎾᎵᎪᏁᎴ ᏚᏂᎸᏫᏍᏓᏁᎵᏙᎲᎢ.
39 ᎠᎴ ᎤᏟᏘ ᎤᏂᏲᏌᎯᏎᎸᎩ, ᎾᏍᎩ ᎢᏳᏍᏗ ᏫᏕᎬᏩᎾᏚᏅᎲᎩ; ᏆᏂᏆᏃ ᎤᏘᏅᏒᎩ ᎹᎦ,
ᎠᎴ ᏥᏳᎯ ᏭᏟᏅ ᏌᎽ ᏭᎶᏒᎩ.
40 ᏉᎳᏃ ᎤᏑᏒᎡ ᏌᏱᎳ, ᎤᏂᎩᏒᎩ, ᎠᏁᏓᏅᏟ ᏕᎬᏩᏂᏲᏒ ᎤᏁᎳᏅᎯ ᎤᏪᏙᎵᏍᏗᏱ.
41 ᏏᎵᏱᏃ ᎠᎴ ᏏᎵᏏᏱ ᎤᎶᏒᎩ, ᏓᎵᏂᎪᎯᏍᏗᏍᎬᎩ ᏧᎾᏁᎶᏗ ᏚᎾᏓᎽᏩᏗᏒᎢ.

ᎠᏯᏙᎸᎢ 16

1 ᏓᏈᏃ ᎠᎴ ᎵᏍᏗ ᏭᎷᏨᎩ, ᎬᏂᏳᏉᏃ ᎾᎿ ᎡᎲᎩ ᎩᎶ ᎢᎨᏍᏗ ᎪᎯᏳᎲᏍᎩ, ᏗᎹᏗ
ᏧᏙᎢᏛ, ᎠᏧᏏ, ᎤᏙᏓᏍᎩᏂ ᎠᎪᎢ ᎨᏒᎩ.

2 ᎾᏍᎩ ᎣᏏᏳ ᎬᏩᏃᎮᏍᎩ ᎨᏒᎩ ᎠᎾᏓᏅᏟ ᎵᏍᏗ ᎠᎴ ᎢᎪᏂᏯ ᎠᏁᎯ.

3 ᎾᏍᎩ ᏉᎳ ᎤᏚᎸᎲᎩ ᎤᏘᏅᏍᏗᏱ; ᎤᎱᏍᏕᏎᎸᎩᏃ ᎤᏓᏳᎵᏍᏙᏔᏅᎩ ᎠᏂᏧᏏ ᎾᎿ
ᏓᏁᏩᏗᏒᎢ, ᏂᎦᏛᏰᏃ ᎠᏂᎦᏔᎲᎩ ᎤᏙᏓ ᎠᎪᎢ ᎨᏒᎢ.

4 ᏕᎦᏚᏩᏗᏒᏃ ᎠᏂᎶᏍᎬᎢ, ᏓᏂᏲᎯᏎᎲᎩ ᎤᏂᏍᏆᏂᎪᏙᏗ ᏗᎧᎿᏩᏛᏍᏗ, ᎾᏍᎩ ᏧᎸᎪᏔᏅᎯ
ᎨᏥᏅᏏᏛ ᎠᎴ ᏗᎨᎦᏁᎶᏗ ᏥᎷᏏᎵᎻ ᎠᏁᎯ.

5 ᏧᎾᏁᎶᏗᏃ ᏚᎾᏓᏈᏩᏗᏒ ᏚᎾᎵᏂᎪᏒᎩ ᎪᎯᏳᏗ ᎨᏒᎢ, ᎠᎴ ᏂᏚᎩᏨᏂᏒ ᎠᏂᎪᏙᏍᎬᎩ.

6 ᎤᏂᎶᎭᏅᏃ ᏈᏥᏱ ᎠᎴ ᎨᎴᏏᏱ, ᎠᎴ ᎦᎸᏉᏗᏳ ᎠᏓᏅᏙ ᎤᏂᏅᏍᏓᏕᎸ ᎤᎾᎵᏥᏙᏗᏱ
ᎧᏃᎮᏛ ᎡᏏᏱ,

7 ᎻᏏᏱ ᏭᏂᎷᏨ, ᎤᎾᏓᏅᏖᎸᎩ ᏈᏗᏂᏱ ᏭᏂᎶᎯᏍᏗᏱ, ᎠᏎᏃ ᎥᏝ ᎤᎾᏁᎳᎩ ᏱᏚᏪᎵᏎᎴ
ᎠᏓᏅᏙ.

8 ᎻᏏᏱᏃ ᎤᏂᎶᏒ, ᏠᎠᏏ ᏭᏂᎷᏨᎩ.

9 ᏉᎳᏃ ᎤᏁᎳᏫᏎᎸᎩ ᎡᏃᏱ; ᎩᎶ ᎢᏳᏍᏗ ᎠᏍᎦᏯ ᎼᏗᏙᏂ ᎡᎯ ᏚᏙᎨᎢ, ᎤᏔᏲᏎᎮᎢ,
ᎯᎠ ᏄᏪᏎᎮᎢ; ᎹᏏᏙᏂ ᏫᎷᎩ, ᎠᎴ ᏫᏍᎩᏍᎨᎸ.

10 ᎤᏁᎳᏫᏎᎸᏃ ᎩᎳᏉ ᎢᏴᏛ ᎣᎦᏁᎶᏔᏅᎩ ᎹᏏᏙᏂ ᏬᎩᎶᎯᏍᏗᏱ, ᎣᏣᏙᎴᎰᏍᎬᎩ
ᎤᎬᏫᏳᎯ ᎣᎩᏯᏂᏍᎬᎢ ᎾᏍᎩ ᏦᏨᎵᏥᏙᏁᏗᏱ ᎣᏍᏛ ᎧᏃᎮᏛ.

11 ᎾᏍᎩᏃ ᏠᎠᏏ ᏥᏩᎯ ᎣᎦᏟᏅ ᏧᏩᎪᏗ ᏌᎩᏅᏍᏔᏅᎩ, ᏎᎹᏓᏏ ᏌᎩᏃᎸᎩ; ᎤᎩᏨᏛᏃ
ᏂᎠᏆᎵᏏ ᏌᎩᏃᎸᎩ.

12 ᎾᎿᏃ ᏫᎣᎦᏟᏅ, ᏈᎵᎩᏱ ᏌᎩᏃᎸᎩ, ᎾᏍᎩ ᏄᎬᏫᏳᏒ ᎦᏚᎲ ᎾᎿ ᎢᏗᎵ ᎹᏏᏙᏂ, ᎠᎴ
ᎾᏍᎩ ᎤᎾᏓᏅᏛ ᎤᏂᏚᎲ ᏥᎩ. ᎾᎿᏃ ᎦᏚᎲ ᎢᎸᏍᎩ ᏧᏒᎯᏛ ᎣᎨᏙᎸᎩ.

13 ᎤᎾᏙᏓᏆᏍᎬᏃ ᎦᏚᎲ ᎣᎩᏄᎪᏨᎩ, ᎡᏉᏄᎶᏗ ᏌᎩᎶᏒᎩ ᏙᏥᏌᏁᎳᏅ ᎠᏂᎨᏴ ᎾᎿ
ᎤᎾᏓᏟᏐᏅᎯ.

14 ᎩᎶᏃ ᎢᏳᏍᏗ ᎠᎨᏴ ᎵᏗ ᏧᏙ-Ꮫ, ᎩᎦᎨ ᏗᎸᏌ ᎦᏃᏗᏍᎩ, ᏓᏱᏓᎵ ᎦᏚᎲ ᎡᎯ,
ᎤᏁᎳᏅᎯ ᎠᏓᏙᎵᏍᏔᏁᎯ, ᎤᏛᏓᏍᏔᏅᎩ. ᎾᏍᎩ ᎤᎾᏫᏱ ᎤᎬᏫᏳᎯ ᎤᏍᏚᎢᏒᎩ,
ᎤᏛᏓᏍᏙᏗᏱ ᏉᎳ ᎧᏁᎬᎢ.

15 ᎠᎦᏌᎥᏃ ᎤᏩᏒ ᎠᎴ ᎾᏍᎩ ᏚᏓᏘᎾᎥᎢ, ᎣᎩᏔᏲᏎᎸᎩ, ᎯᎠ ᏄᏪᏒᎩ; ᎢᏳᏃ ᎤᏙᎯᏳᏒ
ᎤᎬᏫᏳᎯ ᎪᎯᏳᎲᏍᎩ ᏍᎩᏰᎵᏎᎮᏍᏗ, ᏥᏁᎸ ᎢᏥᏴᎭ ᎠᎴ ᎾᎿ ᎢᏥᏁᏍᏗ.
ᎣᎩᏍᏗᏰᏗᏍᎬᏃ ᎣᎩᏎᎪᎩᏒᎩ.

16 ᎯᎠᏃ ᏄᎵᏍᏔᏅᎩ, ᎠᏓᏙᎵᏍᏙᏗᏱ ᎣᎨᏅ, ᎩᎶ ᎢᏳᏍᏗ ᎠᏛ, ᎠᏓᏅᏙ ᎠᏙᏂᏍᎩ
ᎤᏯᎢ, ᏙᎦᏠᏒᎩ, ᎾᏍᎩ ᎤᏟᏛ ᏧᎬᏩᎶᏗ ᏓᏩᏛᎡᎲᎩ ᎬᏩᎾᏝᎢ ᎠᏙᏂᏍᎬ ᎬᏗᏍᎩ.

17 ᎾᏍᎩ ᎣᎩᏍᏓᏩᏗᏒ ᏉᎳ ᎠᎴ ᎠᏴ, ᎤᏪᎷᏅᎩ ᎯᎠ ᏄᏪᏒᎩ; ᎯᎠ ᎠᏂᏍᎦᏯ
ᎤᏁᎳᏅᎯ ᏩᏍᏛ ᎦᎸᎳᏗᏳ ᎡᎯ ᏧᏅᏏᏓᏍᏗ, ᎾᏍᎩ ᎬᏂᎨᏒ ᏥᏂᎨᎬᏁᎭ ᏅᏃᎯ
ᎠᎵᏍᏕᎸᏙᏗ ᎨᏒᎢ.
18 ᎠᎴ ᎤᏣᏛ ᏄᎡᎸᎩ ᎾᏍᎩ ᎾᏛᏁᎲᎩ; ᎠᏎᏃ ᏉᎳ ᎤᏕᏯᏔᏁᎸ ᎤᎦᏔᎲᏒᎩ, ᎯᎠ
ᏄᏪᏎᎸᎩ ᎾᏍᎩ ᎠᏓᏅᏙ; ᎬᏁᏥ ᏥᏌ ᎦᎶᏁᏛ ᏕᏅᏙᎥ ᎬᏗᎭ, ᎾᏍᎩ ᎪᎱᎪᏤᏗᏱ.
ᎾᎯᏳᏉᏃ ᎤᏄᎪᏨᎩ.
19 ᎬᏩᎾᏝᎢᏃ ᎤᎾᏙᎴᎰᏒ ᎤᏚᎩ ᎤᏅᏒ ᏧᎬᏩᎶᏗ ᎤᏂᏩᏛᏗᏱ ᎤᏲᏨᎢ, ᏗᏂᏂᏴᎲᎩ ᏉᎳ
ᎠᎴ ᏌᏱᎳ, ᎠᎴ ᎾᏍᎩ ᎦᏃᏙᏗᏱ ᏫᏚᎾᏘᏃᎮᎸᎩ ᏗᎨᎦᏁᎶᏗ.
20 ᎠᎴ ᏗᏄᎪᏗᏍᎩ ᏫᏚᎾᏘᏃᎮᎸᎩ, ᎯᎠ ᏄᏂᏪᏒᎩ; ᎯᎠ ᎠᏂᏍᎦᏯ ᎠᎠᏧᏏ ᎤᏣᏔᏅᎯ
ᎠᎾᏕᏯᏙ ᏗᎭ ᎢᎩᏚᎲᎢ,
21 ᎠᎴ ᎬᏂᎨᏒ ᎾᏅᏁᎭ ᏗᎧᎿᏩᏛᏍᏗ ᎾᏍᎩ ᏰᎵ ᏗᎨᎩᏂᏴᏗ ᎠᎴ ᏗᎨᎩᎧᎿᏩᏛᏍᏗ
ᏂᎨᏒᎾ, ᎢᏗᏲᎻ ᎨᏒ ᎢᏳᏍᏗ.
22 ᎤᏂᏣᏘᏃ ᎨᏒ ᏕᎬᏩᏂᎦᏘᎸᏒᎩ; ᏗᏄᎪᏗᏍᎩᏃ ᏚᏂᏄᏪᏒ ᎤᏂᏁᏨᎩ ᏗᎨᏥᎵᎥᏂᏍᏗᏱ.
23 ᎤᏣᏘᏃ ᏂᏚᏅᏂᎸ, ᏗᏓᏍᏚᏗᏱ ᏚᏂᏴᏔᏅᎩ, ᎤᏂᏁᏤᎸᎩ ᎾᏍᎩ ᎠᏥᎦᏘᏗᏍᏗ ᎣᏍᏛ
ᏧᎦᏘᏗᏍᏗᏱ.
24 ᎾᏍᎩᏃ ᎾᏥᏪᏎᎸ ᎠᏥᏁᏤᎸ, ᏫᏚᏔᏅᎩ ᏗᏓᏍᏚᏗᏱ ᎪᏢᏒ ᎦᎵᏦᏕ ᎭᏫᏂ, ᎠᎴ ᎠᏍᏓᏯ
ᏚᏅᏎᏙᏅ ᎠᏙᎯ.
25 ᎡᏃᏱᏃ ᎠᏰᎵ ᏉᎳ ᎠᎴ ᏌᏱᎳ ᎤᎾᏓᏙᎵᏍᏔᏁᎢ, ᎠᎴ ᎤᏁᎳᏅᎯ ᏚᏂᏃᎩᏍᏔᏁᎢ;
ᏗᎨᏥᏍᏚᎯᏃ ᎾᏍᎩ ᎤᎾᏛᎦᏁᎢ.
26 ᎤᏰᎶᎢᏍᏔᏁᏃ ᎦᏙᎯ ᎤᎵᏖᎸᏁᎢ; ᎠᎴ ᏗᏓᏍᏚᏗᏱ ᏚᎵᏍᏓᏱᏗᏍᏛ ᏚᎵᏖᎸᏁᎢ,
ᎩᎳᏉᏃ ᎢᏴᏛ ᏂᎦᏛ ᏓᏍᏚᎲ ᏚᎵᏍᏚᎢᏎᎢ, ᎠᎴ ᎾᏂᎥ ᏚᎾᏓᏄᏍᏛ ᏚᎵᏒᎮᎢ.
27 ᏗᏓᏍᏚᏗᏱᏃ ᎠᎦᏘᏯ, ᎤᏰᏨ ᎠᎴ ᎤᏙᎴᎰᏒ ᏕᎶᎯᏍᏗᏱ ᏗᏓᏍᏚᏗᏱ ᏧᎵᏍᏚᎢᏛ ᎨᏒᎢ,
ᎤᏄᎮ ᎠᏰᎳᏍᏗ ᎦᏅᎯᏛ, ᎠᎴ ᎤᏩᏒ ᏗᏓᎵᏎᎢ, ᏗᎨᏥᏍᏚᎯ ᎤᎾᎵᏒ ᎡᎵᏍᎨᎢ.
28 ᎠᏎᏃ ᏉᎳ ᎠᏍᏓᏯ ᎤᎵᏍᏔᏁᎢ, ᎯᎠ ᏄᏪᏎᎢ; ᏞᏍᏗ ᏨᏒ ᎪᎱᏍᏗ ᎤᏲ
ᎢᏣᏓᏛᏁᎸᎩ, ᎠᏂᏰᏃ ᏂᎦᏛ ᎣᏥᏯᎠ.
29 ᎠᏨᏍᏙᏗᏃ ᎤᏔᏲᎸ ᎤᎵᏍᏗ ᏭᏴᎴᎢ, ᎠᎴ ᏭᎷᏤ ᎤᏪᎾᏫᏍᎨᎢ, ᎤᏓᏅᏂᎴ ᎢᎬᏱᏢ
ᏉᎳ ᎠᎴ ᏌᏱᎳ ᏚᏃᎸᎢ.
30 ᏚᏄᎪᏫᏒᏃ ᎯᎠ ᏄᏪᏎᎢ; ᎢᏍᏗᏍᎦᏯ, ᎦᏙ ᏓᎦᏛᏁᎵ ᎥᎩᏍᏕᎸᏗᏱ?
31 ᎯᎠᏃ ᏄᏂᏪᏎᎢ; ᎯᏲᎢᏳᎲᎦ ᎤᎬᏫᏳᎯ ᏥᏌ ᎦᎶᏁᏛ, ᏓᏰᏣᏍᏕᎸᎯᏃ, ᏂᎯ ᎠᎴ
ᏕᏣᏓᏘᎾᎥᎢ.
32 ᎤᎬᏫᏳᎯᏃ ᎤᏤᎵ ᎧᏃᎮᏒ ᎤᏂᏃᎮᎮᎴ ᎾᏍᎩ, ᎠᎴ ᏂᎦᏛ ᎾᏍᎩ ᎦᏁᎸᎢ ᎠᏂᏯᎢ.
33 ᎾᎯᏳᏉᏃ ᎡᏃᏱ ᏚᏯᏅᎮᎢ, ᎠᎴ ᏚᏬᏑᎴᎴ ᏕᎨᏥᎵᎥᏂᎸᎢ; ᎠᎴ ᎩᎳᏉ ᎢᏴᏛ ᎠᎦᏬᏒ
ᎤᏩᏒ ᎠᎴ ᏂᎦᏛ ᏧᏤᎵᎦ.

34 ᎦᏁᏄᏃ ᏚᏴᏔᏂᏄ ᏚᏪᎳᏍᎳᏁᎢ, ᎠᎴ ᎪᎯᏳᎲᏍᎬ ᎤᏁᎳᎤᎯ ᎤᎵᏢᎵᏤᎢ, ᎠᎴ
ᎾᏍᏉ ᏂᎦᏛ ᎦᏁᏄᎢ.
35 ᎣᎾᎴᏃ ᏄᎵᏍᏔᎤ ᏗᏄᎪᏗᏍᎩ ᏚᏂᎤᏎ ᏗᎾᏓᏂᏱᏍᎩ, ᎯᎠ ᏫᏄᏂᏪᏍᏗᏱ; ᏈᎧᎲᎦ Ꮎ
ᎠᏂᏍᎦᏇ.
36 ᏗᏓᏍᏚᏗᏱᏃ ᎠᎦᏈᏇ ᎾᏍᎩ ᎤᏧᏂᏪᏒ ᎤᏃᏁᎴ ᏉᎳ; ᏗᏄᎪᏗᏍᎩ ᏛᎾᏓᎤᎵ
ᏗᏍᏛᏇᎪᏗᏱ; Ꭷ, ᏍᏗᏄᎪᎢ ᎠᎴ ᎤᏣᏙᎯᏣᏛ ᎢᏍᎦᎾ.
37 ᎠᏎᏃ ᏉᎳ ᎯᎠ ᏂᏚᏪᏎᎴᎢ, ᎬᏂᏥᏒ ᎦᎪᎩᏂᎵᎥᏂᏄ ᏧᏚᎪᎳᎤᎯ ᏂᏥᏒᎾ ᏱᎩᏂᏍᎦᎤᏨᎢ,
ᏱᏍᏗᎶᎻ, ᎠᎴ ᏗᏓᏍᏚᏗᏱ ᎦᎪᎩᏂᏴᏔᎤ, ᏦᎪᏃ ᎿᏉ ᎤᎦᎵᏛ ᎢᎪᎩᏂᏄᎪᏫᏍᎦ?
ᎤᏙᎯᏳᎯ ᎥᏝ, ᎤᎤᏒᏍᎩᏂ ᏣᏂᎷᎩ ᏫᎪᎩᏂᏄᎪᏣ.
38 ᏗᎾᏓᏂᏱᏍᎩᏃ ᎾᏍᎩ ᎯᎠ ᏄᏂᏪᏒ ᏚᏂᏃᏁᎴ ᏗᏄᎪᏗᏍᎩ. ᎤᏂᏍᎦᎴᏃ ᎤᎾᏛᎦᎤ
ᎠᏂᎶᎻ ᏥᏒᎢ.
39 ᎤᏂᎷᏤᏃ ᎠᎴ ᏚᏂᏍᏗᏰᏔᏁᎢ; ᏚᏄ-ᎪᏫᏒᏃ ᏚᏂᏔᏲᏎᎴ ᎾᎿ ᎦᏚᎲ ᎤᎾᏓᎤᏍᏗᏱ.
40 ᎤᏂᏄᎪᏨᏃ ᏗᏓᏍᏚᏗᏱ ᎵᏗ ᎦᏁᏄ ᏑᏂᏴᏄᎩ; ᏚᏂᎪᎲᏃ ᎠᎾᏓᎤᏟ, ᏚᏂᎦᎵᏍᏓᏛᎩ, ᎠᎴ
ᎤᎾᏂᎩᏒᎩ.

ᎠᏯᏙᎸᎢ 17

1 ᎥᏈᎪᎵᏱᏃ ᎠᎴ ᎠᏆᎶᏂᏯ ᎤᏁᏙᎤ, ᏕᏏᎶᏂᎦ ᏭᏂᎷᏨᎩ, ᎾᎿ ᎠᏂᏧᏏ ᏓᏂᎳᏫᎢᏍᏗᏱ
ᎠᏓᏁᎸᎩ.
2 ᏉᎳᏃ, ᎾᏍᎩ ᎢᏳᏛᏁᏗ ᎨᏒ ᏄᏛᏁᎸᎩ, ᏚᏴᏎᎸᎩ, ᎠᎴ ᏦᎢ ᏄᎾᏙᏓᏆᏍᎬ ᎪᏪᎵ ᎬᏗᏍᎬ
ᏕᏚᏬᏁᏗᏍᎬᎩ,
3 ᎦᎪᏏᏏᏍᎬᎩ ᎠᎴ ᎬᏂᎨᏒ ᏂᎬᏁᎲᎩ ᎦᎶᏁᏛ ᎠᏎ ᎤᎩᎵᏲᎢᏍᏗ ᎨᏒᎢ, ᎠᎴ ᎤᏲᎱᏒ
ᏧᎵᎯᏐᏗ ᎨᏒᎢ; ᎠᎴ ᎯᎠ ᎾᏍᎩ ᏥᏌ ᎠᏴ ᏥᏨᏯᎵᏥᏙᏁᎭ ᎾᏍᎩ ᎪᎶᏁᏛ, ᎠᏗᏍᎬᎩ.
4 ᎢᎦᏛᏃ ᎤᎾᏓᏑᏴ ᎤᏃᎯᏳᏅᎩ, ᎠᎴ ᏚᎾᎵᎪᏁᎸᎩ ᏉᎳ ᎠᎴ ᏌᏱᎳ, ᎠᎴ ᎤᏂᏣᏔᏅᎯ
ᎠᏂᎪᎢ ᎤᏁᎳᏅᎯ ᎠᎾᏓᏙᎵᏍᏓᏁᎯ, ᎠᎴ ᎠᏂᎦᏲᎵᏉ ᏂᎨᏒᎾ ᏄᏂᎬᏫᏳᏒ ᎠᏂᎨᏴ.
5 ᎠᏎᏃ ᎠᏂᏧᏏ ᏄᏃᎯᏳᏒᎾ, ᎠᏅᏳᎬ ᎤᏓᏳᎵᏍᏙᏔᏅᎩ, ᏫᏚᏂᏯᏅᎲᎩ ᎩᎶ ᎢᏳᎾᏍᏗ
ᎤᏂᏁᎫᏥᏛ ᎤᏁᏙᎯ, ᏚᏂᏟᏌᏅᏃ ᎤᏂᏖᎸᏅᎩ ᎦᏚᎲᎢ; ᏚᏂᎦᏘᎴᏅᏃ ᏤᏌᏂ ᎦᏁᎸᎢ, ᏴᏫ
ᏧᏂᎸᎪᏫᏎᏗᏱ ᎤᎾᏁᎶᏔᏅᎩ.
6 ᏫᏚᎾᏠᏨᏃ ᏫᏚᏂᎾᏌᏁᏒᎩ ᏤᏌᏂ ᎠᎴ ᎩᎶ ᎢᏳᎾᏍᏗ ᎠᎾᏓᏅᏟ, ᎦᏚᎲ ᎨᏥᎦᏘᏗᏍᏗ
ᏫᏚᎾᏘᏃᎮᎸᎩ, ᎤᏁᎷᎬᎩ ᎯᎠ ᎾᏂᏪᏍᎬᎩ; ᎯᎠ ᎡᎶᎯ ᏧᏂᎷᏆᏗᏅᏛ, ᎾᏍᎩᏉ ᎠᏂ
ᎢᎤᏂᎷᏨ;
7 ᎾᏍᎩ ᏤᏌᏂ ᏚᏓᏂᎸᏨ; ᎠᎴ ᎾᏍᎩ ᏂᎦᏛ ᏚᏂᎸᏫᏍᏓᏁᎲ ᎠᎾᏈᏗᎭ ᏏᏌ ᎤᏁᏨᎢ, ᎯᎠ
ᎾᏂᏪᎭ; ᎤᏩᏓᎴ ᎤᎬᏫᏳᎯ ᎡᎭ, ᎾᏍᎩ ᏥᏌ.
8 ᏚᎾᏕᏯᏙᏔᏅᎩᏃ ᏴᏫ ᎠᎴ ᎦᏚᎲ ᎨᏥᎦᏘᏗᏍᏗ, ᎾᏍᎩ ᎯᎠ ᎤᎾᏛᎦᏅ.
9 ᏤᏌᏂᏃ ᎠᎴ ᎠᏂᏐᎢ ᏔᎵ ᎬᏩᎾᏛᏓᏁᎯ ᏚᏂᏩᏛᎲ ᏙᎨᏥᎧᏅᎩ.
10 ᎠᎾᎵᏅᏟᏃ ᎩᎳᏉ ᎢᏴᏛ ᏚᎾᏘᎾᏫᏛᎲᎩ ᏉᎳ ᎠᎴ ᏌᏱᎳ, ᏈᎵᏯ ᎡᏃᏱ
ᏫᏚᎾᏘᏅᏍᏔᏅᎩ. ᎾᏍᎩᏃ ᎾᎿ ᏭᏂᎷᏨ, ᎠᏂᏧᏏ ᏧᏂᎳᏫᎢᏍᏗᏱ ᏭᏂᏴᎸᎩ.
11 ᎾᏍᎩ ᎯᎠ ᎤᏟ ᎠᏃᏏᏳ ᎨᏒᎩ ᎡᏍᎦᏉ ᏕᏏᎶᏂᎦ ᎠᏁᎯ, ᏚᎾᏓᏂᎸᏨᎩᏰᏃ ᎧᏃᎮᏛ ᎠᎴ
ᏂᏚᎩᏨᏂᏒ ᏓᏂᎪᎵᏰᏍᎬᎩ ᎪᏪᎵ, ᎾᏍᎩ ᏄᏍᏛ ᎠᎴ ᎾᏍᎩ ᏄᏍᏛᎾ ᎨᏒ
ᎤᎾᏙᎴᎰᎯᏍᏗᏱ.
12 ᎾᏍᎩ ᎢᏳᏍᏗ ᎤᏂᏣᏛᎩ ᎾᏍᎩ ᎤᏃᎯᏳᏅᎩ, ᎠᎴ ᎨᏥᎸᏉᏗ ᎠᏂᎪᎢ ᎠᏂᎨᏴ, ᎠᎴ
ᎠᏂᏍᎦᏯ ᎠᏂᎦᏲᎵᏉ ᏂᎨᏒᎾ.
13 ᎠᏎᏃ ᎠᏂᏧᏏ ᏕᏏᎶᏂᎦ ᎠᏁᎯ, ᎤᎾᏛᎦᏅ ᏉᎳ ᎾᏍᎩᏉ ᏈᎵᏯ ᎠᎵᏥᏙᎲᏍᎬ
ᎤᏁᎳᏅᎯ ᎤᏤᎵᎦ ᎧᏃᎮᏛ, ᎾᎿ ᎾᏍᎩᏉ ᏭᏂᎷᏨᎩ, ᏴᏫ ᏚᏂᏖᎸᏅᎩ.
14 ᎿᏉᏃ ᎩᎳᏉ ᎢᏴᏛ ᎠᎾᏓᏅᏟ ᎬᏩᏘᎿᏫᏛᎲᎩ ᏉᎳ, ᎠᎺᏉᎯ ᎢᏗᎵ
ᏫᎬᏩᏘᏅᏍᏔᏅᎩ. ᏌᏱᎳᏍᎩᏂ ᎠᎴ ᏗᎹᏗ ᎾᎿᏉ ᎤᎾᏗᎩᏴᎩ.
15 ᏉᎳᏃ ᎬᏩᏘᎿᏫᏛᏛ ᎡᏗᏂᏱ ᏫᎬᏩᏘᏃᎸᎩ; ᎠᎴ ᎾᏍᎩ ᎨᏥᏁᏤᎸ ᏌᏱᎳ ᏗᎹᏗᏃ
ᎤᎾᏛᎪᏗ, ᏄᎵᏍᏛᏉ ᎬᏩᎷᏤᏗᏱ, ᎤᎾᏂᎩᏒᎩ.

16 ᎠᏏᏉᏃ ᏉᎳ ᎾᏍᎩ ᏓᏕᏘᏴᎩ ᎡᏗᏂᏱ, ᏧᏓᏅᏛ ᎤᏣᏘ ᎤᎦᏯᎳᏁᎸᎩ, ᎤᏙᎴᎰᏒ ᎦᏚᎲ
ᎤᏁᎳᏅᎯ ᏗᏰᎸᎯ ᏗᏓᏙᎵᏍᏓᏁᎯ ᎨᏒᎢ.
17 ᎾᏍᎩᏃ ᎢᏳᏍᏗ ᏕᎦᏬᏁᏗᏍᎬᎩ ᏗᎦᎳᏫᎢᏍᏗᏱ ᎠᏂᏧᏏ ᎠᎴ ᎤᏁᎳᏅᎯ
ᎠᎾᏓᏙᎵᏍᏓᏁᎯ, ᎠᎴ ᏂᏚᎩᏨᏂᏒ ᎦᏃᏗᏗᏱ ᏕᎦᏬᏁᏗᏍᎬᎩ ᎾᎿ ᏧᏩᏛᎳᏅᎯ.
18 ᎩᎶᏃ ᎢᏳᎾᏍᏗ ᎠᏂᎦᏔᎿᎢ ᎠᏂᏈᎫᎳ ᎠᎴ ᎠᏂᏍᏙᎢᎦ ᎬᏩᎵᏃᎮᎳᏅᎩ; ᎢᎦᏛᏃ ᎯᎠ
ᏄᏂᏪᏒᎩ; ᎦᏙ ᎤᏚᎵ ᎤᏛᏗᏱ ᎯᎠ ᏄᏪᏄᏛᎾ ᎦᏬᏂᏍᎩ; ᎠᏂᏐᎢᏃ ᎯᎠ; ᎤᏩᎾᏓᎴ ᏴᏫ
ᏧᎾᏤᎵ ᎦᎸᎳᏗ ᎠᏁᎯ ᏗᎦᎾᏄᎪᏫᏍᎩ ᎤᏩᏍᏗ; ᎤᏓᎦᎵᏍᏙᏗᏍᎬᎩ ᏓᎵᏥᏙᏁᎲᎢ ᏥᏌ
ᎠᎴ ᏗᎴᎯᏐᏗ ᎨᏒ ᎤᎬᏩᎵ.
19 ᏫᎬᏩᏯᏅᎲᏃ ᎡᎵᎣᏈᎦ ᎬᏩᏘᏃᎸᎩ, ᎯᎠ ᏄᏂᏪᏒᎩ; ᏥᎪ ᎦᏲᎦᏛᎪᏗᏉ ᏄᏍᏛ ᎾᏍᎩ
ᎯᎠ ᎢᏤ ᏗᏕᏲᏗ ᎨᏒ ᎾᏍᎩ ᏥᏃᎮᎭ?
20 ᎪᎱᏍᏗᏰᏃ ᎤᏍᏆᏂᎪᏗ ᏕᎯᎾᏄᎪᏫᏎᎭ ᏦᏥᎴᏂ; ᎾᏍᎩ ᎢᏳᏍᏗ ᎣᎦᏚᎵᎭ
ᎣᎦᏙᎴᎰᎯᏍᏗᏱ ᎾᏍᎩ ᏄᏍᏛ ᎦᏛᎬᎢ.
21 ᏂᎦᏛᏰᏃ ᎡᏗᏂᏱ ᎠᏁᎯ ᎠᎴ ᎢᏄᎯᏢ ᏗᏁᎯ ᎾᎿ ᎠᏁᏙᎯ ᎥᏝ ᎪᎱᏍᏗ
ᏱᏚᏂᏄᏫᏍᏓᏁᎮᎢ, ᎠᏂᏃᎮᏍᎬ ᎤᏩᏒ ᎠᎴ ᎠᎾᏛᎩᏍᎬ ᎪᎱᏍᏗ ᎢᏤᎢ.
22 ᎿᏉᏃ ᏉᎳ ᎦᏅᎴᏅ ᎠᏰᎵ ᎡᎵᎣᏈᎦ, ᎯᎠ ᏄᏪᏒᎩ; ᎢᏥᏍᎦᏯ ᎡᏗᏂᏱ ᎢᏤᎯ,
ᎦᏙᎴᎣᏍᎦ ᎢᏥᏍᎵᏨᎯ ᎨᏒ ᏕᏥᎾᏰᏍᎬ ᎦᎸᎳᏗ ᎠᏁᎯ.
23 ᎦᎢᏒᏰᏃ ᎠᎴ ᏓᎩᎪᎲ ᏓᎩᎪᎲ ᎦᎸᏉᏗᏳ ᏗᏥᏰᎸᎯ, ᎠᎩᏩᏛᎲᎩ ᎾᏍᏉ ᎠᏥᎸ-
ᎨᎳᏍᏗᏱ ᎯᎠ ᎤᎬᏅ ᎥᎪᏪᎸᎩ; "ᎾᏥᎦᏔᎲᎾ ᎦᎸᎳᏗ ᎡᎯ ᎤᏤᎵᎦ." ᎾᏍᎩᏃ ᎰᏩ
ᏁᏥᎦᏔᎲᎾ ᏤᏣᏓᏙᎵᏍᏓᏁᎭ ᎾᏍᎩ ᎬᏂᎨᏒ ᏂᏨᏴᏁᎭ.
24 ᎤᏁᎳᏅᎯ ᎤᏬᏢᏅᎯ ᏥᎩ ᎡᎳᏂᎬᎢ ᎠᎴ ᏂᎦᏛ ᎾᎿ ᎠᏁᎯ, ᎾᏍᎩ ᎤᎬᏫᏳᎯ ᎦᎸᎳᏗ
ᎠᎴ ᎡᎶᎯ ᎤᎾᏤᎵᎦ, ᎥᏝ ᏱᎦᏁᎸ ᏗᎦᎳᏫᎢᏍᏗᏱ ᎩᎶ ᏧᏬᏱ ᏧᏮᎳᏅᎯ ᏧᏁᏍᎨᎲᎯ.
25 ᎥᏝ ᎠᎴ ᎾᏍᎩ ᎠᏴ ᏧᏃᏰᏂ ᏱᏚᎵᏍᏕᎸᏗ, ᏧᏂᎬᎪ ᎪᎱᏍᏗ ᎾᏍᎩᏯᎢ, ᏕᎠᏁᎮᏰᏃ ᏂᎦᏛ
ᏓᏅᏅᎢ ᎠᎴ ᏓᏅᏬᎳᎦᏍᎬ ᎠᎴ ᏂᎦᎥ ᎪᎱᏍᏗ.
26 ᎠᎴ ᏌᏉ ᎩᎬ ᏚᏬᏢᎳᏅ ᎾᏂᎥ ᏄᎾᏓᎴᏒ ᏴᏫ ᎾᏍᎩ ᏧᎾᏁᎳᏗᏍᏗᏱ ᏂᎬᎾᏛ ᎦᏚᎢᏘᏢ
ᎡᎶᎯ, ᎠᎴ ᎦᏅᏚᎪᎳᏅ ᎢᏳᎵᏍᏔᏂᏓᏍᏗᏱ, ᎠᎴ ᏫᏚᏍᏖᏅ ᎾᎿ ᎦᎨᏌᏗᏒ
ᏧᎾᏁᎳᏗᏍᏗᏱ.
27 ᎾᏍᎩ ᎤᏂᏯᏍᏗᏱ ᎤᎬᏫᏳᎯ, ᎾᏍᎩ ᎬᏩᎾᏒᏂᏍᏗ ᎠᎴ ᎬᏩᏂᏩᏛᏗ ᎢᏳᎵᏍᏙᏗᏱ,
ᎥᏝᏍᎩᏂᏃᏅ ᎢᏗᏏᏴᏫᎭ ᏂᎦᏛᎿᏕᎬᎢ ᎢᏅᎯᏳ ᏱᏄᏛᎿᏚᎦ.
28 ᎾᏍᎩᏰᏃ ᏄᏩᏅ ᏥᎦᏛᏅ, ᎠᎴ ᏥᏓᎵᏖᎸᎲᏍᎦ, ᎠᎴ ᏥᎦᎭ; ᎾᏍᎩ ᎾᏍᏉ ᎩᎶ
ᎢᏳᎾᏍᏗ ᏗᏍᏃᎩᏍᏗ ᏗᏃᏪᎵᏍᎩ ᏗᏣᏤᎵᎦ ᎯᎠ ᏄᏂᏪᏒ; "ᎠᏴᏰᏃ ᎾᏍᏉ ᎾᏍᎩ ᏧᏪᏥ."
29 ᎾᏍᎩᏃ ᎢᏳᏍᏗ, ᎠᏴ ᎤᏁᎳᏅᎯ ᏧᏪᏥ ᏥᎩ, ᎥᏝ ᎯᎠᏉ ᏱᏂᎨᏚᎵᎭ; ᎤᏁᎳᏅᎯ
ᎾᏍᎩᏯᏉ ᎠᏕᎸ ᏓᎶᏂᎨ ᎠᎴ ᎠᏕᎸ ᎤᏁᎬ ᎠᎴ ᏅᏯ, ᏴᏫ ᎠᏂᏏᎾᏌᏅ ᎠᎴ ᎤᎾᏓᏅᏖᎸᎯ
ᎬᏔᏅᎯ ᎪᏢᏅᎯ.

30 ᎾᎯᏳᏃ ᎾᏍᎩ ᎯᎠ ᎾᏂᎦᏔᎲᎾ ᏥᎨᏎᎢ ᎤᏁᎳᏅᎯ ᎤᏁᎳᎩ ᎤᏪᎵᏎᎢ; ᎠᏎᏃ ᎿᏉ
ᎦᏬᏁᏤᎭ ᎾᏂᎥ ᏴᏫ ᏂᎬᎾᏛᎢ ᏧᏂᏁᏟᏴᏍᏗᏱ ᏕᎾ ᏓᏅᏛᎢ;
31 ᎦᏅᎡᏍᏔᏅᏰᏃ ᎢᎦ ᎾᎯᏳ ᎡᎶᎯ ᏚᏳᎪᏛ ᏧᏭᏙᏓᏁᏗᏱ, ᎬᏗᏍᎬ ᎠᏍᎦᏯ ᎾᏍᎩ
ᎤᏪᏬᏅᎯ, ᏄᏜᏏᏛᏒᎾ ᏂᏚᏩᏁᎸ ᎾᏂᎥ ᏴᏫ ᎾᏍᎩ ᎦᏅᎴᏔᏅᎢ ᎤᏲᎱᏒᎢ.
32 ᎤᎾᏛᎦᏅᏃ ᎠᏲᎱᏒ ᏗᎴᎯᏐᏗ ᎨᏒᎢ, ᎢᎦᏛ ᎤᏂᏰᎵᎥᎩ, ᎢᎦᏛᏃ ᎯᎠ ᏄᏂᏪᏒᎩ; ᏔᎵᏁ
ᎯᎠ ᏛᏨᏯᏛᎦᏁᎵ.
33 ᎿᏉᏃ ᏉᎳ ᎤᏓᏅᏒᎩ ᎠᏂᏅᎢ.
34 ᎩᎶᏍᎩᏂᏃᏅ ᎢᏳᎾᏍᏗ ᎬᏩᎵᎪᏁᎸᎩ ᎠᎴ ᎤᏃᎯᏳᏅᎩ; ᎾᎿ ᎨᎸᎩ ᏓᏲᏂᏏᏯ ᎡᎵᎣᏇᎦ
ᎦᎲᏍᎩ ᏗᎫᎪᏗᏍᎩ ᎠᎴ ᎠᎨᏴ ᏕᎹᎵ ᏧᏙᎢᏛ, ᎠᎴ ᎤᏩᎾᏓᎴ ᎾᏍᏉ.

ᎠᏯᏙᎸᎢ 18

1 ᎾᏍᎩᏃ ᏄᎵᏍᏔᏂᏙᎸ ᏉᎳ ᎡᏗᏂᏱ ᎤᏓᏅᏒᎩ ᎪᎵᏂᏗᏱ ᏭᎷᏨᎩ.

2 ᎤᏩᏛᎲᏃ ᎩᎶ ᎢᏳᏍᏗ ᎠᏧᏏ ᎡᏈᎳ ᏧᏙᎢᏛ, ᏋᏗᏱ ᎤᏕᏅᎯ, ᎩᎳᎢ ᎤᎷᏦᏅᎯ ᎢᏓᎵ
ᎤᏓᏳᎶᏒᎯ, ᎠᎴ ᎾᏍᏉ ᎤᏓᎵᎢ ᏈᏏᎳ ᏧᏙᎢᏛ, ᎤᏓᏕᎵᏍᏙᏗᏍᎬ ᏠᏗᏯ ᎤᏁᏨ ᏂᎦᏛ
ᎠᏂᏧᏏ ᎶᎻ ᎤᎾᏓᏅᏍᏗᏱ, ᎾᏍᎩ ᏚᏩᏛᎯᎸᎩ.

3 ᎤᏠᏱᏃ ᏧᎸᏫᏍᏓᏁᎯ ᎨᏒᎢ, ᎾᏍᎩ ᎢᏳᏍᏗ ᎠᏂᏁᎸ ᎤᏪᏅᎩ, ᎠᎴ ᏚᎸᏫᏍᏓᏁᎸᎩ;
ᏚᏂᎸᏫᏍᏓᏁᎲᏰᏃ ᏗᎦᎵᏦᏙᏗ ᏗᏃᏢᏍᎩ ᎨᏒᎢ.

4 ᏄᎾᏙᏓᏈᏒᏃ ᎠᏂᏧᏏ ᏧᏂᎳᏫᎢᏍᏗᏱ ᎦᏬᏂᏍᎬᎩ, ᎠᎴ ᏓᏍᏗᏰᏗᏍᎬᎩ ᎠᏂᏧᏏ ᎠᎴ
ᎠᏂᎪᎢ.

5 ᎿᏉᏃ ᏌᏱᎳ ᎠᎴ ᏗᎹᏗ ᎤᏂᎷᏨ, ᎹᏏᏙᏂ ᏧᏂᎶᏒ,. ᏉᎳ ᎤᏓᏅᏛ ᎤᏱᎸᏒᎩ, ᎠᎴ
ᎾᏍᎩ ᎬᏂᎨᏒ ᏂᏚᏩᏁᎸᎩ ᎠᏂᏧᏏ ᏥᏌ ᎾᏍᎩ ᎦᎶᏁᏛ ᎨᏒᎢ.

6 ᎾᏍᎩᏃ ᎤᏂᏲᏍᏙᏔᏅ ᎠᎴ ᎤᏂᏐᏢᎢᏍᏔᏅ, ᎤᏄᏬ ᎤᏩᏟᎬᏅᎩ ᎯᎠ ᏂᏚᏪᏎᎸᎩ;
ᎢᏥᎩᎬ ᏗᏥᏍᎪᎵ ᎢᏨᏒ ᏕᏣᏓᏅᏢᏰᏒᏍᏗ, ᎠᏴ ᎥᏝ ᏯᏆᏓᏅᏢᏰᎥ; ᎿᏉ ᎪᎯ ᎢᏳᏓᎴᏅᏛ
ᏧᎾᏓᎴᏅᏛ ᏴᏫ ᏗᏁᎲ ᏮᏓᏥᎶᏏ.

7 ᎾᎿᏃ ᎤᏂᎩᏒ, ᏭᏴᎸᎩ ᎩᎶ ᎢᏳᏍᏗ ᎦᏁᎸ ᏣᏍᏓ ᏧᏙᎢᏛ, ᎤᏁᎳᏅᎯ ᎠᏓᏙᎵᏍᏓᏁᎯ,
ᎾᏍᎩ ᎦᏁᎸ ᏚᏓᏯᎸᎩ ᏗᎦᎳᏫᎢᏍᏗᏱ.

8 ᏣᏍᏆᏃ ᏗᎦᎳᏫᎢᏍᏗᏱ ᏄᎬᏫᏳᏒ ᎠᏥᎦᏘᏗᏍᏗ ᎤᏬᎯᏳᏅᎩ ᎤᎬᏫᏳᎯ, ᎠᎴ ᏂᎦᏛ
ᏚᏓᏘᎾᎥᎢ, ᎤᏂᏣᏘᏃ ᎪᎵᏂᏗᏱ ᎠᏁᎯ ᎤᎾᏛᎦᏅ ᎤᏃᎯᏳᏅᎩ; ᎠᎴ ᏕᎨᎦᏬᎥᎩ.

9 ᎤᎬᏫᏳᎯᏃ ᎯᎠ ᏄᏪᏎᎴ ᏉᎳ ᎡᏃᏱ ᎤᏁᎳᏫᏎᎲᎢ; ᏞᏍᏗ ᏱᏍᎦᎢᎮᏍᏗ,
ᎯᏂᎨᏍᏗᏉᏍᎩᏂ ᎠᎴ ᏞᏍᏗ ᎡᎳᏪ ᏨᏅᎩ,

10 ᎠᏴᏰᏃ ᏕᎬᏕᎿᏩᏗᏙᎭ, ᎠᎴ ᎥᏝ ᎩᎶ ᏱᏙᎨᏣᏘᎷᏕ ᎤᏐᏅ ᎪᎱᏍᏗ ᏨᏁᏗᏱ,
ᎤᏂᏣᏔᏰᏃ ᏴᏫ ᎠᏂ ᎦᏚᎲ ᏓᎩᎧᎭ.

11 ᎾᎿᏃ ᏑᏕᏘᏴᏛ ᏑᏓᎵᏃ ᎢᏯᏅᏙ ᎤᏪᏙᎸᎩ, ᏓᏕᏲᎲᏍᎬᎩ ᎧᏃᎮᏛ ᎤᏁᎳᏅᎯ ᎤᏤᎵᎦ
ᎾᎿ ᎠᏁᎲᎢ.

12 ᎨᎵᏲᏃ ᏂᎯᏳ ᎠᎧᏯ ᎠᏥᎦᏘᏗᏍᏛᎢ, ᎠᏂᏧᏏ ᏌᏉ ᎢᎦᎦᏛ ᎬᏩᏁᎷᎩᏒᎸᎩ ᏉᎳ, ᎠᎴ
ᎬᏩᏘᏃᎸ ᏗᎫᎪᏗᏱ ᎦᏍᎩᎸᎢ,

13 ᎯᎠ ᏄᏂᏪᏒᎩ; ᎯᎠ ᎾᏍᎩ ᏓᏍᏗᏰᏗᎭ ᏴᏫ ᎤᏁᎳᏅᎯ ᎠᎾᏓᏙᎵᏍᏓᏁᎲ
ᏗᎧᎿᏩᏛᏍᏗ ᎤᏂᏲᏍᏙᏗᏱ.

14 ᎿᏉᏃ ᏉᎳ ᏛᏍᏚᎢᏏᏒᎩ ᎠᎰᎵ, ᎨᎵᏲ ᎯᎠ ᏂᏚᏪᏎᎸᎩ ᎠᏂᏧᏏ; ᎢᏳᏃ ᎤᏲ ᎢᏳᏛᏁᎸᎯ
ᏱᎩ, ᎠᎴ ᎤᏍᎦᏅᏨᎯ ᏱᎩ, ᎢᏥᏧᏏ, ᏚᏳᎪᏛ ᏱᎩ ᎢᏨᏯᏛᏓᏍᏓᏁᏗᏱ.

15 ᎢᏳᏍᎩᏂ ᎧᏁᏨᎯ ᎠᎴ ᎪᎱᏍᏗ ᏚᏙᎥ ᎠᎴ ᏗᎧᎿᏩᏛᏍᏗ ᎢᏣᏤᎵᎦ ᎧᏃᎮᏗ ᏱᎩ, ᎢᏨᏒ
ᏗᏥᎸᏫᏍᏓᏏ, ᎥᏝᏰᏃ ᎾᏍᎩ ᎢᏳᏍᏗ ᎠᏴ ᏱᏙᎦᎫᎪᏓ.

16 ᏚᎨᎯᏙᎸᎩᏃ ᏗᎫᎪᏗᏱ ᎦᏍᎩᎸᎢ.

17 ᎿᏉᏃ ᏂᎦᏛ ᎠᏂᎪᎢ ᎤᏂᏂᏴᎲ ᎭᏍᏗᏂ ᎠᏂᏧᏏ ᏧᏂᎳᏫᎢᏍᏗᏱ ᏄᎬᏫᏳᏒ ᎠᏥᎦᏘᏗᏍᏗ,
ᎤᏂᎵᎥᏂᎸᎩ ᎢᎬᏱᏢ ᏗᎫᎪᏙᏗᏱ ᎦᏍᎩᎸᎢ. ᎨᎵᎰᏃ ᎥᏝ ᏳᎦᏌᏇᏍᎳᏁ ᎾᏍᎩ ᏄᏍᏗᎦᎬᎢ.
18 ᏉᎳᏃ ᎠᏏ ᎤᏬᎯᏨᎩ ᎤᏪᏙᎸᎩ; ᎿᏉᏃ ᏚᎰᎵᎸ ᎠᎾᏓᏅᏟ, ᏥᏳᎯ ᏭᏟᏅᎩ ᏏᎵᏱ
ᏭᎶᏒᎩ; ᎠᎴ ᎾᏍᏉ ᏊᏏᎳ ᎠᎴ ᎡᏊᎳ ᎨᏩᏍᏓᏩᏛᏒᎩ, ᎤᎵᏍᏙᏰᎲᎯ ᎨᏒᎩ ᎡᏟᏇ
ᎢᏴᏛ, ᎤᏁᎳᏅᎯᏰᏃ ᎤᏚᎢᏍᏓᏁᎸᎯ ᎨᏒᎩ.
19 ᎡᏊᏌᏃ ᏭᎷᏨᎩ ᎠᎴ ᎾᎿ ᏚᏩᎦᎲᎩ, ᎤᏩᏒᏍᎩᏂ ᏗᎦᎳᏫᎢᏍᏗᏱ ᏭᏴᎸᎩ ᎠᎴ
ᏚᏭᏁᎳᏅᎩ ᎠᏂᏧᏏ.
20 ᎨᏩᏔᎰᏎᎸᏃ ᎤᏬᎯᎢᏍᏗᏱ ᏧᏪᎳᏗᏓᏍᏗᏱ ᎥᏝ ᏳᏬᎯᏳᏁᎢ;
21 ᏚᎰᎵᎸᏉᏍᎩᏂ ᎯᎠ ᏄᏪᏒᎩ; ᎠᏎ ᎠᎩᏍᏆᏂᎪᏙᏗ ᏥᎷᏏᎵᎻ ᎯᎠ ᏗᎵᏍᏓᏴᏗᏱ
ᏨᏛᏍᏆᎸᎯ. ᎠᏎᏃ ᏔᎵᏁ ᏛᏨᏩᏛᎯᎵ, ᎢᏳᏃ ᎤᏁᎳᏅᎯ ᎤᏏᏳ ᏳᏰᎸᏅ. ᎡᏊᏌᏃ
ᏥᏳᎯ ᏭᏟᏅᎩ.
22 ᏏᏌᎵᏱᏃ ᎤᏚᎩᏒ, ᎠᎴ ᏧᎾᏁᎶᏗ ᎤᎾᏓᏊᎬ ᏫᏚᎰᎵᎸ, ᎥᏘᎣᎩ ᏭᎶᏒᎩ.
23 ᏰᎵᏃ ᎤᏬᎯᏨ ᎤᏪᏙᎸ, ᎤᏂᎩᏒᎩ, ᎠᎴ ᎨᎴᏏᏱ ᎠᎴ ᏊᏥᏱ ᎣᏍᏛ ᎤᏱᎸᏒᎩ
ᎤᏪᎭᎸᎩ, ᏓᎵᏂᎪᎯᏍᏗᏍᎬᎩ ᏂᎦᏛ ᎠᏃᎯᏳᎲᏍᎩ
24 ᎩᎶᏃ ᎢᏳᏍᏗ ᎠᏧᏏ ᎠᏉᎳ ᏧᏙᎢᏛ, ᎡᎵᎩᏱ ᎤᏛᏒᎯ, ᎠᏏᎾᏍᏛ ᎤᏬᏂᎯᏍᏗᏱ, ᎠᎴ
ᏗᎦᎸᏉᏗ ᎪᏪᎵ ᏗᏏᎾᏍᏛ, ᎡᏊᏌ ᎤᎷᏨᎩ.
25 ᎾᏍᎩ ᎯᎠ ᎠᏥᎰᏅᎯ ᎨᏒᎩ ᎤᎬᏫᏳᎯ ᎤᏅᏅᎢ, ᎠᎴ ᎤᎵᏂᎩᏛ ᎨᏒ ᎤᏓᏅᏛᎢ,
ᏛᏃᏘᏍᎬᎩ ᎠᎴ ᏓᎦᎰᎲᏍᎬᎩ ᎾᏮᎵᎪᎬᎾ ᎤᎬᏫᏳᎯ ᎤᏤᎵ ᎤᎬᏩᎵ ᎨᏒᎢ, ᏣᏂ ᎤᏤᎵ
ᏗᏓᏬᏍᏗ ᎤᏩᏒ ᎠᎦᏔᎲᎩ.
26 ᎾᏍᎩ ᎤᎴᏅᎲᎩ ᎾᏍᎦᎢᎲᎾ ᎤᏬᏂᏒᎩ ᏗᎦᎳᏫᎢᏍᏗᏱ. ᎾᏍᎩᏃ ᎡᏊᎳ ᎠᎴ ᏊᏏᎳ
ᎤᎾᏛᎦᏁᎸ ᎤᏂᏇᏅᎲᎩ, ᎠᎴ ᎤᏟ ᎢᎰᏍᏛ ᏚᏃᏏᏌᏁᎸᎩ ᎤᏁᎳᏅᎯ ᎤᏤᎵ ᎦᏅᏅᎢ.
27 ᎤᏚᎸᎲᏃ ᎡᏛᏇ ᎤᏪᏅᏍᏗᏱ, ᎠᎾᏓᏅᏟ ᎤᏃᏪᎳᏅᎩ ᏗᏂᏔᎰᏎᎸᎩ ᎠᏃᎯᏳᎲᏍᎩ
ᏗᎬᏩᏓᏂᎸᎢᏍᏗᏱ; ᎾᏍᎩᏃ ᏭᎷᏨ, ᎤᏟᏘ ᏚᏍᎦᎸᎲᎩ ᎤᏁᎳᏅᎯ ᎤᏓᏙᎵᏣᏛ ᎢᏳᏩᏂᏌᏛ
ᎤᏃᎯᏳᏅᎯ.
28 ᎤᎵᏂᎩᏛᏇᏰᏃ ᎦᏬᏂᏍᎬ ᎬᏗᏍᎬ ᎤᏃᎯᏳᏗᏱ ᏄᏩᏁᎸᎩ ᎠᏂᏧᏏ ᎦᎦᎳᏫᎥᎢ, ᏗᎦᎸᏉᏗ
ᎪᏪᎵ ᎦᎬᏗᏍᎬᎢ ᎬᏂᎨᏒ ᏂᎬᏁᎲ ᏥᏌ ᎾᏍᎩ ᎦᎶᏁᏛ ᎨᏒᎢ.

ᎠᏯᏙᎸᎢ 19

1 ᎯᎠᏃ ᏄᎵᏍᏔᏅᎩ, ᎾᎯᏳ ᎠᏉᎳ ᎪᎵᏂᏗᏱ ᎡᏙᎲᎩ, ᏉᎳ ᎠᏰᎵ ᎨᏒ ᎤᎶᏒ, ᎡᏈᏌ
ᏭᎷᏨᎩ. ᏚᏩᏛᎲᏃ ᎩᎶᎢᏳᎾᏍᏗ ᎠᏃᎯᏳᎲᏍᎩ,
2 ᎯᎠ ᏂᏚᏪᏎᎸᎩ; ᎡᏥᏁᎸᏍᎪ ᎦᎸᏉᏗᏳ ᎠᏓᏅᏙ ᎨᏦᎯᏳᏅᎯ? ᎯᎠᏃ ᎤᎬᏩᏪᏎᎸᎩ;
ᎥᏝ ᎣᎦᏛᎦᏅᎯᎤᏅ ᏱᎩ ᎦᎸᏉᏗᏳ ᎠᏓᏅᏙ ᎡᎲᎢ.
3 ᎯᎠᏃ ᏂᏚᏪᏎᎸᎩ; ᎦᏙ ᎤᏍᏗ ᏗᏓᏬᏍᏙᏗ ᎨᏒ ᎦᏣᏬᏍᏔᏁᎢ? ᏣᏂ ᏧᏓᏬᏍᏙᏗ ᎨᏒ,
ᎤᎾᏛᏅᎩ.
4 ᏉᎳᏃ ᎯᎠ ᏄᏪᏒᎩ; ᏣᏂ ᎤᏙᎯᏳᎯ ᏓᏓᏬᏍᏗᏍᎬᎩ ᏗᏓᏬᏍᏙᏗ ᎦᏁᏟᏴᏍᏗ ᎨᏒ
ᎣᏓᏅᏛ ᎤᎬᏩᎵ, ᏕᎧᏁᏤᎲ ᏴᏫ, ᎤᏃᎯᏳᏗᏱ ᎣᏂ ᎤᏓᏰᎩ, ᎾᏍᎩ ᎦᎶᏁᏛ ᏥᏌ
ᏕᎪᏎᎲᎩ.
5 ᎾᏍᎩᏃ ᎤᎾᏛᎦᏅ ᎤᎬᏫᏳᎯ ᏥᏌ ᏚᏙᎥ ᏕᎨᎦᏬᏍᏔᏅᎩ.
6 ᎿᏉᏃ ᏉᎳ ᏚᏏᏔᏛ, ᎦᎸᏉᏗᏳ ᎠᏓᏅᏙ ᎤᏂᎷᏤᎸᎩ, ᏚᏂᏬᏂᏒᎩᏃ ᏧᏓᎴᏅᏛ
ᏗᎦᏬᏂᎯᏍᏗ ᎨᏒᎢ, ᎠᎴ ᎤᎾᏙᎴᎰᏒᎩ.
7 ᎾᏍᎩᏃ ᎠᏂᏍᎦᏯ ᏂᎦᏛ ᏔᎳᏚ ᎢᏴᏛ ᎾᏂᎥᎩ.
8 ᏗᎦᎳᏫᎢᏍᏗᏱᏃ ᏭᏴᎸ ᎾᏍᎦᎢᎲᎾ ᎦᏬᏂᏍᎬᎩ, ᏦᎢ ᎢᏯᏅᏙ ᎢᎦᎯᏛ ᏕᎦᏬᏁᏗᏍᎬᎩ
ᎠᎴ ᏓᏍᏗᏰᏗᏍᎬᎩ ᎤᏃᎯᏳᏗᏱ ᎤᏁᎳᏅᎯ ᎤᏤᎵᎪᎯ ᎤᎬᏩᎵ.
9 ᎩᎶᏃ ᎢᏳᎾᏍᏗ ᎤᏂᏍᏓᏲᏒ ᎠᎴ ᏄᏃᎯᏳᏅᎾ ᏄᎵᏍᏔᏅ, ᎠᎴ ᎣᎭᏅᏉ ᎤᏂᏃᎮᎸ
ᎾᏍᎩ ᎦᏅᏅ ᎤᎬᏩᎵ ᎤᏂᏣᏘ ᎠᏂᎦᏔᎲᎢ, ᏚᏓᏅᎡᎸᎩ, ᎠᎴ ᏚᏓᏓᎴᏔᏅᎩ ᎠᏃᎯᏳᎲᏍᎩ
ᏕᎦᏬᏁᏗᏍᎬᎩ ᏂᏚᎩᏨᏂᏒ ᎩᎶ ᎢᏳᏍᏗ ᏓᎳᎾ ᏧᏙᎢᏛ ᏧᏕᏲᏗᏱ.
10 ᎾᏍᎩᏃ ᎯᎠ ᏄᏛᏁᎸᎩ ᏔᎵ ᏧᏕᏘᏴᏛ ᎢᎪᎯᏛ, ᎾᏍᎩ ᎤᏓᎶᎵᏍᏙᏔᏅᎩ ᏂᎦᏛ ᎡᏏᎣ
ᎠᏁᎯ ᎠᏂᏧᏏ ᎠᎴ ᎠᏂᎪᎢ ᎤᎾᏛᎦᏅᎩ ᎧᏃᎮᏛ ᎤᎬᏫᏳᎯ ᏥᏌ ᎤᏤᎵᎦ.
11 ᎠᎴ ᎤᏁᎳᏅᎯ ᏯᏃ ᎢᏳᎵᏍᏙᏗ ᏂᎨᏒᎾ ᎤᏍᏆᏂᎪᏗ ᏚᎸᏫᏍᏓᏁᎲᎩ ᏉᎳ ᎠᎬᏗᏍᎬᎩ;
12 ᎠᏰᎸᏰᏃ ᏧᏓᎴᏅᎯ ᏗᏯᏖ ᎠᎴ ᏗᏓᏖᏙ ᏓᏂᏃᎮᎲᎩ ᏧᏂᎵᎩ, ᎥᏳᎩᏃ ᎠᎵᏛᏗᏍᎬᎩ, ᎤᏂᏲᏃ
ᏗᏓᏅᏙ ᎬᏩᏂᏄᎪᎬᎩ.
13 ᎩᎶᏃ ᎢᏳᎾᏍᏗ ᎠᏂᏧᏏ ᎤᏁᏙᎯ, ᎠᏂᏍᎩᎾ ᏗᏂᏄᎪᏫᏍᎩ, ᎤᎾᏓᏅᏖᎴ ᎤᎬᏫᏳᎯ ᏥᏌ
ᏕᎤᏙᎥ ᏧᏂᏁᎢᏍᏓᏁᏗᏱ ᎤᏂᏲ ᏗᏓᏅᏙ ᏧᏂᏯᎢ, ᎯᎠ ᏄᏂᏪᏎᎢ; ᎢᏨᏁᎢᏍᏓᏏ ᏥᏌ, ᎾᏍᎩ
ᏉᎳ ᎠᎵᏥᏙᎲᏍᎬ ᏥᎦᏃᎮᎭ.
14 ᎠᏁᎮᏃ ᎦᎵᏉᎩ ᎢᏯᏂᏛ ᏏᏫ ᏧᏙᎢᏛ ᏧᏪᏥ ᎠᏧᏏ ᏄᎬᏫᏳᏒ ᎠᏥᎸᎨᎶᎯ ᎾᏍᎩ
ᎾᎾᏛᏁᎮᎢ.
15 ᎤᏲᏃ ᎠᏓᏅᏙ ᎤᏁᏨ ᎯᎠ ᏄᏪᏎᎢ; ᏥᏌ ᏥᎦᏔᎭ, ᎠᎴ ᏉᎳ ᏥᎦᏔᎭ, ᏂᎯᏍᎩᏂ ᎦᎪ
ᎢᏣᏍᏗ?
16 ᎠᏍᎦᏯᏃ ᎤᏲ ᎠᏓᏅᏙ ᎤᏯᎢ ᏚᏁᎷᎩᏒᎴᎢ, ᎠᎴ ᎡᏍᎦ ᏂᏚᏩᏁᎴᎢ, ᎠᎴ ᏚᏎᎪᎩᏎᎢ,
ᎾᏍᎩ ᎢᏳᏍᏗ ᎤᎾᎵᏎ ᎾᎿ ᎠᏓᏁᎸ ᎤᏂᏄᎪᏤ ᏧᏂᏰᎸᎢᎭ ᎠᎴ ᏗᎨᏥᎭᏅᏅᎯ.

17 ᎠᎴ ᎾᏍᎩ ᎯᎠ ᎤᎾᏛᎦᏅᎩ ᏂᎦᏛ ᎠᏂᏧᏏ ᎠᎴ ᎠᏂᎪᎢ ᎡᏈᏌ ᎠᏁᎯ; ᏂᎦᏛᏃ
ᎤᏂᎾᏰᏒᎩ, ᎠᎴ ᎤᎬᏫᏳᎯ ᏥᏌ ᏚᏙᎥ ᎦᎸᏉᏗᏳ ᏄᎵᏍᏔᏅᎩ.
18 ᎤᏂᏣᏛᎩᏃ ᎤᏃᎯᏳᏅᎯ ᎤᏂᎷᏨᎩ, ᎠᏂᏃᎲᏍᎬ ᎠᎴ ᎬᏂᎨᏒ ᎾᏅᏁᎲᏚᏂᏄᏫᏍᏓᏁᎸᎢ.
19 ᎾᏍᏉ ᎤᏂᏣᏛᎩ ᎤᏍᏆᏂᎪᏗ ᎠᎾᏛᏁᎵᏍᎩ ᏚᏂᏟᏌᏅᎩ ᎪᏪᎵ, ᎠᎴ ᎦᎾᎪᎲᏍᏔᏅᎩ
ᏂᎦᏛ ᎠᏂᎦᏔᎲᎢ. ᎤᎾᏎᎸᏃ ᏧᎬᏩᎶᏗᎯ ᎤᎾᏙᎴᎰᏒᎩ ᎯᏍᎦᏍᎪᎯ ᎢᏯᎦᏴᎵ ᎨᏒ ᎤᏂᏁᎬ
ᎠᏕᎸ.
20 ᎾᏍᎩ ᏧᎵᏁᎬᎬᎩ ᎤᏛᏃᏒᎩ ᎠᎴ ᎤᏰᎵᏒᎩ ᎧᏃᎮᏛ ᎤᏁᎳᏅᎯ ᎤᏤᎵᎦ.
21 ᎾᏍᎩᏃ ᎯᎠ ᏄᎵᏍᏔᏂᏙᎸ, ᏉᎳ ᎤᏓᏅᏖᎸᎩ ᎤᏓᏅᏛᎢ, ᎿᏉ ᎹᏏᏙᏂ ᎠᎴ ᎡᎧᏯ
ᎤᎶᏐᏅᎯ, ᏥᎷᏏᎵᎻ ᏱᎶᎯᏍᏗᏱ , ᎯᎠ ᏄᏪᏒᎩ; ᎾᎿ ᎬᏯᏙᏅᎯ ᎰᏎᏍᏗ ᎶᎻ ᎾᏍᏉ
ᎠᏎ ᏛᏥᎪᎢ.
22 ᎰᏩᏃ ᎹᏏᏙᏂ ᏕᎤᏅᏒᎩ ᎠᏂᏔᎵ ᎬᏩᏍᏕᎸᎯᏙᎯ, ᏗᎹᏗ ᎠᎴ ᎢᎳᏍᏓ, ᎤᏩᏒᏍᎩᏂ
ᎤᏗᎩᏴᎩ ᎡᏏᏱ ᎢᎸᏍᎩ ᎢᎪᎯᏛ.
23 ᎾᎯᏳᏃ ᎥᏝ ᎤᏍᏗᏉ ᎤᏕᏯᏙᏗ ᏱᏄᎵᏍᏔᏁᎢ, ᎤᏓᏕᎵᏍᏙᏗᏍᎬᎩ ᎾᏍᎩ ᎦᏅᏅ
ᎤᎬᏩᎵ.
24 ᎩᎶᏰᏃ ᎢᏳᏍᏗ ᏗᎻᏟᏯ ᏧᏙᎢᏛ, ᎠᏕᎸ ᎠᏢᏅᎥᏍᎩ, ᎠᏕᎸ ᏗᎪᏢᏔᏅᎯ ᏓᏓᏁᎸ
ᎦᎪᏢᎾᏁᎲ ᏓᏰᏂ, ᎥᏝ ᎤᏍᏗᏉ ᏧᎬᏩᎶᏗ ᏱᏓᏩᏛᏒᎮ ᎠᏃᏢᏅᎥᏍᎩ.
25 ᎾᏍᎩ ᏚᏪᏟᏌᏅ ᎠᎴ ᎤᏩᎾᏓᎴ ᎾᏍᎩ ᎢᏳᏍᏗ ᏧᏂᎸᏫᏍᏓᏁᎯ ᏚᏪᏟᏌᏅ ᎯᎠ
ᏄᏪᏒᎩ; ᎢᏥᏍᎦᏯ, ᎢᏥᎦᏔᎭ ᎯᎠ ᎾᏍᎩ ᏗᎦᎸᏫᏍᏓᏁᏗ ᎨᏒ ᏧᎬᏩᎶᏗ ᎢᏗᏩᏛᏗᏍᎬᎢ.
26 ᎠᎴ ᎢᏥᎪᏩᏘᎭ ᎠᎴ ᎢᏣᏛᎩᎭ, ᎥᏝ ᎡᏈᏌᏉ ᎤᏩᏒ, ᎾᏍᏉᏍᎩᏂ ᎠᎴᏉ ᏂᎬᎾᏛ
ᎡᏏᏱ, ᎯᎠ ᏉᎳ ᏓᏍᏗᏰᏗᏍᎬ ᏚᎦᏔᎲᏒ ᎤᏂᏣᏘ ᏴᏫ, ᎯᎠ ᏂᏕᎦᏪᏎᎲᎢ, ᎥᏝ ᎦᎸᎳᏗ
ᎠᏁᎯ ᏱᎩ ᎩᎶ ᏧᏬᏰᏂᏉ ᏧᏬᏢᏔᏅᎯ ᏥᎩ.
27 ᎠᎴ ᎥᏝ ᎯᎠᏉ ᏗᎩᎸᏫᏍᏓᏁᏗ ᎨᏒ ᎤᏩᏒ ᎤᏁᎳᎩ ᏫᎬᏩᏲᏥᏓᏍᏗ ᏱᎩ; ᎾᏍᏉᏍᎩᏂ
ᎠᏓᏁᎸ ᎦᎸᏉᏗᏳ ᎦᎸᎳᏗ ᎡᎯ ᏓᏰᏂ ᎤᏤᎵᎦ ᎠᏎᏉᏉ ᎢᎬᏩᎵᏍᏔᏂᏓᏍᏗ, ᎠᎴ ᎾᏍᎩ
ᎠᏥᎸᏉᏗᏳ ᎨᏒ ᏫᎬᏩᏲᏥᏓᏍᏗ, ᎾᏍᎩ ᏂᎦᏛ ᎠᎴ ᏂᎬᎾᏛ ᎡᎶᎯ ᏥᎬᏩᎸᏉᏗᎭ.
28 ᎾᏍᎩᏃ ᎤᎾᏛᎦᏅ ᎤᏂᏔᎳᏬᏍᎬᎢ ᎤᏂᎧᎵᏨᎩ, ᎠᎴ ᎤᏁᎳᏅᎩ ᎯᎠ ᏄᏂᏪᏒᎩ;
ᎦᎸᏉᏗᏳ ᏓᏰᏂ ᎡᏈᏌ ᎠᏁᎯ ᎤᏤᎵᎦ.
29 ᏂᎬᏃ ᎦᏚᎲ ᎤᎾᏓᏑᏰᏛᏉ ᏄᎵᏍᏔᏅᎩ, ᏚᏂᏂᏴᎲᏃ ᎦᏯ ᎠᎴ ᎡᎵᏍᏔᎦ ᎹᏏᏙᏂ
ᎠᏁᎯ, ᏉᎳ ᎤᎾᎵᎪᎯ ᎠᏁᏙᎲᎢ, ᎤᎴᏃᏅᎯ ᎤᎾᏁᎷᎩᏒᎩ ᏭᏂᏴᎸᎩ ᎤᎾᏛᏁᎸᏗᏱ.
30 ᏉᎳᏃ ᏫᏚᏴᏎᏗᏱ ᏴᏫ ᎤᏓᏅᏖᎸ, ᎠᏃᎯᏳᎲᏍᎩ ᎬᏩᏅᏍᏓᏕᎸᎩ.
31 ᎩᎶᏃ ᎢᏳᎾᏍᏗ ᏗᎨᎦᏁᎶᏗ ᎡᏏᏱ ᎠᏁᎯ, ᏉᎳ ᏧᎵᎢ, ᎤᎾᏓᏅᏒᎩ ᏫᎬᏩᏔᏲᏎᎸᎩ,
ᏭᏴᏍᏗᏱ ᏂᎨᏒᎾ ᎤᎾᏛᏁᎸᏗᏱ.
32 ᎤᏁᎷᏅᎯ ᏧᏓᎴᏅᏛᏉ ᏂᏚᏂᏪᏒᎩ; ᏓᏂᎳᏫᎥᏰᏃ ᎤᎾᏓᏑᏰᏛᏉ ᎨᏒᎩ, ᎠᎴ ᎤᏟ
ᎢᏯᏂᏛ ᎥᏝ ᏯᏂᎦᏔᎮ ᎤᏗᎦᎵᏍᏙᏗᏍᎬ ᎤᎾᏓᏟᏌᏅᎢ.

33 ᏭᏃᏯᏁᏒᎩᏃ ᎡᎵᎩ ᎤᏂᏣᏘ ᎠᏂᏙᎾᎥᎢ, ᎾᏍᎩ ᎠᏂᏧᏏ ᎠᏂᏅᏫᏍᏗᏍᎬᎩ; ᎡᎵᎩᏃ
ᎤᏍᏄᎤ ᎤᏬᏰᏂ ᎤᏕᎵᏍᎬᎩ ᎤᏩᏒ ᎠᎵᏍᏕᎵᏍᎬᎢ ᏧᏬᏁᏙᏗᏱ ᏴᏫ.
34 ᎠᏎᏃ ᎤᎾᏙᎴᎨᏒ ᎠᏧᏏ ᎨᏒᎢ, ᏌᏉ ᏥᏚᏁᎠ ᎾᏍᎩᏯ ᏂᏕᏛ ᎤᏁᎷᎤᎩ, ᏔᎵᎲ
ᎢᏳᏟᎶᏛ ᎢᎪᎯᏛ ᎯᎠ ᎾᏂᏬᏍᎬᎩ; ᏕᏄᏉᏗᏳ ᏓᏰᏂ ᎡᏈᏌ ᎠᏁᎯ ᎤᎾᏤᎵᏕ.
35 ᏗᎪᏪᎵᏍᎩᏃ ᏕᏥᏍᏙᏓᏁᏄ ᏴᏫ, ᎯᎠ ᏄᏪᏒᎩ; ᎢᏥᏍᏕᏯ ᎡᏈᏌ ᎢᏤᎯ, ᏕᎪ ᎡᎲ
ᎾᏕᏔᏓᎾ ᏕᏚᏓ ᎡᏈᏌ ᎾᏍᎩ ᎡᏓᏓᏙᎵᏍᏓᏁᎯ ᎨᏒ ᏕᏄᏉᏗᏳ ᏕᏄᏪᏗ ᎡᎯ ᏓᏰᏂ, ᎠᎴ
ᏧᏉᏙ ᎤᏓᏩᏛᏛᏒᎯ ᏗᏣᏛᏍᏔᏅᎯ?
36 ᎾᏍᎩᏃ ᎢᏳᏍᏗ ᎯᎠ ᏄᏜᏏᏛᎡᏗ ᏂᎨᏒᎾ ᏥᎩ, ᏙᎯᏱᏉᏍᎩᏂ ᏱᏂᏣᏛᎤ, ᎠᎴ
ᎪᎱᏍᏗ ᎬᏁᏔᎩ ᏂᏣᏛᏁᏄᎾ ᏱᎩ.
37 ᏕᏣᏘᏃᏕᏰᏃ ᎯᎠ Ꮎ ᎠᏂᏍᏕᏯ, ᎾᏍᎩ ᏕᏄᏉᏗ ᏕᎨᏒ ᎠᏂᏃᏍᎩᏍᎩ ᏂᎨᏒᎾ, ᎠᎴ
ᎢᏳᏤᎵ ᏕᏄᏪᏗ ᎡᎯ ᎠᏂᏉᏢᎢᏍᏗᏍᎩ ᏂᎨᏒᎾ.
38 ᎾᏍᎩ ᎢᏳᏍᏗ ᎢᏳᏃ ᏗᎲᏣᏯ ᎠᎴ ᎾᏍᎩ ᏣᏁᎲ ᎠᏃᏢᎤᎥᏍᎩ ᎠᏄᎯᏍᏗᏍᎨᏍᏗ
ᎩᎶᎢ, ᎤᏍᏆᎤᏛ ᏗᏓᏱᎵᏓᏍᏗᏱ, ᎠᎴ ᎨᏥᏕᏘᏗᏍᏗ ᎠᏁᎲ; ᏫᏓᎾᏓᏱᎵᏓ.
39 ᎢᏳᏍᎩᏂ ᎪᎱᏍᏗ ᎤᏩᏓᎴ ᎢᏥᏱᎵᏙᏢᏍᏗ, ᎤᎵᏁᏨᎯ ᏕᏕᏔᏫᎥ ᏓᏕᎪᏔᎤᎲ.
40 ᎨᏕᎵᏱᎵᏕᏗᏰᏃ ᎪᎯ ᎢᏕ ᎤᏓᏑᏰᏛ ᏥᏓᎵᏔᏄᏣᏕ, ᎥᏝᏰᏃ ᎪᎱᏍᏗ ᏯᏂ ᎨᎩᏃᏢᏗ
ᎤᏗᏕᎵᏍᏙᏗᏍᎬ ᎯᎠ ᎪᎯ ᏥᏓᏓᏣᏌ.
41 ᎾᏍᎩᏃ ᏄᏪᏒ ᏕᏰᎵᎯᏍᏔᏅᎩ ᏓᏂᏔᏫᎥᎢ.

ᎠᏯᏙᎸᎢ 20

1 ᎤᏓᏑᏰᏛᏃ ᎠᎾᎵᏖᎸᎲᏍᎬ ᎤᎵᏙᎯᏍᏔᏅ, ᏉᎳ ᏫᏚᏯᏅᎲᎩ ᎠᏃᎯᏳᎲᏍᎩ, ᏚᏲᎵᎸᏃ,
ᎤᏂᎩᏒᎩ ᎹᏏᏙᏂ ᎤᏪᏅᏍᏗᏱ ᎤᏰᎸᏅᎩ.
2 ᎾᎿᏃ ᎤᏪᏙᏅ ᎠᎴ ᎤᏣᏘ ᏚᏪᏁᏔᏅ, ᎠᏂᎪᎢ ᎤᎾᏤᎵᎪᎯ ᏭᎷᏨᎩ.
3 ᎾᎿᏃ ᏦᎢ ᎢᏯᏅᏙ ᎤᏪᏙᎸ, ᎠᎴ ᎠᏂᏧᏏ ᏧᏄᎪᏔᏅ ᎠᎱᏍᏗ ᎡᏣᏁᏗᏱ, ᏏᎵᏱ ᏓᏰᏏᏒᎩ
ᏥᏳᎯ ᏛᏣᏂᏒᎩ, ᎤᏓᏅᏖᎸᎩ ᏛᎤᏨᏍᏗᏱ ᎹᏏᏙᏂ ᏭᎶᎯᏍᏗᏱ.
4 ᎡᏏᏱᏃ ᎬᏗᏍᎩ ᎬᏩᏍᏓᏩᏛᏒᎩ ᎭᏇᏓ ᏈᎵᏱ ᎡᎯ, ᏕᏏᎶᏂᎦᏃ ᎠᏁᎯ ᎡᎵᏍᏓᏕ ᎠᎴ
ᏏᎬᏓ, ᎦᏯᏃ ᏓᏈ ᎡᎯ, ᏗᎹᏗᏃ, ᎡᏏᏱᏃ ᎠᏁᎯ ᏗᎩᎦ ᎠᎴ ᏠᏆᎹ.
5 ᎾᏍᎩ ᎯᎠ ᎢᎬᏱ ᏄᏁᏅᏒᎩ ᏠᎠᏏ ᏓᎪᎩᏚᏘᏴᎩ.
6 ᎾᎪᏔᏅᎾᏃ ᎦᏚ ᎠᎩᏍᏗᏱ ᎨᏒ ᎤᎶᎭᏅ, ᏈᎵᎩᏱ ᏥᏳᎯ ᏬᎦᏣᏅᎩ, ᎯᏍᎩᏃ ᏫᏄᏒᎸ
ᏠᎠᏏ ᏫᏙᏥᏩᏛᎲᎩ; ᎾᎿᏃ ᎦᎵᏉᎩ ᏧᏒᎯᏛ ᏬᎨᏙᎸᎩ.
7 ᎢᎬᏱᏱᏃ ᎢᎦ ᏑᎾᏙᏓᏆᏍᏗ ᎨᏒᎢ ᎦᏚ ᎠᎬᎭᎷᏯᏍᏗᏱ ᎤᎬᏩᎵ ᎠᏃᎯᏳᎲᏍᎩ
ᎤᎾᏓᏟᏌᏅ, ᏉᎳ ᏚᎵᏥᏙᏁᎸᎩ, ᎤᎩᏨᏛᏉ ᎤᏪᏅᏍᏗ ᎨᏒᎢ; ᎠᎴ ᎡᏃᏱ ᎠᏰᎵ
ᏫᎬᏩᏛᏅᎩ ᏚᏬᏂᏍᎬᎩ.
8 ᎠᎴ ᎤᏣᏛᎩ ᏓᏨᏍᏛᎩ ᎦᎸᎳᏗ ᎾᎿ ᏓᏂᎳᏫᎥᎢ.
9 ᎩᎶᏃ ᎢᏳᏍᏗ ᎠᏫᏄᏣ ᏳᏘᎦ ᏧᏙᎢᏛ ᎠᏦᏔᏅ ᎤᏪᎸᎩ, ᎠᏍᏓᏯ ᎦᎵᎲᎩ; ᏉᎳᏃ
ᎪᎯᏗᏳ ᎠᎵᏥᏙᎲᏍᎬ ᎢᏳᏍᏗ, ᎦᎵᎲ ᎤᏪᏇᏴᏒᎩ ᎠᎴ ᏦᎢᏁ ᏗᏲᏓᏓᎲ ᏓᏳᏙᏬᏒᎩ, ᎠᎴ
ᎠᏥᏁᏒᎩ ᎤᏲᎱᏒᎯ ᎨᏒᎩ.
10 ᏉᎳᏃ ᎤᏠᏬᏒ ᎤᎵᏢᏅᎩ, ᎠᎴ ᎤᏄᎶᎸ ᎯᎠ ᏄᏪᏒᎩ; ᏞᏍᏗ ᏱᏣᏕᏯᏔᏁᎴᏍᏗ,
ᎬᏅᏰᏃ ᎠᏏᏉ ᎠᏯᎠ.
11 ᏔᎵᏁᏃ ᎢᎤᎩᏔᏫᏒ, ᎠᎴ ᎤᎬᎭᎷᏴ ᎦᏚ, ᎠᎴ ᎤᎬ, ᎠᎴ ᎪᎯᏛ ᎤᏬᏂᏒ, ᎤᎩᏨᏕᏱ
ᎬᏗᏍᎩ, ᎿᏉ ᎤᏂᎩᏒᎩ.
12 ᎤᎾᏘᎿᏫᏛᎲᎩᏃ ᎠᏫᏄᏣ ᎬᏃᏛ, ᎠᎴ ᎥᏝ ᎤᏍᏗᏉ ᏬᏍᏛ ᏣᎾᏓᏅᏓᏕᎢ.
13 ᎠᎴ ᎠᏴ ᎢᎬᏱ ᏃᎨᏅᏒᎩ ᏥᏳ ᏗᏔᎸᎢ, ᎠᎴ ᏬᎦᏣᏅ, ᎡᎭᏏ ᏬᎩᎶᏒᎩ; ᎾᎿ ᏉᎳ
ᏬᏥᏲᏗᏱ ᏬᎩᏰᎸᏒᎩ, ᎾᏍᎩᏰᏃ ᎢᏳᏪᏛ ᎨᏒᎩ, ᎤᏩᏒ ᎡᏔᏗᏉ ᏭᎶᎯᏍᏗᏱ ᎤᏰᎸᏒᎩ.
14 ᎡᎭᏏᏃ ᏬᎩᏩᏛᎲ ᏬᏥᏴᏔᏅᎩ, ᎠᎴ ᎻᏗᎵᏂ ᏬᎩᎷᏨᎩ;
15 ᎾᎿᏃ ᏫᏱᎦᏣᏅ ᎤᎩᏨᏛ ᎦᏲᏏ ᏧᏳᎪᏗ ᏬᏥᏂᏒᎩ. ᎤᎩᏨᏛᏃ ᏎᎼᏏ ᏬᎩᎷᏨᎩ;
ᏠᏥᎵᏯᏃ ᏬᎩᏒᎸ ᎤᎩᏨᏛ ᎹᎵᏔ ᏬᎩᎷᏨᎩ.
16 ᏉᎳᏰᏃ ᏧᏭᎪᏔᏅᎯ ᎨᏒᎩ ᎤᎶᎯᏍᏗᏱᏉ ᎡᏈᏌ, ᎤᏓᏚᎵᏍᏙᏗᏍᎬᎩ ᏄᏚᎵᏍᎬᎾ ᎨᏒ
ᎡᏏᏱ ᎤᏪᏓᏍᏗᏱ; ᎤᏩᏅᎬᎩᏰᏃ, ᎢᏳᏃ ᏰᎵ ᎾᏍᎩ ᎢᎬᏩᏛᏁᏗ ᏱᎩ, ᏥᎷᏏᎵᎻ
ᏭᎷᎯᏍᏗᏱ ᎭᏍᎦᏍᎪᎯᏁ ᎢᎦ ᎠᏍᏆᎵᏍᎬᎢ.
17 ᎹᎵᏔᏃ ᎤᏓᏅᏒᎩ ᎡᏈᏌ ᏫᏚᏯᏅᎲᎩ ᏗᎨᎦᏁᎶᏗ ᏧᎾᏁᎶᏗ ᎤᎾᏓᏡᎬᎢ.

18 ᎬᏩᎷᏤᎸᏃ ᎯᎠ ᏂᏚᏪᏎᎸᎩ; ᎢᏥᎦᏔᎭ ᎢᎬᏱᏱ ᎢᎦ ᎡᏏᏱ ᏣᎩᎾᏄᎪᏥᎸᎩ
ᎤᏓᎬᏩᏓᎴᏅᏛ, ᏄᏍᏛ ᎠᏆᎵᏂᏙᎸ ᎢᏤᎲ ᏂᎪᎯᎸᎢ.
19 ᎦᏥᎧᎿᏩᏛᏒᎲ ᎤᎬᏫᏳᎯ ᏂᎦᎥ ᎪᎱᏍᏗ ᎾᏆᎵᏍᎦᏍᏛᎾ ᎨᏒᎢ, ᎠᎴ ᎦᏥᎦᏌᏬᎢᎲᎢ,
ᎠᎴ ᎠᎩᎪᎵᏰᏍᎩ ᎠᏆᎵᏩᏛᎡᎲᎢ, ᎤᏗᎦᎵᏍᏙᏗᏍᎬ ᎠᏂᏧᏏ ᎪᎱᏍᏗ ᎬᏋᏁᏗᏱ
ᏚᎸᎪᎳᏅᎢ.
20 [ᎠᎴ ᎢᏥᎦᏔᎭ] ᎪᎱᏍᏗ ᎢᏣᎵᏍᏕᎸᏙᏗ ᎠᏋᏍᎦᎳᏅᎯ ᏂᎨᏒᎾ ᎨᏒᎢ,
ᎢᏨᎾᏄᎪᏫᏎᎸᏉᏍᎩᏂ ᎠᎴ ᏕᏨᏰᏲᏅ ᎦᏚᎳᏫᎥᎢ ᎠᎴ ᏓᏓᏁᏔᏗᏒᎢ,
21 ᎬᏂᎨᏒ ᏂᎦᏥᏴᏁᎲ ᎠᏂᏧᏏ ᎠᎴ ᎾᏍᏉ ᎠᏂᎪᎢ ᎾᏍᎩ ᎤᏁᎴᏅᎯ ᏚᏁᏟᏴᏒᏗ ᎨᏒ
ᎣᏓᏅᏛᎢ, ᎠᎴ ᎪᎯᏳᏗ ᎨᏒ ᎤᎬᏫᏳᎯ ᎢᎦᏤᎵ ᏥᏌ ᎦᎶᏁᏛ.
22 ᎿᏉᏃ ᎬᏂᏳᏉ ᎠᏆᏓᏅᏛ ᎦᎸᎢᏛ ᏥᎷᏏᎵᎻ ᏫᏥᎦᏘ, ᏂᏥᎦᏔᎲᎾ ᎤᏗᏆᎵᏍᏓᏁᎵᏒ
ᎾᎿᏂ,
23 ᎦᎸᏉᏗᏳᏍᎩᏂᏃᏅ ᎠᏓᏅᏙ ᎬᏂᎨᏒ ᏂᎬᏁᎭ ᏕᎦᏚᏩᏗᏒᎢ, ᎾᏍᎩ ᎬᎩᎦᏘᏴ ᎥᏆᎸᏍᏗ ᎨᏒ
ᎠᎴ ᎤᏲ ᎢᏯᏆᎵᏍᏓᏁᏗ ᎨᏒᎢ.
24 ᎠᏎᏃ ᎾᏍᎩ ᎯᎠ ᏧᏓᎴᏅᏛ ᎥᏝ ᎪᎱᏍᏗ ᏯᎩᏖᎸᎲᏍᎦ, ᎠᎴ ᎾᏍᏉ ᎬᏅ ᎥᏝ ᎤᏣᏘ
ᏯᎩᎸᏉᏗ, ᎢᏳᏃ ᎤᎵᎮᎵᏍᏗ ᏯᏆᏓᏅᏔ ᏯᎩᏍᏆᏛ ᎦᏛᏂᏙᎲᎢ, ᎠᎴ ᎤᎬᏫᏳᎯ ᏥᏌ
ᎠᎩᏁᎸᎯ ᏗᎦᎸᏫᏍᏓᏁᏗ ᎨᏒᎢ, ᎬᏂᎨᏒ ᏂᎬᏁᎲ ᎣᏍᏛ ᎧᏃᎮᏛ ᎤᏁᎳᏅᎯ ᎬᏩᎦᏘᏯ
ᎤᏓᏙᎵᏍᏗ ᎨᏒ ᎧᏃᎮᏍᎩ.
25 ᎿᏉᏃ ᎬᏂᏳᏉ ᏥᎦᏔᎭ ᏂᎯ ᏂᏥᎥᎢ, ᎢᏨᏰᎳᏗᏙᎸᎯ ᏕᎵᏥᏙᎲᏍᎬ ᏥᏃᎮᏍᎬ
ᎤᏁᎳᏅᎯ ᎤᏤᎵᎪᎯ, ᎠᏆᎧᏛ ᎿᏉ ᎢᏥᎪᏩᏛᏗ ᏂᎨᏒᎾ ᎨᏒᎢ.
26 ᎾᏍᎩᏃ ᎢᏳᏍᏗ ᎪᎯ ᎢᎦ ᎢᏥᎦᏔᎯ ᏂᏨᏴᎦ, ᎩᎶ ᎤᏂᎩᎬ ᎾᏆᏓᏅᏚᎸᎾ ᎨᏒᎢ.
27 ᎥᏝᏰᏃ ᎠᎩᏍᎦᎸᎯ ᏱᎩ ᎬᏂᎨᏒ ᎢᏨᏴᏁᏗᏱ ᏂᎦᎥ ᎤᏁᎳᏅᎯ ᎤᏓᏅᏖᎸᎢ.
28 ᎾᏍᎩ ᎢᏳᏍᏗ ᎢᏣᏓᎦᏌᏯᏍᏕᏍᏗ ᎢᏨᏒ, ᎠᎴ ᏕᏥᎦᏌᏯᏍᏕᏍᏗ ᏂᎦᏛ ᏑᎾᏓᏡᎩ
ᎨᏒᎢ, ᎾᏍᎩ ᏗᏥᎦᏘᏯ ᎢᏨᏁᎸᎯ ᏥᎩ ᎦᎸᏉᏗᏳ ᎠᏓᏅᏙ, ᏗᏤᎳᏍᏗᏱ ᏧᎾᏁᎶᏗ
ᎤᎾᏓᏡᎬ ᎤᏁᎳᏅᎯ ᏧᏤᎵᎦ, ᎾᏍᎩ ᎤᏩᏒ ᎤᎩᎬ ᏧᎫᏴᎳᏅᎯ ᏥᎩ.
29 ᎯᎠᏰᏃ ᎾᏍᎩ ᏥᎦᏔᎭ, ᎿᏉ ᎠᎩᏂᎴᏍᏗ, ᎤᏂᎬᎥᏍᎩ ᏩᏯ ᏓᎨᏣᏓᏑᏴᏂ, ᏂᏓᏂᏙᎵᎬᎾ
ᎨᏎᏍᏗ ᏑᎾᏓᏡᎩ ᎨᏒᎢ.
30 ᎠᎴ ᎾᏍᏉ ᎢᏨᏒ ᎢᏣᏓᏡᎬ ᏛᏂᎾᏄᎪᏥ ᎠᏂᏍᎦᏯ ᎤᏣᏘᏂ ᎾᏂᏪᏍᎨᏍᏗ
ᎠᏂᏬᏂᏍᎨᏍᏗ, ᎠᏃᎯᏳᎲᏍᎩ ᏧᎾᏘᎿᏫᏛᏗᏱ ᎤᏂᏰᎸᏎᏍᏗ.
31 ᎾᏍᎩ ᎢᏳᏍᏗ ᎢᏥᏯᏫᏍᎨᏍᏗ, ᎠᎴ ᎢᏣᏅᏖᏍᏗ ᏦᎢ ᏧᏕᏘᏴᏛ ᏂᏥᏑᎵᎪᎬᎾ ᎡᏃᏱ
ᎠᎴ ᎢᎦ ᏗᎦᏥᎦᏌᎢᎯ ᎢᏥᏏᏴᏫᎭ ᎢᏨᏰᏯᏔᏅᎢ.
32 ᎯᎠ, ᎢᏓᏓᏅᏟ, ᎿᏉ ᏕᏨᏲᎯ ᎤᏁᎳᏅᎯ ᎢᏥᏙᎵᏍᏗᏱ, ᎤᏮᏙᏗᏱ, ᎧᏃᎮᏛ ᎬᏩᎦᏘᏯ
ᎤᏓᏙᎵᏍᏗ ᎨᏒ ᎧᏃᎮᏍᎩ, ᎾᏍᎩ ᏰᎵ ᎨᏣᏁᏍᎨᏗ ᏥᎩ, ᎠᎴ ᎢᏣᏤᎵ ᏰᎵ ᎢᎨᏨᏁᏗ ᏥᎩ
ᎾᏍᎩ ᏂᎦᏛ ᎤᎾᏓᏅᏘ ᎢᎨᎬᏁᎸᎯ ᎤᎾᏤᎵ ᎢᏳᎵᏍᏙᏗ ᎨᏒᎢ.

33 ᎥᏝ ᎩᎶ ᏥᏯᏚᎸᎡᎸᎯ ᏱᎩ ᎠᏕᎸ ᎤᏁᎬ ᎠᎴ ᎠᏕᎸ ᏓᎶᏂᎨ ᎠᎴ ᏗᏄᏬ.
34 ᎢᏨᏒᏰᏃ ᎢᏥᎦᏔᎭ ᎯᎠ ᎾᏍᎩ ᏗᏉᏰᏂ ᏓᏋᏔᏅᎯ ᎠᎩᏩᏛᎲ ᎠᎩᏂᎬᏎᎲ ᎠᏋᏒ ᎠᎴ
ᎾᏍᏉ ᎣᏤᎯ.
35 ᏂᎦᏛ ᎬᏂᎨᏒ ᏂᏨᏴᏁᎸ ᎾᏍᎩ ᎢᏣᏛᏁᏗᏱ ᏕᏥᎸᏫᏍᏓᏁᎲ ᏗᏥᏍᏕᎸᏗᏱ ᏗᏂᏩᎾᎦᎳᎢ,
ᎠᎴ ᎢᏣᏅᏓᏗᏍᏗᏱ ᏧᏁᏤ ᎤᎬᏫᏳᎯ ᏥᏌ, ᎯᎠ ᏥᏄᏪᏎᎢ, "ᎤᏟ ᎣᏏᏳ ᎠᏓᏅᏓᏗᏍᏗ
ᏴᏓᏁᎭ, ᎡᏍᎦᏉ ᏴᏓᏗᏁᎭ."
36 ᎾᏍᎩᏃ ᎯᎠ ᏄᏪᏒ, ᎦᎵᏂᏆᏅᏅᎩ ᎠᎴ ᎾᎦᏛ ᎠᏂᎦᏔᎲ ᎤᏓᏙᎵᏍᏔᏅᎩ.
37 ᎾᎦᏛᏃ ᎤᏣᏘ ᏚᎾᏠᏱᎸᎩ, ᎠᎴ ᏉᎳ ᎠᎩᎵᎨᏂ ᎤᏂᏯᎸᏨ ᎬᏩᏔᏪᏙᏅᎩ.
38 ᎤᏲ ᎤᏂᏰᎸᏒᎩ Ꮀ ᎤᎬᏫᏳᏒ ᎤᏓᏕᎵᏍᏙᏗᏍᎬ ᎤᏁᏨ ᎾᏍᎩ ᎤᎧᏛ ᏞᏉ ᎤᏂᎪᏩᏛᏗ
ᏂᎨᏒᎾ ᎨᏒᎢ. ᏥᏳᏃ ᏗᏔᎸᎢ ᏫᎬᏪᎧᏅᎩ.

ᎠᏯᏙᎸᎢ 21

1 ᎾᏍᎩᏃ ᏙᎦᎦᎴᏅᎲ ᎠᎴ ᏥᏳᎯ ᎣᎦᏣᏅ, ᏧᏳᎪᏗ ᏬᎩᏅᏍᏔᏅᎩ ᎪᎣᏏ ᏬᎩᎷᏨᎩ,
ᎤᎩᏨᏛᏃ ᎶᏗᏱ, ᎾᎿ Ꮓ ᏫᎣᎨᏅ ᏆᏖᎵ ᏬᎩᎷᏨᎩ.
2 ᎣᎩᏴᏣᏛᎲᏃ ᏥᏳ ᏈᏂᏏ ᎠᏂᏂᎡᎢ, ᎣᎦᏣᏅᎩ ᎣᎩᏴᏫᏛᎲᎩ.
3 ᎿᏉᏃ ᎣᎩᎪᎲ ᏌᏈ, ᎠᎴ ᎠᎦᏘᏏᏗᏢ ᎣᎩᎶᏒ, ᏏᎵᏱ ᏬᎩᏅᏍᏔᏅᎩ, ᏓᏯᏃ ᎣᎦᏣᎢᏒᎩ;
ᎾᎿ ᏰᏃ ᏥᏳ ᎤᎵᏁᏌᎸ ᎤᎵᏁᏌᎴᏍᏗ ᎨᏒᎩ.
4 ᏙᏥᏩᏛᎲᏃ ᎠᏃᎯᏩᎲᏍᎩ ᎾᎿ ᎣᎦᏅᏅᎩ ᎦᎵᏉᎩ ᏧᏙᏓᏆᏛ; ᎾᏍᎩ ᏉᎳ ᎯᎠ
ᏂᎬᏩᏪᏎᎸᎩ ᎠᏓᏅᏙ ᎢᏳᏩᏂᏌᏛ; ᏞᏍᏗ ᏥᎷᏏᎵᎻ ᏭᏅᏒᎩ.
5 ᎾᏍᎩᏃ ᎦᎵᏉᎩ ᏧᏙᏓᏆᏛ ᎤᎶᏐᏅ, ᎣᎦᏂᎩᏒᎩ, ᏬᏥᎦᏛ ᎢᏗᏢ ᏬᎩᎶᏒᎩ; ᏂᎦᏛᏃ
ᎾᏍᎩ, ᎠᎴ ᏧᎾᏓᎵᎢ ᎠᎴ ᏧᏁᏥ ᏗᎬᎾᏘᏁᎯ ᎦᏚᎲ ᏫᏚᎾᏄᎪᎬ ᏫᎦᎪᎩᏊᏅᎩ. ᎠᎹᏳᎶᏗᏃ
ᏙᎦᎵᏂᏆᏅᏅ ᎣᎦᏓᏙᎵᏍᏔᏅᎩ.
6 ᏙᎦᏓᏲᎵᎸᏃ, ᏥᏳᎯ ᎣᎦᏣᏅᎩ; ᎾᏍᎩᏃ ᏙᏧᏁᏅᏒ ᎶᏅᏂᎶᏒᎩ.
7 ᎣᎩᏍᏆᏛᏃ ᎣᎦᏅᏔᏩᏗᏒ ᏓᏯ ᏦᎦᏂᎩᏒᎢ ᏙᎵᎹᏱ ᎣᎩᎷᏨᎩ, ᎠᎴ ᏙᏥᏲᎵᎸ
ᎠᎾᏓᏅᏟ, ᎾᎿ ᏑᏙᏓᏆᏛ ᎣᎨᏙᎸᎩ.
8 ᎤᎩᏨᏛᏃ ᏉᎳ ᎣᎦᎵᎪᎯ ᎣᎦᏂᎩᏒᎩ ᏏᏌᎵᏱ ᏬᎩᎷᏨᎩ. ᏬᎩᏴᎸᏃ ᎦᏁᎸ ᏈᎵᎩ ᎠᎵ
ᏥᏙᏂᏙᎯ, ᎾᏍᎩ ᎦᎸᏉᎩ ᎢᏯᏂᏛ ᎠᎦᎵᎪᏔᏅᎯ, ᎾᎿ ᎣᎦᏅᏅᎩ.
9 ᎾᏍᎩᏃ ᏧᏪᏥ ᏅᎩ ᎢᏯᏂᏛ ᎠᏁᎲᎩ ᎠᎾᏛ ᎠᎾᏙᎴᎰᏍᎩ.
10 ᎤᏬᎯᏨᏃ ᎾᎿ ᎣᎦᏅᏅ, ᎩᎶ ᎢᏳᏍᏗ ᎠᏙᎴᎰᏍᎩ ᎤᎷᏨᎩ, ᎡᎩᏩ ᏧᏙᎢᏛ, ᏧᏗᏱ
ᎤᏓᏳᎶᏒᎯ.
11 ᎾᏍᎩᏃ ᎤᎷᏨ ᎣᏭᏙᎲ, ᎠᎴ ᎤᏁᏒ ᏉᎳ ᎤᏓᏠᏍᏗ, ᎠᎴ ᏚᎸᎸ ᎤᏩᏒ ᏧᏬᏰᏂ, ᎠᎴ
ᏧᎳᏏᏕᏂ, ᎯᎠ ᏄᏪᏒᎩ; ᎯᎠ ᏂᎦᏪᎠ ᎦᎸᏉᏗᏳ ᎠᏓᏅᏙ; ᎾᏍᎩ ᎯᎠ ᎤᏛᏅᏁᎵ ᎠᏂᏧᏏ
ᏥᎷᏏᎵᎻ ᏛᎾᎸᎵ ᎠᏍᎦᏯ ᎯᎠ ᎠᏓᏠᏍᏗ ᎤᏙᎵᎦ, ᎠᎴ ᏧᎾᏓᎴᏅᏛ ᏴᏫ ᏫᏙᏛᏂᎯᏎᎵ.
12 ᎾᏍᎩᏃ ᎯᎠ ᎣᎦᏛᎦᏅ, ᎠᏴ ᎠᎴ ᎾᎿ ᎠᏂᎯ ᎣᏥᏍᏗᏰᏔᏅᎩ ᏥᎷᏏᎵᎻ ᎤᏪᏅᏍᏗᏱ
ᏂᎨᏒᎾ.
13 ᎠᏎᏃ ᏉᎳ ᎤᏁᏨ ᎯᎠ ᏄᏪᏒᎩ ᎦᏙ ᎢᏥᏰᎸᏗ, ᏥᎦᏥᏴᎦ ᎠᎴ ᏥᏥᏓᏬᏗᎭ ᎠᎩᎾᏫ;
ᎠᏆᏛᏅᎢᏍᏗᏰᏃ, ᎥᏝ ᎥᏆᎸᏍᏗᏱᏉ ᎤᏩᏒ, ᎾᏍᏉᏍᎩᏂ ᎠᎩᏲᎱᎯᏍᏗᏱ ᏥᎷᏏᎵᎻ,
ᎤᏗᎦᎵᏍᏙᏗᏍᎬ ᏚᏙᎥ ᎤᎬᏫᏳᎯ ᏥᏌ.
14 ᎣᏂᏄᎸᏅᏃ ᎣᏥᏍᏗᏰᏗᏍᎬᎢ, ᎣᎩᏑᎵᎪᏨᎩ, ᎯᎠ ᏃᎩᏪᏒᎩ; ᎤᎬᏫᏳᎯ ᎠᏓᏅᏖᏍᎬ
ᏫᏂᎦᎵᏍᏓ.
15 ᎾᎯᏳᏃ ᎨᏒ ᎤᎶᏐᏅ, ᎣᎩᏟᏌᏅᎩ ᎣᎩᏱᏓᏍᏗ, ᎠᎴ ᏥᎷᏏᎵᎻ ᏬᎩᏩᏒᎩ.
16 ᎾᏍᏉᏃ ᎥᎪᎩᏍᏓᏩᏛᏒᎩ ᎢᎸᏍᎩ ᎢᏯᏂᏛ ᎠᏃᎯᏩᎲᏍᎩ ᏏᏌᎵᏱ ᎠᏁᎯ, ᎠᎴ
ᎤᎾᏘᏅᏒᎩ ᎩᎶ ᎢᏳᏍᏗ ᏁᏌᏂ ᏧᏙᎢᏛ ᏌᏈ ᎡᎯ, ᎢᎸᎯᏳ ᎬᏬᎯᏳᏅᎯ, ᎾᏍᎩ ᎦᏁᎸ
ᎣᎦᏅᏗᏱ ᎤᏂᏰᎸᏒᎩ.

17 ᏥᎷᏏᎵᎻᏃ ᏬᎩᎷᏨ, ᎠᎾᏓᏅᏟ ᎤᎵᎮᎵᏨᎯ ᏕᎪᎦᏓᏂᎸᏨᎩ.
18 ᎣᎩᏨᏛᏃ ᏉᎳ ᏥᎻ ᏧᏬᎸ ᎢᏧᎳᎭ ᎣᎨᏅᏒᎩ, ᏂᎦᏛᏃ ᏗᎨᎦᏁᎶᏗ ᎠᏂᎦᏔᎲᎩ.
19 ᏕᎤᏲᎵᎸᏃ ᎣᏍᏛ ᎤᏱᎸᏒᎩ ᎤᏃᎮᎸᎩ ᏄᏍᏛ ᎤᏁᎳᏅᎯ ᏕᎤᎸᏫᏍᏓᏁᎸ ᏧᎾᏓᎴᏅᏛ
ᏴᏫ ᏓᏁᏩᏗᏒᎢ, ᎾᏍᎩ ᏉᎳ ᎠᎬᏗᏍᎬᎢ.
20 ᎤᎾᏛᎦᏅᏃ ᎾᏍᎩ, ᎤᏂᎸᏉᏔᏅᎩ ᎤᎬᏫᏳᎯ. ᎯᎠ ᏂᎬᏩᏪᏎᎸᎩ; ᎢᏓᎵᏅᏟ,
ᎭᏙᎴᎰᏍᎦ ᏄᏂᏧᏈᏍᏛ ᎠᏂᏧᏏ ᎤᏃᎯᏳᏅᎯ; ᏂᎦᏛᏃ ᎤᏣᏘ ᎤᏂᎸᏉᏗᏳ ᏗᎧᎿᏩᏛᏍᏗ.
21 ᎠᎴ ᎨᏣᏛᎦᏁᎸ ᏕᎮᏲᎲᏍᎬᎢ ᏂᎦᏛ ᎠᏂᏧᏏ, ᎾᏍᎩ ᏧᎾᏓᏑᏯ ᏧᎾᏓᎴᏅᏛ ᏴᏫ
ᏓᏁᏩᏗᏒᎢ, ᏧᏂᏲᎯᏍᏗᏱ ᎼᏏ, ᎯᎠ ᏂᏪᏍᎬᎢ; ᏝᏍᏗ ᏱᏗᏥᎱᏍᏕᏎᎮᏍᏗ ᏗᏂᏲᎵ, ᎠᎴ
ᏝᏍᏗ ᏗᎧᎿᏩᏛᏍᏗ ᏱᏥᏍᏓᏩᏕᎨᏍᏗ.
22 ᎦᏙᏃ ᎠᏛᏁᏗ? ᎠᏎ ᎤᎾᏓᏟᏐᏗ ᎤᏂᏣᏘ, ᏛᎾᏛᎦᏂᏰᏃ ᏣᎷᏨᎢ.
23 ᎾᏍᎩ ᎢᏳᏍᏗ ᎯᎠ ᏂᏨᏪᏎᎲ ᎿᏛᎦ. ᏅᎩ ᎢᏯᏂᏛ ᎠᏂᏍᎦᏯ ᎪᎨᎳᏗᏙᎭ
ᎤᏁᎳᏅᎯ ᏄᎾᏚᎵᎸᏁᎸ.
24 ᎾᏍᎩ ᏔᏘᏄᎦ, ᎠᎴ ᎢᏧᎳᎭ ᎢᏣᏓᏅᎦᎸ, ᎠᎴ ᎢᏧᎳᎭ ᎢᏣᎫᏴ, ᎾᏍᎩᏃ ᏗᏂᏍᎪᎵ
ᏕᎠᎾᎵᏍᏙᏴᎲᎭ; ᎠᎴ ᏂᎦᏛ ᎠᎾᏙᎴᎰᏒᎭ ᏄᏍᏛ ᎨᏣᏛᎦᏁᎸᎢ ᎠᏎᏉᏉ ᎨᏒᎢ, ᎠᎴ
ᎠᎾᏙᎴᎰᏒᎭ ᏨᏒ ᎾᏍᎩᏉ ᏚᏳᎪᏛ ᎭᎴᏂᏙᎲᎢ, ᏗᎧᎿᏩᏛᏍᏗ ᎯᏍᏓᏩᏕᎬᎢ.
25 ᏧᎾᏓᎴᏅᏛᏍᎩᏂ ᏴᏫ ᎤᏃᎯᏳᏅᎯ ᏥᎩ, ᏙᏦᏪᎳᏁᎸ ᏙᎫᎪᏔᏅ ᎤᏂᏍᏆᏂᎪᏙᏗᏱ
ᏂᎨᏒᎾ ᎪᎱᏍᏗ ᎾᏍᎩ ᎢᏳᏍᏗ ᏧᏁᏯᏙᏤᏗᏉᏍᎩᏂ ᎤᏩᏒ ᎤᏁᎳᏅᎯ ᏗᏰᎸᎯ
ᏗᎵᏍᎪᎸᏓᏁᎸᎯ, ᎠᎴ ᎩᎬ ᎠᎴ ᎪᎱᏍᏗ ᎬᏬᏍᎳᏅᎯ ᎠᎴ ᎤᏕᎵᏛ ᏗᏂᏏᏗ ᎨᏒᎢ.
26 ᎿᏉᏃ ᏉᎳ ᏚᏯᏅᎲᎩ ᎠᏂᏍᎦᏯ, ᎤᎩᏨᏛᏃ ᎢᏧᎳᎭ ᎤᎾᏓᏅᎦᎸᎲᎩ, ᏗᎦᎳᏫᎢᏍᏗᏱ
ᏭᏂᏴᎸᎩ, ᎧᏃᎲᏍᎬᎩ ᎤᎵᏍᏆᏛ ᎢᎪᎯᏛ ᎠᏓᏅᎦᎸᏗ ᎨᏒᎢ, ᎾᏍᎩ ᎠᎵᏍᏆᏗᏍᎬᎢ ᎠᏓᏁᏗ
ᎨᏒ ᎠᏂᏏᏴᏫᎭ ᎤᎾᎵᏍᎪᎸᏙᏗ ᎨᏒᎢ.
27 ᎿᏉᏃ ᎾᏍᎩ ᏕᎵᏉᎩ ᎢᎦ ᏚᎵᏍᏆᏗᏗᏒᎩ, ᎠᏂᏧᏏ ᎡᏏᏱ ᎤᏓᏳᏂᎶᏒᎯ ᎬᏩᎪᎲ
ᏗᎦᎳᏫᎢᏍᏗᏱ, ᏚᏂᏖᎸᏅᎩ ᏂᎦᏛ ᏴᏫ, ᎠᎴ ᎬᏩᏂᏴᎲᎩ,
28 ᎤᏁᎷᏅᎩ ᎯᎠ ᏄᏂᏪᏒᎩ; ᎢᏥᏍᎦᏯ, ᎢᏏᎵ ᏧᏪᏥ, ᏍᎩᏍᏕᎸ! ᎯᎠ ᎾᏍᎩ ᎠᏍᎦᏯ
ᎾᏍᎩ ᏥᎦᎨᏲᎲᏍᎦ ᎾᏂᎥ ᏴᏫ ᏂᎬᎾᏛᎢ, ᏥᏓᏈᏗᎭ ᎯᎠ ᏴᏫ ᎠᎴ ᏗᎧᎿᏩᏛᏍᏗ ᎠᎴ ᎠᏂ
ᎨᏒᎢ, ᎠᎴ ᎾᏍᎩᏉ ᏗᎦᎳᏫᎢᏍᏗᏱ ᏥᏚᏴᏔᏂᎸ ᎠᏂᎪᎢ, ᎠᎴ ᎦᏓᎭ ᏥᏄᏩᏁᎸ ᎠᏂ
ᎦᎸᏉᏗᏳ ᎨᏒᎢ.
29 ᎦᏳᎳᏰᏃ ᎤᏂᎪᎲᎯ ᎨᏒᎩ ᏠᏆᎹ ᎡᏈᏌ ᎡᎯ, ᎾᏍᎩ ᏉᎳ ᎠᏁᏙᎲ ᎦᏚᎲᎢ, ᎾᏍᎩ
ᏉᎳ ᎤᏴᏔᏂᎸ ᏗᎦᎳᏫᎢᏍᏗᏱ ᎠᏁᎵᏍᎬᎩ.
30 ᏂᎦᏛᏃ ᎦᏚᎲ ᎤᎾᎵᏖᎸᏅᎩ, ᎠᎴ ᏴᏫ ᎤᎾᏓᏟᏌᏅᎩ, ᎠᎴ ᏉᎳ ᎤᏂᏂᏴᎲᎩ
ᎤᏂᎾᏌᎾᏫᏛᎲᎩ ᏗᎦᎳᏫᎢᏍᏗᏱ ᎤᏂᏄᎪᏫᏒᎩ; ᎩᎳᏉᏃ ᎢᏴᏛ ᏕᎦᎶᎯᏍᏗᏱ ᏚᏂᏍᏚᏅᎩ.
31 ᎠᏏᏉᏃ ᎤᏂᎯᏍᏗᏱ ᎠᎾᏓᏅᏖᏍᎬᎩ, ᏑᎾᏓᏡᎩ ᎨᏒ ᎠᏂᏯᏫᏍᏗ ᏗᏘᏂᏙᎯ ᎤᏛᎦᏅᎩ
ᏂᎦᏛ ᏥᎷᏏᎵᎻ ᎠᎾᎵᏖᎸᎲᏍᎬᎢ;

32 ᎾᏍᎩ Ꮎ ᎩᎳᏉ ᎢᏴᏛ ᏫᏚᏯᏅᎲ ᎠᏂᏯᏫᏍᎩ ᎠᎴ ᎠᏍᎪᎯᏧᏈ ᏗᎾᏘᏂᏙᎯ, ᎠᎴ
ᏗᏁᏙᎲ ᏭᏗᎵᏍᏔᏅᎩ. ᏚᏂᎪᎲᏃ ᏄᎬᏫᏳᏒ ᏗᏓᏘᏂᏙᎯ ᎠᎴ ᎠᏂᏯᏫᏍᎩ, ᎤᏂᏑᎵᎪᏨᎩ
ᎠᏂᎸᏂᎲ ᏉᎳ.
33 ᎿᏉᏃ ᏄᎬᏫᏳᏒ ᏗᏓᏘᏂᏙᎯ ᎾᎥ ᎤᎷᏨ, ᎤᏂᏴᎲᎩ, ᎠᎴ ᎤᏁᏨᎩ ᏔᎵ ᏧᏓᎦᏒᏛ
ᏣᎦᏄᏍᏙᏗᏱ, ᎠᎴ ᎤᏛᏛᏅᎩ ᎢᏳᏍᏗ ᎨᏒ, ᎠᏍᎦᏯ, ᎠᎴ ᏄᏛᏁᎸᎢ.
34 ᎤᏂᏣᏘᏃ ᎤᏁᎷᏅᎩ ᏧᏓᎴᏅᏛᏉ ᏄᏂᏪᏒᎩ. ᎤᏄᎸᏅᏃ ᏚᏳᎪᏛ ᎤᏙᎴᎰᎯᏍᏗᏱ
ᎤᏗᎦᎵᏍᏙᏗᏍᎬ ᎤᏓᏑᏰᏛ ᎠᎾᎵᏖᎸᎲᏍᎬᎢ, ᎤᏁᏨᎩ ᏗᎭᏴ ᏣᎦᏘᏅᏍᏙᏗᏱ.
35 ᏉᎳᏃ ᎠᎩᎳᏫᏍᏗᏱ ᎤᎷᏨ ᎠᏂᏯᏫᏍᎩ ᎬᏩᎤᏒᎩ, ᎤᏓᎦᎵᏍᏙᏗᏍᎬᎩ ᎬᏍᎦᎢᏍᏓᎩ
ᎾᎾᏛᏁᎲ ᎤᏂᏣᏘ.
36 ᎤᏂᏣᏘᏰᏃ ᏴᏫ ᎬᏩᏍᏓᏩᏛᏒᎩ, ᎠᏁᎷᎲᏍᎬᎩ ᎯᎠ ᎾᏂᏪᏍᎬᎩ; ᎯᎷᎦ.
37 ᎿᏉᏃ ᏉᎳ ᏗᎭᏴ ᏮᏓᏰᏥᏴᏔᏂᏒᎢ, ᎯᎠ ᏄᏪᏎᎸᎩ ᏄᎬᏫᏳᏒ ᏗᏓᏘᏂᏙᎯ; ᏥᏌ ᏰᎵ
ᎪᎱᏍᏗ ᎦᎬᏲᏎᏗ? ᎾᏍᎩᏃ ᎯᎠ ᏄᏪᏒᎩ; ᏥᎪ ᎠᏂᎪᎢ ᎤᏂᏬᏂᎯᏍᏗ ᎨᏒ ᏰᎵ
ᎨᏣᏬᏂᎯᏍᏗ??
38 ᏝᏍᎪ ᏂᎯ ᏱᎩ Ꮎ ᎢᏥᏈᏱ ᏙᎲᎩ, ᎢᏅᎯᏳ ᎤᏓᏑᏰᏛ ᎤᎾᎵᏖᎸᏗᏱ ᏥᏄᏩᏁᎸᎩ, ᎠᎴ
ᏥᏚᏘᎿᏫᏛᎲᎩ ᎢᎾᎨ ᏥᏫᏚᏘᏅᏍᏔᏅᎩ ᏅᎩ ᎢᏯᎦᏴᎵ ᎢᏯᏂᏛ ᎠᏂᏍᎦᏯ ᏴᏫ ᏗᏂᎯᎯ?
39 ᏉᎳᏃ ᎯᎠ ᏄᏪᏒᎩ; ᎠᏴ ᏥᏧᏏ ᏗᎵᏏᏱ ᎨᎢ ᏓᏌ ᎦᏚᎲᎢ, ᎥᏝ ᎡᏍᎦᏉ ᎤᏬᎭᏛ ᎦᏚᎲᎢ
ᎨᎢ ᏱᎩ; ᎠᎴ ᎬᏔᏲᏎᎭ ᎤᏁᎳᎩ ᏍᏯᎵᏎᏗᏱ ᏗᏥᏬᏁᏙᏗᏱ ᏴᏫ.
40 ᎤᏁᎳᎩᏃ ᎤᏪᎵᏎᎸ, ᏉᎳ ᎤᎴᏅᎩ ᎠᎩᎳᏫᏍᏗᏱ, ᎤᏬᏰᏂ ᏴᏫ ᏚᏖᎸᎾᏁᎸᎩ;
ᎤᏣᏘᏃ ᎡᎳᏪ ᎤᏅᏅ, ᏚᏬᏁᏔᏅᎩ ᎠᏂᏧᏏ ᎤᏂᏬᏂᎯᏍᏗ ᎤᏮᏔᏅᎩ, ᎯᎠ ᏄᏪᏒᎩ;

ᎠᏯᏙᎸᎢ 22

1 ᎢᏥᏍᎦᏯ ᎢᏓᏓᏅᏟ ᎠᎴ ᏗᎩᏙᏓ, ᎢᏨᏛᏓᏍᏓ ᎯᎠ ᎠᏆᏢᏍᎦᎸᏙᏗ ᎿᏉ ᏨᏓᏥᏬᏂᏏ.
2 ᎤᎾᏛᎦᏅᏃ ᎠᏂᏧᏏ ᎤᏂᏬᏂᎯᏍᏗ ᎨᏒ ᎬᏗᏍᎬ ᎤᏂᏬᏁᏗᏍᎬᎢ, ᎤᏟ ᎢᎦᎢ ᎡᎳᏪ
ᎤᏅᏅᎩ; ᎯᎠᏃ ᏄᏪᏒᎩ;
3 ᎠᏴ ᏥᏧᏏ ᏏᎵᏏᏱ ᎠᏆᏕᏅᎯ ᏓᏌ ᎦᏚᎲᎢ, ᎠᏎᏃ ᎠᏂ ᎦᏚᎲ ᎠᏆᏛᏒᎯ, ᎨᎺᎵ ᎦᏔᏍᎬᎢ
ᎥᏇᏲᏅᎯ ᏑᏂᎫᏛ ᏗᎧᎿᏩᏛᏍᏗ ᎨᏒ ᏗᎩᎦᏴᎵᎨ ᎨᏥᏁᎸᎯ, ᎤᎵᏂᎩᏗᏳᏃ ᎠᏆᏓᏅᏛᎩ
ᎦᏥᎦᎿᏳᏗᏒ ᎤᏁᎳᏅᎯ ᎾᏍᎩᏯ ᏂᏥᎥ ᏂᎯ ᏥᏄᏍᏗ ᏥᏣᏓᏅᏔ ᎪᎯ ᎢᎦ ᏥᎩ.
4 ᎠᎴ ᎬᏂᏳᎲᏍᎩ ᏕᏥᏯᏕᏯᏙᏗᏍᎬᎩ ᎯᎠ ᏚᏅᏅ ᏗᏂᎧᎿᏩᏕᎩ, ᏕᏚᏥᏯᎸᎢᎲᎩ ᎠᎴ
ᏗᏓᏍᏚᏗᏱ ᏕᎦᏥᏴᏗᏍᎬᎩ ᎠᏂᏍᎦᏯ ᎠᎴ ᎠᏂᎨᏴ.
5 ᏄᎬᏫᏳᏒᏃ ᎠᏥᎸ-ᎨᎶᎯ ᎾᏍᏉ ᎬᏂᎨᏒ ᎾᏋᏁᎭ, ᎠᎴ ᎾᎦᏛ ᏗᎨᎦᏁᎶᏗ ᎨᏒᎢ, ᎾᏍᎩ
ᎾᏍᏉ ᎪᏪᎵ ᏕᎬᎩᏅᏁᎸᎩ ᎢᏓᎵᏅᏟ ᏧᏂᎪᏩᏛᏗ, ᎠᎴ ᏕᎹᏍᎦ ᏩᎩᎶᏒᎩ, ᏕᏥᏯᏅᎲᏒ
ᎾᎿ ᎠᏁᎯ ᏗᎨᎦᎸᎢᏛ ᏗᎦᏥᏯᏘᏃᎯᏍᏗᏱ ᏥᎷᏏᎵᎻ, ᎨᏥᎩᎵᏲᎢᏍᏙᏗᏱ.
6 ᎾᏍᎩᏃ ᎯᎠ ᎾᏆᎵᏍᏓᏁᎸᎩ ᎦᎢᏒᎢ, ᏕᎹᏍᎦ ᎾᎥ ᏩᏗᎷᏨ, 'ᎢᎦ ᎠᏰᎵ ᎢᏴᏛ,
ᎤᏰᎶᎢᏍᏔᏅᎩ ᎤᏣᏘ ᎦᎸᏌᏓᏛᎩ ᎦᎸᎳᏗ ᎤᏓᎶᏮᏒᎯ ᏓᏆᏚᏫᏍᏔᏅᎩ.
7 ᎡᎳᏗᏃ ᎠᎩᏅᏨᎩ, ᎧᏁᎬᏃ ᎠᏆᏛᎦᏅᎩ, ᎯᎠ ᎾᎩᏪᏎᎸᎩ; ᏐᎳ, ᏐᎳ, ᎪᏙᏃ ᎤᏲ
ᏂᏍᏋᏁᎭ?
8 ᎠᏴᏃ ᎠᎩᏁᏨ ᎯᎠ ᎾᎩᏪᏒᎩ; ᎦᎪ ᏂᎯ, ᏣᎬᏫᏳᎯ? ᎯᎠᏃ ᎾᎩᏪᏎᎸᎩ, ᎠᏴ ᏥᏌ
ᎾᏎᎵᏘ ᏤᏍᎩ, ᎾᏍᎩ ᎤᏲ ᏥᏂᏴᏁᎭ.
9 ᎣᏤᎯᏃ ᎤᏙᎢᏳᎯ ᎠᏂᎪᏩᏘᏍᎬᎩ ᎢᎦ ᎦᏛᎢ, ᎠᎴ ᎠᏂᏍᎦᎢᎲᎩ, ᎠᏎᏃ ᎥᏝ ᏳᎾᏛᎦᏁ
ᎧᏁᎬ ᎠᎩᏬᏁᏗᏍᎩ.
10 ᎯᎠᏃ ᎾᎩᏪᏒᎩ, ᎦᏙ ᏓᎦᏛᏁᎵ, ᏣᎬᏫᏳᎯ? ᎤᎬᏫᏳᎯᏃ ᎯᎠ ᎾᎩᏪᏎᎸᎩ; ᏔᎴᎲᎦ,
ᏕᎹᏍᎦ ᎮᎾ, ᎾᎿᏃ ᏓᏰᏨᏆᏁᎵ ᏂᎦᎥ ᏕᏚᎪᏔᏅ ᎢᏣᏛᏁᏗᏱ.
11 ᎠᎩᏄᎸᏅᏃ ᎠᎩᎪᏩᏛᏗᏱ, ᎤᏗᎦᎵᏍᏙᏗᏍᎬ ᏗᎬᏩᎸᏌᏓ ᎾᏍᎩ ᎢᎦ ᎦᏛᎢ, ᎣᏤᎯ
ᎬᏉᏱᏁᏅ, ᏕᎹᏍᎦ ᏩᎩᏴᎸᎩ.
12 ᎩᎶᏃ ᎢᏳᏍᏗ ᎡᏂᎾᏯ ᏧᏙᎢᏛ, ᎤᏓᏅᏘ ᏗᎧᎿᏩᏛᏍᏗ ᎠᏍᏓᏩᏕᎩ, ᏂᎦᏛ ᎠᏂᏧᏏ ᎾᎿ
ᎠᏁᎯ ᎣᏍᏛ ᎬᏩᏃᎮᏍᎩ,
13 ᎠᎩᎷᏤᎸ ᎤᎴᏂᎸᎩ, ᎯᎠ ᎾᎩᏪᏎᎸᎩ; ᏗᎾᏓᏅᏟ ᏐᎳ, ᏥᎯᎪᏩᏛ. ᎾᎯᏳᏉᏃ
ᏙᏥᏯᎦᎿᏅᎩ.
14 ᎯᎠᏃ ᏄᏪᏒᎩ; ᎤᏁᎳᏅᎯ ᏗᎩᎦᏴᎵᎨ ᎤᎾᏤᎵᎦ ᏣᏑᏰᏒ, ᏣᎦᏙᎥᎯᏍᏗᏱ ᏄᏍᏛ
ᎠᏓᏅᏖᏍᎬᎢ, ᎠᎴ ᎯᎪᏩᏛᏗᏱ ᎾᏍᎩ Ꮎ ᎾᏍᎦᏅᎾ, ᎠᎴ ᎠᎨᎵ ᎦᎾᎸᎪᎬ ᎧᏁᎬ
ᏣᏛᎪᏗᏱ.
15 ᎯᏃᎮᏍᎩᏰᏃ ᎨᏎᏍᏗ ᎾᏂᎥ ᏴᏫ ᎠᏁᎲᎢ ᏄᏍᏛ ᏣᏙᎲᎢ ᎠᎴ ᏣᏛᎦᏅᎢ.

16 Ꭷ, ᎦᏙᏃ ᎢᎭᏙᎯᏗᎭ? ᏔᎴᎲᎦ, ᎠᎴ ᏪᏣᏬᏣ, ᎠᎴ ᎨᏋᎵ ᏣᏍᎦᏅᏨᎢ,
ᎯᎳᏲᎯᎮᏍᏗ ᎲᏗᏍᎨᏍᏗ ᎦᏅᏙᎥ ᎤᎬᏫᏳᎯ.
17 ᎯᎠᏃ ᎾᏆᎵᏍᏓᏁᎸ ᏥᎷᏏᎵᎻ ᎢᎠᎩᎷᏨ, ᎾᏍᎩ ᎦᏓᏙᎵᏍᏗᏍᎬ ᎤᏛᏅ
ᏗᎦᎳᏫᎢᏍᏗᏱ, ᏣᎦᎮᎨ ᎢᏳᏍᏗ ᎾᏆᎵᏍᏓᏁᎸᎩ;
18 ᎠᎴ ᏥᎪᎥᎩ ᎯᎠ ᎾᎩᏪᏎᎲᎩ; ᎾᏞᎬᏉ ᎢᏴᏛ ᎯᎸᎪᎢ ᏥᎷᏏᎵᎻ; ᎥᏝᏰᏃ ᏱᏙᏛᏂᏂᏴᎯ
ᎠᏴ ᏍᎩᏃᎮᏍᎬᎢ.
19 ᎠᎴ ᎯᎠ ᎾᎩᏪᏒᎩ; ᏣᎬᏫᏳᎯ, ᎠᏂᎦᏔᎭ ᎦᏥᏍᏚᏂᏙᎸᎢ ᎠᎴ ᎦᏥᎸᏂᎵᏙᎸᎢ
ᎨᏦᎯᏳᎲᏍᎩ ᏗᎦᎳᏫᎢᏍᏗᏱ ᎦᎪᎵᏩᏗᏒᎢ.
20 ᎠᎴ ᏣᏃᎮᏍᎩ ᏍᏗᏫ ᎤᎩᎬ ᎤᏤᏬᏨ ᎠᏴ ᎾᏍᏉ ᎾᎥ ᏥᏙᎬᎩ ᎠᎴ ᎣᏏᏳ ᎠᎩᏰᎸᏒᎩ
ᎤᏲᎱᏒᎢ, ᎠᎴ ᎦᏥᎦᏘᏴᎩ ᏧᎾᏄᏬ ᎾᏍᎩ ᎬᏩᎯᎯ.
21 ᎯᎠᏃ ᎾᎩᏪᏎᎸᎩ; ᎭᏓᏅᎾ, ᏓᎬᏅᏏᏰᏃ ᎢᏅ ᏧᎾᏓᎴᏅᏛ ᏴᏫ ᏗᏁᎲᎢ.
22 ᎬᏩᏛᏓᏍᏓᏁᎲᎩᏃ ᎬᏂ ᎾᏍᎩ ᎯᎠ ᏄᏪᏒ, ᎿᏉᏃ ᎤᏂᏌᎳᏓᏅᎩ ᎠᏂᏁᎬ ᎯᎠ
ᏄᏂᏪᏒᎩ; ᎡᎶᎯ ᏩᎦᏘᎿᏫᏛ ᎾᏍᎩᏉ ᎢᏳᏍᏗ ᏴᏫ; ᎥᏝᏰᏃ ᏰᎵ ᎬᏁᏍᏗ ᎦᏰᎵᏍᏗ ᏱᎩ.
23 ᎠᏏᏉᏃ ᎤᏁᎷᎬᎩ ᎠᎴ ᏚᎾᏓᏒᎬᎩ ᏧᎾᏄᏬ ᎠᎴ ᎪᏍᏚ ᎤᎾᎦᏏᏙᎲᎩ;
24 ᏄᎬᏫᏳᏒ ᏗᏓᏘᏂᏙᎯ ᎤᏁᏨᎩ ᏗᎭᏴ ᏩᏥᏴᏙᏗᏱ, ᎠᎴ ᎠᏥᎵᎥᏂᎲ ᎠᏥᎪᎵᏰᏗᏱ,
ᎤᏚᎵᏍᎬᎩ ᎤᏙᎴᎰᎯᏍᏗᏱ ᎤᏗᏚᎵᏍᏙᏗᏍᎬ ᏂᎦᎥ ᎠᏁᎷᎲᏍᎬ ᎬᏩᏈᏗᏍᎬᎢ.
25 ᎬᏩᎵᎥᏂᏍᏗᏱᏃ ᎬᏩᏘᏃᎸ, ᏉᎳ ᎯᎠ ᏄᏪᏎᎸᎩ ᎾᎥ ᎦᏙᎩ ᎠᏍᎪᎯᏧᏈ ᏗᏘᏂᏙᎯ;
ᏰᎵᏉᏍᎪ ᏗᎧᎾᏩᏛᏍᏗ ᏂᎬᏅ ᎦᏰᏥᎵᎥᏂᏍᏗ ᎠᏍᎦᏯ ᎠᎶᎻ, ᎤᏍᎦᏅᏨ ᏧᏚᎪᏔᏅᎯ
ᏂᎨᏒᎾ ᏱᎩ?
26 ᎠᏍᎪᎯᏧᏈᏃ ᏗᏘᏂᏙᎯ, ᎾᏍᎩ ᎤᏛᎦᏅ, ᏭᏃᏁᎸᎩ ᏄᎬᏫᏳᏒ ᏗᏓᏘᏂᏙᎯ, ᎯᎠ
ᏫᏄᏪᏒᎩ; ᎮᏯᏔᎮᏍᏗ ᎯᎠ ᏥᏅᏔᏛᏁᎵ; ᎯᎠᏰᏃ ᎠᏍᎦᏯ ᎠᎶᎻ.
27 ᎿᏉᏃ ᏄᎬᏫᏳᏒ ᏗᏓᏘᏂᏙᎯ ᎤᎷᏨ, ᎯᎠ ᏄᏪᏎᎸᎩ; ᏍᎩᏃᎲᏏ, ᎯᎶᎻᏍᎪᏂᎯ? ᎥᎥ,
ᎤᏛᏅᎩ.
28 ᏄᎬᏫᏳᏒᏃ ᏗᏓᏘᏂᏙᎯ ᎯᎠ ᏄᏪᏒᎩ; ᎤᏤᏘ ᎠᏆᎫᏴᏛ ᎯᎠ ᎾᏍᎩ ᎠᏆᏓᏤᎵᎦᏯ ᎨᏒᎢ.
ᏉᎳᏃ ᎯᎠ ᏄᏪᏒᎩ; ᎠᏴᏍᎩᏂ ᎠᏆᏓᏤᎵᎦᏯ ᎠᏆᏕᏅᎩ.
29 ᎿᏉᏃ ᎩᎳᏉ ᎢᏴᏛ ᎬᏩᏓᏅᏒᎸᎩ ᎬᏩᎪᎵᏰᏍᎩ; ᎾᏍᏉᏃ ᏄᎬᏫᏴᏒ ᏗᏓᏘᏂᏙᎯ
ᎠᏍᎦᎢᎲᎩ, ᎤᏙ-ᎴᎰᏒ ᎠᎶᎻ ᎨᏒᎢ, ᎠᎴ ᎤᏓᏚᎵᏍᏙᏗᏍᎬᎩ ᎾᏍᎩ ᎤᎸᎸᎢ.
30 ᎤᎩᏨᏛᏃ ᎤᏚᎵᏍᎬ ᎢᏳᏍᏗ ᏚᏳᎪᏛ ᎤᏙᎴᎰᎯᏍᏗᏱ ᎤᏓᏚᎵᏍᏙᏗᏍᎬ ᎠᏂᏧᏏ
ᎬᏭᎯᏍᏗᏍᎬᎢ, ᎤᎸᏒᎲᎩ, ᎠᎴ ᎤᏁᏨᎩ ᏄᏂᎬᏫᏳᏒ ᎠᏥᎸᎠᏁᎶᎯ ᎠᎴ ᏂᎦᏛ ᏗᏂᎳᏫᎩ,
ᎤᎾᏓᏟᎭᏗᏱ, ᎠᎴ ᎤᏘᏃᎸᎩ ᏉᎳ, ᎠᏂᏅᎢᎬᏱᏢ ᎤᏪᎧᏅᎩ.

ᎠᏯᏙᎸᎢ 23

1 ᏉᎳᏃ ᎤᏯᏅᏒᎯ ᏚᎧᎿᏅ ᏗᏂᎳᏫᎩ, ᎯᎠ ᏄᏪᏒᎩ; ᎢᏥᏍᎦᏯ ᎢᏓᏓᏅᏟ, ᎪᎯ ᎢᎦ
ᎢᏯᏍᏗ, ᎠᏆᏓᏅᏙ ᎠᏆᏎᎵᎲ ᏓᎩᎸᏫᏍᏓᏁᎲᎩ ᏂᎦᎥ ᏚᏳᎪᏛ ᎨᏒ ᎤᏁᎳᏅᎯ ᎠᎦᏔᎲᎢ.
2 ᎡᏂᎾᏯᏃ ᏄᎬᏫᏳᏒ ᎠᏥᎸ-ᎨᎶᎯ ᏚᏂᏤᎸᎩ ᎬᏙᎬ ᎾᎥ ᎠᏂᏙᎾᎢ ᎠᎰᎵ ᎬᏩᏂᏍᏗᏱ.
3 ᏉᎳᏃ ᎯᎠ ᏄᏪᏎᎸᎩ; ᎤᏁᎳᏅᎯ ᏓᏨᏂᎵ ᏂᎯ, ᎠᏐᏱ ᎤᏁᎬᎢᎬᏁᎸᎯ; ᏦᎳᏰᏃ ᎨᎵ
ᏗᏍᏭᎪᏓᏁᏗᏱ ᎾᏍᎩᏬ ᏗᎧᎿᏩᏛᏍᏗ ᏂᎦᏪᏍᎬᎢ? ᏥᎪᏃ ᎢᎯᏁᎦ ᎥᏋᏂᏍᏗᏱ
ᏗᎧᎿᏩᏛᏍᏗ ᏙᎯᏕᏗᎴᎦ?
4 ᎾᎥᏃ ᎠᏂᏙᎾᎢ ᎯᎠ ᏄᏂᏪᏒᎩ; ᏥᎪ ᏕᎯᏐᏢᏗᎭ ᏄᎬᏫᏳᏒ ᎠᏥᎸ-ᎨᎶᎯ ᎤᏁᎳᏅᎯ
ᎤᏤᎵᎦ?
5 ᏉᎳᏃ ᎯᎠ ᏄᏪᏒᎩ; ᎢᏓᏓᏅᏟ, ᎥᏝ ᏱᎨᎵᏍᎨ ᏄᎬᏫᏳᏒ ᎠᏥᎸ-ᎨᎶᎯ ᎨᏒᎢ; ᎯᎠᏰᏃ
ᏥᏂᎬᏅ ᏥᎪᏪᎳ; "ᏞᏍᏗ ᎤᏐᏅ ᏱᏁᏤᏢᏍᏗ ᏣᏕᏁᎶᏗ ᏗᏣᏤᎵ ᏴᏫ ᎤᎾᏤᎵᎦ."
6 ᏉᎳᏃ ᎤᏙᎴᎰᏒ ᎢᎦᏛ ᎠᏂᏌᏚᏏ ᎨᏒᎢ, ᎢᎦᏛᏃ ᎠᏂᏆᎵᏏ, ᎤᏪᎷᏅᎩ ᏕᎦᎳᏫᎥᎢ ᎯᎠ
ᏄᏪᏒᎩ; ᎢᏥᏍᎦᏯ ᎢᏓᏓᏅᏟ, ᎠᏴ ᏥᏆᎵᏏ, ᎠᏆᎵᏏ ᎤᏪᏥ; ᎤᏚᎩ ᎬᏗ ᎨᏒ ᎠᎴ ᎠᏲᎱᏒ
ᏗᎴᎯᏐᏗ ᎨᏒ ᎤᏗᎦᎵᏍᏙᏗᎭ ᎠᏆᎵᏱᎵᏕᎭ.
7 ᎾᏍᎩᏃ ᏄᏪᏒ, ᎤᏂᏲᏠᎯᏎᎸᎩ ᎠᏂᏆᎵᏏ ᎠᎴ ᎠᏂᏌᏚᏏ, ᎤᏂᏣᏘᏃ ᎨᏒ ᏔᎵ ᏄᎾᏓᏛᎩ.
8 ᎠᏂᏌᏚᏏᏰᏃ ᎯᎠ ᎾᏂᏪᏎᎪᎢ; ᎥᏝ ᏗᎴᎯᏐᏗ ᏱᎩ, ᎥᏝ ᎠᎴ ᏰᎭ ᏗᎧᎿᏩᏗᏙᎯ ᎠᎴ
ᎠᏓᏅᏙ; ᎠᏂᏆᎵᏏᏍᎩᏂ ᎢᏧᎳ ᎠᏃᎯᏳᎲᏍᎦ.
9 ᎤᏣᏘᏃ ᎤᏁᎷᏅᎩ; ᏗᏃᏪᎵᏍᎩᏃ ᎠᏂᏆᎵᏏ ᎤᎾᎵᎪᏒ ᎤᎾᎵᎪᎯ ᏚᎾᎴᏅᎤᎾᏗᏒᎩ, ᎯᎠ
ᏄᏂᏪᏒᎩ; ᎥᏝ ᎪᎱᏍᏗ ᎤᏲ ᏲᏥᏩᏛᎡᎭ ᎯᎠ ᎠᏍᎦᏯ, ᎢᏳᏍᎩᏂ ᎠᏓᏅᏙ ᎠᎴ
ᏗᎧᎿᏩᏗᏙᎯ ᎤᏁᏤᎸᎯ ᎨᏎᏍᏗ, ᏞᏍᏗ ᎤᏁᎳᏅᎯ ᏤᏓᏟᏴᎡᎸᎩ.
10 ᎤᏣᏘᏃ ᎤᏂᏲᏠᎯᏎᎸ, ᏄᎬᏫᏳᏒ ᏗᏓᏘᏂᏙᎯ ᎠᏍᎦᎢᎲᎢ ᏉᎳ ᏱᎬᏪᏓᎦᎸᎥᎦ ᎡᎵᏍᎬᎢ,
ᏚᏁᏤᎸᎩ ᎠᏂᏯᏫᏍᎩ ᎤᏁᏅᏍᏗᏱ ᎠᎴ ᏫᏚᎾᏑᎦᎸᏙᏗᏱ, ᎠᎴ ᎤᏂᏴᏔᏂᎯᏍᏗᏱ ᏗᏐᏴᎢ.
11 ᎾᎯᏳᏃ ᎡᏃᏱ ᏫᏄᎵᏍᏔᏅ, ᎤᎬᏫᏳᎯ ᎾᎥ ᎤᎴᏁᎴᎢ, ᎯᎠ ᏄᏪᏎᎢ; ᎤᎦᎵᏍᏗ
ᏣᏓᏅᏖᏍᏗ, ᏉᎳ, ᎬᏂᎨᏒᏰᏃ ᏥᏂᏍᏋᏁᎸ ᏥᎷᏏᎵᎻ, ᎾᏍᏉ ᎬᏂᎨᏒ ᎤᏓᏍᏋᏁᎵ ᏣᏂ.
12 ᏑᎾᎴᏃ ᏄᎵᏍᏔᏅ ᎩᎶ ᎢᏳᎾᏍᏗ ᎠᏂᏧᏏ ᎤᎾᎵᎪᏁᎢ, ᎤᎾᏎᎵᏔᏁ ᏚᎾᏓᏁᏤᎴ
ᎨᏥᏍᎩᏅᏗᏍᏗᏱ, ᎯᎠ ᏄᏂᏪᏎᎢ; ᎥᏝ ᎪᎱᏍᏗ ᏴᎨᏗᎦ ᎠᎴ ᏴᎨᏓᏗᏔ, ᎬᏂ ᏉᎳ ᎡᏗᎸᎯ
ᎨᏎᏍᏗ.
13 ᏅᎦᏍᎪᎯᏃ ᎤᏗᎵᏍᏙᏗ ᎾᏂᎥᎩ ᎾᏍᎩ ᎢᏧᎾᏓᏪᏎᎸᎯ.
14 ᎾᏍᎩᏃ ᏄᏂᎬᏫᏳᏒ ᎠᏥᎸ ᎠᏁᎶᎯ ᎠᎴ ᏗᏂᎳᏫᎩ, ᏚᏂᎷᏨᎸᎩ ᎯᎠ ᏄᏂᏪᏒᎩ;
ᎣᎦᏎᎵᏔᏅ ᏙᎦᏓᏁᏤᎸ ᎣᎩᏍᏛᏗᏍᏗᏱ, ᎪᎱᏍᏗ ᎣᎦᏅᏍᎦᎶᏗᏱ ᎠᎴ ᎣᎦᏚᎩᏍᏗᏱ
ᏂᎨᏒᎾ ᎬᏂ ᏉᎳ ᎣᏥᎸᎯ ᎨᏎᏍᏗ.

15 Ꭷ ᎾᏍᎩ ᎢᏳᏍᏗ ᏂᎯ ᎠᎴ ᏗᏂᎳᏫᎩ ᎢᏣᎵᎪᎲᎦ, ᎡᏥᏔᏂᏲᏏ ᏄᎬᏫᏳᏒ ᏗᏓᏘᏂᏙᎯ,
ᎤᎩᏨᏅ ᎢᏣᏘᏃᎮᏗᏱ ᏥᏣᏚᎵᏍᎪ ᎾᏍᎩᏯᎢ ᎯᎠ ᎾᏍᎩ ᎠᎫᎢᏍᏗᏍᎬᎢ, ᎠᏴᏃ ᎠᏏᏉ ᎾᎥ
ᏂᎦᎷᎬᎾ ᎨᏎᏍᏗ, ᏅᎦᏛᏅᎢᏍᏗ ᏅᏥᎢᏍᏗᏱ.
16 ᏉᎳᏃ ᎤᏙ ᎤᏪᏥ ᎤᏛᎦᏅ ᎤᏂᏐᎷᎬᎢ, ᎤᏬᏅᏒᎩ, ᏗᏐᏴ ᏭᏴᎸᎩ, ᎠᎴ ᏭᏃᏁᎸᎩ
ᏉᎳ.
17 ᏉᎳᏃ ᏭᏯᏅᎲ ᎠᏏᏴᏫ ᎠᏍᎪᎯᏧᏈ ᏗᏘᏂᏙᎯ, ᎯᎠ ᏄᏪᏒᎩ; ᎯᎠ ᎠᏫᏅ ᏄᎬᏫᏳᏒ
ᏗᏓᏘᏂᏙᎯ ᏄᏌᎸ ᏫᏯᏘᏅᏍᏓ, ᎪᎱᏍᏗᏰᏃ ᎤᏐ ᎤᏃᏁᏗ.
18 ᎰᏩᏃ ᎤᏯᏅᎲ, ᏄᎬᏫᏳᏒ ᏗᏓᏘᏂᏙᎯ ᏭᏘᏃᎮᎸᎩ, ᎯᎠ ᏄᏪᏒᎩ; ᏉᎳ ᎠᏴᎩ
ᏩᎩᏯᏅᎲᎩ, ᎠᎩᏔᏲᏎᎸᎩ ᎯᎠ ᎠᏫᏅ ᎬᏯᏘᏃᎮᏗᏱ, ᎾᏍᎩ ᎪᎱᏍᏗ ᎤᏐ ᏣᏃᏁᏗ.
19 ᏄᎬᏫᏳᏒᏃ ᏗᏓᏘᏂᏙᎯ ᎤᏬᏯᏁᏒ, ᎢᏴᏛ ᎤᎦᎵᏒ ᏭᏘᏅᏍᏔᏅᎩ, ᎤᏛᏛᏅᎩ, ᎯᎠ
ᏄᏪᏒᎩ; ᏚᏙ ᎾᏍᎩ Ꮎ ᏍᎩᏃᏁᏗ ᏥᎩ?
20 ᎯᎠᏃ ᏄᏪᏒᎩ; ᎠᏂᏧᏏ ᎤᎾᏓᏅᏖᎸ ᎨᏣᏔᏲᏎᏗᏱ ᎤᎩᏨᏅ ᏕᎦᎳᏫᎥ ᏫᏯᏘᏃᎯᏍᏗᏱ
ᏉᎳ, ᎾᏍᎩᏯ ᎪᎱᏍᏗ ᎤᏟ ᎢᎦᎢ ᏨᏗᎾᏛᏛᏂᏐᎢ.
21 ᎠᏎᏃ ᏝᏍᏗ ᏙᎯᏳᏅᎩ; ᏅᎦᏍᎪᎯᏰᏃ ᎤᏗᎵᏍᏙᏗ ᎢᏯᏂᏛ ᎠᏂᏍᎦᏯ ᎬᏩᏐᎷᎦ,
ᎾᏍᎩ ᎤᎾᏎᎵᏔᏅᎯ ᏚᎾᏓᏁᏤᎸ ᎤᎾᎵᏍᏓᏴᏗᏱ ᎠᎴ ᎤᎾᏗᏔᏍᏗᏱ ᏂᎨᏒᎾ, ᎬᏂ ᎤᏂᎸᎯ
ᎨᏎᏍᏗ; ᎿᏉᏃ ᎤᎾᏛᏅᎢᏍᏗ ᎠᏂᎦᏘᏴ ᎤᎾᏛᎪᏗᏱ ᏣᏚᎢᏍᏔᏅᎢ.
22 ᎾᏍᎩᏃ ᏄᎬᏫᏳᏒ ᏗᏓᏘᏂᏙᎯ ᎤᏪᎧᏅᎩ ᎠᏫᏅ ᎠᎴ ᎠᏁᏤᎸᎩ ᎯᎠ ᏄᏪᏎᎸᎩ; ᏝᏍᏗ
ᎩᎶ ᎯᏃᏁᎸ ᎾᏍᎩ ᎯᎠ ᎬᏂᎨᏒ ᏂᏍᏋᏁᎸᎢ.
23 ᏫᏕᏯᏅᎲᏃ ᎠᏂᏔᎵ ᎠᏍᎪᎯᏧᏈ ᏗᎾᏓᏘᏂᏙᎯ, ᎯᎠ ᏄᏪᏒᎩ; ᏗᏍᏓᏛᏅᎢᏍᏓ ᏔᎵᏧᏈ
ᎠᏂᏯᏫᏍᎩ, ᎠᎴ ᎦᎵᏆᏍᎪᎯ ᏧᎾᎩᎸᏗ, ᎠᎴ ᏗᏓᏘᏍᏗ ᏗᏂᏂᏙᎯ ᏔᎵᏧᏈ, ᏏᏌᎵᏱ ᎠᏁᏒᏐ
ᏐᏅᏁᎵᏁ ᎢᏳᏟᎶᏛ ᎡᏃᏱ;
24 ᎠᎴ ᏗᎩᎸᏙᏗ ᏗᏍᏓᏛᏅᎢᏍᏓ ᎾᏍᎩ ᏉᎳ ᎠᎾᎩᎸᏔᏅᏐ, ᎠᎴ ᎤᏩᏙᎯᏯᏛ
ᏩᎾᏘᏃᎮᎸᏐ ᏈᎵᏏ ᎤᎬᏫᏳᎯ.
25 ᎤᏬᏪᎳᏅᎩᏃ ᎯᎠ ᏫᏄᏪᏎᎸᎩ;
26 "ᎠᏴ ᏠᏗᏯ-ᎵᏏᏯ ᏫᎬᏲᎵᎦ ᎤᏣᏘ ᎨᏍᏛ ᏣᎬᏫᏳᎯ ᏈᎵᏏ.
27 ᎯᎠ ᎠᏍᎦᏯ ᎠᏂᏧᏏ ᎬᏩᏂᏴᎲᎩ, ᎠᎴ ᏓᎬᏩᎵᏒᎩ, ᎿᏉ ᎠᏂᏯᏫᏍᎩ ᏕᎦᏘᏅᏒᎩ, ᎠᎴ
ᏥᏍᏕᎸᎲᎩ, ᎠᏆᏛᎦᏅᎯ ᎨᏒ ᎠᎶᎻ ᎨᏒᎢ.
28 ᎠᏆᏚᎸᎲᏃ ᎠᏆᏙᎴᎰᎯᏍᏗᏱ ᎤᏗᎦᎵᏍᏙᏗᏍᎬ ᎬᏬᎯᏍᏗᏍᎬᎢ, ᏥᏯᏘᏃᎸᎩ ᏓᏂᎳᏫᎥᎢ.
29 ᎠᏆᏙᎴᎰᏒᏃ ᎾᏍᎩ ᏧᏂᎧᎿᏩᏛᏍᏗᏉ ᎧᏃᎮᏗ ᎨᏒ ᎤᏗᎦᎵᏍᏙᏗᏍᎬ ᎠᎫᎢᏍᏗᏍᎬᎢ
ᎬᏩᏲᎱᎯᏍᏗᏃ ᎠᎴ ᎦᏰᎦᎸᏍᏗ ᎨᏒ ᎪᎱᏍᏗ ᎾᎫᎢᏍᏛᎾ ᎨᏒᎢ.
30 ᎠᎴ ᎥᎩᏃᏁᎸ ᎠᏂᏧᏏ ᎤᏂᏐᎷᎬ ᎾᏍᎩ ᎠᏍᎦᏯ, ᎩᎳᏉ ᎢᏴᏛ ᎠᏆᏓᏅᏒ ᏗᏦᎸᎢ, ᎠᎴ
ᎾᏍᏉ ᎦᏥᏁᏤᎸ ᎬᏬᎯᏍᏗᏍᎩ ᎯᎦᏔᎲ ᎤᏂᏃᎮᏗᏱ ᎤᏗᎦᎵᏍᏙᏗᏍᎬ ᎠᏄᎯᏍᏗᏍᎬᎢ.
ᏙᎯᏱ ᏂᏣᏛᎿᎦᎨᏍᏗ."

31 ᎠᏂᏯᏫᏍᎩᏃ, ᏂᎨᏥᏪᏎᎸ ᎨᏥᏁᏤᎸ ᏄᎾᏛᏁᎸ, ᎤᏂᏯᏅᎲᎩ ᏉᎳ, ᎠᎴ ᎡᏃᏱ
ᏕᏂᎶᏒ, ᎥᏗᏆᏗ ᏕᎾᏘᏃᎸᎩ.
32 ᎤᎩᏨᏛᏃ ᏧᎾᎩᎸᏗ ᎤᎾᏘᏅᏍᏗ ᏄᏅᏁᎸ, ᎠᏂᏯᏫᏍᎩ ᎤᎾᏨᏒᎩ, ᏗᎭᏴ ᏕᏂᎶᏒᎩ.
33 ᎾᏍᎩᏃ ᏧᎾᎩᎸᏗ ᏏᏌᎵᏱ ᏕᏂᎷᏨ, ᎠᎴ ᎤᎬᏫᏳᎯ ᎪᏪᎵ ᎤᏂᏅᏁᎸ, ᎾᏍᏉ ᏉᎳ
ᏚᏂᏲᎯᏎᎸᎩ.
34 ᎤᎬᏫᏳᎯᏃ ᎤᎪᎵᏰᎥ, ᎤᏛᏛᏅᎩ ᎾᎿ ᏍᎦᏚᎩ ᎡᎯ ᎨᏒᎢ, ᎤᏛᎦᏅᏃ ᏏᎵᏏᏱ ᎡᎯ
ᎨᏒᎢ,
35 ᎯᎠ ᏄᏪᏒᎩ; ᏓᎬᏯᏛᎦᏁᎵ ᎨᏧᎯᏍᏗᏍᎩ ᎾᏍᏉ ᎠᏂᎷᏨᎭ. ᎤᏁᏨᎩᏃ
ᎠᏥᎦᏘᏗᏍᏗᏱ ᎡᎶᏛ ᎤᏤᎵ ᏗᎫᎪᏙᏗᏱ ᎠᏓᏁᎸᎢ.

ᎠᏯᏙᎸᎢ 24

1 ᎯᏍᎩᏃ ᏫᏄᏒᎳ ᎡᏂᎾᏯ ᏄᎬᏫᏳᏒ ᎠᏥᎸ-ᎨᎶᎯ ᎤᎷᏨᎩ, ᎠᏁᎲ ᏗᎨᎦᏁᎶᏗ, ᎠᎴ ᎩᎶ
ᎢᏳᏍᏗ ᏗᏘᏲᎯ-Ꭿ, ᏔᏓᎳ ᏧᏙᎢᏛ, ᎾᏍᎩ ᎤᏂᏃᏁᎸᎩ ᎤᎬᏫᏳᎯ, ᎠᏄᎯᏍᏗᏍᎬ ᏉᎳ.
2 ᏣᏥᏯᏅᎲᏃ ᏔᏓᎳ ᎤᎴᏅᎲᎩ ᎤᏬᎯᏍᏔᏅᎩ, ᎯᎠ ᏄᏪᏒᎩ; "ᏂᎯ ᎢᏨᏂᏌᏅᎯ ᎤᏣᏘ
ᎤᏩᏙᎯᏯᏛ ᏦᏤᎭ, ᎠᎴ ᎣᏍᏛ ᏥᏄᎾᎵᏍᏓᏁᎭ ᏴᏫ ᎣᎦᏤᎵᎪᎯ ᏣᎦᏌᏯᏍᏗᏳ ᎨᏒ
ᏥᏅᏗᎦᎵᏍᏙᏗᎭ,
3 ᎾᏍᎩ ᎢᏳᏍᏗ, ᎰᏍᏛ ᏈᎵᏏ, ᏂᎪᎯᎸ ᎠᎴ ᏂᎬᎾᏛ ᏂᎦᎥ ᎠᎵᎮᎵᏍᏗ ᎨᏒ ᎣᏣᏓᏂᎸᎪᎢ.
4 ᎠᏎᏃ ᎠᏏ ᎤᏟ ᎢᎦᎢ ᏂᏗᎬᏯᏪᎢᏍᏔᏅᎾ, ᎬᏔᏲᏎᎭ ᏣᏓᏅᏘᏳ ᎨᏒ ᏨᏙᏗᏱ
ᏍᎩᏯᏛᎦᏁᏗᏱ ᎢᎸᏍᎩ ᎢᎧᏁᏨᎯ.
5 ᎣᎦᏙᎴᎰᏒᏰᏃ ᎯᎠ ᎾᏍᎩ ᎠᏍᎦᏯ ᎤᏣᏔᏅᎯ ᎤᎦᏯᏙᏗ ᎨᏒᎢ, ᎠᎴ ᏚᏂᏔᏗᏍᎩ
ᏧᏓᎴᏅᏛ ᏂᎦᏛ ᎠᏂᏧᏏ ᎠᏁᎲ ᏂᎬᎾᏛ ᎡᎶᎯ, ᎠᎴ ᏄᎬᏫᏳᏒ ᏗᏓᏘᏂᏙᎯ ᎤᎾᎵᎪᏒ ᎾᏎᎵᏂ
ᏧᎾᏙᎢᏛ.
6 ᎾᏍᎩ ᎾᏍᏉ ᎤᏛᏅ ᏗᎦᎳᏫᎢᏍᏗᏱ ᎤᏐᏢᎢᏍᏙᏗᏱ ᎤᏰᎸᏅᎩ. ᎾᏍᎩ ᎣᏥᏂᏴᎲᎩ
ᎠᎴ ᎣᎦᏚᎵᏍᎬᎩ ᏈᎩᎧᎿᏩᏛᏍᏗ ᎣᎬᏙᏗᏱ ᎣᏥᏱᎵᏓᏍᏗᏱ.
7 ᎠᏎᏃ ᎵᏏᏯ ᏄᎬᏫᏳᏒ ᏗᏓᏘᏂᏙᎯ ᎤᎷᏨ ᎤᏣᏘ ᎬᏍᎦᎢᏍᏓᎩᏯ ᏙᎦᏑᎦᏄᏔᏅᎩ,
8 ᎠᎴ ᏚᏁᏤᎸᎩ ᎬᏭᎯᏍᏗᏍᎩ ᎨᏣᎷᏤᏗᏱ; ᎾᏍᎩᏃ ᎪᎯᎵᏰᏍᎬᎢ ᏨᏒ ᎨᏣᎦᏙᎥᎯᏍᏗ
ᏱᏂᎦᎵᏍᏓ ᎯᎠ ᏂᎦᏛ ᏦᏧᎢᏍᏗᎭ."
9 ᎠᏂᏧᏏᏃ ᎾᏍᏉ ᎤᏂᏍᏓᏱᏛᎩ, ᎤᏙᎯᏳᎯ ᎾᏍᎩ ᏄᏍᏗ, ᎤᎾᏛᏅᎩ.
10 ᎿᏉᏃ ᏉᎳ, ᎤᎬᏫᏳᎯ ᎤᎵᏍᎫᏫᏎᎸ ᎤᏁᎢᏍᏗᏱ ᎤᎵᏍᎪᎸᏓᏁᎸ, ᎯᎠ ᏄᏪᏒᎩ;
"ᏏᎦᏔᎯᏳ ᏥᎩ ᎢᎸᏍᎩ ᏧᎦᏘᏴᏛ ᏕᎪᏓᏁᎯ ᎢᎬᏩᎵᏍᏔᏅᎯ ᎨᏒ ᎯᎠ ᏑᎾᏓᎴᎩ ᏴᏫ,
ᎾᏍᎩ ᎤᏓᎦᎵᏍᏙᏓ ᎤᏟ ᎤᎦᎵᏍᏗᏳ ᏴᏫ, ᎾᏍᎩ ᎤᏓᎦᎵᏍᏙᏓ ᎤᏟ ᎤᎦᎵᏍᏗᏳ
ᎦᏓᏅᏓᏓ, ᎠᏋᏒ ᎦᎵᏍᎦᎵᏍᎬ ᎬᎩᏁᎢᏍᏗ ᏥᏂᎦᎵᏍᏓ.
11 ᎨᏣᎦᏙᎥᎯᏍᏗᏰᏃ ᏂᎦᎵᏍᏗᎭ ᎾᏍᎩ ᎠᏏᏉ ᏔᎳᏚᏉ ᏄᏒᎭ ᏥᎷᏏᎵᎻ
ᎬᏆᏓᏙᎵᏍᏔᏅᏒᎯ.
12 ᎠᎴ ᎥᏝ ᏱᎬᎩᏩᏛᎮ ᎩᎶ ᏲᏍᏓᏗᏒᎯᎮ ᎣᏍᏗᏬᏂᏍᎬᎢ ᎤᏛᏅ-ᏗᎦᎳᏫᎢᏍᏗᏱ, ᎠᎴ ᎥᏝ
ᏱᏗᏥᏖᎸᎲᏍᎨ ᏚᎾᏓᏅᏛ ᏴᏫ ᏗᎦᎳᏫᎢᏍᏗᏱ ᎦᎨᏌᏗᏒᎢ ᎠᎴ ᎢᎸᎯᏢ ᎦᏚᎲᎢ.
13 ᎥᏝ ᎠᎴ ᏰᎵ ᎬᏩᏃᎯᏳᏙᏗ ᏱᎩ ᎯᎠ ᎾᏍᎩ ᎿᏉ ᏥᎬᏇᎯᏍᏗᎭ.
14 ᎯᎠᏍᎩᏂᏃᏅ ᎬᏃᎲᏏ, ᎾᏍᎩ ᎤᎾᏓᏤᎵᏛ ᎤᎾᎵᎪᎯ ᏥᏓᏃᏎᎭ, ᎾᏍᎩ ᎦᏥᏍᏓᏩᏗᏒ
ᏥᏯᏓᏙᎵᏍᏓᏁᎲ ᎤᏁᎳᏅᎯ ᏗᎩᎦᏴᎵᎨ ᎤᎾᏤᎵᎦ, ᎪᎢᏳᎲᏍᎬᎢ ᏂᎦᏛ ᎪᏪᎵ
ᏗᎧᎿᏩᏛᏍᏗᏱ ᎠᎴ ᎠᎾᏙᎴᎰᏍᎩ ᏚᏃᏪᎸᎢ;
15 ᎠᎴ ᎾᏍᏉ ᎤᏚᎩ ᏥᏴᎠ ᎤᏁᎳᏅᎯ, ᏧᎾᎴᎯᏐᏗ ᎨᏒ ᏧᏂᏲᎱᏒᎯ ᎤᎾᏓᏅᏘ ᎠᎴ
ᎤᏂᏁᎫᏥᏛ, ᎾᏍᎩ ᎾᏍᏉ ᎤᏅᏒ ᏧᏃᎯᏳᎭ.

16 ᎠᎴ ᎾᏍᎩ ᎯᎠ ᏂᎦᏛᏁᎨᎢ ᎦᏟᏂᎬᏁᎨ ᎠᏆᏓᏅᏙᎩ ᎠᏆᏎᎮᎲᎢ ᏂᎪᎯᎸ ᏂᏥᏍᎦᏅᏤᎲᎾ
ᎤᏁᎳᏅᎯ ᎠᎴ ᏂᎦᏥᏍᎦᏅᏤᎲᎾ ᏴᏫ ᎢᏳᎵᏍᏙᏗᏱ.
17 ᎢᎸᏍᎩᏃ ᏫᏄᎦᏗᏴᎲ ᏗᏆᏤᎵᎦ ᏴᏫ ᎦᏥᏲᎮᎸᎩ ᎨᏥᏁᎸᎯ, ᎠᎴ ᎠᎩᏲᎸᎩ ᎠᏥᎸᎨᎳᏍᏗ.
18 ᎾᏍᎩᏃ ᏂᎦᏛᏁᎲᎢ ᎩᎶ ᎢᏳᎾᏍᏗ ᎠᏂᏧᏏ ᎡᏏᏱ ᎠᏁᎯ ᎬᎩᎶᏛᎲᎩ ᎠᏆᏓᏅᎦᎵᏌᏛ
ᎨᏒᎩ ᏥᏪᎥᎩ ᎤᏛᏅᏗᎦᎳᏫᎢᏍᏗᏱ, ᎥᏝ ᏱᎨᎳᏗᏙᎮ ᎤᏂᏟᏗ ᎠᏁᏙᎲᎢ, ᎠᎴ ᎤᎾᏓᏑᏰᏛ
ᎨᏒᎢ;
19 ᎾᏍᎩᏍᎩᏂ ᎠᏂ ᏦᎸᎢ ᏱᎠᏁᏙᎮᎢ, ᎠᎴ ᏳᏂᏃᎮᎴᎢ, ᎢᏳᏃ ᎪᎱᏍᏗ ᏱᎬᏇᎯᏍᏗᏐ.
20 ᎠᎴ ᎯᎠᏉ ᎾᏍᏉ ᎤᏅᏒ ᏳᏂᏃᎮᎸ, ᎢᏳᏃ ᎤᏲ ᏓᎩᎸᏫᏍᏓᏁᎸ ᎤᏂᏩᏛᏛ ᏱᎩ
ᎦᏚᎳᏫᎥ ᏥᏙᎬᎢ,
21 ᎯᎠ ᏍᎩᏂᏃᏅ ᏑᏓᎴᎩ ᎤᏩᏒ ᎠᎩᏁᏨᎢ, ᎯᎠ ᎾᎩᏪᏒ ᎠᏇᎷᏅ ᎠᏂᏚᎳᎲ ᏥᏙᎬᎢ;
ᏗᎴᎯᏐᏗ ᎨᏒᎠᏲᎱᏒ ᎤᏗᎦᎵᏍᏙᏗ ᏍᎩᏱᎵᏙᏐ ᎪᎯ ᎢᎦ ᏥᎩ."
22 ᏈᎵᏏᏃ ᎾᏍᎩ ᎤᏛᎦᏅ, ᎠᎴ ᎤᏟ ᎢᎦᎢ ᎤᏚᎥᏒ ᎾᏍᎩ ᎦᏅᏅᎢ, ᏚᏌᎯᎦᎸᎩ ᎯᎠ
ᏄᏪᏒᎩ; ᎵᏏᏯ ᏄᎬᏫᏳᏒ ᏗᏓᏘᏂᏙᎯ ᎦᎷᏨᏐ ᏓᎦᏛᎦᏃᏂ ᏥᏥᏱᎵᏙᏐ.
23 ᎤᏁᏤᎸᎩᏃ ᎠᏍᎪᎯᏧᏛ ᏗᏘᏂᏙᎯ ᏧᎧᏖᏳᏗᏓᏍᏗᏱ ᏉᎳ, ᎠᎴ ᎤᏁᎳᎩ ᏪᏓ
ᎤᏪᎵᏎᏗᏱ, ᎠᎴ ᎯᎠ ᏄᏪᏎᎸᎩ; ᏝᏍᏗ ᏣᏅᏍᏙᏒᎩ ᎩᎶ ᎢᏳᏍᏗ ᎤᎾᎵᎢ
ᎤᏍᎦᎸᎯᏓᏍᏗᏱ ᎠᎴ ᎤᏳᏛᎯᎯᏍᏗᏱ.
24 ᎢᎸᏍᎩᏃ ᏫᏄᏒᎸ ᏈᎵᏏ ᎤᎷᏨᎩ, ᎤᏘᏃᎸᎩ ᎤᏓᎵᎢ ᏚᏏᎵ, ᎾᏍᎩ ᎠᏧᏏ ᎨᏒᎩ,
ᎤᏓᏅᏒᎩ ᏣᏥᏪᏅᏗᏱ ᏉᎳ; ᎤᏛᎦᏁᎸᎩᏃ ᎦᎶᏁᏛ ᎪᎯᏳᏗ ᎨᏒ ᎤᎬᏩᎵ.
25 ᎠᏏᏉᏃ ᎧᏃᎮᏍᎬ ᏚᏳᎪᏛ ᎨᏒᎢ, ᎠᎴ ᎠᎵᏏᎾᎯᏍᏙᏗ ᎨᏒᎢ, ᎠᎴ ᎤᏁᎳᏅᎯ
ᏧᏌᎪᏙᏗᏱ ᎤᎵᏱᎶᎯᏍᏗ ᎨᏒᎢ, ᏈᎵᏏ ᎤᏪᎾᏮᎩ, ᎯᎠ ᏄᏪᏒᎩ; ᏁᏗ ᏂᎦᎵᏍᏔᏅᏐ
ᏫᎬᏪᏅᎲᏐ.
26 ᎠᎴ ᎾᏍᏉ ᎤᏚᎩ ᎤᏩᏒᎩ ᏉᎳ ᎠᎦᎸ ᏧᏁᏗᏱ, ᎾᏍᎩᏃ ᏧᏲᎯᏍᏗᏱ; ᎾᏍᎩ ᎢᏳᏍᏗ
ᎤᏟ ᏪᏃᎩᏳ ᎠᏓᏅᏍᎬᎩ ᏣᏪᏂᏍᎬᎩ, ᎠᎴ ᎠᎵᏃᎮᏗᏍᎬᎩ.
27 ᏔᎵᏃ ᏫᏄᎦᎢᏴᎲ ᏈᎵᏏ ᎤᏪᏅᎢ ᏉᏏᏯ ᏇᏍᏓ ᎤᏪᎳᏅᎩ; ᏈᎵᏏᏃ ᎤᏚᎵᏍᎬᎢ ᎠᏂᏧᏏ
ᎣᏍᏛ ᏧᏓᏅᏓᏗᏍᏙᏗᏱ, ᎤᏪᎧᎯᏴᎩ ᏉᎳ ᎠᎦᎸᎢᏛ.

ᎠᏯᏙᎸᎢ 25

1 ᎿᏉᏃ ᏇᏍᏓ ᎾᎿ ᏍᎦᏚᎩ ᎠᏥᎦᏘᏗᏍᏛ ᎤᎷᏨ, ᏦᎢ ᏫᏄᏒᎸ, ᏏᏌᎵᏱ ᎤᏂᎩᏒᎩ
ᏥᎷᏏᎵᎻ ᏭᎶᏒᎩ.

2 ᎿᏉᏃ ᏄᎬᏫᏳᏒ ᎠᏥᎸ-ᎨᎶᎯ ᎠᎴ ᎤᏂᎬᏫᏳᎯ ᎠᏂᏧᏏ ᏧᎾᏤᎦ ᎬᏩᏃᎮᎮᎸᎩ ᎠᎸᎯᏍᏗᏍᎬ
ᏉᎳ ᎠᎴ ᎬᏩᏍᏗᏰᏔᏅᎩ,

3 ᎬᏩᏔᏲᏎᎸᎩ ᏧᏓᏅᏡᎮᏗᏱ ᎾᏍᎩ ᎠᎸᎯᏍᏗᏍᎬᎢ, ᎾᏍᎩ ᎤᏓᏅᏍᏗᏱ ᏥᎷᏏᎵᎻ
ᎠᎦᏘᏃᎯᏍᏗᏱ; ᏭᏂᎭᎷᎨᏰᏃ ᎤᏃᎯ ᎤᏂᎯᏍᏗᏱ ᎤᏂᎸᏎᎢ.

4 ᎠᏎᏃ ᏇᏍᏓ ᎤᏁᏨᎩ ᏉᎳ ᎠᎦᏘᏗᏍᏗᏱ ᏏᏓᎵᏱ, ᎠᎴ ᎤᏩᏒ ᏂᎪᎸᎾᏉ ᎾᎿ
ᏭᎶᎯᏍᏗᏱ.

5 ᎯᎠᏃ ᏄᏪᏒᎩ; ᎾᏍᎩ ᎢᏳᏍᏗ ᏂᎯ ᏱᏣᏓᏛᏯᏰᎵ ᎢᎨᏣᏛᏁᏗ ᎨᏎᏍᏗ ᎢᎦᏒᎭ
ᏪᏥᏱᎵᏙᎸᎭ ᎾᏍᎩ Ꮎ ᎠᏍᎦᏯ, ᎢᏳᏃ ᎤᏍᏚᏅᏨᎯ ᎨᏎᏍᏗ.

6 ᎠᏍᎪᎯᏃ Ꭴ᏷ᎵᏍᏙᏗ ᏄᏒᎸ ᏚᏪᎳᏗᏙᎸ, ᏏᏌᎵᏱ ᏭᎶᏒᎩ; ᎤᎩᏨᏛᏃ ᏗᎫᎪᏙᏗᏱ ᎦᏍᎩᎸ
ᎤᏬᎸᎢ ᎤᏁᏨᎩ ᏉᎳ ᏩᏥᏯᏅᏗᏱ.

7 ᎤᎷᏨᏃ, ᎠᏂᏧᏏ ᏥᎷᏏᎵᎻ ᎤᏓᏳᎶᏒᎯ ᎬᏩᏚᏫᏛ ᎤᎾᎴᏅᏅᎩ, ᎠᎴ ᎤᏣᏛᎩ ᎠᎴ
ᎦᎨᏛ ᎠᎸᎯᏍᏗᏍᎬᎩ ᏉᎳ, ᎾᏍᎩ ᎤᏙᎯᏳᏒ ᎬᏂᎨᏒ ᎢᎬᏩᏅᏁᏗ ᏂᎨᏒᎾ ᎨᏒᎩ.

8 ᎤᏩᏒᏃ ᎠᎵᏍᎦᎵᏍᎬ ᎤᏁᏨᎩ ᎯᎠ ᏄᏪᏒᎩ; ᎥᏝ ᎤᏍᏗᏅᏅ ᎠᎩᏍᏚᏅᏨᎯ ᏱᎩ
ᎠᏂᏧᏏ ᏧᏂᎧᎿᏩᏛᏍᏗ ᎤᏂᎲᎢ, ᎥᏝ ᎠᎴ ᎤᏛᏅ-ᏗᎦᎳᏫᎢᏍᏗᏱ ᏥᏍᏚᏅᏤᎸᎯ ᏱᎩ, ᎥᏝ
ᎠᎴ ᏏᏌ ᎪᎱᏍᏗ ᏥᏍᏚᏅᏤᎸᎯ ᏱᎩ.

9 ᎠᏎᏃ ᏇᏍᏓ ᎤᏚᎵᏍᎬᎢ ᎠᏂᏧᏏ ᎣᏍᏛ ᏧᏓᏅᏓᏗᏍᏙᏗᏱ ᎤᏓᏳᎵᏍᏙᏔᏅ, ᎤᏁᏤᎸᎩ
ᏉᎳᎯᎠ ᏄᏪᏎᎸᎩ; ᏣᏚᎵᏍᎪ ᏥᎷᏏᎵᎻ ᏤᏅᏍᏗᏱ ᎠᎴ ᎾᎿ ᎯᎠ ᎾᏍᎩ ᏗᎬᏩᎪᏓᏁᏗᏱ?

10 ᏉᎳᏃ ᎯᎠ ᏄᏪᏒᎩ; ᏏᏌ ᎤᏪᏍᎩᎸ ᏗᎫᎪᏙᏗᏱ ᏥᏙᎦ, ᎾᎿ ᎠᏆᎵᏰᎢᎵᎦᏗᏱ. ᎠᏂᏧᏏ
ᎥᏝ ᎪᎱᏍᏗ ᎦᏥᏍᏚᏅᏤᎸᎯ ᏱᎩ, ᎾᏍᎩ ᎣᏏᏳ ᏂᎯ ᏥᎦᏔᎭ.

11 ᎢᏳᏰᏃ ᏥᏍᏚᎾ ᏱᎩ, ᎠᎴ ᎬᎩᏲᎱᎯᏍᏗ ᎢᎦᎢ ᎠᎩᏍᏚᏅᏨᎯ ᏱᎩ, ᎥᏝ ᏱᏙᎬᏆᎵᎵᏫᏏ
ᎠᎩᏲᎱᎯᏍᏗᏱ; ᎢᏳᏍᎩᏂ ᏄᏙᎯᏳᏒᎾ ᏱᎩ ᎯᎠ ᎾᏍᎩ ᏥᎬᏇᎯᏍᏗᎭ, ᎥᏝ ᎩᎶ ᏰᎵ
ᏗᎬᏩᏂᏲᎯᏎᏗ ᏱᎩ ᎠᏴ. ᏏᏐᎢ ᏫᏥᎥᏍᏓ.

12 ᎿᏉᏃ ᏇᏍᏓ ᏚᎵᏃᎮᏔᏅ ᏗᏂᎳᏫᎩ, ᎯᎠ ᏄᏪᏒᎩ; ᏏᏐᎢᏧ ᏫᎲᏍᏓ? ᏏᏐᎢ ᏮᏏ.

13 ᎢᎸᏍᎩᏃ ᏫᏄᏒᎸ ᏏᏌᎵᏱ ᎤᏂᎷᏨᎩ ᎤᎬᏫᏳᎯ ᎡᎩᎵᏈ ᎠᎴ ᏆᏂᏏ, ᎤᏂᏲᎵᎵᎸᎩ
ᏇᏍᏓ.

14 ᎢᎸᏍᎩᏃ ᏄᏬᎯᏨ ᎾᎿ ᎤᏁᏙᎸ, ᏇᏍᏓ ᎤᏃᎮᎮᎸᎩ ᎤᎬᏫᏳᎯ ᏄᏍᏛ ᏉᎳ
ᎤᎵᏱᎵᎦᎲᎢ, ᎯᎠ ᏄᏪᏒᎩ; ᎩᎶ ᎢᏳᏍᏗ ᎠᏍᎦᏯ ᎠᏴᎩ ᎠᏥᎧᎭ ᏈᎵᏏ ᎤᏪᎧᎯᏴᎯ.

15 ᎾᏍᎩ ᎬᎩᏃᎮᎮᎸᎩ ᏄᏂᎬᏫᏳᏒ ᎠᏥᎸ-ᎠᏁᎶᎯ ᎠᎴ ᏗᏂᎳᏫᎩ ᎠᏂᏧᏏ ᏧᎾᏤᎵᎦ, ᏥᎷᏏᎵᎻ
ᏥᏫᎨᏙᎲᎩ, ᎠᏂᏔᏲᎯᎲᎩ ᎤᏍᏚᏅᏨ ᏧᏚᎪᏙᏗᏱ.

16 ᎾᏍᎩᏃ ᎯᎠ ᏂᎦᏥᏪᏎᎸᎩ; ᎠᏂᎶᎻ ᎥᏝ ᎾᏍᎩ ᏱᏄᏅᏅ, ᎾᏍᎩ ᏧᏂᏲᎯᏍᏗᏱ ᎩᎶ
ᎤᏲᎱᎯᏍᏗᏱ, ᎬᏂ ᎠᎫᎢᏍᏗᏍᎩ ᎩᎶ ᎤᏲᎱᎯᏍᏗᏱ, ᎬᏂ ᎠᎫᎢᏍᏗᏍᎩ ᎬᏭᎯᏍᏗᏍᎩ
ᏚᎾᎧᏛ ᏧᎪᎲᎯ ᏥᎨᏐ ᎠᎴ ᎠᎦᎵᏍᎪᎸᏓᏁᎸᎯ ᏥᎨᏐ ᎤᏩᏒ ᎠᎵᏍᎦᎵᏍᎬ ᎤᏁᎢᏍᏗᏱ
ᎤᏃᎮᏗᏱ ᎤᏍᏚᏅᏨ ᎠᎫᎢᏍᏗᏍᎬ ᎤᎬᏩᎵ.
17 ᎾᏍᎩ ᎢᏳᏍᏗ ᎠᏂ ᎤᏂᎷᏥᎸ, ᏄᎵᏍᏛᏉ ᎤᎩᏨᏛ ᏗᎫᎪᏙᏗᏱ ᏚᏍᎩᎸ ᎠᎩᏅᎩ, ᎠᎴ
ᎠᎩᏁᏨᎩ ᎾᏍᎩ ᎠᏍᎦᏯ ᏣᏥᏯᎧᏅᏗᏱ.
18 ᎾᏍᎩ ᎬᏭᎯᏍᏗᏍᎩ ᏚᎾᎴᏅ, ᎥᏝ ᎪᎱᏍᏗ ᏣᏂᎾᏄᎪᏫᏎ ᎾᏍᎩ ᏯᏂᎾᏄᎪᏩ ᎠᏬᎵᏒ
ᎾᏍᎩ ᎠᏄᎯᏍᏗᏍᎬᎢ.
19 ᎠᏄᎯᏍᏗᏍᎬᏍᎩᏂ ᎪᎱᏍᏗᏉ ᎤᏍᏗ ᎾᏍᎩ ᎧᏃᎮᏗ ᎨᏒ ᎤᏅᏒᏉ ᎤᎾᏤᎵᏛ
ᎤᏁᎳᏅᎯ ᏧᏂᎧᏖᏳᏛᏍᏗ ᎨᏒᎢ, ᎠᎴ ᎩᎶ ᎢᏳᏍᏗ ᏥᏌ, ᎤᏲᎱᏒᎯ, ᎾᏍᎩ ᎡᎭ ᎠᏗᏍᎨ
ᎨᎵ ᏉᎳ.
20 ᎠᎴ ᎾᏍᎩ ᎢᏳᏍᏗ ᎧᏃᎮᏛ ᎨᏒ ᏓᏆᎵᏫᏎᎲᎢ ᎤᏓᏣᎵᏍᏙᎳᏅᎩ, ᎯᎠ ᎤᏥᏪᏎᎸᎩ
[ᏉᎳ]; ᏣᏚᎵᏍᎪ ᏥᎷᏏᎵᎻ ᏤᏅᏍᏗᏱ ᎾᏖᏃ ᎯᎠ ᎾᏍᎩ ᏂᎦᏛ ᏤᏧᎪᏓᏁᏗᏱ.
21 ᎠᏎᏃ ᏉᎳ ᎤᏁᏨ ᎠᏥᏚᏘᏗᏍᏗᏱ, ᎠᎴ ᎣᏚᏍᏓ ᏧᏭᎪᏓᏁᏗᏱ, ᎠᎩᏁᏨᎩ
ᎠᏥᏚᏘᏗᏍᏗᏱ, ᎬᏂ ᎬᏆᏓᏅᏍᏗ ᏱᏄᎵᏍᏔᏅ, ᏏᏐᎢ.
22 ᏖᏉᏃ ᎡᎩᎵᏡ ᎯᎠ ᏄᏪᏎᎸᎩ ᏬᏍᏓ; ᎠᏴ ᎾᏍᏉ ᎠᏋᏒ ᎠᏆᏚᎵᎭ ᏥᏯᏛᎦᏁᏗᏱ ᎾᏍᎩ
ᎠᏍᎦᏯ. ᎯᎠᏃ ᏄᏪᏒᎩ; ᎤᎩᏨᏅ ᏘᏯᏛᎦᏁᎵ.
23 ᎰᏩᏃ ᎤᎩᏨᏛ ᎤᏣᏘ ᎤᎾᏣᏅᎯ ᎤᏂᎷᏨ ᎡᎩᎵᏡ ᎠᎴ ᏆᏂᏏ, ᎾᏍᎩᏃ ᏗᏓᏱᎵᏓᏍᏗᏱ
ᎤᏂᏴᎸ, ᎠᎴ ᏄᏂᎬᏫᏳᏒ ᏗᎾᏓᏘᏂᏙᎯ, ᎠᎴ ᎨᏥᎸᏉᏗ ᎾᏖ ᏚᏚᎲ ᎠᏁᎯ, ᏬᏍᏓ ᎤᏁᏨ,
ᏉᎳ ᏣᏥᏯᏛᏅᎲᎩ.
24 ᏬᏍᏓᏃ ᎯᎠ ᏄᏪᏒᎩ; Ꮳ-ᎬᏫᏳᎯ ᎡᎩᎵᏡ, ᎠᎴ ᎾᏍᏉ ᏂᎦᏛ ᎢᏥᏍᎦᏯ ᎠᏂ ᏥᏓᎾ;
ᎡᏥᎪᏩᏗᎭ ᎯᎠ ᎠᏍᎦᏯ, ᎾᏍᎩ; ᎡᏄᎯᏍᏗᏍᎬ ᏂᎦᏛ ᎤᏂᏣᏘ ᎠᏂᏧᏏ ᏥᎬᎩᎷᏤᎸᎩ
ᏥᎷᏏᎵᎻ, ᎠᎴ ᎾᏍᏉ ᎠᏂ, ᎯᎠ ᏥᎾᏂᏪᏍᎬᎩ; ᎥᏝ ᎣᏏᏳ ᏱᏚᎩ ᎠᏏᏉ ᏱᎬᏅ.
25 ᎠᏆᏙᎴᎰᏒᏃ ᏄᏍᏚᏅᏨᎾ ᎨᏒ ᏰᎵ ᎬᏩᏲᎱᎯᏍᏗ ᎨᏒᎢ, ᎠᎴ ᎤᏩᏒ ᎣᏚᏍᏙᎢ
ᏭᎲᏍᏔᏅ, ᏓᏬᎪᎳᏅ ᎠᏚᏘᏅᏍᏗᏱ.
26 ᎾᏍᎩ ᏥᏃᎮᏍᎬᎢ, ᎥᏝ ᎪᎱᏍᏗ ᎤᏍᏆᏂᎪᏗ ᏯᎩᎭ ᏚᏥᏲᏪᎳᏁᏗ ᎤᎬᏫᏳᎯ; ᎾᏍᎩ
ᎢᏳᏍᏗ ᎢᏨᏯᏘᏃᎯᏏ, ᎠᎴ ᏂᎯ Ꮀ ᎤᎬᏫᏳᎭ ᎬᏩᏘᏃᎯᏏ, ᏣᎬᏫᏳᎯ ᎡᎩᎵᏡ, ᎾᏍᎩᏃ
ᎡᏘᎪᎵᏰᎥᎯ ᎨᏎᏍᏗ, ᎪᎱᏍᏗ ᏰᎵ ᎬᏉᏪᎶᏗ ᎨᏎᏍᏗ.
27 ᎥᏝᏰᏃ ᏱᏙᎬᏩᏳᎪᏗ ᎨᎵᎠ, ᎢᏳᏃ ᏱᏚᏓᏅᏍᏚ ᎠᏚᏘᏅᏍᏗᏱ ᎠᏴᎩ, ᎾᎩᏁᎢᏍᏔᏅᎾᏃ
ᏱᎩ ᏄᏍᏛ ᎠᎫᎢᏍᏗᏍᎬᎢ.

ᎠᏩᏙᎸᎢ 26

1 ᏥᏉᏃ ᎡᎩᎵᏭ ᎯᎠ ᏚᏪᏎᎸᎩ ᏉᏔ; ᏨᏒ ᎮᎵᏍᎦᎵᏍᎬ ᎨᏣᏁᎢᏍᏗ ᏂᎦᎵᏍᏓ. ᏥᏉᏃ
ᏉᏔ ᎤᏙᏩᎤᎯᏛ ᎤᏳᎡ ᎠᎵᏍᎦᎵᏍᎬ ᎤᏬᏂᏒᎩ, ᎯᎠ ᏚᏪᏒᎩ;
2 ᏣᎬᏫᏳᎯ ᎡᎩᎵᏉ, ᎦᎵᎡᎵᎦ ᎪᎯ ᎢᎦ ᏥᎩ ᎯᎦᏔᎲ ᎦᎵᏍᎦᎵᏍᎬ ᏨᏓᏥᏁᎢᏍᏔᏂ ᏂᎦᎥ
ᎬᏩᎯᏍᏗᏍᎬᎢ ᎠᏂᏧᏏ.
3 Ꭸ ᎤᎬᏫᏳᎭ ᎤᏗᎦᎵᏍᏙᏗᎭ ᎯᎦᏔᎯᏳ ᏥᎩ ᏂᎦᏛ ᏗᎧᏥᏳᏛᏍᏗ ᎠᎴ ᎧᏃᏢᏗ ᎨᏒ ᎠᏂᏧᏏ
ᏥᏚᏁᎭ. ᎾᏍᎩᏃ ᎢᏳᏍᏗ ᎬᏔᏲᏎᎭ ᏂᏗᏣᏩᏪᎬᎾ ᏍᏆᏛᎦᏁᏗᏱ.
4 ᏚᏍᏛ ᎠᏆᎴᏂᏙᎸ ᏥᎾᏚᏟ ᎤᏧᎵᏍᏔᏅ ᎤᏓᎬᏩᏓᎴᏅᏛ, ᎾᏍᎩ ᎢᎬᏱᏱ ᎦᏥᏰᏔᏗᏙᎸᎩ
ᏗᏆᏙᎵ ᏴᏫ ᏥᎷᏏᎻ, ᏂᎦᏛ ᎠᏂᏧᏏ ᎠᏂᎦᏔᎭ,
5 ᎾᏍᎩ ᎬᎩᎦᏔᎲᎩ ᏗᏓᎴᏂᏍᎬ ᎤᏓᎬᏩᏓᎴᏅᏛ, ᎢᏳᏃ ᏣᏂᏃ-ᏢᎸ, ᎠᏂᎦᏔᎯᏳᏰᏃ ᎠᏆᎵᏏ
ᎤᎴᏂᏓᏍᏗ ᎠᏆᎴᏂᏙᎸᎢ, ᎦᏥᏍᏓᏩᏗᏒ ᎤᎾᏓᏙᎵᏛ ᎤᎾᎵᎪᎯ ᏭᏂᎫᏛ ᏗᏂᎧᏥᏳᎦᎩ ᎣᎦᏙᎵ
ᎤᏁᏔᏅᎯ ᏦᏥᎧᏥᏳᏛᏍᏗ ᎨᏒᎢ.
6 ᎪᎯᏃ ᎢᏥᏙᎦ ᎢᎬᎩᏱᎵᏙᎭ, ᎠᎩᏍᏛᏗᎭ ᎤᏚᎩ ᎬᏗ ᎨᏒ ᎾᏍᎩ ᎤᏁᏔᏅᎯ
ᏥᏚᏚᎢᏍᏓᏁᎴ ᏦᎩᎦᏴᎵᎨᎢ;
7 ᎾᏍᎩ ᎨᏥᏚᎢᏍᏓᏁᎸ ᎤᎾᎵᏱᎶᎯᏍᏗᏱ ᎤᏚᎩ ᎤᏅᎭ ᏔᏔᎦ ᏃᏥᏔᏍᏓᎸᎢ, ᎤᎵᏂᎩᏗᏳ
ᏥᏓᏂᎧᏥᏳᏗ ᎤᏁᏔᏅᎯ ᏗᎬᏩᎩᏨᏗ. ᎾᏍᎩ ᎤᏚᎩ ᎬᏗ ᎨᏒ ᎤᏗᎦᎵᏍᏙᏗᎭ, ᏣᎬᏫᏳᎯ
ᎡᎩᎵᏭ, ᎠᏂᏧᏏ ᎬᏩᎯᏍᏗᎭ.
8 ᎦᏙᏃ ᎦᎪᎯᏳᏗ ᏂᎨᏒᎾ ᎢᏥᏰᎸᎭ ᎤᏁᏔᏅᎯ ᏧᎴᏙᏗ ᎨᏒ ᏧᏂᏲᎱᏒᎯ?
9 ᎠᏴ ᎤᏙᎯᏳᎯ ᎯᎠ ᏂᎨᎵᏍᎬᎩ; ᏚᏳᎪᏛ ᏱᏂᎦᏛᏁᎭ ᎤᏣᏘ ᎪᎱᏍᏗ ᏱᏓᎩᏚᏫᏍᏓᏁ
ᎦᏭᏗᏍᎬ ᎦᎤᏙᎥ ᏥᏬ ᎾᏎᎵᏘ ᏙᎲᎩ.
10 ᎨᏳᏃ ᎾᏍᎩ ᎾᏆᏛᏁᎸᎩ ᏥᎷᏏᎵᎻ; ᎠᎴ ᎤᏂᏣᏛᎩ ᎤᎾᏓᏅᏘ ᎦᏥᏍᏚᏅᎩ ᏗᏓᏍᏚᏗᏱ,
ᎬᎩᏁᏙᎸᎯ ᎨᏒᎩ ᏚᏂᎬᏫᏳᏒ ᎠᏥᎸ-ᎠᏁᎶᎯ; ᎦᎨᏥᎷᎦᏃ ᏥᏁᎬᎩ ᎦᏥᏩᏭᏗᏍᎬᎢ.
11 ᎠᎴ ᏩᏃᎩᏳ ᎤᏲ ᏂᎦᏥᏴᏁᎲ ᏗᎦᏔᏫᎢᏍᏗᏱ ᎦᎨᏬᏗᏒᎢ,ᎠᎴ ᎤᏂᎮᎵᎢᏍᏙᏗᏱ
ᏂᎦᏥᏴᏁᎲᎩ; ᎤᏣᏔᏅᎯᏃ ᎦᏥᏂᏆᏘᎲ ᎾᏓᎦᎵᏍᏙᏗᏍᎬᎩ ᎤᏲ ᏂᎦᏥᏴᏁᎲ ᎤᏩᏓᎴ
ᏙᏗᎦᏚᎲ ᏫᎦᏥᎨᎨᎢᎲᎩ.
12 ᎦᎼᏍᏚᏃ ᏫᏥᎦᏛᎢ, ᏚᏂᎬᏫᏳᏒ ᎠᏥᎸ-ᎠᏁᎶᎯ ᎬᎩᏁᏙᎸᎢ,
13 ᏣᎬᏫᏳᎯ, ᎦᎢᏒ ᎢᎦ ᎠᏰᎵ ᎠᎩᎪᎲᎩ ᎢᎦᎦᏛᎢ, ᎦᎸᎳᏗ ᎤᏓᏳᎶᏒᎯ, ᎾᏍᎩ ᎤᏍᎪᏒᎢ
ᎤᏟ ᎨᏒᎩ ᎡᏍᎦᏉ ᎤᏙ, ᏓᏆᏚᏫᏍᏔᏅᎩ ᎠᏴ ᎠᎴ ᎾᏍᏉ ᏱᏙᎯ.
14 ᏂᎦᏛᏃ ᎡᏔᏗ ᏙᎩᏅᏨ, ᎾᏁᎬ ᎠᏆᏛᎦᏅᎩ ᎠᎩᏁᏙᎲᎩ, ᎠᏂᏧᏏ ᎤᏂᏬᏂᎯᏍᏗ
ᎬᏗᏍᎬᎩ; ᎯᎠ ᏂᎦᏪᏍᎬᎩ ᎮᏔ, ᎮᏔ, ᎦᏙᏃ ᎤᏲ ᏂᏍᏋᏁᎭ? ᎤᎦᏩᏙᏗᏳ ᏗᏣᎲᏆᏍᏗᏱ
ᏗᎪᏍᏓᏩ.
15 ᎯᎠᏃ ᎾᎩᏪᏒᎩ; ᎦᎪ ᏂᎯ, ᏣᎬᏫᏳᎯ? ᎯᎠᏃ ᏚᏪᏒᎩ; ᎠᏏ ᏥᏬ ᎾᏍᎩ ᎤᏲ
ᏥᏂᏴᏁᎭ.

16 ᎠᏎᏃ ᏔᎴᎲᏍ, ᎠᎴ ᎭᎴᎲᏍ, ᎯᎠᏰᏃ ᎤᏗᎦᎵᏍᏙᏓᎭ ᎬᏂᎨᏒ ᏥᏂᎬᏯᏛᏂᏏ,
ᎭᎵᏥᏙᎲᏍᎩ ᎢᎬᏴᏁᏗᏱ ᎠᎴ ᎯᏃᎮᏍᎩᎯᎠ ᎾᏍᎩ ᏥᎪᏩᏛ, ᎠᎴ ᎠᏏ ᎬᎾᏄᎪᏫᏎᏗ ᏥᎩ.
17 ᎬᏩᏓᎴᏍᎨᏍᏗ ᎨᏣᏈᏗᏍᎬ ᎯᎠ ᏴᏫ ᎠᎴ ᏧᎾᏓᎴᏅᏛ ᏴᏫ, ᎾᏍᎩ ᏗᏁᎲ ᎿᏉ ᎬᏅᎵ,
18 ᏘᏍᏚᎢᏒᏗᏱ ᏗᏂᎦᏙᎵ, ᎠᎴ ᎤᎵᏏᎬ ᏄᎾᏛᏅ ᏘᎪᏄᏍᏗᏱ ᎢᎦᎦᏛ ᎢᏗᏢ
ᏫᏘᎦᏔᎲᏍᏗᏱ, ᎠᎴ ᏎᏓᏂ ᎤᏤᎵᎪᎯ ᏄᎾᏛᏅ ᏘᎪᏄᏍᏗᏱ ᏙᏘᎦᏔᎲᏍᏗᏱ ᎤᏁᎳᏅᎯ
ᎢᏗᏢ ᏫᏘᎦᏔᎲᏍᏙᏗᏱ; ᎾᏍᎩ ᏗᎦᎨᏥᏁᏗᏱ ᎤᏁᏍᎦᏅᏨᎢ, ᎠᎴ ᎬᏩᏂᏩᏛᏗ
ᎢᏳᎵᏍᏙᏗᏱ ᎤᎾᏤᎵᎦ ᎢᏳᎵᏍᏙᏗ ᎨᏒ ᎨᏥᏅᎦᎸᏛ ᎤᏗᎦᎵᏍᏙᏗᏍᎬ ᎥᏉᎯᏳᏗ ᎨᏒᎢ.
19 ᎾᏍᎩ ᎢᏳᏏᏗ, ᏣᎬᏫᏳᎯ ᎡᎩᎵᏈ, ᎥᏝ ᎾᏉᎯᏳᏅᎾ ᏱᎨᏎ ᎦᎸᎳᏗ ᎤᏓᏳᎶᏒᎯ
ᎠᎩᎪᎲᎢ.
20 ᏕᏥᏃᏁᎸᎩᏰᏃ ᎢᎬᏱ ᏕᎹᏍᎦ ᎠᏁᎯ, ᎠᎴ ᏥᎷᏏᎵᎻ ᎠᏁᎯ, ᎠᎴ ᏂᎬᎾᏛ ᏧᏗᏱ ᎠᎴ
ᎾᏍᏉ ᏧᎾᏓᎴᏅᏛ ᏴᏫ, ᎾᏍᎩ ᏧᏂᏁᏣᏴᏍᏗᏱ ᏚᎾᏓᏅᏛᎢ, ᎠᎴ
ᎤᏁᎳᏅᎯ ᎢᏗᏢ ᏭᎾᎦᏔᎲᏍᏙᏗᏱ, ᎠᎴ ᏧᏂᎸᏫᏍᏓᏁᏗᏱ ᎠᏙᎴᎰᎯᏍᏙᏗ ᎨᏒ ᏚᏂᏁᏣᏴᏒ
ᏚᎾᏓᏅᏛᎢ.
21 ᎾᏍᎩ ᎤᏓᏳᎵᏍᏙᏔᏅᎩ ᎠᏂᏧᏏ ᎬᎩᏂᏴᎩ ᎤᏛᏅ ᏗᎦᎳᏫᎢᏍᏗᏱ, ᎬᎩᎯᏍᏗᏱ
ᎤᏂᏰᎸᏒᎩ.
22 ᎤᏁᎳᏅᎯᏃ ᎠᎩᏍᏕᎸᎲᎢ ᎤᏗᎦᎵᏍᏙᏗᎭ ᎠᏏ ᏕᎴᏂᏙᎭ ᎪᎯ ᎢᎦ ᏥᎩ, ᎬᏂᎨᏒ
ᏂᎦᏥᏴᏁᎭ ᏂᎨᏥᎸᏉᏛᎾ ᎠᎴ ᎾᏍᏉ ᎨᏥᎸᏉᏗ, ᎪᎱᏍᏗ ᏂᏥᏃᎮᏍᎬᎾ Ꮎ ᎤᏩᏒ
ᎠᎾᏙᎴᎰᏍᎩ ᎠᎴ ᎼᏏ ᎤᎾᏄᎪᎢᏍᏗ ᎤᎾᏛᏅᎯ ᏥᎩ;
23 ᎾᏍᎩ ᎦᎶᏁᏛ ᎤᎩᎵᏲᎢᏍᏗᏱ, ᎠᎴ ᎾᏍᎩ ᎢᎬᏱ ᎤᏲᎱᏒ ᏧᎴᎯᏐᏗᏱ, ᎠᎴ ᎢᎦᎦᏘ
ᏧᎾᏄᎪᏫᏎᏗᏱ ᎯᎠ ᏴᏫ ᎠᎴ ᏧᎾᏓᎴᏅᏛ ᏴᏫ.
24 ᎠᏏᏉᏃ ᎾᏍᎩ ᏂᎦᏪᏍᎬᎩ, ᎤᏩᏒ ᎠᎵᏍᏕᎵᏍᎬᎢ, ᏇᏍᏓ ᎯᎠ ᎠᏍᏓᏯ ᏄᏪᏒᎩ;
ᏣᎸᏃᏘᎭ ᏉᎳ, ᎤᏣᏘ ᎪᏪᎵ ᏘᏏᎾᏏᏩ ᎨᏒ ᎾᏍᎩ ᏣᎸᏃᏙᏗᎭ.
25 ᎠᏎᏃ ᎯᎠ ᏄᏪᏒᎩ; ᎥᏝ ᏯᎩᎸᏃᏘᎭ, ᎰᏍᏛ ᏇᏍᏓ, ᏥᏁᎦᏉᏍᎩᏂ ᏚᏳᎪᏛ ᎨᏒᎢ ᎠᎴ
ᏃᎸᏃᏘᏍᎬᎾ ᎧᏁᎢᏍᏗ ᎨᏒᎢ.
26 ᎤᎬᏫᏳᎯᏃ ᎾᏍᎩ ᎯᎠ ᎠᎦᏔᎭ, ᎾᏍᎩ ᎾᏍᏉ ᎤᏛᏓᏍᏛ ᏂᏥᏍᎦᎢᎲᎾ ᏥᏥᏁᎦ;
ᏥᎦᏔᎭᏰᏃ ᎯᎠ ᎾᏍᎩ ᎪᎱᏍᏗ ᎠᎬᏍᎦᎳᏁᎸᎯ ᏂᎨᏒᎾ ᎨᏒᎢ, ᏝᏰᏃ ᎤᏅᏏᏴ ᎯᎠ
ᏗᎦᎸᏫᏍᏓᏁᎸᎯ ᏱᎩ.
27 ᏣᎬᏫᏳᎯ ᎡᎩᎵᏈ, ᏕᎰᎯᏳᎲᏍᎦᏍᎪ ᎠᎾᏙᎴᎰᏍᎩ? ᏥᎦᏔᎭ ᏕᎰᎯᏳᎲᏍᎬᎢ.
28 ᎿᏉᏃ ᎡᎩᎵᏈ ᎯᎠ ᏄᏪᏎᎸᎩ ᏉᎳ; ᎠᎴᏉ ᏂᏍᎩᏎᎪᎩᎠ ᎦᎶᏁᏛ ᏥᏲᎢᏳᎲᏍᎩ
ᎢᏯᏆᎵᏍᏙᏗᏱ.
29 ᏉᎳᏃ ᎯᎠ ᏄᏪᏒᎩ; ᎤᏁᎳᏅᎯ ᏥᏯᏕᎸᏒᎭ, ᎥᏝ ᏂᎯᏉ ᏨᏒ, ᎾᏍᏉᏍᎩᏂ ᏂᎦᏛ
ᏥᎬᏆᏛᎦᏁᎭ ᎪᎯ ᎢᎦ ᏥᎩ, ᎾᏍᎩ, ᎥᏝ ᎠᎴᏉ ᎾᏆᏍᏛᎢ, ᎾᏍᎩᏯᏍᎩᏂ ᎾᏆᏍᏛ
ᎢᏣᎵᏍᏙᏗᏱ, ᎯᎠ ᎾᏍᎩ ᏨᏆᎸᎥ ᎤᏩᏒ.

30 ᎾᏍᎩᏃ ᏄᏪᏒ, ᎤᎬᏫᏳᎯ ᏚᎴᏅᎩ, ᎠᎴ ᎠᏥᎦᏘᏗᏍᏗ ᎤᎬᏫᏳᎯ, ᎠᎴ ᏆᏂᏏ, ᎠᎴ
ᎾᏍᎩ ᎤᎾᏅᏅᎯ,
31 ᎢᏴᏛᏃ ᏭᏂᎶᏒ, ᎤᏅᏒ ᎨᏒ ᎤᎾᎵᏃᎮᎸᎩ, ᎯᎠ ᏄᏂᏪᏒᎩ; ᎯᎠ ᎠᏍᎦᏯ ᎥᏝ ᎪᎱᏍᏗ
ᏱᏚᎸᏫᏍᏓᏁᏌ ᎬᏩᏲᎱᏍᏗ ᎠᎴ ᎦᏰᎦᎸᏍᏗ ᎨᏒᎢ.
32 ᎡᎩᎵᏊᏃ ᎯᎠ ᏄᏪᏎᎸᎩ ᏇᏍᏓ; ᎯᎠ ᎠᏍᎦᏯ ᏗᎦᏰᏏᏲᎯᏍᏗᏉ ᏱᎨᏎᎢ, ᎢᏳᏃ ᏏᏌᎢ
ᏫᏄᏬᏍᏔᏅᎾ ᏱᎨᏎᎢ.

ᎠᏯᏙᎸᎢ 27

1 ᎿᏉᏃ ᏚᏚᎪᏔᏅ ᎢᏓᎵ ᏭᎩᏅᏍᏙᏗᏱ ᏥᏳ, ᏚᏂᏲᏒᎩ ᏉᎳ ᎠᎴ ᎩᎶ ᎢᏳᎾᏍᏗ
ᎤᏩᎾᏓᎴ ᎠᏂᏴᎩ, ᎾᏍᎩ ᏚᏂᏲᎯᏎᎸ ᎩᎶ ᎢᏳᎾᏍᏗ ᎠᏍᎪᎯᏧᏈ ᏗᏘᏂᏙᎯ, ᏧᎵᏯᏏ ᏧᏐᎢᏛ,
ᎨᎳ ᏑᎾᏓᏡᎩ ᎨᏒ ᎣᎦᏍᏓ ᏧᏤᎵᎦ.
2 ᎣᎦᏣᏅᏃ ᏥᏳᎯ ᎡᏟᎻᏗ ᎡᎯ ᎣᎩᏍᏙᏴᎩ, ᎡᏏᏱ ᎤᎶᏗᏢ ᎣᎩᏅᏍᏙᏗᏱ ᎣᎩᏰᎸᏒᎩ,
ᎩᎶ ᎢᏳᎾᏍᏗ, ᎡᎵᏍᏓᎦ ᏧᏙᎢᏛ, ᎹᏏᏙᏂ ᏕᏌᎶᏂᎦ ᎦᏚᎲ ᎡᎯ, ᎣᏤᎲᎩ.
3 ᎤᎩᏨᏛᏃ ᏌᏙᏂ ᎣᎩᏃᏌᏨᎩ. ᏧᎵᏯᏏᏃ ᎣᏍᏛ ᏄᏛᏁᎸᎩ ᏉᎳ, ᎤᎵᏍᎪᎸᏓᏁᎸᎩᏰᏃ
ᏧᎵᎢ ᏧᏩᏛᎲᏍᏗᏱ, ᎠᎴ ᎾᏍᎩ ᎬᏩᏍᏆᏂᎪᏙᏗᏱ.
4 ᎾᎿᏃ ᏫᎣᎩᏍᏙᏴ ᏌᏈ ᎮᎾᏂᏗᏢ ᎣᎩᏅᏍᏔᏅᎩ, ᎦᏃᎸᎥᏍᎬᏰᏃ ᎢᎬᏱᏗᏢ ᏓᏳᎦᏛᎩ.
5 ᎣᎩᎶᏐᏅᏃ ᎠᎺᏉᎯ, ᏏᎵᏏᏱ ᎠᎴ ᏆᎻᏈᎵᏱ ᏧᏳᎪᏗ, ᎵᏏᏱ ᏬᎩᎷᏨᎩ, ᎹᎵ ᏕᏅᏙᎥ
ᎦᏚᎲᎢ.
6 ᎾᎿᏃ ᎠᏍᎪᎯᏧᏈ ᏗᏘᏂᏙᎯ ᎤᏴᏩᏛᎲᎩ ᏥᏳ ᎢᏓᎵ ᎠᏂᏂᏒᎩ, ᎡᎵᎩᏱ ᎡᎯ, ᎾᎿᏃ
ᏙᎩᏯᏅᎩ.
7 ᎤᏬᎯᏨᏃ ᎦᏂᎳ ᏬᎩᏁᏅ, ᎠᎴ ᎠᏏᏉ ᏃᎩᎶᏐᏅᎾ ᎨᏒ ᎾᏓ, ᏟᏗ ᎮᎾᏂᏗᏢ
ᏬᎩᏅᏍᏔᏅᎩ, ᏌᎳᎼᏂ ᏧᏳᎪᏗ, ᎦᏃᎸᎥᏍᎬᏰᏃ ᎣᎩᏲᏍᏙ ᏓᏁᎲᎩ.
8 ᎤᏎᎦᏨᎯᏃ ᎾᎿ ᎣᎩᎶᏐᏅ, ᏬᎩᎷᏨᎩ ᎣᏍᏛ ᏗᏔᎳᏗᏍᏗᏱ ᏚᏙᎥᎢ, ᎾᎥ ᎦᏚᎲ ᎴᏏᏱ
ᏧᏙᎢᏛ.
9 ᎤᏬᎯᏨᏃ, ᎠᎴ ᎤᎾᏰᎯᏍᏗᏳ ᏄᎵᏍᏔᏅ ᏥᏳ ᎦᏂᏓᏍᏗᏱ, ᎤᏗᎦᎵᏍᏙᏗᏍᎬ ᎠᎹᏟ
ᎬᏗ ᎨᏒ ᎤᎶᏐᏅᎢ, ᏉᎳ ᏚᏪᏯᏔᏅᎩ,
10 ᎯᎠ ᏂᏚᏪᏎᎸᎩ; ᎢᏥᏍᎦᏯ, ᎦᏙᎴᎣᏍᎦ ᎯᎠ ᎾᏍᎩ ᏥᏳ ᏥᏗᏂ ᎪᎱᏍᏗ
ᏗᎦᎵᏍᏓᏁᎵᏒᎢ,ᎠᎴ ᎤᏣᏛ ᏗᎩᏲᎱᏎᎵᏒᎢ, ᎥᏝ ᎠᎵᏁᏌᎸᏉ ᎠᎴ ᏥᏳ ᎤᏩᏒ, ᎾᏍᏉᏍᎩᏂ
ᎦᏛᏅᎢ.
11 ᎠᏎᏃ ᎠᏍᎪᎯᏧᏈ ᏗᏘᏂᏙᎯ ᎤᏟ ᏂᏚᏬᎯᏳᏒᎩ ᎧᏁᏥᏙᎯ ᎠᎴ ᎤᏤᎵᎦ ᏥᏳ ᎠᏂᏁᎬᎢ,
ᎡᏍᎦᏉ ᏉᎳ ᏂᏚᏪᏍᎬᎢ.
12 ᏗᏔᎳᏗᏍᏗᏱᏃ ᏃᏒᎾ ᎨᏒ ᎾᎿ ᎤᎪᏔᏗᏴᏗᏱ, ᎤᏟ ᎢᏯᏂᎢ ᎤᏂᏁᏨᎩ ᎾᏍᏉ ᎾᎿ
ᎤᏂᏴᏫᏛᏗᏱ, ᏰᎵ ᏈᏂᏏ ᏫᎦᏲᎩᏃᎯᏍᏗ ᎠᎴ ᏫᎦᏲᎦᎪᏔᏗᏴᏗ ᏱᎩ ᎠᏁᎵᏍᎬᎩ, ᎾᏍᎩ
ᎾᎿ ᏟᏗ ᏗᏔᎳᏗᏍᏗᏱ, ᎠᎴ ᎾᏍᎩ ᏭᏕᎵᎬ ᎢᏗᏢ ᏭᎦᏘ.
13 ᎿᏉᏃ ᏧᎦᎾᏮ ᎢᏗᏢ ᏧᏃᎸᏔᏅ, ᎾᏍᎩ ᎢᎦᏚᎵᏍᎬ ᏂᎦᎵᏍᏓ ᎤᏁᎵᏒ, ᎤᏂᎧᏙᏴᎩ, ᏟᏗ
ᎾᎥᎢ ᎤᏂᏅᏍᏔᏅᎩ.
14 ᎠᏎᏃ ᏄᏪᎯᏨᎾᏉ ᎣᏂ, ᎤᏱᎶᎸᎩ ᎤᏃᎴ ᏳᎶᏟᏛ ᏧᏙᎢᏛ.
15 ᎿᏉᏃ ᎦᏃᎸᎥᏍᎬ ᎤᏂᏴᎲ ᏥᏳ, ᎠᎴ ᎾᏍᎩ ᎤᏄᎸᏅ ᎤᏃᎴ ᏧᎦᏛ ᏭᎶᎯᏍᏗᏱ
ᎤᏁᎳᎩ ᎧᏄᎯᏎᏍᏗ ᎣᎨᎵᏒᎩ.

16 ᎭᎾᏂᏗᏢᏃ ᎣᎩᏅᏍᏔᏅ ᎪᎱᏍᏗ ᎤᏍᏗ ᎠᎹᏰᎵ ᎤᏪᎧᎲ, ᏌᏗ ᏧᏙᎢᏛ, ᎤᏎᎦᏨᎯᏉ
ᏗᎦᏲᎩᏂᏴᏗ ᏄᎵᏍᏔᏅᎩ ᎤᏍᏗ ᏥᏳ.
17 ᎾᏍᎩᏃ ᎤᏂᏌᏔᏓᏅ, ᏗᎵᏍᏕᎸᏙᏗ ᏚᏅᏔᏅᎩ, ᎤᎾᏄᏄᎩ ᏥᏳ; ᎠᏂᏍᎦᎢᎲᏃ
ᎤᏍᏓᎾᏄ ᎤᏂᏃᏌᎯᏍᏗᏱ ᎾᏍᎩ ᎤᏓᏳᎵᏍᏙᏔᏅᎩ ᎡᎳᏗ ᏂᏚᏅᏁᏄᎩ ᏓᏴᏙᏔᏛᎢ,
ᎤᏂᏄᎯᏒᏉᏃ.
18 ᎤᏃᎴᏃ ᎤᏣᏘ ᎣᎩᏝᏗᏍᏔᏂᏙᎸ, ᎤᎩᏨᏛ ᎤᎾᎵᏁᏌᎴᏒᎩ.
19 ᏦᎢᏁᏃ ᎢᎦ ᎣᎬᏒ ᏦᎪᏰᏂ ᏙᎬᏔᏅᎩ, ᎣᎦᏘᏅᏒᎩ ᎤᏤᎵᎦᏯ ᎤᎵᏁᏌᏄ ᏥᏳ.
20 ᎤᏌᎯᏨᏃ ᎾᏂᎾᏄᎪᎬᎾ ᏄᎵᏍᏔᏅ ᏅᏙ ᎠᎴ ᏃᏈᏏ, ᎠᎴ ᎦᏲᎵᏉ ᏂᎨᏒᎾ ᎣᎩᏃᏄᏅ,
ᎿᏉ ᎦᏲᎦᏛᏂᏗᏍᏗ ᎨᏒ ᎤᏚᎩ ᎣᎨᏒ ᎤᎵᏛᏔᏅᎩ.
21 ᎿᏉᏃ ᎪᎯᏗᏳ ᎦᏲᎦᎵᏍᏓᏴᏅᎯ ᏄᎵᏍᏔᏅ ᏉᎳ ᏚᎴᏅᎩ ᎠᏰᎵ ᎤᎾᏣᎥᎢ, ᎠᎴ ᎯᎠ
ᏄᏪᏒᎩ; ᎢᏥᏍᎦᏯ, ᏱᏍᎩᏲᎢᏳᏁᎢ, ᎠᎴ ᎤᏗᏥᎧᏙᏴᎾᏉ ᏱᎨᏎ ᏟᏗ, ᎥᏝ ᎾᏍᎩ ᎯᎠ
ᎤᎭᏅ ᏱᏂᎨᏣᎵᏍᏓᏁᎴ ᎠᎴ ᏱᎨᏥᎪᎶᎯᏎᎴᎢ.
22 ᎾᏉᏃ ᎢᏨᏔᏲᏎᎭ ᎤᎦᎵᏍᏗ ᎢᏣᏓᏅᏓᏗᏍᏗᏱ; ᎯᎠᏰᏃ ᏥᏂᏣᏛᏅ ᎥᏝ ᎩᎶᎬᏅ
ᏴᎬᏩᏲᎱᏏ, ᏥᏳ ᎤᏩᏒ ᏓᎩᏲᎱᏎᎵ.
23 ᎪᎯᏰᏃ ᏒᏃᏱ ᏥᎨᏒᎩ ᎤᏮᏗᏢ ᎠᏆᎴᏁᏄ ᏗᎧᎿᏩᏗᏙᎯ ᎠᏴ ᎠᎩᎾᏝᎢ ᏥᎩ ᎠᎴ ᎾᏍᎩ
ᏥᎦᏥᏚᎿᏩᎦᎦ,
24 ᎯᎠ ᏄᏪᏒᎩ; ᏞᏍᏗ ᏱᏍᎦᎢᏢᏍᏗ, ᏉᎳ, ᏏᏌ ᎤᏪᏄ ᎢᎬᏱᏗᏢ ᎠᏎ ᏔᎴᏂ; ᎬᏂᏉᏃ
ᎤᏁᎳᏅᎯ ᏕᏣᎧᏁᎸ ᏂᎦᏛ ᏥᏳᎯ ᏥᏣᏟᎠ.
25 ᎾᏍᎩ ᎢᏳᏍᏗ ᎢᏥᏍᎦᏯ, ᎤᎦᎵᏍᏗ ᎢᏣᏓᏅᏓᏓ; ᏥᏲᎢᏳᎲᏍᎦᏰᏃ ᎤᏁᎳᏅᎯ,
ᎾᎩᏪᏎᎸ ᎾᏍᎩᏯ ᎢᏳᎵᏍᏙᏗᏱ.
26 ᎠᏎᏍᎩᏂᏃᏅ ᎪᎱᏍᏗ ᎤᏍᏗᎠᎹᏰᎵ ᎤᏪᎧᎲ ᏓᎩᏝᏗᏟᎵ.
27 ᏂᎦᏚᏏᏁᏃ ᎤᎵᏏᏅ, ᎠᏫᏉᎯ ᎡᏟᏯ ᏌᏙᎢᏛ ᎣᎩᏃᏄᏔᏂᏙᎲᎢ, ᏒᏃᏱ ᎠᏰᎵ ᏥᏳ
ᎠᏂᏂᏙᎯ ᎢᏄᎯᎵ ᎦᏙᎯ ᎾᎥᏂᎨ ᎣᏥᏂ ᎤᏁᎵᏒᎩ.
28 ᎾᏍᏛᎲᏃ ᎤᎾᏟᏩᎥ ᎤᎾᏙᎴᎰᏒᎩ ᏔᎳᏍᎪᎯ ᎢᎪᎷᏅᏗ ᎨᏒᎢ; ᎤᏍᏗᎩᏛᏃ ᎤᏗᎵᏍᏙᏗ
ᎢᏅᏁᏅ ᏔᎵᏁ ᎤᎾᏟᏩᎥᎩ, ᎤᎾᏙᎴᎰᏒᎩ ᎯᏍᎩᎦᏚᏉ ᎢᎪᎷᏅᏗ ᎨᏒᎢ.
29 ᎿᏉᏃ ᎤᏂᏍᎦᏄ ᏅᏲᎯ ᎤᏂᏝᏗᏤᏗᏱ, ᎣᏂᏗᏢ ᏫᏚᎾᏗᏅᏒᎩ ᏅᎩ ᏔᎷᎩᏍᎩ ᏥᏳ
ᏗᎦᎾᎯᏍᏙᏗ, ᎠᎴ ᎤᎾᏚᏄᎲᎩ ᎢᎦ ᎢᏳᎵᏍᏙᏗᏱ.
30 ᏥᏳᏃ ᎠᏂᏂᏙᎯ ᎤᎾᎵᏍᏗᏱ ᎤᏂᏰᏄᏅ, ᎠᎴ ᎿᏉ ᎤᏍᏗ ᏥᏳ ᎠᏂᏔᎳᏗᏍᎬᎢ,
ᎠᎾᏌᎾᏍᏗᏍᎬ ᏔᎷᎩᏍᎩ ᏥᏳ ᏗᎦᎾᎯᏍᏙᏗ ᎢᎬᏴᏗᏢ ᏥᏫᏙᏧᎾᎦᏏᎭ ᎤᏌᏱ ᎾᎾᏛᏁᎲᎢ.
31 ᏉᎳ ᎯᎠ ᏂᏚᏪᏎᎸᎩ ᎠᏍᎪᎯᏧᏈ ᏗᏘᏂᏙᎯ ᎠᎴ ᎠᏂᏯᏫᏍᎩ; ᎢᏳᏃ ᎯᎠ ᎾᏍᎩ ᏥᏳᎯ
ᏄᎾᏣᎥᎾ ᏱᎩ ᎥᏝ ᏴᎨᏣᏛᏂᏓ.
32 ᎿᏉᏃ ᎠᏂᏯᏫᏍᎩ ᏚᏂᎦᎵᏒᎩ ᎠᏍᎦᏱᏛ ᎤᏍᏗ ᏥᏳ ᎦᏙᏌᏗᏍᏛᎢ, ᎠᎴ ᎾᏍᎩ
ᎤᏌᎰᏒᎩ.

33 ᎢᎦᏃ ᏅᏓᎦᎵᏍᏔᏂᏒᎩ, ᏉᎳ ᎦᏔᏲᏎᎸᎩ ᏂᎦᏛ ᎤᎾᎵᏍᏓᏴᏗᏱ, ᎯᎠ ᏄᏪᏒᎩ; ᎪᎯ
ᎿᏉ ᏂᎦᏚᏏᏁ ᎢᎦ ᏥᏥᎦᏘᏴ ᎠᎴ ᏂᏣᎵᏍᏓᏴᏍᎬᎾ ᎪᎱᏍᏗ ᏂᏥᎩ-ᏍᎬᎾ ᏥᎩ.
34 ᎾᏍᎩ ᎢᏳᏍᏗ ᎢᏨᏔᏲᏎᎭ ᎢᏣᎵᏍᏓᏴᏗᏱ, ᎾᏍᎩᏰᏃ ᎯᎠ ᎢᏣᎵᏍᏕᎸᏙᏗ; ᎯᎠ ᏰᏃ
ᏥᏂᏣᏛᏅ ᎥᏝ ᎩᎶ ᏌᏉᎤᏅ ᎤᏍᏘᏰᏅᎯ ᎠᏓᏚᏙᎠᏏ.
35 ᎾᏍᎩᏃ ᏄᏪᏒ, ᎦᏚ ᎤᎩᏒᎩ ᎠᎴ ᎤᎵᎮᎵᏤᎸᎩ ᎤᏁᎳᏅᎯ ᏂᎦᏛ ᎠᏂᎦ-ᏔᎲᎢ,
ᎤᎬᎭᎷᏴᏃ ᎤᎴᏅᎲᎩ ᎤᎵᏍᏓᏴᏅᎩ.
36 ᎿᏉᏃ ᏂᎦᏛ ᎤᎦᎵᏍᏗᏳ ᎤᎾᏓᏅᏓᏛᎩ, ᎠᎴ ᎾᏍᏉ ᎤᎾᎵᏍᏓᏴᏅᎩ.
37 ᏂᎦᏛᏃ ᏥᏳᎯ ᎣᎦᏣᎢ ᏔᎵᏧᏈ ᎦᎵᏆᏍᎪᎯ ᏑᏓᎵᎦᎵ ᏃᏥᎥᎩ ᏴᏫ.
38 ᎿᏉᏃ ᏰᎵ ᎤᎾᎵᏍᏓᏴᏅ, ᎤᎾᏓᏌᏊᎲᏍᏔᏅᎩ ᏥᏳ, ᎤᏣᎴᏍᏗ ᎠᎺᏉᎯ
ᏭᎾᏗᏅᏒᎩ.
39 ᎿᏉᏃ ᎢᎦ ᏄᎵᏍᏔᏅ ᎥᏝ ᏳᏃᎵᏤ ᎾᎿ ᎦᏙᎯ; ᎠᏎᏃ ᎤᏂᎪᎲ ᎠᎺᏉᎯ ᏭᏩᏂᎦᎸᎢ, ᏰᎵ
ᎬᏚᎩᏍᏗ ᎨᏒᎢ, ᎾᎿ ᏭᏂᏅᏍᏙᏗᏱ ᏥᏳ ᎤᏂᏰᎸᏅᎩ, ᎢᏳᏃ ᏰᎵ ᏱᎩ.
40 ᎿᏉᏃ ᏚᏂᎦᎵᏒ ᏕᏚᏙᏌᏗᏍᏛ ᏔᎷᎩᏍᎩ ᏥᏳ ᏗᎦᎾᎯᏍᏙᏗ, ᎠᎺᏉ-Ꭿ ᏚᏂᏲᎯᏎᎸᎩ,
ᎠᎴ ᏚᏂᏊᏁᏴᎲᎩ ᎦᏌᏛᏍᏗ ᎦᏕᎸᏍᏛᎢ, ᎠᎴ ᎦᏃᎸᎥᏍᎬᎢ ᎤᏂᏰᏙᎳᏛᏅᎩ ᎤᏍᏗ
ᎠᏰᏙᎳᏛᏗ; ᏙᏱᏃ ᏫᏚᎸᎪᏔᏅᎩ.
41 ᏔᎵᏃ ᎠᎺᏉᎯ ᏕᎨᏒ ᏭᎾᎵᏱᎶᎸ, ᏥᏳ ᎤᏂᏝᏗᏤᎸᎩ ᎦᏙᎯ; ᎢᎬᏱᏗᏢᏃ ᎠᏍᏓᏱᏳ
ᏄᎵᏍᏔᏅ, ᎥᏝ ᏰᎵ ᎬᏩᎵᏖᎸᏗ ᏱᎨᏎᎢ, ᎣᏂᏗᏢᏍᎩᏂ ᎤᏲᏨᎩ ᎤᏓᏩᎵᏍᏙᏔᏅᎩ
ᎤᎵᏂᎩᏗᏳ ᏓᎵᏍᏗᎳᏁᎬ ᎠᎺᏉᎯ.
42 ᎠᏂᏯᏫᏍᎩᏃ ᏧᏂᎯᏍᏗᏱ ᎤᎾᏓᏅᏖᎸᎩ ᎠᏂᏴᎩ; ᎩᎶᏰᏃ ᏯᏴᎢᎸᎦ ᏯᏚᎩ ᎠᎴ ᏯᎵᏗ
ᎠᏁᎵᏍᎬᎩ.
43 ᎠᏎᏃ ᎠᏍᎪᎯᏧᏈ ᏗᏘᏂᏙᎯ ᏚᏲᏍᏙᏓᏁᎸᎩ ᏄᏍᏛ ᎠᎾᏓᏅᏖᏍᎬ ᎤᏓᏩᎵᏍᏙᏔᏅᎩ
ᎤᏚᎵᏍᎬ ᎤᏍᏕᎸᏗᏱ ᏉᎳ, ᎠᎴ ᏚᏁᏤᎸᎩ ᏰᎵ ᎬᏩᎾᏴᎢᏅᏍᏗ ᎨᏒ, ᎢᎬᏱ
ᎤᎾᎵᏔᏗᏅᏗᏱ ᎠᎴ ᏭᎾᏚᎩᏍᏗᏱ,
44 ᎠᏂᏐᎢᏃ ᎢᎦᏛ ᏧᏯᏕᎾ ᏧᎾᎩᎸᏙᏗᏱ, ᎢᎦᏛᏃ ᏥᏳ ᏧᎵᏢᎸᏛ. ᎠᎴ ᎾᏍᎩ
ᏄᎵᏍᏔᏅᎩ, ᏂᎦᏛ ᎤᎾᏛᏂᏛᎩ ᎤᎾᏚᎩᏒᎩ.

ᎠᏯᏙᎸᎢ 28

1 ᎤᎾᏛᏂᏛᏃ ᎩᎳ ᎤᎾᏙᎴᎰᏒᎩ ᎾᏍᎩ ᎠᎹᏰᎵ ᎻᎳᏗ ᏚᏙᎥᎢ,
2 ᏅᏩᎾᏓᎴᏃ ᏴᏫ ᎾᎿ ᎠᏁᎯ ᎤᏤᎫ ᎣᏏᏳ ᎪᎩᏍᏆᏂᎪᏔᏅᎩ; ᎤᏃᏔᏅᏰᏃ ᏕᎪᎦᏓᏂᎸᏨᎩ
ᏂᎦᏛ, ᎤᏓᎦᎵᏍᏙᏗᏍᎬᎩ ᎠᎦᏍᎬᎢ ᎠᎴ ᎤᏴᏢᎢ.
3 ᏉᎳᏃ ᏫᏚᏬᎦᏒ ᏏᏄᎩᏝᏅᎯ ᎠᏓ, ᎠᎴ ᏚᎲᏔᏅ, ᎢᎾᏛ ᎤᏗᎴᎬ ᏓᏳᎾᏄᎪᏨᎩ ᎤᏬᏰᏂ
ᎤᏪᏖᎳᏛᏨᎩ.
4 ᎾᏍᎩᏃ ᏅᏩᎾᏓᎴ ᏴᏫ ᎤᏂᎪᎲ ᎢᎾᏛ ᏕᏖᎳᏛ ᎤᏬᏰᏂ, ᎯᎠ ᏂᏚᎾᏓᏪᏎᎸᎩ; ᎥᏝ
ᏳᏝᏏᏛᎭ ᎯᎠ ᎠᏍᎦᏯ ᏴᏫ ᏗᎯᎯ ᎨᏒᎢ; ᎤᏙᎯᏳᎯᏍᎩᏂᏃᏅ ᎾᏍᎩ ᎠᎺᏉᎯ ᎠᏗᏫᏏ,
ᎠᏎᏃ ᎤᏞᎩ ᎥᏝ ᎬᏁᏍᏗ ᏳᏪᎵᏎᎭ.
5 ᎠᏥᏄᏱᏃ ᏭᏙᎥᏔᏅᎩ ᎢᎾᏛ, ᎠᎴ ᎥᏝ ᎪᎱᏍᏗ ᏳᎵᏍᏔᏁᎢ.
6 ᎠᏎᏃ ᎤᎾᎦᏙᏍᏔᏅᎩ, ᏓᎪᏘᏏ ᎠᎴ ᎤᏲᎱᏒᎯ ᏓᎦᏅᏥ ᏛᏰᎶᎢᏍᏔᏂ, ᎠᏁᎵᏍᎬᎩ;
ᎠᏎᏃ ᎤᏬᎯᏨ ᎤᎾᎦᏙᏍᏔᏅ, ᎠᎴ ᎤᎾᏙᎴᎰᏒ ᎪᎱᏍᏗ ᏄᎵᏍᏓᏁᎸᎾ ᎨᏒᎢ, ᎤᏂᏁᏟᏴᏒᎩ
ᏄᏍᏛ ᎠᎾᏓᏅᏖᏍᎬᎢ, ᎠᎴ ᎦᎸᎳᏗ ᎡᎯ, ᎤᎾᏛᏅᎩ.
7 ᎾᎿᏃ ᎾᎥ ᏚᎶᎨᏒᎩ ᏄᎬᏫᏳᏒ ᎠᏍᎦᏯ ᎾᎿ ᎠᎹᏰᎵ ᎤᏪᎧᎲᎢ, ᏆᏟᏯ ᏧᏙᎢᏛ; ᎾᏍᎩ
ᏙᎦᏓᏂᎸᏨᎩ, ᎠᎴ ᏦᎢ ᏧᏒᎯᏛ ᎤᏙᎵᏍᏙᏌᏳ ᎣᎩᏍᏆᏂᎪᏔᏅᎩ ᏕᏁᎸᎢ.
8 ᎯᎠᏃ ᏄᎵᏍᏔᏅᎩ, ᎾᏍᎩ ᏆᏟᏯ ᎤᏙᏓ ᎦᏅᎬᎩ ᎤᏗᎴᎲᏍᎬᎩ ᎠᎴ ᎩᎬ ᏚᏳᎫᏍᎬᎩ,
ᎾᏍᎩ ᏉᎳ ᎤᏴᎸᎩ ᎦᏅᎬᎢ, ᎤᏓᏙᎵᏍᏔᏅᏃ ᎠᎴ ᏚᏏᏔᏛ ᎤᏅᏩᏅᎩ.
9 ᎾᏍᎩᏃ ᏄᎵᏍᏔᏅ, ᏅᏩᎾᏓᎴ ᎾᏍᏉ ᏧᏂᏢᎩ ᎾᎿ ᎠᎹᏰᎵ ᎠᏁᎯ ᎤᏂᎷᏨᎩ, ᎠᎴ
ᏕᎨᏥᏅᏩᏅᎩ;
10 ᎾᏍᎩ ᎾᏍᏉ ᎪᎩᎸᏉᏗᏍᎬᎢ ᎤᏣᏛᎩ ᎪᎩᏁᎸᏅᎩ; ᎢᎣᎦᏂᎩᏒᏃ ᎪᎦᎵᏁᏌᏔᏁᎸᎩ
ᏧᏓᎴᏔᏅᏛ ᎣᎦᎵᏍᎦᎸᏙᏗ.
11 ᏦᎢᏃ ᎢᏯᏅᏙ ᎤᎶᏐᏅ ᎣᎦᏂᎩᏒᎩ, ᎣᎦᏟᏅᎩ ᏥᏳᎯ ᎡᎵᎩᏱ ᎡᎯ, ᎾᎿ ᎠᎹᏰᎵ
ᏏᎪᎳᏗᏱᏍᎩ ᎤᏂᎳᏔᏛᎯ, ᎾᏍᎩ ᎪᎵᏍᏙᏗ ᎧᏍᏓ ᎠᎴ ᏉᎳᏥ ᎪᏪᎸᎩ.
12 ᏌᎴᎫᏏᏃ ᎣᎦᏚᎩᏒ, ᎾᎿ ᏦᎢ ᏃᎩᏒᎸᎩ.
13 ᎾᎿᏃ ᏫᎣᎨᏅ ᎠᎪᎸᏛ ᏬᎩᏅᏍᏔᏅᎩ, ᎵᏥᏯ ᏬᎩᎷᏨᎩ. ᏑᏙᏓᏆᏛᏃ ᎤᎶᏐᏅ ᏧᎦᎾᏮ
ᎢᏗᏢ ᏓᏳᏃᎸᏔᏅᎩ; ᎤᎩᏨᏛᏃ ᏇᏗᎣᎵ ᏬᎩᎷᏨᎩ.
14 ᎾᎿ ᏙᏥᏩᏛᎲᎩ ᎣᏣᏓᏅᏟ, ᎠᎴ ᎪᎩᏔᏲᏎᎸᎩ ᎦᎸᏉᎩ ᏧᏒᎯᏛ ᏓᏂᏁᎸ ᎣᎦᏅᏗᏱ.
ᎿᏉᏃ ᎶᎻ ᏫᏚᏳᎪᏛ ᏬᎩᎶᏒᎩ.
15 ᎾᎿᏃ ᎠᎾᏓᏅᏟ ᏗᎪᎦᏛᎦᏅ, ᎡᏈᏲᎢ ᎢᏴᏛ ᎠᎴ ᏦᎢ-ᎢᏗᎵᏍᏓᏴᏗᏱ ᏕᎪᎦᏠᏏᎸᎩ; ᏉᎳ
ᎾᏍᎩ ᏚᎪᎲ ᎤᎵᎮᎵᏤᎸᎩ ᎤᏁᎳᏅᎯ, ᎠᎴ ᎤᎦᎵᏍᏗ ᎤᏓᏅᏓᏛᎩ.
16 ᎶᎻᏃ ᏬᎩᎷᏨ, ᎠᏍᎪᎯᏧᏈ ᏗᏘᏂᏙᎯ ᎠᏂᏴᎩ ᏚᏲᎯᏎᎸᎩ ᎤᎬᏫᏳᎯ ᎠᏂᎦᏘᏯ ᏗᏘᏂᏙᎯ;
ᏉᎳᏍᎩᏂ ᎠᎦᎵᏍᎪᎸᏁᎸᎩ ᎤᏁᎳᎩ ᎤᏩᏒ ᎤᏕᏗᏱ, ᎠᎴ ᎠᏯᏫᏍᎩ ᎤᎦᏘᏗᏍᏗᏱ.

17 ᏦᎢᏃ ᏫᏄᏒᎸ ᎯᎠ ᏄᎵᏍᏔᏅᎩ; ᏉᎳ ᏚᏪᏟᏌᏅᎩ ᏄᏂᎬᏫᏳᏒ ᎠᏂᏧᏏ; ᎤᎾᏓᏟᏌᏅᏃ
ᎯᎠ ᏂᏚᏪᏎᎸᎩ; ᎢᏥᏍᎦᏯ ᎢᏓᏓᏅᏟ, ᎠᏴ ᎥᏝ ᎪᎱᏍᏗ ᎦᏥᏍᎦᏅᏤᎸᎯ ᏱᎩ ᏗᎦᏙᎵ ᏴᏫ,
ᎥᏝ ᎠᎴ ᎠᎩᏲᏍᏔᏅᎯ ᏱᎩ ᏗᎧᎿᏩᏛᏍᏗ ᏗᎩᎦᏴᎵᎨ ᎨᎩᏁᎸᎯ; ᎠᏎᏃ ᏥᎷᏏᎵᎻ ᏥᏴᎩ
ᏗᎬᏆᏗᎾᏫᏛᎲᎩ ᎦᎬᎩᏲᏒᎩ ᎠᏂᎶᎻᏱ.
18 ᎾᏍᎩ ᎬᎩᎪᎵᏰᎥ, ᏱᏗᎬᎩᏲᏎᎢ, ᎥᏝᏰᏃ ᎪᎱᏍᏗ ᎠᏲᎱᎯᏍᏗ ᎬᎩᏍᏛᏗᏍᏗ
ᏱᎬᎩᏩᏛᎡᎴᎢ.
19 ᎠᏎᏃ ᎠᏂᏧᏏ ᎠᏂᏁᎬ ᎾᏍᎩ ᎤᏂᏐᏅᏤᎸ, ᎠᏎ ᏏᏐᎢ ᏩᎩᎲᏍᏙᏗ ᎾᏆᎵᏍᏓᏁᎸᎩ;
ᎥᏝᏍᎩᏂᏃᏅ ᎪᎱᏍᏗ ᏯᎩᎮᎢ ᎦᏥᏩᎢᏍᏙᏗ ᏗᏆᏤᎵᎦ ᏴᏫ.
20 ᎾᏍᎩ ᎤᏓᎦᎵᏍᏙᏓ ᏥᏫᏨᏯᏅ ᎢᏨᎪᏩᏛᏗᏱ ᎠᎴ ᎢᎦᎵᏃᎮᏗᏱ, ᎢᏏᎵᏰᏃ ᎤᏚᎩ
ᎤᏅᏒᎢ ᎤᏧᎵᏍᏙᏔᏅ ᎯᎠ ᏧᏓᎦᏒᏛ ᏨᏆᎸᏍᏗ.
21 ᎯᎠᏃ ᎤᎬᏩᏪᏎᎸᎩ; ᎥᏝ ᏂᎯ ᎡᏣᏃᎮᏍᎬ ᎪᏪᎵ ᏧᏗᏱ ᏂᏙᏓᏳᏃᏪᎳᏅᎯ ᏱᏙᎩᏃᎮᎭ,
ᎥᏝ ᎠᎴ ᎩᎶ ᎢᏓᏓᏅᏟ ᎾᎿ ᎤᏓᏳᏂᎶᏒᎯ ᎬᏂᎨᏒ ᏱᏂᎨᏨᏁᎴᎢ, ᎥᏝ ᎠᎴ ᎤᏐᏅ
ᏱᎨᏣᏃᎮᎴᎢ.
22 ᎠᏎᏃ ᎣᎦᏚᎵᎭ ᎢᏨᏯᏛᎦᏁᏗᏱ ᏄᏍᏛ ᎭᏓᏅᏖᏍᎬᎢ, ᎯᎠᏰᏃ ᎤᎾᏓᏤᎵᏛ ᎤᎾᎵᎪᏒᎢ,
ᎣᏥᎦᏔᎭ ᏂᎬᎾᏛ ᎨᏥᏃᎮᏍᎬ ᎨᎦᏉᏗᏍᎬᎢ.
23 ᎦᎬᏩᎡᏍᏓᏁᎸᏃ, ᎤᏂᏣᏛ ᎬᏩᎷᏤᎸᎩ ᎤᏪᏗᏱ; ᎾᏍᎩ ᎬᏂᎨᏒ ᏂᏚᏩᏁᎸᎩ, ᏚᏃᎮᎮᎸᎩ
ᎤᏁᎳᏅᎯ ᎤᎬᏫᏳᎯ ᎨᏒᎢ, ᏑᎾᎴ ᎤᎴᏅᏛ ᎤᏒᎢ ᎬᏗᏍᎩ, ᏓᏍᏗᏰᏗᏍᎬ ᏥᏌ
ᎧᏃᎮᏍᎬᎢ; ᎦᎬᏗᏍᎬ ᏗᎧᎿᏩᏛᏍᏗ ᎼᏏ ᎤᏤᎵᎦ ᎠᎴ ᎠᎾᏙᎴᎰᏍᎩ.
24 ᎢᎦᏛᏃ ᎤᏃᎯᏳᏅᎩ ᎾᏍᎩ ᎤᏬᏂᏒᎢ, ᎢᎦᏛᏃ ᎥᏝ ᏳᏃᎯᏳᏁᎢ.
25 ᏚᎾᎦᎴᏅᎲᏃ ᏓᎾᏓᏅᏖᏍᎬᎢ ᏙᏅᏁᏅᏒᎩ, ᏉᎳᏍᎩᏂᏃᏅ ᎠᏏ ᏌᏉ ᎢᎧᏁᏨᎯ
ᎤᏁᏨᎩ, ᎯᎠ ᏄᏪᏒᎩ; ᏰᎵᏉ ᎦᎸᏉᏗᏳ ᎠᏓᏅᏙ ᏥᏚᏁᏤᎴ ᏗᎩᎦᏴᎵᎨᎢ, ᎢᏌᏯ
ᎠᏙᎴᎰᏍᎩ ᏧᏩᏔᏁᎢ,
26 ᎯᎠ ᏥᏄᏪᏎᎢ; "ᎯᎠ ᏴᏫ ᏘᏩᏛᎱᎦ, ᎠᎴ ᎯᎠ ᏫᏂᏫ; ᎢᏣᏛᎩᏍᎬᎢ ᎢᏣᏛᎩᏍᎨᏍᏗ,
ᎠᏎᏃ ᎥᏝ ᏱᏦᎵᎨᏍᏗ, ᎠᎴ ᎢᏥᎪᏩᏘᏍᎬᎢ ᎢᏥᎪᏩᏘᏍᎨᏍᏗ ᎠᏎᏃ ᎥᏝ ᏱᏣᏙᎴᎨᏍᎨᏍᏗ.
27 ᎯᎠᏰᏃ ᏴᏫ ᎤᏂᎾᏫ ᎤᎵᏦᎲᏒ, ᎠᎴ ᏓᏂᎵᎷᎬ ᎦᏂᎵᏳ ᎠᎾᏛᎩᎠ, ᎠᎴ ᏗᏂᎦᏙᎵ
ᏚᏂᏍᏚᎭ; ᎾᏍᎩ ᏗᏂᎦᏙᎵ ᏗᎬᏩᏂᎪᏩᏛᏗ ᏂᎨᏒᎾ, ᎠᎴ ᏓᏂᎵᎷᎬ ᏗᎬᏩᎾᏛᎪᏙᏗ ᏂᎨᏒᎾ,
ᎠᎴ ᎤᏂᎾᏫ ᎬᏩᏃᎵᏍᏙᏗ ᏂᎨᏒᎾ, ᎠᎴ ᏚᎾᏓᏅᏛ ᏧᏏᏁᏟᏴᏍᏗᏱ ᏂᎨᏒᎾ ᎠᎴ
ᏗᎦᎦᏥᏅᏬᏗ ᏂᎨᏒᎾ."
28 ᎾᏍᎩ ᎢᏳᏍᏗ ᎢᏣᏅᏖᏍᏗ, ᎯᎠ ᎾᏍᎩ ᎠᎵᏍᏕᎸᏙᏗ ᎤᏁᎳᏅᎯ ᎤᏤᎵᎦ ᏧᎾᏓᎴᏅᏛ
ᏴᏫ ᎨᏥᏁᎸᎯ, ᎠᎴ ᎾᏍᎩ ᏛᎾᏛᏓᏍᏔᏂ.
29 ᎾᏍᎩᏃ ᏄᏪᏒ, ᎠᏂᏧᏏ ᎤᎾᏓᏅᏒᎩ, ᎤᏅᏒ ᎤᏣᏛᎩ ᏘᎾᎵᏃᎮᎸᎩ.
30 ᏉᎳᏃ ᎤᏃᏍᏛ ᏔᎵ ᏧᏕᏘᏴᏛ ᎤᏁᎳᏛᎩ ᎤᏤᎵᎦ ᎤᏙᎳᏒᎯ ᎠᏓᏁᎸᎢ, ᎠᎴ ᏓᏓᏂᎸᎬᎩ
ᏂᎦᏛ ᎬᏩᏩᏘᏍᎩ,

31 ᎠᎵᏥᏙᎲᏍᎬᎩ ᎧᏃᎮᏍᎬᎩ ᎤᏁᎳᏅᎯ ᎤᎬᏫᏳᎯ ᎨᏒᎢ, ᎠᎴ ᏓᏕᏲᎲᏍᎬᎩ ᎧᏃᎮᏍᎬᎩ
ᎤᎬᏫᏳᎯ ᏥᏌ ᎦᎶᏁᏛ, ᎤᏍᏗᏅᏅ ᎾᏍᎦᎢᎲᎾ, ᎠᎴ ᎩᎶ ᏄᏅᏍᏓᏕᎲᎾ.

ᏊᎳ ᏣᎻ ᎠᏁᎯ
ᏧᏬᏪᎳᏁᎸᎯ

ᏉᎳ ᎶᎻ ᎠᏁᎯ ᏧᏬᏪᎳᏁᎸᎯ

ᎠᏯᏙᎸᎢ 1

1 ᏉᎳ, ᏥᏌ ᎦᎶᏁᏛ ᎠᎩᏅᏏᏓᏍᏗ, ᎥᎩᏅᏏᏛ ᎢᏴᏛᏁᎸᎯ, ᎥᏆᏓᏓᎴᏔᏅᎯ ᎣᏍᏛ ᎧᏃᎮᏛ
ᎤᏁᎳᏅᎯ ᎤᏤᎵ ᎠᏆᎵᏥᏙᏗᏱ,
2 ᎾᏍᎩ ᎤᏚᎢᏍᏔᏅᎯ ᏥᏂᎨᏎ ᎠᎾᏙᎴᎰᏍᎩ ᎦᎬᏗᏍᎬ ᎾᎿ ᎦᎸᏉᏗᏳ ᎪᏪᎵᎯ,
3 ᎾᏍᎩ ᎤᏪᏥ ᎤᎬᏩᎵ, ᎾᏍᎩ ᏕᏫ ᎤᏁᏢᏔᏅᏛ ᎨᏒ ᏧᎦᏁᎢ ᎾᏍᎩ ᎤᏇᏓᎵ ᎨᏒᎢ;
4 ᎦᎸᏉᏗᏳᏍᎩᏂ ᎤᏓᏅᏙ ᎨᏒ ᎤᏣᏘ ᎤᎵᏂᎩᏛ ᎬᏂᎨᏒ ᏥᎾᎬᏁᎴ ᎤᏁᎳᏅᎯ ᎤᏪᏥ
ᎨᏒᎢ, ᎾᏍᎩ ᎾᎿ ᎤᏲᎱᏒ ᏕᎴᎯᏌᏅᎢ; ᎾᏍᎩ ᏥᏌ ᎦᎶᏁᏛ ᎤᎬᏫᏳᎯ ᎢᎦᏤᎵᎦ,
5 ᎾᏍᎩ ᎣᎩᏁᎸᎯ ᏥᎩ ᎬᏩᎦᏘᏯ ᎤᏓᏙᎵᏍᏗ ᎨᏒ ᎠᎴ ᎣᎩᏅᏏᏛ ᎨᏒᎢ, ᎾᏍᎩ
ᏧᎾᏓᏂᎸᎢᏍᏗᏱ ᎪᎯᏳᏗ ᎨᏒ ᎾᏂᎥ ᏧᎾᏓᎴᏅᏛ ᏴᏫ, ᎾᏍᎩ ᎦᏙᎩ ᎦᏙᎥ ᎤᏗᎦᎵᏍᏙᏗᏍᎬᎢ;
6 ᎾᎿ ᎾᏍᏉ ᎢᏣᏓᏑᏯ ᏂᎯ, ᏥᏌ ᎦᎶᏁᏛ ᎢᏥᏯᏅᏛ ᏥᎩ;
7 ᏂᏥᎥ ᎶᎻ, ᎤᏁᎳᏅᎯ ᎢᏥᎨᏳᎯ, ᎡᏥᏯᏅᏛ ᎢᏣᏓᏅᏘ; ᎬᏩᎦᏘᏯ ᎤᏓᏙᎵᏍᏗ ᎨᏒ ᎠᎴ
ᎤᏩᏙᎯᏍᏛ ᎨᏤᎳᏗᏙᎮᏍᏗ, ᎤᏓᏳᎾᎵᏍᎪᎸᏔᏅᎯ ᎤᏁᎳᏅᎯ ᎢᎩᏙᏓ, ᎠᎴ ᎤᎬᏫᏳᎯ
ᏥᏌ ᎦᎶᏁᏛ.
8 ᎢᎬᏱᏱ ᎨᏒᎢ, ᏥᏯᎵᎡᎵᏤᎭ ᎠᏆᏁᎳᏅᎯ ᎬᏗᎭ ᎦᏙᎥ ᏥᏌ ᎦᎶᏁᏛ, ᏂᏥᎥ ᏂᎯ ᎨᏒ
ᎢᏳᏍᏗ, ᎤᏗᎦᎵᏍᏙᏗᎭ ᎢᏦᎯᏳᏒ ᏂᎬᎾᏛ ᎡᎶᎯ ᎠᏂᏃᎮ ᏍᎬᎢ.
9 ᎤᏁᎳᏅᎯᏰᏃ ᎠᏉᎯᏳᏓᏁᎯ, ᎾᏍᎩ ᎪᎱᏍᏗ ᏥᏥᏯᏛᏁᎭ ᎠᏆᏓᏅᏙ ᏥᎬᏗᎭ ᎾᏍᎩ
ᎣᏍᏛ ᎧᏃᎮᏛ ᎤᏪᏥ ᎤᏤᎵᎦ ᎬᏂᎨᏒ ᏂᎬᏁᎲᎢ, ᎾᏍᎩ ᏂᏥᏲᎯᏍᏗᏍᎬᎾ
ᎢᏨᏁᎢᏍᏗᏍᎬᎢ, ᏂᎪᎯᎸ ᏕᏓᏙᎵᏍᏗᏍᎬ.
10 ᏥᏔᏲᎯᎲᎢ, ᎾᏍᎩ ᎢᏳᏃ ᏰᎵ ᎣᎩ ᎪᎯ ᎿᏉ ᎣᏍᏛ ᎢᏯᏆᎵᏍᏓᏁᎸᏍᏗᏱ ᎦᎢᏒ
ᏫᏨᎷᏤᏗᏱ, ᎤᏁᎳᏅᎯ ᎣᏏᏳ ᎠᏰᎸᏍᎬ ᎤᏓᏳᎵᏍᏙᏗᏱ.
11 ᎤᏣᏘᏰᏃ ᎠᏆᏚᎵ ᎢᏨᎪᏩᏛᏗᏱ, ᎾᏍᎩ ᏗᏨᏲᎯᏎᏗᏱ ᎪᎱᏍᏗ ᎤᏍᏗ ᎠᏓᏅᏙ
ᎤᎵᏍᎦᎸᏙᏗ ᎨᏒᎢ, ᎾᏍᎩ ᏗᏣᎵᏂᎪᎯᏍᏗᏱ ᏊᎵᏱᎶᎯᏍᏗᏱ;
12 ᎾᏍᎩ ᎯᎠ ᏄᏍᏗ, ᎾᏍᎩ ᎠᏴ ᎢᏧᎳᎭ ᎢᎩᎧᎵᏍᏙᎯᏍᏗᏱ ᎬᏔᏅᎯ ᎠᏴ ᏂᎯᏃ ᎤᏠᏱ
ᎢᎪᎯᏳᏒᎢ.
13 ᎾᏍᎩᏃ ᎢᏓᎵᏅᏟ ᎥᏝ ᎾᏂᎦᏔᎲᎾᏉ ᎨᏎᏍᏗ ᏱᏨᏰᎵᏎᎭ, ᎾᏍᎩ ᎤᏣᏘ ᎢᏳᏩᎫᏗ
ᏓᏇᎪᏔᏅ ᏫᏨᎷᏤᏗᏱ, ᎾᏍᎩ ᎪᎱᏍᏗ ᎤᎦᏔᏔᏅᎯ ᏂᎯ ᎾᏍᏉ ᎢᏤᎲ ᎠᎩᎪᏩᏛᏗᏱ
ᎠᎩᏰᎸᏒᎩ, ᎾᏍᎩᏯ ᏄᏍᏛ ᎠᏂᏐᎢ ᏧᎾᏓᎴᏅᏛ ᏴᏫ ᏓᏁᏩᏗᏒᎢ; ᎠᏎᏃ ᎪᎯ ᎢᏯᏍᏗ
ᎠᏆᏓᎸᎴᎭ.
14 ᎬᎩᏚᎦ ᎢᏧᎳ ᎠᏂᎪᎢ ᎠᎴ ᎤᏩᎾᏓᎴ ᏴᏫ, ᎠᏂᎦᏔᎾᎢ ᎠᎴ ᎠᏂᎦᏔᎾᎢ ᏂᎨᏒᎾ.
15 ᎾᏍᎩ ᎢᏳᏍᏗ ᎢᎬᏆᏛᏁᏗ ᎨᏒ ᎢᎦᎢ, ᎠᏆᏛᏅᎢᏍᏗᏉ ᎣᏍᏛ ᎧᏃᎮᏛ
ᎢᏨᏯᎵᏥᏙᏁᏗᏱ ᎶᎻ ᎾᏍᏉ ᎢᏤᎯ ᏂᎯ.

16 ᎥᏝᏰᏃ ᏱᎦᏕᎣᏍᎦ ᎣᏍᏛ ᎧᏃᎮᏛ ᎦᎶᏁᏛ ᎤᏤᎵᎦ; ᎾᏍᎩᏰᏃ ᎤᏁᎳᏅᎯ ᎤᎵᏂᎩᏗᏳ
ᎨᏒ ᎬᏂᎨᏒ ᎢᎬᏁᎯ, ᎾᏍᎩ ᎾᎿ ᎠᎾᎵᏍᏕᎸᏙᏗᏍᎬ ᎾᏂᎥ ᎠᏃᎯᏳᎲᏍᎩ; ᎠᏂᏧᏏ ᎢᎬᏱ,
ᎠᎴ ᎾᏍᏉ ᎠᏂᎪᎢ.
17 ᎾᎿᏰᏃ ᎬᏂᎨᏒ ᎢᎬᏁᎸᎯ ᏄᏍᏛ ᎤᏓᏚᏓᎴᏍᏙᏗ ᎨᏒ ᎤᏁᎳᏅᎯ, ᎪᎯᏳᏗ ᎨᏒ
ᏩᏍᏆᏗᏍᏗᏍᎩ; ᎾᏍᎩᏯ ᏂᎬᏅᎪᏪᎸᎢ, ᏚᏳᎪᏛᏍᎩᏂ ᎢᏯᏛᏁᎯ ᎪᎯᏳᏗ ᎨᏒ
ᎤᏛᏂᏗᏍᏕᏍᏗ.
18 ᎤᎾᏔᏅᎯᏰᏃ ᎤᏔᎳᏬᎯᏍᏗ ᎨᏒ ᎬᏂᎨᏒ ᎢᎬᏁᎸᎯ ᎦᎸᎶᎢ ᏨᏗᏓᎴᎲᏍᎦ ᏥᏓᏚᏗᎴᏚ
ᏄᏓᎴᏒ ᎤᏁᎳᏅᎯ ᏄᏂᎸᏉᏛᎾ ᎨᏒ, ᎠᎴ ᏂᏚᏳᎪᏛᎾ ᎢᏳᎾᏛᏁᏗ ᎨᏒ ᏴᏫ, ᎾᏍᎩ
ᏚᏳᎪᏛ ᏣᏂᎾᎯᏍᏗᎭ ᎤᏲ ᏚᏂᎸᏫᏍᏓᏁᎲᎢ;
19 ᎤᏗᎦᎵᏍᏙᏗᎭ ᎾᏍᎩ Ꮎ ᎤᏁᎳᏅᎯ ᏰᎵ ᎬᎦᏙᎥᎯᏍᏙᏗ ᎨᏒ ᎬᏂᎨᏒ ᎢᎬᏁᎸᎯ
ᎠᏁᎲᎢ; ᎤᏁᎳᏅᎯᏰᏃ ᏚᎾᏄᎪᏫᏎᎸ.
20 ᎾᏍᎩᏰᏃ ᏗᎬᎪᏩᏛᏗ ᏂᎨᏒᎾ ᎨᏒ ᏧᏤᎵᎦ ᎬᏂᎨᏒᎢᏳ ᏗᎬᎪᏩᏛᏗ ᎢᎩ ᎡᎶᎯ ᏧᏙᏢᏅ
ᎤᏓᎬᏩᏓᎴᏅᏛ, ᏗᎦᎪᎵᏍᏙᏗ ᎢᎩ ᏧᏓᎴᏅᏛ ᏗᎪᏢᏅᎯ ᎨᏒᎢ, ᎾᏍᎩ ᎤᏧᏓᎴᏅᎲᎾ
ᎤᎵᏂᎩᏗᏳ ᎨᏒᎢ, ᎠᎴ ᎤᏁᎳᏅᎯ ᎨᏒᎢ; ᎾᏍᎩ ᎢᏳᏍᏗ ᎥᏝ ᏣᏂᎭ ᏧᎾᎵᏫᏍᏙᏗ;
21 ᎤᏂᎦᏙᎥᏒᏰᏃ ᎤᏁᎳᏅᎯ, ᎥᏝ ᎤᏁᎳᏅᎯ ᎦᎸᏉᏙᏗ ᎨᏒ ᏳᏂᎸᏉᏙᏔᏁᎢ, ᎥᏝ ᎠᎴ
ᏯᎾᎵᎮᎵᎨᎢ, ᎠᎾᏓᏅᏖᏍᎬᏍᎩᏂ ᎠᏎᏉᏉ ᏄᎵᏍᏔᏁᎢ, ᎠᎴ ᏧᏁᎫ ᏧᏂᎾᏫ ᏚᎵᏏᎲᏎᎢ;
22 ᎠᏂᎦᏔᎾᎢ ᎠᎾᏤᎸᏍᎬᎢ, ᎤᏂᏁᎫ ᏄᎾᎵᏍᏔᏁᎢ;
23 ᎠᎴ ᎤᏂᏁᏟᏴᏎ ᎦᎸᏉᏗᏳ ᎨᏒ ᎤᏁᎳᏅᎯ ᎠᏲᎱᏍᎩ ᏂᎨᏒᎾ ᎤᏤᎵᎦ, ᎠᏲᎱᏍᎩ ᏴᏫ
ᏗᏟᎶᏍᏔᏅᎯ ᎾᏍᎩᏯ ᏄᏅᏁᎴᎢ, ᎠᎴ ᏥᏍᏆ, ᎠᎴ ᏅᎩ ᏗᏂᏅᏌᏗ, ᎠᎴ
ᎠᎾᏓᎾᏏᏂᏙᎯ.
24 ᎾᏍᎩ ᎢᏳᏍᏗ ᎤᏁᎳᏅᎯ ᎾᏍᏉ ᏕᎤᏲᏎ ᎦᏓᎭ ᏧᏂᎸᏫᏍᏓᏁᏗᏱ ᎤᏅᏙᏗᏱ ᎤᏅᏒ
ᏧᏂᎭᏢᎢᏍᏙᏗᏱ ᏗᏂᏰᎸ ᎤᏅᏒᏉ ᏂᏓᎾᏓᏛᏁᎲᎢ;
25 ᎾᏍᎩ ᎤᏙᎯᏳᏒ ᎤᏁᎳᏅᎯ ᎤᏃᎮᏍᎩ ᎤᏂᏁᏟᏴᏍᏔᏁ ᎦᏰᎪᎩ ᎨᏒᎢ, ᎠᎴ ᎤᏟ ᎢᎦᎢ
ᎤᎾᏓᏙᎵᏍᏓᏁᎴ ᎠᎴ ᎪᎱᏍᏗ ᎤᎾᏛᏁᎴ ᎠᎪᏢᏅᎯᏉ ᎨᏒ ᎡᏍᎦᏉ ᎢᎦᎢ ᎤᏬᏢᏅᎯ,
ᎾᏍᎩ ᎦᎸᏉᏙᏗ ᏥᎩ ᏂᎪᎯᎸᎢ. ᎡᎺᏅ.
26 ᎾᏍᎩ ᎢᏳᏍᏗ ᎤᏁᎳᏅᎯ ᏕᎤᏲᏒᎩ ᎤᏕᎰᎯᏍᏗ ᎤᎾᏚᎸᏅᏗᏱ; ᎾᏍᏉᏰᏃ ᎠᏂᎨᏴ
ᏧᎾᏤᎵᎦ ᎾᏍᎩ ᎠᎲ ᎢᏳᎾᏛᏁᏗ ᎨᏒ ᎤᏂᏁᏟᏴᏍᏔᏁ ᎾᏍᎩ ᎠᎲ ᎢᏳᎾᏛᏁᏗ ᏂᎨᏒᎾ
ᎨᏒᎢ.
27 ᎠᎴ ᎾᏍᏉ ᎠᏂᏍᎦᏯ ᏚᏂᏲᏍᎨ ᎢᏳᎾᏛᏁᏗ ᎨᏒ ᎾᏍᎩ ᎠᏂᎨᏴ ᎨᎦᏁᎳᏅᎯ ᎤᎬᏩᎵ
ᎨᏒᎢ, ᎤᏤᎫ ᏓᎾᏓᎦᏔᏲᏍᎨ ᎤᏅᏒᏉ ᎨᏒᎢ; ᎠᏂᏍᎦᏯ ᎠᏂᏍᎦᏯᏉ ᎪᎱᏍᏗ ᏓᎾᏓᏛᏗᏍᎨ
ᏚᏂᎸᏫᏍᏓᏁᎮ ᎾᏍᎩ ᎤᏕᎰᎯᏍᏗ ᎨᏒᎢ, ᎠᎴ ᎤᏅᏒ ᎨᏒ ᎤᎾᎵᏩᏛᏒᎮ ᏚᏳᎪᏛ ᎨᎦᎫᏴᏒᏗ
ᎨᏒ ᎾᏍᎩ ᎤᏂᎵᏓᏍᏗᏍᎬᎢ.

28 ᎠᎴ ᎾᏍᎩ ᎣᏏ ᏄᏂᏰᎸᏒᎾ ᏥᎨᏎ ᏄᏍᏛ ᎤᏁᎳᏅᎯ ᎤᏂᎦᏙᎥᏒ ᎤᏂᏍᏆᏂᎪᏙᏗᏱ,
ᎤᏁᎳᏅᎯ ᏕᎤᏲᏎ ᎨᏥᏐᏅᎢᏍᏔᏅᎯ ᎢᏳᎾᎵᏍᏙᏗᏱ ᏚᎾᏓᏅᏛᎢ, ᎾᏍᎩ ᎢᎬᏛᏁᏗ
ᏂᎨᏒᎾ ᎨᏒ ᎢᏳᎾᏛᏁᏗᏱ;
29 ᎤᏂᎧᎵᏨᎯ ᎨᏒ ᏄᏓᎴᏒ ᏂᏚᏳᎪᏛᎾ ᎨᏒᎢ, ᎤᏕᎵᏛ ᏗᏂᏏᏗ ᎨᏒᎢ, ᎤᏲ ᎢᏯᏓᏛᏁᏗ
ᎨᏒᎢ, ᏧᎬᏩᎶᏗ ᎠᎬᎥᎯᏍᏗ ᎨᏒᎢ, ᎤᏂᏲ ᎨᏒᎢ; ᎤᏂᎧᎵᏨᎯ ᎠᏛᏳᎨᏗ ᎨᏒᎢ, ᏗᏓᎯᏍᏗ
ᎨᏒᎢ, ᏗᏘᏲᏍᏗ ᎨᏒᎢ, ᎠᏠᏄᎮᏛ, ᎤᏲ ᏗᏕᎸᏫᏍᏓᏁᏗ ᎨᏒᎢ; ᎠᎾᏙᏅᎢᎯ,
30 ᎤᏲ ᏗᎾᏓᏃᎮᎵᏙᎯ, ᎤᏁᎳᏅᎯ ᎠᏂᏂᏆᏘᎯ, ᎬᏩᎾᏓᏐᎵᏗ; ᎤᎾᏢᏉᏗ, ᎤᎾᏢᏆᏌᏗ,
ᎠᏃᎷᏩᏘᏍᎩ ᏧᏓᎴᏅᏛ ᎤᏲᎢ, ᏂᏚᏃᎯᏳᏒᎾ ᏧᏂᎦᏴᎵᎨᎢ,
31 ᏄᏃᎵᏨᏛᎾ, ᎧᏃᎮᏛ ᏚᎾᏠᎯᏍᏛ ᎠᏂᏲᏍᏗᏍᎩ, ᎪᎱᏍᏗ ᏧᏅᎾ ᏂᏚᏂᎨᏳᏒᎾ,
ᎬᏩᏃᎯᏍᏗ ᏂᎨᏒᎾ, ᏄᎾᏓᏙᎵᏨᏛᎾ;
32 ᎾᏍᎩ ᏣᏂᎦᏔᎲ ᏄᏍᏛ ᏕᎫᎪᏗᏍᎬ ᎤᏁᎳᏅᎯ, ᎾᏍᎩ ᎩᎶ ᎾᏍᎩ ᎢᏳᏍᏗ
ᏧᎸᏫᏍᏓᏁᎯ ᏰᎵᏉ ᏗᎬᏩᏂᏲᎱᎯᏍᏗ ᎨᏒᎢ, ᎥᏝ ᎾᏍᎩᏉ ᎾᎾᏛᏁᎭ ᎤᏩᏒ ᏱᎩ,
ᎣᏏᏳᏍᎩᏂ ᏚᏂᏰᎸᎲ ᎾᏍᎩ ᎢᏯᎾᏛᏁᎯ.

ᎠᏯᏙᎸᎢ 2

1 ᎾᏍᎩ ᎢᏳᏍᏗ ᎥᏝ ᏗᏣᎵᏫᏍᏙᏗ ᏱᏣᎭ, ᏂᎯ ᏴᏫ ᏂᏥᎥᏉ ᏗᏧᎪᏗᏍᎩ; ᎾᎿᏰᏃ ᎤᏩᏓᎴ
ᎦᎯᏳᎪᏓᏁᎲ ᏨᏒ ᎦᎭᏓᏚᎪᏓᏁᎭ; ᏂᎯᏰᏃ ᏚᎪᏗᏍᎩ ᎾᏍᎩᏯ ᏂᎭᏛᏁᎭ.
2 ᎠᏎᏃ ᎢᏗᎦᏔᎭ ᎾᏍᎩ ᎤᏁᎳᏅᎯ ᎦᎫᎪᏗᏍᎬ ᏚᏳᎪᏛ ᎨᏒᎢ, ᎾᏍᎩ ᎦᎫᎪᏓᏁᎲ ᎾᏍᎩ
ᎢᏯᎾᏛᏁᎯ.
3 ᏥᎪᏃ ᎭᏓᏅᏖᏍᎬ ᏂᎯ ᏴᏫ, ᎾᏍᎩ ᏚᎪᏓᏁᎯ ᏥᎩ ᎾᏍᎩ ᎢᏯᎾᏛᏁᎯ, ᎠᎴ ᎾᏍᎩᏯ
ᎢᎭᏛᏁᎯ ᏥᎩ, ᏔᏚᏓᎳᎡᏢ ᎤᏁᎳᏅᎯ ᏧᏭᎪᏙᏗ ᎨᏒᎢ?
4 ᏥᎪᎨ ᎤᏢᏌᏢᏉ ᎯᏰᎸᏍᎦ ᏄᏧᏑᏍᏛ ᎤᏓᏅᏘᏳ ᎨᏒ ᎠᎴ ᎬᏂᏘᏳ ᎨᏒᎢ, ᎠᎴ ᎪᎯᏘᏳ
ᎤᏁᎳᎩ ᎡᏢᏍᎬᎢ, ᎡᎢ, ᎠᎴ ᎪᎯᏘᏳ ᎤᏁᎳᎩ ᎡᏢᏍᎬᎢ, ᏂᎦᏔᎲᎾᏉ ᎨᏒ ᎾᏍᎩ
ᎤᏁᎳᏅᎯ ᎤᏓᏅᏘᏳ ᎨᏒ ᏣᏘᏁᎬ ᏣᏁᏟᏴᏍᏗ ᎨᏒ ᏣᏓᏅᏛᎢ?
5 ᎾᏍᎩᏯᏍᎩᏂ ᎯᏍᏓᏱᏳ ᎨᏒ ᎠᎴ ᏣᏁᏟᏴᏛ ᏂᎨᏒᎾ ᏣᎾᏫ ᎯᏟᏏᎭ ᎤᏔᎳᏬᎯᏍᏗ ᎨᏒ
ᏣᏤᎵ ᎢᏳᎵᏍᏙᏗ ᎾᎯᏳ ᎢᎦ ᎠᏢᏱᎶᎸᎭ ᎤᏓᏔᏬᎯᏍᏗ ᎨᏒ ᎠᎴ ᎤᏁᎳᏅᎯ ᏚᏳᎪᏛ
ᏧᏭᎪᏙᏗ ᎨᏒ ᎦᎾᎸᎪᏫᏒᎭ;
6 ᎾᏍᎩ ᎾᏂᎥ ᏧᎫᏴᏒᏗ ᏥᎩ ᎾᏍᎩᏯ ᏄᏍᏛ ᏚᏂᎸᏫᏍᏓᏁᎸᎢ;
7 ᎾᏍᎩ ᎣᏍᏛ ᏚᏂᎸᏫᏍᏓᏁᎲ ᏗᎤᏂᏗᏳ ᎬᎾᎢᏒ ᏧᏂᏯᏍᏗᎭ ᏗᎬᏩᎸᏌᏛ ᎠᎴ ᎦᎸᏉᏘᏳ
ᎨᏒ ᎠᎴ ᎠᏲᎱᎯᏍᏗ ᏂᎨᏒᎾ ᎨᏒᎢ, ᎠᏢᏍᏆᏗᏍᎩ ᏂᎨᏒᎾ ᎬᏂᏛ ᏧᎫᏴᏁᏗ ᏥᎩ;
8 Ꮎ-ᏍᎩᏂ [ᎤᏁᎳᏅᎯ] ᏗᏂᎦᏘᎴᎩ ᏥᎩ, ᎠᎴ ᎾᏃᎯᏳᎲᏍᎬᎾ ᏥᎩ ᏚᏳᎪᏛ ᎨᏒᎢ,
ᏂᏚᏳᎪᏛᎾᏍᎩᏂ ᎨᏒ ᎠᏃᎯᏳᎲᏍᎩ ᏥᎩ; ᎤᏔᎳᏬᎯᏍᏗ ᎠᎴ ᎤᏖᎸᎯ ᎨᏒ ᎤᏂᎷᏤᏗ
ᎨᏎᏍᏗ.
9 ᎤᎦᏯᏙᏗ ᎨᏒ ᎠᎴ ᎤᏪᎵᎯᏍᏗ ᎨᏒ ᎤᏂᎷᏤᏗ ᎨᏎᏍᏗ ᎾᏂᎥ ᎠᏂᏏᏴᏫᎭ ᎨᏒᎢ, ᎾᏍᎩ
ᎤᏲ ᎢᏯᎾᏛᏁᎯ, ᎠᏂᏧᏏ ᎢᎬᏱ, ᎠᎴ ᎾᏍᏉ ᎠᏂᎪᎢ;
10 ᏗᎬᏩᎸᏌᏛᏍᎩᏂ ᎠᎴ ᎦᎸᏉᏘᏳ ᎨᏒ, ᎠᎴ ᎤᏩᏙᎯᏯᏛ ᎤᏂᎷᏤᏗ ᎨᏎᏍᏗ ᎾᏂᎥ
ᎠᏂᏏᏴᏫᎭ ᎨᏒ ᎣᏍᏛ ᎢᏯᎾᏛᏁᎯ, ᎠᏂᏧᏏ ᎢᎬᏱ, ᎠᎴ ᎾᏍᏉ ᎠᏂᎪᎢ;
11 ᎤᏁᎳᏅᎯᏰᏃ ᎥᏝ ᎩᎶ ᏗᎦᎸᏉᏗᏍᎩ ᏱᎩ.
12 ᎾᏂᎥᏰᏃ ᎩᎶ ᎤᏂᏍᎦᏅᏨᎯ ᏗᎧᎿᏩᏛᏍᏗ ᏄᏂᎲᎾ ᎾᏍᏉ ᏗᎧᎿᏩᏛᏍᏗ ᏂᎬᎳᏅᎾ
ᎤᏂᎩᎵᏲᎢᏍᏗ; ᎠᎴ ᎾᏂᎥ ᎩᎶ ᎤᏂᏍᎦᏅᏨᎯ ᏗᎧᎿᏩᏛᏍᏗ ᎤᏂᎯ, ᎾᏍᎩ ᏗᎧᎿᏩᏛᏍᏗ
ᎨᎬᏓᏁᏗ ᏗᎨᎫᎪᏓᏁᏗ ᎨᏎᏍᏗ,
13 ᎥᏝᏰᏃ ᏗᎧᎿᏩᏛᏍᏗ ᎠᎾᏛᎩᏍᎩ ᎾᏂᏍᎦᏅᎾ ᏱᎩ ᎤᏁᎳᎨᎯ ᏓᎧᏅᎢ,
ᏗᎧᎿᏩᏛᏍᏗᏍᎩᏂ ᏂᎦᏪᏍᎬ ᎢᏯᎾᏛᏁᎯ ᎾᏍᎩ ᎤᎾᏚᏓᎴᏍᏗ ᎨᏎᏍᏗ.
14 ᏧᎾᏓᎴᏅᏛᏰᏃ ᏴᏫ ᏗᎧᎿᏩᏗᏍᏗ ᏄᏂᎲᎾ ᏥᎩ, ᎤᏅᏒ ᎤᎾᏓᏅᏖᏛ ᏗᎧᎿᏩᏛᏍᏗ
ᏂᎦᏪᏍᎬ ᏱᎾᎾᏛᏁᎭ, ᎾᏍᎩ ᎯᎠ, ᏗᎧᎿᏩᏛᏍᏗ ᏄᏂᎲᎾ ᏥᎩ, ᎤᏅᏒᏉ ᎨᏒ
ᏗᎧᎿᏩᏛᏍᏗ ᎾᎾᏢᏍᏗᎭ;

15 ᎾᏍᎩ ᎬᏂᎨᏒ ᎾᏅᏁᎭ ᏗᎧᎿᏩᏛᏍᏗ ᏂᎦᏪᏍᎬ ᎢᏯᏛᏁᏗ ᎨᏒ ᏧᏂᎠᏫᏱ ᎪᏪᎸᎢ,
ᏚᎾᏓᏅᏛ ᎾᏍᏉ ᎪᎯᏳᏙᏗᏍᎬᎢ, ᎠᎴ ᎠᎾᏓᏅᏖᏍᎬ ᏓᎾᏓᏚᎯᏍᏗᏍᎬ, ᎠᎴ
ᏓᎾᏓᏚᏓᎴᏍᎬᎢ.

16 ᎾᎯᏳ ᎢᎦ ᎤᏁᎳᏅᎯ ᎤᎦᎵᏛ ᎨᏒ ᏴᏫ ᎤᎾᏤᎵᎦ ᏕᎫᎪᏓᏁᎸᎭ, ᏥᏌ ᎦᎶᏁᏛ
ᎠᎬᏗᏍᎬᎢ, ᎾᏍᎩᏯ ᏂᎦᏪᏍᎬ ᎠᏆᏤᎵ ᎣᏍᏛ ᎧᏃᎮᏛ.

17 ᎬᏂᏳᏉ, ᎠᏧᏏ ᏕᏣᏙᎥ, ᎠᎴ ᏗᎧᎿᏩᏛᏍᏗ ᏣᎵᏍᎦᏍᏙᏗ, ᎠᎴ ᎯᏯᏢᏆᏍᏙᏗ
ᎤᏁᎳᏅᎯ,

18 ᎠᎴ ᎯᎦᏔᎭ ᏄᏍᏛ ᎣᏏᏳ ᎤᏰᎸᏗ ᎨᏒᎢ, ᎠᎴ ᎯᎪᏩᏘᎭ ᏧᏓᎴᏅᏛ ᏧᏓᎴᎿᎢ ᎨᏒᎢ,
ᎠᎴ ᎯᎪᏩᏘᎭ ᏧᏓᎴᏅᏛ ᏧᏓᎴᎿᎢ ᎨᏒᎢ, ᎡᏤᏲᏅᎯ ᏗᎧᎿᏩᏛᏍᏗᏱ;

19 ᎠᎴ ᎥᏝ ᏱᏣᏜᏏᏛᎡᎭ ᏨᏒ ᏔᏘᏂᏙᎯ ᎨᏒ ᏗᏂᎨᏫ, ᎢᎦ ᏔᏘᏍᏓᏁᎯ ᎨᏒ ᎤᎵᏏᎬ ᎠᏂᏂ,

20 ᏖᏲᎲᏍᎩ ᎨᏒ ᏄᎾᏓᏅᏛᎾ, ᏗᏂᏲᎵ ᏖᏲᎲᏍᎩ, ᎾᏍᎩ ᏣᏍᏆᏂᎪᏗ ᎠᏕᏙᎥᎯᏍᏗ ᎨᏒ
ᎠᎴ ᏚᏳᎪᏛ ᎨᏒ ᏗᏟᎶᏍᏔᏅᎯ ᏗᎧᎿᏩᏛᏍᏗᏱ ᎪᏪᎸᎢ.

21 ᎾᏍᎩᏃ ᏂᎯ ᎤᏩᏓᎴ ᎯᏰᏲᎲᏍᎩ ᏥᎩ, ᏝᏍᎪ ᏨᏒ ᏯᏓᏕᏲᎲᏍᎦ? ᏂᎯ ᎭᎵᏥᏙᎲᏍᎬ
ᏞᏍᏗ ᏣᏃᏍᎩᏒᎩ ᏣᏗᎭ, ᏥᎪ ᎢᎯᏃᏍᎩᎭ?

22 ᏂᎯ, ᏞᏍᏗ ᏣᏓᏲᏁᎸᎩ ᏣᏗᎭ, ᏥᎪ ᎢᎭᏓᏲᏂᏆᏘᎭ, ᏥᎪ ᏂᎯ ᎪᎱᏍᏗ ᏕᎸᏉᏗ
ᎯᏐᏢᏗᎭ?

23 ᏂᎯ ᏗᎧᎿᏩᏛᏍᏗ ᏣᏢᏆᏙᏗᎭ, ᎯᏲᏍᏗᏍᎬᏍᎪ ᏗᎧᎿᏩᏛᏍᏗ ᎠᏐᏢᎯ ᏂᏴᏁ
ᎤᏁᎳᏅᎯ?

24 ᎤᏁᎳᏅᎯᏰᏃ ᏚᏙᎥ ᎬᏩᏂᏐᏢᏗ ᏧᎾᏓᎴᏅᏛ ᏴᏫ ᎠᏁᎲᎢ ᏂᎯ ᎢᏨᏂᏌᏛ, ᎾᏍᎩᏯ
ᏂᎬᏅ ᎪᏪᎸᎢ.

25 ᎠᎱᏍᏕᏍᏗᏰᏃ ᎨᏒ ᎤᏙᎯᏳᎯ ᏣᏍᏕᎵᎭ ᎢᏳᏃ ᏗᎧᎿᏩᏛᏍᏗ ᏂᎦᏪᏍᎬ ᏱᎿᏛᏁᎭ;
ᎢᏳᏍᎩᏂ ᎯᏲᏍᏗᏍᎩ ᏱᎩ ᏗᎧᎿᏩᏛᏍᏗ, ᎡᏣᎱᏍᏕᏎᎸᎯ ᎨᏒ ᎡᏣᎱᏍᏕᏎᎸᎯᏉ ᏂᎨᏒᎾ
ᏂᎦᎵᏍᏗᎭ.

26 ᎾᏍᎩ ᎢᏳᏍᏗ ᎢᏳᏃ ᎠᏥᎤᏍᏕᏎᎸᎯ ᏂᎨᏒᎾ ᏯᏍᏆᏂᎪᏗᎭ ᏗᎧᎿᏩᏛᏍᏗ ᎾᏍᎩᏯ
ᏂᎬᏅᎢ, ᏝᏍᎪ ᎾᏥᎤᏍᏕᏎᎸᎾ ᎨᏒ ᎠᏥᎤᏍᏕᏎᎸᎯ ᎨᏒ ᎠᏥᏰᎸᎾᏁᏗ ᏱᎦᎩ?

27 ᎠᎴ ᏝᏍᎪ ᎠᏥᎤᏍᏕᏎᎸᎯ ᏂᎨᏒᎾ, ᎾᏍᎩ ᎤᎦᏅᏉ ᏄᏍᏛ ᏗᎧᎿᏩᏛᏍᏗ
ᎠᏍᏆᏂᎪᏗᏍᎩ ᏱᏙᎨᏧᎪᏓᏏ ᏂᎯ, ᎪᏪᎵ ᎠᎴ ᎠᎱᏍᏕᏍᏗ ᎨᏒ ᏗᎬᏗ ᏗᎧᎿᏩᏛᏍᏗ
ᎯᏲᏍᏗᏍᎩ?

28 ᎥᏝᏰᏃ ᎾᏍᎩ Ꮎ ᎠᏧᏏ ᏱᎩ, ᎦᏚᏉ ᎢᏗᏢ ᎠᏧᏏ ᏱᎩ; ᎥᏝ ᎠᎴ ᎾᏍᎩ Ꮎ ᎠᎱᏍᏕᏍᏗ
ᎨᏒ ᏱᎩ, ᎦᏚᏉ ᎢᏗᏢ ᎤᏇᏓᎸᏉ ᏱᎩ;

29 ᎾᏍᎩᏍᎩᏂ Ꮎ ᎠᏧᏏ, ᎾᏍᎩ ᎭᏫᏂᏗᏢ ᎠᏧᏏ ᏥᎩ, ᎠᎴ ᎾᏍᎩ Ꮎ ᎠᎱᏍᏕᏍᏗ ᎨᏒ
ᎤᎾᏫᏱ ᎡᎯ ᏥᎩ, ᎤᏓᏅᏙᎩᎯ ᎡᎯ, ᎥᏝᏃ ᎪᏪᎵᏉ ᏂᎦᏪᏍᎬ ᏗᎧᎿᏩᎦᎩ; ᎾᏍᎩ ᎥᏝ
ᏴᏫᏉ ᎬᏩᎸᏉᏙᏗ ᏱᎩ, ᎤᏁᎳᏅᎯᏍᎩᏂ.

ᎠᏯᏙᎸᎢ 3

1 ᎦᏙᎨᏃ ᎤᏍᏛ ᎤᏟ ᏄᏛᏅ ᎠᏧᏏ? ᎠᎴ ᎦᏙ ᎤᏍᏛ ᎬᏩᏓᏍᏕᎸᏗ ᎠᎱᏍᏕᏍᏗ ᎨᏒᎢ?

2 ᎤᏣᏘ ᏂᎦᎥ ᏄᏓᎴᏒᎢ; ᏄᎬᏫᏳᏒ ᎠᏗᎾ ᏅᏗᎦᎵᏍᏙᏗ ᎾᏍᎩ ᎨᏚᎨᏅᏴ ᎤᏁᎳᏅᎯ
ᎤᏁᏨᎢ.

3 ᎦᏙᏃ ᎢᏳ ᎢᎦᏛ ᏄᏃᎯᏳᏅᎾ ᏱᎩ? ᏥᎪ ᏄᏃᎯᏳᏅᎾ ᎨᏒ ᎠᏎᏉᏉ ᏱᏂᎬᎦ ᎤᏁᎳᏅᎯ
ᎦᎪᎯᏳᏗ ᎨᏒᎢ?

4 ᎬᏩᏟᏍᏗ; ᎥᎥ, ᎤᏁᎳᏅᎯ ᏚᏳᎪᏛ ᎧᏁᎩ ᎨᏎᏍᏗ, ᎾᏂᎥᏃ ᏴᏫ ᎠᏂᏰᎪᎩ ᎨᏎᏍᏗ;
ᎾᏍᎩᏯ ᎯᎠ ᏂᎬᏅ ᎪᏪᎸᎢ, ᎾᏍᎩ ᏂᏍᎦᏅᎾ ᎢᏳᎵᏍᏙᏗᏱ ᎯᏁᎬᎢ, ᎠᎴ
ᏣᏓᏎᎪᎩᏍᏗᏱ ᎿᏉ ᏕᎱᎪᏔᏅᎭ.

5 ᎠᏎᏃ ᎢᏳᏃ ᏂᏚᏳᎪᏛᎾ ᏃᎦᏛᏁᎸ ᎬᏂᎨᏒ ᏱᏂᎬᏁᎭ ᏚᏳᎪᏛ ᎢᏯᏛᏁᎯ ᎨᏒ ᎤᏁᎳᏅᎯ,
ᎦᏙ ᏓᏓᏛᏂ? ᎠᏍᎦᏅᎦᏍᎪ ᎤᏁᎳᏅᎯ ᎾᏍᎩ ᏥᏓᏍᏛᏗᏍᏙᏗᎭ? (ᏴᏫᏉ ᎢᏳᏪᏍᏗ
ᏂᏥᏪᎭ).

6 ᎬᏩᏟᏍᏗ; ᎢᏳᏰᏃ ᎾᏍᎩ ᏱᏄᏍᏗ ᎦᏙ ᏱᎦᎵᏍᏙᏓ ᎤᏁᎳᏅᎯ ᎡᎶᎯ ᏱᏕᎫᎪᏓᏏ?

7 ᎢᏳᏰᏃ ᏚᏳᎪᏛ ᎧᏁᎩ ᎨᏒ ᎤᏁᎳᏅᎯ ᎤᏟ ᎢᎦᎢ ᎤᏁᏉᏨᎯ ᏱᎩ ᎾᏍᎩ ᎦᎸᏉᏗᏳ
ᏄᏩᏁᎲᎢ ᎠᏴ ᏕᏥᎪᎲᏍᎬ ᏱᏅᏗᎦᎵᏍᏙᏗᎭ, ᎦᏙᏃ ᎠᏴ ᎾᏍᏉ ᎠᏏᏉ ᏛᏯᎪᏓᏁᎭ
ᏥᏍᎦᎾ ᎾᏍᎩᏯᎢ?

8 ᎠᎴᏍᎪ ᎥᏝ ᎾᏍᎩ ᎯᎠ ᏳᎬᏫᏳᎭ, (ᎾᏍᎩ ᏕᏲᎩᏐᎵᏛ ᏥᎪᎩᏃᎮᎭ, ᎠᎴ ᎩᎶ ᎾᏍᎩ
ᎾᏂᏪ ᏥᎪᎪᏎᎭ,) ᎤᏲ ᏕᎩᎸᏫᏍᏓᏁᎮᏍᏗ ᎾᏍᎩ ᎣᏍᏛ ᎨᏒ ᎤᎵᏰᎢᎸᏍᏗᏱ? ᎾᏍᎩ
ᎤᏂᏍᎦᏅᏨ ᏧᎾᏚᎪᏓᏁᏗᏱ ᏚᏳᎪᏗ.

9 ᎦᏙᎨ ᎤᎬᏫᏳᎭ? ᎤᏟᏍᎪ ᏂᏙᎯ? ᎥᏝ ᎤᏍᏗᎩᏛ ᎤᏅ; ᎦᏳᎳᏰᏃ ᏕᎫᎪᏔᏅ ᎾᏍᎩ
ᎢᏧᎳ ᎠᏂᏧᏏ ᎠᎴ ᏧᎾᏓᎴᏅᏛ ᏴᏫ, ᏂᎦᏗᏳ ᎠᏍᎦᏅᎢᏍᏗ ᎨᏒ ᎤᎾᏓᏄᏴᏛᎢ.

10 ᎾᏍᎩᏯ ᎯᎠ ᏥᏂᎬᏅ ᏥᎪᏪᎳ, ᎥᏝ ᎩᎶ ᎣᏏᏳ ᎢᏯᏛᏁᎯ ᏱᎩ, ᎥᏝ, ᏌᏉ ᎤᏅ.

11 ᎥᏝ ᎩᎶ ᎪᎵᎩ ᏱᎩ; ᎥᏝ ᎩᎶ ᎤᏁᎳᏅᎯ ᎤᏲᎯ ᏱᎩ.

12 ᎾᏂᎥᏉ ᎤᎾᏓᏒ ᎦᏅᏅᎢ, ᎢᏳᎾᏍᏗᎭᏉ ᎪᎱᏍᏗ ᏗᎬᏙᏗ ᏂᎨᏒᎾ ᏄᎾᎵᏍᏔᏅ; ᎥᏝ ᎩᎶ
ᎣᏏᏳ ᎢᏯᏛᏁᎯ ᏱᎩ, ᎥᏝ ᏌᏉ ᎤᏅ.

13 ᎤᏂᎩᏍᏗᏱ ᏗᏓᏂᏐᏗᏱ ᎤᎵᏍᏚᎢᏛ ᏥᎨᏐ ᎾᏍᎩᏯᎢ; ᏗᏂᏃᎪᎢ ᎠᎾᏓᎶᏄᎮᏗᏍᎪᎢ,
ᎢᎾᏛ ᏚᏂᏁᎲ ᎠᏓᎯᎯ ᏚᏂᎭᏁᎦᎸ ᎭᏫᏂᏗᏢ ᏚᏂᏁᎭ.

14 ᎾᏍᎩ ᏗᏂᎰᎵ ᏗᎧᎵᏬᎯ ᎠᏓᏍᎩᏅᏗᏍᏗ ᎨᏒ ᎠᎴ ᎤᏴᏍᏗ ᎨᏒᎢ.

15 ᏧᎾᎳᏏᏕᏂ ᏗᏯᏄᎵᏳ ᎩᎬ ᎤᎾᏓᏙᏪᏗᏱ.

16 ᎠᏛᏗᏍᎩ ᎨᏒ ᎠᎴ ᎤᏲ ᎠᏓᏅᏓᏗᏍᏗ ᎨᏒ ᏔᎵ ᎤᏛᏗᏕᎪ ᎠᏁᏙᎲᎢ.

17 ᎤᏩᏙᎯᏯᏛᏃ ᎦᏅᏅ ᎥᏝ ᎤᏂᎦᏙᎥᏒᎯ ᏱᎩ.

18 ᎤᏁᎳᏅᎯ ᎦᎾᏰᎯᏍᏗ ᎨᏒ ᎥᏝ ᎢᎬᏱᏗᏢ ᏱᏄᏍᏗ ᏗᏂᎧᏅᎢ.

19 ᎠᏧ ᎢᏗᏚᎳᏎ ᎾᏍᎩ ᏂᏚᎥ ᏂᏚᏬᏍᎬ ᏗᏑᎶᏣᎼᏍᏗ ᎤᏂᏁᏤᏎ ᎾᏍᎩ ᏗᏑᎶᏣᎼᏍᏗ ᎨᏥᏁᏋᎯ; ᎾᏍᎩ Ꮎꮒ ᏗᏂᎨᎵ ᏗᎨᏥᏍᏕᏁᏗᏱ, ᎠᏧ ᎡᎳᏂᎬ ᎠᏁᎯ ᎤᏂᏍᏕᎤᏨᎯ ᏧᏚᎪᎳᎤᎯ ᎢᏳᎵᏍᏙᏗᏱ ᎤᏁᎳᎤᎯ ᎠᏚᎳᏅᎢ.

20 ᎾᏍᎩ ᎢᏳᏍᏗ ᏗᏑᎶᏣᎼᏍᏗ ᏂᏚᏬᏍᎬ ᏄᎼᏁᎲ ꭵᏝ ᏳᏳ ᎤᏍᏓᎵ ᏴᎬᏓᏧᏍᏓ ᎾᏍᎩ ᎠᏚᎳᏅᎢ; ᏗᏑᎶᏣᎼᏍᏗᏰᏃ ᎠᏍᏕᎤᎢᏍᏗ ᎨᎡ ᎠᏚᏙꭵᎯᏍᏙᏗ.

21 ᎤᏁᎳᎤᎯᏍᏓᏂ ᎤᏓᏚᏓᏧᏍᏙᏗ ᎨᎡ, ᏗᏑᎶᏣᎼᏍᏗ ᎬᏙᏗ ᏂᎨᎡᎾ, ᎬᏂᎨᎡ ᎢᎬᏁᏋᎯ, ᎪᎯᏳᏙᎳᎤᎯ ᏗᏑᎶᏣᎼᏍᏗ ᎠᏧ ᎠᎾᏙᏧᎮᏍᎬ ᏕᏃᏬᏋᎢ;

22 ᎾᏍᎩ ᎤᏁᎳᎤᎯ ᎤᏓᏚᏓᏧᏍᏗ ᎨᎡᎢ, ᎾᏍᎩ ᏥᏅ ᏚᏳᏁᏛ ᎪᎯᏳᏗ ᏨᏗᏓᏧᏯᏍᏚ, ᎠᏧ ᎾᏍᎩ Ꮎꮒ ᎠᏃᎯᏳᏯᏍᎩ ᎤᏂᎷᏤᏗ ᎠᏧ ᎾᏍᎩ Ꮎꮒ ᎤᎾᏤᎵ ᎢᏳᎵᏍᏙᏗ ᏥᎩ; ꭵᏝᏰᏃ ᏧᎾᏓᏧᏒᎢ ᏱᎩ;

23 ᏂᏚᏗᏳᏰᏃ ᎤᏂᏍᏕᎤᏨᎯ, ᎠᏧ ᎡᏍᏚ ᎤᏃᏎᎡ ᎤᏁᎳᎤᎯ ᎤᏓᏋᏑᏙᏗ ᎨᎡᎢ;

24 ᎨᏧᏓᏧᏛ ᏂᏗᎨᏥᎡᏳᏩᏓᏁᏋᎾ ᎬᏬᎤᎯ ᎬᏳᏚᏗᏫ ᎤᏓᏙᎵᏍᏗ ᎨᎡ ᎤᏓᏳᏓᏧᎤᎯ ᎠᏧᏴᏙᎢ ᎨᎡ ᏚᏳᏁᏛ ᏥᏅ ᎤᏬᎲᎢ;

25 ᎾᏍᎩ [ᏥᏅ ᏚᏳᏁᏛ] ᎤᏁᎳᎤᎯ ᎬᏂᎨᎡ ᏥᏋᏳᏁᏋ ᎠᎵᏍᎪᏋᏬᎤᎯ ᎪᎯᏍᏙᏗ ᎨᎡᎢ, ᎾᏍᎩ ᎪᎯᏳᏗᏱ ᎤᏰᎬ; ᏧᎾᏋᎪᎾᏐᏗᏱ ᎾᏍᎩ ᏚᏳᎪᏛ ᎢᏍᏛᏁᎯ ᎨᎡᎢ, ᎾᏍᎩ ᏚᏳᏔ ᎠᏍᏕᎤᏨᎯ ᎨᎡ ᏕᎬᏓᏁᏗ ᎨᎡᎢ, ᎾᏍᎩ ᎤᏁᎳᎤᎯ ᎬᏂᏗᏳ ᎨᎡ ᎢᏳᏳᏂᏅᎤᎯ;

26 ᏧᎾᏋᎪᎾᏐᏗᏱ ᎪᎯ ᎨᎡ ᎾᏍᎩ ᏚᏳᎪᏛ ᎢᏍᏛᏁᎯ ᎨᎡᎢ; ᎾᏍᎩ ᏚᏳᎪᏛ ᎢᏍᏛᏁᎯ ᎢᏳᎵᏍᏙᏗᏱ, ᎠᏧ ᏧᏓᏧᏍᏚ ᎾᏍᎩ Ꮎ ᎪᎯᏳᏯᏍᏚ ᏥᏅ.

27 ᏎᏢᎨᏃ ᎠᏢᏆᏍᏗ ᎨᎡᎢ? ᎢᏰᏛ ᎢᎬᏁᏋᎯ. ᏚᏙ ᎤᏍᏗ ᏗᏑᎶᏣᎼᏍᏗ ᏚᏬᎤᎯ? ᏗᏚᏋᎾᏍᏓᏁᏗᏱᏍᎪ ᎠᏓᏁᏤᎯ? ꭵᏝ; ᏗᏑᎶᏣᎼᏍᏗᏍᏓᏂ ᎬᏬᎤᎯ ᎪᎯᏳᏗ ᎨᎡ ᎠᏓᏁᏤᎯ.

28 ᎾᏍᎩ ᎢᏳᏍᏗ ᏕᏚᎪᏗᏎ ᎾᏍᎩ ᏴᏫ ᎪᎯᏳᏗ ᎨᎡ ᎠᏍᏓᏧᏍᏗᏍᎬ ᏗᏑᎶᏣᎼᏍᏗ ᏂᎬᎤ ᏋᎼᏁᏋᎾ.

29 ᎤᏁᎳᎤᎯᏍᎪ ᎠᏂᏧᏏᏑ ᎤᎤᎡ ᎤᎾᏤᎵᏍ? ᏝᏍᎪ ᎾᏍᏑ ᏧᎾᏓᏧᎤᏛ ᏴᏫ ᎤᎾᏤᎵᏍ ᏱᎩ? ꭵꭵ, ᏧᎾᏓᏧᎤᏛ ᎾᏍᏑ ᏴᏫ ᎤᎾᏤᎵᏍ.

30 ᏅᏑᎯᏳᏰᏃ ᎤᏁᎳᎤᎯ ᎾᏍᎩ ᎪᎯᏳᏗ ᎨᎡ ᏥᏕᏧᏓᏧᏍᏗᏎ ᏗᎨᏥᎤᏍᏕᏐᏋᎯ, ᎠᏧ ᏂᏗᎨᏥᎤᏍᏕᏐᏋᎾ ᎪᎯᏳᏗ ᎨᎡ ᏥᏕᏧᏓᏧᏍᏗᏎ.

31 ᎾᏍᎩᏍᎪᏃ ᎢᏳᏍᏗ ᎠᏐᏑᏑ ᏂᎼᏁᏎ ᏗᏑᎶᏣᎼᏍᏗ ᎪᎯᏳᏗ ᎨᎡ ᎢᏛᏗᏎ? ᎬᏳᏣᏍᏗ; ᎢᏗᏍᏓᏱᏗᏍᏓᏂ ᏗᏑᎶᏣᎼᏍᏗ.

ᎠᏯᏙᎸᎢ 4

1 ᎾᏍᎩᏃ ᏥᏄᏍᏗ ᎦᏙ ᏓᏓᏛᏂ ᎡᏆᎭᎻ ᎢᎩᏙᏓ ᎤᏩᏛᎲ ᎤᏇᏓᎵ ᎨᏒ ᎤᏓᏳᏓᎴᏅᏛ?

2 ᎢᏳᏰᏃ ᎡᏆᎭᎻ ᏚᎸᏫᏍᏓᏁᎲ ᎤᏚᏓᎴᏍᏔᏅᎯ ᏱᎩ, ᎤᎭ ᎤᏢᏈᏍᏙᏗ; ᎠᏎᏃ ᎥᏝ

[ᏳᎭ,] ᎤᏁᎳᏅᎯ ᎠᎦᏔᎲᎢ.

3 ᎦᏙᏰᏃ ᎠᏗᎭ ᎦᎸᏉᏗ ᎪᏪᎵ? ᎡᏆᎭᎻ ᎤᏬᎯᏳᏁ ᎤᏁᎳᏅᎯ, ᎾᏍᎩᏃ ᏚᏳᎪᏛ

ᎢᏯᏛᏁᏗ ᎨᏒ ᎠᏥᏰᎸᎾᏁᎴᎢ.

4 ᎩᎶᏰᏃ ᏧᎸᏫᏍᏓᏁᎯ ᎠᎦᎫᏴᎡᏗ ᎨᏒ ᎥᏝ ᎬᏩᎦᏘᏯ ᎤᏓᏙᎵᏍᏗ ᎨᏒ ᏱᎤᏗᎦᎵᏍᏙᏗᏍᎪ

ᎤᏤᎵ ᏯᏥᏰᎸᎾᏁᎨᎢ, ᎤᏧᏚᎬᏍᎩᏂ ᎤᏗᎦᎵᏍᏙᏗᏍᎪ ᎤᏤᎵ ᎠᏥᏰᎸᎾᏁᎨᎢ.

5 Ꮎ-ᏍᎩᏂ ᏂᏚᎸᏫᏍᏓᏁᎲᎾ, ᎪᎯᏳᎲᏍᎩᏉᏍᎩᏂ ᎾᏍᎩ Ꮎ ᎫᏓᎴᏍᎩ ᎠᏍᎦᎾᎢ, ᎾᏍᎩ

ᎤᏬᎯᏳᏒ ᏚᏳᎪᏛ ᎢᏯᏛᏁᏗ ᎨᏒ ᎠᏥᏰᎸᎾᏁᎨᎢ.

6 ᎾᏍᎩᏯ ᎾᏍᏉ ᏕᏫ ᏥᎧᏁᎢᏍᏗᎭ ᎣᏍᏛ ᎢᏳᎵᏍᏓᏁᏗ ᎨᏒ ᏴᏫ, ᎾᏍᎩ Ꮎ

ᎤᏁᎳᏅᎯ ᏚᏳᎪᏛ ᎢᏯᏛᏁᏗ ᎨᏒ ᎾᏍᎩᏯ ᎤᏰᎸᎾᏁᎭ ᏂᏚᎸᏫᏍᏓᏁᎸᎾ ᎨᏒᎢ,

7 [ᎯᎠ ᏥᏂᎦᏪᎭ,] ᎣᏏᏳ ᎢᏳᎾᎵᏍᏓᏁᏗ ᎤᏂᏍᎦᏅᏨ ᏕᎨᏥ-ᏁᎸᎯ, ᎠᎴ ᎤᎹ ᏄᎾᏛᏁᎸ

ᎨᎫᏢᎾᏁᎸᎯ;

8 ᎣᏏ ᎢᏳᎵᏍᏓᏁᏗ ᏴᏫ ᎾᏍᎩ Ꮎ ᎤᎬᏫᏳᎯ ᎤᏍᎦᏅᏨ ᏄᏖᎪᏍᏗᏍᎬᎾ ᎨᏒᎢ.

9 ᎯᎠᏃ ᎾᏍᎩ ᎣᏏᏳ ᎢᏳᏓᎵᏍᏓᏁᏗ ᎨᏒ ᏗᎨᏥᎤᏍᏕᏎᎸᎯᏉᏍᎪ ᎤᏂᎷᏤᎭ, ᏥᎪᎨ

ᎾᏍᏉ ᏗᎨᏥᎤᏍᏕᏎᎸᎯ ᏂᎨᏒᎾ? ᎪᎯᏳᏗᏰᏃ ᎨᏒ ᏚᏳ-ᎪᏛ ᎢᏯᏛᏁᏗ ᎨᏒ ᎠᏥᏰᎸᎾᏁᎴ

ᎡᏆᎭᎻ ᎢᏓᏗᎭ.

10 ᎢᎳᎩᏳᏃ ᎾᏍᎩ ᏄᏍᏕ ᎠᏥᏰᎸᎾᏁᎴᎢ? ᏥᎪ ᎠᏥᎤᏍᏕᏎᎸᎯ ᏥᎨᏎᎢ? ᏥᎪᎨ

ᎠᏥᎤᏍᏕᏎᎸᎯ ᏂᎨᏒᎾ ᏥᎨᏎᎢ? ᎥᏝ ᎠᏥᎤᏍᏕᏎᎸᎯ ᏥᎨᏎᎢ, ᎠᏥᎤᏍᏕᏎᎸᎯᏍᎩᏂ ᏂᎨᏒᎾ

ᏥᎨᏎᎢ.

11 ᎠᎴ ᎠᏥᏁᎴ ᎠᎱᏍᏕᏍᏗ ᎨᏒ ᎤᏰᎸᏛᎢ, ᎠᏍᏓᏱᏗᏍᎩ ᏚᏳᎪᏛ ᎢᏯᏛᏁᏗ ᎨᏒ

ᎠᏥᏰᎸᎾᏁᎲᎢ ᎤᏓᏳᏓᎴᏅᎯ ᎤᏬᎯᏳᏒ ᎠᏏ ᎾᏥᎤᏍᏕᏎᎸᎾ ᏥᎨᏎᎢ; ᎾᏍᎩ ᎤᏂᏙᏓ

ᎢᏳᎵᏍᏙᏗᏱ ᎾᏂᎥ ᎠᏃᎯᏳᎲᏍᎩ, ᏂᏗᎨᏥᎤᏍᏕᏎᎸᎾ ᎨᏒᎢ; ᎾᏍᎩ ᏚᏳᎪᏛ ᎢᏯᏛᏁᏗ ᎨᏒ

ᎾᏍᎩ ᎾᏍᏉ ᎨᏥᏰᎸᎾᏁᏗᏱ;

12 ᎠᎴ ᎾᏍᏉ ᏗᎨᏥᎤᏍᏕᏎᎸᎯ ᎤᏂᏙᏓ ᎢᏳᎵᏍᏙᏗᏱ, ᎾᏍᎩ ᏗᎨᏥᎤᏍᏕᏎᎸᎯ ᎤᏩᏒ

ᏂᎨᏒᎾ ᏥᎩ, ᎾᏍᏉᏍᎩᏂ ᎠᏂᏍᏓᏩᏕᎩ ᏥᎩ ᏚᏔᏏᏅᏒ ᎢᎩᏙᏓ ᎡᏆᎭᎻ, ᎾᏍᎩ ᏧᏬᎯᏳᏎ

ᎠᏥᎤᏍᏕᏎᎸᎯ ᎠᏏ ᏂᎨᏒᎾ ᏥᎨᏎᎢ.

13 ᏣᏥᏚᎢᏍᏓᏁᎴᏰᏃ ᎤᏤᎵ ᎢᏳᎵᏍᏙᏗᏱ ᎡᎶᎯ, ᎥᏝ ᎡᏆᎭᎻ ᎠᎴ ᎾᏍᎩ ᎤᏁᎵᏔᏅᏛ

ᎨᏒ ᏗᎧᎿᏩᏛᏍᏗ ᎤᏓᏳᏓᎴᏅᎯ ᏱᎨᏎᎢ, ᎪᎯᏳᏗᏍᎩᏂ ᎠᏚᏓᎴᏍᏙᏗ ᎨᏒ ᎤᏓᏳᏓᎴᏅᎯ

ᎨᏎᎢ.

14 ᎢᏳᏰᏃ ᏗᎧᎿᏩᏛᏍᏗ ᎠᎾᎵᏍᏕᏍᏙᏗᏍᎨ ᎤᎾᏤᎵ ᏱᏂᎨᎬᏁᎭ, ᎿᏉ ᎠᏎᏉ ᏂᎦᎵᏍᏗᎭ

ᎪᎯᏳᏗ ᎨᏒᎢ, ᎠᎴ ᎠᏚᎢᏍᏛ ᎪᎱᏍᏗ ᎬᎪᏗ ᏂᎨᏒᎾ ᏂᎦᎵᏍᏗᎭ.

15 ᏗᎧᎿᏩᏛᏍᏗᏰᏃ ᎤᏔᎳᏬᎯᏍᏗ ᎨᏒ ᏩᎵᏰᎢᎶᎯᎭ; ᏗᎧᎿᏩᏛᏍᏗᏰᏃ ᎾᎿ ᎾᎲᎾ ᎨᏒ,
ᎾᎿ ᏗᎧᎿᏩᏛᏍᏗ ᎠᏲᏍᏙᏗ ᎨᏒ ᎥᏝ ᏰᎭ.
16 ᎾᏍᎩ ᎢᏳᏍᏗ ᎪᎯᏳᏗ ᎨᏒ ᎠᎵᏍᎦᏍᏙᏗᎭ, ᎾᏍᎩ ᎬᏩᎦᏘᏯ ᎤᏓᏙᎵᏍᏗ ᎨᏒ
ᎤᏓᏳᏓᎴᏗᏱ; ᎾᏍᎩ ᎠᏚᎢᏍᏔᏅᎯ ᎨᏒ ᎤᎵᏂᎩᏗᏳ ᎢᏳᎾᎵᏓᏁᏗᏱ ᎾᏂᎥ ᎤᏁᏢᏔᏅᏛ
ᎨᏒᎢ; ᎥᏝ ᎾᏍᎩ ᎤᏅᏒ ᏧᏁᏢᏔᏅᏛ ᎨᏒ ᎾᏍᎩᏯ ᏗᎧᎿᏩᏛᏍᏗ ᏂᎬᏅᎢ, ᎾᏍᏉᏍᎩᏂ
ᎾᏍᎩ ᏧᏁᏢᏔᏅᏛ ᎨᏒ ᎡᏆᎭᎻ ᎤᏬᎯᏳᏒ ᎾᏍᎩᏯ ᎤᏃᎯᏳᏅᎯ ᎢᏳᏩᏂᏌᏛ, ᎾᏍᎩ
ᎡᏆᎭᎻ ᏂᏗᎥ ᎢᎩᏙᏓ ᏥᎩ,
17 (ᎾᏍᎩᏯ ᎯᎠ ᏥᏂᎬᏅ ᏥᎪᏪᎳ, ᎤᏂᏣᏘ ᏧᎾᏓᎴᏅᏛ ᏴᏫ ᎤᏂᏙᏓ ᏂᎬᏴᎦ,) ᎠᎦᏔᎲ
ᎤᏁᎳᏅᎯ ᎾᏍᎩ ᏥᎪᎯᏳᎲᏍᎨᎢ, ᎾᏍᎩ ᏗᎬᏂᏗᏍᎩ ᏥᎩ ᏧᏂᏲᎱᏒᎯ, ᎠᎴ ᏗᏯᏂᏍᎩ
ᏥᎩ ᏧᎾᏓᎴᏅᏛ ᎾᏍᎩ ᎾᏁᎲᎾ ᎨᏒᎢ, ᎾᏍᎩ ᏣᏁᎨ ᎾᏍᎩᏯᎢ;
18 ᎾᏍᎩ ᎤᏚᎩ ᎦᎬᏗ ᏂᎨᏒᎾ ᏥᎨᏎᎢ ᎤᏚᎩ ᎬᏗ ᎨᏒ ᏧᏬᎯᏳᏁᎢ, ᎾᏍᎩ ᎤᏂᏣᏘ
ᏧᎾᏓᎴᏅᏛ ᏴᏫ ᎤᏂᏙᏓ ᎢᏳᎵᏍᏙᏗᏱ, ᎾᏍᎩᏯ ᎯᎠ ᎢᎦᏪᏛ ᏥᎩ, ᎾᏍᎩᏯ
ᏄᏂᏧᏈᏍᎦᏍᏗ ᏣᏁᏢᏔᏅᎯ;
19 ᎠᎴ ᏩᎾᎦᎳ ᏂᎨᏒᎾ ᎨᏒ ᎤᏬᎯᏳᏒᎢ, ᎥᏝ ᏩᏓᏅᏖᎴ ᎤᏩᏒ ᎠᏰᎵ ᎤᎵᏬᏨᎯ ᎨᏒᎢ,
ᎿᏉ ᎠᏍᎪᎯᏧᏈ ᎢᏴᏛ ᎢᏳᎦᏘᏴᏛ ᎨᏒᎢ, ᎥᏝ ᎠᎴ ᏩᏓᏅᏖᎴ ᎤᏩᏒᏍᏓᏁᎸᎯ ᎨᏒ ᏎᎵ
ᏧᏓᎾᏄᎪᏫᏍᏗᏱ;
20 ᎥᏝ ᏩᎹᏏᏛᎡᎮ ᎤᏁᎳᏅᎯ ᎤᏚᎢᏍᏔᏅᎢ ᏄᏬᎯᏳᏒᎾ ᎨᏒ ᎢᏳᏍᏗ; ᎤᎵᏂᎩᏗᏳᏍᎩᏂ
ᎨᏎ ᎤᏬᎯᏳᏒᎢ, ᎦᎸᏉᏗᏍᎨ ᎤᏁᎳᏅᎯ,
21 ᎠᎴ ᎤᎧᎵᏨᎯ ᎤᏬᎯᏳᏎᎢ ᎾᏍᎩ ᏄᏍᏛ ᎤᏚᎢᏍᏔᏅ ᏰᎵᏉ ᎾᏍᏉ ᎢᎬᏩᏛᏁᏗ
ᎨᏒᎢ.
22 ᎠᎴ ᎾᏍᎩ ᎢᏳᏍᏗ ᏚᏳᎪᏛ ᎢᏯᏛᏁᏗ ᎨᏒ ᎠᏥᏰᎸᎾᏁᎴ ᎾᏍᎩ.
23 ᎥᏝ ᎠᎴ ᎤᏩᏒᏉ ᎨᏒ ᏱᏅᏗᎦᎵᏍᏙᏗᏍᎨ ᎪᏪᎳᏅᎯ ᏥᎩ, ᎾᏍᎩ [ᏚᏳᎪᏛ ᎢᏯᏛᏁᏗ
ᎨᏒ] ᏣᏥᏰᎸᎾᏁᎴᎢ;
24 ᎠᏴᏍᎩᏂ ᎨᏒ ᎾᏍᏉ ᏅᏗᎦᎵᏍᏙᏗᏍᎨᎢ, ᎾᏍᎩ [ᏚᏳᎪᏛ ᎢᏯᏛᏁᏗ ᎨᏒ]
ᎡᎩᏰᎸᎾᏁᏗ ᏥᎩ, ᎡᏙᎯᏳᎲᏍᎩ ᎾᏍᎩ ᏧᎴᏔᏅᎯ ᎤᏲᎱᏒ ᏥᏌ ᎢᏚᏤᎵ ᎤᎬᏫᏳᎯ;
25 ᎾᏍᎩ ᏥᏓᏥᏲᏎ ᎠᏴ ᎢᎩᏍᎦᏅᏨ ᏥᏅᏗᎦᎵᏍᏙᏗᏍᎨᎢ, ᎠᎴ ᏥᏓᎦᎴᏔᏁ ᎠᏴ
ᎢᎦᏚᏓᎴᏍᏗᏱ.

ᎠᏯᏙᎸᎢ 5

1 ᎾᏍᎩ ᎢᏳᏍᏗ ᎪᎯᏳᏗ ᎨᏒ ᎢᎦᏚᏓᎴᏍᏔᏅᎯ ᏥᎩ, ᎤᏩᏙᎯᏯᏛ ᏂᎬᏅ ᎤᏁᎳᎥᎯ
ᎢᎦᏤᎵ ᎤᎬᏫᏳᎯ ᏥᏌ ᎦᎶᏁᏛ ᎢᏳᏩᏂᏌᏛ;
2 ᎾᏍᎩ ᎾᏍᏉ ᎢᏳᏩᏂᏌᏛ ᎪᎯᏳᏗ ᎢᏛᏗᏍᎬ ᎨᎩᎷᎯᏍᏗ ᏥᎸᎵᏍᏔᏅ ᎯᎠ ᎾᏍᎩ
ᎬᏩᎦᏘᏯ ᎤᏓᏙᎵᏍᏗ ᎨᏒᎢ, ᎾᏍᎩ ᎾᎿ ᏥᎦᏘᏙᎦ, ᎠᎴ ᏥᏓᎵᎮᎵᎦ ᎤᏚᎩ ᎢᎬᏒ ᎦᎸᏉᏗᏳ
ᎨᏒ ᎤᏁᎳᏅᎯ ᎤᏤᎵ ᎡᎩᏁᏗᏱ.
3 ᎠᎴ ᎥᏝ ᎾᏍᎩᏉ ᏱᏂᎦᎥ, ᎾᏍᏉᏍᎩᏂ ᎠᎩᎵᏯ ᎢᎩᎷᏤᎲ ᎢᏓᎵᎮᎵᎪᎢ;
ᎤᏗᎦᎵᏍᏙᏗᏍᎪ ᎢᏗᎦᏔᎲ ᎠᎩᎵᏲᎢᏍᏗ ᎨᏒ ᎠᎬᏂᏗᏳ ᎾᏓᏛᏁᎲᎢ;
4 ᎠᎬᏂᏗᏳᏃ ᎨᏒ ᎣᏩᏒ ᎣᏓᏚᏙᎥᎯᏍᏗ ᎨᏒ ᎾᏓᏛᏁᎲᎢ; ᎣᏩᏒᏃ ᎣᏓᏚᏙᎥᎯᏍᏗ ᎨᏒ ᎤᏚᎩ
ᎬᏗ ᎨᏒ ᎠᏓᏩᏛᎡᎲᎢ;
5 ᎾᏍᎩᏃ ᎤᏚᎩ ᎬᏗ ᎨᏒ ᎥᏝ ᎠᏕᎰᎯᏍᏗᏱ ᏴᎬᏓᏩᏛᏗ; ᎤᏗᎦᎵᏍᏙᏗᎭ ᎤᏁᎳᏅᎯ
ᎠᎨᏳᏗ ᎨᏒ ᎡᎩᎭᏅᏰᎸ ᏗᎩᎾᏫᏱ, ᎦᎸᏉᏗᏳ ᎠᏓᏅᏙ ᎢᏳᏩᏂᏌᏛ, ᎾᏍᎩ ᎡᎩᏁᎸᎯ ᏥᎩ.
6 ᏂᏗᎦᎵᏂᎬᎬᎾᏰᏃ ᎠᏎ ᏥᎨᏎᎢ, ᎾᎯᏳ ᎠᏎᎸᎯ ᎨᏒ ᎦᎶᏁᏛ ᎢᎩᏲᎱᎯᏎᎴ ᎢᏗᏍᎦᎾᎢ.
7 ᎤᏎᎦᏨᎯᏰᏃ ᎤᏓᏅᏘ ᎠᏍᎦᏯ ᎩᎶ ᏯᏲᎱᎯᏏ; ᏯᏎᎦᎩᏍᎩᏂᏃᏅ ᎣᏍᏛ ᎠᏍᎦᏯ ᎩᎶ
ᎬᏩᏲᎱᎯᏎᏗ ᏱᏂᎦᎩ.
8 ᎤᏁᎳᏅᎯᏍᎩᏂ ᎦᎾᏄᎪᏫᏍᎦ ᎢᎩᎨᏳᎯᏳ ᎨᏒᎢ, ᎾᏍᎩ ᎠᏏ ᎢᏗᏍᎦᎾ ᏥᎨᏎᎢ ᎦᎶᏁᏛ
ᎢᎩᏲᎱᎯᏎᎴᎢ.
9 ᎾᏍᎩᏃ ᏥᎸᏍᏗ, ᎾᏍᎩ ᎤᎩᎬ ᎢᎦᏚᏓᎴᏍᏔᏅᎯ ᏥᎩ, ᎤᏟᎯ ᎤᏙᎯᏳᎯᏯ ᎡᎩᏍᏕᎸᏗ
ᎨᏎᏍᏗ ᎡᏗᏓᎴᏍᏗ ᎤᏔᎳᏬᎯᏍᏗ ᎨᏒ ᎾᏍᎩ ᎢᏳᏩᏂᏌᏛ.
10 ᎢᏳᏰᏃ, ᎠᏏ ᎡᏗᏍᎦᎩ ᏥᎨᏒᎩ ᎡᏙᎢᏍᏓᏁᎸᎯ ᏱᎩ ᎤᏁᎳᏅᎯ ᎬᏔᏅᎯ ᎤᏪᏥ
ᎤᏲᎱᏒᎢ, ᎿᏉ ᎪᎯ ᎡᏙᎢᏍᏓᏁᎸᎯ ᏥᎩ, ᎤᏟᎯ ᎤᏙᎯᏳᎯᏯ ᎡᎩᏍᏕᎸᏗ ᎨᏎᏍᏗ ᎾᏍᎩ
ᎬᏃᏛ ᎨᏒ ᎢᏳᏍᏗ.
11 ᎥᏝ ᎠᎴ ᎾᏍᎩᏉ ᏱᏂᎦᎥ, ᎤᏁᎳᏅᎯᏍᎩᏂ ᎾᏍᏉ ᎡᏓᎵᎡᎵᎦ, ᎢᎦᏤᎵ ᎤᎬᏫᏳᎯ ᏥᏌ
ᎦᎶᏁᏛ ᎢᏳᏩᏂᏌᏛ, ᎾᏍᎩ ᎢᏳᏩᏂᏌᏛ ᎪᎯ ᎨᏒ ᎢᎩᏁᎸᎯ ᏥᎩ ᎪᎯᏍᏙᏗ ᎨᏒᎢ.
12 ᎾᏍᎩᏃ, ᏌᏉ ᎠᏍᎦᏯ ᎢᏳᏩᏂᏌᏛ ᎠᏍᎦᏂ ᎡᎶᎯ ᏧᎾᏄᎪᏨ, ᎠᎴ ᎠᏲᎱᎯᏍᏗ ᎨᏒ
[ᏧᎾᏄᎪᏨ;] ᎠᏍᎦᏂ ᎢᏳᏩᏂᏌᏛ ᎠᎴ ᎾᏍᎩ ᏥᏂᎦᎵᏍᏙᏗᎭ ᎠᏲᎱᎯᏍᏗ ᎨᏒ ᏂᎦᏗᏳ ᏴᏫ
ᏧᏂᎷᏤᎸ, ᏂᎦᏗᏳᏰᏃ ᎤᏂᏍᎦᏅᏨ
13 ᏗᎧᎿᏩᏛᏍᏗᏰᏃ ᎤᎵᏁᏨ ᎠᏍᎦᏂ ᏁᎨ ᎡᎶᎯ; ᎠᏎᏃ ᎥᏝ ᎤᏂᏍᎦᏅᏨᎯ ᎨᏥᏰᎸᏗ ᏱᎩ
ᎾᎿ ᏗᎧᎿᏩᏛᏍᏗ ᎾᎲᎾ ᎨᏒᎢ.
14 ᎠᏎᏍᎩᏂᏃᏅ ᎠᏲᎱᎯᏍᏗ ᎨᏒ ᎡᎲᎩ ᎠᏓᏫ ᏤᎮ ᎤᏓᎬᏩᏓᎴᏅᏛ ᎼᏏᏃ ᏤᎮ ᏫᎬᏍᏘ,
ᎾᏍᎩ ᎾᏍᏉ ᎠᏁᎲ ᎸᏂᏍᎦᏅᏨᎾ ᎨᏒ ᎾᏍᎩᏯ ᎸᏛᏁᎸ ᎤᏍᎦᏅᏨ ᎠᏓᏫ, ᎾᏍᎩ
ᎤᎷᎯᏍᏗ ᏥᎨᏒ ᏣᏕᏟᎶᏍᏙᏗ ᏥᎨᏎᎢ.

15 ᎠᏎᏃ ᎥᏝ ᎾᏍᎩᏯ ᏥᏄᏍᏕ ᎠᏍᎦᏅᏨᎢ, ᎾᏍᎩ ᎾᏍᏉ ᏱᏄᏍᏕ ᎬᏩᎦᏘᏯ ᎠᏓᏁᏗ
ᎨᏒᎢ. ᎢᏳᏍᏕ ᎬᏩᎦᏘᏯ ᎠᏓᏁᏗ ᎨᏒᎢ. ᎢᏳᏰᏃ ᎠᏏᏴᏫ ᎤᏍᎦᏅᏨ ᎤᏂᏣᏘ
ᏧᏂᏲᎱᎯᏍᏔᏅᎯ ᏱᎩ; ᎤᏟᎯᏳ ᎢᎦᎢ ᎤᏂᏣᏘ ᎤᏣᏘ ᎤᏂᎷᏤᎸ ᎬᏩᎦᏘᏯ ᎤᏓᏙᎵᏍᏗ ᎨᏒ
ᎤᏁᎳᏅᎯ, ᎠᎴ ᎤᏓᏁᏗ ᎨᏒ ᎬᏩᎦᏘᏯ ᎤᏓᏙᎵᏍᏗ ᎨᏒ ᎤᏓᏩᏓᎴᏅᎯ ᏥᎩ, ᎾᏍᎩ
ᎠᏏᏴᏮ ᎠᏍᎦᏯ ᎢᏳᏩᏂᏌᏛ, ᎾᏍᎩ ᏥᏌ ᎦᎶᏁᏛ.
16 ᎠᎴ ᎥᏝ ᎾᏍᎩᏯ ᎠᏏᏴᏫᏉ ᎤᏍᎦᏅᏨᎯ ᎢᏳᏩᏂᏌᏛ [ᏗᎨᎫᎪᏓᏁᏗ ᏥᏄᎵᏍᏔᏁ]
ᎾᏍᎩᏯ ᏱᏄᏍᏗ ᎤᏓᏁᏗ ᎨᏒᎢ; ᎠᏍᎦᏅᏨᏰᏃ ᏗᎫᎪᏙᏗ ᎨᏒ ᏌᏉᏉ ᎢᏯᏍᎦᏅᏨᎯ
ᎤᏓᏩᏓᎴᏅᎯ; ᎬᏩᎦᏘᏯᏍᎩᏂ ᎤᏓᏁᏗ ᎨᏒ ᎤᏣᏘ ᎢᏯᏍᎦᏅᏨᎯ ᎠᏚᏓᎴᏍᏙᏗ ᎤᎬᏩᎳ.
17 ᎢᏳᏰᏃ ᏌᏉ ᏴᏫ ᎤᏍᎦᏅᏨ ᏱᏅᏗᏚᎵᏍᏙᏗᎲ ᎠᏲᎱᎯᏍᏗ ᎨᏒ ᏰᎲ ᎾᏍᎩ ᎠᏏᏴᏫ
ᎢᏳᏩᏂᏌᏛ; ᎤᏟᎯᏳ ᏄᏓᎷᎸᎾ ᎾᏍᎩ ᎤᏣᏘ ᎨᏥᏁᎸᎯ ᏥᎩ ᎤᏓᏙᎵᏍᏗ ᎨᏒ ᎠᎴ
ᎬᏩᎦᏘᏯ ᎠᏚᏓᎴᏍᏙᏗ ᎨᏒᎢ, ᎾᏍᎩ ᎡᏂᏛ ᏗᎨᏒ ᎤᏂᎬᏫᏳᎯ ᎨᏎᏍᏗ ᎠᏏᏴᏫ ᎢᏳᏩᏂᏌᏛ,
ᎾᏍᎩ ᏥᏌ ᎦᎶᏁᏛ.
18 ᎾᏍᎩ ᎢᏳᏍᏗ ᎾᏍᎩ ᎠᏏᏴᏫ ᎤᏍᎦᏅᏨ ᎢᏳᏩᏂᏌᏛ ᎠᏍᎦᏅᏨ ᏗᎫᎪᏙᏗ ᎨᏒ ᏂᎦᏗᏳ
ᏴᏫ ᏧᏂᎷᏤᎸ; ᎾᏍᎩᏯ ᎾᏍᏉ ᎠᏏᏴᏫ ᏚᏳᎪᏛ ᏄᏛᏁᎸ ᎢᏳᏩᏂᏌᏛ ᎬᏩᎦᏘᏯ ᎤᏓᏁᏗ
ᎨᏒ ᎤᏂᎷᏤᎸ ᏂᎦᏗᏳ ᏴᏫ ᎨᎫᏓᎴᏍᏗᏱ ᎡᏂᏛ ᎤᏂᏩᏛᏗᏱ ᎤᎬᏩᎳ.
19 ᎠᏏᏴᏫᏰᏃ ᏴᏫ ᏄᏬᎯᏳᏅᎾ ᎨᏒ ᎢᏳᏩᏂᏌᏛ ᎤᏂᏣᏘ ᎠᏂᏍᎦᎾ ᏥᏄᎾᎵᏍᏔᏅ,
ᎾᏍᎩᏯ ᎾᏍᏉ ᎠᏏᏴᏫ ᎤᏬᎯᏴᏅ ᎤᏓᏚᎵᏍᏙᏔᏂ ᎤᏂᏣᏘ ᎠᏂᏍᎦᎾ ᏂᎨᏒᎾ
ᎤᏛᎾᎵᏍᏔᏂ.
20 ᏗᎧᎿᏩᏛᏍᏗᏍᎩᏂ ᎤᏙᏢᏁ ᎠᏍᎦᏅᎢᏍᏗ ᎨᏒ ᎤᏁᏉᎢᏍᏗᏱ. ᎠᏎᏃ ᎾᎿ
ᎠᏍᎦᏅᎢᏍᏗ ᎨᏒ ᎤᏁᏉᏥᏕᎬ ᎾᎿ ᎬᏩᎦᏘᏯ ᎤᏓᏙᎵᏍᏗ ᎨᏒ ᎤᏟᎯᏳ ᎤᏁᏉᏥᏕᎬᎩ;
21 ᎾᏍᎩᏃ ᎠᏍᎦᏂ ᏧᎬᏫᏳᏌᏕᎬᎩ ᎠᏲᎱᎯᏍᏗ ᎨᏒ ᏕᎾᏄᎪᏫᏍᎬᎢ, ᎾᏍᎩᏯ ᎾᏍᏉ
ᎬᏩᎦᏘᏯ ᎤᏓᏙᎵᏍᏗ ᎨᏒ ᎤᎬᏫᏳᏌᏕᎩ ᎢᏳᎵᏍᏙᏗᏱ ᎡᏂᏛ ᏕᎾᏄᎪᏫᏍᎬ ᎬᏔᏅᎯ
ᎠᏚᏓᎴᏍᏙᏗ ᎨᏒ ᏥᏌ ᎦᎶᏁᏛ ᎤᎬᏫᏳᎯ ᎢᎦᏤᎵ ᎢᏳᏩᏂᏌᏛ.

ᎠᏯᏙᎸᎢ 6

1 ᎦᏙᎨᏃ ᏓᏓᏛᏂ? ᏥᎪ ᎠᏏᏉ ᎨᏗᏍᎦᏅᎨᏍᏗ ᎾᏍᎩ ᎢᏳᏩᏂᏐᏗᏱ ᎤᏁᏉᎢᏍᏗᏱ
ᎬᏩᎦᏘᏯ ᎤᏓᏙᎵᏍᏗ ᎨᏒᎢ?
2 ᎬᏩᏟᏍᏗ. ᎠᏴ ᏗᎩᏲᎱᏒᎯ ᎠᏍᎦᏅᎢᏍᏗ ᎨᏒ ᎤᎬᏩᎵ, ᎦᏙ ᏱᏚᎵᏍᏙᏓ ᏰᎵ ᎠᏏ ᎾᎿ
ᎠᏓᎴᏂᏓ?
3 ᏝᏍᎪ ᏱᏥᎦᏔᎭ, ᎾᏍᎩ ᏂᏗᎥ ᏤᎦᏬᎥᎯ ᎨᏒ ᏥᏌ ᎦᎶᏁᏛ ᎦᏓᏓᏲᎯᏎᎲᎢ, ᎾᏍᎩ ᎤᏲᎱᏒ
ᎤᎬᏩᎵ ᏕᎦᏬᎥᎢ?
4 ᎾᏍᎩ ᎢᏳᏍᏗ ᎾᏍᎩ ᏤᎦᏬᎥᎯ ᏥᎩ, ᎦᎶᏁᏛ ᎢᏧᎳᎭ ᎦᎩᏂᏌᏅᎩ, ᎠᎴ ᎾᏍᎩ
ᏗᎩᏲᎱᏒᎯ ᏄᎵᏍᏔᏅᎩ; ᎾᏍᎩ ᎦᎶᏁᏛ ᎤᏲᎱᏒ ᏥᏓᎦᎴᏔᏁᎢ ᎠᎦᏴᎵᎨ ᎦᎸᏉᏗᏳ ᎨᏒ
ᎬᏔᏅᎯ, ᎾᏍᎩᏯ ᎾᏍᏉ ᎠᏴ ᎢᏓᎴᏂᏙᎲ ᎢᏤ ᏱᏓᎴᏂᏙᎭ.
5 ᎢᏳᏰᏃ ᎾᏍᎩ ᎤᏲᎱᏒ ᏗᏓᏤᎵᏛ ᎢᏰᎬᏁᎸᎯ ᎨᏎᏍᏗ, ᎾᏍᏉᏍᎩᏂ ᏚᎴᎯᏌᏅ ᏗᏓᏤᎵᏛ
ᎢᏰᎬᏁᏗ ᎨᏎᏍᏗ.
6 ᎯᎠᏰᏃ ᎾᏍᎩ ᎢᏗᎦᏔᎭ, ᎾᏍᎩ ᎢᎦᏤᎵ ᎤᏪᏥ ᎠᏍᎦᏯ ᏓᏓᎿᏩᏍᏛ ᎠᎦᏛᏅ ᎢᏧᎳᎭ
ᎾᏍᎩ [ᎦᎶᏁᏛ] ᎠᎦᏛᏅᎢ, ᎾᏍᎩ ᎠᏍᎦᏅᎢᏍᏗ ᎨᏒ ᎠᏰᎸ ᎡᎲ ᎤᏲᎱᎯᏍᏗᏱ, ᎪᎯ
ᎢᏣᏓᎴᏅᏛ ᎠᏍᎦᏂ ᏗᎩᎾᏢᏗᏱ ᏂᎨᏒᎾ.
7 ᎾᏍᎩᏰᏃ Ꮎ ᎤᏲᎱᏒᎯ ᎤᏚᏓᎳᏒᎸᎯ ᎨᎭ ᎠᏍᎦᏂ.
8 ᎢᏳᏰᏃ ᎦᎶᏁᏛ ᎢᏧᎳᎭ ᏗᎩᏲᎱᏒᎯ ᎨᏎᏍᏗ, ᎢᏙᎯᏳᎲᏍᎦ ᎢᏧᎳᎭ ᏗᏛᏃᏛ
ᎢᏳᎵᏍᏙᏗᏱ;
9 ᎢᏗᎦᏔᎭᏰᏃ ᎾᏍᎩ ᎦᎶᏁᏛ ᎤᏲᎱᏒ ᏣᎦᎴᏔᏅᎯ ᎨᏒᎢ, ᎥᏝ ᏔᎵᏁ ᎤᏲᎱᎯᏍᏗ ᏱᎩ;
ᎠᏲᎱᎯᏍᏗ ᎨᏒ ᎥᏝ ᎿᏉ ᎤᏓᎵᏁᎯᏕᎯ ᏱᎩ.
10 ᎾᏍᎩᏰᏃ ᎤᏲᎱᏒᎯ ᏥᎩ, ᎠᏍᎦᏂ ᎤᎬᏩᎵ ᏌᏉ ᏄᏲᎱᏒᎩ; ᎠᏍᎩᏂ ᎬᏃᏛ ᏥᎩ,
ᎤᏁᎳᏅᎯ ᎤᏤᎵ ᎤᎬᏩᎵ ᎬᏃᏛ.
11 ᎾᏍᎩᏯ ᎾᏍᏉ ᏂᎯ ᎢᏨᏒ ᎨᏒ ᎤᏙᎯᏳᎯ ᏗᏥᏲᎱᏒᎯ ᎨᏒ ᎢᏣᏓᏓᏅᏖᏍᎨᏍᏗ ᎠᏍᎦᏂ
ᎤᎬᏩᎵ, ᎤᏁᎳᏅᎯᏍᎩᏂ ᎤᏤᎵ ᎤᎬᏩᎵ ᏗᏨᏃᏛ ᎨᏒ ᏥᏌ ᎦᎶᏁᏛ ᎢᎦᏤᎵ ᎤᎬᏫᏳᎯ
ᎢᏳᏩᏂᏌᏛ.
12 ᎾᏍᎩ ᎢᏳᏍᏗ ᏞᏍᏗ ᎠᏍᎦᏂ ᏣᎬᏫᏳᏌᏕᎨᏍᏗ ᏗᏲᎩ ᏗᏥᏰᎸᎢ, ᎾᏍᎩ [ᎠᏍᎦᏂ]
ᎢᏦᎯᏳᏗᏱ ᎾᎿ [ᏗᏥᏰᎸ] ᎤᏚᎸᏅᎥᏍᎬᎢ.
13 ᎠᎴ ᏞᏍᏗ ᎠᏍᎦᏂ ᏤᏥᏲᎯᏎᎸᎩ ᏗᏥᏰᎸ ᎤᏚᏓᏕᏫᏒᎢ, ᎾᏍᎩ ᏗᏨᏙᏗᏱ ᏂᏚᏳᎪᏛᎾ
ᏗᏥᎸᏫᏍᏓᏁᏗᏱ; ᎤᏁᎳᏅᎯᏍᎩᏂ ᎢᏨᏒ ᏤᏣᏓᏲᎯᏏ, ᎾᏍᎩ ᎢᏣᎾᏛᏁᏗ ᎤᎾᏛᏂᏛᎯ
ᏧᏂᏲᎱᏒᎯ ᎨᏒ ᎠᎴ ᏗᏥᏰᎸ ᎤᏚᏓᏕᏫᏒ ᎤᏁᎳᏅᎯ ᏕᏥᏲᎯᏎᎸᎩ ᎾᏍᎩ ᏗᏨᏙᏗᏱ ᏚᏳᎪᏛ
ᏗᏥᎸᏫᏍᏓᏁᏗᏱ,
14 ᎠᏍᎦᏂᏰᏃ ᎥᏝ ᏱᎨᏟᏓᎵᏁᎯᏕᏢᏍᏗ; ᎥᏝᏰᏃ ᏗᎧᎿᏩᏛᏍᏗᏱ ᏱᏟᏓᏄᏴᏗ, ᎬᏩᎦᏘᏯᏍᎩᏂ
ᎤᏓᏙᎵᏍᏗ ᎨᏒ ᎢᏟᏓᏄᏴᏗ.

15 ᎦᏙᏃ? ᎢᏗᏍᎦᏅᎨᏍᏗᏍᎪ, ᎤᏗᎦᎵᏍᏙᏗᏍᎨᏍᏗ ᏗᎧᎿᏩᏛᏍᏗᏱ ᏂᎦᏓᎸᏴᏛᎾ ᎨᏒᎢ,
ᎬᏩᎦᏘᏯᏍᎩᏂ ᎤᏓᏙᎵᏍᏗ ᎨᏒ ᎢᎦᏓᎸᏴᏛᎢ? ᎬᏩᏨᏍᏗ.
16 ᏝᏍᎪ ᏱᏥᎦᏔᎭ, ᎾᏍᎩ ᎩᎶ ᏱᎦᏨᏓᏲᎯᏎᎸ ᎢᏥᏅᏟᏙᎲ ᎡᏦᎢᏳᏗᏱ, ᎾᏍᎩ ᎢᏥᎾᏝᎢ
ᎨᏒ ᎡᏦᎢᏳᎲᏍᎩ; ᎾᏍᏉ ᎠᏍᎦᏂ ᏱᎩ ᎠᏲᎰᎯᏍᏗ ᎨᏒ ᎬᏗᏍᎩ ᏱᎩ, ᎠᎴ ᎪᎯᏩᏗ ᎨᏒ
ᏱᎩ, ᎠᏚᏓᎴᏍᏗ ᎨᏒ ᎬᏗᏍᎩ?
17 ᎠᏗᎾ ᎤᏁᎳᏅᎯ ᎠᎵᏢᎵᏙᏗ ᎨᏎᏍᏗ, ᎾᏍᎩ ᎤᏙᎯᏳᎯ ᎠᏍᎦᏂ ᏗᏥᎾᏝᎢ ᏥᎨᏒᎩ,
ᎠᏎᏃ ᏗᏥᎾᏫ ᎬᏗ ᎢᏦᎯᏳᏅ ᎾᏍᎩ ᎸᏍᏛ ᏗᎦᏲᏗ ᎨᏒ ᎾᏍᎩ ᏤᏥᏲᎯᏎᎸᎯ ᎨᏒᎢ.
18 ᎾᏍᎩᏃ ᎠᏍᎦᏂ ᎨᏒ ᏂᏗᏥᎾᏝᎥᎾ ᏥᎸᎵᏍᏔᏅ, ᏚᏳᎪᏛ ᎨᏒ ᏗᏥᎾᏝᎢ ᎸᎵᏍᏔᏅᎩ.
19 ᏴᏫ ᎢᏳᏂᏪᏍᏗ ᏂᏥᏪᎭ, ᎤᏗᎦᎵᏍᏙᏗᎭ ᎢᏥᏇᏓᎸ ᏩᎾᎦᎳᎯᏳ ᎨᏒᎢ; ᏗᏥᏰᎸᏰᏃ
ᎢᏨᏚᏓᎦᏫᏒ ᏥᎦᏥᏲᏒᎩ ᎦᏓᎭ ᎠᎴ ᎤᏲ ᎨᏒ ᎤᏂᎾᏝᎢ ᎢᏳᎵᏍᏙᏗᏱ, ᎾᏍᎩ ᎤᏲ
ᏗᏥᎸᏫᏍᏓᏁᏗᏱ; ᎾᏍᎩᏯ ᎾᏍᏉ ᎪᎯ ᎨᏒᎢ, ᏗᏥᏰᎸ ᎢᏨᏚᏓᎦᏫᏒ ᏗᏥᏲᎯ ᎤᏂᎾᏝᎢ
ᎢᏳᎵᏍᏙᏗᏱ, ᎾᏍᎩ ᎢᏥᏍᎦᎾ ᏂᎨᏒᎾ ᎢᏳᎵᏍᏙᏗᏱ.
20 ᎾᎯᏳᏰᏃ ᎠᏍᎦᏂ ᏗᏥᎾᏝᎢ ᏥᎨᏒᎩ, ᏚᏳᎪᏛ ᎨᏒ ᏂᏗᏥᎾᏝᎥᎾ ᎨᏒᎩ.
21 ᎾᎯᏳᏃ ᏥᎨᏒᎩ ᎦᏙ ᎤᏍᏗ ᎢᏥᎸᏉᏤᏢ ᎾᏍᎩ ᎪᎯ ᏥᏨᎦᎱᏍᎦ? ᎠᏲᎰᎯᏍᏗᏰᏃ ᎨᏒ
ᏕᎵᏰᎢᎶᎯᏍᏗ ᎾᏍᎩ.
22 ᎪᎯᏍᎩᏂ ᎨᏒ ᎠᏍᎦᏂ ᏂᏗᏥᎾᏝᎥᎾ ᏥᎩ, ᎠᎴ ᎤᎾᎳᏅᎯ ᏗᏥᎾᏝᎢ ᏥᎸᎵᏍᏔᏅ,
ᎢᏥᏁᏉᎥᎯ ᎢᏥᎭ ᏂᏥᏍᎦᏅᎾ ᎢᏨᏁᎯ, ᏩᎵᏍᏆᏗᎯᎲᏃ ᏕᏍᏗᏥᎯᏍᏗ ᏂᎨᏒᎾ ᎬᏂᏛ.
23 ᎠᏍᎦᏂᏰᏃ ᎤᏓᎫᏴᎡᏗ ᎨᏒ ᎠᏲᎰᎯᏍᏗ ᎨᏒ ᎢᎩ; ᎤᏁᎳᏅᎯᏍᎩᏂ ᎬᏩᎦᏘᏯ ᎤᏓᏁᏗ
ᎨᏒ ᎬᏂᏛ ᏕᏍᏗᏥᎯᏍᏗ ᏂᎨᏒᎾ, ᏥᏌ ᎦᎶᏁᏛ ᎤᎬᏫᏳᎯ ᎢᎦᏤᎵᎦ ᎢᏳᏩᏂᏌᏛ.

ᎠᏯᏙᎸᎢ 7

1 ᏝᏍᎪ ᏱᏥᎦᏔᎭ, ᎠᏓᎵᏅᏟ, (ᏗᎧᎿᏩᏛᏍᏗᏰᏃ ᎠᏂᎦᏔᎯ ᎦᏥᏬᏁᏗᎭ,) ᎾᏍᎩ
ᏗᎧᎿᏩᏛᏍᏗ ᎤᎾᏝᎥ ᏴᏫ ᏂᎪᎯᎸ ᎡᎲᎢ?
2 ᎠᎨᏴᏰᏃ ᏥᏓᏤᎨᎢ, ᏗᎧᎿᏩᏛᏍᏗ ᎤᏚᏓᎸᏙ ᎤᏰᎯᎤᎾᏁᎳᏗᏍᏗᏱ ᎢᎩᎯᏛ ᎠᎴᏂᏙᎲ
ᎤᏰᎯ; ᎤᏰᎯᏍᎩᏂ ᎤᏲᎱᏒᎯ ᏱᎩ, ᎤᏚᏓᎴᏛ ᎨᏎ ᏗᎧᎿᏩᏛᏍᏗ ᎤᏚᏓᎸᏛ ᎤᏰᎯ
ᎤᎾᏁᎳᏗᏍᏗᏱ.
3 ᎾᏍᎩ ᎢᏳᏍᏗ, ᎢᏳᏃ ᎠᏏᏉ ᎡᎲ ᎤᏰᎯ, ᎤᏩᏓᎴ ᎠᏍᎦᏯ ᏱᏚᎾᏤᏅ, ᎠᏓᏲᏁᎯ
ᎠᎪᏎᎵᏍᏗ; ᎢᏳᏍᎩᏂ ᎤᏰᎯ ᎤᏲᎱᏒᎯ ᏱᎩ, ᎤᏚᏓᎴᏛ ᎨᏎ ᏗᎧᎿᏩᏛᏍᏗ ᎤᏚᏓᎸᏛᎢ;
ᎾᏍᎩᏃ ᎥᏝ ᎠᏓᏲᏁᎯ ᏱᎩ, ᎤᏁᎳᎩ ᎤᏩᏓᎴ ᎠᏍᎦᏯ ᏱᏓᎾᏤᎭ.
4 ᎾᏍᎩ ᎢᏳᏍᏗ ᎢᏓᎵᏅᏟ ᏂᎯ ᎾᏍᏉ ᏗᏥᏲᎱᏒᎯ ᏂᏣ-ᎵᏍᏔᏅ ᏗᎧᎿᏩᏛᏍᏗ ᎤᎬᏩᎵ,
ᎦᏩᏁᏛ ᎠᏰᎸ ᎢᏳᏩᏂᏌᏛ; ᎾᏍᎩ ᎤᏩᏓᎴ ᏗᏣᏨᏍᏗᏱ ᎠᏰᎸᏒᎩ, ᎾᏍᎩ ᎠᏲᎱᏒ
ᏣᏚᎴᏔᏅᎯ ᎨᏒᎢ, ᎾᏍᎩ ᎤᎦᏔᏔᏅᎯ ᎡᏗᎾᏄᎪᏫᏎᏍᏗᏱ ᎤᏁᎳᏅᎯ.
5 ᎤᏇᏓᎸᏉᏰᏃ ᎠᏏ ᏥᎦᎲᎢ, ᎠᏍᎦᏅᎢᏍᏗ ᎨᏒ ᎤᏚᎸᏅᎥᏍᎬᎢ, ᎾᏍᎩ ᏗᎧᎿᏩᏛᏍᏗ
ᎢᏳᏩᏂᏌᏛ ᎨᏒᎢ, ᎾᏍᎩ ᎦᎸᏫᏍᏓᏁᎲᎩ ᏗᏗᏰᎸ ᎤᏚᏓᎦᏫᏒᎢ ᎤᎦᏔᏔᏅᎯ ᎠᏲᎱᎯᏍᏗ ᎨᏒ
ᎡᏗᎾᏄᎪᏫᏎᏗᏱ.
6 ᎪᎯᏍᎩᏂ ᎨᏒ ᏗᎧᎿᏩᏛᏍᏗ ᎡᏓᏚᏓᎳᏒᎸ, ᎤᏗᎦᎵᏍᏙᏗᎭ ᎤᏲᎱᏒᎯ ᎨᏒ ᏗᎩᎾᏢᏅᎯ
ᎨᏒᎢ; ᎾᏍᎩ ᎢᏤ ᎠᏓᏅᏙ ᎢᎬᏙᏗᏱ ᎪᎱᏍᏗ ᎡᏓᏛᏁᏗᏱ, ᎥᏝᏃ ᎪᏪᎸᏉ ᎢᎬᏙᏗᏱ ᎾᏍᎩᏯ
ᏂᎦᏛᏁᎸ ᏧᏩᎫᏔᏅᏒᎢ.
7 ᎦᏙᎨᏃ ᏓᏓᏛᏂ? ᏥᎪ ᏗᎧᎿᏩᏛᏍᏗ ᎠᏍᎦᏂᏉ? ᎬᏩᏟᏍᏗ. ᎥᏝᏍᎩᏂ ᎠᏍᎦᏂ
ᏱᎬᎩᎦᏙᎥᏎ ᎥᏝ ᏗᎧᎿᏩᏛᏍᏗ; ᎥᏝᏰᏃ ᏱᎦᏥᎦᏔᎮ ᎤᏲ ᎠᏚᎸᏅᏗ ᎨᏒᎢ, ᎢᏳᏃ
ᏗᎧᎿᏩᏛᏍᏗ ᎯᎠ ᏄᏪᏒᎾ ᏱᎨᏎᎢ, ᏞᏍᏗ ᏣᏓᏚᎸᎡᎸᎩ.
8 ᎠᏍᎦᏂᏍᎩᏂ ᎤᎵᏁᏨ ᎬᏗᏍᎬᎢ ᏄᏓᎴᏒ ᎤᏲ ᎠᏆᏚᎸᏅᏗᏱ ᎾᏋᏁᎸᎩ. ᎥᏝᏰᏃ
ᏗᎧᎿᏩᏛᏍᏗ ᎠᏍᎦᏂ ᎤᏲᎱᏒᎯ ᏱᎩ.
9 ᎢᎸᎯᏳᏰᏃ ᏥᎨᏒ ᏗᎧᎿᏩᏛᏍᏗ ᏂᏓᏆᏁᎶᏛᎾ ᎨᏒ ᎢᏳᎢ ᎬᏃᏛ ᎨᏒᎩ; ᎤᎵᏁᏨᏍᎩᏂ
ᎤᎷᏨ, ᎠᏍᎦᏂ ᎤᏛᏂᏛᎩ, ᎠᏴᏃ ᎠᎩᏲᎱᏒᎩ.
10 ᎠᎴ ᎾᏍᎩ ᎤᎵᏁᏨ ᎬᏂᏛ ᎠᏓᏁᎯ ᎨᏒ ᎠᏓᎯᎯᏉ ᎾᏆᎵᏍᏓᏁᎸᎩ ᎠᏴ.
11 ᎠᏍᎦᏂᏰᏃ ᎤᎵᏁᏨ ᎬᏗᏍᎬ ᎠᎩᎶᏄᎮᎸᎩ, ᎠᎴ ᎾᏍᎩ ᎠᎩᎯᏍᏔᏅᎩ.
12 ᎾᏍᎩ ᎢᏳᏍᏗ ᏗᎧᎿᏩᏛᏍᏗ ᎾᏍᎦᏅᎾ; ᎠᎴ ᎾᏍᎩ ᎤᎵᏁᏨ ᎾᏍᎦᏅᎾ, ᎠᎴ
ᏚᏳᎪᏛᎢ, ᎠᎴ ᎣᏏᏳ.
13 ᏥᎪᏃ ᎾᏍᎩ Ꮎ ᎣᏍᏛ ᎨᏒ ᎠᎩᎯᎯᏉ ᏄᎵᏍᏔᏁᎢ? ᎬᏩᏟᏍᏗ. ᎠᏍᎦᏂᏍᎩᏂ,
ᎾᏍᎩ ᎬᏂᎨᏒ ᎢᏳᎵᏍᏙᏗᏱ ᎾᏍᎩ ᏄᏍᏛ ᎠᏍᎦᏂ, ᎦᎸᏫᏍᏓᏁᎲᎩ ᎠᎩᎯᏍᏗᏱ ᎬᏗᏍᎬᎩ
ᎾᏍᎩ Ꮎ ᎣᏍᏛ ᎨᏒᎢ; ᎾᏍᎩ ᎠᏍᎦᏂ ᎤᎵᏁᏨ ᎢᏳᏩᏂᏌᏛ ᎤᏣᏘ ᎠᏍᎦᎾᎯᏳ
ᎢᏳᎵᏍᏙᏗᏱ.

14 ᎢᏗᎦᏔᎭᏰᏃ ᎾᏍᎩ ᏗᎧᎿᏩᏛᏍᏗ ᎠᏓᏅᏙ ᎤᏌᏱ ᎨᏒᎢ; ᎠᏴᏍᎩᏂ ᎤᏇᏓᎵ ᎠᏆᏘᏂ-
ᏙᎯ, ᎥᎩᎾᏗᏅᏛ ᎠᏍᎦᏂ ᎠᎩᎾᎵᏗᏱ.
15 ᏄᏍᏛᏰᏃ ᏓᎩᎸᏫᏍᏓᏁᎲᎢ, ᎥᏝ ᎣᏏᏳ Ꮿ-ᎩᏰᎸᎭ; ᏄᏍᏛᏍᎩᏂ ᎠᏆᏚᎵᏍᎬᎢ ᎥᏝ ᎾᏍᎩ
ᏱᏂᎦᏛᏁᎰᎢ; ᎾᏍᎩᏍᎩᏂ ᏥᏂᏆᏘᎲᎢ, ᎾᏍᎩ ᏂᎦᏛᏁᎰᎢ.
16 ᎾᏍᎩᏃ ᎢᏳ ᎾᏆᏚᎵᏍᎬᎾ ᎨᏒ ᎾᏍᎩ ᏱᏂᎦᏛᏁᎭ, ᏗᎧᎿᏩᏛᏍᏗ ᎣᏏᏳ ᎨᏒ
ᎪᎢᏳᎲᏍᎦ.
17 ᎾᏍᎩᏃ ᏥᏄᏍᏗ ᎥᏝ ᎿᏉ ᎠᏴ ᎾᏍᎩ ᏱᏂᎦᏛᏁᎭ, ᎠᏍᎦᏂᏍᎩᏂ ᎾᏍᎩ ᏣᎩᏯᎠ.
18 ᏥᎦᏔᎭᏰᏃ ᎾᏍᎩ ᎠᏴ ᎨᏒᎢ, (ᎾᏍᎩ ᎠᎩᏇᏓᎸ ᏯᏛᏅ,) ᎪᎱᏍᏗ ᎣᏍᏛ
ᏄᎵᏌᏯᏍᏛᎾ ᎨᏒᎢ; ᎠᏚᎸᏗᏱᏰᏃ ᎠᎩᎭ; ᎾᏍᎩᏍᎩᏂ Ꮎ ᎣᏍᏛ ᎨᏒ ᎢᏯᏛ-ᏁᏗᏱ ᎥᏝ
ᏱᏥᏩᏘᎭ.
19 ᎣᏍᏛᏰᏃ ᎢᏯᏛᏁᏗᏱ ᎠᏆᏚᎵᏍᎬᎢ, ᎥᏝ ᎾᏍᎩ ᏱᏂᎦᏛᏁᎰᎢ; ᎤᏲᏍᎩᏂ ᎾᏍᎩ
ᎾᏆᏚᎵᏍᎬᎾ ᎨᏒᎢ, ᎾᏍᎩ ᏂᎦᏛᏁᎰᎢ.
20 ᎾᏍᎩᏃ ᎢᏳᏃ ᎠᏴ ᎾᏆᏚᎵᏍᎬᎾ ᎨᏒ ᎾᏍᎩ ᏱᏂᎦᏛᏁᎭ, ᎥᏝ ᎠᏴ ᎿᏉ ᎾᏍᎩ
ᏱᏂᏕᎦᏛᏁᎭ, ᎠᏍᎦᏂᏍᎩᏂ ᎾᏍᎩ ᏣᎩᏯᎠ.
21 ᎾᏍᎩᏃ ᎾᏉ ᏥᏩᏘᎭ ᎯᎠ ᏗᎧᎿᏩᏛᏍᏗ, ᎾᏍᎩ ᎣᏍᏛ ᎢᏯᏆᏛᏁᏗᏱ ᎠᏆᏚᎸ, ᎤᏲ
ᎨᏒ ᏓᎩᎧᎿᏩᏗᏙᎰᎢ.
22 ᎣᏏᏳᏰᏃ ᎠᎩᏰᎸᎭ ᏗᎧᎿᏩᏛᏍᏗ ᎤᏁᎳᏅᎯ ᎤᏤᎢᎦ ᎬᏗᎭ ᎭᏫᏂ ᎠᏇᎲ ᏴᏫ.
23 ᎠᏎᏃ ᎢᏥᎪᏩᏘᎭ ᎤᏩᏓᎴ ᏗᎧᎿᏩᏛᏍᏗ ᏥᏰᎸ ᎠᏆᏚᏓᏕᏫᏒᎢ, ᎾᏍᎩ ᏗᎦᏘᎴᎩ
ᏗᎧᎿᏩᏛᏍᏗ ᎠᏆᏓᏅᏙᎩᎯ ᎠᎲᎢ, ᎠᎴ ᏥᏰᎩ ᎢᏯᏋᏁᎯ ᎠᏇᏓᎸᎥᏍᎩ ᏗᎧᎿᏩᏛᏍᏗᏱ
ᎠᏍᎦᏂ ᎤᏤᎵᎦ, ᎾᏍᎩ ᏥᏰᎸ ᎠᏆᏚᏓᏕᏫᏒ ᎠᎲᎢ.
24 ᎤᏲᏍᏛᏉ ᎾᏆᏍᏗ ᎠᏴ! ᎦᎪ ᏛᏇᏓᎴᏏ ᎯᎠ ᎾᏍᎩ ᏥᏰᎸ ᎠᏓᎯᎯ ᎠᏆᏚᏓᎸᏛᎢ.
25 ᎤᏁᎳᏅᎯ ᏥᏯᎵᎡᎵᏤᎭ ᏥᏌ ᎦᎶᏁᏛ ᎤᎬᏫᏳᎯ ᎢᎦᏤᎵᎦ ᎢᏳᏩᏂᏌᏛ. ᎾᏍᎩᏃ
ᎠᏆᏓᏅᏖᏗᏱ ᎬᏗᎭ, ᎠᏴᏉ ᎾᏍᎩ ᏗᎧᎿᏩᏛᏍᏗ ᎤᏁᎳᏅᎯ ᎤᏤᎵ ᏕᏥᎦᎾᏩᏕᎦ,
ᎠᎩᏇᏓᎸᏍᎩᏂ ᎨᏒ ᎬᏗ ᏗᎧᎿᏩᏛᏍᏗ ᎠᏍᎦᏂ ᎤᏤᎵ ᏕᏥᎦᎿᏩᏕᎦ.

ᎠᏯᏙᎸᎢ 8

1 ᎾᏍᎩ ᎢᏳᏍᏗ ᎥᏝ ᎿᏉ ᏳᎭ ᏗᎬᏩᎾᏚᎪᏓᏁᏗ ᎨᏒ ᎾᏍᎩ Ꮎ ᏥᏌ ᎦᎶᏁᏛ ᎬᏩᏯᎢ,
ᎾᏍᎩ ᎤᏇᏓᎵ ᎨᏒ ᎾᏂᏍᏓᏩᏕᎬᎾ ᏥᎩ, ᎠᏓᏅᏙᏍᎩᏂ ᏣᏂᏍᏓᏩᏕᎦ.
2 ᎠᏓᏅᏙᏰᏃ ᎬᏂᏛ ᎠᏓᏁᎯ, ᎾᏍᎩ ᎬᏂᏛ ᎦᎶᏁᏛ ᏥᏌ ᏨᏗᏓᎴᎲᏍᎦ, ᎾᏍᎩ ᎠᏓᏅᏙ
ᎤᏤᎵ ᏗᎧᎿᏩᏛᏍᏗ ᎠᏇᏓᎴᏒ ᎠᏍᎦᏂ ᎠᎴ ᎠᏲᎱᎯᏍᏗ ᎨᏒ ᎤᎾᏤᎵ ᏗᎧᎿᏩᏛᏍᏗᏱ
ᎠᏆᏚᏓᎸᎢ.
3 ᏗᎧᎿᏩᏛᏍᏗᏰᏃ ᎢᎬᏩᏛᏁᏗ ᏂᎨᏒᎾ ᎨᏒᎢ, ᎤᏗᎦᎵᏍᏙᏗᏍᎬ ᎠᏩᎾᎦᎳᎯᏳ ᎨᏒ
ᎤᏪᏓᎵ ᎢᏳᏩᏂᏌᏛ, - ᎤᏁᎳᏅᎯ ᎤᏩᏒ ᎤᏪᏥ ᏧᏅᏎ ᎾᏍᎩᏯ ᏗᏟᎶᏍᏔᏅᎯ ᎠᏍᎦᎾ
ᎤᏇᏓᎵ, ᎠᎴ ᎠᏍᎦᏂ ᏧᎬᏩᎴᎢ, ᏚᏭᎦᏓᏁᎴ ᎤᏎᎪᎩᏎ ᎠᏍᎦᏅᎢᏍᏗ ᎨᏒ ᎤᏇᏓᎸ ᎠᏯᎥᎢ;
4 ᎾᏍᎩ ᎤᏓᏳᎵᏍᏙᏙᏗᏱ ᏗᎧᎿᏩᏛᏍᏗ ᏂᎦᏪᏍᎬ ᎾᏍᎩᏯ ᎾᏍᎩᏯ ᎦᏳᎪᏛ
ᎢᎦᏛᏁᎨᎲᏍᏗᏱ, ᎠᏴ ᎤᏇᏓᎵ ᎨᏒ ᎢᏗᏍᏓᏩᏕᎩ ᏂᎨᏒᎾ ᏏᎩ, ᎠᏓᏅᏙᏍᎩᏂ ᎢᏗᏍᏓᏩᏕᎩ.
5 ᎾᏍᎩᏰᏃ ᎤᏇᏓᎵ ᏧᎾᏘᏂᏙᎯ ᎤᏇᏓᎵᏉ ᎤᏤᎵ ᎤᎬᏩᎵ ᎤᎾᎦᏌᏯᏍᏙᎢ, ᎾᏍᎩᏍᎩᏂ
Ꮎ ᎠᏓᏅᏙ ᏧᎾᏘᏂᏙᎯ ᎠᏓᏅᏙᏉ ᎤᏤᎵ ᎤᎬᏩᎵ ᎤᎾᎦᏌᏯᏍᏙᎢ.
6 ᎤᏇᏓᎵᏰᏃ ᎠᎦᏌᏯᏍᏙᏗ ᎠᏲᎱᎯᏍᏗ ᎨᏒ ᏩᎵᏰᎢᎶᎯᎭ; ᎠᏓᏅᏙ. ᏍᎩᏂ
ᎠᎦᏌᏯᏍᏙᏗᏱ ᎬᏂᏛ ᎠᎴ ᎤᏩᏙᎯᏯᏛ ᏗᎨᏒ ᏩᎵᏰᎢᎶᎯᎭ.
7 ᎤᏇᏓᎵᏰᏃ ᎠᎦᏌᏯᏍᏙᏗᏱ ᎨᏒ ᎾᏍᎩ ᎤᏁᎳᏅᎯ ᏗᎦᏘᎴᎩ; ᎥᏝᏰᏃ ᏗᎧᎿᏩᏛᏍᏗ
ᎤᏁᎳᏅᎯ ᎤᏤᎵ ᏗᎧᎿᏩᏕᎩ ᏱᎩ, ᎥᏝ ᎠᎴ ᎤᏙᎩᏳᎯ ᎾᏍᎩ ᏰᎵ ᏱᏅᎬᏛᎦ;
8 ᎾᏍᎩᏃ ᎤᏇᏓᎵ ᏧᎾᏘᏂᏙᎯ ᎨᏒ ᎥᏝ ᎤᏁᎳᏅᎯ ᎣᏍᏛ ᎤᏰᎸᏗ ᏱᏅᎬᎾᏛᎦ.
9 ᏂᎯᏍᎩᏂ ᎥᏝ ᎤᏇᏓᎵ ᏗᏣᏘᏂᏙᎯ ᏱᎩ, ᎠᏓᏅᏙᏍᎩᏂ ᏗᏣᏘᏂᏙᎯ, ᎢᏳᏃ ᎨᏩ
ᎤᏁᎳᏅᎯ ᎤᏓᏅᏙ ᏱᏥᏯᎠ. ᎠᎴ ᎢᏳ ᎩᎶ ᎦᎶᏁᏛ ᎤᏓᏅᏙ ᏄᏪᎲᎾ ᎢᎨᏎᏍᏗ, ᎾᏍᎩ
ᎾᎥᏝ [ᎦᎶᏁᏛ] ᎤᏤᎵ ᏱᎦᎩ.
10 ᎢᏳᏍᎩᏂ ᎦᎶᏁᏛ ᎢᏥᏯᎡᏍᏗ, ᎠᏰᎸ ᎤᏙᎯᏳᎯ ᎤᏲᎱᏒᎯ ᎠᏍᎦᏂ ᎤᏗᎦᎵᏍᏙᏗᎭ;
ᎠᏓᏅᏙᏍᎩᏂ ᎬᏃᏛ ᎦᏳᎪᏛ ᎢᏯᏛᏁᏗ ᎨᏒ ᎤᏗᎦᎵᏍᏙᏗᎭ.
11 ᎢᏳᏍᎩᏂ ᏥᏌ ᎤᏲᎱᏒ ᏧᎴᏔᏅᎯ ᎤᏓᏅᏙ ᎢᏥᏯᎡᏍᏗ, ᎾᏍᎩ ᎦᎶᏁᏛ ᎤᏲᎱᏒ
ᏧᎴᏔᏅᎯ ᎾᏍᏉ ᏙᏓᎬᏃᎯᏍᏔᏂ ᏗᏲᎱᏍᎩ ᏗᏥᏰᎸᎢ ᏓᎬᏔᏂ ᎤᏓᏅᏙ ᎾᏍᎩ ᏥᏥᏯᎠ.
12 ᎾᏍᎩ ᎢᏳᏍᏗ ᎢᏓᎵᏅᏟ, ᎡᎩᏚᎦ, ᎥᏝ ᎤᏇᏓᎵ ᏱᎩᏚᎦ, ᎾᏍᎩ ᎤᏇᏓᎵ
ᎢᎩᏍᏓᏩᏗᏓᏍᏗᏱ ᎢᎦᎲᎢ.
13 ᎢᏳᏰᏃ ᎢᏤᎲ ᎤᏇᏓᎵ ᎨᏒ ᎢᏥᏍᏓᏩᏗᏙᎮᏍᏗ, ᏙᏓᏥᏲᎱᏏ; ᎢᏳᏍᎩᏂ ᎠᏓᏅᏙ ᎬᏗ
ᎠᏰᎸ ᎦᎸᏫᏍᏓᏁᎲ ᎢᏥᎯᎮᏍᏗ, ᎦᏨᏁᏍᏗ.
14 ᎾᏂᎥᏰᏃ ᎩᎶᎢ ᎤᏁᎳᏅᎯ ᎤᏓᏅᏙ ᏧᎾᏘᏂᏙᎯ, ᎾᏍᎩ ᎤᏁᎳᏅᎯ ᏧᏪᏥ.
15 ᎥᏝᏰᏃ ᎠᏓᏅᏙ ᎠᏥᎾᏝᎢ ᏔᎵᏁ ᎡᏥᏁᎸᎯ ᏱᎩ, ᎾᏍᎩ ᎢᏥᎾᏰᎯᏍᏗᏱ; ᏧᏪᏥᏍᎩᏂ
ᎢᎨᎬᏁᎸᎯ ᎤᎾᏓᏅᏙ ᎡᏥᏁᎸ, ᎾᏍᎩ ᎢᏛᏗᏍᎬ, ᎠᏆ! ᎡᏙᏓ! ᏥᏓᏗᏍᎪᎢ.

16 ᎠᏓᏅᏙᏰᏃ ᎤᏩᏒ ᏓᎵᎪᏁᎭ ᏗᎦᏓᏅᏙ ᎬᏂᎨᏒ ᎾᏅᏁᎲ, ᎾᏍᎩ ᎠᏴ ᎤᏁᎳᏅᎯ ᏧᏪᏥ
ᎨᏒᎢ.
17 ᎠᎴ ᎢᏳ ᏧᏪᏥ ᏱᎩ, ᎿᏉ ᎢᎦᏘᏰᎯ ᏧᎬᏩᎶᏗ; ᎢᎦᏘᏰᏗ ᏧᎬᏩᎶᏗ ᎤᏁᎳᏅᎯ ᎤᏓᏁᏗ
ᎨᏒᎢ, ᎠᎴ ᎦᎶᏁᏛ ᎢᏧᎳᎭ ᎢᎦᏘᏰᏗ; ᎢᏳᏃ ᎰᏩ ᏱᎦᏌᏯᏍᏗᎭ ᎠᎩᎵᏲᎬᎢ, ᎾᏍᏉ
ᎢᎦᏌᏯᏍᏙᏗ ᎨᏎᏍᏗ ᎠᏥᎸᏉᏗᏍᎬᎢ.
18 ᎦᏓᏅᏖᏍᎬᏰᏃ ᎯᎠ ᎾᏍᎩ ᎪᎯ ᎠᎩᎵᏲᎢᏍᏗ ᎨᏒ ᎥᏝ ᏗᎬᏟᎶᏍᏙᏗ ᏱᎩ ᎦᎸᏉᏗᏳ ᎨᏒ
ᎾᏍᎩ ᎡᎩᎾᏄᎪᏫᏎᏗ ᎨᏒᎢ.
19 ᎤᎵᏂᎩᏛᏰᏃ ᎤᏚᎩ ᎤᏩᏒ ᎠᎦᏁᎳᏅᎯ ᎨᏒ ᎠᎦᏘᏯ ᎨᏥᎾᏄᎪᏫᏒ ᎤᏁᎳᏅᎯ ᏧᏪᏥ.
20 ᎠᎦᏁᎳᏅᎯᏰᏃ ᎠᏲᎩ ᎾᎬᏁᎴᎢ, ᎥᏝ ᎣᏏᏳ ᎤᏰᎸᏒ ᎢᏳᏍᏗ, ᎣᏏᏳᏍᎩᏂ ᎤᏰᎸᏅ
ᎢᏳᏍᏗ ᎾᏍᎩ Ꮎ ᎾᏍᎩ ᎢᏳᏩᏁᎸᎯ, ᎤᏚᎩ ᎤᏮᏗᏱ ᎤᏰᎸᏅ,
21 ᎾᏍᎩ ᎠᎦᏁᎳᏅᎯ ᎤᏩᏒ ᎾᏍᏉ ᎤᏚᏓᎴᏍᏗᏱ ᎠᏲᎩ ᎨᏒ ᎤᎾᏝᎥᎢ, ᎦᎸᏉᏗᏳ
ᏂᏗᎨᏥᎾᏝᎥᎾ ᎨᏒ ᎤᏁᎳᏅᎯ ᏧᏪᏥ ᎤᎾᏙᎦ ᏫᏗᎨᏥᎪᎩᏱ.
22 ᎢᏗᎦᏔᎭᏰᏃ ᎾᏍᎩ ᎾᏂᎥ ᎨᎦᏁᎳᏅᎯ ᎨᏒ ᎢᏧᎳᎭ ᎤᏂᎵᏰᏗᏍᎬ ᎠᎴ ᎠᏂᎩᎵᏲᎬ ᎪᎯ
ᎢᏯᏍᏗ.
23 ᎥᏝ ᎠᎴ ᎡᏅᏒᏉ, ᎢᎬᏒᏍᎩᏂ ᎾᏍᏉ ᎢᎬᏱᏱ ᎤᎾᏄᎪᏫᏒᎯ ᎠᏓᏅᏙ ᏥᎨᎭ, ᎠᏴ
ᎾᏍᏉ ᎢᎬᏒ ᎨᏒ ᎭᏫᏂ ᎦᎩᎵᏰᏗᎭ, ᎢᏗᎦᏘᏴ ᏧᏪᏥ ᎢᎨᎬᏁᏗ, ᎾᏍᎩ ᏗᏗᏰᎸ ᏧᎫᏴᏗᏱ
ᏧᏭᏓᎴᏍᏗᏱ.
24 ᎤᏚᎩᏉᏰᏃ ᎢᎬᎭ ᎡᎩᏍᏕᎸᏗᏱ; ᎤᏚᎩᏍᎩᏂ ᎣᏩᏒ ᎠᎪᎲᎯ ᏥᎨᏎᎢ ᎥᏝ ᎤᏚᎩ ᏲᏩᎭᎢ;
ᎪᎱᏍᏗᏰᏃ ᏨᎪᏩᏘᏍᎪᎢ, ᎦᏙᏃ ᎠᏏ ᎤᏚᎩ ᏱᎦᏲᏩᎭ?
25 ᎢᏳᏍᎩᏂ ᎢᎩᎪᎲᎯ ᏂᎨᏒᎾ ᎨᏒ ᎤᏚᎩ ᏱᎬᎭ, ᎿᏉ ᏗᏛᏂᏗᏳ ᎢᏗᎦᏘᏲ ᎾᏍᎩ.
26 ᎾᏍᎩᏯ ᎾᏍᏉ ᎠᏓᏅᏙ ᎢᎩᏍᏕᎵᎭ ᏗᏗᏩᎾᎦᎳᎯᏳ ᎨᏒᎢ; ᎥᏝᏰᏃ ᏱᏗᎦᏔᎭ ᎢᏳᏍᏗ
ᏚᏳᎪᏛ ᎨᏒ ᎢᎩᏔᏲᏍᏗᏱ ᎢᏓᏓᏙᎵᏍᏗᏍᎬᎢ; ᎠᏓᏅᏙᏍᎩᏂ ᎤᏩᏒ ᎢᎦᎵᏍᏗᏰᏓᏁᎭ
ᎤᎵᏰᏗᏍᎬ ᎬᏗᎭ ᎾᏍᎩ ᎦᏁᎢᏍᏗ ᏂᎨᏒᎾ ᎨᏒᎢ.
27 ᎠᎴ ᎾᏍᎩ Ꮎ ᏗᎪᎵᏰᏍᏗ ᏧᎾᏫ ᎠᎦᏔᎭ ᏄᏍᏛ ᎠᏓᏅᏖᎵᏙᎲ ᎠᏓᏅᏙ ᎤᏗᎦᎵᏍᏙᏗ
ᎤᎾᏓᏅᏘ ᏓᎵᏍᏗᏰᏓᏁᎲ ᎾᏍᎩᏯ ᎤᏁᎳᏅᎯ ᎣᏏᏳ ᎤᏰᎸᏗ ᎨᏒᎢ.
28 ᎠᎴ ᎢᏗᎦᏔᎭ ᎾᏍᎩ ᏂᎦᎥ ᏂᎦᎵᏍᏔᏂᏙᎲ ᎤᎾᏖᏆᎶᏒ ᎣᏍᏛ ᎢᏳᎾᎵᏍᏓᏁᏗᏱ
ᏚᏂᏖᏆᎶᏒ ᎣᏍᏛ ᎢᏳᎾᎵᏍᏓᏁᏗᏱ ᏚᏂᏄᏫᏍᏓᏁᎲ ᎤᏁᎳᏅᎯ ᎤᏂᎨᏳᎯ, ᎾᏍᎩ Ꮎ
ᎨᏥᏯᏅᏛ ᏥᎩ ᎾᏍᎩᏯ ᎤᏓᏅᏖᎸᎢ.
29 ᎾᏍᎩᏰᏃ ᎦᏳᎳ ᏥᏂᏓᎦᏔᎰᎢ, ᎾᏍᎩ ᎾᏍᏉ ᏂᏚᏑᏰᏠ ᎤᏪᏥ ᏄᏍᏛ ᎾᏍᎩᏯ
ᎢᏳᎾᎵᏍᏙᏗᏱ, ᎾᏍᎩ ᎢᎬᏱ ᎡᎯ ᎢᏳᎵᏍᏙᏗᏱ ᎤᏂᏣᏘ ᎠᎾᎵᏅᏟ ᎠᏁᎲᎢ.
30 ᎾᏍᎩᏃ ᎦᏳᎳ ᏥᏂᏚᏑᏰᏠᎢ ᎾᏍᎩ ᎾᏍᏉ ᏚᏯᏅᎮᎢ; ᎠᎴ ᎾᏍᎩ ᏧᏯᏅᏛ ᎨᏒᎢ,
ᎾᏍᎩ ᎾᏍᏉ ᏚᏭᏓᎴᏎᎢ; ᎠᎴ ᎾᏍᎩ ᏧᏭᏓᎴᏛ ᎨᏒ, ᎾᏍᎩ ᎾᏍᏉ ᎦᎸᏉᏗᏳ ᏂᏚᏩᏁᎴᎢ.
31 ᎦᏙᏃ ᏓᏓᏛᏂ ᎯᎠ ᎾᏍᎩ ᏥᏄᏍᏗ? ᎢᏳᏃ ᎤᏁᎳᏅᎯ ᏱᎩᏍᏕᎵᎭ ᎦᎪ ᏱᎦᏡᏓ?

32 ᎾᏍᎩ Ꮎ ᎸᎨᏳᏅᎾ ᏥᎨᏎ ᎤᏩᏒ ᎤᏬᏥ, ᏥᏕᏏᏎᏉᏍᎩᏂ ᎠᏴ ᏂᏗᎥ ᎢᎩᏍᎦᎵᏍᎬᎢ,
ᎦᏙ ᏫᎦᎵᏍᏙᏓ ᎾᏍᎩ ᎦᎩᏏᎯᏎᎲ ᎠᏎᏉ ᏗᎨᎩᏏᎯᏎᏗ ᏂᎨᏒᎾ ᏫᏂᎦᎵᏍᏓ ᏂᎦᏗᏳ ᎪᎱᏍᏗ?
33 ᎦᎪ ᎤᏂᏍᎦᏅᏨ ᏙᏓᎫᎯᏍᏔᏂ ᎤᎾᎴᏅᎯ ᏧᏭᏰᏛ? ᏥᏌ ᎤᏁᎳᏅᎯ, ᎾᏍᎩ
ᎤᎸᏓᎴᏍᎩ?
34 ᎦᎪ ᏧᎸᎪᏓᏁᎯ? ᎦᏀᏁᏛᏍᎪ, ᎾᏍᎩ ᏧᏂᎱᏎᎢ, ᎥᎥ, ᎠᎴ ᎾᏍᏉ ᎾᏍᎩ ᏥᎦᎴᎯᏅ,
ᎾᏍᎩ ᎾᏍᏉ ᎤᏁᎳᏅᎯ ᎠᎦᏗᏏᏗᏢ ᏧᏬᎳ, ᎾᏍᎩ ᎾᏍᏉ ᏥᎦᎵᏍᏗᏰᏓᏁᏱ?
35 ᎦᎪ ᎢᏴᏛ ᎤᏓᎬᏁᎵ ᎦᏀᏁᏛ ᎢᎩᎨᏒᎢ? ᏥᏌ ᎠᎩᎵᏏᎢᏍᏗ ᎨᏒᎢ, ᎠᎴ ᎤᏬᎵᎯᏍᏗ
ᎠᏓᏅᏓᏗᏍᏗ ᎨᏒᎢ, ᎠᎴ ᎤᏏ ᎢᏴᏓᏛᏁᏗ ᎨᏒᎢ, ᎠᎴ ᎤᏓᎪᎸᏀᎯᏍᏗ ᎨᏒᎢ, ᎠᎴ ᏗᎩᏰᎸᏱ
ᎨᏒᎢ, ᎠᎴ ᎤᎾᏰᎯᏍᏗ ᎨᏒᎢ, ᎠᎴ ᎠᏰᎳᏍᏗ-ᎦᏅᎯᏛ?
36 ᎾᏍᎩᏯ ᎯᎠ ᏥᏂᎬᏅ ᏥᎪᏬᎳ, ᏂᎯ ᎨᏒ ᎤᏗᎦᎵᏍᏙᏗᏱ ᏙᎩᎢᏱ ᏂᎪᎯᎸᎢ;
ᎤᏂᏃᎦᎾᏉ ᏗᎯᏍᏗ ᎾᏍᎩᏯ ᎣᎩᏰᎸᎠ;
37 ᎠᏎᏃ ᎯᎠ ᎾᏍᎩ ᏂᎦᏛ ᏧᏓᎴᏅᏛ ᎨᏒ ᎢᏓᏓᏎᎪᎩᏍᎩ ᎠᎴ ᎤᏟ ᎢᎦᎢ, ᎾᏍᎩ Ꮎ
ᎢᎩᎨᏳᎯᏳ ᎢᏳᎵᏍᏔᏅᎯ ᏥᎩ ᎢᏳᏩᏂᏌᏛ.
38 ᎤᎵᏂᎩᏛᏰᏃ ᎠᏉᎯᏳᏱ, ᎾᏍᎩ ᎥᏝ ᎠᏏᎱᎯᏍᏗ ᎨᏒᎢ, ᎠᎴ ᎠᏛᏂᏗᏍᏗ ᎨᏒᎢ, ᎠᎴ
ᏗᏂᏑᏖᏩᏗᏙᎯ, ᎠᎴ ᎸᏂᎬᏫᏳᏌᏕᎩ, ᎠᎴ ᎨᏥᎸᏉᏗ, ᎠᎴ ᎪᎱᏍᏗ ᎪᎯ ᏤᏱ, ᎠᎴ ᎪᎱᏍᏗ
ᎠᏎ ᎤᎾᎸᎪᎢᏍᏗ ᏥᎩ,
39 ᎥᏝ ᎠᎴ ᎦᎸᎳᏗᏳ ᎨᏒᎢ, ᎠᎴ ᏱᎾᏂᏳ ᎨᏒᎢ, ᎥᏝ ᎠᎴ ᎤᏩᏓᎴ ᎠᏁᎳᏅᎯ ᎨᏒᎢ, ᏰᎵ
ᎢᏴᏛ ᎢᎬᏩᏁᏗ ᏫᎨᏎᏍᏗ ᎤᏁᎳᏅᎯ ᎢᎩᎨᏳᏒᎢ, ᎾᏍᎩ ᎦᏀᏁᏛ ᏥᏌ ᎤᎬᏫᏳᎯ ᎢᎦᏤᎵ
ᎤᏓᏩᏓᎴᏅᎯ ᏥᎩ.

ᎠᏯᏙᎸᎢ 9

1 ᎤᏙᎯᏳᎯᏯ ᏥᏁᎦ ᎦᎶᏁᏛ ᎠᎦᏔᎲᎢ, ᎥᏝ ᏱᎦᏥᎪᎥᏍᎦ, ᎠᏆᏓᏅᏛ ᎾᏍᏉ
ᎠᏉᎯᏳᏓᏁᎯ ᏂᎦᎵᏍᏗᎭ ᎦᎸᏉᏗᏳ ᎠᏓᏅᏙ ᎢᏳᏩᏂᏌᏛ,
2 ᎾᏍᎩ ᎤᏣᏘ ᎡᎯᏍᏗ ᎠᏆᏓᏅᏔᏩᏕᎬ ᎠᎴ ᏂᎪᎯᎸ ᎤᏲ ᎠᎩᏰᎸᎡ ᎠᎩᎾᏫᏱ.
3 ᎬᏆᏚᎸᏗᏉᏰᏃ ᎠᏋᏒ ᎨᏒ ᎥᎩᏍᎦᏨᎯ ᎢᏳᎵᏍᏙᏗᏱ ᎥᏆᏓᏓᎴᏙᏗᏱ ᎦᎶᏁᏛ ᎡᎲᎢ
ᎦᏥᏍᏕᎵᏍᎬ ᎣᏣᏓᏅᏟ, ᎪᎱᏍᏗ ᏗᏋᏅ Ꭰ ᎤᏇᏓᎵ ᎨᏒᎢ;
4 ᎾᏍᎩ ᎢᏏᎵ ᏧᏁᏢᏔᏅᏛ ᏥᎩ; ᎾᏍᎩ ᎤᎾᏤᎵᎦ ᏥᎩ [ᎤᏁᎳᏅᎯ] ᏧᏪᏥ ᎢᎨᎬᏁᏗ
ᎨᏒᎢ, ᎠᎴ ᎦᎸᏉᏗᏳ ᎨᏒᎢ, ᎠᎴ ᎧᏃᎮᏛ ᏓᏠᎯᏍᏛᎢ, ᎠᎴ ᏗᎧᎿᏩᏛᏍᏗ ᎨᏥᏁᏗ ᎨᏒᎢ,
ᎠᎴ ᎤᏁᎳᏅᎯ ᎤᏤᎵ ᏗᎦᎸᏫᏍᏓᏁᏗ ᎨᏒᎢ, ᎠᎴ ᎠᏚᎢᏍᏙᏗ ᎨᏒᎢ;
5 ᎾᏍᎩ ᏧᏂᏙᏓ ᏥᎩ ᎠᏂᎦᏴᎵᎨᎢ, ᎠᎴ ᎾᏍᎩ ᎠᏁᎲᎢ, Ꭰ ᎠᏇᏓᎵ ᎨᏒ ᏧᎷᏤ ᎦᎶᏁᏛ,
ᎾᏍᎩ ᎤᏁᎳᏅᎯ ᏥᎩ, ᎸᏓᎴᏒ ᎤᎬᏫᏳᏌᏕᎩ, ᏫᎾᏍᏛᎾ ᎦᎸᏉᏙᏗ. ᎡᎺᏅ.
6 ᎥᏝ ᎠᏗᎾ ᎤᏁᎳᏅᎯ ᎤᏁᏨ ᎠᏎᏉᏉ ᏥᎸᎵᏍᏔᏃ ᎾᏍᎩᏯ [ᏱᏥᏁᎦ,] ᎥᏝᏰᏃ ᏂᎦᏛ
ᎢᏏᎵ ᏱᎩ ᎾᏍᎩ ᎢᏏᎵ ᏧᏁᏢᏔᏅᏛ ᏥᎩ.
7 ᎥᏝ ᎠᎴ ᎡᏆᎭᎻ ᏧᏁᏢᏔᏅᏛ ᏥᎩ ᎾᏍᎩ ᏱᎤᏗᎦᎵᏍᏙᏗᎭ ᏂᎦᏛ ᏧᏪᏥ ᏱᎩ;
ᎡᏏᎩᏉᏍᎩᏂ ᏚᏙᎥ ᎨᏥᏯᏅᏗᏍᎨᏍᏗ ᏣᏁᏢᏔᏅᎯ.
8 ᎾᏍᎩ ᏯᏛᏅ, ᎤᏇᏓᎵ ᎨᏒ ᎤᎾᏕᏔᏅᎯ ᎨᏒᎢ, ᎾᏍᎩ ᎯᎠ ᎥᏝ ᎤᏁᎳᏅᎯ ᏧᏪᏥ
ᏱᎩ; ᎠᏚᎢᏍᏛᏍᎩᏂ ᎤᎾᏕᏔᏅᎯ ᎨᏒ ᎾᏍᎩ ᏧᏪᏥ ᏧᏰᎸᏗ.
9 ᎯᎠᏰᏃ ᎸᏍᏗ ᎤᎵᏁᏨ ᎠᏚᎢᏍᏛᎢ. ᎯᎠᏉ ᎢᏳ ᏓᏥᎷᏥ, ᎠᎴ ᏎᎵ ᏓᎦᎾᎸᎪᏫᏏ ᎠᏧᏣ.
10 ᎥᏝ ᎠᎴ ᎾᏍᎩᏉ ᏱᎸᏍᏗ; ᎵᏇᎩᏍᎩᏂ ᎾᏍᏉ ᎤᏁᎵᏨ, ᎾᏍᎩ ᎠᏏᏴᏫ ᎠᏥᏁᎵᏤᎸ,
ᎾᏍᎩ ᎢᎩᏙᏓ ᎡᏏᎩ;
11 ᏗᏂᏲᎵᏰᏃ ᎠᏏ ᎾᎾᏕᎲᏍᎬᎾ ᎨᏎᎢ, ᎠᎴ ᎠᏏ ᎪᎱᏍᏗ ᎣᏍᏛ ᎠᎴ ᎤᏲᎢ ᎾᎾᏛᏁᎲᎾ
ᎨᏎᎢ, ᎾᏍᎩ ᎤᏓᏅᏘᎸ ᎤᏁᎳᏅᎯ ᎾᏍᎩᏯ ᏧᏑᏰᏍᏗ ᎨᏒ ᎤᏲᎢᏍᏗ ᏂᎨᏒᎾ
ᎢᏳᎵᏍᏙᏗᏱ, ᎥᏝ ᏚᏂᎸᏫᏍᏓᏁᎲ ᎤᏗᎦᎵᏍᏙᏗᏍᎬᎢ, ᎾᏍᎩᏯᏍᎩᏂ ᏗᏯᏂᏍᎩ
ᎤᏓᏅᏘᎸᎢ;
12 ᎯᎠ ᎾᏥᏪᏎᎴᎢ, ᎤᏓᏂᎵᎨ ᏚᏁᎶᎦᏍᏗ ᎣᏂ ᎡᎯ;
13 ᎾᏍᎩᏯ ᎯᎠ ᏥᏂᎬᏅ ᏥᎪᏪᎳ, ᏤᎦᏈ ᎣᏏᏳ ᏥᏰᎸᏅ, ᎢᏐᏍᎩᏂ ᏥᏂᏆᏘᎸ.
14 ᎾᏍᎩᏃ ᏥᎸᏍᏗ ᎦᏙ ᏓᏓᏛᏂ? ᏥᎪ ᏂᎦᏳᎪᏛᎾ ᎨᏒ ᎤᏪᎭ ᎤᏁᎳᏅᎯ? ᎬᏩᏟᏍᏗ.
15 ᎼᏏᏰᏃ ᎯᎠ ᎾᏥᏪᏎᎭ, ᏥᏯᏙᎵᏍᏗ ᎨᏎᏍᏗ ᎾᏍᎩ Ꮎ ᏥᏯᏙᎵᎩ ᎨᎵᏍᎨᏍᏗ, ᎠᎴ
ᎤᏪᏙᎵᏍᏗ ᏥᏯᏓᏅᏓᏗᏍᏗ ᎨᏎᏍᏗ ᎾᏍᎩ Ꮎ ᎤᏪᏙᎵᏍᏗ ᏥᏯᏓᏅᏓᏓ ᎨᎵᏍᎨᏍᏗ.
16 ᎾᏍᎩᏃ ᏥᎸᏍᏗ ᎥᏝ ᎩᎶ ᎤᏚᎸᎲ ᏱᎤᏗᎦᎵᏍᏙᏗᎭ, ᎥᏝ ᎠᎴ ᏚᏍᏆᎸᏔᏅ
ᏱᎤᏗᎦᎵᏍᏙᏗᎭ, ᎤᎾᏔᏅᎯᏍᎩᏂ ᎤᏓᏅᏘᎸᎢ ᎾᏍᎩ ᏗᎦᏙᎵᎩ ᏥᎩ.

17 ᎪᏪᎵᎯᏰᏃ ᎯᎠ ᎾᏥᏪᏎ ᏇᏓᏲ, ᎾᏍᎩ ᎯᎠ ᎤᏗᎦᎵᏍᏙᏗᎭ ᎦᎬᏯᎴᏔᏅ, ᎾᏍᎩ
ᎠᎩᎾᏄᎪᏫᏍᏗᏱ ᎠᏆᎵᏂᎩᏗᏳ ᎨᏒ ᏂᎯ ᎬᏴᏗᏍᎬᎢ, ᎠᎴ ᎾᏍᎩ ᎠᏴ ᏓᏆᏙᎥ ᏧᏃᏣᎶᎢᏍᏗᏱ
ᎡᎶᎯ ᏂᎬᎾᏛᎢ.
18 ᎾᏍᎩ ᎢᏳᏍᏗ ᎦᏙᎵᎪ ᎾᏍᎩ Ꮎ ᏥᏯᏙᎵᎩ ᎡᎳ, ᎠᎴ ᎩᎶ ᏥᏍᏓᏱᏓ ᎡᎳ
ᎠᏍᏓᏱᏗᏍᎪᎢ.
19 ᎯᎠ Ꭷ ᎨᎵ ᎤᏛᏍᎩᏪᏎᎵ, ᎦᏙᏃ ᎠᏏᏉ ᎡᏍᎦ ᎠᏰᎸᏍᎦ? ᎦᎪᏰᏃ ᏚᎦᏘᎴᏅ ᏄᏍᏛ
ᎠᏓᏅᏖᏍᎬᎢ?
20 ᎠᏎᏃ ᏂᎯ ᏴᏫᏉ ᎦᎪ ᎢᏣᏍᏗ ᏥᏁᏤᎭ ᎦᎯᎦᏘᎴᎬ ᎤᏁᎳᏅᎯ? ᏥᎪ ᎪᎱᏍᏗ ᎠᏢᏅᎯ
ᎯᎠ ᎤᏓᎦᏪᏎᎵ ᎾᏍᎩ ᎤᏬᏢᏅᎯ, ᎦᏙᏃ ᎾᏍᎩ ᎯᎠ ᏂᏍᏋᏁᎸ ᎢᏍᏉᏢᏅ?
21 ᏝᏍᎪ ᏗᏩᎵ ᏗᎪᏢᏍᎩ ᏳᎭ ᎠᏓᏅᏖᏍᎬ ᎢᏳᏩᏁᎵᏓᏍᏗᏱ ᎦᏓᏆᎳ, ᎾᏍᎩᏉ ᎦᎾᏆᎸᎡ
ᎠᎬᎭᎸᏛ ᏌᏉ ᎠᏖᎵᏙ ᎤᏬᏢᏗᏱ ᎦᎸᏉᏙᏗ, ᎤᏩᏓᎴᏃ ᎦᎸᏉᏗᏗ ᏂᎨᏒᎾ?
22 [ᎦᏙᏃ ᏳᏍᏗ,] ᎢᏳᏃ ᎤᏁᎳᏅᎯ ᎤᏚᎵᏍᎬ ᎬᏂᎨᏒ ᎢᏳᏩᏁᏗᏱ ᎤᏔᎳᏬᎯᏍᏗ
ᎨᏒᎢ, ᎠᎴ ᎤᎵᏂᎬᎬ ᎤᎾᏄᎪᏫᏍᏗᏱ, ᎬᏂᏗᏳ ᎨᏒ ᎬᏗᏍᎬ ᎪᎯᏗᏳ ᎤᏁᎳᎩ ᏱᎦᏪᎵᏎᎸ
ᏗᏖᎵᏙ ᎤᏔᎳᏬᎯᏍᏗ ᎨᏒ ᏗᏟᏍᏗ, ᏗᏛᏅᎢᏍᏔᏅᎯ ᏗᏛᏙᏗᏱ;
23 ᎠᎴ ᎾᏍᎩ [ᎤᏚᎵᏍᎬ] ᎬᏂᎨᏒ ᎢᏳᏩᏁᏗᏱ ᎤᏤᎵ ᎤᏣᏔᏅᎯ ᎦᎸᏉᏗᏳ ᎨᏒ ᎦᎬᏗᏍᎬ
ᏗᏖᎵᏙ ᎤᏓᏙᎵᏍᏗ ᎨᏒ ᏗᏟᏍᏗ, ᎾᏍᎩ ᏧᏛᏅᎢᏍᏔᏅᎯ ᏥᏂᎨᏎ ᎦᎸᏉᏗᏳ ᏗᎨᏒ
ᏭᎾᎦᏗᏱ,
24 ᎾᏍᎩ ᎠᏴ, ᎢᎩᏯᏅᏛ ᏥᎩ, ᎥᏝ ᎠᏂᏧᏏᏉ ᎤᏅᏒ ᎠᏁᎲᎢ, ᎾᏍᏉᏍᎩᏂ ᏧᎾᏓᎴᏅᏛ
ᏴᏫ ᎠᏁᎲᎢ;
25 ᎾᏍᎩᏯ ᎾᏍᏉ ᎯᎠ ᏥᏂᎦᏪ ᎰᏏᎠ ᎤᏬᏪᎸᎢ; ᏗᏆᏤᎵ ᏴᏫ ᎦᏥᏲᏎᎮᏍᏗ ᎾᏍᎩ Ꮎ
ᏗᏆᏤᎵ ᏴᏫ ᏂᎨᏒᎾ ᏥᎨᏒᎩ; ᎠᎴ ᏥᎨᏳᎢ (ᏥᏲᏎᎮᏍᏗ,) ᎾᏍᎩ Ꮎ ᏥᎨᏳᎢ ᏂᎨᏒᎾ
ᏥᎨᏒᎩ.
26 ᎠᎴ ᎯᎠ ᎤᏓᎦᎵᏍᏔᏂ, ᎾᎿᏂ ᎯᎠ ᏂᎨᏥᏪᏎᎸᎢ, ᏂᎯ ᎥᏝ ᎠᏴ ᏗᏆᏤᎵ ᏴᏫ ᏱᎩ;
ᎾᎿᏂ ᎬᏂᏛ ᎤᏁᎳᏅᎯ ᏧᏪᏥ ᎨᎪᏎᎮᏍᏗ.
27 ᎢᏌᏯ ᎾᏍᏉ ᎯᎠ ᏂᎦᏪᎭ ᎢᏏᎵ ᎦᏭᏁᎢᏍᏗᏍᎬᎢ; ᎢᏏᎵ ᏧᏪᏥ ᎾᏍᏉ ᏃᏳ ᎠᎺᏉᎯ
ᏚᎳᎨᏴ ᎾᏍᎩᏯ ᏱᏄᎾᏧᏈᏍᏗ, ᎤᎾᎵᏃᎯᏴᎯ ᎠᏎ ᎨᏥᏍᏕᎸᏗ ᎨᏎᏍᏗ.
28 ᏛᏍᏆᏗᏰᏃ ᏗᎦᎸᏫᏍᏓᏁᏗ ᎨᏒᎢ, ᎠᎴ ᏚᏳᎪᏛ ᎬᏗ ᎤᎵᏍᏗᏳ ᎾᏍᎩ ᎤᏛᏛᏁᎵ;
ᎤᎵᏍᏗᏰᏃ ᎤᏛᏛᏁᎵ ᏄᏍᏛ ᏚᏭᎪᏔᏅ ᎡᎶᎯ.
29 ᎠᎴ ᎾᏍᎩᏯ ᎢᏌᏯ ᏚᏳᎳ ᎯᎠ ᏥᏄᏪᏒᎢ, ᎢᏳᏃ ᏱᎰᏩ ᎤᏂᏣᏘ ᏧᏓᏘᎾᎢ ᏂᎩᏃᎯᏰᎸᎾ
ᏱᎨᏎ ᎤᎵᏃᎯᏴᎯ, ᎾᏍᎩᏯ ᏱᏂᏚᏍᎦᎢ.
30 ᎾᏍᎩᏃ ᏥᏄᏍᏗ ᎦᏙ ᏓᏓᏛᏂ? ᎾᏍᎩ Ꮎ ᏧᎾᏓᎴᏅᏛ ᏴᏫ, ᎾᏍᎩ ᎠᏚᏓᎴᏍᏗ ᎨᏒ
ᏄᏂᏍᏓᏩᏛᏒᎾ ᎨᏒ, ᎾᏍᎩ ᎠᏚᏓᎴᏍᏗ ᎨᏒ ᎤᏂᏩᏛᎲ, ᎾᏍᎩ ᎪᎯᏳᏗ ᎨᏒ ᎠᏚᏓᎴᏍᏙᏗ
ᏥᎩ.

31 ᎢᏏᎵᏍᎩᏂ ᎤᏂᏍᏓᏩᏛᏛ ᏗᎧᎿᏩᏛᏍᏗ ᎠᏚᏓᎴᏍᏙᏗ ᎨᏒᎢ, ᎾᏍᎩ ᎥᏝ ᏣᏂᏩᏛᎲ
ᏗᎧᎿᏩᏛᏍᏗ ᎠᏚᏓᎴᏍᏙᏗ ᎨᏒᎢ.
32 ᎦᏙᏃ? ᏅᏗᎦᎵᏍᏙᏗᏭ ᎾᏍᎩ ᎪᎯᏳᏗ ᎨᏒ ᎸᏅᏔᏅᎾ ᎨᏒᎢ, ᏗᎧᎿᏩᏛᏍᏗᏍᎩᏂ
ᏂᎦᏪᏍᎬ ᎢᏯᏛᏁᏗ ᎨᏒ ᎤᏅᏔᏅᎢ; ᏚᏃᎦᏍᏔᏁᏰᏃ ᎾᏍᎩ Ꮎ ᏅᏯ ᏗᏓᏙᎦᎯᎯ ᎨᏒᎢ;
33 ᎾᏍᎩᏯ ᎯᎠ ᏥᏂᎬᏅ ᏥᎦᏪᎳ, ᎬᏂᏳᏉ ᏌᏯᏂ ᏓᏥᏂ ᏅᏯ ᏗᏓᏙᎦᎯᎯ, ᎠᎴ ᏅᏯ
ᎠᏓᏏᏍᏆᎶᏍᏗᏍᎩ; ᎠᎴ ᎩᎶ ᎪᎯᏳᎲᏍᎨᏍᏗ ᎾᏍᎩ ᎥᏝ ᎤᏕᎰᎯᏍᏗ ᏧᎨᏎᏍᏗ.

ᎠᏯᏙᎸᎢ 10

1 ᎢᏓᎵᏅᏟ, ᎠᎩᎾᏫᏱ ᎢᏴᏛ ᎠᏆᏚᎵᎭ, ᎠᎴ ᏥᏯᏓᏙᎵᏍᏓᏁᎭ ᎤᏁᎳᏅᎯ ᎢᏏᎵ ᎤᎬᏩᎵ,
ᎾᏍᎩ ᎨᏥᏍᏕᎸᏗᏱ.
2 ᏕᏥᏲᎢᏳᏓᏁᎯᏰᏃ ᎾᏍᎩ ᎤᏣᏘ ᎤᎾᏚᎵᏍᎬ ᎤᏁᎳᏅᎯ ᎪᎱᏍᏗ ᎤᎾᏛᏁᏗᏱ; ᎠᏎᏃ ᎥᏝ
ᎠᏕᏙᎮᎯᏍᏗ ᎨᏒ ᏯᏅᏗᎭ.
3 ᎾᏂᎦᏔᎲᎾᏰᏃ ᎨᏒ ᏄᏍᏛ ᎤᏁᎳᏅᎯ ᎤᏓᏚᏓᎴᏍᏙᏗ ᎨᏒᎢ, ᎠᎴ ᎠᎾᏟᏂᎬᏁᎲ
ᎤᏂᏍᏓᏱᏗᏍᏗᏱ ᎤᏅᏒ ᎤᎾᏤᎵ ᎤᎾᏚᏓᎴᏍᏙᏗ ᎨᏒᎢ, ᎥᏝ ᏧᎾᏓᏲᎯᏎᎸᎯ ᏱᎩ
ᎤᏁᎳᏅᎯ ᎤᏓᏚᏓᎴᏍᏙᏗ ᎨᏒᎢ.
4 ᏗᎧᎿᏩᏛᏍᏗᏰᏃ ᎤᎬᏩᎴ ᎦᎶᏁᏛ ᎤᎾᏚᏓᎴᏍᏙᏗᏱ ᎾᏂᎥ ᎠᏃᎯᏳᎲᏍᎩ.
5 ᎼᏏᏰᏃ ᎧᏃᎮᎭ ᏄᏍᏛ ᎤᏓᏚᏓᎴᏍᏙᏗ ᎨᏒ ᏗᎧᎿᏩᏛᏍᏗ, ᎯᎠ ᏥᏂᎦᏪᎭ, ᎩᎶ ᏴᏫ
ᎾᏍᎩ ᎾᏛᏁᎮᏍᏗ ᎬᏂᏛ ᎠᏩᏛᏗᏍᎨᏍᏗ.
6 ᎪᎯᏳᏗᏍᎩᏂ ᎠᏚᏓᎴᏍᏙᏗ ᎨᏒ ᎯᎠ ᏂᎦᏪᎭ, ᏞᏍᏗ ᏣᎾᏫᏱ ᎯᎠ ᏱᏂᏪᏍᎨᏍᏗ, ᎦᎪ
ᎦᎸᎶᎢ ᏓᏰᏏ? (ᎾᏍᎩ ᎦᎶᏁᏛ ᎠᎦᏌᎥᏙᏗᏱ;)
7 ᎠᎴ ᎦᎪ ᎠᏍᏛᎩ ᎨᏒ ᏮᏓᎦᎶᏏ? (ᎾᏍᎩ ᎦᎶᏁᏛ ᎤᏲᎱᏒ ᏧᎴᏙᏗᏱ;)
8 ᎠᏎᏃ ᎦᏙ ᎠᏗᎭ? ᎧᏃᎮᏛ ᎮᎲ ᎾᎥᏂᏳ ᏄᏍᏗᏕᎦ, ᎾᏍᎩ ᎯᎰᎵᏉ, ᎠᎴ ᏣᎾᏫᏱᏉ
ᎡᎭ; ᎾᏍᎩ ᎯᎠ ᎧᏃᎮᏛ ᎪᎯᏳᏗ ᎨᏒ ᎧᏃᎮᏍᎩ, ᎾᏍᎩ ᎠᏴ ᏦᏣᎵᏥᏙᎲᏍᎦ;
9 ᎾᏍᎩ ᎢᏳᏃ ᎯᎪᎵ ᏱᏨᏔᏅ ᎬᏂᎨᏒ ᏱᏂᏰᏁᎸ ᎤᎬᏫᏳᎯ ᏥᏌ, ᎠᎴ ᏣᎾᏫᏱ ᎢᏴᏛ
ᏱᏦᎯᏳᏅ ᎤᏁᎳᏅᎯ ᏕᎤᎴᏔᏅ ᎤᏲᎱᏒᎢ, ᎠᏎ ᎡᏣᏍᏕᎸᏗ ᎨᏎᏍᏗ.
10 ᎣᎾᏫᏰᏃ ᎬᏗ ᎠᎪᎯᏳᎲᏍᎪ ᎣᏚᏓᎴᏍᏗ ᏂᎦᎵᏍᏔᏂᎦ; ᎠᎴ ᎥᎰᎵ ᎬᏗ ᎬᏂᎨᏒ ᎾᎬᏁᎰ
ᎥᏓᏗᏍᏕᎸᏗ ᏂᎦᎵᏍᏔᏂᎦ.
11 ᎪᏪᎵᏰᏃ ᎯᎠ ᏂᎦᏪᎭ, ᎩᎶ ᎾᏍᎩ ᎪᎯᏳᎲᏍᎨᏍᏗ ᎥᏝ ᎤᏕᎰᎯᏍᏗ ᏱᎨᏎᏍᏗ.
12 ᎥᏝᏰᏃ ᏱᏚᎾᏓᎴᎾᎠ ᎠᏂᏧᏏ ᎠᏃ ᎠᏂᎪᎢ; ᎾᏍᎩᏉᏰᏃ ᎤᎬᏫᏳᎯ ᎾᏂᎥ ᎤᎾᏤᎵᎦ ᎤᏣᏘ
ᎤᏪᎿᎢᏳ ᏧᏍᏕᎸᏗᏱ ᎾᏂᎥᎬᏩᏓᏙᎵᏍᏓᏁᎯ.
13 ᎾᏂᎥᏉᏰᏃ ᎩᎶ ᎠᎾᏓᏙᎵᏍᏗᏍᎨᏍᏗ ᏚᏙᎥ ᎤᎬᏫᏳᎯ ᎠᏂᎡᎢᏍᏗᏍᎨᏍᏗ ᎨᏥᏍᏕᎸᏗ
ᎨᏎᏍᏗ.
14 ᎦᏙᏃ ᏱᎦᎵᏍᏙᏓ ᏯᎾᏓᏙᎵᏍᏓᏏ ᎩᎶ ᏄᏃᎯᏳᏒᎾ ᏱᎩ ᎡᎲᎢ? ᎠᎴ ᎦᏙ ᏱᎦᎵᏍᏙᏓ
ᏯᏃᎯᏳᎲᎦ ᎩᎶ ᎡᎲ ᎾᏍᎩ ᎤᎾᏛᎦᏅᎯ ᏂᎨᏒᎾ ᏱᎩ ᎡᎲᎢ? ᎠᎴ ᎦᏙ ᏱᎦᎵᏍᏙᏓ
ᏯᎾᏛᎬᎦ ᎩᎶ ᎠᎵᏥᏙᎲᏍᎩ ᏄᏁᎲᎾ ᏱᎩ?
15 ᎠᎴ ᎦᏙ ᏱᎦᎵᏍᏙᏗ ᏯᎾᎵᏥᏙᎲᎦ ᎢᏳᏃ ᏂᎨᏥᏅᏒᎾ ᏱᎩ? ᎾᏍᎩᏯ ᎯᎠ ᏥᏂᎬᏅ
ᏥᎪᏪᎳ, ᏂᏚᏬᏚᎭ ᏧᎾᎳᏏᏕᏂ ᎾᏍᎩ Ꮎ ᎣᏍᏛ ᎧᏃᎮᏛ ᎤᏩᏙᎯᏯᏛ ᎠᏓᏁᎯ
ᎠᎾᎵᏥᏙᎲᏍᎩ, ᎣᏍᏛ ᎧᏃᎮᏛ ᎠᎾᎵᏥᏙᎲᏍᎩ ᎾᏍᎩ ᎣᏍᏛ ᎤᎬᏩᎵ ᎨᏒᎢ.
16 ᎠᏎᏃ ᎥᏝ ᎾᏂᎥ ᎤᏃᎯᏳᏅᎯ ᏱᎩ ᎣᏍᏛ ᎧᏃᎮᏛ. ᎢᏌᏯᏰᏃ ᎯᎠ ᏂᎦᏪᎭ, ᏱᎰᏩ, ᎦᎪ
ᎤᏬᎯᏳᏅ ᎣᏥᏃᎮᏍᎬᎢ?

17 ᎾᏍᎩᏃ ᎯᎠ ᏥᏄᏍᏗ ᎪᎯᏳᏗ ᎨᏒ ᎠᏛᎪᏗᏱ ᏗᏓᎴᎲᏍᎦ, ᎠᏛᎪᏗᏱᏃ ᎤᏁᎳᏅᎯ
ᎤᏤᎵ ᎧᏃᎮᏛ ᏗᏓᎴᎲᏍᎦ.
18 ᎠᏎᏃ ᎠᏴ ᎯᎠ ᏂᏥᏪᎭ, ᏝᏍᎪ ᏳᎾᏛᎦᏅ? ᎥᎥ, ᎤᏙᎯᏳᎯ, ᎤᎾᏓᏃᏴᎵᏍᏛ ᏚᏰᎵᏒ
ᎡᎳᏂᎬᎢ, ᎠᎴ ᎠᏂᏌᏂᏍᎬ ᎡᎶᎯ ᏩᏍᏛ ᎢᏴᏛ ᏚᏰᎵᏒ.
19 ᎠᏎᏃ ᎠᏴ ᏂᏥᏪᎭ, ᏝᏍᎪ ᏯᏂᎦᏔᎮ ᎢᏏᎵ? ᎢᎬᏱ ᎨᏒ ᎼᏏ ᎯᎠ ᏂᎦᏪᎭ,
ᎢᏟᏛᏳᎨᏗᏱ ᎤᏓᏨᏴᏁᎵ ᏓᎦᏥᏴᏔᏂ ᎾᏍᎩ Ꮎ ᎠᏰᎵ ᎤᏃᎵᎯ ᏂᎨᏒᎾ ᎨᏒᎢ, ᎠᎴ
ᏄᎾᏓᏅᏛᎾ ᏴᏫ ᏕᏥᏴᏗᏍᎬ ᏓᏨᎾᏄᏍᏔᏂ.
20 ᎠᏎᏃ ᎢᏌᏯ ᏂᎦᎾᏰᏍᎬᎾ ᎯᎠ ᏂᎦᏪᎭ, ᎬᎩᏩᏛᎲᎩ ᎾᏍᎩ Ꮎ ᏂᎬᎩᏲᎸᎾ, ᎬᎩᏩᏛᎲᎩ
ᎾᏍᎩ Ꮎ ᏂᎬᎩᏲᎸᎾ ᎨᏒᎢ; ᎬᏂᎨᏒ ᏂᎨᏋᏁᎸᎩ ᎠᏁᎲ ᎾᏍᎩ Ꮎ ᎾᎾᏛᏛᎲᏍᎬᎾ ᎨᏒ ᎨᎥᎢ.
21 ᎢᏏᎵᏍᎩᏂ ᎯᎠ ᏂᏕᎦᏪᏎᎭ, ᎤᏙᏓᏈᏛ ᏓᏆᏎᎵᏛᎩ ᏕᏥᏯᏂᏍᎬ ᏄᏃᎯᏳᏒᎾ ᎠᎴ
ᎤᏂᎪᏁᎶᎯᏌᏘ ᏴᏫ.

ᎠᏯᏙᎸᎢ 11

1 ᎾᏍᎩᏃ ᎯᎠ ᏂᏥᏪᎭ, ᏥᎪ ᎤᏁᎳᏅᎯ ᎢᏴᏛ ᏂᏚᏩᏁᎸ ᏧᏤᎵ ᏴᏫ? ᎬᏩᏟᏍᏗ.
ᎠᏴᏰᏃ ᎾᏍᏉ ᏥᎢᏏᎵ, ᎡᏆᎭᎻ ᎤᏁᏢᏔᏅᏛ ᎤᏛᏆᏓᎴᏅᎯ, ᏇᏂ ᎠᏂᎳᏍᏓᎸ ᎨᎳ.
2 ᎤᏁᎳᏅᎯ ᎥᏝ ᎢᏴᏛ ᏱᏂᏚᏩᏁᎸ ᏧᏤᎵ ᏴᏫ ᎾᏍᎩ ᎦᏳᎳ ᏥᏂᏓᎦᏔᎰᎢ. ᏝᏍᎪ
ᏱᏥᎦᏔᎭ ᏂᎦᏪᏍᎬ ᎪᏪᎵ ᎾᎿ ᎢᎳᏯ ᎠᏥᏃᎮᏍᎬᎢ? ᎾᏍᎩ ᎠᏔᏲᎯᎲ ᏕᎠᏡᏗᏍᎬ
ᎢᏏᎵ ᎯᎠ ᏂᎦᏪᏍᎬᎢ,
3 ᏱᎰᏩ, ᏕᎤᏂᎸ ᏗᏣᏤᎵ ᎠᎾᏙᎴᎰᏍᎩ, ᎠᎴ ᎠᏥᎸ ᏗᎨᎳᏍᏗᏱ ᏗᏣᏤᎵ ᏚᏂᏲᏍᏔᏅ;
ᎠᎴ ᎠᏋᏒᎯᏳ ᎠᏆᎵᏃᎯᏴ, ᎠᎴ ᎠᏴ ᎬᎩᎯᏍᏗᏱ ᎤᏂᏲᎭ.
4 ᎠᏎᏃ ᎦᏙ ᎠᏗᎭ ᎤᏁᎳᏅᎯ ᎤᏬᎯᎵᏴᏍᏓᏁᎲᎢ? ᎡᏆᎵᏃᎯᏰᏗᏱ ᎾᏋᏁᎸ ᎦᎵᏉᎩ
ᎢᏯᎦᏴᎵ ᎢᏯᏂᏛ ᎠᏂᏍᎦᏯ ᎾᏍᎩ ᏂᏚᎾᎵᏂᏆᏅᏁᎸᎾ ᏇᎠᎵ.
5 ᎾᏍᎩᏯᏃ ᎾᏍᏉ ᎪᎯ ᎨᏒᎢ ᎤᎾᎵᏃᎯᏴᎯ ᎠᏁᎭ ᎾᏍᎩᏯ ᎬᏩᎦᏘᏯ ᎤᏓᏙᎵᏍᏗ ᎨᏒ
ᎤᏩᏔᏅ ᏚᏑᏰᏒᎢ.
6 ᎢᏳᏃ ᎬᏩᎦᏘᏯ ᎤᏓᏙᎵᏍᏗ ᎨᏒ ᎢᏳᏩᏂᏌᏅᎯ ᏱᎩ; ᎿᏉ ᎥᏝ ᏗᎦᎸᏫᏍᏓᏁᏗ ᎨᏒ
ᎢᏳᏩᏂᏌᏅᎯ ᏱᎩ; ᎢᏳᏃ ᎾᏍᎩ ᏱᏄᏍᏗ, ᎬᏩᎦᏘᏯ ᎤᏓᏙᎵᏍᏗ ᎨᏒ ᎥᏝ ᎿᏉ ᎬᏩᎦᏘᏯ
ᎤᏓᏙᎵᏍᏗ ᎨᏒ ᏱᎦᎩ. ᎢᏳᏩᏂᏌᏅᎯ ᏱᎩ, ᎿᏉ ᎥᏝ ᎬᏩᎦᏘᏯ ᎤᏓᏙᎵᏍᏗ ᎨᏒ
ᎢᏳᏩᏂᏌᏅᎯ ᏱᎩ; ᎢᏳᏃ ᎾᏍᎩ ᏱᏄᏍᏗ, ᏗᎦᎸᏫᏍᏓᏁᏗ ᎨᏒ ᎥᏝ ᎿᏉ ᏗᎦᎸᏫᏍᏓᏁᏗ
ᎨᏒ ᏱᎦᎩ.
7 ᎦᏙᏃ [ᏫᎬᏛᏗ ᏂᎦᎵᏍᏗᎭ?] ᎢᏏᎵ ᎥᏝ ᏳᏩᏛᎲ ᎾᏍᎩ ᏧᏲᎲᎩ; ᎨᎦᏑᏰᏛᏍᎩᏂ ᎨᏒ
ᎤᏂᏩᏛᎲ, ᎠᏂᏐᎢᏃ ᏚᏂᎫᏏᏲᏨᎩ.
8 ᎾᏍᎩᏯ ᎯᎠ ᏥᏂᎬᏅ ᏥᎪᏪᎳ, ᎤᏁᎳᏅᎯ ᏚᏁᎸ ᎠᏓᎵᏔᏗᏍᎩ ᎠᏓᏅᏙ, ᎠᎴ
ᏗᏂᎦᏙᎵ ᏗᎬᏩᏂᎪᏩᏛᏙᏗ ᏂᎨᏒᎾ, ᎠᎴ ᏗᏂᎴᏂ ᏗᎬᏩᎾᏛᎪᏙᏗ ᏂᎨᏒᎾ, ᎪᎯ ᎨᏒ ᎢᏯᏍᏗ.
9 ᎠᎴ ᏕᏫ ᎯᎠ ᏂᎦᏪᎭ, ᎠᎵᏍᏓᏴᏗᏱ ᎤᏂᏍᎩᎸ ᎤᏁᏍᎩ, ᎠᎴ ᎤᏂᏌᏛᎥᏍᎩ, ᎠᎴ
ᏧᏃᎦᎯᎯ, ᎠᎴ ᎤᏂᏍᏛᏗᏍᏙᏗ ᏫᏄᎾᎵᏍᏓᏏ;
10 ᏗᏂᎦᏙᎵ ᏫᏗᎨᎦᎵᏏᎲᏍᏓᏏ, ᎾᏍᎩ ᎤᏂᎪᏩᏛᏗᏱ ᏂᎨᏒᎾ, ᎠᎴ ᏂᎪᎯᎸ
ᏚᎾᏗᏌᏓᏕᎨᏍᏗ.
11 ᎯᎠ ᎠᏗᎾ ᏂᏥᏪᎭ, ᏥᎪ ᏚᏃᏕᎸ ᏰᎵ ᏧᏂᏅᎢᏍᏗᏱ ᎠᏰᎸᏎᎢ? ᎬᏩᏟᏍᏗ; ᎾᏍᎩᏍᎩᏂ
ᏚᏂᏅᏨ ᏄᏩᏂᏌᏅ ᎠᎵᏍᏕᎸᏙᏗ ᎨᏒ ᎤᏂᎷᏤᎸ ᏧᎾᏓᎴᏅᏛ ᏴᏫ, ᎾᏍᎩ ᎤᎾᏛᏳᎨᏗᏱ
ᎢᏳᏅᏂᏐᏗᏱ.
12 ᎢᏳᏃ ᎾᏍᎩ ᏚᏂᏅᏨ ᎤᏁᏅᎢᏍᏗᏍᎩ ᏱᎩ ᎡᎶᎯ, ᎠᎴ ᎾᏍᎩ ᎡᏍᎦ ᏄᎾᎵᏍᏓᏁᎲ
ᎤᏁᏅᎢᏍᏗᏍᎩ ᏱᎩ ᏧᎾᏓᎴᏅᏛ ᏴᏫ, ᏂᎦᎥ ᎤᎶᏒᏍᏕᏍᏗ ᎠᏂᎧᎵᏨᎭ.
13 ᏂᎯᏰᏃ ᎢᏨᏬᏁᏗᎭ ᏗᏣᏓᎴᏅᏛ ᏴᏫ, ᎤᏗᎦᎵᏍᏙᏗᎭ ᎠᏴ ᎥᎩᏅᏏᏛ ᎨᏒ ᏧᎾᏓᎴᏅᏛ
ᏴᏫ ᎦᏥᏯᎵᏥᏙᏁᏗᏱ, ᏥᎸᏉᏗᎭ ᏄᏍᏛ ᎥᏆᏒᎦᎶᏛᎢ;

14 ᎾᏍᎩ ᎢᏳᏃ ᏰᎵ ᎢᎬᏆᏛᏁᏗ ᏱᎩ, ᎾᏍᎩ ᎢᏫᏛᏂᏏᏗᏱ ᎤᎾᏟᏂᎬᏁᏗᏱ ᏓᎩᏌᏱ ᎨᏒᎢ,
ᎠᎴ ᎾᏍᎩ ᎢᎦᏛ ᎦᏥᏍᎦᏅᏗᏱ.
15 ᎢᏳᏰᏃ ᎾᏍᎩ ᎨᏥᏏᎤᎢᏍᏔᎤᎢ ᎤᏃᎯᏍᏓᏁᎯ ᏱᏂᎦᎵᏍᏗ ᎡᏩᎯ, ᎦᏙ ᎤᎵᏍᏙᏗ
ᎨᏎᏍᏗ ᎦᎨᏚᏂᏅᏨᏏ, ᏚᏂᏡᎡᏍᎩᏂ ᏚᎾᎴᎯᏌᎤ ᎨᏎᏍᏗ.
16 ᎢᏳᏰᏃ ᎢᎬᏱᏱ ᎤᎬᏫᏳᎯ ᎦᏅᏉᏗᏳ ᏱᎩ, ᏂᎦᏛ ᎾᏍᏉ [ᎦᏅᏉᏗᏳ;] ᎢᏳ ᎠᎴ
ᏚᏓᏍᏓᏅ ᎦᏅᏉᏗᏳ ᏱᎩ, ᎾᏍᎩᏯ ᎾᏍᏉ ᏚᏩᏂᎦᏅᎢ.
17 ᎢᏳᏃ ᏚᏩᏂᎦᏅ ᎢᎦᏛ ᏱᏗᎬᏂᎦᎴᎡ, ᏂᎯᏃ ᎢᏁᎨ-ᏢᎯ ᏓᎵᏩ ᏈᎬ ᎾᏓ ᏱᎾᏰᏟᏱᏢᏔᎤ,
ᎠᎴ ᎾᏍᎩᏯ ᎤᏁᎵᏍᎦᏩᏛ ᏱᏤᏔᏗᏍᏗ ᏱᏟᎵᏍᎦᏅᏗ ᏚᏓᏍᏓᏅ ᎠᎴ ᎦᎵᎪᎤ ᏓᎵᏩ
ᏈᎬᎢ;
18 ᏞᏍᏗ ᏱᏔᏢᏈ-ᎮᏢᏍᏗ ᏚᏩᏂᎦᏅᎢ. ᎢᏩᏍᎩᏂ ᏫᏢᏈᏍᎦ, ᎥᏝ ᏂᎯ ᏚᏓᏍᏓᏅ
ᏱᏗᏁᏅᎪᏍᏓᏍᎦ, ᏚᏓᏍᏓᏅᏍᎩᏂ ᏂᎯ ᎨᏟᏁᏅᎪᏍᏓᏍᎦ.
19 ᎯᎠ ᎠᏗᏁ ᎨᎵ ᎤᏫᎯᏬᏏ, ᏚᏩᏂᎦᏅ ᏚᎤᏂᎦᏅᎯᏯᎩ, ᎾᏍᎩ ᎠᏴ ᎥᏋᏱᏢᏗᏱ ᎾᏓᏂ.
20 ᎤᏙᎯᏳᎯ; ᏅᏃᎯᏳᏒᎾ ᎨᏒ ᎤᏓᏳᎵᏍᏙᏔᎤᏍᎩ ᎦᏏᏥᏂᎦᏅᎯᏍᎩ; ᎠᎴ ᏂᎯ ᏥᏙᎦ ᏦᎯᏳᏒ
ᏂᎨᏂᏏᏲ. ᏞᏍᏗᏉ ᎤᏟ ᏱᏟᏤᏅᎮᏍᏗ, ᎯᎾᏰᏍᎨᏍᏗᏍᎩᏂ;
21 ᎢᏳᏰᏃ ᎤᏁᏔᎤᎯ ᏂᎦᏎᏳᎤᎾ ᏱᎩ ᎤᏁᎯᏬ ᏚᏩᏂᎦᏅᎢ, ᏂᎯ ᎾᏍᏉ ᏂᏟᏎᏳᎤᎾᏉ
ᏱᎩ.
22 ᎾᏍᎩ ᎢᏳᏍᏗ ᏲᎦᏌᏬᏍᏓ ᎤᏓᎤᏡᏳ ᎨᏒ ᎠᎴ ᎠᏍᏓᏱᏳ ᎨᏒ ᎤᏁᏔᎤᎯ; ᎠᏍᏓᏱᏳ
ᏂᎦᎬᏁᏯ ᎾᏍᎩ Ꮎ ᏧᏂᎤᏨᎯ; ᏂᎯᏍᎩᏂ ᎤᏓᎤᏘᏳ ᎨᏒ ᏣᎾᏅᎪᎭᏎᏯᎢ; ᎢᏳᏃ
ᏱᎤᏩᏍᏗᏗ ᎦᏣᏂᏴᎡ ᎤᏓᎤᏘᏳ ᎨᏒᎢ; ᎥᏝᏰᏃ ᎾᏍᎩ ᏂᎯ ᎾᏍᏉ ᎡᏨᎾᎦᎴᏍᏗ ᎨᏎᏍᏗ.
23 ᎠᎴ ᎾᏍᎩ Ꮎ ᎾᏍᏉ, ᎢᏳᏃ ᎢᎬᏩᏍᏗᏏᏉ ᏂᎨᎡᎾ ᎢᎨᏎᏍᏗ ᏅᏃᎯᏳᏒᎾ ᎨᏒᎢ,
ᎨᏥᏱᏢᏗ ᎨᏎᏍᏗ; ᎤᏁᏔᎤᎯᏰᏃ ᏰᎵᏉ ᏔᎵᏁ ᏗᎬᏩᏱᏢᏗ.
24 ᎢᏳᏰᏃ ᏂᎯ ᎢᏁᎨ ᎡᎯᏯ ᏓᎵᏩ ᏈᎬᏨᏱᏢᎤᎯ ᏱᎩ, ᎠᎴ ᎾᏓ ᏢᎯᏯ ᏂᎨᎡᎾ ᎨᎡ
ᏓᏍᏛ ᏓᏍᏛ ᏓᎵᏩ ᏈᎬ ᏰᏨᏱᏢᎤ, ᎤᏟᎯᏩᏍᎩᏂ ᎠᎯᏗᏳ ᎾᏍᎩ Ꮎ ᎾᏓ ᎠᏁᎯᏯ
ᏥᎩ, ᎨᏥᏱᏢᏗ ᎾᏓ ᎤᎤᎡ ᎤᎾᏤᎵᎦᏯ ᏓᎵᏩ ᏈᎬᎢ.
25 ᎥᏝᏰᏃ ᏯᏆᎦᎵ, ᎢᏓᎵᎤᏟ, ᏂᏥᎦᏔᎿᎾᏉ ᎢᏳᎵᏍᏙᏗᏱ ᎯᎠ ᎾᏍᎩ ᎤᎦᎵᏫ ᎨᏒᎢ,
(ᎢᏥᎦᏔᎾᎢᏉᏰᏃ ᏱᎤᏟᎵᏍᏓ ᎢᏨᎡ ᎢᏟᏓᎤᏑᏍᏈᎢ,) ᎾᏍᎩ ᎠᏗᏏᏲᎢᏍᏗ ᎨᏒ ᎤᏂᎹᏤᏅ
ᎢᎦᏫ ᎢᏏᎵ, ᎬᏂ ᎤᏂᏟᏗ ᎨᏒ ᏧᎾᏓᎴᎤᏫ ᏇᎧ ᎤᏂᏰᏅᎯ ᎨᏎᏍᏗ,
26 ᎾᏍᎩᏃ ᎤᏓᎦᎵᏍᏔᏂ ᏂᎦᏗᏳ ᎢᏏᎵ ᎨᏥᏍᎦᏅᏗ ᎨᏎᏍᏗ; ᎾᏍᎩᏯ ᎯᎠ ᏥᏂᎬᎤ
ᏥᎪᏬᏔ, ᏌᏫᏂ ᎤᏓᏳᏓᎴᎤᎯ ᏓᎦᎹᏥ ᏗᏗᏓᎴᏍᎩ, ᎠᎴ ᎢᏴᏫ ᎤᏓᎬᏁᎵ ᎤᏁᏔᎤᎯ
ᏅᏂᏅᏉᏫᎾ ᎨᏒ ᎢᎦᏈ ᎤᏬᏯᎢ.
27 ᎯᎠᏰᏃ ᎾᏍᎩ ᏅᏍᏗ ᎣᏃᏢᏫ ᎦᎦᏥᏯᏌᎢᏍᏓᏁᏅᎢ, ᎾᎯᏳ ᏚᏥᎥᎡᏗ ᏂᎦᎵᏍᏔᎤᏏ
ᎤᏂᏍᎦᎤᏨᎢ.

28 ᎣᏍᏛᏃ ᎧᏃᎮᏛ ᎤᎬᏩᎵ ᎨᏒᎢ, ᎨᏥᏍᎦᎩ ᏄᎾᎵᏍᏔᏅ ᏂᎯ ᎨᏒ ᎤᏗᎦᎵᏍᏙᏗᎭ;
ᏓᏑᏰᏍᎬᏍᎩᏂ ᎤᎬᏩᎵ, ᎨᏥᎨᏳᎭ ᎠᏂᎦᏴᎵᎨ ᎨᏒ ᎤᏗᎦᎵᏍᏙᏗᎭ.
29 ᎤᏁᎳᏅᎯᏰᏃ ᎤᏓᏁᏗ ᎨᏒ ᎠᎴ ᎤᏓᏯᏅᏗ ᎨᏒ ᏝᏉ ᎤᏰᎸᏗ ᏂᎨᏒᎾ ᎨᏐᎢ.
30 ᏂᎯᏰᏃ ᏧᏩᎫᏔᏅᏒ ᏁᏦᎢᏳᏒᎾ ᏥᎨᏒᎩ ᎤᏁᎳᏅᎯ, ᎠᏎᏃ ᎪᎯ ᎡᏥᏙᎵᏨᎯ ᎢᎩ
ᎤᏗᎦᎵᏍᏙᏗᎭ ᎾᏍᎩ ᏄᏃᎯᏳᏒᎾ ᎨᏒᎢ;
31 ᎾᏍᎩᏯ ᎾᏍᏉ ᎾᏍᎩ ᎯᎠ ᎪᎯ ᎨᏒ ᎥᏝ ᏳᏃᎯᏳᏅ, ᎾᏍᎩ ᎤᏓᏙᎵᏍᏗ ᎨᏒ ᎢᏣᏤᎵ
ᎢᏳᏩᏂᏐᏗᏱ ᎾᏍᎩ ᎾᏍᏉ ᎨᏥᏙᎵᏍᏗ ᎢᏳᎵᏍᏙᏗᏱ.
32 ᎤᏁᎳᏅᎯᏰᏃ ᏚᏬᎪᏔᏅ ᏂᎦᏗᏳ ᏄᏃᎯᏳᏒᎾ ᎨᏒᎢ, ᎾᏍᎩ ᏂᎦᏗᏳ ᏧᏪᏙᎵᏍᏗ
ᎢᏳᎵᏍᏙᏗᏱ.
33 ᎾᏎᏫᏂᏴ ᎤᏟᏔᏅᎯ ᎠᎦᏙᏌᏂᏳ ᎨᏒ ᎠᎴ ᎠᎦᏔᎾᎢᏳ ᎨᏒ ᎤᏁᎳᏅᎯ! ᎾᏕᎥᏉ
ᎬᎪᎵᏰᏗ ᏂᎨᏒᎾ ᏄᏍᏛ ᎦᎫᎪᏗᏍᎬᎢ, ᎠᎴ ᎤᏪᏓᏍᏗᏱ ᎨᏒ ᏕᎪᎷᏩᏛᏗ ᏂᎨᏒᎾ!
34 ᎦᎪᏰᏃ ᎤᎦᏙᎥᏐ ᏄᏍᏛ ᎤᏓᏅᏛ ᏱᎰᏩ? ᎠᎴ ᎦᎪ ᎤᎾᏏᏉᎶᏃ ᎤᎾᏓᏅᏏᎶᎢ?
35 ᎠᎴ ᎦᎪ ᏕᏓᎴᏅᏔᏅ ᎤᏁᎸ, ᎠᎴ ᏔᎵᏁ ᏛᎠᎦᎫᏴᎡᎵ?
36 ᎾᏍᎩᏰᏃ ᎨᏒ ᎤᏓᏳᏓᎴᏅᎯ ᏂᎦᏗᏳ ᏧᏓᎴᏅᏛ, ᎠᎴ ᎾᏍᎩ ᎢᏳᏩᏂᏌᏛ, ᎠᎴ ᎾᏍᎩ
ᎤᎬᏩᎳ; [ᎠᎴ] ᎾᏍᎩ ᎦᎸᏉᏙᏗ ᎨᏎᏍᏗ ᏂᎪᎯᎸᎢ. ᎡᎺᏅ.

ᎠᏯᏙᎸᎢ 12

1 ᎾᏍᎩ ᎢᏳᏍᏗ, ᎢᏓᎵᏅᏟ, ᎢᏨᏍᏗᏰᏗᎭ ᎤᏁᎳᏅᎯ ᎤᏓᏙᎵᏣᏗᏳ ᎨᏒ ᎢᏳᏍᏗ, ᎾᏍᎩ
ᏗᏥᏰᎸ ᏗᏣᎵᏍᎪᎸᏙᏗᏱ ᎬᏃᏛ ᎠᏥᎸ ᎨᎳᏍᏗ, ᎪᎱᏍᏗ ᏄᏍᏛᎾ, ᏗᎬᏩᏓᏂᎸᎢᏍᏗ
ᎤᏁᎳᏅᎯ, ᏕᏣᏓᏅᏛ ᎬᏗ ᎪᎱᏍᏗ ᎡᏣᏛᏁᎲᎢ.
2 ᎠᎴ ᏞᏍᏗ ᎡᎶᎯ ᎠᏂᎮ ᏄᎾᏍᏛ ᏱᏂᏨᏍᏕᏍᏗ; ᏗᏣᏓᏁᏟᏴᏛᏍᎩᏂ ᎨᏎᏍᏗ ᏗᏤ
ᎢᏗᎬᏁᎸᎯ ᎨᏒ ᏕᏣᏓᏅᏛᎢ, ᎾᏍᎩ ᎨᏥᎪᎵᏰᏗ ᎢᏳᎵᏍᏙᏗᏱ ᏄᏍᏛ ᎤᏚᎵᏍᎬ ᎤᏁᎳᏅᎯ,
ᎾᏍᎩ ᎣᏍᏛ ᎨᏒᎢ, ᎠᎴ ᏗᎬᏩᏓᏂᎸᎢᏍᏗ ᎨᏒᎢ, ᎠᎴ ᎠᎧᎵᎢ ᎨᏒᎢ.
3 ᎬᏩᏕᏗᏯᏰᏃ ᎤᏓᏙᎵᏍᏗ ᎨᏒ ᎬᏗᏍᎬ, ᎾᏍᎩ ᎥᎩᏁᎸᎯ ᏥᎩ, ᎯᎠ ᏂᏕᏥᏪᏎᎭ ᎾᏂᎥᏉ
ᏥᎨᏣᏓᏑᏯ; ᏞᏍᏗᏉ ᏯᏂᎶᏒᏍᏗᏍᎨᏍᏗ ᎠᎾᏓᏅᏖᏍᎬ ᎾᏍᎩ ᏥᏚᏳᎪᏗ ᎤᎾᏓᏅᏖᏗᏱ,
ᎤᎾᎵᏏᎾᎯᏍᏗᏍᎩᏂ ᎨᏎᏍᏗ ᎠᎾᏓᏅᏖᏍᎬᎢ, ᎾᏍᎩᏯ ᏄᏍᏛ ᎪᎯᏳᏗ ᎨᏒ ᎤᏁᎳᏅᎯ
ᏚᏟᎶᏒᎸ ᎠᏂᏏᏴᏫᎭᎢ.
4 ᎤᏣᏗᏰᏃ ᏥᏕᏕᎯᏞᏫᏒ ᏌᏉ ᎠᏰᎸ ᎨᏒᎢ, ᎠᎴ ᎾᏕᏛ ᏕᏕᎯᏞᏫᏒ ᎤᏠᏱ ᏂᎨᏒᎾ ᏥᎩ
ᎪᎱᏍᏗ ᎬᏔᏂᏓᏍᏗ ᎨᏒᎢ;
5 ᎾᏍᎩᏯ ᎾᏍᏉ ᎠᏴ, ᎢᎩᏣᏗ ᏥᎩ, ᏌᏉᏉ ᎠᏰᎸ ᏂᏓᎵᏍᏗᎭ ᏕᎶᏁᏛ ᏕᏓᏁᎶᏛᎢ, ᎠᎴ
ᏂᏗᎥ ᎢᏗᏏᏴᏫᎭ ᎢᏕᏚᏓᏕᏫᏒ.
6 ᎾᏍᎩᏃ ᏧᏓᎴᎿᎢ ᎡᎩᏁᎸᏅᎯ ᏥᎩ ᎾᏍᎩᏯ ᎬᏩᏕᏗᏯ ᎤᏓᏙᎵᏍᏗ ᎨᏒ ᎢᎩᏁᎸᎢ, ᎢᏳᏃ
ᎠᏙᎴᎰᎯᏍᏗ ᏱᎩ, ᎾᏍᎩᏯ ᎪᎯᏳᏗ ᎨᏒ ᎡᏕᏟᎶᏒᎸ ᎢᏛᏗᏍᎨᏍᏗ [ᎢᏓᏙᎴᎰᏍᎨᏍᏗ;]
7 ᎢᏳ ᎠᎴ ᎢᏗᏯᏙᎯᎮᏍᏗ, ᎢᏗᏯᏙᎯᎲᏉ ᏕᎩᎸᏫᏍᏓᏁᎮᏍᏗ; ᎠᎴ ᎩᎶ ᏓᏕᏲᎲᏍᎨᏍᏗ,
ᏗᏕᏲᏗᏉ ᎨᏒ ᏚᎸᏫᏍᏓᏁᎮᏍᏗ;
8 ᎠᎴ ᎩᎶ ᏗᏕᏌᏁ-ᏗᏍᎩ ᎨᏎᏍᏗ, ᏗᏕᏌᏁᏙᏗᏉ ᎨᏒ ᏚᎸᏫᏍᏓᏁᎮᏍᏗ; ᎠᎴ ᎩᎶ
ᏓᏯᏙᎮᎮᏍᏗ, ᏄᎨᏩᎲᏍᎬᎾ ᎾᏍᎩ ᎾᏛᏁᎮᏍᏗ; ᎩᎶ ᏣᏕᏁᎶᏗ ᎨᏎᏍᏗ, ᎣᏍᏛ
ᎤᏕᏌᏯᏍᏗ ᎨᏎᏍᏗ; ᎩᎶ ᎠᏓᏙᎵᎨᏍᏗ, ᎤᎧᎵᏍᏗ ᎤᏓᏅᏛ ᎾᏍᎩ ᎾᏛᏁᎮᏍᏗ.
9 ᎠᏓᎨᏳᏗ ᎨᏒ ᏄᏠᎾᏍᏛᎾ ᎨᏎᏍᏗ. ᎢᏥᏂᏆᏗᎮᏍᏗ Ꮎ ᎤᏲ ᎨᏒᎢ; ᏕᏥᏂᏴᏎᏍᏗ ᎣᏍᏛ
ᎨᏒᎢ.
10 ᎠᎾᎵᏅᏟ ᏧᎾᏓᎨᏳᏗ ᎨᏒ ᎬᏗ ᎣᏍᏛ ᏕᏣᏓᎨᏳᏎᏍᏗ; ᏗᏓᎸᏉᏙᏗ ᎨᏒ ᎢᏨᏗᏍᎬ
ᏕᏣᏓᎬᏫᏳᏗᏍᎨᏍᏗ.
11 ᏕᏥᎸᏫᏍᏓᏁᎲ ᏞᏍᏗ ᎢᏣᏓᎸᎸᏗ ᏱᎨᏎᏍᏗ; ᎤᎵᏂᎩᏛ ᏕᏣᏓᏅᏖᏍᏗ; ᎪᎱᏍᏗ
ᎡᏣᏛᏁᎮᏍᏗ ᎤᎬᏫᏳᎯ.
12 ᎤᏚᎩ ᎢᏨᏒ ᎢᏣᎵᎮᎵᎨᏍᏗ; ᏗᏨᏂᏗᏳ ᎨᏎᏍᏗ ᎢᏥᎩᎵᏲᎬᎢ; ᎢᏣᏓᏙᎵᏍᏗᏍᎨᏍᏗ
ᏂᎪᎯᎸᎢ;
13 ᎤᎾᏓᏅᏗ ᎤᏂᏂᎬᏎᎲ ᏕᏥᏯᏙᎮᎮᏍᏗ; ᎢᏥᏕᎵᏱᏳ ᎨᏎᏍᏗ ᏗᏣᏓᏍᏆᏂᎪᏙᏗᏱ.
14 ᎣᏍᏛ ᏕᏥᏁᏤᎮᏍᏗ ᎤᏲ ᎢᎨᏨᎿᏕᎩ; ᎣᏍᏛᏉ ᏕᏥᏁᏤᎮᏍᏗ, ᎠᎴ ᏞᏍᏗ
ᏱᏗᏥᏍᎩᏅᏗᏍᎨᏍᏗ.

15 ᎾᏍᎩ Ꮎ ᎠᎾᎵᏢᎵᎩ ᎢᏧᎳᎭ ᎢᏣᎵᏢᎵᎨᏍᏗ, ᎠᎴ ᎾᏍᎩ Ꮎ ᏗᎾᏌᏱᎯ ᎢᏧᎳᎭ
ᏕᏣᏌᏱᏢᏍᏗ.
16 ᎤᏌᏱᎭᏤ ᎨᏎᏍᏗ ᏕᏣᏝᏝᎤᏏᏍᎬᎢ. ᏓᏍᏗ ᏱᏣᎦᏌᏇᏍᏕᏍᏗ ᎪᎱᏍᏗ ᎦᏄᏤᏗ ᎨᏒᎢ,
ᏕᏉᎳᏗᏙᏢᏍᏗᏍᎩᏂ ᎤᎾᏝᏙᎵᏍᏗ. ᏓᏍᏗ ᎢᏥᏕᎳᎾᎢ ᏱᏣᏝᏰᏄᏎᏍᏗ.
17 ᎤᏠᎤ ᏂᏨᏁᏢᏍᏗ ᎩᎶ ᏓᏍᏗ ᏱᏣᏓᎨᏍᏗ ᎤᏠᎤ ᏱᏁᏨᏁᏢᏍᏗ. ᎢᎬᏱ
ᏂᏣᏝᎤᏏᏍᎨᏍᏗ ᎣᏍᏛ ᎢᏣᏛᏁᎵᏝᏍᏗ ᎨᏒ ᏂᏕᏛ ᎠᏂᏕᎳᎲᎢ.
18 ᎢᏳᏃ ᏰᎵ ᎨᏎᏍᏗ ᏂᏕᎥ ᎢᎨᏣᏛᏁᏗ ᎨᏒ ᎢᏣᏨᏂᎬᏁᏢᏍᏗ ᏙᎯᏳ ᎢᏣᏕᏗᏱ ᎾᏂᎥ ᏴᏫ.
19 ᎢᏨᎨᏳᎢ, ᏓᏍᏗ ᏱᏣᏓᎨᏍᏗ, ᎢᏥᎳᎤᏝᏕᏢᏍᏗᏍᎩᏂ ᎤᎳᎳᏬᎯᏍᏗ ᎨᏒᎢ; ᎯᎠᏰᏃ
ᏂᎬᎤ ᎪᏪᎳ, ᎠᏓᎢᏍᏗ ᎨᏒ ᎠᏴ ᎠᏆᏉᎵᏕ; ᎠᏴ ᏝᏕᏗᏴᎯ, ᎠᏗᎭ ᏱᏥᏳ.
20 ᎾᏍᎩ ᎢᏳᏍᏗ, ᎢᏳᏃ ᏩᏍᏕᎩ ᎠᎪᏄ ᎤᏲᏏᏍᎨᏍᏗ, ᎯᏰᎶᏢᏍᏗ; ᎢᏳᏃ
ᎤᎳᏕᎩᏍᎨᏍᏗ, ᎯᎤᎥᏍᎨᏍᏗ; ᎾᏍᎩᏰᏃ ᏞᏛᏁᎲ ᏥᏃᏍᏕ ᏧᏥᏍᏟ ᏕᎯᏊᏍᎨᏍᏗ
ᎠᏍᎪᎵ.
21 ᏓᏍᏗ ᎤᏠᎤ ᏁᏨᏁᏄ ᏱᏣᏝᎵᏁᎯᏕᎴᏍᏗ, ᎤᏠᎤᏍᎩᏂ ᏁᏨᏁᏄ ᎯᏇᏝᎵᏁᎯᏕᏢᏍᏗ
ᎣᏍᏛ ᏞᏛᏁᎲᎢ.

ᎠᏯᏙᎸᎢ 13

1 ᎾᏂᎥᏉ ᏚᏃᎯᏳᏎᏍᏗ ᎠᏰᎵ ᏕᎪᎵᏩᏗᏒᎢ. ᎥᏝᏰᏃ ᎠᏰᎵ ᏳᏙᎵᎭ ᎤᏁᎳᏅᎯ
ᎤᏓᏳᏓᎴᏅᎯ ᏂᎨᏒᎾ; ᎠᏰᎵ ᏥᏕᎪᎵᎭ ᎤᏁᎳᏅᎯ ᎤᏓᏅᏖᎸᎯ ᏗᎪᎵᏅᎯ.
2 ᎾᏍᎩ ᎢᏳᏍᏗ ᎩᎶ ᏓᏕᏘᎴᎨᏍᏗ ᎠᏰᎵ ᎪᎵᏒᎢ, ᏓᏕᏘᎴᎨᏍᏗ ᎤᏁᎳᏅᎯ ᎤᏓᏅᏖᎸᎯ
ᎪᎵᏅᎯ ᎨᏒᎢ; ᎾᏍᎩᏃ ᏗᏂᏕᏘᎴᎩ ᏧᎾᏚᎪᏓᏁᏗᏱ ᎠᏂᏩᏛᏗᏍᎨᏍᏗ.
3 ᏄᏂᎬᏫᏳᏌᏕᏱᏰᏃ ᎥᏝ ᏗᏕᎾᏰᎯᏍᏗ ᏱᎩ ᎣᏍᏛ ᏱᏙᎸᏫᏍᏓᏁᎭ, ᎤᏲᏍᎩᏂ
ᏱᏙᎸᏫᏍᏓᏁᎭ. ᏣᏚᎵᏍᎪᏃ ᏣᎾᏰᎯᏍᏗᏱ ᏂᎨᏒᎾ ᎠᏰᎵ ᎪᎵᏒᎢ? ᎣᏍᏛ ᏁᏛᏁᎮᏍᏗ,
ᎾᏍᎩᏃ ᏣᎸᏉᏙᏗ ᎨᏎᏍᏗ.
4 ᎾᏍᎩᏰᏃ [ᏄᎬᏫᏳᏌᏕᎩ] ᎤᏁᎳᏅᎯ ᎤᏅᏏᏓᏍᏗ ᏂᎯ ᎣᏍᏛ ᎢᏣᎵᏍᏓᏁᏗ
ᏧᎸᏫᏍᏓᏁᎯ. ᎢᏳᏍᎩᏂ ᎤᏲᏉ ᏙᏣᎸᏫᏍᏓᏁᎮᏍᏗ, ᎯᏍᎦᎢᎮᏍᏗ-ᎦᎤᎯᏛ;
ᎤᏁᎳᏅᎯᏰᏃ ᎤᏅᏏᏓᏍᏗ ᎾᏍᎩ, ᎤᏓᎩ, ᎠᏍᏛᏗᏍᏗᏍᎩ ᎾᏍᎩ ᎾᏅᏲ ᏧᎸᏫᏍᏓᏁᎯ.
5 ᎾᏍᎩ ᎢᏳᏍᏗ ᎠᏎ ᎢᏦᎯᏳᏗ ᎨᏎᏍᏗ, ᎥᏝ ᎤᏓᏍᏛᏗᏍᏗᏉ ᎨᏒ ᎢᏳᏍᏗ, ᏦᏓᏅᏛᏍᎩᏂ
ᎾᏍᏉ ᎣᏎᎮᎲ ᎢᏳᏍᏗ.
6 ᎾᏍᎩ ᎾᏍᏉ ᎤᏗᏕᎵᏍᏙᏗᏍᎨᏍᏗ ᎠᏰᎵ ᎠᎫᏴᏗ ᎨᏒ ᎢᏣᎫᏱᏍᎨᏍᏗ; ᎤᏁᎳᏅᎯᏰᏃ
ᏧᏅᏏᏓᏍᏗ ᎾᏍᎩ, ᏚᏂᎸᏫᏍᏓᏁᎭ ᏂᎪᎯᎸ ᎾᏍᎩ ᎯᎠ.
7 ᎾᏍᎩ ᎢᏳᏍᏗ ᏂᎦᏗᏳ ᏗᎫᏴᎡᏗ ᎨᏒ ᏕᏣᎫᏴᎡᎮᏍᏗ; ᎠᏰᎵ ᎡᏣᎫᏴᎡᏗ ᎨᏒ ᎠᏰᎵ
ᎡᏣᎫᏴᎡᎮᏍᏗ; ᎢᏥᏃᏔᏅᏗᏱ ᎢᏣᎵᏍᎪᎸᏓᏁᎸ ᎡᏣᎫᏴᎡᏗ ᎨᏒ ᎡᏣᎫᏴᎡᎮᏍᏗ; ᎾᏍᎩ
ᎡᏥᎾᏰᎢᏍᏗ ᎨᏒ ᎾᏍᎩ Ꮎ ᎡᏥᎾᏰᏍᎨᏍᏗ; ᎾᏍᎩ ᎡᏥᎸᏉᏙᏗ ᎨᏒ ᎾᏍᎩ Ꮎ
ᎡᏥᎸᏉᏕᏍᏗ.
8 ᏞᏍᏗ ᎩᎶ ᏱᏥᏚᎨᏍᏗ ᎪᎱᏍᏗ, ᏗᏣᏓᎨᏳᏗᏱ ᎤᏩᏒ; ᎩᎶᏰᏃ ᎤᏩᏓᎴ ᏳᎨᏳᎭ ᎤᎧᎵᎸ
ᏗᎧᎿᏩᏛᏍᏗ ᏂᎦᏪᏍᎬᎢ.
9 ᎯᎠᏰᏃ ᎾᏍᎩ [ᏗᎧᎿᏩᏛᏍᏗ,] ᏞᏍᏗ ᏣᏓᏲᏁᎸᎩ, ᏞᏍᏗ ᏣᏓᎸᎩ, ᏞᏍᏗ ᏣᏃᏍᎩᏒᎩ,
ᏞᏍᏗ ᎦᏰᎪᎩ ᏣᏃᎮᎸᎩ, ᏞᏍᏗ ᎪᎱᏍᏗ ᏱᏣᎬᎥᏍᎨᏍᏗ, ᎠᎴ ᏂᎦᎥ ᎤᏩᏓᎴ ᏗᎧᎿᏩᏛᏍᏗ,
ᎯᎠᏉ ᎢᎦᏪᏛ ᏥᎩ ᎾᎿ ᎠᏙᏣᎸᏍᎦ ᎤᏍᏆᏓ ᎧᏁᎢᏍᏗ ᎨᏒᎢ, ᏨᏒ ᏂᏣᏓᎨᏳᏒ ᎾᏍᎩᏯ
ᏂᎨᏳᏎᏍᏗ ᎾᎥ ᎢᏗᏍᏓᏓᎳ.
10 ᎠᏓᎨᏳᏗ ᎨᏒ ᎥᏝ ᎤᏲ ᏱᏄᏩᏁᎰ ᎾᎥ ᎢᏳᎾᏓᎳ; ᎾᏍᎩ ᎢᏳᏍᏗ ᎠᏓᎨᏳᏗ ᎨᏒ ᎠᎧᎵᎢᎭ
ᏗᎧᎿᏩᏛᏍᏗ ᏂᎦᏪᏍᎬᎢ.
11 ᎠᎴ ᎾᏍᎩ, ᏥᏗᎦᏔᎭ ᎢᏴᏛ ᎠᎵᏱᎵᏒᎢ, ᎾᏍᎩ ᎾᎯᏳ ᎠᏰᎢᏍᏗᏱ ᎢᏗᎵᎲ ᎿᏉ
ᎤᎵᏰᎢᎶᎸ; ᎪᎯᏰᏃ ᎡᎩᏍᏕᎸᏗᏱ ᎨᏒ ᎤᏟ ᎾᎥᏂᏳ ᎠᏃ ᎢᎬᏱᏱ ᏗᎪᎯᏳᏅᎢ.
12 ᎡᏃᏱ ᎠᏍᏆᎶᎦ, ᎿᏉ ᎤᎩᏨᏂᏗ; ᎾᏍᎩ ᎢᏳᏍᏗ ᎢᏴᏛ ᏂᏛᏕ ᎤᎵᏏᎬ ᏗᏕᎸᏫᏍᏓᏁᏗ
ᎨᏒᎢ, ᎠᎴ ᎢᏓᏄᏬᏍᏓ ᎠᎵᏍᎦᏍᏙᏙ ᎢᎦ-ᎦᏛ ᎡᎯ.

13 ᏚᏳᎪᏛ ᎨᏎᏍᏗ ᎢᎦᎲᎢ, ᎢᎦ ᏂᎨᏐ ᎾᏍᎩᏯᎢ; ᎥᏝᏍᏗᏃ ᎠᎵᏍᎦᎾᏩᏍᏗ ᎨᏒᎢ, ᎠᎴ
ᎤᏓᏴᏍᎦᏍᏗ ᎨᏒᎢ, ᎠᎴ ᎤᎦᎵᏛ ᏗᏂᏏᏗ ᎨᏒᎢ, ᎠᎴ Ꮓ-ᎵᏏᎾᎯᏍᏛᎾ ᎠᎴᏂᏓᏍᏗ ᎨᏒᎢ,
ᎥᏞᏍᏗᏃ ᎠᏗᎡᏍᏗ ᎨᏒᎢ ᎠᎴ ᏗᏓᏛᏳᏙᏗ ᎨᏒᎢ.
14 ᎤᎬᏫᏳᎯᏍᎩᏂ ᏥᏌ ᎦᎶᏁᏛ ᎡᏣᏄᏬᏍᏓ, ᎠᎴ ᏞᏍᏗ ᏱᏣᏛᎤᎢᏍᏓᏁᎴᏍᏗ ᎤᏇᏓᎵ
ᎨᏒᎢ, ᎾᏍᎩ ᎤᎬᎥᏍᎬ ᎢᏣᏛᏁᏗᏱ.

ᎠᏯᏙᎸᎢ 14

1 ᎩᎶ ᏩᎾᎦᎳ ᎨᏎᏍᏗ ᎤᏬᎯᏳᏒᎢ ᏕᏣᏓᏂᎸᎨᏍᏗ, ᎢᏝ ᎠᏗᎾ ᏗᏧᎪᏙᏗᏱᏉ ᏄᏍᏛ
ᎠᏓᏅᏖᏍᎬᎢ.
2 ᎠᏏᏴᏫ ᏂᎦᎥᏉ ᎪᎱᏍᏗ ᎬᏩᎵᏍᏓᏴᏙᏗ ᎨᏒ ᎤᏬᎯᏳᎭᎢ; ᎩᎶᏃ ᎠᏩᎾᎦᎳ ᎠᏛᏒᎥᏍᎩᏉ
ᎠᎵᏍᏓᏴᏗᏍᎪᎢ.
3 ᏞᏍᏗ ᎾᏍᎩ Ꮎ ᎠᎵᏍᏓᏴᎲᏍᎩ ᎤᎵᏌᎵᏉ ᏳᏰᎸᏁᏍᏗ Ꮎ ᎾᎵᏍᏓᏴᎲᏍᎬᎾ; ᎠᎴ
ᏞᏍᏗ ᎾᏍᎩ Ꮎ ᎾᎵᏍᏓᏴᎲᏍᎬᎾ ᏱᏚᏭᎪᏓᏁᎴᏍᏗ Ꮎ ᎠᎴᏍᏓᏴᎲᏍᎩ; ᎤᏁᎳᏅᎯᏰᏃ
ᏚᏓᏂᎸᏨ.
4 ᎦᎪ ᏂᎯ ᏥᏕᎯᏳᎪᏓᏁ ᎤᏩᏓᎴ ᎤᏅᏏᏓᏍᏗ? ᎤᏩᏒᏉ ᎤᏅᏏᏙᎯ ᎤᎵᏍᎦᏍᏙᏗ ᎦᏙᎬ
ᎠᎴ ᎦᏅᎬᎢ. ᎥᎥ, ᎠᏥᏲᏍᏙᏓᏁᏗ ᎨᏎᏍᏗ ᎤᏅᎢᏍᏗᏱ; ᎤᏁᎳᏅᎯᏰᏃ ᏰᎵᏉ ᎤᎴᏗᏱ
ᎢᎬᏩᏁᏗ.
5 ᎩᎶ ᎸᎸᏉᏙ ᎪᎱᏍᏗ ᎤᏍᏗ ᎢᎦ ᎡᏍᎦᏉ ᎤᏩᏓᎴ ᎢᎦ; ᎩᎶᏃ ᏂᎦᎥᏉ ᎢᎦ ᏕᎸᏉᏙᎢ.
ᎾᏂᎥ ᎩᎶ ᎠᏭᎵᎢ ᎤᏃᎯᏳᏎᏍᏗ ᎤᏅᏒ ᏙᏧᎾᏓᏅᏛᎢ.
6 ᎩᎶ ᏧᎸᏉᏙ ᎢᎦ ᎤᎬᏫᏳᎯ ᏕᎸᏉᏓᏁᎰᎢ; ᎩᎶᏃ ᎸᎸᏉᏛᎾ ᏥᎨᎭ ᎢᎦ, ᎤᎬᏫᏳᎯ
ᏕᎸᏉᏗᏍᎪ ᎸᎸᏉᏛᎾ ᎨᏒᎢ. ᎩᎶ ᏣᎵᏍᏓᏴᎲᏍᎪᎢ, ᎤᎬᏫᏳᎯ ᎠᎵᏍᏓᏴᎾᏁᎰᎢ;
ᎤᏁᎳᏅᎯᏰᏃ ᎠᎵᎮᎵᏤᎰᎢ; ᎠᎴ ᎩᎶ ᎾᎵᏍᏓᏴᎲᏍᎬᎾ ᏥᎨᎭᎢ, ᎤᎬᏫᏳᎯ ᏕᎸᏉᏙᏗᏍᎪ
ᎾᎵᏍᏓᏴᎲᏍᎬᎾ ᎨᏒᎢ, ᎠᎴ ᎤᏁᎳᏅᎯ ᎠᎵᎮᎵᏤᎰᎢ.
7 ᎥᏝᏰᏃ ᎩᎶ ᎢᎦᏁᎳᎩᏯ ᏱᎩ ᎢᎦᎲᎢ, ᎥᏝ ᎠᎴ ᎩᎶ ᎤᏁᎳᎩᏯ ᏱᎩ ᎠᏲᎱᏍᎬᎢ.
8 ᎢᏳᏰᏃ ᏱᏓᎴᏂᏙᎭ, ᎤᎬᏫᏳᎯ ᎡᏓᎴᏂᏍᎦᎭ; ᎠᎴ ᎢᏳ ᏱᏗᏗᏲᎱᏍᎦ, ᎤᎬᏫᏳᎯ
ᎡᏗᏲᎱᎯᏎᎭ; ᎾᏍᎩᏃ ᎢᏳᏍᏗ ᎢᏳᏃ ᏱᏓᎴᏂᏙᎭ, ᎠᎴ ᏱᏗᏗᏲᎱᏍᎦ, ᎤᎬᏫᏳᎯ ᎡᏓᏤᎵᎦ.
9 ᎾᏍᎩᏰᏃ ᎯᎠ ᎤᎬᏩᎴ ᎦᎶᏁᏛ ᏧᏲᎱᏎᎢ, ᎠᎴ ᏥᏚᎴᎯᏌᏁᎢ, ᎠᎴ ᏧᏩᏃᏎᎢ, ᎾᏍᎩ
ᎤᎬᏫᏳᎯ ᎢᏳᎵᏍᏙᏗᏱ ᏧᏂᏲᎱᏒᎯ ᎠᎴ ᎾᏍᏉ ᏗᏅᏃᏛ ᎤᎾᏤᎵᎦ.
10 ᎠᎴ ᏂᎯ, ᎪᏙᏃ ᏙᎯᏳᎪᏓᏁᎭ ᎢᏍᏓᎵᏅᏟ? ᎠᎴ ᏂᎯ ᎾᏍᏉ, ᎦᏙᏃ ᎤᎵᏌᎵᏉ
ᎢᎯᏰᎸᏍᎦ ᎢᏍᏓᎵᏅᏟ? ᏂᎦᏗᏳᏰᏃ ᎢᎬᏱᏗᎵ ᏫᎦᎴᏗ ᎨᏎᏍᏗ ᎦᎶᏁᏛ ᏧᏭᎪᏗᏱ
ᎤᏪᏍᎩᎸᎢ.
11 ᎯᎠᏰᏃ ᏂᎬᏅ ᎪᏪᎳ, ᎨᎥ ᏄᏙᎯᏳᏒᎢ, ᎠᏗᎭ ᏱᎰᏩ, ᏂᎦᏗᏳ ᏙᏓᎬᏆᎵᏂᏆᏅᏁᎵ ᎠᏴ,
ᎠᎴ ᏂᎦᏗᏳ ᎬᏂᎨᏒ ᎤᏓᎬᏩᏁᎵ ᎤᏁᎳᏅᎯ.
12 ᎾᏍᎩᏃ ᏥᏄᏍᏗ ᏂᏗᎥ ᎢᏗᏏᏴᏫᎭ ᎨᏒ ᎬᏂᎨᏒ ᎢᏰᏛᏁᏗ ᎨᏎᏍᏗ ᎤᏁᎳᏅᎯ
ᏂᎦᏛᏁᎵᏙᎸᎢ.
13 ᎾᏍᎩ ᎢᏳᏍᏗ ᏞᏍᏗ ᎪᎯ ᎢᏳᏓᎴᏅᏛ ᏱᏗᏓᏓᏚᎪᏓᏁᎵᏍᏗ; ᎯᎠᏍᎩᏂ ᎤᎬᏫᏳᏎᏍᏗ
ᏕᏧᎪᏗᏍᎨᏍᏗ, ᎾᏍᎩ ᎠᏓᏙᎦᏍᏗᏍᎩ ᎠᎴ ᎤᏍᎵᏂᏍᏗᏍᎩ ᎢᏥᏗᏱ ᏂᎨᏒᎾ ᎢᏣᎵᏅᏟ
ᎤᏩᎯᏍᏗᏱ.

14 ᏥᎦᏔᎭ, ᎠᎴ ᎠᏉᎯᏳᏗ ᎾᏋᏁᎸ ᎤᎬᏫᏳᎯ ᏥᏌ, ᎾᏍᎩ ᎪᎱᏍᏗ ᎤᏩᏒᏉ ᎨᏒ ᎦᏓᎭ
ᏂᎨᏒᎾ ᎨᏒᎢ; ᎩᎶᏍᎩᏂ ᎪᎱᏍᏗ ᎦᏓᎭ ᎠᏰᎸᏍᎩ, ᎾᏍᎩ ᎦᏓᎭ ᏄᎵᏍᏓᏁᎰᎢ.
15 ᎢᏳᏍᎩᏂ ᏗᏍᏓᏓᏅᏟ ᎠᎵᏍᏓᏴᏗ ᏱᎤᏗᎦᎵᏍᏙᏗᎭ ᎡᎯᏍᏗ ᏱᏯᏓᏅᏓᏗᏍᏔᏅ, ᎥᏝ
ᎠᏓᎨᏳᏗ ᎨᏒ ᏴᏗᎭ ᎾᏍᎩ ᏘᏛᏁᎲᎢ. ᏝᏍᏗ ᎭᎵᏍᏓᏴᎲᏍᎬ ᎯᏛᏙᏔᏅᎩ ᎾᏍᎩ Ꮎ
ᎦᎶᏁᏛ ᎤᏲᎱᎯᏎᎸᎯ.
16 ᎾᏍᎩᏃ ᏝᏍᏗ ᎣᏏᏳ ᏂᏣᏛᏁᎲ ᎤᏐᏅ ᏳᏂᏃᎮᎴᏍᏗ.
17 ᎤᏁᎳᏅᎯᏰᏃ ᎤᏤᎵᎪᎯ ᎥᏝ ᎠᎵᏍᏓᏴᏗᏉ ᎠᎴ ᎠᏗᏔᏍᏗᏉ ᎨᏒ ᏱᎩ; ᏚᏳᎪᏛᏍᎩᏂ
ᎨᏒᎢ, ᎠᎴ ᎤᏩᏙᎯᏯᏛ ᎨᏒᎢ, ᎠᎴ ᎠᎵᎮᎵᏍᏗ ᎨᏒᎢ ᎦᎸᏉᏗᏳ ᎠᏓᏅᏙ ᎢᏳᏩᏂᏌᏛ.
18 ᎩᎶᏰᏃ ᎾᏍᎩ ᎯᎠ ᎤᏮᏗᎦᎬ ᎦᎶᏁᏛ ᎪᎱᏍᏗ ᎠᏛᏁᎮᏍᏗ, ᎾᏍᎩ ᎤᏁᎳᏅᎯ
ᏗᎬᏩᏓᏂᎸᎢᏍᏗ ᎨᏎᏍᏗ, ᎠᎴ ᎣᏏᏳ ᎦᎬᏩᏰᎸᏗ ᎨᏎᏍᏗ ᏴᏫ.
19 ᎾᏍᎩ ᎢᏳᏍᏗ ᎢᏗᏍᏓᏩᏗᏎᏍᏗ ᎾᏍᎩ ᏙᎯ ᎢᎬᏁᎯ ᎨᏒᎢ, ᎠᎴ ᎾᏍᎩ
ᏗᎨᎦᏓᎵᏂᎪᎯᏍᏙᏗ ᎨᏒᎢ.
20 ᏝᏍᏗ ᎤᏁᎳᏅᎯ ᎤᏤᎵ ᏗᎦᎸᏫᏍᏓᏁᏗ ᎨᏒ ᏱᏣᏲᏍᏔᏁᏍᏗ ᎠᎵᏍᏓᏴᏗᏉ
ᏱᏅᏧᎵᏍᏙᏔᏁᏍᏗ. ᏄᏓᎴᏒᏰᏃ ᎪᎱᏍᏗ ᎤᏙᎯᏳᎯ ᎦᏓᎭ ᏂᎨᏒᎾ; ᎤᏲᏍᎩᏂ ᎾᏛᏁᎰ
ᎾᏍᎩ Ꮎ ᏴᏫ ᎠᎵᏍᏓᏴᎲᏍᎬ ᎩᎶ ᏱᏗᎪᎦᏍᏗᎭ.
21 ᎤᏟ ᎣᏏᏳ ᎭᏫᏯ ᎠᎩᏍᏗᏱ ᏂᎨᏒᎾ, ᎠᎴ ᎩᎦᎨ-ᎠᏗᏔᏍᏗ ᎠᏗᏔᏍᏗᏱ ᏂᎨᏒᎾ, ᎠᎴ
ᎪᎱᏍᏗ ᎠᏛᏁᏗᏱ ᏂᎨᏒᎾ, ᎾᏍᎩ ᏗᏍᏓᏓᏅᏟ ᏧᏬᎦᏍᏗᏍᎩ, ᎠᎴ ᎤᏍᏢᏂᏍᏗᏍᎩ, ᎠᎴ
ᎠᏩᎾᎦᎳ ᎢᏳᏩᏁᎯ.
22 ᎪᎯᏳᏗᏍᎪ ᎨᏒ ᏤᎭ? ᏣᏤᎵᏛ ᏦᎯᏳᏎᏍᏗ ᎤᏁᎳᏅᎯ ᎠᎦᏔᎲᎢ. ᎤᏩᏙᎯᏍᏛ
ᎤᏓᏅᏖᏍᏗ ᎩᎶ ᏄᏍᏛ ᎣᏏᏳ ᎤᏒᎸᏒ ᎬᏗᏍᎬ ᎤᏩᏒ ᏂᏓᏓᏚᎪᏓᏁᎲᎾ ᎢᎨᏎᏍᏗ.
23 ᎩᎶᏍᎩᏂ ᏧᏢᏫᏎᎯ ᎦᎫᎪᏗᏍᎪ ᎤᏍᎦᏅᏨ ᎢᏳᏃ ᏩᎵᏍᏓᏴᏅ, ᎤᏗᎦᎵᏍᏙᏗᏍᎪ
ᏄᏬᎯᏳᏒᎾ ᎨᏒ ᎠᎵᏍᏓᏴᎲᏍᎬᎢ; ᏂᎦᎥᏰᏃ ᎪᎱᏍᏗ ᎪᎯᏳᏗ ᎨᏒ ᎤᏗᏓᎴᎲᏍᎬᎾ ᏱᎩ
ᎠᏍᎦᏂ ᎨᏐᎢ.

ᎠᏯᏙᎸᎢ 15

1 ᎠᏴᏃ ᏗᎦᎵᏂᎩᏛ ᏥᎩ ᎤᏁᎳᎩ ᏱᏗᎦᎵᏎᎭ ᏓᏂᏩᎾᎦᎸ ᏗᏂᏩᎾᎦᎳᎢ, ᎠᎴ ᎥᏝ ᎢᎬᏒᏉ
ᎣᏍᏛ ᎢᎩᏰᎸᏗ ᏱᏂᎨᏓᏛᏁᎵᏙᎭ.

2 ᏂᏗᎥ ᎢᏗᏏᏴᏫᎭ ᎨᏒ ᎾᎥ ᎢᎦᏓᎳ ᎣᏍᏛ ᎤᏰᎸᏗ ᎨᏒ ᏂᏓᏛᏁᎮᏍᏗ ᎾᏍᎩ ᎣᏍᏛ ᎨᏒ
ᎤᎵᏂᎪᎯᏍᏗᏱ ᎤᎬᏩᎵ.

3 ᎦᎶᏁᏛᏰᏃ ᎾᏍᏉ ᎥᏝ ᎤᏩᏒᏉ ᎣᏍᏓ ᎤᏰᎸᏗ ᏱᎾᏛᏁᎵᎢ; ᎯᎠᏍᎩᏂ ᏥᏂᎬᏅ
ᏥᎪᏪᎳ ᎾᏍᎩᏯ [ᏄᎵᏍᏓᏁᎴᎢ,] ᎦᎬᏩᎾᏓᏐᎵᏛ ᎾᏍᎩ Ꮎ ᎦᎨᏣᏐᎵᏔᏅᎢ ᎠᏴ
ᎠᎩᎷᏤᎸᎩ.

4 ᏄᏓᎴᏒᏰᏃ ᎪᎱᏍᏗ ᎡᏘ ᎪᏪᎳᏅᎯ ᎨᏒ ᎠᏴ ᎢᎦᏕᏲᎲᏍᏗ ᎠᏰᎸᏎ ᎪᏪᎳᏁᎢ, ᎾᏍᎩ
ᏗᏛᏂᏗᏳ ᏂᎬᏁᎲ ᎠᎴ ᎤᎦᎵᏍᏗ ᎢᎦᏓᏅᏓᏗᏍᏗᏍᎬ ᎪᏪᎵ ᎾᏍᎩ ᎤᏚᎩ ᎢᎬᎯ
ᎢᏳᎵᏍᏙᏗᏱ.

5 ᎾᏍᎩᏃ ᎤᏁᎳᏅᎯ ᎠᎬᏂᏗᏳ Ꭰ-Ꮄ ᎤᎦᎵᏍᏗ ᎢᏯᏓᏛᏁᎯ ᎢᏥᏁᏗ ᎨᏎᏍᏗ ᎤᏠᏱᏉ
ᎢᏣᏓᏅᏓᏗᏍᏗᏱ, ᎾᏍᎩᏯ ᎪᎶᏁᏛ ᏥᏌ ᎠᏓᏅᏖᏍᎬᎢ;

6 ᎾᏍᎩ ᏌᏉ ᎦᏣᏓᏅᏛᎢ ᎠᎴ ᏌᏉ ᎢᏥᎰᎵ ᎢᏨᏙᏗᏱ ᎡᏥᎸᏉᏙᏗᏱ ᎤᏁᎳᏅᎯ ᎾᏍᎩ
Ꮎ ᎤᏙᏓ ᎤᎬᏫᏳᎯ ᎢᎦᏤᎵ ᏥᏌ ᎦᎶᏁᏛ.

7 ᎾᏍᎩ ᎢᏳᏍᏗ ᎦᏣᏓᏓᏂᎸᎨᏍᏗᏉ, ᎾᏍᎩᏯ ᎾᏍᏉ ᎦᎶᏁᏛ ᎦᎦᏓᏂᎸᏨ ᎠᏴ, ᎾᏍᎩ
ᎦᎸᏉᏗᏳ ᎢᏯᎬᏁᏗᏱ ᎤᏁᎳᏅᎯ.

8 ᎠᎴ ᎯᎠ ᏂᏥᏪᎭ, ᎾᏍᎩ ᏥᏌ ᎦᎶᏁᏛ ᏗᎨᏥᎤᏍᏕᏎᎸᎯ ᎤᏂᎤᏏᏓᏍᏗ ᏄᎵᏍᏔᏅᎩ
ᎬᏂᎨᏒ ᎢᏳᏩᏁᏗᏱ ᎦᏰᎪᎩ ᏂᎨᏒᎾ ᎨᏒ ᎤᏁᎳᏅᎯ, ᏧᏍᏓᏱᏗᏍᏗᏱ ᎨᏥᏚᎢᏍᏓᏁᎸᎯ ᎨᏒ
ᎠᏂᎦᏴᎵᎨᎢ.

9 ᎠᎴ ᎾᏍᎩ ᏧᎾᏓᎴᏅᏛ ᏴᏫ ᎤᏂᎸᏉᏙᏗᏱ ᎤᏁᎳᏅᎯ ᎤᏓᏙᎵᏍᏗᏳ ᎨᏒ ᎢᏳᏍᏗ;
ᎾᏍᎩᏯ ᎯᎠ ᏥᏂᎬᏅ ᏥᎪᏪᎳ, ᎾᏍᎩ ᎢᏳᏍᏗ ᏓᎬᏁᎢᏍᏔᏂ ᎠᏁᎲ ᏧᎾᏓᎴᏅᏛ ᏴᏫ,
ᎠᎴ ᏙᏓᏥᏃᎩᏍᏔᏂ ᏕᏣᏙᎥᎢ.

10 ᏔᎵᏁᏃ ᎯᎠ ᏂᎦᏪᎭ, ᎢᏣᎵᎮᎵᎩ ᏗᏣᏓᎴᏅᏛ ᏴᏫ, ᏗᏣᎵᎪᎲᏏ ᏧᏤᎵ ᏴᏫ.

11 ᏔᎵᏁᏃ, ᎡᏥᎸᏉᏓ ᏱᎰᏩ, ᏂᎦᏗᏳ ᏗᏣᏓᎴᏅᏛ ᏴᏫ; ᎠᎴ ᎡᏥᎸᏉᏓ, ᏂᏥᎥᏉ ᏴᏫ.

12 ᏔᎵᏁᏃ ᎢᏌᏯ ᎯᎠ ᏂᎦᏪᎭ; ᎤᏖᏍᎦᎵ ᎦᎾᏄᎪᎨᏍᏗ ᏤᏏ, ᎠᎴ ᎠᏏᏴᏫ ᏙᏛᎴᏂ
ᎤᎬᏫᏳᏌᏕᎩ ᎢᏳᎵᏍᏙᏗᏱ ᏧᎾᏓᎴᏅᏛ ᏴᏫ ᎠᏁᎲᎢ; ᎾᏍᎩ ᏧᎾᏓᎴᏅᏛ ᏴᏫ
ᏓᎬᏩᎵᏍᏕᏍᏙᏔᏂ.

13 ᎾᏍᎩᏃ ᎤᏁᎳᏅᎯ ᎤᏚᎩ ᎬᏗ ᎨᏒ ᎠᏓᏁᎯ ᎢᏥᎧᎵᎢᏍᏗ ᎨᏎᏍᏗ ᏄᏓᎴᏒ ᎤᎵᎮᎵᏍᏗ
ᎨᏒ ᎠᎴ ᏅᏩᏙᎯᏯᏛ ᎨᏒ ᎢᏦᎯᏳᏒ ᎢᏳᏩᏂᏌᏛ, ᎾᏍᎩ ᎤᏣᏔᏅᎯ ᎢᏳᎵᏍᏙᏗᏱ ᎤᏚᎩ
ᎢᏨᏒᎢ, ᎦᎸᏉᏗᏳ ᎠᏓᏅᏙ ᎤᎵᏂᎬᎬ ᎢᏳᏩᏂᏌᏛ.

14 ᎠᎴ ᎠᏋᏒ ᎾᏍᏉ ᎠᏉᎯᏳᎭ ᏂᎯ ᎢᏨᏯᏓᏅᏖᏍᎬᎢ, ᎢᏓᎵᏅᏟ, ᎾᏍᎩ ᏂᎯ ᎾᏍᏉ
ᎣᏍᏛ ᎨᏒ ᎢᏥᎧᎵᎢ ᎨᏒᎢ, ᎠᎴ ᏄᏓᎴᏒ ᎠᎦᏙᎥᎯᏍᏗᎨᏒ ᎢᏥᎧᎵᎥᎢ, ᏰᎵᏉ ᎾᏍᏉ
ᏗᎨᏣᏓᎬᏍᎪᎸᏗ ᎨᏒᎢ.
15 ᎠᏎᏃ ᎢᏓᎵᏅᏟ, ᎤᏟ ᎢᎦᎢ ᏂᏥᎾᏰᏍᎬᎾ ᏫᏨᏲᏪᎳᏏ ᎢᏨᏯᏅᏓᏗᏍᏗᏍᎬᎢ,
ᎤᏗᎦᎵᏍᏙᏗᎭ ᎤᏁᎳᏅᎯ ᎠᎩᏁᎸ ᎬᏩᎦᏘᏯ ᎤᏓᏙᎵᏍᏗ ᎨᏒᎢ,
16 ᎾᏍᎩ ᏥᏌ ᎦᎶᏁᏛ ᎠᎩᏅᏏᏙᎯ ᎢᏯᏆᎵᏍᏙᏗᏱ ᏧᎾᏓᎴᏅᏛ ᏴᏫ ᎠᏁᎲᎢ, ᏕᎸᏉᏗᏳ
ᏓᎩᎸᏫᏍᏓᏁᏛ ᏴᏫ ᎠᏁᎲᎢ, ᏕᎸᏉᏗᏳ ᏓᎩᎸᏫᏍᏓᏁᎲ ᎣᏍᏛ ᎧᏃᎮᏛ ᎤᏁᎳᏅᎯ ᎤᏤᎵᎦ
ᎬᏗᏍᎬᎢ, ᎾᏍᎩ ᎦᎵᏍᎪᎸᏗᏍᎬ ᏧᎾᏓᎴᏅᏛ ᏴᏫ ᎦᏥᏯᎵᏍᎪᎸᏗᏍᎬᎢ ᏧᏓᏂᎸᎢᏍᏗ
ᎢᏳᎵᏍᏙᏗᏱ, ᏕᎸᏉᏗᏳ ᎢᏳᏩᏁᎸᎯ ᏕᎸᏉᏗᏳ ᎠᏓᏅᏙ.
17 ᎾᏍᎩ ᎢᏳᏍᏗ ᎠᎩᎭ ᎠᏆᏢᏉᏙᏗ ᏥᏌ ᎦᎶᏁᏛ ᎢᏳᏩᏂᏌᏛ, ᎾᏍᎩ ᎾᎿ ᎤᏁᎳᏅᎯ
ᎤᏤᎵ ᎤᎬᏩᎵ ᎨᏒᎢ.
18 ᎥᏝᏰᏃ ᏰᎵ ᏴᎦᏥᏁᎢᏍᏓ ᎾᏍᎩ ᎦᎶᏁᏛ ᏄᏛᏁᎸᎾ ᎨᏒ ᎠᏴ ᎠᏋᏗᏍᎬᎢ, ᏧᎾᏓᎴᏅᏛ ᏴᏫ
ᎬᏩᏃᎯᏳᏗ ᏂᎦᎬᏁᎲᎢ, ᎧᏃᎮᏛ ᎠᎴ ᏗᎦᎸᏫᏍᏓᏁᏗ ᎨᏒ ᎬᏗᏍᎬᎢ,
19 [ᎠᎴ] ᎬᏗᏍᎬ ᎤᏰᎸᏛᎢ ᎠᎴ ᎤᏍᏆᏂᎪᏗ, ᎤᏁᎳᏅᎯ ᎤᏓᏅᏙ ᎤᎵᏂᎩᏗᏳ ᎨᏒ
ᎬᏗᏍᎬᎢ; ᎾᏍᎩ ᏥᎷᏏᎵᎻ ᎤᏓᎴᏅᏛ, ᎠᎴ ᎤᏚᏫᏛ ᎢᎵᎵᎦᎻ ᏩᏍᏗ, ᎤᎧᎵᏨᎯ
ᎠᏆᎵᏥᏙᏅ ᎣᏍᏛ ᎧᏃᎮᏛ ᎦᎶᏁᏛ ᎤᏤᎵᎦ;
20 ᎾᏍᎩᏃ ᏄᏍᏛᎩ ᎠᏆᏟᏂᎬᏁᎸᎩ ᎣᏍᏛ ᎧᏃᎮᏛ ᎠᏆᎵᏥᏙᏗᏱ, ᎥᏝ ᎾᎿ ᎦᎶᏁᏛ
ᎠᏥᏁᎢᏍᏔᏅᎢ, ᎩᎶ ᎤᏅᎯ ᎦᎫᏍᏛᏗ ᎠᏆᏁᏍᎨᏍᏗᏱ ᏂᎨᏒᎾ;
21 ᎾᏍᎩᏯᏍᎩᏂ ᎯᎠ ᏥᏂᎬᏅ ᏥᎪᏪᎳ, ᎾᏍᎩᎨᏥᏁᎢᏍᏓᏁᎸᎯ ᏂᎨᏒᎾ ᎨᏒᎢ, ᎾᏍᎩ
ᏛᏂᎪᎯ; ᎠᎴ ᎾᏍᎩ Ꮎ ᎤᎾᏛᎦᏅᎯ ᏂᎨᏒᎾ ᎨᏒ ᎾᏍᎩ ᏛᏃᎵᏥ.
22 ᎾᏍᎩ ᎾᏍᏉ ᎤᏗᎦᎵᏍᏙᏗᎭ ᎤᏣᏘ ᎫᏓᎴᏅᏛ ᎠᎩᏲᏍᏙᏓᏏ ᏫᏨᎷᏤᏗᏱ;
23 ᎪᎯᏍᎩᏂ ᎿᏉ ᎢᎸᎯᏢ ᏄᎲᏅᏛᎾ ᏥᎩ ᎠᏂ ᎤᏚᏫᏛ, ᎠᎴ ᎢᎸᏍᎩ ᎾᏕᏘᏴ ᎤᏣᏘ
ᏥᏅᏆᏚᎵᏍᎪ ᏫᏨᎷᏤᏗᏱ;
24 ᎢᏳᏃ ᏍᏆᏂ ᎨᏒᎭ, ᏫᏨᎷᏤᏗ ᎨᏎᏍᏗ; ᎤᏚᎩᏰᏃ ᎠᏋᎭ ᎢᏨᎪᏩᏛᏗᏱ ᎾᎿ
ᏫᏥᎦᏓᏍᏗ, ᎠᎴ ᎾᎿ ᎢᏗᏢ ᏫᏍᎩᏯᎪᏗᏱ, ᎢᏳᏃ ᎢᎬᏱ ᎠᎴᏉ ᏰᎵ ᎾᎩᏰᎸᏁᏍᏗ
ᎢᏨᏰᎳᏗᏙᎸᎢ.
25 ᎪᎯᏍᎩᏂ ᏥᎩ ᎠᏇᏏᏗ ᏥᎷᏏᎵᎻ ᏕᏥᏍᏕᎸᎯ ᎤᎾᏓᏅᏘ.
26 ᎣᏏᏳᏰᏃ ᎤᏂᏰᎸᏅ ᎹᏏᏙᏂ ᎠᎴ ᎡᎦᏯ ᎠᏁᎯ ᎪᎱᏍᏗ ᎤᏂᏗᏱ ᎤᏲ ᎢᏳᎾᏛᎿᏕᎩ
ᎤᎾᏓᏅᏘ ᏥᎷᏏᎵᎻ ᎠᏁᎯ ᎤᎾᎵᏍᏕᎸᏙᏗ.
27 ᎣᏏᏳ ᎤᏂᏰᎸᏅ ᎤᏙᎯᏳᎯ; ᎠᎴ ᎾᏍᎩ ᎬᏩᏂᎦᏕ. ᎢᏳᏰᏃ ᏧᎾᏓᎴᏅᏛ ᏴᏫ
ᎤᏁᎳᏗᏍᏔᏅᎯ ᏱᎩ ᎾᏍᎩ ᎤᎾᏤᎵ ᏧᏓᎴᏅᏛ ᎠᏓᏅᏙ ᎤᎵᏍᏕᎸᏙᏗ ᎤᎬᏩᎵ,
ᎢᏳᎾᏛᏁᏗ ᎾᏍᏉ ᏄᎾᎵᏍᏓᏁᎲᎩ ᎾᏍᎩ ᏧᏂᏍᏕᎸᏗᏱ ᎤᏇᏓᎵ ᎤᎵᏍᏕᎸᏙᏗ ᎤᎬᏩᎵ.

28 ᎾᏍᎩᏃ ᎢᏳᏍᏗ ᎿᏉ ᎾᏍᎩ ᎯᎠ ᏥᏍᏆᏛᎭ, ᎠᎴ ᎸᏊᏏᏛᏒᎾ ᏂᏕᏥᏴᏁᎸ
ᎤᏂᎪᏳᏛᏗᏱ, ᎯᎠ ᎾᏍᎩ ᎤᏓᎳᏅᎯ, ᏫᏨᏣᎢᏍᏓᎤᏗ ᎨᏎᏍᏗ ᏍᏆᏂᏱ ᏫᏥᏕᏏᏍᏗ.
29 ᎠᎴ ᏥᏕᎳᎭ, ᎾᏍᎩ ᎿᏉ ᏫᏨᎷᏤᎸᎭ ᏂᏕᎥ ᏑᏍᏛ ᎤᏓᏁᏗ ᎨᏒ ᏑᏍᏛ ᏍᏃᎵᏛ
ᏕᏣᏁᏛ ᎤᏤᎵᏕ ᏥᏰᏢᏍᏗ ᏫᏨᎷᏤᏗ ᎨᏎᏍᏗ.
30 ᎠᎴ ᎢᏨᏍᏗᏰᏗᎭ ᎢᏓᎵᎤᏟ, ᎤᎬᏫᏳᎯ ᏥᏌ ᏕᏣᏁᏛ ᎤᏗᏕᎵᏍᏙᏗᎭ, ᎠᎴ
ᎤᏗᏕᎵᏍᏙᏗᎭ ᎠᏓᎨᏳᏗ ᎨᏒ ᎠᏓᎤᏙ ᎤᏓᏁᏗ ᎨᏒᎢ, Ꮎ-ᏍᎩ ᏍᎩᏪᎵᎪᏁᏗᏱ ᎤᏁᎳᏅᎯ
ᎡᏓᏓᏙᎵᏍᏓᏁᎲ ᎠᏴ ᎨᏒ ᎤᎬᏩᎵ,
31 ᎾᏍᎩ ᏕᏥᏪᎦᏓᎳᏒᏗᏱ ᎾᏍᎩ Ꮎ ᎠᏃᎯᏳᎲᏍᎩ ᏂᎨᏒᎾ ᏧᏗᏱ ᎠᏁᎯ; ᎠᎴ ᎾᏍᎩ
ᏕᏥᏴᏒᎲ ᏥᎷᏏᎵᎻ ᎠᏁᎯ, ᏧᎾᏓᏂᎸᎢᏍᏗᏱᏉ ᎤᎾᏓᏅᎫ;
32 ᎠᎴ ᎾᏍᎩ ᎠᏴ ᏑᏏᏳ ᎤᏰᎸᏅᎯ ᎤᏁᎳᏅᎯ, ᎤᎵᏢᎵᏍᏗ ᎠᏆᏓᏅᏛ ᏫᏨᎷᏤᏗᏱ,
ᎠᎴ ᎢᏧᎳᎭ ᏂᎯ ᏗᎩᏕᎵᏍᏙᎯᏍᏗᏱ.
33 ᎤᏁᎳᏅᎯᏃ ᎤᏳᏙᎯᏪᏛ ᎠᏓᏁᎯ ᏂᏥᎥ ᎢᏤᎳᏗᏙᏢᏍᏗ. ᎡᎺᏅ

ᎠᏯᏙᎸᎢ 16

1 ᎬᏂᎨᏒ ᏂᏨᏴᏁᎭ ᎣᎩᏙ ᏈᎩ, ᎾᏍᎩ ᎠᏯᏙᎯᎯ ᏧᎾᏁᎶᏗ ᎤᎾᏓᏡᎬ ᎡᏟᏯ;

2 ᎾᏍᎩ ᏤᏣᏓᏂᎸᎢᏍᏗᏱ ᎤᎬᏫᏳᎯ ᎨᏒ ᎤᏓᏳᎵᏍᏙᏗᏱ, ᎾᏍᎩᏯ ᏥᎦᏳᎪᏗ
ᎢᏳᎾᏛᏁᏗᏱ ᎤᎾᏓᏅᏘ, ᎠᎴ ᎾᏍᎩ ᎡᏥᏍᏕᎸᏗᏱ ᏂᎦᎥᏉ ᎪᎱᏍᏗ ᎡᏥᏍᏕᎸᏗᏱ
ᎤᏚᎵᏍᎬᎢ; ᎾᏍᎩᏰᏃ ᎤᏂᏣᏘ ᏧᏍᏕᎸᏛ, ᎠᎴ ᎠᏴ ᎾᏍᏉ ᎠᎩᏍᏕᎸᏛ.

3 ᏕᏥᏲᎵᎸᎭ ᏈᏏᎳ ᎠᎴ ᎡᏈᎳ, ᎢᏧᎳᎭ ᏦᎩᎸᏫᏍᏓᏁᎯ ᎦᎶᏁᏛ ᎤᏤᎵ ᏗᎦᎸᏫᏍᏓᏁᏗ
ᎨᏒᎢ.

4 ᎾᏍᎩ ᎠᏴ ᎬᏅ ᎠᏂᏍᏕᎵᏍᎬᎢ,ᎤᏅᏒ ᏗᏂᏴᏤᏂ ᎡᎳᏗ ᏚᏂᏅᏅ; ᎾᏍᎩ, ᎥᏝ ᎠᏋᏒᏉ
ᏱᎦᏥᏯᎵᎡᎵᏤᎭ, ᎾᏍᏉᏍᎩᏂ ᏂᎦᏛ ᏧᎾᏁᎶᏗ ᏚᎾᏓᏡᏩᏗᏒ ᏧᎾᏓᎴᏅᏛ ᏴᏫ ᏓᏁᏩᏗᏒᎢ;

5 ᎠᎴ ᎾᏍᏉ ᎦᏥᏲᎵᎸᎭ ᏧᎾᏁᎶᏗ ᎤᎾᏓᏡᎬ ᎾᎿ ᎠᏂᏁᎸᎢ. ᎡᏥᏲᎵᎸᎭ ᎤᏣᏘ ᏥᎨᏳᎢ
ᎢᏈᏂᏓ, ᎾᏍᎩ ᎢᎬᏱᏱ ᎤᎬᏛᎾᏨᎯ ᏥᏂᎦᎵᏍᏗᎭ ᎡᎦᏯ ᎦᎶᏁᏛ ᎠᎵᏍᎪᎸᏓᏁᏗ.

6 ᎺᎵ ᎡᏥᏲᎵᎸᎭ, ᎤᏤᏘ ᏧᎸᏫᏍᏓᏁᎸᎯ ᏥᎩ ᎠᏴ ᎣᎩᏍᏕᎵᏍᎬᎢ.

7 ᎥᏌᏂᎦ ᎠᎴ ᏧᏂᏯ ᎦᏥᏲᎵᎸᎭ, ᎾᏍᎩ ᎪᎱᏍᏗ ᏗᏋᏅ, ᎠᎴ ᎢᏧᎳᎭ ᏦᎩᏴᎩᏅᎯ, ᎾᏍᎩ
ᎨᏥᎸᏉᏗ ᏥᎩ ᎨᏥᏅᏏᏛ ᎠᏁᎲᎢ; ᎾᏍᎩ ᎾᏍᏉ ᎢᎬᏱ ᎦᎶᏁᏛ ᏧᎾᏁᎶᏗ
ᎢᏳᎾᎵᏍᏔᏅᎯ ᎠᏴ ᎣᏂ.

8 ᎠᎻᏟᏯ ᎡᏥᏲᎵᎸᎭ, ᎾᏍᎩ ᏥᎨᏳᎢ ᎢᏧᎳᎭ ᎣᏍᏙᎯᏳᎲᏍᎩ ᎤᎬᏫᏳᎯ.

9 ᎠᏇᏂ ᎡᏥᏲᎵᎸᎭ ᎢᏧᎳᎭ ᏦᎩᎸᏫᏍᏓᏁᎯ ᎦᎶᏁᏛ ᎤᏤᎵ ᏗᎦᎸᏫᏍᏓᏁᏗ ᎨᏒᎢ; ᎠᎴ
ᏍᏕᎩ ᏥᎨᏳᎢ.

10 ᎠᏇᎵ ᎡᏥᏲᎵᎸᎭ, ᏣᎦᏓᏂᎸᏨᎯ ᎦᎶᏁᏛ ᎪᎯᏳᎲᏍᎩ ᎨᏒᎢ. ᎡᎵᏍᏓᏇᎳ ᏚᏓᏘᎾᎥ
ᎠᏁᎳ ᏕᏥᏲᎵᎸᎭ.

11 ᎡᎶᏓᏂ ᎪᎱᏍᏗ ᎠᏋᏅ ᎡᏥᏲᎵᎸᎭ. ᎾᏏᏌ ᏚᏓᏘᎾᎥ ᎾᏍᎩ ᎤᎬᏫᏳᎯ ᎠᏃᎯᏳᎲᏍᎩ ᎨᏒ
ᏕᏥᏲᎵᎸᎭ.

12 ᏜᏈᎾ ᎠᎴ ᏜᏉᏏ ᏕᏥᏲᎵᎸᎭ, ᎾᏍᎩ ᎤᎬᏫᏳᎯ ᎤᏤᎵᏧᏂᎸᏫᏍᏓᏁᎯ ᏥᎩ.
ᎡᏥᏲᎵᎸᎭ ᎠᏥᎨᏳᎢ ᏆᏏ, ᎤᏣᏘ ᏧᎸᏫᏍᏓᏁᎸᎯ ᏥᎩ ᎤᎬᏫᏳᎯ ᎤᏤᎵᎦ.

13 ᎷᏆ ᎡᏥᏲᎵᎸᎭ, ᎾᏍᎩ ᎠᎦᏑᏰᏛ ᎤᎬᏫᏳᎯ ᎪᎯᏳᎲᏍᎩ, ᎠᎴ ᎾᏍᎩ ᎣᎩᏂᏥ.

14 ᏕᏥᏲᎵᎸᎭ ᎠᏏᏂᏟᏓ, ᏈᎵᎦᏂ, ᎭᎹᏏ, ᏆᏌᏆᏏ, ᎭᎷᏏ, ᎠᎴ ᎠᎾᎵᏅᏟ ᎾᏍᎩ ᎢᏧᎳᎭ
ᏣᏁᎭ.

15 ᏕᏥᏲᎵᎸᎭ ᏆᎶᎳᎦ, ᎠᎴ ᏧᎵᎠ, ᏂᎵᎠ, ᎠᎴ ᎾᏍᎩ ᎤᏙ, ᎠᎴ ᎣᎵᎻᏆ, ᎠᎴ ᎾᏂᎥᏉ
ᎤᎾᏓᏅᏘ ᎾᏍᎩ ᎢᏧᎳᎭ ᏣᏁᎭ.

16 ᎢᏨᏒ ᎨᏒ ᏕᏣᏓᏲᎵᏢᏍᏗ ᎢᏨᏗᏍᎨᏍᏗ ᏕᎸᏉᏗᏳ ᏗᏓᏙᏪᏙᎥᎯᏍᏗ ᎨᏒᎢ. ᏧᎾᏁᎶᏗ
ᏚᎾᏓᏡᏩᏗᏒ ᎦᎶᏁᏛ ᏧᏤᎵᎦ ᏫᎨᏥᏲᎵᎭ.

17 ᎠᎴ Ꮼ ᎢᏓᎵᏅᏟ, ᎢᏨᏍᏗᏰᏗᎭ ᏗᏣᎦᏌᏯᏍᏙᏗᏱ ᏗᎦᎴᏅᏗᏱ ᎠᎴ ᎤᏓᎿᏍᏆᎶᏍᏗᏱ
ᎢᏯᏅᏁᎯ, ᏗᎦᏘᎸᏍᏗᏱ ᏗᎦᏲᏅᎯ ᎨᏒ ᎸᏍᏛ ᎸᏍᏛ ᎢᏣᏕᎶᏆᎥᎢ; ᎠᎴ ᏕᏣᏓᏅᏒᏢᏍᏗ.

18 ᎾᏍᎩᏰᏃ ᎢᏳᎾᏍᏗ ᎥᏝ ᎤᎬᏫᏳᎯ ᎢᎦᏤᎵ ᏥᏌ ᎦᎶᏁᏛ ᎪᎱᏍᏗ ᏯᎾᏛᏁᎭ,
ᎤᏅᏒᏉᏍᎩᏂ ᎤᏂᏍᏉᎵᏱ; ᎠᎴ ᎤᏬᏚᎯ ᎠᎴ ᎣᏍᏛ ᎦᏬᏂᎯᏍᏗ ᎨᏒ ᎠᏅᏗᏍᎬᎢ
ᏓᏂᎶᏄᎮᏍᎪ ᏧᏂᎾᏫ ᎾᏁᏯᏔᎲᎾ.
19 ᎢᏦᎯᏳᏒᏰᏃ ᏚᏃᏣᎶᏨ ᎾᏂᎥ ᏴᏫ ᎠᏁᎲᎢ. ᎾᏍᎩ ᎢᏳᏍᏗ ᎦᎵᎮᎵᎦ ᏂᎯ ᎨᏒ
ᏅᏗᎦᎵᏍᏙᏗᎭ; ᎠᏎᏍᎩᏂᏃᏅ ᎠᏆᏚᎵᎭ ᎢᏥᎦᏔᎾᎢ ᎢᏣᎵᏍᏙᏗᏱ ᎣᏍᏛ ᎨᏒ ᎤᎬᏩᎵ,
ᎠᏃ ᎤᏲ ᎨᏒ ᎤᎬᏩᎵ ᏂᏥᎦᏔᎾᎥᎾ.
20 ᎠᎴ ᎤᏁᎳᏅᎯ ᎤᏩᏙᎯᏯᏛ ᎠᏓᏁᎯ ᏂᎪᎯᎸᎾᏉ ᏎᏓᏂ ᎤᏪᏓᏫᏙᏗ ᏅᏓᎦᎵᏍᏓᏂ
ᏗᏣᎳᏏᎦᏂ ᎭᏫᏂᏗᏢ. ᎬᏩᎦᏘᏯ ᎤᏓᏙᎵᏍᏗ ᎨᏒ ᎢᎦᏤᎵ ᎤᎬᏫᏳᎯ ᏥᏌ ᎦᎶᏁᏛ
ᎢᏤᎳᏗᏙᎮᏍᏗ. ᎡᎺᏅ.
21 ᏗᎹᏗ ᎢᏧᎳᎭ ᏦᎩᏂᎸᏫᏍᏓᏁᎯ, ᎠᎴ ᎷᏏᏯ, ᎠᎴ ᏤᏌᏂ, ᎠᎴ ᏐᏏᏇᏓ ᎪᎱᏍᏗ ᏗᏋᏅ,
ᏫᎨᏥᏲᎵᎦ.
22 ᎠᏴ ᏓᏏᏯ, ᎯᎠ ᎪᏪᎵ ᎠᏆᏪᎳᏅᎯ ᏫᏨᏲᎵᎦ ᎤᎬᏫᏳᎯ ᎨᏒ ᏅᏗᎦᎵᏍᏙᏗᎭ.
23 ᎦᏯ ᎠᎩᏍᏆᏂᎪᏗᏍᎩ ᎠᎴ ᎾᏂᎥᏉ ᏧᎾᏁᎶᏗ ᎤᎾᏓᏡᎬ ᏗᏍᏆᏂᎪᏗᏍᎩ, ᏫᏥᏲᎵᎦ.
ᎢᎳᏍᏓ, ᎠᏰᎵ ᎡᎯ ᎦᏚᎲ ᎠᎲ ᎠᎦᏘᏯ, ᏫᏥᏲᎵᎦ, ᎠᎴ ᏉᏓ, ᎢᏓᎵᏅᏟ.
24 ᎬᏩᎦᏘᏯ ᎤᏓᏙᏍᏗ ᎨᏒ ᎢᎦᏤᎵ ᎤᎬᏫᏳᎯ ᏥᏌ ᎦᎶᏁᏛ ᎢᏤᎳᏗᏙᎮᏍᏗ ᏂᏥᎥᎢ.
ᎡᎺᏅ.
25 ᎾᏍᎩᏃ ᏰᎵᏉ ᏗᏣᎵᏂᎪᎯᏍᏙᏗ ᏥᎩ ᎾᏍᎩᏯ ᏂᎦᏪᏍᎬ ᎣᏍᏛ ᎧᏃᎮᏛ ᎠᏆᏤᎵᎦ, ᎠᎴ
ᎾᏍᎩᏯ ᏥᏌ ᎦᎶᏁᏛ ᎠᎦᎵᏥᏙᏅᎢ, ᎾᏍᎩᏯ ᎬᏂᎨᏒ ᎢᎬᏁᎸᎯ ᎨᏒ ᎤᎦᎵᏛ, ᎾᏍᎩ ᎡᎶᎯ
ᏧᏓᎴᏅᎲ ᎤᏓᎬᏩᏓᎴᏅᏛ ᎠᎦᎵᏍᏔᏅᎯ ᏥᎨᏎᎢ,
26 ᎪᎯᏍᎩᏂ ᎿᏉ ᎬᏂᎨᏒ ᎢᎬᏁᎸᎯ, ᎠᎴ ᎠᎾᏙᎴᎰᏍᏗ ᏧᏃᏪᎳᏅᎯ ᏗᎬᏔᏅᎯ ᎾᏍᎩᏯ
ᎠᏓᏅᏖᏍᎬ ᎠᎵᏍᏆᏗᏍᎩ ᏂᎨᏒᎾ ᎡᎯ ᎡᏁᎳᏅᎯ ᎬᏂᎨᏒ ᎢᎨᎬᎸᎯ ᏂᎦᏗᏳ ᏧᎾᏓᎴᏅᏛ
ᏴᏫ, ᎾᏍᎩ ᎪᎯᏳᏗ ᎨᏒ ᎤᏃᎯᏳᏏᏱ ᎤᎬᏩᎵ--
27 ᎤᏂᎳᏅᎯ ᎤᏩᏒᎯᏳ ᎠᎦᏔᎾᎢ ᏥᎩ, ᎦᎸᏉᏙᏗ ᎨᏎᏍᏗ ᏥᏌ ᎦᎶᏁᏛ ᎢᏳᏩᏂᏌᏛ
ᏂᎪᎯᎸᎢ. ᎡᎺᏅ.

ᎪᎵᏂᏗᏱ ᎠᏁᎯ ᎢᎬᏱᏱ ᏧᎪᏪᎳᏁᎸᎯ

ᎠᏯᏙᎸᎢ 1

1 ᏉᎳ, ᎠᏆᏑᏰᏛ ᎠᎩᏅᏏᏛ ᏥᏌ ᎦᎶᏁᏛ, ᎾᏍᎩᏯ ᎤᏁᎳᏅᎯ ᎤᏓᏅᏖᎸᎢ, ᎠᎴ
ᏐᏍᏗᏂ ᎢᎩᏅᏟ,

2 ᏫᏨᏲᏪᎳᏏ ᏗᏣᏁᎶᏗ ᎢᏣᏓᏡᎬ ᎤᏁᎳᏅᎯ ᎤᏤᎵᎦ, ᎾᏍᎩ ᎪᎵᏂᏗᏱ ᏥᏣᏓᏡᎦ, ᎾᏍᎩ
ᎢᏥᏍᎦᎾ ᏂᎨᏒᎾ ᎢᏰᏨᏁᎸᎯ ᏥᏌ ᎦᎶᏁᏛ ᎢᏣᏳᏂᏌᏛ, ᎡᏥᏯᏅᏛ ᎢᏣᏓᏅᏘ, ᎠᎴ ᎾᏂᎥ
ᏂᎦᎥ ᏕᎨᏌᏗᏒ ᏥᏌ ᎦᎶᏁᏛ ᎢᎦᏤᎵ ᎤᎬᏫᏳᎯ ᏚᏙᎥ ᎠᏂᏁᎢᏍᏗᏍᎩ, ᎾᏍᎩ ᎢᏧᎳᏉ ᎾᏍᎩ
ᎤᎾᏤᎵᎦ ᎠᎴ ᎠᏴ ᎢᎦᏤᎵᎦ;

3 ᎢᏣᏤᎵ ᎨᏎᏍᏗ ᎬᏩᎦᏘᏯ ᎤᏓᏙᎵᏍᏗ ᎨᏒ ᎠᎴ ᏅᏩᏙᎯᏯᏛ ᎢᏣᎵᏍᎪᎸᏔᏁᎸᎯ
ᎤᏁᎳᏅᎯ ᎢᎩᏙᏓ, ᎠᎴ ᎤᎬᏫᏳᎯ ᏥᏌ ᎢᎩᏙᏓ, ᎠᎴ ᎤᎬᏫᏳᎯ ᏥᏌ ᎦᎶᏁᏛ.

4 ᏂᎪᎯᎸ ᏥᏯᎵᎡᎵᏤᎰ ᎤᏁᎳᏅᎯ ᎠᏆᏤᎵᎦ, ᏂᎯ ᎨᏒ ᎢᏳᏍᏗ, ᎤᏗᎦᎵᏍᏙᏗᏍᎪ
ᎬᏩᎦᏘᏯ ᎤᏓᏙᎵᏍᏗ ᎨᏒ ᎤᏁᎳᏅᎯ, ᎾᏍᎩ ᏥᏌ ᎦᎶᏁᏛ ᎢᏣᏳᏂᏌᏛ ᎡᏥᏁᎸᎯ ᏥᎩ.

5 ᎾᏍᎩ ᎢᏤᏅᎢᏍᏔᏅᎯ ᏥᎩ ᏂᎦᎥ ᎸᏓᎴᏒᎢ-ᏂᎦᎥ ᏗᏕᏲᏗ ᎨᏒ ᎠᎴ ᏂᎦᎥ ᎠᏕᏙᎥᎯᏍᏗ
ᎨᏒᎢ;

6 ᎾᏍᎩᏯ ᎦᎶᏁᏛ ᎠᏥᏃᎮᎸ ᎦᎪᎯᏳᏗ ᏁᏨᏁᎸᎢ;

7 ᎾᏍᎩ ᎡᏍᎦᏂᏦᎭᏍᎬᎾ ᎨᏒ ᏑᏓᎴᎩ ᎤᏅ ᎬᏩᎦᏘᏯ ᎤᏓᎵᏍᎪᎸᏓᏁᏗ ᎨᏒᎢ; ᎢᏥᎦᏖᏃᎲ
ᎤᎷᎯᏍᏗ ᎨᏒ ᎢᎦᏤᎵ ᎤᎬᏫᏳᎯ ᏥᏌ ᎦᎶᏁᏛ;

8 ᎾᏍᎩ ᎾᏍᏉ ᏨᏓᏣᏂᎪᎯᏍᏔᏂ ᎤᎵᏍᏆᏗᏍᏗ ᎨᏒ ᎬᏗᏍᎩ, ᎾᏍᎩ ᎦᏰᏧᎢᏍᏙᏗ ᏂᎨᏒᎾ
ᎢᏣᎵᏍᏙᏗᏱ ᎾᎯᏳ ᎢᎦ ᎨᏎᏍᏗ ᎤᎬᏫᏳᎯ ᏥᏌ ᎦᎶᏁᏛ ᎤᏤᎵᎦ.

9 ᎤᏁᎳᏅᎯ ᎸᏓᎵᏓᏍᏛᎾ, ᎾᏍᎩ ᎢᏥᏯᏅᏛ ᏥᎩ ᎢᏣᎵᎪᏗᏱ ᎾᏍᎩ ᎤᏪᏥ ᏥᏌ
ᎦᎶᏁᏛ ᎢᎦᏤᎵ ᎤᎬᏫᏳᎯ.

10 ᎾᏍᎩᏃ ᎢᏓᎵᏅᏟ ᎢᏨᏔᏲᏎᎭ ᏚᏙᎥ ᎬᏗᎭ ᎤᎬᏫᏳᎯ ᎢᎦᏤᎵᎦ ᏥᏌ ᎦᎶᏁᏛ, ᎾᏍᎩ
ᎤᏠᏱᎭ ᎢᏥᏁᎢᏍᏗᏱ, ᎠᎴ ᏗᏣᎦᎴᏅᏗᏍᎩ ᏂᏤᎲᎾ ᎢᏣᎵᏍᏙᏗᏱ; ᎤᎧᎵᏨᏉᏍᎩᏂ
ᏗᏣᏚᏙᏙᏗᏱ ᎤᏠᏱᏉ ᎢᏣᏓᏅᏖᎵᏙᎲᎢ, ᎠᎴ ᎤᏠᏱᏉ ᏕᏧᎪᏗᏍᎬᎢ.

11 ᎥᎩᏃᏁᎸᎯᏰᏃ ᎢᎩ ᎢᏓᎵᏅᏟ ᏂᎯ ᎡᏥᏃᎮᏍᎬᎢ, ᎾᏍᎩ ᏠᎢ ᏚᏓᏘᎾᎥ ᎨᏥᏃᎮᏍᎬᎢ, ᎾᏍᎩ
ᏗᏥᏲᏍᏗ ᎨᏒ ᎢᏤᎲᎢ.

12 ᎯᎠ ᎾᏍᎩ ᏂᏥᏪᎭ, ᎾᏍᎩ ᎢᏥᏏᏴᏫᎭ ᎨᏒ ᎯᎠ ᏂᏥᏪᏍᎬᎢ, ᎠᏴ ᏉᎳ ᏥᏯᎵᎪᏁᎯ;
ᎠᏴᏃ ᎠᏉᎳ; ᎠᏴᏃ ᏏᏆᏏ; ᎠᏴᏃ ᎦᎶᏁᏛ.

13 ᎢᎸᏍᎩᏍᎪ ᎢᏯᏥᏛᎯ ᎦᎶᏁᏛ? ᏉᎳᏍᎪ ᏓᏓᎿᏩᏍᏛ ᎠᏕᏛᏁ ᎢᏥᏍᏕᎸᏗᏱ?
ᎠᎴᏍᎪ ᏉᎳ ᏚᏙᎥ ᏕᏣᏬᏍᏔᏁᎢ?

14 ᎤᏁᎳᏅᎯ ᏥᏯᎵᎡᎵᏤᎭ ᏂᎦᎵᏍᏙᏗᎭ ᎾᏍᎩ ᎢᏤᎲ ᎩᎶ ᏂᏥᏯᏬᎥᎾ ᎨᏒ ᏟᏍᏆ ᎠᎴ
ᎦᏯ ᎤᏅᏒ;

15 ᎩᎶᏰᏃ ᎤᏩᏒᏉ ᏚᏙᎥ ᏓᏓᏬᏍᏗᎭ, ᏱᎬᏉᏎᎭ.

16 ᎠᎴ ᎾᏍᏉ ᏍᏗᏇᎾ ᏚᏓᏘᎾᎥ ᏕᎦᏥᏯᏬᎥᎩ; ᎤᏩᏓᎴᏃ ᎥᏝ ᏱᏆᏅᏔ ᏥᏯᏬᎥᎢ.

17 ᎦᎶᏁᏛᏰᏃ ᎥᏝ ᏱᎩᎤᏎ ᏗᏆᏓᏬᏍᏗᏱ, ᎠᏆᎵᏥᏙᏗᏱᏍᎩᏂ ᎣᏍᏛ ᎧᏃᎮᏛ; ᎥᏝ
ᎠᎵᏏᎾᎯᏍᏗ ᎨᏒ ᎦᏬᏂᎯᏍᏗᏱ ᎠᏋ ᏙᏗᏱ, ᎦᎶᏁᏛᏰᏃ ᎤᏤᎵ ᏧᏓᎿᏩᏛ ᎠᏎᏉᏉ
ᏱᎤᎦᎵᏍᏓ.
18 ᏓᏓᎿᏩᏍᏛᏰᏃ ᎧᏃᎮᏗ ᎨᏒ ᎠᎵᏍᏓᏁᏛ ᎤᏂᏰᎸᎭ ᎾᏍᎩ Ꮎ ᏧᏂᏲᎱᎯᏍᏗ ᏥᎩ;
ᎠᏴᏍᎩᏂ ᎡᎩᏍᏕᎸᏗ ᏥᎩ ᎤᏁᎳᏅᎯ ᎤᎵᏂᎬᎬ ᎢᎩᏰᎸᎯ.
19 ᎯᎠᏰᏃ ᏂᎬᏅ ᎢᎦᏪᎳ, ᏓᏥᏛᏔᏂ ᎠᏂᏏᎾᏒ ᎠᏂᏏᎾᏌᏂ, ᎠᎴ ᎠᏎᏉ ᎤᏓᏚᏥᏴᏁᎵ
ᎠᏁᏯᏔᎯ ᎠᏁᏯᏔᎲᎢ.
20 ᎭᏢ ᎠᏏᎾᏌᏂ? ᎭᏢ ᏗᎪᏪᎵᏍᎩ? ᎭᏢ ᎦᏬᏂᏍᎬ ᎠᏗᎡᎯᎯ ᎠᏂ ᎡᎶᎯ ᎡᎯ? ᏝᏍᎪ
ᎤᏁᎳᏅᎯ ᎠᎵᏍᎦᏁᏛᏉ ᏱᏄᏩᏁᎸ ᎠᏏᎾᏌᏅ ᎡᎶᎯ?
21 ᎤᏁᎳᏅᎯᏰᏃ ᎠᏏᎾᏌᏂᏳ ᎨᏒ ᏥᏄᏩᏂᏌᏁ ᎡᎶᎯ ᎠᏂᏏᎾᏌᏅ ᎠᏅᏗᏍᎬ ᎤᏁᎳᏅᎯ
ᏂᎬᏩᎦᏔᎲᎾ ᏥᎨᏎᎢ, ᎤᏁᎳᏅᎯ ᏂᎬᏩᎦᏔᎲᎾ ᏥᎨᏎᎢ, ᎤᏁᎳᏅᎯ ᎣᏏ ᎤᏰᎸᏁ
ᎠᎵᏍᎦᏁᏛ ᎠᎵᏥᏙᏗ ᎨᏒ ᎤᏮᏙᏗᏱ ᏧᏍᏕᎸᏗᏱ ᎠᏃᎯᏳᎲᏍᎩ.
22 ᎠᏂᏧᏏᏰᏃ ᎤᏰᎸᏛ ᎠᏂᏔᏲᎯᎭ, ᎠᏂᎪᎢᏃ ᎠᏏᎾᏌᏂᏳ ᎨᏒ ᎤᏂᏲᎭ;
23 ᎠᏴᏍᎩᏂ ᎦᎶᏁᏛ ᏓᏓᎿᏩᏍᏛ ᎠᎦᏛᏅᎯ ᎣᏣᎵᏥᏙᎲᏍᎦ, ᎾᏍᎩ ᎠᏂᏧᏏ
ᏧᏃᎦᏍᏗᏍᎩ, ᎠᏂᎪᎢᏃ ᎠᎵᏍᎦᏁᏛ ᎤᏂᏰᎸᎭ;
24 Ꮎ-ᏍᎩᏂ ᎨᏥᏯᏅᏛ ᏥᎩ, ᎢᏧᎳᏉ ᎠᏂᏧᏏ ᎠᎴ ᎠᏂᎪᎢ, ᎦᎶᏁᏛ ᎤᏁᎳᏅᎯ
ᎤᎵᏂᎩᏗᏳ ᎨᏒ ᎠᎴ ᎠᏏᎾᏌᏂᏳ ᎨᏒ ᎤᏂᏰᎸᎭ.
25 ᎠᎵᏍᎦᏁᏛᏰᏃ ᎤᏁᎳᏅᎯ ᎤᏤᎵ ᎤᏟ ᎾᏏᎾᎯ ᎡᏍᎦᏉ ᏴᏫ; ᎠᎴ ᎠᏩᎾᎦᎳ ᎨᏒ
ᎤᏁᎳᏅᎯ ᎤᏤᎵ ᎤᏟ ᏄᎵᏂᎬᎦ ᎡᏍᎦᏉ ᏴᏫ.
26 ᎢᏥᎪᏩᏘᎭᏰᏃ , ᎢᏓᎵᏅᏟ, ᏄᏍᏛ ᎡᏥᏯᏅᎲᎢ, ᎾᏍᎩ ᎥᏝ ᏳᏂᏣᏔ ᎠᏂᏏᎾᏌᏂ
ᎤᏇᏓᎵ ᎤᎬᏩᎵ ᎨᏒᎢ, ᎥᏝ ᎠᎴ ᏳᏂᏣᏔ ᏧᎾᎵᏂᎩᏛ, ᎥᏝ ᎠᎴ ᏳᏂᏣᏔ ᎨᏥᎸᏉᏗ;
27 ᎤᎾᎳᏅᎯᏍᎩᏂ ᏚᏑᏰᏒ ᎤᎾᎵᏍᎦᏂᏍᏛ ᎨᏥᏰᎸᎯ ᎠᏁ ᎡᎶᎯ, ᎾᏍᎩ ᏧᏕᎰᎯᏍᏙᏗᏱ
ᎠᏂᎦᏔᎾᎢ; ᎠᎴ ᎤᏁᎳᏅᎯ ᏚᏑᏰᏒ ᎠᏂᏩᎾᎦᎳ ᎨᏥᏰᎸᎯ ᎠᏂ ᎡᎶᎯ, ᎾᏍᎩ
ᏧᏕᎰᎯᏍᏙᏗᏱ ᏧᎾᎵᏂᎩᏛ;
28 ᎠᎴ ᎡᏍᎦ ᎤᏃᎭᏛ ᎠᏂ ᎡᎶᎯ, ᎠᎴ ᎤᎵᏌᎵ ᎨᏥᏰᎸᎯ ᎤᏁᎳᏅᎯ ᏚᏑᏰᏒ, ᎠᎴ
ᎾᏍᎩ ᎾᏁᎲᎾ ᎨᏒᎢ, ᎾᏍᎩ ᎠᏎᏉᏉ ᎢᏳᎾᎵᏍᏙᏗᏱ ᎾᏍᎩ ᏣᏁᎭ;
29 ᎾᏍᎩ ᎩᎶ ᎤᏇᏓᎵ ᎨᏒ ᎤᏢᏈᏍᏗᏱ ᏂᎨᏒᎾ ᎾᏍᎩ ᎠᎦᏔᎲᎢ.
30 ᏂᎯᏍᎩᏂ ᎾᏍᎩ ᎢᏥᎾᏄᎪᏫᏒᎯ ᎢᎩ, ᏥᏌ ᎦᎶᏁᏛ ᎢᏳᏩᏂᏌᏛ, ᎾᏍᎩ ᎠᎦᏙᎥᎯᏍᏗ
ᎨᏒ ᎠᎴ ᏚᏳᎪᏛ ᎨᏒ ᎠᎴ ᎾᏍᎦᏅᎾ ᎢᎬᏁᏗ ᎨᏒ, ᎠᎴ ᎠᎫᏴᏙᏗ ᎨᏒ, ᎠᏴ ᎢᎬᏁᎸᎯ ᏥᎩ
ᎤᏁᎳᏅᎯ;
31 ᎾᏍᎩᏯ ᎯᎠ ᏥᏂᎬᏅ ᏥᎪᏪᎳ, ᎩᎶ ᎠᏢᏈᏍᎨᏍᏗ ᏱᎰᏩ ᎠᏢᏆᏍᏙᏗᏍᎨᏍᏗ.

ᎠᏯᏙᎸᎢ 2

1 ᎠᎴ ᎠᏴ ᎢᏓᎵᏅᏟ, ᏫᏨᎷᏤᎸ, ᎥᏝ ᎣᏌᏂ ᎦᏬᏂᎯᏍᏗ ᎨᏒ ᎠᎴ ᎠᎦᏙᎥᎯᏍᏗ ᎨᏒ
ᏱᏨᎷᎯᏍᏓᏁᎴᎢ, ᎢᏨᏃᏁᎲ ᎪᎯᏳᏗᏍᎩ ᎤᏁᎳᏅᎯ ᎤᏤᎵᎦ.
2 ᏓᏇᎪᏔᏅᎩᏰᏃ ᎾᏍᎩ ᎪᎱᏍᏗ ᎠᎩᎦᏙᎥᎯᏍᏗᏱ ᏂᎨᏒᎾ ᏂᎯ ᎢᏤᎲ, ᎤᏩᏒᎯᏳ ᏥᏌ
ᎦᎶᏁᏛ ᎠᎴ ᎾᏍᎩ ᏓᏓᎿᏩᏍᏛ ᎠᎦᏛᏅᎯ.
3 ᎠᎴ ᏥᏩᎾᎦᎸᎢ, ᎠᎴ ᏥᎾᏰᏍᎬᎢ, ᎠᎴ ᎤᏣᏘ ᎠᎩᎾᏫᏍᎬ ᎢᏨᏰᎳᏗᏙᎲᎩ.
4 ᎠᎴ ᏥᏬᏂᏍᎬ ᎠᎴ ᎦᎵᏥᏙᎲᏍᎬᎢ ᎥᏝ ᏴᏫ ᎤᏤᎵ ᎠᏓᏍᏗᏰᏗᏍᎩ ᎠᎦᏙᎥᎪᏍᏗ ᎨᏒ
ᏱᎬᏗᏍᎨᎢ, ᎠᏓᏅᏙᏍᎩᏂ ᎠᎴ ᎤᎵᏂᎩᏗ ᎨᏒ ᏄᏜᏗᏛᏒᎾ ᏂᎬᏁᎲᎢ;
5 ᎾᏍᎩ ᎢᏦᎯᏳᏒ ᏴᏫ ᎠᏂᎦᏔᎿᎥᎢ ᏄᎵᏍᎦᏍᏙᏛᎾ ᎢᏳᎵᏍᏙᏗᏱ, ᎤᏁᎳᏅᎯᏍᎩ
ᎤᎵᏂᎩᏗᏳ ᎨᏒᎢ.
6 ᎠᎦᏙᎥᎯᏍᏗᏍᎩᏂᏃᏅ ᎨᏒ ᎣᏨᏗᏍᎪ ᎣᏥᏬᏂᎯ ᎪᎱᏍᏗ ᏄᏂᎷᎶᏤᎲᎾ; ᎥᏝ ᎠᏗᎾ ᎡᎶᎯ
ᎤᏤᎵ ᎠᎦᏙᎥᎯᏍᏗ ᎨᏒᎢ, ᎥᏝ ᎠᎴ ᎤᏂᎬᏫᏳᎯ ᎡᎶᎯ ᎠᏁᎯ ᎤᎾᏤᎵᎦ, ᎾᏍᎩ ᎠᏎᏉᏉ
ᎢᎦᎵᏍᏗᏍᎩ ᏥᎩ.
7 ᎠᏴᏍᎩᏂ ᎣᏥᏬᏂᏍᎪ ᎣᏨᏗᏍᎪ ᎠᎦᏙᎥᎯᏍᏗ ᎨᏒ ᎤᏁᎳᏅᎯ ᎤᏤᎵᎦ, ᎤᏕᎵᏛ ᎨᏒᎢ,
ᎾᏍᎩ ᎬᏍᎦᎵ, ᎾᏍᎩ ᎢᏳᎵᏍᏙᏗᏱ ᏥᏚᏭᎪᏔᏁ ᎤᏁᎳᏅᎯ ᎡᎶᎯ ᎠᏏ ᏂᎨᏒᎾ ᏥᎨᏎᎢ,
ᏧᎬᏩᎴ ᎠᏴ ᎡᎩᎸᏉᏙᏗᏱ.
8 ᎾᏍᎩ ᎥᏝ ᎩᎶ ᏗᎨᎦᏁᎶᏗ ᎡᎶᎯ ᎠᏁᎯ ᏱᏂᎦᏔᎮᎢ; ᏱᎠᏂᎦᏔᎮᏰᏃ ᎥᏝ ᎦᎸᏉᏗᏳ
ᎤᎬᏫᏳᎯ ᏓᏓᎿᏩᏍᏛ ᏱᎬᏩᎾᏛᏁᎢ;
9 ᎾᏍᎩᏯᏍᎩᏂ ᎯᎠ ᏥᏂᎬᏅ ᏥᎪᏪᎳ, ᎩᎶ ᎤᎬᎲᎯ ᏂᎨᏒᎾ, ᎠᎴ ᎤᏛᎦᏅᎯ ᏂᎨᏒᎾ,
ᎠᎴ ᏴᏫ ᎤᎾᏫᏱ ᎤᏴᎸᎯ ᏂᎨᏒᎾ, ᎾᏍᎩ ᏄᏍᏛ ᎤᏁᎳᏅᎯ ᏚᏛᏅᎢᏍᏓᏁᎸ ᎾᏍᎩ
ᎬᏩᎨᏳᎯ.
10 ᎠᏎᏃ ᎤᏁᎳᏅᎯ ᎬᏂᎨᏒ ᏂᎬᏁᎸ ᎤᏓᏅᏙ ᎤᏮᏔᏅ; ᎠᏓᏅᏙᏰᏃ ᏂᎦᎥ ᏧᏓᎴᏅᏛ
ᎠᎪᎵᏰᏍᎪᎢ, ᎾᏍᏉ ᎬᏍᎦᎵ ᎨᏒ ᎤᏁᎳᏅᎯ ᎤᏤᎵᎦ.
11 ᎦᎪᏰᏃ ᎢᏳᏍᏗ ᏴᏫ ᏧᏓᎴᏅᏛ ᏴᏫ ᏧᏤᎵᎦ ᎠᎦᏔᎭ? ᎤᏩᏒᏉᏍᎩᏂ ᏴᏫ ᎤᏓᏅᏙ
ᎾᏍᎩ ᏧᏯᎠ. ᎾᏍᎩᏯ ᎾᏍᏉ ᏧᏌᎴᏅᏛ ᎤᏁᎳᏅᎯ ᏧᏤᎵᎦ ᎥᏝ ᎩᎶ ᏯᎦᏔᎭ,
ᎤᏁᎳᏅᎯ ᎤᏓᏅᏙ ᎤᏩᏒ.
12 ᎠᎴ ᎠᏴ ᎥᏝ ᎠᏓᏅᏙ ᎡᎶᎯ ᎡᎯ ᏱᏙᎦᏓᏂᎸᏨ, ᎠᏓᏅᏙᏍᎩᏂ ᎤᏁᎳᏅᎯᏱ
ᎤᏓᏳᏓᎴᏅᎯ, ᎾᏍᎩ ᎣᎩᎦᏙᎥᎯᏍᏗᏱ ᎾᏍᎩ ᎬᏩᎦᏘᏯ ᎣᎩᏁᎸᎯ ᎨᏒ ᎤᏁᎳᏅᎯ.
13 ᎾᏍᎩ ᎾᏍᏉ ᎣᏥᏃᎮᏍᎪᎢ, ᎥᏝ ᏲᏨᏗᏍᎪ ᎦᏬᏂᎯᏍᏗ ᏴᏫ ᎤᏤᎵ ᎠᎦᏙᎥᎯᏍᏗ ᎨᏒ
ᏧᏕᏲᏅᎯ, ᎦᎸᏉᏘᏳᏍᎩᏂ ᎠᏓᏅᏙ ᏧᏕᏲᏅᎯ; ᎠᏓᏅᏙ ᎤᎵᏍᎪᎸᏔᏅᎯ ᎬᏂᎨᏒ ᏂᏙᏨᏁᎨ
ᎠᏓᏅᏙ ᎤᏁᎯ.

14 ᏴᏫᏍᎩᏂ ᎤᏓᏁᏟᏴᏛ ᏂᎨᏒᎾ ᎨᏒ ᎥᏝ ᏱᏓᏓᏂᎸᎪ ᎤᏁᎳᏅᎯ ᎤᏓᏅᏙ ᎤᎵᏍᎪᎸᏔᏅᎯ;
ᎠᎵᏍᎦᏁᏛᏊᏰᏃ ᏚᏰᎸᏉᎢ; ᎥᏝ ᎠᎴ ᏗᎬᏬᎵᏍᏗ ᏱᎨᏉᎢ, ᏅᏗᎦᎵᏍᏙᏗᏍᎪ ᎠᏓᏅᏙ ᎩᏛ
ᏗᎬᎪᏩᏛᏗ ᎨᏒᎢ.
15 Ꮎ-ᏍᎩᏂ ᎠᏓᏅᏙ ᎤᏪᎯ ᏂᎦᎥ ᎠᎪᏩᏘᏍᎠᎢ, ᎠᏎᏃ ᎤᏩᏒ ᎸᏍᏛ ᎥᏝ ᎩᎶ
ᏳᎪᏩᏘᏍᎠᎢ.
16 ᎦᎦᎨ ᎤᎦᏙᎥᏉ ᏱᎰᏩ ᎤᏓᏅᏛᎢ, ᎾᏍᎩ ᏰᎵ ᎬᏪᏲᏗ ᎢᎬᏩᎵᏍᏙᏗ? ᎠᏴᏍᎩᏂ ᎦᎶᏁᏛ
ᎤᏓᏅᏛ ᎢᎨᎭ.

ᎠᏯᏙᎸᎢ 3

1 ᎠᎴ ᎠᏴ, ᎢᏓᎵᏅᏟ, ᎥᏝ ᎠᏓᏅᏙ ᏧᎾᏗᏂᏙᎯ ᎾᏍᎩᏯ ᎨᏨᏌᏁᏙᏗ ᏱᎨᏎᎢ,
ᎤᏇᏓᎵᏉᏍᎩᏂ ᏧᎾᏗᏂᏙᎯ ᎾᏍᎩᏯᎢ, ᎾᏍᎩᏯᏉ ᏧᎾᏍᏗ ᏗᏂᏲᎵ ᎦᎶᏁᏛ ᏚᎾᏚᏓᏛ
ᎨᏒᎢ.
2 ᎤᏅᏗ ᎢᏳᏰᎳᏍᏗᏍᎬᎩ ᎥᏝᏃ ᎪᎱᏍᏗ ᎠᎩᏍᏗ; ᏧᏩᎫᏔᏅᏒᏰᏃ ᎥᏝ ᏰᎵ ᎨᏥᎩᏍᏗ
ᏱᎨᏎᎢ, ᎠᎴ ᎪᎯ ᎨᏒ ᎥᏝ ᎠᏏ ᏰᎵ ᏱᎩ.
3 ᎠᏏᏉᏰᏃ ᎤᏇᏓᎵ ᎦᏣᏗᏂᏙᎭ; ᎾᏍᎩᏰᏃ ᏥᏤᎭ ᎠᏛᏳᎨᏗ ᎨᏒᎢ, ᎠᎴ ᎠᏗᏒᏍᏗ ᎨᏒᎢ,
ᎠᎴ ᎢᎸᏍᏗ ᎢᏯᏓᏗᏍᏗ ᎨᏒᎢ, ᏝᏍᎪ ᎤᏇᏓᎵ ᎢᏣᏗᏂᏙᎯ ᏱᎩ, ᎠᎴ ᏴᏫᏉ ᎤᏁᏓᏍᏗ
ᎾᏍᎩᏯ ᏱᏣᏙᎭ?
4 ᎠᏏᏴᏫᏰᏃ ᎯᎠ ᏥᏂᎦᏪᏍᎪᎢ, ᎠᏴ ᏉᎳ ᏥᏯᎵᎪᏁᎯ, ᎤᏩᏓᎴᏃ, ᎠᏴ ᎠᏉᎳ
ᏥᏯᎵᎪᏁᎯ; ᏝᏍᎪ ᎤᏇᏓᎵ ᏗᏣᏗᏂᏙᎯ ᏱᎩ?
5 ᎦᎪᎨᏃ ᎢᏳᏍᏗ ᏉᎳ, ᎠᎴ ᎠᏉᎳ ᎦᎪ? ᏝᏍᎪ ᎨᏥᏅᏏᏓᏍᏗᏉ ᏱᎩ, ᎾᏍᎩ
ᎢᏳᏅᏂᏌᎹ ᏥᏦᎯᏳᏅᎩ, ᎾᏍᎩᏯ ᎤᎬᏫᏳᎯ ᎠᏂᏏᏴᏫᎭ ᏚᏁᎸᎢ?
6 ᎠᏴ ᎠᎩᏫᏒᎩ, ᎠᏉᎳ ᎠᎹ ᎤᏍᏚᎵᎩ; ᎤᏁᎳᏅᎯᏍᎩᏂ ᎤᏁᏉᎢᏍᏗᏱ ᎸᏩᏁᎸᎩ.
7 ᎾᏍᎩᏃ Ꮎ ᎠᏫᏍᎩ ᎥᏝ ᎪᎱᏍᏗ ᏱᎩ, Ꮎ ᎠᎴ ᎠᎹ ᎠᏍᏚᏟᏍᎩ, ᎤᏁᎳᏅᎯᏍᎩᏂ
ᎤᏁᏉᎢᏍᏗᏱ ᎢᎬᏁᎯ ᏥᎩ.
8 ᎾᏍᎩᏃ Ꮎ ᎠᏫᏍᎩ ᎠᎴ Ꮎ ᎠᎹ ᎠᏍᏚᏟᏍᎩ ᏌᏉᏉ ᎾᎾᎵᏍᏗᎭ; ᎠᎴ ᎾᏂᎥ ᎠᏂᏏᏴᏫᎭ
ᎨᎦᎫᏴᏒᏗ ᎨᏎᏍᏗ ᎤᎾᏤᎵᎦᏯ ᎨᎦᎫᏴᏓᏁᏗ ᎨᏒ, ᎾᏍᎩᏯ ᎸᏍᏛ ᎤᏅᏒ
ᎦᏅᏂᎸᏫᏍᏓᏁᎸᎢ.
9 ᎠᏴᏰᏃ ᎤᏁᎳᏅᎯ ᎢᏧᎳᎭ ᏦᎩᎸᏫᏍᏓᏁᎯ, ᏂᎯ ᎤᏁᎳᏅᎯ ᎤᎶᎨᏒᎢ, ᏂᎯ
ᎤᏁᎳᏅᎯ ᎤᏁᏍᎨᏄᎯ.
10 ᎾᏍᎩᏯ ᎤᏁᎳᏅᎯ ᎬᏩᎦᏗᏯ ᎤᏓᏙᎵᏍᏗ ᎨᏒ ᎠᏴ ᎥᎩᏁᎸᎢ, ᎾᏍᎩᏯ ᎠᏏᎾᏌᏂ
ᎸᎬᏫᏳᏒ ᏗᏁᏍᎨᏍᏗ ᎢᏳᏛᏁᏗ ᎾᏆᏛᏁᎸ ᎦᎫᏍᏛᏗ ᎠᎩᏅ, ᎤᏩᏓᎴᏃ ᎾᏏ ᎤᏁᏍᎨᏄ.
ᎠᏎᏃ ᎾᏂᎥ ᎩᎶ ᎠᏁᏯᎳᏢᏍᏗ ᎸᏍᏛ ᎠᎾᏁᏍᎨᏍᎬ ᎾᏏᏂ.
11 ᎤᏩᏓᎴᏰᏃ ᎦᎫᏍᏛᏗ ᎥᏝ ᎩᎶ ᎬᏩᏗ ᏱᎩ ᎾᏍᎩ ᎤᏩᏒ ᎦᎶᎳ ᎠᏅᎯ ᏥᎩ, ᎾᏍᎩ
ᏥᏌ ᎦᎶᏁᏛ ᏥᎩ.
12 ᎾᏍᎩᏃ ᎢᏳ ᎩᎶ ᎾᏍᎩ ᎯᎠ ᎦᎫᏍᏛᏗᎯ ᏳᏝᏅ, ᎠᏕᎸ ᏓᎶᏂᎨ ᏩᏁᏍᎨᎳᏅ, ᎠᏕᎸ
ᎤᏁᎬ, ᏗᏕᎸᏉᏗ ᎤᏯ, ᎠᏓ, ᎧᏁᏍᎦ, ᎠᏍᎫᎦᏒᎯ ᎤᎵᏃᎯᏰᎯ,
13 ᎾᏂᎥ ᏴᏫ ᏚᏂᎸᏫᏍᏓᏁᎸ ᎬᏂᎨᏒ ᎢᎬᏁᏗ ᎨᏎᏍᏗ; ᎾᎯᏳᏰᏃ ᎤᎾᎸᎪᏫᏍᏗ ᎨᏎᏍᏗ; ᎠᎴ
ᎠᏥᎸ ᎤᎪᎵᏰᏗ ᎨᏎᏍᏗ ᎾᏂᎥ ᏴᏫ ᏚᏂᎸᏫᏍᏓᏁᎸ ᎢᏳᏍᏗ ᎾᏍᎩ ᎨᏒᎢ.
14 ᎢᏳᏃ ᎩᎶ ᏚᎸᏫᏍᏓᏁᎸ ᏱᏁᎬᏩᏍᏗᏉ ᎾᏏ ᎤᏁᏍᎨᏄᎢ, ᎾᏍᎩ ᎠᎦᎫᏴᏒᏗ ᎨᏎᏍᏗ.
15 ᎢᏳᏃ ᎩᎶ ᏚᎸᏫᏍᏓᏁᎸ ᏯᎪᏄᏍᏔᏅ, ᎾᏍᎩ ᎤᏲᎱᏎᎲᏍᏗ; ᎤᏩᏒᏍᎩᏂ ᎠᏥᏍᎦᎸᏗ
ᎨᏎᏍᏗ; ᎠᏎᏃ ᎠᏥᎸ ᏣᏥᏍᎦᎸᎳᏃ ᎾᏍᎩᏯᎢ.

16 ᏝᏍᎪ ᏱᏥᎦᏔᎭ ᏂᎯ ᎤᏁᎳᏅᎯ ᎦᏁᎸ ᎨᏒᎢ, ᎠᎴ ᎾᏍᎩ ᎤᏁᎳᏅᎯ ᎤᏓᏅᏙ
ᎢᏥᏯᎥᎢ?
17 ᎢᏳᏃ ᎩᎶ ᏳᏲᏍᏔᏅ ᎤᏁᎳᏅᎯ ᎦᏁᎸᎢ, ᎾᏍᎩ ᎤᏁᎳᏅᎯ ᏓᏳᏲᏍᏔᏂ;
ᎤᏁᎳᏅᎯᏰᏃ ᎦᏁᎸ ᎦᎸᏉᏗᏳ, ᎾᏍᎩᎾ ᏂᎯ ᏥᎩ.
18 ᏞᏍᏗ ᎩᎶ ᎤᏩᏒ ᏥᎠᏓᎵᏓᏍᏔᏂ. ᎢᏳᏃ ᎩᎶ ᏂᎯ ᎢᏤᎲᎢ ᎠᎦᏔᎿᎢ ᏱᏅᏩᏍᏗ ᎠᏂ
ᎡᎶᎯ ᎨᏒᎢ, ᎾᏍᎩ ᎤᏁᎫ ᏫᏂᎦᎵᏍᏓ, ᎾᏍᎩ ᎠᎦᏔᎿᎢ ᎢᏳᎵᏍᏙᏗᏱ.
19 ᎠᎦᏙᎥᎯᏍᏗᏰᏃ ᎨᏒ ᎠᏂ ᎡᎶᎯ ᎡᎯ ᎠᎵᏍᎦᏁᏛᏉ ᎤᏁᎳᏅᎯ ᎠᏓᏅᏖᏍᎬᎢ; ᎯᎠᏰᏃ
ᏂᎬᏅ ᎢᎪᏪᎳ, ᎦᎦᏂᏱᎭ ᎠᏂᎦᏔᎿᎢ ᎬᏗᎭ ᎤᏅᏒ ᎠᏂᏏᎾᏌᏅᎢ.
20 ᎠᎴᏬ, ᏱᎰᏩ ᎠᎦᏔᎭ ᎠᎾᏓᏅᏖᏍᎬ ᎠᏂᎦᏔᎿᎢ, ᎾᏍᎩ ᎠᏎᏉᏉ ᎨᏒᎢ.
21 ᎾᏍᎩ ᎢᏳᏍᏗ ᏞᏍᏗ ᎩᎶ ᎠᏫᏉ ᏱᏓᏢᏆᏍᏙᏗᏍᎨᏍᏗ; ᏂᎦᏗᏳᏰᏃ ᏧᏓᎴᏅᏛ
ᎢᏣᏤᎵᎦ;
22 ᎾᏍᎩᏉ ᏉᎳ ᏱᎩ, ᎠᎴ ᎠᏉᎳ, ᎠᎴ ᏏᏆᏏ, ᎠᎴ ᎡᎶᎯ, ᎠᎴ ᎬᏂᏛ, ᎠᎴ
ᎠᏲᎱᎯᏍᏗ, ᎠᎴ ᎪᎱᏍᏗ ᎪᎯ ᎨᏒ, ᎠᎴ ᎪᎱᏍᏗ ᎠᏏ ᏥᎨᏎᏍᏗ; ᏂᎦᏗᏳ ᎢᏣᏤᎵᎦ;
23 ᎠᎴ ᏂᎯ ᎦᎶᏁᏛ ᏧᏤᎵᎦ; ᎦᎶᏁᏛᏃ ᎤᏁᎳᏅᎯ ᎤᏤᎵᎦ.

ᎠᏯᏙᎸᎢ 4

1 ᎾᏂᎥ ᎩᎶ ᎪᎦᏓᏅᏖᏍᎬ ᎦᎶᏁᏛ ᎣᎩᏅᏏᏓᏍᏗ ᎾᏍᎩᏯ ᎪᎦᏓᏅᏖᏍᎨᏍᏗ, ᎠᎴ
ᎣᎦᎦᏌᏯᏍᏗᎨᎩ ᎤᏕᎵᏛ ᎨᏒ ᎤᏁᎳᏅᎯ ᎤᏤᎵᎦ.
2 ᎠᎴ ᎾᏍᏉ ᎤᎾᎦᏌᏯᏍᏗᏕᎩ ᎤᏚᎩ ᎨᏒᎭ ᏚᏳᎪᏛ ᎢᏳᎾᏛᏁᏗᏱ.
3 ᎠᏴᏍᎩᏂ ᎦᏓᏅᏖᏍᎬ ᎤᎵᏌᎵᏉ ᏂᎯ ᏗᏍᎩᏳᎪᏓᏁᏗᏱ, ᎠᎴ ᎠᏫᏉ ᏧᏭᎪᏙᏗ ᎨᏒᎢ;
ᎥᎥ, ᎥᏝ ᎠᏋᏒ ᏱᏗᎦᏓᏚᎪᏓᏁᎭ;
4 ᎥᏝᏰᏃ ᎪᎱᏍᏗ ᏱᏥᎦᏔᎭ ᎠᏋᏒ ᎠᏆᏓᎳᏫᏎᏗ; ᎠᏎᏃ ᎥᏝ ᎾᏍᎩ ᏯᏇᏓᎴᎭ;
ᎤᎬᏫᏳᎯᏍᎩᏂ ᎾᏍᎩ ᏗᏇᎪᏓᏁᎯ.
5 ᎾᏍᎩᏍᎩᏂ ᎢᏳᏍᏗ ᏝᏍᏗ ᏗᏧᎪᏔᏅᎩ ᎠᏏᏉ ᎸᏍᏆᎸᎲᎾ, ᎬᏂ ᎤᎬᏫᏳᎯ ᎦᎷᏨᎭ,
ᎾᏍᎩ ᎢᎦ ᎦᏛ ᏥᏙᏓᎦᏁᎸᎪᏫᏏ ᎤᎵᏏᎬ ᏗᎬᏍᎦᎵ ᏥᎩ, ᎠᎴ ᎬᏂᎨᏒ ᏂᏙᏓᎬᏁᎵ ᏧᏂᎾᏫᏱ
ᎸᏍᏛ ᏕᎾᏓᏅᏖᎸᎢ; ᎿᏉᏃ ᎾᏂᎥ ᎨᏥᎸᏉᏙᏗ ᎨᏒ ᎤᏁᎳᏅᎯᏱ ᎤᏓᏳᏓᎴᏅᎯ ᎨᏎᏍᏗ.
6 ᎠᎵ ᎾᏍᎩ ᎯᎠ ᏧᏓᎴᏅᏛ, ᎢᏓᎵᏅᏟ, ᏕᎦᏟᎶᏍᏗᏍᎬ ᎠᏋᏒ ᏕᏓᏁᎢᏍᏓ ᎠᎴ ᎠᏉᎳ
ᏥᏁᎢᏍᏓ ᏂᎯ ᎨᏒ ᎤᏗᎦᎵᏍᏙᏗᎭ; ᎾᏍᎩ ᏍᎩᏯᏕᎶᏆᎡᏗᏱ ᎢᏣᏓᏅᏖᏍᎬ ᎢᏥᎶᏒᏍᏙᏗᏱ
ᏂᎨᏒᎾ ᏂᎬᏅ ᎪᏪᎸᎢ, ᎾᏍᎩ ᎩᎶ ᎤᏢᏈᏍᏗᏱ ᏂᎨᏒᎾ ᎠᏏᏴᏫ ᏕᎸᏉᏗᏍᎬ ᎤᏣᏓᎴᏃ
ᎠᏈᏗᏍᎬᎢ.
7 ᎦᎪᎨ ᎤᏣᏓᎴᏂᏨᏁᎸ? ᎠᎴ ᎦᏙ ᏣᎭ ᎾᏍᎩ ᏁᏣᏁᎸᎾ ᎨᏒᎢ? ᎢᏳᏃ ᎡᏣᏁᎸᎯ ᏱᎩ,
ᎦᏙᏃ ᎢᎭᏢᏈᏍᎦ ᏁᏣᏁᎸᎾᏉ ᏥᎨᎭ ᎾᏍᎩᏯᎢ?
8 ᎿᏉ ᎢᏥᎧᎵᏨᎯ, ᎿᏉ ᎢᏤᎿᎢᏳ, ᎢᏥᎬᏫᏳᎯ ᎨᏒᎢ ᎠᏴ ᏂᏨᏯᎵᎪᏁᎸᎾ, ᎠᎴ ᏲᎯ
ᎤᏙᎯᏳᎯ ᎢᏥᎬᏫᏳᎯ ᏱᎩ, ᎠᏴ ᎾᏍᏉ ᎢᏧᎳᎭ ᎢᎩᎬᏫᏳᎯ ᎢᏳᎵᏍᏙᏗᏱ.
9 ᎦᏓᏅᏖᏍᎬᏰᏃ ᎤᏁᎳᏅᎯ ᎬᏂᎨᏒ ᏃᎬᏁᎸ ᎠᏴ ᎣᎩᏅᏏᏛ ᎣᏂᏱ ᎨᏒᎢ, ᏦᎩᏲᎱᎯᏍᏗᏱ
ᎾᏍᎩᏯᎢ; ᏗᎪᎦᎧᏃᏗᏰᏃ ᏃᏕᎵᏍᏔᏅ ᎡᎶᎯ ᎠᎴ ᏗᏂᎧᎿᏩᏗᏙᎯ ᎠᎴ ᏴᏫ.
10 ᎣᎩᏁᎫ ᎠᏴ ᎦᎶᏁᏛ ᎨᏒ ᎤᏗᎦᎵᏍᏙᏗᎭ, ᏂᎯᏍᎩᏂ ᎢᏥᎦᏔᎿᎢ ᎦᎶᏁᏛ ᎨᏒ
ᎤᏗᎦᎵᏍᏙᏗᎭ; ᏦᏥᏩᎾᎦᎳ ᎠᏴ, ᏂᎯᏍᎩᏂ ᏗᏣᎵᏂᎩᏗᏳ; ᎡᏥᎸᏉᏗᏳ ᏂᎯ, ᎠᏴᏍᎩᏂ
ᎣᎩᏂᏆᏘᎯ.
11 ᎪᎯ ᎨᏒ ᎢᏯᏍᏗ, ᎠᎪᎸ ᏙᏱᏲᏏᎭ, ᎠᎴ ᏙᎩᏔᏕᎩᎭ, ᎠᎴ ᏦᎩᏰᎸᏌᎢ, ᎠᎴ ᎠᏍᏈᏅ
ᏙᎬᏂᏍᏗᎭ, ᎠᎴ ᎢᎸᎯᏢ ᎣᎨᏅᏒ ᏂᎨᏒᎾ;
12 ᎠᎴ ᎠᏍᏓᏯ ᏙᎩᎸᏫᏍᏓᏁᎮᎢ, ᎣᎬᏒ ᏦᎪᏰᏂ ᏙᏨᏗᏍᎪ ᎪᎱᏍᏗ ᎣᏟᏛᏁᎮᎢ.
ᏕᏲᎩᎭᏢᏗᏍᎬ ᎣᏍᏛ ᏙᏥᏁᏤᎮᎢ; ᎤᏲ ᏃᎬᏁᎲ ᎤᏁᎳᎩ ᎣᏤᎵᏍᎪᎢ;
13 ᎣᎩᏃᏢᏍᎬᎢ, ᎣᏥᏔᏲᎯᎮᏉ; ᎤᏁᎢᎸᏗ ᎡᎶᎯ ᎡᎯ ᎾᏍᎩᏯ ᎾᏕᎵᏍᏔᏅ, ᎠᎴ ᎦᏓᎭ
ᎨᏒ ᎾᎦᎥ ᏧᏓᎴᏅᏛ ᎠᏍᏛᎪᎡᎯ ᏃᏕᎵᏍᏔᏅ ᎪᎯ ᎢᏯᏍᏗ.
14 ᎥᏝ ᎢᏨᏍᏕᏲᎯᏍᏙᏗᏱ ᏱᎩᏰᎸ ᎯᎠ ᎾᏍᎩ ᏥᏨᏲᏪᎳᏁᎭ; ᏗᏇᏥᏍᎩᏂ ᎢᏨᎨᏳᎢ
ᎾᏍᎩᏯᎢ ᎢᏨᏯᏅᏓᏗᏍᏗᎭ.

15 ᎾᏍᏉᏰᏃ ᎠᏍᎪᎯ ᎢᏯᎦᏴᎵ ᏱᎾᏂᎥ ᏗᎨᏤᏲᎲᏍᎩ ᎦᎶᏁᏛ ᎦᏣᏁᎶᏛᎢ, ᎠᏎᏃ ᎥᏝ
ᏯᏂᎪᏗ ᏗᏥᏙᏓ; ᎦᎶᏁᏛᏰᏃ ᏥᏌ ᎦᏣᏁᎶᏛ ᎣᏍᏛ ᎧᏃᎮᏛ ᎬᏗ ᏍᎩᏯᎦᏁᎸᎩ.
16 ᎾᏍᎩ ᎢᏳᏍᏗ ᎢᏨᏍᏗᏰᏗᎭ ᎠᏴ ᏍᎩᏯᏕᎶᏆᏒᎯ ᎢᏣᎵᏍᏙᏗᏱ.
17 ᎾᏍᎩ ᎤᏗᎦᎵᏍᏙᏗᎭ ᏥᎤᏒᎩ ᏗᎹᏗ ᎢᏥᏩᏛᎲᏍᏗᏱ, ᎾᏍᎩ ᏥᎨᏳᎢ ᏥᎩ ᎠᏇᏥ,
ᎠᎴ ᏚᏳᎪᏛ ᎢᏯᏛᏁᎯ ᎤᎬᏫᏳᎯ ᏓᎧᏂᏩᏕᎬᎢ; ᎾᏍᎩ ᏓᏣᏅᏓᏗᏍᏔᏂ ᎸᏍᏛ ᎨᏙᎲ
ᎦᎶᏁᏛ ᎦᏥᏚᏂᏩᏕᎬᎢ, ᎾᏍᎩᏯ ᏕᏚᏕᏲᎲᏍᎬ ᏂᎦᎥ ᎦᎨᏌᏗᏒ ᏚᎾᏓᏡᏩᏗᏒ ᏧᎾᏁᎶᏗ.
18 ᎾᏍᎩᏃ ᎢᎦᏛ ᏚᎾᏕᏋᎯᏍᏗ ᏥᏫᎤᏗᏨᎷᏤᎵᏒᎾᏉ ᏥᎨᎭ ᎾᏍᎩᏯᎢ.
19 ᎠᏎᏃ ᏮᏓᏨᎷᏤᎵ ᏂᎪᎯᎸᎾ, ᎢᏳᏃ ᎤᎬᏫᏳᎯ ᎣᏏᏳ ᏳᏰᎸᏅ; ᎠᎴ ᏮᏓᏚᏙᎴᎣᏏ, ᎥᏝ
ᎠᏂᏬᏂᏍᎬᏉ ᎾᏍᎩ ᏧᎾᏕᏋᎯᏍᏗ, ᏚᎾᎵᏂᎬᎬᏍᎩᏂ ᎸᏍᏛᎢ.
20 ᎤᏁᎳᏅᎯᏰᏃ ᎤᏤᎵᎪᎯ ᎨᏒ ᎥᏝ ᏚᏬᏂᎯᏍᏗᏉ ᎨᏒ ᏱᏚᎳᏏᏗ, ᎤᎵᏂᎩᏗᏳᏍᎩᏂ
ᎨᏒᎢ.
21 ᎦᏙᏃ ᎢᏣᏚᎵᎭ? ᏥᎪ ᎦᎾᏍᏓ ᏥᏁᎢ ᏮᏌᏨᎷᏤᎵ? ᏥᎪᎨ ᎠᏓᎨᏳᏗᏳ ᎨᏒ, ᎠᎴ
ᎤᏓᏅᏘ ᎠᏓᏅᏙ ᎬᏗ ᏮᏓᏨᎷᏤᎵ?

ᎠᏯᏙᎸᎢ 5

1 ᏂᎦᎥᏉ ᎠᏂᏃᎮᎭ ᎾᏍᎩ ᎤᏕᎵᏛ ᏗᏂᏏᏗ ᎨᏒ ᎢᏤᎲᎢ, ᎠᎴ ᎾᏍᎩ ᎢᏳᏍᏗ ᎤᏕᎵᏛ
ᏗᏂᏏᏗ ᎨᏒ ᎾᏍᎩ ᏧᎾᏓᎴᏅᏛ ᏴᏫ ᎥᏝ ᎬᏩᏂᏃᎮᏗ ᎾᏍᏉ ᏱᎩ, ᎾᏍᎩ ᎩᎶ ᎤᏙᏓ ᎤᏓᎵᎢ
ᎤᏓᏴᏍᏗᏱ.
2 ᏙᏣᏕᏋᎯᏍᏗᏉᏃ ᏂᎯ, ᎠᎴ ᎥᏝ ᎤᏲᏉ ᏱᏥᏰᎸᏅ, ᎾᏍᎩ ᎯᎠ ᎢᏳᏛᏁᎸᎯ
ᏕᏰᏥᏄᎪᏫᏍᏗ ᎢᏣᏓᏡᎬ ᎢᏳᎵᏍᏙᏗᏱ ᎤᎬᏩᎵ.
3 ᎠᏴᏰᏃ ᎤᏙᎯᏳᎯ ᎠᎩᎪᏁᎳ ᏥᏰᎸ ᎨᏒᎢ, ᏥᎦᏔᏩᏕᎦᏍᎩᏂ ᎠᏆᏓᏅᏙᎩᎯ, ᎦᏳᎳ
ᏥᏥᎦᏔᏩᏕᎪ ᎾᏍᎩᏯᎢ ᏕᏥᏳᎪᏓᏁᎸ ᎾᏍᎩ ᎯᎠ ᎢᏳᏛᏁᎸᎯ,
4 ᎢᏣᏓᏟᏌᎮᏍᏗ, ᎠᏆᏓᏅᏙᏃ ᎠᎦᏔᏩᏕᎨᏍᏗ, ᎤᎵᏂᎩᏗᏳ ᎨᏒ ᎢᎦᏤᎵ ᎤᎬᏫᏳᎯ ᏥᏌ
ᎦᎶᏁᏛ ᏔᎵ ᎤᏛᎦᏍᏗ, ᎤᎬᏫᏳᎯ ᏥᏌ ᎦᎶᏁᏛ ᏚᏙᎥ ᎢᏨᏙᏗᏱ,
5 ᎾᏍᎩ ᏎᏓᏂ ᏤᏥᏲᎯᏎᏗᏱ ᎾᏍᎩ ᎯᎠ, ᎾᏍᎩ ᎤᏲᎢᏍᏗᏱ ᎤᏇᏓᎸᎢ, ᎤᏓᏅᏙᏃ
ᎠᏍᏕᎸᏗᏱ ᎾᎯᏳ ᎤᎬᏫᏳᎯ ᏥᏌ ᎤᏤᎵ ᎢᎦ ᎨᏎᏍᏗ.
6 ᎢᏣᏢᏆᏍᎬ ᎥᏝ ᎣᏏᏳ ᏱᎩ. ᎥᏝᏍᎪ ᏱᏥᎦᏔᎭ ᎤᏍᏗ ᎠᎪᏙᏗ ᏂᎦᏛ ᎦᏚ ᎠᎪᏗᏍᎬᎢ.
7 ᎾᏍᎩ ᎢᏳᏍᏗ ᎢᏥᏄᎪᏩ ᎤᏪᏘ ᎠᎪᏙᏗ, ᎾᏍᎩ ᎦᏚ ᎢᏤ ᎢᏣᎵᏍᏙᏗᏱ, ᎾᏍᎩᏯ
ᏁᏨᎪᎳᏅᎾ ᏥᎩ. ᎾᏍᏉᏰᏃ ᎦᎶᏁᏛ ᎧᏃᎯᏰᎩ ᎢᎦᏤᎵ ᎢᎩᏲᎱᎯᏎᎸ;
8 ᎾᏍᎩ ᎢᏳᏍᏗ ᎢᎩᏍᏆᏂᎪᏕᏍᏗ ᏗᎵᏍᏓᏴᏗᏱ ᎨᏒᎢ, ᎥᏝᏍᏗ ᎤᏪᏘ ᎠᎪᏙᏗ ᎬᏗ, ᎠᎴ
ᎥᏝᏍᏗ ᎤᏲ ᎠᎴ ᎠᏍᎦᏂ ᎨᏒ ᎠᎪᏙᏗ ᎬᏗ, ᏂᏓᎪᎳᏅᎾᏍᎩᏂ ᎦᏚ ᏄᏠᎾᏍᏛᎾ ᎨᏒ ᎠᎴ
ᎦᏰᎪᎩ ᏂᎨᏒᎾ ᎬᏗ.
9 ᎢᏨᏲᏪᎳᏁᎸᎩ ᎾᏍᎩ ᎢᏧᎳᎭ ᎢᏤᏓᏍᏗᏱ ᏂᎨᏒᎾ ᎤᏕᏒᎾ ᏗᎾᏂᏏᎲᏍᎩ;
10 ᎥᏝ ᎠᏗᎾ ᎿᏉ ᎠᏎ [ᎢᏤᏓᏍᏗᏱ ᏂᎨᏒᎾ] ᎾᏍᏉ ᎡᎶᎯ ᏗᏂᎧᏩᎦᎩ ᎤᏕᎵᏛ
ᏗᎾᏂᏏᎲᏍᎩ ᎠᎴ ᎤᏂᎬᎥᏍᎩ ᎤᏕᎵᏛ ᏗᎾᏂᏏᎲᏍᎩ ᎠᎴ ᎤᏂᎬᎥᏍᎩ, ᎠᎴ ᎤᎶᏒᏍᏗ
ᎠᎾᏓᎩᏒᎯ, ᎠᎴ ᎤᏁᎳᏅᎯ ᏗᏟᎶᏍᏔᏅᎯ ᏗᎾᏓᏙᎵᏍᏓᏁᎯ; ᎢᏳᏰᏃ ᎾᏍᎩ ᏱᏄᏍᏗ,
ᎠᏎ ᎢᏥᏄᎪᎢᏍᏗ ᏱᎩ ᎡᎶᎯ.
11 ᎪᎯᏍᎩᏂ ᎢᏨᏲᏪᎳᏏ ᎢᏧᎳᎭ ᎢᏤᏓᏍᏗᏱ ᏂᎨᏒᎾ, ᎢᏳᏃ ᎩᎶ ᎠᎾᎵᏅᏟ ᎠᎪᏎᎯ ᏱᎩ
ᎾᏍᎩ ᎤᏕᎵᏛ ᏗᏂᏏᎲᏍᎩ ᏱᎩ, ᎠᎴ ᎤᎬᎥᏍᎩ ᏱᎩ, ᎠᎴ ᎤᏁᎳᏅᎯ ᏗᏟᎶᏍᏔᏅᎯ
ᎠᏓᏙᎵᏍᏗᏁᎯ ᏱᎩ, ᎠᎴ ᎠᏓᎭᎵᎯ, ᎠᎴ ᎤᏴᏍᏕᏍᎩ, ᎠᎴ ᎤᎶᏒᏍᏗ ᎠᏓᎩᏒᎯ; ᎾᏍᎩ
ᎢᏳᏍᏗ ᎥᏝᏍᏗ ᎾᏍᏉ ᎢᏧᎳᎭ ᏱᏣᎵᏍᏓᏴᏁᏍᏗ.
12 ᎦᏙᏃ ᏱᏗᎦᏥᏳᎪᏓᏁᎭ ᎾᏍᎩ ᎾᏍᏉ ᏙᏱᏗᏢ ᎠᏁᎯ? ᏝᏍᎪ ᏂᎯ ᏱᏗᏧᎪᏓᏁᎨ ᎾᏍᎩ
Ꮎ ᎠᏂᏯᎢ?
13 ᏙᏱᏗᏢᏍᎩᏂ ᎠᏁᎯ ᎤᏁᎳᏅᎯ ᎦᎫᎪᏓᏁᎨᎢ. ᎾᏍᎩ ᎢᏳᏍᏗ ᎡᏥᏄᎪᏩ ᎢᏤᎲ ᎾᏍᎩ
Ꮎ ᎠᏍᎦᎾᎢ.

ᎠᏯᏙᎸᎢ 6

1 ᎢᏳᏃ ᎩᎶ ᎢᏤᎲ ᎪᎱᏍᏗ ᏩᎭ ᎤᏩᏓᎴ ᎤᏰᎢᎵᏓᏍᏙᏗ, ᏰᎵᏉᏍᎪ ᏂᏚᏳᎪᏛᎾ
ᎢᏯᎾᏛᏁᎯ ᏚᏃᎸ ᏱᎦᏟᏓᏰᎢᎵᏓ, ᎥᏝᏃ ᎤᎾᏓᏅᏘ ᏚᏃᎸᎢ?
2 ᏝᏍᎪ ᏱᏥᎦᏔᎭ ᎤᎾᏓᏅᏘ ᎡᎶᎯ ᏧᎸᎪᏓᏁᏗ ᎨᏒᎢ? ᎢᏳᏃ ᎡᎶᎯ ᏗᏧᎪᏓᏁᏗ ᎨᏎᏍᏗ,
ᏝᏍᎪ ᏰᎵ ᎤᏍᏗ ᎧᏂ ᎨᏒ ᏗᎨᏧᎪᏙᏗ ᏱᎩ?
3 ᏝᏍᎪ ᏱᏥᎦᏔᎭ ᏗᏂᎧᎿᏩᏗᏙᎯ ᏗᎨᏚᎪᏓᏁᏗ ᎨᏒᎢ? ᎥᏝᏍᎪᏃ ᏰᎵ ᏱᏙᎨᏚᎪᏓ ᎪᎱᏍᏗ
ᎪᎯᏉ ᎨᏒ ᎤᎬᏩᎵ?
4 ᎢᏳᏃ ᎪᎱᏍᏗ ᏱᏥᎭ ᏗᎫᎪᏙᏗ ᎪᎯᏉ ᎨᏒ ᎤᎬᏩᎵ, ᎾᏍᎩ ᏕᏥᎧᎲᏍᎨᏍᏗ ᏧᎸᎪᏙᏗᏱ
ᎡᏍᎦ ᎢᏴᏛ ᎨᏥᏰᎸᎢ ᎾᎿ ᎢᏣᏓᏡᎬᎢ.
5 ᎢᏣᏕᎰᎯᏍᏗᏍᎩ ᎯᎠ ᏥᏂᏥᏪᎠ. ᎰᏩᏍᎪ ᎥᏝ ᏰᎭ ᏂᏣᏛᏅ ᏌᏉᎤᏅ ᎠᎦᏔᎿᎢ ᏰᎵ
ᏗᎬᏭᎪᏓᏁᏗ ᎠᏁᎵᏅᏟ ᏓᎾᏓᏰᎢᎵᏙᎲᎢ?
6 ᎠᎾᎵᏅᏟᏍᎩᏂ ᏓᎾᏓᏰᎢᎵᏙᎭ ᎤᏅᏒ, ᎠᎴ ᎾᏍᎩ ᏚᏃᎸ ᏄᏃᎯᏳᏒᎾ.
7 ᎾᏍᎩ ᏥᏄᏍᏗ ᎬᏂᎨᏒᎢᏳ ᎤᏣᏘᏂ ᏂᏣᏛᏁᎲᎢ, ᎤᏗᎦᎵᏍᏙᏗᎭ ᎢᏨᏒᏉ
ᏕᏣᏓᏰᎢᎵᏙᎲᎢ. ᎦᏙᏃ ᎤᏟ ᎣᏏᏳ ᏂᏥᏰᎸᏍᎬᎾ ᏥᎩ ᎤᏲ ᎢᏰᏨᏁᏗᏱ? ᎦᏙᏃ ᎤᏟ
ᎣᏏᏳ ᏂᏥᏰᎸᏍᎬᎾ ᏥᎩ ᏧᎬᏩᎶᏗ ᎡᏥᎩᏒᏗᏱ?
8 ᎤᏣᏘᏂᏍᎩᏂ ᏂᏣᏛᏁᎭ, ᎠᎴ ᏧᎬᏩᎶᏗ ᏕᏥᎩᏒᎭ, ᎠᎴ ᎾᏍᎩ ᎢᏣᎵᏅᏟ.
9 ᏝᏍᎪ ᏱᏥᎦᏔᎭ ᎾᏍᎩ ᏂᏚᏳᎪᏛᎾ ᎢᏯᎾᏛᏁᎯ ᎤᎾᏤᎵ ᎢᏳᎵᏍᏙᏗ ᏂᎨᏒᎾ ᎨᏒ
ᎤᏁᎳᏅᎯ ᎤᏤᎵᎪᎯ? ᏞᏍᏗ ᎢᏥᎵᏓᏍᏔᏅᎩ; ᎾᏍᏉ ᎤᏕᎵᏛ ᏗᎾᏂᏏᎲᏍᎩ, ᎠᎴ
ᎤᎾᎳᏅᎯ ᏗᏰᎸᎯ ᏗᎾᏓᏙᎵᏍᏓᏁᎯ, ᎠᎴ ᏗᎾᏓᏲᏁᎯ, ᎠᎴ ᎠᏂᏍᎦᏯ ᏗᎨᏥᏰᎩ, ᎠᎴ
ᎠᏂᏍᎦᏯ ᎠᏂᏍᎦᏯᏉ ᏗᏂᏘᎵᏗᏍᎩ,
10 ᎠᎴ ᎠᏂᏃᏍᎩᏍᎩ, ᎠᎴ ᎤᏂᎬᎥᏍᎩ, ᎠᎴ ᏧᏂᏴᏍᏕᏍᎩ, ᎠᎴ ᎠᎾᏓᏘᎵᎯ, ᎠᎴ
ᎤᎶᏒᏍᏗ ᎠᎾᏓᎩᏒᎯ, ᎾᏍᎩ ᎥᏝ ᎤᎾᏤᎵ ᏱᎨᏎᏍᏗ ᎤᏁᎳᏅᎯ ᎤᏤᎵᎪᎯ.
11 ᎠᎴ ᎢᎦᏛ ᏂᎯ ᎾᏍᎩ ᏂᏣᏍᏛᎩ; ᎠᏎᏃ ᎡᏦᏑᎴᎥᎯ, ᎠᏎᏃ ᎢᏣᏓᏅᏘ ᎢᏰᏨᏁᎸᎯ, ᎠᏎᏃ
ᎡᏧᏓᎴᏛ ᎤᎬᏫᏳᎯ ᏥᏌ ᏚᏙᏍᏛᎢ, ᎠᎴ ᎬᏔᏅᎯ ᎢᎦᏁᎳᏅᎯ ᎤᏓᏅᏙ.
12 ᏂᎦᎥ ᎪᎱᏍᏗ ᎤᏁᎳᎩ ᎥᏆᎵᏎᎸ, ᎠᏎᏃ ᎥᏝ ᏂᎦᏗᏳ ᎬᏩᏓᏍᏕᎸᏗ ᏱᎩ; ᏂᎦᎥ ᎪᎱᏍᏗ
ᎤᏁᎳᎩ ᎥᏆᎵᏎᎸ, ᎠᏎᏃ ᎥᏝ ᎠᎩᎾᏝᎢ ᏱᎨᏎᏍᏗ ᎪᎱᏍᏗ.
13 ᎠᎵᏍᏓᏴᏗ ᎤᏍᏉᎵᏱ ᎤᎬᏩᎵ ᎪᎵᏅᎯ, ᎠᎴ ᎤᏍᏉᎵᏱ ᎠᎵᏍᏓᏴᏗ ᎤᎬᏩᎵ
ᎪᎵᏅᎯ; ᎠᏎᏃ ᎤᏁᎳᏅᎯ ᏙᏛᏛᏔᏂ ᎢᏧᎳ ᎤᏍᏉᎵᎩ ᎠᎴ ᎠᎵᏍᏓᏴᏗ. ᎠᏰᎸᏃ ᎥᏝ
ᎤᏕᎵᏛ ᏗᏂᏏᏗ ᎨᏒ ᎤᎬᏩᎵ ᎪᎵᏅᎯ ᏱᎩ, ᎤᎬᏫᏳᎯᏍᎩᏂ ᎤᎬᏩᎵ ᎪᎵᏅᎯ; ᎠᎴ
ᎤᎬᏫᏳᎯ ᎠᏰᎵ ᎤᎬᏩᎵ ᎠᎵᏍᎪᎸᏔᏅᎯ.
14 ᎠᎴ ᎤᏁᎳᏅᎯ ᏕᎤᎴᏔᏅ ᎤᎬᏫᏳᎯ, ᎠᎴ ᎾᏍᏉ ᎠᏴ ᏙᏓᏕᎴᏔᏂ ᏓᎬᏔᏂ ᎤᏩᏒ
ᎤᎵᏂᎩᏗᏳ ᎨᏒᎢ.

15 ᏝᏍᎪ ᏱᏥᎦᏔᎭ ᎾᏍᎩ ᏂᎯ ᏗᏥᏰᎸ ᎦᎶᏁᏛ ᎤᏚᏓᎦᏫᏍᏛᎢ? ᏥᎪᏃ ᎦᎶᏁᏛ
ᎤᏚᏓᎦᏫᎡ ᏙᏓᏥᏯᏅᎯ, ᎤᏁᎫᏥᏛᏃ ᎠᎨᏴ ᏧᎾᏚᏓᎦᏫᏍᏙᏗ ᎤᏓᎦᏥᏴᏁᎵ? ᎬᏩᏟᏍᏗ!
16 ᏝᏉᏍᎪ ᏱᏥᎦᏔᎭ ᎾᏍᎩ ᎩᎶ ᎤᏁᎫᏥᏛ ᏥᏚᎾᏚᏓᏙ ᏌᏉᏉ ᎠᏂᏰᎸ ᎨᏒᎢ? ᎯᎠᏰᏃ
ᏂᎦᏪᎭ, ᎠᏂᏔᎵ ᏌᏉᏉ ᏂᎦᎵᏍᏗᏍᎨᏍᏗ ᎤᏂᏇᏓᎸᎢ.
17 ᎩᎶᏍᎩᏂ ᎤᎬᏫᏳᎯ ᏥᏚᎾᏚᏓᏙᎢ ᏌᏉᏉ ᎠᏓᏅᏙ ᎾᎾᎵᏍᏗᏍᎪᎢ.
18 ᎡᏣᎵᏗᏏ ᎤᎦᎵᏛ ᏗᏂᏏᏗ ᎨᏒᎢ. ᏂᎦᎥ ᏴᏫ ᎠᏍᎦᏅᎬ ᎪᎱᏍᏗ ᏂᎬᏁᎲᎾ ᎨᏐ ᎠᏰᎸᎢ;
ᎩᎶᏍᎩᏂ ᎤᎦᎵᏛ ᏥᏓᏂᏏᎲᏍᎪ ᎤᏩᏒ ᎠᏰᎸ ᎠᏍᎦᏅᏤᎨᎢ.
19 ᏝᏉᏍᎪ ᏱᏥᎦᏔᎭ ᎾᏍᎩ ᏗᏥᏰᎸ ᎦᏁᎸ ᎨᏒ ᎦᎸᏉᏗᏳ ᎠᏓᏅᏙ ᎾᏍᎩ ᏥᏥᏯᎠ,
ᎾᏍᎩ ᎤᏁᎳᏅᎯ ᎢᏥᏁᎸᎯ ᎨᏒᎢ, ᎠᎴ ᏂᎯ ᎢᏨᏒ ᎢᏣᏓᏤᎵ ᏂᎨᏒᎾ ᎨᏒᎢ?
20 ᏧᎬᏩᎶᏗᏰᏃ ᎡᏥᏩᎯᏍᏔᏅᎯ; ᎾᏍᎩ ᎢᏳᏍᏗ ᎡᏥᎸᏉᏗᏍᎨᏍᏗ ᎤᏁᎳᏅᎯ ᎢᏥᏰᎸ
ᎢᏨᏗᏍᎨᏍᏗ, ᎠᎴ ᏗᏣᏓᏅᏙ ᎦᏨᏗᏍᎨᏍᏗ, ᎾᏍᎩ ᎤᏁᎳᏅᎯ ᏧᏤᎵ ᏥᎩ.

ᎠᏯᏙᎸᎢ 7

1 ᎾᏃ ᏨᏓᏍᎩᏲᏪᎳᏁᎸ ᎤᎬᏩᎵ; ᎣᏏᏳ ᎠᏍᎦᏯ ᏄᏃᏟᏍᏔᏅᎾ ᏱᎩ ᎠᎨᏴ.
2 ᎠᏎᏃ ᎤᎦᎸᏛ ᏧᎾᏂᏏᏗᏱ ᏂᎨᏒᎾ ᎢᏳᎵᏍᏙᏗᏱ, ᎠᏂᏏᏴᏫᎭ ᎠᏂᏍᎦᏯ ᏧᎾᏓᎵᎢ
ᏚᏂᎧᎮᏍᏗ, ᎠᎴ ᎠᏂᏏᏴᏫᎭ ᎠᏂᎨᏴ ᏗᎬᏩᏂᏰᎯ ᏚᏂᎧᎮᏍᏗ.
3 ᎠᏍᎦᏯ ᎤᎨᏳᏎᏍᏗ ᎤᏓᎵᎢ ᎾᏍᎩᏯ ᎤᎨᏳᏗ ᎨᏒᎢ; ᎠᎴ ᎾᏍᎩᏯ ᎾᏍᎩᏉ ᎠᎨᏴ
ᎤᎨᏳᏎᏍᏗ ᎤᏰᎯ.
4 ᎠᎨᏴ ᎥᏝ ᎠᏓᏅᏖᏍᎬᏉ ᎢᎬᏩᏁᏗ ᏱᎩ ᎤᏩᏒ ᎠᏰᎸᎢ, ᎤᏰᎯᏍᎩᏂ; ᎾᏍᎩᏯ ᎾᏍᎩᏉ
ᎠᏍᎦᏯ ᎥᏝ ᎠᏓᏅᏖᏍᎬᏉ ᎢᎬᏩᏁᏗ ᏱᎩ ᎤᏩᏒ ᎠᏰᎸᎢ, ᎤᏓᎵᎢᏍᎩᏂ.
5 ᏞᏍᏗ ᏗᏣᏓᎨᏳᏔᏅᎩ ᎢᏗᏣᏓᏛᏁᏗ ᎨᏒᎢ, ᏂᎬ ᎣᏏᏳ ᏗᏣᏓᏰᎸᎾᏁᎸᎯ ᏱᎩ ᏞᎦ ᎾᏍᎩ
ᎢᏣᏛᏁᏗᏱ, ᎾᏍᎩ ᎢᏣᏊᏅᏓᎦᏗᏱ ᎠᎹᏟ ᎢᏨᏗᏱ ᎠᎴ ᎠᏓᏙᎵᏍᏙᏗ ᎨᏒ
ᏗᏥᎸᎾᏍᏓᏁᏗᏱ, ᎠᎴ ᏔᎵᏁᏉ ᏙᏣᏓᏩᏗᏍᎨᏍᏗ, ᎾᏍᎩ ᏎᏓᏂ ᎢᏥᎪᎵᏰᏗᏱ ᏂᎨᏒᎾ
ᎨᏣᎵᏍᏆᏂᎪᏙᏗ ᏂᎨᏒᎾ ᎨᏒ ᎢᏳᏍᏗ.
6 ᎠᏎᏃ ᎾᏍᎩ ᎯᎠ ᏥᏂᏥᏪᎭ ᎠᎵᏍᎪᎸᏔᏅᎯᏉ ᎾᏍᎩ ᎢᏣᏛᏁᏗᏱ, ᎥᏝᏃ ᎠᏎ ᎾᏍᎩ
ᎢᏣᏛᏁᏗᏱ ᎤᎵᏁᏨᎯ ᏱᎩ.
7 ᎤᏣᏰᏃ ᎬᎩᏰᎸᎩ ᎾᏂᎥᏉ ᏴᏫ ᎠᏴ ᎾᏆᏍᏛ ᎾᏍᎩᏯ ᏱᎸᎾᏍᏗ. ᎠᏎᏃ ᎠᏂᏏᏴᏫᎭ
ᎤᎾᏤᎵᎦᏯ ᎤᏁᎳᏅᎯ ᎤᏂᏁᎸ ᎤᏂᎰᎢ, ᎠᏏᏴᏫ ᎯᎠ ᎾᏍᎩ ᏂᏅᏍᏙᎢ, ᎤᏩᏓᎴᏃ
ᎤᏩᏓᎴ ᏄᏍᏙᎢ.
8 ᎯᎠ ᎠᏗᎾ ᏂᎦᏥᏪᏎᎭ ᏂᏓᎾᏤᎲᎾ ᎠᎴ ᏧᏃᏑᎶᏨᎯ, ᎣᏏᏳ ᎠᏴ ᎾᏆᏛᏅ ᎾᏍᎩᏉ
ᏱᏅᏩᎾᏛᏅ.
9 ᎠᏎᏃ ᎢᏳᏃ ᏰᎵ ᎾᏍᎩ ᏂᏓᏅᏂᎥᎾ ᏱᎩ, ᏓᎾᏤᎨᏍᏗᏉ; ᎤᏣᏰᏃ ᎣᏏᏳ ᏗᏨᏍᏗᏱ ᎠᏃ
ᏕᎴᏴᎯᏍᏗᏱ.
10 ᏗᎾᏤᎯᏃ ᎦᏥᏁᏤᎭ, ᎥᏝ ᎠᏴᏉ, ᎤᎬᏫᏳᎯᏍᎩᏂ ᎦᎧᏁᏤᎭ, ᏞᏍᏗ ᎠᎨᏴ ᏳᏓᏅᏒᎴᏍᏗ
ᎤᏰᎯ;
11 ᎠᏎᏃ ᎢᏳᏃ ᏳᏓᏅᏒ, ᎤᏩᏛᏁᏍᏗ ᏂᏓᏤᎲᎾ ᎨᏒᎢ, ᎠᎴ ᏙᎯᏉ ᎾᏅᏁᎮᏍᏗ ᎤᏰᎯ;
ᎠᎴ ᎠᏍᎦᏯ ᏞᏍᏗ ᎢᏴᏛ ᏱᎦᎧᎲᏍᎨᏍᏗ ᎤᏓᎵᎢ.
12 ᎠᏂᏐᎢᏍᎩᏂ ᎠᏴᏉ ᎦᏥᏁᏤᎭ ᎥᏝᏃ ᎤᎬᏫᏳᎯ; ᎢᏳᏃ ᎩᎶ ᎢᏓᎵᏅᏟ ᎤᏓᎵᎢ ᏴᏪᎧᎭ
ᎪᎯᏳᎲᏍᎩ ᏂᎨᏒᎾ, ᎣᏏᏳᏃ ᏯᏪᎸᏍᎦ ᎠᏏᏉ ᎤᎾᏁᎳᏗᏍᏗᏱ, ᏞᏍᏗ ᎢᏴᏛ
ᏱᎦᎧᎲᏍᎨᏍᏗ.
13 ᎠᎴ ᎠᎨᏴ ᎤᏰᎯ ᏰᎭ ᎾᏍᎩ ᏄᏬᎯᏳᏒᎾ, ᎠᎴ ᎣᏏᏳᏉ ᏳᏰᎸᎭ ᎠᏏᏉ
ᎤᎾᏁᎳᏗᏍᏗᏱ, ᏞᏍᏗ ᏯᏓᏅᏒᎮᏍᏗ.
14 ᏄᏬᎯᏳᏒᎾᏰᏃ ᎠᏍᎦᏯ ᎤᏓᏅᎦᎸᏛ ᎢᎩ ᎤᏓᎵᎢ ᎢᏳᏩᏂᏌᏛ, ᎠᎴ ᏄᏬᎯᏳᏒᎾ ᎠᎨᏴ
ᎤᏓᏅᎦᎸᏛ ᎢᎩ ᎤᏰᎯ ᎢᏳᏩᏂᏌᏛ; ᎥᏝᏰᏃ ᎾᏍᎩ, ᎿᏉ ᏗᏤᏥ ᎠᏂᎦᏓᎭ ᏱᎩ; ᎠᏎᏃ ᎪᎯ
ᎨᏒ ᎤᎾᏓᏅᎦᎸᏛ ᎢᎩ.

15 ᎢᏳᏍᎩᏂᏃᏅ ᏄᏬᎯᏳᏒᎾ ᏳᏓᏅᏒ, ᎤᏁᎳᎩ ᎠᏓᏅᏍᎨᏍᏗ. ᎩᎶ ᎢᎩᏅᏟ ᎠᎴ
ᎢᎩᏙ, ᎥᏝ ᏳᏚᏓᎶ ᎾᏍᎩ ᏥᏄᏍᏙᎢ. ᎤᏁᎳᏅᎯᏍᎩᏂ ᎤᏩᏙᎯᏯᏛ ᎢᏚᏕᏗᏱ ᎢᎩᏯᏅᎲ.
16 ᎦᏙᏰᏃ ᏗᎦᎵᏍᏙᏗᎭ ᎢᎯᎦᏔᎭ, ᎯᎨᏴ, ᏕᎯᏍᏕᎸᏗ ᏂᎨᏒᎾ ᎨᏒ ᏣᏰᎯ? ᎠᎴ ᎦᏙ
ᏗᎦᎵᏍᏙᏗᎭ ᎢᎯᎦᏔᎭ ᎯᏍᎦᏯ ᏕᎯᏍᏕᎸᏗ ᏂᎨᏒᎾ ᎨᏒ ᏣᏌᎵᎢ?
17 ᎾᏍᎩᏯᏍᎩᏂ ᎤᏁᎳᏅᎯ ᎠᏂᏏᏴᏫᎭ ᏥᏚᏯᏙᎮᎸ, ᎠᎴ ᎾᏍᎩᏯ ᎤᎬᏫᏳᎯ ᎠᏂᏏᏴᏫᎭ
ᏥᏚᏯᏅᎲ, ᎾᏍᎩ ᏄᏍᏕᏍᏗ ᎠᏁᎮᏍᏗ. ᎠᎴ ᎾᏍᎩ ᏄᏍᏗ ᏕᏥᏁᏤᎭ ᏂᎦᏛ
ᏚᎾᏓᏡᏩᏗᏒᎢ.
18 ᎢᏳᏃ ᎩᎶ ᎠᏥᎤᏍᏕᏎᎸᎯ ᎠᏥᏯᏂᏍᎨᏍᏗ, ᏞᏍᏗ ᎾᏥᎤᏍᏕᏎᎸᎾ ᏱᏄᎵᏍᏔᏁᏍᏗ.
ᎢᏳᏃ ᎩᎶ ᎠᏥᎤᏍᏕᏎᎸᎯ ᏂᎨᏒᎾ ᎨᏒ ᎠᏥᏯᏂᏍᎨᏍᏗ, ᏞᏍᏗ ᏯᏥᎤᏍᏕᏎᎴᏍᏗ.
19 ᎠᎱᏍᏕᏍᏗ ᎨᏒ ᎪᎱᏍᏗ ᎬᏙᏗ ᏱᎩ; ᎠᎴ ᎾᎱᏍᏕᏒᎾ ᎨᏒ ᎥᏝ ᎪᎱᏍᏗ ᎬᏙᏗ ᏱᎩ,
ᏗᏍᏆᏂᎪᏙᏗᏱᏍᎩᏂ ᏗᎧᎿᏩᏛᏍᏗ ᎤᏁᎳᏅᎯ ᏧᏤᎵᎦ.
20 ᎾᏂᎥᎩᎶ ᏄᏛᏅᏉ ᎠᏥᏯᏅᎲ ᎾᎿᏉ ᎤᏩᏛᏁᏍᏗ.
21 ᎡᏣᏯᏅᎲᏍᎪ ᎡᏣᎾᏝᎢ ᎨᏒᎢ? ᎤᏁᎳᎩ; ᎢᏳᏍᎩᏂᏃᏅ ᏁᏣᎾᏝᎥᎾ ᎢᎬᏩᎵᏍᏙᏗ
ᏱᎩ, ᎾᏍᎩ ᎯᎬᏫᏳᎳᏅᎭ.
22 ᎤᎬᏫᏳᎯᏰᏃ ᎤᏯᏅᏛ ᎾᏍᎩ ᎠᏥᎾᏝᎢ ᎨᏒᎢ, ᎾᏍᎩ ᎤᎬᏫᏳᎯ ᎤᏤᎵᎦ ᎾᏥᎾᏝᎥᎾ;
ᎾᏍᎩᏯᏃ ᎾᏍᏉ ᎠᏥᏯᏅᏛ ᎾᏥᎾᏝᎥᎾ ᎨᏒᎢ, ᎾᏍᎩ ᎦᎶᏁᏛ ᎤᎾᏝᎢ.
23 ᏧᎬᏩᎶᏗ ᎡᏥᏩᎯᏍᏔᏅᎯ; ᏞᏍᏗ ᏴᏫᏉ ᏗᎨᏥᎾᏝᎢ ᏱᎨᏎᏍᏗ.
24 ᎢᏓᎵᏅᏟ ᎾᏂᎥ ᎩᎶ ᏄᏛᏅᏉ ᎠᏥᏯᏅᎲ, ᎾᎿ ᎤᏩᏛᏁᏍᏗ ᎤᏁᎳᏅᎯ ᏓᎧᎿᏩᏗᏒᎢ.
25 ᎾᏃ ᏂᏓᎾᏤᎲᎾ ᎤᎬᏩᎵ ᎨᏒᎢ, ᎥᏝ ᎤᎬᏫᏳᎯ ᎤᏁᏨᎯ ᏯᎩᎭ; ᎠᏎᏃ ᎣᏏᏳ ᎬᏰᎸᏗ
ᎨᏒ ᎬᏂᎨᏒ ᏂᎬᏁᎭ, ᎾᏍᎩ ᎤᎬᏫᏳᎯ ᎠᎩᏙᎵᏨᎯ ᏥᎩ ᏚᏳᎪᏛ ᎢᎦᏛᏁᎯ ᎢᏯᏆᎵᏍᏙᏗᏱ.
26 ᎾᏍᎩᏃ ᎦᏓᏅᏖᏍᎬ ᎤᏟ ᎣᏏᏳ ᎾᏍᎩ ᎯᎠ ᎪᎯ ᎨᏒ ᎠᎩᎵᏯ ᏤᎭ; ᎾᏍᎩ ᎤᏟ ᎣᏏᏳ
ᎯᎠ ᎾᏍᎩ ᏱᏄᏍᏗ ᏴᏫ ᎡᎲᎢ.
27 ᎠᎨᏴᏍᎪ ᏕᏍᏓᏚᏓᏔ? ᏞᏍᏗ ᏗᏍᏓᏚᏓᏕᏍᏗᏱ ᏣᏲᎸᎩ. ᎠᎨᏴᏍᎪ ᏂᏗᏍᏓᏚᏓᏛᎾ?
ᏞᏍᏗ ᏣᏲᎸ ᏣᏓᎵᎢ.
28 ᎢᏳᏍᎩᏂ ᏱᏣᏕᏒᎾ ᎥᏝ ᏱᏕᎯᏍᎦᏅᎦ; ᎢᏳ ᎠᎴ ᎠᏛ ᏱᏚᏤᏅ ᎥᏝ ᏱᎬᏍᎦᏅᎦ. ᎠᏎᏃ
ᎾᏍᎩ ᎢᏳᎾᏍᏗ ᎤᏂᎩᎵᏲᎢᏍᏗ ᎨᏎᏍᏗ ᎤᏇᏓᎵ ᎨᏒᎢ. ᎠᏎᏃ ᎤᏁᎳᎩᏉ ᎢᏨᏰᎵᏎᎭ.
29 ᎯᎠᏍᎩᏂ ᏂᏥᏪᎭ, ᎢᏓᎵᏅᏟ, ᎪᎯ ᎨᏒ ᎤᏍᏆᎳᎯᏳ; ᎯᎠᏉᏃ ᏄᏍᏗ ᎠᎵᏃᎯᏯᎭ,
ᎾᏍᎩ ᏧᎾᏓᎵ ᏥᎩ, ᏧᎾᏓᎵᏉ ᏂᎨᏒᎾ ᏥᎨᏐ ᎢᏳᏍᏗ ᎨᏎᏍᏗ,
30 ᎾᏃ ᏗᎾᏠᏱᎯ ᏥᎩ, ᏂᏓᎾᏠᏱᎲᎾᏉ ᎢᏳᏍᏗ ᎨᏎᏍᏗ; ᎾᎿ ᎠᎾᎵᎮᎵᎩ ᏥᎩ,
ᎾᎾᎵᎮᎵᎬᎾᏉ ᎢᏳᏍᏗ ᎨᏎᏍᏗ; ᎾᏃ ᎤᏂᏩᏍᎩ ᏥᎩ, ᏄᏂᎲᎾᏉ ᎢᏳᏍᏗ ᎨᏎᏍᏗ;
31 ᎾᏃ ᎾᏍᎩ ᎯᎠ ᎡᎶᎯ ᎪᎱᏍᏗ ᎠᏅᏗᏍᎩ ᏞᏍᏗ ᎤᏣᏘᏂᏉ ᏱᎾᏅᏁᏗᏍᎨᏍᏗ;
ᎯᎠᏰᏃ ᎡᎶᎯ ᏄᏍᏛ ᎦᎶᏐᎲᏍᎦᏉ.

32 ᎠᏗᎾ ᎠᏆᏚᎵᎭ ᏂᏤᎵᎯᏍᎬᎾᏉ ᎢᏣᎵᏍᏙᏗᏱ. ᎾᏍᎩ Ꮎ ᏄᏓᎸᎾ ᎠᏓᏅᏖᏍᎪ
ᎤᎬᏫᏳᎯ ᎤᏤᎵᎦ ᎨᏒᎢ, ᎢᏳᏛᏁᏗᏱ ᎤᎬᏫᏳᎯ ᎣᏍᏛ ᎤᏰᎸᏗ ᏧᎸᏫᏍᏓᏁᏗᏱ.
33 Ꮎ-ᏍᎩᏂ ᎤᏓᎵ ᎠᏓᏅᏖᏍᎪ ᏧᏓᎴᏅᏛ ᎡᎶᎯ ᎡᎯ, ᎢᏳᏛᏁᏗᏱ ᎤᏓᎵᎢ ᎣᏍᏛ ᎤᏰᎸᏗ
ᏧᎸᏫᏍᏓᏁᏗᏱ.
34 ᏚᎾᏓᎴᎿᎠ ᎾᏍᏉ ᎠᏥᏰᎯ ᎠᎨᏴ ᎠᏃ ᎾᏥᏰᎲᎾ. ᎾᏥᏰᎲᎾ ᎠᎨᏴ ᎠᏓᏅᏖᏍᎪ
ᏧᏓᎴᏅᏛ ᎤᎬᏫᏳᎯ ᎤᏤᎵᎦ, ᎾᏍᎩ ᎾᏍᎦᏅᎾ ᎢᏳᎵᏍᏙᏗᏱ ᎠᏰᎵ ᎨᏒ ᎠᎴ ᎤᏓᏅᏙᎩᎯ
ᎨᏒᎢ; Ꮎ-ᏍᎩᏂ ᎠᏥᏰᎯ ᎠᏓᏅᏖᏍᎪ ᏧᏓᎴᏅᏛ ᎡᎶᎯ ᎡᎯ, ᎢᏳᏛᏁᏗᏱ ᎤᏰᎯ ᎣᏍᏛ
ᎤᏰᎸᏗ ᏧᎸᏫᏍᏓᏁᏗᏱ.
35 ᎠᎴ ᎯᎠ ᎾᏍᎩ ᏂᏥᏪᎭ ᎢᏨᏒ ᎣᏍᏛ ᎢᏣᎵᏍᏓᏁᏗ ᎠᏆᏚᎵᏍᎬᎢ; ᎥᏝ ᎢᏨᏌᏛᎥᏍᎬᏉ
ᏱᎩ, ᎣᏏᏳᏍᎩᏂ ᎠᏰᎸᏗ ᎨᏒ [ᎢᏳᏛᏁᏗᏱ,] ᎠᎴ ᎾᏍᎩ ᎤᎬᏫᏳᎯ ᏙᏥᎧᎿᏩᏗᏓᏍᏗᏱ
ᎪᎱᏍᏗ ᏂᏥᏲᏍᏙᏓᏁᎲᎾ.
36 ᎢᏳᏍᎩᏂᏃᏅ ᎩᎶ ᎤᏣᏘᏂ ᎠᏰᎸᏗ ᏂᏥᏯᏛᏁᎭ ᎠᏆᏤᎵ ᎠᏛ ᎢᎡᎵᏍᎨᏍᏗ,
ᎢᎦᎶᏍᎨᏍᏗ ᏰᎵᎦᏯ ᎢᏣᎦᏘᏴᏛ ᎨᏒᎢ, ᎠᎴ ᎠᏎ ᎾᏍᎩ ᎢᏳᎵᏍᏙᏗ ᎢᎨᏎᏍᏗ,
ᎤᏚᎵᏍᎬᏉ ᎾᏛᏁᎵᏍᏗ, ᎥᏝ ᏱᎬᏍᎦᏅᎨᏍᏗ; ᏓᎾᏤᎨᏍᏗᏉ.
37 ᎩᎶᏍᎩᏂ ᎤᎵᏂᎩᏛᏯ ᏚᏭᎪᎦᏍᏗ ᏧᏓᏅᏛᎢ, ᎠᏎ ᎾᏍᎩ ᎢᏳᏛᏁᏗᏱ ᏄᎵᏍᏓᏁᎲᎾ
ᎢᎨᏎᏍᏗ, ᎾᏍᎩ ᏰᎵᏉ ᎠᏓᏅᏖᏍᎬ ᎢᎬᏩᏛᏁᏗ ᎨᏒᎢ, ᎠᎴ ᎾᏍᎩ ᎢᏳᏛᏁᏗᏱ
ᏚᏭᎪᏔᏁᏍᏗ ᏧᏓᏅᏛᎢ, ᎾᏍᎩ ᎤᏍᏆᏂᎪᏙᏗᏱᏉ ᎤᏤᎵ ᎠᏛ, ᎾᏍᎩ ᎣᏏᏳ ᎾᏛᏁᎵᏍᏗ.
38 ᎾᏍᎩᏃ Ꮎ ᎤᏤᎵ ᎠᏛ ᏧᏲᏍᎩ ᏧᏨᏍᏗᏱ ᎣᏏᏳ ᎾᏛᏁᎵᏍᏗ; ᎾᏍᎩᏍᎩᏂ Ꮎ ᏧᏲᏍᎩ
ᏂᎨᏒᎾ ᏧᏨᏍᏗᏱ ᎤᏟ ᎣᏏᏳ ᎾᏛᏁᎵᏍᏗ.
39 ᎠᎨᏴ ᏗᏤᎯ ᏗᎧᎿᏩᏛᏍᏗ ᎤᏚᏓᎸᏙ ᎤᏰᎯ ᎠᎴᏂᏙᎲ ᎢᎪᎯᏛ; ᎤᏰᎯᏍᎩᏂ ᎤᏲᎱᏒᎯ
ᏱᎩ, ᎿᏉ ᎤᏚᏓᎴᏛ, ᎾᏍᎩᏃ ᏗᎬᏩᏨᏍᏗᏉ ᎩᎶᏉ ᎤᏚᎵᏍᎬᎢ; ᎤᎬᏫᏳᎯ ᎪᎩᏳᎲᏍᎩ
ᎤᏩᏒ.
40 ᎠᏎᏃ, ᎠᏴ ᎦᏓᏅᏖᏍᎬ, ᎤᏟ ᎢᎦᎢ ᎤᏩᏙᎯᏯᏛ ᏩᏓᏅᏔ, ᏱᏅᏩᏍᏗᏉ ᎡᎲᎢ; ᎠᎴ
ᎦᏓᏅᏖᏍᎬ ᎠᏴ ᎾᏍᏉ ᎤᏁᎳᏅᎯ ᎤᏓᏅᏙ ᎠᏇᎭ.

ᎠᏯᏙᎸᎢ 8

1 ᎾᏃ ᏧᏓᎴᏅᏛ ᎾᏁᎳᏅᎯ ᏗᏰᎸᎯ ᏗᎵᏍᎪᎸᏓᏁᎸᎯ ᎤᎬᏩᎵ, ᎢᏗᎦᏔᏉ ᎾᏍᎩ ᏂᏗᎥ
ᎠᎦᏙᎥᎯᏍᏗ ᎨᏒ ᎢᎨᎲᎢ. ᎠᎦᏙᎥᎯᏍᏗ ᎨᏒ ᎠᎵᏆᏍᎪᎢ, ᎠᏓᎨᏳᏗᏍᎩᏂ ᎨᏒ
ᎠᏓᏍᎦᎵᏍᎪᎢ.
2 ᎢᏳ ᎠᎴ ᎩᎶ ᏳᏬᎯᏳᏉ ᎪᎱᏍᏗ ᎠᎦᏔᎲᎢ, ᎥᏝ ᎪᎱᏍᏗᎠᎦᏙᎥᎯᏍᏗ ᎨᏒ ᎠᏏ ᎤᎦᏙᎥᏒᎯ
ᏱᎩ.
3 ᎢᏳᏍᎩᏂ ᎩᎶ ᎤᏁᎳᏅᎯ ᏳᎨᏳᏉ, [ᎤᏁᎳᏅᎯ] ᎾᏍᎩ ᎤᎦᏔᎭᎢ.
4 ᎾᏃ ᎠᎩᏍᏗᏱ ᎤᎬᏩᎵ ᎪᎱᏍᏗ ᎠᏥᎸ ᎨᎳᏍᏗᏱ ᏗᎵᏍᎪᎸᏓᏁᎸᎯ ᎤᏁᎳᏅᎯ ᏗᏰᎸᎯ,
ᎢᏗᎦᏔᏉ ᎤᏁᎳᏅᎯ ᎠᏰᎸᎯ ᎪᎱᏍᏗ ᏂᎨᏒᎾ ᎨᏒ ᎠᏂ ᎡᎶᎯ, ᎠᎴ ᎾᏍᎩ ᎤᏩᏓᎴ
ᎤᏁᎳᏅᎯ ᏁᎲᎾ ᎨᏒ, ᏌᏊ ᎤᏩᏒ.
5 ᎤᏂᏣᏔᏍᎩᏂᏃᏅ ᎠᏁᏉ ᎤᎾᏁᎳᏅᎯ ᎨᎪᏎᎯ ᎦᎸᎶᎢ ᎠᎴ ᎡᎶᎯ, (ᏧᏂᏣᏔᏊ
ᎤᎾᏁᎳᏅᎯ, ᎠᎴ ᏧᏂᏣᏔᏊ ᎤᏂᎬᏫᏳᎯ,
6 ᎠᏴᏍᎩᏂ ᎢᏙᎯᏳᎲᏍᎬ ᏌᏊᎯᏳ ᎡᏉ ᎤᏁᎳᏅᎯ, ᎾᏍᎩ ᎠᎦᏴᎵᎭᎢ, ᎾᏍᎩ ᎾᏏ
ᏂᎦᏗᏳ ᏧᏓᎴᏅᏛ ᏨᏗᏓᎴᎲᏍᎦ, ᎠᎴ ᎠᏴ ᎾᏍᎩ ᎡᏓᏤᎵᎦ ᎢᏳᎵᏍᏙᏗᏱ ᏥᎦᏉ; ᎠᎴ
ᏌᏊᎯᏳ ᎤᎬᏫᏳᎯ ᏥᏌ ᎦᎶᏁᏛ, ᎾᏍᎩ ᎢᏳᏩᏂᏌᏛ ᏂᎦᏗᏳ ᏧᏓᎴᏅᏛ ᏤᏉ, ᎠᎴ ᎠᏴ
ᎾᏍᎩ ᎢᏳᏩᏂᏌᏛ ᏥᎦᏉ.
7 ᎥᏝᏍᎩᏂᏃᏅ ᎾᏂᎥ ᎾᏍᎩ ᎠᎦᏙᎥᎯᏍᏗ ᎨᏒ ᏳᏁᏉ; ᎩᎶᏰᏃ ᏙᏧᎾᏓᏅᏛ ᎤᏂᎸᏊᏗᏳ ᎨᏒ
ᎤᏁᎳᏅᎯ ᎠᏰᎸᎯ ᎪᎯ ᎨᏒ ᎢᏯᏍᏗ ᎠᎾᎵᏍᏓᏴᏗᏍᎪ ᎤᏁᎳᏅᎯ ᎠᏰᎸᎯ
ᎠᎵᏍᎪᎸᏓᏁᎸᎯ ᏣᏂᎩᏍᎪ ᎾᏍᎩᏯᎢ; ᎦᎾᏓᏅᏛᏃ ᏗᏩᎾᎦᏔᎯᏳ ᎨᏒ ᏗᎦᏓᏉ
ᏂᏙᎦᎵᏍᏗᏍᎪᎢ.
8 ᎠᎵ ᏍᏓᏴᏗᏍᎩᏂ ᎥᏝ ᎤᏁᎳᏅᎯ ᎣᏏᏳ ᎢᎩᏰᎸᏗᏱ ᏱᏂᎬᏁᏉ; ᎥᏝᏰᏃ ᏱᏓᎵᏍᏓᏴᎲᏍᎦ
ᎤᏟ ᎣᏏᏳ ᏱᏂᎬᏁᎭᎢ, ᎥᏝ ᎠᎴ ᏂᏓᎵᏍᏓᏴᏍᎬᎾ ᏱᎩ, ᎡᏍᎦ ᏱᏂᎬᏁᎭᎢ.
9 ᎠᏎᏃ ᎢᏤᏯᏔᏢᏍᏗ ᏤᏍᏗ ᎾᏍᎩ ᎢᎨᏣᏛᏁᏗ ᎢᏥᎲ ᏗᏂᏩᎾᎦᏔ ᏧᏃᎦᏍᏗᏍᎩ
ᏱᎸᎵᏍᏔᏁᏍᏗ.
10 ᎢᏳᏰᏃ ᎩᎶ ᎢᏳᏍᏗ ᏱᏣᎪᎲ ᏂᎯ ᎠᎦᏙᎥᎯᏍᏗ ᎨᏒ ᏤᎯ ᏱᏅᎦ ᏯᎵᏍᏓᏴᎲᏍᎦ
ᎠᏓᏁᎸ ᎤᏁᎳᏅᎯ ᎠᏰᎸᎯ ᎤᏤᎵᎦ; ᏝᏍᎪ ᎾᏍᎩ Ꮎ ᎤᏓᏅᏛ, ᎠᏩᎾᎦᏔ ᎨᏒ,
ᏂᎦᎾᏰᏍᎬᎾ ᏱᏅᎦᎵᏍᏓ ᎤᎵᏍᏓᏴᏙᏗᏱ ᏧᏓᎴᏅᏛ ᎾᏍᎩ ᏗᎵᏍᎪᎸᏓᏁᎸᎯ ᎤᏁᎳᏅᎯ
ᏗᏰᎸᎯ;
11 ᎾᏍᎩᏃ ᎠᎦᏙᎥᎯᏍᏗ ᎨᏒ ᏣᏤᎵᎦ ᎢᏳᏩᏂᏌᏛ ᎠᏩᎾᎦᏔ ᏗᏍᏓᏓᏅᏟ ᏴᎬᏲᎱᎯ, ᎾᏍᎩ
ᎦᎶᏁᏛ ᎤᏲᎱᎯᏎᎸᎯ?
12 ᎠᏎᏃ ᎾᏍᎩ ᏂᏣᏛᎦ ᎦᏥᏍᎦᏅᏥ ᎢᏣᎵᏅᏟ, ᎠᎴ ᎤᏲ ᏂᎦᏨᎦ ᏗᏩᎾᎦᏔ ᎦᎾᏓᏅᏛᎢ,
ᎦᎶᏁᏛ ᎡᏥᏍᎦᏅᏤᎭᎢ.

13 ᎾᏍᎩᏃ ᏥᏄᏍᏗ, ᎢᏳᏃ ᎠᎵᏍᏓᏴᏗ ᏦᏍᏓᏓᏅᏟ ᏒᏚᏬᎦᏍᏗᎭ, ᎥᏝ ᏴᎦᏥᎦ ᎭᏫᏯ
ᎡᎶᎯ ᎢᎪᎯᏛ ᎰᎡᎢ, ᏦᏍᏓᏓᏅᏟᏰᏃ ᏒᏙᏥᏲᎦᏍᏓ.

ᎠᏯᏙᎸᎢ 9

1 ᏝᏍᎪ ᎠᏴ ᎥᎩᏅᏏᏛ ᏱᎩ? ᏝᏍᎪ ᎠᏆᏓᏤᎵᎦ ᏱᎩ? ᏝᏍᎪ ᏥᎪᎥᎯ ᏱᎩ ᏥᏌ ᎦᎶᏁᏛ
ᎤᎬᏫᏳᎯ ᎢᎦᏤᎵᎦ? ᏝᏍᎪ ᎠᏴ ᏓᎩᎸᏫᏍᏓᏁᎲ ᎢᏳᏩᏂᏌᏛ ᏱᎩ ᏂᎯ ᎤᎬᏫᏳᎯ
ᎡᏥᏍᏓᏩᏕᎩ ᏥᎩ?
2 ᎢᏳᏃ ᎥᎩᏅᏏᏛ ᎬᎩᏰᎸᏗ ᏂᎨᏒᎾ ᎢᎨᏎᏍᏗ ᎧᏅᏧᏛᎢ, ᏂᎯᏍᎩᏂ ᎠᏎ ᏄᏬᏏᏛᏒᎾ ᎥᎩᏅᏏᏛ
ᏍᎩᏰᎸᏗ; ᏂᎯᏰᏃ ᎠᏙᎴᎰᎯᏍᏙᏗ ᎠᏴ ᎥᎩᏅᏏᏛ ᎨᏒ ᎾᏍᎩ ᎤᎬᏫᏳᎯ ᎡᏥᏍᏓᏩᏕᎩ ᎨᏒᎢ.
3 ᎦᏥᏯᏬᎢᎵᏴᏍᏓᏁᎲ ᎩᎶ ᎬᎩᎪᎵᏰᏍᎩ ᎾᏍᎩ ᎯᎠ ᏄᏍᏗ.
4 ᏝᏍᎪ ᏲᎩᎭ ᎣᎦᎵᏍᏓᏴᏗᏱ, ᎠᎴ ᎣᎦᏗᏔᏍᏗᏱ?
5 ᏝᏍᎪ ᏲᎩᎭ ᏦᏗᏂᏓᏍᏗᏱ ᎤᏃᎯᏳᎯ ᏦᎦᏓᎵᎢ, ᎾᏍᎩᏯ, ᎾᎾᏛᏁᎲ ᎠᏂᏐᎢ ᎨᏥᏅᏏᏛ,
ᎠᎴ ᎾᎾᏛᏁᎲ ᎤᎬᏫᏳᎯ ᎠᎾᎵᏅᏟ, ᎠᎴ ᏏᏆᏏ?
6 ᏣᎪᎨ ᎠᏴ ᎠᎴ ᏆᏂᏆ ᎣᎩᏅᏒ, ᎥᏝ ᏲᎩᏂᎭ ᎣᎩᏂᏲᎯᏍᏙᏗᏱ ᎪᎱᏍᏗ ᎣᏍᏓᏛᏁᎲᎢ?
7 ᎦᎪ ᎢᎸᎯᏳ ᏓᎿᏩ ᎡᎪᎢ ᎤᏩᏒᏉ ᎤᎫᏴᎯᏓᏍᏗ ᎠᎫᏴᏗ ᎨᏒᎢ? ᎦᎪ ᏓᏫᏍᎪ ᏖᎸᎳᏗ
ᏂᏗᎨᏰᏍᎬᎾᏃ ᎨᏐ ᎤᏫᏓᏛᏅᎯ? ᎠᎴ ᎦᎪ ᏓᎦᏘᏲ ᎠᏫ, ᎾᎵᏍᏓᏴᏗᏍᎬᎾᏃ ᎨᏐ ᎤᏅᏗ ᎠᏫ
ᎤᏂᏁᏅᎯ?
8 ᎯᎠ ᎾᏍᎩ ᏥᏂᏥᏪᎠ, ᏥᎪ ᏴᏫᏉ ᎤᏓᏅᏖᏛ ᏂᏥᏪᎠ? ᎾᏍᏉᎨ ᎾᏍᎩᏯ ᏂᏚᏪᎭ
ᏗᎧᎿᏩᏛᏍᏗ?
9 ᎯᎠᏰᏃ ᏂᎬᏅ ᎪᏪᎳ ᏗᎧᎿᏩᏛᏍᏗᏱ ᎼᏏ ᎤᏬᏪᎳᏅᎯ; ᎥᏝ ᎯᏴᏑᎶᏗ ᏱᎨᏎᏍᏗ ᏩᎦ
ᎠᎦᎳᏙᎥᏗᏍᎩ ᎤᏟᎴᏍᏗ. ᏩᎦᏉᏍᎪ ᏓᏓᏅᏖᎭ ᎤᏁᎳᏅᎯ?
10 ᏥᎪᎨ ᎠᏴ Ꮀ ᎤᎬᏫᏳᎭ ᎤᏗᎦᎵᏍᏙᏗᎭ ᎾᏍᎩ ᏥᏂᏚᏪᎭ? ᎥᏝ ᏩᏬᏏᏛᎭ
ᎠᏴᏅᏗᎦᎵᏍᏙᏗᏍᎬ ᎾᏍᎩ ᏥᏂᎬᏅ ᏥᎪᏪᎳ; ᎩᎶᏰᏃ ᎦᏓᎷᎩᏍᎩ ᎾᏍᎩ ᎤᏚᎩ ᏳᏩᎭ
ᎦᏓᎷᎩᏍᎬᎢ; ᎠᎴ ᎩᎶ ᎤᏚᎩ ᎤᏩᎯ ᎠᎦᎳᏙᎥᏗᏍᎩ ᎾᏍᎩ ᏳᏪᎳᏗᏍᏗᎭ ᎾᏍᎩ ᎤᏚᎩ
ᎤᏩᏒᎢ
11 ᎢᏳᏃ ᏗᏓᏅᏙ ᎤᎬᏩᎵ ᏱᏨᏫᏎᎸ, ᏥᏌ ᎡᏉᎯᏳᏉ ᎢᎩ, ᎢᏳᏃ ᎤᏇᏓᎵ ᎤᎬᏩᎵ
ᏱᏨᏍᏗᎦᏎᎭ?
12 ᎢᏳᏃ ᎤᏩᎾᏓᎴ ᎾᏍᎩ ᎯᎠ ᎢᎨᏨᏁᏗᏱ ᏣᏂᎭ; ᏝᏍᎪ ᎠᏴ ᎤᏟ ᎢᎦᎢ? ᎥᏝᏍᎩᏂᏃᏅ
ᎾᏍᎩ ᎯᎠ ᎢᎦᏲᎦᏛᏁᏗ ᎣᎩᎲ ᏱᏃᎦᏛᏁᎸ; ᎤᏁᎳᎩᏉᏍᎩᏂ ᎣᎨᎵᏒ ᏂᎦᎥ ᏧᏓᎴᏅᏛ
ᎣᎩᏂᎬᏎᎲᎢ, ᎾᏍᎩ ᎣᎦᎵᏫᏍᏙᏗᏱ ᏂᎨᏒᎾ ᎣᏍᏛ ᎧᏃᎮᏛ ᎦᎶᏁᏛ ᎤᏤᎵ ᎠᎢᏒᎢ.
13 ᏝᏍᎪ ᏱᏥᎦᏔᎭ, ᎾᏍᎩ ᎦᎸᏉᏗᏳ ᏗᎦᎸᏫᏍᏓᏁᏗ ᎨᏒ ᏧᏂᎸᏫᏍᏓᏁᎯ ᎠᎾᎵᏍᏓᏴᏗᏍᎬ
ᏗᎦᎸᏉᏗ ᎨᏒᎢ; ᎠᎴ ᎾᏍᎩ ᎠᏥᎸ ᎨᎳᏍᏗᏱ ᎠᏂᎦᏘᏯᏕᎩ ᎾᏍᎩ ᎤᏁᎳᏗᏍᏗᏍᎬ ᎠᏥᎸ
ᎨᎳᏍᏗᏱ ᎠᎵᏍᎪᎸᎳᏅᎯ?
14 ᎾᏍᎩᏯᏉ ᎤᎬᏫᏳᎯ ᏚᏭᎪᏔᏅ, ᎾᏍᎩ ᎣᏍᏛ ᎧᏃᎮᏛ ᎠᎾᎵᏥᏙᎲᏍᎩ ᏥᎩ, ᎾᏍᎩ
ᎣᏍᏛ ᎧᏃ ᎮᏛ ᎤᎾᎵᏍᏕᎸᏙᏗᏱ.

15 ᎠᏎᏃ ᎥᏝ ᎪᎱᏍᏗ ᎠᏋᏔᏅᎯ ᏱᎩ ᎾᏍᎩ ᎯᎠ; ᎥᏝ ᎠᎴ ᎾᏍᎩ ᎯᎠ ᏱᎪᏪᎸᎦ, ᎠᏴ
ᎾᏍᎩ ᎢᏴᏆᏛᏁᏗᏱ; ᎤᏟᏰᏃ ᎣᏏᏳ ᎢᏯᏆᎵᏍᏓᏁᏗ ᏯᎩᏲᎱᏒᏉ, ᎠᏃ ᎩᎶ ᎠᏎᏉ
ᏱᏄᏩᏁᎸ ᎠᏆᎵᏆᏍᏙᏗ ᎨᏒᎢ.
16 ᎾᏍᏉᏰᏃ ᏱᎦᎵᏥᏙᎲᏍᎦ ᎣᏍᏛ ᎧᏃᎮᏛ, ᎥᏝ ᎪᎱᏍᏗ ᏯᎩᎭ ᎠᏆᎵᏊᏍᏙᏗ. ᎠᏎᏰᏃ
ᎾᏍᎩ ᎢᏯᏆᏛᏁᏗ ᎤᏋᏁᎸ; ᎥᎥ, ᎤᏲ ᎢᏯᏆᎵᏍᏓᏁᏗ, ᎢᏳᏃ ᎣᏍᏛ ᎧᏃᎮᏛ
ᏂᎦᎵᏥᏙᎲᏍᎬᎾ ᎢᎨᏎᏍᏗ.
17 ᎢᏳᏰᏃ ᎣᏏᏳ ᎠᎩᏰᎸᏅᎯ ᎾᏍᎩ ᎯᎠ ᏱᏂᎦᏛᏁᎭ ᎥᏆᎫᏴᎡᎭ; ᎢᏳᏍᎩᏂ ᎣᏏᏳ
ᎠᎩᏰᎸᏅᎯ ᏂᎨᏒᎾ ᎢᎨᏎᏍᏗ ᎿᏉ ᏗᎦᎸᏫᏍᏓᏁᏗ ᎥᏆᏒᎦᎶᏔᏅ.
18 ᎦᏙᏃ ᎥᏆᎫᏴᎡᏗ ᎨᏎᏍᏗ? ᎯᎠ ᎾᏍᎩ, ᎾᏍᎩ ᎣᏍᏛ ᎧᏃᎮᏛ ᎦᎵᏥᏙᎲᏍᎨᏍᏗ
ᏧᎬᏩᎶᏗ ᏂᎨᏒᎾ ᎢᏯᏋᏁᏗᏱ ᎣᏍᏛ ᎧᏃᎮᏛ ᎦᎶᏁᏛ ᎤᏤᎵᎦ; ᎾᏍᎩ ᎤᏲ ᎢᏯᏆᏛᏁᏗᏱ
ᏂᎨᏒᎾ ᏄᏍᏛ ᎠᏆᏒᎦᏍ ᎣᏍᏛ ᎧᏃᎮᏛ ᎨᏒᎢ.
19 ᎩᎶᏍᎩᏂᏃᏅ ᎠᎩᎾᏝᎢ ᏂᎨᏒᎾ, ᎠᏎᏃ ᎾᏂᎥ ᎨᎩᎾᏝᎢ ᎾᏆᏓᏛᏁᎸ, ᎾᏍᎩ ᎤᏟ ᎢᏯᏂᎢ
ᎬᎩᏁᏉᏤᏗᏱ.
20 ᎠᏂᏧᏏ ᎠᏂᎦᏔᎲ ᏥᏧᏏ ᎾᏍᎩᏯ ᎾᏆᎵᏍᏔᏅᎩ ᎾᏍᎩ ᎠᏂᏧᏏ ᎬᎩᏁᏉᏤᏗᏱ; ᎾᏃ
ᏗᎧᎿᏩᏛᏍᏗᏱ ᎤᎾᏓᏄᏴᏗ ᎠᏂᎦᏔᎲ ᏗᎧᎿᏩᏛᏍᏗᏱ ᏣᏆᏓᏄᏴᏙ ᎾᏍᎩᏯᎢ, ᎾᏍᎩ
ᎬᎩᏁᏉᏤᏗᏱ ᎾᏍᎩ Ꮎ ᏗᎧᎿᏩᏛᏍᏗᏱ ᎤᎾᏓᏄᏴᏗ.
21 ᎾᏍᎩ ᎠᏂᎦᏔᎲ ᏗᎧᎿᏩᏛᏍᏗᏱ ᏄᎾᏓᏄᏴᏛᎾ ᏗᎧᎿᏩᏛᏍᏗᏱ ᎾᏆᏓᏄᏴᏛᎾ ᏥᎨᏐ
ᎾᏍᎩᏯᎢ, ᎾᏍᎩ ᎬᎩᏁᏉᏤᏗᏱ ᎾᏍᎩ Ꮎ ᏗᎧᎿᏩᏛᏍᏗᏱ ᏄᎾᏓᏄᏴᏛᎾ, ᎠᏎᏃ ᎥᏝ
ᏗᎧᎿᏩᏛᏍᏗᏱ ᎾᏆᏓᏄᏴᏛᎾ ᏱᎩ ᎤᏁᎳᏅᎯ ᎠᎦᏔᎲᎢ, ᎠᏆᏓᏄᏴᏗᏍᎩᏂ ᏗᎧᎿᏩᏛᏍᏗᏱ
ᎦᎶᏁᏛ ᎠᎦᏔᎲᎢ.
22 ᏗᏂᏩᎾᎦᎳ ᎠᏂᎦᏔᎲ, ᏥᏩᎾᎦᎳ ᎾᏍᎩᏯ ᎾᏆᎵᏍᏔᏅᎩ, ᎾᏍᎩ ᏗᏂᏩᎾᎦᎳ
ᎬᎩᏁᏉᏤᏗᏱ; ᏂᎦᎥᏉ ᏄᏓᎴᏒ ᎾᏆᎵᏍᏔᏅ ᎾᏂᎥ ᏄᎾᏓᎴᏒ ᎠᏂᎦᏔᎲᎢ, ᎾᏍᎩ
ᎤᏓᏩᎵᏍᏙᏗᏱ ᎠᏎ ᎢᎦᏛ ᎦᏥᏍᏕᎸᏗᏱ.
23 ᎠᎴ ᎾᏍᎩ ᎯᎠ ᏂᎦᏛᏁᎰ ᎣᏍᏛ ᎧᏃᎮᏛ ᎤᏗᎦᎵᏍᏙᏗᏍᎪᎢ, ᎾᏍᎩ ᎾᎿ ᎠᏇᏔᏗᏍᎩ
ᎢᏳᎵᏍᏙᏗᏱ.
24 ᏝᏍᎪ ᏱᏥᎦᏔ ᎾᏍᎩ Ꮎ ᎠᎾᏙᎩᏯᏍᎩ, ᏂᎦᏛ ᎠᎾᏙᎩᏯᏍᎬᎢ, ᎠᏎᏃ ᎠᏏᏴᏫᏉ ᎤᏤᎵ
ᏂᎭᎵᏍᏗᏍᎬ ᎠᏜᏍᏛᎢ? ᎾᏍᎩ ᏄᏍᏕᏍᏗ ᎢᏣᏙᎩᏯᏍᎨᏍᏗ ᎾᏍᎩ ᎢᏣᏤᎵ
ᎢᏳᎵᏍᏙᏗᏱ.
25 ᎠᎴ ᎾᏂᎥ ᎤᎾᏓᏎᎪᎩᏍᏗᏱ ᏣᎾᏟᏂᎬᏁᎰ ᏂᎦᎥ ᎤᎾᎵᏍᏆᏂᎪᏗᏳ ᎨᏐᎢ. ᎠᎴ ᎾᏍᎩ
ᎠᏲᎩᏉ ᎠᎵᏍᏚᎶ ᎨᏥᏅᏁᏗᏱ ᎤᎾᎦᎵᏍᎪᎢ, ᎠᏴᏍᎩᏂ ᎠᏲᎩ ᏂᎨᏒᎾ.
26 ᎾᏍᎩ ᎢᏳᏍᏗ ᎠᏴ ᎦᏙᎩᏯᏍᎬ ᎥᏝ ᎬᏁᎳᎩᏉ ᎾᏍᎩᏯ ᏱᎦᏙᎩᏯᏍᎦ; ᎦᎵᎲ ᎥᏝ ᎩᎶ
ᎤᏃᎴᏉ ᏥᎦᎵᎥᏂᎰ ᎾᏍᎩᏯ ᏱᎦᎵᎭ.

27 ᏥᏰᏎᏍᎩᏂ ᎡᎳᏗ ᏂᏥᏴᏫᏕᎪᎢ, ᎠᏬ ᏥᎾᏝᎢ ᏂᏥᏴᏁᎮᎢ; ᏅᏗᏕᎵᏍᏙᏗᏍᎪ
ᎾᏆᏚᎵᏍᎬᎾ ᎨᏒ ᎾᏍᎩ ᏕᏥᏯᎵᏥᏙᏁᏎᎯ ᎨᏒ ᏭᏅᎫᏮᎢ, ᎠᏴ ᎠᏋᏒ ᎥᎩᏲᏅᎢᏍᏔᏅᎯ
ᎢᏣᎵᏍᏙᏗᏱ.

ᎠᏯᏙᎸᎢ 10

1 ᎠᎴ ᎢᏓᎵᏅᏟ, ᎥᏝ ᎾᏂᎦᏔᎲᎾᏉ ᎨᏎᏍᏗ ᏱᏨᏰᎵᏎᎭ, ᎾᏍᎩ ᎾᏂᎥᏉ ᏗᎩᎦᏴᎵᎨ
ᎤᎶᎩᎸ ᎭᏫᏂᏗᏢ ᎤᏁᏙᎸᎢ, ᎠᎴ ᏂᎦᏛ ᎠᎹᏉᎯ ᎤᏂᎶᏒᎢ,
2 ᎠᎴ ᏂᎦᏛ ᏕᎨᎦᏬᏍᎨ ᎤᎶᎩᎸ ᎠᎴ ᎠᎺᏉᎯ ᎼᏏ ᎬᏩᎵᎪᏁᏢᎢ.
3 ᎠᎴ ᎾᏍᎩ ᏂᎦᏛ ᎤᏠᏱᏉ ᎠᎵᏍᏓᏴᏗ ᎠᏓᏅᏙ ᎤᎵᏍᎪᎸᏔᏅᎯ ᎠᎾᎵᏍᏓᏴᏗᏍᎬᎢ,
4 ᎠᎴ ᎾᏍᎩ ᏂᎦᏛ ᎤᏠᏱᏉ ᎠᏗᏔᏍᏗ ᎠᏓᏅᏙ ᎤᎵᏍᎪᎸᏔᏅᎯ ᎠᎾᏗᏔᏍᎬᎢ;
ᎾᏍᎩᏰᏃ ᏅᏯ ᎠᏓᏅᏙ ᎤᏍᏚᎢᏛ, ᎾᏍᎩ ᏧᏂᏍᏓᏩᏗᏙᏢᎢ, ᎾᎿ ᎤᏄᎪᏨᎯ ᎠᎾᏗᏔᏍᎨᎢ;
ᎠᎴ ᎾᏍᎩ Ꮎ ᏅᏯ ᎦᎶᏁᏛ ᎨᏒᎩ.
5 ᎠᏎᏃ ᎾᏍᎩ ᎤᏟ ᎢᏯᏂᎢ ᎥᏝ ᎣᏏᏳ ᏱᏚᏰᎸᏎ ᎤᏁᎳᏅᎯ, ᎢᎾᎨᏉᏰᏃ ᎨᏥᏛᏔᏁᎢ.
6 ᎾᏍᎩᏃ ᎯᎠ ᏧᏓᎴᏅᏛ ᎨᏒ ᎠᏴ ᏗᎦᏟᎶᏍᏙᏗ ᎨᏒᎢ, ᎾᏍᎩ ᎤᏲ ᎢᎩᎬᎥᏍᎩ ᎢᎦᎵᏍᏙᏗᏱ
ᏂᎨᏒᎾ ᎾᏍᎩᏯ ᎾᏍᎩ Ꮎ ᏧᏂᎬᎥᏍᎨᎢ.
7 ᏞᏍᏗ ᎠᎴ ᎤᏁᎳᏅᎯ ᏗᏰᎸᎯ ᏗᏣᏓᏙᎵᏍᏓᏁᎯ ᏱᎨᏎᏍᏗ, ᎾᏍᎩᏯ ᎢᎦᏛ ᎾᏍᎩ Ꮎ
ᏥᏄᎾᏍᏕᎢ; ᎾᏍᎩᏯ ᎯᎠ ᏥᏂᎬᏅ ᏥᎪᏪᎳ, ᏴᏫ ᎤᎾᏅᏅᎩ ᏛᎾᎵᏍᏓᏴᏂᏒᎩ ᎠᎴ
ᏛᎾᏗᏔᎯᏒᎩ, ᏚᎾᎴᏅᎩ ᎤᎾᏁᏦᏅᎩ.
8 ᏞᏍᏗ ᎠᎴ ᎤᏕᎵᏛ ᏱᏗᏓᏂᏏᎲᏍᎨᏍᏗ ᎾᏍᎩᏯ ᎢᎦᏛ ᎾᏍᎩ ᏄᎾᏛᏁᎸᎢ, ᎠᎴ ᏏᎦᏉ
ᏦᎢᏦᏁ ᎢᏯᎦᏴᎵ ᏥᏚᏂᏲᏎᎢ.
9 ᏞᏍᏗ ᎠᎴ ᎦᎶᏁᏛ ᏰᏗᎪᎵᏰᏍᎨᏍᏗ, ᎾᏍᎩᏯ ᎾᏍᎩ Ꮎ ᎢᎦᏛ ᎾᏍᏉ ᏥᎬᏩᎪᎵᏰᏒᎢ,
ᎠᎴ ᎾᏍᎩ ᎢᎾᏛ ᏥᎬᏩᏂᏛᏔᏁᎢ.
10 ᏞᏍᏗ ᎠᎴ ᏱᏥᎪᏁᎶᏍᎨᏍᏗ, ᎾᏍᎩᏯ ᎾᏍᎩ Ꮎ ᎢᎦᏛ ᏥᏄᎾᏛᏁᎴ ᏧᏂᎪᏁᎶᏍᎨᎢ,
ᎠᎴ ᏥᎬᏩᏂᏛᏔᏁ ᎠᎾᏓᏛᏗᏍᎩ.
11 ᎾᏍᎩᏃ ᎯᎠ ᏂᎦᏛ ᏧᏓᎴᏅᏛ ᏥᏄᎾᎵᏍᏓᏁᎴ ᏗᏟᎶᏍᏙᏗ ᎠᏰᎸᏎᎢ; ᎠᎴ ᎦᎪᏪᎳ ᎠᏴ
ᎢᎦᏅᏓᏗᏍᏗᏍᎩ ᎢᏳᎵᏍᏙᏗᏱ, ᎠᏴ ᎾᏍᎩ ᎤᎵᏍᏆᎸᏗ ᎨᏒ ᎡᎶᎯ ᏥᎩᎷᏤᎸ.
12 ᎾᏍᎩ ᎢᏳᏍᏗ ᎩᎶ ᏥᏙᎦ ᎡᎵᏍᎨᏍᏗ ᎨᏯᏔᎮᏍᏗ ᏱᏚᏅᎩᏰᏃ.
13 ᎥᏝ ᎪᎱᏍᏗ ᎤᏍᏗ ᎠᏓᎪᎵᏰᏍᎩ ᎢᏣᏢᏔᎲᎯ ᏱᎩ ᎾᏂᎥᏉ ᏴᏫ ᎢᎬᏩᎵᏍᏓᏁᏗ ᎤᏩᏒ;
ᎠᎴ ᎤᏁᎳᏅᎯ ᏄᏓᎵᏓᏍᏛᎾ, ᎾᏍᎩ ᎥᏝ ᎤᏁᎳᎩ ᏰᎨᏤᎵᏏ ᎠᏓᎪᎵᏰᏍᎩ ᎢᏥᎷᏤᏗᏱ
ᏕᏣᏢᏂᎬᎬ ᎤᏩᏒᏍᏙᏗᏱ; ᎾᏍᎩᏍᎩᏂ ᎠᏓᎪᎵᏰᏍᎩ ᎢᏥᎷᏤᎲ ᏔᎵ ᎾᏛᏕᏍᏗ ᎾᎿ
ᏕᏰᏣᏗᏫᏎᏗ ᎨᏒᎢ, ᎾᏍᎩ ᏰᎵ ᎨᏣᏓᎵᏁᎯᏗᏍᏗ ᎢᏳᎵᏍᏙᏗᏱ.
14 ᎾᏍᎩ ᎢᏳᏍᏗ, ᏂᎯ ᎢᏨᎨᏳᎢ, ᎢᏣᎵᏗ ᎢᏣᏓᏅᏏ ᎤᏁᎳᏅᎯ ᏗᏰᎸᎯ ᏗᏓᏙᎵᏍᏓᏁᏗ
ᎨᏒᎢ.
15 ᏥᏁᎦ ᎠᏂᎦᏔᎾᎢ ᏥᏕᏥᏁᏤᎰ ᎾᏍᎩᏯᎢ; ᎢᏥᎪᎵᏯ ᏂᏥᏪᏍᎬᎢ.
16 ᎾᏍᎩ Ꮎ ᎦᎸᏉᏙᏗ ᎤᎵᏍᏈᏗ, ᎾᏍᎩ ᏥᏗᎸᏉᏗᏍᎪᎢ, ᏝᏍᎪ ᎾᏍᎩ ᎢᏓᎵᎪᎲᏍᎬ
ᏱᎩ ᎦᎶᏁᏛ ᎤᎩᎬ ᎢᏓᏗᏔᏍᎬᎢ? ᎦᏚ ᏥᏗᎬᎭᎷᏯᏍᎪᎢ, ᏝᏍᎪ ᎾᏍᎩ ᎢᏓᎵᎪᎲᏍᎬ ᏱᎩ
ᎦᎶᏁᏛ ᎠᏰᎸ ᎢᏓᎵᏍᏓᏴᏗᏍᎬᎢ?

17 ᎠᏴᏰᏃ ᎢᎩᏣᏗ ᏥᎩ, ᏌᏉᏉ ᎦᏚ, ᎠᎴ ᏌᏉᏉ ᎠᏰᎸᎢ; ᏂᏗᎥᏰᏃ ᎢᏚᏏᏆᏳᎭ ᎾᏍᎩ
ᏌᏉ ᎦᏚ ᎢᏓᎵᏍᏓᏴᏗᏍᎬᎢ.
18 ᏗᏣᎧᏅᎦ ᎢᏏᎵ ᎾᏍᎩ ᎤᏇᏓᎵᏉ ᎨᏒᎢ; ᏝᏍᎪ ᎾᏍᎩ Ꮎ ᏗᎵᏍᎪᎸᏔᏅᎯ
ᏣᎾᎵᏍᏓᏴᏗᏍᎪ ᎤᏁᎳᏗᏍᏗᏍᎩ ᏱᎨᎭ ᎠᏥᎸ ᎨᎳᏍᏗᏱ ᎠᎵᏍᎪᎸᏔᏅᎯ?
19 ᎦᏙᏃ ᎦᏗᎭ? ᏥᎪ ᎤᏁᎳᏅᎯ ᎠᏰᎸᎯ ᎪᎱᏍᏗ ᎦᏗᎭ? ᏥᎪᎨ ᎾᏍᎩ Ꮎ
ᎠᎵᏍᎪᎸᏔᏅᎯ ᎠᏥᎸ ᎨᎳᏍᏓᏁᏗ ᎤᏁᎳᏅᎯ ᎠᏰᎸᎯ ᎪᎱᏍᏗ, ᎦᏗᎭ?
20 ᎯᎠᏍᎩᏂ ᏂᏥᏪᎭ, ᎾᏍᎩ Ꮎ ᏧᎾᏓᎴᏅᏛ ᏴᏫ ᎠᏥᎸ ᎨᎳᏍᏙᏗ ᏣᎾᎵᏍᎪᎸᏗᎪᎢ,
ᎠᏂᏍᎩᎾ ᏓᎾᎵᏍᎪᎸᏔᏁᎰᎢ, ᎥᏝᏃ ᎤᏁᎳᏅᎯ; ᎥᏝᏃ ᏯᏆᏚᎵᎭ ᎠᏂᏍᎩᎾ ᎤᎾᏤᎵ ᎨᏒ
ᎢᏤᎳᏗᏍᏙᏗᏱ.
21 ᎥᏝ ᎨᏣᏗᏔᏍᏗ ᏱᎩ ᎠᏣᏍᏛ ᎤᎬᏫᏳᎯ ᎤᏤᎵᎦ, ᎠᎴ ᎾᏍᏉ ᎠᏂᏍᎩᎾ ᎤᎾᏤᎵ
ᎠᏣᏍᏛᎢ. ᎥᏝ ᎨᏣᎵᏍᏓᏴᏗ ᏱᎩ ᎤᎬᏫᏳᎯ ᎤᏪᏍᎩᎸ, ᎠᎴ ᎾᏍᏉ ᎠᏂᏍᎩᎾ
ᎤᏂᏍᎩᎸᎢ.
22 ᎡᏗᏖᎸᏍᏗᏍᎨᏍᏗᏍᎪ ᎤᎬᏫᏳᎯ? ᎤᏟᏍᎪ ᏂᏚᎦᎵᏂᎬᎦ ᎡᏍᎦᏉ ᎾᏍᎩ?
23 ᏄᏓᎴᏒᏉ ᎪᎱᏍᏗ ᎤᏁᎳᎩ ᎥᏇᎵᏎᎸᎯ ᎠᏆᎵᏍᏓᏴᏗᏱ, ᎠᏎᏃ ᎥᏝ ᏄᏓᎴᏒ ᎪᎱᏍᏗ ᎣᏏᏳ
ᎢᏯᏓᏛᏁᎯ ᏱᎩ; ᏄᏌᎴᏒᏉ ᎪᎱᏍᏗ ᎤᏁᎳᎩ ᎥᏇᎵᏎᎸᎯ ᎠᏆᎵᏍᏓᏴᏙᏗᏱ, ᎠᏎᏃ ᎥᏝ
ᏄᏓᎴᏒ ᎪᎱᏍᏗ ᎬᏩᏓᏍᏚᎸᏗ ᏱᎩ.
24 ᏞᏍᏗ ᎩᎶ ᎤᏩᏒᏉ ᎤᏤᎵ ᏩᏲᎮᏍᏗ, ᎤᏩᏓᎴᏍᎩᏂ ᎤᏤᎵ ᎤᏲᎮᏍᏗ.
25 ᎾᎦᎥ ᎪᎱᏍᏗ ᎠᏂᏃᏗᏍᎬ ᏚᏃᏙᏗᏱ, ᎢᏥᎩᏍᎨᏍᏗ, ᎠᎴ ᏝᏍᏗ ᎪᎱᏍᏗ
ᏱᏣᏛᏛᎲᏍᎨᏍᏗ ᎠᏓᏅᏙᎩ ᎨᏒ ᏱᏅᏗᎦᎵᏍᏙᏗᏍᎨᏍᏗ.
26 ᎡᎶᎯᏰᏃ ᎤᎬᏫᏳᎯ ᎤᏤᎵᎦ, ᎠᎴ ᎾᏍᎩ Ꮎ ᎡᎶᎯ ᏣᎧᎵᎢᎭ.
27 ᎢᏳᏃ ᎩᎶ ᏄᏃᎯᏳᏒᎾ ᎨᏒ ᎢᎨᏣᏯᏂᏍᎨᏍᏗ, ᎠᎴ ᎢᏣᏚᎵᏍᎨᏍᏗ ᎢᏤᏅᏍᏗᏱ;
ᏄᏍᏛᏉ ᎪᎱᏍᏗ ᎢᎬᏱᏗᏢ ᎡᏥᏝᏁᎲ ᎢᏣᎵᏍᏓᏴᏗᏍᎨᏍᏗ, ᎠᎴ ᏞᏍᏗ ᎪᎱᏍᏗ
ᏱᏣᏛᏛᎲᏍᎨᏍᏗ, ᎠᏚᏅᏙᎩ ᎨᏒ ᏱᏅᏗᎦᎵᏍᏙᏗᏍᎨᏍᏗ.
28 ᎢᏳᏍᎩᏂ ᎩᎶ ᎯᎠ ᏂᏥᏪᏎᎮᏍᏗ, ᎯᎠ ᎾᏍᎩ ᎠᎵᏍᎪᎸᏔᏅᎯ ᎠᏥᎸ ᏗᎨᎴᏗ
ᎤᏁᎳᏅᎯ ᏗᏰᎸᎯ, ᏞᏍᏗ ᏱᏥᎩᏍᎨᏍᏗ, ᎤᏗᎦᎵᏍᏙᏗᏍᎨᏍᏗ ᎾᏍᎩ Ꮎ ᎤᎾᏄᎪᏫᏒᎯ
ᎨᏒᎢ, ᎠᎴ ᎠᏓᏅᏙᎩ ᎨᏒ ᎤᏗᎦᎵᏍᏙᏗᏍᎨᏍᏗ; ᎡᎶᎯᏰᏃ ᎤᎬᏫᏳᎯ ᎤᏤᎵᎦ, ᎠᎴ ᎾᏍᎩ
Ꮎ ᎡᎶᎯ ᏣᎧᎵᎢᎭ.
29 ᎠᏓᏅᏙᎩ ᎨᏒ ᎦᏗᎭ, ᎥᏝ ᎠᏗᎾ ᏨᏒ ᏣᏓᏅᏙᎩ, ᏐᎢᏍᎩᏂ ᎤᏓᏅᏙᎩ; ᎦᏙᏰᏃ ᎦᎵᏍᏙᏗ
ᎠᏴ ᎢᏯᏆᏛᏁᏗ ᎠᎩᎲ ᎤᏩᏓᎴ ᎤᏓᏅᏙ ᏧᏭᎪᏙᏗ ᏱᏂᎦᎵᏍᏗᎭ?
30 ᎢᏳᏰᏃ ᎠᎵᎮᎵᏍᏗ ᎨᏒ ᎬᏗ ᏱᎦᎵᏍᏓᏴᎲᏍᎦ, ᎦᏙᏃ ᎾᏲ ᎥᎩᏃᎮᎭ ᎤᏗᎦᎵᏍᏙᏗ ᎾᏍᎩ
Ꮎ ᎤᎬᏩᎵ ᏥᎦᎵᏒᎵᎦ?
31 ᎾᏍᎩ ᎢᏳᏍᏗ ᎢᏳᏃ ᎢᏣᎵᏍᏓᏴᎲᏍᎨᏍᏗ, ᎠᎴ ᎢᏣᏗᏔᏍᎨᏍᏗ, ᎠᎴ ᏂᎦᎥ ᎪᎱᏍᏗ
ᏂᏣᏛᏁᎮᏍᏗ, ᎤᏁᎳᏅᎯ ᎤᎸᏉᏗᏍᎩ ᎨᏎᏍᏗ ᏂᎦᎥ ᏂᏣᏛᏁᎲᎢ.

32 ᏞᏍᏗ ᏧᏃᎦᏍᏗᏍᎩ ᏘᏂᏣᎵᏍᏔᏁᏍᏗ ᎾᏍᏉ ᎠᏂᏧᏏ ᎠᎴ ᏧᎾᏓᎴᏅ ᏴᏫ, ᎠᎴ
ᎤᎾᏓᏡᎬ ᏧᎾᏁᎶᏗ ᎤᏁᎳᎥᎯ ᎤᏤᎵᎦ;
33 ᎾᏍᎩᏯ ᎾᏍᏉ ᎠᏴ, ᏂᎦᎥ ᏂᎦᏛᏁᎲ ᎾᏂᎥᏉ ᎣᏍᏛ ᎤᏂᏰᎸᏗ ᏥᏂᎦᏥᏯᏛᏁᎨᎢ,
ᎾᎩᏲᎲᎾ ᏥᎨᏐ ᎠᏋᏒᏉ ᎠᏆᎵᏍᎦᎩᏙᏗ,, ᎤᏂᏣᏘᏍᎩᏂ ᎤᎾᎵᏍᎦᎸᏙᏗ ᎾᏍᎩ
ᎤᏓᏳᎵᏍᏙᏗᏱ ᎨᏥᏍᎦᎸᏗᏱ.

ᎠᏯᏙᎸᎢ 11

1 ᎠᏴ ᏍᎩᏍᏓᏩᏕᎩ ᎨᏎᏍᏗ, ᎾᏍᎩᏯ ᎠᏴ ᎾᏍᏉ ᎦᎶᏁᏛ ᏥᏍᏓᏩᏕᎩ ᏥᎩ.

2 Ꭷ, ᎢᏓᎵᏅᏟ, ᎢᏨᎸᏉᏗᎭ ᎾᏍᎩ ᎠᏴ ᏂᎦᎥ ᏧᏓᎴᏅᏛ ᏂᏣᏛᏁᎲ ᏍᎩᏯᏅᏓᏗᏍᎬᎢ,
ᎠᎴ ᎢᏥᏍᏆᏂᎪᏗᏍᎬ ᏗᎧᎿᏩᏛᏍᏗ ᎾᏍᎩᏯ ᏕᏨᏲᎯᏎᎸᎢ.

3 ᎠᎴ ᎠᏆᏚᎵ ᎢᏥᎦᏙᎥᎯᏍᏗᏱ, ᎾᏍᎩ ᎾᏂᎥ ᎠᏂᏍᎦᏯ ᎨᏒ ᎦᎶᏁᏛ ᎠᏍᎪᎵ ᎨᏒᎢ; ᎠᎨᏴᏃ
ᎨᏒ ᎠᏍᎪᎵ ᎠᏍᎦᏯ ᎨᏒᎢ; ᎦᎶᏁᏛᏃ ᎨᏒ ᎤᏁᎳᏅᎯ ᎠᏍᎪᎵ ᎨᏒᎢ.

4 ᎩᎶ ᎠᏂᏍᎦᏯ ᎨᏒ ᏯᏓᏙᎵᏍᏗᎭ ᎠᎴ ᏯᏙᎴᎰᏍᎦ, ᎬᏩᎵᏍᏚᎵ, ᎠᏕᎰᎯᏍᏗᏍᎪ ᎠᏍᎪᎵ
ᎨᏒᎢ.

5 ᎩᎶᏍᎩᏂ ᎠᏂᎨᏴ ᎨᏒ ᏯᏓᏙᎵᏍᏗᎭ ᎠᎴ ᏯᏙᎴᎰᏍᎦ ᏄᎵᏍᏚᎸᎾ, ᎠᏕᎰᎯᏍᏗᏍᎪ
ᎠᏍᎪᎵ ᎨᏒᎢ; ᏧᎵᏍᏙᏴᎰᏉᏰᏃ ᎢᏧᎳᎭ ᎾᏍᎩ.

6 ᎢᏳᏰᏃ ᎠᎨᏴ ᏄᎵᏍᏚᎸᎾ ᏱᎩ, ᎾᏍᏉ ᎠᏥᏍᏙᏴᏍᎨᏍᏗ; ᎢᏳᏍᎩᏂ ᎤᏕᎰᎯᏍᏗᏳ ᏱᎩ
ᎠᎨᏴ ᏗᎵᏍᏙᏴᏗ ᎠᎴ ᎠᎵᏍᏙᏴᏗ ᎤᏮᏙᏗᏱ ᎤᎵᏍᏙᏴᏗᏱ, ᎬᏩᎵᏍᏚᎴᏍᏗᏉ.

7 ᎠᏍᎦᏯᏍᎩᏂ ᎤᏙᎯᏳᎯ ᎥᏝ ᏱᎬᎵᏍᏚᎸᏍᎦ, ᎾᏍᎩ ᎤᏁᎳᏅᎯ ᎾᏍᎩᏯ ᏥᎩ, ᎠᎴ
ᎾᏍᎩ ᎦᎸᏉᏗᏳ ᎨᏒ ᏧᎸᏬᏍᏗ; ᎠᎨᏴᏍᎩᏂ ᎠᏍᎦᏯ ᎦᎸᏉᏗᏳ ᎨᏒ ᎤᎸᏬᏍᏗ.

8 ᎠᏍᎦᏯᏰᏃ ᎥᏝ ᎠᎨᏴᎯ ᏰᏧᏓᎴᏁ ᎠᎪᏢᏅ; ᎠᎨᏴᏍᎩᏂ ᎠᏍᎦᏲᎯ ᏧᏓᎴᏁ ᎠᎪᏢᏅ.

9 ᎠᎴ ᎾᏍᏉ ᎠᏍᎦᏯ ᎥᏝ ᎠᎨᏴ ᏯᎪᏢᎾᏁᎴᎢ, ᎠᎨᏴᏍᎩᏂ ᎠᏍᎦᏯ ᎠᎪᏢᎾᏁᎴᎢ.

10 ᎾᏍᎩ ᎢᏳᏍᏗ ᎠᎨᏴ ᎦᎸᏉᏗᏳ ᎢᏳᏩᏁᎯ ᏩᏭᏢᏗ ᎠᏍᎪᎵ ᎾᏍᎩ ᎨᏥᏅᏏᏛ ᎨᏒ
ᏱᏅᏗᎦᎵᏍᏙᏗᎭ.

11 ᎠᏎᏍᎩᏂᏃᏅ ᎥᏝ ᎠᏍᎦᏯ ᏂᎨᏴ ᏔᎵ ᏄᏛᏛᎾ ᏰᎭ, ᎥᏝ ᎠᎴ ᎠᎨᏴ ᎠᏍᎦᏯ ᏔᎵ
ᏄᏛᏛᎾ ᏰᎭ ᎾᏍᎩ ᎤᎬᏫᏳᎯ ᏄᏩᎾᏅᎢ.

12 ᎾᏍᎩᏰᏃ ᎠᎨᏴ ᎠᏍᎦᏲᎯ ᎤᏓᏳᏓᎴᏅᎯ ᏥᎩ, ᎾᏍᎩᏯ ᎾᏍᏉ ᎠᏍᎦᏯ ᎠᎨᏴ
ᎤᎾᏄᎪᏫᏒᎯ; ᎠᏎᏃ ᏂᎦᏗᏳ ᏧᏓᎴᏅᏛ ᎤᏁᎳᏅᎯ ᎨᏒ ᎤᏓᏳᏓᎴᏅᎯ.

13 ᏗᏧᎪᏓ ᎢᏨᏒ ᎨᏒᎢ; ᎤᎵᎶᎲᏍᎦᏍᎪ ᎠᎨᏴ ᎤᏁᎳᏅᎯ ᏯᏓᏙᎵᏍᏓᏁ ᏄᎵᏍᏚᎸᎾ?

14 ᏝᏍᎪ ᎢᏨᏒ ᎢᏥᎦᏔᎲ ᏱᏤᏲᎲᏍᎦ, ᎾᏍᎩ ᎠᏍᎦᏯ ᎦᏅᎯᏛ ᏳᏍᏘᏰᎦ ᎤᏕᎰᎯᏍᏗᏳ
ᎨᏒᎢ?

15 ᎠᎨᏴᏍᎩᏂ ᎦᏅᎯᏛ ᏳᏍᏘᏰᎦ ᎦᎸᏉᏗᏳ ᎢᏳᏩᏁᎯ ᎨᏐᎢ; ᎤᏍᏘᏰᎬᏰᏃ ᎠᏥᏁᎸ
ᎤᎦᏢᏙᏗ.

16 ᎢᏳᏍᎩᏂ ᎩᎶ ᎤᏗᏒᏌᏘ ᏱᏅᏩᏍᏗ; -ᎠᏴ ᎥᏝ ᎾᏍᎩ ᎢᏲᎦᏛᏁᏗ ᏲᎩᎭ, ᎥᏝ ᎠᎴ
ᎾᏍᏉ ᏧᎾᏁᎶᏗ ᏚᎾᏓᏡᏩᏗᏒ ᎤᏁᎳᏅᎯ ᏧᏤᎵᎦ.

17 ᎯᎠᏍᎩᏂᏃ ᏂᏨᏪᏎᎲ ᎥᏝ ᏱᏨᎸᏉᏗᎭ, ᎾᏍᎩ ᏕᏥᎳᏫᏦᎯᎲ ᎥᏝ ᎣᏍᏛ ᎢᏳᎵᏍᏙᏗ
ᏱᎨᏐᎢ, ᎤᏲᏉᏍᎩᏂ.

18 ᎢᎬᏱᏱᏰᏃ ᎨᏒ ᏕᏥᎳᏫᎩ ᎢᏣᏓᏡᎬ ᎢᎸᏍᎩ ᏂᏣᏓᏗᏍᎬ ᎦᏛᎩᎭ; ᎠᎴ ᎪᎢᏳᎲᏍᎦᏉ
ᎢᎦᏛ.

19 ᎠᏎᏰᏃ ᎢᎸᏍᎩ ᎢᏣᏓᏗᏍᏗ ᏂᎯ ᏂᏣᏛᏅᎢ, ᎾᏍᎩ ᎣᏏᏳ ᎨᏥᏰᎸᏅᎯ ᎬᏂᎨᏒ
ᎢᏳᎾᎵᏍᏙᏗᏱ ᏂᎯ ᏂᏣᏛᏅᎢ.
20 ᏕᏥᎳᏫᎩᏰᏃ ᎢᎸᎯᏢᎢ, ᎥᏝ ᎤᎬᏫᏳᎯ ᎤᏤᎵ ᎠᎵᏍᏓᏴᏗ ᏱᏳᎵᏍᏓᏴᏂᎨᎢ.
21 ᎢᏣᎵᏍᏗᏴᎲᏍᎬᏰᏃ ᎢᏥᏏᏴᏫᎭ ᎨᏒ ᎢᎬᏱ ᎢᏥᎩᏍᎪ ᎢᏨᏒ ᎢᏣᏤᎵᎦ; ᎠᏏᏴᏫᏃ ᎠᎪᎸ
ᎤᏲᏏᏍᎪᎢ, ᎤᏩᏓᎴᏃ ᎤᏴᏍᏕᏍᎪᎢ.
22 ᏝᏍᎪᏃ ᏱᏗᏥᏁᎸ ᎾᎿ ᎢᎳᎵᏍᏓᏴᏗᏱ ᎠᎴ ᎢᎳᏗᏔᏍᏗᏱ? ᏥᎪᎨ ᎢᏥᎭᎵᏗᎭ
ᏧᎾᏁᎶᏗ ᎤᎾᏓᏡᎬ ᎤᏁᎳᏅᎯ ᎤᏤᎵᎦ, ᎠᎴ ᏕᏣᏕᎰᎯᏍᏗᎭ ᏄᏂᎲᎾ? ᎦᏙ ᏓᏨᏲᏎᎵ?
ᏓᏨᎸᏉᏔᏂᏧ? ᎯᎠ ᏂᏨᏛᏁᎲ ᎥᏝ ᏱᏨᎸᏉᏗᎭ.
23 ᎤᎬᏫᏳᎯᏰᏃ ᏓᎩᏲᎯᏎᎸᎩ ᎾᏍᎩ ᎾᏍᏉ ᏥᏕᏨᏲᎯᏎᎸᎩ, ᎾᏍᎩ Ꮎ ᎤᎬᏫᏳᎯ ᏥᏌ,
ᎾᎯᏳ ᎡᏃᏱ ᎠᏥᎶᏄᎡᎸ, ᎦᏚ ᎤᎩᏎᎢ;
24 ᎾᏍᎩᏃ ᎤᎵᎮᎵᏨ, ᎤᎬᎭᎷᏰᎢ, ᎠᎴ ᎯᎠ ᏄᏪᏎᎢ, ᎢᏥᎩ, ᎢᏥᎦ; ᎯᎠ ᎾᏍᎩ ᎠᏴ
ᏥᏰᎸᎢ, ᏂᎯ ᎾᏍᎩ ᎢᏣᎵᎬᎭᎷᏰᎸᎯ ᏥᎩ; ᎯᎠ ᎾᏍᎩ ᏂᏣᏛᏁᎮᏍᏗ ᎠᏴ
ᏍᎩᏯᏅᏓᏗᏍᎬᎢ.
25 ᎾᏍᎩᏯ ᎾᏍᏉ ᏄᏒᏁᎴ ᎤᎾᎵᏍᏓᏴᏃᏅ, ᎤᎵᏍᏈᏗ ᎤᎩᏎᎢ, ᎯᎠ ᏄᏪᏎᎢ; ᎯᎠ
ᎾᏍᎩ ᎢᏤ ᎧᏃᎮᏛ ᏓᏌᎯᏍᏛᎢ, ᎠᏴ ᎠᎩᎩᎬ ᏨᏛᏍᏓᏱᏗ; ᎯᎠ ᎾᏍᎩ ᏂᏣᏛᏁᎮᏍᏗ,
ᎢᏳᏍᏗᎭ ᎾᏍᎩ ᎢᏣᏗᏔᏍᎨᏍᏗ ᎠᏴ ᏍᎩᏯᏅᏓᏗᏍᎬᎢ.
26 ᎢᏳᏍᏗᎭᏰᏃ ᎯᎠ ᎾᏍᎩ ᎦᏚ ᎢᏥᎩᏍᎨᏍᏗ, ᎠᎴ ᎯᎠ ᎾᏍᎩ ᎤᎵᏍᏈᏗ
ᎢᏣᏗᏔᏍᎨᏍᏗ, ᎬᏂᎨᏒ ᏂᏨᏁᎮᏍᏗ ᎤᎬᏫᏳᎯ ᎤᏲᎱᏒᎢ, ᎬᏂ ᎦᎷᏨᎭ.
27 ᎾᏍᎩ ᎢᏳᏍᏗ, ᎩᎶ ᏂᏚᏳᎪᏛᎾ ᎾᏛᏁᎮᏍᏗ ᎠᎩᏍᎨᏍᏗ ᎯᎠ ᎦᏚ, ᎠᎴ
ᎠᏗᏔᏍᎨᏍᏗ ᎯᎠ ᎤᎵᏍᏈᏗ ᎤᎬᏫᏳᎯ ᎤᏤᎵᎦ, ᎠᏍᎦᏅᏤᎮᏍᏗ ᎠᏰᎸ ᎠᎴ ᎤᎩᎬ
ᎤᎬᏫᏳᎯ.
28 ᎤᏩᏒᏍᎩᏂ ᎠᏓᎪᎵᏰᏍᎨᏍᏗ ᏴᏫ, ᎩᎳᏃ ᎿᏉ ᎠᎩᏍᎨᏍᏗ ᎾᏍᎩ ᎦᏚ, ᎠᎴ
ᎠᏗᏔᏍᎨᏍᏗ ᎾᏍᎩ ᎤᎵᏍᏈᏗ.
29 ᎩᎶᏰᏃ ᏂᏚᏳᎪᏛᎾ ᎾᏛᏁᎮᏍᏗ ᎠᎩᏍᎨᏍᏗ ᎠᎴ ᎠᏗᏔᏍᎨᏍᏗ, ᎾᏍᎩ ᎠᎩᏍᎨᏍᏗ
ᎠᎴ ᎠᏗᏔᏍᎨᏍᏗ ᏧᏭᎪᏓᏁᎯ ᎤᏩᏛ ᎤᏍᏕᏅᏨᎢ, ᎾᎪᏩᏘᏍᎬᎾ ᎨᏒ ᎤᎬᏫᏳᎯ ᎠᏰᎸᎢ.
30 ᎾᏍᎩ ᎤᏗᎦᎵᏍᏙᏗᎭ ᎤᏂᏣᏔ ᎨᏣᏓᏑᏯ ᏗᏂᏩᎾᎦᎳ ᎠᎴ ᏧᏂᏢᏥᏰᏍᎩ, ᎠᎴ ᏰᎵ
ᎤᏂᏣᏔ ᎠᏂᎵᎾᎠ.
31 ᎢᏳᏰᏃ ᎢᎬᏒ ᏱᏗᏓᏓᏚᎪᏓᏁᎭ, ᎥᏝ ᏱᏙᎦᏰᎫᎪᏓᏏ.
32 ᏕᎫᎪᏓᏏᏍᎩᏂ ᎤᎬᏫᏳᎯ ᎢᎩᎩᎵᏲᎢᏍᏗᏍᎪ ᎾᏍᎩ ᎡᎶᎯ ᎤᏂᏍᎦᏅᏨ ᏕᎨᎫᎪᏓᏁᎲ
ᎢᎦᏌᏯᏍᏙᏗᏱ ᏂᎨᏒᎾ.
33 ᎾᏍᎩᏃ ᏥᏄᏍᏗ, ᎢᏓᎵᏅᏟ, ᎢᏳᏃ ᏕᏥᎳᏫᎨᏍᏗ ᎢᏣᎵᏍᏓᏴᏗᏱ, ᏕᏣᏓᎦᏘᏗᏍᎨᏍᏗ.
34 ᎾᏍᎩᏃ ᎢᏳᎩᎶ ᎠᎪᎾ ᎤᏲᏏᏍᎨᏍᏗ, ᏧᏪᏅᏒ ᎠᎵᏍᏓᏴᎲᏍᎨᏍᏗ; ᎾᏍᎩ ᏕᏥᎳᏫᎩ
ᎢᏥᏍᎦᏅᏨ ᏗᏧᎪᏓᏁᎯᏉ ᎢᏳᎵᏍᏙᏗᏱ ᏂᎨᏒᎾ. ᏭᏃᏒᏃ ᎣᏍᏛ ᏂᎬᏁᎸᎭ ᏫᏥᎷᏨᎭ.

ᎠᏯᏙᎸᎢ 12

1 ᎾᏃ ᎠᏓᏅᏙ ᎤᎵᏍᎪᎸᏔᏅ ᎤᎬᏩᎵ, ᎢᏓᎵᏅᏟ, ᎥᏝ ᎾᏂᎦᏔᎲᎾ ᎨᏎᏍᏗ, ᏱᏨᏰᎵᏎᎭ.
2 ᎢᏥᎦᏔᎭ ᎾᏍᎩ ᏂᏥᎦᏔᎾᎥᎾ ᏥᎨᏒᎩ, ᏥᎦᏥᏍᏓᏩᏗᏒᎩ ᎯᎠ ᎾᏍᎩ ᏧᏅᎨᏫ ᎤᏁᎳᏅᎯ
ᏗᏰᎸᎯ ᎾᏍᎩᏯ ᏥᎦᏣᏘᏂᏙᎲᎩ.
3 ᎾᏍᎩᏃ ᎢᏳᏍᏗ ᎢᏨᏃᎮᎮᎭ, ᎾᏍᎩ ᎩᎶ ᎤᏁᎳᏅᎯ ᎤᏓᏅᏙ ᏱᎬᏗ ᏱᎦᏬᏂᎭ, ᏥᏌ
ᎠᏥᏍᎩᏅᏛᎯ ᎥᏝ ᏰᎵ ᏴᎬᏛ; ᎥᏝ ᎠᎴ ᎩᎶ ᏥᏌ ᎤᎬᏫᏳᎯ ᏴᎬᏛ, ᎬᏂ ᎦᎸᏉᏗᏳ ᎠᏓᏅᏙ
ᏱᎬᏗᎭ.
4 ᏧᏓᎴᏅᏛᏍᎩᏂᏃᏅ ᏗᎦᎸᏫᏍᏓᏁᏗ ᎠᎵᏍᎪᎸᏔᏅᎯ, ᎠᏎᏃ ᎾᏍᎩᏉ ᏌᏉ ᎠᏓᏅᏙ.
5 ᎠᎴ ᏧᏓᎴᏅᏛ ᏗᎦᎸᏫᏍᏓᏁᏗ ᎨᏒᎢ, ᎠᏎᏃ ᎾᏍᎩᏉ ᏌᏉ ᎤᎬᏫᏳᎯ.
6 ᎠᎴ ᏧᏓᎴᏅᏛ ᏗᎬᏩᏂᎸᏫᏍᏓᏁᏗ ᎢᎨᎬᏁᏗ ᎨᏒᎢ, ᎠᏎᏃ ᎾᏍᎩᏉ ᏌᏉ ᎤᏁᎳᏅᎯ
ᏂᎦᏛ ᎾᏍᎩ ᏗᎬᏩᏂᎸᏫᏍᏓᏁᏗ ᎢᎨᎲᏁᎯ ᎾᏂᎥᎢ.
7 ᎬᏂᎨᏒᏍᎩᏂ ᏂᎬᏁᎲ ᎠᏓᏅᏙ ᎠᏂᏏᏴᏫᎭ ᎨᏥᏁᎭ ᎪᎱᏍᏗ ᎣᏍᏛ ᎤᏅᏙᏗᏱ.
8 ᎠᏏᏴᏫᏰᏃ ᎤᎵᏍᎪᎸᏓᏁᎸᎯ ᎨᏐ ᎠᏓᏅᏙ ᎠᏏᎾᏍᏛ ᎤᏬᏂᎯᏍᏗᏱ; ᎤᏩᏓᎴᏃ ᎠᎦᏔᎾᎢ
ᎢᎦᎦᏛ ᎤᏬᏂᎯᏍᏗᏱ ᎾᏍᎩᏉ ᎠᏓᏅᏙ ᎤᎵᏍᎪᎸᏓᏁᎸᎯ ᎨᏐᎢ;
9 ᎤᏩᏓᎴᏃ ᎪᎯᏳᏗ ᎨᏒ ᎾᏍᎩᏉ ᎠᏓᏅᏙ ᎤᎵᏍᎪᎸᏓᏁᎸᎯ ᎨᏐᎢ; ᎤᏩᏓᎴᏃ ᎠᏥᏁᎰ
ᏧᏓᏅᏬᏗᏱ, ᎾᏍᎩᏉ ᎠᏓᏅᏙ ᎤᎵᏍᎪᎸᏓᏁᎸᎯ ᎨᏐᎢ;
10 ᎤᏩᏓᎴᏃ ᎤᏍᏆᏂᎪᏗ ᏧᎸᏫᏍᏓᏁᏗᏱ; ᎤᏩᏓᎴᏃ ᎤᏙᎴᎰᎯᏍᏗᏱ; ᎤᏩᏓᎴᏃ ᏗᏓᏅᏙ
ᎸᏫᏍᏛ ᏧᎪᎵᏰᏗᏱ; ᎤᏩᏓᎴᏃ ᎢᎸᏍᎩ ᎢᏳᏓᎴᎩ ᏧᏬᏂᎯᏍᏗᏱ; ᎤᏩᏓᎴᏃ ᏧᏁᏢᏙᏗᏱ
ᏧᏓᎴᏅᏛ ᏗᎦᏬᏂᎯᏍᏗ ᎨᏒᎢ;
11 ᎠᏎᏃ ᎯᎠ ᎾᏍᎩ ᏂᎦᏛ ᏧᏓᎴᏅᏛ ᎾᏍᎩᏉ ᏌᏉ ᎠᏓᏅᏙ ᎦᏅᎸᏫᏍᏓᏁᎰᎢ, ᏓᏯᏙᎮᎰ
ᎾᏂᎥ ᏧᎾᏁᎳᎩᎭ ᏧᎾᏕᎵ, ᎯᎠᏉ ᏄᏍᎦᏍᏗ ᎡᎵᏍᎬᎢ.
12 ᎠᏰᎸᏰᏃ ᏌᏉᏉ ᏥᎩ, ᎠᎴ ᎤᏣᏘ ᏥᏚᏫᏞᏫᏒ, ᎠᎴ ᏂᎦᏛ ᎾᏍᎩ ᏌᏉ ᎠᏰᎸ ᏚᏫᏞᏫᏒ,
ᎤᏣᏘ ᎨᏒ, ᏌᏉᏉ ᎠᏰᎸ ᏥᏂᎦᎵᏍᏗᎭ; ᎾᏍᎩᏯ ᎾᏍᏉ ᏄᏍᏗ ᎦᎶᏁᏛ.
13 ᏌᏉᎯᏰᏃ ᎠᏓᏅᏙ ᎢᏳᏩᏂᏌᏛ ᏂᏗᎥ ᏕᎦᏬᎥᎯ ᏌᏉ ᎠᏰᎸ ᎢᏰᎬᏁᎸᎯ, ᎾᏍᏉ ᎢᏗᏧᏏ
ᎠᎴ ᏗᎦᏓᎴᏅᏛ ᏴᏫ ᏱᎩ; ᎾᏍᏉ ᏕᎩᎾᏝᎢ ᎠᎴ ᏕᎩᎾᏝᎢ ᏂᎨᏒᎾ ᏱᎩ; ᎠᎴ ᏂᏗᎥ ᏌᏉᏉ
ᎠᏓᏅᏙ ᎢᎦᏗᏔᏍᏗᏱ ᎢᏰᎬᏁᎸᎯ.
14 ᎠᏰᎸᏰᏃ ᎥᏝ ᏌᏉᏉ ᎤᏫᏞᏫᏒ ᏱᎩ, ᎤᏣᏘᏍᎩᏂ ᏚᏫᏞᏫᏒᎢ.
15 ᎢᏳᏃ ᎣᎳᏏᎦᏂ ᎯᎠ ᏱᏄᏪᏒ, ᎠᏴ ᎤᏬᏰᏂ ᏂᎨᏒᎾ ᏥᎩ ᎥᏝ ᎠᏰᎸ ᏯᏆᏘᏝ, ᎾᏍᎩᏍᎪ
ᎤᏗᎦᎵᏍᏙᏗᎭ ᎥᏝ ᎠᏰᎸ ᏳᏘᏝ?
16 ᎢᏳ ᎠᎴ ᎠᎦᎴᏂ ᎯᎠ ᏱᏄᏪᏒ, ᎠᏴ ᎠᎦᏔ ᏂᎨᏒᎾ ᏥᎩ ᎥᏝ ᎠᏰᎸ ᏯᏆᏘᏝ; ᎾᏍᎩᏍᎪ,
ᎤᏗᎦᎵᏍᏙᏗᎭ ᎥᏝ ᎠᏰᎸ ᏳᏘᏝ?
17 ᎢᏳᏃ ᏂᎬ ᎠᏰᎸ ᎠᎦᏔ ᏱᎩ, ᎭᏢ ᎠᏛᎪᏙᏗ ᏱᎩ? ᎢᏳᏃ ᏂᎬ ᎠᏛᎪᏙᏗ ᏱᎩ, ᎭᏢ
ᎣᏪᏩᏒᎢᏍᏙᏗᏱ ᏱᎩ?

18 ᎠᏎᏃ ᎤᏁᎳᏅᎯ ᏚᏫᏞᏫᏒ ᏂᎦᏛ ᏌᏉᎭ ᎨᏒ ᎾᎿ ᎠᏰᎸ ᎾᏍᎩᏯ ᎣᏏᏳ ᎤᏰᎸᏅᎢ.

19 ᎢᏳᏃ ᏂᎦᏛ ᏌᏉᏉ ᎤᏫᏢ ᏱᎩ, ᎭᏢ ᎠᏰᎸ ᏱᎩ?

20 ᎤᏣᏘᏍᎩᏂ ᏕᎤᏫᏞᏫᏒ, ᎠᏎᏃ ᏌᏉᏉ ᎠᏰᎸᎢ.

21 ᎠᎴ ᎠᎦᏔ ᎥᏝ ᎯᎠ ᎢᎬᏩᏪᏎᏗ ᏱᎩ ᎤᏬᏰᏂ, ᎥᏝ ᏱᎬᏯᏚᎵᎭ; ᎠᎴᏬ ᎠᏍᎪᎵ ᎥᏝ ᎯᎠ
ᎢᏗᎬᏩᏪᏎᏗ ᏱᎩ ᏧᎳᏏᏕᏂ, ᎥᏝ ᏱᏗᏍᏛᏯᏚᎵᎭ.

22 ᎥᏝ, ᎾᏍᎩᏍᎩᏂ ᎠᏰᎸ ᏤᎯ ᎤᏟ ᎢᏗᏩᎾᎦᏔ ᏥᏅᏩᏍᏙᎢ, ᎾᏍᎩ ᎤᏟ ᎤᎵᏍᎨᏛ
ᎨᏐᎢ.

23 ᎠᎴ ᎾᏍᎩ ᎠᏰᎸ ᏤᎯ ᎾᏍᎩ ᎡᏍᎦ ᎢᏴᏛ ᎢᏗᎦᎸᏉᏗ ᎢᎩᏰᎸᏒ, ᎾᏍᎩ ᎤᏟ
ᎢᏗᎦᎸᏉᏗ ᏂᎦᏛᏁᎰᎢ; ᎠᎴ ᏄᏬᏚᏒᎾ ᎨᏒ ᏂᎦᏛᏅᎢ ᎾᏍᎩ ᎤᏟ ᎤᏬᏚᎯᏳ
ᏂᎦᎵᏍᏗᏍᎪᎢ;

24 ᎤᏬᏚᎯᏳᏍᎩᏂ ᏂᎦᏛᏅᎢ ᎥᏝ ᏳᏂᎬᎪᎢ; ᎤᏁᎳᏅᎯᏍᎩᏂ ᏚᏭᏓᏔᏂᏙᎸ ᎠᏰᎸᎢ, ᎤᏟ
ᎢᎦᎢ ᎦᎸᏉᏗᏳ ᏄᏩᏁᎸ ᎾᏍᎩ ᎾᎿ ᎡᏍᎦ ᎨᏒᎢ;

25 ᎾᏍᎩ ᎾᎿ ᎠᏰᎸ ᎢᎸᎯᏢ ᏧᎦᎴᏅᏛ ᏂᎨᏒᎾ ᎢᏳᎵᏍᏙᏗᏱ; ᎾᏍᎩ ᏚᏫᏞᏫᏒ
ᏧᎾᏓᏍᏆᏂᎪᏗᏳ ᎢᏳᎵᏍᏙᏗᏱ.

26 ᎾᏍᎩ ᎢᏳᏃ ᏌᏉ ᎤᏫᏢ ᏯᎩ-ᎵᏲᎦ, ᏂᎦᏛ ᏚᏫᏢ ᎤᎾᏠᏯᏍᏗᎭ ᎠᏂᎩᎵᏲᎦ; ᎠᎴ ᎢᏳ
ᏌᏉ ᎤᏫᏢ ᎦᎸᏉᏔᏅᎯ ᏱᎩ, ᏂᎦᏛ ᏚᏫᏢ ᎤᎾᏠᏯᏍᏗᎭ ᎠᎾᎵᎮᎵᎦ.

27 ᏂᎯᏃ ᎾᏍᎩ ᎦᎶᏁᏛ ᎠᏰᎸᎢ, ᎠᎴ ᏚᏫᏞᏫᏒᎢ ᎾᏍᎩ ᎢᏥᏏᏴᏫᎭ ᎨᏒᎢ.

28 ᎠᎴ ᎤᏁᎳᏅᎯ ᏕᎤᏪᎧᏅ ᎠᏂᏏᏴᏫᎭ ᎾᎿ ᏧᎾᏁᎶᏗ ᎤᎾᏓᏡᎬᎢ; ᎢᎬᏱ ᎨᏒ,
ᎨᏥᏅᏏᏛ; ᏔᎵᏁᏃ ᎨᏒ, ᎠᎾᏙᎴᎰᏍᎩ; ᏦᎢᏁᏃ ᎨᏒ, ᏗᎾᏕᏲᎲᏍᎩ; ᎣᏂᏃ, ᎤᏍᏆᏂᎪᏗ
ᏧᏂᎸᏫᏍᏓᏁᎯ; ᎿᏉᏃ ᎨᎦᎵᏍᎪᎸᏓᏁᎸᎯ ᏧᎾᏓᏅᏬᏗᏱ, ᎠᎾᎵᏍᏕᎵᏍᎩ, ᏄᏂᎬᏫᏳᏌᏕᎩ,
ᎢᎸᏍᎩ ᎢᏳᏓᎴᎩ ᏗᏂᏬᏂᏍᎩ.

29 ᏂᎦᏛᏍᎪ ᎨᏥᏅᏏᏛ? ᏂᎦᏛᏍᎪ ᎠᎾᏙᎴᎰᏍᎩ? ᏂᎦᏛᏍᎪ ᏗᎾᏕᏲᎲᏍᎩ? ᏂᎦᏛᏍᎪ
ᎤᏍᏆᏂᎪᏗ ᏧᏂᎸᏫᏍᏓᏁᎯ?

30 ᎾᎦᏛᏍᎪ ᏧᎾᏓᏅᏬᏗᏱ ᎨᎦᎵᏍᎪᎸᏓᏁᎸᎯ? ᏂᎦᏛᏍᎪ ᎢᎸᏍᎩ ᎢᏳᏓᎴᎩ ᏓᏂᏬᏂᎭ?
ᏂᎦᏛᏍᎪ ᎠᎾᏁᏢᏗᎭ?

31 ᎤᏣᏘ ᎠᏗᎾ ᎢᏣᏚᎵᏍᎨᏍᏗ ᎣᏌᏂ ᎤᏓᏁᏗ ᎨᏒᎢ; ᎠᏎᏃ ᎬᏂᎨᏒ ᎤᏛᏨᏴᏁᎵ ᎤᏟ
ᎢᏲᏍᏛ ᎢᏯᏛᏁᏗᏱ.

ᎠᏯᏙᎸᎢ 13

1 ᎾᏍᏉ ᏴᏫ ᎠᎴ ᎦᎸᎳᏗ ᎠᏁᎯ ᏗᏂᎧᎿᏩᏗᏙᎯ ᏧᏂᏬᏂᎯᏍᏗ ᏱᏥᏬᏂᎭ, ᎾᎩᎲᎾᏃ ᏱᎩ
ᎠᏓᎨᏳᏗ ᎨᏒᎢ, ᎥᏨᏱᏉ ᎤᏃᏴᎵᏛ ᎠᎴ ᎤᏃᏴᎩ ᎤᎭᎸᏂᎯ ᏕᎦᏤᎳᎦ.
2 ᎠᎴ ᎾᏍᎩ ᏯᎩᎭ ᎠᏆᏙᎴᎰᎯᏍᏗᏱ, ᎠᎴ ᏱᎪᎵᎦ ᏂᎦᏗᏳ ᎤᏕᎵᏛ ᎨᏒᎢ, ᎠᎴ ᏂᎦᏗᏳ
ᎠᎦᏙᎥᎯᏍᏗ ᎨᏒᎢ; ᎠᎴ ᏂᎦᎥ ᎪᎯᏳᏗ ᎨᏒ ᏯᎩᎭ, ᎾᏍᎩ ᏰᎵᏉ ᏗᎬᎩᎲᏍᏗ ᏱᎩ ᏙᏓᎸᎢ;
ᎠᏓᎨᏳᏗᏃ ᎨᏒ ᎾᎩᎲᎾ ᏱᎩ, ᎪᎱᏍᏗᏉ ᏂᎨᏒᎾ ᎠᏴ.
3 ᎠᎴ ᎾᏍᏉ ᏂᎦᎥ ᎠᎩᎾᎥ ᏱᎦᏓᏃᏁᎭ, ᎠᎴ ᎾᏍᏉ ᏥᏰᎸ ᏱᏓᎩᏲᏒ ᎤᎾᎪᎲᏍᏙᏗᏱ,
ᎾᎩᎲᎾᏃ ᏱᎩ ᎠᏓᎨᏳᏗ ᎨᏒᎢ, ᎥᏝ ᎪᎱᏍᏗ ᎠᎩᏁᏉᏤᎯ ᏱᎩ.
4 ᎠᏓᎨᏳᏗ ᎨᏒ ᎬᏂᏗᏳ, ᎠᎴ ᎤᏓᏅᏘᏳ; ᎠᏓᎨᏳᏗ ᎨᏒ ᎥᏝ ᏱᎬᏳᎪᎢ; ᎠᏓᎨᏳᏗ ᎨᏒ ᎥᏝ
ᏯᎵᏆᏍᎪᎢ; ᎥᏝ ᎤᏟ ᏳᏕᏋᎯᏍᏙᎢ;
5 ᎥᏝ ᎤᏕᎰᎯᏍᏗ ᏱᎾᏛᏁᎰᎢ; ᎥᏝ ᎤᏩᏒᏉ ᎤᏤᎵ ᏳᏲᎰᎢ; ᎥᏝ ᏳᏔᎳᏬᎯᏌᏙᎢ; ᎥᏝ ᎤᏲ
ᏯᏓᎳᏫᏎᎰᎢ;
6 ᎥᏝ ᏯᎵᎮᎵᎪ ᎤᏲ ᏗᏕᎸᏫᏍᏓᏁᏗ ᎨᏒᎢ, ᏚᏳᎪᏛᏍᎩᏂ ᎨᏒ ᎾᎿ ᎠᎵᎮᎵᎪᎢ;
7 ᎤᏁᎳᎩᏉ ᎡᎵᏍᎪ ᏂᎦᎥ ᎪᎱᏍᏗ; ᎪᎯᏳᎲᏍᎪ ᏂᎦᎥ ᎪᎱᏍᏗ; ᏂᎦᎥᏉ ᎪᎱᏍᏗ ᎤᏚᎩ
ᎤᏩᏐᎢ; ᎬᏂᏗᏳ ᎨᎭ ᏂᎦᎥᎢ.
8 ᎠᏓᎨᏳᏗ ᎨᏒ ᎠᎵᏛᏗᏍᎩ ᏂᎨᏒᎾ; ᏙᎴᎰᎯᏍᏗᏍᎩᏂ ᎨᏒ ᏛᎵᏛᎳᏂᏉ; ᏧᏓᎴᏅᏛ
ᏗᎦᏬᏂᎯᏍᏗ ᎨᏒ ᏙᏓᎦᎶᏐᏂ; ᎠᎦᏙᎥᎯᏍᏗ ᎾᏍᏉ ᎨᏒ ᏛᎵᏛᎳᏂ.
9 ᎢᎦᏛᏉᏰᏃ ᎨᏒ ᎢᏗᎦᏔᎭ, ᎠᎴ ᎢᎦᏛᏉ ᎨᏒ ᎢᏓᏙᎴᎰᏍᎦ;
10 ᎠᎧᎵᎢᏍᎩᏂ ᎨᏒ ᎠᎵᏰᎢᎶᎸᎭ, ᎿᏉ ᎾᏍᎩ ᎢᎦᏛᏉ ᎨᏒ ᏛᎵᏛᎳᏂ.
11 ᏥᏲᎵ ᏥᎨᏒᎩ ᎠᏲᎵ ᎤᏬᏂᎯᏍᏗ ᏥᏬᏂᏍᎬᎩ, ᎠᏲᎵ ᎤᏬᎵᏍᏗ ᎨᏒ ᎪᎵᎬᎩ, ᎠᏲᎵ
ᎤᏓᏅᏖᏗ ᎨᏒ ᎦᏓᏅᏖᏍᎬᎩ; ᎠᏆᏛᏅᏍᎩᏂ ᎿᏉ ᎾᏆᎵᏍᏔᏅ, ᎠᏲᎵ ᏧᏤᎵ ᎨᏒ ᎢᏴᏛ
ᏂᏓᏋᏁᎸᎩ.
12 ᎪᎯᏰᏃ ᎨᏒ ᎤᏍᎪᎸ ᎢᏗᎪᏩᏘᎭ ᎠᏓᎨᏗᏱ; ᎾᎯᏳᏍᎩᏂ ᎨᏎᏍᏗ ᏕᎦᎧᏛ ᏙᏓᏓᏓᎪᎯ;
ᎪᎯ ᎨᏒ ᎢᎦᏛᏉ ᏥᎦᏔᎭ; ᎾᎯᏳᏍᎩᏂ ᎨᏎᏍᏗ ᏥᎦᏔᎮᏍᏗ ᎾᏍᎩᏯ ᎾᏍᏉ ᎥᎩᎦᏔᎲᎢ.
13 ᎪᎯᏃ ᎨᏒ ᎠᏁᎭ ᎪᎯᏳᏗ ᎨᏒᎢ, ᎠᎴ ᎤᏚᎩ ᎬᏗ ᎨᏒᎢ, ᎠᎴ ᎠᏓᎨᏳᏗ ᎨᏒᎢ, ᎯᎠ
ᎾᏍᎩ ᏦᎢ; ᏭᏓᎪᎾᏛᏛᏍᎩᏂ ᎦᎸᏉᏗ ᎬᏒ ᎠᏓᎨᏳᏗ ᎨᏒᎢ.

ᎠᏯᏙᎸᎢ 14

1 ᎠᏓᎨᏳᏗ ᎨᏒ ᎢᏥᏍᏓᏩᏕᎨᏍᏗ; ᎠᎴ ᎢᏣᏚᎵᏍᎨᏍᏗ ᎠᏓᏅᏙ ᎤᎵᏍᎪᎸᏙᏗ; ᎠᏗᎾ Ꮀ
ᎤᎬᏫᏳᏎᏍᏗ ᎾᏍᎩ ᎨᏣᏙᎴᎰᎯᏍᏗ ᎨᏒᎢ.
2 ᎩᎶᏰᏃ ᏱᎦᏬᏂᎭ ᎤᏩᎾᏓᎴ ᎤᏂᏬᏂᎯᏍᏗ ᎨᏒᎢ, ᎥᏝ ᏴᏫ ᏱᏗᎦᏬᏁᏗᏍᎪᎢ,
ᎤᏁᎳᏅᎯᏍᎩᏂ; ᎥᏝᏰᏃ ᎩᎶ ᏳᏬᎵᏤᎰᎢ; ᎠᏓᏅᏙᏍᎩᏂᏃᏅ ᎬᏗ ᎦᏬᏂᏍᎬ ᎤᏕᎵᏛ
ᎦᎾᏄᎪᏫᏍᎪᎢ.
3 ᎩᎶᏍᎩᏂ ᏯᏙᎴᎰᏍᎦ ᏴᏫ ᏕᎦᏬᏁᏗᏍᎪ ᏓᎵᏂᎪᎯᏍᏗᏍᎪᎢ, ᎠᎴ ᏕᎦᏂᎳᏕᎰᎢ, ᎠᎴ
ᏓᏕᎵᏍᏓᏗᏍᎪᎢ.
4 ᎩᎶ ᏱᎦᏬᏂᎭ ᎤᏩᎾᏓᎴ ᎤᏂᏬᏂᎯᏍᏗ ᎨᏒ, ᎤᏩᏒ ᏓᎵᏂᎪᎯᏍᏗᏍᎪᎢ; ᎩᎶᏍᎩᏂ
ᏯᏙᎴᎰᏍᎦ ᏓᎵᏂᎪᎯᏍᏗᏍᎪ ᏧᎾᏁᎶᏗ ᎤᎾᏓᏡᎬᎢ.
5 ᎣᏏᏳ ᏱᏥᏰᎸᎾ ᎢᏳᏃ ᏂᏥᎥ ᎢᎸᏍᎩ ᎢᏳᏓᎴᎩ ᏱᏗᏥᏬᏂᎭ; ᎠᏎᏃ ᎰᎤᎬᏫᏳᎭ
ᏱᏣᏙᎴᎰᏍᎦ; ᎤᏟᏰᏃ ᎠᏥᎸᏉᏗᏳ ᎾᏍᎩ Ꮎ ᎠᏙᎴᎰᏍᎩ, ᎡᏍᎦᏉ ᎾᏍᎩ Ꮎ ᎢᎸᏍᎩ
ᎢᏳᏓᎴᎩ ᏗᎦᏬᏂᏍᎩ, ᎢᏳᏍᎩᏂᏃᏅ ᏯᏁᏢᏗᎭ, ᎾᏍᎩ ᏧᎾᏁᎶᏗ ᎤᎾᏓᏡᎬ ᏧᎾᎵᏂ
ᎪᎯᏍᏗᏱ.
6 ᎢᏳᏃ, ᎢᏓᎵᏅᏟ, ᏱᏂᏨᎷᏤᎸ ᎢᎸᏍᎩ ᎢᏳᏓᎴᎩ ᏱᏗᏥᏬᏂᎭ, ᎦᏙ ᎤᏍᏗ ᏱᏨᏁᏉᏏ,
ᎢᏳᏍᎩᏂᏃᏅ ᎢᏨᏬᏁᏗᏍᎬ ᎪᎱᏍᏗ ᏱᏨᎾᏄᎪᏫᏎᎭ, ᎠᎴ ᎢᏥᎦᏙᎥᎯᏍᏗᏱ ᏱᏂᏨᏴᏁᎭ,
ᎠᎴ ᏱᎦᏙᎴᎰᏍᎦ, ᎠᎴ ᏱᏗᎦᏕᏲᎲᏍᎦ.
7 ᎾᏍᏉᏰᏃ ᎪᎱᏍᏗᏉ ᎬᏃᏛ ᏂᎨᏒᎾ, ᏳᏃᏴᎦ, ᎠᏤᎷᎯᏍᏗ ᎠᎴ ᏗᎧᏃᎩᏍᏙᏗ ᏱᎩ, ᎢᏳᏃ
ᏧᏓᎴᎿᎢ ᏂᎦᏃᏴᎬᎾ ᏱᎩ, ᎦᏙ ᏱᎦᎵᏍᏙᏓ ᏴᏙᎴᎰᎯ ᎾᏍᎩ ᎠᏤᎷᎯᏛ ᎨᏒ ᎠᎴ ᎾᏍᎩ
ᏗᎧᏃᎩᏛ ᎨᏒᎢ?
8 ᎢᏳᏰᏃ ᎠᏤᎷᎯᏍᏗ ᎦᎪᎵᏍᏗ ᏂᎨᏒᎾ ᏳᏃᏴᎦ, ᎦᎪ ᏯᏛᏅᎢᏍᏓ ᏓᎿᏩ ᎤᏪᏅᏍᏗᏱ?
9 ᎾᏍᎩᏯ ᎾᏍᏉ ᏂᎯ, ᎢᏳᏃ ᏗᏥᏃᎪ ᏗᎬᏗ ᎦᎪᎵᏍᏗ ᏂᏥᏬᏂᏍᎬᎾ ᏱᎩ, ᎦᏙ
ᏱᎦᎵᏍᏙᏓ ᎬᏙᎴᎰᎯᏍᏗ ᏱᎩ, ᏂᏥᏪᏒ ᎢᏥᏬᏂᏒᎢ? ᎦᏃᎴᏍᎬᏰᏃ ᎢᏥᏬᏁᏗᏍᎩ ᎨᏎᏍᏗ.
10 ᎾᏍᏉ ᎤᏣᏘ ᎢᏳᏓᎴᎩ ᏱᏓᏂᏬᏂᎭ ᎡᎶᎯ, ᎠᏎᏃ ᎥᏝ ᏌᏉ ᎾᏍᎩ ᎪᎱᏍᏗ ᏂᎦᏛᎬᎾ
ᏱᎩ.
11 ᎾᏍᎩᏃ ᏂᎪᎵᎬᎾ ᏱᎩ ᎦᏛᎬ ᎦᏬᏂᏍᎬᎢ, ᎤᏆᏓᎴᏉ ᎾᏍᎩᏯ ᏱᎩ ᎠᏆᏓᏅᏖᏍᎬ ᎾᏍᎩ
ᎦᏬᏂᏍᎩ; ᎠᎴ ᎾᏍᎩ ᎦᏬᏂᏍᎩ ᎤᏩᏓᎴᏉ ᎾᏍᎩᏯ ᏱᎩ ᎠᏴ ᏥᏯᏓᏅᏖᏍᎬᎢ.
12 ᎾᏍᎩᏯ ᎾᏍᏉ ᏂᎯ, ᎾᏍᎩ ᎤᏣᏘ ᏥᏣᏚᎵ ᏗᎦᎸᏫᏍᏓᏁᏗ ᎠᏓᏅᏙ ᎤᏓᏁᏗ ᎨᏒᎢ,
ᎢᏥᏲᎮᏍᏗ ᏗᏣᏓᏓᎵᏁᎯᏕᏗᏱ ᎾᏍᎩ ᏧᎾᏁᎶᏗ ᎤᎾᏓᏡᎬ ᏗᏣᎵᏂᎪᎯᏍᏙᏗᏱ.
13 ᎾᏍᎩ ᎢᏳᏍᏗ ᎩᎶ ᎤᏩᎾᏓᎴ ᎤᏂᏬᏂᎯᏍᏗ ᎦᏬᏂᏍᎨᏍᏗ, ᎠᏓᏙᎵᏍᏗᏍᎨᏍᏗ
ᎠᏔᏲᎯᎮᏍᏗ ᎠᏥᏍᏕᎸᏗᏱ ᎤᏁᏢᏙᏗᏱ.
14 ᎢᏳᏰᏃ ᏱᎦᏓᏙᎵᏍᏗ ᏱᎬᏗᎭ ᎤᏩᎾᏓᎴ ᎤᏂᏬᏂᎯᏍᏗ ᎨᏒᎢ, ᎠᏆᏓᏅᏙ
ᎠᏓᏙᎵᏍᏗᏍᎪᎢ; ᎠᏆᏓᏅᏛᏍᎩᏂ ᎥᏝ ᏱᎦᎾᏄᎪᏫᏍᎪ ᎣᏍᏛ ᎨᏒᎢ.

15 ᎦᏙ ᎰᏩ ᎤᏍᏗ? ᎠᏆᏓᏅᏙ ᎬᏗᏍᎨᏍᏗ ᎦᏓᏙᎵᏍᏗᏍᎨᏍᏗ, ᎠᎴ ᎦᎪᎵᏍᏗ
ᎦᏓᏙᎵᏍᏗᏍᎨᏍᏗ; ᎠᎴ ᎠᏆᏓᏅᏙ ᎬᏗᏍᎨᏍᏗ ᎦᏥᏃᎩᏍᎨᏍᏗ ᎠᎴ ᎦᎪᎵᏍᏗ
ᎦᏥᏃᎩᏍᎨᏍᏗ.
16 ᎾᏍᎩᏰᏃ ᏄᏍᏛ ᏱᎩ, ᎿᏉ ᎭᎵᎮᎵᏨ ᏣᏓᏅᏙ ᎲᎳᏅᎭ, ᎦᏙ ᏱᎦᎵᏍᏙᏓ ᎾᏍᎩ Ꮎ
ᎾᎦᏔᎾᎥᎾ ᎤᏪᏗᏱ ᏣᏬᎳ, ᏰᎵ ᎡᎺᏅ ᏯᏍᏛ ᎭᎵᎮᎵᎩ? ᏂᎪᎵᎬᎾᏰᏃ ᏱᎩ ᏂᏪᏍᎬᎢ.
17 ᏂᎯᏰᏃ ᎤᏙᎯᏳᎯ ᎣᏏᏳ ᏂᏪᎭ ᎭᎵᎮᎵᎬᎢ, ᏐᎢᏍᎩᏂ ᎥᏝ ᏳᎵᏂᎪᎯᏍᏗᎭ.
18 ᏥᏯᎵᎡᎵᏤᎭ ᎠᏆᏁᎳᏅᎯ, ᎾᏍᎩ ᎤᏟ ᎢᎦᎢ ᏗᎬᎩᏬᏂᎯᏍᏗ ᎨᏒ ᏧᏓᎴᏅᏛ
ᏗᎦᏬᏂᎯᏍᏗ ᎨᏒ ᎡᏍᎦᏉ ᏂᎯ ᏂᏥᎥᎢ;
19 ᎠᏎᏃ ᏧᎾᏁᎶᏗ ᎤᎾᏓᏡᎬ ᎤᏟ ᎬᎩᏰᎸᏗ ᎾᎿ ᎯᏍᎩᏉ ᎢᎧᏁᏨᎯ ᎠᎩᏁᎢᏍᏗᏱ
ᎠᏆᏓᏅᏛ ᎠᏆᏙᏗᏱ, ᎾᏍᎩ ᎤᏩᎾᏓᎴ ᎾᏍᏉ ᎦᏥᏰᏲᏗᏱ, ᎠᏃ ᎠᏍᎪᎯ ᎢᏯᎦᏴᎵ
ᎢᎧᏁᏨᎯ ᎠᎩᏁᎢᏍᏗᏱ ᎤᏩᎾᏓᎴ ᎤᏂᏬᏂᎯᏍᏗ ᎨᏒ ᎠᏆᏙᏗᏱ.
20 ᎢᏓᎵᏅᏟ, ᏞᏍᏗ ᏗᏥᏲᎵ ᏱᎨᏎᏍᏗ ᎦᏣᏓᏅᏛᎢ; ᎠᏓᏍᎦᎢᏍᏗᏍᎩᏂᏃᏅ ᎨᏒ ᏗᏥᏲᎵ
ᎨᏎᏍᏗ, ᎦᏣᏓᏅᏛᏍᎩᏂ ᏗᏣᏛᎾᏯ ᎨᏎᏍᏗ.
21 ᏗᎧᎿᏩᏛᏍᏗᏱ ᎯᎠ ᏂᎬᏅ ᎪᏪᎳ, ᎤᏩᏓᎴ ᏗᏂᏬᏂᏍᎩ ᎠᎴ ᎤᏩᏓᎴ ᏧᏂᎭᏁᎦᎵ
ᏓᎦᏥᏴᏔᏂ ᎦᏓᏥᏬᏁᏔᏂ ᎯᎠ ᎾᏍᎩ ᏴᏫ; ᎠᏎᏃ ᎠᏏ ᎥᏝ ᏱᎬᏆᏛᎦᏁᎮᏍᏗ, ᎠᏗᎭ ᏱᎰᏩ.
22 ᎾᏍᎩᏃ ᏧᏓᎴᏅᏛ ᏗᎦᏬᏂᎯᏍᏗ ᎨᏒ ᎪᎯᏳᏗᏍᎩ ᎠᏰᎸᎭ, ᎥᏝ ᎠᏃᎯᏳᎲᏍᎩ
ᎤᏃᎯᏳᏓᏁᎯ ᏱᎩ, ᎠᏍᎩᏂ ᎠᏃᎯᏳᎲᏍᎩ ᏂᎨᏒᎾ; ᎠᏙᎴᎰᎯᏍᏗ [ᎤᏃᎯᏳᏓᏁᎯ] ᏱᎩ,
ᎠᏃᎯᏳᎲᏍᎩᏍᎩᏂ.
23 ᎾᏍᎩᏃ ᏥᎸᏍᏗ ᎢᏳᏃ ᏧᎾᏁᎶᏗ ᎤᎾᏓᏡᎬ ᏂᎦᏛ ᎢᎸᎯᏢ ᏱᏕᏂᎳᏫᏦᏅ, ᎠᎴ ᏂᎦᏛ
ᏧᏓᎴᏅᏛ ᏗᎦᏬᏂᎯᏍᏗ ᎨᏒ ᏱᏓᏂᏬᏂᎭ, ᏩᏂᏴᎵᎸᏃ ᎾᎿᏂ ᎾᏂᎦᏔᎾᎥᎾ, ᎠᎴ
ᎠᏃᎯᏳᎲᏍᎩᏂ ᏂᎨᏒᎾ, ᏝᏍᎪ ᏕᏂᎸᏃᏗᎭ ᏰᎬᎾᏛ?
24 ᎢᏳᏍᎩᏂ ᏂᎦᏛ ᏯᎾᏙᎴᎰᏍᎦ, ᏩᏴᎵᎸᏃ ᎩᎶ ᎪᎯᏳᎲᏍᎩ ᏂᎨᏒᎾ, ᎠᎴ ᎩᎶ
ᎾᎦᏔᎾᎥᎾ, ᎾᏂᎥ ᎬᏬᎯᏳᏓᏁᎰᎢ, ᎠᎴ ᎾᏂᎥ ᎦᎬᎫᎪᏓᏁᎰᎢ;
25 ᎾᏍᎩᏃ ᎤᎦᎵᏛ ᎤᏍᏆᏂᎪᏛ ᎤᎾᏫᏱ ᎬᏂᎨᏒ ᏱᏂᎦᎵᏍᏓ; ᎾᏍᎩᏃ ᏯᎵᏰᏍᎦᎲᎦ
ᎤᏁᎳᏅᎯ ᏯᏓᏙᎵᏍᏓᏏ, ᎠᎴ ᏱᏕᎦᏃᏨᎸᏕ ᎤᏁᎳᏅᎯ ᎤᏙᎯᏳᎯᏯ ᎢᏨᏓᏑᏴᎢ.
26 ᎦᏙ ᎰᏩ ᎤᏍᏗ, ᎢᏓᎵᏅᏟ? ᎢᏳᏃ ᎦᏥᎳᏫᎩ, ᎢᏥᏏᏴᏫᎭ ᏗᎧᏃᎩᏛ ᎢᏨᏛᏅᎢᏍᏙᎢ,
ᏗᎦᏲᏗ ᎢᏨᏛᏅᎢᏍᏙᎢ, ᏧᏓᎴᏅᏛ ᏗᎦᏬᏂᎯᏍᏗ ᎢᏨᏛᏅᎢᏍᏙᎢ, ᎬᏂᎨᏒ ᎢᎬᏁᏗ
ᎢᏨᏛᏅᎢᏍᏙᎢ, ᎠᏁᏢᏙᏗ ᎢᏨᏛᏅᎢᏍᏙᎢ. ᏂᎦᏛ ᎠᏗᎾ ᎦᏥᎸᏫᏍᏓᏁᎲ
ᏗᏨᏓᎵᏂᎪᎯᏍᏙᏗᏱ ᎤᎬᏩᎴᏍᏗ.
27 ᎢᏳᏃ ᎩᎶ ᎤᏩᎾᏓᎴ ᏧᏂᏬᏂᎯᏍᏗ ᎨᏒ ᏱᎦᏬᏂᎭ, ᎠᏂᏔᎵ, ᎠᎴ ᏦᎢ ᎢᏴᏛ ᏩᏍᎦᏍᏗ
ᏓᏂᏬᏂᏎᎨᏍᏗ ᏌᏉ ᎤᏪᏒᏛ; ᎠᏏᏴᏫᏃ ᎠᏁᏢᏗᏍᎨᏍᏗ.
28 ᎢᏳᏍᎩᏂ ᎠᏁᏢᏗᏍᎩ ᏁᏙᎲᎾ ᎢᎨᏎᏍᏗ, ᎡᎳᏪᏉ ᎤᏩᏎᏍᏗ ᏧᎾᏁᎶᏗ ᎤᎾᏓᏡᎬᎢ;
ᎤᏩᏒᏉ ᎠᏓᎵᏃᎮᏗᏍᎨᏍᏗ, ᎠᎴ ᎤᏁᎳᏅᎯ ᎠᎵᏃᎮᏗᏍᎨᏍᏗ.

29 ᎠᎾᏙᎴᎰᏍᎩ ᎠᏂᏔᎵᎭ ᎠᏂᏬᏂᏍᎨᏍᎩ, ᎠᏂᏦᎢᏃ ᏓᏄᎪᏗᏍᎨᏍᏗ.
30 ᎢᏳᏃ ᎪᎱᏍᏗ ᏯᏥᎾᏄᎪᏫᏎᎸ ᎩᎶ ᎾᎥ ᎤᏬᎵ, ᎢᎬᏱ ᎤᎴᏅᏛ ᎡᎳᏪ ᎬᏍᎨᏍᏗ.
31 ᏂᏥᎥᏰᏃ ᏰᎵ ᎨᏥᏙᎴᎰᎯᏍᏗ ᏌᏉ ᎤᏪᏒᏛ; ᎾᏍᎩ ᎾᏂᎥ ᎤᎾᏕᎶᏆᏍᏗᏱ, ᎠᎴ ᎾᏂᎥ
ᎤᏂᏕᎵᏍᏓᏗᏍᏗᏱ.
32 ᎠᎴ ᎠᎾᏙᎴᎰᏍᎩ ᏧᎾᏤᎵ ᏗᏓᏅᏙ ᏓᏃᎯᏳᎲᏍᎪ ᎠᎾᏙᎴᎰᏍᎩ.
33 ᎤᏁᎳᏅᎯᏰᏃ ᎥᏝ ᏧᏓᎴᏅᏛ ᎨᏒ ᎢᎬᏁᎯ ᏱᎩ, ᎤᏩᏙᎯᏯᏛᏍᎩᏂ ᎨᏒᎢ, ᎾᏍᎩᏯ
ᏥᏄᏍᏗ ᏂᎦᏛ ᏚᎾᏓᏡᏩᏗᏒ ᎤᎾᏓᏅᏘ.
34 ᎠᏂᎨᏴ ᏗᏣᏤᎵ ᎡᎳᏪᏉ ᎤᏅᏎᏍᏗ ᏧᎾᏁᎶᏗ ᏚᎾᏓᏡᏩᏗᏒᎢ; ᎥᏝᏰᏃ ᎨᎦᎵᏍᎪᎸᏓᏁᎸᎯ
ᏱᎩ ᎾᏍᎩ ᎤᏂᏬᏂᎯᏍᏗᏱ; ᎤᏃᎯᏳᏗᏱᏉᏍᎩᏂ, ᎾᏍᎩᏯ ᎾᏍᏉ ᏥᏂᎦᏪ
ᏗᎧᎿᏩᏛᏍᏗ.
35 ᎢᏳ ᎠᎴ ᏣᎾᏚᎵ ᎪᎱᏍᏗ ᎤᎾᏕᎶᏆᏍᏗᏱ, ᏗᎬᏩᏂᏰᎯ ᏧᎾᏛᏛᎲᏍᎨᏍᏗ ᏙᏧᏁᏅᏒᎢ;
ᎤᏕᎰᎯᏍᏗᏳᏰᏃ ᎠᏂᎨᏴ ᎤᏂᏬᏂᎯᏍᏗᏱ ᏧᎾᏁᎶᏗ ᎤᎾᏓᏡᎬᎢ.
36 ᏥᎪ ᏂᎯ ᎢᏤᎲ ᏧᏓᎴᏁ ᎧᏃᎮᏛ ᎤᏁᎳᏅᎯ ᎤᏤᎵᎦ? ᏥᎪᎨ ᏂᎯᏉ ᎢᏨᏒ ᎢᏥᎷᏤᎴᎢ?
37 ᎢᏳᏃ ᎩᎶ ᎠᏓᏅᏖᏍᎬ ᎦᏙᎴᎣᏍᎩ ᎠᎴ ᎠᏓᏅᏙ ᎤᏓᏁᏗ ᎠᎩᎯ ᎢᎬᎵᏍᎨᏍᏗ, ᎾᏍᎩ
ᎬᏂᎨᏒ ᏂᎬᏁᎮᏍᏗ ᎾᏍᎩ ᎯᎠ ᏥᏫᏨᏲᏪᎳᏁᎭ ᎤᎬᏫᏳᎯ ᎤᏁᏨᎯ ᎨᏒᎢ.
38 ᎢᏳᏍᎩᏂ ᎩᎶ ᎾᎦᏔᎲᎾ ᎢᎨᏎᏍᏗ, ᎤᏁᎳᎩᏉ ᎾᎦᏔᎲᎾ ᎨᏎᏍᏗ.
39 ᎾᏍᎩ ᎢᏳᏍᏗ ᎢᏓᎵᏅᏟ, ᎢᏣᏚᎵᏍᎨᏍᏗ ᎢᏣᏙᎴᎰᎯᏍᏗᏱ, ᎠᎴ ᏞᏍᏗ
ᏱᏥᏅᏍᏙᏍᎨᏍᏗ ᎦᏬᏂᎯᏍᏗᏱ ᏧᎾᏓᎴᏅᏛ ᏧᏂᏬᏂᎯᏍᏗ ᎨᏒᎢ.
40 ᏂᎦᏛ ᏕᏥᎸᏫᏍᏓᏁᎲ ᎤᏬᏚᎯ ᎠᎴ ᎣᏍᏛ Ꭰ'ᏱᎸᏛ ᎨᏎᏍᏗ.

ᎠᏯᏙᎸᎢ 15

1 ᎠᎴᏬ ᎢᏓᎵᏅᏟ, ᎬᏂᎨᏒ ᏂᏨᏴᏁᎭ ᎣᏍᏛ ᎧᏃᎮᏛ, ᎾᏍᎩ ᏥᏨᏯᎵᏥᏙᏁᎸᎩ, ᎠᎴ
ᎾᏍᎩ ᎾᏍᏉ ᏥᏕᏣᏓᏂᎸᏨ, ᎠᎴ ᎾᏍᎩ ᎤᎵᏂᎩᏛ ᏥᏕᏥᏂᏴᎭ;
2 ᎾᏍᎩ ᎾᏍᏉ ᏥᏣᎵᏍᏕᎸᏙᏗ, ᎢᏳᏃ ᎠᏍᏓᏯ ᏱᏗᏥᏂᏴ ᎾᏍᎩ ᏥᏨᏯᎵᏥᏙᏁᎸᎩ,
ᎢᏳᏍᎩᏂᏃᏅ ᎠᏎᏉᏉ ᏱᎩ ᎢᏦᎯᏳᏒᎢ.
3 ᎢᎬᏱᏱᏰᏃ ᎨᏒ ᏕᏣᏲᎯᏎᎸᎩ ᎾᏍᎩ ᎾᏍᏉ ᎠᏴ ᏨᎩᏲᎯᏎᎸᎩ, ᎾᏍᎩ ᎦᎶᏁᏛ ᎠᏴ
ᎢᎩᏍᎦᏅᏨ ᎢᎩᏲᎱᎯᏎᎸᎢ, ᎾᏍᎩᏯ ᏂᎬᏅ ᎪᏪᎵᎯ;
4 ᎠᎴ ᎾᏍᎩ ᎠᏥᏂᏌᏅᎢ, ᎠᎴ ᎾᏍᎩ ᏦᎢᏁ ᎢᎦ ᏙᎤᎴᎯᏌᏅ ᎾᏍᎩᏯ ᏂᎬᏅᎪᏪᎵᎯ;
5 ᎠᎴ Ꮎ-ᏍᎩ ᏏᏆᏏ ᎤᎪᎲᎢ, ᎿᏉᏃ ᏔᎳᏚ ᎢᏯᏂᏛ.
6 ᎣᏂᏃ ᎯᏍᎩᏧᏈ ᎤᏩᏒᏍᏗ ᎢᏯᏂᏛ ᎠᎾᎵᏅᏟ ᎢᏧᎳᎭ ᎬᏩᎪᎮᎢ; ᎾᏍᎩᏃ [ᎬᏩᎪᎲᎯ]
ᎤᏟ ᎢᏯᏂᏛ ᎠᎾᎴᏂᏙ ᎠᏏ ᎪᎯ ᎨᏒᎢ, ᎢᎦᏛᏍᎩᏂᏃᏅ ᏚᏂᎵᏅᏨ.
7 ᎣᏂᏃ ᏥᎻ ᎤᎪᎮᎢ; ᎿᏉᏃ ᏂᎦᏛ ᎨᏥᏅᏏᏛ [ᎢᎬᏩᎪᎮᎢ.]
8 ᎣᏂᏱᏃ ᎾᏍᏉ ᎠᏴ ᎥᏥᎪᎥᎩ, ᎾᏍᎩᏯ ᎩᎶ ᎤᏕᏗᏱ ᏄᏍᏆᎸᎲᎾᏉ ᏣᎦᎲᏍᎪ
ᏣᏓᎪᏩᏗᏍᎪᎢ.
9 ᎠᏴᏰᏃ ᎠᏆᏍᏗᎧᏂ ᎣᎩᏅᏏᏛ ᎨᏒᎢ, ᎾᏍᎩ ᎥᏝ ᏰᎵ ᎠᏥᏅᏏᏛ ᎦᏴᏉᏎᏗ ᏱᎩ,
ᎤᏗᎦᎵᏍᏙᏗᎭ ᎤᏲ ᏂᎦᏥᏁᎸ ᏧᎾᏁᎶᏗ ᎤᎾᏓᏡᎬ ᎤᏁᎳᏅᎯ ᎤᏤᎵᎦ.
10 ᎠᏎᏃ ᎬᏩᎦᏘᏯ ᎤᏓᏙᎵᏍᏗ ᎨᏒ ᎤᏁᎳᏅᎯ ᎢᏳᏩᏂᏌᏛ ᎠᏴ ᎾᏆᏍᏛ ᎾᏆᏍᏗ; ᎠᎴ
ᎾᏍᎩ ᎬᏩᎦᏘᏯ ᎤᏓᏙᎵᏍᏗ ᎨᏒ ᎥᎩᏁᏄᎯ ᏥᎩ, ᎥᏝ ᎠᏎᏉᏉ ᏱᏄᎵᏍᏔᏅ; ᎤᏟᏰᏃ ᎢᎦᎢ
ᏓᎩᎸᏫᏍᏓᏁᎲ ᎡᏍᎦᏉ ᎾᏍᎩ Ꮎ ᎾᏂᎥᎢ; ᎥᏝ ᏍᎩᏂᏃᏅ ᎠᏴ, ᎤᏁᎳᏅᎯᏍᎩᏂ ᎬᏩᎦᏘᏯ
ᎤᏓᏙᎵᏍᏗ ᎨᏒ ᏗᎩᎧᎿ ᏩᏗᏙᎸᎯ.
11 ᎠᏗᎾ ᎢᏳᏃ ᎠᏴ ᏱᎩ, ᎠᎴ ᎾᏍᎩ Ꮎ ᏱᎩ, ᎾᏍᎩ ᏃᏥᏪᎭ ᎣᏣᎵᏥᏙᎲᏍᎦ, ᎠᎴ
ᎾᏍᎩ ᏄᏍᏗ ᎢᏦᎯᏳᏅ.
12 ᎾᏍᎩᏃ ᎢᏳ ᎦᎶᏁᏛ ᎤᏲᎱᏒᎯ ᏕᎤᎴᎯᏌᏅ ᏯᎦᎵᏥᏙᎲᏍᎦ, ᎦᏙᏃ ᎢᎦᏛ ᎨᏣᏓᏑᏴ ᎯᎠ
ᏂᎠᏂᏪᎭ, ᎥᏝ ᏧᎾᎴᎯᏐᏗ ᏱᎩ ᏧᏂᏲᎱᏒᎯ?
13 ᎢᏳᏃ ᏧᎾᎴᎯᏐᏗ ᏂᎨᏒᎾ ᏱᎩ ᏧᏂᏲᎱᏒᎯ, ᎿᏉ ᎦᎶᏁᏛ ᎥᏝ ᏧᎴᎯᏌᏅᎯ ᏱᎩ.
14 ᎢᏳ ᎠᎴ ᎦᎶᏁᏛ ᏧᎴᎯᏌᏅᎯ ᏂᎨᏒᎾ ᏱᎩ, ᎿᏉ ᎣᏣᎵᏥᏙᎲᏍᎬ ᎠᏎᏉᏉ
ᏂᎦᎵᏍᏗᎭ, ᎠᎴ ᎢᏦᎯᏳᏒ ᎾᏍᏉ ᎠᏎᏉᏉ ᏂᎦᎵᏍᏗᎭ.
15 ᎠᎴ ᎾᏍᏉ ᎬᏂᎨᏒ ᏂᎦᎵᏍᏗᎭ ᎦᏰᎪᎩ ᎣᏥᏃᎮᏍᎩ ᎨᏒ ᎤᏁᎳᏅᎯ; ᎣᏥᏃᎮᎸᏰᏃ
ᎤᏁᎳᏅᎯ ᎾᏍᎩ ᎤᏲᎱᏒ ᏕᎤᎴᏔᏅ ᎦᎶᏁᏛ; ᏧᎴᏔᏅᎯ ᏂᎨᏒᎾ ᏥᎩ, ᎢᏳᏃ ᎰᏩ
ᏧᎾᎴᎯᏐᏗ ᏂᎨᏒᎾ ᏱᎩ ᏧᏂᏲᎱᏒᎯ.
16 ᏧᏂᏲᎱᏒᎯᏰᏃ ᏧᎾᎴᎯᏐᏗ ᏂᎨᏒᎾ ᏱᎩ, ᎿᏉ ᎦᎶᏁᏛ ᎥᏝ ᏧᎴᎯᏌᏅᎯ ᏱᎩ.
17 ᎢᏳ ᎠᎴ ᎦᎶᏁᏛ ᏧᎴᎯᏌᏅᎯ ᏂᎬᏒᎾ ᏱᎩ, ᎢᏦᎯᏳᏒ ᎠᏎᏉᏉ ᏂᎦᎵᏍᏗᎭ; ᎠᏏᏉ
ᎢᏥᏍᎦᏅᏨ ᎢᏣᏚᏓᎳ.

18 ᎠᎴ ᎾᏍᏉ Ꮎ ᎦᎶᏁᏛ ᎤᏃᎯᏳᎯ ᎤᏂᎵᏅᏨᎯ ᏥᎩ ᎬᏩᏂᏲᏥᏙᎸᏉ.
19 ᎢᏳᏃ ᎠᏂᏉ ᎢᎦᎲ ᎤᏩᏒ ᎤᏚᎩ ᏱᎬᎭ ᎦᎶᏁᏛ ᎢᎩᏍᎦᎸᏗᏱ, ᎾᏂᎥ ᏴᏫ ᎦᏗᎪᎾᏛᏗ
ᎤᏲ ᏂᎦᏛᏅᎢ.
20 ᎠᏎᏃ ᎦᎶᏁᏛ ᎦᏅᎴᎯᏌᏅ ᎤᏲᎱᏒᎢ, ᎠᎴ ᏧᏓᎴᏅᏔᏅᎯ ᏄᎵᏍᏔᏅ ᎾᏍᎩ
ᎤᏂᎵᏅᏨᎯ ᏥᎨᏒᎩ.
21 ᎾᏍᎩᏰᏃ ᏴᏫ ᎢᏳᏩᏂᏌᏛ ᏥᎩ ᎠᏲᎱᎯᏍᏗ ᎨᏒ ᏤᎭ, ᏴᏫ ᎾᏍᏉ ᎢᏳᏩᏂᏌᏛ ᎠᏳᎱᏒ
ᏗᎴᎯᏐᏗ ᏥᎩ.
22 ᎠᏓᏫᏰᏃ ᎢᏳᏩᏂᏌᏛ ᏂᎦᏗᏳ ᏥᏓᏂᏲᎱᏍᎦ, ᎾᏍᎩᏯ ᎾᏍᏉ ᎦᎶᏁᏛ ᎢᏳᏩᏂᏌᏛ
ᏂᎦᏗᏳ ᏗᏅᏃᏛ ᎤᏛᎨᎬᏁᎵ.
23 ᎠᏎᏃ ᎾᏂᎥ ᎤᎾᏤᎵᏛᎭ; ᎦᎶᏁᏛ ᏧᏓᎴᏅᏔᏅᎯ; ᎣᏂᏃ ᎾᏍᎩ ᎾᎦᎶᏁᏛ ᏧᏤᎵ ᎨᏒ
ᎾᎯᏳ ᎦᎷᏨᎭ.
24 ᎿᏉ ᏛᎵᏍᏆᏗ, ᎾᎯᏳ ᎤᎬᏫᏳᎯ ᎨᏒ ᏧᏲᎯᏎᎸᎯ ᎨᏎᏍᏗ ᎤᏁᎳᏅᎯ, ᎾᏍᎩ
ᎠᎦᏴᎵᎨᎢ; ᎾᎯᏳ ᎠᏛᏔᏃᏅᎭ ᏂᎦᏗᏳ ᎤᏂᎬᏫᏳᏌᎦᎩ ᎨᏒ ᎠᎴ ᏂᎦᏗᏳ ᏗᎨᎦᏁᎶᏗ ᎨᏒ,
ᎠᎴ ᏚᎾᎵᏂᎬᎬᎢ.
25 ᎠᏎᏰᏃ ᎤᏩᏍᎦᏍᏗᏉ ᎤᎬᏫᏳᎯ ᎨᏒᎢ, ᎬᏂ ᏂᎦᏛ ᎬᏩᏍᎦᎩ ᏚᎳᏍᎬ ᎭᏫᏂᏗᏢ
ᏂᎦᎬᏁᎸᎭ.
26 ᎠᏲᎱᎯᏍᏗ ᎨᏒ ᎾᏍᎩ ᎤᎵᏍᏆᎸᏗ ᎤᏍᎦᎩ ᎠᏥᏛᏙᏗ ᎨᏒᎢ.
27 ᏂᎦᏗᏳᏰᏃ ᏧᏓᎴᏅᏛ ᏚᎳᏍᎬ ᎭᏫᏂᏗᏢ ᎢᎬᏁᎸᎯ. ᎠᏎᏃ, ᏂᎦᏗᏳ ᏧᏓᎴᏅᏛ ᎭᏫᏂᏗᏢ
ᎢᏯᎬᏁᎸᎯ ᏣᏗᎭ,, ᎬᏂᎨᏒ ᏂᎦᎵᏍᏗᎭ ᎾᎦᏘᏯᏍᏛᎾ ᎨᏒ ᎾᏍᎩ Ꮎ ᏂᎦᏛ ᏧᏓᎴᏅᏛ
ᎭᏫᏂᏗᏢ ᎢᏳᏩᏁᎸᎯ.
28 ᎾᎯᏳᏃ ᏂᎦᏗᏳ ᏧᏓᎴᏅᏛ ᎭᏫᏂᏗᏢ ᎢᏯᎬᏁᎸᎯ ᎨᏎᏍᏗ, ᎿᏉ ᎾᏍᏉ ᎤᏪᏥ ᎤᏩᏒ
ᎭᏫᏂᏗᏢ ᎤᏛᏛᏁᎵ ᎾᏍᎩ Ꮎ ᏂᎦᏛ ᏧᏓᎴᏅᏛ ᎯᏫᏂᏗᏢ ᎢᏳᏩᏁᎸᎯ, ᎾᏍᎩ ᎤᏁᎳᏅᎯ
ᏂᎦᎥ ᎢᎬᏂᏏᏍᎩ ᎢᏳᎵᏍᏙᏗᏱ ᎾᏂᎥ ᎠᏁᎲᎢ.
29 ᎢᏳᏃ ᎾᏍᎩ ᏄᏍᏛᎾ ᏱᎩ, ᎦᏙ ᏛᎾᏛᏁᎵ ᏧᏂᏲᎱᏒᎯ ᏥᏅᏗᎦᎵᏍᏙᏗᏍᎪ
ᏥᎦᎨᏚᏬᏍᎪᎢ? ᎢᏳᏃ ᏧᏂᏲᎱᏒᎯ ᎠᏎ ᏧᎾᎴᎯᏐᏗ ᏂᎨᏒᎾ ᎢᎨᏎᏍᏗ, ᎦᏙᏃ ᏧᏂᏲᎱᏒᎯ
ᎤᏗᎦᎵᏍᏙᏗᏍᎪ ᏙᎨᏚᏬᏍᎪᎢ?
30 ᎠᎴ ᎦᏙᏃ ᎤᎾᏰᎯᏍᏗ ᏂᎦᏛᎿᎦᎦ ᏂᎪᎯᎸᎢ?
31 ᏥᏁᎢᏍᏗᎭ ᎾᏍᎩ Ꮎ ᎤᎵᎮᎵᏍᏗ ᏣᎩᎭ ᏂᎯ ᏥᏅᏗᎦᎵᏍᏙᏗᎭ, ᎾᏍᎩ ᏥᏌ ᎦᎶᏁᏛ
ᎤᎬᏫᏳᎯ ᎣᎦᏤᎵ ᏨᏗᏓᎴᎲᏍᎦ, ᏥᏲᎱᏍᎪ ᏂᏚᎩᏨᏂᏒᎢ.
32 ᎢᏳᏃ ᏴᏫ ᎢᏳᎾᏛᏁᏗ ᎢᏯᏆᏛᏁᎸᎯ ᏱᎩ, ᎤᎩ ᏗᏂᏅᏌᏗ ᎤᏂᏍᎦᏎᏗ ᎣᎦᎵᎸᎯ ᏱᎩ
ᎡᏈᏌ ᎦᏚᎲᎢ, ᎦᏙ ᎬᎩᏁᏉᏤᏗ ᎣᏍᏛ ᎨᏒ, ᎢᏳᏃ ᏧᏂᏲᎱᏒᎯ ᏧᎾᎴᎯᏐᏗ ᏂᎨᏒᎾ ᏱᎩ?
ᎢᏓᎵᏍᏓᏴᎲᏍᎨᏍᏗ, ᎠᎴ ᎢᏓᏗᏔᏍᎨᏍᏗ; ᏑᎾᎴᏉᏰᏃ ᏙᏓᏗᏲᎱᏏ.

33 ᏞᏍᏗ ᎡᏥᎵᏓᏍᏔᏅᎩ; ᎾᏲ ᏗᎵᏃᎮᎵᏓᏍᏗ ᎨᏒ ᎠᏲᏍᏗᏍᎪ ᎣᏍᏛ ᏗᎦᎸᏫᏍᏓᏁᏗ
ᎨᏒᎢ.
34 ᎢᏥᏰᎩ ᏚᏳᎪᏛ ᎢᏣᏛᏁᏗᏱ, ᎠᎴ ᏞᏍᏗ ᏱᏥᏍᎦᏅᎨᏍᏗ; ᎢᎦᏛᏰᏃ ᎥᏝ ᏯᏂᎦᏔᎭ
ᎤᏁᎳᏅᎯ; ᎤᏕᎰᎯᏍᏗᏳ ᎢᏨᏃᎮᎭ ᎾᏍᎩ ᎯᎠ ᏥᏂᏥᏪᎭ.
35 ᎠᏎᏃ ᎩᎶ ᎯᎠ ᏱᏅᎦᏫ, ᎦᏙ ᏓᎨᎬᏁᎵ ᏙᏓᎨᎦᎴᏔᏂ ᏧᏂᏲᎱᏒᎯ? ᎠᎴ ᎦᏙ ᎤᏍᎦᏍᏗ
ᎤᏙᏢᏒ ᏗᏂᏰᎸ ᎠᏂᎷᏨᎭ?
36 ᏣᏁᎫ! ᎾᏍᎩ ᏥᏫᏍᎪᎢ ᎥᏝ ᏴᎬᎵᏰᏪᎦ ᎬᏂ ᎤᎪᎯ;
37 ᎠᎴ ᎾᏍᎩ ᏥᏫᏍᎪᎢ, ᎥᏝ ᎾᏍᎩ ᎠᏰᎸ ᎤᏙᏢᏗ ᎨᏒ ᏱᏫᏍᎪᎢ, ᎤᎦᏔᎭᏉᏍᎩᏂ,
ᎤᏣᎴᏍᏗᏉ ᏱᎩ, ᎠᎴ ᎪᎱᏍᏗᏉ ᎤᏍᏗ ᎤᏩᏓᎴ ᏱᎩ;
38 ᎤᏁᎳᏅᎯᏍᎩᏂ ᎠᏁᎲ ᎠᏰᎸ ᎾᏍᎩᏯ ᎣᏏ ᎤᏰᎸᏅᎢ, ᎠᎴ ᏄᏓᎴᏒ ᎤᎦᏔ ᎤᏤᎵᎦᏯ
ᎠᏰᎸᎢ.
39 ᏂᎦᏛ ᎤᏇᏓᎵ ᎨᏒ ᎥᏝ ᎤᏠᏱᎭ ᏱᎩ; ᏴᏫᏰᏃ ᎤᏂᏇᏓᎸ ᏑᏓᎴᎩ; ᎤᏩᏓᎴᏃ ᏅᎩ
ᏗᏂᏅᏌᏗ ᎤᏂᏇᏓᎸᎢ, ᎤᏩᏓᎴᏃ ᎠᏣᏗ, ᎤᏩᏓᎴᏃ ᏥᏍᏆ.
40 ᎠᎴ ᎾᏍᏉ ᎦᎸᎳᏗ ᎠᏁᎭ ᏗᎪᏢᏅᎯ, ᎠᎴ ᎡᎶᎯ ᎠᏁᎭ ᏗᎪᏢᏅᎯ; ᎠᏎᏃ ᏧᏬᏚᎯᏳ
ᎨᏒ ᎦᎸᎳᏗ ᎠᏁᎯ ᎤᏩᏓᎴᎢ, ᎠᎴ ᏧᏬᏚᎯᏳ ᎨᏒ ᎡᎶᎯ ᎠᏁᎯ ᎤᏩᏓᎴᎢ.
41 ᏅᏙ ᎢᎦ ᎡᎯ ᎤᏤᎵᏛ ᎤᏬᏚᎯᏳ ᎨᏒᎢ, ᎠᎴ ᎤᏬᏚᎯᏳ ᎨᏒ ᏅᏙ ᏒᏃᏱ ᎡᎯ
ᎤᏩᏓᎴᎢ, ᎠᎴ ᏧᏃᏚᎯᏳ ᎨᏒ ᏃᏈᏏ ᎤᏩᏓᎴᎢ; ᎠᎴ ᏃᏈᏏ ᎧᏄ ᎤᏬᏚᎯᏳ ᎨᏒ ᎤᏩᏓᎴ
ᏄᏍᏙ ᏃᏈᏏ ᏄᏍᏛ ᎤᏬᏚᎯᏳ ᎨᏒᎢ.
42 ᎾᏍᎩᏯ ᎾᏍᏉ ᏄᏍᏗ ᏧᎾᎴᎯᏐᏗ ᎨᏒ ᏧᏂᏲᎱᏒᎯ. ᎠᏲᎩ ᎠᏫᏒᎯ ᎨᏐᎢ; ᎠᏲᎩ
ᏂᎨᏒᎾ ᏗᎴᏙᏗ ᎨᏎᏍᏗ.
43 ᎦᎸᏉᏗ ᏂᎨᏒᎾ ᎠᏫᏒᎯ ᎨᏐᎢ, ᎦᎸᏉᏗᏳ ᏗᎴᏙᏗ ᎨᏎᏍᏗ; ᎠᏩᎾᎦᎳ ᎠᏫᏒᎯ ᎨᏐᎢ,
ᎤᎵᏂᎩᏛ ᏗᎴᏙᏗ ᎨᏎᏍᏗ;
44 ᎢᏗᏫᏍᎪ ᎤᏇᏓᎵ ᎠᏰᎸ ᎠᏫᏒᎯ ᎨᏐᎢ, ᎠᏓᏅᏙ ᎤᏙᏢᏒ ᏗᎴᏙᏗ ᎨᏎᏍᏗ. ᎤᏇᏓᎵ
ᎠᏰᎸ ᎡᎭ, ᎠᎴ ᎠᏓᏅᏙ ᎤᏙᏢᏒ ᎡᎭ.
45 ᎾᏍᎩᏯᏃ ᎯᎠ ᏂᎬᏅ ᎦᏪᎳ, ᎢᎬᏱᏱ ᏴᏫ ᎠᏓᏫ ᎬᏃᏛ ᏄᎵᏍᏔᏁᎢ; ᎣᏂᏱᏃ ᎠᏓᏫ
ᎠᏓᏅᏙ ᎬᏂᏛ ᏗᏁᎯ ᏄᎵᏍᏔᏁᎢ.
46 ᎠᏎᏃ ᎥᏝ ᎢᎬᏱ ᏱᎨᏎ ᎾᏍᎩ Ꮎ ᎠᏓᏅᏙ ᏥᎩ, ᎾᏍᎩᏍᎩᏂ Ꮎ ᎠᏇᏓᎵ ᏥᎩ; ᎣᏂᏃ
ᎢᏴᏛ ᎾᏍᎩ Ꮎ ᎠᏓᏅᏙ ᏥᎩ.
47 ᎢᎬᏱᏱ ᎠᏍᎦᏯ ᎦᏙᎯ ᏅᏓᏩᏓᎴᏅᎯ, ᎦᏓᏉ ᎨᏎᎢ; ᏔᎵᏁ ᎠᏍᎦᏯ ᎤᎬᏫᏳᎯ
ᎦᎸᎳᏗ ᏅᏓᏩᏓᎴᏅᎯ.
48 ᏄᏍᏛ ᎾᏍᎩ Ꮎ ᎦᏓᏉ ᎠᎪᏢᏔᏅᎯ ᏥᎩ, ᎾᏍᎩᏯ ᎾᏍᏉ ᏄᎾᏍᏗ ᎦᏓᏉ
ᎨᎪᏢᏔᏅᎯ; ᎠᎴ ᏄᏍᏛ ᎾᏍᎩ Ꮎ ᎦᎸᎳᏗ ᎡᎯ, ᎾᏍᎩᏯ ᎾᏍᏉ ᏄᎾᏍᏗ ᎦᎸᎳᏗ
ᎠᏁᎯ.

49 ᎠᎴ ᎦᏓ ᎠᎪᏢᏔᏅᎯ ᎸᏍᏛ ᎾᏍᎩᏯ ᏥᏂᎦᏍᏗ, ᎾᏍᎩᏯ ᎾᏍᏉ ᏂᎦᏍᎦᏍᏗ ᎸᏍᏛ
ᎦᎸᎳᏗ ᎡᎯ.
50 ᎾᏍᎩᏃ ᎯᎠ ᏂᏥᏪᎭ ᎢᏓᎵᏅᏟ, ᎾᏍᎩ ᎤᏇᏓᎵ ᎨᏒ ᎠᎴ ᎩᎬ ᎥᏝ ᎤᎾᏤᎵ ᎢᎬᏩᎵᏍᏙᏗ
ᏱᎩ ᎤᏁᎳᏅᎯ ᎤᏤᎵᎪᎯ; ᎥᏝ ᎠᎴ ᎠᏲᎩ ᎨᏒ ᎤᏤᎵ ᎢᎬᏩᎵᏍᏙᏗ ᏱᎩ ᎠᏲᎯ ᏂᎨᏒᎾ
ᎨᏒᎢ.
51 ᎬᏂᏳᏉ, ᎢᏨᎾᏄᎪᏫᏎ ᎤᏕᎵᏛ ᎨᏒᎢ; ᎥᏝ ᏂᎦᏛ ᏴᏓᏗᎵᏅᏥ, ᏂᎦᏗᏳᏍᎩᏂ
ᎡᎩᏁᏟᏴᏍᏗ ᎨᏎᏍᏗ
52 ᎩᎳᏉ ᎢᏴᏛ, ᏥᏛᎦᏔᎾᏫᏍᏗᏉ ᎢᎪᎯᏛ, ᎤᎵᏍᏆᎸᏗ ᎠᏤᎷᎩ ᏂᎦᎵᏍᏔᏅᎭ;
ᎠᏤᎷᎩᏰᏃ ᏓᏳᏃᏴᎳᏏ, ᏧᏂᏲᎱᏒᎯᏃ ᏙᏓᎨᎦᎴᏔᏂ ᎠᏂᏲᎩ ᏁᎨᏒᎾ, ᎠᏴᏃ ᏓᏰᎩᏁᏟᏴᏏ.
53 ᎯᎠᏰᏃ ᎠᏲᎩ ᎨᏒ ᎠᏲᎩ ᏂᎨᏒᎾ ᏛᏄᏬᏍᏔᏂ, ᎠᎴ ᎯᎠ ᎾᏍᎩ ᎠᏲᎱᏍᏗ ᎨᏒ ᎠᏲᎱᏍᎩ
ᏂᎨᏒᎾ ᏛᏄᏬᏍᏔᏂ.
54 ᎾᏍᎩᏃ ᎿᏉ ᎯᎠ ᎠᏲᎩ ᎨᏒ ᎠᏲᎩ ᏂᎨᏒᎾ ᎨᏒ ᎤᏄᏬᏍᏔᏁᏍᏗ, ᎠᎴ ᎯᎠ ᎾᏍᎩ
ᎠᏲᎱᏍᎩ ᎠᏲᎱᏍᎩ ᏂᎨᏒᎾ ᎨᏒ ᎤᏄᏬᏍᏔᏁᏍᏗ, ᎿᏉ ᏄᎵᏍᏔᏁᏍᏗ ᎯᎠ ᎢᎦᏪᏛ ᎨᏒ
ᏥᎪᏪᎳ, ᎠᏓᎵᏁᎯᏗᏍᎩ ᎨᏒ ᎤᎩᏐᏅ ᎠᏲᎱᎯᏍᏗ ᎨᏒᎢ.
55 ᏂᎯ ᎠᏲᎱᎯᏍᏗ ᎨᏒᎢ, ᎭᏢ ᏣᏓᏨᏯᏍᏗᎨᏒᎢ? ᏂᎯ ᏗᏓᏂᏐᏗᏱ ᎨᏒᎢ, ᎭᏢ
ᏣᏓᏎᎪᎩᏍᏗ ᎨᏒᎢ?
56 ᎠᏲᎱᏍᏗ ᎤᏓᏨᏯᏍᏗ ᎨᏒ, ᎾᏍᎩ ᎠᏍᎦᏂ; ᎠᏍᎦᏂᏃ ᎤᎵᏂᎪᎯᏍᏗᏍᎩ ᎾᏍᎩ
ᏗᎧᎿᏩᏛᏍᏗ.
57 ᎠᏎᏃ ᎤᏁᎳᏅᎯ ᎠᎵᎮᎵᏤᏗ ᎨᏎᏍᏗ, ᎾᏍᎩ ᏥᎩᏁᎭ ᎢᎦᏓᏎᎪᎩᏍᏗᏱ, ᏨᏗᏓᎴᎲᏍᎦ
ᎤᎬᏫᏳᎯ ᎢᎦᏤᎵ ᏥᏌ ᎦᎶᏁᏛ.
58 ᎾᏍᎩ ᎢᏳᏍᏗ, ᎢᏨᎨᏳᎢ ᎢᏓᎵᏅᏟ, ᏗᏣᎵᏂᎩᏗᏳ ᎨᏎᏍᏗ, ᏕᏰᏥᏖᎸᏗ ᏂᎨᏒᎾ
ᎨᏎᏍᏗ, ᏂᎪᎯᎸ ᎤᏣᏘ ᏕᏥᎸᏫᏍᏓᏁᎮᏍᏗ ᎤᎬᏫᏳᎯ ᎤᏤᎵ ᏗᏕᎸᏫᏍᏓᏁᏗ ᎨᏒᎢ,
ᎢᏥᎦᏔᎭᏰᏃ ᎾᏍᎩ ᎢᏣᎵᏂᎬᏁᎲ ᎤᎬᏫᏳᎯ ᎤᏤᎵ ᏕᏥᎸᏫᏍᏓᏁᎲ ᎠᏎᏉᏉ ᏂᎨᏒᎾ ᎨᏒᎢ.

ᎠᏯᏙᎸᎢ 16

1 ᎾᏃ ᏕᏣᏏᏗ ᎨᏒ ᎤᎾᏓᏅᏘ ᎤᎾᎵᏍᏕᎸᏙᏗ ᎤᎬᏩᎵ, ᎾᏍᎩᏯ ᏥᏕᏥᏁᏤᎸᎢ ᏧᎾᏁᎶᏗ
ᏚᎾᏓᏡᎬ ᎨᎴᏏᏱ, ᎾᏍᎩᏯ ᏂᏣᏛᏁᎵᏍᏗ.
2 ᎢᎬᏱᏱ ᎢᎦ ᏑᎾᏙᏓᏆᏍᏗ ᎨᏒ ᎢᏥᏏᏴᏫᎭ ᎢᏣᏓᏁᎸᏍᎨᏍᏗ ᎾᏍᎩᏯ ᏄᏍᏛ ᎤᏁᎳᏅᎯ
ᎢᏥᏁᏉᎡᎸᎢ, ᎾᏍᎩᏃ ᏞᏍᏗ ᏫᏥᎷᏨᎭ ᎩᎳ ᏫᏕᏣᏏᏗ ᏱᎨᏎᏍᏗ.
3 ᏫᏥᎷᏨᏃ ᎾᏍᎩ Ꮎ ᎣᏏᏳ ᏗᏥᏰᎸᏅᎯ, ᎾᏍᎩ ᏗᏕᏥᏯᎨᏅᏗᏍᏗ ᎨᏎᏍᏗ ᎪᏪᎵ, ᎾᏍᎩ
ᎠᏂᏰᎩ ᏥᎷᏏᎵᎻ ᏂᎯ ᎢᏣᎵᏍᎪᎸᏔᏅᎯ.
4 ᎢᏳ ᎠᎴ ᏚᏳᎪᏕᏍᏗ ᎾᏍᏉ ᎠᏴ ᎠᏇᏅᏍᏗᏱ, ᎾᏍᎩ ᏓᏲᏤᏅᏍᏔᏂ.
5 ᎠᎴ ᏮᏓᏨᎷᏤᎵ, ᎹᏏᏙᏂ ᎠᏰᎵ ᎠᎩᎶᏒᎯ ᎨᏎᏍᏗ; ᎹᏏᏙᏂᏰᏃ ᎠᏰᎵ ᎠᎩᎣᎯᏍᏗᏱ
ᏂᎦᎵᏍᏗᎭ.
6 ᎠᎴ ᏫᎬᏆᏕᏗ ᏱᏂᎦᎩ, ᎠᎴ ᎾᏍᏉ ᏯᏆᎪᎳᏗᏴ ᎢᏤᎲᎢ, ᎾᏍᎩ ᏍᎩᏯᏘᏅᏍᏗᏱ ᎦᎢᏒ
ᎢᎸᎯᏢ ᏫᏥᎦᏛᎢ.
7 ᎥᏝᏰᏃ ᏯᏆᏚᎵ ᎪᎯ ᎨᏒ ᎦᎢᏒ ᎢᏨᎪᏩᏛᏗᏱ; ᎠᏎᏃ ᎤᏚᎩ ᎠᏋᎭ ᎢᎸᏍᎩ ᎢᎪᎯᏛ
ᎢᏨᏯᏕᏁᏗᏱ, ᎢᏳᏃ ᎤᎬᏫᏳᎯ ᎣᏏᏳ ᏳᏰᎸᏅ.
8 ᎡᏈᏌᏍᎩᏂ ᎨᏙᎮᏍᏗ ᎯᏍᎦᏍᎪᎯᏁ ᎢᎦ ᎢᏯᏍᏗ.
9 ᎡᏉᎯᏳᏰᏃ ᎥᎩᎳᏅᏓᏕᎸ ᎠᎴ ᎤᏣᏘ ᎪᎱᏍᏗ ᎦᎬᏙᏗ, ᎠᎴ ᎤᏂᏣᏔ ᏗᏂᎦᏘᎴᎩ.
10 ᎢᏳᏃ ᏗᎹᏗ ᏫᏚᎷᏨᎭ, ᎢᏣᎦᏌᏯᏍᏕᏍᏗ ᏂᎦᎾᏰᏍᎬᎾᏉ ᎢᏤᎳᏗᏓᏍᏗᏱ;
ᏕᎸᏫᏍᏓᏁᏰᏃ ᎤᎬᏫᏳᎯ ᎤᏤᎵ ᏗᏕᎸᏫᏍᏓᏁᏗ, ᎤᏠᏱᏉ ᎠᏴ.
11 ᎾᏍᎩ ᎢᏳᏍᏗ ᏞᏍᏗ ᎩᎶ ᏳᏂᏆᏘᎮᏍᏗ; ᎤᏩᏙᎯᏯᏛᏉᏍᎩᏂ ᏤᏣᏂᎩᏍᏔᏅᎭ,
ᎾᏍᎩ ᎠᏴ ᎠᎩᎷᏤᏗᏱ; ᏥᎦᏖᏃᎭᏰᏃ ᎤᎷᎯᏍᏗᏱ ᎠᎾᎵᏅᏟ ᎠᏂᎷᏨᎭ.
12 ᎠᏃ ᎠᏉᎳ ᎢᎩᏅᏟ, ᎤᏣᏘ ᏥᏍᏗᏰᏓ ᏫᏥᎷᏤᏗᏱ ᎤᏁᏅᏍᏙᏗᏱ ᎠᎾᎵᏅᏟ; ᎠᏎᏃ
ᎥᏝ ᏳᏚᎸ ᎠᏎ ᎪᎯ ᎨᏒ ᎤᏪᏅᏍᏗᏱ; ᏮᏓᎦᎷᏥ ᎠᏗᎾ ᎤᏜᏅᏓᏕᎸᎭ.
13 ᎢᏥᏯᏫᏍᎨᏍᏗ, ᎤᎵᏂᎩᏛ ᏕᏥᏂᏴᏎᏍᏗ ᎪᎯᏳᏗ ᎨᏒᎢ, ᎢᏥᏍᎦᏯ ᎨᏎᏍᏗ,
ᏗᏣᎵᏂᎩᏗᏳ ᎨᏎᏍᏗ.
14 ᏂᎦᏛ ᏕᏥᎸᏫᏍᏓᏁᎲ ᎠᏓᎨᏳᏗ ᎨᏒ ᎢᏨᏗᏍᎨᏍᏗ.
15 ᎠᎴᏬ ᎢᏓᎵᏅᏟ, ᏕᏥᎦᏔᎭ ᏍᏗᏇᎾ ᏚᏓᏘᎾᎥᎢ, ᎾᏍᎩ ᎢᎬᏱ ᎤᏓᏔᏅᎯ ᎨᏒ ᎠᎦᏯ,
ᎠᎴ ᎾᏍᎩ ᏚᎾᏓᏲᏒ ᏧᏂᏍᏕᎸᎯᏓᏍᏗᏱ ᎤᎾᏓᏅᏘ;
16 ᎢᏨᏔᏲᏎᎭ ᏂᎯ ᏗᏦᎯᏳᏗᏱ ᎾᏍᎩ ᎢᏳᎾᏍᏗ, ᎠᎴ ᎾᏂᎥ ᎢᏧᎳᎭ ᏧᏂᎸᏫᏍᏓᏁᎯ
ᎠᎾᎵᏂᎬᏁᎯ.
17 ᎦᎵᎡᎵᎦ ᎬᎩᎷᏤᎸ ᏍᏗᏇᎾ ᎠᎴ ᏉᏚᏁᏓ ᎠᎴ ᎠᎦᏱᎦ; ᏂᎯᏰᏃ ᏥᏥᎷᏩᏤᎲᎩ
ᎠᏂᎧᎵᏏᏌ ᎾᏍᎩ.
18 ᎠᏂᎦᎵᏍᏓᏓᏰᏃ ᎠᏆᏓᏅᏙ, ᎠᎴ ᏂᎯ ᏗᏣᏓᏅᏙ. ᎾᏍᎩ ᎢᏳᏍᏗ ᏕᏥᎸᏉᏕᏍᏗᏉ
ᎾᏍᎩ ᎢᏳᎾᏍᏗ.

19 ᏧᎾᏁᎶᏗ ᏚᎾᏓᏡᏩᏗᏒ ᎡᏏᏱ ᏫᎨᏥᏲᎵᎭ. ᎡᏈᎳ ᎠᎴ ᏈᏏᎳ ᎤᏣᏘ ᏫᎨᏥᏲᎵᎭ
ᎤᎬᏫᏳᎯ ᏧᎾᏁᎶᏗ ᎤᎾᏓᏲᎵᏍᏗ ᎨᏒᎢ, ᎬᏩᎾᎵᎪᏁᎭ ᏧᎾᏁᎶᏗ ᎤᎾᏓᏡᎬ ᎾᏍᎩ
ᎠᏂᏁᎸᎢ.
20 ᎾᎦᏛ ᎢᏓᎵᏅᏟ ᏫᎨᏥᏲᎵᎭ. ᏕᏣᏓᏲᎵᏍᏗᏍᎨᏍᏗ ᎦᎸᏉᏗᏳ ᏗᏓᏙᏪᏙᎥᏍᏗ ᎨᏒᎢ.
21 ᎠᏴ ᏉᎳ ᎠᏆᏓᏲᎵᏍᏗ ᎨᏒ ᎠᏋᏒ ᎠᏉᏰᏂ ᎠᏋᏔᏅᎯ ᎠᏉᏪᎳᏅᎯ.
22 ᎢᏳᏃ ᎩᎶ ᏄᎨᏳᏒᎾ ᎢᎨᏎᏍᏗ ᎤᎬᏫᏳᎯ ᏥᏌ ᎦᎶᏁᏛ, ᎾᏍᎩ ᎠᏥᏍᎩᏅᏛᎯ ᎨᏎᏍᏗ.
ᎤᎬᏫᏳᎯ ᏓᏕᎷᏥ.
23 ᎬᏩᏘᏬ ᎤᏓᏙᎵᏍᏗ ᎨᏒ ᎢᎦᏙᎵ ᎤᎬᏫᏳᎯ ᏥᏌ ᎦᎶᏁᏛ ᏕᏥᏍᏕᏩᏗᏙᎵᏍᏗ.
24 ᎠᏴ ᎠᏆᏓᎨᏳᏗ ᎨᏒ ᏕᏥᏍᏕᏩᏗᏙᎵᏍᏗ ᏂᏥᎥᎢ, ᏥᏌ ᎦᎶᏁᏛ ᎨᏒ ᎤᏘᏚᎵᏍᏙᏗᏍᎨᏍᏗ.
ᎡᎺᏅ.

ᎪᎵᏂᏗᏉ ᎠᏧᏁᎾ ᏔᎵᏧᏁ ᏥᎪᏬᏔᏧᏁᏄᎾ

ᎠᏯᏙᎸᎢ 1

1 ᏉᎳ, ᏥᏌ ᎦᎶᏁᏛ ᎠᎩᏅᏏᏛ ᎾᏍᎩᏯ ᎤᏁᎳᏅᎯ ᎤᏓᏅᏖᎸᎢ, ᎠᎴ ᏗᎹᏗ ᎢᎩᏅᏟ.
ᏫᏨᏲᏪᎳᏏ ᏗᏣᏁᎶᏗ ᎢᏣᏓᏡᎬ ᎤᏁᎳᏅᎯ ᎤᏤᎵᎦ ᎪᎵᏂᏗᏱ ᏥᏣᏓᏡᎬ ᎤᏁᎳᏅᎯ
ᎤᏤᎵᎦ ᎪᎵᏂᏗᏱ ᏥᏣᏓᏡᎬ, ᎠᎴ ᏂᎦᏛ ᎢᏣᏓᏅᏘ ᏂᎬᎾᏛ ᎠᎦᏯ ᎢᏤᎲᎢ;
2 ᎬᏩᎦᏘᏯ ᎤᏓᏙᎵᏍᏗ ᎨᏒ ᎠᎴ ᏅᏩᏙᎯᏯᏛ ᎢᏤᎳᏗᏙᎮᏍᏗ ᎤᏓᏳᎾᎵᏍᎪᎸᏔᏅᎯ
ᎤᏁᎳᏅᎯ ᎢᎩᏙᏓ, ᎠᎴ ᎤᎬᏫᏳᎯ ᏥᏌ ᎦᎶᏁᏛ.
3 ᎦᎸᏉᏙᏗ ᎨᏎᏍᏗ ᎤᏁᎳᏅᎯ, ᎾᏍᎩ ᎤᏙᏓ ᎤᎬᏫᏳᎯ ᎢᎦᏤᎵ ᏥᏌ ᎦᎶᏁᏛ,
ᎤᏓᏙᎵᏣᏘ ᎠᎦᏴᎵᎨᎢ, ᎾᏍᎩ Ꭴ-ᏁᎳᏅᎯ ᏂᎦᎥ ᎠᏓᎦᎵᏍᏓᏗᏍᎩ;
4 ᎾᏍᎩ ᎣᎩᎦᎵᏍᏓᏗᏍᎩ ᏥᎩ ᏂᎦᎥ ᎫᏓᎴᏅᏛ ᎣᏥᎩᎵᏲᎬᎢ, ᎾᏍᎩ ᎢᏳᏂᏐᏗᏱ ᏰᎵ
ᏗᎦᏲᏥᎵᏍᏓᏗᏍᏗ ᎠᏂᎩᎵᏲᎩ, ᎦᏲᎬᏙᏗ ᎾᏍᎩ ᎠᏓᎦᎵᏍᏓᏗᏍᎩ ᎣᎬᏒ ᎣᎩᎦᎵᏍᏓᏗᏍᏗᏍᎬ
ᎤᏁᎳᏅᎯ.
5 ᎾᏍᎩᏯᏰᏃ ᎦᎶᏁᏛ ᎤᎩᎵᏲᏨ ᎤᏣᏘ ᏦᏥᎩᎵᏲᎦ, ᎾᏍᎩᏯ ᎾᏍᏉ ᎤᏣᏔ ᎣᎩᏁᎭ
ᎠᏓᎦᎵᏍᏓᏗᏍᎩ ᎦᎶᏁᏛ ᎨᏒ ᎤᏓᏩᏓᎴᏅᎯ.
6 ᎢᏳ ᎠᎴ ᎾᏍᏉ ᏲᏥᎩᎵᏲᎦ, ᎢᏥᎦᎵᏍᏓᏗᏍᏗ ᎠᎴ ᎢᏣᎵᏍᏕᎸᏙᏗ ᎤᎬᏩᎳ, ᎾᏍᎩ
ᏥᏥᏩᏛᎡᎭ ᏗᏨᏂᏗᏳ ᎢᏥᎩᎵᏲᎢᏍᏗᏱ ᎠᏴ ᎣᏥ ᎩᎵᏲᎬ ᎤᏠᏱ; ᎢᏳ ᎠᎴ ᎤᎦᎵᏍᏗ
ᏲᎦᏓᏅᏔ, ᎢᏥᎦᎵᏍᏓᏗᏍᏗ ᎠᎴ ᎢᏣᎵᏍᏕᎸᏙᏗ ᎤᎬᏩᎳ.
7 ᎠᎴ ᎤᏚᎩ ᎢᏨᏴᏒ ᎤᎵᏂᎩᏗᏳ, ᎤᏗᎦᎵᏍᏙᏗᎭ ᏦᏥᎦᏔᎭ, ᎾᏍᎩ Ꭲ-ᏣᏠᏯᏍᏗᏍᎬ
ᎠᎩᎵᏲᎢᏍᏗ ᎨᏒᎢ, ᎾᏍᎩᏯ ᎾᏍᏉ ᎢᏣᏠᏯᏍᏙᏗ ᎨᏎᏍᏗ ᎤᎦᎵᏍᏗ ᎨᏒᎢ.
8 ᎥᏝᏰᏃ ᏲᎦᏚᎵᎭ, ᎢᏓᎵᏅᎵ, ᏂᏥᎦᏔᎲᎾᏉ ᎢᏳᎵᏍᏙᏗᏱ ᎾᏍᎩ ᎤᏕᏯᏙᏗ ᎣᎩᎷᏤᎸ
ᎡᏏᏱ, ᎾᏍᎩ ᎤᏩᏒᏍᏔᏅᎯ ᎦᎨᏛ ᎣᎩᎷᏤᎸᎢ, ᎤᏩᏒᏍᏔᏅᎯ ᏂᏙᎦᎵᏂᎬᎬᎢ, ᎾᏍᎩᏃ
ᎤᏓᎦᎵᏍᏙᏗᏍᎬᎩ ᎣᎦᎸᏲᎵᎸᎩ ᏦᎦᏛᏂᏗᏍᏗᏱ;
9 ᎠᏎᏃ ᎣᎩᎲᎩ ᏦᎩᏲᎱᎯᏍᏗᏱ ᏚᏚᎪᏔᏅᎢ, ᎾᏍᎩ ᏱᎬᏮᏉ ᎣᎦᏓᎵᏍᎦᏍᏙᏗᏱ ᏂᎨᏒᎾ,
ᎤᎾᎳᏅᎯᏍᎩᏂ ᎣᏣᎵᏍᎦᏍᏙᏗᏱ, ᎾᏍᎩ Ꮎ ᏓᏂᏲᎱᏒᎯ ᏗᎷᎯᏐᏗᏍᎩ;
10 ᎾᏍᎩ Ꮎ ᎣᎫᏓᎴᏛ ᎾᏍᎩ ᎢᏳᎾᏰᎯᏍᏗ ᎠᏲᎱᎯᏍᏗ ᎨᏒᎢ, ᎠᎴ ᎾᏍᎩ Ꮎ ᎠᏏ
ᏦᎫᏓᎴᎭ; ᎾᏍᎩ ᎤᏚᎩ ᏦᏨᎾᏁᎭ ᎠᏏᏉ ᎣᏚᏓᎴᏍᏗᏱ;
11 ᏂᎯ ᎾᏍᏉ ᏍᎩᏍᏕᎵᏍᎬ ᎢᏣᏓᏙᎵᏍᏗᏍᎬ ᎣᎩᏍᏕᎸᏗᏱ, ᎾᏍᎩ ᎣᎩᏙᎵᏨ ᎤᏂᏣᏘ
ᎢᏳᏅᏂᏌᏛ ᎤᏓᏳᎵᏍᏙᏗᏱ ᎤᏂᏣᏘ ᎤᎾᎵᎮᎵᏤᏗᏱ [ᎤᏁᎳᏅᎯ] ᎠᏴ ᎨᏒ ᎢᏳᏍᏗ.
12 ᎯᎠᏰᏃ ᎤᏗᎦᎵᏍᏙᏗᎭ ᏦᏣᎵᎮᎵᎦ, ᎾᏍᎩ ᏦᎦᏓᏅᏙᎩ ᎪᎯᏳᏗᏍᎬᎢ, ᏃᏅᏗᏍᎬᎾ
ᎤᏇᏓᎵᏉ ᎤᎬᏩᎵ ᎠᎦᏙᎥᎯᏍᏗ ᎨᏒᎢ, ᎤᏁᎳᏅᎯᏍᎩᏂ ᎬᏩᎦᏘᏯ ᎤᏓᏙᎵᏍᏗ ᎨᏒ
ᎣᎩᏍᏕᎵᏍᎬᎢ, ᏄᏠᎾᏍᏛᎾ ᎨᏒ ᎣᏨᏗᏍᎬ ᎣᎨᏙᎸ ᎠᏂ ᎡᎶᎯ ᎨᏒᎢ; ᎠᎴ Ꭸ ᎤᎬᏫᏳᎭ
ᏂᎯ ᎢᏤᎲᎢ.
13 ᎥᏝᏰᏃ ᎤᏩᏓᎴ ᎪᎱᏍᏗ ᏱᏨᏲᏪᎳᏁᎭ, ᎾᏍᎩ Ꮎ ᎤᏩᏒ ᏥᏥᎦᏔᎭ ᎠᎴ ᎾᏍᏉ
ᏥᎦᏣᏓᏂᎸᏨ; ᎠᎴ ᎤᏚᎩ ᎠᏋᎭ ᎬᎵᏍᏆᏗᏍᎩ ᏗᏣᏓᏂᎸᎢᏍᏗᏱ ᎨᏒᎢ;

14 ᎾᏍᎩᏯ ᎾᏍᏉ ᏰᎵᎦᎾᎨ ᏗᏍᎩᏯᏓᏂᎸᏨᎯ ᏥᎩ, ᎾᏍᎩ ᎠᏴ ᎨᏒ ᎢᏨᏯᎵᎡᎵᏍᏗᏍᎬᎢ,
ᎾᏍᎩᏯ ᏍᎩᏯᎵᎡᎵᏍᏙᏗ ᏥᎩ, ᎾᎯᏳ ᎤᎬᏫᏳᎯ ᏥᏌ ᎤᏤᎵ ᎢᎦ ᎨᏎᏍᏗ.
15 ᎾᏍᎩᏃ ᎯᎠ ᏄᏍᏛ ᎠᏉᎯᏳᏒ ᎠᏆᏓᏅᏖᎸᎩ ᎪᎯ ᎨᏒ ᎠᏏ ᎾᏍᏆᎵᏍᎬᎾ ᏫᏨᎷᏤᏗᏱ,
ᎾᏍᎩ ᎢᏳᏩᏂᏐᏗᏱ ᏔᎵᏁ ᎣᏍᏛ ᎢᎶᏓᏅᏓᏗᏍᏗᏱ;
16 ᎠᎴ ᏫᏨᎶᎢᏍᏓᏁᏗᏱ ᎹᏏᏙᏂ ᏩᎩᎷᎯᏍᏗᏱ, ᎠᎴ ᎹᏏᏙᏂ ᏗᎦᏂᎩᏒ ᏔᎵᏁ
ᎤᏓᏨᎷᏤᏗᏱ, ᎠᎴ ᏧᏗᏱ ᏫᏥᎦᏛ ᏍᎩᏯᏘᏅᏍᏗᏱ.
17 ᎾᏍᎩᏃ ᏥᏄᏍᏛ ᏣᏆᏓᏅᏖᎸᎩ, ᎤᎵᏌᎵᏉᏍᎪ ᎠᎩᏰᎸᎯ ᎨᏎᎢ? ᎠᎴ ᎪᎱᏍᏗ
ᎦᏓᏅᏛᎵ, ᏥᎪ ᎤᏇᏓᎵ ᎤᏓᏅᏖᏗ ᎦᏓᏖᏍᎪᎢ, ᎾᏍᎩᏃ ᎠᏴ ᏥᏁᏦ ᎯᎠᏉ ᏱᏄᏍᏗ, ᎥᎥ,
ᎥᎥ, ᎠᎴ ᎥᏝ, ᎥᏝ?
18 ᎤᏁᎳᏅᎯᏍᎩᏂ ᏄᏓᎵᏓᏍᏛᎾ ᏥᎩ, ᎾᏍᎩ [ᏄᏙᎯᏳᎭ] ᎠᏴ ᎢᏨᏁᏤᎲ ᎥᎥ ᎠᎴ ᎥᏝ
ᏂᎨᏒᎾ ᎨᏒᎢ.
19 ᎤᏁᎳᏅᎯᏰᏃ ᎤᏪᏥ ᏥᏌ ᎦᎶᏁᏛ, ᎾᏍᎩ ᎢᏤᎲ ᎢᏨᏯᎵᏥ ᏙᏁᎸᎯ ᏥᎩ, ᎾᏍᎩ
ᎠᏴ, ᎠᎴ ᏏᎵᏪᎾ, ᎠᎴ ᏗᎹᏗ ᎢᏨᏯᎵᏥᏙᏁᎸᎯ ᏥᎩ, ᎥᎥ ᎠᎴ ᎥᏝ ᎤᏛᏗᏱ ᎥᏝ ᏲᎦᏛᏁᎢ,
ᎥᎥᏍᎩᏂ ᎤᏳᏒ ᎤᏛᏗᏱ ᎬᏂᎨᏒ ᏃᎬᏁᎸᎩ.
20 ᎾᎦᏛᏰᏃ ᎤᏚᎢᏍᏔᏅᎢ ᎤᏁᎳᏅᎯ ᎾᏍᎩ Ꮎ ᎢᏳᏩᏂᏌᏛ, ᎥᎥ ᎬᏛᏗ, ᎠᎴ
ᎤᏙᎯᏳᎯᏯ ᎨᎭ ᎾᏍᎩ ᎢᏳᏩᏂᏌᏛ, Ꮎ-ᏍᎩ ᎤᏁᎳᏅᎯ ᎠᏥᎸᏉᏙᏗᏱ ᎠᏴ ᎢᏲᎬᏁᏗᏱ.
21 ᎾᏍᎩᏃ ᎠᏴ ᎠᎴ ᏂᎯ ᎢᏧᎳᎭ ᏗᎦᎵᏂᎪᎯᏍᏗᏍᎩ ᎦᎶᏁᏛ ᎡᏓᏤᎵᎦ ᎨᏒᎢ, ᎠᎴ
ᎢᎩᎶᏁᎥᎯ, ᎾᏍᎩ Ꮎ ᎤᏁᎳᏅᎯ;
22 ᎾᏍᎩ Ꮎ ᎾᏍᏉ ᎢᎩᏰᎸᏔᏅᎯ ᏥᎩ, ᎠᎴ ᎢᎩᏁᎸᎯ ᏥᎩ ᏗᎩᎾᏫᏱ ᎠᏓᏅᏙ
ᎠᎦᏘᏗᏍᏙᏗ ᎨᏒᎢ.
23 ᎠᎴ ᎤᏁᎳᏅᎯ ᏥᏔᏲᏎᎭ ᎠᎦᏔᎯ ᎢᏳᎵᏍᏙᏗᏱ ᎠᏆᏓᏅᏙ ᎤᏬᎯᏳᏓᏂᏗᏱ, ᎾᏍᎩ
ᎢᏨᎨᏳᎥᏍᎬ ᎤᏗᎦᎵᏍᏙᏗᏍᎬ ᎠᏏ ᎪᎵᏂᏗᏱ ᏫᏂᏥᎷᎬᎾ ᏥᎩ;
24 ᎥᏝ ᎠᏗᎾ ᎢᏨᏯᏓᏅᏖᎮᎯ ᎨᏒ ᎢᏦᎯᏳᏒᎢ, ᎣᏥᏍᏕᎵᏍᎩᏉᏍᎩᏂ ᎨᏒ ᎢᏣᎵᎮᎵᎬᎢ;
ᎢᏦᎯᏳᏒᏰᏃ ᏂᎦᎵᏍᏙᏗ ᎠᏏ ᏥᎦᏥᏙᎦ.

ᎠᏯᏙᎸᎢ 2

1 ᎠᏎᏃ ᎯᎠ ᏄᏍᏛᎩ ᎠᏋᏒ ᎨᏒ ᏓᏇᎪᏔᏅᎩ, ᎾᏍᎩ ᏔᎵᏁ ᏫᏨᎷᏤᏗᏱ ᏂᎨᏒᎾ ᎤᏲ
ᎬᏆᏓᏅᏘ.
2 ᎢᏳᏰᏃ ᎤᏲ ᏱᏨ ᏯᏓᏅᏓᏗᏍᏔᏅ, ᎦᎪ ᎣᏍᏛ ᏯᏆᏓᏅᏓᏗᏍᏓ, ᎾᏍᎩᏉ Ꮎ ᎤᏩᏒ
ᎤᏲ ᏥᏯᏓᏅᏓᏗᏍᏔᏅᎯ?
3 ᎠᎴ ᎾᏍᎩ ᏥᏄᏍᏛ ᏥᎾᏨᏲᏪᎳᏁᎸᎩ, ᏓᏍᏗᏉ ᎾᎿ ᏫᏥᎷᏨᎭ, ᎤᏲ
ᏱᎬᏆᏓᏅᏓᏗᏍᏔᏁᏍᏗ ᎾᏍᎦ Ꮎ ᎤᎵᎮᎵᏍᏗ ᎬᏆᏓᏅᏓᏗᏍᏙᏗ ᏥᎩ, ᎠᏇᏢᏒᎩ; ᏂᏥᎥᏉ
ᎢᏨᏲᎢᏳᎭ ᎾᏍᎩ ᏄᏍᏛ ᎠᏆᎵᎮᎵᏍᏗᏍᎬ ᎾᏍᎩᏉ ᎾᏍᎩ ᏂᎯ ᏂᏥᎥ ᎢᏣᎵᎮᎵᏍᏗᏍᎬᎢ.
4 ᎤᏣᏘᏰᏃ ᎠᎩᎵᏯ ᎨᏒ, ᎠᎴ ᎡᎯᏍᏗ ᎠᏆᏓᏅᏔᏩᏕᎬ ᏥᏨᏲᏪᎳᏁᎸᎩ ᎤᏣᏘ
ᏗᎦᏥᎦᏌᏬᎢᎯ ᎨᏒᎢ; ᎥᏝ ᎠᏗᎾ ᎤᏲ ᎤᎾᏓᏅᏓᏗᏍᏙᏗ ᎨᏎᏍᏗ ᏯᏇᏢᏎᎢ,
ᎢᏥᎦᏙᎥᎯᏍᏗᏱᏉᏍᎩᏂ ᎾᏍᎩ ᎤᏣᏔᏅᎯ ᎢᏨᎨᏳᎢᏳ ᎨᏒᎢ.
5 ᎢᏳᏍᎩᏂᏃᏅ ᎩᎶ ᎡᎯᏍᏗ ᏧᏓᏅᏓᏗᏍᏔᏅᎯ ᎨᏎᏍᏗ, ᎥᏝ ᎠᏴᏉ ᎡᎯᏍᏗ
ᏯᏆᏓᏅᏓᏗᏍᏔᏅ; ᏂᎯᏍᎩᏂ ᏂᏥᎥ ᏰᎵ ᎡᎯᏍᏗ ᎢᏣᏓᏅᏓᏗᏍᏔᏅ; ᎾᏍᎩ ᏥᎶᏒᏍᏓᏁᏗᏱ
ᏂᎨᏒᎾ ᏥᏔᏫᏎᎲᎢ.
6 ᎠᎵᏉ ᎾᏍᎩ ᎢᏳᏍᏗ [ᎠᏍᎦᏯ] ᎤᏍᏛᏛᎢ ᎾᏍᎩ ᎤᏂᏣᏘ ᏥᎬᏩᏍᏛᏗᏍᏔᏅ.
7 ᎾᏍᎩᏃ ᎪᎯ ᎨᏒ ᏰᏥᏙᎵᏨᏉ, ᎠᎴ ᏰᏥᎦᎵᏍᏓᏛ, ᏱᏅᏎᎦᎩ ᎾᏍᎩ ᎤᏣᏘ ᎤᏲ ᎤᏰᎸᏒ
ᏳᏃᏴᏗᏍᏓ.
8 ᎾᏍᎩ ᎢᏳᏍᏗ ᎢᏨᏔᏲᏎᎭ ᎡᏥᏍᏓᏱᏕᏗᏱ ᎡᏥᎨᏳᎢᏳ ᎨᏒᎢ.
9 ᎾᏍᎩᏰᏃ ᎯᎠ Ꭸ ᎤᎬᏩᎸᎩ ᏥᎾᏨᏲᏪᎳᏁᎸᎩ, ᎾᏍᎩ ᎢᏨᎪᎵᏰᏍᎬᎩ, ᎾᏍᎩ ᏂᎦᎥ
ᏧᏓᎴᏅᏛ ᏂᏨᏪᏎᎲ ᏂᏣᏛᏁᎲ ᎠᎴ ᏂᏣᏛᏁᎲᎾ ᎨᏒᎢ.
10 ᎩᎶ ᏰᏥᎥᏒᎸ ᎪᎱᏍᏗ ᎤᏍᎦᏅᏨ, ᎠᏴ ᎾᏍᎩᏉ ᏥᎥᏒᎭ; ᎢᏳᏰᏃ ᎠᏴ ᎪᎱᏍᏗ
ᎠᏍᎦᏅᏨᎢ ᏱᏥᎥᏍᎦ, ᎾᏍᎩ ᏥᎥᏒᎸᎯ ᏂᎯ ᎨᏒ ᎤᏓᏳᎵᏍᏙᏔᏅᎩ ᏥᎥᏒᎸᎩ ᎦᎶᏁᏛ
ᎠᎦᏔᎲᎢ;
11 ᎾᏍᎩ ᎠᏍᎩᎾ ᎢᎩᎶᏄᎮᏗᏱ ᏂᎨᏒᎾ; ᎥᏝ ᏰᏃ ᏱᎩᎪᏁᎸ ᎾᏍᎩ ᎠᏓᏅᏖᎵᏙᎲᎢ.
12 ᎠᎴᏬ ᏠᎠᏏ ᏗᎩᎷᏨ ᎣᏍᏛ ᎧᏃᎮᏛ ᎦᎶᏁᏛ ᎤᏤᎵ ᎠᏆᎵᏥᏙᏂᎸ, ᎠᎴ ᎦᎶᎯᏍᏗᏱ
ᎠᎩᏍᏚᎩᏒᎸ ᎤᎬᏫᏳᎯ,
13 ᎥᏝ ᏙᎯ ᎬᏆᏓᏅᏓᏗᏍᏗ ᏱᎨᏎ ᏗᏆᏓᏅᏛᎢ, ᎤᏌᎦᎵᏍᏙᏗᏍᎬᎩ ᏓᏓᏏ ᎥᎩᏅᏟ
ᏂᏥᏩᏛᎲᎾ ᎨᏒᎢ; ᎥᎦᏥᏰᎦᏨᎩᏃ ᎾᎿ ᎠᏆᏂᎩᏒᎩ ᎹᏏᏙᏂ ᏩᎩᎷᏨᎩ.
14 ᎾᏍᎩᏃ ᎠᏄᎮᎵᏤᏗ ᎨᏎᏍᏗ ᎤᏁᎳᏅᎯ ᎾᏍᎩ ᏂᎪᎯᎸ ᎢᎦᎵᎮᎵᏍᏗᏱ ᏥᏂᎬᏁᎭ
ᎢᎦᏓᎵᏁᎯᏛ ᎤᎬᏩᎵ ᎦᎶᏁᏛ ᎡᏓᎵᏍᎦᏍᏙᏛᎢ, ᎠᎴ ᎬᏂᎨᏒ ᏥᏂᎬᏁᎭ ᎦᏩᏒᎬ ᎤᏩᏒ
ᎠᏥᎦᏙᎥᎯᏍᏗ ᎨᏒ ᎠᏴ ᎢᎬᏗᏍᎬ ᏂᎦᎥ ᏕᎨᏌᏗᏒᎢ.
15 ᎠᏴᏰᏃ ᎤᎦᎾᏍᏛ ᎦᏩᏒᎩ ᎤᏁᎳᏅᎯ ᎤᏪᏩᏒᎢᏍᏗ ᏃᏣᎵᏍᏗᎭ ᎦᎶᏁᏛ ᎤᏤᎵᎦ,
ᎾᏍᎩ ᎨᏥᏍᏕᎸᏗ ᏥᎩ, ᎠᎴ ᎾᏍᎩ ᏧᏂᏲᎱᎯᏍᏗ ᏥᎩ.

16 ᎾᏍᎩ ᏨᎾᏓᏯᎩ ᎨᏒ ᎠᏓᎯᎯ ᎦᏩᏒᎩ ᎾᏍᎩ ᎤᏂᎯᎯ ᏂᏙᏣᎵᏍᏓᏁᎰ; ᎠᏂᏐᎢᏃ
ᎠᏓᏛᏂᏗᏍᎩ ᎦᏩᏒᎩ ᎾᏍᎩ ᎤᏅᏂᏗᏍᎩ ᏂᏙᏣᎵᏍᏓᏁᎰ. ᎦᎪᏃ ᏰᎵ ᎦᏰᎦᎨᎤᏗᏍᏗ ᎯᎠ
ᎾᏍᎩ ᏗᎦᎸᏫᏍᏓᏁᏗ ᎨᏒᎢ.
17 ᎥᏝᏰᏃ ᏧᏂᏣᏔᏉ ᏥᏄᎾᏍᏗ ᏱᏃᎦᏍᏗ, ᎾᏍᎩ ᎠᏂᏲᏍᏗᏍᎩ ᎧᏃᎮᏛ ᎤᏁᎳᏅᎯ
ᎤᏤᎵᎦ; ᏃᎦᏌᎾᏍᏛᎾᏍᎩᏂ ᎨᏒ ᏦᏟᏗᏍᎪᎢ, ᎤᏁᎳᏅᎯᏍᎩᏂ ᏥᏂᎬᏂᏏᏍᎩ ᎾᏍᎩᏯᎢ,
ᎤᏁᎳᏅᎯ ᎠᎦᏔᎲ ᏅᏥᏁᎢᏍᏗ ᎦᎶᏁᏛ.

ᎠᏯᏙᎸᎢ 3

1 ᏥᎪ ᏔᎵᏁ ᎣᏣᎴᏂ ᎣᎬᏒ ᎣᏣᏓᎸᏉᏗᎭ? ᏥᎪᎨ ᎠᏎ ᏫᏗᏨᏃᎮᏗ ᏃᏚᎵᏍᏓᏁᎭ, ᎪᏪᎵ
ᎣᎩᎸᏉᏗᏍᎩ ᎩᎶ ᏥᏄᎾᎵᏍᏓᏁᎰᎢ, ᎠᎴ ᏂᎯ ᏗᏍᎩᏅᏁᎸᎯ ᏍᎩᎸᏉᏗᏍᎩ?
2 ᏂᎯ ᎪᏪᎵ ᎣᎦᏤᎵᎦ, ᏥᎪᏪᎳ ᏦᎩᎾᏫᎯ, ᎾᏂᎥ ᏴᏫ ᏣᏂᎦᏔᎭ ᎠᎴ ᏣᏂᎪᎵᏰᎠ.
3 ᎬᏂᎨᏒᎢᏳ ᎢᏰᏨᏁᎸᎯ ᏂᎯ ᎦᎶᏁᏛ ᎤᏤᎵ ᎪᏪᎵ ᎨᏒᎢ, ᎠᏴ ᏦᎩᎸᏫᏍᏓᏁᎸᎯ,
ᎪᏪᎳᏅᎯ ᎪᏪᎶᏗ ᎬᏔᏅᎯ ᏂᎨᏒᎾ, ᎠᏓᏅᏙᏍᎩᏂ ᎤᏁᎳᏅᎯ ᎬᏂᏛ ᎤᏤᎵ ᎬᏔᏅᎯ;
ᎥᏝ ᏅᏲᎯ ᏗᎪᏪᎶᏗᏱ ᏗᎪᏪᎳᏅᎯ ᏱᎩ, ᎤᏇᏓᎵᏍᎩᏂ ᎨᏒ ᏗᎪᏪᎶᏗᏱ ᎣᎾᏫᏱ.
4 ᎾᏍᎩᏃ ᏄᏍᏗ ᏱᏣᎵᏍᎦᏍᏙᏛ ᎤᏁᎳᏅᎯ ᎦᎶᏁᏛ ᎢᏳᏩᏂᏌᏛ.
5 ᎥᏝ ᏍᎩᏂᏃᏅ ᎣᎬᏒ ᎨᏒ ᏰᎵ ᎦᏲᎦᏓᏅᏖᏗ ᏱᎩ ᎪᎱᏍᏗ ᎣᎬ ᏒᏉ ᎨᏒ ᎤᏛᏓᎴᎲᏍᎩ,
ᏰᎵᏉᏍᎩᏂ ᎢᎦᏲᎦᏛᏁᏗ ᎨᏒ ᎤᏁᎳᏅᎯᏱ ᏗᏓᎴᎲᏍᎦ.
6 ᎾᏍᎩ ᎾᏍᏉ ᏰᎵ ᎢᎦᏲᎦᏛᏁᏗ ᏥᏃᎬᏁᎸ ᏦᏌᎯᏍᏛᎢ; ᎥᏝ ᎠᏗᎾ ᏄᏍᏛ ᎪᏪᎸᎢ,
ᎠᏓᏅᏙᏍᎩᏂ ᏓᎦᏲᎲᏍᎬᎢ; ᏄᏍᏛᏰᏃ ᎪᏪᎸ ᎠᏓᎯᎰᏉ, ᎠᏓᏅᏙᏍᎩᏂ ᎠᏓᏛᏂᏗᏍᎪᎢ.
7 ᎢᏳᏃ ᏗᎦᎸᏫᏍᏓᏁᏗ ᎠᏓᎯᎯ ᎨᏒ ᎤᎬᏩᎵ ᏥᎪᏪᎴ ᏣᏰᎶᎴ ᏅᏲᎯ ᎦᎸᏉᏗᏳ ᏥᎨᏎᎢ,
ᎾᏍᎩ ᎢᏏᎵ ᏧᏪᏥ ᎪᎯᏛ ᏗᎬᏩᎾᎧᏃᏗ ᏂᎨᏒᎾ ᏥᎨᏎ ᎼᏏ ᎤᎧᏛᎢ, ᏥᏅᏗᎦᎵᏍᏙᏗᏍᎨ
ᏗᎬᏩᎸᏌᏛ ᎨᏒ ᎤᎧᏛᎢ; ᎾᏍᎩ ᎠᎲᏍᏗᏉ ᏥᎨᏎᎢ;
8 ᏝᏍᎪ Ꮀ ᏳᎬᏫᏳᏎᏍᏗ ᎦᎸᏉᏗᏳ ᏱᎨᏎᏍᏗ ᎠᏓᏅᏙ ᎤᎬᏩᎵ ᎨᏒ ᏗᎦᎸᏫᏍᏓᏁᏗ?
9 ᎢᏳᏰᏃ ᏗᎦᎸᏫᏍᏓᏁᏗ ᏗᏓᏚᎪᏓᏁᎯ ᎨᏒ ᎦᎾᎸᏫᏍᎩ ᎦᎸᏉᏗᏳ ᏱᎩ, Ꮀ ᎤᎬᏫᏳᎭ
ᎤᏓᎪᎾᏛᏗ ᎦᎸᏉᏗᏳ ᎠᏓᏚᏓᎴᏍᎩ ᎨᏒ ᏗᎦᎸᏫᏍᏓᏁᏗ.
10 ᎾᏍᎩᏰᏃ ᎾᏍᏉ ᎦᎸᏉᏗᏳ ᎢᎬᏁᎸᎯ ᏥᎨᏎ ᎥᏝ ᎰᏩ ᎦᎸᏉᏗᏳ ᏱᎨᏎᎢ,
ᎤᏗᎦᎵᏍᏙᏗᏍᎨ ᎬᏩᏓᎪᎾᏛᏛ ᎦᎸᏉᏗᏳ ᎨᏒ ᎭᎢ.
11 ᎢᏳᏰᏃ ᎾᏍᎩ Ꮎ ᎠᎲᏛ ᏥᎩ ᎦᎸᏉᏗᏳ ᏱᎨᏎᎢ, ᎤᏟᎯᏳ ᏭᏓᎪᎾᏛᏗ ᎦᎸᏉᏗᏳ ᎾᏍᎩ
Ꮎ ᏥᏅᏩᏍᏗᏉ.
12 ᎾᏍᎩᏃ Ꮎ ᏥᏄᏍᏗ ᎤᏚᎩ ᏦᎬᎭ, ᎤᏣᏘ ᎠᎯᏗᏳ ᎦᎪᎵᏍᏗ ᎣᏥᏬᏂᎭ;
13 ᎢᏝᏃ ᎼᏏ ᏥᏄᏛᏁᎴ [ᏱᏃᏣᏛᏁᎭ] ᏧᎵᎬᏚᏔᏁ ᎾᏍᎩ ᎢᏗᎵ ᏧᏪᏥ ᏫᏗᎬᏩᎾᎧᏃᏗ
ᏂᎨᏒᎾ ᎢᏳᎵᏍᏙᏗᏱ ᏩᏍᏛ ᎾᏍᎩ Ꮎ ᎠᎲᏛ ᏥᎩ.
14 ᏚᎾᏓᏅᏛᏍᎩᏂ ᏧᏍᎦᏃᎵᏳ ᎨᏎᎢ; ᎪᎯᏰᏃ ᎢᏯᏍᏗ ᎤᏩᏍᏗᏉ ᎾᏍᎩ Ꮎ ᎠᎵᎬᏚᎶ
ᎠᎲᏛ ᏂᎨᏒᎾ ᎢᏳᏃ ᏓᏂᎪᎵᏯ ᎤᏪᏘ ᎧᏃᎮᏛ ᏓᏌᎯᏍᏛ ᎪᏪᎸᎢ; ᎦᎶᏁᏛᏰᏃ ᏂᎬᏂᏏᏍᎪ
ᎠᎲᏛ ᏂᎨᎭᎢ.
15 ᎩᎳᎯᏳᏉᏍᎩᏂ ᎪᎯ ᎢᎦ ᎢᏯᏍᏗ ᎢᏳᏃ ᎼᏏ ᏓᏥᎪᎵᏯ ᎠᎵᎬᏚᎶ ᏧᏂᎾᏫ ᏚᏭᏢᏙᎢ.
16 ᎠᏎᏍᎩᏂᏃᏅ, ᎤᎬᏫᏳᎯᏱ ᏫᏓᎦᏔᎲᏍᏔᏅᎭ, ᎾᏍᎩ Ꮎ ᎠᎵᎬᏚᎶ ᎢᏴᏛ ᎢᎬᏁᏗ
ᎤᏓᎦᎵᏍᏔᏂ.
17 ᎠᎴ ᎤᎬᏫᏳᎯ ᎾᏍᎩ Ꮎ ᎠᏓᏅᏙ; ᎢᏄᎯᏢᏃ ᏄᏛᎿᎦᎬ ᎤᎬᏫᏳᎯ ᎤᏤᎵ ᎠᏓᏅᏙ, ᎾᎿ
ᎡᎭ ᎣᏩᏒ ᎣᏤᎵ ᎠᏓᏅᏙ, ᎾᎿ ᎡᎭ ᎣᏩᏒ ᎣᏓᏤᎵᎦᏯ ᎨᏒᎢ.

18 ᎠᏴᏍᎩᏂ ᏂᏗᎥ ᏂᏗᎦᎵᎬᏚᎸᎾ ᎠᏓᎨᏗᏱ ᎾᏍᎩᏯ ᏕᏓᎧᏂᏍᎬ ᏕᎸᏉᏗᏳ ᎨᏒ ᎤᎬᏫᏳᎯ
ᎤᏤᎵᏕ, ᎢᏓᏓᏁᏟᏴᎭ ᎾᏍᎩᏯ ᏄᏍᏛ ᏂᏓᎵᏍᏗᎭ, ᏕᎸᏉᏗᏳ ᎨᏒ ᎢᎩᎦ ᎧᏁᏉᏤᏕ,
ᎤᎬᏫᏳᎯ ᎤᏓᏅᏙ ᎢᏳᏩᏂᏌᏛ ᎾᏍᎩᏯᎢ.

ᎠᏯᏙᎸᎢ 4

1 ᎾᏍᎩ ᎢᏳᏍᏗ, ᎾᏍᎩ ᎯᎠ ᏗᎦᎸᏫᏍᏓᏁᏗ ᏦᎩᎭ, ᎾᏍᎩᏯ ᎣᎩᏙᎵᏨᎢ, ᎥᏝ
ᏱᏙᎩᏯᏪᎦ;
2 ᏙᎩᏲᏒᏍᎩᏂ ᏧᏓᎴᏅᏛ ᎬᏍᎦᎵ ᎤᏕᎰᎯᏍᏗ ᎨᏒᎢ, ᎠᎴ ᎥᏝ ᏲᏤᏙᎭ ᎠᏏᎾᏌᏅᎢᏍᏗ
ᎨᏒᎢ, ᎥᏝ ᎠᎴ ᎣᎦᏠᎾᏍᏛ ᏱᏙᎩᎸᏫᏍᏓᏁᎭ ᎧᏃᎮᏛ ᎨᏒ ᎤᏁᎳᏅᎯ ᎤᏤᎵᎦ,
ᎬᏂᎨᏒᏍᎩᏂ ᏃᏨᏁᎲ ᎦᏰᎪᎩ ᏂᎨᏒᎾ ᎨᏒᎢ, ᎪᎩᎸᏉᏙᏗᏱ ᏃᏨᏁᎭ ᎾᏂᎥ ᏴᏫ ᏚᎾᏓᏅᏛ ᎬᏗ
ᎤᏁᎳᏅᎯ ᎠᎦᏔᎲᎢ.
3 ᎢᏳᏍᎩᏂ ᎣᏍᏛ ᎧᏃᎮᏛ ᎣᎦᏤᎵ ᎾᏍᏉ ᎬᏍᎦᎵ ᎢᎨᏎᏍᏗ, ᎾᏍᎩ Ꮎ ᎨᏥᏛᏙᏗ ᎨᏒ
ᎨᎬᏍᎦᎳᏁᎸ.
4 ᎾᏍᎩ Ꮎ ᎾᏃᎯᏳᎲᏍᎬᎾ ᎾᏍᎩ ᎯᎠ ᎡᎶᎯ ᎤᏁᎳᏅᎯ ᎤᏰᎸᎯ ᏚᎵᏏᎲᏍᏓᏁᎸ
ᏚᎾᏓᏅᏛᎢ, ᎾᏍᎩ ᏧᏂᎸᏌᏓᏕᏗᏱ ᏂᎨᏒᎾ ᎢᎦ-ᎦᏛ ᎤᏘᏍᏛ ᎦᎸᏉᏗᏳ ᎣᏍᏛ ᎧᏃᎮᏛ
ᎦᎶᏁᏛ ᎤᏤᎵᎦ, ᎾᏍᎩ ᎤᏁᎳᏅᎯ ᎾᏍᎩᏯ ᏥᎩ.
5 ᎥᏝᏰᏃ ᎣᎬᏒ ᏲᏣᏓᏃᎮᎭ ᎣᏣᎵᏥᏙᎲᏍᎬᎢ, ᎦᎶᏁᏛᏍᎩᏂ ᏥᏌ ᎤᎬᏫᏳᎯ; ᎠᏴᏃ ᏂᎯ
ᎣᎩᏅᏏᏓᏍᏗ ᎨᏒ ᎾᏍᎩ ᏥᏌ ᎤᏗ-ᎦᎵᏍᏙᏗᏍᎬᎢ.
6 ᎤᏁᎳᏅᎯᏰᏃ ᎾᏍᎩ Ꮎ ᏧᏁᏤ ᎢᎦᎦᏘ ᎤᎵᏏᎬ ᏧᎸᏌᏓᏗᏍᏗᏱ, ᏚᎸᏌᏓᏁᎸ ᏦᎩᎾᏫᏱ,
ᎾᏍᎩ ᎣᎩᏁᏗᏱ ᎢᎦ-ᎦᏘ ᎠᎦᏙᎥᎯᏍᏙᏗ ᎦᎸᏉᏗᏳ ᎨᏒ ᎤᏁᎳᏅᎯ ᎤᏤᎵᎦ, ᎾᏍᎩ ᏥᏌ
ᎦᎶᏁᏛ ᎤᎧᏛ ᏨᏗᏓᎴᎲᏍᎦ.
7 ᎠᏎᏃ ᎯᎠ ᎾᏍᎩ ᏧᎬᏩᎶᏗ ᎦᏓᏉ ᏗᎪᏢᏔᏅᎯ ᎦᎩᎶᏗ, ᎾᏍᎩ ᎤᏣᏘ ᎤᎵᏂᎩᏛ ᎨᏒ
ᎤᏁᎳᏅᎯ ᎤᏤᎵ ᎢᏳᎵᏍᏙᏗᏱ, ᎥᏝᏃ ᎠᏴ.
8 ᎣᎦᏕᏯᏙᏗᎭ ᎬᏩᏕᏫᏛᏉ, ᎠᏎᏃ ᎥᏝ ᏲᎩᎩᎸᏍᎦ; ᎤᏪᎵᎯᏍᏗ ᎣᎦᏓᏅᏔᏩᏕᎦ, ᎠᏎᏃ
ᎥᏝ ᎣᎦᎵᎲᏲᎵᎸᎯ ᏱᎩ;
9 ᎤᏲ ᏃᎬᎾᏕᎪᎢ, ᎠᏎᏃ ᎥᏝ ᎣᎬᏕᏨᎯ ᏱᎩ; ᏙᎩᏍᏢᏂᏍᏔᏅ, ᎠᏎᏃ ᎥᏝ ᎣᎩᏛᏔᏅᎯ
ᏱᎩ.
10 ᏂᎪᎯᎸ ᏦᏥᏰᎸ ᎣᏥᏱᏙᎰ ᎤᏲᎱᏒ ᎤᎬᏫᏳᎯ ᏥᏌ, ᎾᏍᎩ ᎾᏍᏉ ᎬᏅ ᏥᏌ ᎬᏂᎨᏒ
ᎢᏳᎵᏍᏙᏗᏱ ᎠᏴ ᏦᏥᏰᎸᎢ.
11 ᎠᏴᏰᏃ ᏦᏤᎭ ᏂᎪᎯᎸᏉ ᏦᎩᏲᎱᏏᏕᎾ ᏥᏌ ᎣᎩᏍᏛᏗᏍᎬᎢ, ᎾᏍᎩ ᎬᏅ ᎾᏍᏉ ᏥᏌ
ᎬᏂᎨᏒ ᎢᏳᎵᏍᏙᏗᏱ ᎠᏴ ᎠᏲᎱᏍᎩ ᎣᎩᏇᏓᎸᎢ.
12 ᎾᏍᎩᏃ ᎠᏲᎱᎯᏍᏗ ᎨᏒ ᎣᎩᏱᎵᏙᎭ ᎠᏴ, ᏂᎯᏍᎩᏂ ᎬᏂᏛ.
13 ᎤᏠᏱᏉ ᏦᎩᎭ ᎠᏓᏅᏙ ᎪᎯᏳᏙᏗ ᎨᏒᎢ, ᎯᎠ ᎾᏍᎩᏯ ᏥᏂᎬᏅ ᏥᎪᏪᎳ,
ᎠᏉᎯᏳᏅ, ᎠᎴ ᎾᏍᎩ ᎢᏳᏍᏗ ᎠᎩᏁᏨ; ᎠᏴ ᎾᏍᏉ ᎣᏦᎯᏳᎲᏍᎦ, ᎠᎴ ᎾᏍᎩ
ᎢᏳᏍᏗ ᎣᏥᏁᎦ.
14 ᎣᏥᎦᏔᎭᏰᏃ ᎾᏍᎩ Ꮎ ᎤᎬᏫᏳᎯ ᏥᏌ ᏧᎴᏔᏅᎯ, ᎾᏍᏉ ᎠᏴ ᏥᏌ ᎠᎬᏗᏍᎬ
ᏙᏓᏲᎦᎴᏔᏂ, ᎠᎴ ᎠᏴ ᏂᎯᏃ ᎢᏧᎳᎭ ᏫᏗᎩᏲᏏᎯᏍᏗ ᎨᏎᏍᏗ.

15 ᏂᎦᏗᏳᏰᏃ ᏧᏓᎴᏅᏛ ᏤᎭ ᏂᎯ ᎤᏗᎦᎵᏍᏙᏗᎭ; ᎾᏍᎩ ᎤᏣᏘ ᎬᏩᎦᏘᏯ ᎤᏙᏓᎵᏍᏗ
ᎨᏒ ᎢᏳᏩᏂᏌᏗᏱ ᎤᏁᎳᏅᎯ ᎤᏣᏘ ᎦᎸᏉᏙᏗ ᎢᏳᎵᏍᏙᏗᏱ ᎤᏂᏣᏘ ᎠᎾᎸᏢᎵᎬᎢ.
16 ᎾᏍᎩ ᎤᏗᎦᎵᏍᏙᏗᎭ ᎥᏝ ᏱᏙᎩᏯᏪᎦ; ᎤᏙᎯᏳᎯᏍᎩᏂᏃᏅ ᎦᎦᎢᏗᏢ ᎡᎯ ᎨᏒ
ᏑᎩᏩᎾᎦᏁᏤᎭ, ᎭᎾᏂᏗᏢᏍᎩᏂ ᎡᎯ ᎨᏒ ᏑᎦᎵᏂᎪᎯᏎᎭ ᏂᏓᏙᏓᏈᏒᎢ.
17 ᎤᏓᎰᎧᏰᏃ ᏑᏥᎩᎵᏲᎬ ᏞᎦᏉ ᏥᎩ ᏑᎩᏩᏛᏒᎭ ᎤᏣᏘ ᎤᏁᏒᏍᎳᏅᎯ ᎢᏳᏓᎨᏛ
ᎠᎵᏍᏆᏗᏍᎩ ᏂᎨᏒᎾ ᎦᎸᏉᏗᏳ ᎨᏒᎢ;
18 ᏂᏙᏣᎧᏂᏍᎬᎾ ᎨᏒ ᎾᏍᎩ ᏗᎬᎪᏩᏛᏗ ᏥᎩ, ᎾᏍᎩᏍᎩᏂ Ꮎ ᏗᎬᎪᏩᏛᏗ ᏂᎨᏒᎾ ᏥᎩ;
ᎾᏍᎩᏰᏃ ᏗᎬᎪᏩᏛᏗ ᏥᎩ ᏗᎦᏁᏌᏜᏍᎩ; ᎾᏍᎩᏍᎩᏂ Ꮎ ᏗᎬᎪᏩᏛᏗ ᏂᎨᏒᎾ ᏥᎩ
ᏗᎦᏁᏌᏜᏍᎩ ᏂᎨᏒᎾ.

ᎠᏯᏙᎸᎢ 5

1 ᎣᏥᎦᏔᎭᏰᏃ ᎾᏍᎩ ᎢᏳᏃ ᎡᎶᎯ ᎡᎯ ᎣᏥᏁᎸ ᎣᎩᎵᏦᏛ ᏳᏲᏨ, ᎣᎩᎭ ᎠᏓᏁᎸ
ᎤᏁᎳᏅᎯ ᎤᏓᏳᏓᎴᏅᎯ, ᎠᏓᏁᎸ ᏧᏬᏱ ᏗᎬᏔᏅᎯ ᏂᎨᏒᎾ ᎠᏁᏍᎨᎲᎯ, ᎠᏲᎩ ᏂᎨᏒᎾ
ᎦᎸᎶᎢ ᏗᏓᏁᎸ.
2 ᎠᏂᏰᏃ ᎣᏥᏯᎥ ᎣᎩᎵᏰᏗᎭ, ᎤᏣᏘ ᎣᎦᏚᎵᎭ ᎣᎦᏄᏬᏍᏙᏗᏱ ᎣᏥᏁᎸ ᎾᏍᎩ Ꮎ ᎦᎸᎶ
ᎤᏓᏳᏓᎴᏅᎯ;
3 ᎢᏳᏃ ᎨᏩ ᏱᏙᎦᏄᏩᎥ, ᎥᏝ ᏦᎩᏰᎸᎭ ᏱᎦᎨᏎᏍᏗ.
4 ᎠᏴᏰᏃ ᎯᎠ ᎠᏂ ᎦᎵᏦᏛ ᏦᏥᏯᎠ ᎣᎩᎵᏰᏗᎭ, ᏂᎦᎵᏍᏙᏗᎭ ᎦᎨᏛ ᏃᎦᏛᎿᎦᎬᎢ; ᎥᏝ
ᏦᎩᏄᏪᏍᏗᏱ ᎣᎦᏚᎵᏍᎬ ᏱᎤᏗᎦᎵᏍᏙᏗᎭ; ᏦᎩᏄᏬᏍᏗᏱᏍᎩᏂ; ᎾᏍᎩ ᎠᏲᎱᏍᎩ ᎨᏒ
ᎠᏥᎩᏍᏗᏱ ᎬᏂᏛ ᎤᎩᏐᎲᏍᏗᏱ.
5 ᎾᏍᎩᏃ Ꮎ ᎢᎪᏢᏅᎯ ᎯᎠ ᎾᏍᎩ ᎤᎬᏩᎵ ᎨᏒ ᎾᏍᎩ ᎤᏁᎳᏅᎯ, ᎾᏍᎩ ᎾᏍᏉ
ᏦᎩᏁᎸ ᎠᏓᏅᏙ ᎠᎦᏘᏗᏍᏙᏗ ᎨᏒᎢ.
6 ᎾᏍᎩ ᎢᏳᏍᏗ ᏂᎪᎯᎸ ᎤᎦᎵᏍᏗ ᎣᎦᏓᏅᏔᏩᏕᎪᎢ, ᎠᎴ ᎣᏥᎦᏔᎭ ᎾᏍᎩ ᏂᎪᎯᎸ
ᎣᏥᏁᎸ ᎠᏂ ᏦᏥᏰᎸᎢ, ᎤᎬᏫᏳᎯ ᎡᎲ ᎣᎩᎪᏁᎸᎢ;
7 ᎪᎯᏳᏗᏰᏃ ᎨᏒ ᎣᏨᏗᎭ ᎣᏤᏙᎲᎢ, ᎥᏝᏃ ᎠᎪᏩᏛᏗ ᎨᏒᎢ.
8 ᎠᎴ ᎤᎦᎵᏍᏗ ᎣᎦᏓᏅᏔᏩᏕᎪᎢ, ᎠᎴ ᎤᏟ ᎦᏲᎩᏰᎸᏗ ᎠᏰᎸ ᎣᎩᎪᏁᎶᎢᏍᏗᏱ, ᎠᎴ
ᎤᎬᏫᏳᎯ ᎡᎲ ᏬᏕᏁᎳᏗᏍᏗᏱ.
9 ᎾᏍᎩ ᎢᏳᏍᏗ ᎣᏣᎵᏂᎬᏁᎭ, ᎾᏍᏉ ᎾᎿ ᏱᏬᏥᏁᎳ, ᎠᎴ ᏲᎩᎪᏁᎳ,
ᏦᎦᏓᏂᎸᎢᏍᏗᏱ ᎢᏳᎵᏍᏙᏗᏱ.
10 ᎠᏴᏰᏃ ᏂᏗᎥ ᎢᎬᏱᏗᏢ ᏫᎩᎾᏄᎪᎢᏍᏗ ᎨᏎᏍᏗ ᎦᎶᏁᏛ ᏧᏭᎪᏙᏗᏱ ᎦᏍᎩᎸᎢ; ᎾᏍᎩ
ᏂᏗᎥ ᎢᏗᏏᏴᏫᎭ ᎡᎩᏁᏗᏱ ᏄᏍᏛ ᎦᎩᎸᏫᏍᏓᏁᎸ ᏗᏗᏰᎸ ᎬᏗ, ᎾᏍᎩᏯ ᏂᎦᏛᏁᎵᏙᎸᎢ,
ᎣᏏᏳ ᏱᎾᎩ, ᎠᎴ ᎤᏲ ᏱᎾᎩ.
11 ᎾᏍᎩᏃ ᏦᏥᎦᏔᎭ ᎦᎾᏰᎢᏍᏗ ᎨᏒ ᎤᎬᏫᏳᎯ, ᏙᏥᏍᏗᏰᏗ ᏴᏫ; ᎠᎴ ᎬᏂᎨᏒ
ᏃᏣᎵᏍᏗᎭ ᎤᏁᎳᏅᎯ ᎠᎦᏔᎲᎢ; ᎠᎴ ᎤᏚᎩ ᎠᏋᎭ ᎬᏂᎨᏒ ᎢᏯᏉᎵᏍᏙᏗᏱ ᎾᏍᏉ ᏂᎯ
ᎦᏣᏓᏅᏛᎢ.
12 ᎥᏝᏰᏃ ᏂᎯ ᏍᎩᎸᏉᏗᏳ ᎢᏳᎵᏍᏙᏗᏱ ᏲᏥᏂᎳᏗᎭ; ᎢᏨᏁᎭᏎᏍᏗᏂ ᏍᎩᎸᏉᏙᏗᏱ,
ᎾᏍᎩ ᎪᎱᏍᏗ ᏳᏂᎭ ᏧᎾᏬᎯᎵᏴᏍᏓᏁᏗ, ᎢᏨᏰᎵᏎᎭ, ᎾᏍᎩ ᎦᏚᏉ ᎡᎯ ᎠᎾᏢᏉᏙᏗᏍᎩ
ᏥᎩ, ᏙᏧᎾᏓᏅᏛᏃ ᎠᎾᏢᏉᏙᏗᏍᎩ ᏂᎨᏒᎾ.
13 ᎢᏳᏰᏃ ᏱᏙᎩᎸᏃᏗᎭ, ᎤᏁᎳᏅᎯᏉ ᎤᏗᎦᎵᏍᏙᏗᎭ; ᎢᏳ ᎠᎴ ᏙᎯ ᏱᏙᎦᏓᏅᏔ,
ᏂᎯᏉ ᎤᏗᎦᎵᏍᏙᏗᎭ.
14 ᎦᎶᏁᏛᏰᏃ ᎤᏓᎨᏳᏗ ᎨᏒ ᏙᎦᏘᏁᎦ; ᎯᎠᏰᏃ ᏄᏍᏗ ᏙᏧᎪᏗᎭ, ᎾᏍᎩ, ᎢᏳᏃ ᎠᏏᏴᏫ
ᎾᏂᎥ ᏱᎦᏲᎱᎯᏎᎸ, ᎿᏉ ᎾᏍᎩ ᎾᎯᎥ ᏚᏂᏲᎱᏒᎩ;

15 ᎾᏍᎩᏃ ᎾᏂᎥ ᏚᏲᎱᎯᏎᎴᎢ, ᎾᏍᎩ Ꮎ ᏗᏅᏃᏛ ᏥᎩ ᎪᎯ ᎨᏒ ᎢᏳᏓᎴᏅᏛ ᎤᏅᏒᏉ
ᎤᎾᏤᎵ ᎤᎬᏩᎵ ᎤᎾᎴᏂᏓᏍᏗᏱ ᏂᎨᏒᎾ, ᎾᏍᎩᏍᎩᏂ Ꮎ ᎤᏤᎵ ᎤᎬᏩᎵ ᏧᏲᎱᎯᏎᎸᎯ ᎠᎴ
ᏧᎴᎯᏌᏅᎯ ᏥᎩ.
16 ᎾᏍᎩ ᎢᏳᏟᏗ ᎪᎯ ᎨᏒ ᎢᏳᏓᎴᏅᏛ ᎥᏝ ᎩᎶ ᏲᏥᎦᏔᎭ ᎾᏍᎩᏯ ᎤᏇᏓᎵ ᎠᎦᏔᎲᎢ.
ᎠᎴ ᎾᏍᏉ ᎢᏳ ᎦᎶᏁᏛ ᎣᏥᎦᏙᎥᏒᎯ ᏱᎩ ᎤᏇᏓᎵ ᎠᎦᏔᎲ ᎾᏍᎩᏯᎢ, ᎠᏎᏃ ᎪᎯ ᎨᏒ
ᎢᏳᏓᎴᏅᏛ ᎥᏝ ᎿᏉ ᏲᏥᎦᏔᎭ.
17 ᎾᏍᎩ ᎢᏳᏟᏗ, ᎢᏳᏃ ᎩᎶ ᎦᎶᏁᏛᏱ ᎠᏯᎡᏍᏗ ᎾᏍᎩ ᎢᏤ ᎾᎬᏁᎸ; ᏧᏓᎴᏅᏛ ᎤᏪᏘ
ᎨᏒ ᎤᎶᏐᏅ; ᎬᏂᏳᏉ, ᏂᎦᏗᏳ ᏧᏓᎴᏅᏛ ᎢᏤ ᏄᎵᏍᏔᏅ.
18 ᎠᎴ ᏂᎦᏗᏳ ᏧᏓᎴᏅᏛ ᎤᏁᎳᏅᎯ ᎢᏳᏩᏂᏌᏛ, ᎾᏍᎩ ᏙᎯ ᏥᏄᏩᏁᎸ ᎡᏗᏍᎦᎩ ᎨᏒ
ᏥᏌ ᎦᎶᏁᏛ ᎠᎬᏗᏍᎬᎢ, ᎠᎴ ᎠᏴ ᎣᎦᏒ-ᎦᎶᏔᏅ ᏙᎯ ᎢᎬᏁᎯ ᏗᎦᎸᏫᏍᏓᏁᏗ;
19 ᎯᎠ ᎾᏍᎩ ᎤᏁᎳᏅᎯ ᏙᎯ ᏂᎬᏁᎲᎩ ᎡᎶᎯ ᎬᏩᏍᎦᎩ ᎨᏒ ᎦᎶᏁᏛ ᎬᏗᏍᎬᎩ,
ᎤᏂᏍᎦᏅᏨ ᎤᏂᏍᎦᏅᏨᎯ ᏂᏓᏰᎸᎾᏁᎲᎾ; ᎠᎴ ᎠᏴ ᎣᎦᏒᎶᏔᏅ ᎧᏃᎮᏛ ᏙᎯ ᎢᎬᏁᎯ.
20 ᎾᏍᎩᏃ ᎠᏴ ᎣᎩᏅᏏᏛ ᎦᎶᏁᏛ ᎣᏣᏓᏁᏟᏴᏍᏔᏁᎸᎯ; ᎾᏍᎩᏯᏉ ᎤᏁᎳᏅᎯ
ᏥᏥᏍᏗᏰᏗᏍᎪ ᎠᏴ ᏦᎬᏗᏍᎪᎢ, ᎦᎶᏁᏛ ᎣᏣᏓᏁᏟᏴᏍᏓᏁᎭ, ᎢᏨᏔᏲᏎᎭ ᎤᏁᎳᏅᎯ ᏙᎯ
ᎢᏨᏁᏗᏱ.
21 ᎾᏍᎩᏰᏃ ᎠᏍᎦᏂ ᎾᎦᏔᎲᎾ ᏥᎨᏎᎢ, ᎾᏍᎩ ᎠᏍᎦᎾ ᎤᏰᎸᏅ ᎠᏴ ᎨᏒ ᎤᏧᎵᏍᏙᏔᏅ,
ᎾᏍᎩ ᎢᏳᏩᏂᏐᏗᏱ ᎠᏴ ᏂᏗᏍᎦᏅᎾ ᎢᎩᏴᎸᏗᏱ ᎤᏁᎳᏅᎯ ᎦᏚᎧᏂᏍᎬᎢ.

ᎠᏯᏙᎸᎢ 6

1 ᎠᏰᏃ ᏦᎩᎸᏫᏍᏓᏁᎯ ᎣᏥᏍᎦᎮᏍᎩ ᎾᏍᏉ ᎢᏨᏍᏗᏴᏗᎭ ᎠᏎᏉᏉ ᎡᏥᏁᏗᏱ ᏂᎨᏒᎾ
ᎬᏩᎦᏘᏯ ᎤᏓᏙᎵᏍᏗ ᎨᏒ ᎤᏁᎳᏅᎯ.
2 ᎯᎠᏰᏃ ᏂᎦᏪᎭ, ᎬᏩᏛᎦᏁᎸ ᎾᎯᏳ ᏗᏓᏂᎸᏨᎯ ᎨᏒᎢ, ᎠᎴ ᎾᎯᏳ ᎢᎦ ᏚᏴᏓᏗᏍᎦᎸᏗ ᎨᏒ
ᎬᏍᎦᎸᎲ; (ᎬᏂᏳᏉ, ᎪᎯ ᎿᏉ ᎾᎯᏳ ᏗᏓᏂᎸᏨᎯ ᎨᏒᎢ; ᎬᏂᏳᏉ, ᎪᎯ ᎿᏉ ᎾᎯᏳ
ᏗᏓᏂᎸᏨᎯ ᎨᏒᎢ; ᎬᏂᏳᏉ, ᎪᎯ ᎿᏉ ᎾᎯᏳ ᎢᎦ ᏚᏴᏓᏗᏍᎦᎸᏗ ᎨᏒᎢ;)
3 ᎪᎱᏍᏗ ᏃᏣᏛᏁᎲᎾ ᎬᏩᏓᏙᎦᏍᏙᏗ ᎨᏒᎢ, ᎯᎠ ᎾᏍᎩ ᏗᎦᎸᏫᏍᏓᏁᏗ ᎨᏒ ᎤᏐᏅ
ᎬᏩᏂᏃᎮᏗ ᏂᎨᏒᎾ ᎢᏳᎵᏍᏙᏗᏱ;
4 ᏂᎦᎥᏍᎩᏂ ᏄᏓᎴᏒ ᏙᎩᎸᏫᏍᏓᏁᎲ ᎬᏂᎨᏒ ᏃᏨᏁᎨ ᎤᏁᎳᏅᎯ ᎪᎱᏍᏗ ᎣᏣᏛᏁᎯ ᎨᏒᎢ,
ᎤᏣᏘ ᏦᏨᏂᏗᏳ ᎨᏒᎢ, ᎣᏥᎩᎵᏲᎬᎢ, ᎣᎩᏂᎬᏎᎲᎢ, ᎡᎯᏍᏗ ᎣᎦᏓᏅᏔᏩᏕᎬᎢ,
5 ᏙᎩᎵᏂᎲᎢ, ᎣᎩᏴᎩᏅᎢ, ᎤᏓᏓᏍᎨᏛ ᎤᎾᎵᏖᎸᏅᎢ, ᏙᎩᎸᏫᏍᏓᏁᎲᎢ, ᎣᏥᏯᏫᏍᎬᎢ,
ᎠᎹᏟ ᎣᏨᏍᎬᎢ,
6 ᏃᎦᏓᏅᎦᎸᎾ ᎨᏒᎢ, ᎠᎦᏙᎥᎯᏍᏗ ᎨᏒᎢ, ᎪᎯᏙᏳ ᎤᏁᎳᎩ ᎣᏤᎵᏎᎬᎢ, ᎣᎦᏓᏅᏘᏳ
ᎨᏒᎢ, ᎦᎸᏉᏗᏳ ᎠᏓᏅᏙ ᎣᎨᎲᎢ, ᏄᏠᎾᏍᏛᎾ ᎠᏓᎨᏳᏗ ᎣᎨᎲᎢ.
7 ᎦᏰᎪᎩ ᏂᎨᏒᎾ ᎧᏃᎮᏛ ᎣᏨᏗᏍᎬᎢ, ᎤᎵᏂᎩᏛ ᎨᏒ ᎤᏁᎳᏅᎯ ᎤᏤᎵ ᎣᏨᏗᏍᎬᎢ,
ᏚᏳ-ᎪᏛ ᎨᏒ ᎠᎦᏘᏏᏗᎵ ᎠᎴ ᎠᎦᏍᎦᏂᏗᎵ ᎣᎦᏣᏅᏛᎢ,
8 ᎣᎩᎸᏉᏗᏳ ᎨᏒ ᎠᎴ ᏃᎩᎸᏉᏛᎾ ᎨᏒᎢ, ᎤᏲ ᎣᎩᏃᎮᏍᎬ ᎠᎴ ᎣᏍᏛ ᎣᎩᏃᎮᏍᎬᎢ;
ᎣᎦᏠᎾᏍᏗ ᏥᎨᏐ ᎾᏍᎩᏯᎢ, ᎠᏎᏃ ᏃᎦᏠᎾᏍᏛᎾ ᎨᏒᎢ,
9 ᏃᎩᎦᏔᎲᎾ ᎾᏍᎩᏯᎢ, ᎠᏎᏃ ᎣᏏᏳ ᎣᎩᎦᏔᎯ ᎨᏒᎢ; ᏥᏙᏥᏲᎱᏍᎪ ᎾᏍᎩᏯᎢ,
ᎬᏂᏳᏉᏃ ᏦᏨᏃᏛ; ᎣᎩᏍᏛᏗᏍᏔᏅᎯ, ᎣᎩᎸᎯᏃ ᏂᎨᏒᎾ;
10 ᎤᏲ ᏦᎦᏓᏅᏔᏩᏕᎪ ᎾᏍᎩᏯ, ᎠᏎᏃ ᏯᏃ ᎣᏣᎵᎮᎵᎪᎢ; ᎤᏲ ᏥᏃᎦᏛᎿᎦᎪ ᎾᏍᎩᏯ,
ᎠᏎᏃ ᎤᏂᏣᏘ ᏙᏤᏅᎢᏍᏗᏍᎪᎢ; ᎪᎱᏍᏗ ᏃᎩᎲᎾ ᏥᎨᏐ ᎾᏍᎩᏯ, ᎠᏎᏃ ᏂᎦᏗᏳ ᏧᏓᎴᏅᏛ
ᎣᎦᏤᎵᎦ.
11 ᎦᏨᏍᏚᎩᏒᎸ ᏦᏥᎨᎵ, ᎢᏥᎪᎵᏂᏗ, ᏦᎩᎾᏫ ᎦᏨᏯᏛᏃᎯᏍᏓᏁᎸ.
12 ᎥᏝ ᏱᏗᏣᏍᏗᎬᏎᎸ ᎠᏴ ᏦᎩᎾᏫ; ᎢᏨᏒᏍᎩᏂ ᏗᏥᎾᏫ ᏚᏍᏗᎬᏒ.
13 ᎾᏍᎩᏃ ᎤᏠᏱᏉ ᏍᎩᏯᎫᏴᏓᏁᎲ -ᏗᏇᏥ ᏥᎦᏥᏌᏁᏗᏍᎪ ᎾᏍᎩᏯ ᎢᏨᏌᏁᏗᎭ-ᎾᏍᏉ
ᏂᎯ ᏗᏣᏛᏃᎯ.
14 ᏞᏍᏗ ᏂᏗᏣᏙᎵᎬᎾ ᎢᏧᎳᎭ ᏱᏍᎦᏥᎩᎳᎾᎳᏗᏍᎨᏍᏗ ᎾᏃᎯᏳᎲᏍᎬᎾ; ᎦᏙᏰᏃ ᎤᏍᏗ
ᏚᎾᏚᏓᏛ ᏚᏳᎪᏛ ᎨᏒ ᎠᎴ ᏂᏚᏳᎪᏛᎾ ᎨᏒᎢ? ᎠᎴ ᎦᏙ ᎤᏍᏗ ᏌᏉ ᏄᏅᏅ ᎢᎦ-ᎦᏘ ᎠᎴ
ᎤᎵᏏᎩ?
15 ᎠᎴ ᎦᏙ ᎤᏍᏗ ᎤᏠᏱ ᏄᏅᏅ ᎦᎶᏁᏛ ᎠᎴ ᏇᎵᏱᎵ? ᎠᎴ ᎦᏙ ᎤᏍᏗ ᎢᏧᎳᏉ
ᎤᎾᏤᎵᎦ ᎨᏐ ᎪᎯᏳᎲᏍᎩ ᎠᎴ ᎪᎯᏳᎲᏍᎩ ᏂᎨᏒᎾ?

16 ᎠᎴ ᎦᏙ ᎤᏍᏗ ᏗᏤᎵᎩ ᏂᎦᎵᏍᏗᎭ ᎤᏁᎳᏅᎯ ᎤᏤᎵ ᎠᏓᏁᎸ ᎠᎴ ᎤᏁᎳᏅᎯ
ᏗᏟᎶᏍᏔᏅᎯ? ᏂᎯᏰᏃ ᎾᏍᎩ ᎬᏂᏛ ᎤᏁᎳᏅᎯ ᎤᏤᎵᎦ ᎤᏁᎳᏗᏍᏗᏱ; ᎾᏍᎩᏯ
ᎤᏁᎳᏅᎯ ᎯᎠ ᏥᏁᏪᏒ, ᎾᏍᎩ Ꮎ ᎦᏥᏯᎡᏍᏗ, ᎠᎴ ᎠᏁᎲ ᎨᏙᎮᏍᏗ; ᎠᎴ ᎠᏴ
ᎦᏥᏯᏁᎳᏅᎯ ᎨᏎᏍᏗ, ᎠᎴ ᎤᏅᏒ ᏗᏆᏤᎵ ᏴᏫ ᎨᏎᏍᏗ.
17 ᎾᏍᎩ ᎢᏳᏍᏗ ᎡᏥᏄᎪ ᎢᏣᏓᏜᏴ ᎠᏁᎲᎢ, ᎠᎴ ᎢᏣᏏᎴᏛ ᎨᏎᏍᏗ, ᎠᏗᎭ ᎤᎬᏫᏳᎯ,
ᎠᎴ ᏞᏍᏗ ᎢᏣᏒᏂᎸᎩ ᎪᎱᏍᏗ ᎦᏓᎲᎢ; ᎠᏴᏃ ᏙᏓᏨᏯᏓᏂᎸᏥ,
18 ᎠᎴ ᎠᏴ ᎢᏥᏙᏓ ᎨᏎᏍᏗ, ᏂᎯᏃ ᏗᏇᏥ ᎨᏎᏍᏗ ᎢᏥᏍᎦᏯ ᎠᎴ ᎢᏥᎨᏴ, ᎠᏗᎭ
ᎤᎬᏫᏳᎯ ᏫᎾᏍᏛᎾ ᎤᎵᏂᎩᏛ.

ᎠᏯᏙᎸᎢ 7

1 ᎯᎠᏃ ᎾᏍᎩ ᏥᏄᏍᏗ ᎡᎩᏚᎢᏍᏓᏁᎸᎯ ᏥᎩ, ᎢᏨᎨᏳᎢ, ᎢᏓᏓᏅᎦᎸ ᎢᏗᎲᎾ ᏄᏓᎴᏒ ᎦᏓᎭ
ᎨᏒ ᎢᎩᏇᏓᎸ, ᎠᎴ ᎢᎦᏓᏅᏙᎩᎯ, ᎢᏗᏍᏆᏗᏍᎨᏍᏗ ᏚᏳᎪᏛ ᎨᏒᎢ, ᎤᏁᎳᏅᎯ
ᎡᏗᎾᏰᏍᎬᎢ.
2 ᏗᏍᎩᏯᏓᏂᎸᎩ; ᎥᏝ ᎩᎶ ᎤᏣᏘᏂ ᏱᏃᏨᏁᎸ, ᎥᏝ ᎩᎶ ᎠᏍᎦᎾ ᏱᏃᏨᏁᎸ, ᎥᏝ ᎩᎶ
ᏲᏥᎶᏄᎡᎸ.
3 ᎯᎠ ᎾᏍᎩ ᏥᏂᏥᏪᎭ ᎥᏝ ᏗᏨᏳᎪᏓᏁᏗᏱ ᏯᎩᏰᎸᎭ; ᎦᏳᎳᏰᏃ ᎯᎠ ᏥᏂᎠᎩᏪᏒ,
ᏦᎩᎾᏫᏱ ᎢᏥᏯᎠ, ᎣᎦᏛᏅᎢᏍᏗᏉ ᎢᏧᎳᎭ ᏗᎩᏂᏲᎱᎯᏍᏗᏱ, ᎠᎴ ᎢᏧᎳᎭ ᎢᏚᎦᏗᏱ.
4 ᎤᏣᏘ ᎢᏨᏲᎢᏳᎭ; ᎤᏣᏘ ᎢᏨᎸᏉᏗᏍᎪᎢ; ᎠᎩᎧᎵᏨᎯ ᎤᎦᎵᏍᏗ ᎨᏒᎢ; ᎤᏣᏔᏅᎯ
ᎤᎵᎮᎵᏍᏗ ᎠᏆᏓᏅᏔᏩᏕᎪ ᏂᎦᎥ ᎣᏥᎩᎵᏲᏥᏙᎲᎢ.
5 ᎹᏏᏙᏂᏰᏃ ᏬᎩᎷᏨ, ᎥᏝ ᎣᎩᏇᏓᎸ ᎬᏩᏣᏪᏐᎸᏍᏙᏗ ᏱᎨᏎᎢ, ᎬᏩᏚᎾᏛᏍᎩᏂ
ᎣᏚᎦᏯᏙᏗᎬᎩ; ᏙᏱᏗᏢ ᎠᎵᏛ ᎨᏒᎢ, ᎭᏫᏂᏃ ᎢᏗᏢ ᎣᏥᎾᏰᏍᎬᎢ.
6 ᎤᏁᎳᏅᎯᏍᎩᏂᏃᏅ ᏗᎦᎵᏍᏓᏗᏍᎩ ᎤᏪᎵᎯᏍᏗ ᎤᎾᏓᏅᏔᏩᏕᎩ,
ᎣᎩᎦᎵᏍᏓᏗᏍᏔᏅᎩ ᏓᏓᏏ ᎤᎷᏨᎢ;
7 ᎥᏝᏍᎩᏂᏃᏅ ᎤᎷᏨᏉ ᎤᏩᏒ, ᎤᎦᎵᏍᏗᏍᎩᏂ ᎾᏍᏉ ᎤᏓᏅᏓᏛᎢ ᏂᎯ ᎨᏒ ᎢᏳᏍᏗ,
ᎣᎩᏃᏁᎸ ᏂᎯ ᎤᏣᏘ ᎢᏣᏚᎵᏍᎬᎢ, ᎤᏲ ᎢᏥᏰᎸᏒᎯ, ᎤᏣᏘ ᏍᎩᎨᏳᎢᏳ ᎨᏒᎢ; ᎾᏍᎩ
ᎢᏳᏍᏗ ᎤᏟ ᎢᎦᎢ ᎠᏆᎵᎮᎵᏨᎩ.
8 ᎤᏙᎯᏳᎯᏍᎩᏂᏃᏅ ᎤᏲ ᎢᏨᏯᏓᏅᏓᏗᏍᏔᏅᎩ ᎪᏪᎵ ᏫᏨᏅᏁᎸᎢ, ᎥᏝ ᎤᏲ ᏯᎩᏰᎸᎭ,
ᎤᏲᏍᎩᏂᏃᏅ ᎠᎩᏰᎸᏒᎩ; ᎢᏥᎪᏩᏘᏰᏃ ᎾᏍᎩ ᎤᏲ ᎢᏣᏓᏅᏓᏗᏍᏯᏅᎢ, ᎠᏎᏃ ᏞᎦᏉ.
9 ᎪᎯᏃ ᏥᎩ ᎦᎵᏒᎵᎦ, ᎥᏝ ᎠᏗᎾ ᎤᏲ ᎢᏣᏓᏅᏓᏛ ᏱᏅᏗᎦᎵᏍᏙᏗᎭ, ᏅᏗᎦᎵᏍᏙᏗᎭᏍᎩᏂ
ᏗᎨᏥᏁᏟᏴᏍᏗ ᎦᏣᏓ ᎤᏛ ᎢᏴᏛ ᎤᏲ ᎢᏣᏓᏅᏓᏛᎢ; ᎤᏲᏰᏃ ᎢᏣᏓᏅᏓᏛᎩ ᎾᏍᎩᏯ
ᎤᏁᎳᏅᎯ ᏗᎬᏩᏓᏂᎸᎢᏍᏗ ᏥᎩ, ᎾᏍᎩ ᏅᏓᏳᎵᏍᏙᏗᏱ ᎪᎱᏍᏗ ᎡᏍᎦ ᎢᏨᏴᏁᏗᏱ
ᏂᎨᏒᎾ.
10 ᎤᏲᏰᏃ ᎠᏓᏅᏓᏗᏍᏗ ᎤᏁᎳᏅᎯ ᏗᎬᏩᏓᏂᎸᎢᏍᏗ ᎨᏒ ᎦᏁᏟᏴᏍᏗ ᎨᏒ ᎣᏓᏅᏛ
ᏩᎵᏰᎢᏳᎯᎭ ᎥᏓᏗᏍᏕᎸᏗᏱ ᏫᏚᎷᎩ, ᎾᏍᎩ ᎤᏲ ᎠᏰᎸᏗ ᏂᎨᏒᎾ; ᎡᎶᎯᏍᏘᏂ ᎡᎯ ᎤᏲ
ᎠᏓᏅᏓᏗᏍᏗ ᎨᏒ ᎠᏲᎱᎯᏍᏗ ᎨᏒ ᏩᎵᏰᎢᏳᎯᎭ.
11 ᎬᏂᏳᏉᏰᏃ ᎯᎠ ᎾᏍᎩ ᎤᏲ ᏥᏣᏓᏅᏓᏛᎩ ᎾᏍᎩ ᏗᎬᏩᏓᏂᎸᎢᏍᏗ ᎨᏒ ᎤᏁᎳᏅᎯ,
ᏂᎦᎥ ᎢᏣᎵᏂᎬᏁᏗ ᎨᏒ ᏭᎵᏰᎢᏳᎸ; ᏂᎦᎥ ᏗᏣᎵᏫᏍᏙᏗ ᎢᏥᏲᎲᎢ, ᎢᎢ ᏂᎦᎥ ᎢᏥᏂᏆᏘᎲᎢ, ᎥᎥ,
ᏂᎦᎥ ᎢᏥᎾᏰᏍᎬᎢ, ᎥᎥ, ᏂᎦᎥ ᎤᏣᏘ ᎢᏣᏑᎵᏍᎬᎢ, ᎥᎥ ᏂᎦᎥ ᎤᎵᏂᎩᏛ ᎢᏣᏓᏅᏛᎢ, ᎥᎥ, ᏂᎦᎥ
ᎠᏓᏍᏛᏗᏍᏙᏗ ᎨᏒᎢ! ᏂᎦᎥ ᏧᏌᎴᏅᏛ ᎬᏂᎨᏒ ᏂᏨᏁᎸ ᏂᏥᏍᎦᏅᎾ ᎨᏒ ᎯᎠ ᎾᏍᎩ
ᎧᏃᎮᏗ ᏥᎩ.

12 ᎾᏍᎩ ᏥᎸᏍᏗ ᎤᏙᎯᏳᎯᏍᎩᏂᏃᏅ ᏫᏨᏲᏪᎳᏁᎸᎩ, ᎠᏎᏃ ᎥᏝ ᎤᏣᏘᏂ ᎢᏳᏛᏁᎸᎯ
ᏳᎬᏩᎴᎢ, ᎥᏝ ᎠᎴ ᎾᎤᏣᏘᏂ ᎢᏯᏕᏛᏁᎸᎯ ᏳᎬᏩᏒᎢ; ᎠᏍᎩᏂ ᎢᏨᏍᏆᏂᎪᏗᏳ ᎨᏒ
ᎤᏁᎳᏅᎯ ᎠᎦᏔᎲ ᎬᏂᎨᏒ ᎢᏟᎵᏍᏓᏁᏗᏱ.
13 ᎾᏍᎩ ᎢᏳᏍᏗ ᏂᎯ ᎤᎦᎵᏍᏗ ᎢᏣᏓᏅᏛ ᎠᏴ ᎣᎩᎦᎵᏍᏓᏛᎩ; ᎥᎥ, ᎠᎴ ᎤᏟ ᎢᎦᎢ
ᎣᎦᎵᏢᎵᏍᏗ ᎸᎵᏍᏔᏅᎩ, ᏓᏓᏏ ᎠᎵᏢᎵᎬ ᎢᏳᏍᏗ, ᏅᏓᎦᎵᏍᏙᏗᏍᎬᎩ ᎾᏍᎩ ᎤᏓᏅᏙ
ᏂᏥᎥ ᎡᏥᎦᎵᏍᏓᎦᎸᎢ.
14 ᎢᏳᏰᏃ ᏥᏯᏢᏘᏎᎸᎯ ᎨᏎᏍᏗ, ᏂᎯ ᎢᏨᏁᎢᏍᏗᏍᎬᎢ, ᎥᏝ ᏱᎦᏕᎣᏍᎦ; ᏂᎦᏗᏳᏍᎩᏂ
ᏧᏓᎴᏅᏛ ᎢᏨᏌᏁᏔᏅᎢ ᎤᏙᎯᏳᎯᏯ ᏥᎩ, ᎾᏍᎩᏯᏉ ᎣᎦᏢᏆᏒᎢ, ᎾᏍᎩ ᏓᏓᏏ
ᎣᏟᏢᏆᏎᎸᎢ, ᎤᏙᎯᏳᎯᏯ ᎸᎵᏍᏔᏅ.
15 ᎠᎴ ᎤᎾᏫᏱ ᎢᏥᎨᏳᎯᏳ ᎨᏒ ᎤᏣᏘ ᎤᏁᏉᏨ, ᎤᏅᏓᏛ ᎢᏦᎯᏳᎯᏳ ᎨᏒ ᏂᏥᎥᎢ,
ᎾᏍᎩ ᎢᏥᎾᏰᏍᎩ ᎠᎴ ᏗᏥᎾᏫᏍᎩ ᎦᏟᏓᏂᎸᏨᎢ.
16 ᎾᏍᎩ ᎢᏳᏍᏗ ᎦᎵᎡᎵᎦ, ᎨᏨᏲᎢᏳᏗ ᎨᏒ ᎸᏓᎴᏒ ᎪᎱᏍᏗ ᎤᎬᏩᎵ.

ᎠᏯᏙᎸᎢ 8

1 ᎠᎴᏬ ᎢᏓᎵᏅᏟ, ᎬᏂᎨᏒ ᏂᏨᏴᏁᎭ, ᎤᏁᎳᏅᎯ ᎬᏩᎦᏘᏯ ᎤᏓᏁᏗ ᎨᏒ ᎾᏍᎩ ᏚᏁᎸ
ᏧᎾᏁᎶᏗ ᏚᎾᏓᏡᏩᏗᏒ ᎹᏏᏙᏂ ᎠᏁᎯ;
2 ᎾᏍᎩ ᎤᏣᏘ ᎠᏓᎪᎵᏰᏍᎩ ᎠᏂᎩᎵᏲᎬ, ᎤᏣᏘ ᎠᎾᎵᎮᎵᎬ ᎠᎴ ᎤᏣᏘ ᎤᏲ ᏄᎾᏛᎿ ᏕᎬ
ᎦᎸᏉᏗᏳ ᏄᏩᏁᎸ ᏄᏂᎨ-ᏳᎿᎥᎾ ᎨᏒᎢ.
3 ᎦᏥᏲᎢᏳᏓᏁᎭᏰᏃ ᎾᏍᎩ ᏂᏚᎾᎵᏂᎬᎬ ᎢᏴᏛ, ᎥᎥ, ᎠᎴ ᎠᏂᎶᏒᏍᏗᏍᎬ ᏂᏚᎾᎢᏂᎬᎬᎢ,
ᎤᎾᎵᎦᏟᏴᎯᏉ ᎤᏅᏒ ᎤᎾᏓᏅᏖᏛ;
4 ᎤᏣᏘ ᎪᎩᏍᏗᏰᏗᏍᎬ ᎪᎩᏔᏲᏎᎲᎩ ᎾᏍᎩ ᎤᏂᏅᎯ ᏦᎦᏓᏂᎸᎢᏍᏗᏱ, ᎠᎴ ᎣᏚᏓᏆᎶᏗᏱ
ᏦᏥᏍᏕᎸᏗᏱ ᏧᎾᏁᎶᏗ.
5 ᎠᎴ [ᎾᏍᎩ ᏄᎾᏛᏁᎸᎩ] ᎥᏝ ᎾᏍᎩᏯ ᏄᏍᏛ ᎤᏚᎩ ᎣᎬᏅᎢ, ᎢᎬᏱᏍᎩᏂ ᎤᏅᏒ
ᎤᎬᏫᏳᎯ ᏚᎾᏓᏲᎯᏎᎸᎩ, ᎠᎴ ᎠᏴ ᏕᎪᎦᏓᏲᎯᏎᎸᎩ, ᎤᏁᎳᏅᎯ ᎣᏏᏳ ᎠᏰᎸᏍᎬ
ᎤᏓᏳᎵᏍᏙᏔᏅᎩ.
6 ᎾᏍᎩ ᎢᏳᏍᏗ ᏓᏓᏏ ᎣᏥᏔᏲᏎᎸᎩ, ᎾᏍᎩ ᏄᏍᏛ ᎤᎴᏅᎲᎢ, ᎾᏍᎩᏯ ᎢᏳᏛᏁᏗᏱ
ᎤᏍᏆᏗᏍᏗᏱᎢᏤᎲ ᎤᏠᏱ ᎢᏣᏓᏁᏗᏱ ᏂᏨᏁᎲᎢ.
7 ᎾᏍᎩᏃ ᏂᎦᎥ ᏧᏓᎴᎥᏛ ᎤᏣᏘ ᏥᏥᎭ, ᎾᏍᎩ ᎪᎯᏳᏗ ᎨᏒᎢ, ᎠᎴ ᎦᏬᏂᎯᏍᏗ ᎨᏒᎢ, ᎠᎴ
ᎠᎦᏙᎥᎯᏍᏗ ᎨᏒᎢ, ᎠᎴ ᏂᎦᎥ ᏧᏓᎴᏅᏛ ᎢᏥᎦᎵᏴᎢ, ᎠᎴ ᎠᏴ ᏍᎩᎨᏳᎢᏳ ᎨᏒᎢ, ᎯᎠ
ᎾᏍᎩ ᎠᏓᏁᏗ ᎨᏒ ᎾᏍᏉ ᎤᏣᏘ ᎢᏥᎮᏍᏗ.
8 ᎥᏝ ᏱᏥᏁᎦ ᎾᏍᎩ ᎯᎠ ᎠᏎ ᎢᏣᏛᏁᏗᏱ, ᎠᏂᏐᎢᏍᎩᏂ ᎤᎾᎵᎦᎵᏴᏅ ᎤᏗᎦᎵᏍᏙᏗᎭ,
ᎠᎴ ᎠᎩᎪᎵᏰᏗᏱ ᎠᏓᎨᏳᏗ ᎨᏒ ᎢᏥᎲ ᏄᏠᎾᏍᏛᎾ ᎨᏒᎢ.
9 ᎢᏥᎦᏔᎭᏰᏃ ᎬᏩᎦᏘᏯ ᎤᏓᏙᎵᏍᏗ ᎨᏒ ᎤᎬᏫᏳᎯ ᎢᎦᏤᎵᎦ ᏥᏌ ᎦᎶᏁᏛ, ᎾᏍᎩ
ᎤᏪᎾᎢᏳ ᏥᎨᏎᎢ, ᎠᏎᏃ ᏂᎯ ᎨᏒ ᎤᏗᎦᎵᏍᏙᏗᏍᎬ ᎤᏲ ᎢᏳᏛᎿᏕᎩ ᎸᎵᏍᏔᏅᎢ, ᎾᏍᎩ
ᎤᏩᏒ ᎤᏲ ᎢᏳᏛᎿᏕᎩ ᎨᏒ ᎢᏳᏩᏂᏐᏗᏱ ᏂᎯ ᏗᏤᎿᎢ ᎢᏣᎵᏍᏙᏗᏱ.
10 ᎠᎴ ᎠᏂ ᎾᏍᎩ ᏄᏍᏛ ᎦᏓᏅᏖᏍᎬ ᎬᏂᎨᏒ ᏂᎬᏁᎭ; ᎣᏏᏳᏰᏃ ᎢᎨᏣᎵᏍᏓᏁᏗ, ᎾᏍᎩ
ᏚᏳᎳ ᎢᏣᎴᏅᏛ ᏥᎩ, ᎿᏉ ᏑᏕᏘᏴᏛ, ᎥᏝ ᎢᏣᏛᏁᏗᏱᏉ ᎾᏍᎩ, ᎾᏍᏉᏍᎩᏂ ᎣᏏᏳ
ᎢᏥᏰᎸᏗᏱ.
11 ᎾᏍᎩ ᎢᏳᏍᏗ ᎿᏉ ᎢᏥᏍᏆᏓ ᎾᏍᎩ ᎢᏯᏛᏁᏗ ᎨᏒᎢ, ᎾᏍᎩ ᎢᏥᎦᎵᏱᏳ ᏂᎨᏒ
ᎢᏣᏚᎸᏗᏱ, ᎾᏍᎩ ᎾᏍᏉ ᏄᏍᏕᏍᏗ ᎢᏥᏍᏆᏗᏍᎬᎢ, ᎢᏨᏗᏍᎬ ᎾᏍᎩ ᏄᏍᏛ ᎢᏥᎲᎢ.
12 ᎢᏳᏰᏃ ᎢᎬᏱ ᎨᏒ ᎩᎶ ᏯᎦᎵᏴ ᏧᏓᏅᏛᎢ, ᏣᎦᏓᏂᎸᏤᏗ ᎨᎭ ᎾᏍᎩᏯ ᎾᏍᏉ ᎤᎲᎢ,
ᎥᏝᏃ ᎾᏍᎩᏯ ᏄᎲᎾ ᎨᏒᎢ.
13 ᎥᏝ ᎠᏗᎾ ᎤᏩᎾᏓᎴ ᏗᎨᏥᎪᏗᏱ ᏂᎯᏃ ᎠᏍᏓᏯ ᎢᏰᏨᏁᏗᏱ ᏱᎦᏗᎭ;
14 ᎢᎬᏩᏍᏗᎭᏍᎩᏂ [ᎢᏥᏗᏱ;] ᎾᏍᎩ ᎪᎯ ᎨᏒ ᎤᏣᏘ ᎢᏥᎲ ᏱᏗᏥᏍᏕᎸᏗᎭ
ᎤᏂᏂᎬᏎᎲᎢ, ᎾᏍᎩᏃ ᎾᏍᏉ ᎤᏣᏘ ᎤᏂᎲ ᎨᏥᏍᏕᎸᏗᏱ ᎢᏥᏂᎬᏎᎲᎢ, ᎾᏍᎩ
ᎢᎬᏩᏍᏗᎭ ᎢᏥᏗᏱ.

15 ᎾᏍᎩᏯ ᎯᎠ ᏥᏂᎬᏅ ᏥᎪᏪᎳ, ᎾᏍᎩ ᎤᎪᏗ ᎤᎧᏓᏛ ᎥᏝ ᏳᏘᏰᎮᎢ; ᎾᏃ ᎦᏲᎵ
ᎤᎧᏓᏛ ᎥᏝ ᏳᎷᏩᏤᎮᎢ.
16 ᎠᏎᏃ ᎤᏁᎳᏅᎯ ᎠᎵᎮᎵᏤᏗ ᎨᏎᏍᏗ, ᎾᏍᎩ ᏓᏓᏏ ᎤᎾᏫᏱ ᏧᎳᏁᎸ ᎾᏍᎩ ᎢᎦᎢ
ᏗᏤᎷᎢᏍᏗᏱ.
17 ᎤᏙᎯᏳᎯᏰᏃ ᏚᏓᏂᎸᏨᎩ ᏥᏭᏁᎳᏅᎢ; ᎠᏎᏃ ᎤᏟᎯᏳ ᎸᎵᎦᎵᏴᏒ ᎤᏓᏳᎵᏍᏙᎳᏅᎩ,
ᎤᏩᏒᏉ ᎤᏓᏅᏓᏛ ᎢᏥᏩᏛᎲᏒᎩ.
18 ᎠᎴ ᏱᏥᏅᎵ ᎾᏍᎩ ᎠᏁᎩ Ꮎ ᎢᏓᎵᏅᏟ, ᏂᎬᎾᏛ ᏚᎾᏓᏡᏩᏗᏒ ᏧᎾᏁᎶᏗ ᎬᏩᎸᏉᏗᏳ
ᏥᎩ ᎣᏍᏛ ᎧᏃᎮᏛ ᏥᏅᏗᎦᎵᏍᏙᏗᎭ;
19 ᎠᎴ ᎥᏝ ᎾᏍᎩᏉ ᏱᏂᎦᎥ, ᎾᏍᏉᏍᎩᏂ ᏚᎾᏓᏡᏩᏗᏒ ᏧᎾᏁᎶᏗ ᎬᏩᏑᏰᏒᎩ ᎠᏴ ᎢᏧᎳᎭ
ᎣᎨᏅᏍᏗᏱ ᎣᎩᏴᏍᏗᏱ ᎯᎠ ᎾᏍᎩ ᎠᏓᏁᏗ, ᎾᏍᎩ ᏥᏙᎩᎸᏫᏍᏓᏁᎭ, ᎦᎸᏉᏗᏳ
ᎢᏳᎵᏍᏙᏗᏱ ᎤᎬᏫᏳᎯ ᎤᏩᏒ, ᎠᎴ [ᎬᏂᎨᏒ ᎢᎬᏩᏁᏗᏱ] ᎢᏳᎵᎦᎵᏴᏒ ᏙᏗᏣᏓᏅᏛᎢ;
20 ᎯᎠ ᎾᏍᎩ ᎣᏥᏲᏍᏙᏗᏍᎬᎢ, ᎩᎶ ᎪᎱᏍᏗ ᎪᎨᎵᏎᏗᏱ ᎯᎠ ᎾᏍᎩ ᎤᏣᏘ ᎤᎬᏩᎵ
ᎪᎱᏍᏗ ᎣᎬᏁᏗ ᏥᏂᎦᎵᏍᏗᎭ;
21 ᎢᎬᏱ ᎦᏰᎯ ᎣᏣᎦᏌᏯᏍᏗᏍᎬ ᎣᏏᏳ ᎠᏰᎸᏗ ᎨᏒᎢ, ᎥᏝ ᎤᎬᏫᏳᎯᏉ ᎠᎦᏔᎲᎢ,
ᏴᏫᏍᎩᏂ ᎾᏍᏉ ᎠᏂᎦᏔᎲᎢ.
22 ᎠᎴ ᎣᏥᏅᎵ ᎢᏧᎳᎭ ᎠᏁᎩ ᎣᏣᎵᏅᏟ, ᎾᏍᎩ ᎤᏣᏗᏘᎶᏛ ᎣᏥᎪᎵᏰᏛ ᎣᎦᏙᎴᎨᏒᎯ
ᎤᏣᏘ ᎠᎦᎵᏱᏳ ᎨᏒᎢ, ᎠᏎᏃ ᎪᎯ ᎨᏨ ᎤᏟ ᎾᎦᎵᏴ, ᎤᏗᎦᎵᏍᏙᏗᎭ ᎤᏣᏘ ᎢᏦᎯᏳᏒᎢ.
23 ᏓᏓᏏᏃ ᎨᏒᎢ, ᎣᎩᎾᎵᎪᎯ ᎾᏍᎩ, ᎠᎴ ᎢᏧᎳᎭ ᏦᎩᏂᎸᏫᏍᏓᏁᎯ ᏂᎯ ᎪᎱᏍᏗ
ᎢᏨᏯᏛᏁᎲᎢ; ᎣᏣᎵᏅᏟᏃ ᎨᏒ ᏧᎾᏁᎶᏗ ᏚᎾᏓᏡᏩᏗᏒ ᎬᏩᏂᏅᏏᏛ ᎾᏍᎩ, ᎠᎴ ᎦᎸᏉᏗᏳ
ᎢᏯᏅᏁᎯ ᎦᎶᏁᏛ..
24 ᎾᏍᎩ ᎢᏳᏍᏗ ᎠᏂᎦᏔᎲ ᏧᎾᏁᎶᏗ ᏚᎾᏓᏡᏩᏗᏒᎢ, ᎬᏂᎨᏒ ᏂᎦᏨᏁᎸᎭ ᎾᏍᎩ
ᎪᎯᏳᏗᏍᎩ ᎠᏓᎨᏳᏗ ᎨᏒ ᎢᏤᎲᎢ, ᎠᎴ ᎣᎦᎵᏆᏒ ᏂᎯ ᎢᏨᏁᎢᏍᏗᏍᎬᎢ ᎠᏎᏉ ᏂᎨᏒᎾ
ᎨᏒᎢ.

ᎠᏯᏙᎸᎢ 9

1 ᎾᏃ ᎤᎾᏓᏅᏘ ᏗᏍᏕᎸᏗᏱ ᎤᎬᏩᎵ, ᎠᏎᏉᏉ ᏱᏨᏲᏪᎳᏁᎭ.

2 ᎦᏔᏎᏰᏃ ᏗᎦᎵᏱᏳ ᎨᏒ ᏕᏣᏓᏅᏛᎢ, ᎾᏍᎩ ᎢᏨᏁᎢᏍᏗᏍᎬ ᎹᏏᏙᏂ ᎠᏁᎯ
ᎦᏥᏯᏢᏈᏌᎭ, [ᎦᏥᏃᏁᎭ] ᎾᏍᎩ ᎡᎧᏯ ᏂᏉ ᏑᏕᏘᏴᏛ ᎬᏩᏛᏅᎢᏍᏔᏅᎯ ᎨᏒᎢ; ᎠᎴ
ᏂᎯ ᎤᏢᏂᎩᏛ ᎢᏣᏓᏅᏛ ᎤᏂᏣᏔ ᎤᏂᏖᎸᏅ.

3 ᎠᏎᏃ ᎦᏥᏅᎵ ᎣᏣᎵᏅᏟ, ᎾᏍᎩ ᎠᏎᏉᏉ ᎢᏳᎵᏍᏙᏗᏱ ᏂᎨᏒᎾ ᎣᏣᏢᏈᏍᎬ
ᎢᏨᏁᎢᏍᏗᏍᎬᎢ; ᎾᏍᎩ ᎢᏣᏛᏅᎢᏍᏔᏅᎯ ᏱᎩ, ᎾᏍᎩᏯ ᎾᎩᏪᏒᎢ.

4 ᎢᏳᏰᏃ ᏱᏅᏩᏎᎦᏨ ᎹᏏᏙᏂ ᎠᏁᎯ ᏱᎬᎩᏍᏓᏩᏕᏅ, ᏱᏨᏩᏛᎳᏅᏃ
ᏂᏣᏛᏅᎢᏍᏔᏅᎾ, ᎠᏴ, (ᎥᏝᏰᏃ ᏂᎯ ᏱᎦᏗᎭ,) ᏲᏣᏕᎰᎯ ᎯᎠ ᎾᏍᎩ ᎤᏣᏘ ᎣᎪᎯᏳᎯ
ᎣᎦᏢᏈᏒᎢ.

5 ᎾᏍᎩ ᎢᏳᏍᏗ ᎠᏎ ᏱᎦᏥᏁᏤᎸ ᎠᎾᎵᏅᏟ ᎠᏆᎵᏒᎩ ᎢᎬᏱ ᏫᎨᏥᎷᏤᏗᏱ, ᎠᎴ ᎢᎬᏱ
ᏚᎾᏛᏅᎢᏍᏙᏗᏱ ᎢᏥᏗ ᎨᏒ, ᎾᏍᎩ ᎦᏳᎳ ᎧᏁᎢᏍᏔᏅᎯ ᏥᎩ, ᎾᏍᎩ
ᎠᏛᏅᎢᏍᏔᏃᏅᎯ ᏱᎩ, ᎾᏍᎩᏯ ᎣᏏᏳ ᎢᏥᏰᎸᎯ ᎢᏥᏅᎯ ᎨᏒᎢ, ᎥᏝᏃ ᎢᏥᎨᏳᏅᎯ
ᎾᏍᎩᏯᎢ.

6 ᎯᎠᏍᎩᏂ [ᎸᏍᏗ;] ᎩᎶ ᎦᏲᎵ ᎠᏫᏍᎩ, ᎾᏍᎩ Ꮎ ᎾᏍᏉ ᎦᏲᎵ ᎤᏍᎦᏕᏍᏗ ᎨᏎᏍᏗ;
ᎠᎴ ᎩᎶ ᎤᎪᏗ ᎠᏫᏍᎩ ᎾᏍᎩ Ꮎ ᎾᏍᏉ ᎤᏍᎫᏕᏍᏗ ᎨᏎᏍᏗ.

7 ᎾᏂᎥ ᎩᎶ ᎾᏍᎩᏯ ᎸᏍᏛ ᎠᎾᏓᏅᏖᏍᎬ ᏧᏂᎾᏫᏱ [ᎠᏂᎲᏍᎨᏍᏗ;] ᎥᏝᏍᏗ ᏝᏉ
ᎤᏂᏰᎸᎯ, ᎥᏝ ᎠᎴ ᎠᏎ ᎤᏂᏗᏱ ᏥᏂᎨᎬᏁᎰ ᎢᏳᏍᏗ; ᎤᏁᎳᏅᎯᏰᏃ ᎤᎨᏳᎭ ᎤᎦᎵᏍᏗ
ᎤᏓᏁᏘ ᎠᎲᏍᎩ.

8 ᎤᏁᎳᏅᎯᏰᏃ ᏰᎵᏉ ᎨᏥᏁᏗ ᎤᏣᏘ ᎸᏓᎴᏒ ᎪᎱᏍᏗ, ᎾᏍᎩ ᏂᎯ ᏂᎪᎯᎸ ᏂᏥᏂᎬᏎᎲᎾ
ᎨᏒ ᏂᎦᎥ ᏧᏓᎴᏅᏛ, ᎣᏍᏛ ᎨᏒ ᎤᏣᏘ ᏗᎨᏥᎸᏫᏍᏓᏁᏗ ᎢᏳᎵᏍᏙᏗᏱ.

9 ᎾᏍᎩᏯ ᎯᎠ ᏥᏂᎬᏅ ᏥᎪᏪᎳ, ᎦᏗᏕᎴᏯᏍᏔᏅ; ᎤᏲ ᎢᏳᎾᏛᏏᏕᎩ ᎦᏁᎸ; ᎤᏓᏅᏘᏳ
ᎨᏒ ᎤᏩᏍᏗᏉ ᏂᎪᎯᎸᎢ.

10 ᎾᏍᎩᏃ Ꮎ ᎤᎦᏔ ᎠᏫᏍᎩ ᎤᏁᎯ ᏥᎩ, ᎠᎴ ᎦᏚ ᎠᎵᏍᏓᏴᏗ ᎠᏓᏁᎯ ᏥᎩ, ᎢᏥᏁᏗ
ᎨᏎᏍᏗ ᎠᎴ ᎤᎪᏓᏗᏍᏗ ᎨᏎᏍᏗ ᎢᏥᏫᏍᏗ ᎨᏒᎢ, ᎠᎴ ᎤᏁᏉᏍᏗ ᎨᏎᏍᏗ ᎢᏣᏓᏅᏘᏳ
ᎨᏒ ᎤᎦᏔᏔᏅᎯ;

11 ᎸᏓᎴᏒ ᎪᎱᏍᏗ ᎢᏤᏅᎢᏍᏔᏅᎯ ᎨᏒ, ᎾᏍᎩ ᎤᏣᏘ ᎨᏣᏓᏁᏗ Ꭸ-ᏒᎢ, ᎾᏍᎩ
ᎢᏳᎬᏂᎭᏗᏱ ᎠᎦᎵᎮᎵᏤᏗᏱ ᎤᏁᎳᏅᎯ.

12 ᎯᎠᏰᏃ ᎠᏯᏔᏍᏗ ᎨᏒ ᎢᏥᏅᎯ, ᎥᏝ ᎤᎾᏓᏅᏘ ᎤᏂᏂᎬᏎᎲ ᎠᎧᎵᎢᎯ ᎤᏩᏒ ᏱᎩ,
ᎾᏍᏉᏍᎩᏂ ᎤᏣᏘ ᎤᎾᎵᎮᎵᏤᏗ ᎤᏁᎳᏅᎯ ᏂᎬᏁᎭ;

13 ᎠᏂᎪᏩᏗᏍᎬᏰᏃ ᎢᏳᏍᏗ ᎾᏍᎩ ᎯᎠ ᎤᎾᎵᏍᏕᎸᏙᏗ ᎨᏒ ᎤᏁᎳᏅᎯ ᏛᏂᎸᏉᏔᏂ
ᏂᎦᎵᏍᏙᏍᎨᏍᏗ ᎬᏂᎨᏒ ᏂᏨᏁᎲ ᎢᏦᎯᏳᏒ ᎣᏍᏛ ᎧᏃᎮᏛ ᎦᎶᏁᏛ ᎤᏤᎵᎦ, ᎠᎴ
ᏂᎦᎵᏍᏙᏗᏍᎨᏍᏗ ᏂᏥᎨᏳᏏᎥᎾ ᎨᏒ ᎦᏥᏁᎲ ᎾᏍᎩ, ᎠᎴ ᎾᏂᎥᏉ;

14 ᎠᏖ ᎾᏍᎩ ᎢᏳᏍᏗ ᎠᎾᏓᏙᎵᏍᏗᏍᎬ ᎨᏥᏁᎢᏍᏗᏍᎨᏍᏗ, ᎤᏣᏘ ᎨᏥᎨᏳᎡ
ᏅᏗᏚᎵᏍᏙᏗᏍᎬ ᎤᏣᏘ ᎬᏩᏚᏘᏯ ᎤᏓᏙᎵᏍᏗ ᎨᎡ ᎤᏁᎳᏅᎯ ᎢᏥᏁᎸᎢ.
15 ᎤᏁᎳᏅᎯ ᎠᎵᎮᎵᏤᏗ ᎨᏎᏍᏗ ᏂᏚᎵᏍᏙᏗᏉ ᎾᏍᎩ ᎤᏓᏁᏗ ᎨᎡ ᏕᏃᎮᎰᏭᏍᏗ ᏂᎨᎡᎾ
ᏥᎩ.

ᎠᏯᏙᎸᎢ 10

1 ᎾᏍᎩᏃ ᎠᏴ ᏉᎳ ᎠᏋᏒ ᎢᏨᏍᏗᏰᏗᎭ ᏥᏁᎢᏍᏗᎭ ᎤᏙᎵᏍᏙᏏᏳ ᎨᏒ ᎠᎴ ᎤᏓᏅᏘᏳ ᎨᏒ ᎦᎶᏁᏛ, ᎠᏴ ᎾᏍᎩ ᏥᏨᏰᎳᏗᏙᎮ ᎠᏆᏓᎾᏰᏍᏗ ᏥᎨᎮᎢ, ᎠᏎᏃ ᎠᎩᎪᏁᎸ ᏂᏨᎾᏰᏍᎬᎾ ᏥᎩ ᏂᎯ--

2 ᎠᏎᏃ ᎢᏨᏔᏲᏎᎭ ᎢᏨᏰᎳᏗᏙᎲ ᎾᏆᏓᎾᏰᏍᏛᎾ ᎢᏯᏆᎵᏍᏙᏗᏱ ᏂᎨᏒᎾ, ᎾᏍᎩᏯ ᎾᏆᏓᎾᏰᏍᏛᎾ ᎦᏥᏴᏓᏁᏗ ᏣᎩᏰᎸᎭ ᎢᎦᏛ, ᎾᏍᎩ ᎤᏇᏓᎵ ᎠᏓᏅᏖᏍᎬ ᏓᏂᎧᎿᏩᏗ ᏥᎪᎮᎵᏎᎭ.

3 ᎤᏙᎯᏳᎯᏍᎩᏂᏃᏅ ᎤᏇᏓᎸ ᎤᏙᏤᎭ, ᎠᏎᏃ ᎥᏝ ᎤᏇᏓᎵ ᏧᏟᏴᏙᏗ ᎨᏒ ᏱᏙᏣᏟᏴᏗᎭ;

4 (ᎣᎦᎵᏍᏕᎸᏙᏗᏰᏃ ᎨᏒ ᏓᏅᏩ ᎣᏣᎢᏒ ᎥᏝ ᎤᏇᏓᎵ ᏧᏩᏙᏗ ᏱᎩ, ᏧᎵᏂᎩᏗᏳᏍᎩᏂ ᎤᏁᎳᏅᎯ ᎢᏳᏩᏂᏌᏛ, ᏓᏑᏲᎥᏗᏍᎬ ᎤᎵᏂᎩᏛ ᏓᏑᏴᎢ.)

5 ᎡᎳᏗ ᏂᏙᏨᏁᎮ ᎠᏓᏅᏖᏗ ᎨᏒ, ᎠᎴ ᏄᏓᎴᏒ ᎢᏅ ᎢᎦᏘ ᎾᏍᎩ ᎠᏓᎵᏌᎳᏗᏍᎩ ᎤᏁᎳᏅᎯ ᎤᏤᎵ ᎠᎦᏙᎥᎯᏍᏗ ᎨᏒ ᏗᎦᏘᎴᎩ, ᎠᎴ ᏙᏥᏎᎪᎩᏍᎪ ᏙᏣᏘᏁᎪ ᏄᏓᎴᏒ ᎠᏓᏅᏖᏗ ᎨᏒ ᎦᎶᏁᏛ ᎬᏬᎯᏳᏗᏱ ᏃᏨᏁᎮᎢ;

6 ᎠᎴ ᎣᎦᏛᏅᎢᏍᏗ ᏦᏥᏍᏛᏗᏍᏙᏗᏱ ᎾᏂᎥ ᏄᏃᎯᏳᏒᎾ ᎨᏒᎢ, ᎾᎯᏳ ᎢᏦᎯᏳᏒ ᎤᎧᎵᏨᎯ ᎨᏎᏍᏗ.

7 ᏥᎪ ᎦᏚ-ᎢᏗᏢ ᏄᏍᏛ ᏗᎧᏃᏗᏱ ᎪᎱᏍᏗ ᎦᏣᎧᏂᏍᎪᎢ? ᎢᏳᏃ ᎩᎶ ᎤᏩᏒᏉ ᎠᏓᎵᏍᎦᏍᏙᏗᏍᎨᏍᏗ ᎦᎶᏁᏛ ᏥᏯᏤᎵ ᎠᏴ ᎢᎡᎵᏍᎨᏍᏗ, ᎤᏩᏒ ᎨᏒ ᏔᎵᏁ ᎯᎠ ᎾᏍᎩ ᏥᎠᏓᏅᏛᎵ, ᎾᏍᎩ ᎾᏍᎩᏯ ᎦᎶᏁᏛ ᎤᏤᎵ ᎨᏒ ᎾᏍᎩ, ᎾᏍᎩᏯ ᎾᏍᏉ ᎠᏴ ᎦᎶᏁᏛ ᎣᏣᏤᎵᎦ.

8 ᎢᏳᏰᏃ ᎾᏍᏉ ᎤᏟ ᎢᎦᎢ ᏯᏆᎵᏘᏍᏔᏅ ᏄᏍᏛ ᎣᎦᏒᏕᎸᎢ, ᎾᏍᎩ ᎤᎬᏫᏳᎯ ᏦᎩᏁᎸ ᎢᏳᎵᏍᏕᎸᏙᏗ ᎨᏒᎢ, ᎥᏝᏃ ᎡᎳᏗ ᎢᏴᏨᏁᏙᏗ ᎨᏒᎢ, ᎥᏝ ᏱᎦᎦᏕᎣᏍᎦ.

9 ᏝᏍᏗ ᎠᏗᎾ ᎢᏨᏲᏪᎳᏁᎲ ᎢᏨᏍᎦᏍᏓᏁᏗᏱᏉ ᏣᎩᏰᎸᎭ ᏱᏅᏩᏍᎦᏍᏗ.

10 ᎦᎪᏪᎵᏍᎬᏰᏃ ᏗᎦᎨᏗᏳ ᎠᎴ ᏧᎵᏂᎩᏗᏳ, ᎤᏙᎯᏳ, ᎠᎾᏗᎭ; ᎠᏰᎸᏍᎩᏂ ᏲᏪᎳ-ᏗᏙᎭ ᎠᏩᎾᎦᎳᎯᏳ, ᎦᏬᏂᏍᎬᏃ ᎬᎦᎨᏙᏗᏉ.

11 ᎾᏍᎩ ᎢᏰᎵᏍᎩ ᎯᎠ ᎾᏍᎩ ᏄᏍᏕᏍᏗ ᎠᏓᏅᏖᏍᎨᏍᏗ, ᎾᏍᎩ ᎠᏴ ᎾᏍᎩᏯ ᏃᎦᏍᏛ ᎣᏥᏬᏂᏍᎬ ᏙᏦᏪᎵᏍᎬᎢ, ᎾᎿ ᏫᏃᏤᏙᎲᎾ ᎨᏒᎢ, ᎾᏍᎩᏯ ᎾᏍᏉ ᏃᎦᏍᏕᏍᏗ ᏙᎩᎸᏫᏍᏓᏁᎲ ᎿᏉ ᎾᎿ ᏬᏤᏙᎵᏍᏗ.

12 ᎥᏝᏰᏃ ᏰᎵ ᎦᏲᎦᎵᏌᏯᏍᏙᏗ ᏱᎩ, ᎠᎴ ᏗᎦᏲᎦᏓᏟᎶᏍᏙᏗ ᏱᎩ ᏄᎾᏍᏛ ᎾᏍᎩ ᎤᏅᏒ ᎠᎾᏓᎸᏉᏗᏍᎩ; ᎾᏍᎩᏰᏃ ᎤᏅᏒ ᎠᎾᎸᏉᏗᏍᎩ; ᎾᏍᎩᏰᏃ ᎤᏅᏒ ᎨᏒ ᎤᏅᏒᏉ ᏄᎾᏍᏛ ᏓᎾᏓᏟᎶᏍᏗᏍᎬ, ᎠᎴ ᎤᏅᏒᏉ ᏄᎾᏍᏛ ᏓᎾᏓᏟᎶᏍᏗᏍᎬ, ᎠᎴ ᎤᏅᏒᏉ ᏓᎾᏓᏤᎳᏍᏗᏍᎬ ᎥᏝ ᏳᎾᏓᏅᏔ.

13 ᎠᏴᏍᎩᏂ ᎥᏝ ᏴᎦᏲᏟᎵᏈ ᎠᎦᏲᏥᎶᏒᏍᏓ ᎠᏟᎶᎥᎢ; ᎾᏍᎩᏯᏉᏍᎩᏂ ᏩᏍᏛ ᎢᏴᏛ ᎠᏟᎶᎥ ᎤᏁᎳᏅᎯ ᏙᎩᏲᎯᏎᎸᎢ, ᎾᏍᎩ ᎠᏟᎶᏍᏗ ᏂᎯ ᏗᏤᎲ ᏫᎦᎷᎩ.

14 ᎥᏝᏰᏃ ᏲᏥᎶᏒᏍᏗᏯ ᏧᎦᏟᎶᏒᏅᎢ, ᎾᏍᎩᏊ ᏂᎯ ᏗᏤᎲ ᏫᎦᏲᎩᎷᎯᏍᏗ ᏂᎨᏒᎾ ᏥᎨᏐ
ᎢᏳᏍᏗ; ᏂᎯᏰᏃ ᎾᏍᏉ ᏗᏤᎲ ᎢᏴᏛ ᏌᎩᎹᏨ ᏧᏣᎵᏥᏙᎲᏍᎬ ᏧᏍᏛ ᎧᏃᎮᏛ ᎦᎶᏁᏛ
ᎤᏤᎵᎦ;
15 ᏃᏣᏢᏈᏍᏗᏍᎬᎾ ᎠᏟᎶᎥ ᏙᏱᏗᏢ ᎨᏒᎢ, ᎾᏍᎩ ᎠᏂᏐᎢ ᏴᏫ ᏚᏂᏅᏫᏍᏓᏁᏅᎢ;
ᎤᏚᎩᏍᎩᏂ ᏧᎬᏒᎢ, ᎾᏍᎩ ᎢᏦᎯᏳᏒ ᏖᏉ ᎤᏁᏉᏨᎯ ᎨᏎᏍᏗ, ᏂᎯ ᏍᎩᏁᏉᏒᏗᏱ
ᏍᎩᏍᎦᏅᏗᏱ ᏩᏍᏛ ᎢᏴᏛ ᏧᎦᏟᎶᏒᏅ ᏌᎩᎶᏒᏍᏙᏗᏱ,
16 ᏧᎦᎵᏥᏙᏗᏱ ᏧᏍᏛ ᎧᏃ-ᎮᏛ ᏗᏤᎲ ᎤᏗᏗᏢ, ᎥᏝᏃ ᏧᎦᏢᏈᏍᏗᏱ ᎤᏗᎦᎵᏍᏙᏗᏍᎬ
ᎤᏩᏓᎦ ᎩᎶ ᏩᏍᏛ ᎢᏴᏛ ᎠᎦᏟᎶᏒᏅᎢ, ᎦᏳᎳ ᏧᎦᏛᎤᎢᏍᏓᏁᏅᎯ ᎨᏒᎢ.
17 ᎩᎶᏍᎩᏂ ᎠᏢᏈᏍᎨᏍᏗ ᎤᎬᏫᏳᎯ ᎠᏢᏈᏍᏗᏍᎨᏍᏗ.
18 ᎥᏝᏰᏃ ᎾᏍᎩ Ꮎ ᎤᏩᏒ ᎠᏓᏅᏉᏗᏍᎩ ᏣᎦᏓᏂᏅᎢᏍᏗ ᏱᎩ, ᎾᏍᎩᏍᎩᏂ Ꮎ ᎤᎬᏫᏳᎯ
ᎤᏅᏉᎳᎤᎯ.

ᎠᏍᏙᏄᎢ 11

1 ᏲᎯᏉ ᎤᏍᏗᎩᏛ ᎤᏁᎳᎩ ᎨᏍᎩᏰᎵᏎᏗ ᏱᎩ ᎠᎩᏁᎫ ᎨᏒᎢ; ᎠᎴ ᎤᏙᎯᏳᎯ ᎤᏁᎳᎩ
ᏍᎩᏰᎵᏏ.
2 ᎦᏨᏰᎹᎦᏰᏃ ᎤᏁᎳᏅᎯ ᏗᎬᏩᏓ Ꮒ-ᎸᎢᏍᏗ ᎠᏛ-ᏣᎨᏗ ᎨᏒ ᎬᏗᎭ; ᏌᏉᏰᏃ ᎠᏍᎦᏯ
ᏗᏣᏨᏍᏗᏱ ᏂᏨᏴᏁᎸ, ᎾᏍᎩ ᎤᎵᏏᎾᎯᏍᏗ ᎠᏛ ᎢᎦᎦᏛ ᎦᎶᏁᏛ ᎾᏗᏨᏲᎯᏎᏗᏱ.
3 ᎠᏎᏃ ᏥᎾᏰᏍᎦ, ᎾᏍᎩᏯ Ꮎ ᎢᎾᏛ ᏧᎶᏄᎮᎴ ᎢᏫ ᎠᏏᎾᏌᏅ ᏥᎬᏗᏍᎨᎢ, ᎾᏍᎩᏯ
ᎦᏣᏓᏅᏛ ᏱᏓᎪᎸᎾ ᏗᏥᏲᎯᏍᏗᏱ ᏱᏂᎬᎦ ᏄᏌᎾᏍᏛᎾ ᎨᏒ ᎦᎶᏁᏛ ᎤᏤᎵᎦ..
4 ᎩᎶᏰᏃ ᎢᏥᎷᏤᎯ ᎤᏩᏓᎴ ᏥᏌ ᎠᎵᏥᏙᎲᏍᎨᏍᏗ, ᎾᏍᎩ Ꮎ ᎠᏴ ᎣᏣᎵᏥᏙᏅᎯ
ᏂᎨᏒᎾ, ᎢᏳ ᎠᎴ ᎤᏩᏓᎴ ᎠᏓᏅᏙ ᏙᏣᏓᏂᎸᏨᎭ, ᎾᏍᎩ Ꮎ ᏗᏣᏓᏂᎸᏨᎯ ᏂᎨᏒᎾ, ᎠᎴ
ᎤᏩᏓᎴ ᎣᏍᏛ ᎧᏃᎮᏛ, ᎾᏍᎩ Ꮎ ᏗᏣᏓᏂᎸᏨᎯ ᏂᎨᏒᎾ, ᎣᏏᏳᏉ ᎤᏁᎳᎩ ᏱᏤᎵᏒ.
5 ᎦᏓᏅᏖᏍᎬᏰᏃ ᎥᏝ ᎤᏍᏗ ᎤᏅ ᎡᏍᎦ ᏱᎦᏥᏲᎠᏍᎦ ᏄᏂᎬᏫᏳᏒ ᎨᏥᏅᏏᏛ ᎨᏒᎢ.
6 ᎤᏁᎳᎩ ᎤᏬᏲᏅᎾ ᏱᎩ ᎠᎩᏬᏂᎯᏍᏗᏱ, ᎠᏎᏃ ᎥᏝ ᎾᏍᎩ ᏱᏄᏍᏗ ᏥᎦᏔᎾᎥᎢ;
ᏂᎦᎥᏉᏍᎩᏂ ᏃᎦᏍᏛ ᎬᏂᎨᏒ ᏃᎦᎵᏍᏔᏅ ᎾᏂᎥ ᎠᏂᎦᏔᎲ ᏂᎯ ᎢᏤᎲᎢ.
7 ᏥᎪ ᏥᏍᎦᏅᎩ ᎡᎳᏗ ᏥᎾᏆᏓᏛᏁᎸ, ᏂᎯ ᎡᏥᏌᎳᏙᏗᏱ, ᎾᏍᎩ ᏂᏗᏨᎬᏩᎶᏓᏁᎸᎾ ᏥᎩ
ᎣᏍᏛ ᎧᏃᎮᏛ ᎤᏁᎳᏅᎯ ᎤᏤᎵᎦ ᎢᏨᏯᎵᏥᏙᏁᎸᎢ?
8 ᎦᎦᏥᎾᏌᏅ ᎤᏩᎾᏓᎴ ᏧᎾᏁᎶᏗ ᏚᎾᏓᏈᏩᏗᏒᎢ, ᏥᎩᏍᎬᎩ ᎬᏆᎫᏴᎡᎲᎢ, ᏂᎯ ᎪᎱᏍᏗ
ᎢᏨᏯᏛᏁᏗᏱ.
9 ᎠᎴ ᎾᎯᏳ ᏥᏨᏰᎳᏗᏙᎲᎩ ᎠᎴ ᎠᏆᏚᎸᎲᎥᎦ, ᎥᏝ ᎩᎶ ᏯᏆᎫᏱᏍᎨᎢ; ᎾᏍᎩᏰᏃ
ᎠᎩᏂᎬᏎᎲᎢ, ᎣᏣᎵᏅᏟ ᎹᏏᏙᏂ ᏅᏓᏳᏂᎶᏒᎯ ᎬᎩᏁᎲᎩ; ᎠᎴ ᏂᎦᎥᏉ ᎠᏆᏟᏂᎬᏁᎸ
ᎢᏨᎭᏈᎸᏗᏱ ᏂᎨᏒᎾ, ᎠᎴ ᎠᏏᏉ ᎾᏍᎩ ᏂᎦᏛᏁᎵᏍᏗ.
10 ᎾᏍᎩᏯ ᎦᎶᏁᏛ ᎤᏤᎵ ᎦᏰᎪᎩ ᏂᎨᏒᎾ ᎨᏒ ᏣᎩᏯᎠ, ᎥᏝ ᎥᎩᏲᎯᏍᏓᏁᏗ ᏱᎨᏎᏍᏗ ᎯᎠ
ᎾᏍᎩ ᎦᏢᏈᏍᎬ ᎡᎧᏯ ᏂᎬᎾᏛᎢ.
11 ᎦᏙᏃ? ᏥᎪ ᏂᏨᎨᏳᏒᎾ ᎨᏒ ᎢᏳᏍᏗ? ᎤᏁᎳᏅᎯ ᎠᎠᏔᎭ.
12 ᎠᏎᏃ ᏂᎦᏛᏁᎲ ᎾᏍᎩ ᏂᎦᎦᏛᏁᎵᏍᏗ, ᎾᏍᎩ ᏚᏥᏲᏍᏙᏓᏁᏗᏱ ᎤᎾᏊᏅᏓᏕᏗᏱ ᎾᏍᎩ
ᎾᏍᎩ Ꮎ ᏧᎾᏚᎵᎭ ᎤᎾᏊᏅᏓᏕᏗᏱ; ᎾᏍᎩ ᎾᎿ ᎠᎾᏢᏈᏍᎬ ᎾᏍᎩ ᎠᏴ ᏃᎦᏍᏛ ᎾᏍᎩᏯ
ᏄᎾᏍᏛ ᎬᏂᎨᏒ ᏱᏂᎦᎵᏍᏓ.
13 ᎯᎠᏰᏃ ᎾᏍᎩ Ꮎ ᎤᎾᏠᎾᏍᎩ ᎨᏥᏅᏏᏛ, ᎤᎾᏓᎵᏓᏍᏗ ᏧᏂᎸᏫᏍᏓᏁᎯ, ᎦᎶᏁᏛ ᏧᏤᎵ
ᎨᏥᏅᏏᏛ ᎠᎾᏤᎸᏍᎩ.
14 ᎥᏝ ᎠᎴ ᏳᏍᏆᏂᎪᏗ; ᏎᏓᏂᏰᏃ ᎤᏩᏒ ᏗᎧᎿᏩᏗᏙᎯ ᎢᎦ-ᎦᏛ ᎡᎯ ᎠᏤᎸᏍᎪᎢ.
15 ᎾᏍᎩ ᎢᏳᏍᏗ ᎥᏝ ᎤᏣᏘ ᎤᏍᏆᏂᎪᏗᏳ ᏱᎩ ᎾᏍᏉ ᎾᏍᎩ ᏧᏅᏏᏓᏍᏗ ᏚᏳᎪᏛ ᎨᏒ
ᎨᏥᏅᏏᏓᏍᏗ ᏯᎾᏤᎸᏍᎦ; ᎾᏍᎩ ᎤᎵᏍᏆᎸᏗ ᎢᏳᎾᎵᏍᏓᏁᏗ ᎨᏒ ᎾᏍᎩᏯ ᏚᏂᎸᏫᏍᏓᏁᎸ
ᎨᏎᏍᏗ.

16 ᏔᎵᏁ ᎯᎠ ᏂᏥᏪᎭ, ᏝᏍᏗ ᎩᎶ ᎤᏁᎫ ᏯᏇᎵᏎᎮᏍᏗ; ᎢᏳ ᎠᏗᎾ ᎾᏍᎩ ᎸᏍᏕᏍᏗ,
ᎠᏎ ᎠᎩᏁᎫ ᎾᏍᎩᏯ ᏗᏍᎩᏯᏓᏂᎸᎩ, ᎾᏍᎩ ᎠᏴ ᎤᏍᏗ ᎠᏆᏢᏈᏍᏗᏱ.
17 ᎾᏍᎩ ᎯᎠ ᏂᏥᏪᏍᎬ ᏥᏁᎬ ᎥᏝ ᎤᎬᏫᏳᎯ ᎢᏳᏪᏍᏗ ᏱᏥᏁᎦ, ᎠᎩᏁᎫᏍᎩᏂ ᎾᏍᎩᏯ
ᏥᏁᎦ, ᎯᎠ ᎾᏍᎩ ᏂᏥᎾᏰᏍᎬᎾ ᎨᏒ ᏥᎬᏗᎭ ᏥᎦᏢᏆᏍᎦ.
18 ᎾᏍᎩᏃ ᏧᏂᏣᏔ ᏣᎾᏢᏈᏍᎦ ᎤᏇᏓᎵ ᎬᏙᏗ ᎨᏒᎢ, ᎠᏴ ᎾᏍᏉ ᏓᎦᏢᏆᏏ.
19 ᎤᏂᏁᎫᏰᏃ ᎤᎾᏁᎳᎩ ᏙᏤᎵᏎᎭ ᎣᏏᏳ ᎢᏥᏰᎸᎭ, ᏂᎯ ᎢᏥᎦᏔᎾᎢ ᎨᏒ ᎢᏳᏍᏗ.
20 ᎤᏁᎳᎩᏰᏃ ᎢᏙᎵᏍᎪ ᎢᏳᏃ ᎩᎶ ᏱᏗᏥᎾᏢᏅ, ᎢᏳᏃ ᎩᎶ ᎠᏒᎭ ᏱᏂᏨᏁᎸ, ᎢᏳᏃ ᎩᎶ
[ᎪᎱᏍᏗ ᎢᏥᎲ] ᏱᏥᎩᏒᎸ, ᎢᏳᏃ ᎩᎶ ᎤᏩᏒ ᏳᏓᎵᏌᎳᏓᏅ, ᎢᏳᏃ ᎩᎶ ᏕᏣᎧᏛ ᏱᏨᏂᎸ.
21 ᎤᏕᎰᎯᏍᏗ ᎨᏒ ᎤᎬᏩᎵ ᏥᏁᎦ, ᎾᏍᎩ ᏦᏥᏩᎾᎦᎳ ᎪᎪᏎᎲᎢ. ᎾᏏᏍᎩᏂᏃᏅ ᎩᎶ
ᎬᏩ-ᎾᏰᎯᏍᏗ ᏂᎨᏒᎾ ᎨᏒ (ᎤᏁᎫ ᎤᏁᎢᏍᏗ ᏥᏁᎦ,) ᎠᏴ ᎾᏍᏉ ᏂᏥᎾᏰᏍᎬᎾ.
22 ᏥᎪ ᎢᎾᏈᎷ ᎾᏍᎩ? ᎠᏴ ᎾᏍᏉ. ᏥᎪ ᎠᏂᎢᏏᎵ? ᎠᏴ ᎾᏍᏉ. ᎡᏆᎭᎻ
ᏧᏁᏢᏔᏅᏛ ᎾᏍᎩ? ᎠᏴ ᎾᏍᏉ.
23 ᏥᎪ ᎦᎶᏁᏛ ᏧᏅᏏᏓᏍᏗ ᎾᏍᎩ? (ᎤᏁᎫ ᎤᏁᎢᏍᏗ ᏥᏁᎦ,) ᎠᏴ ᎤᏟᎢ;
ᏓᎩᎸᏫᏍᏓᏁᎲ ᎤᏟ ᎢᎦᎢ; ᎥᎩᎵᎥᏂᎸ ᎤᏟᎯᏳ ᎢᎦᎢ; ᏗᎦᏍᏚᏗᏱ ᎥᎩᏴᏔᏅᎢ ᎤᏟ ᎢᎦᎢ;
ᎠᎩᏲᎱᏏᎦᎾ ᎨᏒ ᏯᏃᏉ;
24 ᎠᏂᏧᏏ ᎯᏍᎩ ᏂᎬᎩᎵᎥᏂᎸᎩ ᎢᏳᏍᏗᎭ ᏌᏉ ᎦᎷᎶᎩ ᎤᎦᏍᎪᎯ ᎢᎬᏋᏂᏍᏗᏱ;
25 ᏦᎢ ᎢᏳᏩᎫᏗ ᏕᎾᏍᏓ ᏕᎬᎩᎵᎥᏂᏍᏔᏅᎩ; ᏌᏉ ᏅᏯ ᏂᏕᎬᏋᏂᏍᏔᏅᎩ; ᏦᎢ ᎢᏳᏩᎫᏗ
ᏥᏳ ᎠᏆᏦᏛ ᎤᏲᏨᎩ; ᎤᎵᏨᏓᏆᏛ ᎠᎴ ᎤᏙᏓᏆᏛ ᎠᏍᏛᎬ ᎾᏆᏛᏅᎩ;
26 ᎨᏙᎲ ᏯᏃᏉ; ᎡᏉᏂ ᏕᎨᏴ ᎤᎾᏰᎯᏍᏗᏳ ᎨᏒᎢ; ᏗᎾᏓᎾᏌᎲᏍᎩ ᎤᏂᎾᏰᎯᏍᏗᏳ
ᎨᏒᎢ; ᏗᏆᏤᎵ ᏴᏫ ᎤᏂᎾᏰᎯᏍᏗᏳ ᎨᏒᎢ; ᏧᎾᏓᎴᏅᏛ ᏴᏫ ᎤᏂᎾᏰᎯᏍᏗᏳ ᎨᏒᎢ; ᏕᎦᎲ
ᎤᎾᏰᎯᏍᏗᏳ ᎨᏒᎢ; ᎢᎾᎨ ᎨᏒ ᎤᎾᏰᎯᏍᏗᏳ ᎨᏒᎢ; ᎠᎺᏉᎯ ᎤᎾᏰᎯᏍᏗᏳ ᎨᏒᎢ;
ᎤᎾᏠᎾᏍᏗ ᎣᏣᎵᏅᏟ ᎤᏂᎾᏰᎯᏍᏗᏳ ᎨᏒᎢ;
27 ᏓᎩᏯᏪᏥᏙᎸ ᎠᎴ ᎡᎯᏍᏗ ᎾᏏᎵᏍᏓᏁᎸᎢ; ᏯᏃᎩᏳ ᏂᏥᎸᏍᎬᎾ ᎨᏒᎢ; ᎠᎪᎸ
ᎠᎩᏲᏏᏍᎬᎢ ᎠᎴ ᎠᎩᏔᏕᎩᏍᎬᎢ; ᏯᏃᎩᏳ ᎠᏭᏟ ᎬᏍᎬᎢ; ᎤᏴᏢ ᎠᎴ ᎠᎩᏰᎸᎭ ᎨᏒᎢ.
28 ᏂᏓᏐᏯᏍᏛᎾ ᏧᏓᎴᏅᏛ, ᎾᏍᎩ ᏂᏚᎩᏨᏂᏒ ᏣᎩᎷᏤᎭ, ᎾᏍᎩ Ꮎ ᏗᏆᏕᏌᏯᏍᏙᏗᏱ
ᏂᎦᏛ ᏧᎾᏁᎶᏗ ᏚᎾᏓᏈᏩᏗᏒᎢ.
29 ᎦᎪ ᎠᏩᎾᎦᎶᎢ, ᎠᏴᏃ ᏂᏥᏩᏂᎦᎸᎾ ᎨᏎᎢ? ᎦᎪ ᏚᏬᎦᎯᎨᎢ, ᎠᏴᏃ ᏂᏥᎴᏴᏍᎬᎾ ᎨᏎᎢ?
30 ᎢᏳᏃ ᎠᏎ ᎠᏆᏢᏈᏍᏗ ᎨᏎᏍᏗ, ᏥᏩᎾᎦᎵᏳ ᎨᏒ ᎤᎬᏩᎵ ᏓᎦᏢᏆᏏ.
31 ᎤᎬᏫᏳᎯ ᎢᎦᏙᎵ ᏥᏌ ᎦᎶᏁᏛ--ᎤᏙᎵ ᎤᏁᎳᏅᎯ ᎠᎴ ᎤᏙᏓ, ᎾᏍᎩ ᏂᎪᎯᎸ
ᎦᎸᏉᏙᏗ ᏥᎩ, ᎠᎦᏔᎭ ᏂᎦᏥᎪᎥᏍᎬᎾ ᎨᏒᎢ.
32 ᏕᎹᏍᎦ ᏫᎨᏙᎲ ᏄᎬᏫᏳᏎᎦᎩ ᎡᎵᏓ ᎤᎬᏫᏳᎯ ᎤᏪᎧᏅᎯ, ᎠᏯᏫᏍᎬᎩ ᎠᏂᏕᎹᏍᎦ
ᎤᏂᏚᎲᎢ ᎾᏍᎩ ᎤᏚᎵᏍᎬ ᎠᎩᏂᏴᏗᏱ;
33 ᎠᏦᏔᏅᏃ ᏓᎬᎩᏄᎪᏫᏒᎩ ᏔᎷᏣᎩᎯ ᎬᏆᏦᏗ ᎬᏆᏐᎥᏔᏅᎩ ᎠᏎᏩᎶᏗ, ᎠᎴ ᏥᏯᏗᏫᏎᎸᎩ.

ᎠᏯᏙᎸᎢ 12

1 ᎥᏝ ᎬᏩᏓᏍᏕᎸᏗ ᏱᎩ ᎤᏙᎯᏳᎯ ᎠᏆᏢᏈᏍᏗᏱ; ᎾᏍᎩ ᎢᏳᏍᏗ ᏓᏥᏁᎢᏍᏔᏂ [ᎩᎶ]
ᎤᏁᎳᏫᏎᎸ ᎠᎴ ᎤᎬᏫᏳᎯ ᎬᏂᎨᏒ ᏄᏩᏁᎸᎢ.
2 ᏥᎦᏔᎲᎩ ᎠᏍᎦᏯ ᎦᎶᏁᏛ ᎪᎯᏳᏍᎩ, ᎿᏉ ᏂᎦᏚ ᎾᏕᏘᏴ, (ᎠᏯᎥ ᎠᏰᎸ ᎥᏝ ᏱᏥᎦᏔᎭ,
ᎠᎴ ᎠᏰᎸ ᎾᏯᎥᎾ ᎨᏒ ᎥᏝ ᏱᏥᎦᏔᎭ; ᎤᏁᎳᏅᎯ ᎠᎦᏔᎭ;) ᎾᏍᎩ ᎯᎠ ᎠᎦᏘᎾᏫᏛᎲᎩ
ᏦᎢᏁ ᎦᎸᎶ ᏗᎨᏒ ᏩᎦᏘᏃᎸᎩ.
3 ᎠᎴ ᏥᎦᏔᎯ ᎨᏒᎩ ᎾᏍᎩ, (ᎠᏰᎸ ᎠᏯᎥ, ᎠᎴ ᎠᏰᎸ ᎾᏯᎥᎾ ᎨᏒ ᎥᏝ ᏱᏥᎦᏔᎭ;
ᎤᏁᎳᏅᎯ ᎠᎦᏔᎭ;)
4 ᎾᏍᎩ Ꮎ ᎠᎦᏘᎾᏫᏛᎲᎩ ᎤᏩᏙᎯᏯᏛ ᏗᎨᏒ ᏩᎦᏘᏃᎸᎩ, ᎠᎴ ᎤᏛᎦᏅᎩ ᎠᏂᏬᏂᏍᎬ
ᎢᎦᏪᏍᏗ ᏂᎨᏒᎾ, ᏂᏚᏳᎪᏛᎾ ᎨᏒ ᏴᏫ ᎾᏍᎩ ᎢᏳᏪᏍᏗᏱ.
5 ᎾᏍ-Ꭹ Ꮎ ᏥᏁᎢᏍᏗᏍᎬ ᏱᎦᏢᏈ; ᎠᏋᏒᏍᎩᏂ ᎦᏓᏁᎢᏍᏗᏍᎬ ᎥᏝ ᏴᎦᎦᏢᏈ, ᏥᏩᎾᎦᎵᏳ
ᎨᏒ ᎤᏩᏒ.
6 ᎢᏳᏰᏃ ᏯᏆᏚᎵ ᎠᏆᏢᏈᏍᏗᏱ, ᎥᏝ ᎠᎩᏁ-Ꭻ ᏱᎦᎨᏎᏍᏗ; ᎤᏙᎯᏳᎯᏰᏃ ᎨᏒ ᏱᏥᏃᎲᎵ;
ᎠᏎᏃ ᎤᏁᎳᎩ ᎥᎨᎳ, ᏅᏗᎦᎵᏍᏙᏗᎭ ᎩᎶ ᎠᏆᏓᏅᏖᏍᎬ ᎤᏟ ᏱᏂᎠᎩᎸᏉᏗ ᎠᏃ ᎾᏆᏍᏛ
ᎠᎩᎪᏩᏘᏍᎬᎢ, ᎠᎴ ᏄᏍᏛ ᎠᏆᏛᎩᏍᎬᎢ.
7 ᎾᏍᎩᏃ ᎤᏮᏒᏍᏔᏅᎯ ᎠᏆᎵᏌᎳᏙᏗᏱ ᏂᎨᏒᎾ ᎢᏳᎵᏍᏙᏗᏱ ᏅᏗᎦᎵᏍᏙᏗᏍᎬ ᎤᏣᏘ
ᎥᎩᎾᏄᎪᏫᏎᎸᎩ, ᎠᎩᏮᏲᎯᎯ ᎥᎩᏁᎸᎩ ᎠᎩᏇᏓᎸᎢ, ᏎᏓᏂ ᎤᏅᏏᏛ ᎠᏋᏂᎯ, ᎾᏍᎩ
ᎤᏮᏒᏍᏔᏅᎯ ᎠᏆᎵᏌᎳᏙᏗᏱ ᏂᎨᏒᎾ ᎢᏳᎵᏍᏙᏗᏱ.
8 ᎾᏍᎩ ᎯᎠ ᎤᎬᏩᎵ ᏦᎢ ᏂᏥᏔᏲ-ᏎᎸᎩ ᎤᎬᏫᏳᎯ ᎾᏍᎩ ᎠᏆᏓᏅᏒᏗᏱ..
9 ᎯᎠᏃ ᎾᎩᏪᏎᎸᎩ, ᎬᏩᎦᏘᏯ ᎠᏆᏓᏙᎵᏍᏗ ᎨᏒ ᏰᎵᏉ ᎨᏣᎵᏍᏕᎸᏙᏗ; ᎠᏆᎵᏂᎬᎬᏰᏃ
ᎤᎧᎵᏨᎯ ᎢᎬᏁᎸᎯ ᎾᎿ ᏩᎾᎦᎳ ᎨᏒᎢ. ᎾᏍᎩ ᎢᏳᏍᏗ ᎤᏣᏘ ᎠᏆᎵᎮᎵᏨᎯ ᎤᏟ
ᎠᎩᏰᎸᎭ ᎠᏆᏢᏈᏍᏗᏱ ᏥᏩᎾᎦᎵᏳ ᎨᏒᎢ, ᎾᏍᎩ ᎤᎵᏂᎩᏗᏳ ᎨᏒ ᎦᎶᏁᏛ ᎠᏯᏢᏙᏗᏱ.
10 ᎾᏍᎩ ᎢᏳᏍᏗ ᎦᎵᏒᎵᎦ ᏥᏩᎾᎦᎵᏳ ᎨᏒᎢ, ᎦᏴᎩᏐᏢᏛᎢ, ᎠᎩᏂᎩᏛ ᎨᏒᎢ, ᎤᏲ
ᏅᏋᎿᏕᎬᎢ, ᎡᎯᏍᏗ ᎠᏆᏓᏅᏔᏩᏕᎬ ᎦᎶᏁᏛ ᏅᏗᎦᎵᏍᏙᏗᏍᎬᎢ; ᏥᏩᏂᎦᎵᏳᏰᏃ ᏥᎨᏐ,
ᎾᎯᏳ ᎠᏆᎵᏂᎩᏗᏳ ᎨᏐᎢ.
11 ᎠᎩᏁᎫ ᎾᏆᎵᏍᏔᏅ ᎦᏢᏆᏍᎬᎢ; ᏂᎯ ᏂᏍᎩᏴᏂᏌᏏ; ᏂᎯᏰᏃ ᏍᎩᎸᏉᏙᏗ ᎨᏒᎩ; ᎥᏝ ᏰᏃ
ᏑᏓᎴᎩ ᎤᏅ ᎡᏍᎦ ᏱᏥᏲᎠᏍᎦ ᏄᏂᎬᏫᏳᏒ ᎨᏥᏅᏏᏛ, ᎾᏍᏉ ᎠᏴ ᎪᎱᏍᏗ ᏂᎨᏒᎾ
ᏱᎩ.
12 ᎤᏙᎯᏳᎯᏯ ᎠᏙᎴᎰᎯᏍᏙᏗ ᎥᎩᏅᏏᏛ ᎨᏒ ᏗᎦᎸᏫᏍᏓᏁᎸᎯ ᏂᏕᎵᏍᏗᎭ ᎢᏤᎲᎢ,
ᎬᏔᏅᎯ ᎤᏣᏘ ᎬᏂᏗᏳ ᎨᏒᎢ, ᎤᏰᎸᏛᎢ, ᎤᏍᏆᏂᎪᏗ ᏕᎦᎸᏫᏍᏓᏁᎸᎢ, ᎠᎴ ᎤᎵᏂᎩᏛ
ᏕᎦᎸᏫᏍᏓᏁᎸᎢ.

13 ᎦᏙᏃ ᎤᏍᏗ ᎾᏍᎩ ᎾᎿ ᎡᏍᎦ ᎦᏦᎭᏍᎦ ᏗᏐᎢ ᏧᎾᏁᎶᏗ ᏚᎾᏓᏉᏳᏗᏒᎢ, ᎯᎠ ᎤᏳᏒ,
ᎾᏍᎩ ᎠᏴ ᎠᏋᏒ ᎦᎨᏛ ᏂᏨ ᏴᏁᎸᎾ ᎨᏒᎢ? ᎨᏍᎩᎥᏏᏉ ᎠᏗᎾ ᎯᎠ ᎾᏍᎩ ᎤᏣᏘᏂ
ᏂᏨᏯᏛᏁᎸᎢ.
14 ᎬᏂᏳᏉ, ᏦᎢᏁ ᎠᏆᏛᏅᎢᏍᏗ ᏫᏨᎷᏤᏗᏱ; ᎥᏝ ᎠᎴ ᎦᎨᏛ ᏱᏅᎨᏨᏴᏕ; ᎥᏝᏰᏃ ᎪᎱᏍᏗ
ᎢᏥᎲ ᏱᎩᏲᎭ, ᏂᎯᏍᎩᏂ ᎢᏨᏲᎭ; ᏗᏂᏲᎵᏰᏃ ᎥᏝ ᏧᏂᏕᏴᎵᎨ ᏧᎾᏓᏁᎳᏁᏗ ᏱᎩ,
ᎠᏂᏕᏴᎵᎨᏍᎩᏂ ᏧᏁᏥ ᏧᎾᏓᏁᎳᏁᏗ ᎨᏐᎢ.
15 ᎠᎴ ᎤᏣᏘ ᎣᏏᏳ ᎠᎩᏰᎸᏎᏍᏗ ᎠᏆᎫᏴᎯᏓᏍᏗᏱ ᎠᎴ ᎠᏋᏒ ᎠᏆᏗᏒᎲᏍᏗᏱ ᏗᏣᏓᏅᏙ
ᏕᏥᏍᏕᎵᏍᎬᎢ, ᎾᏍᏉ ᎧᏁᏉᎬ ᎢᏨᎨᏳᏒᎢ ᎤᎦᏲᎶᎯᏍᏗᏱ ᏱᏂᎬᏁᎭ ᏍᎩᎨᏳᏒᎢ.
16 ᎠᏗᎾ ᎤᏁᎳᎩ ᎾᏍᎩ ᏄᏍᏕᏍᏗ, ᎾᏍᎩ ᎦᎨᏛ ᏂᏨᏴᏁᎸᎾ ᎨᏒᎢ; ᎠᏎᏃ ᏥᏏᎾᏌᏂᏳ
ᎨᏒ, ᎦᎶᏄᎮᏛ ᎠᏆᏔᏅᎩ ᏕᏨᏂᏴᎲᎩ.
17 ᏥᎪ ᎢᏨᎶᏄᎡᏍᎨ ᏕᏥᏴᏗᏍᎨ ᎩᎶ ᏕᏥᏅᏏᏛ ᏫᎨ-ᏥᎷᏤᎸᎯ?
18 ᏓᏓᏏ ᏥᏔᏲᏎᎸᎩ, ᎠᎴ ᎠᏁᎩ ᎥᏥᏅᏒᎩ ᎢᏓᎵᏅᏟ. ᏥᎪ ᏓᏓᏏ ᎢᏥᎶᏄᎮᎴᎢ? ᏝᏍᎪ
ᎤᏠᏱᏉ ᎠᏓᏅᏙ ᏲᏍᏛᏗᏍᎨ ᎣᏍᏕᏙᎲᎢ? ᏝᏍᎪ ᏌᏉ ᏱᎨᏎ ᏙᏍᏓᎳᏏᏂᏙᎲᎢ?
19 ᎠᎴᏬ, ᏥᎪ ᎣᏣᎵᏍᏕᎵ ᎢᏙᎵᎭ ᎢᏥᎦᏔᎲᎢ? ᎤᏁᎳᏅᎯ ᎠᎦᏔᎲ ᎣᏥᏁᎦ ᎦᎶᏁᏛ
ᏧᏪᏲᏅᎯ ᎾᏍᎩᏯᎢ; ᎠᏎᏃ ᎢᏨᎨᏳᎢ, ᏂᎦᎥ ᏂᎯ ᎢᏣᎵᏂᎯᏍᏙᏗ ᎤᎬᏩᎵ [ᎣᏥᏁᎦ.]
20 ᏥᎾᏰᏍᎦᏰᏃ ᎾᏍᎩ ᏫᏥᎷᏨᎭ ᎾᏍᎩ ᏂᏣᏍᏛᎾᏉ ᎨᏒ ᏄᏍᏛ ᎠᏆᏚᎵᏍᎬ
ᎢᏨᏩᏛᏗᏱ, ᎠᎴ ᎠᏋᏒ ᎨᏒ ᏍᎩᎪᏩᏛᏗᏱ ᎾᏍᎩᏯ ᏂᏣᏚᎵᏍᎬᎾ ᎨᏒᎢ; ᎠᎴ ᎠᎩᏩᏛᏗᏱ
ᏗᏘᏲᏍᏗ ᎨᏒᎢ, ᎠᏛᏰᎨᏗ ᎨᏒᎢ, ᎠᏔᎳᏬᎯᏍᏗ ᎨᏒᎢ, ᎠᏗᏒᏍᏗ ᎨᏒᎢ, ᎠᏔᎳᏬᎯᏍᏗ
ᎨᏒᎢ, ᎠᏗᏒᏍᏗ ᎨᏒᎢ, ᎤᏲ ᏗᏓᏃᎮᎵᏓᏍᏗ ᎨᏒᎢ, ᎠᏙᏅᏗ ᎨᏒᎢ, ᎤᏟ ᎠᏤᎸᏗ ᎨᏒᎢ,
ᏧᏓᎴᏅᏛ ᎢᎬᏁᏗ ᎨᏒᎢ;
21 ᎠᎴ [ᏥᎾᏰᏍᎦ.] ᏔᎵᏁ ᏫᏥᎷᏨᎭ, ᎠᏆᏁᎳᏅᎯ ᎠᏆᏕᎰᎯᏍᏙᏗᏱ ᎢᏥᎦᏔᎲᎢ, ᎠᎴ
ᏕᏥᏍᎪᏂᏍᏗᏱ ᎤᏂᏣᏘ ᏚᏳᎳ ᎤᏂᏍᎦᏅᏨᎯ ᏥᎩ, ᎠᎴ ᎤᏲ ᏄᏂᏰᎸᏅᎾ ᏥᎩ ᎦᏓᎭ
ᏄᎾᏛᏁᎸᎢ, ᎠᎴ ᎤᏕᎵᏛ ᏚᎾᏂᏏᏅᎢ, ᎠᎴ ᎤᎾᎵᏐᏢᎢᏍᎳᏅᎢ.

ᎠᏯᏙᎸᎢ 13

1 ᎪᎯ ᎾᏍᎩ ᏦᎢᏁ ᏏᏉ ᏥᏮᏓᏨᎷᏤᎵ. ᎠᏂᏔᎵ ᎠᎴ ᏦᎢ ᎠᏂᎦᏔᎯ ᏗᎬᏙᏗ ᎨᏎᏍᏗ
ᎠᏍᏓᏱᏗᏍᏗ ᏂᎦᎥ ᎧᏃᎮᏗ ᎨᏒᎢ.
2 ᎦᏳᎳ ᎯᎠ ᎾᎩᏪᏒ, ᎠᎴ ᎢᎬᏱ ᎦᏰᎯ ᎯᎠ ᏂᏥᏪᎭ, ᏔᎵᏁ ᏥᎾᏥᎦᏔᎰ ᎾᏍᎩᏯᎢ,
ᎠᎴ ᎠᎩᎪᏁᎸ ᎪᎯ ᎨᏒ ᎦᏥᏲᎳᏁᎭ ᎾᏍᎩ Ꮎ ᎦᏳᎳ ᎤᏂᏍᎦᏅᏨᎯ ᏥᎩ, ᎠᎴ ᏂᎦᏛᏉ
ᎠᏂᏐᎢ, ᎾᏍᎩ ᎢᏳ ᏔᎵᏁ ᏱᏫᎠᎩᎷᏨ, ᎥᏝ ᏴᎦᎦᎵᏏᏅᏓ;
3 ᏂᎦᎵᏍᏙᏗᎭ ᏥᏥᏲᎭ ᎪᎯᏳᏗᏍᎩ ᎦᎶᏁᏛ ᎠᎥ ᎠᏋᏗᏍᎬ ᎧᏁᎬᎢ, ᎾᏍᎩ ᎢᏥᎦᏔᎲ ᎥᏝ
ᎠᏩᎾᎦᎳ ᏱᎩ, ᎤᎵᏂᎩᏗᏳᏍᎩᏂ ᎢᎬᏁᎸᎯ ᎢᏤᎲᎢ,
4 ᎤᏙᎯᏳᎯᏍᎩᏂᏃᏅ ᎠᏩᎾᎦᎳᎯᏳ ᎨᏒ ᏓᏓᎾᏩᏍᏛ ᎠᎦᏛᏅᎩ, ᎠᏎᏃ ᎬᏃᏛ ᎢᏯᎬᏁᎸᎯ
ᎬᏔᏅᎯ ᎤᎵᏂᎩᏗᏳ ᎨᏒ ᎤᏁᎳᏅᎯ. ᎠᏴ ᎾᏍᏉ ᎾᏍᎩ ᎣᏥᏯᎥ ᏦᏥᏩᎾᎦᎳᎯᏳ, ᎠᏎᏃ
ᎢᏧᎳᎭ ᏙᏨᏁᏍᏗ ᎾᏍᎩ, ᎤᏁᎳᏅᎯ ᎤᎵᏂᎩᏗᏳ ᎨᏒ ᎢᏨᏴᏓᏁᎲ ᏂᎯ.
5 ᎢᏣᏓᎪᎵᏯ ᎢᏨᏒ, ᎾᏍᎩ ᎢᏦᎯᏳᎯ ᏱᎩ, ᎠᎴ ᎢᏦᎯᏳᎯ ᏂᎨᏒᎾ ᏱᎩ; ᎢᏣᏙᎴᎰᎯ
ᏂᏣᏍᏛᎢ. ᏝᏍᎪ ᎢᏨᏒ ᏱᏣᏓᎦᏔᎭ ᎾᏍᎩ ᏥᏌ ᎦᎶᏁᏛ ᎢᏥᏯᎥᎢ, ᎢᏳᏍᎩᏂᏃᏅ
ᎡᏥᏐᏅᎢᏍᏔᏅᎯ ᏱᎩ.
6 ᎠᏎᏃ ᎤᏚᎩ ᎬᏍᎦ ᎾᏍᎩ ᎢᏥᎦᏙᎥᎯᏍᏗᏱ ᎾᏍᎩ ᎠᏴ ᎣᎩᏐᏅᎢᏍᏔᏅᎯ ᏂᎨᏒᎾ ᎨᏒᎢ.
7 ᎤᏁᎳᏅᎯᏍᎩᏂ ᏥᏔᏲᏎᎭ ᎾᏍᎩ ᏂᎯ ᎪᎱᏍᏗ ᎤᏐᏅ ᏗᏥᎸᏫᏍᏓᏁᏗᏱ ᏂᎨᏒᎾ; ᎥᏝ
ᎠᏴ ᎣᏏᏳ ᎣᎩᏰᎸᏒ ᎬᏂᎨᏒ ᎢᏳᎵᏍᏙᏗᏱ ᎠᏆᏚᎵᏍᎬ ᏱᎤᏗᎦᎵᏍᏙᏗᎭ, ᏂᎯᏍᎩᏂ ᎾᏍᎩ
Ꮎ ᏚᏳᎪᏛ ᎨᏒ ᎢᏣᏛᏁᏗᏱ, ᎤᏁᎳᎩ ᎣᎩᏐᏅᎢᏍᏔᏅᎯ ᏱᏅᏩᏍᏗ.
8 ᎥᏝᏰᏃ ᏰᎵ ᏴᎦᏲᏣᏖᏓ ᎤᏙᎯᏳᎯ ᎨᏒᎢ, ᏲᏥᏍᏕᎸᏍᎩᏂ ᎤᏙᎯᏳᎯ ᎨᏒᎢ.
9 ᎣᏏᏳᏰᏃ ᎣᎩᏰᎸᎭ ᏦᏥᏩᎾᎦᎳ ᏥᎨᏐᎢ, ᏂᎯᏃ ᏥᏕᏣᎵᏂᎬᎪᎢ; ᎯᎠᏃ ᎾᏍᏉ ᎣᏚᏚᎵᎭ,
ᎾᏍᎩ ᏂᏥᎪᎸᎾ ᎢᏣᎵᏍᏙᏗᏱ.
10 ᎾᏍᎩ ᎤᏗᎦᎵᏍᏙᏗᎭ ᎯᎠ ᎾᏍᎩ ᏥᎸᏍᏗ ᏥᏨᏲᏪᎳᏁᎭ ᎠᎩᎪᏁᎸᎢ, ᎾᏍᎩ ᎾᎯᏳ
ᏥᎦᏔᎮᏍᏗ ᎬᏍᎦᎢᏍᏓᎩ ᎠᏋᏔᏂᏓᏍᏗᏱ ᏂᎨᏒᎾ, ᎾᏍᎩᏯ ᎢᎬᏆᏛᏁᏗ ᎠᏆᎵᏍᎪᎸᏓᏁᎸ
ᎤᎬᏫᏳᎯ, ᎾᏍᎩ ᏧᎾᎵᏂᎪᎯᏍᏗ ᎨᏒᎢ, ᎥᏝᏃ ᎤᏂᏛᏙᏗ ᎨᏒᎢ.
11 ᎤᎵᏍᏆᎸᏗᏃ, ᎢᏓᎵᏅᏟ, ᎤᏩᏙᎯᏯᏛᏉ ᏂᏣᏛᎿᏕᎨᏍᏗ. ᎪᎱᏍᏗ ᏂᏥᎪᎸᎾ ᎨᏎᏍᏗ,
ᎤᎦᎵᏍᏗᏉ ᏕᏣᏓᏅᏖᏍᏗ, ᎤᏠᏱᏉ ᎨᏎᏍᏗ ᏕᏣᏓᏅᏛᎢ, ᎤᏩᏙᎯᏯᏛᏉ ᎢᏤᎮᏍᏗ;
ᎤᏁᎳᏅᎯᏃ ᎠᏓᎨᏳᏗ ᎨᏒ ᎠᎴ ᎤᏩᏙᎯᏯᏛ ᎠᏓᏁᎯ ᏥᎩ, ᎢᏤᎳᏗᏙᎮᏍᏗ.
12 ᏕᏣᏓᏲᎵᎮᏍᏗ ᎢᏨᏗᏍᎨᏍᏗ ᎦᎸᏉᏗᏳ ᏗᏓᏔᏪᏙᎥᏍᏗ ᎨᏒᎢ.
13 ᏂᎦᏛ ᎤᎾᏓᏅᏘ ᏫᎨᏥᏲᎵᎭ.
14 ᎬᏩᎦᏘᏯ ᎤᏓᏙᎵᏍᏗ ᎨᏒ ᎤᎬᏫᏳᎯ ᏥᏌ ᎦᎶᏁᏛ, ᎠᎴ ᎤᏓᎨᏳᏗ ᎨᏒ ᎤᏁᎳᏅᎯ,
ᎠᎴ ᎤᏓᏚᏓᏙᏗ ᎨᏒ ᎦᎸᏉᏗᏳ ᎠᏓᏅᏙ ᏕᏥᎧᎿᏩᏗᏙᎮᏍᏗ ᏂᏥᎥᎢ. ᎡᎺᏅ.

ᏉᎳ ᎨᎴᏏᏱ ᎠᏁᎯ ᏧᏬᏪᎳᏁᎸᎯ

ᎠᏯᏙᎸᎢ 1

1 ᏉᎳ, ᎥᎩᏅᏏᏛ, ᏴᏫ ᎬᎩᏅᏏᏛ ᏂᎨᏒᎾ, ᎠᎴ ᏴᏫ ᎬᎩᏁᏤᎸᎯ ᏂᎨᏒᎾ, ᏥᏌᏍᎩᏂ
ᎦᎶᏁᏛ, ᎠᎴ ᎤᏁᎳᏅᎯ ᎠᎦᏴᎵᎨ ᎾᏍᎩ ᏧᎴᏔᏅᎯ ᏥᎩ ᎤᏲᎱᏒᎢ ᎾᏍᎩ ᎬᎩᏁᏤᎸᎯ;
2 ᎠᎴ ᏂᎦᏛ ᎢᏓᎵᏅᏟ ᏦᏤᏙᎭ, ᏫᏨᏲᏪᎳᏏ ᏗᏣᏁᎶᏗ ᎦᏣᏓᏡᏩᏗᏒ ᎨᎴᏏᏱ;
3 ᎬᏩᎦᏘᏯ ᎤᏓᏙᎵᏍᏗ ᎨᏒ ᎠᎴ ᎤᏩᏙᎯᏯᏛ ᎨᏤᎳᏗᏙᎮᏍᏗ, ᎨᏣᎵᏍᎪᎸᏓᏁᎸᎯ
ᎤᏁᎳᏅᎯ ᎠᎦᏴᎵᎨᎢ, ᎠᎴ ᎢᎦᏤᎵ ᎤᎬᏫᏳᎯ ᏥᏌ ᎦᎶᏁᏛ,
4 ᎾᏍᎩ ᏥᏚᏓᏲᏎ ᎠᏴ ᎢᎩᏍᎦᏅᏨ ᏥᏍᏗ ᎦᎵᏍᏙᏗᏍᎨᎢ, ᎾᏍᎩ ᎢᎫᏓᎴᏍᏗᏱ ᎪᎯ ᎨᏒ
ᎡᎲ ᎤᏲᎢ, ᎾᏍᎩᏯ ᏄᏍᏛ ᎠᏓᏅᏖᏍᎬ ᎤᏁᎳᏅᎯ ᎠᎴ ᎢᎩᏙᏓ;
5 ᎾᏍᎩ ᎦᎸᏉᏗ ᎨᏎᏍᏗ ᏂᎪᎯᎸ ᎠᎴ ᏂᎪᎯᎸᎢ. ᎡᎺᏅ.
6 ᎠᎩᏍᏆᏂᎪᏍᎦ ᏥᎾᏞᎬ ᎡᏣᏓᏅᏒᎸ ᎾᏍᎩ Ꮎ ᎢᏥᏯᏅᏛ ᏫᏥᎧᏅᎯ ᎬᏩᎦᏘᏯ
ᎤᏓᏙᎵᏍᏗ ᎨᏒ ᎦᎶᏁᏛ, ᎤᏩᏓᎴ ᎣᏍᏛ ᎧᏃᎮᏛ ᏥᏥᎬᏫᏳᏔᏅ.
7 ᎾᏍᎩ ᎤᏩᏓᎴ ᏂᎨᏒᎾ ᏥᎩ; ᎠᏁᎭᏍᎩᏂᏃᏅ ᎨᏣᏕᏯᏙᏗᏍᎩ, ᎠᎴ ᎤᏂᏁᏟᏴᏍᏗᏱ
ᎤᎾᏚᎵᏍᎩ ᎣᏍᏛ ᎧᏃᎮᏛ ᎦᎶᏁᏛ ᎤᏤᎵᎦ.
8 ᎢᏳᏍᎩᏂ ᎾᏍᏉ ᎠᏴ, ᎠᎴ ᏗᎧᎿᏩᏗᏙᎯ ᎦᎸᎳᏗ ᎤᏓᏳᎶᏒᎯ, ᎤᏩᏓᎴ ᎣᏍᏛ ᎧᏃᎮᏛ
ᏱᏨᏯᎵᏥᏙᏁᎸ, ᎾᏍᎩ ᎦᏳᎳ ᎢᏨᏯᎵᏥᏙᏁᎸᎯ ᏂᎨᏒᎾ, ᎾᏍᎩ ᎠᏥᏍᎦᏨᎯ ᎨᏎᏍᏗ.
9 ᎾᏍᎩ ᎦᏳᎳ ᎢᏲᎩᏪᏛ ᏥᎩ, ᎤᏠᏱᏉ ᎯᎠ ᎪᎯ ᎨᏒ ᏂᏥᏪᎭ, ᎢᏳᏃ ᎩᎶ
ᎢᏣᎵᏥᏙᏁᎮᏍᏗ ᎤᏩᏓᎴ ᎣᏍᏛ ᎧᏃᎮᏛ, ᎾᏃ ᎾᏍᎩ ᎦᏳᎳ ᏗᏣᏓᏂᎸᏨᎯ ᏥᎩ, ᎾᏍᎩ
ᎠᏥᏍᎦᏨᎯ ᎨᏎᏍᏗ.
10 ᎪᎯᏰᏃ ᎨᏒ ᏥᎪ ᏴᏫ ᏗᏆᎵᎢ ᏂᎦᎬᏁᎭ? ᎤᏁᎳᏅᎯᎨ? ᏥᎪᎨ ᎣᏍᏛ ᎤᏂᏰᎸᏗ ᏴᏫ
ᎠᎩᏲᎭ? ᎢᏳᏰᏃ ᎣᏍᏛ ᎤᏂᏰᎸᏗ ᏴᏫ ᎠᏏ ᏯᎩᏲᎭ, ᎥᏝ ᎦᎶᏁᏛ ᎠᎩᏅᏏᏙᎯ ᏱᎦᎩ.
11 ᎯᏎᏃ ᎢᏨᏃᏁᎭ ᎢᏓᎵᏅᏟ, ᎾᏍᎩ ᎯᎠ ᎣᏍᏛ ᎧᏃᎮᏛ ᏣᏆᎵᏥᏙᏅᎩ, ᎥᏝ ᏴᏫ ᏧᎦᏲᏅᎯ
ᏱᎩ.
12 ᎥᏝᏰᏃ ᏴᏫ ᏗᎬᎩᏲᎯᏎᎸᎯ ᏱᎩ, ᎥᏝ ᎠᎴ ᎩᎶ ᎠᏕᏲᏅᎯ ᏱᎩ, ᏥᏌ ᎦᎶᏁᏛᏍᎩᏂ
ᎬᏂᎨᏒ ᎢᏯᏋᏁᎸᎯ.
13 ᎢᏣᏛᎦᏅᏰᏃ ᏄᏍᏛ ᏧᏩᎫᏔᏅᏒ ᎠᏆᎴᏂᏙᎸ ᎠᏂᏧᏏ ᏧᎾᏤᎵ ᏗᎧᎿᏩᏛᏍᏗ
ᎦᏥᏚᎿᏩᏗᏒᎢ, ᎾᏍᎩ ᎤᎶᏒᏍᏔᏅᎯ ᎦᏥᏯᏕᏯᏙᏔᏅ ᏧᎾᏁᎶᏗ ᎤᎾᏓᏡᎬᎢ ᎤᏁᎳᏅᎯ
ᏧᏤᎵᎦ, ᎠᎴ ᎦᏥᏛᏔᏅᎢ.
14 ᎠᎴ ᎠᎩᏁᏉᏤᎲ ᎠᏂᏧᏏ ᏧᎾᏤᎵ ᏗᎧᎿᏩᏛᏍᏗ ᏥᏕᏙᎥᏍᎬᎢ ᎦᏥᎪᎾᏛᏛᎩ ᎤᏂᏣᏘ
ᎢᏗᎦᏲᎦᏛᏅ ᏗᏆᏤᎵ ᏴᏫ, ᎤᏟ ᎢᎦᎢ ᎤᎵᏂᎩᏛ ᎠᏆᏓᏅᏛᎩ ᏓᏕᎹᎬᎩ ᏗᎩᎦᏴᎵᎨ
ᎤᏂᏃᎮᎸᎯ.
15 ᎠᏎᏃ ᎿᏉ ᎣᏏᏳ ᎤᏰᎸᏅ ᎤᏁᎳᏅᎯ, ᎾᏍᎩ ᎾᎯᏳ ᎡᏥ ᎠᎩᎾᏄᎪᏫᏒ
ᎤᏓᎬᏩᏓᎴᏅᏛ ᎠᏆᏓᏓᎴᏔᏅᎯ ᏥᎩ, ᎠᎴ ᎬᏩᎦᏘᏯ ᎤᏓᏙᎵᏍᏗ ᎨᏒ ᎠᎩᏯᏅᏔᏅᎯ ᏥᎩ,

16 ᎾᏍᎩ ᎤᏪᏥ ᎠᎩᎾᏄᎪᏫᏎᏗᏱ, ᎾᏍᎩ ᎠᏴ ᎦᎵᏥᏙᎲᏍᎬ ᎬᏂᎨᏒ ᎢᏥᏴᏁᏗᏱ
ᏧᎾᏓᎴᏅᏛ ᏴᏫ ᎠᏁᎲᎢ; ᎩᎳᏉ ᎢᏴᏛ, ᎥᏝ ᎤᏂᏇᏓᎵ ᎠᎴ ᎩᎬ ᎤᏂᏁᎯ
ᏱᏗᎦᏥᏯᏁᎶᏔᏁᎢ;
17 ᎥᏝ ᎠᎴ ᏥᎷᏏᎵᎻ ᏱᏩᎩᎶᏎᎢ, ᏱᎦᏥᏩᏛᎲᏎ ᎢᎬᏱ ᎨᏥᏅᏏᏛ ᎢᏳᎾᎵᏍᏔᏅᎯ ᎠᏴ
ᎣᏂ; ᎠᎴᏈᏱᏍᎩᏂ ᏩᎩᎶᏒᎩ, ᎠᎴ ᏔᎵᏁ ᏕᎹᏍᎦ ᏛᎠᎩᎷᏨᎩ.
18 ᎿᏉᏃ ᏦᎢ ᏫᏄᏕᏘᏴᎲ ᏥᎷᏏᎵᎻ ᎠᏇᏅᏒᎩ ᏈᏓ ᎥᏥᏩᏛᎲᏒᎩ, ᎯᏍᎩᎦᏚᏃ ᏧᏒᎯᏛ
ᎦᏁᎸ ᎠᎩᏅᎩ.
19 ᎠᏂᏐᎢᏍᎩᏂ ᎨᏥᏅᏏᏛ ᎥᏝ ᎩᎶ ᏱᏥᎪᎡ ᏥᎻ ᎤᏩᏒ ᎤᎬᏫᏳᎯ ᎠᎾᎵᏅᏟ.
20 ᎾᏍᎩᏃ ᎯᎠ ᏥᏨᏲᏪᏁᎭ, ᎬᏂᏳᏉ, ᎤᏁᎳᏅᎯ ᎠᎦᏔᎲᎢ, ᎥᏝ ᏱᎦᏥᎪᎥᏍᎦ.
21 ᎣᏂᏃ ᏏᎵᏱ ᎠᎴ ᏏᎵᏏᏱ ᏩᎩᎶᏒᎩ.
22 ᎠᎴ ᎥᏝ ᎠᏂᎦᏔᎯ ᏱᎨᏎ ᎠᏆᎧᏛ ᎾᏍᎩᏧᎾᏁᎶᏗ ᏚᎾᏓᏡᏩᏗᏒ ᏧᏗᏱ, ᎾᏍᎩ ᎦᎶᏁᏛ
ᏗᎬᏩᏁᎶᏗ;
23 ᎤᎾᏛᎦ-ᎤᎯᏉᏍᎩᏂᏃᏅ ᎨᏎᎢ ᎯᎠ ᎾᏂᏪᏍᎬᎢ, ᎾᏍᎩ Ꮎ ᎤᏲ ᏥᏂᎬᎿᎦᎬ
ᏧᏩᎫᏔᏅᏒ, ᎿᏉ ᎠᎵᏥᏙᎲᏍᎦ ᎢᎧᏃᎮᎭ ᎪᎯᏳᏗ ᎨᏒ ᎾᏍᎩ ᎢᎸᎯᏳ ᏣᏛᏗᏍᎬᎩ.
24 ᎤᏂᎸᏉᏔᏁᏃ ᎤᏁᎳᏅᎯ ᎠᏴ ᎤᏗᎦᎵᏍ-ᏙᏗᏍᎨᎢ.

ᎠᏯᏙᎸᎢ 2

1 ᏖᏉᏃ ᏂᏕᎦ ᏫᎸᏕᏗᏴᎲ ᎣᏂ, ᏔᎵᏁ ᏥᎷᏏᎵᎻ ᎠᏇᏅᏒᎩ ᎣᏍᏕᎲᎩ ᏆᏂᏆ, ᎠᎴ ᏓᏓᏏ
ᎾᏍᏉ ᎥᏥᏯᏗᏅᏒᎩ.
2 ᎠᎴ ᎬᏂᎨᏒ ᎤᏋᏁᎸᎢ ᎤᏓᏳᎵᏍᏙᏔᏅᎩ ᎠᏇᏅᏒᎩ, ᎠᎴ ᎬᏂᎨᏒ ᏂᏕᏥᏴᏁᎸ ᎣᏍᏛ
ᎧᏃᎮᏛ ᎾᏍᎩ ᏧᎾᏓᎴᏅᏛ ᏴᏫ ᏕᏥᏯᎵᏥᏙᏁᎲᎢ; ᎠᏂᏏᏴᏫᎭᏍᎩᏂ ᎤᏕᎵᏛ ᎬᏂᎨᏒ
ᏂᏕᏥᏴᏁᎸᎩ ᏗᏂᏃᏣᎵ ᎨᏒᎢ, ᏯᏎᏍᎩ ᎠᏎᏉ ᏱᏙᏥᏍᏆᎸᏓ ᎠᎴ ᎠᏎᏉ ᏱᏓᎩᏍᏆᎸᏔᏅ
ᎠᏇᎵᏒᎩ.
3 ᎠᏎᏃ ᎥᏝ ᎾᏍᏉ ᏓᏓᏏ, ᎾᏍᎩ ᎣᏍᏕᎯ, ᎠᎪᎢ ᏂᎨᏒ, ᎠᏎ ᎠᏥᎤᏍᏕᏎᏗ ᏱᎨᏎᎢ;
4 ᎠᎴ ᎤᏓᏕᎵᏍᏙᏗᏍᎬᎩ ᎤᎾᏠᎾᏍᏗ ᎠᎾᎵᏅᏟ ᏄᏬᎵᏍᏛᎾ ᎨᏥᏴᏔᏂᎸᎯ, ᎾᏍᎩ
ᎤᏕᎵᏛ ᎤᏂᏴᎵᎸ ᎤᏂᎨᏛᏗᏱ ᎣᏕᏓᏤᎵᏕᏯ ᎨᏒ ᏥᏌ ᎦᎶᏁᏛ ᎢᏳᏩᏂᏌᏛ ᎣᎩᎲᎢ,
ᏦᎩᎾᏝᎢ ᎢᎪᎬᏁᏗᏱ;
5 ᎾᏍᎩ ᎥᏝ ᏑᏟᎶᏛ ᎤᏅ ᎢᎪᎯᏛ ᎤᎾᏁᎳᎩ ᏱᏙᏤᎵᏎᎴᎢ ᎡᎳᏗ ᏂᏙᏣᏛᏁᎲᎢ; ᎾᏍᎩ
ᎣᏍᏛ ᎧᏁᎮᏛ ᎤᏙᎯᏳᎯ ᎨᏒ ᎢᎬᏩᏍᏗᎭ ᎢᏤᏩᏍᏗᎭ ᎢᏤᎳᏗᏓᏍᏗᏱ.
6 Ꮎ-ᏍᎩᏂᏃ ᏰᎵ ᏗᏂᏃᏨᎵ ᎨᏒᎢ, ᎾᏍᎩ ᏄᎾᏍᏛᎢ ᎥᏝ ᎪᎱᏍᏗ ᎠᏋᏁᎯ ᏱᎩ,
ᎤᏁᎳᏅᎯᏰᏃ ᎥᏝ ᏱᏕᎸᏉᏗᎭ ᎩᎶ ᏄᎾᏍᏛᎢ; ᎾᏍᎩᏰᏃ ᏗᏂᏃᏣᎵ ᎨᏒ ᎥᏝ ᎪᎱᏍᏗ
ᏱᎬᎩᏁᏉᏒᎴᎢ;
7 Ꭰ-ᏍᎩᏂ ᎢᏗᎵ, ᎤᏂᎪᎲ ᎾᏍᎩ ᎣᏍᏛ ᎧᏃᎮᏛ ᏂᏗᎨᏥᎤᏍᏕᏎᎸᎾ [ᎤᎾᏛᎪᏗᏱ] ᎠᏴ
ᎥᏆᎨᏅᏛᎢ, ᎾᏍᎩᏯ ᏗᎨᏥᎤᏍᏕᏎᎸᎯ [ᎤᎾᏛᎪᏗᏱ] ᎣᏍᏛ ᎧᏃᎮᏛ ᏈᏓ ᏣᏕᎨᏅᏕᎢ;
8 (ᎾᏍᎩᏂ ᏈᏓ ᎤᎵᏂᎩᏛ ᎢᏳᏩᏁᎯ ᎠᏥᏅᏏᏛ ᎨᏒ ᏗᎨᏥᎤᏍᏕᏎᎸᎯ ᎤᏁᏤᎵᎦ, ᎾᏍᎩ
ᎾᏍᏉ ᎠᏴ ᎠᏆᎵᏂᎩᏛ ᎾᏋᏁᎲᎩ ᏧᎾᏓᎴᏅᏛ ᏴᏫ ᏕᏥᏯᎵᏥᏙᏁᎲᎢ;)
9 ᎠᎴ ᏥᎻ, ᎠᎴ ᏏᏆᏏ, ᎠᎴ ᏣᏂ, ᎾᏍᎩ ᏗᎵᎫᏍᏙ ᎨᏥᏰᎸᎢ, ᎤᏂᎪᎲ ᎬᏩᏕᏗᏯ
ᎤᏓᏙᎵᏍᏗ ᎨᏒ ᎾᏍᎩ ᎥᎩᏁᎸᎢ, ᎠᏂᎦᏘᏏᏗᏢ ᏕᎪᎩᎾᏌᏕᏔᏅᎩ ᎠᏴ ᎠᎴ ᏆᏂᏆ ᎬᏂᎨᏒ
ᎢᎬᏁᎯ ᏙᏕᎦᏓᏛᎢ; ᎠᏴᏧᎾᏓᎴᏅᏛ ᏴᏫ ᏗᏁᎲ ᏬᎩᏂᎶᎯᏍᏗᏱ ᎤᎬᏩᎵ, ᎤᏅᏒᏃ
ᏗᎨᏥᎤᏍᏕᏎᎴᎯ ᏗᏁᎲᎢ;
10 ᏑᏓᎴᎩᏍᎩᏂᏃᏅ [ᎤᎾᏚᎵᏍᎬᎩ,] ᎾᏍᎩ ᏦᏍᏓᏅᏓᏗᏍᏗᏱ ᎤᏲ ᎢᏳᎾᏛᏖᏕᎩ;
ᎾᏍᎩᏯ ᎾᏍᏉ ᎠᏆᎵᏕᎵᏴᏒᎩ ᎾᏍᎩ ᎢᏯᏆᏛᏁᏗᏱ.
11 ᎠᏎᏃ ᏈᏓ ᎥᏗᎣᎩ ᏭᎷᏨ ᎬᏂᎨᏒ ᏕᏥᏕᏗᎸᏒᎩ, ᏕᏰᎫᎢᏍᏙᏗᏰᏃ ᎨᏒᎩ.
12 ᎠᏏᏉᏰᏃ ᎩᎶ ᎢᏳᎾᏍᏗ ᏥᎻᏱ ᎤᏗᏂᎶᏍᎬᎾ ᎨᏒᎢ, ᏧᎾᏓᎴᏅᏛ ᏴᏫ ᎢᏧᎳᎭ
ᎠᎾᎵᏍᏓᏴᎲᏍᎬᎩ; ᎠᏎᏃ ᎾᏍᎩ ᎤᏂᎷᏨ, ᎤᏓᏅᏒᎩ ᏚᏓᏓᎴᏓᏁᎸᎩ, ᏕᎦᎾᏰᏍᎬᎩ ᎾᏍᎩ
ᏗᎨᏥᎤᏍᏕᏎᎸᎯ.
13 ᎠᎴ ᎠᏂᏐᎢ ᎠᏂᏧᏏ ᎤᎾᏠᎾᏍᏔᏅᎩ ᎾᏍᏉ ᎥᎬᏩᎵᎪᏁᎸᎩ; ᎾᏍᎩ ᎢᏳᏍᏗ ᏆᏂᏆ
ᎾᏍᏉ ᎥᎬᏩᏘᎾᏫᏛᏔᏅᎩ ᎠᎾᏠᎾᏍᏗᏍᎬᎢ.

14 ᎠᏎᏃ ᎠᎩᎪᎲ ᏂᏚᏳᎪᏛᎾ ᎾᎾᏛᏁᎲᎢ, ᎾᏍᎩᏯ ᏚᏳᎪᏛ ᏓᎦᏲᎲᏍᎬ ᎣᏍᏛ ᎧᏃᎮᏛ,
ᏂᎦᏛ ᎠᏂᎦᏔᎲ ᎯᎠ ᎤᏥᏪᏎᎸᎩ ᏈᏓ, ᎢᏳᏃ ᏂᎯ, ᎯᏧᏏ ᏥᎩ, ᏧᎾᏓᎴᏅᏛ ᏴᏫ ᏄᎾᏍᏛ
ᎾᏍᎩᏯ ᏱᏄᏍᏗ ᏰᎭ, ᎠᏂᏧᏏᏃ ᏄᏍᏛ ᎠᏁᎲ ᎾᏍᎩᏯ ᏄᏍᏛᎾ ᏱᎩ ᎮᎲᎢ, ᎦᏙᏃ ᎠᏂᏧᏏ
ᏄᏍᏛ ᎠᏁᎲ ᎾᏍᎩᏯ ᎤᎾᎦᏗᏱ ᏥᏂᎦᎲᏁᎭ ᏧᎾᏓᎴᏅᏛ ᏴᏫ?
15 ᎠᏴ ᎢᏗᏧᏏ ᎢᎦᏚᏅᎯ ᏥᎩ, ᎠᏂᏍᎦᎾᏃ ᏧᎾᏓᎴᏅᏛ ᏴᏫ ᏄᎾᏍᏛ ᎢᎦᏚᏅᎯ ᏂᎨᏒᎾ
ᏥᎩ,
16 ᏥᏗᎦᏔᎭᏍᎩᏂ ᎾᏍᎩ ᏴᏫ ᏗᎧᎿᏩᏛᏍᏗ ᏂᎦᏪᏍᎬ ᎾᏛᏁᎲ ᎾᏚᏓᎴᏍᏗᏍᎬᎾ ᎨᏒᎢ,
ᎪᎯᏳᏗᏍᎩᏂ ᎨᏒ ᏥᏌ ᎦᎶᏁᏛ, ᎾᏍᎩ ᎠᏴ ᎡᏙᎢᏳᏅ ᏥᏌ ᎦᎶᏁᏛ, ᎾᏍᎩ
ᎢᎦᏚᏓᎴᏍᏙᏗᏱ ᎪᎯᏳᏗ ᎨᏒ ᎦᎶᏁᏛ, ᎥᏝᏃ ᏗᎧᎿᏩᏛᏍᏗᏰᏃ ᏂᎦᏪᏍᎬ ᎾᏛᏁᎲ ᎥᏝ ᎩᎶ
ᎤᏇᏓᎵ ᏴᎬᏚᏓᎴᏍᏓ.
17 ᎢᏳᏍᎩᏂ, ᎢᎩᏲᎲ ᎦᎶᏁᏛ ᎢᎫᏓᎴᏍᏗᏱ, ᎬᏂᎨᏒ ᏱᏄᎵᏍᏔᏅ ᎢᎬᏒ ᎾᏍᏉ
ᎢᏗᏍᎦᎾᎯᏳ ᎨᏒᎢ, ᎦᎶᏁᏛᏍᎪ ᎠᏍᎦᎾ ᎠᏍᎦᎵᏍᎩ ᏂᎦᎵᏍᏗᎭ? ᎬᏩᏟᏍᏗ.
18 ᎢᏳᏰᏃ ᎾᏍᎩ ᏗᎩᏲᏍᏔᏅᎯ ᎨᏒ ᏔᎵᏁ ᏱᏙᏚᏁᏍᎨᎭ, ᎠᎩᏍᏚᏅᏨᎯ ᎨᏒ ᎬᏂᎨᏒ
ᏱᏂᎬᏁᎭ.
19 ᎠᏴᏰᏃ ᏗᎧᎿᏩᏛᏍᏗ ᎢᏳᏩᏂᏌᏛ ᎠᎩᏲᎱᏒᎯᏉ ᏗᎧᎿᏩᏛᏍᏗ ᎠᎲᎢ, ᎾᏍᎩ
ᎤᏁᎳᏅᎯ ᎤᏤᎵ ᎤᎬᏩᎵ ᎠᏆᎴᏂᏓᏍᏗᏱ.
20 ᏓᏓᎿᏩᏍᏛ ᎢᏧᏔᎭ ᎦᎶᏁᏛ ᏙᎩᎾᏛᏅ; ᎠᏎᏃ ᎠᏴ ᎬᏃᏛ ᎢᎩ, ᎥᏝᏍᎩᏂᏃᏅ ᎿᏉ ᎠᏴ
ᏱᎩ, ᎦᎶᏁᏛᏍᎩᏂ ᎬᏃᏛ ᎠᎩᏯᎠ; ᏄᏍᏛᏃ ᎿᏉ ᎦᎴᏂᏙᎲ ᎠᏂ ᎤᏇᏓᎵ ᎨᎥᎢ, ᎦᎴᏂᏙᎭ
ᏥᏯᎵᏍᎦᏍᏙᏛ ᎤᏁᎳᏅᎯ ᎤᏪᏥ; ᎾᏍᎩ ᎠᎩᎨᏳᎯᏳ ᏥᎨᏒᎩ, ᎠᎴ ᎤᏩᏒ ᏥᏚᏓᏲᏎ ᎠᏴ
ᎠᎩᏍᎦᎵᏍᎬᎢ.
21 ᎥᏝ ᏱᏥᏲᏍᏗᏎ ᎬᏩᎦᏘᏯ ᎤᏓᏙᎵᏍᏗ ᎨᏒ ᎤᏁᎳᏅᎯ; ᎢᏳᏰᏃ ᎠᏚᏓᎴᏍᏗ ᎨᏒ
ᏗᎧᎿᏩᏛᏍᏗ ᏴᏗᏓᎴᎲᏍᎦ, ᎿᏉ ᎦᎶᏁᏛ ᎠᏎᏉᏉ ᏳᏲᏞᏒ.

ᎠᏯᏙᎸᎢ 3

1 ᎢᏥᏁᎫ ᎨᎴᏏᏱ ᎢᏤᎯ, ᎦᎪ ᎢᏥᎶᎾᏍᎩᏔᏅ, ᎾᏍᎩ ᎢᏦᎯᏳᏗᏱ ᏂᎨᏒᎾ ᏂᏨᏁᎸ
ᎤᏙᎯᏳᎯ ᎨᏒᎢ, ᏂᎯ ᏕᏥᎧᏅ ᏥᏌ ᎦᎶᏁᏛ ᎬᏂᎨᏒ ᎾᎬᏁᎸ ᏓᏓᎿᏩᏍᏛ ᎦᏛ ᎢᏤᎲᎢ.
2 ᎯᎠ ᎾᏍᎩ ᎤᏩᏒ ᏍᎩᏃᏁᏗᏱ ᎠᏆᏚᎵᎭ; ᎠᏓᏅᏙᏍᎪ ᏕᏥᏲᎯᏎᎴ ᎤᏗᏚᎵᏍᏙᏗᏍᎨ
ᏗᎧᎿᏩᏛᏍᏗ ᏂᎦᏪᏍᎬ ᏂᏣᏛᏁᎲᎢ, ᏥᎪᎨ ᎤᏗᏚᎵᏍᏙᏗᏍᎨ ᎢᏦᎯᏳᎯ ᎢᏣᏛᎩᏍᎬᎢ?
3 ᏂᎦᎥᏉᏍᎪ ᎢᏥᏁᎫ? ᎠᏓᏅᏙ ᎬᏗ ᏥᏣᎴᏅᎲ, ᎤᏇᏓᎵᏍᎪ ᎬᏗ ᎢᏥᏍᏆᏗᎭ?
4 ᏥᎪ ᎾᏍᎩ ᏂᎦᎥ ᏧᏓᎴᏅᏛ ᎠᏎᏉᏉ ᎢᏥᎩᎵᏲᏨ? ᎢᏳᏃ ᎰᏩ ᎠᏎᏉᏉ ᏱᎩ.
5 ᎾᏍᎩᏃ Ꮎ ᎠᏓᏅᏙ ᎢᏥᏁᎯ ᏥᎩ, ᎠᎴ ᎤᏍᏆᏂᎪᏗ ᏧᎸᏫᏍᏓᏁᎯ ᏥᎩ ᎢᏤᎲᎢ, ᏥᎪ
ᏗᎧᎿᏩᏛᏍᏗ ᏂᎦᏪᏍᎬ ᎾᏛᏁᎲ ᎤᏗᏚᎵᏍᏙᏗᎭ? ᏥᎪᎨ ᎤᏬᎯᏳᎯ ᎠᏛᎩᏍᎬ
ᎤᏗᏚᎵᏍᏙᏗᎭ?
6 ᎾᏍᎩᏯ ᎡᏆᎭᎻ ᏧᏬᎯᏳᏁ ᎤᏁᎳᏅᎯ, ᎠᎴ ᏚᏳᎪᏛ ᏥᏄᏛᏁᎶ ᏣᏥᏰᎸᎾᏁᎴᎢ.
7 ᎾᏍᎩ ᎢᏳᏍᏗ ᎢᏥᎦᏔᎮᏍᏗ ᎾᏍᎩ Ꮎ ᎠᏃᎯᏳᎲᏍᎩ ᎨᏒ, ᎾᏍᎩ ᎡᏆᎭᎻ ᏧᏪᏥ ᎨᏒᎢ.
8 ᎪᏪᎵᏃ ᎦᎸᏉᏗ ᎢᎬᏱ ᎦᏰᎯ ᏣᎪᏩᏗᏍᎨ ᎾᏍᎩ ᎤᏁᎳᏅᎯ ᎪᎯᏳᏗ ᎬᏗ ᏙᏗᎫᏓᏏᏒ
ᏧᎾᏓᎴᏅᏛ ᏴᏫ, ᎢᎬᏱ ᎦᏰᎯ ᎣᏍᏛ ᎧᏃᎮᏛ ᎬᏂᎨᏒ ᎾᎬᏁᎴ ᎡᏆᎭᎻ, ᎯᎠ ᎾᏥᏪᏎᎴᎢ,
ᏂᎯ ᎤᏛᏂᏌᏂ ᏂᎦᏛ ᏴᏫ ᏓᏁᏩᏗᏒ ᎡᎳᏂᎬ ᎣᏍᏛ ᎢᏳᎾᎵᏍᏓᏁᏗ ᎨᏎᏍᏗ.
9 ᎰᏩᏃ ᎾᏍᎩ ᎠᏃᎯᏳᎲᏍᎩ ᎨᏒ ᎣᏍᏛ ᏄᎾᎵᏍᏓᏁᎰ ᎨᎦᏌᏯᏍᏗᏍᎪ ᎣᏍᏛ ᏄᎵᏍᏓᏁᎸ
ᎤᏬᎯᏳᎯᏍᏗ ᎡᏆᎭᎻ.
10 ᎾᏂᎥᏰᏃ ᏗᎧᎿᏩᏛᏍᏗ ᏂᎦᏪᏍᎬ ᎢᏯᏛᏁᏗᏱ ᎠᎾᎵᏍᎦᏍᏙᏗᏍᎩ, ᎾᏍᎩ ᎨᏥᏍᎦᏨᎯ;
ᎯᎠᏰᏃ ᏂᎬᏅ ᎢᎬᏪᎳ, ᎨᏥᏍᎦᏨᎯ ᎨᏎᏍᏗ ᎾᏂᎥ ᎩᎶ ᏂᏓᏂᎿᏩᏕᎬᎾ ᎢᎨᏎᏍᏗ
ᎾᎾᏛᏁᎲ ᏂᎦᏛ ᏧᏓᎴᏅᏛ ᏗᎧᎿᏩᏛᏍᏗᏱ ᎪᏪᎸᎢ.
11 ᎠᏎᏃ ᎩᎶ ᏗᎧᎿᏩᏛᏍᏗ ᎾᏚᏓᎴᏍᏗᏍᎬᎾ ᎨᏒ ᎤᏁᎳᏅᎯ ᎠᎦᏔᎲ ᎬᏂᎨᏒᎢᏳ;
ᎾᏍᎩᏰᏃ ᏚᏳᎪᏛ ᎢᏯᏛᏁᎯ ᎪᎯᏳᏗ ᎨᏒ ᎤᏛᏂᏗᏍᏕᏍᏗ.
12 ᏗᎧᎿᏩᏛᏍᏗᏰᏃ ᎥᏝ ᎪᎯᏳᏗ ᎨᏒ ᎠᎵᏍᏕᎸᏙᏗ ᏱᏂᎬᏁᎭ; ᎯᎠᏍᎩᏂ, ᎩᎶ ᏴᏫ ᎾᏍᎩ
ᎾᏛᏁᎮᏍᏗ ᎾᏍᎩ ᎤᏛᏂᏗᏍᏕᏍᏗ.
13 ᎦᎶᏁᏛ ᎢᎦᎫᏴᎲ ᎢᎫᏓᎴᏒ ᏗᎧᎿᏩᏛᏍᏗ ᎤᏓᏍᏚᎢᏍᏙᏗ ᎨᏒᎢ, ᎠᏥᏍᎦᏨᎯ ᏄᎵᏍᏔᏅ
ᎠᏴ ᎢᎩᏍᏕᎵᏍᎬᎢ; ᎯᎠᏰᏃ ᏂᎬᏅ ᎢᎪᏪᎳ, ᎠᏥᏍᎦᏨᎯ ᎩᎶ ᏡᎬ ᎠᏕᏛᏅᎯ.
14 ᎾᏍᎩ ᎣᏍᏛ ᎾᎦᏛᏁᎸ ᎡᏆᎭᎻ ᎾᏍᎩ ᎤᏂᎷᏤᏗᏱ ᏧᎾᏓᎴᏅᏛ ᏴᏫ ᏥᏌ ᎦᎶᏁᏛ
ᎤᏓᏩᏓᎴᏅᎯ; ᎾᏍᎩ ᎡᏥᏁᏗᏱ ᎠᏓᏅᏙ ᎠᏚᎢᏍᏛ ᎪᎯᏳᏗ ᎬᏙᏗ ᎨᏒᎢ.
15 ᎢᏓᎵᏅᏟ, ᏴᏫ ᎤᏂᏁᎢᏍᏗ ᏥᏁᎦ; ᎾᏍᏉ ᏴᏫᏉ ᎧᏃᎮᏛ ᏚᎾᏌᎯᏍᏛ ᎠᏍᏓᏱᏛᎯ
ᏱᎩ, ᎥᏝ ᎩᎶ ᏰᎬᏲᏍᏓ, ᎠᎴ ᎥᏝ ᎠᎦᏁᏉᏨ.
16 ᎠᎴ ᎡᏆᎭᎻ ᎠᎴ ᎾᏍᎩ ᎤᏁᏢᏔᏅᏛ ᎨᏒ ᏧᏓᎴᏅᏛ ᎨᏥᏚᎢᏍᏓᏁᎴᎢ. ᎥᏝ ᎯᎠ
ᏱᏂᎦᏪᎭ, ᎠᎴ ᏂᎯ ᏗᏣᏁᏢᏔᏅᎯ, ᎢᎸᏍᎩ ᏥᎨᏐ ᎾᏍᎩᏯᎢ; ᏌᏉᏉᏍᎩᏂ ᏥᎨᏐ
ᎾᏍᎩᏯ, ᎯᎠ ᏂᎦᏪᏎ,] ᎠᎴ ᏂᎯ ᏣᏁᏢᏔᏅᎯ; ᎾᏍᎩ ᎦᎶᏁᏛ ᏥᎩ.

17 ᎠᎴ ᎯᎠ ᎾᏍᎩ ᏂᏥᏪᎭ, ᎾᏍᎩ ᎧᏃᎮᏛ ᏓᏌᎯᏍᏛ ᎦᎶᏁᏛ ᎤᎬᏩᎵ ᎾᏍᎩ
ᎤᏁᎳᏅᎯ ᎦᏳᎳ ᎬᏩᏍᏓᏱᏛᎯ ᏥᎨᏎᎢ, ᏗᎧᎿᏩᏛᏍᏗ ᎤᎩᏧᏘ ᏦᎠᏍᎪᎯ ᏫᎸᎦᏘᏴᎲ
ᎣᏂ ᎦᎾᏄᎪᏫᏒᎯ ᏥᎩ, ᎢᏝ ᎬᏩᏲᏍᏙᏗ ᏱᎩ, ᎾᏍᎩ ᏰᎵ ᎠᏎᏉ ᎢᏳᏩᏁᏗᏱ ᎠᏚᎢᏍᏛᎢ.
18 ᎢᏳᏰᏃ ᎣᏤᎵ ᎢᏳᎵᏍᏙᏗ ᎨᏒ ᏗᎧᎿᏩᏛᏍᏗ ᎠᎲ ᏴᏗᏓᎴᎲᏍᎦ, ᎢᏝ ᎠᏚᎢᏍᏛ
ᏴᏗᎬᏓᎴᎲᏍᎦ; ᎤᏁᎳᏅᎯᏍᎩᏂ ᎡᏆᎭᎻ ᎤᎵᏍᎪᎸᏓᏁᎴ ᎠᏚᎢᏍᏗᏍᎬ ᎤᏮᏔᏁᎢ.
19 ᎪᏙᏃ ᎬᏙᏗ ᏗᎧᎿᏩᏛᏍᏗ? ᎠᏍᎦᏅᎢᏍᏗ ᎨᏒ ᎤᏗᎦᎵᏍᏙᏗᏍᎨ ᏫᎫᏓᎳᏅᎯ ᎨᏎᎢ,
ᎾᏍᎩ ᎤᏁᏢᏔᏅᎯ ᎠᏥᏚᎢᏍᏓᏁᎸᎯ ᎨᏒ ᎤᎾᏄᎪᎢᏍᏗ ᎨᏒ ᎬᏗᏍᎩ; [ᎠᎴ ᎾᏍᎩ
ᏗᎧᎿᏩᏛᏍᏗ] ᏗᏂᎧᎿᏩᏗᏙᎯ ᎣᏍᏛ ᏄᏅᎿᎦᎨ ᎾᏍᎩ ᏧᏒᎦᎴ ᎠᏰᎵ ᏁᎴᏁᎯ.
20 ᎾᏍᎩᏃ ᎠᏰᎵ ᏗᎴᏁᎯ ᏥᎨᎭ ᎢᏝ ᎠᏏᏴᏫᏉ ᎠᏰᎵ ᎠᎴᏁᎯ ᏱᎨᎭᎢ, ᎤᏁᎳᏅᎯᏍᎩᏂ
ᎠᏏᏴᏫᏉ.
21 ᏗᎧᎿᏩᏛᏍᏗᎪᏃ ᏓᏡᏗᎭ ᎤᏁᎳᏅᎯ ᏕᎦᏚᎢᏍᏔᏅᎢ? ᎬᏩᏟᏍᏗ, ᎢᏳᏰᏃ
ᏗᎧᎿᏩᏛᏍᏗ ᏴᏫ ᎨᏥᏁᎸᎯ ᏱᎨᏎ, ᎾᏍᎩ ᏰᎵ ᎬᏂᏛ ᎬᏩᏓᏁᏗ ᎨᏒᎢ, ᎤᏙᎯᏳᎯᏯ
ᏗᎧᎿᏩᏛᏍᏗ ᎠᎲ ᎠᏚᏓᎴᏍᏗ ᎨᏒ ᏴᏗᏓᎴᎲᏍᎨᎢ.
22 ᎠᏎᏃ ᎪᏪᎵ ᎦᎸᏉᏗ ᎬᏂᎨᏒ ᏂᎬᏁᎭ ᏂᎦᏗᏳ ᎤᏂᏍᏚᏅᏨᎯ ᎨᏒᎢ, ᎾᏍᎩ ᎠᏚᎢᏍᏛ
ᏥᏌ ᎦᎶᏁᏛ ᎪᎯᏳᏗ ᎨᏒ ᎤᏛ-ᏓᎴᎲᏍᎩ, ᎾᏍᎩ ᎨᏥᏁᏗᏱ ᎠᏃᎯᏳᎲᏍᎩ.
23 ᎪᎯᏳᏗᏍᎩᏂ ᎨᏒ ᎠᏏ ᏂᎦᎾᏄᎪᎬᎾ ᏥᎨᏎᎢ, ᏗᎧᎿᏩᏛᏍᏗ ᎠᎲ ᎭᏫᏂᏗᏢ ᏂᎦᏛ ᎤᎩ,
ᎡᎩᏍᏚᎲᎩ ᎪᎯᏳᏗ ᎨᏒ ᎣᏂ ᎬᏂᎨᏒ ᎢᎬᏁᏗ ᎨᏒ ᎢᏯᏍᏗ.
24 ᎾᏍᎩ ᎢᏳᏍᏗ ᏗᎧᎿᏩᏛᏍᏗ ᏗᎨᏲᎲᏍᎩ ᎨᏒᎩ, ᎦᎶᏁᏛᏱ ᏗᎦᏘᏁᎩ, ᎾᏍᎩ ᎪᎯᏳᏗ
ᎨᏒ ᎢᎦᏚᏓᎴᏍᏙᏗᏱ.
25 ᎪᎯᏳᏗᏍᎩᏂ ᎨᏒ ᏧᎾᏄᎪᏨ, ᎢᏝ ᎿᏉ ᏗᎨᏲᎲᏍᎩ ᏗᎦᏘᏂᏙᎯ ᏱᎩ.
26 ᏂᏥᎥᏰᏃ ᎤᏁᎳᏅᎯ ᏧᏪᏥ ᏂᏣᎵᏍᏔᏅ ᎦᎶᏁᏛ ᏥᏌ ᎡᏦᎢᏳᏒ ᎤᏗᎦᎵᏍᏙᏗᎭ.
27 ᏂᏥᎥᏰᏃ ᏤᏣᏬᎥᎯ ᏥᎩ ᎦᎶᏁᏛ ᎡᏣᎵᎪᏁᎲᎢ, ᎾᏍᎩ ᎦᎶᏁᏛ ᎡᏣᏄᏬᎥ.
28 ᎢᏝᏰᎭ ᎠᏧᏏ, ᎠᎴ ᎠᎪᎢ, ᎢᏝ ᎠᏥᎾᏝᎢ, ᎠᎴ ᎾᏥᎾᏝᎥᎾ, ᎢᏝ ᎠᏍᎦᏯ, ᎠᎴ ᎠᎨᏴ,
ᏂᏥᎥᏰᏃ ᎢᎨᏣᏍᏗᎭ ᎦᎶᏁᏛ ᏥᏌ ᎡᏥᏯᎥᎢ.
29 ᎢᏳ ᎠᎴ ᎦᎶᏁᏛ ᏧᏤᎵ ᏱᎩ ᏂᎯ, ᎿᏉ ᎡᏆᎭᎻ ᎤᏁᏢᏔᏅᏛ ᏂᏣᎵᏍᏗᎭ, ᎠᎴ
ᎢᏣᏤᎵᎦ ᎤᏘᏴᎯ ᎾᏍᎩᏯ ᏂᎬᏅ ᎠᏚᎢᏍᏛᎢ.

ᎠᏯᏙᎸᎢ 4

1 ᎾᏍᎩᏃ ᎯᎠ ᏂᏥᏪᎭ, ᎾᏍᎩ ᎤᏘᏰᏗ ᎨᏒᎢ, ᎠᏲᎵ ᎨᏒ ᎢᎪᎯᏛ, ᎥᏝ ᏱᎦᎾᏓᎴᎿᏛ
ᎠᏥᎾᏝᎢ, ᎸᎬᏫᏳᏌᏕᎩ ᎡᏕᏃ ᎸᏓᎴᏒ ᎪᎱᏍᏗ.
2 ᏕᎤᏁᎶᏙᏍᎩᏂ ᏗᎬᏪᏲᎲᏍᎩ ᎠᎴ ᎤᎾᏕᏌᏯᏍᏗᏕᎩ ᎠᎦᏴᎵᎨᎢ ᎦᏒᏍᏛ ᎬᏗᏍᎩ.
3 ᎾᏍᎩᏯ ᎾᏍᏉ ᎠᏴ, ᎠᏏ ᏗᏗᏲᎵ ᏥᎨᏒᎩ, ᏤᎩᎾᏝᎢ ᎨᏒᎩ, ᎢᏕᏓᎸᏴᏛᎩ ᏗᎴᏅᏙᏗ
ᏗᏕᎶᏆᏍᏗ ᎡᎶᎯ ᎡᎯ ᎨᏒᎢ.
4 ᎠᏎᏃ ᎾᎯᏳ ᎠᏎᎸᎯ ᎨᏒ ᎠᎧᎵᎢ ᎤᏍᏆᎸᎲᎢ, ᎤᏁᎳᏅᎯ ᏧᏅᏎ ᎤᏪᏥ ᎠᎨᏴ
ᎤᎾᏄᎪᏫᏎᎢ, ᏗᎧᎿᏩᏛᏍᏗ ᎠᎲ ᎤᏓᎸᏴᏕᎢ,
5 ᏧᎦᏴᏗᏱ ᏧᏚᏓᎴᏍᏗᏱ ᎤᏰᎸᏎ ᎾᏍᎩ ᎤᎾᏓᎸᏴᏗ ᏗᎧᎿᏩᏛᏍᏗ ᎠᎲᎢ, ᎾᏍᎩ ᎠᏴ
ᏧᏪᏥ ᎢᏰᎬᏁᏗᏱ.
6 ᎾᏍᎩᏃ ᏧᏪᏥ ᏥᏂᏣᎵᏍᏔᏅ, ᎾᏍᎩ ᎤᏗᏕᎵᏍᏙᏗᎭ, ᎤᏁᎳᏅᎯ ᏧᏅᏒ ᎤᏪᏥ
ᎤᏓᏅᏙ ᏗᏣᏓᏅᏙᎩᎯ, ᎤᏪᎷᎦ ᎯᎠ ᏂᏕᏪᎭ, ᎠᏆ, ᎡᏙᏓ.
7 ᎾᏍᎩ ᎤᏗᏕᎵᏍᏙᏗᎭ ᎥᏝ ᎿᏉ ᎡᏣᎾᏝᎢ ᏱᎩ, ᎤᏪᏥᏉᏍᎩᏂ; ᎠᎴ ᎢᏳ ᎤᏪᏥ ᏱᎩ,
ᎿᏉ ᏧᎬᏩᎶᏗ ᎤᏁᎳᏅᎯ ᎤᏓᏁᏗ ᎨᏒ ᏣᏘᏰᎯ, ᎦᎶᏁᏛ ᎢᏳᏩᏂᏌᏅᎯ.
8 ᎠᏎᏃ ᎾᎯᏳᎢ, ᎤᏁᎳᏅᎯ ᏁᏥᎦᏔᎲᎾ ᏥᎨᏒᎩ, ᎪᎱᏍᏗ ᎦᏥᎧᎿᏩᏗᏙᎲᎩ ᎾᏍᎩ
ᎤᏙᎯᏳᎯ ᎤᎾᏁᎳᏅᎯ ᏂᎨᏒᎾ ᎨᏒᎢ.
9 ᎠᏎᏃ ᎪᎯ ᏥᎩ, ᎿᏉ ᎡᏥᎦᏙᎥᏒᎯ ᏥᎩ ᎤᏁᎳᏅᎯ, ᎠᎴ ᏯᏛᏅ ᎤᏁᎳᏅᎯ
ᎢᏥᎦᏙᎥᏒᎯ ᏥᎩ, ᎦᏙ ᏗᏕᎵᏍᏙᏗᎭ ᎢᏣᏨᎭ ᏙᏣᎵᏍᏕᏍᏙᏗᎭ ᎠᏩᎾᎦᎳ ᎠᎴ ᎤᏲ
ᎢᏳᏛᎿᏕᎩ ᏗᎴᏅᏙᏗ ᏗᏕᎶᏆᏍᏗ, ᎾᏍᎩ ᎠᏏ ᎾᎿ ᏥᏣᏚᎵ ᏤᏥᎾᏝ ᏔᎵᏁ ᎢᏣᎵᏍᏙᏗᏱ?
10 ᏕᏥᏍᏆᏂᎪᏙ ᏓᏙᏓᏇᎬᎢ, ᎠᎴ ᏓᏦᎳᏁᎬᎢ, ᎠᎴ ᏓᏍᏆᎸᎮᎬᎢ, ᎠᎴ ᏓᏕᏘᏴᎮᎬᎢ.
11 ᎢᏨᎾᏰᎢᏎᎭᏉ, ᎠᏎᏉᏉ ᎪᎱᏍᏗ ᏱᎦᏥᏯᏛᏁᎸ ᎨᎵᏍᎬ ᎢᏳᏍᏗ.
12 ᎢᏓᎵᏅᏟ, ᎢᏨ ᏔᏲᏎᎭ ᎠᏴ ᎾᏆᏍᏛ ᎾᏍᎩᏯ ᎢᏣᎵᏍᏙᏗᏱ; ᏂᏣᏍᏛᏰᏃ ᎾᏍᎩᏯ
ᎾᏆᏍᏗ ᎠᏴ, ᎥᏝ ᎪᎱᏍᏗ ᎤᏐᏅ ᎢᏍᎩᏴᏁᎸᎯ ᏱᎩ;
13 ᎠᏎᏃ ᎢᏥᎦᏔᎭ ᎠᏩᎾᎦᎳᎯᏳ ᎨᏒ ᎠᎩᏇᏓᎸᎢ ᎢᏨᏯᎵᏥᏙᏁᎸ ᎣᏍᏛ ᎧᏃᎮᏛ ᎢᎬᏱᏱ;
14 ᎠᎴ ᏥᎬᎵᏲᎬ ᎾᏍᎩ ᎠᎩᏇᏓᎸ ᏣᏇᎲᎩ, ᎥᏝ ᎤᎵᏌᎵ ᏱᏥᏰᎸᏁᎢ, ᎠᎴ ᎥᏝ
ᏱᏥᏲᎢᏎᎴᎢ; ᏕᏍᎩᏯᏓᏂᎸᏨᎩᏍᎩᏂ ᏗᎧᎿᏩᏗᏙᎯ ᎤᏁᎳᏅᎯ ᎤᏤᎵ ᎾᏍᎩᏯᎢ, ᎠᎴ
ᎦᎶᏁᏛ ᏥᏌ ᎾᏍᎩᏯᎢ.
15 ᎾᏍᎩᏃ ᏂᏕᎥᎩ ᎤᏩᏙᎯᏯᏛ ᎢᏣᏓᏅᏛᎩ! ᎢᏨᏲᎢ-ᏳᏓᏁᎭᏰᏃ, ᎾᏍᎩ ᎢᏳᏃ ᏰᎵ
ᎾᏍᎩ ᎢᎬᏩᎵᏍᏙᏗ ᏱᎨᏎᎢ, ᎢᏨᏒ ᏱᏗᏣᏓᎦᏏᏙᎢᏎᎢ, ᎠᎴ ᎠᏴ ᏱᏗᏍᎩᏁᎴᎢ.
16 ᏥᎪᏃ ᏍᎩᏍᎦᎩ ᏄᎵᏍᏔᏅ ᏂᏕᎵᏍᏙᏗᎭ ᎤᏙᎯᏳᎯ ᎨᏒ ᎢᏨᏃᏁᎸᎢ?
17 ᎤᏣᏘ ᎨᏥᎨᏳᎭ, ᎠᏎᏃ ᎥᏝ ᎣᏍᏛ ᎤᎬᏩᎵ ᏱᎩ; ᎠᎴ ᏂᎯ ᏱᎨᏣᎵᏍᏕᏓ, ᎾᏍᎩ
ᎤᏣᏘ ᏗᏥᎨᏳᎯᏳ ᎢᏣᎵᏍᏙᏗᏱ.

18 ᎣᏏᏳᏍᎩᏂ ᏂᎪᎯᎸ ᎤᏣᏘ ᎢᏥᎨᏳᏗᏱ ᎣᏍᏛ ᎨᏒᎢ, ᎥᏝᏃ ᎾᎯᏳᏉ ᎢᏨᏰᎳᏗᏙᎲ
ᎤᏩᏒ.
19 ᏗᏇᏥ ᏗᏣᏍᏗᎢ, ᎾᏍᎩ ᏔᎵᏁ ᎢᏨᏁᎵᏨᎯ ᏥᎩ [ᎢᏗᎬᏤᎵᏛ] ᎢᏣᏕᏗᏱ, ᎬᏂ ᎦᎶᏁᏛ
ᎠᏙᎵᏅᎭ ᏕᏣᏓᏅᏛᎢ,
20 ᎬᏆᏚᎸᏗ ᏂᎦᎵᏍᏗ ᎪᎯ ᎨᏒ ᎢᏨᏰᎳᏗᏓᏍᏗᏱ, ᎠᎴ ᎠᎩᏁᏟᏴᏍᏗᏱ ᏥᏁᎬᎢ; ᎤᏯᏰᏃ
ᎢᏨᏴᏍᎦ.
21 ᏍᎩᏃᎲᏏ, ᏂᎯ ᎢᏣᏚᎵᏍᎩ ᏗᎧᎿᏩᏛᏍᏗ ᎠᎲ ᎢᏣᏓᏄᏴᏙᏗᏱ, ᏝᏍᎪ ᏱᏣᏛᎩᎭ
ᏗᎧᎿᏩᏛᏍᏗ?
22 ᎯᎠᏰᏃ ᏂᎬᏅ ᎢᎪᏪᎳ, ᎾᏍᎩ ᎡᏆᎭᎻ ᎠᏂᏔᎵ ᏧᏪᏥ ᎠᏁᎮᎢ, ᎠᏏᏴᏫ ᎠᏥᏅᏝᎢ ᎠᎨᏴ
ᎤᎾᏄᎪᏫᏒᎯ, ᏐᎢᏃ ᎾᏥᎾᏝᎥᎾ ᎠᎨᏴ ᎤᎾᏄᎪᏫᏒᎯ.
23 ᎾᏃ ᎠᏥᎾᏝᎢ ᎠᎨᏴ ᎤᎾᏄᎪᏫᏒᎯ, ᎤᏇᏓᎵ ᎤᏕᎳᏁᎢ; ᎾᏍᎩᏯ ᎾᏥᎾᏝᎥᎾ ᎠᎨᏴ
ᎤᎾᏄᎪᏫᏒᎯ ᎠᏚᎢᏍᏛ ᎾᏍᎩᏯ ᎤᏕᏁᎢ.
24 ᎯᎠ ᎾᏍᎩ ᏓᏟᎶᏍᏗ; ᎯᎠᏰᏃ ᎾᏍᎩ ᏔᎵ ᎧᏃᎮᏛ ᏓᏠᎯᏍᏛ ᏓᏟᎶᏍᏗ; ᏌᏉ ᎨᏒ
ᏌᎾᏱ ᎣᏓᎸ ᏨᏗᏓᎴᎲᏍᎦ, ᎾᏍᎩ ᏥᏕᏚᎾᏄᎪᏫᏍᎦ ᏗᎨᏥᎾᎵᏗ ᎨᏒᎢ, ᎾᏍᎩ ᎮᎦ
ᏥᏓᏟᎶᏍᏗ.
25 ᎯᎠᏰᏃ ᎾᏍᎩ ᎮᎦ ᏌᎾᏱ ᎣᏓᎸ ᏓᏟᎶᏍᏗ, ᎡᎴᏈᎠ ᏦᏓᎸ, ᎾᏍᎩ ᏥᎷᏏᎵᎻ ᎾᏍᎩᏯ
ᏥᎩ, ᎾᏍᎩ ᎪᎯ ᏄᏍᏛᎢ, ᎾᏍᎩᏰᏃ ᏕᎨᏥᎾᏝᎠ ᎤᏩᏒ ᎠᎴ ᎾᏍᎩ ᏧᏪᏥ.
26 ᏥᎷᏏᎵᎻᏍᎩᏂ ᎦᎸᎳᏗ ᏨᏗᎦᏚᎭ ᎾᏍᎩ ᎾᏥᎾᏝᎥᎾ, ᎾᏍᎩ ᎠᏴ ᏂᏗᎥ ᎢᎩᏥ.
27 ᎯᎠᏰᏃ ᏂᎬᏅ ᎢᎪᏪᎳ, ᎭᎵᎮᎵᎩ ᏔᎷᎸᎥᏍᎩ ᏂᎨᏒᎾ, ᎾᏍᎩ ᏂᏔᏓᎾᏄᎪᏫᏍᎬᎾ;
ᎭᎴᏅ ᎮᎷᎲᎦ, ᏂᎯ ᏂᏗᎾᏄᎪᏫᏍᎬᎾ; ᎾᏰᏃ, ᎾᏥᏰᎲᎾ ᎤᏟ ᎾᏂᎥ ᏚᏪᎧᎭ ᏧᏪᏥ
ᎡᏍᎦᏉ Ꮎ ᎠᏥᏰᎯ.
28 ᎾᏍᎩᏃ ᎠᏴ, ᎢᏓᎵᏅᏟ, ᎠᏚᎢᏍᏛ ᎢᏚᏕᎳᏅᎯ ᎾᏍᎩᏯ ᎡᏏᎩ ᏥᏄᏍᏕᎢ.
29 ᎾᏍᎩᏃ ᎾᎯᏳ ᏥᎨᏎᎢ, Ꮎ-Ꭹ ᎤᏇᏓᎵ ᎤᏕᎳᏅᎯ ᏣᎦᏯᏙᏗᏍᎨ ᎾᏍᎩ Ꮎ ᎠᏓᏅᏙ
ᎤᏕᎳᏅᎯ, ᎾᏍᎩᏯ ᏄᏍᏗ ᎪᎯ ᎨᏒᎢ.
30 ᎠᏎᏃ ᎦᏙ ᎠᏗᎭ ᎪᏪᎵ? ᎯᏄᎪᏩ ᎠᏥᎾᏝᎢ ᎠᎨᏴ ᎠᎴ ᎾᏍᎩ ᎤᏪᏥ; ᎠᏥᎾᏝᎢᏰᏃ
ᎠᎨᏴ ᎤᏪᏥ, ᎥᏝ ᎤᏪᎳᏗᏍᏙᏗ ᏱᎨᏎᏍᏗ ᎤᏤᎵ ᎢᏳᎵᏍᏙᏗ ᎨᏒ ᎾᏥᎾᏝᎥᎾ ᎠᎨᏴ
ᎤᏪᏥ.
31 ᎾᏍᎩᏃ ᎢᏓᎵᏅᏟ, ᎥᏝ ᎠᏥᎾᏝᎢ ᎠᎨᏴ ᏧᏪᏥ ᏱᎩ ᎠᏴ, ᎾᏥᎾᏝᎥᎾᏍᎩᏂ.

ᎠᏯᏙᎸᎢ 5

1 ᎾᏍᎩ ᎢᏳᏍᏗ ᎤᎵᏂᎩᏛ ᏕᏥᏙᎨᏍᏗ ᎾᏍᎩ ᎾᎿ ᏂᏕᎩᎾᏝᎥᎾ ᎨᏒ ᎦᎶᏁᏛ ᏂᏕᎩᎾᏝᎥᎾ
ᏂᎬᏁᎸᎢ, ᎠᎴ ᏞᏍᏗ ᏔᎵᏁ ᏥᎡᏥᎩᎳᎾᎳᏗᏍᏔᏂ ᎠᏓᎾᎵᎥᏍᎩ ᎠᎩᎳᎾᏩ.
2 ᎬᏂᏳᏉ, ᎠᏴ ᏉᎳ ᎯᎠ ᏂᏨᏪᏎᎭ, ᎾᏍᎩ ᎢᏳᏃ ᏱᏕᏥᎤᏍᏕᏎᎸ, ᎦᎶᏁᏛ ᎥᏝ ᎪᎱᏍᏗ
ᏴᎦᏰᏣᎵᏍᏕᎸᏙᏓ.
3 ᎠᎴ ᏔᎵᏁ ᎢᏕᏥᏲᎢᏳᏓᏁᎭ ᎾᏂᎥ ᎾᏍᎩ ᏗᎨᏥᎤᏍᏕᏎᎸᎯ, ᎾᏍᎩ ᎠᎾᏚᏓᎸᎥᏍᎦ ᏂᎦᏛ
ᏗᎧᎿᏩᏛᏍᏗ ᏂᎦᏪᏍᎬ ᎢᏳᎾᏛᏁᎨᎲᏍᏗᏱ.
4 ᎦᎶᏁᏛ ᎪᎱᏍᏗ ᏕᏰᏣᎵᏍᏕᎥᏙᏗ ᏂᎨᏒᎾ ᏂᏕᎵᏍᏓ, ᏂᎯ ᏗᎧᎿᏩᏛᏍᏗ ᎢᏣᏚᏓᎴᏍᏗᏍᎩ;
ᏕᏥᏲᎯ ᎬᏩᏕᏘᏯ ᎤᏓᏙᎵᏍᏗ ᎨᏒᎢ.
5 ᎠᏴᏰᏃ ᎠᏓᏅᏛ ᎢᏳᏩᏂᏌᏛ ᎢᏗᎦᏘᏴ ᎤᏚᎩ ᎢᎬᏒ ᎢᏕᏚᏓᎴᏍᏙᏗᏱ ᎪᎯᏳᏗ ᎨᏒᎢ.
6 ᎦᎶᏁᏛᏰᏃ ᏥᏌ ᎤᏤᎵ ᏗᎧᎿᏩᏛᏍᏗ ᎨᏒ ᎠᎱᏍᏕᏍᏗ ᎨᏒ ᎥᏝ ᎪᎱᏍᏗ ᎬᏙᏗ ᏱᎩ, ᎠᎴ
ᎠᎱᏍᏕᏍᏗ ᏂᎨᏒᎾ ᎨᏒᎢ; ᎪᎯᏳᏗᏍᎩᏂ ᎨᏒ ᎾᏍᎩ ᎠᏓᎨᏳᏗ ᎨᏒ ᏧᏮᏗᏗᎭ ᏕᎸᏫᏍᏓᏁᎲᎢ.
7 ᎣᏏᏳ ᎢᏣᏙᎩᏯᏍᎬᎩ; ᎦᎪ ᎢᏥᏲᏍᏙᏓᏁᎴ, ᎾᏍᎩ ᏗᎨᏥᎧᎿᏩᏛᏍᏗ ᏂᎨᏒᎾ ᎸᎵᏍᏔᏅ
ᎤᏙᎯᏳᎯ ᎨᏒᎢ?
8 ᎯᎠ ᎾᏍᎩ ᎡᏥᏍᏗᏰᎳᏅᎯ ᏥᎩ ᎥᏝ ᎢᏥᏯᏅᏛ ᎤᏓᏅᏖᎸᎯ ᏱᎩ.
9 ᎤᏍᏗ ᎠᎪᏙᏗ ᏂᎦᏛ ᎦᎸ ᎠᎪᏗᏍᎪᎢ.
10 ᎤᎬᏫᏳᎯ ᏥᏯᎵᏍᏕᏍᏙᏗ, ᏂᎯ ᎢᏤᎲ ᎤᎬᏩᎵ ᎾᏍᎩ ᎤᏌᏱᏉ ᎢᏳᎵᏍᏙᏗᏱ
ᏕᏣᏓᏅᏛᎢ; ᎾᏍᎩᏍᎩᏂ Ꮎ ᎢᏣᏕᏯᏙᏗᏍᎩ ᎤᏍᏛᏗᏍᏗ ᎨᏎᏍᏗ, ᎤᏁᎳᎩ ᎩᎶ
ᎦᎨᏎᏍᏗ.
11 ᎠᎴ ᎠᏴ ᎢᏓᎵᏅᏟ, ᎢᏳᏃ ᎠᎱᏍᏕᏍᏗ ᎨᏒ ᎠᏏ ᏱᏕᎵᏥᏙᎲᏍᎦ, ᎦᏙᏃ ᎠᏏᏉ ᎤᏲ
ᏂᎥᏋᎿᏕᎦ? ᎿᏉ ᎠᎲᏛ ᏂᎦᎵᏍᏗᎭ ᏗᏓᏙᏕᏍᏗᏍᎩ ᎨᏒ ᏓᏓᎿᏩᏍᏛᎢ.
12 ᎣᏏᏳ ᏱᏥᏰᎸᎾ ᎾᏍᏉ ᏱᏗᎨᏥᎧᎲᏒ ᎨᏣᏕᏯᏙᏗᏍᎩ ᏥᎩ.
13 ᏂᎯᏰᏃ, ᎢᏓᎵᏅᏟ, ᎡᏥᏯᏅᏛ ᎢᏣᏓᏤᎵ ᎢᏣᎵᏍᏙᏗᏱ; ᎠᏗᎾ ᏞᏍᏗ ᎾᏍᎩ ᎢᏣᏓᏤᎵ
ᎨᏒ ᏱᏨᏗᏍᎨᏍᏗ ᎾᏍᎩ ᎤᏇᏓᎵ ᎤᏚᎸᎲᎥᏍᎬ ᎢᏣᏛᏁᏗᏱ ᏥᏥᏔᏅᏓᏕᏩ ᎾᏍᎩᏯᎢ;
ᎠᏓᎨᏳᏗᏍᎩᏂ ᎢᏨᏗᏍᎬ ᎣᏍᏛ ᏂᏕᏣᏓᏛᏁᎮᏍᏗ.
14 ᏂᎦᎥᏰᏃ ᏗᎧᎿᏩᏛᏍᏗ ᏕᎵᏁᏨ ᏌᏉᏉ ᎢᎧᏁᏨᎯ ᎠᎧᎵᎢᎭ, ᎯᎠᏉ ᎾᏍᎩ, ᎾᎥ
ᎢᏗᏍᏓᏓᎳ ᎯᎨᏳᏎᏍᏗ ᎾᏍᎩᏯ ᏨᏒ ᏂᏣᏓᎨᏳᏒᎢ.
15 ᎢᏳᏍᎩᏂ ᏙᏣᏓᏍᏕᏩᎨᏍᏗ ᎠᎴ ᏙᏣᏓᏯᎣᎲᏍᎨᏍᏗ, ᎢᏤᏯᏔᎮᏍᏗ ᏞᏍᏗ
ᏥᏙᏣᏓᏛᏔᏂ.
16 ᎾᏍᎩᏃ ᎯᎠ ᏂᏥᏪᎭ, ᎠᏓᏅᏙᎩᎯ ᎢᏣᎢᏎᏍᏗ, ᎤᏇᏓᎵᏃ ᎤᎬᎥᏍᎬ ᎥᏝ
ᏱᏂᎨᏣᏛᏁᏍᏗ.

17 ᎤᏇᏓᎵᏰᏃ ᎤᏚᎵᏍᎬ ᏓᎦᏘᎴᎢ ᎠᏓᏅᏙ, ᎠᎴ ᎠᏓᏅᏙ ᎤᏚᎵᏍᎬ ᏓᎦᏘᎴᎢ ᎤᏇᏓᎵ;
ᎾᏍᎩᏃ ᎯᎠ ᏗᎾᏓᏡᏗᏍᎩ ᏂᏚᎵᏍᏗᎭ; ᎾᏍᎩᏃ ᏂᏚᎵᏍᏙᏗᎭ ᏄᏍᏛ ᎢᏣᏚᎵᏍᎬ ᎥᏝ
ᏱᏅᎨᏣᏛᎦ.
18 ᎠᏓᏅᏙᏍᎩᏂ ᏱᏗᏣᏘᏂᏙᎭ, ᎥᏝ ᏗᎧᎿᏩᏛᏍᏗ ᎠᎲ ᏱᎨᏣᏚᏓᎸ.
19 ᎾᏍᎩᏃ ᎤᏇᏓᎵ ᏄᏍᏛ ᏕᎤᎸᏫᏍᏓᏁᎲ ᎬᏂᎨᏒᎢᏳ; ᎯᎠ ᎾᏍᎩ ᏄᏍᏗ-ᎠᏓᏲᏁᏗ ᎨᏒᎢ,
ᎤᏕᎵᏛ ᏗᏂᏏᏗ ᎨᏒᎢ, ᎦᏓᎭ ᏗᎦᎸᏫᏍᏓᏁᏗ ᎨᏒᎢ, ᎤᏁᎫᏥᏛ ᎨᏒᎢ,
20 ᎤᏁᎳᏅᎯ ᏗᏰᎸᎯ ᏗᏓᏙᎵᏍᏓᏁᏗ ᎨᏒᎢ, ᎠᏓᏅᏙ ᎨᏒᎢ, ᎠᏓᏓᏡᏍᏗ ᎨᏒᎢ, ᏗᏗᏲᏍᏗ
ᎨᏒᎢ, ᏗᏓᏛᏳᏤᏗ ᎨᏒᎢ, ᎠᎳᎳᏬᎯᏍᏗ ᎨᏒᎢ, ᏓᏓᎭᎮᏗ ᎨᏒᎢ, ᏔᎵ ᎢᏯᏓᏗᏍᏗ ᎨᏒᎢ,
ᎤᎾᏓᏤᎵᏛ ᎨᏒᎢ,
21 ᎠᏛᏳᎨᏗ ᎨᏒᎢ, ᏗᏓᎯᏍᏗ ᎨᏒᎢ, ᎤᏓᏴᏍᏕᏍᏗ ᎨᏒᎢ, ᏧᏂᏴᏍᏕᏍᎩ ᏧᏂᎳᏫᎢᏍᏗ
ᎨᏒᎢ, ᎠᎴ ᎾᏍᎩ ᎢᏳᏍᏗᏓᏂ; ᎯᎠ ᎾᏍᎩ ᎦᏳᎳ ᏂᏨᏃᏁᎭ, ᎾᏍᎩᏯ ᎾᏍᏉ ᎢᏨᏃᏁᎸᎯ
ᏥᎩ ᏧᏩᏓᎳᏅᏒᎢ, Ꮎ ᎾᏍᎩ ᎢᏯᎾᏛᏁᎯ ᎥᏝ ᎤᎾᏤᎵ ᏱᏅᏚᎵᏍᏓ ᎤᏁᎳᏅᎯ ᎤᏤᎵᎪᎯ.
22 ᎠᏓᏅᏙᏍᎩᏂ ᎦᎾᏄᎪᏫᏍᎦ, ᎠᏓᎨᏳᏗ ᎨᏒᎢ, ᎤᎵᎮᎵᏍᏗ, ᎤᏩᏙᎯᏯᏛ, ᎬᏂᏗᏳ
ᎨᏒᎢ, ᎤᏓᏅᏘ ᎨᏒᎢ, ᎣᏍᏛ ᎨᏒᎢ, ᎪᎯᏳᏗ ᎨᏒᎢ.
23 ᎤᏓᏅᏘ ᎨᏒᎢ, ᎠᎵᏏᎾᎯᏍᏗ ᎨᏒᎢ; ᎾᏍᎩ ᎢᏳᏍᏗᏓᏂ ᏗᎦᏘᎴᎩ ᏗᎧᎿᏩᏛᏍᏗ ᎥᏝ
ᏰᎭ.
24 ᎾᏍᎩᏃ Ꮎ ᎦᎶᏁᏛ ᏧᏤᎵᎦ ᏥᎩ ᏓᏓᎿᏩᏍᏛ ᎤᎾᏛᏅ ᎤᏇᏓᎵ ᎨᏒ ᎬᏩᏠᏯᏍᏗ
ᎤᏚᎸᎲᏗ ᎨᏒ ᎠᎴ ᎤᎬᎥᎯᏍᏗ ᎨᏒᎢ.
25 ᎢᏳᏃ ᎠᏓᏅᏙᎩᎯ ᎢᏕᎮᏍᏗ, ᎾᏍᏉ ᎠᏓᏅᏙ ᎦᏚᏘᏂᏒ ᎢᏓᎢᏎᏍᏗ.
26 ᏞᏍᏗ ᏱᎾᏚᎵᏍᎨᏍᏗ Ꮎ ᎦᏄᏉᏗᏳ ᎨᏒ ᎪᎱᏍᏗ ᎬᏙᏗ ᏂᎨᏒᎾ ᏥᎩ; [ᏞᏍᏗ]
ᏱᏗᏓᏓᎿᏄᏍᏗᏍᎨᏍᏗ, ᎠᎴ ᏱᏗᏓᏓᏛᏳᏤᎮᏍᏗ.

ᎠᏯᏙᎸᎢ 6

1 ᎢᏓᎵᏅᏟ, ᎢᏳᏃ ᎩᎶ ᏩᏎᎦᏤᎸ ᏳᏍᎦᏅᏨ, ᏂᎯ ᎠᏓᏅᏙ ᏗᏣᏘᏂᏙᎯ ᎡᏥᏯᏂᏐᏗ ᎨᏎᏍᏗ
ᎾᏍᎩ ᎢᏳᏛᏁᎸᎯ ᎤᏓᏙᎵᏍᏗ ᎢᏣᏓᏅᏛᎢ, ᎮᏯᏔᎮᏍᏗ ᏨᏒ ᎨᏒ ᏱᏅᏎᎦᎩ ᏂᎯ ᎾᏍᏉ
ᏰᏣᎪᎵᏯ.
2 ᏕᏣᎵᏅᏫᏍᏗᎦᎬ ᏕᏣᏓᏴᎡᎮᏍᏗ, ᎾᏍᎩᏃ ᏂᏣᏛᏁᎲ ᎢᏥᎧᎵᎢᎮᏍᏗ ᎦᎶᏁᏛ ᎤᏤᎵ
ᏗᎧᎿᏩᏛᏍᏗ.
3 ᎢᏳᏰᏃ ᎩᎶ ᏰᎵ ᎩᎶ ᎤᏤᎸᏎᏍᏗ, ᎩᎶᏉᏃ ᏂᎨᏒᎾ ᎢᏳᏎᏍᏗ, ᎤᏩᏒᏉ ᏯᏓᎵᏓᏍᏗᎭ.
4 ᎠᏎᏃ ᎾᏂᎥ ᎠᏂᎪᎵᏰᏍᎨᏍᏗ ᎤᏅᏒ ᏚᏂᎸᏫᏍᏓᏁᎲᎢ, ᎿᏉᏃ ᎤᏅᏒ ᎨᏒ ᎤᏂᎮᏍᏗ
ᎤᎾᎵᎮᎵᏍᏙᏗ, ᎥᏝᏃ ᎤᏩᎾᏓᎴ ᎨᏒᎢ.
5 ᎾᏂᎥᏰᏃ ᎤᏅᏒ ᏚᎾᎵᏅᏫᏍᏗᎦᎬ ᎠᏂᏰᎮᏍᏗ.
6 ᎾᏍᎩ Ꮎ ᎧᏃᎮᏛ ᎠᎨᏲᏅᎯ ᎠᏁᎮᏍᏗ ᎾᏍᎩ Ꮎ ᎤᏪᏲᎲᏍᎩ ᏄᏓᎴᏒ ᎣᏍᏛ ᎨᏒᎢ.
7 ᏞᏍᏗ ᏱᏥᎵᏓᏍᏔᏁᏍᏗ; ᎥᏝ ᏕᏰᏥᏩᎸᎡᏗ ᏱᎩ ᎤᏁᎳᏅᎯ; ᏄᏍᏛᏰᏃ ᎩᎶ ᎠᏫᏍᎬᎢ,
ᎾᏍᎩ ᎾᏍᏉ ᏄᏍᏕᏍᏗ ᏕᏟᏏᏍᎨᏍᏗ.
8 ᎾᏍᎩᏰᏃ Ꮎ ᎤᏩᏒ ᎤᏇᏓᎵ ᎠᏫᏍᎨᏍᏗ, ᎾᏍᎩ ᎤᏇᏓᎵ ᎤᎾᎸᎪᏫᏒᎯ ᎠᏲᎩ
ᏕᏟᏏᏍᎨᏍᏗ; ᎾᏍᎩᏍᎩᏂ Ꮎ ᎠᏓᏅᏙᎩᎯ ᎠᏫᏍᎨᏍᏗ, ᎾᏍᎩ ᎠᏕᏅᏙ ᎤᎾᎸᎪᏫᏒᎯ
ᎬᏂᏛ ᎤᎵᏍᏆᏗᏍᏗ ᏂᎨᏒᎾ ᏕᏟᏏᏍᎨᏍᏗ.
9 ᎠᎴ ᏞᏍᏗ ᏱᏗᎩᏯᏪᎨᏍᏗ ᎣᏍᏛ ᏕᎩᎸᏫᏍᏓᏁᎲᎢ; ᎾᎯᏳᏰᏃ ᎠᏍᏆᎸᎲᎭ ᎢᎩᏟᏐᏗ
ᎨᏎᏍᏗ, ᎢᏳᏃ ᏂᏗᏗᏩᎾᎦᎶᎬᎾ ᎢᎨᏎᏍᏗ.
10 ᎾᏍᎩ ᎢᏳᏍᏗ ᏰᎵ ᎢᎨᏕᏛᏁᏗ ᏗᏜᏅᏓᏗᏍᎨᏍᏗ, ᎾᏂᎥ ᎣᏍᏛ ᏂᏕᏓᏛᏁᎮᏍᏗ, Ꭸ
ᎤᎬᏫᏳᏎᏍᏗ ᎾᏍᎩ Ꮎ ᎠᏃᎯᏳᎲᏍᎩ ᏏᏓᏁᎸᎯ ᎤᎾᏓᏡᎬᎢ.
11 ᎢᏥᎪᏩᏘᎭ ᏂᏚᏅᎯᏒ ᎪᏪᎵ ᎢᏨᏲᏪᎳᏁᎸᎢ, ᎠᏋᏒ ᎠᏉᏰᏂ ᎠᏋᎳᏅᎯ.
12 ᎾᏂᎥ ᎤᎾᏚᎵᏍᎩ ᎣᏍᏛ ᎢᏳᎵᏍᏙᏗᏱ ᏗᎨᎦᏕᏅᏗᏱ ᎤᏇᏓᎵ ᎨᏒᎢ, ᎾᏍᎩ ᎠᏎ
ᏤᏥᏅᏍᏕᏎᏗᏱ ᏂᎨᏨᏁᎨᎢ; ᏄᎾᏚᎵᏍᎬᎾ ᎨᏒ ᎢᏳᏍᏗ ᎨᏥᎩᎵᏲᎢᏍᏙᏗᏱ ᎤᏂᏍᏛᏗᏍᏗᏱ
ᎦᎶᏁᏛ ᎤᏤᎵ ᏓᏓᎿᏩᏍᏛᎢ.
13 ᎥᏝᏰᏃ ᎾᏍᏉ ᎤᏅᏒ ᎾᏍᎩ ᏗᎨᏥᏅᏍᏕᏎᎸᎯ ᏳᏂᏍᏆᏂᎪᏗ ᏗᎧᎿᏩᏛᏍᏗ; ᏂᎯᏍᎩᏂ
ᏤᏥᏅᏍᏕᏎᏗᏱ ᎤᎾᏚᎵᎭ, ᎾᏍᎩ ᎢᏥᏇᏓᎸ ᎤᎾᏢᏡᏍᏗᏱ.
14 ᎠᏎᏃ ᎬᏩᏟᏍᏗ ᎪᎱᏍᏗ ᎠᏆᏢᏡᏍᏙᏗᏱ ᎤᏩᏒᏍᎩᏂᏃᏅ ᏓᏓᎿᏩᏍᏛ ᎢᎦᏤᎵ ᎤᎬᏫᏳᎯ
ᏥᏌ ᎦᎶᏁᏛ ᎤᏤᎵᎦ, ᎾᏍᎩ ᏥᏅᏗᎦᎵᏍᏙᏗᎭ, ᎾᏍᎩ ᎡᎶᎯ ᏓᏓᎿᏩᏍᏛ ᎠᎦᏛᏅᎯ ᏥᎩ
ᎠᏴ ᎨᏒ ᎢᏗᏢ,ᎠᎴ ᎠᏴ ᎥᏆᏛᏅᎯ ᏥᎩ ᎡᎶᎯ ᎨᏒ ᎢᏗᏢ.
15 ᎦᎶᏁᏛᏰᏃ-ᏥᏌ ᏗᏁᎶᏙᏗ ᎨᏒ ᎠᎱᏍᏕᏍᏗ ᎨᏒ ᎥᏝ ᎪᎱᏍᏗ ᎬᏙᏗ ᏱᎩ, ᎠᎴ
ᎠᎱᏍᏕᏍᏗ ᏂᎨᏒᎾ ᎨᏒᎢ; ᎢᏤᏍᎩᏂ ᎢᏯᎬᏁᎸᎯ ᎨᏒᎢ.
16 ᎾᏂᎥᏃ ᎾᏍᎩ ᎯᎠ ᏗᎧᎿᏩᏛᏍᏗ ᏗᏂᎧᎿᏩᏕᎩ, ᎤᏩᏙᎯᏍᏛ ᎠᎴ ᎤᏓᏙᎵᏍᏗ ᎨᏒ
ᏭᏁᎳᏗᏓ, ᎠᎴ ᎾᏍᏉ ᎢᏏᎵ ᎤᏁᎳᏅᎯ ᏧᏤᎵᎦ ᏭᏁᎳᏗᏓ.

17 ᎪᎯ ᎢᏳᏓᎴᏅᏛ ᏞᏍᏗ ᎩᎶ ᏯᏆᏕᏍᏙᏔᏁᏍᏗ; ᏥᏰᎸᏰᏃ ᏓᎩᏁᎸᏨ ᎠᏨᎴᎰᎯᏍᏙᏗ
ᎤᎬᏫᏳᎯ ᏥᏌ ᏥᏯᏤᎵ ᎨᏒᎢ.
18 ᎢᏓᎵᏅᏟ, ᎬᏩᎦᏘᏯ ᎤᏓᏙᎵᏍᏗ ᎨᏒ ᎢᎦᏤᎵ ᎤᎬᏫᏳᎯ ᏥᏌ ᎦᎶᏁᏛ ᏓᎧᎿᏩᏗᏙᎵᏍᏗ
ᏗᏣᏓᏅᏙ. ᎡᎺᏅ.

ᏉᎳ ᎡᏈᏌ ᎠᏁᎯ ᏧᏬᏪᎳᏁᏅᎯ

ᎠᏯᏙᎸᎢ 1

1 ᏉᎳ, ᏥᏌ ᎦᎶᏁᏛ ᎠᎩᏅᏏᏛ ᎾᏍᎩᏯ ᎤᏁᎳᏅᎯ ᎠᏓᏅᏖᏍᎬᎢ, ᏫᏨᏲᏪᎳᏏ
ᎢᏣᏓᏅᏘ ᎡᏈᏌ ᎢᏤᎯ, ᎠᎴ ᎡᏦᎯᏳᎲᏍᎩ ᎦᎶᏁᏛ ᏥᏌ,
2 ᎬᏩᎦᏘᏯ ᎤᏓᏙᎵᏍᏗ ᎨᏒ ᎠᎴ ᏅᏩᏙᎯᏯᏛ ᎢᏣᏤᎵ ᎨᏎᏍᏗ ᎤᏓᏳᎾᎵᏍᎪᎸᏔᏅᎯ
ᎤᏁᎳᏅᎯ ᎢᎩᏙᏓ, ᎠᎴ ᎤᎬᏫᏳᎯ ᏥᏌ ᎦᎶᏁᏛ.
3 ᎦᎸᏉᏙᏗ ᎨᏎᏍᏗ ᎤᏁᎳᏅᎯ ᎠᎴ ᎤᏙᏓ ᎤᎬᏫᏳᎯ ᎢᎦᏤᎵ ᏥᏌ ᎦᎶᏁᏛ, ᎾᏍᎩ
ᎦᎶᏁᏛ ᎢᏳᏩᏂᏌᏅᎯ ᎣᏍᏛ ᎢᎦᏛᏁᎸᎯ ᏥᎩ, ᎢᎩᏁᎸᎯ ᏂᎦᎥ ᎣᏍᏛ ᎨᏒ ᎠᏓᏅᏙ
ᎤᎬᏩᎵ, ᎾᏍᎩ ᏧᏓᎴᏅᏛ ᏦᏒ ᎡᎯ ᎤᎬᏩᎵ.
4 ᎾᏍᎩᏯ ᎢᎦᏑᏰᏒ ᎾᏍᎩ Ꮎ ᎠᎬᏗᏍᎬᎢ ᎠᏏ ᎡᎶᎯ ᎾᏙᏢᏍᎬᎾ ᎨᏒᎢ, ᎾᏍᎩ ᏂᏗᏍᎦᏅᎾ
ᎢᎦᎵᏍᏙᏗᏱ, ᎠᎴ ᎪᎱᏍᏗ ᏁᎫᎢᏍᏛᎾ ᎢᏳᎵᏍᏙᏗᏱ ᎾᏍᎩ ᎠᎦᏔᎲ ᎠᏓᎨᏳᏗ ᎨᏒ
ᎢᏛᏗᏍᎬᎢ;
5 ᎾᏍᎩ ᏂᎦᏑᏰᏐᎢ ᏧᏪᏥ ᎢᎬᏁᏗᏱ ᎠᎬᏗᏍᎬ ᏥᏌ ᎦᎶᏁᏛ, ᎾᏍᎩᏯ ᎣᏏᏳ ᎤᏰᎸᏗ
ᎨᏒᎢ.
6 ᎾᏍᎩ ᎢᏳᏩᏂᏐᏗᏱ ᎦᎸᏉᏗᏳ ᎢᏳᎵᏍᏙᏗᏱ ᎬᏩᎦᏘᏯ ᎤᏓᏙᎵᏍᏗ ᎨᏒᎢ, ᎾᏏ
ᎢᎩᏙᎵᏨᎯ ᏥᎩ ᎾᏍᎩ ᎠᏥᎨᏳᎢ ᎢᏳᏩᏂᏌᏛ;
7 ᎾᏍᎩ ᎢᏳᏩᏂᏌᏛ ᎡᎦᎫᏴᏛ ᏥᎩ ᎤᎩᎬ ᎬᏔᏅᎯ, ᎡᎩᏙᎵᏨᎯ ᎢᎩᏍᎦᏅᏨᎢ, ᎾᏍᎩᏯ
ᏄᏧᏈᏍᏛ ᎬᏩᎦᏘᏯ ᎤᏓᏙᎵᏍᏗ ᎨᏒᎢ;
8 ᎾᏍᎩ ᎤᏣᏘ ᎢᎩᏁᎸᎯ ᏥᎩ ᎬᏗᏍᎬ ᏂᎦᎥ ᎠᎦᏙᎮᎯᏍᏗ ᎨᏒ ᎠᎴ ᎠᎵᏏᎾᎯᏍᏙᏗ ᎨᏒᎢ;
9 ᎾᏍᎩ ᎢᎩᎾᏄᎪᏫᏎᎸᎯ ᏥᎩ ᎤᏕᎵᏛ ᎤᏓᏅᏖᎸᎯ, ᎾᏍᎩᏯ ᎣᏏᏳ ᎤᏰᎸᏅᎢ, ᎾᏍᎩ
ᎤᏩᏒ ᎨᏒ ᎤᏓᏅᏖᎸᎯ ᎨᏒᎢ;
10 ᎾᏍᎩ ᎾᎯᏳ ᎠᏎᎸᎯ ᎨᏒ ᎠᎵᏰᎢᎶᎸᎭ ᏧᏪᏟᏐᏗᏱ ᏌᏉ ᎢᏧᏩᏁᏗᏱ ᎦᎶᏁᏛ ᏧᏲᎯᏎᏗ
ᎦᎸᎶᎯ ᎠᎴ ᎾᏍᏉ ᎡᎶᎯ ᏤᎭ; ᎾᏍᎩ ᏧᏲᎯᏎᏗ,
11 ᎾᏍᎩ ᎾᏍᏉ ᏥᎤᏗᎦᎵᏍᏙᏗ ᎡᎦᎵᏍᎪᎸᏓᏁᎸᎯ ᏥᎩ ᎢᎦᏤᎵ ᎢᏳᎵᏍᏙᏗ ᎨᏒᎢ,
ᎡᎦᏑᏰᏛ ᏥᎩ ᎾᏍᎩᏯ ᏄᏍᏛ ᎤᏓᏅᏖᎸᎢ, ᎾᏍᎩ Ꮎ ᏥᏑᎸᏫᏍᏓᏁᎭ ᏂᎦᎥ ᏧᏓᎴᏅᏛ
ᎾᏍᎩᏯ ᎤᏩᏒ ᎤᏓᏅᏛ ᎦᏭᎪᏔᏂᎸᎢ;
12 ᎾᏍᎩ ᎠᏴ ᎢᎬᏱᏱ ᎣᏣᎵᏍᎦᏍᏙᏔᏅᎯ ᎦᎶᏁᏛ ᎢᏲᎬᏂᏐᏗᏱ ᎦᎸᏉᏗᏳ ᎢᏳᎵᏍᏙᏗᏱ
ᎠᏥᎸᏉᏗᏳ ᎨᏒᎢ;
13 ᎾᏍᎩ ᏂᎯ ᎾᏍᏉ [ᏤᏣᎵᏍᎦᏍᏙᏔᏅᎩ] ᏏᏉ ᎢᏣᏛᎦᏅ ᎦᏰᎪᎩ ᏂᎨᏒᎾ ᎧᏃᎮᏛ,
ᎾᏍᎩ ᎣᏍᏛ ᎧᏃᎮᏛ ᎢᏣᎵᏍᎦᎸᏙᏗ ᏥᎩ; ᎾᏍᎩ ᎾᏍᏉ ᎡᏦᎢᏳᏅ, ᏏᏉ ᎢᏥᏰᎸᏔᏅᎩ
ᎦᎸᏉᏗᏳ ᎠᏓᏅᏙ ᎾᏍᎩ ᎠᎦᎢᏍᏔᏅᎯ ᎨᏒᎢ,
14 ᎾᏍᎩ ᎠᎦᏘᏗᏍᏙᏗ ᏥᎩ ᎢᎦᏤᎵ ᎢᏳᎵᏍᏙᏗ ᎨᏒᎢ, ᎬᏂ ᎢᎦᏤᎵᎦ ᏂᏛᏁᎸᎭ ᎠᎫᏴᏛ
ᎠᏩᏒᎯ ᎢᎦᏤᎵᎦ, ᎾᏍᎩ ᎦᎸᏉᏗᏳ ᎢᏳᎵᏍᏙᏗᏱ ᎠᏥᎸᏉᏗᏳ ᎨᏒᎢ.

15 ᎾᏍᎩ ᎢᏳᏍᏗ ᎾᏍᏉ ᎠᏴ ᎠᏆᏛᎦᏅ ᎡᏦᎢᏳᏒ ᎤᎬᏫᏳᎯ ᏥᏌ, ᎠᎴ ᎦᏥᎨᏳᏒ ᎾᏂᎥ
ᎤᎾᏓᏅᏘ,
16 ᎥᏝ ᏑᏥᎣᎵᎪᎪ [ᎤᏁᎳᏅᎯ] ᏥᏯᎵᎡᎵᏤᎲ ᏂᎯ ᎤᏗᎦᎵᏍᏙᏗᏍᎨᎢ, ᏂᎯ
ᎢᏨᏁᎢᏍᏗᏍᎬ ᎦᏓᏙᎵᏍᏗᏍᎨᎢ;
17 ᎾᏍᎩ ᎤᏁᎳᏅᎯ, ᎢᎦᏤᎵ ᎤᎬᏫᏳᎯ ᏥᏌ ᎦᎶᎵᎦ, ᎠᎦᏴᎵᎨ ᎦᎸᏉᏗᏳ ᏥᎩ, ᎾᏍᎩ
ᎢᏥᏁᏗᏑ ᎠᏓᏅᏙ ᎠᎦᏙᎥᎯᏍᏙᏗ ᎠᎴ ᎠᏓᎾᏄᎪᏫᏎᎯ, ᎾᏍᎩ ᎤᏩᏒ ᎡᏥᎦᏙᎥᎯᏍᏗᏑ;
18 ᎾᏍᎩ Ꮎ ᎢᏦᎵᏍᏙᏗ ᎨᏒ ᏓᎧᏅᎢᎦ ᏤᎶᏗᏍᏓᏁᏗᏑ; ᎾᏍᎩ ᎢᏥᎦᏙᎥᎯᏍᏗᏑ ᏄᏍᏛ
ᎤᏚᎩ ᎬᏗ ᎨᏒ, ᎾᏍᎩ ᎤᏓᏯᏅᏗ ᎨᏒᎢ, ᎠᎴ ᏂᎦᎥ ᎦᎸᏉᏗᏳ ᎨᏒ ᎤᎾᏓᏅᏘ ᎤᎾᏤᎵ
ᎢᏳᎵᏍᏙᏗ ᎨᏒ ᎾᏍᎩ ᏧᏁᏗ ᏥᎩ,
19 ᎠᎴ ᏄᏍᏛ ᏭᏓᎪᎾᏛᏛ ᎡᏉᎯᏳ ᎨᏒ ᎤᎷᏂᎬᎬ ᎬᏂᎨᏒ ᏂᎬᏁᎸ ᎢᎪᎯᏳᏅᎯ ᏥᎩ,
ᎾᏍᎩᏯ ᏚᎸᏫᏍᏓᏁᎲ ᎤᏣᏔᏅᎯ ᎤᎵᏂᎩᏛ ᎨᏒᎢ,
20 ᎾᏍᎩ ᎦᎶᏁᏛ ᏥᏄᏛ'ᏁᎴᎢ ᎤᎰᎱᏒ ᏥᏚᎴᏔᏁᎢ, ᎠᎴ ᎤᏩᏒ ᎠᎦᏘᏏᏗᏢ ᏧᏬᎧᏁᎢ
ᎦᎸᎳᏗ ᏗᎨᏒᎢ,
21 ᎤᏟ ᎦᎸᎳᏗᏳ ᎡᏍᏚᏉ ᎾᏂᎥ ᏗᎨᎦᏁᎶᏗ ᎨᏒᎢ, ᎠᎴ ᎤᎵᏂᎩᏗᏳ ᎨᏒᎢ, ᎠᎴ ᎨᎦᎨᏅᏴ
ᎨᏒᎢ, ᎠᎴ ᎤᏂᎬᏫᏳᏎᎦᎩ ᎨᏒᎢ, ᎠᎴ ᎾᏂᎥ ᏚᎾᏙᎠᏗᏒ ᏗᎪᎥᎯ ᏥᎩ, ᎥᏝ ᎠᏂᏉ ᎤᏩᏒ ᎪᎯ
ᏥᎩ, ᎾᏍᏉᏍᎩᏂ ᎾᏏ Ꮒ ᎠᏏ ᎤᎵᏰᎢᎶᎯᏍᏗ ᏥᎩ,
22 ᎠᎴ ᏄᏓᎴᏛ ᎪᎱᏍᏗ ᏚᎳᏍᎬ ᏠᏫᏂᏗᏢ ᏥᏂᏚᏩᏁᎸ, ᎠᎴ ᎾᏍᎩ ᎤᎬᏫᏳᏌᎦᎩ ᏥᎾᎬᏁᎸ
ᏄᏓᎴᏒ ᎪᎱᏍᏗ ᏧᎾᏁᎶᏗ ᎤᎾᏓᏈᎬ ᎠᏁᎲᎢ,
23 ᎾᏍᎩ ᎠᏰᎵ ᏥᎩ, ᎾᏍᎩ ᎤᎧᎵᎢᎯ, ᎾᏍᎩ ᎤᏩᏒ ᏂᎦᏗᏳ ᏂᎬᎾᏛ ᎠᎧᎵᎢᎯ ᏥᎩ.

ᎠᏯᏙᏅᎢ 2

1 ᏂᎯᏃ ᏗᏥᏲᎱᏒᎯ ᏥᎨᏒ ᎤᏣᏘᏂ ᏂᏣᏛᏁᎸ ᎠᎴ ᎢᏥᏍᎦᏅᏨᎢ;--

2 ᎾᎿᏂ ᏧᏩᎫᏔᏅᏒ ᎢᏤᏙᎸᎢ ᎾᏍᎩᏯ ᎢᏣᎾᏛᏁᏗ ᎨᏒ ᎡᎶᎲ ᎠᏁᎯ, ᎾᏍᎩᏯ
[ᎤᏕᎵᏍᎬ] ᎦᏃᎴᏍᎬ ᎡᎯ ᎡᎬᏫᏳᏌᏕᎩ, ᎾᏍᎩ ᎠᏓᏅᏙ ᎪᎯ ᎨᏒ ᏥᏚᎸᏫᏍᏓᏁ ᏕᎾᏓᏅᏛ
ᎪᎯᏳᏗ ᏂᎨᏒᎾ ᎨᏒ ᏧᏪᏥ;

3 ᎾᏍᎩ ᎾᏍᏉ ᏧᏩᎫᏔᏅᏒ ᏂᏗᎥ ᎨᏓᎵᎪᏁᎲᎩ ᎾᎿ ᎢᎩᏇᏓᎸ ᎤᎬᎥᏍᎬᎢ, ᎠᎴ ᎤᏇᏓᎸ
ᎠᎴ ᎠᏓᏅᏖᏗ ᎨᏒ ᎤᎾᏕᎵᏍᎬ ᏂᏓᏛᏁᎲᎩ; ᎠᎴ ᏗᎦᏕᏅ ᏂᏚᏍᏛ ᎤᏔᎳᏬᎯᏍᏗ ᎨᏒ
ᏧᏪᏥ ᎨᏒᎩ, ᎾᏍᎩᏯᏉ ᎠᏂᏐᎢ ᏄᎾᏍᏛᎢ.

4 ᎠᏎᏃ ᎤᏁᎳᏅᎯ ᎤᏪᎿᎢᏳ ᏥᎩ ᎤᏓᏙᎵᏍᏗ ᎨᏒᎢ, ᏥᏅᏗᎦᎵᏍᏙᏗᏍᎨ ᎤᏣᏘ
ᎤᏓᎨᏳᏗ ᎨᏒ ᏧᏩᏔᏁ ᎠᏴ ᎢᎩᎨᏳᎯᏳ ᏥᏄᎵᏍᏔᏁᎢ,

5 ᎾᏍᎩ ᎠᏍᎦᏅᎢᏍᏗ ᎨᏒ ᏗᎩᏲᎱᏒᎯ ᏥᎨᏒᎩ, ᎢᎬᏂᏛ ᎢᏕᏌᏯᏍᏔᏅ ᎦᎶᏁᏛ ᎠᎬᏂᏛᎢ,
(ᎬᏩᎦᏘᏯ ᎤᏓᏙᎵᏍᏗ ᎨᏒ ᎡᏥᏍᏕᎸᏔᏅ;)

6 ᎠᎴ ᎢᏧᎳᎭ ᏕᎦᎴᎯᏐᏔᏅ, ᎠᎴ ᎢᏧᎳᎭ ᎢᏕᏅᏗᏱ ᏂᎬᏁᎸ ᎦᎸᎳᏗ ᏗᎨᏒ ᎦᎶᏁᏛ ᏥᏌ
ᎢᏳᏩᏂᏌᏛ;

7 ᎾᏍᎩ Ꮎ ᏭᏩᎫᏗᏗᏒ ᎬᏂᎨᏒ ᎢᏳᏩᏁᏗᏱ ᏂᎦᎥ ᎤᏪᎿᎢᏳ ᎨᏒ ᎬᏩᎦᏘᏯ ᎤᏓᏙᎵᏍᏗ
ᎨᏒᎢ, ᏂᎦᎥ ᏄᏍᏛ ᏂᏕᏛᏁᎲ ᎦᎶᏁᏛ ᏥᏌ ᎤᏓᏳᏓᎴᏅᎯ.

8 ᎬᏩᎦᏘᏯᏰᏃ ᎤᏓᏙᎵᏍᏗ ᎨᏒ ᎡᏥᏍᏕᎸᏙᏔᏅᎯ ᎪᎯᏳᏗ ᎨᏒ ᎬᏔᏅᎯ; ᎠᎴ ᎾᏍᎩ ᎥᏝ
ᎢᏨᏒ ᎨᏒ ᎤᏗᏳᏓᎴᏅᎯ; ᎤᏁᎳᏅᎯ ᎤᎵᏍᎪᎸᏔᏅᎯ;

9 ᎥᏝ ᏗᎦᎸᏫᏍᏓᏁᏗ ᎨᏒ ᎢᏳᏩᏂᏌᏛ ᏱᎩ, ᎾᏍᎩ ᎩᎶ ᎤᎵᏈᏍᏗᏱ ᏂᎨᏒᎾ ᎢᏳᎵᏍᏙᏗᏱ.

10 ᎾᏍᎩᏰᏃ ᎠᏴ ᎢᎪᏢᏅᎯ, ᎦᎶᏁᏛ ᏥᏌ ᎢᏳᏩᏂᏌᏛ ᎡᎪᏢᏅᎯ ᏄᏍᏛ
ᏗᎩᎸᏫᏍᏓᏁᏗᏱ, ᎤᏁᎳᏅ-Ꭿ ᎾᏍᎩ ᏥᏂᎦᏛᏅᎢᏍᏓᏁᏨ ᎾᎿ ᎢᎨᏓᏍᏗᏱ.

11 ᎾᏍᎩ ᎢᏳᏍᏗ ᎢᏣᏅᏖᏍᏗ ᎾᏍᎩ ᏂᎯ ᏧᏩᎫᏔᏅᏒ ᏗᏣᏓᎴᏅᏛ ᏴᏫ ᎤᏇᏓᎵ ᎨᏒᎢ,
ᏂᏗᎨᏥᏅᏍᏕᏎᎸᎾ ᎨᏦᏎᎸᎯ ᎾᏍᎩ Ꮎ ᏗᎨᏥᏅᏍᏕᏎᎸᎯ ᎨᎪᏎᎯ ᏥᎩ, ᎾᏍᎩ ᎤᏇᏓᎸ
ᏗᎨᏥᏅᏍᏕᏎᎸᎯ ᏗᎪᏱ ᏗᎬᏔᏅᎯ;

12 ᎾᏍᎩ ᎾᎯᏳ ᏥᎨᏎ ᎦᎶᏁᏛ ᏂᏤᎲᎾ ᎨᏎᎢ, ᏂᏤᎸᎾᏉ ᎨᏎ ᎢᏏᎵ ᎠᏰᎵ ᎤᏃᎵᏒᎢ, ᎠᎴ
ᎢᏥᎪᏁᎳ ᎨᏎ ᎧᏃᎮᏛ ᏓᏌᎯᏍᏛ ᎠᏕᎢᏍᏛᎢ, ᎤᏚᎩ ᏂᏨᏒᎾ, ᎠᎴ ᎤᏁᎳᏅᎯ ᏂᏤᎲᎾ ᎨᏎ
ᎠᏂ ᎡᎶᎯ.

13 ᎪᎯᏍᎩᏂ ᏥᎩ, ᎦᎶᏁᏛ ᏥᏌ ᎢᏳᏩᏂᏌᏛ, ᏂᎯ, ᎢᏅᎯᏳ ᏥᏂᏣᏛᎿᏕᎬᎩ, ᎾᎥ ᎦᏣᏘᏃᎸ
ᎬᏔᏅᎯ ᎤᎩᎬ ᎦᎶᏁᏛ.

14 ᎢᎪᎯᏍᏓᏁᎯᏰᏃ ᎾᏍᎩ, ᎢᏧᎳ ᏌᏉᏉ ᎢᎬᏁᎸᎯ, ᎠᎴ ᎤᏲᏍᏔᏅᎯ ᎢᏕᏓᏓᎴᏗᏍᎩ
ᎠᏐᏴᎢ;

15 ᎤᏇᏓᎸ ᎬᏗᏍᎬ ᎤᏛᏔᏅ ᏗᏓᏓᏍᎦᎩ ᎢᎬᏁᎯ, ᎾᏍᎩ ᏯᏛᏅ ᏗᎧᎿᏩᏛᏍᏗ ᎤᎵᏁᏨᎢ
ᏧᏓᎴᏅᏛ ᎢᏯᏛᏁᎵᏓᏍᏗ ᎨᏒᎢ; ᎾᏍᎩ ᎠᏂᏔᎵ ᎨᏒ ᏌᏉ ᎢᏤ ᏴᏫ ᎤᏬᏢᏗᏱ ᎤᏩᏒ
ᎢᏳᏩᏂᎭᏗᏱ, ᎾᏍᎩᏃ ᏙᎯ ᎢᏳᏩᏁᏗᏱ;
16 ᎠᎴ ᎾᏍᎩ ᎢᏳᏩᏂᎭᏗᏱ ᎢᏧᎳ ᏌᏉ ᎠᏰᎸ ᏄᎾᏛᏅ ᏙᎯᏱ ᎢᏳᏅᏁᏗᏱ ᎤᏁᎳᏅᎯ,
ᏓᏓᎿᏩᏍᏛ ᎤᏮᏙᏗᏱ, ᎾᏍᎩ ᎤᏮᏔᏅ ᎤᎸ ᏓᎾᏓᏍᎦᎬᎢ.
17 ᎠᎴ ᎤᎷᏤᎢ ᎠᎴ ᎤᎵᏂᏥᏙᏁ ᎢᏥᏃᎯᏎᎴ ᎾᏍᎩ ᏙᎯ ᎢᏥᏩᏛᎡᎯ ᎨᏒᎢ, ᏂᎯ ᎢᏅ
ᎢᏣᏛᎿᏍᎩ, ᎠᎴ ᎾᏍᎩ Ꮎ ᎾᎥ ᎢᏳᎾᏛᎿᏍᎩ, ᎠᎴ ᎾᏍᎩ Ꮎ ᎾᎥ ᎢᏳᎾᏛᎿᏍᎩ.
18 ᎾᏍᎩᏰᏃ ᎢᏳᏩᏂᏌᏛ ᎠᏴ ᎢᏧᎳ, ᏌᏉ ᎠᏓᏅᏙ ᎬᏗ, ᎠᎦᏴᎵᎨ ᏫᎦᏰᏗᎷᏤᏗ
ᏄᎵᏍᏔᏅ.
19 ᎾᏍᎩᏃ ᏥᏄᏍᏗ ᎥᏝ ᎿᏉ ᏄᏣᏓᎴ, ᎠᎴ ᎢᏤᏙᎯᏉ ᏱᎩ, ᎤᎾᏓᏅᏘᏍᎩᏂ ᎢᏧᎳᎭ
ᎢᏤᎯ, ᎤᏁᎳᏅᎯ ᏚᏓᏘᎾᎥ ᎢᏏᎳ;
20 ᎡᏣᏁᏍᎨᏭᎯ ᎨᏒ ᎡᏥᏝᏅᎯ ᎨᏥᏅᏏᏛ ᎠᎴ ᎠᎾᏙᎴᎰᏍᎩ ᎡᏥᎫᏍᏛᏔᏅᎯ, ᏥᏌ
ᎦᎶᏁᏛ ᎤᏩᏒ ᏄᎬᏫᏳᏒ ᎤᏅᏏᏴ ᎠᏅᎯ ᎤᏯ ᎢᏳᎵᏍᏔᏅᎯ;
21 ᎾᎿᏂ ᏂᎬ ᎠᏓᏁᎸ ᎣᏍᏛ ᏗᏓᏙᎵᎩ ᎢᎬᏁᎸᎯ, ᎠᏛᏍᎪᎢ ᎦᎸᏉᏗ ᎠᏓᏁᎸ ᏂᎦᎵᏍᏗᏍᎪ
ᎤᎬᏫᏳᎯᏱ ᎠᏝᏅᎯ;
22 ᎾᎿᏂ ᎾᏍᏉ ᏂᎯ ᏤᏣᏑᏍᏔᏅᎯ ᎡᏣᏁᏍᎨᏭᎯ ᎡᏥᏝᏅᎯ, ᎤᏁᎳᏅᎯ
ᎤᏁᎳᏗᏍᏗᏱ ᎡᏓᏅᏙ ᎬᏗᏍᎬᎢ.

ᎠᏯᏙᎸᎢ 3

1 ᎾᏍᎩ ᎢᏳᏍᏗ ᎠᏴ ᏉᎳ ᏥᏴᎩ ᏥᏌ ᎦᎶᏁᏛ ᎠᎩᏍᏛᏗᏍᎬ ᎥᎩᏴᎩᏅᎯ ᏂᎯ ᎨᏒ
ᏗᏣᏓᎴᏅᏛ ᎤᏗᎦᎵᏍᏙᏗᏍᎬᎢ--

2 ᎢᏳᏃ ᎰᏩ ᎢᏣᏛᎦᏅᎯ ᏱᎩ ᎤᏁᎳᏅᎯ ᎬᏩᎦᏘᏯ ᎤᏓᏙᎵᏍᏗ ᎨᏒ ᎠᏴ ᎥᎩᏁᎸᎢ ᎾᎿ
ᏗᎩᏄᏫᏍᏓᏁᏗᏱ ᏂᎯ ᎣᏍᏛ ᎢᏨᏯᏛᏁᏗᏱ;

3 ᎾᏍᎩ ᎬᏂᎨᏒ ᏄᏩᏁᎸ ᎠᎩᎾᏄᎪᏫᏎᎸᎩ ᎤᏕᎵᏛ ᎨᏒᎢ, ᎦᏳᎳ ᎢᎸᏍᎩ ᎢᎧᏁᏨᎯ ᎬᏗ
ᏥᏨᏲᏪᎳᏁᎸ,

4 ᎾᏍᎩ ᎢᏥᎪᎵᏰᎥᎭ ᏓᏦᎵᏍᏙᎳᏂ ᎪᎵᎬ ᎤᏕᎵᏛ ᎦᎶᏁᏛ ᎤᏤᎵᎦ;

5 ᎾᏍᎩ ᏧᏬᎫᏩᏅᏒ ᎥᏝ ᎬᏂᎨᏒ ᎢᎨᎬᏁᎸᎯ ᏱᎨᏎ ᏴᏫ ᏧᏁᏥ, ᎾᏍᎩᏯ ᎪᎯ ᎬᏂᎨᏒ
ᏥᏂᎨᎬᏁᎭ ᏧᏤᎵ ᎨᏥᎸᏉᏗ ᎨᏥᏅᏏᏛ ᎠᎴ ᎠᎾᏙᎴᎰᏍᎩ ᎠᏓᏅᏙ ᎬᏗ;

6 ᎾᏍᎩ (ᎧᏃᎮᏍᎩ) ᏧᎾᏓᎴᏅᏛ ᏴᏫ ᎤᏠᏱᏉ ᎤᎾᏤᎵ ᏂᎨᎬᏁᎲᎢ, ᎠᎴ ᎾᏍᎩᏉ ᎠᏰᎵ
ᎠᏁᎯ ᎨᏒᎢ, ᎠᎴ ᎦᎶᏁᏛ ᎠᎬᏗᏍᎬ ᎤᏚᎢᏍᏔᏅ ᎤᏁᎳᏗᏍᏗᏍᎬᎢ, ᎣᏍᏛ ᎧᏃᎮᏛ
ᎬᏔᏅᎯ ᎬᏂᎨᏒ ᎢᎬᏁᎸᎯ;

7 ᎾᏍᎩ ᎾᎿ ᎠᏴ ᏗᎩᏄᏫᏍᏓᏁᎯ ᎠᏴᏋᏁᎸᎯ ᏥᎩ, ᎾᏍᎩᏯ ᎤᏁᎳᏅᎯ ᎬᏩᎦᏘᏯ
ᎤᏓᏙᎴᏍᏗ ᎨᏒ ᎥᏆᎵᏍᎪᎸᏓᏁᎸᎯ ᏥᎩ ᎬᏩᏄᎸᏗ ᏂᎨᏒᎾ ᎨᏒ ᎤᎵᏂᎩᏗᏳ ᎨᏒ ᎢᏳᏩᏂᏌᏛ.

8 ᎠᏴ ᏑᏓᎪᎾᏛᏛ ᎠᏆᏍᏗᎧᏂ ᏥᎩ ᎾᏂᎥ ᎤᎾᏓᏅᏘ ᎨᏒ, ᎯᎠ ᎾᏍᎩ ᎬᏩᎦᏘᏯ ᎤᏓᏙᎵᏍᏗ
ᎨᏒ ᎥᎩᏁᎸ, ᎾᏍᎩ ᎤᎬᏩᎸᎩ ᎠᏆᎵᏥᏙᏗᏱ ᏧᎾᏓᎴᏅᏛ ᏴᏫ ᎠᏁᎲ ᎬᎪᎵᏰᏗ ᏂᎨᏒᎾ
ᎤᏪᎿᎢᏳ ᎨᏒ ᎦᎶᏁᏛ;

9 ᎠᎴ ᎾᏂᎥ ᏴᏫ ᎬᏂᎨᏒ ᎢᎦᏥᏴᏁᏗᏱ ᏄᏍᏛ ᎾᏍᎩ ᎤᏕᎵᏛ ᎨᏒᎢ, ᎾᏍᎩ ᏗᏓᎴᏂᏍᎬ
ᎡᎶᎯ ᎤᏓᎬᏩᏓᎴᏅᏛ ᎬᏍᎦᎳᏅᎯ ᏥᎩ ᎤᏁᎳᏅᎯ ᎡᎲᎢ, ᎾᏍᎩ ᏂᎦᏗᏳ ᏧᏓᎴᏅᏛ
ᎤᏬᏢᏅᏅᎯ ᏥᎩ ᏥᏌ ᎦᎶᏁᏛ ᎠᎬᏗᏍᎬᎢ;

10 ᎤᎬᏩᎸᎩ ᎾᏍᎩ ᎪᎯ ᎨᏥᎸᏉᏗ ᎨᏒ ᎠᎴ ᏧᎾᎵᏂᎩᏛ ᎨᏒ ᎦᎸᎳᏗᏳ ᏕᎨᏌᏗᏒᎢ,
ᎤᏂᎦᏙᎥᎯᏍᏗᏱ ᎤᏣᏘ ᎢᏳᏓᎴᎩ ᎠᎦᏙᎥᎯᏍᏙᏗ ᎨᏒ ᎤᏁᎳᏅᎯ, ᎨᎬᏗᏍᎬ ᏧᎾᏁᏟᏗ
ᎤᎾᏓᏡᎬᎢ;

11 ᎾᏍᎩᏯ ᎤᏧᏓᎴᏅᎲᎾ ᎤᏓᏅᏖᎸᎢ, ᎦᎶᏁᏛ ᏥᏌ ᎤᎬᏫᏳᎯ ᎢᎦᏤᎵ ᏳᎬᏗᏍᎨ
ᏧᏓᏅᏖᎴᎢ;

12 ᎾᏍᎩ ᎢᏳᏩᏂᏌᏛ ᏂᏗᎾᏰᏍᎬᎾ ᎠᎴ ᎦᏰᏗᎷᏤᏗ ᏄᎵᏍᏔᏅ ᏔᎵ ᎤᏛᏗ
ᎡᏓᎵᏍᎦᏍᏙᏛ ᎤᏗᎦᎵᏍᏙᏗᎭ ᎾᏍᎩ ᎡᏙᎢᏳᏒᎢ.

13 ᎾᏍᎩ ᎢᏳᏍᏗ ᎢᏨᏔᏲᏎᎭ ᏗᏥᏩᎾᎦᎶᎢᏍᏗᏱᏉ ᏂᎨᏒᎾ ᎠᏴ ᎢᏨᎩᎵᏲᏤᎲ ᎢᏳᏍᏗ,
ᎾᏍᎩ ᎦᎸᏉᏗᏳ ᎢᏨᏁᎯ ᏥᎩ.

14 ᎾᏍᎩ ᎤᏗᎦᎵᏍᏙᏗᎭ ᏕᏥᎧᎵᏂᏆᏅᏁᎭ ᎤᎬᏫᏳᎯ ᎢᎦᏤᎵᎦ ᏥᏌ ᎦᎶᏁᏛ ᎤᏙᏓ,

15 ᎾᏍᎩ ᏗᎨᎪᏍᏔᏅᎯ ᏥᎩ ᎾᏂᎥ ᏏᏓᏁᎸᎯ ᎨᏒᎢ, ᎦᎸᎶ ᎠᎴ ᎡᎶᎯ ᎠᏁᎯ,

16 ᎾᏍᎩ ᎢᏣᎵᏍᎪᎸᏓᏁᏗᏱ, ᎾᏍᎩᏯ ᎤᏪᎿᎢᏳ ᎨᏒ ᎦᎸᏉᏗᏳ ᎨᏒ ᎤᏊᎢ, ᎾᏍᎩ
ᎤᏣᏘ ᏗᏣᎵᏂᎪᎯᏍᏙᏗᏱ ᏕᏣᏓᏅᏛᎢ ᎤᏓᏅᏙ ᎤᏮᏙᏗᏱ;
17 ᎾᏍᎩ ᎦᎶᏁᏛ ᎤᏁᎳᏗᏍᏗᏱ ᏗᏥᎾᏫᏱ ᎪᎯᏳᏗ ᎬᏙᏗ ᎨᏒᎢ; ᎾᏍᎩ ᏂᎯ ᎠᏓᎨᏳᏗ
ᎨᏒ ᏗᏣᎵᎾᏍᎦᏝᏗᏍᏔᏅᎯ ᎠᎴ ᏗᏣᎵᏍᏓᏱᏗᏍᏔᏅᎯ ᎨᏒᎢ,
18 ᎾᏍᎩ ᏂᎯ ᎠᎴ ᎾᏂᎥ ᎤᎾᏓᏅᏘ ᏰᎵᏉ ᎨᏦᎵᏍᏗ ᎢᏣᎵᏍᏙᏗᏱ, ᎾᏍᎩ ᎾᏯᏛᎥᎢ ᎠᎴ
ᏂᎦᏅᎯᏒᎢ, ᎠᎴ ᎾᎯᏫᏂᏴᎢ, ᎠᎴ ᏂᎦᏛᎢ;
19 ᎠᎴ ᎢᏥᎦᏙᎥᎯᏍᏗᏱ ᎦᎶᏁᏛ ᎤᏓᎨᏳᏗ ᎨᏒᎢ, ᎾᏍᎩ ᎠᎦᏙᎥᎯᏍᏗ ᎨᏒ ᏥᎦᎶᏒᏍᏗᎭ,
ᎾᏍᎩ ᎡᏥᎧᎵᎢᏍᏙᏗᏱ ᎾᏍᎩ ᏂᎦᏛ ᎠᎧᎵᎢ ᎤᏁᎳᏅᎯ ᎤᏤᎵᎦ.
20 ᎾᏍᎩᏃ Ꮎ ᏰᎵᏉ ᎢᎬᏩᏛᏁᏗ ᏥᎩ, ᎤᏣᏘ ᎤᎶᏒᏍᏗ ᎢᎦᎢ ᎢᏗᏔᎹᎯᏚᎢ, ᎠᎴ
ᎢᏓᏓᏅᏖᏍᎬᎢ, ᎾᏍᎩᏯ ᎤᏌᏱ ᎤᎵᏂᎩᏛ ᎨᏒ ᏥᎦᎸᏫᏍᏓᏁᎭ ᎠᏴ ᏕᎦᏓᏅᏛᎢ,
21 ᎾᏍᎩ ᎬᏩᎸᏉᏙᏗ ᎨᏎᏍᏗ ᏧᎾᏁᎶᏗ ᎤᎾᏓᏡᎬᎢ, ᎦᎶᏁᏛ ᏥᏌ ᎢᏳᏩᏂᏌᏛ, ᏂᎪᎯᎸ
ᏕᎨᏌᏗᏒᎢ, ᎠᎵᏍᏆᏗᏍᎩ ᏂᎨᏒᎾ ᎨᏒᎢ. ᎡᎺᏅ.

ᎠᏯᏙᎸᎢ 4

1 ᎾᏍᎩ ᎤᏗᎦᎵᏍᏙᏗᎭ ᎠᏴ ᏥᏴᎩ ᎤᎬᏫᏳᎯ ᎠᎩᏍᏛᏗᏍᎬ ᎥᎩᏴᎩᏅᎯ, ᎢᏨᏔᏲᏎᎭ
ᎢᏣᎴᏂᏓᏍᏗᏱ ᎾᏍᎩᏯ ᏄᏍᏛ ᎠᏓᏯᏅᏙᏗ ᎨᏒ ᎾᏍᎩ ᏂᎯ ᎡᏥᏯᏅᏔᏅᎯ ᏥᎩ;
2 ᎢᏨᏗᏍᎨᏍᏗ ᎤᏣᏘ ᎤᏓᏙᎵᏍᏗ ᎨᏒᎢ ᎠᎴ ᎤᏓᏅᏘ ᎨᏒᎢ, ᎤᎵᏌᏯᏍᎦᏍᏗ ᎬᏂᏗᏳ
ᎨᏒᎢ, ᎠᎴ ᎤᏁᎳᎩ ᏗᏓᎵᏎᏗ ᎨᏒ ᎠᏓᎨᏳᏗ ᎨᏒ ᎬᏗ;
3 ᎢᏣᏟᏂᎬᏁᎵᏍᏗ ᎢᏥᏍᏆᏂᎪᏙᏗᏱ ᏌᏉ ᏂᎦᏨᏅ ᎦᏟᏓᏅᏛᎢ, ᎤᏣᏙᎯᏯᏛ ᎦᏟᏓᏂᏴᏛᎢ.
4 ᏌᏉ [ᎡᎭ] ᎠᏰᎸᎢ, ᎠᎴ ᏌᏉ ᎠᏓᏅᏙ, ᎾᏍᎩᏯ ᏌᏉ ᎤᏚᎩ ᎢᏨᏗᏱ ᎡᏥᏯᏅᏛ
ᏥᎩ, ᎾᏍᎩ ᎡᏥᏯᏅᎲ ᏨᏗᏓᎴᎲᏍᎦ;
5 ᏌᏉ ᎤᎬᏫᏳᎯ, ᏌᏉ ᎪᎯᏳᏗ ᎨᏒᎢ, ᏌᏉ ᏗᏓᏬᏍᏗ ᎨᏒᎢ;
6 ᏌᏉ ᎾᏂᎥ ᎤᎾᎳᏅᎯ ᎠᎴ ᎤᏂᏙᏓ, ᎾᏍᎩ ᎾᏂᎥ ᎤᎾᏤᎵ ᎤᎬᏫᏳᎯ, ᎠᎴ ᏂᎦᎥ
ᎦᎨᏌᏗᏒ ᏥᎦᏰᎵᏏᎦᎦ, ᎠᎴ ᏂᎯ ᏂᏥᎥ ᏥᏥᏯᎠ.
7 ᎠᏎᏃ ᏂᏗᎥ ᎢᏗᏏᏴᏫᎭ ᎡᎩᏁᎸ ᎬᏩᎦᏘᏯ ᎤᏓᏙᎵᏍᏗ ᎨᏒ ᎾᏍᎩᏯ ᎠᏟᎶᎥ ᎦᎶᏁᏛ
ᎤᏓᏁᏗ ᎨᏒᎢ.
8 ᎾᏍᎩ ᎢᏳᏍᏗ ᎯᎠ ᏂᎦᏪᎭ, ᎾᎯᏳ ᏚᎴᏅᎦᎸᎳᏗ ᏭᎶᏒ, ᏚᏴᎩᏁ ᏗᎨᏥᏴᎩᏅᎯ, ᎠᎴ
ᏚᏁᎴ ᏴᏫ ᎤᏓᏁᏗ ᎨᏒᎢ.
9 ᎾᏍᎩᏃ ᏧᎴᏅᎯ ᏣᏗᎭ, ᎦᏙ ᎦᏛᎦ, ᎢᏳᏃ ᎢᎬᏱᏱ ᎾᏍᏉ ᏧᏌᎠᏒ ᎡᎳᏗᏢ ᎦᎨᏌᏗᏒ
ᎡᎶᎯ ᎤᎷᏨ ᏂᎦᏛᎬᎾ ᏱᎩ?
10 ᎾᏍᎩ Ꮎ ᏨᏧᏌᎠᏎᎢ ᎾᏍᎩᏉ ᎾᏍᏉ ᏥᏚᎴᏁᎢ ᎦᎸᎳᏗᏢ ᏂᎦᎥ ᎦᎸᎶᎢ ᎦᎨᏌᏗᏒ
ᏥᏭᎷᏤᎢ, ᎾᏍᎩ ᏧᎧᎵᎢᏍᏗᏱ ᏂᎦᎥ ᏄᏓᎴᏒ ᎪᎱᏍᏗ.
11 ᎢᎦᏛᏃ ᎨᏥᏅᏏᏛ ᏚᏪᎧᏁᎢ; ᎢᎦᏛᏃ, ᎠᎾᏙᎴᎰᏍᎩ; ᎢᎦᏛᏃ, ᎠᎾᎵᏥᏙᏂᏙᎯ; ᎢᎦᏛᏃ,
ᏗᏂᎦᏘᏯ ᎠᎴ ᏗᎾᏕᏲᎲᏍᎩ;
12 ᏄᏂᎪᎸᎾ ᎢᎨᎬᏁᏗᏱ ᎤᎾᏓᏅᏘ, ᎠᎵᏥᏙᏗ ᎨᏒ ᏧᏂᎸᏫᏍᏓᏁᏗᏱ, ᎦᎶᏁᏛ ᎠᏰᎸ
ᎤᎾᎵᏂᎪᎯᏍᏙᏗᏱ;
13 ᎬᏂ ᏂᏗᎥ ᏫᏗᏱᎶᎸᎭ ᏌᏉ ᎢᏳᎵᏍᏙᏗᏱ ᎤᏁᎳᏅᎯ ᎤᏪᏥ ᎡᏙᎯᏳᏒᎢ ᎠᎴ
ᎡᏗᎦᏔᎲᎢ-ᏗᎦᏛᎾᏯ ᎢᏗᏍᎦᏯ ᎢᎦᎵᏍᏙᏗᏱ-ᎠᎧᎵᎢ ᎠᏟᎶᎥ ᎦᎶᏁᏛ ᏂᎦᏛ ᎢᎦᎵᏍᏙᏗᏱ;
14 ᎾᏍᎩ ᎪᎯ ᎢᏣᏓᎴᏅᏛ ᏞᏉ ᏗᏂᏲᎵ ᏂᎨᏒᎾ ᎢᏳᎵᏍᏙᏗᏱ, ᎢᎩᏃᎸᏔᏂᏓᏍᏗᏱ ᏂᎨᏒᎾ
ᏂᎦᎥᏉ ᏗᏕᏲᏗ ᎨᏒ ᏚᏃᎸᏔᏂᏙᎲᎢ, ᎤᎾᏓᎵᏓᏍᏗᏳ ᎨᏒ ᏴᏫ, ᎠᏂᏏᎾᏌᏅ ᎠᏂᎦᏘᏴ
ᎤᎾᏓᎶᏄᎮᏗᏱ;
15 ᏚᏳᎪᏛᏍᎩᏂ ᎧᏁᎢᏍᏗ ᎨᏒ ᎢᏛᏗᏍᎬ ᎠᏓᎨᏳᏗ ᎨᏒ ᎳᎵ ᎢᏛᏗᏍᎬᎢ, ᏗᎦᏛᎯᏍᏗᏱ
ᎾᏍᎩ ᏂᎦᎥ ᏄᏓᎴᏒ ᎾᏍᎩ ᏗᎦᏚᏓᎦᏫᏍᏗᏱ ᎾᏍᎩ ᎠᏍᎪᎵ ᏥᎩ, ᎾᏍᎩ ᎦᎶᏁᏛ;
16 ᎾᏍᎩ ᎨᏒ ᏨᏗᏓᎴᎲᏍᎦ ᏂᎬ ᎠᏰᎸ ᎣᏍᏛ ᏗᏙᎵᎩ ᏥᎩ, ᎠᎴ ᏥᏚᏚᏓᎦᏫᏍᏗ ᏂᎦᎥ
ᏚᎯᎵᎾᎥ ᏥᏚᎵᏍᎦᎸᏙᏗ, ᎾᏍᎩᏯ ᎠᏟᎶᎥ ᏧᎸᏫᏍᏓᏁᏗᏱ ᏧᏓᏤᎵᏛ ᎦᎨᏌᏗᏒᎢ, ᎧᏁᏉᏍᎪ
ᎠᏰᎸᎢ, ᎠᏓᎵᏂᎪᎯᏍᏗᏍᎪ ᎤᏩᏒ ᎠᏓᎨᏳᏗ ᎨᏒᎢ.

17 ᎾᏍᎩᏃ ᎯᎠ ᏂᏥᏪᎭ, ᎠᎴ ᎢᏨᏁᏤᎭ ᎤᎬᏫᏳᎯ ᏚᏙᎥ ᎬᏗᎭ, ᎾᏍᎩ ᏂᎯ ᎪᎯ
ᎢᏳᏓᎴᏅᏛ ᎢᏤᎲ ᏞᏍᏗ ᎠᏂᏐᎢ ᏧᎾᏓᎴᏅᏛ ᎠᏁᎲ ᎾᏍᎩᏯ ᏱᏄᏍᏕᏍᏗ, ᎾᏍᎩ
ᎤᏁᎫᎯᏳ ᎨᏒ ᏚᎾᏓᏅᏛ ᎠᏂᏍᏓᏩᏗᏒᎢ,
18 ᎤᏃᎵᏍᏗᏱ ᏧᎾᎵᏏᎲᏎᎸᎯ, ᎤᎾᏓᏛ ᎾᎿ ᎤᏁᎳᏅᎯ ᎣᏏᏳ ᎤᏰᎸᏗ ᎨᏒ
ᎠᎴᏂᏓᏍᏗᏱ, ᎾᏍᎩ ᎾᏂᎦᏔᎾᎥᎾ ᎨᏒ ᎢᏳᏩᏂᏌᏛ, ᎤᏗᎦᎵᏍᏙᏗᏍᎬ ᏧᏂᎾᏫ ᏗᏍᏓᏱᏳ
ᎨᏒᎢ.
19 ᎾᏍᎩ ᎬᏩᎾᏙᎴᎰᎯᏍᏗ ᏂᎨᏒᎾ ᎢᏳᎾᎵᏍᏔᏅᎯ ᎨᏒᎢ ᏚᎾᏓᏲᏒ ᎤᎾᎵᏐᏢᎢᏍᏙᏗᏱ,
ᏄᏓᎴᏒ ᎦᏓᏒ ᎨᏒ ᏧᏂᎸᏫᏍᏓᏁᏗᏱ ᏧᎬᏩᎶᏗ ᎤᏂᎬᎥᏍᎬ ᎤᏧᎵᏍᏙᏔᏅ.
20 ᏂᎯᏍᎩᏂ ᎥᏝ ᎾᏍᎩ ᏱᏄᏍᏗ ᏰᏨᏕᎶᏆᎡᎸ ᎦᎶᏁᏛ,
21 ᎢᏳᏃ ᎰᏩ ᎡᏣᏛᎦᏁᎸᎯ ᎨᏎᏍᏗ, ᎠᎴ ᎾᏍᎩ ᎢᏤᏲᏅᎯ ᎨᏎᏍᏗ, ᎾᏍᎩᏯ ᏄᏍᏛ
ᏚᏳᎪᏛ ᎤᏪᎲ ᏥᏌ;
22 ᎾᏍᎩ ᏄᏍᏛ ᎢᎬᏱᏱ ᎢᏣᎴᏂᏙᎸ ᎤᎬᏩᎵ ᎢᏴᏛ ᎢᏨᏁᏗᏱ ᎤᏪᏘ ᏴᏫ ᎾᏍᎩ ᏥᎩ,
ᎾᏍᎩᏯ ᏄᏍᏛ ᎤᏓᎵᏓᏍᏗ ᎠᏚᎸᏅᏗ ᎨᏒᎢ;
23 ᎠᎴ ᎢᏤ ᎢᏤᏨᏁᏗᏱ ᏄᏍᏛ ᏕᏣᏓᏅᏛᎢ;
24 ᎠᎴ ᎾᏍᎩ ᎢᏤ ᏴᏫ ᎢᏣᏄᏬᏍᏗᏱ, ᎾᏍᎩ ᎤᏁᎳᏅᎯ ᏗᏟᎶᏍᏔᏅᎯ ᎪᏢᏅᎯ ᏥᎩ
ᏚᏳᎪᏛ ᎢᏯᏛᏁᏗ ᎨᏒᎢ, ᎠᎴ ᎤᏙᎯᏳᏒ ᎠᏍᎦᏅᎢᏍᏗ ᏂᎨᏒᎾ ᎨᏒᎢ.
25 ᎾᏍᎩ ᎢᏳᏍᏗ ᎢᏴᏛ ᏂᏨᏁᎲ ᎠᏥᎪᏗ ᎨᏒᎢ, ᏂᏥᎥ ᎢᏥᏏᏴᏫᎭ ᎨᏒ ᎦᏰᎪᎩ ᏂᎨᏒᎾ
ᎢᏨᏗᏍᎨᏍᏗ ᏕᏣᏓᏁᏤᎲ ᎾᎥ ᎢᏣᏓᏔ; ᏕᎦᏚᏓᏕᏫᏒᏰᏃ.
26 ᎢᏥᏔᏔᏬᏍᎨᏍᏗ, ᎠᎴ ᏞᏍᏗ ᏱᏥᏍᎦᏅᎨᏍᏗ; ᏞᏍᏗ ᏅᏙ ᏭᎦᎵᏨᎩ ᎨᏥᏔᏔᏬᏍᎩ;
27 ᎠᎴ ᏞᏍᏗ ᎡᏥᎳᏅᏓᎦᎸᎩ ᎠᏍᎩᎾ.
28 ᎤᏃᏍᎩᏛᏃ ᎨᏒ ᏞᏍᏗ ᎿᏉ ᏣᏃᏍᎩᏎᏍᏗ; ᏚᏄᏫᏍᏓᏁᎵᏍᏗᏉᏍᎩᏂ ᏕᎬᏗᏍᎨᏍᏗ
ᏧᏬᏰᏂ ᎣᏍᏛ ᎨᏒ ᎾᏛᏁᎵᏍᏗ, ᎾᏍᎩ ᎦᎬᏩᏁᏗ ᎢᏳᎵᏍᏙᏗᏱ ᎾᏍᎩ ᎤᏂᎬᏎᎯ ᎨᏒᎢ.
29 ᏞᏍᏗ ᎨᎱᏍᏗ ᎤᏲ ᎦᏬᏂᎯᏍᏗ ᎨᏒ ᎤᏓᏳᏄᎪᏨᎩ ᏗᏥᎰᎵ, ᎣᏍᏛᏍᎩᏂ ᎨᏒ ᎤᏩᏒ
ᎾᏍᎩ ᎬᏩᏓᎵᏂᎪᎯᏍᏙᏗ ᏥᎩ, ᎾᏍᎩ ᎤᏚᎸᏗ ᎨᏒᎢ, ᎾᏍᎩ ᎢᏳᏩᏂᏐᏗᏱ ᎬᏩᎦᏘᎠ
ᎤᏓᏙᎵᏍᏗ ᎨᏒ ᎤᏂᎷᏤᏗᏱ ᎠᎾᏛᎩᏍᎩ.
30 ᎠᎴ ᏞᏍᏗ ᎤᏲ ᏰᏣᏓᏅᏓᏗᏍᏗᏍᎨᏍᏗ ᎦᎸᏉᏗᏳ ᎠᏓᏅᏙ ᎤᏁᎳᏅᎯ ᎤᏤᎵᎦ, ᎾᏍᎩ
ᎢᏥᏰᎸᏔᏅᎯ ᏥᎩ ᎬᏂ ᎾᎯᏳ ᎢᎦ ᎡᏧᏓᎴᏍᏗ ᎨᏒ ᎠᏍᏆᎸᎲᎭ.
31 ᏂᎦᎥ ᎠᏓᏂᏆᏗᏍᏗ ᎨᏒᎢ, ᎠᎴ ᎠᏔᏔᏬᎯᏍᏗ ᎨᏒᎢ, ᎠᎴ ᏭᎾᏄᎢᏍᏗ ᎨᏒᎢ, ᎠᎴ
ᎠᏍᏓᏯ ᎦᏬᏂᎯᏍᏗ ᎨᏒᎢ, ᎠᎴ ᎤᎿᎸᎯ ᎦᏬᏂᎯᏍᏗ ᎨᏒᎢ, ᎢᏴᏛ ᎢᎬᏁᏗ ᎨᏎᏍᏗ
ᎢᏤᎲᎢ, ᎤᎵᏠᏯᏍᏕᏍᏗ ᏂᎦᎥ ᎤᏐᏅ ᎨᏒᎢ;
32 ᎠᎴ ᏗᏣᏓᎨᏳᎯᏳ ᎨᏎᏍᏗ, ᎢᏣᏓᏙᎵᏍᏗ ᏗᏥᎾᏫᏱ, ᏕᏣᏓᏁᎵᏍᏗ ᏕᏣᏓᏍᎦᏅᏤᎲᎢ,
ᎾᏍᎩᏯ ᎤᏁᎳᏅᎯ ᏥᎨᏥᏁᎸ ᎢᏥᏍᎦᏅᏨ ᎦᎶᏁᏛ ᏥᏅᏗᎦᎵᏍᏙᏗᎭ.

ᎠᏯᏙᎸᎢ 5

1 ᎾᏍᎩ ᎢᏳᏍᏗ ᎤᏁᎳᏅᎯ ᎡᏥᏍᏓᏩᏕᎩ ᎨᏎᏍᏗ ᎾᏍᎩᏯ ᎢᏳᎾᏛᏁᏗ ᎨᏒ ᏧᎨᏳᎯ
ᏧᏪᏥ;

2 ᎠᎴ ᎠᏓᎨᏳᏗ ᎨᏒ ᎬᏂᎨᏒ ᏂᏣᏁᎮᏍᏗ ᎢᏤᎲᎢ, ᎾᏍᎩᏯ ᎾᏍᏉ ᎦᎶᏁᏛ ᎢᎩᎨᏳᎯᏳ
ᏥᎨᏒᎩ, ᎠᎴ ᏥᎦᏕᏓᏲᎯᏎᎸᎩ, ᎠᎵᏍᎪᎸᏓᏁᏗ ᎠᎴ ᎠᏥᎸ ᎨᎴᏗ ᏥᎸᎵᏍᏔᏅ ᎤᏁᎳᏅᎯ
ᎤᎦᎾᏍᏛ ᎤᏬᏳᏒᎢᏍᏗ.

3 ᎡᎦᎵᏛᏍᎩᏂ ᏗᏂᏏᏗ ᎨᏒᎢ, ᎠᎴ ᏄᏓᎴᏒᏉ ᎦᏓᎭ ᎨᏒᎢ, ᎠᎴ ᏧᎬᏩᎶᏗ ᎠᎬᎥᎯᏍᏗ ᎨᏒᎢ,
ᏞᏍᏗ ᏱᏁᎢᏍᏙᏗ ᎤᏅᏱᎨᏎᏍᏗ ᎢᏤᎲᎢ, ᎾᏍᎩ ᏧᏂᎵᎶᎲᏍᎦ ᎤᎾᏓᏅᏘ;

4 ᏞᏍᏗ ᎠᎴ ᎪᎱᏍᏗ ᎤᏁᎢᎸᏗ ᎨᏒᎢ, ᎠᎴ ᎠᎵᏍᎦᏁᏛ ᎦᏬᏂᎯᏍᏗ ᎨᏒᎢ, ᎠᎴ ᎦᏬᎵᏗ
ᎨᏒᎢ, ᎾᏍᎩ ᏃᏒᎾ ᏥᎩ; ᎠᎵᎮᎵᏤᏗᏱᏉᏍᎩᏂ [ᎤᏁᎳᏅᎯ] ᎤᎬᏫᏳᏎᏍᏗ.

5 ᎯᎠᏰᏃ ᎾᏍᎩ ᎢᏥᎦᏔᎭ, ᎾᏍᎩ ᎩᎶ ᎤᎦᎵᏛ ᏗᏂᏏᎲᏍᎩ, ᎠᎴ ᎠᎦᏓᎭᎢ, ᎠᎴ
ᏧᎬᏩᎶᏗ ᎤᎬᎥᏍᎩ, ᎾᏍᎩ ᎤᏁᎳᏅᎯ ᎠᏰᎸᎯ ᎠᏓᏙᎵᏍᏓᏁᎯ ᎨᏒᎢ, ᎤᏤᎵ ᎢᏳᎵᏍᏙᏗ
ᏂᎨᏒᎾ ᎨᏒ ᎦᎶᏁᏛ ᎤᏤᎵᎪᎯ ᎠᎴ ᎤᏁᎳᏅᎯ ᎤᏤᎵᎪᎯ.

6 ᏞᏍᏗ ᎩᎶ ᎢᏥᎶᏄᎮᏔᏅᎩ ᎪᎱᏍᏗ ᎬᏙᏗ ᏂᎨᏒᎾ ᎦᏬᏂᎯᏍᏗ ᎨᏒᎢ; ᎾᏍᎩᏰᏃ ᎯᎠ
ᎤᏗᎦᎵᏍᏙᏗᎭ ᎤᏁᎳᏅᎯ ᎤᏔᎳᏬᎯᏍᏗ ᎨᏒ ᎤᏂᎷᏤᎭ ᎪᎯᏳᏗ ᏂᎨᏒᎾ ᎨᏒ ᏧᏪᏥ.

7 ᎾᏍᎩ ᎢᏳᏍᏗ ᏞᏍᏗ ᏂᎯ ᏱᏣᏌᏯᏍᏗᏍᎨᏍᏗ ᎤᎾᎵᏳᏛᏒᎲᎢ.

8 ᎢᎸᎯᏳᏰᏃ ᏥᎨᏒ ᎤᎵᏏᎬ ᎢᏤᎲᎩ, ᎪᎯᏍᎩᏂ ᎨᏒ ᎢᎦ-ᎦᏛ ᎢᏤᎭ ᎤᎬᏫᏳᎯ ᎢᏳᏩᏂᏌᏛ;
ᎢᎦ-ᎦᏛ ᏧᏪᏥ ᎤᏁᏓᏍᏗ ᎨᏒ ᎢᏤᏙᎮᏍᏗ;

9 (ᎠᏓᏅᏙᏰᏃ ᏚᎾᏄᎪᏫᏍᎪ ᏂᎦᎥ ᎣᏍᏛ ᎨᏒ ᎠᎴ ᏚᏳᎪᏛ ᎨᏒ ᎠᎴ ᎦᏰᎪᎩ ᏂᎨᏒᎾ
ᎨᏒᎢ,)

10 ᎢᏥᎪᎵᏰᏍᎨᏍᏗ ᎾᏍᎩ ᎣᏏᏳ ᎤᏰᎸᏗ ᎨᏒ ᎤᎬᏫᏳᎯ.

11 ᎠᎴ ᏞᏍᏗ ᏱᏗᏣᎵᎪᏁᎮᏍᏗ ᎾᏍᎩ ᎪᎱᏍᏗ ᎬᏙᏗ ᏂᎨᏒᎾ ᎤᎵᏏᎩ ᏗᎦᎸᏫᏍᏓᏁᏗ
ᎨᏒᎢ, ᏕᏥᎬᏍᎪᎸᎥᏍᎨᏍᏗᏉᏍᎩᏂ.

12 ᎤᏕᎰᎯᏍᏗᏳᏰᏃ ᏱᏁᎢᏍᏙᏗᏱᏉ ᎾᏍᏉ ᎾᏍᎩ Ꮎ ᎾᎾᏛᏁᎲ ᎤᏕᎵᏒᎢ.

13 ᏂᎦᎥᏍᎩᏂ ᏧᏓᎴᏅᏛ ᏗᎬᏍᎪᎸᏅᎯ ᏥᎨᏐ ᎢᎦ-ᎦᏘ ᎬᏗ ᎬᏂᎨᏒ ᎢᏗᎬᏁᎸᎯ ᎨᏐᎢ;
ᎾᏍᎩᏰᏃ ᎬᏂᎨᏒ ᎢᏗᎬᏁᎯ ᎨᏒ ᎾᏍᎩ ᎢᎦ-ᎦᏘ.

14 ᎾᏍᎩ ᎢᏳᏍᏗ ᎯᎠ ᏂᎦᏪᎭ, ᎯᏰᎩ ᏂᎯ ᎯᎵᎯ, ᎠᎴ ᏔᎴᎲᎦ ᎩᏯᏓᏅᏏ ᏧᏂᏲᎱᏒᎯ
ᎩᏯᏓᏑᏴᎢ, ᎦᎶᏁᏛᏃ ᏓᏣᏁᎵ ᎢᎦ-ᎦᏘ.

15 ᎾᏍᎩ ᎢᏳᏍᏗ ᎢᏣᏕᏌᏯᏍᏕᏍᏗ ᏂᎦᎥ ᏚᏳᎪᏛ ᎢᏣᎴᏂᏓᏍᏗᏱ, ᏞᏍᏗ ᎤᏂᏁᎫ
ᎢᏳᎾᏛᏁᏗ, ᎠᏂᎦᏔᎾᎢᏍᎩᏂ ᎢᏳᎾᏛᏁᏗ,

16 ᎢᏧᏓ-ᎴᏍᎨᏍᏗ ᎪᎯ ᎨᏒ ᎠᎵᏱᎵᏒᎢ, ᎤᏗᎦᎵᏍᏙᏗᏍᎨᏍᏗ ᎤᏲᎢᏳ ᎨᏒ ᎪᎯ ᎨᏒᎢ.

17 ᎾᏍᎩ ᎢᏳᏍᏗ ᏞᏍᏗ ᏂᏦᎵᎬᎾ ᏱᎨᏎᏍᏗ, ᎢᏦᎵᎩᏍᎩᏂ ᎨᏎᏍᏗ ᏄᏍᏛ ᎤᏚᎵᏍᎬ
ᎤᎬᏫᏳᎯ.

18 ᎾᏍᎩ ᏞᏍᏗ ᎩᎦᎨ ᎠᏗᏔᏍᏗ ᏱᏗᏥᏴᏍᎦᏍᏗᏍᎨᏍᏗ ᎾᏍᎩ ᎤᏣᏘ Ꭴ-ᏲᎢᏳ ᏥᎩ;
ᎠᏓᏅᏙᏍᎩᏂ ᎢᏥᎧᎵᏬᎯ ᎨᏎᏍᏗ.
19 ᏕᏣᎵᏃᎮᏍᎨᏍᏗ ᏕᏨᏗᏍᎨᏍᏗ ᎤᏁᎳᏅᎯ ᏗᎧᏃᎩᏍᏙᏗ, ᎠᎴ ᏕᎸᏉᏙᏗ ᏗᎧᏃᎩᏍᏗ,
ᎠᎴ ᎠᏓᏅᏙ ᎤᎬᏩᎵ ᏗᎧᏃᎩᏍᏗ, ᏕᏥᏃᎩᏍᎨᏍᏗ ᏙᏗᏣᏓᏅᏛ ᏗᏓᎴᎲᏍᎨᏍᏗ ᎤᎬᏫᏳᎯ
ᏕᏥᏃᎩᏍᏗᏍᎨᏍᏗ.
20 ᎡᏣᎵᎡᎵᏤᎮᏍᏗ ᏂᎪᎯᎸ ᎤᏁᎳᏅᎯ ᎠᎴ ᎠᎦᏴᎵᎨᎢ ᎤᏗᎦᎵᏍᏙᏗᏍᎨᏍᏗ ᏂᎦᎥ ᎪᎱᏍᏗ
ᎤᎬᏩᎵ, ᎢᏨᏗᏍᎨᏍᏗ ᏚᏙᎥ ᎤᎬᏫᏳᎯ ᎢᎦᏤᎵ ᏥᏌ ᎦᎶᏁᏛ;
21 ᏕᏣᏓᏙᎯᏳᎲᏍᎨᏍᏗ ᎢᏥᏏᏴᏫᎭ ᎨᏒ ᎤᏁᎳᏅᎯ ᎡᏥᎾᏰᏍᎬᎢ.
22 ᎢᏥᎨᏴ, ᎢᏨᏒ ᏗᎨᏥᏰᎯ ᏕᏦᎯᏳᏎᏍᏗ, ᎤᎬᏫᏳᎯ ᎪᎯᏳᏗ ᏥᎩ ᎾᏍᎩᏯᎢ.
23 ᎠᏍᎦᏯᏰᏃ ᏄᎬᏫᏳᏌᏕᎩ ᎤᏓᎵᎢ ᎡᎲᎢ, ᎾᏍᎩᏯ ᎦᎶᏁᏛ ᏄᎬᏫᏳᏌᏕᎩ ᏥᎩ ᏧᎾᏁᎶᏗ
ᎤᎾᏓᏡᎬ ᎠᏁᎲᎢ; ᎠᎴ ᎾᏍᎩ ᎠᏍᏕᎵᏍᎩ ᎠᏰᎸᎢ.
24 ᎾᏍᎩ ᎢᏳᏍᏗ ᏧᎾᏁᎶᏗ ᎤᎾᏓᏡᎬ ᎦᎶᏁᏛ ᎬᏬᎯᏳᏗ ᏥᎩ, ᎾᏍᎩᏯ ᎠᏂᎨᏴ
ᏗᎬᏩᏂᏰᎯ ᏧᏃᎯᏳᏗ ᏂᎦᎥ [ᏂᎬᏩᏂᏪᏎᎲᎢ.]
25 ᎢᏥᏍᎦᏯ, ᏕᏥᎨᏳᏎᏍᏗ ᏗᏣᏓᎵᎢ, ᎾᏍᎩᏯ ᎦᎶᏁᏛ ᎾᏍᏉ ᏧᎨᏳᏎ ᏧᎾᏁᎶᏗ
ᎤᎾᏓᏡᎬᎢ, ᎠᎴ ᎾᏍᎩ ᏓᏍᏕᎵᏍᎬ ᎤᏩᏒ ᏥᏚᏓᏲᏎᎢ,
26 ᎾᏍᎩ ᎾᏍᎦᏅᎾ ᎢᏳᏩᏁᏗᏱ ᏚᏅᏕᎵᏍᎬᎢ ᎧᏃᎮᏛ ᎬᏗᏍᎬᎢ ᎠᎹ ᏥᎪᏑᎴᏗᏍᎪ
ᎾᏍᎩᏯᎢ.
27 ᎾᏍᎩ ᎤᏩᏒ ᎠᎦᏔᎲ ᎤᏪᎪᏗᏱ ᏗᎬᏩᎸᏌᏛ ᏧᎾᏁᎶᏗ ᎤᎾᏓᏡᎬᎢ, ᏄᏕᏯᏍᏛᎾ, ᎠᎴ
ᏄᏓᏁᎪᏳᏒᎾ, ᎠᎴ ᏂᎦᎥ ᎪᎱᏍᏗ ᎾᏍᎩ ᎢᏳᏍᏗ ᏄᏓᏓᎸᎾ; ᎾᏍᎦᏅᎾᏍᎩᏂ ᎢᏳᎵᏍᏙᏗᏱ
ᎠᎴ ᎪᎱᏍᏗ ᎾᎫᎢᏍᏛᎾ.
28 ᎾᏍᎩᏯ ᎠᏂᏍᎦᏯ ᎤᏅᏒ ᏗᏂᏰᎸ ᏂᏚᏂᎨᏳᏒ ᎾᏍᎩᏯ ᏱᏂᏚᏂᎨᏳᎭ ᏧᎾᏓᎵᎢ. ᎩᎶ
ᎤᏓᎵᎢ ᏧᎨᏳᎭ ᎤᏩᏒ ᎤᏓᎨᏳᎭᎢ.
29 ᎥᏝᏰᏃ ᎩᎶ ᎠᏏ ᎢᎸᎯᏳ ᏳᏂᏆᏘᎶ ᎤᏩᏒ ᎤᏇᏓᎸᎢ; ᎨᎶᎰᏍᎩᏂ ᎠᎴ ᎠᏍᏆᏂᎪᏗᏍᎪᎢ,
ᎾᏍᎩᏯ ᎤᎬᏫᏳᎯ ᏂᏓᏛᏁᎲ ᏧᎾᏁᎶᏗ ᎤᎾᏓᏡᎬᎢ;
30 ᎠᏴᏰᏃ ᎾᏍᎩ ᎠᏰᎸ ᏕᎦᏚᏓᏔ, ᎾᏍᎩ ᎤᏇᏓᎸ ᎠᎴ ᎾᏍᎩ ᏧᎪᏔ.
31 ᎾᏍᎩ ᎢᏳᏍᏗ ᎠᏍᎦᏯ ᏕᎬᎦᎨᏍᏗ ᎤᏙᏓ ᎠᎴ ᎤᏥ, ᎠᏜᏩᏍᏗᏍᎨᏍᏗᏃ ᎤᏓᎵᎢ,
ᎾᏍᎩᏃ ᎠᏂᏔᎵ ᏌᏉᏉ ᎨᏎᏍᏗ ᎤᏂᏇᏓᎸᎢ.
32 ᎯᎠ ᎾᏍᎩ ᎤᏣᏘ ᎤᏕᎵᏗᏳ; ᎠᏎᏃ ᎦᎶᏁᏛ ᎠᎴ ᏧᎾᏁᎶᏗ ᎤᎾᏓᏡᎬ ᏕᏥᏁᎢᏍᏗᎭ.
33 ᎠᏗᎾ ᏂᏥᎥ ᎢᏥᏏᏴᏫᎭ ᎨᏒ ᎨᏳ ᏕᏥᎨᏳᏎᏍᏗ ᏗᏣᏓᎵᎢ ᎾᏍᎩᏯ ᎢᏨᏒ ᏂᏣᏓᎨᏳᏒᎢ;
ᎠᎨᏴᏃ ᎤᎸᏉᏗᏳ ᎨᏎᏍᏗ ᎤᏰᎯ.

ᎠᏯᏙᎸᎢ 6

1 ᏗᏥᏲᎵ, ᎦᏦᎯᏳᏎᏍᏗ ᏗᏥᎦᏴᎵᎨᎢ ᎤᎬᏫᏳᎯ ᎨᏒ ᎤᏗᎦᎵᏍᏙᏗᏍᎨᏍᏗ; ᏚᏳᎪᏗᏰᏃ
ᎾᏍᎩ ᎯᎠ.
2 ᎯᎸᏉᏕᏍᏗ ᏣᏙᏓ ᎠᎴ ᏣᏥ, ᎾᏍᎩ ᎢᎬᏱᏱ ᎤᎵᏁᏨ ᏥᎩ ᏧᎵᏌᏯᏍᏗ ᎠᏚᎢᏍᏛᎢ,
3 ᎾᏍᎩ ᎣᏏᏳ ᎢᎨᏣᎵᏍᏓᏁᏗ ᏱᎩ, ᎠᎴ ᎪᎯᏗᏳ ᎨᏣᎴᏂᏓᏍᏗ ᏱᎩ ᎡᎶᎯ.
4 ᎠᎴ ᏂᎯ ᎢᏥᎦᏴᎵᎨᎢ, ᏞᏍᏗ ᏱᏗᏥᏖᎸᏍᏗᏍᎨᏍᏗ ᏗᏤᏥ; ᎦᏣᏛᎯᏍᏗᏍᎨᏍᏗᏍᎩᏂ
ᎤᎬᏫᏳᎯ ᎤᏤᎵ ᏗᎦᏲᏗ ᎨᏒ ᎠᎴ ᎨᏯᏙᎥᎯᏍᏗ ᎨᏒᎢ.
5 ᎡᏥᏅᏏᏓᏍᏗ, ᎦᏦᎯᏳᏎᏍᏗ ᎾᏍᎩ ᎨᏥᏅᏏᏙᎯ ᎠᏂ ᎤᏇᏓᎵ, ᎨᏒᎢ, ᎢᏥᎾᏰᏍᎨᏍᏗ
ᎠᎴ ᎦᏥᎾᏫᏍᎨᏍᏗ, ᎣᏏᏳ ᎢᏥᏰᎸᎯ ᎨᏎᏍᏗ ᏗᏥᎾᏫᏱ, ᎦᎶᏁᏛ ᏥᏁᏣᏛᏁᎰ ᎾᏍᎩᏯᎢ.
6 ᎥᏝ ᏥᏛᏓᏗᎧᏃ ᎢᏳᏍᏗ, ᏴᏫ ᎣᏏᏳ ᎤᏂᏰᎸᏗ; ᎦᎶᏁᏛᏍᎩᏂ ᏧᏅᏏᏓᏍᏗ ᎢᏳᎾᏛᏁᏗ,
ᎤᏁᎳᏅᎯ ᎣᏏᏳ ᎤᏰᎸᏗ ᏂᏣᏛᏁᎲᎢ, ᏗᏥᎾᏫᏱ ᏨᏗᏓᎴᎲᏍᎪᎢ;
7 ᎣᏏᏳ ᎢᏥᏰᎸᎯ ᎪᎱᏍᏗ ᎢᏣᏛᏁᎲ, ᎤᎬᏫᏳᎯ ᏥᏁᏣᏛᏁᎰ ᎾᏍᎩᏯᎢ, ᎥᏝᏃ ᏴᏫ
ᏥᏂᎦᏣᏛᏁᎰ ᎾᏍᎩᏯᎢ;
8 ᎢᏥᎦᏔᎲ ᎾᏍᎩ ᏂᎦᎥ ᎪᎱᏍᏗ ᎣᏍᏛ ᎦᎸᏫᏍᏓᏁᎲ ᎩᎶᎢ, ᎾᏍᎩᏯ ᎢᏳᏍᏗ ᎤᏁᏗ ᎨᏒ
ᎤᎬᏫᏳᎯ, ᎾᏍᏉ ᎠᏥᎾᏝᎢ ᏱᎩ, ᎠᎴ ᎾᏥᎾᏝᎥᎾ ᏱᎩ.
9 ᎠᎴ ᏂᎯ ᏗᏣᏓᏅᏏᏙᎯ, ᎾᏍᎩᏯ ᎤᏌᏱ ᎾᏍᎩ ᏂᎦᏣᏛᏁᎮᏍᏗ, ᎤᏁᎳᎩ ᎢᏤᎵᏎᏍᏗ
ᎦᏥᏣᏛᏁᎮᏍᏗ, ᎤᏁᎳᎩ ᎢᏤᎵᏎᏍᏗ ᎦᏥᎾᏰᏓᏁᎲᎢ, ᏥᏥᎦᏔᎭ ᎾᏍᎩ ᏂᎯ ᎾᏍᏉ
ᎢᏥᏅᏏᏙᎯ ᎦᎸᏬᎢ ᎡᎲᎢ; ᎥᏝ ᎠᎴ ᏱᏓᏚᏑᏰᏍᏗ ᏴᏫ ᏗᎬᏩᎸᏉᏙᏗ ᎨᏒᎢ.
10 ᎤᎵᏍᏆᎸᏗᏃ ᎨᏒᎢ, ᎢᏓᎵᏅᏟ, ᏗᏣᎵᏂᎩᏗᏳ ᎨᏎᏍᏗ ᎤᎬᏫᏳᎯ ᎡᏣᎵᏍᎦᏍᏙᏛᎢ, ᎠᎴ
ᎢᏣᎵᏍᎦᏍᏙᏛ ᎤᏣᎳᏅᎯ ᎤᎵᏂᎩᏗᏳ ᎨᏒᎢ.
11 ᏂᎦᏛ ᎤᏁᎳᏅᎯ ᎤᏤᎵᎦ ᎠᎵᏍᎦᏍᏙᏙ ᎢᏣᏣᏅᏓ, ᎾᏍᎩ ᏰᎵ ᎨᏣᎴᏗ ᎢᏣᎵᏍᏙᏗᏱ
ᎠᏍᎩᎾ ᎠᏏᎾᏌᏅ ᎦᏥᏚᏘᎸᏍᏗᏍᎬᎢ.
12 ᎥᏝᏰᏃ ᏱᏗᎦᏣᏴᎭ ᎤᏇᏓᎵ ᎨᏒ ᎠᎴ ᎩᎬ, ᎤᏂᎬᏫᏳᎯᏍᎩᏂ, ᎠᎴ ᏧᎾᎵᏂᎩᏛ, ᎠᎴ
ᎸᏂᎬᏫᏳᏌᎦᎩ ᎠᏂᎡᎶᎯ ᎤᎵᏏᎩ ᎨᏒᎢ, ᏗᏓᏅᏙ ᎤᏂᏁᎫᏥᏛ ᎦᎸᎶ ᎸᎾᏛᏖᎦᎬᎢ.
13 ᎾᏍᎩ ᎢᏳᏍᏗ ᎢᏣᎩ ᏂᎦᏛ ᎠᎵ ᏍᎦᏍᏙᏙ ᎤᏁᎳᏅᎯ ᎤᏤᎵᎦ, ᎾᏍᎩ ᏰᎵ ᏗᎨᏣᏟᏴᏗ
ᎢᏳᎵᏍᏙᏗᏱ ᎾᎯᏳ ᎤᏲᎢᏳ ᎢᎦ ᎨᏎᏍᏗ, ᎾᏍᎩᏃ ᏂᎦᏛ ᎢᏣᏛᏁᎸᎯ ᎨᏎᏍᏗ, ᎨᏣᎴᏗ
ᎢᏳᎵᏍᏙᏗᏱ.
14 ᎾᏍᎩ ᎢᏳᏍᏗ ᎦᏥᏙᎨᏍᏗ, ᎦᏣᏓᏌᏍᎦᏍᏗ ᎦᏰᎪᎩ ᏂᎨᏒᎾ ᎨᏒᎢ, ᎠᎴ ᏚᏳᎪᏛ ᎨᏒ
ᎦᏣᏓᏁᏣᏍᏚᎶᎦᏍᏗ;
15 ᏗᏣᎳᏏᎦᏂᏃ ᎦᏣᎳᏑᎶᎦᏍᏗ ᎠᏛᏅᎢᏍᏔᏅᎯ ᎨᏒ ᎣᏍᏛ ᎧᏃᎮᏛ ᎤᏩᏙᎯᏯᏛ
ᎠᏓᏁᎯ;
16 ᎠᏎᏃ ᎾᏍᏉ ᎪᎯᏳᏗ ᎨᏒ ᎢᏣᎵᎬᏑᎶᏓ, ᎾᏍᎩ ᎢᏨᏗᏍᎬ ᏰᎵᏉ ᏗᎨᏨᏜᎦᏗ
ᎢᏳᎵᏍᏙᏗᏱ ᏧᏥᏍᏟ ᎦᏂ ᎠᏍᎩᎾ ᏧᏤᎵᎦ.

17 ᎠᎵᏍᏕᎸᏙᏗᏃ ᎠᎵᏍᏚᎶ ᎢᏥᎾᎩ, ᎠᎴ ᎠᏰᎳᏍᏗ-ᎦᏅᎯᏛ ᎠᏓᏅᏙ ᎤᏤᎵᎦ, ᎾᏍᎩ
ᎧᏃᎮᏛ ᎤᏁᎳᏅᎯ ᎤᏤᎵ ᏥᎩ;
18 ᏂᎪᎯᎸ ᎢᏣᏓᏙᎵᏍᏗᏍᎨᏍᏗ ᏄᏓᎴᏒ ᎠᏓᏙᎵᏍᏗ ᎨᏒ, ᎠᎴ ᎠᏔᏲᏍᏗ ᎨᏒ ᎠᏓᏅᏙ ᎬᏗ,
ᎠᎴ ᎢᏥᏯᏫᏍᎨᏍᏗ ᎾᎿᏂ ᎢᏨᏗᏍᎨᏍᏗ ᏗᏯᏪᎢᏍᏗ ᏂᎨᏒᎾ, ᎠᎴ ᎠᏔᏲᏍᏗ ᎨᏒ
ᎨᏥᏍᏕᎸᏗᏱ ᎤᎾᏓᏅᏘ ᎾᏂᎥᎢ.
19 ᎠᎴ ᎠᏴ ᎥᎩᏍᏕᎸᏗᏱ, ᎾᏍᎩ ᎥᏆᎵᏍᎪᎸᏓᏁᏗᏱ ᎠᎩᏬᏂᎯᏍᏗᏱ, ᎠᎩᏍᏚᎢᏍᏗᏱ
ᏥᎣᎵ ᏂᏥᏍᏚᎢᎲᎾ, ᎬᏂᎨᏒ ᎢᏯᏋᏁᏗᏱ ᎤᏕᎵᏛ ᎨᏒ ᎣᏍᏛ ᎧᏁᎮᏛ;
20 ᎾᏍᎩ [ᎣᏍᏛ ᎧᏃᎮᏛ] ᏥᏅᏗᎦᎵᏍᏙᏗᎭ ᎠᏴ ᎥᎩᏅᏏᏛ ᏥᎩ; ᎾᏍᎩ ᎢᏳᏩᏂᎭᏗᏱ
ᎾᎿᏂ ᏂᏥᏍᏚᎢᎲᎾ ᎠᎩᏁᎢᏍᏗᏱ, ᎾᏍᎩᏯ ᎢᏯᎩᏪᏍᏗᏱ ᏥᏚᏳᎪᏗ.
21 ᎾᏍᎩᏃ ᎢᏥᏚᏙᎥᎯᏍᏗᏱ ᎾᏍᏉ ᎠᏴ ᎾᏆᎵᏍᏓᏁᎵᏕᎬ ᎠᎴ ᎾᏆᏛᎿᏕᎬᎢ, ᏗᎩᎦ,
ᎣᏥᎨᏳᎢ ᎣᏣᎵᏅᏟ ᎠᎴ ᎣᏍᏛ ᎢᏯᏛᏁᎯ ᏧᎸᏫᏍᏓᏁᎯ ᎤᎬᏫᏳᎯ ᎤᏤᎵ ᎤᎬᏩᎵ,
ᎬᏂᎨᏒ ᎤᏓᏨᏁᎵ ᏄᏓᎴᏒ ᎪᎱᏍᏗ;
22 ᎾᏍᎩ ᏥᏅᎵ ᏗᏤᎲᎢ ᎾᏍᎩᏉ ᎤᎬᏩᎵ, ᎾᏍᎩ ᎢᏥᏚᏙᎥᎯᏍᏗᏱ ᏃᎦᎵᏍᏓᏁᎵᏕᎬᎢ,
ᎠᎴ ᎾᏍᎩ ᏧᎦᎵᏍᏓᏗᏍᏗᏱ ᏗᏥᎾᏫ.
23 ᏅᏩᏙᎯᏯᏛ ᏚᏂᎧᎿᏩᏗᏙᎮᏍᏗ ᎠᎾᎵᏅᏟ, ᎠᎴ ᎠᏓᎨᏳᏗ ᎨᏒ ᎤᎵᏠᏯᏍᏕᏍᏗ ᎪᎯᏳᏗ
ᎨᏒᎢ, ᎤᏓᏳᎾᎵᏍᎪᎸᏔᏅᎯ ᎤᏁᎳᏅᎯ ᎠᎦᏴᎵᎨᎢ, ᎠᎴ ᎤᎬᏫᏳᎯ ᏥᏌ ᎦᎶᏁᏛ.
24 ᎬᏩᎦᏘᏯ ᎤᏓᏙᎵᏍᏗ ᎨᏒ ᏚᏂᎧᎿᏩᏗᏙᎮᏍᏗ ᎾᏂᎥ ᏄᎾᏠᎾᏍᏛᎾ ᎤᏂᎨᏳᎯ ᎢᎦᏤᎵ
ᎤᎬᏫᏳᎯ ᏥᏌ ᎦᎶᏁᏛ. ᎡᎺᏅ.

ᏉᎳ ᏈᎵᎩᏱ ᎠᏁᎯ ᏧᏬᏪᎳᏁᎸᎯ

ᎠᏯᏙᎸᎢ 1

1 ᏉᎳ ᎠᎴ ᏗᎹᏗ, ᏥᏌ ᎦᎶᏁᏛ ᎬᏩᏂᏅᏏᏙᎯ, ᏫᏙᏍᏙᏪᎳᏏ ᎾᏂᎥ ᎤᎾᏓᏅᏘ ᎦᎶᏁᏛ
ᏥᏌ ᎬᏬᎯᏳᎯ ᎾᏍᎩ ᏈᎵᎩᏅ ᎠᏁᎯ, ᏙᏍᎦᏌᏯᏍᏗᎭ ᎩᏂᎦᏘᏯ ᎠᎴ ᎠᏂᏯᏙᎯᎯ;
2 ᎬᏩᎦᏘᏯ ᎤᏓᏙᎵᏍᏗ ᎨᏒ, ᎠᎴ ᏅᏩᏙᎯᏯᏛ ᎢᏤᎳᏗᏙᎮᏍᏗ ᎤᏓᏳᎾᎵᏍᎪᎸᏔᏁ
ᎤᏁᎳᏅᎯ ᎢᎩᏙᏓ, ᎠᎴ ᎤᎬᏫᏳᎯ ᏥᏌ ᎦᎶᏁᏛ.
3 ᎠᏆᏁᎳᏅᎯ ᏥᏯᎵᎡᎵᏤᎰ ᎢᏳᏍᏗᎭ ᎢᏨᏯᏅᏓᏗᎬᎢ,
4 ᏂᎪᎯᎸ ᏂᎦᏓᏙᎵᏍᏗᏍᎬ ᏂᏥᏔᏲᎯᎲ ᏂᎯ ᏂᏥᎥ ᎡᏥᏙᎵᏍᏗᏱ, ᎤᎵᎮᎵᏍᏗ ᎠᏆᏓᏅᏛ
ᎦᏓᏙᎵᏍᏗᏍᎬᎢ,
5 ᎤᏗᎦᎵᏍᏙᏗᏍᎬ ᎢᏣᏝᏆᎶᏒ ᎣᏍᏛ ᎧᏃᎮᏛ ᎦᏥᎧᏏᏩᏗᏒᎢ, ᎢᎬᏱᏱ ᎢᎦ ᎤᏓᎬᏩᏓᎴᏅᏛ
ᎪᎯ ᎢᏯᏍᏘ;
6 ᎯᎠ ᎾᏍᎩ ᏄᏓᎴᎩ ᎨᏒ ᎾᏆᏜᏏᏛᎡᎲᎾ, ᎾᏍᎩ Ꮎ ᎣᏍᏛ ᏗᎦᎸᏫᏍᏓᏁᏗ ᎤᎴᏅᏛ
ᏙᏗᏣᏓᏅᏛᎢ ᎾᏍᎩ ᎤᏰᎢᎸᏍᏗᏱ ᎬᎵᏍᏆᏗᏍᎩ ᏥᏌ ᎦᎶᏁᏛ ᎤᏤᎵ ᎢᎦ ᎠᎵᏰᎵᎢᎶᎸ
ᎬᏗᏍᎩ;
7 ᎾᏍᎩ ᏥᏚᏳᎪᏗ ᎾᏍᎩ ᎢᏨᏰᎵᏎᏗᏱ ᏂᏥᎥᎢ, ᎤᏗᎦᎵᏍᏙᏗᏍᎬ ᎠᎩᎾᏫᏱ
ᎢᏨᏍᏆᏂᎪᏛᎢ; ᎾᏍᏉᏰᏃ ᎥᏆᎸᎢᏛ ᎨᏒᎢ, ᎠᎴ ᏥᏍᎦᎵᏍᎬ ᎠᎴ ᏥᏍᏓᏱᏗᏍᎬ ᎣᏍᏛ
ᎧᏃᎮᏛ ᏂᎯ ᏂᏥᎥ ᎢᏤᎳᏗᏍᏗᎭ ᎬᏩᎦᏘᏯ ᎥᎩᏤᎵᎬᎢ.
8 ᎤᏁᎳᏅᎯᏰᏃ ᎠᏆᏤᎵ ᎠᎦᎳᎯ ᏂᎦᎥ ᎢᏨᎨᏒᎵ ᏥᏌ ᎦᎶᏁᏛ ᎤᏓᎨᏳᏗ ᎬᏗᏍᎬᎢ.
9 ᎠᎴ ᏥᏔᏲᎯᎭ ᎦᏓᏙᎵᏍᏗᏍᎬᎢ, ᎾᏍᎩ ᎠᏓᎨᏳᏗ ᎨᏒ ᎢᏤᎲ ᎠᏏ ᎤᏟ ᎢᎦᎢ
ᎤᏁᏉᏨᏍᏗᏱ ᎤᎵᏌᏯᏍᏙᏗᏱ ᎠᎦᏙᎥᎯᏍᏗ ᎨᏒ, ᎠᎴ ᏂᎦᎥ ᏚᏳᎪᏛ ᎪᎵᏍᏗ ᎨᏒᎢ;
10 ᎾᏍᎩ ᎢᏥᎪᏩᏛᏗᏱ ᏧᏓᎴᏅᏛ ᏓᏚᎴᏏᎥᎢ; ᎾᏍᎩ ᏂᏣᏌᎾᏍᏛᎾ ᎢᏣᎵᏍᏙᏗᏱ, ᎠᎴ
ᏂᏣᏓᏏᏍᏆᎶᏍᏗᏍᎬᎾ ᎦᎶᏁᏛ ᎤᏤᎵ ᎢᎦ ᎠᎵᏱᎶᎸ ᎬᏗᏍᎩ;
11 ᎾᏍᎩ ᎢᏥᎧᎵᏨᎯ ᎢᏳᎵᏍᏙᏗᏱ ᏚᏳᎪᏛ ᎨᏒ ᎤᏓᎴᏅᎯ, ᎾᏍᎩ ᏥᏌ ᎦᎶᏁᏛ
ᎢᏳᏩᏂᏐᏗᏱ, ᎾᏍᎩ ᎤᎸᏉᏙᏗᏱ ᎤᏁᎳᏅᎯ ᎠᎴ ᎬᏂᎨᏒ ᎢᏳᏩᏁᏗᏱ ᎾᏍᎩ ᎦᎸᏉᏗᏳ
ᎨᏒᎢ.
12 ᎠᏎᏃ ᎢᏓᎵᏅᏟ ᎠᏆᏚᎵᎭ ᎢᏥᎦᏙᎥᎯᏍᏗᏱ ᎾᏍᎩ ᎫᏓᎴᏅᏛ ᎾᏆᎵᏍᏓᏁᎸᎢ
ᎤᏁᏉᎢᏍᏗᏱᏉ ᏄᏩᏁᎸ ᎣᏍᏛ ᎧᏃᎮᏛ;
13 ᎾᏍᎩ ᎤᏗᎦᎵᏍᏙᏗᎭ ᎦᎶᏁᏛ ᎠᎩᏍᏛᏗᏍᎬ ᎥᏆᎸᎥᎢ ᎤᎬᏫᏳᎯ ᎦᏁᎸ ᏂᎬ ᎬᏂᎨᏒ
ᏄᎵᏍᏔᏅ, ᎠᎴ ᏂᎬᎾᏛᏉ;
14 ᎠᎴ ᎠᏂᎪᏗᏳ ᎠᎾᎵᏅᏟ ᎤᎬᏫᏳᎯ ᏧᎾᏁᎶᏗ ᎥᏆᎸᎥ ᎢᏳᏩᏂᏌᏛ ᏚᎾᎵᎪᏛ ᏚᎾᏓᏅᏛᎢ,
ᎤᏟ ᎢᎦᎢ ᎾᏂᎾᏰᏍᎬᎾ ᏄᎾᎵᏍᏔᏅ ᎧᏃᎮᏛ ᎾᏂᏍᎦᎢᎲᎾ ᎤᏂᏃᎮᏗᏱ.
15 ᎢᎦᏛ ᎤᏙᎯᏳᎯ ᎠᏛᏳᎨᏗ ᎨᏒ ᎠᎴ ᎠᏗᏒᏍᏗ ᎨᏒ ᎤᎾᏚᎵᏍᎬ ᎤᏗᎦᎵᏍᏙᏗᎭ
ᎠᎾᎵᏦᏙᎲᏍᎦ ᎦᎶᏁᏛ ᎠᏂᏃᎮᎭ, ᎢᎦᏛᏃ ᎾᏍᏉ ᎣᏏᏳ ᎤᏂᏰᎸᏒᎢ.

16 ᎯᎠ ᎾᏍᎩ ᏑᎾᏓᎴᎩ ᎨᏒ ᎠᎾᎵᏥᏙᎲᏍᎦ ᎦᎶᏁᏛ ᎠᏂᏃᎮᎭ ᎠᏗᏒᏍᏗᏉ ᎨᏒ
ᎤᎾᏚᎵᏍᎬ ᎤᏗᎦᎵᏍᏙᏗᎭ, ᎥᏝᏃ ᎸᎾᏌᎾᏍᏛᎾ ᎨᏒ ᏯᎤᏗᎭ, ᎤᏂᏁᏉᏍᏗᏱ ᎤᏂᏰᎸᎭ
ᏥᎩᎵᏲᎬ ᎥᏆᎸᎢᏛ ᎨᏒᎢ.
17 ᎠᏂᎭᎢᏍᎩᏂ ᎡᎩᎨᏳᎯᏳ ᎨᏒ ᎤᏗᎦᎵᏍᏙᏗᎭ, ᎠᏂᎦᏔᎭᏰᏃ ᎢᎩᏁᏤᎸᎯ ᎨᏒ
ᎠᎩᏍᏕᎸᏗᏱ ᎣᏍᏛ ᎧᏃᎮᏛ.
18 ᎦᏙᎨᏃ? ᎤᏁᎳᎩ, ᎾᎾᏛᏁᎲᎢ, ᎾᏍᏉ ᎠᏎᏉᏉ ᏱᎾᎾᏛᏁᎭ, ᎠᎴ ᎤᏙᎯᏳᎯ
ᏣᏂᏰᎸᎭ, ᎪᎶᏁᏛ ᎠᏥᏃᎮᎭ; ᎠᎴ ᎾᎿᏂ ᎦᎵᎡᎵᎦ, ᎥᎥ, ᎠᎴ ᎠᏎ ᎦᎵᎡᎵᎨᏍᏗ.
19 ᏥᎦᏔᎭᏰᏃ ᎯᎠ ᎾᏍᎩ ᎢᎩᏍᏕᎸᏗᏱ ᏭᎵᏰᎢᎶᎯᏍᏗ ᎨᏒᎢ ᏂᎯ ᎢᏨᏓᏙᎵᏍᏗᏍᎬ
ᎤᏓᏚᎵᏍᏙᏔᏂ, ᎠᎴ ᏥᏌ ᎦᎶᏁᏛ ᎤᏓᏅᏙ ᎢᎩᏁᎲᎢ;
20 ᎾᏍᎩᏯ ᎤᏣᏘ ᎠᏆᏚᎵᏍᎬ ᎠᎴ ᎤᏚᎩ ᎠᏋᏒᎢ, ᎾᏍᎩ ᏂᎦᎥ ᎪᎱᏍᏗ ᎠᏆᏕᎰᎯᏍᏗᏱ
ᏂᎨᏒᎾ, ᏂᎦᎥᏉᏍᎩᏂ ᏂᏥᏍᎦᎢᎲᎾ ᎨᏒᎢ, ᏥᎸᏍᏙᏉ, ᎾᏍᎩᏯ ᎾᏍᏉ ᎪᎯ, ᎦᎶᏁᏛ
ᏥᎸᏉᏙᏗ ᎨᏎᏍᏗ ᏥᏰᎸ ᎬᏗ, ᎾᏍᏉ ᎬᏃᏛ ᎨᏒ ᎠᎴ ᎠᎩᏲᎱᎯᏍᏗ ᎨᏒᎢ.
21 ᎠᏏᏰᏃ ᏯᏆᎴᏂᏙᎸ ᎦᎶᏅᏛ ᏥᎸᏉᏙᏗ, ᏯᎩᏲᎱᏒᏃ ᎠᏴ ᎠᎩᏁᏉᏤᏗ.
22 ᎢᏣᏍᎩᏂᏃᏅ ᎤᏇᏓᎸ ᏯᏆᎴᏂᏙᎸ, ᎯᎠ ᎾᏍᎩ ᎠᎩᎾᎸᎪᏫᏍᏗ ᏓᎩᎸᏫᏍᏓᎪᎲᎢ; ᎠᎴ
ᎥᏝ ᏱᏥᎦᏔᎭ ᎾᏍᎩ ᎢᏳᏍᏗ ᎠᏆᏑᏰᏍᏗᏱ.
23 ᏔᎵᏰᏃ ᎢᏳᏓᎴᎩ ᎨᏒ ᎠᏍᏓᏱᏳ ᏫᏆᎵᏍᏓᏁᎭ, ᎤᏗᎦᎵᏍᏙᏗ ᎠᏆᏚᎵᏍᎬ ᎠᏆᏚᎵᏍᎬ
ᎠᏆᏂᎩᏍᏗᏱ, ᎠᎴ ᎦᎶᏁᏛ ᏤᎲ ᏩᏆᏕᏗᏱ; ᎾᏍᎩ ᏭᏓᎪᎾᏛᏛ ᎤᏟ ᎣᏏᏳ ᏥᎩ;
24 ᎤᏍᏓᎸᏍᎩᏂᏃᏅ ᎠᏆᎴᏂᏓᏍᏗᏱ ᎤᏟ ᎣᏏᏳ ᎢᏣᎵᏍᏓᏁᏗ ᏂᎯ.
25 ᎾᏍᎩᏃ ᎯᎠ ᏥᎸᏍᏗ ᏟᏉᎯᏳᎭ, ᏥᎦᏔᎭ ᎠᏆᎴᏂᏓᏍᏗᏱ ᎠᎴ ᏂᏥᎥ
ᎢᏨᏰᎳᏗᏓᏍᏗᏱ, ᎾᏍᎩ ᎢᏥᏁᏉᏤᏗᏱ ᎠᎴ ᎢᏣᎵᎮᎵᏍᏗᏱ ᎢᏦᎯᏳᏒᎢ.
26 ᎾᏍᎩ ᎤᏣᏘ ᎤᏁᏉᏨᏍᏗᏱ ᎢᏣᎵᎮᎵᎬ ᏥᏌ ᎦᎶᏁᏛ ᎢᏣᏩᏂᏌᏛ, ᎠᏴ
ᎤᏗᎦᎵᏍᏙᏗᏍᎬ, ᎾᏍᎩ ᏔᎵᏁ ᏫᏨᎷᏤᏗ ᎨᏒ ᎢᏣᏍᏗ.
27 ᎾᏍᎩᏯ ᎠᏗᎾ ᎦᎶᏁᏛ ᎣᏍᏛ ᎧᏃᎮᏛ ᏧᎵᎶᎲᏍᎦ ᏂᏣᏛᏁᎴᏙᎮᏍᏗ; ᎾᏍᎩ ᎢᏳᏃ
ᏱᏫᏨᎷᏤᎸ ᎠᎴ ᏱᏫᏨᎪᎥ, ᎠᎴ ᏯᎩᎪᏁᎸᏉ, ᏱᎦᏛᎬᎦ ᏂᏣᏛᎿᏕᎬᎢ, ᎤᎵᏂᎩᏛ ᏕᏥᏙᎬ
ᏌᏉ ᎠᏓᏅᏙᎩᎯ, ᏌᏉ ᎠᏓᏅᏖᏗ ᎬᏗ, ᎠᏤᏉᎶᎯ ᎢᏣᏟᏂᎬᏁᏗᏱ ᎢᏥᏍᏕᎸᏗᏱ ᎪᎯᏳᏗ
ᎨᏒ ᎣᏍᏛ ᎧᏃᎮᏛ.
28 ᎠᎴ ᏞᏍᏗ ᎪᎱᏍᏗ ᎠᎾᏛᏁᎲ ᎨᏨᏑᏗᏍᎩ ᏱᏥᏍᎦᏍᏓᏁᎮᏍᏗ; ᎾᏍᎩ ᎬᏂᎨᏒ
ᎢᏳᏅᏁᎯ ᎨᏥᏛᏙᏗ ᎨᏒᎢ, ᏂᎯᏍᎩᏂ ᎬᏂᎨᏒ ᎢᏨᏁᎯ ᎡᏥᏍᏕᎸᏗ ᎨᏒᎢ, ᎠᎴ ᎾᏍᎩ
ᎤᏁᎳᏅᎯ ᎢᏥᏍᏕᎸᏗ ᎨᏒᎢ.
29 ᏂᎯᏰᏃ ᎡᏥᏁᎸᎯ ᎦᎶᏁᏛ ᎨᏒ ᎢᏳᏍᏗ, ᎥᏝ ᎡᏦᎢᏳᏗᏱᏉ ᎤᏩᏒ, ᎾᏍᏉᏍᎩᏂ
ᎡᏥᎩᎵᏤᏗᏱ;
30 ᎾᏍᎩᏯ ᎠᏗᏒᏍᏗ ᎨᏒ ᎢᏤᎲ ᎾᏍᎩ ᎠᏴ ᏥᏍᎩᎪᎡᎸᎩ, ᎠᎴ ᎪᎯ ᏥᏣᏛᎩᎭ ᎠᏇᎲᎢ.

ᎠᏯᏙᎸᎢ 2

1 ᎾᏍᎩ ᎢᏳᏍᏗ ᎢᏳᏃ ᎦᎶᏁᏛᏱ ᎤᎦᎵᏍᏗ ᎤᏓᎬᏩᏓᎴᏗ ᎨᏎᏍᏗ, ᎢᏳᏃ ᎠᏓᎨᏳᏗ ᎨᏒ
ᎠᏓᏄᏬᎯᏍᏗᏍᎩ ᎬᏩᏓᏁᏗ ᎨᏎᏍᏗ, ᎢᏳᏃ ᎬᏖᏉᎶᏗ ᎨᏎᏍᏗ ᎠᏓᏅᏙ ᎥᏓᏘᏁᏗ ᎨᏒᎢ,
ᎢᏳᏃ ᎠᏓᏙᎵᏍᏗ ᎨᏒ ᎠᎴ ᎤᏓᏅᏘ ᎨᏒ ᎡᏢᏍᏗ,
2 ᎢᏥᎧᎵᏣ ᎦᎵᎡᎵᎬᎢ, ᎤᏠᏱ ᎢᏳᎵᏍᏙᏗᏱ ᎢᏣᏓᏅᏖᏍᎬᎢ, ᎤᏠᏱᏉ ᎢᏳᎵᏍᏙᏗᏱ
ᏕᏣᏓᎨᏳᏒᎢ, ᎤᏠᏱᏉ ᎢᏳᎵᏍᏙᏗᏱ ᏕᏣᏓᏅᏛᎢ, ᎤᏠᏱᏉ ᎢᏳᎵᏍᏙᏗᏱ ᏗᏣᏓᏅᏙ.
3 ᏞᏍᏗ ᎪᎱᏍᏗ ᏱᏣᏛᏁᏢᏍᏗ ᎠᏗᏒᏍᏗ ᎨᏒ ᎠᎴ ᎠᏎᏉ ᎠᏢᏈᏍᏗ ᎨᏒ ᎬᏗ;
ᎡᎳᏗᏉᏍᎩᏂ ᏂᏕᏨᏅ ᏕᏣᏓᏅᏛ ᎢᏥᏏᏴᏫᎭ ᎤᏟ ᏂᏕᏥᎸᏉᏕᏍᏗ ᎠᏂᎭᎢ ᎡᏍᎦᏉ ᎢᏨᏒ.
4 ᏞᏍᏗ ᎩᎶ ᎤᏩᏒᏉ ᎤᏤᎵ ᏳᎦᏌᏯᏍᏕᏍᏗ, ᎾᏂᎥᏍᎩᏂ ᎠᏂᎭᎢ ᎾᏍᏉ ᎤᎾᏤᎵᎦ.
5 ᎾᏍᎩ ᎯᎠ ᏄᏍᏕᏍᏗ ᏕᏣᏓᏅᏖᏍᏗ, ᎾᏍᎩᏯ ᎾᏍᏉ ᏧᏓᏅᏖ ᎦᎶᏁᏛ ᏥᏌ;
6 ᎾᏍᎩ ᎤᏁᎳᏅᎯ ᏣᎦᏟᎶᏍᏔᏅᎯ ᎨᏒᎢ, ᎥᏝ ᎦᏓᎾᏌᎲᏍᎦ ᏰᎵᏍᎨ ᎤᏁᎳᏅᎯ
ᎾᏍᎩᏯ ᏄᏍᏛ ᏄᏛᏅᎢ.
7 ᎠᏎᏃ ᎾᏥᏄᏉᏛᎾ ᏄᏓᏛᏁᎴ ᎤᏩᏒ, ᎠᎴ ᎠᏥᏅᏏᏓᏍᏗ ᏄᏍᏛ ᎾᏍᎩᏯ ᏄᏓᏛᏁᎴᎢ,
ᎠᎴ ᏴᏫ ᏄᎾᏍᏛ ᎾᏍᎩᏯ ᏄᎵᏍᏔᏁᎢ;
8 ᎠᎴ ᏴᏫ ᎾᏍᎩᏯ ᏄᏍᏛ ᎨᏎᎢ, ᎤᏩᏒ ᎾᏥᏄᏉᏛᎾ ᏄᏓᏛᏁᎴᎢ, ᎠᎴ ᎤᏬᎯᏳᎯᏍᏛ
ᏄᎵᏍᏔᏁ ᎠᏲᎱᎯᏍᏗ ᎨᏒ ᎬᏗᏍᎩ, ᎾᏍᎩ ᏓᏓᎿᏩᏍᏛ ᎠᏲᎱᎯᏍᏙᏗ ᎨᏒᎢ.
9 ᎾᏍᎩ ᎢᏳᏍᏗ ᎾᏍᏉ ᎤᏁᎳᏅᎯ ᎤᏣᏘ ᎦᎸᏉᏗᏳ ᎤᏌᎳᏓᏅ, ᎠᎴ ᎤᏁᎸ ᏧᏙᏍᏙᏗ
ᎨᏒᎢ, ᎾᏍᎩ ᎤᏟ ᎦᎸᏉᏗᏳ ᎡᏍᎦᏉ ᏂᎦᎥ ᏧᎾᏙᏍᏙᏗ ᎨᏒᎢ,
10 ᎾᏍᎩ ᏥᏌ ᏚᏙᎥ ᏂᎦᏗᏳ ᏧᎾᎵᏂᏆᏁᏗᏱ ᎾᏍᏉ ᎦᎸᎶᎢ ᎠᏁᎯ, ᎠᎴ ᎡᎶᎯ ᎠᏁᎯ,
ᎠᎴ ᎡᎶᎯ ᎭᏫᏂᏗᏢ ᎠᏁᎯ;
11 ᎠᎴ ᏂᎦᏗᏳ ᏗᎦᏃᎦ ᎬᏂᎨᏒ ᎢᏳᏅᏁᏗ ᎨᏎᏍᏗ ᎾᏍᎩ ᏥᏌ ᎦᎶᏁᏛ ᎤᎬᏫᏳᎯ ᎨᏒᎢ,
ᎦᎸᏉᏗᏳ ᎢᏳᏩᏁᎯ ᎨᏎᏍᏗ ᎤᏁᎳᏅᎯ ᎠᎦᏴᎵᎨᎢ.
12 ᎾᏍᎩ ᎢᏳᏍᏗ ᎢᏨᎨᏳᎢ, ᏂᎪᎯᎸᏉ ᏥᏦᎯᏳᎲᏍᎪᎢ, ᎥᏝ ᎠᏴ ᏥᎦᏔᎲᏉ ᎢᏳᏍᏗ,
ᎪᎯᏍᎩᏂ ᎨᏒ ᎠᎩᎪᏁᎸᎢ ᎤᏟ ᎢᎦᎢ ᏗᏥᏄᏫᏍᏓᏏ ᎡᏥᏍᏕᎸᏗᏱ ᎨᏒᎢ, ᎢᏥᎾᏰᏍᎬ ᎠᎴ
ᏕᏥᎾᏫᏍᎬᎢ;
13 ᎤᏁᎳᏅᎯᏰᏃ ᎣᏏᏳ ᎤᏰᎸᏗ ᎨᏒ ᏕᎤᏄᏫᏍᏓᏁᎭ ᏕᏣᏓᏅᏛᎢ ᎾᏍᎩ ᎢᏣᏚᎸᏗᏱ ᎠᎴ
ᎾᏍᏉ ᏗᏥᏄᏫᏍᏓᏁᏗᏱ.
14 ᏂᎦᏗᏳ ᏧᏓᎴᏅᏛ ᏕᏥᏄᏫᏍᏓᏁᎲ ᎪᎱᏍᏗ ᏂᏗᏣᏓᏕᏢᏎᎲᎾ ᎠᎴ ᏥᏣᏗᏒᎯᎲᎾ ᎨᏎᏍᏗ;
15 ᎾᏍᎩ ᏁᏥᎳᏫᏎᎲᎾ ᎠᎴ ᏂᏣᏠᎾᏍᏛᎾ ᎨᏎᏍᏗ, ᎤᏁᎳᏅᎯ ᏧᏪᏥ, ᏕᏰᏧᎢᏍᏙᏗ
ᏂᎨᏒᎾ, ᎢᏣᏓᏑᏴ ᎤᎾᏓᏥᏃᏍᏆᏰᏛ ᎠᎴ ᎤᎾᎪᎸᏛ ᏴᏫ ᎠᏁᎲᎢ, ᎾᏍᎩ ᎾᎿ ᎠᏁᎲ
ᏕᏥᎸᏌᏓᏗᎭ ᎡᎶᎯ ᎢᎦ ᏗᏣᏘᏍᏓᏁᎯ ᎾᏍᎩᏯᎢ;

16 ᎢᏥᎾᎸᎪᏫᏍᎨᏍᏗ ᎧᏃᎮᏛ ᎬᏂᏛ ᎠᏓᏁᎯ; ᎾᏍᎩ ᎢᏳᏩᏂᏖᏗᏱ ᎠᏆᎵᎮᎵᏍᏗᏱ ᎦᎶᏁᏛ
ᎤᏤᎵ ᎢᎦ ᎨᏎᏍᏗ, ᎾᏍᎩ ᎠᏎᏉ ᏗᎩᏍᏆᎸᏔᏅᎯ ᏂᎨᏒᎾ ᎨᏒᎢ, ᎠᎴ ᎠᏎᏉ
ᏗᎩᎸᏫᏍᏓᏁᎸᎯ ᏂᎨᏒᎾ ᎨᏒᎢ.
17 ᎥᎥ, ᎠᎴ ᎢᏳ ᏯᏆᏓᎵᏍᎪᎸᏔᏅ ᎾᎿ ᎠᏥᎸ ᎢᏤᎶᏜᎢ ᎠᎴ ᎦᏥᎸᏫᏍᏓᏁᏜ ᎪᎯᏳᏗ
ᎢᏨᏗᏍᎬᎢ, ᎦᎵᏒᎵᎦ, ᎠᎴ ᎢᏨᏯᎵᎪᏁᎲ ᎢᏣᎵᎮᎵᎬᎢ.
18 ᎾᏍᎩ ᎾᏍᏉ ᏫᏂᎦᎵᏍᏙᏓ ᏂᎯ ᎢᏣᎵᎮᎵᎩ ᎠᎴ ᏍᎩᏯᎵᎪᏜᏏ ᎠᏴ ᎦᎵᏒᎵᎬᎢ.
19 ᎠᏎᏃ ᎤᏚᎩ ᎠᏋᎲ ᎤᎬᏫᏳᎯ ᏥᏌ ᎢᏳᏩᏂᏖᏗᏱ ᏗᎭᏗ ᏥᏅᏍᏗᏱ ᏗᏤᏜ ᏂᎪᎯᎸᎾ,
ᎾᏍᎩ ᎠᏴ ᎾᏍᏉ ᎣᏍᏛ ᎠᎩᎦᎵᏍᏓᏗᏍᏗᏱ ᎦᏙᎴᎰᏒᎲ ᏂᏣᏛᎿᎦᎬᎢ.
20 ᎥᏝᏰᏃ ᎩᎶ ᏲᎩᎾᎵᎪᎲ ᎤᏌᏱ ᎤᏓᏅᏔᏩᎦᎩ, ᎾᏍᎩ ᎠᏎ ᎬᏩᎦᏌᏯᏍᏙᏗ ᎨᏒ
ᏂᏣᏛᎿᎦᎬᎢ.
21 ᎾᏂᎥᏰᏃ ᎤᏅᏒᏉ ᎤᎾᏤᎵ ᎨᏒ ᎤᏂᏲᎰᎢ, ᎥᏝᏃ ᏥᏌ ᎦᎶᏁᏛ ᎤᏤᎵ ᎨᏒᎢ.
22 ᎠᏎᏃ ᎡᏥᏚᏔᎲ ᏄᏍᏛ ᎾᏍᎩ ᎠᏥᎪᎵᏰᎥᎢ, ᎾᏍᎩ ᎩᎶ ᎤᏪᏥ ᎤᏙᏓ ᏣᏍᎦᎵᏍᎪ
ᎾᏍᎩᏯ ᎠᎩᏍᎦᎸᎯᏙᎸ ᎣᏍᏛ ᎧᏃᎮᏛ ᎤᎵᏱᎸᏍᏗᏱ ᏓᎩᎸᏫᏍᏓᏁᏜᎢ.
23 ᎾᏍᎩ ᎢᏳᏍᏗ ᎤᏚᎩ ᎠᏋᎲ ᎾᏍᎩ ᏥᏅᏍᏗᏱ ᎢᎬᏪᏅᏛ ᎦᏙᎴᎣᏒᏉ ᎢᏯᏉᎵᏍᏓᏁᏗ
ᎨᏒᎢ.
24 ᎠᏎᏃ ᏥᏯᎵᏍᎦᏍᏙᏗᎲ ᎤᎬᏫᏳᎯ ᎤᎵᏍᎪᎸᏙᏗᏱ ᎠᏴ ᎾᏍᏉ ᎠᏋᏒ ᏂᎪᎯᎸᎾ
ᏫᏨᎷᏤᏗᏱ.
25 ᎠᏗᎾ ᎠᏎ ᏱᏥᏅᏒ ᎠᏇᎵᏒ ᎢᏆ'ᎶᏓᏔ ᏫᏥᎷᏤᏗᏱ, ᎾᏍᎩ ᎠᎩᏅᏟ ᎠᎴ ᎣᎩᎾᏓᏆᎶᎯ
ᏙᎩᏂᎸᏫᏍᏓᏁᏜᎢ, ᎠᎴ ᎣᎩᎾᎵᎪᎯ ᎣᏍᏗᏯᏫᏍᎩ, ᏂᎯᏍᎩᏂ ᎡᏥᏅᏏᏛ, ᎠᎴ ᎾᏍᎩ
ᎠᎩᏍᎦᎸᏛ ᎠᎩᏩᏛᏗᏱ ᎠᎩᏂᎪᎯᏎᏜᎢ.
26 ᎤᏣᏘᏰᏃ ᎤᏚᎵᏍᎬᎩ ᎢᏥᎪᏩᏛᏗᏱ ᏂᏥᎥᎢ, ᎠᎴ ᎤᏣᏘ ᎦᎨᏛ ᎤᏓᏅᏔᏩᎦᎬᎩ,
ᎤᏓᎦᎵᏍᏙᏗᏍᎬᎩ ᎢᏣᏛᎦᏅ ᎤᎵᏨᎢ.
27 ᎤᏙᎯᏳᎯᏰᏃ ᎤᎵᎬᎩ ᎠᎴ ᎠᎴᏉ ᏄᏲᎱᏒᎩ; ᎠᏎᏃ ᎤᏁᏔᏅᎯ ᎤᏪᏙᎵᏨᎩ; ᎥᏝ ᎠᎴ
ᎾᏍᎩᏉ ᎤᏩᏒ, ᎠᏴᏍᎩᏂ ᎾᏍᏉ, ᎾᏍᎩ ᎤᎶᏏᎶᏛ ᎤᏲ ᎠᏆᏓᏅᏓᏗᏍᏗᏱ ᏂᎨᏒᎾ.
28 ᎾᏍᎩ ᎢᏳᏍᏗ ᎤᏟ ᏝᎩᏳ ᏥᏅᎵ, ᎾᏍᎩ ᎿᏉ ᏔᎵᏁ ᎢᏒᏥᎪᎥᎲ, ᎨᏣᎵᎮᎵᏍᏗ ᏱᎩ,
ᎠᎴ ᎠᏴ ᎡᏍᎦ ᎢᏴᏛ ᎤᏲ ᏯᏆᏓᏅᏔᏩᎦᎦ.
29 ᎾᏍᎩ ᎢᏳᏍᏗ ᏤᏣᏓᏂᎸᎩ ᎤᎬᏫᏳᎯ ᏗᎧᎿᏩᎦᎩ ᎨᏒ ᎢᏳᏍᏗ ᎤᏣᏘ ᎣᏏᏳ ᎠᏰᎸᏗ
ᎢᏨᏓ; ᎠᎴ ᎾᏍᎩ ᎢᏳᎾᏍᏗ ᎦᏥᎸᏉᎦᏍᏗ;
30 ᎦᎶᏁᏛᏰᏃ ᎤᏤᎵ ᏗᎦᎸᏫᏍᏓᏁᏗ ᎨᏒ ᎤᏓᎦᎵᏍᏙᏗᏍᎬᎩ ᎠᎴᏉ ᏄᏲᎱᏒᎩ,
ᏫᏍᏆᏂᎪᏗᏍᎬᎾ ᎬᏅᎢ, ᎾᏍᎩ ᎤᏍᏆᏗᏍᏗᏱ ᎦᎷᎶᎬ ᎠᏆᎵᏍᎦᎸᏙᏗ ᎢᏥᏅᎢ.

ᎠᏯᏙᎸᎢ 3

1 ᎤᎵᏍᏆᎸᏗᏃ ᎨᏒ ᎢᏓᎵᏅᏟ, ᎢᏣᎵᎮᎵᎩ ᎤᎬᏫᏳᎯ ᎨᏒ ᎢᏳᏍᏗ. ᎯᎠ ᎾᏍᎩ
ᏫᏨᏲᏪᎳᏁᏗᏱ, ᎤᏙᎯᏳᎯ ᎥᏝ ᏧᏯᏪᎢᏍᏗ ᏯᎩᏰᎸᎭ ᎠᏴ, ᏂᎯᏍᎩᏂ ᎤᎾᏰᎯᏍᏗ ᎨᏒ
ᎢᏧᏓᎴᏍᎩ.
2 ᏕᏤᏯᏙᏤᎮᏍᏗ ᎩᎵ, ᏕᏤᏯᏙᏤᎮᏍᏗ ᎤᏲ ᏧᏂᎸᏫᏍᏓᏁᎯ; ᏕᏤᏯᏙᏤᎮᏍᏗ ᏗᏂᎱᏍᎦᏍᎩ.
3 ᎠᏴᏰᏃ ᏤᎩᎤᏍᏕᏎᎸᎯ, ᎤᏁᎳᏅᎯ ᎠᏓᏅᏙ ᎬᏗ ᎡᏓᏓᏙᎵᏍᏓᏁᎯ ᏥᎩ, ᎠᎴ ᎢᏓᎵᎮᎵᎩ
ᎦᎶᏁᏛ ᏥᏌ ᎡᏓᎵᏍᏕᏍᏙᏛ ᎢᏳᏍᏗ, ᎠᎴ ᎤᏇᏓᎵ ᎨᏒ ᏂᏕᎵᏍᏕᏍᏙᏛᎾ ᏥᎩ.
4 ᎾᏍᏉᏍᎩᏂᏃᏅ ᎠᏴ ᎠᎩᎭ ᎤᏇᏓᎵ ᎨᏒ ᎬᏆᎵᏍᏕᏍᏙᏙᏗ ᎨᏒᎢ. ᎢᏳᏃ ᎩᎶ ᏰᎵ ᏳᎭ
ᏳᏰᎸ ᎤᏇᏓᎵ ᎨᏒ ᎬᏩᎵᏍᏕᏍᏙᏙᏗ ᎨᏒᎢ, ᎠᏴ ᎤᏟ ᎢᎦᎢ [ᎠᎩᎭ;]
5 ᏧᏁᎵᏁ ᎢᎦ ᎥᎩᎱᏍᏕᏎᎸᎩ, ᎢᏏᎵ ᎤᎾᏓᏤᎵᏛ ᎨᏒ ᎤᏛᏆᏓᎴᏅᎯ, ᏇᏂ ᎠᏂᎳᏍᏓᎸ ᎨᎳ,
ᏥᏈᎷ ᎠᏂᏈᎷ ᎤᏛᏆᏓᎴᏅᎯ; ᏗᎧᎿᏩᏛᏍᏗᏃ ᎦᏥᎧᎿᏩᏗᏒ ᏥᏆᎵᏏ;
6 ᎤᎵᏂᏛᏃ ᎠᏓᏅᏓᏗᏍᏗ ᎨᏒ ᎤᎬᏩᎵ, ᎦᏥᎩᎵᏲᎢᏍᏗᏍᎬᎩ ᏧᎾᏁᎶᏗ ᏕᎾᏓᏈᎬᎢ; ᏚᏳᎪᏛ
ᎢᏯᏛᏁᏗ ᎨᏒ ᎤᎬᏩᎵ ᏗᎧᎿᏩᏛᏍᏗ ᎦᏥᎧᎿᏩᏗᏒᎢ, ᎦᏴᎩᎳᏫᏎᏗ ᏂᎨᏒᎾ ᎨᏒᎩ.
7 ᎠᏎᏃ ᏂᎦᎥ ᎾᏍᎩ ᎬᏆᎵᏍᏕᎸᏙᏗ ᎠᎩᏰᎸᏅᎢ, ᎾᏍᎩ ᎡᏍᎦᏉ ᎢᏯᏋᏁᎯ ᎠᎩᏰᎸᎭ
ᎦᎶᏁᏛ ᎤᏓᏕᎵᏍᏙᏓ.
8 ᎥᎥ, ᎤᏙᎯᏳᎯ, ᎠᎴ ᏂᎦᎥᏉ ᎪᎱᏍᏗ ᎡᏍᎦ ᎢᏯᏋᏁᎯ ᎠᎩᏰᎸᎭ ᎤᏗᏕᎵᏍᏙᏗᎭ
ᎤᏓᎪᎾᏛᎳᏅᎯ ᎨᏒ ᏥᎦᏙᎥᎯᏍᏗ ᎨᏒ ᎦᎶᏁᏛ ᏥᏌ ᎠᏆᏤᎵ ᎤᎬᏫᏳᎯ; ᎾᏍᎩ
ᏥᏅᏗᏕᎵᏍᏙᏗᎭ ᏂᎦᏗᏳ ᏧᏓᎴᏅᏛ ᎠᎩᏲᎱᏎᎸᎯ ᏥᎩ, ᎠᎴ ᎤᏁᎢᎸᏗᏉ ᎠᎩᏰᎸᎭ ᎾᏍᎩ,
ᎦᎶᏁᏛ ᎾᏍᎩ ᎠᏆᏤᎵ ᎢᏳᏴᏁᏗᏱ,
9 ᎠᎴ ᎾᏍᎩ ᎦᏥᏯᏁᎶᏛ ᎥᎩᏩᏛᏗᏱ, ᎠᏆᏚᏓᎴᏍᏙᏗ ᎠᏋᏒ ᎠᏆᏤᎵ ᎾᎩᎲᎾ ᎨᏒᎢ, ᎾᏍᎩ
ᏗᎧᎿᏩᏛᏍᏗ ᎬᏩᏓᏁᏗ ᏥᎩ, Ꮎ-ᏍᎩᏂ ᎦᎶᏁᏛ ᎪᎯᏳᏗ ᎨᏒ ᏨᏗᏓᎴᎲᏍᎦ, ᎾᏍᎩ
ᎠᏚᏓᎴᏍᏙᏗ ᎨᏒ ᏨᏗᏓᎴᎲᏍᎦ, ᎾᏍᎩ ᎠᏚᏓᎴᏍᏙᏗ ᎨᏒ ᎤᏁᎳᏅᎯ ᎤᏓᏳᏓᎴᏅᎯ ᏥᎩ,
ᎾᏍᎩ ᎪᎯᏳᏗ ᎨᏒ ᎬᏙᏗ ᏥᎩ.
10 ᎾᏍᎩ ᏥᎦᏙᎥᎯᏍᏗᏱ, ᎠᎴ ᎤᎵᏂᎩᏗᏳ ᎨᏒ ᎾᏍᎩ ᎤᏲᎱᏒ ᏚᎴᎯᏌᏅᎢ, ᎠᎴ
ᎠᏇᎳᏗᏍᏗᏍᎬ ᎾᏍᎩ ᎤᎩᎵᏲᏥᏙᎸᎢ, ᎠᎴ ᎤᏲᎱᏒ ᎾᏍᎩᏯ ᎠᎩᏲᎱᎯᏍᏗᏱ;
11 ᎾᏍᎩ ᎪᎱᏍᏗ ᎤᏓᏳᎵᏱᎸᏍᏙᏗᏱ ᎠᏲᎱᏒ ᏗᎴᎯᏐᏗ ᎨᏒ ᏩᏆᎵᏰᎢᎶᎯᏍᏗᏱ.
12 ᎥᏝᏍᎩᏂᏃᏅ ᎦᏳᎳ ᏥᏓᎩᏂᏴᎭ ᎾᏍᎩᏯ ᏯᎩᏰᎸᎭ, ᎥᏝ ᎠᎴ ᎠᎩᏍᏆᏛᎯ ᎦᏳᎳ
ᏯᎩᏰᎸᎭ; ᏥᏍᏓᏩᏕᎦᏍᎩᏂ, ᎢᏳ ᏰᎵ ᏱᎩ, ᎾᏍᎩ ᏗᎩᏂᏴᏗᏱ ᎾᏍᎩ ᎾᏍᏉ ᎤᎬᏩᎵ
ᎦᎶᏁᏛ ᏥᏌ ᏥᏓᎩᏂᏴᎲᎩ.
13 ᎢᏓᎵᏅᏟ, ᎥᏝ ᎦᏳᎳ ᎠᎩᏂᏴᏛ ᏍᎩᏰᎸᎭ; ᏑᏓᎴᎩᏍᎩᏂ [ᏂᎦᏛᏁᎨᎢ;] ᎠᏋᎨᏫᏍᎪᎢ
ᏧᏓᎴᏅᏛ ᎣᏂᏗᏢ ᎸᏍᏗᏕᎬᎢ, ᎢᎬᏱᏗᏢᏃ ᏧᏓᎴᏅᏛ ᎸᏍᏗᏕᎬ ᏫᏗᏥᏂᏱᏍᎪᎢ,
14 ᏗᎨᏛ ᎢᏗᏢ ᎦᏕᎵᏍᏆᎵᎭ ᎠᏌᏍᏛ ᏗᎩᏂᏴᏗᏱ ᎾᏍᎩ ᎤᏁᎳᏅᎯ ᎦᎸᎳᏗ ᎤᏓᏳᏓᎴᏅᎯ
ᎠᏓᏯᏅᏙᏗ ᎨᏒ ᎦᎶᏁᏛ ᏥᏌ ᎠᎬᏗᏍᎬᎢ.

15 ᎾᏍᎩ ᎢᏳᏍᏗ, ᎠᏴ ᏂᏗᎥ ᎢᎩᏍᏆᏛᎯ ᎨᏒᎢ, ᎾᏍᎩ ᏄᏍᎦᏍᏗ ᎢᎦᏓᏅᏖᏍᏗ; ᎠᎴ ᎢᏳ
ᎪᎱᏍᏗ ᎨᏒ ᎤᏩᏓᎴ ᏄᏍᎦᏍᏗ ᏤᏣᏓᏅᏖᏍᏗ, ᎤᏁᎳᏅᎯ ᎾᏍᎩ ᎯᎠ ᎾᏍᏉ ᎡᏥᎨᏒ
ᎤᏓᏨᏁᎵ.
16 ᎠᏗᎾ ᎾᎿ ᎦᏳᎳ ᏫᎦᎵᏱᎶᎸᎢ, ᎤᏌᏱᏉ ᏗᎧᎿᏩᏛᏍᏗ ᎦᏕᏁᎶᏗᏗᏎᏍᏗ, ᎤᏌᏱᏉ
ᎢᏓᏓᏅᏖᏍᎨᏍᏗ.
17 ᎢᏓᎵᏅᏟ, ᎢᏣᏏᏆᎶᎯ ᏍᎩᏍᏓᏩᎦᎩ ᎨᏎᏍᏗ, ᎠᎴ ᎦᏣᏕᏌᏯᏍᎦᏍᏗ ᎾᏍᎩ
ᎢᏯᎾᏛᏁᎯ ᎠᏁᏙᎲᎢ, ᎾᏍᎩ ᎠᏴ ᏍᎩᏯᎦᎶᏆᏒᎯ ᏥᎦᏍᎩᏯᎧᎭ.
18 ᎤᏂᏣᏔᏰᏃ ᎠᏁᏙᎭ, ᎾᏍᎩ ᎤᏩᎫᏘᎶᏛ ᎦᏥᏁᎢᏍᏔᏅᎯ ᎢᏨᏃᏁᎸᎯ, ᎠᎴ ᎪᎯ ᎨᏒ
ᎾᏍᏉ ᏗᏕᎦᏌᏱᎯ ᎢᏨᏃᏁᎭ, ᎾᏍᎩ ᎠᏂᏍᎦᎩ ᎨᏒ ᏧᏓᎿᏩᏛ ᎦᎶᏁᏛ ᎤᏙᎵᎦ;
19 ᎾᏍᎩ ᎤᏂᏍᏆᏗᏍᏙᏗ ᎨᏒ ᎠᏓᏛᏗᏍᎩ ᏥᎩ, ᎤᎾᏁᎳᏅᎯ ᎤᏂᏍᏉᎵᏱᏉ ᏥᎩ, ᎠᎴ
ᎤᎾᏕᎰᎯᏍᏗᏍᎩᏉ ᎠᎾᏢᏈᏍᏗᏍᎩ ᏥᎩ, ᎾᏍᎩ ᎡᎶᎯᏉ ᎡᎯ ᎤᎾᏕᏌᏯᏍᏗ ᏥᎩ.
20 ᎠᏴᏰᏃ ᎦᎸᎳᏗ ᎢᎦᎯ; ᎾᎿ ᎾᏍᏉ ᎤᏓᏳᎶᎯᏍᏗᏱ ᏥᏗᎦᏖᏃᎭ ᎢᎩᏍᏕᎵᏍᎩ, ᎾᏍᎩ
ᎤᎬᏫᏳᎯ ᏥᏌ ᎦᎶᏁᏛ;
21 ᎾᏍᎩ ᏗᎩᏁᏟᏴᏒᏗ ᏥᎩ ᏂᏗᎦᎸᏉᏛᎾ ᏗᏗᏰᎸᎢ, ᎾᏍᎩᏯ ᎢᏧᏩᏁᏗᏱ ᎤᏩᏒ
ᎦᎸᏉᏗᏳ ᎠᏰᎸ ᏄᏛᎢ, ᎾᏍᎩᏯ ᎤᎵᏂᎬᎬ ᎬᏗᏍᎬ ᏂᎦᏗᏳ ᏧᏓᎴᏅᏛ ᎤᏩᏒ
ᏗᎬᏩᏁᎶᏙᏗᏱ ᎢᏳᏩᏁᏗᏱ.

ᎠᏯᏙᎸᎢ 4

1 ᎾᏍᎩ ᎢᏳᏍᏗ ᎢᏓᎵᏅᏟ ᎢᏨᎨᏳᎢ ᎠᎴ ᎤᏣᏘ ᎢᏨᏯᏅᏘ, ᏍᎩᏯᎵᎡᎵᏍᏗᏍᎩ ᎠᎴ
ᎠᏆᎵᏍᏚᎶᏙᏗ, ᎤᏩᏍᎦᏍᏗ ᎤᎵᏂᎩᏛ ᏕᏥᏙᎨᏍᏗ ᎤᎬᏫᏳᎯ ᎡᏣᎵᏍᎦᏍᏙᏛᎢ,
ᎢᏨᎨᏳᎢ.
2 ᏥᏍᏗᏰᏗᎭ ᏳᎣᏗᏯ, ᎠᎴ ᏥᏍᏗᏰᏗᎭ ᏏᏂᏗᎩ ᎾᏍᎩ ᎤᏠᏱᏉ ᎢᏧᏅᏁᏗᏱ ᏚᎾᏓᏅᏛ
ᎤᎬᏫᏳᎯ ᏓᏂᎧᎿᏩᏗᏒᎢ.
3 ᎠᎴ ᎬᏍᏗᏰᏗᎭ ᎾᏍᏉ ᏂᎯ ᏂᏣᏠᎾᏍᏛᎾ ᎨᎩ Ꮎ ᏑᏆᎶᎯ, ᎨᎩ ᏍᏕᎸᏗᏱ Ꮎ ᎠᏂᎨᏴ
ᎨᎩᏍᏕᎸᎯᏙᎸᎯ ᏓᎩᎸᏫᏍᏓᏁᎸ ᎦᎵᏥᏙᏂᏙᎲ ᎣᏍᏛ ᎧᏃᎮᏛ, ᎯᏯᏠᏯᏍᏔᏅᎭ ᎾᏍᏉ
ᏞᎻᎾ ᎠᎴ ᎠᏂᏐᎢ ᎤᏠᏱ ᏦᎩᎸᏫᏍᏓᏁᎯ, ᎾᏍᎩ ᏚᎾᏙᎥ ᏥᎦᎪᏪᎳ ᎬᏂᏛ ᎠᏓᏁᎯ
ᎪᏪᎵᎯ.
4 ᎢᏣᎵᎮᎵᎨᏍᏗ ᏂᎪᎯᎸ ᎤᎬᏫᏳᎯ ᎤᏗᎦᎵᏍᏙᏗᏍᎨᏍᏗ; ᎢᏣᎵᎮᎵᎨᏍᏗ, ᎦᏗᎭ ᏔᎵᏁ.
5 ᎢᏣᏓᏅᏘᏳ ᎨᏒ ᎾᏅᎢ ᏴᏫ ᎠᏂᎦᏔᎮᏍᏗ; ᎤᎬᏫᏳᎯ ᎾᎥᏂᏳ ᏓᏯᎢ.
6 ᏞᏍᏗ ᎪᎱᏍᏗ ᏱᏤᎵᎯᏍᎨᏍᏗ; ᏄᏓᎴᏒᏍᎩᏂ ᎪᎱᏍᏗ ᎠᏓᏙᎵᏍᏙᏗ ᎠᎴ ᎠᏔᏲᏍᏗ ᎨᏒ
ᎬᏗ ᎠᎵᎮᎵᏍᏗ ᎬᏩᎵᏠᏯᏍᏗ, ᎬᏂᎨᏒ ᏁᏨᏁᎮᏍᏗ ᎤᏁᎳᏅᎯ ᏄᏍᏛ ᎢᏣᏚᎵᏍᎬᎢ;
7 ᏅᏩᏙᎯᏯᏛᏃ ᎤᏁᎳᏅᎯ ᎤᏓᏁᏗ ᎨᏒ, ᎾᏍᎩ ᏥᎦᎶᏒᏍᏗᎭ ᏂᎦᎥ ᎬᏓᏅᏖᏗ ᎨᏒᎢ,
ᏧᏍᏆᏂᎪᏗ ᎨᏎᏍᏗ ᏗᏥᎾᏫ ᎠᎴ ᏗᏣᏓᏅᏙ, ᎦᎶᏁᏛ ᏥᏌ ᏂᎬᏂᏏᏍᎨᏍᏗ.
8 ᎤᎵᏍᏆᎸᏗᏃ ᎨᏒᎢ ᎠᏓᎵᏅᏟ, ᏂᎦᎥ ᎦᏰᎪᎩ ᏂᎨᏒᎾ ᎨᏒᎢ, ᏂᎦᎥ ᎦᎸᏉᏗ ᎨᏒᎢ, ᏂᎦᎥ
ᏚᏳᎪᏛ ᎨᏒᎢ, ᏂᎦᎥ ᎦᏓᎭ ᏂᎨᏒᎾ ᎨᏒᎢ, ᏂᎦᎥ ᎣᏏᏳ ᎬᏰᎸᏗ ᎨᏒᎢ, ᏂᎦᎥ ᎣᏏᏳ
ᎠᏂᏃᎮᏍᎨᏍᏗ; ᎢᏳᏃ ᎣᏏᏳ ᎢᏯᏛᏁᏗ ᏰᎭ, ᎢᏳᏃ ᎪᎱᏍᏗ ᎦᎸᏉᏗ ᎨᏎᏍᏗ, ᎾᏍᎩ
ᏕᏣᏓᏅᏖᏍᎨᏍᏗ.
9 ᎾᏍᎩ ᏗᏓᎴᏅᏛ ᏍᎩᏯᏕᎶᏆᎸᎯ ᎨᏒᎢ, ᎠᎴ ᏗᏍᎩᏯᏓᏂᎸᏤᎸᎯ ᎨᏒᎢ, ᎠᎴ
ᏍᎩᏯᏛᎦᏁᎸᎯ ᎨᏒᎢ, ᎠᎴ ᏍᎩᎪᎡᎸᎯ ᎨᏒᎢ, ᏂᏣᏛᏁᎮᏍᏗ; ᎤᏁᎳᏅᎯᏃ ᏅᏩᏙᎯᏯᏛ
ᎠᏓᏁᎯ ᏗᏥᎧᎿᏩᏗᏓᏍᏗ ᎨᏎᏍᏗ.
10 ᎠᏎᏃ ᎤᎬᏫᏳᎯ ᎤᏣᏘ ᏥᏯᎵᎡᎵᏨᎩ, ᎾᏍᎩ ᎿᏉ ᎤᏬᎯᏨᎯ ᏍᎩᏯᏅᏛ ᏔᎵᏁ
ᎠᏤᎯᏲᎩ, ᎾᏍᎩ ᎾᎿ ᎤᎬᏩᎵ ᎾᏍᏉ ᏍᎩᏯᏅᏛᎩ, ᎠᏎᏃ ᎥᏝ ᏱᏣᏜᏅᏓᏕᎮᎢ.
11 ᎥᏝ ᎠᏗᎾ ᎠᎩᏂᎬᏎᎲ ᏥᏁᎢᏍᏗᏍᎬ ᏱᎩ, ᎠᏆᏕᎶᏆᎥᏰᏃ ᏂᎦᎥ ᎾᏆᎵᏍᏓᏁᎵᏕᎬ ᎣᏏᏳᏉ
ᎠᎩᏰᎸᏗᏱ.
12 ᏥᎦᏔᎭ ᎢᏯᏆᏛᏁᏗᏱ ᎡᎳᏗ ᏱᎾᏆᏛᎿᎦᎦ, ᎠᎴ ᏥᎦᏔᎭ ᎢᏯᏆᏛᏁᏗᏱ ᎤᏣᏘ ᏯᎩᎭ;
ᏂᎦᎥ ᏕᎨᏌᏗᏒᎢ, ᎠᎴ ᎾᎦᎥ ᎾᏆᎵᏍᏓᏁᎵᏕᎬᎢ, ᎥᏇᏲᏅ ᎢᏯᏆᏛᏁᏗᏱ ᎾᏍᏉ ᏯᏉᏔᏅ
ᎠᎴ ᎾᏍᏉ ᏯᎩᏲᏏᎭ, ᎾᏍᏉ ᎤᏣᏘ ᏯᎩᎭ ᎠᎴ ᎾᏍᏉ ᏯᎩᏂᎬᏎᎭ
13 ᏂᎦᎥᏉ ᎢᎬᏆᏛᏁᏗ ᎦᎶᏁᏛ ᎢᏳᏩᏂᏌᏛ ᎾᏍᎩ ᏣᏆᎵᏂᎪᎯᏍᏗᎭ.
14 ᎠᏎᏍᎩᏂᏃᏅ ᎣᏏᏳ ᏂᏣᏛᏁᎸ ᏥᏍᎩᏁᎸ ᎠᏆᎵᏍᏕᎸᏙᏗ ᏥᎩᎵᏲᎬ ᎢᏳᎢ.

15 ᎾᏍᎩᏃ ᏂᎯ ᏈᎵᎩᏱ ᎢᏤᎯ, ᎢᏥᎦᏔᎮᏍᏗ ᎾᏍᏉ, ᎾᏍᎩ ᎣᏍᏛ ᎧᏃᎮᏛ ᎢᎬᏱᏱ
ᎢᏨᏯᎵᏥᏙᏁᎸ ᎾᎯᏳ ᎹᏏᏙᏂ ᎠᏆᏂᎩᏒ, ᎥᏝ ᎢᎸᎯᏢ ᎤᎾᏓᏡᎬ ᏧᎾᏁᎶᏗ ᎪᎱᏍᏗ
ᏱᎬᏆᏛᏁᎴ ᎾᏍᎩ ᎠᏓᏁᏗ ᎠᎴ ᎥᏓᏘᏁᏗ ᎨᏒ ᎤᎬᏩᎵ, ᏂᎯ ᎢᏨᏒ.
16 ᏕᏏᎶᏂᎦᏰᏃ ᏫᏥᏙᎲ ᏌᏉ ᏂᏣᏓᏅᏒᎩ ᎠᎩᏂᎬᏎᎲ ᎠᏆᎵᏍᏕᎸᏙᏗ, ᎠᎴ ᎾᏍᏉ ᏔᎵᏁᎢ.
17 ᎥᏝ ᎠᏗᎾ ᎠᏆᏚᎵᏍᎬ ᎠᏓᏁᏗ ᎨᏒ ᏱᏅᏗᎦᎵᏍᏙᏗᎭ; ᎤᏓᏔᏅᎯᏍᎩᏂ ᎠᏆᏚᎵᎭ ᎤᏣᏘ
ᎢᏣᎵᏍᏕᎸᏙᏗ ᎢᏳᎵᏍᏙᏗᏱ.
18 ᎠᏎᏃ ᏂᎦᎥᏉ ᎠᎩᎭ ᎠᎴ ᎤᏣᏔᏅᎯ; ᎠᎩᎧᎵᏬᎯ, ᏗᏆᏓᏂᎸᏨᎯ ᎨᏒ ᎢᏆ'ᎶᏓᏓ ᎤᏲᎸᎯ
ᎾᏍᎩ ᎤᏓᏣᏓᏅᏒᎯ, ᎤᏣᏘ ᎤᎦᎾᏍᏛ ᎦᏩᏒᎩ, ᎠᏥᎸ ᎨᎳᏍᏗ ᏗᎬᏓᏂᎸᎢᏍᏗ, ᎣᏏᏳ
ᎤᏰᎸᏗ ᎤᏁᎳᏅᎯ.
19 ᎠᏎᏃ ᎠᏆᏁᎳᏅᎯ ᎢᏥᏁᏗ ᎨᏎᏍᏗ ᏂᎦᎥ ᎢᏥᏂᎬᏎᎲᎢ, ᎾᏍᎩᏯ ᎤᏪᎿᎢᏳ ᎠᎴ
ᎦᎸᏉᏗᏳ ᎨᏒᎢ, ᎦᎶᏁᏛ ᏥᏌ ᎢᏳᏩᏂᏌᏛ.
20 ᎿᏉᏃ ᎤᏁᎳᏅᎯ ᎠᎴ ᎢᎩᏙᏓ ᎦᎸᏉᏙᏗ ᎨᏎᏍᏗ ᏂᎪᎯᎸ ᎠᎴ ᏂᎪᎯᎸᎢ. ᎡᎺᏅ.
21 ᎦᏥᏲᎵᎭ ᎾᏂᎥ ᎤᎾᏓᏅᏘ ᎦᎶᏁᏛ ᏥᏌ ᎠᏃᎯᏳᎲᏍᎩ. ᎣᏣᎵᏅᏟ ᎠᏂ ᏦᏤᏤᎭ
ᏫᏥᏥᏲᎵᎭ.
22 ᎾᏂᎥ ᎤᎾᏓᏅᏘ ᏫᏥᏥᏲᎵᎭ, Ꮀ ᎤᎬᏫᏳᎭ ᎾᏍᎩ Ꮎ ᏏᏌ ᎦᏓᏘᎾᎥᎢ.
23 ᎬᏩᎦᏘᏯ ᎤᏓᏙᎵᏍᏗ ᎨᏒ ᎤᎬᏫᏳᎯ ᎢᎦᏤᎵ ᏥᏌ ᎦᎶᏁᏛ ᎤᏤᎵᎦ ᎢᏤᎳᏗᏙᎮᏍᏗ
ᏂᏥᎥᎢ. ᎡᎺᏅ.

ᏉᎳ ᎪᏣᏏ ᎠᏁᎯ ᏧᏬᏪᎳᏁᎸᎯ

ᎠᏯᏙᎸᎢ 1 ᎠᏯᏙᎸᎢ 2 ᎠᏯᏙᎸᎢ 3 ᎠᏯᏙᎸᎢ 4

ᏉᎳ ᎪᎶᏏ ᎠᏁᎯ ᏧᏬᏪᎳᏁᎸᎯ

ᎠᏯᏙᎸᎢ 1

1 ᏉᎳ, ᏥᏌ ᎦᎶᏁᏛ ᎠᎩᏅᏏᏛ ᎾᏍᎩᏯ ᎣᏏᏳ ᎤᏰᎸᏅ ᎤᏁᎳᏅᎯ, ᎠᎴ ᏗᎹᏗ
ᎢᎩᏅᏟ,
2 ᏫᏨᏲᏪᎳᏏ ᎢᏣᏓᏅᏘ ᎪᎶᏏ ᎢᏤᎯ ᎠᎴ ᎢᏣᎵᏅᏟ ᎦᎶᏁᏛ ᎡᏦᎯᏳᎲᏍᎩ; ᎬᏩᎦᏘᏯ
ᎤᏓᏙᎵᏍᏗ ᎨᏒ, ᎠᎴ ᏅᏩᏙᎯᏯᏛ ᎢᏤᎳᏗᏙᎮᏍᏗ ᎤᏓᏳᎾᎵᏍᎪᎸᎳᏅᎯ ᎤᏁᎳᏅᎯ
ᎢᎩᏙᏓ, ᎠᎴ ᎤᎬᏫᏳᎯ ᏥᏌ ᎦᎶᏁᏛ.
3 ᎣᏣᎵᎡᎵᏤᎭ ᎤᏁᎳᏅᎯ ᎠᎴ ᎤᎬᏫᏳᎯ ᎢᎦᏤᎵ ᏥᏌ ᎦᎶᏁᏛ ᎤᏙᏓ, ᎣᏣᏓᏙᎵᏍᏗᏍᎪ
ᏂᎪᎯᎸ ᎢᏧᏯᏅᏓᏗᏍᎪᎢ,
4 ᎣᎦᏛᎦᏅᎯ ᎨᏒ ᎦᎶᏁᏛ ᏥᏌ ᎡᏦᎢᏳᏒᎢ, ᎠᎴ ᏕᏥᎨᏳᏒ ᎾᏂᎥ ᎤᎾᏓᏅᏘ;
5 ᎤᏗᎦᎵᏍᏙᏗᎭ ᎤᏚᎩ ᎢᏨᏒ ᎾᏍᎩ ᎦᎸᎳᏗ ᏤᏣᏛᏅᎢᏍᏓᏁᎸᎢ, ᎾᏍᎩ ᎦᏳᎳ
ᎢᏣᏛᎦᏅᎯ ᏥᎩ ᎾᎿ ᎦᏰᎪᎩ ᏂᎨᏒᎾ ᎣᏍᏛ ᎧᏃᎮᏛ,
6 ᎾᏍᎩ ᎢᏥᎷᏤᎸᎯ ᏥᎩ, ᎾᏍᎩᏯ ᏂᎬᎾᏛ ᎡᎶᎯ ᏧᏂᎷᏤᎸ; ᎠᎴ ᏥᎦᎾᏄᎪᏫᏍᎦ
ᎤᏓᏔᏅᎯ ᎾᏍᎩᏯ ᏥᏂᎦᎵᏍᏗ ᏂᎯ ᎢᏤᎲᎢ, ᎤᏓᎬᏩᏓᎴᏅᏛ ᎢᏣᏛᎦᏅ ᎾᏍᎩ, ᎠᎴ
ᎤᏙᎯᏳᎯ ᎢᏥᎦᏙᎥᏒ ᎬᏩᎦᏘᏯ ᎤᏓᏙᎵᏍᏗ ᎨᏒ ᎤᏁᎳᏅᎯ;
7 ᎾᏍᎩᏯ ᎾᏍᏉ ᏤᏣᏛᎦᏁᎸ ᎡᎦᏆ ᎣᏥᎨᏳᎢ ᎢᏧᎳᎭ ᎣᎩᏅᏏᏓᏍᏗ, ᏂᎯᏃ
ᏥᏅᏗᎦᎵᏍᏙᏗ ᎣᏍᏛ ᎢᏯᏛᏁᎯ ᎦᎶᏁᏛ ᎤᏅᏏᏓᏍᏗ.
8 ᎾᏍᎩ ᎾᏍᏉ ᎬᏂᎨᏒ ᎢᏲᎲᏁᎸᎯ ᏕᏣᏓᎨᏒ ᎠᏓᏅᏙ ᎢᏳᏩᏂᏌᏛ.
9 ᎾᏍᎩ ᎢᏳᏍᏗ ᎠᏴ ᎾᏍᏉ, ᎣᎦᏛᎦᏅ ᎤᏓᎬᏩᏓᎴᏅᏛ, ᎥᏝ ᏲᏥᏲᎯᏍᏗᏍᎪ
ᎣᏣᏓᏙᎵᏍᏗᏍᎬ ᎠᎴ ᎣᏥᏔᏲᎯᎲ ᎾᏍᎩ ᎠᏓᏅᏖᏍᎬ ᎠᎦᏙᎥᎯᏍᏗ ᎨᏒ ᎢᏥᎧᎵᎢᏍᏗᏱ,
ᎾᏍᎩ ᏂᎦᎥ ᎠᎦᏙᎥᎯᏍᏗ ᎨᏒ ᎠᎴ ᎠᏓᏅᏙ ᎤᎬᏩᎵ ᎪᎵᏥᏓᏍᏗ ᎨᏒᎢ;
10 ᎾᏍᎩ ᎢᏣᎴᏂᏓᏍᏗᏱ ᎾᏍᎩᏯ ᎤᎬᏫᏳᎯ ᏗᏂᎧᎿᏩᏕᎩ ᎢᏳᎾᏛᏁᏗ ᎨᏒᎢ, ᏂᎦᎥ ᎣᏏᏳ
ᎤᏰᎸᏗ ᎨᏒᎢ, ᎾᏍᎩ ᎣᏍᏛ ᏗᎦᎸᏫᏍᏓᏁᏗ ᎨᏒᎢ, ᎤᏣᏘ ᎢᏥᎾᏄᎪᏫᏍᎬᎢ, ᎠᎴ ᎧᏁᏉᎬ
ᎡᏥᎦᏙᎥᏍᎬ ᎤᏁᎳᏅᎯ;
11 ᎦᏣᎵᏂᎪᏍᎬᎢ ᎬᏔᏅᎯ ᎤᏣᏘ ᎤᎵᏂᎩᏛ ᎨᏒᎢ, ᎾᏍᎩᏯ ᏄᎵᏂᎬᎬ ᎦᎸᏉᏗᏩᏅᏤᎵᎦ,
ᎾᏍᎩ ᏂᎦᎥᏉ ᎤᎬᏩᎵ ᏗᏨᏂᏗᎦ, ᎾᏍᎩ ᏂᎦᎥᏉ ᎤᎬᏩᎵ ᏗᏨᏂᏗᏳ ᎢᏣᎴᏍᏙᏗᏱ, ᎠᎴ
ᎪᎯᏗᏳ ᎤᏁᎳᎩ ᎢᏤᎵᏍᎬ ᎢᏥᎩᎵᏲᎬᎢ, ᎤᎵᏠᏯᏍᏙᏗᏱ ᎠᎵᎮᎵᏍᏗ ᎨᏒᎢ;
12 ᎡᏣᎵᎡᎵᏤᎲ ᎠᎦᏴᎵᎨᎢ ᎾᏍᎩ ᏰᎵᏉ ᎢᎦᏠᏯᏍᏙᏗ ᎢᎬᏩᎵᏍᏙᏗ ᎢᎬᏁᎸᎯ ᏥᎩ
ᎤᎾᏤᎵ ᎢᏳᎵᏍᏙᏗ ᎨᏒ ᎤᎾᏓᏅᏘ ᎢᎦ-ᎦᏛ ᎠᏁᎯ;
13 ᎾᏍᎩ ᎢᎫᏓᎴᏛ ᏥᎩ ᎤᎵᏂᎩᏗᏳ ᎨᏒ ᎤᎵᏏᎩ, ᎠᎴ ᎾᏍᎩ ᏫᏗᎩᎧᏅᎯ ᏥᎩ ᎾᎿ
ᎤᎬᏫᏳᎯ ᎨᏒ ᎤᎨᏳᎯ ᎤᏪᏥ;
14 ᎾᏍᎩ ᎢᏳᏩᏂᏌᏛ ᎡᎦᎫᏴᏛ ᏥᎩ ᎤᎩᎬ ᎬᏔᏅᎯ, ᎾᏍᎩ ᎢᎩᏍᎦᏅᏨ ᎡᎩᏙᎵᏨᎢ;
15 ᎾᏍᎩ ᏣᎦᏟᎶᏍᏔᏅᎯ ᏥᎩ ᏄᏍᏛ ᎬᎪᏩᏛᏗ ᏂᎨᏒᎾ ᎤᏁᎳᏅᎯ, ᎾᏍᎩ ᎢᎬᏱ
ᎤᏕᏅᎯ ᏥᎩ ᏂᎦᏗᏳ ᎨᎦᏁᎳᏅᎯ ᎠᏁᎲᎢ.

16 ᎾᏍᎩᏰᏃ ᏂᎦᎥ ᎪᎱᏍᏗ ᏧᏬᏢᏅᎯ, ᎾᏍᎩ ᎦᎸᎳᏗ ᏤᎭ, ᎠᎴ ᎡᎶᎯ ᏤᎭ, ᎬᎪᏩᏛᏗ
ᎠᎴ ᎬᎪᏩᏛᏗ ᏂᎨᏒᎾ ᏥᎩ, ᎢᏳ ᎤᏂᎬᏫᏳᎯ ᏧᏂᏗᏱ ᏱᎩ, ᎠᎴ ᎤᏂᎬᏫᏳᏌᏕᎩ ᏘᎩ, ᎠᎴ
ᎨᏥᎸᏉᏗ ᏱᎩ, ᎠᎴ ᏧᎾᎵᏂᎩᏛ ᏱᎩ; ᏂᎦᏗᏳ ᏄᏓᎴᏒ ᎾᏍᎩ ᏚᏬᏢᏁᎢ, ᎠᎴ ᎤᏩᏒ
ᏕᏓᏙᎵᎾᏁᎴᎢ;
17 ᎠᎴ ᎾᏍᎩ ᎢᎬᏱ ᏁᎨᎢ ᎣᏂ ᏂᎦᎥ ᏧᏓᎴᏅᏛ, ᎠᎴ ᎾᏍᎩ ᏂᎬᏂᏏᎭ ᏂᎦᎥ ᎪᎱᏍᏗ ᏤᎭ;
18 ᎠᎴ ᎾᏍᎩ ᎤᏍᎪᎵ Ꭰ ᎠᏰᎸ ᎨᏒᎢ, ᎾᏍᎩ ᏧᎾᏁᎶᏗ ᎤᎾᏓᏡᎬᎢ; ᎾᏍᎩ
ᏗᏓᎴᏅᏗᏍᎩ, ᏧᏓᎴᏅᏔᏅᎯ ᎤᏲᎱᏒ ᏧᎴᎯᏌᏅᎯ, ᎾᏍᎩ ᏂᎦᏗᏳ ᏄᎾᏓᎴᏒ ᎢᎬᏱ
ᎢᏳᎵᏍᏙᏗᏱ.
19 ᎣᏏᏳᏰᏃ ᎠᏰᎸᏅᎯ ᎨᏎ ᎾᏍᎩ ᎤᏪᎯ ᎢᏳᎵᏍᏙᏗᏱ ᏂᎦᎥ ᎠᎧᎵᎢᎯ ᎨᏒᎢ;
20 ᎠᎴ ᎾᏍᎩ ᎠᎬᏗᏍᎬ ᎤᏩᏒ ᏙᎯᏱ ᎢᏳᏅᏁᏗᏱ ᏂᎦᏗᏳ ᏧᏓᎴᏅᏛ, ᎤᎩᎬ ᏓᏓᏏᏩᏍᏛ
ᎤᏨᏅᎯ ᎤᏬᎯᏳᏍᏔᏅ; ᎾᏍᎩ ᎠᎬᏗᏍᎬᎢ, ᎢᏳᏃ ᎡᎶᎯ ᎠᏁᎯ ᏱᎩ, ᎠᎴ ᎦᎸᎳᏗ
ᎠᏁᎯ ᏱᎩ.
21 ᏂᎯᏃ ᎢᎸᎯᏳ ᏁᏣᏓᎴᏉ ᏥᎨᏎᎢ, ᎠᎴ ᎡᏥᏍᎦᎩ ᏥᎨᏎ ᏙᏗᏣᏓᏅᏛᎢ ᎾᏍᎩ ᎤᏲ
ᏕᏥᎸᏫᏍᏓᏁᎲᎢ ᎠᏎᏃ ᎪᎯ ᏏᏉ ᎢᏦᎯᏍᏓᏁᎸ,
22 ᎤᏮᏔᏅ ᎠᏰᎸ ᎤᏇᏓᎵ ᎨᏒ ᎠᏲᎱᏍᎬᎢ, ᏧᎬᏩᎴ ᎬᏂᎨᏒ ᎢᏨᏁᏗᏱ ᏂᏥᏍᎦᏅᎾ ᎠᎴ
ᎪᎱᏍᏗ ᏁᏧᎢᏍᏛᎾ ᎠᎴ ᏕᏰᏥᏔᏫᏎᏗ ᏂᎨᏒᎾ ᎾᏍᎩ ᎠᎦᏔᎲᎢ;
23 ᎢᏳᏃ ᏱᏅᏩᏍᏗᏗᏉ ᎢᏦᎯᏳᏒᎢ, ᏕᎫᏍᏛᏅᎯ ᎠᎴ ᎠᏍᏓᏱᏛᎯ ᎨᏒᎢ, ᎠᎴ ᎢᏴᏛ
ᎢᏕᏰᏨᏁᏗ ᏂᎨᏒᎾ ᏱᎩ ᎤᏚᎩ ᎢᏨᏒ ᎣᏍᏛ ᎧᏃᎮᏛᏱ, ᎾᏍᎩ ᎢᏣᏛᎦᏅᎯ ᏥᎩ, ᎾᏂᎥ
ᎨᎦᏁᏔᏅᎯ ᎨᏒ ᎨᎦᎵᏥᏙᏁᎸᎯ ᏥᎩ ᎦᎸᎶ ᎭᏫᏂᏗᏢ ᏄᎾᏛᏅᎢ; ᎾᏍᎩ ᎾᏏ ᎠᏴ ᏉᎳ
ᎪᎱᏍᏗ ᏕᏛᏁᎯ ᏥᏅᏋᏁᎸ;
24 ᎠᏴ ᎾᏍᎩ ᎪᎯ ᎨᏒ ᏥᎦᎵᎡᎵᎦ ᎢᏨᎩᎵᏲᏤᎲᎢ, ᎠᎴ ᏥᏥᎧᎵᏏᏏ ᎠᏏ ᎤᏃᏒᎢ ᎦᎶᏁᏛ
ᎤᎩᎵᏲᏨ ᎾᏍᎩᏯ ᎠᎩᏇᏓᎸ ᏥᎩᎵᏲᎬᎢ, ᎾᏍᎩ ᎠᏰᎸ ᏥᏅᏗᎦᎵᏍᏙᏗᎭ, ᎾᏍᎩ ᏧᎾᏁᎶᏗ
ᎤᎾᏓᏡᎬ ᏥᎩ;
25 ᎾᏏ ᎠᏴ ᏗᎩᎸᏫᏍᏓᏁᎯ ᎤᏋᏁᎸ ᎾᏍᎩᏯ ᎤᏁᏔᏅᎯ ᎤᏓᏁᏤᏗ ᎨᏒᎢ, ᎾᏍᎩ ᎠᏴ
ᏨᎩᏁᎸ ᏂᎯ ᎢᏣᎵᏍᎦᎸᏙᏗ, ᎾᏍᎩ ᎠᎧᎵᎢ ᎠᏆᎵᏥᏙᏗᏱ ᎧᏃᎮᏛ ᎤᏁᏔᏅᎯ ᎤᏤᎵᎦ;
26 ᎾᏍᎩ ᎤᏕᎵᏛ ᎬᏍᎦᎳᏅᎯ ᏥᎨᏒᎩ ᎡᏘ ᏥᎨᏒ ᎠᎴ ᎤᎾᏓᏁᏟᏴᏒᎡ ᎤᏓᎬᏩᏓᎴᏅᏛ,
ᎠᏎᏃ ᎪᎯ ᏥᎩ ᎬᏂᎨᏒ ᏥᏂᎨᎬᏁᎸ ᎤᎾᏓᏅᏘ ᏧᏤᎵᎦ;
27 ᎾᏍᎩ [ᎤᏓᏅᏘ] ᎤᏁᏔᏅᎯ ᎤᏚᎵᏍᎨ ᎬᏂᎨᏒ ᎢᏧᏩᏁᏗᏱ ᏂᎦᎥ ᎦᎸᏉᏗᏳ ᎨᏒ ᎯᎠ
ᎾᏍᎩ ᎤᏕᎵᏛ ᎨᏒ ᏧᎾᏓᎴᏅᏛ ᎠᏴ ᎠᏁᎲ [ᎬᏂᎨᏒ ᏥᎸᏩᏁᎸ;] ᎾᏍᎩ ᎦᎶᏁᏛ ᏥᎩ ᎯᎠ
ᎢᏥᏯᎢ, ᎾᏍᎩ ᎤᏚᎩ ᎨᏨᏗ ᏥᏂᎬᏁ ᎦᎸᏉᏗᏳ ᏗᎨᏒ ᏫᏥᎾᎸᎪᎢᏍᏗᏱ.
28 ᎾᏍᎩ Ꮎ ᎬᏂᎨᏒ ᏥᏃᏨᏁᎭ, ᎾᏂᎥ ᏥᏙᏤᏯᏔᎲᏍᎦ, ᎠᎴ ᎾᏂᎥ ᏥᏙᏤᏲᎲᏍᎦ ᏦᏨᏗᎭ
ᏂᎦᎥ ᎠᎵᏏᎾᎯᏍᏙᏗ ᎨᏒᎢ, ᎾᏍᎩ ᎾᏂᎥ ᎬᏂᎨᏒ ᎢᏦᏨᏁᏗᏱ ᏄᏂᎪᎸᎾ ᎦᎶᏁᏛ ᏥᏌ
ᏕᎾᏁᎶᏛᎢ;

29 ᎾᏍᎩ ᎾᏍᏉ ᎤᎬᏩᎵ ᏥᏓᎩᎸᏫᏍᏓᏁᎭ, ᏥᏕᏣᏂᎬᏁᎭ ᎾᏍᎩᏯ ᏧᎸᏫᏍᏓᏁᏗ ᎨᏒᎢ,
ᎾᏍᎩ ᎤᎵᏂᎩᏗᏳ ᏥᏚᎸᏫᏍᏓᏁᎭ ᏗᏆᏓᏅᏛᎢ.

ᎠᏯᏙᎸᎢ 2

1 ᎠᏆᏚᎵᏰᏃ ᎢᏥᎦᏙᎥᎯᏍᏗᏱ ᏂᎦᎥ ᏥᎩᎵᏲᎬ ᎦᏟᏂᎬᏁᎲ ᏂᎯ ᎨᏒ ᎢᏳᏍᏗ, ᎠᎴ ᎾᏍᎩ Ꮎ
ᎴᎣᏗᏏᏯ ᎠᏁᎯ, ᎠᎴ ᎾᏂᎥᏉ ᎤᏂᎪᎲᎯ ᏂᎨᏒᎾ ᎠᏆᎧᏛ ᎠᏂ ᎤᏇᏓᎵ ᎨᏒᎢ;
2 ᎾᏍᎩ ᏧᏂᎾᏫ ᎤᎦᎵᏍᏗ ᏗᎬᏩᏓᏅᏓᏗᏍᏗ ᎢᏳᎵᏍᏙᏗᏱ ᏚᎾᏚᏓᏕᏫᏍᏛ ᎠᏓᎨᏳᏗ ᎨᏒᎢ,
ᎠᎴ ᏭᏂᏱᎶᎯᏍᏗᏱ ᏂᎦᎥ ᎦᎸᏉᏗᏳ ᎨᏒ ᏄᏜᏏᏛᏒᎾ ᎪᎯᏳᏗ ᎨᏒ ᎾᏍᎩ ᎪᎵᏍᏗ ᎨᏒ
ᏨᏗᏓᎴᎲᏍᎦ, ᎤᏂᎦᏙᎥᎯᏍᏗᏯ ᎤᏕᎵᏛ ᎨᏒ ᎤᏁᎳᏅᎯ ᎤᏤᎵᎦ, ᎾᏍᎩ ᎠᎦᏴᎵᎨ
ᎤᏤᎵᎦ, ᎠᎴ ᎦᎶᏁᏛ ᎤᏤᎵᎦ;
3 ᎾᏍᎩ ᏥᏚᏍᏆᏂᎪᏗ ᏥᏚᏩᏍᎦᎳ ᏂᎦᎥ ᎤᏣᏘ ᏧᎬᏩᎶᏗ ᎠᎵᏏᎾᎯᏍᏙᏗ ᎨᏒ ᎠᎴ
ᎠᎦᏙᎥᎯᏍᏗ ᎨᏒᎢ.
4 ᎠᎴ ᎯᎠ ᎾᏍᎩ ᏂᏥᏪᎭ ᎾᏍᎩ ᎩᎶ ᎢᏥᎶᏄᎮᏍᏗᏱ ᏂᎨᏒᎾ ᎾᏍᎩ ᎤᏬᏚᎯ ᎦᏬᏂᎯᏍᏗ
ᎨᏒ ᎬᏗ.
5 ᎠᎩᎪᏁᎸᏍᎩᏂᏃᏅ ᎠᎩᏇᏓᎸ ᎨᏒᎢ, ᎠᏎᏃ ᎠᏆᏓᏅᏙ ᎨᏒ ᎢᏨᏰᎳᏗᏙᎭ, ᎦᎵᎡᎵᎦ ᎠᎴ
ᏕᎦᎦᏂᎭ ᎣᏏᏳ ᏂᏣᏛᏁᎲ, ᎠᎴ ᎤᎵᏂᎩᏗᏳ ᎨᏒ ᎡᏦᎢᏳᏒ ᎦᎶᏁᏛ.
6 ᎾᏍᎩ ᎢᏳᏍᏗ ᎾᏍᎩᏯ ᏤᏣᏓᏂᎸᏨᎯ ᎨᏒ ᎦᎶᏁᏛ ᏥᏌ ᎤᎬᏫᏳᎯ, ᎾᏍᎩᏯ ᏄᏍᏕᏍᏗ
ᎡᏥᏍᏓᏩᏗᏒᎢ;
7 ᎾᎿ ᏗᏥᎿᏍᏕᏑᏛᎯ ᎠᎴ ᎾᎿ ᎡᏣᏁᏍᎨᎲᎯ, ᎠᎴ ᎤᎵᏂᎩᏛ ᎢᏰᏨᏁᎸᎯ ᎢᏦᎯᏳᏒᎢ,
ᎾᏍᎩᏯ ᎡᏙᏲᏅᎢ, ᎾᏍᎩ ᎤᏣᏘ ᎨᏎᏍᏗ [ᎢᏦᎯᏳᏒᎢ] ᎤᎵᏠᏯᏍᏕᏍᏗ ᎠᎵᎮᎵᏤᏗ ᎨᏒ
ᎤᏁᎳᏅᎯ.
8 ᎢᏤᏯᏔᎮᏍᏗ ᏞᏍᏗ ᎩᎶ ᏥᏥᎾᏌᏂ, ᎠᏏᎾᏍᏛ ᎦᏬᏂᎯᏍᏗ ᎨᏒ ᎬᏗ, ᎾᏍᎩᏯ ᏴᏫ
ᏓᎾᎦᏲᎲᏍᎬᎢ, ᎾᏍᎩᏯ ᎡᎶᎯ ᏗᎴᏅᏙᏗ ᏓᎦᏲᎲᏍᎬᎢ, ᎥᏝᏃ ᎾᏍᎩᏯ ᎦᎶᏁᏛ
ᏓᎦᏲᎲᏍᎬᎢ;
9 ᎾᏍᎩᏰᏃ [ᎦᎶᏁᏛ] ᎠᏰᎸᎢ ᎠᏯᎠ ᏂᎦᏛ ᎠᎧᎵᎢ ᎤᏁᎳᏅᎯ.
10 ᎠᎴ ᎡᏥᎧᎵᎸᎯ ᎾᏍᎩ ᎢᏳᏩᏂᏌᏅᎯ ᎾᏍᎩ ᏄᎬᏫᏳᏌᏕᎩ ᏥᎩ ᎾᏂᎥ ᏄᏂᎬᏫᏳᏌᏕᎩ,
ᎠᎴ ᏗᎨᎦᏁᎶᏗ ᎨᏒᎢ;
11 ᎾᏍᎩ ᎾᏍᏉ ᎢᏳᏩᏂᏌᏅᎯ ᏤᏥᏅᏍᏕᏎᎸᎯ ᏥᎩ, ᎠᎱᏍᏕᏍᏗ ᎬᏔᏅᎯ ᎾᏍᎩ ᎩᎶ
ᏧᏬᏰᏂ ᏧᏩᏔᏅᎯ ᏂᎨᏒᎾ, ᎾᏍᎩ ᎢᏴᏛ ᏂᏨᏁᎲ ᎠᏰᎵ ᎾᏍᎩ ᎤᏇᏓᎵ ᎨᏒ
ᎤᏍᎦᏅᎢᏍᏔᏅᎢ ᎢᏨᏗᏍᎬ ᎦᎶᏁᏛ ᎤᏤᎵ ᎠᎱᏍᏕᏍᏗ ᎨᏒᎢ;
12 ᎡᏥᏂᏌᏅ ᎾᏍᎩ ᎠᏥᏂᏌᏅ ᏗᏓᏬᏍᏗ ᎨᏒ ᎬᏔᏅᎯ, ᎾᏍᎩ ᎾᏍᏉ ᎬᏔᏅᎯ
ᏕᏣᎴᏔᏅ ᎾᏍᎩ ᏓᎦᎴᏔᏅᎢ ᎬᏔᏅᎯ ᏕᏣᎴᏔᏅ ᎾᏍᎩ ᏓᎦᎴᏔᏅᎢ ᎤᏧᎵᏍᏙᏔᏅ
ᎢᏦᎯᏳᏒ ᎤᏁᎳᏅᎯ ᏚᏄᏫᏍᏓᏁᎸᎢ, ᎾᏍᎩ ᏧᎴᏔᏅᎯ ᏥᎩ ᎤᏲᎱᏒᎢ.
13 ᏂᎯᏃ ᏗᏥᏲᎱᏒᎯ ᏂᎨᏒ ᎤᏣᏘᏂ ᏂᏣᏛᏁᎸ ᎢᏣᏚᏓᎸᎢ ᎠᎴ ᏂᏕᏥᏅᏍᏕᏎᎸᎾ ᎨᏒ
ᎢᏥᏇᏓᎸᎢ, ᏗᏨᏃᏛ ᏂᏨᏁᎸ ᎾᏍᎩ ᎬᏃᏛ ᎾᎬᏁᎸᎢ, ᏕᏰᏥᏁᎸ ᏂᎦᏗᏳ ᎤᏣᏘᏂ
ᏂᏣᏛᏁᎸᎢ,

14 ᎠᏲᏍᏗᏍᎬ ᎪᏪᎸ ᏗᎧᎿᏩᏛᏍᏗ ᎢᎦᏡᏗᏍᎩ, ᎾᏍᎩ ᎢᎩᏲᏍᏙᏓᏁᎯ ᏥᎨᏒᎩ, ᎠᎴ
ᎤᎲᏒᎩ, ᎤᏤᎵ ᏓᏓᎿᏩᏍᏛ ᎤᏪᏯᎸᏅᎩ ᏴᏫ ᏚᏭᎳᏅᎩ;
15 ᏚᎾᏌᏅᏃ ᏄᏂᎬᏫᏳᏌᏕᎩ ᎠᎴ ᏗᎨᎦᏁᎶᏗ ᎨᏒᎢ, ᎬᏂᎨᏒ ᏚᎾᏄᎪᏫᏎᎢ, ᏓᏓᎵᏁᎯᏕᎨᎢ
ᎾᏍᎩ [ᏓᏓᎿᏩᏍᏛ] ᎬᏗᏍᎬᎢ.
16 ᎾᏍᎩ ᎢᏳᏍᏗ ᏞᏍᏗ ᎩᎶ ᏑᏗᏧᎪᏓᏁᏢᏍᏗ ᎠᎵᏍᏓᏴᏗ ᎤᎬᏩᎵ, ᎠᎴ ᎠᏗᏔᏍᏗ, ᎠᎴ
ᎦᎸᏉᏗ ᎢᎦ, ᎠᎴ ᎢᏤ ᎤᏙ ᎠᎵᏁᎬᎢ, ᎠᎴ ᏚᎾᏙᏓᏆᏍᎬ ᎢᎦ;
17 ᎾᏍᎩ ᎤᏓᏩᏗᏍᏙᏛᏉ ᎨᏒᎩ ᎾᏍᎩ Ꮎ ᏧᏓᎴᏅᏛ ᎤᎵᏑᎶᎯᏍᏗ ᎨᏒᎢ;
ᎠᏓᏩᏗᏍᏙᏗᏍᎩᏍᎩᏂ ᎦᎶᏁᏛ ᎨᏒᎩ.
18 ᏞᏍᏗ ᎩᎶ ᏥᏥᎷᏄᏢᎵ ᏥᏥᏲᏍᏙᏓᏁᎵ ᎠᏌᏍᏛ ᎡᏥᏁᏗᏑ ᎤᏚᎵᏍᎬ ᎤᏓᏙᎵᏍᏗ
ᎢᏳᎵᏍᏙᏗᏑ, ᎠᎴ ᏗᏂᎧᎿᏩᏗᏙᎯ ᏧᎾᏓᏙᎵᏍᏓᏁᏗᏑ, ᎾᏍᎩ ᎤᎵᏌᎳᏁᎲ ᎤᎪᎲᎯ
ᏂᎨᏒᎾ ᎨᏒᎢ, ᎠᏎᏉᏉ ᎠᏕᏋᎯᏍᏗᏍᎬ ᎬᏗᏍᎬ ᎤᏇᏓᎵ ᎤᏓᏅᏖᏗ ᎨᏒᎢ;
19 ᎠᎴ ᏂᏚᏂᏴᏒᎾ ᎨᏒ ᎠᏍᎪᎵ, ᎾᎿ ᏨᏗᏓᎴᎲᏍᎦ ᏂᎬ ᎠᏰᎸᎢ ᏚᎯᏞᏫᏒᎢ ᎠᎴ ᏧᏩᏚᎾ
ᏚᏪᏙᎸᎢ ᎤᎵᏍᏕᎸᏙᏗ, ᎠᎴ ᏚᏚᏓᏕᏫᎢ ᎠᏛᏍᎪᎢ ᎾᏍᎩᏯ ᎤᏁᏔᏅᎩ ᎤᏁᏉᏍᎬᎢ.
20 ᎾᏍᎩ ᎢᏳᏍᏗ, ᎢᏳᏃ ᎦᎶᏁᏛ ᎤᏲᎱᏒ ᏗᏥᏲᎱᏒᎯ ᎨᏎᏍᏗ ᎡᎶᎯ ᎡᎯ ᎠᎴᏅᏙᏗ
ᏗᏕᎶᏆᏍᏗ ᎤᎬᏩᎵ, ᎦᏙᏃ ᎡᎶᎯ ᏥᏤᎭ ᎾᏍᎩᏯ ᏙᏣᏁᎶᏗ ᏗᎧᎿᏩᏛᏍᏗ,
21 ᏴᏫ ᎤᏂᏁᏨᎯ ᎠᎴ ᏧᎾᏕᏲᏅᎯ? ᎾᏍᎩ ᏞᏍᏗ ᏣᏒᏂᎸᎩ; ᏞᏍᏗ ᎤᏍᏗᏅᏅ ᏣᎬᎩ;
ᏞᏍᏗ ᏣᏑᏙᎸᎩ;
22 (ᏂᎦᏛᏰᏃ ᎾᏍᎩ ᎤᎾᎵᏛᏙᏗ ᎪᎱᏍᏗ ᏕᎲᏗᏍᎬ ᎢᏳᎢ;)
23 ᎾᏍᎩ ᏧᏓᎴᏅᏛ ᎤᏙᎯᏳᎯ ᎠᎵᏏᎾᎯᏍᏙᏗ ᎨᏒ ᏓᏤᎸ, ᎾᏍᎩ ᎾᎿ ᏱᏩᏒ ᏱᏓᏅᏖᏛ
ᎤᏁᏔᏅᎯ ᎠᏓᏙᎵᏍᏓᏁᏗ ᎨᏒᎢ, ᎠᎴ ᏱᏓᏙᎵᏍᏗ ᎨᏒᎢ, ᎠᎴ ᏃᏚᏌᏯᏍᏛᎾ ᎨᏒ ᎥᏰᎸᎢ,
ᎥᏝᏃ ᎾᏍᎩ ᎠᏕᎸᏉᏗᏍᎬᎢ, ᎤᏇᏓᎵ ᎤᏂᎬᏎᎲ ᎥᏳᏛᏒᎲᎢ.

ᎠᏯᏙᎸᎢ 3

1 ᎢᏳᏃ ᎨᏩ ᎦᎶᏁᏛ ᏚᎴᏅ ᏗᏣᎴᏅᎯ ᎨᏎᏍᏗ, ᎢᏥᏲᎮᏍᏗ ᎾᏍᎩ ᎦᎸᎳᏗ ᎡᎯ ᎨᏒᎢ,
ᎾᎿ ᎦᎶᏁᏛ ᎤᏬᎸ ᎤᏁᎳᏅᎯ ᎠᎦᏘᏏᏗᏢ.
2 ᎢᏣᎦᏌᏯᏍᏕᏍᏗ ᎾᏍᎩ Ꮎ ᎦᎸᎳᏗ ᎡᎯ ᎨᏒᎢ, ᎥᏞᏍᏗᏃ ᎡᎶᎯ ᎡᎯ ᎨᏒᎢ.
3 ᏗᏥᏲᎱᏒᎯᏰᏃ, ᎦᏨᏅᏃ ᎦᎶᏁᏛ ᏪᎲ ᏚᏩᏍᎦᎸ ᎤᏁᎳᏅᎯ.
4 ᎦᎶᏁᏛ ᎦᎷᏨ ᎢᏳᎢ, ᎾᏍᎩ ᎬᏂᏛ ᎢᎩᏁᎯ ᏥᎩ, ᎿᏉ ᎾᏍᏉ ᏂᎯ ᎢᏥᎾᏄᎪᎢᏍᏗ
ᎨᏎᏍᏗ ᎾᏍᎩ ᎢᏤᎮᏍᏗ ᎦᎸᏉᏗᏳ ᎨᏒ ᎢᏣᏄᏬᏍᏕᏍᏗ.
5 ᎾᏍᎩ ᎢᏳᏍᏗ ᎦᏥᎯᎮᏍᏗ ᏗᏥᏰᎸ ᎦᏣᏚᏓᏕᏫᏒ ᎠᏂ ᎡᎶᎯ; ᎾᏍᎩ ᎤᎦᎵᏛ ᏗᏂᏏᏗ
ᎨᏒᎢ, ᎦᏓᎭ ᎨᏒᎢ, ᎠᎬᎥᎯᏍᏗ ᎨᏒᎢ, ᎤᏲ ᎠᏚᎸᏅᏗ ᎨᏒᎢ, ᎠᎴ ᏧᎬᏩᎶᏗ ᎠᎬᎥᎯᏍᏗ
ᎨᏒᎢ, ᎾᏍᎩ ᎤᏁᎳᏅᎯ ᎠᏰᎸᎯ ᎠᏓᏙᎵᏍᏓᏁᏗ ᏥᎩ;
6 ᎾᏍᎩ ᎤᏗᎦᎵᏍᏙᏗᎭ ᎤᏁᎳᏅᎯ ᎤᏔᎳᏬᎯᏍᏗ ᎨᏒ ᎤᏂᎷᏤᎭ ᎤᏃᎯᏳᎯᏍᏛ ᏂᎨᏒᎾ
ᏴᏫ.
7 ᎾᎿ ᎾᏍᏉ ᏂᎯ ᎢᎸᎯᏳ ᏥᏤᏙᎲᎩ, ᎾᎯᏳ ᎾᏍᎩ ᏂᏣᏛᏁᎲ ᏥᏤᎲᎩ.
8 ᎠᏎᏃ ᎪᎯ ᎨᏒ ᏂᎯ ᎾᏍᏉ ᎯᎠ ᏂᎦᏛ ᎢᏴᏛ ᏂᏕᏨᏁᎭ; ᎠᏔᎳᏬᎯᏍᏗ ᎨᏒᎢ,
ᎧᎾᎸᎢᏍᏗ ᎨᏒᎢ, ᎠᏓᏂᏆᏗᏍᏗ ᎨᏒᎢ, ᎠᎭᎵᎢᏍᏙᏗ ᎨᏒᎢ, ᎤᏁᎢᎸᏗ ᎦᏬᏂᎯᏍᏗ ᎨᏒ
ᏗᏥᎨᎵ ᎤᏓᏳᎸᎪᏨᎯ.
9 ᏞᏍᏗ ᏱᏗᏣᏓᏥᎪᏁᎮᏍᏗ, ᎢᏴᏛᏰᏃ ᎢᏴᏨᏁᎸᎯ ᎤᏪᏘ ᏴᏫ ᏚᎸᏫᏍᏓᏁᎲ ᎬᏩᎵᏌᏯᏍᏗ;
10 ᎠᎴ ᎢᏤ ᏴᏫ ᎢᏣᏄᏬᏍᏔᏅᎯ, ᎾᏍᎩ ᎢᏤ ᎢᎬᏁᎸᎯ ᏥᎩ ᎾᏍᎩ ᎠᎦᏙᎥᎯᏍᏗᎨᏒ
ᎤᎬᏩᎵ, ᎾᏍᎩᏯ ᏄᏍᏛ ᎾᏍᎩ ᎤᏬᏢᏅᎯ ᎨᏒᎢ;
11 ᎾᎿᏂ ᎥᏝ ᎩᎶ ᎠᎪᎢ ᏱᎩ, ᎠᎴ ᎠᏧᏏ, ᎠᏥᎤᏍᏕᏎᎸᎯ ᎠᎴ ᎠᏥᎤᏍᏕᏎᎸᎯ ᏂᎨᏒᎾ,
ᎤᏩᏓᎴ ᏴᏫ, ᏏᏗᏱ ᎡᎯ, ᎠᏥᎾᏝᎢ ᎠᎴ ᎾᏥᎾᏝᎥᎾ; ᎦᎶᏁᏛᏍᎩᏂ ᏂᎦᎥ ᎪᎱᏍᏗ
ᏂᎦᎵᏍᏓ, ᎠᎴ ᏂᎦᏗᏳ ᏗᏯᎢ.
12 ᎠᏍᎩ ᎢᏳᏍᏗ, ᎾᏍᎩᏯ ᎢᏳᎾᏛᏁᏗ ᎤᏁᎳᏅᎯ ᏧᏑᏰᏛ ᎨᏒᎢ, ᎤᎾᏓᏅᏘ ᎠᎴ
ᎨᏥᎨᏳᎢ, ᎢᏣᏄᏬᏍᏓ ᎤᏬᏙᎵᏍᏗ ᎠᏓᏅᏓᏗᏍᏗ ᎨᏒᎢ, ᎠᎴ ᎠᏓᏙᎵᏍᏗ ᎨᏒᎢ, ᎠᎴ
ᎤᏓᏙᎵᏍᏗ ᎨᏒᎢ, ᎤᏓᏅᏘ ᎨᏒᎢ, ᎠᎴ ᎤᏓᏙᎵᏍᏗ ᎨᏒᎢ, ᎤᏓᏅᏘ ᎨᏒᎢ, ᎪᎯᏗᏳ
ᎤᏁᎳᎩ ᏗᏓᎦᎵᏎᏗ ᎨᏒᎢ;
13 ᎤᏁᎳᎩ ᏕᏣᏓᎦᎵᏎᎮᏍᏗ, ᎠᎴ ᏗᎨᏣᏓᏁᎮᏍᏗ ᏕᏣᏓᏍᎦᏅᏤᎲᎢ, ᎢᏳᏃ ᎩᎶ ᎪᎱᏍᏗ
ᏱᏓᎾᏓᎦᎵᏎᎭ; ᎾᏍᎩᏯ ᎦᎶᏁᏛ ᏕᎨᏥᏁᎸ ᎢᏥᏍᎦᏅᏨᎢ, ᎾᏍᎩᏯ ᎾᏍᏉ ᏂᎯ ᎾᏍᎩ
ᏂᏣᏛᏁᎮᏍᏗ.
14 ᎠᎴ Ꭸ ᎤᎬᏫᏳᏎᏍᏗ ᎢᏣᏄᏬᏍᏕᏍᏗ ᎠᏓᎨᏳᏗ ᎨᏒᎢ, ᎾᏍᎩ ᏗᎫᏓᏛᏍᎩ ᏥᎩ
ᏂᎦᎷᎶᎬᎾ.
15 ᎠᎴ ᎤᏩᏙᎯᏍᏛ ᎤᏁᎳᏅᎯ ᎤᏤᎵ ᎤᎬᏫᏳᏌᏕᎨᏍᏗ ᏗᏥᎾᏫᏱ, ᎾᎿ ᎢᏗᎵ ᎾᏍᏉ
ᎡᏥᏯᏅᏛ ᏥᎩ ᎾᏍᎩ ᏌᏉ ᎠᏰᎵ ᎢᏣᎵᏍᏙᏗᏱ; ᎠᎴ ᎤᎵᎮᎵᏍᏗᏳ ᎢᏣᏓᏅᏖᏍᏗ.

16 ᎧᏃᎮᏛ ᎦᎶᏁᏛ ᎤᏤᎵ ᎤᏣᏘ ᎢᏥᏯᎡᏍᏗ ᎦᎾᏄᎪᏫᏍᎨᏍᏗ ᏂᎦᎥ ᎠᎵᏏᎾᎯᏍᏙᏗ ᎨᏒᎢ;
ᏕᏣᏓᏕᏲᎲᏍᎨᏍᏗ ᎠᎴ ᏕᏣᏓᏬᏁᏗᏍᎨᏍᏗ ᏕᏨᏗᏍᎨᏍᏗ ᎤᏁᎳᏅᎯ ᏗᎧᏃᎩᏍᏙᏗ, ᎠᎴ
ᏕᎸᏉᏙᏗ ᏗᎧᏃᎩᏍᏗ, ᎠᎴ ᎠᏓᏅᏙ ᎤᎬᏩᎵ ᏗᎧᏃᎩᏍᏗ, ᏕᏥᏃᎩᏍᎨᏍᏗ, ᏗᏥᎾᏫᏱ
ᏗᏓᎴᎲᏍᎨᏍᏗ ᎤᎬᏫᏳᎯ ᏕᏥᏃᎩᏍᎨᏍᏗ ᎡᏣᎵᎡᎵᏤᎮᏍᏗ.
17 ᎠᎴ ᏂᎦᎥ ᏂᏣᏛᏁᎵᏙᎲᎢ, ᎢᏥᏬᏂᏍᎬ ᎠᎴ ᏕᏥᎸᏫᏍᏓᏁᎲ ᏱᎩ, ᏂᎦᎥ ᎤᎬᏫᏳᎯ ᏥᏌ
ᏚᏙᎥ ᎢᏨᏗᏍᎨᏍᏗ, ᎡᏣᎵᎡᎵᏤᎮᏍᏗ ᎤᏁᎳᏅᎯ ᎾᏍᎩ ᎠᎦᏴᎵᎨᎢ, ᎾᏍᎩ
ᎤᏗᏕᎵᏍᏙᏗᏍᎨᏍᏗ.
18 ᎢᏥᎨᏴ, ᏕᏦᎯᏳᏎᏍᏗ ᎢᏨᏒ ᏗᎨᏥᏰᎯ ᎾᏍᎩ ᎢᏨᏛᏁᏗᏱ ᏥᏚᏳᎪᏗ ᎤᎬᏫᏳᎯ
ᏕᏥᎦᏖᏩᏗᏒᎢ.
19 ᎢᏥᏍᏕᏯ, ᏕᏥᎨᏳᏎᏍᏗ ᏗᏣᏓᎵᎢ, ᎠᎴ ᏞᏍᏗ ᏱᏗᏥᏂᏆᏘᎮᏍᏗ.
20 ᏗᏥᏲᎵ, ᏕᏦᎯᏳᏎᏍᏗ ᏗᏥᎦᏴᎵᎢ ᏂᎦᎥ ᏂᎨᏥᏪᏎᎲᎢ; ᎣᏏᏳᏰᏃ ᎤᏰᎸᏗ ᎤᎬᏫᏳᎯ
ᎾᏍᎩ ᎯᎠ.
21 ᎢᏥᎦᏴᎵᎨᎢ, ᏞᏍᏗ ᏱᏗᏥᏖᎸᏍᏗᏍᏗᏍᎨᏍᏗ ᏗᏤᏥ, ᏱᏳᎾᎵᎲᏲᎵᎵᎦᏉᏰᏃ.
22 ᎡᏥᏅᏏᏓᏍᏗ, ᏕᏦᎯᏳᏎᏍᏗ ᏂᎦᎥ ᏂᎨᏥᏪᏎᎲ ᎨᏥᏅᏏᏙᎯ ᎠᏂ ᎤᏇᏓᎵ ᎨᏒᎢ; ᎥᏝ
ᏥᏛᏓᏗᎧᏃ ᎾᏍᎩᏯᎢ, ᏴᏫᏉ ᎣᏏᏳ ᎤᏂᏰᎸᏗ, ᎣᏏᏳᏍᎩᏂ ᎢᏥᏰᎸᎯ ᎨᏎᏍᏗ ᏗᏥᎾᏫᏱ,
ᎡᏥᎾᏰᏍᏗᏍᎨᏍᏗ ᎤᏁᎳᏅᎯ:
23 ᎠᎴ ᏂᎦᎥ ᎪᎱᏍᏗ ᎢᏣᏛᏁᎲᎢ, ᏗᏥᎾᏫᏱ ᎣᏏᏳ ᎢᏥᏰᎸᎯ ᏕᏥᎸᏫᏍᏓᏁᎮᏍᏗ
ᎤᎬᏫᏳᎯ ᏥᏁᏣᏛᏁᎨ ᎾᏍᎩᏯᎢ, ᎥᏝᏃ ᏴᏫ ᏥᏂᏕᏣᏛᏁᎨᎢ;
24 ᎢᏣᏅᏖᏍᏗ, ᎾᏍᎩ ᎤᎬᏫᏳᎯ ᎢᏥᏁᏗ ᎨᏒ ᎡᏣᎫᏴᏓᏁᏗ ᎢᏣᏤᎵ ᎢᏣᎵᏍᏙᏗ ᎨᏒᎢ;
ᎤᎬᏫᏳᎯᏰᏃ ᎦᎶᏁᏛ ᎪᎱᏍᏗ ᎡᏣᏛᏁᎭ.
25 ᎩᎶᏍᎩᏂ ᎤᏣᏘᏂ ᎢᏯᏛᏁᎯ ᎠᏥᏍᏛᏗᏍᏙᏗ ᎨᏎᏍᏗ ᎾᏍᎩ ᎤᏣᏘᏂ ᏄᏛᏁᎸᎢ; ᎥᏝᏃ
ᎩᎶ ᎠᏥᎸᏉᏙᏗ ᏱᎨᏎᏍᏗ.

ᎠᏯᏙᎸᎢ 4

1 ᏗᏣᏓᏅᏏᏙᎯ, ᏕᏥᏁᎮᏍᏗ ᏗᏥᏅᏏᏓᏍᏗ ᏚᏳᎪᏛ ᎠᎴ ᏰᎵᏉ ᎨᏒᎢ; ᎢᏣᏅᏖᏍᏗ ᏂᎯ
ᎾᏍᏉ ᎢᏥᏅᏏᏙᎯ ᎦᎸᎳᏗ ᏤᎲᎢ.
2 ᎢᏣᏓᏙᎵᏍᏗᏍᎬ ᎬᏩᎫᏗᏗᏎᏍᏗ, ᎠᎴ ᎾᎿ ᎢᏥᏯᏫᏍᎨᏍᏗ ᎤᎵᏠᏯᏍᏕᏍᏗ ᎠᎵᎮᎵᏍᏗ
ᎨᏒᎢ;
3 ᎠᎴᏊ ᎢᏣᏓᏙᎵᏍᏗᏍᎨᏍᏗ ᎠᏴ ᏍᎩᏯᏅᏓᏗᏍᎨᏍᏗ, ᎾᏍᎩ ᎤᏁᎳᏅᎯ ᎣᎩᏍᏚᎩᎡᏗᏱ
ᏚᎶᎯᏍᏗᏱ ᎾᎿ ᎣᎦᎵᏥᏙᏗᏱ, ᎣᎩᏃᎮᏗᏱ ᎤᏕᎵᏛ ᎦᎶᏁᏛ ᎤᏤᎵᎦ, ᎾᏍᎩ ᎾᏍᏉ
ᏥᏅᏗᎦᎵᏍᏙᏗᎭ ᎥᏆᎸᎢᏛ ᏥᎩ;
4 ᎾᏍᎩ ᎬᏂᎨᏒ ᎢᏯᎬᏁᏗᏱ, ᎾᏍᎩᏯ ᏥᏚᏳᎪᏗ ᎢᏯᎩᏪᏍᏗᏱ.
5 ᎢᏣᎵᏏᎾᎯᏍᏗ ᎢᏤᏙᎮᏍᏗ ᎠᏂᎦᏔᎲ ᎾᏍᎩ Ꮎ ᎠᏁᎸ ᏂᎨᏒᎾ, ᎢᏧᏓᎴᏍᎨᏍᏗ ᎪᎯ ᎨᏒ
ᎠᎵᏱᎵᏒᎢ.
6 ᎢᏣᎵᏃᎮᏍᎬ ᏂᎪᎯᎸ ᎤᏓᏅᏘ ᎨᏒ ᎤᎵᏠᏯᏍᏕᏍᏗ, ᎠᎹ ᎤᎶᏥᏛ ᎨᏎᏍᏗ, ᎾᏍᎩ
ᎢᏥᎦᏙᎥᎯᏍᏗᏱ ᎢᏥᏪᏍᏗᏱ ᏕᏥᏁᏤᎲ ᎾᏂᎥ ᏴᏫ.
7 ᏂᎦᏛ ᎾᏆᏛᎿᎦᎬ ᏗᎩᎦ ᎬᏂᎨᏒ ᎤᏓᏨᏁᎵ, ᎾᏍᎩ ᎣᏥᎨᏳᎢ ᎣᏣᎵᏅᏟ, ᎠᎴ ᎣᏍᏛ
ᎢᏯᏛᏁᎯ ᏧᎸᏫᏍᏓᏁᎯ, ᎠᎴ ᎤᏠᏱ ᎠᏥᏅᏏᏓᏍᏗ ᎤᎬᏫᏳᎯ ᎤᏤᎵᎦ;
8 ᎾᏍᎩ ᏥᏅᎵ ᏫᏥᎷᏤᏗᏱ, ᎾᏍᎩ ᏂᏣᏛᎿᎦᎬ ᎤᏙᎴᎰᎯᏍᏗᏱ ᎤᎬᏩᎵ, ᎠᎴ
ᏗᏥᎦᎵᏍᏓᏕᏗᏱ ᏗᏥᎾᏫ ᎤᎬᏩᎵ;
9 ᎠᏁᏅᏍᏓ ᎣᏁᏏᎹ, ᎣᏍᏛ ᎢᏯᏛᏁᎯ ᎠᎴ ᎣᏥᎨᏳᎢ ᎣᏣᎵᏅᏟ ᎾᏍᎩ ᎢᏤᎲ ᎡᎯ
ᏥᎩ, ᎾᏍᎩ ᎬᏂᎨᏒ ᎤᏓᎨᏨᏁᎵ ᏂᎦᏛ ᏂᎦᎵᏍᏔᏂᏙᎲ ᎠᏂ.
10 ᎡᎵᏍᏓᎦ ᎢᏧᎳᎭ ᎣᏍᏗᏴᎩ, ᏫᏥᏲᎵᎭ, ᎠᎴ ᎹᎦ ᏆᏂᏆ ᎤᏙ ᎤᏪᏥ, (ᎾᏍᎩ ᎤᎬᏩᎵ
ᎢᏣᏛᎦᏅᎯ ᏥᎩ; ᎢᏳᏃ ᏫᏥᎷᏤᎸᎭ ᏕᏣᏓᏂᎸᏨᎭ;)
11 ᎠᎴ ᏥᏌ, ᎾᏍᎩ ᏣᏍᏓ ᏣᎪᏎᎰᎢ; ᎾᏍᎩ ᏗᎨᏥᎤᏍᏕᏎᎸᎯ ᏥᎩ. ᎾᏍᎩ ᎤᏅᏒ
ᎢᏧᎳᎭ ᏦᎩᎸᏫᏍᏓᏁᎯ ᎤᏁᎳᏅᎯ ᎤᏤᎵᎪᎯ ᎤᎬᏩᎵ, ᎾᏍᎩ ᎬᎩᎦᎵᏍᏓᏗᏍᎬᎩ.
12 ᎡᎦᏆ ᎾᏍᎩ ᎢᏤᎲ ᎡᎯ ᏥᎩ, ᎦᎶᏁᏛ ᎤᏅᏏᏙᎯ, ᏫᏥᏲᎵᎦ, ᏂᎪᎯᎸ ᎠᎵᏂᎬᏁᎭ
ᎠᏓᏙᎵᏍᏗᏍᎬ ᎾᏍᎩ ᏂᎯ ᎢᏣᎵᏗᏱ ᏂᏥᎪᎸᎾ ᎠᎴ ᎠᎧᎵᎢ ᏂᎦᎥ ᎤᏁᎳᏅᎯ ᎣᏏᏳ ᎤᏰᎸᏗ
ᎨᏒᎢ.
13 ᎠᏴᏰᏃ ᏥᏲᎢᏳᏓᏁᎭ ᎾᏍᎩ ᎤᏣᏘᎢᏣᎦᎵᎯᏍᏓᏁᎲ ᏂᎯ ᎠᎴ ᎴᎣᏗᏏᏯ ᎠᏁᎯ, ᎠᎴ
ᎭᏱᎳᏆᎵ ᎠᏁᎯ.
14 ᎷᎦ ᎠᏥᎨᏳᎯ ᎠᎦᎾᎦᏘ ᏫᏥᏲᎵᎦ, ᎠᎴ ᏗᎹ.
15 ᏕᏥᏲᎵᎸᎭ ᎢᏓᎵᏅᏟ ᎴᎣᏗᏏᏯ ᎠᏁᎯ, ᎠᎴ ᏂᎻᏆ, ᎠᎴ ᏧᎾᏁᎶᏗ ᎾᏍᎩ ᎦᏁᎸ
ᏧᎾᏓᏡᎦ.
16 ᎢᏳᏃ ᎾᏍᎩ ᎯᎠ ᎪᏪᎵ ᎢᏥᎪᎵᏰᎥᎭ, ᎴᎣᏗᏏᏯ ᏧᎾᏁᎶᏗ ᎤᎾᏓᏡᎬ ᎾᏍᏉ
ᎤᏂᎪᎵᏰᏗᏱ ᏂᏨᏁᎸᎭ; ᎠᎴ ᎾᏍᏉ ᏂᎯ ᎢᏥᎪᎵᏰᎥᎭ ᎴᎣᏗᏏᏯ ᎤᏓᏳᎶᎯᏍᏗ ᏥᎩ.

ᏗᏏᏴᏫᎭ ᎦᎪᏪᎸ ᎪᏪᎵ ᏧᏩᎨᏓ

17 ᎠᏐ ᎠᎩᏆ ᎯᎠ ᏁᏥᏪᏎᎸᎭ, ᏣᎦᏌᏯᏍᏕᏍᏗ ᏗᎦᎸᏫᏍᏓᏁᏗ ᎨᏒ ᎤᎬᏫᏳᎯ ᎤᎬᏩᎵ
ᏙᏣᏲᎯᏎᎸᎯ, ᎾᏍᎩ ᏣᏍᎵᎢᏍᏗᏱ.
18 ᎠᏴ ᏉᎳ ᎠᏋᏒ ᎠᏉᏰᏂ ᎬᏗᎭ ᏫᏨᏲᎵᎭ. ᎢᏣᏅᏓᏍᏗ ᎥᏆᎸᎥᎢ. ᎬᏩᎦᏘᏯ
ᎠᏓᏙᎵᏍᏗ ᎨᏒ ᎢᏙᎳᏗᏙᎵᏍᏗ. ᎡᎺᏅ.

ᏉᎳ ᏕᏏᎶᏂᎦ ᎠᏁᎯ ᎢᎬᏱᏱ ᏧᏬᏪᎳᏅᎯ

ᎠᏍᏙᏌᎢ 1

1 ᏉᎳ ᎠᎴ ᏌᏱᎳ ᎠᎴ ᏗᎹᏗ ᏫᏨᏲᏪᎳᏏ ᏗᏣᏁᎶᏗ ᎢᏣᏓᏡᎬ ᏕᏏᎶᏂᎦ ᎾᏍᎩ
ᎡᏦᎯᏳᎲᏍᎩ ᎤᏁᎳᏅᎯ ᎠᎦᏴᎵᎨᎢ, ᎠᎴ ᎤᎬᏫᏳᎯ ᏥᏌ ᎦᎶᏁᏛ; ᎬᏩᎦᏘᏯ ᎤᏓᏙᎵᏍᏗ
ᎨᏒ ᎠᎴ ᏅᏩᏙᎯᏯᏛ ᎨᏤᎳᏗᏙᎵᏍᏗ ᎤᏓᏳᎾᎵᏍᎪᎸᏔᏅᎯ ᎤᏁᎳᏅᎯ ᎢᎩᏙᏓ ᎠᎴ
ᎤᎬᏫᏳᎯ ᏥᏌ ᎦᎶᏁᏛ.
2 ᎣᏣᎵᎡᎵᏤᎰ ᎤᏁᎳᏅᎯ ᏂᎪᎯᎸ ᏂᎯ ᏂᏥᎥ ᎤᏗᏕᎵᏍᏙᏗᏍᎪᎢ, ᎢᏨᏁᎢᏍᏗᏍᎪ
ᎣᏣᏓᏙᎵᏍᏗᏍᎬᎢ;
3 ᏃᎬᎨᎾᏍᎬᎾ ᎣᏣᏅᏓᏗᏍᎪ ᏕᏥᎸᏫᏍᏓᏁᎲ ᎢᏦᎯᏳᏒ ᎤᏓᏳᏓᎴᏅᎯ, ᎠᎴ ᎢᏣᎵᏂᎬᏁᎲ
ᎠᏓᎨᏳᏗ ᎨᏒ ᎤᏓᏳᏓᎴᏅᎯ, ᎠᎴ ᏗᏨᏂᏗᏳ ᎨᏒ ᎤᏚᎩ ᎡᏨᏒ ᎤᎬᏫᏳᎯ ᎢᎦᏤᎵ ᏥᏌ
ᎦᎶᏁᏛ, ᎤᏁᎳᏅᎯ ᎠᎦᏔᎲ ᎾᏍᎩ ᎢᎩᏙᏓ;
4 ᎾᏍᎩ ᏦᏥᎦᏔᎭ, ᎢᏓᎵᏅᏟ ᎤᏁᎳᏅᎯ ᎢᏥᎨᏳᎯ, ᎡᏣᏑᏰᏛ ᎨᏒᎢ.
5 ᎣᏍᏛᏰᏃ ᎧᏃᎮᏛ ᎣᎦᏤᎵᎦ ᎥᏝ ᎧᏁᏨᎯᏉ ᎨᏒ ᏱᏥᎷᎯᏍᏓᏁᎴᎢ, ᎤᎵᏂᎩᏗᏳᏍᎩᏂ ᎨᏒ
ᎾᏍᏉ ᏔᎵ ᎤᏛᏛᎢ, ᎠᎴ ᎦᎸᏉᏗᏳ ᎠᏓᏅᏙ, ᎠᎴ ᎤᏣᏘ ᎸᏊᏏᏛᎡᎾ ᎨᏒᎢ; ᎾᏍᎩᏯ
ᏥᏥᎦᏔᎭ ᏃᎦᏍᏛ ᎢᏨᏰᏔᏗᏙᎸ ᏂᎯ ᏥᏅᏓᏕᎵᏍᏙᏗᏍᎬᎩ.
6 ᎠᎴ ᎠᏴ ᏍᎩᏍᏓᏩᏕᎩ ᏂᏣᎵᏍᏔᏅᎩ, ᎠᎴ ᎤᎬᏫᏳᎯ [ᎡᏥᏍᏓᏩᏕᎩ,] ᏕᏣᏓᏂᎸᏨ
ᎧᏃᎮᏛ ᎤᏣᏘ ᎢᏥᎩᎵᏲᎬᎢ, ᎤᎵᏠᏯᏍᏛ ᎤᎵᎮᎵᏍᏗ ᎨᏒ ᎦᎸᏉᏗᏳ ᎠᏓᏅᏙ
ᎤᏓᏳᏓᎴᏅᎯ;
7 ᎾᏍᎩᏃ ᏧᎾᏟᎶᏍᏙᏗ ᏂᏣᎵᏍᏔᏅᎩ ᎾᏂᎥ ᎠᏃᎯᏳᎲᏍᎩ ᎹᏏᏙᏂ ᎠᏁᎯ ᎠᎴ ᎡᎦᏯ
ᎠᏁᎯ.
8 ᏂᎯᏰᏃ ᎢᏤᎲ ᎤᏓᎴᏅᎩ ᎤᏃᏰᎵᎡᎩ ᎧᏃᎮᏛ ᎤᎬᏫᏳᎯ ᎤᏤᎵᎦ, ᎥᏝ ᎹᏏᏙᏂᏉ ᎠᎴ
ᎡᎦᏯ ᎤᏩᏒ ᏱᏭᎷᏤᎢ, ᎾᏍᏉᏍᎩᏂ ᏂᎦᎥ ᏕᎨᏌᏗᏒ ᎤᏁᎳᏅᎯ ᎡᏦᎢᏳᏒ ᎦᏰᎵᏒ; ᎾᏍᎩ
ᎢᏳᏍᏗ ᎥᏝ ᎠᏎ ᎪᎱᏍᏗ ᎣᎦᏛᏗ ᏱᎩ.
9 ᎤᏅᏒᏰᏃ ᎬᏂᎨᏒ ᏂᎪᎬᏁᎭ ᏄᏍᏛ ᏫᏨᎷᏤᎸᎢ, ᎠᎴ ᏂᏣᏛᏁᎸ ᎤᏁᎳᏅᎯ ᎢᏗᎵ
ᎢᏣᎦᏔᎲᏍᏔᏅ ᏕᏥᏲᏒ ᎤᏁᎳᏅᎯ ᏗᏰᎸᎯ, ᏗᏥᎧᏆᏳᏛᏍᏗᏱ ᎬᏃᏛ ᎠᎴ ᎤᏙᎯᏳᎯᏯ
ᎤᏁᎳᏅᎯ ᏥᎩ;
10 ᎠᎴ ᎡᏥᎦᏘᏗᏍᏗᏱ ᎾᏍᎩ ᎤᏪᏥ ᎦᎸᎳᏗ ᎤᏓᏳᎶᎯᏍᏗᏱ, ᎾᏍᎩ ᎤᏲᎱᏒ
ᏥᎦᏅᎴᏔᏁᎢ, ᎾᏍᎩ ᏥᏌ, ᎾᏍᎩ ᏥᏗᏓᎴᏒ ᎤᏔᏔᏬᎯᏍᏗ ᎤᎷᎯᏍᏗ ᏥᎩ.

ᎠᏯᏙᎸᎢ 2

1 ᎢᏨᏒᏰᏃ ᎢᏥᎦᏔᎭ, ᎢᏓᎵᏅᏟ, ᎸᏍᏛ ᏫᏨᎷᏤᎸᎢ, ᎾᏍᎩ ᎠᏎᏉᏉ ᏂᎨᏒᎾ ᎨᏒᎢ.
2 ᎾᏍᏉᏍᎩᏂ ᎢᎬᏱ ᏃᎩᎩᎵᏲᏦᎢ ᎠᎴ ᏂᎪᎩᏐᎵᏃᎢ ᏈᎵᎩᏱ, ᎾᏍᎩ ᏥᏥᎦᏔᎭ,
ᏃᏥᏍᎦᎢᎲᎾ ᎣᎦᏁᎳᏅᎯ ᎣᏣᎵᏍᎦᏍᏙᏛ ᎢᏨᏃᎮᎮᎸᎩ ᎣᏍᏛ ᎧᏃᎮᏛ ᎤᏁᎳᏅᎯ
ᎤᏤᎵᎦ, ᏔᎵ ᎤᏛᏛᎩ ᎤᏣᏘ ᎠᏟᏂᎬᏁᏗ ᎨᏒᎢ.
3 ᎢᏨᏬᏁᏔᏅᏰᏃ ᎥᏝ ᎠᏓᎴᎾᏍᏗᏍᎩ ᏱᎨᏎᎢ, ᎥᏝ ᎠᎴ ᎦᏓᎭᎢ, ᎥᏝ ᎠᎴ ᎠᏑᎸᎮᏛ;
4 ᎤᏁᎳᏅᎯᏍᎩᏂ ᏰᎵᏉ ᏧᏰᎸᏅ ᎣᎦᎨᏅᏗᏍᏗᏱ ᎣᏍᏛ ᎧᏃᎮᏛ, ᎾᏍᎩᏯ ᎣᏥᏁᎦ; ᎥᏝ
ᏴᏫᏉ ᎣᏏᏳ ᎤᏂᏰᎸᏗ, ᎤᏁᎳᏅᎯᏍᎩᏂ ᎾᏍᎩ ᏗᎪᎵᏰᏍᎩ ᏥᎩ ᏗᎩᎾᏫ.
5 ᎥᏝ ᎠᎴ ᎣᏥᏬᏂᏍᎬ ᎢᎸᎯᏳ ᎠᏎᏉ ᎠᏓᎸᏉᏙᏗ ᎨᏒ ᏲᏨᏗᏍᎨᎢ, ᎾᏍᎩ ᏥᏥᎦᏔᎭ, ᎥᏝ
ᎠᎴ ᎪᎱᏍᏗ ᏲᏨᏗᏍᎨ ᏲᏧᎵᏗᏍᎨ ᏧᎬᏩᎶᏗ ᎠᎬᎥᎯᏍᏗ ᎨᏒᎢ; ᎤᏁᎳᏅᎯ ᎠᎦᏔᎯ;
6 ᎥᏝ ᎠᎴ ᏴᏫ ᎪᎩᎸᏉᏙᏗᏱ ᏲᎩᏲᎮᎢ, ᎥᏝ ᏂᎯ ᏱᏨᏲᏎᎮᎢ, ᎥᏝ ᎠᎴ ᎤᏩᎾᏓᎴᎢ; ᏰᎵᏉ
ᎡᎦᏃ ᎦᎨᏛ ᎢᏗᎦᏲᏨᏁᏗ ᎨᏒᎩ, ᎦᎶᏁᏛ ᎣᎩᏅᏏᏛ ᎨᏒ ᎢᏳᏍᏗ.
7 ᎣᎦᏓᏅᏘᏳᏍᎩᏂ ᎨᏒᎩ ᎢᏨᏰᎳᏗᏙᎲᎢ, ᎾᏍᎩᏯ ᏧᏓᏍᏓᎢ ᏥᏓᏍᏆᏂᎪᏗᏍᎪ ᏧᏪᏥ;
8 ᎤᏣᏘᏃ ᎢᏨᎨᏳᏒ ᎢᏳᏍᏗ, ᎣᎦᏝᏰᏉ ᏗᏨᏲᎯᏎᏗᏱ ᎥᏝ ᎣᏍᏛ ᎧᏃᎮᏛ ᎤᏩᏒ
ᎤᏁᎳᏅᎯ ᎤᏤᎵᎦ, ᎾᏍᏉᏍᎩᏂ ᎣᎬᏒ ᏙᏨᏅᎢ, ᎤᏓᎦᎵᏍᏙᏗᏍᎬᎩ ᎢᏨᎨᏳᎢᏳ ᎨᏒᎢ.
9 ᎢᏣᏅᏔᏉᏰᏃ, ᎢᏓᎵᏅᏟ, ᏙᎩᎸᏫᏍᏓᏁᎸ ᎠᎴ ᏙᎩᏯᏪᏥᏙᎸᎢ; ᏗᎬᏩᎩᏨᏗᏰᏃ
ᏙᎩᎸᏫᏍᏓᏁᎲ ᏃᎦᏚᎵᏍᎬᎾ ᎨᏒ ᎢᏳᏍᏗ ᎠᏏᏴᏫ ᏂᏣᏛᏅ ᎦᎨᏛ ᎢᏲᏨᏴᏁᏗᏱ,
ᎢᏨᏯᎵᏥᏙᏁᎸᎩ ᎣᏍᏛ ᎧᏃᎮᏛ ᎤᏁᎳᏅᎯ ᎤᏤᎵᎦ.
10 ᏂᎯ ᎢᏥᎦᏔᎯ ᏂᏣᎵᏍᏗᎭ, ᎠᎴ ᎾᏍᏉ ᎤᏁᎳᏅᎯ, ᏂᎦᎥ ᎾᏍᎦᏅᎾ ᎨᏒ ᎠᎴ
ᏚᏳᎪᏛ ᎨᏒ, ᎠᎴ ᏚᎫᎯᏍᏙᏗ ᏂᎨᏒᎾ ᎨᏒ ᎣᎨᏙᎸ ᎢᏨᏰᎳᏗᏙᎸ ᏂᎯ ᎢᏦᎯᏳᎯ;
11 ᎾᏍᎩ ᏥᏥᎦᏔᎭ ᎢᏥᏏᏴᏫᎭ ᏂᏨᏪᏎᎸ ᎢᏨᏬᏁᏔᏅ, ᎠᎴ ᎢᏨᎦᎵᏍᏓᏛ, ᎠᎴ
ᎢᏨᏰᏯᎳᏅᎢ, ᎾᏍᎩᏯ ᎠᎦᏴᎵᎨ ᏥᏂᎦᎦᏪᏎᎨ ᏧᏪᏥ,
12 ᎾᏍᎩ ᏂᎯ ᎢᏤᏙᎲ ᎤᏁᎳᏅᎯ ᎣᏏᏳ ᎤᏰᎸᏗ ᎢᏤᎵᏍᏗᏱ, ᎾᏍᎩ ᎢᏥᏯᏅᏛ ᏥᎩ
ᏫᏥᎷᎯᏍᏗᏱ ᎤᏤᎵᎪᎯ ᎠᎴ ᎤᏤᎵ ᎦᎸᏉᏗᏳ ᏗᎨᏒᎢ.
13 ᎾᏍᎩ ᎾᏍᏉ ᎤᏗᎦᎵᏍᏙᏗᎭ ᏃᏥᏲᎯᏍᏗᏍᎬᎾ ᎣᏣᎵᎡᎵᏤᎭ ᎤᏁᎳᏅᎯ, ᎾᏍᎩ
ᎢᏳᏃ ᎦᏣᏓᏂᎸᏨ ᎧᏃᎮᏛ ᎤᏁᎳᏅᎯ ᎤᏤᎵᎦ, ᎾᏍᎩ ᎠᏴ ᏍᎩᏯᏛᎦᏁᎸᎯ, ᎥᏝ ᏴᏫᏉ
ᎤᎾᏤᎵ ᎧᏃᎮᏛ ᎢᏳᏍᏗ ᏱᏗᏣᏓᏂᎸᏤᎢ, ᎤᏁᎳᏅᎯᏍᎩᏂ ᎤᏤᎵ ᎧᏃᎮᏛ, ᎤᏙᎯᏳᎯᏯ
ᏥᎩ, ᎾᏍᎩᏯ ᎦᏣᏓᏂᎸᏨᎩ, ᎾᏍᎩ ᎾᏍᏉ ᎤᏣᏘ ᏥᎦᎸᏫᏍᏓᏁᎭ ᎦᏣᏓᏅᏛ ᏂᎯ ᎾᏍᎩ
ᎢᏦᎯᏳᏅᎯ.
14 ᏂᎯᏰᏃ, ᎢᏓᎵᏅᏟ, ᏗᏥᏍᏓᏩᎦᎩ ᏂᏣᎵᏍᏔᏅᎩ ᏧᎾᏁᎶᏗ ᏚᎾᏓᏡᎬ ᎤᏁᎳᏅᎯ ᏧᏤᎵᎦ
ᏧᏗᏱ ᎠᏁᎯ, ᎾᏍᎩ ᎦᎶᏁᏛ ᏥᏌ ᎬᏬᎯᏳᎲᏍᎩ ᏥᎩ; ᏂᎯᏰᏃ ᎾᏍᏉ ᎤᏑᏱ
ᎦᏥᎩᎵᏲᏤᎸᎩ ᏗᏣᏤᎵᎦ ᏴᏫ, ᎾᏍᎩᏯ ᎾᏍᎩ ᏥᎦᏂᎩᎵᏲᏤᎴ ᎠᏂᏧᏏ;

15 ᎾᏍᎩ ᎾᏍᏉ ᏧᏂᎸᎩ ᎤᎬᏫᏳᎯ ᏥᏌ, ᎠᎴ ᎠᎾᏙᎴᎰᏍᎩ ᎤᏅᏒ ᏧᎾᏤᎵᎦ, ᎠᎴ ᎠᏴ
ᎠᏕᎦᏯᏙᏔᏅᎩ; ᎠᎴ ᎥᏝ ᎣᏏᏳ ᎤᏰᎸᏗ ᎤᏁᎳᏅᎯ ᏱᎾᎾᏛᏁᎭ, ᎠᎴ ᎾᏂᎥ ᏴᏫ
ᏓᏂᎦᏘᎴᎦ;
16 ᎪᎩᏅᏍᏓᏕᎰᎢ ᏦᏥᏬᏁᏙᏗᏱ ᏧᎾᏓᎴᏅᏛ ᏴᏫ, ᎾᏍᎩ ᏕᎨᏥᏍᏕᎸᏗ ᎢᏳᎵᏍᏙᏗᏱ,
ᎤᏂᎧᎵᎢᏍᏗᏱ ᏂᎪᎯᎸ ᎤᏂᏍᎦᏅᏨᎢ; ᎤᏔᎳᏬᎯᏍᏗᏍᎩᏂ ᎨᏒ ᏩᏍᏛ ᎢᏴᏛ ᎤᏂᎷᏤᎸ.
17 ᎠᏴᏍᎩᏂ ᎢᏓᎵᏅᏟ, ᏞᎦ ᎣᎦᏓᏓᎴᏔᏅ ᏦᏥᏰᎸᎢ, ᎥᏝᏃ ᏦᎩᎾᏫᏱ, ᎤᏟ ᎢᎦᎢ
ᎣᎦᏟᏂᎬᏁᎸᎩ ᏕᏣᎧᏛ ᏦᎩᎪᏩᏛᏗᏱ, ᎤᏣᏘ ᎠᏚᎸᏗ ᎣᎬᏔᏅᎩ.
18 ᎾᏍᎩ ᎢᏳᏍᏗ ᎣᎦᏚᎵᏍᎬᎩ ᏫᏨᎷᏤᏗᏱ, ᎠᎴ ᎠᏴ, ᏉᎳ, Ꮀ ᎤᎬᏫᏳᏒᎩ, ᏌᏉ ᎠᎴ
ᏔᎵᏁ ᎠᏆᏚᎸᎲᎩ; ᎠᏎᏃ ᏎᏓᏂ ᎣᎩᏲᏍᏙᏓᏁᎲᎩ.
19 ᎦᏙᏰᏃ ᎤᏚᎩ ᎣᎬᎭ, ᎠᎴ ᎦᏙ ᎣᏍᏛ ᏱᎦᏓᏅᏓᏗᎭ, ᎠᎴ ᎦᏙ ᎤᏍᏗ ᎠᎵᏍᏚᎶ
ᏯᎦᎵᎮᎵᏍᏙᏗ? ᏝᏍᎪ ᏂᎯ ᏱᎨᏎᏍᏗ ᎠᎦᏔᎲ ᎢᎦᏤᎵ ᎤᎬᏫᏳᎯ ᏥᏌ ᎦᎶᏁᏛ ᎾᎯᏳ
ᎦᎷᏨᎭ?
20 ᏂᎯᏰᏃ ᏕᎸᏉᏗᏳ ᎢᏍᎩᏴᏁᎯ ᎠᎴ ᏍᎩᏯᎵᎮᎵᏍᏗᏍᎩ.

ᎠᏯᏙᎸᎢ 3

1 ᎾᏍᎩ ᎢᏳᏍᏗ ᎿᏉ ᎤᏟ ᎢᎪᎯᏛ ᎦᏲᎦᏛᏂᏗᏍᏗ ᏂᎨᏒᎾ ᏄᎵᏍᏔᏅ, ᎣᏏᏳ ᎣᎩᏰᎸᏅᎩ
ᎣᎬᏒ ᎣᎩᎧᎯᏯᏍᏗᏱ ᎡᏗᏂᏱ;
2 ᎠᎴ ᎣᏥᏅᏒᎩ ᏗᎹᏗ, ᎣᏣᎵᏅᏟ, ᎠᎴ ᎤᏁᎳᏅᎯ ᎪᎱᏍᏗ ᎠᏛᏁᎯ, ᎠᎴ ᎠᏴ ᎢᏧᎳᎭ
ᏦᎩᎸᏫᏍᏓᏁᎯ ᎣᏍᏛ ᎧᏃᎮᏛ ᎦᎶᏁᏛ ᎤᏤᎵ ᎤᎬᏩᎵ, ᎾᏍᎩ ᏗᏣᎵᏂᎪᎯᏍᏙᏗᏱ, ᎠᎴ
ᏗᏥᎧᎵᏍᏓᏗᏍᏗᏱ ᎢᏦᎯᏳᏒ ᎤᎬᏩᎵ;
3 ᎾᏍᎩ ᎩᎶ ᎠᏥᏖᎸᏗᏱ ᏂᎨᏒᎾ ᎯᎠ ᎾᏍᎩ ᎠᎩᎵᏲᎢᏍᏗ ᎨᏒ ᎢᏳᏩᏂᏌᏛ; ᎢᏨᏒᏰᏃ
ᎢᏥᎦᏔᎭ ᎾᏍᎩ ᎢᎦᎵᏍᏓᏁᏗᏱ ᎡᎩᏁᏤᎸᎯ ᎨᏒᎢ.
4 ᎤᏙᎯᏳᎯᏰᏃ ᏥᏨᏰᎳᏗᏙᎲᎩ, ᏂᏨᏃᏁᎶ ᎢᎩᎩᎵᏲᎢᏍᏗ ᎨᏒᎢ; ᎾᏍᎩᏯ ᏥᏄᎵᏍᏔᏅ,
ᎠᎴ ᎾᏍᎩ ᏥᏥᎦᏔᎭ.
5 ᎾᏍᎩ ᎤᏓᏳᎵᏍᏙᏔᏅᎩ, ᎿᏉ ᎤᏟ ᎢᎪᎯᏛ ᎬᏆᏛᏂᏗᏍᏗ ᏂᎨᏒᎾ ᏄᎵᏍᏔᏅ,
ᎠᏆᏓᏅᏒᎩ ᎠᏆᏙᎴᎰᎯᏍᏗᏱ ᏄᏍᏛ ᎢᏦᎯᏳᏒᎢ, ᎪᎱᏍᏗ ᏴᏗᏅᎵᏍᏙᏔᏅ ᎠᏓᎪᎵᏰᏍᎩ
ᏩᏂᎪᎵᏰᎥ, ᏙᎩᎸᏫᏍᏓᏁᎸᏃ ᎠᏎᏉ ᏱᏄᎵᏍᏔᏂᏙᎸ, ᎠᏇᎵᏒᎩ.
6 ᎠᏎᏃ ᎿᏉ ᏗᎹᏗ ᎣᎩᎷᏤᎸᎯ ᏥᎩ, ᏗᏙᎲ ᎤᏓᏳᎶᏒᎯ, ᎠᎴ ᎣᏍᏛ ᎠᏰᎸᏗ
ᎣᎩᏃᎮᎮᎸᎯ ᏥᎩ, ᏗᏙᎲ ᎤᏓᏳᎶᏒᎩ, ᎠᎴ ᎣᏍᏛ ᎠᏰᎸᏗ ᎣᎩᏃᎮᎮᎸᎯ ᏥᎩ, ᎢᏦᎯᏳᏒ
ᎠᎴ ᎠᏓᎨᏳᏗ ᎨᏒ ᎢᏤᎲ ᎤᎬᏩᎵ, ᎠᎴ ᏂᎪᎯᎸ ᎣᏏᏳ ᏍᎩᏯᏅᏛᎢ, ᎤᏣᏘ ᎢᏣᏚᎵᏍᎬ
ᏍᎩᎪᏩᏛᏗᏱ, ᎾᏍᎩᏯ ᎾᏍᏉ ᎠᏴ ᎣᎦᏚᎵᏍᎬ ᎢᏨᎪᏩᏛᏗᏱ;
7 ᎾᏍᎩ ᎢᏳᏍᏗ, ᎢᏓᎵᏅᏟ, ᎢᏨᏯᏓᏅᏖᎸ ᎤᎧᎵᏍᏗ ᎣᎦᏓᏅᏓᏛᎩ ᏂᎦᎥ ᎣᏥᎩᎵᏲᎬ ᎠᎴ
ᎤᏪᎵᎯᏍᏗ ᎣᎦᏓᏅᏔᏩᏕᎬᎢ, ᏂᎯ ᎢᏦᎯᏳᏒ ᎤᏓᏳᎵᏍᏙᏔᏅᎩ.
8 ᎪᎯᏰᏃ ᏥᎩ ᏦᏨᏃᏛ, ᎢᏳᏃ ᎤᎵᏂᎩᏛ ᏕᏥᏙᎨᏍᏗ ᎤᎬᏫᏳᎯ ᏕᏣᏁᎶᏛᎢ.
9 ᏔᎳᎪᏰᏃ ᎢᎦᎢ ᎠᎵᎮᎵᏍᏗ ᏲᏣᎫᏴᏓᏏ ᎤᏁᎳᏅᎯ ᏂᎯ ᎨᏒ ᎢᏳᏍᏗ, ᎤᏗᎦᎵᏍᏙᏗᏍᎬ
ᏂᎦᎥ ᎣᏍᏛ ᎠᏓᏅᏓᏗᏍᏗ ᎡᏒ ᎾᏍᎩ ᎣᏣᏓᏅᏓᏗᏍᎬ ᏂᎯ ᎨᏒ ᎤᎬᏩᎵ ᎣᎦᏤᎵ ᎤᏁᎳᏅᎯ
ᎠᎦᏔᎲᎢ;
10 ᏗᎬᏩᎩᏨᏗ ᎤᏣᏘ ᎣᏣᏓᏙᎵᏍᏗᏍᎬ ᎣᏥᏔᏲᎯᎲ, ᎾᏍᎩ ᏗᎦᏲᎩᎪᏩᏛᏗ ᎢᏳᎵᏍᏙᏗᏱ
ᏕᏣᎧᏛᎢ, ᎠᎴ ᎣᎩᎧᎵᏏᎭᏗᏱ ᎾᏍᎩ ᎦᎷᎶᏥᏙᎲ ᎢᏦᎯᏳᏒᎢ.
11 ᎤᎾᎳᏅᎯᏃ ᎤᏩᏒ ᎾᏍᎩ ᎢᎩᏙᏓ, ᎠᎴ ᎢᎦᏤᎵ ᎤᎬᏫᏳᎯ ᏥᏌ ᎦᎶᏁᏛ, ᎣᎦᏘᏅᏍᏗ
ᎨᏎᏍᏗ ᏗᏤᎲᎢ.
12 ᎠᎴ ᎤᎬᏫᏳᎯ ᎢᏳᏩᏂᎭᏗ ᎨᏎᏍᏗ ᎢᏥᏁᏉᏤᏗᏱ ᎠᎴ ᎤᏣᏘ ᎢᏳᎵᏍᏙᏗᏱ
ᏕᏣᏓᎨᏳᏒᎢ, ᎠᎴ ᎾᏂᎥ ᏕᏥᎨᏳᏒᎢ, ᎾᏍᎩᏯ ᎠᏴ ᏂᎯ ᎢᏨᎨᏳᏒᎢ;
13 ᎾᏍᎩ ᏗᎵᏂᎪᎯᏍᏙᏗᏱ ᏗᏥᎾᏫ, ᎾᏍᎩ ᎦᏰᏧᎢᏍᏙᏗ ᏂᎨᏒᎾ ᎢᏳᎵᏍᏙᏗᏱ ᏚᏳᎪᏛ
ᏂᏣᏛᏁᎸ ᎤᏁᎳᏅᎯ ᎠᎦᏔᎲᎢ, ᎾᏍᎩ ᎢᎩᏙᏓ, ᎾᎯᏳ ᎦᎷᏨᎭ ᎢᎦᏤᎵ ᎤᎬᏫᏳᎯ ᏥᏌ
ᎦᎶᏁᏛ ᎠᏁᎮᏍᏗ ᏂᎦᏗᏳ ᎤᎾᏓᏅᏘ ᏧᏤᎵᎦ.

ᎠᏯᏙᎸᎢ 4

1 ᎠᎴ ᎾᏍᏉ, ᎢᏓᎵᏅᏟ, ᎢᏨᏔᏲᏎᎭ, ᎠᎴ ᎢᏨᏍᏗᏰᎦᎭ, ᎤᎬᏫᏳᎯ ᏥᏌ
ᎤᏗᎦᎵᏍᏙᏗᎭ, ᎾᏍᎩ Ꮎ ᏍᎩᏯᏛᎦᏁᎸᎯ ᏥᎩ ᎢᏣᏛᏁᏗᏱ ᎢᏤᏓᏍᏗᏱ ᎾᏍᎩ ᎣᏏᏳ
ᎬᏩᏰᎸᏗ ᎨᏒ ᎤᏁᎳᏅᎯ, ᎾᏍᎩ ᏂᏣᏛᏁᎲ ᎧᏁᏉᏥᏎᏍᏗᏉ.
2 ᎢᏥᎦᏔᎭᏰᏃ ᏄᏍᏛ ᏕᏨᏲᎯᏎᎸ ᏗᎧᎿᏩᏛᏍᏗ ᎤᎬᏫᏳᎯ ᏥᏌ ᎤᏰᎸᏅᎯ ᎨᏒᎢ.
3 ᎯᎠᏰᏃ ᎾᏍᎩ ᏄᏍᏗ ᎤᏁᎳᏅᎯ ᎠᏓᏅᏖᏍᎬᎢ, ᏗᏣᏓᏅᎦᎸᏛ ᎢᏣᎵᏍᏙᏗᏱ, ᎾᏍᎩ
ᏗᏥᏲᎯᏍᏗᏱ ᎤᎦᎵᏛ ᏗᏂᏏᏗ ᎨᏒᎢ;
4 ᎾᏍᎩ ᏂᏥᎥ ᎢᏥᏏᏴᏫᎭ ᏱᏥᎦᏔᎭ ᎢᏣᏛᏁᏗᏱ ᎢᏥᏍᏆᏂᎪᏙᏗᏱ ᎢᏥᏰᎸᎢ ᎤᏓᏅᎦᎸᏛ
ᎨᏒ ᎠᎴ ᎦᎸᏉᏗᏳ ᎨᏒᎢ;
5 ᎥᏝ Ꮓ ᎢᏤᏔᏲᎯᏍᏗ ᎨᏒᎢ, ᎾᏍᎩᏯ ᎾᎾᏛᏁᎲ ᏧᎾᏓᎴᏅᏛ ᏴᏫ ᎤᏁᎳᏅᎯ ᎾᏂᎦᏔᎲᎾ
ᏥᎩ;
6 ᎾᏍᎩ ᎩᎶ ᎤᎶᏒᏍᏓᏁᏗᏱ ᎠᎴ ᎤᎶᏄᎮᏗᏱ ᏂᎨᏒᎾ ᎠᎾᎵᏅᏟ ᏥᏂᎦᎥᏉ ᎪᎱᏍᏗ
ᎤᎬᏩᎵ; ᎤᎬᏫᏳᎯᏰᏃ ᏗᏓᏤᎯ ᎯᎠ ᎾᏍᎩ ᎾᎦᎥ ᏧᏓᎴᏅᏛ, ᎾᏍᎩ ᎦᏳᎳ ᎢᏨᏃᏁᎸᎯ ᎠᎴ
ᎢᏨᏲᎢᏳᏓᏁᎸᎯ ᏥᎩ.
7 ᎤᏁᎳᏅᎯᏰᏃ ᎥᏝ ᏱᎩᏯᏅᎲ ᎦᏓᎭ ᎢᎦᎵᏍᏙᏗᏱ ᎢᎦᏓᏅᎦᎸᏛᏍᎩᏂ ᎢᎦᎵᏍᏙᏗᏱ.
8 ᎾᏍᎩ ᎢᏳᏍᏗ ᎩᎶ ᎠᏓᏂᏉᏘᎯ, ᎥᏝ ᏴᏫ ᏱᎦᏂᏆᏘᎭ, ᎤᏁᎳᏅᎯᏍᎩᏂ, ᎾᏍᎩ ᎾᏍᏉ
ᎤᏤᎵ ᎦᎸᏉᏗᏳ ᎠᏓᏅᏙ ᎢᎩᏁᎸᎯ ᏥᎩ.
9 Ꭰ-ᏍᎩᏂ ᎠᎾᎵᏅᏟ ᏧᎾᏓᎨᏳᏗ ᎨᏒ ᎤᎬᏩᎵ ᎥᏝ ᎤᏚᎸᏗ ᏱᏂᏣᎵᏍᏓᏁᎭ
ᏫᏨᏲᏪᎳᏁᏗᏱ; ᏨᏒᏰᏃ ᎤᏁᎳᏅᎯ ᎢᏤᏲᏅᎯ ᎢᎩ ᏗᏣᏓᎨᏳᏗᏱ.
10 ᎤᏙᎯᏳᎯᏰᏃ ᎾᏍᎩ ᏂᏣᏛᏁᎭ ᎾᏂᎥ ᎦᏥᎨᏳᎭ ᎠᎾᎵᏅᏟ ᎹᏏᏙᏂ ᎠᏁᎯ; ᎠᏎᏃ
ᎢᏨᏍᏗᏰᏗᎭ, ᎢᏓᎵᏅᏟ, ᎢᏥᏁᏉᎢᏍᏗᏱ ᎤᏟᎯᏳ ᎢᎦᎢ;
11 ᎠᎴ ᎢᏣᏟᏂᎬᏁᏗᏱ ᎤᏩᏙᎯᏯᏛ ᎢᏣᎦᏗᏱ, ᎠᎴ ᎢᏨᏒ ᎢᏣᏤᎵ ᏗᎦᎸᏫᏍᏓᏁᏗ
ᏗᏥᎸᏫᏍᏓᏁᏗᏱ, ᎠᎴ ᎢᏨᏒ ᏗᏦᏰᏂ ᏗᏨᏙᏗᏱ ᎪᎱᏍᏗ ᎢᏣᏛᏁᏗᏱ, ᎾᏍᎩᏯ
ᏂᏨᏪᏎᎸᎢ;
12 ᎾᏍᎩ ᎣᏏ ᎬᏰᎸᏗ ᎨᏥᏓᏍᏗ ᏱᎩ ᎠᏂᎦᏔᎲ ᎾᏍᎩ ᎠᏁᎳ ᏂᎨᏒᎾ, ᎠᎴ ᎪᎱᏍᏗ
ᏂᏥᏂᎬᏎᎲᎾ ᏱᎩ.
13 ᎠᏎᏃ, ᎢᏓᎵᏅᏟ, ᎥᏝ ᎾᏂᎦᏔᎥᎾᏉ ᎨᏎᏍᏗ ᏱᏨᏰᎵᏎᎭ ᎾᏍᎩ Ꮎ ᎤᏂᎵᏅᏨᎯ
ᎤᎬᏩᎵ, ᎾᏍᎩ ᎤᏲ ᎢᏣᏓᏅᏓᏗᏍᏗᏱ ᏂᎨᏒᎾ ᎾᏍᎩ ᎤᏩᎾᏓᎴ ᎤᏚᎩ ᏄᏅᏒᎾ ᎾᏍᎩᏯ
ᏄᎾᏍᏛᎢ.
14 ᎢᏳᏰᏃ ᏱᏙᎯᏳᎲᏍᎦ ᏥᏌ ᎤᏲᎱᏒᎢ, ᎠᎴ ᏚᎴᎯᏌᏅᎢ, ᎾᏍᎩᏯ ᎾᏍᏉ ᎾᏍᎩ Ꮎ
ᏥᏌ ᎤᎾᎵᏍᎦᏍᏙᏔᏅᎯ ᎤᏂᎵᏅᏨᎯ ᎤᏁᎳᏅᎯ ᏧᏘᏃᎯᏍᏗ ᎨᏎᏍᏗ ᏥᏌ ᎦᎷᏨᎭ.
15 ᎯᎠᏰᏃ ᏂᏨᏪᏎᎭ ᎣᏣᏗᎭ ᎤᎬᏫᏳᎯ ᎤᏁᏨᎢ, ᎾᏍᎩ ᎠᏴ ᏗᏛᏃᏛ ᎠᎴ ᎢᏓᎴᏂᏙᎯ
ᎤᎬᏫᏳᎯ ᎦᎷᏨ ᎢᏳᎢ ᎥᏝ ᏱᏙᎨᏗᎪᏅ ᎾᏍᎩ Ꮎ ᎤᏂᎵᏅᏨᎯ.

16 ᎤᎬᏫᏳᎯᏰᏃ ᎤᏩᏒ ᏛᏠᎠᏏᎵ ᎦᎸᎳᏗ ᎤᏓᏳᎶᏒᎯ ᎤᎵᏠᏯᏍᏕᏍᏗ ᎤᏁᎷᎬᎢ, ᎠᎴ
ᏄᎬᏫᏳᏒ ᏗᎧᎿᏩᏗᏙᎯ ᎧᏁᎬᎢ, ᎠᎴ ᎠᏤᎷᎩ ᎤᏁᎳᏅᎯ ᎤᏤᎵᎦ ᎤᏃᏴᎬᎢ; ᏧᏂᏲᎱᏒᎯᏃ
ᎦᎶᏁᏛ ᎤᎾᎵᏍᏕᏙᎳᏅᎯ ᎢᎬᏱ ᏙᏛᎾᎴᏂ;
17 ᎿᏉᏃ ᎠᏴ ᏗᏛᏃᏛ ᎠᎴ ᎢᏓᎴᏂᏙᎯ ᎾᏍᎩ ᎢᏧᎳᎭ ᎡᎦᏘᎾᏫᏛᏗ ᎨᏎᏍᏗ ᎤᎶᎩᎸᎢ,
ᏫᏕᏓᏠᎢᏍᏗᏱ ᎤᎬᏫᏳᎯ ᎦᎸᎶᎢ; ᎾᏍᎩᏃ ᏂᎪᎯᎸ ᎤᎬᏫᏳᎯ ᎢᏧᎳᎭ ᏫᏕᏢᏍᏗ.
18 ᎾᏍᎩ ᎢᏳᏍᏗ ᏕᏣᏓᏕᎵᏍᏓᏗᏍᏗᏍᎨᏍᏗ ᎯᎠ ᎾᏍᎩ ᏥᏕᏣᏓᏪᏎᎲᎢ.

ᎠᏯᏙᎸᎢ 5

1 ᎾᎯᏳᏍᎩᏂ ᎨᏒᎢ ᎠᎴ ᎾᎯᏳ ᏕᎨᏌᏗᏒᎢ, ᎢᏓᎵᏅᏟ, ᎥᏝ ᎤᏚᎸᏗ ᏱᏂᏣᎵᏍᏓᏁᎭ
ᎢᏨᏲᏪᎳᏁᏗᏱ.
2 ᎢᏨᏒᏰᏃ ᎣᏏᏳ ᎢᏥᎦᏔ ᎾᏍᎩ ᎤᎬᏫᏳᎯ ᎤᏤᎵ ᎢᎦ ᎤᎵᏰᎢᎶᎯᏍᏗ ᎨᏒ ᎾᏍᎩᏯ
ᎦᏃᏍᎩᏍᎩ ᏒᏃᏱ ᏥᎦᎷᎪᎢ.
3 ᎾᎯᏳᏰᏃ ᎤᏩᏙᎯᏯᏛ ᎠᎴ ᏄᎾᏰᎯᏍᏛᎾ ᎠᎾᏗᏍᎨᏍᏗ, ᏖᏉ ᏄᏰᎶᎢᏍᏔᏅᏛ
ᎠᏓᏛᏗᏍᎩ ᎤᏂᎷᏤᏗ ᎨᏎᏍᏗ, ᎾᏍᎩᏯ ᎠᎩᎵᏯ ᏧᎷᏤᎰ ᎠᎨᏴ ᎦᏁᎵᏛ; ᎠᎴ ᎥᏝ
ᎤᎾᏗᏫᏎᏗ ᏱᎨᏎᏍᏗ.
4 ᏂᎯᏍᎩᏂ, ᎢᏓᎵᏅᏟ, ᎥᏝ ᎤᎵᏏᎬ ᏱᏤᎭ, ᎾᏍᎩ Ꮎ ᎾᎯᏳ ᎢᎦ ᎨᏣᏢᏔᏍᏗ
ᎢᏳᎵᏍᏙᏗᏱ ᎾᏍᎩᏯ ᎦᏃᏍᎩᏍᎩ ᏧᏢᏔᏍᎪᎢ.
5 ᏂᏥᎥᎢ ᎢᎦ-ᎦᏘ ᏧᏪᏥ, ᎠᎴ ᎢᎦ ᏧᏪᏥ; ᎥᏝ ᏒᏃᏱ ᎠᎴ ᎤᎵᏏᎬ ᎢᎦᎯ ᏱᎩ.
6 ᎾᏍᎩ ᎢᏳᏍᏗ ᏞᏍᏗ ᏱᏗᎵᎮᏍᏗ, ᎾᏍᎩᏯ ᎠᏂᏐᎢ ᎾᎾᏛᏁᎲᎢ; ᎢᏗᏯᏫᏍᎨᏍᏗᏍᎩᏂ
ᎠᎴ ᏂᏗᎩᏴᏍᏕᏍᎬᎾ ᎨᏎᏍᏗ.
7 ᎠᏂᎵᎯᏰᏃ, ᏒᏃᏱ ᏓᏂᎵᎰᎢ; ᎠᎴ ᎾᏍᎩ Ꮎ ᏧᏂᏴᏍᏕᏍᎩ, ᏒᏃᏱ ᏚᏂᏴᏍᏕᏍᎪᎢ.
8 ᎠᏴᏍᎩᏂ ᎢᎦ ᎢᎦᎯ ᏥᎩ ᏂᏗᎩᏴᏍᏕᏍᎬᎾ ᎨᏎᏍᏗ, ᎠᏓᏁᏣᏍᏚᎶ ᎪᎯᏳᏗ ᎨᏒ ᎠᎴ
ᎠᏓᎨᏳᏗ ᎨᏒ ᎢᏓᏓᏁᏥᏍᏚᎶᏗᏍᎨᏍᏗ, ᎡᎩᏍᏕᎸᏗᏱᏃ ᎨᏒ ᎤᏚᎩ ᎢᎬᏒ ᎢᎦᎵᏍᏚᎶᏕᏍᏗ.
9 ᎤᏁᎳᏅᎯᏰᏃ ᎥᏝ ᏱᎦᏑᏰᏒ ᎤᏔᎳᏬᎯᏍᏗ ᎨᏒ ᎢᎩᎷᏤᏗᏱ ᎢᎦᏤᎵ ᎤᎬᏫᏳᎯ ᏥᏌ
ᎦᎶᏁᏛ ᎢᏳᏩᏂᏌᏛ;
10 ᎾᏍᎩ ᏥᎩᏲᎱᎯᏎᎴᎢ, ᎾᏍᎩ ᎾᏍᏉ ᏱᏗᎵᎭ ᎠᎴ ᏂᏗᎵᎲᎾ ᏱᎩ, ᎾᏍᎩ ᎢᏧᎳᎭ
ᏫᎦᏕᏗᏱ ᎢᏳᎵᏍᏙᏗᏱ.
11 ᎾᏍᎩ ᎢᏳᏍᏗ, ᏕᏣᏓᏕᎵᏍᏓᏗᏍᎨᏍᏗ, ᎠᎴ ᏕᏣᏓᎵᏂᎪᎯᏍᏗᏍᎨᏍᏗ, ᎾᏍᎩᏯ
ᏥᏂᏣᏛᏁᎭ.
12 ᎠᎴ ᎢᏨᏔᏲᏎᎭ, ᎢᏓᎵᏅᏟ, ᎾᏍᎩ ᏗᏥᎦᏔᎯ ᎢᏳᎵᏍᏙᏗᏱ ᎾᏍᎩ Ꮎ ᏧᏂᎸᏫᏍᏓᏁᎯ
ᎢᏤᎲᎢ, ᎠᎴ ᏗᎨᏣᏁᎶᏗ ᏥᎩ ᎤᎬᏫᏳᎯ ᏕᏣᏁᎶᏛᎢ, ᎠᎴ ᏥᎨᏣᏅᏓᏗᏍᏗᎭ;
13 ᎠᎴ ᎤᏣᏘ ᏗᏥᎸᏉᏗᏳ ᎢᏳᎵᏍᏙᏗᏱ ᎠᏓᎨᏳᏗ ᎬᏗ ᎤᏗᎦᎵᏍᏙᏗᏍᎨᏍᏗ
ᏚᏂᎸᏫᏍᏓᏁᎲᎢ. ᎠᎴ ᏙᎯᏱ ᏂᏨᏁᏍᏗ ᎢᏨᏒ ᎢᏤᎲᎢ.
14 ᎠᎴ ᎢᏨᏔᏲᏎᎭ, ᎢᏓᎵᏅᏟ, ᏕᏤᏯᏔᎲᏍᎨᏍᏗ ᎾᏍᎩ Ꮎ ᏄᎾᏁᎸᎾ,
ᏕᏥᏕᎵᏍᏓᏗᏍᎨᏍᏗ ᏗᏩᎾᎦᎳ ᏧᎾᏓᏅᏘ, ᏕᏥᏂᏴᏎᏍᏗ ᏗᏂᏩᎾᎦᎳᎢ, ᏗᏨᏂᏗᏳ ᎨᏎᏍᏗ
ᎾᏂᎥ [ᎤᏣᏘᏂ ᏂᎨᏣᏛᏁᎲᎢ.]
15 ᏞᏍᏗ ᎩᎶ ᎤᏲ ᎾᎬᏁᎸ ᏳᏓᎨᏍᏗ ᎤᏲ ᏱᎾᏓᏛᏁᎮᏍᏗ; ᎢᏥᏍᏓᏩᏕᎨᏍᏗᏍᎩᏂ ᏂᎪᎯᎸ
ᎾᏍᎩ ᎣᏍᏛ ᎨᏒᎢ, ᎾᏍᏉ ᎢᏨᏒ ᎪᎱᏍᏗ ᏕᏣᏓᏛᏗᏍᎬ, ᎠᎴ ᎾᏂᎥᏉ.
16 ᎢᏣᎵᎮᎵᎨᏍᏗ ᏂᎪᎯᎸᎢ;
17 ᏂᏥᏲᎯᏍᏗᏍᎬᎾ ᎢᏣᏓᏙᎵᏍᏗᏍᎨᏍᏗ;

18 ᏂᎦᎥᏉ ᏂᏣᎵᏍᏓᏁᎵᏕᎬ ᎡᏣᎵᎡᎵᏤᎮᏍᏗ [ᎤᏁᎳᏅᎯ;] ᎯᎠᏰᏃ ᎾᏍᎩ ᎤᏁᎳᏅᎯ
ᎢᏣᏓᏅᏖᎮᏭ ᏥᏌ ᎦᎶᏁᏛ ᎦᏟᏁᎶᏛ ᎢᏳᏍᏗ.

19 ᎠᏓᏅᏙ ᎠᏓᏪᎵᎩᏍᎬ ᏞᏍᏗ ᏴᎠᏗᏍᎨᏍᏗ.

20 ᏞᏍᏗ ᎠᏎᏉ ᏱᏥᏰᎸᏍᎨᏍᏗ ᎠᏙᎴᎰᎯᏍᏗ ᎨᏒᎢ.

21 ᏄᏓᎴᏒ ᎪᎱᏍᏗ ᎢᏥᎪᎵᏰᏍᎨᏍᏗ; ᎠᏍᏓᏯ ᏕᏥᏂᏴᏎᏍᏗ ᎾᏍᎩ Ꮎ ᎣᏍᏛ ᎨᏒᎢ.

22 ᎢᏣᏓᏅᎡᎮᏍᏗ ᏂᎦᎥ ᏄᏓᎴᏒ ᎤᏲᎢ.

23 ᎤᏁᎳᏅᎯᏃ ᎤᏩᏒ ᎤᏩᏙᎯᏯᏛ ᎠᏓᏁᎯ ᏂᎦᎷᎶᎬᎾ ᎢᏥᎤᏕᏄᏗ ᎨᏎᏍᏗ; ᎠᎴ ᏂᎬ
ᎢᏣᏓᏅᏖᏗᏱ ᎠᎴ ᏗᏣᏓᏅᏙ ᎠᎴ ᏗᏥᏰᎸᎢ ᏤᏤᏍᏆᏂᎪᏓᏁᏗ ᎨᏎᏍᏗ, ᏂᏚᏚᎯᏍᏛᎾ
ᎢᏣᎵᏍᏙᏗᏱ ᎢᎦᏤᎵ ᎤᎬᏫᏳᎯ ᏥᏌ ᎦᎶᏁᏛ ᎦᎷᏨ ᎢᏳᎢ.

24 ᏄᏓᎵᏓᏍᏛᎾ ᎾᏍᎩ Ꮎ ᎢᏣᏯᏅᏛ, ᎾᏍᏉ ᎾᏍᎩ ᎠᏎ ᏥᎤᏛᏛᏁᎵ.

25 ᎢᏓᎵᏅᏟ ᏍᎩᏯᏅᏓᏗᏍᎨᏍᏗ ᎢᏣᏓᏙᎵᏍᏗᏍᎬᎢ.

26 ᏂᎦᏛ ᎠᎾᎵᏅᏟ ᎦᏄᏉᏗᏳ ᏗᏓᏙᏪᏙᎥᏍᏗ ᏕᏥᏲᎵᏍᏗᏍᎨᏍᏗ.

27 ᎢᏨᏁᏤᎭ ᎤᎬᏫᏳᎯ ᎢᏨᏁᎢᏍᏓᏁᎭ, ᎯᎠ ᎾᏍᎩ ᎪᏪᎵ ᎨᏥᎪᎵᏰᏗᏱ ᎾᏂᎥ ᎤᎾᏓᏅᏘ
ᎠᎾᎵᏅᏟ.

28 ᎢᎦᏤᎵ ᎤᎬᏫᏳᎯ ᏥᏌ ᎦᎶᏁᏛ ᎬᏩᏚᏘᏯ ᎤᏓᏙᎵᏍᏗ ᎨᏒ ᏕᏥᎧᎿᏩᏗᏙᎮᏍᏗ.

ᎡᎺᏅ.

ᏉᎳ ᏕᏏᎶᏂᏕ ᎠᏁᎯ ᏔᎵᏁ ᏧᏬᏪᎳᏁᎸᎯ

ᎠᏍᏙᎸᎢ 1

1 ᏉᎳ, ᎠᎴ ᏌᏱᎳ, ᎠᎴ ᏗᎹᏗ, ᏫᏨᏲᏪᎳᏏ ᏗᏣᏁᎶᏗ ᎢᏣᏓᏡᎬ ᏕᏏᎶᏂᎦ ᎢᏤᎯ
ᎤᏁᎳᏅᎯ ᎢᎩᏙᏓ ᎠᎴ ᎤᎬᏫᏳᎯ ᏥᏌ ᎦᎶᏁᏛ ᎦᏣᏁᎶᏛᎢ.
2 ᎬᏩᎦᏘᏯ ᎤᏓᏙᎵᏍᏗ ᎨᏒ ᎠᎴ ᎤᏩᏙᎯᏯᏛ ᏕᏥᎧᎿᏩᏗᏙᎲᏍᏗ ᎤᏓᏳᎾᎵᏍᎪᎸᏔᏅᎯ
ᎤᏁᎳᏅᎯ ᎢᎩᏙᏓ ᎠᎴ ᎤᎬᏫᏳᎯ ᏥᏌ ᎦᎶᏁᏛ.
3 ᎣᎦᏚᏓᎳ ᏂᎪᎯᎸ ᎣᏣᎵᎡᎵᏤᏗᏱ ᎤᏁᎳᏅᎯ ᏂᎯ ᎢᏓᎵᏅᏟ ᎤᎬᏩᎵ, ᏥᏚᏳᎪᏗ ᎾᏍᎩ
ᎢᏲᎦᏛᏁᏗᏱ, ᎤᏗᎦᎵᏍᏙᏗᎭ ᎢᏦᎯᏳᏒ ᎤᏣᏘ ᏣᏛᏍᎦ, ᎠᎴ ᎦᏣᏓᎨᏳᏒ ᏂᏥᎥ ᎢᏥᏏᏴᏫᎭ
ᎨᏒ ᎤᏣᏘ ᏥᎧᏁᏉᎦ;
4 ᎾᏍᎩ ᎢᏳᏍᏗ ᎠᏴ ᎣᎬᏒ ᎣᏣᎵᏡᏍᎦ ᎢᏨᏁᎢᏍᏗᏍᎬ ᏧᎾᏁᎶᏗ ᏚᎾᏓᏡᏩᏍᏗᏒ
ᎤᏁᎳᏅᎯ ᏧᏤᎵᎦ, ᎾᏍᎩ ᏗᏨᏂᏗᏳ ᎨᏒ ᎠᎴ ᎢᏦᎯᏳ ᎨᏒ ᏂᎦᎥ ᎤᏕᏯᏙᏗ ᎠᎴ ᎠᎩᎵᏯ
ᎢᏥᎷᏤᎲᎢ;
5 ᎾᏍᎩ ᎬᏂᎨᏒ ᎢᎬᏁᏒ ᏥᎩ ᎤᏁᎳᏅᎯ ᏚᏳᎪᏛ ᏧᏭᎪᏛᏗ ᏧᏭᎪᏙᏗ ᎨᏒᎢ, ᎾᏍᎩ ᏰᎵ
ᎤᏁᎳᏅᎯ ᎤᏤᎵᎪᎯ ᎢᏤᎯ ᎡᏤᎵᏎᏗᏱ, ᎾᏍᎩ ᎾᏍᏉ ᎤᎬᏩᎵ ᏥᏥᎩᎵᏲᎦ.
6 ᎤᏗᎦᎵᏍᏙᏗᎭ ᏚᏳᎪᏛᎢ ᎤᏁᎳᏅᎯ ᏧᎫᏴᏓᏁᏗᏱ ᎠᎩᎵᏲᎢᏍᏗ ᎨᏒ ᎾᏍᎩ Ꮎ
ᎨᏥᎩᎵᏲᎢᏍᏗᏍᎩ;
7 ᏂᎯᏃ ᎡᏥᎩᎵᏲᎢᏍᏗᏍᎩ, ᎠᏣᏪᏐᎸᏍᏙᏗ ᎨᏒ ᎡᎦᎫᏴᏓᏁᏗᏱ, ᎾᎯᏳ ᎤᎬᏫᏳᎯ ᏥᏌ
ᎦᎸᎶ ᎤᏓᏳᏓᎴᏅᎯ ᎬᏂᎨᏒ ᎾᎬᏁᎸᎭ ᎠᏁᎮᏍᏗ ᏧᎾᎵᏂᎩᏛ ᏧᏤᎵ ᏗᏂᎧᎿᏩᏗᏙᎯ,
8 ᎠᏥᎸ ᎠᏓᏪᎵᎩᏍᎩ ᎤᏄᏬᏍᎦᏍᏗ ᏓᎩᎵᏲᎢᏍᏗᏍᎨᏍᏗ ᎾᏍᎩ Ꮎ ᏂᎬᏩᎦᏔᎲᎾ
ᎤᏁᎳᏅᎯ, ᎠᎴ ᏄᏃᎯᏳᏒᎾ ᎣᏍᏛ ᎧᏃᎮᏛ ᎢᎦᏤᎵ ᎤᎬᏫᏳᎯ ᏥᏌ ᎦᎶᏁᏛ ᎤᏤᎵᎦ.
9 ᎾᏍᎩ ᎨᏥᏍᏛᏗᏍᏙᏗ ᎨᏎᏍᏗ ᎨᎬᏓᏁᏗ ᏫᎾᏍᏛᎾ ᎠᏓᏛᏗᏍᎩ ᎤᎬᏫᏳᎯ ᎠᎦᏔᎲ
ᎤᏓᏳᏓᎴᏅᎯ, ᎠᎴ ᎦᎸᏉᏗᏳ ᎤᎵᏂᎩᏗᏳ ᎨᏒᎢ,
10 ᎾᎯᏳ ᏧᏤᎵ ᎤᎾᏓᏅᏘ ᎬᏩᎸᏉᏙᏗᏱ ᎤᎬᏩᎵ ᎦᎷᏨᎭ, ᎠᎴ ᎤᏍᏆᏂᎪᏗ
ᏧᏓᏅᏓᏗᏍᏙᏗᏱ ᎾᏂᎥ ᎾᏍᎩ Ꮎ ᎬᏬᎯᏳᎲᏍᎩ ᎾᎯᏳ ᎢᎦ ᎨᏎᏍᏗ, ᎤᏗᎦᎵᏍᏙᏗᏍᎨᏍᏗ
ᎪᎯᏳᏅᎯ ᎨᏒ ᎣᎩᏃᎮᎸ ᎢᏤᎲᎢ.
11 ᎾᏍᎩ ᎢᏳᏍᏗ ᎾᏍᏉ ᏂᎪᎯᎸ ᎣᏣᏓᏙᎵᏍᏗᏍᎪ ᎢᏨᏯᏅᏓᏗᏍᎪ, ᎾᏍᎩ ᎣᎦᏁᎳᏅᎯ
ᎤᏓᏯᏅᏗ ᎨᏒ ᎢᏥᏯᏅᏔᏅᎯ ᎢᏳᎵᏍᏙᏗᏱ, ᎠᎴ ᎤᏍᏆᏗᏍᏗᏱ ᏂᎦᏛ ᎣᏍᏛ ᎤᏰᎸᏗ
ᎨᏒ ᎤᏓᏳᏓᎴᏅᎯ ᎤᏓᏅᏘᏳ ᎨᏒᎢ, ᎠᎴ ᎪᎯᏳᏗ ᎨᏒ ᏧᎸᏫᏍᏓᏁᏗ ᎬᏔᏅᎯ ᎤᎵᏂᎩᏛ
ᎨᏒᎢ;
12 ᎾᏍᎩ ᎢᏳᏩᏂᏐᏗᏱ ᏚᏙᎥ ᎢᎦᏤᎵ ᎤᎬᏫᏳᎯ ᏥᏌ ᏓᎶᏁᏛ ᎦᎸᏉᏗᏳ ᎢᏳᎵᏍᏙᏗᏱ ᏂᎯ
ᎢᏨᏂᏌᏛ, ᎠᎴ ᏂᎯ ᎦᎸᏉᏗᏳ ᎢᏰᏨᏁᏗᏱ ᎾᏍᎩ ᎢᏳᏩᏂᏌᏛ, ᎾᏍᎩᏯ ᏄᏍᏛ ᎬᏩᎦᏘᏯ
ᎤᏓᏙᎵᏍᏗ ᎨᏒ ᎢᎦᏁᎳᏅᎯ, ᎠᎴ ᎤᎬᏫᏳᎯ ᏥᏌ ᎦᎶᏁᏛ.

ᎠᏯᏙᎸᎢ 2

1 ᎾᏍᎩᏃ, ᎢᏓᎵᏅᏟ, ᎢᏨᏔᏲᏎᎭ ᎤᎷᎯᏍᏗ ᎨᏒ ᎢᎦᏤᎵ ᎤᎬᏫᏳᎯ ᏥᏌ ᎦᎶᏁᏛ, ᎠᎴ
ᎾᏍᎩ ᏪᏓᏓᏟᏌᏁᏗ ᎨᏒ ᎤᎬᏩᎵ,
2 ᎾᏍᎩ ᏞᎩᏉ ᏤᏥᏓᎸᎾᏗᏱ ᏂᎨᏒᎾ ᎦᏣᏓᏅᏛᎢ, ᎠᎴ ᎢᏣᎦᏯᎳᏁᏗᏱ ᏂᎨᏒᎾ, ᎾᏍᏉ
ᎠᏓᏅᏙ ᎬᏗ, ᎠᎴ ᎦᏬᏂᏒᎯ, ᎠᎴ ᎪᏪᎵ ᎪᏪᎳᏅᎯ ᎬᏗ ᎠᏴ ᎣᎦᏓᏅᏏᏛ ᏥᎨᎭ ᎢᏳᏍᏗ;
ᎾᏍᎩ ᎦᎶᏁᏛ ᎤᏤᎵ ᎢᎦ ᎤᏍᏆᎸᎯᎦᏅ ᏥᎨᎭ ᎾᏍᎩᏯᎢ.
3 ᎠᏎ ᏞᏍᏗ ᎩᎶ ᏱᏥᎵᏓᏍᏔᏁᏍᏗ; ᎥᏝᏰᏃ [ᎾᎯᏳ ᎢᎦ ᎤᎵᏰᎢᎶᎯᏍᏗ ᏱᎩ] ᎬᏂ ᎢᎬᏱ
ᎠᏂᏑᎵᎪᎨᏍᏗ, ᎠᎴ ᎾᏍᎩ Ꮎ ᎠᏍᎦᏯ ᎠᏍᎦᎾ ᏧᎸᏫᏍᏓᏁᎯ ᎬᏂᎨᏒ ᎾᎬᏁᎸᎭ, ᎾᏍᎩ
ᎠᏛᏗᏍᎩ ᎤᏪᏥ;
4 ᎾᏍᎩ ᏥᏓᎦᏘᎴᎦ ᎠᎴ ᎦᎸᎳᏗᏢ ᏥᎾᏓᏛᏁᎭ ᏂᎦᎥ ᎤᎾᎳᏅᎯ ᎨᎪᏎᏗ ᏥᎩ, ᎠᎴ
ᎨᎦᏓᏙᎵᏍᏓᏁᎯ ᏥᎩ; ᎾᏍᎩ ᎢᏳᏍᏗ ᎤᏁᎳᏅᎯ ᎾᏍᎩᏯ ᎤᏬᎳ ᎤᏁᎳᏅᎯ ᎤᏤᎵ
ᎠᏓᏁᎸᎢ, ᎤᏩᏒ ᎬᏂᎨᏒ ᎾᏓᏛᏁᎭ ᎤᏁᎳᏅᎯ ᎨᏒᎢ.
5 ᏝᏍᎪ ᏱᏣᏅᏔ, ᎾᏍᎩ ᎠᏏ ᏥᏨᏰᎳᏗᏙᎲᎩ ᎾᏍᎩ ᎯᎠ ᎢᏨᏃᎮᎮᎸᎢ?
6 ᎪᎯᏃ ᏥᎩ ᎢᏗᎦᏔᎭ ᎢᏳᏍᏗ ᎠᏲᏍᏙᏗᏍᎬ ᎬᏂᎨᏒ ᎢᎳᎬᏁᏗᏱ ᎾᎯᏳ ᎬᏂᎨᏒ ᎢᏯᎬᏁᏗ
ᎨᏒᎢ.
7 ᎤᏕᎵᏛᏰᏃ ᎠᏍᎦᎾ ᎦᏳᎳ ᏕᎸᏫᏍᏓᏁᎭ; ᎪᎯᏍᎩᏂ ᎨᏒ ᎠᏲᏍᏙᏗᏍᎩ ᏥᎩ
ᎤᏲᏍᏙᏓᏁᎮᏍᏗ ᎬᏂ ᎠᏥᎧᎲᏒᎭ.
8 ᎾᎯᏳᏃ ᎾᏍᎩ Ꮎ ᎠᏍᎦᎾ ᎬᏂᎨᏒ ᎤᏓᏰᎬᏁᎵ, ᎾᏍᎩ ᎤᎬᏫᏳᎯ ᏨᏛᏛᏔᏂ ᎠᏓᏅᏙ
ᎠᎰᎵ ᎤᏓᏳᏓᎴᏅᎯ ᎬᏗ, ᎠᎴ ᏨᏛᏛᏔᏂ ᏓᎬᏔᏂ ᎬᏂᎨᏒ ᎾᎬᏁᎲ ᎾᎯᏳ ᎦᎷᏨᎭ;
9 ᎾᏍᎩ Ꮎ ᎤᎷᎯᏍᏗ ᎨᏒ ᎾᏍᎩᏯ ᏎᏓᏂ ᏧᎸᏫᏍᏓᏁᏗ ᏕᎸᏫᏍᏓᏁᎮ-ᏍᏗ ᎬᏗᏍᎨᏍᏗ
ᎤᏣᏘ ᎤᎵᏂᎩᏛ ᎨᏒᎢ, ᎠᎴ ᎤᏍᏆᏂᎪᏗ ᎠᎴ ᎦᏰᎪᎩ ᎤᏰᎸᏛᎢ,
10 ᎠᎴ ᎬᏗᏍᎨᏍᏗ ᎤᏣᏘ ᎤᏓᎵᏓᏍᏗ ᏂᎦᏳᎪᏛᎾ ᎨᏒ ᎠᏁᎲ ᎾᏍᎩ ᎨᏥᏛᏙᏗ ᎨᏒᎢ;
ᎤᏗᎦᎵᏍᏙᏗᏍᎬ ᏂᏚᎾᏓᏂᎸᏨᎾ ᎨᏒ ᎦᏳᎪᏛ ᎠᎨᏳᏗ ᎨᏒᎢ, ᎾᏍᎩ ᏕᎨᏥᏍᏕᎸᏗ
ᎢᏳᎵᏍᏙᏗᏱ.
11 ᎠᎴ ᎾᏍᎩ ᎢᏳᏍᏗ ᎤᏁᎳᏅᎯ ᎤᏓᏅᏍᏗ ᎨᏎᏍᏗ ᎤᏂᎷᏤᏗᏱ ᎤᎵᏂᎩᏛ
ᎤᏂᎶᎸᎮᏍᎩ ᎾᏍᎩ ᎢᏳᏩᏂᏐᏗ ᎤᏃᎯᏳᏗᏱ ᎦᏰᎪᎩ ᎨᏒᎢ;
12 ᎾᏍᎩ ᏗᎬᏩᎾᏕᎪᏓᏁᏗ ᎢᏳᎵᏍᏙᏗᏱ ᎾᏂᎥ ᎾᏍᎩ Ꮎ ᎾᏃᎯᏳᎲᏍᎬᎾ ᎦᏳᎪᏛ ᎨᏒᎢ,
ᏂᎦᏳᎯᏛᎾᏍᎩᏂ ᎨᏒ ᎠᏃᎯᏳᎲᏍᎩ.
13 ᎠᏎᏃ ᎣᎦᏚᏓᎳ ᏂᎪᎯᎸ ᎣᏣᎵᎡᎵᏤᏗᏱ ᎤᏁᎳᏅᎯ ᏂᎯ ᎨᏒ ᎤᎬᏩᎵ, ᎢᏓᎵᏅᏟ
ᎤᎬᏫᏳᎯ ᎢᏥᎨᏳᎯ, ᎤᏗᎦᎵᏍᏙᏗᎭ ᎤᏁᎳᏅᎯ ᏧᏓᎴᏅᎲ ᎤᏓᎬᏩᏓᎴᏅᏛ ᎢᏣᏑᏰᏒ
ᎡᏥᏍᏕᎸᏗᏱ ᎬᏙᏗᏱ ᎠᏓᏅᏙ ᎢᏥᏅᎦᎵᏍᎬᎢ, ᎠᎴ ᎢᏦᎯᏳᏒ ᎤᏙᎯᏳᎯ ᎨᏒᎢ;
14 ᎾᎿ ᏥᎦᏲᎧᏅ ᎣᏍᏛ ᎧᏃᎮᏛ ᎣᎦᏤᎵ ᏥᏥᏯᏅᏔᏅ, ᎢᏥᏩᏛᏗᏱ ᎦᎸᏉᏗᏳ ᎨᏒ
ᎢᎦᏤᎵ ᎤᎬᏫᏳᎯ ᏥᏌ ᎦᎶᏁᏛ ᎤᏤᎵᎦ.

15 ᎾᏍᎩ ᎢᏳᏍᏗ, ᎢᏓᎵᏅᏟ, ᎤᎵᏂᎩᏛ ᏕᏥᏙᎨᏍᏗ, ᎠᎴ ᏕᏥᏂᏴᏎᏍᏗ ᏗᏕᏲᏗ ᎨᎡ
ᎾᏍᎩ ᏄᏍᏛ ᎡᏤᏲᏅᎢ, ᎾᏍᏉ ᎦᏬᏂᎡᎯᏉ ᏱᎩ, ᎠᎴ ᏫᏣᏲᏪᎳᏁᎸᎯ ᏱᎩ.
16 ᎾᏍᎩᏃ ᎢᎦᏤᎵ ᎤᎬᏫᏳᎯ ᏥᏌ ᎦᎶᏁᏛ ᎤᏩᏒ, ᎠᎴ ᎤᏁᎳᏅᎯ, ᎾᏍᎩ ᎢᎩᏙᏓ,
ᎾᏍᎩ ᎢᎩᎨᏳᎯᏳ ᏥᎨᎡᎩ, ᎠᎴ ᏥᎩᏁᎸ ᎤᎵᏍᏆᏗᏍᏗ ᏂᎨᎡᎾ ᎠᏓᎦᎵᏍᏓᏗᏍᎩ, ᎠᎴ
ᎣᏍᏛ ᎤᏚᎩ ᎬᏗ ᎨᎡ ᎤᏓᏳᏓᎴᏅᎯ ᎬᏩᎦᏘᏅ ᎤᏓᏙᎵᏍᏗ ᎨᎡᎢ,
17 ᎾᏍᎩ ᏗᏥᎦᎵᏍᏓᏕᏗ ᎨᏎᏍᏗ ᏗᏥᎾᏫ, ᎠᎴ ᏗᏣᎵᏂᎪᎯᏍᏙᏗ ᎨᏎᏍᏗ ᏂᎦᎥ ᎣᏍᏛ ᎨᎡ
ᎢᏥᏬᏂᎯᏍᏗᏱ ᎠᎴ ᏗᏥᎸᏫᏍᏓᏁᏗᏱ.

ᎠᏯᏙᎸᎢ 3

1 ᎤᎵᏍᏆᎸᏗᏃ ᎨᏒᎢ, ᎢᏓᎵᏅᏟ, ᎢᏣᏓᏙᎵᏍᏗᏍᎨᏍᏗ ᎠᏴ ᏍᎩᏯᏅᏓᏗᏍᎨᏍᏗ, ᎾᏍᎩ
ᎧᏃᎮᏛ ᎤᎬᏫᏳᎯ ᎤᏤᎵᎦ ᎤᏰᎵᎯᏍᏗᏱ, ᎠᎴ ᎦᎸᏉᏗᏳ ᎢᏳᎵᏍᏙᏗᏱ, ᎾᏍᎩᏯ ᏥᎸᏍᏗ
ᏂᎯ ᎢᏤᎲᎢ;
2 ᎠᎴ ᎾᏍᎩ ᏦᏨᏚᏓᎳᏒᏗᏱ ᎤᏂᏲ ᎠᎴ ᎠᏂᏍᎦᎾ ᎠᏂᏍᎦᏯ; ᎥᏝᏰᏃ ᎾᏂᎥ ᎪᎯᏳᏗ ᎨᏒ
ᏳᏁᎭ.
3 ᎤᎬᏫᏳᎯᏍᎩᏂ ᏄᏓᎵᏓᏍᏛᎾ, ᎾᏍᎩ ᏨᏓᏣᎵᏂᎪᎯᏍᏔᏂ, ᎠᎴ ᏨᎵᏥᏲᏍᏙᏓᏁᎵ ᎤᏲ
ᎢᏣᏛᏁᏗᏱ.
4 ᎠᎴ ᎣᏣᎵᏍᎦᏍᏙᏗ ᎤᎬᏫᏳᎯ ᏂᎯ ᎨᏒ ᎤᎬᏩᎵ, ᎾᏍᎩ ᏂᏣᏛᏁᎲᎢ, ᎠᎴ ᎠᏎ ᎾᏍᎩ
ᎢᏣᏛᏁᏗ ᎨᏒ ᏄᏍᏛ ᎢᏨᏁᏤᎲᎢ.
5 ᎠᎴ ᎤᎬᏫᏳᎯ ᏧᏎᎮᏗ ᎨᏎᏍᏗ ᏗᏥᎾᏫ ᎡᏥᎨᏳᎢ ᎢᏳᎵᏍᏙᏗᏱ ᎤᏁᎳᏅᎯ, ᎠᎴ
ᏗᏒᏂᏗᏳ ᎢᏳᎵᏍᏙᏗᏱ ᎦᎶᏁᏛ ᎾᏍᎩᏯᎢ.
6 ᎿᏉᏃ ᎢᏨᏁᏤᎭ, ᎢᏓᎵᏅᏟ, ᎣᏨᏗᎭ ᏚᏙᎥ ᎢᎦᏤᎵ ᎤᎬᏫᏳᎯ ᏥᏌ ᎦᎶᏁᏛ, ᎾᏍᎩ
ᏗᏣᏓᏓᎴᏓᏁᏗᏱ ᎾᏂᎥ ᎠᎾᎵᏅᏟ ᎤᏣᏘᏂ ᎢᏯᎾᏛᏁᎵᏙᎯ, ᎠᎴ ᏂᏓᏂᎧᎿᏩᏕᎬᎾ ᏗᏕᏲᏗ ᎨᏒ
ᎠᏴ ᏗᎪᎦᏓᏂᎸᏤᎸᎯ,
7 ᎢᏣᏒᏰᏃ ᎢᏥᎦᏔᎭ ᎢᏣᏛᏁᏗᏱ ᏍᎩᏍᏓᏩᏛᏍᏗᏱ; ᎥᏝᏰᏃ ᎤᏣᏘᏂ ᏱᏃᏣᏛᏁᎵᏙᎮ
ᎢᏨᏰᎳᏗᏙᎲᎢ;
8 ᎥᏝ ᎠᎴ ᎩᎶ ᎠᏎᏉ ᏲᏣᎵᏍᏓᏴᎾᏁᎮᎢ; ᏙᎩᎸᏫᏍᏓᏁᎲᎩᏍᎩᏂ ᎠᎴ ᏙᎩᏯᏪᏥᏙᎲᎩ
ᎬᏩᎩᏨᏗ, ᏃᎦᏚᎵᏍᎬᎾ ᎨᏒ ᎢᏳᏍᏗ ᎠᏴ ᎠᏏᏴᏫ ᏂᏣᏛᏅ ᎦᎨᏛ ᎢᏲᏨᏴᏁᏗᏱ;
9 ᎥᏝ ᏃᎩᎲᎾ ᎨᏒ [ᎤᏩᏓᎴ ᎢᏲᎦᏛᏁᏗᏱ] ᏱᏅᏗᎦᎵᏍᏙᏗᏍᎨᎢ, ᏗᏣᏟᎶᏍᏙᏗᏍᎩᏂ
ᏃᏣᏓᏛᏁᎲ ᎠᏴ ᏍᎩᏍᏓᏩᏛᏍᏗᏱ ᎤᏓᎦᎵᏍᏙᏗᏍᎬᎩ.
10 ᎾᎯᏳᏰᏃ ᏥᏨᏰᎳᏗᏙᎲᎩ, ᎯᎠ ᎾᏍᎩ ᏄᏍᏛᎩ ᎢᏨᏁᏤᎸᎩ, ᎾᏍᎩ ᎢᏳᏃ ᎩᎶ
ᏄᏚᎵᏍᎬᎾ ᏱᎩ, ᏧᎸᏫᏍᏓᏁᏗᏱ ᎾᏍᏉ ᎤᎵᏍᏓᏴᏗᏱ ᏂᎨᏒᎾ ᎨᏒᎢ.
11 ᎣᏣᏛᎩᎭᏰᏃ ᎾᏍᎩ ᎩᎶ ᎨᏣᏓᏑᏴ ᎤᏣᏘᏂ ᎾᎾᏛᏁᎵᏙᎲᎢ, ᎪᎱᏍᏗ ᎾᎾᏛᏁᎲᎾ,
ᎠᏎᏃ ᎠᎾᏛᏁᎵᏙᎯ ᎢᎩ.
12 ᎾᏍᎩᏃ ᎢᏳᎾᏍᏗ ᎨᏒᎢ, ᏙᏥᏁᏤᎭ ᎠᎴ ᏙᏥᏍᏗᏰᏗᎭ ᏙᏥ-ᏁᎢᏍᏓᏁᎭ ᎢᎦᏤᎵ
ᎤᎬᏫᏳᎯ ᏥᏌ ᎦᎶᏁᏛ, ᎾᏍᎩ ᏙᎯᏉ ᏧᏂᎸᏫᏍᏓᏁᏗᏱ, ᎠᎴ ᎤᏅᏒ ᎤᎾᏤᎵ ᎠᎵᏍᏓᏴᏗ
ᎤᎾᎵᏍᏓᏴᏙᏗᏱ.
13 ᏂᎯᏍᎩᏂ, ᎢᏓᎵᏅᏟ, ᏞᏍᏗ ᏱᏗᏥᏯᏪᎨᏍᏗ ᎣᏍᏛ ᏕᏥᎸᏫᏍᏓᏁᎲᎢ.
14 ᎢᏳᏃ ᎩᎶ ᏂᎪᎯᏳᎲᏍᎬᎾ ᎢᎨᏎᏍᏗ ᎣᏥᏬᏂᏍᎬ ᎠᏂ ᎣᏦᏪᎵᏍᎬᎢ, ᎬᏂᎨᏒ ᏁᏨᏁᎸᎭ
ᎾᏍᎩ, ᎠᎴ ᏞᏍᏗ ᎢᏧᎳᎭ ᎢᏤᏙᎸᎩ, ᎾᏍᎩ ᎬᏩᏕᎰᎯᏍᏗ ᎢᏳᎵᏍᏙᏗᏱ.
15 ᎠᏗᎾ ᏞᏍᏗ ᎡᏥᏍᎦᎩ ᎢᏳᏍᏗ ᏰᏣᏓᏅᏖᏍᎨᏍᏗ, ᎡᏥᎬᏍᎪᎸᎥᏍᎨᏍᏗᏍᎩᏂ ᎢᏣᏓᏅᏟ
ᎾᏍᎩᏯᎢ.

16 ᎤᎬᏫᏳᎯᏃ ᎤᏩᏙᎯᏯᏛ ᎤᏪᎯ ᎤᏩᏒ ᎠᏎ ᎢᏥᏁᏗ ᎨᏎᏍᏗ ᎤᏩᏙᎯᏯᏛ ᏂᎪᎯᎸᎢ.
ᎤᎬᏫᏳᎯ ᏂᏥᎥ ᏕᏥᎧᎿᏗᏙᎮᏍᏗ.
17 ᎠᏴ ᏈᏔ ᎠᏆᏓᎲᎵᏍᏗ ᎨᏒ ᎠᏋᏒ ᎠᏈᏴᏂ ᎠᏋᏔᏅᎯ ᎠᏈᏪᏔᏅᎯ, ᎾᏍᎩ
ᏗᎪᎵᏍᏙᏗ ᏥᎩ ᏂᎦᏛ ᎪᏪᎵ; ᎾᏍᎩᏯ ᏂᎬᏁᎨ ᎪᏪᎵᏍᎪᎢ.
18 ᎬᏩᎦᏘᏯ ᎤᏓᏙᎵᏍᏗ ᎨᏒ ᎢᏕᏙ-Ꮁ ᎤᎬᏫᏳᎯ ᏥᏌ ᎦᎶᏁᏛ ᏕᏥᎧᎿᏩᏗᏙᎮᏍᏗ ᏂᏥᎥᎢ.
ᎡᎺᏅ.

ᏉᎳ ᏧᏬᏪᎳᏅᎯ, ᎢᎬᏱᏱ ᏗᎹᏗ ᏧᏬᏪᎳᏁᎸᎯ

ᎠᏯᏙᎸᎢ 1

1 ᎠᏴ ᏉᎳ ᏥᏌ ᎦᎶᏁᏛ ᎠᎩᏅᏏᏛ ᎬᎩᏁᏤᎸᎯ ᎤᏁᎳᏅᎯ ᎢᎩᏍᏕᎵᏍᎩ ᎠᎴ ᎤᎬᏫᏳᎯ
ᏥᏌ ᎦᎶᏁᏛ ᎾᏍᎩ ᎤᏚᎩ ᎬᏗ ᎨᏒ ᎢᎦᏤᎵᎦ,
2 ᏫᎬᏲᏪᎳᏏ ᏗᎹᏗ ᎠᏋᏒ ᎠᏆᏤᎵ ᎠᏇᏥ ᎪᎯᏳᏗ ᎨᏒ ᎢᏳᏩᏂᏌᏛ; ᎬᏩᎦᏘᏯ ᎤᏓᏙᎵᏍᏗ
ᎨᏒ ᎠᎴ ᎤᏓᏙᎵᏣᏛ ᎨᏒ ᎠᎴ ᏅᏩᏙᎯᏯᏛ ᏕᏣᎧᎿᏩᏗᏙᎮᏍᏗ ᎤᏓᏳᎾᎵᏍᎪᎸᏔᏅᎯ
ᎤᏁ-ᎳᏅᎯ ᎢᎩᏙᏓ ᎠᎴ ᏥᏌ ᎦᎶᏁᏛ ᎤᎬᏫᏳᎯ ᎢᎦᏤᎵᎦ.
3 ᎾᏃ ᏥᎬᏔᏲᏎᎸᎩ ᏣᏗᎩᏯᏍᏗᏱ ᎡᏈᏌ, ᎹᏏᏙᏁ ᏥᏩᎩᎶᏒᎩ, ᎾᏍᎩ ᏗᏅᏍᏓᏕᏗᏱ ᎩᎶ
ᏓᎾᏕᏲᎲᏍᎬ ᎤᏣᏘᏂ ᎢᏳᏂᏬᏍᏗᏱ ᏂᎨᏒᎾ,
4 ᎠᎴ ᎤᎾᏛᏓᏍᏙᏗᏱ ᏂᎨᏒᎾ ᎠᏎᏉ ᎦᏬᏂᎯᏍᏗ ᎨᏒ ᎠᎴ ᏫᎾᏍᏛᎾ ᎧᏃᎮᏗ ᎨᏒ
ᎤᎾᏓᏁᏟᏴᏒᏒᎢ, ᎾᏍᎩ ᎦᏬᏂᎯᏍᏗᏉ ᏥᏳᎵᏱᎶᎯᎭ ᎥᏲᏃ ᎤᏁᎳᏅᎯ ᏗᏁᎳᏙᏗ ᎨᏒ
ᎤᏛᎯᏍᏗᏱ, ᎾᏍᎩ ᎪᎯᏳᏗ ᎨᏒ ᏨᏗᏓᎴᎲᏍᎦ, [ᎾᏍᎩ ᎿᏛᏁᎸᎭ.]
5 ᏗᎧᎿᏩᏛᏍᏗ ᎠᏓᎨᏳᏗ ᎨᏒ ᎤᎬᏩᎳ ᎾᏍᎩ ᎦᏓᎭ ᏂᎨᏒᎾ ᎣᎾᏫ ᎤᏓᏳᏓᎴᏅᎯ, ᎠᎴ
ᎣᏍᏛ ᏗᎫᎪᏙᏗ ᎨᏒ ᎠᎴ ᏄᏠᎾᏍᏛᎾ ᎪᎯᏳᏗ ᎨᏒᎢ;
6 ᎾᏍᎩ ᎾᎿ ᎩᎶ ᎤᎾᎪᎸᏛ ᏥᎩ, ᏄᎵᏌᎶᏛᎾ ᎦᏬᏂᎯᏍᏗ ᎨᏒ ᏭᎾᏕᏔᎲᏍᏔᏅ;
7 ᎤᎾᏚᎵᏍᎬᎩ ᏗᎧᎿᏩᏛᏍᏗ ᏗᏃᏏᏏᏍᎩ ᎢᏳᎾᎵᏍᏙᏗᏱ, ᎠᏎᏃ ᎾᏃᎵᎬᎾ ᏄᏍᏛ
ᎠᏂᏬᏂᏍᎬ, ᎠᎴ ᏄᏍᏛ ᎠᏂᏍᏓᏱᏗᏍᎬᎢ.
8 ᎠᏎᏃ ᎢᏗᎦᏔᎭ ᏗᎧᎿᏩᏛᏍᏗ ᎣᏏᏳ ᎨᏒ, ᎢᏳᏃ ᎩᎶ ᎤᏙᎯᏳᎯᏯ ᏱᏓᎧᎿᏩᏕᎦ,
9 ᎯᎠ ᎾᏍᏉ ᏯᎦᏔᎭ, ᎾᏍᎩ ᏗᎧᎿᏩᏛᏍᏗ ᎤᏓᏅᏘ ᏴᏫ ᎠᎪᏢᎾᏁᎸᎯ ᏂᎨᏒᎾ ᎨᏒᎢ,
ᏗᎧᎿᏩᏛᏍᏗᏍᎩᏂ ᏂᏚᎾᏁᎶᏛᎾ, ᎠᎴ ᏄᏃᎯᏳᏒᎾ, ᎤᏁᎳᏅᎯ ᏂᏚᎾᏁᎶᏛᎾ, ᎠᎴ
ᎠᏂᏍᎦᎾᎢ, ᎠᏂᎦᏓᎭᎢ, ᎠᎴ ᎣᏍᏛ ᎨᏒ ᎠᏂᏂᏆᏘᎯ, ᏧᏂᏙᏓ ᏗᏂᎯᎯ ᎠᎴ ᏧᏂᏥ ᏗᏂᎯᎯ,
ᏴᏫ ᏗᏂᎯᎯ,
10 ᎤᏂᏁᎫᏥᏛ, ᎠᏂᏍᎦᏯ ᏗᎾᏂᏏᎲᏍᎩ, ᏴᏫ ᏗᏂᏃᏍᎩᏍᎩ, ᎠᏂᏰᎪᎩ, ᎦᏰᏙᎩ
ᎠᎾᏎᎵᏛᏍᎩ, ᎠᎴ ᎾᏍᏉ ᏂᎦᎥ ᎪᎱᏍᏗ ᎾᏍᎩ ᏗᎦᏘᎴᎩ ᎣᏍᏛ ᏗᏕᏲᏗ ᎨᏒᎢ;
11 ᎾᏍᎩᏯ ᏄᏍᏛ ᎦᎸᏉᏗᏳ ᎣᏍᏛ ᎧᏃᎮᏛ ᎤᏁᎳᏅᎯ ᏅᏩᏙᎯᏯᏛ ᎡᎯ ᎤᏤᎵᎦ;
ᎾᏍᎩ ᎠᏴ ᎥᏆᏒᎦᎶᏔᏅᎯ ᏥᎩ.
12 ᎠᎴ ᏥᏯᎵᎡᎵᏤᎭ ᎦᎶᏁᏛ ᏥᏌ ᎤᎬᏫᏳᎯ ᎢᎦᏤᎵ ᏩᏆᎵᏂᎪᎯᏍᏔᏅ, ᏰᎵᏉ
ᎢᎬᏩᏛᏁᏗ ᏩᏇᎵᏎᎸ, ᏩᎩᏁᏤᎸ ᏗᎩᎸᏫᏍᏓᏁᏗᏱ ᎠᎵᏥᏙᏗ ᎨᏒᎢ,
13 ᎠᏴ ᎾᏍᎩ ᎢᎸᎯᏳ ᏥᎭᎵᏗᏍᎩ ᏥᎨᏒᎩ, ᎠᎴ ᎤᏲ ᎢᏗᎬᏁᎯ, ᎠᎴ ᏗᎦᏂᎭᎵᏗ; ᎠᏎᏃ
ᎥᎩᏙᎵᏨᎩ, ᎤᏓᏕᎵᏍᏙᏗᏍᎬᎩ ᏂᏥᎦᏔᎿᎥᎾ ᎨᏒᎢ, ᎠᎴ ᎾᏉᎯᏳᏒᎾ ᎨᏒ ᎾᏍᎩ
ᎾᏆᏛᏁᎸᎢ.
14 ᎠᎴ ᎬᏩᎦᏘᏯ ᎤᏓᏙᎵᏍᏗ ᎨᏒ ᎤᎬᏫᏳᎯ ᎢᎦᏤᎵᎦ ᎤᏩᏔᏅᎯ ᎡᏉᎯᏳ ᎨᏒᎩ,
ᎤᎵᏠᏯᏍᏛᎩ ᎦᎶᏁᏛ ᏥᏌ ᏥᏲᎢᏳᏗ ᎨᏒ ᎠᎴ ᏥᎨᏳᎢ, ᎢᏳᎵᏍᏙᏗ ᎨᏒᎢ.

15 ᎤᏙᎯᏳᎯᏯ ᎯᎠ ᎾᏍᎩ ᎢᎦᏪᏛ, ᎠᎴ ᏩᏍᏛ ᏧᏓᏂᎸᎢᏍᏗᏳ, ᎾᏍᎩ ᎦᎶᏁᏛ ᏥᎪ
ᎡᎶᎯ ᎤᎷᏨᎢ, ᏚᏍᏕᎸᎯᎸ ᎠᏂᏍᎦᎾᎢ, ᎠᏴ ᎾᏍᎩ ᎾᎩᎬᏫᏳᏒ ᏥᏍᎦᎾᎢ.
16 ᎠᏎᏃ ᎾᏍᎩ ᎯᎠ ᎤᏓᏳᎵᏍᏙᏔᏅᎩ ᎥᎩᏙᎵᏨᎩ; ᎾᏍᎩ ᎠᏴ ᎨᏒ ᎾᎩᎬᏫᏳᏒ ᏥᏌ
ᎦᎶᏁᏛ ᎬᏂᎨᏒ ᎢᏳᏩᏁᏗᏱ ᏩᏍᏛ ᎬᏂᏗᏳ ᎨᏒᎢ, ᎾᏍᎩ ᏧᎾᏟᎶᏍᏙᏗ ᎢᏳᎵᏍᏙᏗᏱ ᎣᏂ
ᎬᏬᎯᏳᏅᎯ ᎬᏂᏛ ᎠᎵᏍᏆᏗᏍᎩ ᏂᎨᏒᎾ ᏫᏚᎷᎩ.
17 Ꭷ, ᎤᎬᏫᏳᎯ ᎠᎵᏍᏆᏗᏍᎩ ᏂᎨᏒᎾ ᎨᏒ ᎡᎯ, ᎠᏲᎱᏍᎩ ᏂᎨᏒᎾ, ᎠᎪᏩᏛᏗ ᏂᎨᏒᎾ,
ᎤᏩᏒᎯ ᎠᎦᏔᎲᎢ ᎤᏁᎳᏅᎯ, ᎦᎸᏉᏗᏳ ᎨᏎᏍᏗ ᎠᎴ ᎦᎸᏉᏙᏗ ᎨᏎᏍᏗ ᏂᎪᎯᎸ ᎠᎴ
ᏂᎪᎯᎸᎢ; ᎡᎺᏅ.
18 ᎯᎠ ᎾᏍᎩ ᏗᎦᎸᏫᏍᏓᏁᏗ ᎨᏒ ᏂᎯ ᎦᎬᏲᎯᏏ, ᎠᏇᏥ ᏗᎹᏗ, ᎾᏍᎩᏯ ᏄᏂᏪᏒ ᏂᎯ
ᎾᏍᎩᎾ ᎦᏜᏗᏍᎬ ᏇᎵᎦ ᎣᏍᏛ ᎠᎵᏍᏗ ᎨᏒᎢ;
19 ᏚᏟᏂᏴᏒ ᎪᎯᏳᏗ ᎨᏒᎢ, ᎠᎴ ᎣᏍᏛ ᏗᎫᎪᏙᏗ ᎨᏒᎢ, ᎾᏍᎩ ᎩᎶ ᎢᏴᏛ ᎢᏳᏅᏁᏔᏅᎯ
ᏥᎩ, ᎾᏍᎩ ᎪᎯᏳᏗ ᎨᏒ ᎬᏩᏂᏲᏥᏙᎸ;
20 ᎾᏍᎩ ᎯᎠ ᏄᎾᏛᏁᎸ ᎭᎻᏂᏯ ᎠᎴ ᎡᎵᎩ, ᎾᏍᎩ ᏕᏚᏥᏲᏒ ᏌᏓᏂ ᎦᏥᏲᎯᏎᎸ
ᎤᎾᏕᎶᏆᏍᏗᏱ ᎤᏂᎭᏢᏙᏗᏱ ᏂᎨᏒᎾ ᎨᏒᎢ.

ᎠᏯᏙᎸᎢ 2

1 ᎾᏍᎩᏃ ᏥᏁᎦ ᎢᎬᏱᏱᏉ ᎨᏒᎢ, ᎠᏔᏲᏍᏗ ᎨᏒᎢ, ᎠᏓᏙᎵᏍᏙᏗ ᎨᏒᎢ, ᏗᎤᏓᏗᏍᏗ
ᎨᏒᎢ, ᎠᎴ ᎠᎵᎮᎵᏍᏗ ᎨᏒ ᏗᎦᎸᏫᏍᏓᏁᏗᏱ, ᎾᏍᎩ ᎾᏂᎥ ᏴᏫ ᎤᎬᏩᎵ,
2 ᎤᏂᎬᏫᏳᎯ ᎠᎴ ᎾᏂᎥ ᎠᏰᎵ ᏧᏂᎸᏫᏍᏓᏁᎯ ᎤᎬᏩᎵ, ᎾᏍᎩ ᎤᏩᏙᎯᏯᏛ ᎠᎴ
ᏄᎾᏰᎯᏯᏛᎾ ᎢᎦᎴᏂᏓᏍᏗᏱ, ᏕᏗᎹᏂᏩᏗᏒ ᏚᏳᎪᏛ ᎨᏒ ᎠᎴ ᎦᎸᏉᏗᏳ ᎨᏒᎢ.
3 ᎾᏍᎩᏰᏃ ᎯᎠ ᎣᏏᏳ ᎠᎴ ᏧᏓᏂᎸᎢᏍᏗᏳ ᏓᎧᏅ ᎤᏁᎳᏅᎯ ᎢᎩᏍᏕᎵᏍᎩ,
4 ᎾᏍᎩ ᎣᏏᏳ ᎤᏰᎸᏗ ᏥᎩ ᎾᏂᎥ ᏴᏫ ᎨᏥᏍᏕᎸᏗᏱ, ᎠᎴ ᎤᏂᎷᎯᏍᏗᏱ ᎠᎦᏙᎥᎯᏍᏗ ᎨᏒ
ᏚᏳᎪᏛ ᎨᏒᎢ.
5 ᏌᏉᏉᏰᏃ ᎡᎭ ᎤᏁᎳᏅᎯ, ᎠᎴ ᏌᏉ ᏗᎪᎯᏍᏗᏍᎩ ᎠᏰᎵ ᏗᎴᏁᎯ ᎤᏁᎳᏅᎯ ᎠᎴ
ᏴᏫ, ᎾᏍᎩ Ꮎ ᏴᏫ ᏥᏌ ᎦᎶᏁᏛ;
6 ᎾᏍᎩ ᏥᏚᏓᏲᏎ ᎤᏩᏒ ᏥᏚᎫᏴᎮ ᎾᏂᎥᎢ, ᎬᏂᎨᏒ ᎢᎬᏁᏗ ᎠᏎᎸᎯ ᎨᏒ ᎾᎯᏳᎢ,
7 ᎾᏍᎩᏃ ᎯᎠ ᎠᏴ ᎥᎩᏁᏙᎸᎯ ᎦᎵᏥᏙᎲᏍᎩ ᎠᎴ ᎥᎩᎤᏏᏛ, ᏧᎾᏓᎴᏅᏛ ᏴᏫ
ᏗᎦᏥᏴᏲᎲᏍᎩ ᏚᏳᎯᏳᎯᏯ ᏥᏁᎦ ᎦᎶᏁᏛ ᎠᎦᏔᎲᎢ, ᎥᏝ ᏱᎦᏥᎪᎥᏍᎦ.
8 ᎾᏍᎩᏃ ᎠᏆᏚᎵᎭ ᎠᏂᏍᎦᏯ ᏂᎦᎥ ᏕᎨᏌᏗᏒ ᎤᎾᏓᏙᎵᏍᏙᏱ, ᏧᏂᏌᎳᏙᏗᏱ ᏗᎦᏓᎭ ᏂᎨᏒᎾ
ᏧᏃᏰᏂ ᏄᏂᎳᎳᏬᏍᎬᎾ ᎠᎴ ᏄᎾᏜᏏᏛᏒᎲᎾ.
9 ᎠᎴ ᎾᏍᎩᏯ ᎾᏍᏉ ᎠᏂᎨᏴ ᏓᎾᏟᏅᏍᎬ ᎤᏢᏉᏗ ᏂᎨᏒᎾ ᏓᎾᏄᏬᏍᎨᏍᏗ,
ᎤᎾᏓᎾᏰᎯᏍᏗ ᎠᎴ ᎤᎾᎵᏏᎾᎯᏍᏗ ᎨᏎᏍᏗ; ᎥᏝᏍᏘᏃ ᏓᏂᏍᏕᏲᎲ ᏚᏂᏍᎫᏰᎬᎢ, ᎠᎴ ᎠᏕᎸ
ᏓᎶᏂᎨ, ᎠᎴ ᏓᎬᎾ-ᎢᏳᎾᏍᏗ, ᎠᎴ ᎤᏣᏘ ᏧᎬᏩᎶᏗ ᏗᏄᏬ ᏱᏓᎾᏟᏅᏗᏍᎨᏍᏗ;
10 ᎣᏍᏛᏍᎩᏂ ᏗᎦᎸᏫᏍᏓᏁᏗ ᎨᏒ ᏓᎾᏟᏅᏗᏍᎨᏍᏗ, ᎾᏍᎩ ᏧᎾᏁᎶᏗ ᎠᏂᎨᏴ
ᏧᏂᎵᏩᎲᏍᎦ.
11 ᎠᎴ ᎠᎨᏴ ᎡᎳᏩᏱ ᎠᏕᎶᏆᏍᎨᏍᏗ ᎤᏣᏘ ᎤᏬᎯᏳᎯᏳ ᎨᏎᏍᏗ.
12 ᎥᏝᏍᎩᏂ ᎤᏁᎳᎩ ᏱᏥᏰᎵᏎ ᎠᎨᏴ ᏧᏕᏲᏗᏱ ᎠᎴ ᎤᏓᎵᏁᎯᏕᏗᏱ ᎠᏍᎦᏯ,
ᎡᎳᏪᏱᏉᏍᎩᏂ ᎤᏩᏗᏱ.
13 ᎠᏓᏫᏰᏃ ᎢᎬᏱ ᎠᎪᏢᏁᎢ, ᎩᎳᏃ ᎢᏫ.
14 ᎥᏝᏰᏃ ᎠᏓᏫ ᏯᏥᎶᏄᎡᎴᎢ, ᎠᎨᏴᏍᎩᏂ ᎠᏥᎶᏄᎡᎸ ᎤᏍᎦᏅᏤᎢ.
15 ᎠᏎᏍᎩᏂᏃᏅ ᎠᏥᏍᏕᎸᏗ ᎢᎨᏎᏍᏗ ᏗᏂᏲᎵ ᏕᎦᎾᏄᎪᏫᏍᎬᎢ, ᎢᏳᏃ ᏌᏂᎹᎿᏩᏏᏎᏍᏗ
ᎪᎯᏳᏗ ᎨᏒ, ᎠᎴ ᎠᏓᎨᏳᏗ ᎨᏒᎢ, ᎠᎴ ᏚᏳᎪᏛ ᎨᏒᎢ, ᎠᎴ ᎠᎵᏏᎾᎯᏍᏙᏗ ᎨᏒᎢ.

ᎠᏯᏙᎸᎢ 3

1 ᎤᏙᎯᏳᎯᏯ ᎢᎦᏪᏛ; ᎢᏳᏃ ᎩᎶ ᎤᏚᏝᏍᎨᏍᏗ ᎠᏥᎦᏘᏗᏍᏗ ᎢᏳᎵᏍᏙᏗᏱ, ᎣᏍᏛ
ᏗᎦᎸᏫᏍᏓᏁᏗ ᎨᏒ ᎤᏚᎵᏍᎨᏍᏗ.

2 ᎠᏥᎦᏘᏗᏍᏗ ᎠᏗᎾ ᎠᏎ ᎪᎱᏍᏗ ᎾᏍᎦᏅᎾ ᎨᏎᏍᏗ, ᏌᏉᏉ ᎠᏓᏰᎮᏍᏗ, ᎨᏯᏔᎯ,
ᎤᎵᏏᎾᎯᏍᏗ, ᎣᏍᏛ ᏧᎸᏫᏍᏓᏁᎯ, ᏧᏓᏓᏂᎸᏣᏘ, ᏗᎬᏩᏕᏲᏗ; 3 ᎩᎦᎨ-ᎠᏗᏔᏍᏗ
ᎤᎦᎾᏏᏍᎩ ᏂᎨᏒᎾ, ᏗᏓᏛᏂᎯ ᏂᎨᏒᎾ, ᏧᎬᏩᎶᏗ ᎤᎬᎥᏍᎩ ᏂᎨᏒᎾ, ᎤᏓᏅᏘᏍᎩᏂ,
ᏧᏘᏲᏌᏘ ᏂᎨᏒᎾ, ᎠᏕᎸ ᏧᎨᏳᎯ ᏂᎨᏒᎾ.

4 ᎤᏩᏒ ᏚᏓᏘᎿᎥ ᎣᏍᏛ ᏗᎧᎿᏩᏗᏙᎯ, ᏧᏪᏥ ᎬᏬᎯᏳᎯᏳ ᎠᎴ ᎬᏩᎸᏉᏗᏳ ᎢᎬᏁᎯ.

5 ᎢᏳᏰᏃ ᎩᎶ ᎾᎦᏔᎲᎾ ᏱᎩ ᎤᏩᏒ ᏚᏓᏘᎿᎥ ᎣᏍᏛ ᏧᎧᎿᏩᏗᏓᏍᏗᏱ, ᎦᏙ ᏱᎦᎵᏍᏙᏓ
ᏱᏓᎦᏌᏯᏍᏓ ᏧᎾᏁᎶᎯ ᎤᎾᏓᏡᎬ ᎤᏁᎳᏅᎯ ᎤᏤᎵᎦ?

6 ᎠᎴ ᎥᏝᏍᏗ ᎩᎳᎢ ᎤᎵᎪᏃᏅᎯ ᏱᎨᏎᏍᏗ, ᎠᎵᏉᏙᏗᏰᏃ ᎨᏒ ᏯᎵᏌᎳᏙᏓ ᎾᏍᎩᏃ
ᎤᏍᎦᏅᏨᎯ ᎨᏒ ᏱᏚᏚᎪᏓᏏ ᎾᏍᎩᏯ ᎠᏍᎩᎾ ᏚᏚᎪᏓᏅᎢ.

7 ᎠᎴᏬ ᎣᏏᏳ ᎬᏩᏃᎮᏍᎩ ᏱᎩ ᎢᏴᏛ ᎤᏅᎫᏛᎢ, ᎤᏐᏅᏰᏃ ᎠᏥᏃᎮᏍᎩ ᏱᏅᎦᎵᏍᏓ, ᎠᎴ
ᎠᏍᎩᎾ ᎤᏌᏛ ᏳᏪᎯ.

8 ᎾᏍᎩᏯ ᎾᏍᏉ ᎠᏂᏯᏙᎯᎯ ᎨᏥᎸᏉᏗ ᎨᏎᏍᏗ, ᎥᏝᏍᏗ ᏧᏓᎴᏅᏛ ᎢᏯᏂᏪᏍᎩ
ᏱᎨᏎᏍᏗ, ᎠᎴ ᎥᏝᏍᏗ ᏱᎦᎨᎠᏗᏔᏍᏗ ᎤᏂᎦᎾᏏᏍᎩ ᏱᎨᏎᏍᏗ, ᏝᏍᏗ ᏧᎬᏩᎶᏗ
ᎤᏂᎬᎥᏍᎩ ᏱᎨᏎᏍᏗ;

9 ᏚᏂᏂᏴᏎᏍᏗᏍᎩᏂ ᎤᏕᎵᏛ ᎪᎯᏳᏗ ᎨᏒᎢ ᎠᏅᏗᏍᎨᏍᏗ ᎦᏓᎭ ᏂᎨᏒᎾ ᏗᎫᎪᏙᏗ ᎨᏒᎢ.

10 ᎠᎴ ᎾᏍᎩ ᎯᎠ ᎢᎬᏱ ᏗᎪᎵᏰᎥᎯ ᎨᏎᏍᏗ, ᎩᎳ ᏚᏂᎸᏫᏍᏓᏁᎮᏍᏗ ᎠᏂᏯᏙᎯᎲ ᎪᎱᏍᏗ
ᎦᎨᎫᎢᏍᏙᏗ ᏂᎨᏒᎾ ᎨᏎᏍᏗ.

11 ᎾᏍᏉᏃ ᏧᎾᏓᎵᎢ ᎨᏥᎸᏉᏗ ᎨᏎᏍᏗ, ᎤᏐᏅ ᎠᎾᏓᏃᎮᎵᏙᎯ ᏂᎨᏒᎾ, ᎠᏁᏯᏔᎯᏍᎩᏂ
ᎨᏎᏍᏗ, ᏰᎵᎦᏯ ᎢᏯᎾᏛᏁᎯ ᏂᎦᎥ ᎪᎱᏍᏗ.

12 ᎠᏯᏙᎯᎯ ᏌᏉᎭ ᎠᏓᏰᎮᏍᏗ, ᎣᏍᏛ ᏗᎧᎿᏩᏗᏙᎯ ᏧᏪᏥ ᎠᎴ ᎤᏩᏒ ᏚᏓᏘᎿᎥᎢ.

13 ᎾᏍᎩᏰᏃ ᎣᏍᏛ ᏧᏂᎸᏫᏍᏓᏁᎯ ᎨᏒ ᎠᏂᏯᏙᎯᎲᎢ, ᎠᏂᏩᏛᏗᎭ ᎣᏍᏛ ᎨᎦᏓᏅᏖᏗᏱ,
ᎠᎴ ᎤᏣᏘ ᏄᎾᏰᎯᏍᏛᎾ ᎠᏓᏅᏓᏗᏍᏗᏱ ᎪᎯᏳᏗ ᎨᏒ ᎦᎶᏁᏛ ᏥᏌ.

14 ᎾᏍᎩ ᎯᎠ ᏧᏓᎴᏅᏛ ᏫᎬᏲᏪᎳᏏ, ᎠᎴ ᎤᏚᎩ ᎠᏋᎭ ᏂᎪᎯᎸᎾᏉ ᏫᎬᎷᏤᏗᏱ;

15 ᎢᏳᏍᎩᏂᏃᏅ ᎠᏉᎯᏤᎵᏙᎸᎭ ᎾᏍᎩ ᏣᏙᎴᎰᎯᏍᏗᏱ ᎢᏣᏛᏁᏗᏱ ᏗᏣᎸᏫᏍᏓᏁᏗᏱ
ᎤᏁᎳᏅᎯ ᎤᏤᎵ ᎠᏓᏁᎸᎢ, ᎾᏍᎩ ᏧᎾᏁᎶᏗ ᎤᎾᏓᏡᎬ ᎬᏂᏛ ᎤᏁᎳᏅᎯ ᎤᏤᎵ ᏥᎩ,
ᎦᎫᏍᏛᏗ ᎠᎴ ᎤᎵᏍᏓᏱᏙ ᏥᎩ ᏚᏳᎪᏛ ᎨᏒᎢ.

16 ᎠᎴ ᏄᏜᏏᏛᏒᎾ ᎤᏍᏆᏂᎪᏗᏳ ᎤᏕᎵᏛ ᎤᏁᎳᏅᎯ ᏗᏁᎶᏗ ᎨᏒᎢ; ᎤᏁᎳᏅᎯ ᎬᏂᎨᏒ
ᎾᎬᏁᎴ ᎤᏇᏓᎵ ᎨᏒᎢ, ᏄᏠᎾᏍᏛᎾ ᎬᏂᎨᏒ ᏄᏩᏁᎴ ᎠᏓᏅᏙ, ᏗᏂᎧᎿᏩᏗᏙᎯ ᎬᏩᎪᎮᎢ,
ᏧᎾᏓᎴᏅᏛ ᏴᏫ ᎨᎦᎵᏥᏙᏁᎴ ᎾᏍᎩ ᎠᏥᏃᎮᏍᎨᎢ, ᎠᏂ ᎡᎶᎯ ᎠᎪᎢᏳᏁᎢ, ᎦᎸᏉᏗᏳ ᏗᎨᏒ
ᏫᏓᎦᏓᏂᎸᏤᎢ.

ᎠᏯᏙᎸᎢ 4

1 ᎠᏎᏃ ᎠᏓᏅᏙ ᎧᏁᎬ ᎬᏂᎨᏒᎢᏳ ᏂᎬᏁᎭ ᎤᎵᏍᏆᎸᏗ ᎨᏎᏍᏗ ᎩᎶ ᏧᏂᏲᎯᏍᏗᏱ ᎪᎯᏳᏗ
ᎨᏒᎢ, ᏓᎾᏛᏓᏍᏓᏁᎵᏍᏗ ᎤᎾᏠᎾᏍᏗ ᏗᏓᏅᏙ, ᎠᎴ ᏓᎾᏕᏲᎲᏍᎩ ᎠᏂᏍᎩᎾ,
2 ᎤᎾᏠᎾᏍᏛ ᎦᏰᎪᎩ ᎠᏂᏬᏂᏍᎨᏍᏗ, ᏕᎾᏓᏅᏛ ᏗᎦᎴᏴᎳᏅᎯ ᏔᎷᎩᏍᎩ ᎤᏗᎴᎩ
ᎬᏔᏅᎯ;
3 ᎤᏂᏅᏍᏙᏍᎨᏍᏗ ᏗᏨᏍᏗᏱ, ᎠᏂᏁᎨᏍᏗ ᎪᎱᏍᏗ ᎢᏳᏍᏗ ᎠᎵᏍᏓᏴᏗ ᏗᏲᎯᏍᏗᏱ
ᎾᏍᎩ ᎤᏁᎳᏅᎯ ᎤᏬᏢᏅᎯ ᏥᎩ ᎤᎵᎮᎵᏨᎯᏉ ᏧᎾᏓᏂᎸᎢᏍᏗᏱ ᎠᏃᎯᏳᎲᏍᎩ ᎠᎴ
ᎤᏂᎦᏙᎥᏒᎯ ᏥᎩ ᏚᏳᎪᏛᎢ.
4 ᏂᎦᎥᏰᏃ ᎪᎱᏍᏗ ᎤᏁᎳᏅᎯ ᎤᏪᏢᏅᎯ ᎨᏒ ᎣᏏᏳ, ᎠᎴ ᎥᏝ ᎪᎱᏍᏗ ᎠᏲᎢᏎᏗ ᏱᎩ,
ᎢᏳᏃ ᎤᎵᎮᎵᏍᏗ ᎣᏓᏅᏛ ᏱᏛᏓᏂᎸᎦ;
5 ᎦᏓᎭᏰᏃ ᏂᎨᏒᎾ ᎢᎬᏁᎸᎯ ᎬᏔᏅᎯ ᎧᏃᎮᏛ ᎤᏁᎳᏅᎯ ᎤᏤᎵᎦ, ᎠᎴ ᎠᏓᏙᎵᏍᏙᏗ
ᎨᏒᎢ.
6 ᎢᏳᏃ ᎠᎾᎵᏅᏟ ᎯᎠ ᎾᏍᎩ ᏱᎩᏯᏅᏓᏗᏍᏔᏅ, ᎰᏍᏛ ᎨᏎᏍᏗ ᎡᏣᏅᏏᏓᏍᏗ ᏥᏌ
ᎦᎶᏁᏛ ᎤᏤᎵᎦ, ᎡᏙᎳᏍᏔᏅᎯ ᎨᏎᏍᏗ ᎧᏃᎮᏛ ᎪᎯᏳᏗ ᎨᏒ ᏥᎧᏃᎮᎭ, ᎠᎴ ᎣᏍᏛ
ᏗᏕᏲᏗ ᎨᏒᎢ, ᎾᏍᎩ ᏕᏣᎳ ᏗᏣᏂᏴᏛ ᏥᎩ.
7 ᏕᏣᏲᎢᏎᎮᏍᏗᏍᎩᏂ ᎦᏪᎵᏗ ᎨᏒ ᎪᎱᏍᏗ ᎬᏙᏗ ᏂᎨᏒᎾ ᎠᎴ ᎠᏂᎦᏴᎵᎨ ᎤᏂᏃᎮᎸᏗ ᏥᎩ;
ᎠᎴ ᏣᎸᏫᏍᏓᏁᎵᏍᏗ ᎤᏁᎳᏅᎯ ᏗᏁᎶᏙᏗ ᎨᏒᎢ.
8 ᎠᏰᎸᎢᏰᏃ ᎤᎬᏩᎵ ᏗᎦᎸᏫᏍᏓᏁᏗ ᎨᏒ ᎤᏍᏗᎩᏳ ᎠᏓᏍᏕᎵᎭ; ᎤᏁᎳᏅᎯᏍᎩᏂ
ᏗᏁᎶᏙᏗ ᎨᏒ ᏂᎦᎥ ᎪᎱᏍᏗ ᎤᎬᏩᎵ ᎬᏩᏓᏍᏕᎸᏗ, ᎾᏍᎩᏰᏃ ᎠᏚᎢᏍᏗ ᎠᏥᏁᏗᏱ ᎬᏅ ᎪᎯ
ᏥᎩ, ᎠᎴ ᎾᏍᎩ ᎤᎵᏱᎶᎯᏍᏗ ᎨᏒᎢ.
9 ᎤᏙᎯᏳᎯᏯ ᎢᎦᏪᏛ, ᎠᎴ ᏩᏍᏛ ᏧᏓᏂᎸᎢᏍᏗᏳ;
10 ᎾᏍᎩᏰᏃ ᎢᏳᏍᏗ ᎦᎩᎸᏫᏍᏓᏁᎭ ᎠᎴ ᎦᏰᎩᏐᏢᏗᎭ ᎤᏗᎦᎵᏍᏙᏗ ᎡᏓᎵᏍᏕᏍᏙᏛ ᎬᏂᏛ
ᎤᏁᎳᏅᎯ, ᎾᏍᎩ ᏗᏍᏕᎵᏍᎩ ᏥᎩ ᎾᏂᎥ ᏴᏫ, ᎾᏍᎩ Ꮀ ᎤᎬᏫᏳᎭ ᎾᏍᎩ Ꮎ
ᎠᏃᎯᏳᎲᏍᎩ.
11 ᎾᏍᎩ ᎯᎠ ᎸᏍᏕᏍᏗ ᎯᏁᎨᏍᏗ ᎠᎴ ᏕᎭᏕᏲᎲᏍᎨᏍᏗ.
12 ᏞᏍᏗ ᎩᎶ ᏣᏐᏅᏤᎴᏏᏗ ᎯᏫᏂᏣ ᎨᏒᎢ; ᏕᎨᏣᏕᎶᏆᎡᏗᏍᎩᏂ ᎨᏎᏍᏗ ᎠᏃᎯᏳᎲᏍᎩ,
ᎯᏬᏂᏍᎬᎢ ᎠᎴ ᏂᏣᏛᏖᎦᎬᎢ, ᎠᎴ ᏣᏓᎨᏳᏒᎢ, ᎠᎴ ᏣᏓᏅᏖᏗᏱ, ᎠᎴ ᏦᎯᏳᏒᎢ, ᎠᎴ
ᎦᏓᎭᏂᎨᏒᎾ ᎨᏒᎢ.
13 ᏫᏥᎷᏨᎭ ᎢᏯᏍᏗ ᏕᏣᎸᏫᏍᏓᏁᎵᏍᏗ ᎪᏪᎵ ᏕᎯᎪᎵᏰᏍᎬᎢ, ᎠᎴ ᏕᎯᏬᏁᏗᏍᎬᎢ, ᎠᎴ
ᏕᎭᏕᏲᎲᏍᎬᎢ.
14 ᏞᏍᏗ ᎤᏁᎳᎩ ᏤᎵᏒᎩ ᎡᏣᏁᎸᎯ ᎾᏍᎩ ᏥᏣᎭ, ᎾᏍᎩ ᎡᏣᏁᎸᎯ ᏥᎩ ᎠᏅᏗᏍᎬ
ᎤᎾᏙᎴᎰᏒ ᎠᎴ ᏕᎨᏣᏏᏔᏛ ᏗᎨᎦᏁᎶᏗ.

15 ᎾᏍᎩ ᏕᎲᏓᏅᏖᏍᎨᏍᏗ, ᎾᏍᎩᏉ ᏕᏣᎸᏫᏍᏓᏁᎵᏍᏗ, ᎾᏍᎩᏃ ᏣᏁᏉᏤᎥ ᎬᏂᎨᏒ
ᏄᎾᎁᏍᏓᏁᎵᏍᏗ ᏂᎦᏛ.
16 ᏣᏓᏕᏌᏍᏕᏍᏗ ᏨᏒ ᎠᎴ ᏄᏍᏛ ᏕᎲᏕᏲᎥᏍᎩᎢ, ᎾᏍᎩ ᏕᎯᏍᏓᏩᏗᏎᏍᏗ; ᎾᏍᎩᏰᏃ
ᎿᏛᏁᎥ ᏨᏒ ᏔᏓᏍᏕᎸᎯ ᎠᎴ ᎾᏍᎩᏉ ᎾᏍᎩ Ꮎ ᎨᏣᏛᏓᏍᏓᏁᎯ ᏙᏗᏍᏕᎸᎯ.

ᎠᏯᏙᎸᎢ 5

1 ᎤᏛᏐᏅᎯ ᏝᏍᏗ ᏱᎬᏍᎪᎸᏁᏍᏗ, ᎯᏍᏗᏰᏗᏍᎨᏍᏗᏍᎩᏂ ᎠᎦᏴᎵᎨ ᎾᏍᎩᏯᎢ,
ᎠᏂᏫᏅᏃ ᎢᏳᏓᏅᏟ ᎾᏍᎩᏯᎢ,
2 ᎠᎾᎦᏴᎵᎨᏃ ᎠᏂᎨᏴ ᏗᏟᏦ ᎾᏍᎩᏯᎢ, ᎠᏂᏫᏅᎨᏃ ᎠᏂᎨᏴ ᏤᏟᏙ ᎾᏍᎩᏯᎢ, ᎤᏐᏅ
ᎸᏓᏑᏴᎾ.
3 ᎦᎯᎸᏉᎦᏍᏗ ᏧᏃᏑᎶᏨᎯ, ᎢᏳᏃ ᎤᏙᎯᏳᏒ ᏧᏃᏑᎶᏨᎯ ᏱᎩ.
4 ᎢᏳᏍᎩᏂ ᎩᎶ ᎤᏬᏑᎶᏨᎯ ᏧᏪᏦ ᎠᎴ ᏧᎵᏏ ᏯᏁᎭ, ᎾᏍᎩ ᎠᎾᎦᎶᏆᏍᎨᏍᏗ
ᏧᏂᎸᏉᏙᏗᏱ ᏙᏧᏁᏅᏒ ᎠᏁᎯ, ᎠᎴ ᏧᎾᎫᏴᏒᏗᏱ ᏧᏂᎦᏴᎵᎨᎢ; ᎾᏍᎩᏰᏃ ᏥᏏᏳ, ᎠᎴ
ᏧᏓᏂᎸᎢᏍᏗᏳ ᎤᏁᎳᏅᎯ ᎠᎦᏔᎲᎢ.
5 ᎾᏍᎩᏰᏃ Ꮎ ᎤᏙᎯᏳᎯ ᎤᏬᏑᎶᏨᎯ ᏦᎨᏐᎢ, ᎠᎴ ᎤᏩᏒᎯᏳ ᏦᎨᏐᎢ, ᎤᏁᎳᏅᎯ
ᎠᎵᏍᎦᏍᏙᏗᏍᎪᎢ, ᎠᎴ ᏓᎧᏖᏳᏗᎭ ᎠᏔᏲᏍᏗ ᎨᏒ ᎠᎴ ᎠᏓᏙᎵᏍᏙᏗ ᎨᏒ ᏂᏚᎵᏏᏂᏒ ᎠᎴ
ᏂᏚᎩᏨᏂᏒᎢ.
6 ᎾᏍᎩ Ꮎ ᎸᏁᎸᎾ ᎡᎯ ᎤᏲᎱᏒᎯ ᎨᏐ ᎠᏏᏉ ᎠᎴᏂᏙᎲᎢ.
7 ᎠᎴ ᎾᏍᎩ ᎯᎠ ᎸᏍᎦᏍᏗ ᎯᏁᎨᏍᏗ, ᎾᏍᎩ ᎦᎨᎫᎢᏍᏙᏗ ᏂᎨᏒᎾ ᎢᏳᎵᏍᏙᏗᏱ.
8 ᎢᏳᏍᎩᏂᏃ ᎩᎶ ᏂᏓᏛᏅᎢᏍᏓᏁᎲᎾ ᎢᎨᏎᏍᏗ ᎤᏩᏒ ᏧᏤᎵᎦ, ᎠᎴ ᎾᏍᎩ Ꮀ ᎤᎬᏫᏳᎭ
ᎤᏩᏒ ᏚᏓᏘᏖᎥᎢ, ᎾᏍᎩ ᎤᏓᏱᎸ ᎪᎯᏳᏗ ᎨᏒᎢ, ᎠᎴ ᎤᏟ ᎤᏲᎢᏳ ᎡᏍᎦᏉ Ꮎ
ᎸᏬᎯᏳᏒᎾ.
9 ᎤᏬᏑᎶᏨᎯ ᎠᎦᏎᏍᏗ ᎨᏎᏍᏗ ᎢᏳᏃ ᏑᏓᎳᏍᎪᎯ ᎢᏳᎦᏘᏴᏛ ᎨᏎᏍᏗ, ᎠᎴ
ᎤᎶᏒᏍᎦᏍᏗ, ᏌᏉᏉ ᎠᏍᎦᏯ ᎤᎾᏁᎳᏛᎯ ᎨᏎᏍᏗ.
10 ᎢᏳᏃ ᏥᏍᏛ ᎠᏦᏃᎮᏍᎩ ᎨᏎᏍᏗ ᏥᏏ ᎦᏅᎸᏫᏍᏓᏁᎲᎢ, ᎢᏳᏃ ᏗᏂᏲᎵ ᏧᏛᎯᏍᏔᏅᎯ
ᎨᏎᏍᏗ, ᎢᏳᏃ ᎠᏁᏙᎯ ᏧᏍᏆᏂᎪᏔᏅᎯ ᎨᏎᏍᏗ, ᎢᏳᏃ ᎤᎾᏓᏅᏘ ᏧᎾᏔᏏᎦᏂ ᏧᏬᏑᎴᎸᎯ
ᎨᏎᏍᏗ, ᎢᏳᏃ ᏧᏍᎦᎸᏛ ᎨᏎᏍᏗ ᎠᏂᎩᎵᏲᎩ, ᎢᏳᏃ ᎤᏍᏓᏩᏛᏛ ᎨᏎᏍᏗ ᏂᎦᎥ ᏥᏍᏛ
ᏗᎦᎸᏫᏍᏓᏁᏗ ᎨᏒᎢ.
11 ᎠᏂᏫᏅᎨᏌᏂᏍᎩᏂ ᏧᏃᏑᎶᏨᎯ ᎩᏲᎢᏎᎮᏍᏗ; ᎢᏳᏰᏃ ᎸᎾᏁᎸᎾ ᏂᏚᎵᏍᏓ ᎠᏁᎲ,
ᎦᎶᏁᏛᏃ ᎤᏁᎳᎩ ᎠᏁᎳ, ᏖᏉ ᎤᎾᏚᎵᏍᎪ ᏧᎾᏨᏍᏗᏱ,
12 ᏧᎾᏚᎪᏓᏁᎸᎯ ᎨᏐᎢ ᎤᏗᎦᎵᏍᏙᏗᏍᎪ ᎦᏅᏂᏲᏒ ᎢᎬᏱᏱ ᎤᏃᎯᏳᏅᎢ.
13 ᎠᎴ ᎾᏍᏉ ᎠᎾᎦ-ᎶᏆᏍᎪ ᎤᎾᏓᎸᎸᏗ ᎢᏳᎾᎵᏍᏙᏗᏱ, ᎠᏁᏙᎵᏙᎰ ᏓᏓᏁᎳᏗᏒᎢ; ᎥᏝ
ᎠᎴ ᎤᎾᏓᎸᎸᏗᏉ ᎤᏩᏒ ᏱᎨᏐᎢ, ᎾᏍᏉᏍᎩᏂ ᎧᏃᎮᏛ ᎠᏂᏱᏙᎯ ᎨᏐᎢ ᎠᎴ
ᎤᏂᏂᎳᏗᏌᏘ, ᎠᏂᏃᎮᏍᎩ ᎾᏍᎩ ᏂᏚᏳᎪᏛᎾ ᎨᏒ ᎤᏂᏃᎸᏍᎩ ᎾᏍᎩ ᏂᏚᏳᎪᏛᎾ ᎨᏒ
ᎤᏂᏃᎮᏗᏱ.
14 ᎾᏍᎩᏃ ᎢᏳᏍᏗ ᎠᏆ-ᏚᎵᎭ ᎠᏂᏫᏅᎨᏌᏂ ᏧᎾᏨᏍᏗᏱ, ᏗᏂᏲᎵ ᏧᏂᎾᎸᎪᏫᏍᏗᏱ,
ᏧᏂᏍᏆᏂᎪᏙᏗᏱ ᏓᏂᏁᎸᎢ, ᎠᎴ ᎬᏩᎾᏱᏗᏍᎩ ᏧᏂᎳᏅᏓᎦᏗᏱ ᏂᎨᏒᎾ ᎨᏒ ᎤᏐᏅ
ᎬᏩᏂᏃᎮᏗᏱ.

15 ᎦᏳᎳᏰᏃ ᎢᎦᏛ ᎤᎾᎪᎸᏒ ᏎᏓᏂ ᎤᎾᏍᏓᏩᏕᏅ.

16 ᎢᏳᏃ ᎩᎶ ᎪᎯᏳᎲᏍᎩ ᎠᏍᎦᏯ ᎠᎴ ᎠᎨᏴ ᏚᏪᎧᎮᏍᏗ ᏧᏃᏑᎶᏨᎯ, ᎤᏅᏒᏉ
ᏗᏂᏍᎦᎵᏍᎨᏍᏗ, ᏞᏍᏗᏃ ᏧᎾᏁᎶᏗ ᎤᎾᏓᏡᎬ ᏱᏚᏥᏓᏁᎴᏍᏗ, ᎾᏍᎩ ᏗᎬᏩᏂᏍᎦᎸᏗ ᏱᎩ
ᎤᏙᎯᏳᏒ ᏧᏃᏑᎶᏨᎯ ᎨᏒᎢ.

17 ᎠᎴ ᏗᎨᎦᏁᎶᏗ ᏥᎩ ᎣᏍᏛ ᏧᏂᎸᏫᏍᏓᏁᎯ ᏔᎵ ᎢᏳᏩᎫᏗ ᎦᏥᎸᏉᏕᏍᏗ, ᎠᎴ ᎾᏍᎩ
Ꭸ ᎤᎬᏫᏳᏎᏍᏗ ᎧᏃᎮᏛ ᎠᎴ ᏗᏕᏲᏗ ᎨᏒ ᏧᏂᎸᏫᏍᏓᏁᎯ.

18 ᎯᎠᏰᏃ ᏂᎦᏛᎭ ᎦᎸᏉᏗ ᎪᏪᎵ; ᏞᏍᏗ ᏱᏲᏴᏑᎳᏁᏍᏗ ᏩᎦ ᎠᎦᏔᏙᎥᏗᏍᎩ; ᎠᎴ,
ᎪᎱᏍᏗ ᎠᏛᏁᎯ ᎠᎦᎫᏴᎡᏗ ᎨᏐ ᏚᎸᏫᏍᏓᏁᎸᎢ.

19 ᏣᎦᏁᎶᏗ ᎪᎱᏍᏗ ᎠᏥᏔᏫᏎᎲᎢ ᏞᏍᏗ ᏱᏣᏛᏓᏍᏗᏍᎨᏍᏗ ᎬᏂ ᎠᏂᏔᎵ ᎠᎴ ᎠᏂᏦᎢ
ᎤᏂᏃᎮᏛ ᎨᏎᏍᏗ.

20 ᎾᏃ ᎠᏂᏍᎦᏅᎩ ᏕᎯᎬᏍᎪᎸᎥᏍᎨᏍᏗ ᏂᎦᏛ ᎠᏂᎦᏔᎲᎢ, ᎾᏍᎩ ᎠᏂᏐᎢ ᎾᏍᏉ
ᎤᏂᎾᏰᏍᏗᏱ.

21 ᎬᏁᏤᎭ ᎤᏁᎳᏅᎯ ᎠᎦᏔᎲᎢ, ᎠᎴ ᎤᎬᏫᏳᎯ ᏥᏌ ᎦᎶᏁᏛ ᎠᎴ ᎨᎦᏑᏰᏛ
ᏗᏂᎧᎿᏩᏗᏙᎯ ᎠᏂᎦᏔᎲᎢ, ᎯᎠ ᎾᏍᎩ ᏣᎦᏌᏯᏍᏙᏗᏱ ᎢᎬᏱ ᎦᏰᎯ ᏂᏚᎪᏗᏍᎬᎾ, ᎠᎴ
ᏕᏣᎸᏫᏍᏓᏁᎲ ᎩᎶ ᏂᏯᎵᎪᏁᎲᎾ.

22 ᏞᏍᏗ ᎤᎵᏍᏗ ᏱᏗᏯᏏᏔᏕᏍᏗ ᎩᎶᎢ, ᎠᎴ ᏞᏍᏗ ᏯᏓᎳᏗᏍᎨᏍᏗ ᎩᎶ ᎠᏂᏍᎦᏅᎬᎢ.
ᏣᏓᏚᏌᏩᏍᏕᏍᏗ ᎯᎦᏓᎭ ᏂᎨᏒᎾ ᎨᏎᏍᏗ.

23 ᎿᏉ ᏞᏍᏗ ᎠᎹᏉ ᏯᏗᏔᏍᎨᏍᏗ, ᎤᏍᏗᏍᎩᏂ ᎩᎦᎨ-ᎠᏗᏔᏍᏗ ᎭᏗᏍᎨᏍᏗ,
ᎪᎱᏍᏗ ᎭᎵᏍᏗᏍᎬ ᎢᏳᏍᏗ ᏦᎸᎯᏍᏗᏱ ᎠᎴ ᏯᏃᏉ ᏣᎵᏥᏰᏍᎬᎢ.

24 ᎩᎶ ᎠᏂᏍᎦᏅᎬ ᎬᏂᎨᏒ ᎨᏐ ᎢᎬᏪᏅᏛ, ᎢᎬᏱ ᏫᎦᎷᎪ ᏗᎫᎪᏙᏗᏱ ᎨᏒᎢ, ᎩᎶᏃ
ᎤᎨᏍᏓᏩᏕᎪᎢ.

25 ᎾᏍᎩᏯ ᎾᏍᏉ ᎩᎶ ᎣᏍᏛ ᏚᏂᎸᏫᏍᏓᏁᎲ ᎬᏂᎨᏒ ᎨᏐᎢᎬᏪᏅᏛ; ᎩᎶᏃ ᎾᏍᎩ Ꮎ
ᎯᎠ ᏄᏍᏛᎾ ᏱᎩ, ᎠᏎ Ꮭ ᏚᎬᏍᎦᎶᏗ ᏱᎨᏐᎢ.

ᎠᏯᏙᎸᎢ 6

1 ᎾᏂᎥ ᏗᎨᏥᎾᏝᎢ ᎾᏍᎩ ᏗᎨᏥᎩᎳᎾᎳ ᏥᎩ ᎤᏣᏘ ᏧᏂᎸᏉᏗᏳ ᎨᏎᏍᏗ ᏗᎬᏩᏂᎾᏝᎢ,
ᎾᏍᎩ ᏚᏙᎥ ᎤᏁᎳᏅᎯ ᎠᎴ ᎤᏤᎵ ᏗᏕᏲᏗ ᎨᏒ ᎠᏐᏢᎯ ᎢᏳᎵᏍᏙᏗᏱ ᏂᎨᏒᎾ.
2 ᎾᏃ ᎠᏃᎯᏳᎲᏍᎩ ᏗᎬᏩᏂᎾᏝᎢ ᎨᏒ ᏞᏍᏗ ᏱᏚᏂᏂᏆᏘᎴᏍᏗ ᏱᏅᏗᎦᎵᏍᏙᏗᏍᎨᏍᏗ
ᎠᎾᎵᏅᏟ ᎨᏒᎢ, ᎪᎱᏍᏗᏍᎩᏂ ᏓᎾᏛᏁᎮᏍᏗ ᏅᏗᎦᎵᏍᏙᏗᏍᎨᏍᏗ ᎠᏃᎯᏳᎲᏍᎩ ᎠᎴ
ᎨᏥᎨᏳᎢ ᎨᏒᎢ, ᎤᎾᏌᏯᏍᏗᏍᎩ ᎣᏍᏛ ᎾᏕᏛᏁᎸᎢ. ᎾᏍᎩ ᎯᎠ ᏄᏍᏕᏍᏗ
ᏕᎭᏕᏲᎲᏍᎨᏍᏗ, ᎠᎴ ᏕᎯᏁᏤᎮᏍᏗ.
3 ᎢᏳᏃ ᎩᎶ ᎤᏣᏘᏂ ᏂᎦᏪᏍᎨᏍᏗ ᏓᏕᏲᎲᏍᎨᏍᏗ, ᎠᎴ ᎣᏏ ᎾᏰᎸᏍᎬᎾ ᎢᎨᏎᏍᏗ ᎣᏍᏛ
ᎤᏬᏂᏒ ᎢᏕᏤᎵ ᎤᎬᏫᏳᎯ ᏥᏌ ᎦᎶᏁᏛ, ᎠᎴ ᏗᏕᏲᏗ ᎨᏒ ᎾᏍᎩ ᎤᏁᎳᏅᎯ ᏗᏂᎶᏙᏗ ᎨᏒ
ᏥᏓᏕᏲᎲᏍᎦ;
4 ᎾᏍᎩ Ꮎ ᎤᏢᏉᏗ, ᎪᎱᏍᏗ ᎾᎦᏔᎲᎾ, ᎤᎵᏰᎳᏁᎯ ᎦᏬᏂᎯᏍᏗ ᎨᏒ, ᎠᎴ ᏧᏘᏲᏌᏘ
ᎠᎵᏃᎮᏍᎬᎢ, ᎾᎿ ᏨᏗᏓᎴᎲᏍᎦ ᎠᏛᏳᎨᏗ ᎨᏒᎢ, ᎠᎴ ᎠᏗᎡᏍᏗ ᎨᏒᎢ, ᎠᎴ ᎠᏐᏢᎢᏍᏙᏗ
ᎨᏒᎢ, ᎠᎴ ᎪᎱᏍᏗ ᏗᏓᏕᎵᏎᏗ ᎨᏒᎢ,
5 ᎠᎴ ᎬᏍᎦᎢᏍᏓᎩ ᎤᏂᏬᏂᎯᏍᏗ ᎨᏒ ᏴᏫ ᎤᎪᏏᏛ ᏧᎾᏓᏅᏘ, ᎤᏂᏂᎩᏛ ᏚᏳ-ᎪᏛᎢ,
ᎨᏅᎢᏍᏗ ᎨᏒ ᎤᏁᎳᏅᎯ ᏗᏁᎶᏙᏗ ᎢᏧᎳᎭ ᎠᏁᎵᏍᎩ. ᎾᏍᎩ ᎢᏳᎾᏍᏗ
ᏕᎭᏓᏅᏒᎮᏍᏗ.
6 ᎤᏁᎳᏅᎯᏍᎩᏂ ᏗᏁᎶᏙᏗ ᎨᏒ ᎠᎴ ᎤᏩᏙᎯᏯᏛ ᎠᏓᏅᏓᏗᏍᏗ ᎨᏒ, ᎾᏍᎩ ᎤᏣᏘ
ᎨᏅᎢᏍᏗ.
7 ᏝᏰᏃ ᎪᎱᏍᏗ ᏱᎩᏲᎴ ᎠᏂ ᎡᎶᎯ, ᎠᎴ ᎬᏂᎨᏳᎢᏳ Ꮭ ᎪᎱᏍᏗ ᏰᎨᏗᏄᎪᏩ.
8 ᎢᏳᏃ ᏱᎩᎭ ᎠᎵᏍᏓᏴᏗ ᎠᎴ ᏗᎦᏄᏬ ᏱᏗᎩᎾᎠ, ᎾᏍᎩ ᏰᎵᏉ ᎢᎩᏰᎸᏎᏍᏗ.
9 ᎤᎾᏚᎵᏍᎩᏍᎩᏂ ᏥᎩ ᎤᏁᏅᎢᏍᏗᏱ, ᎤᏓᎴᎾᏍᏗᏱ ᎠᎴ ᎠᏌᏛ ᏫᏓᏂᏅᎪᎢ, ᎠᎴ
ᎤᏣᏘ ᎢᏳᏓᎴᎩ ᎤᎵᏍᎦᏂᏍᏛ ᎠᎴ ᎤᏲ ᎢᏯᏓᏛᏁᎯ ᎠᎬᎥᎯᏍᏗ ᎨᏒᎢ; ᎾᏍᎩ
ᏥᏚᏂᏃᏴᏘᏍᏗᎭ ᏴᏫ ᎾᎿ ᎠᎩᎵᏲᎢᏍᏗ ᎨᏒ ᎠᎴ ᎠᏲᎱᎯᏍᏗ ᎨᏒᎢ.
10 ᎠᏕᎸᏰᏃ ᏗᎨᏣᏗ ᎨᏒ ᎾᎿ ᏗᏓᎴᎲᏍᎦ ᏄᏓᎴᏒ ᎤᏲᎢ, ᎾᏍᎩ ᎩᎶ ᎤᏂᎬᎥᏍᎬᎢ ᎤᎾᏞᏒ
ᎪᎯᏳᏗ ᎨᏒᎢ, ᎠᎴ ᎤᏅᏒ ᏚᎾᏓᏘᏍᏔᏅ ᎤᏣᏘ ᎤᏲ ᎠᏓᏅᏓᏗᏍᏗ ᎨᏒᎢ.
11 ᏂᎯᏍᎩᏂ ᎯᏍᎦᏯ ᎤᏁᎳᏅᎯ ᎤᏤᎵᎦ ᎾᏍᎩ ᎯᎠ ᏕᎭᏓᏅᏒᎮᏍᏗ, ᎠᎴ
ᏕᎯᏍᏓᏩᏗᏎᏍᏗ ᏚᏳᎪᏛ ᎨᏒᎢ, ᎠᎴ ᎤᏁᎳᏅᎯ ᏕᎾᏰᎯᏍᏗ ᎨᏒᎢ, ᎠᎴ ᎪᎯᏳᏗ ᎨᏒᎢ,
ᎠᎴ ᎠᏓᎨᏳᏗ ᎨᏒᎢ, ᎠᎴ ᎬᏂᏗᏳ ᎨᏒᎢ, ᎠᎴ ᎤᏓᏅᏘᏳ ᎨᏒᎢ.
12 ᎪᎯᏳᏗ ᎨᏒ ᎲᏗᏍᎨᏍᏗ ᎣᏍᏛ ᎠᎵᏍᏗ ᎨᏒ ᎭᎵᎮᏍᏗ. ᎾᎵᏍᏆᏗᏍᎬᎾ ᎬᏂᏛ ᎨᏒ
ᏘᏂᏴ, ᎾᎿ ᎾᏍᏉ ᎡᏣᏯᏅᏛ ᏥᎩ, ᎠᎴ ᏣᏃᏅᎯ ᏥᎩ ᎣᏍᏛ ᎧᏃᎮᏗ ᎨᏒ ᎤᏂᏣᏘ
ᎠᏂᎦᏔᎯ ᎠᏂᎦᏔᎲᎢ.
13 ᎬᏁᏤᎭ ᎤᏁᎳᏅᎯ ᎠᎦᏔᎲᎢ, ᎾᏍᎩ ᏗᎬᏂᏗᏍᎩ ᏥᎩ ᏂᎦᎥ ᏄᎾᏓᎴᏒᎢ, ᎠᎴ ᎠᎦᏔᎲ
ᏥᏌ ᎦᎶᏁᏛ ᎾᏍᎩ ᏆᏂᏗ ᏆᎴᏗ ᎠᎦᏔᎲ ᎤᏃᏅᎯ ᏥᎩ ᎣᏍᏛ ᎧᏃᎮᏛ ᎨᏒᎢ,

14 ᎾᏍᎩ ᏣᏍᏆᏂᎪᏙᏗᏱ ᏗᎧᎿᏩᏛᏍᏗ, ᏄᏓᏓᏄᎾ ᎠᎴ ᎪᎱᏍᏗ ᎦᏰᏤᎵᏎᏗ ᏂᎨᏒᎾ
ᎢᏳᎵᏍᏙᏗᏱ ᎢᎦᏤᎵ ᎤᎬᏫᏳᎯ ᏥᏌ ᎦᎶᏁᏛ ᎦᎾᏄᎪᏥᏄ ᎬᏗᏍᎩ,
15 ᎾᏍᎩ ᏨᎦᎾᏄᎪᏫᏏ ᎾᎯᏳ ᏧᎾᏄᎪᏫᏎᏗ ᎨᏒᎢ, ᎾᏍᎩ ᎤᏩᏙᎯᏯᏛ ᎤᏓᏅᏘ ᎠᎴ
ᎤᏩᏒᎯ ᎤᎵᏂᎩᏛ ᎨᏒᎢ, ᎤᎬᏫᏳᎯ ᎤᏂᎬᏫᏳᎯ ᎠᏁᎲᎢ, ᎠᎴ ᎤᎬᏫᏳᏌᏕᎩ
ᏄᏂᎬᏫᏳᏌᏕᎩ ᎠᏁᎲᎢ;
16 ᎾᏍᎩ ᎤᏩᏒᎯ ᎠᏲᎱᎯᏍᏗ ᏂᎨᏒᎾ ᎨᏒ ᎤᎯ, ᎢᎦᎦᏛ ᎡᎯ ᎨᏒᎢ, ᎾᏍᎩ ᎢᎦᎦᏛ ᎾᎿ
ᎩᎶ ᎬᏩᎷᎯᏍᏗ ᏂᎨᏒᎾ ᎨᏒᎢ, ᎾᏍᎩ ᎩᎶ ᎤᎪᎲᎩ ᏂᎨᏒᎾ, ᎠᎴ ᎬᏩᎪᏩᏛᏗ ᏂᎨᏒᎾ
ᎨᏒᎢ; ᎾᏍᎩ ᎠᏥᎸᏉᏗᏳ ᎨᏎᏍᏗ ᎠᎴ ᎤᎵᏂᎩᏗ ᎨᏒ ᏫᎾᏍᏛᎾ ᎨᏎᏍᏗ. ᎡᎺᏅ.
17 ᎩᏁᏤᎮᏍᏗ ᏧᏁᎿᎢ ᏥᎩ ᎠᏂ ᎡᎶᎯ ᎾᏍᎩ ᎤᎾᏢᏉᏗ ᏱᏉ ᏂᎨᏒᎾ, ᎠᎴ
ᎤᎾᎵᏍᎦᏍᏙᏙᏗᏱ ᏂᎨᏒᎾ ᎤᏓᎵᏓᏍᏗ ᎨᏅᎢᏍᏗ ᎨᏒᎢ, ᎤᏁᎳᏅᎯᏍᎩᏂ ᎬᏂᏛ
ᎠᎾᎵᏍᎦᏍᏙᏗᏍᎨᏍᏗ ᎾᏍᎩ ᎤᏣᏘ ᎢᎩᏁᎯ ᏥᎩ ᎾᎦᎥ ᏄᏓᎴᏒ ᎣᏍᏛ ᎢᎦᎵᏍᏓᏁᏗ.
18 ᎠᎴ ᎣᏍᏛ ᎾᎾᏛᏁᎮᏍᏗ, ᎠᎴ ᎤᏁᎿᎢᏳ ᎨᏎᏍᏗ ᎣᏍᏛ ᎾᎾᏛᏁᎲᎢ, ᎠᎴ
ᎠᏂᏕᎵᏰᏍᏗ ᎤᎾᏓᏁᏗᏱ, ᎠᏂᏯᏙᎯᎯ ᎨᏎᏍᏗ ᎤᏂᎲᎢ,
19 ᎠᎾᏓᏁᎸᏍᎨᏍᏗ ᎤᏅᏒ ᎤᎾᏤᎵᎦ ᎣᏍᏛ ᏕᎫᏍᏛᏗ ᎠᏏ ᎾᏍᏆᎵᏍᎬᎾ ᎾᎯᏳ
ᎤᏍᏆᎸᏗ ᏥᎩ, ᎾᏍᎩ ᎾᎵᏍᏆᏗᏍᎬᎾ ᎬᏂᏛ ᏗᎬᏩᏂᏂᏰᏗ ᎢᏳᎵᏍᏙᏗᏱ.
20 ᏗᎹᏗ, ᏣᏍᏆᏂᎪᏕᏍᏗ ᎾᏍᎩ ᏣᏣᎨᏅᏴ, ᎢᏴᏛ ᎤᏁᎮᏍᏗ ᎦᏪᏢᏗ ᎨᏒ ᎠᎴ ᎠᏎᏉᏉ
ᎦᏬᏂᎯᏍᏗ ᎨᏒᎢ, ᎠᎴ ᎠᏗᎡᏍᏗ ᎨᏒ ᎠᎦᏙᎥᎯᏍᏗ ᏂᎦᏳᎪᏛᎾ ᏥᎦᏙᎥ;
21 ᎾᏍᎩ ᎩᎶ ᎠᏂᏍᏓᏩᏗᏒ ᎤᎾᏞᏒ ᎪᎯᏳᏗ ᎨᏒᎢ. [ᎤᏁᎳᏅᎯ] ᎤᏓᏙᎵᏍᏗ ᎨᏒ
ᏕᏣᎧᏩᏗᏙᎮᏍᏗ. ᎡᎺᏅ.

ᏉᏔ ᏧᏓᏍᏔᏅᎯ ᏔᎵᏁ, ᏗᏈᏗ ᏧᏓᏍᏔᏁᏎᎯ

ᎠᏍᏙᏎᎢ 1 ᎠᏍᏙᏎᎢ 2 ᎠᏍᏙᏎᎢ 3 ᎠᏍᏙᏎᎢ 4

ᎠᏯᏙᎸᎢ 1

1 ᎠᏴ ᏉᎳ ᎠᎩᏅᏏᏛ ᏥᏌ ᎦᎶᏁᏛ ᎤᏧᎵᏍᏙᏔᏅ ᎤᏁᎳᏅᎯ ᎣᏏ ᎤᏰᎸᏅᎢ, ᎾᏍᎩᏯ
ᎠᏚᎢᏍᏛ ᎬᏂᏛ ᎡᎩᏁᏗᏱ, ᎾᏍᎩ ᎦᎶᏁᏛ ᏥᏌ ᏨᏗᏓᎴᎲᏍᎦ;
2 ᏫᎬᏲᏪᎳᏏ ᏗᎹᏗ ᎬᎨᏳᎢ ᎠᏇᏥ; ᎬᏩᎦᏘᏯ ᎤᏓᏙᎵᏍᏗ ᎨᏒ ᎠᎴ ᎤᏓᏙᎵᏣᏛ ᎨᏒ ᎠᎴ
ᏅᏩᏙᎯᏯᏛ ᎦᏣᎧᎿᏩᏗᏙᎮᏍᏗ ᎤᏓᏳᎾᎵᏍᎪᎸᏔᏅᎯ ᎤᏁᎳᏅᎯ ᎢᎩᏙᏓ ᎠᎴ ᎦᎶᏁᏛ
ᏥᏌ ᎢᎦᏤᎵ ᎤᎬᏫᏳᎯ.
3 ᏥᏯᎵᎡᎵᏤ ᎤᏁᎳᏅᎯ, ᎾᏍᎩ ᏥᏕᏥᏯᏁᎶᏗ, ᎾᏍᎩᏯ ᏗᎩᎦᏴᎵᎨ ᏄᎾᏛᏁᎸᎢ, ᏥᎬᏗᎭ
ᎦᏓᎭ ᏂᎨᏒᎾ ᎠᏆᏓᏅᏙ, ᏂᏥᏲᎯᏍᏗᏍᎬᎾ, ᎢᎦ ᎠᎴ ᎡᏃᏱ ᎬᏯᏅᏓᏗᏍᎬ ᎦᏓᏙᎵᏍᏗᏍᎬᎢ,
4 ᎾᏍᎩ ᎤᏣᏘ ᎠᏆᏚᎵᏍᎬ ᎬᎪᏩᏛᏗᏱ, ᎠᎴ ᎦᏅᏓᏗᏍᎬ ᏕᏣᏌᏱᎸᎢ ᎾᏍᎩᏃ
ᎠᎩᎧᎵᎢᏍᏗᏱ ᎤᎵᎮᎵᏍᏗ ᎨᏒᎢ,
5 ᎢᏳᏃ ᎦᏅᏓᏓ ᎤᏬᎾᏍᏗ ᏂᎨᏒᎾ ᎪᎯᏳᏗ ᎨᏒ ᏥᏣᏯᎠ, ᎾᏍᎩ ᎢᎬᏱ ᏧᏯᎢ ᏣᎵᏏ ᎶᏏ
ᎠᎴ ᏣᏂ ᏳᏂᏏ, ᎠᎴ ᏄᏜᏏᏛᏒᎾ ᎠᎩᏰᎸᎭ ᏂᎯ ᎾᏍᏉ ᏣᏯᎥᎢ.
6 ᎾᏍᎩ ᎢᏳᏍᏗ ᎬᏯᏅᏓᏗᏍᏗᎭ ᏣᏖᎸᏗᏱ ᎤᏁᎳᏅᎩ ᏣᏁᎸᎯ ᎨᏒᎢ, ᎾᏍᎩ ᏥᏣᏯᎠ,
ᎾᏍᎩ ᎦᎬᏯᏏᏔᏛ ᏥᏅᏗᎦᎵᏍᏙᏗᎭ.
7 ᎤᏁᎳᏅᎯᏰᏃ ᎥᏝ ᏱᎩᏁᎸ ᎠᏓᏅᏙ ᎤᏓᏍᎦᏍᏗ, ᎤᎵᏂᎩᏛᏍᎩᏂ ᎠᎴ ᎠᏓᎨᏳᏗ ᎨᏒ ᎠᎴ
ᎣᏍᏛ ᎠᏓᏅᏖᏗ ᎨᏒᎢ.
8 ᎾᏍᎩ ᎢᏳᏍᏗ ᏞᏍᏗ ᏯᏕᎰᏍᎨᏍᏗ ᎯᏃᎮᏍᎬ ᎤᎬᏫᏳᎯ ᎢᎦᏤᎵᎦ, ᎠᎴ ᏞᏍᏗ
ᏱᏍᏆᏕᎰᏍᎨᏍᏗ ᎠᏴ ᏥᏴᎩ ᎾᏍᎩ ᎤᏤᎵᎦ, ᏙᏔᏗᏍᏗᏍᎨᏍᏗᏍᎩᏂ ᎠᎩᎵᏲᎬ ᎣᏍᏛ
ᎧᏃᎮᏛ, ᏣᏍᏕᎵᏍᎨᏍᏗ ᎤᎵᏂᎩᏗ ᎨᏒ ᎤᏁᎳᏅᎯ,
9 ᎾᏍᎩ ᎢᎩᏍᏕᎸᏛ ᏥᎩ, ᎠᎴ ᎢᎩᏯᏅᏛ ᏥᎩ ᎤᏩᏔᏅᎯ ᎦᎸᏉᏗ ᎠᏓᏯᏅᏗ ᎨᏒᎢ, ᎥᏝ
ᎠᏴ ᎦᎩᎸᏫᏍᏓᏁᎲ ᏱᏅᏧᎵᏍᏙᏔᏅ, ᎤᏩᏒᏍᎩᏂ ᎤᏓᏅᏖᎸᎢ ᎠᎴ ᎬᏩᎦᏘᏯ ᎤᏓᏙᎵᏍᏗ
ᎨᏒ ᎤᏧᎵᏍᏙᏔᏅ, ᎾᏍᎩ ᎢᎩᏁᎸᎯ ᏥᎩ ᎤᏧᏓᎴᏅᎲᎾ, ᏥᏌ ᎦᎶᏁᏛ ᎨᏒ ᎢᏳᏍᏗ,
10 ᎪᎯᏃ ᎨᏒ ᎬᏂᎨᏒ ᎢᎬᏁᎸᎯ ᎾᏍᎩ ᎤᎾᏄᎪᏥᎸ ᎢᎩᏍᏕᎵᏍᎩ ᏥᏌ ᎦᎶᏁᏛ, ᎾᏍᎩ
ᎤᏲᏍᏔᏅᎯ ᏥᎩ ᎠᏲᎱᎯᏍᏗ ᎨᏒ, ᎠᎴ ᎤᎾᏄᎪᏫᏒᎯ ᏥᎩ ᎬᏂᏛ ᎠᎴ ᎠᏲᎱᎯᏍᏗ ᏂᎨᏒᎾ
ᎨᏒ, ᎣᏍᏛ ᎧᏃᎮᏛ ᎬᏔᏅᎯ,
11 ᎾᏍᎩ ᎠᏴ ᎥᎩᏁᏙᎸᎯ ᎦᎵᏥᏙᎲᏍᎩ ᎠᎴ ᎥᎩᏅᏏᏛ ᎠᎴ ᏗᎦᏥᏴᏲᎲᏍᎩ ᏧᎾᏓᎴᏅᏛ
ᏴᏫ.
12 ᎾᏍᎩ ᎾᏍᏉ ᎤᏗᎦᎵᏍᏙᏗᎭ ᎯᎠ ᎾᏍᎩ ᏧᏓᎴᏅᏛ ᏥᎩᎵᏲᎦ; ᎠᏎᏃ ᎥᏝ ᏱᏚᏕᎣᏍᎦ;
ᏥᎦᏔᎭᏰᏃ ᎾᏍᎩ ᏥᏥᏯᎵᏍᎦᏍᏙᏔᏅ, ᎠᎴ ᎤᎵᏂᎩᏗᏳ ᎠᏉᎯᏳᎭ ᏰᎵᏉ ᎬᏩᏍᏆᏂᎪᏙᏗ
ᎨᏒ ᎾᏍᎩ ᏥᏥᏯᎨᏅᏴ ᎬᏂ ᎾᎯᏳ ᎢᎦ ᎠᏍᏆᎲᎭ.
13 ᏕᏣᏂᏴᏎᏍᏗ ᎾᏍᎩ ᏗᏣᏟᎶᏍᏔᏅᎯ ᎣᏍᏛ ᎧᏃᎮᏛ ᎾᏍᎩ ᏍᏆᏛᎦᏁᎸᎯ ᏥᎩ,
ᎲᏗᏍᎨᏍᏗ ᎪᎯᏳᏗ ᎨᏒ ᎠᎴ ᎠᏓᎨᏳᏗ ᎨᏒ ᎾᏍᎩ ᎦᎶᏁᏛ ᏥᏌ ᎤᏓᏳᏓᎴᏅᎯ.

14 ᎾᏍᎩ Ꮎ ᏄᏍᏛ ᏤᏣᎨᏅᏴ ᏣᏍᏆᏂᎪᎦᏍᏗ, ᏣᏍᎦᎵᏍᎨᏍᏗ ᎦᎸᏉᏗᏳ ᎠᏓᏅᏙ ᎾᏍᎩ
ᏥᎩᏯᎠ.
15 ᎯᎠ ᎾᏍᎩ ᎯᎦᏔᎭ, ᏂᎦᏛ ᎡᏏᏑ ᎠᏁᎯ ᎬᏋᎦᏨᎢ, ᎾᏍᎩ ᎤᎾᏓᏌᏯ ᏆᏤᎳ ᎠᎴ
ᎭᎹᏥᏂ.
16 ᎤᎬᏫᏳᎯ ᏧᏁᏗ ᎨᏎᏍᏗ ᎤᏓᏙᎵᏍᏗ ᎨᏒ ᏚᏓᏘᎿᎥ ᏄᏁᏏᏉᎳ, ᏯᏃᏰᏃ
ᎠᎩᎦᎵᏍᏓᏗᏍᎬᎩ, ᎠᎴ ᎥᏝ ᏯᏉᎦᎰᎯᏎᏢ ᎠᏆᏤᎵ ᏧᏓᎦᏒᏛ;
17 ᏣᎻᏍᎩᏂ ᎤᏬᏙᎸ ᎤᎵᏂᎩᏛ ᎠᎩᎲᎸᎩ, ᎠᎴ ᎠᎩᏳᏛᏊᎩ.
18 ᎤᎬᏫᏳᎯ ᎤᏁᏗ ᎨᏎᏍᏗ ᎤᏳᏛᏗᏑ ᎤᏓᏙᎵᏍᏗ ᎨᏒ ᎤᎬᏫᏳᎯ ᎾᎯᏳ ᎢᎦ. ᎠᎴ
ᏂᎦᎥ ᎠᎩᏍᎦᎸᎯᏙᎸ ᎡᏈᏌ ᏄᏏᏳ ᎯᎦᏔᎭ.

ᎠᏯᏙᎸᎢ 2

1 ᎾᏍᎩ ᎢᏳᏍᏗ ᏂᎯ ᎠᏇᏥ ᏣᎵᏂᎪᎯᏍᏗᏍᎨᏍᏗ ᎬᏩᎦᏘᏯ ᎤᏓᏙᎵᏍᏗ ᎨᏒ ᎾᏍᎩ ᏥᏌ
ᎦᎶᏁᏛ ᎤᏓᏳᎵᏍᎪᎸᏔᏅᎯ.
2 ᎠᎴ ᎾᏍᎩ ᏍᏆᏛᎦᏁᎸᎯ ᏥᎩ ᎤᏂᏣᏘ ᎠᏂᎦᏔᎲᎢ, ᎾᏍᎩ ᏕᎭᎨᏅᏗᏍᎨᏍᏗ ᎠᏃᏍᏛ
ᎠᏂᏍᎦᏯ ᎾᏍᎩ ᏰᎵ ᏗᎬᏩᏁᏲᏗ ᎨᏒ ᎾᏍᏉ Ꮎ ᏭᏅᎫᏛᎢ.
3 ᎾᏍᎩ ᎢᏳᏍᏗ ᏂᎯ ᎲᏂᏗᏳ ᎨᏎᏍᏗ ᎯᎩᎵᏲᎬᎢ, ᎾᏍᎩᏯ ᎣᏍᏛ ᎠᏯᏫᏍᎩ ᏥᏌ
ᎦᎶᏁᏛ ᎤᏤᎵᎦ.
4 ᎩᎶ ᏓᎿᏩ ᏤᎪᎢ ᎥᏝ ᎬᏅ ᎤᎵᏍᎦᎸᏙᏗ ᎦᏅᎸᏫᏍᏓᏁᎲ ᏯᏚᏓᎸᏗᏍᎪᎢ, ᎤᏚᎵᏍᎪ
ᎠᏍᎦᏰᎬᏍᏓ ᎣᏍᏛ ᎤᏰᎸᏗ ᏧᎸᏫᏍᏓᏁᏗᏱ.
5 ᎢᏳ ᎠᎴ ᎩᎶ ᎤᏓᏎᎪᎩᏍᏗᏱ ᏣᏟᏂᎬᏁᎰᎢ, ᎥᏝ ᏯᏘᏍᏚᎸᏍᎪᎢ ᎬᏂ ᏗᎧᎿᏩᏛᏍᏗ ᏂᎬᏅ
ᎢᏳᏛᏁᎸᎯ ᏥᎨᎭᎢ.
6 ᏗᎦᎶᎩᏍᎩ ᏥᏚᎸᏫᏍᏓᏁᎰᎢ ᎢᎬᏱ ᎤᏪᎳᏗᏍᏙᏗ ᎨᎭ ᎤᎾᏄᎪᏫᏒᎯ.
7 ᎭᏓᏅᏓᏛᎵ ᎯᎠ ᏥᏂᏥᏪᎭ; ᎤᎬᏫᏳᎯᏃ ᏫᏣᎲᏏ ᏣᎦᏙᎥᎯᏍᏗᏱ ᏂᎦᎥ ᏧᏓᎴᏅᏛ.
8 ᏣᏅᏖᏍᏗ ᏥᏌ ᎦᎶᏁᏛ, ᏕᏫ ᎤᏪᏥ, ᎤᏲᎱᏒ ᏚᎴᎯᏌᏅᎢ, ᎾᏍᎩᏯ ᏂᎦᏪᏍᎬ ᎣᏍᏛ
ᎧᏃᎮᏛ ᎠᏆᏤᎵᎦ,
9 ᎾᏍᎩ ᎾᎿ ᏥᏥᎩᎵᏲᎦ ᎥᏆᎸᏍᏗᏱ ᎢᏴᏛ, ᎤᏲ ᏧᎸᏫᏍᏓᏁᎯ ᎾᏍᎩᏯᎢ;
ᎤᏁᎳᏅᎯᏍᎩᏂ ᎤᏤᎵᎦ ᎧᏃᎮᏛ ᎥᏝ ᎦᎸᎸᎯ ᏱᎩ.
10 ᎾᏍᎩ ᎢᏳᏍᏗ ᎤᏁᎳᎩ ᎨᎵᎭ ᏂᎦᏛ ᏧᏓᎴᏅᏛ ᎾᏆᎵᏍᏓᏁᎵᏙᎲᎢ ᎨᎦᏑᏰᏛ
ᎤᏗᎦᎵᏍᏙᏗᎭ, ᎠᎴ ᎤᏂᏩᏛᏗᏱ ᎠᎵᏍᎦᎸᏙᏗ ᎾᏍᎩ ᏥᏌ ᎦᎶᏁᏛ ᎤᏓᏳᎵᏍᎪᎸᏔᏅᎯ,
ᎠᎴ ᎠᎵᏍᏆᏗᏍᎩ ᏂᎨᏒᎾ ᎦᎸᏉᏗᏳ ᎨᏒᎢ.
11 ᎤᏙᎯᏳᎯᏯ ᎢᎦᏪᏛ, ᎢᏳᏰᏃ ᎢᏧᎳᎭ ᏗᎩᏲᎱᏒᎯ ᎨᏎᏍᏗ, ᎠᏎ ᎾᏍᏉ ᎢᏧᎳᎭ
ᏕᏛᏁᏍᏗ;
12 ᎢᏳᏃ ᏕᏛᏂᏒᏍᏗ ᎠᏎ ᎾᏍᎩ ᎢᏧᎳᎭ ᎢᎩᎬᏫᏳᏌᏕᎨᏍᏗ; ᎢᏳᏃ ᎢᏒᏓᏓᏱᎸᎭ ᎾᏍᏉ
ᎠᏎ ᏓᎦᏓᏱᎵ.
13 ᎢᏳᏃ ᏁᏙᎢᏳᏅᎾ ᎢᎨᏎᏍᏗ ᎠᏎ ᎤᏩᏍᏗᏉ ᎦᎪᎯᏳᏗ ᎨᏒᎢ; ᎥᏝ ᎤᏩᏒ ᏴᎬᏓᏓᏱᎦ.
14 ᎯᎠ ᎾᏍᎩ ᏕᎭᏅᏓᏗᏍᏗᏍᎨᏍᏗ, ᎤᎵᏂᎩᏛᏯ ᏕᎯᏁᏤᎮᏍᏗ ᎤᎬᏫᏳᎯ ᎠᎦᏔᎲᎢ,
ᎤᎾᏗᏒᏍᏗᏱ ᏂᎨᏒᎾ ᎨᏒ ᏓᏂᏬᏂᏍᎬᎢ, ᎪᎱᏍᏗ ᎬᏙᏗ ᏂᎨᏒᎾ ᏥᎩ, ᏓᏂᎦᏔᎲᏍᎬᏉᏍᎩᏂ
ᎬᏩᎾᏛᏓᏍᏓᏁᎯ.
15 ᎭᏟᏂᎬᏁᎮᏍᏗ ᎬᏂᎨᏒ ᎢᏨᏁᏗᏱ ᎣᏏᏳ ᏣᏰᎸᏒ ᎤᏁᎳᏅᎯ, ᏗᏣᎸᏫᏍᏓᏁᎯ ᎨᏎᏍᏗ
ᎨᏣᏕᎰᎯᏍᏗ ᏂᎨᏒᎾ ᎨᏒᎢ, ᎣᏍᏛ ᏗᏯᏙᎮᎯ ᎦᏰᎪᎩ ᏂᎨᏒᎾ ᎧᏃᎮᏛ.
16 ᎢᏴᏛᏍᎩᏂ ᎤᏁᎮᏍᏗ ᎦᏪᎵᏗ ᎨᏒ ᎠᎴ ᏄᎵᏌᎶᏛᎾ ᎦᏬᏂᎯᏍᏗ ᎨᏒᎢ, ᎾᏍᎩᏰᏃ
ᎠᏂᏁᏉᏍᎨᏍᏗ ᎤᏁᎳᏅᎯ ᏗᏁᎶᏙᏗ ᏂᎨᏒᎾ ᎨᏒᎢ,

17 ᎠᎴ ᎠᏂᏬᏂᏍᎬ ᎠᏓᏰᏍᎨᏍᏗ ᎾᏍᎩᏯ ᎤᎪᏏᏛ ᏣᏓᏰᏍᎪᎢ; ᎾᏍᎩ ᏄᎾᏍᏗ ᎭᎻᏂᏯ
ᎠᎴ ᏆᎵᏓ,
18 ᎾᏍᎩ ᏚᏳᎪᏛ ᎨᏒ ᎤᎾᏝᏒ, ᎯᎠ ᏥᎾᏂᏪᎠ, ᎠᏲᎱᏒ ᏗᎴᎯᏐᏗ ᎨᏒ ᎦᏳᎳ ᎤᎶ ᏐᏅ;
ᎠᎴ ᏓᏂᎷᏆᏗᏁᎭ ᎢᎦᏛ ᎤᏃᎯᏳᏒᎢ.
19 ᎠᏎᏍᎩᏂᏃᏅ ᎦᎫᏍᏛᏗ ᎤᏁᎳᏅᎯ ᎤᏤᎵᎦ ᎤᎵᏂᎩᏗᏳ ᏂᎬᏅ; ᎯᎠᏰᏃ ᏂᎬᏅ
ᎪᏪᎸᎢ, ᎤᎬᏫᏳᎯ ᏓᎦᏔᎭ ᎾᏍᎩ ᏧᏤᎵᎦ; ᎠᎴ ᎯᎠ, ᎩᎶ ᎧᏁᎢᏍᏗᏍᎨᏍᏗ ᎦᎶᏁᏛ ᏚᏙᎥ
ᎾᏍᎩ ᎠᏓᏅᏒᏢᏍᏗ ᎠᏍᎦᏂ.
20 ᎠᏎᏃ ᎡᏆ ᏣᏓᏁᎶ ᎾᎿ ᏓᎰ ᏗᏖᎵᏙ ᎥᏝ ᎠᏕᎸᏉ ᏓᎶᏂᎨ ᎠᎴ ᎠᏕᎸ ᎤᏁᎬ ᎤᏩᏒ
ᏗᎪᏢᏔᏅᎯ ᏱᎨᏐᎢ, ᎾᏍᏉᏍᎩᏂ ᎠᏓ ᎠᎴ ᎦᏓ ᏗᎪᏢᏔᏅᎯ; ᎠᎴ ᎢᎦᏛ ᏗᎦᎸᏉᏗ ᎢᎦᏛᏃ
ᏗᎦᎸᏉᏗ ᏂᎨᏒᎾ.
21 ᎢᏳᏃ ᎩᎶ ᎤᏓᏅᎦᎸᏛ ᏱᎩ ᎯᎠ ᎾᏍᎩ ᎨᏒᎢ, ᎾᏍᎩ Ꮎ ᎠᏖᎵᏙ ᎦᎸᏉᏗ ᎨᏎᏍᏗ,
ᎦᎸᏉᏔᏅᎯ, ᎠᎴ ᏱᏍᏛ ᎢᎬᏁᎸᎯ ᎪᎱᏍᏗ ᎤᏩᏙᏗᏱ ᎦᏁᎳ; ᎠᎴ ᎠᏛᏅᎢᏍᏔᏅᎯ
ᎾᎦᎥ ᎣᏍᏛ ᏗᎦᎸᏫᏍᏓᏁᏗ ᎨᏒ ᎤᎬᏩᎵ.
22 ᎠᎴ ᏕᎭᏓᏅᏒᏢᏍᏗ ᎩᎳ ᏗᎾᏛᏍᎩ ᎤᎾᏚᎸᏅᏗ ᎨᏒᎢ; ᎯᏍᏓᏩᏕᎨᏍᏗᏃ ᏚᏳᎪᏛ ᎨᏒ,
ᎠᎴ ᎪᎯᏳᏗ ᎨᏒ, ᎠᎴ ᎠᏓᎨᏳᏗ ᎨᏒ, ᎠᎴ ᎤᏩᏙᎯᏍᏛ ᎨᏒᎢ, ᎢᏣᎵᎪᏎᏍᏗ ᎾᏍᎩ Ꮎ
ᎤᎬᏫᏳᎯ ᎠᎾᏓᏙᎵᏍᏓᏁᎯ ᎤᎾᏫ ᎦᏓᎭ ᏂᎨᏒᎾ ᎠᏅᏗᏍᎩ.
23 ᏕᎭᏓᏅᏒᏢᏍᏗᏍᎩᏂ ᏄᎵᏌᎶᏛᎾ ᎠᎴ ᎤᎦᏔᎲᎾ ᏚᏬᏂᎯᏍᏗ ᎨᏒᎢ, ᎯᎦᏔᎭᏰᏃ
ᏗᏘᏲᏍᏗ ᎨᏒ ᏣᎵᏰᎢᎶᎯᎲᎢ.
24 ᎤᎬᏫᏳᎯᏰᏃ ᎤᏅᏏᏓᏍᏗ ᎥᏝ ᏧᏘᏲᏍᏗ ᏱᎩ, ᏧᎨᏳᎯᏍᎩᏂ ᏱᎩ ᎾᏂᎥᎢ, ᏗᎬᏩᏕᏲᏗ
ᏱᎩ, ᎬᏂᏗᏳ ᏱᎩ,
25 ᎤᏓᏅᏘ ᎬᏗᏍᎬ ᏱᎩ ᏕᎨᏲᎲᏍᎬ ᎬᏩᏡᏗᏍᎩ; ᎤᏚᎩ ᏳᏩᎭ ᎤᏁᎳᏅᎯ
ᏧᏂᏁᏟᏴᏍᏗᏱ ᏚᎾᏓᏅᏛᎢ, ᎠᎴ ᏧᎾᏓᏂᎸᎢᏍᏗᏱ ᎤᏙᎯᏳᎯ ᎨᏒᎢ;
26 ᎠᎴ ᎤᎾᏓᏅᏘᏐᏗᏱ ᎤᏅᏒ ᎤᎾᏚᏓᎴᏍᏗᏱ ᎠᏍᎩᎾ ᎤᏌᏛᎢ, ᎾᏍᎩ ᎫᏰᎩᏅᎯ ᏥᎩ
ᎤᏩᏒᏉ ᎠᏓᏅᏖᏍᎬ ᎢᏧᏩᏁᎸᎯ.

ᎠᏯᏙᎸᎢ 3

1 ᎯᎠᏃ ᎾᏍᏉ ᎯᎦᏔᎮᏍᏗ, ᎤᎵᏍᏆ ᎸᏗ ᎨᏎᏍᏗ ᎠᏎ ᎤᏕᏯᏙᏗ ᎤᎵᏰᎢᎶᎯᏍᏗ
ᎨᏎᏍᏗ.
2 ᏴᏫᏰᏃ ᎤᏅᏒ ᎤᎾᏓᎸᏉᏗᏳ ᎨᏎᏍᏗ, ᎠᏕᎸ ᎤᏂᎬᎥᏍᎩ, ᎠᎾᏢᏆᏍᎩ, ᎤᎾᏢᏉᏗ,
ᎤᏁᎳᏅᎯ ᎬᏩᏂᏐᏢᏗ, ᏧᏂᎦᏴᎵᎨ ᏗᏂᏔᏏᏘᏍᎩ, ᏄᎾᎵᎮᎵᏨᏛᎾ, ᎠᏂᏕᏓᎭᎢ,
3 ᎪᎱᏍᏗ ᏧᏅᎾ ᏂᏚᏂᎨᏳᏒᎾ, ᏄᏃᎯᏍᏘᏒᎾ, ᎤᏐᏅ ᎠᎾᏓᏃᎮᎵᏙᎯ, ᏄᎾᎵᏏᎾᎯᏍᏛᎾ,
ᎤᏂᎿᎸᎯ, ᎠᏂᏍᎦᎩ ᎣᏍᏛ,
4 ᎠᏁᏓᎶᏄᎮᏍᎩ, ᎤᏂᎫᏏᏯ, ᎤᎾᏓᎵᏌᎳᏗ, ᎤᏂᎨᏳᎯ ᏱᏍᏛ ᎤᎾᏓᏅᏓᏗᏍᏗᏍᎩ
ᎤᏁᎳᏅᎯ ᏄᏂᎨᏳᏒᎾ,
5 ᎤᏁᎳᏅᎯ ᏗᏁᎶᏙᏗ ᏗᏤᎵᏛ ᎤᏂᎯ, ᎠᏎᏃ ᎠᎾᏓᏙᏗ ᎨᏒᎢ. ᎾᏍᎩ ᎢᏳᎾᏍᏗ
ᏕᎭᏓᏅᏒᎮᏍᏗ.
6 ᎾᏍᎩᏰᏃ ᎯᎠ ᎢᏳᎾᏍᏗ ᏥᏓᏂᏴᎵᏙᎰ ᏓᏓᏁᎸᎢ ᎠᎴ ᏥᏓᎾᏘᎾᏫᏗᏍᎪ ᏄᎾᏓᏅᏛᎾ ᎠᏂᎨᏴ
ᎤᏂᎧᎵᏨᎯ ᎠᏍᎦᎾᎢ, ᏚᎾᏘᏂᏒ ᏧᏓᎴᏅᏛ ᎠᏚᎸᏗ ᎨᏒᎢ,
7 ᎾᏍᎩ ᏂᎪᎯᎸ ᎠᎾᏕᎶᏆᏍᎪᎢ, ᎠᏎᏃ ᎥᏝ ᎢᎸᎯᏳ ᏱᏩᏂᏰᎢᎶᎯᎰ ᏚᏳᎪᏛ ᎠᏕᏙᎥᎯᏍᏗ
ᎨᏒᎢ.
8 ᎠᎴ ᎾᏍᎩᏯ ᏤᏂ ᎠᎴ ᏨᏡ ᏣᎾᏡᏗᏍᎨ ᎼᏏ ᎾᏍᎩᏯ ᎾᏍᏉ ᎯᎠ ᎠᎾᏡᏗ ᏚᏳᎪᏛ
ᎨᏒᎢ; ᎠᏂᏍᎦᏯ ᎤᏲᏨᎯ ᏚᎾᏓᏅᏛᎢ, ᎠᎴ ᎨᏥᏲᎢᏎᏛ ᎾᏍᎩ ᎪᎯᏳᏗ ᎨᏒ ᎤᎬᏩᎵ.
9 ᎠᏎᏃ ᎥᏝ ᎤᏟ ᎢᏴᏛ ᎬᏩᏁᏅᏍᏗ ᏱᎩ, ᎾᏂᎦᏔᎿᎥᎾᏰᏃ ᎨᏒ ᎬᏂᎨᏒ ᏅᏓᏳᎾᎵᏍᏓᏁᎵ
ᎾᏂᎥᎢ, ᎾᏍᎩᏯ ᎾᏍᏉ ᏥᏄᏍᏕ ᎾᏍᎩ.
10 ᏂᎯᏍᎩᏂ ᎣᏏᏳ ᏣᏕᏙᎥᏒ ᏄᏍᏛ ᏓᏆᏕᏲᏅᎢ, ᏄᏍᏛ ᎠᏆᎴᏂᏙᎸᎢ, ᏄᏍᏛ ᏓᏇᎪᏔᏅ
ᏗᏆᏓᏅᏛᎢ, ᎠᏉᎯᏳᏒᎢ, ᎬᏂᏗᏳ ᎨᏒᎢ, ᎠᏆᏓᎨᏳᎯᏳ ᎨᏒᎢ, ᎤᏁᎳᎩ ᎨᎵᏍᎬ ᏥᎩᎵᏲᎬᎢ,
11 ᎤᏲ ᎤᏋᏁᎵᏙᎸᎢ, ᎠᎩᎩᎵᏲᏥᏙᎸᎢ ᎥᏘᎣᎩ, ᎢᎪᏂᏯ, ᎵᏍᏗ--ᏂᎦᎥ ᎤᏲ ᎤᏋᏁᎵᏙᎸᎢ;
ᎠᏎᏃ ᎾᏍᎩ ᏂᎦᏛ ᎾᎿ ᎤᎬᏫᏳᎯ ᎠᏯᏓᎴᏒᎩ.
12 ᎠᎴ ᎾᏍᏉ ᎾᏂᎥ ᎤᎾᏚᎵᏍᎩ ᎤᏁᎳᏅᎯ ᏗᏁᎶᏙᏗ ᎨᏒ ᎤᏂᏍᏓᏩᏛᏍᏗᏱ ᎦᎶᏁᏛ
ᏥᏌ ᎠᏃᎯᏳᎲᏍᎩ ᎢᏳᎾᏛᏁᏗ ᎾᏍᎩ ᎠᏎ ᎤᏲ ᎢᎨᎬᏁᏗ.
13 ᎤᏂᏲᏍᎩᏂ ᏴᏫ ᎤᎾᏌᎾᏍᏗ ᎠᏂᏁᏉᎨᏍᏗ ᎤᏂᏲ ᎨᏒᎢ, ᏓᏂᎶᎾᏍᏗᏍᎨᏍᏗ ᎠᎴ
ᎨᏥᎶᎾᏍᏗᏍᎨᏍᏗ. ᏍᏗᏍᎨᏍᏗ ᎠᎴ ᎨᏥᎶᎾᏍᏗᏍᎨᏍᏗ.
14 ᏂᎯᏍᎩᏂ ᏕᏣᏂᏴᏎᏍᏗ ᏄᏍᏛ ᏣᏕᎶᏆᎥᎢ ᎠᎴ ᏦᎯᏳᏅᎢ; ᎯᎦᏔᎭᏰᏃ ᎾᏍᎩ
ᎯᏯᏕᎶᏆᎡᎸᎯ ᎨᏒᎢ,
15 ᎠᎴ ᎯᎦᏔᎭ ᏣᏍᏗ ᎨᏒ ᎤᏓᎬᏩᏓᎴᏅᏛ ᏕᎯᎦᏔᎲ ᏗᎦᎸᏉᏗ ᎪᏪᎵ, ᎾᏍᎩ ᏰᎵ
ᎯᎦᏔᎿᎢᏳ ᎢᎬᏩᏁᏗ, ᏣᎵᏍᏕᎸᏙᏗ ᎨᏒ ᏫᎬᏩᎵᏱᎶᎯᏍᏗ, ᎦᎶᏁᏛ ᏥᏌ ᎯᏲᎢᏳᏒ
ᎢᏳᏩᏂᏐᏗ.

16 ᏂᎦᎥ ᎪᏪᎵ ᎤᏁᎳᏅᎯ ᎤᏓᏅᏖᎸᎯ ᏗᎪᏪᎳᏅᎯ, ᎠᎴ ᎣᏏᏳ ᎤᏓᏕᏲᏗᏱ,
ᎤᏓᎬᏍᎪᎸᏗᏱ, ᎤᏓᎪᏗᏱ ᏚᏳᎪᏛᎢ, ᎤᏓᏕᏲᏗᏱ ᎣᏍᏛ ᎨᏒᎢ,
17 ᎾᏍᎩ ᎠᏍᎦᏯ ᎤᏁᎳᏅᎯ ᎤᏤᎵᎦ ᎤᏍᏆᏗᏍᏗᏱ, ᎤᏓᏁᎵᎲᏛ ᎢᏳᎵᏍᏙᏗᏱ ᏂᎦᎥ
ᎣᏍᏛ ᏗᎦᎸᏫᏍᏓᏁᏗ ᎨᏒᎢ.

ᎠᏯᏙᎸᎢ 4

1 ᎾᏍᎩ ᎢᏳᏍᏗ ᎬᏁᏤᎭ ᎤᏁᎳᏅᎯ ᎠᎦᏔᎲᎢ ᎠᎴ ᎠᎦᏔᎲ ᎤᎬᏫᏳᎯ ᏥᏌ ᎦᎶᏁᏛ,
ᎾᏍᎩ ᏧᏭᎪᏓᏁᏗ ᏥᎩ ᏗᏅᏃᏛ ᎠᎴ ᏧᏂᏲᎱᏒᎯ ᎾᎯᏳ ᏕᎾᎸᎪᏥᎸᎭ ᎠᎴ ᎤᎬᏫᏳᎯ ᎿᏉ
ᏂᎦᎵᏍᏔᏅᎭ,
2 ᎭᎵᏥᏙᎲᏍᎨᏍᏗ ᎧᏃᎮᏛ, ᏣᎵᏁᏅᏕᏍᏗᏉ ᏰᎵ ᎨᏎᏍᏗ ᎠᎴ ᏰᎵ ᏂᎨᏒᎾ ᎨᏎᏍᏗ,
ᏕᎯᎬᏍᏕᎸᎥᏍᎨᏍᏗ, ᏕᎯᏍᏕᎨᏍᏗ, ᏕᎯᏍᏗᏰᏗᏍᎨᏍᏗ ᎲᏗᏍᎨᏍᏗ ᎤᏣᏘ ᎬᏂᏛ ᎨᏒ ᎠᎴ
ᏗᏕᏲᏗ ᎨᏒᎢ.
3 ᏛᏍᏆᎸᎯᏰᏃ ᎿᏉ ᎾᎯᏳ ᎥᏝ ᏳᎾᏚᎵᏍ-ᎨᏍᏗ ᎤᎾᏛᏓᏍᏙᏗᏱ ᎣᏍᏛ ᏗᏕᏲᏗ ᎨᏒᎢ;
ᏚᏂᏲᏕᏍᎬᏍᎩᏂ ᏗᏂᎴᏂ ᎠᏅᏗᏍᎨᏍᏗ ᎤᏅᏒᏉ ᎤᎾᏕᎸᏅᏗ ᎨᏒ ᏓᏂᏍᏓᏩᏗᏒ
ᏓᏂᏟᏏᏍᎨᏍᏗ ᏗᎾᏕᏲᎲᏍᎩ;
4 ᏗᏂᎴᏂᏃ ᏓᏂᏕᏔᎲᏍᎨᏍᏗ ᎠᎾᏛᎩᏍᎬ ᏚᏳᎪᏛᎢ, ᎠᏎᏉᏃ ᏚᏬᏂᎯᏍᏗ ᎨᏒ ᎢᏗᎵ
ᏳᎾᏕᏔᎲᏍᏗᏍᎨᏍᏗ.
5 ᏂᎯᏍᎩᏂ ᎮᏯᏔᎯᏳ ᎨᏎᏍᏗ ᏂᎦᎥ ᏂᏟᏛᎿᏕᎬᎢ, ᎲᏂᏗᏳ ᎨᏎᏍᏗ ᎯᎩᎵᏲᎬᎢ,
ᏕᏣᎸᏫᏍᏓᏁᎮᏍᏗ ᎠᎵᏥᏙᏂᏙᎯ ᏧᎸᏫᏍᏓᏁᏗ ᎨᏒᎢ; ᏰᎵᏕᏯ ᎯᏍᏆᏗᏍᎨᏍᏗ
ᏗᏣᎸᏫᏍᏓᏁᏗ ᎨᏒᎢ.
6 ᎿᏉᏰᏃ ᏕᏓᎵᏍᎪᎸᏗᎭ, ᎠᎴ ᎾᎯᏳ ᎠᏇᏅᏍᏗ ᎨᏒ ᎤᏍᏆᎸᎯᏗ.
7 ᎠᏆᎵᎸ ᎣᏍᏛ ᎠᎵᏍᏗ ᎨᏒᎢ, ᎠᎩᏍᏆᏛ ᏚᏙᎩᏯᏍᎬᎢ, ᎠᎩᏍᏆᏂᎪᏔᏅ ᎪᎯᏳᏗ ᎨᏒᎢ,
8 ᎿᏉᏃ ᏨᏆᏓᏁᏔᏁᎸ ᎠᎵᏍᏚᎶ ᏚᏳᎪᏛ ᎢᏳᎾᏛᏁᎸᎯ ᎨᎦᎫᏴᏓᏁᏗ, ᎾᏍᎩ ᎤᎬᏫᏳᎯ
ᎾᏍᎦᏅᎾ ᏗᏭᎪᏗᏍᎩ ᎠᏗ-ᏅᏁᏗ ᎾᎯᏳ ᎢᎦ, ᎥᏝ ᎠᎴ ᎠᏴᏉ ᎠᏋᏒ, ᎾᏍᏉᏍᎩᏂ ᎾᏂᎥ
ᎤᎾᎸᎪᎢᏍᏗ ᎨᏒ ᎣᏏᏳ ᎣᏂᏰᏁᎯ.
9 ᎭᏟᏂᎬᏁᎸᎭ ᏂᎪᎯᎸᎾᏉ ᏣᎷᎯᏍᏗᏱ ᎠᏂ ᎨᏙᎲᎢ.
10 ᏗᎹᏰᏃ ᎠᏋᏕᏨ, ᎤᏗᎦᎵᏍᏙᏗᎭ ᎤᏟ ᎤᏰᎸᏅ ᎪᎯ ᎨᏒᎢ, ᎠᎴ ᏕᏏᎶᏂᎦ ᏭᎶᏒ; ᏓᏏᏂ
ᎨᎴᏏᏱ ᏭᎶᏒ, ᏓᏓᏏ ᏕᎵᎺᏏᏱ ᏭᎶᏒ;
11 ᎷᎦ ᎤᏩᏒ ᎣᏍᏕᏙᎭ; ᎹᎦ ᏘᏯᏘᏁᏒᎭ, ᎬᎩᏍᏕᎸᎯᏓᏍᏗᏰᏃ ᏓᎩᎸᏫᏍᏓᏁᎲᎢ.
12 ᏗᏥᎦᏍᎩᏂ ᎡᏈᏌ ᏥᏅᏒ
13 ᏚᏌᎴᎾ ᏠᏯ ᏨᏛᎩᏂᏴᎩ ᎦᏆ ᎦᏁᎸᎢ ᏓᏒ ᏘᏁᏒᎭ, ᎠᎴ ᎪᏪᎵ ᏙᏘᏁᏒᎭ ᎾᏍᎩ Ꭸ
ᎤᎬᏫᏳᏎᏍᏗ ᎦᏁᎦ ᏗᎪᏪᎶᏗ.
14 ᎡᎵᎩ ᎥᏣᏱ ᎪᎵᏅᎥᏍᎩ ᎤᏣᏘ ᏃᏒᎾ ᎾᏋᏁᎸᎩ. ᎤᎬᏫᏳᎯ ᎤᎫᏴᏒᏗ ᎨᏎᏍᏗ ᎾᏍᎩᏯ
ᏕᎤᎸᏫᏍᏓᏁᎸᎢ.
15 ᎾᏍᏉ ᏂᎯ ᎾᏍᎩ ᎯᏰᏯᏙᏤᎮᏍᏗ, ᎤᎵᏂᎩᏗᏳᏰᏃ ᎤᏈᏔᏅ ᎣᏥᏬᏂᏍᎬᎢ.
16 ᎢᎬᏱᏱ ᎠᎩᏬᏂᏒ ᏕᎵᏍᏕᎵᏍᎬ ᎥᏝ ᎩᎶ ᎾᎥ ᏱᏕᏙᎨᎢ, ᎾᏂᎥᏉᏍᎩᏂ ᎬᏆᏕᏨᎩ; ᏞᏍᏗ
ᎤᏂᏍᎦᏅᏨ ᏱᏚᏚᎪᏔᏁᏍᏗ;

17 ᎤᎬᏫᏳᎯᏍᎩᏂᏃᏅ ᎾᎥ ᎦᏙᎬᎩ ᎠᎴ ᎠᏆᎵᏂᎪᎯᏍᏔᏅᎩ; ᎾᏍᎩ ᎠᏴ ᎨᏒ
ᎠᎩᏍᏆᏗᏍᏗᏱ ᎠᏴᎸᏒᎩ ᎠᎵᏥᏙᏗ ᎨᏒᎢ, ᎠᎴ ᎾᏂᎥ ᏧᎾᏓᎴᏅᏛ ᏴᏫ ᎤᎾᏛᎯᏗᏱ; ᎠᎴ
ᎥᎩᎴᏒᎩ ᏢᏓᏥ ᎠᎰᎵ ᏥᏔᎥᎢ.
18 ᎠᎴ ᎤᎬᏫᏳᎯ ᎠᏎ ᏛᏇᏓᎴᏏ ᏂᎦᎥ ᎤᏲ ᏗᎦᎸᏫᏍᏓᏁᏗ ᎨᏒᎢ; ᎠᎴ ᏛᎩᏍᏆᏂᎪᏔᏂ
ᎦᎸᎳᏗ ᎡᎯ ᎤᎬᏫᏳᎯ ᏗᎨᏒ ᏫᎦᎷᎩ. ᎾᏍᎩ ᎦᎸᏉᏙᏗ ᎨᏎᏍᏗ ᏂᎪᎯᎸ ᎠᎴ ᏂᎪᎯᎸᎢ,
ᎡᎺᏅ.
19 ᎩᏲᎵᎸᎭ ᏈᏍᎦ ᎠᎴ ᎡᏈᎳ, ᎠᎴ ᎣᏁᏏᏉᎳ ᏚᏓᏘᏅᎥᎢ.
20 ᎢᎳᏍᏓ ᎪᎴᏂᏗ ᏓᏳᏗᎩᏴᎩ, ᏠᏆᎹᏍᎩᏂ ᎹᎵᏓ ᏓᏥᏯᎧᎯᏴᎩ ᎤᏢᎩ.
21 ᎭᏟᏂᎬᏁᎸᎭ ᎠᏂ ᏨᎷᎯᏍᏗᏱ ᎠᏏᏉ ᎪᎳ ᏂᎨᏒᎾ. ᏳᏇᎳ ᏫᏣᏲᎵᎦ, ᎠᎴ ᎾᏍᏉ
ᏇᏗᏂ, ᎠᎴ ᎳᎾᏏ, ᎠᎴ ᏠᏗᏯ, ᎠᎴ ᎾᏂᎥ ᎠᎾᎵᏅᏟ.
22 ᎤᎬᏫᏳᎯ ᏥᏌ ᎦᎶᏁᏛ ᏓᏊᏤᏣᏗᏙᎵᏍᏗ ᏣᏓᏅᏙ. ᎤᏓᏙᎵᏍᏗ ᎨᏒ
ᎦᏨᏊᏤᏣᏗᏙᎵᏍᏗ. ᎡᎺᏅ.

ᏉᎳ ᏓᏓᏏ ᎤᏬᏪᎳᏁᎸᎯ

ᎠᏫᏙᎸᎢ 1 ᎠᏫᏙᎸᎢ 2 ᎠᏫᏙᎸᎢ 3

ᎠᏯᏙᎸᎢ 1

1 ᎠᏴ, ᏉᎳ, ᎤᏁᎳᏅᎯ ᎠᎩᏅᏏᏙᎯ, ᎠᎴ ᏥᏌ ᎦᎶᏁᏛ ᎠᎩᏅᏏᏛ, ᎾᏍᎩᏯ ᎤᏃᎯᏳᏒ
ᎤᏁᎳᏅᎯ ᏧᏑᏰᏛ, ᎠᎴ [ᎾᏍᎩᏯ] ᏗᏓᏂᎸᎢᏍᏗ ᎨᏒ ᏚᏳᎪᏛ ᎨᏒᎢ, ᎾᏍᎩ ᎤᏁᎳᏅᎯ
ᎦᎾᏰᎯᏍᏗ ᎨᏒ ᎾᏍᎩᏯ ᏥᎩ,
2 ᏧᎵᏠᏯᏍᏗ ᎤᏚᎩ ᎬᏗ ᎨᏒ ᎬᏂᏛ ᎠᎵᏍᏆᏗᏍᎩ ᏂᎨᏒᎾ ᎠᏩᏛᏗᏱ, ᎾᏍᎩ ᎤᏁᎳᏅᎯ
ᏓᏩᏥᎪᏗ ᏂᎨᏒᎾ ᏧᏚᎢᏍᏔᏁ ᎠᏏ ᎾᏓᎴᏂᏍᎬᎾ ᏥᎨᏎ ᎡᎶᎯ;
3 ᎠᏎᏃ ᎾᎯᏳ ᎠᏎᎸᎯ ᎨᏒ ᎬᏂᎨᏒ ᏄᏩᏁᎴ ᎤᏤᎵ ᎧᏃᎮᏛ ᎤᏴᏔᏁ ᎠᎵᏥᏙᏗ ᎨᏒᎢ, ᎾᏍᎩ
ᎠᏴ ᎥᏆᎨᏅᏛᎯ ᏥᎩ, ᎾᏍᎩᏯ ᎤᏁᏨ ᎤᏁᎳᏅᎯ ᎢᎩᏍᏕᎵᏍᎩ;
4 ᏫᎬᏲᏪᎳᏏ, ᏓᏓᏏ, ᎠᏇᏥᏯᎢ, ᎾᏍᎩᏯ ᎾᏂᎥ ᎠᏃᎯᏳᎲᏍᎩ ᎤᏃᎯᏳᏒᎢ; ᎬᏩᎦᏘᏯ
ᎤᏓᏙᎵᏍᏗ ᎨᏒ, ᎠᎴ ᎤᏓᏙᎵᏣᏛᎢ, ᎠᎴ ᎤᏩᏙᎯᏯᏛ, ᎤᏓᏳᎾᎵᏍᎪᎸᎳᏅᎯ ᎤᏁᎳᏅᎯ
ᎠᎦᏴᎵᎨᎢ, ᎠᎴ ᎤᎬᏫᏳᎯ ᏥᏌ ᎦᎶᏁᏛ ᎢᎩᏍᏕᎵᏍᎩ, ᎦᏣᎹᎿᏩᏗᏙᎮᏍᏗ.
5 ᎯᎠ ᎤᏓᎦᎵᏍᏙᏗᏍᎬᎩ ᏟᏗᏱ ᏨᏓᎬᏯᎹᎯᏴᎩ, ᎾᏍᎩ ᎣᏍᏛ ᎢᏨᏁᎵᏓᏍᏗᏱ ᎾᏍᎩ
ᏧᏓᎴᏅᏛ ᎤᏃᏒᏅᎢ, ᎠᎴ ᏘᎪᏗᏱ ᏗᎨᎦᏁᎶᏗ ᏕᏚᏩᏗᏒᎢ, ᎾᏍᎩᏯ ᎢᏣᏛᏁᏗᏱ
ᎬᏁᏤᎸᎢ;
6 ᎢᏳᏃ ᎩᎶ ᎪᎱᏍᏗ ᎾᏓᎢᏍᏛᎾ ᎨᏎᏍᏗ, ᏌᏉ ᎠᏓᏰᎮᏍᏗ, ᎠᏃᎯᏳᎲᏍᎩ ᏚᏪᎧᎮᏍᏗ
ᏧᏪᏥ, ᏂᎨᏥᎳᏫᏎᎲᎾ ᏄᎾᏁᎸᎾ ᎤᎾᎴᏂᏙᎸᎢ, ᎠᎴ ᏂᏚᎾᏓᏁᎶᏛᎾ.
7 ᎠᏥᎦᏘᏗᏍᏗᏰᏃ ᎪᎱᏍᏗ ᎾᎫᎢᏍᏛᎾ ᏱᎩ, ᎾᏍᎩᏯ ᎣᏍᏛ ᎢᏳᏩᎿᎦᎩ ᎤᏁᎳᏅᎯ
ᎤᏤᎵᎦ; ᎥᏝ ᎤᏩᏒ ᎠᏓᏅᏖᏍᎬ ᎤᏟ ᎤᏰᎸᎯ, ᎥᏝ ᎤᎿᎸᏟᏗ, ᎥᏝ ᎩᎦᎨ-ᎠᏗᏔᏍᏗ
ᎤᎦᎾᏏᏍᎩ, ᎥᏝ ᎠᏓᏛᏂᎯ, ᎥᏝ ᏧᎬᏩᎶᏗ ᎤᎬᎥᏍᎩ.
8 ᎤᏓᏍᏆᏂᎪᏙᏗᏱᏍᎩᏂ ᎣᏏᏳ ᎤᏰᎸᎯ, ᎣᏍᏛ ᎨᏒ ᎤᎨᏳᎯ, ᎤᏴᏍᎦᏍᎩ ᏂᎨᏒᎾ,
ᏚᏳᎪᏛ ᎢᏯᏛᏁᎯ, ᎾᏍᎦᏅᎾ, ᎤᎵᏏᎾᏍᏗ;
9 ᎠᏍᏓᏯ ᏧᏂᏴᎯ ᏄᏓᎵᏍᏛᎾ ᎧᏃᎮᏛ ᎾᏍᎩᏯ ᎠᎨᏲᏅᎢ, ᎾᏍᎩ ᎤᏓᏳᎵᏍᏙᏗᏱ ᏰᎵᏉ
ᏗᎬᏩᏌᏁᏙᏗ ᎣᏍᏛ ᏗᎦᏲᏗ ᎨᏒ ᎬᏗᏍᎬᎢ; ᎠᎴ ᎬᏩᎾᏙᎯᏳᎾᏁᏗ ᎢᎬᏩᏁᏗ ᏗᏂᎦᏘᎴᎩ
ᎨᏒᎢ.
10 ᎤᏂᏣᏔᏰᏃ ᏂᏚᎾᏓᏁᎶᏛᎾ, ᎠᏎᏉᏉ ᎠᏂᏌᏂᏍᎩ, ᎠᎴ ᎤᎾᏠᎾᏍᏗ, ᎨᎤᎬᏫᏳᎭ
ᎾᏍᎩ Ꮎ ᏗᎨᏥᎤᏍᏕᏎᎸᎯ;
11 ᎾᏍᎩ ᏗᏂᎰᎵ ᎠᏎ ᏗᎨᏥᏍᏚᏁᏗ, ᎾᏍᎩ ᎾᏂᎥ ᏏᏓᏁᎸᎯ ᎠᏁᎯ ᏗᏂᎦᏔᎲᏍᎩ, ᎾᏍᎩ
ᏥᏓᎾᏕᏲᎲᏍᎦ ᏂᏚᏳᎪᏛᎾ ᏥᎩ ᏧᎾᏕᏲᏗᏱ, ᏧᎬᏩᎶᏗ ᎦᏓᎭ ᎤᏂᎬᎥᏍᎬ ᎢᏳᏍᏗ.
12 ᎩᎶ ᎢᏳᏍᏗ ᎤᏅᏒᏉ ᎠᏁᎲ ᎡᎯ, ᎠᏙᎴᎰᏍᎩ ᎤᏅᏒᏉ ᎤᎾᏤᎵᎦ, ᎯᎠ ᏄᏪᏎᎢ,
ᏟᏗᏱ ᎠᏁᎯ ᎠᏂᏰᎪᎩ ᎨᏐ ᏂᎪᎯᎸᎢ, ᎤᏂᏲ ᎢᎾᎨ ᎠᏁᎯ, ᏧᏍᏚᏃᎸ ᏧᏂᏍᏉᎵᏱ.
13 ᎯᎠ ᎾᏍᎩ ᎢᎦᏪᏛ ᏥᎩ ᎤᎪᎯᏳᎭ. ᎾᏍᎩ ᎢᏳᏍᏗ ᎠᏍᏓᏯ ᎦᎯᎬᏍ\ᎸᏅᎭ, ᎾᏍᎩ
ᎤᎪᎸ ᏂᎨᏒᎾ ᎢᏳᎵᏍᏙᏗᏱ ᎤᏃᎯᏳᏒᎢ;

14 ᏄᎾᎦᏌᎣᏍᏛᎾᏉ ᎢᏳᎵᏍᏙᏗᏱ ᎠᏂᏧᏏ ᎤᏁᏃᎮᎸᏗ ᎨᏒᎢ, ᎠᎴ ᏴᏫᏉ ᎾᏍᎩ ᏚᏳᎪᏛ
ᎨᏒ ᏗᏂᎪᎸᏍᎩ ᎤᏂᏗᏁᏣᎯ.
15 ᎾᏍᎩ Ꮎ ᎤᎾᏓᏅᎦᎸᏛ ᎨᏒᎢ, ᏂᎦᏗᏳ ᏧᏓᎴᏅᏛ ᎤᎾᏓᎥᎦᎸᏒᎸᎯ ᎨᏎᎢ; ᎾᏍᎩᏍᎩᏂ Ꮎ
ᎦᏓᏨ ᎢᏳᎾᎵᏍᏔᏅᎯ ᎠᎴ ᏄᏃᎯᏳᏒᎾ, ᎥᏝ ᎪᎱᏍᏗ ᎤᎾᏓᏅᎦᎸᏒᎸᎯ ᏱᎨᏎᎢ;
ᎾᏍᏉᏍᎩᏂ ᏚᎾᏓᏅᏛ ᎠᎴ ᏧᏄᎪᏙᏗᏱ ᎦᏓᏨ ᎢᏗᎬᏁᎸᎯ.
16 ᎬᏂᎨᏒ ᎾᏅᏁᏨ ᎠᏂᎦᏔᎯᏳ ᎨᏒ ᎤᏁᎳᏅᎯ; ᎠᏎᏃ ᏚᏂᎸᏫᏍᏓᏁᎲ ᎢᎬᏩᏓᏱᏨ,
ᎤᏗᎦᎵᏍᏙᏗᏨ ᎤᏂᏂᏆᏗᏍᏗᏳ ᎨᏒᎢ, ᎠᎴ ᎤᏃᎯᏳᎯᏍᏛ ᏂᎨᏒᎾ ᎨᏒᎢ; ᎠᎴ ᏂᎦᎥ ᎣᏍᏛ
ᏗᎦᎸᏫᏍᏓᏁᏗ ᎨᏒ ᎨᏦᏎᏅᎢᏍᏔᏅᎯ.

ᎠᏯᏙᎸᎢ 2

1 ᏂᎯᏍᎩᏂ ᎯᏃᎮᏍᎨᏍᏗ ᎾᏍᎩ ᎣᏍᏛ ᏗᏕᏲᏗ ᎨᏒ ᎤᎵᎶᎲᏍᎩ;
2 ᎾᏍᎩ ᏧᎾᏛᏐᏅᎯ ᏧᏂᏴᏍᏕᏍᎩ ᏂᎬᏒᎾ ᎢᏳᎾᎵᏍᏙᏗᏱ, ᎨᏥᎸᏉᏗ, ᎤᎾᎵᏏᎾᎯᏍᏗ,
ᏄᎪᎸᎾ ᎨᏒ ᎤᏃᎯᏳᏒᎢ, ᎠᎴ ᎤᎾᏓᎨᏳᏒᎢ, ᎠᎴ ᏗᎤᏂᏗᏳ ᎨᏒᎢ.
3 ᎠᏂᎨᏴ ᎾᏍᏉ ᎠᏂᎦᏴᎵᎨᎢ, ᎾᏍᎩ ᏚᏂᎸᏫᏍᏓᏁᎲ ᏚᏳᎪᏛ ᎢᏯᏛᏁᏗ ᎨᏒ ᎤᎵᎶᎲᏍᎩ
ᏱᎩ, ᎤᏐᏅ ᎠᎾᏓᏃᎮᏍᎩ ᏂᎨᏒᎾ, ᎩᎦᎨ-ᎠᏗᏔᏍᏗ ᎤᏂᎦᎾᏏᏍᎩ ᏂᎨᏒᎾ, ᎣᏍᏛ ᎨᏒ
ᏗᎾᏕᏲᎲᏍᎩ;
4 ᎾᏍᎩ ᏗᎬᏩᏁᏲᏗ ᏱᎩ ᎠᏂᏫᎾᎨᏌᏂ ᎠᏂᎨᏴ ᎤᎾᎵᏏᎾᎯᏍᏗ ᎢᏳᎵᏍᏙᏗᏱ, ᏧᏂᎨᏳᎯ
ᎢᏳᎵᏍᏙᏗᏱ ᏗᎬᏩᏂᏰᎯ, ᏧᏂᎨᏳᎯ ᎢᏳᎵᏍᏙᏗᏱ ᏧᏁᏥ,
5 ᎤᎾᎵᏏᎾᎯᏍᏗ ᎢᏳᎾᎵᏍᏙᏗᏱ, ᎠᏁᏯᏔᎯ, ᏚᏁᏅᏒᏉ ᎠᏁᏙᎯ, ᎠᏃᏍᏛ, ᏧᏃᎯᏳᎯ
ᎤᏅᏒ ᏗᎬᏩᏂᏰᎯ, ᎾᏍᎩ ᎤᏓᏳᎵᏍᏙᏗᏱ ᎧᏃᎮᏛ ᎤᏁᎳᏅᎯ ᎤᏤᎵ ᏕᎬᏩᏂᏐᏢᏙᏗᏱ
ᏂᎨᏒᎾ.
6 ᎠᏂᏫᏅ ᎾᏍᏉ ᏕᎯᏁᏤᎮᏍᏗ ᎤᎾᎵᏏᎾᎯᏍᏗ ᎢᏳᎾᎵᏍᏙᏗᏱ.
7 ᏂᎦᎥ ᏧᏓᎴᏅᏛ ᎨᏒ ᎬᏂᎨᏒ ᏅᏁᎮᏍᏗ ᏗᎦᏰᏣᏟᎶᏍᏙᏗ ᎨᏒ ᎣᏍᏛ ᏗᎦᎸᏫᏍᏓᏁᏗ ᎨᏒᎢ;
ᏗᏕᏲᏗ ᎨᏒ ᎤᎬᏩᎵ ᎤᏲ ᏄᏓᏑᏴᎾ, ᎬᎸᏉᏗᏳ, ᏄᏠᎾᏍᏛᎾ,
8 ᎯᏬᏂᏍᎬ ᎣᏍᏛ ᏱᎩ ᎾᏍᎩ ᎬᎪᏁᎶᎯᏍᏗ ᏂᎨᏒᎾ; ᎾᏍᎩ Ꮎ ᏣᏡᏗᏍᎩ ᎬᏩᏕᎰᎯᏍᏗ
ᏱᎩ ᏄᎲᏅ ᎨᏒ ᎢᏳᏍᏗ ᎪᎱᏍᏗ ᎤᏐᏅ ᏩᏃᎮᏗᏱ.
9 ᎨᏥᏅᏏᏓᏍᏗ ᏕᎯᏁᏤᎮᏍᏗ ᏧᏃᎯᏳᏗᏱ ᎤᏅᏒ ᏗᎬᏩᏂᏅᏏᏙᎯ, ᏂᎦᎥᏉ ᎾᎾᏛᏁᎲ
ᎣᏍᏛ ᎤᏂᏰᎸᏗ ᏧᏂᎸᏫᏍᏓᏁᏗᏱ; ᏔᎵᏁᏉ ᎤᏗᏂᏁᎬᎾ.
10 ᎾᏂᏃᏍᎩᏍᎬᎾ, ᎬᏂᎨᏒᏍᎩᏂ ᎾᏅᏁᎮᏍᏗ ᏂᎦᎥ ᎣᏍᏛ ᏄᏓᎵᏓᏍᏛᎾ ᎨᏒᎢ; ᎾᏍᎩ
ᎤᏃᏚᎢᏍᏙᏗᏱ ᏂᎦᎥᏉ ᎾᎾᏛᏁᎲ ᎾᏍᎩ ᏗᏕᏲᏅᎯ ᎨᏒ ᎤᏁᎳᏅᎯ ᎢᎩᏍᏕᎵᏍᎩ ᎤᏤᎵᎦ.
11 ᎬᏩᏕᏘᏯᏴᏃ ᎤᏓᏙᎵᏍᏗ ᎨᏒ ᎤᏁᎳᏅᎯ ᎾᏍᎩ ᎠᏓᏍᏕᎵᏍᎩ ᎾᏂᎥ ᏴᏫ ᎤᏂᎾᏄᎪᏤᎸ,
12 ᎢᎨᏲᎲᏍᎦ, ᎾᏍᎩ ᎢᏓᏓᏱᎲ ᎤᏁᎳᏅᎯ ᏗᏁᎶᏙᏗ ᏂᎨᏒᎾ ᎨᏒᎢ ᎠᎴ ᎡᎶᎯ ᎡᎯ
ᎠᏚᎸᏅᏗ ᎨᏒᎢ, ᎢᏕᎵᏏᎾᎯᏍᏗ ᎠᎴ ᏚᏳᎪᏛᎢ, ᎠᎴ ᎤᏁᎳᏅᎯ ᏕᎸᏉᏙᏗ ᎨᏒ ᏱᏓᎴᏂᏙᎭ
ᎠᏂ ᎡᎶᎯ ᎨᏒᎢ;
13 ᏱᏗᎦᏘᏯ ᎣᏍᏛ ᎤᏚᎩ ᎬᏗ ᎨᏒᎢ, ᎾᏍᎩ ᎦᎸᏉᏗᏳ ᏄᏛᏁᏍᏗ ᏕᎾᏄᎪᏥᎸ ᎦᎸᏉᏗ
ᎤᏁᎳᏅᎯ ᎠᎴ ᎢᎩᏍᏕᎵᏍᎩ ᏥᏌ ᎦᎶᏁᏛ;
14 ᎾᏍᎩ ᎠᏴ ᏥᎦᎦᏓᎵᏲᎯᏎᎴᎢ, ᎾᏍᎩ ᎤᏓᏳᎵᏍᏙᏗᏱ ᎢᎦᎫᏴᏗᏱ ᎢᎫᏓᎴᏍᏗᏱ ᏂᎦᎥ
ᎠᏍᎦᏅᎢᏍᏗ ᎨᏒᎢ, ᎠᎴ ᏧᏅᎦᎸᏗᏱ ᎤᏩᏒ ᏧᏤᎵ ᎢᏧᏩᏁᏗᏱ ᎤᎾᏓᏤᎵᏛ ᏴᏫ, ᎤᎵᏂᎩᏛ
ᎤᎾᏓᏅᏘ ᎣᏍᏛ ᏧᏂᎸᏫᏍᏓᏁᏗᏱ.
15 ᎾᏍᎩ ᎯᎠ ᏄᏍᏕᏍᏗ ᎯᏃᎮᏍᎨᏍᏗ, ᎠᎴ ᏕᎯᏬᏁᏗᏍᎨᏍᏗ, ᎠᎴ ᏕᎯᎬᏍᎪᎸᎥᏍᎨᏍᏗ
ᎲᏗᏍᎨᏍᏗ ᏂᎦᎥ ᏣᏒᎦᎸᎢ. ᎲᏗᏍᎨᏍᏗ ᏝᏍᏗ ᎩᎶ ᎡᏍᎦ ᏱᏣᏰᎸᏎᏍᏗ.

ᎠᏯᏙᎸᎢ 3

1 ᏕᎭᏅᏓᏗᏍᏗᏍᎨᏍᏗ ᏧᏃᎯᏳᏗ ᎨᏒ ᏄᏂᎬᏫᏳᏌᏕᎩ ᎠᎴ ᏗᎨᎦᏁᎶᏗ ᎨᏒᎢ, ᎤᏃᎯᏳᎯᏍᏛ
ᎢᏳᎵᏍᏙᏗ ᎨᏒᎢ, ᏂᎪᎯᎸᏉ ᎤᎾᏛᏅᎢᏍᏗ ᎢᏳᎵᏍᏙᏗ ᎨᏒ ᏂᎦᎥᏉ ᎣᏍᏛ
ᏧᏂᎸᏫᏍᏓᏁᏗᏱ.

2 ᎩᎶ ᎤᏐᏅ ᎤᏂᏃᎮᏗᏱ ᏂᎨᏒᎾ, ᏧᎾᏘᏲᏌᏘ ᏂᎨᏒᎾ ᎢᏳᎾᎵᏍᏙᏗᏱ, ᎤᎾᏓᏅᏘᏍᎩᏂ
ᎢᏳᎾᎵᏍᏙᏗᏱ, ᎬᏂᎨᏒ ᎢᏳᏅᏁᏗᏱ ᎾᏂᎥᏉ ᎠᏂᎦᏔᎲ ᎤᏣᏘ ᎤᎾᏓᏅᏘᏳ ᎨᏒᎢ.

3 ᎢᎬᏒᏰᏃ ᎾᏍᏉ ᎢᎸᎯᏳ ᏥᎨᏒ ᎢᎩᏁᎫ ᎨᏒᎩ, ᏂᎪᎯᏳᏒᎾ, ᎢᎩᎵᏓᏍᏔᏅᎯ, ᎪᎱᏍᏗ
ᏕᏓᏛᏁᎲᎩ ᏧᏓᎴᏅᏛ ᎠᎦᎸᏅᏗ ᎨᏒ ᎠᎴ ᎣᏍᏛ ᎠᏓᏓᏅᏓᏗᏍᏗᏍᎩ ᎨᏒᎢ, ᎤᏲ ᎨᏒ ᎠᎴ
ᎠᏛᏳᎨᏗ ᎢᎦᎲᎩ, ᎢᎩᏂᏆᏘᏍᏗ, ᎠᎴ ᏗᏓᏓᏂᏆᏘᎯ ᎨᏒᎩ.

4 ᎠᏎᏃ ᎿᏉ ᎤᏁᎳᏅᎯ ᎢᎩᏍᏕᎵᏍᎩ ᎤᏓᏅᏘᏳ ᎨᏒ ᎠᎴ ᏴᏫ ᏚᎨᏳᏒ ᎤᏕᎸᎪᏨ,

5 ᎥᏝ ᏚᏳᎪᏛ ᏗᎦᎸᏫᏍᏓᏁᏗ ᎨᏒ ᎬᏗ ᎠᏴ ᎾᏍᎩ ᏕᎩᎸᏫᏍᏓᏁᎸᎢ, ᎾᏍᎩᏯᏍᎩᏂ
ᎤᏓᏙᎵᏣᏘᏳ ᎨᏒ ᎢᎩᏍᏕᎸᎲᎩ ᎤᏮᏔᏅᎩ ᏔᎵᏁ ᎠᎦᏗ ᎨᏒ ᎤᎬᏩᎵ ᎠᏙᏑᎴᏗᏱ, ᎠᎴ
ᏕᎸᏉᏗᏳ ᎠᏓᏅᏙ ᎤᏓᏁᏟᏴᏍᏗ ᎨᏒᎢ;

6 ᎾᏍᎩ ᎤᏧᏈᏍᏗ ᏥᎩᏐᏅᏰᎵ, ᏥᏌ ᎦᎶᏁᏛ ᎢᎩᏍᏕᎵᏍᎩ ᎢᏳᏩᏂᏌᏛ;

7 ᎾᏍᎩ ᎬᏩᎦᏘᏯ ᎤᏓᏙᎵᏍᏗ ᎨᏒ ᏗᎦᏚᏓᎴᏍᏔᏅᎯ ᎨᏒᎢ, ᎾᏍᎩ ᎾᏍᎩᏯ ᎤᎵᏍᏆᏗᏍᏗ
ᏂᎨᏒᎾ ᎬᏂᏛ ᎢᎦᏤᎵ ᎢᏳᎵᏍᏙᏗᏱ ᎾᏍᎩᏯ ᎤᏚᎩ ᎢᎬᏒᎢ.

8 ᎤᏙᎯᏳᎯᏯ ᎢᎦᏪᏛ; ᎠᎴ ᎾᏍᎩ ᎯᎠ ᏧᏓᎴᏅᏛ ᎠᏆᏚᎵᎭ ᏣᏍᏓᏱᏗᏍᏗᏱ, ᎾᏍᎩ Ꮎ
ᎤᏁᎳᏅᎯ ᎤᏃᎯᏳᏅᎯ ᎤᎾᏕᏌᏯᏍᏙᏗᏱ ᏂᎪᎯᎸᏉ ᎣᏍᏛ ᏧᏂᎸᏫᏍᏓᏁᏗᏱ. ᎯᎠ
ᎾᏍᎩ ᎣᏏᏳ ᎠᎴ ᎬᏩᎾᎵᏍᏕᎸᏙᏗ ᏴᏫ.

9 ᎤᎵᏍᎦᏂᏍᏛᏍᎩᏂ ᎧᏃᎮᎸᏗ ᎨᏒ ᎠᎴ ᎤᎾᏓᏁᏟᏴᎡᏒᎢ, ᎠᎴ ᏗᏘᏲᏍᏗ ᎨᏒᎢ, ᎠᎴ
ᎠᏗᎡᏍᏗ ᎨᏒ ᏗᎧᎿᏩᏛᏍᏗ ᎤᎬᏩᎵ ᏕᎭᏓᏅᏒᎮᏍᏗ, ᎬᏩᎾᏓᏍᏕᎸᏗᏰᏃ ᏂᎨᏒᎾ ᎠᎴ
ᎠᏎᏉᏉ ᎾᏍᎩ.

10 ᎩᎶ ᏗᎦᎴᏅᏗᏍᎩ ᏌᏉ ᎠᎴ ᏔᎵ ᎢᏯᎨᏯᏔᏅᎯ ᎨᏎᏍᏗ ᎡᏥᏲᎢᏎᎸᎭ;

11 ᎢᏥᎦᏔᎮᏍᏗ ᎾᏍᎩ Ꮎ ᏱᎸᏍᏗ ᎩᎶ ᎤᎪᎸᏛ ᎨᏒᎢ, ᎠᎴ ᎤᏍᎦᏅᏨᎢ, ᎤᏩᏒᏉ
ᏓᏓᏚᎪᏓᏁᎲᎢ.

12 ᎢᏳᏃ ᎠᏘᎹ ᏥᏅᏒᎭ ᏫᏣᎷᏤᏗᏱ, ᎠᎴ ᏗᎩᎦ, ᎭᏟᏂᎬᏁᎸᎭ ᎾᎪᏆᎵ ᏍᎩᎷᏤᏗᏱ;
ᎾᎿᏰᏃ ᏓᏬᎪᏔᏅ ᎠᏆᎪᏔᏗᏴᏗᏱ.

13 ᏥᎾ ᏗᎧᎿᏩᏛᏍᏗ ᏗᎪᏏᏏᏍᎩ ᎠᎴ ᎠᏉᎳ ᎭᏟᏂᎬᏁᎸᎭ ᎩᏍᏕᎸᏗᏱ ᎠᎾᎢᏒᎢ, ᎾᏍᎩ
ᎪᎱᏍᏗ ᏄᏂᏂᎬᏎᎲᎾ ᎢᏳᎵᏍᏙᏗᏱ.

14 ᎠᎴ ᎾᏍᏉ ᏗᎦᏤᎵᎦ ᏩᎾᎦᎶᏆ ᏂᎪᎯᎸ ᎣᏍᏛ ᏧᏂᎸᏫᏍᏓᏁᏗᏱ ᎾᏍᎩ ᎤᏚᎸᏗ
ᏂᎦᎵᏍᏗᏍᎬ ᎪᎱᏍᏗ ᎬᏔᏂᏓᏍᏗ, ᎾᏍᎩ ᎠᏂᏁᏉᏍᎩ ᎢᏳᎾᎵᏍᏙᏗᏱ.

15 ᏂᎦᏛ ᎠᏂ ᏃᎦᏛᏅᎢ ᏫᎨᏣᏲᎵᎦ. ᏕᎯᏲᎵᎸᎭ ᎾᏍᎩ Ꮎ ᎨᎩᎨᏳᎯ ᎪᎯᏳᏗ ᎨᏒ
ᎤᏗᎦᎵᏍᏙᏗᏍᎬᎢ. ᎬᏩᎦᏘᏯ ᎤᏓᏙᎵᏍᏗ ᎨᏒ ᎢᏤᏔᏗᏙᎮᏍᏗ ᏂᏥᎥᎢ. ᎡᎺᏅ.

ᏉᎳ ᏆᎵᏲᏂ
ᎧᏬᏯᎳᏗᏋᎾ

ᎠᏊᏙᏋᎢ 1

ᎠᏯᏙᎸᎢ 1

1 ᎠᏴ, ᏈᏔ, ᏥᏴᎩ ᏥᏌ ᎦᎶᏁᏛ ᎠᎩᏍᏛᏗᏍᎬᎢ, ᎠᎴ ᏗᎹᏗ ᎢᎩᏅᏣ, ᏫᏍᏛᏲᏪᎳᏏ
ᏆᎵᎹᏂ ᎤᏳᎫ ᎢᏍᏛᎨᏳᎢ, ᎠᎴ ᎤᏌᏱ ᏗᎩᎸᏫᏍᏓᏁᎯ,
2 ᎠᎴ ᎢᏍᏛᎨᏳᎢ ᎠᏢᏯ, ᎠᎴ ᎠᎩᏆ, ᎢᏧᎳᎭ ᎢᏗᏳᏫᏍᎩ, ᎠᎴ ᏧᎾᏁᎶᏗᏅᎾᏓᏢᎬ
ᎯᏁᎸᎢ;
3 ᎬᏳᏕᏗᏯ ᎤᏓᏙᎵᏍᏗ ᎨᏒ ᎠᎴ ᎤᏳᏙᎯᏯᏛ ᏕᏥᎧᏖᏳᏗᏙᎮᏍᏗ ᎤᏓᏳᎾᎵᏍᎪᎸᎳᏅᎯ
ᎤᏁᎳᏅᎯ ᎢᎩᏙᏓ ᎠᎴ ᎤᎬᏫᏳᎯ ᏥᏌ ᎦᎶᏁᏛ.
4 ᏥᏯᎵᎡᎵᏤ ᎠᏆᏁᎳᏅᎯ ᎬᏁᎢᏍᏗᏍᎪ ᏂᎪᎯᎸ ᏕᏓᏙᎵᏍᏗᏍᎬᎢ,
5 ᏕᏛᎩᏍᎬ ᏨᏓᎨᏳᏒ ᎠᎴ ᏦᎯᏳᏒᎢ, ᎾᏍᎩ ᏥᎨᏳᎭ ᎤᎬᏫᏳᎯ ᏥᏌ, ᎠᎴ ᎾᏂᎥ ᎤᎾᏓᏅᏘ
ᏥᏕᎯᎨᏳᎭ;
6 ᎾᏍᎩ Ꮎ ᏦᎯᏳᏒ ᏙᏔᏗᏍᏗᏍᎬᎢ ᎾᏍᎩ ᏱᏂᎬᏂᏒ ᎬᏂᎨᏒ ᏱᏂᏕᎵᏍᏓ ᏂᎦᎥ ᎣᏍᏛ ᎨᏒ
ᎢᏥᏯᎥᎢ ᏥᏌ ᎦᎶᏁᏛ ᎤᏗᏕᎵᏍᏙᏗᏍᎬᎢ.
7 ᎤᏳᎫᏰᏃ ᎤᎵᎮᎵᏍᏗ ᎣᎨᎭ ᎠᎴ ᎤᎦᎵᏍᏗ ᎠᏓᏅᏓᏗᏍᏗ ᎨᏒ ᏨᏓᎨᏳᏒ ᎢᏳᏍᏗ,
ᏛᏗᏕᎵᏍᏙᏗᎭ ᎤᎾᏓᏅᏘ ᏧᏂᎾᏫ ᏕᎯᏕᎵᏍᏓᏕᎲᎢ, ᎥᎩᏅᏣ.
8 ᎤᏙᎯᏳᎯᏍᎩᏂᏃᏅ ᎤᏳᎫ ᎠᎩᎭ ᎦᎶᏁᏛ ᎠᎩᏁᎸᎢ, ᎾᏍᎩ ᎬᏁᏙᎲ ᏥᎦᏳᎪᏗ
ᎢᏳᏛᏁᏗᏱ;
9 ᎠᏎᏃ ᏄᎩᎨᏳᎯᏳ ᎨᏒ ᎤᏗᏕᎵᏍᏙᏗᎭ ᎤᏣ ᏥᏰᎸᏍᎦ ᎬᏍᏗᏰᏙᏗᏱ, ᏈᏔ ᎤᏛᏐᏅᎯ
ᎢᏯᏆᏍᏗ ᏥᎩ, ᎠᎴ ᎪᎯ ᎨᏒ ᎠᏴᎩ, ᏥᏌ ᎦᎶᏁᏛ ᎠᎩᏍᏛᏗᏍᎬᎢ.
10 ᎬᏍᏗᏰᏗᎭ ᎠᏭᏥ ᎣᏂᏏᎹ ᎤᎬᏳᎵᎾᏍᎩ ᎥᏆᎸᎢᏛ ᎨᏒ ᎠᏆᏕᏁᎸᎯ ᏥᎩ.
11 ᎾᏍᎩ ᏧᏳᎫᎳᏅᏒ ᏂᏨᏍᏕᎵᏍᎬᎾ ᏥᎨᏒᎩ, ᎪᎯᏍᎩᏂ ᏥᎩ ᏨᏍᏕᎵᏍᎩ, ᎠᎴ ᎠᏴ
ᎠᎩᏍᏕᎵᏍᎩ;
12 ᎾᏍᎩ ᏔᎵᏁ ᎥᏥᏅᎵ; ᎾᏍᎩ ᎢᏳᏍᏗ ᏂᎯ ᏕᎯᏯᏓᏂᎸᏟᎭ, ᎾᏍᎩ ᎠᏛᎡ ᎠᎩᎾᏫ ᏥᎩ.
13 ᎾᏍᎩ ᎠᏆᎦᎵᏍᎬᎩ ᏥᏯᎧᎯᏯᏍᏗᏱ ᎠᏂ ᎨᏙᎲᎢ, ᎾᏍᎩ ᏂᎯ ᏄᎩᏍᏕᎸᎯᏓᏍᏗ ᎨᏒ
ᎠᎩᏍᏕᎸᎯᏓᏍᏗᏱ ᎥᏆᎸᎢᏛ ᎨᏒ ᎣᏍᏛ ᎧᏃᎮᏛ ᎠᎩᏍᏛᏗᏍᎬᎢ;
14 ᎠᏎᏃ ᏂᎯ ᎣᏏᏳ ᏂᏨᏰᎸᏅᎾ ᎥᏝ ᏯᏆᏕᎸᏢ ᎪᎱᏍᏗ ᎠᏆᏛᏁᏗᏱ; ᎾᏍᎩ ᎣᏍᏛ
ᏂᏍᏆᏛᏁᎲ ᎣᏏᏳ ᏨᏰᎸᏅ ᎬᏂᎨᏒ ᎢᏳᎵᏍᏙᏗᏱ, ᎥᏝᏃ ᎾᏍᎩ ᎠᏎ ᎢᏳᏛᏁᏗᏱ
ᏂᏨᎵᏍᏓᏁᎲᎢ.
15 ᎾᏍᎩᏰᏃ ᎢᏳᏍᏗ ᏱᎩ ᏞᏕ ᏳᏓᏅᏒ ᎾᏍᎩ ᏗᏯᏓᏂᎸᎢᏍᏗ ᏂᎪᎯᎸ ᎤᏕᏗᏱ.
16 ᎥᏝ ᏖᏈ ᎠᏥᏅᏴᏓᏍᏗ ᎾᏍᎩᏯᎢ, ᎤᏣᏍᎩᏂ ᎦᎸᏈᏗᏳ ᎡᏍᎦᏈ ᎠᏥᏅᏏᏓᏍᏗ,
ᎣᏅᏣ ᎠᎨᏳᎯ ᎾᏍᎩᏯᎢ, ᎠᏴ Ꭸ ᎤᎬᏫᏳᎭ ᏥᎨᏳᎢ, ᏂᎯᏍᎩᏂ ᏂᎦᎥ ᎤᏣᎯᏳ ᎯᎨᏳᎢ,
ᎾᏍᎩ Ꮎ ᎤᏭᏓᎵ ᎨᏒ ᎠᎴ ᎤᎬᏫᏳᎯ ᏕᏍᏓᏁᎶᏛᎢ?
17 ᎾᏍᎩ ᎢᏳᏍᏗ ᎢᏳᏃ ᎣᎬᎾᏑᏈᎶᎯ ᏄᏭᎵᏎᎮᏍᏗ, ᏕᎯᏯᏓᏂᎸᏟᎭ ᎠᏴ ᏥᏕᏍᏆᏓᏂᎸᎪ
ᎾᏍᎩᏯᎢ.

18 ᎢᏳᏃ ᎤᏣᏘᏂ ᏂᏣᏛᏁᎴᏍᏗ, ᎠᎴ ᎯᏚᎨᏍᎦ, ᎠᏴᏉ ᎠᏆᎫᏴᏗ ᎤᏁᎸᎭ;
19 ᎠᏴ ᏉᎳ ᎠᏋᏒ ᎠᏉᏰᏃ ᎬᏓ ᎪᏪᎸᎦ, ᎠᏴ ᏓᎦᎫᏴᎯ; ᎥᏝᏍᎩᏂᏃᎤ ᏨᏒ ᎨᏒ ᎾᏍᏉ
ᎬᏚᎦ ᏗᏍᏆᏓᏲᎯᏎᏗᏱ ᏱᎬᏲᏎᎭ.
20 ᎥᎥ, ᏗᎾᏓᏅᏟ, ᎤᎵᎮᏍᏗ ᏍᏆᏓᏅᏓᏗᏍᏓ ᎤᎬᏫᏳᎯ ᎢᏳᏩᏂᏌᏛ; ᎪᎯᎵᏍᏓᏓᏉ ᎠᎩᎾᏫ
ᎤᎬᏫᏳᎯ ᎦᎾᏁᎶᏛᎢ.
21 ᏦᎯᏳᏒ ᎠᏆᎵᏍᎦᏍᏙᏛ ᏫᎬᏲᏪᎳᏁᎸᎩ, ᏥᎦᏔᎲᎩ ᎾᏍᏉ ᏟᎶᏒᏍᏙᏗᏱ ᎨᏒ ᏄᏛᏁᎲ
ᎸᏍᏛ ᎬᏁᏙᎲᎢ.
22 ᎠᎴ ᎾᏍᏉ ᏍᏆᏛᏅᎢᏍᏓᏁᎸᎭ ᏍᎩᏍᏆᏂᎪᏙᏗᏱ; ᎤᏚᎩᏰᏃ ᎠᏋᎭ ᎢᏣᏓᏙᎵᏍᏗᏍᎬ
ᎢᏳᏩᏂᏐᏗᏱ ᏔᎵᏁ ᏫᏨᎷᏙᏗᏱ.
23 ᏫᎨᏣᏲᎵᎦ ᎡᎦᏉ, ᏗᏧᎳᎭ ᏜᏍᏗᏴᎩ ᎦᎶᏁᏛ ᏥᏌ ᏜᎩᏂᏍᏛᏗᏍᎬᎢ;
24 ᎹᎦ, ᎡᎵᏍᏓᎦ, ᏗᎹ, ᎷᎦ, ᎢᏧᎳᎭ ᏦᎩᎸᏫᏍᏓᏁᎯ
25 ᎬᏩᎦᏘᏯ ᎤᏓᏙᎵᏍᏗ ᎨᏒ ᎢᎦᏙᎵ ᎤᎬᏫᏳᎯ ᏥᏌ ᎦᎶᏁᏏ ᏔᎵ ᎤᏛᎦᎨᏍᏗ ᎦᏣᏓᏅᏛᎢ
ᎡᎺᏅ

ᏉᎳ ᎠᏂᏈᎷ ᏧᏬᏪᎳᏁᎸᎯ

ᏉᎳ ᎠᏂᏈᎷ ᏧᏬᏪᎳᏁᎸᎯ

ᎠᏯᏙᎸᎢ 1

1 ᎤᏁᎳᏅᎯ, ᎾᏍᎩ ᎢᎸᎯᏳ ᏥᎨᏒ, ᎢᏴᏛᎭᏉ ᎠᎴ ᏧᏓᎴᏅᏛ ᎬᏔ-ᏅᎯ ᏥᎦᎧᏁᏤᎮ
ᏗᎩᎦᏴᎵᎨ ᎠᎾᏙᎴᎰᏍᎩ ᎦᎬᏗᏍᎬᎢ,
2 ᎪᎯ ᎤᎵᏍᏆᎸᏗ ᏕᎨᏌᏗᏒ ᎢᎩᏁᏤᎸ ᎤᏪᏥ ᎤᏮᏔᏅ, ᎾᏍᎩ ᎤᏪᎧᏅ ᎤᏤᎵ
ᎢᏳᎵᏍᏙᏗᏱ ᏂᎦᏗᏳ ᏧᏓᎴᏅᏛ, ᎾᏍᎩ ᎾᏍᏉ ᎬᏗᏍᎬ ᎡᎶᎯ ᏚᏬᏢᏁᎢ;
3 ᎾᏍᎩ ᏗᎦᎸᏌᏓᏗᏍᎩ ᏥᎨᏒᎩ ᎤᏤᎵ ᎦᎸᏉᏗᏳ ᎨᏒᎢ, ᎠᎴ ᎾᏍᎩᏯ ᏗᏟᎶᏍᏔᏅᎯ
ᏥᎨᏒᎩ ᎾᏍᎩ ᏄᏍᏛᎢ, ᎠᎴ ᏂᎦᏗᏳ ᏧᏓᎴᏅᏛ ᏥᏚᏍᏆᏂᎪᏗᏕᎬᎩ ᏥᎬᏗᏍᎬᎩ ᎤᎵᏂᎩᏗᏳ
ᎧᏁᎬᎢ, ᎾᎯᏳ ᎤᏩᏒ ᎤᏓᏛᏔᏅ ᎤᏅ ᎦᎸᎭ ᎢᎩᏍᎦᏅᏨᎢ, ᎤᏪᏁᎢ ᎠᎦᏘᏏᏗᏢ
ᎦᎸᏉᏗᏳ ᎨᏒ ᎦᎸᎳᏗ.
4 ᎾᏍᎩ ᎢᎦᎢ ᎤᏟ ᎢᏳᏓᎵᏁᎯᏯᏛ ᎾᎬᏁᎴ ᎡᏍᎦ ᏗᏂᎧᎿᏩᏗᏙᎯ, ᎾᏍᎩ ᎤᏘᏯᏍᏓᏁᏗ
ᎨᏒ ᎤᏟ ᎢᎦᎸᏉᏗ ᏧᏙᏍᏙᏗ ᏧᏩᏛᏔᏅ.
5 ᏗᏂᎧᎿᏩᏙᎯᏰᏃ ᎨᏒ ᎦᎪ ᎢᎸᎯᏳ ᎯᎠ ᏄᏪᏎᎶᎢ, ᎠᏇᏥ ᏂᎯ ᎪᎯ ᎢᎦ ᏍᏆᏕᎲᏏ? ᎠᎴ
ᎾᏍᏉ ᎯᎠ; ᎠᏴ ᏥᎦᏴᎵᎨ ᎨᏎᏍᏗ, ᎾᏍᎩᏃ Ꮎ ᎠᏇᏥ ᎨᏎᏍᏗ?
6 ᎠᎴ ᎾᏍᏉ, ᎾᎯᏳ ᎢᎬᏱ ᎤᏕᏁᎸᎯ ᎡᎶᎯ ᎤᎾᏄᎪᏫᏒ ᎯᎠ ᏄᏪᏎᎢ; ᎠᎴ ᎾᏂᎥ
ᏗᏂᎧᎿᏩᏗᏙᎯ ᎤᏁᎳᏅᎯ ᏧᏤᎵ ᏫᎬᏩᏓᏙᎵᏍᏓᏏ.
7 ᏗᏂᎧᎿᏩᏗᏙᎯᏃ ᎯᎠ ᏂᏕᎦᏪᏎᎭ, ᎾᏍᎩ ᏗᏂᎧᎿᏩᏗᏙᎯ ᏧᏤᎵ ᎤᏃᎴ ᏥᏂᏕᎬᏁᎭ, ᎠᎴ
ᎠᏥᎸ ᎠᏓᏪᎳᎩᏍᎩ ᏧᏅᏏᏓᏍᏗ ᏥᏂᎬᏁᎭ.
8 ᎤᏪᏥᏍᎩᏂ ᎯᎠ ᏂᎦᏪᏎᎭ, ᏣᏤᎵ ᎦᏍᎩᎸ, ᏣᏁᎳᏅᎯ, ᏂᎪᎯᎸ ᎠᎴ ᏂᎪᎯᎸ
ᏂᎬᏩᏍᏗᏉ; ᎠᏙᎳᏅᏍᏗ ᏚᏳᎪᏛ ᎠᏛᏁᏙᏗ ᎾᏍᎩ ᎠᏙᎳᏅᏍᏗ ᎪᎱᏍᏗ ᏨᏗᎭ ᎾᎿ
ᏣᎬᏫᏳᎯ ᎨᏒᎢ.
9 ᎣᏏᏳ ᏣᏰᎸᏅ ᏚᏳᎪᏛ ᎨᏒᎢ; ᎠᎴ ᏣᏂᏆᏘᎸ ᎤᏲ ᎨᏒᎢ, ᎾᏍᎩ ᎢᏳᏍᏗ ᎤᏁᎳᏅᎯ,
ᎾᏍᎩ ᏂᎯ ᏣᏁᎳᏅᎯ ᎤᏟ ᎢᎦᎢ ᏣᎶᏁᎳᏅ ᎠᏋᏁᏗᎣᏍᏛ ᎠᏓᏓᏅᏓᏗᏍᏗᏍᎩ, ᎡᏍᎦᏉ
ᎾᏍᎩ Ꮎ ᎢᏣᎵᎪᎯ.
10 ᎠᎴ, ᎾᏍᏉ [ᎯᎠ ᏂᎦᏪᎭ] ᏂᎯ, ᏣᎬᏫᏳᎯ, ᏗᏓᎴᏂᏍᎬ ᎡᎶᎯ ᎦᎫᏍᏓᎥ ᏣᏁᎢ; ᎠᎴ
ᎦᎸᎶᎢ ᏗᏦᏰᏂ ᏦᏢᏔᏁᎢ;
11 ᏛᎾᎵᏛᏔᏂ ᎾᏍᎩ; ᏂᎯᏍᎩᏂ ᏁᏣᏛᏁᏍᏗᏉ; ᎠᎴ ᎾᏍᎩ ᏂᎦᏛ ᏓᏳᏁᏔᏥ ᎠᏄᏬ
ᎾᏍᎩᏯᎢ;
12 ᎠᎴ ᎤᏔᏃᎯ ᎠᏄᏬ ᎾᏍᎩᏯ ᏙᏘᏇᏅᎯ, ᎠᎴ ᏗᎦᏁᏟᏴᏛ ᎨᏎᏍᏗ; ᏂᎯᏍᎩᏂ
ᏁᏣᏍᏗᏉ, ᎠᎴ ᎦᏟᎦᏗᏱᎶᏍᎬ ᎥᏝ ᏱᏍᏗᏥᎯᏍᏗ ᏱᎩ.
13 ᎦᏙᎨ ᎤᏍᏗ ᏗᏂᎧᎿᏩᏗᏙᎯ ᎨᏒ ᎯᎠ ᏄᏪᏎᎶᎢ, ᏥᎦᏘᏏᏗᏢ ᏦᎴᏍᏗ ᎬᏂ ᎨᏤᏍᎦᎩ
ᎦᏍᎩᎶ ᏗᏣᎳᏏᏗᏱ ᏂᎦᏥᏴᏁᎸᎭ?
14 ᏝᏍᎪ ᎾᏍᎩ Ꮎ ᏂᎦᏛ ᏗᏓᏅᏙ ᎨᏥᏅᏏᏛ ᏧᏂᏍᏕᎸᎯᏓᏍᏗᏱ ᎾᏍᎩ Ꮎ ᎠᎵᏍᏕᎸᏙᏗ
ᎨᏒ ᎤᎾᏤᎵ ᎢᏳᎵᏍᏙᏗ ᏥᎩ?

ᎠᏯᏙᎸᎢ 2

1 ᎾᏍᎩ ᎢᏳᏍᏗ ᎤᏟ ᎢᎦᎢ ᎢᎦᎦᏌᏯᏍᏙᏗ ᏱᏂᎦᎵᏍᏓ ᏄᏍᏛ ᎢᎦᏛᎦᏅᎢ, ᎾᏍᎩ ᎢᎸᎯᏳ
ᏗᎬᏍᎦᎶᎢᏍᏗᏱ ᏂᎨᏒᎾ ᎢᏳᎵᏍᏙᏗᏱ.
2 ᎢᏳᏰᏃ ᎧᏃᎮᏛ ᏗᏂᎧᎿᏩᏗᏙᎯ ᎬᏂᎨᏒ ᎢᏳᏅᏁᎸᎯ ᎨᏒ ᎤᎵᏂᎩᏗᏳ ᏱᎩ, ᎠᎴ ᏄᏓᎴᏒ
ᎠᏍᎦᏅᏨᎯ ᎨᏒ ᎠᎴ ᏄᏃᎯᏳᏒᎾ ᎨᏒ ᏚᏳᎪᏛ ᎨᏥᏍᏛᏗᏔᏅᎯ ᏱᎩ;
3 ᎦᏙ ᏱᏕᎵᏍᏙᏓ ᏱᏓᏗᏓᎳᎩ, ᎢᏳᏃ ᏂᎦᎦᏌᏯᏍᏔᏅᎾ ᏱᎩ ᎾᏍᎩ ᎢᎦᎸᏉᏗ
ᎠᎵᏍᏕᎸᏙᏗ; ᎾᏍᎩ ᎢᎬᏱ ᏧᎴᏅᎲ ᏧᏃᎮᏛ ᎤᎬᏫᏳᎯ, ᎠᎴ ᎾᏍᎩ ᎠᏴ ᏥᎨᎩᏍᏓᏱᏕᎸᎩ
ᎾᏍᎩ Ꮎ ᎬᏩᏛᎦᏁᎸᎯ;
4 ᎤᏁᎳᏅᎯ ᎾᏍᏉ ᎦᎪᎯᏳᏓᏁᎲᎩ, ᎦᎬᏗᏍᎬᎩ ᎤᏰᎸᏛ ᎠᎴ ᎤᏍᏆᏂᎪᏗ, ᎠᎴ
ᎤᏍᏆᏂᎪᏗ ᏗᏕᎸᏫᏍᏓᏁᏗ ᎨᏒᎢ, ᎠᎴ ᎦᎸᏉᏗᏳ ᎠᏓᏅᏙ ᎤᏓᏁᏗ ᎨᏒ ᎾᏍᎩᏯ ᎤᏩᏒ
ᎣᏏᏳ ᎤᏰᎸᏗ ᎨᏒᎢ.
5 ᏗᏂᎧᎿᏩᏗᏙᎯᏰᏃ ᎥᏝ ᏄᏂᎬᏫᏳᏌᏕᎩ ᏱᏂᏚᏩᏁᎸ ᎾᏍᎩ ᎾᎿ ᎡᎶᎯ ᎤᎵᏰᎢᎶᎯᏍᏗ
ᏥᎨᏒᎩ, ᎾᏍᎩ ᏥᏗᏁᎢᏍᏗᎭ.
6 ᎠᏏᏴᏫᏍᎩᏂ ᎢᎸᎯᏢ ᎤᏁᏙ, ᎯᎠ ᏄᏪᏎᎢ, ᎦᏙ ᏴᏫ ᎾᏍᎩ ᏥᏯᏓᏅᏖᏍᎪᎢ? ᎠᎴ ᏴᏫ
ᎤᏪᏥ, ᎾᏍᎩ ᏥᏯᏕᏔᏂᎯᎰᎢ?
7 ᎤᏍᏗᎩᏛᏉᏰᏃ ᎡᏍᎦ ᏂᏴᏁᎸ ᏂᎩᏴᏁᎸ ᏗᏂᎧᎿᏩᏗᏙᎯ; ᏗᎬᏩᎸᏌᏓ ᎠᎴ ᎦᎸᏉᏗᏳ ᎨᏒ
ᎯᏍᏚᎶᏔᏅ, ᎠᎴ ᏄᏂᎬᏫᏳᏌᏕᎩ ᏂᏴᏁᎸ ᎪᎱᏍᏗ ᏦᏢᏅᏅᎯ ᎨᏒᎢ.
8 ᏄᏓᎴᏒ ᎪᎱᏍᏗ ᏧᎳᏏᏕᏂ ᎭᏫᏂᏗᏢ ᏂᏕᏨᏁᎸ. ᎾᏍᎩᏰᏃ ᏂᎦᏛ ᎭᏫᏂᏗᏢ ᏥᏄᏩᏁᎴᎢ,
ᎥᏝ ᎪᎱᏍᏗ ᏣᏃᎯᏰ ᎾᏍᎩ ᎭᏫᏂᏗᏢ ᏄᏩᏁᎸᎾ ᎨᏒᎢ. ᎠᏎᏃ ᎪᎯ ᎨᏒ ᎥᏝ ᏱᏗᎪᏩᏘᎭ
ᏂᎦᏛ ᎭᏫᏂᏗᏢ ᏱᎾᎬᏁᎸ.
9 ᏥᏌᏍᎩᏂ ᎡᏗᎪᏩᏘᎭ ᎾᏍᎩ ᎤᏍᏗᎩᏛ ᎡᏍᎦ ᎢᏯᎬᏁᎸᎯ ᏗᏂᎧᎿᏩᏗᏙᎯ ᎨᏒ
ᏂᎨᎬᏁᎸᎢ, ᎾᏍᎩ ᎤᏲᎱᎯᏍᏗᏱ, ᏗᎬᏩᎸᏌᏛ ᎠᎴ ᎦᎸᏉᏗᏳ ᎨᏒ ᎠᏥᏍᏚᎶᏔᏅ; ᎾᏍᎩ
ᎤᏓᏳᎵᏍᏙᏗᏱ ᎬᏩᏚᏘᏯ ᎤᏁᎳᏅᎯ ᎤᏓᏙᎵᏍᏗ ᎨᏒ ᎬᏗᏍᎬ ᎾᏂᎥ ᏴᏫ ᏧᏲᎱᏎᏗᏱ.
10 ᎠᏎᏰᏃ ᎾᏍᎩ ᎢᏳᏛᏁᏗ ᎨᏎᎢ, ᎾᏍᎩ Ꮎ ᏄᏓᎴᏒ ᎪᎱᏍᏗ ᎠᎪᏢᎾᏁᎸᎯ, ᎠᎴ ᎾᏍᎩ
ᎢᏳᏩᏂᏌᏛ ᏄᏓᎴᏒ ᎪᎱᏍᏗ ᎠᏢᏅᎯ ᏥᎩ, ᎾᏍᎩ ᏗᎬᏩᎸᏌᏛ ᏗᎨᏒ ᏫᏓᏘᏃᎯᎲ ᎤᏂᏣᏘ
ᏧᏪᏥ, ᎾᏍᎩ ᎤᎾᎵᏍᏕᎸᏙᏗ ᏗᏩᏛᎡᎯ, ᏂᎦᎷᎶᎬᎾ ᎢᏯᎬᏁᏗᏱ ᎠᎩᎵᏲᎬᎢ.
11 ᎢᏧᎳᏰᏃ ᎾᏍᎩ Ꮎ ᏗᎦᏅᎦᎵᏍᎩ ᎨᏒ ᎠᎴ ᎾᏍᎩ ᎨᏥᏅᎦᎵᏍᎩ ᎨᏒ ᎤᏂᏌᏱᏉ; ᎾᏍᎩ
ᎢᏳᏍᏗ ᎥᏝ ᎤᏕᎰᎯᏍᏗ ᏣᏰᎸᎭ ᎣᏣᎵᏅᏟ ᏧᏬᏎᏗᏱ;
12 ᎯᎠ ᏥᏄᏪᏎᎢ, ᏕᏣᏙᎥ ᎬᏂᎨᏒ ᏅᏓᎦᏥᏴᏁᎵ ᎣᏣᎵᏅᏟ; ᏧᎾᏁᎶᏗ ᎤᎾᏓᏡᎬ ᎠᏰᎵ
ᏙᏓᎬᏃᎩᏍᏔᏂ.
13 ᎠᎴ ᏔᎵᏁᎢ, ᎾᏍᎩ ᏓᏥᏯᎵᏍᎦᏍᏙᏔᏂ. ᎠᎴᏬ, ᎬᏂᏳᏉ ᎠᏴ ᎠᎴ ᎾᏍᎩ Ꮎ
ᏗᏂᏲᎵ ᎤᏁᎳᏅᎯ ᏗᎩᎧᏁᎸᎯ ᎨᏒᎢ.

14 ᎠᎴ ᎾᏍᎩ ᏗᏂᏲᎵ ᎤᏂᏲᎵ ᎠᎴ ᎩᎬ ᎤᏂᏁᎯ ᏥᎩ, ᎤᏩᏒ ᎾᏍᏉ ᎾᏍᎩ
ᎤᏠᏯᏍᏔᏁ ᎤᎩᏎᎢ; ᎾᏍᎩ ᎠᏲᎱᎯᏍᏗ ᎨᏒ ᎢᏳᏩᏂᎭᏗᏱ ᎠᏎᏉᏉ ᎢᏳᏩᏁᏗᏱ ᎾᏍᎩ
Ꮎ ᎠᏲᎱᎯᏍᏗ ᎨᏒ ᎤᎵᏂᎬᎬ ᎤᎯ, ᎾᏍᎩ ᎠᏍᎩᎾ ᏥᎩ.
15 ᎠᎴ ᏧᏭᏓᎴᏍᏗᏱ ᎾᏍᎩ Ꮎ ᎠᏲᎱᎯᏍᏗ ᎨᏒ ᎠᏂᎾᏰᏍᎬ ᏥᏅᏗᎦᎵᏍᏗᏍᎨ ᏓᏅᏅ
ᎢᎪᎯᏛ ᏧᎾᏓᏲᏒᎯ ᏥᎨᏒ ᎦᎨᏥᎾᏝᎥᎢ.
16 ᎤᏙᎯᏳᎯᏰᏃ ᎥᏝ ᏗᏂᎧᎿᏩᏗᏙᎯ ᏫᏚᏬᏯᏁᏎᎢ, ᎡᏆᎭᎻᏍᎩᏂ ᎤᏁᏢᏔᏅᏛ ᎨᏒ
ᏚᏬᏯᏁᏎᎢ.
17 ᎾᏍᎩ ᎢᏳᏍᏗ ᏚᏳᎪᏛᎩ ᏂᎦᎥ ᏄᏛᏅᏅ ᎠᎾᎵᏅᏟ ᎾᏍᎩᏯ ᏄᎾᏍᏛ ᎢᏳᎵᏍᏙᏗᏱ,
ᎾᏍᎩ ᎤᏓᏙᎵᏍᏗ ᎠᎴ ᏄᏓᎵᏍᏛᎾ ᏄᎬᏫᏳᏒ ᎠᏥᎸ-ᎨᎶᎯ ᎢᏳᎵᏍᏙᏗᏱ ᎤᏁᎳᏅᎯ ᎤᏤᎵ
ᎤᎬᏩᎵ, ᎾᏍᎩ ᎠᎵᏍᎪᎸᏔᏅᎯ ᎠᎫᏴᏙᏗ ᎢᏳᎵᏍᏙᏗᏱ ᎤᏂᏍᎦᏅᏨ ᏴᏫ;
18 ᎾᏍᎩᏰᏃ ᎤᏩᏒ ᎤᎩᎵᏲᏨᎯ ᏥᎩ, ᎾᏍᎩ ᎠᏥᎪᎵᏰᏍᎬᎢ ᏰᎵᏉ ᏗᎬᏩᏍᏕᎸᏗ
ᏄᎵᏍᏔᏅ ᎾᏍᎩ Ꮎ ᎨᏥᎪᎵᏰᏍᎩ

ᎠᏯᏙᎸᎢ 3

1 ᎾᏍᎩ ᎢᏳᏍᏗ ᎡᏥᎸᏉᏗ ᎢᏓᎵᏅᏟ, ᎢᏣᏌᏯᏍᏗᏍᎩ ᎦᎸᎳᏗ ᎤᎬᏩᎵ ᎥᏓᏘᏯᏅᏗ ᎨᏒᎢ,
ᎡᏣᏓᏅᏛᎵ ᎦᎶᏁᏛ ᏥᏌ ᎠᏥᏅᏏᏛ ᎠᎴ ᏄᎬᏫᏳᏒ ᎠᏥᎸᎨᎶᎯ ᎾᏍᎩ ᏤᏓᏁᎶᏗ ᏥᎩ.
2 ᎾᏍᎩ ᏄᎵᏓᏍᏔᏅᎾ ᎨᏒ ᎾᏍᎩ Ꮎ ᎤᏁᏤᎸᎯ, ᎾᏍᎩᏯ ᎾᏍᏉ ᎼᏏ ᏄᏓᎵᏓᏍᏛᎾ ᏥᎨᏎ
ᏂᎦᎥ ᏚᏓᏘᎾᎥᎢ.
3 ᎯᎠᏰᏃ ᎾᏍᎩ ᎠᏍᎦᏯ ᎤᏟ ᎠᏥᎸᏉᏗᏳ ᎠᏥᏰᎸᏎ ᎡᏍᎦᏉ ᎼᏏ, ᎩᎶᏰᏃ ᎠᏓᏁᎸ
ᎤᏁᏍᎨᎲᎯ ᎤᏟ ᎠᏥᎸᏉᏗᏳ ᎨᎭ ᎡᏍᎦᏉ ᎠᏓᏁᎸᎢ.
4 ᏂᎦᎥᏰᏃ ᏓᏓᏁᎸ ᎩᎶ ᏧᏬᏢᏅᎯ ᎨᎭᎢ; ᎾᏍᎩ Ꮎ ᏂᎦᎥ ᏧᏓᎴᏅᏛ ᎤᏬᏢᏅᎯ ᎨᏒ
ᎤᏁᎳᏅᎯ.
5 ᎠᎴ ᎼᏏ ᎤᏙᎯᏳᎯ ᏄᏓᎵᏓᏍᏛᎾ ᎨᏒᎩ ᏂᎦᎥ ᏚᏓᏘᎾᎥᎢ ᎠᏥᏅᏏᏓᏍᏗ ᎾᏍᎩᏯᎢ, ᎾᏍᎩ
ᎪᎯᏳᏗᏍᎩ ᎢᏳᎵᏍᏙᏗᏱ ᎾᏍᎩ Ꮎ ᏧᏓᎴᏅᏛ ᎬᏂᎨᏒ ᎢᎬᏁᏗ ᏥᎨᏎᎢ.
6 ᎦᎶᏁᏛᏍᎩᏂ ᎠᎦᏅᎩ ᎾᏍᎩᏯ ᏄᏓᎵᏓᏍᏛᎾ ᎨᏒᎩ ᎤᏩᏒ ᏚᏓᏘᎾᎥᎢ; ᎾᏍᎩ Ꮎ ᏚᏓᏘᎾᎥ
ᎢᏕᎳ ᏥᎩ, ᎢᏳᏃ ᎤᎵᏂᎩᏛ ᏱᏗᎩᏂᏴᎭ ᎬᎵᏍᏆᏗᏍᎩ ᎾᏍᎩ Ꮎ ᎢᎦᎵᏍᎦᏍᏙᏛ ᎠᎴ
ᎢᏓᎵᏈᏍᏙᏗᏍᎬ ᎤᏚᎩ ᎬᏗ ᎨᏒᎢ.
7 ᎾᏍᎩ ᎢᏳᏍᏗ, ᎦᎸᏉᏗᏳ ᎠᏓᏅᏙ ᎯᎠ ᏥᏂᎦᏪᎭ, ᎪᎯ ᎢᎦ ᎢᏳᏃ ᎧᏁᎬ ᎢᏣᏛᎪᏗᏱ
ᎢᏣᏚᎵᏍᎨᏍᏗ,
8 ᏞᏍᏗ ᏱᏗᏥᏍᏓᏲᏗᏍᎨᏍᏗ ᏗᏥᎾᏫ, ᎾᏍᎩᏯ ᏄᎾᏛᏁᎸ ᏥᎬᎩᎾᎸᏍᏔᏅᎩ, ᎾᎯᏳ ᎢᎦ
ᏥᎬᎩᎪᎵᏰᎥᎩ ᎢᎾᎨᎢ;
9 ᎾᎯᏳ ᏗᏥᎦᏴᎵᎨ ᏥᎬᎩᎪᎵᏰᏍᎬᎩ, ᎠᎴ ᏥᎬᏆᏚᏘᏍᎬᎩ, ᎠᏂᎪᏩᏘᏍᎬᎩᏍᎩᎢᏃᎤ
ᏓᎩᎸᏫᏍᏓᏁᎲ ᎥᎦᏍᎪᎯ ᏧᏕᏘᏴᏛ.
10 ᎾᏍᎩ ᎢᏳᏍᏗ ᎦᏥᏂᏉᏘᎸᎩ ᎾᏍᎩ Ꮎ ᏴᏫ, ᎠᎴ ᎯᎠ ᎾᎩᏪᏒᎩ, ᏂᎪᎯᎸ ᏕᎴᎾᎯᎭ
ᏧᏂᎾᏫ; ᎠᎴ ᎥᏝ ᎤᏂᎦᏙᎥᏒᎯ ᏱᎩ ᏓᎩᏅᏅᎢ.
11 ᎾᏍᎩ ᏅᏓᏳᎵᏍᏙᏔᏅᎩ ᎠᏆᏎᎵᏔᏅᎩ ᎠᎩᏔᎳᏬᏍᎬ, ᎾᏍᎩ ᎤᏂᏴᏍᏗᏳ ᏂᎨᏒᎾ ᎨᏒ
ᎠᏆᏤᎵ ᎠᏣᏪᏐᎸᏍᏙᏗᏱ ᎨᏒᎢ.
12 ᎢᏤᏯᏔᎮᏍᏗ, ᎢᏓᎵᏅᏟ, ᏞᏍᏗᏉ ᏂᎯ ᎩᎶ ᎤᏬᎯᏳᎯᏍᏛ ᏂᎨᏒᎾ ᎤᎾᏫ ᏣᏯᏒᏍᏗ,
ᎾᏍᎩ ᎠᏓᏅᏒᎯ ᎬᏂᏛ ᎤᏁᎳᏅᎯ.
13 ᏕᏣᏓᏬᏂᏗᏍᎨᏍᏗᏍᎩᏂ ᏂᏚᎩᏨᏂᏒᎢ, ᎠᏏᏉ ᎪᎯ ᎢᎦ ᎦᎪᏎᏗ ᏥᎩ; ᎾᏍᎩ ᏂᎯ ᎩᎶ
ᎨᏥᏍᏓᏲᎯᏍᏗ ᏂᎨᏒᎾ ᎢᏳᎵᏍᏙᏗᏱ ᎤᏓᎵᏓᏍᏗ ᎠᏍᎦᏂ ᎢᏳᏩᏂᏌᏛ.
14 ᏕᎦᏓᏕᏫᏒᏰᏃ ᎦᎶᏁᏛ, ᎢᏳᏃ ᏱᏅᏩᏍᏗᏉ ᏕᎩᏂᏴᏒ ᎤᎵᏂᎩᏛ ᎬᎵᏍᏆᏗᏍᎩ ᏕᎩᏂᏴᏒ
ᎤᎵᏂᎩᏛ ᎬᎵᏍᏆᏗᏍᎩ ᎢᎬᏱᏱ ᎢᎦᎵᏍᎦᏍᏙᏔᏅᎢ;
15 ᎯᎠᏰᏃ ᎢᎦᏪᏛ ᎢᎩ, ᎪᎯ ᎢᎦ ᎢᏳᏃ ᎢᏔᏚᎵᏍᎨᏍᏗ ᎧᏁᎬ ᎢᏣᏛᎪᏗᏱ, ᏞᏍᏗ
ᏱᏗᏥᏍᏓᏲᏗᏍᎨᏍᏗ ᏗᏥᎾᏫ, ᎾᏍᎩᏯ ᏄᎾᏛᏁᎸ ᎾᎯᏳ ᏥᎬᎩᎾᎸᏍᏔᏅᎩ.

16 ᎦᎪᏰᏃ ᏖᏉ ᎤᎾᏛᎦᏅ, ᎤᏂᏖᎸᏍᏔᏁᎢ; ᏝᏍᎪ ᏂᎦᏛ ᎢᏥᏈᏱ ᏂᏙᏓᏳᏗᏅᏍᏔᏅᎯ
ᎼᏏ, ᎾᏍᎩ ᏱᎸᎾᏛᏁᎴᎢ?
17 ᎠᎴ ᎦᎪ ᏅᎦᏍᎪᎯ ᏧᏕᏘᏴᏛ ᏚᏂᏆᏘᎴᎢ? ᏝᏍᎪ ᎾᏍᎩ Ꮎ ᎤᏂᏍᎦᏅᏨᎯ ᏥᎨᏎᎢ,
ᎾᏍᎩ Ꮎ ᏗᏂᏰᎸ ᎢᎾᎨ ᏥᏚᏅᏤᎢ?
18 ᎠᎴ ᎦᎪ ᏚᏁᏤᎴ ᎠᏎᎵᏛᏍᎬ ᎾᏍᎩ ᎤᏂᏴᏍᏗᏱ ᏂᎨᏒᎾ ᎨᏒ ᎤᏤᎵ ᎠᏣᏪᏴᎸᏍᏙᏗᏱ?
ᏝᏍᎪ ᎾᏍᎩ ᏱᎨᏎ Ꮎ ᏄᏃᎯᏳᏒᎾ ᏥᎨᏎᎢ?
19 ᎾᏍᎩ ᏥᏄᏍᏗ ᎢᏗᎪᏩᏗᏭ ᎾᏍᎩ ᎾᎬᏩᏂᎬᏍᏗ ᏂᎨᏒᎾ ᎨᏒ ᎤᏗᎦᎵᏍᏙᏗᏍᎬ
ᏄᏃᎯᏅᎾ ᎨᏒᎢ.

ᎠᏯᏙᎸᎢ 4

1 ᎾᏍᎩ ᎢᏳᏍᏗ ᎠᏴ ᎢᏗᎾᏰᏍᎨᏍᏗ ᎾᏍᎩ ᎡᎩᏚᎢᏍᏓᏁᎸ ᎾᎩᏴᏍᏗᏱ ᏥᎩ ᎤᏤᎵ
ᎠᏣᏪᏐᎸᏍᏙᏗᏱ, ᎾᏍᎩ ᎬᏂᎨᏒ ᏱᎤᎦᎵᏍᏓ ᏂᎯ ᎩᎶ ᎡᏍᎦ ᎢᏦᎭᏒᎢ.
2 ᎠᏴᏰᏃ ᎣᏍᏛ ᎧᏃᎮᏛ ᎡᎦᎵᏥᏙᏁᎸᎩ, ᎾᏍᎩᏯᏉ ᏥᎨᎦᎵᏥᏙᏁᎸᎩ ᎾᏍᎩ; ᎠᏎᏃ ᎾᏍᎩ
Ꮎ ᎧᏃᎮᏛ ᎤᎾᏛᎦᏅ ᎥᏝ ᎤᏂᏍᎦᎸᎮᎢ ᎤᏗᏚᎵᏍᏙᏗᏍᎨ ᎪᎯᏳᏗ ᎨᏒ ᏄᏓᏑᏴᎾ ᎨᏒ
ᎠᎾᏛᎩᏍᎬᎢ.
3 ᎠᏴᏰᏃ ᎢᎪᎯᏳᏅᎯ ᎨᏒ ᎢᏗᏴᎯᎭ ᎠᏣᏪᏐᎸᏍᏙᏗᏱ ᎨᏒᎢ; ᎾᏍᎩᏯ ᏄᏪᏒᎢ, ᎾᏍᎩᏯ
ᎠᏆᏎᎵᏔᏅ ᎠᎩᏔᎳᏬᏍᎬᎢ, ᎾᏍᎩ ᎤᏂᏴᏍᏗᏱ ᏂᎨᏒᎾ ᎨᏒ ᎠᏆᏤᎵ ᎠᏣᏪᏐᎸᏍᏙᏗᏱ
ᎨᏒᎢ; ᎠᏍᏆᏛᎯᏍᎩᏂᏃᏅ ᎨᏒᎩ ᎦᎦᎸᏫᏍᏓᏁᎸ ᎡᎶᎯ ᏧᏙᎵᏅ ᎤᏓᎬᏩᏓᎴᏅᏛ.
4 ᎢᎸᎯᏢᏰᏃ ᎦᎵᏉᎩᏁ ᎢᎦ ᎤᏁᎢᏍᏔᏅ ᎯᎠ ᏄᏪᏒ, ᎠᎴ ᎤᏁᎳᏅᎯ ᎦᎵᏉᎩᏁ ᎢᎦ
ᎤᏯᏪᏐᎴ ᎤᏲᎯᏍᏔᏁ ᏂᎦᏛ ᎦᎸᏫᏍᏓᏁᎲᎢ.
5 ᎠᎴ ᎠᏂ ᏔᎵᏁ ᎯᎠ ᏂᎦᏪᎭ, ᎥᏝ ᏴᎬᏂᏴᎭ ᎠᏆᏤᎵ ᎠᏣᏪᏐᎸᏍᏙᏗᏱ.
6 ᎾᏍᎩᏃ ᎩᎶ ᎠᏎ ᎾᏞ ᏭᏂᏴᏍᏗ ᏥᎩ, ᎠᎴ ᎾᏍᎩ Ꮎ ᎢᎬᏱ ᎨᎦᎵᏥᏙᏁᎸᎯ ᎨᏒ
ᎾᏄᏂᏴᎸᎾ ᏥᎨᏎᎢ., ᎤᏗᏚᎵᏍᏙᏗᏍᎬ ᏄᏃᎯᏳᏒᎾ ᎨᏒᎢ.
7 ᎠᎴ ᎾᏍᏉ ᎢᎦ ᎠᏑᏰᎭ, ᎯᎠ ᏂᎦᏪᎭ ᎤᏬᎯᏨᎯ ᎣᏂ ᎦᏫ ᎠᎬᏗᏍᎬᎢ, ᎪᎯ ᎢᎦ,
ᎾᏍᎩᏯ ᎯᎠ ᎢᎦᏪᏛ ᏥᎩ, ᎪᎯ ᎢᎦ, ᎢᏳᏃ ᎧᏁᎬ ᎢᏣᏛᎪᏗᏱ ᎢᏣᏑᎵᏍᎨᏍᏗ, ᏝᏍᏗ
ᏱᏗᏥᏍᏓᏲᏔᏁᏍᏗ ᏗᏥᎾᏫ.
8 ᎢᏳᏰᏃ ᏦᏑᏩ ᏱᏚᏁᎴ ᎤᎾᏣᏪᏐᎸᏍᏙᏗᏱ, ᎥᏝ [ᎤᏁᎳᏅᎯ] ᎣᏂ ᏱᎬᏩᏁᎢᏍᏔᏁ
ᎤᏩᏓᎴ ᎢᎦ.
9 ᎾᏍᎩ ᎢᏳᏍᏗ ᎠᏏᏉ ᎤᏁᏗᏰᎭ ᎤᎾᏣᏪᏐᎸᏍᏙᏗᏱ ᎨᏒ ᎤᏁᎳᏅᎯ ᏧᏤᎵᎦ ᏴᏫ.
10 ᎾᏍᎩᏰᏃ Ꮎ ᎤᏴᎸᎯ ᏥᎨᏐ ᎤᏣᏪᏐᎸᏍᏙᏗᏱ, ᎾᏍᏉ ᎤᏲᎯᏍᏔᏅᎯ ᎨᏐ
ᎦᎸᏫᏍᏓᏁᎲ, ᎾᏍᎩᏯ ᎤᏁᎳᏅᎯ ᏄᏛᏁᎸ ᎤᏲᎯᏍᏔᏅᎢ.
11 ᎾᏍᎩ ᎢᏳᏍᏗ ᎢᏓᏟᏂᎬᏁᎮᏍᏗ ᎾᎩᏴᏍᏗᏱ, ᏱᎤᏎᎦᎩᏰᏃ ᎩᎶ ᎾᏍᎩ ᏧᎦᎶᏆᏒᎸᎯ ᎨᏒ
ᎾᏍᎩᏯ ᏄᏬᎯᏳᏒᎾ ᎨᏒ ᏴᏚᏅᎢᏍᏓ.
12 ᎧᏃᎮᏛᏰᏃ ᎤᏁᎳᏅᎯ ᎤᏤᎵᎦ ᎬᏃᏛ, ᎠᎴ ᎤᎵᏂᎩᏗᏳ ᎠᎴ ᎤᏟᎯᏳ ᏂᎪᏍᏓᏴ
ᎡᏍᎦᏉ ᎠᏰᎳᏍᏗ-ᎦᏅᎯᏛ ᎢᏧᎳᏗᏢ ᏗᎬᎦᏘ ᏗᎪᏍᏓᏴ, ᎦᎦᏘᎭ ᏔᎵ ᏂᎦᏘᎭ ᎠᏓᏓᏗᏱ
ᎠᎴ ᎠᏓᏅᏙ, ᎠᎴ ᏚᏫᎵᎢ ᎠᎴ ᏚᏍᏛᏪᏙᎬᎢ, ᎠᎴ ᏗᎬᏭᎪᏙᏗ ᎢᎩ ᏄᏍᏛ ᎠᏓᏅᏖᏍᎬ ᎠᎴ
ᏄᏍᏛ ᎤᏚᎵᏍᎬ ᎤᎾᏫ.
13 ᎥᏝ ᎠᎴ ᎪᎱᏍᏗ ᎠᏁᎳᏅᎯ ᎨᏒ ᎠᎬᏍᏚᎳᏁᎸᎯ ᏱᎩ; ᏂᎦᏗᏳᏉᏍᎩᏂ ᎤᏰᎸᎭᎢ, ᎠᎴ
ᏧᏝᏛ ᎾᏍᎩ ᏙᏗᎧᏅ ᎾᏍᎩ Ꮎ ᎬᏂᎨᏒ ᎢᏰᏛᏁᏗ ᏥᎩ ᏂᎦᏛᏁᎸᎢ.
14 ᎾᏍᎩᏃ ᏥᏗᎪᏩᏗᎭ ᎢᎩᎧᎲ ᎠᏥᎸᏉᏗ ᏄᎬᏫᏳᏒ ᎠᏥᎸ-ᎨᎶᎯ, ᎾᏍᎩ ᎦᎸᎶ ᏭᎶᏒᎯ
ᏥᎩ, ᎾᏍᎩ ᏥᏌ ᎤᏁᎳᏅᎯ ᎤᏪᏥ, ᎠᏍᏓᏯ ᎦᎩᏂᏴᏎᏍᏗ ᎦᏓᏁᎶᏛᎢ.

15 ᎥᏝᏰᏃ ᎸᎬᏫᏳᏒ ᎠᏆᎸ-ᎨᎶᎯ ᏱᎩᏭᏯ ᎾᏍᎩ ᎨᎩᏙᏢᏍᏗ ᏂᎨᏒᎾ ᎨᏒ ᎦᎩᏩᏂᎦᎸᎢ,
ᏂᎦᎥᏉᏍᎩᏂ ᎠᏆᎪᏢᏰᎲᎩ ᎠᏴ ᎾᏍᎩᏊᎢ, ᎠᏎᏃ ᎾᏍᎦᏅᎾ ᎨᏒᎩ.
16 ᎾᏍᎩ ᎢᏳᏍᏗ ᏂᏗᏍᎦᎢᎲᎾ ᎢᏗᎷᎩ ᎾᎿ ᎬᏩᎦᏘᏊ ᏅᏓᏙᏢᏍᏗ ᎨᏒ ᎦᏍᎩᎸᎢ, ᎾᏍᎩ
ᎡᎩᏙᏢᏍᏗᏱ, ᎠᎴ ᎢᎩᏩᏛᏗᏱ ᎬᏩᎦᏘᏊ ᏅᏓᏙᏢᏍᏗᏱ, ᎠᎴ ᎢᎩᏩᏛᏗᏱ ᎬᏩᎦᏘᏊ
ᏅᏓᏙᏢᏍᏗ ᎨᏒ ᎾᏍᎩ ᎾᎯᏳ ᎢᎩᏂᎬᏎᎲ ᎢᎦᏢᏍᎦᎸᏙᏗ.

ᎠᏯᏙᎸᎢ 5

1 ᎾᏂᎥᏰᏃ ᏄᎬᏫᏳᏒ ᎠᏥᎸ-ᎠᏁᎶᎯ ᎨᏒ ᏴᏫ ᎠᏁᎲ ᎨᎪᏣᎴᏛ, ᏴᏫ ᎣᏍᏛ ᎢᏳᎾᎵᏍᏓᏁᏗ
ᎨᏥᏁᏤᎰᎢ, ᎾᏍᎩ [ᏧᏂᏄᏫᏍᏓᏁᏗᏱ] ᎤᏁᎳᏅᎯ ᎤᏤᎵᎪᎯ ᎤᎬᏩᎵ, ᎾᏍᎩ
ᏗᎬᏩᎾᎵᏍᎪᎸᏙᏗ ᎢᏳᎵᏍᏙᏗᏱ ᎠᏓᏁᏗ ᎨᏒ ᎠᎴ ᎠᏥᎸᎨᎳᏍᏙᏗ ᎾᏍᎩ ᎠᏍᎦᏂ ᎤᎬᏩᎵ;
2 ᎾᏍᎩ ᏰᎵ ᏗᎬᏪᏙᎵᏍᏗ ᎾᏂᎦᏔᎾᎥᎾ, ᎠᎴ ᎾᏍᎩ Ꮎ ᎤᎾᎴᎾᎸᎯ; ᎤᏩᏒᏰᏃ ᎾᏍᎩᏉ
ᎦᎵᎦᏫᏍᏛᎩ ᎠᏩᏂᎦᏔ ᎨᏒᎢ.
3 ᎠᎴ ᎾᏍᎩ ᎢᏳᏍᏗ, ᎾᏍᎩ ᏴᏫ ᎤᎾᎵᏍᏕᎸᏙᏗ ᎠᎵᏍᎪᎸᏗᏍᎬ ᎾᏍᎩᏉ ᎤᏩᏒ
ᎤᎵᏍᏕᎸᏙᏗ ᎠᏎ ᎤᎵᏍᎪᎸᏙᏗ ᎨᏐᎢ, ᎠᏍᎦᏂ ᎤᎬᏩᎵ ᎨᏒᎢ.
4 ᎥᏝ ᎠᎴ ᎩᎶ ᎯᎠ ᎾᏍᎩ ᎦᎸᏉᏗ [ᏗᎦᎸᏫᏍᏓᏁᏗ] ᎤᏩᏒᏉ ᎤᏓᏅᏖᏛ ᏯᎩᏍᎪᎢ, ᎬᏂ
ᎤᏁᎳᏅᎯ ᎤᏯᏅᏛ ᏱᎩ ᎾᏍᎩᏯ ᎡᎵᏂ ᎠᏥᏯᏅᎲᎢ.
5 ᎾᏍᎩᏯ ᎾᏍᎩᏉ ᎦᎶᏁᏛ ᎥᏝ ᎤᏩᏒ ᎯᎠ ᎦᎸᏉᏗ ᏗᎦᎸᏫᏍᏓᏁᏗ ᏳᎩᏎ ᏄᎬᏫᏳᏒ
ᎠᏥᎸᎨᎶᎯ ᎾᎬᏁᎸᎢ; ᎯᎠᏍᎩᏂ ᎢᏳᏪᏎᎸᎯ, ᎠᏇᏥ ᏂᎯ, ᎪᎯ ᎢᎦ ᏍᏆᏕᎲᏏ, [ᎾᏍᎩ
ᎤᏯᏅᎮᎢ.]
6 ᎾᏍᎩᏉ ᎢᎸᎯᏢ ᎯᎠ ᏂᎦᏪᎭ, ᎠᏥᎸ-ᎮᎶᎯ ᏂᎯ ᏂᎪᎯᎸᎢ ᎺᎵᎩᏏᏕᎩ ᏄᏍᏛ ᎾᏍᎩᏯᎢ.
7 ᎾᏍᎩ Ꮎ ᎾᎯᏳ ᎤᏇᏓᎵ ᎨᏒ ᎤᎴᏂᏙᎸ, ᎤᏓᏙᎵᏍᏓᏁᎸ ᎠᎴ ᎤᏔᏲᏎᎸ, ᎠᏍᏓᏴ
ᏓᏌᏱᎲ, ᎠᎴ ᏓᏕᏌᏬᎢᎲ ᎬᏩᏌᏯᏍᏗ ᎾᏍᎩ Ꮎ ᎤᏔᏲᏎᎸ ᎾᏍᎩ ᏰᎵᏉ ᎬᏩᏍᏕᎸᏗ
ᎬᏩᏓᎴᏍᏗ ᎨᏒ ᎠᏲᎱᎯᏍᏗ ᎨᏒᎢ, ᎠᎴ ᎠᎦᏛᎦᏁᎴ ᎦᎾᏰᏍᎬ ᎤᎬᏩᎵ;
8 ᎤᏪᏥᏍᎩᏂᏃᏅ ᎨᏎᎢ ᎠᏎᏃ ᎤᏬᎯᏳᎯᏍᏓ ᎢᏳᎵᏍᏙᏗᏱ ᎤᏕᎶᏆᏒ ᎤᎩᎵᏲᏨ
ᎤᏚᏙᎥᎯᏍᏔᏁᎢ;
9 ᎠᎴ ᏄᎪᎸᎾ ᎾᎬᏁᎸ, ᎾᏍᎩ ᎠᏩᏘᏍᎩ ᏄᎵᏍᏔᏁ ᏫᎾᏍᏛᎾ ᎤᎾᎵᏍᏕᎸᏙᏗ ᎨᏒ ᎾᏂᎥ
ᎬᏬᎯᏳᎲᏍᎩ;
10 ᎠᎴ ᏄᎬᏫᏳᏒ ᎠᏥᎸ-ᎨᎶᎯ ᎺᎵᎩᏏᏕᎩ ᎾᏍᎩᏯ ᎤᏬᏎᎭ ᎤᏁᎳᏅᎯ.
11 ᎾᏍᎩ Ꮎ ᎣᏥᏃᎮᏍᎬ ᎤᏣᏘ ᎪᎱᏍᏗ ᎦᏲᎦᏛᏗ, ᎠᎴ ᎤᏦᏍᏗᏳ ᏗᎪᏏᏐᏗᏱ,
ᎤᏗᏕᎵᏍᏙᏗᏍᎬ ᏗᏥᏍᎦᏃᎵᏳ ᎨᏒ ᎢᏣᏛᎪᏗᏱ.
12 ᎾᎯᏳᏰᏃ ᏰᎵᏉ ᏗᎨᏣᏕᏲᏗ ᎡᏤᎵᏎᎸᎢ, ᎤᏚᎸᏗᏉ ᏂᏣᎵᏍᏓᏁᎭ ᎩᎶ ᏔᎵᏁ ᎢᏤᏲᏗᏱ
ᏄᏍᏛ ᎢᎬᏱᏱ ᏗᏕᎶᏆᏍᏗ ᎨᏒ ᎤᏁᎳᏅᎯ ᎤᏤᎵ ᎧᏃᎮᏛ; ᎠᎴ ᎤᏅᏗ ᎤᎾᏚᎵᏍᎩ
ᎾᏍᎩᏯ ᏂᏣᎵᏍᏔᏅ, ᎥᏝᏃ ᎤᏴᏍᏗ ᎠᎵᏍᏓᏴᏗ.
13 ᎾᏂᎥᏰᏃ ᎩᎶ ᎤᏅᏗ ᎠᎾᎵᏍᏓᏴᏗᏍᎩ ᎥᏝ ᎤᏂᎦᏙᎥᏒᎯ ᏱᎨᏐ ᎧᏃᎮᏛ ᎠᏚᏓᎴᏍᏙᏗ
ᎨᏒᎢ; ᏗᏂᏲᎵᏉᏰᏃ.
14 ᎤᏴᏍᏗᏍᎩᏂ ᎠᎵᏍᏓᏴᏗ ᏧᎾᏛᎾᏯ ᎤᏁᎵᏍᏓᏴᏙᏗ ᎨᏐᎢ, ᎾᏍᎩ Ꮎ ᎤᏂᎩᏌᎲ
ᎢᏳᏍᏗ ᎬᏩᎾᏙᎴᎰᎯᏍᏗ ᎨᏐ ᎣᏍᏛ ᎨᏒ ᏄᏍᏛᎢ, ᎠᎴ ᏄᏍᏛ ᎤᏲ ᎨᏒᎢ.

ᎠᏯᏙᎸᎢ 6

1 ᎾᏍᎩ ᎢᏳᏍᏗ ᎢᏗᎯᏯᏍᎬ ᎠᎴᏅᏙᏗ ᎦᎶᏁᏛ ᎤᏤᎵ ᏗᏕᏲᏗ ᎨᏒᎢ, ᏂᎦᎷᎶᎬᎾ ᎨᏒ
ᎢᏴᏛ ᏫᏗᏰᎢᏳᎦ; ᏔᎵᏁ ᎦᎫᏍᏛᏗ ᏂᏗᎲᏍᎬᎾ ᎦᏁᏟᏴᏍᏗ ᎨᏒ ᎣᏓᏅᏛ ᎤᎬᏩᎵ,
ᎠᏓᎯᎯᏉ ᏗᎦᎸᏫᏍᏓᏁᏗ ᏥᎩ, ᎠᎴ ᎤᏁᎳᏅᎯ ᎪᎯᏳᏗ ᎨᏒᎢ,
2 ᏗᏓᏬᏍᏗ ᎨᏒ ᏗᏕᏲᏅᎯ ᎤᎬᏩᎵ, ᎠᎴ ᏗᏓᏏᏔᏗᏍᏗ ᎨᏒ ᎤᎬᏩᎵ, ᎠᎴ ᏧᏂᏲᎱᏒᎯ
ᏧᎾᎴᎯᏐᏗ ᎨᏒ ᎤᎬᏩᎵ, ᎠᎴ ᎤᎵᏍᏆᏗᏍᏗ ᏂᎨᏒᎾ ᏗᎫᎪᏙᏗ ᎨᏒ ᎤᎬᏩᎵ.
3 ᎠᎴ ᎾᏍᎩ ᎯᎠ ᎤᏓᏓᏛᏁᎵ ᎢᏳᏃ ᎤᏁᎳᏅᎯ ᏱᎦᎵᏍᎪᎸᏓᏁᎸ.
4 ᎬᏩᏟᏍᏗᏰᏃ ᎾᏍᎩ Ꮎ ᎢᎸᎯᏳ ᎢᎦᎨᏚᏗᏍᏓᏁᎸᎯ ᎨᏒᎢ, ᎠᎴ ᎤᎾᏁᎶᏔᏅᎯ ᎨᏒ ᎦᎸᎶᎢ
ᎤᏓᏳᏓᎴᏅᎯ ᎠᏓᏁᏗ ᎨᏒᎢ, ᎠᎴ ᎦᎸᏉᏗᏳ ᎠᏓᏅᏙ ᎨᎦᏠᏯᏍᏔᏅ ᎨᏥᏁᎸᎯ.
5 ᎠᎴ ᎤᎾᏁᎶᏔᏅᎯ ᏥᎩ ᎣᏍᏛ ᎧᏃᎮᏛ ᎤᏁᎳᏅᎯ ᎤᏤᎵᎦ, ᎠᎴ ᎤᎵᏂᎩᏛ ᎨᏒ
ᎤᎵᏍᏆᎸᏗ ᎨᏒᎢ,
6 ᎾᏍᎩ ᏧᏂᏲᏒᎯ ᎨᏒᎢ, ᎬᏩᏟᏍᏗ ᏔᎵᏁ ᎢᏤ ᎢᎨᎬᏁᏗᏱ ᎦᏁᏟᏴᏍᏗ ᎨᏒ ᏚᎾᏓᏅᏛ
ᏭᏂᎷᎯᏍᏗᏱ; ᎤᏅᏒᏰᏃ ᏔᎵᏁ ᎤᎾᏓᏛᏁᎸᎯ ᎢᎩ ᎤᏁᎳᏅᎯ ᎤᏪᏥ, ᎠᎴ ᎬᏂᎨᏒ
ᎬᏩᎦᎰᎯᏍᏔᏅᎯ ᎢᎩ.
7 ᎦᏙᎯᏰᏃ ᏣᏗᏔᏍᎪ ᎠᎼ ᏯᏃ ᎤᎦᏘᏂᎯᎲᎢ, ᎠᎴ ᏥᎦᎾᏄᎪᏫᏍᎪ ᎠᏛᏒᎥᏍᎩ ᎪᎱᏍᏗ
ᎤᏅᏙᏗ ᎾᏍᎩ Ꮎ ᎦᏙᎯ ᎨᏥᎶᎦᏁᎸᎯ, ᎾᏍᎩ ᎤᏁᎳᏅᎯ ᎣᏍᏛ ᎾᏛᏁᎮᎢ.
8 ᎾᏍᎩᏍᎩᏂ Ꮎ ᏥᏍᏚᏂᎩᏍᏗ ᎠᎴ ᎧᎸᎦᎸ ᎠᏛᏍᎬᎢ ᎠᏗᏅᏗᏉ, ᎠᎴ ᎠᏍᏚᎢᏍᏗᏱ ᎨᏒ
ᎾᎥᏂᏳ ᏅᏍᏗᎦᎪᎢ, ᎾᏍᎩ ᎤᎵᏍᏆᎸᏗ ᎨᏒ ᎠᎪᎲᏍᏙᏗ ᏥᎩ.
9 ᎠᏎᏃ, ᏂᎯ ᎨᏒ ᎢᏨᎨᏳᎢ, ᎤᏟᎯᏳ ᎣᏍᏛ ᎤᏚᎩ ᎢᏨᏴᎾᏁᎭ, ᎠᎴ ᎠᎵᏍᏕᎸᏙᏗ ᎨᏒ
ᎤᎬᏩᎵ ᏔᎵ ᎤᏛᏗᏕᎬᎢ, ᎯᎠᏍᎩᏂᏃᏅ ᏃᏥᏪᎭ.
10 ᎤᏁᎳᏅᎯᏰᏃ ᎥᏝ ᏂᏚᏳᎪᏛᎾ ᎢᎬᏳᏛᏁᏗ ᏱᎩ ᎾᏍᎩ ᎤᏩᎨᏫᏍᏗᏱ ᏕᏥᎸᏫᏍᏓᏁᎸ
ᎠᎴ ᎬᏂᎨᏒ ᏂᏨᏁᎸ ᎢᏥᎨᏳᏒ ᏕᎤᏙᎥᎢ. ᎾᏍᎩ ᏕᏥᏍᏕᎲᎯᏙᎸ ᎤᎾᏓᏅᏘ, ᎠᎴ ᎠᏏᏉ
ᏕᏥᏍᏕᎵᏍᎬᎢ.
11 ᎠᎴ ᎣᎦᏚᎵᎭ ᏂᏥᎥ ᎢᏥᏏᏴᏫᎭ ᎨᏒ ᎡᎵᏍᏆᏗᏍᎩ ᎾᏍᎩᏯ ᎢᎦᎢ ᎢᏣᏟᏂᎬᏁᏗᏱ ᎬᏂ
ᎤᏟᏘ ᏄᎼᏏᏛᏒᎾ ᎤᏚᎩ ᎬᏗ ᎨᏒ ᏫᏥᏱᏩᏂᎭ;
12 ᎾᏍᎩ ᎢᏳᏍᏗ ᏞᏍᏗ ᎢᏣᏓᏅᏅᏗᏉ ᏱᎨᏎᏍᏗ, ᏗᏥᏍᏓᏳᏕᎩᏍᎩᏂ ᎨᏎᏍᏗ ᎾᏍᎩ Ꮎ
ᎤᏃᎯᏳᏒ ᎠᎴ ᏗᏅᏂᏗᏳ ᎨᏒ ᎠᏅᏗᏍᎬ ᎤᎾᏤᎵ ᏅᏅᏁᎸ ᎠᏚᎢᏍᏔᏅᎢ.
13 ᎤᏁᎳᏅᎯᏰᏃ ᎡᏆᎭᎻ ᎤᏚᎢᏍᏓᏁᎸ, ᎾᏍᎩ ᎩᎶ ᎤᏩᏓᎴ ᎤᏟ ᎢᏯᏥᎸᏉᏗ ᎡᎲ
ᎬᏩᏎᎵᏙᏗ ᏂᎨᏒᎾ ᎨᏎᎢ, ᎤᏩᏒ ᎡᎲ ᎤᏎᎵᏙᏔᏁᎢ,
14 ᎯᎠ ᏄᏪᏎᎢ, ᎤᏙᎯᏳᎯᏯ ᎤᏟᏘ ᎣᏍᏛ ᎤᏓᎬᏯᏛᏁᎵ, ᎠᎴ ᎤᏟᏘ ᏓᎬᏁᏉᎢ.
15 ᎰᏩᏃ ᎪᎯᏗᏳ ᎤᎦᏘᏛ ᎠᏥᏁᎴ ᎠᏚᎢᏍᏔᏅᎯ ᎨᏒᎢ.
16 ᏴᏫᏰᏃ ᎤᏙᎯᏳᎯ ᎤᏟ ᎢᏯᏥᎸᏉᏗ ᎡᎲ ᎨᎦᏎᎵᏙᏗᏍᎪᎢ; ᎠᎴ ᎠᏎᎵᏔᏅᎯ ᎨᏒ
(ᎪᎱᏍᏗ) ᎠᏍᎦᏱᏗᏍᏙᏗ ᎠᏲᎯᏍᏗᏍᎩ ᎨᎭ ᎠᎾᏗᏒᎯᎲᎢ.

17 ᎾᏍᎩ ᎢᏳᏍᏗ ᎤᏁᎳᏅᎯ ᎤᏚᎵᏍᎬ ᎤᏟ ᎢᎦᎢ ᎬᏂᎨᏒ ᎢᏧᏩᏁᏗᏱ ᎨᏥᏚᎢᏍᏓᏁᎸᎯ
ᎾᏍᎩ ᎬᏩᏓᏁᏟᏴᏍᏗ ᏂᎨᏒᎾ ᎨᏒ ᏄᏍᏛ ᎠᏓᏅᏖᏍᎬᎢ, ᎠᏎᎵᏛᏍᎬ ᎤᏍᏓᏱᏍᏔᏁᎢ.
18 ᎠᎴ ᎾᏍᎩ ᏔᎵ ᏄᎵᏁᏨ ᎦᎡᏗᏍᎬ ᎾᏍᎩ ᎬᏩᏓᏁᏟᏴᏍᏗ ᏂᎨᏒᎾ ᎨᏒᎢ, ᎾᏏ ᎬᏩᏥᎪᏗ
ᏂᎨᏒᎾ ᏥᎨᏐ ᎤᏁᎳᏅᎯ, ᎠᏴ ᎢᎩᏲᎸᎯ ᏥᎩ ᎢᎦᏗᏍᎦᎶᏗᏱ, ᎤᎵᏂᎩᏛ ᎢᎩᎦᎵᏍᏓᏗᏍᎩ
ᎨᎩᏩᏛᏗ ᎢᏳᎵᏍᏙᏗᏱ, ᎾᏍᎩ ᏗᎩᏂᏴᏗᏱ ᎤᏚᎩ ᎬᏗ ᎡᎩᏩᏌᏓᏁᎲᎢ;
19 ᎾᏍᎩ ᎤᏚᎩ ᎬᏗ ᎨᏒ ᎾᏍᎩᏯ ᎠᏓᏅᏙ ᎦᎾᎯᏍᏙᏗ ᏥᎩ, ᎡᏍᎦ ᏂᎦᎵᏍᏗᏍᎬᎾ ᎠᎴ
ᎬᏗᏏᏴᏍᏗ ᏂᎨᏒᎾ, ᎠᎴ ᎾᏍᎩ ᏥᏩᏴᎯᏐ ᎾᏍᎩ ᎠᏰᏙᎳᏛ ᎤᏗᏗᏢ;
20 ᎾᏏ ᏥᏌ ᎢᎬᏱ ᎡᎩ ᏮᎩᏴᏎᎸᎯ ᏥᎩ, ᎾᏍᎩ ᏄᎬᏫᏳᏒ ᎠᏥᎸ-ᎨᎶᎯ ᏂᎪᎯᎸ ᎠᏥᎧᏅᎯ
ᏥᎩ, ᏫᎵᎩᏏᎦᎩ ᏄᏍᏛ ᎾᏍᎩᏯᎢ.

ᎠᏯᏙᎸᎢ 7

1 ᎯᎠᏰᏃ ᎾᏍᎩ ᎺᏓᎩᏏᏕᎩ, ᎤᎬᏫᏳᎯ ᏎᏓᎩ, ᎠᏥᎸ-ᎨᎶᎯ ᎨᏎᎢ ᎤᏁᎳᏅᎯ ᏩᏍᏛ
ᎦᎸᎳᏗ ᎡᎯ ᎤᏤᎵᎦ, ᎾᏍᎩ ᎡᏆᎭᎻ ᏥᏚᏠᏎ ᏧᏨᏏᏗᏒ ᏫᏚᎨᏅᎯ ᎤᏂᎬᏫᏳᎯ, ᎠᎴ ᎣᏍᏛ
ᏧᏁᏤᎴᎢ;
2 ᎠᎴ ᎾᏍᎩ ᎾᏍᏉ ᎡᏆᎭᎻ ᏂᎦᏛ ᏧᎬᏩᎶᏗ ᎠᏴᎲ ᎠᏍᎪᎯᏁ ᎪᏣᎴᏛ ᏧᏁᎸᏁᎢ;
ᎢᎬᏱᏱ ᎨᏒ [ᏚᏙᎥ] ᎠᏁᎵᏔᏅᎯ ᎨᏒ ᎤᎬᏫᏳᎯ ᏚᏳᎪᏛ ᎢᏯᏛᏁᎯ ᏥᎦᏛᎦ, ᎣᏂᏃ ᎾᏍᏉ
ᏎᎳᏂ ᎤᎬᏫᏳᎯ ᎠᎪᏎᎭ, ᎾᏍᎩ ᎤᎬᏫᏳᎯ ᎤᏩᏙᎯᏯᏛ ᎤᏚᎵᏍᎩ ᏥᎦᏛᎦ.
3 ᎾᏍᎩ ᎤᏙᏓ ᎠᎴ ᎤᏥ ᎾᏁᎲᎾ ᏥᎨᏎ, ᎤᎾᏁᎵᏔᏅᎯ ᎠᏂᏂᎩᏛ ᏥᎨᏎ, ᏚᎩᏨᏁᎬ
ᎤᎫᏓᎴᏅᎲᎾ ᏥᎨᏎ, ᎠᎴ ᎡᎲ ᏭᏍᏗᏥᎯᏍᏗ ᏂᎨᏒᎾ ᏥᎨᏎᎢ, ᎤᏁᎳᏅᎯᏍᎩᏂ ᎾᏪᏥ
ᎾᏍᎩᏯ ᏥᎾᎬᏁᎴᎢ, ᎠᏥᎸ-ᎨᎶᎯ ᏤᎭ ᏂᎪᎯᎸᎢ.
4 ᎡᏣᏓᏅᏛᎵᎾᏗ ᏂᎦᎥ ᎠᏥᎸᏉᏗᏳ ᎨᏒ ᎯᎠ ᎾᏍᎩ ᎠᏍᎦᏯ, ᎾᏍᎩ ᎠᏕᏴᎵᎨ ᎡᏆᎭᎻ
ᎤᏩᏒ ᎠᏍᎪᎯᏁ ᎪᏣᎴᏛ ᎤᏓᏬᏅᏛ ᎠᏴᎲ ᎤᏁᎸᎢ.
5 ᎠᎴ ᎤᏙᎯᏳᎯ ᎵᏫ ᏧᏪᏥ ᎠᏥᎸᎨᎳᏍᏗ ᏗᎦᎸᏫᏍᏓᏁᏗ ᎨᏒ ᎨᏥᏁᏗ ᎨᏒᎢ ᎨᎦᏒᎦᎸᏗᏍᎨ
ᎠᏍᎪᎯᏁ ᎪᏣᎴᏛ ᏧᏂᏂᎵᏗᏱ ᏴᏫ ᎾᏍᎩᏯ ᏂᎬᏅ ᏗᎧᎿᏩᏛᏍᏗ, ᎾᏍᎩ ᎠᎾᎵᏅᏟ ᎨᏒᎢ,
ᎾᏍᏉ ᎡᏆᎭᎻ ᎠᏰᎵ ᎤᏓᏳᎾᏓᎴᏅᎯ ᎨᏒᎢ.
6 ᎾᏍᎩᏍᎩᏂ Ꮎ ᎤᎾᏁᎵᏔᏅᏛ ᎨᏒ ᎵᏫ ᎠᏂᎳᏍᏓᎸ ᎤᏧᏓᎴᏅᎲᎾ ᏥᎩ, ᎠᏍᎪᎯᏁ
ᎪᏣᎴᏛ ᏚᏓᏂᎸᏤᎴ ᎡᏆᎭᎻ, ᎠᎴ ᎣᏍᏛ ᎤᏁᏤᎴ ᎠᏚᎢᏍᏔᏅᎯ ᎨᏒ ᏣᎦᎨᏅᏯ.
7 ᎠᎴ ᏄᏑᏏᏛᏒᎾ ᎡᏍᎦ ᎢᏯᏥᎸᏉᏗ ᎨᏒ ᎣᏍᏛ ᎤᏁᏤᎰ ᎤᏟ ᎢᏯᏥᎸᏉᏗ.
8 ᎠᎴ ᎠᏂ ᏴᏫ ᏗᏂᏲᎱᏍᎩ ᏥᎩ ᎠᏍᎪᎯᏁ ᎪᏣᎴᏛ ᎢᎨᏥᏁᎰᎢ; ᎾᎿ ᏍᎩᏂ ᎤᎩᏎᎢ ᎾᏍᎩ
Ꮎ ᎡᎭ ᎠᎪᏎᎸᎯ ᏥᎩ.
9 ᎠᎴ ᎯᎠᏉ ᏱᎾᎩᏪᏒ, ᎵᏫ ᎾᏍᏉ ᎠᏍᎪᎯᏁ ᎪᏣᎴᏛ ᏗᏓᏂᎸᎩ ᏥᎩ, ᎠᏍᎪᎯᏁ
ᎪᏣᎴᏛ ᎤᎫᏴᎵ ᎾᎯᏳ ᎡᏆᎭᎻ ᎤᎫᏴᎲ.
10 ᎠᏏᏉᏰᏃ ᎤᏙᏓ ᎠᏰᎸ ᎠᏯᎡᎢ ᎾᎯᏳ ᎺᎵᎩᏏᏕᎩ ᏥᏚᏠᏍᎨᎢ.
11 ᎾᏍᎩ ᎢᏳᏍᏗ ᎢᏳᏃ ᎠᏥᎸᎨᎳᏍᏗ ᎨᏒ ᎠᏂᎵᏫ ᏥᎨᎦᏒᎦᎶᎦ, ᎤᏍᎦᏅᎾ ᎢᎬᏩᏓᏛᏁᏗ
ᏱᎨᏎᎢ, (ᎠᏥᎸ-ᎨᎳᏍᏗᏰᏃ ᎨᏒ ᎠᎴ ᏗᎧᎿᏩᏛᏍᏗ ᏚᎾᏚᏓᏓ ᏴᏫ ᎦᎾᏓᏂᎸᏨ) ᎦᏙᏃ ᎠᏏ
ᎤᏚᎸᏗ ᏂᎦᎵᏍᏗᏍᎨ ᎤᏩᏓᎴ ᎠᏥᎸᎨᎶᎯ ᎤᎾᏄᎪᎢᏍᏗᏱ ᎺᎵᎩᏏᏕᎩ ᏄᏍᏛ ᎾᏍᎩᏯᎢ,
ᎡᎳᏂᏃ ᎾᏍᎩᏯ ᎦᏰᎪᏎᏗ ᏂᎨᏒᎾ ᎨᏒᎢ?
12 ᎠᏥᎸ-ᎨᎳᏍᏗᏰᏃ ᎨᏒ ᎤᏓᏁᏟᏴᏛ ᎨᏒᎢ, ᎠᏎ ᎾᏍᏉ ᎦᏁᏟᏴᏛ ᏂᎦᎵᏍᏗᎭ
ᏗᎧᎿᏩᏛᏍᏗ.
13 ᎾᏍᎩᏰᏃ Ꮎ ᎯᎠ ᎾᏍᎩ ᎤᎬᏩᎵ ᎠᏥᏁᎢᏍᏔᏅᎯ ᎨᏒ ᎤᏣᏘᏂ ᎠᏂᎳᏍᏓᎸ ᎨᎳ
ᎨᏒᎩ, ᎾᏍᎩ [ᎠᏂᎳᏍᏓᎸ] ᎤᏓᎴᏅᎯ ᎥᏝ ᎩᎶ ᎠᏥᎸᎨᎳᏍᏗᏱ ᏱᏚᎸᏫᏍᏓᏁᎵᎢ.
14 ᎬᏂᎨᏒᎢᏳᏰᏃ ᏂᎦᎵᏍᏗᎭ ᎾᏍᎩ ᎢᎦᏤᎵ ᎤᎬᏫᏳᎯ ᏧᏓ ᎠᏂᎳᏍᏓᎸ ᏧᏓᎴᏅᎲᎢ; ᎾᏍᎩ
ᎠᏂᎳᏍᏓᎸ ᎼᏏ ᎥᏝ ᏱᏚᏁᎢᏍᏔᏁ ᎠᏥᎸ-ᎨᎳᏍᏗ ᎨᏒ ᎤᎬᏩᎵ.

15 ᎠᎴ ᎠᏏ ᎤᏟ ᎬᏂᎨᏒ ᏂᎦᎵᏍᏗᎭ, ᎢᏳᏃ ᎺᎵᎩᏏᏕᎩ ᏄᏍᏛ ᎾᏍᎩᏯ ᎤᏩᏓᎴ ᎠᏥᎸ-
ᎨᎶᎯ ᏱᎦᎾᏄᎪᎦ,
16 ᎾᏍᎩ ᎠᏥᎩ-ᎨᎶᎯ ᎾᎬᏁᎸ ᏗᎧᎿᏩᏛᏍᏗ ᎤᏇᏓᎵ ᎤᎬᏩᎵ ᎾᏍᎩᏯ ᎾᎬᏁᎸᎾ ᎨᏒᎢ,
ᎬᏂᏛᏍᎩᏂ ᎠᎵᏍᏆᏗᏍᎩ ᏂᎨᏒᎾ ᎤᎵᏂᎬᎬ ᎾᏍᎩᏯᎢ.
17 ᎯᎠᏰᏃ ᏂᎦᏪᎭ ᎧᏁᎢ, ᎠᏥᎸᎮᎶᎯ ᎨᎭ ᏂᎪᎯᎸᎢ ᎺᎵᎩᏎᏕᎩ ᏄᏍᏛ ᎾᏍᎩᏯᎢ.
18 ᎤᏙᎯᏳᎯᏰᏃ ᎢᏴᏛ ᎢᎬᏁᎸᎯ ᏂᎦᎵᏍᏗᎭ ᎢᎬᏱᏱ ᎤᎵᏁᏨᎯ ᏗᎧᎿᏩᏛᏍᏗ,
ᎠᏩᏂᎦᎳᎯᏳ ᎨᏒ ᎠᎴ ᎬᏩᏓᏍᏕᎸᏗ ᏂᎨᏒᎾ ᎨᏒ ᎢᏳᏍᏗ.
19 ᏗᎧᎿᏩᏛᏍᏗᏰᏃ ᎥᏝ ᎦᎷᎶᎩ ᏂᎨᏒᎾ ᎢᎬᏁᎯ ᏱᎨᏎ ᎪᎱᏍᏗ; ᎤᏟᏍᎩᏂ ᎢᏝᏍᏛ ᎤᏚᎩ
ᎬᏗ ᎨᏒ ᎠᏴᏔᏂᎸᎯ ᏥᎩ, ᎾᏍᎩ ᎢᏛᏗᏍᎬ ᎾᎥ ᎦᏰᏗᎷᏤᏗ ᏥᏂᎦᎵᏍᏗᎭ ᎤᏁᎳᏅᎯ
ᎦᎷᎶᎩ ᏂᎨᏒᎾ ᏂᎬᏁᎭ.
20 ᎠᎴ ᎾᏍᎩ ᎠᏎᎵᏔᏅᎯ ᎨᏒ ᎬᏔᏅᎯ ᏥᎩ [ᎦᎶᏁᏛ ᎠᏥᎸ-ᎨᎶᎯ ᎢᏯᎬᏁᎸᎯ ᏥᎩ,]
21 (ᎾᏍᎩᏰᏃ Ꮎ ᎠᏥᎸ-ᎠᏁᎶᎯ ᏂᎨᎬᏁᎮ ᎠᏎᎵᏔᏅᎯ ᏂᎨᏒᎾ; ᎯᎠᏍᎩᏂ Ꮎ ᎠᏎᎵᏔᏅᎯ
ᎨᏒ ᎠᎬᏓᏁᎴᎢ, ᎯᎠ ᎾᏍᎩ ᎢᏳᏪᏎᎸᎯ, ᎤᎬᏫᏳᎯ ᎤᏎᎵᏔᏅ ᎠᎴ ᎥᏝ ᎠᏕᏁᏟᏴᎾ ᏂᎯ
ᎠᏥᎸ-ᎮᎶᎯ ᏂᎪᎯᎸᎢ ᎺᎵᎩᏏᏕᎩ ᏄᏍᏛ ᎾᏍᎩᏯᎢ.)
22 ᎾᏍᎩᏯ ᎢᏴᏛ ᎤᎶᏒᏍᏗ ᏔᎵ ᎠᏛᏗᏍᎩ ᏫᎬᏁᎴ ᏥᏌ ᎧᏃᎮᏛ ᏓᏌᎯᏍᏛᎢ.
23 ᎠᎴ ᎾᏍᎩ Ꮎ ᎯᎠ ᎠᏥᎸ-ᎠᏁᎶᎯ ᎤᏂᏟᏛᎩ, ᎥᏝᏰᏃ ᎪᎯᏛ ᎬᏩᎾᏕᏗ ᏱᎨᏎ
ᎠᏲᎱᎯᏍᏗ ᎨᏒ ᎢᏳᏍᏗ.
24 ᎯᎠᏍᎩᏂ [ᎠᏍᎦᏯ] ᎠᎵᏍᏆᏗᏍᎩ ᏂᎨᏒᎾ ᏤᎭ ᎤᎶᏏᎲᏍᏗ ᏂᎨᏒᎾ ᎠᏥᎸ-ᎨᎶᎯ
ᎨᏒᎢ.
25 ᎾᏍᎩ ᎢᏳᏍᏗ ᏂᎪᎯᎸ ᏰᎵᏉ ᎾᏍᏉ ᏗᎬᏩᏍᏕᎸᏗ ᎾᏍᎩ Ꮎ ᎤᏩᏒ ᎬᏩᎷᎯᏍᏓᏁᎯ
ᎤᏁᎳᏅᎯ ᎠᏂᎷᏤᎲᎢ, ᏫᎾᏍᏛᎾᏰᏃ ᎡᎭ ᏧᎵᏍᏗᏰᏓᏁᏗᏱ.
26 ᎾᏍᎩᏰᏃ ᎢᏳᏍᏗ ᎠᏥᎸ-ᎨᎶᎯ ᎢᎩᎵᎶᎲᏍᎩ ᎨᏒᎩ, ᎾᏍᎩ ᎾᏍᎦᏅᎾ, ᎤᏲ
ᎢᎬᏩᏓᏛᏁᏗ ᏂᎨᏒᎾ, ᎠᏍᎦᎾ ᏄᏓᏅᎦᎸᎾ, ᎠᏂᏍᎦᎾ ᎠᏁᎲ ᎠᏚᏓᏓᎴᏔᏅᎯ, ᎠᎴ ᎦᎸᎶ
ᎤᏗᏗᏢ ᎢᏴᏛ ᎠᏥᏌᎳᏓᏅᎯ;
27 ᎾᏍᎩ Ꮎ ᎤᏚᎸᏗ ᏄᎵᏍᏓᏁᎲᎾ ᏂᏚᎩᏨᏂᏒ ᎠᏥᎸ-ᎤᏪᎳᏍᏗᏱ, ᎾᏍᎩ ᎾᎾᏛᏁᎲ
ᏄᏂᏛᏁᎲ ᏄᏂᎬᏫᏳᏌᏕᎩ ᎠᏥᎸᎠᏁᎶᎯ, ᎢᎬᏱ ᎤᏅᏒ ᎤᏂᏍᎦᏅᏨ ᎠᎫᏴᏙᏗ, ᎢᏉᏃ ᏴᏫ
ᎤᏂᏍᎦᏅᏨ ᎠᎫᏴᏙᏗ; ᎾᏍᎩᏰᏃ ᎯᎠ ᏌᏉ ᏄᏛᏁᎴᎢ, ᎾᎯᏳ ᎤᏩᏒ ᎤᏓᎵᏍᎪᎸᏔᏅ.
28 ᏗᎧᎿᏩᏛᏍᏗᏰᏃ ᏴᏫ ᏗᏂᏩᎾᎦᎳ ᏄᏂᎬᏫᏳᏒ ᎠᏥᎸ-ᎠᏁᎶᎯ ᏄᏅᏁᎨᎢ; ᎧᏁᏨᎯᏍᎩᏂ
ᎠᏎᎵᏔᏅᎯ ᎠᏍᏓᏱᏗᏍᏔᏅᎯ ᎨᏒᎢ, ᎾᏍᎩ ᏗᎧᎿᏩᏛᏍᏗ ᎤᎵᏁᏨ ᎣᏂ ᏧᎵᏁᏤᎢ,
ᎤᏪᏥ [ᎠᏥᎸᎨᎶᎯ] ᏄᏩᏁᎴ ᎾᏍᎩ ᏂᎪᎯᎸ ᎦᎷᎶᎩ ᏂᎨᏒᎾ ᏥᎩ.

ᎠᏯᏙᎸᎢ 8

1 ᎾᏍᎩᏃ ᎯᎠ ᏥᏗᏃᎮᎭ, ᎯᎠ ᎾᏍᎩ Ꮀ ᏄᎬᏫᏳᏒ ᏂᎦᎵᏍᏗᎭ; ᎾᏍᎩ ᏄᏍᏗ ᎢᎩᎧᎭ
ᏄᎬᏫᏳᏒ ᎠᏥᎸ-ᎨᎶᎯ, ᎾᏍᎩ ᎠᎦᏘᏏᏗᏢ ᎦᎸᏉᏗᏳ ᎦᏍᎩᎸ ᎦᎸᎶᎢ ᎤᏪᏅ;
2 ᏧᎸᏫᏍᏓᏁᎯ ᎦᎸᏉᏗᏳ ᏗᎨᏒᎢ ᎠᎴ ᎤᏙᎯᏳᎯ ᏗᎦᎵᏦᏛᎢ, ᎾᏍᎩ ᎤᎬᏫᏳᎯ
ᎤᎵᏦᏔᏅᎯ ᎨᏒᎢ, ᎥᏝᏃ ᏴᏫ.
3 ᎾᏂᎥᏰᏃ ᏄᏂᎬᏫᏳᏒ ᎠᏥᎸ-ᎠᏁᎶᎯ ᎨᏥᏁᏤᎸᎯ ᎨᎭ ᏧᎾᎵᏍᎪᎸᏙᏗᏱ ᎠᏓᏁᏗ ᎨᏒ ᎠᎴ
ᎠᏥᎸ-ᏗᎨᎳᏍᏙᏗ ᎨᏒᎢ; ᎾᏍᎩ ᎢᏳᏍᏗ ᎯᎠ ᎾᏍᎩ ᎠᏍᎦᏯ ᎾᏍᏉ ᎠᏎ ᎪᎱᏍᏗ
ᎤᏲᎯᏍᏗ ᎨᏎ ᎤᎵᏍᎪᎸᏙᏗ.
4 ᎢᏳᏰᏃ ᎡᎶᎯ ᏱᎦᏰᎮᎢ, ᎥᏝ ᎠᏥᎸᎨᎶᎯ ᏱᎨᏎᎢ, ᎢᎠᏁᎭᏰᏃ ᎠᏥᎸ-ᎠᏁᎶᎯ ᎠᏓᏁᏗ
ᎨᏒ ᎠᎾᎵᏍᎪᎸᏗᏍᎩ ᏗᎧᎿᏩᏛᏍᏗ ᏂᎬᏅ ᎾᏍᎩᏯᎢ;
5 ᎾᏍᎩ ᎾᎿ ᏥᏚᏂᎸᏫᏍᏓᏁᎭ ᏗᏟᎶᏍᏔᏅᎯ ᎠᎴ ᎤᏓᏩᏗᏍᏙᏛ ᎦᎸᎳᏗ ᎡᎯ ᎦᎵᏦᏛᎢ,
ᎾᏍᎩᏯ [ᎤᏁᎳᏅᎯ] ᎼᏏ ᏧᏁᏤᎴ ᎾᎯᏳ ᎦᎵᏦᏙᏗ ᏨᏗᎪᏢᏂᏎᎢ; ᎭᏚᏠᏯᏍᏔᏅᎭ
ᏧᏛᏁᎢ, ᏕᎨᎵᏍᎬ ᏂᎦᏛ ᏧᏓᎴᏅᏛ ᎾᏍᎩᏯ ᏗᏟᎶᏍᏙᏗ ᎠᎲ ᎾᏍᎩ ᏤᏟᎾᎸᎪᏫᏎᎸ ᎣᏓᎸ
ᎤᏁᎸᎭ.
6 ᎾᏍᎩᏃ ᏥᏄᏍᏗ ᎪᎯ ᎨᏒ ᎤᏟ ᎢᎦᎸᏉᏗ ᏗᎦᎸᏫᏍᏓᏁᏗ ᎨᏒ ᎤᏩᏛᎲ, ᎤᏗᎦᎵᏍᏙᏗᎭ
ᎠᏰᎵ ᎠᎴᎲᏍᎩ ᎨᏒ ᎤᏟ ᎢᏲᏍᏛ ᎧᏃᎮᏛ ᏓᏠᎯᏍᏛ ᎤᎬᏩᎸᎢ, ᎾᏍᎩ ᎤᏟ ᎢᏲᏍᏛ
ᏓᏚᎢᏍᏛ ᏧᎵᏍᏓᏱᏍᏗ.
7 ᎢᏳᏰᏃ ᎢᎬᏱᏱ ᎧᏃᎮᏛ ᏓᏠᎯᏍᏛ ᏕᎫᎯᏍᏙᏗ ᏂᎨᏒᎾ ᏱᎨᏎᎢ, ᎥᏝ ᎤᏩᏓᎴ ᎧᏃᎮᏛ
ᏗᏠᎯᏍᏙᏗᏱ ᏱᎬᏩᏂᏔᏲᎴᎢ.
8 ᎡᏍᎦᏰᏃ ᎤᏰᎸᏅ ᎯᎠ ᏂᎦᏪᏎᎴᎢ, ᎬᏂᏳᏉ, ᏛᏍᏆᎸᎯ, ᎠᏗᎭ ᎤᎬᏫᏳᎯ, ᎾᏍᎩ ᎢᏤ
ᎧᏃᎮᏛ ᏗᎦᏥᏯᏠᎢᏍᏓᏁᏗᏱ ᎢᏏᎵ ᏏᏓᏁᎸᎯ ᎨᏒ ᎠᎴ ᏧᏓ ᏏᏓᏁᎸᎯ ᎨᏒᎢ.
9 ᎥᏝ ᎾᏍᎩᏯ ᎧᏃᎮᏛ ᏕᎦᏥᏯᏠᎢᏍᏓᏁᎸ ᏧᏂᎦᏴᎵᎨᎢ, ᎾᎯᏳ ᎦᏂᏲᏯᏁᏒ ᎦᏥᏄᎪᏫᏍᏗᏱ
ᎢᏥᏈᏱ ᎦᏓ ᎠᎲᎢ; ᎥᏝᏰᏃ ᏳᏂᏍᏆᏂᎪᏔᏁ ᎧᏃᎮᏛ ᏕᎦᏥᏯᏠᎢᏍᏓᏁᎸᎢ, ᎠᎴ ᎠᏴ ᎥᏝ
ᏱᎦᏥᏯ-ᎦᏎᏯᏍᏔᏁᎢ, ᎠᏗᎭ ᎤᎬᏫᏳᎯ.
10 ᎯᎠᏰᏃ ᎾᏍᎩ ᏄᏍᏕᏍᏗ ᎧᏃᎮᏛ ᏙᏓᎦᏥᏯᏠᎢᏍᏓᏁᎵ ᎢᏏᎵ ᏏᏓᏁᎸᎯ ᎨᏒ ᎾᎯᏳ
ᎦᎶᏐᏅᎭ ᎠᏗᎭ ᎤᎬᏫᏳᎯ; ᏚᎾᏓᏅᏛ ᏓᏓᏥᏔᏂ ᏗᏆᏤᎵ ᏗᎧᎿᏩᏛᏍᏗ, ᎠᎴ ᏧᏂᎾᏫᏱ
ᏙᏓᎪᏪᎳᏂ; ᎠᎴ ᎠᏴ ᎦᏥᏯᏁᎳᏅᎯ ᎨᏎᏍᏗ, ᎤᏅᏒᏃ ᏗᏆᏤᎵ ᏴᏫ ᎨᏎᏍᏗ;
11 ᎥᏝ ᎠᎴ ᎩᎶ ᎠᏏᏴᏫ ᎨᏒ ᎾᎥ ᎢᏧ-ᎾᏓᎵ, ᎠᎴ ᏗᎾᏓᏅᏟ ᎨᏒ ᏱᎨᏲᎲᏍᎨᏍᏗ, ᎯᎠ
ᏱᏂᎦᏪᏍᎨᏍᏗ, ᎯᏚᏙᎥᎯ ᎤᎬᏫᏳᎯ; ᎾᏂᎥᏉᏰᏃ ᎬᎩᎦᏔᎯᏳ ᎨᏎᏍᏗ, ᎤᏍᏗᎧᏂ ᎡᎲ
ᎤᏓᎬᏩᏓᎴᏅᏛ, ᎤᏟ ᎢᏯᏥᎸᏉᏗ ᎡᎲ ᎾᎬᏍᏗ.
12 ᏓᎦᏥᏯᏙᎵᏥᏰᏃ ᎤᏣᏘᏂ ᏄᎾᏛᏁᎸᎢ, ᎤᏂᏍᎦᏅᏨᏃ ᎠᎴ ᎤᏲ ᏄᎾᏛᏁᎵᏙᎸ ᎿᏉ
ᎠᏆᏅᏓᏗᏍᏗ ᏱᎨᏎᏍᏗ.

13 ᎾᏍᎩᏃ ᏌᏊ ᎢᏉ ᏥᎪᏎᎭ, ᏐᎢ ᎤᏪᏗ ᏂᎬᏁᎭ. ᎪᎱᏍᏗᏰᏃ ᎤᏪᏗ ᎢᎬᏁᎸᎯ ᎠᎴ
ᎤᏪᎳᏨᎯ ᏥᎨᏐ, ᎤᏲᏥᏕᏅ ᎨᏐᎢ.

ᎠᏯᏙᎸᎢ 9

1 ᎠᎴᏬ ᎤᏙᎯᏳᎯ ᎢᎬᏱᏱ ᎧᏃᎮᏛ ᏓᏌᎯᏍᏛ ᏗᎧᎿᏩᏛᏍᏗ ᎦᎪᏢᏒᎩ ᎤᏁᎳᏅᎯ ᎤᏤᎵ
ᏗᎦᎸᏫᏍᏓᏁᏗ ᎤᎬᏩᎵ, ᎠᎴ ᎡᎶᎯ ᎡᎯ ᎦᎸᏉᏗᏳ ᎦᎵᏦᏛᎢ.
2 ᎦᎵᏦᏙᏗᏰᏃ ᎤᏃᏢᏁᎢ, ᎦᎸᏉᏗᏳ ᎨᏒ ᏣᏃᏍᎮᎢ, ᎾᎿ ᎢᎬᏱᏱ ᏓᏓᎯᏛᎢ, ᏥᎦᎧᎮ
ᎠᏨᏍᏙᏗ ᎦᎪᏗᏱ, ᎠᎴ ᎦᏍᎩᎶᎢ, ᎠᎴ ᎾᎿ ᏣᏝᎮ ᎠᎦᏙᏗ ᎦᏚ;
3 ᏔᎵᏁᏃ ᎠᏰᏙᎳᏛ ᎤᏗᏗᏢ ᎯᎠ ᎾᏍᎩ ᎦᎵᏦᏛᎢ ᎤᏟ ᎢᎦᎸᏉᏗ ᏣᏃᏎᎮᎢ;
4 ᎾᏍᎩ ᎾᎿ ᏣᎮ ᎪᎱᏍᏗ ᎬᏙᏗ ᎠᏕᎸ-ᏓᎶᏂᎨ ᎪᏢᏔᏅᎯ ᎦᏩᏒᎩ ᎠᏥᎸᎨᎳᏍᏗ ᎦᎶᏗ,
ᎠᎴ ᎾᎿ ᏥᏥᏰ ᎦᏁᏌᎢ ᏗᎧᎿᏩᏛᏍᏗ ᏗᎦᎶᏗᏱ ᎠᏕᎸ-ᏓᎶᏂᎨ ᎫᏢᏔᏃᏅᎯ ᏥᎨᏎᎢ, ᎾᎿᏂ
ᏥᎦᎴ ᎠᏕᎸᏓᎶᏂᎨ ᎪᏢᏔᏅᎯ ᎠᏑᎵᏙ ᎹᎾ ᏥᎦᎶᏕᎢ, ᎠᎴ ᎡᎳᏂ ᎤᏙᎳᏅᏍᏙᏗ
ᏣᏥᎸᏍᎨᎢ, ᎠᎴ ᎤᏯ ᏗᏯᏑᏅ ᎾᎿ ᏥᎪᏪᎴ ᎧᏃᎮᏛ ᏓᏌᎯᏍᏛᎢ.
5 ᎠᎴ [ᎦᏁᏌᎢ] ᏥᏴ ᎦᎸᎳᏗᏢ ᎠᏂᎩᎷᏫ ᎦᎸᏉᏗᏳ ᎢᏯᏅᏁᎯ, ᎾᏍᎩ ᏧᎸᏢᎦ ᎦᏁᏌᎢ
ᎫᏢᏗ; ᎾᏍᎩ ᎤᎬᏩᎵ ᎥᏝ ᎪᎯ ᎨᏒ ᏂᎦᏛ ᎦᏁᎢᏍᏙᏗ ᏱᎩ.
6 ᎯᎠᏃ ᎾᏍᎩ ᏄᏍᏛ ᎢᎬᏁᎰᏅᎯ ᎨᏎᎢ, ᎠᏥᎸ-ᎠᏁᎶᎯ ᏂᎪᎯᎸ ᏩᏂᏴᎯᎮ ᎢᎬᏱᏱ ᏓᏓᎯᎮ
ᎦᎵᏦᏛᎢ, ᏫᎦᏂᎸᏫᏍᏓᏁᎮ [ᎤᏁᎳᏅᎯ] ᎤᏤᎵ ᎤᎬᏩᎵ.
7 ᏔᎵᏁᏍᎩᏂ ᏫᎦᎵᏦᏛ ᏄᎬᏫᏳᏒ ᎠᏥᎸ-ᎨᎶᎯ ᎤᏩᏒ ᏌᏉ ᏫᎾᏴᎯᎮ ᏂᏓᏕᏘᏴᎯᏒᎢ, ᎥᏝ
ᎠᎴ ᎩᎬ ᏂᎦᏁᏤᎲᎾ ᏱᎨᏎᎢ, ᎾᏍᎩ ᎤᏩᏒ ᎤᏍᎦᏅᏨ ᎠᎫᏴᏙᏗ, ᎠᎴ ᎤᏂᏣᏘ ᏴᏫ
ᎤᏂᏍᎦᏅᏨ ᎠᎫᏴᏙᏗ.
8 ᎾᏍᎩ ᎦᎸᏉᏗᏳ ᎠᏓᏅᏙ ᎯᎠ ᏄᏍᏕ ᎬᏂᎨᏒ ᏂᎬᏁᎮᎢ, ᎾᏍᎩ Ꮎ ᎤᏟ ᎢᎦᎸᏉᏗ ᏗᎨᏒ
ᏫᎦᏅᏅ ᎠᏏ ᎬᏂᎨᏒ ᎢᎬᏁᎸᎯ ᏂᎨᏒᎾ ᎨᏒᎢ, ᎠᏏᏉ ᏥᏂᎬᏩᏍᏕ ᎢᎬᏱᏱ ᎦᎵᏦᏛᎢ;
9 ᎾᏍᎩ ᎦᎵᏦᏛ ᏗᏟᎶᏍᏔᏅᎯᏉ ᏥᎨᏎ ᎾᎯᏳ ᎨᏒᎢ, ᎾᎿᏂ ᏥᏓᎾᎵᏍᎪᎸᏗᏍᎨ ᎠᏓᏁᏗ
ᎨᏒ ᎠᎴ ᎾᏍᏉ ᎠᏥᎸ-ᎨᎳᏍᏙᏗ, ᎾᏍᎩ Ꮎ ᎢᏳᏛᏁᎸᎯ ᏰᎵ ᎾᏍᎦᏅᎾ ᎢᎬᏩᏁᏗ ᏂᎨᏒᎾ
ᏥᎨᏎ ᎠᏓᏅᏙ ᎤᎬᏩᎵ ᎨᏒᎢ;
10 ᎾᏍᎩ ᏗᎵᏍᏓᏴᏗᏱᏉ ᎨᏒ ᎠᎴ ᎠᏗᏔᏍᏗᏱᏉ ᎨᏒ ᎠᎴ ᏗᎪᏑᎴᏗᏱ ᎨᏒᎢ, ᎠᎴ
ᏗᎧᎿᏩᏛᏍᏗ ᎤᏇᏓᎵᏉ ᎨᏒ ᏧᎬᏩᎴᎢ, ᎾᏍᎩ ᎢᏳᎾᏛᏁᏗ ᏥᏂᎨᎬᏁᎴ ᎤᏓᏁᏟᏴᏍᏗ ᎨᏒ
ᎤᎵᏰᎢᎶᎯᏍᏗ ᎨᏒ ᎢᎪᎯᏛ.
11 ᎦᎶᏁᏛᏍᎩᏂ ᎤᎷᏨᎯ ᏥᎩ ᏄᎬᏫᏳᏒ ᎠᏥᎸ-ᎨᎶᎯ ᎢᏳᎵᏍᏔᏅᎯ ᏧᎸᏫᏍᏓᏁᏗᏱ
ᏄᏍᏛ ᎨᏒ ᎤᎬᏩᎵ ᎤᎵᏰᎢᎶᎯᏍᏗ ᏥᎨᏒᎩ, ᎾᏍᎩ ᏴᏗᏍᎬ ᎢᏟ ᎢᎦᎸᏉᏗ ᎠᎴ
ᏂᎦᎷᏣᏥᏙᎲᎾ ᎦᎵᏦᏛᎢ, ᎩᎶ ᏧᏬᏰᏂ ᏧᏮᏔᏅᎯ ᏂᎨᏒᎾ ᎤᏬᏢᏅᎯ, ᎾᏍᎩ ᏯᏛᏅ,
ᎠᏁᎳᏅᎯ ᏂᎨᏒᎾ ᎨᏒᎢ,
12 ᎥᏝ ᎠᎴ ᏴᏫ ᏗᏂᎭᎸᎸᎯ ᎠᎴ ᏩᎦ ᎠᏂᎩᎾ ᎤᏂᎩᎬ ᎬᏗᏍᎬᎢ, ᎤᏩᏒᏍᎩᏂ ᎤᎩᎬ
ᎬᏗᏍᎬᎢ, ᏌᏉ ᏄᏴᎴ ᎦᎸᏉᏗᏳ ᏗᎨᏒᎢ, ᎿᏉ ᎾᏍᎩ ᏫᎾᏍᏛᎾ ᎠᎫᏴᏙᏗ ᎢᎩᏩᏛᎡᎸ.
13 ᎢᏳᏰᏃ ᏩᎦ ᏧᎾᎪᏅᏍᏓᎵ ᎤᏂᎩᎬ, ᎠᎴ ᎠᏫ ᏗᏂᎭᎸᎸᎯ ᎤᏂᎩᎬ, ᎠᎴ ᏩᎦ ᎠᎩᏏ
ᎤᎪᏅᎯ ᎪᏍᏚ ᎦᎨᏩᏅᏁᏗ ᏱᎩ ᎾᏍᎩ ᎤᏂᏇᏓᎸ ᎤᎬᏩᎵ ᎨᏒᎢ.

14 ᎢᎳᎪ ᎢᏴᏛ ᎢᎦᎢ ᎤᏟᎯᏳ ᎦᎶᏁᏛ ᎤᎩᎬ, ᏗᏣᏓᏅᏙ ᏙᏓᏥᏅᎦᎸᎡᎵ ᏙᏓᏥᎧᎲᏏ
ᎠᏓᎯᎯ ᎦᏥᎸᏫᏍᏓᏁᎲᎢ, ᎬᏂᏛᏃ ᎤᏁᎳᏅᎯ ᏤᏣᏁᎶᏙᏗᏱ ᎤᏓᏨᏁᎵ ᎾᏍᎩ ᏫᎾᏍᏛᎾ
ᎡᎯ ᎠᏓᏅᏙ ᎬᏗᏍᎬ ᏄᏓᏅᎦᎸᎾ [ᎠᏍᎦᎾ,] ᎦᎶᏁᏛ ᎤᏩᏒ ᎤᏓᎵᏍᎪᎸᏔᏅᎯ ᏥᎩ
ᎤᏁᎳᏅᎯ ᎤᏓᎵᏍᎪᎸᏓᏁᎸᎯ ᏥᎩ?
15 ᎾᏍᎩ ᎢᏳᏍᏗ ᎠᏰᎵ ᎠᎴᎲᏍᎩ ᏂᎦᎵᏍᏗᏐ ᎢᏤ ᎧᏃᎮᏛ ᏓᏌᎯᏍᏛᎢ, ᎾᏍᎩ ᎤᏲᎱᏒᎯ
ᎨᏒ ᎬᏗᏍᎬ ᏗᎬᏬᏓᎴᏍᏗ ᎢᏳᏓᏍᏙᏗᏱ ᎢᎬᏱᏱ ᎧᏃᎮᏛ ᏓᏌᎯᏍᏛ ᎤᏂᏲᏍᏔᏅᎢ, ᎾᏍᎩ
ᎨᏥᏯᏅᏛ ᏥᎩ ᎤᎾᏤᎵ ᎢᏳᎵᏍᏙᏗᏱ ᎠᏚᎢᏍᏛ ᏫᎾᏍᏛᎾ ᎤᎾᏘᏯᏍᏓᏁᏗ ᎨᏒᎢ;
16 ᎧᏃᎮᏛᏰᏃ ᏗᏌᎯᏍᏔᏅᎯ ᏥᎨᏐᎢ, ᎠᏎ ᎠᎯᏍᏗ ᎨᏐ ᎠᏍᏓᏱᏗᏍᎩ ᎧᏃᎮᏛ ᏓᏌᎯᏍᏛᎢ.
17 ᎧᏃᎮᏛᏰᏃ ᏓᏌᎯᏍᏛ ᎠᏍᏓᏱᏳ ᎨᏐ ᎠᎵᏍᎪᎸᏙᏗ ᎨᏒ ᎠᎸᎯ ᏥᎨᏐᎢ; ᎥᏝ ᎠᎴ
ᎠᏍᏓᏱᏛᎯ ᏱᎨᏐ ᎠᎵᏍᎪᎸᏙᏗ ᎠᏏᏉ ᏥᎬᏃᎢ.
18 ᎾᏍᎩ ᎢᏳᏍᏗ ᎢᎬᏱᏱ ᎧᏃᎮᏛ ᏗᏌᎯᏍᏔᏅᎯ ᎨᏒ ᎥᏝ ᎠᏍᏓᏱᏛᎯ ᏱᎨᏎ ᎩᎬ ᎬᏔᏅᎾ
ᏂᎨᏒᎾ ᏱᎩ.
19 ᎼᏏᏰᏃ ᏂᎦᏛ ᏗᎧᎿᏩᏛᏍᏗ ᏂᎦᏪᏍᎬ ᏚᎾᏄᎪᏫᏎᎸ ᏴᏫ ᎾᏍᎩᏯ ᏂᎬᏅ ᏗᎧᎿᏩᏛᏍᏗ,
ᏩᎦ ᎠᏂᎩᎾ ᎤᏂᎩᎬ ᎠᎴ ᎠᏫ ᏗᏂᏐᏄᎸᎯ ᎤᏂᎩᎬ ᎤᏁᎩᏎᎢ, ᎠᎴ ᎠᎹ ᎠᎴ ᎤᏩᏅ
ᎩᎦᎨᎢ, ᎠᎴ ᏗᏐᏈ, ᏚᏍᏚᏓᏃ ᎪᏪᎵ ᎠᎴ ᎾᏂᎥ ᏴᏫ.
20 ᎯᎠ ᏂᏪᏍᎨᎢ, ᎯᎠ ᎾᏍᎩ ᎩᎬ, ᎧᏃᎮᏛ ᏓᏌᎯᏍᏛ ᎠᏍᏓᏱᏗᏍᎩ ᎾᏍᎩ ᎤᏁᎳᏅᎯ
ᏥᏥᏁᏤ ᏗᏥᎧᎿᏩᏛᏍᏗᏱ.
21 ᎠᎴ ᎾᏍᏉ ᎩᎬ ᏚᏍᏚᏟᏍᏔᏁ ᎦᎵᏦᏛᎢ, ᎠᎴ ᏂᎦᏛ ᎪᎱᏍᏗ ᏗᎬᏔᏂᏓᏍᏗ
ᏚᏂᎸᏫᏍᏓᏁᎲᎢ.
22 ᎠᎴ ᏂᎦᎥᏉ ᎢᏳᏍᏗ ᏗᎧᎿᏩᏛᏍᏗ ᏂᎬᏅ ᎩᎬ ᎦᏅᎦᎸᏙᏗ ᎨᏒᎩ; ᎠᎴ ᎩᎬ ᎠᏨᏅᎯ
ᏂᎨᏒᎾ ᏱᎩ, ᎠᏍᎦᏅᏨ ᎥᏝ ᏴᎦᏴᏓᏗᏙᎵᎩ.
23 ᎾᏍᎩ ᎢᏳᏍᏗ ᎤᏚᎸᏗ ᏂᎦᎵᏍᏗᏍᎬᎩ ᎯᎠ ᎾᏍᎩ ᏂᎦᏛ ᏄᏍᏗᏓᏅ ᎦᎸᎳᏗ ᏤᎯ
ᏗᏟᎶᏍᏔᏅᎯ ᎨᏒ ᏗᎦᏅᎦᎸᏙᏗᏱ ᎯᎠ ᎾᏍᎩ (ᏗᎵᏍᎪᎸᏙᏗ,) ᎦᎸᎳᏗᏍᎩᏂ ᏤᎯ ᎨᏒ
ᎾᏲᎪ ᎤᏟ ᎢᏗᎦᎸᏉᏗ ᏗᎵᏍᎪᎸᏔᏅᎯ ᏗᎦᏅᎦᎸᏙᏗ.
24 ᎦᎶᏁᏛᏰᏃ ᎥᏝ ᏱᏭᏴᎸ ᎦᎸᏉᏗᏳ ᎦᎨᏒᎢ ᎩᎶ ᏧᏬᏰᏂ ᏧᏮᏔᏅᎯ ᏧᏬᏢᏅᎯ ᎨᏒᎢ, ᎾᏍᎩ
ᎤᏙᎯᏳᎯ (ᎦᎸᏉᏗᏳ ᎨᏒ) ᏗᏟᎶᏍᏔᏅᎯ ᎨᏒᎢ; ᎦᎸᎳᏗᏍᎩᏂ ᏂᎨᏒ ᏭᏴᎸ, ᎪᎯ ᎨᏒ
ᎤᏁᎳᏅᎯ ᎠᎦᏔᎲ ᎬᏂᎨᏒ ᎢᎦᏛᏁᏗᏱ;
25 ᎠᎴ ᎥᏝ ᎤᏚᎸᏗ ᏂᎦᎵᏍᏗᏍᎬ ᎢᏳᏍᏗ ᎢᏴᏛᏐᏉ ᎤᏓᎵᏍᎪᎸᏙᏗᏱ, ᎾᏍᎩᏯ
ᏂᏓᎦᏘᏴᎮᎬ, ᎪᎱᏍᏗ ᎤᏂᎩᎬ ᎬᏗ ᏄᎬᏫᏳᏒ ᎠᏥᎸ-ᎨᎶᎯ ᏥᎾᏛᏁᎮ ᎦᎸᏉᏗᏳ ᎨᏒ
ᏥᏩᏴᎯᎮᎢ;
26 ᎢᏳᏰᏃ ᎾᏍᎩ ᏱᏄᏍᏕᎢ ᎿᏉ ᎤᏣᏘ ᎠᏎ ᎢᏳᎩᎵᏲᏨᎯ ᏱᏂᎦᎵᏍᏗᏍᎨ ᎡᎶᎯ ᏧᏙᏢᏅ
ᎤᏓᎬᏩᏓᎴᏅᏛ; ᎪᎯᏍᎩᏂ ᎨᏒ ᎤᏩᏒ ᎠᏓᎵᏍᎪᎸᏗᏍᎬ ᎠᏍᎦᏂ ᎨᏒ ᎠᎲᏍᎬᎢ ᏌᏉ
ᎬᏂᎨᏒ ᏄᏓᎴᏁᎸ ᎤᎵᏍᏆᎸᏗ ᎦᎨᏌᏗᏒᎢ.

27 ᎠᎴ ᏧᎦᎪᎳᏅᎯ ᏥᎩ ᏴᏫ ᏌᏉ ᎢᏧᏂᏲᎯᏍᏗᏱ, ᎣᏂᏃ ᏗᎫᎪᏙᏗ ᎢᎦ ᎨᏒᎢ;
28 ᎾᏍᎩᏯ ᎾᏍᏉ ᎦᎶᏁᏛ ᏌᏉ ᎢᏯᎦᎵᏍᏙᎸᏔᏅᎯ ᎤᎩᏍᏗᏱ ᎤᏂᏣᏘ ᎨᏒ
ᎤᏂᏍᎦᏅᏨᎢ; ᎾᏍᎩᏃ Ꮎ ᎬᏩᎦᏓᏃᎯ ᎨᏒ ᏔᎵᏁ ᎬᏂᎨᏒ ᏂᏙᏛᎠᏛᏁᎵ ᏧᏍᏕᎸᏗᏱ,
ᎠᏍᎦᏂ ᎠᎫᏴᏙᏗ ᎾᏰᏭᎾ

ᎠᏯᏙᎸᎢ 10

1 ᏗᎧᎿᏩᏛᏍᏗᏰᏃ ᎣᏍᏛ ᎤᎵᏰᎢᎶᎯᏍᏗ ᎨᏒ ᎤᏓᏩᏗᏍᏙᏛ ᏧᏪᏲᎩ, ᎠᎴ ᎠᎧᎵᎢ
ᏗᏟᎶᏍᏔᏅᎯ ᏂᎨᏒᎾ ᏥᎨᏒᎩ, ᎥᏝ ᏰᎵᎦ, ᎾᏍᎩ ᏗᏓᏍᎪᎸᏙᏗ ᏓᎤᏗᏍᎬ, ᏂᏓᏕᏘᏴᎯᏒ
ᏂᎪᎯᎸ ᏥᏓᎾᎵᏍᎪᎸᏗᏍᎨᎢ ᎾᎿ ᎠᏂᎷᎩ ᏄᏂᎪᎸ-Ꮎ ᎢᎬᏩᏅᏁᏗ ᏱᎨᏎᎢ.
2 ᎢᏳᏰᏃ ᏰᎵᏉ ᏱᎨᏎᎢ, Ꮭ ᏱᎬᏩᏂᎦᎯᏍᏔᏁ ᏧᎾᎵᏍᎪᎸᏗᏍᎬᎢ; ᎠᎾᎵᏍᎪᎸᏗᏍᎩᏰᏃ
ᎨᏒ ᏌᏉ ᏱᏄᎾᏓᏅᎦᎸᎮ ᎥᏝ ᎿᏉ ᎠᏂᏍᎦᎾ ᏱᎬᏩᏂᏰᎸᏎᎢ.
3 ᎾᏍᎩᏍᎩᏂ Ꮎ ᏓᎾᎵᏍᎪᎸᏗᏍᎬᎢ, ᏂᏓᏕᏘᏴᎯᏒ ᎤᎾᏅᏓᏗᏏᎭᏗᏉ ᏂᎦᎵᏍᏗᏍᎪ
ᎤᏂᏍᎦᏅᏨᎢ.
4 ᎥᏝᏰᏃ ᏩᎦ ᏧᎾᎪᏅᏍᏓᎵ ᎠᎴ ᎠᏫ ᏗᏂᎭᏄᎸᎯ ᎤᏂᎩᎬ ᏰᎵ ᎬᏩᏂᏲᏍᏗ ᏱᎨᏎ ᎠᏍᎦᏂ
ᎨᏒᎢ.
5 ᎾᏍᎩ ᎢᏳᏍᏗ (ᎦᎶᏁᏛ) ᎡᎶᎯ ᎤᎾᏄᎪᏥᎸ, ᎯᎠ ᏄᏪᏎᎢ, ᎠᏥᎸ-ᎨᎳᏍᏙᏗ ᎠᎴ
ᎢᎵᏍᎪᎸᏙᏗ ᎨᏒ ᎥᏝ ᏰᎵ ᏱᏗᏣᏰᎸᏁᎢ, ᎠᏰᎸᏍᎩᏂ ᏍᏆᏛᏅᎢᏍᏓᏁᎸ.
6 ᏧᏃᏍᏛ ᎠᏥᎸ-ᏗᎨᎳᏍᏙᏗ ᎠᎴ ᏗᎵᏍᎪᎸᏙᏗ ᎠᏍᎦᏂ ᎠᎫᏴᏙᏗ ᎥᏝ ᎣᏏᏳ ᏱᏗᏣᏰᎸᏁᎢ;
7 ᎿᏉᏃ ᎯᎠ ᎾᎩᏪᏒᎩ, ᎬᏂᏳᏉ ᏥᎷᎩ, [ᎪᏪᎵᎯ ᎪᏪᎳ ᎥᎩᏃᎮᏍᎬᎢ,] [ᏥᎷᎩ] ᏄᏍᏛ
ᏣᏚᎵᏍᎬ ᎢᏯᏆᏛᏁᏗ Ᏹ, ᏣᏁᎳᏅᎯ.
8 ᎦᏳᎳ ᎯᎠ ᎢᏳᏪᏛ ᏥᎩ, ᎠᏥᎸᎨᎳᏍᏙᏗ ᎠᎴ ᎠᎵᏍᎪᎸᏙᏗ, ᎠᎴ ᏧᏃᏍᏗ ᎠᏥᎸ-
ᏗᎨᎳᏍᏙᏗ, ᎠᎴ ᏗᎵᏍᎪᎸᏙᏗ ᎠᏍᎦᏂ ᎠᎫᏴᏙᏗ, ᎥᏝ ᏰᎵ ᏱᏗᏣᏰᎸᏁᎢ, ᎥᏝ ᎠᎴ ᎣᏏᏳ
ᏱᏗᏣᏰᎸᏁᎢ; ᎾᏍᎩ ᏗᎧᎿᏩᏛᏍᏗ ᎾᏍᎩᏯ ᏂᎬᏅ ᏗᎵᏍᎪᎸᏔᏅᎯ ᏥᎨᏎᎢ;
9 ᎿᏉ ᎯᎠ ᏄᏪᏎᎢ, ᎬᏂᏳᏉ, ᏥᎷᎩ ᏄᏍᏛ ᏣᏚᎵᏍᎬ ᎢᏯᏆᏛᏁᏗᏱ ᏣᏁᎳᏅᎯ.
ᎢᎬᏱᏱ [ᎤᏁᎢᏍᏔᏅ] ᎠᎰᏍᏗᎭ, ᎾᏍᎩ ᏔᎵᏁ [ᎤᏁᎢᏍᏔᏅ] ᎤᏍᏓᏱᏗᏍᏗᏱ.
10 [ᎤᏁᎳᏅᎯᏰᏃ] ᎣᏏᏳ ᎤᏰᎸᏗ ᎡᎩᏅᎦᎸᏗᏱ ᏥᏌ ᎦᎶᏁᏛ ᎠᏰᎸ ᏌᏉ
ᎢᏯᎵᏍᎪᎸᏔᏅᎯ ᎨᏒ ᎢᏳᏩᏂᏌᏛ.
11 ᎠᎴ ᎾᏂᎥ ᎠᏥᎸ-ᎠᏁᎶᎯ ᏓᏂᏙᎨ ᏚᏂᎸᏫᏍᏓᏁᎮ ᏂᏓᏙᏓᏈᏒᎢ, ᎠᎴ ᏂᎪᎯᎸ ᎤᏠᏱᏉ
ᎠᏥᎸ-ᏗᎨᎳᏍᏙᏗ ᏧᎾᎵᏍᎪᎸᏗᏍᎨᎢ, ᎾᏍᎩ ᎠᏍᎦᏂ ᎨᏒ ᎢᎸᎯᏳ ᏰᎵ ᎬᏩᏲᏍᏗ ᏂᎨᏒᎾ
ᎨᏒᎢ.
12 ᎯᎠᏍᎩᏂ ᎠᏍᎦᏯ ᏌᏉ ᎢᏳᎵᏍᎪᎸᏔᏅᎯ ᎨᏎ ᎠᏥᎸ-ᎨᎳᏍᏙᏗ ᎠᏍᎦᏂ ᎠᎫᎪᏙᏗ,
ᎤᏪᏁ ᎤᎵᏍᏆᏗᏍᏗ ᏂᎨᏒᎾ ᎠᎦᏘᏏᏗᏢ ᎤᏁᎳᏅᎯ ᎤᏬᎸᎢ;
13 ᎠᎴ ᎿᏉ ᏂᎪᎯᎸ ᎠᎦᏘᏯ ᎬᏂ ᎬᏩᏍᎦᎩ ᏧᎳᏏᏗᏱ ᎦᏍᎩᎶ ᏂᎨᎬᏁᎸᎭ.
14 ᏌᏉᏰᏃ ᎢᏳᎵᏍᎪᎸᏔᏅᎯ ᎨᏒ ᎤᏮᏔᏅ ᎤᎵᏍᏆᏗᏍᏗ ᏂᎨᏒᎾ ᏄᏂᎪᎸᎾ ᏂᏚᏩᏁᎸ Ꮎ
ᎾᏂᏍᎦᏅᎾ ᎢᎨᎬᏁᎸᎯ.
15 ᎠᎴ ᎾᏍᏉ ᎦᏄᏉᏗ ᎠᏓᏅᏙ ᎣᎪᎯᏳᏓᏁᎯ; ᎦᏳᎳᏰᏃ ᎯᎠ ᎾᏍᎩ ᎢᏳᏪᏛ ᏂᎨᎭᎢ,
16 ᎯᎠ ᎾᏍᎩ ᏄᏍᎦᏍᏗ ᎧᏃᎮᏛ ᏙᏓᎦᏥᏯᏠᎢᏍᏓᏁᎵ ᎾᎯᏳ ᎦᎶᏐᏅᎭ ᎠᏗᎭ ᎤᎬᏫᏳᎯ;
ᏗᏆᏤᎵ ᏗᎧᎿᏩᏛᏍᏗ ᏧᏂᎾᏫᏱ ᏙᏓᏥᏔᏂ, ᎠᎴ ᏚᎾᏓᏅᏛ ᏙᏓᎪᏪᎳᏂ.

17 ᎠᎴ ᎤᏂᏍᎦᏅᏨ ᎠᎴ ᎤᏲ ᏄᎾᏛᏁᎵᏙᎸ ᎥᏝ ᎿᏉ ᎠᏆᏅᏓᏗᏍᏗ ᏱᎨᏎᏍᏗ.
18 ᎾᏍᎩᏃ ᎯᎠ ᎾᏍᎩ ᎠᏍᎦᏅᏨᎯ ᎨᏒ ᎦᏴᏓᏗᏁᎸᎯ ᏱᎩ, ᎥᏝ ᎿᏉ ᎠᏍᎦᏂ ᎠᎫᏴᏙᏗ
ᎠᎵᏍᎪᎸᏙᏗ ᏱᏂᎦᎵᏍᏗᎭ.
19 ᎾᏍᎩ ᎢᏳᏍᏗ, ᎢᏓᎵᏅᏟ, ᏂᏗᎾᏰᏍᎬᎾ ᏫᎨᎩᏴᏍᏗ ᏥᎸᎵᏍᏔᏅ ᎤᏟᎢᎦᎸᏉᏗᎨᏒ
ᏥᏌ ᎤᎩᎬ ᎢᏳᏩᏂᏌᏅᎯ.
20 ᎾᏍᎩ Ꮎ ᎢᏤ ᎠᎴ ᎬᏂᏛ ᎠᏓᏁᎯ ᎦᏅᏅ ᎬᏔᏅᎯ, ᎾᏍᎩ ᎢᎩᏍᏓᏱᏕᎸᎯ ᏥᎩ
ᎠᏰᏙᎳᏛ ᎤᎶᏒᎢ, ᎾᏍᎩ ᎤᏇᏓᎸ ᏥᎦᏛᎦ;
21 ᎠᎴ [ᏥᎩᎧᎭ] ᏄᎬᏫᏳᏌᏕᎩ ᎠᏥᎸ-ᎨᎶᎯ ᎤᏁᎳᏅᎯ ᎤᏤᎵ ᎠᏓᏁᎸ ᎤᎦᏌᏯᏍᏗᏕᎩ;
22 ᎾᎥ ᎢᏗᎷᎨᏍᏗ ᎢᏛᏗᏍᏗᎨᏍᏗ ᏄᏠᎾᏍᏛᎾ ᏗᎩᎾᏫ, ᎠᎴ ᎤᎵᏂᎩᏛ ᎪᎯᏳᏗ ᎨᏒᎢ, ᎠᎴ
ᏗᎩᎾᏫ ᏙᎩᏍᏚᏞᎸᎯ ᏙᎩᏅᏕᎸᎯ ᎤᏲ ᎠᏓᏅᏖᏗ ᎨᏒᎢ, ᎠᎴ ᏗᏗᏰᎸ ᎦᏓᎭ ᏂᎨᏒᎾ ᎠᎹ
ᏤᎪᏑᎴᏓᏁᎸᎯ.
23 ᎠᏍᏓᏯ ᏕᎩᏂᏴᏎᏍᏗ ᎬᏂᎨᏒ ᏂᎬᏁᎸ ᎤᏚᎩ ᎢᎬᏒ ᏂᏕᏊᏏᏛᏒᎲᎾ; ᏄᏓᎵᏓᏍᏛᎾᏰᏃ
ᎾᏍᎩ Ꮎ ᎤᏚᎢᏍᏔᏅᎯ ᎨᏒᎢ.
24 ᎠᎴ ᏕᏓᏓᏓᏅᏖᏍᎨᏍᏗ, ᎠᏓᎨᏳᏗ ᎨᏒ ᎠᎴ ᎣᏍᏛ ᏗᎦᏕᎸᏫᏍᏓᏁᏗ ᎨᏒ ᏗᎦᏓᏂᏔᏕᏗᏱ
ᏗᎩᎸᏫᏍᏓᏁᏗᏱ;
25 ᏞᏍᏗᏉ ᏱᏗᏑ-ᎵᎪᎨᏍᏗ ᎢᏓᏓᏟᏌᏂᏙᎲᎢ, ᎢᎦᏛ ᎾᏍᎩ ᎢᏳᎾᏛᏁᏗ ᏥᎩ;
ᏕᏣᏓᏬᏁᏗᏍᎨᏍᏗᏍᎩᏂ; ᎠᎴ Ꮀ ᎤᎬᏫᏳᏎᏍᏗ, ᎾᏍᎩ ᏂᏣᏛᏁᎵᏍᏗ ᏥᏥᎪᏩᏗ
ᎤᏍᏆᎸᎯᏗᏒ ᎾᎯᏳ ᎢᎦ.
26 ᎢᏳᏰᏃ ᎢᎬᏒ ᎢᏕᎦᎸᏛ ᏱᏗᏍᎦᏅᎬ ᎦᏳᎳ ᏥᎩᎦᏁᎥᏒᎯ ᏚᏳᎪᏛ ᎨᏒᎢ, ᎥᏝ ᎤᏩᏓᎴ
ᏯᎵᏃᎯᏯ ᎠᏥᎸ-ᎨᎳᏍᏗ ᎠᏍᎦᏂ ᎠᎫᏴᏙᏗ,
27 ᎤᎾᏰᎯᏍᏗᏉᏍᎩᏂ ᎣᏓᏅᏛ ᎠᏕᏖᎾᏍᏗᏱ ᏗᎫᎪᏙᏗ ᎢᎦ ᎨᏒᎢ, ᎠᎴ ᎤᏔᎳᏬᎯᏍᏗ
ᎨᏒ ᎠᏥᎸ ᎾᏍᎩᏯ, ᎾᏍᎩ ᎤᏂᏛᏙᏗ ᏥᎩ ᎬᏩᏍᏕᎩ.
28 ᎩᎶ ᎼᏏ ᎤᏤᎵ ᏗᎧᎿᏩᏛᏍᏗ ᎢᏴᏛ ᎢᏳᏩᏁᎳᏅᎯ ᏥᎨᏎ ᎠᏲᎱᏍᎨ ᏕᏰᏥᏙᎵᏍᏗ
ᏂᎨᏒᎾ ᎠᏂᏔᎵᎭ ᎠᏂᎦᏔᎯ ᎤᏂᏃᎮᎸᎯ ᎬᏔᏅᎯ;
29 ᏝᏍᎪ ᎤᏟ ᎢᎦᎢ ᏱᏂᏙᎬᏩᏳᎪᏗ ᎠᏥᏍᏛᏗᏍᏙᏗᏱ ᎩᎶ ᎤᏁᎳᏅᎯ ᎤᏪᏥ
ᎤᎳᏍᏓᎡᎸᎯ, ᎠᎴ ᎾᏍᎩ Ꮎ ᎩᎬᎧᏃᎮᏛ ᏗᏠᎯᏍᏙᏔᏅᎯ ᎾᏍᎩ ᎤᏓᏅᎦᎶᏔᏅᎯ ᎨᏒ
ᎦᏓᎭ ᎤᏰᎸᏅᎯ, ᎠᎴ ᎦᎬᏩᏐᎵᏔᏅᎯ ᎬᏩᎦᏘᏯ ᎠᏓᏙᎵᎩ ᎠᏓᏅᏙ.
30 ᎡᏗᎦᏔᎮᏰᏃ ᎾᏍᎩ Ꮎ ᎯᎠ ᎢᏳᏪᏛ ᏥᎩ, ᎠᏞᎢᏍᏗ ᎨᏒ ᎠᏴ ᎠᏆᏤᎵᎦ, ᎠᏴ ᏓᎦᎫᏴᎯ,
ᎠᏗᎭ ᏱᎰᏩ. ᎠᎴ ᏔᎵᏁᎢ, ᏱᎰᏩ ᏙᏓᎫᎪᏓᏁᎵ ᏧᏤᎵ ᏴᏫ.
31 ᎤᎾᏰᎯᏍᏗᏳ ᎬᏂᏛ ᎤᏁᎳᏅᎯ ᏧᏬᏰᏂ ᏫᏗᎩᏅᎢᏍᏗᏱ.
32 ᎠᏎᏃ ᎢᏣᏅᏓᏓ ᏧᏩᎫᏔᏅᏒᎢ, ᎾᏍᎩ ᎾᎯᏳ ᎢᎦ ᏂᎦᏣᏗᏍᏓᏁᎶᎢ, ᎤᏣᏘ ᎢᏣᏣᏂᎬᏁᎸ
ᏕᏥᎦᏘᎸᏒ ᎠᎩᎵᏲᎢᏍᏗ ᎨᏒᎢ;

33 ᎾᏍᎩ ᎢᎸᎯᏳ ᏥᏕᏴᏥᏐᎵᏛᎢ, ᎠᎴ ᏙᏥᎩᎵᏲᎢᏍᏗᏍᎬᎢ; ᎢᎸᎯᏳᏃ ᏕᏣᎵᎪᏁᎸ ᎾᏍᎩ
ᎢᎨᎬᏁᎸᎯ.
34 ᎥᏆᎸᎢᏛᏴᏃ ᎨᏒ ᎢᏳᏍᏗ ᎥᏍᎩᏪ-ᏙᎵᏨᎩ, ᎠᎴ ᎤᎵᏢᎵᏍᏗᏉ ᎢᏣᏓᏅᏛᎩ ᎡᏥᏬᏅᏬ
ᏧᎬᏩᎶᏗ ᎢᏥᏬᎢ, ᎢᏥᏕᎳᏬᎩᏴᏃ ᏕᎸᎳᏗ ᎾᏥᏍᏆᏂᎪᏛ ᎤᏟ ᎢᏲᏍᏛ ᎠᎴ ᎠᏲᎩ ᏂᎨᏒᎾ
ᏧᎬᏩᎶᏗ.
35 ᎾᏍᎩ ᎢᏳᏍᏗ ᏝᏍᏗ ᎢᏴᏛ ᎢᏨᏁᎳᏅᎩ ᎢᏦᎯᏳᏒᎢ, ᎾᏍᎩ ᎤᏙᎨ ᎤᏓᎫᏴᏒᏗ ᏥᎩ.
36 ᏗᏨᏂᏗᏳ ᎢᏣᎵᏍᏙᏗᏱ ᎤᏕᎸᏗᏳ ᏂᏣᎵᏍᏓᏁᏐ; ᎾᏍᎩ ᎿᏉ ᎤᏁᎳᏅᎯ ᎤᏏᏳ
ᎤᏰᎸᏗ ᎨᏒ ᎢᏣᏛᏁᎸᎯ ᎨᏎᏍᏗ, ᎢᏣᏙᎵ ᎢᎬᏩᎵᏍᏙᏗ ᏱᎩ ᎸᏍᏛ ᎠᎦᎢᏍᏛᎢ.
37 ᎿᏉᏴᏃ ᏂᎪᎯᎸᎾᏉ, ᎾᏍᎩ ᎤᎷᎯᏍᏗ ᏥᎩ ᏓᏕᎷᏥ, ᎠᎴ ᎥᏝ ᏴᏛᏙᎯᏗ.
38 ᎤᎾᏓᏅᏘᏃ ᎪᎯᏳᏗ ᎨᏒ ᎤᎾᏛᏂᏗᏍᏕᏍᏗ; ᎩᎶᏍᎩᏂ ᎢᏳᏍᏗ ᎢᎠᏨᏍᎨᏍᏗ ᎠᏆᏓᏅᏙ
ᎥᏝ ᏱᏏᏳ ᏳᏰᎸᏎᏍᏗ ᎾᏍᎩ.
39 ᎠᏎᏃ ᎥᏝ ᎠᎾᏨᏍᎩ ᏥᎩ [ᎤᎾᏓᏈᎬ] ᎢᏏᎳ ᏱᎩ, ᎾᏍᎩ ᎨᏥᏛᏙᏗ ᎨᏒ ᎢᏴᏛ
ᏥᏩᏂᎷᏕ, ᎾᏍᎩᏍᎩᏂ Ꮎ ᎤᎾᏓᏈᎬ ᎢᏏᎳ, ᎾᏍᎩ ᎤᏃᎯᏳᏒ ᏥᏓᏂᏍᏕᎸᏗ ᏧᎾᏓᏅᏙ.

ᎠᏯᏙᎸᎢ 11

1 ᎪᎯᏳᏗᏃ ᎨᏒ ᎯᎠ ᏄᏍᏗ ᎦᏛᎬᎢ, ᎤᎵᏂᎩᏛ ᎪᎯᏳᏗᏱ ᎠᎪᏩᏛᏗᏱ ᎨᏒ ᏄᏍᏛ ᎤᏚᎩ
ᎣᏩᏒᎢ, ᎠᎴ ᏄᏜᏏᏛᏒᎾ ᎢᏳᏓᎵᏍᏓᏁᏗᏱ ᎡᎲ ᎾᏍᎩ Ꮎ ᎠᏏ ᎠᎪᎲᎯ ᏂᎨᏒᎾ ᎨᏒᎢ.
2 ᎾᏍᎩᏰᏃ ᎠᏅᏗᏍᎬ ᎡᏘ ᎤᎾᎦᏅᎯ ᎣᏍᏛ ᎨᏥᏃᎮᏗᏱ ᎤᏂᏩᏛᎲᎩ.
3 ᎪᎯᏳᏗ ᎨᏒ ᎢᏛᏗᏍᎬ ᎢᏙᎵᎦ ᎤᏁᎳᏅᎯ ᎧᏁᎬ ᎬᏔᏅᎯ ᎨᏒ ᎡᎶᎯ ᏚᏙᏢᏅᎢ, ᎾᏍᎩᏃ
ᏧᏓᎴᏅᏛ ᎠᎪᏩᏛᏗ ᏥᎩ ᎥᏝ ᎾᏍᎩ Ꮎ ᎬᏂᎨᏒ ᎢᏳᎵᏍᏔᏅᎯ ᎨᏒ ᏗᎪᏢᏔᏅᎯ ᏱᎩ.
4 ᎪᎯᏳᏗ ᎨᏒ ᎬᏗᏍᎬ ᎡᏈᎵ ᎤᏟ ᎢᏲᏍᏛ ᎤᎵᏍᎪᎸᏓᏁᎴ ᎤᏁᎳᏅᎯ ᎠᏥᎸ-ᎨᎳᏍᏙᏗ
ᎨᏒ ᎡᏍᎦᏉ ᎨᏂ, ᎾᏍᎩ ᏄᏛᏁᎸ ᎤᏩᏛᎳᏁ ᎪᎯᏳᏍᎩ ᎤᏓᏅᏘᏳ ᎨᏒᎢ, ᎤᏁᎳᏅᎯ
ᎬᏂᎨᏒ ᏄᏩᏁᎴ ᏚᏓᏂᎸᏤᎸ ᎤᎵᏍᎪᎸᏔᏅᎯ ᎨᏒᎢ; ᎾᏍᎩᏃ ᏄᏛᏁᎸ ᎬᏗᎭ ᎧᏁᎦ ᎾᏍᏉ
ᎤᏲᎱᏒᎯ ᏥᎩ.
5 ᎦᎯᏳᏗ ᎨᏒ ᎬᏗᏍᎬ ᎢᎾᎩ ᎠᎦᏘᎾᏫᏛᎮ ᎾᏍᎩ ᎠᏲᎱᎯᏍᏗ ᎨᏒ ᎤᎪᏩᏛᏗᏱ ᏂᎨᏒᎾ;
ᎠᎴ ᎥᏝ ᏯᏥᏩᏛᎮᎢ, ᎤᏁᎳᏅᎯᏰᏃ ᎤᏘᎾᏫᏛᎮᎢ; ᎠᏏᏉᏰᏃ ᎾᎦᏘᎾᏫᏗᏍᎬᎾ ᎨᏎ
ᎤᏁᎳᏅᎯ ᎣᏏᏳ ᎤᏰᎸᏗ ᎨᏒ ᏚᎸᏫᏍᏓᏁᎲ ᎬᏂᎨᏒ ᎾᎬᏁᎴᎢ.
6 ᎪᎯᏳᏗᏍᎩᏂ ᎨᏒ ᏂᏛᏗᏍᎬᎾ ᏱᎩ ᎬᏩᏟᏍᏗ ᎣᏍᏛ ᎤᏰᎸᏗ [ᎤᏁᎳᏅᎯ]
ᏗᎩᎸᏫᏍᏓᏁᏗᏱ; ᎩᎶᏰᏃ ᎤᏁᎳᏅᎯ ᏱᏚᎷᏤᎭ ᎠᏎ ᏱᏚᎯᏳᎲᏍᎦ ᎡᎲᎢ, ᎠᎴ ᎾᏍᎩ
ᏗᎫᏴᎡᎯ ᎨᏒ ᎤᎵᏂᎩᏛ ᎬᏩᏲᎯ.
7 ᎪᎯᏳᏗ ᎨᏒ ᎬᏗᏍᎬ ᏃᏯ, ᎤᏁᎳᏅᎯ ᎤᏬᏯᏔᏅ ᎤᏁᎢᏍᏓᏁᎸ ᏧᏓᎴᏅᏛ ᎠᏏ
ᎤᎪᎲᎯ ᏂᎨᏒᎾ ᎨᏒᎢ, ᎤᎾᏰᏎᎢ, ᎤᏛᏅᎢᏍᏔᏁ ᏥᏳ ᎤᎾᎵᏍᎦᎸᏙᏗ ᏚᏓᏘᎾᎥᎢ; ᎾᏍᎩ
ᏄᏛᏁᎸ ᎤᏮᏔᏁ ᏚᏭᎪᏓᏁᎴ ᎡᎶᎯ, ᎠᎴ ᎤᏤᎵ ᏄᎵᏍᏔᏁ ᎾᏍᎩ ᏚᏳᎪᏛ ᎨᏒ ᎪᎯᏳᏗ
ᎨᏒ ᏣᏗᏓᎴᎲᏍᎦ.
8 ᎪᎯᏳᏗ ᎨᏒ ᎬᏗᏍᎬ ᎡᏆᎭᎻ ᎾᎯᏳ ᎠᏥᏯᏅᎲ ᎢᎸᎯᏢ ᎤᏬᏅᏍᏗᏱ ᎾᏍᎩ ᎾᎿ ᎣᏂ
ᎢᏴᏛ ᎤᏤᎵᎦ ᎢᏯᎬᏁᏗ ᎨᏒᎢ, ᏧᏬᎯᏳᏁᎢ; ᎠᎴ ᏧᏄᎪᏤᎢ ᎾᎦᏔᎲ ᎾᎿ ᎠᎢᏒᎢ.
9 ᎪᎯᏳᏗ ᎨᏒ ᎬᏗᏍᎬ ᎡᏙᎯᏉ ᎢᏳᏍᏗ ᎤᏬᏙᎴ ᎾᎿ ᎠᏥᏚᎢᏍᏓᏁᎸ ᎦᏙᎯ, ᎤᏩᎾᏓᎴ
ᎤᎾᏤᎵᎪᎯ ᎾᏍᎩᏯ, ᎦᏚᎵᏦᏛᏉ ᎠᏁᎮ ᎢᏧᎳᎭ ᎡᏏᎩ ᎠᎴ ᏤᎦᏈ ᎠᏚᎢᏍᏔᏅᎯ ᎨᏒᎢ.
10 ᎠᎦᏰᏃᎮᏰᏃ ᎦᏚᎲᎢ ᏗᎦᎫᏍᏓᎢ, ᎾᏍᎩ ᎤᏁᎳᏅᎯ ᎤᏁᏍᎨᎲᎢ ᎠᎴ ᎤᏬᏢᏅᎯ ᏥᎩ.
11 ᎪᎯᏳᏗ ᎨᏒ ᎾᏍᏉ ᎬᏗᏍᎬ ᏎᎵ ᎤᏩᏒ ᏧᏄᎵᏍᏔᏁᎢ, ᎠᎴ ᎠᏲᎵ ᏧᎾᏄᎪᏫᏎ ᎿᏉ
ᏧᏓᎾᏄᎪᏫᏍᏗᏱ ᎤᏮᎭᏁᎸᎯ ᏥᎨᏎᎢ, ᎤᏗᎦᎵᏍᏙᏗᏍᎨ ᏄᏓᎵᏓᏍᏛᎾ ᎤᏰᎸᏅ ᎾᏍᎩ Ꮎ
ᎤᏚᎢᏍᏔᏅᎯ ᎨᏒᎢ.
12 ᎾᏍᎩᏃ ᎠᏏᏴᏫ ᎨᏒ ᏧᎾᏓᎴᏁᎢ ᎠᎴ ᎾᏍᎩ ᎤᏲᎱᏒᎯᏉ ᎾᏍᎩᏯ ᎨᏒᎢ, ᏃᏈᏏ ᎦᎸᎶ
ᏣᏂᎧᎳ ᏥᏄᏂᏧᏈᏍᏗ ᎢᏳᏂᏧᏈᏍᏗ, ᎠᎴ ᏃᏳ ᎠᎺᏉᎯ ᎤᏣᏘ ᏥᎦᏔᎨᏴ ᎬᏎᎨᎲᏍᏗ
ᏂᎨᏒᎾ ᏥᎩ ᎢᏳᏂᏧᏈᏍᏗ.

13 ᎯᎠ ᎾᏍᎩ ᏂᎦᏛ ᎬᏩᏃᎯᏳᎯ ᏚᏂᏲᎱᏎᎢ, ᏂᏚᎾᏓᏂᎸᏨᎾ ᎾᏍᎩ Ꮎ ᎨᏥᏚᎢᏍᏓᏁᎸᎯ
ᎨᏒᎢ, ᎢᏅᏍᎩᏂ ᏫᏓᏂᎪᏩᏘᏍᎨᎢ ᎠᎴ ᏄᎾᏑᏏᏛᏒᎲᎾ ᎨᏎᎢ, ᎠᎴ ᏚᏂᏂᏴᎮᎢ, ᎠᎴ
ᎠᏂᏃᎲᏍᎨ ᎤᏩᎾᏓᎴᏉ ᎠᎴ ᎠᏁᏙᎯᏉ ᎨᏒ ᎠᏂ ᎡᎶᎯ.
14 ᎾᏍᎩᏰᏃ ᎯᎠ ᎢᏯᏂᏪᏍᎩ, ᎬᏂᎨᏒᎢᏳ ᎾᏅᏁᎨ ᎤᎾᏤᎵᎪᎯ ᎤᏂᏲᎲᎢ.
15 ᎢᏳᏰᏃ ᏳᎾᏅᏏ ᎾᎿ ᏧᏂᏄᎪᏨᎢ ᏳᎾᏑᏅᏓᎴᏉ ᎥᏅᎾᏨᏍᏗᏱ;
16 ᎪᎯᏍᎩᏂ ᎤᏟ ᎢᏲᏍᏛ ᎤᎾᏤᎵᎪᎯ ᎤᏂᏲᎭ, ᎾᏍᎩ ᎦᎸᎶᎢ ᏗᏍᏆᏂᎪᏛᎢ; ᎾᏍᎩ
ᎢᏳᏍᏗ ᎤᏁᎳᏅᎯ ᎥᏝ ᏯᏍᎦᎨᏍᎦ ᎾᏍᎩ ᎤᏁᎳᏅᎯ ᎠᎪᏎᏗᏱ; ᏚᏛᏅᎢᏍᏓᏁᎸᏰᏃ
ᎦᏚᎲᎢ.
17 ᎪᎯᏳᏗ ᎨᏒ ᎬᏗᏍᎬ ᎡᏆᎭᎻ, ᎾᎯᏳ ᎠᏥᎪᎵᏰᎥ ᎡᏏᎩ ᎤᎵᏍᎪᎸᏔᏁᎢ; ᎠᎴ ᎾᏍᎩ Ꮎ
ᎠᏥᏚᎢᏍᏓᏁᎸᎯ ᎨᏒ ᎤᏩᏒᎯᏳ ᎤᏪᏥ ᎤᎵᏍᎪᎸᏔᏁᎢ.
18 ᎾᏍᎩ Ꮎ ᎯᎠ ᎢᏯᏥᏪᏎᎸᎯ ᏥᎨᏎᎢ, ᎾᏍᎩ ᎡᏏᎩ ᏚᏙᎥ ᎨᏥᏯᏅᏗᏍᎨᏍᏗ ᏣᏁᏢᏔᏅᎯ
ᎨᏒᎢ;
19 ᎤᏁᎳᏅᎯ ᏰᎵᏉ ᏄᎵᏂᎬᎦ ᏧᎴᏙᏗᏱ ᎡᎵᏍᎨᎢ, ᎾᏍᏉ ᎤᏲᎱᏒᎯ ᏱᎩ; ᎾᎿ ᎾᏍᏉ
ᏥᏚᏓᏂᎸᏤ ᏗᏟᎶᏍᏔᏅᎯ ᎾᏍᎩᏯᎢ.
20 ᎪᎯᏳᏗ ᎨᏒ ᎬᏗᏍᎬ ᎡᏏᎩ ᎣᏍᏛ ᏥᏚᏁᏤᎴ ᏤᎦᏈ ᎠᎴ ᎢᏐ ᎪᎱᏍᏗ ᎠᏏ
ᎤᎵᏰᎢᎶᎯᏍᏗ ᎨᏒ ᎤᎬᏩᎵ.
21 ᏤᎦᏈ ᎪᎯᏳᏗ ᎨᏒ ᎬᏗᏍᎬᎢ, ᎿᏉ ᎠᏲᎱᏍᎨᎢ ᎣᏍᏛ ᏚᏁᏤᎴ ᎢᏧᎳ ᏦᏩ ᏧᏪᏥ; ᎠᎴ
ᎤᏓᏙᎵᏍᏔᏁ ᎤᏙᎳᏅᏍᏗᏱ ᎤᏍᎪᎵ [ᎤᎵᏍᎦᎸᎦᎢ.]
22 ᎪᎯᏳᏗ ᎨᏒ ᎬᏗᏍᎬ ᏦᏩ ᎿᏉ ᎠᏲᎱᏍᎨᎢ, ᎤᏁᎢᏍᏔᏁ ᎢᏏᎵ ᏧᏪᏥ ᎤᎾᏓᏅᏍᏗᏱ;
ᎠᎴ ᏧᏁᏤ ᏧᎪᎳ ᎤᎬᏩᎵ.
23 ᎪᎯᏳᏗ ᎨᏒ ᎠᏅᏗᏍᎬ ᎼᏏ ᏧᎦᏴᎵᎨ ᎾᎯᏳ ᎤᏕᏅ ᏦᎢ ᎢᏯᏅᏙ ᏥᎬᏩᏍᏕᎸᏁᎢ,
ᎠᏂᎪᏩᏘᏍᎨᏰᏃ ᎤᏬᏚᎯᏳ ᎨᏒ ᎠᏲᎵ; ᎥᏝ ᎠᎴ ᏯᏂᏍᎦᎢᎮ ᎤᎬᏫᏳᎯ ᎤᏁᏨᎢ.
24 ᎪᎯᏳᏗ ᎨᏒ ᎬᏗᏍᎬ ᎼᏏ ᎿᏉ ᎤᏔᏅ ᏄᎵᏍᏔᏅ ᎤᏲᎢᏎᎴᏉ ᏇᎵᏲ ᎤᏪᏥ ᎠᎨᏴ,
ᎤᏪᏥ ᎠᎪᏎᏗᏱ;
25 ᎤᏑᏰᎭ ᎤᏟ ᎤᏰᎸᏁ ᎤᏁᎳᏅᎯ ᏧᏤᎵ ᏴᏫ ᎠᏂᎩᎵᏲᏥᏙᎲ ᎤᏠᏯᏍᏙᏗᏱ, ᎠᏃ
ᎠᏍᎦᏂ ᏞᎦ ᎣᏍᏛ ᎤᏓᏓᏅᏓᏗᏍᏙᏗ ᎨᏒᎢ;
26 ᎤᏟ ᎦᎸᏉᏗᏳ ᎡᎵᏍᎨ ᎦᏰᏥᏐᏢᏙᏗᏱ ᎦᎶᏁᏛ ᎨᏒ ᎢᏳᏍᏗ, ᎠᏃ ᏧᎬᏩᎶᏗ ᎠᏍᏆᏂᎪᏛ
ᎢᏥᏈᏱ; ᎠᏚᎫᏴᎡᏗᏰᏃ ᎨᏒ ᎢᏴᏛ ᏫᏓᎧᏂᏍᎨᎢ.
27 ᎪᎯᏳᏗ ᎨᏒ ᎬᏗᏍᎬ ᎢᏥᏈᏱ ᎤᏓᏅᏎᎢ, ᎾᏍᎦᎢᎲᎾ ᎨᏎ ᎤᎬᏫᏳᎯ ᎤᏔᎳᏬᏍᎬᎢ;
ᎬᏂᏗᏳᏍᎩᏂ ᎨᏒ ᎾᏍᎩᏯᏉ ᏣᎪᏩᏘᏍᎪ ᎾᏍᎩ Ꮎ ᎦᏰᏥᎪᏩᏛᏗ ᏂᎨᏒᎾ ᎨᏒᎢ.
28 ᎪᎯᏳᏗ ᎨᏒ ᎬᏗᏍᎬ ᎤᏁᏤ ᎧᏃᎯᏰᎩ ᏗᎵᏍᏓᏴᏗᏱ ᎤᏂᏍᏆᏂᎪᏙᏗᏱ, ᎠᎴ ᎩᎬ
ᎤᏂᏍᏚᏟᏍᏗᏱ [ᎦᎶᎯᏍᏗᏱ,] ᎾᏍᎩ ᎢᎬᏱ ᎤᎾᏕᏅᎯ ᏗᏛᏗᏍᎩ ᎪᎱᏍᏗ ᎤᏅᏁᏗᏱ
ᏂᎨᏒᎾ.

29 ᎪᎯᏳᏗ ᎨᏒ ᎠᏅᏗᏍᎬ ᎠᎺᏉᎯᎩᎦᎨᏍᏛᏱ ᎠᏰᎵ ᎤᏂᎶᏎ ᎤᎧᏲᏛᎯ ᏣᏂᎶᏍᎪ
ᎾᏍᎩᏯᎢ; ᎢᏥᏈᏱᏃ ᎠᏁᎯ ᎤᎾᏁᎶᏔᏅ ᎾᏍᎩ ᎢᏳᎾᏛᏁᏗᏱ ᏚᏂᎬᏤᎢ.
30 ᎪᎯᏳᏗ ᎨᏒ ᎠᏅᏗᏍᎬ ᏓᏐᏴ ᏤᎵᎪ ᏚᏪᏒᏙᎠᏎᎢ, ᎿᏉ ᎦᎵᏉᎩ ᏧᏒᎯᏛ
ᏂᏚᎾᏚᏫᏍᏔᏁᎢ.
31 ᎪᎯᏳᏗ ᎨᏒ ᎬᏗᏍᎬ ᎴᎭᏫ ᎤᏁᎫᏥᏛ ᎥᏝ ᏯᏥᏛᏔᏁ ᎨᏥᏛᏔᏅ ᎾᏍᎩ Ꮎ ᏄᏃᎯᏳᏒᎾ
ᏥᎨ-ᏎᎢ, ᎾᏍᎩ ᏙᎯᏱ ᏥᏚᏓᏂᎸᏤ ᎢᏳᏍᏗ ᎤᏂᎦᏛᏂᏙᎯ.
32 ᎠᎴ ᎦᏙ ᎠᏏ ᏓᎦᏛᏂ? ᎥᏝᏰᏃ ᎬᎩᏍᏆᏗᏍᏗ ᏱᎩ ᏱᎦᏥᏃᎮᎸ ᎩᏗᏯᏂ, ᎠᎴ ᏇᎴᎩ, ᎠᎴ
ᏌᎻᏏᏂ, ᎠᎴ ᏤᏈᏓ; ᏕᏫ ᎾᏍᏉ, ᎠᎴ ᏌᎻ, ᎠᎴ ᎠᎾᏙᎴᎰᏍᎩ.
33 ᎾᏍᎩ ᎪᎯᏳᏗ ᎨᏒ ᎠᏅᏗᏍᎬ ᎠᏰᎵ ᎦᎪᏢᏒ ᏥᏓᎾᏓᎵᏁᎯᏕᎮᎢ, ᏚᏳᎪᏛ
ᏥᏚᏂᎸᏫᏍᏓᏁᎮᎢ, ᎤᎾᏤᎵ ᏥᎾᏅᏁᎮ ᏄᏍᏛ ᎨᏥᏚᎢᏍᏓᎸᎢ, ᏢᏓᏥ ᎤᏂᏃᏕᏅ ᏗᏂᎰᎵ
ᏥᏓᏂᏍᏚᎲᏍᎨᎢ,
34 ᎠᏥᎸ ᎤᏍᎦᏎᏗ ᏣᏅᏖᏗᏍᎨᎢ, ᎠᏰᎳᏍᏗ-ᎦᏅᎯᏛ ᏣᎾᏗᏫᏎᎮᎢ, ᏗᏂᏩᎦᏔ ᎨᏒ
ᏧᎾᎵᏂᎩᏛ ᏥᏂᎨᎬᏁᎮᎢ, ᎾᏂᏍᎦᎢᎲᎾ ᏂᎾᎾᎵᏍᏗᏍᎨ ᏓᎾᎵᎲᎢ, ᏥᏓᏂᎨᎯᏙᎮ ᏅᏩᎾᏓᎴ
ᎠᏂᏯᏫᏍᎩ.
35 ᎠᏂᎨᏴ ᏗᎬᏩᏂᏲᎱᎯᏎᎸᎯ ᏗᏅᏃᏛ ᏔᎵᏁ ᏂᏙᎨᏥᏲᎯᏎᎮᎢ; ᎢᎦᏛᏃ ᏥᎨᏥᎩᎸᏍᎨᎢ,
ᏂᏓᎾᏓᏂᎸᎬᎾ ᎨᏗᏓᎴᏍᎬᎢ; ᎤᏗᏚᎵᏍᏙᏗᏍᎨ ᎤᏟ ᎢᏲᏍᏛ ᎤᏂᏩᏛᏗᏱ ᎤᎾᏚᎵᏍᎬ
ᏗᎴᎯᏐᏗ ᎨᏒᎢ;
36 ᎢᎦᏛᏃ ᎨᏥᎪᎵᏰᏍᎨ ᏕᎨᏥᏐᏢᏗᏍᎬ ᎠᎴ ᏕᎨᏥᎵᎥᏂᎲᎢ, ᎠᎴ ᎾᏍᏉ ᏕᎨᎦᎸᎢᎲ ᎠᎴ
ᏕᎨᏥᏍᏚᎲᏍᎬᎢ;
37 ᏅᏯ ᏕᎨᎬᏂᏍᏗᏍᎨᎢ, ᏗᎦᎸᏙᎩ ᎬᏗ ᏕᎨᏥᎦᎵᏍᎨᎢ, ᏕᎨᏥᎪᎵᏰᏍᎨᎢ, ᎠᏰᎳᏍᏗ-
ᎦᏅᎯᏛ ᏕᎨᏥᎢᏍᏗᏍᎨᎢ; ᎠᏫ ᎤᏂᏃᏕᎾ ᎠᎴ ᎠᏫ ᏗᏂᏐᎸᎸᎯ ᏧᏂᏁᎦᎸᏅᎯ ᏧᎾᏄᏩᎢ
ᎠᏁᏙᎮᎢ; ᎤᏂᏂᎬᏎᎯ ᎨᏎᎢ, ᎠᏂᎩᎵᏲᏥᏙᎮᎢ.
38 [ᎾᏍᎩ ᎯᎠ ᎥᏝ ᎡᎶᎯ ᎬᏩᎾᏕᏗ ᏱᎨᏎᎢ;] ᎢᎾᎨ ᎠᏁᏙᎮᎢ, ᎠᎴ ᏙᏓᎸᎢ, ᎠᎴ
ᏚᏍᏓᏕᎸᎢ, ᎠᎴ ᎦᏙᎯ ᏓᏔᎴᏒᎢ.
39 ᎠᎴ ᎾᏍᎩ ᏂᎦᏛ ᎯᎠ ᎣᏍᏛ ᎨᏥᏃᎮᏍᎩ ᏥᎨᏎ ᎤᏃᎯᏳᏒ ᎢᏳᏩᏂᏌᏛ, ᎥᏝ ᏄᏍᏛ
ᎨᏥᏚᎢᏍᏓᏁᎸ ᏱᏚᏁᏓᏂᎸᏤᎢ;
40 ᎾᏍᎩ ᎤᏁᎳᏅᎯ ᎢᎦᏛᏅᎢᏍᏓᏁᎸᎯ ᎨᏒ ᎢᏳᏍᏗ ᎪᎱᏍᏗ ᎤᏟ ᎢᏲᏍᏛ, ᎾᏍᎩ
ᏄᏂᎷᎶᏤᎲᎾ ᎢᎨᎬᏁᏗᏱ ᏂᎨᏒᎾ ᎠᏴ ᏂᎦᏌᏯᏍᏗᏍᎬᎾ.

ᎠᏯᏙᎸᎢ 12

1 ᎾᏍᎩᏃ ᎢᏳᏂᏧᏈᏍᏗ ᎠᏂᎦᏔᎯ ᏥᎦᎨᎦᏚᏫᏍᏗ, ᎢᏴᏛ ᏂᏛᏁᏓ ᎸᏓᎴᏒ ᎦᎨᏛ ᎢᎬᏁᎯ,
ᎠᎴ ᎠᏍᎦᏂ ᎠᎯᏛ ᎨᎦᏢᏔᏍᏗ ᏥᎩ, ᎠᎴ ᏗᏛᏂᏗᏳ ᎨᏎᏍᏗ ᎢᏓᏙᎩᏯᏍᎨᏍᏗ ᎠᏙᎩᏯᏍᏗ
ᎢᎬᏱᏗᏢ ᏁᎬᏁᎸᎢ,
2 ᏫᏕᏓᎦᏂᏍᎨᏍᏗ ᏥᏌ ᎾᏍᎩ ᎢᏳᏩᏂᏌᏛ, ᎠᎴ ᎠᏍᏆᏗᏍᎩ ᏥᎩ ᎢᎪᎯᏳᏒᎢ. ᎾᏍᎩ
ᎤᎵᏢᎵᏍᏗ ᎨᏒ ᎢᎬᏱᏗᏢ ᎾᎬᏁᎸ ᎢᏳᏍᏗ ᎬᏂᏗᏳ ᏓᏓᎿᏩᏍᏛ ᎤᎩᎵᏲᏤᎢ, ᎤᎵᏌᎵᏉ
ᎤᏰᎸᏎ ᎤᏕᎰᎯᏍᏗ ᎨᏒᎢ, ᎠᎴ ᎠᎦᏘᏏᏗᏢ ᎤᏪᏅ ᎤᏁᎳᏅᎯ ᎤᏪᏍᎩᎸᎢ.
3 ᎡᏣᏓᏅᏛᎵᏉᏍᎩᏂ Ꮎ ᎾᏍᎩ ᎢᎦᎢ ᎦᎬᏩᎭᏢᏛ ᎠᏂᏍᎦᎾ ᎤᏁᎳᎩ ᏚᏪᎵᏎᎸᎢ, ᎾᏍᎩᏃ
ᏝᏍᏗ ᏗᏥᏯᏪᏨᎩ ᎠᎴ ᏝᏍᏗ ᏧᏩᎾᎦᎶᏨᎩ ᎦᏣᏓᏅᏛᎢ.
4 ᎥᏝ ᎠᏏ ᎢᏥᎩᎬ ᎤᏨᎢᏍᏗᏱ ᎢᏴᏛ ᏱᏗᏣᏟᏴᎲ ᎠᏍᎦᏂ ᎦᏣᏟᏴᏒᎲᎢ.
5 ᎠᎴ ᎢᏨᎨᏫᏒᎯ ᎢᎩ ᎡᏥᏬᏁᏗᏍᎬ ᏗᏂᏲᎵ ᏥᎨᏥᏬᏁᏗᏍᎪ ᎾᏍᎩᏯᎢ, ᎯᎠ ᏥᏂᎦᏪᎭ,
ᎠᏇᏥ ᏝᏍᏗ ᎤᎵᏌᎵ ᏱᏣᏰᎸᏎᏍᏗ ᎤᎬᏫᏳᎯ ᏣᎩᎵᏲᎢᏍᏗᏍᎬᎢ, ᎠᎴ ᏝᏍᏗ ᏣᎾ
ᎯᏳᏏᎦᏩᎨᏍᏗ ᏣᎬᏍᎪᎸᎢᏍᏗᎨᏍᏗ,
6 ᎾᏍᎩᏰᏃ Ꮎ ᎤᎬᏫᏳᎯ ᎤᎨᏳᎯ ᎠᎩᎵᏲᎢᏍᏗᏍᎪᎢ, ᎠᎴ ᏕᎦᎵᎥᏂᎮ ᎾᏂᎥ ᏧᏪᏥ ᎾᏍᎩ
ᏧᏓᏂᎸᏨᎯ ᎨᏒᎢ.
7 ᎢᏳᏃ ᎡᏥᎩᎵᏲᎢᏍᏗᏍᎨᏍᏗ, ᎾᏍᎩᏯ ᏧᏪᏥ ᏂᏓᏛᏁᎲ ᏂᏣᏛᏁᎭ ᎤᏁᎳᏅᎯ; ᎦᎪᏰᏃ
ᎡᎭ ᎠᏲᎵ ᎾᏍᎩ ᎤᏙᏓ ᏄᎩᎵᏲᎢᏍᏗᏍᎬᎾ?
8 ᎢᏳᏍᎩᏂ ᎢᎸᎯᏳ ᏁᏥᎩᏲᎢᏍᏗᏍᎬᎾ ᏱᎩ, ᎾᏍᎩ ᏂᎦᏗᏳ ᏗᏂᏲᎵ ᎾᏍᎩ ᎢᎨᎬᏁᏗ
ᏥᎩ, ᎿᏉ ᎢᏴᏛᏉ ᎢᏣᏕᏂᏙᎸᎯ, ᎥᏝᏃ ᎣᏍᏛ ᎢᏣᏕᏅᎯ ᏱᎩ.
9 ᎠᎴ Ꮼ, ᎤᏇᏓᎵ ᎨᏒ ᏗᎩᏙᏓ ᎦᎨᎲᎩ, ᎾᏍᎩ ᏥᎨᎩᎩᎵᏲᎢᏍᏗᏍᎬᎩ; ᎠᎴ ᎨᏗᎸᏉᏗᏳ
ᏥᎨᏒᎩ; ᏝᏍᎪ ᎤᏟ ᏱᏂᏙᎬᏩᏳᎪᏗ ᏤᏓᏓᏲᎯᏎᏗᏱ ᏗᎦᏓᏅᏙ ᏧᏬᏢᏅᎯ ᏥᎩ, ᎠᎴ
ᎢᎦᏛᏂᏗᏍᏗᏱ?
10 ᎾᏍᎩᏰᏃ Ꮎ ᎤᏙᎯᏳᎯ ᏞᎦ ᎨᎩᎩᎵᏲᎢᏍᏗᏍᎬᎩ ᎤᏅᏒ ᎠᎾᏓᏅᏖᏍᎬ ᎾᎾᏛᏁᎲᎩ;
[ᎤᏁᎳᏅᎯᏍᎩᏂ] ᎣᏍᏛ ᎢᎦᎵᏍᏓᏁᏗ ᎤᎬᏩᎸ, ᎾᏍᎩ ᎢᏣᏌᏯᏍᏗᏍᎩ ᎢᏳᎵᏍᏙᏗᏱ
ᎤᏩᏒ ᎠᏍᎦᎾ ᏂᎨᏒᎾ ᎨᏒᎢ.
11 ᎠᎴ ᏂᎦᎥᏉ ᎠᎩᎵᏲᎢᏍᏗ ᎨᏒ ᎪᎯ ᎨᏒ ᎥᏝ ᎣᏍᏛ ᎣᏓᏅᏓᏗᏍᏗᏍᎩ ᏱᎩ,
ᎤᏲᏉᏍᎩᏂ; ᎣᏂᏍᎩᏂᏃᏅ ᎢᏴᏛ ᎤᏩᏙᎯᏯᏛ ᎠᏓᏅᏓᏗᏍᏗ ᎨᏒ ᎦᎾᏄᎪᏫᏍᎪ ᏚᏳᎪᏛ
ᎨᏒ ᎤᎾᏄᎪᏫᏒᎯ, ᎾᏍᎩ ᎢᏳᎾᎵᏍᏓᏁᎸᎯ.
12 ᎾᏍᎩ ᎢᏳᏍᏗ ᏗᏥᏌᎳᏛᎦ ᏗᏦᏰᏂ ᎡᎳᏗ ᎢᏧᎵᏍᏔᏅᎯ ᏥᎩ, ᎠᎴ ᏗᏥᏂᎨᏂ
ᏗᏩᎾᎦᎳᎢ;
13 ᎥᎾᎦᏍᎩ ᏂᏨᎦ ᎦᏚᏅᏅ ᎢᏥᎶᎯᏍᏗᏱ, ᎾᏍᎩᏃ ᎠᏲᏅᎵ ᎨᏒ ᏝᏍᏗ
ᏩᏂᎪᎸᏍᏔᏁᏍᏗ; ᏋᏅᏬᏗᏉᏍᎩᏂ ᎨᏎᏍᏗ.

14 ᎤᏩᏙᎯᏯᏛ ᎦᏥᎧᎿᏩᏗᏎᏍᏗ ᎾᏂᎥᏉ ᎪᎱᏍᏗ ᎦᏣᏓᏛᏗᏍᎬᎢ, ᎠᎴ ᎾᏍᎦᏅᎾ ᎨᏒᎢ,
ᎧᏂᎩᏛ ᏱᎩ ᎾᏍᎩ, ᎥᏝ ᎩᎶ ᏰᎵ ᎤᎬᏫᏳᎯ ᎬᏩᎪᏩᏛᏗ ᏱᎩ;
15 ᎢᏤᏯᏔᎯᏳ ᎨᏎᏍᏗ ᎾᏍᎩᏃ ᏞᏍᏗ ᎩᎶ ᎡᏍᎦ ᎤᏬᎭᏒᎩ ᎤᏁᎳᏅᎯ ᎬᏩᎦᏘᏯ
ᎤᏓᏙᎵᏍᏗ ᎨᏒᎢ; ᏞᏍᏗ ᎤᏴᏍᏗ ᎤᎿᏍᏕᏢ ᎦᎾᏄᎪᎬ ᎢᏟᎦᏯᏙᏔᏅᎩ, ᎠᎴ ᎾᏍᎩ
ᎢᏳᏩᏂᏌᏛ ᎤᏂᏣᏘ ᎦᏓᎭ ᎢᏳᎾᎵᏍᏔᏅᎩ;
16 ᏞᏍᏗ ᎩᎶ ᎤᎦᎵᏛ ᏗᏂᏏᎲᏍᎩ ᏱᏣᏓᏅᏰᏍᏗ, ᎠᎴ ᎠᏍᎦᎾ ᏴᏫ, ᎢᎭ ᎾᏍᎩᏯᎢ, ᎠᎴ
ᎠᏍᎦᎾ ᏴᏫ, ᎢᎭ ᎾᏍᎩᏯᎢ, ᎤᏍᎩ ᏌᏉᏉ ᎢᏯᎵᏍᏓᏴᏗ ᏥᏚᎬᏩᎶᏔᏁ ᏧᎾᏗᏅᏎ ᎢᎬᏱ
ᎡᎯ ᎨᏒᎢ.
17 ᎢᏥᎦᏔᎭᏰᏃ ᎣᏂ ᎢᏴᏛ ᎣᏍᏛ ᎢᏯᎦᏛᏁᏗᏱ ᏧᏚᎵᏍᎨ ᏣᏥᎭᏅᎢᏍᏔᏁᎢ; ᎥᏝ ᏰᏃ
[ᎤᏙᏓ] ᎤᏓᏅᏛ ᎬᏩᏁᏟᏴᏍᏗ ᎨᏒ ᏳᏩᏛᎮᎢ, ᎤᎵᏏᎾᎯᏍᏗᏳᏍᎩᏂᏃᏅ ᎠᎴ ᏗᎬᏚᏌᏬᎢᎯ
ᎤᏲᎴᎢ.
18 ᎥᏝᏰᏃ ᎣᏓᎸ ᎬᏒᏂᏍᏗ ᎨᏒ ᎤᏥᎷᏨ, ᎠᎴ ᎾᏍᎩ ᏣᏓᏪᎵᎩᏍᎨᎢ, ᎥᏝ ᎠᎴ ᎬᎿᎨ
ᎤᎶᎩᎸᎢ, ᎠᎴ ᎤᎵᏏᎩᏳ ᎨᏒ ᎠᎴ ᏚᏃᎸᎥᏍᎬᎢ,
19 ᎠᎴ ᎠᏤᎷᎩ ᎤᏃᏴᎬᎢ, ᎠᎴ ᎧᏁᎬ ᎤᏃᏴᎬᎢ; ᎾᏍᎩᏃ ᎤᎾᏛᎦᏅᎯ ᎤᏂᏔᏲᎴ ᏔᎵᏁ
ᎾᏍᎩ ᎢᎨᏂᏪᏎᏗᏱ ᏂᎨᏒᎾ.
20 ᎥᏝᏰᏃ ᎣᏏᏳ ᏳᏂᏰᎸᏁ ᏄᏍᏛ ᎤᎵᏁᏨᎢ, ᎾᏍᎩ ᎦᎾᏜᎢᏉ ᎾᏍᏉ ᏳᏃᏟᏍᏔ ᎣᏓᎸᎢ
ᎠᏎ ᏅᏯ ᏣᎬᏂᏍᏙᏗ ᎨᏒᎢ, ᎠᎴ ᎠᏥᏲᏍᏗᏉ ᎨᏒ ᏗᎬᏩᎶᏒᎯ.
21 ᎠᎴ ᎤᏂᎪᎲ ᎤᏣᏘ ᎤᎾᏰᎯᏍᏗᏳ ᎨᏒ ᎾᏍᎩ ᎢᏳᏍᏗ ᎼᏏ ᎯᎠ ᏄᏪᏎᎢ, ᎤᏣᏘ
ᏥᎾᏰᏍᎦ ᎠᎴ ᎠᎩᎾᏫᎭ.
22 ᏌᏯᏂᏍᎩᏂ ᎣᏓᎸ ᎢᏥᎷᏨ, ᎠᎴ ᎬᏂᏛ ᎤᏁᎳᏅᎯ ᎤᏤᎵ ᎦᏚᎲᎢ, ᎾᏍᎩ ᏥᎷᏏᎵᎻ
ᎦᎸᎳᏗ ᎡᎯ, ᎠᎴ ᏗᎬᏎᎰᎲᏍᏗ ᏂᎨᏒᎾ ᎨᏥᏅᏏᏓᏍᏗ ᏧᎾᏓᏈᎬᎢ,
23 ᎠᎴ ᎾᎿ ᏂᎦᏗᏳ ᎤᎾᏓᏟᏌᎲᎢ, ᎠᎴ ᎢᎬᏱ ᎤᎾᏕᏅᎯ ᏧᎾᏁᎶᏗ ᎤᎾᏓᏈᎬᎢ, ᎾᏍᎩ
[ᏚᎾᏙᎥ] ᎦᎸᎳᏗ ᏥᎦᎪᏪᎳ, ᎠᎴ ᎾᎿ ᎤᏁᎳᏅᎯ ᏂᎦᏗᏳ ᏗᏘᎪᏓᏁᎯ [ᎡᎲᎢ,] ᎠᎴ ᎾᎿ
ᏧᎾᏓᏅᏙ ᎤᎾᏓᏅᏘ ᏴᏫ ᎾᏂᏍᎦᏅᎾ ᎢᎨᎬᏁᎸᎯ [ᎠᏁᎲᎢ,]
24 ᎠᎴ ᎾᎿ ᏥᏌ [ᎡᎲᎢ] ᎾᏍᎩ ᎠᏰᎵ ᎠᎴᎲᏍᎩ ᎢᏤ ᎧᏃᎮᏛ ᏓᏬᎯᏍᏛᎢ, ᎠᎴ ᎾᎿ ᎩᎬ
ᎠᏍᏚᏢᎯ ᎨᏒᎢ, ᎾᏍᎩ ᎤᏟ ᎢᏲᏍᏛ ᎠᏔᏲᎯᎯ ᏥᎩ ᎡᏍᎦᏉ ᎡᏈᎵ [ᎤᎩᎬ.]
25 ᎢᏤᏯᏔᎮᏍᏗ ᏞᏍᏗᏉ ᎡᏥᏲᎢᏎᎸᎩ ᎾᏍᎩ Ꮎ ᏥᎧᏁᎦ. ᎢᏳᏰᏃ ᏄᎾᏓᏗᏫᏎᎸᎾ ᏱᎩ
ᎾᏍᎩ Ꮎ ᎤᏂᏲᎢᏎᏛ ᎡᎶᎯ ᎤᏁᏨᎯ, ᎤᏟᎯᏳ ᎬᏩᏟᏍᏗ ᎢᎦᏓᏗᏫᏎᏗᏱ ᎢᏳᏃ ᎢᏴᏛ
ᏱᏁᏓᏛᏁᎸ ᎦᎸᎳᏗ ᏨᏗᎧᏁᎦ;
26 ᎾᏍᎩ Ꮎ ᎧᏁᎬ ᎾᎯᏳ ᎡᎶᎯ ᎤᏑᎸᏁᎢ; ᎠᏎᏃ ᎪᎯ ᎨᏒ ᎤᏚᎢᏍᏔᏅ, ᎯᎠ ᏄᏪᏒ,
ᎠᏏ ᏌᏉ ᎤᏓᏥᏑᎸᏂ ᎥᏝ ᎡᎶᎯᏉ ᎤᏩᏒ, ᎦᎸᎶᎢᏍᎩᏂ ᎾᏍᏉ.

27 ᎾᏍᎩᏃ ᎯᎠ ᏥᏂᏕᏪᎲ ᎠᏏ ᏌᏉᎢ, ᎾᏍᎩ ᎢᏴᏛ ᎢᏗᎬᏁᏗ ᎨᏒ ᎾᏍᎩ ᏗᏏᎸᏅᎯ ᎨᏒ
ᏕᏛᏕ, ᎾᏍᎩ ᏗᎪᎵᏅᎯᏉ ᎾᏍᎩᏯᎢ, ᎾᏍᎩᏃ Ꮎ ᏧᏓᎴᏅᏛ ᏗᎬᏤᎸᏗ ᏂᎨᏒᎾ ᎨᏒ ᎾᎿ Ꮙ
ᏗᏍᏆᏂᎪᏛᏗ ᎢᏳᎵᏍᏙᏗᏱ.
28 ᎾᏍᎩ ᎢᏳᏍᏗ ᎾᏍᎩ ᎠᏴ ᏗᏕᏓᏂᎸᏨᎯ ᏥᎩ ᎤᎬᏫᏳᎯ ᎤᏤᎵᎪᎯ ᎨᏒ ᎾᏍᎩ ᎬᏏᎸᏗ
ᏂᎨᏒᎾ, ᎬᏳᏕᏘᏯ ᎤᏓᏙᎵᏍᏗ ᎨᏒ ᎢᎩᏲᏍᏗ, ᎾᏍᎩ ᎢᏛᏗᏍᎬ ᎤᏁᎳᏅᎯ ᎣᏍᏛ ᎤᏰᎸᏗ
ᏗᎨᎩᎸᏫᏍᏓᏁᏗ ᏱᎩ, ᏕᎸᏉᏗᏳ ᎨᏒ, ᎠᎴ ᎤᏁᎳᏅᎯ ᏕᎾᏰᎯᏍᏗ ᎨᏒ ᏔᎵ ᎢᎬᏗᏚᎬᎢ.
29 ᎢᏚᏁᎳᏅᎯᏰᏃ ᎠᏥᎸ ᎠᏓᎪᏋᏍᏗᏍᎩ.

ᎠᏯᏙᎸᎢ 13

1 ᎠᎾᎵᏅᏟ ᏗᎨᏳᏗ ᎨᏒ ᎤᏩᏍᏗᏗᏎᏍᏗᏉ.
2 ᏞᏍᏗ ᏱᏨᎨᏫᏍᎨᏍᏗ ᏂᏗᏣᏓᎦᎳᎲᎾ ᏗᏥᏍᏆᏂᎪᏙᏗᏱ; ᎩᎶᏰᏃ ᎾᏍᎩ ᎾᎾᏛᏁᎲ
ᎦᎸᎳᏗ ᎠᏁᎯ ᎨᏥᏅᏏᏓᏍᏗ ᏧᏂᏍᏆᏂᎪᏔᏅᎯ ᎢᎩ.
3 ᏕᏣᏅᏓᏗᏍᎨᏍᏗ ᏗᎨᎦᎸᎢᏛ ᎨᏒᎢ, ᎾᏍᎩᏯ ᎢᏧᎳᎭ ᏥᏕᏣᎸᏍᎢ; ᎠᎴ ᎾᏍᎩ Ꮎ ᎤᏲ
ᎢᎨᎬᎾᏕᎩ, ᎢᏨᏒᏰᏃ ᎾᏍᏉ ᎠᏰᎸ ᎢᏤᎭ.
4 ᏗᏨᏍᏗ ᎨᏒ ᎾᏂᎥᏉ ᎠᏁᎲ ᎦᎸᏉᏗᏳ ᎨᏎᏍᏗ ᎠᎴ ᏓᎾᏤᎲ ᎦᎳᏫᏎᏗ ᏂᎨᏒᎾ ᎨᏎᏍᏗ;
ᎤᏕᎵᏛᏍᎩᏂ ᏗᎾᏂᏏᎲᏍᎩ ᎠᎴ ᏗᎾᏓᏲᏁᎯ ᎤᏁᎳᏅᎯ ᏙᏓᎱᎪᏓᏁᎵ.
5 ᏕᏥᎸᏫᏍᏓᏁᎲ ᏞᏍᏗ ᏧᎬᏩᎶᏗ ᎠᎬᎥᎯᏍᏗ ᎨᏒ ᏳᎵᏌᏯᏍᏕᏍᏗ; ᎠᎴ ᏰᎵᏉ
ᎢᏥᏰᎵᏎᏍᏗ ᏄᏍᏛ ᎪᎱᏍᏗ ᎢᏥᎲᎢ; ᎯᎠᏰᏃ ᎢᏳᏪᏛ ᎢᎩ, ᎥᏝ ᎢᏄᎯᏳ ᎤᏁᎳᎩ
ᏴᎦᎬᏰᎵᏏ, ᎥᏝ ᎠᎴ ᏴᎦᎬᏴᏕᎩ.
6 ᎾᏍᎩ ᎢᏳᏍᏗ ᏂᏗᎾᏰᏍᎬᎾ ᎯᎠ ᎢᎨᎩᏪᏍᏗ, ᎤᎬᏫᏳᎯ ᎠᎩᏍᏕᎵᏍᎩ, ᎠᎴ ᎥᏝ
ᏴᎦᏥᏍᎦᏯ ᏴᏫ ᎢᎦᎬᏋᏁᏗ ᎨᏒᎢ.
7 ᏕᏣᏅᏓᏗᏍᎨᏍᏗ ᎾᏍᎩ Ꮎ ᎨᏣᏚᏌᏯᏍᏗᏕᎩ, ᎾᏍᎩ Ꮎ ᎤᏁᎳᏅᎯ ᎤᏤᎵ ᎧᏃᎮᏛ
ᎨᏥᎾᏄᎪᏫᏎᎸᎯ; ᎾᏍᎩ ᏄᏍᏛ ᎤᏃᎯᏳᏒ ᎢᏥᏍᏓᏩᏗᏎᏍᏗ, ᎣᏍᏛ ᎢᏣᏓᏅᏖᎯᏌᏛ
ᎨᏎᏍᏗ ᏄᏍᏛ ᏭᎵᏰᎢᎶᎸ ᏚᏂᎸᏫᏍᏓᏁᎸᎢ,
8 ᏥᏌ ᎦᎶᏁᏛ ᎤᏩᏍᏗᏉ ᎤᏒᎯ ᏥᏄᏍᏛ, ᎠᎴ ᎪᎯ ᎢᎦ, ᎠᎴ ᎤᎵᏍᏆᏗᏍᏗ ᏂᎨᏒᎾ.
9 ᏞᏍᏗ ᎫᏓᎴᏅᏛ ᎠᎴ ᏂᏥᎦᎳᎲᎾ ᏗᏕᏲᏗ ᎨᏒ ᏱᏗᏣᏘᏂᏙᎮᏍᏗ; ᎣᏏᏳᏰᏃ ᎬᏩᏕᏘᏯ
ᎤᏓᏙᎵᏍᏗ ᎨᏒ ᏳᎵᏍᏓᏱᏗᏍᏗ ᎣᎾᏫ; ᎥᏝᏃ ᏄᏍᏛᏉ ᎥᎵᏍᏓᏴᎲᏍᎬᎢ, ᎾᏍᎩ ᎪᎱᏍᏗ
ᎤᎾᎵᏍᏕᎸᏙᏗ ᏭᎵᏰᎢᎶᎸᎯ ᏂᎨᏒᎾ ᎨᏒ ᎾᏍᎩ ᎢᏳᏍᏗ ᎤᎾᏚᏌᏯᏍᏔᏅᎯ ᎨᏒᎢ.
10 ᎠᏥᎸ-ᎨᎳᏍᏗᏱ ᎢᎪᏢᎭ, ᎾᎿ ᎥᏝ ᏱᏚᏳᎪᏗ ᎤᎾᎵᏍᏓᏴᏗᏱ ᎦᎵᏦᏛᏉ ᎪᎱᏍᏗ
ᎠᎾᏛᏁᎯ ᏥᎩ.
11 ᎠᎴᏬ ᎤᎩ ᏗᏂᎤᏌᏗ ᎤᏂᎩᎬ ᎦᎸᏉᏗᏳ ᏗᎨᏒ ᏥᎾᏕᏁᏨᏍᏗᏍᎨ ᏄᎬᏫᏳᏒ ᎠᏥᎸ-
ᎨᎶᎯ ᎠᏍᎦᏂ ᎠᎫᏴᏙᏗ, ᎾᏍᎩ ᏗᏂᏰᎸ ᎦᎵᏦᏛ ᏙᏱᏗᏢ ᏓᎾᎪᎲᏍᏗᏍᎨᎢ.
12 ᎾᏍᎩ ᎢᏳᏍᏗ ᏥᏌ ᎾᏍᏉ, ᎾᏍᎩ, ᎾᏂᏍᎦᏅᎾ ᎢᏧᏩᏁᏗᏱ ᏴᏫ ᎤᏩᏒ ᎤᎩᎬ
ᎬᏗᏍᎬᎢ, ᎦᎶᎯᏍᏗᏱ [ᏥᎷᏏᎵᎻ] ᏙᏱᏗᏢ ᎤᎩᎵᏲᏤᎢ.
13 ᎾᏍᎩ ᎢᏳᏍᏗ ᎢᏕᎾ ᏭᏗᎷᏥ ᎦᎵᏦᏛ ᏙᏱᏗᏢ, ᎢᏕᏌᏯᏍᏗᏍᎨᏍᏗ ᎦᏰᏥᎭᏢᏗᏍᎬᎢ;
14 ᎾᏍᎩ ᎢᏳᏍᏗ ᎢᏕᎾ ᏪᏗᎷᏥ ᎦᎵᏦᏛ ᏙᏱᏗᏢ, ᎢᏕᏌᏯᏍᏗᏍᎨᏍᏗ ᎦᏰᏥᎭᏢᏗᏍᎬᎢ;
15 ᎾᏍᎩ ᎢᏳᏍᏗ, ᎾᏍᎩ ᎢᏳᏩᏂᏌᏛ ᏂᎪᎯᎸ ᎤᏁᎳᏅᎯ ᎦᎸᏉᏙᏗ ᎨᏒ
ᎢᏓᎵᏍᎪᎸᏗᏍᎨᏍᏗ, ᎾᏍᎩ ᎦᎩᎭᏕᎸ ᏧᎾᏄᎪᏫᏒᎯ ᎢᏓᎵᏍᎪᎸᏗᏍᎨᏍᏗ, ᎾᏍᎩ ᏕᎤᏙᎥ
ᎬᏂᎨᏒ ᏂᏛᏁᎲ ᎡᏓᎵᏒᎵᏤᎲᎢ.
16 ᎣᏍᏛᏍᎩᏂ ᏗᏥᎸᏫᏍᏓᏁᏗᏱ ᎠᎴ ᎢᏣᏓᏁᏗᏱ ᏗᎵᏍᎪᎸᏙᏗ ᎨᏒ ᎣᏏᏳ ᎤᏰᎸᎭ
ᎤᏁᎳᏅᎯ.

17 ᎦᏦᎯᏩᏎᏍᏗ ᎾᏍᎩ Ꮎ ᎨᏣᎦᏌᏯᏍᏗᎦᎩ, ᎠᎴ ᎦᏣᏓᏲᏍᎨᏍᏗᏉ; ᏗᏣᏓᏅᏙᏰᏃ
ᏚᎾᎦᏌᏯᏍᏗᎦᎦ, ᎾᏍᎩᏯ ᎢᏩᎾᏛᏁᏗ ᏥᎩ ᎾᏍᎩ Ꮎ ᎬᏂᎨᏒ ᎢᏩᏅᏁᏗ ᏥᎨᎭ
ᎸᎾᏛᏁᎵᏙᎸᎢ; ᎾᏍᎩ ᎠᎾᎵᎮᎵᎬ ᎬᏂᎨᏒ ᎢᎬᏩᏅᏁᏗ ᏱᎩ, ᎥᏝᏃ ᎤᏲᏉ ᏚᎾᏓᏅᏛᎢ;
ᎾᏍᎩᏰᏃ ᎥᏝ ᎨᏣᎵᏍᎦᎸᏙᏗ ᏱᎩ.
18 ᎢᏣᏓᏙᎵᏍᏗᏍᎬ ᎠᏴ ᏍᎩᏁᎢᏍᏗᏍᎨᏍᏗ; ᏄᎪᎯᏩᎭᏰᏃ ᏄᏏᏳ ᏂᏙᎬᏅ ᏦᎦᏓᏅᏙ,
ᎠᎴ ᏄᎦᏚᎵᎭ ᏂᎦᎥᏉ ᏃᏣᏛᏁᎵᏙᎲ ᏱᏍᏛ ᎢᏲᎦᏛᏁᏗᏱ.
19 ᎯᎠᏍᎩᏂᏃᏅ ᎢᏣᏛᏁᏗᏱ ᎤᏟ ᎢᎦᎢ ᎢᏨᏍᏗᏰᏗᎭ, ᎾᏍᎩ ᏝᎦᎾᎨ ᏗᏙᎲ ᏔᎵᏁ
ᏮᏆᏘᏃᎯᏍᏗᏱ.
20 ᎤᏁᎳᏅᏗᏃ ᎤᏩᏙᎯᏯᏛ ᎠᏓᏁᎯ, ᎾᏍᎩ ᎢᎦᏤᎵ ᎤᎬᏫᏳᎯ ᏥᏌ ᎤᏲᎱᏒ ᏔᎵᏁ
ᏧᎴᎳᏅᎯ ᏥᎩ, ᎾᏍᎩ Ꮎ ᎠᏥᎸᏉᏗ ᎠᏫ-ᏗᎦᏘᏯ ᎢᏯᎬᏁᎸᎯ, ᎬᎳᏅᎯ ᎩᎬ, ᎠᏲᎩ
ᏂᎨᏒᎾ ᎧᏃᎮᏛ ᏝᏌᎯᏍᏛ ᎠᏍᏓᏱᏗᏍᎩ,
21 ᏂᏥᎪᎸᎾ ᎢᏨᏁᏗ ᎨᏎᏍᏗ, ᏂᎦᎥ ᏄᏍᏛ ᏗᎦᎸᏫᏍᏓᏁᏗ ᎨᏒ ᎾᏍᎩ ᏗᎨᏥᎸᏫᏍᏓᏁᏗ
ᏄᏏᏳ ᎤᏰᎸᏗ ᎢᏳᎵᏍᏙᏗᏱ, ᎾᏍᎩ ᏄᏍᏛ ᎤᏰᎸᏗ ᎨᏒ ᎢᏣᏛᏁᏗᏱ ᏂᏨᏁᎲ ᏥᏌ
ᎦᎶᏁᏛ ᎢᏳᏩᏂᏌᏛ; ᎾᏍᎩ ᎠᏥᎸᏉᏙᏗ ᎨᏎᏍᏗ ᏂᎪᎯᎸ ᎠᎴ ᏂᎪᎯᎸᎢ. ᎠᎺᏅ.
22 ᎠᎴ ᎢᏨᏍᏗᏰᏗᎭ, ᎢᏓᎵᏅᏟ, ᎤᏓᏅᏘ ᏗᏣᏓᏂᎸᎢᏍᏗᏱ ᎢᏨᏬᏁᏗᏍᎬᎢ; ᎢᎸᏍᎩᏉᏰᏃ
ᎢᎧᏁᏨᎯ ᎢᏨᏬᏁᏓ ᎠᏂ ᎪᏪᎵᎯ.
23 ᎢᏣᏅᎿᏍᏗ ᎾᏍᎩ ᏗᏡᏗ ᎢᏓᎵᏅᏟ ᎤᏁᎳᏛᎢ; ᎢᏳᏃ ᏂᎪᎯᎸᎾ ᎢᎦᎷᏨᎭ ᎢᏨᎭ
ᎢᏨᎪᏩᏛᏗ ᎢᎨᏎᏍᏗ ᎾᏍᎩ ᏄᏍᏚᎮᏍᏗ.
24 ᎦᏥᏲᎵᎸᎭ ᏂᎦᏛ ᎨᏣᎦᏌᏯᏍᏗᎦᎩ, ᎠᎴ ᏂᎦᏛ ᎤᎾᏓᏅᏘ. ᎢᏓᎵ ᎠᏁᎯ ᏫᎨᏥᏲᎵᎦ.
25 ᎬᏩᎦᏘᏯ ᎤᏓᏙᎵᏍᏗ ᎨᏒ ᎦᏥᎧᎿᏩᏗᏙᎮᏍᏗ ᏂᏥᎥᎢ. ᎡᎺᏅ.

ᏥᎻ ᎤᏬᏪᎳᏅᎯ

ᎠᏯᏙᎸᎢ 1

1 ᏥᎻ, ᎤᏁᎳᏅᎯ ᎠᎴ ᏥᏌ ᎦᎶᏁᏛ ᎬᏩᏅᏏᏛ, ᏫᏥᏲᎵᎦ ᏔᎳᏚ ᏂᏥᎳᏍᏓᎸ
ᎢᏣᏗᎦᎴᏲᏨᎯ ᏥᎩ.

2 ᎢᏓᎵᏅᏟ, ᎤᏣᏘ ᎤᎵᎮᎵᏍᏗᏳ ᎢᏥᏰᎸᏎᏍᏗ, ᎢᏳᏃ ᏧᏓᎴᏅᏛ ᎢᏥᎪᎵᏰᏍᎩ
ᎢᏣᎵᏩᏛᎡᎮᏍᏗ.

3 ᎯᎠ ᎾᏍᎩ ᎢᏥᎦᏔᎮᏍᏗ, ᎢᏦᎯᏳᏒ ᎠᎪᎵᎡᏗ ᎨᏒ ᎢᏨᏂᏗᏳ ᏂᏨᏁᎲᎢ.

4 ᎠᏗᎾ ᎢᏨᏂᏗᏳ ᎨᏒ ᎤᎧᎵᏨᎯ ᏧᎸᏫᏍᏓᏁᏗ ᎨᏒ ᏕᎸᏫᏍᏓᏁᎮᏍᏗ; ᎾᏍᎩᏃ ᏂᎯ
ᎢᏥᎧᎵᏨᎯ ᎠᎴ ᎢᏥᏃᏍᏛ ᎨᏎᏍᏗ, ᎪᎱᏍᏗ ᏂᏥᎪᎸᎾ.

5 ᎢᏳᏃ ᎩᎶ ᏂᎯ ᎢᏤᎲ ᎠᎦᏙᎥᎯᏍᏗ ᎨᏒ ᎤᏂᎬᎨᏍᏗ, ᎤᏁᎳᏅᎯ ᎠᏔᏲᏎᎮᏍᏗ, ᎾᏍᎩ
ᎾᏂᎥ ᏄᎵᏏᏅᏛᎾ ᏗᏁᎯᏥᎩ, ᎠᎴ ᏂᏓᏍᎦᎬᎾ ᏥᎩ; ᎠᎴ ᎠᏎ ᎠᏥᏁᏗ ᎨᏎᏍᏗ.

6 ᎠᏗᎾ ᎤᏬᎯᏳᎯᏳ ᎨᏎᏍᏗ ᎠᏔᏲᎯᎮᏍᏗ, ᎪᎱᏍᏗ ᏄᏜᏏᏛᎡᎲᎾ; ᎤᏜᏏᏛᎡᎯᏰᏃ
ᎾᏍᎩᏉ ᎠᎺᏉᎯ ᏓᎵᏍᏗᎳᏁᎬ ᎤᏃᎴ ᏧᏃᎸᎳᏂᏙᎨ ᎠᎴ ᏧᎨᎯᏙᎨᎢ.

7 ᏞᏍᏗ ᎾᏍᎩ ᎠᏍᎦᏯ, ᎤᎬᏫᏳᎯ ᎪᎱᏍᏗ ᏛᎩᏁᎵ, ᏰᎵᏍᎨᏍᏗ.

8 ᎠᏍᎦᏯ ᏔᎵ ᎢᏣᏓᎢ ᎤᏓᏅᏛᎢ ᎤᏁᏟᏴᏌᏗ ᎨᏐᎢ ᏂᎦᎥ ᏕᎸᏫᏍᏓᏁᎲᎢ.

9 ᎢᏣᏓᏅᏟ ᎨᏒ ᎤᏲ ᎢᏳᏛᎿᎦᎩ ᏩᎵᎮᎵᎩ ᎠᏥᏌᎳᏓᏅᎢ,

10 ᎤᏪᎿᎢᏍᎩᏂ ᎡᎳᏗ ᎾᎬᏁᎸᎢ; ᎧᏃᏍᎦᏰᏃ ᎤᏥᎸᏒ ᏥᎦᎶᏍᎪ ᎾᏍᎩᏯ ᏓᎦᎶᏐᏂ.

11 ᎵᎧᎸᎩᏉᏰᏃ ᏅᏙ ᎤᏗᎴᎩ, ᎿᏉ ᎬᏴᏗᏍᎪ ᎧᏃᏍᎦ, ᎠᎴ ᎤᏥᎸᏒ ᎦᏙᎠᏍᎪᎢ, ᎠᎴ
ᎤᏬᏚᎯᏳ ᎨᏒ ᎤᏙᎵᏒ ᎠᏲᎪᎢ. ᎾᏍᎩᏯ ᎾᏍᏉ ᎤᏪᎿᎢ ᏓᎬᏴᏏ ᏕᎸᏫᏍᏓᏁᎲᎢ.

12 ᎣᏏᏳ ᎢᏳᎵᏍᏓᏁᏗ ᎾᏍᎩ Ꮎ ᎠᏍᎦᏯ ᎤᎪᎵᏰᏍᎩ ᏧᏱᎵᏙᎨ ᎬᏂᏗᏳ ᏥᎨᏐᎢ,
ᎠᏥᎪᎵᏰᎥᎯᏰᏃ ᎨᏎᏍᏗ ᎬᏂᏛ ᎠᎵᏍᏚᎶ ᎠᏥᏅᏁᏗ ᎨᏎᏍᏗ, ᎾᏍᎩ ᎤᎬᏫᏳᎯ
ᏧᏚᎢᏍᏓᏁᎸᎯ ᏥᎩ ᎬᏩᎨᏳᎯ.

13 ᏞᏍᏗ Ꭹ-Ꮆ ᎢᏳᏃ ᎠᏥᎪᎵᏰᏍᎨᏍᏗ, ᎤᏁᎳᏅᎯ ᎠᎩᎪᎵᏰᎭ ᎤᏛᏅᎩ; ᎤᏁᎳᏅᎯᏰᏃ
ᎥᏝ ᎦᏰᏥᎪᎵᏰᏗ ᏱᎩ ᎤᏲ ᎠᎬᏓᏁᎲᎢ, ᎥᏝ ᎠᎴ ᎤᏩᏒ ᎩᎶ ᏯᎪᎵᏰᏍᎪᎢ.

14 ᎩᎶᏍᎩᏂ ᎠᏥᎪᎵᏰᏍᎪᎢ ᎢᏳᏃ ᎤᏩᏒ ᎤᏚᎵᏍᎬ ᏧᏘᏁᎯ ᎠᎴ ᏧᏌᏛᎥᏍᎪᎢ.

15 ᎿᏉᏃ ᎠᏚᎸᏗ ᎨᏒ ᎠᏙᎵᎾ ᎠᏍᎦᏂ ᎦᎾᏄᎪᏫᏍᎪᎢ; ᎠᏍᎦᏂᏃ ᎠᏍᏆᏓ ᎿᏉ ᎠᏲᎱᎯᏍᏗ
ᎨᏒ ᎦᎾᏄᎪᏫᏍᎪᎢ.

16 ᏞᏍᏗ ᎢᏂᎵᏓᏍᏓᏅᎩ, ᎢᏨᎨᏳᎢ ᎢᏓᏓᏅᏟ;

17 ᎾᎦᎥ ᎣᏍᏛ ᎠᏓᏁᏗ ᎨᏒᎢ, ᎠᎴ ᏂᎦᎥ ᎣᏌᏂ ᎠᏓᏁᏗ ᎨᏒ ᎦᎸᎳᏗ ᏗᏓᎴᎲᏍᎦ ᎠᎴ
ᎠᏭᎠᏏᎯᎭ ᏗᏓᎴᎲᏍᎦ ᎠᎦᏴᎵᎨᏍᏛᏱ ᎢᎦᎦᏘ ᎤᏪᎯ, ᎾᏍᎩ ᎬᏩᏓᏁᏟᏴᏍᏗ ᏂᎨᏒᎾ
ᎨᏒᎢ, ᎠᎴ ᎬᏩᎦᏔᎲᏍᏗ ᎨᏒ ᏄᏓᏴᎳᏛᏫ ᎨᏒᎢ.

18 ᎤᏩᏒ ᎤᏓᏅᏖᏛ ᎢᎩᎾᏄᎪᏫᏒ ᎤᏩᏔᏅ ᎧᏃᎮᏛ ᏂᎨᏒᎾ, ᎾᏍᎩ ᎠᏴ ᎢᎬᏱ
ᎡᎦᏁᎳᏅᎯ ᎾᏍᎩᏯ ᎢᏕᎵᏍᏙᏗᏱ ᎾᏍᎩ ᎨᎦᏁᎳᏅᎯ ᎨᏒᎢ.

19 ᎾᏍᎩ ᎢᏳᏍᏗ ᎢᏨᎨᏳᎢ ᎢᏓᎵᏅᏟ, ᎾᏂᎥ ᎣᏏᏄᎵᏳ ᎨᏎᏍᏗ Ꮎ ᎤᏛᎪᏗᏱ, ᎤᏍᎦᏃᎵᏳ
ᎨᏎᏍᏗ ᎤᏂᏁᎢᏍᏗᏱ, ᎤᏍᎦᏃᎵᏳ ᎤᏂᏔᎳᏬᎯᏍᏗᏱ.
20 ᏴᏫᏰᏃ ᎤᏔᎳᏬᏍᎬᎢ ᎥᏝ ᏱᎦᎾᏄᎪᏫᏍᎪ ᏚᏳᎪᏛ ᎤᏁᎳᏅᎯ ᎤᏤᎵᎦ.
21 ᎾᏍᎩ ᎢᏳᏍᏗ ᎢᏴᏛ ᏂᏨᏁᎮᏍᏗ ᏂᎦᎥ ᎦᏓᏘ ᎨᏒᎢ ᎠᎴ ᎤᎶᏒᏍᎳᏅᎯ ᎤᏲ ᎨᏒᎢ,
ᎠᎴ ᎤᏓᏙᎵᏍᏗ ᎢᏨᎳᏅᏘ ᎦᏣᏓᏂᏄᏨᏘ ᎧᏃᎮᏛ ᎬᏱᏝᏅᎯ, ᎾᏍᎩ ᏰᎵᏉ ᏗᎬᏩᏍᎦᏄᏗ
ᏥᎩ ᏗᏣᏓᏅᏙᎩ.
22 ᎠᏎᏃ ᎧᏃᎮᏛ ᏂᎦᏪᏍᎬ ᎢᎶᏛᏁᎯ ᎨᏎᏍᏗ, ᏝᏍᏗᏃ ᎢᎶᏛᎩᏍᎩᏉ ᎤᏩᏒ ᏱᎨᏎᏍᏗ,
ᎢᏨᏒ ᏱᏣᏓᎵᏓᏍᏗᏍᎨᏍᏗ.
23 ᎢᎶᏰᏃ ᎩᎶ ᎠᏛᎩᏍᎩᏉ ᏱᎩ ᎢᏯᏛᏁᎯᏃ ᏂᎨᏒᎾ ᏱᎩ ᎧᏃᎮᏛ ᏂᎦᏪᏍᎬᎢ, ᎾᏍᎩ
ᎠᏍᎦᏯ ᏓᏤᏄ ᏣᎪᏩᏘᏍᎪ ᏄᏍᏛ ᎤᏩᏒ ᎤᎧᏛᎢ ᎠᏓᎨᏗᏱ;
24 ᎤᏩᏒᏰᏃ ᎠᏓᎪᏩᏘᏍᎪᎢ, ᎠᎴ ᎠᏓᏅᏍᎪᎢ, ᎩᎳᏉᏃ ᎢᏴᏛ ᎤᏩᎨᏫᏍᎪ ᏄᏍᏛᎢ.
25 ᎩᎶᏍᎩᏂ ᎣᏍᏛ ᎠᎪᎵᏰᏍᎨᏍᏗ ᎠᎧᎵᏄᎯ ᏗᎧᏑᏩᏛᏍᏗ ᎬᎧᎲᏍᎩ ᏥᎩ, ᎠᎴ
ᎦᏯᎢᏎᏍᏗ, ᎾᏍᎩ ᎠᏍᎦᏯ ᎣᏍᏛ ᎤᏓᏅᏓᏗᏍᏗ ᎨᏎᏍᏗ ᎦᏄᏫᏍᏓᏁᎲᎢ, ᎾᏍᎩᏰᏃ
ᎤᏩᎨᏫᏌᏘ ᏂᎨᏒᎾ ᎠᏛᎩᏍᎩ, ᏧᏄᏫᏍᏓᏁᎯᏍᎩᏂ ᏗᎦᏄᏫᏍᏓᏁᏗ ᎨᏒᎢ.
26 ᎢᏳᏃ ᎩᎶ ᎢᏤᎲ ᎶᏓᎸᏯ ᏧᏁᎶᏗ ᏱᏅᏩᏍᏗ, ᏂᎦᎾᎯᏍᏗᏍᎬᎾᏃ ᏱᎩ ᎦᏃᎪᎢ,
ᎤᏩᏒᏉᏍᎩᏂ ᎤᎾᏫ ᎦᎵᏓᏍᏗᏍᎩ ᏱᎩ, ᎾᏍᎩ ᎠᏍᎦᏯ ᏧᏁᎶᏗ ᎨᏒ ᎠᏎᏉᎢ.
27 ᎣᏍᏛ ᏗᏁᎶᏙᏗ ᎨᏒ ᎠᎴ ᎦᏓᏘ ᏂᎨᏒᎾ ᎠᎦᏔᎲ ᎤᏁᎳᏅᎯ ᎠᎦᏴᎵᎨᎢ, ᎯᎠ ᏄᏍᏗ,
ᏗᎶᏛᎯᏓᏍᏗᏱ ᏧᎾᏓᏂᏯᏛ ᎠᎴ ᏧᏃᎸᎶᏨᎯ ᎤᏲ ᏄᎾᏛᎾᎦᎬᎢ, ᎠᎴ ᎤᎵᏍᏆᏂᎪᏙᏗᏱ
ᎤᏩᏒ ᏄᏚᏯᏍᏛᎾ ᎢᏳᎵᏍᏙᏗᏱ ᎡᎶᎯ ᎠᏁᎯ ᏄᎾᏍᏛ ᎢᏳᎵᏍᏙᏗᏱ ᏂᎨᏒᎾ.

ᎠᏯᏙᎸᎢ 2

1 ᎢᎠᏓᎵᏅᏟ, ᎡᏦᏩᎡ ᎦᎸᏉᏗᏳ ᎤᎬᏫᏳᎯ ᎢᎦᏤᎵ ᏥᏌ ᎦᎶᏁᏛ, ᏞᏍᏗ ᏔᎵ ᏳᏛᎦᏍᏗ
ᏗᏓᎸᏉᏙᏗ ᎨᏒᎢ.
2 ᎢᏳᏰᏃ ᎩᎶ ᎠᏍᎦᏯ ᏳᏴᎵᎸ ᎦᏥᎳᏫᎥᎢ ᎠᏕᎸ ᏓᎶᏂᎨ ᎤᎵᏰᏑᏍᏙᎩ ᏧᏬᏚᎯ ᏧᏄᏩᎢ,
ᎾᏍᏉᏃ ᏳᏴᎵᎸ ᎤᏲ ᎢᏳᏛᎾᏕᎩ ᏗᎦᏓᎭ ᏧᏄᏩᎢ;
3 ᏰᏥᎸᏉᎳᏅᏃ ᏧᏬᏚᎯ ᏧᏄᏩᎢ, ᎠᎴ ᎯᎠ ᏱᏁᏥᏪᏎᎸ, ᎠᏂ ᎣᏍᏛ ᎨᏒ ᎯᏜᏕ, ᎤᏲᏃ
ᎢᏳᏛᎿᏕᎩ ᎯᎠ ᏱᏁᏥᏪᏎᎸ, ᎾᎿ Ꮎ ᎯᏙᎨᏍᏗ, ᎠᎴ ᎠᏂ ᎯᏜᏕ ᎯᏆᎳᏏᏗᏱ ᎠᎩᏍᎩᎸ
ᎭᎾᏂᏗᎵ;
4 ᏞᏍᏗ ᎿᏉ ᏕᏣᏓᏅᏛ ᏱᏗᏣᏓᎸᏉᏗᎭ, ᎠᎴ ᏝᏍᎪ ᏗᏧᎪᏗᏍᎩ ᎤᏲ ᎢᏣᏓᏅᏖᏍᎩ
ᏱᏂᏣᎵᏍᎳᏅ?
5 ᎢᏳᏛᎬᎦ ᎢᏨᎨᏳᎢ ᎢᏓᎵᏅᏟ, ᏝᏍᎪ ᎤᏁᎳᏅᎯ ᏱᎦᏑᏰᏒ ᎤᏲ ᎢᏳᎾᏛᎿᏕᎩ ᎡᎶᎯ
ᎠᏁᎯ, ᎤᏁᎿᎢᏳ ᎪᎯᏳᏗ ᎨᏒᎢ, ᎠᎴ ᎤᎾᏤᎵᎦ ᎤᏤᎵᎪᎯ ᎾᏍᎩ ᏧᏚᎢᏍᏓᏁᎸᎯ ᏥᎩ
ᎬᏳᎨᏳᎯ?
6 ᏂᎯᏍᎩᏂ ᎥᏝ ᏰᏥᎦᏌᏯᏍᏔᏅ ᎤᏲ ᎢᏳᏛᏜᏕᎩ. ᏝᏍᎪ ᏧᏁᎿᎢ ᎤᏲ ᏱᏂᎨᏨᎿᏕᎪᎢ,
ᎠᎴ ᏱᏗᎨᏣᏘᏃᎯᎨ ᏗᎫᎪᏙᏗᏱ?
7 ᏝᏍᎪ ᏯᏂᎭᎵᎢᏍᏗᏍᎪ ᎦᎸᏉᏗᏳ ᏕᎤᏙᎥ ᎾᏍᎩ ᏂᎯ ᏤᏦᏍᎳᏅᎯ ᏥᎩ?
8 ᎢᏳᏃ ᎢᏥᎧᎵᎢᏢᏍᏗ ᎦᎸᏉᏗᏳ ᏗᎧᎿᏩᏛᏍᏗ ᎾᏍᎩᏯ ᏂᎬᏅ ᎪᏪᎸᎢ, "ᏨᏒ
ᏥᏂᏣᏓᎨᏳᎭ ᏂᎨᏳᏎᏍᏗ ᎾᎥ ᎢᏗᏍᏓᏓᎳ," ᏳᏗᎭ, ᎣᏏᏳ ᏱᏂᏣᏛᏕ.
9 ᎢᏳᏍᎩᏂᏃ ᏙᏣᏓᎸᏉᏗᏍᎨᏍᏗᏉ, ᎢᏥᏍᎦᏅᎨᏍᏗ, ᎠᎴ ᏗᎧᎾᏩᏛᏍᏗ ᏕᏧᎪᏓᏁᏢᏍᏗ
ᎢᏥᏍᎦᏅᏨᎯ ᎨᏒᎢ.
10 ᎩᎶᏰᏃ ᏂᎦᏛ ᏗᎧᎿᏩᏛᏍᏗ ᏱᏓᎧᎿᏩᏕᎦ, ᏑᏓᎴᎩᏉᏃ ᎪᎱᏍᏗ ᏯᏲᏍᏗᎭ, ᏂᎦᏛ
ᎦᏲᏍᏔᏃᎢ.
11 ᎯᎠᏰᏃ ᎢᏳᏪᏛ ᏥᎩ, "ᏞᏍᏗ ᏣᏓᏲᏁᎸᎩ," ᎾᏍᏉ ᎯᎠ ᎢᏳᏪᏛ ᎢᎩ, "ᏞᏍᏗ
ᏣᏓᎸᎩ;" ᎾᏍᎩᏃ ᎢᏳᏃ ᏂᏣᏓᏲᏁᎸᎾ ᏱᎩ, ᎠᏎᏃ ᏱᏣᏓᎸ, ᎿᏉ ᏗᎧᎿᏩᏛᏍᏗ
ᎯᏲᏍᏗᏍᎩ ᏄᎵᏍᏔᏅ.
12 ᎢᏥᏁᎬᎢ ᎠᎴ ᏕᏥᎸᏫᏍᏓᏁᏜᎢ ᎾᏍᎩᏯ ᎨᏎᏍᏗ ᏄᏍᏛ ᎤᏂᏁᎢᏍᏗ ᎨᏒ ᎠᎴ
ᏧᏂᎸᏫᏍᏓᏁᏗ ᎨᏒ ᎾᏍᎩ Ꮎ ᏗᎨᎫᎪᏓᏁᏗ ᏥᎩ ᏗᎧᎿᏩᏛᏍᏗ ᎬᏓᎧᏜᏍᎩ ᎨᎬᏓᏁᏗ ᏥᎩ.
13 ᎾᏥᏙᎵᎬᎾᏰᏃ ᏳᎫᎪᏓᏁᏗ ᎨᏎᏍᏗ ᏄᏓᏙᎵᏨᎯ; ᎠᏓᏙᎵᏍᏗᏃ ᎨᏒ ᎠᏓᎵᏁᏗᎦᎭ ᏗᎫᎪᏙᏗ
ᎨᏒᎢ.
14 ᎦᏙ ᎬᏙᏗ, ᎢᏓᎵᏅᏟ, ᎢᏳᏃ ᎩᎶ ᎠᏉᎯᏳᎭ ᏯᏗᎭ, ᏂᏚᎸᏫᏍᏓᏁᏜᎾᏃ ᏱᎩ?
ᎤᏬᎯᏳᏒᏍᎪ ᏰᎵᏉ ᏳᏍᏕᎸ?
15 ᎢᏳᏃ ᎩᎶ ᎢᎩᏅᏟ ᎠᎴ ᎢᎩᏙ ᏧᏂᏰᎸᎭ ᏱᎩ, ᎠᎴ ᏳᏂᏂᎬᎦ ᏂᏚᎩᏨᏂᏒ ᎠᎵᏍᏓᏴᏗ
ᎨᏒᎢ,

16 ᎩᎶᏃ ᏂᎯ ᎢᏣᏓᏑᎬ ᎯᎠ ᏱᏂᏣᏪᏎᎭ; ᎤᏩᏙᎯᏯᏛ ᏥᏤᎾ, ᎢᏥᎦᎾᏬᎡᎯ ᎠᎴ ᏗᏦᎸᎡᎯ
ᎨᏎᏍᏗ; ᏂᏗᏥᏁᎲᎾᏃ ᎢᎨᏎᏍᏗ ᎠᏰᎸ ᎤᎵᏍᎦᎸᏙᏗ ᎨᏒᎢ; ᎦᏙ ᎬᏙᏗ ᎾᏍᎩ?
17 ᎾᏍᎩᏯ ᎾᏍᏉ ᎪᎯᏳᏗ ᎨᏒᎢ, ᎢᏳᏃ ᏔᎵ ᎸᏛᏛᎾ ᎢᎨᏎᏍᏗ ᏗᎦᎸᏫᏍᏓᏁᏗ ᎨᏒᎢ,
ᎤᎵᏬᏨᎯ, ᎤᏩᏒᏉ ᎨᏒ ᎢᏳᏍᏗ.
18 ᎤᏙᎯᏳᎯ ᎩᎶ ᎯᎠ ᏱᏅᎦᏫ, ᏂᎯ ᏦᎯᏳᎭ, ᎠᏴᏃ ᏓᎩᎸᏫᏍᏓᏁᎭ; ᎬᏂᎨᏒ ᏂᏍᏋᏂᏏ
ᏦᎯᏳᏒ ᎦᏣᎸᏫᏍᏓᏁᎲ ᏅᏗᏍᎬᎾ ᎨᏒᎢ, ᎠᏴᏃ ᎬᏂᎨᏒ ᏅᏓᎬᏴᏁᎵ ᎠᏉᎯᏳᏒ
ᏓᎩᎸᏫᏍᏓᏁᎲ ᎬᏗᏍᎬᎢ.
19 ᏂᎯ ᎰᎯᏳᎲᏍᎦ ᎠᏏᏴᏫ ᎡᎲ ᎤᏁᎳᏅᎯ. ᎣᏏᏳ ᏣᏛᏁᎭ. ᎠᏂᏍᎩᎾ ᎾᏍᏉ
ᎠᏃᎯᏳᎲᏍᎦ, ᎠᎴ ᏚᏂᎾᏫᎭ.
20 ᏣᏚᎵᏍᎪᏃ ᏣᏚᏙᎥᎯᏍᏗᏱ, ᏂᏣᏓᏅᏛᎾ ᎯᏍᎦᏯ, ᎪᎯᏳᏗ ᎨᏒ ᎤᎵᏬᏨᎯ ᎨᏒ
ᏗᎦᎸᏫᏍᏓᏁᏗ ᎨᏒ ᏔᎵ ᎸᏛᏛᎾ ᏱᎩ?
21 ᏝᏍᎪ ᎡᏆᎭᎻ ᎢᎩᏙᏓ ᏳᏚᏓᎴᏍᏔᏁ ᏚᎸᏫᏍᏓᏁᎲᎢ, ᎤᎵᏍᎪᎸᏔᏅ ᎤᏪᏥ ᎡᏏᎩ
ᎠᏥᎸ ᎨᎳᏍᏗᏱ?
22 ᎯᎪᏩᏘᎭ ᎪᎯᏳᏗ ᎨᏒ ᎤᏍᎦᎸᎲ ᏚᎸᏫᏍᏓᏁᎸᎢ, ᎾᏍᎩᏃ ᏚᎸᏫᏍᏓᏁᎸ ᎤᏩᏔᏅ
ᎪᎯᏳᏗ ᎨᏒ ᎤᎧᎵᎸᎢ.
23 ᎪᏪᎸᏃ ᎤᏙᎯᏳᏁᎢ ᎯᎠ ᏥᏂᎦᏪᎭ; "ᎡᏆᎭᎻ ᎤᏬᎯᏳᏅᎩ ᎤᏁᎸᏅᎯ, ᎾᏍᎩᏃ
ᏚᏳᎪᏛ ᏗᎦᎸᏫᏍᏓᏁᏗ ᎨᏒ ᎤᏌᏱ ᎠᏥᏰᎸᎾᏁᎸᎩ." ᎾᏍᎩᏃ ᎤᏁᎳᏅᎯ ᎤᎾᎵᎢ
ᎠᎪᏎᎲᎩ.
24 ᎾᏍᎩᏃ ᎢᏥᎪᏩᏘᎭ ᏴᏫ ᎦᏅᎸᏫᏍᏓᏁᎲ ᎠᏚᏓᎴᏍᏗᏍᎬᎢ, ᎥᏝᏃ ᎪᎯᏳᏗᏉ ᎨᏒ ᎤᏩᏒ.
25 ᎠᎴ ᎾᏍᏉ ᎴᎭᏫ ᎤᏁᎫᏥᏛ ᏝᏍᎪ ᎦᏅᎸᏫᏍᏓᏁᎲ ᏳᏚᏓᎴᏍᏔᏁᎢ ᏚᏓᏂᎸᏨ ᎾᏍᎩ
Ꮎ ᎤᏓᎨᏥᏅᏏᏛ ᎠᎴ ᏚᏅᏫᏍᏔᏅ ᎤᏣᏘᏂ ᎢᏗᎵ ᏭᏂᎶᎯᏍᏗᏱ?
26 ᎠᏰᎸᏰᏃ ᎠᏓᏅᏙ ᎸᏪᎲᎾ ᏱᎩ ᎤᏓᏬᏨᎯ ᏥᎨᏐᎢ, ᎾᏍᎩᏯᏉ ᎪᎯᏳᏗ ᎨᏒ ᏔᎵ
ᎸᏛᏛᎾ ᏱᎩ ᏗᎦᎸᏫᏍᏓᏁᏗ ᎨᏒ ᎾᏍᏉ ᎤᎵᏬᏨᎯ ᎨᏐᎢ.

ᎠᏯᏙᎸᎢ 3

1 ᎢᏓᎵᏅᏟ ᏞᏍᏗ ᎢᏥᏣᏘ ᏗᏣᏕᏲᎲᏍᎩ ᏱᎨᏎᏍᏗ, ᎢᏥᎦᏔᎭᏰᏃ ᎤᏟ ᎢᎦᎢ ᎢᎩᏍᏛᏗᏍᏗ
ᎨᏒᎢ;
2 ᎤᏣᏘᏰᏃ ᎢᏳᏓᎴᎩ ᏂᏗᎥ ᎢᏗᏍᎦᏅᎪᎢ. ᎢᏳᏃ ᎩᎶ ᎦᏬᏂᏍᎬ ᎾᏍᎦᏅᎬᎾ ᏥᎨᎭᎢ,
ᎾᏍᎩ ᏄᎪᎸᎾ ᎨᎭ ᎠᏍᎦᏯ, ᏰᎵᏉ ᎬᏬᎾᎯᏍᏙᏗ ᏂᎬ ᎠᏰᎸᎢ.
3 ᎬᏂᏳᏉ ᎦᏗᎭᎾᎳᏗᏍᎪ ᏐᏈᎵ ᎨᎪᎯᏳᏗᏱ, ᎠᎴ ᏂᎬ ᏗᏂᏰᎸ ᎦᏗᎪᎸᏏᏙᎰᎢ.
4 ᎬᏂᏳᏉ ᎾᏍᏉ ᏥᏳᏧᏛᎾ ᏤᏉᎯᏳᏍᎩᏂᏃᏅ ᎠᎴ ᎤᏍᎦᏎᏗ ᎤᏃᎴ ᏕᎦᏂᏙᎰᎢ, ᎠᏎᏃ
ᏓᏂᎦᏔᎲᏏᏙᎰ ᎠᏅᏘᏍᎪ ᎤᏍᏗᎩᏳ ᎦᏌᏛᏍᏗ ᎾᎿᏉ ᎢᏗᏢ ᎤᏚᎸ ᎦᏌᏛᏍᎩ.
5 ᎾᏍᎩᏯ ᎾᏍᏉ ᎦᏃᎦ ᎤᏍᏗᎩᏳ, ᎠᏎᏃ ᎠᏉᎯᏳ ᎦᏬᏂᏍᎪᎢ. ᎬᏂᏳᏉ ᎤᏍᏗ ᎠᏥᎸ
ᏄᏣᏔ ᎠᏓ ᏓᏥᏍᏢᏍᎪᎢ.
6 ᎠᎴ ᎦᏃᎦ ᎠᏥᎸ ᎾᏍᎩᏯᎢ ᎠᎴ ᎡᎶᎯ ᎠᎧᎵᎢ ᏂᏚᏳᎪᏛᎾ ᎨᏒ ᎾᏍᎩᏯ. ᎾᏍᎩᏯ
ᏄᏍᏗ ᎦᏃᎦ ᎤᏓᏋᏴ ᎢᎦᏙᏢᏒᎢ, ᎾᏍᎩ ᎦᏓᎭ ᎢᎬᏁᎯ ᏂᎬ ᎠᏰᎸᎢ, ᎠᎴ ᎠᏥᏍᏢᏍᎩ ᎠᎢᏒ
ᎠᏁᎳᏅᎯ ᎨᏒᎢ, ᎠᎴ ᏨᏍᎩᏃᎢ ᎤᏓᏳᏓᎴᏅᎯ ᎠᏥᏥᏍᏝᏫᏍᏗᏍᎩ.
7 ᏄᎾᏓᎴᏒᏰᏃ ᎢᎾᎨ ᎠᏁᎯ ᎠᎴ ᎠᏂᏃᎯᎵᏙᎯ ᎠᎴ ᎠᎾᏓᎾᏏᏂᏙᎯ ᎠᎴ ᎠᎺᏉᎯ ᎠᏁᎯ,
ᏗᏓᏅᏘᎭᏙᏗ ᎠᎴ ᏧᏓᏅᏘᎭᎳᏅᎯ ᏴᏫ.
8 ᎪᏃᎦᏍᎩᏂ ᎥᏝ ᎩᎶ ᏰᎵ ᏴᎬᏓᏅᏘᎭᏓ, ᎾᏍᎩ ᎤᏲᎢ ᎬᏎᎪᎩᏍᏗ ᏂᎨᏒᎾ, ᎠᎧᎵᎢ ᎠᏓᎯᎯ
ᎤᏬᏘ.
9 ᎾᏍᎩ ᎢᏛᏗᏍᎪᎢ ᎡᏗᎸᏉᏗᏍᎪ ᎤᏁᎳᏅᎯ ᎠᎦᏴᎵᎨᎢ, ᎠᎴ ᎾᏍᎩ ᎢᏛᏗᏍᎪᎢ
ᎦᏗᏍᎩᏅᏗᏍᎪ ᏴᏫ ᎾᏍᎩ ᎤᏁᎳᏅᎯ ᏄᏍᏛ ᎢᎨᎬᏁᎸᎯ ᎨᎪᏢᏅᎯ
10 ᎾᏍᎩ ᏌᏉ ᎠᎰᎵ ᏗᎦᏄᎪᎪ ᎦᎸᏉᏙᏗ ᎨᏒ ᎠᎴ ᎠᏍᎩᏅᏗᏍᏗ ᎨᏒᎢ. ᎢᏓᎵᏅᏟ, ᎥᏝ
ᎣᏏᏳ ᏱᎩ ᎾᏍᎩ ᏥᏄᏍᏗ.
11 ᏥᎪ ᏌᏉ ᎦᏄᎪᎬ ᏗᎦᏄᎪᎪ ᎤᎦᎾᏍᏛ ᎠᎹ ᎠᎴ ᎤᏴᏍᏗ?
12 ᎢᏓᎵᏅᏟ, ᏥᎪ ᏒᎦᏔ-ᎢᏳᏍᏗ ᏡᎬ ᏰᎵᏉ ᏯᎾᏓᏛᎦ ᎣᎵᏩ ᏡᎬ ᎠᎾᏓᏛᏍᎩ, ᎠᎴ ᏥᎪ
ᏖᎸᎳᏗᎯ ᏒᎦᏔ-ᎢᏳᏍᏗ ᏯᎾᏓᏛᎦ? ᎾᏍᏉᏍᎩᏂ ᎥᏝ ᏰᎵ ᏌᏉ ᎦᏄᎪᎬ ᏴᏛᎦᏄᎪᎢ ᎠᎹ
ᎤᎶᏥᏛ ᎠᎴ ᎠᎹ ᎤᎶᏥᏛ ᏂᎨᏒᎾ.
13 ᎦᎪ ᏂᎯ ᏂᏣᏛᏅᎢ ᎤᏓᏋᏯ ᎠᏏᎾᏌᏂ ᎠᎴ ᎠᎦᏔᏂᎢ? ᎾᏍᎩ ᏫᎦᎾᏄᎪᏩ
ᎦᏅᏄᏫᏍᏓᏁᎲᎢ ᏫᎬᏙᏓ ᎣᏏᏳ ᎾᏛᏁᎲᎢ, ᎠᎴ ᏫᎬᏙᏓ ᎠᏏᎾᏌᏂᏳ ᎨᏒ ᏔᎵ ᎤᏛᎦᏍᏗ
ᎤᏓᏅᏘ ᎨᏒᎢ.
14 ᎢᏳᏍᎩᏂ ᎢᏥᏍᏆᏂᎪᏕᏍᏗ ᏙᏗᏣᏓᏅᏛᎢ ᎠᏛᏳᎨᏗ ᎠᎴ ᎠᏗᏒᏍᏗ ᎨᏒᎢ, ᏞᏍᏗ
ᏱᏣᏢᏆᏍᎨᏍᏗ ᎠᎴ ᏞᏍᏗ ᏱᏣᏤᎪᎥᏍᎨᏍᏗ ᎤᏙᎯᏳᏒ ᏱᏥᏲᏍᎨᏍᏗ.
15 ᎯᎠ ᎾᏍᎩ ᎠᏏᎾᏌᏂᏳ ᎨᏒ ᎥᏝ ᎦᎸᎳᏗ ᎤᏓᏳᏓᎴᏅᎯ ᏱᎩ, ᎡᎶᎯᏉᏍᎩᏂ ᎡᎯ ᎠᎴ
ᎤᏇᏓᎸᏉ ᎡᎯ ᎠᎴ ᎠᏍᎩᎾ ᎢᏳᏍᏗ.

16 ᎾᎿᏰᏃ ᎠᏛᏳᎨᏗ ᎠᎴ ᎠᏗᏒᏍᏗ ᎠᏁᎲᎢ, ᎾᎿ ᎡᎰ ᏧᏓᎴᏅᏛ ᎠᎴ ᏂᎦᎥ ᎤᏲ
ᏗᎦᎸᏫᏍᏓᏁᏗ ᎨᏒᎢ.
17 ᎦᎸᎳᏗᏍᎩᏂ ᎤᏓᏳᏓᎴᏅᎯ ᏥᎩ ᎠᏏᎾᏌᏂᏳ ᎨᏒ ᎢᎬᏱᏱ ᎦᏓᎭ ᏂᎨᏒᎾ ᎨᏎᎢ, ᎿᏉᏃ
ᎪᎯᏍᏗᏍᎩ, ᎠᎴ ᎤᏓᏅᏘ, ᎠᎴ ᎤᏬᎯᏳᎯᏍᏛ, ᎠᎴ ᎠᎧᎵᏬᎯ ᎠᏓᏙᎵᏍᏗ ᎨᏒᎢ ᎠᎴ
ᎣᏍᏛ ᏗᎦᎸᏫᏍᏓᏁᏗ ᎨᏒᎢ, ᎠᎴ ᏄᏓᎸᏉᏛᎾ, ᎠᎴ ᎤᏠᎾᏍᏗ ᏂᎨᏒᎾ.
18 ᎠᏃᎯᏍᏗᏍᎩᏂ ᎠᏃᎯᏍᏗᏍᎬᎢ ᎠᏂᏫᏍᎪ ᏚᏳᎪᏛ ᎤᎾᏄᎪᏫᏍᏗ ᎨᏒᎢ.

ᎠᏯᏙᎸᎢ 4

1 ᎭᏢ ᏗᏓᎴᎲᏍᎦ ᏓᎿᏩ ᎠᎴ ᏗᏢᏍᏗ ᎨᏒ ᏂᎯ ᎢᏤᎲᎴ? ᏝᏍᎪ ᎾᏍᎩ ᎠᏚᎸᏗ ᎨᏒ
ᏗᏥᏰᎸ ᎭᏫᏂ ᏥᏓᎵᎭ ᎾᎿ ᏴᏗᏓᎴᎲᏍᎦ?
2 ᎢᏕᏚᎵᎪᎢ, ᎠᏎᏃ ᎥᏝ ᏱᏥᏩᏘᏍᎪᎢ; ᏕᏣᏓᎯᎰᎢ ᎠᎴ ᎢᏤᎵᎯᏍᎪ ᎢᏥᏩᏛᏗᏱ ᎠᏎᏃ ᎥᏝ
ᏱᏥᏩᏘᏍᎪᎢ; ᏕᏣᏢᎰᎢ ᎠᎴ ᏓᎿᏩ ᎢᏤᎪᎢ, ᎠᏎᏃ ᎥᏝ ᏱᏥᏩᏘᏍᎪ ᎤᏗᏕᎵᏍᏙᏗᏍᎪ
ᏂᏥᏔᏲᎯᎲᎾ ᎨᏒᎢ.
3 ᎢᏥᏔᏲᎯᎰᎢ, ᎠᏎᏃ ᎥᏝ ᏱᏥᏩᏘᏍᎪᎢ, ᎤᏗᏕᎵᏍᏙᏗᏍᎪ ᏂᏚᏳᎪᏛᎾ ᎨᏒ ᎢᏥᏔᏲᎯᎲᎢ,
ᎢᏣᏚᎵᏍᎬ ᎾᏍᎩ ᎢᏨᏙᏗᏱ ᎣᏍᏛ ᎢᏣᏓᏅᏓᏗᏍᏗᏍᎩ ᎢᏥᏩᏛᏗᏱ.
4 ᏗᏣᏓᏲᏁᎯ ᎢᏥᏍᎦᏯ ᎠᎴ ᎢᏥᎨᏴ, ᏝᏍᎪ ᏱᏥᎦᏔᎭ ᎡᎶᎯ ᎤᎾᎵᎢ ᎨᏒᎢ ᎤᏁᎳᏅᎯ
ᎠᏍᎦᎩ ᎨᏒᎢ? ᎾᏍᎩᏃ ᎢᏳᏍᏗ ᎢᏳᏃ ᎩᎶ ᎡᎶᎯ ᎤᎾᎵᎢ ᎢᏳᎵᏍᏙᏗᏱ ᏯᏓᏅᏖᎭ ᎾᏍᎩ
ᎤᏁᎳᏅᎯ ᎠᏍᎦᎩ ᎨᎭᎢ.
5 ᎠᏎᏉᏍᎪ ᏂᎦᏪ ᎢᏥᏰᎸᎭ ᎯᎠ ᏥᏂᎦᏪ ᎪᏪᎵ; ᎠᏓᏅᏙ ᏥᎩᏯᎠ ᎤᏚᎵᏍᎬ ᎠᏛᏳᎨᏗ
ᎨᏒ ᏳᎦᏗ.
6 ᎠᏎᏃ ᎤᏟ ᎢᎦᎢ ᎡᏣᏕᏘᏯ ᎤᏓᏙᎵᏍᏗ ᎨᏒ ᏓᏁᎰᎢ--ᎾᏍᎩ ᎢᏳᏍᏗ ᎯᎠ ᏂᎦᏪᎭ;
ᎤᏁᎳᏅᎯ ᎤᎾᏢᏉᏗ ᏓᏡᏗᏍᎪᎢ, ᎤᎾᏓᏙᎵᏍᏗᏍᎩᏂ ᎡᏣᏕᏘᏯ ᎤᏓᏙᎵᏍᏗ ᎨᏒ ᏓᏁᎰᎢ.
7 ᎾᏍᎩ ᎢᏳᏍᏗ ᏤᏣᎴᏲᎯᏏ ᎤᏁᎳᏅᎯ; ᏤᏣᏟᏴᏏ ᎠᏍᎩᎾ, ᎠᎴ ᎠᏎ ᏓᏣᏓᏅᏒᎵ.
8 ᎾᎥ ᎡᏥᎷᏥᏏ ᎤᏁᎳᏅᎯ ᎾᏍᎩᏃ ᏂᎯ ᎾᎥ ᏓᏥᎷᏤᎵ. ᏗᏦᏑᎵ ᏗᏦᏰᏂ ᎢᏥᏍᎦᎾᎢ, ᎠᎴ
ᏗᏥᏅᏕᎸ ᏗᏥᎾᏫ ᏔᎵ ᎢᏧᏓᎢ ᏗᏣᏓᏅᏘ.
9 ᎤᏲ ᎢᏣᏓᏅᏓᏓ ᎠᎴ ᏗᏥᏴᏔ ᎠᎴ ᏗᏣᏠᏱᎦ; ᎢᏥᏰᏣᏍᎬᎢ ᎠᏴᎵᏍᏗ ᎨᏒ ᏩᏓᏁᏟᏴᏍᏓ,
ᎠᎴ ᎢᏣᎵᎮᎵᎬ ᎤᏲ ᎠᏓᏅᏓᏗᏍᏗ ᎨᏒ ᏩᏓᏁᏟᏴᏍᏓ.
10 ᎢᏣᏓᏙᎵᏍᏗ ᎨᏎᏍᏗ ᏱᎰᏩ ᏙᏗᎧᏂᏍᎬᎢ, ᎾᏍᎩᏃ ᏓᏥᏌᎳᏓᏂ.
11 ᏞᏍᏗ ᎤᏐᏅ ᏱᏗᏣᏓᏃᎮᏍᎨᏍᏗ ᎢᏓᏓᏅᏟ; ᎤᏐᏅ ᏥᎧᏃᎮᏍᎪ ᏥᎧᏁᎢᏍᏗᏍᎪ
ᏗᎾᏓᏅᏟ ᎠᎴ ᏥᏕᎫᎪᏓᏁᎰ ᏗᎾᏓᏅᏟ, ᎾᏍᎩ ᎤᏐᏅ ᎧᏃᎮᏍᎪ ᎧᏁᎢᏍᏗᏍᎪ ᏗᎧᎿᏩᏛᏍᏗ
ᎠᎴ ᏕᎫᎪᏓᏁᎰ ᏗᎧᎿᏩᏛᏍᏗ; ᎢᏳᏃ ᏗᎧᎿᏩᏛᏍᏗ ᏱᏚᎪᏓᏁᎭ ᎥᏝ ᏗᎧᎿᏩᏛᏍᏗ
ᏗᎧᎿᏩᏕᎩ ᏱᎦᎩ ᏚᎪᏓᏁᎯᏍᎩᏂ.
12 ᎠᏏᏴᏫᎭ ᎡᎭ ᏗᎧᎿᏩᏛᏍᏗ ᎪᏢᏍᎩ ᏰᎵᏉ ᎬᏩᏓᏍᏕᎸᏗ ᎠᎴ ᎬᏩᏓᎯᏍᏗ; ᎦᎪ ᏂᎯ
ᎤᏩᏓᎴ ᏥᏕᎯᏳᎪᏓᏁᎭ?
13 Ꭷ ᎯᎠ ᎢᏥᏪᏍᎩ; ᎪᎯ ᎢᎦ ᎠᎴ ᏑᎾᎴᎢ ᏓᏲᏤᏏ ᎨᎯ ᏗᎦᏚᎲᎢ, ᏑᏕᏘᏴᏛᏃ ᏬᏤᏢᏍᏗ
ᎠᎴ ᏬᏥᏃᏗᏍᎨᏍᏗ ᎠᎴ ᏬᎩᏁᏉᏤᏢᏍᏗ;
14 ᏂᏥᎦᏔᎲᎾᏃ ᎢᏳᎵᏍᏙᏗ ᎨᏒ ᏑᎾᎴᎢ; ᏕᏨᏅᏰᏃ ᎦᏙ ᎤᏍᏗ? ᎤᎬᏎᏛᏉ ᎾᏍᎩᏯᎢ
ᎾᏍᎩ ᏞᎦ ᏥᎦᎾᏄᎪᎪᎢ ᎿᏉᏃ ᏟᎵᏛᏗᏍᎪᎢ.
15 ᎾᏍᎩᏃ ᎢᏳᏍᏗ ᎯᎠ ᏣᎬᏫᏳᎭ ᏱᏂᏥᏪᎭ; ᎢᏳᏃ ᎤᎬᏫᏳᎯ ᎣᏏ ᏳᏰᎸᏅ, ᏙᏨᏁᏍᏗ
ᎠᎴ ᎯᎠ ᏃᏣᏛᏁᎵᏍᏗ ᎠᎴ ᎯᎠᏉ.

16 ᎠᎯᏍᎩᏂ ᎨᏒ ᎢᏣᏢᏘᎵᎦ ᎢᏣᏢᏆᏍᎬᎢ; ᏂᎦᏛ ᎾᏍᎩ ᎢᏳᏍᏗ ᎠᏢᏘᎵᏍᏗ ᎨᏒ ᎤᏲᏉ
ᎨᏐᎢ.
17 ᎾᏍᎩ ᎢᏳᏍᏗ ᎨᎶ ᏣᎦᏔᎲᎢ ᏧᏍᏛ ᎢᏯᏛᏁᏗ ᎨᏒᎢ, ᎾᏍᎩᏃ ᎾᏛᏁᎴᎾ ᏥᎨᏐᎢ,
ᎾᏍᎩ ᎾᎿ ᎠᏍᎦᏅᎪᎢ.

ᎠᏯᏙᎸᎢ 5

1 Ꭷ ᏂᎯ ᏗᏤᎿᎢ ᏗᏣᏠᏱᎦ ᎠᎴ ᏗᏥᏴᎳ ᏫᏂᎦᎵᏍᏙᏓ ᎢᏥᎩᎵᏲᎢᏍᏗ ᎢᏥᎷᏤᏗ ᏥᎩ.

2 ᏧᎬᏩᎶᏗ ᎢᏥᎲᎢ ᎤᎪᏒ; ᏗᏣᏄᏬᏃ ᏥᏍᎪᏴ ᏚᏂᏯᎥ;

3 ᏗᏣᏤᎵ ᏓᎶᏂᎨ ᎠᏕᎸ ᎠᎴ ᎤᏁᎬᎠᏕᎸ ᏚᏯᏍᏜᏛ, ᏚᏯᏍᏜᏛᏁ ᎢᏥᏃᎮᏍᎩ ᎨᏎᏍᏗ, ᎠᎴ
ᎤᏪᏰᏍᏗ ᎨᏎᏍᏗ ᎢᏥᏇᏓᎸ ᎠᏥᎸ ᏥᎦᏰᏍᎪ ᎾᏍᎩᏯᎢ. ᎢᏥᏟᏌᏅ ᏧᎬᏩᎶᏗ ᎤᎵᏍᏆᎸᏗ
ᎢᎦ ᎨᏒ ᎤᎬᏩᎵ.

4 ᎬᏂᏳᏉ ᎠᏠᏱᎭ ᎨᎦᎫᏴᏓᏁᏗ ᏧᏂᎸᏫᏍᏓᏁᎯ ᎤᏂᏍᎫᏕᏒᎯ ᏕᏥᎶᎨᏒᎢ, ᎾᏍᎩ
ᏗᏥᎾᎯᏍᏓᏁᎸᎯ ᏥᎩ, ᎤᎾᎵᏍᏛᏃ ᎾᏍᎩ ᎤᏂᏍᎫᏕᏒᎯ ᏚᎵᎠᏴᎸ ᎤᎬᏫᏳᎯ ᏓᎿᏩ ᎠᏁᎩ
ᎤᎾᏤᎵᎦ.

5 ᎤᏢᏉᏗ ᎢᏤᎲᎩ ᎡᎶᎯ ᎠᎴ ᏂᏣᏁᎸᎾ; ᏕᏤᎶᎸ ᏗᏥᎾᏫ, ᎾᏍᎩᏯ ᏥᎾᎾᏛᏁᎰ
ᏗᎯᏍᏗᏱ ᎨᏒ ᎢᎦ ᎠᏍᏆᎸ.

6 ᏕᎫᎪᏓᏁᎸ ᎠᎴ ᎡᏥᎸ ᎾᏍᎩᏅᎾ, ᎥᏝ Ꮓ ᏱᏣᏞᏙᎭ.

7 ᎾᏍᎩ ᎢᏳᏍᏗ ᎢᏓᎵᏅᏟ ᏗᏨᏂᏗᏳ ᎨᏎᏍᏗ ᎬᏂ ᎤᎬᏫᏳᎯ ᎦᎷᏨᎭ. ᎬᏂᏳᏉ ᎤᎶᎨᏛ
ᎠᎦᏘᏯ ᎦᎸᏉᏗ ᎡᎶᎯ ᎤᎾᎸᎪᏫᏒᎯ, ᎠᎴ ᎬᏂᏗᏳ ᎨᎭ ᎠᎦᏘᏯᎢ, ᎬᏂ ᎤᎦᎾᏏ ᎢᎬᏱᏱ ᎠᎴ
ᎣᏂᏱ ᎤᎦᏃᏗ ᎨᏒᎢ.

8 ᏂᎯ ᎾᏍᏉ ᏗᏨᏂᏗᏳ ᎨᏎᏍᏗ; ᏗᏣᎵᏂᎪᎯᏍᏓ ᏗᏥᎾᏫ, ᎤᎬᏫᏳᎯᏰᏃ ᎤᎷᎯᏍᏗᏱ
ᎤᏍᏆᎸᎯᏗ.

9 ᎢᏓᏓᏅᏟ ᏞᏍᏗ ᏱᏗᏣᏓᏍᎦᎨᏍᏗ ᏱᏕᏧᎪᏓᏏᏰᏃ ᎢᏥᏍᎦᏅᏨᎢ. ᎬᏂᏳᏉ ᏗᎫᎪᏗᏍᎩ
ᎦᎶᎯᏍᏗᏱ ᎦᏙᎦ.

10 ᎢᏓᏓᏅᏟ ᎠᏙᎴᎰᎯᏍᏙᏗ ᎠᎩᎵᏲᎢᏍᏗ ᎨᏒ ᎠᎴ ᎬᏂᏗᏳ ᎨᏒᎢ, ᎠᎾᏙᎴᎰᏍᎩ ᎤᎬᏫᏳᎯ
ᏕᏅᏙᏍᏛ ᎤᏂᏁᎢᏍᏔᏅᎯ ᏥᎩ, ᏗᏥᎧᎿᏩᏛᏍᏗ ᎨᏎᏍᏗ.

11 ᎬᏂᏳᏉ ᎣᏏᏳ ᎢᏳᎾᎵᏍᏓᏁᏗ ᎢᎩᏰᎸᎭ ᏗᏅᏂᏗᏳ ᏥᎨᎭᎢ. ᎢᏣᏛᎦᏅ ᎬᏂᏗᏳ ᎨᏒ
ᏦᏈ, ᎠᎴ ᎢᏥᎪᎲ ᏄᏍᏛ ᏭᏴᎢᏩᎯᏍᏗ ᎨᏒ ᎤᎬᏫᏳᎯ, ᎠᎴ ᎾᏍᎩ ᎤᎬᏫᏳᎯ ᎤᏣᏘ
ᎤᏓᏅᏘᏳ ᎨᏒ ᎠᎴ ᎤᏓᏙᎵᏣᏘᏳ ᎨᏒᎢ.

12 ᎠᏎᏃ ᎢᏓᏓᏅᏟ, ᏭᏓᎪᎾᏛᏛᎢ, ᏞᏍᏗ ᏱᏣᏎᎵᏛᏍᎨᏍᏗ ᏱᏥᏁᎢᏍᏗᏍᎨᏍᏗ ᎦᎸᎶᎢ,
ᎠᎴ ᎡᎶᎯ, ᎠᎴ ᏞᏍᏗ ᎸᏓᎴᏒᏉ ᎠᏎᎵᏙᏗ ᎨᏒᎢ; ᎠᎴ ᏞᏍᏗ ᎸᏓᎴᏒᏉ ᎠᏎᎵᏙᏗ ᎨᏒᎢ;
ᎢᏣᏤᎵᏍᎩᏂ ᎥᎥ ᎢᏣᏛᏗ ᎨᏒ ᎥᎥ ᎨᏎᏍᏗ, ᎠᎴ ᎢᏣᏤᎵ ᎥᏝ ᎢᏣᏛᏗ ᎨᏒ ᎥᏝ ᎨᏎᏍᏗ; ᎾᏍᎩᏃ
ᏞᏍᏗ ᏤᏧᎪᏓᏁᎸᎩ ᎢᏥᏍᎦᏅᏨᎢ.

13 ᎩᎶ ᎢᏤᎲ ᎤᏓᏑᏰᏍᏗ ᎠᎩᎵᏲᎨᏍᏗ, ᎠᏓᏙᎵᏍᏗᏍᎨᏍᏗ; ᎩᎶ ᎤᎦᎵᏍᏗ ᎤᏓᏅᏖᏍᏗ
ᏕᎧᏃᎩᏍᎨᏍᏗ.

14 ᎩᎶ ᎢᏤᎲ ᎤᏓᏑᏰᏍᏗ ᎤᏢᎨᏍᏗ, ᏫᏓᏯᏂᏍᎨᏍᏗ ᏗᎨᎦᏗᎶᏗ ᏧᎾᏁᎶᏗ ᎤᎾᏓᏡᎬᎢ,
ᎾᏍᎩᏃ ᎠᎾᏓᏙᎵᏍᏗᏍᎨᏍᏗ ᎠᏂᏔᏲᎯᎮᏍᏗ ᎠᏥᏍᏕᎸᏗᏱ, ᎬᏩᎶᏁᏗᏍᎨᏍᏗ ᎠᏠᏁᏗ
ᎠᏅᏗᏍᎨᏍᏗ ᎤᎬᏫᏳᎯ ᏚᏙᎥᎢ;

15 ᎪᎯᏳᎯᏃ ᎠᏓᏃᎵᏍᏙᏗ ᎨᏒ ᏓᏳᏍᏕᎸᎯ ᎤᏢᎩ, ᎤᎬᏫᏳᎯᏃ ᏙᏓᏳᎴᏔᏂ; ᎢᏳ ᎠᎴ
ᎤᏍᎦᏅᏨᎯ ᎨᏎᏍᏗ ᎾᏍᎩ ᏣᏥᏂᎯᏎᏗ ᎨᏎᏍᏗ.
16 ᎬᏂᎨᏒ ᏂᏕᏣᏓᏛᏁᎮᏍᏗ ᎢᏥᏍᎦᏅᏨᏗ, ᎠᎴ ᏕᏣᏓᏙᎵᏍᏓᏁᎮᏍᏗ, ᎢᏂᏔᏲᎯᎮᏍᏗ
ᏗᏣᏗᏫᏍᏗᏱ. ᎤᏙᎯᏳᎯᏯ ᎤᏰᎸᎯ ᎤᏓᏙᎵᏍᏙᏗ ᎨᏒ ᎤᏓᏅᏘ ᎠᏓᏍᏕᎵᏍᎪᎢ.
17 ᎢᎳᏯ ᏴᏫᏉ ᎨᏒᎩ ᎠᏴ ᏂᎦᎵᏍᏓᏁᎲ ᎾᏍᎩᏯ ᎢᎬᏩᎵᏍᏓᏁᏗ ᎨᏒᎩ; ᎠᎴ ᎤᎵᏂᎩᏛ
ᎤᏓᏅᏛᎩ ᎤᏓᏙᎵᏍᏔᏅᎩ ᎤᏔᏲᎸᎩ ᎤᎦᏃᏗᏱ ᏂᎨᏒᎾ; ᎰᏩᏃ ᏄᎦᎾᏅᎾ ᎨᏒᎩ ᎦᏙᎯ ᏦᎢ
ᏧᏕᏘᏴᏛ ᏑᏓᎵᏃ ᎢᏯᏅᏙ ᎢᎪᎯᏛ.
18 ᎠᎴ Ꮼ ᎤᏓᏙᎵᏍᏔᏅᎩ, ᎦᎸᎶᎢᏃ ᎤᎦᏃᏓᏁᎸᎩ, ᎪᏙᎯᏃ ᎤᎾᏄᎪᏫᏒᎩ ᎤᎾᏄᎪᏫᏍᏗ
ᎨᏒᎢ.
19 ᎢᏓᎵᏅᏟ, ᎢᏳᏃ ᎩᎶ ᏂᎯ ᏂᏣᏛᏅ ᎠᏝᏍᎨᏍᏗ ᏚᏲᏍᎨᏍᏗ ᏚᏳᎪᏛ ᎨᏒᎢ, ᎩᎶᏃ
ᎢᎤᎦᏔᎲᏍᎨᏍᏗ,
20 ᎾᏍᎩ ᎠᎦᏔᎮᏍᏗ, ᎾᏍᎩ ᎠᏍᎦᎾ ᎠᎦᏔᎲᏍᎩ ᎾᎿ ᎤᎵᏓᏍᏔᏅᎯ ᎠᎢᏒᎢ, ᎾᏍᎩ
ᎠᏍᏕᎵᏍᎬ ᎫᏓᎵᏍᎬ ᎠᏓᏅᏙ ᎠᏲᎱᎯᏍᏗ ᎨᏒᎢ, ᎠᎴ ᎤᏣᏘ ᎢᏳᏓᎴᎩ ᎠᏍᎦᏅᏨᎯ ᎨᏒ
ᎬᏍᎦᎸᏍᎬᎢ.

ᏈᏓ ᎢᎬᏱᏱ ᎤᏬᏪᎳᏅᎯ

ᎠᏯᏙᎸᎢ 1

1 ᎠᏴ ᏈᏓ ᏥᏌ ᎦᎶᏁᏛ ᎠᎩᏅᏏᏛ ᏫᏨᏲᏪᎳᏏ ᎢᏣᏗᎦᎴᏲᏨᎯ ᏋᏗᏱ ᎢᏤᏙᎯ ᎠᎴ ᎨᎴᏏᏱ
ᎠᎴ ᎨᏆᏙᏏ ᎠᎴ ᎡᏏᏱ ᎠᎴ ᏈᏗᏂᏱ;
2 ᎡᏣᏑᏰᏛ ᎾᏍᎩᏯ ᎾᎦᏔᎰ ᎤᏁᎳᏅᎯ ᎠᎦᏴᎵᎨᎢ, ᎬᏔᏅᎯ ᎤᏓᏅᎦᎸᏗ ᎨᏒ ᎠᏓᏅᏙ,
ᎾᏍᎩ ᎾᎿ ᏨᏗᏓᎴᎲᏍᎦ ᎪᎯᏳᏗ ᎨᏒ ᎠᎴ ᎠᏍᏚᏟᏍᏗ ᎨᏒ ᎤᎩᎬ ᏥᏌ ᎦᎶᏁᏛ; ᎦᏩᎦᏘᏯ
ᎤᏓᏙᎵᏍᏗ ᎨᏒ ᎠᎴ ᎤᏩᏙᎯᏯᏛ ᎤᏣᏘ ᎢᏣᏤᎵ ᎨᏎᏍᏗ.
3 ᎦᎸᏉᏙᏗ ᎨᏎᏍᏗ ᎤᏁᎳᏅᎯ ᎾᏍᎩ ᎤᎦᏴᎵᎨ ᏥᏌ ᎦᎶᏁᏛ ᎤᎬᏫᏳᎯ ᎢᎦᏤᎵᎦ, ᎾᏍᎩ
ᎤᏣᏘ ᎤᏓᏙᎵᏣᏘᏳ ᎨᏒ ᏥᏅᏗᎦᎵᏍᏙᏗ ᏔᎵᏁ ᏥᎩᎾᏄᎪᏫᏒ ᎤᏚᎩ ᎬᏗ ᎨᏒ ᏥᎩᏁᎸ ᎬᏂᏛ
ᎢᎩᎪᏩᏛᏗᏱ ᎤᏓᏳᏓᎴᏅᎯ ᎤᏲᎱᏒ ᏚᎴᎯᏌᏅ ᏥᏌ ᎦᎶᏁᏛ;--
4 ᏥᎩᏁᎸ ᎢᎦᏤᎵ ᎢᏳᎵᏍᏙᏗ ᏧᎬᏩᎶᏗ ᎠᏲᎩ ᏂᎨᏒᎾ, ᎠᎴ ᎦᏓᎭ ᏂᎨᏒᎾ, ᎠᎴ ᎠᏍᎪᎸᎩ
ᏂᎨᏒᎾ, ᏦᏒ ᎡᏥᏍᏆᏂᎪᏓᏁᎸᎯ ᏂᎯ,
5 ᎾᏍᎩ ᎪᎯᏳᏗ ᎨᏒ ᎢᏨᏗᏍᎬ ᎤᏁᎳᏅᎯ ᎤᎵᏂᎩᏗᏳ ᎨᏒ ᎬᏗ ᏤᏥᏍᏆᏂᎪᏗ ᎡᏥᏍᏕᎸᏗ
ᎨᏒ ᎬᏗᏍᎩ, ᎾᏍᎩ ᎡᏥᏍᏕᎸᏗ ᎨᏒ ᏣᏛᏅᎢᏍᏗ ᎬᏂᎨᏒ ᎢᎬᏁᏗᏱ ᎤᎵᏍᏆᎸᏗ ᎨᏎᏍᏗ.
6 ᎾᏍᎩ ᎾᎿ ᎤᏣᏘ ᏥᏣᎵᎮᎵᎦ, ᎠᎯᏍᎩᏂᏃᏅ ᏓᎦ, ᎢᏳᏃ ᎨᏎᏍᏗ, ᎡᎯᏍᏗ
ᎢᏣᏓᏅᏔᏩᏕᎦ ᎤᏗᎦᎵᏍᏙᏗᎭ ᏧᏓᎴᏅᏛ ᎢᏥᎪᎵᏰᏍᏗ ᎢᏣᎵᏩᏛᎡᎲᎢ,
7 ᎾᏍᎩ ᎢᏦᎯᏳᏒ ᎠᎪᎵᏰᏗ ᎨᏒ ᎤᏟ ᎦᎸᏉᏗᏳ ᎡᏍᎦᏉ ᎠᏕᎸ ᏓᎶᏂᎨ ᎠᎪᎵᏰᏗ ᎨᏒ
ᎾᏍᎩ ᎠᏲᎩ ᏥᎩ, ᎾᏍᏉ ᎠᏥᎸ ᎬᏔᏅᎯ ᎠᎪᎵᏰᎥᎯ ᏱᎩ, ᏱᏩᎵᏴᎢᎶᎦ ᎦᎸᏉᏙᏗ ᎨᏒᎢ,
ᎠᎴ ᎣᏍᏛ ᎠᏰᎸᏗ ᎨᏒᎢ, ᎠᎴ ᎦᎸᏉᏗᏳ ᎨᏒᎢ, ᏥᏌ ᎦᎶᏁᏛ ᎦᎾᏄᎪᏥᎸ ᎢᏳᎢ.
8 ᎾᏍᎩ [ᏥᏌ ᎦᎶᏁᏛ] ᎡᏥᎪᎥᎯ ᏂᎨᏒᎾ ᎢᎡᏥᎨᏳᎭ; ᎠᎴ ᎾᏍᎩ ᎪᎯ ᎨᏒ
ᏁᏥᎪᏩᏘᏍᎬᎾ, ᎠᏎᏃ ᎡᏦᎯᏳᎲᏍᎬᎢ ᎡᏣᎵᎮᎵᎦ ᎢᏨᏗᎭ ᎠᎵᎮᎵᏍᏗ ᎨᏒ ᎦᏃᎮᏗ ᏂᎨᏒᎾ
ᎠᎴ ᎦᎸᏉᏔᏅᎯ;
9 ᎠᎴ ᎡᏣᎵᏍᎪᎸᏓᏁᎭ ᎢᏦᎯᏳᏒ ᎸᏍᏛ ᎤᎬᏩᎸᎢ, ᎾᏍᎩ ᏗᏣᏓᏅᏙ ᏗᏍᏕᎸᏗ ᎨᏒᎢ.
10 ᎾᏍᎩ Ꮎ ᎠᎵᏍᏕᎸᏙᏗ ᎨᏒ ᎠᎾᏙᎴᎰᏍᎩ ᎣᏍᏛ ᎣᏂᎨᏛᏅᎯ ᎠᎴ ᎤᏂᏲᎸᎯ, ᎾᏍᎩ
ᎤᎾᏙᎴᎰᏒᎯ ᎤᏂᏁᎢᏍᏔᏅᎯ ᏂᎯ ᎡᏥᏙᎵᏍᏗ ᎨᏒᎢ;
11 ᎤᏂᏲᎲᎩ ᎢᏳ ᎨᏒᎢ, ᎠᎴ ᎢᏳᎵᏍᏔᏂᏓᏍᏗ ᎨᏒ ᎦᏛᎬᎢ ᎠᏓᏅᏙ ᎦᎶᏁᏛ ᎤᏤᎵᎦ
ᎾᏍᎩ ᎤᏂᏯᎥᎢ, ᎢᎬᏱ ᎦᏰᎯ ᎬᏂᎨᏒ ᏥᏂ-ᎬᏁᎮ ᎤᎩᎵᏲᎢᏍᏗᏱ ᎦᎶᏁᏛ ᎠᎴ ᎦᎸᏉᏗᏳ
ᎨᏒ ᎣᏂ ᎤᎾᏄᎪᎢᏍᏗᏱ.
12 ᎾᏍᎩ ᎬᏂᎨᏒ ᎢᎨᎬᏁᎸᎯ ᏥᎨᏎᎢ ᎤᏅᏒᏉ ᎾᎾᎵᏍᏕᎵᏍᎬᎾ ᎨᏒᎢ, ᎠᏴᏍᎩᏂ
ᎨᎩᏍᏕᎵᏍᎬᎢ ᎨᎩᏃᎮᎮᎸ ᎾᏍᎩ ᎪᎯ ᎬᏂᎨᏒ ᏥᏂᎨᏨᏁᎭ ᎾᏍᎩ ᎣᏍᏛ ᎧᏃᎮᏛ
ᎨᏣᎵᏥᏙᏁᎸᎯ ᏥᎩ, ᎠᏅᏗᏍᎬ ᎦᎸᏉᏗᏳ ᎠᏓᏅᏙ ᎦᎸᎳᏗ ᎤᏓᏰᏥᏅᏏᏛ; ᎾᏍᎩ
ᏗᏂᎧᎿᏩᏗᏙᎯ ᏧᎾᏚᎵᎭ ᎤᏂᎪᎵᏰᏗᏱ.

13 ᎾᏍᎩ ᎢᏳᏍᏗ ᏗᏥᏌᏕ ᏕᏥᏓᏅᏛᎢ, ᎢᏣᎵᏏᎾᎯᏍᏗᏳ ᎨᏎᏍᏗ, ᎠᎴ ᎬᎵᏍᏆᏗᏍᎩ
ᎤᏚᎩ ᎢᏨᏎᏍᏗ ᎡᏥᏁᏗᏱ ᎬᏩᎦᏘᏯ ᎤᏓᏙᎵᏍᏗ ᎨᏒ ᏂᎯ ᎡᏥᏲᎮᏗ ᏥᎩ ᎾᎯᏳ ᏥᏌ
ᎦᎶᏁᏛ ᎬᏂᎨᏒ ᎾᎬᏁᎸᎭ.
14 ᎢᏦᎯᏳᎯᏍᏛ ᎨᏎᏍᏗ, ᏝᏍᏗ ᎢᎸᎯᏳ ᏥᏂᏣᏍᏛ ᏥᏣᏚᎸᏅᎥᏍᎬ ᎾᎯᏳ ᏂᏥᎦᏔᎿᎥᎾ
ᏥᎨᏒᎩ;
15 ᎾᏍᎩᏍᎩᏂ ᎢᏥᏯᏅᏛ ᎠᏍᎦᎾᎯ ᏂᎨᏒᎾ ᏥᎩ, ᎾᏍᎩᏯ ᎾᏍᏉ ᏂᎯ ᎢᏥᏍᎦᎾᎯ
ᏂᎨᏒᎾ ᎨᏎᏍᏗ ᏂᎦᎥ ᏂᏣᏛᎿᏕᎬᎢ.
16 ᎯᎠᏰᏃ ᏂᎬᏅ ᎪᏪᎳ, "ᎢᏥᏍᎦᎾ ᏂᎨᏒᎾ ᎨᏎᏍᏗ, ᎠᏴᏃ ᏥᏍᎦᎾ ᏂᎨᏒᎾ ᎢᎩ."
17 ᎢᏳ ᎠᎴ ᎡᏣᏓᏙᎵᏍᏓᏁᎮᏍᏗ ᎠᎦᏴᎵᎨᎢ, ᎾᏍᎩ ᏂᏗᎦᎸᏉᏗᏍᎬᎾ ᏥᏕᎫᎪᏓᏁᎭ ᎾᏂᎥ
ᎠᏂᏏᏴᏫᎭ ᏄᏍᏛ ᏚᏂᎸᏫᏍᏓᏁᎲᎢ, ᏂᎪᎯᎸ [ᎠᏂ] ᎢᏣᎴᏂᏙᎲᎢ ᎢᏤᏯᏔᎯ ᎨᏎᏍᏗ
ᎢᏤᎲᎢ.
18 ᎢᏥᎦᏔᎭᏰᏃ ᎪᎱᏍᏗ ᎠᏲᎩ, ᎠᏕᎸ ᎤᏁᎬ ᏯᏛᏅ ᎠᎴ ᎠᏕᎸ ᏓᎶᏂᎨ, ᎡᏣᎫᏴᏔᏅᎯ
ᏂᎨᏒᎾ ᎨᏒᎢ, ᎡᎫᏓᎴᏒᎢ ᎪᎱᏍᏗ ᎬᏙᏗ ᏂᎨᏒᎾ ᎢᏣᎴᏂᏙᎸᎢ ᏗᏥᎦᏴᎵᎨ ᏗᎨᏥᏲᎯᏎᎸᎯ
ᎨᏒᎢ,
19 ᎦᎸᏉᏗᏳᏍᎩᏂ ᎩᎬ ᎡᏣᎫᏴᏔᏅᎯ ᎨᏒᎢ, ᎤᎩᎬ ᎦᎶᏁᏛ ᎾᏍᎩᏯ ᎠᏫ-ᎠᎩᎾ ᎪᎱᏍᏗ
ᏄᎪᎸᏫ ᎠᎴ ᏄᏓᏓᎸᎾ;
20 ᎾᏍᎩ ᎤᏙᎯᏳᎯ ᎾᏥᎦᏔᎰᎢ ᎠᏏ ᎡᎶᎯ ᎾᏙᎵᏍᎬᎾ ᏥᎨᏎᎢ; ᎠᏎᏃ ᎬᏂᎨᏒ ᎾᎬᏁᎴ ᎪᎯ
ᎤᎵᏍᏆᎸᏗ ᏕᎨᏌᏗᏒᎢ ᏂᎯ ᎢᏣᎵᏍᏕᎸᏙᏗ,
21 ᏂᎯ ᎾᏍᎩ ᎢᏳᏩᏂᏌᏛ ᏙᏦᎯᏳᎲᏍᎦ ᎤᏁᎳᏅᎯ ᎾᏍᎩ ᎤᏲᎱᏒ ᏥᏚᎴᏔᏁᎢ ᎠᎴ
ᏧᏁᎴ ᎦᎸᏉᏗᏳ ᎨᏒᎢ; ᎾᏍᎩ ᎢᏦᎯᏳᏒ ᎠᎴ ᎤᏚᎩ ᎢᏨᏒ ᎤᏁᎳᏅᎯ ᎢᏗᏢ
ᎢᏳᎵᏍᏙᏗᏱ.
22 ᎾᏍᎩᏃ ᏗᏥᏅᎦᎸᏛ ᏥᎩ ᏗᏣᏓᏅᏙ ᏕᏥᎧᎾᏩᏛᏒ ᏚᏳᎪᏛ ᏥᏅᏧᎵᏍᏙᏔᏅ,
[ᎦᎸᏉᏗᏳ] ᎠᏓᏅᏙ ᏥᏨᏔᏅ, ᏄᏠᎾᏍᏛᎾ ᎠᏓᎨᏳᏗ ᎨᏒ ᎢᏨᏙᏗᏱ ᏗᏥᎨᏳᎯᏳ
ᎢᏳᎵᏍᏙᏗᏱ ᎢᏣᎵᏅᏟ, ᎤᎵᏂᎩᏛ ᏕᏣᏓᎨᏳᏎᏍᏗ ᎢᏨᏗᏍᎨᏍᏗ ᎦᏓᎭ ᏂᎨᏒᎾ ᎢᏥᎾᏫ.
23 ᏔᎵᏁ ᎢᏣᏕᏅᎯ ᎨᏒᎢ, ᎥᏝ ᎠᏲᎩ ᎤᎦᏔ ᎢᏣᏕᏔᏅᎯ ᏱᎩ, ᎠᏲᎩᏍᎩᏂ ᏂᎨᏒᎾ ᎧᏃᎥᏛ
ᎤᏁᎳᏅᎯ ᎤᏣᎵ ᎢᏳᏩᏂᏌᏛ ᎾᏍᎩ ᎬᏃᏛ ᏥᎩ ᎠᎴ ᏂᎪᎯᎸ ᎡᎯ ᏥᎩ.
24 ᏂᎦᎥᏰᏃ ᎤᏇᏓᎵ ᎨᏒ ᎧᏃᏍᎦᏉ ᎾᏍᎩᏯᎢ, ᎠᎴ ᏂᎦᎥ ᎤᏓᎸᏉᏙᏗ ᎨᏒ ᏴᏫ, ᎧᏁᏍᎦ
ᎤᏥᎸᏒ ᎾᏍᎩᏯᎢ. ᎧᏁᏍᎦ ᎧᏴᏍᎪᎢ, ᎠᎴ ᎤᏥᎸᏒᎢ ᏕᏙᎠᏍᎪᎢ, ᎧᏃᎮᏛᏍᎩᏂ
ᎤᎬᏫᏳᎯ ᎤᏤᎵᎦ ᏂᎪᎯᎸ ᎡᎭ.
25 ᎾᏍᎩᏃ ᎯᎠ ᎧᏃᎮᏛ ᎾᏍᎩ ᎣᏍᏛ ᎧᏃᎮᏛ ᎡᏣᎵᏥᏙᏁᎲᎢ ᏤᏣᎵᏥᏙᏁᎭ.

ᎠᏯᏙᎸᎢ 2

1 ᎾᏍᎩ ᎢᏳᏍᏗ ᎢᏴᏛ ᏂᏨᎦ ᏄᏓᎴᏒ ᎤᏲ ᎨᏒᎢ ᎠᎴ ᏄᏓᎴᏒ ᎦᎶᏄᎮᏛ ᎠᎴ ᎤᏌᎾᏍᏗ ᎨᏒ
ᎠᏛᏳᎨᏗ ᎠᎴ ᏄᏓᎴᏒ ᎤᏲ ᏗᏓᏃᎮᏗ ᎨᏒᎢ,
2 ᎾᏍᎩᏯ ᎩᎳᎢ ᎤᎾᎦᏃᏅᎯ ᏗᏂᏲᎵ ᎤᏅᏗ ᏧᎾᏚᎵᏍᎪᎢ ᎢᏣᏚᎵᏍᎨᏍᏗ ᎦᎶᏄᎮᏛ
ᏄᏓᏑᏴᎾ ᎧᏃᎮᏛ, ᎾᏍᎩ ᏗᏣᏛᎯᏍᏙᏗᏱ;
3 ᎢᏳᏃ ᎢᏣᏙᎴᎰᏎᏍᏗ ᎤᎬᏫᏳᎯ ᎤᏓᏅᏘᏳ ᎨᏒᎢ.
4 ᎾᏍᎩ ᎡᏥᎷᏤᎲᎢ, ᎾᏍᎩ ᎬᏃᏛ ᏅᏯ ᎤᏂᏲᎢᏎᎸᎯᏍᎩᏂᏃᏅ ᎤᏙᎯᏳᎯ ᏴᏫ, ᎠᏎᏃ
ᎤᏁᎳᏅᎯ ᎤᏑᏰᏛ ᎠᎴ ᎦᎸᏉᏗᏳ,
5 ᏂᎯ ᎾᏍᏉ ᏗᏨᏃᏛ ᏅᏯ ᎡᏣᏁᏍᎨᎲᎯ ᎠᏓᏅᏙ ᎠᏓᏁᎸ ᎢᏴᏨᏁᎸᎯ, ᎡᏥᎸᏉᏔᏅᎯ
ᎠᏥᎸᎢᏤᎶᎯ, ᎡᏣᎵᏍᎪᎸᏓᏁᏗᏱ ᎠᏥᎸ-ᎨᎳᏍᏗ ᎠᏓᏅᏙ ᎤᎬᏩᎵ ᏰᎵᏉ ᏗᎬᎠᏓᏂᎸᎢᏍᏗ
ᎨᏒ ᎤᏁᎳᏅᎯ, ᏥᏌ ᎦᎶᏁᏛ ᎢᏳᏩᏂᏌᏛ.
6 ᎾᏍᎩ ᎢᏳᏍᏗ ᎾᏍᏉ ᎯᎠ ᏂᎬᏅ ᎪᏪᎵᎯ--ᎬᏂᏳᏉ ᏥᎲᎦ ᏌᏯᏂ ᏄᎬᏫᏳᏒ ᎤᏅᏏᏴ
ᎠᏗ ᏅᏯ ᎠᏑᏰᏛ, ᎦᎸᏉᏗ, ᎠᎴ ᎩᎶ ᎾᏍᎩ ᎪᎯᏳᎲᏍᎨᏍᏗ ᎥᏝ ᎤᏕᎰᎯᏍᏗ ᏱᎨᏎᏍᏗ.
7 ᎾᏍᎩ ᎢᏳᏍᏗ ᏂᎯ ᎡᏦᎢᏳᎲᏍᎩ ᏥᎩ ᎦᎸᏉᏗᏳ ᎡᏂᏰᎸᎠ; ᎾᏍᎩᏍᎩᏂ Ꮎ
ᎾᏃᎯᏳᎲᏍᎬᎾ, ᎾᏍᎩ Ꮎ "ᏅᏯ ᏗᎾᏁᏍᎨᏍᎩ ᎤᏂᏲᎢᏎᎸᎯ ᏄᎬᏫᏳᏒ ᎤᏅᏏᏴ ᎠᏗ
ᏄᎾᎵᏍᏓᏁᎸ;"
8 ᎠᎴ "ᏅᏯ ᎠᏓᏏᏍᏆᎶᏍᏗᏍᎩ ᎠᎴ ᏅᏯ ᏗᏓᏙᎦᏍᏗᏍᎩ," ᎾᏍᎩ Ꮎ ᎧᏃᎮᏛ
ᏥᏚᏂᎾᏍᏆᎶᏍᏗᎭ, ᎾᏃᎯᏳᎲᏍᎬᎾ ᎨᏒ ᎢᏳᏍᏗ, ᎾᏍᎩ ᎢᏳᎾᎵᏍᏓᏁᏗᏱ ᎾᏍᏉ
ᏥᏚᎨᏥᎧᏁᎢ.
9 ᏂᎯᏍᎩᏂ ᎡᏣᏑᏰᏛ ᎢᏥᏌᏱ ᎨᏒᎢ, ᎢᏥᎬᏫᏳᎯ ᎠᏥᎸ-ᎢᏤᎶᎯ, ᎡᏥᎸᏉᏔᏅᎯ
ᎢᏣᏓᏤᎵᏛ ᎨᏒᎢ, ᎤᏣᏘ ᏗᏣᎬᏩᎳᏅᎯ ᏴᏫ, ᎾᏍᎩ ᏧᎵᏏᎬᏫᏥᏯᏅᏛ, ᎤᏍᏆᏂᎪᏗᏳᏃ ᎢᎦ
ᎦᎸᏌᏛ ᏫᏥᎧᏅᎯ;
10 ᎾᏍᎩ ᎢᎸᎯᏳ ᏥᎨᏒ ᎢᏣᏓᏤᎵᏛ ᏂᎨᏒᎾ ᎨᏎᎢ, ᎪᎯᏍᎩᏂ ᏥᎩ ᎢᏣᏓᏤᎵᏛ ᎤᏁᎳᏅᎯ
ᏧᏤᎵ ᏂᏣᎵᏍᏔᏅ; ᎾᏍᎩ ᎥᏝ ᎡᏥᏙᎵᏨᎯ ᏱᎨᏎᎢ, ᎪᎯᏍᎩᏂ ᏥᎩ ᎡᏥᏙᎵᏨᎯ.
11 ᎢᏨᎨᏳᎢ, ᎢᏨᏔᏲᏎᎭ, ᎾᏍᎩᏯ ᏂᎨᏥᎦᏔᎲᎾ ᎠᎴ ᎠᏁᏙᎯ ᎢᏳᎾᏛᏁᏗ ᏂᏣᏛᎦ,
ᏗᏥᏲᎯ ᎤᏇᏓᎸ ᎤᎬᎥᎯᏍᏗ ᎨᏒᎢ, ᎾᏍᎩ ᎠᏓᏅᏙ ᏥᏓᏁᏓᏏᎾᏯ.
12 ᎠᎴ ᎢᏣᎴᏂᏙᎲ ᎣᏍᏛ ᎨᏎᏍᏗ ᎠᏁᎲ ᏧᎾᏓᎴᏅᏛ ᏴᏫ, ᎾᏍᎩ ᎨᏣᏡᏗᏍᎬ ᎤᏲ
ᏧᏂᎸᏫᏍᏓᏁᎯ ᏥᎨᏦᏎᎭ, ᎾᏍᎩ ᎣᏍᏛ ᏕᏥᎸᏫᏍᏓᏁᎲ ᎠᏂᎪᏩᏘᏍᎬ ᏱᏅᏓᎦᎵᏍᏙᏓ
ᏫᏂᎸᏉᏓ ᎤᏁᎳᏅᎯ ᎾᎯᏳ ᎢᎦ ᏓᏩᏛᎯᎸᎭ.
13 ᎤᎬᏫᏳᎯ ᎤᏗᎦᎵᏍᏙᏗᏍᎨᏍᏗ, ᏕᏦᎯᏳᏎᏍᏗ ᎾᏂᎥ ᏴᏫ ᏗᎨᎦᏁᎶᏗ ᎨᏒᎢ--ᎾᏍᏉ
ᎤᎬᏫᏳᎯ ᏄᎬᏫᏳᏒ ᎨᏎᏍᏗ,
14 ᎠᎴ ᎾᏍᏉ ᎠᎾᎵᏍᎦᎵᏍᎩᏉ ᎨᏎᏍᏗ ᎾᏍᎩ ᏂᏙᏓᏳᏅᏏᏛ ᎤᎬᏫᏳᎯ
ᎨᏥᎩᎵᏲᎢᏍᏙᏗᏱ ᎤᏲ ᏧᏂᎸᏫᏍᏓᏁᎯ, ᎠᎴ ᎨᏥᎸᏉᏙᏗᏱ ᎣᏍᏛ ᏧᏂᎸᏫᏍᏓᏁᎯ.

15 ᎾᏍᎩᏰᏃ ᎯᎠ ᏄᏏᏳ ᎤᏰᎸᏗ ᎤᏁᎳᏅᎯ, ᎾᏍᎩ ᏄᏏᏳ ᎦᏥᎸᏫᏍᏓᏁᎲ ᎡᎳᏪ
ᏗᏨᏗᏱ ᎾᏂᎦᏔᎿᎥᎾ ᎠᎴ ᎤᏂᏁᎫ ᏴᏫ.
16 ᎾᏍᎩᏯ ᏂᏗᎨᏥᎾᏝᎥᎾ ᎢᏳᏍᏛᏁᏗ ᏂᏣᏛᏁᎮᏍᏗ, ᎥᏝᏍᏗ ᎠᏗᎾ ᏂᎦᏥᎾᏝᎥᎾ ᎨᏒ
ᏱᏨᏗᏍᎨᏍᏗ ᏱᏧᎵᎥᏍᎨᏍᏗ ᎤᏲ ᏗᎦᎸᏫᏍᏓᏁᏗ ᎨᏒᎢ, ᎤᏁᎳᏅᎯᏍᎩᏂ ᏧᏅᏏᏓᏍᏗ
ᎢᏳᎾᏛᏁᏗ ᏂᏣᏛᏁᎮᏍᏗ.
17 ᎦᏥᎸᏉᎦᏍᏗ ᎾᏂᎥᎢ; ᎦᏥᎨᏳᏎᏍᏗ ᎠᎾᎵᏅᏢᎢ; ᎤᏁᎳᏅᎯ ᎡᏥᎾᏰᏍᎨᏍᏗ;
ᎤᎬᏫᏳᎯ ᎡᏥᎸᏉᏆᏍᏗ.
18 ᏤᏥᎾᏝᎢ, ᎦᏦᎯᏳᏎᏍᏗ ᏗᎨᏥᎾᏝᎢ ᎤᏣᏘ ᎦᎾᏰᎯᏍᏗ ᎢᏨᏗᏍᎨᏍᏗ; ᎥᏝᏍᏗ ᎠᏃᏍᏛ
ᎠᎴ ᎤᎾᏓᏅᏘ ᎤᏅᏒ ᏱᏗᏦᎯᏳᏎᏍᏗ, ᎾᏍᏉᏍᎩᏂ ᎤᏂᎾᎸᏣᏘ.
19 ᎾᏍᎩᏰᏃ ᎯᎠ ᎦᎸᏉᏗᏳ, ᎢᏳᏃ ᎩᎶ ᎤᏁᎳᏅᎯ ᏧᏓᏅᏛ ᎤᎸᏉᏗᏳ ᎨᏒ
ᏱᏅᏗᎦᎵᏍᏙᏗᎭ ᎬᏂᏗᏳ ᏱᎩ ᎠᎩᎵᏲᎬᎢ, ᏂᏚᏳᎪᏛᎾ ᎠᏥᎩᎵᏲᎢᏍᏗᏍᎬᎢ.
20 ᏚᏙᎨᏃ ᎦᎸᏉᏙᏗ ᏂᎦᎵᏍᏗᎭ, ᎢᏳᏃ ᎤᏣᏘᏂ ᏂᏣᏛᏁᎸ ᎢᏥᏍᏛᏗᏍᎨᏍᏗ ᎡᏥᎵᎥᏂᎮᏍᏗ
ᎢᏨᏂᏗᏳ ᎨᏎᏍᏗ; ᎢᏳᏍᎩᏂ ᏄᏍᏛ ᏂᏣᏛᏁᎮᏍᏗ ᎠᎴ ᎢᏥᎩᎵᏲᎨᏍᏗ ᎢᏨᏂᏗᏳ ᎨᏎᏍᏗ,
ᎾᏍᎩ ᏄᏍᏛ ᎠᏰᎵ ᎨᏒ ᎤᏁᎳᏅᎯ ᎠᏓᏅᏖᏍᎬᎢ.
21 ᎾᏍᎩᏰᏃ ᎢᏣᎵᏍᏓᏁᏗᏱ ᎡᏥᏯᏅᏛ; ᎦᎶᏁᏛᏰᏃ ᎾᏍᏉ ᎢᎩᎩᎵᏲᏤᎴᎢ, ᎠᎴ ᎢᎩᎯᏰᎴ
ᏗᎩᎧᎿᏩᏛᏍᏗ, ᎾᏍᎩ ᎤᏪᏙᎸ ᏗᏥᎧᎿᏩᏛᏍᏗᏱ.
22 ᎾᏍᎩ ᎥᏝ ᏳᏍᏚᏅᏤᎢ, ᎥᏝ ᎠᎴ ᎦᏳᎸᎮᏛ ᏯᏥᏪᏛᎡᎴ ᎠᎨᎵ;
23 ᎾᏍᎩ ᎦᏰᏥᎭᎵᏔᏅ, ᎥᏝ ᏳᏞᏤ ᏱᎬᏩᏓᎭᎵᏔᏁᎢ; ᎤᎩᎵᏲᏨᏃ ᎥᏝ ᏳᏁᏤᎢ;
ᏚᏓᏲᎯᏎᎴᏉᏍᎩᏂ ᎾᏍᎩ ᏚᏳᎪᏛ ᏗᎫᎪᏓᏁᎯ.
24 ᎾᏍᎩ ᎤᏩᏒ ᎨᏒ ᎤᎩᏎ ᎢᏗᏍᎦᎾᎯᏳ ᎨᏒ ᎤᏩᏒ ᎠᏰᎸ ᏞᎬ ᏧᎩᎵᏲᏤᎢ, ᎾᏍᎩ ᎠᏴ
ᏗᎩᏲᎱᏒᎯ ᎨᏒ ᎠᏍᎦᏅᎢᏍᏗ ᎨᏒ ᎢᏗᎵ, ᏗᏛᏃᏛ ᎢᏣᎵᏍᏙᏗᏱ ᏚᏳᎪᏛ ᎢᏗᎵ ᎨᏒᎢ; ᎾᏍᎩ
ᎠᏥᎵᎥᏂᎸᎢ ᎢᏣᏗᏫᏍᏗᎭ.
25 ᏂᎯᏰᏃ ᎠᏫ ᎤᎾᎴᏲᎥᎯ ᎾᏍᎩᏯ ᎨᏎᎢ; ᎪᎯᏍᎩᏂ ᎨᏒ ᎢᏣᏨᏒ ᎡᏥᎷᏤᎸ ᎠᏫ-ᏗᎦᏘᏯ
ᎠᎴ ᏗᏣᏓᏅᏙ ᏗᎦᏘᏯ.

ᎠᏯᏙᎸᎢ 3

1 ᎾᏍᏉᏃ ᏂᎯ ᎢᏥᎨᏴ ᏗᏦᎯᏳᎯᏳ ᎨᏎᏍᏗ ᏗᎨᏥᏰᎯ, ᎾᏍᎩ ᎢᏳᏃ ᎩᎶ ᎧᏃᎮᏛ
ᏂᏓᏂᎧᎿᏩᏕᎬᎾ ᏱᎩ, ᎾᏍᎩ ᎾᏍᏉ ᎧᏃᎮᏛ ᎬᏗ ᏂᎨᏒᎾ ᏱᎨᏥᏎᎪᎩᏍᏓ [ᎠᏂᎪᏩᏘᏍᎬ]
ᏄᏍᏛ ᎢᏣᎴᏂᏙᎲ ᎢᏥᎨᏴ,
2 ᎠᎴ ᎠᏂᎪᏩᏘᏍᎬ ᎤᏲ ᏄᏓᏑᏰᎾ ᎢᏣᎴᏂᏙᎲ ᎤᎵᏌᏯᏍᏛ ᎦᎾᏰᎯᏍᏗ ᎨᏒᎢ.
3 ᎠᎴ ᏕᏣᏣᏅᏍᎬ ᎥᏝᏍᏗ ᏕᏚᎢᏉ ᎡᎯ ᎠᏣᏅᏗ ᎨᏒ ᏱᎨᏎᏍᏗ, ᎾᏍᎩ ᎣᏍᏗᏰᎬ
ᎠᏍᏕᏯᏍᏗ ᎨᏒᎢ ᎠᎴ ᎠᏕᏄᏓᎶᏂᎨ ᎠᏣᏅᏙᏗ, ᎠᎴ ᏗᏄᏬ ᏛᏄᏬᏍᎬᎢ,
4 ᎤᏕᎵᏒᏍᎩᏂ ᎣᏓᏅᏛ ᎡᎯ ᏴᏫ ᎨᏎᏍᏗ, ᎾᏍᎩ ᎠᏲᎩ ᏂᎨᏒᎾ ᏥᎩ, ᎾᏍᎩ ᎤᏓᏙᎵᏍᏗ
ᎠᎴ ᎤᏓᏅᏘ ᎠᏓᏅᏙ, ᎾᏍᎩ ᎤᏁᎳᏅᎯ ᏙᏗᎧᏂᏍᎬ ᎤᏣᏘ ᏧᎬᏩᎶᏗ ᏥᎩ.
5 ᎾᏍᎩᏰᏃ ᎾᏍᏉ ᎾᎾᏛᏁᎮ ᎡᏘ ᎠᏃᏍᏛ ᎠᏂᎨᏴ ᎤᏁᎳᏅᎯ ᎠᎾᏓᏍᏚᏍᏙᏗᏍᎩ
ᏓᎾᏣᏅᏍᎨᎢ, ᏚᏃᎯᏳᎭ ᏗᎬᏩᏂᏰᎯ,
6 ᎾᏍᎩᏯ ᏎᎵ ᎢᎪᎯᏳᎲᏍᎨ ᎡᏆᎭᎻ, ᏍᎩᎾᏝᎢ ᏥᎪᏎᎮᎢ, ᎾᏍᎩ ᏧᏪᏥ ᏥᏂᏣᎵᏍᏗᎭ,
ᎢᏳᏃ ᎣᏍᏛ ᏱᏗᏥᎸᏫᏍᏓᏁᎭ, ᎠᎴ ᎪᎱᏍᏗ ᏂᏥᏍᏚᎢᎲᎾ ᏱᎩ.
7 ᏂᎯ ᎾᏍᏉ ᎢᏥᏍᎦᏯ ᎢᏣᏁᎳᏛᎭ ᏗᏣᏓᎵᎢ ᎾᏍᎩᏯ ᎢᏯᏛᏁᏗ ᎨᏒ ᎢᏥᎦᏔᎲᎢ, ᎠᎴ
ᎦᏥᎸᏉᎦᏍᏗ ᎾᏍᎩᏯ ᏗᎦᎸᏉᏙᏗ ᏥᎩ ᏗᏂᏩᎾᎦᎳᎢ, ᎠᎴ ᏗᎦᎸᏉᏙᏗ ᏥᎩ ᎠᏏᏆᎶᎯ
ᎣᏤᎵ ᎨᏒ ᎬᏩᎦᏘᏯ ᎬᏂᏛ ᎡᏥᏁᎸᎢ; ᎾᏍᎩᏃ ᏞᏍᏗ ᎢᏣᏓᏙᎵᏍᏗᏍᎬ ᎪᎱᏍᏗ
ᎠᏲᏍᏙᏗᏍᎩ ᏱᎨᏎᏍᏗ.
8 ᎤᎵᏍᏆᎸᏗᏃ ᎨᏒᎢ ᏂᎦᏗᏳ ᏌᏉᏉ ᏂᏕᏨᏁᏍᏗ ᏕᏣᏓᏅᏛᎢ; ᏕᏣᏓᏙᎵᎨᏍᏗ;
ᏕᏣᏓᎨᏳᏎᏍᏗ ᎢᏣᎵᏅᏟᎢ; ᎢᏣᏓᏙᎵᏣᏗᏳ ᎨᏎᏍᏗ; ᎢᏣᏓᏙᎵᏍᏗ ᎨᏎᏍᏗ;
9 ᏞᏍᏗ ᎤᏲ ᏁᏨᏁᎲ ᏱᏣᏞᎨᏍᏗ ᎤᏲ ᏱᏂᏣᏓᏛᏁᎮᏍᏗ, ᎠᎴ ᏕᏰᏥᎭᎵᏔᏅ ᏞᏍᏗ
ᏱᏣᏞᎨᏍᏗ ᏱᎨᏣᏓᎭᎵᏗᏍᎨᏍᏗ, ᎣᏍᏛᏉᏍᏗᏂ ᎨᏥᏁᏤᎮᏍᏗ; ᎢᏥᎦᏔᎭᏰᏃ ᎾᏍᎩ
ᎢᏣᏛᏁᏗᏱ ᎡᏥᏯᏅᏛ ᎨᏒᎢ, ᎾᏍᎩ ᎢᏣᏤᎵ ᎢᏳᎵᏍᏙᏗᏱ ᎣᏍᏛ ᎡᏥᏁᏤᏗᏱ.
10 "ᎩᎶᏰᏃ ᎬᏅ ᎤᎨᏳᏎᏍᏗ, ᎠᎴ ᎣᏍᏛ ᎢᎦ ᏧᎪᏩᏛᏗᏱ ᎤᏚᎵᏍᎨᏍᏗ, ᏩᏲᏍᏙᏓᏏ
ᎦᏃᎪᎢ ᎤᏲ ᎨᏒᎢ, ᏚᎭᏁᎦᎸ ᏕᎶᏄᎮᏛ ᎤᏁᎢᏍᏗᏱ ᏂᎨᏒᎾ;
11 ᎠᏓᏅᏒᎮᏍᏗ ᎤᏲ ᎨᏒᎢ ᎣᏍᏛᏃ ᏚᎸᏫᏍᏓᏁᎮᏍᏗ; ᎤᏩᏙᎯᏯᏛ ᎨᏒ ᎤᏲᎮᏍᏗ ᎠᎴ
ᎾᏍᎩ ᏓᎧᎿᏩᏕᎨᏍᏗ.
12 ᏱᎰᏩᏰᏃ ᏗᎦᏙᎵ ᏓᎧᎿᏩᏗᏙ ᎤᎾᏓᏅᏘ, ᎠᎴ ᏗᎦᎴᏂ ᏚᏛᏓᏍᏗ ᎠᎾᏓᏙᎵᏍᏗᏍᎬᎢ,
ᎤᎧᏛᏍᎩᏂ ᏱᎰᏩ ᎦᏈᏔᏅ ᎤᏲ ᏧᏂᎸᏫᏍᏓᏁᎯ."
13 ᎪᎪᏃ ᎾᏍᎩ ᎣᏏᏅ ᏱᏂᏨᎦ ᎢᏳᏃ ᎣᏍᏛ ᎨᏒ ᎢᏥᏍᏓᏩᏕᎩ ᏱᎩ?
14 ᎢᏳ ᎠᎴ ᏚᏳᎪᏛ ᎨᏒ ᎤᏗᎦᎵᏍᏙᏗᏍᎨᏍᏗ ᎢᏥᎩᎵᏲᎨᏍᏗ, ᎤᏩᏙᎯᏯᏛᏉ ᎨᏎᏍᏗ.
ᎠᎴ ᏞᏍᏗ ᏱᏥᏍᎦᎢᎮᏍᏗ ᎤᏂᎾᏰᎯᏍᏗᏳ ᎨᏒᎢ, ᎠᎴ ᏞᏍᏗ ᏱᏣᏕᏯᏔᏁᎮᏍᏗ;

15 ᎡᏥᎸᏉᏗᏍᎨᏍᏗᏍᎩᏂ ᏱᎰᏩ ᎤᏁᎳᏅᎯ ᏙᏗᏣᏓᏅᏛᎢ. ᎠᎴ ᏯᏃᏉ
ᎢᏨᏛᏅᎢᏍᏕᏍᏗ ᎾᏂᎥ ᎩᎶ ᎨᏣᏛᏛᎲᏍᎩ ᎤᏚᎩ ᎢᏨᏒ ᎤᎬᏩᎵ, ᏗᏥᏃᏁᏗᏱ ᎤᏓᏅᏘ ᎠᎴ
ᎤᎾᏰᎯᏍᏗ ᎨᏒ ᎢᏨᏙᏗᏱ.
16 ᎠᎴ ᎢᏥᏍᏆᏂᎪᏕᏍᏗ ᎣᏍᏛ ᏗᎫᎪᏙᏗ ᎨᏒᎢ, ᎾᏍᎩ ᎤᏐᏅ ᏥᎨᏥᏃᎮᎭ ᎤᏲ
ᏧᏂᏄᏫᏍᏓᏁᎯ ᏥᎨᏦᏎᎭ, ᏯᎾᏕᎰᎯ ᎾᏍᎩ ᎦᏰᎪᎩ ᎨᏥᏃᎮᏍᎩ ᎣᏍᏛ ᎢᏣᎴᏂᏙᎲ ᎦᎶᏁᏛ
ᏕᏥᎧᎿᏩᏗᏒᎢ ᎠᏂᏁᎢᏍᏗᏍᎩ.
17 ᎤᏟᏰᏃ ᎣᏏᏳ, ᎾᏍᎩ ᏱᏄᏍᏗ ᎤᏁᎳᏅᎯ ᎠᏓᏅᏖᏍᎬᎢ, ᎾᏍᎩ ᎢᏥᎩᏲᎢᏍᏗᏱ
ᎣᏍᏛ ᏕᏥᏄᏫᏍᏓᏁᎲᎢ, ᎠᏃ ᎤᏲ ᏕᏥᏄᏫᏍᏓᏁᎲ ᎢᏥᎩᎵᏲᎢᏍᏗᏱ.
18 ᎦᎶᏁᏛᏰᏃ ᎾᏍᏉ ᏌᏉ ᏄᎩᎵᏲᏤ ᎠᏍᎦᏅᎢᏍᏗ ᎨᏒ ᎤᏍᏛᎦᎢ, ᎠᏍᎦᎾ ᏂᎨᏒᎾ
ᎠᏂᏍᎦᎾ ᏚᎩᎵᏲᏤᎴᎢ, ᎾᏍᎩ ᎤᏁᎳᏅᎯᏱ ᏫᏗᏕᏘᏃᎯᏍᏗᏱ; ᎠᏥᎴᎢ ᎤᏇᏓᎵ ᎨᏒᎢ,
ᎠᏎᏃ ᎠᏓᏅᏙ ᎤᏩᏂᏕᎢ.
19 ᎾᏍᎩ ᎾᏍᏉ [ᎠᏓᏅᏙ] ᎤᏩᏔᏁ ᎤᏪᏅᏎ ᏫᏚᎵᏥᏙᏁᎴ ᏗᏓᏅᏙ ᏗᏓᏍᏚᏗᏱ
ᏣᏂᏯᎠ,
20 ᎾᏍᎩ ᎢᎸᎯᏳ ᏄᏃᎯᏳᏒᎾ ᏥᎨᏎᎢ, ᎾᎯᏳ ᎤᏁᎳᏅᎯ ᎬᏂᏗᏳ ᎨᏒ ᏣᎦᏘᏰᎢ, ᏃᏯ
ᎾᎯᏳ ᏤᎥᎢ, ᏣᏛᏅᎢᏍᏗᏍᎨ ᏥᏳ, ᎾᎿ ᎢᎸᏍᎩ ᎾᏍᎩ ᏧᏁᎳᏉ ᎢᏯᏂᏛ ᏥᎨᏥᏍᏕᎸᎮᎢ,
ᎠᎹ ᏥᎨᏥᏍᏕᎸᏔᏁᎢ;
21 ᎾᏍᎩᏯ ᎾᏍᏉ ᏗᏓᏬᏍᏗ ᎨᏒ ᎪᎯ ᎨᏒ ᎢᎩᏍᏕᎵᎭ; ᎥᏝ ᎢᏴᏛ ᎾᎬᏁᎲ ᎠᏰᎸ ᎦᏓᎭ
ᎨᏒᎢ, ᎧᏁᏤᏗᏍᎩᏂ ᎤᏁᎳᏅᎯ ᎬᏙᏗ ᎣᏍᏛ ᎠᏓᏅᏖᏗ ᎨᏒ ᎢᎩᏍᏕᎵᎭ ᎤᏗᏕᎵᏍᏙᏗᎭ
ᏚᎴᎯᏌᏅ ᏥᏌ ᎦᎶᏁᏛ,
22 ᎾᏍᎩ ᎦᎸᎳᏗ ᏭᏩᏒ ᎤᏁᎳᏅᎯ ᎤᏬᎸ ᎠᎦᏘᏏᏗᏢ ᏭᏬᎳ, ᏗᏂᎧᎿᏩᏗᏙᎯᏂ ᎠᎴ
ᏗᎨᎦᏁᎶᏗ ᎠᎴ ᏄᏂᎬᏫᏳᏒ ᏗᎬᏩᏁᎶᏗ ᏄᎵᏍᏔᏅ.

ᎠᏯᏙᎸᎢ 4

1 ᎦᎶᏁᏛᏃ ᎤᏇᏓᎵ ᎨᏒ ᎢᎩᎩᎵᏲᏤᎸᎯ ᏥᎩ, ᏂᎯ ᎾᏍᏉ ᎾᏍᎩ ᎢᏳᏍᏗ ᎠᏓᏅᏙ
ᎢᏣᎵᏍᏕᏍᏙᏙᏗ ᏂᏨᏕ; ᎾᏍᎩᏰᏃ Ꮎ ᎤᏇᏓᎵ ᎨᏒ ᎤᎩᎵᏲᏨᎯ ᏥᎨᏐᎢ ᏚᏲᎭ ᎠᏍᎦᏅᎢᏍᏗ
ᎨᏒᎢ,
2 ᎾᏍᎩ ᎿᏉ ᎤᏕᏗᏱ ᏂᎨᏒᎾ ᎢᏳᎵᏍᏙᏗᏱ ᏂᎪᎯᎸ ᎤᏇᏓᎸ ᎢᎪᎯᏛ ᎤᎴᏂᏓᏍᏗ ᎨᏒᎢ,
ᎾᏍᎩ ᏴᏫ ᎤᎾᏚᎸᏗ ᎨᏒᎢ, ᎤᏁᎳᏅᎯᏉᏍᎩᏂ ᎣᏏᏳ ᎤᏰᎸᏗ ᎨᏒᎢ.
3 ᏰᎵᏉᏰᏃ ᏱᎩᏰᎸᎭ ᎦᏳᎳ ᎢᎦᎴᏂᏙᎸ ᎦᎩᎸᏫᏍᏓᏁᎸ ᎣᏏᏳ ᎤᏂᏰᎸᏗ ᎨᏒ ᎾᏂᎦᏔᎾᎥᎾ,
ᎾᎯᏳ ᏥᏕᏙᎲ ᎤᏕᎵᏛ ᏗᏂᏏᏗ ᎨᏒᎢ, ᎠᎴ ᎠᏚᎸᏗ ᎨᏒᎢ, ᎠᎴ ᎩᏚᎨ-ᎠᏗᏔᏍᏗ
ᎬᏓᏴᏍᏕᏍᏗᏍᎩ ᎨᏒᎢ, ᎠᎴ ᎠᎵᏍᎦᎾᎶᏍᏗ ᎨᏒᎢ, ᎠᎴ ᏓᎾᏗᏔᏍᎬ ᎨᏔᏗᏓᏍᏗ ᎨᏒᎢ,
ᎠᎴ ᏂᏚᏳᎪᏛᎾ ᎤᏁᎳᏅᎯ ᏗᏰᎸᎯ ᏗᏓᏙᎵᏍᏓᏁᏗ ᎨᏒᎢ;
4 ᎾᏍᎩ ᎤᏍᏆᏂᎪᏗᏳ ᎤᏂᏰᎸᎭ, ᎾᎿ ᏂᏣᎢᏒᎾ ᎨᏒ ᎠᎾᎢᏒ ᏩᏂᎦᏛ ᎤᎶᏒᏍᏔᏅᎯ ᎤᏲ
ᎢᏯᏛᏁᎵᏓᏍᏗ ᏗᎨᏒᎢ, ᎾᏍᎩ ᎤᏐᏅ ᎨᏥᏃᎮᏍᎬᎢ;
5 ᎾᏍᎩ ᎬᏂᎨᏒ ᎢᏳᏅᏁᏗ ᎨᏎᏍᏗ ᎠᎦᏔᎲ ᎾᏍᎩ ᎤᎬᏩᎴᎢ ᏧᎵᏁᏃᏗ ᏧᏚᎪᏓᏁᏗᏱ
ᏗᏅᏃᏛ ᎠᎴ ᏧᏂᏲᎱᏒᎯ.
6 ᎾᏍᎩᏰᏃ ᎢᏳᏍᏗ ᎣᏍᏛ ᎧᏃᎮᏛ ᏧᏂᏲᎱᏒᎯ ᎾᏍᏉ ᎨᎦᎵᏥᏙᏁᎴᎢ, ᏗᎨᎫᎪᏓᏁᏗᏱ
ᎤᏇᏓᎵ ᎨᏒ ᎾᏍᎩᏯ ᏴᏫ ᏧᏄᎪᏙᏗ ᎨᏒᎢ, ᎤᏁᎳᏅᎯᏍᎩᏂ ᏧᏚᎪᏙᏗ ᎨᏒ ᏗᏅᏃᏛ
ᎢᏳᎵᏍᏙᏗᏱ ᏧᎾᏓᏛᏙᎩᎯ ᎨᏒᎢ.
7 ᏄᏓᎴᏒᏍᎩᏂ ᎪᎱᏍᏗ ᎤᎵᏍᏆᏗᏗ, ᎾᏍᎩ ᎢᏳᏍᏗ ᎢᏣᎵᏏᎾᎯᏍᏗ ᎨᏎᏍᏗ, ᎠᎴ
ᎢᏥᏯᏫᏍᎬ ᎢᏣᏓᏙᏓᏍᏗᏍᎨᏍᏗ.
8 ᎠᎴ Ꭸ ᎤᎬᏫᏳᏎᏍᏗ ᎤᎵᏂᎩᏛ ᏕᏣᏓᎨᏳᏎᏍᏗ; ᎠᏓᎨᏳᏗᏰᏃ ᎨᏒ ᏓᎫᎵᏂ ᎤᏣᏘ
ᎢᏯᏍᎦᏅᎢᏍᏗ ᎨᏒᎢ.
9 ᏗᏣᏓᏍᏆᏂᎪᏗᏳ ᎨᏎᏍᏗ ᎪᎱᏍᏗ ᏂᏗᏣᏓᏕᎵᏎᎲᎾ.
10 ᏂᏥᎥᏃ ᎡᏥᏁᎸᎯ ᏥᎩ, ᎾᏍᎩ ᏕᏣᏓᏁᎮᏍᏗ ᎾᏍᎩᏯ ᎢᏳᎾᏛᏁᏗ ᎠᏃᏍᏛ ᎨᏥᎦᏘᏗᏍᏗ
ᏧᏓᎴᏅᏛ ᎤᏁᎳᏅᎯ ᎬᏩᎦᏘᏯ ᎤᏓᏁᏗ ᎨᏒᎢ.
11 ᎢᏳᏃ ᎩᎶ ᎦᏬᎢᏍᎨᏍᏗ, ᎾᏍᎩᏯ ᎤᏁᎳᏅᎯ ᏄᏪᏒ ᎦᏬᏂᏍᎨᏍᏗ. ᎢᏳᏃ ᎩᎶ
ᏓᏯᏙᎮᎮᏍᏗ, ᎾᏍᎩ ᏰᎵ ᎢᎬᏩᏛᏁᏗ ᎨᏒ ᎤᎵᏍᎪᎸᏓᏁᎲ ᎤᏁᎳᏅᎯ ᎾᏍᎩ ᎾᏛᏁᎮᏍᏗ;
ᎾᏍᎩᏃ ᎤᏁᎳᏅᎯ ᏂᎦᎥ ᎦᏥᎸᏫᏍᏓᏁᎲ ᎠᏥᎸᏉᏗᏳ ᎢᎬᏩᎵᏍᏙᏗ ᏱᎩ ᏥᏌ ᎦᎶᏁᏛ ᎨᏒ
ᏱᏅᏗᎦᎵᏍᏙᏗᎭ; ᎾᏍᎩ ᎤᏤᎵᎦ ᎦᎸᏉᏗᏳ ᎨᏒ ᎠᎴ ᎤᎬᏫᏳᎯ ᎨᏒ ᏂᎪᎯᎸ ᎤᎵᏍᏆᏗᏍᏗ
ᏂᎨᏒᎾ. ᎡᎺᏅ.
12 ᎢᏨᎨᏳᎢ, ᏞᏍᏗ ᎤᏍᏆᏂᎪᏗ ᎢᏥᎪᎵᏰᏗ ᏥᎩ, ᎾᏍᎩᏯ ᎪᎱᏍᏗ ᎤᏍᏆᏂᎪᏗ
ᏥᏥᎷᏤᎶᎢ;

13 ᎢᏣᎵᎮᎵᎨᏍᏗᏍᎩᏂ ᎤᏗᎦᎵᏍᏙᏗᏍᎨᏍᏗ ᎦᎶᏁᏛ ᎤᎩᎵᏲᏨ ᎢᏤᎳᏗᏍᏗᏍᎬᎢ,
ᎾᏍᎩᏃ ᎤᏚᎵ ᎦᏄᏉᏗᏳ ᎨᏒ ᎬᏂᎨᏒ ᎢᎬᏁᏄᎯ ᎨᏎᏍᏗ ᏂᎯ ᎾᏍᏉ ᎤᏣᎳᏅᎯ
ᎨᏣᎵᎮᎵᏍᏗ ᎨᏎᏍᏗ.
14 ᎢᏳᏃ ᎦᏰᏥᎲᎵᎦᏍᏗ ᎦᎶᏁᏛ ᏕᏙᎥ ᎤᏗᎦᎵᏍᏙᏗᏍᎨᏍᏗ ᎣᏏᏳ ᎢᏣᎵᏍᏓᏁᏗ ᎨᏎᏍᏗ,
ᎠᏓᏅᏙᏰᏃ ᎦᏄᏉᏗᏳ ᎤᏁᎳᏅᎯ ᎤᏤᎵᎦ ᎢᏤᎳᏗᏙᎲ; ᎾᏍᎩ Ꮎ ᎨᏒ ᎦᎬᏩᎲᎵᏗ,
ᏂᎯᏍᎩᏂ ᎨᏒ ᎠᏥᏄᏉᏗᎲ.
15 ᎠᏗᎾ ᏞᏍᏗ ᎩᎶ ᏂᎯ ᏂᏣᏛᏅ ᏩᎩᎵᏲᏤᏍᏗ ᏴᏫ ᎤᏄᎢ ᏩᏍᏛᏗᏍᎨᏍᏗ, ᎠᎴ
ᎤᏃᏍᎩᏒᎢ, ᎠᎴ ᎤᏲ ᏕᏄᏫᏍᏓᏁᏄᎢ, ᎠᎴ ᎤᎵᏌᎳᏁᎯ ᎨᏒ ᎤᏩᎾᏓᎴ ᏧᏂᏄᏫᏍᏓᏁᏗ
ᎨᏒᎢ.
16 ᎢᏳᏍᎩᏂ ᎩᎶ ᎦᎶᏁᏛ ᎠᏍᏓᏩᏗᏙᎯ ᎨᏒ ᎤᏍᏛᏗᏍᎨᏍᏗ ᎠᎩᎵᏲᎨᏍᏗ, ᏞᏍᏗ
ᏯᎦᎰᏍᎨᏍᏗ, ᏫᎦᏄᏉᏓᏉᏍᎩᏂ ᎤᏁᎳᏅᎯ ᎾᏍᎩ ᏫᏂᎦᎵᏍᏙᏓ.
17 ᎤᏍᏆᏄᏜᏰᏃ ᎾᏍᎩ ᏗᎫᎪᏙᏘ ᎨᏒ ᎤᏁᎳᏅᎯ ᎤᏤᎵ ᎠᏓᏁᏄ ᎤᏓᎴᏅᏗᏱ; ᎢᏳᏃ ᎠᏴ
ᏰᎦᎴᏅᏔᏅ ᎦᏙ ᎤᏍᏗ ᏭᎾᎵᏱᎶᎯᏍᏗ ᎨᏎᏍᏗ ᎾᏍᎩ Ꮎ ᏄᏃᎯᏳᏒᎾ ᎣᏍᏛ ᎧᏃᎮᏛ
ᎤᏁᎳᏅᎯ ᎤᏤᎵᎦ.
18 ᎢᏳ ᎠᎴ ᎤᏓᏅᏘ ᎤᏎᎦᏨᎯ ᎠᏥᏍᎦᏄᏗ ᎨᏎᏍᏗ ᎤᏁᎳᏅᎯ ᏂᎦᏁᎶᏛᎾ ᎠᎴ
ᎠᏍᎦᎾᎢ.
19 ᎾᏍᎩ ᎢᏳᏍᏗ, ᎾᏍᎩ Ꮎ ᏄᏍᏛ ᎠᏓᏅᏖᏍᎬ ᎤᏁᎳᏅᎯ ᎠᏂᎩᎵᏲᎩ, ᏫᏓᏂᏲᎯᏏ
ᏧᏍᏆᏂᎪᏙᏗᏱ ᏧᎾᏓᏅᏙ, ᎣᏍᏛ ᏕᎤᏂᏄᏫᏍᏓᏁᏜᎢ, ᎾᏍᎩᏯ ᏄᏓᎵᏓᏍᏛᎾ ᎤᏬᎵᏅᏅᎯ
ᏥᏓᏂᏲᎯᏎᎰᎢ.

ᎠᏯᏙᎸᎢ 5

1 ᏗᎨᎦᏁᎶᏗ ᏥᎨᏣᏓᏑᏯ ᎦᏥᏔᏲᏎᎭ, ᎠᏴ ᎾᏍᏉ ᏨᏆᏁᎶᏗ ᎠᎴ ᏥᎦᏔᎯ ᏥᏌ ᎦᎶᏁᏛ
ᎤᎩᎵᏲᏨᎢ, ᎠᎴ ᎾᏍᏉ ᎠᏇᎳᏗᏍᏗᏍᎩ ᎦᎸᏉᏗᏳ ᎬᏂᎨᏒ ᎢᎬᏁᏗ ᏥᎩ--
2 ᎦᏤᎶᎮᏍᏗ ᎤᎾᏓᏡᎬ ᎤᏁᎳᏅᎯ ᏧᏤᎵᎦ ᏥᎨᏣᏓᏑᏯ, ᎦᏥᎦᏘᏰᏍᏗ, ᎥᏝᏍᏗ ᎣᏏᏳ
ᏂᏥᏰᎸᏒᎾ ᎣᏏᏳᏍᎩᏂ ᎢᏥᏰᎸᎯ ᎨᏎᏍᏗ, ᎠᎴ ᎥᏝᏍᏗ ᏧᎬᏩᎶᏗ ᎢᏥᎬᎥᏍᎬ
ᏱᏅᏗᎦᎵᏍᏙᏍᎨᏍᏗ, ᎣᏏᏳᏍᎩᏂ ᎢᏥᏰᎸᏒ ᎤᏗᎦᎵᏍᏙᏗᏍᎨᏍᏗ;
3 ᎠᎴ ᎦᏥᎦᏘᏴ [ᎤᏁᎳᏅᎯ] ᏧᏤᎵᎦ ᏝᏍᏗ ᎤᏂᎬᏫᏳᎯ ᎾᎾᏛᏁᎲ ᏱᏂᏣᏛᏁᎮᏍᏗ,
ᏕᎨᏣᏕᎶᏉᎡᏗᏍᎩᏂ ᎨᏎᏍᏗ ᎾᏍᎩ ᎤᎾᏓᏡᎬᎢ.
4 ᏄᎬᏫᏳᏒᏃ ᎠᏫ-ᏗᎦᏘᏯ ᎦᎾᏄᎪᏥᎸᎭ ᎡᏥᏅᏁᏗ ᎨᏎᏍᏗ ᎦᎸᏉᏗ ᎠᎵᏍᏚᎶ ᎠᏍᎪᎸᎩ
ᏂᎨᏒᎾ.
5 ᏂᎯ ᎾᏍᏉ ᎢᏥᏫᏅ ᏕᏦᎯᏳᏎᏍᏗ ᏧᎾᏛᏐᏅᎯ; ᎥᎥ, ᏂᏥᎥᎢ ᏕᏣᏓᏙᎯᏳᏎᏍᏗ, ᎠᎴ
ᎢᏣᏄᏬᏍᏕᏍᏗ ᎤᏓᏙᎵᏍᏗ ᎠᏓᏅᏓᏗᏍᏗ ᎨᏒᎢ; ᎤᏁᎳᏅᎯᏰᏃ ᎤᎾᏢᏉᏗ ᏓᏡᏗᏍᎪᎢ,
ᎤᎾᏓᏙᎵᏍᏗᏍᎩᏂ ᎬᏩᎦᏘᏯ ᎤᏓᏙᎵᏍᏗ ᎨᏒ ᏓᎵᏍᎪᎸᏓᏁᎰᎢ.
6 ᎾᏍᎩ ᎢᏳᏍᏗ ᎢᏣᏓᏙᎵᏍᏗ ᎨᏎᏍᏗ ᎤᏁᎳᏅᎯ ᎤᎵᏂᎩᏛ ᎤᏬᏰᏂ ᎭᏫᏂᏗᏢ
ᏂᏣᏛᎾᏕᎬᎢ, ᎾᏍᎩᏃ ᎨᏥᏌᎳᏙᏗ ᎨᏎᏍᏗ ᎠᏎᎸᎯ ᎨᏒ ᎾᎯᏳᎢ.
7 ᎠᎴ ᎾᏍᎩ ᏂᎦᏗᏳ ᎤᏪᎵᎯᏍᏗ ᎢᏤᎲ ᏤᏥᏲᎯᏏ, ᎾᏍᎩᏰᏃ ᎢᏣᏓᏅᏖᏍᎪᎢ.
8 ᎢᏣᎵᏏᎾᎯᏍᏗ ᎨᏎᏍᏗ, ᎢᏥᏯᏫᏍᎨᏍᏗ, ᎢᏣᏡᏗᏍᎩᏰᏃ ᎠᏍᎩᎾ, ᏢᏓᏥ ᎤᏃᏕᎾ
ᎤᏪᎷᎩ ᎾᏍᎩᏯ ᎡᏙᎭ ᏕᏲᎭ ᏧᏪᏰᏍᏗ.
9 ᎾᏍᎩ ᏤᏳᏣᏴᏏ, ᎤᎵᏂᎩᏛ ᎨᏎᏍᏗ ᎢᏦᎯᏳᏒᎢ, ᎢᏥᎦᏔᎭᏰᏃ ᎤᏠᏱ ᎠᎩᎵᏲᎢᏍᏗ ᎨᏒ
ᎠᏂᏊᎵᎢᎲ ᎢᏣᎵᏅᏟ ᎡᎶᎯ ᏣᏁᎭ.
10 ᎠᏗᎾ ᎤᏁᎳᏅᎯ ᎤᏣᏔᏅᎯ ᎤᏓᏙᎵᏣᏘ ᎾᏍᎩ ᎢᎩᏯᏅᏛ ᏥᎩ ᎤᏤᎵ ᎤᎵᏍᏆᏗᏍᏗ
ᏂᎨᏒᎾ ᎦᎸᏉᏗᏳ ᎨᏒ ᏫᎩᎷᎯᏍᏗᏱ, ᏥᏌ ᎦᎶᏁᏛ ᎠᎬᏗᏍᎬᎢ, ᎾᏍᎩ ᏞᎦ ᎢᏥᎩᎵᏲᏨᎯ
ᎨᏎᏍᏗ, ᏂᏥᎪᎸᎾ ᏫᏂᏨᏕ, ᎠᎴ ᏫᏣᎵᏂᎪᎯᏍᏓ, ᎠᎴ ᎢᏣᎵᏂᎩᏛ ᏫᏂᏨᏕ, ᎠᎴ ᏕᏰᏥᏖᎸᏗ
ᏂᎨᏒᎾ ᏫᏂᏨᏕ.
11 ᎾᏍᎩ ᎤᏤᎵ ᎨᏎᏍᏗ ᎦᎸᏉᏗᏳ ᎨᏒ ᎠᎴ ᎤᎬᏫᏳᎯ ᎨᏒ ᏂᎪᎯᎸ ᎤᎵᏍᏆᏗᏍᏗ ᏂᎨᏒᎾ.
ᎡᎺᏅ.
12 ᎢᏨᏲᏪᎳᏏ ᎦᏲᎵ ᏏᎷᏪᏂ ᎤᏅᏍᏗ ᎾᏍᎩ ᎦᎳᏏᏛᏗ ᏂᎨᏒᎾ ᎢᏣᎵᏅᏟ ᏕᏓᏅᏖᏍᎬᎢ,
ᎢᎡᏔᏲᏎᎭ, ᎠᎴ ᎬᏂᎨᏒ ᏂᏨᏴᏁᎭ ᎾᏍᎩ ᎯᎠ ᎾᏛ ᏥᏕᏥᏙᎦ ᎤᏙᎯᏳᏒ ᎤᏁᎳᏅᎯ
ᎤᏓᏙᎵᏍᏗ ᎨᏒᎢ.
13 ᏓᏓᎶᏂ ᎠᏁᎯ ᎨᎦᏑᏰᏛ ᏂᎯ ᎡᏣᏑᏰᏛ ᎨᏒ ᎾᏍᎩᏯᎢ ᏫᎨᏥᏲᎵᎭ, ᎠᎴ ᎾᏍᏉ ᎹᎦ
ᎠᏇᏥ.
14 ᏕᏣᏓᏲᎵᎸᎭ ᎢᏨᏔᏅᎭ ᎠᏓᎨᏳᏗ ᏗᏓᏙᏪᏙᎥᏍᏗ ᎨᏒᎢ. ᎤᏩᏙᎯᏯᏛ ᎢᏤᎳᏗᏙᎮᏍᏗ
ᏂᏥᎥ ᏥᏌ ᎦᎶᏁᏛ ᎡᏥᏯᎢ. ᎡᎺᏅ

ᏈᏓ ᏔᎵᏁ ᎤᏬᏪᎳᏅᎯ

ᎠᏍᏙᏄᎢ 1 ᎠᏍᏙᏄᎢ 2 ᎠᏍᏙᏄᎢ 3

ᎠᏯᏙᎸᎢ 1

1 ᎠᏴ ᏌᏩᏂ ᏈᏓ, ᎠᎸᎾᏝᎢ ᎠᎴ ᎠᎩᏅᏏᏛ ᏥᏌ ᎦᎶᏁᏛ, ᏕᏥᏲᏪᎳᏏ ᎾᏍᎩ Ꮎ ᎨᏥᏁᎸᎯ
ᏥᎩ ᎣᎩᏁᎸ ᎾᏍᎩᏯᎢ, ᎦᎸᏉᏗᏳ ᎪᎯᏳᏗ ᎨᏒ ᎤᏓᏳᏓᎴᏅᏁ ᎤᏓᏅᏗᏳ ᎨᏒ ᎢᎦᏁᎳᏅᎯ
ᎠᎴ ᎢᎩᏍᏕᎵᏍᎩ ᏥᏌ ᎦᎶᏁᏛ.
2 ᎬᏩᏕᏗᏯ ᎤᏓᏙᎵᏍᏗ ᎨᏒ ᎠᎴ ᎤᏩᏙᎯᏯᏛ ᎡᏥᏁᏉᏒᏗ ᎨᏎᏍᏗ ᎤᏓᏳᏓᎴᏅᎯ
ᎠᎦᏙᎥᎯᏍᏗ ᎨᏒ ᎤᏁᎳᏅᎯ ᎠᎴ ᏥᏌ ᎢᎦᏤᎵ ᎤᎬᏫᏳᎯ.
3 ᎾᏍᎩᏯ ᎤᏤᎵ ᎤᎵᏂᎩᏗ ᎨᏒ ᎤᏩᏔᏅᎢ ᎢᎩᏁᎸᎯ ᏥᎩ ᏄᏓᎴᏒ ᎪᎱᏍᏗ ᎦᏛᏅ ᎤᎬᏩᎵ
ᎠᎴ ᎤᏁᎳᏅᎯ ᎦᎾᏰᎯᏍᏗ ᎨᏒ ᎤᎬᏩᎵ, ᎤᏓᏳᏓᎴᏅᎯ ᎠᎦᏙᎥᎯᏍᏗ ᎨᏒ ᎾᏍᎩ Ꮎ
ᎢᎩᏯᏅᏛ ᏥᎩ ᎬᏔᏅᎯ ᎦᎸᏉᏗᏳ ᎨᏒ ᎠᎴ ᏚᏳᎪᏛ ᎢᏍᏛᏁᏗ ᎨᏒᎢ.
4 ᎤᏍᎩ ᎾᎿ ᏭᏓᎪᎾᏛᏔᏅᎯ ᎡᏉᎯᏳ ᎠᎴ ᎦᎸᏉᏗᏳ ᎡᎩᏚᎢᏍᏓᏁᎸᎯ ᏥᎩ, ᎾᏍᎩ ᎯᎠ
ᏕᏨᏗᏍᎬ ᎨᏣᏌᏯ ᏍᏙᏗ ᏱᏂᎦᎵᏍᏓ ᎤᏁᎳᏅᎯ ᏄᏍᏛᎢ, ᎡᏣᏗᏫᏎᎸᎯ ᎨᏒ ᎤᏲᎢ ᎡᎶᎯ
ᏤᎭ ᎠᏚᎸᏗ ᎨᏒ ᏨᏗᏓᎴᎲᏍᎦ.
5 ᎾᏍᎩ ᎢᏳᏍᏗ ᎤᏣᏘ ᎢᏣᏟᏂᎬᏁᎲ ᎢᏦᎯᏳᏒ ᏔᎵ ᎢᏨᏗᏍᎨᏍᏗ ᏚᏳᎪᏛ ᎢᏯᏛᏁᏗ
ᎨᏒᎢ; ᎠᎴ ᏚᏳᎪᏛ ᎢᏯᏛᏁᏗ ᎨᏒ ᏔᎵ ᎢᏨᏗᏍᎨᏍᏗ ᎠᎪᏙᎥᎯᏍᏗ ᎨᏒᎢ;
6 ᎠᎦᏙᎥᎯᏍᏗᏃ ᎨᏒ ᏔᎵ ᎢᏨᏗᏍᎨᏍᏗ ᎠᎵᏏᎾᎯᏍᏙᏗ ᎨᏒᎢ; ᎠᎵᏏᎾᎯᏍᏙᏗᏃ ᎨᏒ
ᏔᎵᎢᏨᏗᏍᎨᏍᏗ ᏗᏨᏂᏗᏳ ᎨᏒᎢ; ᏗᏣᏂᏗᏳᏃ ᎨᏒ ᏔᎵ ᎢᏨᏗᏍᎨᏍᏗ ᎤᏁᎳᏅᎯ
ᎦᎾᏰᎯᏍᏗ ᎨᏒᎢ;
7 ᎤᏁᎳᏅᎯᏃ ᎦᎾᏰᎯᏍᏗ ᎨᏒ ᏔᎵ ᎢᏨᏗᏍᎨᏍᏗ ᎠᎾᎵᏅᏢ ᏗᎨᏳᏗ ᎨᏒᎢ; ᎠᎾᎵᏅᏢᏃ
ᏗᎨᏳᏗ ᎨᏒ ᏔᎵ ᎢᏨᏗᏍᎨᏍᏗ ᎢᎬᏂᎢᏛᏉ ᏗᎨᏳᏗ ᎨᏒᎢ.
8 ᏳᏰᏃ ᎾᏍᎩ ᎯᎠ ᏧᏓᎴᏅᏛ ᎣᏤᎭ ᎠᎴ ᏱᎧᏁᏉᎦ, ᎾᏍᎩ ᏱᏂᎬᏂᏌ ᎥᏝ ᎢᏥᏍᎦᏃᎸ ᎠᎴ
ᏂᏥᏁᏉᏟᏛᎾ ᏱᎦᎩ ᎠᎦᏙᎥᎯᏍᏗ ᎨᏒ ᏥᏌ ᎦᎶᏁᏛ ᎤᎬᏫᏳᎯ ᎢᎦᏤᎵᎦ.
9 ᏄᏪᎲᎾᏍᎩᏂ ᎾᏍᎩ ᎯᎠ ᏧᏓᎴᏅᏛ ᎾᏍᎩ ᏗᎨᏫᏉ ᎠᎴ ᎢᏴᏛ ᎬᏩᎪᏩᏛᏗ ᏂᎨᏒᎾ,
ᎠᎴ ᎤᏩᎨᏫᏒᎯ ᎠᏥᏅᎦᎸᏛ ᎨᏒ ᎢᎸᎯᏳ ᎤᏍᎦᏅᏥᏙᎸᎢ.
10 ᎾᏍᎩ ᎢᏳᏍᏗ ᎢᏓᎵᏅᏟ ᎤᏟ ᎢᎦᎢ ᎢᏣᏟᏂᎬᏁᎵᏍᏗ ᏄᏜᏏᏛᏒᎾ ᎢᏨᏁᏗᏱ ᎡᏥᏯᏅᎲ
ᎠᎴ ᎡᏣᏑᏰᏒᎢ; ᎢᏳᏰᏃ ᎯᎠ ᎾᏍᎩ ᏧᏓᎴᏅᏛ ᏱᏂᏣᏛᏁᎭ, ᎥᏝ ᎢᎸᎯᏳ ᏱᏙᎨᏥᏅᎩ.
11 ᎾᏍᎩᏰᏃ ᏂᏣᏛᏁᎲ ᎤᏩᏔᏅᎯ ᎡᏥᏁᏗ ᎨᏎᏍᏗ ᎢᏥᏴᏍᏗᏱ ᎤᎵᏍᏆᏗᏍᏗ ᏂᎨᏒᎾ
ᎤᎬᏫᏳᎯ ᏗᎨᏒ ᎢᎦᏤᎵ ᎤᎬᏫᏳᎯ ᎠᎴ ᎢᎩᏍᏕᎵᏍᎩ ᏥᏌ ᎦᎶᏁᏛ.
12 ᎾᏍᎩ ᎢᏳᏍᏗ ᎥᏝ ᎤᏁᎳᎩ ᏴᏓᎨᎵᏏ ᏂᎪᎯᎸ ᎢᏨᏯᏅᏓᏗᏍᏙᏗᏱ ᎾᏍᎩ ᎯᎠ
ᏧᏓᎴᏅᏛ, ᎢᏥᎦᏔᎭᏍᎩᏂᏃᏅ, ᎠᎴ ᏕᏣᎵᏂᎪᏒ ᎾᎿ ᏚᏳᎪᏛ ᎨᏒ ᎪᎯ ᏥᏣᏛᎩᎭ.
13 ᎥᎥ, ᏚᏳᎪᏗ ᎨᎵᎭ ᎢᎪᎯᏛ ᎠᏂ ᎯᎠ ᎦᎵᏦᏛ ᏥᏯᎥᎢ, ᎢᏨᏰᏍᏛᏙᏗᏱ
ᎢᏨᏯᏅᏓᏗᏍᏗᏍᎬᎢ;
14 ᎤᏗᎦᎵᏍᏙᏗᏍᎬ ᏥᎦᏔᎲ ᏂᎪᎯᎸᎾᏉ ᎢᏴᏛ ᎠᎩᏗᏱ ᎨᏒ ᎠᏆᏤᎵ ᎦᎵᏦᏛᎢ, ᎾᏍᎩᏯ
ᎤᎬᏫᏳᎯ ᎢᎦᏤᎵ ᏥᏌ ᎦᎶᏁᏛ ᎬᏂᎨᏒ ᎾᏋᏁᎸᎢ.

15 ᎠᎴ ᏓᎦᏟᏂᎬᏁᎵ ᎠᎩᎶᏐᏅᎯ ᎨᏎᏍᏗ ᏂᎪᎯᎸ ᎨᏨᎨᏫᏍᏗ ᏂᎨᏒᎾ ᎢᏳᎵᏍᏙᏗᏱ, ᎾᏍᎩ
ᎯᎠ ᏧᏓᎴᏅᏛ.

16 ᎥᏝᏰᏃ ᎠᎵᏏᎾᎯᏍᏔᏅᎯ ᎠᏎᏉ ᎦᏬᏂᎯᏍᏗ ᎨᏒ ᏲᎩᏍᏓᏩᏛᏎ ᎬᏂᎨᏒ ᏂᏨᏴᏁᎸ
ᎤᎵᏂᎩᏗ ᎨᏒ ᎠᎴ ᎤᎷᎯᏍᏗ ᎨᏒ ᎢᎦᏤᎵ ᎤᎬᏫᏳᎯ ᏥᏌ ᎦᎶᏁᏛ; ᏱᎩᎪᎲᎯᏍᎩᏂ ᎨᏒᎩ
ᎦᎸᏉᏗᏳ ᎨᏒ ᎤᏤᎵᎦ.

17 ᎤᏁᎳᏅᎯᏰᏃ ᎠᎦᏴᎵᎨ ᎤᎵᏍᎪᎸᏓᏁᎸᎩ ᎦᎸᏉᏗᏳ ᎨᏒ ᎠᎴ ᎢᎦᎦᎸᏌᏛᎢ, ᎾᎯᏳ ᎧᏁᎬ
ᏧᎷᏤᎸ ᎤᏣᏘ ᎦᎸᏉᏗᏳ ᎢᎦ-ᏚᎸᏌᏛ ᎤᏓᏳᏓᎴᏅᎯ, [ᎯᎠ ᏥᏂᎦᏪᏍᎬᎩ,] ᎯᎠ ᏥᎨᏳᎢ
ᎠᏇᏥ, ᎾᏍᎩ ᎣᏏᏳ ᏥᏰᎸᎢ ᏥᎩ.

18 ᎾᏍᎩᏃ ᎯᎠ ᎤᏁᏨ ᎦᎸᎳᏗ ᎤᏓᏳᎶᏒᎯ ᎣᎦᏛᎦᏅᎩ, ᎾᎯᏳ ᎦᎸᏉᏗ ᎣᏓᎸ ᎢᏧᎳᎭ
ᎣᏤᏙᎲᎢ.

19 ᎠᎴ ᎾᏍᏉ ᎤᏟ ᎢᎦᎢ ᏄᏜᏏᏛᏒᎾ ᎧᏃᎮᏛ ᎠᏙᎴᎰᏒᎯ ᎢᎩᎭ, ᎾᏍᎩ ᎣᏏᏳ ᏱᏂᏣᏛᎦ
ᏱᏣᎦᏌᏯᏍᏔᏅ ᎾᏍᎩᏯ ᎢᎦ-ᏚᎸᏌᏛ ᎤᎵᏏᎬ ᏨᎦᏌᏯᏍᏗᏍᎪᎢ, ᎬᏂ ᎢᎦ ᏓᎦᏙᎩ, ᎠᎴ
ᏑᎾᎴ ᎡᎯ ᏃᏈᏏ ᏓᎧᎸᎩ ᏗᏥᎾᏫᏱ;

20 ᎢᎬᏱ ᎾᏍᎩ ᎯᎠ ᏂᏥᎦᏙᎥᏎᏍᏗ ᎾᏍᎩ ᏌᏉ ᎤᏅ ᎠᏙᎴᎰᏒᎯ ᎪᏪᎸᎢ ᎤᏩᏒ ᎨᏒ
ᏗᎬᏁᎵᏙᏗ ᏂᎨᏒᎾ ᎨᏒᎢ.

21 ᎤᎾᏙᎴᎰᏒᏰᏃ ᎢᎸᎯᏳ ᏥᎨᏎᎢ ᎥᏝ ᏴᏫᏉ ᎠᏓᏅᏖᏍᎬ ᏴᏗᏓᎴᏁᎢ; ᎠᏃᏍᏛᏍᎩᏂ
ᎠᏂᏍᎦᏯ ᎤᏁᎳᏅᎯ ᏧᏤᎵᎦ ᎠᏂᏁᎨ ᎢᏳᏂᏪᏍᏗᏱ ᏄᏅᏁᎲ ᎦᎸᏉᏗᏳ ᎠᏓᏅᏙ.

ᎠᏯᏙᎸᎢ 2

1 ᎠᏎᏃ ᎤᎾᏠᎾᏍᏗ ᎠᎾᏙᎴᎰᏍᎩ ᎢᎬᏩᎾᏓᏑᏴ ᏴᏫ, ᎾᏍᎩᏯ ᎤᎾᏠᎾᏍᏗ ᏗᎾᏕᏲᎲᏍᎩ
ᎨᏣᏓᏑᏴᏗ ᏥᎩ, ᎾᏍᎩ ᎤᏕᎵᏛ ᎤᏂᏴᏔᏂᎯᏍᏗ ᎨᏎᏍᏗ ᎤᎾᏓᏤᎵᏛ ᎨᏒ ᎠᏓᏛᏗᏍᎩ,
ᎾᏍᎩ ᎠᎾᏓᏱᎵᏍᏗ ᎤᎬᏫᏳᎯ ᎤᎾᎫᏴᏛ, ᎠᎴ ᎤᏅᏒ ᎢᏳᏅᏂᏌᏛ ᎤᏂᎷᏤᏗ ᎨᏎᏍᏗ
ᏞᎩᏳ ᎤᏂᏛᏗᏍᎩ.
2 ᎠᎴ ᎤᏂᏣᏖᏍᏗ ᏛᏂᏍᏓᏩᏕᏏ ᎾᏍᎩ ᎤᎾᏤᎵ ᎠᏓᏛᏗᏍᎩ; ᎾᏍᎩ ᏅᏛᏅᏂᏌᏂ ᏚᏳᎪᏛ
ᏅᏃᎯ ᎤᏂᏐᏢᎢᏍᏙᏗ ᎨᏎᏍᏗ.
3 ᎠᎴ ᏧᎬᏩᎶᏗ ᎤᏂᎬᎥᏍᎬ ᎢᏳᏍᏗ, ᎠᎴ ᏕᎶᏄᎮᏛ ᎠᏅᏗᏍᎬ ᎠᏂᏬᏂᏍᎬ ᎦᏃᏙᏗ
ᏓᎨᏥᏴᎸᏥ; ᎾᏍᎩ ᏧᎾᏚᎪᏓᏁᏗ ᎨᏒ ᎡᏘ ᎤᏓᎬᏩᏓᎴᏅᏛ ᎥᏝ ᏯᎵᎾᎯᏍᏗᎭ, ᎠᎴ
ᎤᏂᏛᏗᏍᎩ ᎥᏝ ᏱᎦᎸᏍᎦ.
4 ᎤᏁᎳᏅᎯᏰᏃ ᏂᏚᎨᏳᏅᎾ ᏥᎨᏎ ᏗᏂᎧᎾᏩᏗᏙᎯ ᎤᏂᏍᎦᏅᏨᎯ, ᏨᏍᎩᏃᏉᏍᎩᏂ
ᏥᏫᏚᏓᎢᏅᏎᎢ, ᎠᎴ ᏥᏚᏲᏎ ᏧᏓᏕᏒᏛ ᏗᎨᎦᎸᏍᏙᏗᏱ ᎤᎵᏏᎬ ᎨᏥᏍᏆᏂᎪᏙᏗᏱ ᏗᎨᎫᎪᏓᏁᏗ
ᎨᏒ ᎢᏳᎢ,
5 ᎠᎴ ᏄᎨᏳᏅᎾ ᏥᎨᏎ ᎡᏘ ᎡᎶᎯ ᏥᎨᏎᎢ, ᏃᏯᏍᎩᏂ ᏧᏁᎳ ᏧᏛᎦᎢ ᎨᏒ ᎾᏍᎩ
ᎠᎵᏥᏙᎲᏍᎩ ᏚᏳᎪᏛ ᏗᎧᎾᏩᏗᏙᎯ ᏥᎨᏎᎢ, ᎠᎴ ᏥᏚᏃᎱᎪᏔᏁ ᎡᎶᎯ ᎠᏂᏍᎦᎾ ᎠᏁᎲᎢ,
6 ᏐᏓᎻᏃ ᎠᎴ ᎪᎹᎵ ᏕᎦᏚᎲ ᎪᏍᏚᏥᏂᏚᏩᏁᎴᎢ, ᎠᎴ ᏥᏚᏭᎪᏓᏁᎴ ᏧᎷᏆᏗᏅᏗᏱ, ᎠᎴ
ᎾᏍᎩ ᎤᏁᏯᏔᎲᏍᎩ ᏥᏂᏚᏩᏁᎸ ᎣᏂ ᎤᎾᏕᏗ ᎤᏁᎳᏅᎯ ᏂᏚᎾᏁᎶᏛᎾ ᎨᏒᎢ,
7 ᎠᎴ ᎶᏗ ᎤᏓᏅᏘ ᏧᏭᏓᎴᏎᎢ, ᎤᏕᏯᏔᏁᎸ ᏄᎾᎵᏏᎾᎯᏍᏛᎾ ᎠᏁᎲ ᎠᏂᏍᎦᎾᎢ.
8 (ᎾᏍᎩᏰᏃ ᎤᏓᏅᏘ ᎠᏍᎦᏯ ᎠᏁᎲ ᏤᎮᎢ, ᎠᎪᏩᏘᏍᎬ ᎠᎴ ᎠᏛᎩᏍᎬ [ᏄᏍᏛ
ᏚᏂᏄᏪᏍᏓᏁᎲᎢ] ᎤᏓᏅᏘ ᎤᏓᏅᏙ ᏂᏚᎩᏨᏂᏒ ᎤᏕᏯᏙᏗ ᎤᏓᏅᏖ ᎤᏗᏕᎵᏍᏙᏗᏍᎨ
ᏂᏚᏳᎪᏛᎾ ᏚᏂᏄᏪᏍᏓᏁᎲᎢ,)
9 ᎤᎬᏫᏳᎯ ᎠᎦᏔᎭ ᎢᏳᏛᏁᏗᏱ ᏧᏭᏓᎴᏍᏗᏱ ᎤᎾᏓᏅᏘ ᎤᏂᎪᎵᏰᏍᎩ ᎤᏂᏰᎢᎵᏙᎲᎢ,
ᎤᏂᏲᏃ ᏧᏍᏆᏂᎪᏙᏗᏱ ᎨᏥᎩᎵᏲᎢᏍᏙᏗᏱ ᏗᎫᎪᏙᏗᏱ ᎢᎦ ᎨᏎᏍᏗ:
10 ᎠᎴ ᎾᏍᎩ ᎨᎤᎬᏫᏳᎭ [ᎨᏂᎩᎵᏲᎢᏍᏙᏗ ᎨᏎᏍᏗ] ᎤᏇᏓᎵ ᎠᏂᏍᏓᏩᏕᎩ ᎤᏂᎬᎥᏍᎬ
ᎦᏓᎭ ᎨᏒᎢ, ᎠᎴ ᏗᏂᏍᎦᎩ ᏄᏂᎬᏫᏳᏌᏕᎩ. ᎤᏂᏍᎦᎢᏍᏗ, ᎤᏅᏒ ᎠᎾᏓᏅᏖᏍᎬ
ᎤᏂᎸᏉᏗ; ᎥᏝ ᏯᏂᏍᎦᎢᎭ ᏗᎬᏩᏂᏐᏢᏙᏗᏱ ᎨᏥᎸᏉᏗ.
11 ᏗᏂᎧᎿᏩᏗᏙᎯᏍᎩᏂ ᎤᏟ ᎢᏧᎾᎵᏂᎩᏛ ᏥᎩ ᎥᏝ ᎪᎱᏍᏗ ᎤᏐᏅ ᏱᏓᏂᏔᏫᏎᎰ ᎤᎬᏫᏳᎯ
ᎠᎦᏔᎲᎢ.
12 ᎯᎠᏍᎩᏂ ᎾᏍᎩᏯ ᎪᎱᏍᏗᏉ ᏤᎿᎠ ᎨᎪᏢᏅᎯ ᎨᎨᎢᏍᏗᏱ ᎠᎴ ᎨᏥᏛᏙᏗᏱ, ᎾᏍᎩ
ᎠᏂᏐᎢᏍᏗᏱ ᎠᎴ ᎨᏥᏛᏙᏗᏱ, ᎾᏍᎩ ᎠᏂᏐᏢᎢᏍᏗᏍᎪ ᏧᏓᎴᏅᏛ ᎾᏃᎵᎬᎾ ᎨᏒᎢ, ᎠᎴ
ᏛᎾᎵᏛᏔᏂ ᎤᏅᏒ ᎤᏂᏲᎢᏳ ᎨᏒᎢ.

13 ᎠᎴ ᏛᏂᏩᏛᎯ ᎨᎦᎫᏴᏓᏁᏗ ᏂᏚᏳᎪᏛᎾ ᏚᏂᎸᏫᏍᏓᏁᎲᎢ, ᎾᏍᎩᏯ [ᎨᎦᎫᏴᏓᏁᏗ ᏥᎩ]
ᎣᏏᏳ ᎤᏥᏰᎸᎯ ᎢᎦ ᎨᏒ ᎣᏍᏛ ᏧᎾᎵᏍᏓᏴᏗᏱ. ᏥᏚᏓᏓᎶᎢ ᎠᎴ ᎪᎱᏍᏗ ᏧᏍᏙᎢ
ᎾᏍᎩᏯᎢ, ᎣᏏᏳ ᎤᏂᏰᎸᎭ ᎤᏅᏒ ᎠᎾᏓᎵᏓᏍᏗᏍᎬᎢ, ᎾᎯᏳ ᎢᏧᎳᎭ ᎢᏣᎵᏍᏓᏴᎲᏍᎬᎢ.
14 ᏗᏂᎦᏙᎵ ᏧᎧᎵᏨᎯ ᎠᏓᏲᏁᏗ ᎨᏒᎢ, ᎠᎴ ᏗᎬᏩᏂᏲᎯᏍᏗ ᏂᎨᏒᎾ ᎠᏍᎦᏂ ᎨᏒᎢ:
ᏗᏂᎶᏄᎮᏍᎩ ᏂᏚᎾᎵᏂᎬᎬᎾ ᎦᎾᏓᏅᏛᎢ; ᏧᏂᎾᏫ ᏧᎩᏌᏛ ᎠᎬᎥᎯᏍᏗ ᏗᎦᎸᏫᏍᏓᏁᏗ ᎨᏒᎢ;
ᎠᎩᎵᏲᎢᏍᏗ ᎨᏒ ᏧᏬᏥ,
15 ᎤᏅᎦᏨ ᏚᏳᎪᏛ ᎦᏅᏅᎢ, ᎠᎴ ᎤᎾᎴᏲᎥ, ᎤᏂᏍᏓᏩᏕᏅ ᎤᎶᏒ ᏇᎳᎻ ᏉᏌ ᎤᏪᏥ,
ᎣᏏᏳ ᏧᏰᎸᏎ ᏂᏚᏳᎪᏛᎾ ᏗᎦᎸᏫᏍᏓᏁᏗ ᎨᏒ ᎠᎫᏴᏗ,
16 ᎠᏎᏃ ᎠᏥᎬᏍᎪᎸᏁ ᎤᏍᎦᏅᏨᎢ: ᎤᏩᎨᏫ ᏗᎦᎵᎠᏅᎯᏛ ᏴᏫ ᎤᏁᎢᏍᏗ ᎤᏩᎳᏁ
ᎤᏁᏤᎢ, ᎤᏍᎦᏤ ᏄᏓᏅᏛᎾ ᎨᏒ ᎠᏙᎴᎰᏍᎩ.
17 ᎯᎠ ᎾᏍᎩ ᏓᎳᎴᏒ ᎠᎹ-ᏗᎵᏗᏱ ᎠᎹ ᏂᏗᎦᏁᎲᎾ, [ᎠᎴ] ᎤᎶᎩᎸ ᎤᏃᎴ
ᏧᏃᎸᎳᏂᏙᎰᎢ, ᎾᏍᎩ Ꮎ ᎬᎾᎨ ᎤᎵᏏᎬ ᏥᎨᎦᏛᏅᎢᏍᏓᏁᎸ ᎤᎵᏍᏆᏗᏍᏗ ᏂᎨᏒᎾ.
18 ᎠᏂᏁᎩᏰᏃ ᎤᏣᏘ ᎠᏢᏆᏍᏗ ᎪᎱᏍᏗ ᎬᏙᏗ ᏂᎨᏒᎾ ᎠᏂᏬᏂᏍᎬᎢ, ᏓᏂᎶᏄᎮᏍᎪ
ᎠᏅᏗᏍᎪ ᎤᏇᏓᎵ ᎠᏚᎸᏗ ᎨᏒᎢ, [ᎠᎴ] ᏃᎵᏏᎾᎯᏍᏛᎾ ᏂᏓᏍᏗ ᎨᏒᎢ, ᎾᏍᎩ ᎤᏙᏗᏳᎯ
ᏧᎾᏗᏫᏎᎸᎯ ᎾᏍᎩ Ꮎ ᎠᏏ ᎤᏓᎵᏓᏍᏗ ᎨᏒ ᎠᎾᎴᏂᏙᎯ ᏥᎩ.
19 ᏓᏂᏚᎢᏍᏓᏁᎰ ᏗᎨᏥᎾᏝᎢ ᏂᎨᏒᎾ ᎢᏣᎵᏍᏙᏗᏱ, ᎤᏅᏒᏃ ᎤᏲ ᎨᏒ ᏗᎬᏩᏂᎾᏝᎢ ᎨᎭᎢ:
ᎩᎶᏰᏃ ᎠᏥᏎᎪᎩ ᎾᏍᎩ Ꮎ ᎤᏎᎪᎩᏛ ᎤᎾᏝᎢ ᏂᎦᎵᏍᏗᏍᎪᎢ.
20 ᎢᏳᏰᏃ ᎤᎾᏗᏫᏎᎸᎯ ᏱᎩ ᎦᏓᎭ ᎨᏒ ᎡᎶᎯ ᎡᎯ, ᎠᏅᏗᏍᎬ ᎠᎦᏙᎥᎯᏍᏗ ᎨᏒ
ᎤᎬᏫᏳᎯ ᎠᎴ ᎢᎩᏍᏕᎵᏍᎩ ᏥᏌ ᎦᎶᏁᏛ, ᏔᎵᏁᏃ ᏫᎤᏁᏒ ᎾᎿᏂ ᎠᎴ ᏫᎨᏥᏎᎪᎩᏒ,
ᎤᎵᏍᏆᎸᏗ ᏄᎾᎵᏍᏓᏁᎸ ᎤᏟ ᎤᏲᎢᏳ ᎡᏍᎦᏉ ᎢᎬᏱᏱ.
21 ᎤᏟᏰᏃ ᎣᏏᏳ ᎢᏳᎾᎵᏍᏓᏁᏗ ᏱᎨᏎᎢ ᏄᏂᎦᏙᎥᏒᎾ ᏱᎨᏎ ᏚᏳᎪᏛ ᎦᏅᏅᎢ, ᎠᏃ
ᎤᏂᎦᏙᎥᏒᎯ ᎨᏒ ᏯᎾᎦᏔᎲ ᏱᏚᏂᏲᏍᏕ ᎦᎸᏉᏗᏳ ᏗᎧᎿᏩᏛᏍᏗ ᎾᏍᎩ ᏗᎨᏥᏲᎯᏎᎸᎯ.
22 ᎠᏎᏃ ᎾᏍᎩᏯ ᏄᎾᎵᏍᏓᏁᎸ ᎯᎠ ᎤᏙᎯᏳᎯ ᎢᎦᏪᏛ ᏥᎩ, ᎩᎵ ᎤᏩᏒ ᏚᎵᎦᏍᏔᏅ
ᏔᎵᏁ ᏮᎠᎦᏔᎲᏍᏓ; ᏏᏉᏃ ᎠᎪᏭᎴᎥᎯ ᎤᏓᏬᏍᏗᏱ ᏝᏬᏚᎯ ᏮᎠᎦᏔᎲᏍᏓ.

ᎠᏯᏙᎸᎢ 3

1 ᎯᎠ ᎾᏍᎩ ᏔᎵᏁ ᎪᏪᎵ ᎿᏉ ᎢᏨᏲᏪᎳᏏ ᎢᏨᎨᏳᎢ; ᎾᏍᎩ ᎾᎿ ᏕᏨᏰᏍᏓᏁ
ᎤᏬᎾᏍᏗ ᏂᎨᏒᎾ ᏕᏣᏓᏅᏛ ᎾᏍᎩ ᎢᏨᏯᏅᏓᏗᏍᏗᏍᎬᎢ,
2 ᎾᏍᎩ ᎢᏣᏅᏓᏗᏍᏗᏱ ᏧᏃᎮᏛ ᎢᎸᎯᏳ ᎤᏂᏃᎮᏛ ᎨᏥᎸᏉᏗ ᎠᎾᏙᎴᎰᏍᎩ, ᎠᎴ ᎠᏴ
ᏦᎦᏕᏲᏅᎯ ᎣᎩᏅᏏᏛ ᎤᎬᏫᏳᎯ ᎠᎴ ᏗᏍᏕᎵᏍᎩ.
3 ᎯᎠ ᏄᏍᏕᏍᏗ ᎢᎬᏱ ᎢᏣᏅᏖᏍᏗ, ᎾᏍᎩ ᎤᎵᏍᏆᏅᏗ ᎨᏎᏍᏗ ᎤᏂᎷᎯᏍᏗ ᎨᏒ
ᎠᏂᎭᏢᎢᏍᏗᏍᎩ ᎤᏅᏒ ᎤᎾᏚᎸᏅᎥᏍᎬ ᎠᏂᏍᏓᏩᏕᎩ,
4 ᎠᎴ ᎯᎠ ᎢᏯᏂᏪᏍᎩ, ᎦᏙ ᎤᎵᏍᏔᏅ ᎤᎷᎯᏍᏗᏱ ᎤᏚᎢᏍᏔᏅᎢ? ᎠᏂᎦᏴᎵᎨᏰᏃ
ᎬᏩᏂᎵᏅᏨᎯ ᎤᏓᎬᏩᎴᏅᏛ, ᎤᏩᏍᏗᏉ ᏂᎦᎥ ᎪᎱᏍᏗ ᏥᏄᏍᏛᏉ ᏧᏓᎴᏅᎲ ᎤᏬᏢᏅᏅ
ᎤᏓᎬᏩᏓᎴᏅᏛ.
5 ᎯᎠᏰᏃ ᎤᏅᏒ ᎤᎾᏚᎸᏛ ᎾᏂᎦᏔᎲᎾ ᏥᎩ, ᎾᏍᎩ ᎤᏁᏔᏅᎯ ᎤᏁᏨ ᎤᏧᎵᏍᏙᏔᏅ
ᎦᎸᎶ ᎢᎸᎯᏳ ᏥᎨᏎᎢ ᎠᎴ ᎡᎶᎯ ᎠᎹᏱ ᎦᏚ ᏧᎦᏚᏕᎢ, ᎠᎴ ᎠᏘᎯ ᏥᎦᏙᎨᎢ;
6 ᎾᏍᎩ ᎡᎶᎯ ᎾᎯᏳ ᏥᎨᏎ ᎠᎹᏱᎭ ᏥᏄᎵᏍᏔᏁᎢ, ᎤᏲᏤᎢ.
7 ᎠᏎᏃ ᎦᎸᎶᎢ ᎠᎴ ᎡᎶᎯ ᎪᎯ ᏥᎩ, ᎾᏍᎩᏉ ᎤᏁᏨ ᎤᏗᎦᎵᏍᏙᏗᎭ ᏓᏍᏆᏂᎪᏗ,
ᎠᏥᎸᏱ ᏘᎾᎵᏰᎢᎶᎯᏍᏗᏱ ᏓᏍᏆᏂᎪᏗ ᎬᏂ ᏗᎫᎪᏙᏗᏱ ᎢᎦ ᎨᏎᏍᏗ ᎠᎴ ᎨᏥᏛᏙᏗᏱ
ᎠᏂᏍᎦᏯ ᎤᏁᏔᏅᎯ ᏂᏚᎾᏁᎶᏛᎾ.
8 ᎠᏎᏃ ᎢᏨᎨᏳᎢ, ᎯᎠ ᎾᏍᎩ ᏑᏓᎴᎩ ᏞᏍᏗ ᏂᏥᎦᏔᎲᎾᏉ ᏱᎨᏎᏍᏗ, ᎾᏍᎩ ᏌᏉ ᎢᎦ
ᎨᏒ ᎤᎬᏫᏳᎯ ᏙᏗᎧᏂᏍᎬ ᏌᏉ ᎢᏯᎦᏴᎵ ᎢᏧᏕᏘᏴᏛ ᎤᏠᏱ, ᏌᏉᏃ ᎢᏯᎦᏴᎵ ᎢᏧᏕᏘᏴᏛ
ᏌᏉ ᎢᎦ ᎨᏒ ᎤᏠᏱ.
9 ᎤᎬᏫᏳᎯ ᎥᏝ ᎤᏍᎦᏃᎵᏳ ᏱᎩ ᏄᏍᏛ ᎤᏚᎢᏍᏔᏅ ᎢᏳᏛᏁᏗᏱ, ᎾᏍᎩ ᎩᎶ ᎾᏍᎦᏃᎳ
ᏩᏁᎵᎭ, ᎬᏂᏗᏳᏍᎩᏂ ᎠᏴ ᎢᎩᎦᏘᏴᎢ, ᏄᎦᎵᏍᎬᎾ ᎨᏒ ᎩᎶ ᎤᏲᎱᎯᏍᏗᏱ, ᏂᎦᏗᏳᏍᎩᏂ
ᎤᏂᎷᎯᏍᏗᏱ ᏚᏁᏟᏴᏍᏗ ᎨᏒ ᎣᏓᏅᏛᎢ.
10 ᎤᎬᏫᏳᎯᏍᎩᏂ ᎤᏤᎵ ᎢᎦ ᎠᏎ ᏓᎦᎷᏥ ᎾᏍᎩᏯ ᎦᏃᏍᎩᏍᎩ ᎡᏃᏱ ᏥᎦᎷᎪᎢ, ᎾᎯᏳ
ᎦᎸᎶᎢ ᏓᎦᎶᎭᏂ ᎤᏣᏘ ᎤᏃᏴᎨᏍᏗ, ᎪᏢᏔᏅᎯᏃ ᎠᏓᏪᎵᎩᏍᎬ ᏛᎪᏂ, ᎠᎴ ᎡᎶᎯ ᎾᎿᏃ
ᎪᏢᏅᏅᎯ ᎨᏒ ᎠᎪᎲᏍᏙᏗ ᎨᏎᏍᏗ.
11 ᎾᏍᎩᏃ ᏂᎦᏗᏳ ᏧᏓᎴᏅᏛ ᎤᏗᏒᎲᏍᏗ ᏥᎩ, ᏂᎦᎥ ᏂᏥᏍᎦᏅᎾ ᏱᎩ ᎢᏣᎴᏂᏙᎲᎢ ᎠᎴ
ᎤᏁᏔᏅᎯ ᎦᎾᏰᎯᏍᏗ ᎨᏒ ᎢᏤᎲᎢ!
12 ᏱᏥᎦᏖᏃᎭ ᎠᎴ ᎤᏣᏘ ᏱᏣᏚᎵᎭ ᎤᎷᎯᏍᏗᏱ ᎤᏁᏔᏅᎯ ᎤᏤᎵ ᎢᎦ, ᎾᎯᏳ ᎦᎸᎶ
ᎤᏥᏍᏢ ᏨᏛᏗᏒᏂ, ᎠᎴ ᎾᏍᎩ ᎪᏢᏔᏅᎯ ᎠᏓᏪᎵᎩᏍᎬ ᏛᏗᏌᏂ.
13 ᎠᏎᏃ ᎾᏍᎩᏯ ᏄᏍᏛ ᎤᏚᎢᏍᏔᏅ ᎢᏗᎦᏖᏃᎭ ᎢᏤ ᎦᎸᎶᎢ ᎠᎴ ᎢᏤ ᎡᎶᎯ ᎾᎿ ᎡᎲ
ᏚᏳᎪᏛ ᎨᏒᎢ.
14 ᎾᏍᎩ ᎢᏳᏍᏗ, ᎢᏨᎨᏳᎢ, ᎾᏍᎩ ᎯᎠ ᏧᏓᎴᏅᏛ ᏥᏥᎦᏖᏃᎭ, ᎢᏣᏟᏂᎬᏏ ᎾᏍᎩ
ᎤᏩᏙᎯᏯᏛ ᎢᏨᏓᏅᏛ ᎢᏥᏩᏛᏗᏱ ᏄᏓᏓᎸᎾ ᎠᎴ ᎪᎱᏍᏗ ᏁᏤᎵᏎᎲᎾ.

15 ᎾᏍᎩᏃ ᎬᏂᏗᏳ ᎨᏒ ᎤᎬᏫᏳᎯ ᎢᎦᏤᎵᎦ ᎠᎵᏍᏕᎸᏙᏗ ᎢᏥᏰᎸᏎᏍᏗ; ᎾᏍᎩᏯ ᎾᏍᏉ
ᎡᏗᎨᏳᎢ ᎢᏓᎵᏅᏟ ᏉᎳ ᎬᏗᏍᎬ ᎠᎦᏙᎥᎯᏍᏗ ᎨᏒ ᎠᏥᏁᎸ ᏥᏦᏪᎳᏁᎸ;
16 ᎠᎴ ᎾᏍᏉ ᏂᎦᏛ ᎾᏍᎩ ᏧᏬᏪᎳᏅᎯ ᎾᏍᎩ ᏂᏕᎬᏁᎲ ᎧᏁᎢᏍᏗᏍᎪ ᎾᏍᎩ ᎯᎠ
ᏧᏓᎴᏅᏛ; ᎾᎿ ᎤᏓᏑᏯ ᎢᎦᏛ ᎠᏍᏓᏱᏳ ᎪᎵᏍᏗᏱ, ᎾᏍᎩ Ꮎ ᏂᏚᎾᏕᎶᏆᎥᎾ ᎠᎴ
ᏗᏂᏩᎾᎦᎳ ᏓᏂᏁᏟᏴᎭ, ᎾᏍᎩᏯ ᎾᏍᏉ ᏗᏐᎢ ᎪᏪᎵ ᏂᏓᏅᏁᏜᎢ, ᎤᏅᏒᏉ ᎤᏂᏛᏗᏍᎩ
ᎨᏒᎢ.
17 ᎾᏍᎩ ᎢᏳᏍᏗ ᏂᎯ ᎢᏣᎨᏳᎢ, ᎾᏍᎩ ᎦᏳᎳ ᏥᏥᎦᏔᎭ, ᎢᏤᏯᏔᎮᏍᏗ, ᏞᏍᏗ
ᎠᏂᎾᏕᎾ ᎤᏂᎵᏓᏍᏔᏅ ᏕᏨᏘᏂᏒ ᏗᏥᏅᏣᎩ ᏗᏥᏲᏒᎩ ᎤᎵᏂᎩᏛ ᏂᏣᏛᏅᎢ.
18 ᎢᏥᏁᏉᎨᏍᏗᏍᎩᏂ ᎬᏩᎦᏘᏯ ᎤᏓᏙᎵᏍᏗ ᎨᏒ ᎤᎬᏩᎵ ᎠᎴ ᎡᏥᎦᏙᎥᎯᏍᏗ ᎨᏒ
ᎤᎬᏫᏳᎯ ᎢᎦᏤᎵ ᎠᎴ ᎢᎩᏍᏕᎵᏍᎩ ᏥᏌ ᎦᎶᏁᏛ; ᎾᏍᎩ ᎦᎸᏉᏙᏗ ᎨᏎᏍᏗ ᎪᎯ ᎨᏒ,
ᎠᎴ ᎤᎵᏍᏆᏗᏍᏗ ᏂᎨᏒᎾ. ᎡᎺᏅ.

ᏈᏓ ᏪᏥᏁ ᏧᏬᏪᎳᏅᎯ

ᎠᏯᏙᎸᎢ 1

1 ᎾᏍᎩ ᏗᏓᎴᏂᏍᎬ ᏤᎮᎢ, ᎠᏴ ᎣᎦᏛᎦᏅᎯ, ᏦᏥᎦᏙᎵ ᏦᎬᏔᏅᎯ ᎣᎩᎪᎲᎯ, ᎾᏍᎩ
ᏦᎦᎧᎿᏅᎯ, ᎠᎴ ᏦᎪᏰᏂ ᏦᎬᏔᏅᎯ ᎣᎦᏒᏂᎵᏙᎸᎯ, ᎧᏃᎮᏛ ᎬᏂᏛ--
2 ᎬᏂᏛᏰᏃ ᎬᏂᎨᏒ ᏄᎵᏍᏔᏅᎩ, ᎠᎴ ᎣᎩᎪᎲᎩ, ᎠᎴ ᎣᏥᏃᎮᎭ, ᎠᎴ ᎢᏨᎾᏄᏫᏎᎭ ᎾᏍᎩ
ᎠᎵᏍᏆᏗᏍᎩ ᏂᎨᏒᎾ ᎬᏂᏛ, ᎾᏍᎩ ᎠᎦᏴᎵᎨᎢ ᎡᎲ ᏤᎮᎢ, ᎠᎴ ᎬᏂᎨᏒ ᎢᏲᎬᏁᎸᎯ ᏥᎩ--
3 ᎾᏍᎩ Ꮎ ᎣᎩᎪᎲᎯ ᎠᎴ ᎣᎦᏛᎦᏅᎯ ᎨᏒ ᎢᏨᎾᏄᏫᏎᎭ, ᎾᏍᏉ ᏂᎯ ᎢᏣᏓᎳᏗᏍᏗᏱ
ᎣᎦᏕᏓᎦᏫᏒᎢ; ᎠᎴ ᎤᏙᎯᏳᎯᏯ ᎣᎦᏕᏓᎦᏫᏒ ᎠᎦᏴᎵᎨᎢ ᎠᎴ ᎤᏪᏥ ᏥᏌ ᎦᎶᏁᏛ.
4 ᎯᎠ ᎠᎴ ᎾᏍᎩ ᎢᏨᏲᏪᎳᏁᎭ ᎢᏣᎵᎮᎵᎬ ᎤᎧᎵᎢᏍᏗᏱ.
5 ᎯᎠᏃ ᎾᏍᎩ ᎧᏃᎮᏛ ᎣᏣᏛᎦᏁᎸᎯ ᏥᎩ ᎠᎴ ᏥᏨᎾᏄᏫᏎᎭ ᎾᏍᎩ ᎤᏁᎳᏅᎯ ᎢᎦᎦᏘ
ᎨᏒᎢ, ᎠᎴ ᎤᏍᏗ ᎤᏅᎤᎵᏏᎩ ᏄᏪᎲᎾ ᎨᏒᎢ.
6 ᎢᏳᏃ ᎾᏍᎩ ᏙᎦᏕᏓᏔ ᏱᏓᏗᎭ, ᎤᎵᏏᎬᏃ ᏱᎦᏙᎭ, ᏱᏓᏥᎪᎥᏍᎦᏉ ᎠᎴ ᎥᏝ
ᏱᎨᏗᏍᏓᏳᎦᏕ ᎤᏙᎯᏳᎯ ᎨᏒᎢ.
7 ᎢᎦᎦᏛᏍᎩᏂ ᏱᎦᏙᎭ, ᎾᏍᎩᏯ ᎾᏍᎩ ᎢᎦᎦᏛ ᏤᎭ, ᎦᎦᏕᏓᎦᏫᏒ ᎢᎬᏒ ᎨᏒᎢ; ᎠᎴ
ᎤᏪᏥ ᏥᏌ ᎦᎶᏁᏛ ᎤᎩᎬ ᎢᎩᏅᎦᎵᎭ ᏂᎦᎥ ᎢᎩᏍᎦᏅᏨᎢ.
8 ᎢᏳᏃ ᎥᏝ ᎠᏍᎦᏂ ᏲᎨᎭ ᏱᏓᏗᎭ, ᎢᎬᏒ ᏱᏓᏓᎵᏓᏍᏗᎭ, ᎠᎴ ᎥᏝ ᏱᎨᎨᎭ ᎤᏙᎯᏳᎯ
ᎨᏒᎢ.
9 ᎢᏳᏃ ᏱᏗᏃᎲᏍᎦ ᎢᎩᏍᎦᏅᏨᎢ, ᏄᏓᎵᏓᏍᏛᎾ ᎠᎴ ᎤᏓᏅᏘᏳ, ᎾᏍᎩ ᎢᎩᏁᏗᏱ
ᎢᎩᏍᎦᏅᏨᎢ, ᎠᎴ ᎢᎩᏅᎦᎸᏗᏱ ᏂᎦᎥ ᎤᏲ ᏗᎦᎸᏫᏍᏓᏗ ᎨᏒᎢ.
10 ᎢᏳᏃ ᎥᏝ ᏲᎩᏍᎦᏅᏨ ᏱᏓᏗᎭ, ᎡᏗᏰᎪᎥᏍᎦᏉ, ᎠᎴ ᎧᏃᎮᏛ ᎤᏤᎵᎦ ᎥᏝ ᏱᎨᎨᎭ.

ᎠᏯᏙᎸᎢ 2

1 ᏗᏥᏲᎵ ᏗᏇᏥ, ᎯᎠ ᎾᏍᎩ ᎢᏨᏲᏪᎳᏁᎭ, ᎢᏥᏍᎦᏅᎢᏍᏗᏱ ᏂᎨᏒᎾ. ᎢᏳᏃ ᎩᎶ
ᏯᏍᎦᏅᎦ, ᎢᎨᎭ ᏗᎪᎯᏍᏓᏁᎯ ᎠᎦᏴᎵᎨ ᎡᎲᎢ, ᏥᏌ ᎦᎶᏁᏛ ᎾᏍᎦᏅᎾ.
2 ᎠᎴ ᎾᏍᎩ ᎠᎵᏍᎪᎸᏔᏅᎯ ᎠᎫᏴᏙᏗ ᎠᏴ ᎢᎩᏍᎦᏅᏨᎢ, ᎠᎴ ᎥᏝ ᎠᏴᏉ ᎢᎬᏒ
ᎢᎩᏍᎦᏅᏨᎢ, ᎾᏍᏉᏍᎩᏂ ᎡᎶᎯ ᏂᎬᎾᏛᎢ.
3 ᎯᎠᏃ ᎾᏍᎩ ᎢᏓᏙᎴᎰᎯᏍᏗᎭ ᎡᏗᎦᏔᎲᎢ, ᎾᏍᎩ ᏱᏗᎩᏍᏆᏂᎪᏗ ᏧᏤᎵ ᏗᎧᎿᏩᏛᏍᏗ.
4 ᎩᎶ ᏥᎦᏔᎭ ᎠᏗᏍᎩ, ᎠᏎᏃ ᏂᎦᏍᏆᏂᎪᏛᎾ ᏱᎩ ᏧᏤᎵ ᏗᎧᎿᏩᏛᏍᏗ, ᎾᏍᎩ ᎦᏰᎪᎩ
ᎠᎴ ᎤᏙᎯᏳᎯ ᎨᏒ ᏄᏪᎲᎾ.
5 ᎩᎶᏍᎩᏂ ᏳᏍᏆᏂᎪᏗ ᎾᏍᎩ ᎤᏁᏨᎯ, ᎾᏍᎩ ᎤᏙᎯᏳᎯᏯ ᎤᏁᎳᏅᎯ ᎠᎨᏳᏗ ᎨᏒ
ᎤᎧᎵᏨᎯ ᎨᏐᎢ: ᎾᏍᎩ ᎯᎠ ᎢᏓᏙᎴᎰᎯᏍᏗᎭ ᎡᏗᏯᎥᎢ.
6 ᎩᎶ [ᏥᏌ] ᏥᏯᎠ ᏯᏗᎭ, [ᏥᏌ] ᎤᏪᏙᎸ ᎾᏍᎩᏯ ᎾᏍᏉ ᏰᏙᎭ.
7 ᎢᏓᏓᏅᏟ, ᎥᏝ ᎢᏤ ᏗᎧᎿᏩᏛᏍᏗ ᏱᏨᏲᏪᎳᏁᎭ, ᎤᏪᏘᏉᏍᎩᏂ ᏗᎧᎿᏩᏛᏍᏗ ᎾᏍᎩ
ᏥᏥᎲᎩ ᏗᏓᎴᏂᏍᎬᎢ; ᎤᏪᏘ ᏗᎧᎿᏩᏛᏍᏗ ᎾᏍᎩᏉ ᎧᏃᎮᏛ ᏗᏓᎴᏂᏍᎬ ᎤᏓᎬᏩᏓᎴᏅᏛ
ᏥᏁᏣᏛᎩᏍᎪᎢ.
8 ᎠᎴᏬ, ᎢᏤ ᏗᎧᎿᏩᏛᏍᏗ ᎢᏨᏲᏪᎳᏁᎭ, ᎾᏍᎩ ᎤᏙᎯᏳᎭ [ᎦᎶᏁᏛ] ᎨᏒᎢ ᎠᎴ ᏂᎯ
ᎨᏒᎢ; ᎤᎵᏏᎬᏰᏃ ᎤᎶᏐᏅ, ᎿᏉᏃ ᏚᏳᎪᏛ ᎢᎦᎦᏘ ᏚᎸᏌᏛ.
9 ᎩᎶ ᎢᎦᎦᏛ ᎨᎠ ᏯᏗᎭ, ᏗᎾᏓᏅᏟᏃ ᏯᏍᎦᎦ, ᎤᎵᏏᎬᏉ ᎡᎭ ᎩᎳᎯᏳ.
10 ᎩᎶ ᏗᎾᏓᏅᏟ ᏳᎨᏳᎭ ᎢᎦᎦᏛ ᎡᎭ, ᎥᏝ ᎠᎴ ᎪᎱᏍᏗ ᎠᏓᏙᏕᏍᏗᏍᎩ ᏳᏪᎭ.
11 ᏗᎾᏓᏅᏟᏍᎩᏂ ᎠᏍᎦᎩ ᎤᎵᏏᎬᏉ ᎡᎭ, ᎠᎴ ᎤᎵᏏᎬᏉ ᎡᏙᎭ, ᎥᏝ ᎠᎴ ᏯᎦᏔᎭ
ᏩᎦᏛᎢ, ᎤᎵᏏᎬᏰᏃ ᏚᎨᏩᏛ.
12 ᎢᏨᏲᏪᎳᏁᎭ ᏗᏥᏲᎵ ᎢᏥᏍᎦᏅᏨᏰᏃ ᎡᏥᏙᎵᏨ ᎤᏧᎵᏍᏙᏔᏅ ᏥᏌ ᏕᎤᏙᎥᎢ.
13 ᎢᏨᏲᏪᎳᏁᎭ ᎢᏥᎦᏴᎵᎨᎢ, ᎡᏥᎦᏙᎥᏒᏰᏃ ᏗᏓᎴᏂᏍᎬ ᎤᏓᎬᏩᏓᎴᏅᏛ ᏤᎭ.
ᎢᏨᏲᏪᎳᏁᎭ ᎢᏥᏫᏅ, ᎡᏥᏎᎪᎩᏒᏰᏃ ᎤᏁᎫᏥᏛ. ᎢᏨᏲᏪᎳᏁᎭ ᏗᏥᏲᎵ, ᎡᏥᎦᏙᎥᏒᏰᏃ
ᎠᎦᏴᎵᎨᎢ.
14 ᎢᏨᏲᏪᎳᏏ ᎢᏥᎦᏴᎵᎨᎢ, ᎡᏥᎦᏙᎥᏒᏰᏃ ᏗᏓᎴᏂᏍᎬ ᎤᏓᎬᏩᏓᎴᏅᏛ ᏤᎭ. ᎢᏨᏲᏪᎳᏏ
ᎢᏥᏫᏅ, ᏗᏣᎵᏂᎩᏗᏳᏰᏃ, ᎠᎴ ᎧᏃᎮᏛ ᎤᏁᎳᏅᎯ ᎤᏤᎵᎦ ᎢᏥᏯᎠ, ᎠᎴ ᎡᏥᏎᎪᎩᏒ
ᎤᏁᎫᏥᏛ.
15 ᏞᏍᏗ ᏱᏥᎨᏳᏎᏍᏗ ᎡᎶᎯ, ᎠᎴ ᎪᎱᏍᏗ ᎡᎶᎯ ᎡᎯ. ᎢᏳᏃ ᎩᎶ ᎡᎶᎯ ᏳᎨᏳᎭ, ᎥᏝ
ᏱᎬᏩᎨᏳᎭ ᎠᎦᏴᎵᎨᎢ.
16 ᏥᏄᏓᎴᏰᏃ Ꭱ-ᎶᎯ ᏤᎭ, ᎠᏰᎸ ᎤᏚᎸᏗ ᏥᎩ, ᎠᎴ ᏨᎦᏙᎵ ᎤᏙᎸᏗ ᏥᎩ, ᎠᎴ ᎠᎵᏉᏗ
ᎠᎴᏂᏓᏍᏗᏱ, ᎾᏍᎩ ᎥᏝ ᎠᎦᏴᎵᎨᏍᏗᏱ ᎤᏓᏳᏓᎴᏅᎯ ᏱᎩ, ᎡᎶᎯᏉᏍᎩᏂ ᎤᏓᎴᏅᎯ.
17 ᎠᎴ ᎡᎶᎯ ᎦᎶᏐᎲᏍᎦ, ᎠᎴ ᎾᏍᎩ ᎾᎿ ᎠᏚᎸᏗ ᎨᏒᎢ, ᎾᏍᎩᏍᎩᏂ ᎾᎤᏁᎳᏅᎯ
ᎠᏓᏅᏖᏍᎬ ᏧᏄᏫᏍᏓᏁᎯ ᏂᎪᎯᎸ ᎡᎭ.

18 ᏗᏥᏲᎵ, ᎿᏉ ᎤᎵᏍᏆᎸᏗ, ᎢᏳᏛᎦᏅᎯᏃ ᏥᎩ ᎤᎷᎯᏍᏗᏱ ᎦᎶᏁᏛ-ᎠᏡᏗᏍᎩ, ᎠᎴ
ᎪᎯ ᎨᏒ ᎤᏂᏣᏔ ᎦᎶᏁᏛ-ᎠᎾᏡᏗᏍᎩ; ᎾᏍᎩ ᎢᏳᏍᏗ ᎢᏗᎦᏔᎭ ᎤᎵᏍᏆᎸᏗ ᎨᏒᎢ.
19 ᎨᏚᏙᎳᏒᎸᎩ, ᎠᏎᏃ ᎥᏝ ᎾᎿ ᎠᏁᎳ ᏱᎨᏎᎢ, ᎢᏳᏰᏃ ᎾᎿ ᎠᏁᎳ ᏱᎨᏎᎢ, ᎠᏎ
ᏱᏂᎬᏩᎾᏛᏁᎢ, ᎠᏎᏃ [ᎤᎾᏙᏣᏒᎩ] ᎬᏂᎨᏒ ᎢᏳᎾᎵᏍᏙᏗᏱ ᎾᎿ ᏂᎦᏛ ᎠᏁᎳ ᏂᎨᏒᎾ
ᎨᏒᎢ.
20 ᏂᎯᏍᎩᏂ ᎾᏍᎦᏅᎾ ᎢᏥᎶᏁᎥ, ᎠᎴ ᎢᏥᎦᏔᎯᏳ ᏂᎦᎥᎢ.
21 ᎯᎠ ᏥᏨᏲᏪᎳᏏ ᎥᏝ ᏱᏅᏓᎦᎵᏍᏙᏓ ᏂᏥᎦᏔᏅᎾ ᎨᏒ ᏚᏳᎪᏛᎢ, ᎢᏥᎦᏔᎯᏳᏍᎩᏂ
ᎨᏒᎢ, ᎠᎴ ᎢᏥᎦᏔᎯᏳ ᎨᏒ ᏂᎦᎥ ᎦᏰᎪᎩ ᎧᏃᎮᏛ ᏚᏳᎪᏛ ᎤᏓᏳᏓᎴᏅᎯ ᏂᎨᏒᎾ ᎨᏒᎢ.
22 ᎦᎪ ᎦᏰᎪᎩ, ᎢᏳᏃ ᎾᏍᎩ ᏂᎨᏒᎾ ᏱᎩ Ꮎ ᎠᏓᏱᎯ ᏥᏌ ᎦᎶᏁᏛ ᎨᏒᎢ. ᎾᏍᎩ Ꮎ
ᎦᎶᏁᏛᎠᏡᏗᏍᎩ, ᎠᏓᏱᎯ ᎠᎦᏴᎵᎨᎢ ᎠᎴ ᎤᏪᏥ.
23 ᎩᎶ [ᎤᏁᎳᏅᎯ] ᎤᏪᏥ ᎠᏓᏱᎯ, ᎾᏍᎩ ᎥᏝ ᏳᏪᎭ ᎠᎦᏴᎵᎨᎢ; [ᎾᏍᎩᏍᎩᏂ Ꮎ
ᎪᎯᏳᎲᏍᎩ ᎤᏪᏥ ᎾᏍᎩ ᎤᏪᎭ ᎾᏍᏉ ᎠᎦᏴᎵᎨᎢ.]
24 ᎾᏍᎩ ᎢᏳᏍᏗ ᏗᏓᎴᏂᏍᎬ ᎤᏓᎬᏩᏓᎴᏅᏛ ᏥᏣᏛᎩᎭ ᎾᏍᎩ ᏂᎯ ᎢᏥᏯᎡᏍᏗ. ᎢᏳᏃ
ᎾᏍᎩ ᏗᏓᎴᏂᏍᎬ ᎤᏓᎬᏩᏓᎴᏅᏛ ᏥᏣᏛᎩᎭ ᎢᏥᏯᎡᏍᏗ, ᏂᎯ ᎾᏍᏉ ᎡᏥᏯᎡᏍᏗ
ᎤᏪᏥ ᎠᎴ ᎠᎦᏴᎵᎨᎢ.
25 ᎠᎴ ᎯᎠ ᎾᏍᎩ ᎢᎩᏚᎢᏍᏓᏁᎸᎯ ᏥᎩ, ᎾᏍᎩ ᎠᎵᏍᏆᏗᏍᎩ ᏂᎨᏒᎾ ᎬᏂᏛ.
26 ᎾᏍᎩ ᎯᎠ ᏄᏍᏗ ᎢᏨᏲᏪᎳᏏ ᏕᏥᏁᎢᏍᏗᏍᎬ ᎾᏍᎩ Ꮎ ᎨᏥᎵᏓᏍᏗᏍᎩ.
27 ᎾᏍᎩᏍᎩᏂ ᏥᏌ ᎢᏥᎶᏁᏔᏅᎯ ᎨᏒ ᏥᏥᏯᎠ, ᎠᎴ ᎤᏚᎸᏗ ᏂᏣᎵᏍᏓᏁᎲᎾ ᏥᎩ ᎩᎶ
ᎢᏤᏲᏗᏱ, ᎾᏍᎩᏰᏃ ᏥᏌ ᎢᏥᎶᏁᏔᏅᎯ ᏥᏤᏲᎲᏍᎦ ᏂᎦᎥᎢ, ᎠᎴ ᎤᏙᎯᏳᏒ ᏥᎩ, ᎠᎴ
ᎦᏰᎪᎩ ᏂᎨᏒᎾ ᏥᎩ, ᎾᏍᎩᏯ ᏄᏍᏛ ᎢᏤᏲᎲᏍᎬ ᎡᏥᏯᎡᏍᏗ.
28 Ꭷ, ᏗᏥᏲᎵ, ᏥᏌ ᎡᏥᏯᎡᏍᏗ, ᎾᏍᎩᏃ ᎾᎯᏳ ᏕᎾᏄᎪᏥᎸᎭ ᏂᏗᎾᏰᏍᎬᎾ ᎨᏎᏍᏗ ᎠᎴ
ᏂᏓᏕᎰᏍᎬᎾ ᎨᏎᏍᏗ ᎠᎦᏔᎲᎢ ᎾᎯᏳ ᏕᎷᏥᎸᎭ.
29 ᎢᏳᏃ ᏱᏥᎦᏔᎭ ᎾᏍᎦᏅᎾ ᎨᏒ ᏥᏌ, ᎤᏥᎦᏔᎭ [ᎾᏍᏉ] ᎾᏂᎥ ᏚᏳᎪᏛ
ᏧᏂᎸᏫᏍᏓᏁᎯ ᎾᏍᎩ ᏧᎾᏄᎪᏫᏒᎯ ᎨᏒᎢ.

ᎠᏯᏙᎸᎢ 3

1 ᎬᏂᏳᏉ ᏄᏍᏆᏂᎪᏗ ᎠᏓᎨᏳᏗ ᎨᏒ ᎠᎦᏴᎵᎨ ᎢᎩᏁᎸ, ᎾᏍᎩ ᎤᏁᎳᏅᎯ ᏧᏪᏥ ᎦᏰᎪᏎᏗ
ᏥᎩ. ᎡᎶᎯ ᎠᏴ ᏂᎩᎦᏔᎲᎾ ᏥᎩ, ᎤᏗᎦᎵᏍᏙᏗᎭ ᎾᏍᎩ ᏄᎦᏔᎲᎾ ᏥᎨᎡᎩ.
2 ᎢᏨᎨᏳᎢ, ᎿᏉ ᎤᏁᎳᏅᎯ ᏧᏪᏥ ᎠᏴ, ᎠᏎᏃ ᎥᏝ ᎠᏏ ᎬᏂᎨᏒ ᏱᏂᎦᎵᏍᏗᎭ ᎢᎦᎵᏍᏙᏗ
ᎨᏒᎢ; ᎠᏎᏃ ᎢᏗᎦᏔᎭ ᎾᎯᏳ ᎦᎾᏄᎪᏨᎭ ᎾᏍᎩᏯ ᏄᏍᏛ ᏂᎦᏍᎦᏍᏗ, ᎾᏍᎩᏰᏃ ᏄᏍᏛ
ᎾᏍᎩ ᏓᏰᏗᎪᎢ.
3 ᎩᎶᏃ ᎾᏍᎩ ᎯᎠ ᏥᏄᏍᏙ ᎤᏚᎩ ᏧᏩᎭ [ᏥᏌ], ᎤᏩᏒ ᎠᏓᏅᎦᎵᏍᎪᎢ, ᎾᏍᎩᏯ [ᏥᏌ]
ᏄᏅᎦᎸᎾ ᏥᎩ ᎾᏍᎩᏯ ᎾᏓᏛᏁᎰᎢ.
4 ᎩᎶ ᏣᏍᎦᏅᎪ ᎠᏲᏍᏗᏍᎪ ᎾᏍᏉ ᏗᎧᎿᏩᏛᏍᏗ, ᎠᏍᎦᏂᏰᏃ ᎠᏲᏍᏗᏍᎩ
ᏗᎧᎿᏩᏛᏍᏗ.
5 ᎠᎴ ᎢᏥᎦᏔᎭ ᎾᏍᎩ ᎬᏂᎨᏒ ᎾᎥᏁᎸᎢᎩᎲᏒᏗᏱ ᎢᎩᏍᎦᏅᏨᎢ; ᎤᏩᏒᏍᎩᏂ ᎥᏝ ᏳᏪᎭ
ᎠᏍᎦᏂ.
6 ᎩᎶ ᏣᏯᎣ [ᎦᎶᏁᏛᏱ] ᎥᏝ ᏯᏍᎦᏅᎪᎢ; ᎩᎶ ᏣᏍᎦᏅᎪᎢ ᎥᏝ ᎤᎪᎲᎯ ᏱᎨᏎᎢ, ᎥᏝ
ᎠᎴ ᎤᎦᏙᎥᏒᎯ ᏱᎨᏎᎢ.
7 ᏗᏥᏲᎵ ᏞᏍᏗ ᎩᎶ ᏱᏥᏫᏄᎮᎴᏍᏗ; ᏚᏳᎪᏛ ᏧᏄᏬᏍᏓᏁᎯ ᎾᏍᎩ ᎾᏍᎦᏅᎾ, ᎾᏍᎩᏯ
[ᎦᎶᏁᏛ] ᎾᏍᎦᏅᎾ ᏥᎩ.
8 ᎠᏍᎦᏂ ᏧᏄᏬᏍᏓᏁᎯ, ᎠᏍᎩᎾ ᎤᏓᏳᏓᎴᏅᎯ ᎨᏎᎢ, ᏗᏓᎴᏁᏍᎬᏰᏃ ᎤᏓᎬᏩᏓᎴᏅᏛ
ᎠᏍᎩᎾ ᎠᏍᎦᏅᎪᎢ. ᎾᏍᎩ ᎢᏳᏍᏗ ᎤᏁᎳᏅᎯ ᎤᏪᏥ ᎬᏂᎨᏒ ᎾᎬᏁᎸᎩ, ᎤᏲᏍᏙᏗᏱ
ᎠᏍᎩᎾ ᏚᏄᏬᏍᏓᏁᎸᎢ.
9 ᎩᎶ ᎤᏁᎳᏅᎯ ᎤᎦᏔᏅᎯ ᏥᎨᎭ ᎥᏝ ᎠᏍᎦᏂ ᏱᏚᏄᏬᏍᏓᏁᎰᎢ; ᎾᏍᎩᏰᏃ ᎤᏤᎵᎦ
ᎤᎦᏔ ᎤᏪᎰᎢ, ᎥᏝ ᎠᎴ ᏰᎵ ᎬᏩᏍᎦᏅᎢᏍᏗ ᏱᎨᏎᎢ, ᎤᏗᎦᎵᏍᏙᏗᏍᎪ ᎤᏁᎳᏅᎯ
ᎤᎦᏔᏅᎯ ᎨᏒᎢ.
10 ᎯᎠ ᎾᏍᎩ ᎾᎿ ᎤᏁᎳᏅᎯ ᏧᏪᏥ ᎬᏂᎨᏒ ᎾᎾᎵᏍᏗᎭ, ᎠᎴ ᎠᏍᎩᎾ ᏧᏪᏥ; ᎩᎶ
ᏚᏳᎪᏛ ᏧᏄᏬᏍᏓᏁᎯ ᏂᎨᏒᎾ ᏥᎨᏎᎢ, ᎥᏝ ᎤᏁᎳᏅᎯ ᎤᏓᏳᏓᎴᏅᎯ ᏱᎨᏎᎢ; ᎠᎴ
ᏗᎾᏓᏅᏟ ᎤᎨᏳᎯ ᏂᎨᏒᎾ ᏥᎨᏎᎢ.
11 ᎯᎠᏰᏃ ᎾᏍᎩ ᎧᏃᎮᏛ ᏥᏣᏛᎩᎭ ᏗᏓᎴᏂᏍᎬ ᏂᎨᏣᏛᎩᏍᎪᎢ, ᎾᏍᎩ ᏗᎦᏓᎨᏳᎯ
ᎢᏳᎵᏍᏙᏗᏱ.
12 ᎥᏝ ᎾᏍᎩ ᎨᎾ ᏄᏛᏁᎸᎢ, ᎾᏍᎩ ᎤᏁᎫᏥᏛ ᎤᏓᏳᏓᎴᏅᎯ ᏥᎨᏎᎢ, ᎠᎴ ᎤᏅᏟ ᏧᎴ.
ᎦᏙᏃ ᎢᎤᎴᎢ? ᎤᏗᎦᎵᏍᏙᏗᏍᎨᏍᎩᏂ ᎤᏩᏒ ᏚᏄᏬᏍᏓᏁᎲ ᎤᏲᎢᏳ ᎨᏒᎢ, ᎤᏅᏟᏃ
ᏚᏄᏬᏍᏓᏁᎲ ᎣᏏᏳ ᎨᏒᎢ.
13 ᏞᏍᏗ ᏱᏥᏍᏆᏂᎪᏍᎨᏍᏗ, ᎢᏓᏓᏅᏟ, ᎢᏳᏃ ᎡᎶᎯ ᎢᎩᏍᎦᎩᏳ ᎢᎨᏎᏍᏗ.
14 ᎢᏗᎦᏔᎭ ᎠᏲᎱᎯᏍᏗ ᎨᏒ ᎢᎩᎶᏒᎢ ᎬᏂᏛᏃ ᏫᎩᎾᏄᏨᎢ, ᎤᏗᎦᎵᏍᏙᏗᎭ ᏗᏗᎨᏳᎯᏳ ᎨᏒ
ᎢᏓᏓᏅᏟ. ᎩᎶ ᎤᎨᏳᎯᏳ ᏂᎨᏒᎾ ᏱᎩ ᏗᎾᏓᏅᏟ, ᎠᏲᎱᎯᏍᏗ ᎨᏒ ᎡᎭ.

15 ᎩᎶ ᏗᎾᏓᏅᏟ ᎠᏍᎦᎩ ᏱᎩ ᎾᏍᎩ ᏴᏫ ᎠᎯᎯ; ᎢᏥᎦᏔᎭᏃ ᏴᏫ ᎠᎯᎯ ᎬᏂᏛ ᏄᏪᎲᎾ
ᎨᏒᎢ.

16 ᎠᏂ ᎢᏗᎪ ᏩᏘᎭ ᎤᏓᎨᏳᏗ ᎨᏒᎢ, ᎤᏗᎦᎵᏍᏙᏗᎭ ᎬᏅ ᎡᎳᏗ ᎢᎩᏁᎸᎢ, ᎠᎴ ᎾᏍᏉ
ᎠᏴ ᏕᏛᏅ ᎡᎳᏗ ᏱᏗᏗᏁᎭ ᎢᏓᏓᏅᏟ.

17 ᎩᎶᏍᎩᏂ ᎡᎶᎯ ᎡᎯ ᎠᎵᏍᏕᎸᏙᏗ ᎨᏒ ᏧᏪᎰᎢ, ᎠᎴ ᏣᎪᏩᏘᏍᎪ ᏗᎾᏓᏅᏟ ᎤᏂᎬᎬᎢ,
ᎠᏎᏃ ᎾᏍᎩ ᏣᏍᏚᏁᎰᏉ ᎤᎾᏫ, ᎦᏙ ᏱᎦᎵᏍᏙᏓ ᏩᏪᎭ ᎤᏁᎳᏅᎯ ᎠᎨᏳᏗ ᎨᏒᎢ?

18 ᏗᏥᏲᎵ ᏗᏇᏥ, ᏞᏍᏗ ᎢᏗᏁᎬᏉ ᎠᎴ ᏗᏗᏃᎪᎢᏉ ᏱᏗᏛᏗᏍᎨᏍᏗ ᏱᏍᏕᏓᎨᏳᏎᏍᏗ,
ᏕᎩᏄᏫᏍᏓᏁᎲᏍᎩᏂ ᎠᎴ ᎤᏙᎯᏳᏒᎢ.

19 ᎠᎴ ᎾᏍᎩ ᎯᎠ ᎢᏓᏙᎴᎰᎯᏍᏗᎭ ᏚᏳᎪᏛ ᎤᏓᏚᏓᎴᏅᎯ ᎨᏒᎢ; ᏙᎯᏱᏃ ᏂᏙᏓᏛᏁᎵ
ᏗᎩᎾᏫ ᎾᏍᎩ ᎠᎦᏔᎲᎢ.

20 ᎢᏳᏰᏃ ᏗᎩᎾᏫ ᎢᎩᏍᎦᏅᏨ ᏱᏗᎫᎪᏗᎭ, ᎤᏁᎳᏅᎯ ᎤᏟ ᎦᎸᏉᏗᏳ ᎡᏍᎦᏉ
ᏗᎩᎾᏫ, ᎠᎴ ᎠᎦᏔᎯᏳ ᏂᎦᎥᎢ.

21 ᎢᏨᎨᏳᎢ, ᎢᏳᏃ ᏗᎩᎾᏫ ᏂᏗᎫᎰᏓᏁᎲᎾ ᏱᎩ, ᎤᎦᎵᏍᏗᏳ ᎢᎦᏓᏅᏖ ᎤᏁᎳᏅᎯ
ᎡᏓᏓᏅᏏᏍᎬᎢ;

22 ᎠᎴ ᏂᎦᎥ ᎪᎱᏍᏗ ᎢᏗᏔᏲᎭ ᎢᎩᏁᎰᎢ, ᎤᏗᎦᎵᏍᏙᏗᏍᎪ ᎢᎩᏍᏆᏂᎪᏛ ᎤᏤᎵᎦ
ᏗᎧᎿᏩᏛᏍᏗ, ᎠᎴ ᏕᎩᏄᏫᏓᏁᎲ ᎾᏍᎩ ᎣᏍᏛ ᎤᏰᎸᏗ ᎨᏒ ᎦᎩᏊᏅᎢ.

23 ᎾᏍᎩᏃ ᎯᎠ ᏄᏍᏗ ᎤᏤᎵᎦ ᏗᎧᎿᏩᏛᏍᏗ, ᎢᎪᎯᏳᏗᏱ ᏕᎤᏙᎥ ᎤᏪᏥ ᏥᏌ ᎦᎶᏁᏛ,
ᎠᎴ ᏗᎦᏓᎨᏳᎯ ᎢᏳᎵᏍᏙᏗᏱ ᎾᏍᎩᏯ ᎢᎩᏁᏤᎸᎢ.

24 ᎩᎶᏃ ᎾᏍᎩ ᎤᏤᎵᎦ ᏗᎧᎿᏩᏛᏍᏗ ᎠᏍᏆᏂᎪᏗᏍᎩ ᎾᏍᎩ ᎠᏯᎣᎢ [ᎤᏁᎳᏅᎯᏱ],
ᎠᎴ ᎾᏍᎩ ᎤᏯᎣᎢ [ᎤᏁᎳᏅᎯ]. ᎠᎴ ᎠᏓᏅᏙ ᎢᎩᏁᎸᎯ ᎨᏒ ᎾᏍᎩ ᎢᏓᏙᎴᎰᎯᏍᏗᎭ
ᎠᏴ ᎢᎩᏯᎥᎢ.

ᎠᏯᏙᎸᎢ 4

1 ᎢᏨᎨᏳᎢ, ᏞᏍᏗ ᎾᏂᎥ ᏗᏓᏅᏙ ᏱᏗᏦᎯᏳᎲᏍᎨᏍᏗ, ᏕᏥᎪᎵᏰᏍᎨᏍᏗᏍᎩᏂ ᏗᏓᏅᏙ,
ᎤᏁᎳᏅᎯ ᎤᏓᏳᏓᎴᏅᎯ ᎨᏒ, ᎠᎴ ᎤᏁᎳᏅᎯ ᎤᏓᏳ ᏓᎴᏅᎯ ᏂᎨᏒᎾ ᎨᏒᎢ.
ᎤᏂᏣᏘᏰᏃ ᎤᎾᏠᎾᏍᏗ ᎠᎾᏙᎴᎰᏍᎩ ᎠᏁᏙᎭ ᎡᎶᎯ.
2 ᎯᎠ ᎾᏍᎩ ᏄᏍᏗ ᎢᏦᎵᏍᏙᏗ ᎤᏁᎳᏅᎯ ᎤᏤᎵ ᎠᏓᏅᏙ; ᎾᏍᎩ ᎠᏓᏅᏙ ᎯᎠ
ᎢᎦᏪᏍᎩ, ᏥᏌ ᎦᎶᏁᏛ ᎤᏇᏓᎵ ᎤᎾᏄᎪᏥᎴᎢ, ᎾᏍᎩ ᎤᏁᎳᏅᎯ ᎤᏓᏳᏓᎴᏅᎯ.
3 ᎾᏍᎩᏃ ᎠᏓᏅᏙ ᎯᎠ ᎢᎦᏪᏍᎩ ᏂᎨᏒᎾ, ᏥᏌ ᎦᎶᏁᏛ ᎤᏇᏓᎵ ᎤᎾᏄᎪᏥᎴᎢ, ᎥᏝ
ᎤᏁᎳᏅᎯ ᎤᏓᏳᏓᎴᏅᎯ ᏱᎩ. ᎾᏍᎩᏍᎩᏂ ᎯᎠ ᎦᎶᏁᏛ-ᎠᏡᏗᏍᎩ ᎤᏤᎵᎦ ᎠᏓᏅᏙ,
ᎾᏍᎩ ᎤᎷᎯᏍᏗᏱ ᎢᏣᏛᎦᏅᎯ ᏥᎩ, ᎠᎴ ᎿᏉ ᎦᏳᎳ ᎡᎶᎯ ᎡᎭ.
4 ᏂᎯ ᎤᏁᎳᏅᎯ ᎤᏓᏣᏓᎴᏅᎯ, ᏗᏥᏲᎵ, ᎠᎴ ᏕᏥᏎᎪᎩᏒ ᎾᏍᎩ; ᎤᏗᎦᎵᏍᏙᏗᎭ ᎤᏟ
ᎤᎵᏂᏗᎩᏗᏳ ᎨᏒ ᎢᏥᏯᎢ ᎡᏍᎦᏉ ᎡᎶᎯ ᎠᏯᎢ.
5 ᎡᎶᎯ ᎤᏓᏳᎾᏓᎴᏅᎯ ᎾᏍᎩ, ᎾᏍᎩ ᎢᏳᏍᏗ ᎡᎶᎯ ᎡᎯ ᎠᏂᏬᏂᎭ, ᎠᎴ ᎡᎶᎯ
ᎤᎾᏛᎦᏁᎰᎢ.
6 ᎠᏴ ᎤᏁᎳᏅᎯ ᎤᏓᏲᎦᏓᎴᏅᎯ; ᎾᏍᎩ Ꮎ ᎤᏁᎳᏅᎯ ᎠᎦᏔᎯ ᏍᎦᏛᎦᏁᎰᎢ. ᎾᏃ
ᎤᏁᎳᏅᎯ ᎤᏓᏳᏓᎴᏅᎯ ᏂᎨᏒᎾ ᎥᏝ ᏲᎦᏛᎦᏁᎰᎢ. ᎾᏍᎩ ᎤᏗᎦᎵᏍᏙᏗᎭ ᎦᏗᏔᎭ
ᏚᏳᎪᏛ ᎢᏯᎾᏛᏁᎯ ᎠᏓᏅᏙ, ᎠᎴ ᏚᏳᎪᏛ ᎢᏯᏠᏛᏁᎯ ᏂᎨᏒᎾ ᏗᏓᏅᏙ.
7 ᎢᏨᎨᏳᎢ, ᏕᎦᏓᎨᏳᏎᏍᏗ; ᎠᏓᎨᏳᏗᏰᏃᎨᏒ ᎤᏁᎳᏅᎯ ᎤᏓᏳᏓᎴᏅᎯ, ᎩᎶᏃ ᏧᏓᎨᏳᏐ
ᎤᏁᎳᏅᎯ ᎤᎾᏄᎪᏫᏒᎯ ᎨᏐᎢ, ᎠᎴ ᎠᎦᏔᎮ ᎤᏁᎳᏅᎯ.
8 ᎤᏓᎨᏳᎯᏃ ᏂᎨᏒᎾ, ᎥᏝ ᏯᎦᏔᎮ ᎤᏁᎳᏅᎯ; ᎤᏁᎳᏅᎯᏰᏃ ᎤᏓᎨᏳᏗ ᎨᏒ ᏚᏙᎥ.
9 ᎠᏂ ᎯᎠ ᎬᏂᎨᏒ ᏄᎵᏍᏔᏅᎩ ᎤᏁᎳᏅᎯ ᎢᎩᎨᏳᏒᎢ, ᎤᏁᎳᏅᎯᏰᏃ ᏧᏅᏎ ᎤᏩᏒᎯᏳ
ᎤᏕᏁᎸᎯ ᎤᏪᏥ ᎡᎶᎯ ᎤᎷᎯᏍᏗᏱ, ᎾᏍᎩ ᎢᏳᏩᏂᏐᏗᏱ ᎬᏂᏛ ᎢᎩᏩᏛᏗᏱ, ᎾᏍᎩ
ᎢᏳᏩᏂᏐᏗᏱ ᎬᏂᏛ ᎢᎩᏩᏛᏗᏱ.
10 ᎠᏂᎯᎠ ᎠᏓᎨᏳᏗ ᎨᏒᎢ, ᎥᏝ ᎤᏁᎳᏅᎯ ᎡᏗᎨᏳᎢᏳ ᏄᎵᏍᏔᏅᎢ, ᎠᏴᏍᎩᏂ
ᎢᎩᎨᏳᎯᏳ ᏄᎵᏍᏔᏅᎢ, ᎠᎴ ᏧᏅᏒ ᎤᏤᎵᎦ ᎤᏪᏥ ᎠᎵᏍᎪᎸᏔᏅᎯ ᎠᎫᏴᏙᏗ
ᎢᎩᏍᎦᏍᏨᎢ.
11 ᎢᏨᎨᏳᎢ, ᎢᏳᏃ ᎤᏁᎳᏅᎯ ᎾᏍᎩ ᎢᎦᎢ ᎢᎩᎨᏳᎯᏳ ᎢᏳᎵᏍᏔᏅᎯ ᏱᎩ, ᎠᏴ ᎾᏍᏉ
ᏗᎦᏓᎨᏳᎯᏳ ᏱᎩ.
12 ᎥᏝ ᎢᎸᎯᏳ ᎩᎶ ᎤᏁᎳᏅᎯ ᎤᎪᎲᎯ ᏱᎩ. ᎢᏳᏃ ᏗᎦᏓᎨᏳᎯᏳ ᏱᎩ, ᎤᏁᎳᏅᎯ
ᎢᎩᏯᎠ, ᎠᎴ ᎠᏴ ᎡᏗᎨᏳᏒ ᎤᎧᎵᏨᎯ ᎨᏐᎢ.
13 ᎯᎠ ᎾᏍᎩ ᎢᏓᏙᎴᎰᎯᏍᏗᎭ ᎡᏗᏯᎥᎢ ᎠᎴ ᎠᏴ ᎢᎩᏯᎥᎢ, ᎾᏍᎩ ᎤᏗᎦᎵᏍᏙᏗᏍᎬ
ᎢᎦᎵᏍᎪᎸᏓᏁᎸᎯ ᎨᏒ ᎤᏩᏒ ᎤᏤᎵ ᎠᏓᏅᏙ.
14 ᎠᎴ ᎠᏴ ᏍᎩᎪᎲ ᎠᎴ ᏍᏥᏃᎮᎭ ᎠᎦᏴᎵᎨ ᏧᏅᏒ ᎤᏪᏥ ᎡᎶᎯ ᎠᏍᏕᎵᏍᎩ
ᎢᏳᎵᏍᏙᏗᏱ.

15 ᎩᎶ ᎯᎠ ᎢᎦᏪᏍᎩ ᏥᏌ ᎤᏁᎳᏅᎯ ᎤᏪᏥ ᎨᏒᎢ, ᎾᏍᎩ ᎤᏁᎳᏅᎯ ᏛᏯᏛᎢ, ᎠᎴ
ᎾᏍᎩ ᎤᏁᎳᏅᎯᏱ ᎠᏯᏛᎢ.
16 ᎠᎴ ᎠᏴ ᎢᎩᎦᏙᎥᏒ ᎠᎴ ᎢᎪᎯᏳᏅ ᎤᏁᎳᏅᎯ ᎢᎩᎨᏳᎯᏳ ᎨᏒ-Ꭲ. ᎤᏁᎳᏅᎯ
ᎠᏓᎨᏳᏗ ᎨᏒ ᏚᏙᎥ, ᎠᏓᎨᏳᏗᏃ ᎨᏒ ᎡᎯ ᎤᎾᎳᏅᎯ ᎠᏯᏛᎢ, ᎠᎴ ᎤᎾᎳᏅᎯ ᎾᏍᎩ
ᎤᏯᏛᎢ.
17 ᎠᏂ ᎯᎠ ᎢᎦᏓᎨᏳᏗ ᎨᏒ ᎤᎧᎵᏨᎯ, ᏄᎵᏍᏔᏅ Ꮎ-Ꭹ ᏂᏗᎾᏰᏍᎬᎾ ᎢᏳᎵᏍᏙᏗᏱ
ᏗᎫᎪᏙᏗᏱ ᎢᎦ ᎨᏎᏍᏗ, ᎤᏗᎦᎵᏍᏙᏗᎭ ᎾᏍᎩᏯ ᏄᏍᏛ ᎾᏍᏉ ᎾᏍᎩ ᏂᎦᏍᏗ ᎠᏴ ᎠᏂ
ᎡᎶᎯ.
18 ᎥᏝ ᎦᎾᏰᎯᏍᏗ ᎨᏒ ᏳᏓᏑᏯ ᎠᏓᎨᏳᏗ ᎨᏒᎢ, ᎤᎧᎵᏨᎯᏍᎩᏂ ᎨᏒ ᎠᏓᎨᏳᏗ ᎦᏄᎪᏫᏍᎦ
ᎦᎾᏰᎯᏍᏗ ᎨᏒᎢ; ᎦᎾᏰᎯᏍᏗᏰᏃ ᎨᏒ ᎠᎩᎵᏯ ᎤᏪᎭ; ᎩᎶ ᏥᎦᎾᏰᏍᎪᎢ ᎥᏝ ᎤᎧᎵᏨᎯ
ᏱᎨᎭ ᎠᏓᎨᏳᏗ ᎨᏒᎢ.
19 ᎡᏗᎨᏳᎠ ᎾᏍᎩ ᎤᏗᎦᎵᏍᏙᏗᎭ ᎠᏴ ᎢᎬᏱ ᎢᎩᎨᏳᎯᏳ ᏄᎵᏍᏔᏅᎢ.
20 ᎢᏳᏃ ᎩᎶ ᎤᏁᎳᏅᎯ ᏥᎨᏳᎠ ᏯᏗᎭ, ᏯᏍᎦᎦᏃ ᏗᎾᏓᏅᏟ, ᎦᏰᎪᎩ ᎾᏍᎩ,
ᎤᎨᏳᎯᏰᏃ ᏂᎨᏒᎾ ᏱᎩ ᏗᎾᏓᏅᏟ ᎾᏍᎩ ᎤᎪᎲᎯ, ᎦᏙ ᏱᎦᎵᏍᏙᏓ ᎤᎨᏳᎯᏳ ᏱᎩ
ᎤᏁᎳᏅᎯ ᎤᎪᎲᎯ ᏂᎨᏒᎾ ᎨᏒᎢ.
21 ᎯᎠᏃ ᎾᏍᎩ ᏗᎧᎿᏩᏛᏍᏗ ᎢᎩᏁᏄᎯ, ᎾᏍᎩ ᎢᏳᏃ ᎩᎶ ᎤᎨᏳᎯᏳ ᎨᏎᏍᏗ
ᎤᏁᎳᏅᎯ, ᎾᏍᏉ ᎤᎨᏳᎯᏳ ᎨᏎᏍᏗ ᏗᎾᏓᏅᏟ.

ᎠᏯᏙᎸᎢ 5

1 ᎩᎶ ᏱᎪᎯᏳᎲᏍᎦ ᏥᏌ ᎾᏍᎩ ᎦᎶᏁᏛ ᎨᏒᎢ, ᎾᏍᎩ ᎤᏁᎳᏅᎯ ᎤᏕᎳᏅᎯ, ᎩᎶᏃ
ᏳᎨᏳᎭ ᎤᏓᎾᏄᎪᏫᏒᎯ, ᎾᏍᏉ ᎠᏥᎾᏄᎪᏫᏒᎯ ᎤᎨᏳᎯᏳ ᎨᎭᎢ.
2 ᎤᏁᎳᏅᎯ ᎡᏗᎨᏳᎢ ᏥᎨᎭᎢ, ᎠᎴ ᏥᎩᏍᏆᏂᎪᏙ ᎤᏤᎵᎦ ᏗᎧᎿᏩᏛᏍᏗ, ᎾᏍᎩ
ᎢᏓᏙᎴᎰᎯᏍᏗᏍᎪ ᎨᏗᎨᏳᎢᏳ ᎨᏒ ᎤᏁᎳᏅᎯ ᏧᏪᏥ.
3 ᎾᏍᎩᏰᏃ ᎯᎠ ᏄᏍᏗ ᎤᏁᎳᏅᎯ ᎠᎨᏳᏗ ᎨᏒᎢ, ᎾᏍᎩ ᏗᎩᏍᏆᏂᎪᏙᏗᏱ ᏧᏤᎵ
ᏗᎧᎿᏩᏛᏍᏗ; ᎤᏤᎵᏃ ᏗᎧᎿᏩᏛᏍᏗ ᎥᏝ ᎦᎨᏗᏳ ᏱᎩ.
4 ᏂᎦᎥᏰᏃ ᎪᎱᏍᏗ ᎤᏁᎳᏅᎯ ᎤᏕᎳᏅᎯ ᎠᏎᎪᎩᏍᎪ ᎡᎶᎯ. ᎢᎪᎯᏳᏒᏃ ᎾᏍᎩ
ᎠᏎᎪᎩᏍᎩ ᎡᎶᎯ.
5 ᎦᎪ Ꮎ ᎡᎶᎯ ᎠᏎᎪᎩᏍᎩ ᎢᏳᏃ ᎾᏍᎩ ᏂᎨᏒᎾ ᏱᎩ ᎾᏍᎩ Ꮎ ᎪᎯᏳᎲᏍᎩᏥᏌ
ᎤᏁᎳᏅᎯ ᎤᏪᏥ ᎨᏒᎢ?
6 ᎾᏍᎩ ᎠᎺ ᎠᎴ ᎩᎬ ᎤᎷᎯᏍᏔᏅᎯ, ᎯᎠ ᏥᏌ ᎦᎶᏁᏛ; ᎥᏝ ᎠᎹᏉ ᎤᏩᏒ,
ᎠᎹᏍᎩᏂ ᎠᎴ ᎩᎬ. ᎬᏩᏠᏯᏍᏗ ᎠᎴ ᎠᏓᏅᏙ ᎾᏍᎩ ᎧᏃᎮᏍᎩ, ᎠᏓᏅᏙᏰᏃ ᎦᏱᎪᎩ
ᏂᎨᏒᎾ.
7 ᎠᏂᏦᎢᏰᏃ ᎠᏂᏃᎮᏍᎩ ᎦᎸᎳᏗ; ᎠᎦᏴᎵᎨᎢ, ᎧᏃᎮᏛ, ᎦᎸᏉᏗᏳᏃ ᎠᏓᏅᏙ; ᎾᏍᎩᏃ ᎯᎠ
ᎠᏂᏦᎢ ᎨᏒ ᏌᏉᏉ.
8 ᎠᏂᏦᎢᏃ ᎠᏂᏃᎮᏍᎩ ᎡᎶᎯ, ᎠᏓᏅᏙ, ᎠᎹ, ᎠᎴ ᎩᎬ, ᎾᏍᎩᏃ ᎯᎠ ᎠᏂᏦᎢ ᎨᏒ ᎤᏠᏱ
ᎠᏂᏃᎮᎭ.
9 ᎢᏳᏃ ᏱᏗᏗᏂᏱᎭ ᏴᏫ ᎤᏂᏃᎮᎸᎯ, ᎤᏁᎳᏅᎯ ᎤᏃᎮᎸᎯ ᎤᏟ ᎦᎸᏉᏗᏳ; ᎯᎠᏰᏃ ᎾᏍᎩ
ᎤᏁᎳᏅᎯ ᎤᏃᎮᎸᎯ, ᎾᏍᎩ ᎤᏁᎢᏍᏔᏅᎯ ᏥᎩ ᎤᏪᏥ.
10 ᎪᎯᏳᎲᏍᎩ ᎤᏁᎳᏅᎯ ᎤᏪᏥ ᎾᏍᎩ ᎤᏩᏒ ᎨᏒ ᎤᏪᎭ ᎪᎯᏳᏗᏍᎩ; ᎤᏁᎳᏅᎯ
ᎪᎯᏳᎲᏍᎩ ᏂᎨᏒᎾ, ᎾᏍᎩ ᎤᏁᎳᏅᎯ ᎤᏰᎪᏅ, ᎤᏗᎦᎵᏍᏙᏗᎭ ᏂᎪᎯᏳᎲᏍᎬᎾ ᎨᏒ
ᎤᏁᎳᏅᎯ ᎤᏃᎮᎸᎢ ᎤᏪᏥ ᎤᏁᎢᏍᏔᏅᎢ.
11 ᎯᎠᏃ ᎾᏍᎩ ᏄᏍᏗ ᎧᏃᎮᎸᎯ ᎨᏒᎢ, ᎾᏍᎩ ᎤᏁᎳᏅᎯ ᎢᎩᏁᎸ ᏫᎾᏍᏛᎾ ᎬᏂᏛ, ᎠᎴ
ᎾᏍᎩ ᎯᎠ ᎬᏂᏛ ᎤᏪᏥ ᎤᏤᎵᎦ ᎨᏒᎢ.
12 ᎩᎶ ᎤᏁᎳᏅᎯ ᎤᏪᏥ ᎤᏪᎯ, ᎾᏍᎩ ᎬᏂᏛ ᎤᏪᎭ; ᎤᏁᎳᏅᎯᏃ ᎤᏪᏥ ᏄᏪᎲᎾ
ᎥᏝ ᏳᏪᎭ ᎬᏂᏛ.
13 ᎾᏍᎩ ᎯᎠ ᏄᏍᏗ ᎢᏨᏲᏪᎳᏏ ᎢᏦᎯᏳᎲᏍᎩ ᎦᏙᎥ ᎤᏁᎳᏅᎯ ᎤᏪᏥ,
ᎢᏣᏙᎴᎰᎯᏍᏗᏱ ᎬᏂᏛ ᎢᏤᎲᎢ ᎨᏒᎢ, ᎠᎴ ᎢᏦᎯᏳᏗᏱ ᎦᏙᎥ ᎤᏁᎳᏅᎯ ᎤᏪᏥ.
14 ᎠᎴ ᎾᏍᎩ ᎯᎠ ᏄᏍᏗ ᎡᏙᎢᏳᏒᎢ, ᎾᏍᎩ ᎢᏳᏃ ᏂᎦᎥ ᎪᎱᏍᏗ ᎡᏗᏔᏲᏏ ᎣᏍᏛ
ᎤᏰᎸᏗ ᎨᏒᎢ, ᎢᎦᏛᎦᏁᎲᎢ.
15 ᎢᏳᏃ ᏱᏗᎦᏔᎭ ᎢᎦᏛᏁᎲᎢ, ᏂᎦᎥ ᎪᎱᏍᏗ ᎡᏗᏔᏲᏏ ᎢᏗᎦᏔᎰ ᎢᎩᏁᎲ ᎢᏳᏍᏗ
ᎡᏗᏔᏲᏎᎸᎢ.

16 ᎢᏳᏃ ᎩᎶ ᏳᎪᎲ ᏗᎾᏓᏅᏟ ᏳᏍᎦᏅᏨ ᎠᏲᎱᎯᏍᏗ ᏂᎨᏒᎾ ᎠᏍᎦᏅᎢᏍᏗ ᎨᏒᎢ, ᎾᏍᎩ
ᎠᏔᏲᎯᎮᏍᏗ ᎠᎴ ᎠᏎ ᎬᏂᏛ ᏓᏰᏥᏁᎵ ᎠᏲᎱᎯᏍᏗ ᏂᎨᏒᎾ ᎤᏂᏍᎦᏅᏨᎯ
ᎤᏗᎦᎵᏍᏙᏗᏍᎬᎢ. ᎡᎭ ᎠᏍᎦᏅᎢᏍᏗ ᎠᏲᎱᎯᏍᏗ ᎨᏒᎢ, ᎥᏝ ᎠᏔᏲᎯᎮᏍᏗ ᎾᏍᎩ
ᎠᏥᏙᎵᏍᏗᏱ ᏱᎦᏗᎭ.
17 ᏂᎦᎥ ᏚᏳᎪᏛ ᏂᎨᏒᎾ ᎾᏍᎩ ᎠᏍᎦᏂ, ᎡᎭᏃ ᎠᏍᎦᏅᎢᏍᏗ ᎨᏒ ᎠᏲᎱᎯᏍᏗ ᏂᎨᏒᎾ.
18 ᎢᏗᎦᏔᎭ ᎩᎶ ᎤᏁᎳᏅᎯ ᎤᏕᏔᏅᎯ ᏥᎨᏐᎢ ᎥᏝ ᏯᏍᎦᏅᎪᎢ, ᎤᏁᎳᏅᎯᏍᎩᏂ
ᎤᏕᏔᏅᎯ ᎤᎵᏍᏆᏂᎪᏙᎢ, ᎾᏍᎩᏃ Ꮎ ᎤᏁᎫᏥᏛ ᎥᏝ ᏳᏒᏂᎨᎢ.
19 ᎢᏗᎦᏔᎭ ᎤᏁᎳᏅᎯ ᏅᏓᏚᏓᎴᏅᎯ ᎨᏒᎢ, ᎠᎴ ᏂᎬᎾᏛ ᎡᎶᎯ ᎤᏃᏴᏨ ᎤᏲ ᎨᏒᎢ.
20 ᎢᏗᎦᏔᎭᏃ ᎤᏁᎳᏅᎯ ᎤᏪᏥ ᎤᎷᏨᎢ, ᎠᎴ ᎢᎩᏁᎸ ᎢᎪᎵᏍᏗᏱ, ᎾᏍᎩ ᎡᏙᎵᏍᏗᏱ
ᎾᏍᎩ ᎦᏰᎪᎩ ᏂᎨᏒᎾ ᏥᎩ; ᎠᎴ ᎾᏍᎩ ᎡᏗᏯᎠ ᎦᏰᎪᎩ ᏂᎨᏒᎾ ᏥᎩ, ᎾᏍᎩ ᎤᏪᏥ ᏥᏌ
ᎦᎶᏁᏛ. ᎾᏍᎩ ᎯᎠ ᎤᏙᎯᏳᎯᏯ ᎤᏁᎳᏅᎯ, ᎠᎴ ᏫᎾᏍᏛᎾ ᎬᏂᏛ.
21 ᏗᏥᏲᎵ, ᏕᏤᏯᏙᎮᏍᏗ ᎤᏁᎳᏅᎯ ᏗᏰᎸᎯ. ᎡᎺᏅ.

ᏣᏂ ᏔᎵᏁ ᎤᏬᏪᎳᏅᎯ

ᎠᏍᏙᏎᎢ 1

ᏣᏂ ᏔᎵᏁ ᎤᏬᏪᎳᏅᎯ

ᎠᏯᏙᎸᎢ 1

1 ᎠᏴ ᎠᏆᏛᏐᏅᎯ ᏫᏥᏲᎵᎦ ᎠᎦᏑᏰᏛ ᎠᎨᏴ ᎠᎴ ᎾᏍᎩ ᏧᏪᏥ, ᎾᏍᎩ ᎦᏥᎨᏳᎢ ᏚᏳᎪᏛ
ᎨᏒᎢ, ᎠᎴ ᎥᏝ ᎠᏋᏒᏉ ᏱᎩ ᎾᏍᏉᏍᎩᏂ ᏂᎦᏛ ᎤᏂᎦᏙᎥᏒᎯ ᏚᏳᎪᏛ ᎨᏒᎢ;
2 ᎤᏗᎦᎵᏍᏙᏗᎭ ᎾᏍᎩ ᏚᏳᎪᏛ ᎨᏒ ᏥᎩᏯᎠ, ᎠᎴ ᎾᏍᎩ ᎠᏎ ᏥᎨᏩᏗᏙᎮᏍᏗ ᏂᎪᎯᎸᎢ.
3 ᎬᏩᎦᏗᏯ ᎤᏓᏙᎵᏍᏗ ᎨᏒᎢ ᎢᏤᎳᏗᏙᎮᏍᏗ ᎠᎴ ᎤᏓᏙᎵᏍᏗ ᎨᏒᎢ ᎠᎴ ᎤᏩᏙᎯᏯᏛ
ᎨᏒᎢ, ᎤᏓᏳᎾᎵᏍᎪᎸᏔᏅᎯ ᎤᏁᎳᏅᎯ ᎠᎦᏴᎵᎨᎢ ᎠᎴ ᎤᎬᏫᏳᎯ ᏥᏌ ᎦᎶᏁᏛ ᎠᎦᏴᎵᎨ
ᎤᏪᏥ, ᏚᏳᎪᏛ ᎨᏒᎢ ᎠᎴ ᎠᏓᎨᏳᏗ ᎨᏒᎢ.
4 ᎤᏣᏔᏅᎯ ᎠᏆᎵᎮᎵᏨᎩ ᎠᏆᏙᎴᎰᏒ ᎢᎦᏛ ᏗᏤᏥ ᏚᏳᎪᏛ ᎨᏒ ᎠᎾᎢᏒᎢ, ᎾᏍᎩᏯ
ᏗᎧᎿᏩᏛᏍᏗ ᎢᎩᏁᎸ ᎠᎦᏴᎵᎨᎢ.
5 ᎿᏉᏃ ᎬᏔᏲᏎᎭ ᎯᎨᏴ, ᏗᎦᎵᎨᏳᎯ ᎢᏳᎵᏍᏙᏗᏱ; ᎥᏝ ᎠᏗᎾ ᎢᏤ ᏗᎧᎿᏩᏛᏍᏗ
ᏥᎬᏲᏪᎳᏁᎰ ᎢᏳᏍᏗ ᏱᎩ, ᎾᏍᎩᏉᏍᎩᏂ ᏥᏁᎩᎲᎢ, ᏗᎦᏓᎨᏳᎯ ᎢᏳᎵᏍᏙᏗᏱ.
6 ᎠᎴ ᎾᏍᎩ ᎯᎠ ᏄᏍᏗ ᎠᏓᎨᏳᏗ ᎨᏒᎢ, ᎾᏍᎩ ᎢᎨᏓᏍᏗᏱ ᎾᏍᎩᏯ ᏗᎧᎿᏩᏛᏍᏗ
ᎤᏤᎵᎦ ᏂᎦᏪᏍᎬᎢ. ᎾᏍᎩ ᎯᎠ ᏗᎧᎿᏩᏛᏍᏗ ᏗᏓᎴᏂᏍᎬ ᎤᏓᎬᏩᏓᎴᏅᏛ
ᏥᏁᏣᏛᎩᏍᎪᎢ, ᎾᏍᎩ ᏗᏥᎧᎿᏩᏛᏍᏗᏱ.
7 ᎤᏂᏣᏔᏰᏃ ᎤᏠᎾᏍᏗ ᎠᏁᏙᎭ ᎡᎶᎯ, ᎾᏍᎩ ᎠᏃᎯᏳᎲᏍᎩ ᏂᎨᏒᎾ ᏥᏌ ᎦᎶᏁᏛ
ᎤᏇᏓᎵ ᎤᎾᏄᎪᏥᎸᎢ; ᎾᏍᎩ ᎯᎠ ᎤᏠᎾᏍᏗ ᎠᎴ ᎦᎶᏁᏛᎠᏡᏗᏍᎩ.
8 ᎢᏤᏯᏔᎮᏍᏗ ᏞᏍᏗ ᏱᎩᏲᎱᏎᎴᏍᏗ ᎦᎩᎸᏫᏍᏓᏁᎸᎢ, ᎢᏗᏩᏛᎲᏉᏍᎩᏂ ᎤᎧᎵᏨᎯ
ᎡᎦᎫᏴᏓᏁᏗ.
9 ᎩᎶ ᏣᏍᎦᏅᎪᎢ ᎠᎴ ᏂᏓᎧᎿᏩᏕᎬᎾ ᏥᎨᎭ ᎦᎶᏁᏛ ᏧᏕᏲᏅᎯ, ᎾᏍᎩ ᎥᏝ ᎤᏁᎳᏅᎢ
ᏳᏪᎰᎢ. ᎾᏑᎵᎪᎬᎾᏍᎩᏂ Ꮎ ᏓᎧᎾᏩᏗᏒ ᏗᎧᎿᏩᏕᎩ ᎦᎶᏁᏛ ᏧᏕᏲᏅᎯ, ᎾᏍᎩ ᏚᏪᎭ
ᎢᏧᎳ ᎠᎦᏴᎵᎨ ᎠᎴ ᎤᏪᏥ.
10 ᎢᏳᏃ ᎩᎶ ᏱᏥᎷᏤᎸ ᎠᎴ ᏄᏲᎸᎾ ᏱᎩ ᎯᎠ ᎾᏍᎩ ᏗᏕᏲᏗ ᎨᏒᎢ, ᏞᏍᏗ ᏕᏥᏁᎸ
ᏱᏕᏣᎵᏂᎸᏤᏍᏗ, ᎠᎴ ᏞᏍᏗ ᏰᏥᏲᎵᎴᏍᏗ;
11 ᎾᏍᎩᏰᏃ Ꮎ ᎠᏲᎵᎯ ᎤᏪᎳᏗᏍᏗᎭ ᎤᏲ ᏚᎸᏫᏍᏓᏁᎲᎢ.
12 ᎤᏣᏛᎩ ᎢᏳᏓᎴᎩ ᎢᏨᏲᏪᎳᏁᏗ ᎠᎩᎲᎩ, ᎠᏎᏃ ᎥᏝ ᎪᏪᎵᏉ ᎠᎴ ᏗᎪᏪᎶᏗ ᏗᎬᏙᏗ
ᏯᎩᏰᎸᏎᎢ, ᎤᏚᎩᏰᏃ ᎠᏋᎭ ᎢᏨᏩᏛᎲᏍᏗᏱ, ᎠᎴ ᏗᏗᎰᎵ ᏗᎬᏙᏗᏱ ᎢᎦᎵᏃᎮᏗᏱ, ᎠᎴ
ᎢᏓᎵᎮᎵᎬ ᎤᎧᎵᎢᏍᏗᏱ.
13 ᎠᎦᏑᏰᏛ ᎡᏣᎸᎢ ᏧᏪᏥ ᏫᎨᏣᏲᎵᎭ. ᎡᎺᏅ.

ᏣᏂ ᏦᎢᏁ ᎤᏬᏪᎳᏅᎯ

ᎠᏍᏙᏗᎢ 1

ᏣᏂ ᏦᎢᏁ ᎤᏬᏪᎳᏅᎯ

ᎠᏯᏙᎸᎢ 1

1 ᎠᏴ ᎠᎢᏛᏐᏅᎯ ᏫᏥᏲᎵᎦ ᎠᏥᎨᏳᎢ ᎦᏯ, ᎾᏍᎩ ᎠᏴ ᏥᎨᏳᎢ.
2 ᎬᎨᏳᎢ, ᎤᏟ ᎢᎦᎢ ᎠᏆᏚᎵᎭ ᎣᏍᏛ ᏣᏁᏉᏤᏗᏱ ᎠᎴ ᎤᏩᏙᎯᏯᏛ ᏣᎴᏂᏓᏍᏗᏱ,
ᎾᏍᎩᏯ ᏣᏓᏅᏙ ᎣᏍᏛ ᎤᏁᏉᏤᎲᎢ.
3 ᎤᏣᏔᏅᎯᏰᏃ ᎠᏆᎵᎮᎵᏨᎩ, ᎢᏓᏓᏅᏟ ᎤᏂᎵᏨ ᎠᎴ ᎤᏂᏃᎮᎸ ᏣᏘᎾᏍᏗ ᏂᎨᏒᎾ ᎨᏒᎢ,
ᎾᏍᎩ ᎮᏙᎲ ᏚᏳᎪᏛ ᎨᏒᎢ.
4 ᎥᏝ ᎪᎱᏍᏗ ᎤᏟ ᎢᎦᎢ ᎠᏆᎵᎮᎵᏍᏗ ᏍᎩᏯ ᏱᎩ ᏂᎦᎥ ᎠᏆᎵᎮᎵᏍᏗᎬ ᎦᏛᎬᎦ ᏗᏇᏥ
ᏚᏳᎪᏛ ᎨᏒ ᎠᏁᏙᎲᎢ.
5 ᎬᎨᏳᎢ, ᏚᏳᎪᏛ ᏖᏛᏁᎭ ᏂᎦᎥ ᏂᏕᎭᏛᏁᎲ ᎤᎾᎵᎪᎯ ᎠᎴ ᎠᏁᏙᎯ.
6 ᎾᏍᎩ ᎤᏂᏃᎮᎸᎯ ᏥᎩ ᏣᏓᎨᏳᎯᏳ ᎨᏒ ᏧᎾᏁᎶᏗ ᎤᎾᏓᏡᎬ ᎠᏂᎦᏔᎲᎢ; ᎢᏳᏃ ᎾᏍᎩ
ᏱᏗᏍᏕᎸᎲ ᎠᎾᎢᏒᎢ, ᎤᏁᎳᏅᎯ ᎬᏩᏍᏓᏩᏗᏙᎯ ᎢᏳᎾᏛᏁᏗ, ᎣᏏᏳ ᎤᏔᏛᏁᎵ.
7 ᎾᏍᎩᏰᏃ ᏚᏙᎥ ᎤᏧᎵᏍᏙᏔᏅ ᎠᏁᏙᎭ ᎪᎱᏍᏗ ᏂᏓᏂᏂᏟᏍᎬᎾ ᏧᎾᏓᎴᏅᏛ ᏴᏫ.
8 ᎾᏍᎩ ᏱᏅᏗᏚᎵᏍᏙᏗᎭ ᏱᏗᏓᏓᏂᎸᎦ ᎾᏍᎩ ᎢᏳᎾᏍᏗ, ᎾᏍᎩ ᎢᏧᎳᎭ ᏕᎩᎸᏫᏍᏓᏁᎲ
ᏱᏗᏍᏕᎵᎭ ᏚᏳᎪᏛ ᎨᏒᎢ.
9 ᏧᎾᏁᎶᏗ ᎤᎾᏓᏡᎬ Ꮎ ᏕᏥᏲᏪᎳᏁᎸᎩ, ᎠᏎᏃ ᏓᏯᎶᏡ ᎢᎬᏱ ᎤᎴᏗᏱ ᎤᏚᎵᏍᎩ, ᎥᏝ
ᏱᏙᎦᏓᏂᎸᎦ.
10 ᎾᏍᎩ ᎢᏳᏍᏗ ᎢᏳᏃ ᏫᏯᎩᎷᏨ ᏓᎦᏅᏓᏗ ᏕᎸᏫᏍᏓᏁᎲᎢ, ᎾᏍᎩ ᎤᏲ ᏕᏬᏂᏍᎬᎬᏗ
ᏦᎦᏡᏗᎭ, ᎠᎴ ᎥᏝ ᎾᏍᎩᏉ ᏰᎵ ᏳᏰᎸᎭ, ᎥᏝᏰᏃ ᏂᏓᏓᏂᎸᎬᎾᏉ ᎤᏩᏒ ᏱᎩ ᎠᎾᏓᏅᏟ,
ᎾᏍᏉᏍᎩᏂ ᏕᎦᏅᏍᏓᏕᎭ ᏗᎬᏩᎾᏓᏂᎸᎢᏍᏗ ᏥᎨᏒᎢ, ᎠᎴ ᏕᎦᎸᎪᏫᏍᎦ ᏧᎾᏁᎶᏗ
ᎤᏁᏓᏡᎬ.
11 ᎬᎨᏳᎢ, ᏞᏍᏗ ᎤᏐᏅ ᎨᏒ ᏱᏣᏍᏓᏩᏛᏎᏍᏗ, ᎣᏍᏛᏍᎩᏂ ᎨᏒ ᎯᏍᏓᏩᏕᎨᏍᏗ.
ᎣᏍᏛ ᏧᎸᏫᏍᏓᏁᎯ ᎾᏍᎩ ᎤᏁᎳᏅᎯ ᎤᏓᏳᏓᎴᏅᎯ; ᎤᏲᏍᎩᏂ ᏧᎸᏫᏍᏓᏁᎯ ᎾᏍᎩ ᎥᏝ
ᎤᏁᎳᏅᎯ ᎤᎪᎲᎯ ᏱᎩ.
12 ᏗᎻᏟᏯ ᎾᏂᎥᏉ ᎣᏏᏳ ᎬᏩᏃᎮᎭ, ᎠᎴ ᎾᏍᏉ ᏚᏳᎪᏛ ᎨᏒ ᎣᏏᏳ ᎤᏃᎮᎭ, ᎠᎴ
ᎾᏍᏉ ᎠᏴ ᎣᏥᏃᎮᎭ, ᎠᎴ ᎢᏥᎦᏔᎭ ᎣᏥᏃᎮᏍᎬ ᏚᏳᎪᏛ ᎨᏒᎢ.
13 ᎤᏣᏗ ᎢᏳᏓᎴᎩ ᎠᏉᏪᎶᏗ ᎠᎩᎲᎩ, ᎠᏎᏃ ᎥᏝ ᏗᎪᏪᎶᏗ ᏱᏙᏓᎬᏔᏂ Ꮎ
ᏰᏓᎬᏲᏪᎳᏁᎵ;
14 ᎠᏎᏃ ᎤᏚᎩ ᎠᏋᎭ ᏞᎩᏳ ᎬᎪᏩᏛᏗᏱ, ᎠᎴ ᏖᏉ ᏗᏂᎨᎵ ᏗᎩᏅᏙᏗᏱ ᎩᎾᎵᏃᎮᏗᏱ.
ᎤᏩᏙᎯᏯᏛ ᏂᏣᏛᎢᏕᎨᏍᏗ. ᎢᎦᎵᎢ ᏫᎨᏣᏲᎵᎭ. ᏕᎾᏙᎠᏗᏒ ᎩᏲᎵᎸᎭ ᎢᎦᎵᎢ.

ᏧᏓᏏ ᎤᏬᏪᎳᏅᎯ

ᎠᏯᏙᎸᎢ 1

ᎠᏯᏙᎸᎢ 1

1 ᎠᏴ ᏧᏓᏏ, ᏥᏌ ᎦᎶᏁᏛ ᎠᎩᏅᏏᏓᏍᏗ ᎠᎴ ᏥᎻ ᏦᏍᏓᏓᏅᏟ, ᏫᏨᏲᎵᎦ ᏂᎯ
ᏂᏥᏍᎦᏅᎾ ᎢᏨᏁᎸᎯ ᎤᏁᎳᏅᎯ ᎠᎦᏴᏎᎨᎢ, ᎠᎴ ᏥᏌ ᎦᎶᏁᏛ ᎢᏳᏩᏂᏌᏛ
ᎡᏥᏍᏆᏂᎪᏔᏅᎯ, ᎠᎴ ᎡᏥᏩᏂᏌᏛ ᎡᏥᏍᏆᏂᎪᏔᏅᎯ, ᎠᎴ ᎡᏥᏯᏅᏛ ᎢᏣᏓᏅᏘ
ᎢᏣᎵᏍᏙᏗᏱ;
2 ᎤᏓᏙᎵᏍᏗ ᎨᏒ ᎠᎴ ᏅᏩᏙᎯᏯᏛ ᎠᎴ ᎠᏓᎨᏳᏗ ᎨᏒ ᎡᏥᏁᏉᏒᏗ ᎨᏎᏍᏗ.
3 ᎢᏨᎨᏳᎢ, ᎢᏳᏃ ᎠᏆᏟᏂᎬᏁᎸ ᏫᏨᏲᏪᎳᏁᏗᏱ ᏂᎦᏗᏳᏉ ᎢᎦᏤᎵ ᎢᎦᎵᏍᏕᎸᏙᏗ
ᎤᎬᏩᎵ, ᎤᏚᎸᏗ ᎾᏆᎵᏍᏓᏁᎸᎩ ᏫᏨᏲᏪᎳᏁᎲ ᎢᏨᏍᏗᏰᏙᏗᏱ, ᎾᏍᎩ ᎤᎵᏂᎩᏛ
ᎢᏣᏗᏒᏎᏗᏱ ᎪᎯᏳᏗ ᎨᏒ ᎾᏍᎩ ᎦᏳᎳ ᏗᎨᏥᏲᎯᏎᎸᎯ ᏥᎩ ᎤᎾᏓᏅᏘ.
4 ᎩᎶᏰᏃ ᎢᏳᎾᏍᏗ ᎠᏂᏍᎦᏯ ᎤᏕᎵᏛ ᎤᏂᏴᎸᎯ ᎢᎩ ᎾᏍᎩ ᎢᎸᎯᏳ ᎤᏓᎬᏩᏓᎴᏅᏛ
ᏗᎨᎪᎥᎯ ᏥᎩ ᎾᏍᎩ ᎢᏳᏍᏗ ᏗᎨᎫᎪᏓᏁᏗᏱ; ᎤᏁᎳᏅᎯ ᏂᏚᎾᏁᎶᏛᎾ ᎠᏂᏍᎦᏯ,
ᎬᏩᏕᏘᏯ ᎤᏓᏙᎵᏍᏗ ᎨᏒ ᎤᏁᎳᏅᎯ ᎠᏂᏁᏟᏴᏍᎩ ᎾᎵᏏᎾᎯᏍᏛᎾ ᎠᎴᏂᏓᏍᏗ ᎨᏒ
ᎢᏯᏅᏁᎯ, ᎠᎴ ᎠᎾᏓᏱᎯ ᎤᏩᏒᎯᏳ ᎤᎬᏫᏳᎯ ᎤᏁᎳᏅᎯ, ᎠᎴ ᎢᎦᏤᎵ ᎤᎬᏫᏳᎯ ᏥᏌ
ᎦᎶᏁᏛ.
5 ᎾᏍᎩ ᎢᏳᏍᏗ ᎠᏆᏚᎵᎭ ᎢᏨᏯᏅᏓᏗᏍᏙᏗᏱ ᎾᏍᎩ ᎯᎠ ᎦᏳᎳ ᏥᏥᎦᏔᎭ, ᎾᏍᎩ Ꮎ
ᎤᎬᏫᏳᎯ ᏥᏚᏭᏓᏓᏎ ᏴᏫ ᎢᏥᏈᏱ ᎦᏓ ᎠᎲ, ᎣᏂ ᏥᏚᏛᏔᏁ ᎾᏍᎩ Ꮎ ᎸᏃᎯᏳᏅᎾ.
6 ᎠᎴ ᏗᏂᎧᎿᏩᏗᏙᎯ ᎸᏂᏍᏆᏂᎪᏔᏅᎾ ᏥᎨᏎ ᎸᏂᎬᏫᏳᏌᏕᎩ ᏂᎨᎬᏁᎸ ᏧᏅᏕᏤᏉᏍᎩᏂ
ᎤᎾᏤᎵᎪᎯ ᎠᏁᎲᎢ, ᏧᏓᏕᏒᏛ ᏗᎬᏩᏲᎢᏍᏗ ᏂᎨᏒᎾ ᏕᎨᏕᎸᏍᏗ ᎤᎵᏏᎬᎢ, ᏕᎸᏉᏗᏳ
ᏗᎫᎪᏙᏗᏱ ᎢᎦ ᎠᏍᏆᎸᎲ ᎬᏗᏍᎩ.
7 ᎠᎴ ᎾᏍᏉ ᏐᏓᎻ ᎠᎴ ᎪᎹᎵ, ᎠᎴ ᎾᏍᎩ Ꮎ ᎾᎥ ᏥᏕᎦᏚᎮᎢ, ᎾᏍᎩᏯ ᎾᎾᏛᏁᎮ
ᏓᎾᏓᏲᏍᎨ ᎤᏕᎵᏛ ᏗᏂᏏᏗ ᎨᏒ ᏧᏂᎸᏫᏍᏓᏁᏗᏱ, ᎠᎴ ᎠᏂᏍᏓᏩᏗᏙᎮ ᎤᏪᏓᎵ
ᎠᏍᏓᏩᏛᏍᏗ ᎤᏇᏓᎵ ᏂᎨᏒᎾ ᎨᏒᎢ, ᎠᏓᏕᏯᏔᎲᏍᎩ ᏂᎨᎬᏁᎴᎢ ᎠᏂᎩᎵᏲᎨ ᎤᏂᏍᏛᏗᏍᏗ
ᎨᏒ ᎬᏌᏍᎩ ᏂᎨᏒᎾ ᎠᏥᎸᏱ.
8 ᎾᏍᎩᏯ ᎾᏍᏉ ᎯᎠ ᎠᎾᏍᎩᏓᏒᎥᏍᎩ ᎦᏓᎭ ᎾᏅᏁᎭ ᎤᏂᏇᏓᎸᎢ, ᏗᏂᏍᎦᎩ
ᎸᏂᎬᏫᏳᏌᏕᎩ, ᎠᎴ ᏗᎬᏩᏂᏐᏢᏗ ᎨᏥᎸᏉᏗ.
9 ᎹᏱᎩᎵᏍᎩᏂ ᎸᎬᏫᏳᏌᏕᎩ ᏗᎧᎿᏩᏗᏙᎯ ᎠᏍᎩᎾ ᎤᎾᏗᏒᎸ, ᎤᎾᏗᏒᎸ ᎠᏂᏬᏂᏍᎬ ᎼᏏ
ᎠᏰᎸᎢ, ᎹᏱᎩᎵ ᎥᏝ ᎪᎱᏍᏗ ᎤᏐᏅ ᏩᏔᏫᏎᎴᎢ, ᎯᎠᏉᏍᎩᏂ ᎸᏪᏎᎢ, ᎤᎬᏫᏳᎯ
ᏫᏣᏍᎦᎩ.
10 ᎯᎠᏍᎩᏂ ᎤᏐᏅ ᎠᏂᏃᎮᎭ ᎾᏍᎩ ᎾᏂᎦᏔᎲᎾ; ᎾᏍᎩᏍᎩᏂ ᎤᏅᏒ ᎨᏒ ᏥᎾᎦᏔᎭ,
ᎾᏍᎩᏯ ᎦᎪᎵᏍᏗᏉ ᏩᏁᎿᎠ ᎠᏂᎦᏔᎲᎢ, ᎾᏍᎩ ᎾᎿ ᎤᏲ ᎾᎾᏓᏛᏁᎭ.
11 ᎤᏲ ᏫᎸᎾᎵᏍᏓᏏ! ᎨᎾᏰᏃ ᎤᏅᏅ ᎤᏂᏍᏓᏩᏕᏅ, ᎠᎴ ᎨᏕᏗᏴᏓᏁᏗ ᎤᎾᏚᎵᏍᎬ
ᎤᏂᎬᎥᏍᎬ ᎤᏂᎨᎮᎾ ᏇᎳᎻ ᎤᎵᏓᏍᏔᏅ, ᎠᎴ ᎨᏥᏛᏔᏅ, ᏕᏂᎦᏘᎸᏒ ᎪᎵ ᏧᎦᏘᎸᏛ ᎨᏒᎢ.

12 ᎯᎠ ᎾᏍᎩ ᎤᏲᎯ ᏚᏓᏓᏔ ᏗᏣᏁᎶᏗ ᎦᏣᎵᏍᏓᏴᎲᏍᎬᎢ, ᎾᎯᏳ ᎢᏧᎳᎦᏣᎵᏍᏓᏴᎲᏍᎦ
ᎾᏂᎾᏰᏍᎬᎾ ᎠᎾᎵᏍᏓᏴᎲᏍᎪᎢ; ᏚᎶᎩᎸ ᎠᎹ ᏂᏚᏁᎲᎾ, ᎤᏃᎴ ᏧᏱᎴᎪᎢ; ᎦᏡᎬ
ᏧᏔᏍᏚᏬᎠᏔᎯ, ᎪᎱᏍᏗ ᏄᎾᏓᏓᏁᎲᎾ, ᏔᎵ ᎢᏳᏩᎫᏗ ᎤᏩᏴᏒᎯ ᏥᎨᏐᎢ, ᏗᏰᎯᏛ
ᏗᎧᎾᏍᎦᎵᏔᏅᎯ ᏥᎨᏐᎢ.
13 ᎠᎺᏉᎯ ᎤᎿᎸᎯ ᏗᎵᏍᏗᏔᏁᎩ, ᎤᏅᏒ ᎤᎾᏕᎰᎯᏍᏗᏍᎩ ᎠᏂᎾᎸᎪᏫᏍᎩ; ᏃᏈᏏ
ᎤᏂᏅᏅ ᎤᎾᏝᏛ, ᎾᏍᎩ ᎤᏣᏘ ᎬᎿᎨ ᎤᎵᏏᎬ ᏥᎨᎦᏛᏅᎢᏍᏓᏁᎸ ᎤᎵᏍᏆᏗᏍᏗ ᏂᎨᏒᎾ.
14 ᎠᎴ ᎢᎾᎩ, ᎠᏓᏫ ᎤᏕᏅ ᎦᎵᏉᎩᏁ ᏪᎯ, ᎾᏍᏉ ᎠᏙᎴᎰᏍᎬ ᎯᎠ ᎾᏍᎩ ᏚᏁᎢᏍᏔᏁ
ᎯᎠ ᏄᏪᏎᎢ, ᎬᏂᏳᏉ, ᎤᎬᏫᏳᎯ ᏓᎦᎷᏥ ᏓᏘᏁᎵᏍᏗ ᎠᏍᎪ ᎢᏯᎦᏴᎵ ᏧᏤᎵ ᎤᎾᏓᏅᏘ,
15 ᏧᏭᎪᏓᏁᏗᏱ ᎾᏂᎥᎢ, ᎠᎴ ᏧᎬᏍᎪᎸᏗᏱ ᎾᏂᎥ ᎤᏁᎳᏅᎯ ᏂᏚᎾᏁᎶᏛᎾ
ᎤᏗᎦᎵᏍᏙᏗᏍᎬ ᏂᎦᎥ ᎤᏣᏘᏂ ᏗᎦᎸᏫᏍᏓᏁᏗ ᏚᏂᎸᏫᏍᏓᏁᎸᎢ, ᎠᎴ ᏂᎦᎥ ᏂᏚᏳᎪᏛᎾ
ᏄᏂᏪᏒ ᎤᏁᎳᏅᎯ ᏂᏚᎾᏁᎶᏛᎾ ᎾᏍᎩ ᎬᏩᏡᏗᏍᎬᎢ.
16 ᎯᎠ ᎾᏍᎩ ᎤᏂᎪᏁᎶᎯᏌᏘ, ᎤᏁᎵᎯᏍᎩ, ᎤᏅᏒ ᎤᎾᏚᎸᏅᎥᏍᎬ ᎠᏂᏍᏓᏩᏕᎩ;
ᏗᏂᎰᎵᏃ ᏓᏅᏗᏍᎪ ᎤᏣᏘ ᎠᎵᏈᏍᏗ ᎠᏂᏬᏂᏍᎪᎢ, ᏴᏫ ᏚᎾᎧᏛ ᏓᏂᎸᏉᏗᏍᎪ ᏐᏍᏛ
ᎢᎬᏩᎾᎵᏍᏓᏁᏗ ᎤᏚᎩ ᎤᏅᏒ ᎢᏳᏍᏗ.
17 ᎠᏎᏃ, ᎢᏨᎨᏳᎢ, ᎢᏣᏅᏓᏓ ᎧᏃᎮᏛ ᎢᎸᎯᏳ ᎤᏂᏃᎮᏛ ᎨᏥᏅᏏᏛ ᎤᎬᏫᏳᎯ ᎢᎦᏤᎵ ᏥᏌ
ᎦᎶᏁᏛ ᏧᏤᎵᎦ;
18 ᎾᏍᎩ ᎯᎠ ᏥᏄᏂᏪᏒᎩ, ᎤᎵᏍᏆᎸᏗ ᎨᏎᏍᏗ ᎠᏁᎮᏍᏗ ᎠᏂᏐᏢᎢᏍᏗᏍᎩ, ᎾᏍᎩ
ᎤᏅᏒ ᎤᎾᏚᎸᏅᎥᏍᎬ ᏂᏚᏳᎪᏛᎾ ᎠᏂᏍᏓᏩᏕᎩ.
19 ᎯᎠ ᎾᏍᎩ Ꮎ ᎠᎾᏓᏓᎴᏗᏍᎩ ᏥᎩ, ᎤᏇᏓᎵᏉ ᎠᏂᏍᏓᏩᏕᎩ, ᎠᏓᏅᏙ ᏄᏁᎲᎾ.
20 ᏂᎯᏍᎩᏂ ᎢᏨᎨᏳᎢ, ᎤᏣᏘ ᎦᎸᏉᏗᏳ ᎢᏦᎯᏳᏒ ᎢᏣᎵᎫᏍᏛᏗᏍᎬᎢ, ᏓᎸᏉᏗᏳ ᎠᏓᏅᏙ
ᎬᏗ ᎢᏣᏙᎵᏍᏗᏍᎬᎢ,
21 ᎤᏁᎳᏅᎯ ᎡᏥᎨᏳᎢᏳ ᎨᏒ ᏕᏥᏂᏴᏎᏍᏗ, ᎢᏥᎦᏖᏃᎮᏍᏗ ᎢᎦᏤᎵ ᎤᎬᏫᏳᎯ ᏥᏌ
ᎦᎶᏁᏛ ᎤᏓᏙᎵᏍᏗ ᎨᏒ ᎬᏂᏛ ᎠᏓᏁᎯ ᏥᎩ.
22 ᎢᎦᏛᏃ ᏕᏥᏙᏓᎨᏍᏗ, ᏧᏓᎴᏅᏛ ᏂᏕᏣᏛᏁᎮᏍᏗ;
23 ᎠᏂᏐᎢᏃ ᎨᏥᎾᏰᏍᎩ ᏕᏥᏍᏕᎵᏍᎨᏍᏗ, ᏕᏨᏕᎨᏍᏗ ᎠᏥᎸᏱ; ᎢᏥᏂᏆᏘᎮᏍᏗ ᎠᏄᏬ
ᎤᏇᏓᎸ ᎠᏚᏯᏍᏙᏔᏅᎯ.
24 ᎿᏉᏃ ᎾᏍᎩ Ꮎ ᏰᎵᏉ ᎬᏩᏲᏍᏙᏙᏗ ᏥᎩ ᏗᏥᏅᎢᏍᏗᏱ, ᎠᎴ ᎬᏂᎨᏒ ᎢᎨᏨᏁᏗ ᏥᎩ
ᎤᏣᏘ ᎤᎵᎮᎵᏍᏗ ᎢᏣᏓᏅᏛᎢ ᎪᎱᏍᏗ ᏁᏥᏔᏫᏎᎲᎾ ᎢᎬᏱᏗᏢ ᏓᎧᏅ ᎦᎸᏉᏗᏳ ᎨᏒᎢ,
25 ᎾᏍᎩ ᎤᏩᏒᎯ ᎠᎦᏔᎾᎢ ᏥᎩ ᎤᏁᎳᏅᎯ ᎢᎩᏍᏕᎵᏍᎩ, ᎦᎸᏉᏙᏗ ᎨᏎᏍᏗ, ᎠᎴ
ᎦᎸᏉᏗᏳ, ᎦᎸᏉᏙᏗ ᎨᏎᏍᏗ, ᎠᎴ ᎦᎸᏉᏗᏳ ᎨᏎᏍᏗ, ᏄᎬᏫᏳᏌᏕᎩ ᎨᏎᏍᏗ, ᎠᎴ
ᎤᎵᏂᎩᏗᏳ ᎨᏎᏍᏗ, ᎪᎯ ᎨᏒ ᎠᎴ ᎤᎵᏍᏆᏗᏍᏗ ᏂᎨᏒᎾ. ᎡᎺᏅ.

ᏣᏂ ᏄᏬᏭ
ᎠᏥᎾᏄᎪᏫᏎᎸᎢ

ᎠᏯᏙᎸᎢ 1

1 ᏥᏌ ᎦᎶᏁᏛ ᎤᎾᏄᎪᏫᏒᎯ, ᎾᏍᎩ ᎤᏁᎳᏅᎯ ᏧᏲᎯᏎᎸᎯ, ᎬᏂᎨᏒ ᎢᏧᏩᏁᏗᏱ
ᏧᏅᏏᏓᏍᏗ ᏧᏓᎴᏅᏛ ᏂᎪᎯᎸᏉ ᎢᏳ ᎵᏍᏔᏂᏓᏍᏗ ᎨᏒᎢ; ᎠᎴ ᏧᎨᏅᏛ ᎤᏤᎵ
ᏗᎧᎿᏩᏗᏙᎯ ᎬᏂᎨᏒ ᎢᏳᏩᏁᏗᏱ ᎤᏅᏏᏓᏍᏗ ᏣᏂ;
2 ᎾᏍᎩ Ꮎ ᏧᏃᎮᎴ ᎧᏃᎮᏛ ᎤᏁᎳᏅᎯ ᎤᏤᎵᎦ, ᎠᎴ ᏥᏌ ᎦᎶᏁᏛ ᎤᏃᎮᎸᎯ, ᎾᏍᎩ
ᏂᎦᏗᏳ ᏧᏓᎴᏅᏛ ᎤᎪᎲᎢ.
3 ᎣᏏᏳ ᎢᏳᎵᏍᏓᏁᏗ ᎠᎪᎵᏰᏍᎩ, ᎠᎴ ᎾᏍᎩ ᎠᎾᏛᎩᏍᎩ ᎧᏃᎮᏛ ᎯᎠ ᎾᏍᎩ
ᎠᏙᎴᎰᏒᎯ, ᎠᎴ ᎠᏂᏍᏆᏂᎪᏗᏍᎩ ᎾᏍᎩ Ꮎ ᏧᏓᎴᏅᏛ ᎾᎿ ᎪᏪᎸᎢ; ᎤᏍᏆᎸᎯᏗᏰᏃ.
4 ᎠᏴ ᏣᏂ ᏫᏨᏲᏪᎳᏏ ᏗᏣᏁᏩᏗ ᎦᎵᏉᎩ ᏂᏣᏓᏡᎬ ᎡᏏᏱ; ᎬᏩᎦᏘᏯ ᎤᏓᏙᎵᏍᏗ ᎨᏒ ᎠᎴ
ᎤᏩᏙᎯᏯᏛ ᎢᏤᎳᏗᏙᎮᏍᏗ ᎤᏓᏳᎾᎵᏍᎪᎸᏔᏅᎯ ᎾᏍᎩ ᎾᏤᎭ, ᎠᎴ ᏤᎲᎩ, ᎠᎴ
ᏤᎮᏍᏗ; ᎠᎴ ᎤᏓᏳᎾᎵᏍᎪᎸᏔᏅᎯ ᎦᎵᏉᎩ ᏗᏓᏅᏙ ᎾᏍᎩ ᎤᏪᏍᎩᎸ ᎢᎬᏱᏗᏢ ᏣᏁᎭ;
5 ᎠᎴ ᎤᏓᏳᎵᏍᎪᎸᏔᏅᎯ ᏥᏌ ᎦᎶᏁᏛ ᎦᏰᎪᎩ ᏂᎨᏒᎾ ᎧᏃᎮᏍᎩ, ᎠᎴ ᏗᏓᎴᏅᏗᏍᎩ
ᎠᏲᎱᏒ ᏗᎴᎯᏐᏗ ᎨᏒᎢ, ᎠᎴ ᎤᎬᏫᏳᎯ ᎡᎶᎯ ᎠᏁᎯ ᎤᏂᎬᏫᏳᎯ ᎤᎾᏤᎵᎦ. ᎾᏍᎩ
ᎢᎩᎨᏳᎯ ᏥᎨᏒᎩ ᎠᎴ ᎤᏩᏒ ᎤᎩᎬ ᎢᎪᏑᎴᏔᏅᎯ ᏓᎩᏅᎦᎸᏛ ᎢᎩᏍᎦᏅᏨᎢ,
6 ᎠᎴ ᎢᎩᎬᏫᏳᎯ ᎠᎴ ᎠᏥᎸ-ᎢᎦᎶᎯ ᎢᎬᏁᎸᎯ ᏥᎩ ᎤᏁᎳᏅᎯ ᎾᏍᎩ ᎤᏙᏓ ᏧᏤᎵᎦ;
ᎾᏍᎩ ᎦᎸᏉᏗᏳ ᎠᎴ ᎤᎵᏂᎩᏗᏳ ᎠᎪᏎᎮᏍᏗ ᎤᎵᏍᏆᏗᏍᏗ ᏂᎨᏒᎾ. ᎡᎺᏅ.
7 ᎬᏂᏳᏉ ᏓᎦᎷᏥ ᎤᎶᎩᎸᎢ, ᎠᎴ ᏂᎦᏗᏳ ᏓᎬᏩᎪᎯ ᎠᎴ ᎾᏍᎩᏉ ᏗᎬᏪᏘᎸᎯ; ᏂᎦᏗᏳᏃ
ᏧᎾᏓᎴᏅᏛ ᏴᏫ ᎡᎶᎯ ᎠᏁᎯ ᏙᏛᎾᏠᏱᎵ ᎾᏍᎩ ᎨᏒ ᎤᏗᎦᎵᏍᏙᏗᏍᎨᏍᏗ. ᎰᏩᏉ.
ᎡᎺᏅ.
8 ᎠᏴ ᎡᎵᏆ ᎠᎴ ᎣᎻᎦ, ᏗᏓᎴᏅᏗᏍᎩ ᎠᎴ ᎠᏍᏆᏗᏍᏗᏍᎩ, ᎠᏗᎭ ᎤᎬᏫᏳᎯ ᎾᏍᎩ
ᏤᎭ, ᎠᎴ ᏤᎲᎩ, ᎠᎴ ᏤᎮᏍᏗ, ᏫᎾᏍᏛᎾ ᎤᎵᏂᎩᏛ ᏥᎩ.
9 ᎠᏴ ᏣᏂ, ᎢᏓᎵᏅᏟ ᎾᏍᎩᏉ ᏥᎩ, ᎠᎴ ᎢᎦᎵᎪ ᏩᎦᎩ ᎢᏗᎩᎵᏲᏥᏙᎲᎢ, ᎠᎴ ᎬᏂᏗᏳ ᎨᏒ
ᎾᏍᎩ ᎤᏤᎵᎦ, ᎠᏴ ᎨᏙᎲᎩ ᎠᎹᏰᎵ ᏆᏗᎹ ᏥᎦᏙᎥ, ᎧᏃᎮᏛ ᎤᏁᎳᏅᎯ ᎤᏤᎵᎦ
ᎠᎩᏍᏛᏗᏍᎬᎩ, ᎠᎴ ᏥᏌ ᎦᎶᏁᏛ ᏥᏃᎮᏍᎬ ᎢᏳᏍᏗ.
10 ᎠᏓᏅᏙ ᎠᏆᏘᏂᏙᎲᎩ ᎤᎬᏫᏳᎯ ᎤᏤᎵ ᎢᎦ ᎨᏒᎢ, ᎠᏆᏛᎦᏅᎩᏃ ᎠᏆᏐᎭᏛ ᎢᏗᏢ
ᎠᏍᏓᏯ ᎧᏁᎬ ᎾᏍᎩᏯ ᎠᏤᎷᎩ ᏧᏃᏴᎪᎢ,
11 ᎯᎠ ᏂᎦᏪᏍᎬᎩ, ᎠᏴ ᎡᎵᏆ ᎠᎴ ᎣᎻᎦ, ᎢᎬᏱᏱ ᎨᏒ ᎠᎴ ᎤᎵᏍᏆᎸᏗ ᎨᏒᎢ; ᎠᎴ
ᏄᏍᏛ ᎯᎪᏩᏘᏍᎬ ᎰᏪᎸᎦ ᎪᏪᎵᎯ ᎠᎴ ᏫᎩᏅᎥᏏ ᏧᎾᏁᏩᏗ ᎦᎵᏉᎩ ᏄᎾᏓᏡᎬ ᎡᏏᏱ,
ᏫᎩᏅᎥᏏ ᎡᏈᏌ ᎠᏁᎯ, ᎠᎴ ᏑᎹᏂ, ᎠᎴ ᏆᎩᎹ, ᎠᎴ ᏓᏱᏓᎵ, ᎠᎴ ᏌᏗᏏ, ᎠᎴ ᏈᎵᏕᎵᏈ,
ᎠᎴ ᎴᎣᏗᏏᏯ.
12 ᎠᏆᎦᏔᎲᏒᎩᏃ ᏥᎪᏩᏛᏗᏱ ᎠᎩᏰᎸᏅᎩ ᎤᏪᎷᎩ, ᎾᏍᎩ ᎠᏆᎵᏃᎮᏗᏍᎩ. ᎠᏆᎦᏔᎲᏒᏃ
ᏓᎩᎪᎲᎩ ᎦᎵᏉᎩ ᏗᏨᏍᏙᏗ ᏗᎦᎪᏙᏗ ᎠᏕᎸ ᏓᎶᏂᎨ ᏗᎪᎵᏔᏅᎯ;

13 ᎠᏰᎵᏃ ᏕᎦᎧᎲ ᎦᎵᏉᎩ ᏗᏨᏍᏙᏗ ᏗᎦᎪᏙᏗ [ᎦᏙᎬᎩ] ᎩᎶᎢ ᏴᏫ ᎤᏪᏥ ᎾᏍᎩᏯᎢ,
ᎤᏄᏩᎥᎩ ᏧᎳᏏᏕᏂ ᏂᏚᎸᎩ, ᎠᏓᏠᏍᏗᏃ ᎠᏕᎸ ᏓᎶᏂᎨ ᎪᏢᎳᏅᎯ ᎤᏓᏠᎲᎩ ᏗᏕᏅᏗᏱ
ᏧᏳᎪᏗ.
14 ᎠᏍᎪᎵ ᎠᎴ ᎤᏍᏘᏰᎬ ᎤᏁᎩᏳ ᎨᏒᎩ ᎤᏩᏅ ᎾᏍᎩᏯᎢ, ᎥᏃᏥ ᏥᏄᏁᎩᏴ ᏄᏁᎩᏴᎩ;
ᏗᎦᏙᎵᏃ ᎠᏥᎸ ᎠᏓᏪᎵᎩᏍᎩ ᎾᏍᎩᏯ ᎨᏒᎩ;
15 ᏧᎳᏏᏕᏂᏃ ᏗᎬᏩᎳᎷᎩᏍᎩ ᎥᏣᏱ ᎾᏍᎩᏯ ᎨᏒᎩ, ᎠᏥᎸᏱ ᎬᎳᏅᎯ ᎣᏍᏛ ᎢᎬᏁᎸᎯ
ᎾᏍᎩᏯᎢ; ᎧᏁᎬᏃ ᎤᏣᏘ ᎠᎹ ᏥᏚᏍᏆᏃᏴᎪ ᎾᏍᎩᏯ ᎨᏒᎩ.
16 ᎠᎦᏘᏏᏗᏢᏃ ᎤᏬᏰᏂ ᎦᎵᏉᎩ ᏃᏈᏏ ᏚᏒᎦᎸᎩ; ᎠᎰᎵᏃ ᏓᏳᎦᏑᏛᎩ ᎠᏰᎳᏍᏗ-ᎦᏅᎯᏛ
ᎢᏧᎳᏗᏢ ᏗᎪᏍᏓᏯ; ᎤᎧᏛᏃ ᏅᏙ ᎢᎦ-ᎡᎯ ᎤᎵᏂᎩᏛ ᏣᎦᎵᏍᎪ ᎾᏍᎩᏯ ᎨᏒᎩ.
17 ᏥᎪᎥᏃ ᏚᎳᏍᎬ ᎠᎩᏅᏨᎩ ᎠᎩᏲᎱᏒᎯ ᎢᎦᎦᏛ. ᎠᎦᏘᏏᏗᏢᏃ ᎤᏬᏰᏂ
ᎠᏆᏏᎳᏗᏍᏔᏅᎩ, ᎯᎠ ᎾᎩᏪᏎᎸᎩ, ᏞᏍᏗ ᏱᏍᎦᎢᎮᏍᏗ, ᎠᏴ ᎾᏍᎩ Ꮎ ᎢᎬᏱᏱ, ᎠᎴ
ᎤᎵᏍᏆᎸᏗ ᏥᎩ.
18 ᎠᏴ ᎬᏃᏛ ᎠᎩᏲᎱᏒᎯ ᏥᎨᏒᎩ; ᎠᎴ ᎬᏂᏳᏉ ᎬᏃᏛ ᎨᏎᏍᏗ ᎾᎵᏍᏆᏗᏍᎬᎾ, ᎡᎺᏅ;
ᎠᎴ ᏗᏍᏚᎢᏍᏗ ᏨᏍᎩᏃ ᎠᎴ ᎠᏲᎱᎯᏍᏗ ᎨᏒ ᎦᏥᏁᎠ.
19 ᎰᏪᎸᎦ ᎾᏍᎩ Ꮎ ᏥᎪᏩᏛ, ᎠᎴ ᎪᎯ ᎨᏒ ᏄᏍᏗᏕᎬᎢ, ᎠᎴ ᎣᏂ ᎢᏳᎵᏍᏔᏂᏓᏍᏗ
ᎨᏒᎢ.
20 ᎾᏍᎩ ᎤᏕᎵᏛ ᎨᏒ ᎦᎵᏉᎩ ᏃᏈᏏ ᏥᏕᏣᎪᎲᎩ ᏥᎦᏘᏏᏗᏢ ᎠᏉᏰᏂ ᏥᏓᏆᏒᎦᎸᎩ, ᎠᎴ
ᎦᎵᏉᎩ ᏗᏨᏍᏙᏗ ᏗᎦᎪᏙᏗ ᎠᏕᎸ ᏓᎶᏂᎨ ᏗᎪᏢᎳᏅᎯ. ᎾᏍᎩ Ꮎ ᎦᎵᏉᎩ ᏃᏈᏏ
ᏗᏂᎧᎿᏩᏗᏙᎯ ᎦᎵᏉᎩ ᏄᎾᏓᏡᎬ ᏧᎾᏁᎶᏗ ᎨᏥᏛᎦ; ᎾᏃ ᎦᎵᏉᎩ ᏗᏨᏍᏙᏗ ᏗᎦᎪᏙᏗᏱ
ᏥᏕᏣᎪᎲᎩ, ᎾᏍᎩ ᎦᎵᏉᎩ ᏄᎾᏓᏡᎬ ᏧᎾᏁᎶᏗ ᎦᏛᎦ.

ᎠᏍᏙᏄᎢ 2

1 ᎡᏈᏌ ᏧᎾᏁᎶᏗ ᎤᎾᏓᏡᎬ ᏗᎧᎿᏩᏗᏙᎯ ᏫᏲᏪᎳᏏ ᎯᎠ ᎾᏍᎩ ᏫᏂᏪᏏ ᎠᏗᎭ ᎾᏍᎩ Ꮎ
ᎦᎵᏉᎩ ᏃᏈᏏ ᎠᎦᏘᏏᏗᏢ ᎤᏬᏰᏂ ᏥᏚᏒᎦᏔ, ᎾᏍᎩ Ꮎ ᏤᏙᎭ ᎠᏰᎵ ᏕᎦᎧᎲ ᎦᎵᏉᎩ
ᏗᏨᏙᏍᏗ ᏗᎦᎪᏙᏗᏱ ᎠᏕᎸ ᏓᎶᏂᎨ ᏗᎪᏢᏔᏅᎯ.
2 ᏥᎦᏔᎭ ᏄᏍᏛ ᏕᏣᎸᏫᏍᏓᏁᎲᎢ, ᎠᎴ ᎯᎩᎵᏲᎬᎢ, ᎠᎴ ᎲᏂᏗᏳ ᎨᏒᎢ, ᎠᎴ ᎤᏁᎳᎩ
ᏗᎦᎮᎵᏎᏗ ᏂᎨᏒᎾ ᎨᏒ ᎾᏍᎩ Ꮎ ᎤᏂᏲ ᏥᎩ; ᎠᎴ ᏗᎪᎵᏰᎥᎯ ᎢᎩ ᎾᏍᎩ ᎣᎩᏅᏏᏛ ᏣᎾᏗᎭ
ᎾᏍᎩᏃ ᏄᏍᏛᎾ ᎨᏒᎢ, ᎠᎴ ᏣᏙᎴᎰᏒ ᎠᏂᏰᎪᎩ ᎨᏒᎢ;
3 ᎠᎴ ᎤᏁᎳᎩ ᏤᎵᏎᏅ, ᎠᎴ ᎲᏂᏗᏳ ᎨᏒᎩ, ᎠᎴ ᏓᏆᏙᎥ ᎤᏧᎵᏍᏙᏔᏅ ᎯᎩᎵᏲᎬᎩ, ᎠᎴ
ᎥᏝ ᏱᏗᏣᏯᏪᏤᎢ.
4 ᎠᏎᏃ ᎪᎱᏍᏗ ᎢᎬᏰᎵᏎᎭ, ᎤᏗᎦᎵᏍᏙᏗᎭ ᎢᎬᏱᏱ ᏍᎩᎨᏳᎯᏳ ᏄᎵᏍᏔᏅ ᏕᏣᏲᏒᎢ.
5 ᎾᏍᎩ ᎢᏳᏍᏗ ᎭᏅᏓᏓ ᎾᎿ ᏗᏣᎶᎠᏒᎢ, ᎠᎴ ᎯᏁᏟᏴᎾ ᏣᏓᏅᏛᎢ, ᎠᎴ ᎢᎬᏱᏱ
ᏗᏕᎸᏫᏍᏓᏁᏗ ᎨᏒ ᏗᏣᎸᏫᏍᏓᏏ; ᎢᏳᏃ ᎾᏍᎩ ᏂᏣᏛᏁᎸᎾ ᎢᎨᏎᏍᏗ, ᏞᎩᏳ ᏓᎬᎷᏤᎵ, ᎠᎴ
ᏓᏥᎧᎲᏏ ᎠᏨᏍᏙᏗ ᎦᎪᏙᏗ ᏣᏤᎵᎦ, ᎢᏳᏃ ᏂᏣᏁᏟᏴᏒᎾ ᎢᎨᏎᏍᏗ ᏣᏓᏅᏛᎢ.
6 ᎯᎠᏍᎩᏂᏃᏅ ᏂᎤᏍᏗ ᎢᏣᎭ, ᎾᏍᎩ ᎢᎯᏂᏆᏘᎭ ᏚᏂᎸᏫᏍᏓᏁᎲ ᎠᏂᏂᎦᎴᏓᏂ, ᎾᏍᎩ
ᎾᏍᏉ ᎠᏴ ᏥᏥᏂᏆᏘᎭ.
7 ᎩᎶ ᎦᎵᎷᎨᏍᏗ ᏩᏛᎬᎦ ᎠᏓᏅᏙ ᏂᏕᎦᏪᏎᎲ ᏗᎾᏁᎶᏗ ᏚᎾᏓᏡᏩᏗᏒᎢ; ᎩᎶ
ᎠᏓᏎᎪᎩᏍᎨᏍᏗ ᏓᏥᏯᎵᏍᎪᎸᏓᏁᎵ ᎤᎵᏍᏓᏴᏙᏗᏱ ᎤᏓᏔᏅᎯ ᏡᎬ ᎬᏂᏛ ᎠᏓᏁᎯ, ᎾᏍᎩ
ᎠᏰᎵ ᎤᏁᎳᏅᎯ ᎤᏤᎵ ᎠᏫᏒᏗᏱ ᏥᏡᏚ.
8 ᏑᎹᏂᏃ ᏧᎾᏁᎶᏗ ᎤᎾᏓᏡᎬ ᏗᎧᎿᏩᏗᏙᎯ ᏫᏲᏪᎳᏏ; ᎯᎠ ᎾᏍᎩ ᏫᏂᏪᏏ ᎠᏗᎭ ᎾᏍᎩ
Ꮎ ᎢᎬᏱᏱ ᎠᎴ ᎤᎵᏍᏆᎸᏗ, ᎾᏍᎩ Ꮎ ᎤᏲᎱᏒᎯ ᏥᎨᏒ ᎠᎴ ᎾᏍᎩ ᏤᎭ.
9 ᏥᎦᏔᎭ ᏄᏍᏛ ᏕᏣᎸᏫᏍᏓᏁᎲᎢ, ᎠᎴ ᎤᏕᏯᏙᏗ ᏂᏣᎵᏍᏓᏁᎲᎢ, ᎠᎴ ᎤᏲ
ᏂᏣᏛᎿᏕᎬᎢ, - ᎠᏎᏃ ᏤᎿᎢᏳ. ᎠᎴ ᏥᎦᏔᎭ ᎾᏍᎩ ᎤᏂᏐᏢᎢᏍᏙᏗ ᎨᏒ ᎣᏥᏧᏏ
ᎠᎾᏗᏍᎩ, ᎾᏍᎩᏃ ᏄᏍᏛᎾ ᏥᎩ, ᏎᏓᏂᏉᏍᎩᏂ ᎤᏤᎵ ᏗᎦᎳᏫᎢᏍᏗᏱ ᎠᏁᎳ ᏥᎩ.
10 ᏞᏍᏗ ᏣᏍᎦᎸᎩ ᎾᏍᎩ Ꮎ ᏧᏓᎴᏅᏛ ᏣᎩᎵᏲᎢᏍᏗ ᏥᎩ; ᎬᏂᏳᏉ ᎠᏍᎩᎾ ᏂᎯ
ᎢᏳᏓᏡᎬ ᎩᎶ ᏗᏓᏍᏚᏗᏱ ᏙᏓᏥᏴᏔᏂ ᎡᏥᎪᎵᏰᏗᏱ; ᎠᏍᎪᎯᏃ ᏧᏒᎯᏛ ᏓᏥᎩᎵᏲᏥ;
ᎤᎵᏂᎩᏛ ᏗᏍᎿᏩᏚᎦ ᎠᏲᎱᎯᏍᏗ ᎨᏒ ᎬᏗᏍᎩ, ᎠᎵᏍᏚᎶᏃ ᎬᏂᏛ ᎠᏓᏁᎯ ᏓᎬᏅᏁᎵ.
11 ᎩᎶ ᎦᎵᎷᎨᏍᏗ, ᏩᏛᎬᎦ ᎠᏓᏅᏙ ᏂᏕᎦᏪᏎᎲ ᏧᎾᏁᎶᏗ ᏚᎾᏓᏡᏩᏗᏒᎢ; ᎩᎶ
ᎠᏓᏎᎪᎩᏍᎨᏍᏗ ᏔᎵᏁ ᎠᏲᎱᎯᏍᏗ ᎨᏒ ᎥᏝ ᎪᎱᏍᏗ ᎤᏩᏁᏗ ᏱᎨᏎᏍᏗ.
12 ᏆᎦᎹᏃ ᏧᎾᏁᎶᏗ ᎤᎾᏓᏡᎬ ᏗᎧᎿᏩᏗᏙᎯ ᏫᏲᏪᎳᏏ, ᎯᎠ ᎾᏍᎩ ᏫᏂᏪᏏ ᎠᏗᎭ ᎾᏍᎩ
Ꮎ ᎠᏴᏔᏍᏗ-ᎦᏅᎯᏛ ᎢᏧᏔᏗᏢ ᏗᎪᏍᏓᏯ ᏥᎦᏁᎭ.
13 ᏥᎦᏔᎭ ᏄᏍᏛ ᏕᏣᎸᏫᏍᏓᏁᎲᎢ, ᎠᎴ ᎾᎿᎮᎲᎢ, ᎾᎿ ᏎᏓᏂ ᎤᏪᏘᏱ ᎨᏒᎢ; ᎠᎴ
ᎾᏍᎩ ᎠᏍᏓᏱᏳ ᏕᏣᏂᏴᏒ ᏓᏆᏙᎥᎢ, ᎠᎴ ᏂᏣᏓᏱᎸᎾ ᎨᏒ ᎠᏆᏙᎥ ᎪᎯᏳᏗ ᎨᏒᎢ, ᎾᎯᏳᎢ

ᎥᏗᏆᏏ ᎤᏓᎵᏓᏍᏗ ᏂᎨᏒᎾ ᎠᎩᏃᏢᏍᎩ ᏄᎵᏍᏔᏅ, ᎾᏍᎩ ᏂᎯ ᎢᏤᎲ ᏣᏥᎸᎩ, ᎾᎿ ᏎᏓᏂ
ᎡᎲᎢ.
14 ᎠᏎᏃ ᎢᎸᏍᎩ ᎢᏳᏓᎴᎩ ᎡᏍᎦ ᎬᏰᎸᎾᎲ ᎢᎩ, ᎤᏗᎦᎵᏍᏙᏗᏱ ᎾᎿ ᎦᏣᏭᎲ ᏬᏔᎻ
ᏓᎦᏲᎲᏍᎬ ᏧᏂᏂᏴᎯ, ᎾᏍᎩ Ꮎ ᏬᏔᎻ ᏬᏔᎻ ᏧᏪᏲᏁ ᎢᎬᏐᏗᎵ ᏧᏁᏗᏐ ᏧᏃᎦᎯᎯ ᎢᏏᎵ
ᏧᏪᏥ, ᎾᏍᎩ ᎤᏂᎩᏍᏗᏐ ᎤᏁᏔᏅᎯ ᏗᏰᎸᎯ ᏗᎵᏍᎪᎸᏓᏁᎸᎯ, ᎠᎴ ᎤᎦᎵᏛ ᏧᎾᏂᏏᏗᏐ.
15 ᎠᎴ ᎾᏍᏉ ᏙᏣᏭᏱ ᎾᏍᎩ ᎾᏧᏂᏂᏴᎯ ᏓᎾᎦᏲᎲᏍᎬ ᎠᏂᏂᎦᎴᏓᏂ, ᎾᏍᎩ ᎠᏴ
ᏥᏥᏂᏆᏗᏱ.
16 ᎯᏁᏟᏴᎾ ᏣᏓᏅᏛᎢ; ᎢᏳᏃ ᎾᏍᎩ ᏂᏣᏛᏁᎸᎾ ᎢᎨᏎᏍᏗ ᏝᎩᏳ ᏓᎬᎷᏤᎵ, ᎠᎴ
ᏙᏓᎬᏯᏟᏴᏒᎵ ᎠᏰᏔᏍᏗᎦᏅᎯᏛ ᎬᏗ ᏥᎨᎵ ᎤᎦᏌᏛᎢ.
17 ᎩᎶ ᎦᎵᎷᎨᏍᏗ ᏩᏛᎬᎦ ᎠᏓᏅᏙ ᏂᎦᎦᏪᏎᎲ ᏧᎾᏁᎶᏗ ᏚᎾᏓᏑᏩᏗᏒᎢ; ᎩᎶ
ᎠᏓᏎᎪᎩᏍᎨᏍᏗ ᏓᏥᏁᎵ ᎤᎵᏍᏓᏴᏙᏗ ᎬᏍᎦᏔᏅᎯ ᏦᎾ, ᎠᎴ ᎤᏁᎬ ᎤᏯ ᏓᏥᏁᎵ, ᎠᎴ
ᎤᏲᎯ ᎪᏪᎴᏍᏗ ᎢᏤ ᏧᏙᏍᏙᏗ, ᎾᏍᎩ ᎩᎶ ᎾᎦᏔᎲᎾ Ꮎ ᎤᏯ ᎠᏥᏁᎸᎯ ᎤᏩᏒ.
18 ᏓᏐᏓᎵᏃ ᎤᎾᏓᏑᎬ ᏧᎾᏁᎶᏗ ᏗᏭᎿᏩᏗᏙᎯ ᎾᏲᏪᏔᏏ; ᎯᎠ ᎾᏍᎩ ᎾᏂᏪᏏ ᎠᏗᏱ
ᎤᏁᏔᏅᎯ ᎤᏪᏥ, ᎾᏍᎩ Ꮎ ᏗᎦᏙᎵ ᎠᏥᎸ ᎠᏓᏪᎵᎩᏍᎩ ᎾᏍᎩᏯ ᏥᎩ, ᏧᏔᏏᎦᏂᏃ ᎥᏣᏐ
ᎬᏩᏔᎷᎩᏍᎩ ᎾᏍᎩᏯ ᏥᎩ;
19 ᏥᎦᏔᏱ ᏄᏍᏛ ᎦᏣᎸᏫᏍᏓᏁᎲᎢ, ᎠᎴ ᏣᏓᎨᏩᏒᎢ, ᎠᎴ ᎦᏱᏓᏁᏔᏁᎲᎢ, ᎠᎴ
ᏦᎯᏩᏒᎢ, ᎠᎴ ᎲᏂᏗᏩ ᎨᏒᎢ, ᎠᎴ ᏄᏍᏛ ᎦᏣᎸᏫᏍᏓᏁᎲᎢ; ᎤᎵᏍᏆᎸᏗᏁ ᎤᏟ ᎢᎦᎢ ᎨᏒ
ᎡᏍᎦᏉ ᎢᎬᏐᏐ.
20 ᎠᏎᏃ ᎢᎸᏍᎩ ᎢᏳᏓᎴᎩ ᎪᎱᏍᏗ ᎡᏍᎦ ᎬᏰᎸᎾᏁᎲ ᎢᎩ, ᎤᏗᎦᎵᏍᏙᏗᏱ ᎤᏁᏔᎩ
ᏥᏰᎵᏎᏱ Ꮎ ᎠᎨᏴ ᏤᏏᏑᎵ, ᎦᏙᎴᎭᏍᎩ ᎠᏴ ᏣᏗᏱ, ᏧᏪᏲᏗᏐ ᎠᎴ ᏧᎶᎸᎵᏗᏐ ᎾᏍᎩ
ᎢᏳᏩᏂᏌᏗᏐ ᎤᎦᎴᏛ ᏧᎾᏂᏏᏗᏐ ᏗᏆᏤᎵ ᎦᏥᏅᏏᏛ, ᎠᎴ ᎤᏂᎩᏍᏗᏐ ᎤᏁᏔᏅᎯ ᏗᏰᎸᎯ
ᏗᎵᏍᎪᎸᏓᏁᎸᎯ.
21 ᎠᎴ ᏥᏔᏅᏓᎦᎸᎩ ᎤᏲ ᎤᏰᎸᏗᏐ ᎤᎦᎵᏛ ᏚᏂᏏᏂᏙᎸᎢ; ᎠᏎᏃ ᎥᏝ ᎤᏲ ᏩᏰᎸᏁᎢ.
22 ᎬᏂᏳᏉ ᎠᏤᏍᏙᎩᎯ ᏮᏓᏥᏯᏓᏒᏏ, ᎠᎴ ᎾᏍᎩ ᎤᎦᎵᏛ ᏧᎾᏂᏏᎲᏍᎩ ᎤᏣᏗ
ᏓᎦᏥᏯᎦᏯᏙᏔᏂ ᎢᏳᏃ ᎤᏲ ᏄᏂᏁᏟᏴᏛ ᎢᎨᏎᏍᏗ ᏚᏂᎸᏫᏍᏓᏁᎲᎢ.
23 ᏤᏪᏥᏃ ᎠᏲᎱᎯᏍᏗ ᎨᏒ ᏙᏓᎦᏥᎢᏍᏔᏂ; ᏂᎦᏗᏳᏃ ᏓᎾᏁᎶᏗ ᏚᎾᏓᏑᏩᏗᏒ ᎠᏂᎦᏔᏢᏍᏗ
ᎾᏍᎩ ᎠᏴ ᏗᏥᎪᎵᏰᏍᎩ ᎨᏒ ᎤᎦᎵᏛ ᎨᏒ ᎠᎴ ᏧᏂᎾᏫ; ᎠᎴ ᏓᏨᏁᎵ ᏂᏥᎥ ᎢᏥᏏᏴᏫᏱ ᎨᏒ
ᎾᏍᎩᏯ ᏄᏍᏛ ᎦᏥᎸᏫᏍᏓᏁᎸᎢ.
24 ᏂᎯᏍᎩᏂ ᎢᏨᏲᏎᏱ, ᎠᎴ ᎠᏂᏌᎢ ᏓᏐᏓᎵ ᎠᏁᎯ, ᎾᏍᎩ ᎾᏂᎥ ᎯᎠ ᏗᎦᏲᏗ ᎨᏒ
ᏄᏂᎲᎾ, ᎠᎴ ᎾᏍᎩ ᏄᏂᎦᏙᎥᏒᎾ ᎾᏱᏫᏂᏴ ᏎᏓᏂ ᎤᏤᎵᎦ, ᏣᎾᏗᏱ; ᎥᏝ ᎤᏩᏓᎴ ᎦᎨᏛ
ᏴᎨᏨᏌᏑᎸᎦ;
25 ᎾᏍᎩᏍᎩᏂ Ꮎ ᎦᏳᏔ ᏥᏥᏱ ᎦᏥᏂᏴᏎᏍᏗ ᎬᏂ ᎢᏥᎷᏨᏱ.

26 ᎩᎶᏍᎩᏂ ᎠᏓᏎᎪᎩᏍᎨᏍᏗ ᎠᎴ ᎠᏍᏆᏂᎪᏗᏍᎨᏍᏗ ᎠᏆᏤᎵ ᏗᎦᎸᏫᏍᏓᏁᏗ ᎨᏒ
ᎬᎵᏍᏆᏗᏍᎩ, ᎾᏍᎩ ᏓᏥᏁᎵ ᏧᏎᎪᎩᏍᏗᏱ ᏧᎾᏓᎴᏅᏛ ᏴᏫ.
27 ᎠᎴ ᎾᏍᎩ ᏙᏛᏳᏂᏙᎵ ᎠᏙᎳᏅᏍᏗ ᏔᎷᎩᏍᎩ ᎪᎵᎳᏅᎯ ᏓᎬᏔᏂ; ᎠᎴ ᏗᏩᎵ
ᏥᎦᏚᏓᏬᏗᏍᎪᎢ ᎾᏍᎩᏯ ᏙᏓᏚᏓᏬᏔᏂ; ᎾᏍᎩᏯ ᏓᎩᏲᎯᏎᎸ ᎡᏙᏓ.
28 ᎠᎴ ᎾᏍᎩ Ꮎ ᏓᏥᏁᎵ ᏑᎾᎴ ᎡᎯᏃᏈᏏ.
29 ᎩᎶ ᎦᎵᎷᎨᏍᏗ ᏩᏛᎬᎦ ᎠᏓᏅᏙ ᏂᎦᏚᏪᏎᎲ ᏧᎾᏁᎶᏗ ᏚᎾᏓᏈᏩᏗᏒᎢ.

ᎠᏯᏙᎸᎢ 3

1 ᏌᏗᏏᏃ ᎤᎾᏓᏡᎬ ᏧᎾᏁᎶᏗ ᏗᎧᎿᏩᏗᏙᎯ ᏫᏲᏪᎳᏏ, ᎯᎠ ᎾᏍᎩ ᏫᏂᏪᏏ ᎠᏗᎭ ᎾᏍᎩ
Ꮎ ᎦᎵᏉᎩ ᏗᏓᏅᏙ ᎤᏁᎳᏅᎯ ᏧᏤᎵ ᏧᏪᎯ ᏥᎩ, ᎠᎴ ᎦᎵᏉᎩ ᏃᏈᏏ ᏧᏪᎯ ᏥᎩ;
ᏥᎦᏔᎭ ᏄᏍᏛ ᏕᏣᏄᏫᏍᏓᏁᎲᎢ, ᎬᏃᏛ ᏥᎨᏦᏎᎭ, ᎠᏎᏃ ᏣᏲᎱᏒᎯᏉ ᏥᎩ.
2 ᎯᏯᏫᏍᎨᏍᏗ, ᎠᎴ ᏔᎵᏂᎪᎯᏍᏓ ᎾᏍᎩ Ꮎ ᏧᎵᏃᎯᏴᎯ, ᎾᏍᎩ ᏧᎵᏬᏥᎦᎾ ᏥᎩ; ᎥᏝᏰᏃ
ᏯᎩᏩᏛᎲ ᎤᎧᎵᏨᎯ ᎣᏍᏛ ᎨᏒ ᏕᏣᏄᏫᏍᏓᏁᎲ ᎤᏁᎳᏅᎯ ᏙᏗᎧᏅᎢ.
3 ᎾᏍᎩ ᎢᏳᏍᏗ ᎭᏅᏓᏓ ᏄᏍᏛ ᏕᏣᏓᏂᎸᏨ ᎠᎴ ᏣᏛᎦᏅᎢ, ᎠᎴ ᎠᏍᏓᏯ ᏁᏂᏴ ᎠᎴ
ᎯᏁᏟᏴᎾ ᏣᏓᏅᏛᎢ. ᎾᏍᎩ ᎢᏳᏍᏗ ᎢᏳᏃ ᏂᏯᏫᏍᎬᎾ ᎢᎨᏎᏍᏗ ᏓᎬᎷᏤᎵ ᎦᏃᏍᎩᏍᎩ
ᏥᎦᎷᎪ ᎾᏍᎩᏯᎢ, ᎥᏝ ᎠᎴ ᏱᎦᏔᎮᏍᏗ ᎢᏳ ᎨᏒ ᏗᎬᎷᏤᎵᏒᎢ.
4 ᎢᎸᏍᎩ ᏂᎦᎥ ᏚᎾᏙᎥ ᏕᏣᏍᏆᏂᎪᏗ ᏌᏗᏏ, ᎾᏍᎩ ᎦᏓᎭ ᎢᏧᏅᏁᎸᎯ ᏂᎨᏒᎾ ᏧᎾᏄᏬ; ᎠᎴ
ᎾᏍᎩ ᎢᏧᏔᎭ ᏓᏲᏙᏤᎵ ᏧᏁᎩᏳ ᎨᏎᏍᏗ ᏚᎾᏄᏩᎥᎢ; ᏰᎵᏉᏰᏃ ᎾᏍᎩ ᎢᎬᏩᎾᏛᏁᏗ.
5 ᎩᎶ ᎠᏓᏎᎪᎩᏍᎨᏍᏗ ᎾᏍᎩ ᏧᏁᎬ ᏣᏥᏄᏬᏍᏗ ᎨᏎᏍᏗ, ᎠᎴ ᎥᏝ ᏥᏲᏍᏓᏁᏗ ᏱᎨᏎᏍᏗ
ᏚᏙᎥ ᎬᏂᏛ ᎠᏓᏁᎯ ᎪᏪᎵᎯ ᎪᏪᎸᎢ; ᎠᎴ ᎬᏂᎨᏒ ᎢᏥᏴᏁᏗ ᎨᏎᏍᏗ ᏕᎤᏙᎥ ᎡᏙᏓ
ᎠᎦᏔᎲᎢ, ᎠᎴ ᏧᏤᎵ ᏗᏂᎧᎿᏩᏗᏙᎯ ᎠᏂᎧᏔᎲᎢ.
6 ᎩᎶ ᎦᏚᎵᎨᏍᏗ ᏣᏛᎬᎦ ᎠᏓᏅᏙ ᏂᏕᎦᏪᏎᎲ ᏧᎾᏁᎶᏗ ᏚᎾᏓᏡᏩᏗᏒᎢ.
7 ᏈᎵᏕᎵᏈᏃ ᎤᎾᏓᏡᎬ ᏧᎾᏁᎶᏗ ᏗᎧᎿᏩᏗᏙᎯ ᏫᏲᏪᎳᏏ; ᎯᎠ ᎾᏍᎩ ᏫᏂᏪᏏ ᎠᏗᎭ
ᎾᏍᎩ Ꮎ ᎠᏍᎦᎾ ᏂᎨᏒᎾ, ᎾᏍᎩ ᎦᏰᎪᎩ ᏂᎨᏒᎾ, ᎾᏍᎩ ᎠᏍᏚᎢᏍᏗ ᏕᏫ ᎤᏤᎵᎦ ᎦᏁᎯ,
ᎾᏍᎩ ᎠᏍᏚᎢᏍᎩ ᏥᎩ, ᎩᎶᏃ ᎠᏍᏚᎲᏍᎩ ᏂᎨᏒᎾ ᏥᎩ; ᎠᎴ ᎠᏍᏚᎲᏍᎩ, ᎩᎶᏃ
ᎠᏍᏚᎢᏍᎩ ᏂᎨᏒᎾ ᏥᎩ.
8 ᏥᎦᏔᎭ ᏁᏍᏛ ᏕᏣᏄᏫᏍᏓᏁᎲᎢ; ᎬᏂᏳᏉ ᎢᎬᏱᏢ ᏂᎬᏴᏂᏏ ᎠᏍᏚᎢᏛ ᎦᎶᎯᏍᏗᏱ, ᎥᏝᏃ
ᎩᎶ ᎬᏩᏍᏚᏗ ᏱᎩ; ᎠᏏᏴᏃ ᎤᏍᏗᏱᏛ ᏣᎵᏂᎬᎦ, ᎠᎴ ᏣᏍᏆᏂᎪᏔᏅ ᎧᏃᎮᏛ ᎠᏆᏤᎵᎦ,
ᎠᎴ ᎥᏝ ᏱᏣᏓᏱᎸ ᏓᏆᏙᎥᎢ.
9 ᎬᏂᏳᏉ ᏎᏓᏂ ᎤᏤᎵ ᏗᎦᎳᏫᎢᏍᏗᏱ ᎠᏁᎳ ᏅᏓᏚᏥᏴᏁᎵ, ᎾᏍᎩ Ꮎ ᏣᏥᏧᏏ ᏣᎾᏗᎭ,
ᎠᏎᏃ ᎾᏍᎩ ᏄᎾᏍᏛᎾ ᏥᎩ, ᎠᎴ ᏣᎾᏥᎪᎥᏍᎦᏉ, ᎬᏂᏳᏉ ᎤᏂᎷᎯᏍᏗᏱ ᏅᏓᏚᏥᏴᏁᎵ
ᎠᎴ ᎤᎾᏓᏙᎵᏍᏔᏂᎪᏍᏗᏱ ᏕᏣᎳᏍᎬᎢ, ᎠᎴ ᎤᏂᎦᏙᎥᏍᏗᏱ ᎬᎨᏳᎢᏳ ᎨᏒᎢ.
10 ᎾᏍᎩᏯᏃ ᎲᏂᏗᏳ ᎨᏒ ᏥᏣᏍᏆᏂᎪᏔᏅ ᎠᏆᏤᎵ ᎧᏃᎮᏛ, ᎾᏍᎩ ᎢᏳᏍᏗ ᎾᏍᏉ ᎠᏴ
ᏓᎬᏍᏆᏂᎪᏔᏂ ᏓᎬᏩᏓᎴᏏ ᎾᎯᏳ ᎤᏓᎪᎵᏰᏗ ᎨᏒ ᎠᏍᏆᎸᎲᎭ, ᎡᎳᏂᎬ ᎤᏂᎷᏤᏗ ᏥᎩ,
ᎤᏂᎪᎵᏰᏗᏱ ᎾᏍᎩ Ꮎ ᎡᎶᎯ ᏣᏁᎭ.
11 ᎬᏂᏳᏉ ᏞᎩᏳ ᏓᏥᎷᏥ; ᎠᏍᏓᏱᏳ ᏕᏣᏂᏴᏎᏍᏗ ᎾᏍᎩ ᏣᎲᎢ, ᎾᏍᎩ ᎩᎶ ᎨᏣᎾᏒᏗ
ᏂᎨᏒᎾ ᎢᏳᎵᏍᏙᏗᏱ ᎠᎵᏍᏚᎶ ᏣᏤᎵᎦ.
12 ᎩᎶ ᎠᏓᏎᎪᎩᏍᎨᏍᏗ ᎦᎫᏍᏛᏗ ᎤᏓᏥᏴᏁᎵ ᏗᎦᎳᏫᎢᏍᏗᏱ ᎠᏆᏁᎳᏅᎯ ᎤᏤᎵᎦ, ᎥᏝᏃ
ᎿᏉ ᎢᎸᎯᏳ ᎤᏄᎪᎢᏍᏗ ᏱᎨᏎᏍᏗ; ᎠᎴ ᏓᏥᏲᏪᎶᏔᏂ ᏚᏙᎥ ᎠᏆᏁᎳᏅᎯ, ᎠᎴ ᏚᏙᎥ

ᎦᏚᎲ ᎠᏆᏁᎳᏅᎯ ᎤᏤᎵᎦ, ᎾᏍᎩ ᎢᏤ ᏥᎷᏏᎵᎻ ᏥᎩ, ᎾᏍᎩ ᎦᎸᎶᎢ ᎤᏁᎳᏅᎯᏱ
ᏩᏗᏓᎴᎲᏍᎩ; ᎠᎴ ᏓᏥᏲᏪᎶᏔᏂ ᎢᏤ ᏓᏆᏙᎥᎢ.
13 ᎩᎶ ᎦᎵᎷᎨᏍᏗ ᏩᏛᎬᎦ ᎠᏓᏅᏙ ᏂᏕᎦᏪᏎᎲ ᏧᎾᏁᎶᏗ ᏚᎾᏓᏡᏩᏗᏒᎢ.
14 ᎴᎣᏗᏏᏴᏃ ᏧᎾᏁᎶᏗ ᎤᎾᏓᏡᎬ ᏗᎧᎿᏩᏗᏙᎯ ᏫᏲᏪᎳᏏ; ᎯᎠ ᎾᏍᎩ ᏫᏂᏪᏏ ᎠᏗᎭ
ᎾᏍᎩ ᎡᎺᏅ ᏥᏚᏙᎥ, ᎾᏍᎩ Ꮎ ᏄᏓᎵᏓᏍᏛᎾ ᎠᎴ ᎤᏙᎯᏳᎯᏯ ᎧᏃᎮᏍᎩ ᏥᎩ,
ᏗᏓᎴᏅᏗᏍᎩ ᎤᏬᏢᏅᏅ ᎤᏁᎳᏅᎯ.
15 ᏥᎦᏔᎭ ᏄᏍᏛ ᏕᏣᎸᏫᏍᏓᏁᎲᎢ, ᎾᏍᎩ ᏂᏣᏴᏢᎾ ᎠᎴ ᏂᏣᏗᎴᎬᎾ ᎨᏒᎢ; ᎤᏟ
ᏱᏥᏰᎸᎾ ᏱᏣᏴᏜ ᎠᎴ ᏱᏣᏗᎴᎦᏉ.
16 ᎾᏍᎩᏃ ᏥᏣᏕᎾᏳᏉ, ᏂᏣᏴᏢᎾ ᎠᎴ ᏂᏣᏗᎴᎬᎾ ᏥᎩ, ᎾᏍᎩ ᎢᏳᏍᏗ ᏓᎬᏯᎵᎦᏍᏔᏂ
ᏥᎣᎵ ᏓᎬᏄᎪᏫᏏ.
17 ᏅᏗᎦᎵᏍᏙᏗᎭ ᎯᎠ ᏥᏂᏪᎭ, ᎠᏇᏖᎠ, ᎠᎴ ᎥᏝ ᎪᎱᏍᏗ ᏯᎩᏂᎬᏎᎭ; ᏂᏕᏔᎲᎾᏃ ᎢᎩ
ᎤᏲ ᏂᏣᏛᏖᏕᎬᎢ, ᎠᎴ ᎤᏪᏙᎵᏍᏗ ᏂᏣᏛᏖᏕᎬᎢ, ᎠᎴ ᎪᎱᏍᏗ ᏂᏣᎲᎾ ᎨᏒᎢ, ᎠᎴ ᏗᎨᏫ
ᎨᏒᎢ, ᎠᎴ ᏣᏰᎸᎭ ᎨᏒᎢ,
18 ᎬᏂᏤᎭ ᏍᎩᏩᎯᏎᏗᏱ ᎠᏕᎸ ᏓᎶᏂᎨ ᎠᏥᎸᏱ ᎬᏔᏅᎯ, ᎾᏍᎩ ᎤᏙᎯᏳᎯ ᏤᏅᎢᏍᏗᏱ;
ᎠᎴ ᎤᏁᎬ ᎠᏄᏬ ᏣᏄᏬᏍᏗ, ᎾᏍᎩ ᎢᏳᎵᏍᏙᏗᏱ ᏂᎨᏒᎾ; ᎠᎴ ᏗᎦᏙᎵ ᏗᏟᎶᏁᏙᏗᏱ
ᏗᎦᏔ-ᏗᎦᎶᏁᏗ, ᎾᏍᎩ ᎨᏣᎪᏩᏛᏗ ᎢᏳ ᎵᏍᏙᏗᏱ.
19 ᎾᏂᎥ ᏕᏥᎨᏳᎢ ᎨᏒ ᏕᏥᎬᏍᎪᎸᎥᏍᎪ ᎠᎴ ᏕᏥᎩᎵᏲᎢᏍᏗᏍᎪᎢ; ᎾᏍᎩ ᎢᏳᏍᏗ
ᎤᎵᏂᎩᏛ ᎭᏓᏅᏓᏓ ᎯᏁᏟᏴᎾ ᏣᏓᏅᏛᎢ.
20 ᎬᏂᏳᏉ ᏥᏙᎦ ᎦᎶᎯᏍᏗᏱ ᎠᎴ ᎬᏂᎭ; ᎩᎶ ᎠᏛᎩᏍᎨᏍᏗ ᏥᏁᎬ ᎠᎴ ᎠᏍᏚᎢᏍᎩᏍᏗ
ᎦᎶᎯᏍᏗᏱ, ᏓᏥᏴᎵ ᎠᏯᎥᎢ, ᎠᎴ ᏓᏕᎵᏍᏓᏴᏂ ᎠᎵᏍᏓᏴᎲᏍᎬᎢ, ᎠᎴ ᎾᏍᎩ ᏛᎵᏍᏓᏴᏂ
ᏕᎵᏍᏓᏴᎲᏍᎬᎢ.
21 ᎩᎶ ᎠᏓᏎᎪᎩᏍᎨᏍᏗ ᏓᏥᏯᎵᎪᎸᏓᏁᎵ ᎤᏬᏗᏱ ᎠᏉᎸᎢ ᎠᏆᏤᎵ ᎦᏍᎩᎸᎢ, ᎾᏍᎩᏯ
ᏣᏆᏓᏎᎪᎩᏒ ᎠᎴ ᏣᎩᏅ ᎡᏙᏓ ᎤᏬᎸ ᎾᏍᎩ ᎤᏪᏍᎩᎸᎢ.
22 ᎩᎶ ᎦᎵᎷᎨᏍᏗ ᏩᏛᎬᎦ ᎠᏓᏅᏙ ᏂᏕᎦᏪᏎᎲ ᏧᎾᏁᎶᏗ ᏚᎾᏓᏡᏩᏗᏒᎢ.

ᎠᏯᏙᎸᎢ 4

1 ᎣᏂᏃ ᏓᏆᎧᎿᏅᎩ, ᎠᎴ ᎬᏂᏳᏉ ᎦᎶᎯᏍᏗᏱ ᎤᎵᏍᏚᎢᏛ ᎨᏒᎩ ᎦᎸᎳᏗ; ᎢᎬᏱᏱᏃ ᎧᏁᎬ
ᎠᏆᏛᎦᏅᎯ ᎠᏤᎷᎩ ᏣᏆᎵᏃᎮᏗᏍᎪ ᎾᏍᎩᏯ ᎨᏒᎩ; ᎯᎠ ᏥᎾᎩᏪᏎᎨᎢ, ᎡᎭᎩᎳᏩ,
ᏓᎬᎾᏄᎪᏫᏎᎵᏃ ᏧᏓᎴᏅᏛ ᎾᏍᎩ ᎣᏂ ᎢᏳᎵᏍᏔᏂᏓᏍᏗ ᎨᏒᎢ.
2 ᎩᎳᏉᏃ ᎢᏴᏛ ᎠᏓᏅᏙ ᎠᏆᏘᏂᏙᎲᎩ; ᎠᎴ ᎬᏂᏳᏉ ᎦᏍᎩᎶ ᎦᎸᎶᎢ ᎤᏂᏍᎩᎳᏛᎩ,
ᎩᎶᏃ ᎾᎿ ᎦᏍᎩᎸ ᎤᏪᏅᎩ.
3 ᎤᏬᎵᏃ ᏣᎦᎦᏃᏗᏱ ᏣᏍᏆ ᏅᏯ ᎾᏍᎩᏯ ᎨᏒᎩ, ᎠᎴ ᏌᏗᏂ ᏅᏯ; ᎤᏅᎪᎳᏛᎩᏃ
ᎬᏩᏚᏫᏛ ᎦᏍᎩᎸᎢ, ᏗᎧᏃᏗᏱ ᎡᎻᎳ ᏅᏯ ᎾᏍᎩᏯ ᎨᏒᎩ.
4 ᎠᎴ ᎬᏩᏚᏫᏛ ᎾᎿ ᎦᏍᎩᎸ ᏅᎩᏦᏁ ᏕᎦᎧᎲ ᏗᏍᎩᎳᏗᏍᏗ; ᏗᏍᎩᎳᏗᏍᏗᏱᏃ ᎥᎦᏥᎪᎥᎩ
ᏅᎩᏦᏁ ᎢᏯᏂᏛ ᏣᎾᎵᏍᏚᎸᏃ ᏗᎵᏍᏚᎶ ᎠᏕᎸ ᏓᎶᏂᎨ ᏗᎪᎵᎳᏅᎯ.
5 ᎦᏍᎩᎸᏃ ᏓᏓᎴᎲᏍᎬᎩ ᎠᎾᎦᎵᏍᎩ, ᎠᎴ ᎠᏴᏓᏆᎶᏍᎩ ᎠᎴ ᎤᏃᏴᎬᎢ; ᎠᎴ ᎦᎵᏉᎩ
ᏗᏨᏍᏙᏗ ᏧᏥᏍᏟ ᏓᏓᏪᎵᎩᏍᎬᎩ ᎢᎬᏱᏗᏢ ᎦᏍᎩᎸᎢ, ᎯᎠ ᎾᏍᎩ ᎦᎵᏉᎩ ᏗᏓᏅᏙ
ᎤᏁᎳᏅᎯ ᏧᏤᎵᎦ.
6 ᎦᏍᎩᎸᏃ ᎢᎬᏱᏗᏢ ᎥᏓᎸᎩ ᎠᏓᎨᏗ ᎢᏗᎬᏤᎵᏛ, ᏅᏯ ᏗᎬᎸᏬᏛ ᎾᏍᎩᏯ ᎨᏒᎩ; ᎦᏍᎩᎸᏃ
ᎠᏰᎵ, ᎠᎴ ᎬᏩᏚᏫᏛ ᎾᎿ ᎦᏍᎩᎸ ᏅᎩ ᎢᏯᏂᏛ ᏗᏅᏃᏛ ᎥᎦᏥᎪᎥᎩ, ᎠᎧᎵᏬᎯ ᏓᏂᎧᏅᎩ
ᎢᎬᏱᏗᏢ ᎠᎴ ᎣᏂᏗᏢ.
7 ᎢᎬᏱᏱ ᎾᏍᎩ ᎯᎠ ᎬᏃᏛ ᏢᏓᏥ ᎤᏃᏕᎾ ᎾᏍᎩᏯ ᎨᏒᎩ, ᏔᎵᏁᏃ ᎾᏍᎩ ᎯᎠ ᎬᏃᏛ ᏩᎦ
ᎠᎩᎾ ᎾᏍᎩᏯ ᎨᏒᎩ, ᏦᎢᏁᏃ ᎾᏍᎩ ᎯᎠ ᎬᏃᏛ ᏴᏫ ᎤᎧᏛ ᎾᏍᎩᏯ ᎤᎧᏛᎩ, ᏅᎩᏁᏃ
ᎾᏍᎩ ᎯᎠ ᎬᏃᏛ ᎦᏃᎯᎵᏙᎯ ᎠᏬᏎᎵ ᎾᏍᎩᏯ ᎨᏒᎩ.
8 ᎾᏍᎩᏃ ᏅᎩ ᎢᏯᏂᏛ ᏗᏅᏃᏛ ᎠᏂᏏᏴᏫᎭ ᏑᏓᎵ ᏓᏃᏯᏛᎩ; ᎬᏩᏚᏫᏛᏃ ᎠᎴ ᎭᏫᏂ
ᎠᎧᎵᏬᎯ ᎨᎡ ᏗᏂᎧᏅᎢ; ᎠᎴ ᎾᎾᏣᏪᏐᎸᏍᏗᏍᎬᎾ ᎨᎭ ᎢᎦ ᎠᎴ ᎡᏃᏱ ᎯᎠ ᎾᏂᏪᏍᎬᎢ;
ᎦᎸᏉᏗᏳ, ᎦᎸᏉᏗᏳ, ᎦᎸᏉᏗᏳ, ᎤᎬᏫᏳᎯ ᎤᏁᎳᏅᎯ ᏫᎾᏍᏛᎾ ᎤᎵᏂᎩᏛ, ᎾᏍᎩ
ᏤᎲᎩ, ᎠᎴ ᏤᎭ, ᎠᎴ ᏤᎮᏍᏗ.
9 ᎾᏍᎩᏃ ᏗᏅᏃᏛ ᎠᏂᎸᏉᏓ ᎠᎴ ᎠᎾᎵᎮᎵᏥ ᎾᏍᎩ ᎦᏍᎩᎸ ᎤᏬᎵ, ᎾᏍᎩ ᏂᎪᎯᎸ
ᎾᎵᏍᏆᏗᏍᎬᎾ ᏤᎭ,
10 ᎿᏉ ᏅᎩᏦᏁ ᎢᏯᏂᏛ ᏧᎾᏛᏐᏅᎯ ᎡᎳᏗ ᏓᎾᏓᏅᎥᏍᎪ ᎢᎬᏱᏗᏢ ᎤᏬᎸ ᎾᏍᎩ ᎦᏍᎩᎸ
ᎤᏬᎵ, ᎠᎴ ᎠᎾᏓᏙᎵᏍᏓᏁᎨ ᎾᏍᎩ Ꮎ ᏂᎪᎯᎸ ᎾᎵᏍᏆᏗᏍᎬᎾ ᏤᎭ, ᎠᎴ ᏧᎾᎵᏍᏚᎶ
ᎦᏍᎩᎸ ᎢᎬᏱᏗᏢ ᏚᎾᏓᎡᎯ, ᎯᎠ ᎾᏂᏪᏍᎪᎢ;
11 ᏰᎵᏉ ᏂᎯ ᏣᎬᏫᏳᎯ ᎦᏰᏣᏁᎢᏍᏓᏁᏗ ᎡᏣᎸᏉᏗᏳ ᎨᎡ, ᎠᎴ ᎡᏤᎸᏉᏙᏗ ᎨᎡ, ᎠᎴ
ᏣᎵᏂᎩᏗᏳ ᎨᏒᎢ; ᏂᎦᏗᏳᏰᏃ ᎪᎱᏍᏗ ᏦᎵᏅᎯ, ᎠᎴ ᎭᏓᏅᏖᏍᎬ ᎢᏨᏁᎵᏓᏍᏗᏱ ᎡᎭ, ᎠᎴ
ᎪᎵᏅᎯ.

ᎠᏯᏙᎸᎢ 5

1 ᎠᎴ ᎠᎩᎪᎲᎩ ᎪᏪᎵ ᎠᎦᏘᏏᏗᏢ ᎤᏬᏰᏂ ᎤᎡᎦᎸᎩ ᎾᏍᎩ Ꮎ ᎦᏍᎩᎸ ᎤᏬᎵ, ᏐᎾᏂᏗᏢ,
ᎠᎴ ᎦᏚᎢᏗᏢ ᎪᏪᎸᎩ ᎦᎵᏉᎩ ᎪᏪᎵ ᏗᏍᏚᏗ ᏓᏍᏚᏛᎩ.
2 ᎠᎴ ᏗᎧᎿᏩᏗᏙᎯ ᎤᎵᏂᎩᏛ ᎥᏥᎪᎥᎩ ᎤᏪᎷᎬᎩ ᎠᏍᏓᏯ ᎧᏁᎬᎩ, ᎯᎠ ᏂᎦᏪᏍᎬᎩ, ᎦᎪ
ᏰᎵ ᎬᏩᏍᏚᎢᏍᏗ ᎪᏪᎵ, ᎠᎴ ᏗᎬᏩᏲᏍᏙᏗ ᎾᏍᎩ ᏓᏍᏚᏛᎢ?
3 ᎥᏝᏃ ᎩᎶ ᎦᎸᎳᏗ, ᎠᎴ ᎡᎶᎯ, ᎠᎴ ᎡᎶᎯ ᏐᎾᏂᏗᏢ ᏰᎵ ᎬᏩᏛᏗ ᏱᏥᏎ ᎪᏪᎵ
ᎬᏩᏍᏚᎢᏍᏗ, ᎠᎴ ᎾᏍᎩ ᎾᎿ ᏗᎬᏩᎧᏃᏗ.
4 ᎤᏣᏘᏃ ᏓᏆᏠᏱᎸᎩ, ᎤᏓᎦᎵᏍᏙᏗᏍᎬᎩ ᎩᎶ ᎬᏩᏛᏗ ᏂᎨᏒᎾ ᎨᏒ ᏰᎵ ᎬᏩᏍᏚᎢᏍᏗ ᎠᎴ
ᎬᏩᎪᎵᏰᏗ ᎨᏒ ᎪᏪᎵ, ᎠᎴ ᎾᏍᎩ ᎾᎿ ᏗᎬᏩᎧᏃᏗ.,
5 ᎠᏏᏴᏫᏃ ᎾᏍᎩ ᎫᎾᏛᏐᏅᎯ ᎨᏒ ᎯᎠ ᎾᎩᏪᏎᎸᎩ, ᏞᏍᏗ ᏗᏣᏠᏱᎸᎩ; ᎬᏂᏳᏉ ᏢᏓᏥ
ᎤᏃᏕᎾ ᏧᏓ ᎠᏂᏔᏍᏓᎸ ᎤᏓᏳᏓᎴᏅᎯ, ᏕᏫ ᎤᏱᏝᏅᎯ, ᎤᏓᏎᎪᎩᏒ ᎤᏍᏚᎢᏍᏗᏱ ᎪᏪᎵ,
ᎠᎴ ᏧᏲᏍᏙᏗᏱ ᎦᎵᏉᎩ ᏂᏓᏍᏚᎲᎢ.
6 ᎠᎴ ᏓᏆᎧᎿᏅᎩ, ᎠᎴ ᎬᏂᏳᏉ, ᎠᏰᎵ ᎦᏍᎩᎸᎢ ᎠᎴ ᎠᏰᎵ ᏄᎾᏛᏅ ᎾᏍᎩ Ꮎ ᏅᎩ
ᎢᏯᏂᏛ ᏗᏅᏃᏛ, ᎠᎴ ᎠᏰᎵ ᎠᏂᏅ ᏧᎾᏛᏐᏅᎯ, ᎥᎦᏙᎬᎩ ᎤᏃᏕᎾ ᎠᎩᎾ, ᎠᎸᎯ ᎢᏳᏍᏗ
ᎨᏒᎩ ᏓᎧᏅᎩ, ᎾᏍᎩ ᎦᎵᏉᎩ ᏗᏓᏅᏙ ᎤᏁᎳᏅᎯ ᏧᏤᎵ ᎦᏛᎦ, ᎾᏍᎩ ᏂᎬᎾᏛ ᎡᎶᎯ
ᏗᎦᏅᏒᎯ ᏥᎩ.
7 ᎾᏍᎩᏃ Ꮎ ᎤᎷᏨᎩ ᎠᎴ ᎤᏁᏒᎩ ᎪᏪᎵ ᎾᏍᎩ ᎠᎦᏘᏏᏗᏢ ᎤᏬᏰᏂ ᎤᎡᎦᎸ ᎾᏍᎩ Ꮎ
ᎦᏍᎩᎸ ᎤᏬᎵ.
8 ᎤᏁᏒᏃ ᎪᏪᎵ, ᎾᏍᎩ Ꮎ ᏅᎩ ᎢᏯᏂᏛ ᏗᏅᏃᏛ ᎠᎴ ᏅᎩᏦᏁ ᎢᏯᏂᏛ ᏧᎾᏛᏐᏅᎯ
ᎡᎳᏗ ᏓᎾᏓᏅᏅᎩ ᎠᎦᏔᎲ ᎤᏃᏕᎾ ᎠᎩᎾ, ᏗᏂᏁᎯᏐ ᎨᏒᎩ ᏗᎧᏃᎩᏍᏙᏗ, ᎠᎴ ᏗᏖᎵᏙ
ᎠᏕᎸ ᏓᎶᏂᎨ ᏗᎪᎵᎳᏅᎯ ᏗᎧᎵᎢ ᎨᏒᎩ ᎠᏜ ᎦᏩᏒᎩ, ᎾᏍᎩ ᎤᎾᏓᏅᏘ ᎠᎾᏓᏙᎵᏍᏗᏍᎬ
ᏥᎩ.
9 ᎢᏤᏃ ᏗᎧᏃᎩᏍᏗ ᏚᏂᏃᎩᏒᎩ, ᎯᎠ ᏄᏂᏪᏒᎩ; ᏚᏳᎪᏗ ᏂᎯ ᏣᏁᏍᏗᏱ ᎪᏪᎵ ᎠᎴ
ᏗᏣᏲᏍᏙᏗᏱ ᏓᏍᏚᎲᎢ; ᎡᏣᎸᎩᏰᏃ, ᎠᎴ ᎤᏁᎳᏅᎯ ᏧᏤᎵ ᏂᏍᎩᏴᏁᎸ ᏣᎩᎬ
ᏍᎩᏩᎯᏍᏔᏅ, ᏫᏗᏍᎩᏯᏅᎲ ᏂᎦᏛ ᏓᏂᏔᏍᏓᎳᏩᏗᏒᎢ, ᎠᎴ ᏧᏓᎴᏅᏛ ᏗᏂᏬᏂᏍᎩ
ᎨᏒᎢ, ᎠᎴ ᏧᎾᏓᎴᏅᏛ ᏴᏫ, ᎠᎴ ᏧᎾᏓᎴᏅᏛ ᏓᏁᏩᏗᏒᎢ.
10 ᎠᎴ ᏍᎦᏁᎳᏅᎯ ᏧᏤᎵ ᏍᎩᎬᏫ-ᏳᎯ ᎠᎴ ᎠᏥᎸ ᏍᏤᎶᎯ ᏂᏍᎩᏴᏁᎸ; ᎠᎴ
ᏍᎩᎬᎾᏳᎯ ᎨᏎᏍᏗ ᎡᎶᎯ.
11 ᎠᎴ ᏓᏆᎧᎿᏅᎩ, ᎠᎴ ᎠᏆᏛᎦᏅᎩ ᎠᏂᏁᎬ ᎠᏂᏁᎬ ᎤᏂᏣᏘ ᏗᏂᎧᎿᏩᏗᏙᎯ ᏚᎾᏚᏫᏍᏛ
ᎦᏍᎩᎸᎢ, ᎠᎴ ᎠᏂᏁᎬ ᏗᏅᏃᏛ ᎠᎴ ᏧᎾᏛᏐᏅᎯ; ᎯᎠᏃ ᎾᏂᎥᎩ, ᎠᏍᎪᎯ ᎢᏯᎦᏴᎵ
ᎤᎶᏏᎶᏛ ᎠᏍᎪᎯ ᎢᏯᎦᏴᎵ, ᎠᎴ ᎠᎦᏴᎵ ᎤᎦᏴᎳᏥᎶᏛ.

12 ᎯᎠ ᎾᏂᏪᏍᎬᎩ ᎠᏍᏓᏯ ᎤᏁᎷᎬᎩ; ᎤᏃᏕᎾ ᎠᎩᎾ ᎠᏥᎸᎯ ᏰᎵᏉ ᏕᏁᎢᏍᏓᏁᏗ
ᎤᎵᏂᎩᏗᏳ ᎨᏒ, ᎠᎴ ᎤᏪᎿᎢᏳ ᎨᏒ, ᎠᎴ ᎠᏏᎾᏌᏂᏳ ᎨᏒ, ᎠᎴ ᎬᏩᎸᎸᏗ ᏂᎨᏒᎾ ᎨᏒ,
ᎠᎴ ᏕᎸᏉᏗᏳ ᎨᏒ, ᎠᎴ ᎣᏍᏛ ᏧᏁᎢᏍᏓᏁᏗ ᎨᏒᎢ.
13 ᏂᎦᏗᏳᏃ ᎪᏢᏅᎯ ᎨᏒ ᎦᎸᎳᏗ ᎡᎲ, ᎠᎴ ᎡᎶᎯ ᎡᎲ, ᎠᎴ ᎡᎶᎯ ᎭᏫᏂᏗᏢ ᎡᎲ, ᎠᎴ
ᎾᏍᎩ ᎠᏬᏉᎯ ᎠᏁᎲ, ᎠᎴ ᏂᎦᏛ ᎾᎿ ᎠᏂᏯᎥᎢ, ᎠᏆᏛᎦᏅᎩ ᎯᎠ ᎾᏂᏪᏍᎬᎢ, ᎣᏍᏛ
ᏧᏁᎢᏍᏓᏁᏗ ᎨᏎᏍᏗ, ᎾᏍᎩ ᎦᏍᎩᎸ ᎤᏌᎵ, ᎠᎴ ᎾᏍᏉ ᎤᏃᏕᎾ ᎠᎩᎾ ᎤᎵᏍᏆᏗᏍᏗ
ᏂᎨᏒᎾ ᏂᎪᎯᎸᎢ.
14 ᏅᎩᏃ ᎢᏯᏂᏛ ᏗᏅᏃᏛ ᎡᏬᏅ ᎤᎾᏛᏅᎩ ᎡᎳᏗ ᏚᎾᏓᏅᏅᎩ ᎠᎴ ᎤᎾᏓᏙᎵᏍᏓᏁᎸᎩ
ᎾᏍᎩ Ꮎ ᏂᎪᎯᎸ ᎤᎵᏍᏆᏗᏍᏗ ᏂᎨᏒᎾ ᎡᎯ.

ᎠᏯᏙᎸᎢ 6

1 ᎠᎴ ᎦᏥᎦᏅᎩ ᎤᏃᏕᎾ ᎠᎩᎾ ᎤᏲᏍᏔᏅ ᏌᏉ ᎠᏍᏚᏛ ᎪᏪᎵ; ᎠᎴ ᎠᏆᏛᎦᏅᎩ
ᎠᏴᏓᏆᎶᏍᎩ ᏧᏃᏴᎪ ᎾᏍᎩᏯ.Ꭲ, ᎾᏍᎩ Ꮎ ᎠᏏᏴᏫ ᏅᎩ ᎢᏯᏂᏛ ᎨᏒ ᏗᏅᏃᏛ, ᎯᎠ
ᏂᎦᏪᏍᎬᎩ, ᎡᎭᎦᏔᏄᎦ.
2 ᎠᎴ ᏫᏓᏆᎧᎾᏅᎩ, ᎠᎴ ᎬᏂᏳᏉ ᎤᏁᎬ ᏐᏈᎵ ᏫᏥᎪᎥᎩ ᎠᎴ ᎾᎿ ᎤᎩᎵ ᎦᎶᏣᏗ
ᎦᏁᎲᎩ; ᎠᎴ ᎠᎵᏍᏚᎶ ᎠᏥᏅᏁᎸᎩ; ᎠᎴ ᎤᏪᏅᏒᎩ ᏫᏓᏎᎪᎩᏍᎬᎩ, ᎠᎴ
ᏫᎬᏓᏎᎪᎩᏏᏒᎩ.
3 ᎠᎴ ᏔᎵᏁ ᎠᏍᏚᎲ ᎤᏍᏚᎢᏒ, ᎠᏆᏛᎦᏅᎩ ᏔᎵᏁ ᎬᏃᏛ ᎯᎠ ᏄᏪᏒᎩ, ᎡᎭᎦᏔᏄᎦ.
4 ᎠᎴ ᎤᏳᏓᎴ ᏐᏈᎵ ᎤᏄᎪᏨᎩ, ᎠᎩᎦᎨᎢ; ᎠᎴ ᎠᎦᎵᏍᎪᎸᏓᏁᎸᎩ ᎾᎿ ᎤᎩᎵ
ᎤᏳᏙᎯᏯᏛ ᎨᏒ ᎤᏄᎪᏫᏍᏗᏱ ᎡᎶᎯ, ᎠᎴ ᎾᏍᎩ ᎢᏳᏩᏂᏐᏗᏱ ᎤᏅᏒᏉ ᏧᎾᏓᎯᏍᏗᏱ;
ᎠᎴ ᎡᏆ ᎠᏰᎳᏍᏗᎦᏅᎯᏛ ᎠᏥᎦᎸᎩ.
5 ᎠᎴ ᏦᎢᏁ ᎠᏍᏚᎲ ᎤᏍᏚᎢᏒ, ᎠᏆᏛᎦᏅᎩ ᏦᎢᏁ ᎾᏍᎩ Ꮎ ᎬᏃᏛ ᎯᎠ ᏄᏪᏒᎩ,
ᎡᎭᎦᏔᏄᎦ. ᎠᎴ ᏓᏆᎧᎾᏅᎩ, ᎠᎴ ᎬᏂᏳᏉ ᎬᎿᎨ ᏐᏈᎵ; ᎠᎴ ᎾᎿ ᎤᎩᎵ ᏗᎦᏛᏗ
ᏕᎦᏁᎲᎩ.
6 ᎠᎴ ᎧᏁᎬᎠᏆᏛᎦᏅᎩ ᏛᏓᎴᎲᏍᎬᎩ ᎠᏰᎵ ᏅᎩ ᎢᏯᏂᏛ ᏗᏅᏃᏛ ᏄᎾᏛᏅᎢ, ᎯᎠ
ᎤᏓᎦᏪᏍᎬᎩ, ᏥᏂᎩ ᎠᏟᎶᏍᏗ ᎠᎧᎵᎢ ᎤᏟᎴᏍᏗ ᎠᎩᏏᏧᎬᏩᎶᏗ ᎠᏗᏴᏗ, ᎠᎴ ᏥᏂᎩ
ᎠᏟᎶᏍᏗ ᏦᎢ ᎢᏯᎧᎵᎢ ᎤᏟᎴᏍᏗ ᎢᏳᏍᏗ ᎠᎩᏏ-ᏧᎬᏩᎶᏗ ᎠᏗᏴᏗ; ᎠᎴ ᏞᏍᏗ ᎪᎱᏍᏗ
ᏗᏨᏁᎸᎩ ᎪᎢ ᎠᎴ ᎩᎦᎨ-ᎠᏗᏔᏍᏗ.
7 ᎠᎴ ᏅᎩᏁ ᎠᏍᏚᎲ ᎤᏍᏚᎢᏒ, ᎠᏆᏛᎦᏅᎩ ᎧᏁᎬ ᏅᎩᎬ ᎾᏍᎩ Ꮎ ᎬᏃᏛ ᎯᎠ
ᏂᎦᏪᏍᎬᎢ, ᎡᎭᎦᏔᏄᎦ.
8 ᎠᎴ ᏫᏓᏆᎧᎾᏅᎩ, ᎠᎴ ᎬᏂᏳᏉ ᎤᏭᏓᎸ ᏗᎧᏃᏗᏱ ᏐᏈᎵ ᏫᏥᎪᎥᎩ; ᎠᎴ ᎾᎿ ᎤᎩᎵ
ᎠᏲᎱᎯᏍᏗ ᏚᏙᎥᎩ, ᎠᎴ ᏨᏍᎩᏃ ᎤᏍᏓᏩᏗᏒᎩ; ᎠᎴ ᎨᎦᎵᏍᎪᎸᏓᏁᎸᎩ ᎾᏍᎩ ᏅᎩ
ᎢᎦᏛᎯ ᎨᏒ ᎡᎶᎯ ᎾᏍᎩ ᏌᏉ ᏄᏓᎥ ᎾᎿ ᏧᏂᎯᏍᏗᏱ ᎠᏰᎳᏍᏗᎦᏅᎯᏛ ᎬᏗ, ᎠᎴ ᎠᎪᏄ
ᎬᏗ, ᎠᎴ ᎥᎫᎩ ᎬᏗ, ᎠᎴ ᎢᎾᎨ ᎠᏁᎯ ᎤᏂᏍᎦᏎᏗ ᏗᎬᏗ.
9 ᎠᎴ ᎯᏍᎩᏁ ᎠᏍᏚᎲ ᎤᏍᏚᎢᏒ, ᎠᏥᎸᎨᎳᏍᏗᏱ ᎭᏫᏂᏢ ᏓᎩᎪᎲᎩ ᏧᎾᏓᏅᏙ ᎾᏍᎩ Ꮎ
ᏗᎨᏥᎸᎯ ᎤᏁᎳᏅᎯ ᎤᏤᎵ ᎧᏃᎮᏛ ᎤᏂᏍᏛᏛᎯ, ᎠᎴ ᏄᏍᏛ ᎤᏃᎯᏳᎳᏅ ᎤᏂᏍᏛᏛᎯ;
10 ᎠᎴ ᎠᏍᏓᏯ ᎤᏁᎷᏅᎩ ᎯᎠ ᏄᏂᏪᏒᎩ, ᎢᎳᎪ ᎤᏓᎪᎯᏥ ᏣᎬᏫᏳᎯ, ᏂᎯ ᏂᏍᎦᏅᎾ
ᎠᎴ ᏚᏳᎪᏛ ᎢᎭᏛᏁᎯ, ᎩᎳ ᏙᏓᎩᏳᎪᏓᏁᎸ ᏓᎩᏍᏛᏗᏍᏔᏂ ᎠᎴ ᏓᎩᏯᏞᏤᎢ ᎣᎩᎩᎬ
ᎤᏂᏨᏅ ᎾᏍᎩ Ꮎ ᎡᎶᎯ ᏣᏁᎭ.
11 ᎠᎴ ᎠᏂᏏᏴᏫᎭ ᎨᏒ ᏧᏁᎬ ᏕᎨᏥᏅᏁᎸᎩ ᏗᏄᏬ; ᎠᎴ ᎨᏥᏃᏁᎸᎩ ᎠᏏ ᏞᎦ
ᎤᎾᏣᏪᏐᎸᏍᏙᏗᏱ ᎨᏒ ᎬᏂ ᎢᏧᎳᎭ ᎨᏥᏅᏏᏙᎸᎯ ᎠᎴ ᎾᏍᏉ ᎠᎾᎵᏅᏟ ᏄᏂᎪᎸᎾ
ᏂᎨᎬᏁᎸ, ᎾᏍᎩ ᏕᎨᏥᎸ ᎾᏍᎩᏯ ᎤᏅᏒ ᏂᎨᎬᏁᎸᎢ.

12 ᎠᎴ ᏑᏓᎵᏁ ᎠᏍᏚᎲ ᎤᏍᏚᎢᏒ ᏕᏥᎦᏅᎩ, ᎠᎴ ᎬᏂᏳᏉ ᎦᏙᎯ ᎤᏣᏘ ᎤᎵᏖᎸᏅᎩ;
ᎠᎴ ᏅᏙ ᎢᎦ-ᎡᎯ ᎬᎿᎨ ᏄᎵᏖᎸᏅᎩ ᎾᏍᎩᏯ ᎤᏏᎦᏅ ᎠᏄᏬ ᎪᏢᏔᏅᎯ, ᏅᏙᏃ ᏒᏃᏱ
ᎡᎯ ᎩᎬ ᎾᏍᎩᏯ ᏄᎵᏍᏔᏅᎩ.
13 ᏃᏈᏏᏃ ᎦᎸᎶᎢ ᎠᏂᎣᎸ ᎤᏂᏅᎪᎣᏒᎩ ᎠᎴ ᎡᎶᎯ ᎤᏂᏔᎨᏯᏛᏨᎩ, ᎾᏍᎩᏯ ᏒᎦᏔ-
ᎢᏳᏍᏗ ᏈᎬ ᏨᏂᏅᎪᎠᏍᎪ ᎤᎾᏓᏙᏗᏱ ᏂᎨᏒᎾ ᎨᏒ ᎤᎾᏓᏔᏅᎯ, ᎾᎯᏳ ᎤᏣᏘ ᎦᏃᎸᎥᏍᎬ
ᏧᏓᎸᎲᏍᎪᎢ;
14 ᎠᎴ ᎦᎸᎶᎢ ᎤᏓᏅᏒᎩ ᎾᏍᎩᏯ ᎪᏪᎵ ᏣᎦᎣᏅᏍᎪᎢ; ᎠᎴ ᏂᎦᏛ ᎦᎣᏓᎸ ᎠᎴ ᎠᎹᏰᎵ
ᏚᏪᎣᎲᎢ ᏚᏓᏅᏒᎩ ᎾᎿ ᏄᎾᏛᏅᎢ.
15 ᎠᎴ ᎤᏂᎬᏫᏳᎯ ᎡᎶᎯ ᎠᏁᎯ, ᎠᎴ ᎨᏥᎸᏉᏗ ᎠᏂᏍᎦᏯ, ᎠᎴ ᏧᏁᎿᎢ ᎠᏂᏍᎦᏯ,
ᎠᎴ ᏄᏂᎬᏫᏳᏒ ᏗᎾᏓᏘᏂᏙᎯ, ᎠᎴ ᏧᎾᎵᏂᎩᏛ ᎠᏂᏍᎦᏯ, ᎠᎴ ᎾᏂᎥ ᏗᎨᏥᎾᏝᎢ, ᎠᎴ ᎾᏂᎥ
ᏂᏗᎨᏥᎾᏝᎥᎾ, ᎤᎾᏗᏍᎦᏔᏅᎩ ᏚᏍᏓᎦᎸᎢ, ᎠᎴ ᏅᏲᎯ ᎦᎨᏒ ᏙᏓᎸᎢ;
16 ᎠᎴ ᏙᏓᎸ ᎠᎴ ᏅᏯ ᎯᎠ ᏂᏚᏂᏪᏎᎸᎩ, ᏍᎩᏯᏐᎥᎦ, ᎠᎴ ᏍᎩᏴᏍᎦᎸᎥᎦ ᎾᏍᎩ
ᎣᎩᎪᏩᏛᏗᏱ ᏂᎨᏒᎾ ᎾᏍᎩ Ꮎ ᎦᏍᎩᎸ ᎤᏪᎵ, ᎠᎴ ᎤᏃᏕᎾ ᎠᎩᎾ ᎤᏔᎳᏬᎯᏍᏗ ᎨᏒ
ᎣᎦᏢᏔᏍᏗᏱ ᏂᎨᏒᎾ;
17 ᎦᎸᏉᏗᏳᏰᏃ ᎢᎦ ᎾᎯᏳ ᎤᏔᎳᏬᎯᏍᏗ ᎨᏒ ᎤᏍᏆᎸᎲ; ᎦᎪᏃ ᏰᎵ ᎬᏩᎴᏗ ᎨᏎᏍᏗ?

ᎠᏯᏙᎸᎢ 7

1 ᎣᏂᏃ ᏅᎩ ᎢᏯᏂᏛ ᏗᏂᎧᎿᏩᏗᏙᎯ ᎥᎦᏥᎪᎥᎩ ᏅᎩ ᏂᏚᏅᏏᏴ ᎡᎶᎯ ᏓᏂᏙᎬᎩ, ᏚᏂᏂᏴᏒᎩ
ᎤᏃᎴ ᏅᎩ ᏂᏙᏗᎦᎶᏍᎬ ᎡᎶᎯ, ᎾᏍᎩ ᎤᏃᎸᏗᏱ ᏂᎨᏒᎾ ᎡᎶᎯ, ᎠᎴ ᎠᎺᏉᎯ, ᎠᎴ
ᏕᏡᎬᏉ.
2 ᎠᎴ ᎤᏩᏓᎴ ᏗᎧᎿᏩᏗᏙᎯ ᎥᏨᎪᎥᎩ ᏗᎧᎸᎬ ᎢᏗᏢ ᏧᏳᎵᎾᎳᏓᏩᏗᏒᎩ, ᎬᏂᏛ ᎤᏁᎳᏅᎯ
ᎤᏤᎵ ᎤᏓᏰᎸᏙᏗ ᎨᏒ ᎦᏁᎲᎩ; ᎠᎴ ᎠᏍᏓᏯ ᏚᎵᏍᏓᏁᎸᎩ ᏅᎩ ᎢᏯᏂᏛ ᏗᏂᎧᎿᏩᏗᏙᎯ,
ᎾᏍᎩ ᎨᏥᏁᎸᎯ ᏥᎨᏎ ᎪᎱᏍᏗ ᎤᏅᏁᏗᏱ ᎡᎶᎯ ᎠᎴ ᎠᎺᏉᎯ,
3 ᎯᎠ ᏂᎨᏥᏪᏎᎸᎩ, ᏞᏍᏗ ᎪᎱᏍᏗ ᎢᏨᏁᎸᎩ ᎡᎶᎯ, ᎠᎴ ᎠᎺᏉᎯ, ᎠᎴ ᏕᏡᎬᎢ, ᎬᏂ
ᏗᏗᏰᎸᏔᏅᎯ ᎨᏎᏍᏗ ᏗᏂᎬᏓᎨᏂ ᎢᎦᏁᎳᏅᎯ ᏧᏤᎵ ᏧᏅᏏᏓᏍᏗ.
4 ᎠᎴ ᎠᏆᎦᏛᎦᏅᎩ ᎾᏂᎥ ᎾᏍᎩ ᏗᎨᏥᏰᎸᏔᏅᎯ ᎨᏒᎢ; ᎠᎴ ᎠᏍᎪᎯᏧᏈ ᏅᎦᏍᎪᎯ ᏅᎩᎦᎵ
ᎢᏯᎦᏴᎵ ᎾᏂᎥᎩ ᏕᎨᏥᏰᎸᏔᏅᎩ ᏂᎦᏛ ᎢᏏᎵ ᏧᏪᏥ ᏓᏂᎳᏍᏓᎳᏩᏗᏒᎢ.
5 ᏧᏓ ᎠᏂᎳᏍᏓᎸ ᏗᎪᏣᎴᏛ ᏔᎳᏚ ᎢᏯᎦᏴᎵ ᏕᎨᏥᏰᎸᏔᏅᎩ. ᎷᏈᏂ ᎠᏂᎳᏍᏓᎸ
ᏗᎪᏣᎴᏛ ᏔᎳᏚ ᎢᏯᎦᏴᎵ ᏕᎨᏥᏰᎸᏔᏅᎩ. ᎦᏗ ᎠᏂᎳᏍᏓᎸ ᏗᎪᏣᎴᏛ ᏔᎳᏚ ᎢᏯᎦᏴᎵ
ᏕᎨᏥᏰᎸᏔᏅᎩ.
6 ᎠᏒ ᎠᏂᎳᏍᏓᎸ ᏗᎪᏣᎴᏛ ᏔᎳᏚ ᎢᏯᎦᏴᎵ ᏕᎨᏥᏰᎸᏔᏅᎩ. ᏁᏈᏓᎵ ᎠᏂᎳᏍᏓᎸ
ᏗᎪᏣᎴᏛ ᏔᎳᏚ ᎢᏯᎦᏴᎵ ᏕᎨᏥᏰᎸᏔᏅᎩ ᏗᎪᏣᎴᏛ ᏔᎳᏚ ᎢᏯᎳᏍᏓᎸ ᏗᎪᏣᎴᏛ ᏔᎳᏚ
ᎢᏯᎦᏴᎵ ᏕᎨᏥᏰᎸᏔᏅᎩ.
7 ᏏᎻᏯᏂ ᎠᏂᎳᏍᏓᎸ ᏗᎪᏣᎴᏛ ᏔᎷᏚ ᎢᏯᎦᏴᎵ ᏕᎨᏥᏰᎸᏔᏅᎩ. ᎵᏫ ᎠᏂᎳᏍᏓᎸ
ᏗᎪᏣᎴᏛ ᏔᎳᏚ ᎢᏯᎦᏴᎵ ᏕᎨᏥᏰᎸᏔᏅᎩ ᎢᏏᎦ ᎠᏂᎳᏍᏓᎸ ᏗᎪᏣᎴᏛ ᏔᎳᏚ ᎢᏯᎦᏴᎵ
ᏕᎨᏥᏰᎸᏔᏅᎩ.
8 ᏤᏈᎳᏂ ᎠᏂᎳᏍᏓᎸ ᏗᎪᏣᎴᏛ ᏔᎳᏚ ᎢᏯᎦᏴᎵ ᏕᎨᏥᏰᎸᏔᏅᎩ. ᏦᏩ ᎠᏂᎳᏍᏓᎸ
ᏗᎪᏣᎴᏛ ᏔᎳᏚ ᎢᏯᎦᏴᎵ ᏕᎨᏥᏰᎸᏔᏅᎩ. ᏇᏂ ᎠᏂᎳᏍᏓᎸ ᏗᎪᏣᎴᏛ ᏔᎳᏚ ᎢᏯᎦᏴᎵ
ᏕᎨᏥᏰᎸᏔᏅᎩ.
9 ᎣᏂᏃ ᎢᏴᏛ ᏓᏆᎧᎾᏅᎩ, ᎠᎴ ᎬᏂᏳᏉ, ᎤᏂᏧᏈᏍᏗ ᏴᏫ [ᏫᎦᏥᎪᎥᎩ] ᎾᏍᎩ ᎩᎶ
ᏗᎬᏩᏎᎨᎲᏍᏗ ᏂᎨᏒᎾ, ᎾᏍᎩ ᎤᏓᏳᎾᏙᏣᎴᏛ ᎾᏂᎥ ᎤᎾᏓᏤᎵᏛ ᏴᏫ ᏓᏁᏩᏗᏒᎢ, ᎠᎴ
ᎪᎱᏍᏗ ᏗᎾᏓᏛᎿ ᎨᏒᎢ, ᎠᎴ ᏴᏫ ᏓᏁᏩᏗᏒᎢ ᎠᎴ ᏧᏓᎴᏅᏛ ᏗᏂᏬᏂᏍᎩ ᎨᏒᎢ, ᎠᏂᏙᎾᎥᎩ
ᎦᏍᎩᎸ ᎢᎬᏱᏗᏢ, ᎠᎴ ᎤᏃᏕᎾ ᎠᎩᎾ ᏄᏛᏅ ᎢᎬᏱᏗᏢ, ᏧᏁᎬ ᏚᎾᏄᏩᎥᎩ, ᎠᎴ ᏗᏂᏁᎲᎩ
ᏧᏬᎰᏔ ᏧᎦᏄᏓᏅᎯᏛ;
10 ᎠᎴ ᎠᏍᏓᏯ ᎤᏁᎷᏅᎩ, ᎯᎠ ᏄᏂᏪᏒᎩ, ᎠᎵᏍᏕᎸᏙᏗ ᎨᏒ ᎣᎦᏁᎳᏅᎯ ᎧᏁᎢᏍᏓᏁᏗ
ᎨᏎᏍᏗ ᎾᏍᎩ ᎦᏍᎩᎸ ᏧᏬᎳ, ᎠᎴ ᎤᏃᏕᎾ ᎠᎩᎾ ᎧᏁᎢᏍᏓᏁᏗ ᎨᏎᏍᏗ.
11 ᎠᎴ ᏂᎦᏛ ᏗᏂᎧᎿᏩᏗᏙᎯ ᎦᏍᎩᎸ ᏚᎾᏚᏫᏍᏛᎩ ᏓᏂᏙᎬᎩ, ᎠᎴ ᏧᎾᏛᏐᏅᎯ ᎠᎴ ᏅᎩ
ᎢᏯᏂᏛ ᏗᏅᏃᏛ ᏄᎾᏛᏅᎢ, ᎠᎴ ᏅᎩ ᎢᏯᏂᏛ ᏗᏅᏃᏛ ᏄᎾᏛᏅᎢ, ᎠᎴ ᎦᏍᎩᎸ ᎢᎬᏱᏗᏢ
ᏚᎾᎵᏯᏍᏚᏅᎩ, ᎠᎴ ᎤᏁᎳᏅᎯ ᎤᎾᏓᏙᎵᏍᏓᏁᎸᎩ;

12 ᎯᎠ ᎾᏂᏪᏍᎬᎩ, ᎡᎺᏅ; ᎣᏍᏛ ᎡᏣᏁᎢᏍᏓᏁᏗ ᎨᏒᎢ, ᎠᎴ ᎡᏣᎸᏉᏙᏗ ᎨᏒᎢ, ᎠᎴ
ᎯᎦᏔᎾᎢᏳ ᎨᏒᎢ, ᎠᎴ ᎡᏣᎵᎮᎵᏤᏗ ᎨᏒᎢ, ᎠᎴ ᎡᏣᎸᏉᏗᏳ ᎨᏒᎢ, ᎠᎴ ᏣᎵᏂᎩ-ᏗᏳ
ᎨᏒᎢ, ᎠᎴ ᏣᎵᏂᎪᎯᏍᏗ ᎨᏒᎢ, ᏣᏤᎵ ᎨᏎᏍᏗ ᏍᎩᏯᏁᎳᏅᎯ ᏂᎪᎯᎸ ᎠᎴ ᏂᎪᎯᎸᎢ.
ᎡᎺᏅ.
13 ᎠᏂᏴᏫᏃ ᎾᏍᎩ Ꮎ ᏧᎾᏛᏐᏅᎯ ᎨᏒ ᎤᏁᏨᎩ, ᎯᎠ ᎾᎩᏪᏎᎸᎩ, ᎦᎪ ᎯᎠ ᎾᏧᏁᎬ
ᏧᎾᏄᏩᎢ ᏥᎩ? ᎠᎴ ᎭᏢ ᏧᎾᏓᎴᏁᎢ?
14 ᎯᎠᏃ ᎤᏥᏪᏎᎸᎩ, ᏣᎬᏫᏳᎯ ᏂᎯ ᎯᎦᏔᎭ. ᎯᎠᏃ ᎾᎩᏪᏎᎸᎩ, ᎯᎠᏍᎩᏂ Ꮎ ᎤᏣᏘ
ᎠᎩᎵᏯ ᎨᏒ ᎤᏓᏳᏂᎶᏒᎯ, ᎠᎴ ᎤᏃᏕᎾ ᎠᎩᎾ ᎤᎩᎬᏱ ᏧᏅᎩᎶᎥᎯ ᏧᎾᏁᏬ ᎠᎴ ᏧᏁᎬ
ᎢᏧᏅᏁᎸᎯ.
15 ᎾᏍᎩ ᎢᏳᏍᏗ ᎤᏁᎳᏅᎯ ᎤᏤᎵ ᎦᏍᎩᎸ ᎢᎬᏱᏗᏢ ᏄᎾᏛᏅ, ᎠᎴ ᎪᎱᏍᏗ ᎬᏩᏛᏁᎭ
ᎤᏤᎵ ᏗᎦᎳᏫᎢᏍᏗᏱ, ᎢᎦ ᎠᎴ ᎡᏃᏱ ᏗᎬᏩᏊᏍᏗ; ᎠᎴ ᎾᏍᎩ Ꮎ ᎦᏍᎩᎸ ᎤᏬᎵ ᎠᏁᎲ
ᎡᏢᏍᏗ.
16 ᎿᏉ ᎥᏝ ᎠᎪᏄ ᏧᏂᏲᏏᏐᏗ ᏱᎨᏎᏍᏗ. ᎥᏝ ᎠᎴ ᎿᏉ ᏧᏂᏔᏕᎪᏗ ᏱᎨᏎᏍᏗ; ᎥᏝ ᎠᎴ ᎤᏙ
ᎢᎦ ᎡᎯ ᎤᏗᎴᎩ ᏳᏂᏕᎵᏍᎨᏍᏗ, ᎠᎴ ᎪᎱᏍᏗ ᎤᏗᎴᎩ ᎨᏒᎢ.
17 ᎤᏃᏕᎾᏰᏃ ᎠᎩᎾ ᎾᏍᎩ Ꮎ ᎦᏍᎩᎸ ᎠᏰᎵ ᏥᏄᏛᏅ ᏓᏳᏁᏣᎵ ᎠᎴ ᏙᏓᏳᎾᏘᏁᏏ ᎠᎹ
ᎬᏂᏛ ᎠᎹ ᏙᏗᎦᏄᎪᎬᎢ; ᎠᎴ ᎤᏁᎳᏅᎯ ᏙᏓᎦᏅᎦᎸᎯ ᏂᎦᏛ ᏕᏂᎦᏌᏬᎸᎢ.

ᎠᏯᏙᎸᎢ 8

1 ᎦᎵᏉᎩᏁᏃ ᎠᏍᏚᎲ ᎤᏍᏚᎢᏒ ᎡᎳᏪ ᎤᏅᏅᎩ ᎦᎸᎳᏗ ᎠᏰᎵ ᎢᏳᏟᎶᏛ ᎢᎪᎯᏛ.

2 ᎦᎵᏉᎩᏃ ᎢᏯᏂᏛ ᏗᏂᎧᎿᏩᏗᏙᎯ ᎥᏕᏥᎪᎥᎩ ᎾᏍᎩ ᎤᏁᎳᏅᎯ ᏄᏛᏅ ᎢᎬᏱᏗᏢ
ᏣᏂᏙᎾᎠ; ᎦᎵᏉᎩᏃ ᏗᏤᎷᎩ ᏕᎨᏥᏕᎸᎩ ᎾᏍᎩ.

3 ᎠᎴ ᏅᏩᏓᎴ ᏗᎧᎿᏩᏗᏙᎯ ᎤᎷᏨᎩ ᎠᎴ ᎠᏥᎸ-ᎨᎳᏍᏗᏱ ᎤᎴᏅᎩ, ᎠᏰᎲᎩ ᎠᏕᎸ-
ᏓᎶᏂᎨ ᎪᏢᏔᏅᎯ ᎠᏜ ᎦᏩᏒᎩ ᎠᎪᎲᏍᏙᏗᏱ; ᎤᏣᏘᏃ ᎠᏥᏁᎸᎩ ᎠᏜ ᎦᏩᏒᎩ ᎾᏍᎩ
ᎤᎵᏍᎪᎸᏙᏗᏱ ᎤᏌᏯᏍᏙᏗᏱ ᎠᎾᏓᏙᎵᏍᏗᏍᎬ ᏂᎦᏛ ᎤᎾᏓᏅᏘ, ᎾᎿ ᎠᏥᎸ-ᎨᎳᏍᏗᏱ
ᎠᏕᎸ-ᏓᎶᏂᎨ ᎪᏢᏔᏅᎯ ᎦᏍᏗᎸ ᎢᎬᏱᏗᏢ ᏥᎦᎧᎰ.

4 ᎠᎴ ᎠᏜ ᎦᏩᏒᎩ ᏚᎦᏒᏍᏛ ᎾᎯᏳ ᎠᎵᏌᎳᏗᏍᎬᎩ ᎤᎾᏓᏅᏘ ᎠᎾᏓᏙᎵᏍᏗᏍᎬ
ᏓᎵᏌᎳᏗᏍᎬ ᎤᏁᎳᏅᎯ ᏄᏛᏅ ᎢᎬᏱᏗᏢ ᏫᎦᎷᎬᎩ, ᏗᎧᎿᏩᏗᏙᎯ ᎤᏬᏰᏂ ᎠᏓᎴᎲᏍᎬᎩ.

5 ᏗᎧᎿᏩᏗᏙᎯᏃ ᎠᏜ ᎦᏩᏒᎩ ᎠᎪᎲᏍᏙᏗᏱ ᎤᎩᏒᎩ, ᎠᎴ ᎠᏥᎸ ᎤᎧᎵ-ᎢᏍᏔᏅᎩ
ᎠᏥᎸ-ᎨᎳᏍᏗᏱ ᎠᏓᏛ, ᎠᎴ ᎡᎶᎯ ᏭᏗᏅᏒᎩ; ᏚᏃᏴᎳᏒᎩᏃ, ᎠᎴ ᎤᏴᏓᏆᎶᎥᎩ, ᎠᎴ
ᎠᎾᎦᎵᏍᎬᎩ, ᎠᎴ ᎡᎶᎯ ᎤᎵᏖᎸᏅᎩ.

6 ᎠᎴ ᎦᎵᏉᎩ ᎢᏯᏂᏛ ᏗᏂᎧᎿᏩᏗᏙᎯ, ᎾᏍᎩ ᎦᎵᏉᎩ ᏗᏤᎷᎩ ᏗᏂᏁᎯ
ᎤᎾᏛᏅᎢᏍᏔᏅᎩ ᏧᏂᏃᏴᎵᏍᏙᏗᏱ.

7 ᎢᎬᏱᏱ ᎨᏒ ᏗᎧᎿᏩᏗᏙᎯ ᎤᏤᎷᎯᏒᎩ, ᎠᎴ ᎤᎨᎲ ᏔᏅᏒᎩ ᎠᏥᎸ ᎠᎴ ᎤᏁᏍᏓᎳ ᎩᎬ
ᎤᏓᏑᏱ ᎨᏒᎩ, ᎠᎴ ᎡᎶᎯ ᏫᏕᎨᏕᏗᏅᏒᎩ, ᎠᎴ ᏕᏡᎬ ᏦᎢ ᎢᎦᏛᎯ ᎨᏒ ᎾᏍᎩ ᏌᏉ
ᎢᏳᏪᏨᎯ ᏚᎪᏅᎩ, ᎠᎴ ᏂᎦᏛ ᎢᏤ ᎧᏁᏍᎦ ᎤᎪᏅᎩ.

8 ᏔᎵᏁᏃ ᎨᏒ ᏗᎧᎿᏩᏗᏙᎯ ᎤᏤᎷᎯᎩ, ᎣᏓᎸᏃ ᎡᏆ ᏣᏓᏪᎵᎩᏍᎪ ᎾᏍᎩᏯ ᎨᏒᎩ
ᎠᎺᏉᎯ ᏭᎾᏗᏅᎩ; ᎢᏳᏬᏨᎯ ᎩᎬ ᏄᎵᏍᏔᏅᎩ;

9 ᎠᎴ ᏦᎢ ᎢᎨᏥᏛᎯ ᎨᏒ ᎾᏍᎩ ᎨᏒᏁᎳᏅᎯ ᎨᏒ ᎠᎺᏉᎯ ᎠᏁᎲᎢ ᎠᎴ ᏗᏅᏃᎯ ᎨᏒ
ᎾᏍᎩ ᏌᏉ ᎢᏳᏂᏨᎯ ᏚᏂᎵᏬᏨᎩ; ᎠᎴ ᏥᏳ ᏧᏛᎾ ᏦᎢ ᎢᏗᎦᏛᎯ ᎨᏒ ᎾᏍᎩ ᏌᏉ
ᎢᏳᏪᏨᎯ ᏚᏲᏨᎩ.

10 ᏦᎢᏁᏃ ᎨᏒ ᏗᎧᎿᏩᏗᏙᎯ ᎤᏤᎷᎯᏒᎩ, ᎤᏣᏘᏃ ᎡᏆ ᏃᏈᏏ ᎤᏬᎰᏒᎩ ᎦᎸᎳᏗ
ᏗᏳᏓᏅᎩ, ᎠᏨᏍᏙᏗ ᏣᏓᏪᎵᎩᏍᎪ ᎾᏍᎩᏯᎢ, ᎡᏉᏂᏃ ᏚᏪᏴ ᏦᎢ ᎢᏗᎦᏛᎯ ᎨᏒ ᎾᏍᎩ
ᏌᏉ ᎢᏳᏪᏨᎯ ᏚᏥᏍᏌᏨᎩ, ᎠᎴ ᎠᎺ ᏕᎦᏄᎪᎬ ᏚᏥᏍᏌᏨᎩ.

11 ᎾᏍᎩᏃ Ꮎ ᏃᏈᏏ ᎤᏴᏍᏗ ᎦᏙᎥ; ᏦᎢᏃ ᎢᏗᎦᏛᎯ ᎨᏒ ᎡᏉᏂ ᏚᏪᏴ ᎾᏍᎩ
ᏌᏉᎢᏳᏪᏨᎯ ᎤᏴᏍᏗ ᏂᏚᎵᏍᏔᏅᎩ; ᎠᎴ ᎤᏂᏣᏘ ᏴᏫ ᎠᎹ ᎤᎾᏗᏔᎲ ᏚᏂᏲᎱᏒᎩ,
ᎤᏓᎦᎵᏍᏙᏗᏍᎬᎩ ᎠᎹ ᎤᏴᏍᏗ ᏂᏚᎵᏍᏔᏅᎢ.

12 ᏅᎩᏁᏃ ᎨᏒ ᏗᎧᎿᏩᏗᏙᎯ ᎤᏤᎷᎯᏒᎩ, ᏅᏙᏃ ᎢᎦ ᎡᎯ ᏦᎢ ᎢᎦᏛᎯ ᎨᏒ ᎾᏍᎩ ᏌᏉ
ᎢᏳᏪᏨᎯ ᎤᏩᏂᎸᎩ, ᎠᎴ ᏦᎢ ᎢᎦᏛᎯ ᎨᏒ ᎾᏍᎩ ᏌᏉ ᎢᏳᏪᏨᎯ ᏅᏙ ᏒᏃᏱ ᎡᎯ
ᎤᏩᏂᎸᎩ, ᎠᎴ ᏦᎢ ᎢᏗᎦᏛᎯ ᎨᏒ ᎾᏍᎩ ᏌᏉ ᎢᏳᏪᏨᎯ ᏃᏈᏏ ᎠᏂᎧᎸ ᏚᏩᏂᎸᎩ; ᎾᏍᎩᏃ
ᏦᎢ ᎢᏗᎦᏛᎯ ᎨᏒ ᎾᏍᎩ ᏌᏉ ᎢᏳᏪᏨᎯ ᏚᎵᏏᎲᏒᎩ, ᎠᎴ ᎢᎦ ᏦᎢ ᎢᎦᏛᎯ ᎨᏒ ᎾᏍᎩ

ᏌᏉ ᎢᏳᏪᏨᎯ ᎥᏝ ᏯᎦᎵᏍᎨᎢ, ᎠᎴ ᎡᏃᏱ ᏦᎢ ᎢᎦᏛᎯ ᎨᏒ ᎾᏍᎩ ᏌᏉ ᎢᏳᏪᏨᎯ
ᎾᏍᏉ ᎥᏝ ᏯᎦᎵᏍᎨᎢ.
13 ᎠᎴ ᏓᏆᎧᎾᏅᎩ, ᎠᎴ ᎠᏆᏛᎦᏅᎩ ᏗᎧᎿᏩᏗᏙᎯ ᎦᎸᎶᎢ ᎠᏰᎵ ᎦᏃᎯᎵᏒᎩ ᎠᏍᏓᏯ
ᎤᏪᎷᎬᎩ ᎯᎠ ᏂᎦᏪᏍᎬᎩ, ᎤᏲᎢᏳ, ᎤᏲᎢᏳ ᎤᏲᎢᏳ ᎢᏳᎾᎵᏍᏓᏁᏗ ᎡᎶᎯ ᏓᏁᏩᏗᏒᎢ,
ᏅᏗᎦᎵᏍᏙᏗᏐ ᏗᏐᎢ ᎠᏤᎷᎩ ᏗᏤᎷᎯᏍᏗ ᎨᏒ ᎾᏍᎩ ᏗᏂᎧᎿᏩᏗᏙᎯ ᏦᎢ ᎢᏯᏂᏛ
ᏓᏂᏁᎲᎢ, ᎠᏏ ᏧᏂᏤᎷᎯᏍᏗ ᏥᎩ.

ᎠᏯᏙᎸᎢ 9

1 ᎯᏍᎩᏁᏃ ᎨᏒ ᏗᎧᎿᏩᏗᏙᎯ ᎤᏤᎷᎯᏒᎩ, ᎠᎩᎪᎲᎩᏃ ᏃᏈᏏ ᎦᎸᎶᎢ ᏓᏳᏓᎴᏅᎩ ᎡᎶᎯᏃ
ᎤᏬᏥᎸᎩ; ᎠᎴ ᎾᏍᎩ [ᏃᏈᏏ] ᎠᏥᎦᎸᎩ ᎠᏍᏚᎢᏍᏗ ᎾᏍᎩ ᏫᎾᏍᏛᎾᎠᏔᎴᏒ
ᎠᏍᏚᎢᏍᏙᏗ.
2 ᎠᎴ ᏫᎾᏍᏛᎾ ᎠᏔᎴᏒ ᎤᏍᏚᎢᏒᎩ, ᏧᎦᏒᏍᏗᏃ ᎾᎿ ᎠᏔᎴᏒ ᏓᏳᎵᏌᏔᏓᏅᎩ, ᎾᏍᎩᏯ
ᎡᏆ ᏔᎷᎩᏍᎩ ᎬᎾᏬᏙᏗᏱ ᏥᏚᎦᏒᏍᏙᎢ; ᎤᏙᏃ ᎢᎦ ᎡᎯ ᎠᎴ ᎦᏃᎴᏍᎬ ᎤᏜᏅᏛ
ᏚᎵᏏᎲᏒᎩ ᎤᏓᏚᎵᏍᏙᏗᏍᎬᎩ ᏧᎦᏒᏍᏗ ᎠᏔᎴᏒ ᏙᏗᎴᎲᏍᎬᎢ.
3 ᏚᎦᏒᏍᏛᏃ ᏓᏳᏂᎸᎪᏨᎩ ᎥᎴ ᎠᎴ ᎡᎶᎯ ᏚᏂᏰᎵᏒᎩ; ᎠᎴ ᎤᎵᏂᎩᏛ ᎨᏒ ᎨᏥᏁᎸᎩ
ᎾᏍᎩᏯ ᏗᏂᏙᎬ ᎠᎾᏓᏨᏯᏍᏗᏍᎩ ᎡᎶᎯ ᎠᏁᎯ ᎤᎵᏂᎩᏛ ᏧᏂᎭ.
4 ᎠᎴ ᎨᏥᏁᏤᎸᎩ ᎪᎱᏍᏗ ᎤᏅᏗᏗᏱ ᏂᎨᏒᎾ ᎧᏁᏍᎦ ᎡᎶᎯ ᎤᏰᎬᎢ, ᎠᎴ ᏂᎦᎥᏉ ᎪᎱᏍᏗ
ᎢᏤ ᎤᏴᎾᎥᎢ, ᎠᎴ ᏂᎦᎥᏉ ᏕᏡᎬᎢ; ᎾᏍᎩᏉᏍᎩᏂ Ꮎ ᎤᏅᏒ ᏴᏫ ᎤᏁᏔᏅᎯ ᎤᏤᎵ
ᎤᏓᏰᎸᏙᏗ ᎨᏒ ᏄᏂᏰᎸᏒᎾ ᏗᏂᎬᏓᎨᏂ.
5 ᎠᎴ ᎾᏍᎩ ᎨᏥᏁᎸᎩ ᎾᏍᎩ ᏧᏂᎯᏍᏗᏱ ᏂᎨᏒᎾ ᎨᏒᎢ, ᏧᏂᎩᎸᏗᏉᏍᎩᏂ ᎯᏍᎩ
ᎢᏯᏅᏙ; ᎤᎾᏓᎩᎸᏗᏃ ᎨᏒ ᏚᏙᎬ ᎠᏓᏨᏯᏍᏗᏍᎩ ᎤᎾᏓᎩᎸᏗ ᎨᏒ ᎾᏍᎩᏯ ᎨᏒᎩ ᏴᏫ ᎿᏉ
ᎤᏪᏨᏯ.
6 ᎾᎯᏳᏃ ᎨᏒ ᎠᏂᏲᎱᎯᏍᏗ ᎨᏒ ᎤᏂᏲᎵᏍᏗ ᏴᏫ, ᎠᎴ ᎥᏝ ᎤᏂᏩᏛᏗ ᏱᎨᏎᏍᏗ; ᎠᎴ
ᎤᎾᏚᎵᏍᎨᏍᏗ ᏧᏂᏲᎱᎯᏍᏗᏱ, ᎠᏎᏃ ᎠᏂᏲᎱᎯᏍᏗ ᎨᏒ ᎤᎾᎵᏘᏒᏗ ᎨᏎᏍᏗ.
7 ᎥᎴᏃ ᎤᎾᏙᎵᏒ ᎾᏍᎩᏯ ᎨᏒᎩ, ᏐᏈᎵ ᏓᏅᏩ ᎤᏁᏅᏍᏗᏱ ᏥᎨᎦᏛᏅᎢᏍᏙᎢ;
ᏚᏄᎵᏍᏚᏄᎩᏃ ᏗᎵᏍᏚᎶ ᎠᏕᎸᏓᎶᏁᎨ ᏗᎪᎵᏔᏅᎯ ᎾᏍᎩᏯᎢ, ᏚᎾᎧᏛᏃ ᏴᏫ ᏚᎾᎧᏛ
ᎾᏍᎩᏯ ᎨᏒᎩ.
8 ᎠᎴ ᏚᏂᏍᏗᏰᎬᎩ ᎠᏂᎨᏴ ᏥᏚᏂᏍᏗᏰᏚ ᎾᏍᎩᏯᎢ, ᎠᎴ ᏓᏂᏄᏙᎬ ᏢᏓᏥ ᎤᏂᏃᏕᎾ
ᏥᏓᏂᏄᏙᏚ ᎾᏍᎩᏯ ᎨᏒᎩ.
9 ᎠᎴ ᏚᎾᏓᏁᎶᏍᏚᎸᎩ ᏔᎷᎩᏍᎩ ᏗᎪᎵᏔᏅᎯ ᏗᏓᏁᎶᏍᏚᎶ ᎾᏍᎩᏯᎢ; ᏗᏂᏃᎨᏂᏃ ᏚᏃᏴᎬ
ᎤᏂᏣᏘ ᏐᏈᎵ ᏓᏆᎴᎷ ᏥᏓᏂᎾᏏᏂᎭ ᏓᎿᏩ ᏣᎾᎢᏐ ᎾᏍᎩᏯ ᎨᏒᎩ.
10 ᏗᏂᏙᎬᏃ ᏗᎾᏓᏨᏯᏍᎩ ᏥᎩ ᎾᏍᎩᏯ ᏓᏂᏂᏓᏛᎩ, ᎠᎴ ᏧᎾᏓᏨᏯᏍᏙᏗ ᏗᏂᏙᎬ ᏚᏙᎵᏒᎩ;
ᎠᎴ ᎤᏂᎲᎩ ᎪᎱᏍᏗ ᏧᏅᏗᏗᏱ ᏴᏫ ᎯᏍᎩ ᎢᏯᏅᏙ.
11 ᎠᎴ ᎤᎬᏫᏳᎯ ᎤᏂᎧᎲᎩ ᎾᏍᎩ ᏗᎧᎿᏩᏗᏙᎯ ᏥᎩ ᎾᏍᎩ ᏫᎾᏍᏛᎾ ᎠᏔᎴᏒᎢ,
ᎾᏍᎩᏃ ᎠᏂᏈᎷ ᎤᏂᏬᏂᎯᏍᏗ ᎠᏆᏙᎾ ᏚᏙᎥ, ᎠᏂᎪᎢᏍᎩᏂ ᎤᏂᏬᏂᎯᏍᏗ ᎨᏒ ᎠᏉᎵᏯᏂ
ᏚᏙᎥ.
12 ᏌᏉ ᎤᏲ ᎨᏒ ᎤᎶᏐᏅ; ᎬᏂᏳᏉᏃ ᎠᏏ ᏔᎵ ᎤᏲ ᎨᏒ ᏙᏛᏍᏆᎸᎯ.
13 ᏑᏓᎵᏁᏃ ᎨᏒ ᏗᎧᎿᏩᏗᏙᎯ ᎤᏤᎷᎯᏒᎩ, ᎩᎶᏃ ᎧᏁᎬ ᎠᏆᏛᎦᏅᎩ ᏛᏓᎴᎲᏍᎬᎩ ᏅᎩ
ᏂᎦᏅᎷᎬ ᎠᏕᎸᏓᎶᏂᎨ ᎪᎵᏔᏅᎯ ᎠᏥᎸ-ᎨᎳᏍᏗᏱ ᎾᏍᎩ ᎤᏁᏔᏅᎯ ᏄᏛᏅ ᎢᎬᏱᏗᏢ
ᏥᎦᎧᎭ,

14 ᎯᎠ ᎾᏥᏪᏎᎸᎩ ᎣᏓᎵᏁ ᎨᏒ ᏗᎧᎿᏩᏗᏙᎯ ᎠᏤᎷᎩ ᏕᏁᎯ, ᎳᏄᏒ ᎾᏍᎩ Ꮎ ᎤᎩ
ᎢᏯᏂᏛ ᏗᏂᎧᎿᏩᏗᏙᎯ ᎤᎳᏅ ᎡᏉᏂ ᎤᏪᏴ ᎹᏗ Ꮧ ᏥᏕᎨᏕᏄᎥ.
15 ᎠᎴ ᎾᏍᎩ Ꮎ ᎤᎩ ᎢᏯᏂᏛ ᏗᎾᎧᎿᏩᏗᏙᎯ ᏕᎨᏚᏄᎡᎸᎩ, ᎾᏍᎩ ᎨᏚᏛᏅᎢᏍᏔᏅᎩ
ᏌᏉ ᎤᏙ ᎢᏳᏟᎶᏛ ᎢᎪᎯᏛ ᎨᏒᎢ, ᎠᎴ ᏏᏕ ᎨᏒ, ᎠᎴ ᏏᏅᏙ ᎨᏒ, ᎠᎴ ᎣᏕᏗᏴᏛ ᎨᏒᎢ,
ᎾᏍᎩ ᏧᏂᎯᏍᏗᏱ ᏦᎢ ᎢᎨᏥᏛᎯ ᏴᏫ ᎾᏍᎩ ᏌᏉ ᎢᏳᏂᏨᎯ ᎨᏒᎢ.
16 ᎠᎴ ᎠᏂᏯᏫᏍᎩ ᎭᏭᎵ ᏧᎾᎩᏄᏗ ᎳᎵᏧᏭ ᎢᏳᏆᏗᏅᏛ ᎾᏂᎥᎩ; ᎠᎴ ᎠᏆᏛᏚᏅᎩ ᎾᏂᎥᎢ.
17 ᎾᏍᎩᏃ ᎯᎠ ᏄᎾᏍᏛᎩ ᎥᏕᏥᎪᎥᎩ ᎭᏭᎵ ᎠᏆᏁᎳᏫᏎᎸᎢ, ᎠᎴ ᎾᏍᎩ ᎾᏂ ᏧᎾᎩᎵ,
ᏮᎾᏓᏁᏟᏍᏚᏄᎩ ᎠᏥᏄ ᎠᎴ ᎤᏯ ᏤᏏᏂ ᏧᎭᎢᏛ, ᎠᎴ ᏌᎪᏂᎨ ᎠᏓᏪᎳᎩᏍᎩ ᏗᎪᏢᎳᏅᎯ.
ᏗᏂᏍᎪᎵᏃ ᎭᏭᎵ ᎠᏓᏥ ᎤᏂᏃᏕᏅ ᏥᏓᏂᏍᏗᏓᏛ ᎾᏍᎩᏯ ᎨᏒᎩ; ᏗᏂᎨᎵᏃ ᏓᏕᏄᎪᎬᎩ ᎠᏥᏄ
ᎠᎴ ᏧᏕᏒᏍᏗ ᎠᎴ ᏌᎪᏂᎨ ᎠᏓᏪᎳᎩᏍᎩ.
18 ᎯᎠ ᎾᏍᎩ ᏦᎢ ᎢᏳᏓᎴᎩ ᎨᏒ ᏓᏅᏗᏍᎬ, ᏴᏫ ᏦᎢ ᎢᎨᏥᏛᎯ ᎨᏒ ᎾᏍᎩ ᏌᏉ
ᎢᏳᏂᏨᎯ ᏕᎨᏥᏄᎩ, ᎾᏍᎩ ᎠᏥᏄ ᎬᏗ, ᎠᎴ ᏧᏕᏒᏍᏗ ᎬᏗ, ᎠᎴ ᏌᎪᏂᎨ ᎠᏓᏪᎳᎩᏍᎩ
ᎬᏗ, ᎾᏍᎩ ᏗᏂᎨᎵ ᏥᏙᏓᏕᏄᎪᎬᎢ.
19 ᎪᎱᏍᏗᏴᏃ ᎤᎾᏓᏛᏁᏗᏱ ᏗᏂᎨᎵ ᎠᎴ ᏓᏂᏂᏓᏛ ᏛᏓᎴᎸᏍᎬᎩ; ᏓᏂᏂᏓᏛᏴᏃ ᎢᎾᏛ
ᏥᏄᏍᏗ ᎾᏍᎩᏯ ᎨᏒᎩ, ᎠᎴ ᏓᏂᏍᏗᏓᏛᎩ, ᎠᎴ ᎾᏍᎩ ᏓᏅᏗᏍᎬᎩ ᎪᎱᏍᏗ ᎠᎾᏓᏛᏁᎸᎩ.
20 ᎠᎴ ᎠᏂᎭᎢ ᏴᏫ ᎾᏍᎩ ᎤᏕᏯᏙᏗ ᎨᏒ ᏧᏂᏄᎯ ᏂᎨᏒᎾ, ᎠᏏᏉ ᎥᏝ ᏱᏓᏂᏁᏟᏴᏍᎨ
ᏚᎾᏓᏅᏛ ᎤᏲ ᏯᏂᏰᏄᏍᎨ ᏧᏃᏰᏂ ᎬᏗ ᏚᏂᏄᏫᏍᏓᏁᏄᎢ, ᎾᏍᎩ ᎠᏂᏍᎩᎾ
ᏧᎾᏓᏙᎵᏍᏓᏁᏗᏱ ᏂᎨᏒᎾ ᎢᏳᎵᏍᏙᏗᏱ, ᎠᎴ ᎤᏁᎳᏅᎯ ᏗᏰᏄᎯ ᎠᏕᏄ ᏓᏳᏂᎨ
ᏗᎪᏢᎳᏅᎯ, ᎠᎴ ᎠᏕᏄ ᎤᏁᎬ, ᎠᎴ ᎥᏳᏱ, ᎠᎴ ᎤᏯ, ᎠᎴ ᎠᏓ ᏗᎪᏢᎳᏅᎯ; ᎾᏍᎩ
ᎬᏳᏂᎪᏳᏗ ᏂᎨᏒᎾ ᏥᎩ, ᎠᎴ ᎬᏳᎾᏛᎪᏗ ᏂᎨᏒᎾ ᏥᎩ, ᎠᎴ ᎬᏳᏁᏓᏍᏗ ᏂᎨᏒᎾ ᏥᎩ.
21 ᎥᏝ ᎠᎴ ᎤᏲ ᏣᏂᏰᏄᏅ ᏚᎾᏓᏄᎢ, ᎠᎴ ᏚᎾᏙᏅᏄᎢ, ᎠᎴ ᎤᏕᎵᏛ ᏚᎾᏂᏏᏂᏙᏄᎢ, ᎠᎴ
ᎤᏂᏃᏍᎩᏒᎢ.

ᎠᏯᏙᎸᎢ 10

1 ᎠᎴ ᎤᏩᏓᎴ ᎤᎵᏂᎩᏛ ᏗᎧᎿᏩᏗᏙᎯ ᎥᏥᎪᎥᎩ ᎦᎸᎳᏗ ᏓᏳᏠᎠᏒᎩ, ᎤᎶᎩᎸ
ᎤᏄᏬᏍᏛᎩ; ᎠᎴ ᎠᏍᎪᎵ ᎤᏅᎪᎳᏛᎩ, ᎠᎴ ᎤᎧᏛ ᎤᏙ ᎢᎦ ᎡᎯ ᎾᏍᎩᏯ ᎨᏒᎩ,
ᏧᎳᏏᏕᏂᏃ ᏗᎦᏚᏍᏗᏗ ᎠᏥᎸ ᏗᎪᏢᏔᏅᎯ ᎾᏍᎩᏯ ᎨᏒᎩ.
2 ᎪᏪᎵᏃ ᎤᏍᏗ ᎤᏒᎦᎸᎩ ᎠᏍᏚᎢᏛ; ᎠᎦᏘᏏᏃ ᎤᎳᏏᏕᏂ ᎠᎺᏉᎯ ᎤᎳᏏᏅᎩ,
ᎠᎦᏍᎦᏂᏃ [ᎤᎳᏏᏕᏂ] ᎦᏙᎯ ᎤᎳᏏᏅᎩ,
3 ᎠᎴ ᎠᏍᏓᏯ ᎤᏪᎷᏅᎩ, ᏢᏓᏥ ᎤᏃᎦᏅ ᏣᏴᎪ ᎾᏍᎩᏯᎢ; ᎾᏍᎩᏃ ᎤᏪᎷᏅ, ᎦᎵᏉᎩ
ᎠᏂᏴᏓᏆᎶᏍᎩ ᎤᏂᏴᏓᏆᎶᎥᎩ.
4 ᎠᎴ ᎦᎵᏉᎩ ᎠᏂᏴᏓᏆᎶᏍᎩ ᎤᏂᏴᏓᏆᎶᎥ, ᏓᎪᏪᎳᏂᏒᎩ; ᎠᏆᏛᎦᏅᎩᏃ ᎧᏁᎬ ᎦᎸᎳᏗ
ᏓᏳᎶᏒᎩ ᎯᎠ ᎤᏛᎩᏪᏎᎲᎩ, ᏘᏍᏚᎲᎦᏉ ᎾᏍᎩ ᎦᎵᏉᎩ ᎠᏂᏴᏓᏆᏍᎩ ᏄᏂᏪᏒᎢ, ᎠᎴ
ᏞᏍᏗ ᏦᏪᎳᏅᎩ.
5 ᏗᎧᎿᏩᏗᏙᎯᏃ ᏥᎪᎥᎯ ᎠᎺᏉᎯ ᎠᎴ ᎦᏙᎯ ᏧᎳᏏᏅᎯ, ᎦᎸᎳᏗ ᎢᏗᏢ ᎤᏌᎳᏓᏅᎩ
ᎤᏬᏰᏂ,
6 ᎠᎴ ᎤᏁᎢᏍᏔᏅᎩ, ᎾᏍᎩ Ꮎ ᏂᎪᎯᎸ ᎠᎴ ᏂᎪᎯᎸ ᏤᎭ, ᎾᏍᎩ ᎦᎸᎶᎢ ᎤᏬᏢᏅᎯ
ᏥᎩ, ᎠᎴ ᎾᏍᎩ ᎾᎿ ᏤᎿᎠ, ᎠᎴ ᎡᎶᎯ, ᎠᎴ ᎾᏍᎩ ᎾᎿ ᏤᎿᎠ, ᎠᎴ ᎠᎺᏉᎯ, ᎠᎴ
ᎾᏍᎩ ᎾᎿ ᏤᎿᎠ, ᎥᏝ ᎿᏉ ᎤᏟ ᎢᎪᎯᏛ ᏱᎪᎯᏗᏏᏎᏍᏗ ᎤᏛᏅᎩ.
7 ᎦᎵᏉᎩᏁᏍᎩᏂ ᏗᎧᎿᏩᏗᏙᎯ ᎧᏁᏨᎭ ᎢᏳᎢ, ᎿᏉ ᎠᎴᏅᎲᎭ ᎠᏤᎷᎯᏒᎭ, ᎤᏕᎵᏛ
ᎤᏁᎳᏅᎯ ᎤᏤᎵᎦ ᎤᎵᏰᎢᎶᎯᏍᏗ ᎨᏎᏍᏗ, ᎾᏍᎩᏯ ᎬᏂᎨᏒ ᏂᏚᏩᏁᎸ ᏧᏅᏏᏓᏍᏗ
ᎠᎾᏙᎴᎰᏍᎩ.
8 ᎧᏁᎬᏃ ᎠᏆᏛᎦᏅᎯ ᎦᎸᎳᏗ ᎤᏓᏩᏓᎴᏅᎯ ᏔᎵᏁ ᎠᎩᏁᏤᎸᎩ, ᎠᎴ ᎯᎠ ᏄᏪᏒᎩ, ᎮᎾ,
ᎠᎴ ᏫᎾᎩ ᎤᏍᏗ ᎪᏪᎵ ᎠᏍᏚᎢᏛ ᏧᏒᎦᎸ ᏗᎧᎿᏩᏗᏙᎯ ᏥᎦᏙᎦ ᏥᎦᏔᏍᎦ ᎠᎺᏉᎯ ᎠᎴ
ᎦᏙᎯ.
9 ᎠᏇᏅᏒᎩᏃ ᏗᎧᎿᏩᏗᏙᎯ ᏗᎦᏙᎬᎢ, ᎠᎴ ᎯᎠ ᎤᏥᏪᏎᎸᎩ, ᏍᎩᏅᎥᏏ Ꮎ ᎤᏍᏗ ᎪᏪᎵ.
ᎯᎠᏃ ᎾᎩᏪᏎᎸᎩ, ᎯᎾᎩ ᎠᎴ ᎯᏯᏱᎾ; ᏣᏍᏉᎵᏱᏂ ᏣᏚᎵᏏ ᏥᏅᎦᎾᎯ ᎢᏳᎦᎾᏍᏛ
ᎤᏓᏨᏁᎵ.
10 ᎪᏪᎵᏃ ᎤᏍᏗ ᏗᎧᎿᏩᏗᏙᎯ ᎤᏒᎦᎸ ᏩᎩᏁᏒᎩ, ᎠᎴ ᎠᎩᏯᏱᏅᎩ; ᏥᎨᎵᏃ ᎠᏆᏅᏍᎦᎸ
ᏣᏚᎵᏏ ᏥᏅᎦᎾᎯ ᏄᎦᎾᏒᎩ; ᎠᎩᏯᎥᏃ ᎠᎩᏍᏉᎵᏱ ᎡᎯᏍᏗᏳ ᏄᏩᏁᎸᎩ.
11 ᎯᎠᏃ ᎾᎩᏪᏒᎩ, ᏔᎵᏁ ᏛᎭᏙᎴᎰᏏ ᎤᏂᏣᏘ ᎠᏂᎦᏔᎲᎢ, ᎠᎴ ᏑᎾᏓᎴᎩ ᎠᏁᎲ ᏴᏫ,
ᎠᎴ ᏧᏓᎴᏅᏛ ᏗᏂᏬᏂᏍᎩ ᎨᏒ ᏴᏫ, ᎠᎴ ᏧᎾᏓᎴᏅᏛ ᎤᏂᎬᏫᏳᎯ.

ᎠᏯᏙᎸᎢ 11

1 ᎠᎴ ᎦᎾᏍᏓ ᎥᎩᎦᎸᎩ ᎠᏙᎳᏅᏍᏗ ᎾᏍᎩᏯᎢ; ᏗᎧᎿᏩᏗᏙᎯᏃ ᎤᎴᏅᎩ, ᎯᎠ ᏄᏪᏒᎩ,
ᏔᎴᎲᎦ, ᎠᎴ ᎭᎵᏅᎩ, ᎯᎠ ᏄᏪᏒᎩ, ᏔᎴᎲᎦ, ᎠᎴ ᎭᏟᎶᏣ ᎤᏁᎳᏅᎯ ᎤᏤᎵ
ᏗᎦᎳᏫᎢᏍᏗᏱ, ᎠᎴ ᎠᏥᎸ-ᎨᎳᏍᏗᏱ, ᎠᎴ ᎾᏍᎩ Ꮎ ᎠᎾᏓᏙᎵᏍᏗᏍᎩ ᏥᎩ ᎾᎿᏂ.
2 ᎤᏜᏅᏛᏍᎩᏂ ᏗᎦᎳᏫᎢᏍᏗᏱ ᏙᏱᏗᏢ ᏥᎪᏢᎭ, ᎯᏃᎯᏰᎭ, ᎠᎴ ᏞᏍᏗ ᏣᏟᎶᎥᎩ,
ᏧᎾᏓᎴᏅᏛᏰᏃ ᏴᏫ ᎨᏥᏁᎸᎯ ᎾᏍᎩ; ᎠᎴ ᎦᎸᏉᏗᏳ ᎦᏚᎲ ᎤᎾᎳᏍᏓᏒᏗ ᎨᏎᏍᏗ
ᏅᎦᏍᎪᎯ ᏔᎵᎦᎵ ᎢᏯᏅᏙ.
3 ᏗᏆᏤᎵᏃ ᎠᏂᏔᎵ ᎠᏂᎦᏔᎯ ᏓᎦᏥᏁᎵ [ᎤᎾᏙᎴᎰᎯᏍᏗᏱ] ᎠᎴ ᎠᎾᏙᎴᎰᏍᎨᏍᏗ ᏌᏉ
ᎢᏯᎦᏴᎵ ᏔᎵᏧᏈ ᏑᏓᎵᏍᎪᎯᏃ ᏧᏒᎯᏛ, ᏧᏏᎦᏅ ᏚᎾᏄᏩᏒᏍᏗ.
4 ᎯᎠ ᎾᏍᎩ ᎣᎵᏩ ᏔᎵ ᎦᏈᎬᎢ, ᎠᎴ ᏔᎵ ᏗᏨᏍᏙᏗ ᏗᎦᎪᏙᏗᏱ ᏥᎦᏚᎧᎭ ᎤᏁᎳᏅᎯ
ᎡᎶᎯ ᎤᏬᏢᏅᎯ ᏄᏛᏅ ᎢᎬᏱᏗᏢ.
5 ᎢᏳᏃ ᎩᎶ ᎪᎱᏍᏗ ᏙᎬᏁᏢᏍᏗ ᎾᏍᎩ, ᎠᏥᎸ ᏗᏂᎰᎵ ᏗᎦᏄᎪᎨᏍᏗ, ᎠᎴ ᎤᏂᏛᏗᏍᎨᏍᏗ
ᎬᏩᏂᏍᎦᎩ; ᎢᏳ ᎠᎴ ᎪᎱᏍᏗ ᏧᏩᏁᏗᏱ ᎤᏚᎵᏍᎨᏍᏗ, ᎾᏍᎩ ᎢᏯᎬᏁᏗ ᎠᏥᎢᏍᏗ
ᎨᏎᏍᏗ.
6 ᎯᎠ ᎾᏍᎩ ᎤᏂᎭ ᎦᎸᎳᏗ ᎤᏂᏍᏚᏗᏱ, ᎾᏍᎩ ᎤᎦᏅᏗᏱ ᏂᎨᏒᎾ ᎠᎾᏙᎡᎰᏍᎬ
ᎢᎪᎯᏛ; ᎠᎴ ᎤᏂᎭ ᎠᎹᏱ ᏚᏪᏯᏗᏒ ᎩᎬ ᎢᏧᏅᏁᏗᏱ, ᎠᎴ ᎾᏍᎩ ᎢᏳᏅᏂᏐᏗᏱ ᏂᎦᎥᏉ
ᎤᎦᏯᏙᏗ ᎨᏒ ᎡᎶᎯ ᎤᎷᏤᏗᏱ ᎢᎦᎢᏉ ᎠᏁᎵᏍᎬᎢ.
7 ᎿᏉᏃ ᎤᏂᏍᏆᏛ ᎾᏍᎩ ᎤᏂᏃᎮᏗ ᎨᏒᎢ, ᎤᎩ-ᏗᎦᏅᏌᏗ ᎾᏍᎩ ᏫᎾᏍᏛᎾ ᎠᏔᎴᏒ
ᏨᏗᎦᎾᏄᎪᎦ ᏓᎿᏩ ᎤᏓᎬᏁᎵ ᏓᏳᎾᏈᎳᏂ, ᎠᎴ ᏓᏳᏂᏎᎪᎩᏏ, ᎠᎴ ᏓᏓᏳᏂᎵ.
8 ᎾᏍᎩᏃ ᏧᏂᏲᎱᏒᎯ ᏗᏂᏰᎸᎢ ᎦᎦᏁᏍᏗ ᎦᎦᎳᏅᏛ ᎡᏓᏍᏗᏱ ᎡᏆ ᎦᏚᎲᎢ, ᎾᏍᎩ
ᏓᏟᎶᏍᏛ ᏐᏓᎻ ᏣᏃᏎᎭ ᎠᎴ ᎢᏥᏈ, ᎾᎿ ᎾᏍᏉ ᎤᎬᏫᏳᎯ ᎢᎦᏤᎵ ᎠᏥᎸᎢ.
9 ᎢᎦᏛᏃ ᎾᏍᎩ Ꮎ ᏴᏫ, ᎠᎴ ᎪᎱᏍᏗ ᏗᎾᏓᏛᎿ ᎨᏒᎢ, ᎠᎴ ᏧᏓᎴᏅᏛ ᏗᏂᏬᏂᏍᎩ ᎨᏒᎢ,
ᎠᎴ ᎤᎾᏓᏤᎵᏛ ᏴᏫ ᏓᏂᏩᏘᏒᎢ, ᏓᏂᎪᏩᏘᏍᎨᏍᏗ ᏧᏂᏲᎱᏒᎯ ᏗᏂᏰᎸᎢ ᏦᎢ ᎢᎦ ᎤᎩᏁᏃ
ᎠᏰᎵ, ᎥᏝᏃ ᎤᏁᎳᎩ ᎤᏁᎵᏍᏗ ᏱᎨᏎᏍᏗ ᏧᏂᏲᎱᏒᎯ ᏗᏂᏰᎸ ᏗᏓᏂᏐᏗᏱ ᏧᏂᏅᏗᏱ.
10 ᎿᏃ ᎡᎶᎯ ᎠᏁᎯ ᏛᎾᎵᎮᎵᏥ ᎾᏍᎩ ᎨᏒ ᎤᏗᎦᏍᏙᏗᏍᎨᏍᏗ, ᎠᎴ ᎣᏍᏛ
ᎤᎾᏓᏅᏔᏩᏕᎨᏍᏗ, ᎠᎴ ᎪᎱᏍᏗ ᏓᎾᏓᏁᎸᎥᏍᎨᏍᏗ; ᎯᎠᏰᏃ ᎠᏂᏔᎵ ᎠᎾᏙᎴᎰᏍᎩ
ᎬᏩᏂᎩᎵᏲᎢᏍᏔᏅᎩ ᎾᏍᎩ Ꮎ ᎡᎶᎯ ᎠᏁᎯ.
11 ᏦᎢᏃ ᎢᎦ ᎤᎩᏁᏃ ᎠᏰᎵ ᎤᎶᏐᏅ ᎠᏓᏅᏙ ᎬᏂᏛ ᎠᏓᏁᎯ ᎤᏁᎳᏅᎯ
ᎤᏓᏳᎵᏍᎪᎸᏔᏅᎯ ᎬᏩᏂᏴᎸᎩ, ᎠᎴ ᏚᎾᎴᏅᎩ, ᎾᏍᎩᏃ ᎬᏩᏂᎪᎲᎯ ᎤᏣᏘ ᎤᏂᎾᏰᏒᎩ.
12 ᎤᎾᏛᎦᏅᎩᏃ ᎠᏍᏓᏯ ᏗᎧᏁᎬ ᎦᎸᎳᏗ ᏅᏓᏳᏓᎴᏅᎯ, ᎯᎠ ᏄᏂᏪᏎᎲᎢ, ᎡᏍᏓᎩᎳᏩ
ᎠᏂ ᎢᏍᏗᎷᎩ. ᎦᎸᎳᏗᏃ ᏭᏂᎶᏒᎩ ᎤᎶᎩᎸ ᎤᎾᎵᏌᎳᏓᏅᎩ. ᎠᎴ ᎬᏩᏂᏍᎦᎩ
ᎬᏩᏂᎪᎲᎩ.

13 ᎾᎯᏳᏉᏃ ᎧᎳᏩᏗᏒ ᎤᏣᏘ ᎤᎵᏖᎸᏅᎩ ᎦᏙᎯ, ᎠᏍᎪᎯᏃ ᎢᎦᏛᎯ ᎨᏒ ᎦᏚᎲ ᎾᏍᎩ
ᏌᏉ ᎢᏳᏪᏨᎯ ᎤᏲᏨᎩ, ᎦᏙᎯᏃ ᎠᎵᏖᎸᎲᏍᎬ ᎢᏳᎢ ᎦᎸᏉᎩ ᎢᏯᎦᏴᎵ ᏴᏫ ᏙᎨᏥᎸᎩ;
ᎤᎾᎵᏃᎯᏴᎯᏃ ᎤᏂᏍᎦᎸᎩ, ᎠᎴ ᎦᎸᎳᏗ ᎡᎯ ᎤᏁᎳᏅᎯ ᎤᏂᎸᏉᎳᏅᎩ.
14 ᏔᎵᏁ ᎤᏲ ᎨᏒ ᎤᎶᏐᏅ; ᎬᏂᏳᏉ ᏦᎢᏁ ᎤᏲ ᎬᏒ ᏞᎩᏳ ᏓᎦᎷᏥ.
15 ᎦᎵᏉᎩᏁᏃ ᎨᏒ ᏗᎧᎿᏩᏗᏙᎯ ᎤᏤᎷᎯᏒᎩ; ᎠᎴ ᎦᎸᎳᏗ ᎢᏴᏛ ᎠᏍᏓᏯ ᏗᎧᏁᎬᎩ
ᎩᎶᎢ, ᎯᎠ ᎤᏓᎦᏪᏍᎬᎩ, ᎠᏰᎵ ᎦᎪᏢᏩᏗᏒ ᎠᏂ ᎡᎶᎯ, ᎢᎦᏤᎵ ᎤᎬᏫᏳᎯ, ᎠᎴ ᎾᏍᎩ
Ꮎ ᎤᏤᎵ ᎦᎶᏁᏛ ᏧᎾᏤᎵ ᏂᏕᎦᎵᏍᏓ; ᎠᎴ ᎾᏍᎩ Ꮎ ᏂᎪᎯᎸ ᎠᎴ ᏂᎪᎯᎸ ᎤᎬᏫᏳᎯ
ᎨᏎᏍᏗ.
16 ᎤᎩᏦᏁᏃ ᎢᏯᏂᏛ ᏧᎾᏛᏐᏅᎯ ᎾᏍᎩ ᎤᏁᎳᏅᎯ ᏄᏛᏅ ᎢᎬᏱᏗᏢ ᏕᎦᏍᎩᎸ ᏣᏂᏅᎩ,
ᏚᎾᎵᏯᏍᏚᏅᎩ, ᎠᎴ ᎤᎾᏓᏙᎵᏍᏓᏁᎸᎩ ᎤᏁᎳᏅᎯ,
17 ᎯᎠ ᏄᏂᏪᏒᎩ, ᎢᏨᏯᎵᎡᎵᏤᎭ, ᏂᎯ ᏣᎬᏫᏳᎯ ᏣᏁᎳᏅᎯ, ᏫᎾᏍᏛᎾ ᏣᎵᏂᎩᏛ, ᏂᎯ
ᎾᏍᎩ ᏤᎭ, ᎠᎴ ᎾᏍᎩ ᏤᎲᎩ, ᎠᎴ ᎾᏍᎩ ᏤᎵᏍᏗ; ᎤᏗᎦᎵᏍᏙᏗᎭ ᏥᏣᎩᏒ ᎤᏣᏘ
ᏣᎵᏂᎩᏗᏳ ᎨᏒᎢ, ᎠᎴ ᏣᎬᏫᏳᎯ ᏥᏂᏣᎵᏍᎳᏅ.
18 ᎤᎾᏓᏤᎵᏛᏃ ᏴᏫ ᏓᎾᏩᏗᏒ ᎤᏂᎿᎸᏨᎩ, ᎠᎴ ᏂᎯ ᎾᎯᏳ ᏣᏔᎳᏬᎯᏍᏗ ᎨᏒ
ᎤᏍᏆᎸᎲ, ᎠᎴ ᎾᎯᏳ ᏧᏂᏲᎱᏒᎯ ᏗᎨᎫᎪᏓᏁᏗ ᎨᏒᎢ, ᎠᎴ ᎾᏍᎩ ᏔᎫᏴᏒᏗ ᎨᏒ
ᏗᏅᏏᏓᏍᏗ ᎠᎾᏙᎴᎰᏍᎩ, ᎠᎴ ᎤᎾᏓᏅᏘ, ᎠᎴ ᎾᏍᎩ Ꮎ ᏕᏣᏙᎥ ᎠᏂᎾᏰᏍᎩ, ᏧᎾᏍᏗ
ᎠᎴ ᎾᏍᏉ ᏧᎾᏛᎾ; ᎠᎴ ᏗᏛᏙᏗᏱ ᎾᏍᎩ Ꮎ ᎡᎶᎯ ᎠᏂᏛ ᏗᏍᎩ ᎨᏒᎢ.
19 ᎤᏁᎳᏅᎯᏃ ᎤᏤᎵ ᏗᎦᎳᏫᎢᏍᏗᏱ ᏓᏩᏂᏍᏚᎢᏒᎩ ᎦᎸᎳᏗ, ᎠᎴ ᏩᎪᏩᏛᏗ ᎨᏒᎩ ᎾᎿ
ᎤᏤᎵᏗᎦᎳᏫᎢᏍᏗᏱ ᎦᏁᏌᎢ ᏗᎧᎿᏩᏛᏍᏗ ᏗᎦᎶᏗ; ᎠᎴ ᏚᎾᎦᎸᎲᎩ, ᎠᎴ ᏚᏂᏁᏨᎩ, ᎠᎴ
ᏚᏴᏓᏆᎶᎥᎩ, ᎠᎴ ᎪᏙᎯ ᎤᎵᏖᎸᏅᎩ, ᎠᎴ ᎤᏍᏚᏎᏗ ᎤᏁᏐᎠᏒᎩ.

ᎠᏯᏙᎸᎢ 12

1 ᎦᎸᎶᎢᏃ ᎦᎸᏉᏗ ᎤᏰᎸᏛ ᎤᎾᏄᎪᏨᎩ; ᎠᎨᏴ ᏅᏙ ᎢᎦ-ᎡᎯ ᎤᏄᏬᏍᏛᎩ, ᏅᏙᏃ ᏒᏃᏱ-
ᎡᎯ ᎤᎳᏍᏓᎥᎩ, ᎤᎵᏍᏚᎸᎩᏃ ᎠᎵᏍᏚᎶ ᏔᎳᏚ ᏃᏈᏏ ᏗᎨᎵᏔᏅᎯ.
2 ᎾᏍᎩᏃ ᎦᏁᎵᏛ Ꭸ-Ꮢ ᎢᏳᏍᏗ, ᎤᏪᎷᏅᎩ ᎠᎴ ᎤᎾᏄᎪᏫᏏᎦᎾ ᎨᏒᎩ, ᎠᎴ ᎡᎯᏍᏗ
ᎤᏓᏅᏛ ᎤᏕᎵᏍᎬᎩ ᎤᎾᏄᎪᏫᏍᏗᏱ [ᎠᏰᎵ.]
3 ᎠᎴ ᎤᏩᏓᎴ ᎤᏍᏆᏂᎪᎩ ᎤᎾᏄᎪ ᏨᎩ ᎦᎸᎳᏗ; ᎠᎴ ᎬᏂᏳᏉ ᎤᏣᏅ ᎩᎦᎨ ᎢᎾᏛ
[ᏫᏥᎪᎥᎩ,] ᎦᎵᏉᎩ ᏓᏍᎫᏓᏛᎩ, ᎠᎴ ᎠᏍᎪᎯ ᎦᏅᎷ-ᎬᎩ, ᎠᎴ ᎦᎵᏈᎩ ᏚᎵᏍᏚᎸᎩ
ᏓᏍᎫᏓᏛᎢ.
4 ᎦᏂᏓᏛᏃ ᏃᏈᏏ ᎦᎸᎳᏗ ᎠᏂᎧᎸ ᏦᎢ ᎢᏗᎦᏛᎯ ᎨᏒ ᎾᏍᎩ ᏌᏉ ᎢᏳᏪᏨᎯ ᎦᏅ-
ᏎᏒᏔᏅᎩ, ᎠᎴ ᎦᏙᎯ ᏫᏚᏗᏅᏒᎩ; ᎢᎾᏛᏃ ᎢᎬᏱᏗᏢ ᎤᎴᏅᎩ ᎠᎨᏴ ᏄᏛᏅᎢ, ᎾᏍᎩ
ᎤᎾᏄᎪᏫᏏᎦᎾ [ᎠᏲᎵ] ᎾᏍᎩ ᎤᎦᏃᏅᎯᏉ ᎤᏪᏯᎣᎲᏍᏗᏱ ᎤᏰᎸᏒᎩ.
5 ᎠᏍᎩᏯᏃ ᎠᏲᎵ ᎤᎾᏄᎪᏫᏒᎩ ᎾᏍᎩ ᎠᏙᎳᏅᏍᏗ ᏔᎷᎩᏍᎩ ᎪᎵᏔᏅᎯ ᎤᏛᏙᏗ ᎨᏒᎩ
ᏗᎬᏩᏁᎶᏙᏗᏱ ᎢᏳᏩᏁᏗᏱ ᏂᎦᏛ ᎤᎾᏓᏤᎵᏛ ᏓᏁᏩᏗᏒ ᏴᏫ; ᎾᏍᎩ ᎤᏪᏥ ᎤᎾᎳᏅᏱ
ᏩᏥᏅᏍᏔᏅᎩ, ᎠᎴ ᎤᎾᎳᏅᎯ ᎤᏪᏍᎩᎸᎢ.
6 ᎠᎨᏴᏃ ᎤᎵᏘᏒᎩ ᎢᎾᎨ ᏭᎶᏒᎩ, ᎾᎿ ᎤᏁᎳᏅᎯ ᎤᏛᎾᎢᏍᏓᏁᎸᎢ, ᎾᏍᎩ ᎠᎨᎳᏍᏗᏱ
ᏌᏉ ᎢᏯᎦᏴᎵ ᏔᎵᏧᏈ ᏑᏓᎵᏍᎪᎯ ᏧᏒᎯᏛ.
7 ᏓᎿᏩᏃ ᏄᎵᏍᏔᏅᎩ ᎦᎸᎳᏗ; ᎹᏱᎩᎵ ᎠᎴ ᎾᏍᎩ ᏗᏂᎧᎿᏩᏗᏙᎯ ᏑᎾᎵᎸᎩ ᏚᏂᎦᏘᎸᏒᎩ
ᎢᎾᏛ; ᎢᎾᏛᏃ ᎠᎴ ᎾᏍᎩ ᏧᏤᎵ ᏗᏂᎧᎿᏩᏗᏙᎯ ᏚᎾᏟᏴᎲᎩ,
8 ᎠᎴ ᎥᏝ ᏳᎾᏓᏎᎪᎩᏎᎢ; ᎥᏝ ᎠᎴ ᎿᏉ ᎢᎸᎯᏳ ᏣᏂᏩᏛᎮ ᎦᎸᎳᏗ ᎤᎾᏕᏗᏱ.
9 ᎾᏍᎩᏃ Ꮎ ᎤᏔᏅ ᎢᎾᏛ ᎠᏥᏄᎪᏫᏒᎩ, ᎾᏍᎩ ᎾᎠᎦᏴᎵ ᎢᎾᏛ, ᎠᏍᎩᎾ ᏣᎪᏎᎭ, ᎠᎴ
ᏎᏓᏂ, ᎾᏍᎩ ᏥᎦᏚᎶᏄᎮᎭ ᏂᎬᎾᏛ ᎡᎶᎯ [ᎠᏁᎯ;] ᎾᏍᎩ ᏓᏰᏥᏄᎪᏫᏒᎩ ᎡᎶᎯ
ᏓᏰᎦᏓᎢᏅᏒᎩ, ᎠᎴ ᎾᏍᎩ ᏧᏤᎵ ᏗᏂᎧᎿᏩᏗᏙᎯ ᎢᏧᎳᎭ ᏓᎨᏥᏄᎪᏫᏒᎩ.
10 ᎠᏆᏛᎦᏅᎩᏃ ᎠᏍᏓᏯ ᎧᏁᎬ ᎯᎠ ᎤᏗᎦᏪᏍᎬ ᎦᎸᎳᏗ, ᎿᏉ ᎠᎵᏰᎢᎶᎦ ᎠᎵᏍᏕᎸᏙᏗ
ᎨᏒ ᎠᎴ ᎤᎵᏂᎩᏛ ᎨᏒᎢ, ᎠᎴ ᎢᎦᏁᎳᏅᎯ ᎾᎿ ᎤᎬᏫᏳᎯ ᎨᏒᎢ, ᎠᎴ ᎤᎵᏂᎩᏗᏳ ᎨᏒ
ᎦᎶᏁᏛ ᎾᏍᎩ ᎤᏤᎵᎦ; ᎢᏓᎵᏅᏟᏰᏃ ᎨᏒ ᎤᏄᎩᏍᏗᏍᎩ ᎡᎳᏗ ᏩᎦᏓᏅᎦ; ᎾᏍᎩ
ᏧᏄᎯᏍᏗᏍᎬ ᎢᎦᏁᎳᏅᎯ ᎠᎦᏔᎲᎢ ᎢᎦ ᎠᎴ ᏒᏃᏱ ᏗᎬᏩᏬᏍᏗ.
11 ᎠᎴ ᎬᏩᏎᎪᎩᏍᏔᏅᎩ ᎤᏃᏕᎾ ᎠᎩᎾ ᎤᎩᎬ, ᎠᎴ ᎬᏂᎨᏒ ᎾᏅᏁᎲ ᎤᏃᎯᏳᏒᎢ, ᎾᏍᎩ
ᏓᏅᏅ ᏂᏚᏂᎸᏉᏛᎾ ᎨᏒᎢ.
12 ᎾᏍᎩ ᎢᏳᏍᏗ ᎢᏣᎵᎮᎵᎩ ᏂᎦ ᎦᎸᎶᎢ ᎨᏒᎢ, ᎠᎴ ᏂᎯ ᎾᎿ ᏥᏙᎭ. ᎤᏲᎢᏳ
ᎢᏣᎵᏍᏓᏁᏗ ᎡᎶᎯ ᎢᏤᎯ, ᎠᎴ ᎠᎺᏉᎯ ᎢᏤᎯ! ᎠᏍᎩᎾᏰᏃ ᎢᏣᏠᎠᏎᎵᎦ, ᎤᏣᏘ
ᎤᏔᎳᏬᏍᎬᎢ ᎠᎦᏔᎭᏰᏃ ᎤᏍᏆᎳᎯᏳ ᎨᏒ ᎠᎦᎵᏍᎪᎸᏓᏁᎸᎢ.
13 ᎢᎾᏛᏃ ᎤᏙᎴᎰᏒ ᎦᏙᎯ ᏣᎦᏓᎢᏅᏒᎢ, ᎤᏕᏯᏙᏔᏅᎩ ᎠᎨᏴ ᎾᏍᎩ Ꮎ ᎠᏍᎦᏯ
ᎤᎾᏄᎪᏫᏒᎯ.

14 ᎠᎨᏴᏃ ᏔᎵ ᏓᏥᎦᏄᎩ ᎠᏌᏎᎵ ᎤᏔᏅ ᏗᎧᏃᎨ, ᎾᏍᎩ ᎢᎾᎨ ᏭᏃᎯᏄᏍᏙᏗᏱ
ᎠᏥᏰᏄᎾᏁᏄᎩ, ᎾᎿ ᎤᏤᎵᎪᎯ ᏗᎨᏒᎢ, ᎾᎿ ᎠᎨᏔᏍᏗᏱ ᏑᎦᏗᏴᏛ, ᎠᎴ ᏔᎵ ᏧᎦᏗᏴᏛ,
ᎠᎴ ᎠᏰᎵ ᎢᏣᎦᏗᏴᏛ, ᎾᏍᎩ ᎠᏥᎧᎲᏍᏗᏱ ᎢᎾᏛ ᎠᎦᏔᎲᎢ.
15 ᎢᎾᏛᏃ ᎠᎰᎵ ᏓᏣᏄᎪᏫᏒᎩ ᎠᎭ ᏥᎦᏃᎱᎩᏍᎪ ᎾᏍᎩᏯᎢ, ᎠᎨᏴ ᎤᎨᏢᎩ ᎾᏍᎩ
ᎦᏃᎱᎩᏍᎬ ᎤᏅᏍᏙᏗᏱ ᎤᏰᏄᏅᎩ.
16 ᎦᏙᎯᏃ ᎤᏍᎦᏄᎲᎩ ᎠᎨᏴ, ᎠᎴ ᎦᏙᎯ ᎤᏍᏚᎢᏒᎩ ᎠᎰᎵ ᎠᎴ ᎤᎩᏨᏅᎩ ᎦᏃᎱᎩᏍᎬ
ᎾᏍᎩ ᎢᎾᏛ ᎠᎰᎵ ᎤᏓᏣᏄᎪᏫᏒᎯ.
17 ᎠᎴ ᎢᎾᏛ ᎤᎿᏄᏤᏄ-Ꭹ ᎠᎨᏴ, ᎠᎴ ᏓᎿᏩ ᎢᏧᏩᏁᏗᏱ ᎤᏰᏄᏅᎩ ᎤᎾᎵᏃᎯᏴᎯ ᎾᏍᎩ
[ᎠᎨᏴ] ᎤᏁᏢᏔᏅᎯ ᎨᏒᎢ, ᎾᏍᎩ Ꮎ ᎠᏂᏍᏆᏂᎪᏗᏍᎩ ᏗᎧᎿᏩᏛᏍᏗ ᎤᏁᎳᏅᎯ ᏧᏤᎵᎦ,
ᎠᎴ ᎤᏂᎯ ᏥᏌ ᎦᏩᏁᏛ ᎤᏤᎵ ᎪᎯᏩᏗᏍᎩ

ᎠᏯᏙᎸᎢ 13

1 ᎠᎺᏉᎯᏃ ᎤᎶᏗ ᏃᏳᎯ ᎨᏒ ᎥᏉᎴᎳᏅᎩ, ᎠᎴ ᏅᎩ ᏗᎦᏅᏌᏗ ᏥᎪᎥᎩ ᎠᎺᏉᎯ
ᏓᏳᏚᎩᏒᎩ, ᎦᎵᏉᎩ, ᏓᏍᎫᏓᏛᎩ ᎠᎴ ᎠᏍᎪᎯ ᏚᎺᎬᎩ, ᏚᎺᎬᏃ ᎠᏍᎪᎯ ᏚᎵᏍᏚᎸᎩ,
ᏓᏍᎫᏓᏛᏃ ᎤᏁᎳᏅᎯ ᏚᏙᎥ ᎠᎺᏢᎢᏍᏙᏗ ᎨᏒ ᎪᏪᎸᎩ.
2 ᎿᏃ ᏅᎩ ᏗᎦᏅᏌᏗ ᏥᎪᎥᎯ ᏢᏓᏥᏧᎶᎸᏗ ᎾᏍᎩᏯ ᎨᏒᎩ, ᎠᎰᎵᏃ ᏢᏓᏥ ᎤᏃᎦᏅ ᎠᎰᎵ
ᏥᏄᏍᏙ ᎾᏍᎩᏯ ᎨᏒᎩ, ᎢᎾᏛᏃ ᎤᏁᎸᎩ ᎤᏤᎵ ᎤᎵᏂᎬᎬᎢ ᎠᎴ ᎤᏤᎵ ᎤᏪᏗᏱ ᎨᏒᎢ,
ᎠᎴ ᎤᏣᏗ ᎢᏳᏛᏁᎵᏓᏍᏗᏱ ᎤᎵᏍᎪᎸᏓᏁᎸᎩ.
3 ᏌᏉᏃ ᎠᏍᎫᏓᏛ ᎠᎩᎪᎲᎩ ᎬᏩᏲᎱᎯᏍᏗ ᎢᏴᏛ ᏣᏥᏐᏅᏃ ᏓᏤᎸᎩ; ᎠᎴ ᎾᏍᎩ
ᎬᏩᏲᎱᎯᏍᏗ ᎢᏴᏛ ᎠᏥᏐᏅᏅ ᎤᏗᏩᏒᎯ ᎨᏒᎩ; ᎠᎴ ᏂᎬᎾᏛ ᎡᎶᎯ [ᎠᏁᎯ]
ᎠᏂᏍᏆᏂᎪᏍᎬᎩ [ᎠᎴ] ᎠᏂᏍᏓᏩᏗᏒᎩ ᎾᏍᎩ ᎾᏅᎩ-ᏗᎦᏅᏌᏗ.
4 ᎠᎴ ᎤᎾᏓᏙᎵᏍᏓᏁᎸᎩ ᎢᎾᏛ ᎾᏍᎩ ᏅᎩ-ᏓᎦᏅᏌᏗ ᎤᎵᏂᎬᎬ ᎤᏁᎸᎯ ᎨᏒᎢ; ᎠᎴ
ᎾᏍᎩ ᏅᎩ-ᏗᎦᏅᏌᏗ ᎤᎾᏓᏙᎵᏍᏓᏁᎸᎩ, ᎯᎠ ᎾᏁᏪᏍᎬᎩ, ᎦᎪ ᏅᎩ-ᏗᎦᏅᏌᏗ ᏄᏍᏛ
ᎾᏍᎩᏯ ᏄᏍᏗ? ᎦᎪ ᏰᎵ ᎾᏍᎩ ᏓᎿᏩ ᏱᎾᏅᎦ?
5 ᎠᎴ ᎠᎰᎵ ᎠᏥᏁᎸᎩ ᎾᏍᎩ ᎬᏗᏍᎬ ᎤᏣᏘ ᎠᏢᏇᏍᏗ ᎨᏒ ᎦᏬᏂᏍᎬᎩ ᎠᎴ
ᎠᏐᏢᎢᏍᏗᏍᎬᎩ; ᎠᎴ ᎠᎦᎵᏍᎪᎸᏓᏁᎸᎩ ᏅᎦᏍᎪᎯ ᏔᎵᎦᎵ ᎢᏯᏅᏙ ᎤᎦᏗᏱ.
6 ᎠᎴ ᎠᎰᎵ ᎤᏍᏚᎢᏒᎩ ᎤᏁᎳᏅᎯ ᎠᏐᏢᎢᏍᏗᏍᎬᎢ, ᏚᏙᎥ ᎦᎬᏩᏐᏢᏙᏗᏱ, ᎠᎴ ᎾᏍᎩ
ᎤᏤᎵ ᎦᎵᏦᏛᎢ, ᎠᎴ ᎾᏍᎩ ᎾᎦᎸᎳᏗ ᎠᏁᎯ.
7 ᎠᎴ ᎾᏍᎩ ᎠᏥᏁᎸᎩ ᎤᎾᏓᏅᏘ ᏓᎿᏩ ᎢᏳᏅᏁᏗᏱ, ᎠᎴ ᎾᏍᎩ ᏧᏎᎪᎩᏍᏗᏱ; ᎠᎴ
ᎠᏥᏁᎸᎩ ᎾᏍᎩ ᎢᏳᏩᏂᏐᏗᏱ ᏗᎬᏩᏁᎶᏙᏗᏱ ᎾᏂᎥ ᏓᏂᎳᏍᏓᎳᏩᏗᏒᎢ, ᎠᎴ ᏧᏓᎴᏅᏛ
ᏗᏂᏬᏂᏍᎩ ᎨᏒᎢ, ᎠᎴ ᎤᎾᏓᏤᎵᏛ ᏴᏫ ᏓᏁᏩᏗᏒᎢ.
8 ᎠᎴ ᎾᏂᎥ ᎡᎶᎯ ᏓᏁᏩᏗᏒ ᏓᎬᏩᏓᏙᎵᏍᏓᏁᎵ, ᎾᏍᎩ ᏚᎾᏙᎥ ᏂᏗᎪᏪᎸᎾ ᎬᏂᏛ ᎪᏪᎵᎯ
ᎾᏍᎩ ᎤᏃᏕᎾ ᎠᎩᎾ ᎤᏤᎵᎦ, ᎾᏍᎩ [ᎤᏃᏕᎾ ᎠᎩᎾ] ᎡᎶᎯ ᏧᏙᏢᏅ ᏅᏓᎬᏩᏓᎴᏅᏛ
ᎠᏥᎸᎯ ᏥᎨᏎᎢ.
9 ᎩᎶ ᎦᎵᎷᎨᏍᏗ ᎾᏍᎩ ᏩᏛᎬᎦ.
10 ᎩᎶ ᎠᏂᏴᎩ ᏓᏘᎾᏫᏗᏍᎨᏍᏗ ᎾᏍᎩ ᎠᏴᎩ ᎠᎦᏘᏁᏫᏛᏗ ᎨᏎᏍᏗ; ᎩᎶ ᎭᏰᎳᏍᏗ-
ᎦᏅᎯᏛ ᎠᏓᎯᏍᏗᏍᎨᏍᏗ ᎾᏍᎩ ᎠᏎ ᎭᏰᎳᏍᏗ-ᎦᏅᎯᏛ ᎬᏗ ᎠᏥᎢᏍᏗ ᎨᏎᏍᏗ. ᎠᏂ
ᎾᏍᎩ ᏗᎤᏂᏗᏳ ᎨᏒ ᎠᎴ ᏃᎯᏳᏒ ᎤᎾᏓᏅᏘ ᎬᏂᎨᏒ ᏂᎦᎵᏍᏗᎭ.
11 ᎠᎴ ᎤᏩᏓᎴ ᏅᎩ-ᏗᎦᏅᏌᏗ ᎥᏥᎪᎥᎩ ᎦᏙᎯ ᏓᏳᏄᎪᏥᏗᏒᎩ; ᎠᎴ ᏔᎵ ᏚᎺᎬᎩ ᎤᏃᏕᎾ
ᎠᎩᎾ ᏥᏚᎺᎪ ᎾᏍᎩᏯᎢ, ᎠᎴ ᎢᎾᏛ ᎦᏬᏂᏍᎬ ᎾᏍᎩᏯ ᎦᏬᏂᏍᎬᎩ.
12 ᎠᎴ ᎢᎬᏱ ᎤᎾᏄᎪᏨᎯ ᏅᎩ-ᏗᎦᏅᏌᏗ ᎾᏍᎩᏯ ᏄᎵᏂᎬᎬ ᏄᎵᏂᎬᎬᎩ, ᎠᎴ ᎡᎶᎯ ᎠᎴ
ᎾᏍᎩ ᎾᎿ ᎠᏁᎯ ᎤᎾᏓᏙᎵᏍᏓᏁᏗᏱ ᏂᎦᎬᏁᎲᎩ ᎢᎬᏱ ᎤᎾᏄᎪᏨᎯ ᏅᎩ-ᏗᎦᏅᏌᏗ,
ᎾᏍᎩ ᎬᏩᏲᎱᎯᏍᏗ ᎨᏒ ᎢᏴᏛ ᎠᏥᏐᏅᏅ ᎤᏗᏩᏒᎯ.

13 ᎠᎴ ᎤᏣᏘ ᎤᏍᏆᏂᎪᏗ ᏕᎤᎸᏫᏍᏓᏁᎭ, ᎾᏍᎩ ᎠᏥᎸ ᎦᎸᎳᏗ ᎤᏓᏳᎶᎯᏍᏗᏱ ᎠᏂᏃ
ᎡᎶᎯ ᎤᏬᏥᎯᏍᏗᏱ ᏂᎬᏁᎭ ᏴᏫ ᎠᏥᎦᏔᎲᎢ,
14 ᎠᎴ ᎡᎶᎯ ᎠᏁᎯ ᏕᎦᎶᏄᎮᎭ ᎬᏗᏍᎬ ᎤᏍᏆᏂᎪᏗ ᏗᎬᏩᎸᏫᏍᏓᏁᏗ ᎨᏒ ᎠᎦᏔᎲ ᎤᎩ-
ᏗᎦᎤᏌᏗ; ᎯᎠ ᏏᏕᎦᏪᏎᎭ ᎾᏍᎩ Ꮎ ᎡᎶᎯ ᎠᏁᎯ, ᎾᏍᎩ ᎤᎩ-ᏗᎦᎤᏌᏗ ᏗᏟᎶᏍᏔᏅᎯ
ᎢᏦᏢᎾ, ᎾᏍᎩ ᎭᏰᎳᏍᏗ-ᎦᏅᎯᏛ ᎬᏗ ᎠᏥᏐᏅᏅᎯ ᎠᎴ ᏧᏛᏂᏛᎩ.
15 ᎠᎴ ᎤᎲᎩ ᎬᏃᏛ ᎢᏳᏩᏁᏗᏱ ᎾᏍᎩ Ꮎ ᎤᎩ-ᏗᎦᎤᏌᏗ ᏣᎦᏟᎶᏍᏔᏅᎯ, ᎾᏍᎩ
ᎬᏩᏬᏂᎯᏍᏗ ᎢᏳᎵᏍᏙᏗᏱ ᎾᏍᎩ Ꮎ ᎤᎩ-ᏗᎦᎤᏌᏗ ᏣᎦᏟᎶᏍᏔᏅᎯ, ᎠᎴ ᎾᏍᎩ
ᎢᏳᏩᏂᏐᏗᏱ ᏗᎨᏥᎢᏍᏗᏱ ᎾᏂᎥ ᎾᎾᏓᏙᎵᏍᏓᏁᎲᎾ ᎾᏍᎩ Ꮎ ᎤᎩᏗᎦᎤᏌᏗ
ᏣᎦᏟᎶᏍᏔᏅᎯ.
16 ᎠᎴ ᎾᏍᎩ ᏄᏩᏂᏌᏅᎩ ᏂᎦᏗᏳ ᏧᎾᏍᏗᏱ ᎠᎴ ᏧᎾᏛᎾ, ᏧᏁᎿᎢ ᎠᎴ
ᎤᏲᎢᏳᎾᏛᎿᏕᎩ, ᏂᏗᎨᏥᎾᏝᎥᎾ ᎠᎴ ᏗᎨᏥᎾᏝᎢ, ᏗᎨᎪᏪᎶᏗᏱ ᏗᏂᎦᏘᏏᏗᏢ ᏧᏃᏰᏂ, ᎠᎴ
ᏗᏂᎬᏓᎨᏂ;
17 ᎠᎴ ᎾᏍᎩ ᎩᎶ ᎬᏩᏩᎯᏍᏗ ᏂᎨᏒᎾ ᎠᎴ ᎬᏩᎾᏗᏅᏗ ᏂᎨᏒᎾ ᎢᏳᎵᏍᏙᏗᏱ, ᎾᏍᎩ Ꮎ
ᎤᏩᏒ ᎠᎪᏪᎵ, ᎠᎴ ᏕᏙᎥᏇ ᎤᎩ-ᏗᎦᎤᏌᏗ ᎠᎪᏪᎶᏔᏅᎯ, ᎠᎴ ᏕᏙᎥ ᎢᎦᎢ ᎠᏎᏍᏗᏱ
ᎨᏒ ᎠᎪᏪᎶᏔᏅᎯ.
18 ᎠᏂ ᎠᎦᏙᎥᎯᏍᏗ ᎨᏒ ᎪᎱᏍᏗ ᎢᏛᏓ. ᎩᎶ ᎤᏬᎵᏣᏘ ᎨᏎᏍᏗ ᏩᏎᎦ ᎢᎦᎢ ᎨᏒ
ᎠᎦᏎᏍᏗᏱ ᎤᎩ-ᏗᎦᎤᏎᏗ; ᏴᏫᏰᏃ ᎤᏎᏍᏗ ᎨᏒ ᎤᎬᏩᎳ; ᎠᎴ ᎾᏍᎩ ᎠᎦᏎᏍᏗ ᎨᏒ ᎯᎠ
ᏂᎦᎥ, ᏑᏓᎵᏧᏈ ᏑᏓᎳᏍᎪᎯ ᏑᏓᎵᎦᎵ.

ᎠᏯᏙᎸᎢ 14

1 ᏫᏓᏆᎧᎾᏅᎩᏃ, ᎠᎴ ᎬᏂᏳᏉ ᎤᏃᏕᎾ ᎠᎩᎾ ᏌᏯᏂ ᎣᏓᎸ ᎦᏙᎬᎩ, ᎠᎴ ᎤᎾᎵᎪᏒᎩ
ᎠᏍᎪᎯᏧᏈ ᏅᎦᏍᎪᎯ ᏅᎩᎦᎵ ᎢᏯᎦᎵ ᎢᏯᏂᏛ, ᎾᏍᎩ ᎤᏙᏓ ᏚᏙᎥ ᏚᏃᏪᎸᎩ ᏗᏂᎬᏓᎨᏂ.
2 ᎠᎴ ᎠᏆᏛᎦᏅᎩ ᎩᎶ ᎧᏁᎬ ᎦᎸᎳᏗ ᏅᏓᏳᏓᎴᏅᎯ, ᎠᎹ ᎤᏣᏘ ᏥᏕᏍᏆᏃᏴᎪ ᎾᏍᎩᏯᎢ,
ᎠᎴ ᎾᏍᎩᏯ ᎠᏴᏓᏆᎶᏍᎩ ᎤᏣᏘ ᏧᏍᏆᏃᏴᎪᎢ; ᎠᎴ ᏗᏂᏃᎩᏍᎩ ᏗᎧᏃᎩᏍᏙᏗ
ᏗᏂᏃᎩᏍᏗᏍᎬ ᎤᏃᏴᎬ ᎠᏆᏛᎦᏅᎩ.
3 ᎠᎴ ᎢᏤ ᏥᏓᏂᏃᎩᏍᎪ ᎾᏍᎩᏯ ᎨᏒᎩ ᎢᎬᏱᏗᏢ ᎦᏍᎩᎸᎢ, ᎠᎴ ᏅᎩ ᎢᏯᏂᏛ ᏗᏅᏃᏛ
ᏄᎾᏛᏅ ᎢᎬᏱᏗᏢ, ᎠᎴ ᏧᎾᏛᏐᏅᎯ ᏄᎾᏛᏅᎢ; ᎥᏝ ᎠᎴ ᎩᎶ ᎬᏩᏕᎶᏆᏍᏗ ᏱᎨᏎ ᎾᏍᎩ Ꮎ
ᏗᎧᏃᎩᏍᏗ Ꮎ ᎤᏅᏒ ᎠᏍᎪᎯᏧᏈ ᏅᎦᏍᎪᎯ ᏅᎩᎦᎵ ᎢᏯᎦᏴᎵ ᎢᏯᏂᏛ, ᎾᏍᎩ ᎡᎶᎯ
ᎨᎪᏣᎴᏛ ᎨᎦᎫᏴᏛ ᎨᏒᎢ.
4 ᎯᎠ ᎾᏍᎩ Ꮎ ᎠᏂᎨᏴ ᎦᏓᎭ ᎢᎬᏩᏅᏁᎸᎯ ᏂᎨᏒᎾ; ᎤᎾᏓᏅᏕᎸᏛᏰᏃ ᎨᏒᎩ ᎾᏍᎩ. ᎯᎠ
ᎾᏍᎩ Ꮎ ᎤᏃᏕᎾ ᎠᎩᎾ ᏥᎬᏩᏍᏓᏩᏗᏙᎭ ᏂᎦᎥ ᎡᏙᎲᎢ. ᎯᎠ ᎾᏍᎩ ᏴᏫ ᎠᏁᎲ
ᎨᎪᏣᎴᏛ ᎨᎦᎫᏴᏛ, ᎢᎬᏱ ᎬᏩᎾᏓᏓᏁᎸᎯ ᎢᏳᎾᎵᏍᏔᏅᎯ ᏥᎩ ᎤᏁᎳᏅᎯ ᎠᎴ ᎤᏃᏕᎾ
ᎠᎩᎾ.
5 ᎠᎴ ᎾᏍᎩ ᏗᏂᎰᎵ ᎨᏒ ᎥᏝ ᎦᎶᏄᎮᏛ ᎬᏩᏛᏗ ᏱᎨᏎᎢ; ᎾᏂᏍᎦᏅᎾᏰᏃ ᎤᏁᎳᏅᎯ
ᎤᏪᏍᎩᎸ ᎢᎬᏱᏗᏢ ᏄᎾᏛᏅᎢ.
6 ᎠᎴ ᎤᏩᏓᎴ ᏗᎧᎿᏩᏗᏙᎯ ᎥᏥᎪᎥᎩ ᎦᏄᎶᎢ ᎠᏰᎵ ᎨᏒ ᏚᏃᎯᎵᏒᎩ, ᎠᎵᏍᏆᏗᏍᎩ ᏂᎨᏒᎾ
ᎣᏍᎩ Ꮎ ᎡᎶᎯ ᎠᏁᎯ, ᎠᎴ ᏂᎦᏗᏳ ᎤᎾᏓᏤᎵᏛ ᏓᏁᏩᏗᏒ ᏴᏫ, ᎠᎴ ᏗᏂᎳᏍᏓᎳᏩᏗᏒᎢ,
ᎠᎴ ᏧᏓᎴᏅᏛ ᏗᏂᏬᏂᏍᎩ ᎨᏒᎢ, ᎠᎴ ᏧᎾᏓᎴᏅᏛ ᏴᏫ,
7 ᎯᎠ ᏂᎦᏪᏍᎬᎩ ᎠᏍᏓᏯ ᎧᏁᎬᎩ, ᎤᏁᎳᏅᎯ ᎡᏥᎾᏰᏍᎨᏍᏗ, ᎠᎴ ᎾᏍᎩ
ᎡᏥᎸᏉᏗᏍᎨᏍᏗ; ᎾᎯᏳᏰᏃ ᏧᏭᎪᏙᏗ ᎨᏒ ᎠᎵᏰᎢᎶᎦ; ᎠᎴ ᎡᏣᏓᏙᎵᏍᏓᏏ ᎾᏍᎩ Ꮎ
ᎦᏄᎶᎢ ᎤᏬᏢᏅᎯ, ᎠᎴ ᎡᎶᎯ, ᎠᎴ ᎠᎺᏉᎯ, ᎠᎴ ᎠᎹ ᏕᎦᏄᎪᎬᎢ.
8 ᎤᏩᏓᎴᏃ ᏗᎧᎿᏩᏗᏙᎯ ᎠᎵᏍᏓᏩᏗᏒᎩ, ᎯᎠ ᏂᎦᏪᏍᎬᎩ, ᏓᏓᎶᏂ ᎠᏲᎩ, ᎠᏲᎩ, ᎾᏍᎩ
Ꮎ ᎡᏆ ᏥᏕᎦᎲᎩ, ᎤᏓᏕᎵᏍᏙᏓ ᏂᎦᏗᏳ ᎤᎾᏓᏤᎵᏛ ᏴᏫ ᏓᏁᏩᏗᏒ ᎤᎾᏗᏔᏍᏗᏱ ᏂᎦᏩᏁᎸ
ᎩᎦᎨ-ᎠᏗᏔᏍᏗ ᎤᏔᎳᏬᎯᏍᏗ ᎨᏒ ᎤᏓᏑᏱ ᎤᏕᎵᏛ ᏚᏂᏏᏂᏙᎸ ᎢᏳᏩᏂᏌᏛ.
9 ᏦᎢᏁᏃ ᎨᏒ ᏗᎧᎿᏩᏗᏙᎯ ᎤᏂᏍᏓᏩᏛᏒᎩ, ᎯᎠ ᏂᎦᏪᏍᎬᎩ ᎠᏍᏓᏯ ᎧᏁᎬᎩ, ᎢᏳᏃ
ᎩᎶ ᎾᏍᎩ Ꮎ ᎤᎩ-ᏗᎦᏅᏌᏗ ᎠᏓᏙᎵᏍᏓᏁᎮᏍᏗ, ᎠᎴ ᎾᏍᎩ ᏣᏕᏣᎶᏍᏔᏅᎯ, ᎠᎴ
ᎠᎬᏓᎨᏂ ᎠᎴ ᎤᏬᏰᏂᏉ ᎠᎪᏪᎵᏍᎨᏍᏗ,
10 ᎾᏍᎩ ᎤᏗᏔᏍᏗ ᎨᏎᏍᏗ ᎨᎦᎨᎠᏗᏔᏍᏗ ᎤᏁᎳᏅᎯ ᎤᏔᎳᏬᎯᏍᏗ ᎨᏒ ᎤᏓᏑᏱ,
ᎾᏍᎩ ᎠᎹ ᎾᏑᏴᎾ ᏕᎭᏅᏴᎯ ᏥᎩ, ᎾᏍᎩ ᎤᎿᎸᏒ ᎠᏳᏘᏍᎩ ᎤᎵᏍᏈᏗᎯ ᎠᎵᎯ ᏥᎩ;
ᎠᎴ ᎾᏍᎩ ᎠᏥᎸ ᎠᎴ ᏌᎪᏂᎨ ᎠᏓᏪᎳᎩᏍᎩ ᎠᏥᎩᎵᏲᎢᏍᏙᏗ ᎨᏎᏍᏗ ᎨᏥᎸᏉᏗ
ᏗᏂᎧᎿᏩᏗᏙᎯ ᎠᏂᎦᏔᎲᎢ, ᎠᎴ ᎤᏃᏕᎾ-ᎠᎩᎾ ᎠᎦᏔᎲᎢ;

11 ᎠᎴ ᎾᏍᎩ ᎠᏂᎩᎵᏲᎬ ᎦᏕᏒᏍᏛ ᏓᎴᎲᏍᎦ ᏂᎪᎯᎸ ᎠᎴ ᏂᎪᎯᎸᎢ; ᎠᎴ ᎥᏝ
ᎬᏩᎾᏣᏪᏐᎸᏍᏙᏗ ᏱᎩ, ᎢᎦ ᎠᎴ ᏒᏃᏱ, ᎾᏍᎩ Ꮎ ᎤᎩ-ᏗᎦᎤᏌᏗ ᎠᎾᏓᏙᎵᏍᏓᏁᎯ ᎠᎴ
ᎾᏍᎩ ᏣᎦᏣᎶᏍᏔᏅᎯ, ᎠᎴ ᎾᏂᎥᏉ ᎩᎶ ᎾᏍᎩ ᏚᏙᎥ ᎨᎪᏪᎶᏔᏅᎯ.
12 ᎠᏂ ᎬᏂᎨᏒ ᏂᎦᎵᏍᏗᎭ ᏗᏅᏂᏗᏳ ᎨᏒ ᎤᎾᏓᏅᏘ; ᎠᏁ ᎠᏁᎭ ᏗᏂᏍᏆᏂᎪᏗᏍᎩ
ᏗᎧᎿᏩᏛᏍᏗ ᎤᏁᎳᏅᎯ ᏧᏤᎵᎦ, ᎠᎴ ᎪᎯᏳᏗ ᎨᏒ ᏥᏌ ᎤᏤᎵᎦ.
13 ᎠᎴ ᎠᏆᏛᎦᏅᎩ ᎩᎶ ᎧᏁᎬ ᎦᎸᎳᏗ ᏛᏓᎴᎲᏍᎬᎩ ᎯᎠ ᎤᏛᎩᏪᏎᎲᎩ, ᎨᏪᎸᎩ, [ᎯᎠ
ᎤᎦ,] ᎣᏏᏳ ᎢᏳᎾᎵᏍᏓᏁᏗ ᏧᏂᏲᎱᏒᎯ ᎾᏍᎩ ᎤᎬᏫᏳᎯ ᎦᎾᏁᎶᏛ ᏗᏂᏲᎱᏍᎩ ᎪᎯ
ᎢᏳᏓᎴᏅᏛ; ᎤᏙᎯᏳᎯ ᎠᏗᎭ ᎠᏓᏅᏙ ᎾᏍᎩ ᎬᏩᎾᏣᏪᏐᎸᏍᏙᏗ ᎢᏳᎵᏍᏙᏗᏱ
ᏚᏂᎸᏫᏍᏓᏁᎸᎢ; ᎠᎴ ᏚᏂᎸᏫᏍᏓᏁᎸ ᏓᏳᏂᏍᏓᏩᏕᏏ.
14 ᎠᎴ ᏫᏓᏆᎧᎾᏅᎩ, ᎠᎴ ᎬᏂᏳᏉ ᎤᏁᎬ ᎤᎶᎩᎸᎩ, ᎠᎴ ᎤᎶᎩᎸ ᎩᎶ ᎤᏬᎸᎩ ᏴᏫ
ᎤᏪᏥ ᎾᏍᎩᏯᎢ, ᎤᎵᏍᏚᎸᎩ ᎠᏕᎸ-ᏓᎶᏂᎨ ᎪᎵᏔᏅᎯ ᎠᎵᏍᏚᎶ, ᎠᎴ ᎪᏍᏓᏯ
ᎠᏍᎫᏕᏍᏗ ᎦᏁᎲᎩ.
15 ᎠᎴ ᏅᏩᏓᎴ ᏗᎧᎿᏩᏗᏙᎯ ᏗᎦᎳᏫᎢᏍᏗᏱ ᎢᏳᏄᎪᏨᎩ ᎠᏍᏓᏯ ᎤᏪᎷᎬᎩ ᎯᎠ
ᏂᎦᏪᏎᎲᎩ ᎤᎶᎩᎸ ᎤᏬᎵ, ᎠᏍᎫᏕᏍᏗ ᎲᏓ ᎠᎴ ᎯᏍᎫᏛᎦ; ᏣᏍᎫᏕᏍᏗ ᎲᏓ ᎠᎴ
ᎯᏍᎫᏛᎦ; ᏣᏍᎫᏕᏍᏗᏱᏰᏃ ᎨᏒ ᎿᏉ ᎠᏍᏆᎸᎯᎦ; ᎡᎶᎯᏰᏃ ᎠᏍᎫᏕᏍᏗᏱ ᎨᏒ
ᎤᏕᏛᎾᏨ.
16 ᎤᎶᎩᎸᏃ ᎤᏬᎵ ᎠᏍᎫᏕᏍᏗ ᎤᏤᎵ ᎤᏮᏔᏅᎩ; ᎠᎴ ᎡᎶᎯ ᎤᏍᎫᏕᏐᏅᎩ.
17 ᎠᎴ ᏅᏩᏓᎴ ᏗᎧᎿᏩᎯᏙᎯ ᏗᎦᎳᏫᎢᏍᏗᏱ ᎦᎸᎳᏗ ᏨᏗᏓᏁᎸ ᏓᏳᏄᎪᏨᎩ, ᎾᏍᎩ
ᎾᏍᏉ ᎦᏁᎲᎩ ᎪᏍᏓᏯ ᎠᏍᎫᏕᏍᏗ.
18 ᎠᎴ ᏅᏩᏓᎴ ᏗᎧᎿᏩᏗᏙᎯ ᎠᏥᎸᎨᎳᏍᏗᏱ ᎾᎥ ᏓᏳᏄᎪᏨᎩ, ᎾᏍᎩ ᎤᎲᎩ
ᎠᏓᏅᏖᏍᎬᏉ ᎢᏳᏩᏗᏱ ᎠᏥᎸ; ᎠᎴ ᎠᏍᏓᏯ ᎤᎵᏍᏓᏁᎸᎩ ᎪᏍᏓᏯ ᎠᏍᎫᏕᏍᏗ ᎦᏁᎯ,
ᎯᎠ ᏂᎦᏪᏍᎬᎩ, ᎠᏍᎫᏕᏍᏗ ᏣᏤᎵ ᎪᏍᏓᏯ ᎲᏓ, ᎠᎴ ᎯᏟᏌ ᏖᎸᎳᏗ ᎡᎶᎯ ᎤᏛᏒᎯ;
ᏖᎸᎳᏗᏰᏃ ᎿᏉ ᎤᏅᎾᏏᏌᏛ.
19 ᏗᎧᎿᏩᏗᏙᎯᏃ ᎠᏍᎫᏕᏍᏗ ᎤᏤᎵ ᎤᏪᏂᏙᎸᎩ ᎡᎶᎯ, ᎠᎴ ᎤᏪᏟᏌᏅᎩ ᏖᎸᎳᏗ ᎡᎶᎯ
ᎤᏛᏒᎯ, ᎠᎴ ᏭᏓᎢᏅᏒᎩ ᏭᎸᏅᎩ ᎤᏔᏅ ᏖᎸᎳᏗ-ᏕᏨᏩᏍᏙᏗᏱ ᎤᏁᎳᏅᎯ
ᎤᏔᎳᏬᎯᏍᏗ ᎨᏒ ᎤᏤᎦ.
20 ᏖᎸᎳᏗ-ᏕᏨᏩᏍᏙᏗᏱ ᎦᏚᎲ ᏙᏱᏗᏢ ᎤᎾᏔᏍᏓᏒᎸᎩ, ᎩᎬᏃ ᏓᏳᏨᏨᎩ ᏖᎸᎳᏗ-
ᏕᏨᏩᏍᏙᏗᏱ, ᎠᎴ ᏐᏈᎵ ᏕᎾᏔᎾᎸ ᎢᏴᏛ ᏂᎦᏂᎶᏨᎩ, ᎾᏍᎩ ᏔᎵᏧᏈ ᎢᏳᏟᎶᏛ
ᎢᎬᎾᏕᏅ.

ᎠᏯᏙᎸᎢ 15

1 ᎤᏩᏓᎴᏃ ᎤᏰᎸᏛ ᎦᎸᎳᏗ ᎠᎩᎪᎲᎩ, ᎦᎸᏉᏗ ᎠᎴ ᎤᏍᏆᏂᎪᏗ, ᎾᏍᎩ ᎦᎵᏉᎩ
ᎢᏯᏂᏛ ᏗᏂᎧᎿᏩᏗᏙᎯ ᏓᏂᏰᎲᎩ ᎦᎵᏉᎩ ᎢᏳᏓᎴᎩ ᎤᎵᏍᏆᎸᏗ ᎤᏕᏔᏙᏗ; ᎾᏍᎩᏰᏃ
ᎤᏁᎳᏅᎯ ᎤᏔᎳᏬᎯᏍᏗ ᎨᏒ ᎠᏂᎧᎵᏏᏏᎭ.
2 ᎠᎴ ᎠᎩᎪᎲᎩ ᎥᏓᎸ ᎠᏓᎨᏗ ᏗᎬᏩᎸᏌᏛ ᎾᏍᎩᏯᎢ ᎠᏥᎸ ᎤᏓᏑᏱ ᎨᏒᎩ; ᎠᎴ ᎾᏍᎩ Ꮎ
[ᎥᎦᏥᎪᎥᎩ] ᎤᎩᏗᎦᏅᏌᏗ ᎤᎾᏓᎵᏁᎯᏕᎸᎯ, ᎠᎴ ᎾᏍᎩ Ꮎ ᏣᏚᏟᎶᏍᏔᏅᎯ, ᎠᎴ ᎤᏤᎵ
ᏧᏬᏪᎶᏙᏗ, ᎠᎴ ᎾᏍᎩ ᏚᏙᎥ ᎢᎦᎢ ᎠᏎᏍᏗ ᎨᏒᎢ, ᎠᏂᏙᎾᎥᎩ ᎥᏓᎸ ᎠᏓᎨᏗ ᏗᎬᏩᎸᏌᏛ
ᎾᏍᎩᏯᎢ, ᎤᏁᎳᏅᎯ ᏧᏤᎵ ᏗᎧᏃᎩᏍᏙᏗ ᏓᏂᏁᎲᎩ
3 ᎠᎴ ᏚᏂᏃᎩᏒᎩ ᎼᏏ ᎤᏁᎳᏅᎯ ᎤᏤᎵ ᎤᏅᏏᏓᏍᏗ ᏧᏃᎩᏛ, ᎠᎴ ᎤᏃᏕᎾ ᎠᎩᎾ ᎤᏤᎵ
ᏗᎧᏃᎩᏍᏗ, ᎯᎠ ᎾᏂᏪᏍᎬᎩ, ᎦᎸᏉᏗᏳ ᎠᎴ ᎤᏍᏆᏂᎪᏗᏳ ᏗᏣᎸᏫᏍᏓᏁᏗ ᎨᏒ ᏣᎬᏫᏳᎯ
ᎠᎴ ᏣᏁᎳᏅᎯ ᏫᎾᏍᏛᎾ ᏣᎵᏂᎩᏛ; ᎣᏍᏛ ᎠᎴ ᏚᏳᎪᏛ ᎢᎭᏛᏁᎵᏙᎯ ᏂᎯ ᏣᎬᏫᏳᎯ
ᎤᎾᏓᏅᏘ ᎤᎾᏤᎵᎦ.
4 ᎦᎪ ᏂᏣᎾᏰᏍᎬᎾ ᎨᏎᏍᏗ ᏂᎯ ᏣᎬᏫᏳᎯ, ᎠᎴ ᏂᎦᎸᏉᏗᏍᎬᎾ ᎨᏎᏍᏗ ᏕᏣᏙᎥᎢ?
ᏂᎯᏰᏃ ᏨᏒᎯᏳ ᏂᏍᎦᏅᎾ, ᏂᎦᏗᏳᏰᏃ ᎤᎾᏓᏤᎵᏛ ᏴᏫ ᏓᏁᏩᏗᏒ ᏛᏂᎷᏥ ᎠᎴ ᏂᏣᏛᏅ
ᎢᎬᏱᏢ ᏛᎾᏓᏙᎵᏍᏔᏂ; ᏂᎯᏰᏃ ᏗᏦᎪᏙᏗ ᎨᏒ ᎬᏂᎨᏒ ᏄᎵᏍᏔᏅ.
5 ᎣᏂᏃ ᎢᏴᏛ ᏓᏆᎧᎾᏅᎩ, ᎠᎴ ᎬᏂᏳᏉ ᏗᎦᎳᏫᎢᏍᏗᏱ ᏗᎧᎿᏩᏛᏍᏗ ᏗᏗᏱ ᎦᎵᏦᏛ
ᎤᎵᏍᏚᎢᏛ ᎨᏒᎩ ᎦᎸᎳᏗ;
6 ᎦᎵᏉᎩᏃ ᎢᏯᏂᏛ ᏗᏂᎧᎿᏩᏗᏙᎯ ᏗᎦᎳᏫᎢᏍᏗᏱ ᏓᏳᏂᏄᎪᏨᎩ, ᏓᏂᏰᎲᎩ ᎦᎵᏉᎩ
ᎤᏕᏯᏙᏗ, ᏚᎾᏄᏮᎩ ᏂᏚᏓᏅᎦᎸᎾ ᎠᎴ ᏧᏁᎬ ᏙᎴᏛ ᏗᏄᏬ, ᎠᎴ ᏗᏂᏁᏥᏱ ᏚᎾᏓᏠᎲᎩ
ᎠᏕᎸ-ᏓᎶᏂᎨ ᏗᎪᏢᏅᎯ ᏗᏓᏠᏍᏗ.
7 ᎠᏏᏴᏫᏃ ᎾᏍᎩ Ꮎ ᏅᎩ ᎢᏯᏂᏛ ᎨᏒ ᏗᏅᏃᏛ ᎦᎵᏉᎩ ᎢᏯᏂᏛ ᏗᏂᎧᎿᏩᏗᏙᎯ ᏚᏁᎸᎩ
ᎦᎵᏉᎩ ᎫᎫ ᎠᏕᎸᏓᎶᏂᎨ ᏗᎪᏢᏔᏅᎯ, ᏗᎧᎵᎢ ᎤᏁᎳᏅᎯ ᎤᏔᎳᏬᎯᏍᏗ ᎨᏒᎢ, ᎾᏍᎩ
ᏂᎪᎯᎸ ᎠᎴ ᏂᎪᎯᎸ ᏤᎭ.
8 ᏗᎦᎳᏫᎢᏍᏗᏱᏃ ᎤᎧᎵᏨᎩ ᏧᎧᎵᏨᎩ ᏧᎦᏒᏍᏗ ᎤᏁᎳᏅᎯ ᎠᏥᎸᏉᏗᏳ ᎨᏒ ᎠᎴ
ᎤᎵᏂᎩᏗᏳ ᎨᏒ ᎤᏓᏳᏓᎴᏅᎯ; ᎥᏝ ᎠᎴ ᎩᎶ ᏫᎬᏩᏴᏍᏗ ᏱᎨᏎ ᏗᎦᎳᏫᎢᏍᏗᏱ, ᎬᏂ
ᎾᏍᎩ Ꮎ ᎦᎵᏉᎩ ᏧᏕᏯᏙᏗ ᎨᏒ ᎦᎵᏉᎩ ᎢᏯᏂᏛ ᏗᏂᎧᎿᏩᏗᏙᎯ ᏥᏚᎾᏒᎦᎸ ᏱᏚᎵᏍᏆᏛ.

ᎠᏯᏙᎸᎢ 16

1 ᎠᏆᏛᎦᏅᎩᏃ ᎩᎶ ᎠᏍᏓᏯ ᏓᎧᏁᎬᎩ ᏗᎦᎳᏫᎢᏍᏗᏱ ᏛᏓᎴᎲᏍᎩ ᎯᎠ ᏂᏕᎦᏪᏎᎲᎩ
ᎦᎵᏉᎩ ᎢᏯᏂᏛ ᏗᏂᎧᎿᏩᏗᏙᎯ, ᎢᏤᎾ, ᎠᎴ ᎡᎶᎯ ᏫᏂᏐᏅᏯ ᎤᏁᎳᏅᎯ ᎤᏔᎳᏬᎯᏍᏗ
ᎨᏒ ᎫᎫ ᏓᏟᏍᏛᎢ.
2 ᎢᎬᏱᏱᏃ ᎨᏒ ᎤᏪᏅᏒᎩ, ᎠᎴ ᎪᏙᎯ ᎤᏪᏐᏅᏴᎩ ᎫᎫ ᎠᏰᎲ ᎠᏟᏍᏛᎢ; ᎤᏕᏯᏙᏗᏃ
ᎠᎴ ᎡᎯᏍᏗ ᏚᏂᏣᏍᏓᎳᏛᎩ ᏴᏫ ᎾᏍᎩ Ꮎ ᎤᎩ-ᏗᎦᏅᏌᏗ ᎤᏤᎵ ᏗᎨᎪᏪᎶᏔᏅᎯ, ᎠᎴ
ᎾᏍᎩ ᏣᏕᏟᎶᏍᏔᏅᎯ ᎠᎾᏓᏙᎵᏍᏓᏁᎯ.
3 ᏔᎵᏁᏃ ᎨᏒ ᏗᎧᎿᏩᏗᏙᎯ ᎠᎺᏉᎯ ᎤᏪᏐᏅᏴᎩ ᎫᎫ ᎠᏰᎲ ᎠᏟᏍᏛᎢ; ᎤᏲᎲᏒᎯᏃ ᏴᏫ
ᎤᎩᎬ ᎾᏍᎩᏯ ᏄᎵᏍᏔᏅᎩ; ᎠᎴ ᏂᎦᏗᏳ ᏗᏅᏃᏛ ᎨᏒ ᎠᎺᏉᎯ ᎠᏁᎲ ᏚᏂᎵᏬᏨᎩ.
4 ᏦᎢᏁᏃ ᎨᏒ ᏗᎧᎿᏩᏗᏙᎯ ᎡᏉᏂ ᏕᎨᏴ ᎠᎴ ᎠᎹ ᏕᎦᏄᎪᎬ ᎤᏪᏐᏅᏴᎩ ᎫᎫ ᎠᏰᎲ
ᎠᏟᏍᏛᎢ; ᎩᎬᏃ ᏂᏚᎵᏍᏔᏅᎩ.
5 ᎠᎴ ᎠᎹᏱ ᏗᎦᏘᏯ ᏗᎧᎿᏩᏗᏙᎯ ᎥᏥᏯᏛᎦᏁᎸᎩ, ᎯᎠ ᏄᏪᏒᎩ, ᏂᏍᎦᏅᎾ ᏣᎬᏫᏳᎯ,
ᏂᎯ ᎾᏍᎩ ᏤᎭ, ᎠᎴ ᏤᎲᎩ, ᎠᎴ ᏤᎮᏍᏗ, ᎤᏗᎦᎵᏍᏙᏗᎭ ᏄᏍᏛ ᏕᏧᎪᏔᏅᎢ.
6 ᎤᎾᏓᏘᏰᏁ ᎠᎴ ᎠᎾᏙᎴᎰᏍᎩ ᎤᏂᎩᎬ ᎤᏂᏨᏅ, ᎠᎴ ᎩᎬ ᏕᎯᏁᏁᎸ ᎤᎾᏗᏔᏍᏗ;
ᏰᎵᎦᏯᏴᏃ ᏚᏳᎪᏗ ᎾᏍᎩ ᎢᏳᎾᎵᏍᏓᏁᏗᏱ.
7 ᎤᏩᏓᎴᏃ [ᏗᎧᎿᏩᏗᏙᎯ] ᎥᏥᏯᏛᎦᏁᎸᎩ ᎠᏥᎸ-ᎨᎳᏍᏗᏱ ᎯᎠ ᎤᏓᏳᏪᏒᎩ, ᎾᏍᎩᏯ
ᏄᏍᏕᏍᏗ, ᏣᎬᏫᏳᎯ ᏣᏁᎳᏅᎯ ᏫᎾᏍᏛᎾ ᏣᎵᏂᎩᏛ, ᎣᏏᏳ ᎠᎴ ᏚᏳᎪᏛ ᏂᎯ ᏗᎫᎪᏙᏗ
ᎨᏒᎢ.
8 ᏅᎩᏁᏃ ᎨᏒ ᏗᎧᎿᎧᏩᏗᏙᎯ ᏅᏙ ᎢᎦ-ᎡᎯ ᎧᏄ ᎤᏪᏐᏴᏅᎩ ᎫᎫ ᎠᏰᎲ ᎠᏟᏍᏛᎢ; ᎠᎴ
ᎠᎦᎵᏍᎪᎸᏓᏁᎸᎩ ᎠᏥᎸ ᎬᏗ ᏧᎴᏴᏙᏗᏱ ᏴᏫ.
9 ᎠᎴ ᎤᏣᏘ ᎤᏗᎴᎩ ᎨᏒ ᏕᎨᏥᎴᏴᏙᏔᏅᎩ ᏴᏫ, ᎠᎴ ᎤᏁᎳᏅᎯ ᏚᏙᎥ
ᎤᏂᏐᏢᎢᏍᏔᏅᎩ, ᎾᏍᎩ ᎠᏓᏅᏖᏍᎬᏉ ᎢᎬᏩᏁᎵᏓᏍᏗ ᏥᎩ ᎯᎠ ᎾᏍᎩ ᎤᏕᏯᏙᏗ ᎨᏒᎢ;
ᎠᎴ ᎥᏝ ᏱᏚᏂᏁᏟᏴᏎ ᏚᏁᏓᏅᏛ ᎾᏍᎩ ᎬᏩᎸᏉᏙᏗᏱ.
10 ᎯᏍᎩᏁᏃ ᎨᏒ ᏗᎧᎿᏩᏗᏙᎯ ᎤᎩ-ᏗᎦᏅᏌᏗ ᎤᏪᏗᏱ ᎤᏪᏐᏅᏴᎩ ᎫᎫ ᎠᏰᎲ
ᎠᏟᏍᏛᎢ, ᎤᏥᎵᎪᎯᏃ ᎨᏒ ᎤᎧᎵᏦᏅᎩ ᎤᎵᏏᎩ; ᏓᏂᏃᏓᏛᏃ ᏚᏂᎩᏍᏙᎥᎩ ᏚᏁᎯᏍᏓᏁᎲ
ᎢᏳᏍᏗ,
11 ᎠᎴ ᎤᏁᎳᏅᎯ ᎦᎸᎳᏗ ᎡᎯ ᎤᏂᏐᏢᎢᏍᏔᏅᎩ, ᎤᏓᎦᎵᏍᏙᏗᏍᎬᎩ ᏚᏁᎯᏍᏓᏁᎲᎢ
ᎠᎴ ᏚᏂᏥ-ᏍᏓᎸᎢ, ᎠᎴ ᎥᏝ ᎤᏲ ᏳᏂᏰᎸᏁ ᏄᏍᏛ ᏚᏂᎸᏫᏍᏓᏁᎸᎢ.
12 ᏑᏓᎵᏁᏃ ᎨᏒ ᏗᎧᎿᏩᏗᏙᎯ ᎡᏆ ᎡᏉᏂ ᎤᏪᏴ ᏳᏇᏗ ᎤᏪᏐᏅᏴᎩ ᎫᎫ ᎠᏰᎲ
ᎠᏟᏍᏛᎢ; ᎠᎹᏃ ᎾᎿ ᎡᎬ ᎤᎶᏐᏅᎩ, ᎾᏍᎩ ᎤᏂᎬᏫᏳᎯ ᏗᎧᎸᎬ ᎢᏗᏢ ᎠᏁᎯ ᎤᏂᏅᏅ
ᎨᎦᏛᎢᏍᏓᏁᏗᏱ ᎠᏰᎸᏒᎩ.
13 ᎠᎴ ᏦᎢ ᎢᏯᏂᏛ ᎠᏂᎦᏓᎭ ᏗᏓᏅᏙ ᏕᏥᎪᎥᎩ ᏩᎶᏏ ᏗᎾᏤᎵᏛ, ᎢᎾᏛ ᎠᎰᎵ
ᏓᏳᏂᏄᎪᏨᎩ, ᎠᎴ ᎤᎩ-ᏗᎦᏅᏌᏗ ᎠᎰᎵ, ᎠᎴ ᎤᏠᎾᏍᏗ ᎠᏙᎴᎰᏍᎩ ᎠᎰᎵ.

14 ᎠᏂᏍᎩᎾᏰᏃ ᏧᎾᏓᏅᏙ ᎾᏍᎩ, ᎤᏍᏆᏂᎪᏗ ᏚᏂᎸᏫᏍᏓᏁᎭ, ᎡᎶᎯ ᎠᏁᎯ ᎤᏂᎬᏫᏳᎯ
ᎠᎴ ᎡᎳᏂᎬ ᏓᏂᎶᏛᎮᎦ, ᎾᏍᎩ ᏧᏂᏟᏐᏗᏱ ᏧᎾᎵᏍᏗᏱ ᎤᏂᏰᎸᎭ ᎦᎸᏉᏗ ᎢᎦ ᎨᏒ
ᎤᏁᎳᏅᎯ ᎤᏤᎵᎦ ᏫᎾᏍᏛᎾ ᎤᎵᏂᎩᏛ ᏥᎩ.
15 ᎬᏂᏳᏉ, ᎦᏃᏍᎩᏍᎩ ᏥᎦᎷᎪ ᎾᏍᎩᏯ ᏓᏥᎷᏥ. ᎣᏏᏳ ᎢᏳ ᎵᏍᏓᏁᏗ ᎾᏍᎩ Ꮎ
ᎠᏯᏫᏍᎩ, ᎠᎴ ᏧᏄᏬ ᏗᏍᏆᏂᎪᏗᏍᎩ, ᎾᏍᎩ ᎤᏰᎸᎭ ᎤᏪᏓᏍᏗᏱ ᏂᎨᏒᎾ, ᎠᎴ
ᎤᏕᎰᎯᏍᏗ ᎨᏒ ᎠᏥᎪᏩᏛᎡᏗᏱ ᏂᎨᏒᎾ.
16 ᎠᎴ ᏚᏪᏟᏌᏅᎩ ᎠᎹᎨᏙᏂ ᏚᏙᎥ ᎠᏂᏈᎷ ᎤᏂᏬᏂᎯᏍᏗ ᎨᏒ ᏯᎬᏗᎭ.
17 ᎦᎵᏉᎩᏁᏃ ᎨᏒ ᏗᎧᎿᏩᏗᏙᎯ ᏚᏔᏅᏛᏉ ᎦᎸᎶᎢ ᎤᏪᏐᏅᏴᎩ ᎫᎫ ᎠᏰᎲ ᎠᏟᏍᏛᎢ;
ᎠᎴ ᎠᏍᏓᏯ ᏗᎧᏁᎬ ᎩᎶ ᎦᎸᎳᏗ ᏗᎦᎳᏫᎢᏍᏗᏱ ᎠᎴ ᎾᎿ ᏗᎦᏍᎩᎸ ᏓᏳᏓᎴᏅᎩ, ᎯᎠ
ᎤᏓᏚᏪᏍᎬᎩ, ᎿᏉ ᎠᎵᏍᏆᏓ.
18 ᎿᏉᏃ ᏚᏍᏆᏃᏴᎳᏂᎩ, ᎠᎴ ᏚᏴᏓᏉᎶᎥᎩ, ᎠᎴ ᏚᎾᎦᎸᎲᎩ, ᎾᏍᎩ ᎢᎦᎢ ᎥᏝ ᎢᎸᎯᏳ
ᏱᎬᏩᎵᏖᎸᏃ ᏴᏫ ᎡᎶᎯ ᎤᎾᏕᏅ ᎤᏓᎬᏩᏓᎴᏅᏛ, ᎾᏍᎩ ᎢᏳᎵᏂᎩᏛ ᎠᎴ ᎾᏍᎩ
ᎢᏳᏍᎦᏎᏗ.
19 ᎠᎴ ᎾᏍᎩ ᎡᏆ ᎦᏚᎲ ᏦᎢ ᏄᏓᏛᎩ, ᎠᎴ ᎤᎾᏓᏤᎵᏛ ᏴᏫ ᏓᏁᏩᏗᏒ ᏚᏂᏚᎲ ᏚᏲᏨᎩ;
ᎠᎴ ᏓᏓᏳᏂ ᎦᎸᏉᏗ ᎦᏚᎲ ᎠᏅᏓᏗᏍᏗ ᏄᎵᏍᏔᏅᎩ ᎤᏁᎳᏅᎯ ᏄᏛᏅᎢ, ᎾᏍᎩ
ᎠᏥᏁᏗᏱ [ᏓᏓᏳᏂ] ᎤᎵᏍᏈᏗ ᎩᎦᎨ-ᎠᏗᏔᏍᏗ ᎠᏟᏍᏛ ᎤᏣᏘ ᎤᏔᎳᏬᎯᏍᏗ ᎨᏒ
ᎤᏩᏛᏗ.
20 ᎠᎴ ᏂᎦᏛ ᎠᎹᏰᎵ ᏚᏪᎧᏩᏗᏒ ᎤᎾᎵᏒᎩ, ᎠᎴ ᏙᏓᎸ ᎥᏝ ᏗᎬᏩᏛᏗ ᏱᎨᏎᎢ.
21 ᎡᏆᏃ ᎤᏁᏐᎠᏒᎩ ᏴᏫ ᎠᏁᎲ ᎦᎸᎳᏗ ᎤᏓᏳᏓᎴᏅᎯ, ᏌᏉᎭ ᎨᏒ ᏔᎸᏗ ᏄᏓᎨᏒ
ᏄᏓᎨᏒᎩ; ᏴᏫᏃ ᎤᏁᎳᏅᎯ ᎤᏂᏐᏢᎢᏍᏔᏅᎩ ᎤᏓᏕᎵᏍᏙᏗᏍᎬᎩ ᎤᏁᏍᏓᎳ
ᎤᏕᏯᏙᏗᏍᎬᎢ; ᎤᏣᏘᏰᏃ ᎤᎾᏕᏯᏙᏗᏍᎬᎩ ᎾᏍᎩ.

ᎠᏯᏙᎸᎢ 17

1 ᎠᏏᏴᏫᏃ ᎾᏍᎩ Ꮎ ᎦᎵᏉᎩ ᎢᏯᏂᏛ ᎨᏒ ᏗᏂᎧᎿᏩᏗᏙᎯ, ᎾᏍᎩ ᎦᎵᏉᎩ ᎫᎫ ᏥᏓᏂᏴᎲᎩ,
ᎤᎷᏨᎩ ᎠᎴ ᎠᏆᎵᏃᎮᏔᏅᎩ, ᎯᎠ ᎾᎩᏪᏎᎸᎩ, ᎡᎮᎾ; ᏓᎬᎾᏄᎪᏫᏎᎵ ᏄᏍᏛ ᏣᎫᎪᏓᏁᏗ
ᎨᏒ ᎤᏣᏘ ᎤᏁᎫᏥᏛ ᎠᎨᏴ, ᎤᏣᏘ ᎠᎹ ᏚᏪᏴ ᏧᏬᎳ;
2 ᎤᏂᎬᏫᏳᎯ ᎡᎶᎯ ᎠᏁᎯ ᎤᏕᎵᏛ ᏧᎾᏂᏏᏅᎯ ᏥᎩ, ᎠᎴ ᎡᎶᎯ ᏓᏁᏩᏗᏒ
ᏧᏂᏴᏍᏕᏍᏔᏅᎯ ᏥᎩ ᎩᎦᎨ-ᎠᏗᏔᏍᏗ ᎤᏕᎵᏛ ᏚᏂᏏᏂᏙᎸ ᎤᏩᏛᏛ.
3 ᎾᏍᎩᏃ ᎠᏓᏅᏙ ᎬᏗ ᎢᎾᎨ ᏩᏆᏘᏅᏍᏔᏅᎩ; ᎠᎨᏴᏃ ᎥᏥᎪᎲᎩ ᎩᎦᎨ ᏗᎧᏃᏗᏱ ᎤᎩ-
ᏗᎦᏅᏌᏗ ᎤᎩᎸᏛᎩ ᎾᏍᎩ ᎤᎧᎵᏨᎯ ᎨᏒᎩ ᎤᏁᎳᏅᎯ ᏚᏙᎥ ᎠᏐᏢᎢᏍᏙᏗ ᎨᏒᎢ ᎦᎵᏉᎩ
ᏓᏍᎫᏓᏛᎩ, ᎠᎴ ᎠᏍᎪᎯ ᏕᎤᎷᎬᎩ.
4 ᎠᎨᏴᏃ ᏗᎦᎭᎷᎨ ᎠᎴ ᏗᎩᎦᎨ ᏚᏄᏩᎥᎩ, ᎠᎴ ᎠᏕᎸ-ᏓᎶᏂᎨ ᎠᎴ ᏗᏕᎸᏉᏗ, ᏅᏯ ᎠᎴ
ᏓᎬᎾ-ᎢᏳᎾᏍᏗ ᏚᏩᏅᏛᎩ, ᎠᎴ ᎠᏕᎸ-ᏓᎶᏂᎨ ᎠᎵᏔᏅᎯ ᎤᎵᏍᏈᏗ ᎠᏴᎲᎩ ᎠᎧᎵᎢ
ᎤᏂᏆᏘᏍᏗ ᎨᏒ, ᎠᎴ ᎤᏁᎢᎸᏗ ᎾᏍᎩ ᎤᏕᎵᏛ ᏚᏂᏏᏂᏙᎸ ᎤᏩᏛᏛ.
5 ᎠᎬᏓᎨᏂᏃ ᏚᏙᎥ ᎪᏪᎸᎩ, [ᎯᎠ ᏂᎬᏅᎩ] ᎤᏕᎵᏛ ᎨᏒᎢ, ᏓᏓᎶᏂ ᎡᏆ, ᎤᏂᏁᎫᏥᏛ ᎠᏂᎨᏴ
ᎤᏂᏥ ᎠᎴ ᎤᏂᏆᏘᏍᏗ ᎡᎶᎯ ᎡᎯ.
6 ᎠᎴ ᎠᎨᏴ ᎥᏥᎪᎥᎩ ᎤᎾᏓᏅᏘ ᎤᏂᎩᎬ, ᎠᎴ ᏥᏌ ᎬᏩᏃᎮᏍᎩ ᎤᏂᎩᎬ ᎤᏴᎪᎯᏍᏗ ᎨᏒ
ᎬᏗ ᎠᎩᏍᏆᏂᎪᏒᎩ.
7 ᏗᎧᎿᏩᏗᏙᎯᏃ ᎯᎠ ᎾᎩᏪᏎᎸᎩ, ᎦᏙᏃ ᎥᏣᏍᏆᏂᎪᎵ? ᏓᎬᏃᏁᎵ ᏄᏍᏛ ᎦᏛᎬ ᎠᎨᏴ, ᎠᎴ
ᏄᏍᏛ ᎦᏛᎬ ᎤᎩᏗᎦᏅᏌᏗ ᎾᏍᎩ ᏧᎩᎸᏗ, ᎾᏍᎩ ᎦᎵᏉᎩ ᏥᏓᏍᎫᏓᏛ ᎠᎴ ᎠᏍᎪᎯ
ᏥᏚᎷᎦ.
8 ᎾᏍᎩ Ꮎ ᎤᎩ-ᏗᎦᏅᏌᏗ ᏥᎪᎥᎩ, ᎡᎲᎩ, ᎠᎴ ᎥᏝ ᏰᎭ; ᎠᎴ ᏙᏛᎴᏂ ᏫᎾᏍᏛᎾ ᏗᏔᎴᏒ
ᏓᎦᏄᎪᏥ, ᎠᎴ ᎠᏥᏛᏙᏗᏱ ᏴᏓᎦᏖᏏ, ᎾᏍᎩᏃ Ꮎ ᎡᎶᎯ ᎠᏁᎯ ᎾᏍᎩ ᏚᎾᏙᎥ ᏂᏗᎪᏪᎳᏅ
ᎾᎬᏂᏛ ᎪᏪᎵᎯ ᎡᎶᎯ ᏧᏙᏢᏅ ᎤᏓᎬᏩᎴᏅᏛ ᏛᏂᏍᏆᏂᎪᏏ ᎠᏂᎪᎲᎭ ᎤᎩ-ᏗᎦᏅᏌᏗ
ᎾᏍᎩ ᏤᎲᎩ, ᎠᎴ ᏁᎲᎾ ᏥᎩ, ᎠᏎᏃ ᎾᏍᎩ ᏤᎭ.
9 ᎠᏂ ᎠᏕᏙᎲᎯᏍᏗ ᎨᏒ ᎠᏓᏅᏙ ᎬᏙᏗ ᎪᎵᏍᏗ. ᎾᏍᎩ Ꮎ ᎦᎵᏉᎩ ᏓᏍᎫᏓᏛ ᎦᎵᏉᎩ
ᏙᏓᎸ ᎦᏛᎦ, ᎾᎿ ᎠᎨᏴ ᏧᏬᎳ.
10 ᎠᎴ ᎦᎵᏉᎩ ᎾᏂᎥ ᎤᏂᎬᏫᏳᎯ; ᎯᏍᎩ ᎢᏯᏂᏛ ᎤᎾᎵᏛᏔᏅ, ᎠᎴ ᎠᏏᏴᏫ ᎡᎭ, ᏐᎢᏃ
ᎥᏝ ᎠᏏ ᏱᎦᎾᏄᎪᎦ; ᎠᎴ ᎦᎷᏨᎭ ᏞᎦ ᎤᏕᏗ ᎨᏎᏍᏗ.
11 ᎾᏍᎩᏃ Ꮎ ᎤᎩ-ᏗᎦᏅᏌᏗ ᏤᎲᎩ, ᎠᎴ ᎾᏍᎩ ᏁᎲᎾ ᏥᎩ, ᎾᏍᎩ ᏧᏁᎵᏁᎢ, ᎠᎴ
ᎾᏍᎩ ᎦᎵᏉᎩ ᎢᏯᏂᏛ ᎨᏒ ᎨᎳ, ᎠᎴ ᎠᏥᏛᏙᏗᏱ ᏮᏓᎦᏖᏏ.
12 ᎠᏍᎪᎯᏃ ᏕᎤᎷᎬ ᏥᏕᏣᎪᎲᎩ, ᎾᏍᎩ ᎠᏍᎪᎯ ᎤᏂᎬᏫᏳᎯ ᎦᏛᎦ, ᎾᏍᎩ ᎤᏂᎬᏫᏳᎯ
ᎢᏳᎾᎵᏍᏙᏗᏱ ᎨᏒ ᎠᏏ ᎨᏥᏁᎸᎯ ᏂᎨᏒᎾ ᎨᏒᎢ; ᎨᎦᎵᏍᎪᎸᏓᏁᎭᏍᎩᏂᏃᏅ ᎤᏂᎬᏫᏳᎯ
ᎤᏂᏁᎢᏍᏗ ᎨᏒ ᎤᏂᏁᎢᏍᏗᏱ ᏌᏉ ᎢᏳᏟᎶᏛ ᎤᎩ-ᏗᎦᏅᏌᏗ ᎤᏠᏱ ᎧᏁᎬᎢ.

13 ᎯᎠ ᎾᏍᎩ ᏌᏊ ᏄᏅᏅ ᏚᎾᏓᏅᏛᎢ, ᎠᎴ ᏅᎩ-ᏗᎦᏅᏌᏗ ᏄᏍᏛ ᎤᎾᏒᎦᎸ ᎠᎴ
ᏚᎾᎵᏂᎬᎬ ᏙᏛᏂᏲᎯᏎᎵ.
14 ᎯᎠ ᎾᏍᎩ ᏓᎿᏩ ᏅᏛᏅᏁᎵ ᎤᏃᏕᎾ ᎠᎩᎾ, ᎠᎴ ᎤᏃᏕᎾ ᎠᎩᎾ ᏙᏛᏎᎪᎩᏏ ᎾᏍᎩ;
ᎾᏍᎩᏰᏃ ᎤᏂᎬᏫᏳᎯ ᎠᏁᎲ ᎤᎬᏫᏳᎯ; ᎠᎴ ᏄᏂᎬᏫᏳᏒ ᎠᏁᎲ ᎾᏍᎩ ᏄᎬᏫᏳᏌᏕᎩ; ᎠᎴ
ᎾᏍᎩ ᎬᏩᏚᏩᏍᏗᏕᎩ ᏥᎩ ᎨᏥᏯᏅᏛ, ᎠᎴ ᎨᎦᏑᏰᏛ, ᎠᎴ ᏄᎾᏓᎵᏓᏍᏛᎾ.
15 ᎠᎴ ᎯᎠ ᎾᎩᏪᏎᎸᎩ, ᎠᎹ ᏥᏕᏣᎪᎲᎩ, ᎾᎿ ᎤᏁᎫᏥᏛ ᎠᎨᏴ ᏧᏬᎳ, ᏴᏫ ᎦᏛᎦ, ᎠᎴ
ᎤᏂᏣᏘ ᎨᏒᎢ, ᎠᎴ ᎤᎾᏓᏤᎵᏗ ᏴᏫ, ᎠᎴ ᏧᏓᎴᏅᏛ ᏗᏂᏬᏂᏍᎩ ᎨᏒᎢ.
16 ᎠᎴ ᎠᏍᎪᎯ ᏕᎤᎷᎬ ᏥᏕᏣᎪᎲᎩ, ᎾᏍᎩ ᏅᎩ-ᏗᎨᏅᏌᏗ ᏚᎷᎬᎢ, ᎾᏍᎩ ᏓᎬᏩᏂᏆᏘᎵ
ᎤᏁᎫᏥᏛ ᎠᎨᏴ, ᎠᎴ ᏅᏔ ᎠᎴ ᎤᏰᎸᎭ ᏅᏓᏰᎬᏁᎵ, ᎠᎴ ᎤᏇᏓᎸ ᏓᎬᏩᎨᎵ, ᎠᎴ ᎠᏥᎸ
ᎬᏗ ᏓᎬᏩᎪᎲᏍᏔᏂ.
17 ᎤᏁᎳᏅᎯᏰᏃ ᏚᎳᏁᎸ ᎫᏂᎾᏫᏱ ᏄᏍᏛ ᎠᏓᏅᏖᏍᎬ ᎤᏂᏍᏆᏗᏍᏗᏱ, ᎠᎴ
ᏌᏊᎢᏳᏅᏁᏗᏱ ᏚᎾᏓᏅᏛᎢ, ᎠᎴ ᏧᏂᏲᎯᏎᏗᏱ ᏅᎩ-ᏗᎦᏅᏌᏗ ᎾᎿ ᎤᏂᎬᏫᏳᎯ ᎨᏒᎢ,
ᎬᏂ ᎤᏁᎳᏅᎯ ᎤᏁᏨ ᎾᏍᎩ ᎢᏳᎵᏍᏔᏅᎯ ᎨᏎᏍᏗ.
18 ᎠᎨᏴᏃ Ꮎ ᏥᎪᏩᏘᏍᎬᎩ ᎾᏍᎩ Ꮎ ᎡᏆ ᎦᏚᎲ ᎦᏛᎦ, ᎾᏍᎩ ᎤᏂᎬᏫᏳᎯ ᎡᎶᎯ ᎡᏁᎲ
ᎤᎬᏫᏳᏌᏕᎩ ᏥᎩ.

ᎠᏯᏙᎸᎢ 18

1 ᎾᏍᎩᏃ ᎯᎠ ᏄᎵᏍᏔᏂᏙᎸ ᏅᏩᏓᎴ ᏗᎧᎿᏩᏗᏙᎯ ᎥᏥᎪᎥᎩ ᎦᎸᎳᏗ ᏓᏳᏠᎠᏒᎩ, ᎤᏣᏘ
ᎤᎵᏂᎩᏛ ᎨᏒᎩ; ᎾᏍᎩᏃ ᎤᏤᎵ ᎦᎸᏉᏗᏳ ᎨᏒ ᎡᎶᎯ ᎢᎦ ᎤᏘᏍᏔᏅᎩ.
2 ᎠᎴ ᎠᏍᏓᏯ ᎤᏪᎷᏅᎩ ᎤᎵᏂᎩᏛ ᎧᏁᎬ ᎬᏗ, ᎯᎠ ᏂᎦᏩᏍᎬᎩ, ᏓᏓᎶᏂ ᎡᏆ ᎠᏲᎩ,
ᎠᏲᎩ, ᎠᎴ ᎠᏂᏍᎩᎾ ᎤᎾᏕᏗᏱ ᏂᎦᎵᏍᏓ, ᎠᎴ ᎾᏂᎥ ᎠᏂᎦᏓᎭ ᏗᏓᏅᏙ ᎤᏂᏴᏍᏗᏱ, ᎠᎴ
ᎾᏂᎥ ᎠᏂᎦᏓᎭ ᎠᎴ ᎤᏂᏂᏆᏘᏍᏗ ᏥᏍᏆ ᎤᎾᏁᎳᏗᏍᏗᏱ.
3 ᏂᎦᏗᏳᏰᏃ ᎤᎾᏓᏤᎵᏛ ᏴᏫ ᏓᏁᏩᏗᏒ ᎤᎾᏗᏔᎲ ᎩᎦᎨ-ᎠᏗᏔᏍᏗ ᎤᏔᏔᏌᎯᏍᏗ ᎨᏒ
ᎤᏓᏑᏱ ᎾᏍᎩ ᎤᏕᎵᏛ ᏚᏂᏏᏂᏙᎸ ᎢᏳᏩᏂᏌᏛ, ᎠᎴ ᎤᏂᎬᏫᏳᎯ ᎡᎶᎯ ᎠᏁᎯ ᎾᏍᎩ
ᎤᏕᎵᏛ ᏚᎾᏂᏏᏂᏙᎸ, ᎠᎴ ᎠᏂᏃᏗᏍᎩ ᎡᎶᎯ ᎠᏁᎯ ᏚᏁᏅᎢᏍᏔᏅ ᎾᏍᎩ ᎤᏣᏘ ᎤᎵᏉᏗ
ᎡᎲᎢ.
4 ᎠᎴ ᏅᏩᏓᎴ ᎩᎶ ᏗᎧᏁᎬ ᎦᎸᎳᏗ ᎠᏆᏛᎦᏅᎩ, ᎯᎠ ᎤᏓᎦᏪᏍᎬᎩ, ᏂᎯ ᏗᏆᏤᎵᎦ ᏴᏫ
ᎡᏥᏄᎪᎢ, ᎾᏍᎩ ᎢᏣᏠᏯᏍᏙᏗᏱ ᏂᎨᏒᎾ ᎾᏍᎩ ᎤᏍᎦᏅᏥᏙᎸᎢ, ᎠᎴ ᎾᏍᎩ ᎤᏤᎵ
ᎤᏕᏯᏙᏗ ᎨᏒ ᎢᏣᏠᏯᏍᏙᏗᏱ ᏂᎨᏒᎾ.
5 ᎤᏍᎦᏅᏥᏙᎸᏰᏃ ᎦᎸᎳᏗ ᎢᏴᏛ ᏭᎷᏨ, ᎠᎴ ᎤᏁᎳᏅᎯ ᎤᏅᏓᏛᏅᏲᎦᎸᏫᏍᏓᏁᎵᏙᎸᎢ.
6 ᎡᏣᎫᏴᏏ ᎾᏍᎩᏯ ᎢᏣᎫᏴᎡᎸᎢ, ᎠᎴ ᏔᎵ ᎢᏳᏩᎫᏗ ᎡᏣᎫᏴᏏ ᎾᏍᎩᏯ ᎦᎸᏫᏍᏓᏁᎸᎢ;
ᎤᎵᏍᏈᏗ ᎤᎧᎵᎸᎯ ᎾᏍᎩ ᏔᎵ ᎢᏳᏩᎫᏗ ᎡᏥᎧᎵᎢᏏ.
7 ᎾᏍᎩ ᏂᎦᎥ ᎤᏩᏒ ᎤᏓᎸᏉᏔᏅᎢ ᎠᎴ ᎤᎵᏉᏗ ᎤᎦᏅᎢ, ᎾᏍᎩ ᎢᎦᎢ ᎠᎩᎵᏯ ᎠᎴ
ᎤᏲ ᎠᏓᏅᏓᏗᏍᏗ ᎨᏒ ᎡᏥᎥᏏ; ᎤᎾᏫᏱᏰᏃ ᎯᎠ ᏂᎦᏪᎭ, ᎠᎩᎬᏫᏳᎯ ᎠᏉᎳ, ᎥᏝ
ᎠᏉᏑᎶᏨᎯ ᏱᎩ, ᎥᏝ ᎠᎴ ᎤᏲ ᎠᏓᏅᏓᏗᏍᏗ ᎨᏒ ᏴᎦᏥᎪᏩᏛ.
8 ᎾᏍᎩ ᎢᏳᏍᏗ ᎤᏕᏯᏙᏗᏍᎩ ᎨᏒ ᏏᏉᏃ ᎤᎷᎯᏍᏗ ᎨᏎᏍᏗ, ᎠᏲᎱᎯᏍᏗ ᎨᏒ, ᎠᎴ
ᎠᎦᎪᎲᏍᏙᏗ ᎨᏎᏍᏗ ᎠᏥᎸ ᎬᏗ; ᎤᎵᏂᎩᏗᏳᏰᏃ ᎤᎬᏫᏳᎯ ᎤᏁᎳᏅᎯ ᎾᏍᎩ ᏧᏭᎪᏓᏁᎯ
ᏥᎩ.
9 ᎠᎴ ᎤᏂᎬᏫᏳᎯ ᎡᎶᎯ ᎠᏁᎯ, ᎾᏍᎩ ᎤᏕᎵᏛ ᏧᎾᏂᏏᏂᏙᎸᎯ ᎨᏒᎢ, ᎠᎴ ᎤᎵᏉᏗ
ᎢᏧᎳᎭ ᎤᎾᏕᏅᎯ, ᎾᏍᎩ ᏓᎬᏩᏍᎪᏂᎵ, ᎠᎴ ᎾᏍᎩ ᎤᏓᎦᎵᏍᏙᏔᏂ ᏙᏛᏂᏴᎳᏏ, ᎿᏉ
ᎠᏂᎪᎲᎭ ᏚᎦᏒᏍᏛ ᎾᏍᎩ ᎠᎪᎲᏍᎬᎢ,
10 ᎢᏅ ᏧᏂᏙᎾᎡᏍᏗ ᎠᏂᏍᎦᎢᎲ ᎠᎩᎵᏲᎬ ᎤᏗᎦᎵᏍᏙᏗᏍᎬᎢ, ᎯᎠ ᎾᏂᏪᏍᎨᏍᏗ,
ᎤᏲᏍᏛᏉ, ᎤᏲᏍᏛᏉ, ᎾᏍᎩ ᎾᎡᏆ ᏓᏓᎶᏂ, ᎾᏍᎩ ᎤᎵᏂᎩᏛ ᎦᏚᎲᎢ! ᏑᏟᎶᏛᏉᏰᏃ
ᎢᎪᎯᏛ ᏗᏣᎦᎪᏓᏁᏗ ᎨᏒ ᏣᎷᏥᏏ.
11 ᎠᏂᏃᏔᏅᎲᏍᎩᏃ ᎡᎶᎯ ᎠᏁᎯ ᏙᏛᎾᏠᏱᎵ ᎠᎴ ᏙᏛᏂᏴᎳᏏ ᏓᎬᏩᏍᎪᏂᎵ ᎾᏍᎩ;
ᎥᏝᏰᏃ ᎿᏉ ᎩᎶ ᏱᎬᏩᏂᏩᎯᏎᎭ ᎦᏃᏙᏗ;
12 ᎾᏍᎩ ᎠᏕᎸ-ᏓᎶᏂᎨ ᎦᏃᏙᏗ ᎨᏒᎢ, ᎠᎴ ᎠᏕᎸ-ᎤᏁᎬ, ᎠᎴ ᎤᏣᏘ ᏧᎬᏩᎶᏗ ᏅᏯ, ᎠᎴ
ᏓᎬᎾ-ᎢᏳᎾᏍᏗ, ᎠᎴ ᎤᏏᏙᎵ ᏙᎴᏛ, ᎠᎴ ᏗᎦᎭᎷᎨᎢ, ᎠᎴ ᏗᏩᎾᎨᎢ, ᎠᎴ ᏗᎩᎦᎨᎢ, ᎠᎴ

ᎾᎦᎥ ᏗᎦᎸᏉᏗ ᎠᏓ, ᎠᎴ ᏂᎦᎥ ᏗᏑᎵᏙ ᎧᎹᎹ ᏧᏓᎸᏙᏅᎯ ᏗᎪᎵᏩᏅᎯ, ᎠᎴ ᏂᎦᎥ ᏗᏑᎵᏙ
ᎤᏣᏘ ᏧᎬᏩᎶᏗ ᎠᏓ ᏗᎪᎵᏩᏅᎯ, ᎠᎴ ᎥᏣᏱ, ᎠᎴ ᏔᎷᎩᏍᎩ, ᎠᎴ ᎠᏂᏓᏫᏍᎦᎨ ᏅᏯ,
13 ᎠᎴ ᏏᏂᎹᏂ, ᎠᎴ ᏗᎦᏩᏒᎩ, ᎠᎴ ᎠᏌᏁᏗ, ᎠᎴ ᎠᏜ ᎤᎦᎾᏍᏛ ᎦᏩᏒᎩ, ᎠᎴ ᎩᎦᎨ-
ᎠᏗᏔᏍᏗ, ᎠᎴ ᎪᎢ, ᎠᎴ ᏩᎾᎨ ᎤᏣᎴᏍᏗ ᎢᏒ, ᎠᎴ ᎤᏣᎴᏍᏗᏅᎦᏛ, ᎠᎴ ᎦᎾᏝᎢ,
ᎠᎴ ᎠᏫ-ᎤᏂᏃᏕᏅ, ᎠᎴ ᏐᏈᎵ, ᎠᎴ ᏧᏍᏗ-ᏓᏆᎴᎷ, ᎠᎴ ᏴᏫ-ᏗᎦᎾᏝᎢ, ᎠᎴ ᏴᏫ
ᏧᎾᏓᏅᏙ.
14 ᎠᎴ ᎤᏓᏔᏅᎯ ᎾᏍᎩ ᏣᏓᏅᏙ ᏧᎬᎥᏍᎬᎩ ᏣᏓᏅᏒᎸ, ᎠᎴ ᏂᎦᎥ ᎤᏢᏉᏗ ᎠᎴ ᏗᎦᎸᏉᏗ
ᏥᎨᏒ ᎨᏣᏓᏅᏒᎸ, ᎠᎴ ᎥᏝ ᎿᏉ ᏫᏗᎨᏣᏩᏛᏗ ᏱᎨᏎᏍᏗ.
15 ᎯᎠ ᎾᏍᎩ ᏧᏓᎴᏛ ᎠᏂᏃᏔᏅᎥᏍᎩ, ᎾᏍᎩ ᏧᏪᏅᎢᏍᏔᏅᎯ, ᎢᏅ ᏗᏂᏙᎾᏒᏍᏗ
ᎤᏗᎦᎵᏍᏙᏗᏍᎨᏍᏗ ᎠᎩᎵᏲᎬ ᎠᏂᏍᎦᎢᎲᎢ, ᏓᎾᏌᏱᏢᏍᏗ ᎠᎴ ᏓᏂᏴᎨᏍᏗ,
16 ᎠᎴ ᎯᎠ ᎾᏂᏪᏍᎨᏍᏗ, ᎤᏲᏍᏛᏉ, ᎤᏲᏍᏛᏉ, ᎾᏍᎩ Ꮎ ᎡᏆ ᎦᏚᎲ ᎾᏍᎩ
ᎤᏏᏙᎵ ᏙᎴᏛ, ᎠᎴ ᎦᏐᎷᎨᎢ, ᎠᎴ ᎩᎦᎨᎢ ᏥᏚᏟᏃᏛᎩ, ᎠᎴ ᎠᏕᎸᏓᎶᏂᎨᎢ, ᎠᎴ ᎤᏣᏘ
ᏧᎬᏩᎶᏗ ᏅᏯ, ᎠᎴ ᏓᎬᎾ-ᎢᏳᎾᏍᏗ, ᏥᏚᏟᏃᏛᎩ!
17 ᏑᏟᎶᏛᏉᏰᏃ ᎢᎪᎯᏛ ᎾᏍᎩ ᎢᎦᎢ ᏧᎬᏩᎶᏗ ᎠᏎᏉ ᏂᎦᎵᏍᏔᏂᏛ. ᎠᎴ ᎾᏂ
ᎤᏂᎬᏫᏳᏌᏕᎩ ᏥᏳ ᏧᏔᏅ ᏓᏂᏂᏙᎲᎢ, ᎠᎴ ᎾᏂ ᏥᏳᎯ ᎤᎾᏣᎢ, ᎠᎴ ᏥᏳ ᏗᏂᏂᏙᎯ,
ᎠᎴ ᎾᏂᏉ ᎠᎺᏉᎯ ᎠᏂᏃᏔᏂᏙᎯ, ᎢᏅ ᏛᏂᏙᎾᎥᎩ,
18 ᎠᎴ ᎤᏁᎷᏅᎩ ᎢᏳᏃ ᎤᏂᎪᎲ ᏚᎦᏒᏍᏛ ᎾᏍᎩ ᎠᎪᎲᏍᎬᎢ, ᎯᎠ ᎾᏂᏪᏍᎬᎩ, ᎦᏙ
ᎤᏍᏗ ᎾᏍᎩᏯ ᎨᏎ ᎾᏍᎩ ᎯᎠ ᎡᏆ ᎦᏚᎲ ᏄᏍᏛᎢ?
19 ᏗᏂᏍᎪᎵᏃ ᎪᏍᏚ ᏚᏂᏝᏅᎩ, ᎠᎴ ᎤᏁᎷᏅᎩ ᏓᎾᏌᏱᎲᎢ, ᎠᎴ ᏓᏂᏴᎬᎢ, ᎯᎠ
ᎾᏂᏪᏍᎬᎩ, ᎤᏲᏍᏛᏉ, ᎤᏲᏍᏛᏉ, ᎾᏍᎩ Ꮎ ᎡᏆ ᎦᏚᎲᎢ, ᎾᎿ ᏧᏁᎿᎢ
ᏥᏄᎾᎵᏍᏔᏅᎩ ᏂᎦᏛ ᎠᎺᏉᎯ ᏥᏳ ᏗᏂᏂᏙᎯ, ᎤᏗᎦᎵᏍᏙᏗᏍᎬ ᎤᏣᏘ ᎤᏪᎿᎢᏳ ᎨᏒᎢ,
ᏑᏟᎶᏛᏉᏰᏃ ᎢᎪᎯᏛ ᎤᏔ ᎾᎬᏁᎸ.
20 ᎢᏣᎵᎮᎵᎩ ᎾᏍᎩ ᏄᎵᏍᏓᏁᎸ ᎢᏳᏍᏗ, ᏂᎯ ᎦᎸᎶᎢ ᎠᎴ ᏂᎯ ᎢᏣᏓᏅᏘ ᎠᎴ ᎡᏥᏅᏏᏛ,
ᎠᎴ ᎢᏣᏙᎴᎰᏍᎩ; ᎤᏁᎳᏅᎯᏰᏃ ᏂᎯ ᎨᏒ ᎢᏳᏍᏗ ᎾᏍᎩ ᎠᏚᏓᏥ.
21 ᎤᎵᏂᎩᏛᏃ ᏗᎧᎿᏩᏗᏙᎯ ᏅᏯ ᎤᎩᏒᎩ, ᎤᏔᏅ ᏗᏍᏙᏍᎩ ᏅᏯ ᎾᏍᎩᏯᎢ,
ᎠᎺᏉᎯᏃ ᏭᏗᏅᏒᎩ, ᎯᎠ ᏄᏪᏒᎩ, ᎾᏍᎩᏯ ᎬᏍᎦᎢᏍᏓᎩ ᎾᏍᎩ Ꮎ ᎡᏆ ᎦᏚᎲ ᏓᏓᎶᏂ
ᎠᏥᏲᏍᏙᏗ ᎨᏎᏍᏗ, ᎥᏝ ᎠᎴ ᎿᏉ ᎬᏩᏛᏗ ᏱᎨᏎᏍᏗ.
22 ᎠᎴ ᏗᎧᏃᎩᏍᏙᏗ ᏗᏂᏃᎩᏍᏗᏍᎩ, ᎠᎴ ᏗᏂᏃᎩᏍᎩ, ᎠᎴ ᎠᏦᏔᏍᏗ ᏗᏂᏃᎩᏍᏗᏍᎩ,
ᎠᎴ ᏗᏂᏤᎷᎯᏍᎩ ᎤᎾᏓᏃᏴᎵᏍᏛ ᎥᏝ ᎠᎴ ᎪᎵᏅᎥᏍᎩ ᏄᏓᎴᏒᏉ ᎪᎱᏍᏗ ᎪᎵᏍᎩ ᎿᏉ
ᏰᏣᏩᏛᎡᎴᏍᏗ; ᎠᎴ ᏅᏯ ᎠᏍᏙᏍᎩ ᎤᏃᏴᎬ ᎥᏝ ᎿᏉ ᎡᏣᏛᎦᏁᏗ ᏱᎨᏎᏍᏗ;
23 ᎠᎴ ᎠᏨᏍᏙᏗ ᎦᏄᏌᏛ ᎥᏝ ᎿᏉ ᏗᏣᏄᏌᏓᏕᏗ ᏱᎨᏎᏍᏗ; ᎠᎴ ᎠᏕᏒᎲᏍᎩ ᎠᎴ ᎠᏥᏰᎯ
ᎠᏂᏁᎬ ᎥᏝ ᎿᏉ ᎡᏣᏛᎦᏁᏗ ᏱᎨᏎᏍᏗ; ᏗᏣᏤᎵᏰᏃ ᎠᏂᏃᏗᏍᏍᎩ ᎨᏥᎸᏉᏗ ᎨᏒᎩ ᏴᏫ

ᎡᏣᎯ ᏓᏁᏩᏗᏒᎢ; ᏂᏕᏗᏩᏰᏃ ᎤᎾᏓᏴᎵᏛ ᎨᏒ ᏴᏫ ᏓᏁᏩᏗᏒ ᎠᏙᏅᏗ ᏕᏣᏄᏫᏍᏓᏁᏧ
ᏕᎯᏣᏄᏅᏃᏔᏅᎩ.
24 ᎠᎴ ᎾᏍᎩ ᎠᏥᏩᏛᎡᏄᎩ ᎤᏂᎩᎬ ᎠᎾᏙᎴᏆᏍᏗ, ᎠᎴ ᎤᎾᏓᏅᏘ, ᎠᎴ ᏂᏕᏛ ᎡᏣᎯ
ᏗᎨᏥᏄᎯ ᎨᏒᎢ.

ᎠᏯᏙᎸᎢ 19

1 ᎾᏍᎩᏃ ᏄᎵᏍᏔᏂᏙᎸ ᎠᏆᏛᎦᏅᎩ ᎠᏍᏓᏯ ᎠᏂᏁᎬ ᎤᏂᏣᏘ ᏴᏫ ᎦᎸᎳᏗ ᎢᏴᏛ, ᎯᎠ
ᎤᏛᏂᏪᏍᎬᎩ, ᏱᎰᏩ ᎡᏗᎸᏉᏓ; ᎠᎵᏍᏕᎸᏙᏗ ᎨᏒᎢ, ᎠᎴ ᎠᏥᎸᏉᏙᏗ ᎨᏒᎢ, ᎠᎴ ᎣᏍᏛ
ᎠᏥᏰᎸᏗ ᎨᏒᎢ, ᎠᎴ ᎤᎵᏂᎩᏛ ᎨᏒᎢ, ᎤᏤᎵᎦ ᎨᏎᏍᏗ ᎤᎬᏫᏳᎯ ᎢᎦᏁᎳᏅᎯ;
2 ᎾᏍᎩᏰᏃ ᏧᏭᎪᏙᏗ ᎨᏒ ᏚᏳᎪᏛᎢ ᎠᎴ ᎣᏍᏛ; ᎾᏍᎩᏰᏃ ᏚᏭᎪᏓᏁᎸ ᎤᏣᏘ ᎤᏁᎫᏥᏛ
ᎠᎨᏴ, ᎾᏍᎩ ᎤᎦᎵᏛ ᏓᏂᏏᏂᏙᎲ ᎤᏂᏲ ᏥᏂᏚᏳᏁᎸ ᎡᎶᎯ ᎠᏁᎯ, ᎠᎴ ᎤᏝᏨ ᏧᏅᏏᏓᏍᏗ
ᎤᏂᎩᎬ ᏚᏨᏁᎸᎢ.
3 ᎠᎴ ᏔᎵᏁ ᏱᎰᏩ ᎡᏗᎸᏉᏓ ᎤᎾᏛᏅᎩ. ᎠᎴ ᎾᏍᎩ ᎤᏤᎵ ᏧᎦᏒᏍᏗ ᏓᎴᎲᏍᎬᎩ
ᏂᎪᎯᎸ ᎠᎴ ᏂᎪᎯᎸᎢ.
4 ᎾᏍᎩᏃ ᎾᏅᎩᏦᏁ ᎢᏯᏂᏛ ᏧᎾᏛᏐᏅᎯ, ᎠᎴ Ꮎ ᏅᎩ ᎢᏯᏂᏛ ᏗᏅᏃᏛ ᎡᎳᏗ
ᏚᎾᏓᏅᏅᎩ, ᎠᎴ ᎤᏁᎳᏅᎯ ᎤᎾᏓᏙᎵᏍᏓᏁᎸᎩ, ᎾᏍᎩ ᎦᏍᎩᎸ ᎤᏪᎵ, ᎯᎠ
ᎾᏂᏪᏍᎬᎩ, ᎡᎺᏅ; ᏱᎰᏩ ᎡᏗᎸᏉᏓ.
5 ᎠᎴ ᎩᎶ ᎧᏁᎬ ᎦᏍᎩᎸ ᏓᏳᏓᎴᏅᎩ, ᎯᎠ ᏂᎦᏪᏍᎬᎩ, ᎡᏥᎸᏉᏓ ᎣᎦᏁᎳᏅᎯ ᏂᎯ
ᏂᏥᎥ ᎢᏥᏅᏏᏓᏍᏗ ᏥᎩ, ᎠᎴ ᏂᎯ ᎡᏥᎾᏰᏍᎩ ᏥᎩ, ᏗᏣᏍᏗᎦ ᎠᎴ ᏗᏣᏔᏅ.
6 ᎠᎴ ᎠᏆᏛᎦᏅᎩ ᎤᏂᏣᏘ ᏣᏂᏁᎪ ᎾᏍᎩᏯᎢ, ᎠᎴ ᎤᏣᏘ ᎠᎹ ᏧᏍᏆᏃᏴᎪ ᎾᏍᎩᏯᎢ,
ᎠᎴ ᎤᏣᏘ ᏓᏴᏓᏆᎶᏍᎬ ᏥᏚᏍᏆᏃᏴᎪ ᎾᏍᎩᏯᎢ, ᎯᎠ ᎾᏂᏪᏍᎬᎩ, ᏱᎰᏩ ᎡᏗᎸᏉᏓ;
ᎤᎬᏫᏳᎯᏰᏃ ᎤᏁᎳᏅᎯ ᏫᎾᏍᏛᎾ ᎤᎵᏂᎩᏛ ᎤᎬᏫᏳᏌᏕ.
7 ᎣᏍᏛ ᎢᏓᏓᏅᏓᏓ ᎠᎴ ᎢᏓᎵᎮᎵᎩ, ᎠᎴ ᎾᏍᎩ ᎡᏗᎸᏉᏓ; ᎤᏃᏕᎾᏰᏃ-ᎠᎩᎾ
ᏣᏕᏨᏍᏙᏗᏱ ᎠᏍᏆᎸ, ᎤᏓᎵᎢᏃ ᎠᏛᏅᎢᏍᏔᏃᎾ.
8 ᎠᎴ ᎾᏍᎩ ᎠᏕᎵᏍᎪᎸᏓᏁᎸᎩ ᎤᏏᏙᎵ ᏙᎴᏛ ᏧᏄᏪᏍᏗᏱ, ᏗᎦᏓᎭ ᏂᎨᏒᎾ ᎠᎴ ᏧᏁᎬ;
ᎤᏏᏙᎵᏰᏃ ᏙᎴᏛ ᏚᏳᎪᏛ ᏄᎾᏛᏁᎵᏙᎸ ᎤᎾᏓᏅᏘ ᎦᏛᎦ.
9 ᎯᎠᏃ ᎾᎩᏪᏎᎸᎩ, ᎰᏪᎸᎦ, (ᎯᎠᏅᎦ,) ᎣᏏᏳ ᎢᏳᎾᎵᏍᏓᏁᏗ ᎾᏍᎩ Ꮎ ᎤᏃᏕᎾ-ᎠᎩᎾ
ᏣᏕᏨᏍᏙᏗᏱ ᏧᎾᎵᏍᏓᏴᏗᏱ ᎨᏒ ᎤᏂᎷᎯᏍᏗᏱ ᎨᏥᏯᏅᎥ ᎨᏎᏍᏗ. ᎯᎠᏃ ᎾᎩᏪᏎᎸᎩ,
ᎯᎠ ᎾᏍᎩ ᎤᏙᎯᏳᎯ ᎢᏳᏪᏛ ᎤᏁᎳᏅᎯ.
10 ᏚᎳᏍᎬᏃ ᎠᏆᏓᏅᏅᎩ ᏓᏥᏯᏓᏙᎵᏍᏓᏁᎵᏒᎩ. ᎯᎠᏃ ᎾᎩᏪᏎᎸᎩ, ᎥᏝᏍᏗ. ᎠᏴᏰᏃ
ᎤᏠᏱᏉ ᎡᎩᏂᏅᏏᏓᏍᏗ, ᎠᎴ ᎠᏴ ᎾᏍᎩ ᎢᏣᎵᏅᏟ ᏥᎨᏒ ᎾᏍᎩ ᏥᏌ ᎤᏤᎵ ᎪᎯᏳᏗᏍᎩ
ᎤᏂᎯ; ᎤᏁᎳᏅᎯ ᎯᏯᏓᏙᎵᏍᏓᏏ; ᎠᏙᎴᎰᎯᏍᏙᏗᏰᏃ ᎨᏒ ᎠᏓᏅᏙ ᎠᎴ ᏥᏌ ᎪᎯᏳᏓᏁᏗᏱ
ᎤᏠᏱᏉ.
11 ᎠᎩᎪᎲᎩᏃ ᎦᎸᎶᎢ ᎤᎵᏍᏚᎢᏛ ᎨᏒᎩ, ᎠᎴ ᎬᏂᏳᏉ ᎤᏁᎬ ᏐᏈᎵ (ᎥᏥᎪᎥᎩ;) ᎠᎴ
ᎾᏍᎩ ᎾᎿ ᎤᎩᎵ, ᏄᏓᎵᏓᏍᏛᎾ ᎠᎴ ᏚᏳᎪᏛ (ᎢᏯᏛᏁᎯ) ᎠᎪᏎᎲᎩ, ᎠᎴ ᏚᏳᎪᏛ
ᎬᏗᏍᎬ ᏕᎫᎪᏗᎭ ᎠᎴ ᏓᎿᏩ ᎪᏢᏍᎦ.
12 ᏗᎦᏙᎵ ᎠᏥᎸ ᎠᏓᏪᎵᎩᏍᎩ ᎾᏍᎩᏯ ᎨᏒᎩ, ᎠᏍᎪᎵᏃ ᎤᏣᏘ ᏚᎵᏍᏚᎸᎩ; ᎠᎴ ᏚᏙᎥ
ᎪᏪᎸᎩ ᎾᏍᎩ ᎩᎶ ᎬᏬᎵᏍᏗ ᏂᎨᏒᎾ ᎤᏩᏒᏍᎩᏂᏃᏅ ᎪᎵᎬᎩ.

13 ᎠᎴ ᎩᎬᎯ ᎬᏅᎯ ᎠᏄᏬ ᎤᏄᏩᎥᎩ; ᎠᎴ ᎤᏁᏔᏅᎯ ᎤᏤᎵ ᎧᏃᎮᏛ ᎠᎪᏎᎭ
ᎠᏥᏯᏂᏍᎬᎢ.
14 ᎠᎴ ᎠᏂᏯᏫᏍᎩ ᎦᎸᎳᏗ ᎠᏁᎲ ᎨᏩᏍᏓᏩᏛᏒᎩ ᎤᏂᏁᎬ ᏐᏈᎵ ᏧᎾᎩᎸᏗ, ᏧᏏᏙᎵ ᏙᎴᏛ
ᏗᏄᏬ ᏚᎾᏄᏬᏍᏛᎩ, ᏧᏁᎬ ᎠᎴ ᏗᎦᏓᎭ ᏂᎨᏒᎾ.
15 ᎠᎴ ᎠᎰᎵ ᏗᎦᏄᎪᎦ ᎪᏍᏓᏯ ᎭᏰᎳᏍᏗᎦᏅᎯᏛ, ᎾᏍᎩ ᏧᏩᏂᏍᏙᏗᏱ ᎤᎾᏓᏤᎵᏛ ᏴᏫ
ᏓᏁᏩᏗᏒᎢ; ᎠᎴ ᏔᎷᎩᏍᎩ ᎬᏗ ᏗᎨᏩᏁᎶᏙᏗᏱ ᎤᏓᎬᏁᎵ; ᎠᎴ ᏑᏄᏔᏗ ᎦᏨᏩᏍᏙᏗᏱ
ᎠᎳᏍᏓᎡᎭ ᎾᏍᎩ ᎤᏓᏪᏱ ᎤᏍᎦᏎᏗ ᎠᎴ ᎤᏔᎳᏬᎯᏍᏗ ᎨᏒ ᏫᎾᏍᏛᎾ ᎤᎵᏂᎩᏛ
ᎤᏁᏔᏅᎯ ᎤᏤᎵᎦ.
16 ᎠᎴ ᎤᏄᏪᎩᎯ ᎠᎴ ᎦᎦᎶᎢ ᏧᏙᏍᏙᏗ ᎪᏪᎸᎩ, (ᎯᎠ ᏂᎬᏅᎩ,) ᏄᏂᎬᏫᏳᏕᎩ ᎠᏁᎲ
ᏄᎬᏫᏳᏌᏕᎩ, ᎠᎴ ᎤᏂᎬᏫᏳᎯ ᎠᏁᎲ ᎤᎬᏫᏳᎯ.
17 ᏗᎧᎿᏩᏗᏙᎯᏃ ᎥᏥᎪᎥᎩ ᎤᏙ ᎢᎦᎡᎯ ᎧᏄ ᎬᏙᎬᎩ; ᎠᎴ ᎤᏪᎷᏅᎩ ᎠᏍᏓᏯ ᎤᏁᏨᎩ,
ᎯᎠ ᏂᏚᏪᏎᎸᎩ ᎾᎯᎥ ᏥᏍᏆ ᎦᎸᎶ ᎠᏰᎵ ᎠᏂᏃᎯᎵᏙᎯ, ᎡᏤᎾ ᎢᏣᏓᏟᏌ ᎠᏥᎸᏉᏗ
ᎤᏁᏔᏅᎯ ᎤᏤᎵ ᎠᎵᏍᏓᏴᏗᏱ ᎨᏒᎢ;
18 ᎾᏍᎩ ᎢᏥᎩᏍᏗᏱ ᎤᏂᎬᏫᏳᎯ ᎤᏂᏇᏓᎸᎢ, ᎠᎴ ᎠᏂᏍᎦᏰᎬᏍᏓ ᎤᏂᏇᏓᎸᎢ, ᎠᎴ
ᏧᎾᎵᏂᎩᏛ ᎠᏂᏍᎦᏯ ᎤᏂᏇᏓᎸᎢ, ᎠᎴ ᏐᏈᎵ ᎤᏂᏇᏓᎸᎢ, ᎠᎴ ᎾᏍᎩ ᎾᏧᎾᎩᎸᏗ,
ᏂᏗᎨᏥᎾᏝᎥᎾ ᎠᎴ ᏗᎨᏥᎾᏝᎢ, ᎾᏍᏉ ᏧᎾᏍᏗ ᎠᎴ ᏧᎾᏔᏅ.
19 ᎠᎴ ᎾᏍᎩ ᎾᏅᎩ-ᏗᎦᏅᏌᏗ ᎥᏥᎪᎥᎩ, ᎠᎴ ᎤᏂᎬᏫᏳᎯ ᎡᎶᎯ ᏓᏁᏩᏗᏒᎢ, ᎠᎴ ᎾᏍᎩ
ᏧᎾᏤᎵ ᎠᏂᏯᏫᏍᎩ, ᎤᎾᏓᏟᏌᏅᎩ ᏓᎿᏩ ᎢᏳᏅᏁᏗᏱ ᎤᏂᏰᎸᏒᎩ ᎾᏍᎩ Ꮎ ᏐᏈᎵᎯ
ᎤᎩᎵ, ᎠᎴ ᎾᏍᎩ ᏧᏤᎵ ᎠᏂᏯᏫᏍᎩ.
20 ᎤᎩᏃ-ᏗᎦᏅᏌᏗ ᎠᏥᏴᎩᏅᎩ, ᎠᎴ ᎠᏚᏠᏯᏍᏔᏅᎩ ᎤᏠᎾᏍᏗ ᎠᏙᎴᎰᏍᎩ ᎾᏍᎩ
ᎠᎦᏔᎲ ᎤᏍᏆᏂᎪᏗ ᏥᏚᎸᏫᏍᏓᏁᎲᎩ, ᎾᏍᎩ ᏥᏚᏚᎶᏄᎮᏗᏍᎬᎩ ᎾᏍᎩ Ꮎ ᎤᎩ-ᏗᎦᏅᏌᏗ
ᎤᏤᎵ ᎤᏓᏰᎸᏙᏗ ᏗᎨᏥᏰᎸᏔᏅᎯ, ᎠᎴ ᎾᏍᎩ Ꮎ ᏣᎦᏟᎶᏍᏔᏅᎯ ᎠᎾᏓᏙᎵᏍᏓᏁᎯ. ᎯᎠ
ᎾᏍᎩ ᎢᏧᎳ ᏗᎬᏅᏃᏛ ᏫᏒᎨᎦᏓᎢᏅᏒᎩ ᎠᏥᎸ ᏨᏓᎸ ᎾᎿ ᏌᎪᏂᎨ ᎠᏓᏪᎳᎩᏍᎩ
ᏗᏓᏪᎳᎩᏍᎬᎢ.
21 ᎤᎾᎵᏃᎯᏴᎯᏃ ᎭᏰᎳᏍᏗ-ᎦᏅᎯᏛ ᏐᏈᎵᎯ ᎤᎩᎵ ᎤᏤᎵᎦ ᏕᎨᏥᎢᏍᏔᏅᎩ, ᎾᏍᎩ
ᎠᎰᎵ ᏨᏓᎦᏄᎪᎬᎩ; ᏂᎦᏛᏃ ᏥᏍᏆ ᎾᏍᎩ ᎤᏂᏇᏓᎸ ᏚᏃᎸᎯᏍᏔᏅᎩ.

ᎠᏯᏙᎸᎢ 20

1 ᏗᎧᎿᏩᏗᏙᎯᏃ ᎥᏥᎪᎥᎩ ᎦᎸᎳᏗ ᏓᏩᏠᎠᏒᎩ, ᎦᏁᎲᎩ ᎠᏍᏚᎢᏍᏗ ᏫᎾᏍᏛᎾ ᎠᏔᎴᏒᎢ,
ᎠᎴ ᎤᏣᏘ ᎡᏆ ᏧᏓᎦᏒᏛ ᎤᏒᎦᎸᎩ.
2 ᎤᏂᏴᎲᎩᏃ ᎢᎾᏛ, ᎾᏍᎩ ᎠᎦᏴᎵ ᎢᎾᏛ, ᎾᏍᎩ ᎠᏍᎩᎾ ᎠᎴ ᏎᏓᏂ ᏣᎪᏎᎰᎢ, ᏌᏉᏃ
ᎢᏯᎦᏴᎵ ᎢᏧᏕᏘᏴᏛ ᎠᎦᎸᎸᎩ,
3 ᎠᎴ ᏫᎾᏍᏛᎾ ᏗᏔᎴᏒ ᏩᎦᏓᎢᏅᏒᎩ, ᎠᎴ ᎠᏥᏍᏚᏅᎩ, ᎠᎴ ᎤᏰᎸᏔᏅᎩ ᎠᏍᏚᎲᎢ,
ᎾᏍᎩ ᏗᎬᏩᎶᏄᎮᏗ ᎿᏉ ᏂᎨᏒᎾ ᎢᏳᎵᏍᏙᏗᏱ ᏧᎾᏓᎴᏅᏛ ᏴᏫ ᏓᏁᏩᏗᏒᎢ, ᎬᏂ ᏌᏉ
ᎢᏯᎦᏴᎵ ᎢᏧᏕᏘᏴᏛ ᏳᎶᏐᏅ; ᎣᏂᏃ ᎿᏉ ᎠᏥᎪᏗ ᎢᎨᏎᏍᏗ ᏞᎦ.
4 ᎠᎴ ᏓᎩᎪᎲ ᏕᎦᏍᎩᎸᎢ, ᎾᎿᏃ ᎤᎾᏅᏅᎩ ᎠᎴ ᏧᏄᎪᏙᏗᏱ ᎥᎨᎦᎵᏍᎪᎸᏓᏁᎸᎩ; ᎠᎴ
ᏙᏥᎪᎥᎩ ᏧᎾᏓᏅᏙ ᏗᎨ ᏥᏍᎫᎦᏒᎯ ᎾᏍᎩ ᏥᏌ ᎠᏂᏃᎮᏍᎬ ᎤᏂᏍᏛᏛᎯ ᎠᎴ ᎧᏃᎮᏛ
ᎤᏁᎳᏅᎯ ᎤᏤᎵ ᎠᏂᏃᎮᏍᎬᎢ, ᎠᎴ ᎾᏍᎩ ᎤᎾᏓᏙᎵᏍᏓᏁᎸᎯ ᏂᎨᏒᎾ ᎤᎩ-ᏗᎦᏅᏌᏗ,
ᎠᎴ ᎾᏍᎩ ᏣᎦᏟᎶᏍᏔᏅᎯ, ᎠᎴ ᏗᎨᎪᏪᎳᏅᎯ ᏂᎨᏒᎾ ᏗᏂᎬᏓᎨᏂ, ᎠᎴ ᏧᏃᏰᏂ; ᎠᎴ
ᎾᏍᎩ ᎦᎶᏁᏛ ᎢᏧᎳᎭ ᎠᏁᎲᎩ ᎠᎴ ᎤᏂᎬᏫᏳᎯ ᎥᎨᏒᎩ ᏌᏉ ᎢᏯᎦᏴᎵᎢᏧᏕᏘᏴᏛ.
5 ᎠᏂᏐᎢᏍᎩᏂ ᏧᏂᏲᎱᏒᎯ ᎥᏝ ᏯᏁᎵ ᎬᏂ ᏌᏉ ᎢᏯᎦᏴᎵ ᎢᏧᏕᏘᏴᏛ ᏚᎶᏐᏅ. ᎯᎠ ᎾᏍᎩ
ᎢᎬᏱᏱ ᏗᎴᎯᏐᏗ ᎨᏒᎢ.
6 ᎣᏏᏳ ᎢᏳᎵᏍᏓᏁᏗ ᎠᎴ ᎾᏍᎦᏅᎾ ᎾᏍᎩ ᎾᏅᏪᎳᏗᏍᏗᏍᎩ ᎢᎬᏱᏱ ᏗᎴᎯᏐᏗ ᎨᏒᎢ;
ᎾᏍᎩ ᎥᏝ ᎪᎱᏍᏗ ᏴᎬᏩᏅᎦ ᏔᎵᏁ ᎠᏲᎱᎯᏍᏗ ᎨᏒᎢ, ᎠᏥᎸᏍᎩᏂ-ᏗᏁᎶᎯ ᎨᏎᏍᏗ
ᎤᏁᎳᏅᎯ ᎠᎴ ᎦᎶᏁᏛ, ᎠᎴ [ᎦᎶᏁᏛ] ᎢᏧᎳᎭ ᎤᏂᎬᏫᏳᎯ ᎨᏎᏍᏗ ᏌᏉ ᎢᏯᎦᏴᎵ
ᎢᏧᏕᏘᏴᏛ.
7 ᏌᏉᏃ ᎢᏯᎦᏴᎵ ᎢᏧᏕᏘᏴᏛ ᎦᎶᏐᏅ, ᏎᏓᏂ ᏛᎠᏥᎧᏂ ᏛᎠᏥᏄᎪᏫᏏ ᎠᏥᏍᏚᎲᎢ;
8 ᎠᎴ ᏛᎡᏙᎵ ᏧᎶᏄᎮᏗᏱ ᏧᎾᏓᎴᏅᏛ ᏴᏫ ᎾᏍᎩ ᏅᎩ ᏂᏚᏓᎠᏗᏒ ᏓᏁᏩᏗᏒᎢ ᎡᎶᎯ ᏣᏁᎭ
ᎾᏍᎩ ᎪᎦ ᎠᎴ ᎹᎪᎦ, ᎾᏍᎩ ᏧᏪᏟᏐᏗᏱ ᏧᎾᎵᏍᏗᏱ; ᎾᏂᎥᏃ ᏃᏳ ᎠᎹᏉᎯ ᎠᎲ ᎾᏂᎥ.
9 ᎠᎴ ᏂᎬᎾᏛ ᎡᎶᎯ ᎤᏁᏙᎸᎩ, ᎠᎴ ᏚᎾᏚᏫᏍᏔᏅᎩ ᎠᏂᏅ ᎤᎾᏓᏅᏘ, ᎠᎴ ᎣᏍᏛ
ᎠᏰᎸᏗ ᎦᏚᎲᎢ; ᎠᏥᎸᏃ ᎤᎯᎳᏅᎯᏱ ᎦᎸᎳᏗ ᏛᎤᎶᏒᎩ ᎠᎴ ᏚᏂᎰᏅᎩ.
10 ᎠᏍᎩᎾᏃ ᎾᏍᎩ ᎤᏂᎶᏄᎮᎸᎯ ᎠᏥᎸ ᎠᎴ ᏌᎪᏂᎨ ᎠᏓᏪᎳᎩᏍᎩ ᎥᏓᎸ ᏩᎦᏓᎢᏅᏒᎩ,
ᎾᎿ ᎠᏁᎲ ᎤᎩ-ᏗᎦᏅᏌᏗ ᎠᎴ ᎤᏠᎾᏍᏗ ᎠᏙᎴᎰᏍᎩ, ᎠᎴ ᎨᏥᎩᎵᏲᎢᏍᏙᏗ ᎨᏎᏍᏗ
ᏂᎪᎯᎸ ᎠᎴ ᏂᎪᎯᎸᎢ.
11 ᎠᎴ ᎠᎩᎪᎲᎩ ᎡᏆ ᎤᏁᎬ ᎦᏍᎩᎶ, ᎠᎴ ᎾᏍᎩ ᎾᎿ ᎤᏪᎵ, ᎾᏍᎩ ᎤᎧᏛᎢ ᎡᎶᎯ
ᎠᎴ ᎦᎸᎶᎢ ᎬᏩᎵᏒᎸᎩ, ᎥᏝ ᎠᎴ ᎢᎸᎯᏢ ᎬᏩᎵᏒᎸᎩ, ᎥᏝ ᎠᎴ ᎢᎸᎯᏢ ᎬᏩᏛᏗ ᏱᎨᏎ
ᏭᏂᎶᎯᏍᏗᏱ.
12 ᎠᎴ ᏧᏂᏲᎱᏒᎯ ᎥᏕᏥᎪᎥᎩ, ᏧᎾᏍᏗ ᎠᎴ ᏧᎾᏛᎾ, ᎤᏁᎳᏅᎯ ᎤᏬᎸ ᎢᎬᏱᏗᏢ
ᏚᎾᎴᏅᎩ; ᎪᏪᎵᏃ ᏚᏂᏍᏚᎢᏒᎩ; ᎠᎴ ᏅᏩᏓᎴ ᎪᏪᎵ ᎤᏂᏍᏚᎢᏒᎩ, ᎾᏍᎩ ᎬᏂᏛ ᎠᏓᏁᎯ

ᏥᎩ; ᏧᏂᏲᎱᏒᎯᏃ ᏙᎨᎫᎪᏓᏁᎸᎩ ᎾᏍᎩᏯ ᏂᎬᏅ ᎪᏪᎸ ᎪᏪᎵᎯ, ᎾᏍᎩᏯ ᏄᏍᏛ
ᏚᏂᎸᏫᏍᏓᏁᎸᎢ.
13 ᎠᎺᏉᎯᏃ ᏚᏲᏒᎩ ᏧᏂᏲᎱᏒᎯ ᎾᎿ ᏄᎾᏛᏅᎢ; ᎠᏲᎱᎯᏍᏗᏃ ᎠᎴ ᏨᏍᎩᏃ ᏚᏂᏲᏒ
ᏧᏂᏲᎱᏒᎯ ᎾᎿ ᎠᏁᎲᎢ; ᎠᎴ ᏕᎨᎫᎪᏓᏁᎸᎩ ᏂᎦᏛ ᎠᏂᏏᏴᏫᎭ ᎾᏍᎩᏯ ᏄᏍᏛ
ᏚᏂᎸᏫᏍᏓᏁᎸᎢ.
14 ᎠᏲᎱᎯᏍᏗᏃ ᎨᏒ ᎠᎴ ᏨᏍᎩᏃ ᎠᏥᎸ ᏨᏓᎸ ᏫᏕᎨᎦᏓᎢᏅᏒᎩ. ᎯᎠ ᎾᏍᎩ ᏔᎵᏁ
ᎠᏲᎱᎯᏍᏗ ᎨᏒᎢ.
15 ᎾᏂᎥᏃ ᎩᎶ (ᏚᎾᏙᎥ) ᏂᏗᎪᏪᎸᎾ ᎨᏒ ᎯᎠ ᎾᏍᎩ ᎬᏂᏛ ᎠᏓᏁᎯ ᎪᏪᎵᎯ,
ᏫᏕᎨᎦᏓᎢᏒᎬᎩ ᎠᏥᎸ ᏨᏓᎸᎢ.

ᎠᏯᏙᎸᎢ 21

1 ᏓᎩᎪᎲᎩᏃ ᎢᏤ ᎦᎸᎶᎢ ᎠᎴ ᎢᏤ ᎦᏙᎯ; ᎢᎬᏱᏱᏰᏃ ᎦᎸᎶᎢ ᎠᎴ ᎢᎬᏱᏱ ᎦᏙᎯ ᏥᎨᏒᎩ
ᎤᏂᎶᏐᏅᎩ; ᎠᎴ ᎥᏝ ᎿᏉ ᎠᎺᏉᎯ ᏱᎨᏎᎢ.
2 ᎠᎴ ᎠᏴ ᏣᏂ ᎠᎩᎪᎲᎩ ᎦᎸᏉᏗᏳ ᎦᏚᎲ ᎾᏍᎩ ᎢᏤ ᏥᎷᏏᎵᎻ ᏓᏳᏠᎠᏒᎩ ᎤᏁᎳᏅᎯᏱ
ᎦᎸᎶᎢ, ᎤᏛᏅᎢᏍᏛᎩ ᎾᏍᎩᏯ ᎠᏥᏰᎯ ᏣᏙᏚᎢᏍᏗᏍᎪ ᏣᏛᏅᎢᏍᏓᏁᎰ ᎤᏰᎯ.
3 ᎠᏆᏛᎦᏅᎩᏃ ᎠᏍᏓᏯ ᎧᏁᎬ ᎩᎶ ᎦᎸᎳᏗ ᏛᏓᎴᎲᏍᎬᎩ ᎯᎠ ᏂᎦᏪᏍᎬᎩ, ᎬᏂᏳᏉ
ᎤᏁᎳᏅᎯ ᎤᎵᏦᏛ ᏴᏫ ᎠᏁᎲ ᎤᏓᏑᏯ, ᎠᎴ ᎤᏁᎳᏅᎯ ᎾᏍᎩ ᎠᏁᎲ ᏛᏕᏂ, ᎠᎴ
ᎾᏍᎩ ᏧᏤᎵ ᎨᏎᏍᏗ ᏴᏫ, ᎤᏁᎳᏅᎯᏃ ᎤᏩᏒ ᎾᏍᎩ ᎠᏁᎲ ᎡᎮᏍᏗ ᎤᎾᏤᎵ
ᎤᏁᎳᏅᎯᎨᏎᏍᏗ.
4 ᎠᎴ ᎤᏁᎳᏅᎯ ᏙᏓᎦᏅᎦᎸᎯ ᏂᎦᏛ ᏓᏂᎦᏌᏬᎢᎲᎢ; ᎥᏝ ᎠᎴ ᎿᏉ ᏰᎵᏍᏗ ᎠᏲᎱᎯᏍᏗ,
ᎠᎴ ᎤᏲ ᎠᏰᎸᏗ ᎨᏒ, ᎠᎴ ᏗᏠᏯᏍᏗ ᎨᏒᎢ, ᎥᏝ ᎠᎴ ᎿᏉ ᏰᎵᏍᏗ ᎡᎯᏍᏗ ᎨᏒᎢ;
ᎢᎬᏱᏱᏰᏃ ᏧᏓᎴᏛ ᏤᎲ ᎤᎶᏐᏅ.
5 ᎦᏍᎩᎸᏃ ᎤᏬᎵ, ᎯᎠ ᏄᏪᏒᎩ, ᎬᏂᏳᏉ ᏂᎦᏗᏳ ᏧᏓᎴᏅᏛ ᎢᏤ ᏂᎬᏁᎭ. ᎠᎴ ᎯᎠ
ᎾᎩᏪᏎᎸᎩ, ᎰᏪᎸᎦ; ᎯᎠᏰᏃ ᎾᏍᎩ ᎧᏃᎮᏛ ᎬᏑᏏᏛᏒᏗ ᏂᎨᏒᎾ ᎠᎴ ᎤᏙᎯᏳᎯᏯ.
6 ᎠᎴ ᎯᎠ ᎾᎩᏪᏎᎸᎩ; ᎾᏍᎩ ᏂᏌᎵᏍᏓ. ᎠᏴ ᎡᎵᏆ ᎠᎴ ᎣᎻᎦ, ᎢᎬᏱᏱ ᎨᏒ ᎠᎴ
ᎤᎵᏍᏆᎸᏗ ᎨᏒᎢ. ᎤᏔᎦᎩᏍᎩ ᎠᎹ ᎬᏂᏛ ᎠᏓᏁᎯ ᎦᏄᎪᎬ ᏓᏥᏁᏁᎵ ᏧᎬᏩᎶᏗ ᏂᎨᏒᎾ.
7 ᎩᎶ ᎠᏓᏎᎪᎩᏍᎨᏍᏗ ᏂᎦᏗᏳ ᏧᏓᎴᏅᏛ ᎤᏤᎵ ᎢᏳᎵᏍᏙᏗ ᎨᏎᏍᏗ; ᎠᎴ ᎠᏴ
ᏥᏯᏁᎳᏅᎯ ᎨᏎᏍᏗ, ᎤᏩᏒᏃ ᎠᏴ ᎠᏇᏥ ᎨᏎᏍᏗ.
8 ᎤᏂᏍᎦᏒᎾᏍᎩᏂ. ᎠᎴ ᏄᏃᎯᏳᏒᎾ, ᎠᎴ ᎤᏂᏍᎦᎢᏍᏗ, ᎠᎴ ᏧᎾᏓᎯᎯ, ᎠᎴ
ᎤᏂᏁᎫᏥᏛ, ᎠᎴ ᏧᎾᏙᏂᏍᎩ, ᎠᎴ ᎤᏁᎳᏅᎯ ᏧᏰᎸᎯ ᏧᎾᏓᏙᎵᏍᏓᏁᎯ, ᎠᎴ ᏂᎦᏗᏳ
ᎠᏂᏰᎪᎩ, ᎤᎾᏤᎵ ᎢᎨᎬᏁᏗ ᎨᏎᏍᏗ ᎥᏓᎸ ᎾᎿ ᎠᏓᏪᎵᎩᏍᎬ ᎠᏥᎸ ᎠᎴ ᏌᎪᏂᎨ
ᎠᏓᏪᎵᎩᏍᎩ; ᎾᏍᎩ ᏔᎵᏁ ᎠᏲᎱᎯᏍᏗ ᏥᎩ.
9 ᎠᎩᎷᏤᎸᎩᏃ ᎠᏏᏴᏫ ᎾᏍᎩ Ꮎ ᎦᎵᏉᎩ ᎢᏯᏂᏛ ᏗᏂᎧᎿᏩᏗᏙᎯ, ᎾᏍᎩ ᏥᏓᏂᏰᎲᎩ
ᎦᎵᏉᎩ ᎫᎫ ᎦᎵᏉᎩ ᎤᎵᏍᏆᎸᏗ ᎤᎦᏯᏙᏗ ᏗᏟᏍᏗ, ᎠᎴ ᎠᏆᎵᏃᎮᎳᏅᎩ, ᎯᎠ ᏄᏪᏒᎩ;
ᎡᎮᎾ, ᏓᎬᏯᏎᎮᎵᏃ ᎠᏥᏰᎯ ᎤᏃᏕᎾ ᎠᎩᎾ ᎤᏓᎵᎢ.
10 ᎠᏆᏘᎾᏫᏛᎲᎩᏃ ᏗᏆᏓᏅᏛ ᎡᏆ ᎠᎴ ᎢᏅ ᎢᎦᏘ ᏦᏓᎸᎢ ᏩᏆᏘᏅᏍᏔᏅᎩ, ᎠᎴ
ᎠᎩᎾᏄᎪᏫᏎᎸᎩ ᎾᎡᏆ ᎦᏚᎲᎢ, ᎾᏍᎩ ᎦᎸᏉᏗ ᏥᎷᏏᎵᎻ, ᎡᎳᏗ ᎤᏓᏩᏍᏗᏗᏒᎩ ᎦᎸᎳᏗ
ᎤᏁᎳᏅᎯᏱ ᏛᏓᎴᎲᏍᎬᎩ.
11 ᎦᎸᏉᏗᏳ ᎨᏒ ᎤᏁᎳᏅᎯ ᎤᏤᎵᎦ ᎤᏟᏃᏛᎩ; ᎠᎴ ᎾᏍᎩ ᏚᎸᏌᏛ, ᎤᏯᏅᏣᏘ
ᏧᎬᏩᎶᏗ ᎾᏍᎩᏯ ᎨᏒᎩ, ᎾᏍᎩ ᏣᏍᏆ ᏅᏯ ᎾᏍᎩᏯᎢ ᏗᎬᏩᎸᏌᏛ ᎨᏒᎩ.
12 ᎠᏐᏴᎩᏃ ᎡᏆ ᎢᏅ ᎢᎦᏘ, ᏚᎶᎯᏍᏗᏱᏃ ᏔᎳᏚ ᎦᎪᎵᏒᎩ, ᎠᎴ ᏚᎶᎯᏍᏗᏱ ᏔᎳᏚ
ᎢᏯᏂᏛ ᏗᏂᎧᎿᏩᏗᎩᎯ [ᏓᏂᏙᎬᎩ,] ᏚᎾᏙᎥᏃ ᎦᎪᏪᎸᎩ ᏚᎶᎯᏍᏗᏱ, ᎾᏍᎩ ᏔᎳᏚ
ᎾᏂᏔᏍᏓᎸ ᎢᏏᎵ ᏧᏪᏥ ᏚᎾᏙᎥᎢ.

13 ᏅᏙ ᏗᎧᎸᎬ ᎢᏗᏢ ᏦᎢ ᎦᎶᎯᏍᏗᏱ [ᏕᎪᏢᏒᎩ,] ᏧᏴᏢᏃ ᎢᏗᏢ ᏦᎢ ᎦᎶᎯᏍᏗᏱ;
ᏧᎦᎾᏮᏃ ᎢᏗᏢ ᏦᎢ ᎦᎶᎯᏍᏗᏱ; ᏭᏕᎵᎬᏃ ᎢᏗᏢ ᏦᎢ ᎦᎶᎯᏍᏗᏱ.
14 ᎠᏐᏴᏃ ᎦᏚᎲ ᏔᎳᏚ ᏕᎦᎫᏍᏓᎥᎩ, ᏕᎦᎫᏍᏓᎥᏃ ᏔᎳᏚ ᏚᎾᏙᎥᎢ [ᏕᎪᏪᎸᎩ,] ᎾᏍᎩ
ᏔᎳᏚ ᎢᏯᏂᏛ ᎤᏃᏕᎾ ᎠᎩᎾ ᏧᏅᏏᏛ ᏚᎾᏙᎥᎢ.
15 ᎾᏍᎩᏃ ᎠᏆᎵᏃᎮᏔᏅᎯ ᎦᏁᎲᎩ ᎠᏕᎸᏓᎶᏂᎨ ᎠᏢᏔᏅᎯ ᎠᏟᎶᏍᏗ, ᎦᏚᎲ ᎠᏟᎶᏍᏗ,
ᎠᎴ ᎦᎶᎯᏍᏗᏱ ᏗᏟᎶᏍᏗ, ᎠᎴ ᎠᏐᏴ ᎠᏟᎶᏍᏗ.
16 ᎦᏚᎲᏃ ᏅᎩ ᏧᏅᏏᏴ ᎨᏒᎩ, ᎦᏅᎯᏒ ᎠᎴ ᎠᏯᏛᎥ ᎤᏌᏱᏉ ᎨᏒᎩ. ᎤᏟᎶᎥᎩᏃ ᎦᏚᎲ
ᎤᏳᏔᏅᎩ ᎠᏟᎶᏍᏗ, ᎯᏍᎩᎦᏚ ᎢᏯᏍᎪᎯᏧᏈ ᎢᏳᏟᎶᏛ ᏂᎬᎩ. ᏂᎦᏅᎯᏒ ᎠᎴ ᎾᏯᏛᎲ
ᎠᎴ ᏂᎦᏛᎢ ᎤᏌᏱᏉ ᎨᏒᎢ.
17 ᎠᏎᏴᏃ ᎤᏟᎶᎥᎩ ᎠᏍᎪᎯᏧᏈ ᏅᎦᏍᎪᎯ ᏅᎩᎦᎵ ᎢᏯᎩᏳᏍᏈᏛ ᎤᏟᎶᎥᎩ, ᎾᏍᎩ ᏴᏫ
ᎤᏟᎶᏍᏗ ᎢᎦᏅᎯᏛ, ᎾᏍᎩ ᏗᎧᎿᏩᏗᏙᎯ ᎤᏟᎶᏍᏗ.
18 ᎠᏐᏴᏃ ᏣᏍᏆ ᏅᏯ ᎠᏁᏍᎨᏛᎩ; ᎦᏚᎲᏃ ᎪᎱᏍᏗ ᎾᏑᏴᎾ ᎠᏕᎸ ᏓᎶᏂᎨ ᎪᏢᏛᎩ,
ᏧᎸᏌᏛ ᎠᏓᎨᏗ ᎾᏍᎩᏯᎢ.
19 ᏕᎦᎫᏍᏓᎥᏃ ᎠᏐᏴ ᎦᏚᎲᎢ ᏕᎪᏑᎢᏍᏛᎩ ᏄᏓᎴᏒ ᏗᎦᎸᏉᏗ ᏅᏯ; ᎢᎬᏱᏱ ᎦᎫᏍᏓᎥ ᏣᏍᏆ
ᎨᏒᎩ, ᏔᎵᏁᏃ ᏌᏆᏯ, ᏦᎢᏁᏃ ᎦᎵᏏᏙᏂ, ᏅᎩᏁᏃ ᎡᎻᎳ,
20 ᎯᏍᎩᏃ ᏌᏙᏂᎩ, ᏑᏓᎵᏁᏃ ᏌᏗᏱ, ᎦᎵᏉᎩᏁᏃ ᎩᏐᎳᏗ, ᏧᏁᎵᏁᏃ ᏇᎵ, ᏐᎣᏁᎵᏁᏃ
ᏙᏆᏏ, ᎠᏍᎪᎯᏁᏃ ᏟᏌᏇᏌ, ᏌᏚᏏᏁᏃ ᏤᏏᏂ, ᏔᎳᏚᏏᏁᏃ ᎠᎻᏗᏏ.
21 ᏔᎳᏚᏃ ᏕᎪᏢᏒ ᏗᏍᏚᏗ ᏔᎳᏚ ᏓᎬᎾᎢᏳᎾᏍᏗ ᏕᎪᏢᏛᎩ; ᏌᏉ ᎠᏍᏚᏗ ᏌᏉ
ᏓᎬᎾᎢᏳᏍᏗ ᎪᏢᏛᎩ ᎡᏓᏍᏗᏱ ᎤᏨᏅᏛ ᎦᏚᎲ ᎪᎱᏍᏗ ᎾᏑᏴᎾ ᎠᏕᎸ ᏓᎶᏂᎨ ᎠᏢᏛᎩ,
ᏧᎸᏌᏛ ᎠᏓᎨᏗ ᎾᏍᎩᏯᎢ.
22 ᎥᏝ ᎠᎴ ᏯᎩᎪᎮ ᎾᎿ ᏗᎦᎳᏫᎢᏍᏗᏱ; ᎤᎬᏫᏳᎯᏰᏃ ᎤᏁᎳᏅᎯ ᏫᎾᏍᏛᎾ ᎤᎵᏂᎩᏛ
ᎠᎴ ᎤᏃᏕᎾ-ᎠᎩᎾ ᎾᏍᎩ ᏗᎦᎳᏫᎢᏍᏗᏱ ᎢᎩ.
23 ᎦᏚᎲᏃ ᎥᏝ ᏯᎾᏚᎵ ᏅᏙ-ᎢᎦ-ᎡᎯ ᎠᎴ ᏅᏙ-ᏒᏃᏱ-ᎡᎯ ᎤᎦᎵᎯᏍᏗᏱ ᎾᎿᏂ;
ᎦᎸᏉᏗᏳᏰᏃ ᎨᏒ ᎤᏁᎳᏅᎯ ᎤᏤᎵ ᎢᎦᏅᏘᏍᏛ ᎾᎿᏂ, ᎠᎴ ᎤᏃᏕᎾ-ᎠᎩᎾ ᎢᎦ
ᎠᏘᏍᏗᏍᎩ ᎢᎩ ᎾᎿᏂ.
24 ᏧᎾᏓᎴᏅᏛᏃ ᏴᏫ ᎾᏍᎩ ᎨᏥᏍᏕᎸᏛ ᎨᏒ ᎾᏍᎩ ᏚᎸᏌᏛ ᎠᏁᏙᎮᏍᏗ; ᎤᏂᎬᏫᏳᏃ ᎡᎶᎯ
ᎠᏁᎯ ᎾᎿ ᎠᏂᏴᎯᎭ ᎨᏥᎸᏉᏛ ᎠᎴ ᏧᎾᏤᎵ ᏧᏓᎴᏅᏛ ᏗᎦᎸᏉᏗ.
25 ᎠᎴ ᎦᎶᎯᏍᏗᏱ ᎾᎿ ᏕᎪᏢᏒ ᎥᏝ ᏧᏂᏍᏚᏗ ᏱᎨᏎᏍᏗ ᎢᎦ, ᎥᏝᏰᏃ ᎡᏃᏱ ᏱᎨᏎᏍᏗ
ᎾᎿᏂ.
26 ᎠᎴ ᎾᎿ ᎠᏂᏲᎯᎮᏍᏗ ᏧᎾᏓᎴᏅᏛ ᎠᏴ ᎤᎾᏤᎵ ᎦᎸᏉᏗᏳ ᎨᏒ ᎠᎴ ᏣᏓᎴᏅᏛ
ᏗᎦᎸᏉᏗ.

27 ᎠᎴ ᎥᏝ ᎠᏎᎾᎿ ᎤᏴᏍᏗ ᏱᎨᏎᏍᏗ ᎪᎱᏍᏗ ᎦᏓᎭ, ᎠᎴ ᎤᏂᏆᏘᏍᏗ ᏧᎸᏫᏍᏓᏁᎯ, ᎠᎴ
ᎦᏰᎪᎩ; ᎤᏅᏒᏍᎩᏂ [ᎤᏂᏴᏍᏗ ᎨᏎᏍᏗ ᏚᎾᏙᎥ] ᏗᎪᏪᎵ ᎬᏂᏛ ᎠᏓᏁᎯ ᎪᏪᎵᎯ
ᎤᏃᏕᎾᎠᎩᎾ ᎤᏤᎵᎦ.

ᎠᏯᏙᎸᎢ 22

1 ᎠᎩᎾᏄᎪᏫᏎᎸᎩᏃ ᎤᏁᎬ ᎤᏪᏴ ᎠᎹ ᎬᏂᏛ ᎠᏓᏁᎯ, ᏗᎬᏩᎸᏌᏛ ᎨᏒᎩ, ᏓᎦᎾᏄᎪᎬᎩ
ᎦᏍᎩᎸ ᎤᏁᎳᏅᎯ ᎠᎴ ᎤᏃᏕᎾ ᎠᎩᎾ ᎤᎾᏤᎵᎦ.
2 ᎠᏰᎵᏃ ᎤᏜᏅᏛ ᎾᎿ ᎡᏓᏍᏗᏱ, ᎠᎴ ᎢᏧᎳᏗᏢ ᎤᏪᏴᎢ, ᏡᎬᎩ ᎬᏂᏛ ᎠᏓᏁᎯ ᏡᎬᎢ,
ᎾᏍᎩ ᏔᎳᏚ ᎢᏳᏓᎴᎩ ᎠᏓᏛᏍᎬᎩ ᎠᎴ ᏂᏓᏦᎳᏂᏒ ᎬᎾᏍᎬᎩ ᎤᏓᏔᏅᎯ; ᎤᎳᏍᏚᏒᏃ
ᎤᎾᏅᏌᏗ ᎨᏒᎩ ᏧᎾᏓᎴᏅᏛ ᏴᏫ.
3 ᎥᏝ ᎠᎴ ᎿᏉ ᏰᎵᏍᏗ ᎤᏐᏅᎢ; ᎤᏁᎳᏅᎯᏍᎩᏂ ᎤᏤᎵ ᎠᎴ ᎤᏃᏕᎾ ᎠᎩᎾ ᎤᏤᎵ
ᎦᏍᎩᎶ ᎾᎿ ᎦᏍᎩᎴᏍᏗ; ᏧᏤᎵᏃ ᏧᏅᏏᏓᏍᏗ ᎬᏩᏓᏙᎵᏍᏓᏁᎵᏍᏗ;
4 ᎤᎧᏛᏃ ᎠᏂᎪᏩᏘᏍᎦᏍᏗ; ᏚᏙᎥᏃ ᎾᏍᎩ ᏗᏂᎬᏓᎨᏂ ᎦᎪᏪᎴᏍᏗ.
5 ᎥᏝ ᎠᎴ ᎡᏃᏱ ᏱᎨᏎᏍᏗ ᎾᎿᏂ, ᎥᏝ ᎠᎴ ᏳᎾᏚᎵ ᎠᏨᏍᏙᏗ, ᎠᎴ ᏅᏙ ᎢᎦᏒᎯ ᎢᎦ
ᎤᏘᏍᏛᎢ; ᎤᎬᏫᏳᎯᏰᏃ ᎤᏁᎳᏅᎯ ᎢᎦ ᏓᏘᏍᏓᏁᎰ, ᎤᏂᎬᏫᏳᎯᏃ ᎨᏎᏍᏗ ᎤᎵᏍᏆᏗᏍᏗ
ᏂᎨᏒᎾ.
6 ᎯᎠᏃ ᎾᎩᏪᏎᎸᎩ, ᎯᎠ ᎾᏍᎩ ᎧᏃᎮᏛ ᎬᏜᏏᏛᏒᏗ ᏂᎨᏒᎾ ᎠᎴ ᎤᏙᎯᏳᎯᏯ.
ᎤᎬᏫᏳᎯᏃ ᎤᏁᎳᏅᎯ ᎨᏥᎸᏉᏗ ᎠᎾᏙᎴᎰᏍᎩ ᎤᎾᏤᎵᎦ ᏧᏅᏎ ᎤᏤᎵ ᏗᎧᎿᏩᏗᏙᎯ
ᎬᏂᎨᏒ ᎢᏧᏩᏁᏗᏱ ᏧᏤᎵ ᏧᏅᏏᏓᏍᏗ, ᎾᏍᎩ ᏧᏓᎴᏅᏛ ᏂᎪᎯᎸᎾᏉ ᎢᏳᎵᏍᏙᏗ ᎨᏒᎢ.
7 ᎬᏂᏳᏉ ᏞᎩᏳ ᏓᏥᎷᏥ; ᎣᏏᏳ ᎢᏳᎵᏍᏓᏁᏗ ᎠᏍᏆᏂᎪᏗᏍᎩ ᎧᏃᎮᏛ ᎠᏙᎴᎰᏒᎯ ᎠᏂ
ᎪᏪᎵᎯ ᎪᏪᎸᎢ.
8 ᎠᎴ ᎠᏴ ᏣᏂ ᎠᎩᎪᎲᎩ ᎯᎠ ᎾᏍᎩ ᏧᏓᎴᏅᏛ, ᎠᎴ ᎠᏆᏛᎦᏅᎩ. ᎠᏆᏛᎦᏅᏃ ᎠᎴ
ᎠᎩᎪᎲ, ᎡᎳᏗ ᎠᏆᏓᏅᏅᎩ ᏓᎦᏓᏙᎵᏍᏔᏂᏒᎩ ᏚᎳᏍᎬ ᎾᏍᎩ ᎾᏗᎧᎿᏩᏗᏙᎯ ᎯᎠ ᎾᏍᎩ
ᏧᏓᎴᏅᏛ ᎠᎩᎾᏄᎪᏫᏎᎸᎯ.
9 ᎯᎠᏃ ᎾᎩᏪᏎᎸᎩ, ᎥᏞᏍᏗ. ᎠᏴᏰᏃ ᎤᏠᏱᏉ ᎡᎩᏂᏅᏏᏓᏍᏗ, ᎠᎴ ᎠᏴ ᎾᏍᎩ
ᎠᎾᏙᎴᎰᏍᎩ ᏥᎨᏒ ᎢᏣᎵᏅᏟ, ᎠᎴ ᎾᏍᎩ ᎠᏂᏍᏆᏂᎪᏗᏍᎩ ᎧᏃᎮᏛ ᎠᏂ ᎪᏪᎵᎯ ᎪᏪᎸᎢ;
ᎤᏁᎳᏅᎯ ᎯᏯᏓᏙᎵᏍᏓᏏ.
10 ᎯᎠᏃ ᎾᎩᏪᏎᎸᎩ, ᏞᏍᏗ ᏣᏍᏚᏅᎩ ᎧᏃᎮᏛ ᎠᏙᎴᎰᏒᎯ ᎠᏂ ᎯᎠ ᎪᏪᎵᎯ;
ᎤᏍᏆᎸᎯᏗᏰᏃ.
11 ᎩᎶ ᎠᏍᎦᎾ ᎨᏎᏍᏗ, ᎠᏏᏉ ᎠᏍᎦᎾ ᎨᏎᏍᏗ; ᎩᎶᏃ ᎦᏓᎭ ᎨᏎᏍᏗ, ᎠᏏᏉ ᎦᏓᎭ
ᎨᏎᏍᏗ; ᎩᎶᏃ ᎣᏏᏳ ᎢᏯᏛᏁᎯ ᎨᏎᏍᏗ, ᎠᏏᏉ ᎣᏏᏳ ᎢᏯᏛᏁᎯ ᎨᏎᏍᏗ; ᎩᎶᏃ ᎠᏍᎦᎾ
ᏂᎨᏒᎾ ᎨᏎᏍᏗ, ᎠᏏᏉ ᎠᏍᎦᎾ ᏂᎨᏒᎾ ᎨᏎᏍᏗ.
12 ᎠᎴ ᎬᏂᏳᏉ ᏞᎩᏳ ᏓᏥᎷᏥ; ᎠᎴ ᎠᏆᎫᏴᏗ ᏥᏰᎵᏍᏗ, ᎦᏥᏁᏗᏱ ᏋᏂᎥ ᎠᏂᏏᏴᏫᎭ
ᎾᏍᎩᏯ ᏄᏍᏛ ᏚᏂᎸᏫᏍᏓᏁᎸᎢ.
13 ᎠᏴ ᎡᎵᏆ ᎠᎴ ᎣᎺᎦ, ᏗᏓᎴᏅᏗᏍᎩ ᎠᎴ ᎠᏍᏆᏗᏍᏗᏍᎩ, ᎠᎴ ᎢᎬᏱᏱ ᎠᎴ
ᎤᎵᏍᏆᎸᎢ.

14 ᎣᏏᏳ ᎢᏳᎾᎵᏍᏓᏁᏗ ᎾᏍᎩ Ꮎ ᎤᏤᎵ ᏗᎧᎿᏩᏛᏍᏗ ᏂᎦᏪᏍᎬ ᎢᏯᎾᏛᏁᎯ, ᎾᏍᎩ
ᎬᏂᏛ ᏡᎬ ᎤᎾᏤᎵ ᎢᏳᎵᏍᏙᏗᏱ, ᎠᎴ ᏫᎬᏩᏂᏴᏍᏗ ᎢᏳᎵᏍᏙᏗᏱ ᎦᎶᎯᏍᏗᏱ ᎪᏢᏒ
ᎦᏚᎲᎢ.
15 ᏙᏱᏗᏢᏰᏃ ᎠᏁᏙᎭ ᎩᏟ, ᎠᎴ ᏗᎾᏙᏂᏍᎩ, ᎠᎴ ᎤᏂᏁᎫᏥᏛ, ᎠᎴ ᏗᎾᏓᎯᎯ, ᎠᎴ
ᎤᏁᎳᏅᎯ ᏗᏰᎸᎯ ᏗᎾᏓᏙᎵᏍᏓᏁᎯ, ᎠᎴ ᏂᎦᏗᏳ ᎣᏏᏳ ᎤᏂᏰᎸᎯ ᎦᏰᎪᎩ ᎨᏒ, ᎠᎴ
ᎦᏰᎪᎩ ᎠᏃᏢᏍᎩ.
16 ᎠᏴ ᏥᏌ ᏗᏥᏅᏒ ᎠᏆᏤᎵ ᏗᎧᎿᏩᏗᏙᎯ ᎬᏂᎨᏒ ᎢᏨᏁᏗᏱ ᎯᎠ ᎾᏍᎩ ᏧᏓᎴᏅᏛ
ᏧᎾᏁᎶᏗ ᏚᎾᏓᏡᏩᏗᏒᎢ. ᎠᏴ ᎦᏫ ᎤᏪᏥ ᎠᎴ ᎾᏍᎩ ᎤᏁᏢᏔᏅᏛ ᎨᏒᎢ, ᎠᎴ ᏃᏈᏏ
ᏧᎦᏙᏴᎢᏍᏗ ᎠᎴ ᏑᎾᎴ ᎡᎯ.
17 ᎠᏓᏅᏙᏃ ᎠᎴ ᎠᏥᏰᎯ ᎡᎮᎾ ᎠᎾᏗᎭ. ᎠᎴ ᎠᏛᎩᏍᎩ ᎡᎮᎾ ᎠᏗᏍᎨᏍᏗ. ᎠᎴ ᎩᎶ
ᎤᏔᏕᎩᏍᎩ ᏫᏚᎷᎩ; ᎠᎴ ᎪᎶ ᎤᏚᎵᏍᎨᏍᏗ ᎦᏁᎩ ᏍᎨᏍᏗ ᎠᎹ ᎬᏂᏛ ᎠᏓᏁᎯ ᏧᎬᏩᎶᏗ
ᏂᎨᏒᎾ.
18 ᎬᏂᎨᏒᏰᏃ ᏂᎦᏥᏴᏁᎭ ᎾᏂᎥᏉ ᎩᎶ ᎠᎾᏛᎩᏍᎩ ᎧᏃᎮᏛ ᎠᏙᎴᎰᏒᎯ ᎠᏂ ᎪᏪᎵᎯ
ᏥᎪᏪᎳ, ᎾᏍᎩ ᎢᏳᏃ ᎩᎶ. ᎢᎧᏁᏉᏍᎨᏍᏗ ᎯᎠ ᎾᏍᎩ ᏧᏓᎴᏅᏛ ᎠᏂ ᎪᏪᎵᎯ
ᏥᎪᏪᎳ, ᎤᏁᎳᏅᎯ ᎠᏎ ᎤᏁᏉᏒᏗ ᎨᏎᏍᏗ ᎤᏕᏯᏙᏗ ᎨᏒ ᎠᏂ ᎪᏪᎵᎯ ᏥᎪᏪᎳ;
19 ᎢᏳ ᎠᎴ ᎩᎶ ᎢᎪᏟᎴᏍᎨᏍᏗ ᎢᎦᏛ ᎧᏃᎮᏛ ᎪᏪᎵᎯ ᎯᎠ ᎾᏍᎩ ᎠᏙᎴᎰᏒᎯ ᎨᏒᎢ,
ᎤᏁᎳᏅᎯ ᎠᏎ ᏓᏳᏭᏟᏔᏒᎵ ᎤᏤᎵ ᎨᏒ ᎬᏂᏛ ᎠᏓᏁᎯ ᎪᏪᎵᎯ, ᎠᎴ ᎦᎸᏉᏗᏳ ᎦᏚᎲᎢ,
ᎠᎴ ᏧᏓᎴᏅᏛ ᎪᏪᎸ ᎠᏂ ᎪᏪᎵᎯ.
20 ᎯᎠ ᎾᏍᎩ ᏧᏓᎴᏅᏛ ᎬᏂᎨᏒ ᎢᎬᏁᎯ, ᎯᎠ ᏂᎦᏪᎭ, ᎤᏙᎯᏳᎯᏯ ᏞᎩᏳ ᏓᏥᎷᏥ.
ᎡᎺᏅ; ᎰᏩᏉ; ᏞᎩᏳ ᎯᎷᎩ ᏣᎬᏫᏳᎯ ᏥᏌ.
21 ᎬᏩᎦᏘᏯ ᎤᏓᏙᎵᏍᏗ ᎨᏒ ᎤᎬᏫᏳᎯ ᏥᏌ ᎦᎶᏁᏛ ᎢᎦᏤᎵᎦ ᎢᏤᏔᏗᏙᏢᏍᏗ ᏂᏥᎥᎢ.
ᎡᎺᏅ.

CPSIA information can be obtained
at www.ICGtesting.com
Printed in the USA
LVHW10s0140160818
587149LV00004B/57/P